Contents

Genèse

[1] Au commencement, Dieu créa les cieux et la terre. [2] Or la terre était informe et vide, et les ténèbres étaient à la surface de l'abîme, et l'Esprit de Dieu se mouvait sur les eaux. [3] Et Dieu dit: Que la lumière soit; et la lumière fut. [4] Et Dieu vit que la lumière était bonne; et Dieu sépara la lumière d'avec les ténèbres. [5] Et Dieu nomma la lumière, jour; et il nomma les ténèbres, nuit. Et il y eut un soir, et il y eut un matin; ce fut le premier jour. [6] Puis Dieu dit: Qu'il y ait une étendue entre les eaux; et qu'elle sépare les eaux d'avec les eaux. [7] Et Dieu fit l'étendue, et sépara les eaux qui sont au-dessous de l'étendue, d'avec les eaux qui sont au-dessus de l'étendue; et cela fut ainsi. [8] Et Dieu nomma l'étendue, cieux. Et il y eut un soir, et il y eut un matin; ce fut le second jour. [9] Puis Dieu dit: Que les eaux qui sont au-dessous des cieux se rassemblent en un seul lieu, et que le sec paraisse; et cela fut ainsi. [10] Et Dieu nomma le sec, terre; et il nomma l'amas des eaux, mers; et Dieu vit que cela était bon. [11] Puis Dieu dit: Que la terre pousse de la végétation, des herbes portant semence, des arbres fruitiers portant du fruit selon leur espèce, qui aient leur semence en eux-mêmes sur la terre; et cela fut ainsi. [12] Et la terre produisit de la végétation, des herbes portant semence selon leur espèce, et des arbres portant du fruit, qui avaient leur semence en eux-mêmes, selon leur espèce; et Dieu vit que cela était bon. [13] Et il y eut un soir, et il y eut un matin; ce fut le troisième jour. [14] Puis Dieu dit: Qu'il y ait des luminaires dans l'étendue des cieux, pour séparer le jour d'avec la nuit, et qu'ils servent de signes, et pour les saisons, et pour les jours, et pour les années; [15] Et qu'ils servent de luminaires dans l'étendue des cieux, pour éclairer la terre; et cela fut ainsi. [16] Et Dieu fit les deux grands luminaires; le grand luminaire, pour dominer sur le jour, et le petit luminaire, pour dominer sur la nuit; il fit aussi les étoiles. [17] Et Dieu les mit dans l'étendue des cieux, pour éclairer la terre; [18] Et pour dominer sur le jour et sur la nuit, et pour séparer la lumière d'avec les ténèbres; et Dieu vit que cela était bon. [19] Et il y eut un soir, et il y eut un matin; ce fut le quatrième jour. [20] Puis Dieu dit: Que les eaux produisent en abondance des êtres vivants; et que des oiseaux volent sur la terre devant l'étendue des cieux. [21] Et Dieu créa les grands poissons, et tous les êtres vivants qui se meuvent, dont les eaux foisonnèrent, selon leurs espèces, et tout oiseau ailé, selon son espèce; et Dieu vit que cela était bon. [22] Et Dieu les bénit, en disant: Croissez et multipliez, et remplissez les eaux dans les mers; et que les oiseaux multiplient sur la terre. [23] Et il y eut un soir, et il y eut un matin; ce fut le cinquième jour. [24] Puis Dieu dit: Que la terre produise des êtres vivants selon leur espèce, bétail, reptiles et animaux de la terre selon leur espèce; et cela fut ainsi. [25] Et Dieu fit les animaux de la terre selon leur espèce, le bétail selon son espèce, et tous les reptiles du sol selon leur espèce; et Dieu vit que cela était bon. [26] Puis Dieu dit: Faisons l'homme à notre image, selon notre ressemblance, et qu'il domine sur les poissons de la mer, et sur les oiseaux des cieux, et sur le bétail, et sur toute la terre, et sur tous les reptiles qui rampent sur la terre. [27] Et Dieu créa l'homme à son image; il le créa à l'image de Dieu; il les créa mâle et femelle. [28] Et Dieu les bénit; et Dieu leur dit: Croissez et multipliez, et remplissez la terre, et l'assujettissez, et dominez sur les poissons de la mer et sur les oiseaux des cieux, et sur tout animal qui se meut sur la terre. [29] Et Dieu dit: Voici je vous ai donné toute herbe portant semence, qui est à la surface de toute la terre, et tout arbre qui a en soi du fruit d'arbre portant semence; ce sera votre nourriture. [30] Et à tous les animaux des champs, et à tous les oiseaux des cieux, et à tout ce qui se meut sur la terre, qui a en soi une âme vivante, j'ai donné toute herbe verte pour nourriture; et cela fut ainsi. [31] Et Dieu vit tout ce qu'il avait fait, et voici, c'était très bon. Et il y eut un soir, et il y eut un matin; ce fut le sixième jour.

2

[1] Ainsi furent achevés les cieux et la terre, et toute leur armée. [2] Et Dieu eut achevé au septième jour son œuvre qu'il avait faite; et il se reposa au septième jour de toute son œuvre qu'il avait faite. [3] Et Dieu bénit le septième jour, et le sanctifia, parce qu'en ce jour-là il se reposa de toute son œuvre, pour l'accomplissement de laquelle Dieu avait créé. [4] Telles sont les origines des cieux et de la terre, quand ils furent créés, lorsque l'Éternel Dieu fit la terre et les cieux. [5] Or aucun arbrisseau des champs n'était encore sur la terre, et aucune herbe des champs ne germait encore; car l'Éternel Dieu n'avait point fait pleuvoir sur la terre, et il n'y avait point d'homme pour cultiver le sol; [6] Mais une vapeur montait de la terre, et arrosait toute la surface du sol. [7] Et l'Éternel Dieu forma l'homme de la poussière de la terre, et souffla dans ses narines une respiration de vie; et l'homme devint une âme vivante. [8] Et l'Éternel Dieu planta un jardin en Éden du côté de l'Orient, et y mit l'homme qu'il avait formé. [9] Et l'Éternel Dieu fit germer du sol toute sorte d'arbres agréables à la vue, et bons à manger, et l'arbre de vie au milieu du jardin, et l'arbre de la connaissance du bien et du mal. [10] Et un fleuve sortait d'Éden pour arroser le jardin; et de là il se divisait et formait quatre bras. [11] Le nom du premier est Pishon; c'est celui qui entoure le pays de Havila, où se trouve l'or. [12] Et l'or de ce pays est bon; là se trouve le bdellion, et la pierre d'onyx. [13] Le nom du second fleuve est Guihon; c'est celui qui entoure tout le pays de Cush. [14] Le nom du troisième fleuve est Hiddékel; c'est celui qui coule à l'orient de l'Assyrie. Et le quatrième fleuve, c'est l'Euphrate. [15] L'Éternel Dieu prit donc l'homme et le plaça dans le jardin d'Éden, pour le cultiver et pour le garder. [16] Et l'Éternel Dieu commanda à l'homme, en disant: Tu peux manger librement de tout arbre du jardin. [17] Mais, quant à l'arbre de la connaissance du bien et du mal, tu n'en mangeras point; car au jour où tu en mangeras, certainement tu mourras. [18] Et l'Éternel Dieu dit: Il n'est pas bon que l'homme soit seul; je lui ferai une aide semblable à lui. [19] Et l'Éternel Dieu forma de la terre tous les animaux des champs, et tous les oiseaux des cieux; et il les fit venir vers Adam, pour voir comment il les nommerait, et que tout nom qu'Adam donnerait à chacun des êtres vivants, fût son nom. [20] Et Adam donna des noms à toutes les bêtes, et aux oiseaux des cieux, et à tous les animaux des champs; mais, pour l'homme, il ne trouva point d'aide semblable à lui. [21] Et l'Éternel Dieu fit tomber un profond sommeil sur Adam, qui s'endormit; et il prit une de ses côtes, et resserra la chair à sa place. [22] Et l'Éternel Dieu forma une femme de la côte qu'il avait prise d'Adam, et la fit venir vers Adam. [23] Et Adam dit: Celle-ci enfin est os de mes os, et chair de ma chair. Celle-ci sera nommée femme (en hébreu Isha), car elle a été prise de l'homme (en hébreu Ish). [24] C'est pourquoi l'homme laissera son père et sa mère, et s'attachera à sa femme, et ils seront une seule chair. [25] Or Adam et sa femme étaient tous deux nus, et ils n'en avaient point honte.

3

[1] Or, le serpent était le plus fin de tous les animaux des champs, que l'Éternel Dieu avait faits; et il dit à la femme: Quoi! Dieu aurait dit: Vous ne mangerez point de tout arbre du jardin! [2] Et la femme répondit au serpent: Nous mangeons du fruit des arbres du jardin; [3] Mais quant au fruit de l'arbre qui est au milieu du jardin, Dieu a dit: Vous n'en mangerez point, et vous n'y toucherez point, de peur que vous ne mouriez. [4] Alors le serpent dit à la femme: Vous ne mourrez nullement; [5] Mais Dieu sait qu'au jour où vous en mangerez, vos yeux s'ouvriront, et vous serez comme des dieux, connaissant le bien et le mal. [6] Et la femme vit que le fruit de l'arbre était bon à manger, et qu'il était agréable à la vue, et que l'arbre était désirable pour devenir intelligent; et elle prit de son fruit et en

mangea, et en donna aussi à son mari auprès d'elle, et il en mangea. ⁷ Et les yeux de tous deux s'ouvrirent; et ils connurent qu'ils étaient nus; et ils cousirent des feuilles de figuier, et se firent des ceintures. ⁸ Et ils entendirent la voix de l'Éternel Dieu, qui se promenait dans le jardin, au vent du jour. Et Adam et sa femme se cachèrent de devant la face de l'Éternel Dieu, au milieu des arbres du jardin. ⁹ Et l'Éternel Dieu appela Adam, et lui dit: Où es-tu? ¹⁰ Et il répondit: J'ai entendu ta voix dans le jardin, et j'ai craint, parce que je suis nu; et je me suis caché. ¹¹ Et Dieu dit: Qui t'a montré que tu es nu? As-tu mangé de l'arbre dont je t'avais ordonné de ne pas manger? ¹² Et Adam répondit: La femme que tu as mise auprès de moi, m'a donné du fruit de l'arbre, et j'en ai mangé. ¹³ Et l'Éternel Dieu dit à la femme: Pourquoi as-tu fait cela? Et la femme répondit: Le serpent m'a séduite, et j'en ai mangé. ¹⁴ Alors l'Éternel Dieu dit au serpent: Puisque tu as fait cela, tu seras maudit entre toutes les bêtes et entre tous les animaux des champs; tu marcheras sur ton ventre, et tu mangeras la poussière tous les jours de ta vie. ¹⁵ Et je mettrai inimitié entre toi et la femme, entre ta postérité et sa postérité: celle-ci t'écrasera la tête, et toi tu la blesseras au talon. ¹⁶ Il dit à la femme: J'augmenterai beaucoup ta peine et ta grossesse; tu enfanteras des enfants avec douleur, et tes désirs se tourneront vers ton mari, et il dominera sur toi. ¹⁷ Et il dit à Adam: Puisque tu as obéi à la voix de ta femme, et que tu as mangé de l'arbre au sujet duquel je t'avais donné cet ordre: Tu n'en mangeras point! le sol sera maudit à cause de toi; tu en mangeras les fruits avec peine tous les jours de ta vie. ¹⁸ Et il te produira des épines et des chardons; et tu mangeras l'herbe des champs. ¹⁹ Tu mangeras le pain à la sueur de ton visage, jusqu'à ce que tu retournes dans la terre, d'où tu as été pris; car tu es poussière, et tu retourneras dans la poussière. ²⁰ Or, Adam appela sa femme, Eve (vie), parce qu'elle fut la mère de tous les vivants. ²¹ Et l'Éternel Dieu fit à Adam et à sa femme des robes de peau, et les en revêtit. ²² Et l'Éternel Dieu dit: Voici, l'homme est devenu comme l'un de nous, pour la connaissance du bien et du mal. Et maintenant prenons garde qu'il n'avance sa main, et ne prenne aussi de l'arbre de vie, et qu'il n'en mange, et ne vive à toujours. ²³ Et l'Éternel Dieu le fit sortir du jardin d'Éden, pour cultiver la terre d'où il avait été pris. ²⁴ Il chassa donc l'homme; et il plaça à l'orient du jardin d'Éden les chérubins et la lame d'épée flamboyante, pour garder le chemin de l'arbre de vie.

4

¹ Or, Adam connut Eve sa femme, et elle conçut, et enfanta Caïn (acquisition), et elle dit: J'ai acquis un homme avec l'aide de l'Éternel. ² Elle enfanta encore son frère Abel; et Abel fut berger, et Caïn fut laboureur. ³ Or, au bout de quelque temps, Caïn offrit des fruits de la terre une oblation à l'Éternel; ⁴ Et Abel offrit, lui aussi, des premiers-nés de son troupeau, et de leurs graisses. Et l'Éternel eut égard à Abel, et à son oblation; ⁵ Mais il n'eut point égard à Caïn, ni à son oblation; et Caïn fut fort irrité, et son visage fut abattu. ⁶ Et l'Éternel dit à Caïn: Pourquoi es-tu irrité, et pourquoi ton visage est-il abattu? ⁷ Si tu fais bien, ne relèveras-tu pas ton visage? Mais, si tu ne fais pas bien, le péché est couché à la porte, et son désir est tourné vers toi; mais toi, tu dois dominer sur lui. ⁸ Et Caïn parla à Abel, son frère. Et comme ils étaient aux champs, Caïn s'éleva contre Abel son frère, et le tua. ⁹ Et l'Éternel dit à Caïn: Où est Abel ton frère? Et il répondit: Je ne sais; suis-je le gardien de mon frère, moi? ¹⁰ Et l'Éternel dit: Qu'as-tu fait? La voix du sang de ton frère crie de la terre jusqu'à moi. ¹¹ Et maintenant tu seras maudit de la terre, qui a ouvert sa bouche pour recevoir de ta main le sang de ton frère. ¹² Quand tu cultiveras la terre, elle ne te rendra plus son fruit; tu seras vagabond et fugitif sur la terre. ¹³ Et Caïn dit à l'Éternel: Ma peine est trop grande pour être supportée. ¹⁴ Voici, tu m'as chassé

aujourd'hui de cette terre, et je serai caché de devant ta face, et je serai vagabond et fugitif sur la terre; et il arrrivera que quiconque me trouvera, me tuera. ¹⁵ Et l'Éternel lui dit: C'est pourquoi, si quelqu'un tue Caïn, Caïn sera vengé sept fois. Et l'Éternel mit à Caïn un signe, afin que quiconque le trouverait ne le tuât point. ¹⁶ Alors Caïn sortit de devant l'Éternel, et habita au pays de Nod (exil), à l'orient d'Éden. ¹⁷ Puis Caïn connut sa femme, qui conçut et enfanta Hénoc; or il construisit une ville, qu'il appela Hénoc, du nom de son fils. ¹⁸ Puis Irad naquit à Hénoc, et Irad engendra Mehujaël, et Mehujaël engendra Methushaël, et Methushaël engendra Lémec. ¹⁹ Et Lémec prit deux femmes: le nom de l'une était Ada, le nom de l'autre Tsilla. ²⁰ Et Ada enfanta Jabal; il fut père de ceux qui demeurent dans des tentes et près des troupeaux. ²¹ Et le nom de son frère était Jubal; il fut père de tous ceux qui jouent de la harpe et du chalumeau. ²² Et Tsilla, elle aussi, enfanta Tubal-Caïn, qui forgeait toute sorte d'instruments tranchants d'airain et de fer; et la sœur de Tubal-Caïn fut Naama. ²³ Et Lémec dit à ses femmes: Ada et Tsilla, écoutez ma voix; femmes de Lémec, prêtez l'oreille à ma parole: Oui! j'ai tué un homme pour ma blessure, et un jeune homme pour ma meurtrissure. ²⁴ Car si Caïn est vengé sept fois, Lémec le sera soixante-dix-sept fois. ²⁵ Et Adam connut encore sa femme; et elle enfanta un fils et l'appela Seth (remplaçant); car Dieu, dit-elle, m'a donné un autre fils au lieu d'Abel, que Caïn a tué. ²⁶ Et un fils naquit aussi à Seth, et il l'appela Énosh. Alors on commença à invoquer le nom de l'Éternel.

5

¹ Voici le livre de la postérité d'Adam. Au jour où Dieu créa l'homme, il le fit à la ressemblance de Dieu. ² Il les créa mâle et femelle, et il les bénit, et leur donna le nom d'Homme, au jour qu'ils furent créés. ³ Or, Adam vécut cent trente ans, et engendra un fils à sa ressemblance, selon son image, et il lui donna le nom de Seth. ⁴ Et les jours d'Adam, après qu'il eut engendré Seth, furent de huit cents ans; et il engendra des fils et des filles. ⁵ Tout le temps qu'Adam vécut, fut donc de neuf cent trente ans; puis il mourut. ⁶ Seth vécut cent cinq ans, et engendra Énosh. ⁷ Et Seth vécut, après qu'il eut engendré Énosh, huit cent sept ans; et il engendra des fils et des filles. ⁸ Tout le temps que Seth vécut, fut donc de neuf cent douze ans; puis il mourut. ⁹ Et Énosh vécut quatre-vingt-dix ans, et engendra Kénan. ¹⁰ Et Énosh, après qu'il eut engendré Kénan, vécut huit cent quinze ans; et il engendra des fils et des filles. ¹¹ Tout le temps qu'Énosh vécut, fut donc de neuf cent cinq ans; puis il mourut. ¹² Et Kénan vécut soixante et dix ans, et engendra Mahalaleel. ¹³ Et Kénan, après qu'il eut engendré Mahalaleel, vécut huit cent quarante ans; et il engendra des fils et des filles. ¹⁴ Tout le temps que Kénan vécut, fut donc de neuf cent dix ans; puis il mourut. ¹⁵ Et Mahalaleel vécut soixante-cinq ans, et engendra Jéred. ¹⁶ Et Mahalaleel, après qu'il eut engendré Jéred, vécut huit cent trente ans; et il engendra des fils et des filles. ¹⁷ Tout le temps que Mahalaleel vécut, fut donc de huit cent quatre-vingt-quinze ans; puis il mourut. ¹⁸ Et Jéred vécut cent soixante-deux ans, et engendra Hénoc. ¹⁹ Et Jéred, après qu'il eut engendré Hénoc, vécut huit cent ans; et il engendra des fils et des filles. ²⁰ Tout le temps que Jéred vécut, fut donc de neuf cent soixante-deux ans; puis il mourut. ²¹ Hénoc vécut soixante-cinq ans, et engendra Méthushélah. ²² Et Hénoc marcha avec Dieu, après qu'il eut engendré Méthushélah, trois cents ans; et il engendra des fils et des filles. ²³ Tout le temps qu'Hénoc vécut, fut donc de trois cent soixante-cinq ans. ²⁴ Hénoc marcha donc avec Dieu, puis il disparut, car Dieu le prit. ²⁵ Et Méthushélah vécut cent quatre-vingt-sept ans, et engendra Lémec. ²⁶ Et Méthushélah, après qu'il eut engendré Lémec, vécut sept cent quatre-vingt-deux ans; et il engendra des fils et des filles. ²⁷ Tout le temps que Méthushélah vécut, fut donc de neuf cent soixante-

neuf ans; puis il mourut. [28] Et Lémec vécut cent quatre-vingt-deux ans, et engendra un fils. [29] Et il l'appela Noé (repos), en disant: Celui-ci nous consolera de notre œuvre, et de la peine qu'impose à nos mains la terre que l'Éternel a maudite. [30] Et Lémec, après qu'il eut engendré Noé, vécut cinq cent quatre-vingt-quinze ans; et il engendra des fils et des filles. [31] Tout le temps que Lémec vécut, fut donc de sept cent soixante-dix-sept ans; puis il mourut. [32] Et Noé, âgé de cinq cents ans, engendra Sem, Cham et Japhet.

6

[1] Or, quand les hommes eurent commencé à se multiplier sur la face de la terre et que des filles leur furent nées, [2] Les fils de Dieu virent que les filles des hommes étaient belles, et ils prirent des femmes d'entre toutes celles qui leur plurent. [3] Et l'Éternel dit: Mon esprit ne contestera point dans l'homme à toujours; dans son égarement il n'est que chair; ses jours seront de cent vingt ans. [4] Les géants étaient sur la terre, en ce temps-là, et aussi dans la suite, parce que les fils de Dieu venaient vers les filles des hommes, et elles leur donnaient des enfants: ce sont ces hommes puissants qui, dès les temps anciens, furent des gens de renom. [5] Et l'Éternel vit que la malice de l'homme était grande sur la terre, et que toute l'imagination des pensées de son cœur n'était que mauvaise en tout temps. [6] Et l'Éternel se repentit d'avoir fait l'homme sur la terre, et il en fut affligé dans son cœur. [7] Et l'Éternel dit: J'exterminerai de dessus la terre l'homme que j'ai créé; depuis l'homme jusqu'au bétail, jusqu'au reptile, et jusqu'à l'oiseau des cieux; car je me repens de les avoir faits. [8] Mais Noé trouva grâce aux yeux de l'Éternel. [9] Voici les descendants de Noé. Noé fut un homme juste, intègre, dans son temps; Noé marcha avec Dieu. [10] Et Noé engendra trois fils, Sem, Cham et Japhet. [11] Et la terre était corrompue devant Dieu, et la terre était remplie de violence. [12] Et Dieu regarda la terre, et, voici, elle était corrompue; car toute chair avait corrompu sa voie sur la terre. [13] Et Dieu dit à Noé: La fin de toute chair est venue devant moi; car la terre a été remplie de violence par eux; et voici, je vais les détruire avec la terre. [14] Fais-toi une arche de bois de gopher; tu feras l'arche par loges, et tu l'enduiras de bitume par dedans et par dehors. [15] Et voici comment tu la feras: La longueur de l'arche sera de trois cents coudées, sa largeur de cinquante coudées, et sa hauteur de trente coudées. [16] Tu feras une fenêtre à l'arche, et tu l'achèveras à une coudée par en haut; et tu mettras la porte de l'arche sur son côté; tu la feras avec un étage inférieur, un second, et un troisième. [17] Et moi, voici, je vais amener le déluge d'eaux sur la terre, pour détruire toute chair qui a souffle de vie, de dessous les cieux; tout ce qui est sur la terre, expirera. [18] Mais j'établirai mon alliance avec toi; et tu entreras dans l'arche, toi, tes fils, ta femme, et les femmes de tes fils avec toi. [19] Et de tout ce qui vit d'entre toute chair, tu en feras entrer deux de chaque espèce dans l'arche pour les conserver en vie avec toi; ils seront mâle et femelle; [20] Des oiseaux, selon leur espèce, et des bêtes selon leur espèce, de tout reptile du sol selon son espèce, deux de chaque espèce viendront vers toi pour que tu les conserves en vie. [21] Et toi, prends de tout aliment qui se mange, et fais-en provision par-devers toi, afin que cela te serve de nourriture ainsi qu'à eux. [22] Et Noé le fit; il fit tout ce que Dieu lui avait commandé.

7

[1] Et l'Éternel dit à Noé: Entre, toi et toute ta maison, dans l'arche; car je t'ai vu juste devant moi dans cette génération. [2] Tu prendras avec toi de tous les animaux purs, sept paires de chaque espèce, le mâle et sa femelle; mais des bêtes qui ne sont pas pures, deux, le mâle et sa femelle. [3] Tu prendras aussi des oiseaux des cieux, sept paires, mâle et femelle, pour en conserver la race sur la face de toute la terre. [4] Car dans sept jours je ferai pleuvoir sur la terre, pendant quarante jours et quarante nuits; et j'exterminerai

de dessus la terre tous les êtres que j'ai faits. ⁵ Et Noé fit tout ce que l'Éternel lui avait commandé. ⁶ Or, Noé était âgé de six cents ans, quand le déluge eut lieu, et que les eaux vinrent sur la terre. ⁷ Noé entra donc dans l'arche, et ses fils, sa femme, et les femmes de ses fils avec lui, à cause des eaux du déluge. ⁸ Des animaux purs et des animaux qui ne sont pas purs, et des oiseaux, et de tout ce qui rampe sur la terre, ⁹ Deux par deux, mâle et femelle, entrèrent vers Noé dans l'arche, comme Dieu l'avait commandé à Noé. ¹⁰ Et il arriva, au bout des sept jours, que les eaux du déluge furent sur la terre. ¹¹ En l'an six cent de la vie de Noé, au second mois, au dix-septième jour du mois, en ce jour-là, toutes les sources du grand abîme éclatèrent, et les bondes des cieux s'ouvrirent. ¹² Et la pluie tomba sur la terre quarante jours et quarante nuits. ¹³ En ce même jour-là, Noé, Sem, Cham et Japhet, fils de Noé, et la femme de Noé, et les trois femmes de ses fils avec eux, entrèrent dans l'arche, ¹⁴ Eux, et tous les animaux selon leur espèce, et tout le bétail selon son espèce, et tous les reptiles qui rampent sur la terre selon leur espèce, et tous les oiseaux selon leur espèce, tout petit oiseau, tout ce qui a des ailes; ¹⁵ Ils entrèrent donc vers Noé dans l'arche; deux par deux, de toute chair qui a souffle de vie. ¹⁶ Et ceux qui vinrent, vinrent mâle et femelle de toute chair, comme Dieu le lui avait commandé; et l'Éternel ferma l'arche sur lui. ¹⁷ Et le déluge fut quarante jours sur la terre; et les eaux crûrent, et soulevèrent l'arche, et elle s'éleva de dessus la terre. ¹⁸ Et les eaux grossirent et crûrent fort sur la terre; et l'arche flottait à la surface des eaux. ¹⁹ Et les eaux grossirent prodigieusement sur la terre; et toutes les hautes montagnes qui sont sous tous les cieux, furent couvertes. ²⁰ Les eaux s'élevèrent de quinze coudées au-dessus; et les montagnes furent couvertes. ²¹ Et toute chair qui se mouvait sur la terre, expira, tant des oiseaux que du bétail, des animaux et de tous les reptiles qui se traînent sur la terre, et tous les hommes. ²² Tout ce qui avait souffle de vie dans ses narines, et tout ce qui était sur la terre ferme, mourut. ²³ Tous les êtres qui étaient sur la face de la terre furent exterminés, depuis les hommes jusqu'aux bêtes, jusqu'aux reptiles, et jusqu'aux oiseaux des cieux, et ils furent exterminés de dessus la terre. Il ne resta que Noé, et ce qui était avec lui dans l'arche. ²⁴ Et les eaux furent grosses sur la terre pendant cent cinquante jours.

8

¹ Or, Dieu se souvint de Noé, et de tous les animaux et de tout le bétail qui étaient avec lui dans l'arche. Et Dieu fit passer un vent sur la terre, et les eaux s'arrêtèrent. ² Et les sources de l'abîme et les bondes des cieux se fermèrent; et la pluie fut retenue des cieux. ³ Et les eaux se retirèrent de dessus la terre; elles allèrent se retirant; et les eaux diminuèrent au bout de cent cinquante jours. ⁴ Et au septième mois, au dix-septième jour du mois, l'arche s'arrêta sur les montagnes d'Ararat. ⁵ Et les eaux allèrent diminuant, jusqu'au dixième mois. Au dixième mois, au premier jour du mois, ap-parurent les sommets des montagnes. ⁶ Et il arriva qu'au bout de quarante jours Noé ouvrit la fenêtre qu'il avait faite à l'arche. ⁷ Et il lâcha le corbeau, qui sortit, allant et revenant, jusqu'à ce que les eaux eussent séché de dessus la terre. ⁸ Puis il lâcha la colombe d'avec lui, pour voir si les eaux avaient fort diminué à la surface de la terre. ⁹ Mais la colombe ne trouva pas où poser la plante de son pied, et elle retourna vers lui dans l'arche; car il y avait de l'eau à la surface de toute la terre. Et Noé avança sa main, la prit, et la ramena vers lui dans l'arche. ¹⁰ Et il attendit encore sept autres jours, puis il lâcha de nouveau la colombe hors de l'arche. ¹¹ Et la colombe revint à lui vers le soir; et voici, une feuille d'olivier fraîche était à son bec; et Noé comprit que les eaux avaient fort diminué sur la terre. ¹² Et il attendit encore sept autres jours; puis il lâcha la colombe; mais elle ne retourna plus à lui. ¹³ Et il arriva en l'an six cent un de la vie de Noé, au premier mois, au premier jour du mois, que les eaux avaient séché sur la terre; et Noé ôta la couverture

de l'arche, et regarda; et voici, la surface du sol avait séché. ¹⁴ Au second mois, au vingt-septième jour du mois, la terre fut sèche. ¹⁵ Alors Dieu parla à Noé, en disant: ¹⁶ Sors de l'arche, toi, ta femme, tes fils, et les femmes de tes fils avec toi. ¹⁷ Fais sortir avec toi tous les animaux qui sont avec toi, de toute chair, tant des oiseaux que des bêtes, et de tous les reptiles qui rampent sur la terre; et qu'ils peuplent en abondance la terre, et qu'ils croissent et multiplient sur la terre. ¹⁸ Et Noé sortit, et ses fils, sa femme, et les femmes de ses fils avec lui. ¹⁹ Tous les animaux, tous les reptiles et tous les oiseaux, tout ce qui rampe sur la terre, selon leurs familles, sortirent de l'arche. ²⁰ Et Noé bâtit un autel à l'Éternel; et il prit de toute bête pure, et de tout oiseau pur, et il offrit des holocaustes sur l'autel. ²¹ Et l'Éternel respira l'agréable odeur, et l'Éternel dit en son cœur: Je ne maudirai plus la terre, à cause de l'homme; car la nature du cœur de l'homme est mauvaise dès sa jeunesse; et je ne frapperai plus tout ce qui vit, comme je l'ai fait. ²² Tant que la terre durera, les semailles et la moisson, le froid et le chaud, l'été et l'hiver, et le jour et la nuit, ne cesseront point.

9

¹ Et Dieu bénit Noé, et ses fils, et leur dit: Croissez et multipliez, et remplissez la terre; ² Et vous serez craints et redoutés de tous les animaux de la terre, et de tous les oiseaux des cieux; avec tout ce qui se meut sur le sol et tous les poissons de la mer, ils sont remis entre vos mains. ³ Tout ce qui se meut et qui a vie, vous servira de nourriture; je vous donne tout cela comme l'herbe verte. ⁴ Seulement, vous ne mangerez point de chair avec son âme, c'est à dire son sang. ⁵ Et certainement je redemanderai votre sang, le sang de vos âmes; je le redemanderai de tout animal. Et je redemanderai l'âme de l'homme, de la main de l'homme, de la main de son frère. ⁶ Celui qui répandra le sang de l'homme, par l'homme son sang sera répandu; car Dieu a fait l'homme à son image. ⁷ Vous donc, croissez et multipliez; peuplez en abondance la terre, et multipliez sur elle. ⁸ Dieu parla aussi à Noé, et à ses fils avec lui, en disant: ⁹ Quant à moi, voici, j'établis mon alliance avec vous, et avec votre postérité après vous; ¹⁰ Et avec tous les êtres vivants qui sont avec vous, tant les oiseaux que le bétail, et tous les animaux de la terre avec vous, tous ceux qui sont sortis de l'arche jusqu'à tous les animaux de la terre. ¹¹ J'établis donc mon alliance avec vous, et nulle chair ne sera plus exterminée par les eaux du déluge, et il n'y aura plus de déluge pour détruire la terre. ¹² Et Dieu dit: Voici le signe de l'alliance que je mets entre moi et vous, et tous les êtres vivants qui sont avec vous, pour les générations à toujours: ¹³ Je mets mon arc dans les nuées, et il servira de signe d'alliance entre moi et la terre. ¹⁴ Et il arrivera que, lorsque j'amasserai des nuées sur la terre, et que l'arc paraîtra dans les nuées, ¹⁵ Je me souviendrai de mon alliance, qui existe entre moi et vous et tout être vivant, de toute chair; et les eaux ne deviendront plus un déluge pour détruire toute chair. ¹⁶ L'arc sera donc dans les nuées, et je le regarderai, pour me souvenir de l'alliance éternelle entre Dieu et tout être vivant, de toute chair qui est sur la terre. ¹⁷ Et Dieu dit à Noé: C'est là le signe de l'alliance que j'ai établie entre moi et toute chair qui est sur la terre. ¹⁸ Et les fils de Noé, qui sortirent de l'arche, furent Sem, Cham et Japhet. Or, Cham est le père de Canaan. ¹⁹ Ce sont là les trois fils de Noé, et c'est par eux que fut peuplée toute la terre. ²⁰ Or, Noé commença à cultiver la terre et planta de la vigne. ²¹ Et il but du vin, et s'enivra, et se découvrit au milieu de sa tente. ²² Et Cham, père de Canaan, ayant vu la nudité de son père, le rapporta dehors à ses deux frères. ²³ Mais Sem et Japhet prirent le manteau, le mirent tous deux sur leurs épaules, et marchant en arrière, ils couvrirent la nudité de leur père; et comme leurs visages étaient tournés, ils ne virent point la nudité de leur père. ²⁴ Et Noé, réveillé de son vin, apprit ce que son fils cadet lui avait fait. ²⁵ Et il dit: Maudit soit Canaan! il sera serviteur des serviteurs de ses frères. ²⁶ Puis il dit: Béni soit l'Éternel, Dieu de Sem, et que Canaan soit leur serviteur! ²⁷ Que Dieu étende Japhet

et qu'il habite dans les tentes de Sem; et que Canaan soit leur serviteur! [28] Et Noé vécut, après le déluge, trois cent cinquante ans. [29] Tout le temps que Noé vécut fut donc de neuf cent cinquante ans; puis il mourut.

10

[1] Voici les descendants des fils de Noé: Sem, Cham et Japhet, auxquels naquirent des enfants après le déluge. [2] Les fils de Japhet sont Gomer, Magog, Madaï, Javan, Tubal, Méshec et Tiras. [3] Et les fils de Gomer, Ashkénas, Riphath, et Togarma. [4] Et les fils de Javan, Elisha et Tarsis, Kittim et Dodanim. [5] Par eux furent peuplées les îles des nations, dans leurs terres, chacun selon sa langue, selon leurs familles, selon leurs nations. [6] Et les fils de Cham, sont Cush, Mitsraïm, Put et Canaan. [7] Et les fils de Cush, Seba, Havila, Sabta, Raema et Sabteca. Et les fils de Raema, Sheba et Dedan. [8] Et Cush engendra Nimrod, qui commença à être puissant sur la terre. [9] Il fut un puissant chasseur devant l'Éternel. C'est pour cela qu'on dit: Comme Nimrod, puissant chasseur devant l'Éternel. [10] Et le commencement de son royaume fut Babel, Érec, Accad et Calné, dans le pays de Shinear. [11] De ce pays-là il sortit en Assyrie, et il bâtit Ninive, Rehoboth-Ir, Calach, [12] Et Résen, entre Ninive et Calach; c'est la grande ville. [13] Et Mitsraïm engendra les Ludim, les Anamim, les Lehabim, les Naphtuhim, [14] Les Pathrusim, les Casluhim (d'où sont sortis les Philistins) et les Caphtorim. [15] Et Canaan engendra Sidon, son premier-né, et Heth; [16] Les Jébusiens, les Amoréens, les Guirgasiens; [17] Les Héviens, les Arkiens, les Siniens; [18] Les Arvadiens, les Tsemariens, les Hamathiens. Ensuite les familles des Cananéens se dispersèrent. [19] Et la limite des Cananéens fut depuis Sidon, en venant vers Guérar, jusqu'à Gaza, en venant vers Sodome, Gomorrhe, Adma, et Tseboïm, jusqu'à Lésha. [20] Ce sont là les fils de Cham, selon leurs familles, selon leurs langues, dans leurs terres, dans leurs nations. [21] Il naquit aussi des fils à Sem, père de tous les fils d'Héber, et frère aîné de Japhet. [22] Les fils de Sem sont Élam, Assur, Arpacshad, Lud et Aram. [23] Et les fils d'Aram, Uts, Hul, Guéther et Mash. [24] Et Arpacshad engendra Shélach, et Shélach engendra Héber. [25] Et à Héber il naquit deux fils: le nom de l'un est Péleg (partage), car en son temps la terre fut partagée; et le nom de son frère, Jockthan. [26] Et Jockthan engendra Almodad, Sheleph, Hatsarmaveth, et Jérach; [27] Hadoram, Uzal, Dikla, [28] Obal, Abimaël, Sheba, [29] Ophir, Havila, et Jobab. Tous ceux-là sont fils de Jockthan. [30] Et leur demeure était depuis Mésha, en venant vers Sephar, vers la montagne d'Orient. [31] Ce sont là les fils de Sem, selon leurs familles, selon leurs langues, selon leurs terres, selon leurs nations. [32] Telles sont les familles des fils de Noé, selon leurs générations, dans leurs nations; et c'est d'eux que sont sorties les nations de la terre après le déluge.

11

[1] Or toute la terre avait le même langage et les mêmes mots. [2] Mais il arriva qu'étant partis du côté de l'Orient, ils trouvèrent une plaine dans le pays de Shinear, et ils y demeurèrent. [3] Et ils se dirent l'un à l'autre: Allons, faisons des briques, et cuisons-les au feu. Et la brique leur tint lieu de pierre, et le bitume leur tint lieu de mortier. [4] Et ils dirent: Allons, bâtissons-nous une ville et une tour, dont le sommet soit dans les cieux, et faisons-nous un nom, de peur que nous ne soyons dispersés sur la face de toute la terre. [5] Et l'Éternel descendit pour voir la ville et la tour qu'avaient bâties les fils des hommes. [6] Et l'Éternel dit: Voici, c'est un seul peuple, et ils ont tous le même langage, et voilà ce qu'ils commencent à faire; et maintenant rien ne les empêchera d'exécuter tout ce qu'ils ont projeté. [7] Allons, descendons, et confondons là leur langage, en sorte qu'ils n'entendent point le langage l'un de l'autre. [8] Et l'Éternel les dispersa de là sur la face de toute la terre, et ils cessèrent de bâtir la ville. [9] C'est pourquoi son nom fut appelé

Babel (confusion); car l'Éternel y confondit le langage de toute la terre, et de là l'Éternel les dispersa sur toute la face de la terre. [10] Voici les descendants de Sem: Sem, âgé de cent ans, engendra Arpacshad, deux ans après le déluge. [11] Et Sem, après qu'il eut engendré Arpacshad, vécut cinq cents ans; et il engendra des fils et des filles. [12] Et Arpacshad vécut trente-cinq ans, et engendra Shélach. [13] Et Arpacshad, après qu'il eut engendré Shélach, vécut quatre cent trois ans; et il engendra des fils et des filles. [14] Et Shélach vécut trente ans, et engendra Héber. [15] Et Shélach, après qu'il eut engendré Héber, vécut quatre cent trois ans; et il engendra des fils et des filles. [16] Et Héber vécut trente-quatre ans, et engendra Péleg. [17] Et Héber, après qu'il eut engendré Péleg, vécut quatre cent trente ans; et il engendra des fils et des filles. [18] Et Péleg vécut trente ans, et engendra Rehu. [19] Et Péleg, après qu'il eut engendré Rehu, vécut deux cent neuf ans; et il engendra des fils et des filles. [20] Et Rehu vécut trente-deux ans, et engendra Serug. [21] Et Rehu, après qu'il eut engendré Serug, vécut deux cent sept ans; et il engendra des fils et des filles. [22] Et Serug vécut trente ans, et engendra Nachor. [23] Et Serug, après qu'il eut engendré Nachor, vécut deux cents ans; et il engendra des fils et des filles. [24] Et Nachor vécut vingt-neuf ans, et engendra Tharé. [25] Et Nachor, après qu'il eut engendré Tharé, vécut cent dix-neuf ans; et il engendra des fils et des filles. [26] Et Tharé vécut soixante et dix ans, et engendra Abram, Nachor et Haran. [27] Voici les descendants de Tharé: Tharé engendra Abram, Nachor et Haran; et Haran engendra Lot. [28] Et Haran mourut en présence de Tharé son père, au pays de sa naissance, à Ur des Caldéens. [29] Et Abram et Nachor prirent des femmes. Le nom de la femme d'Abram était Saraï, et le nom de la femme de Nachor, Milca, fille de Haran, père de Milca et père de Jisca. [30] Mais Saraï était stérile; elle n'avait point d'enfant. [31] Et Tharé prit Abram son fils, et Lot fils de Haran, son petit-fils, et Saraï sa belle-fille, femme d'Abram son fils, et ils sortirent ensemble d'Ur des Caldéens, pour aller au pays de Canaan. Et ils vinrent jusqu'à Charan, et ils y demeurèrent. [32] Et les jours de Tharé furent de deux cent cinq ans; puis Tharé mourut à Charan.

12

[1] Et l'Éternel avait dit à Abram: Va-t'en hors de ton pays, et de ta parenté, et de la maison de ton père, vers le pays que je te montrerai. [2] Et je te ferai devenir une grande nation, et je te bénirai, et je rendrai ton nom grand, et tu seras une bénédiction. [3] Et je bénirai ceux qui te béniront, et je maudirai ceux qui te maudiront; et toutes les familles de la terre seront bénies en toi. [4] Et Abram s'en alla, comme l'Éternel le lui avait dit, et Lot alla avec lui. Et Abram était âgé de soixante et quinze ans quand il sortit de Charan. [5] Et Abram prit Saraï sa femme, et Lot, fils de son frère, et tout le bien qu'ils avaient gagné, et les personnes qu'ils avaient acquises à Charan; et ils sortirent pour aller au pays de Canaan; et ils arrivèrent au pays de Canaan. [6] Et Abram traversa le pays jusqu'au lieu de Sichem, jusqu'au chêne de Moré. Or, les Cananéens étaient alors dans le pays. [7] Et l'Éternel apparut à Abram, et lui dit: Je donnerai ce pays à ta postérité! Et il bâtit là un autel à l'Éternel, qui lui était apparu. [8] Et il passa de là vers la montagne, à l'orient de Béthel, et il tendit ses tentes, ayant Béthel à l'Occident, et Aï à l'Orient. Et il bâtit là un autel à l'Éternel, et invoqua le nom de l'Éternel. [9] Puis Abram partit, marchant de campement en campement, vers le Midi. [10] Or il y eut une famine dans le pays, et Abram descendit en Égypte pour y séjourner; car la famine était grande dans le pays. [11] Et comme il était près d'entrer en Égypte, il dit à Saraï sa femme: Voici, je sais que tu es une belle femme; [12] Et il arrivera que lorsque les Égyptiens t'auront vue, ils diront: C'est sa femme; et ils me tueront; mais ils te laisseront vivre. [13] Dis, je te prie, que tu es ma sœur, afin que je sois bien traité à cause de toi, et que j'aie la vie sauve grâce à toi. [14] Et dès qu'Abram fut arrivé en Égypte, les Égyptiens virent que cette femme était fort belle. [15] Et les princes de

la cour de Pharaon la virent, et la louèrent devant Pharaon, et la femme fut emmenée dans la maison de Pharaon. ¹⁶ Et il fit du bien à Abram, à cause d'elle; et il eut des brebis et des bœufs et des ânes, des serviteurs et des servantes, des ânesses et des chameaux. ¹⁷ Mais l'Éternel frappa de grandes plaies Pharaon et sa maison, à cause de Saraï, femme d'Abram. ¹⁸ Alors Pharaon appela Abram, et lui dit: Qu'est-ce que tu m'as fait? Pourquoi ne m'as-tu pas déclaré que c'était ta femme? ¹⁹ Pourquoi as-tu dit: C'est ma sœur; en sorte que je l'ai prise pour femme? Maintenant, voici ta femme, prends-la et va-t'en. ²⁰ Et Pharaon donna ordre pour lui à des gens qui le reconduisirent, lui et sa femme, et tout ce qui lui appartenait.

13

¹ Et Abram monta d'Égypte vers le Midi, lui et sa femme, et tout ce qui lui appartenait, et Lot avec lui. ² Or Abram était très riche en bétail, en argent et en or. ³ Puis il s'en retourna, par ses campements, du Midi jusqu'à Béthel, jusqu'au lieu où avait été sa tente au commencement, entre Béthel et Aï; ⁴ Au lieu où était l'autel qu'il y avait fait auparavant, et Abram y invoqua le nom de l'Éternel. ⁵ Or Lot, qui marchait avec Abram, avait aussi des brebis, des bœufs et des tentes. ⁶ Et le pays ne leur suffit pas pour demeurer ensemble; car leur bien était si grand, qu'ils ne purent demeurer ensemble. ⁷ Et il y eut une querelle entre les bergers du bétail d'Abram, et les bergers du bétail de Lot. Or les Cananéens et les Phéréziens demeuraient alors dans le pays. ⁸ Et Abram dit à Lot: Qu'il n'y ait point, je te prie, de dispute entre moi et toi, ni entre mes bergers et tes bergers; car nous sommes frères. ⁹ Tout le pays n'est-il pas devant toi? Sépare-toi donc de moi; si tu prends la gauche, j'irai à droite; et si tu prends la droite, j'irai à gauche. ¹⁰ Alors Lot, levant les yeux, vit toute la plaine du Jourdain, qui (avant que l'Éternel eût détruit Sodome et Gomorrhe) était arrosée partout, en allant vers Tsoar, comme le jardin de l'Éternel, comme le pays d'Égypte. ¹¹ Et Lot choisit pour lui toute la plaine du Jourdain, et il partit du côté de l'Orient; et ils se séparèrent l'un de l'autre. ¹² Abram habita dans le pays de Canaan, et Lot habita dans les villes de la plaine, et dressa ses tentes jusqu'à Sodome. ¹³ Or les gens de Sodome étaient méchants, et de grands pécheurs contre l'Éternel. ¹⁴ Et l'Éternel dit à Abram, après que Lot se fut séparé de lui: Lève donc les yeux, et regarde du lieu où tu es, vers le Nord, vers le Midi, vers l'Orient et vers l'Occident. ¹⁵ Car, tout le pays que tu vois, je te le donnerai, à toi et à ta postérité pour toujours. ¹⁶ Et je ferai que ta postérité sera comme la poussière de la terre; que si quelqu'un peut compter la poussière de la terre, ta postérité aussi sera comptée. ¹⁷ Lève-toi, parcours le pays dans sa longueur et dans sa largeur; car je te le donnerai. ¹⁸ Alors Abram transporta ses tentes, et vint demeurer aux chênes de Mamré, qui sont à Hébron, et il bâtit là un autel à l'Éternel.

14

¹ Or, il arriva, au temps d'Amraphel, roi de Shinear, d'Arjoc, roi d'Ellasar, de Kedor-Loamer, roi d'Élam, et de Tideal, roi des nations, ² Qu'ils firent la guerre à Béra, roi de Sodome, à Birsha, roi de Gomorrhe, à Shineab, roi d'Adma, à Shémeber, roi de Tseboïm, et au roi de Béla, qui est Tsoar. ³ Tous ceux-ci se rassemblèrent dans la vallée de Siddim, qui est la mer salée. ⁴ Douze ans ils avaient été assujettis à Kedor-Laomer; mais la treizième année, ils se révoltèrent. ⁵ Et la quatorzième année, Kedor-Laomer et les rois qui étaient avec lui, vinrent et battirent les Rephaïm à Ashteroth-Karnaïm, les Zuzim à Ham, les Emim dans la plaine de Kirjathaïm, ⁶ Et les Horiens dans leur montagne de Séir, jusqu'à El-Paran, qui est près du désert. ⁷ Puis ils retournèrent et vinrent à la Fontaine du Jugement, qui est Kadès, et battirent tout le pays des Amalécites, et aussi les Amoréens, qui habitaient à Hatsatson-Thamar. ⁸ Alors le roi de Sodome, le roi de

Gomorrhe, le roi d'Adma, le roi de Tseboïm, et le roi de Béla, qui est Tsoar, sortirent, et rangèrent leurs troupes en bataille contre eux dans la vallée de Siddim, 9 Contre Kedor-Laomer, roi d'Élam, Tideal, roi des nations, Amraphel, roi de Shinear, et Arjoc, roi d'Ellasar; quatre rois contre cinq. 10 Or, il y avait dans la vallée de Siddim beaucoup de puits de bitume. Et le roi de Sodome et celui de Gomorrhe s'enfuirent, et y tombèrent; et ceux qui échappèrent, s'enfuirent vers la montagne. 11 Alors ils prirent toutes les richesses de Sodome et de Gomorrhe et tous leurs vivres, et s'en allèrent. 12 Ils prirent aussi Lot, fils du frère d'Abram, qui demeurait dans Sodome, et tout son bien, et ils s'en allèrent. 13 Et un fugitif vint l'annoncer à Abram, l'Hébreu. Or il demeurait aux chênes de Mamré l'Amoréen, frère d'Eshcol, et frère d'Aner, qui avaient fait alliance avec Abram. 14 Et quand Abram eut appris que son frère avait été fait prisonnier, il arma trois cent dix-huit de ses fidèles, nés dans sa maison, et poursuivit ces rois jusqu'à Dan. 15 Puis, ayant partagé ses troupes, il se jeta sur eux de nuit, lui et ses serviteurs; et il les battit, et les poursuivit jusqu'à Hoba, qui est à gauche de Damas. 16 Et il ramena toutes les richesses qu'on avait prises; il ramena aussi Lot son frère, ses biens et les femmes aussi, et le peuple. 17 Et le roi de Sodome sortit au-devant de lui, après qu'il fut revenu de battre Kedor-Laomer et les rois qui étaient avec lui, dans la vallée de la Plaine, qui est la vallée du Roi. 18 Et Melchisédec, roi de Salem, fit apporter du pain et du vin. Or, il était sacrificateur du Dieu Très-Haut. 19 Et il bénit Abram, et dit: Béni soit Abram par le Dieu Très-Haut, fondateur des cieux et de la terre! 20 Et béni soit le Dieu Très-Haut, qui a livré tes ennemis entre tes mains! Et Abram lui donna la dîme de tout. 21 Et le roi de Sodome dit à Abram: Donne-moi les personnes, et prends les richesses pour toi. 22 Et Abram dit au roi de Sodome: Je lève ma main vers l'Éternel, le Dieu Très-Haut, fondateur des cieux et de la terre, 23 Que je ne prendrai pas même un fil ou une courroie de soulier, rien qui t'appartienne, en sorte que tu ne dises pas: C'est moi qui ai enrichi Abram. 24 Rien pour moi! Seulement ce que les jeunes gens ont mangé, et la part des hommes qui sont venus avec moi, Aner, Eshcol et Mamré: pour eux, qu'ils prennent leur part.

15

1 Après ces choses, la parole de l'Éternel fut adressée à Abram dans une vision, en disant: Ne crains point, Abram, je suis ton bouclier, et ta très grande récompense. 2 Et Abram répondit: Seigneur Éternel, que me donneras-tu? Je m'en vais sans enfants, et celui qui possédera ma maison est Eliézer de Damas. 3 Et Abram dit: Voici, tu ne m'as pas donné de postérité, et voilà qu'un serviteur né dans ma maison sera mon héritier. 4 Et voici, la parole de l'Éternel lui fut adressée, en disant: Celui-ci ne sera point ton héritier; mais celui qui sortira de tes entrailles, sera ton héritier. 5 Puis il le mena dehors et lui dit: Regarde vers le ciel, et compte les étoiles, si tu peux les compter. Et il lui dit: Ainsi sera ta postérité. 6 Et Abram crut à l'Éternel, qui lui imputa cela à justice. 7 Et il lui dit: Je suis l'Éternel, qui t'a fait sortir d'Ur des Caldéens, afin de te donner ce pays pour le posséder. 8 Et il dit: Seigneur Éternel, à quoi connaîtrai-je que je le posséderai? 9 Et il lui répondit: Prends pour moi une génisse de trois ans, une chèvre de trois ans, un bélier de trois ans, une tourterelle et un pigeonneau. 10 Et il prit toutes ces choses, et les partagea par le milieu, et il mit chaque moitié vis-à-vis de l'autre; mais il ne partagea point les oiseaux. 11 Et les oiseaux de proie fondirent sur ces bêtes mortes; mais Abram les chassa. 12 Et comme le soleil allait se coucher, un profond sommeil tomba sur Abram; et voici, une terreur, une obscurité profonde tomba sur lui. 13 Et l'Éternel dit à Abram: Sache que ta postérité sera étrangère dans un pays qui ne lui appartiendra point, et qu'elle en servira les habitants, et qu'ils l'opprimeront pendant quatre cents ans. 14 Mais je jugerai aussi la nation à laquelle tes descendants seront asservis; et ensuite ils sortiront avec de grandes

richesses. ¹⁵ Et toi, tu t'en iras en paix vers tes pères, tu seras enseveli dans une heureuse vieillesse. ¹⁶ Et à la quatrième génération ils reviendront ici; car l'iniquité de l'Amoréen n'est pas encore à son comble. ¹⁷ Et lorsque le soleil fut couché, il y eut une obscurité épaisse; et voici, il y eut une fournaise fumante, et une flamme de feu qui passa entre les chairs partagées. ¹⁸ En ce jour-là, l'Éternel traita alliance avec Abram, en disant: Je donne ce pays à ta postérité, depuis le fleuve d'Égypte jusqu'au grand fleuve, au fleuve d'Euphrate; ¹⁹ Les Kéniens, les Kéniziens, les Kadmoniens, ²⁰ Les Héthiens, les Phéréziens, les Rephaïms, ²¹ Les Amoréens, les Cananéens, les Guirgasiens et les Jébusiens.

16

¹ Or, Saraï, femme d'Abram, ne lui avait point donné d'enfant; et elle avait une servante égyptienne, nommée Agar. ² Et Saraï dit à Abram: Voici, l'Éternel m'a rendue stérile; viens, je te prie, vers ma servante; peut-être aurai-je des enfants par elle. Et Abram obéit à la voix de Saraï. ³ Et Saraï, femme d'Abram, prit Agar, l'Égyptienne, sa servante, et la donna pour femme à Abram son mari, après qu'il eut demeuré dix ans au pays de Canaan. ⁴ Il vint donc vers Agar, et elle conçut. Et quand elle vit qu'elle avait conçu, elle méprisa sa maîtresse. ⁵ Alors Saraï dit à Abram: L'outrage qu'on m'est fait retombe sur toi. J'ai mis ma servante dans ton sein; et depuis qu'elle a vu qu'elle est enceinte, elle me méprise. Que l'Éternel juge entre moi et toi. ⁶ Et Abram répondit à Saraï: Voici, ta servante est entre tes mains, traite-la comme il te plaira. Et Saraï la maltraita, et elle s'enfuit de devant elle. ⁷ Mais l'ange de l'Éternel la trouva près d'une source d'eau dans le désert, près de la source qui est sur le chemin de Shur. ⁸ Et il lui dit: Agar, servante de Saraï, d'où viens-tu? et où vas-tu? Et elle répondit: Je fuis de devant Saraï ma maîtresse. ⁹ Et l'ange de l'Éternel lui dit: Retourne vers ta maîtresse et humilie-toi sous sa main. ¹⁰ Et l'ange de l'Éternel lui dit: Je multiplierai tellement ta postérité qu'on ne pourra la compter, tant elle sera nombreuse. ¹¹ Et l'ange de l'Éternel lui dit: Voici, tu es enceinte; et tu enfanteras un fils, et tu le nommeras Ismaël (Dieu entend); car l'Éternel t'a entendue dans ton affliction. ¹² Il sera semblable à un âne sauvage; sa main sera contre tous, et la main de tous contre lui; et il habitera en face de tous ses frères. ¹³ Et elle appela le nom de l'Éternel qui lui avait parlé Atta-El-Roï (tu es un Dieu qui voit). Car elle dit: N'ai-je pas même, ici, vu celui qui me voyait? ¹⁴ C'est pourquoi on appela ce puits, le puits de Lachaï-Roï (du Vivant qui me voit). Voici, il est entre Kadès et Béred. ¹⁵ Et Agar enfanta un fils à Abram. Et Abram appela son fils, qu'Agar lui avait enfanté, Ismaël. ¹⁶ Or, Abram était âgé de quatre-vingt-six ans, quand Agar enfanta Ismaël à Abram.

17

¹ Puis, Abram étant parvenu à l'âge de quatre-vingt-dix-neuf ans, l'Éternel apparut à Abram, et lui dit: Je suis le Dieu Tout-Puissant; marche devant ma face, et sois intègre. ² Et j'établirai mon alliance entre moi et toi, et je te multiplierai très abondamment. ³ Alors Abram tomba sur sa face; et Dieu lui parla, et lui dit: ⁴ Pour moi, voici, mon alliance est avec toi, et tu deviendras père d'une multitude de nations. ⁵ Et l'on ne t'appellera plus Abram (père élevé), mais ton nom sera Abraham (père d'une multitude); car je t'établis père d'une multitude de nations. ⁶ Et je te ferai croître très abondamment, et je ferai de toi des nations; et des rois sortiront de toi. ⁷ Et j'établirai mon alliance entre moi et toi, et ta postérité après toi, d'âge en âge, pour être une alliance éternelle; afin que je sois ton Dieu, et celui de ta postérité après toi. ⁸ Et je donnerai, à toi et à ta postérité après toi, le pays où tu séjournes, tout le pays de Canaan, en possession perpétuelle; et je serai leur Dieu. ⁹ Puis Dieu dit à Abraham: Mais toi, tu garderas mon alliance, toi et ta postérité après toi, d'âge en âge. ¹⁰ Voici mon alliance que vous garderez, et qui sera

entre moi et vous, et ta postérité après toi: c'est que tout mâle parmi vous sera circoncis. [11] Et vous circoncirez votre chair, et ce sera un signe d'alliance entre moi et vous. [12] A l'âge de huit jours tout mâle sera circoncis parmi vous, dans vos générations, tant celui qui est né dans la maison que celui qui, acheté à prix d'argent de quelque étranger que ce soit, n'est point de ta race; [13] On ne manquera pas de circoncire celui qui est né dans ta maison, et celui qui a été acheté de ton argent; et mon alliance sera dans votre chair une alliance éternelle. [14] L'incirconcis, le mâle qui ne se circoncira pas dans sa chair, sera retranché d'entre ses peuples: il a violé mon alliance. [15] Dieu dit à Abraham: Quant à Saraï ta femme, tu ne l'appelleras plus Saraï, mais Sara (princesse) est son nom. [16] Et je la bénirai; et même je te donnerai d'elle un fils. Je la bénirai et elle deviendra des nations; des rois de peuples sortiront d'elle. [17] Alors Abraham tomba sur sa face; et il rit, et dit en son cœur: Naîtrait-il un enfant à un homme âgé de cent ans? et Sara, âgée de quatre-vingt-dix ans, enfanterait-elle? [18] Et Abraham dit à Dieu: Puisse Ismaël vivre devant toi! [19] Et Dieu dit: Certainement, Sara ta femme va t'enfanter un fils, et tu l'appelleras Isaac (rire), et j'établirai mon alliance avec lui, en alliance éternelle pour sa postérité après lui. [20] Je t'exauce aussi touchant Ismaël: Voici, je le bénis, et je le ferai croître et multiplier très abondamment. Il sera père de douze princes; et je ferai de lui une grande nation. [21] Mais j'établirai mon alliance avec Isaac, que Sara t'enfantera à cette époque, l'année prochaine. [22] Et quand il eut achevé de parler avec lui, Dieu remonta d'auprès d'Abraham. [23] Et Abraham prit Ismaël son fils et tous ceux qui étaient nés dans sa maison, et tous ceux qu'il avait achetés de son argent, tous les mâles parmi les gens de la maison d'Abraham; et il circoncit leur chair en ce même jour-là, comme Dieu le lui avait dit. [24] Or Abraham était âgé de quatre-vingt-dix-neuf ans, quand il se circoncit. [25] Et Ismaël son fils avait treize ans, lorsqu'il fut circoncis. [26] Abraham et Ismaël son fils furent circoncis en ce même jour-là. [27] Et toutes les personnes de sa maison, ceux qui étaient nés dans la maison, et ceux qui avaient été achetés des étrangers à prix d'argent, furent circoncis avec lui.

18

[1] Puis l'Éternel apparut à Abraham aux chênes de Mamré, comme il était assis à la porte de la tente, pendant la chaleur du jour. [2] Il leva les yeux, et regarda; et voici, trois hommes étaient debout devant lui; et dès qu'il les vit, il courut au-devant d'eux, de la porte de la tente, et se prosterna en terre; [3] Et il dit: Mon Seigneur, je te prie, si j'ai trouvé grâce à tes yeux, ne passe point outre, je te prie, devant ton serviteur. [4] Qu'on prenne, je vous prie, un peu d'eau, et lavez vos pieds; et reposez-vous sous cet arbre. [5] Et j'apporterai un morceau de pain, et vous fortifierez votre cœur, ensuite vous passerez outre; car c'est pour cela que vous êtes passés près de votre serviteur. Et ils dirent: Fais comme tu as dit. [6] Alors Abraham alla en hâte dans la tente, vers Sara, et dit: Apporte vite trois mesures de fleur de farine, pétris-les et fais des gâteaux. [7] Puis Abraham courut vers le troupeau, prit un veau tendre et bon, et le donna au serviteur, qui se hâta de l'apprêter. [8] Ensuite il prit du beurre et du lait, et le veau qu'il avait apprêté, et les mit devant eux; et lui se tenait devant eux sous l'arbre; et ils mangèrent. [9] Et ils lui dirent: Où est Sara ta femme? Et il répondit: La voilà dans la tente. [10] Et il dit: Je ne manquerai pas de revenir vers toi dans un an; et voici, Sara ta femme aura un fils. Et Sara écoutait à la porte de la tente, qui était derrière lui. [11] Or Abraham et Sara étaient vieux, avancés en âge; Sara n'avait plus ce que les femmes ont coutume d'avoir. [12] Et Sara rit en elle-même, en disant: Quand je suis vieille, aurais-je ce plaisir! mon seigneur aussi est vieux. [13] Et l'Éternel dit à Abraham: Pour-quoi donc Sara a-t-elle ri, en disant: Est-ce que vraiment j'enfanterais, vieille comme je suis? [14] Est-il rien d'impossible à l'Éternel? A l'époque fixée je reviendrai vers toi, dans un an, et Sara aura un fils. [15] Et Sara nia, en disant: Je n'ai

point ri; car elle eut peur. Mais il dit: Non, car tu as ri. [16] Et ces hommes se levèrent de là, et regardèrent vers Sodome; et Abraham allait avec eux, pour les reconduire. [17] Et l'Éternel dit: Cacherai-je à Abraham ce que je vais faire, [18] Quand Abraham doit devenir une nation grande et puissante, et que toutes les nations de la terre seront bénies en lui? [19] Car je l'ai connu, afin qu'il commande à ses enfants, et à sa maison après lui, de garder la voie de l'Éternel, pour faire ce qui est juste et droit; afin que l'Éternel fasse venir sur Abraham ce qu'il a dit de lui. [20] Et l'Éternel dit: Le cri contre Sodome et Gomorrhe est vraiment grand, et leur péché est vraiment très grave. [21] Je veux descendre et voir s'ils ont agi entièrement selon le cri qui en est venu jusqu'à moi; et si cela n'est pas, je le saurai. [22] Alors ces hommes, partant de là, allèrent vers Sodome; mais Abraham se tint encore devant l'Éternel. [23] Et Abraham s'approcha et dit: Feras-tu aussi le juste avec le méchant? [24] Peut-être y a-t-il cinquante justes dans la ville; les feras-tu périr aussi, et ne pardonneras-tu point à ce lieu, à cause des cinquante justes, s'ils y sont? [25] Il n'arrivera pas que tu fasses une telle chose, que tu fasses mourir le juste avec le méchant, en sorte que le juste soit traité comme le méchant. Non, tu ne le feras point. Celui qui juge toute la terre, ne fera-t-il point justice? [26] Et l'Éternel dit: Si je trouve à Sodome cinquante justes dans la ville, je pardonnerai à toute la ville pour l'amour d'eux. [27] Et Abraham reprit et dit: Voici, je m'enhardis à parler au Seigneur, bien que je ne sois que poussière et cendre. [28] Peut-être des cinquante justes en manquera-t-il cinq: détruiras-tu, pour cinq, toute la ville? Et il répondit: Je ne la détruirai point, si j'y trouve quarante-cinq justes. [29] Et Abraham continua de lui parler, et dit: Peut-être s'y en trouvera-t-il quarante? Et il dit: Je ne le ferai point, pour l'amour de ces quarante. [30] Et Abraham dit: Je prie le Seigneur de ne pas s'irriter, et je parlerai: Peut-être s'y en trouvera-t-il trente? Et il dit: Je ne le ferai point, si j'y en trouve trente. [31] Et Abraham dit: Voici, je m'enhardis à parler au Seigneur: Peut-être s'en trouvera-t-il vingt? Et il dit: Je ne la détruirai point, pour l'amour de ces vingt. [32] Et Abraham dit: Je prie le Seigneur de ne pas s'irriter, et je parlerai, seulement cette fois. Peut-être s'y en trouvera-t-il dix? Et il dit: Je ne la détruirai point, pour l'amour de ces dix. [33] Et l'Éternel s'en alla, quand il eut achevé de parler à Abraham. Et Abraham retourna en sa demeure.

19

[1] Or, sur le soir les deux anges arrivèrent à Sodome; et Lot était assis à la porte de Sodome. Et Lot les vit, et il se leva pour aller au-devant d'eux, et se prosterna le visage contre terre. [2] Et il dit: Voici, je vous prie, mes seigneurs, venez loger dans la maison de votre serviteur, et passez-y la nuit et lavez vos pieds; et demain matin vous vous lèverez, et vous continuerez votre chemin. Mais ils dirent: Non, nous passerons la nuit dans la rue. [3] Mais il les pressa tellement qu'ils allèrent loger chez lui et entrèrent dans sa maison. Et il leur fit un festin, et fit cuire des pains sans levain, et ils mangèrent. [4] Ils n'étaient pas encore couchés, que les hommes de la ville, les hommes de Sodome, environnèrent la maison, depuis le jeune homme jusqu'au vieillard, tout le peuple ensemble. [5] Et appelant Lot, ils lui dirent: Où sont les hommes qui sont venus chez toi cette nuit? Fais-les sortir, que nous les connaissions. [6] Alors Lot sortit vers eux à l'entrée de la maison, et il ferma la porte après lui, [7] Et il leur dit: Je vous prie, mes frères, ne faites point le mal! [8] Voici, j'ai deux filles, qui n'ont point connu d'homme; je vous les amènerai, et vous leur ferez ce qu'il vous plaira; seulement ne faites rien à ces hommes, puisqu'ils sont venus à l'ombre de mon toit. [9] Mais ils lui dirent: Retire-toi de là! Puis ils dirent: Cet homme-là est venu ici comme étranger, et il se mêle de juger! Eh bien, nous te traiterons plus mal qu'eux. Et, pressant Lot violemment, ils s'approchèrent pour enfoncer la porte. [10] Mais ces hommes, avançant leurs mains, firent rentrer Lot vers eux dans la maison, et

fermèrent la porte. [11] Puis ils frappèrent d'éblouissement les hommes qui étaient à l'entrée de la maison, depuis le plus petit jusqu'au plus grand; de sorte qu'ils se lassèrent à chercher la porte. [12] Alors ces hommes dirent à Lot: Qui as-tu encore ici? Gendre, fils, filles, et tout ce qui est à toi dans la ville, fais tout sortir de ce lieu. [13] Car nous allons détruire ce lieu, parce que le cri contre ses habitants est grand devant l'Éternel, et l'Éternel nous a envoyés pour le détruire. [14] Alors Lot sortit et parla à ses gendres, qui avaient pris ses filles, et leur dit: Levez-vous, sortez de ce lieu; car l'Éternel va détruire la ville. Mais ses gendres crurent qu'il se moquait. [15] Et dès que l'aurore se leva, les anges pressèrent Lot, en disant: Lève-toi, prends ta femme et tes deux filles qui se trouvent ici, de peur que tu ne périsses dans le châtiment de la ville. [16] Et comme il tardait, ces hommes le prirent par la main; ils prirent aussi par la main sa femme et ses deux filles, parce que l'Éternel voulait l'épargner; et ils l'emmenèrent, et le mirent hors de la ville. [17] Or, dès qu'ils les eurent fait sortir, l'un d'eux dit: Sauve ta vie; ne regarde point derrière toi, et ne t'arrête en aucun endroit de la plaine; sauve-toi vers la montagne, de peur que tu ne périsses. [18] Et Lot leur répondit: Non, Seigneur, je te prie; [19] Voici, ton serviteur a trouvé grâce devant tes yeux, et tu as signalé ta miséricorde envers moi, en me sauvant la vie. Mais moi, je ne puis me sauver vers la montagne, que le mal ne m'atteigne, et que je ne meure. [20] Voici, je te prie, cette ville est assez proche pour s'y enfuir, et elle est petite; que je m'y sauve, je te prie, - n'est-elle pas petite? - et que mon âme vive. [21] Et il lui dit: Voici, je t'accorde encore cette grâce, de ne point détruire la ville dont tu as parlé. [22] Hâte-toi de t'y sauver; car je ne puis rien faire jusqu'à ce que tu y sois entré. C'est pour cela qu'on appela cette ville Tsoar (petite). [23] Comme le soleil se levait sur la terre, Lot entra dans Tsoar. [24] Alors l'Éternel fit pleuvoir sur Sodome et sur Gomorrhe du soufre et du feu, de la part de l'Éternel, du haut des cieux. [25] Et il détruisit ces villes et toute la plaine, et tous les habitants des villes, et les germes de la terre. [26] Mais la femme de Lot regarda derrière elle, et elle devint une statue de sel. [27] Et Abraham se leva de bon matin, et vint au lieu où il s'était tenu devant l'Éternel. [28] Et il regarda vers Sodome et Gomorrhe, et sur toute la surface du pays de la plaine, et il vit monter de la terre une fumée comme la fumée d'une fournaise. [29] Or, lorsque Dieu détruisit les villes de la plaine, Dieu se souvint d'Abraham, et il fit partir Lot du milieu de la ruine, quand il renversa les villes où Lot avait habité. [30] Et Lot monta de Tsoar, et habita dans la montagne avec ses deux filles, car il craignait de demeurer dans Tsoar; et il demeura dans une caverne, lui et ses deux filles. [31] Et l'aînée dit à la plus jeune: Notre père est vieux, et il n'y a personne sur la terre pour venir vers nous, selon la coutume de tous les pays. [32] Viens, faisons boire du vin à notre père, et couchons avec lui, afin que nous conservions la race de notre père. [33] Elles firent donc boire du vin à leur père cette nuit-là. Et l'aînée vint, et coucha avec son père; mais il ne s'aperçut ni quand elle se coucha, ni quand elle se leva. [34] Et le lendemain, l'aînée dit à la plus jeune: Voici, j'ai couché la nuit passée avec mon père; faisons-lui boire du vin encore cette nuit; puis va, couche avec lui, et nous conserverons la race de notre père. [35] Elles firent donc, encore cette nuit-là, boire du vin à leur père. Et la plus jeune se leva et coucha avec lui; mais il ne s'aperçut ni quand elle se coucha, ni quand elle se leva. [36] Et les deux filles de Lot conçurent de leur père. [37] Et l'aînée enfanta un fils, et l'appela du nom de Moab (issu d'un père); c'est le père des Moabites jusqu'à ce jour. [38] Et la plus jeune aussi enfanta un fils, et l'appela du nom de Ben-Ammi (fils de mon peuple). C'est le père des enfants d'Ammon jusqu'à ce jour.

20

[1] Abraham partit de là pour le pays du Midi, et il demeura entre Kadès et Shur, et il séjourna à Guérar. [2] Et Abraham dit de Sara sa femme: C'est ma sœur. Et Abimélec, roi de

Guérar, envoya enlever Sara. ³ Mais Dieu vint vers Abimélec, en songe, pendant la nuit, et lui dit: Voici, tu es mort, à cause de la femme que tu as prise; car elle a un mari. ⁴ Or, Abimélec ne s'était point approché d'elle. Et il répondit: Seigneur, feras-tu périr même une nation juste? ⁵ Ne m'a-t-il pas dit: C'est ma sœur? Et elle, elle aussi, n'a-t-elle pas dit: C'est mon frère? C'est dans l'intégrité de mon cœur, et dans l'innocence de mes mains que j'ai fait cela. ⁶ Et Dieu lui dit en songe: Moi aussi je sais que tu l'as fait dans l'intégrité de ton cœur; aussi t'ai-je empêché de pécher contre moi; c'est pour cela que je n'ai point permis que tu la touchasses. ⁷ Mais maintenant rends la femme de cet homme, car il est prophète; et il priera pour toi, et tu vivras. Mais si tu ne la rends pas, sache que tu mourras certainement, toi et tout ce qui est à toi. ⁸ Et Abimélec se leva de bon matin, et appela tous ses serviteurs, et leur fit entendre toutes ces paroles; et ces gens furent saisis de crainte. ⁹ Puis Abimélec appela Abraham et lui dit: Que nous as-tu fait? Et en quoi t'ai-je offensé, que tu aies fait venir sur moi et sur mon royaume un si grand péché? Tu as fait à mon égard des choses qui ne se font pas. ¹⁰ Puis Abimélec dit à Abraham: Qu'avais-tu en vue, pour en agir ainsi? ¹¹ Et Abraham répondit: C'est que je me suis dit: Il n'y a sûrement aucune crainte de Dieu dans ce lieu, et ils me tueront à cause de ma femme. ¹² Mais aussi, en vérité, elle est ma sœur, fille de mon père; seulement, elle n'est point fille de ma mère; et elle est devenue ma femme. ¹³ Or, lorsque Dieu me fit errer loin de la maison de mon père, je lui dis: Voici la faveur que tu me feras: Dans tous les lieux où nous irons, dis de moi: C'est mon frère. ¹⁴ Alors Abimélec prit des brebis et des bœufs, des serviteurs et des servantes, et les donna à Abraham, et il lui rendit Sara sa femme. ¹⁵ Et Abimélec dit: Voici, mon pays est à ta disposition; habite où il te plaira. ¹⁶ Et il dit à Sara: Voici, j'ai donné à ton frère mille pièces d'argent; voici, ce sera pour toi un voile sur les yeux, devant tous ceux qui sont avec toi; et auprès de tous tu seras justifiée. ¹⁷ Et Abraham pria Dieu; et Dieu guérit Abimélec, sa femme et ses servantes, et elles enfantèrent. ¹⁸ Car l'Éternel avait entièrement rendu stérile toute la maison d'Abimélec, à cause de Sara, femme d'Abraham.

21

¹ Et l'Éternel visita Sara, comme il l'avait dit; et l'Éternel fit à Sara comme il en avait parlé. ² Et Sara conçut, et enfanta un fils à Abraham dans sa vieillesse, à l'époque que Dieu lui avait dite. ³ Et Abraham appela son fils, qui lui était né, et que Sara lui avait enfanté, Isaac. ⁴ Et Abraham circoncit Isaac son fils à l'âge de huit jours, comme Dieu le lui avait commandé. ⁵ Or, Abraham était âgé de cent ans, quand Isaac, son fils, lui naquit. ⁶ Et Sara dit: Dieu m'a fait une chose qui fera rire; tous ceux qui l'apprendront, riront à mon sujet. ⁷ Puis elle dit: Qui eût dit à Abraham que Sara allaiterait des enfants? car je lui ai enfanté un fils dans sa vieillesse. ⁸ Et l'enfant grandit, et fut sevré. Et Abraham fit un grand festin le jour où Isaac fut sevré. ⁹ Et Sara vit le fils d'Agar l'Égyptienne qu'elle avait enfanté à Abraham, qui riait. ¹⁰ Et elle dit à Abraham: Chasse cette servante et son fils, car le fils de cette servante n'héritera point avec mon fils, avec Isaac. ¹¹ Et cette parole déplut fort à Abraham, à cause de son fils. ¹² Mais Dieu dit à Abraham: Que cela ne te déplaise pas à cause de l'enfant et de ta servante. Quoi que te dise Sara, obéis à sa voix: car c'est en Isaac que ta postérité sera appelée de ton nom. ¹³ Mais je ferai aussi du fils de la servante une nation, parce qu'il est ta race. ¹⁴ Et Abraham se leva de bon matin, prit du pain et une outre d'eau, et les donna à Agar; il les mit sur son épaule; il lui donna aussi l'enfant et la renvoya. Et elle s'en alla et erra dans le désert de Béer-Shéba. ¹⁵ Quand l'eau de l'outre fut épuisée, elle laissa l'enfant sous un des arbrisseaux. ¹⁶ Et elle s'en alla, et s'assit vis-à-vis, environ à la distance d'une portée d'arc; car elle dit: Que je ne voie pas mourir l'enfant. Et elle s'assit vis-à-vis, éleva la voix, et pleura. ¹⁷ Et Dieu entendit la voix du jeune garçon, et l'ange de Dieu appela des cieux Agar, et lui dit: Qu'as-tu, Agar? Ne

crains point, car Dieu a entendu la voix du jeune garçon, là où il est. 18 Lève-toi, prends le jeune garçon, et tiens-le par la main; car je ferai de lui une grande nation. 19 Et Dieu lui ouvrit les yeux, et elle vit un puits d'eau, et elle alla et remplit l'outre d'eau, et donna à boire au jeune garçon. 20 Et Dieu fut avec le jeune garçon, qui devint grand, et habita dans le désert; et il fut tireur d'arc. 21 Et il habita dans le désert de Paran. Et sa mère lui prit une femme du pays d'Égypte. 22 Et il arriva qu'en ce temps-là Abimélec, accompagné de Picol, chef de son armée, parla à Abraham, en disant: Dieu est avec toi dans tout ce que tu fais. 23 Maintenant donc, jure-moi ici par le nom de Dieu, que tu ne tromperas ni moi, ni mes enfants, ni ma race. Tu agiras envers moi et envers le pays où tu as séjourné, avec la même bonté avec laquelle j'ai agi envers toi. 24 Et Abraham répondit: Je le jurerai. 25 Mais Abraham se plaignit à Abimélec à cause d'un puits d'eau, dont les serviteurs d'Abimélec s'étaient emparés. 26 Et Abimélec dit: Je ne sais qui a fait cela; toi-même tu ne m'en as point averti, et moi je n'en ai entendu parler qu'aujourd'hui. 27 Alors Abraham prit des brebis et des bœufs, et les donna à Abimélec, et ils firent alliance ensemble. 28 Et Abraham mit à part sept jeunes brebis du troupeau. 29 Et Abimélec dit à Abraham: Qu'est-ce que ces sept jeunes brebis que tu as mises à part? 30 Et il répondit: C'est que tu accepteras ces sept jeunes brebis de ma main, afin que ce me soit un témoignage que j'ai creusé ce puits. 31 C'est pourquoi on appela ce lieu-là Béer-Shéba (puits du serment); car ils y jurèrent tous deux. 32 Ils traitèrent donc alliance à Béer-Shéba. Puis Abimélec se leva avec Picol, chef de son armée, et ils retournèrent au pays des Philistins. 33 Et Abraham planta un tamarin à Béer-Shéba, et il invoqua là le nom de l'Éternel, le Dieu d'éternité. 34 Et Abraham séjourna longtemps au pays des Philistins.

22

1 Il arriva, après ces choses, que Dieu éprouva Abraham, et il lui dit: Abraham! et il répondit: Me voici. 2 Et il dit: Prends ton fils, ton unique, celui que tu aimes, Isaac, et va-t'en au pays de Morija, et là offre-le en holocauste, sur une des montagnes que je te dirai. 3 Et Abraham se leva de bon matin, bâta son âne, prit deux de ses serviteurs avec lui, et Isaac son fils; il fendit du bois pour l'holocauste; puis il partit et s'en alla vers le lieu que Dieu lui avait dit. 4 Le troisième jour, Abraham, levant les yeux, vit le lieu de loin. 5 Et Abraham dit à ses serviteurs: Demeurez ici avec l'âne. Moi et l'enfant nous irons jusque-là, et nous adorerons; puis nous reviendrons vers vous. 6 Et Abraham prit le bois de l'holocauste, et le mit sur Isaac son fils; puis il prit dans sa main le feu et le couteau, et ils s'en allèrent tous d'eux ensemble. 7 Alors Isaac parla à Abraham son père, et dit: Mon père! Abraham répondit: Me voici, mon fils. Et il dit: Voici le feu et le bois; mais où est l'agneau pour l'holocauste? 8 Et Abraham répondit: Mon fils, Dieu se pourvoira lui-même de l'agneau pour l'holocauste. Et ils marchèrent tous deux ensemble. 9 Et ils vinrent au lieu que Dieu lui avait dit, et Abraham y bâtit l'autel, et rangea le bois; et il lia Isaac son fils, et le mit sur l'autel, par-dessus le bois. 10 Puis Abraham étendit la main, et prit le couteau pour égorger son fils. 11 Mais l'ange de l'Éternel lui cria des cieux, et dit: Abraham, Abraham! Et il répondit: Me voici. 12 Et il dit: Ne porte pas ta main sur l'enfant, et ne lui fais rien. Car maintenant je sais que tu crains Dieu, puisque tu ne m'as pas refusé ton fils, ton unique. 13 Et Abraham leva les yeux et regarda, et voici derrière lui un bélier, retenu dans un buisson par les cornes. Alors Abraham alla prendre le bélier, et l'offrit en holocauste à la place de son fils. 14 Et Abraham appela ce lieu-là, Jéhova-jiré (l'Éternel y pourvoira). De sorte qu'on dit aujourd'hui: Sur la montagne de l'Éternel il y sera pourvu. 15 Et l'ange de l'Éternel cria des cieux à Abraham pour la seconde fois, 16 Et dit: Je jure par moi-même, dit l'Éternel, que, puisque tu as fait cela, et que tu n'as point refusé ton fils, ton unique, 17 Je te bénirai certainement, et je multiplierai ta postérité

comme les étoiles des cieux, et comme le sable qui est sur le bord de la mer; et ta postérité possédera la porte de ses ennemis. [18] Et toutes les nations de la terre seront bénies en ta postérité, parce que tu as obéi à ma voix. [19] Alors Abraham retourna vers ses serviteurs; et ils se levèrent et s'en allèrent ensemble à Béer-Shéba; et Abraham demeura à Béer-Shéba. [20] Or, après ces choses, on fit rapport à Abraham, en disant: Voici, Milca a enfanté, elle aussi, des enfants à Nachor ton frère: [21] Uts son premier-né, Buz son frère, Kémuël, père d'Aram; [22] Késed, Hazo, Pildash, Jidlaph et Béthuël. [23] Et Béthuël a engendré Rébecca. Milca enfanta ces huit à Nachor, frère d'Abraham. [24] Et sa concubine, nommée Réuma, enfanta, elle aussi, Thébah, Gaham, Tahash et Maaca.

23

[1] Or, Sara vécut cent vingt-sept ans; ce sont là les années de la vie de Sara. [2] Et Sara mourut à Kirjath-Arba, qui est Hébron, dans le pays de Canaan. Et Abraham vint pour mener deuil sur Sara, et pour la pleurer. [3] Puis Abraham se leva de devant son mort, et parla aux enfants de Heth, en disant: [4] Je suis un étranger et un hôte chez vous; donnez-moi la propriété d'une sépulture chez vous, afin que j'enterre mon mort et que je l'ôte de devant moi. [5] Et les enfants de Heth répondirent à Abraham, en lui disant: [6] Écoute-nous, mon seigneur; tu es un prince de Dieu au milieu de nous; enterre ton mort dans le meilleur de nos tombeaux. Nul de nous ne te refusera son tombeau pour enterrer ton mort. [7] Alors Abraham se leva et se prosterna devant le peuple du pays, devant les enfants de Heth. [8] Et il leur dit: S'il vous plaît que j'enterre mon mort et que je l'ôte de devant moi, écoutez-moi, et intercédez pour moi auprès d'Ephron, fils de Tsohar, [9] Afin qu'il me donne sa caverne de Macpéla, qui est à l'extrémité de son champ; qu'il me la cède pour sa pleine valeur, en propriété sépulcrale au milieu de vous. [10] Or Ephron était assis parmi les enfants de Heth. Et Ephron, le Héthien, répondit à Abraham devant les enfants de Heth qui écoutaient, devant tous ceux qui entraient par la porte de sa ville, et dit: [11] Non, mon seigneur, écoute-moi: Je te donne le champ, je te donne aussi la caverne qui y est; je te la donne en présence des enfants de mon peuple; enterre ton mort. [12] Et Abraham se prosterna devant le peuple du pays; [13] Et il parla à Ephron, devant le peuple du pays qui écoutait, et dit: Cependant, écoute-moi, je te prie; je donne l'argent du champ; reçois-le de moi et j'y enterrerai mon mort. [14] Et Ephron répondit à Abraham, en lui disant: [15] Mon seigneur, écoute-moi: une terre de quatre cents sicles d'argent, entre moi et toi, qu'est-ce que cela? Enterre donc ton mort. [16] Et Abraham entendit Ephron, et Abraham pesa à Ephron l'argent qu'il avait dit, en présence des enfants de Heth, quatre cents sicles d'argent ayant cours chez le marchand. [17] Et le champ d'Ephron, qui était à Macpéla, devant Mamré, le champ, la caverne qui y était, et tous les arbres qui étaient dans le champ et dans tous ses confins tout autour, [18] Furent assurés en propriété à Abraham, en présence des enfants de Heth, devant tous ceux qui entraient par la porte de sa ville. [19] Et, après cela, Abraham enterra Sara sa femme dans la caverne du champ de Macpéla, en face de Mamré, qui est Hébron, au pays de Canaan. [20] Et le champ, et la caverne qui y est, furent assurés par les Héthiens à Abraham en propriété sépulcrale.

24

[1] Or Abraham était vieux, avancé en âge; et l'Éternel avait béni Abraham en toutes choses. [2] Et Abraham dit à son serviteur, le plus ancien de sa maison, qui avait le gouvernement de tout ce qui lui appartenait: Mets, je te prie, ta main sous ma cuisse, [3] Et je te ferai jurer par l'Éternel, le Dieu des cieux et le Dieu de la terre, que tu ne prendras point de femme pour mon fils, d'entre les filles des Cananéens, parmi lesquels j'habite. [4] Mais tu iras dans mon pays et vers ma parenté, et tu y prendras une femme pour mon fils, pour Isaac. [5] Et le serviteur lui répondit: Peut-être que la femme ne voudra

point me suivre en ce pays. Me faudra-t-il ramener ton fils au pays d'où tu es sorti? 6 Abraham lui dit: Garde-toi bien d'y ramener mon fils. 7 L'Éternel, le Dieu des cieux, qui m'a pris de la maison de mon père et du pays de ma naissance, et qui m'a parlé, et qui m'a juré, en disant: Je donnerai à ta postérité ce pays, enverra lui-même son ange devant toi, et tu prendras de là une femme pour mon fils. 8 Que si la femme ne veut pas te suivre, tu seras quitte de ce serment que je te fais faire. Quoi qu'il en soit, n'y ramène point mon fils. 9 Alors le serviteur mit sa main sous la cuisse d'Abraham son maître, et s'engagea par serment à faire ce qu'il avait dit. 10 Puis le serviteur prit dix chameaux d'entre les chameaux de son maître, et partit, avec toute sorte de biens de son maître en ses mains. Il se leva donc, et s'en alla en Mésopotamie, à la ville de Nachor. 11 Et il fit reposer les chameaux sur leurs genoux hors de la ville, près d'un puits d'eau, vers le soir, à l'heure où sortent celles qui vont puiser de l'eau. 12 Et il dit: Éternel, Dieu de mon maître Abraham, fais-moi, je te prie, rencontrer aujourd'hui ce que je cherche et sois favorable à mon seigneur Abraham. 13 Voici, je me tiens près de la source, et les filles des gens de la ville sortent pour puiser de l'eau. 14 Que la jeune fille à qui je dirai: Penche, je te prie, ta cruche, afin que je boive, et qui répondra: Bois, et j'abreuverai aussi tes chameaux, soit celle que tu as destinée à ton serviteur Isaac; et je connaîtrai par là que tu as été favorable à mon seigneur. 15 Et avant qu'il eût achevé de parler, voici, Rébecca, fille de Béthuël, fils de Milca, femme de Nachor, frère d'Abraham, sortait, avec sa cruche sur l'épaule. 16 Et la jeune fille était très belle; elle était vierge, et nul homme ne l'avait connue. Elle descendit à la source, remplit sa cruche et remonta. 17 Alors le serviteur courut au-devant d'elle, et dit: Fais-moi boire, je te prie, un peu de l'eau de ta cruche. 18 Et elle dit: Bois, mon seigneur. Et elle se hâta d'abaisser sa cruche sur sa main, et lui donna à boire. 19 Quand elle eut achevé de lui donner à boire, elle dit: J'en puiserai aussi pour tes chameaux, jusqu'à ce qu'ils aient achevé de boire. 20 Et elle se hâta de vider sa cruche dans l'abreuvoir, courut encore au puits pour en puiser, et en puisa pour tous ses chameaux. 21 Et cet homme la contemplait en silence, pour savoir si l'Éternel avait fait réussir son voyage ou non. 22 Et, dès que les chameaux eurent achevé de boire, cet homme prit un anneau d'or, pesant un demi-sicle, et deux bracelets pour ses mains, pesant dix sicles d'or. 23 Et il dit: De qui es-tu fille? apprends-le-moi, je te prie. Y a-t-il dans la maison de ton père de la place pour nous, pour y passer la nuit? 24 Et elle lui dit: Je suis fille de Béthuël, le fils de Milca, qu'elle enfanta à Nachor. 25 Puis elle lui dit: Il y a chez nous beaucoup de paille et de fourrage, et aussi de la place pour y passer la nuit. 26 Et cet homme s'inclina et se prosterna devant l'Éternel; 27 Et il dit: Béni soit l'Éternel, le Dieu d'Abraham, mon maître, qui n'a pas cessé d'être miséricordieux et fidèle envers mon seigneur! Quand j'étais en chemin, l'Éternel m'a conduit dans la maison des frères de mon seigneur. 28 Et la jeune fille courut et rapporta ces choses à la maison de sa mère. 29 Or, Rébecca avait un frère nommé Laban. Et Laban courut dehors vers cet homme, près de la source. 30 Aussitôt qu'il eut vu l'anneau et les bracelets aux mains de sa sœur, et qu'il eut entendu les paroles de Rébecca sa sœur, qui disait: Cet homme m'a parlé ainsi, il vint vers cet homme; et voici, il se tenait près des chameaux, vers la source. 31 Et il dit: Entre, béni de l'Éternel, pourquoi te tiens-tu dehors, quand j'ai préparé la maison, et un lieu pour les chameaux. 32 L'homme entra donc dans la maison, et Laban déharnacha les chameaux, et donna de la paille et du fourrage aux chameaux, et de l'eau, pour laver ses pieds et les pieds des gens qui étaient avec lui. 33 Et on lui présenta à manger. Mais il dit: Je ne mangerai point, que je n'aie dit ce que j'ai à dire. Et Laban dit: Parle. 34 Alors il dit: Je suis serviteur d'Abraham. 35 Or, l'Éternel a comblé de bénédictions mon seigneur, et il est devenu grand; et il lui a donné des brebis et des bœufs, de l'argent et de l'or, des serviteurs et des servantes, des chameaux et des ânes. 36 Et Sara, femme de mon seigneur, a enfanté un fils à mon seigneur, après être devenue vieille, et il lui a donné tout ce qu'il a. ³⁷ Et mon seigneur m'a fait jurer, en disant: Tu ne prendras point de femme pour mon fils, parmi les filles des Cananéens, dans le pays desquels j'habite. ³⁸ Mais tu iras vers la maison de mon père, et vers ma parenté, et tu y prendras une femme pour mon fils. ³⁹ Et je dis à mon seigneur: Peut-être que la femme ne me suivra pas. ⁴⁰ Et il me répondit: L'Éternel, devant la face de qui je marche, enverra son ange avec toi, et fera réussir ton voyage, et tu prendras une femme pour mon fils, de ma parenté et de la maison de mon père. ⁴¹ Tu seras quitte du serment solennel que tu me fais, quand tu seras allé vers ma parenté; et si on ne te la donne pas, tu seras quitte du serment solennel que tu me fais. ⁴² Et quand je suis venu aujourd'hui à la source, j'ai dit: Éternel, Dieu de mon seigneur Abraham! si tu daignes faire réussir le voyage que j'ai entrepris, ⁴³ Voici, je me tiens près de la source: que la jeune fille qui sortira pour puiser, et à qui je dirai: Donne-moi, je te prie, à boire un peu de l'eau de ta cruche, ⁴⁴ Et qui me répondra: Bois toi-même, et j'en puiserai aussi pour tes chameaux, soit la femme que l'Éternel a destinée au fils de mon seigneur. ⁴⁵ Avant que j'eusse achevé de parler en mon cœur, voici, Rébecca sortait avec sa cruche sur son épaule; et elle est descendue à la source et a puisé de l'eau. Et je lui ai dit: Donne-moi à boire, je te prie; ⁴⁶ Et elle s'est hâtée d'abaisser sa cruche de dessus son épaule, et elle m'a dit: Bois, et j'abreuverai aussi tes chameaux. J'ai donc bu, et elle a aussi abreuvé les chameaux. ⁴⁷ Et je l'ai interrogée, et j'ai dit: De qui es-tu fille? Elle a répondu: Je suis fille de Béthuël, fils de Nachor, que Milca lui enfanta. Alors j'ai mis l'anneau à son visage et les bracelets à ses mains. ⁴⁸ Ensuite je me suis incliné et prosterné devant l'Éternel, et j'ai béni l'Éternel, le Dieu de mon maître Abraham, qui m'a conduit dans le droit chemin, pour prendre la fille du frère de mon seigneur pour son fils. ⁴⁹ Et maintenant, si vous voulez être favorables et fidèles à mon seigneur, déclarez-le-moi; sinon déclarez-le-moi aussi, et je me tournerai à droite ou à gauche. ⁵⁰ Et Laban et Béthuël répondirent, et dirent: La chose procède de l'Éternel; nous ne pouvons te dire ni mal ni bien. ⁵¹ Voici, Rébecca est devant toi, prends-la et pars, et qu'elle soit la femme du fils de ton seigneur, comme l'Éternel l'a dit. ⁵² Et dès que le serviteur d'Abraham eut entendu leurs paroles, il se prosterna en terre devant l'Éternel. ⁵³ Le serviteur tira ensuite des objets d'argent et des objets d'or, et des vêtements, et les donna à Rébecca; il donna aussi des choses précieuses à son frère et à sa mère. ⁵⁴ Et ils mangèrent et burent, lui et les gens qui étaient avec lui, et ils y passèrent la nuit. Et ils se levèrent le lendemain, et le serviteur dit: Renvoyez-moi à mon seigneur. ⁵⁵ Et son frère et sa mère dirent: Que la jeune fille demeure avec nous quelques jours, une dizaine; puis elle s'en ira. ⁵⁶ Et il leur dit: Ne me retardez point, puisque l'Éternel a fait réussir mon voyage. Renvoyez-moi, que je m'en aille à mon seigneur. ⁵⁷ Alors ils dirent: Appelons la jeune fille et demandons-lui son avis. ⁵⁸ Ils appelèrent donc Rébecca et lui dirent: Veux-tu aller avec cet homme? Et elle répondit: J'irai. ⁵⁹ Alors ils laissèrent aller Rébecca leur sœur, et sa nourrice, et le serviteur d'Abraham, et ses gens. ⁶⁰ Et ils bénirent Rébecca et lui dirent: O notre sœur, sois la mère de milliers de myriades, et que ta postérité possède la porte de ses ennemis! ⁶¹ Et Rébecca et ses servantes se levèrent et montèrent sur les chameaux, et suivirent cet homme. Le serviteur prit donc Rébecca et s'en alla. ⁶² Or, Isaac revenait du puits du Vivant-qui-me-voit; et il demeurait au pays du Midi. ⁶³ Et Isaac était sorti pour méditer dans les champs, vers le soir; et levant les yeux, il regarda, et voici que des chameaux arrivaient. ⁶⁴ Rébecca leva aussi les yeux, vit Isaac, et se jeta à bas du chameau. ⁶⁵ Car elle dit au serviteur: Qui est cet homme-là qui vient dans les champs au-devant de nous? Et le serviteur répondit: C'est mon seigneur. Et elle prit son voile et s'en couvrit. ⁶⁶ Et le serviteur raconta à Isaac toutes les choses qu'il avait faites. ⁶⁷ Alors Isaac mena Rébecca dans la tente de Sara sa mère; et il prit Rébecca, et elle fut sa femme, et il l'aima. Et Isaac se consola, après la mort de sa mère.

25

¹ Or, Abraham prit une autre femme, nommée Kétura, ² Qui lui enfanta Zimran, Jokshan, Médan, Madian, Jishbak, et Shuach. ³ Et Jokshan engendra Sheba et Dedan. Et les enfants de Dedan furent: les Asshurim, les Letushim et les Leümmim. ⁴ Et les fils de Madian furent: Epha, Epher, Hanoc, Abida, Eldaa. Tous ceux-là sont enfants de Kétura. ⁵ Et Abraham donna tout ce qui lui appartenait à Isaac. ⁶ Mais il fit des présents aux fils de ses concubines, et les envoya, durant sa vie, loin de son fils Isaac, vers le Levant, au pays d'Orient. ⁷ Et tout le temps qu'Abraham vécut fut de cent soixante et quinze ans. ⁸ Puis Abraham expira et mourut dans une belle vieillesse, âgé et rassasié de jours; et il fut recueilli vers ses peuples. ⁹ Et Isaac et Ismaël, ses fils, l'enterrèrent dans la caverne de Macpéla, dans le champ d'Ephron, fils de Tsohar, le Héthien, qui est en face de Mamré; ¹⁰ Le champ qu'Abraham avait acheté des enfants de Heth. C'est là que fut enterré Abraham, avec Sara sa femme. ¹¹ Or, après la mort d'Abraham, Dieu bénit Isaac son fils. Et Isaac habita près du puits du Vivant-qui-me-voit. ¹² Et voici les descendants d'Ismaël, fils d'Abraham, qu'Agar, l'Égyptienne, servante de Sara, avait enfanté à Abraham. ¹³ Et voici les noms des fils d'Ismaël, leurs noms selon leur ordre de naissance: le premier-né d'Ismaël, Nebajoth; puis Kédar, Abdéel, Mibsam, ¹⁴ Mishma, Duma, Massa, ¹⁵ Hadar, Théma, Jéthur, Naphish et Kedma. ¹⁶ Ce sont là les fils d'Ismaël, et ce sont là leurs noms, selon leurs villages, et selon leurs bourgs: ce furent les douze princes de leurs peuples. ¹⁷ Et le temps de la vie d'Ismaël fut de cent trente-sept ans. Puis il expira et mourut, et fut recueilli vers ses peuples. ¹⁸ Et ses enfants habitèrent depuis Havila jusqu'à Shur, qui est en face de l'Égypte, quand on va vers l'Assyrie. Il s'établit en face de tous ses frères. ¹⁹ Et voici les descendants d'Isaac, fils d'Abraham: Abraham engendra Isaac. ²⁰ Et Isaac était âgé de quarante ans quand il épousa Rébecca, fille de Béthuël, l'Araméen, de Paddan-Aram, sœur de Laban, l'Araméen. ²¹ Et Isaac pria instamment l'Éternel pour sa femme, car elle était stérile. Et l'Éternel fut fléchi par ses prières; et Rébecca sa femme conçut. ²² Mais les enfants se heurtaient dans son sein, et elle dit: S'il en est ainsi, pourquoi suis-je? Et elle alla consulter l'Éternel. ²³ Et l'Éternel lui dit: Deux nations sont dans ton ventre, et deux peuples se sépareront au sortir de tes entrailles. Un de ces peuples sera plus fort que l'autre; et le plus grand servira le plus petit. ²⁴ Et le temps où elle devait accoucher arriva, et voici, il y avait deux jumeaux dans son ventre. ²⁵ Celui qui sortit le premier était roux, tout velu comme un manteau de poil; et ils l'appelèrent Ésaü (velu). ²⁶ Et après cela sortit son frère, et sa main tenait le talon d'Ésaü; et on l'appela Jacob (supplanteur). Et Isaac était âgé de soixante ans quand ils naquirent. ²⁷ Et les enfants grandirent, et Ésaü devint un habile chasseur, un homme des champs; mais Jacob était un homme paisible, se tenant dans les tentes. ²⁸ Et Isaac aimait Ésaü; car la venaison était de son goût; mais Rébecca aimait Jacob. ²⁹ Or, comme Jacob cuisait du potage, Ésaü vint des champs, et il était las. ³⁰ Et Ésaü dit à Jacob: Donne-moi donc à manger de ce roux, de ce roux-là; car je suis très fatigué. C'est pour cela qu'on l'appela Édom (roux). ³¹ Mais Jacob dit: Vends-moi d'abord ton droit d'aînesse. ³² Et Ésaü dit: Voici, je m'en vais mourir; à quoi me sert le droit d'aînesse? ³³ Et Jacob dit: Jure-moi d'abord. Et il lui jura; ainsi il vendit son droit d'aînesse à Jacob. ³⁴ Et Jacob donna à Ésaü du pain et du potage de lentilles; et il mangea, et but; puis il se leva et s'en alla. Ainsi Ésaü méprisa le droit d'aînesse.

26

¹ Or, il y eut une famine au pays, outre la première famine qui avait eu lieu du temps

d'Abraham. Et Isaac s'en alla vers Abimélec, roi des Philistins, à Guérar. [2] Et l'Éternel lui apparut, et lui dit: Ne descends point en Égypte; demeure au pays que je te dirai. [3] Séjourne dans ce pays, et je serai avec toi, et je te bénirai. Car je donnerai, à toi et à ta postérité, tous ces pays-ci, et je mettrai à exécution le serment que j'ai fait à Abraham, ton père. [4] Et je multiplierai ta postérité comme les étoiles des cieux, et je donnerai à ta postérité tous ces pays-ci; et toutes les nations de la terre seront bénies en ta postérité, [5] Parce qu'Abraham a obéi à ma voix, et a gardé ce que je lui avais ordonné, mes commandements, mes statuts et mes lois. [6] Isaac demeura donc à Guérar. [7] Et quand les gens du lieu s'informèrent de sa femme, il répondit: C'est ma sœur; car il craignait de dire: C'est ma femme; de peur, disait-il, que les habitants du lieu ne me tuent à cause de Rébecca; car elle était belle de figure. [8] Or, il arriva, quand il y eut passé un assez long temps, qu'Abimélec, roi des Philistins, regarda par la fenêtre, et il vit Isaac qui se jouait avec Rébecca, sa femme. [9] Alors Abimélec appela Isaac, et lui dit: Certainement, voici, c'est ta femme; et comment as-tu dit: C'est ma sœur? Et Isaac lui répondit: C'est que j'ai dit: Il ne faut pas que je meure à cause d'elle. [10] Et Abimélec dit: Que nous as-tu fait? Peu s'en est fallu que quelqu'un du peuple n'ait abusé de ta femme, et que tu ne nous aies rendus coupables. [11] Et Abimélec donna cet ordre à tout le peuple: Celui qui touchera à cet homme ou à sa femme, sera puni de mort. [12] Et Isaac sema dans cette terre-là, et il recueillit cette année le centuple; car l'Éternel le bénit. [13] Et cet homme devint grand, et il allait toujours s'accroissant, jusqu'à ce qu'il devînt fort riche. [14] Et il eut des troupeaux de brebis et des troupeaux de bœufs, et un grand nombre de serviteurs; et les Philistins lui portèrent envie; [15] Et tous les puits que les serviteurs de son père avaient creusés, du temps de son père Abraham, les Philistins les bouchèrent, et les remplirent de terre. [16] Et Abimélec dit à Isaac: Va-t'en de chez nous; car tu es devenu beaucoup plus puissant que nous. [17] Isaac partit donc de là, et campa dans la vallée de Guérar et y habita. [18] Et Isaac creusa de nouveau les puits d'eau qu'on avait creusés du temps d'Abraham, son père, et que les Philistins avaient bouchés après la mort d'Abraham; et il leur donna les mêmes noms que leur avait donnés son père. [19] Et les serviteurs d'Isaac creusèrent dans la vallée, et y trouvèrent un puits d'eau vive. [20] Mais les bergers de Guérar se querellèrent avec les bergers d'Isaac, en disant: L'eau est à nous; et il appela le puits: Esek (contestation), parce qu'ils avaient contesté avec lui. [21] Ensuite ils creusèrent un autre puits, pour lequel ils se querellèrent encore; et il l'appela: Sitna (opposition). [22] Alors il partit de là et creusa un autre puits, pour lequel ils ne disputèrent point; et il l'appela: Rehoboth (largeurs), et dit: C'est que l'Éternel nous a maintenant mis au large, et nous fructifierons dans le pays. [23] Et de là il monta à Béer-Shéba. [24] Et l'Éternel lui apparut cette nuit-là, et lui dit: Je suis le Dieu d'Abraham, ton père; ne crains point, car je suis avec toi; et je te bénirai, et je multiplierai ta postérité, à cause d'Abraham, mon serviteur. [25] Alors il bâtit là un autel, et invoqua le nom de l'Éternel, et dressa là sa tente; et les serviteurs d'Isaac y creusèrent un puits. [26] Et Abimélec vint vers lui, de Guérar, avec Ahuzath son ami, et Picol, chef de son armée. [27] Mais Isaac leur dit: Pourquoi venez-vous vers moi, quand vous me haïssez, et que vous m'avez renvoyé d'avec vous? [28] Et ils répondirent: Nous voyons clairement que l'Éternel est avec toi, et nous disons: Qu'il y ait donc un serment solennel entre nous, entre nous et toi; et que nous traitions alliance avec toi. [29] Jure que tu ne nous feras aucun mal, de même que nous ne t'avons point touché, et que nous ne t'avons fait que du bien, et t'avons laissé aller en paix. Tu es maintenant béni de l'Éternel. [30] Et il leur fit un festin, et ils mangèrent et burent. [31] Et ils se levèrent de bon matin, et s'engagèrent l'un l'autre par serment. Puis Isaac les renvoya, et ils s'en allèrent d'avec lui en paix. [32] Il arriva, en ce même jour, que les serviteurs d'Isaac vinrent lui donner des nouvelles du puits qu'ils avaient creusé, et lui dirent: Nous avons trouvé de l'eau. [33] Et il l'appela

Shiba (serment). C'est pour cela que la ville se nomme Béer-Shéba (puits du serment) jusqu'à ce jour. ³⁴ Or, Ésaü, âgé de quarante ans, prit pour femmes Judith, fille de Béeri, le Héthien, et Basmath, fille d'Elon, le Héthien; ³⁵ Qui furent une amertume d'esprit pour Isaac et pour Rébecca.

27

¹ Et il arriva, quand Isaac fut devenu vieux et que ses yeux furent trop faibles pour voir, qu'il appela Ésaü, son fils aîné, et lui dit: Mon fils! et il lui répondit: Me voici! ² Et il dit: Voici je suis vieux, et je ne sais point le jour de ma mort. ³ Maintenant donc, prends, je te prie, tes armes, ton carquois et ton arc, et va-t'en aux champs, et prends-moi du gibier. ⁴ Et apprête-moi un mets appétissant, comme je les aime; et apporte-le-moi, que je le mange, afin que mon âme te bénisse avant que je meure. ⁵ Or, Rébecca écoutait, pendant qu'Isaac parlait à Ésaü, son fils. Ésaü s'en alla donc aux champs pour prendre du gibier et l'apporter. ⁶ Et Rébecca parla à Jacob, son fils, et lui dit: Voici, j'ai entendu ton père, qui parlait à Ésaü, ton frère, et lui disait: ⁷ Apporte-moi du gibier, et apprête-moi un mets appétissant, que je le mange, et que je te bénisse devant l'Éternel, avant de mourir. ⁸ Maintenant donc, mon fils, obéis à ma voix, pour ce que je vais te commander. ⁹ Va me prendre au troupeau deux bons chevreaux, et j'en apprêterai pour ton père un mets appétissant, comme il les aime. ¹⁰ Et tu le porteras à ton père, pour qu'il le mange, afin qu'il te bénisse avant sa mort. ¹¹ Et Jacob répondit à Rébecca sa mère: Voici, Ésaü, mon frère, est velu, et je ne le suis pas. ¹² Peut-être que mon père me tâtera, et il me regardera comme un trompeur, et j'attirerai sur moi la malédiction, et non la bénédiction. ¹³ Et sa mère lui dit: Que ta malédiction soit sur moi, mon fils; obéis seulement à ma voix, et va me chercher ces chevreaux. ¹⁴ Il alla donc les chercher et les apporta à sa mère, et sa mère en apprêta un mets appétissant, comme son père les aimait. ¹⁵ Puis Rébecca prit les plus riches habits d'Ésaü, son fils aîné, qu'elle avait auprès d'elle dans la maison, et elle en revêtit Jacob, son fils cadet. ¹⁶ Et elle couvrit des peaux de chevreaux ses mains et son cou, qui était sans poil. ¹⁷ Ensuite elle mit le mets appétissant et le pain qu'elle avait apprêtés, dans la main de Jacob, son fils. ¹⁸ Et il vint vers son père, et dit: Mon père! Et il répondit: Me voici; qui es-tu, mon fils? ¹⁹ Et Jacob dit à son père: Je suis Ésaü, ton fils aîné; j'ai fait ce que tu m'as commandé. Lève-toi, je te prie, assieds-toi, et mange de ma chasse, afin que ton âme me bénisse. ²⁰ Et Isaac dit à son fils: Comment donc en as-tu trouvé si tôt mon fils? Et il dit: C'est que l'Éternel ton Dieu me l'a fait rencontrer. ²¹ Et Isaac dit à Jacob: Approche, que je te tâte, mon fils, pour savoir si tu es mon fils Ésaü, ou non. ²² Jacob s'approcha donc d'Isaac, son père, qui le tâta, et dit: La voix est la voix de Jacob; mais les mains sont les mains d'Ésaü. ²³ Il ne le reconnut pas; car ses mains étaient velues, comme les mains d'Ésaü, son frère; et il le bénit. ²⁴ Et il dit: C'est toi qui es mon fils Ésaü? Et il répondit: C'est moi. ²⁵ Alors il dit: Sers-moi, que je mange de la chasse de mon fils, pour que mon âme te bénisse. Et il le servit, et il mangea. Il lui apporta aussi du vin, et il but. ²⁶ Puis Isaac, son père, lui dit: Approche, et baise-moi, mon fils. ²⁷ Et il s'approcha, et le baisa. Et Isaac sentit l'odeur de ses habits, et il le bénit, et dit: Voici, l'odeur de mon fils est comme l'odeur d'un champ que l'Éternel a béni. ²⁸ Que Dieu te donne de la rosée des cieux et de la graisse de la terre, et une abondance de froment et de moût! ²⁹ Que des peuples te servent, et que des nations se prosternent devant toi! Sois le maître de tes frères, et que les fils de ta mère se prosternent devant toi! Quiconque te maudira, soit maudit, et quiconque te bénira, soit béni! ³⁰ Et il arriva, aussitôt qu'Isaac eut achevé de bénir Jacob, et comme Jacob était à peine sorti de devant Isaac, son père, qu'Ésaü, son frère, revint de la chasse. ³¹ Il apprêta, lui aussi, un mets appétissant, et l'apporta à son

père, et il lui dit: Que mon père se lève, et mange de la chasse de son fils, afin que ton âme me bénisse. 32 Et Isaac, son père, lui dit: Qui es-tu? Et il dit: Je suis ton fils, ton premier-né, Ésaü. 33 Et Isaac fut saisi d'une émotion extraordinaire; et il dit: Qui est donc celui qui a pris du gibier, et m'en a apporté? et j'ai mangé de tout, avant que tu vinsses, et je l'ai béni, et aussi sera-t-il béni. 34 Dès qu'Ésaü eut entendu les paroles de son père, il jeta un cri très grand et très amer. Et il dit à son père: Bénis-moi, moi aussi, mon père! 35 Mais il dit: Ton frère est venu avec ruse, et il a pris ta bénédiction. 36 Et Ésaü dit: Est-ce parce qu'on l'a appelé Jacob, qu'il m'a déjà supplanté deux fois? Il a pris mon droit d'aînesse, et voici, maintenant il a pris ma bénédiction. Ensuite il dit: N'as-tu point réservé de bénédiction pour moi? 37 Et Isaac répondit et dit à Ésaü: Voici, je l'ai établi ton maître et je lui ai donné tous ses frères pour serviteurs; et je l'ai pourvu de froment et de moût. Et que ferais-je donc pour toi, mon fils? 38 Et Ésaü dit à son père: N'as-tu que cette bénédiction, mon père? bénis-moi, moi aussi, mon père! Et Ésaü éleva la voix, et pleura. 39 Et Isaac son père répondit, et lui dit: Voici, ta demeure sera de la graisse de la terre, de la rosée des cieux d'en haut. 40 Et tu vivras de ton épée, et tu serviras ton frère; mais il arrivera, comme tu seras errant, que tu briseras son joug de dessus ton cou. 41 Et Ésaü prit Jacob en aversion à cause de la bénédiction que son père lui avait donnée; et Ésaü dit en son cœur: Les jours du deuil de mon père approchent; et je tuerai Jacob, mon frère. 42 Et l'on rapporta à Rébecca les paroles d'Ésaü, son fils aîné; et elle envoya appeler Jacob, son second fils, et lui dit: Voici, Ésaü ton frère va se venger de toi en te tuant. 43 Maintenant donc, mon fils, obéis à ma voix: lève-toi, enfuis-toi vers Laban, mon frère, à Charan. 44 Et tu demeureras avec lui quelque temps, jusqu'à ce que la fureur de ton frère soit passée, 45 Jusqu'à ce que la colère de ton frère se détourne de toi, et qu'il ait oublié ce que tu lui as fait. Alors je t'enverrai chercher de là. Pourquoi serais-je privée de vous deux en un même jour? 46 Et Rébecca dit à Isaac: Je suis dégoûtée de la vie, à cause des filles de Heth. Si Jacob prend parmi les filles de Heth, parmi les filles du pays, une femme comme celles-là, à quoi me sert la vie?

28

1 Alors Isaac appela Jacob, et le bénit, et lui commanda et lui dit: Tu ne prendras point une femme parmi les filles de Canaan. 2 Lève-toi, va à Paddan-Aram, à la maison de Béthuël, père de ta mère, et prends-toi une femme de là, parmi les filles de Laban, frère de ta mère. 3 Et que le Dieu Tout-Puissant te bénisse, te fasse croître, et te multiplie, et que tu deviennes une assemblée de peuples! 4 Et qu'il te donne la bénédiction d'Abraham, à toi et à ta postérité avec toi, afin que tu possèdes le pays où tu as séjourné, que Dieu a donné à Abraham! 5 Puis Isaac fit partir Jacob, qui s'en alla à Paddan-Aram, vers Laban, fils de Béthuël, l'Araméen, frère de Rébecca, mère de Jacob et d'Ésaü. 6 Et Ésaü vit qu'Isaac avait béni Jacob, et l'avait envoyé à Paddan-Aram pour y prendre une femme, en le bénissant, et qu'il lui avait commandé, et dit: Tu ne prendras point une femme parmi les filles de Canaan; 7 Et que Jacob avait obéi à son père et à sa mère, et s'en était allé à Paddan-Aram. 8 Ésaü, voyant donc que les filles de Canaan déplaisaient à Isaac, son père, 9 S'en alla vers Ismaël, et prit pour femme (outre les femmes qu'il avait) Mahalath, fille d'Ismaël, fils d'Abraham, sœur de Nébajoth. 10 Mais Jacob partit de Béer-Shéba, et s'en alla à Charan. 11 Et il arriva en un lieu où il passa la nuit, parce que le soleil était couché. Il prit donc une des pierres du lieu, en fit son chevet, et se coucha en ce lieu-là. 12 Alors il eut un songe; et voici, une échelle était dressée sur la terre, et son sommet touchait aux cieux; et voici les anges de Dieu montaient et descendaient par elle. 13 Et voici, l'Éternel se tenait au-dessus d'elle, et il dit: Je suis l'Éternel, le Dieu d'Abraham, ton père, et le Dieu d'Isaac;

la terre sur laquelle tu es couché, je la donnerai à toi et à ta postérité. [14] Et ta postérité sera comme la poussière de la terre; et tu te répandras à l'Occident et à l'Orient, au Nord et au Midi; et toutes les familles de la terre seront bénies en toi et en ta postérité. [15] Et voici, je suis avec toi, et je te garderai partout où tu iras; et je te ramènerai en ce pays; car je ne t'abandonnerai point, que je n'aie fait ce que je t'ai dit. [16] Et Jacob s'éveilla de son sommeil, et dit: Certainement, l'Éternel est en ce lieu-ci, et je n'en savais rien! [17] Et il eut peur, et dit: Que ce lieu est redoutable! C'est ici la maison de Dieu, et c'est ici la porte des cieux! [18] Et Jacob se leva de bon matin, et prit la pierre dont il avait fait son chevet, et la dressa en monument, et il versa de l'huile sur son sommet. [19] Et il appela ce lieu-là Béthel (maison de Dieu), tandis qu'auparavant la ville s'appelait Luz. [20] Et Jacob fit un vœu, en disant: Si Dieu est avec moi, et me garde dans ce voyage que je fais, et me donne du pain pour manger, et des habits pour me vêtir, [21] Et que je retourne en paix à la maison de mon père, l'Éternel sera mon Dieu; [22] Et cette pierre, que j'ai dressée en monument, sera la maison de Dieu; et tout ce que tu m'accorderas, je t'en donnerai fidèlement la dîme.

29

[1] Puis Jacob se mit en chemin, et s'en alla au pays des Orientaux. [2] Et il regarda; et voici, il vit un puits dans les champs, et là même trois troupeaux de brebis couchés auprès; car on y abreuvait les troupeaux. Et la pierre qui couvrait l'ouverture du puits était grande. [3] Tous les troupeaux se rassemblaient là; alors on roulait la pierre de dessus l'ouverture du puits, et on abreuvait les troupeaux; ensuite on remettait la pierre à sa place, sur l'ouverture du puits. [4] Et Jacob dit aux bergers: Mes frères, d'où êtes-vous? Et ils répondirent: Nous sommes de Charan. [5] Et il leur dit: Connaissez-vous Laban, fils de Nachor? Et ils répondirent: Nous le connaissons. [6] Il leur dit: Se porte-t-il bien? Ils lui répondirent: Il se porte bien; et voici Rachel, sa fille, qui vient avec le troupeau. [7] Et il dit: Voici, il est encore grand jour; il n'est pas temps de rassembler le bétail; abreuvez les brebis, et allez les paître. [8] Ils répondirent: Nous ne pouvons pas, jusqu'à ce que tous les troupeaux soient rassemblés; alors on roule la pierre de dessus l'ouverture du puits, et nous abreuvons les troupeaux. [9] Comme il parlait encore avec eux, Rachel arriva avec le troupeau de son père; car elle était bergère. [10] Et dès que Jacob vit Rachel, fille de Laban, frère de sa mère, et le troupeau de Laban, frère de sa mère, il s'approcha, roula la pierre de dessus l'ouverture du puits, et abreuva le troupeau de Laban, frère de sa mère. [11] Et Jacob baisa Rachel; et, élevant la voix, il pleura. [12] Et Jacob apprit à Rachel qu'il était parent de son père, et qu'il était fils de Rébecca; et elle courut le rapporter à son père. [13] Et aussitôt que Laban entendit parler de Jacob, fils de sa sœur, il courut au-devant de lui, l'embrassa, et le baisa, et le fit venir dans sa maison; et il raconta à Laban toutes ces choses. [14] Et Laban lui dit: Certainement, tu es mon os et ma chair; et il demeura avec lui un mois de temps. [15] Puis Laban dit à Jacob: Parce que tu es mon frère, me serviras-tu pour rien? Dis-moi quel sera ton salaire. [16] Or, Laban avait deux filles, dont l'aînée s'appelait Léa, et la plus jeune Rachel. [17] Mais Léa avait les yeux délicats, et Rachel était belle de taille, et belle de visage. [18] Et Jacob aimait Rachel; et il dit: Je te servirai sept ans pour Rachel, ta plus jeune fille. [19] Et Laban répondit: Il vaut mieux que je te la donne que si je la donnais à un autre; demeure avec moi. [20] Jacob servit donc sept ans pour Rachel; et ils ne lui semblèrent que quelques jours, parce qu'il l'aimait. [21] Et Jacob dit à Laban: Donne-moi ma femme; car mon temps est accompli, et je viendrai vers elle. [22] Alors Laban rassembla tous les gens du lieu, et fit un festin. [23] Et le soir il prit Léa, sa fille, et l'amena à Jacob, qui vint vers elle. [24] Et Laban donna sa servante Zilpa pour servante à Léa, sa fille. [25] Et le matin, voici, c'était Léa; et Jacob dit à Laban: Qu'est-ce que tu m'as fait? N'est-ce pas pour Rachel que j'ai servi chez toi? Et pourquoi m'as-tu trompé? [26] Laban répondit: On ne fait pas ainsi dans ce lieu, de donner la plus jeune

avant l'aînée. [27] Achève la semaine de celle-ci, et nous te donnerons aussi l'autre, pour le service que tu feras encore chez moi sept autres années. [28] Et Jacob fit ainsi, il acheva la semaine de celle-ci; puis Laban lui donna pour femme Rachel, sa fille. [29] Et Laban donna sa servante Bilha pour servante à Rachel, sa fille. [30] Il vint donc aussi vers Rachel, et il aima Rachel plus que Léa, et il servit chez Laban encore sept autres années. [31] Et l'Éternel, voyant que Léa était haïe, la rendit féconde; mais Rachel était stérile. [32] Et Léa conçut et enfanta un fils, qu'elle appela Ruben (voyez un fils!). Car elle dit: L'Éternel a regardé mon affliction; maintenant mon mari m'aimera. [33] Elle conçut encore, et enfanta un fils, et dit: L'Éternel a entendu que j'étais haïe, et il m'a encore donné celui-ci; et elle l'appela Siméon (exaucement). [34] Elle conçut encore, et enfanta un fils, et dit: Pour cette fois, mon mari s'attachera à moi; car je lui ai enfanté trois fils; c'est pourquoi on l'appela Lévi (attachement). [35] Elle conçut encore et enfanta un fils, et dit: Cette fois je louerai l'Éternel; c'est pourquoi elle l'appela Juda (louange). Et elle cessa d'avoir des enfants.

30

[1] Alors Rachel, voyant qu'elle ne donnait point d'enfant à Jacob, fut jalouse de sa sœur, et dit à Jacob: Donne-moi des enfants; sinon je suis morte. [2] Et la colère de Jacob s'enflamma contre Rachel, et il dit: Suis-je à la place de Dieu, qui t'a refusé la fécondité [3] Et elle dit: Voici ma servante Bilha; viens vers elle, et elle enfantera sur mes genoux, et j'aurai, moi aussi, des enfants par elle. [4] Elle lui donna donc pour femme Bilha, sa servante; et Jacob vint vers elle. [5] Et Bilha conçut, et enfanta un fils à Jacob. [6] Et Rachel dit: Dieu m'a rendu justice, et il a aussi exaucé ma voix, et m'a donné un fils; c'est pourquoi elle l'appela Dan (juge). [7] Et Bilha, servante de Rachel, conçut encore et enfanta un second fils à Jacob. [8] Et Rachel dit: J'ai soutenu contre ma sœur des luttes de Dieu; j'ai même eu la victoire; et elle lui donna le nom de Nephthali (ma lutte). [9] Alors Léa, voyant qu'elle avait cessé d'avoir des enfants, prit Zilpa, sa servante, et la donna pour femme à Jacob. [10] Et Zilpa, servante de Léa, enfanta un fils à Jacob. [11] Et Léa dit: Quel bonheur! Et elle l'appela Gad (bonheur). [12] Et Zilpa, servante de Léa, enfanta un second fils à Jacob. [13] Et Léa dit: Que je suis heureuse! car les filles me diront heureuse; et elle l'appela Asser (heureux). [14] Et Ruben s'en alla au temps de la moisson des blés, et trouva des mandragores dans les champs, et les apporta à Léa, sa mère. Et Rachel dit à Léa: Donne-moi, je te prie, des mandragores de ton fils. [15] Et elle lui répondit: Est-ce peu d'avoir pris mon mari, que tu veuilles encore prendre les mandragores de mon fils? Et Rachel dit: Eh bien! qu'il couche avec toi cette nuit en échange des mandragores de ton fils. [16] Et lorsque Jacob revint des champs le soir, Léa alla au-devant de lui, et dit: Tu viendras vers moi; car je t'ai loué pour les mandragores de mon fils; et il coucha avec elle cette nuit-là. [17] Et Dieu exauça Léa, et elle conçut, et enfanta à Jacob un cinquième fils. [18] Et elle dit: Dieu m'a donné mon salaire, pour avoir donné ma servante à mon mari; et elle l'appela Issacar (il y a salaire). [19] Et Léa conçut encore, et enfanta un sixième fils à Jacob, [20] Et Léa dit: Dieu m'a donné un bon douaire; cette fois mon mari habitera avec moi; car je lui ai enfanté six fils. Et elle l'appela Zabulon (habitation). [21] Ensuite elle enfanta une fille, et elle l'appela Dina. [22] Et Dieu se souvint de Rachel, et Dieu l'exauça et la rendit féconde. [23] Et elle conçut, et enfanta un fils, et dit: Dieu a ôté mon opprobre; [24] Et elle l'appela Joseph (il ôte ou il ajoute), en disant: Que l'Éternel m'ajoute encore un autre fils! [25] Et lorsque Rachel eut enfanté Joseph, Jacob dit à Laban: Donne-moi mon congé, que je m'en aille en mon lieu, dans mon pays. [26] Donne-moi mes femmes et mes enfants, pour lesquels je t'ai servi, et que je m'en aille; car tu sais le service que j'ai fait pour toi. [27] Et Laban lui répondit: Puissé-je avoir trouvé grâce à tes yeux; car j'ai deviné que l'Éternel m'a béni à cause de toi. [28] Puis il dit: Fixe-moi ton salaire, et je te le donnerai. [29] Et

il lui répondit: Tu sais comment je t'ai servi, et ce qu'est devenu ton bétail avec moi. ³⁰ Car ce que tu avais avant moi était peu de chose; mais depuis il s'est fort accru, et l'Éternel t'a béni depuis que j'ai mis le pied chez toi; et maintenant, quand travaillerai-je aussi pour ma maison? ³¹ Et Laban lui dit: Que te donnerai-je? Et Jacob répondit: Tu ne me donneras rien. Je paîtrai encore tes troupeaux, et je les garderai, si tu fais ceci pour moi: ³² Je passerai aujourd'hui parmi tous tes troupeaux; ôtes-en toute bête picotée et tachetée, et toute bête noire parmi les agneaux, et ce qui est tacheté et picoté parmi les chèvres; et ce sera mon salaire. ³³ Et ma justice me rendra témoignage à l'avenir devant toi, quand tu viendras reconnaître mon salaire. Tout ce qui ne sera point picoté ou tacheté parmi les chèvres, et noir parmi les agneaux, aura été volé, s'il est trouvé chez moi. ³⁴ Alors Laban dit: Eh bien! qu'il en soit comme tu dis. ³⁵ Et le jour même il sépara les boucs rayés et tachetés, et toutes les chèvres picotées et tachetées, tout ce qui avait du blanc, et tout ce qui était noir parmi les agneaux; et il les confia à ses fils. ³⁶ Et il mit l'espace de trois jours de chemin entre lui et Jacob. Et Jacob paissait le reste des troupeaux de Laban. ³⁷ Alors Jacob prit des branches vertes de peuplier, d'amandier et de platane, et y fit des raies blanches, en découvrant le blanc qui était aux branches. ³⁸ Et il mit les branches qu'il avait pelées, dans les auges, dans les abreuvoirs où les brebis venaient boire, en face des brebis; et elles entraient en chaleur, quand elles venaient boire. ³⁹ Les brebis entraient donc en chaleur à la vue des branches, et elles faisaient des agneaux rayés, picotés et tachetés. ⁴⁰ Et Jacob partageait les agneaux, et mettait les brebis du troupeau de Laban en face de ce qui était rayé, et de tout ce qui était noir; et il mit ses troupeaux à part, et ne les mit point auprès des troupeaux de Laban. ⁴¹ Et il arrivait que toutes les fois que les brebis vigoureuses entraient en chaleur, Jacob mettait les branches sous les yeux du troupeau dans les auges, afin qu'elles entrassent en chaleur auprès des branches. ⁴² Mais quand les brebis étaient chétives, il ne les mettait point. En sorte que les agneaux chétifs étaient pour Laban, et les vigoureux pour Jacob. ⁴³ Et cet homme devint extrêmement riche, et il eut de nombreux troupeaux, des servantes et des serviteurs, des chameaux et des ânes.

31

¹ Or Jacob entendit les discours des enfants de Laban, qui disaient: Jacob a pris tout ce qui appartenait à notre père; et c'est de ce qui était à notre père, qu'il s'est acquis toute cette richesse. ² Et Jacob remarqua le visage de Laban; et voici, il n'était plus à son égard comme auparavant. ³ Et l'Éternel dit à Jacob: Retourne au pays de tes pères, et vers ta parenté, et je serai avec toi. ⁴ Alors Jacob envoya dire à Rachel et à Léa, de venir aux champs vers son troupeau. ⁵ Et il leur dit: Je vois que le visage de votre père n'est plus envers moi comme auparavant; mais le Dieu de mon père a été avec moi. ⁶ Et vous savez vous-mêmes que j'ai servi votre père de toutes mes forces. ⁷ Et votre père s'est moqué de moi, et a changé dix fois mon salaire; mais Dieu ne lui a point permis de me faire du mal. ⁸ Quand il disait ainsi: Les picotés seront ton salaire, toutes les brebis faisaient des agneaux picotés. Et s'il disait ainsi: Les rayés seront ton salaire, toutes les brebis faisaient des agneaux rayés. ⁹ Dieu a donc pris le bétail de votre père, et me l'a donné. ¹⁰ Car il arriva, au temps où les brebis entrent en chaleur, que je levai les yeux et vis en songe que les béliers qui couvraient les brebis étaient rayés, picotés et marquetés. ¹¹ Et l'ange de Dieu me dit en songe: Jacob! Et je répondis: Me voici! ¹² Et il dit: Lève les yeux, et regarde: tous les béliers, qui couvrent les brebis, sont rayés, picotés et marquetés. Car j'ai vu ce que te fait Laban. ¹³ Je suis le Dieu de Béthel, où tu oignis un monument, où tu me fis un vœu. Maintenant, lève-toi, sors de ce pays, et retourne au pays de ta parenté. ¹⁴ Alors Rachel et Léa répondirent et lui dirent: Avons-nous encore une part ou un héritage dans la maison de notre père? ¹⁵ Ne nous a-t-il pas traitées comme des étrangères, puisqu'il

nous a vendues, et qu'il a même mangé notre argent? 16 Car toutes les richesses que Dieu a ôtées à notre père, sont à nous et à nos enfants. Maintenant donc, fais tout ce que Dieu t'a dit. 17 Alors Jacob se leva, et fit monter ses enfants et ses femmes sur les chameaux. 18 Et il emmena tout son bétail et tout le bien qu'il avait acquis, son bétail particulier, qu'il avait acquis à Paddan-Aram, pour venir vers Isaac, son père, au pays de Canaan. 19 Or Laban était allé tondre ses brebis; et Rachel déroba les théraphim de son père. 20 Et Jacob trompa Laban l'Araméen, en ne lui disant point qu'il voulait s'enfuir. 21 Il s'enfuit donc, lui et tout ce qui lui appartenait; et il se leva, et passa le fleuve, et s'avança vers la montagne de Galaad. 22 Et le troisième jour on rapporta à Laban que Jacob s'était enfui. 23 Alors il prit ses frères avec lui, et le poursuivit sept journées de marche, et le rejoignit à la montagne de Galaad. 24 Mais Dieu vint vers Laban, l'Araméen, dans un songe de la nuit, et lui dit: Garde-toi de rien dire à Jacob, ni en bien, ni en mal. 25 Laban atteignit donc Jacob. Et Jacob avait planté sa tente sur la montagne. Et Laban tendit la sienne avec ses frères sur la montagne de Galaad. 26 Et Laban dit à Jacob: Qu'as-tu fait? Tu m'as trompé, et tu as emmené mes filles comme des prisonnières de guerre. 27 Pourquoi t'es-tu enfui secrètement, et m'as-tu trompé, et ne m'en as-tu pas donné avis? et je t'eusse reconduit avec joie et avec des chants, au son du tambourin et de la harpe. 28 Et tu ne m'as pas laissé baiser mes fils et mes filles! Tu as agi follement. 29 J'ai en main le pouvoir de vous faire du mal; mais le Dieu de votre père m'a parlé la nuit passée, en disant: Garde-toi de rien dire à Jacob, ni en bien, ni en mal. 30 Et maintenant, tu es parti, parce que tu languissais après la maison de ton père; mais pourquoi as-tu dérobé mes dieux? 31 Et Jacob répondit, et dit à Laban: C'est que je craignais en moi-même que tu ne me ravisses tes filles. 32 Mais celui chez qui tu trouveras tes dieux, ne vivra point; en présence de nos frères, examine ce qui est chez moi, et prends-les. Or Jacob ignorait que Rachel les eût dérobés. 33 Alors Laban entra dans la tente de Jacob, et dans la tente de Léa, et dans la tente des deux servantes, et il ne les trouva point. Puis il sortit de la tente de Léa, et entra dans la tente de Rachel. 34 Mais Rachel avait pris les théraphim, les avait mis dans le bât du chameau, et s'était assise dessus. Et Laban fouilla toute la tente, et ne les trouva point. 35 Et elle dit à son père: Que mon seigneur ne se fâche point de ce que je ne puis me lever devant lui; car j'ai ce que les femmes ont coutume d'avoir. Et il chercha; mais il ne trouva point les théraphim. 36 Alors Jacob se mit en colère, et querella Laban; et Jacob prit la parole et dit: Quel est mon crime? Quel est mon péché, pour que tu m'aies poursuivi avec tant d'ardeur? 37 Pour que tu aies fouillé tous mes bagages? Qu'as-tu trouvé de tous les objets de ta maison? Mets-le ici devant mes frères et tes frères, et qu'ils soient juges entre nous deux. 38 Voici vingt ans que j'ai été avec toi; tes brebis et tes chèvres n'ont point avorté; et je n'ai point mangé les béliers de tes troupeaux. 39 Je ne t'ai point rapporté de bêtes déchirées; j'en ai moi-même subi la perte. Tu me réclamais ce qui avait été dérobé de jour, et ce qui avait été dérobé de nuit. 40 Le hâle me consumait pendant le jour, et le froid pendant la nuit; et le sommeil fuyait de mes yeux. 41 Voici vingt ans que je suis dans ta maison; je t'ai servi quatorze ans pour tes deux filles, et six ans pour tes troupeaux, et tu as changé dix fois mon salaire. 42 Si le Dieu de mon père, le Dieu d'Abraham, et Celui que craint Isaac, n'eût été pour moi, sans doute tu m'eusses maintenant renvoyé à vide. Dieu a regardé mon affliction et le travail de mes mains; et il a rendu justice la nuit passée. 43 Et Laban répondit et dit à Jacob: Ces filles sont mes filles, ces enfants sont mes enfants, et ces troupeaux sont mes troupeaux, et tout ce que tu vois est à moi. Et que ferais-je aujourd'hui à mes filles, ou aux enfants qu'elles ont enfantés? 44 Maintenant donc, viens, traitons ensemble une alliance, et qu'elle serve de témoignage entre moi et toi. 45 Et Jacob prit une pierre, et la dressa en monument. 46 Et Jacob dit à ses frères: Amassez des pierres. Et ils prirent des pierres, et en firent un monceau, et ils mangèrent là sur le monceau. 47 Et Laban l'appela

Iegar Sahadutha; et Jacob l'appela Galed (monceau du témoignage). ⁴⁸ Et Laban dit: Ce monceau est témoin entre moi et toi aujourd'hui. C'est pourquoi on l'appela Galed, ⁴⁹ Et aussi Mitspa (poste d'observation), parce que Laban dit: Que l'Éternel veille sur moi et sur toi, quand nous nous serons retirés l'un d'avec l'autre. ⁵⁰ Si tu maltraites mes filles, et si tu prends d'autres femmes que mes filles, ce n'est pas un homme qui sera témoin entre nous. Vois! c'est Dieu qui sera témoin entre moi et toi. ⁵¹ Et Laban dit à Jacob: Voici ce monceau de pierres; et voici le monument que j'ai dressé entre moi et toi. ⁵² Ce monceau est témoin, et ce monument est témoin, que je ne passerai point ce monceau, en allant vers toi, et que tu ne passeras point ce monceau et ce monument, en venant vers moi, pour nous nuire l'un à l'autre. ⁵³ Que le Dieu d'Abraham et le Dieu de Nachor, le Dieu de leur père, juge entre nous! Et Jacob jura par Celui que craignait Isaac, son père. ⁵⁴ Et Jacob offrit un sacrifice sur la montagne; et il invita ses frères à manger le pain. Ils mangèrent donc le pain, et passèrent la nuit sur la montagne. ⁵⁵ Et Laban se leva de bon matin, baisa ses fils et ses filles, et les bénit, et s'en alla. Ainsi Laban retourna chez lui.

32

¹ Et Jacob continua son chemin, et des anges de Dieu le rencontrèrent. ² Et Jacob dit, quand il les eut vus: C'est le camp de Dieu! Et il appela ce lieu-là, Mahanaïm (les deux camps). ³ Et Jacob envoya des messagers devant lui vers Ésaü, son frère, au pays de Séir, aux champs d'Édom. ⁴ Et il leur commanda en disant: Vous parlerez ainsi à Ésaü mon seigneur: Ainsi a dit ton serviteur Jacob: J'ai séjourné chez Laban, et j'y ai demeuré jusqu'à présent. ⁵ Et j'ai des bœufs et des ânes, des brebis, des serviteurs et des servantes; et j'envoie l'annoncer à mon seigneur, afin de trouver grâce devant tes yeux. ⁶ Et les messagers revinrent auprès de Jacob, en disant: Nous sommes allés vers ton frère Ésaü; et il marche aussi à ta rencontre, avec quatre cents hommes. ⁷ Alors Jacob fut très effrayé et rempli d'angoisse; et il partagea le peuple qui était avec lui, et les brebis, et les bœufs, et les chameaux, en deux camps, et il dit: ⁸ Si Ésaü attaque l'un des camps et le frappe, le camp qui restera, pourra échapper. ⁹ Puis Jacob dit: Dieu de mon père Abraham, et Dieu de mon père Isaac! Éternel, qui m'as dit: Retourne en ton pays, et vers ta parenté, et je te ferai du bien; ¹⁰ Je suis trop petit pour toutes les faveurs et pour toute la fidélité dont tu as usé envers ton serviteur; car j'ai passé le Jourdain avec mon bâton, et maintenant je forme deux camps. ¹¹ Délivre-moi, je te prie, de la main de mon frère, de la main d'Ésaü; car je crains qu'il ne vienne, et qu'il ne me frappe, et la mère avec les enfants. ¹² Cependant, tu as dit: Certaine-ment, je te ferai du bien, et je ferai devenir ta postérité comme le sable de la mer, qu'on ne saurait compter à cause de son grand nombre. ¹³ Et il passa la nuit en ce lieu-là, et il prit de ce qui lui vint en la main, pour en faire un présent à Ésaü, son frère ¹⁴ Deux cents chèvres et vingt boucs, deux cents brebis et vingt béliers, ¹⁵ Trente chamelles qui allaitaient, avec leurs petits, quarante vaches et dix taureaux, vingt ânesses et dix jeunes ânes. ¹⁶ Et il mit entre les mains de ses serviteurs chaque troupeau à part, et dit à ses serviteurs: Passez devant moi, et mettez de la distance entre un troupeau et l'autre. ¹⁷ Et il donna ordre au premier, en disant: Quand Ésaü mon frère, te rencontrera, et te demandera: A qui es-tu, où vas-tu, et à qui sont ces bêtes devant toi? ¹⁸ Tu diras: A ton serviteur Jacob; c'est un présent qu'il envoie à Ésaü mon seigneur; et le voici qui vient lui-même après nous. ¹⁹ Il donna le même ordre au second, et au troisième, et à tous ceux qui allaient après les troupeaux, en disant: Vous tiendrez ce langage à Ésaü, quand vous le rencontrerez; ²⁰ Et vous direz: Voici même ton serviteur Jacob qui vient derrière nous. Car il se disait: Je l'apaiserai par ce présent qui va devant moi, et après cela, je verrai sa face; peut-être qu'il m'accueillera favorablement. ²¹ Le présent

marcha donc devant lui; mais lui, il passa cette nuit-là dans le camp. [22] Et il se leva cette nuit, prit ses deux femmes, et ses deux servantes, et ses onze enfants, et passa le gué de Jabbok. [23] Il les prit donc, et leur fit passer le torrent. Il fit aussi passer ce qu'il avait. [24] Or Jacob demeura seul; et un homme lutta avec lui, jusqu'au lever de l'aurore. [25] Et quand cet homme vit qu'il ne pouvait le vaincre, il toucha l'emboîture de sa hanche; et l'emboîture de la hanche de Jacob fut démise, pendant qu'il luttait avec lui. [26] Et cet homme lui dit: Laisse-moi aller, car l'aurore est levée. Mais il dit: Je ne te laisserai point aller, que tu ne m'aies béni. [27] Et il lui dit: Quel est ton nom? et il répondit: Jacob. [28] Alors il dit: Ton nom ne sera plus Jacob, mais Israël (qui lutte avec Dieu); car tu as lutté avec Dieu et avec les hommes, et tu as vaincu. [29] Et Jacob l'interrogea, et dit: Apprends-moi ton nom, je te prie. Et il répondit: Pourquoi demandes-tu mon nom? Et il le bénit là. [30] Et Jacob nomma le lieu, Péniel (face de Dieu); car, dit-il, j'ai vu Dieu face à face et mon âme a été délivrée. [31] Et le soleil se leva pour lui, dés qu'il eut passé Péniel; et il boitait de la hanche. [32] C'est pourquoi, jusqu'à ce jour, les enfants d'Israël ne mangent point le muscle de la cuisse, qui est à l'emboîture de la hanche, parce que cet homme toucha l'emboîture de la hanche de Jacob, au muscle de la cuisse.

33

[1] Et Jacob leva les yeux et regarda. Et voici, Ésaü venait, et quatre cents hommes avec lui. Alors il répartit les enfants entre Léa, Rachel, et les deux servantes. [2] Et il plaça en tête les servantes et leurs enfants; Léa et ses enfants ensuite, et Rachel et Joseph au dernier rang. [3] Quant à lui, il passa devant eux, et se prosterna en terre sept fois, jusqu'à ce qu'il se fût approché de son frère. [4] Mais Ésaü courut au-devant de lui, et l'embrassa, et se jeta à son cou, et le baisa, et ils pleurèrent. [5] Puis il leva les yeux, et vit les femmes et les enfants, et il dit: Qui as-tu là? Et il répondit: Ce sont les enfants que Dieu a accordés à ton serviteur. [6] Et les servantes s'approchèrent, elles et leurs enfants, et se prosternèrent. [7] Léa aussi s'approcha, et ses enfants, et ils se prosternèrent. Et ensuite Joseph et Rachel s'approchèrent, et ils se prosternèrent. [8] Et Ésaü dit: Que veux-tu faire avec tout ce camp que j'ai rencontré? Et il répondit: C'est pour trouver grâce aux yeux de mon seigneur. [9] Et Ésaü dit: Je suis dans l'abondance, mon frère. Garde ce qui est à toi. [10] Et Jacob répondit: Non, je te prie, si j'ai trouvé grâce à tes yeux, tu accepteras mon offrande de ma main, puisque j'ai vu ta face comme on voit la face de Dieu, et que tu m'as accueilli favorablement. [11] Accepte, je te prie, mon présent qui t'a été offert; car Dieu m'a comblé de grâces, et j'ai de tout. Il le pressa donc tant, qu'il l'accepta. [12] Et Ésaü dit: Partons, et marchons; et je marcherai devant toi. [13] Et Jacob lui dit: Mon seigneur sait que les enfants sont délicats; et je suis chargé de brebis et de vaches qui allaitent; si on les presse un seul jour, tout le troupeau mourra. [14] Que mon seigneur passe, je te prie, devant son serviteur; et moi, je m'avancerai tout doucement, au pas du bétail qui est devant moi, et au pas des enfants, jusqu'à ce que j'arrive chez mon seigneur, à Séir. [15] Et Ésaü dit: Je te prie, que je fasse demeurer avec toi quelques-uns des gens qui sont avec moi. Et il répondit: Pourquoi cela? Que je trouve grâce aux yeux de mon seigneur! [16] Et Ésaü retourna ce jour-là par son chemin, à Séir. [17] Mais Jacob partit pour Succoth; et il bâtit une maison pour lui, et fit des cabanes pour son bétail; c'est pourquoi, il nomma le lieu Succoth (cabanes). [18] Et Jacob, venant de Paddan-Aram, arriva sain et sauf à la ville de Sichem, au pays de Canaan; et il campa devant la ville. [19] Et il acheta, de la main des fils de Hémor, père de Sichem, pour cent pièces d'argent, la portion de champ où il avait dressé sa tente. [20] Et il dressa là un autel, et il l'appela El-Elohé-Israël (Dieu est le Dieu d'Israël).

34

¹ Or, Dina, la fille que Léa avait enfantée à Jacob, sortit pour voir les filles du pays. ² Et Sichem, fils de Hémor, le Hévien, prince du pays, la vit, et l'enleva, et coucha avec elle, et lui fit violence. ³ Et son âme s'attacha à Dina, fille de Jacob, et il aima la jeune fille, et parla au cœur de la jeune fille. ⁴ Et Sichem parla à Hémor, son père, et lui dit: Donne-moi cette jeune fille pour femme. ⁵ Or, Jacob apprit qu'il avait déshonoré Dina sa fille; mais ses fils étaient aux champs avec son bétail, et Jacob se tut jusqu'à leur retour. ⁶ Cependant Hémor, père de Sichem, sortit vers Jacob pour lui parler. ⁷ Et les fils de Jacob revinrent des champs dès qu'ils apprirent la chose; et ces hommes furent affligés et fort irrités de l'infamie que Sichem avait commise en Israël, en couchant avec la fille de Jacob, ce qui ne devait point se faire. ⁸ Et Hémor leur parla, en disant: L'âme de Sichem, mon fils, s'est attachée à votre fille; donnez-la-lui, je vous prie, pour femme. ⁹ Et alliez-vous avec nous; vous nous donnerez vos filles, et vous prendrez nos filles pour vous. ¹⁰ Et vous habiterez avec nous; et le pays sera à votre disposition: demeurez-y et y trafiquez, et acquérez-y des propriétés. ¹¹ Et Sichem dit au père et aux frères de la jeune fille: Que je trouve grâce à vos yeux; et je donnerai ce que vous me direz. ¹² Imposez-moi un grand douaire, et de grands présents, et je les donnerai comme vous me direz; mais donnez-moi la jeune fille pour femme. ¹³ Alors les fils de Jacob répondirent avec ruse à Sichem et à Hémor, son père; ils parlèrent ainsi, parce qu'il avait déshonoré Dina leur sœur. ¹⁴ Ils leur dirent: C'est une chose que nous ne pouvons faire que de donner notre sœur à un homme incirconcis; car ce nous serait un opprobre. ¹⁵ Nous ne consentirons à ce que vous demandez que si vous devenez semblables à nous, en circoncisant tous les mâles parmi vous. ¹⁶ Alors nous vous donnerons nos filles, et nous prendrons vos filles pour nous; et nous habiterons avec vous, et nous ne serons plus qu'un peuple. ¹⁷ Mais, si vous ne voulez pas nous écouter et vous circoncire, nous prendrons notre fille, et nous nous en irons. ¹⁸ Et leurs discours plurent à Hémor et à Sichem, fils de Hémor. ¹⁹ Et le jeune homme ne différa point de faire la chose; car la fille de Jacob lui plaisait. Or il était le plus considéré de toute la maison de son père. ²⁰ Hémor et Sichem, son fils, vinrent donc à la porte de leur ville, et parlèrent aux gens de leur ville, en disant: ²¹ Ces gens-ci sont paisibles à notre égard; qu'ils habitent au pays, et qu'ils y trafiquent. Et voici, le pays est assez étendu pour eux; nous prendrons leurs filles pour femmes, et nous leur donnerons nos filles. ²² Mais ils ne consentiront à habiter avec nous, pour n'être qu'un seul peuple, que si tout mâle parmi nous est circoncis, comme ils sont eux-mêmes circoncis. ²³ Leur bétail, et leurs biens, et toutes leurs bêtes, ne seront-ils pas à nous? Accordons-leur seulement cela, et qu'ils demeurent avec nous. ²⁴ Et tous ceux qui sortaient par la porte de leur ville, obéirent à Hémor et à Sichem son fils, et tout mâle qui sortait par la porte de leur ville, fut circoncis. ²⁵ Et il arriva au troisième jour, lorsqu'ils étaient souffrants, que deux des fils de Jacob, Siméon et Lévi, frères de Dina, prirent chacun leur épée, se jetèrent sur la ville en sécurité, et tuèrent tous les mâles. ²⁶ Ils passèrent au tranchant de l'épée Hémor et Sichem, son fils; et ils prirent Dina de la maison de Sichem, et ils sortirent. ²⁷ Les fils de Jacob se jetèrent sur les blessés et pillèrent la ville, parce qu'on avait déshonoré leur sœur. ²⁸ Et ils prirent leurs troupeaux, leurs bœufs et leurs ânes, ce qui était dans la ville et aux champs; ²⁹ Ils emmenèrent et pillèrent tous leurs biens, et tous leurs petits enfants, et leurs femmes, et tout ce qui était dans les maisons. ³⁰ Alors Jacob dit à Siméon et à Lévi: Vous m'avez troublé, en me mettant en mauvaise odeur parmi les habitants du pays, parmi les Cananéens et les Phéréziens. Et moi, je n'ai qu'un petit nombre d'hommes; ils s'assembleront contre moi, et me frapperont, et je serai détruit, moi et ma maison. ³¹ Et ils répondirent: Doit-on traiter notre sœur comme une prostituée?

35

[1] Et Dieu dit à Jacob: Lève-toi, monte à Béthel, et demeures-y, et fais-y un autel au Dieu qui t'apparut lorsque tu fuyais de devant Ésaü, ton frère. [2] Alors Jacob dit à sa famille, et à tous ceux qui étaient avec lui: Otez les dieux étrangers qui sont au milieu de vous, et purifiez-vous, et changez de vêtements; [3] Et levons-nous, et montons à Béthel, et j'y ferai un autel au Dieu qui m'a répondu au jour de ma détresse, et qui a été avec moi pendant mon voyage. [4] Alors ils donnèrent à Jacob tous les dieux étrangers qu'ils avaient, et les anneaux qui étaient à leurs oreilles; et Jacob les enterra sous le chêne qui était près de Sichem. [5] Ensuite ils partirent. Et Dieu frappa de terreur les villes qui étaient autour d'eux; et ils ne poursuivirent point les fils de Jacob. [6] Et Jacob vint à Luz, qui est au pays de Canaan (c'est Béthel), lui et tout le peuple qui était avec lui. [7] Et il y bâtit un autel, et il appela ce lieu: El-Béthel (Dieu de Béthel); car c'est là que Dieu lui était apparu, lorsqu'il fuyait de devant son frère. [8] Et Débora, nourrice de Rébecca, mourut; et elle fut ensevelie au-dessous de Béthel, sous le chêne, qu'on appela Allon-Bacuth (chêne des pleurs). [9] Et Dieu apparut encore à Jacob, lorsqu'il venait de Paddan-Aram; et il le bénit. [10] Et Dieu lui dit: Ton nom est Jacob; tu ne seras plus appelé Jacob, mais Israël sera ton nom. Et il lui donna le nom d'Israël. [11] Et Dieu lui dit: Je suis le Dieu Tout-Puissant: augmente et multiplie. Une nation, même une multitude de nations naîtront de toi; des rois sortiront de tes reins. [12] Et je te donnerai le pays que j'ai donné à Abraham et à Isaac, et je donnerai ce pays à ta postérité après toi. [13] Et Dieu remonta d'avec lui, du lieu où il lui avait parlé. [14] Et Jacob dressa un monument au lieu où il lui avait parlé, un monument de pierre, et il fit dessus une aspersion, et y versa de l'huile. [15] Et Jacob appela le lieu où Dieu lui avait parlé, Béthel (maison de Dieu). [16] Et ils partirent de Béthel, et il y avait encore un espace de pays pour arriver à Éphrath, lorsque Rachel enfanta; et elle eut beaucoup de peine à accoucher. [17] Et comme elle avait beaucoup de peine à accoucher, la sage-femme lui dit: Ne crains point, car tu as encore un fils. [18] Et comme elle rendait l'âme, car elle mourut, elle le nomma Bénoni (fils de ma douleur); mais son père l'appela Benjamin (fils de la droite). [19] Rachel mourut donc, et fut ensevelie au chemin d'Éphrath, qui est Bethléhem. [20] Et Jacob dressa un monument sur sa tombe; c'est le monument de la tombe de Rachel, qui subsiste encore aujourd'hui. [21] Puis Israël partit, et il dressa sa tente au delà de Migdal-Eder (tour du troupeau). [22] Et il arriva, pendant qu'Israël demeurait dans ce pays-là, que Ruben vint et coucha avec Bilha, concubine de son père; et Israël l'apprit. Or, Jacob avait douze fils. [23] Les fils de Léa: Ruben, premier-né de Jacob, Siméon, Lévi, Juda, Issacar et Zabulon. [24] Les fils de Rachel: Joseph et Benjamin. [25] Les fils de Bilha, servante de Rachel: Dan et Nephthali. [26] Et les fils de Zilpa, servante de Léa: Gad et Asser. Ce sont là les fils de Jacob, qui lui naquirent à Paddan-Aram. [27] Et Jacob vint vers Isaac son père, à Mamré, à Kirjath-Arba, qui est Hébron, où avaient séjourné Abraham et Isaac. [28] Et les jours d'Isaac furent de cent quatre-vingts ans. [29] Et Isaac expira et mourut, et fut recueilli vers ses peuples, âgé et rassasié de jours; et Ésaü et Jacob, ses fils, l'ensevelirent.

36

[1] Or, voici les descendants d'Ésaü, qui est Édom. [2] Ésaü prit ses femmes parmi les filles de Canaan: Ada, fille d'Élon, le Héthien, et Oholibama, fille d'Ana, fille de Tsibeon, le Hévien. [3] Il prit aussi Basmath, fille d'Ismaël, sœur de Nébajoth. [4] Ada enfanta à Ésaü Éliphaz, et Basmath enfanta Réuël. [5] Et Oholibama enfanta Jéush, Jaelam et Korah. Voilà les fils d'Ésaü, qui lui naquirent au pays de Canaan. [6] Et Ésaü prit ses femmes, et ses fils et ses filles, et toutes les personnes de sa maison, et ses troupeaux, et tout son bétail, et tout le bien qu'il avait acquis au pays de Canaan; et il s'en alla dans un autre pays, loin de Jacob, son frère. [7] Car leurs biens étaient trop grands pour qu'ils pussent

demeurer ensemble, et le pays où ils séjournaient ne pouvait pas les contenir, à cause de leurs troupeaux. 8 Et Ésaü habita sur la montagne de Séir. Ésaü est Édom. 9 Et voici les descendants d'Ésaü, père des Iduméens, sur la montagne de Séir. 10 Voici les noms des fils d'Ésaü: Éliphaz, fils d'Ada, femme d'Ésaü; Réuël, fils de Basmath, femme d'Ésaü. 11 Et les fils d'Éliphaz furent Théman, Omar, Tsépho et Gaetham et Kénaz. 12 Et Thimna fut concubine d'Éliphaz, fils d'Ésaü, et enfanta Amalek à Éliphaz. Voilà les fils d'Ada, femme d'Ésaü. 13 Et voici les fils de Réuël: Nahath et Zérach, Shamma et Mizza. Ce furent là les fils de Basmath, femme d'Ésaü. 14 Et ceux-ci furent les fils d'Oholibama, fille d'Ana, fille de Tsibeon, et femme d'Ésaü: elle enfanta à Ésaü Jéush, Jaelam et Korah. 15 Voici les chefs des fils d'Ésaü: Fils d'Éliphaz, premier-né d'Ésaü: le chef Théman, le chef Omar, le chef Tsépho, le chef Kénaz, 16 Le chef Korah, le chef Gaetham, le chef Amalek. Voilà les chefs issus d'Éliphaz au pays d'Édom; voilà les fils d'Ada. 17 Et voici les fils de Réuël, fils d'Ésaü: le chef Nahath, le chef Zérach, le chef Shamma, le chef Mizza. Voilà les chefs issus de Réuël au pays d'Édom, voilà les fils de Basmath, femme d'Ésaü. 18 Et voici les fils d'Oholibama, femme d'Ésaü: le chef Jéush, le chef Jaelam, le chef Korah. Voilà les chefs issus d'Oholibama, fille d'Ana, femme d'Ésaü. 19 Voilà les fils d'Ésaü, qui est Édom, et voilà leurs chefs. 20 Voici les fils de Séir, le Horien, qui habitaient le pays: Lothan, Shobal, Tsibeon, Ana, Dishon, Etser et Dishan. 21 Voilà les chefs des Horiens, fils de Séir, au pays d'Édom. 22 Et les fils de Lothan furent: Hori et Héman; et Thimna était sœur de Lothan. 23 Et voici les fils de Shobal: Alvan, Manahath, Ébal, Shépho et Onam. 24 Et voici les fils de Tsibeon: Ajja et Ana. C'est Ana qui trouva les sources chaudes dans le désert, pendant qu'il paissait les ânes de Tsibeon, son père. 25 Et voici les enfants d'Ana: Dishon et Oholibama, fille d'Ana. 26 Et voici les fils de Dishon: Hemdan, Eshban, Jithran et Kéran. 27 Voici les fils d'Etser: Bilhan, Zaavan et Akan. 28 Voici les fils de Dishan: Uts et Aran. 29 Voici les chefs des Horiens: le chef Lothan, le chef Shobal, le chef Tsibeon, le chef Ana, 30 Le chef Dishon, le chef Etser, le chef Dishan. Voilà les chefs des Horiens, les chefs qu'ils eurent dans le pays de Séir. 31 Et voici les rois qui régnèrent au pays d'Édom, avant qu'un roi régnât sur les enfants d'Israël: 32 Béla, fils de Béor, régna en Édom, et le nom de sa ville était Dinhaba. 33 Et Béla mourut; et Jobab, fils de Zérach, de Botsra, régna à sa place. 34 Et Jobab mourut; et Husham, du pays des Thémanites, régna à sa place. 35 Et Husham mourut; et Hadad, fils de Bedad, régna à sa place; il défit Madian, aux champs de Moab; et le nom de sa ville était Avith. 36 Et Hadad mourut; et Samla, de Masréka, régna à sa place. 37 Et Samla mourut; et Saül, de Rehoboth, sur le fleuve, régna à sa place. 38 Et Saül mourut; et Baal-Hanan, fils d'Acbor, régna à sa place. 39 Et Baal-Hanan, fils d'Acbor, mourut, et Hadar régna à sa place; et le nom de sa ville était Paü, et le nom de sa femme Méhétabeel, fille de Matred, fille de Mézahab. 40 Et voici les noms des chefs d'Ésaü, selon leurs familles, selon leurs lieux, par leurs noms: le chef Thimna, le chef Alva, le chef Jetheth, 41 Le chef Oholibama, le chef Éla, le chef Pinon, 42 Le chef Kénaz, le chef Théman, le chef Mibtsar, 43 Le chef Magdiel, le chef Iram. Voilà les chefs d'Édom, selon leurs demeures au pays de leur possession. C'est là Ésaü, le père des Iduméens.

37

1 Or, Jacob demeura au pays où son père avait séjourné, au pays de Canaan. 2 Voici l'histoire des descendants de Jacob. Joseph, âgé de dix-sept ans, paissait les troupeaux avec ses frères; et il était jeune berger auprès des fils de Bilha, et auprès des fils de Zilpa, femmes de son père. Et Joseph rapporta à leur père leurs mauvais discours. 3 Or, Israël aimait Joseph plus que tous ses autres fils, car c'était le fils de sa vieillesse; et il lui fit

une robe de diverses couleurs. ⁴ Mais ses frères, voyant que leur père l'aimait plus que tous ses frères, le haïssaient, et ne pouvaient lui parler sans aigreur. ⁵ Et Joseph eut un songe, et le fit connaître à ses frères, et ils le haïrent encore plus. ⁶ Il leur dit donc: Écoutez, je vous prie, ce songe que j'ai eu. ⁷ Voici, nous étions à lier des gerbes au milieu des champs. Et voici, ma gerbe se leva et se tint debout. Et voici, vos gerbes l'environnèrent et se prosternèrent devant ma gerbe. ⁸ Alors ses frères lui dirent: Régnerais-tu donc sur nous? ou nous gouvernerais-tu? Et ils le haïrent encore plus pour ses songes et pour ses paroles. ⁹ Il eut encore un autre songe et le raconta à ses frères, et il dit: Voici, j'ai eu encore un songe. Et voici, le soleil, et la lune, et onze étoiles se prosternaient devant · moi. ¹⁰ Et il le raconta à son père, et à ses frères; mais son père le reprit, et lui dit: Que veut dire ce songe que tu as eu? Faudra-t-il que nous venions, moi et ta mère et tes frères, nous prosterner en terre devant toi? ¹¹ Et ses frères furent jaloux de lui; mais son père retint ces choses. ¹² Or, ses frères allèrent paître les troupeaux de leur père à Sichem. ¹³ Et Israël dit à Joseph: Tes frères ne paissent-ils pas les troupeaux à Sichem? Viens, que je t'envoie vers eux. Et il lui répondit: Me voici. ¹⁴ Et il lui dit: Va donc; vois comment vont tes frères et comment vont les troupeaux, et rapporte-m'en des nouvelles. Il l'envoya ainsi de la vallée d'Hébron, et il vint à Sichem. ¹⁵ Et un homme le trouva errant par les champs; et cet homme l'interrogea, et lui dit: Que cherches-tu? ¹⁶ Et il répondit: Je cherche mes frères; enseigne-moi, je te prie, où ils paissent. ¹⁷ Et l'homme dit: Ils sont partis d'ici; car je les ai entendus dire: Allons à Dothaïn. Joseph alla donc après ses frères, et il les trouva à Dothaïn. ¹⁸ Et ils le virent de loin. Et avant qu'il fût près d'eux, ils complotèrent contre lui de le mettre à mort. ¹⁹ Et ils se dirent l'un à l'autre: Voici ce songeur qui vient. ²⁰ Maintenant donc, venez, tuons-le, et le jetons dans quelque fosse, et nous dirons qu'une bête féroce l'a dévoré; et nous verrons ce que deviendront ses songes. ²¹ Mais Ruben entendit cela, et le délivra de leurs mains, et dit: Ne lui ôtons point la vie. ²² Puis Ruben leur dit: Ne répandez point le sang; jetez-le dans cette fosse, qui est au désert, et ne mettez point la main sur lui. C'était pour le délivrer de leurs mains, pour le rendre à son père. ²³ Et dès que Joseph fut arrivé auprès de ses frères, ils le dépouillèrent de sa robe, de la robe de diverses couleurs qui était sur lui. ²⁴ Et ils le saisirent, et le jetèrent dans la fosse. Or la fosse était vide; il n'y avait point d'eau. ²⁵ Ensuite ils s'assirent pour manger le pain. Et, levant les yeux, ils regardèrent, et voici une caravane d'Ismaélites qui venait de Galaad; et leurs chameaux, chargés d'aromates, de baume, et de myrrhe, allaient les porter en Égypte. ²⁶ Et Juda dit à ses frères: A quoi nous servira de tuer notre frère et de cacher son sang? ²⁷ Venez, et vendons-le aux Ismaélites, et que notre main ne soit point sur lui; car il est notre frère, notre chair. Et ses frères lui obéirent. ²⁸ Et comme les marchands Madianites passaient, ils tirèrent et firent remonter Joseph de la fosse; et ils vendirent Joseph pour vingt pièces d'argent aux Ismaélites, qui l'emmenèrent en Égypte. ²⁹ Et Ruben retourna à la fosse, et voici, Joseph n'était plus dans la fosse. Alors il déchira ses vêtements; ³⁰ Et il retourna vers ses frères, et dit: L'enfant n'y est plus; et moi, moi, où irai-je? ³¹ Et ils prirent la robe de Joseph, tuèrent un bouc, et trempèrent la robe dans le sang. ³² Ensuite ils envoyèrent et firent parvenir à leur père la robe de diverses couleurs, en lui faisant dire: Nous avons trouvé ceci; reconnais si c'est la robe de ton fils, ou non. ³³ Et il la reconnut, et dit: C'est la robe de mon fils; une bête féroce l'a dévoré; certainement Joseph a été mis en pièces. ³⁴ Et Jacob déchira ses vêtements, et mit un sac sur ses reins, et mena deuil sur son fils pendant longtemps. ³⁵ Et tous ses fils, et toutes ses filles vinrent pour le consoler; mais il refusa d'être consolé, et il dit: Je descendrai en deuil vers mon fils au Sépulcre! C'est ainsi que son père le pleura. ³⁶ Et les Madianites le vendirent en Égypte à Potiphar, officier de Pharaon, chef des gardes.

38

[1] Il arriva qu'en ce temps-là Juda descendit d'avec ses frères, et se retira vers un homme d'Adullam, nommé Hira. [2] Et Juda y vit la fille d'un Cananéen, nommé Shua; et il la prit, et vint vers elle. [3] Et elle conçut et enfanta un fils; et il le nomma Er. [4] Et elle conçut encore, et enfanta un fils, et elle le nomma Onan. [5] Elle enfanta encore un fils, et elle le nomma Shéla. Et Juda était à Kezib, quand elle l'enfanta. [6] Et Juda prit une femme pour Er, son premier-né; elle s'appelait Tamar. [7] Mais Er, premier-né de Juda, fut méchant aux yeux de l'Éternel, et l'Éternel le fit mourir. [8] Alors Juda dit à Onan: Viens vers la femme de ton frère; prends-la, comme beau-frère, et suscite une postérité à ton frère. [9] Mais Onan savait que cette postérité ne serait pas à lui, et quand il venait vers la femme de son frère, il se souillait afin de ne point donner de postérité à son frère. [10] Et ce qu'il faisait déplut à l'Éternel; et il le fit mourir aussi. [11] Et Juda dit à Tamar, sa belle-fille: Demeure veuve dans la maison de ton père, jusqu'à ce que Shéla, mon fils, soit devenu grand. Car il disait: Prenons garde qu'il ne meure, lui aussi, comme ses frères. Et Tamar s'en alla, et demeura dans la maison de son père. [12] Et les jours s'écoulèrent, et la fille de Shua, femme de Juda, mourut. Lorsque Juda se fut consolé, il monta vers les tondeurs de ses brebis, à Thimna, avec Hira son ami, l'Adullamite. [13] Et on le fit savoir à Tamar, en disant: Voici, ton beau-père monte à Thimna, pour tondre ses brebis. [14] Alors elle quitta ses habits de veuve, et se couvrit d'un voile, et s'en enveloppa, et s'assit à l'entrée d'Énaïm, qui est sur le chemin de Thimna; car elle voyait que Shéla était devenu grand, et qu'elle ne lui avait point été donnée pour femme. [15] Et Juda la vit et la prit pour une prostituée; car elle avait couvert son visage. [16] Et il se détourna vers elle sur le chemin, et il dit: Allons, je te prie, que je vienne vers toi; car il ne savait pas que ce fût sa belle-fille. Et elle répondit: Que me donneras-tu, pour venir vers moi? [17] Et il dit: J'enverrai un chevreau du troupeau. Et elle répondit: Me donneras-tu un gage jusqu'à ce que tu l'envoies? [18] Et il dit: Quel est le gage que je te donnerai? Et elle répondit: Ton cachet, ton cordon, et ton bâton, que tu as à la main. Et il les lui donna, et il vint vers elle; et elle conçut de lui. [19] Ensuite elle se leva et s'en alla. Et elle quitta son voile, et se revêtit de ses habits de veuve. [20] Et Juda envoya le chevreau par son ami l'Adullamite, pour retirer le gage des mains de cette femme; mais il ne la trouva point. [21] Et il interrogea les hommes du lieu où elle était, en disant: Où est cette courtisane qui était à Énaïm, sur le chemin? Et ils répondirent: Il n'y a point eu ici de courtisane. [22] Et il retourna vers Juda, et dit: Je ne l'ai point trouvée, et même les gens du lieu ont dit: Il n'y a point eu ici de courtisane. [23] Et Juda dit: Qu'elle garde le gage! Il ne faut pas nous faire mépriser. Voici, j'ai envoyé ce chevreau; et tu ne l'as point trouvée. [24] Or, il arriva qu'environ trois mois après on fit rapport à Juda, en disant: Tamar, ta belle-fille, s'est prostituée, et même la voilà enceinte par suite de sa prostitution. Et Juda dit: Faites-la sortir, et qu'elle soit brûlée. [25] Comme on la faisait sortir, elle envoya dire à son beau-père: Je suis enceinte de l'homme à qui ces choses appartiennent. Et elle dit: Reconnais, je te prie, à qui sont ce cachet, ces cordons et ce bâton. [26] Alors Juda les reconnut, et dit: Elle est plus juste que moi, parce que je ne l'ai point donnée à Shéla mon fils. Et il ne la connut plus. [27] Et à l'époque où elle devait accoucher, il se trouva qu'il y avait des jumeaux dans son sein; [28] Et pendant qu'elle enfantait, l'un d'eux donna la main, et la sage-femme la prit et y lia un fil écarlate, en disant: Celui-ci est sorti le premier. [29] Mais comme il retira sa main, voici, son frère sortit. Et elle dit: Quelle brèche tu as faite! La brèche soit sur toi! Et on le nomma Pharets (brèche). [30] Ensuite son frère sortit, qui avait à sa main le fil écarlate, et on le nomma Zarach.

39

[1] Or, Joseph fut emmené en Égypte, et Potiphar, officier de Pharaon, chef des gardes,

homme égyptien, l'acheta des Ismaélites, qui l'y avaient amené. [2] Et l'Éternel fut avec Joseph; et il prospérait. Et il était dans la maison de son maître l'Égyptien. [3] Et son maître vit que l'Éternel était avec lui, et que l'Éternel faisait prospérer entre ses mains tout ce qu'il faisait. [4] Joseph trouva donc grâce à ses yeux, et il le servait; et son maître l'établit sur sa maison, et remit entre ses mains tout ce qu'il avait. [5] Or, depuis qu'il l'eut établi dans sa maison et sur tout ce qu'il avait, l'Éternel bénit la maison de l'Égyptien, à cause de Joseph. Et la bénédiction de l'Éternel fut sur tout ce qu'il avait, dans la maison et aux champs. [6] Et il laissa entre les mains de Joseph tout ce qui était à lui, et il ne prenait connaissance de rien avec lui, si ce n'est du pain qu'il mangeait. Or, Joseph était beau de taille, et beau de visage. [7] Et il arriva, après ces choses, que la femme de son maître jeta les yeux sur Joseph, et dit: Couche avec moi. [8] Mais il refusa, et il dit à la femme de son maître: Voici, mon maître ne prend connaissance avec moi de rien dans la maison, et il a remis entre mes mains tout ce qui lui appartient. [9] Nul n'est plus grand dans cette maison que moi, et il ne m'a rien interdit que toi, parce que tu es sa femme. Comment ferais-je un si grand mal, et pécherais-je contre Dieu? [10] Et bien qu'elle en parlât tous les jours à Joseph, il ne voulut point l'écouter pour coucher auprès d'elle, ni pour être avec elle. [11] Mais il arriva, un jour, qu'il vint à la maison pour faire son ouvrage, et il n'y avait là aucun des gens de la maison; [12] Et elle le prit par son vêtement, en disant: Couche avec moi; mais il laissa son vêtement entre ses mains, et s'enfuit et sortit dehors. [13] Et dès qu'elle vit qu'il avait laissé son vêtement entre ses mains, et qu'il s'était enfui dehors, [14] Elle appela les gens de sa maison, et leur parla, en disant: Voyez, on nous a amené un homme hébreu pour se jouer de nous; il est venu vers moi pour coucher avec moi; mais j'ai crié à haute voix. [15] Et dès qu'il a entendu que j'élevais la voix et que je criais, il a laissé son vêtement près de moi, et s'est enfui, et est sorti dehors. [16] Et elle mit le vêtement de Joseph auprès d'elle, jusqu'à ce que son maître vînt à la maison. [17] Alors elle lui parla dans les mêmes termes, en disant: L'esclave hébreu, que tu nous as amené, est venu vers moi, pour se jouer de moi. [18] Mais comme j'ai élevé la voix, et que j'ai crié, il a laissé son vêtement près de moi, et s'est enfui dehors. [19] Et dès que le maître de Joseph eut entendu les paroles de sa femme, qui lui disait: Voilà ce que m'a fait ton esclave, sa colère s'enflamma. [20] Et le maître de Joseph le prit, et le mit dans la forteresse, lieu où les prisonniers du roi étaient enfermés. Il fut donc là dans la forteresse. [21] Mais l'Éternel fut avec Joseph, et il étendit sa bonté sur lui, et lui fit trouver grâce aux yeux du commandant de la forteresse. [22] Et le commandant de la forteresse remit entre les mains de Joseph tous les prisonniers qui étaient dans la forteresse; et tout ce qui s'y faisait, c'était lui qui le faisait. [23] Le commandant de la forteresse ne revoyait rien de tout ce que Joseph avait entre les mains, parce que l'Éternel était avec lui, et que l'Éternel faisait prospérer ce qu'il faisait.

40

[1] Après ces choses, il arriva que l'échanson du roi d'Égypte et le panetier offensèrent leur seigneur, le roi d'Égypte. [2] Et Pharaon se mit en colère contre ses deux officiers, contre le grand échanson et le grand panetier; [3] Et il les fit mettre en prison dans la maison du chef des gardes, dans la forteresse, lieu où Joseph était enfermé. [4] Et le chef des gardes établit Joseph auprès d'eux, et il les servait; et ils furent quelque temps en prison. [5] Et tous les deux eurent un songe, chacun le sien, dans une même nuit, chacun un songe d'une signification particulière, tant l'échanson que le panetier du roi d'Égypte qui étaient enfermés dans la forteresse. [6] Et Joseph, venant vers eux le matin, les regarda, et voici, ils étaient tristes. [7] Et il interrogea ces officiers de Pharaon, qui étaient avec lui en prison dans la maison de son maître, et leur dit: Pourquoi avez-vous mauvais visage

aujourd'hui? [8] Et ils lui répondirent: Nous avons fait un songe, et il n'y a personne qui l'interprète. Et Joseph leur dit: Les interprétations n'appartiennent-elles pas à Dieu? Racontez-moi vos songes, je vous prie. [9] Et le grand échanson raconta son songe à Joseph, et lui dit: Je songeais, et voici, un cep était devant moi; [10] Et ce cep avait trois sarments. Or, il semblait qu'il poussait; sa fleur sortit, et ses grappes donnèrent des raisins mûrs. [11] Et la coupe de Pharaon était dans ma main; et je pris les raisins, et je les pressai dans la coupe de Pharaon, et je mis la coupe dans la main de Pharaon. [12] Et Joseph lui dit: En voici l'interprétation: Les trois sarments sont trois jours. [13] Dans trois jours, Pharaon élèvera ta tête, et te rétablira dans ta charge, et tu mettras la coupe de Pharaon dans sa main, comme tu le faisais auparavant, lorsque tu étais son échanson. [14] Mais souviens-toi de moi, quand tu seras heureux, et use de bonté envers moi, je te prie; fais mention de moi à Pharaon, et fais-moi sortir de cette maison. [15] Car, certainement, j'ai été dérobé du pays des Hébreux, et ici non plus je n'ai rien fait pour qu'on me mît dans cette fosse. [16] Alors le grand panetier, voyant que Joseph avait interprété en bien, lui dit: Moi aussi je songeais, et voici, j'avais trois corbeilles de pain blanc sur la tête; [17] Et dans la plus haute corbeille il y avait pour Pharaon de toutes sortes de mets faits par le boulanger; et les oiseaux les mangeaient dans la corbeille qui était sur ma tête. [18] Et Joseph répondit, et dit: En voici l'interprétation: Les trois corbeilles sont trois jours. [19] Dans trois jours, Pharaon élèvera ta tête de dessus toi, et te fera pendre à un bois, et les oiseaux mangeront ta chair sur toi. [20] Et le troisième jour, jour de la naissance de Pharaon, il fit un festin à tous ses serviteurs, et il éleva la tête du grand échanson et du grand panetier, au milieu de ses serviteurs: [21] Il rétablit le grand échanson dans son office d'échanson, afin qu'il mît la coupe dans la main de Pharaon; [22] Mais il fit pendre le grand panetier; comme Joseph le leur avait déclaré. [23] Or, le grand échanson ne se souvint point de Joseph; mais il l'oublia.

41

[1] Et il arriva, au bout de deux ans, que Pharaon eut un songe; et voici, il se tenait près du fleuve. [2] Et voici que du fleuve montaient sept vaches belles et grasses, et elles paissaient dans le marécage. [3] Et voici, sept autres vaches laides et maigres, montaient du fleuve après elles, et elles se tinrent auprès des autres vaches sur le bord du fleuve. [4] Et les vaches laides et maigres dévorèrent les sept vaches belles et grasses. Et Pharaon s'éveilla. [5] Et il s'endormit et songea une seconde fois. Et voici sept épis gras et beaux poussaient sur une même tige. [6] Puis, voici, sept épis maigres et brûlés par le vent d'Orient germaient après ceux-là. [7] Et les épis maigres engloutirent les sept épis gras et pleins; et Pharaon s'éveilla, et voici, c'était un songe. [8] Et sur le matin son esprit était agité; et il envoya appeler tous les magiciens et tous les sages d'Égypte, et Pharaon leur raconta ses songes; mais il n'y eut personne qui les lui interpréta. [9] Alors le grand échanson parla à Pharaon, en disant: Je vais rappeler aujourd'hui mes fautes. [10] Pharaon se mit en colère contre ses serviteurs, et me fit mettre en prison, dans la maison du chef des gardes, moi et le grand panetier. [11] Alors nous fîmes, lui et moi, un songe dans une même nuit; nous songeâmes, chacun selon la signification de son songe. [12] Or, il y avait là avec nous un jeune homme hébreu, serviteur du chef des gardes; et nous lui racontâmes nos songes, et il nous les interpréta; il donna à chacun une interprétation d'après son songe. [13] Et la chose arriva comme il nous l'avait interprétée: le roi me rétablit dans ma place, et fit pendre l'autre. [14] Alors Pharaon envoya appeler Joseph, et on le fit sortir en hâte de la prison; on le rasa, on le fit changer de vêtements, et il vint vers Pharaon. [15] Et Pharaon dit à Joseph: J'ai fait un songe, et il n'y a personne qui l'interprète. Or, j'ai entendu dire que tu n'as qu'à entendre un songe pour l'interpréter. [16] Et Joseph répondit à Pharaon, en disant: Ce n'est pas moi, c'est Dieu qui répondra touchant la prospérité de Pharaon. [17] Et Pharaon dit à Joseph: Dans mon songe, voici, je me tenais sur le bord du fleuve.

[18] Et voici que du fleuve montaient sept vaches grasses et belles, et elles paissaient dans le marécage. [19] Et voici, sept autres vaches montaient après elles, chétives, et très laides, et décharnées; je n'en ai jamais vu de semblables en laideur dans tout le pays d'Égypte. [20] Et les vaches décharnées et laides dévorèrent les sept premières vaches grasses, [21] Qui entrèrent dans leur ventre sans qu'il parût qu'elles y fussent entrées, et elles étaient aussi laides qu'au commencement. [22] Alors je me réveillai. Je vis encore en songeant, et sept épis pleins et beaux poussaient sur une même tige. [23] Puis, voici, sept épis stériles, maigres et brûlés par le vent d'Orient, germaient après ceux-là. [24] Et les épis maigres engloutirent les sept beaux épis. Et je l'ai dit aux magiciens; mais nul ne me l'explique. [25] Et Joseph répondit à Pharaon: Ce qu'a songé Pharaon est une seule chose; Dieu a déclaré à Pharaon ce qu'il va faire. [26] Les sept belles vaches sont sept ans; et les sept beaux épis sont sept ans; c'est un même songe. [27] Et les sept vaches décharnées et laides, qui montaient après celles-là sont sept ans, et les sept épis vides, brûlés par le vent d'Orient, seront sept ans de famine. [28] C'est ce que j'ai dit à Pharaon: Dieu a fait voir à Pharaon ce qu'il va faire. [29] Voici, il va venir sept années de grande abondance dans tout le pays d'Égypte. [30] Mais elles seront suivies de sept ans de famine; et toute cette abondance sera oubliée dans le pays d'Égypte, et la famine consumera le pays. [31] Et l'abondance ne paraîtra plus dans le pays, à cause de cette famine qui viendra après; car elle sera très grande. [32] Et quant à ce que le songe s'est reproduit deux fois pour Pharaon, c'est que la chose est arrêtée de Dieu, et que Dieu se hâte de l'accomplir. [33] Or, maintenant, que Pharaon choisisse un homme entendu et sage, et qu'il l'établisse sur le pays d'Égypte. [34] Que Pharaon établisse et institue des commissaires sur le pays, et qu'il prenne le cinquième du revenu du pays d'Égypte, durant les sept années d'abondance. [35] Et qu'ils rassemblent tous les vivres de ces bonnes années qui viennent, et qu'ils amassent du froment sous la main de Pharaon, des vivres dans les villes, et qu'ils les gardent. [36] Et ces vivres seront en réserve pour le pays, pour les sept années de famine qui seront au pays d'Égypte, afin que le pays ne soit pas consumé par la famine. [37] Et ce discours plut à Pharaon, et à tous ses serviteurs. [38] Et Pharaon dit à ses serviteurs: Trouverions-nous un homme comme celui-ci, qui a l'esprit de Dieu? [39] Et Pharaon dit à Joseph: Puisque Dieu t'a fait connaître tout ceci, nul n'est entendu, ni sage autant que toi. [40] C'est toi qui seras sur ma maison, et tout mon peuple obéira à ta bouche. Je serai seulement plus grand que toi par le trône. [41] Puis Pharaon dit à Joseph: Regarde, je t'établis sur tout le pays d'Égypte. [42] Alors Pharaon ôta son anneau de sa main, et le mit à la main de Joseph; et il le fit revêtir d'habits de fin lin, et lui mit un collier d'or au cou. [43] Et il le fit monter sur son second char; et l'on criait devant lui: A genoux! Et il l'établit sur tout le pays d'Égypte. [44] Et Pharaon dit à Joseph: Je suis Pharaon! et sans toi nul ne lèvera la main ni le pied dans tout le pays d'Égypte. [45] Et Pharaon appela Joseph du nom de Tsophnath-Panéach (soutien de la vie), et il lui donna pour femme Asnath, fille de Potiphéra, prêtre d'On (Héliopolis). Et Joseph alla visiter le pays d'Égypte. [46] Or, Joseph était âgé de trente ans, quand il se présenta devant Pharaon, roi d'Égypte. Joseph sortit donc de devant Pharaon, et parcourut tout le pays d'Égypte. [47] Et la terre rapporta à pleines mains durant les sept années d'abondance. [48] Et Joseph rassembla tous les vivres des sept années, qu'il y eut au pays d'Égypte; et il mit les vivres dans les villes; il mit dans l'intérieur de chaque ville les vivres du territoire qui l'environnait. [49] Et Joseph amassa une grande quantité de froment, comme le sable de la mer; tellement qu'on cessa de le compter, parce qu'il était sans nombre. [50] Or, avant qu'arrivât l'année de famine, il naquit à Joseph deux fils, qu'Asnath, fille de Potiphéra, prêtre d'On, lui enfanta. [51] Et Joseph nomma le premier-né Manassé (celui qui fait oublier); car Dieu, dit-il, m'a fait oublier toute ma peine, et toute la maison de mon père. [52] Et il nomma le

second Éphraïm (double fécondité); car Dieu, dit-il, m'a rendu fécond dans le pays de mon affliction. ⁵³ Alors finirent les sept années de l'abondance qu'il y eut au pays d'Égypte. ⁵⁴ Et les sept années de famine commencèrent à venir, comme Joseph l'avait dit. Et la famine fut dans tous les pays; mais dans tout le pays d'Égypte il y avait du pain. ⁵⁵ Ensuite tout le pays d'Égypte fut affamé; et le peuple cria à Pharaon pour avoir du pain. Et Pharaon répondit à tous les Égyptiens: Allez à Joseph; faites ce qu'il vous dira. ⁵⁶ La famine fut donc sur toute la surface du pays, et Joseph ouvrit tous les greniers et vendit du blé aux Égyptiens. Et la famine fut grande au pays d'Égypte. ⁵⁷ Et de tous les pays on venait en Égypte, pour acheter du blé à Joseph; car la famine était grande par toute la terre.

42

¹ Et Jacob, voyant qu'il y avait du blé à vendre en Égypte, dit à ses fils: Pourquoi vous regardez-vous les uns les autres? ² Et il dit: Voici, j'ai appris qu'il y a du blé à vendre en Égypte; descendez-y, et achetez-nous-y du blé, afin que nous vivions, et ne mourions point. ³ Alors dix frères de Joseph descendirent, pour acheter du blé en Égypte. ⁴ Mais Jacob n'envoya point Benjamin, frère de Joseph, avec ses frères; car il dit: Prenons garde qu'il ne lui arrive malheur! ⁵ Et les fils d'Israël vinrent pour acheter du blé, au milieu de ceux qui venaient aussi; car la famine était au pays de Canaan. ⁶ Or, c'était Joseph qui commandait dans le pays, c'était lui qui vendait le blé à tout le peuple du pays. Les frères de Joseph vinrent donc et se prosternèrent devant lui, la face contre terre. ⁷ Et Joseph vit ses frères, et les reconnut; mais il fit l'étranger avec eux, et leur parla rudement, et leur dit: D'où venez-vous? Et ils répondirent: Du pays de Canaan, pour acheter des vivres. ⁸ Joseph reconnut donc ses frères; mais eux ne le reconnurent point. ⁹ Et Joseph se souvint des songes qu'il avait eus à leur sujet. Et il leur dit: Vous êtes des espions; vous êtes venus pour observer les lieux faibles du pays. ¹⁰ Et ils lui répondirent: Non, mon seigneur, mais tes serviteurs sont venus pour acheter des vivres. ¹¹ Nous sommes tous d'un même homme; nous sommes gens de bien; tes serviteurs ne sont point des espions. ¹² Et il leur dit: Non! mais vous êtes venus pour observer les lieux faibles du pays. ¹³ Et ils répondirent: Nous, tes serviteurs, sommes douze frères, fils d'un même homme, au pays de Canaan. Et voici, le plus jeune est aujourd'hui avec notre père; et l'un n'est plus. ¹⁴ Et Joseph leur dit: C'est ce que je vous ai dit: Vous êtes des espions. ¹⁵ Voici comment vous serez éprouvés: Par la vie de Pharaon, vous ne sortirez point d'ici, que votre jeune frère n'y soit venu. ¹⁶ Envoyez l'un de vous et qu'il amène votre frère; et vous, demeurez prisonniers; et que vos paroles soient éprouvées, pour voir si la vérité est avec vous. Autrement, par la vie de Pharaon, vous êtes des espions. ¹⁷ Et il les fit mettre ensemble en prison pour trois jours. ¹⁸ Et, au troisième jour, Joseph leur dit: Faites ceci, et vous vivrez; je crains Dieu. ¹⁹ Si vous êtes gens de bien, que l'un de vous, votre frère, reste lié dans votre prison, et vous, allez, emportez du blé, pour subvenir à la famine de vos maisons. ²⁰ Et amenez-moi votre jeune frère; et vos paroles seront reconnues véritables, et vous ne mourrez point. Et ils firent ainsi. ²¹ Et ils se disaient l'un à l'autre: Vraiment, nous sommes coupables à l'égard de notre frère; car nous avons vu l'angoisse de son âme, quand il nous demandait grâce, et nous ne l'avons point écouté; voilà pourquoi cette angoisse nous est arrivée. ²² Et Ruben leur répondit, en disant: Ne vous disais-je pas bien: Ne commettez point ce péché contre cet enfant? Mais vous n'écoutâtes point; et voici que son sang nous est redemandé. ²³ Or, ils ne savaient pas que Joseph comprenait, parce qu'il leur parlait par le moyen d'un interprète. ²⁴ Et il se détourna d'eux pour pleurer. Puis il retourna vers eux, et leur parla; et il prit d'entre eux Siméon, et le fit lier devant leurs yeux. ²⁵ Et Joseph commanda qu'on remplît leurs sacs de froment, et qu'on remît l'argent de chacun d'eux dans son sac, et qu'on leur

donnât des provisions pour le chemin. ²⁶ Ce qui fut fait. Puis ils chargèrent leur blé sur leurs ânes, et s'en allèrent. ²⁷ Et l'un d'eux ouvrit son sac pour donner du fourrage à son âne dans l'hôtellerie; et il vit son argent; et voici, il était à l'entrée de son sac. ²⁸ Et il dit à ses frères: Mon argent m'a été rendu; et en effet, le voici dans mon sac. Et le cœur leur manqua, et ils se dirent en tremblant l'un à l'autre: Qu'est-ce que Dieu nous a fait? ²⁹ Et ils vinrent vers Jacob, leur père, au pays de Canaan, et lui racontèrent toutes les choses qui leur étaient arrivées, en disant: ³⁰ L'homme qui est le seigneur du pays, nous a parlé rudement, et nous a pris pour des espions. ³¹ Mais nous lui avons répondu: Nous sommes des gens de bien, nous ne sommes point des espions. ³² Nous sommes douze frères, fils de notre père; l'un n'est plus, et le plus jeune est aujourd'hui avec notre père au pays de Canaan. ³³ Et l'homme qui est le seigneur du pays, nous a dit: A ceci je connaîtrai que vous êtes des gens de bien: Laissez avec moi l'un de vos frères, prenez ce qu'il faut pour la famine de vos maisons, et partez; ³⁴ Et amenez-moi votre jeune frère. Alors je connaîtrai que vous n'êtes point des espions, mais des gens de bien; je vous rendrai votre frère, et vous trafiquerez dans le pays. ³⁵ Et comme ils vidaient leurs sacs, voici, le paquet d'argent de chacun était dans son sac; et ils virent, eux et leur père, leurs paquets d'argent, et ils eurent peur. ³⁶ Alors Jacob, leur père, leur dit: Vous m'avez privé d'enfants: Joseph n'est plus, et Siméon n'est plus, et vous emmèneriez Benjamin! C'est sur moi que toutes ces choses sont tombées! ³⁷ Et Ruben parla à son père, et lui dit: Tu feras mourir mes deux fils, si je ne te le ramène; confie-le-moi et je te le rendrai. ³⁸ Et il répondit: Mon fils ne descendra point avec vous; car son frère est mort, et celui-ci est resté seul. Et s'il lui arrivait malheur dans le chemin par où vous irez, vous feriez descendre mes cheveux blancs avec douleur au Sépulcre.

43

¹ Or, la famine était fort grande dans le pays. ² Et quand ils eurent achevé de manger le blé qu'ils avaient apporté d'Égypte, leur père leur dit: Retournez nous acheter un peu de vivres. ³ Et Juda lui répondit: Cet homme nous a expressément protesté et dit: Vous ne verrez point ma face, que votre frère ne soit avec vous. ⁴ Si tu envoies notre frère avec nous, nous descendrons en Égypte, et nous t'achèterons des vivres. ⁵ Mais si tu ne l'envoies pas, nous n'y descendrons point; car cet homme nous a dit: Vous ne verrez point ma face, que votre frère ne soit avec vous. ⁶ Et Israël dit: Pourquoi m'avez-vous fait ce tort, de déclarer à cet homme que vous aviez encore un frère? ⁷ Et ils répondirent: Cet homme s'est enquis avec soin de nous et de notre parenté, en disant: Votre père vit-il encore? Avez-vous encore un frère? Et nous le lui avons déclaré, d'après ces questions. Pouvions-nous savoir qu'il dirait: Faites descendre votre frère? ⁸ Et Juda dit à Israël, son père: Envoie l'enfant avec moi, et nous nous lèverons, et partirons; et nous vivrons et ne mourrons point, ni nous, ni toi, ni nos petits enfants. ⁹ Je réponds de lui; tu me le redemanderas. Si je ne te le ramène et ne le présente devant ta face, je serai coupable envers toi à toujours. ¹⁰ Car si nous n'avions pas différé, nous serions maintenant deux fois de retour. ¹¹ Alors Israël, leur père, leur dit: S'il en est ainsi, faites donc ceci: Prenez dans vos bagages des produits les plus renommés du pays, et portez à cet homme un présent, un peu de baume et un peu de miel, des aromates et de la myrrhe, des pistaches et des amandes; ¹² Et prenez d'autre argent dans vos mains, et reportez dans vos mains l'argent qui a été remis à l'entrée de vos sacs. Peut-être est-ce une erreur. ¹³ Prenez aussi votre frère, et levez-vous, retournez vers cet homme. ¹⁴ Et que le Dieu Tout-Puissant vous fasse trouver grâce devant cet homme, qu'il vous relâche votre autre frère, et Benjamin! Et s'il faut que je sois privé d'enfants, que j'en sois privé! ¹⁵ Ils prirent donc le présent, et le double d'argent dans leurs mains, et Benjamin. Puis, se levant, ils descendirent en Égypte, et se présentèrent devant Joseph. ¹⁶ Et Joseph vit

Benjamin avec eux, et il dit à l'intendant de sa maison: Mène ces hommes à la maison, tue quelque bête et apprête-la; car ils mangeront avec moi à midi. [17] Et l'homme fit comme Joseph avait dit, et il amena ces hommes à la maison de Joseph. [18] Et ces hommes eurent peur de ce qu'on les menait à la maison de Joseph; et ils dirent: C'est à cause de l'argent qui fut remis dans nos sacs la première fois, qu'on nous emmène; c'est pour se jeter, se précipiter sur nous et nous prendre pour esclaves, et se saisir de nos ânes. [19] Alors ils s'approchèrent de l'intendant de la maison de Joseph, et lui parlèrent à la porte de la maison, et dirent: [20] Pardon, mon seigneur! nous sommes descendus une première fois pour acheter des vivres; [21] Et lorsque nous arrivâmes à l'hôtellerie, et que nous ouvrîmes nos sacs, voici, l'argent de chacun était à l'entrée de son sac, notre argent selon son poids; et nous l'avons rapporté en nos mains. [22] Et nous avons apporté d'autre argent en nos mains, pour acheter des vivres; nous ne savons qui avait remis notre argent dans nos sacs. [23] Et il dit: Tout va bien pour vous! Ne craignez point: C'est votre Dieu, le Dieu de votre père qui vous a donné un trésor dans vos sacs; votre argent m'est parvenu. Et il leur amena Siméon. [24] Et cet homme les fit entrer dans la maison de Joseph; il leur donna de l'eau, et ils lavèrent leurs pieds; il donna aussi du fourrage à leurs ânes. [25] Et ils préparèrent le présent, en attendant que Joseph vînt à midi; car ils avaient appris qu'ils mangeraient là le pain. [26] Joseph revint à la maison. Alors ils lui offrirent dans la maison le présent qu'ils avaient en leurs mains; et ils se prosternèrent en terre devant lui. [27] Et il leur demanda comment ils se portaient, et il leur dit: Votre vieux père, dont vous m'avez parlé, se porte-t-il bien? Vit-il encore? [28] Et ils répondirent: Ton serviteur notre père se porte bien; il vit encore. Et ils s'inclinèrent, et se prosternèrent. [29] Et, levant les yeux, il vit Benjamin son frère, fils de sa mère, et dit: Est-ce là votre jeune frère, dont vous m'avez parlé? Et il lui dit: Dieu te fasse miséricorde, mon fils! [30] Et Joseph se hâta, car ses entrailles étaient émues pour son frère, et il chercha un lieu pour pleurer; et il entra dans la chambre intérieure et y pleura. [31] Puis il se lava le visage et sortit; et, se faisant violence, il dit: Servez le pain. [32] Et on le servit à part, et eux à part; et les Égyptiens qui mangeaient avec lui furent aussi servis à part, parce que les Égyptiens ne peuvent manger le pain avec les Hébreux; car c'est une abomination pour les Égyptiens. [33] Ils s'assirent donc en sa présence, l'aîné selon son droit d'aînesse, et le plus jeune selon son âge. Et ces hommes se regardaient l'un l'autre avec étonnement. [34] Et il leur fit porter des mets de devant lui; mais la portion de Benjamin était cinq fois plus grosse que les portions de tous les autres; et ils burent et firent bonne chère avec lui.

44

[1] Puis il commanda à l'intendant de sa maison, en disant: Remplis les sacs de ces gens d'autant de vivres qu'ils en pourront porter, et mets l'argent de chacun à l'entrée de son sac. [2] Et tu mettras ma coupe, la coupe d'argent à l'entrée du sac du plus jeune, avec l'argent de son blé. Et il fit comme Joseph lui avait dit. [3] Le matin, dès qu'il fit jour, on renvoya ces hommes, avec leurs ânes. [4] Lorsqu'ils furent sortis de la ville, avant qu'ils fussent loin, Joseph dit à l'intendant de sa maison: Lève-toi, poursuis ces hommes, et quand tu les auras atteints, tu leur diras: Pourquoi avez-vous rendu le mal pour le bien? [5] N'est-ce pas la coupe dont mon seigneur se sert pour boire et pour deviner? Vous avez fait une méchante action. [6] Et il les atteignit, et leur dit ces paroles. [7] Et ils lui répondirent: Pourquoi mon seigneur parle-t-il ainsi? Loin de tes serviteurs la pensée de faire pareille chose! [8] Voici, nous t'avons rapporté du pays de Canaan l'argent que nous avions trouvé à l'entrée de nos sacs; comment déroberions-nous de la maison de ton maître de l'argent ou de l'or? [9] Que celui de tes serviteurs chez qui on trouvera la coupe, meure, et nous serons nous-mêmes esclaves de mon seigneur. [10] Et il dit: Eh bien! qu'il soit fait selon vos paroles: celui chez qui on la trouvera, sera mon esclave, et vous, vous

serez innocents. [11] Et ils se hâtèrent de déposer chacun leur sac à terre, et ils ouvrirent chacun leur sac. [12] Et il les fouilla, en commençant par le plus grand et finissant par le plus jeune. Et la coupe se trouva dans le sac de Benjamin. [13] Alors ils déchirèrent leurs habits, et chacun rechargea son âne, et ils retournèrent à la ville. [14] Et Juda, avec ses frères, vint à la maison de Joseph, qui était encore là, et ils se jetèrent à terre devant lui. [15] Et Joseph leur dit: Quelle action avez-vous faite? Ne savez-vous pas qu'un homme tel que moi sait deviner? [16] Et Juda répondit: Que dirons-nous à mon seigneur? comment parlerons-nous? et comment nous justifierons-nous? Dieu a trouvé l'iniquité de tes serviteurs. Nous voici esclaves de mon seigneur, tant nous que celui entre les mains de qui la coupe s'est trouvée. [17] Mais il dit: Loin de moi la pensée d'agir ainsi! L'homme entre les mains de qui la coupe a été trouvée, sera mon esclave; mais vous, remontez en paix vers votre père. [18] Alors Juda s'approcha de lui, et dit: Pardon, mon seigneur! Que ton serviteur dise un mot, je te prie, aux oreilles de mon seigneur, et que ta colère ne s'enflamme point contre ton serviteur; car tu es comme Pharaon. [19] Mon seigneur interrogea ses serviteurs, en disant: Avez-vous père ou frère? [20] Et nous répondîmes à mon seigneur: Nous avons un père âgé, et un jeune enfant qui lui est né en sa vieillesse. Or, son frère est mort, et celui-ci est resté seul de sa mère, et son père l'aime. [21] Et tu dis à tes serviteurs: Faites-le descendre vers moi, et que je le voie de mes yeux. [22] Et nous dîmes à mon seigneur: L'enfant ne peut quitter son père; et s'il le quitte, son père mourra. [23] Alors tu dis à tes serviteurs: Si votre jeune frère ne descend avec vous, vous ne verrez plus ma face. [24] Et lorsque nous fûmes remontés vers ton serviteur mon père, nous lui rapportâmes les paroles de mon seigneur. [25] Ensuite notre père dit: Retournez nous acheter un peu de vivres. [26] Et nous dîmes: Nous ne pouvons descendre; mais si notre jeune frère est avec nous, nous descendrons; car nous ne pouvons pas voir la face de cet homme, que notre jeune frère ne soit avec nous. [27] Et ton serviteur mon père nous répondit: Vous savez que ma femme m'a enfanté deux fils; [28] L'un s'en est allé d'auprès de moi; et j'ai dit: Certainement, il a été déchiré; et je ne l'ai point revu jusqu'à présent. [29] Si vous ôtez aussi celui-ci de ma présence, et qu'il lui arrive malheur, vous ferez descendre mes cheveux blancs avec douleur au Sépulcre. [30] Et maintenant, quand je viendrai vers ton serviteur mon père, si le jeune homme, dont l'âme est liée à son âme, n'est pas avec nous, [31] Il arrivera que, dès qu'il verra que le jeune homme n'y est point, il mourra. Et tes serviteurs feront descendre avec douleur les cheveux blancs de ton serviteur notre père au Sépulcre. [32] Car ton serviteur a répondu du jeune homme, en le prenant à mon père; et il a dit: Si je ne te le ramène, je serai coupable envers mon père à toujours. [33] Maintenant donc, que ton serviteur demeure, je te prie, esclave de mon seigneur au lieu du jeune homme, et que celui-ci remonte avec ses frères. [34] Car comment remonterais-je vers mon père, si le jeune homme n'est avec moi? Ah! que je ne voie point l'affliction de mon père!

45

[1] Alors Joseph ne put plus se retenir devant tous ceux qui étaient là présents, et il cria: Faites sortir tout le monde. Et nul ne demeura avec Joseph, quand il se fit connaître à ses frères. [2] Et il éleva la voix en pleurant, et les Égyptiens l'entendirent, et la maison de Pharaon l'entendit. [3] Et Joseph dit à ses frères: Je suis Joseph! Mon père vit-il encore? Mais ses frères ne pouvaient lui répondre; car ils étaient troublés de sa présence. [4] Et Joseph dit à ses frères: Approchez donc de moi. Et ils s'approchèrent, et il dit: Je suis Joseph votre frère, que vous avez vendu pour être mené en Égypte. [5] Et maintenant, ne vous affligez pas, et n'ayez point de regret de ce que vous m'avez vendu pour être amené ici; car c'est pour la conservation de votre vie que Dieu m'a envoyé devant vous. [6] Car voici deux ans que la famine est sur la terre, et pendant cinq ans encore il n'y aura ni labour, ni

moisson. [7] Mais Dieu m'a envoyé devant vous, pour vous faire subsister sur la terre, et pour vous faire vivre par une grande délivrance. [8] Et maintenant, ce n'est pas vous qui m'avez envoyé ici, mais c'est Dieu; et il m'a établi pour père à Pharaon, et pour seigneur sur toute sa maison, et gouverneur dans tout le pays d'Égypte. [9] Hâtez-vous de monter vers mon père, et dites-lui: Ainsi a dit ton fils Joseph: Dieu m'a établi seigneur sur toute l'Égypte; descends vers moi, ne t'arrête point. [10] Tu habiteras au pays de Gossen, et tu seras près de moi, toi, tes enfants, et les enfants de tes enfants, tes brebis et tes bœufs, et tout ce qui est à toi. [11] Et je t'y entretiendrai (car il y a encore cinq ans de famine), de peur que tu ne périsses de pauvreté, toi et ta maison, et tout ce qui est à toi. [12] Et voici, vous voyez de vos yeux, et Benjamin mon frère voit aussi de ses yeux, que c'est moi qui vous parle de ma propre bouche. [13] Racontez donc à mon père toute ma gloire en Égypte, et tout ce que vous avez vu; et hâtez-vous de faire descendre ici mon père. [14] Alors il se jeta au cou de Benjamin son frère, et pleura. Et Benjamin pleura sur son cou. [15] Et il baisa tous ses frères, en pleurant. Après quoi, ses frères s'entretinrent avec lui. [16] Et ce bruit se répandit dans la maison de Pharaon: Les frères de Joseph sont venus. Ce qui plut à Pharaon et à ses serviteurs. [17] Pharaon dit à Joseph: Dis à tes frères: Faites ceci; chargez vos bêtes, et allez, retournez au pays de Canaan; [18] Et prenez votre père et vos familles, et venez vers moi, et je vous donnerai le meilleur du pays d'Égypte; et vous mangerez la graisse de la terre. [19] Or tu reçois l'ordre de leur dire: Faites ceci; prenez pour vous, du pays d'Égypte, des chariots pour vos petits enfants et pour vos femmes, et vous amènerez votre père, et vous viendrez. [20] Et ne regrettez point vos meubles; car le meilleur de tout le pays d'Égypte sera à vous. [21] Les fils d'Israël firent ainsi; et Joseph leur donna des chariots, selon l'ordre de Pharaon; et il leur donna des provisions pour le chemin. [22] Il leur donna à tous des robes de rechange, et à Benjamin il donna trois cents pièces d'argent, et cinq robes de rechange. [23] Il envoya aussi à son père dix ânes chargés de ce qu'il y avait de meilleur en Égypte, et dix ânesses chargées de blé, de pain, et de nourriture pour son père pendant le voyage. [24] Il renvoya donc ses frères, et ils partirent, et il leur dit: Ne vous querellez point en chemin. [25] Et ils remontèrent d'Égypte, et vinrent au pays de Canaan vers Jacob, leur père. [26] Et ils lui firent ce rapport et dirent: Joseph vit encore, et même c'est lui qui gouverne tout le pays d'Égypte. Mais son cœur resta froid, car il ne les crut point. [27] Et ils lui dirent toutes les paroles que Joseph leur avait dites. Et il vit les chariots que Joseph avait envoyés pour le porter. Et l'esprit de Jacob, leur père, se ranima. [28] Et Israël dit: C'est assez; Joseph mon fils vit encore; j'irai, et je le verrai avant que je meure.

46

[1] Et Israël partit, avec tout ce qui lui appartenait, et vint à Béer-Shéba, et offrit des sacrifices au Dieu de son père Isaac. [2] Et Dieu parla à Israël dans les visions de la nuit, et il dit: Jacob, Jacob! Et il répondit: Me voici. [3] Puis il dit: Je suis Dieu, le Dieu de ton père. Ne crains point de descendre en Égypte; car je t'y ferai devenir une grande nation. [4] Je descendrai avec toi en Égypte, et je t'en ferai aussi infailliblement remonter; et Joseph mettra sa main sur tes yeux. [5] Alors Jacob partit de Béer-Shéba, et les fils d'Israël mirent Jacob leur père, et leurs petits enfants, et leurs femmes, sur les chariots que Pharaon avait envoyés pour le porter. [6] Ils emmenèrent aussi leur bétail et le bien qu'ils avaient acquis au pays de Canaan. Et Jacob et toute sa famille avec lui vinrent en Égypte. [7] Il amena avec lui en Égypte ses fils et les fils de ses fils, ses filles et les filles de ses fils, et toute sa famille. [8] Et voici les noms des fils d'Israël qui vinrent en Égypte: Jacob et ses fils. Le premier-né de Jacob, Ruben. [9] Les fils de Ruben: Hénoc, Pallu, Hetsron et Carmi. [10] Les

fils de Siméon: Jémuël, Jamin, Ohad, Jakin, Tsohar, et Saül, fils de la Cananéenne. [11] Les fils de Lévi: Guershon, Kéhath et Mérari. [12] Les fils de Juda: Er, Onan, Shéla, Pharets et Zarach. Mais Er et Onan moururent au pays de Canaan. Et les fils de Pharets furent Hetsron et Hamul. [13] Les fils d'Issacar: Thola, Puva, Job et Shimron. [14] Les fils de Zabulon: Séred, Élon et Jahléel. [15] Voilà les fils de Léa, qu'elle enfanta à Jacob, à Paddan-Aram, avec Dina sa fille; ses fils et ses filles étaient en tout trente-trois personnes. [16] Les fils de Gad: Tsiphjon et Haggi, Shuni et Etsbon, Eri, Arodi et Aréli. [17] Les fils d'Asser: Jimna, Jishva, Jishvi, Béria, et Sérach leur sœur. Et les enfants de Béria: Héber et Malkiel. [18] Voilà les fils de Zilpa, que Laban avait donnée à Léa, sa fille; et elle les enfanta à Jacob: seize personnes. [19] Les fils de Rachel, femme de Jacob: Joseph et Benjamin. [20] Et Joseph eut des fils au pays d'Égypte: Manassé et Éphraïm qu'Asnath, fille de Potiphéra, prêtre d'On, lui enfanta. [21] Les fils de Benjamin: Béla, Béker et Ashbel, Guéra et Naaman, Ehi et Rosh, Muppim et Huppim, et Ard. [22] Voilà les fils de Rachel, qui naquirent à Jacob; en tout quatorze personnes. [23] Les fils de Dan: Hushim. [24] Les fils de Nephthali: Jahtséel, Guni, Jetser et Shillem. [25] Voilà les fils de Bilha, que Laban avait donnée à Rachel, sa fille, et elle les enfanta à Jacob; en tout sept personnes. [26] Toutes les personnes appartenant à Jacob et nées de lui, qui vinrent en Égypte (sans les femmes des fils de Jacob), étaient en tout soixante-six. [27] Et les fils de Joseph, qui lui étaient nés en Égypte, étaient deux personnes. Toutes les personnes de la maison de Jacob, qui vinrent en Égypte, étaient soixante et dix. [28] Or, Jacob envoya Juda devant lui vers Joseph, pour qu'il lui montrât la route de Gossen. Ils vinrent donc au pays de Gossen. [29] Et Joseph attela son chariot, et monta à la rencontre d'Israël son père vers Gossen; et il se fit voir à lui, et se jeta à son cou, et pleura longtemps sur son cou. [30] Et Israël dit à Joseph: Que je meure à présent, puisque j'ai vu ton visage, et que tu vis encore. [31] Puis Joseph dit à ses frères et à la famille de son père: Je monterai, pour informer Pharaon, et je lui dirai: Mes frères et la famille de mon père, qui étaient au pays du Canaan, sont venus vers moi; [32] Et ces hommes sont bergers, car ils se sont toujours occupés de bétail; et ils ont amené leurs brebis et leurs bœufs, et tout ce qui est à eux. [33] Et quand Pharaon vous fera appeler, et dira: Quel est votre métier? [34] Vous direz: Tes serviteurs se sont toujours occupés de bétail, depuis notre jeunesse et jusqu'à maintenant, et nous et nos pères; afin que vous demeuriez dans le pays de Gossen; car les Égyptiens ont en abomination tous les bergers.

47

[1] Et Joseph vint et fit savoir cela à Pharaon, et lui dit: Mon père et mes frères, avec leurs brebis et leurs bœufs, et tout ce qui est à eux, sont venus du pays de Canaan; et voici, ils sont dans le pays de Gossen. [2] Et il prit cinq hommes d'entre ses frères et les présenta à Pharaon. [3] Et Pharaon dit à ses frères: Quel est votre métier? Et ils répondirent à Pharaon: Tes serviteurs sont bergers, comme l'ont été nos pères. [4] Puis ils dirent à Pharaon: C'est pour séjourner dans le pays que nous sommes venus; car il n'y a plus de pâturage pour les troupeaux de tes serviteurs; car la famine est grande au pays de Canaan. Permets donc à tes serviteurs d'habiter au pays de Gossen. [5] Et Pharaon parla ainsi à Joseph: Ton père et tes frères sont venus vers toi; [6] Le pays d'Égypte est à ta disposition; fais habiter ton père et tes frères dans le meilleur endroit du pays; qu'ils demeurent dans le pays de Gossen. Et si tu connais qu'il y ait parmi eux des hommes capables, tu les établiras chefs de troupeaux sur ce qui m'appartient. [7] Alors Joseph amena Jacob son père, et le présenta à Pharaon. Et Jacob bénit Pharaon. [8] Et Pharaon dit à Jacob: A combien s'élèvent les jours des années de ta vie? [9] Et Jacob répondit à Pharaon: Les jours des années de mes pèlerinages sont de cent trente ans; les jours des années de ma vie ont été courts et mauvais, et ils n'ont point atteint les jours des années de la vie de mes pères, du temps de leurs pèlerinages. [10] Et

Jacob bénit Pharaon, puis il sortit de devant Pharaon. [11] Et Joseph assigna une demeure à son père et à ses frères, et il leur donna une possession au pays d'Égypte, dans le meilleur endroit du pays, dans le pays de Ramsès, comme l'avait ordonné Pharaon. [12] Et Joseph fournit de pain son père, ses frères, et toute la maison de son père, selon le nombre des enfants. [13] Or, il n'y avait point de pain dans tout le pays, car la famine était très grande; et le pays d'Égypte et le pays de Canaan étaient épuisés par la famine. [14] Et Joseph amassa tout l'argent qui se trouvait dans le pays d'Égypte et dans le pays de Canaan, en échange du blé qu'on achetait; et Joseph fit entrer cet argent dans la maison de Pharaon. [15] Et quand l'argent manqua au pays d'Égypte et au pays de Canaan, tous les Égyptiens vinrent à Joseph, en disant: Donne-nous du pain; et pourquoi mourrions-nous devant toi, parce qu'il n'y a plus d'argent? [16] Et Joseph répondit: Donnez votre bétail, et je vous donnerai du pain en échange de votre bétail, s'il n'y a plus d'argent. [17] Alors ils amenèrent leur bétail à Joseph, et Joseph leur donna du pain, en échange des chevaux, des troupeaux de brebis, des troupeaux de bœufs et des ânes. Il leur fournit du pain en échange de tous leurs troupeaux cette année-là. [18] Cette année écoulée, ils revinrent l'année suivante, et lui dirent: Nous ne cacherons point à mon seigneur que l'argent est épuisé, et que les troupeaux de bétail ont passé à mon seigneur; il ne reste rien devant mon seigneur que nos corps et nos terres. [19] Pourquoi péririons-nous sous tes yeux, nous et nos terres? Achète-nous, nous et nos terres, pour du pain, et nous serons, avec nos terres, esclaves de Pharaon. Et donne-nous de quoi semer, afin que nous vivions et ne mourions pas, et que le sol ne soit point désolé. [20] Et Joseph acquit tout le sol de l'Égypte à Pharaon; car les Égyptiens vendirent chacun leur champ, parce que la famine les y força; et la terre fut à Pharaon. [21] Quant au peuple, il le fit passer dans les villes, depuis une extrémité du territoire de l'Égypte jusqu'à l'autre. [22] Les terres des prêtres furent les seules qu'il n'acquit point; car les prêtres recevaient de Pharaon une portion fixée, et ils mangeaient la portion que Pharaon leur avait donnée. C'est pourquoi, ils ne vendirent point leurs terres. [23] Et Joseph dit au peuple: Je vous ai acquis aujourd'hui, vous et vos terres, à Pharaon. Voici pour vous de la semence, afin que vous ensemenciez le sol. [24] Et au temps des récoltes, vous donnerez le cinquième à Pharaon, et les quatre autres parties seront à vous, pour semer les champs, et pour votre nourriture, et pour celle des gens qui sont dans vos maisons, et pour la nourriture de vos petits enfants. [25] Et ils dirent: Tu nous as sauvé la vie! Que nous trouvions grâce aux yeux de mon seigneur, et nous serons esclaves de Pharaon. [26] Et Joseph en fit une loi, qui dure jusqu'à ce jour, sur les terres d'Égypte: Le cinquième à Pharaon. Il n'y eut que les terres des prêtres qui ne furent point à Pharaon. [27] Israël habita donc au pays d'Égypte, au pays de Gossen; et ils y acquirent des propriétés, et ils s'accrurent, et multiplièrent beaucoup. [28] Et Jacob vécut au pays d'Égypte dix-sept ans. Et les jours de Jacob, les années de sa vie, furent de cent quarante-sept ans. [29] Et quand le jour de la mort d'Israël approcha, il appela son fils Joseph, et lui dit: Si j'ai trouvé grâce à tes y eux, mets, je te prie, ta main sous ma cuisse, et use envers moi de bonté et de fidélité: je te prie, ne m'enterre point en Égypte. [30] Quand je serai couché avec mes pères, emporte-moi d'Égypte, et enterre-moi dans leur tombeau. Et il répondit: Je ferai selon ta parole. [31] Il dit: Jure-le-moi. Et il le lui jura. Et Israël se prosterna sur le chevet du lit.

48

[1] Or, il arriva après ces choses, qu'on dit à Joseph: Voici, ton père est malade. Alors il prit ses deux fils avec lui, Manassé et Éphraïm. [2] On le fit savoir à Jacob, et on lui dit: Voici ton fils Joseph qui vient vers toi. Alors Israël rassembla ses forces, et s'assit sur son lit.

³ Et Jacob dit à Joseph: Le Dieu Tout-Puissant m'apparut à Luz, au pays de Canaan, et me bénit; ⁴ Et il me dit: Voici, je te ferai croître et multiplier, je te ferai devenir une assemblée de peuples, et je donnerai ce pays à ta postérité après toi, en possession perpétuelle. ⁵ Et maintenant tes deux fils qui te sont nés au pays d'Égypte, avant que je vinsse vers toi en Égypte, sont à moi. Éphraïm et Manassé seront à moi comme Ruben et Siméon. ⁶ Mais les enfants que tu auras engendrés après eux, seront à toi; ils seront appelés du nom de leurs frères dans leur héritage. ⁷ Pour moi, quand je revenais de Paddan, Rachel mourut auprès de moi, au pays de Canaan, en chemin, lorsqu'il y avait encore quelque distance pour arriver à Éphrath, et je l'enterrai là sur le chemin d'Éphrath (qui est Béthléem). ⁸ Et Israël vit les fils de Joseph, et dit: Qui sont ceux-ci? ⁹ Et Joseph répondit à son père: Ce sont mes fils, que Dieu m'a donnés ici. Alors il dit: Amène-les-moi, je te prie, afin que je les bénisse. ¹⁰ Or, les yeux d'Israël étaient appesantis de vieillesse; il ne pouvait plus voir. Il les fit approcher de lui, et il les baisa et les embrassa. ¹¹ Et Israël dit à Joseph: Je ne croyais plus voir ton visage, et voici, Dieu m'a fait voir même ta postérité. ¹² Et Joseph les retira d'entre les genoux de son père, et il se prosterna le visage contre terre. ¹³ Puis Joseph les prit tous deux, Éphraïm de sa main droite, à la gauche d'Israël, et Manassé de sa main gauche, à la droite d'Israël, et il les fit approcher de lui. ¹⁴ Et Israël avança sa main droite, et la mit sur la tête d'Éphraïm, qui était le cadet, et sa main gauche sur la tête de Manassé. Il posa ainsi ses mains de propos délibéré, car Manassé était l'aîné. ¹⁵ Et il bénit Joseph, et dit: Que le Dieu, devant la face duquel ont marché mes pères, Abraham et Isaac, le Dieu qui a été mon berger depuis que j'existe jusqu'à ce jour, ¹⁶ Que l'ange qui m'a délivré de tout mal, bénisse ces enfants, et qu'ils portent mon nom et le nom de mes pères Abraham et Isaac, et qu'ils multiplient très abondamment sur la terre! ¹⁷ Mais Joseph vit que son père mettait sa main droite sur la tête d'Éphraïm, et il en eut du déplaisir; il saisit la main de son père pour la détourner de la tête d'Éphraïm, sur la tête de Manassé. ¹⁸ Et Joseph dit à son père: Pas ainsi, mon père; car celui-ci est l'aîné, mets ta main droite sur sa tête. ¹⁹ Mais son père refusa, et dit: Je le sais, mon fils, je le sais. Lui aussi deviendra un peuple, lui aussi sera grand; toutefois son frère, le cadet, sera plus grand que lui, et sa postérité sera une multitude de nations. ²⁰ Et en ce jour-là il les bénit et dit: Israël bénira par toi, en disant: Dieu te rende tel qu'Éphraïm et Manassé! Il mit donc Éphraïm avant Manassé. ²¹ Et Israël dit à Joseph: Voici, je vais mourir, mais Dieu sera avec vous, et vous fera retourner au pays de vos pères. ²² Et je te donne une portion de plus qu'à tes frères, celle que j'ai prise de la main de l'Amoréen, avec mon épée et mon arc.

49

¹ Et Jacob appela ses fils, et dit: Assemblez-vous, et je vous déclarerai ce qui vous arrivera dans la suite des jours. ² Assemblez-vous et écoutez, fils de Jacob, écoutez Israël, votre père. ³ Ruben, tu es mon premier-né, ma force, et les prémices de ma vigueur, prééminence de dignité et prééminence de puissance. ⁴ Bouillonnant comme l'eau, tu n'auras point la prééminence, car tu es monté sur la couche de ton père. Tu as souillé mon lit en y montant. ⁵ Siméon et Lévi sont frères. Leurs glaives sont des instruments de violence. ⁶ Que mon âme n'entre point dans leur conseil; que ma gloire ne se joigne point à leur assemblée; car dans leur colère ils ont tué des hommes, et dans leur caprice ils ont coupé les jarrets des taureaux. ⁷ Maudite soit leur colère, car elle fut violente; et leur fureur, car elle fut cruelle! Je les diviserai en Jacob, et les disperserai en Israël. ⁸ Toi, Juda, tes frères te loueront; ta main sera sur le cou de tes ennemis; les fils de ton père se prosterneront devant toi. ⁹ Juda est un jeune lion. Tu es revenu du butin, mon fils! Il s'est courbé, il s'est couché comme un lion, comme un vieux lion; qui le fera lever? ¹⁰ Le sceptre ne s'écartera point de Juda, ni le bâton de législateur d'entre ses pieds,

jusqu'à ce que vienne le Silo (repos, pacificateur); à lui, l'obéissance des peuples! ¹¹ Il attache à la vigne son ânon, et au cep choisi le petit de son ânesse; il lavera son vêtement dans le vin, et son manteau dans le sang des raisins. ¹² Il a les yeux brillants de vin, et les dents blanches de lait. ¹³ Zabulon habitera au rivage des mers; il sera au rivage des navires, et sa côte s'étendra vers Sidon. ¹⁴ Issacar est un âne robuste couché entre les barres des étables. ¹⁵ Il a vu que le repos était bon, et que le pays était délicieux; et il a baissé son épaule pour porter, et s'est assujetti au tribut. ¹⁶ Dan jugera son peuple, comme l'une des tribus d'Israël. ¹⁷ Que Dan soit un serpent sur le chemin, un céraste dans le sentier, mordant les pâturons du cheval, et celui qui le monte tombe à la renverse. ¹⁸ J'ai attendu ton salut, ô Éternel! ¹⁹ Gad! des troupes l'attaqueront; mais lui, il attaquera leur arrière-garde. ²⁰ D'Asser viendra le pain savoureux, et il fournira les délices royales. ²¹ Nephthali est une biche élancée; il prononce d'élégantes paroles. ²² Joseph est le rameau d'un arbre fertile, le rameau d'un arbre fertile près d'une source; ses branches ont couvert la muraille. ²³ Des archers l'ont harcelé, lui ont lancé des traits et l'ont attaqué. ²⁴ Mais son arc est demeuré ferme, et ses bras et ses mains ont été renforcés par les mains du Puissant de Jacob, du lieu où réside le Berger, le Rocher d'Israël. ²⁵ C'est l'ouvrage du Dieu de ton père, qui t'aidera, et du Tout-Puissant qui te bénira, des bénédictions des cieux en haut, des bénédictions de l'abîme qui repose en bas, des bénédictions des mamelles et du sein maternel. ²⁶ Les bénédictions de ton père surpassent les bénédictions de ceux qui m'ont engendré. Jusqu'au terme des collines éternelles, elles seront sur la tête de Joseph, sur le front du prince de ses frères. ²⁷ Benjamin est un loup qui déchire; au matin il dévore la proie, et le soir il partage le butin. ²⁸ Tous ceux-là sont les chefs des douze tribus d'Israël, et c'est ce que leur dit leur père en les bénissant; il bénit chacun d'eux de la bénédiction qui lui était propre. ²⁹ Et il commanda, et leur dit: Je vais être recueilli vers mon peuple; enterrez-moi auprès de mes pères dans la caverne qui est au champ d'Éphron le Héthien, ³⁰ Dans la caverne qui est au champ de Macpéla, qui est en face de Mamré, au pays de Canaan, laquelle Abraham acquit d'Éphron Héthien, avec le champ, en propriété sépulcrale. ³¹ C'est là qu'on a enterré Abraham et Sara, sa femme; c'est là qu'on a enterré Isaac et Rébecca, sa femme; et c'est là que j'ai enterré Léa. ³² L'acquisition du champ et de la caverne qui y est, a été faite des enfants de Heth. ³³ Et quand Jacob eut achevé de donner ses ordres à ses fils, il retira ses pieds dans le lit, et expira, et fut recueilli vers ses peuples.

50

¹ Alors Joseph se jeta sur le visage de son père, et pleura sur lui, et le baisa. ² Et Joseph commanda à ses serviteurs, aux médecins, d'embaumer son père; et les médecins embaumèrent Israël. ³ Et quarante jours y furent employés; car c'est le nombre de jours qu'on met à embaumer. Et les Égyptiens le pleurèrent soixante et dix jours. ⁴ Quand les jours de son deuil furent passés, Joseph parla à ceux de la maison de Pharaon, en disant: Si j'ai trouvé grâce à vos yeux, faites entendre, je vous prie, à Pharaon, ces paroles: ⁵ Mon père m'a fait jurer, en disant: Voici, je vais mourir; tu m'enseveliras dans mon tombeau que je me suis acquis au pays de Canaan. Maintenant donc, que j'y monte, je te prie, et que j'ensevelisse mon père; et je reviendrai. ⁶ Et Pharaon répondit: Monte, et ensevelis ton père, comme il te l'a fait jurer. ⁷ Alors Joseph monta pour ensevelir son père; avec lui montèrent tous les serviteurs de Pharaon, anciens de sa maison, et tous les anciens du pays d'Égypte, ⁸ Et toute la maison de Joseph, ses frères, et la maison de son père; ils ne laissèrent dans le pays de Gossen que leurs petits enfants, leurs brebis et leurs bœufs, ⁹ Il monta aussi avec lui des chars et des cavaliers, et le camp fut très considérable. ¹⁰ Ils vinrent jusqu'à l'aire d'Atad, qui est au delà du Jourdain, et ils y firent

de très grandes et extraordinaires lamentations; et Joseph fit à son père un deuil de sept jours. [11] Et les Cananéens, habitants du pays, voyant ce deuil dans l'aire d'Atad, dirent: Voilà un grand deuil parmi les Égyptiens. C'est pourquoi on l'a nommée Abel-Mitsraïm (deuil des Égyptiens); elle est au delà du Jourdain. [12] Les fils de Jacob firent donc ainsi à son égard, comme il leur avait commandé. [13] Ils le transportèrent au pays de Canaan, et l'ensevelirent dans la caverne du champ de Macpéla, qu'Abraham avait acquise d'Éphron le Héthien, avec le champ, en propriété sépulcrale, en face de Mamré. [14] Et après que Joseph eut enseveli son père, il retourna en Égypte avec ses frères et tous ceux qui étaient montés avec lui pour ensevelir son père. [15] Mais les frères de Joseph, voyant que leur père était mort, se dirent: Peut-être que Joseph nous prendra en aversion, et nous rendra tout le mal que nous lui avons fait. [16] Alors ils envoyèrent dire à Joseph: Ton père a donné cet ordre avant de mourir: [17] Vous parlerez ainsi à Joseph: Oh! pardonne, je te prie, le crime de tes frères et leur péché; car ils t'ont fait du mal; mais maintenant, pardonne, je te prie, le crime des serviteurs du Dieu de ton père. Et Joseph pleura pendant qu'on lui parlait. [18] Et ses frères vinrent eux-mêmes, se jetèrent à ses pieds, et dirent: Voici, nous sommes tes serviteurs. [19] Et Joseph leur dit: Ne craignez point; car suis-je à la place de Dieu? [20] Vous aviez pensé à me faire du mal; mais Dieu l'a pensé en bien, pour faire ce qui arrive aujourd'hui, pour conserver la vie à un peuple nombreux. [21] Soyez donc sans crainte; je vous entretiendrai, vous et vos enfants. Et il les consola, et parla à leur cœur. [22] Joseph demeura donc en Égypte, lui et la maison de son père, et il vécut cent dix ans. [23] Et Joseph vit les enfants d'Éphraïm jusqu'à la troisième génération. Les enfants de Makir, fils de Manassé, naquirent aussi sur les genoux de Joseph. [24] Puis Joseph dit à ses frères: Je vais mourir; mais Dieu ne manquera pas de vous visiter, et il vous fera remonter de ce pays, au pays qu'il a promis par serment à Abraham, à Isaac et à Jacob. [25] Et Joseph fit jurer les enfants d'Israël, en disant: Certainement Dieu vous visitera; et vous transporterez mes os d'ici. [26] Puis Joseph mourut, âgé de cent dix ans; et on l'embauma, et on le mit dans un cercueil en Égypte.

Exode

¹ Or, voici les noms des fils d'Israël qui vinrent en Égypte avec Jacob. Ils y vinrent chacun avec sa famille. ² Ruben, Siméon, Lévi et Juda, ³ Issacar, Zabulon et Benjamin, ⁴ Dan et Nephtali, Gad et Asser. ⁵ Toutes les personnes issues de Jacob étaient soixante et dix; et Joseph était en Égypte. ⁶ Or Joseph mourut, ainsi que tous ses frères, et toute cette génération. ⁷ Et les enfants d'Israël s'accrurent et foisonnèrent, et se multiplièrent et devinrent très puissants; et le pays en fut rempli. ⁸ Mais il s'éleva sur l'Égypte un nouveau roi, qui n'avait point connu Joseph. ⁹ Et il dit à son peuple: Voici, le peuple des enfants d'Israël est plus grand et plus puissant que nous; ¹⁰ Allons! agissons prudemment avec lui, de peur qu'il ne s'accroisse, et que s'il arrive quelque guerre, il ne se joigne aussi à nos ennemis, ne combatte contre nous, et ne monte hors du pays. ¹¹ Ils établirent donc sur lui des chefs de corvées, pour l'accabler par leurs travaux; et il bâtit pour Pharaon des villes de munitions, Pithom et Ramsès. ¹² Mais plus ils l'accablaient, plus il multipliait et se répandait; et ils prirent peur des enfants d'Israël. ¹³ Et les Égyptiens firent servir les enfants d'Israël avec rigueur; ¹⁴ Et ils leur rendirent la vie amère, par un rude travail à l'argile et aux briques, et par toutes sortes de travaux des champs, ainsi que tous les services qu'ils leur imposaient avec rigueur. ¹⁵ Le roi d'Égypte parla aussi aux sages-femmes des Hébreux, dont l'une s'appelait Shiphra, et l'autre Pua, ¹⁶ Et il dit: Quand vous accoucherez les femmes des Hébreux, et que vous les verrez sur les sièges, si c'est un fils, vous le ferez mourir; mais si c'est une fille, qu'elle vive. ¹⁷ Mais les sages-femmes craignirent Dieu, et ne firent pas ce que le roi d'Égypte leur avait dit; et elles laissèrent vivre les garçons. ¹⁸ Alors le roi d'Égypte appela les sages-femmes, et leur dit: Pourquoi avez-vous fait ainsi, et avez-vous laissé vivre les garçons? ¹⁹ Et les sages-femmes répondirent à Pharaon: C'est que les femmes des Hébreux ne sont point comme les Égyptiennes, car elles sont vigoureuses; avant que la sage-femme arrive auprès d'elles, elles ont accouché. ²⁰ Et Dieu fit du bien aux sages-femmes; et le peuple se multiplia et devint très nombreux. ²¹ Et parce que les sages-femmes craignirent Dieu, il fit prospérer leurs maisons. ²² Alors Pharaon donna cet ordre à tout son peuple: Jetez dans le fleuve tous les fils qui naîtront, mais laissez vivre toutes les filles.

2

¹ Or, un homme de la maison de Lévi alla prendre pour femme une fille de Lévi. ² Et cette femme conçut, et enfanta un fils; et, voyant qu'il était beau, elle le cacha trois mois. ³ Mais, ne pouvant le tenir caché plus longtemps, elle prit un coffret de joncs, et l'enduisit de bitume et de poix; ensuite elle y mit l'enfant, et le posa dans les roseaux sur la rive du fleuve. ⁴ Et sa sœur se tint là, à distance, pour savoir ce qui lui arriverait. ⁵ Or, la fille de Pharaon descendit au fleuve pour se baigner; et ses femmes se promenaient sur le bord du fleuve; et elle vit le coffret au milieu des roseaux, et envoya sa servante pour le prendre. ⁶ Et elle l'ouvrit et vit l'enfant; et voici, c'était un petit garçon, qui pleurait. Elle en fut touchée de compassion, et dit: C'est un des enfants des Hébreux. ⁷ Alors la sœur de l'enfant dit à la fille de Pharaon: Irai-je t'appeler une nourrice d'entre les femmes des Hébreux, et elle t'allaitera cet enfant? ⁸ Et la fille de Pharaon lui répondit: Va. Et la jeune fille s'en alla, et appela la mère de l'enfant. ⁹ La fille de Pharaon lui dit: Emporte cet enfant et allaite-le-moi, et je te donnerai ton salaire. Et la femme prit l'enfant, et l'allaita. ¹⁰ Et quand l'enfant eut grandi, elle l'amena à la fille de Pharaon, qui l'adopta pour son fils; et elle le nomma Moïse (sauvé des eaux), parce que, dit-elle, je l'ai retiré

des eaux. ¹¹ Or il arriva, en ces jours-là, lorsque Moïse fut devenu grand, qu'il sortit vers ses frères, et vit leurs durs travaux. Il vit aussi un Égyptien qui frappait un Hébreu d'entre ses frères; ¹² Alors il regarda çà et là, et voyant qu'il n'y avait personne, il tua l'Égyptien, et le cacha dans le sable. ¹³ Et il sortit le second jour, et voici, deux hommes hébreux se querellaient, et il dit à celui qui avait tort: Pourquoi frappes-tu ton prochain? ¹⁴ Mais il répondit: Qui t'a établi prince et juge sur nous? Est-ce que tu veux me tuer, comme tu as tué l'Égyptien? Et Moïse craignit, et il dit: Certainement, le fait est connu. ¹⁵ Or, Pharaon, ayant appris ce fait, chercha à faire mourir Moïse. Mais Moïse s'enfuit de devant Pharaon, et s'arrêta au pays de Madian, et il s'assit auprès d'un puits. ¹⁶ Or, le sacrificateur de Madian avait sept filles, qui vinrent puiser de l'eau et remplir les auges, pour abreuver le troupeau de leur père. ¹⁷ Mais les bergers vinrent, et les chassèrent. Alors Moïse se leva et les secourut, et abreuva leur troupeau. ¹⁸ Et quand elles furent revenues chez Réuël leur père, il leur dit: Pourquoi êtes-vous revenues sitôt aujourd'hui? ¹⁹ Elles répondirent: Un homme égyptien nous a délivrées de la main des bergers, et même il nous a puisé de l'eau abondamment, et a abreuvé le troupeau. ²⁰ Alors il dit à ses filles: Et où est-il? Pourquoi avez-vous laissé cet homme? Appelez-le, et qu'il mange du pain. ²¹ Et Moïse consentit à demeurer avec cet homme, qui donna Séphora, sa fille, à Moïse. ²² Et elle enfanta un fils, et il le nomma Guershom (étranger là), car, dit-il, j'ai séjourné dans un pays étranger. ²³ Or, il arriva, longtemps après, que le roi d'Égypte mourut; et les enfants d'Israël, qui gémissaient à cause de la servitude, crièrent, et le cri de leur servitude monta vers Dieu. ²⁴ Et Dieu entendit leurs gémissements; et Dieu se souvint de son alliance avec Abraham, avec Isaac, et avec Jacob. ²⁵ Et Dieu regarda les enfants d'Israël, et Dieu connut leur état.

3

¹ Or, Moïse paissait le troupeau de Jéthro, son beau-père, sacrificateur de Madian; et il mena le troupeau derrière le désert, et vint à la montagne de Dieu, à Horeb. ² Et l'ange de l'Éternel lui apparut dans une flamme de feu, du milieu d'un buisson; et il regarda, et voici, le buisson était tout en feu; mais le buisson ne se consumait point. ³ Alors Moïse dit: Je me détournerai, et je verrai cette grande vision, et pourquoi le buisson ne se consume point. ⁴ Et l'Éternel vit qu'il se détournait pour regarder; et Dieu l'appela du milieu du buisson, et dit: Moïse, Moïse! ⁵ Et il répondit: Me voici! Et Dieu dit: N'approche point d'ici. Ote tes souliers de tes pieds; car le lieu où tu te tiens, est une terre sainte. ⁶ Puis il dit: Je suis le Dieu de ton père, le Dieu d'Abraham, le Dieu d'Isaac, et le Dieu de Jacob. Et Moïse cacha son visage, car il craignait de regarder vers Dieu. ⁷ Et l'Éternel dit: J'ai bien vu l'affliction de mon peuple qui est en Égypte, et j'ai entendu le cri qu'il jette à cause de ses exacteurs; car je connais ses douleurs. ⁸ Et je suis descendu pour le délivrer de la main des Égyptiens, et pour le faire monter de ce pays-là dans un pays bon et spacieux, dans un pays où coulent le lait et le miel, au lieu où sont les Cananéens, les Héthiens, les Amoréens, les Phéréziens, les Héviens et les Jébusiens. ⁹ Et maintenant, voici, le cri des enfants d'Israël est venu jusqu'à moi, et j'ai vu aussi l'oppression dont les Égyptiens les accablent. ¹⁰ Maintenant donc, viens, que je t'envoie vers Pharaon, et fais sortir mon peuple, les enfants d'Israël, hors d'Égypte. ¹¹ Alors Moïse répondit à Dieu: Qui suis-je, pour aller vers Pharaon, et pour faire sortir d'Égypte les enfants d'Israël? ¹² Et Dieu dit: Je serai avec toi. Et voici pour toi le signe que c'est moi qui t'envoie: Quand tu auras fait sortir d'Égypte le peuple, vous servirez Dieu sur cette montagne. ¹³ Et Moïse dit à Dieu: Voici, j'irai vers les enfants d'Israël, et je leur dirai: Le Dieu de vos pères m'a envoyé vers vous; mais s'ils me disent: Quel est son nom? que leur dirais-je? ¹⁴ Alors Dieu dit

à Moïse: JE SUIS CELUI QUI SUIS. Puis il dit: Tu diras ainsi aux enfants d'Israël: Celui qui s'appelle JE SUIS, m'a envoyé vers vous. ¹⁵ Dieu dit encore à Moïse: Tu diras ainsi aux enfants d'Israël: L'ÉTERNEL, le Dieu de vos pères, le Dieu d'Abraham, le Dieu d'Isaac, et le Dieu de Jacob m'a envoyé vers vous. C'est là mon nom éternellement; c'est là ma commémoration dans tous les âges. ¹⁶ Va, et assemble les anciens d'Israël, et dis-leur: L'Éternel, le Dieu de vos pères m'est apparu, le Dieu d'Abraham, d'Isaac, et de Jacob, et m'a dit: Certainement, je vous ai visités, et j'ai vu ce qu'on vous fait en Égypte. ¹⁷ Et j'ai dit: Je vous ferai remonter de l'affliction de l'Égypte, au pays des Cananéens, des Héthiens, des Amoréens, des Phéréziens, des Héviens et des Jébusiens, dans un pays où coulent le lait et le miel. ¹⁸ Et ils obéiront à ta voix; et tu iras, toi et les anciens d'Israël, vers le roi d'Égypte, et vous lui direz: L'Éternel, le Dieu des Hébreux, est venu au-devant de nous. Maintenant donc laisse-nous aller le chemin de trois jours au désert, et sacrifier à l'Éternel notre Dieu. ¹⁹ Or, je sais que le roi d'Égypte ne vous permettra point de vous en aller, pas même contraint par une main forte. ²⁰ Mais j'étendrai ma main, et je frapperai l'Égypte par toutes mes merveilles que je ferai au milieu d'elle; et après cela, il vous laissera aller. ²¹ Et je ferai trouver grâce à ce peuple aux yeux des Égyptiens, et il arrivera, quand vous partirez, que vous ne vous en irez point à vide. ²² Mais chaque femme demandera à sa voisine, et à l'hôtesse de sa maison, des objets d'argent et d'or, et des vêtements; vous les mettrez sur vos fils et sur vos filles, et vous dépouillerez ainsi les Égyptiens.

4

¹ Et Moïse répondit, et dit: Mais voici, ils ne me croiront point, et ils n'obéiront point à ma voix; car ils diront: L'Éternel ne t'est point apparu. ² Et l'Éternel lui dit: Qu'as-tu à la main? Il répondit: Une verge. ³ Et il dit: Jette-la par terre; et il la jeta par terre, et elle devint un serpent; et Moïse s'enfuit devant lui. ⁴ Alors l'Éternel dit à Moïse: Étends ta main et saisis-le par la queue. Il étendit la main, et le saisit, et il redevint une verge dans sa main. ⁵ C'est afin, dit l'Éternel, qu'ils croient que l'Éternel, le Dieu de leurs pères, le Dieu d'Abraham, le Dieu d'Isaac, et le Dieu de Jacob t'est apparu. ⁶ L'Éternel lui dit encore: Mets ta main dans ton sein. Et il mit sa main dans son sein; puis il la retira, et, voici, sa main était blanche de lèpre comme la neige. ⁷ Puis Dieu dit: Remets ta main dans ton sein. Et il remit sa main dans son sein; puis il la retira de son sein, et voici, elle était redevenue comme son autre chair. ⁸ Et il arrivera, s'ils ne te croient point, et n'obéissent point à la voix du premier signe, qu'ils croiront à la voix du signe suivant. ⁹ Et s'ils ne croient pas même à ces deux signes et n'obéissent pas à ta voix, tu prendras de l'eau du fleuve et la répandras sur la terre, et l'eau que tu auras prise du fleuve, deviendra du sang sur la terre. ¹⁰ Et Moïse dit à l'Éternel: Ah! Seigneur, je ne suis point un homme qui ait la parole aisée, ni d'hier, ni d'avant-hier, ni depuis que tu parles à ton serviteur; car j'ai la bouche et la langue pesantes. ¹¹ Et l'Éternel lui dit: Qui a fait la bouche de l'homme? Ou qui rend muet, ou sourd, ou voyant, ou aveugle? N'est-ce pas moi, l'Éternel? ¹² Maintenant donc, va et je serai avec ta bouche, et je t'enseignerai ce que tu devras dire. ¹³ Et Moïse répondit: Ah! Seigneur, envoie qui tu voudras envoyer. ¹⁴ Et la colère de l'Éternel s'embrasa contre Moïse, et il dit: Aaron, le Lévite, n'est-il pas ton frère? Je sais qu'il parlera très bien. Et même, le voici qui sort à ta rencontre, et quand il te verra, il se réjouira dans son cœur. ¹⁵ Tu lui parleras donc, et tu mettras les paroles dans sa bouche; et je serai avec ta bouche et avec la sienne, et je vous enseignerai ce que vous devrez faire. ¹⁶ C'est lui qui parlera pour toi au peuple; il sera ta bouche, et tu lui seras Dieu. ¹⁷ Et tu prendras dans ta main cette verge, par laquelle tu feras les signes. ¹⁸ Alors Moïse s'en alla, et retourna vers

Jéthro son beau-père, et lui dit: Que je m'en aille, je te prie, et que je retourne vers mes frères qui sont en Égypte, pour voir s'ils sont encore vivants. Et Jéthro dit à Moïse: Va en paix! ¹⁹ Or, l'Éternel dit à Moïse, en Madian: Va, retourne en Égypte; car tous ceux qui en voulaient à ta vie, sont morts. ²⁰ Alors Moïse prit sa femme et ses fils, les fit monter sur un âne, et retourna au pays d'Égypte. Et Moïse prit la verge de Dieu dans sa main. ²¹ Et l'Éternel dit à Moïse: En t'en allant pour retourner en Égypte, considère tous les miracles que j'ai mis dans ta main, et tu les feras devant Pharaon; mais j'endurcirai son cœur, et il ne laissera point aller le peuple. ²² Et tu diras à Pharaon: Ainsi a dit l'Éternel: Israël est mon fils, mon premier-né; ²³ Et je t'ai dit: Laisse aller mon fils, afin qu'il me serve; et tu as refusé de le laisser aller. Voici, je vais faire mourir ton fils, ton premier-né. ²⁴ Or, il arriva qu'en chemin, dans l'hôtellerie, l'Éternel rencontra Moïse, et chercha à le faire mourir. ²⁵ Et Séphora prit un couteau de pierre, et coupa le prépuce de son fils, et le jeta à ses pieds, et dit: Certes, tu m'es un époux de sang! ²⁶ Et l'Éternel le laissa. Elle dit alors: Époux de sang! à cause de la circoncision. ²⁷ Et l'Éternel dit à Aaron: Va au-devant de Moïse, au désert. Il alla donc et le rencontra à la montagne de Dieu, et il le baisa. ²⁸ Et Moïse rapporta à Aaron toutes les paroles avec lesquelles l'Éternel l'avait envoyé, et tous les prodiges qu'il lui avait commandé de faire. ²⁹ Moïse s'en alla donc avec Aaron; et ils assemblèrent tous les anciens des enfants d'Israël. ³⁰ Et Aaron dit toutes les paroles que l'Éternel avait dites à Moïse, et il fit les prodiges aux yeux du peuple. ³¹ Et le peuple crut; et ils apprirent que l'Éternel avait visité les enfants d'Israël, et qu'il avait vu leur affliction; et ils s'inclinèrent et adorèrent.

5

¹ Après cela, Moïse et Aaron vinrent et dirent à Pharaon: Ainsi a dit l'Éternel, le Dieu d'Israël: Laisse aller mon peuple, afin qu'il me célèbre une fête au désert. ² Mais Pharaon dit: Qui est l'Éternel, pour que j'obéisse à sa voix en laissant aller Israël? Je ne connais point l'Éternel, et je ne laisserai pas non plus aller Israël. ³ Et ils dirent: Le Dieu des Hébreux est venu au-devant de nous; permets-nous d'aller le chemin de trois jours dans le désert, pour que nous sacrifiions à l'Éternel notre Dieu, de peur qu'il ne nous frappe par la peste ou par l'épée. ⁴ Et le roi d'Égypte leur dit: Moïse et Aaron, pourquoi détournez-vous le peuple de son ouvrage? Allez à vos travaux. ⁵ Et Pharaon dit: Voici, le peuple du pays est maintenant en grand nombre, et vous les faites chômer de leur travail ⁶ Pharaon donna ordre ce jour-là aux exacteurs établis sur le peuple, et à ses commissaires, en disant: ⁷ Vous ne donnerez plus de paille au peuple pour faire les briques, comme auparavant; qu'ils aillent eux-mêmes, et qu'ils s'amassent de la paille. ⁸ Mais vous leur imposerez la quantité de briques qu'ils faisaient auparavant; vous n'en retrancherez rien, car ils sont paresseux; c'est pour cela qu'ils crient, en disant: Allons sacrifier à notre Dieu. ⁹ Qu'on accable ces gens de travail, et qu'ils s'y occupent, et ne regardent point à des paroles de mensonge. ¹⁰ Alors les exacteurs du peuple et ses commissaires sortirent, et dirent au peuple: Ainsi a dit Pharaon: Je ne vous donne plus de paille. ¹¹ Allez vous-mêmes, prenez de la paille où vous en trouverez, car on ne retranchera rien de votre travail. ¹² Alors le peuple se répandit par tout le pays d'Égypte, afin d'amasser du chaume pour tenir lieu de paille. ¹³ Et les exacteurs les pressaient, en disant: Achevez votre ouvrage, chaque jour la quantité fixée, comme quand il y avait de la paille. ¹⁴ Et les commissaires des enfants d'Israël, que les exacteurs de Pharaon avaient établis sur eux, furent battus, et on leur disait: Pourquoi n'avez-vous point achevé votre tâche, en faisant des briques, hier et aujourd'hui, comme auparavant? ¹⁵ Alors les commissaires des enfants d'Israël vinrent et crièrent à Pharaon, en disant: Pourquoi agis-tu ainsi à

l'égard de tes serviteurs? ¹⁶ On ne donne point de paille à tes serviteurs, et l'on nous dit: Faites des briques! Et voici, tes serviteurs sont battus et ton peuple est en faute. ¹⁷ Et il répondit: Vous êtes des paresseux, des paresseux! C'est pour cela que vous dites: Allons sacrifier à l'Éternel. ¹⁸ Or, maintenant, allez, travaillez; et l'on ne vous donnera point de paille; et vous fournirez la même quantité de briques. ¹⁹ Les commissaires des enfants d'Israël se virent donc dans la peine, parce qu'on leur dit: Vous ne retrancherez rien de vos briques; chaque jour, la quantité fixée. ²⁰ Et ils rencontrèrent Moïse et Aaron qui les attendaient, à leur sortie d'auprès de Pharaon; ²¹ Et ils leur dirent: Que l'Éternel vous regarde, et qu'il juge! vous nous avez mis en mauvaise odeur devant Pharaon et devant ses serviteurs, en leur mettant une épée à la main pour nous tuer. ²² Alors Moïse se tourna vers l'Éternel, et dit: Seigneur, pourquoi as-tu fait du mal à ce peuple? Pourquoi donc m'as-tu envoyé, ²³ Puisque depuis que je suis venu vers Pharaon, pour parler en ton nom, il a maltraité ce peuple, et tu n'as point délivré ton peuple?

6

¹ Et l'Éternel dit à Moïse: Maintenant tu verras ce que je ferai à Pharaon; car il les laissera aller, contraint par une main forte; et, contraint par une main forte, il les chassera de son pays. ² Et Dieu parla à Moïse, et lui dit: Je suis l'Éternel. ³ Je suis apparu à Abraham, à Isaac, et à Jacob, comme le Dieu Tout-Puissant; mais sous mon nom, l'Éternel, je n'ai point été connu d'eux. ⁴ Et j'ai aussi établi mon alliance avec eux, pour leur donner le pays de Canaan, le pays dans lequel ils ont séjourné comme étrangers. ⁵ J'ai aussi entendu les gémissements des enfants d'Israël, que les Égyptiens tiennent esclaves; et je me suis souvenu de mon alliance. ⁶ C'est pourquoi, dis aux enfants d'Israël: Je suis l'Éternel, je vous retirerai de dessous les fardeaux d'Égypte; je vous délivrerai de leur servitude, et je vous rachèterai à bras étendu, et par de grands jugements. ⁷ Je vous prendrai pour mon peuple, et je vous serai Dieu, et vous connaîtrez que je suis l'Éternel votre Dieu, qui vous retire de dessous les fardeaux de l'Égypte. ⁸ Et je vous ferai entrer au pays au sujet duquel j'ai levé ma main que je le donnerais à Abraham, à Isaac, et à Jacob; et je vous le donnerai en héritage: Je suis l'Éternel. ⁹ Moïse parla donc ainsi aux enfants d'Israël; mais ils n'écoutèrent point Moïse, par impatience et à cause de leur dure servitude. ¹⁰ Et l'Éternel parla à Moïse, en disant: ¹¹ Va, parle à Pharaon, roi d'Égypte, et qu'il laisse sortir les enfants d'Israël de son pays. ¹² Alors Moïse parla devant l'Éternel, et dit: Voici, les enfants d'Israël ne m'ont pas écouté; et comment Pharaon m'écoutera-t-il, moi qui suis incirconcis de lèvres? ¹³ L'Éternel parla donc à Moïse et à Aaron, et leur ordonna d'aller trouver les enfants d'Israël, et Pharaon, roi d'Égypte, pour retirer les enfants d'Israël du pays d'Égypte. ¹⁴ Voici les chefs des maisons de leurs pères. Les fils de Ruben, premier-né d'Israël: Hénoc et Pallu, Hetsron et Carmi. Voilà les familles de Ruben. ¹⁵ Les fils de Siméon: Jémuël, Jamin, Ohad, Jakin, Tsochar et Saül, fils de la Cananéenne. Voilà les familles de Siméon. ¹⁶ Et voici les noms des fils de Lévi, selon leurs générations: Guershon, Kéhath et Mérari. Et les années de la vie de Lévi furent de cent trente-sept ans. ¹⁷ Les fils de Guershon: Libni et Shimei, selon leurs familles. ¹⁸ Les fils de Kéhath: Amram, Jitsehar, Hébron et Uziel. Et les années de la vie de Kéhath furent de cent trente-trois ans. ¹⁹ Les fils de Mérari: Machli et Mushi. Voilà les familles de Lévi, selon leurs générations. ²⁰ Or, Amram prit pour femme Jokébed, sa tante, et elle lui enfanta Aaron et Moïse. Et les années de la vie d'Amram furent de cent trente-sept ans. ²¹ Les fils de Jitsehar: Coré, Népheg et Zicri. ²² Les fils d'Uziel: Mishaël, Eltsaphan et Sithri. ²³ Et Aaron épousa Elishéba, fille d'Amminadab, sœur de Nahashon, et elle lui enfanta Nadab, Abihu, Éléazar et Ithamar. ²⁴ Les fils de Coré: Assir, Elkana et Abiasaph. Voilà les familles

des Corites. ²⁵ Or, Éléazar, fils d'Aaron, prit pour sa femme une des filles de Puthiel, et elle lui enfanta Phinées. Tels sont les chefs des maisons des pères des Lévites, selon leurs familles. ²⁶ C'est cet Aaron et ce Moïse, à qui l'Éternel dit: Retirez les enfants d'Israël du pays d'Égypte, selon leurs armées. ²⁷ Ce sont eux qui parlèrent à Pharaon, roi d'Égypte, pour retirer d'Égypte les enfants d'Israël. C'est ce Moïse et cet Aaron. ²⁸ Il arriva donc qu'au jour où l'Éternel parla à Moïse, dans le pays d'Égypte, ²⁹ L'Éternel parla à Moïse, en disant: Je suis l'Éternel; dis à Pharaon, roi d'Égypte, tout ce que je te dirai. ³⁰ Alors Moïse dit devant l'Éternel: Voici, je suis incirconcis de lèvres; comment Pharaon m'écouterait-il?

7

¹ Et l'Éternel dit à Moïse: Vois, je t'ai établi Dieu pour Pharaon, et Aaron, ton frère, sera ton prophète. ² Tu diras tout ce que je te commanderai, et Aaron ton frère parlera à Pharaon, pour qu'il laisse aller les enfants d'Israël hors de son pays. ³ Mais j'endurcirai le cœur de Pharaon, et je multiplierai mes signes et mes miracles dans le pays d'Égypte. ⁴ Et Pharaon ne vous écoutera point; et je mettrai ma main sur l'Égypte, et je retirerai du pays d'Égypte mes armées, mon peuple, les enfants d'Israël, par de grands jugements. ⁵ Les Égyptiens sauront que je suis l'Éternel, quand j'étendrai ma main sur l'Égypte, et que je retirerai du milieu d'eux les enfants d'Israël. ⁶ Moïse et Aaron firent donc comme l'Éternel leur avait commandé; ils firent ainsi. ⁷ Or, Moïse était âgé de quatre-vingts ans, et Aaron de quatre-vingt-trois ans, quand ils parlèrent à Pharaon. ⁸ Et l'Éternel parla à Moïse et à Aaron, en disant: ⁹ Quand Pharaon vous parlera, et dira: Faites un miracle; alors tu diras à Aaron: Prends ta verge et jette-la devant Pharaon; et elle deviendra un serpent. ¹⁰ Moïse et Aaron vinrent donc vers Pharaon, et firent ainsi, comme l'Éternel l'avait commandé. Et Aaron jeta sa verge devant Pharaon et devant ses serviteurs, et elle devint un serpent. ¹¹ Mais Pharaon appela aussi les sages et les enchanteurs; et les magiciens d'Égypte firent, eux aussi, la même chose par leurs enchantements. ¹² Ils jetèrent donc chacun leur verge, et elles devinrent des serpents; mais la verge d'Aaron engloutit leurs verges. ¹³ Et le cœur de Pharaon s'endurcit, et il ne les écouta point, comme l'Éternel l'avait dit. ¹⁴ Et l'Éternel dit à Moïse: Le cœur de Pharaon est appesanti; il a refusé de laisser aller le peuple. ¹⁵ Va vers Pharaon dès le matin; voici, il sortira vers l'eau; tu te présenteras donc devant lui sur la rive du fleuve, et tu prendras à ta main la verge qui a été changée en serpent. ¹⁶ Et tu lui diras: L'Éternel, le Dieu des Hébreux, m'a envoyé vers toi, en disant: Laisse aller mon peuple, afin qu'il me serve dans le désert; et voici, tu n'as point écouté jusqu'ici. ¹⁷ Ainsi a dit l'Éternel: A ceci tu sauras que je suis l'Éternel: Voici, je vais frapper de la verge qui est dans ma main, les eaux qui sont dans le fleuve, et elles seront changées en sang. ¹⁸ Et le poisson qui est dans le fleuve, mourra, et le fleuve se corrompra, et les Égyptiens éprouveront du dégoût à boire des eaux du fleuve. ¹⁹ Puis l'Éternel dit à Moïse: Dis à Aaron: Prends ta verge, et étends ta main sur les eaux des Égyptiens, sur leurs rivières, sur leurs fleuves, et sur leurs étangs, et sur tous leurs amas d'eaux, et qu'elles deviennent du sang; et il y aura du sang par tout le pays d'Égypte, et dans les vases de bois et dans les vases de pierre. ²⁰ Moïse et Aaron firent donc ainsi, comme l'Éternel l'avait commandé. Et Aaron leva la verge, et frappa les eaux qui étaient dans le fleuve, aux yeux de Pharaon et aux yeux de ses serviteurs; et toutes les eaux qui étaient dans le fleuve furent changées en sang. ²¹ Et le poisson qui était dans le fleuve mourut, et le fleuve se corrompit, et les Égyptiens ne purent boire des eaux du fleuve; et le sang fut par tout le pays d'Égypte. ²² Mais les magiciens d'Égypte firent la même chose

par leurs enchantements. Et le cœur de Pharaon s'endurcit, et il n'écouta point Moïse et Aaron, comme l'Éternel l'avait dit. ²³ Et Pharaon s'en retourna et vint en sa maison, et ne rendit pas même son cœur attentif à tout cela. ²⁴ Or, tous les Égyptiens creusèrent autour du fleuve pour trouver de l'eau à boire, car ils ne pouvaient pas boire de l'eau du fleuve. ²⁵ Et il se passa sept jours, après que l'Éternel eut frappé le fleuve.

8

¹ Puis l'Éternel dit à Moïse: Va vers Pharaon, et dis-lui: Ainsi a dit l'Éternel: Laisse aller mon peuple, afin qu'il me serve. ² Si tu refuses de le laisser aller, voici, je vais frapper du fléau des grenouilles tout ton territoire. ³ Et le fleuve foisonnera de grenouilles, qui monteront et entreront dans ta maison, et dans la chambre où tu couches, et sur ton lit, et dans la maison de tes serviteurs, et parmi ton peuple, et dans tes fours, et dans tes huches. ⁴ Et les grenouilles monteront sur toi, sur ton peuple, et sur tous tes serviteurs. ⁵ L'Éternel dit donc à Moïse: Dis à Aaron: Étends ta main avec ta verge sur les rivières, sur les fleuves, et sur les marais, et fais monter les grenouilles sur le pays d'Égypte. ⁶ Et Aaron étendit sa main sur les eaux de l'Égypte; et les grenouilles montèrent, et couvrirent le pays d'Égypte. ⁷ Et les magiciens firent la même chose par leurs enchantements, pour faire monter des grenouilles sur le pays d'Égypte. ⁸ Alors Pharaon appela Moïse et Aaron, et dit: Intercédez auprès de l'Éternel, pour qu'il éloigne les grenouilles de moi et de mon peuple; et je laisserai aller le peuple, afin qu'il sacrifie à l'Éternel. ⁹ Et Moïse dit à Pharaon: Glorifie-toi sur moi: Pour quand je dois intercéder en ta faveur, en faveur de tes serviteurs, et de ton peuple, afin d'exterminer les grenouilles loin de toi et de tes maisons, et qu'il n'en reste que dans le fleuve. ¹⁰ Et il répondit: Pour demain. Et Moïse dit: Il sera fait selon ta parole, afin que tu saches que nul n'est semblable à l'Éternel notre Dieu. ¹¹ Les grenouilles donc s'éloigneront de toi, et de tes maisons, et de tes serviteurs, et de ton peuple; il n'en restera que dans le fleuve. ¹² Alors Moïse et Aaron sortirent d'auprès de Pharaon. Et Moïse cria à l'Éternel, au sujet des grenouilles qu'il avait fait venir sur Pharaon. ¹³ Et l'Éternel fit selon la parole de Moïse, et les grenouilles périrent dans les maisons, dans les villages et dans les champs. ¹⁴ On les amassa par monceaux, et la terre en fut infectée. ¹⁵ Mais Pharaon, voyant qu'il y avait du relâche, appesantit son cœur, et ne les écouta point, comme l'Éternel l'avait dit. ¹⁶ Et l'Éternel dit à Moïse: Dis à Aaron: Étends ta verge et frappe la poussière de la terre, et elle deviendra des poux par tout le pays d'Égypte. ¹⁷ Et ils firent ainsi: Aaron étendit sa main avec sa verge, et frappa la poussière de la terre, et elle devint des poux sur les hommes et sur les bêtes; toute la poussière du pays devint des poux dans tout le pays d'Égypte. ¹⁸ Et les magiciens firent la même chose par leurs enchantements pour produire les poux, mais ils ne purent pas. Les poux furent donc sur les hommes et sur les bêtes. ¹⁹ Alors les magiciens dirent à Pharaon: C'est le doigt de Dieu. Mais le cœur de Pharaon s'endurcit, et il ne les écouta point, comme l'Éternel l'avait dit. ²⁰ Puis, l'Éternel dit à Moïse: Lève-toi de bon matin, et présente-toi devant Pharaon. Voici, il sortira vers l'eau; et tu lui diras: Ainsi a dit l'Éternel: Laisse aller mon peuple, afin qu'il me serve. ²¹ Car si tu ne laisses pas aller mon peuple, voici, je vais envoyer les insectes sur toi, sur tes serviteurs, sur ton peuple et sur tes maisons; et les maisons des Égyptiens seront remplies d'insectes, et même le sol sur lequel ils sont. ²² Mais je distinguerai en ce jour-là le pays de Gossen, où se tient mon peuple, pour qu'il n'y ait point là d'insectes, afin que tu saches que moi, l'Éternel, je suis au milieu du pays. ²³ Et je mettrai une séparation entre mon peuple et ton peuple. Demain ce prodige se fera. ²⁴ Et l'Éternel fit ainsi; et il vint des insectes en grand nombre

dans la maison de Pharaon, et dans la maison de ses serviteurs; et, dans tout le pays d'Égypte, la terre fut dévastée par les insectes. [25] Alors Pharaon appela Moïse et Aaron, et dit: Allez, sacrifiez à votre Dieu dans le pays. [26] Mais Moïse dit: Il n'est pas convenable de faire ainsi; car ce que nous sacrifierions à l'Éternel notre Dieu, serait en abomination aux Égyptiens. Voici, si nous offrions, sous leurs yeux, des sacrifices qui sont en abomination aux Égyptiens, ne nous lapideraient-ils pas? [27] Nous irons le chemin de trois jours dans le désert, et nous sacrifierons à l'Éternel notre Dieu, comme il nous dira. [28] Alors Pharaon dit: Je vous laisserai aller pour sacrifier à l'Éternel votre Dieu dans le désert, seulement vous n'irez pas plus loin. Intercédez pour moi. [29] Et Moïse dit: Voici, je sors d'auprès de toi, et j'intercéderai auprès de l'Éternel; et demain les insectes s'éloigneront de Pharaon, de ses serviteurs, et de son peuple. Seulement que Pharaon ne continue point à tromper, en ne laissant point aller le peuple pour sacrifier à l'Éternel. [30] Alors Moïse sortit d'auprès de Pharaon, et intercéda auprès de l'Éternel. [31] Et l'Éternel fit selon la parole de Moïse, et les insectes s'éloignèrent de Pharaon, de ses serviteurs, et de son peuple; il n'en resta pas un seul. [32] Mais Pharaon appesantit son cœur encore cette fois, et ne laissa point aller le peuple.

9

[1] Alors l'Éternel dit à Moïse: Va vers Pharaon, et dis-lui: Ainsi a dit l'Éternel, le Dieu des Hébreux: Laisse aller mon peuple, afin qu'il me serve; [2] Car si tu refuses de les laisser aller, et si tu les retiens encore, [3] Voici, la main de l'Éternel sera sur ton bétail qui est aux champs, sur les chevaux, sur les ânes, sur les chameaux, sur les bœufs et sur les brebis: il y aura une très grande mortalité. [4] Et l'Éternel distinguera entre le bétail d'Israël et le bétail des Égyptiens, et rien de tout ce qui est aux enfants d'Israël ne mourra. [5] Et l'Éternel fixa le terme, en disant: Demain l'Éternel fera cela dans le pays. [6] L'Éternel fit donc cela dès le lendemain, et tout le bétail des Égyptiens mourut; mais du bétail des enfants d'Israël il ne mourut pas une seule bête. [7] Et Pharaon envoya voir, et voici, il n'était pas mort une seule bête du bétail d'Israël. Mais le cœur de Pharaon s'appesantit, et il ne laissa point aller le peuple. [8] Alors l'Éternel dit à Moïse et à Aaron: Prenez plein vos mains de cendre de fournaise, et que Moïse la répande vers les cieux, sous les yeux de Pharaon. [9] Et elle deviendra de la poussière sur tout le pays d'Égypte, et elle deviendra, sur les hommes et sur les bêtes, des ulcères bourgeonnant en pustules, dans tout le pays d'Égypte. [10] Ils prirent donc de la cendre de fournaise, et se tinrent devant Pharaon; et Moïse la répandit vers les cieux, et elle devint, sur les hommes et sur les bêtes, des ulcères bourgeonnant en pustules. [11] Et les magiciens ne purent se tenir devant Moïse, à cause des ulcères; car les ulcères étaient sur les magiciens comme sur tous les Égyptiens. [12] Et l'Éternel endurcit le cœur de Pharaon, et il ne les écouta point, comme l'Éternel l'avait dit à Moïse. [13] Puis, l'Éternel dit à Moïse: Lève-toi de bon matin, présente-toi devant Pharaon, et dis-lui: Ainsi a dit l'Éternel, le Dieu des Hébreux: Laisse aller mon peuple, afin qu'il me serve; [14] Car cette fois, je vais envoyer toutes mes plaies contre ton cœur, et sur tes serviteurs et sur ton peuple, afin que tu saches que nul n'est semblable à moi sur toute la terre. [15] Car maintenant, si j'avais étendu ma main, et si je t'avais frappé par la mortalité, toi et ton peuple, tu serais effacé de la terre. [16] Mais voici pourquoi je t'ai fait subsister: c'est afin que tu fasses voir ma puissance, et pour que mon nom soit célébré par toute la terre. [17] Si tu t'élèves encore contre mon peuple, pour ne point le laisser aller, [18] Voici je vais faire pleuvoir demain, à cette heure, une si forte grêle, qu'il n'y en a point eu de semblable en Égypte, depuis le jour où elle fut fondée jusqu'à présent. [19] Maintenant donc, envoie

mettre en sûreté ton bétail, et tout ce que tu as aux champs. La grêle tombera sur tous les hommes et les bêtes qui se trouveront aux champs, et qui ne se retireront pas dans les maisons, et ils mourront. [20] Celui des serviteurs de Pharaon qui craignit la parole de l'Éternel, fit promptement retirer dans les maisons ses serviteurs et son bétail. [21] Mais celui qui ne fit point attention à la parole de l'Éternel, laissa ses serviteurs et son bétail aux champs. [22] Alors l'Éternel dit à Moïse: Étends ta main vers les cieux, et qu'il y ait de la grêle sur tout le pays d'Égypte, sur les hommes, et sur les bêtes, et sur toute herbe des champs dans le pays d'Égypte. [23] Moïse étendit donc sa verge vers les cieux, et l'Éternel fit tonner et grêler, et le feu se promenait sur la terre. Et l'Éternel fit pleuvoir de la grêle sur le pays d'Égypte. [24] Et il y eut de la grêle, et un feu continu au milieu de la grêle, qui était si prodigieuse, qu'il n'y en avait point eu de semblable dans tout le pays d'Égypte, depuis qu'il était devenu une nation. [25] Et la grêle frappa dans tout le pays d'Égypte tout ce qui était aux champs, depuis les hommes jusqu'aux bêtes. La grêle frappa aussi toutes les herbes des champs et brisa tous les arbres des champs. [26] Le pays de Gossen, où étaient les enfants d'Israël, fut le seul où il n'y eut point de grêle. [27] Alors Pharaon envoya appeler Moïse et Aaron, et leur dit: J'ai péché cette fois; l'Éternel est le juste, et moi et mon peuple nous sommes les coupables. [28] Intercédez auprès de l'Éternel; et qu'il n'y ait plus de tonnerres ni de grêle; et je vous laisserai aller, et vous ne resterez pas plus longtemps. [29] Alors Moïse lui dit: Dès que je serai sorti de la ville, j'étendrai mes mains vers l'Éternel, les tonnerres cesseront, et il n'y aura plus de grêle, afin que tu saches que la terre est à l'Éternel. [30] Mais, pour toi et tes serviteurs, je sais que vous ne craindrez pas encore l'Éternel Dieu. [31] Or, le lin et l'orge furent frappés; car l'orge était en épis, et le lin en fleur. [32] Mais le blé et l'épeautre ne furent point frappés, parce qu'ils sont tardifs. [33] Moïse quitta donc Pharaon, sortit de la ville, et étendit ses mains vers l'Éternel; et les tonnerres et la grêle cessèrent, et la pluie ne se répandit plus sur la terre. [34] Et Pharaon, voyant que la pluie, la grêle et les tonnerres avaient cessé, continua encore de pécher; et il appesantit son cœur, lui et ses serviteurs. [35] Le cœur de Pharaon s'endurcit donc, et il ne laissa point aller les enfants d'Israël, comme l'Éternel l'avait dit par l'organe de Moïse.

10

[1] Et l'Éternel dit à Moïse: Va vers Pharaon, car j'ai appesanti son cœur et le cœur de ses serviteurs, afin de mettre au milieu d'eux mes prodiges, [2] Et afin que tu racontes à ton fils et au fils de ton fils, les exploits que j'aurai accomplis sur les Égyptiens et les prodiges que j'aurai faits au milieu d'eux, et que vous sachiez que je suis l'Éternel. [3] Moïse et Aaron vinrent donc vers Pharaon, et lui dirent: Ainsi a dit l'Éternel, le Dieu des Hébreux: Jusqu'à quand refuseras-tu de t'humilier devant moi? Laisse aller mon peuple, afin qu'il me serve. [4] Car si tu refuses de laisser aller mon peuple, voici, je ferai venir demain des sauterelles dans ton territoire. [5] Et elles couvriront la face de la terre, et l'on ne pourra plus voir la terre; et elles dévoreront le reste de ce qui est échappé, ce que la grêle vous a laissé; et elles dévoreront tous les arbres qui poussent dans vos champs; [6] Et elles rempliront tes maisons, et les maisons de tous tes serviteurs, et les maisons de tous les Égyptiens; ce que tes pères n'ont point vu, ni les pères de tes pères, depuis le jour qu'ils ont été sur la terre, jusqu'à ce jour. Puis il se tourna et sortit de chez Pharaon. [7] Et les serviteurs de Pharaon lui dirent: Jusqu'à quand celui-ci nous sera-t-il en piège? Laisse aller ces gens, et qu'ils servent l'Éternel leur Dieu. Ne vois-tu pas encore que l'Égypte est perdue? [8] Alors on fit revenir Moïse et Aaron vers Pharaon, et il leur dit: Allez, servez l'Éternel votre Dieu. Quels sont tous ceux qui iront? [9] Et Moïse répondit: Nous irons avec

nos jeunes gens et nos vieillards, avec nos fils et nos filles; nous irons avec nos brebis et nos bœufs; car c'est pour nous une fête de l'Éternel. ¹⁰ Alors il leur dit: Que l'Éternel soit avec vous, comme je vous laisserai aller, vous et vos petits enfants! Prenez garde, car le mal est devant vous! ¹¹ Il n'en sera pas ainsi; allez, vous les hommes, et servez l'Éternel; car c'est ce que vous demandiez. Et on les chassa de devant Pharaon. ¹² Alors l'Éternel dit à Moïse: Étends ta main sur le pays d'Égypte, pour faire venir les sauterelles, et qu'elles montent sur le pays d'Égypte, et dévorent toute l'herbe de la terre, tout ce que la grêle a laissé. ¹³ Moïse étendit donc sa verge sur le pays d'Égypte; et l'Éternel amena sur le pays, tout ce jour-là et toute la nuit, un vent d'Orient; le matin vint, et le vent d'Orient avait apporté les sauterelles. ¹⁴ Et les sauterelles montèrent sur tout le pays d'Égypte, et s'abattirent dans tout le territoire de l'Égypte, en très grand nombre. Il n'y en avait point eu avant elles de semblables, et il n'y en aura point de semblables après elles. ¹⁵ Elles couvrirent la face de tout le pays, et le pays en fut obscurci; et elles dévorèrent toute l'herbe de la terre, et tout le fruit des arbres, que la grêle avait laissé; et il ne resta aucune verdure aux arbres, ni aux herbes des champs, dans tout le pays d'Égypte. ¹⁶ Alors Pharaon se hâta d'appeler Moïse et Aaron, et dit: J'ai péché contre l'Éternel votre Dieu, et contre vous. ¹⁷ Mais, maintenant, pardonne, je te prie, mon péché, pour cette fois seulement; et intercédez auprès de l'Éternel votre Dieu, pour qu'il éloigne de moi seulement cette mort. ¹⁸ Il sortit donc de chez Pharaon, et intercéda auprès de l'Éternel. ¹⁹ Et l'Éternel ramena un vent d'Occident très fort, qui emporta les sauterelles, et les précipita dans la mer Rouge. Il ne resta pas une seule sauterelle dans tout le territoire de l'Égypte. ²⁰ Mais l'Éternel endurcit le cœur de Pharaon, et il ne laissa point aller les enfants d'Israël. ²¹ Alors l'Éternel dit à Moïse: Étends ta main vers les cieux, et qu'il y ait des ténèbres sur le pays d'Égypte, telles qu'on puisse les toucher. ²² Moïse étendit donc sa main vers les cieux, et il y eut d'épaisses ténèbres dans tout le pays d'Égypte, pendant trois jours; ²³ On ne se voyait pas l'un l'autre, et nul ne se leva de sa place, pendant trois jours. Mais pour tous les enfants d'Israël il y eut de la lumière dans le lieu de leurs demeures. ²⁴ Alors Pharaon appela Moïse et dit: Allez, servez l'Éternel; que vos brebis et vos bœufs seuls demeurent; vos petits enfants iront aussi avec vous. ²⁵ Mais Moïse répondit: Tu mettras toi-même entre nos mains de quoi faire des sacrifices et des holocaustes, que nous offrirons à l'Éternel notre Dieu. ²⁶ Et nos troupeaux iront aussi avec nous; il n'en restera pas un ongle. Car nous en prendrons pour servir l'Éternel notre Dieu; et nous ne saurons avec quoi nous devrons servir l'Éternel, que nous ne soyons arrivés là. ²⁷ Mais l'Éternel endurcit le cœur de Pharaon, et il ne voulut point les laisser aller. ²⁸ Et Pharaon lui dit: Va-t'en de devant moi! Garde-toi de revoir ma face, car le jour où tu verras ma face, tu mourras. ²⁹ Alors Moïse répondit: Tu as bien dit; je ne reverrai plus ta face.

11

¹ Or l'Éternel avait dit à Moïse: Je ferai venir encore une plaie sur Pharaon et sur l'Égypte; après cela, il vous laissera partir d'ici. Quand il vous laissera aller tout à fait, il vous chassera d'ici. ² Parle donc au peuple, et dis-leur qu'ils demandent, chacun à son voisin et chacune à sa voisine, des objets d'argent et d'or. ³ Et l'Éternel fit trouver grâce au peuple devant les Égyptiens; et même Moïse était un fort grand homme dans le pays d'Égypte, aux yeux des serviteurs de Pharaon et aux yeux du peuple. ⁴ Et Moïse dit: Ainsi a dit l'Éternel: Sur le minuit, je passerai au milieu de l'Égypte. ⁵ Et tout premier-né mourra au pays d'Égypte, depuis le premier-né de Pharaon, qui est assis sur son trône,

jusqu'au premier-né de la servante qui est derrière la meule, ainsi que tout premier-né des bêtes. [6] Et il y aura un si grand cri dans tout le pays d'Égypte, qu'il n'y en eut jamais et qu'il n'y en aura plus de semblable. [7] Mais, parmi tous les enfants d'Israël, pas même un chien ne remuera sa langue, depuis l'homme jusqu'aux bêtes; afin que vous sachiez quelle différence l'Éternel met entre les Égyptiens et Israël. [8] Et tous tes serviteurs que voici descendront vers moi, et se prosterneront devant moi, en disant: Sors, toi, et tout le peuple qui te suit! Et, après cela, je sortirai. Et Moïse sortit d'auprès de Pharaon dans une ardente colère. [9] Or l'Éternel avait dit à Moïse: Pharaon ne vous écoutera point, afin que mes miracles se multiplient dans le pays d'Égypte. [10] Et Moïse et Aaron firent tous ces miracles devant Pharaon. Mais l'Éternel endurcit le cœur de Pharaon, et il ne laissa point aller les enfants d'Israël hors de son pays.

12

[1] Or l'Éternel parla à Moïse et à Aaron, au pays d'Égypte, en disant: [2] Ce mois sera pour vous le commencement des mois; il sera pour vous le premier des mois de l'année. [3] Parlez à toute l'assemblée d'Israël et dites: Qu'au dixième jour de ce mois ils prennent chacun un agneau ou un chevreau par maison de leurs pères, un agneau ou un chevreau par maison. [4] Et si la maison est trop petite pour le manger, qu'on le prenne avec son voisin le plus rapproché de sa maison, d'après le nombre des personnes; vous compterez pour l'agneau selon ce que chacun peut manger. [5] Vous aurez un agneau ou chevreau sans défaut, mâle, âgé d'un an; vous le prendrez d'entre les brebis ou d'entre les chèvres. [6] Et vous le garderez jusqu'au quatorzième jour de ce mois, et toute la communauté d'Israël assemblée l'égorgera entre les deux soirs. [7] Et ils prendront de son sang, et le mettront sur les deux poteaux, et sur le linteau de la porte des maisons où ils le mangeront. [8] Et cette nuit-là, ils en mangeront la chair rôtie au feu; ils la mangeront avec des pains sans levain et des herbes amères. [9] N'en mangez rien à demi cuit, ni qui ait été bouilli dans l'eau; mais qu'il soit rôti au feu, sa tête ainsi que ses jambes et ses entrailles. [10] Vous n'en laisserez rien de reste jusqu'au matin; et ce qui en restera au matin, vous le brûlerez au feu. [11] Et voici comment vous le mangerez: vos reins ceints, vos souliers aux pieds, et votre bâton à la main; et vous le mangerez à la hâte; c'est la Pâque (passage) de l'Éternel. [12] Cette nuit-là je passerai dans le pays d'Égypte, et je frapperai tout premier-né dans le pays d'Égypte, depuis les hommes jusqu'aux bêtes; et j'exercerai des jugements sur tous les dieux de l'Égypte. Je suis l'Éternel. [13] Et le sang vous servira de signe sur les maisons où vous serez; je verrai le sang et je passerai par-dessus vous, et il n'y aura point parmi vous de plaie de destruction, lorsque je frapperai le pays d'Égypte. [14] Et ce jour-là vous sera en mémorial; et vous le célébrerez comme une fête à l'Éternel, d'âge en âge; vous le célébrerez comme une ordonnance perpétuelle. [15] Pendant sept jours vous mangerez des pains sans levain; et dès le premier jour vous ôterez le levain de vos maisons. Car toute personne qui mangera du pain levé, depuis le premier jour jusqu'au septième, sera retranchée d'Israël. [16] Au premier jour, il y aura une sainte convocation; vous en aurez aussi une au septième jour. Il ne se fera aucune œuvre en ces jours-là; on vous apprêtera seulement ce que chaque personne doit manger. [17] Vous observerez donc la fête des pains sans levain; car en ce même jour j'aurai retiré vos armées du pays d'Égypte. Vous observerez ce jour-là d'âge en âge comme une ordonnance perpétuelle. [18] Au premier mois, au quatorzième jour du mois, vous mangerez, le soir, des pains sans levain, jusqu'au vingt et unième jour du mois, au soir. [19] Pendant sept jours, il ne se trouvera point de levain dans vos maisons; car toute personne qui mangera du pain levé, sera retranchée de l'assemblée d'Israël, que

ce soit un étranger ou quelqu'un né dans le pays. [20] Vous ne mangerez point de pain levé; dans toutes vos demeures, vous mangerez des pains sans levain. [21] Moïse appela donc tous les anciens d'Israël, et leur dit: Allez et prenez du menu bétail pour vos familles, et immolez la Pâque. [22] Et vous prendrez un bouquet d'hysope; vous le tremperez dans le sang qui sera dans le bassin, et vous aspergerez, du sang qui sera dans le bassin, le linteau et les deux poteaux; et nul de vous ne sortira de la porte de sa maison, jusqu'au matin. [23] Et l'Éternel passera pour frapper l'Égypte, et il verra le sang sur le linteau, et sur les deux poteaux; et l'Éternel passera par-dessus la porte, et ne permettra point au destructeur d'entrer dans vos maisons pour frapper. [24] Vous garderez ceci comme une ordonnance perpétuelle, pour vous et pour vos enfants. [25] Et quand vous serez entrés au pays que l'Éternel vous donnera, comme il l'a dit, vous observerez cette cérémonie. [26] Et quand vos enfants vous diront: Que signifie pour vous cette cérémonie? [27] Alors vous répondrez: C'est le sacrifice de la Pâque à l'Éternel, qui passa par-dessus les maisons des enfants d'Israël en Égypte, quand il frappa l'Égypte et qu'il préserva nos maisons. Alors le peuple s'inclina et se prosterna. [28] Et les enfants d'Israël s'en allèrent, et firent comme l'Éternel l'avait commandé à Moïse et à Aaron; ils firent ainsi. [29] Et il arriva qu'à minuit l'Éternel frappa tout premier-né dans le pays d'Égypte, depuis le premier-né de Pharaon, assis sur son trône, jusqu'aux premiers-nés des captifs qui étaient dans la prison, et tous les premiers-nés des bêtes. [30] Et Pharaon se leva de nuit, lui et tous ses serviteurs, et tous les Égyptiens; et il y eut un grand cri en Égypte, car il n'y avait point de maison où il n'y eût un mort. [31] Il appela donc Moïse et Aaron, de nuit, et leur dit: Levez-vous; sortez du milieu de mon peuple, vous et les enfants d'Israël; allez, servez l'Éternel, comme vous l'avez dit. [32] Prenez aussi vos brebis et vos bœufs, comme vous l'avez dit; allez, et bénissez-moi aussi. [33] Et les Égyptiens pressèrent le peuple, pour le faire vite sortir du pays; car ils disaient: Nous sommes tous morts! [34] Le peuple prit donc sa pâte, avant qu'elle fût levée, avec leurs huches liées dans leurs vêtements sur leurs épaules. [35] Or, les enfants d'Israël avaient fait selon la parole de Moïse, et avaient demandé aux Égyptiens des objets d'argent et d'or, et des vêtements. [36] Et l'Éternel avait fait trouver grâce au peuple aux yeux des Égyptiens, qui les leur avaient prêtés; et ils dépouillèrent les Égyptiens. [37] Et les enfants d'Israël partirent de Ramsès pour Succoth, au nombre d'environ six cent mille hommes de pied, sans les petits enfants. [38] Un grand nombre d'étrangers montèrent aussi avec eux, ainsi que des brebis et des bœufs, un bétail très considérable. [39] Et ils firent cuire en gâteaux sans levain la pâte qu'ils avaient emportée d'Égypte, car elle n'était pas levée; car ils avaient été chassés d'Égypte, sans pouvoir s'attarder, et ils ne s'étaient même préparé aucune provision. [40] Or, le séjour que les enfants d'Israël firent en Égypte, fut de quatre cent trente ans. [41] Il arriva donc, au bout de quatre cent trente ans, il arriva, en ce même jour, que toutes les armées de l'Éternel sortirent du pays d'Égypte. [42] C'est une nuit qu'on doit observer en l'honneur de l'Éternel, pour les avoir retirés du pays d'Égypte. Cette nuit-là doit être observée, en l'honneur de l'Éternel, par tous les enfants d'Israël, d'âge en âge. [43] Et l'Éternel dit à Moïse et à Aaron: Voici l'ordonnance de la Pâque: Nul étranger n'en mangera. [44] Quant à tout esclave, homme acquis à prix d'argent, tu le circonciras, et alors il en mangera. [45] L'habitant étranger et le mercenaire n'en mangeront point. [46] Elle sera mangée dans une même maison; tu n'emporteras point de la chair hors de la maison, et vous n'en briserez aucun os. [47] Toute l'assemblée d'Israël fera la Pâque. [48] Et quand un étranger séjournera chez toi, et voudra faire la Pâque à l'Éternel, que tout mâle qui lui appartient, soit circoncis; et alors il s'approchera pour la faire, et il sera comme celui qui est né au pays; mais nul incirconcis n'en mangera. [49] Il y aura une même loi pour celui qui est né dans le pays et pour l'étranger séjournant au milieu de vous. [50] Et tous les enfants d'Israël firent comme l'Éternel avait commandé à Moïse et à Aaron; ils firent ainsi. [51] Il arriva donc, en ce même jour-là, que l'Éternel retira du pays d'Égypte les enfants d'Israël selon leurs armées.

13

[1] Et l'Éternel parla à Moïse, en disant: [2] Consacre-moi tout premier-né, tout ce qui naît le premier parmi les enfants d'Israël, parmi les hommes et parmi les bêtes; il est à moi. [3] Et Moïse dit au peuple: Souvenez-vous de ce jour où vous êtes sortis d'Égypte, de la maison de servitude, car l'Éternel vous en a retirés à main forte; et qu'on ne mange point de pain levé. [4] Vous sortez aujourd'hui, au mois des épis. [5] Quand donc l'Éternel t'aura introduit au pays des Cananéens, des Héthiens, des Amoréens, des Héviens, et des Jébusiens, qu'il a juré à tes pères de te donner, pays où coulent le lait et le miel, alors tu t'acquitteras, dans ce mois, de ce service. [6] Pendant sept jours tu mangeras des pains sans levain, et au septième jour il y aura une fête à l'Éternel. [7] On mangera des pains sans levain pendant sept jours; et l'on ne verra point chez toi de pain levé, et l'on ne verra point chez toi de levain dans tout ton territoire. [8] Et tu l'expliqueras à ton fils en ce jour-là, en disant: C'est à cause de ce que l'Éternel fit pour moi, lorsque je sortis d'Égypte. [9] Et cela te sera comme un signe sur ta main, et comme un mémorial entre tes yeux, afin que la loi de l'Éternel soit dans ta bouche, car l'Éternel t'a retiré d'Égypte à main forte. [10] Tu garderas donc cette ordonnance, en sa saison, tous les ans. [11] Et quand l'Éternel t'aura introduit au pays des Cananéens, comme il l'a juré à toi et à tes pères, et qu'il te l'aura donné; [12] Alors tu présenteras à l'Éternel tout ce qui naît le premier, et tous les premiers-nés des bêtes que tu auras; les mâles seront à l'Éternel. [13] Mais tu rachèteras avec un agneau ou chevreau tout premier-né de l'âne; et si tu ne le rachètes pas, tu lui rompras la nuque. Tu rachèteras aussi tout premier-né des hommes parmi tes enfants. [14] Et quand ton fils t'interrogera un jour, en disant: Que signifie cela? tu lui diras: Par sa main forte l'Éternel nous a retirés d'Égypte, de la maison de servitude. [15] Et il arriva, quand Pharaon s'obstina à ne point nous laisser aller, que l'Éternel tua tout premier-né dans le pays d'Égypte, depuis le premier-né de l'homme jusqu'au premier-né du bétail; c'est pourquoi, je sacrifie à l'Éternel tous les mâles qui naissent les premiers, et je rachète tout premier-né de mes fils. [16] Et cela sera comme un signe sur ta main, et des fronteaux entre tes yeux, que l'Éternel nous a retirés d'Égypte à main forte. [17] Or, quand Pharaon eut laissé aller le peuple, Dieu ne les conduisit point par le chemin du pays des Philistins, qui est le plus proche; car Dieu dit: Il est à craindre que le peuple ne se repente, quand il verra la guerre, et qu'il ne retourne en Égypte. [18] Mais Dieu fit faire au peuple un détour par le chemin du désert, vers la mer Rouge. Et les enfants d'Israël montèrent en armes du pays d'Égypte. [19] Et Moïse prit avec lui les os de Joseph; car Joseph avait fait expressément jurer les enfants en disant: Dieu vous visitera certainement; et vous transporterez mes os d'ici avec vous. [20] Or, ils partirent de Succoth, et campèrent à Étham, au bout du désert. [21] Et l'Éternel allait devant eux, le jour dans une colonne de nuée, pour les conduire par le chemin, et la nuit dans une colonne de feu, pour les éclairer, afin qu'ils marchassent jour et nuit. [22] La colonne de nuée ne se retirait point de devant le peuple pendant le jour, ni la colonne de feu pendant la nuit.

14

[1] Et l'Éternel parla à Moïse, en disant: [2] Parle aux enfants d'Israël; et qu'ils retournent et campent devant Pi-Hahiroth, entre Migdol et la mer, devant Baal-Tsephon; vous

camperez vis-à-vis de ce lieu, près de la mer. ³ Et Pharaon dira des enfants d'Israël: Ils sont égarés dans le pays; le désert les a enfermés. ⁴ Et j'endurcirai le cœur de Pharaon, et il les poursuivra; mais je serai glorifié en Pharaon et dans toute son armée, et les Égyptiens sauront que je suis l'Éternel. Et ils firent ainsi. ⁵ Or, on rapporta au roi d'Égypte que le peuple s'était enfui. Et le cœur de Pharaon et de ses serviteurs fut changé à l'égard du peuple, et ils dirent: Qu'est-ce que nous avons fait, que nous ayons laissé aller Israël, en sorte qu'il ne nous serve plus? ⁶ Alors il attela son char et il prit son peuple avec lui. ⁷ Il prit six cents chars d'élite et tous les chars d'Égypte, et des combattants sur chacun d'eux. ⁸ Et l'Éternel endurcit le cœur de Pharaon, roi d'Égypte, et il poursuivit les enfants d'Israël. Or les enfants d'Israël étaient sortis à main levée. ⁹ Les Égyptiens les poursuivirent; et tous les chevaux des chars de Pharaon, ses cavaliers et son armée les atteignirent, comme ils étaient campés près de la mer, près de Pi-Hahiroth, vis-à-vis de Baal-Tsephon. ¹⁰ Et comme Pharaon approchait, les enfants d'Israël levèrent les yeux, et voici, les Égyptiens marchaient après eux. Alors les enfants d'Israël eurent une fort grande peur, et crièrent à l'Éternel. ¹¹ Et ils dirent à Moïse: Est-ce qu'il n'y avait pas de tombeaux en Égypte, que tu nous aies emmenés pour mourir au désert? Qu'est-ce que tu nous a fait, de nous faire sortir d'Égypte? ¹² N'est-ce pas ce que nous te disions en Égypte: Laisse-nous servir les Égyptiens; car il nous vaut mieux servir les Égyptiens, que de mourir au désert? ¹³ Et Moïse dit au peuple: Ne craignez point; tenez-vous là, et voyez la délivrance de l'Éternel, qu'il vous accordera aujourd'hui; car les Égyptiens que vous avez vus aujourd'hui, vous ne les reverrez jamais plus. ¹⁴ L'Éternel combattra pour vous, et vous, vous resterez tranquilles. ¹⁵ Et l'Éternel dit à Moïse: Pourquoi cries-tu à moi? Parle aux enfants d'Israël, et qu'ils marchent. ¹⁶ Et toi, élève ta verge, et étends ta main sur la mer, et fends-la; et que les enfants d'Israël entrent au milieu de la mer, à sec. ¹⁷ Et moi, voici, je vais endurcir le cœur des Égyptiens, et ils y entreront après eux; et je serai glorifié en Pharaon et en toute son armée, en ses chars et en ses cavaliers. ¹⁸ Et les Égyptiens sauront que je suis l'Éternel, quand je serai glorifié en Pharaon, en ses chars et en ses cavaliers. ¹⁹ Et l'ange de Dieu, qui allait devant le camp d'Israël, partit et alla derrière eux; et la colonne de nuée partit de devant eux, et se tint derrière eux; ²⁰ Et elle vint entre le camp des Égyptiens et le camp d'Israël. Et elle fut d'un côté une nuée obscure; mais, de l'autre, elle éclairait la nuit; et ils ne s'approchèrent point les uns des autres de toute la nuit. ²¹ Or, Moïse étendit la main sur la mer, et l'Éternel refoula la mer, toute la nuit, par un fort vent d'Orient; et il mit la mer à sec, et les eaux se fendirent. ²² Et les enfants d'Israël entrèrent au milieu de la mer à sec; et les eaux leur formaient une muraille à leur droite et à leur gauche. ²³ Et les Égyptiens les poursuivirent; et tous les chevaux de Pharaon, ses chars et ses cavaliers, entrèrent après eux au milieu de la mer. ²⁴ Mais il arriva, sur la veille du matin, que l'Éternel, étant dans la colonne de feu et de nuée, regarda le camp des Égyptiens, et le mit en déroute. ²⁵ Et il ôta les roues de leurs chars, et fit qu'on les menait pesamment. Alors les Égyptiens dirent: Fuyons de devant les Israélites, car l'Éternel combat pour eux contre les Égyptiens. ²⁶ Et l'Éternel dit à Moïse: Étends ta main sur la mer, et les eaux retourneront sur les Égyptiens, sur leurs chars et sur leurs cavaliers. ²⁷ Moïse étendit donc sa main sur la mer, et la mer retourna vers le matin dans son lit; et les Égyptiens s'enfuyant la rencontrèrent, et l'Éternel jeta les Égyptiens au milieu de la mer. ²⁸ Les eaux retournèrent donc et couvrirent les chars et les cavaliers de toute l'armée de Pharaon, qui étaient entrés après les Israélites dans la mer; il n'en resta pas un seul. ²⁹ Mais les enfants d'Israël marchèrent à sec au milieu de la mer; et les eaux leur formaient une muraille à leur droite et à leur gauche. [30] En ce jour-là l'Éternel délivra Israël de la main des Égyptiens; et Israël vit les Égyptiens morts, sur le rivage de la mer. [31] Ainsi Israël vit la grande puissance que l'Éternel avait déployée contre les Égyptiens; et le peuple craignit l'Éternel, et ils crurent en l'Éternel et en Moïse, son serviteur.

15

[1] Alors Moïse et les enfants d'Israël chantèrent ce cantique à l'Éternel, et ils dirent: Je chanterai à l'Éternel, car il s'est hautement élevé. Il a jeté dans la mer le cheval et son cavalier. [2] L'Éternel est ma force et ma louange: il a été mon libérateur. Il est mon Dieu, je le glorifierai; il est le Dieu de mon père, je l'exalterai. [3] L'Éternel est un vaillant guerrier; son nom est l'Éternel. [4] Il a jeté dans la mer les chars de Pharaon et son armée; et l'élite de ses combattants a été plongée dans la mer Rouge. [5] Les flots les ont couverts; ils sont descendus au fond des eaux, comme une pierre. [6] Ta droite, ô Éternel, est magnifique en force. Ta droite, ô Éternel, écrase l'ennemi. [7] Par la grandeur de ta majesté, tu renverses tes adversaires. Tu envoies ta colère, elle les consume comme le chaume. [8] Au souffle de tes narines les eaux se sont amoncelées; les courants se sont arrêtés comme une digue; les flots ont gelé au cœur de la mer. [9] L'ennemi avait dit: Je poursuivrai, j'atteindrai, je partagerai le butin; mon âme s'assouvira sur eux, je tirerai l'épée, ma main les détruira. [10] Tu as soufflé de ton haleine: la mer les a couverts; ils ont roulé comme le plomb, au fond des eaux puissantes. [11] Qui est comme toi, parmi les dieux, ô Éternel? Qui est comme toi magnifique en sainteté, redoutable dans les louanges, opérant des merveilles? [12] Tu as étendu ta droite; la terre les engloutit. [13] Tu as conduit par ta miséricorde ce peuple que tu as racheté; tu l'as dirigé par ta force vers ta sainte demeure. [14] Les peuples l'entendent, et ils tremblent; l'effroi saisit les habitants de la Palestine. [15] Alors les princes d'Édom sont troublés; le tremblement saisit les puissants de Moab; tous les habitants de Canaan désespèrent. [16] La frayeur et l'épouvante tomberont sur eux; par la grandeur de ton bras, ils deviendront muets comme la pierre, jusqu'à ce que ton peuple, ô Éternel, ait passé; jusqu'à ce qu'il ait passé, le peuple que tu as acquis. [17] Tu les introduiras et tu les planteras sur la montagne de ton héritage, au lieu que tu as préparé pour ta demeure, ô Éternel, au sanctuaire, Seigneur, que tes mains ont établi. [18] L'Éternel régnera éternellement et à toujours. [19] Car les chevaux de Pharaon, avec ses chars et ses cavaliers, sont entrés dans la mer; et l'Éternel a fait retourner sur eux les eaux de la mer; mais les enfants d'Israël ont marché à sec au milieu de la mer. [20] Et Marie, la prophétesse, sœur d'Aaron, prit dans sa main le tambourin, et toutes les femmes sortirent après elle, avec des tambourins et en dansant. [21] Et Marie répondait à ceux qui chantaient: Chantez à l'Éternel, car il s'est hautement élevé; il a jeté dans la mer le cheval et son cavalier. [22] Puis, Moïse fit partir les Israélites de la mer Rouge, et ils tirèrent vers le désert de Shur; et ils marchèrent trois jours dans le désert, et ne trouvèrent point d'eau. [23] Puis ils vinrent à Mara, mais ils ne purent boire des eaux de Mara, car elles étaient amères; c'est pour cela que ce lieu fut appelé Mara (amertume). [24] Alors le peuple murmura contre Moïse, en disant: Que boirons-nous? [25] Et Moïse cria à l'Éternel; et l'Éternel lui indiqua un bois, qu'il jeta dans les eaux, et les eaux devinrent douces. C'est là qu'il lui imposa une ordonnance et un statut, et c'est là qu'il l'éprouva. [26] Et il dit: Si tu écoutes attentivement la voix de l'Éternel ton Dieu, si tu fais ce qui est droit à ses yeux, si tu prêtes l'oreille à ses commandements et si tu gardes toutes ses ordonnances, je ne t'infligerai aucune des maladies que j'ai infligées à l'Égypte; car je suis l'Éternel qui te guérit. [27] Puis ils vinrent à

Élim; et là il y avait douze sources d'eau et soixante et dix palmiers; et ils campèrent là, près des eaux.

16

¹ Toute l'assemblée des enfants d'Israël, étant partie d'Élim, vint au désert de Sin, qui est entre Élim et Sinaï, au quinzième jour du second mois, après leur sortie du pays d'Égypte. ² Et toute l'assemblée des enfants d'Israël murmura dans ce désert contre Moïse et contre Aaron. ³ Et les enfants d'Israël leur dirent: Ah! que ne sommes-nous morts par la main de l'Éternel au pays d'Égypte, quand nous étions assis près des potées de viande, quand nous mangions du pain à satiété! Car vous nous avez amenés dans ce désert, pour faire mourir de faim toute cette assemblée. ⁴ Alors l'Éternel dit à Moïse: Voici, je vais vous faire pleuvoir des cieux du pain, et le peuple sortira, et ils en recueilleront chaque jour ce qu'il faut pour la journée, afin que je l'éprouve, pour voir s'il marchera, ou non, dans ma loi. ⁵ Mais, le sixième jour, ils apprêteront ce qu'ils auront apporté, et il y en aura le double de ce qu'ils recueilleront chaque jour. ⁶ Moïse et Aaron dirent donc à tous les enfants d'Israël: Ce soir vous saurez que c'est l'Éternel qui vous a retirés du pays d'Égypte; ⁷ Et au matin vous verrez la gloire de l'Éternel, parce qu'il a entendu vos murmures contre l'Éternel. Que sommes-nous, en effet, pour que vous murmuriez contre nous? ⁸ Et Moïse dit: Ce sera quand l'Éternel vous donnera ce soir de la chair à manger, et au matin du pain en abondance; parce que l'Éternel a entendu vos murmures, que vous élevez contre lui. Que sommes-nous en effet? Vos murmures ne sont pas contre nous, mais contre l'Éternel. ⁹ Et Moïse dit à Aaron: Dis à toute l'assemblée des enfants d'Israël: Approchez-vous devant l'Éternel, car il a entendu vos murmures. ¹⁰ Et comme Aaron parlait à toute l'assemblée des enfants d'Israël, ils se tournèrent vers le désert, et voici, la gloire de l'Éternel se montra dans la nuée; ¹¹ Et l'Éternel parla à Moïse, en disant: ¹² J'ai entendu les murmures des enfants d'Israël. Parle-leur, et leur dis: Entre les deux soirs vous mangerez de la chair, et au matin vous vous rassasierez de pain, et vous saurez que je suis l'Éternel votre Dieu. ¹³ Le soir donc les cailles montèrent et couvrirent le camp, et au matin il y eut une couche de rosée à l'entour du camp. ¹⁴ Et la couche de rosée s'évanouit, et voici il y avait sur la surface du désert une chose menue, perlée, menue comme le givre sur la terre. ¹⁵ Quand les enfants d'Israël la virent, ils se dirent l'un à l'autre: Qu'est cela? car ils ne savaient ce que c'était. Et Moïse leur dit: C'est le pain que l'Éternel vous a donné à manger. ¹⁶ Voici ce que l'Éternel a commandé: Recueillez-en chacun en proportion de ce qu'il mange, un homer par tête, selon le nombre de vos personnes; vous en prendrez chacun pour ceux qui sont dans sa tente. ¹⁷ Les enfants d'Israël firent donc ainsi; et ils recueillirent, l'un plus et l'autre moins. ¹⁸ Et ils le mesurèrent par homer; et celui qui en recueillait beaucoup, n'en eut pas trop, et celui qui en recueillait peu, n'en manqua pas; ils en recueillirent chacun en proportion de ce qu'il mangeait. ¹⁹ Et Moïse leur dit: Que personne n'en laisse de reste jusqu'au matin. ²⁰ Mais ils n'obéirent point à Moïse, et quelques-uns en laissèrent jusqu'au matin, et il s'y engendra des vers et une mauvaise odeur; et Moïse se mit en colère contre eux. ²¹ Ils en recueillirent donc tous les matins, chacun en proportion de ce qu'il mangeait; et lorsque le soleil était chaud, cela fondait. ²² Et le sixième jour, ils recueillirent du pain au double, deux homers pour chacun. Et tous les principaux de l'assemblée vinrent le rapporter à Moïse. ²³ Et il leur répondit: C'est ce que l'Éternel a dit: Demain est le repos, le sabbat consacré à l'Éternel; faites cuire ce que vous avez à cuire, et faites bouillir ce que vous avez à bouillir, et serrez tout le surplus, pour le garder jusqu'au matin. ²⁴ Ils le serrèrent donc jusqu'au matin, comme Moïse l'avait commandé, et il ne sentit point mauvais, et il n'y eut point de vers. ²⁵ Alors Moïse

dit: Mangez-le aujourd'hui; car c'est aujourd'hui le sabbat de l'Éternel; aujourd'hui vous n'en trouverez point dans les champs. [26] Pendant six jours vous le recueillerez, mais au septième jour, qui est le sabbat, il n'y en aura point. [27] Et le septième jour, quelques-uns du peuple sortirent pour en recueillir; mais ils n'en trouvèrent point. [28] Alors l'Éternel dit à Moïse: Jusqu'à quand refuserez-vous de garder mes commandements et mes lois? [29] Considérez que l'Éternel vous a donné le sabbat, c'est pourquoi il vous donne au sixième jour du pain pour deux jours; que chacun demeure à sa place, et que personne ne sorte de son lieu le septième jour. [30] Le peuple se reposa donc le septième jour. [31] Et la maison d'Israël nomma cette nourriture, manne; elle était comme de la semence de coriandre, blanche, et avait le goût de beignets au miel. [32] Et Moïse dit: Voici ce que l'Éternel a commandé: Qu'on en remplisse un homer, pour le garder d'âge en âge, afin qu'on voie le pain que je vous ai fait manger au désert, quand je vous ai retirés du pays d'Égypte. [33] Et Moïse dit à Aaron: Prends une cruche, et mets-y un plein homer de manne, et dépose-le devant l'Éternel, pour être gardé d'âge en âge. [34] Comme le Seigneur l'avait commandé à Moïse, Aaron le déposa devant le Témoignage, pour qu'il fût gardé. [35] Et les enfants d'Israël mangèrent la manne quarante ans, jusqu'à ce qu'ils fussent venus dans un pays habité; ils mangèrent la manne, jusqu'à ce qu'ils fussent venus à la frontière du pays de Canaan. [36] Or, le homer est la dixième partie de l'épha.

17

[1] Et toute l'assemblée des enfants d'Israël partit du désert de Sin, suivant leurs étapes, d'après le commandement de l'Éternel. Et ils campèrent à Réphidim; et il n'y avait point d'eau à boire pour le peuple. [2] Et le peuple contesta avec Moïse; et ils dirent: Donnez-nous de l'eau; que nous buvions. Et Moïse leur dit: Pourquoi me querellez-vous? Pourquoi tentez-vous l'Éternel? [3] Le peuple eut donc soif dans ce lieu, faute d'eau; et le peuple murmura contre Moïse, et dit: Pourquoi donc nous as-tu fait monter hors d'Égypte, pour nous faire mourir de soif, moi et mes enfants, et mes troupeaux? [4] Et Moïse cria à l'Éternel, en disant: Que ferai-je à ce peuple? Encore un peu et ils me lapideront. [5] Et l'Éternel répondit à Moïse: Passe devant le peuple, et prends avec toi des anciens d'Israël, et prends en ta main la verge dont tu frappas le fleuve, et marche. [6] Voici, je me tiendrai devant toi, là, sur le rocher, en Horeb, et tu frapperas le rocher; et il en sortira de l'eau, et le peuple boira. Moïse fit donc ainsi aux yeux des anciens d'Israël. [7] Et on nomma le lieu Massa et Mériba (tentation et querelle), à cause de la contestation des enfants d'Israël, et parce qu'ils avaient tenté l'Éternel, en disant: L'Éternel est-il au milieu de nous, ou n'y est-il pas? [8] Alors Amalek vint et livra bataille à Israël à Réphidim. [9] Et Moïse dit à Josué: Choisis-nous des hommes; sors, et combats contre Amalek; demain je me tiendrai au sommet de la colline, avec la verge de Dieu dans ma main. [10] Et Josué fit comme Moïse lui avait dit, pour combattre contre Amalek. Moïse, Aaron et Hur montèrent au sommet de la colline. [11] Et il arrivait, lorsque Moïse élevait sa main, qu'Israël était le plus fort, mais quand il reposait sa main, Amalek était le plus fort. [12] Et les mains de Moïse étant devenues pesantes, ils prirent une pierre et la mirent sous lui, et il s'assit dessus; et Aaron et Hur soutinrent ses mains, l'un d'un côté et l'autre de l'autre; et ses mains furent fermes jusqu'au coucher du soleil. [13] Et Josué défit Amalek et son peuple par le tranchant de l'épée. [14] Alors l'Éternel dit à Moïse: Écris ceci pour mémoire dans le livre, et fais entendre à Josué que j'effacerai entièrement la mémoire d'Amalek de dessous les cieux. [15] Et Moïse bâtit un autel, et le nomma: L'Éternel mon étendard (Jéhovah-nissi). [16] Et il dit: Parce qu'il a levé la main sur le trône de l'Éternel, l'Éternel a guerre avec Amalek d'âge en âge.

18

[1] Or, Jéthro, sacrificateur de Madian, beau-père de Moïse, apprit tout ce que Dieu avait fait à Moïse et à Israël, son peuple, et que l'Éternel avait retiré Israël de l'Égypte. [2] Et Jéthro, beau-père de Moïse, prit Séphora, femme de Moïse, après son renvoi, [3] Et ses deux fils, dont l'un s'appelait Guershom (étranger là), car, dit-il, j'ai séjourné dans un pays étranger; [4] Et l'autre Éliézer (Dieu aide), car le Dieu de mon père, dit-il, m'a été en aide, et m'a délivré de l'épée de Pharaon. [5] Jéthro, beau-père de Moïse, vint donc vers Moïse, avec ses enfants et sa femme, au désert où il était campé, près de la montagne de Dieu. [6] Et il fit dire à Moïse: Moi, Jéthro ton beau-père, je viens vers toi, avec ta femme et ses deux fils avec elle. [7] Et Moïse sortit au-devant de son beau-père; et il se prosterna, et le baisa; et ils s'informèrent mutuellement de leur bien-être; puis ils entrèrent dans la tente. [8] Et Moïse raconta à son beau-père tout ce que l'Éternel avait fait à Pharaon et aux Égyptiens en faveur d'Israël, toute la peine qui leur était survenue par le chemin, et comment l'Éternel les avait délivrés. [9] Et Jéthro se réjouit de tout le bien que l'Éternel avait fait à Israël, de ce qu'il l'avait délivré de la main des Égyptiens. [10] Et Jéthro dit: Béni soit l'Éternel qui vous a délivrés de la main des Égyptiens et de la main de Pharaon; qui a délivré le peuple de la puissance des Égyptiens! [11] Maintenant je connais que l'Éternel est plus grand que tous les dieux; car lorsqu'ils se sont élevés avec orgueil, il l'a emporté sur eux. [12] Et Jéthro, beau-père de Moïse, prit un holocauste et des sacrifices pour les offrir à Dieu; et Aaron et tous les anciens d'Israël vinrent manger le pain avec le beau-père de Moïse, en la présence de Dieu. [13] Il arriva, le lendemain, que Moïse s'assit pour juger le peuple, et le peuple se tint devant Moïse depuis le matin jusqu'au soir. [14] Et le beau-père de Moïse, voyant tout ce qu'il faisait pour le peuple, lui dit: Qu'est-ce que tu fais à l'égard de ce peuple? Pourquoi sièges-tu seul, et tout le peuple se tient-il devant toi, depuis le matin jusqu'au soir? [15] Et Moïse répondit à son beau-père: C'est que le peuple vient à moi pour consulter Dieu. [16] Quand ils ont quelque cause, ils viennent à moi; je juge entre l'un et l'autre, et je fais connaître les ordonnances de Dieu et ses lois. [17] Mais le beau-père de Moïse lui dit: Ce que tu fais n'est pas bien. [18] Certainement, tu succomberas, et toi et ce peuple qui est avec toi; car cela est trop pesant pour toi, tu ne peux le faire toi seul. [19] Maintenant écoute ma voix; je te conseillerai, et que Dieu soit avec toi! Sois pour le peuple devant Dieu; et rapporte les causes à Dieu. [20] Instruis-les des ordonnances et des lois, et fais-leur connaître la voie dans laquelle ils doivent marcher, et ce qu'ils doivent faire. [21] Et choisis-toi d'entre tout le peuple des hommes capables, craignant Dieu, des hommes fidèles, haïssant le gain déshonnête, et établis sur eux comme chefs de milliers, chefs de centaines, chefs de cinquantaines, et chefs de dizaines; [22] Et qu'ils jugent le peuple en tout temps; s'il y a de grandes affaires, qu'ils te les rapportent; mais qu'ils jugent eux-mêmes toutes les petites causes. Allège ton fardeau, et qu'ils le portent avec toi. [23] Si tu fais cela, et que Dieu te le commande, tu pourras subsister, et tout ce peuple arrivera heureusement en son lieu. [24] Et Moïse obéit à la voix de son beau-père, et fit tout ce qu'il avait dit. [25] Moïse choisit donc de tout Israël des hommes capables, et les établit chefs sur le peuple, chefs de milliers, chefs de centaines, chefs de cinquantaines, et chefs de dizaines, [26] Qui devaient juger le peuple en tout temps; ils devaient rapporter à Moïse les affaires difficiles, et juger eux-mêmes toutes les petites affaires. [27] Puis Moïse laissa aller son beau-père, qui s'en retourna en son pays.

19

[1] Au troisième mois, après que les enfants d'Israël furent sortis du pays d'Égypte, ils vinrent, en ce jour-là, au désert de Sinaï. [2] Étant partis de Réphidim, ils vinrent au désert de Sinaï, et ils campèrent dans le désert; et Israël campa là, vis-à-vis de la montagne. [3] Et

Moïse monta vers Dieu, et l'Éternel l'appela de la montagne, en disant: Tu parleras ainsi à la maison de Jacob, et tu déclareras ceci aux enfants d'Israël: ⁴ Vous avez vu ce que j'ai fait aux Égyptiens, et que je vous ai portés sur des ailes d'aigle, et que je vous ai fait venir vers moi. ⁵ Maintenant donc, si vous obéissez à ma voix et si vous gardez mon alliance, vous serez aussi, d'entre tous les peuples, mon plus précieux joyau, car toute la terre est à moi. ⁶ Et vous me serez un royaume de sacrificateurs, et une nation sainte. Voilà les paroles que tu diras aux enfants d'Israël. ⁷ Et Moïse vint et appela les anciens du peuple, et mit devant eux toutes ces paroles que l'Éternel lui avait commandées. ⁸ Et tout le peuple ensemble répondit et dit: Nous ferons tout ce que l'Éternel a dit. Et Moïse rapporta à l'Éternel les paroles du peuple. ⁹ Et l'Éternel dit à Moïse: Voici, je vais venir à toi dans l'épaisseur de la nuée, afin que le peuple entende quand je te parlerai, et qu'il te croie aussi toujours. Et Moïse rapporta à l'Éternel les paroles du peuple. ¹⁰ Et l'Éternel dit à Moïse: Va vers le peuple, sanctifie-les aujourd'hui et demain, et qu'ils lavent leurs vêtements. ¹¹ Et qu'ils soient prêts pour le troisième jour; car, le troisième jour, l'Éternel descendra, à la vue de tout le peuple, sur la montagne de Sinaï. ¹² Or, tu prescriras des bornes au peuple tout à l'entour, en disant: Gardez-vous de monter sur la montagne, et d'en toucher le bord. Quiconque touchera la montagne, sera puni de mort. ¹³ On ne mettra pas la main sur lui, mais il sera lapidé ou percé de flèches; bête ou homme, il ne vivra point. Quand le cor sonnera, ils monteront sur la montagne. ¹⁴ Et Moïse descendit de la montagne vers le peuple; il sanctifia le peuple, et ils lavèrent leurs vêtements. ¹⁵ Et il dit au peuple: Soyez prêts dans trois jours; ne vous approchez point de vos femmes. ¹⁶ Et le troisième jour, au matin, il y eut des tonnerres, des éclairs et une épaisse nuée sur la montagne, et un son de trompette très fort; et tout le peuple qui était au camp, trembla. ¹⁷ Alors Moïse fit sortir le peuple du camp, au-devant de Dieu; et ils s'arrêtèrent au pied de la montagne. ¹⁸ Or, le mont Sinaï était tout en fumée, parce que l'Éternel y était descendu dans le feu; et sa fumée montait comme la fumée d'une fournaise, et toute la montagne tremblait fort. ¹⁹ Et le son de la trompette allait se renforçant de plus en plus; Moïse parlait, et Dieu lui répondait par une voix. ²⁰ L'Éternel descendit donc sur le mont Sinaï, au sommet de la montagne; et l'Éternel appela Moïse au sommet de la montagne, et Moïse y monta. ²¹ Et l'Éternel dit à Moïse: Descends, somme le peuple de ne point faire irruption vers l'Éternel, pour voir; de peur qu'un grand nombre d'entre eux ne périsse. ²² Et même, que les sacrificateurs qui s'approchent de l'Éternel, se sanctifient, de peur que l'Éternel ne les frappe. ²³ Et Moïse dit à l'Éternel: Le peuple ne peut monter vers le mont Sinaï, car tu nous en as fait sommation, en disant: Fixe des limites autour de la montagne, et sanctifie-la. ²⁴ Et l'Éternel lui dit: Va, descends; puis tu monteras, toi et Aaron avec toi; mais que les sacrificateurs et le peuple ne fassent pas irruption pour monter vers l'Éternel, de peur qu'il ne les frappe. ²⁵ Moïse donc descendit vers le peuple, et il le leur dit.

20

¹ Alors Dieu prononça toutes ces paroles, en disant: ² Je suis l'Éternel ton Dieu, qui t'ai retiré du pays d'Égypte, de la maison de servitude. ³ Tu n'auras point d'autres dieux devant ma face. ⁴ Tu ne te feras point d'image taillée, ni aucune ressemblance des choses qui sont là-haut dans les cieux, ni ici-bas sur la terre, ni dans les eaux sous la terre; ⁵ Tu ne te prosterneras point devant elles, et tu ne les serviras point; car je suis l'Éternel ton Dieu, un Dieu jaloux, qui punis l'iniquité des pères sur les enfants, jusqu'à la troisième et à la quatrième génération de ceux qui me haïssent, ⁶ Et qui fais miséricorde jusqu'à mille générations à ceux qui m'aiment et qui gardent mes commandements. ⁷ Tu ne prendras

point le nom de l'Éternel ton Dieu en vain; car l'Éternel ne tiendra point pour innocent celui qui aura pris son nom en vain. 8 Souviens-toi du jour du repos pour le sanctifier; 9 Tu travailleras six jours, et tu feras toute ton œuvre; 10 Mais le septième jour est le repos de l'Éternel ton Dieu; tu ne feras aucune œuvre en ce jour-là, ni toi, ni ton fils, ni ta fille, ni ton serviteur, ni ta servante, ni ton bétail, ni l'étranger qui est dans tes portes; 11 Car l'Éternel a fait en six jours les cieux et la terre, la mer et tout ce qui est en eux, et il s'est reposé le septième jour; c'est pourquoi l'Éternel a béni le jour du repos et l'a sanctifié. 12 Honore ton père et ta mère, afin que tes jours soient prolongés sur la terre que l'Éternel ton Dieu te donne. 13 Tu ne tueras point. 14 Tu ne commettras point adultère. 15 Tu ne déroberas point. 16 Tu ne diras point de faux témoignage contre ton prochain. 17 Tu ne convoiteras point la maison de ton prochain; tu ne convoiteras point la femme de ton prochain, ni son serviteur, ni sa servante, ni son bœuf, ni son âne, ni aucune chose qui soit à ton prochain. 18 Or, tout le peuple entendait les tonnerres et le son de la trompette, et voyait les éclairs et la montagne fumante. Le peuple donc, voyant cela, tremblait et se tenait loin. 19 Et ils dirent à Moïse: Parle-nous toi-même, et nous écouterons; mais que Dieu ne parle point avec nous, de peur que nous ne mourions. 20 Et Moïse dit au peuple: Ne craignez point, car Dieu est venu pour vous éprouver, et afin que sa crainte soit devant vous, en sorte que vous ne péchiez point. 21 Le peuple donc se tint loin; et Moïse s'approcha de l'obscurité où était Dieu. 22 Et l'Éternel dit à Moïse: Tu diras ainsi aux enfants d'Israël: Vous avez vu que je vous ai parlé des cieux. 23 Vous ne ferez point, à côté de moi, des dieux d'argent, et vous ne ferez point des dieux d'or. 24 Tu me feras un autel de terre, sur lequel tu sacrifieras tes holocaustes et tes sacrifices de prospérité, tes brebis et tes taureaux. En tout lieu où je ferai célébrer mon nom, je viendrai à toi et je te bénirai. 25 Que si tu me fais un autel de pierres, tu ne les emploieras point taillées; car si tu levais sur elles ton fer, tu les souillerais. 26 Et tu ne monteras point à mon autel par des degrés, afin que ta nudité n'y soit pas découverte.

21

1 Ce sont ici les lois que tu leur présenteras: 2 Si tu achètes un esclave hébreu, il servira six années, mais la septième il sortira libre, sans rien payer. 3 S'il est venu seul, il sortira seul; s'il avait une femme, sa femme sortira avec lui. 4 Si son maître lui donne une femme, et qu'elle lui enfante des fils ou des filles, la femme et ses enfants seront au maître, et il sortira seul. 5 Que si l'esclave dit: J'aime mon maître, ma femme et mes enfants; je ne veux pas sortir pour être libre; 6 Alors son maître l'amènera devant Dieu et le fera approcher de la porte ou du poteau, et son maître lui percera l'oreille avec un poinçon, et il le servira toujours. 7 Si quelqu'un vend sa fille pour être esclave, elle ne sortira point comme sortent les esclaves. 8 Si elle déplaît à son maître, qui se l'était destinée, il la fera racheter; il n'aura point le pouvoir de la vendre à un peuple étranger, après l'avoir trompée. 9 Mais s'il la destine à son fils, il fera pour elle selon le droit des filles. 10 S'il en prend une autre, il ne retranchera rien pour la première à la nourriture, au vêtement, ni à la cohabitation. 11 Et s'il ne lui fait pas ces trois choses, elle sortira gratuitement, sans argent. 12 Celui qui frappe un homme à mort, sera puni de mort. 13 Que s'il ne lui a point dressé d'embûches, mais que Dieu l'ait fait se rencontrer sous sa main, je t'établirai un lieu où il se réfugiera. 14 Mais si quelqu'un s'est élevé contre son prochain, pour le tuer par ruse, tu le prendras même d'auprès de mon autel, afin qu'il meure. 15 Celui qui frappe son père ou sa mère, sera puni de mort. 16 Celui qui dérobe un homme et le vend, et celui entre les mains duquel il est trouvé, sera puni de mort. 17 Celui qui maudit son père ou sa mère, sera puni de mort. 18 Quand des hommes se querelleront, et que l'un frappera l'autre d'une pierre, ou du poing, de telle sorte qu'il n'en meure pas, mais qu'il

soit obligé de se mettre au lit; [19] S'il se lève, et marche dehors, appuyé sur son bâton, celui qui l'aura frappé sera absous; seulement il paiera son chômage, et le fera guérir entièrement. [20] Quand un homme frappera son serviteur, ou sa servante, avec le bâton, et qu'ils mourront sous sa main, il ne manquera pas d'être puni. [21] Mais s'ils survivent un jour ou deux, il ne sera pas puni, car c'est son argent. [22] Si des hommes se battent, et frappent une femme enceinte, et qu'elle en accouche, sans qu'il arrive malheur, celui qui l'aura frappée sera condamné à l'amende que le mari de la femme lui imposera; et il la donnera devant des juges. [23] Mais s'il arrive malheur, tu donneras vie pour vie, [24] Œil pour œil, dent pour dent, main pour main, pied pour pied, [25] Brûlure pour brûlure, plaie pour plaie, meurtrissure pour meurtrissure. [26] Et si quelqu'un frappe l'œil de son serviteur ou l'œil de sa servante, et le leur gâte, il les laissera aller libres pour leur œil. [27] Que s'il fait tomber une dent à son serviteur ou à sa servante, il les laissera aller libres pour leur dent. [28] Si un bœuf heurte de sa corne un homme ou une femme, qui en meure, le bœuf sera lapidé, et l'on ne mangera point sa chair, et le maître du bœuf sera absous. [29] Mais si auparavant le bœuf avait accoutumé de heurter de sa corne, et que son maître en ait été averti, et qu'il ne l'ait point surveillé, et qu'il tue un homme ou une femme, le bœuf sera lapidé, et son maître aussi sera mis à mort. [30] Si on lui impose un prix pour se racheter, il donnera en rançon de sa vie tout ce qui lui sera imposé. [31] Si le bœuf heurte de sa corne un fils ou une fille, on le traitera selon cette même loi. [32] Si le bœuf heurte de sa corne un esclave, soit homme, soit femme, le possesseur du bœuf donnera trente sicles d'argent à son maître, et le bœuf sera lapidé. [33] Si quelqu'un ouvre une fosse ou si quelqu'un creuse une fosse, et ne la couvre point, et qu'il y tombe un bœuf ou un âne, [34] Le maître de la fosse fera restitution; il rendra de l'argent à leur maître; mais ce qui est mort sera à lui. [35] Et si le bœuf de quelqu'un blesse le bœuf de son prochain, et qu'il en meure, ils vendront le bœuf vivant et en partageront l'argent, et ils partageront aussi le bœuf mort. [36] S'il est notoire qu'auparavant le bœuf avait accoutumé de heurter de sa corne, et que son maître ne l'ait point gardé, il devra rendre bœuf pour bœuf; mais le bœuf mort sera à lui.

22

[1] Si un homme dérobe un bœuf, ou un agneau, et le tue ou le vend, il restituera cinq bœufs pour le bœuf, et quatre agneaux pour l'agneau. [2] Si le larron est trouvé faisant effraction, et est frappé à mort, celui qui l'aura frappé ne sera point coupable de meurtre. [3] Mais si le soleil était levé sur lui, il sera coupable de meurtre. Le voleur fera donc restitution; s'il n'a pas de quoi, il sera vendu pour son vol. [4] Si ce qui a été dérobé est trouvé vivant entre ses mains, soit bœuf, soit âne, soit agneau, il rendra le double. [5] Si quelqu'un fait du dégât dans un champ, ou dans une vigne, et lâche son bétail, qui paisse dans le champ d'autrui, il rendra le meilleur de son champ et le meilleur de sa vigne. [6] Si le feu sort et trouve des épines, et que du blé en gerbes, ou la moisson, ou le champ, soit consumé, celui qui aura allumé le feu rendra entièrement ce qui aura été brûlé. [7] Si un homme donne à son prochain de l'argent ou des objets à garder, et qu'on les lui dérobe de sa maison; si le larron est découvert, il rendra le double. [8] Si le larron ne se trouve point, le maître de la maison sera amené devant Dieu, pour jurer s'il n'a point mis la main sur le bien de son prochain. [9] Dans toute affaire où il y a prévarication, pour un bœuf, pour un âne, pour un agneau, pour un vêtement, pour tout objet perdu, dont on dira: c'est cela, la cause des deux parties viendra devant Dieu; celui que Dieu condamnera, rendra le double à son prochain. [10] Si quelqu'un donne à garder à son prochain un âne ou un bœuf, ou un agneau, ou quelque bête que ce soit, et qu'elle meure, ou se casse quelque membre, ou soit emmenée sans que personne le voie, [11] Le serment de l'Éternel interviendra entre les deux parties, pour savoir s'il n'a point mis la main

sur le bien de son prochain; le maître de la bête acceptera le serment, et l'autre ne fera pas restitution. ¹² Mais si elle lui a été dérobée, il la rendra à son maître. ¹³ Si elle a été déchirée par les bêtes sauvages, il l'apportera en preuve; il ne rendra point ce qui a été déchiré. ¹⁴ Si quelqu'un emprunte de son prochain une bête, et qu'elle se casse quelque membre, ou qu'elle meure, son maître n'étant point avec elle, il en fera la restitution. ¹⁵ Si son maître est avec elle, il n'y aura pas de restitution; si elle a été louée, elle est venue pour son salaire. ¹⁶ Si quelqu'un suborne une vierge qui n'était point fiancée, et couche avec elle, il faudra qu'il paie sa dot et la prenne pour femme. ¹⁷ Si le père de la fille refuse absolument de la lui donner, il lui paiera l'argent qu'on donne pour la dot des vierges. ¹⁸ Tu ne laisseras point vivre la sorcière. ¹⁹ Quiconque couchera avec une bête, sera puni de mort. ²⁰ Celui qui sacrifie à d'autres dieux qu'à l'Éternel seul, sera voué à l'extermination. ²¹ Tu ne maltraiteras point l'étranger, et tu ne l'opprimeras point; car vous avez été étrangers dans le pays d'Égypte. ²² Vous n'affligerez aucune veuve ni aucun orphelin. ²³ Si tu les affliges, et qu'ils crient à moi, certainement j'entendrai leur cri; ²⁴ Et ma colère s'enflammera, et je vous tuerai par l'épée, et vos femmes seront veuves, et vos enfants orphelins. ²⁵ Si tu prêtes de l'argent à mon peuple, au malheureux qui est avec toi, tu n'agiras point avec lui comme un usurier; vous ne lui imposerez point d'intérêt. ²⁶ Si tu prends en gage le vêtement de ton prochain, tu le lui rendras avant que le soleil soit couché; ²⁷ Car c'est sa seule couverture, c'est son vêtement pour couvrir sa peau. Dans quoi coucherait-il? Et s'il arrive qu'il crie à moi, je l'entendrai, car je suis miséricordieux. ²⁸ Tu ne blasphémeras point Dieu, et tu ne maudiras point le prince de ton peuple. ²⁹ Tu ne différeras point le tribut de ce qui remplit ton grenier et de ce qui découle de ton pressoir. Tu me donneras le premier-né de tes fils. ³⁰ Tu en feras de même de ton bœuf, de tes brebis; leur premier-né sera sept jours avec sa mère, au huitième jour tu me le donneras. ³¹ Vous me serez des hommes saints, et vous ne mangerez point de chair déchirée aux champs par les bêtes sauvages, vous la jetterez aux chiens.

23

¹ Tu ne sèmeras point de faux bruit; ne prête point la main au méchant pour être faux témoin. ² Tu ne suivras point la multitude pour faire le mal; et lorsque tu témoigneras dans un procès, tu ne te détourneras point pour suivre le plus grand nombre et pervertir le droit. ³ Tu ne favoriseras point le pauvre en son procès. ⁴ Si tu rencontres le bœuf de ton ennemi, ou son âne, égaré, tu ne manqueras point de le lui ramener. ⁵ Si tu vois l'âne de celui qui te hait abattu sous son fardeau, tu te garderas de l'abandonner; tu devras le dégager avec lui. ⁶ Tu ne pervertiras point dans son procès le droit de l'indigent qui est au milieu de toi. ⁷ Tu t'éloigneras de toute parole fausse; et tu ne feras point mourir l'innocent et le juste, car je ne justifierai point le méchant. ⁸ Tu n'accepteras point de présent, car le présent aveugle les plus éclairés et perd les causes des justes. ⁹ Tu n'opprimeras point l'étranger; vous savez vous-mêmes ce qu'éprouve l'étranger, car vous avez été étrangers dans le pays d'Égypte. ¹⁰ Pendant six années tu sèmeras la terre, et tu en recueilleras le produit; ¹¹ Mais la septième, tu la mettras en jachère et la laisseras reposer; et les pauvres de ton peuple en mangeront les fruits, et les animaux des champs mangeront ce qui restera. Tu en feras de même de ta vigne, de tes oliviers. ¹² Six jours durant tu feras ton ouvrage, mais au septième jour tu te reposeras, afin que ton bœuf et ton âne se reposent, et que le fils de ta servante et l'étranger reprennent des forces. ¹³ Vous prendrez garde à tout ce que je vous ai dit. Vous ne ferez point mention du nom des dieux étrangers; on ne l'entendra point sortir de ta bouche. ¹⁴ Trois fois l'année tu me célébreras une fête. ¹⁵ Tu observeras la fête des pains sans levain (tu mangeras des pains sans levain pendant sept jours, comme je te l'ai commandé, à l'époque du mois des

épis, car en ce mois-là tu es sorti d'Égypte; et l'on ne se présentera point à vide devant ma face); [16] Et la fête de la moisson, des premiers fruits de ton travail, de ce que tu auras semé aux champs; et la fête de la récolte, à la fin de l'année, quand tu auras recueilli des champs les fruits de ton travail. [17] Trois fois l'an tous les mâles se présenteront devant le Seigneur, l'Éternel. [18] Tu n'offriras point avec du pain levé le sang de mon sacrifice; et la graisse de ma fête ne passera point la nuit jusqu'au matin. [19] Tu apporteras les prémices des premiers fruits de la terre à la maison de l'Éternel ton Dieu. Tu ne feras point cuire le chevreau dans le lait de sa mère. [20] Voici, j'envoie un ange devant toi, pour te garder dans le chemin, et pour t'introduire au lieu que j'ai préparé. [21] Prends garde à toi en sa présence, et écoute sa voix, ne lui sois point rebelle; car il ne pardonnera point votre péché, parce que mon nom est en lui. [22] Mais si tu écoutes attentivement sa voix, et si tu fais tout ce que je dirai, je serai l'ennemi de tes ennemis et l'adversaire de tes adversaires; [23] Car mon ange marchera devant toi, et t'introduira au pays des Amoréens, des Héthiens, des Phéréziens, des Cananéens, des Héviens, et des Jébusiens, et je les exterminerai. [24] Tu ne te prosterneras point devant leurs dieux, et tu ne les serviras point, et tu n'imiteras point leurs œuvres; mais tu les détruiras complètement, et tu briseras entièrement leurs statues. [25] Vous servirez l'Éternel votre Dieu, et il bénira ton pain et tes eaux, et j'ôterai la maladie du milieu de toi. [26] Il n'y aura point en ton pays de femelle qui avorte, ou qui soit stérile. J'accomplirai le nombre de tes jours. [27] J'enverrai ma frayeur devant toi, et je mettrai en déroute tout peuple chez lequel tu arriveras, et je ferai tourner le dos à tous tes ennemis devant toi. [28] Et j'enverrai les frelons devant toi, et ils chasseront les Héviens, les Cananéens, et les Héthiens de devant ta face. [29] Je ne les chasserai point de devant toi dans une année, de peur que le pays ne devienne un désert, et que les bêtes des champs ne se multiplient contre toi; [30] Je les chasserai peu à peu de devant toi, jusqu'à ce que tu croisses en nombre, et que tu te mettes en possession du pays. [31] Et je poserai tes limites depuis la mer Rouge jusqu'à la mer des Philistins, et depuis le désert jusqu'au fleuve; car je livrerai entre vos mains les habitants du pays, et tu les chasseras devant toi. [32] Tu ne traiteras point alliance avec eux, ni avec leurs dieux. [33] Ils n'habiteront point dans ton pays, de peur qu'ils ne te fassent pécher contre moi; car tu servirais leurs dieux, et cela te serait un piège.

24

[1] Et Dieu dit à Moïse: Monte vers l'Éternel, toi et Aaron, Nadab et Abihu, et soixante et dix des anciens d'Israël, et vous vous prosternerez de loin. [2] Et Moïse s'approchera seul de l'Éternel; mais eux ne s'en approcheront point, et le peuple ne montera point avec lui. [3] Alors Moïse vint, et rapporta au peuple toutes les paroles de l'Éternel et toutes les lois. Et tout le peuple répondit d'une seule voix, et dit: Nous ferons toutes les choses que l'Éternel a dites. [4] Et Moïse écrivit toutes les paroles de l'Éternel, et il se leva de bon matin, et bâtit un autel au bas de la montagne, et dressa douze colonnes pour les douze tribus d'Israël. [5] Et il envoya les jeunes gens des enfants d'Israël, qui offrirent des holocaustes, et sacrifièrent des sacrifices de prospérité à l'Éternel, savoir de jeunes taureaux. [6] Et Moïse prit la moitié du sang, et le mit dans les bassins, et il répandit l'autre moitié sur l'autel. [7] Puis il prit le livre de l'alliance, et il le lut au peuple qui l'écoutait et qui dit: Nous ferons tout ce que l'Éternel a dit, et nous obéirons. [8] Moïse prit donc le sang, et le répandit sur le peuple, et dit: Voici le sang de l'alliance que l'Éternel a traitée avec vous selon toutes ces paroles. [9] Et Moïse et Aaron, Nadab et Abihu, et soixante et dix des anciens d'Israël montèrent, [10] Et ils virent le Dieu d'Israël; et sous ses pieds il y avait comme un ouvrage de saphir transparent, pareil aux cieux mêmes en éclat. [11] Et il n'étendit point sa main sur ceux qui avaient été choisis d'entre les enfants d'Israël; mais ils virent Dieu, et ils mangèrent et

burent. ¹² Et l'Éternel dit à Moïse: Monte vers moi sur la montagne, et demeure là, et je te donnerai des tables de pierre, et la loi et les commandements que j'ai écrits pour les instruire. ¹³ Alors Moïse se leva avec Josué qui le servait; et Moïse monta sur la montagne de Dieu. ¹⁴ Et il dit aux anciens: Attendez-nous ici jusqu'à ce que nous revenions vers vous; et voici, Aaron et Hur sont avec vous; quiconque aura quelque affaire, s'adressera à eux. ¹⁵ Moïse monta donc sur la montagne, et la nuée couvrit la montagne. ¹⁶ Et la gloire de l'Éternel demeura sur le mont Sinaï, et la nuée le couvrit pendant six jours, et au septième jour il appela Moïse du milieu de la nuée. ¹⁷ Et l'aspect de la gloire de l'Éternel était comme un feu dévorant, au sommet de la montagne, aux yeux des enfants d'Israël. ¹⁸ Et Moïse entra au milieu de la nuée et monta sur la montagne; et Moïse fut sur la montagne quarante jours et quarante nuits.

25

¹ Et l'Éternel parla à Moïse, en disant: ² Parle aux enfants d'Israël, et qu'ils prennent une offrande pour moi. Vous recevrez mon offrande de tout homme que son cœur y disposera. ³ Et voici l'offrande que vous recevrez d'eux: de l'or, de l'argent et de l'airain, ⁴ De la pourpre, de l'écarlate, du cramoisi, du fin lin, du poil de chèvre, ⁵ Des peaux de bélier teintes en rouge, et des peaux de couleur d'hyacinthe, du bois de Sittim, ⁶ De l'huile pour le luminaire, des aromates pour l'huile de l'onction, et pour le parfum aromatique, ⁷ Des pierres d'onyx et des pierres d'enchâssure pour l'éphod et pour le pectoral. ⁸ Et ils me feront un sanctuaire, et j'habiterai au milieu d'eux; ⁹ Vous le ferez exactement semblable au modèle de la Demeure et au modèle de tous ses ustensiles, que je vais te montrer. ¹⁰ Ils feront donc une arche de bois de Sittim; sa longueur sera de deux coudées et demie, sa largeur d'une coudée et demie, et sa hauteur d'une coudée et demie. ¹¹ Tu la couvriras d'or pur; tu la couvriras par dedans et par dehors, et tu mettras dessus un couronnement d'or tout autour. ¹² Et tu fondras quatre anneaux d'or que tu mettras à ses quatre coins: deux anneaux d'un côté, et deux anneaux de l'autre côté. ¹³ Tu feras aussi des barres de bois de Sittim, et tu les couvriras d'or. ¹⁴ Et tu feras entrer les barres dans les anneaux, aux côtés de l'arche, pour porter l'arche au moyen des barres. ¹⁵ Les barres seront dans les anneaux de l'arche; on ne les en retirera point. ¹⁶ Et tu mettras dans l'arche le Témoignage que je te donnerai. ¹⁷ Tu feras aussi un propitiatoire d'or pur, dont la longueur sera de deux coudées et demie, et la largeur d'une coudée et demie. ¹⁸ Et tu feras deux chérubins d'or; tu les feras au marteau, aux deux bouts du propitiatoire. ¹⁹ Fais donc un chérubin à ce bout, et un chérubin à l'autre bout. Vous ferez les chérubins sortant du propitiatoire à ses deux bouts. ²⁰ Et les chérubins étendront les ailes en haut, couvrant de leurs ailes le propitiatoire, et leurs faces seront vis-à-vis l'une de l'autre. La face des chérubins sera dirigée vers le propitiatoire. ²¹ Et tu poseras le propitiatoire en haut sur l'arche, et tu mettras dans l'arche le Témoignage que je te donnerai. ²² Et je me rencontrerai là avec toi, et je te dirai, de dessus le propitiatoire, d'entre les deux chérubins qui seront sur l'arche du Témoignage, tout ce que je te commanderai pour les enfants d'Israël. ²³ Tu feras aussi une table de bois de Sittim; sa longueur sera de deux coudées, sa largeur d'une coudée, et sa hauteur d'une coudée et demie. ²⁴ Tu la couvriras d'or pur, et tu lui feras un couronnement d'or tout autour. ²⁵ Tu lui feras aussi, à l'entour, un rebord de quatre doigts, et tu feras à ce rebord un couronnement d'or tout autour. ²⁶ Tu lui feras aussi quatre anneaux d'or, et tu mettras les anneaux aux quatre coins qui seront à ses quatre pieds. ²⁷ Les anneaux seront près du rebord, afin d'y mettre des barres, pour porter la table. ²⁸ Tu feras les barres de bois de Sittim, et tu les couvriras d'or, et on portera la table avec elles. ²⁹ Tu feras aussi ses plats, ses tasses, ses vases et ses coupes, avec lesquels on fera les libations; tu les feras d'or pur. ³⁰ Et tu mettras sur

la table du pain de proposition qui sera continuellement devant moi. [31] Tu feras aussi un chandelier d'or pur. Le chandelier, son pied et sa tige seront faits au marteau; ses calices, ses pommes et ses fleurs en seront tirés. [32] Il sortira six branches de ses côtés: trois branches du chandelier d'un côté, et trois branches du chandelier de l'autre côté. [33] Il y aura trois calices en forme d'amande, à une branche, avec pomme et fleur; et trois calices en forme d'amande à l'autre branche, avec pomme et fleur. Il en sera de même pour les six branches sortant du chandelier. [34] Il y aura au chandelier même quatre calices en forme d'amande, et ses pommes et ses fleurs: [35] Une pomme sous les deux branches qui en sortent, une autre pomme sous les deux autres branches, et encore une pomme sous les deux autres branches qui en sortent, pour les six branches sortant du chandelier. [36] Ses pommes et ses branches en seront tirées; il sera tout entier d'une seule pièce au marteau, en or pur. [37] Tu feras aussi ses sept lampes; et l'on allumera ses lampes, de manière qu'elles éclairent en avant du chandelier. [38] Et ses mouchettes, et ses porte-mouchettes seront d'or pur. [39] On fera ce chandelier, avec tous ses ustensiles, d'un talent d'or pur. [40] Regarde donc, et fais-les d'après leur modèle, qui t'a été montré sur la montagne.

26

[1] Et tu feras la Demeure de dix tentures de fin lin retors, de pourpre, d'écarlate, et de cramoisi, avec des chérubins que tu feras en ouvrage d'art. [2] La longueur d'une tenture sera de vingt-huit coudées, et la largeur de la même tenture de quatre coudées; toutes les tentures auront une même mesure. [3] Cinq tentures seront jointes l'une à l'autre, et les cinq autres tentures seront aussi jointes l'une à l'autre. [4] Tu feras aussi des lacets de pourpre sur le bord de la première tenture, au bout de l'assemblage; et tu feras de même au bord de la dernière tenture, dans le second assemblage. [5] Tu feras cinquante lacets à la première tenture, et tu feras cinquante lacets au bout de la tenture qui sera dans le second assemblage. Les lacets seront en face l'un de l'autre. [6] Tu feras cinquante crochets d'or, et tu joindras les tentures l'une à l'autre avec les crochets, pour que la Demeure forme un seul tout. [7] Tu feras aussi des tentures de poil de chèvre, pour servir de tabernacle sur la Demeure. Tu feras onze de ces tentures. [8] La longueur d'une tenture sera de trente coudées, et la largeur de la même tenture de quatre coudées; les onze tentures auront une même mesure. [9] Et tu joindras cinq de ces tentures à part, et les six autres tentures à part; mais tu redoubleras la sixième tenture sur le devant du tabernacle. [10] Tu feras aussi cinquante lacets sur le bord de la première tenture, la dernière de l'assemblage, et cinquante lacets sur le bord de la tenture du second assemblage. [11] Tu feras aussi cinquante crochets d'airain, et tu feras entrer les crochets dans les lacets, et tu assembleras ainsi le tabernacle, pour qu'il forme un seul tout. [12] Mais le surplus qui flottera des tentures du tabernacle, savoir la moitié de la tenture qui sera de reste, flottera sur le derrière de la Demeure. [13] Et la coudée d'un côté, et la coudée de l'autre, de ce qui sera de reste dans la longueur des tentures du tabernacle, sera flottant sur les flancs de la Demeure, d'un côté et de l'autre, pour la couvrir. [14] Tu feras aussi pour le tabernacle une couverture de peaux de bélier teintes en rouge, et une couverture de peaux de couleur d'hyacinthe par-dessus. [15] Et tu feras pour la Demeure des planches en bois de Sittim, qu'on fera tenir debout. [16] La longueur d'une planche sera de dix coudées, et la largeur de la même planche d'une coudée et demie. [17] Il y aura deux tenons à chaque planche, parallèles l'un à l'autre; tu feras de même pour toutes les planches de la Demeure. [18] Tu feras donc les planches pour la Demeure: vingt planches du côté du Sud, vers le Midi. [19] Et sous les vingt planches tu feras quarante soubassements d'argent: deux soubassements sous une planche, pour ses deux tenons, et deux soubassements sous une autre planche, pour ses deux tenons.

²⁰ Et tu feras vingt planches pour l'autre côté de la Demeure, du côté du Nord, ²¹ Et leurs quarante soubassements d'argent; deux soubassements sous une planche, et deux soubassements sous une autre planche. ²² Tu feras six planches pour le fond de la Demeure vers l'Occident. ²³ Tu feras aussi deux planches pour les angles de la Demeure, au fond. ²⁴ Elles seront doubles par le bas, mais en même temps elles seront pleines par le haut jusqu'au premier anneau; il en sera ainsi pour toutes les deux; elles seront pour les deux angles. ²⁵ Il y aura donc huit planches et leurs seize soubassements d'argent; deux soubassements sous une planche, et deux soubassements sous une autre planche. ²⁶ Tu feras aussi cinq traverses de bois de Sittim, pour les planches d'un côté de la Demeure; ²⁷ Et cinq traverses pour les planches de l'autre côté de la Demeure; et cinq autres traverses pour les planches du côté de la Demeure formant le fond, vers l'Occident. ²⁸ Et la traverse du milieu, qui sera au milieu des planches, ira d'un bout à l'autre. ²⁹ Tu couvriras d'or les planches et tu feras leurs anneaux d'or, pour y mettre les traverses; et tu couvriras d'or les traverses. ³⁰ Tu dresseras donc la Demeure selon la forme qui t'en a été montrée sur la montagne. ³¹ Et tu feras un voile de pourpre, d'écarlate, de cramoisi et de fin lin retors; on le fera en ouvrage d'art, avec des chérubins. ³² Et tu le mettras sur quatre colonnes de bois de Sittim couvertes d'or; leurs clous seront en or; elles reposeront sur quatre soubassements d'argent. ³³ Et tu mettras le voile sous les crochets des tentures; et là, en dedans du voile, tu feras entrer l'arche du Témoignage; et le voile séparera pour vous le lieu saint d'avec le lieu très-saint. ³⁴ Et tu poseras le propitiatoire sur l'arche du Témoignage dans le lieu très-saint. ³⁵ Et tu mettras la table en dehors du voile, et le chandelier vis-à-vis de la table, du côté de la Demeure qui sera vers le Midi; et tu placeras la table du côté du Nord. ³⁶ Et pour l'entrée du tabernacle tu feras une tapisserie de pourpre, d'écarlate, de cramoisi et de fin lin retors, en ouvrage de broderie. ³⁷ Et tu feras pour cette tapisserie cinq colonnes de bois de Sittim, que tu couvriras d'or; leurs clous seront en or; et tu leur fondras cinq soubassements d'airain.

27

¹ Tu feras aussi l'autel en bois de Sittim, cinq coudées de long, et cinq coudées de large; l'autel sera carré, et sa hauteur sera de trois coudées. ² Et tu feras à ses quatre coins des cornes qui sortiront de l'autel; et tu le couvriras d'airain. ³ Tu feras ses chaudrons pour ôter ses cendres, et ses pelles, et ses coupes, et ses fourchettes, et ses encensoirs; et tu feras tous ses ustensiles en airain. ⁴ Tu lui feras une grille en treillis d'airain, et tu feras au treillis quatre anneaux d'airain, à ses quatre coins. ⁵ Et tu le mettras sous la corniche de l'autel, depuis le bas, et le treillis s'élèvera jusqu'au milieu de l'autel. ⁶ Tu feras aussi des barres pour l'autel, des barres de bois de Sittim, et tu les couvriras d'airain. ⁷ Et on fera entrer les barres dans les anneaux; et les barres seront aux deux côtés de l'autel, quand on le portera. ⁸ Tu le feras creux, en planches; on le fera tel qu'il t'a été montré sur la montagne. ⁹ Tu feras aussi le parvis de la Demeure. Pour le côté du Sud, vers le Midi, il y aura pour le parvis des tentures en fin lin retors, de cent coudées de long pour un côté; ¹⁰ Et vingt colonnes et leurs vingt soubassements d'airain; les clous des colonnes et leurs tringles, en argent. ¹¹ Et de même, pour le côté du Nord, il y aura dans la longueur, cent coudées de tentures, et vingt colonnes et leurs vingt soubassements d'airain; les clous des colonnes et leurs tringles, en argent. ¹² La largeur du parvis, du côté de l'Occident, sera de cinquante coudées de tentures, qui auront dix colonnes et leurs dix soubassements. ¹³ Et la largeur du parvis, du côté de devant, vers l'Orient, sera de cinquante coudées: ¹⁴ A l'un des côtés, il y aura quinze coudées de tentures, avec leurs trois colonnes et leurs trois soubassements; ¹⁵ Et à l'autre côté, quinze coudées de tentures, leurs trois colonnes et leurs trois soubassements. ¹⁶ Il y aura aussi, pour la porte du parvis, une tapisserie de vingt coudées, en pourpre, écarlate,

cramoisi et fin lin retors, en ouvrage de broderie, leurs quatre colonnes et leurs quatre soubassements. [17] Toutes les colonnes autour du parvis seront jointes par des tringles d'argent; leurs clous seront d'argent, et leurs soubassements d'airain. [18] La longueur du parvis sera de cent coudées; la largeur, de cinquante de chaque côté, et la hauteur, de cinq coudées; il sera de fin lin retors, et les soubassements seront d'airain. [19] Quant à tous les ustensiles de la Demeure, pour tout son service, et tous ses pieux, et tous les pieux du parvis, ils seront d'airain. [20] Et tu commanderas aux enfants d'Israël qu'ils t'apportent de l'huile pure d'olives broyées, pour le luminaire, afin de tenir la lampe continuellement allumée. [21] Dans le tabernacle d'assignation, en dehors du voile qui est devant le Témoignage, Aaron avec ses fils l'arrangera, pour luire en la présence de l'Éternel, depuis le soir jusqu'au matin. Ce sera pour leurs générations une ordonnance perpétuelle, qui sera observée par les enfants d'Israël.

28

[1] Fais aussi approcher de toi, d'entre les enfants d'Israël, Aaron ton frère, avec ses fils, pour exercer devant moi la sacrificature: Aaron, Nadab et Abihu, Éléazar et Ithamar, fils d'Aaron. [2] Et tu feras à Aaron, ton frère, des vêtements sacrés, pour sa gloire et pour son ornement. [3] Et tu parleras à tous ceux qui sont intelligents, que j'ai remplis d'un esprit de sagesse, et ils feront les vêtements d'Aaron pour le consacrer, pour qu'il exerce la sacrificature devant moi. [4] Et voici les vêtements qu'ils feront: Le pectoral, l'éphod, la robe, la tunique brodée, la tiare et la ceinture. Ils feront donc des vêtements sacrés à Aaron, ton frère, et à ses fils, pour qu'ils exercent devant moi la sacrificature. [5] Et ils prendront de l'or, de la pourpre, de l'écarlate, du cramoisi et du fin lin. [6] Et ils feront l'éphod d'or, de pourpre, d'écarlate, de cramoisi et de fin lin retors, en ouvrage d'art. [7] Il y aura à ses deux extrémités deux épaulettes qui se joindront; et c'est ainsi qu'il sera joint. [8] La ceinture pour l'attacher, qui se mettra par-dessus, sera du même ouvrage et de la même pièce; elle sera d'or, de pourpre, d'écarlate et de fin lin retors. [9] Et tu prendras deux pierres d'onyx, et tu graveras sur elles les noms des enfants d'Israël: [10] Six de leurs noms sur une pierre, et les six autres noms sur la seconde pierre, d'après l'ordre de leurs naissances. [11] Tu graveras sur les deux pierres, en travail de lapidaire, en gravure de cachet, les noms des enfants d'Israël; tu les enchâsseras dans des chatons d'or. [12] Et tu mettras les deux pierres sur les épaulettes de l'éphod, comme des pierres de mémorial pour les enfants d'Israël; et Aaron portera leurs noms devant l'Éternel, sur ses deux épaules, en mémorial. [13] Tu feras aussi des agrafes d'or, [14] Et deux chaînettes d'or pur, que tu tresseras en forme de cordons, et tu mettras dans les agrafes les chaînettes ainsi tressées. [15] Tu feras aussi le pectoral du jugement en ouvrage d'art; tu le feras comme l'ouvrage de l'éphod; tu le feras d'or, de pourpre, d'écarlate, de cramoisi et de fin lin retors. [16] Il sera carré et double; sa longueur sera d'un empan, et sa largeur d'un empan. [17] Et tu le garniras d'une garniture de pierreries à quatre rangs de pierres: au premier rang, une sardoine, une topaze et une émeraude; [18] Au second rang une escarboucle, un saphir et une calcédoine; [19] Au troisième rang, une opale, une agate et une améthyste; [20] Et au quatrième rang, un chrysolithe, un onyx et un jaspe. Ces pierres seront enchâssées dans de l'or, dans leurs garnitures. [21] Et les pierres, selon les noms des enfants d'Israël, seront au nombre de douze, d'après leurs noms; elles seront pour les douze tribus, chacune d'après son nom, en gravure de cachet. [22] Tu feras aussi, sur le pectoral, des chaînettes, tressées en forme de cordons, en or pur. [23] Puis tu feras sur le pectoral deux anneaux d'or; et tu mettras les deux anneaux aux deux extrémités du pectoral. [24] Et tu mettras les deux cordons d'or aux deux anneaux, aux extrémités du pectoral. [25] Et tu mettras les deux bouts des deux cordons aux deux agrafes; et tu les mettras sur les épaulettes de

l'éphod sur le devant. ²⁶ Tu feras aussi deux autres anneaux d'or, et tu les mettras sur les deux autres extrémités du pectoral, sur le bord qui sera du côté de l'éphod, en dedans. ²⁷ Et tu feras deux autres anneaux d'or, et tu les mettras aux deux épaulettes de l'éphod par le bas, sur le devant, à côté de l'endroit où il se joint, au-dessus de la ceinture de l'éphod. ²⁸ Et on attachera le pectoral par ses anneaux aux anneaux de l'éphod, avec un cordon de pourpre, afin qu'il tienne sur la ceinture de l'éphod, et que le pectoral ne se détache pas de l'éphod. ²⁹ Ainsi Aaron portera les noms des enfants d'Israël, au pectoral du jugement, sur son cœur, quand il entrera dans le lieu saint, pour servir continuellement de mémorial devant l'Éternel. ³⁰ Et tu mettras sur le pectoral du jugement l'Urim et le Thummim, et ils seront sur le cœur d'Aaron quand il entrera devant l'Éternel; et Aaron portera le jugement des enfants d'Israël sur son cœur, devant l'Éternel, continuellement. ³¹ Tu feras aussi la robe de l'éphod, entièrement de pourpre. ³² Et l'ouverture pour passer la tête sera au milieu; il y aura une bordure à son ouverture tout autour, d'ouvrage tissé, comme l'ouverture d'une cotte d'armes, afin qu'elle ne se déchire pas. ³³ Et tu mettras à ses bords des grenades de pourpre, d'écarlate, et de cramoisi, à ses bords, tout autour; et des clochettes d'or entremêlées, tout autour: ³⁴ Une clochette d'or et une grenade, une clochette d'or et une grenade, aux bords de la robe, tout autour. ³⁵ Or, Aaron en sera revêtu pour faire le service; et on en entendra le son, quand il entrera dans le lieu saint devant l'Éternel, et quand il en sortira; et il ne mourra point. ³⁶ Tu feras aussi une lame d'or pur, sur laquelle tu graveras, en gravure de cachet: SAINTETÉ A L'ÉTERNEL. ³⁷ Tu la mettras sur un cordon de pourpre; elle sera sur la tiare, sur le devant de la tiare; ³⁸ Et elle sera sur le front d'Aaron; et Aaron portera les iniquités que les enfants d'Israël auront commises dans les saintes oblations qu'ils offriront, dans toutes leurs saintes offrandes; et elle sera sur son front continuellement, pour les rendre agréables devant l'Éternel. ³⁹ Tu feras aussi la tunique en tissu de fin lin, et tu feras une tiare de fin lin; mais tu feras la ceinture en ouvrage de broderie. ⁴⁰ Tu feras aussi pour les fils d'Aaron des tuniques, des ceintures et des mitres pour leur gloire et pour leur ornement. ⁴¹ Et tu en revêtiras Aaron, ton frère, et ses fils avec lui; tu les oindras, tu les installeras, et tu les consacreras, afin qu'ils exercent la sacrificature devant moi. ⁴² Fais-leur aussi des caleçons de lin, pour couvrir leur nudité; qu'ils tiennent depuis les reins jusqu'aux cuisses. ⁴³ Et Aaron et ses fils en seront revêtus quand ils entreront dans le tabernacle d'assignation, ou quand ils approcheront de l'autel, pour faire le service dans le lieu saint, et ils ne seront point coupables, et ne mourront point. C'est une ordonnance perpétuelle pour lui et pour sa postérité après lui.

29

¹ Et voici ce que tu leur feras pour les consacrer, pour qu'ils exercent devant moi la sacrificature. Prends un jeune taureau, et deux béliers sans défaut, ² Et des pains sans levain, et des gâteaux sans levain pétris à l'huile, et des beignets sans levain, oints d'huile; tu les feras de fine farine de froment. ³ Tu les mettras sur une corbeille, et tu les présenteras dans la corbeille; tu présenteras aussi le jeune taureau et les deux béliers. ⁴ Alors tu feras approcher Aaron et ses fils à l'entrée du tabernacle d'assignation, et tu les laveras avec de l'eau. ⁵ Puis tu prendras les vêtements, et tu revêtiras Aaron de la tunique, de la robe de l'éphod, de l'éphod et du pectoral, et tu le ceindras de la ceinture de l'éphod. ⁶ Et tu mettras la tiare sur sa tête, et tu placeras la couronne de sainteté sur la tiare. ⁷ Et tu prendras l'huile de l'onction; tu la répandras sur sa tête, et tu l'oindras. ⁸ Tu feras approcher ses fils, et tu les revêtiras de tuniques. ⁹ Et tu ceindras de ceintures Aaron et ses fils, et tu leur attacheras des mitres, et la sacrificature leur appartiendra par ordonnance perpétuelle. C'est ainsi que tu installeras Aaron et ses fils. ¹⁰ Ensuite

tu feras approcher le jeune taureau devant le tabernacle d'assignation, et Aaron et ses fils appuieront leurs mains sur la tête de ce taureau. [11] Et tu égorgeras le taureau devant l'Éternel, à l'entrée du tabernacle d'assignation. [12] Puis tu prendras du sang du taureau, et tu en mettras avec ton doigt sur les cornes de l'autel; et tu répandras tout le sang au pied de l'autel. [13] Tu prendras aussi toute la graisse qui couvre les entrailles, la membrane qui recouvre le foie, les deux rognons et la graisse qui est dessus, et tu les feras fumer sur l'autel. [14] Mais tu brûleras au feu la chair du taureau, sa peau et ses excréments, hors du camp; c'est un sacrifice pour le péché. [15] Tu prendras aussi l'un des béliers, et Aaron et ses fils appuieront leurs mains sur la tête du bélier. [16] Et tu égorgeras le bélier, et tu prendras son sang, et tu le répandras sur l'autel tout autour. [17] Puis tu couperas le bélier en morceaux, et tu laveras ses entrailles et ses jambes, et tu les mettras sur ses morceaux et sur sa tête; [18] Et tu feras fumer tout le bélier sur l'autel; c'est un holocauste à l'Éternel, c'est une agréable odeur, un sacrifice fait par le feu à l'Éternel. [19] Puis tu prendras le second bélier, et Aaron et ses fils appuieront leurs mains sur la tête du bélier, [20] Et tu égorgeras le bélier, et tu prendras de son sang; tu en mettras sur le bout de l'oreille droite d'Aaron, sur le bout de l'oreille droite de ses fils, sur le pouce de leur main droite et sur le gros orteil de leur pied droit, et tu répandras le reste du sang sur l'autel tout autour. [21] Et tu prendras du sang qui sera sur l'autel, et de l'huile de l'onction, et tu en feras aspersion sur Aaron et sur ses vêtements, sur ses fils et sur les vêtements de ses fils avec lui. Ainsi il sera consacré, lui et ses vêtements, et ses fils, et les vêtements de ses fils avec lui. [22] Tu prendras aussi la graisse du bélier, la queue, la graisse qui couvre les entrailles, la membrane qui recouvre le foie, les deux rognons, la graisse qui est dessus, et la jambe droite, car c'est un bélier d'installation. [23] Tu prendras aussi une miche de pain, un gâteau de pain à l'huile, et un beignet, de la corbeille des pains sans levain, qui sera devant l'Éternel. [24] Et tu mettras toutes ces choses sur les paumes des mains d'Aaron, et sur les paumes des mains de ses fils, et tu les agiteras en offrande devant l'Éternel. [25] Puis tu les prendras de leurs mains, et tu les feras fumer sur l'autel, sur l'holocauste, en agréable odeur devant l'Éternel; c'est un sacrifice fait par le feu à l'Éternel. [26] Tu prendras aussi la poitrine du bélier de l'installation, qui est pour Aaron, et tu l'agiteras en offrande devant l'Éternel, et ce sera ta part. [27] Tu consacreras donc la poitrine de l'offrande agitée, et la jambe de l'offrande élevée, tout ce qui aura été agité et ce qui aura été élevé du bélier de l'installation, de ce qui est pour Aaron, et de ce qui est pour ses fils. [28] Et ce sera pour Aaron et pour ses fils, par ordonnance perpétuelle, de la part des enfants d'Israël; car c'est une offrande élevée. Ce sera une offrande élevée, de la part des enfants d'Israël, dans leurs sacrifices de prospérités; leur offrande élevée sera à l'Éternel. [29] Et les vêtements sacrés d'Aaron seront à ses enfants après lui, afin qu'ils soient oints et installés dans ces vêtements. [30] Celui de ses fils qui sera sacrificateur à sa place, et qui viendra au tabernacle d'assignation pour faire le service dans le lieu saint, en sera revêtu pendant sept jours. [31] Puis tu prendras le bélier de l'installation, et tu feras bouillir sa chair dans un lieu saint. [32] Et Aaron et ses fils mangeront, à l'entrée du tabernacle d'assignation, la chair du bélier, et le pain qui sera dans la corbeille. [33] Ils mangeront donc ces choses, par lesquelles l'expiation aura été faite pour les installer, pour les consacrer; mais un étranger n'en mangera point, car elles sont consacrées. [34] S'il reste de la chair de l'installation et du pain jusqu'au lendemain, tu brûleras ce reste au feu. On n'en mangera point; c'est une chose consacrée. [35] Tu feras donc ainsi pour Aaron et pour ses fils, selon tout ce que je t'ai commandé; tu les installeras pendant sept jours. [36] Tu sacrifieras pour le péché, chaque jour, un jeune taureau, pour faire l'expiation; et tu offriras pour l'autel un sacrifice pour le péché, en faisant expiation pour lui, et tu l'oindras pour le consacrer. [37] Pendant sept jours tu feras expiation pour l'autel, et tu le consacreras, et l'autel sera une chose très sainte; tout ce qui touchera l'autel sera consacré. [38] Et voici ce que tu offriras sur l'autel: deux agneaux d'un an, chaque jour, continuellement. [39] Tu offriras l'un des agneaux le matin; et le second, tu l'offriras entre les deux soirs, [40] Avec un dixième de fine farine, pétri dans le quart d'un hin d'huile vierge, et une libation d'un quart de hin de vin, pour le premier agneau. [41] Et tu offriras le second agneau entre les deux soirs; tu y feras la même oblation que le matin, et la même libation, en agréable odeur, en sacrifice fait par le feu à l'Éternel. [42] C'est un holocauste que vous offrirez continuellement, dans vos générations, à l'entrée du tabernacle d'assignation devant l'Éternel, où je me trouverai avec vous pour te parler. [43] Je me trouverai donc là avec les enfants d'Israël, et ce lieu sera consacré par ma gloire. Je consacrerai donc le tabernacle d'assignation et l'autel. [44] Je consacrerai aussi Aaron et ses fils, pour exercer la sacrificature devant moi. [45] Et je demeurerai au milieu des enfants d'Israël, et je serai leur Dieu. [46] Et ils sauront que je suis l'Éternel leur Dieu, qui les ai fait sortir du pays d'Égypte, pour demeurer au milieu d'eux. Je suis l'Éternel, leur Dieu.

30

[1] Tu feras aussi un autel pour y faire fumer le parfum, tu le feras de bois de Sittim. [2] Sa longueur sera d'une coudée, sa largeur d'une coudée; il sera carré; mais sa hauteur sera de deux coudées. L'autel aura des cornes qui en sortiront. [3] Tu le couvriras d'or pur, le dessus, les côtés tout autour et les cornes; et tu lui feras un couronnement d'or tout autour. [4] Tu lui feras aussi deux anneaux d'or au-dessous de son couronnement, à ses deux côtés. Tu les mettras aux deux côtés, et ce sera pour recevoir les barres qui serviront à le porter. [5] Tu feras les barres de bois de Sittim, et tu les couvriras d'or. [6] Et tu mettras l'autel au-devant du voile, qui est devant l'arche du Témoignage, en face du propitiatoire qui est sur le Témoignage, où je me trouverai avec toi. [7] Et Aaron y fera fumer un parfum d'aromates; chaque matin, quand il préparera les lampes, il fera fumer le parfum. [8] Et quand Aaron allumera les lampes, entre les deux soirs, il le fera aussi fumer; c'est un parfum qu'on brûlera continuellement devant l'Éternel dans vos générations. [9] Vous n'offrirez sur cet autel aucun parfum étranger, ni holocauste, ni offrande, et vous n'y ferez aucune libation. [10] Mais Aaron fera expiation sur les cornes de cet autel, une fois l'an. Avec le sang du sacrifice expiatoire pour le péché, il y fera expiation, une fois l'an, dans vos générations. Ce sera une chose très sainte et consacrée à l'Éternel. [11] L'Éternel parla aussi à Moïse, en disant: [12] Quand tu feras le compte des enfants d'Israël, selon leurs recensements, chacun d'eux fera un don à l'Éternel, pour racheter sa personne, lorsqu'on en fera le dénombrement; et ils ne seront frappés d'aucune plaie lorsqu'on les dénombrera. [13] Tous ceux qui passeront par le dénombrement, donneront un demi-sicle, selon le sicle du sanctuaire, qui est de vingt oboles; un demi-sicle sera donc l'offrande à l'Éternel. [14] Tous ceux qui passeront par le dénombrement, depuis vingt ans et au-dessus, donneront l'offrande de l'Éternel. [15] Le riche n'augmentera rien, et le pauvre ne diminuera rien du demi-sicle, en donnant l'offrande de l'Éternel, pour faire la propitiation pour vos personnes. [16] Tu prendras donc des enfants d'Israël l'argent des propitiations, et tu l'appliqueras au service du tabernacle d'assignation; et il sera pour les enfants d'Israël en mémorial devant l'Éternel, pour faire la propitiation de vos personnes. [17] L'Éternel parla encore à Moïse, en disant: [18] Tu feras aussi une cuve d'airain, avec sa base d'airain, pour s'y laver; tu la mettras entre le tabernacle d'assignation et l'autel, et tu y mettras de l'eau. [19] Et Aaron et ses fils en laveront leurs mains et leurs pieds. [20] Quand ils entreront au tabernacle

d'assignation, ils se laveront avec de l'eau, afin qu'ils ne meurent pas, ou quand ils approcheront de l'autel pour faire le service, pour faire fumer le sacrifice fait par le feu à l'Éternel. 21 Ils laveront donc leurs mains et leurs pieds, afin qu'ils ne meurent pas. Ce leur sera une ordonnance perpétuelle, pour Aaron et pour sa postérité dans leurs générations. 22 L'Éternel parla aussi à Moïse, en disant: 23 Prends des aromates exquis, de la myrrhe liquide, cinq cents sicles; du cinnamome odoriférant, la moitié, c'est-à-dire, deux cent cinquante; du roseau aromatique, deux cent cinquante; 24 De la casse, cinq cents, selon le sicle du sanctuaire; et un hin d'huile d'olive; 25 Et tu en feras une huile pour l'onction sainte, un mélange odoriférant composé selon l'art du parfumeur; ce sera l'huile de l'onction sainte. 26 Et tu en oindras le tabernacle d'assignation et l'arche du Témoignage, 27 La table et tous ses ustensiles, le chandelier et ses ustensils, 28 L'autel du parfum, l'autel des holocaustes et tous ses ustensiles, et la cuve et sa base. 29 Ainsi tu les consacreras, et ils seront une chose très sainte; tout ce qui les touchera sera sacré. 30 Tu oindras aussi Aaron et ses fils, et tu les consacreras pour exercer devant moi la sacrificature. 31 Et tu parleras aux enfants d'Israël, en disant: Ceci me sera une huile d'onction sacrée dans toutes vos générations. 32 On ne la versera point sur la chair de l'homme, et vous n'en ferez point d'autre de même composition; elle est sainte, elle vous sera sainte. 33 Celui qui fera une composition semblable, et qui en mettra sur un étranger, sera retranché d'entre ses peuples. 34 L'Éternel dit aussi à Moïse: Prends des aromates, du stacte, de l'onyx et du galbanum, des aromates et de l'encens pur, en parties égales; 35 Et tu en feras un parfum, un mélange selon l'art du parfumeur, salé, pur, saint; 36 Tu en pileras bien menu une partie, et tu en mettras devant le Témoignage, dans le tabernacle d'assignation, où je me trouverai avec toi; ce vous sera une chose très sainte. 37 Quant au parfum que tu feras, vous ne vous en ferez point de même composition; ce sera pour toi une chose consacrée à l'Éternel. 38 Celui qui en fera de semblable pour en sentir l'odeur, sera retranché d'entre ses peuples.

31

1 L'Éternel parla aussi à Moïse, en disant: 2 Vois, j'ai appelé par son nom Betsaléel, fils d'Uri, fils de Hur, de la tribu de Juda; 3 Et je l'ai rempli de l'esprit de Dieu, en intelligence, en industrie et en science, et pour toutes sortes d'ouvrages; 4 Pour faire des inventions, pour travailler l'or, l'argent et l'airain, 5 Pour tailler et enchâsser des pierreries, pour tailler le bois et exécuter toutes sortes d'ouvrages. 6 Et voici, je lui ai donné pour compagnon Oholiab, fils d'Ahisamac, de la tribu de Dan; et j'ai mis de l'industrie dans le cœur de tout homme intelligent, afin qu'ils fassent tout ce que je t'ai commandé de faire: 7 Le tabernacle d'assignation, l'arche pour le Témoignage et le propitiatoire qui sera dessus, et tous les ustensiles du tabernacle; 8 La table et ses ustensiles, le chandelier d'or pur et tous ses ustensiles, l'autel du parfum, 9 L'autel de l'holocauste et tous ses ustensiles, la cuve et sa base; 10 Les vêtements du service, les vêtements sacrés pour Aaron le sacrificateur, et les vêtements de ses fils pour exercer la sacrificature; 11 L'huile de l'onction, et le parfum d'aromates pour le sanctuaire. Ils feront selon tout ce que je t'ai commandé. 12 L'Éternel parla encore à Moïse, en disant: 13 Et toi, parle aux enfants d'Israël, et dis: Seulement, vous observerez mes sabbats. Car c'est un signe entre moi et vous, dans toutes vos générations, afin qu'on sache que c'est moi, l'Éternel, qui vous sanctifie. 14 Observez donc le sabbat; car c'est pour vous un jour saint. Ceux qui le profaneront seront punis de mort; si quelqu'un fait une œuvre en ce jour, cette personne-là sera retranchée du milieu de ses peuples. 15 On travaillera pendant six jours; mais, au septième jour, ce sera le sabbat du repos, consacré à l'Éternel; quiconque fera une œuvre le jour du sabbat, sera puni de mort. 16 Ainsi les enfants

d'Israël observeront le sabbat, pour célébrer le sabbat dans toutes leurs générations, comme une alliance perpétuelle. [17] C'est un signe entre moi et les enfants d'Israël à perpétuité; car l'Éternel a fait en six jours les cieux et la terre, mais au septième jour il a cessé et s'est reposé. [18] Et quand Dieu eut achevé de parler avec Moïse, sur la montagne du Sinaï, il lui donna les deux tables du Témoignage, tables de pierre, écrites du doigt de Dieu.

32

[1] Mais le peuple, voyant que Moïse tardait à descendre de la montagne, s'assembla vers Aaron et lui dit: Viens, fais-nous des dieux qui marchent devant nous; car pour ce Moïse, cet homme qui nous a fait monter du pays d'Égypte, nous ne savons ce qui lui est arrivé. [2] Et Aaron leur répondit: En-levez les anneaux d'or qui sont aux oreilles de vos femmes, de vos fils et de vos filles, et apportez-les-moi. [3] Et tous enlevèrent les anneaux d'or qui étaient à leurs oreilles; et ils les apportèrent à Aaron, [4] Qui les prit de leur main, les travailla au ciseau, et en fit un veau de fonte. Alors ils dirent: Voici tes dieux, ô Israël, qui t'ont fait monter du pays d'Égypte. [5] Aaron, voyant cela, bâtit un autel devant lui. Puis, Aaron cria et dit: Demain il y aura fête en l'honneur de l'Éternel! [6] Ils se levèrent donc de bon matin, le lendemain, et ils offrirent des holocaustes, et ils présentèrent des sacrifices de prospérité, et le peuple s'assit pour manger et boire; puis ils se levèrent pour se divertir. [7] Alors l'Éternel dit à Moïse: Va, descends, car ton peuple, que tu as fait monter du pays d'Égypte, s'est corrompu; [8] Ils se sont bientôt détournés de la voie que je leur avais prescrite; ils se sont fait un veau de fonte, se sont prosternés devant lui, lui ont sacrifié, et ont dit: Voici tes dieux, ô Israël, qui t'ont fait monter du pays d'Égypte. [9] L'Éternel dit aussi à Moïse: J'ai regardé ce peuple, et voici, c'est un peuple au cou roide. [10] Or maintenant, laisse-moi faire; que ma colère s'enflamme contre eux, et que je les consume; mais je ferai de toi une grande nation. [11] Alors Moïse supplia l'Éternel son Dieu, et dit: Pourquoi, ô Éternel! ta colère s'enflammerait-elle contre ton peuple, que tu as fait sortir du pays d'Égypte avec une grande puissance et par une main forte? [12] Pourquoi les Égyptiens diraient-ils: Il les a fait sortir pour leur malheur, pour les tuer dans les montagnes, et pour les consumer de dessus la terre? Reviens de l'ardeur de ta colère, et te repens du mal que tu veux faire à ton peuple. [13] Souviens-toi d'Abraham, d'Isaac et d'Israël, tes serviteurs, auxquels tu as juré par toi-même, en leur disant: Je multiplierai votre postérité comme les étoiles des cieux, et je donnerai à votre postérité tout ce pays dont j'ai parlé, et ils le posséderont à jamais. [14] Et l'Éternel se repentit du mal qu'il avait dit qu'il ferait à son peuple. [15] Alors Moïse retourna et descendit de la montagne, les deux tables du Témoignage en sa main, les tables écrites des deux côtés; elles étaient écrites sur l'une et l'autre face. [16] Et les tables étaient l'ouvrage de Dieu; l'écriture aussi était l'écriture de Dieu, gravée sur les tables. [17] Or Josué entendit la voix du peuple qui poussait des cris, et il dit à Moïse: Il y a un bruit de bataille dans le camp. [18] Et Moïse dit: Ce n'est ni un bruit de cris de victoire, ni un bruit de cris de défaite; j'entends un bruit de chants. [19] Et lorsqu'il fut près du camp, il vit le veau et les danses. Alors la colère de Moïse s'enflamma, et il jeta de ses mains les tables, et les brisa au pied de la montagne. [20] Puis, il prit le veau qu'ils avaient fait, le brûla au feu, et le broya jusqu'à ce qu'il fût réduit en poudre, qu'il répandit sur l'eau, et il en fit boire aux enfants d'Israël. [21] Et Moïse dit à Aaron: Que t'a fait ce peuple, que tu aies attiré sur lui un si grand péché? [22] Et Aaron répondit: Que la colère de mon seigneur ne s'enflamme point; tu sais que ce peuple est porté au mal; [23] Ils m'ont dit: Fais-nous des dieux qui marchent devant nous; car pour ce Moïse, cet homme qui nous a fait monter du pays d'Égypte, nous ne savons ce qui lui est arrivé. [24] Alors je leur ai dit: Que ceux qui ont de l'or s'en dépouillent; et ils me l'ont donné, et je l'ai jeté

au feu, et il en est sorti ce veau. [25] Or, Moïse vit que le peuple était sans frein; car Aaron l'avait laissé sans frein, objet d'opprobre parmi leurs ennemis. [26] Alors Moïse se tint à la porte du camp, et dit: A moi quiconque est pour l'Éternel! Et tous les enfants de Lévi s'assemblèrent vers lui. [27] Et il leur dit: Ainsi a dit l'Éternel, le Dieu d'Israël: Que chacun de vous mette son épée au côté. Passez et repassez, de porte en porte, dans le camp; et tuez chacun son frère, chacun son ami, et chacun son voisin. [28] Et les enfants de Lévi firent selon la parole de Moïse; et il y eut en ce jour-là environ trois mille hommes du peuple qui périrent. [29] Or Moïse avait dit: Consacrez aujourd'hui vos mains à l'Éternel, chacun de vous, même au prix de son fils ou de son frère, pour attirer aujourd'hui sur vous la bénédiction. [30] Et le lendemain Moïse dit au peuple: Vous avez commis un grand péché; mais maintenant je monterai vers l'Éternel; peut-être obtiendrai-je le pardon de votre péché. [31] Moïse retourna donc vers l'Éternel, et dit: Hélas! ce peuple a commis un grand péché, en se faisant des dieux d'or; [32] Mais maintenant, pardonne leur péché! Sinon, efface-moi de ton livre que tu as écrit. [33] Et l'Éternel répondit à Moïse: Celui qui aura péché contre moi, je l'effacerai de mon livre. [34] Et maintenant, va, conduis le peuple où je t'ai dit. Voici, mon ange ira devant toi; mais, au jour où j'exercerai la punition, je punirai sur eux leur péché. [35] Ainsi l'Éternel frappa le peuple, parce qu'il avait été l'auteur du veau qu'avait fait Aaron.

33

[1] Et l'Éternel dit à Moïse: Va, monte d'ici, toi et le peuple que tu as fait monter du pays d'Égypte, vers le pays que j'ai juré de donner à Abraham, à Isaac, et à Jacob, en disant: Je le donnerai à ta postérité. [2] Et j'enverrai un ange devant toi, et je chasserai les Cananéens, les Amoréens, les Héthiens, les Phéréziens, les Héviens, et les Jébusiens, [3] Pour vous conduire vers ce pays où coulent le lait et le miel; car je ne monterai point au milieu de toi, parce que tu es un peuple de cou roide; de peur que je ne te consume en chemin. [4] Quand le peuple entendit cette parole funeste, il mena deuil, et personne ne mit ses ornements sur soi. [5] Car l'Éternel avait dit à Moïse: Dis aux enfants d'Israël: Vous êtes un peuple de cou roide. Si je montais un seul moment au milieu de toi, je te consumerais; maintenant donc ôte tes ornements de dessus toi, et je verrai ce que je te ferai. [6] Ainsi les enfants d'Israël se dépouillèrent de leurs ornements, depuis le mont Horeb. [7] Et Moïse prit le tabernacle, et se le dressa hors du camp, loin du camp, et il l'appela le Tabernacle d'assignation; et tous ceux qui cherchaient l'Éternel, sortaient vers le tabernacle d'assignation, qui était hors du camp. [8] Et dès que Moïse sortait vers le tabernacle, tout le peuple se levait, et chacun se tenait à l'entrée de sa tente et suivait Moïse des yeux, jusqu'à ce qu'il entrât dans le tabernacle. [9] Et dès que Moïse était entré dans le tabernacle, la colonne de nuée descendait et se tenait à l'entrée du tabernacle, et l'Éternel parlait avec Moïse. [10] Tout le peuple alors, se voyant la colonne de nuée qui se tenait à l'entrée du tabernacle, se levait, et chacun se prosternait à l'entrée de sa tente. [11] Et l'Éternel parlait à Moïse face à face, comme un homme parle avec son semblable; puis Moïse retournait au camp; mais son serviteur Josué, jeune homme, fils de Nun, ne quittait point le tabernacle. [12] Et Moïse dit à l'Éternel: Regarde, tu me dis: Fais monter ce peuple! Et tu ne m'as point fait connaître celui que tu dois envoyer avec moi. Cependant tu as dit: Je te connais par ton nom, et tu as trouvé grâce à mes yeux. [13] Maintenant donc, je te prie, si j'ai trouvé grâce à tes yeux, fais-moi connaître tes voies; que je te connaisse, afin que je te trouve grâce à tes yeux; considère aussi que cette nation est ton peuple. [14] Et l'Éternel dit: Ma face ira, et je te donnerai du repos. [15] Et Moïse lui dit: Si ta face ne vient, ne nous fais point monter d'ici. [16] Et à quoi connaîtra-t-on que j'ai trouvé grâce

à tes yeux, moi et ton peuple? Ne sera-ce pas quand tu marcheras avec nous? Alors, moi et ton peuple, nous serons distingués entre tous les peuples qui sont sur la face de la terre. [17] Et l'Éternel dit à Moïse: Je ferai aussi ce que tu dis; car tu as trouvé grâce à mes yeux, et je te connais par ton nom. [18] Et Moïse dit: Je te prie, fais-moi voir ta gloire! [19] Et l'Éternel répondit: Je ferai passer toute ma bonté devant ta face; et je crierai devant toi le nom de l'Éternel; je ferai grâce à qui je ferai grâce, et j'aurai compassion de qui j'aurai compassion. [20] Et il dit: Tu ne pourras pas voir ma face; car l'homme ne peut me voir, et vivre. [21] L'Éternel dit aussi: Voici un lieu près de moi; tu te tiendras sur le rocher; [22] Et il arrivera que quand ma gloire passera, je te mettrai dans le creux du rocher, et je te couvrirai de ma main jusqu'à ce que j'aie passé; [23] Et je retirerai ma main, et tu me verras par-derrière; mais ma face ne se voit point.

34

[1] Et l'Éternel dit à Moïse: Taille-toi deux tables de pierre comme les premières; et j'écrirai sur ces tables les paroles qui étaient sur les premières tables que tu as brisées. [2] Et sois prêt au matin; et monte, dès le matin, sur le mont Sinaï; tiens-toi là devant moi, sur le sommet de la montagne. [3] Mais que personne ne monte avec toi, et même que personne ne paraisse sur toute la montagne; que ni brebis, ni bœufs ne paissent même près de cette montagne. [4] Moïse donc tailla deux tables de pierre comme les premières, et se leva de bon matin, et monta sur le mont Sinaï, comme l'Éternel le lui avait commandé; et il prit en sa main deux tables de pierre. [5] Et l'Éternel descendit dans la nuée, et se tint là avec lui, et cria le nom de l'Éternel. [6] Et l'Éternel passa devant lui, et cria: L'Éternel, l'Éternel! le Dieu miséricordieux et compatissant, lent à la colère, abondant en grâce et en fidélité, [7] Qui conserve sa grâce jusqu'à mille générations, qui pardonne l'iniquité, le crime et le péché, mais ne tient point le coupable pour innocent; qui punit l'iniquité des pères sur les enfants et sur les enfants des enfants, jusqu'à la troisième et à la quatrième génération. [8] Et Moïse s'inclina aussitôt vers la terre et se prosterna; [9] Et il dit: Seigneur, je te prie, si j'ai trouvé grâce à tes yeux, que le Seigneur marche au milieu de nous; car c'est un peuple de cou roide; et pardonne notre iniquité et notre péché, et possède-nous comme ton héritage. [10] Et l'Éternel répondit: Voici, je traite une alliance. Je ferai, devant tout ton peuple, des merveilles qui n'ont point été faites sur toute la terre, ni chez aucune nation; et tout le peuple au milieu duquel tu te trouves, verra l'œuvre de l'Éternel; car ce que je vais faire avec toi, sera une chose terrible. [11] Prends garde à ce que je te commande aujourd'hui. Voici, je vais chasser de devant toi les Amoréens, les Cananéens, les Héthiens, les Phéréziens, les Héviens, et les Jébusiens. [12] Garde-toi de traiter alliance avec les habitants du pays dans lequel tu vas entrer, de peur qu'ils ne soient en piège au milieu de toi. [13] Mais vous démolirez leurs autels, vous briserez leurs statues, et vous couperez leurs emblèmes d'Ashéra. [14] Car tu ne te prosterneras point devant un autre dieu, parce que l'Éternel se nomme le Dieu jaloux; c'est un Dieu jaloux. [15] Garde-toi de traiter alliance avec les habitants du pays, de peur que lorsqu'ils se prostitueront après leurs dieux, et sacrifieront à leurs dieux, quelqu'un ne t'invite, et que tu ne manges de son sacrifice; [16] Et que tu ne prennes de ses filles pour tes fils; et que ses filles, se prostituant à leurs dieux, ne fassent aussi prostituer tes fils à leurs dieux. [17] Tu ne te feras point de dieu de fonte. [18] Tu observeras la fête des pains sans levain. Tu mangeras pendant sept jours les pains sans levain, comme je te l'ai commandé, à l'époque du mois des épis; car au mois des épis tu es sorti d'Égypte. [19] Tout ce qui naît le premier est à moi, et tout ton bétail mâle, premier-né de taureau et de brebis. [20] Mais tu rachèteras avec un agneau ou un chevreau le premier-né d'un âne. Et si tu ne le rachètes pas, tu lui

rompras le cou. Tu rachèteras tout premier-né de tes fils; et l'on ne se présentera point à vide devant ma face. ²¹ Tu travailleras six jours; mais au septième jour tu te reposeras; tu te reposeras, même au temps du labourage et de la moisson. ²² Tu célébreras la fête des semaines au temps des premiers fruits de la moisson du froment; et la fête de la récolte, à la fin de l'année. ²³ Trois fois l'an tous les mâles d'entre vous se présenteront devant le Seigneur, l'Éternel, Dieu d'Israël. ²⁴ Car je déposséderai les nations devant toi, et j'étendrai tes frontières; et nul ne convoitera ton pays, lorsque tu monteras pour te présenter, trois fois l'an, devant l'Éternel ton Dieu. ²⁵ Tu n'offriras point avec du pain levé le sang de mon sacrifice; et le sacrifice de la fête de la Pâque ne passera point la nuit jusqu'au matin. ²⁶ Tu apporteras les prémices des premiers fruits de ta terre à la maison de l'Éternel ton Dieu. Tu ne feras point cuire le chevreau dans le lait de sa mère. ²⁷ L'Éternel dit aussi à Moïse: Écris ces paroles; car c'est suivant la teneur de ces paroles que j'ai traité alliance avec toi et avec Israël. ²⁸ Et Moïse fut là avec l'Éternel quarante jours et quarante nuits; il ne mangea point de pain et ne but point d'eau; et l'Éternel écrivit sur les tables les paroles de l'alliance, les dix paroles. ²⁹ Or, lorsque Moïse descendit de la montagne de Sinaï, les deux tables du Témoignage étant dans la main de Moïse, qui descendait de la montagne, Moïse ne savait point que la peau de son visage était devenue rayonnante, pendant qu'il parlait avec Dieu. ³⁰ Mais Aaron et tous les enfants d'Israël virent Moïse, et voici, la peau de son visage rayonnait, et ils craignirent d'approcher de lui. ³¹ Alors Moïse les appela, et Aaron et tous les principaux de l'assemblée revinrent vers lui, et Moïse leur parla. ³² Après cela, tous les enfants d'Israël s'approchèrent, et il leur commanda tout ce que l'Éternel lui avait dit sur le mont Sinaï. ³³ Moïse acheva de parler avec eux; et il mit un voile sur sa face. ³⁴ Et quand Moïse entrait devant l'Éternel pour parler avec lui, il ôtait le voile jusqu'à ce qu'il sortît; puis il sortait et disait aux enfants d'Israël ce qui lui avait été commandé. ³⁵ Et les enfants d'Israël voyaient que le visage de Moïse, la peau du visage de Moïse, rayonnait; et Moïse remettait le voile sur son visage, jusqu'à ce qu'il entrât, pour parler avec l'Éternel.

35

¹ Moïse convoqua toute l'assemblée des enfants d'Israël, et leur dit: Voici les choses que l'Éternel a commandé de faire: ² On travaillera pendant six jours, mais le septième jour sera pour vous une chose sainte, le sabbat du repos consacré à l'Éternel. Quiconque travaillera en ce jour-là sera puni de mort. ³ Vous n'allumerez point de feu, dans aucune de vos demeures, le jour du sabbat. ⁴ Et Moïse parla à toute l'assemblée des enfants d'Israël, et leur dit: Voici ce que l'Éternel a commandé, en ces termes: ⁵ Prenez de chez vous une offrande pour l'Éternel. Tout homme dont le cœur est bien disposé apportera l'offrande de l'Éternel: de l'or, de l'argent et de l'airain, ⁶ De la pourpre, de l'écarlate, du cramoisi, du fin lin, du poil de chèvre, ⁷ Des peaux de béliers teintes en rouge, et des peaux de couleur d'hyacinthe, du bois de Sittim, ⁸ De l'huile pour le luminaire, des aromates pour l'huile de l'onction et pour le parfum aromatique, ⁹ Des pierres d'onyx et des pierres d'enchâssure pour l'éphod et pour le pectoral. ¹⁰ Et tous les hommes intelligents parmi vous viendront, et feront tout ce que l'Éternel a commandé: ¹¹ La Demeure, son tabernacle et sa couverture, ses crochets, ses planches, ses traverses, ses colonnes et ses soubassements, ¹² L'arche et ses barres, le propitiatoire, et le voile pour couvrir le lieu très-saint; ¹³ La table et ses barres, et tous ses ustensiles, et le pain de proposition; ¹⁴ Le chandelier du luminaire, ses ustensiles, ses lampes, et l'huile du luminaire; ¹⁵ L'autel du parfum et ses barres, l'huile de l'onction, le parfum d'aromates, et la tapisserie de l'entrée, pour l'entrée de la Demeure; ¹⁶ L'autel de l'holocauste et sa

grille d'airain, ses barres et tous ses ustensiles; la cuve et sa base; 17 Les tentures du parvis, ses colonnes, ses soubassements, et la tapisserie de la porte du parvis, 18 Et les pieux de la Demeure, et les pieux du parvis, et leurs cordes; 19 Les vêtements du service, pour faire le service dans le sanctuaire, les vêtements sacrés, pour Aaron le sacrificateur, et les vêtements de ses fils pour exercer la sacrificature. 20 Alors toute l'assemblée des enfants d'Israël sortit de devant Moïse. 21 Et tous ceux que leur cœur y porta, vinrent; et tous ceux que leur esprit disposa à la générosité, apportèrent l'offrande de l'Éternel, pour l'œuvre du tabernacle d'assignation, et pour tout son service, et pour les vêtements sacrés. 22 Et les hommes vinrent avec les femmes; tous ceux qui furent de bonne volonté, apportèrent des boucles, des bagues, des anneaux, des colliers, toute sorte de joyaux d'or, et tous offrirent quelque offrande d'or à l'Éternel. 23 Et tous ceux qui avaient chez eux de la pourpre, de l'écarlate, du cramoisi, du fin lin, du poil de chèvre, des peaux de béliers teintes en rouge, et des peaux de couleur d'hyacinthe, les apportèrent. 24 Tous ceux qui avaient de quoi faire une offrande d'argent ou d'airain, l'apportèrent pour l'offrande de l'Éternel; et tous ceux qui avaient chez eux du bois de Sittim, pour tout l'ouvrage du service, l'apportèrent. 25 Et toutes les femmes habiles filèrent de leurs mains, et apportèrent ce qu'elles avaient filé, la pourpre, l'écarlate, le cramoisi et le fin lin. 26 Et toutes les femmes que leur cœur y porta et qui avaient de l'habileté filèrent du poil de chèvre. 27 Et les principaux du peuple apportèrent les pierres d'onyx et les pierres d'enchâssure, pour l'éphod et pour le pectoral; 28 Et les aromates et l'huile, pour le luminaire, pour l'huile de l'onction et pour le parfum aromatique. 29 Tous les enfants d'Israël, hommes et femmes, que leur cœur disposa à contribuer à tout l'ouvrage que l'Éternel avait commandé par l'organe de Moïse, apportèrent à l'Éternel des présents volontaires. 30 Et Moïse dit aux enfants d'Israël: Voyez, l'Éternel a appelé par son nom Betsaléel, fils d'Uri, fils de Hur, de la tribu de Juda, 31 Et il l'a rempli de l'esprit de Dieu, d'intelligence, d'industrie et de science, pour toute sorte d'ouvrage; 32 Et pour faire les inventions, pour travailler l'or, l'argent et l'airain, 33 Pour tailler et enchâsser des pierreries, et pour tailler le bois et exécuter toutes sortes d'ouvrage d'art. 34 Il lui a aussi donné le talent d'enseigner, à lui et à Oholiab, fils d'Ahisamac, de la tribu de Dan; 35 Il les a remplis d'intelligence pour faire toute sorte de travail d'ouvrier, de brodeur et de tisseur en couleurs variées, en pourpre, en écarlate, en cramoisi et en fin lin, et de tisserand; ils font toute sorte d'ouvrage, et sont habiles en inventions.

36

1 Betsaléel, et Oholiab, et tous les hommes habiles, en qui l'Éternel avait mis intelligence et industrie pour savoir faire tout l'ouvrage pour le service du sanctuaire, firent tout ce que l'Éternel avait commandé. 2 Moïse appela donc Betsaléel, et Oholiab, et tous les hommes habiles dans le cœur desquels l'Éternel avait mis de l'intelligence, tous ceux que leur cœur porta à s'approcher pour faire l'ouvrage; 3 Et ils emportèrent de devant Moïse toutes les offrandes que les enfants d'Israël avaient apportées pour faire l'ouvrage du service du sanctuaire. Mais ceux-ci lui apportaient encore, chaque matin, des offrandes volontaires. 4 Alors tous les hommes intelligents qui faisaient tout l'ouvrage du sanctuaire, quittèrent chacun l'ouvrage qu'ils faisaient, 5 Et vinrent dire à Moïse: Le peuple apporte beaucoup plus qu'il ne faut, pour le service de l'ouvrage que l'Éternel a commandé de faire. 6 Alors, sur l'ordre de Moïse, on fit crier par le camp: Que ni homme ni femme ne fasse plus d'ouvrage pour l'offrande du sanctuaire. Ainsi l'on empêcha le peuple de plus rien apporter. 7 Et il y eut assez d'objets pour faire tout l'ouvrage; il y en eut même de reste. 8 Tous les hommes habiles, parmi ceux qui faisaient l'ouvrage, firent donc la Demeure, de dix tentures de fin lin retors, de pourpre, d'écarlate et de

cramoisi, avec des chérubins qu'on fit en ouvrage d'art. [9] La longueur d'une tenture était de vingt-huit coudées; et la largeur de la même tenture, de quatre coudées; toutes les tentures avaient une même mesure. [10] Et l'on joignit cinq tentures l'une à l'autre, et l'on joignit les cinq autres tentures l'une à l'autre. [11] Et l'on fit des lacets de pourpre sur le bord de la première tenture, au bout de l'assemblage; de même au bord de la dernière tenture, dans le second assemblage. [12] On fit cinquante lacets à la première tenture, et l'on fit cinquante lacets au bout de la tenture qui était dans le second assemblage. Les lacets étaient en face l'un de l'autre. [13] Puis on fit cinquante crochets d'or, et l'on joignit les tentures l'une à l'autre avec les crochets, pour que la Demeure formât un seul tout. [14] Puis on fit des tentures de poil de chèvre, pour servir de tabernacle sur la Demeure; on fit onze de ces tentures. [15] La longueur d'une tenture était de trente coudées, et la largeur de la même tenture de quatre coudées; les onze tentures avaient une même mesure. [16] Et on assembla cinq de ces tentures à part, et les six autres tentures à part. [17] On fit aussi cinquante lacets sur le bord de la dernière tenture de l'assemblage, et cinquante lacets sur le bord de la tenture du second assemblage. [18] On fit aussi cinquante crochets d'airain, pour assembler le tabernacle, afin qu'il formât un seul tout. [19] Et l'on fit pour le tabernacle une couverture de peaux de béliers teintes en rouge, et une couverture de peaux de couleur d'hyacinthe par-dessus. [20] Et l'on fit pour la Demeure des planches de bois de Sittim, qu'on fit tenir debout. [21] La longueur d'une planche était de dix coudées, et la largeur de la même planche d'une coudée et demie. [22] Il y avait deux tenons à chaque planche, parallèles l'un à l'autre; on fit de même pour toutes les planches de la Demeure. [23] On fit donc les planches pour la Demeure: vingt planches du côté du Sud, vers le Midi. [24] Et sous les vingt planches on fit quarante soubassements d'argent; deux soubassements sous une planche, pour ses deux tenons, et deux soubassements sous une autre planche, pour ses deux tenons. [25] On fit aussi vingt planches pour l'autre côté de la Demeure, du côté du Nord. [26] Et leurs quarante soubassements étaient d'argent; deux soubassements sous une planche, et deux soubassements sous une autre planche. [27] Et pour le fond de la Demeure vers l'Occident, on fit six planches. [28] Et on fit deux planches pour les angles de la Demeure au fond. [29] Elles étaient doubles par le bas, mais en même temps elles étaient pleines vers le haut jusqu'au premier anneau; on fit ainsi pour toutes les deux, pour les deux angles. [30] Il y avait donc huit planches et leurs seize soubassements d'argent; deux soubassements sous chaque planche. [31] Et l'on fit cinq traverses de bois de Sittim, pour les planches d'un côté de la Demeure; [32] Et cinq traverses pour les planches de l'autre côté de la Demeure, et cinq autres traverses pour les planches de la Demeure formant le fond, vers l'Occident. [33] Et l'on fit la traverse du milieu, pour traverser, par le milieu des planches, d'un bout à l'autre. [34] Et l'on couvrit d'or les planches, et l'on fit leurs anneaux d'or, pour y mettre les traverses, et l'on couvrit d'or les traverses. [35] On fit aussi le voile de pourpre, d'écarlate, de cramoisi et de fin lin retors; on le fit en ouvrage d'art, avec des chérubins. [36] Et on lui fit quatre colonnes de bois de Sittim, qu'on couvrit d'or, avec leurs clous en or; et on leur fondit quatre soubassements d'argent. [37] On fit aussi pour l'entrée du tabernacle une tapisserie de pourpre, d'écarlate, de cramoisi et de fin lin retors, en ouvrage de broderie; [38] Et ses cinq colonnes et leurs clous; et on couvrit d'or leurs chapiteaux, et leurs tringles; mais leurs cinq soubassements étaient d'airain.

37

[1] Puis Betsaléel fit l'arche, de bois de Sittim. Sa longueur était de deux coudées et demie; sa largeur, d'une coudée et demie; et sa hauteur, d'une coudée et demie. [2] Et il la couvrit d'or pur par dedans et par dehors, et il lui fit un couronnement d'or tout autour. [3] Et il fondit pour elle quatre anneaux d'or, pour mettre à ses quatre coins: deux anneaux

d'un côté, et deux anneaux de l'autre côté. ⁴ Il fit aussi des barres de bois de Sittim, et les couvrit d'or. ⁵ Et il fit entrer les barres dans les anneaux, aux côtés de l'arche, pour porter l'arche. ⁶ Il fit aussi un propitiatoire d'or pur; sa longueur était de deux coudées et demie, et sa largeur d'une coudée et demie. ⁷ Et il fit deux chérubins d'or; il les fit au marteau, aux deux bouts du propitiatoire. ⁸ Un chérubin à ce bout, et un chérubin à l'autre bout. Il fit les chérubins sortant du propitiatoire, à ses deux bouts. ⁹ Et les chérubins étendaient les ailes en haut, couvrant de leurs ailes le propitiatoire, et leurs faces étaient vis-à-vis l'une de l'autre. La face des chérubins était dirigée vers le propitiatoire. ¹⁰ Il fit aussi la table, de bois de Sittim; sa longueur était de deux coudées, sa largeur d'une coudée, et sa hauteur d'une coudée et demie. ¹¹ Et il la couvrit d'or pur, et il lui fit un couronnement d'or tout autour. ¹² Il lui fit aussi, à l'entour, un rebord de quatre doigts; et il fit à ce rebord un couronnement d'or tout autour. ¹³ Et il lui fondit quatre anneaux d'or, et il mit les anneaux aux quatre coins, qui étaient à ses quatre pieds. ¹⁴ Les anneaux étaient près du rebord, afin d'y mettre les barres pour porter la table. ¹⁵ Et il fit les barres, de bois de Sittim, et il les couvrit d'or, pour porter la table. ¹⁶ Il fit aussi d'or pur les ustensiles qui devaient être sur la table, ses plats, ses tasses, ses coupes et ses vases, avec lesquels on devait faire les libations. ¹⁷ Il fit aussi le chandelier d'or pur; il fit au marteau le chandelier, son pied et sa tige; ses calices, ses pommes et ses fleurs en étaient tirés. ¹⁸ Et six branches sortaient de ses côtés: trois branches du chandelier d'un côté, et trois branches du chandelier de l'autre côté. ¹⁹ Il y avait trois calices en forme d'amande, à une branche, avec pomme et fleur, et trois calices en forme d'amande à l'autre branche, avec pomme et fleur. De même pour les six branches sortant du chandelier. ²⁰ Et il y avait au chandelier même quatre calices en forme d'amande, avec ses pommes et ses fleurs; ²¹ Et une pomme sous les deux branches qui en sortaient, une autre pomme sous deux autres branches qui en sortaient, et encore une pomme sous les deux autres branches qui en sortaient, pour les six branches sortant du chandelier. ²² Ses pommes et ses branches en étaient tirées; il était tout entier d'une seule pièce faite au marteau, en or pur. ²³ Il fit aussi ses sept lampes, ses mouchettes et ses porte-mouchettes, en or pur. ²⁴ Il le fit, avec tous ses ustensiles, d'un talent d'or pur. ²⁵ Et il fit l'autel du parfum, de bois de Sittim; sa longueur était d'une coudée, et sa largeur d'une coudée; il était carré; et sa hauteur était de deux coudées. L'autel avait des cornes qui en sortaient. ²⁶ Et il le couvrit d'or pur, le dessus et ses côtés tout autour, et ses cornes; et il lui fit un couronnement d'or tout autour. ²⁷ Il lui fit aussi, au-dessous de son couronnement, deux anneaux d'or à ses deux côtés, à ses deux coins, pour y mettre les barres qui serviraient à le porter. ²⁸ Et il fit les barres de bois de Sittim, et il les couvrit d'or. ²⁹ Il fit aussi l'huile sainte de l'onction, et le parfum pur, d'aromates, selon l'art du parfumeur.

38

¹ Il fit aussi l'autel de l'holocauste en bois de Sittim; sa longueur était de cinq coudées, et sa largeur de cinq coudées; il était carré, et sa hauteur était de trois coudées. ² Et il fit à ses quatre coins des cornes, qui sortaient de l'autel; et il le couvrit d'airain. ³ Il fit aussi tous les ustensiles de l'autel, les chaudrons, les pelles et les coupes, les fourchettes et les encensoirs; il fit tous ses ustensiles en airain. ⁴ Et il fit pour l'autel une grille en treillis d'airain, sous sa corniche, depuis le bas jusqu'au milieu. ⁵ Et il fondit quatre anneaux aux quatre coins de la grille d'airain, pour y mettre les barres. ⁶ Et il fit les barres en bois de Sittim, et les couvrit d'airain. ⁷ Et il fit entrer les barres dans les anneaux, aux côtés de l'autel, pour le porter avec elles. Il le fit creux, en planches. ⁸ Il fit aussi la cuve en airain et sa base en airain, avec les miroirs des femmes qui servaient, qui faisaient le service à l'entrée du tabernacle d'assignation. ⁹ Il fit aussi le parvis: pour le côté du Sud, vers le Midi, les tentures du parvis en fin lin retors, cent coudées, ¹⁰ Leurs vingt

colonnes et leurs vingt soubassements d'airain; les clous des colonnes et leurs tringles en argent. [11] Et pour le côté du Nord, cent coudées de tentures, leurs vingt colonnes et leurs vingt soubassements d'airain; les clous des colonnes et leurs tringles en argent. [12] Et pour le côté de l'Occident, cinquante coudées de tentures, leurs dix colonnes et leurs dix soubassements; les clous des colonnes et les tringles en argent. [13] Et pour le côté de devant, vers l'Orient, cinquante coudées: [14] A savoir quinze coudées de tentures, d'une part, avec leurs trois colonnes et leurs trois soubassements; [15] Et d'autre part (d'un côté, comme de l'autre, de la porte du parvis), quinze coudées de tentures, leurs trois colonnes et leurs trois soubassements. [16] Toutes les tentures du parvis, tout autour, étaient de fin lin retors; [17] Et les soubassements des colonnes en airain, les clous des colonnes et leurs tringles en argent, et la couverture de leurs chapiteaux en argent; et toutes les colonnes du parvis furent jointes par des tringles d'argent. [18] Et la tapisserie de la porte du parvis était en ouvrage de broderie, en pourpre, écarlate, cramoisi, et fin lin retors, de la longueur de vingt coudées; et la hauteur (formée de la largeur du tissu) était de cinq coudées, correspondant aux tentures du parvis. [19] Et leurs quatre colonnes et leurs quatre soubassements étaient d'airain; leurs clous étaient d'argent, et la couverture de leurs chapiteaux et leurs tringles, en argent. [20] Et tous les pieux pour le tabernacle et pour le parvis à l'entour étaient en airain. [21] Voici les comptes de la Demeure, la Demeure du Témoignage, qui furent faits sur l'ordre de Moïse, par le moyen des Lévites, sous la conduite d'Ithamar, fils d'Aaron le sacrificateur. [22] Betsaléel, fils d'Uri, fils de Hur, de la tribu de Juda, fit tout ce que l'Éternel avait commandé à Moïse; [23] Et avec lui Oholiab, fils d'Ahisamac, de la tribu de Dan, sculpteur, inventeur, et brodeur en pourpre, en écarlate, en cramoisi et en fin lin. [24] Tout l'or qui fut employé pour l'ouvrage, dans tout l'ouvrage du sanctuaire (et c'était l'or de l'offrande), fut de vingt-neuf talents, et sept cent trente sicles, selon le sicle du sanctuaire. [25] Et l'argent de ceux de l'assemblée qui furent dénombrés, fut de cent talents et mille sept cent soixante et quinze sicles, selon le sicle du sanctuaire; [26] Un demi-sicle par tête, la moitié du sicle, selon le sicle du sanctuaire, pour tous ceux qui passèrent par le dénombrement, depuis l'âge de vingt ans et au-dessus, savoir, pour six cent trois mille cinq cent cinquante hommes. [27] Il y eut donc cent talents d'argent pour fondre les soubassements du sanctuaire, et les soubassements du voile, cent soubassements pour les cent talents; un talent par soubassement. [28] Et des mille sept cent soixante et quinze sicles restants, on fit des clous pour les colonnes, on couvrit leurs chapiteaux, et on les joignit par des tringles. [29] Et l'airain de l'offrande fut de soixante et dix talents, et deux mille quatre cents sicles. [30] On en fit les soubassements de l'entrée du tabernacle d'assignation, et l'autel d'airain, et sa grille d'airain, et tous les ustensiles de l'autel, [31] Et les soubassements du parvis, tout autour, et les soubassements de la porte du parvis, et tous les pieux de la Demeure, et tous les pieux du parvis tout autour.

39

[1] Avec la pourpre, l'écarlate et le cramoisi ils firent les vêtements du service, pour faire le service dans le sanctuaire, et ils firent les vêtements sacrés qui étaient pour Aaron, comme l'Éternel l'avait commandé à Moïse. [2] On fit donc l'éphod d'or, de pourpre, d'écarlate, de cramoisi et de fin lin retors. [3] On étendit des lames d'or, et on les coupa en fils pour les mêler à la pourpre, à l'écarlate, au cramoisi et au fin lin, en ouvrage d'art. [4] On fit à l'éphod des épaulettes qui se joignaient; il se joignait ainsi par ses deux extrémités. [5] Et la ceinture pour l'attacher, qui se trouvait par-dessus, était de la même pièce et du même ouvrage: d'or, de pourpre, d'écarlate, de cramoisi et de fin lin retors, comme l'Éternel l'avait commandé à Moïse. [6] Et l'on enchâssa dans des chatons d'or, les pierres d'onyx, portant les noms des enfants d'Israël gravés en gravure de cachet. [7] Et on les mit

sur les épaulettes de l'éphod, pour être des pierres de mémorial pour les enfants d'Israël, comme l' Éternel l'avait commandé à Moïse. ⁸ On fit aussi le pectoral en ouvrage d'art, comme l'ouvrage de l'éphod: or, pourpre, écarlate, cramoisi et fin lin retors. ⁹ Il était carré. L'on fit le pectoral double; sa longueur était d'un empan, et sa largeur d'un empan, en double. ¹⁰ Et on le garnit de quatre rangs de pierres: au premier rang, une sardoine, une topaze et une émeraude; ¹¹ Au second rang, une escarboucle, un saphir et une calcédoine; ¹² Au troisième rang, une opale, une agate et une améthyste; ¹³ Au quatrième rang, un chrysolithe, un onyx et un jaspe. Ces pierres furent entourées de chatons d'or dans leurs montures. ¹⁴ Et les pierres, selon les noms des enfants d'Israël, étaient au nombre de douze, d'après leurs noms; elles portaient, en gravure de cachet, chacune le nom d'une des douze tribus. ¹⁵ Puis l'on fit sur le pectoral des chaînettes tordues en façon de cordons en or pur. ¹⁶ On fit aussi deux agrafes d'or et deux anneaux d'or, et on mit les deux anneaux aux deux extrémités du pectoral. ¹⁷ Et l'on mit les deux cordons aux deux anneaux, aux extrémités du pectoral. ¹⁸ Et l'on mit les deux extrémités des deux cordons aux deux agrafes, sur les épaulettes de l'éphod, sur le devant. ¹⁹ On fit aussi deux autres anneaux d'or, et on les mit aux deux autres extrémités du pectoral sur le bord, qui était du côté de l'éphod, en dedans. ²⁰ On fit encore deux autres anneaux d'or, et on les mit aux deux épaulettes de l'éphod par le bas, sur le devant, à côté de l'endroit où il se joint, au-dessus de la ceinture de l'éphod. ²¹ Et on attacha le pectoral par ses anneaux aux anneaux de l'éphod, avec un cordon de pourpre, afin qu'il tînt sur la ceinture de l'éphod, et que le pectoral ne se détachât pas de l'éphod, comme l'Éternel l'avait commandé à Moïse. ²² On fit aussi la robe de l'éphod en tissu simple, entièrement de pourpre. ²³ Et l'ouverture pour passer la tête, au milieu de la robe, était comme l'ouverture d'une cotte d'armes; il y avait une bordure à son ouverture, tout autour, afin qu'elle ne se déchirât point. ²⁴ Et l'on mit aux bords de la robe des grenades de pourpre, d'écarlate et de cramoisi, en fil retors. ²⁵ On fit aussi les clochettes d'or pur; et l'on mit les clochettes entre les grenades aux bords de la robe, tout autour, entre les grenades: ²⁶ Une clochette et une grenade, une clochette et une grenade, aux bords de la robe, tout autour, pour faire le service, comme l'Éternel l'avait commandé à Moïse. ²⁷ On fit aussi les tuniques de fin lin, en tissu simple, pour Aaron et pour ses fils. ²⁸ Et la tiare de fin lin, et les ornements des mitres de fin lin, et les caleçons de lin, de fin lin retors; ²⁹ Et la ceinture de fin lin retors, de pourpre, d'écarlate et de cramoisi, en tissu de broderie, comme l'Éternel l'avait commandé à Moïse. ³⁰ On fit aussi d'or pur la lame, la couronne sainte, et l'on y écrivit, d'une écriture en gravure de cachet: SAINTETÉ A L'ÉTERNEL. ³¹ Et on y mit un cordon de pourpre, pour la mettre sur la tiare, en haut, comme l'Éternel l'avait commandé à Moïse. ³² Ainsi fut achevé tout l'ouvrage de la Demeure, du tabernacle d'assignation; et les enfants d'Israël firent selon tout ce que l'Éternel avait commandé à Moïse; ils firent ainsi. ³³ Et ils apportèrent la Demeure à Moïse, le tabernacle, et tous ses ustensiles, ses crochets, ses planches, ses traverses, ses colonnes et ses soubassements; ³⁴ La couverture de peaux de béliers teintes en rouge, et la couverture de peaux de couleur d'hyacinthe, et le voile de tenture; ³⁵ L'arche du Témoignage et ses barres, et le propitiatoire; ³⁶ La table avec tous ses ustensiles, et le pain de proposition; ³⁷ Le chandelier pur, avec les lampes, les lampes arrangées, et tous ses ustensiles, et l'huile du luminaire; ³⁸ L'autel d'or, l'huile de l'onction, le parfum d'aromates, et la tapisserie de l'entrée du tabernacle; ³⁹ L'autel d'airain et sa grille d'airain, avec ses barres, et tous ses ustensiles, la cuve et sa base, ⁴⁰ Les tentures du parvis, ses colonnes, ses soubassements, la tapisserie pour la porte du parvis, ses cordes, ses pieux, et tous les ustensiles du service de la Demeure, pour le tabernacle d'assignation; ⁴¹ Les vêtements du service, pour faire le service dans le sanctuaire, les vêtements sacrés pour Aaron le sacrificateur, et les vêtements de ses fils pour exercer la sacrificature. [42] Les enfants d'Israël avaient fait toute la tâche, suivant tout ce que l'Éternel avait commandé à Moïse. [43] Et Moïse vit tout l'ouvrage, et voici, ils l'avaient fait tel que l'Éternel l'avait commandé; ils l'avaient fait ainsi; et Moïse les bénit.

40

[1] Et l'Éternel parla à Moïse, en disant: [2] Au premier jour du premier mois, tu dresseras la Demeure du tabernacle d'assignation; [3] Et tu y mettras l'arche du Témoignage, et tu couvriras l'arche avec le voile. [4] Tu apporteras aussi la table, et tu y arrangeras ce qui doit y être arrangé; tu apporteras aussi le chandelier, et tu allumeras ses lampes. [5] Et tu mettras l'autel d'or pour le parfum devant l'arche du Témoignage, et tu poseras la tapisserie de l'entrée de la Demeure. [6] Et tu mettras l'autel de l'holocauste devant l'entrée de la Demeure du tabernacle d'assignation. [7] Et tu mettras la cuve entre le tabernacle d'assignation et l'autel, et tu y mettras de l'eau. [8] Et tu placeras le parvis tout autour, et tu mettras la tapisserie à la porte du parvis. [9] Puis tu prendras l'huile de l'onction, et tu oindras la Demeure et tout ce qui y est, et tu la consacreras, avec tous ses ustensiles; et elle sera sainte. [10] Tu oindras aussi l'autel de l'holocauste et tous ses ustensiles, et tu consacreras l'autel; et l'autel sera très saint. [11] Tu oindras aussi la cuve et sa base, et tu la consacreras. [12] Puis tu feras avancer Aaron et ses fils à l'entrée du tabernacle d'assignation, et tu les laveras dans l'eau. [13] Et tu revêtiras Aaron des vêtements sacrés, et tu l'oindras, et tu le consacreras, et il exercera devant moi la sacrificature. [14] Et tu feras avancer ses fils, et tu les revêtiras de tuniques; [15] Et tu les oindras, comme tu auras oint leur père, et ils exerceront devant moi la sacrificature; et leur onction leur conférera une sacrificature perpétuelle, d'âge en âge. [16] Et Moïse fit selon tout ce que l'Éternel lui avait commandé; il fit ainsi. [17] Et au premier jour du premier mois, dans la seconde année, la Demeure fut dressée. [18] Et Moïse dressa la Demeure, et mit ses soubassements, et posa ses planches, et mit ses traverses, et dressa ses colonnes. [19] Et il étendit le tabernacle sur la Demeure, et il posa la couverture du tabernacle par-dessus, comme l'Éternel l'avait commandé à Moïse. [20] Puis il prit aussi et mit le Témoignage dans l'arche, et il plaça les barres à l'arche, et il mit le propitiatoire sur l'arche, par-dessus. [21] Et il porta l'arche dans la Demeure, et posa le voile destiné à cacher le lieu très-saint, et couvrit l'arche du Témoignage, comme l'Éternel l'avait commandé à Moïse. [22] Il mit aussi la table dans le tabernacle d'assignation, au côté Nord de la Demeure, en dehors du voile; [23] Et il arrangea sur elle une rangée de pains, devant l'Éternel, comme l'Éternel l'avait commandé à Moïse. [24] Il plaça aussi le chandelier dans le tabernacle d'assignation, vis-à-vis de la table, au côté Sud de la Demeure. [25] Et il alluma les lampes devant l'Éternel, comme l'Éternel l'avait commandé à Moïse. [26] Il plaça aussi l'autel d'or dans le tabernacle d'assignation, devant le voile; [27] Et il y fit fumer le parfum d'aromates, comme l'Éternel l'avait commandé à Moïse. [28] Il posa aussi la tapisserie de l'entrée de la Demeure. [29] Puis il plaça l'autel de l'holocauste à l'entrée de la Demeure du tabernacle d'assignation, et il y offrit l'holocauste et l'oblation, comme l'Éternel l'avait commandé à Moïse. [30] Il plaça aussi la cuve entre le tabernacle d'assignation et l'autel, et il y mit de l'eau pour laver; [31] Et Moïse et Aaron et ses fils en lavaient leurs mains et leurs pieds. [32] Quand ils entraient au tabernacle d'assignation, et qu'ils s'avançaient vers l'autel, ils se lavaient, comme l'Éternel l'avait commandé à Moïse. [33] Il dressa aussi le parvis tout autour de la Demeure et de l'autel, et il mit la tapisserie à la porte du parvis. Ainsi Moïse acheva l'ouvrage. [34] Et la nuée couvrit le tabernacle d'assignation, et la gloire de l'Éternel remplit la Demeure; [35] De sorte que Moïse ne put entrer dans le tabernacle d'assignation,

car la nuée se tenait dessus, et la gloire de l'Éternel remplissait la Demeure. [36] Or, pendant toutes leurs marches, quand la nuée s'élevait de dessus la Demeure, les enfants d'Israël partaient; [37] Mais si la nuée ne s'élevait point, ils ne partaient point, jusqu'au jour où elle s'élevait. [38] Car la nuée de l'Éternel était sur la Demeure pendant le jour, et le feu y était la nuit, aux yeux de toute la maison d'Israël, pendant toutes leurs marches.

Lévitique

¹ Or l'Éternel appela Moïse, et lui parla du tabernacle d'assignation, en disant: ² Parle aux enfants d'Israël, et dis-leur: Quand quelqu'un d'entre vous fera une offrande à l'Éternel, il fera son offrande de bétail, de gros ou de menu bétail. ³ Si son offrande est un holocauste de gros bétail, il offrira un mâle sans défaut; il l'offrira à l'entrée du tabernacle d'assignation, devant l'Éternel, pour obtenir sa faveur. ⁴ Et il appuiera sa main sur la tête de l'holocauste, et il sera agréé en sa faveur, pour faire expiation pour lui. ⁵ Puis il égorgera le veau devant l'Éternel; et les fils d'Aaron, les sacrificateurs, offriront le sang, et le répandront tout autour sur l'autel, qui est à l'entrée du tabernacle d'assignation. ⁶ Ensuite, il dépouillera l'holocauste, et le coupera suivant ses parties. ⁷ Alors les fils d'Aaron, le sacrificateur, mettront du feu sur l'autel, et arrangeront du bois sur le feu; ⁸ Et les fils d'Aaron, les sacrificateurs, arrangeront les morceaux, la tête et la graisse, sur le bois, qu'on aura mis au feu sur l'autel. ⁹ Il lavera dans l'eau les entrailles et les jambes, et le sacrificateur fera fumer le tout sur l'autel, en holocauste, en sacrifice fait par le feu, d'agréable odeur à l'Éternel. ¹⁰ Si son offrande est de menu bétail, d'agneaux ou de chèvres pour holocauste, ¹¹ Il offrira un mâle sans défaut; et il l'égorgera au côté Nord de l'autel, devant l'Éternel; et les fils d'Aaron, les sacrificateurs, en répandront le sang sur l'autel tout autour. ¹² Il le coupera suivant ses parties, séparant sa tête et sa graisse; et le sacrificateur les arrangera sur le bois qu'on aura mis au feu sur l'autel. ¹³ Il lavera dans l'eau les entrailles et les jambes; et le sacrificateur offrira le tout, et le fera fumer sur l'autel; c'est un holocauste, un sacrifice fait par le feu, d'agréable odeur à l'Éternel. ¹⁴ Si son offrande à l'Éternel est un holocauste d'oiseaux, il fera son offrande de tourterelles ou de pigeonneaux. ¹⁵ Le sacrificateur l'approchera de l'autel, lui brisera la tête, et fera fumer l'oiseau sur l'autel, et son sang sera exprimé contre la paroi de l'autel; ¹⁶ Il ôtera son jabot avec ses plumes, et le jettera près de l'autel, vers l'Orient, au lieu où sera la cendre. ¹⁷ Puis il le déchirera par les ailes, sans les séparer, et le sacrificateur le fera fumer sur l'autel, sur le bois mis au feu; c'est un holocauste, un sacrifice fait par le feu, d'agréable odeur à l'Éternel.

2

¹ Quand quelqu'un fera à l'Éternel une offrande en don, son offrande sera de fleur de farine, sur laquelle il versera de l'huile, et mettra de l'encens. ² Il l'apportera aux fils d'Aaron, les sacrificateurs; et le sacrificateur prendra une poignée de la fleur de farine arrosée d'huile, avec tout l'encens, et il fera fumer son mémorial sur l'autel. C'est un sacrifice fait par le feu, d'agréable odeur à l'Éternel. ³ Ce qui restera de l'offrande sera pour Aaron et pour ses fils; c'est une chose très sainte parmi les sacrifices faits par le feu à l'Éternel. ⁴ Et quand tu feras une offrande en don de ce qui est cuit au four, ce sera des gâteaux sans levain, de fine farine, pétris à l'huile, et des galettes sans levain, ointes d'huile. ⁵ Et si ton offrande est une oblation cuite sur la plaque, elle sera de fine farine, pétrie à l'huile, sans levain. ⁶ Tu la rompras en morceaux, et tu verseras de l'huile dessus; c'est une oblation. ⁷ Et si ton offrande est une oblation cuite à la poêle, elle sera faite de fine farine avec de l'huile. ⁸ Tu apporteras l'oblation qui sera faite de ces choses à l'Éternel, et on la présentera au sacrificateur, qui l'apportera à l'autel. ⁹ Et le sacrificateur prélèvera de l'oblation son mémorial, et le fera fumer sur l'autel. C'est un sacrifice fait par le feu, d'agréable odeur à l'Éternel. ¹⁰ Ce qui restera de l'oblation sera pour Aaron et

pour ses fils; c'est une chose très sainte, parmi les sacrifices faits par le feu à l'Éternel. [11] Quelque oblation que vous offriez à l'Éternel, elle ne sera point faite avec du levain; car vous ne ferez fumer ni levain ni miel en sacrifice fait par le feu à l'Éternel. [12] Vous pourrez les offrir à l'Éternel comme offrande des prémices; mais ils ne seront point mis sur l'autel comme offrande d'agréable odeur. [13] Tu saleras de sel toutes tes oblations; et tu ne laisseras point ton offrande manquer du sel, signe de l'alliance de ton Dieu; sur toutes tes offrandes tu offriras du sel. [14] Et si tu offres une oblation des premiers fruits à l'Éternel, tu offriras, comme oblation de tes premiers fruits, des épis rôtis au feu, du grain nouveau, broyé. [15] Tu y mettras de l'huile, et tu y ajouteras de l'encens; c'est une oblation. [16] Et le sacrificateur fera fumer son mémorial, une partie du grain broyé et de l'huile, avec tout l'encens. C'est un sacrifice fait par le feu à l'Éternel.

3

[1] Si quelqu'un offre un sacrifice de prospérités, s'il offre du gros bétail, mâle ou femelle, il l'offrira sans défaut, devant l'Éternel; [2] Il appuiera sa main sur la tête de son offrande et l'égorgera à l'entrée du tabernacle d'assignation; et les fils d'Aaron, les sacrificateurs, répandront le sang sur l'autel tout autour. [3] Il offrira, du sacrifice de prospérités, en sacrifice fait par le feu à l'Éternel: la graisse qui couvre les entrailles, et toute la graisse qui est sur les entrailles; [4] Et les deux rognons, et la graisse qui est dessus, ce qui est sur les lombes, et la membrane qui recouvre le foie; il la détachera près des rognons. [5] Et les fils d'Aaron feront fumer cela sur l'autel, par-dessus l'holocauste placé sur le bois qu'on aura mis au feu. C'est un sacrifice fait par le feu, d'agréable odeur à l'Éternel. [6] Si son offrande pour le sacrifice de prospérités à l'Éternel est du menu bétail, mâle ou femelle, il l'offrira sans défaut. [7] S'il offre un agneau pour son offrande, il l'offrira devant l'Éternel; [8] Et il appuiera sa main sur la tête de son offrande, et l'égorgera devant le tabernacle d'assignation; et les fils d'Aaron en répandront le sang sur l'autel tout autour. [9] Il offrira, du sacrifice de prospérités, en sacrifice fait par le feu à l'Éternel: sa graisse, la queue entière, qu'il séparera près de l'échine, et la graisse qui couvre les entrailles, et toute la graisse qui est sur les entrailles, [10] Et les deux rognons avec la graisse qui est sur eux, ce qui est sur les lombes, et la membrane qui recouvre le foie; il la détachera près des rognons. [11] Le sacrificateur fera fumer cela sur l'autel, comme aliment d'un sacrifice fait par le feu à l'Éternel. [12] Et si son offrande est une chèvre, il l'offrira devant l'Éternel. [13] Il appuiera la main sur sa tête, et l'égorgera devant le tabernacle d'assignation; et les fils d'Aaron en répandront le sang sur l'autel tout autour. [14] Et il en offrira son offrande, en sacrifice fait par le feu à l'Éternel: la graisse qui couvre les entrailles, et toute la graisse qui est sur les entrailles, [15] Et les deux rognons avec la graisse qui est sur eux, ce qui est sur les lombes, et la membrane qui recouvre le foie; il la détachera près des rognons. [16] Le sacrificateur les fera fumer sur l'autel, comme aliment d'un sacrifice fait par le feu, d'agréable odeur. Toute graisse appartient à l'Éternel. [17] C'est une ordonnance perpétuelle pour vos descendants, dans tous les lieux de votre habitation: vous ne mangerez ni graisse ni sang.

4

[1] L'Éternel parla encore à Moïse, en disant: [2] Parle aux enfants d'Israël, en disant: Lorsque quelqu'un aura péché par erreur contre l'un des commandements de l'Éternel, sur ce qui ne doit pas être fait, et qu'il aura fait quelqu'une de ces choses; [3] Si c'est le sacrificateur ayant reçu l'onction qui a péché, rendant par là le peuple coupable, il offrira à l'Éternel, pour le péché qu'il aura commis, un jeune taureau sans défaut, en

sacrifice pour le péché; ⁴ Il amènera le taureau à l'entrée du tabernacle d'assignation devant l'Éternel; il appuiera sa main sur la tête du taureau, et il égorgera le taureau devant l'Éternel. ⁵ Le sacrificateur ayant reçu l'onction prendra du sang du taureau et l'apportera dans le tabernacle d'assignation; ⁶ Et le sacrificateur trempera son doigt dans le sang, et fera sept fois aspersion du sang devant l'Éternel, en face du voile du sanctuaire. ⁷ Puis le sacrificateur mettra du sang sur les cornes de l'autel des parfums d'aromates, qui est devant l'Éternel, dans le tabernacle d'assignation; et il répandra tout le sang du taureau au pied de l'autel de l'holocauste, qui est à l'entrée du tabernacle d'assignation. ⁸ Et il enlèvera toute la graisse du taureau du sacrifice pour le péché, la graisse qui couvre les entrailles, et toute la graisse qui tient aux entrailles, ⁹ Et les deux rognons, la graisse qui est dessus, ce qui est sur les lombes, et la membrane qui recouvre le foie, et qu'il détachera près des rognons, ¹⁰ Comme on enlève ces parties du taureau du sacrifice de prospérités; et le sacrificateur les fera fumer sur l'autel de l'holocauste. ¹¹ Mais la peau du taureau, toute sa chair, avec sa tête, ses jambes, ses entrailles et ses excréments, ¹² Le taureau entier, il l'emportera hors du camp, dans un lieu pur, où l'on jette la cendre, et il le brûlera sur du bois, au feu; il sera brûlé sur le tas de cendres. ¹³ Et si c'est toute l'assemblée d'Israël qui a péché par erreur, et que la chose soit ignorée de l'assemblée; s'ils ont fait contre l'un des commandements de l'Éternel des choses qui ne doivent point se faire, et qu'ils se soient rendus coupables, ¹⁴ Et que le péché qu'ils ont commis soit connu, l'assemblée offrira un jeune taureau en sacrifice pour le péché, et on l'amènera devant le tabernacle d'assignation. ¹⁵ Les anciens de l'assemblée appuieront leurs mains sur la tête du taureau devant l'Éternel, et on égorgera le taureau devant l'Éternel; ¹⁶ Le sacrificateur ayant reçu l'onction portera du sang du taureau dans le tabernacle d'assignation. ¹⁷ Puis le sacrificateur trempera son doigt dans le sang, et en fera sept fois aspersion devant l'Éternel, en face du voile. ¹⁸ Il mettra du sang sur les cornes de l'autel, qui est devant l'Éternel, dans le tabernacle d'assignation; et il répandra tout le sang au pied de l'autel de l'holocauste, qui est à l'entrée du tabernacle d'assignation. ¹⁹ Il enlèvera aussi toute la graisse, et la fera fumer sur l'autel; ²⁰ Et il fera de ce taureau comme il a fait du taureau expiatoire; il en fera de même. Ainsi le sacrificateur fera expiation pour eux, et il leur sera pardonné. ²¹ Puis il emportera le taureau hors du camp, et le brûlera, comme il a brûlé le premier taureau; c'est le sacrifice pour le péché de l'assemblée. ²² Si c'est un des principaux du peuple qui a péché, en faisant par erreur contre l'un des commandements de l'Éternel, son Dieu, ce qui ne doit pas être fait, et s'est rendu coupable; ²³ Quand on lui aura fait connaître le péché qu'il a commis, il amènera pour son offrande un bouc mâle, sans défaut; ²⁴ Il appuiera sa main sur la tête du bouc, et l'égorgera au lieu où l'on égorge l'holocauste devant l'Éternel; c'est un sacrifice pour le péché. ²⁵ Le sacrificateur prendra avec son doigt du sang du sacrifice pour le péché, et le mettra sur les cornes de l'autel de l'holocauste; et il répandra le sang au pied de l'autel de l'holocauste; ²⁶ Et il fera fumer toute la graisse sur l'autel, comme la graisse du sacrifice de prospérités. Ainsi le sacrificateur fera pour lui l'expiation de son péché, et il lui sera pardonné. ²⁷ Si c'est quelqu'un du peuple qui a péché par erreur, en faisant contre l'un des commandements de l'Éternel, ce qui ne doit pas se faire, et qu'il se rende coupable; ²⁸ Lorsqu'on lui aura fait connaître le péché qu'il a commis, il amènera pour son offrande une chèvre, une femelle sans défaut, pour le péché qu'il a commis; ²⁹ Il appuiera sa main sur la tête du sacrifice pour le péché, et il égorgera le sacrifice pour le péché au même lieu que l'holocauste. ³⁰ Puis le sacrificateur prendra avec son doigt du sang de la victime, et le mettra sur les cornes de l'autel de l'holocauste; et il répandra tout le sang au pied de l'autel; ³¹ Le sacrificateur ôtera toute la graisse, comme on ôte la graisse du sacrifice de prospérités; et il la fera fumer sur l'autel, en agréable odeur à l'Éternel. Ainsi le sacrificateur fera expiation pour cet homme, et il lui sera pardonné. [32] S'il amène un agneau comme son offrande pour le péché, il amènera une femelle sans défaut. [33] Il appuiera sa main sur la tête du sacrifice pour le péché, et l'égorgera pour le péché, au lieu où l'on égorge l'holocauste. [34] Puis le sacrificateur prendra avec son doigt du sang de la victime pour le péché, et le mettra sur les cornes de l'autel de l'holocauste, et il répandra tout le sang au pied de l'autel. [35] Le sacrificateur ôtera toute la graisse, comme on ôte la graisse de l'agneau du sacrifice de prospérités, et il les fera fumer sur l'autel, à la manière des sacrifices de l'Éternel faits par le feu. Ainsi le sacrificateur fera l'expiation pour cet homme, pour le péché qu'il a commis, et il lui sera pardonné.

5

[1] Lorsque quelqu'un étant témoin, après avoir entendu la parole du serment, aura péché en ne déclarant pas ce qu'il a vu ou ce qu'il sait, il portera son iniquité. [2] Ou lorsque quelqu'un, à son insu, aura touché une chose souillée, soit le cadavre d'un animal impur, soit le cadavre d'une bête sauvage impure, soit le cadavre d'un reptile impur, il sera souillé et coupable. [3] Ou lorsque, ne le sachant pas ou le sachant, il touchera une souillure humaine, de quelque manière qu'il se soit souillé, il sera coupable. [4] Ou lorsque quelqu'un, parlant légèrement des lèvres, aura juré de faire du mal ou du bien, selon tout ce que l'homme peut jurer à la légère, qu'il ne s'en aperçoive pas ou qu'il le sache, il sera coupable sur l'un de ces cas. [5] Quand donc quelqu'un sera coupable de l'une de ces choses, il confessera ce en quoi il a péché, [6] Et il amènera à l'Éternel son sacrifice pour le délit, pour le péché qu'il a commis, une femelle de menu bétail, une brebis ou une chèvre, en sacrifice pour le péché; et le sacrificateur fera pour lui l'expiation de son péché. [7] Et s'il n'a pas le moyen de se procurer une brebis ou une chèvre, il apportera à l'Éternel, en sacrifice de délit, pour son péché, deux tourterelles, ou deux pigeonneaux; l'un en sacrifice pour le péché, et l'autre en holocauste. [8] Il les apportera au sacrificateur, qui offrira premièrement celui qui est pour le sacrifice de péché; il lui brisera la tête près de la nuque, sans la séparer; [9] Ensuite il fera aspersion, sur un côté de l'autel, du sang du sacrifice pour le péché, et le reste du sang sera exprimé au pied de l'autel; c'est un sacrifice pour le péché. [10] Il fera de l'autre oiseau un holocauste, selon l'ordonnance. Et ainsi le sacrificateur fera pour cet homme l'expiation du péché qu'il a commis, et il lui sera pardonné. [11] S'il n'a pas les moyens de se procurer deux tourterelles ou deux pigeonneaux, il apportera pour son offrande, pour le péché qu'il a commis, le dixième d'un épha de fine farine, comme sacrifice pour le péché; il ne mettra pas de l'huile dessus, il n'y ajoutera point d'encens; car c'est un sacrifice pour le péché. [12] Il l'apportera au sacrificateur, et le sacrificateur en prendra une poignée en mémorial, et la fera fumer sur l'autel, à la manière des sacrifices faits par le feu à l'Éternel; c'est un sacrifice pour le péché. [13] Ainsi le sacrificateur fera expiation pour cet homme, pour le péché qu'il aura commis à l'égard de l'une de ces choses, et il lui sera pardonné; et le reste sera pour le sacrificateur, comme dans le cas de l'oblation. [14] L'Éternel parla encore à Moïse, en disant: [15] Lorsque quelqu'un commettra une prévarication et péchera par erreur, en retenant des choses consacrées à l'Éternel, il amènera à l'Éternel en sacrifice pour le délit, un bélier sans défaut, pris du troupeau, selon ton estimation en sicles d'argent, selon le sicle du sanctuaire, en sacrifice pour le délit. [16] Il restituera ce en quoi il aura péché à l'égard du sanctuaire, en y ajoutant le cinquième de sa valeur; et il le donnera au sacrificateur. Et le sacrificateur fera expiation pour cet homme avec le bélier du sacrifice pour le délit, et il lui sera pardonné. [17] Et lorsque quelqu'un péchera, en faisant, sans le savoir, contre l'un des commandements de l'Éternel, ce qui ne doit pas se faire, il sera

coupable et portera son iniquité. [18] Il amènera donc au sacrificateur, en sacrifice pour le délit, un bélier sans défaut, pris du troupeau, d'après ton estimation; et le sacrificateur fera pour lui expiation de la faute qu'il a commise par erreur, et sans le savoir, et il lui sera pardonné. [19] C'est un sacrifice pour le délit: il s'est rendu coupable envers l'Éternel.

6

[1] L'Éternel parla aussi à Moïse, en disant: [2] Lorsque quelqu'un péchera et commettra une prévarication envers l'Éternel, en mentant à son prochain au sujet d'un dépôt, d'une chose qu'on lui a confiée, d'un vol, ou en agissant injustement envers son prochain; [3] Ou s'il a trouvé une chose perdue, et qu'il mente à ce sujet; ou s'il jure faussement, concernant quelqu'une des choses dans lesquelles l'homme pèche en les faisant; [4] Quand il aura ainsi péché et se sera rendu coupable, il rendra la chose qu'il a dérobée, ou ce qu'il a usurpé par fraude, ou le dépôt qui lui a été confié, ou la chose perdue qu'il a trouvée, [5] Ou toute chose au sujet de laquelle il a juré faussement; il la restituera en son entier, et il y ajoutera un cinquième, et la remettra à celui à qui elle appartient, au jour où il fera un sacrifice pour le délit. [6] Et il amènera au sacrificateur en sacrifice pour le délit à l'Éternel, pour son péché, un bélier sans défaut, pris du troupeau d'après ton estimation; [7] Et le sacrificateur fera expiation pour lui devant l'Éternel, et il lui sera pardonné, quelque chose qu'il ait commise en se rendant coupable. [8] L'Éternel parla encore à Moïse, en disant: [9] Donne cet ordre à Aaron et à ses fils, en disant: Voici la loi de l'holocauste: L'holocauste restera sur le foyer de l'autel toute la nuit jusqu'au matin, et le feu de l'autel y sera tenu allumé. [10] Le sacrificateur revêtira sa tunique de lin, et mettra des caleçons de lin sur sa chair; et il enlèvera la cendre provenant du feu qui aura consumé l'holocauste sur l'autel, et la mettra près de l'autel. [11] Puis il quittera ses vêtements et en revêtira d'autres, et transportera la cendre hors du camp, dans un lieu pur. [12] Et quant au feu qui est sur l'autel, on l'y tiendra allumé; il ne s'éteindra pas. Le sacrificateur y allumera du bois tous les matins; il arrangera l'holocauste sur le feu, et y fera fumer les graisses des sacrifices de prospérités. [13] Le feu brûlera continuellement sur l'autel; il ne s'éteindra pas. [14] Voici la loi de l'oblation: Les fils d'Aaron la présenteront devant l'Éternel, devant l'autel; [15] On prélèvera de l'oblation une poignée de fleur de farine, et de son huile, et tout l'encens qui est sur l'oblation, et l'on fera fumer cela sur l'autel en agréable odeur, en mémorial à l'Éternel. [16] Aaron et ses fils mangeront ce qui restera de l'offrande. On le mangera sans levain, dans un lieu saint; ils le mangeront dans le parvis du tabernacle d'assignation. [17] On ne le cuira point avec du levain. C'est leur part, que je leur ai donnée de mes sacrifices faits par le feu. C'est une chose très sainte, comme le sacrifice pour le péché et comme le sacrifice pour le délit. [18] Tout mâle d'entre les fils d'Aaron en mangera; c'est une ordonnance perpétuelle dans vos générations, au sujet des sacrifices faits par le feu à l'Éternel; quiconque y touchera sera sanctifié. [19] L'Éternel parla aussi à Moïse, en disant: [20] Voici l'offrande d'Aaron et de ses fils, qu'ils offriront à l'Éternel, au jour où ils seront oints: Un dixième d'épha de fine farine comme offrande perpétuelle, moitié le matin, et moitié le soir. [21] Elle sera apprêtée sur une plaque avec de l'huile; tu l'apporteras mélangée; tu offriras les pièces cuites de l'offrande divisée en morceaux, en agréable odeur à l'Éternel. [22] Et celui de ses fils qui sera oint sacrificateur à sa place, fera cette offrande; c'est une ordonnance perpétuelle devant l'Éternel: on la fera fumer tout entière. [23] Et toute offrande de sacrificateur sera consumée entièrement; on n'en mangera pas. [24] L'Éternel parla aussi à Moïse, en disant: [25] Parle à Aaron et à ses fils, en disant: Voici la loi du sacrifice pour le péché: Le sacrifice pour le péché sera égorgé devant l'Éternel dans le lieu où l'on égorge l'holocauste; c'est une chose très sainte. [26] Le

sacrificateur qui offrira le sacrifice pour le péché, le mangera; il sera mangé dans un lieu saint, dans le parvis du tabernacle d'assignation. ²⁷ Quiconque en touchera la chair, sera sanctifié, et s'il en rejaillit du sang sur un vêtement, tu laveras dans un lieu saint ce vêtement sur lequel il aura rejailli. ²⁸ Le vase de terre dans lequel il aura cuit sera brisé; mais s'il a cuit dans un vase d'airain, il sera écuré et lavé dans l'eau. ²⁹ Tout mâle parmi les sacrificateurs en mangera: ³⁰ C'est une chose très sainte. Mais nul sacrifice pour le péché, dont il sera porté du sang dans le tabernacle d'assignation, pour faire expiation dans le sanctuaire, ne sera mangé: il sera brûlé au feu.

7

¹ Voici la loi du sacrifice pour le délit; c'est une chose très sainte. ² Dans le lieu où l'on égorge l'holocauste, on égorgera la victime du sacrifice pour le délit; et l'on en répandra le sang sur l'autel tout autour. ³ Puis on en offrira toute la graisse, la queue, la graisse qui couvre les entrailles, ⁴ Les deux rognons et la graisse qui est dessus, ce qui est sur les lombes, et la membrane qui recouvre le foie; on la détachera près des rognons. ⁵ Et le sacrificateur les fera fumer sur l'autel, en sacrifice fait par le feu à l'Éternel: c'est un sacrifice pour le délit. ⁶ Tout mâle parmi les sacrificateurs en mangera; il sera mangé dans un lieu saint; c'est une chose très sainte. ⁷ Il en est du sacrifice pour le délit comme du sacrifice pour le péché; ils ont une même loi; la victime appartiendra au sacrificateur qui fera expiation par son moyen. ⁸ Le sacrificateur qui offre l'holocauste pour quelqu'un, aura la peau de l'holocauste qu'il a offert; elle sera pour lui. ⁹ Et toute offrande qui sera cuite au four, et tout ce qui sera apprêté dans la poêle, et sur la plaque, appartient au sacrificateur qui l'offre; ce sera pour lui. ¹⁰ Et toute offrande arrosée d'huile, ou sèche, sera pour tous les fils d'Aaron, pour l'un comme pour l'autre. ¹¹ Et voici la loi du sacrifice de prospérités, qu'on offrira à l'Éternel: ¹² Si on l'offre pour rendre grâces, on offrira, avec le sacrifice de prospérités, des gâteaux sans levain arrosés d'huile, des galettes sans levain ointes d'huile, et de la fleur de farine mélangée en gâteaux arrosés d'huile; ¹³ On offrira son offrande avec des gâteaux de pain levé, avec son sacrifice d'actions de grâces et de prospérités. ¹⁴ On présentera une portion de chaque offrande, en oblation élevée à l'Éternel; elle sera pour le sacrificateur qui aura répandu le sang du sacrifice de prospérités. ¹⁵ Et la chair du sacrifice d'actions de grâces et de prospérités, sera mangée le jour qu'elle sera offerte; on n'en laissera rien jusqu'au matin. ¹⁶ Si le sacrifice d'une offrande est présenté pour un vœu ou comme offrande volontaire, le sacrifice sera mangé le jour où on l'aura offert, et le lendemain on en mangera le reste. ¹⁷ Mais ce qui restera de la chair du sacrifice, sera brûlé au feu le troisième jour. ¹⁸ Si quelqu'un mange de la chair de son sacrifice de prospérités au troisième jour, celui qui l'aura offert ne sera point agréé; il ne lui sera point imputé; ce sera une abomination, et la personne qui en aura mangé, portera son iniquité. ¹⁹ Et la chair qui aura touché quelque chose de souillé, ne sera point mangée: elle sera brûlée au feu. Quant à la chair qui se mange, quiconque sera pur en mangera. ²⁰ Mais la personne qui mangera de la chair du sacrifice de prospérités qui appartient à l'Éternel, et qui sera souillée, cette personne sera retranchée de son peuple. ²¹ Et si quelqu'un touche quelque chose de souillé, souillure d'homme, ou bête immonde, ou quelque abomination immonde, et qu'il mange de la chair du sacrifice de prospérités qui appartient à l'Éternel, celui-là sera retranché de son peuple. ²² L'Éternel parla encore à Moïse, en disant: ²³ Parle aux enfants d'Israël, en disant: Vous ne mangerez aucune graisse de bœuf, ni d'agneau, ni de chèvre; ²⁴ La graisse d'une bête morte et la graisse d'une bête déchirée pourra servir à tout usage; mais vous n'en mangerez point; ²⁵ Car quiconque mangera de la graisse des bêtes dont on offre un sacrifice fait par le feu à l'Éternel, celui qui en aura mangé, sera retranché

de son peuple. [26] Et dans tous les lieux où vous habiterez vous ne mangerez point de sang, ni d'oiseaux, ni de bétail. [27] Toute personne qui mangera d'un sang quelconque, sera retranchée de son peuple. [28] L'Éternel parla encore à Moïse, en disant: [29] Parle aux enfants d'Israël, et dis-leur: Celui qui offrira à l'Éternel son sacrifice de prospérités, apportera à l'Éternel son offrande, prise de son sacrifice de prospérités. [30] Il apportera de ses propres mains ce qui doit être offert par le feu à l'Éternel; il apportera la graisse avec la poitrine, la poitrine pour l'agiter en offrande devant l'Éternel; [31] Et le sacrificateur fera fumer la graisse sur l'autel; et la poitrine sera pour Aaron et pour ses fils. [32] Vous donnerez aussi au sacrificateur, en offrande élevée, la jambe droite de vos sacrifices de prospérités. [33] Celui des fils d'Aaron qui offrira le sang et la graisse des sacrifices de prospérités, aura la jambe droite pour sa part. [34] Car je prends, sur les sacrifices de prospérités des enfants d'Israël, la poitrine qu'on agite devant moi et la jambe qu'on présente par élévation, et je les donne à Aaron le sacrificateur et à ses fils, par une ordonnance perpétuelle de la part des enfants d'Israël. [35] C'est là le droit que l'onction conférera à Aaron et à ses fils, sur les sacrifices faits par le feu à l'Éternel, au jour où on les présentera pour exercer la sacrificature à l'Éternel; [36] C'est ce que l'Éternel a commandé aux enfants d'Israël de leur donner, depuis le jour de leur onction. C'est une ordonnance perpétuelle dans tous les âges. [37] Telle est la loi de l'holocauste, de l'offrande, du sacrifice pour le péché, du sacrifice pour le délit, de l'installation, et du sacrifice de prospérités, [38] Que l'Éternel commanda à Moïse au mont Sinaï, lorsqu'il ordonna aux enfants d'Israël de présenter leurs offrandes à l'Éternel dans le désert de Sinaï.

8

[1] L'Éternel parla à Moïse, en disant: [2] Prends Aaron et ses fils avec lui, les vêtements, l'huile d'onction, le taureau du sacrifice pour le péché, les deux béliers, et la corbeille de pains sans levain; [3] Et convoque toute l'assemblée à l'entrée du tabernacle d'assignation. [4] Moïse fit donc comme l'Éternel lui avait commandé; et l'assemblée fut convoquée à l'entrée du tabernacle d'assignation. [5] Et Moïse dit à l'assemblée: Voici ce que l'Éternel a commandé de faire. [6] Puis Moïse fit approcher Aaron et ses fils, et les lava avec de l'eau. [7] Et il mit à Aaron la tunique, le ceignit de la ceinture, et le revêtit de la robe; il lui mit l'éphod, et le ceignit de la ceinture de l'éphod, dont il le revêtit. [8] Il lui mit aussi le pectoral, et mit au pectoral l'Urim et le Thummim. [9] Il posa la tiare sur sa tête, et sur le devant de la tiare, la lame d'or, la couronne sainte, comme l'Éternel l'avait commandé à Moïse. [10] Ensuite Moïse prit l'huile d'onction; il oignit la Demeure, et toutes les choses qui y étaient, et les consacra. [11] Il en fit aspersion sur l'autel par sept fois, et il oignit l'autel et tous ses ustensiles, et la cuve avec son soubassement, pour les consacrer. [12] Il versa aussi de l'huile d'onction sur la tête d'Aaron, et l'oignit pour le consacrer. [13] Puis Moïse fit approcher les fils d'Aaron, et les revêtit de tuniques, les ceignit de ceintures, et leur attacha des mitres, comme l'Éternel l'avait commandé à Moïse. [14] Il fit approcher le taureau du sacrifice pour le péché, et Aaron et ses fils appuyèrent leurs mains sur la tête du taureau du sacrifice pour le péché; [15] Et Moïse l'égorgea, prit le sang, et en mit avec son doigt sur les cornes de l'autel tout autour, et purifia l'autel; puis il répandit le sang au pied de l'autel, et le consacra ainsi pour y faire l'expiation. [16] Et il prit toute la graisse qui était sur les entrailles, la membrane qui recouvre le foie, et les deux rognons avec leur graisse, et Moïse les fit fumer sur l'autel. [17] Mais il brûla au feu hors du camp le taureau, sa peau, sa chair et ses excréments, comme l'Éternel l'avait commandé à Moïse. [18] Il fit aussi approcher le bélier de l'holocauste, et Aaron et ses fils appuyèrent leurs mains sur la tête du bélier; [19] Et Moïse l'égorgea, et répandit le sang sur l'autel tout autour. [20] Puis

il coupa le bélier en morceaux; et Moïse fit fumer la tête, les morceaux, et la graisse. [21] Et il lava dans l'eau les entrailles et les jambes, et Moïse fit fumer tout le bélier sur l'autel; ce fut l'holocauste d'agréable odeur; ce fut un sacrifice fait par le feu à l'Éternel, comme l'Éternel l'avait commandé à Moïse. [22] Il fit aussi approcher le second bélier, le bélier d'installation; et Aaron et ses fils appuyèrent leurs mains sur la tête du bélier. [23] Moïse l'égorgea, prit de son sang et en mit sur le bout de l'oreille droite d'Aaron, et sur le pouce de sa main droite, et sur le gros orteil de son pied droit. [24] Moise fit aussi approcher les fils d'Aaron, mit du sang sur le bout de leur oreille droite, sur le pouce de leur main droite, et sur le gros orteil de leur pied droit, et Moïse répandit le sang sur l'autel tout autour. [25] Ensuite il prit la graisse, la queue, toute la graisse qui était sur les entrailles, la membrane qui recouvre le foie, les deux rognons avec leur graisse, et la jambe droite; [26] Il prit aussi de la corbeille des pains sans levain, qui était devant l'Éternel, un gâteau sans levain, un gâteau de pain à l'huile, et une galette; et il les mit sur les graisses et sur la jambe droite. [27] Puis il plaça le tout dans les mains d'Aaron, et dans les mains de ses fils, et il les agita en offrande devant l'Éternel. [28] Puis Moïse les prit de leurs mains, et les fit fumer à l'autel, sur l'holocauste; ce fut le sacrifice d'installation, d'agréable odeur, un sacrifice fait par le feu à l'Éternel. [29] Moïse prit aussi la poitrine du bélier d'installation, et l'agita en offrande devant l'Éternel; ce fut la portion de Moïse, comme l'Éternel l'avait commandé à Moïse. [30] Et Moïse prit de l'huile d'onction et du sang qui était sur l'autel; il en fit aspersion sur Aaron et sur ses vêtements, sur ses fils, et sur les vêtements de ses fils avec lui; et il consacra Aaron et ses vêtements, ses fils, et les vêtements de ses fils avec lui. [31] Puis Moïse dit à Aaron et à ses fils: Faites cuire la chair à l'entrée du tabernacle d'assignation et vous la mangerez là, avec le pain qui est dans la corbeille d'installation, comme je l'ai commandé, en disant: Aaron et ses fils la mangeront. [32] Mais vous brûlerez au feu ce qui restera de la chair et du pain. [33] Et pendant sept jours, vous ne sortirez pas de l'entrée du tabernacle d'assignation, jusqu'à ce que les jours de votre installation soient accomplis; car on vous installera pendant sept jours. [34] L'Éternel a commandé de faire comme on a fait aujourd'hui, pour faire expiation pour vous. [35] Vous resterez donc sept jours à l'entrée du tabernacle d'assignation, jour et nuit, et vous observerez le commandement de l'Éternel, afin que vous ne mouriez pas; car il m'a été ainsi commandé. [36] Et Aaron et ses fils firent toutes les choses que l'Éternel avait commandées par Moïse.

9

[1] Le huitième jour, Moïse appela Aaron et ses fils, et les anciens d'Israël; [2] Et il dit à Aaron: Prends un jeune veau pour le sacrifice pour le péché, et un bélier pour l'holocauste, l'un et l'autre sans défaut, et offre-les devant l'Éternel. [3] Et tu parleras aux enfants d'Israël, en disant: Prenez un bouc pour le sacrifice pour le péché; un veau et un agneau sans défaut, âgés d'un an, pour l'holocauste; [4] Un taureau et un bélier pour le sacrifice de prospérités, pour sacrifier devant l'Éternel, et une offrande arrosée d'huile; car aujourd'hui l'Éternel vous apparaîtra. [5] Ils amenèrent donc devant le tabernacle d'assignation ce que Moïse avait commandé; et toute l'assemblée s'approcha, et se tint devant l'Éternel. [6] Et Moïse dit: Voici ce que l'Éternel a commandé, faites-le, et la gloire de l'Éternel vous apparaîtra. [7] Puis Moïse dit à Aaron: Approche-toi de l'autel; fais ton sacrifice pour le péché et ton holocauste, et fais l'expiation pour toi et pour le peuple; présente aussi l'offrande du peuple, et fais l'expiation pour lui, comme l'Éternel l'a commandé. [8] Alors Aaron s'approcha de l'autel, et égorgea le veau de son sacrifice pour le péché. [9] Et les fils d'Aaron lui présentèrent le sang; il trempa son doigt dans le sang,

en mit sur les cornes de l'autel, et répandit le sang au pied de l'autel. ¹⁰ Et il fit fumer sur l'autel la graisse, les rognons, et la membrane qui recouvre le foie de la victime pour le péché, comme l'Éternel l'avait commandé à Moïse. ¹¹ Mais il brûla au feu, hors du camp, la chair et la peau. ¹² Ensuite il égorgea l'holocauste. Les fils d'Aaron lui présentèrent le sang, et il le répandit sur l'autel tout autour. ¹³ Ils lui présentèrent aussi l'holocauste, coupé par morceaux, et la tête, et il les fit fumer sur l'autel. ¹⁴ Puis il lava les entrailles et les jambes, et il les fit fumer sur l'holocauste à l'autel. ¹⁵ Il offrit aussi l'offrande du peuple. Il prit le bouc du sacrifice pour le péché qui était pour le peuple; il l'égorgea, et l'offrit pour le péché, comme le premier sacrifice; ¹⁶ Et il offrit l'holocauste, et le fit selon l'ordonnance. ¹⁷ Ensuite il présenta l'offrande; il en remplit la paume de sa main, et la fit fumer sur l'autel, outre l'holocauste du matin. ¹⁸ Il égorgea aussi le taureau et le bélier en sacrifice de prospérités pour le peuple. Les fils d'Aaron lui présentèrent le sang, et il le répandit sur l'autel tout autour. ¹⁹ Ils lui présentèrent aussi la graisse du taureau et du bélier, la queue, ce qui couvre les entrailles, les rognons, et la membrane qui recouvre le foie; ²⁰ Et ils mirent les graisses sur les poitrines, et il fit fumer les graisses sur l'autel; ²¹ Puis Aaron agita devant l'Éternel, en offrande, les poitrines et la jambe droite, comme Moïse l'avait commandé. ²² Et Aaron éleva ses mains vers le peuple, et le bénit; et il descendit, après avoir offert le sacrifice pour le péché, l'holocauste et le sacrifice de prospérités. ²³ Alors Moïse et Aaron entrèrent dans le tabernacle d'assignation, puis ils sortirent et bénirent le peuple; et la gloire de l'Éternel apparut à tout le peuple: ²⁴ Un feu sortit de devant l'Éternel, et consuma sur l'autel l'holocauste et les graisses; et tout le peuple le vit, et ils poussèrent des cris de joie, et se jetèrent sur leurs faces.

10

¹ Or les fils d'Aaron, Nadab et Abihu, prirent chacun leur encensoir, y mirent du feu, posèrent du parfum dessus, et offrirent devant l'Éternel un feu étranger; ce qu'il ne leur avait point commandé. ² Et un feu sortit de devant l'Éternel, et les dévora, et ils moururent devant l'Éternel. ³ Alors Moïse dit à Aaron: C'est ce dont l'Éternel a parlé, en disant: Je serai sanctifié par ceux qui s'approchent de moi, et je serai glorifié en présence de tout le peuple. Et Aaron se tut. ⁴ Et Moïse appela Mishaël et Eltsaphan, fils d'Uziel, oncle d'Aaron, et leur dit: Approchez-vous, emportez vos frères de devant le sanctuaire, hors du camp. ⁵ Ils s'approchèrent donc, et les emportèrent dans leurs tuniques hors du camp, comme Moïse l'avait dit. ⁶ Puis Moïse dit à Aaron, et à Éléazar et à Ithamar, ses fils: Ne découvrez point vos têtes, et ne déchirez point vos vêtements, de peur que vous ne mouriez, et que l'Éternel ne se courrouce contre toute l'assemblée; mais que vos frères, toute la maison d'Israël, pleurent à cause de l'embrasement que l'Éternel a allumé. ⁷ Et ne sortez pas de l'entrée du tabernacle d'assignation, de peur que vous ne mouriez; car l'huile de l'onction de l'Éternel est sur vous. Et ils firent selon la parole de Moïse. ⁸ Puis l'Éternel parla à Aaron, en disant: ⁹ Tu ne boiras ni vin ni boisson enivrante, toi et tes fils avec toi, quand vous entrerez dans le tabernacle d'assignation, de peur que vous ne mouriez; c'est une ordonnance perpétuelle dans vos générations, ¹⁰ Afin que vous puissiez discerner entre ce qui est saint et ce qui est profane, entre ce qui est souillé et ce qui est pur, ¹¹ Et enseigner aux enfants d'Israël toutes les ordonnances que l'Éternel leur a prescrites par Moïse. ¹² Et Moïse dit à Aaron, et à Éléazar et à Ithamar, les fils qui lui restaient: Prenez le reste de l'offrande des sacrifices faits par le feu à l'Éternel, et mangez-le sans levain près de l'autel; car c'est une chose très sainte. ¹³ Vous le mangerez dans un lieu saint, car c'est ton droit et le droit de tes fils, sur les sacrifices faits par le feu à l'Éternel; car cela m'a été ainsi commandé. ¹⁴ Quant à la poitrine offerte par agitation

et à la jambe présentée par élévation, vous les mangerez dans un lieu pur, toi, tes fils, et tes filles avec toi; car elles vous sont données comme ton droit et le droit de tes fils, dans les sacrifices de prospérités des enfants d'Israël. [15] On apportera avec les sacrifices des graisses faits par le feu, la jambe présentée par élévation et la poitrine offerte par agitation, pour les agiter en offrande devant l'Éternel; et cela t'appartiendra, et à tes fils avec toi, par une loi perpétuelle, comme l'Éternel l'a commandé. [16] Or Moïse cherchait le bouc du sacrifice pour le péché; et voici, il avait été brûlé. Alors il se courrouça contre Éléazar et Ithamar, les fils qui restaient à Aaron, et leur dit: [17] Pourquoi n'avez-vous pas mangé le sacrifice pour le péché dans le lieu saint? car c'est une chose très sainte, et l'Éternel vous l'a donné pour porter l'iniquité de l'assemblée, pour faire l'expiation pour elle devant l'Éternel. [18] Voici, son sang n'a point été porté dans l'intérieur du sanctuaire; vous deviez manger le sacrifice dans le sanctuaire, comme je l'ai commandé. [19] Mais Aaron dit à Moïse: Voici, ils ont offert aujourd'hui leur sacrifice pour le péché, et leur holocauste devant l'Éternel; et après ce qui m'est arrivé, si j'eusse mangé aujourd'hui le sacrifice pour le péché, cela eût-il plu à l'Éternel? [20] Et Moïse, l'ayant entendu, approuva.

11

[1] L'Éternel parla à Moïse et à Aaron, en leur disant: [2] Parlez aux enfants d'Israël, et dites: Voici les animaux que vous mangerez, d'entre toutes les bêtes qui sont sur la terre: [3] Vous mangerez parmi le bétail tout ce qui a l'ongle divisé et le pied fourché, et qui rumine; [4] Mais vous ne mangerez point d'entre celles qui ruminent, et d'entre celles qui ont l'ongle divisé: le chameau, car il rumine, mais il n'a point l'ongle divisé; il vous sera souillé; [5] Le lapin, car il rumine, mais il n'a point l'ongle divisé; il vous sera souillé; [6] Le lièvre, car il rumine, mais il n'a point l'ongle divisé; il vous sera souillé; [7] Le porc, car il a l'ongle divisé et le pied fourché, mais il ne rumine pas; il vous sera souillé; [8] Vous ne mangerez point de leur chair, vous ne toucherez point leur cadavre; ils vous seront souillés. [9] Voici ce que vous mangerez de tout ce qui est dans les eaux: Vous mangerez tout ce qui a des nageoires et des écailles, dans les eaux, dans les mers, et dans les rivières; [10] Mais tout ce qui n'a point de nageoires ni d'écailles, dans les mers et dans les rivières, parmi tout ce qui fourmille dans les eaux, et parmi tout être vivant dans les eaux, vous sera en abomination. [11] Ils vous seront en abomination; vous ne mangerez point de leur chair, et vous tiendrez pour abominable leur cadavre. [12] Tout ce qui n'a pas de nageoires et d'écailles dans les eaux, vous sera en abomination. [13] Et voici parmi les oiseaux ceux que vous tiendrez pour abominables; on ne les mangera pas, c'est une abomination: l'aigle, l'orfraie, et le vautour; [14] Le milan et le faucon, selon leur espèce; [15] Toute espèce de corbeau; [16] Le chat-huant, le coucou, la mouette, l'épervier et ce qui est de son espèce; [17] La chouette, le plongeon, et le hibou; [18] Le cygne, le pélican, le cormoran; [19] La cigogne, le héron, et ce qui est de son espèce; la huppe et la chauve-souris. [20] Tout reptile qui vole et qui marche sur quatre pieds vous sera en abomination. [21] Mais de tout reptile qui vole et qui marche sur quatre pieds, vous mangerez ceux qui ont des jambes au-dessus de leurs pieds, pour sauter sur la terre. [22] Voici ceux que vous mangerez: la sauterelle selon son espèce, le solam selon son espèce, le hargol selon son espèce, et le hagab selon son espèce. [23] Tout autre reptile qui vole et qui a quatre pieds, vous sera en abomination. [24] Vous serez souillés à cause d'eux; quiconque touchera leur cadavre, sera souillé jusqu'au soir. [25] Et quiconque portera leur corps mort, lavera ses vêtements, et sera souillé jusqu'au soir. [26] Toute bête qui a l'ongle divisé, et qui n'a point le pied fourché, et ne rumine pas, vous sera souillée; quiconque la touchera, sera souillé. [27] Et tout ce qui marche sur ses pattes, entre tous les animaux qui marchent sur quatre pieds, vous sera souillé; quiconque en touchera le corps mort, sera souillé

jusqu'au soir. [28] Et quiconque portera leur corps mort, lavera ses vêtements, et sera souillé jusqu'au soir; ces animaux vous seront souillés. [29] Et voici ce qui sera souillé pour vous parmi les animaux qui rampent sur la terre: la taupe, la souris et le lézard, selon leur espèce, [30] La musaraigne, la grenouille, la tortue, la limace et le caméléon. [31] Ceux-là sont souillés pour vous entre tous les reptiles; quiconque les touchera morts, sera souillé jusqu'au soir. [32] Tout objet sur lequel il en tombera quand ils seront morts, sera souillé, ustensile de bois, vêtement, peau, sac, tout objet dont on fait usage; il sera mis dans l'eau, et sera souillé jusqu'au soir, puis il sera pur. [33] Et s'il en tombe quelque chose dans un vase de terre, tout ce qui se trouvera dedans sera souillé, et vous briserez le vase. [34] Tout aliment qu'on mange, sur lequel il sera tombé de cette eau, sera souillé; et tout breuvage qu'on boit, dans quelque vase que ce soit, en sera souillé. [35] Tout objet sur lequel tombera quelque chose de leur corps mort, sera souillé; le four et le foyer seront détruits; ils sont souillés, et ils vous seront souillés. [36] Toutefois une source ou une citerne, formant amas d'eau, seront pures; mais qui touchera leur corps mort sera souillé. [37] Et s'il tombe quelque chose de leur corps mort sur quelque semence que l'on sème, elle sera pure. [38] Mais si l'on a mis de l'eau sur la semence, et qu'il y tombe quelque chose de leur corps mort, elle vous sera souillée. [39] Et quand une des bêtes qui vous sert de nourriture mourra, celui qui en touchera le cadavre, sera souillé jusqu'au soir. [40] Celui qui mangera de son corps mort lavera ses vêtements, et sera souillé jusqu'au soir; et celui qui portera son corps mort, lavera ses vêtements, et sera souillé jusqu'au soir. [41] Tout reptile qui rampe sur la terre est une abomination; on n'en mangera point. [42] Vous ne mangerez point, parmi les reptiles qui rampent sur la terre, ceux qui marchent sur le ventre, ni ceux qui marchent sur quatre pieds, ou sur un grand nombre de pieds; car ils sont une abomination. [43] Ne rendez point vos personnes abominables par aucun reptile qui rampe, ne vous rendez point impurs par eux, ne vous souillez point par eux. [44] Car je suis l'Éternel, votre Dieu; vous vous sanctifierez, et vous serez saints; car je suis saint. Et vous ne souillerez point vos personnes par aucun de ces reptiles qui rampent sur la terre. [45] Car je suis l'Éternel, qui vous ai fait monter du pays d'Égypte, pour être votre Dieu; vous serez saints, car je suis saint. [46] Telle est la loi touchant le bétail, les oiseaux, tout être vivant qui se meut dans les eaux, et pour tout être qui rampe sur la terre, [47] Afin de discerner entre ce qui est souillé et ce qui est pur, entre l'animal qui se mange et celui qui ne se mange pas.

12

[1] L'Éternel parla à Moïse, en disant: [2] Parle aux enfants d'Israël, et dis: Quand une femme deviendra enceinte et enfantera un mâle, elle sera souillée sept jours; elle sera souillée comme au temps de l'impureté de son indisposition. [3] Et le huitième jour on circoncira la chair du prépuce de l'enfant. [4] Elle restera pendant trente-trois jours, à se purifier de son sang; elle ne touchera aucune chose sainte, et n'ira point au sanctuaire, jusqu'à ce que les jours de sa purification soient accomplis. [5] Et si elle enfante une fille, elle sera souillée deux semaines, comme pour son impureté, et elle restera soixante-six jours à se purifier de son sang. [6] Et quand les jours de sa purification seront accomplis, pour un fils ou pour une fille, elle présentera au sacrificateur un agneau de l'année, en holocauste, et un pigeonneau ou une tourterelle, en sacrifice pour le péché, à l'entrée du tabernacle d'assignation. [7] Le sacrificateur l'offrira devant l'Éternel, et fera l'expiation pour elle, et elle sera purifiée du flux de son sang. Telle est la loi touchant celle qui enfante un mâle ou une fille. [8] Mais si elle n'a pas le moyen de se procurer un agneau, elle prendra deux tourterelles ou deux pigeonneaux, l'un pour l'holocauste et l'autre

pour le sacrifice pour le péché; et le sacrificateur fera l'expiation pour elle, et elle sera purifiée.

13

[1] L'Éternel parla aussi à Moïse et à Aaron, en disant: [2] Quand un homme aura sur la peau de son corps une tumeur, une éruption, ou une tache blanche, qui sera devenue sur la peau de son corps une plaie de lèpre, on l'amènera à Aaron, le sacrificateur, ou à l'un de ses fils, les sacrificateurs. [3] Le sacrificateur regardera la plaie qui est sur la peau du corps. Si le poil de la plaie est devenu blanc, et si l'apparence de la plaie est plus enfoncée que la peau du corps, c'est une plaie de lèpre: le sacrificateur le verra et déclarera cet homme souillé. [4] Mais s'il y a une tache blanche sur la peau du corps, et que son apparence ne soit pas plus enfoncée que la peau, et si son poil n'est pas devenu blanc, le sacrificateur enfermera pendant sept jours celui qui a la plaie. [5] Le sacrificateur l'examinera au septième jour; et si la plaie lui paraît s'être arrêtée, si la plaie ne s'est pas étendue sur la peau, le sacrificateur l'enfermera une seconde fois pendant sept jours. [6] Et le sacrificateur l'examinera une seconde fois au septième jour. Si la plaie est devenue pâle, et ne s'est pas étendue sur la peau, le sacrificateur déclarera cet homme pur; c'est une éruption. Il lavera ses vêtements et sera pur. [7] Mais si l'éruption s'étend sur la peau, après qu'il aura paru devant le sacrificateur pour être déclaré pur, il se montrera une seconde fois au sacrificateur, [8] Le sacrificateur l'examinera; et si l'éruption s'est étendue sur la peau, le sacrificateur le déclarera souillé; c'est la lèpre. [9] Quand il y aura une plaie de lèpre sur un homme, on l'amènera au sacrificateur. Et le sacrificateur l'examinera. [10] S'il y a une tumeur blanche sur la peau, et qu'elle ait rendu le poil blanc, et qu'il y ait trace de chair vive dans la tumeur, [11] C'est une lèpre invétérée dans la peau de son corps, et le sacrificateur le déclarera souillé; il ne l'enfermera pas, car il est souillé. [12] Mais si la lèpre fait une éruption sur la peau, et que la lèpre couvre toute la peau de celui qui a la plaie, de la tête aux pieds, partout où peut voir le sacrificateur, [13] Le sacrificateur l'examinera, et si la lèpre a couvert toute sa chair, il déclarera pur celui qui a la plaie; il est devenu tout blanc; il est pur. [14] Mais le jour où il y paraîtra de la chair vive, il sera souillé. [15] Quand le sacrificateur aura vu la chair vive, il le déclarera souillé; la chair vive est souillée, c'est la lèpre. [16] Mais si la chair vive change et devient blanche, il ira vers le sacrificateur; [17] Et le sacrificateur l'examinera; et si la plaie est devenue blanche, le sacrificateur déclarera pur celui qui a la plaie: il est pur. [18] Quand quelqu'un aura eu sur la peau de son corps un ulcère qui aura été guéri, [19] Et qu'à la place où était l'ulcère, il y aura une tumeur blanche, ou une tache blanche rougeâtre, cet homme se montrera au sacrificateur. [20] Le sacrificateur l'examinera. Si la tache paraît plus enfoncée que la peau, et que le poil soit devenu blanc, alors le sacrificateur le déclarera souillé; c'est une plaie de lèpre, qui a fait éruption dans l'ulcère. [21] Mais si le sacrificateur voit qu'il n'y a point de poil blanc dans la tache, et qu'elle n'est pas plus enfoncée que la peau, et qu'elle est devenue pâle, le sacrificateur enfermera cet homme pendant sept jours. [22] Et si elle s'étend sur la peau, le sacrificateur le déclarera souillé: c'est une plaie de lèpre. [23] Mais si la tache est restée à la même place, et ne s'est pas étendue, c'est une cicatrice d'ulcère; le sacrificateur le déclarera pur. [24] Lorsqu'un homme aura sur la peau une brûlure faite par le feu, et que la marque de la brûlure sera une tache d'un blanc rougeâtre ou blanche, [25] Le sacrificateur l'examinera; et si le poil est devenu blanc dans la tache, et que son apparence soit plus enfoncée que la peau, c'est la lèpre; elle a fait éruption dans la brûlure. Le sacrificateur déclarera cet homme souillé: c'est une plaie de lèpre. [26] Mais si le sacrificateur voit qu'il n'y a point de poil blanc dans la tache, qu'elle n'est pas plus enfoncée que la peau, et qu'elle est devenue pâle, le sacrificateur enfermera cet homme pendant sept jours. [27] Le sacrificateur l'examinera au septième jour; si la

tache s'est étendue sur la peau, le sacrificateur le déclarera souillé: c'est une plaie de lèpre. ²⁸ Mais si la tache est restée à la même place, ne s'est pas étendue sur la peau, et est devenue pâle, c'est la tumeur de la brûlure. Le sacrificateur le déclarera pur, car c'est la cicatrice de la brûlure. ²⁹ Lorsqu'un homme ou une femme aura une plaie à la tête, ou à la barbe, ³⁰ Le sacrificateur examinera la plaie. Si son apparence est plus profonde que la peau, et qu'elle contienne du poil jaunâtre et grêle, le sacrificateur le déclarera souillé: c'est de la teigne, c'est la lèpre de la tête ou de la barbe. ³¹ Mais si le sacrificateur, regardant la plaie de la teigne, voit que son apparence n'est pas plus profonde que la peau, et qu'il n'y a point de poil noir, le sacrificateur enfermera pendant sept jours celui qui a la plaie de la teigne. ³² Le septième jour le sacrificateur examinera la plaie. Si la teigne ne s'est pas étendue, s'il n'y a point de poil jaunâtre, et que l'apparence de la teigne ne soit pas plus profonde que la peau, ³³ L'homme se rasera, mais il ne rasera pas l'endroit de la teigne; et le sacrificateur enfermera une seconde fois, pendant sept jours, celui qui a la teigne. ³⁴ Puis, le sacrificateur examinera la teigne au septième jour. Si la teigne ne s'est pas étendue sur la peau, et que son apparence ne soit pas plus profonde que la peau, le sacrificateur le déclarera pur; il lavera ses vêtements et il sera pur. ³⁵ Mais si la teigne s'est étendue sur la peau, après qu'il aura été déclaré pur, ³⁶ Le sacrificateur l'examinera. Et si la teigne s'est étendue sur la peau, le sacrificateur ne cherchera point de poil jaunâtre: il est souillé. ³⁷ Mais si la teigne lui paraît s'être arrêtée, et qu'il y ait poussé du poil noir, la teigne est guérie: il est pur, et le sacrificateur le déclarera pur. ³⁸ Lorsqu'un homme ou une femme aura sur la peau de son corps des taches, des taches blanches, ³⁹ Le sacrificateur l'examinera. S'il y a sur la peau de son corps des taches d'un blanc pâle, c'est une tache blanche qui a fait éruption sur la peau: il est pur. ⁴⁰ Lorsqu'un homme aura la tête dépouillée de cheveux, c'est un chauve: il est pur. ⁴¹ Et si sa tête est dépouillée de cheveux du côté de la face, c'est un front chauve: il est pur. ⁴² Mais s'il y a dans la partie chauve de derrière ou de devant, une plaie d'un blanc rougeâtre, c'est une lèpre qui a fait éruption dans la partie chauve de derrière ou de devant. ⁴³ Le sacrificateur l'examinera; et si la tumeur de la plaie est d'un blanc rougeâtre, dans la partie chauve de derrière ou de devant, semblable à la lèpre de la peau du corps, ⁴⁴ Cet homme est lépreux, il est souillé; le sacrificateur le déclarera souillé; sa plaie est à la tête. ⁴⁵ Or le lépreux qui sera atteint de la plaie aura ses vêtements déchirés, et la tête nue; il se couvrira la barbe et criera: Souillé! souillé! ⁴⁶ Tout le temps qu'il aura la plaie, il sera souillé; il est souillé; il demeurera seul, son habitation sera hors du camp. ⁴⁷ Quand il y aura une plaie de lèpre sur un vêtement, sur un vêtement de laine, ou sur un vêtement de lin, ⁴⁸ Sur un feutre ou sur un tissu de lin ou de laine, sur une peau ou sur quelque ouvrage fait de peau, ⁴⁹ Et que la plaie sera verdâtre ou rougeâtre sur le vêtement ou sur la peau, sur le feutre ou sur le tissu, ou sur un objet quelconque de peau, c'est une plaie de lèpre; elle sera montrée au sacrificateur. ⁵⁰ Le sacrificateur examinera la plaie, et il en enfermera pendant sept jours ce qui a la plaie. ⁵¹ Et le septième jour il examinera la plaie. Si la plaie s'est étendue sur le vêtement, sur le feutre ou sur le tissu, sur la peau, ou sur l'ouvrage quelconque fait de peau, c'est une plaie de lèpre rongeante, l'objet est souillé. ⁵² Il brûlera donc le vêtement, le feutre ou le tissu de laine ou de lin, ou tout objet fait de peau, sur lequel sera la plaie, car c'est une lèpre rongeante: il sera brûlé au feu. ⁵³ Mais si le sacrificateur voit que la plaie ne s'est pas étendue sur le vêtement, sur le feutre ou sur le tissu, ou sur l'objet quelconque fait de peau, ⁵⁴ Le sacrificateur commandera qu'on lave ce qui a la plaie, et il l'enfermera pendant sept jours, une seconde fois. ⁵⁵ Et le sacrificateur examinera la plaie après qu'elle aura été lavée. Si la plaie n'a point changé d'aspect et ne s'est pas étendue, l'objet est souillé; tu le brûleras au feu; c'est une corrosion à l'envers ou à l'endroit de la partie dénudée. ⁵⁶ Mais si le sacrificateur voit que la plaie est devenue pâle après avoir été lavée, il l'arrachera du vêtement, ou de la peau, du feutre ou du tissu. ⁵⁷ Si elle paraît encore sur le vêtement, sur le feutre ou sur le tissu, ou sur tout objet fait de peau, c'est une éruption de lèpre; tu brûleras au feu l'objet où est la plaie. ⁵⁸ Mais le vêtement, le feutre ou le tissu, l'objet quelconque fait de peau, que tu auras lavé, et dont la plaie aura disparu, sera lavé une seconde fois, et il sera pur. ⁵⁹ Telle est la loi concernant la plaie de la lèpre sur un vêtement de laine ou de lin, sur un feutre ou sur un tissu, ou sur un objet quelconque fait de peau, pour le déclarer pur ou souillé.

14

¹ L'Éternel parla à Moïse, en disant: ² Voici la loi touchant le lépreux, pour le jour de sa purification: on l'amènera au sacrificateur; ³ Le sacrificateur sortira du camp et l'examinera. Si la plaie de la lèpre du lépreux est guérie, ⁴ Le sacrificateur ordonnera de prendre pour celui qui doit être purifié, deux oiseaux vivants et purs, du bois de cèdre, du cramoisi et de l'hysope. ⁵ Et le sacrificateur commandera qu'on égorge l'un des oiseaux sur un vase de terre, sur de l'eau vive. ⁶ Quant à l'oiseau vivant, il le prendra, avec le bois de cèdre, le cramoisi et l'hysope, et il les trempera, avec l'oiseau vivant, dans le sang de l'oiseau égorgé sur l'eau vive; ⁷ Il en fera aspersion sept fois sur celui qui se purifie de la lèpre, il le déclarera pur, et il lâchera dans les champs l'oiseau vivant. ⁸ Et celui qui se purifie lavera ses vêtements, rasera tout son poil, se lavera dans l'eau et il sera pur. Ensuite il entrera dans le camp, mais il demeurera hors de sa tente pendant sept jours. ⁹ Et au septième jour, il rasera tout son poil, sa tête, sa barbe, ses sourcils, il rasera tout son poil. Il lavera ses vêtements et baignera son corps dans l'eau, et il sera pur. ¹⁰ Le huitième jour, il prendra deux agneaux sans défaut, et une brebis de l'année sans défaut, trois dixièmes d'épha de fine farine en offrande, arrosée d'huile, et un log d'huile; ¹¹ Et le sacrificateur qui fait la purification, présentera l'homme qui se purifie et ces choses devant l'Éternel, à l'entrée du tabernacle d'assignation. ¹² Ensuite le sacrificateur prendra l'un des agneaux, et l'offrira en sacrifice pour le délit, avec le log d'huile, et il les agitera en oblation devant l'Éternel. ¹³ Puis il égorgera l'agneau, au lieu où l'on égorge le sacrifice pour le péché et l'holocauste, dans le lieu saint; car le sacrifice pour le délit appartient au sacrificateur, comme le sacrifice pour le péché; c'est une chose très sainte. ¹⁴ Et le sacrificateur prendra du sang du sacrifice pour le délit; il en mettra sur le bout de l'oreille droite de celui qui se purifie, sur le pouce de sa main droite, et sur le gros orteil de son pied droit. ¹⁵ Le sacrificateur prendra du log d'huile et en versera dans sa main gauche; ¹⁶ Ensuite le sacrificateur trempera le doigt de sa main droite dans l'huile qui sera dans sa main gauche, et fera aspersion de l'huile avec son doigt sept fois devant l'Éternel. ¹⁷ Et du reste de l'huile qui sera dans sa main, le sacrificateur en mettra sur le bout de l'oreille droite de celui qui se purifie, sur le pouce de sa main droite, et sur le gros orteil de son pied droit, par-dessus le sang du sacrifice pour le délit. ¹⁸ Ce qui restera de l'huile qui sera dans sa main, le sacrificateur le mettra sur la tête de celui qui se purifie; et le sacrificateur fera pour lui l'expiation devant l'Éternel. ¹⁹ Puis le sacrificateur offrira le sacrifice pour le péché, et fera l'expiation pour celui qui se purifie de sa souillure; ensuite il égorgera l'holocauste. ²⁰ Le sacrificateur offrira l'holocauste et l'offrande sur l'autel; et il fera l'expiation pour cet homme, et il sera pur. ²¹ Mais s'il est pauvre et que ses moyens n'y suffisent pas, il prendra un agneau comme sacrifice pour le délit en offrande agitée pour faire l'expiation pour lui, et un dixième de fine farine arrosée d'huile pour l'offrande, et un log d'huile, ²² Et deux tourterelles ou deux pigeonneaux, selon ses moyens, l'un pour le sacrifice pour le péché, l'autre pour l'holocauste. ²³ Il apportera ces choses le huitième jour au sacrificateur, pour sa purification, à l'entrée du tabernacle d'assignation, devant l'Éternel. ²⁴ Le sacrificateur prendra l'agneau pour

le sacrifice pour le délit, et le log d'huile; et le sacrificateur les agitera en offrande devant l'Éternel. ²⁵ Puis il égorgera l'agneau du sacrifice pour le délit. Le sacrificateur prendra du sang du sacrifice pour le délit et en mettra sur le bout de l'oreille droite de celui qui se purifie, sur le pouce de sa main droite, et sur le gros orteil de son pied droit. ²⁶ Ensuite le sacrificateur se versera de l'huile dans la paume de sa main gauche. ²⁷ Et de l'huile qui sera dans sa main gauche, le sacrificateur fera aspersion avec le doigt de sa main droite, sept fois devant l'Éternel. ²⁸ Et le sacrificateur mettra de l'huile qui sera dans sa main sur le bout de l'oreille droite de celui qui se purifie, sur le pouce de sa main droite, et sur le gros orteil de son pied droit, à l'endroit où il a mis du sang du sacrifice pour le délit. ²⁹ Ce qui restera de l'huile qui sera dans sa main, le sacrificateur le mettra sur la tête de celui qui se purifie, pour faire l'expiation pour lui, devant l'Éternel. ³⁰ Puis, il sacrifiera l'une des tourterelles ou l'un des pigeonneaux, suivant ce qu'il pourra présenter, ³¹ Selon ses moyens, l'un en sacrifice pour le péché, l'autre en holocauste, avec l'offrande. Et le sacrificateur fera l'expiation devant l'Éternel pour celui qui se purifie. ³² Telle est la loi concernant celui qui a une plaie de lèpre, et dont les ressources sont insuffisantes quant à sa purification. ³³ L'Éternel parla encore à Moïse et à Aaron, en disant: ³⁴ Quand vous serez entrés au pays de Canaan, dont je vous donne la possession, si je mets une plaie de lèpre dans une maison du pays que vous posséderez, ³⁵ Celui à qui la maison appartient viendra et le déclarera au sacrificateur, en disant: J'aperçois comme une plaie dans la maison. ³⁶ Alors le sacrificateur commandera qu'on vide la maison, avant qu'il y entre pour voir la plaie, afin que tout ce qui est dans la maison ne soit pas souillé; après cela, le sacrificateur entrera pour voir la maison. ³⁷ Et il examinera la plaie; et si la plaie qui est aux parois de la maison a des cavités verdâtres ou rougeâtres, paraissant plus enfoncées que la paroi, ³⁸ Le sacrificateur sortira de la maison; et à la porte, il fermera la maison pendant sept jours. ³⁹ Le septième jour, le sacrificateur y retournera; et s'il voit que la plaie s'est étendue sur les parois de la maison, ⁴⁰ Le sacrificateur commandera d'arracher les pierres infectées de la plaie, et de les jeter hors de la ville, dans un lieu souillé. ⁴¹ Il fera racler la maison à l'intérieur, tout autour, et l'on jettera la poussière qu'on aura raclée, hors de la ville, dans un lieu souillé. ⁴² On prendra d'autres pierres et on les mettra à la place des premières, et l'on prendra d'autre enduit pour recrépir la maison. ⁴³ Mais si la plaie revient et fait éruption dans la maison après qu'on aura arraché les pierres, après qu'on aura raclé la maison et après qu'on l'aura recrépie, ⁴⁴ Le sacrificateur reviendra. S'il voit que la plaie s'est étendue dans la maison, c'est une lèpre rongeante dans la maison; elle est souillée. ⁴⁵ On abattra donc la maison, ses pierres, ses bois, et tous les enduits de la maison, et on transportera le tout hors de la ville, dans un lieu souillé. ⁴⁶ Celui qui sera entré dans la maison pendant tout le temps qu'elle était fermée sera souillé jusqu'au soir. ⁴⁷ Celui qui aura couché dans la maison, lavera ses vêtements. Celui qui aura mangé dans la maison, lavera ses vêtements. ⁴⁸ Mais si le sacrificateur vient et voit que la plaie ne s'est pas étendue dans la maison, après que la maison a été recrépie, le sacrificateur déclarera la maison pure; car la plaie est guérie. ⁴⁹ Il prendra, pour purifier la maison, deux oiseaux, du bois de cèdre, du cramoisi et de l'hysope; ⁵⁰ Il égorgera l'un des oiseaux sur un vase de terre, sur de l'eau vive; ⁵¹ Il prendra le bois de cèdre, l'hysope, le cramoisi et l'oiseau vivant; il les trempera dans le sang de l'oiseau égorgé, et dans l'eau vive, et il en fera aspersion sur la maison, sept fois. ⁵² Il purifiera ainsi la maison avec le sang de l'oiseau, avec l'eau vive, avec l'oiseau vivant, le bois de cèdre, l'hysope et le cramoisi. ⁵³ Puis il lâchera l'oiseau vivant hors de la ville dans les champs; et il fera l'expiation pour la maison, et elle sera pure. ⁵⁴ Telle est la loi concernant toute plaie de lèpre et la teigne, ⁵⁵ Pour la lèpre du vêtement et de la maison; ⁵⁶ Pour la tumeur, l'éruption et les taches; ⁵⁷ Afin d'enseigner quand il y a souillure, et quand il y a pureté. Telle est la loi concernant la lèpre.

15

¹ L'Éternel parla aussi à Moïse et à Aaron, en disant: ² Parlez aux enfants d'Israël, et dites-leur: Tout homme qui a un flux en sa chair, son flux le rend souillé. ³ C'est dans son flux que consiste sa souillure: que sa chair laisse couler son flux ou qu'elle le retienne, il est souillé. ⁴ Tout lit sur lequel couchera celui qui est atteint d'un flux sera souillé, et tout objet sur lequel il s'assiéra sera souillé. ⁵ Celui qui touchera son lit, lavera ses vêtements, se lavera dans l'eau, et sera souillé jusqu'au soir. ⁶ Celui qui s'assiéra sur l'objet sur lequel celui qui est atteint d'un flux se sera assis, lavera ses vêtements, se lavera dans l'eau, et sera souillé jusqu'au soir. ⁷ Celui qui touchera la chair d'un homme atteint d'un flux, lavera ses vêtements, se lavera dans l'eau, et sera souillé jusqu'au soir. ⁸ Et si l'homme atteint d'un flux crache sur celui qui est pur, celui-ci lavera ses vêtements, se lavera dans l'eau, et sera souillé jusqu'au soir. ⁹ Et tout char sur lequel celui qui est atteint d'un flux aura monté sera souillé. ¹⁰ Quiconque touchera quoi que ce soit qui aura été sous lui, sera souillé jusqu'au soir. Et qui portera ces choses lavera ses vêtements, se lavera dans l'eau, et sera souillé jusqu'au soir. ¹¹ Quiconque sera touché par celui qui est atteint d'un flux, et qui ne se sera pas lavé les mains dans l'eau, lavera ses vêtements, se lavera dans l'eau, et sera souillé jusqu'au soir. ¹² Le vase de terre que celui qui est atteint d'un flux touchera sera brisé, et tout vase de bois sera lavé dans l'eau. ¹³ Or, quand celui qui est atteint d'un flux en sera purifié, il comptera sept jours pour sa purification; il lavera ses vêtements, lavera sa chair avec de l'eau vive, et il sera pur. ¹⁴ Et au huitième jour il prendra pour lui deux tourterelles ou deux pigeonneaux, et il viendra devant l'Éternel à l'entrée du tabernacle d'assignation, et il les donnera au sacrificateur. ¹⁵ Et le sacrificateur les offrira, l'un en sacrifice pour le péché, et l'autre en holocauste; et le sacrificateur fera l'expiation pour lui devant l'Éternel, à cause de son flux. ¹⁶ L'homme qui aura une pollution lavera dans l'eau toute sa chair, et sera souillé jusqu'au soir. ¹⁷ Et tout vêtement, et toute peau, qui en seront atteints, seront lavés dans l'eau, et seront souillés jusqu'au soir. ¹⁸ Et quand une femme et un homme coucheront et auront commerce ensemble, ils se laveront dans l'eau, et seront souillés jusqu'au soir. ¹⁹ Et quand une femme aura un flux, un flux de sang en sa chair, elle sera dans son impureté pendant sept jours; quiconque la touchera sera souillé jusqu'au soir. ²⁰ Tout objet sur lequel elle aura couché pendant son impureté sera souillé; et toute chose sur laquelle elle se sera assise sera souillée. ²¹ Quiconque touchera son lit lavera ses vêtements, se lavera dans l'eau, et sera souillé jusqu'au soir. ²² Et quiconque touchera un objet quelconque sur lequel elle se sera assise lavera ses vêtements, se lavera dans l'eau, et sera souillé jusqu'au soir. ²³ Et s'il y a quelque chose sur le lit ou sur l'objet sur lequel elle s'est assise, celui qui y touchera sera souillé jusqu'au soir. ²⁴ Si un homme couche avec elle, et que son impureté le touche, il sera souillé sept jours, et tout lit sur lequel il couchera sera souillé. ²⁵ Et quand une femme aura un flux de sang pendant plusieurs jours, hors du temps de son impureté, ou quand elle perdra au-delà du temps de son impureté, elle sera souillée tout le temps de son flux, comme au temps de son impureté. ²⁶ Tout lit sur lequel elle couchera, pendant tout le temps de son flux, sera pour elle comme le lit de son impureté; et tout objet sur lequel elle s'assiéra sera souillé, comme pour la souillure de son impureté. ²⁷ Et quiconque les touchera sera souillé; il lavera ses vêtements, se lavera dans l'eau, et sera souillé jusqu'au soir. ²⁸ Lorsqu'elle sera purifiée de son flux, elle comptera sept jours, et après elle sera pure. ²⁹ Et au huitième jour, elle prendra deux tourterelles ou deux pigeonneaux, et les apportera au sacrificateur, à l'entrée du tabernacle d'assignation; ³⁰ Le sacrificateur offrira l'un en sacrifice pour

le péché, et l'autre en holocauste; et le sacrificateur fera pour elle l'expiation devant l'Éternel, à cause du flux qui la souillait. ³¹ Ainsi vous séparerez les enfants d'Israël de leur souillure, afin qu'ils ne meurent point à cause de leur souillure, en souillant ma Demeure qui est au milieu d'eux. ³² Telle est la loi concernant celui qui est atteint d'un flux ou qui est souillé par une pollution, ³³ Et concernant celle qui est indisposée pour son impureté, et toute personne atteinte d'un flux, soit homme, soit femme, et l'homme qui couche avec une femme souillée.

16

¹ L'Éternel parla à Moïse, après la mort des deux fils d'Aaron, lorsqu'ils s'approchèrent devant l'Éternel et moururent; ² L'Éternel dit donc à Moïse: Parle à Aaron ton frère, afin qu'il n'entre point en tout temps dans le sanctuaire, au-dedans du voile, devant le propitiatoire qui est sur l'arche, de peur qu'il ne meure; car j'apparaîtrai dans la nuée sur le propitiatoire. ³ Voici avec quoi Aaron entrera dans le sanctuaire: avec un jeune taureau pour le sacrifice pour le péché, et un bélier pour l'holocauste. ⁴ Il se revêtira de la tunique sacrée de lin, et portera sur sa chair des caleçons de lin; il se ceindra d'une ceinture de lin, et il se couvrira la tête d'une tiare de lin; ce sont des vêtements sacrés; il lavera son corps dans l'eau, et s'en revêtira. ⁵ Et il prendra de l'assemblée des enfants d'Israël deux boucs pour le sacrifice pour le péché, et un bélier pour l'holocauste. ⁶ Puis Aaron offrira son taureau en sacrifice pour le péché, et il fera l'expiation pour lui et pour sa maison. ⁷ Et il prendra les deux boucs, et les placera devant l'Éternel, à l'entrée du tabernacle d'assignation. ⁸ Puis Aaron jettera le sort sur les deux boucs; un sort pour l'Éternel, un sort pour Azazel. ⁹ Et Aaron fera approcher le bouc sur lequel le sort sera tombé pour l'Éternel, et l'offrira en sacrifice pour le péché. ¹⁰ Mais le bouc sur lequel le sort sera tombé pour Azazel, sera placé vivant devant l'Éternel, afin de faire sur lui l'expiation, et de l'envoyer au désert pour Azazel. ¹¹ Aaron offrira donc pour lui le taureau du sacrifice pour le péché, et il fera l'expiation pour lui et pour sa maison; il égorgera son taureau, qui est le sacrifice pour le péché. ¹² Puis il prendra un encensoir plein de charbons ardents de dessus l'autel devant l'Éternel, et plein ses deux mains de parfum d'aromates en poudre, et il portera ces choses en dedans du voile; ¹³ Et il mettra le parfum sur le feu devant l'Éternel, afin que la nuée du parfum couvre le propitiatoire qui est sur le Témoignage, et il ne mourra point. ¹⁴ Il prendra aussi du sang du taureau, et en fera aspersion avec son doigt sur le devant du propitiatoire vers l'Orient; et devant le propitiatoire il fera aspersion du sang sept fois avec son doigt. ¹⁵ Puis il égorgera le bouc du sacrifice pour le péché, qui est pour le peuple, et il en portera le sang en dedans du voile. Il fera de son sang comme il a fait du sang du taureau, il en fera l'aspersion sur le propitiatoire et devant le propitiatoire. ¹⁶ Et il fera l'expiation pour le sanctuaire, à cause des souillures des enfants d'Israël, et de leurs rébellions en tous leurs péchés. Il fera de même pour le tabernacle d'assignation qui demeure avec eux au milieu de leurs souillures. ¹⁷ Et personne ne sera dans le tabernacle d'assignation quand il entrera pour faire l'expiation dans le sanctuaire, jusqu'à ce qu'il en sorte; et il fera l'expiation pour lui et pour sa maison, et pour toute l'assemblée d'Israël. ¹⁸ Puis il sortira vers l'autel qui est devant l'Éternel, et fera l'expiation pour lui; il prendra du sang du taureau, et du sang du bouc, et il en mettra sur les cornes de l'autel, tout autour. ¹⁹ Et il fera aspersion du sang, avec son doigt, sept fois sur l'autel; il le purifiera et le sanctifiera, à cause des souillures des enfants d'Israël. ²⁰ Et quand il aura achevé de faire l'expiation pour le sanctuaire, pour le tabernacle d'assignation et pour l'autel, il offrira le bouc vivant. ²¹ Aaron appuiera ses deux mains sur la tête du bouc vivant, et confessera sur lui toutes les iniquités des enfants d'Israël, et toutes leurs rébellions en tous leurs péchés; il les

mettra sur la tête du bouc, et l'enverra au désert par un homme exprès. ²² Et le bouc emportera sur lui toutes leurs iniquités dans une terre déserte, et l'homme lâchera le bouc dans le désert. ²³ Et Aaron entrera dans le tabernacle d'assignation, et il quittera les vêtements de lin dont il s'était revêtu pour entrer dans le sanctuaire, et il les déposera là. ²⁴ Puis il lavera son corps avec de l'eau dans un lieu saint, et reprendra ses vêtements; puis il sortira et offrira son holocauste et l'holocauste du peuple, et il fera l'expiation pour lui et pour le peuple. ²⁵ Il fera aussi fumer sur l'autel la graisse du sacrifice pour le péché. ²⁶ Et celui qui aura conduit le bouc pour Azazel, lavera ses vêtements, et lavera son corps dans l'eau; après cela, il rentrera au camp. ²⁷ Mais on emportera hors du camp le taureau et le bouc offerts en sacrifice pour le péché, et dont le sang aura été porté dans le sanctuaire pour faire l'expiation, et l'on brûlera au feu leurs peaux, leur chair et leurs excréments. ²⁸ Et celui qui les aura brûlés lavera ses vêtements, et lavera son corps dans l'eau; après cela, il rentrera au camp. ²⁹ Et ceci sera pour vous une ordonnance perpétuelle: au septième mois, le dixième jour du mois, vous humilierez vos âmes, et vous ne ferez aucune œuvre, ni celui qui est du pays, ni l'étranger qui séjourne au milieu de vous; ³⁰ Car en ce jour on fera l'expiation pour vous, afin de vous purifier; vous serez purifiés de tous vos péchés devant l'Éternel. ³¹ Ce sera pour vous un sabbat, un jour de repos, et vous humilierez vos âmes; c'est une ordonnance perpétuelle. ³² Et le sacrificateur qu'on aura oint, et qu'on aura installé pour exercer la sacrificature à la place de son père, fera l'expiation; il se revêtira des vêtements de lin, des vêtements sacrés. ³³ Et il fera l'expiation pour le saint sanctuaire, il fera l'expiation pour le tabernacle d'assignation, et pour l'autel; il fera l'expiation pour les sacrificateurs, et pour tout le peuple de l'assemblée. ³⁴ Ceci sera donc pour vous une ordonnance perpétuelle, afin qu'une fois l'an il soit fait, pour les enfants d'Israël, l'expiation à cause de tous leurs péchés. Et l'on fit comme l'Éternel l'avait commandé à Moïse.

17

¹ L'Éternel parla encore à Moïse, en disant: ² Parle à Aaron et à ses fils, et à tous les enfants d'Israël, et dis-leur: Voici ce que l'Éternel a commandé: ³ Quiconque de la maison d'Israël égorge un bœuf, un agneau, ou une chèvre, dans le camp, ou hors du camp, ⁴ Et ne l'amène pas à l'entrée du tabernacle d'assignation, pour l'offrir à l'Éternel, devant la Demeure de l'Éternel, le sang sera imputé à cet homme; il a répandu le sang; cet homme-là sera retranché du milieu de son peuple. ⁵ C'est afin que les enfants d'Israël amènent leurs sacrifices qu'ils immolent dans les champs, qu'ils les amènent au sacrificateur devant l'Éternel, à l'entrée du tabernacle d'assignation, et qu'ils les offrent en sacrifices de prospérités à l'Éternel; ⁶ Et que le sacrificateur en répande le sang sur l'autel de l'Éternel, à l'entrée du tabernacle d'assignation, et fasse fumer la graisse en agréable odeur à l'Éternel; ⁷ Et qu'ils n'offrent plus leurs sacrifices aux démons, avec lesquels ils se prostituent. Ceci leur sera une ordonnance perpétuelle dans leurs générations. ⁸ Tu leur diras donc: Quiconque des enfants d'Israël ou des étrangers qui séjournent parmi eux, offrira un holocauste ou un sacrifice, ⁹ Et ne l'amènera pas à l'entrée du tabernacle d'assignation pour le sacrifier à l'Éternel, cet homme-là sera retranché d'entre ses peuples. ¹⁰ Quiconque de la maison d'Israël, ou des étrangers séjournant parmi eux, mangera de quelque sang que ce soit, je tournerai ma face contre celui qui aura mangé le sang, et je le retrancherai du milieu de son peuple; ¹¹ Car l'âme de la chair est dans le sang; je vous l'ai donné sur l'autel, pour faire l'expiation pour vos âmes; car c'est pour l'âme que le sang fait l'expiation. ¹² C'est pourquoi j'ai dit aux enfants d'Israël: Personne d'entre vous ne mangera du sang, et l'étranger qui séjourne parmi vous, ne mangera pas de sang. ¹³ Et si quelqu'un des enfants d'Israël, ou des

étrangers séjournant parmi eux, prend à la chasse un animal ou un oiseau qui se mange, il en répandra le sang, et le couvrira de poussière; ¹⁴ Car, quant à l'âme de toute chair, c'est son sang; il lui tient lieu d'âme. C'est pourquoi j'ai dit aux enfants d'Israël: Vous ne mangerez le sang d'aucune chair; car l'âme de toute chair est son sang; quiconque en mangera, sera retranché. ¹⁵ Et toute personne, née au pays ou étrangère, qui mangera d'une bête morte ou déchirée, lavera ses vêtements, se lavera dans l'eau, et sera souillée jusqu'au soir; puis elle sera pure. ¹⁶ Mais si elle ne lave pas ses vêtements et ne lave pas son corps, elle portera son iniquité.

18

¹ L'Éternel parla aussi à Moïse, en disant: ² Parle aux enfants d'Israël, et dis-leur: Je suis l'Éternel, votre Dieu. ³ Vous ne ferez point ce qui se fait dans le pays d'Égypte, où vous avez habité, ni ce qui se fait au pays de Canaan où je vous mène: vous ne marcherez point selon leurs lois. ⁴ Vous pratiquerez mes ordonnances, et vous garderez mes lois pour les suivre: Je suis l'Éternel, votre Dieu. ⁵ Vous garderez donc mes lois et mes ordonnances; l'homme qui les pratiquera vivra par elles: Je suis l'Éternel. ⁶ Nul de vous ne s'approchera de sa proche parente, pour découvrir sa nudité: Je suis l'Éternel. ⁷ Tu ne découvriras point la nudité de ton père, ni la nudité de ta mère: c'est ta mère: tu ne découvriras point sa nudité. ⁸ Tu ne découvriras point la nudité de la femme de ton père; c'est la nudité de ton père. ⁹ Tu ne découvriras point la nudité de ta sœur, fille de ton père ou fille de ta mère, née dans la maison ou née hors de la maison. ¹⁰ Tu ne découvriras point la nudité de la fille de ton fils ou de la fille de ta fille, car c'est ta nudité. ¹¹ Tu ne découvriras point la nudité de la fille de la femme de ton père, née de ton père; c'est ta sœur. ¹² Tu ne découvriras point la nudité de la sœur de ton père; elle est la chair de ton père. ¹³ Tu ne découvriras point la nudité de la sœur de ta mère; car elle est la chair de ta mère. ¹⁴ Tu ne découvriras point la nudité du frère de ton père, tu ne t'approcheras point de sa femme; c'est ta tante. ¹⁵ Tu ne découvriras point la nudité de ta belle-fille; c'est la femme de ton fils; tu ne découvriras point sa nudité. ¹⁶ Tu ne découvriras point la nudité de la femme de ton frère; c'est la nudité de ton frère. ¹⁷ Tu ne découvriras point la nudité d'une femme et de sa fille; tu ne prendras point la fille de son fils, ni la fille de sa fille, pour découvrir leur nudité; elles sont tes proches parentes; c'est un crime. ¹⁸ Tu ne prendras point une femme avec sa sœur, pour exciter une rivalité, en découvrant sa nudité à côté de ta femme pendant sa vie. ¹⁹ Tu ne t'approcheras pas d'une femme pendant son impureté pour découvrir sa nudité. ²⁰ Tu n'auras point commerce avec la femme de ton prochain, pour te souiller avec elle. ²¹ Tu ne donneras point de tes enfants pour les faire passer par le feu à Moloc; et tu ne profaneras point le nom de ton Dieu: Je suis l'Éternel. ²² Tu ne coucheras point avec un homme, comme on couche avec une femme; c'est une abomination. ²³ Tu n'auras commerce avec aucune bête pour te souiller avec elle; une femme ne se prostituera point à une bête; c'est une abomination. ²⁴ Ne vous souillez par aucune de ces choses; car c'est par toutes ces choses que se sont souillées les nations que je vais chasser de devant vous. ²⁵ La terre en a été souillée; et je punirai sur elle son iniquité, et la terre vomira ses habitants. ²⁶ Mais vous, vous garderez mes lois et mes ordonnances, et vous ne ferez aucune de ces abominations, ni celui qui est né au pays, ni l'étranger qui séjourne au milieu de vous. ²⁷ Car toutes ces abominations, les hommes du pays, qui y ont été avant vous, les ont faites et la terre en a été souillée. ²⁸ Et la terre ne vous vomira pas, pour l'avoir souillée, comme elle a vomi la nation qui y était avant vous. ²⁹ Car tous ceux qui feront quelqu'une de toutes ces abominations, seront retranchés du milieu de leur peuple. ³⁰ Vous observerez donc ce que j'ordonne, afin de ne pratiquer aucune

des coutumes abominables qui ont été pratiquées avant vous, et vous ne vous souillerez point par elles. Je suis l'Éternel, votre Dieu.

19

[1] L'Éternel parla aussi à Moïse, en disant: [2] Parle à toute l'assemblée des enfants d'Israël, et dis-leur: Soyez saints, car je suis saint, moi, l'Éternel, votre Dieu. [3] Que chacun révère sa mère et son père, et observez mes sabbats: Je suis l'Éternel, votre Dieu. [4] Ne vous tournez point vers les idoles, et ne vous faites point de dieux de fonte: Je suis l'Éternel, votre Dieu. [5] Quand vous sacrifierez un sacrifice de prospérités à l'Éternel, vous le sacrifierez de manière à être agréés. [6] On le mangera au jour du sacrifice, et le lendemain; ce qui restera jusqu'au troisième jour sera brûlé au feu. [7] Si on en mange le troisième jour, c'est une abomination, il ne sera point agréé. [8] Celui qui en mangera portera son iniquité; car il aura profané ce qui est consacré à l'Éternel: cette personne-là sera retranchée de son peuple. [9] Et quand vous ferez la moisson dans votre pays, tu n'achèveras point de moissonner le bout de ton champ, et tu ne ramasseras point la glanure de ta moisson; [10] Tu ne grappilleras point ta vigne, et tu n'en recueilleras pas les grains tombés; tu les laisseras au pauvre et à l'étranger: Je suis l'Éternel, votre Dieu. [11] Vous ne déroberez point, et vous ne mentirez point, ni ne vous tromperez les uns les autres. [12] Vous ne jurerez point faussement par mon nom; car tu profanerais le nom de ton Dieu: Je suis l'Éternel. [13] Tu n'opprimeras point ton prochain, et tu ne le pilleras point. Le salaire du mercenaire ne demeurera point chez toi jusqu'au lendemain. [14] Tu ne maudiras point un sourd, et tu ne mettras devant un aveugle rien qui puisse le faire tomber; mais tu craindras ton Dieu: Je suis l'Éternel. [15] Vous ne ferez point d'iniquité dans le jugement; tu ne favoriseras point le pauvre, et n'honoreras point la personne du grand; tu jugeras ton prochain selon la justice. [16] Tu ne répandras point de calomnies parmi ton peuple; tu ne t'élèveras point contre le sang de ton prochain: Je suis l'Éternel. [17] Tu ne haïras point ton frère dans ton cœur. Tu reprendras ton prochain, et tu ne te chargeras pas d'un péché à cause de lui. [18] Tu ne te vengeras point, et tu ne garderas point de ressentiment contre les enfants de ton peuple; mais tu aimeras ton prochain comme toi-même: Je suis l'Éternel. [19] Vous garderez mes ordonnances. Tu n'accoupleras point des bêtes de différentes espèces. Tu ne sèmeras point ton champ de diverses sortes de graines, et tu ne mettras point sur toi un vêtement de diverses sortes de fils, un tissu mélangé. [20] Si un homme couche et a commerce avec une femme, et que ce soit une servante, promise à un homme, mais qui n'a pas été rachetée, ou à qui la liberté n'a point été donnée, ils seront châtiés; ils ne seront pas mis à mort, car elle n'était pas affranchie. [21] Et l'homme amènera à l'Éternel son sacrifice pour le délit, à l'entrée du tabernacle d'assignation, un bélier en sacrifice pour le délit. [22] Et le sacrificateur fera l'expiation pour lui, avec le bélier du sacrifice pour le délit, devant l'Éternel, pour le péché qu'il a commis; et le péché qu'il a commis lui sera pardonné. [23] Et quand vous serez entrés au pays, et que vous aurez planté toutes sortes d'arbres fruitiers, vous considérerez leurs premiers fruits comme incirconcis; ils vous seront incirconcis pendant trois ans; on n'en mangera point; [24] Mais la quatrième année, tous leurs fruits seront consacrés en sacrifices de louanges à l'Éternel. [25] Et la cinquième année, vous en mangerez le fruit, afin qu'il vous multiplie son produit: Je suis l'Éternel, votre Dieu. [26] Vous ne mangerez rien avec le sang. Vous n'userez point de divinations et ne pratiquerez point de magie. [27] Vous ne couperez point en rond les coins de votre chevelure, et tu ne détruiras point les coins de ta barbe. [28] Vous ne ferez point d'incision dans votre chair pour un mort, et vous n'imprimerez point de caractères sur vous: Je suis l'Éternel. [29] Ne profane point ta fille

en la prostituant; afin que le pays ne se prostitue pas et ne se remplisse pas de crimes. ³⁰ Vous observerez mes sabbats, et vous révérerez mon sanctuaire: Je suis l'Éternel. ³¹ Ne vous adressez point à ceux qui évoquent les esprits, ni aux devins; ne les consultez pas pour vous souiller avec eux: Je suis l'Éternel, votre Dieu. ³² Lève-toi devant les cheveux blancs, honore la personne du vieillard, et crains ton Dieu: Je suis l'Éternel. ³³ Quand un étranger séjournera parmi vous, dans votre pays, vous ne l'opprimerez pas. ³⁴ L'étranger qui séjourne parmi vous, vous sera comme celui qui est né parmi vous, et tu l'aimeras comme toi-même; car vous avez été étrangers dans le pays d'Égypte: Je suis l'Éternel, votre Dieu. ³⁵ Vous ne commettrez point d'iniquité dans le jugement, ni dans la mesure, ni dans le poids, ni dans la contenance. ³⁶ Vous aurez des balances justes, des pierres à peser justes, un épha juste, et un hin juste: Je suis l'Éternel, votre Dieu, qui vous ai fait sortir du pays d'Égypte. ³⁷ Vous garderez donc toutes mes lois et toutes mes ordonnances, et vous les pratiquerez: Je suis l'Éternel.

20

¹ L'Éternel parla encore à Moïse, en disant: ² Tu diras aux enfants d'Israël: Quiconque des enfants d'Israël, ou des étrangers séjournant en Israël, donnera de ses enfants à Moloc, sera puni de mort: le peuple du pays le lapidera. ³ Et moi, je tournerai ma face contre cet homme, et je le retrancherai du milieu de son peuple, parce qu'il aura livré ses enfants à Moloc, pour souiller mon sanctuaire et profaner le nom de ma sainteté. ⁴ Et si le peuple du pays ferme les yeux sur cet homme, quand il donnera de ses enfants à Moloc, et ne le fait pas mourir, ⁵ Moi, je tournerai ma face contre cet homme et contre sa famille, et je le retrancherai du milieu de son peuple avec tous ceux qui se prostituent à son exemple, en se prostituant à Moloc. ⁶ Si quelqu'un se tourne vers ceux qui évoquent les esprits et vers les devins, pour se prostituer après eux, je tournerai ma face contre cette personne, et je la retrancherai du milieu de son peuple. ⁷ Vous vous sanctifierez et vous serez saints; car je suis l'Éternel, votre Dieu. ⁸ Vous observerez mes lois et vous les pratiquerez: Je suis l'Éternel qui vous sanctifie. ⁹ Quand un homme quelconque maudira son père ou sa mère, il sera puni de mort; il a maudit son père ou sa mère; son sang sera sur lui. ¹⁰ Si un homme commet adultère avec la femme d'un autre, s'il commet adultère avec la femme de son prochain, l'homme et la femme adultères seront punis de mort. ¹¹ Si un homme couche avec la femme de son père, il découvre la nudité de son père; ils seront tous deux punis de mort; leur sang sera sur eux. ¹² Si un homme couche avec sa belle-fille, ils seront tous deux punis de mort; ils ont commis une abomination; leur sang sera sur eux. ¹³ Si un homme couche avec un homme, comme on couche avec une femme, ils ont fait tous deux une chose abominable; ils seront punis de mort; leur sang sera sur eux. ¹⁴ Si un homme prend une femme et sa mère, c'est un crime; on les brûlera au feu, lui et elles, afin que ce crime n'existe pas parmi vous. ¹⁵ Si un homme a commerce avec une bête, il sera puni de mort; et vous tuerez la bête. ¹⁶ Si une femme s'approche de quelque bête pour se prostituer à elle, tu tueras la femme et la bête; elles seront mises à mort; leur sang sera sur elles. ¹⁷ Si un homme prend sa sœur, fille de son père ou fille de sa mère, s'il voit sa nudité, et qu'elle voie la sienne, c'est une infamie; ils seront retranchés sous les yeux des enfants de leur peuple; il a découvert la nudité de sa sœur; il portera son iniquité. ¹⁸ Si un homme couche avec une femme pendant son indisposition, et découvre sa nudité, s'il met à nu la source de son sang et qu'elle découvre elle-même la source de son sang, ils seront tous deux retranchés du milieu de leur peuple. ¹⁹ Tu ne découvriras point la nudité de la sœur de ta mère, ni de la sœur de ton père; car c'est découvrir sa proche parente; ils porteront leur iniquité. ²⁰ Si un homme couche avec sa tante, il découvre la nudité de son oncle; ils porteront la peine de leur péché, ils mourront sans enfants. ²¹ Si un homme

prend la femme de son frère, c'est une impureté; il a découvert la nudité de son frère, ils seront sans enfants. [22] Vous observerez toutes mes lois et toutes mes ordonnances, et vous les pratiquerez; afin que le pays où je vous mène pour y habiter ne vous vomisse point. [23] Vous ne marcherez point selon les lois de la nation que je vais chasser de devant vous; car ils ont fait toutes ces choses, et je les ai en abomination. [24] Et je vous ai dit: C'est vous qui posséderez leur pays; je vous le donnerai pour le posséder, c'est un pays où coulent le lait et le miel: Je suis l'Éternel, votre Dieu, qui vous ai séparés des peuples. [25] Séparez donc la bête pure de celle qui est souillée, l'oiseau souillé de celui qui est pur; et ne rendez pas vos personnes abominables par des animaux, par des oiseaux, par tout ce qui rampe sur la terre, que je vous ai fait séparer comme impurs. [26] Vous serez saints pour moi, car je suis saint, moi, l'Éternel; et je vous ai séparés des peuples, afin que vous soyez à moi. [27] Lorsqu'il se trouvera un homme ou une femme évoquant les esprits ou se livrant à la divination, ils seront punis de mort; on les lapidera: leur sang sera sur eux.

21

[1] L'Éternel dit encore à Moïse: Parle aux sacrificateurs, fils d'Aaron, et dis-leur: Un sacrificateur ne se rendra pas impur parmi son peuple pour un mort, [2] Excepté pour son proche parent, qui le touche de près, pour sa mère, pour son père, pour son fils, pour sa fille, et pour son frère, [3] Et pour sa sœur vierge qui le touche de près, et qui n'a point de mari; il se rendra impur pour elle. [4] Chef parmi son peuple, il ne se rendra point impur pour se profaner. [5] Les sacrificateurs ne se feront point de place chauve sur la tête; ils ne raseront pas les coins de leur barbe, et ils ne feront point d'incision dans leur chair. [6] Ils seront consacrés à leur Dieu, et ne profaneront point le nom de leur Dieu; car ils offrent à l'Éternel les sacrifices faits par le feu, l'aliment de leur Dieu: ils seront saints. [7] Ils ne prendront point une femme prostituée ou déshonorée; ils ne prendront point une femme répudiée par son mari; car ils sont consacrés à leur Dieu. [8] Tu regarderas donc le sacrificateur comme saint, car il offre le pain de ton Dieu; il te sera saint, car je suis saint, moi, l'Éternel, qui vous sanctifie. [9] Si une fille de sacrificateur se déshonore en se prostituant, elle déshonore son père; elle sera brûlée au feu. [10] Le sacrificateur qui a la prééminence sur ses frères, sur la tête duquel l'huile de l'onction a été répandue, qui a été installé pour se revêtir de vêtements sacrés, ne découvrira pas sa tête et ne déchirera pas ses vêtements. [11] Il n'ira vers aucun mort; il ne se rendra point impur ni pour son père, ni pour sa mère. [12] Il ne sortira point du sanctuaire, et ne profanera point le sanctuaire de son Dieu, car la consécration de l'huile de l'onction de son Dieu est sur lui: Je suis l'Éternel. [13] Il prendra pour femme une vierge. [14] Il ne prendra ni une veuve, ni une répudiée, ni une femme déshonorée ou prostituée; mais il prendra pour femme une vierge d'entre ses peuples. [15] Il ne déshonorera point sa race parmi son peuple; car je suis l'Éternel, qui le sanctifie. [16] L'Éternel parla encore à Moïse, en disant: [17] Parle à Aaron, et dis-lui: L'homme de ta race, dans vos générations, qui aura un défaut corporel, ne s'approchera point pour offrir le pain de son Dieu; [18] Car tout homme qui aura un défaut n'approchera pas: un homme aveugle, ou boiteux, ou camus, ou qui aura quelque membre disproportionné; [19] Ou un homme qui aura une fracture au pied ou à la main; [20] Ou qui sera bossu ou grêlé, ou qui aura une tache à l'œil, ou qui aura la gale ou une dartre ou les testicules écrasés. [21] Tout homme, de la postérité d'Aaron le sacrificateur, qui aura un défaut, ne s'approchera point pour offrir les sacrifices faits par le feu à l'Éternel; il y a un défaut en lui; il ne s'approchera point pour offrir le pain de son Dieu. [22] Il pourra bien manger le pain de son Dieu, des choses très saintes, et des choses consacrées; [23] Mais il n'ira point vers le voile, et ne s'approchera point de l'autel,

car il y a un défaut en lui; il ne profanera point mes sanctuaires, car je suis l'Éternel qui les sanctifie. ²⁴ Moïse parla ainsi à Aaron et à ses fils, et à tous les enfants d'Israël.

22

¹ L'Éternel parla encore à Moise, en disant: ² Parle à Aaron et à ses fils afin qu'ils s'abstiennent des choses saintes des enfants d'Israël, et qu'ils ne profanent point le nom de ma sainteté dans les choses qu'ils me consacrent: Je suis l'Éternel. ³ Dis-leur: Tout homme, dans toute votre postérité et vos générations, qui, étant souillé, s'approchera des choses saintes que les enfants d'Israël auront consacrées à l'Éternel, cet homme-là sera retranché de devant moi: Je suis l'Éternel. ⁴ Quiconque de la postérité d'Aaron sera lépreux ou aura un flux, ne mangera point des choses consacrées jusqu'à ce qu'il soit purifié. De même celui qui aura touché une personne souillée par le contact d'un cadavre, ou l'homme qui aura une perte séminale; ⁵ Ou celui qui aura touché quelque reptile qui l'ait rendu souillé, ou un homme qui l'ait rendu souillé, quelle que soit cette souillure. ⁶ Celui qui touchera ces choses sera souillé jusqu'au soir; il ne mangera point des choses consacrées, mais il lavera son corps dans l'eau. ⁷ Et après le coucher du soleil il sera pur, et ensuite il pourra manger des choses saintes, car c'est sa nourriture. ⁸ Il ne mangera point d'une bête morte d'elle-même, ou déchirée, afin de ne pas en être souillé: Je suis l'Éternel. ⁹ Qu'ils observent donc ce que j'ai ordonné, de peur qu'ils ne portent leur péché, et qu'ils ne meurent pour avoir profané les choses saintes: Je suis l'Éternel qui les sanctifie. ¹⁰ Or nul étranger ne mangera des choses consacrées; celui qui demeure chez un sacrificateur, et le mercenaire, ne mangeront point des choses saintes. ¹¹ Mais la personne que le sacrificateur aura achetée de son argent, en mangera; de même que celui qui sera né dans sa maison; ceux-là mangeront de sa nourriture. ¹² Si une fille de sacrificateur est mariée à un étranger, elle ne mangera point des choses consacrées, offertes par élévation. ¹³ Mais si une fille de sacrificateur, étant veuve, ou répudiée, et sans enfants, retourne à la maison de son père, comme dans sa jeunesse, elle mangera de la nourriture de son père; mais nul étranger n'en mangera. ¹⁴ Si quelqu'un mange par erreur d'une chose consacrée, il y ajoutera un cinquième, et donnera au sacrificateur la chose consacrée. ¹⁵ Les sacrificateurs ne profaneront point les choses consacrées des enfants d'Israël, ce qu'ils offrent par élévation à l'Éternel. ¹⁶ Ils leur feraient porter l'iniquité de leur culpabilité en mangeant ainsi leurs choses consacrées; car je suis l'Éternel, qui les sanctifie. ¹⁷ L'Éternel parla aussi à Moïse, en disant: ¹⁸ Parle à Aaron et à ses fils, et à tous les enfants d'Israël, et dis-leur: Quiconque de la maison d'Israël, ou des étrangers en Israël, offrira son offrande, soit pour un vœu, soit comme offrande volontaire qu'on offre en holocauste à l'Éternel, pour que vous soyez agréés, ¹⁹ Qu'il offre un mâle sans défaut, d'entre le gros bétail, les agneaux ou les chèvres. ²⁰ Vous n'offrirez rien qui ait un défaut; car ce ne serait point agréé pour vous. ²¹ Et quand un homme offrira à l'Éternel un sacrifice de prospérités, de gros ou de menu bétail, pour s'acquitter d'un vœu, ou en offrande volontaire, pour être agréée la victime sera sans défaut; qu'il n'y ait en elle aucun défaut. ²² Vous n'en offrirez point à l'Éternel qui soit aveugle, ou estropiée, ou mutilée, ou affectée d'ulcères, de la gale ou d'une dartre; et vous n'en ferez point sur l'autel un sacrifice par le feu, à l'Éternel. ²³ Tu pourras sacrifier comme offrande volontaire un bœuf ou un agneau ayant quelque membre trop long ou trop court; mais il ne sera point agréé pour un vœu. ²⁴ Vous n'offrirez point à l'Éternel, et vous ne sacrifierez point dans votre pays un animal dont les testicules ont été froissés, écrasés, arrachés ou coupés. ²⁵ Vous n'accepterez de la main d'un étranger aucune de ces victimes pour l'offrir comme aliment de votre Dieu; car leur mutilation est un défaut en

elles; elles ne seront point agréées en votre faveur. [26] L'Éternel parla encore à Moïse, en disant: [27] Quand un veau, un agneau ou un chevreau naîtra, il sera sept jours avec sa mère; et à partir du huitième jour et les suivants, il sera agréé en offrande de sacrifice fait par le feu à l'Éternel. [28] Soit gros soit menu bétail, vous n'égorgerez pas un animal et son petit le même jour. [29] Et quand vous offrirez un sacrifice d'actions de grâces à l'Éternel, vous le sacrifierez de manière qu'il soit agréé en votre faveur. [30] Il sera mangé le jour même, vous n'en laisserez rien jusqu'au matin: Je suis l'Éternel. [31] Gardez donc mes commandements, et accomplissez-les: Je suis l'Éternel. [32] Et ne profanez point mon saint nom, et je serai sanctifié au milieu des enfants d'Israël: Je suis l'Éternel, qui vous sanctifie, [33] Qui vous ai fait sortir du pays d'Égypte pour être votre Dieu. Je suis l'Éternel.

23

[1] L'Éternel parla aussi à Moïse, en disant: [2] Parle aux enfants d'Israël, et dis-leur: Les fêtes de l'Éternel, que vous publierez comme de saintes convocations, ce sont là mes fêtes. [3] On travaillera six jours; mais le septième jour est le sabbat, le jour du repos; il y aura une sainte convocation; vous ne ferez aucune œuvre; c'est le sabbat de l'Éternel dans toutes vos demeures. [4] Voici les fêtes de l'Éternel, les saintes convocations, que vous publierez à leurs temps fixés. [5] Le premier mois, le quatorzième jour du mois, entre les deux soirs, sera la Pâque de l'Éternel; [6] Et le quinzième jour de ce mois, sera la fête des pains sans levain à l'Éternel; vous mangerez des pains sans levain pendant sept jours. [7] Le premier jour vous aurez une sainte convocation; vous ne ferez aucune œuvre servile. [8] Vous offrirez à l'Éternel, pendant sept jours, des sacrifices faits par le feu. Le septième jour il y aura une sainte convocation; vous ne ferez aucune œuvre servile. [9] L'Éternel parla encore à Moïse, en disant: [10] Parle aux enfants d'Israël, et dis-leur: Quand vous serez entrés au pays que je vous donne, et que vous en ferez la moisson, vous apporterez au sacrificateur une gerbe, prémices de votre moisson. [11] Et il agitera la gerbe devant l'Éternel, afin qu'elle soit agréée pour vous; le sacrificateur l'agitera le lendemain du sabbat. [12] Vous sacrifierez aussi, le jour où vous agiterez la gerbe, un agneau d'un an, sans défaut, en holocauste à l'Éternel; [13] Et son offrande sera de deux dixièmes de fine farine arrosée d'huile, en sacrifice fait par le feu, d'agréable odeur à l'Éternel, et sa libation sera du vin, le quart d'un hin. [14] Vous ne mangerez ni pain, ni grain rôti, ni grain en épi, jusqu'à ce même jour-là, jusqu'à ce que vous ayez apporté l'offrande à votre Dieu; c'est une ordonnance perpétuelle pour vos générations, dans toutes vos demeures. [15] Vous compterez aussi, à partir du lendemain du sabbat, dès le jour où vous aurez apporté la gerbe qui doit être agitée, sept semaines entières. [16] Vous compterez cinquante jours jusqu'au lendemain du septième sabbat; et vous offrirez une nouvelle offrande à l'Éternel. [17] Vous apporterez de vos demeures deux pains, pour une offrande agitée; ils seront de deux dixièmes de fleur de farine, cuits avec du levain: ce sont les prémices à l'Éternel. [18] Vous offrirez aussi avec le pain, sept agneaux d'un an sans défaut, et un jeune taureau, et deux béliers, qui seront en holocauste à l'Éternel, avec leur offrande et leurs libations, en sacrifice fait par le feu, d'agréable odeur à l'Éternel. [19] Vous offrirez aussi un bouc pour le péché, et deux agneaux d'un an en sacrifice de prospérités. [20] Et le sacrificateur les agitera avec le pain des prémices, en offrande agitée devant l'Éternel, avec les deux agneaux; ils seront consacrés à l'Éternel, pour le sacrificateur. [21] Vous publierez la fête ce jour même; vous aurez une sainte convocation; vous ne ferez aucune œuvre servile. C'est une ordonnance perpétuelle dans toutes vos demeures, d'âge en âge. [22] Et quand vous ferez la moisson dans votre

pays, tu n'achèveras point de moissonner le bout de ton champ, et tu ne ramasseras point les restes de ta moisson; tu les laisseras pour le pauvre et pour l'étranger: Je suis l'Éternel, votre Dieu. 23 L'Éternel parla encore à Moïse, en disant: 24 Parle aux enfants d'Israël, et dis: Au septième mois, au premier jour du mois, il y aura pour vous un jour de repos, une commémoration publiée au son des trompettes, une sainte convocation; 25 Vous ne ferez aucune œuvre servile; et vous offrirez à l'Éternel des sacrifices faits par le feu. 26 L'Éternel parla aussi à Moïse, en disant: 27 Le dixième jour de ce septième mois sera le jour des expiations; vous aurez une sainte convocation, vous humilierez vos âmes, et vous offrirez à l'Éternel des sacrifices faits par le feu. 28 Vous ne ferez aucune œuvre ce jour-là; car c'est le jour des expiations, où doit être faite pour vous l'expiation devant l'Éternel votre Dieu. 29 Car toute personne qui ne s'humiliera pas ce jour-là, sera retranchée du milieu de son peuple. 30 Et toute personne qui fera ce jour-là une œuvre quelconque, je la détruirai du milieu de son peuple. 31 Vous ne ferez aucune œuvre; c'est une ordonnance perpétuelle pour vos générations, dans toutes vos demeures. 32 Ce sera pour vous un sabbat, un jour de repos, et vous humilierez vos âmes. Le neuvième jour du mois, au soir, d'un soir à l'autre soir, vous célébrerez votre sabbat. 33 L'Éternel parla encore à Moïse, en disant: 34 Parle aux enfants d'Israël, et dis: Le quinzième jour de ce septième mois, ce sera la fête des tabernacles pendant sept jours, à l'honneur de l'Éternel. 35 Le premier jour il y aura une sainte convocation; vous ne ferez aucune œuvre servile. 36 Pendant sept jours vous offrirez à l'Éternel des sacrifices faits par le feu. Le huitième jour vous aurez une sainte convocation, et vous offrirez à l'Éternel des sacrifices faits par le feu; ce sera une assemblée solennelle; vous ne ferez aucune œuvre servile. 37 Telles sont les fêtes solennelles de l'Éternel, que vous publierez comme de saintes convocations, pour offrir à l'Éternel des sacrifices faits par le feu, des holocaustes, des offrandes, des sacrifices et des libations, chaque chose à son jour; 38 Outre les sabbats de l'Éternel, et outre vos dons, et outre tous vos vœux, et outre toutes vos offrandes volontaires que vous présenterez à l'Éternel. 39 Mais le quinzième jour du septième mois, quand vous aurez recueilli le produit de la terre, vous célébrerez une fête à l'Éternel pendant sept jours. Le premier jour sera un jour de repos, et le huitième sera aussi un jour de repos. 40 Et le premier jour vous prendrez du fruit des beaux arbres, des branches de palmiers, des rameaux d'arbres touffus et des saules de rivière; et vous vous réjouirez pendant sept jours devant l'Éternel, votre Dieu. 41 Vous célébrerez ainsi cette fête à l'Éternel pendant sept jours dans l'année. C'est une ordonnance perpétuelle pour vos générations; vous la célébrerez le septième mois. 42 Vous demeurerez pendant sept jours sous des tentes; tous ceux qui seront nés en Israël demeureront sous des tentes, 43 Afin que votre postérité sache que j'ai fait habiter les enfants d'Israël sous des tentes, lorsque je les ai fait sortir du pays d'Égypte: Je suis l'Éternel, votre Dieu. 44 Ainsi Moïse déclara aux enfants d'Israël les fêtes de l'Éternel.

24

1 Et l'Éternel parla à Moïse, en disant: 2 Ordonne aux enfants d'Israël qu'ils t'apportent de l'huile pure, d'olives broyées, pour le luminaire, afin de tenir les lampes continuellement allumées. 3 Aaron les arrangera, en dehors du voile du Témoignage, dans le tabernacle d'assignation, afin qu'elles brûlent du soir au matin, devant l'Éternel, continuellement; c'est une ordonnance perpétuelle dans vos générations. 4 Il arrangera les lampes sur le chandelier d'or pur, devant l'Éternel, continuellement. 5 Tu prendras aussi de la fleur de farine, et tu la cuiras en douze gâteaux; chaque gâteau sera de deux

dixièmes; 6 Et tu les placeras en deux rangées, six par rangée, sur la table d'or pur devant l'Éternel. 7 Et tu mettras de l'encens pur sur chaque rangée, et il sera un mémorial pour le pain, comme un sacrifice fait par le feu à l'Éternel: 8 Chaque jour de sabbat on rangera ces pains devant l'Éternel continuellement de la part des enfants d'Israël; c'est une alliance perpétuelle. 9 Et ils appartiendront à Aaron et à ses fils, qui les mangeront dans un lieu saint; car ce sera pour eux une chose très sainte, provenant des sacrifices de l'Éternel faits par le feu; c'est une ordonnance perpétuelle. 10 Or, le fils d'une femme israélite, qui était fils d'un homme égyptien, sortit au milieu des enfants d'Israël; et ce fils d'une femme israélite se querella dans le camp avec un homme israélite. 11 Et le fils de la femme israélite blasphéma le nom de l'Éternel, et le maudit; et on l'amena à Moïse. Or sa mère s'appelait Shelomith, fille de Dibri, de la tribu de Dan. 12 Et on le mit en prison, jusqu'à ce qu'il y eût décision, selon l'ordre de l'Éternel. 13 Or l'Éternel parla à Moïse, en disant: 14 Fais sortir du camp celui qui a maudit, et que tous ceux qui l'ont entendu posent leurs mains sur sa tête, et toute l'assemblée le lapidera. 15 Et parle aux enfants d'Israël, et dis-leur: Quiconque maudira son Dieu portera la peine de son péché; 16 Et celui qui blasphémera le nom de l'Éternel sera puni de mort; toute l'assemblée le lapidera; aussi bien l'étranger que celui qui est né au pays, quand il blasphémera le nom de l'Éternel, il sera mis à mort. 17 Celui qui frappera mortellement un homme, quel qu'il soit, sera puni de mort. 18 Celui qui frappera une bête mortellement, la remplacera; vie pour vie. 19 Et quand un homme aura fait une blessure à son prochain, on lui fera comme il a fait; 20 Fracture pour fracture, œil pour œil, dent pour dent; il lui sera fait le même mal qu'il aura fait à un autre homme. 21 Celui qui aura tué une bête, la remplacera; mais celui qui aura tué un homme, sera mis à mort. 22 Vous n'aurez qu'une même loi; l'étranger sera comme celui qui est né au pays; car je suis l'Éternel votre Dieu. 23 Moïse parla donc aux enfants d'Israël, et ils firent sortir du camp celui qui avait maudit, et ils le lapidèrent. Ainsi les enfants d'Israël firent comme l'Éternel avait commandé à Moïse.

25

1 L'Éternel parla aussi à Moïse sur la montagne de Sinaï, en disant: 2 Parle aux enfants d'Israël, et dis-leur: Quand vous serez entrés au pays que je vous donne, la terre se reposera; ce sera un sabbat à l'Éternel. 3 Pendant six ans tu sèmeras ton champ, et pendant six ans tu tailleras ta vigne, et tu en recueilleras le produit. 4 Mais la septième année sera un sabbat de repos pour la terre, un sabbat à l'Éternel; tu ne sèmeras point ton champ, et tu ne tailleras point ta vigne, 5 Tu ne moissonneras point ce qui de ta moisson repoussera de soi-même, et tu ne vendangeras point les raisins de ta vigne non taillée; ce sera une année de repos pour la terre. 6 Mais ce que la terre produira l'année du sabbat, vous servira de nourriture, à toi, à ton serviteur, à ta servante, à ton mercenaire et à l'étranger qui séjourne avec toi, 7 A ton bétail, et aux animaux qui sont dans ton pays; tout son produit servira de nourriture. 8 Tu compteras aussi sept semaines d'années, sept fois sept ans; et les jours de ces sept semaines d'années feront quarante-neuf ans; 9 Puis tu feras sonner la trompette d'un son éclatant, le dixième jour du septième mois; au jour des expiations, vous ferez sonner la trompette par tout votre pays. 10 Et vous sanctifierez la cinquantième année, et vous publierez la liberté dans le pays pour tous ses habitants. Ce sera pour vous le jubilé, et vous rentrerez chacun de vous dans sa possession et vous retournerez chacun dans sa famille. 11 La cinquantième année sera pour vous le jubilé; vous ne sèmerez point, et ne moissonnerez point ce que la terre rapportera d'elle-même, et vous ne vendangerez point la vigne non taillée; 12 Car c'est le jubilé: il vous sera sacré; vous mangerez le produit des champs. 13 En cette année du jubilé, chacun de vous

retournera dans sa possession. [14] Or, si vous faites une vente à votre prochain, ou si vous achetez quelque chose de votre prochain, que nul de vous ne fasse tort à son frère. [15] Tu achèteras de ton prochain d'après le nombre des années écoulées depuis le jubilé; et il te vendra d'après le nombre des années de rapport. [16] Selon qu'il y aura plus d'années, tu augmenteras le prix, et selon qu'il y aura moins d'années, tu diminueras le prix; car c'est le nombre des récoltes qu'il te vend. [17] Que nul de vous ne fasse tort à son prochain; mais crains ton Dieu; car je suis l'Éternel, votre Dieu. [18] Exécutez mes ordonnances, observez mes lois et pratiquez-les; et vous habiterez en sécurité dans le pays. [19] Et la terre vous donnera ses fruits, vous mangerez à satiété, et vous y habiterez en sécurité. [20] Si vous dites: Que mangerons-nous la septième année, si nous ne semons point, et si nous ne recueillons pas notre récolte? [21] Je vous enverrai ma bénédiction la sixième année, et elle donnera une récolte pour les trois ans. [22] Et vous sèmerez la huitième année, et vous mangerez de l'ancienne récolte; jusqu'à la neuvième année, jusqu'à ce que sa récolte soit venue, vous mangerez de l'ancienne. [23] La terre ne sera point vendue à perpétuité; car la terre est à moi, car vous êtes chez moi comme étrangers et comme habitants. [24] Dans tout le pays que vous posséderez, vous accorderez le droit de rachat pour la terre. [25] Si ton frère devient pauvre, et vend une partie de ce qu'il possède, celui qui a le droit de rachat, son proche parent, viendra et rachètera ce que son frère a vendu. [26] Si un homme n'a personne qui ait le droit de rachat, et qu'il se procure lui-même de quoi faire un rachat, [27] Il comptera les années depuis la vente faite et restituera le surplus à l'homme à qui il a vendu, et il rentrera dans sa possession. [28] Mais s'il ne trouve point ce qu'il faut pour le lui rendre, la chose vendue sera entre les mains de celui qui aura acheté, jusqu'à l'année du jubilé; alors celui-ci en sortira au jubilé, et le vendeur rentrera dans sa possession. [29] Si un homme vend une maison d'habitation, dans une ville fermée de murailles, il aura le droit de la racheter jusqu'à la fin de l'année après la vente; son droit de rachat sera d'une année. [30] Mais si elle n'est point rachetée avant la fin d'une année entière, la maison qui est dans la ville fermée de murailles demeurera à perpétuité à l'acquéreur et à ses descendants, il n'en sortira point au jubilé. [31] Toutefois les maisons des villages non entourés de murs, seront réputées comme un fonds de terre; le vendeur pourra les racheter, et l'acheteur sortira au jubilé. [32] Quant aux villes des Lévites et aux maisons des villes qu'ils auront en propriété, le droit de rachat sera perpétuel pour les Lévites. [33] Et celui qui aura acheté des Lévites, sortira au jubilé de la maison vendue et de la ville de sa possession; car les maisons des villes des Lévites sont leur possession parmi les enfants d'Israël. [34] Les champs des faubourgs de leurs villes ne seront point vendus; car c'est leur propriété perpétuelle. [35] Si ton frère, qui est près de toi, devient pauvre et que sa main devienne tremblante, tu le soutiendras, étranger ou hôte, afin qu'il vive auprès de toi. [36] Tu ne tireras de lui ni intérêt ni profit; mais tu craindras ton Dieu, et ton frère vivra auprès de toi. [37] Tu ne lui donneras point ton argent à intérêt, et tu ne lui donneras point de tes vivres pour un profit. [38] Je suis l'Éternel, votre Dieu, qui vous ai fait sortir du pays d'Égypte, pour vous donner le pays de Canaan, pour être votre Dieu. [39] Si ton frère, qui est près de toi, devient pauvre et se vend à toi, tu ne te serviras point de lui pour un service d'esclave; [40] Il sera chez toi comme un mercenaire, comme un hôte; il servira chez toi jusqu'à l'année du jubilé; [41] Alors il sortira de chez toi, lui et ses enfants avec lui; il retournera dans sa famille, et rentrera dans la possession de ses pères. [42] Car ce sont mes serviteurs, que j'ai fait sortir du pays d'Égypte; ils ne seront point vendus comme on vend un esclave. [43] Tu ne domineras point sur lui avec rigueur; mais tu craindras ton Dieu. [44] Quant à ton esclave et à ta servante qui t'appartiendront, ils viendront des nations qui sont autour de vous; c'est d'elles que vous achèterez l'esclave et la servante. [45] Vous pourrez aussi en acheter des enfants des étrangers qui séjourneront avec vous, et de leurs familles qui seront parmi vous, qu'ils engendreront dans votre pays; et ils seront votre propriété. ⁴⁶ Vous les laisserez en héritage à vos enfants après vous, pour les posséder en propriété; vous vous servirez d'eux à perpétuité; mais quant à vos frères, les enfants d'Israël, nul de vous ne dominera avec rigueur sur son frère. ⁴⁷ Et lorsque un étranger ou un homme habitant chez toi, deviendra riche, et que ton frère deviendra pauvre près de lui et se vendra à l'étranger domicilié chez toi, ou à un rejeton de la famille de l'étranger, ⁴⁸ Après s'être vendu, il y aura droit de rachat pour lui: un de ses frères pourra le racheter; ⁴⁹ Ou son oncle, ou le fils de son oncle, pourra le racheter, ou l'un de ses proches parents de sa famille pourra le racheter; ou s'il en a les moyens, il se rachètera lui-même. ⁵⁰ Or il comptera avec celui qui l'a acheté, depuis l'année où il s'est vendu à lui jusqu'à l'année du jubilé, et son prix de vente se comptera d'après le nombre des années; il en sera avec lui comme des journées d'un mercenaire. ⁵¹ S'il y a encore beaucoup d'années, il paiera son rachat à raison de ces années, en proportion du prix pour lequel il aura été acheté; ⁵² Et s'il reste peu d'années jusqu'à l'an du jubilé, il comptera avec lui, et restituera le prix de son achat à raison de ces années. ⁵³ Il sera avec lui comme un mercenaire à l'année; et son maître ne dominera point sur lui avec rigueur sous tes y eux. ⁵⁴ S'il n'est racheté d'aucune de ces manières, il sortira l'année du jubilé, lui et ses fils avec lui. ⁵⁵ Car c'est de moi que les enfants d'Israël sont esclaves; ce sont mes esclaves, que j'ai fait sortir du pays d'Égypte: Je suis l'Éternel, votre Dieu.

26

¹ Vous ne vous ferez point d'idoles, et vous ne vous dresserez ni image taillée, ni statue, et vous ne mettrez pas de pierre ornée de figures dans votre pays, pour vous prosterner devant elle; car je suis l'Éternel, votre Dieu. ² Vous observerez mes sabbats, et vous révérerez mon sanctuaire: Je suis l'Éternel. ³ Si vous marchez dans mes statuts, si vous gardez mes commandements, et si vous les pratiquez, ⁴ Je vous donnerai les pluies dans leur saison; la terre donnera ses produits, et les arbres des champs donneront leurs fruits. ⁵ Le foulage des grains atteindra chez vous la vendange; et la vendange atteindra les semailles; vous mangerez votre pain à satiété, et vous habiterez en sécurité dans votre pays. ⁶ Je mettrai la paix dans le pays; vous dormirez sans que personne vous épouvante; je ferai disparaître du pays les mauvaises bêtes, et l'épée ne passera point par votre pays. ⁷ Mais vous poursuivrez vos ennemis, et ils tomberont devant vous par l'épée. ⁸ Cinq d'entre vous en poursuivront cent, et cent d'entre vous en poursuivront dix mille, et vos ennemis tomberont devant vous par l'épée. ⁹ Et je me tournerai vers vous, je vous ferai croître et multiplier, et j'établirai mon alliance avec vous. ¹⁰ Vous mangerez aussi des anciennes récoltes, et vous sortirez les vieilles pour loger les nouvelles. ¹¹ Et je mettrai ma demeure au milieu de vous, et mon âme ne vous aura point en aversion. ¹² Et je marcherai au milieu de vous; je serai votre Dieu, et vous serez mon peuple. ¹³ Je suis l'Éternel, votre Dieu qui vous ai fait sortir du pays d'Égypte, afin que vous n'y fussiez plus esclaves. J'ai brisé les barres de votre joug, et je vous ai fait marcher la tête levée. ¹⁴ Mais si vous ne m'écoutez pas, et si vous ne pratiquez pas tous ces commandements, ¹⁵ Si vous méprisez mes ordonnances, et si votre âme a mes lois en aversion, pour ne pas pratiquer tous mes commandements, et pour enfreindre mon alliance, ¹⁶ Voici alors ce que je vous ferai: Je ferai venir sur vous la terreur, la consomption et la fièvre, qui consumeront vos yeux et accableront votre âme; vous sèmerez en vain votre semence: vos ennemis la mangeront. ¹⁷ Et je tournerai ma face contre vous; vous serez battus devant vos ennemis; ceux qui vous haïssent domineront sur vous, et vous fuirez sans que personne vous poursuive. ¹⁸ Que si, malgré cela, vous ne m'écoutez pas, j'en ajouterai sept fois autant pour vous châtier, à cause de vos péchés; ¹⁹ Et je briserai l'orgueil de

votre force. Je rendrai votre ciel comme du fer, et votre terre comme de l'airain. [20] Votre force se consumera en vain; votre terre ne donnera pas ses produits, et les arbres de la terre ne donneront pas leurs fruits. [21] Que si vous marchez en opposition avec moi, et si vous ne voulez pas m'écouter, je vous frapperai sept fois plus, selon vos péchés. [22] J'enverrai contre vous les animaux des champs, qui vous priveront de vos enfants, qui détruiront votre bétail, et qui vous réduiront à un petit nombre; et vos chemins seront déserts. [23] Si, malgré ces choses, vous ne recevez pas ma correction, et que vous marchiez en opposition avec moi, [24] Je marcherai, moi aussi, en opposition avec vous, et je vous frapperai sept fois plus, à cause de vos péchés. [25] Et je ferai venir sur vous l'épée, qui vengera mon alliance; quand vous vous rassemblerez dans vos villes, j'enverrai la peste au milieu de vous, et vous serez livrés aux mains de l'ennemi. [26] Quand je vous briserai le bâton du pain, dix femmes cuiront votre pain dans un seul four, et vous rendront votre pain au poids; vous mangerez, et vous ne serez point rassasiés. [27] Et si, malgré cela, vous ne m'écoutez point, et que vous marchiez contre moi, [28] Je marcherai aussi contre vous avec fureur, et je vous châtierai sept fois plus, à cause de vos péchés; [29] Vous mangerez la chair de vos fils, et vous mangerez la chair de vos filles; [30] Je détruirai vos hauts lieux, et j'abattrai vos colonnes solaires, et je mettrai vos cadavres sur les cadavres de vos idoles, et mon âme vous aura en aversion. [31] Je réduirai aussi vos villes en déserts, je désolerai vos sanctuaires, et je ne respirerai plus l'agréable odeur de vos sacrifices. [32] Et je désolerai le pays tellement que vos ennemis qui y habiteront en seront étonnés. [33] Et je vous disperserai parmi les nations, et je tirerai l'épée après vous; et votre pays sera désolé, et vos villes désertes. [34] Alors la terre s'acquittera de ses sabbats, tout le temps qu'elle sera désolée, et que vous serez dans le pays de vos ennemis; alors la terre se reposera et s'acquittera de ses sabbats. [35] Tout le temps qu'elle sera désolée, elle se reposera, parce qu'elle ne s'était pas reposée dans vos sabbats, pendant que vous l'habitiez. [36] Quant à ceux d'entre vous qui survivront, je rendrai leur cœur lâche dans les pays de leurs ennemis; le bruit d'une feuille agitée les poursuivra; ils fuiront comme on fuit devant l'épée, et ils tomberont sans qu'on les poursuive; [37] Et ils trébucheront l'un sur l'autre comme devant l'épée, sans que personne les poursuive; et vous ne pourrez subsister devant vos ennemis. [38] Vous périrez parmi les nations, et la terre de vos ennemis vous dévorera. [39] Et ceux d'entre vous qui survivront, se consumeront à cause de leur iniquité, dans les pays de vos ennemis, et aussi à cause des iniquités de leurs pères, ils se consumeront comme eux. [40] Alors ils confesseront leur iniquité et l'iniquité de leurs pères selon les transgressions qu'ils auront commises contre moi, et aussi parce qu'ils auront marché en opposition avec moi. [41] Moi aussi je leur résisterai, et les mènerai dans le pays de leurs ennemis, et alors leur cœur incirconcis s'humiliera, et ils subiront la peine de leur iniquité. [42] Alors je me souviendrai de mon alliance avec Jacob, je me souviendrai de mon alliance avec Isaac, et de mon alliance avec Abraham, et je me souviendrai de ce pays. [43] Car le pays sera abandonné par eux, et il jouira de ses sabbats, tant qu'il sera dévasté loin d'eux; et ils subiront la peine de leur iniquité, parce qu'ils auront méprisé mes ordonnances et que leur âme a eu mes lois en aversion. [44] Malgré cela, lorsqu'ils seront dans le pays de leurs ennemis, je ne les rejetterai point, et je ne les aurai point en aversion, pour les consumer entièrement et pour rompre mon alliance avec eux; car je suis l'Éternel, leur Dieu. [45] Et je me souviendrai en leur faveur de l'alliance faite avec leurs ancêtres, que j'ai fait sortir du pays d'Égypte, aux yeux des nations, pour être leur Dieu: Je suis l'Éternel. [46] Tels sont les statuts, les ordonnances et les lois que l'Éternel établit entre lui et les enfants d'Israël, sur la montagne de Sinaï, par Moïse.

27

[1] L'Éternel parla à Moïse, en disant: [2] Parle aux enfants d'Israël, et dis-leur: Lorsque quelqu'un consacre un vœu, s'il s'agit de personnes, elles appartiendront à l'Éternel, d'après ton estimation. [3] Telle sera ton estimation: si c'est un homme de vingt à soixante ans, ton estimation sera de cinquante sicles d'argent, selon le sicle du sanctuaire. [4] Si c'est une femme, ton estimation sera de trente sicles. [5] Si c'est quelqu'un de l'âge de cinq ans jusqu'à l'âge de vingt ans, ton estimation sera de vingt sicles pour le mâle, et de dix sicles pour la femme. [6] Et si c'est quelqu'un de l'âge d'un mois jusqu'à l'âge de cinq ans, ton estimation sera de cinq sicles d'argent pour le mâle, et de trois sicles d'argent pour une fille. [7] Et si c'est quelqu'un qui soit âgé de soixante ans et au-dessus, si c'est un mâle, ton estimation sera de quinze sicles, et pour la femme de dix sicles. [8] Si celui qui a fait le vœu est trop pauvre pour payer ton estimation, on le présentera devant le sacrificateur, qui fixera son prix; le sacrificateur fixera un prix selon les moyens de celui qui a fait le vœu. [9] S'il s'agit d'animaux dont on fait offrande à l'Éternel, tout ce qu'on en donnera à l'Éternel, sera chose sacrée. [10] On ne le changera point, et on ne le remplacera point, un bon pour un mauvais, ou un mauvais pour un bon. Si l'on remplace un animal par un autre, celui-ci ainsi que l'animal mis à sa place, seront choses sacrées. [11] Et s'il s'agit de quelque animal impur, dont on ne fait point offrande à l'Éternel, on présentera l'animal devant le sacrificateur; [12] Et le sacrificateur en fera l'estimation, selon que l'animal sera bon ou mauvais. Il en sera selon ton estimation, sacrificateur. [13] Mais si on veut le racheter, on ajoutera un cinquième à ton estimation. [14] Et quand quelqu'un consacrera à l'Éternel sa maison pour être sacrée, le sacrificateur en fera l'estimation selon qu'elle sera bonne ou mauvaise; on s'en tiendra à l'estimation que le sacrificateur en aura faite. [15] Mais si celui qui a consacré sa maison veut la racheter, il ajoutera un cinquième au prix de ton estimation, et elle lui appartiendra. [16] Et si quelqu'un consacre à l'Éternel une partie du champ de sa propriété, ton estimation sera selon ce qu'on y sème; le homer de semence d'orge à cinquante sicles d'argent. [17] S'il consacre son champ dès l'année du jubilé, on s'en tiendra à ton estimation. [18] Mais s'il consacre son champ après le jubilé, le sacrificateur en estimera le prix à raison des années qui restent jusqu'à l'année du jubilé, et il sera fait une réduction sur ton estimation. [19] Et si celui qui a consacré son champ, veut le racheter, il ajoutera un cinquième au prix de ton estimation, et le champ lui restera. [20] Mais s'il ne rachète point le champ, et qu'on vende le champ à un autre homme, il ne pourra plus être racheté. [21] Et ce champ, quand l'acquéreur en sortira au jubilé, sera consacré à l'Éternel comme un champ d'interdit: la possession en sera au sacrificateur. [22] Si quelqu'un consacre à l'Éternel un champ qu'il ait acheté et qui ne soit pas des champs de sa possession, [23] Le sacrificateur en évaluera le prix d'après ton estimation jusqu'à l'année du jubilé, et cet homme paiera, le jour même, ton estimation, comme une chose consacrée à l'Éternel. [24] En l'année du jubilé, le champ retournera à celui duquel il l'avait acheté, à celui à qui appartient la propriété de la terre. [25] Et toutes tes estimations seront, d'après le sicle du sanctuaire; le sicle est de vingt oboles. [26] Toutefois, nul ne consacrera le premier-né de son bétail, lequel appartient déjà à l'Éternel comme primogéniture; soit bœuf, soit agneau, il est à l'Éternel. [27] Mais s'il s'agit d'un animal impur, on le rachètera selon ton estimation, en y ajoutant un cinquième; s'il n'est pas racheté, il sera vendu d'après ton estimation. [28] Mais tout interdit, tout ce que quelqu'un aura dévoué à l'Éternel, de ce qui lui appartient, tout, soit un homme, un animal ou un champ de sa propriété, ne pourra ni se vendre ni se racheter; tout interdit est entièrement consacré à l'Éternel. [29] Aucune personne dévouée par interdit ne pourra être rachetée; elle sera mise à mort. [30] Toute dîme de la terre, tant des semences

de la terre que des fruits des arbres, appartient à l'Éternel; c'est une chose consacrée à l'Éternel. 31 Et si quelqu'un veut racheter quelque chose de sa dîme, il y ajoutera le cinquième en sus. 32 Mais pour toute dîme de gros et de menu bétail, pour tout ce qui passe sous la verge, le dixième en sera consacré à l'Éternel. 33 On ne distinguera pas entre le bon et le mauvais, et on ne le changera pas; si on le change, l'animal remplacé et celui qui le remplace seront l'un et l'autre consacrés: ils ne pourront être rachetés. 34 Tels sont les commandements que l'Éternel prescrivit à Moïse pour les enfants d'Israël, sur la montagne de Sinaï.

Nombres

¹ L'Éternel parla à Moïse, au désert de Sinaï, dans le tabernacle d'assignation, au premier jour du second mois, la seconde année de leur sortie du pays d'Égypte, en disant: ² Faites le compte de toute l'assemblée des enfants d'Israël, selon leurs familles, selon les maisons de leurs pères, en comptant par tête les noms de tous les mâles, ³ Depuis l'âge de vingt ans et au-dessus, tous ceux d'Israël qui peuvent aller à la guerre; vous les dénombrerez selon leurs armées, toi et Aaron. ⁴ Et il y aura avec vous un homme par tribu, le chef de la maison de ses pères. ⁵ Et voici les noms des hommes qui vous assisteront: Pour la tribu de Ruben, Elitsur, fils de Shedéur; ⁶ Pour celle de Siméon, Shelumiel, fils de Tsurishaddaï; ⁷ Pour celle de Juda, Nahasshon, fils d'Amminadab; ⁸ Pour celle d'Issacar, Nathanaël, fils de Tsuar; ⁹ Pour celle de Zabulon, Eliab, fils de Hélon; ¹⁰ Pour les enfants de Joseph, pour la tribu d'Éphraïm, Elishama, fils d'Ammihud; pour celle de Manassé, Gamaliel, fils de Pédahtsur; ¹¹ Pour la tribu de Benjamin, Abidan, fils de Guideoni; ¹² Pour celle de Dan, Ahiézer, fils d'Ammishaddaï; ¹³ Pour celle d'Asser, Paguiel, fils d'Ocran; ¹⁴ Pour celle de Gad, Eliasaph, fils de Déhuël; ¹⁵ Pour celle de Nephthali, Ahira, fils d'Enan. ¹⁶ C'étaient là ceux qu'on appelait pour tenir l'assemblée, les princes des tribus de leurs pères, les chefs des milliers d'Israël. ¹⁷ Moïse et Aaron prirent donc ces hommes qui avaient été désignés par leurs noms; ¹⁸ Et ils convoquèrent toute l'assemblée, le premier jour du second mois, et on les enregistra d'après leurs familles, selon la maison de leurs pères, en les comptant par leurs noms, depuis l'âge de vingt ans et au-dessus, et par têtes; ¹⁹ Comme l'Éternel l'avait commandé à Moïse, il les dénombra au désert de Sinaï. ²⁰ Les fils de Ruben, premier-né d'Israël, enregistrés selon leurs familles, selon les maisons de leurs pères, en les comptant par leurs noms et par tête, tous les mâles depuis l'âge de vingt ans et au-dessus, tous ceux qui pouvaient aller à la guerre: ²¹ Ceux de la tribu de Ruben, qui furent dénombrés, furent quarante-six mille cinq cents. ²² Les fils de Siméon, enregistrés selon leurs familles, selon les maisons de leurs pères, ceux qui furent dénombrés, en les comptant par leurs noms et par tête, tous les mâles depuis l'âge de vingt ans et au-dessus, tous ceux qui pouvaient aller à la guerre: ²³ Ceux de la tribu de Siméon, qui furent dénombrés, furent cinquante-neuf mille trois cents. ²⁴ Les fils de Gad, enregistrés selon leurs familles, selon les maisons de leurs pères, en les comptant par leurs noms, depuis l'âge de vingt ans et au-dessus, tous ceux qui pouvaient aller à la guerre: ²⁵ Ceux de la tribu de Gad, qui furent dénombrés, furent quarante-cinq mille six cent cinquante. ²⁶ Les fils de Juda, enregistrés selon leurs familles, selon les maisons de leurs pères, en les comptant par leurs noms, depuis l'âge de vingt ans et au-dessus, tous ceux qui pouvaient aller à la guerre: ²⁷ Ceux de la tribu de Juda, qui furent dénombrés, furent soixante-quatorze mille six cents. ²⁸ Les fils d'Issacar, enregistrés selon leurs familles, selon les maisons de leurs pères, en les comptant par leurs noms, depuis l'âge de vingt ans et au-dessus, tous ceux qui pouvaient aller à la guerre: ²⁹ Ceux de la tribu d'Issacar, qui furent dénombrés, furent cinquante-quatre mille quatre cents. ³⁰ Les fils de Zabulon, enregistrés selon leurs familles, selon les maisons de leurs pères, en les comptant par leurs noms, depuis l'âge de vingt ans et au-dessus, tous ceux qui pouvaient aller à la guerre: ³¹ Ceux de la tribu de Zabulon, qui furent dénombrés, furent cinquante-sept mille quatre cents. ³² Quant aux fils de Joseph: les fils d'Éphraïm, enregistrés selon leurs familles, selon les maisons de leurs pères, en les comptant par leurs noms, depuis l'âge de vingt ans et au-dessus, tous ceux qui pouvaient aller à la guerre: ³³ Ceux de la tribu d'Éphraïm, qui furent dénombrés, furent quarante mille cinq cents. ³⁴ Les fils

de Manassé, enregistrés selon leurs familles, selon les maisons de leurs pères, en les comptant par leurs noms, depuis l'âge de vingt ans et au-dessus, tous ceux qui pouvaient aller à la guerre: ³⁵ Ceux de la tribu de Manassé, qui furent dénombrés, furent trente-deux mille deux cents. ³⁶ Les fils de Benjamin, enregistrés selon leurs familles, selon les maisons de leurs pères, en les comptant par leurs noms, depuis l'âge de vingt ans et au-dessus, tous ceux qui pouvaient aller à la guerre: ³⁷ Ceux de la tribu de Benjamin, qui furent dénombrés, furent trente-cinq mille quatre cents. ³⁸ Les fils de Dan, enregistrés selon leurs familles, selon les maisons de leurs pères, en les comptant par leurs noms, depuis l'âge de vingt ans et au-dessus, tous ceux qui pouvaient aller à la guerre: ³⁹ Ceux de la tribu de Dan, qui furent dénombrés, furent soixante-deux mille sept cents. ⁴⁰ Les fils d'Asser, enregistrés selon leurs familles, selon les maisons de leurs pères, en les comptant par leurs noms, depuis l'âge de vingt ans et au-dessus, tous ceux qui pouvaient aller à la guerre: ⁴¹ Ceux de la tribu d'Asser, qui furent dénombrés, furent quarante et un mille cinq cents. ⁴² Les fils de Nephthali, enregistrés selon leurs familles, selon les maisons de leurs pères, en les comptant par leurs noms, depuis l'âge de vingt ans et au-dessus, tous ceux qui pouvaient aller à la guerre: ⁴³ Ceux de la tribu de Nephthali, qui furent dénombrés, furent cinquante-trois mille quatre cents. ⁴⁴ Tel est le dénombrement que firent Moïse et Aaron, et les douze princes d'Israël; il y avait un homme pour chaque maison des pères. ⁴⁵ Ainsi tous ceux des enfants d'Israël qui furent dénombrés, selon les maisons de leurs pères, depuis l'âge de vingt ans et au-dessus, tous les Israélites qui pouvaient aller à la guerre, ⁴⁶ Tous ceux qui furent dénombrés, furent six cent trois mille cinq cent cinquante. ⁴⁷ Mais les Lévites, selon la tribu de leurs pères, ne furent point dénombrés avec eux. ⁴⁸ Car l'Éternel avait parlé à Moïse, en disant: ⁴⁹ Tu ne dénombreras point la tribu de Lévi seulement, et tu n'en feras point le compte au milieu des enfants d'Israël; ⁵⁰ Mais donne aux Lévites la charge de la Demeure du Témoignage, et de tous ses ustensiles, et de tout ce qui lui appartient. Ce sont eux qui porteront la Demeure et tous ses ustensiles, et qui en feront le service; et ils camperont autour de la Demeure. ⁵¹ Et quand la Demeure partira, les Lévites la démonteront; et quand la Demeure campera, les Lévites la dresseront; et l'étranger qui en approchera sera puni de mort. ⁵² Or, les enfants d'Israël camperont chacun dans son camp, et chacun près de sa bannière, selon leurs armées. ⁵³ Mais les Lévites camperont autour de la Demeure du Témoignage, afin qu'il n'y ait point d'indignation contre l'assemblée des enfants d'Israël; et les Lévites auront la garde de la Demeure du Témoignage. ⁵⁴ Et les enfants d'Israël firent tout ce que l'Éternel avait commandé à Moïse; ils firent ainsi.

2

¹ L'Éternel parla aussi à Moïse et à Aaron, en disant: ² Les enfants d'Israël camperont chacun sous sa bannière, près des enseignes des maisons de leurs pères; ils camperont vis-à-vis et tout autour du tabernacle d'assignation. ³ Ceux qui camperont en avant, vers l'Orient, ce sera la bannière du camp de Juda, selon ses armées, et le chef des enfants de Juda, Nahasshon, fils d'Amminadab, ⁴ Et son armée, ses dénombrés: soixante-quatorze mille six cents. ⁵ Et la tribu d'Issacar campera auprès de lui; et le chef des enfants d'Issacar, Nathanaël, fils de Tsuar, ⁶ Et son armée, ses dénombrés: cinquante-quatre mille quatre cents. ⁷ Puis la tribu de Zabulon, et le chef des enfants de Zabulon, Eliab, fils de Hélon, ⁸ Et son armée, ses dénombrés: cinquante-sept mille quatre cents. ⁹ Tous les hommes dénombrés pour le camp de Juda sont cent quatre-vingt-six mille quatre cents, selon leurs armées. Ils partiront les premiers. ¹⁰ La bannière du camp de Ruben, selon ses armées, sera vers le Midi, avec le chef des enfants de Ruben, Elitsur, fils de Shedéur, ¹¹ Et son armée, et ses dénombrés: quarante-six mille cinq cents. ¹² Et la tribu de Siméon campera auprès de lui, et le chef des enfants de Siméon, Shelumiel, fils de Tsurishaddaï,

[13] Et son armée, ses dénombrés: cinquante-neuf mille trois cents. [14] Puis la tribu de Gad, et le chef des enfants de Gad, Eliasaph, fils de Réhuel, [15] Et son armée, ses dénombrés: quarante-cinq mille six cent cinquante. [16] Tous les hommes dénombrés pour le camp de Ruben sont cent cinquante et un mille quatre cent cinquante, selon leurs armées. Ils partiront les seconds. [17] Ensuite partira le tabernacle d'assignation, le camp des Lévites, au milieu des autres camps; ils partiront, comme ils auront campé, chacun à son rang, selon leurs bannières. [18] La bannière du camp d'Éphraïm, selon ses armées, sera vers l'Occident, avec le chef des enfants d'Éphraïm, Elishama, fils d'Ammihud, [19] Et son armée, ses dénombrés: quarante mille cinq cents. [20] Et auprès de lui, la tribu de Manassé, et le chef des enfants de Manassé, Gamaliel, fils de Pedahtsur, [21] Et son armée, ses dénombrés: trente-deux mille deux cents. [22] Puis la tribu de Benjamin, et le chef des enfants de Benjamin, Abidan, fils de Guideoni, [23] Et son armée, ses dénombrés: trente-cinq mille quatre cents. [24] Tous les hommes dénombrés pour le camp d'Éphraïm sont cent huit mille et cent, selon leurs armées. Ils partiront les troisièmes. [25] La bannière du camp de Dan sera vers le Nord, selon ses armées, avec le chef des enfants de Dan, Ahiézer, fils d'Ammishaddaï, [26] Et son armée, ses dénombrés: soixante-deux mille sept cents. [27] Et la tribu d'Asser campera auprès de lui, et le chef des enfants d'Asser, Paguiel, fils d'Ocran, [28] Et son armée, ses dénombrés: quarante et un mille cinq cents. [29] Puis la tribu de Nephthali, et le chef des enfants de Nephthali, Ahira, fils d'Enan, [30] Et son armée, ses dénombrés: cinquante-trois mille quatre cents. [31] Tous les hommes dénombrés pour le camp de Dan sont cent cinquante-sept mille six cents. Ils partiront les derniers, selon leurs bannières. [32] Ce sont là ceux des enfants d'Israël, dont on fit le dénombrement, selon les maisons de leurs pères. Tous les hommes dénombrés, formant les camps, selon leurs armées, furent six cent trois mille cinq cent cinquante. [33] Mais les Lévites ne furent point dénombrés au milieu des enfants d'Israël, d'après l'ordre que l'Éternel avait donné à Moïse. [34] Et les enfants d'Israël firent selon tout ce que l'Éternel avait commandé à Moïse; ils campèrent ainsi, selon leurs bannières, et partirent ainsi, chacun selon sa famille, selon la maison de ses pères.

3

[1] Voici les descendants d'Aaron et de Moïse, au jour où l'Éternel parla à Moïse au mont Sinaï; [2] Voici les noms des fils d'Aaron: Nadab, le premier-né, Abihu, Éléazar et Ithamar. [3] Ce sont là les noms des fils d'Aaron, des sacrificateurs qui furent oints, qu'on institua pour exercer le sacerdoce. [4] Or, Nadab et Abihu moururent devant l'Éternel, lorsqu'ils offrirent un feu étranger devant l'Éternel, au désert de Sinaï. Et ils n'avaient point d'enfants. Mais Éléazar et Ithamar exercèrent la sacrificature, en présence d'Aaron, leur père. [5] Alors l'Éternel parla à Moïse, en disant: [6] Fais approcher la tribu de Lévi, et fais-la tenir devant Aaron, le sacrificateur, afin qu'ils le servent; [7] Et qu'ils soignent tout ce qui est commis à ses soins et aux soins de toute l'assemblée, devant le tabernacle d'assignation, en faisant le service de la Demeure; [8] Et qu'ils soignent tous les ustensiles du tabernacle d'assignation, et ce qui leur sera confié par les enfants d'Israël, pour faire le service de la Demeure. [9] Ainsi tu donneras les Lévites à Aaron et à ses fils; ils lui sont complètement donnés d'entre les enfants d'Israël. [10] Tu établiras donc Aaron et ses fils, afin qu'ils gardent leur sacerdoce; et l'étranger qui en approchera sera puni de mort. [11] Et l'Éternel parla à Moïse, en disant: [12] Voici, j'ai pris les Lévites, d'entre les enfants d'Israël, à la place de tous les premiers-nés des enfants d'Israël, et les Lévites seront à moi. [13] Car tout premier-né m'appartient; au jour où je frappai tout premier-né dans le pays d'Égypte, je me suis consacré tout premier-né en Israël, depuis les hommes jusqu'aux

bêtes; ils seront à moi: je suis l'Éternel. [14] L'Éternel parla aussi à Moïse, au désert de Sinaï, en disant: [15] Dénombre les enfants de Lévi, selon les maisons de leurs pères, selon leurs familles, en comptant tous les mâles depuis l'âge d'un mois et au-dessus. [16] Et Moïse les dénombra, selon le commandement de l'Éternel, ainsi qu'il lui avait été ordonné. [17] Voici quels sont les fils de Lévi, par leurs noms: Guershon, Kéhath et Mérari. [18] Et voici les noms des fils de Guershon, selon leurs familles: Libni et Shimeï. [19] Et les fils de Kéhath, selon leurs familles: Amram, Jitshar, Hébron et Uziel. [20] Et les fils de Mérari, selon leurs familles: Machli et Mushi. Telles sont les familles de Lévi, selon les maisons de leurs pères. [21] A Guershon appartient la famille des Libnites, et la famille des Simhites. Telles sont les familles des Guershonites. [22] Ceux d'entre eux qui furent dénombrés, en comptant tous les mâles, depuis l'âge d'un mois et au-dessus, étaient sept mille cinq cents. [23] Les familles des Guershonites campaient derrière la Demeure, vers l'Occident; [24] Et le chef de la maison des pères des Guershonites était Eliasaph, fils de Laël. [25] Et la charge des enfants de Guershon, quant au tabernacle d'assignation, était la Demeure et le tabernacle, sa couverture, et la tapisserie de l'entrée du tabernacle d'assignation, [26] Et les tentures du parvis, et la tapisserie de l'entrée du parvis, qui couvrent la Demeure et l'autel tout autour, et ses cordages pour tout son service. [27] A Kéhath appartient la famille des Amramites, la famille des Jitseharites, la famille des Hébronites, et la famille des Uziélites. Telles sont les familles des Kéhathites. [28] En comptant tous les mâles, depuis l'âge d'un mois et au-dessus, ils étaient huit mille six cents, chargés des soins du sanctuaire. [29] Les familles des enfants de Kéhath campaient sur le côté de la Demeure, vers le Midi; [30] Et Elitsaphan, fils d'Uziel, était le chef de la maison des pères des familles des Kéhathites. [31] Ils avaient en garde l'arche, la table, le chandelier, les autels et les ustensiles du sanctuaire avec lesquels on fait le service, et la tapisserie, et tout son service. [32] Et le chef des chefs des Lévites étaient Éléazar, fils d'Aaron, le sacrificateur, qui était préposé à ceux qui étaient chargés des soins du sanctuaire. [33] A Mérari appartient la famille des Mahlites, et la famille des Mushites. Telles sont les familles de Mérari. [34] Ceux d'entre eux qui furent dénombrés, en comptant tous les mâles, depuis l'âge d'un mois et au-dessus, étaient six mille deux cents. [35] Et Tsuriel, fils d'Abihaïl, était le chef de la maison des pères des familles des Mérarites; ils campaient sur le côté de la Demeure, vers le Nord. [36] Et les enfants de Mérari avaient la surveillance et le soin des planches de la Demeure, de ses traverses, de ses colonnes, de ses soubassements, de tous ses ustensiles, et de tout son service, [37] Des colonnes du parvis tout autour, avec leurs soubassements, leurs pieux et leurs cordages. [38] Ceux qui campaient devant la Demeure, vers l'Orient, devant le tabernacle d'assignation, c'était Moïse, et Aaron, et ses fils, chargés du soin du sanctuaire pour les enfants d'Israël; et l'étranger qui en approcherait devait être puni de mort. [39] Tous les Lévites qui furent dénombrés, que Moïse et Aaron dénombrèrent, selon leurs familles, suivant le commandement de l'Éternel, tous les mâles, depuis l'âge d'un mois et au-dessus, étaient vingt-deux mille. [40] Puis l'Éternel dit à Moïse: Fais le dénombrement de tous les premiers-nés mâles des enfants d'Israël, depuis l'âge d'un mois et au-dessus, et fais le compte de leurs noms. [41] Tu prendras les Lévites pour moi, l'Éternel, à la place de tous les premiers-nés parmi les enfants d'Israël; et le bétail des Lévites, à la place de tous les premiers-nés du bétail des enfants d'Israël. [42] Moïse dénombra donc, comme l'Éternel le lui avait commandé, tous les premiers-nés parmi les enfants d'Israël; [43] Et tous les premiers-nés mâles, en comptant par les noms depuis l'âge d'un mois et au-dessus, selon leur dénombrement, furent vingt-deux mille deux cent soixante et treize. [44] Et l'Éternel parla à Moïse, en disant: [45] Prends les Lévites à la place de tous les premiers-nés des enfants d'Israël, et le bétail des Lévites à la place de leur bétail; et les Lévites seront à moi: je suis l'Éternel. [46] Quant au rachat des premiers-nés des enfants d'Israël, savoir deux cent soixante et treize qui dépassent le nombre des Lévites, ⁴⁷ Tu prendras cinq sicles par tête; tu les prendras selon le sicle du sanctuaire; le sicle est de vingt oboles. ⁴⁸ Et tu donneras l'argent à Aaron et à ses fils; c'est le rachat de ceux qu'il y avait en plus. ⁴⁹ Moïse prit donc l'argent du rachat de ceux qu'il y avait en plus, outre les rachetés par les Lévites. ⁵⁰ L'argent qu'il prit des premiers-nés des enfants d'Israël, fut de mille trois cent soixante-cinq sicles, selon le sicle du sanctuaire. ⁵¹ Et Moïse donna l'argent du rachat à Aaron et à ses fils, sur l'ordre de l'Éternel, comme l'Éternel l'avait commandé à Moïse.

4

¹ L'Éternel parla encore à Moïse et à Aaron, en disant: ² Faites le compte des fils de Kéhath, d'entre les enfants de Lévi, selon leurs familles, selon les maisons de leurs pères, ³ Depuis l'âge de trente ans et au-dessus, jusqu'à l'âge de cinquante ans, tous ceux qui entrent en rang pour s'employer au tabernacle d'assignation. ⁴ Voici le service des fils de Kéhath dans le tabernacle d'assignation, le soin du lieu très-saint. ⁵ Quand le camp partira, Aaron et ses fils viendront, et ils descendront le voile de tapisserie, et ils en couvriront l'arche du Témoignage. ⁶ Puis ils mettront sur elle une couverture de peaux de couleur d'hyacinthe; ils étendront par-dessus un drap entièrement de pourpre, et ils y mettront les barres. ⁷ Et ils étendront un drap de pourpre sur la table des pains de proposition, et ils mettront dessus les plats, les tasses, les coupes et les vases pour les libations; et le pain perpétuel sera dessus; ⁸ Et ils étendront sur ces choses un drap cramoisi, et ils le couvriront d'une couverture de peaux de couleur d'hyacinthe; et ils mettront les barres de la table. ⁹ Et ils prendront un drap de pourpre, et ils en couvriront le chandelier du luminaire, ses lampes, ses mouchettes, ses porte-mouchettes, et tous ses vases à huile, dont on se sert pour le chandelier. ¹⁰ Et ils le mettront, avec tous ses ustensiles, dans une couverture de peaux de couleur d'hyacinthe, et le placeront sur le brancard. ¹¹ Ils étendront sur l'autel d'or un drap de pourpre, et ils le couvriront d'une couverture de peaux de couleur d'hyacinthe, et ils y mettront ses barres. ¹² Ils prendront aussi tous les ustensiles du service, dont on se sert dans le sanctuaire, et ils les mettront dans un drap de pourpre, et ils les couvriront d'une couverture de peaux de couleur d'hyacinthe, et les mettront sur le brancard. ¹³ Ils ôteront les cendres de l'autel, et ils étendront sur lui un drap écarlate; ¹⁴ Et ils mettront dessus tous les ustensiles employés pour y faire le service, les encensoirs, les fourchettes, les racloirs, les coupes, tous les ustensiles de l'autel; et ils étendront par-dessus une couverture de peaux de couleur d'hyacinthe, et ils y mettront ses barres. ¹⁵ Après qu'Aaron et ses fils auront achevé de couvrir le sanctuaire et tous les ustensiles sacrés, quand le camp partira, alors les enfants de Kéhath viendront pour les porter; et ils ne toucheront point les choses saintes, de peur qu'ils ne meurent. Voilà ce qu'auront à porter les enfants de Kéhath dans le tabernacle d'assignation. ¹⁶ Éléazar, fils d'Aaron, le sacrificateur, aura la surveillance de l'huile du luminaire, du parfum d'aromates, de l'oblation continuelle et de l'huile d'onction, la surveillance de toute la Demeure, et de tout ce qu'elle contient, le sanctuaire et ses ustensiles. ¹⁷ L'Éternel parla encore à Moïse et à Aaron, en disant: ¹⁸ Faites en sorte que la tribu des familles de Kéhath ne soit point retranchée d'entre les Lévites; ¹⁹ Et faites ceci pour eux, afin qu'ils vivent et ne meurent point, quand ils approcheront du lieu très-saint: qu'Aaron et ses fils viennent, et prescrivent à chacun son service et ce qu'il doit porter. ²⁰ Et ils n'entreront point pour regarder, quand on enveloppera les choses saintes, de peur qu'ils ne meurent. ²¹ L'Éternel parla aussi à Moïse, en disant: ²² Fais aussi le compte des enfants de Guershon, selon les maisons de leurs pères, selon leurs familles. ²³ Depuis l'âge de trente ans et au-dessus, jusqu'à l'âge de cinquante ans, tu les dénombreras, tous ceux qui viennent prendre rang pour

faire le service dans le tabernacle d'assignation. 24 Voici le service des familles des Guershonites, ce qu'ils doivent faire, et ce qu'ils doivent porter; 25 Ils porteront les tentures de la Demeure, et le tabernacle d'assignation, sa couverture, la couverture de peaux de couleur d'hyacinthe qui est par-dessus, et la tapisserie de l'entrée du tabernacle d'assignation; 26 Les tentures du parvis, et la tapisserie de l'entrée de la porte du parvis, qui cachent la Demeure et l'autel tout autour, leurs cordages, et tous les ustensiles de leur service. Ils feront tout le service qui s'y rapporte. 27 Tout le service des enfants de Guershon, en tout ce qu'ils doivent porter, et en tout ce qu'ils doivent faire, sera réglé par l'ordre d'Aaron et de ses fils, et vous confierez à leur garde tout ce qu'ils doivent porter. 28 Tel est le service des familles des enfants des Guershonites dans le tabernacle d'assignation; et leur charge sera exercée sous la conduite d'Ithamar, fils d'Aaron, le sacrificateur. 29 Tu dénombreras les enfants de Mérari, selon leurs familles, selon les maisons de leurs pères; 30 Tu les dénombreras depuis l'âge de trente ans et au-dessus, jusqu'à l'âge de cinquante ans, tous ceux qui prennent rang pour s'employer au service du tabernacle d'assignation. 31 Et voici ce qu'ils auront à garder et à porter, pour tout leur service dans le tabernacle d'assignation: les planches de la Demeure, ses traverses, ses colonnes, ses soubassements, 32 Les colonnes du parvis tout autour, leurs soubassements, leurs pieux, leurs cordages, avec tous les objets et tout ce qui se rattache à leur service; et vous dénombrerez par leurs noms les objets qu'ils auront à garder et à porter. 33 Tel est le service des familles des enfants de Mérari, pour tout leur service dans le tabernacle d'assignation, sous la conduite d'Ithamar, fils d'Aaron, le sacrificateur. 34 Moïse, Aaron et les principaux de l'assemblée, dénombrèrent donc les enfants des Kéhathites, selon leurs familles et selon les maisons de leurs pères, 35 Depuis l'âge de trente ans et au-dessus, jusqu'à l'âge de cinquante ans, tous ceux qui prenaient rang pour servir au tabernacle d'assignation; 36 Et ceux qui furent dénombrés selon leurs familles, étaient deux mille sept cent cinquante. 37 Tels sont ceux des familles des Kéhathites dont on fit le dénombrement, tous ceux qui servaient dans le tabernacle d'assignation, que Moïse et Aaron passèrent en revue sur l'ordre que l'Éternel en avait donné par l'organe de Moïse. 38 Quant aux enfants de Guershon qui furent dénombrés, selon leurs familles et selon les maisons de leurs pères, 39 Depuis l'âge de trente ans et au-dessus, jusqu'à l'âge de cinquante ans, tous ceux qui vinrent prendre rang pour servir au tabernacle d'assignation, 40 Ceux qui furent dénombrés, selon leurs familles, selon les maisons de leurs pères, étaient deux mille six cent trente. 41 Tels sont ceux des familles des enfants de Guershon qui furent dénombrés, tous ceux qui servaient dans le tabernacle d'assignation, que Moïse et Aaron dénombrèrent, sur l'ordre de l'Éternel. 42 Quant à ceux des familles des enfants de Mérari, qui furent dénombrés, selon leurs familles, selon les maisons de leurs pères, 43 Depuis l'âge de trente ans et au-dessus, jusqu'à l'âge de cinquante ans, tous ceux qui venaient prendre rang pour faire le service dans le tabernacle d'assignation, 44 Ceux qui furent dénombrés, selon leurs familles, étaient trois mille deux cents. 45 Tels sont ceux des familles des enfants de Mérari, que Moïse et Aaron dénombrèrent sur l'ordre que l'Éternel en avait donné par l'organe de Moïse. 46 Tous ceux que Moïse et Aaron et les principaux d'Israël dénombrèrent d'entre les Lévites, selon leurs familles, et selon les maisons de leurs pères, 47 Depuis l'âge de trente ans et au-dessus, jusqu'à l'âge de cinquante ans; tous ceux qui entraient pour remplir l'office de serviteurs et l'office de porteurs dans le tabernacle d'assignation, 48 Tous ceux qui furent dénombrés étaient huit mille cinq cent quatre-vingts. 49 On en fit le dénombrement selon l'ordre que l'Éternel en avait donné par l'organe de Moïse, chacun pour son service et pour ce qu'il avait à porter; on en fit le dénombrement selon ce que l'Éternel avait commandé à Moïse.

5

¹ Puis l'Éternel parla à Moïse, en disant: ² Ordonne aux enfants d'Israël de renvoyer hors du camp tout lépreux, tout homme qui a un écoulement et tout homme souillé pour un mort. ³ Vous les renverrez, tant l'homme que la femme; vous les renverrez hors du camp, afin qu'ils ne souillent pas leurs camps, au milieu desquels je demeure. ⁴ Et les enfants d'Israël firent ainsi, et ils les renvoyèrent hors du camp; comme l'Éternel avait parlé à Moïse, ainsi firent les enfants d'Israël. ⁵ L'Éternel parla encore à Moïse, en disant: ⁶ Parle aux enfants d'Israël: Quand un homme ou une femme aura commis quelqu'un des péchés par lesquels l'homme commet une prévarication contre l'Éternel, et que cette personne se sera ainsi rendue coupable, ⁷ Ils confesseront le péché qu'ils auront commis, et le coupable restituera la somme totale de ce dont il est coupable; et il y ajoutera un cinquième, et le donnera à celui à l'égard duquel il s'est rendu coupable. ⁸ Que si cet homme n'a personne à qui l'on puisse restituer l'objet du délit, celui-ci reviendra à l'Éternel, au sacrificateur, outre le bélier des expiations, avec lequel il fera expiation pour le coupable. ⁹ Et toute offrande de toutes les choses consacrées que les enfants d'Israël présentent au sacrificateur, lui appartiendra. ¹⁰ Les choses consacrées que chacun offrira, lui appartiendront; ce que chacun donnera au sacrificateur, lui appartiendra.

¹¹ L'Éternel parla aussi à Moïse, en disant: ¹² Parle aux enfants d'Israël, et dis-leur: Si la femme de quelqu'un s'est détournée et a commis une infidélité contre lui, ¹³ Et qu'un homme ait eu commerce avec elle, et que la chose soit cachée aux yeux de son mari; qu'elle se soit souillée en secret, et qu'il n'y ait point de témoin contre elle, et qu'elle n'ait point été surprise; ¹⁴ Si un esprit de jalousie passe sur lui, et qu'il soit jaloux de sa femme qui s'est souillée, ou si un esprit de jalousie passe sur lui, et qu'il soit jaloux de sa femme, sans qu'elle se soit souillée, ¹⁵ Cet homme amènera sa femme devant le sacrificateur, et apportera pour elle son offrande, un dixième d'épha de farine d'orge; il n'y répandra point d'huile, et n'y mettra point d'encens, car c'est une oblation de jalousie, une oblation de mémorial, pour rappeler l'iniquité. ¹⁶ Et le sacrificateur la fera approcher, et la fera tenir debout devant l'Éternel. ¹⁷ Ensuite le sacrificateur prendra de l'eau sacrée, dans un vase de terre; le sacrificateur prendra aussi de la poussière qui sera sur le sol du Tabernacle, et la mettra dans l'eau. ¹⁸ Puis le sacrificateur fera tenir la femme debout devant l'Éternel; il découvrira la tête de la femme, et il mettra sur les paumes de ses mains l'oblation de mémorial, c'est-à-dire l'offrande de jalousie; et le sacrificateur aura dans sa main les eaux amères qui portent la malédiction. ¹⁹ Alors le sacrificateur fera jurer la femme, et lui dira: Si aucun homme n'a couché avec toi, et si, étant sous la puissance de ton mari, tu ne t'es point détournée et souillée, ne reçois aucun mal de ces eaux amères qui portent la malédiction. ²⁰ Mais si, étant sous la puissance de ton mari, tu t'es détournée, et que tu te sois souillée, et qu'un autre que ton mari ait couché avec toi, ²¹ Alors le sacrificateur fera jurer la femme par un serment d'imprécation, et lui dira: Que l'Éternel te livre à la malédiction et à l'exécration au milieu de ton peuple, en faisant flétrir ta cuisse et enfler ton ventre, ²² Et que ces eaux qui portent la malédiction, entrent dans tes entrailles, pour te faire enfler le ventre et flétrir la cuisse. Et la femme dira: Amen, amen! ²³ Ensuite le sacrificateur écrira ces imprécations dans un livre, et les effacera dans les eaux amères. ²⁴ Et il fera boire à la femme les eaux amères qui portent la malédiction; et les eaux qui portent la malédiction entreront en elle et lui seront amères. ²⁵ Le sacrificateur prendra de la main de la femme l'offrande de jalousie, l'agitera devant l'Éternel, et l'offrira sur l'autel. ²⁶ Et le sacrificateur prendra une poignée de l'offrande, en mémorial, et la fera fumer sur l'autel; ensuite il fera boire les eaux à la femme. ²⁷ Or, quand il lui aura fait boire les eaux, s'il est vrai qu'elle se soit souillée et qu'elle ait commis une infidélité contre son mari, les eaux qui portent la malédiction entreront en elle et lui seront amères;

et son ventre enflera, et sa cuisse se flétrira, et cette femme sera en malédiction au milieu de son peuple. ²⁸ Mais si la femme ne s'est point souillée, et qu'elle soit pure, elle ne recevra aucun mal, et elle aura des enfants. ²⁹ Telle est la loi sur la jalousie, lorsqu'une femme, sous la puissance de son mari, se sera détournée et souillée; ³⁰ Ou lorsqu'un esprit de jalousie passera sur le mari, et qu'il sera jaloux de sa femme; il la fera venir devant l'Éternel, et le sacrificateur fera pour elle tout ce qui est ordonné par cette loi. ³¹ Et le mari sera exempt de faute; mais cette femme-là portera son iniquité.

6

¹ L'Éternel parla encore à Moïse, en disant: ² Parle aux enfants d'Israël, et dis-leur: Lorsqu'un homme ou une femme se sera mis à part en faisant vœu de Nazaréat (séparation) pour se consacrer à l'Éternel, ³ Il s'abstiendra de vin et de boisson enivrante; il ne boira point de vinaigre de vin, ni de vinaigre de boisson enivrante; il ne boira aucune liqueur de raisins, et ne mangera point de raisins frais ni secs. ⁴ Pendant tout le temps de son Nazaréat, il ne mangera rien de tout ce que la vigne produit, depuis les pépins jusqu'à la peau. ⁵ Pendant tout le temps de son vœu de Nazaréat, le rasoir ne passera point sur sa tête; jusqu'à ce que les jours, pour lesquels il s'est voué à l'Éternel, soient accomplis, il sera consacré, il laissera croître les cheveux de sa tête. ⁶ Pendant tout le temps pour lequel il s'est voué à l'Éternel, il ne s'approchera point d'une personne morte. ⁷ Il ne se souillera point pour son père, ni pour sa mère, pour son frère, ni pour sa sœur, quand ils mourront, car la consécration de son Dieu sur sa tête. ⁸ Pendant tout le temps de son Nazaréat, il est consacré à l'Éternel. ⁹ Que si quelqu'un vient à mourir auprès de lui subitement, et souille sa tête consacrée, il rasera sa tête au jour de sa purification, il la rasera au septième jour; ¹⁰ Et au huitième jour il apportera deux tourterelles ou deux pigeonneaux au sacrificateur, à l'entrée du tabernacle d'assignation. ¹¹ Et le sacrificateur en offrira un en sacrifice pour le péché, et l'autre en holocauste, et il fera propitiation pour lui, du péché qu'il a commis à l'occasion du mort. Il consacrera ainsi sa tête en ce jour-là. ¹² Et il consacrera de nouveau à l'Éternel les jours de son Nazaréat, et il offrira un agneau de l'année en sacrifice pour le délit, et les jours précédents ne compteront point, parce que son Nazaréat a été souillé. ¹³ Or voici la loi du Nazaréat: lorsque les jours de son Nazaréat seront accomplis, on le fera venir à l'entrée du tabernacle d'assignation; ¹⁴ Et il présentera son offrande à l'Éternel, un agneau de l'année, sans défaut, en holocauste, une brebis de l'année, sans défaut, en sacrifice pour le péché, et un bélier sans défaut en sacrifice de prospérités; ¹⁵ Une corbeille de pains sans levain de fine farine, des gâteaux arrosés d'huile, et des galettes sans levain, ointes d'huile, avec leur offrande et leurs libations. ¹⁶ Le sacrificateur les présentera devant l'Éternel, et il offrira son sacrifice pour le péché et son holocauste; ¹⁷ Et il offrira le bélier en sacrifice de prospérités à l'Éternel, avec la corbeille de pains sans levain. Le sacrificateur présentera aussi son offrande et sa libation. ¹⁸ Et le Nazaréen rasera, à l'entrée du tabernacle d'assignation, sa tête consacrée, et il prendra les cheveux de sa tête consacrée et les mettra sur le feu qui est sous le sacrifice de prospérités. ¹⁹ Et le sacrificateur prendra l'épaule cuite du bélier, et un gâteau sans levain de la corbeille, et une galette sans levain, et les mettra sur les paumes des mains du Nazaréen, après qu'il aura rasé sa tête consacrée; ²⁰ Le sacrificateur les agitera en offrande devant l'Éternel; c'est une chose sainte qui appartient au sacrificateur, avec la poitrine agitée et la jambe élevée en offrande. Ensuite le Nazaréen pourra boire du vin. ²¹ Telle est la loi du Nazaréen, qui aura voué son offrande à l'Éternel pour son Nazaréat, outre ce qu'il pourra encore offrir. Il fera selon le vœu qu'il aura prononcé, d'après la loi de son Nazaréat. ²² L'Éternel parla

encore à Moïse, en disant: 23 Parle à Aaron et à ses fils, en disant: Vous bénirez ainsi les enfants d'Israël; dites-leur: 24 L'Éternel te bénisse et te garde! 25 L'Éternel fasse luire sa face sur toi et te fasse grâce! 26 L'Éternel tourne sa face vers toi et te donne la paix! 27 Ils mettront ainsi mon nom sur les enfants d'Israël, et moi, je les bénirai.

7

1 Lorsque Moïse eut achevé de dresser la Demeure, et qu'il l'eut ointe et consacrée avec tous ses ustensiles, lorsqu'il eut aussi oint et consacré l'autel et tous ses ustensiles, 2 Les principaux d'Israël, chefs des familles de leurs pères, c'est-à-dire les princes des tribus, ceux qui avaient présidé au dénombrement, firent leur offrande. 3 Ils amenèrent donc leur offrande devant l'Éternel: six chariots en forme de litières, et douze taureaux; un chariot pour deux princes, et un taureau pour chacun, et ils les offrirent devant la Demeure. 4 Alors l'Éternel parla à Moïse, en disant: 5 Prends d'eux ces choses, et qu'elles soient employées au service du tabernacle d'assignation; et donne-les aux Lévites, à chacun selon son service. 6 Moïse prit donc les chariots et les taureaux, et les donna aux Lévites. 7 Il donna aux enfants de Guershon deux chariots et quatre taureaux, selon leur service. 8 Et il donna aux enfants de Mérari quatre chariots et huit taureaux, selon leur service, sous la conduite d'Ithamar, fils d'Aaron, le sacrificateur. 9 Mais il n'en donna point aux enfants de Kéhath parce qu'ils étaient chargés du service des choses saintes; ils les portaient sur leurs épaules. 10 Et les princes firent une offrande pour la dédicace de l'autel, au jour qu'il fut oint; les princes apportèrent leur offrande devant l'autel. 11 Et l'Éternel dit à Moïse: Qu'un prince apporte son offrande un jour, et un autre, un autre jour, pour la dédicace de l'autel. 12 Et celui qui offrit son offrande le premier jour fut Nahasshon, fils d'Amminadab, de la tribu de Juda. 13 Son offrande fut un plat d'argent, du poids de cent trente sicles, un bassin d'argent de soixante et dix sicles, selon le sicle du sanctuaire, tous deux pleins de fine farine pétrie à l'huile, pour l'oblation; 14 Une coupe d'or de dix sicles pleine de parfum; 15 Un jeune taureau, un bélier, un agneau de l'année, pour l'holocauste; 16 Un bouc pour le sacrifice pour le péché; 17 Et pour le sacrifice de prospérités, deux taureaux, cinq béliers, cinq jeunes boucs, cinq agneaux d'un an. Telle fut l'offrande de Nahasshon, fils d'Amminadab. 18 Le second jour, Nathanaël, fils de Tsuar, prince d'Issacar, fit son offrande; 19 Il offrit: un plat d'argent, du poids de cent trente sicles, un bassin d'argent de soixante et dix sicles, selon le sicle du sanctuaire, tous deux pleins de fine farine pétrie à l'huile, pour l'oblation; 20 Une coupe d'or de dix sicles, pleine de parfum; 21 Un jeune taureau, un bélier, un agneau de l'année, pour l'holocauste; 22 Un bouc pour le sacrifice pour le péché; 23 Et pour le sacrifice de prospérités, deux taureaux, cinq béliers, cinq jeunes boucs, cinq agneaux d'un an. Telle fut l'offrande de Nathanaël, fils de Tsuar. 24 Le troisième jour, ce fut le prince des enfants de Zabulon, Éliab, fils de Hélon. 25 Son offrande fut un plat d'argent, du poids de cent trente sicles, un bassin d'argent de soixante et dix sicles, selon le sicle du sanctuaire, tous deux pleins de fine farine pétrie à l'huile, pour l'oblation; 26 Une coupe d'or de dix sicles, pleine de parfum; 27 Un jeune taureau, un bélier, un agneau de l'année, pour l'holocauste; 28 Un bouc pour le sacrifice pour le péché; 29 Et pour le sacrifice de prospérités, deux taureaux, cinq béliers, cinq jeunes boucs, cinq agneaux d'un an. Telle fut l'offrande d'Éliab, fils de Hélon. 30 Le quatrième jour, ce fut le prince des enfants de Ruben, Elitsur, fils de Shedéur. 31 Son offrande fut un plat d'argent, du poids de cent trente sicles, un bassin d'argent de soixante et dix sicles, selon le sicle du sanctuaire, tous deux pleins de fine farine pétrie à l'huile, pour l'oblation; 32 Une coupe d'or de dix sicles, pleine de parfum; 33 Un jeune taureau, un bélier, un agneau de l'année, pour l'holocauste; 34 Un bouc pour le sacrifice pour le péché; 35 Et pour le sacrifice de

prospérités, deux taureaux, cinq béliers, cinq jeunes boucs, cinq agneaux d'un an. Telle fut l'offrande d'Elitsur, fils de Shedéur. [36] Le cinquième jour, ce fut le prince des enfants de Siméon, Shelumiel, fils de Tsurishaddaï. [37] Son offrande fut un plat d'argent, du poids de cent trente sicles, un bassin d'argent de soixante et dix sicles, selon le sicle du sanctuaire, tous deux pleins de fine farine pétrie à l'huile, pour l'oblation; [38] Une coupe d'or de dix sicles, pleine de parfum; [39] Un jeune taureau, un bélier, un agneau de l'année, pour l'holocauste; [40] Un bouc pour le sacrifice pour le péché; [41] Et pour le sacrifice de prospérités, deux taureaux, cinq béliers, cinq jeunes boucs, cinq agneaux d'un an. Telle fut l'offrande de Shelumiel, fils de Tsurishaddaï. [42] Le sixième jour, ce fut le prince des enfants de Gad, Eliasaph, fils de Déhuël. [43] Son offrande fut un plat d'argent, du poids de cent trente sicles, un bassin d'argent de soixante et dix sicles, selon le sicle du sanctuaire, tous deux pleins de fine farine pétrie à l'huile, pour l'oblation; [44] Une coupe d'or de dix sicles, pleine de parfum; [45] Un jeune taureau, un bélier, un agneau de l'année, pour l'holocauste; [46] Un bouc pour le sacrifice pour le péché; [47] Et pour le sacrifice de prospérités, deux taureaux, cinq béliers, cinq jeunes boucs, cinq agneaux d'un an. Telle fut l'offrande d'Eliasaph, fils de Déhuël. [48] Le septième jour, ce fut le prince des enfants d'Éphraïm, Elishama, fils d'Ammihud. [49] Son offrande fut un plat d'argent, du poids de cent trente sicles, un bassin d'argent de soixante et dix sicles, selon le sicle du sanctuaire, tous deux pleins de fine farine pétrie à l'huile, pour l'oblation; [50] Une coupe d'or de dix sicles, pleine de parfum; [51] Un jeune taureau, un bélier, un agneau de l'année, pour l'holocauste; [52] Un bouc pour le sacrifice pour le péché; [53] Et pour le sacrifice de prospérités, deux taureaux, cinq béliers, cinq jeunes boucs, cinq agneaux d'un an. Telle fut l'offrande d'Elishama, fils d'Ammihud. [54] Le huitième jour, ce fut le prince des enfants de Manassé, Gamaliel, fils de Pedahtsur. [55] Son offrande fut un plat d'argent, du poids de cent trente sicles, un bassin d'argent de soixante et dix sicles, selon le sicle du sanctuaire, tous deux pleins de fine farine pétrie à l'huile, pour l'oblation; [56] Une coupe d'or de dix sicles, pleine de parfum, [57] Un jeune taureau, un bélier, un agneau de l'année, pour l'holocauste; [58] Un bouc pour le sacrifice pour le péché; [59] Et pour le sacrifice de prospérités, deux taureaux, cinq béliers, cinq jeunes boucs, cinq agneaux d'un an. Telle fut l'offrande de Gamaliel, fils de Pedahtsur. [60] Le neuvième jour, ce fut le prince des enfants de Benjamin, Abidan, fils de Guideoni. [61] Son offrande fut un plat d'argent, du poids de cent trente sicles, un bassin d'argent de soixante et dix sicles, selon le sicle du sanctuaire, tous deux pleins de fine farine pétrie à l'huile, pour l'oblation; [62] Une coupe d'or de dix sicles, pleine de parfum; [63] Un jeune taureau, un bélier, un agneau de l'année pour l'holocauste; [64] Un bouc pour le sacrifice pour le péché; [65] Et pour le sacrifice de prospérités, deux taureaux, cinq béliers, cinq jeunes boucs, cinq agneaux d'un an. Telle fut l'offrande d'Abidan, fils de Guideoni. [66] Le dixième jour, ce fut le prince des enfants de Dan, Ahiézer, fils d'Ammishaddaï. [67] Son offrande fut un plat d'argent, du poids de cent trente sicles, un bassin d'argent de soixante et dix sicles, selon le sicle du sanctuaire, tous deux pleins de fine farine pétrie à l'huile, pour l'oblation; [68] Une coupe d'or de dix sicles, pleine de parfum; [69] Un jeune taureau, un bélier, un agneau de l'année, pour l'holocauste; [70] Un bouc pour le sacrifice pour le péché; [71] Et pour le sacrifice de prospérités, deux taureaux, cinq béliers, cinq jeunes boucs, cinq agneaux d'un an. Telle fut l'offrande d'Ahiézer, fils d'Ammishaddaï. [72] Le onzième jour, ce fut le prince des enfants d'Asser, Paguiel, fils d'Ocran. [73] Son offrande fut un plat d'argent, du poids de cent trente sicles, un bassin d'argent de soixante et dix sicles, selon le sicle du sanctuaire, tous deux pleins de fine farine pétrie à l'huile, pour l'oblation; [74] Une coupe d'or de dix sicles, pleine de parfum; [75] Un jeune taureau, un bélier, un agneau de l'année, pour l'holocauste; [76] Un bouc pour le sacrifice pour le péché; [77] Et pour le sacrifice de prospérités, deux taureaux, cinq béliers, cinq jeunes boucs, cinq agneaux d'un an. Telle fut l'offrande de Paguiel, fils d'Ocran. [78] Le douzième jour, ce fut le prince des enfants de Nephthali, Ahira, fils d'Enan. [79] Son offrande fut un plat d'argent, du poids de cent trente sicles, un bassin d'argent de soixante et dix sicles, selon le sicle du sanctuaire, tous deux pleins de fine farine pétrie à l'huile, pour l'oblation; [80] Une coupe d'or de dix sicles, pleine de parfum; [81] Un jeune taureau, un bélier, un agneau de l'année, pour l'holocauste; [82] Un bouc pour le sacrifice pour le péché; [83] Et pour le sacrifice de prospérités, deux taureaux, cinq béliers, cinq jeunes boucs, cinq agneaux d'un an. Telle fut l'offrande d'Ahira, fils d'Enan. [84] Voilà ce qu'on reçut des princes d'Israël pour la dédicace de l'autel, lorsqu'il fut oint: Douze plats d'argent, douze bassins d'argent, douze coupes d'or; [85] Chaque plat d'argent était de cent trente sicles, et chaque bassin de soixante et dix. Tout l'argent des vases fut de deux mille quatre cents sicles selon le sicle du sanctuaire. [86] Douze coupes d'or, pleines de parfum, chacune de dix sicles, selon le sicle du sanctuaire. Tout l'or des coupes fut de cent vingt sicles. [87] Tous les taureaux pour l'holocauste, furent douze jeunes taureaux, avec douze béliers, douze agneaux d'un an, avec leurs oblations, et douze boucs, pour le sacrifice pour le péché; [88] Tous les taureaux du sacrifice de prospérités furent vingt-quatre jeunes taureaux, avec soixante béliers, soixante jeunes boucs, soixante agneaux d'un an. Telle fut la dédicace de l'autel, après qu'il eut été oint. [89] Or quand Moïse entrait au tabernacle d'assignation, pour parler avec Dieu, il entendait la voix lui parlant de dessus le propitiatoire, qui était sur l'arche du Témoignage, d'entre les deux chérubins; et il lui parlait.

8

[1] L'Éternel parla aussi à Moïse, en disant: [2] Parle à Aaron, et dis-lui: Quand tu allumeras les lampes, les sept lampes éclaireront sur le devant du chandelier. [3] Et Aaron fit ainsi, il alluma les lampes sur le devant du chandelier, comme l'Éternel l'avait commandé à Moïse. [4] Or, voici comment était fait le chandelier: il était d'or, fait au marteau; jusqu'à son pied, jusqu'à ses fleurs, il était fait au marteau. On fit ainsi le chandelier selon le modèle que l'Éternel avait fait voir à Moïse. [5] Puis l'Éternel parla à Moïse, en disant: [6] Prends les Lévites d'entre les enfants d'Israël, et purifie-les. [7] Tu leur feras ainsi pour les purifier: Fais sur eux aspersion de l'eau de purification pour le péché; ils feront passer le rasoir sur toute leur chair, laveront leurs vêtements, et se purifieront. [8] Puis ils prendront un jeune taureau, avec son offrande de fine farine pétrie à l'huile; et tu prendras un second jeune taureau, pour le sacrifice pour le péché. [9] Alors tu feras approcher les Lévites devant le tabernacle d'assignation, et tu convoqueras toute l'assemblée des enfants d'Israël. [10] Tu feras donc approcher les Lévites devant l'Éternel, et les enfants d'Israël appuieront leurs mains sur les Lévites, [11] Et Aaron présentera les Lévites en offrande devant l'Éternel, de la part des enfants d'Israël, et ils seront employés à faire le service de l'Éternel. [12] Puis les Lévites appuieront leurs mains sur la tête des jeunes taureaux; et tu offriras l'un en sacrifice pour le péché, et l'autre en holocauste à l'Éternel, pour faire expiation pour les Lévites. [13] Ensuite tu feras tenir les Lévites debout devant Aaron et devant ses fils, et tu les présenteras en offrande à l'Éternel. [14] Ainsi tu sépareras les Lévites d'entre les enfants d'Israël, et les Lévites seront à moi. [15] Après cela, les Lévites viendront pour faire le service du tabernacle d'assignation. Tu les purifieras donc, et tu les présenteras en offrande. [16] Car ils me sont entièrement donnés d'entre les enfants d'Israël; je les ai pris pour moi, à la place de tous ceux qui naissent les premiers, de tous les premiers-nés d'entre les enfants d'Israël. [17] Car tout premier-né parmi les enfants d'Israël est à moi, parmi les hommes et parmi les bêtes; je me les suis consacrés au jour où je frappai tous les premiers-nés dans le pays d'Égypte. [18] Et j'ai

pris les Lévites à la place de tous les premiers-nés des enfants d'Israël. [19] Et j'ai donné les Lévites entièrement à Aaron et à ses fils, d'entre les enfants d'Israël, pour faire le service des enfants d'Israël dans le tabernacle d'assignation, et pour faire expiation pour les enfants d'Israël, afin qu'il n'y ait point de plaie parmi les enfants d'Israël, quand ils s'approcheront du sanctuaire. [20] Moïse, Aaron et toute l'assemblée des enfants d'Israël firent donc, à l'égard des Lévites, selon tout ce que l' Éternel avait commandé à Moïse touchant les Lévites; les enfants d'Israël firent ainsi à leur égard. [21] Les Lévites se purifièrent donc, et lavèrent leurs vêtements; et Aaron les présenta en offrande devant l'Éternel, et il fit expiation pour eux afin de les purifier. [22] Après cela, les Lévites vinrent pour faire leur service dans le tabernacle d'assignation devant Aaron et devant ses fils. On fit à l'égard des Lévites comme l'Éternel avait commandé à Moïse à leur sujet. [23] Puis l'Éternel parla à Moïse, en disant: [24] Voici ce qui concerne les Lévites: Depuis l'âge de vingt-cinq ans et au-dessus, le Lévite viendra prendre rang dans les services du tabernacle d'assignation. [25] Mais depuis l'âge de cinquante ans, il sortira du service et ne servira plus; [26] Il assistera ses frères dans le tabernacle d'assignation, en gardant ce qui leur est confié; mais il ne fera plus de service. Tu feras ainsi à l'égard des Lévites, pour ce qui concerne leurs fonctions.

9

[1] L'Éternel parla aussi à Moïse, au désert de Sinaï, au premier mois de la seconde année après leur sortie du pays d'Égypte, en disant: [2] Que les enfants d'Israël fassent la Pâque au temps fixé. [3] Vous la ferez au temps fixé, le quatorzième jour de ce mois, entre les deux soirs; vous la ferez selon toutes ses ordonnances et selon toutes ses lois. [4] Moïse parla donc aux enfants d'Israël, [5] Pour qu'ils fissent la Pâque. Et ils firent la Pâque au premier mois, au quatorzième jour du mois, entre les deux soirs, au désert de Sinaï; les enfants d'Israël firent selon tout ce que l'Éternel avait commandé à Moïse. [6] Or il y eut des hommes qui, étant souillés pour un mort, ne pouvaient faire la Pâque ce jour-là; et ils se présentèrent ce même jour devant Moïse et devant Aaron; [7] Et ces hommes lui dirent: Nous sommes souillés pour un mort; pourquoi serions-nous privés d'offrir l'offrande de l'Éternel, au temps marqué, parmi les enfants d'Israël? [8] Et Moïse leur dit: Attendez, et j'écouterai ce que l'Éternel ordonnera pour vous. [9] Et l'Éternel parla à Moïse, en disant: [10] Parle aux enfants d'Israël, en disant: Quand quelqu'un d'entre vous, ou de votre postérité, sera souillé pour un mort, ou sera en voyage, au loin, il ne laissera pas de célébrer la Pâque à l'Éternel. [11] Ils la feront le quatorzième jour du second mois, entre les deux soirs; ils la mangeront avec du pain sans levain et des herbes amères. [12] Ils n'en laisseront rien jusqu'au matin, et ils n'en rompront point les os; ils la feront selon toute l'ordonnance de la Pâque. [13] Mais quant à l'homme qui est pur, et n'est pas en voyage, et s'abstient de faire la Pâque, cette personne-là sera retranchée d'entre ses peuples; parce qu'il n'a point offert l'offrande de l'Éternel au temps fixé, cet homme portera la peine de son péché. [14] Et lorsqu'un étranger séjournera parmi vous et fera la Pâque à l'Éternel, il la fera selon la loi et l'ordonnance de la Pâque. Il y aura une même ordonnance pour vous, pour l'étranger et pour celui qui est né au pays. [15] Or au jour où l'on dressa la Demeure, la nuée couvrit la Demeure, le tabernacle du Témoignage; et le soir il y eut sur la Demeure comme une apparence de feu, jusqu'au matin. [16] Il en était ainsi continuellement; la nuée le couvrait, et il y avait la nuit une apparence de feu. [17] Or, selon que la nuée se levait de dessus le tabernacle, les enfants d'Israël partaient; et au lieu où la nuée s'arrêtait, là campaient les enfants d'Israël. [18] Les enfants d'Israël partaient au commandement de l'Éternel, et au commandement de l'Éternel ils

campaient. Pendant tout le temps que la nuée restait sur la Demeure, ils restaient campés. [19] Et lorsque la nuée restait longtemps sur la Demeure, les enfants d'Israël observaient l'ordre de l'Éternel, et ne partaient point. [20] Mais dans le cas où la nuée était peu de jours sur la Demeure, ils campaient au commandement de l'Éternel, et au commandement de l'Éternel ils partaient. [21] Et dans le cas où la nuée y était depuis le soir jusqu'au matin, et que la nuée se levât le matin, ils partaient; de jour ou de nuit, quand la nuée se levait, ils partaient. [22] Soit deux jours, soit un mois, ou plus longtemps, tant que la nuée prolongeait son séjour sur la Demeure, les enfants d'Israël restaient campés, et ne partaient point; mais quand elle se levait, ils partaient. [23] Ils campaient au commandement de l'Éternel, et ils partaient au commandement de l'Éternel; ils observaient l'ordre de l'Éternel, suivant le commandement de l'Éternel, donné par Moïse.

10

[1] Et l'Éternel parla à Moïse, en disant: [2] Fais-toi deux trompettes d'argent; tu les feras façonnées au marteau; elles te serviront pour convoquer l'assemblée, et pour le départ des camps. [3] Quand on en sonnera, toute l'assemblée se réunira vers toi, à l'entrée du tabernacle d'assignation. [4] Si l'on sonne d'une seule, les princes, les chefs des milliers d'Israël, se réuniront vers toi. [5] Quand vous sonnerez d'un son éclatant, les camps qui sont à l'orient partiront. [6] Et quand vous sonnerez une seconde fois d'un son éclatant, les camps qui sont au midi partiront; on sonnera d'un son éclatant lorsqu'ils devront partir. [7] Quand on convoquera l'assemblée, vous sonnerez, mais non d'un son éclatant. [8] Or les fils d'Aaron, les sacrificateurs, sonneront des trompettes; et elles seront pour vous une ordonnance perpétuelle, d'âge en âge. [9] Et quand vous irez à la guerre dans votre pays, contre l'ennemi qui vous attaquera, vous sonnerez des trompettes avec un son éclatant, et vous serez remis en mémoire devant l'Éternel votre Dieu, et vous serez délivrés de vos ennemis. [10] Et dans vos jours de joie, dans vos solennités, et au commencement de vos mois, vous sonnerez des trompettes sur vos holocaustes, et sur vos sacrifices de prospérités, et elles vous serviront de mémorial devant votre Dieu. Je suis l'Éternel, votre Dieu. [11] Or il arriva, le vingtième jour du second mois de la seconde année, que la nuée se leva de dessus la Demeure du Témoignage. [12] Et les enfants d'Israël partirent, selon leur ordre de marche, du désert de Sinaï; et la nuée s'arrêta au désert de Paran. [13] Ils partirent donc, pour la première fois, sur l'ordre de l'Éternel, donné par le moyen de Moïse. [14] La bannière du camp des enfants de Juda partit la première, selon leurs armées; Nahasshon, fils d'Amminadab, commandait l'armée de Juda. [15] Nathanaël, fils de Tsuar, commandait l'armée de la tribu des enfants d'Issacar. [16] Éliab, fils de Hélon, commandait l'armée de la tribu des enfants de Zabulon. [17] La Demeure fut démontée et les enfants de Guershon et les enfants de Mérari, qui portaient la Demeure, partirent. [18] Puis la bannière du camp de Ruben partit, selon leurs armées; et Elitsur, fils de Shedéur, commandait l'armée de Ruben. [19] Et Shelumiel, fils de Tsurishaddaï, commandait l'armée de la tribu des enfants de Siméon. [20] Et Eliasaph, fils de Déhuël, commandait l'armée de la tribu des enfants de Gad. [21] Alors les Kéhathites, qui portaient le sanctuaire, partirent; or, on dressait la Demeure, en attendant leur arrivée. [22] Puis la bannière du camp des enfants d'Éphraïm partit, selon leurs armées; et Elishama, fils d'Ammihud, commandait l'armée d'Éphraïm. [23] Et Gamaliel, fils de Pédahtsur, commandait l'armée de la tribu des enfants de Manassé. [24] Et Abidan, fils de Guideoni, commandait l'armée de la tribu des enfants de Benjamin. [25] Enfin la bannière du camp des enfants de Dan, qui formait l'arrière-garde de tous les camps, partit, selon leurs armées; et Ahiézer, fils d'Ammishaddaï, commandait l'armée de Dan. [26] Et Paguiel, fils d'Ocran, commandait l'armée de la tribu des enfants d'Asser. [27] Et Ahira, fils d'Enan, commandait l'armée de la tribu des enfants de Nephthali. [28] Tel

était l'ordre de marche des enfants d'Israël, selon leurs armées; et ils partirent. [29] Or, Moïse dit à Hobab, fils de Réuel, le Madianite, beau-père de Moïse: Nous partons pour le lieu dont l'Éternel a dit: Je vous le donnerai; viens avec nous, et nous te ferons du bien; car l'Éternel a promis de faire du bien à Israël. [30] Et Hobab lui répondit: Je n'irai point, mais j'irai dans mon pays, et dans le lieu de ma naissance. [31] Et Moïse lui dit: Je te prie, ne nous laisse point; puisque tu connais les lieux où nous pouvons camper dans le désert, tu nous serviras de guide. [32] Et il arrivera, si tu viens avec nous et que ce bien que l'Éternel doit nous faire arrive, que nous te ferons aussi du bien. [33] Ils partirent donc de la montagne de l'Éternel, et marchèrent pendant trois jours; et l'arche de l'alliance de l'Éternel allait devant eux, faisant trois journées de chemin, pour leur chercher un lieu de repos. [34] Et la nuée de l'Éternel était sur eux pendant le jour, quand ils partaient du camp. [35] Et quand l'arche partait, Moïse disait: Lève-toi, Éternel, et que tes ennemis soient dispersés, et que ceux qui te haïssent s'enfuient devant ta face! [36] Et quand on la posait, il disait: Reviens, Éternel, aux dix mille milliers d'Israël!

11

[1] Or le peuple fut comme des gens qui se plaignent d'un malheur, aux oreilles de l'Éternel; et l'Éternel l'entendit, et sa colère s'embrasa, et le feu de l'Éternel s'alluma parmi eux et dévora à l'extrémité du camp. [2] Alors le peuple cria à Moïse, et Moïse pria l'Éternel, et le feu s'arrêta. [3] Et l'on nomma ce lieu Thabéera (incendie), parce que le feu de l'Éternel s'était allumé parmi eux. [4] Et le ramassis d'étrangers qui était parmi eux se livra à la convoitise; et même les enfants d'Israël se mirent de nouveau à pleurer, et dirent: Qui nous fera manger de la chair? [5] Il nous souvient des poissons que nous mangions en Égypte, pour rien; des concombres, des melons, des poireaux, des oignons et des aulx. [6] Et maintenant, notre âme est desséchée; il n'y a rien du tout! Nos yeux ne voient que la manne. [7] Or la manne était comme de la semence de coriandre, et sa couleur, comme celle du bdellion. [8] Le peuple se dispersait et la ramassait; puis il la broyait avec les meules, ou la pilait dans un mortier, et la faisait cuire dans un chaudron, et en faisait des gâteaux; et le goût en était semblable à celui d'un gâteau à l'huile. [9] Et quand la rosée tombait la nuit sur le camp, la manne descendait dessus. [10] Moïse entendit donc le peuple qui pleurait dans ses familles, chacun à l'entrée de sa tente; et la colère de l'Éternel s'embrasa fortement, et Moïse en fut affligé. [11] Et Moïse dit à l'Éternel: Pourquoi as-tu affligé ton serviteur; et pourquoi n'ai-je pas trouvé grâce devant tes y eux, que tu aies mis sur moi la charge de tout ce peuple? [12] Est-ce moi qui ai conçu tout ce peuple, ou l'ai-je engendré, que tu me dises: Porte-le dans ton sein, comme le nourricier porte l'enfant qui tète, jusqu'au pays que tu as promis par serment à ses pères? [13] D'où aurais-je de la chair pour en donner à tout ce peuple? Car il pleure après moi, en disant: Donne-nous de la chair, que nous mangions. [14] Je ne puis, moi seul, porter tout ce peuple; car il est trop pesant pour moi. [15] Que si tu agis ainsi à mon égard, tue-moi, je te prie, si j'ai trouvé grâce à tes yeux; et que je ne voie point mon malheur. [16] Alors l'Éternel dit à Moïse: Assemble-moi soixante et dix hommes, d'entre les anciens d'Israël, que tu connais pour être les anciens du peuple, et préposés sur lui; amène-les au tabernacle d'assignation, et qu'ils se tiennent là avec toi. [17] Puis je descendrai, et là je parlerai avec toi; je mettrai à part de l'esprit qui est sur toi, et je le mettrai sur eux, afin qu'ils portent avec toi la charge du peuple, et que tu ne la portes pas toi seul. [18] Et tu diras au peuple: Sanctifiez-vous pour demain et vous mangerez de la chair. Parce que vous avez pleuré aux oreilles de l'Éternel, en disant: Qui nous fera manger de la chair? car nous étions bien en Égypte; l'Éternel vous donnera de la chair et vous en mangerez. [19] Vous n'en mangerez pas un

jour, ni deux jours, ni cinq jours, ni dix jours, ni vingt jours; 20 Mais jusqu'à un mois entier, jusqu'à ce qu'elle vous sorte par les narines, et que vous en soyez dégoûtés, parce que vous avez rejeté l'Éternel qui est au milieu de vous, et que vous avez pleuré devant lui, en disant: Pourquoi donc sommes-nous sortis d'Égypte? 21 Et Moïse dit: Il y a six cent mille hommes de pied dans ce peuple, au milieu duquel je suis; et tu as dit: Je leur donnerai de la chair, et ils en mangeront un mois entier. 22 Leur égorgera-t-on des brebis et des bœufs, en sorte qu'il y en ait assez pour eux? ou leur assemblera-t-on tous les poissons de la mer, en sorte qu'il y en ait assez pour eux? 23 Et l'Éternel répondit à Moïse: La main de l'Éternel est-elle raccourcie? Tu verras maintenant si ce que je t'ai dit, arrivera ou non. 24 Moïse sortit donc et rapporta au peuple les paroles de l'Éternel; et il assembla soixante et dix hommes d'entre les anciens du peuple, et les plaça tout autour du tabernacle. 25 Alors l'Éternel descendit dans la nuée, et lui parla, et il mit à part de l'esprit qui était sur lui, et le mit sur les soixante et dix anciens. Et dès que l'esprit reposa sur eux, ils prophétisèrent; mais ils ne continuèrent pas. 26 Or il en était demeuré deux au camp, dont l'un s'appelait Eldad, et l'autre Médad, et l'esprit reposa sur eux; or ils étaient de ceux qui avaient été inscrits, mais ils n'étaient point sortis vers le tabernacle; et ils prophétisèrent dans le camp. 27 Et un jeune garçon courut le rapporter à Moïse, et dit: Eldad et Médad prophétisent dans le camp. 28 Et Josué, fils de Nun, serviteur de Moïse, dès sa jeunesse, répondit, et dit: Moïse, mon seigneur, empêche-les! 29 Et Moïse lui répondit: Es-tu jaloux pour moi? Plût à Dieu de tout, que le peuple de l'Éternel fût prophète, et que l'Éternel mît son esprit sur eux! 30 Et Moïse se retira au camp, lui et les anciens d'Israël. 31 Alors l'Éternel fit lever un vent, qui enleva des cailles de la mer, et les répandit sur le camp, environ le chemin d'une journée, d'un côté et de l'autre, tout autour du camp, et presque deux coudées de haut sur la terre. 32 Et le peuple se leva, tout ce jour-là, et toute la nuit, et tout le jour suivant, et ils amassèrent les cailles; celui qui en amassa le moins, en avait dix homers, et ils les étendirent pour eux, tout autour du camp. 33 La chair était encore entre leurs dents, elle n'était pas encore mâchée, que la colère de l'Éternel s'embrasa contre le peuple, et l'Éternel frappa le peuple d'une très grande plaie. 34 Et l'on nomma ce lieu-là Kibroth-Hatthaava (tombeaux de la convoitise); car on ensevelit là le peuple qui avait convoité. 35 De Kibroth-Hatthaava le peuple partit pour Hatséroth; et ils s'arrêtèrent à Hatséroth.

12

1 Or Marie et Aaron parlèrent contre Moïse, au sujet de la femme éthiopienne qu'il avait prise; car il avait pris une femme éthiopienne. 2 Et ils dirent: L'Éternel n'a-t-il parlé que par Moïse seul? N'a-t-il point aussi parlé par nous? Et l'Éternel l'entendit. 3 Or, Moïse était un homme fort doux, plus qu'aucun homme qui soit sur la terre. 4 Et l'Éternel dit soudain à Moïse, à Aaron et à Marie: Sortez, vous trois, vers le tabernacle d'assignation. Et ils y allèrent tous trois. 5 Et l'Éternel descendit dans la colonne de nuée, et se tint à l'entrée du tabernacle; puis il appela Aaron et Marie; et ils vinrent tous deux. 6 Et il dit: Écoutez bien mes paroles. S'il y a parmi vous un prophète, moi, l'Éternel, je me fais connaître à lui en vision, je lui parle en songe. 7 Il n'en est pas ainsi de mon serviteur Moïse, qui est fidèle dans toute ma maison; 8 Je parle avec lui bouche à bouche, et en apparition, et non en énigmes, et il contemple l'image de l'Éternel. Pourquoi donc n'avez-vous pas craint de parler contre mon serviteur, contre Moïse? 9 Ainsi la colère de l'Éternel s'embrasa contre eux; et il s'en alla, 10 Et la nuée se retira de dessus le tabernacle. Et voici, Marie était frappée de lèpre, et blanche comme la neige; Aaron se tourna vers Marie, et voici, elle était lépreuse. 11 Alors Aaron dit à Moïse: Ah! mon seigneur, je te prie, ne mets point sur

nous le péché que nous avons follement commis, et par lequel nous avons péché. ¹² Je te prie, qu'elle ne soit point comme l'enfant mort, dont la chair est à demi-consumée, quand il sort du sein de sa mère. ¹³ Alors Moïse cria à l'Éternel, en disant: O Dieu, je te prie, guéris-la, je te prie! ¹⁴ Et l'Éternel répondit à Moïse: Si son père lui avait craché au visage, ne serait-elle pas couverte de honte pendant sept jours? Qu'elle demeure enfermée sept jours, hors du camp, et après cela elle y sera reçue. ¹⁵ Ainsi Marie fut enfermée sept jours hors du camp; et le peuple ne partit point, jusqu'à ce que Marie y eût été reçue. ¹⁶ Après cela, le peuple partit de Hatséroth, et ils campèrent au désert de Paran.

13

¹ Et l'Éternel parla à Moïse, en disant: ² Envoie des hommes pour explorer le pays de Canaan, que je donne aux enfants d'Israël. Vous enverrez un homme pour chacune des tribus de leurs pères, tous des principaux d'entre eux. ³ Moïse les envoya donc du désert de Paran, selon le commandement de l'Éternel; tous ces hommes étaient chefs des enfants d'Israël. ⁴ Et voici leurs noms: Pour la tribu de Ruben, Shammua, fils de Zaccur; ⁵ Pour la tribu de Siméon, Shaphath, fils de Hori; ⁶ Pour la tribu de Juda, Caleb, fils de Jephunné; ⁷ Pour la tribu d'Issacar, Jigal, fils de Joseph; ⁸ Pour la tribu d'Éphraïm, Hosée, fils de Nun; ⁹ Pour la tribu de Benjamin, Palthi, fils de Raphu; ¹⁰ Pour la tribu de Zabulon, Gaddiel, fils de Sodi; ¹¹ Pour la tribu de Joseph, c'est-à-dire, pour la tribu de Manassé, Gaddi, fils de Susi; ¹² Pour la tribu de Dan, Ammiel, fils de Guemalli; ¹³ Pour la tribu d'Asser, Sethur, fils de Micaël; ¹⁴ Pour la tribu de Nephthali, Nachbi, fils de Vophsi; ¹⁵ Pour la tribu de Gad, Gueuel, fils de Maki. ¹⁶ Tels sont les noms des hommes que Moïse envoya pour explorer le pays. Or Moïse nomma Hosée, fils de Nun, Josué. ¹⁷ Moïse les envoya donc pour explorer le pays de Canaan, et il leur dit: Montez ici par le Midi, et vous monterez sur la montagne, ¹⁸ Et vous verrez le pays, quel il est, le peuple qui y habite, s'il est fort ou faible, s'il est en petit ou en grand nombre; ¹⁹ Et ce qu'est le pays où il habite, s'il est bon ou mauvais; ce que sont les villes dans lesquelles il habite, si c'est dans des camps ou dans des forteresses; ²⁰ Ce qu'est la terre, si elle est grasse ou maigre; s'il y a des arbres ou non. Et ayez bon courage, et prenez du fruit du pays. C'était alors le temps des premiers raisins. ²¹ Ils montèrent donc et explorèrent le pays, depuis le désert de Tsin jusqu'à Rehob, en allant vers Hamath. ²² Ils montèrent par le Midi, et vinrent jusqu'à Hébron, où étaient Ahiman, Sheshaï, et Talmaï, enfants d'Anak. Or Hébron avait été bâtie sept ans avant Tsoan d'Égypte. ²³ Et ils vinrent jusqu'au torrent d'Eshcol, et y coupèrent un sarment avec une grappe de raisins, et ils la portèrent à deux avec une perche, ainsi que des grenades et des figues. ²⁴ On appela ce lieu Torrent d'Eshcol (Torrent de la grappe), à cause de la grappe que les enfants d'Israël y coupèrent. ²⁵ Or ils revinrent d'explorer le pays au bout de quarante jours. ²⁶ Et étant arrivés, ils vinrent vers Moïse et vers Aaron, et vers toute l'assemblée des enfants d'Israël, au désert de Paran, à Kadès, et ils leur rendirent compte, ainsi qu'à toute l'assemblée, et leur montrèrent du fruit du pays. ²⁷ Ils lui firent donc leur rapport, et dirent: Nous sommes allés au pays où tu nous avais envoyés; et vraiment c'est un pays où coulent le lait et le miel, et voici de son fruit. ²⁸ Seulement le peuple qui habite dans ce pays est robuste, et les villes sont closes et très grandes; nous y avons vu aussi des enfants d'Anak. ²⁹ Les Amalécites habitent la contrée du Midi; et les Héthiens, les Jébusiens et les Amoréens habitent dans la montagne; et les Cananéens habitent près de la mer et le long du Jourdain. ³⁰ Alors Caleb fit taire le peuple devant Moïse, et dit: Montons, et emparons-nous-en; car nous pouvons les vaincre. ³¹ Mais les hommes qui étaient montés avec lui, dirent: Nous ne pourrons monter contre ce peuple, car il est plus fort que nous. ³² Et ils décrièrent devant les enfants d'Israël le pays qu'ils avaient exploré, en disant: Le pays que nous avons parcouru pour l'explorer,

est un pays qui dévore ses habitants, et tous ceux que nous y avons vus, sont des gens de haute stature. ³³ Et nous y avons vu les géants, enfants d'Anak, de la race des géants; et nous étions à nos yeux comme des sauterelles, et nous l'étions aussi à leurs yeux.

14

¹ Alors toute l'assemblée éleva la voix, et se mit à jeter des cris, et le peuple pleura cette nuit-là. ² Et tous les enfants d'Israël murmurèrent contre Moïse et contre Aaron, et toute l'assemblée leur dit: Que ne sommes-nous morts dans le pays d'Égypte ou dans ce désert! Que ne sommes-nous morts! ³ Et pourquoi l'Éternel nous conduit-il vers ce pays, pour y tomber par l'épée? Nos femmes et nos petits enfants y seront une proie. Ne vaudrait-il pas mieux pour nous, de retourner en Égypte? ⁴ Et ils se dirent l'un à l'autre: Établissons un chef, et retournons en Égypte. ⁵ Alors Moïse et Aaron tombèrent sur leurs visages, devant toute l'assemblée des enfants d'Israël. ⁶ Et Josué, fils de Nun, et Caleb, fils de Jephunné, d'entre ceux qui avaient exploré le pays, déchirèrent leurs vêtements. ⁷ Et ils parlèrent à toute l'assemblée des enfants d'Israël, en disant: Le pays que nous avons parcouru pour l'explorer, est un fort bon pays. ⁸ Si l'Éternel nous est favorable, il nous fera entrer dans ce pays, et nous le donnera; c'est un pays où coulent le lait et le miel. ⁹ Seulement, ne vous révoltez point contre l'Éternel, et ne craignez point le peuple du pays; car ils seront notre pain; leur protection s'est retirée de dessus eux, et l'Éternel est avec nous; ne les craignez point. ¹⁰ Alors toute l'assemblée parla de les lapider; mais la gloire de l'Éternel apparut à tous les enfants d'Israël, sur le tabernacle d'assignation. ¹¹ Et l'Éternel dit à Moïse: Jusqu'à quand ce peuple me méprisera-t-il, et jusqu'à quand ne croiront-ils point en moi, malgré tous les signes que j'ai faits au milieu d'eux? ¹² Je le frapperai de mortalité, et je le détruirai; mais je te ferai devenir un peuple plus grand et plus fort qu'il n'est. ¹³ Et Moïse dit à l'Éternel: Mais les Égyptiens l'apprendront, car tu as fait monter ce peuple par ta force du milieu d'eux; ¹⁴ Et ils le diront aux habitants de ce pays. Ils ont entendu dire que tu es, ô Éternel, au milieu de ce peuple, et que tu apparais, ô Éternel, visiblement, que ta nuée se tient au-dessus d'eux, et que tu marches devant eux, le jour dans une colonne de nuée et la nuit dans une colonne de feu. ¹⁵ Et si tu fais mourir ce peuple, comme un seul homme, les nations qui ont entendu ta renommée, diront: ¹⁶ Parce que l'Éternel ne pouvait faire entrer ce peuple au pays qu'il avait juré de leur donner, il les a immolés dans le désert. ¹⁷ Or, maintenant, je te prie, que la puissance du Seigneur se montre dans sa grandeur, comme tu l'as déclaré, en disant: ¹⁸ L'Éternel est lent à la colère et abondant en grâce; il pardonne l'iniquité et le forfait; mais il ne tient point le coupable pour innocent; il punit l'iniquité des pères sur les enfants, jusqu'à la troisième et à la quatrième génération. ¹⁹ Pardonne, je te prie, l'iniquité de ce peuple, selon la grandeur de ta grâce, et comme tu as pardonné à ce peuple depuis l'Égypte jusqu'ici. ²⁰ Et l'Éternel dit: J'ai pardonné, selon ta parole. ²¹ Mais aussi vrai que je suis vivant, et que la gloire de l'Éternel remplit toute la terre, ²² Tous les hommes qui ont vu ma gloire et les signes que j'ai faits en Égypte et au désert, et qui m'ont déjà tenté dix fois, et qui n'ont point écouté ma voix, ²³ Ne verront point le pays que j'ai promis par serment à leurs pères. Et tous ceux qui m'ont méprisé, ne le verront point. ²⁴ Mais parce que mon serviteur Caleb a été animé d'un autre esprit, et m'a pleinement suivi, je le ferai entrer au pays où il est allé, et sa postérité le possédera. ²⁵ Or les Amalécites et les Cananéens habitent dans la vallée; retournez demain en arrière, et partez pour le désert dans la direction de la mer Rouge. ²⁶ L'Éternel parla aussi à Moïse et à Aaron, en disant: ²⁷ Jusqu'à quand supporterai-je cette assemblée méchante, qui murmure contre

moi? J'ai entendu les murmures que les enfants d'Israël murmurent contre moi. ²⁸ Dis-leur: Aussi vrai que je suis vivant, dit l'Éternel, je vous ferai ce que j'ai entendu que vous avez dit; ²⁹ Vos cadavres tomberont dans ce désert; et tous ceux d'entre vous qui ont été dénombrés, selon tout votre nombre, depuis l'âge de vingt ans et au-dessus, vous tous qui avez murmuré contre moi, ³⁰ Vous n'entrerez pas au pays au sujet duquel j'ai levé ma main, jurant de vous y faire habiter; excepté Caleb, fils de Jephunné, et Josué, fils de Nun. ³¹ Mais j'y ferai entrer vos petits enfants, dont vous avez dit qu'ils y seraient une proie; et ils connaîtront le pays que vous avez méprisé. ³² Mais vos cadavres, à vous, tomberont dans ce désert. ³³ Et vos enfants iront paissant dans le désert quarante ans, et ils porteront la peine de vos prostitutions, jusqu'à ce que vos cadavres soient consumés dans le désert. ³⁴ D'après le nombre des jours pendant lesquels vous avez exploré le pays, savoir quarante jours, vous porterez la peine de vos iniquités pendant quarante ans, une année pour chaque jour, et vous connaîtrez l'effet de mon éloignement. ³⁵ Moi, l'Éternel, je l'ai dit: Je ferai ceci à toute cette méchante assemblée, qui s'est réunie contre moi; ils seront consumés dans ce désert, et ils y mourront. ³⁶ Et les hommes que Moïse avait envoyés pour explorer le pays, et qui étaient revenus et avaient fait murmurer contre lui toute l'assemblée, en décriant le pays; ³⁷ Ces hommes, qui avaient décrié le pays, moururent frappés d'une plaie devant l'Éternel. ³⁸ Mais Josué, fils de Nun, et Caleb, fils de Jephunné, survécurent, d'entre ces hommes qui étaient allés pour explorer le pays. ³⁹ Or Moïse dit ces paroles à tous les enfants d'Israël; et il y eut un grand deuil parmi le peuple. ⁴⁰ Puis ils se levèrent de bon matin, et montèrent vers le sommet de la montagne, en disant: Nous voici, et nous monterons au lieu dont l'Éternel a parlé; car nous avons péché. ⁴¹ Mais Moïse dit: Pourquoi transgressez-vous le commandement de l'Éternel? Cela ne réussira point. ⁴² N'y montez pas, de peur que vous ne soyez battus devant vos ennemis, car l'Éternel n'est point au milieu de vous. ⁴³ Car les Amalécites et les Cananéens sont là devant vous, et vous tomberez par l'épée, parce que vous vous êtes détournés de l'Éternel; et l'Éternel ne sera point avec vous. ⁴⁴ Toutefois, ils s'obstinèrent à monter vers le sommet de la montagne; mais l'arche de l'alliance de l'Éternel et Moïse ne sortirent pas du milieu du camp. ⁴⁵ Et les Amalécites et les Cananéens, qui habitaient dans cette montagne, descendirent, et les battirent et les taillèrent en pièces jusqu'à Horma.

15

¹ Puis l'Éternel parla à Moïse, en disant: ² Parle aux enfants d'Israël, et dis-leur: Quand vous serez entrés au pays où vous devez demeurer, et que je vous donne, ³ Et que vous ferez un sacrifice par le feu à l'Éternel, un holocauste, ou un sacrifice pour vous acquitter d'un vœu, ou un sacrifice volontaire, ou, dans vos solennités, pour faire à l'Éternel une offrande d'agréable odeur de gros ou de menu bétail; ⁴ Celui qui offrira son offrande présentera à l'Éternel une oblation d'un dixième de fleur de farine pétrie avec le quart d'un hin d'huile. ⁵ Et tu feras une libation d'un quart de hin de vin sur l'holocauste, ou le sacrifice, pour chaque agneau. ⁶ Si c'est pour un bélier, tu feras une offrande de deux dixièmes de fleur de farine pétrie avec le tiers d'un hin d'huile, ⁷ Et le tiers d'un hin de vin pour la libation; tu l'offriras en agréable odeur à l'Éternel. ⁸ Et quand tu sacrifieras un veau en holocauste, ou en sacrifice pour t'acquitter d'un vœu, ou en sacrifice de prospérités à l'Éternel, ⁹ On offrira, avec le veau, une oblation de trois dixièmes de fleur de farine, pétrie avec la moitié d'un hin d'huile; ¹⁰ Et tu offriras la moitié d'un hin de vin pour la libation; c'est un sacrifice fait par le feu, d'agréable odeur à l'Éternel. ¹¹ On fera de même pour chaque bœuf, chaque bélier, chaque agneau ou chevreau; ¹² Selon le nombre que vous en sacrifierez, vous ferez ainsi pour chacun, selon leur nombre.

¹³ Tous ceux qui sont nés au pays feront ces choses ainsi, quand ils offriront un sacrifice fait par le feu, d'agréable odeur à l'Éternel. ¹⁴ Si un étranger séjournant avec vous, ou une personne demeurant au milieu de vous, dans vos générations, offre un sacrifice par le feu en agréable odeur à l'Éternel, il fera comme vous ferez. ¹⁵ Il y aura une même ordonnance pour vous, assemblée, et pour l'étranger séjournant parmi vous; ce sera une ordonnance perpétuelle pour vos générations; il en sera de l'étranger comme de vous devant l'Éternel. ¹⁶ Il y aura une même loi et une même règle pour vous et pour l'étranger séjournant avec vous. ¹⁷ L'Éternel parla aussi à Moïse, en disant: ¹⁸ Parle aux enfants d'Israël, et dis leur: Quand vous serez entrés au pays où je vais vous faire entrer, ¹⁹ Et que vous mangerez du pain de ce pays, vous prélèverez une offrande pour l'Éternel. ²⁰ Vous prélèverez en offrande un gâteau, les prémices de votre pâte; vous le prélèverez de la même manière que l'offrande de l'aire. ²¹ Vous donnerez, d'âge en âge, à l'Éternel une offrande des prémices de votre pâte. ²² Et lorsque vous aurez péché par erreur, et que vous n'aurez pas fait tous ces commandements que l'Éternel a donnés à Moïse, ²³ Tout ce que l'Éternel vous a commandé par l'organe de Moïse, depuis le jour où l'Éternel vous a donné ses commandements, et dans la suite, dans vos générations; ²⁴ Si la chose a été faite par erreur, sans que l'assemblée l'ait su, toute l'assemblée sacrifiera en holocauste, en agréable odeur à l'Éternel, un jeune taureau avec son oblation et sa libation, selon l'ordonnance, et un bouc en sacrifice pour le péché. ²⁵ Et le sacrificateur fera l'expiation pour toute l'assemblée des enfants d'Israël, et il leur sera pardonné, parce que c'est un péché commis par erreur, et qu'ils ont apporté devant l'Éternel leur offrande, un sacrifice fait par le feu à l'Éternel et leur sacrifice pour le péché, à cause de leur erreur. ²⁶ Il sera pardonné à toute l'assemblée des enfants d'Israël, et à l'étranger séjournant parmi eux, parce que cela est arrivé à tout le peuple par erreur. ²⁷ Que si une seule personne pèche par erreur, elle offrira une chèvre d'un an en sacrifice pour le péché. ²⁸ Et le sacrificateur fera l'expiation pour la personne qui a péché par erreur, pour le péché qu'elle a commis par erreur, devant l'Éternel, afin de faire l'expiation pour elle; et il lui sera pardonné. ²⁹ Il y aura pour vous une même loi, quant à celui qui fait quelque chose par erreur, pour celui qui est né parmi les enfants d'Israël et pour l'étranger séjournant parmi eux. ³⁰ Mais pour celui qui agira à main levée, qu'il soit né au pays ou étranger, il outrage l'Éternel; cette personne sera retranchée du milieu de son peuple; ³¹ Car elle a méprisé la parole de l'Éternel, et elle a enfreint son commandement: cette personne doit être retranchée; son iniquité sera sur elle. ³² Or, les enfants d'Israël, étant au désert, trouvèrent un homme qui ramassait du bois, le jour du sabbat. ³³ Et ceux qui le trouvèrent ramassant du bois, l'amenèrent à Moïse et à Aaron, et à toute l'assemblée. ³⁴ Et ils le mirent en prison; car ce qu'on devait lui faire n'avait pas été déclaré. ³⁵ Alors l'Éternel dit à Moïse: Cet homme sera puni de mort; que toute l'assemblée le lapide hors du camp. ³⁶ Toute l'assemblée le fit donc sortir du camp, et le lapida, et il mourut, comme l'Éternel l'avait commandé à Moïse. ³⁷ L'Éternel parla aussi à Moïse, en disant: ³⁸ Parle aux enfants d'Israël, et dis-leur qu'ils se fassent, d'âge en âge, une frange aux pans de leurs vêtements, et qu'ils mettent sur cette frange de leurs pans un cordon de pourpre. ³⁹ Ce sera votre frange; et, en la voyant, vous vous souviendrez de tous les commandements de l'Éternel, et vous les ferez, et vous ne suivrez point les désirs de votre cœur et de vos yeux, que vous suivez pour tomber dans l'infidélité; ⁴⁰ Afin que vous vous souveniez de tous mes commandements, et que vous les pratiquiez, et que vous soyez saints à votre Dieu. ⁴¹ Je suis l'Éternel votre Dieu, qui vous ai fait sortir du pays d'Égypte pour être votre Dieu. Je suis l'Éternel votre Dieu.

16

¹ Or, Coré, fils de Jitsehar, fils de Kehath, fils de Lévi, fit une entreprise avec Dathan et Abiram, fils d'Éliab, et On, fils de Péleth, enfants de Ruben; ² Et ils s'élevèrent contre Moïse, avec deux cent cinquante hommes des enfants d'Israël, des principaux de l'assemblée, qu'on appelait au conseil, des hommes de renom. ³ Ils s'assemblèrent donc contre Moïse et contre Aaron, et leur dirent: Que cela vous suffise! car tous ceux de l'assemblée sont consacrés, et l'Éternel est au milieu d'eux; pourquoi donc vous élevez-vous au-dessus de l'assemblée de l'Éternel? ⁴ Moïse, entendant cela, se jeta sur son visage. ⁵ Et il parla à Coré et à tous ceux qui étaient assemblés avec lui, en disant: Demain matin, l'Éternel fera connaître qui est à lui, et qui est consacré, et il le fera approcher de lui; il fera approcher de lui celui qu'il aura choisi. ⁶ Faites ceci: Prenez des encensoirs, Coré, et tous ceux qui sont assemblés avec lui; ⁷ Et demain mettez-y du feu, et déposez-y du parfum devant l'Éternel; et l'homme que l'Éternel choisira, c'est celui-là qui lui est consacré. Que cela vous suffise, enfants de Lévi. ⁸ Et Moïse dit à Coré: Écoutez maintenant, enfants de Lévi. ⁹ Est-ce trop peu pour vous, que le Dieu d'Israël vous ait séparés de l'assemblée d'Israël, pour vous faire approcher de lui, afin de faire le service de la Demeure de l'Éternel, et pour assister devant l'assemblée, afin de la servir; ¹⁰ Et qu'il t'ait fait approcher, ainsi que tous tes frères, les enfants de Lévi avec toi, que vous recherchiez encore le sacerdoce? ¹¹ C'est pourquoi, toi et tous ceux qui sont assemblés avec toi, vous vous êtes assemblés contre l'Éternel! Car qui est Aaron, que vous murmuriez contre lui? ¹² Et Moïse envoya appeler Dathan et Abiram, fils d'Éliab; mais ils répondirent: Nous ne monterons pas. ¹³ Est-ce peu de chose que tu nous aies fait monter hors d'un pays où coulent le lait et le miel, pour nous faire mourir dans le désert, que tu veuilles aussi dominer sur nous? ¹⁴ Certes, tu ne nous as pas fait venir dans un pays où coulent le lait et le miel! Et tu ne nous as pas donné un héritage de champs ni de vignes! Veux-tu crever les yeux de ces gens? Nous ne monterons pas. ¹⁵ Et Moïse fut fort irrité, et il dit à l'Éternel: Ne regarde point à leur offrande; je n'ai pas pris d'eux un seul âne, et je n'ai point fait de mal à un seul d'entre eux. ¹⁶ Puis Moïse dit à Coré: Toi et tous ceux qui sont assemblés avec toi, trouvez-vous demain devant l'Éternel, toi et eux, avec Aaron. ¹⁷ Et prenez chacun votre encensoir, mettez-y du parfum, et présentez devant l'Éternel chacun votre encensoir, deux cent cinquante encensoirs; toi et Aaron, ayez aussi chacun votre encensoir. ¹⁸ Ils prirent donc chacun leur encensoir, ils y mirent du feu, et y déposèrent du parfum, et ils se tinrent à l'entrée du tabernacle d'assignation, ainsi que Moïse et Aaron. ¹⁹ Et Coré réunit contre eux toute l'assemblée, à l'entrée du tabernacle d'assignation, et la gloire de l'Éternel apparut à toute l'assemblée. ²⁰ Puis l'Éternel parla à Moïse et à Aaron, en disant: ²¹ Séparez-vous du milieu de cette assemblée, et je les consumerai en un moment. ²² Et ils se jetèrent sur leur visage, et dirent: O Dieu, Dieu des esprits de toute chair, un seul homme a péché, et tu t'indignerais contre toute l'assemblée! ²³ Et l'Éternel parla à Moïse, en disant: ²⁴ Parle à l'assemblée, et dis-lui: Retirez-vous d'autour de la demeure de Coré, de Dathan et d'Abiram. ²⁵ Et Moïse se leva et alla vers Dathan et Abiram; et les anciens d'Israël le suivirent. ²⁶ Et il parla à l'assemblée, en disant: Éloignez-vous maintenant des tentes de ces hommes méchants, et ne touchez à rien qui leur appartienne, de peur que vous ne périssiez pour tous leurs péchés. ²⁷ Ils se retirèrent donc d'autour de la demeure de Coré, de Dathan et d'Abiram. Et Dathan et Abiram sortirent, et se tinrent debout à l'entrée de leurs tentes, avec leurs femmes, leurs fils et leurs petits enfants. ²⁸ Et Moïse dit: A ceci vous connaîtrez que l'Éternel m'a envoyé pour faire toutes ces choses, et que je n'ai rien fait de moi-même: ²⁹ Si ces gens-là meurent comme tous les hommes meurent, et s'ils sont punis comme tous les hommes le sont, l'Éternel ne m'a point envoyé; ³⁰ Mais si

l'Éternel crée une chose toute nouvelle, et que la terre ouvre sa bouche, et les engloutisse avec tout ce qui leur appartient, et qu'ils descendent vivants au Sépulcre, vous saurez que ces hommes ont méprisé l'Éternel. ³¹ Et dès qu'il eut achevé de prononcer toutes ces paroles, le sol qui était sous eux, se fendit; ³² Et la terre ouvrit sa bouche, et les engloutit avec leurs familles, et tous les hommes qui étaient à Coré, et tout leur bien. ³³ Ils descendirent, eux et tout ce qui leur appartenait, vivants au Sépulcre, et la terre les couvrit; et ils périrent du milieu de l'assemblée. ³⁴ Et tout Israël, qui était autour d'eux, s'enfuit à leur cri; car ils disaient: Prenons garde que la terre ne nous engloutisse! ³⁵ Et un feu sortit, de la part de l'Éternel, et dévora les deux cent cinquante hommes qui offraient le parfum. ³⁶ Puis l'Éternel parla à Moïse, en disant: ³⁷ Dis à Éléazar, fils d'Aaron, le sacrificateur, qu'il ramasse les encensoirs du milieu de l'embrasement, et répands-en le feu au loin; car ils ont été consacrés. ³⁸ Quant aux encensoirs de ceux qui ont péché contre leurs âmes, qu'on en fasse de larges plaques pour couvrir l'autel. Puisqu'ils les ont présentés devant l'Éternel, ils ont été consacrés; et ils serviront de signe aux enfants d'Israël. ³⁹ Éléazar, le sacrificateur, prit donc les encensoirs d'airain qu'avaient présentés ceux qui avaient été brûlés, et l'on en fit des plaques pour couvrir l'autel, ⁴⁰ En mémorial aux enfants d'Israël, afin qu'un étranger, qui n'est point de la race d'Aaron, ne s'approche point pour faire fumer le parfum devant l'Éternel, et qu'il ne soit comme Coré et comme ceux qui s'assemblèrent avec lui, ainsi que l'Éternel le lui avait dit par Moïse. ⁴¹ Or le lendemain, toute l'assemblée des enfants d'Israël murmura contre Moïse et contre Aaron, en disant: Vous avez fait mourir le peuple de l'Éternel. ⁴² Et il arriva, comme l'assemblée se formait contre Moïse et contre Aaron, qu'ils regardèrent vers le tabernacle d'assignation, et voici, la nuée le couvrit, et la gloire de l'Éternel apparut. ⁴³ Et Moïse et Aaron vinrent devant le tabernacle d'assignation. ⁴⁴ Et l'Éternel parla à Moïse, en disant: ⁴⁵ Otez-vous du milieu de cette assemblée, et je les consumerai en un moment. Mais ils tombèrent sur leurs visages, ⁴⁶ Et Moïse dit à Aaron: Prends l'encensoir, mets-y du feu de dessus l'autel et déposes-y du parfum, et va promptement vers l'assemblée, et fais l'expiation pour eux; car l'indignation est sortie de devant l'Éternel; la plaie a commencé. ⁴⁷ Et Aaron prit l'encensoir, comme Moïse le lui avait dit, et il courut au milieu de l'assemblée; et voici, la plaie avait déjà commencé parmi le peuple. Alors il mit le parfum, et fit l'expiation pour le peuple. ⁴⁸ Et il se tint entre les morts et les vivants, et la plaie fut arrêtée. ⁴⁹ Et il y en eut quatorze mille sept cents qui moururent de la plaie, outre ceux qui étaient morts à cause de Coré. ⁵⁰ Puis Aaron retourna vers Moïse, à l'entrée du tabernacle d'assignation, et la plaie fut arrêtée.

17

¹ Puis l'Éternel parla à Moïse, en disant: ² Parle aux enfants d'Israël, et prends d'eux une verge selon les maisons de leurs pères, c'est-à-dire douze verges, de tous leurs princes, selon les maisons de leurs pères; tu écriras le nom de chacun sur sa verge. ³ Et tu écriras le nom d'Aaron sur la verge de Lévi; car il y aura une verge pour chaque chef des maisons de leurs pères. ⁴ Et tu les déposeras dans le tabernacle d'assignation, devant le Témoignage, où je me réunis à vous. ⁵ Et il arrivera que la verge de l'homme que je choisirai, fleurira; et je ferai cesser devant moi les murmures que les enfants d'Israël murmurent contre vous. ⁶ Moïse parla aux enfants d'Israël, et tous leurs princes lui donnèrent, selon les maisons de leurs pères, chacun une verge, c'est-à-dire douze verges. Et la verge d'Aaron était au milieu de leurs verges. ⁷ Et Moïse déposa les verges devant l'Éternel, dans le tabernacle du Témoignage. ⁸ Et il arriva, le lendemain, que Moïse entra au tabernacle du Témoignage, et voici la verge d'Aaron, pour la maison de Lévi, avait fleuri: elle avait

poussé des boutons, produit des fleurs, et mûri des amandes. ⁹ Alors Moïse retira de devant l'Éternel toutes les verges, et les présenta à tous les enfants d'Israël; et ils les virent, et ils reprirent chacun leur verge. ¹⁰ Et l'Éternel dit à Moïse: Reporte la verge d'Aaron devant le Témoignage, pour être gardée comme un signe pour les enfants de rébellion; et tu feras cesser devant moi leurs murmures, et ils ne mourront point. ¹¹ Et Moïse le fit; il fit comme l'Éternel le lui avait commandé. ¹² Et les enfants d'Israël dirent à Moïse: Voici, nous expirons, nous sommes perdus, nous sommes tous perdus! ¹³ Quiconque s'approche de la Demeure de l'Éternel, meurt. Expirerons-nous donc entièrement?

18

¹ Alors l'Éternel dit à Aaron: Toi et tes fils, et la maison de ton père avec toi, vous porterez l'iniquité du sanctuaire; et toi, et tes fils avec toi, vous porterez l'iniquité de votre sacerdoce. ² Fais aussi approcher avec toi tes frères, la tribu de Lévi, la tribu de ton père, qu'ils se joignent à toi et qu'ils te servent; et toi et tes fils avec toi, vous serez devant le tabernacle du Témoignage. ³ Ils observeront ce que tu leur ordonneras, et ce qui concerne tout le tabernacle; seulement ils n'approcheront point des objets sacrés, ni de l'autel, de peur qu'ils ne meurent et vous avec eux. ⁴ Ils te seront donc adjoints, et ils observeront ce qui concerne le tabernacle d'assignation, pour tout le service du tabernacle, et nul étranger n'approchera de vous. ⁵ Et vous observerez ce qui concerne le sanctuaire et l'autel, afin qu'il n'y ait plus d'indignation contre les enfants d'Israël. ⁶ Quant à moi, voici, j'ai pris vos frères les Lévites, du milieu des enfants d'Israël; ils vous sont donnés en don pour l'Éternel, pour faire le service du tabernacle d'assignation. ⁷ Mais toi, et tes fils avec toi, vous vous acquitterez avec soin de votre sacerdoce, en tout ce qui concerne l'autel et ce qui est en dedans du voile; et vous y ferez le service. Je vous donne le sacerdoce en office de pur don; et l'étranger qui en approchera, sera puni de mort. ⁸ L'Éternel dit encore à Aaron: Voici, je t'ai donné la garde de mes offrandes prélevées sur toutes les choses consacrées par les enfants d'Israël; je te les ai données, et à tes enfants, par ordonnance perpétuelle, comme droit conféré par l'onction. ⁹ Ceci t'appartiendra, d'entre les choses très saintes qui ne sont pas consumées: toutes leurs offrandes, dans toutes leurs oblations, dans tous leurs sacrifices pour le péché, et dans tous leurs sacrifices pour le délit, qu'ils m'apporteront; ces choses très saintes seront pour toi et pour tes enfants. ¹⁰ Tu les mangeras dans le lieu très-saint; tout mâle en mangera; ce sera pour toi une chose sacrée. ¹¹ Ceci aussi t'appartiendra: l'offrande prélevée de leurs dons, sur toutes les offrandes agitées des enfants d'Israël; je te les ai données, à toi, à tes fils et à tes filles avec toi, par ordonnance perpétuelle. Quiconque sera pur dans ta maison en mangera. ¹² Je t'ai donné aussi leurs prémices qu'ils offriront à l'Éternel, tout le meilleur de l'huile, et tout le meilleur du moût et du froment. ¹³ Les premiers fruits de tout ce que leur terre produira, et qu'ils apporteront à l'Éternel, t'appartiendront; quiconque sera pur dans ta maison en mangera. ¹⁴ Tout ce qui sera dévoué par interdit en Israël t'appartiendra. ¹⁵ Tout premier-né, de toute chair, qu'ils offriront à l'Éternel, soit des hommes soit des bêtes, t'appartiendra; seulement, tu rachèteras le premier-né de l'homme; tu rachèteras aussi le premier-né d'une bête impure. ¹⁶ Quant à son rachat, tu le rachèteras depuis l'âge d'un mois, d'après ton estimation, au prix de cinq sicles d'argent, selon le sicle du sanctuaire, qui est de vingt oboles. ¹⁷ Mais tu ne rachèteras point le premier-né de la vache, ni le premier-né de la brebis, ni le premier-né de la chèvre; ce sont des choses sacrées. Tu répandras leur sang sur l'autel, et tu feras fumer leur graisse en sacrifice fait par le feu, d'agréable odeur à l'Éternel. ¹⁸ Et leur chair t'appartiendra; elle t'appartiendra comme la poitrine qu'on agite, et comme la jambe droite. ¹⁹ Je t'ai donné toutes les offrandes prélevées sur les

choses sacrées que les enfants d'Israël offriront à l'Éternel, à toi, à tes fils, et à tes filles avec toi, par ordonnance perpétuelle; c'est une alliance incorruptible, perpétuelle devant l'Éternel, pour toi et pour ta postérité avec toi. [20] Puis l'Éternel dit à Aaron: Tu n'auras point d'héritage en leur pays; tu n'auras point de portion au milieu d'eux; je suis ta portion et ton héritage au milieu des enfants d'Israël. [21] Et quant aux enfants de Lévi, voici, je leur ai donné pour héritage toutes les dîmes d'Israël, en échange du service qu'ils font, le service du tabernacle d'assignation. [22] Et les enfants d'Israël n'approcheront plus du tabernacle d'assignation, de peur qu'ils ne se chargent d'un péché et qu'ils ne meurent. [23] Mais ce sont les Lévites qui feront le service du tabernacle d'assignation, et ce sont eux qui porteront leur iniquité; ce sera une ordonnance perpétuelle dans vos générations; et ils ne posséderont point d'héritage au milieu des enfants d'Israël. [24] Car j'ai donné pour héritage aux Lévites les dîmes des enfants d'Israël, qu'ils prélèveront pour l'Éternel en offrande; c'est pourquoi, j'ai dit d'eux: Ils ne posséderont point d'héritage au milieu des enfants d'Israël. [25] Puis l'Éternel parla à Moïse, en disant: [26] Tu parleras aussi aux Lévites, et tu leur diras: Quand vous aurez reçu des enfants d'Israël la dîme que je vous ai donnée sur eux pour votre héritage, vous en prélèverez l'offrande de l'Éternel, la dîme de la dîme. [27] Et votre offrande prélevée vous sera comptée comme le froment de l'aire et comme l'abondance de la cuve. [28] Ainsi, vous prélèverez, vous aussi, l'offrande de l'Éternel sur toutes vos dîmes, que vous recevrez des enfants d'Israël; et vous en donnerez l'offrande de l'Éternel à Aaron, le sacrificateur. [29] Vous prélèverez toute l'offrande de l'Éternel, sur toutes les choses qui vous seront données; sur tout ce qu'il y aura de meilleur, vous prélèverez la portion consacrée. [30] Et tu leur diras: Quand vous aurez prélevé le meilleur de la dîme, elle sera comptée aux Lévites comme le revenu de l'aire et comme le revenu de la cuve. [31] Et vous la mangerez en un lieu quelconque, vous et votre famille; car c'est votre salaire, en échange de votre service dans le tabernacle d'assignation. [32] Et par là vous ne vous chargerez d'aucun péché, quand vous en aurez prélevé ce qu'il y a de meilleur, et vous ne profanerez point les choses sacrées des enfants d'Israël, et vous ne mourrez point.

19

[1] L'Éternel parla encore à Moïse et à Aaron, en disant: [2] Voici l'ordonnance de la loi que l'Éternel a commandée, en disant: Parle aux enfants d'Israël, et qu'ils t'amènent une vache rousse, intacte, qui n'ait point de défaut et qui n'ait point porté le joug. [3] Puis vous la donnerez à Éléazar, le sacrificateur, qui la mènera hors du camp, et on l'égorgera en sa présence. [4] Ensuite Éléazar, le sacrificateur, prendra de son sang avec son doigt, et il fera sept fois aspersion de son sang, sur le devant du tabernacle d'assignation. [5] Et on brûlera la vache devant ses yeux; on brûlera sa peau, sa chair et son sang, avec ses excréments. [6] Et le sacrificateur prendra du bois de cèdre, de l'hysope et du cramoisi, et les jettera au milieu du feu où brûlera la vache. [7] Puis le sacrificateur lavera ses vêtements et sa chair dans l'eau, et après cela il rentrera au camp; et le sacrificateur sera souillé jusqu'au soir. [8] Et celui qui l'aura brûlée lavera ses vêtements dans l'eau et baignera sa chair dans l'eau, et il sera souillé jusqu'au soir. [9] Et un homme pur ramassera la cendre de la vache, et la déposera hors du camp dans un lieu pur; et on la gardera pour l'assemblée des enfants d'Israël, pour en faire l'eau de purification. C'est une purification pour le péché. [10] Et celui qui aura ramassé la cendre de la vache lavera ses vêtements, et il sera souillé jusqu'au soir; et ce sera une ordonnance perpétuelle pour les enfants d'Israël et pour l'étranger séjournant au milieu d'eux. [11] Celui qui touchera un corps mort, de quelque personne que ce soit, sera souillé sept jours. [12] Il se purifiera avec cette eau le troisième jour, et au septième jour il sera pur; que s'il ne se purifie pas au troisième jour ni au

septième jour, il ne sera pas pur. ¹³ Quiconque aura touché un mort, une personne qui sera morte, et ne se sera point purifié, a souillé la Demeure de l'Éternel; cette personne sera retranchée d'Israël; puisque l'eau de purification n'a pas été répandue sur lui, il est souillé; sa souillure est encore sur lui. ¹⁴ Voici la loi: Quand un homme mourra dans une tente, quiconque entrera dans la tente, et tout ce qui sera dans la tente, sera souillé sept jours. ¹⁵ Et tout vase découvert, sur lequel il n'y a point de couvercle attaché, sera souillé. ¹⁶ Et quiconque touchera, dans les champs, un homme tué par l'épée, ou un mort, ou des ossements humains, ou un tombeau, sera souillé sept jours. ¹⁷ Et on prendra, pour celui qui sera souillé, de la cendre de ce qui a été brûlé pour le péché, et on mettra dessus, dans un vase, de l'eau vive; ¹⁸ Et un homme pur prendra de l'hysope, et la trempera dans l'eau et en fera aspersion sur la tente, sur tous les vases et sur les personnes qui y sont, et sur celui qui a touché des ossements, ou un homme tué, ou un mort, ou un tombeau. ¹⁹ L'homme pur fera aspersion sur celui qui sera souillé, au troisième jour et au septième, et le purifiera le septième. Il lavera ses vêtements, et se lavera dans l'eau; et le soir il sera pur. ²⁰ Mais quant à l'homme qui sera souillé et ne se purifiera point, cette personne sera retranchée du milieu de l'assemblée, car elle a souillé le sanctuaire de l'Éternel. L'eau de purification n'a pas été répandue sur lui, il est souillé. ²¹ Et ce sera pour eux une ordonnance perpétuelle. Celui qui aura fait aspersion de l'eau de purification lavera ses vêtements; et celui qui touchera l'eau de purification sera souillé jusqu'au soir. ²² Et tout ce que l'homme souillé touchera, sera souillé; et la personne qui le touchera, sera souillée jusqu'au soir.

20

¹ Or, les enfants d'Israël, toute l'assemblée, arrivèrent au désert de Tsin, au premier mois, et le peuple s'arrêta à Kadès; et Marie mourut là, et y fut ensevelie. ² Et il n'y avait point d'eau pour le peuple, et ils s'assemblèrent contre Moïse et contre Aaron. ³ Et le peuple contesta avec Moïse, et ils dirent: Plût à Dieu que nous fussions morts, quand nos frères moururent devant l'Éternel! ⁴ Pourquoi avez-vous fait venir l'assemblée de l'Éternel dans ce désert, pour que nous y mourions, nous et notre bétail? ⁵ Pourquoi nous avez-vous fait monter hors d'Égypte, pour nous amener en ce méchant lieu, qui n'est point un lieu pour semer, ni pour des figuiers, ni pour la vigne, ni pour les grenadiers, et où il n'y a point d'eau à boire? ⁶ Alors Moïse et Aaron se retirèrent de devant l'assemblée, à l'entrée du tabernacle d'assignation; et ils tombèrent sur leur visage, et la gloire de l'Éternel leur apparut. ⁷ Et l'Éternel parla à Moïse, en disant: ⁸ Prends la verge, et convoque l'assemblée, toi et Aaron, ton frère, et parlez au rocher en leur présence, et il donnera ses eaux; tu leur feras sortir de l'eau du rocher, et tu abreuveras l'assemblée et leur bétail. ⁹ Moïse prit donc la verge de devant l'Éternel, comme il le lui avait commandé. ¹⁰ Moïse et Aaron convoquèrent l'assemblée devant le rocher; et il leur dit: Écoutez donc, rebelles! Vous ferons-nous sortir de l'eau de ce rocher? ¹¹ Et Moïse leva la main, et frappa le rocher avec sa verge, par deux fois; alors des eaux sortirent en abondance, et l'assemblée but, et leur bétail aussi. ¹² Puis l'Éternel dit à Moïse et à Aaron: Parce que vous n'avez pas cru en moi, pour me sanctifier devant les enfants d'Israël, à cause de cela vous n'introduirez point cette assemblée dans le pays que je leur ai donné. ¹³ Ce sont là les eaux de Mériba (contestation), où les enfants d'Israël contestèrent avec l'Éternel; et il se sanctifia en eux. ¹⁴ Puis Moïse envoya, de Kadès, des messagers au roi d'Édom, pour lui dire: Ainsi a dit ton frère Israël: Tu sais tous les maux qui nous sont survenus; ¹⁵ Comment nos pères descendirent en Égypte; et nous avons demeuré longtemps en Égypte, et les Égyptiens nous ont maltraités, nous et nos pères; ¹⁶ Et nous avons crié à

l'Éternel, et il a entendu notre voix. Il a envoyé un ange, et nous a fait sortir d'Égypte. Et voici, nous sommes à Kadès, ville qui est à l'extrémité de ta frontière; ¹⁷ Permets que nous passions par ton pays; nous ne passerons ni par les champs, ni par les vignes, et nous ne boirons pas l'eau des puits; nous marcherons par le chemin royal, nous ne nous détournerons ni à droite ni à gauche, jusqu'à ce que nous ayons passé ta frontière. ¹⁸ Mais Édom lui dit: Tu ne passeras point chez moi, de peur que je ne sorte à ta rencontre avec l'épée. ¹⁹ Les enfants d'Israël lui répondirent: Nous monterons par le grand chemin; et si nous buvons tes eaux, moi et mes troupeaux, je les paierai. Seulement que j'y passe de mes pieds; pas autre chose. ²⁰ Mais il dit: Tu ne passeras point. Et Édom sortit à sa rencontre avec une grande multitude et à main armée. ²¹ Ainsi Édom refusa à Israël la permission de passer par sa frontière; et Israël se détourna de lui. ²² Et les enfants d'Israël, toute l'assemblée, partirent de Kadès et vinrent à la montagne de Hor. ²³ Et l'Éternel parla à Moïse et à Aaron, dans la montagne de Hor, sur la frontière du pays d'Édom, en disant: ²⁴ Aaron sera recueilli vers ses peuples; car il n'entrera point au pays que j'ai donné aux enfants d'Israël, parce que vous avez été rebelles à mon commandement, aux eaux de Mériba. ²⁵ Prends Aaron et Éléazar, son fils, et fais-les monter sur la montagne de Hor; ²⁶ Puis dépouille Aaron de ses vêtements, et revêts-en Éléazar son fils; et Aaron sera recueilli, et mourra là. ²⁷ Moïse fit donc comme l'Éternel avait commandé; et ils montèrent sur la montagne de Hor, à la vue de toute l'assemblée. ²⁸ Et Moïse dépouilla Aaron de ses vêtements, et en revêtit Éléazar son fils. Or Aaron mourut là, au sommet de la montagne; et Moïse et Éléazar descendirent de la montagne. ²⁹ Et toute l'assemblée vit qu'Aaron avait expiré; et toute la maison d'Israël pleura Aaron pendant trente jours.

21

¹ Quand le Cananéen, roi d'Arad, qui habitait le Midi, apprit qu'Israël venait par le chemin des espions, il combattit contre Israël, et il en emmena des prisonniers. ² Alors Israël fit un vœu à l'Éternel, et dit: Si tu livres ce peuple entre mes mains, je vouerai ses villes à l'interdit. ³ Et l'Éternel exauça la voix d'Israël et livra les Cananéens. On les voua à l'interdit, eux et leurs villes; et on nomma le lieu Horma (extermination). ⁴ Puis ils partirent de la montagne de Hor, dans la direction de la mer Rouge, pour faire le tour du pays d'Édom; et le peuple perdit courage en chemin. ⁵ Le peuple parla donc contre Dieu et contre Moïse, et dit: Pourquoi nous avez-vous fait monter hors d'Égypte, pour mourir dans le désert? car il n'y a point de pain, ni d'eau, et notre âme est dégoûtée de ce pain misérable. ⁶ Et l'Éternel envoya parmi le peuple des serpents brûlants, qui mordirent le peuple, en sorte qu'un grand nombre d'Israélites moururent. ⁷ Alors le peuple vint vers Moïse, et ils dirent: Nous avons péché, car nous avons parlé contre l'Éternel et contre toi. Prie l'Éternel, pour qu'il éloigne de nous les serpents. Et Moïse pria pour le peuple. ⁸ Et l'Éternel dit à Moïse: Fais-toi un serpent brûlant, et mets-le sur une perche; et il arrivera que quiconque sera mordu et le regardera, sera guéri. ⁹ Moïse fit donc un serpent d'airain, et il le mit sur une perche; et il arriva que quand le serpent avait mordu un homme, il regardait le serpent d'airain, et il était guéri. ¹⁰ Puis les enfants d'Israël partirent et campèrent à Oboth. ¹¹ Et ils partirent d'Oboth, et campèrent à Ijjé-Abarim, au désert qui est vis-à-vis de Moab, vers le soleil levant. ¹² De là ils partirent et campèrent au torrent de Zéred. ¹³ De là ils partirent et campèrent au delà de l'Arnon, qui est dans le désert, au sortir de la frontière des Amoréens; car l'Arnon est la frontière de Moab, entre les Moabites et les Amoréens. ¹⁴ C'est pourquoi il est dit, au livre des batailles de l'Éternel: Vaheb en Supha, et les torrents de l'Arnon, ¹⁵ Et le cours des torrents qui tend vers le lieu où Ar est située, et qui s'appuie à la frontière de Moab. ¹⁶ Et de là ils vinrent à Beer (puits),

c'est là le puits dont l'Éternel dit à Moïse: Assemble le peuple, et je leur donnerai de l'eau. [17] Alors Israël chanta ce cantique: Monte, puits! Chantez-lui en vous répondant. [18] Puits que les seigneurs ont creusé, que les principaux du peuple ont creusé, avec le sceptre, avec leurs bâtons! Ensuite, du désert ils vinrent à Matthana; [19] Et de Matthana à Nahaliel; Et de Nahaliel à Bamoth; [20] Et de Bamoth à la vallée qui est au territoire de Moab, au sommet du Pisga, en regard de la plaine du désert. [21] Or, Israël envoya des ambassadeurs à Sihon, roi des Amoréens, pour lui dire: [22] Permets que je passe par ton pays; nous ne nous détournerons point dans les champs, ni dans les vignes, et nous ne boirons point l'eau des puits; nous marcherons par le chemin royal jusqu'à ce que nous ayons passé ta frontière. [23] Mais Sihon ne permit point à Israël de passer par sa frontière; et Sihon assembla tout son peuple, et sortit à la rencontre d'Israël vers le désert, et il vint à Jahats, et combattit contre Israël. [24] Mais Israël le frappa du tranchant de l'épée, et conquit son pays, depuis l'Arnon jusqu'au Jabbok, jusqu'aux enfants d'Ammon; car la frontière des enfants d'Ammon était forte. [25] Et Israël prit toutes ces villes, et Israël habita dans toutes les villes des Amoréens, à Hesbon, et dans toutes les villes de son ressort. [26] Car Hesbon était la ville de Sihon, roi des Amoréens, qui avait fait la guerre au roi précédent de Moab, et lui avait pris tout son pays jusqu'à l'Arnon. [27] C'est pourquoi les poëtes disent: Venez à Hesbon; que la ville de Sihon soit bâtie et rétablie! [28] Car un feu est sorti de Hesbon, une flamme de la ville de Sihon; elle a dévoré Ar de Moab, les maîtres des hauteurs de l'Arnon. [29] Malheur à toi, Moab! tu es perdu, peuple de Kemosh! Il a laissé ses fils fugitifs, et ses filles en captivité à Sihon, roi des Amoréens. [30] Et nous les avons transpercés. Hesbon a péri, jusqu'à Dibon. Nous avons ravagé jusqu'à Nophach par le feu, jusqu'à Médeba. [31] Israël habita donc dans le pays des Amoréens. [32] Puis Moïse envoya reconnaître Jaezer, et ils prirent les villes de son ressort, et dépossédèrent les Amoréens qui y étaient. [33] Puis ils tournèrent et montèrent dans la direction de Bassan; et Og, roi de Bassan, sortit à leur rencontre, lui et tout son peuple, pour combattre à Édréi. [34] Mais l'Éternel dit à Moïse: Ne le crains point; car je l'ai livré entre tes mains, et tout son peuple, et son pays; et tu lui feras comme tu as fait à Sihon, roi des Amoréens, qui habitait à Hesbon. [35] Ils le battirent donc, lui et ses fils, et tout son peuple, au point qu'il ne lui resta personne; et ils possédèrent son pays.

22

[1] Puis, les enfants d'Israël partirent, et campèrent dans les plaines de Moab, au delà du Jourdain de Jérico. [2] Or Balak, fils de Tsippor, vit tout ce qu'Israël avait fait à l'Amoréen. [3] Et Moab eut une grande peur de ce peuple, parce qu'il était nombreux; et Moab fut effrayé en face des enfants d'Israël. [4] Moab dit donc aux anciens de Madian: Maintenant cette multitude va tout dévorer autour de nous, comme le bœuf broute l'herbe des champs. Or, en ce temps-là, Balak, fils de Tsippor, était roi de Moab. [5] Et il envoya des messagers à Balaam, fils de Béor, à Pethor, située sur le fleuve, au pays des enfants de son peuple, pour l'appeler, en disant: Voici, un peuple est sorti d'Égypte; voici, il couvre la face de la terre, et il s'est établi vis-à-vis de moi. [6] Viens donc maintenant, je te prie; maudis-moi ce peuple, car il est plus puissant que moi. Peut-être que je pourrai le battre, et que je le chasserai du pays; car je sais que celui que tu bénis est béni, et que celui que tu maudis est maudit. [7] Les anciens de Moab s'en allèrent donc, avec les anciens de Madian, ayant en leur main des présents pour le devin; et ils vinrent à Balaam, et lui rapportèrent les paroles de Balak. [8] Et il leur répondit: Demeurez ici cette nuit, et je vous rendrai réponse, selon que l'Éternel me parlera. Et les seigneurs de Moab demeurèrent chez Balaam. [9] Or, Dieu vint à Balaam, et lui dit: Qui sont ces hommes que tu as chez toi? [10] Et Balaam répondit à Dieu: Balak, fils de Tsippor, roi de Moab, a envoyé vers moi, pour me dire: [11] Voici un peuple est sorti d'Égypte, et il couvre la face de la terre; viens

maintenant, maudis-le-moi; peut-être que je pourrai le combattre, et que je le chasserai. ¹² Et Dieu dit à Balaam: Tu n'iras point avec eux, tu ne maudiras point ce peuple, car il est béni. ¹³ Et Balaam se leva au matin, et dit aux seigneurs envoyés par Balak: Retournez en votre pays; car l'Éternel a refusé de me laisser aller avec vous. ¹⁴ Les seigneurs de Moab se levèrent donc, et revinrent auprès de Balak, et dirent: Balaam a refusé de venir avec nous. ¹⁵ Et Balak lui envoya encore des seigneurs en plus grand nombre et plus considérables que les premiers; ¹⁶ Et ils vinrent à Balaam, et lui dirent: Ainsi a dit Balak, fils de Tsippor: Ne te refuse pas, je te prie, à venir vers moi; ¹⁷ Car je te rendrai beaucoup d'honneurs, et je ferai tout ce que tu me diras; viens, je te prie, maudis-moi ce peuple. ¹⁸ Mais Balaam répondit aux serviteurs de Balak: Quand Balak me donnerait sa maison pleine d'argent et d'or, je ne pourrais pas transgresser l'ordre de l'Éternel, mon Dieu, pour faire une chose petite ou grande. ¹⁹ Toutefois, demeurez ici, je vous prie, vous aussi cette nuit, que je sache ce que l'Éternel continuera de me dire. ²⁰ Et Dieu vint à Balaam la nuit, et lui dit: Si ces hommes sont venus pour t'appeler, lève-toi, va avec eux; mais tu ne feras que ce que je te dirai. ²¹ Balaam se leva donc le matin, sella son ânesse, et s'en alla avec les seigneurs de Moab. ²² Mais la colère de Dieu s'embrasa parce qu'il s'en allait; et un ange de l'Éternel se tint dans le chemin pour s'opposer à lui. Or, il était monté sur son ânesse, et ses deux serviteurs étaient avec lui. ²³ Et l'ânesse vit l'ange de l'Éternel qui se tenait dans le chemin, son épée nue dans la main; et l'ânesse se dé-tourna du chemin et s'en alla dans les champs, et Balaam frappa l'ânesse pour la ramener dans le chemin. ²⁴ Mais l'ange de l'Éternel se tint dans un sentier de vignes, qui avait un mur d'un côté et un mur de l'autre. ²⁵ Et l'ânesse vit l'ange de l'Éternel, et se serra contre la muraille, et elle serra contre la muraille le pied de Balaam, qui continua à la frapper. ²⁶ Et l'ange de l'Éternel passa plus avant, et s'arrêta dans un lieu étroit où il n'y avait pas de chemin pour se détourner à droite ni à gauche. ²⁷ Et l'ânesse vit l'ange de l'Éternel, et se coucha sous Balaam. Mais la colère de Balaam s'enflamma, et il frappa l'ânesse avec un bâton. ²⁸ Alors l'Éternel ouvrit la bouche de l'ânesse, et elle dit à Balaam: Que t'ai-je fait, que tu m'aies déjà frappée trois fois? ²⁹ Et Balaam répondit à l'ânesse: C'est que tu t'es moquée de moi. Que n'ai-je une épée en ma main! je t'aurais déjà tuée. ³⁰ Et l'ânesse dit à Balaam: Ne suis-je pas ton ânesse, que tu as montée depuis que tu existes jusqu'à ce jour? Ai-je l'habitude d'agir ainsi à ton égard? Et il répondit: Non. ³¹ Alors l'Éternel ouvrit les yeux de Balaam, et il vit l'ange de l'Éternel qui se tenait dans le chemin, son épée nue dans la main; et il s'inclina et se prosterna sur son visage. ³² Et l'ange de l'Éternel lui dit: Pourquoi as-tu frappé ton ânesse déjà trois fois? Voici, je suis sorti pour m'opposer à toi, car tu suis un chemin pernicieux devant moi. ³³ Or l'ânesse m'a vu, et s'est détournée devant moi déjà trois fois; et si elle ne se fût détournée de devant moi, je t'aurais même déjà tué et je l'aurais laissée en vie. ³⁴ Alors Balaam dit à l'ange de l'Éternel: J'ai péché; car je ne savais point que tu te tinsses dans le chemin contre moi; et maintenant, si cela te déplaît, je m'en retournerai. ³⁵ Et l'ange de l'Éternel dit à Balaam: Va avec ces hommes; mais tu ne diras que ce que je te dirai. Et Balaam s'en alla avec les seigneurs de Balak. ³⁶ Quand Balak apprit que Balaam venait, il sortit à sa rencontre, vers la ville de Moab, qui est sur la frontière de l'Arnon, à l'extrémité de la frontière. ³⁷ Et Balak dit à Balaam: N'ai-je pas envoyé vers toi, pour t'appeler? Pourquoi n'es-tu pas venu vers moi? Ne puis-je pas vraiment te traiter avec honneur? ³⁸ Et Balaam répondit à Balak: Voici, je suis venu vers toi; mais pourrais-je maintenant prononcer quelque chose? Je dirai ce que Dieu me mettra dans la bouche. ³⁹ Et Balaam s'en alla avec Balak, et ils vinrent à la ville de Hutsoth. ⁴⁰ Et Balak sacrifia des bœufs et des brebis, et en envoya à Balaam et aux seigneurs qui étaient avec lui. ⁴¹ Et quand le matin fut venu, il prit Balaam, et le fit monter aux hauts lieux de Baal, et de là il vit l'extrémité du peuple.

23

¹ Or Balaam dit à Balak: Construis-moi ici sept autels, et prépare-moi ici sept taureaux et sept béliers. ² Et Balak fit comme Balaam avait dit; et Balak et Balaam offrirent un taureau et un bélier sur chaque autel. ³ Puis Balaam dit à Balak: Tiens-toi près de ton holocauste, et je m'en irai; peut-être que l'Éternel se présentera à moi, et je te rapporterai ce qu'il m'aura fait voir. Et il alla en un lieu découvert. ⁴ Et Dieu vint au-devant de Balaam, et Balaam lui dit: J'ai dressé les sept autels, et j'ai sacrifié un taureau et un bélier sur chaque autel. ⁵ Et l'Éternel mit des paroles dans la bouche de Balaam et dit: Retourne vers Balak, et parle ainsi. ⁶ Il retourna donc vers lui; et voici, il se tenait près de son holocauste, lui et tous les seigneurs de Moab. ⁷ Alors Balaam prononça son discours sentencieux, et dit: Balak, roi de Moab, m'a fait venir d'Aram, des montagnes d'Orient. Viens, dit-il, maudis-moi Jacob; viens, voue Israël à l'exécration. ⁸ Comment le maudirais-je? Dieu ne l'a point maudit. Comment vouerais-je à l'exécration? L'Éternel n'a point voué à l'exécration. ⁹ Car je le vois du sommet des rochers, et je le contemple du haut des coteaux. Voici un peuple qui habitera à part, et ne sera point mis au nombre des nations. ¹⁰ Qui compterait la poussière de Jacob, et dénombrerait le quart d'Israël? Que je meure de la mort des hommes droits, et que ma fin soit semblable à la leur! ¹¹ Alors Balak dit à Balaam: Que m'as-tu fait? Je t'ai pris pour maudire mes ennemis; et voici, tu les bénis. ¹² Et il répondit, et dit: Ne dois-je pas prendre garde de dire ce que l'Éternel met dans ma bouche? ¹³ Alors Balak lui dit: Viens donc avec moi en un autre lieu d'où tu verras ce peuple, car tu n'en voyais que l'extrémité, et tu ne le voyais pas tout entier; et de là maudis-le-moi. ¹⁴ Il le conduisit donc au champ de Tsophim, au sommet du Pisga, construisit sept autels, et offrit un taureau et un bélier sur chaque autel. ¹⁵ Alors Balaam dit à Balak: Tiens-toi ici près de ton holocauste, et moi j'irai là à la rencontre de l'Éternel. ¹⁶ Et l'Éternel se présenta à Balaam, et mit des paroles en sa bouche, et dit: Retourne vers Balak, et parle ainsi. ¹⁷ Et il vint vers lui; et voici, il se tenait près de son holocauste, et les seigneurs de Moab avec lui. Et Balak lui dit: Qu'a dit l'Éternel? ¹⁸ Alors il prononça son discours sentencieux, et dit: Lève-toi, Balak, et écoute; prête-moi l'oreille, fils de Tsippor. ¹⁹ Dieu n'est point homme pour mentir, ni fils d'homme pour se repentir. Il a dit; ne le fera-t-il point? Il a parlé; ne le réalisera-t-il pas? ²⁰ Voici, j'ai reçu l'ordre de bénir; il a béni, je ne le révoquerai point. ²¹ Il n'a point aperçu d'iniquité en Jacob, et n'a point vu de perversité en Israël; l'Éternel son Dieu est avec lui, et l'on y entend des acclamations comme pour un roi. ²² C'est Dieu qui les a tirés d'Égypte; il est pour eux comme la vigueur du buffle. ²³ Car il n'y a point d'enchantement contre Jacob, ni de divination contre Israël. Bientôt on dira de Jacob et d'Israël: Qu'est-ce que Dieu a fait! ²⁴ Voici un peuple qui se lèvera comme une lionne, et qui se dressera comme un lion; il ne se couchera point qu'il n'ait dévoré la proie et bu le sang des blessés. ²⁵ Alors Balak dit à Balaam: Ne le maudis point, mais ne le bénis pas non plus! ²⁶ Et Balaam répondit et dit à Balak: Ne t'ai-je pas dit: Je ferai tout ce que l'Éternel dira? ²⁷ Balak dit encore à Balaam: Viens donc, je te conduirai en un autre lieu; peut-être que Dieu trouvera bon que tu me le maudisses de là. ²⁸ Et Balak conduisit Balaam au sommet du Peor, qui regarde en face du désert. ²⁹ Et Balaam dit à Balak: Construis-moi ici sept autels, et prépare-moi ici sept taureaux et sept béliers. ³⁰ Balak fit donc comme Balaam avait dit; et il offrit un taureau et un bélier sur chaque autel.

24

¹ Or, Balaam, voyant que l'Éternel trouvait bon de bénir Israël, n'alla point, comme les

autres fois, chercher des enchantements; mais il tourna son visage vers le désert. ² Et Balaam, levant les yeux, vit Israël campé selon ses tribus; et l'esprit de Dieu fut sur lui. ³ Et il prononça son discours sentencieux, et dit: Oracle de Balaam, fils de Béor, oracle de l'homme qui a l'œil ouvert: ⁴ Oracle de celui qui entend les paroles de Dieu, qui voit la vision du Tout-Puissant, qui se prosterne et dont les y eux sont ouverts: ⁵ Que tes tentes sont belles, ô Jacob! et tes demeures, ô Israël! ⁶ Elles s'étendent comme des vallées, comme des jardins près d'un fleuve, comme des aloès que l'Éternel a plantés, comme des cèdres auprès des eaux. ⁷ L'eau coulera de ses seaux, et sa postérité sera comme de grandes eaux; son roi s'élèvera au-dessus d'Agag, et son royaume sera exalté. ⁸ Dieu l'a fait sortir d'Égypte; il est pour lui comme la vigueur du buffle; il dévorera les nations, ses ennemies; il brisera leurs os, et les frappera de ses flèches. ⁹ Il s'est courbé, il s'est couché comme le lion, comme la lionne: qui le fera lever? Ceux qui te bénissent seront bénis, et ceux qui te maudissent seront maudits! ¹⁰ Alors la colère de Balak s'enflamma contre Balaam, et il frappa des mains; puis Balak dit à Balaam: Je t'ai appelé pour maudire mes ennemis, et voici, tu les as bénis déjà trois fois! ¹¹ Et maintenant, fuis dans ton pays! J'avais dit que je te ferais beaucoup d'honneurs; mais voici, l'Éternel t'a empêché d'être honoré. ¹² Et Balaam répondit à Balak: N'avais-je pas dit aussi aux messagers que tu avais envoyés vers moi: ¹³ Quand Balak me donnerait sa maison pleine d'argent et d'or, je ne pourrais pas transgresser l'ordre de l'Éternel, pour faire du bien ou du mal de moi-même; je dirai ce que l'Éternel dira? ¹⁴ Et maintenant, voici, je m'en vais vers mon peuple. Viens, que je te déclare ce que ce peuple fera à ton peuple dans la suite des temps. ¹⁵ Alors il prononça son discours sentencieux, et dit: Oracle de Balaam, fils de Béor, oracle de l'homme qui a l'œil ouvert; ¹⁶ Oracle de celui qui entend les paroles de Dieu, qui connaît la science du Très-Haut, qui voit la vision du Tout-Puissant, qui se prosterne et dont les yeux sont ouverts. ¹⁷ Je le vois, mais non maintenant; je le contemple, mais non de près; une étoile est sortie de Jacob, et un sceptre s'est élevé d'Israël; il frappera les deux régions de Moab, il détruira tous les enfants du tumulte. ¹⁸ Édom sera possédé, Séir sera possédé par ses ennemis, et Israël agira vaillamment. ¹⁹ Et celui qui vient de Jacob dominera, et extirpera les réchappés des villes. ²⁰ Il vit aussi Amalek. Et il prononça son discours sentencieux, et dit: Amalek est la première des nations; mais son avenir est la perdition. ²¹ Puis il vit les Kéniens. Et il prononça son discours sentencieux, et dit: Ta demeure est solide, et ton nid placé dans le rocher. ²² Toutefois, Kaïn sera ravagé, jusqu'à ce qu'Assur t'emmène en captivité. ²³ Et il prononça encore son discours sentencieux, et dit: Malheur à qui vivra, après que Dieu l'aura établi! ²⁴ Mais des navires viendront du côté de Kittim, et ils humilieront Assur, ils humilieront Héber, et lui aussi sera détruit. ²⁵ Puis Balaam se leva, et s'en alla, et retourna en son pays. Et Balak aussi s'en alla son chemin.

25

¹ Or, Israël demeurait à Sittim; et le peuple commença à se livrer à la fornication avec les filles de Moab. ² Elles convièrent le peuple aux sacrifices de leurs dieux; et le peuple mangea, et se prosterna devant leurs dieux. ³ Et Israël s'attacha à Baal-Peor; et la colère de l'Éternel s'enflamma contre Israël. ⁴ Et l'Éternel dit à Moïse: Prends tous les chefs du peuple, et fais pendre les coupables devant l'Éternel, en face du soleil, afin que l'ardeur de la colère de l'Éternel se détourne d'Israël. ⁵ Moïse dit donc aux juges d'Israël: Que chacun de vous fasse mourir ceux de ses hommes qui se sont attachés à Baal-Peor. ⁶ Et voici, un homme des enfants d'Israël vint et amena à ses frères une Madianite, sous les yeux de Moïse et de toute l'assemblée des enfants d'Israël, comme ils pleuraient à l'entrée du tabernacle d'assignation. ⁷ Et Phinées, fils d'Éléazar, fils d'Aaron, le sacrificateur, le vit, et il se leva du milieu de l'assemblée, et prit une javeline en sa main; ⁸ Et il entra

après l'homme israélite dans la tente, et les transperça tous deux, l'homme israélite et la femme, par le bas-ventre; et la plaie fut arrêtée de dessus les enfants d'Israël. ⁹ Or, il y en eut vingt-quatre mille qui moururent de cette plaie. ¹⁰ Et l'Éternel parla à Moïse, en disant: ¹¹ Phinées, fils d'Éléazar, fils d'Aaron, le sacrificateur, a détourné mon courroux de dessus les enfants d'Israël, parce qu'il a été animé de mon zèle au milieu d'eux; et je n'ai point consumé les enfants d'Israël dans mon indignation. ¹² C'est pourquoi, déclare-lui que je lui donne mon alliance de paix; ¹³ Et ce sera pour lui et pour sa postérité après lui, l'alliance d'un sacerdoce perpétuel, parce qu'il a été zélé pour son Dieu, et qu'il a fait l'expiation pour les enfants d'Israël. ¹⁴ Or l'homme israélite tué, qui fut tué avec la Madianite, s'appelait Zimri, fils de Salu, chef d'une maison de père des Siméonites. ¹⁵ Et le nom de la femme madianite tuée, était Cozbi, fille de Tsur, qui était chef de peuplades d'une maison de père en Madian. ¹⁶ L'Éternel parla aussi à Moïse, en disant: ¹⁷ Traitez en ennemis les Madianites, et tuez-les; ¹⁸ Car ils vous ont traités en ennemis par les ruses qu'ils ont employées contre vous dans l'affaire de Peor, et dans l'affaire de Cozbi, fille d'un chef de Madian, leur sœur, qui a été tuée au jour de la plaie causée par l'affaire de Peor.

26

¹ Or il arriva, après cette plaie, que l'Éternel dit à Moïse et à Éléazar, fils d'Aaron, le sacrificateur: ² Faites le compte de toute l'assemblée des enfants d'Israël, depuis l'âge de vingt ans et au-dessus, selon les maisons de leurs pères, tous ceux d'Israël qui peuvent aller à la guerre. ³ Moïse et Éléazar, le sacrificateur, leur parlèrent donc dans les plaines de Moab, près du Jourdain de Jérico, en disant: ⁴ Qu'on fasse le dénombrement depuis l'âge de vingt ans et au-dessus, comme l'Éternel l'a commandé à Moïse et aux enfants d'Israël, sortis du pays d'Égypte. ⁵ Ruben, premier-né d'Israël. Fils de Ruben: Hénoc; de lui sortit la famille des Hénokites; de Pallu, la famille des Palluites; ⁶ De Hetsron, la famille des Hetsronites; de Carmi, la famille des Carmites. ⁷ Telles sont les familles des Rubénites; et ceux dont on fit le dénombrement furent quarante-trois mille sept cent trente. ⁸ Et les fils de Pallu: Éliab. ⁹ Et les fils d'Éliab: Némuël, Dathan et Abiram. C'est ce Dathan et cet Abiram, convoqués à l'assemblée, qui se soulevèrent contre Moïse et contre Aaron, dans l'assemblée de Coré, quand ils se soulevèrent contre l'Éternel, ¹⁰ Et que la terre ouvrit sa bouche et les engloutit, avec Coré, alors que ceux qui s'étaient assemblés moururent, quand le feu dévora les deux cent cinquante hommes et qu'ils servirent d'exemple. ¹¹ Mais les fils de Coré ne moururent point. ¹² Fils de Siméon, selon leurs familles: de Némuël, la famille des Némuélites; de Jamin, la famille des Jaminites; de Jakin, la famille des Jakinites; ¹³ De Zérach, la famille des Zérachites; de Saül, la famille des Saülites. ¹⁴ Telles sont les familles des Siméonites: vingt-deux mille deux cents. ¹⁵ Fils de Gad, selon leurs familles: de Tséphon, la famille des Tséphonites; de Haggi, la famille des Haggites; de Shuni, la famille des Shunites; ¹⁶ D'Ozni, la famille des Oznites; d'Éri, la famille des Érites; ¹⁷ D'Arod, la famille des Arodites; d'Aréli, la famille des Arélites. ¹⁸ Telles sont les familles des fils de Gad, selon leur dénombrement: quarante mille cinq cents. ¹⁹ Fils de Juda: Er et Onan; mais Er et Onan moururent au pays de Canaan. ²⁰ Les fils de Juda, selon leurs familles, furent: de Shéla, la famille des Shélanites; de Pharets, la famille des Phartsites; de Zérach, la famille des Zérachites. ²¹ Et les fils de Pharets furent: de Hetsron, la famille des Hetsronites; et de Hamul, la famille des Hamulites. ²² Telles sont les familles de Juda, selon leur dénombrement: soixante et seize mille cinq cents. ²³ Fils d'Issacar, selon leurs familles: de Thola, la famille des Tholaïtes; de Puva, la famille des Puvites; ²⁴ De Jashub, la famille des Jashubites; de Shimron, la famille des Shimronites. ²⁵ Telles sont les familles d'Issacar, selon leur

dénombrement: soixante-quatre mille trois cents. [26] Fils de Zabulon, selon leurs familles: de Séred, la famille des Sardites; d'Élon, la famille des Élonites; de Jahléel, la famille des Jahléélites. [27] Telles sont les familles des Zabulonites, selon leur dénombrement: soixante mille cinq cents. [28] Fils de Joseph, selon leurs familles: Manassé et Éphraïm. [29] Fils de Manassé: de Makir, la famille des Makirites; et Makir engendra Galaad; de Galaad, la famille des Galaadites. [30] Voici les fils de Galaad: de Jézer, la famille des Jézerites; de Hélek, la famille des Helkites; [31] D'Asriel, la famille des Asriélites; de Sichem, la famille des Sichémites; [32] De Shémida, la famille des Shémidaïtes; de Hépher, la famille des Héphrites. [33] Or, Tselophcad, fils de Hépher, n'eut point de fils, mais des filles. Et les noms des filles de Tselophcad étaient: Machla, Noa, Hogla, Milca et Thirtsa. [34] Telles sont les familles de Manassé, et leur dénombrement fut de cinquante-deux mille sept cents.

[35] Voici les fils d'Éphraïm, selon leurs familles: de Shuthélach, la famille des Shuthélachites; de Béker, la famille des Bakrites; de Thachan, la famille des Thachanites. [36] Et voici les fils de Shuthélach: d'Éran, la famille des Éranites. [37] Telles sont les familles des fils d'Éphraïm, selon leur dénombrement: trente-deux mille cinq cents. Ce sont là les fils de Joseph, selon leurs familles. [38] Fils de Benjamin, selon leurs familles: de Béla, la famille des Balites; d'Ashbel, la famille des Ashbélites; d'Achiram, la famille des Achiramites; [39] De Shéphupham, la famille des Shuphamites; de Hupham, la famille des Huphamites. [40] Les fils de Béla furent Ard et Naaman; d'Ard, la famille des Ardites; de Naaman, la famille des Naamites. [41] Tels sont les fils de Benjamin, selon leurs familles; et leur dénombrement fut de quarante-cinq mille six cents. [42] Voici les fils de Dan, selon leurs familles: de Shucham, la famille des Shuchamites. Ce sont là les familles de Dan, selon leurs familles; [43] Toutes les familles des Shuchamites, selon leur dénombrement, furent soixante-quatre mille quatre cents. [44] Fils d'Asser, selon leurs familles: de Jimma, la famille des Jimmites; de Jishvi, la famille des Jishvites; de Beria, la famille des Beriites. [45] Des fils de Beria: de Héber, la famille des Hébrites; de Malkiel, la famille des Malkiélites. [46] Et le nom de la fille d'Asser, était Sérach. [47] Telles sont les familles des fils d'Asser, selon leur dénombrement: cinquante-trois mille quatre cents. [48] Fils de Nephthali, selon leurs familles: de Jahtseel, la famille des Jahtséelites; de Guni, la famille des Gunites; [49] De Jetser, la famille des Jitsrites; de Shillem, la famille des Shillémites. [50] Telles sont les familles de Nephthali, selon leurs familles; et leur dénombrement fut de quarante-cinq mille quatre cents. [51] Tels sont ceux des enfants d'Israël dont on fit le dénombrement: six cent un mille sept cent trente. [52] Et l'Éternel parla à Moïse, en disant: [53] Le pays sera partagé entre ceux-ci en héritage, selon le nombre des noms; [54] A ceux qui sont en grand nombre, tu donneras plus d'héritage, et à ceux qui sont en petit nombre, tu donneras moins d'héritage; on donnera à chacun son héritage en proportion de son recensement. [55] Mais le pays sera partagé par le sort; ils recevront leur héritage selon les noms des tribus de leurs pères. [56] L'héritage de chacun sera déterminé par le sort, en ayant égard au grand nombre ou au petit nombre. [57] Voici les Lévites dont on fit le dénombrement, selon leurs familles: de Guershon, la famille des Guershonites; de Kéhath, la famille des Kéhathites; de Mérari, la famille des Mérarites. [58] Voici les familles de Lévi: la famille des Libnites, la famille des Hébronites, la famille des Machlites, la famille des Mushites, la famille des Corhites. Or Kéhath engendra Amram. [59] Et le nom de la femme d'Amram était Jokébed, fille de Lévi, qui naquit à Lévi en Égypte; elle enfanta à Amram, Aaron, Moïse et Marie leur sœur. [60] Et à Aaron, naquirent Nadab et Abihu, Éléazar et Ithamar. [61] Mais Nadab et Abihu moururent en offrant un feu étranger devant l'Éternel. [62] Or ceux des Lévites qu'on dénombra furent vingt-trois mille, tous mâles, depuis l'âge d'un mois et au-dessus; car ils ne furent point dénombrés avec les enfants d'Israël, parce qu'il ne leur fut point donné d'héritage au milieu des enfants d'Israël. [63] Tel est le dénombrement

fait par Moïse et Éléazar; le sacrificateur, qui dénombrèrent les enfants d'Israël dans les campagnes de Moab, près du Jourdain de Jérico; [64] Et parmi ceux-ci il n'y avait aucun de ceux qui avaient été dénombrés par Moïse et Aaron, le sacrificateur, quand ils firent le dénombrement des enfants d'Israël au désert de Sinaï; [65] Car l'Éternel avait dit d'eux: Ils mourront dans le désert; et il n'en resta pas un, excepté Caleb, fils de Jephunné, et Josué, fils de Nun.

27

[1] Les filles de Tsélophcad, fils de Hépher, fils de Galaad, fils de Makir, fils de Manassé, des familles de Manassé, fils de Joseph, s'approchèrent; et voici les noms de ses filles: Machla, Noa, Hogla, Milca, et Thirtsa. [2] Elles se présentèrent donc devant Moïse, devant Éléazar, le sacrificateur, et devant les principaux et toute l'assemblée, à l'entrée du tabernacle d'assignation, et elles dirent: [3] Notre père est mort dans le désert; mais il n'était point dans l'assemblée de ceux qui se réunirent contre l'Éternel, dans l'assemblée de Coré; mais il est mort pour son péché, et il n'avait point de fils. [4] Pourquoi le nom de notre père serait-il retranché du milieu de sa famille, parce qu'il n'a point eu de fils? Donne-nous une possession parmi les frères de notre père. [5] Alors Moïse porta leur cause devant l'Éternel. [6] Et l'Éternel parla à Moïse, en disant: [7] Les filles de Tsélophcad ont raison. Tu leur donneras la possession d'un héritage au milieu des frères de leur père, et c'est à elles que tu feras passer l'héritage de leur père. [8] Tu parleras aussi aux enfants d'Israël, en disant: Lorsqu'un homme mourra, sans avoir de fils, vous ferez passer son héritage à sa fille. [9] Que s'il n'a point de fille, vous donnerez son héritage à ses frères. [10] Et s'il n'a point de frères, vous donnerez son héritage aux frères de son père. [11] Que si son père n'a point de frères, vous donnerez son héritage à son parent, le plus proche de sa famille, et il le possédera; et ce sera pour les enfants d'Israël une ordonnance de droit, comme l'Éternel l'a commandé à Moïse. [12] Puis l'Éternel dit à Moïse: Monte sur cette montagne d'Abarim, et regarde le pays que j'ai donné aux enfants d'Israël. [13] Tu le regarderas; puis tu seras, toi aussi, recueilli vers tes peuples, comme a été recueilli Aaron, ton frère. [14] Parce que vous avez été rebelles à mon commandement au désert de Tsin, lors de la contestation de l'assemblée, et que vous ne m'avez point sanctifié au sujet des eaux, devant eux. Ce sont les eaux de la contestation de Kadès, au désert de Tsin. [15] Or Moïse parla à l'Éternel, en disant: [16] Que l'Éternel, le Dieu des esprits de toute chair, établisse sur l'assemblée un homme qui sorte et entre devant eux, [17] Et qui les fasse sortir et entrer, afin que l'assemblée de l'Éternel ne soit pas comme des brebis qui n'ont point de berger. [18] Alors l'Éternel dit à Moïse: Prends Josué, fils de Nun, homme en qui l'Esprit réside; et tu poseras ta main sur lui; [19] Et tu le présenteras devant Éléazar, le sacrificateur, et devant toute l'assemblée; et tu lui donneras des instructions en leur présence; [20] Et tu lui feras part de ton autorité, afin que toute l'assemblée des enfants d'Israël l'écoute. [21] Et il se présentera devant Éléazar, le sacrificateur, qui consultera pour lui par le jugement de l'Urim devant l'Éternel; et sur le commandement d'Éléazar, ils sortiront, et sur son commandement ils entreront, lui et tous les enfants d'Israël avec lui, et toute l'assemblée. [22] Moïse fit donc comme l'Éternel lui avait commandé; il prit Josué, et le plaça devant Éléazar, le sacrificateur, et devant toute l'assemblée. [23] Puis il lui imposa les mains et lui donna ses instructions, comme l'Éternel l'avait dit par Moïse.

28

[1] L'Éternel parla encore à Moïse, en disant: [2] Commande aux enfants d'Israël, et dis-leur: Vous aurez soin de m'offrir, en son temps, mon offrande, ma nourriture, pour mes sacrifices faits par le feu, qui me sont d'une agréable odeur. [3] Tu leur diras donc:

Voici le sacrifice fait par le feu, que vous offrirez à l'Éternel: Deux agneaux d'un an, sans défaut, tous les jours, en holocauste continuel. [4] Tu sacrifieras l'un des agneaux le matin, et l'autre agneau entre les deux soirs; [5] Avec le dixième d'un épha de fine farine pour l'oblation, pétrie avec le quart d'un hin d'huile d'olives broyées. [6] C'est l'holocauste continuel établi au mont Sinaï, en agréable odeur; c'est un sacrifice fait par le feu à l'Éternel. [7] Et la libation sera d'un quart de hin pour chaque agneau. Et tu feras dans le lieu saint la libation de vin à l'Éternel. [8] Et tu sacrifieras l'autre agneau entre les deux soirs; tu feras la même oblation que le matin, et la même libation; c'est un sacrifice fait par le feu, en agréable odeur à l'Éternel. [9] Mais le jour du sabbat vous offrirez deux agneaux d'un an, sans défaut, et deux dixièmes de fine farine pétrie à l'huile, pour l'offrande avec sa libation. [10] C'est l'holocauste du sabbat, pour chaque sabbat, outre l'holocauste continuel et sa libation. [11] Au commencement de vos mois, vous offrirez en holocauste à l'Éternel deux jeunes taureaux, un bélier, et sept agneaux d'un an sans défaut; [12] Et trois dixièmes de fine farine pétrie à l'huile, pour l'offrande, pour chaque taureau; et deux dixièmes de fine farine pétrie à l'huile pour l'offrande, pour le bélier; [13] Et un dixième de fine farine pétrie à l'huile, pour l'offrande, pour chaque agneau. C'est un holocauste d'agréable odeur, un sacrifice fait par le feu à l'Éternel. [14] Et leurs libations seront de la moitié d'un hin de vin par taureau, d'un tiers de hin pour un bélier, et d'un quart de hin par agneau. C'est l'holocauste du commencement du mois, pour tous les mois de l'année. [15] On offrira aussi à l'Éternel un bouc en sacrifice pour le péché, outre l'holocauste continuel, et sa libation. [16] Et au quatorzième jour du premier mois, on célébrera la Pâque à l'Éternel. [17] Et au quinzième jour du même mois, il y aura une fête; pendant sept jours on mangera des pains sans levain. [18] Au premier jour, il y aura une sainte convocation; vous ne ferez aucune œuvre servile; [19] Et vous offrirez en sacrifice fait par le feu, en holocauste à l'Éternel, deux jeunes taureaux, un bélier, et sept agneaux d'un an, qui seront sans défaut; [20] Leur oblation sera de fine farine pétrie à l'huile; vous en offrirez trois dixièmes pour un taureau, et deux dixièmes pour le bélier. [21] Tu en offriras un dixième pour chacun des sept agneaux; [22] Et un bouc en sacrifice pour le péché, afin de faire l'expiation pour vous. [23] Vous offrirez ces choses outre l'holocauste du matin, qui est un holocauste continuel. [24] Vous en offrirez autant chaque jour, pendant sept jours, comme aliment d'un sacrifice fait par le feu, d'agréable odeur à l'Éternel. On l'offrira, outre l'holocauste continuel, avec son aspersion. [25] Et au septième jour vous aurez une sainte convocation; vous ne ferez aucune œuvre servile. [26] Et au jour des premiers fruits, quand vous offrirez l'oblation nouvelle à l'Éternel, dans votre fête des semaines, vous aurez une sainte convocation; vous ne ferez aucune œuvre servile; [27] Et vous offrirez en holocauste, en agréable odeur à l'Éternel, deux jeunes taureaux, un bélier et sept agneaux d'un an; [28] Et leur oblation sera de fine farine pétrie à l'huile, trois dixièmes pour chaque taureau, deux dixièmes pour chaque bélier, [29] Un dixième pour chacun des sept agneaux; [30] Vous offrirez aussi un bouc afin de faire l'expiation pour vous. [31] Vous les offrirez, outre l'holocauste continuel et son offrande; ils seront sans défaut, avec leurs libations.

29

[1] Et le premier jour du septième mois, vous aurez une sainte convocation; vous ne ferez aucune œuvre servile; ce sera pour vous un jour où l'on sonnera de la trompette. [2] Et vous offrirez en holocauste, en agréable odeur à l'Éternel, un jeune taureau, un bélier, et sept agneaux d'un an sans défaut, [3] Et leur oblation de fine farine pétrie à l'huile, trois dixièmes pour le taureau, deux dixièmes pour le bélier; [4] Et un dixième pour chacun des

sept agneaux; [5] Et un bouc en sacrifice pour le péché, afin de faire l'expiation pour vous; [6] Outre l'holocauste du commencement du mois, et son oblation, l'holocauste continuel et son offrande, et leurs libations, selon l'ordonnance. Vous les offrirez en sacrifice d'agréable odeur, fait par le feu à l'Éternel. [7] Et au dixième jour de ce septième mois, vous aurez une sainte convocation, et vous humilierez vos âmes; vous ne ferez aucune œuvre. [8] Et vous offrirez en holocauste d'agréable odeur à l'Éternel, un jeune taureau, un bélier et sept agneaux d'un an, qui seront sans défaut; [9] Et leur oblation sera de fine farine pétrie à l'huile, trois dixièmes pour le taureau, deux dixièmes pour le bélier, [10] Un dixième pour chacun des sept agneaux. [11] Vous offrirez aussi un bouc en sacrifice pour le péché; outre le sacrifice pour le péché, qu'on offre le jour des expiations, et l'holocauste continuel et son oblation, et leurs libations. [12] Et au quinzième jour du septième mois, vous aurez une sainte convocation; vous ne ferez aucune œuvre servile; mais vous célébrerez une fête à l'Éternel pendant sept jours. [13] Et vous offrirez en holocauste, en sacrifice fait par le feu, en agréable odeur à l'Éternel, treize jeunes taureaux, deux béliers, et quatorze agneaux d'un an, qui seront sans défaut; [14] Et leur oblation sera de fine farine pétrie à l'huile, trois dixièmes pour chacun des treize taureaux, deux dixièmes pour chacun des deux béliers, [15] Et un dixième pour chacun des quatorze agneaux; [16] Vous offrirez aussi un bouc en sacrifice pour le péché; outre l'holocauste continuel, son oblation et sa libation. [17] Et au second jour, vous offrirez douze jeunes taureaux, deux béliers, quatorze agneaux d'un an, sans défaut, [18] Avec l'oblation et les libations pour les taureaux, pour les béliers et pour les agneaux, d'après leur nombre, selon les prescriptions; [19] Et un bouc en sacrifice pour le péché, outre l'holocauste continuel, et son oblation, et leurs libations. [20] Et au troisième jour, vous offrirez onze taureaux, deux béliers, quatorze agneaux d'un an, sans défaut, [21] Avec l'oblation et les libations pour les taureaux, pour les béliers et pour les agneaux, d'après leur nombre, selon les prescriptions; [22] Et un bouc en sacrifice pour le péché; outre l'holocauste continuel, son oblation et sa libation. [23] Et au quatrième jour, vous offrirez dix taureaux, deux béliers, quatorze agneaux d'un an, sans défaut, [24] L'oblation et les libations pour les taureaux, pour les béliers et pour les agneaux, d'après leur nombre, selon les prescriptions; [25] Et un bouc en sacrifice pour le péché; outre l'holocauste continuel, son oblation et sa libation. [26] Et au cinquième jour, vous offrirez neuf taureaux, deux béliers, quatorze agneaux d'un an, sans défaut, [27] Avec l'oblation et les libations pour les taureaux, pour les béliers et pour les agneaux, d'après leur nombre, selon les prescriptions; [28] Et un bouc en sacrifice pour le péché; outre l'holocauste continuel, son oblation et sa libation. [29] Et au sixième jour, vous offrirez huit taureaux, deux béliers, quatorze agneaux d'un an, sans défaut, [30] Avec l'oblation et les libations pour les taureaux, pour les béliers et pour les agneaux, d'après leur nombre, selon les prescriptions; [31] Et un bouc en sacrifice pour le péché; outre l'holocauste continuel, son oblation et sa libation. [32] Et au septième jour, vous offrirez sept taureaux, deux béliers, quatorze agneaux sans défaut, [33] Avec l'oblation et les libations, pour les taureaux, pour les béliers et pour les agneaux, d'après leur nombre, selon les prescriptions qui les concernent; [34] Et un bouc en sacrifice pour le péché; outre l'holocauste continuel, son oblation et sa libation. [35] Le huitième jour, vous aurez une assemblée solennelle; vous ne ferez aucune œuvre servile; [36] Et vous offrirez en holocauste, en sacrifice fait par le feu, d'agréable odeur à l'Éternel, un taureau, un bélier, sept agneaux d'un an, sans défaut, [37] Avec l'oblation et les libations pour le taureau, pour le bélier et pour les agneaux, d'après leur nombre, selon les prescriptions; [38] Et un bouc en sacrifice pour le péché; outre l'holocauste continuel, son oblation et sa libation. [39] Tels sont les sacrifices que vous offrirez à l'Éternel, dans vos solennités, outre vos vœux et vos offrandes volontaires, pour vos holocaustes, vos oblations, vos libations, et pour vos sacrifices de prospérités. [40] Or Moïse dit aux enfants d'Israël tout ce que l'Éternel lui avait commandé.

30

[1] Moïse parla aussi aux chefs des tribus des enfants d'Israël, en disant: Voici ce que l'Éternel a commandé: [2] Quand un homme aura fait un vœu à l'Éternel, ou se sera par serment imposé une obligation à lui-même, il ne violera point sa parole; il fera selon tout ce qui est sorti de sa bouche. [3] Mais quand une femme aura fait un vœu à l'Éternel, et qu'elle se sera imposé une obligation, en sa jeunesse, dans la maison de son père; [4] Et que son père aura entendu son vœu et l'obligation qu'elle s'est imposée à elle-même, et ne lui aura rien dit, tous ses vœux seront valables, et toute obligation qu'elle se sera imposée sera valable; [5] Mais si son père la désavoue le jour où il l'a entendue, tous ses vœux et toutes les obligations qu'elle s'est imposés à elle-même, seront nuls, et l'Éternel lui pardonnera; car son père l'a désavouée. [6] Si elle est mariée, et qu'elle soit engagée par des vœux ou par quelque parole échappée de ses lèvres, par laquelle elle se soit imposé une obligation à elle-même, [7] Si son mari l'a entendue, et que le jour où il l'a entendue, il ne lui en dise rien, ses vœux seront valables, et les obligations qu'elle se sera imposées à elle-même seront valables; [8] Mais si, au jour que son mari l'apprend, il la désavoue, il annulera le vœu par lequel elle s'était engagée et la parole échappée de ses lèvres, par laquelle elle s'était imposé une obligation à elle-même; et l'Éternel lui pardonnera. [9] Mais le vœu d'une veuve ou d'une répudiée, tout ce à quoi elle se sera obligée, sera valable pour elle. [10] Si c'est donc dans la maison de son mari qu'une femme a fait un vœu, ou qu'elle s'est imposé une obligation par serment, [11] Et que son mari l'ait entendue, et ne lui en ait rien dit, et ne l'ait point désavouée, tous ses vœux seront valables, et tout ce à quoi elle se sera obligée sera valable; [12] Mais si son mari les annule le jour qu'il les a entendus, tout ce qui est sorti de ses lèvres relativement à ses vœux et à l'obligation dont elle s'était liée, sera nul; son mari les a annulés, et l'Éternel lui pardonnera. [13] Son mari pourra ratifier et son mari pourra annuler tout vœu et tout serment par lequel elle se sera obligée à affliger son âme. [14] Si son mari ne lui en a rien dit, d'un jour à l'autre, il aura ratifié tous ses vœux ou toutes ses obligations; il les aura ratifiés, parce qu'il ne lui en a rien dit au jour qu'il les a entendus. [15] Mais s'il les annule quelque temps après les avoir entendus, il portera la peine du péché de sa femme. [16] Telles sont les ordonnances que l'Éternel commanda à Moïse, entre un mari et sa femme, entre un père et sa fille, quand elle est encore dans la maison de son père, en sa jeunesse.

31

[1] L'Éternel parla encore à Moïse, en disant: [2] Venge les enfants d'Israël des Madianites; puis tu seras recueilli vers tes peuples. [3] Moïse parla donc au peuple, en disant: Équipez d'entre vous des hommes pour la guerre; et qu'ils attaquent Madian, pour exécuter la vengeance de l'Éternel sur Madian. [4] Vous enverrez à la guerre mille hommes par tribu, de toutes les tribus d'Israël. [5] On leva donc, d'entre les milliers d'Israël, mille hommes par tribu, douze mille hommes équipés pour la guerre. [6] Et Moïse les envoya à la guerre, mille par tribu, avec Phinées, fils d'Éléazar, le sacrificateur, qui avait les instruments sacrés, les trompettes éclatantes en sa main. [7] Ils firent donc la guerre contre Madian, comme l'Éternel l'avait commandé à Moïse, et ils tuèrent tous les mâles. [8] Ils tuèrent aussi les rois de Madian, outre les autres qui furent tués: Évi, Rékem, Tsur, Hur et Réba, cinq rois de Madian; ils tuèrent aussi par l'épée Balaam, fils de Béor. [9] Et les enfants d'Israël emmenèrent prisonnières les femmes de Madian et leurs petits enfants; et ils pillèrent tout leur bétail, tous leurs troupeaux, et tous leurs biens. [10] Et ils brûlèrent toutes leurs

villes, avec leurs habitations, et tous leurs bourgs; ¹¹ Et ils prirent toutes les dépouilles, et tout le butin, en hommes et en bétail; ¹² Et ils amenèrent les prisonniers, les dépouilles et le butin, à Moïse, à Éléazar, le sacrificateur, et à l'assemblée des enfants d'Israël, au camp, dans les plaines de Moab, qui sont près du Jourdain de Jérico. ¹³ Alors Moïse, Éléazar, le sacrificateur, et tous les principaux de l'assemblée, sortirent à leur rencontre hors du camp. ¹⁴ Et Moïse s'irrita contre les capitaines de l'armée, les chefs de milliers, et les chefs de centaines qui revenaient de cette expédition guerrière. ¹⁵ Et Moïse leur dit: Vous avez laissé la vie à toutes les femmes? ¹⁶ Voici, ce sont elles qui, d'après la parole de Balaam, ont donné occasion aux enfants d'Israël de commettre un crime contre l'Éternel dans l'affaire de Peor, ce qui attira la plaie sur l'assemblée de l'Éternel. ¹⁷ Maintenant donc tuez tout mâle parmi les petits enfants, et tuez toute femme qui aura eu compagnie d'homme; ¹⁸ Mais laissez vivre, pour vous, toutes les jeunes filles qui n'ont point eu compagnie d'homme. ¹⁹ Quant à vous, campez sept jours hors du camp. Quiconque a tué quelqu'un, et quiconque a touché quelqu'un de tué, qu'il se purifie le troisième jour et le septième jour, lui et ses prisonniers. ²⁰ Vous purifierez aussi tout vêtement, tout objet de peau, tout ouvrage en poil de chèvre, et tout ustensile de bois. ²¹ Et Éléazar, le sacrificateur, dit aux hommes de l'armée qui étaient allés à la guerre: Voici l'ordonnance de la loi que l'Éternel a commandée à Moïse. ²² L'or, l'argent, l'airain, le fer, l'étain, et le plomb, tout ce qui peut aller au feu, ²³ Vous le ferez passer par le feu, et il sera pur; toutefois on le purifiera avec l'eau de purification. Mais tout ce qui ne va pas au feu, vous le ferez passer dans l'eau. ²⁴ Vous laverez aussi vos vêtements le septième jour, et vous serez purs; ensuite, vous entrerez au camp. ²⁵ L'Éternel parla encore à Moïse, en disant: ²⁶ Fais le compte du butin qu'on a emmené, en personnes et en bétail, toi, Éléazar le sacrificateur, et les chefs des maisons des pères de l'assemblée; ²⁷ Et partage le butin entre les combattants qui sont allés à la guerre et toute l'assemblée. ²⁸ Et tu prélèveras sur les gens de guerre qui sont allés à la bataille, un tribut pour l'Éternel, un sur cinq cents, tant des personnes, que des bœufs, des ânes et des brebis. ²⁹ Vous le prendrez sur leur moitié, et tu le donneras à Éléazar, le sacrificateur, en offrande à l'Éternel. ³⁰ Et de la moitié échue aux enfants d'Israël, tu mettras à part un sur cinquante, tant des personnes, que des bœufs, des ânes et des brebis, et de tout le bétail, et tu le donneras aux Lévites, qui ont la garde de la Demeure de l'Éternel. ³¹ Et Moïse et Éléazar, le sacrificateur, firent comme l'Éternel avait commandé à Moïse. ³² Or le butin, reste du pillage que le peuple qui était allé à la guerre avait fait, était de six cent soixante et quinze mille brebis, ³³ De soixante et douze mille bœufs, ³⁴ De soixante et un mille ânes. ³⁵ Quant aux femmes qui n'avaient point eu compagnie d'homme, elles étaient en tout trente-deux mille âmes. ³⁶ La moitié, la part de ceux qui étaient allés à la guerre, fut de trois cent trente-sept mille cinq cents brebis, ³⁷ Dont le tribut pour l'Éternel fut de six cent soixante-quinze; ³⁸ Et trente-six mille bœufs, dont le tribut pour l'Éternel fut de soixante et douze; ³⁹ Et trente mille cinq cents ânes, dont le tribut pour l'Éternel fut de soixante et un; ⁴⁰ Et seize mille personnes, dont le tribut pour l'Éternel fut de trente-deux personnes. ⁴¹ Or Moïse donna à Éléazar, le sacrificateur, le tribut de l'offrande à l'Éternel, comme l'Éternel le lui avait commandé. ⁴² Puis, de la moitié appartenant aux enfants d'Israël, que Moïse avait séparée de celle des hommes qui étaient allés à la guerre, ⁴³ (Or, cette moitié échue à l'assemblée était de trois cent trente-sept mille cinq cents brebis, ⁴⁴ Trente-six mille bœufs, ⁴⁵ Trente mille cinq cents ânes, ⁴⁶ Et seize mille personnes), ⁴⁷ De cette moitié, appartenant aux enfants d'Israël, Moïse en mit à part un sur cinquante, tant des personnes que du bétail, et il les donna aux Lévites qui avaient charge de garder la

Demeure de l'Éternel, comme l'Éternel le lui avait commandé. [48] Et les capitaines des milliers de l'armée, les chefs de milliers et les chefs de centaines, s'approchèrent de Moïse, [49] Et lui dirent: Tes serviteurs ont fait le compte des gens de guerre qui étaient sous nos ordres, et il n'en manque pas un seul. [50] Et nous avons apporté comme offrande à l'Éternel, chacun ce qu'il a trouvé d'objets d'or, chaînettes, bracelets, anneaux, pendants d'oreilles et colliers, afin de faire l'expiation pour nos personnes devant l'Éternel. [51] Alors Moïse et Éléazar, le sacrificateur, reçurent d'eux l'or et tous les joyaux travaillés. [52] Et tout l'or de l'offrande qu'on préleva pour l'Éternel, de la part des chefs de milliers et des chefs de centaines, fut de seize mille sept cent cinquante sicles. [53] Or les gens de l'armée avaient pillé chacun pour soi. [54] Moïse et Éléazar, le sacrificateur, prirent donc l'or des chefs de milliers et de centaines, et le portèrent au tabernacle d'assignation, comme mémorial pour les enfants d'Israël, devant l'Éternel.

32

[1] Or les enfants de Ruben et les enfants de Gad avaient des troupeaux nombreux, considérables; et ils virent le pays de Jazer et le pays de Galaad, et voici, ce lieu était un lieu propre pour le bétail. [2] Et les enfants de Gad et les enfants de Ruben vinrent, et parlèrent à Moïse, à Éléazar, le sacrificateur, et aux principaux de l'assemblée, en disant: [3] Ataroth, Dibon, Jazer, Nimra, Hesbon, Élealé, Sebam, Nébo et Beon, [4] Ce pays, que l'Éternel a frappé devant l'assemblée d'Israël, est un pays propre pour les troupeaux, et tes serviteurs ont des troupeaux. [5] Ils dirent donc: Si nous avons trouvé grâce à tes yeux, que ce pays soit donné en possession à tes serviteurs; ne nous fais point passer le Jourdain. [6] Mais Moïse répondit aux enfants de Gad et aux enfants de Ruben: Vos frères iront-ils à la guerre, tandis que vous, vous demeurerez ici? [7] Pourquoi détourneriez-vous le cœur des enfants d'Israël de passer au pays que l'Éternel leur a donné? [8] C'est ainsi que firent vos pères, quand je les envoyai de Kadès-Barnéa pour examiner le pays. [9] Car ils montèrent jusqu'au torrent d'Eshcol, et virent le pays; et ils détournèrent le cœur des enfants d'Israël, pour ne point entrer au pays que l'Éternel leur avait donné. [10] Et la colère de l'Éternel s'enflamma en ce jour-là, et il fit ce serment et dit: [11] Les hommes qui sont montés d'Égypte, depuis l'âge de vingt ans et au-dessus, ne verront jamais le pays que j'ai juré de donner à Abraham, à Isaac et à Jacob, car ils n'ont pas pleinement marché après moi; [12] Excepté Caleb, fils de Jéphunné, le Kenizien, et Josué, fils de Nun, car ils ont suivi pleinement l'Éternel. [13] Ainsi la colère de l'Éternel s'enflamma contre Israël; et il les fit errer dans le désert, quarante ans, jusqu'à ce que toute la génération qui avait fait ce qui est mauvais aux yeux de l'Éternel, eût été consumée. [14] Et voici, vous vous êtes levés à la place de vos pères, comme une race d'hommes pécheurs, pour augmenter encore l'ardeur de la colère de l'Éternel contre Israël. [15] Car si vous vous détournez de lui, il continuera encore à laisser ce peuple dans le désert, et vous le ferez périr tout entier. [16] Mais ils s'approchèrent de Moïse, et dirent: Nous bâtirons ici des parcs pour nos troupeaux, et des villes pour nos petits enfants; [17] Puis nous nous équiperons promptement pour marcher devant les enfants d'Israël, jusqu'à ce que nous les ayons fait entrer dans leur lieu; mais nos petits enfants demeureront dans les villes fortes, à cause des habitants du pays. [18] Nous ne retournerons point dans nos maisons, que chacun des enfants d'Israël n'ait pris possession de son héritage; [19] Et nous ne posséderons rien avec eux au delà du Jourdain ni plus loin, parce que notre héritage nous sera échu de ce côté-ci du Jourdain, à l'Orient. [20] Et Moïse leur dit: Si vous faites cela, si vous vous équipez pour aller au combat devant l'Éternel, [21] Et que chacun de vous passe, équipé, le

Jourdain devant l'Éternel, jusqu'à ce qu'il ait chassé ses ennemis de devant lui, ²² Et que le pays soit soumis devant l'Éternel; et qu'ensuite vous vous en retourniez; alors vous serez innocents envers l'Éternel et envers Israël, et ce pays vous appartiendra pour le posséder devant l'Éternel. ²³ Mais si vous n'agissez pas ainsi, voici, vous aurez péché contre l'Éternel, et sachez que votre péché vous trouvera. ²⁴ Bâtissez donc des villes pour vos petits enfants, et des parcs pour vos troupeaux, et faites ce que vous avez dit. ²⁵ Alors les enfants de Gad et les enfants de Ruben parlèrent à Moïse, en disant: Tes serviteurs feront ce que mon seigneur commande. ²⁶ Nos petits enfants, nos femmes, nos troupeaux et tout notre bétail demeureront ici dans les villes de Galaad; ²⁷ Et tes serviteurs passeront, tous équipés pour la guerre, devant l'Éternel, prêts à combattre, comme mon seigneur l'a dit. ²⁸ Alors Moïse donna des ordres à leur égard à Éléazar, le sacrificateur, à Josué, fils de Nun, et aux chefs de famille des tribus des enfants d'Israël. ²⁹ Et Moïse leur dit: Si les enfants de Gad et les enfants de Ruben passent avec vous le Jourdain, tous équipés pour le combat devant l'Éternel, et que le pays soit soumis devant vous, vous leur donnerez en possession le pays de Galaad; ³⁰ Mais s'ils ne passent point en armes avec vous, ils auront leur possession parmi vous au pays de Canaan. ³¹ Et les enfants de Gad et les enfants de Ruben répondirent, en disant: Nous ferons ce que l'Éternel a dit à tes serviteurs; ³² Nous passerons en armes devant l'Éternel au pays de Canaan; mais nous posséderons pour notre héritage ce qui est de ce côté-ci du Jourdain. ³³ Ainsi Moïse donna aux enfants de Gad et aux enfants de Ruben, et à la moitié de la tribu de Manassé, fils de Joseph, le royaume de Sihon, roi des Amoréens, et le royaume d'Og, roi de Bassan, le pays avec ses villes, avec les territoires des villes du pays tout autour. ³⁴ Alors les enfants de Gad bâtirent Dibon, Ataroth, Aroër, ³⁵ Atroth-Shophan, Jaezer, Jogbeha, ³⁶ Beth-Nimra, et Beth-Haran, villes fortes. Ils firent aussi des parcs pour leurs troupeaux. ³⁷ Et les enfants de Ruben bâtirent Hesbon, Elealé, Kirjathaïm, ³⁸ Nébo, et Baal-Meon, dont les noms furent changés, et Sibma; et ils donnèrent des noms aux villes qu'ils bâtirent. ³⁹ Or, les enfants de Makir, fils de Manassé, allèrent en Galaad, et s'en emparèrent, et dépossédèrent les Amoréens qui y étaient. ⁴⁰ Moïse donna donc Galaad à Makir, fils de Manassé, qui y habita. ⁴¹ Et Jaïr, fils de Manassé, alla et prit leurs bourgs, et les appela bourgs de Jaïr. ⁴² Et Nobach alla et prit Kenath avec les villes de son ressort, et l'appela Nobach d'après son nom.

33

¹ Voici les étapes des enfants d'Israël, qui sortirent du pays d'Égypte, selon leurs armées, sous la conduite de Moïse et d'Aaron. ² Or Moïse écrivit leurs marches selon leurs étapes, sur le commandement de l'Éternel. Voici donc leurs étapes, selon leurs marches. ³ Les enfants d'Israël partirent de Ramsès le premier mois, au quinzième jour du premier mois, le lendemain de la Pâque; ils sortirent à main levée, à la vue de tous les Égyptiens. ⁴ Et les Égyptiens ensevelissaient ceux que l'Éternel avait frappés parmi eux, tous les premiers-nés; l'Éternel avait même exercé des jugements sur leurs dieux. ⁵ Et les enfants d'Israël partirent de Ramsès, et campèrent à Succoth. ⁶ Ils partirent de Succoth, et campèrent à Étham, qui est au bout du désert. ⁷ Puis ils partirent d'Étham, se détournèrent vers Pi-Hahiroth, qui est en face de Baal-Tsephon, et campèrent devant Migdol. ⁸ Et ils partirent de devant Pi-Hahiroth, passèrent au milieu de la mer, vers le désert, allèrent trois jours de chemin par le désert d'Étham, et campèrent à Mara. ⁹ Puis ils partirent de Mara et vinrent à Élim; or il y avait à Élim douze sources d'eaux et soixante-dix palmiers; et ils y campèrent. ¹⁰ Ils partirent d'Élim, et campèrent près de la mer Rouge. ¹¹ Puis ils partirent de la mer Rouge, et campèrent au désert de Sin. ¹² Et ils partirent du désert de

Sin, et campèrent à Dophka. ¹³ Et ils partirent de Dophka, et campèrent à Alush. ¹⁴ Et ils partirent d'Alush, et campèrent à Rephidim, où il n'y avait point d'eau à boire pour le peuple. ¹⁵ Et ils partirent de Rephidim, et campèrent au désert de Sinaï. ¹⁶ Ensuite ils partirent du désert de Sinaï, et campèrent à Kibroth-Hatthaava. ¹⁷ Et ils partirent de Kibroth-Hatthaava, et campèrent à Hatséroth. ¹⁸ Puis ils partirent de Hatséroth, et campèrent à Rithma. ¹⁹ Et ils partirent de Rithma et campèrent à Rimmon-Pérets. ²⁰ Et ils partirent de Rimmon-Pérets, et campèrent à Libna. ²¹ Et ils partirent de Libna, et campèrent à Rissa. ²² Ensuite ils partirent de Rissa, et campèrent à Kéhélatha. ²³ Et ils partirent de Kéhélatha, et campèrent à la montagne de Shapher. ²⁴ Et ils partirent de la montagne de Shapher, et campèrent à Harada. ²⁵ Et ils partirent de Harada, et campèrent à Makhéloth. ²⁶ Puis ils partirent de Makhéloth, et campèrent à Tahath. ²⁷ Et ils partirent de Tahath, et campèrent à Tarach. ²⁸ Et ils partirent de Tarach, et campèrent à Mithka. ²⁹ Et ils partirent de Mithka, et campèrent à Hashmona. ³⁰ Et ils partirent de Hashmona, et campèrent à Moséroth. ³¹ Et ils partirent de Moséroth, et campèrent à Bené-Jaakan. ³² Et ils partirent de Bené-Jaakan, et campèrent à Hor-Guidgad. ³³ Et ils partirent de Hor-Guidgad, et campèrent à Jotbatha. ³⁴ Et ils partirent de Jotbatha, et campèrent à Abrona. ³⁵ Et ils partirent de Abrona, et campèrent à Etsjon-Guéber. ³⁶ Et ils partirent d'Etsjon-Guéber, et campèrent au désert de Tsin, qui est Kadès. ³⁷ Ensuite ils partirent de Kadès, et campèrent à la montagne de Hor, à l'extrémité du pays d'Édom.

³⁸ Et Aaron, le sacrificateur, monta sur la montagne de Hor, suivant l'ordre de l'Éternel, et il y mourut, dans la quarantième année après que les enfants d'Israël furent sortis du pays d'Égypte, le cinquième mois, le premier jour du mois. ³⁹ Et Aaron était âgé de cent vingt-trois ans, quand il mourut sur la montagne de Hor. ⁴⁰ Alors le Cananéen, roi d'Arad, qui habitait le Midi du pays de Canaan, apprit que les enfants d'Israël venaient. ⁴¹ Et ils partirent de la montagne de Hor, et campèrent à Tsalmona. ⁴² Et ils partirent de Tsalmona, et campèrent à Punon. ⁴³ Et ils partirent de Punon, et campèrent à Oboth. ⁴⁴ Puis ils partirent d'Oboth, et campèrent à Ijjé-Abarim, sur la frontière de Moab. ⁴⁵ Et ils partirent d'Ijjé-Abarim, et campèrent à Dibon-Gad. ⁴⁶ Et ils partirent de Dibon-Gad, et campèrent à Almon-Diblathaïm. ⁴⁷ Puis ils partirent d'Almon-Diblathaïm, et campèrent aux montagnes d'Abarim, devant Nébo. ⁴⁸ Et ils partirent des montagnes d'Abarim, et campèrent dans les plaines de Moab, près du Jourdain de Jérico. ⁴⁹ Et ils campèrent près du Jourdain, depuis Beth-Jeshimoth jusqu'à Abel-Sittim, dans les plaines de Moab. ⁵⁰ Or l'Éternel parla à Moïse dans les plaines de Moab, près du Jourdain de Jérico, en disant: ⁵¹ Parle aux enfants d'Israël, et dis-leur: Lorsque vous aurez passé le Jourdain pour entrer au pays de Canaan, ⁵² Vous chasserez de devant vous tous les habitants du pays, vous détruirez toutes leurs figures, vous détruirez toutes leurs images de fonte, et vous démolirez tous leurs hauts lieux; ⁵³ Et vous prendrez possession du pays, et vous y habiterez. Car je vous ai donné le pays pour le posséder. ⁵⁴ Vous partagerez le pays par le sort, selon vos familles. A ceux qui sont en grand nombre, vous donnerez plus d'héritage, et à ceux qui sont en petit nombre, tu donneras moins d'héritage; chacun l'aura là où il lui sera échu par le sort; vous ferez le partage selon les tribus de vos pères. ⁵⁵ Mais si vous ne chassez pas devant vous les habitants du pays, ceux d'entre eux que vous aurez laissés de reste seront des épines dans vos yeux et des pointes dans vos côtés, et ils vous serreront de près dans le pays dont vous serez les habitants; ⁵⁶ Et il arrivera que je vous ferai comme j'ai eu dessein de leur faire.

34

¹ L'Éternel parla encore à Moïse, en disant: ² Ordonne ceci aux enfants d'Israël, et dis-leur: Lorsque vous serez entrés au pays de Canaan, ce pays qui vous échoit en héritage,

le pays de Canaan selon ses limites, ³ La région du Midi sera à vous depuis le désert de Tsin, le long d'Édom. Ainsi votre frontière du Midi partira du bout de la mer Salée, vers l'Orient. ⁴ Et cette frontière tournera au midi de la montée d'Akrabbim, passera vers Tsin, et aboutira au midi de Kadès-Barnéa; puis elle sortira vers Hatsar-Addar, et passera vers Atsmon. ⁵ D'Atsmon la frontière tournera vers le torrent d'Égypte, et aboutira à la mer. ⁶ Et quant à la frontière d'Occident, vous aurez la grande mer pour limite; ce sera votre frontière occidentale. ⁷ Et voici quelle sera votre frontière du Nord: depuis la grande mer vous marquerez pour vos limites la montagne de Hor; ⁸ Puis de la montagne de Hor, vous marquerez pour vos limites l'entrée de Hamath, et la frontière aboutira à Tsedad. ⁹ Et cette frontière sortira vers Ziphron, et aboutira à Hatsar-Enan; telle sera votre frontière du Nord. ¹⁰ Puis vous prendrez pour vos frontières, vers l'Orient, de Hatsar-Enan à Shepham. ¹¹ Et la frontière descendra de Shepham à Ribla, à l'Orient d'Aïn; puis cette frontière descendra et atteindra la côte de la mer de Kinnéreth, vers l'Orient; ¹² Enfin la frontière descendra vers le Jourdain, et aboutira à la mer Salée. Tel sera le pays que vous aurez, selon ses frontières tout autour. ¹³ Et Moïse commanda aux enfants d'Israël, et leur dit: C'est là le pays que vous partagerez par le sort, et que l'Éternel a commandé de donner aux neuf tribus et à la moitié d'une tribu. ¹⁴ Car la tribu des descendants de Ruben, selon les maisons de leurs pères, et la tribu des descendants de Gad, selon les maisons de leurs pères, et la demi-tribu de Manassé ont reçu leur héritage. ¹⁵ Ces deux tribus et la demi-tribu ont reçu leur héritage de ce côté-ci du Jourdain de Jérico, à l'Orient, vers le Levant. ¹⁶ L'Éternel parla encore à Moïse, en disant: ¹⁷ Voici les noms des hommes qui vous partageront le pays: Éléazar, le sacrificateur, et Josué, fils de Nun. ¹⁸ Vous prendrez aussi un chef de chaque tribu, pour partager le pays. ¹⁹ Voici les noms de ces hommes: Pour la tribu de Juda, Caleb, fils de Jéphunné; ²⁰ Pour la tribu des enfants de Siméon, Samuël, fils d'Ammihud; ²¹ Pour la tribu des enfants de Benjamin, Élidad, fils de Kislon; ²² Pour la tribu des enfants de Dan, un chef, Buki, fils de Jogli; ²³ Pour les enfants de Joseph: pour la tribu des enfants de Manassé, un chef, Hanniel, fils d'Éphod; ²⁴ Et pour la tribu des enfants d'Éphraïm, un chef, Kemuël, fils de Shiphtan; ²⁵ Pour la tribu des enfants de Zabulon, un chef, Élitsaphan, fils de Parnac; ²⁶ Pour la tribu des enfants d'Issacar, un chef, Paltiel, fils d'Azzan; ²⁷ Pour la tribu des enfants d'Asser, un chef, Ahihud, fils de Shelomi; ²⁸ Et pour la tribu des enfants de Nephthali, un chef, Pedahel, fils d'Ammihud. ²⁹ Tels sont ceux auxquels l'Éternel commanda de partager l'héritage aux enfants d'Israël, dans le pays de Canaan.

35

¹ L'Éternel parla à Moïse, dans les plaines de Moab, près du Jourdain de Jérico, en disant: ² Commande aux enfants d'Israël qu'ils donnent aux Lévites, sur l'héritage qu'ils posséderont, des villes pour y habiter; vous leur donnerez aussi un territoire tout autour de ces villes. ³ Ils auront les villes pour y habiter; et les territoires de ces villes seront pour leur bétail, pour leurs biens et pour tous leurs animaux. ⁴ Les territoires des villes que vous donnerez aux Lévites seront de mille coudées tout autour, depuis la muraille de la ville en dehors. ⁵ Vous mesurerez donc, en dehors de la ville, du côté de l'Orient deux mille coudées, du côté du Midi deux mille coudées, du côté de l'Occident deux mille coudées, et du côté du Nord deux mille coudées, et la ville sera au milieu. Tels seront les territoires de leurs villes. ⁶ Quant aux villes que vous donnerez aux Lévites, il y aura les six villes de refuge, que vous établirez afin que le meurtrier s'y enfuie; et outre celles-là, vous leur donnerez quarante-deux villes. ⁷ Toutes les villes que vous donnerez aux Lévites, seront au nombre de quarante-huit villes, avec leurs territoires. ⁸ Or, quant aux villes que vous leur donnerez, sur la possession des enfants d'Israël, vous en prendrez

plus de ceux qui en auront plus, et moins de ceux qui en auront moins; chacun donnera de ses villes aux Lévites, en proportion de l'héritage qu'il possédera. [9] Puis l'Éternel parla à Moïse, en disant: [10] Parle aux enfants d'Israël, et dis-leur: Quand vous aurez passé le Jourdain pour entrer au pays de Canaan, [11] Établissez-vous des villes qui soient pour vous des villes de refuge, où puisse s'enfuir le meurtrier, qui aura frappé quelqu'un à mort par mégarde. [12] Et ces villes vous serviront de refuge contre le vengeur du sang, afin que le meurtrier ne meure point, jusqu'à ce qu'il ait comparu en jugement devant l'assemblée. [13] Sur les villes que vous donnerez, il y aura donc pour vous six villes de refuge. [14] Vous en établirez trois de ce côté-ci du Jourdain, et vous établirez les trois autres au pays de Canaan; ce seront des villes de refuge. [15] Ces six villes serviront de refuge aux enfants d'Israël, et à l'étranger et à celui qui habitera parmi eux, afin que quiconque aura frappé une personne à mort par mégarde, s'y enfuie. [16] Mais s'il l'a frappée avec un instrument de fer, et qu'elle en meure, il est meurtrier; le meurtrier sera puni de mort. [17] Et s'il l'a frappée d'une pierre qu'il tenait à la main et qui pouvait donner la mort, et qu'elle en meure, il est meurtrier; le meurtrier sera puni de mort. [18] De même s'il l'a frappée d'un instrument de bois qu'il tenait à la main et qui pouvait donner la mort, et qu'elle en meure, il est meurtrier; le meurtrier sera puni de mort. [19] C'est le vengeur du sang qui fera mourir le meurtrier; quand il le rencontrera, il le fera mourir. [20] Que si, par haine, un homme en a poussé un autre ou s'il a jeté quelque chose sur lui avec préméditation, et qu'il en soit mort; [21] Ou que, par inimitié, il l'ait frappé de sa main, et qu'il en soit mort; celui qui a frappé sera puni de mort; il est meurtrier; le vengeur du sang fera mourir le meurtrier, quand il le rencontrera. [22] Que si, fortuitement, sans inimitié, il l'a poussé, ou a jeté sur lui quelque chose, sans préméditation, [23] Ou si, n'étant point son ennemi et ne lui cherchant point du mal, il a fait tomber sur lui, sans l'avoir vu, quelque pierre qui puisse donner la mort, et qu'il en meure, [24] Alors, l'assemblée jugera d'après ces lois entre celui qui a frappé et le vengeur du sang; [25] Et l'assemblée délivrera le meurtrier de la main du vengeur du sang, et le fera retourner à la ville de refuge où il s'était enfui; et il y demeurera jusqu'à la mort du souverain sacrificateur qu'on a oint de l'huile sainte. [26] Mais si le meurtrier sort des limites de la ville de refuge où il se sera enfui, [27] Et que le vengeur du sang le trouve hors des limites de sa ville de refuge, et que le vengeur du sang tue le meurtrier, il ne sera point coupable de meurtre. [28] Car le meurtrier doit demeurer dans sa ville de refuge jusqu'à la mort du souverain sacrificateur; mais, après la mort du souverain sacrificateur, le meurtrier retournera dans la terre de sa possession. [29] Et ceci vous servira d'ordonnances de droit, dans vos générations, dans toutes vos demeures. [30] Si quelqu'un tue un homme, on tuera le meurtrier sur la déposition de témoins; mais un seul témoin ne suffira pas pour faire mourir quelqu'un. [31] Vous ne recevrez point de rançon pour la vie d'un meurtrier qui est coupable et digne de mort; car il doit être puni de mort. [32] Vous ne recevrez point non plus de rançon pour le laisser fuir dans sa ville de refuge, ni pour qu'à la mort du sacrificateur il retourne habiter au pays. [33] Et vous ne souillerez point le pays où vous serez, car le sang souille le pays; et il ne se fera d'expiation, pour le pays, du sang qui y aura été répandu, que par le sang de celui qui l'aura répandu. [34] Vous ne souillerez donc point le pays où vous allez demeurer, et au milieu duquel j'habiterai; car je suis l'Éternel qui habite au milieu des enfants d'Israël.

36

[1] Or les chefs des pères de la famille des enfants de Galaad, fils de Makir, fils de Manassé, d'entre les familles des enfants de Joseph, s'approchèrent et parlèrent devant Moïse, et devant les principaux chefs des pères des enfants d'Israël. [2] Et ils dirent:

L'Éternel a commandé à mon seigneur de donner aux enfants d'Israël le pays en héritage par le sort; et mon seigneur a reçu de l'Éternel le commandement de donner l'héritage de Tselophcad, notre frère, à ses filles. ³ Si elles se marient à quelqu'un des fils des autres tribus des enfants d'Israël, leur héritage sera retranché de l'héritage de nos pères, et sera ajouté à l'héritage de la tribu à laquelle elles appartiendront; ainsi il sera retranché de l'héritage qui nous est échu par le sort. ⁴ Et quand viendra le jubilé pour les enfants d'Israël, leur héritage sera ajouté à l'héritage de la tribu à laquelle elles appartiendront; ainsi leur héritage sera retranché de l'héritage de la tribu de nos pères. ⁵ Alors Moïse commanda aux enfants d'Israël, sur l'ordre de L'Éternel, en disant: La tribu des enfants de Joseph a raison. ⁶ Voici ce que l'Éternel a commandé quant aux filles de Tselophcad: Elles se marieront à qui elles voudront; seulement, elles se marieront dans quelqu'une des familles de la tribu de leurs pères; ⁷ Ainsi un héritage ne sera point transporté, parmi les enfants d'Israël, d'une tribu à une autre tribu; car chacun des enfants d'Israël se tiendra à l'héritage de la tribu de ses pères. ⁸ Et toute fille possédant un héritage, d'entre les tribus des enfants d'Israël, se mariera à quelqu'un d'une famille de la tribu de son père, afin que chacun des enfants d'Israël possède l'héritage de ses pères. ⁹ Un héritage ne sera donc point transporté d'une tribu à une autre tribu; mais chacune des tribus des enfants d'Israël se tiendra à son héritage. ¹⁰ Les filles de Tselophcad firent comme l'Éternel avait commandé à Moïse. ¹¹ Machla, Thirtsa, Hogla, Milca, et Noa, filles de Tselophcad, se marièrent aux fils de leurs oncles. ¹² Elles se marièrent dans les familles des enfants de Manassé, fils de Joseph, et leur héritage resta dans la tribu de la famille de leur père. ¹³ Tels sont les commandements et les ordonnances que l'Éternel donna par l'organe de Moïse aux enfants d'Israël, dans les plaines de Moab, près du Jourdain de Jérico.

Deutéronome

[1] Ce sont ici les paroles que Moïse dit à tout Israël, au delà du Jourdain, au désert, dans la campagne, vis-à-vis de Suph, entre Paran et Tophel, et Laban, et Hatséroth, et Di-Zahab. [2] Il y a onze journées depuis l'Horeb, par le chemin de la montagne de Séir, jusqu'à Kadès-Barnéa. [3] Or, en la quarantième année, au premier jour du onzième mois, Moïse dit aux enfants d'Israël tout ce que l'Éternel lui avait commandé de leur dire; [4] Après qu'il eut défait Sihon, roi des Amoréens, qui habitait à Hesbon, et Og, roi de Bassan, qui habitait à Ashtaroth et à Édréi. [5] Moïse commença à expliquer cette loi, au delà du Jourdain, dans le pays de Moab, en disant: [6] L'Éternel notre Dieu nous parla en Horeb, et nous dit: Vous avez assez demeuré dans cette montagne; [7] Tournez-vous et partez, et allez vers la montagne des Amoréens, et dans tous les lieux circonvoisins, dans la campagne, dans la montagne, et dans la plaine, et vers le Midi, et sur la côte de la mer, au pays des Cananéens, et au Liban, jusqu'au grand fleuve, le fleuve d'Euphrate. [8] Voyez, j'ai mis devant vous le pays; entrez et possédez le pays que l'Éternel a juré de donner à vos pères, Abraham, Isaac et Jacob, et à leur postérité après eux. [9] Et je vous parlai en ce temps là, et je vous dis: Je ne puis vous porter, moi seul. [10] L'Éternel votre Dieu vous a multipliés, et vous voici, aujourd'hui, nombreux comme les étoiles du ciel. [11] Que l'Éternel, le Dieu de vos pères, vous fasse croître encore mille fois autant, et qu'il vous bénisse comme il vous l'a dit. [12] Comment porterais-je moi seul vos peines, vos fardeaux et vos procès? [13] Prenez dans vos tribus des hommes sages, intelligents et connus, et je les établirai chefs sur vous. [14] Et vous me répondîtes, et dîtes: Il est bon de faire ce que tu as dit. [15] Alors je pris les chefs de vos tribus, des hommes sages et connus, et je les établis chefs sur vous, gouverneurs de milliers, de centaines, de cinquantaines et de dizaines, et officiers dans vos tribus. [16] Et je commandai à vos juges, en ce temps-là, en disant: Écoutez les différends qui sont entre vos frères, et jugez avec droiture entre l'homme et son frère, et l'étranger qui est avec lui; [17] Vous n'aurez point égard à l'apparence de la personne, dans le jugement; vous écouterez le petit comme le grand; vous ne craindrez personne, car le jugement est à Dieu; et vous ferez venir devant moi la cause qui sera trop difficile pour vous, et je l'entendrai. [18] Et je vous ordonnai, en ce temps-là, toutes les choses que vous deviez faire. [19] Puis, nous partîmes d'Horeb, et nous marchâmes par tout ce grand et affreux désert que vous avez vu, dans la direction de la montagne des Amoréens, ainsi que l'Éternel notre Dieu nous l'avait commandé; et nous vînmes jusqu'à Kadès-Barnéa. [20] Alors je vous dis: Vous êtes arrivés jusqu'à la montagne des Amoréens, que l'Éternel notre Dieu nous donne. [21] Vois, l'Éternel ton Dieu met devant toi le pays; monte, prends-en possession, comme l'Éternel, le Dieu de tes pères, te l'a dit; ne crains point, et ne t'effraie point. [22] Et vous vous approchâtes tous de moi, et vous dîtes: Envoyons devant nous des hommes qui explorent pour nous le pays et nous rendent compte du chemin par lequel nous monterons, et des villes où nous devons aller; [23] Et ce discours me plut; et je pris douze hommes d'entre vous, un homme par tribu. [24] Et ils se mirent en chemin, et montèrent vers la montagne, et vinrent jusqu'au torrent d'Eshcol, et explorèrent le pays. [25] Et ils prirent dans leurs mains du fruit du pays, et nous l'apportèrent; et nous rendirent compte, et dirent: Le pays que l'Éternel notre Dieu nous donne, est bon. [26] Mais vous ne voulûtes point y monter, et vous fûtes rebelles au commandement de l'Éternel votre Dieu; [27] Et vous murmurâtes dans vos tentes, et vous dîtes: C'est parce que l'Éternel nous haïssait, qu'il nous a fait sortir du pays d'Égypte, pour nous livrer entre les mains

des Amoréens, pour nous exterminer. ²⁸ Où monterions-nous? Nos frères nous ont fait fondre le cœur, en nous disant: C'est un peuple plus grand et de plus haute taille que nous, ce sont des villes grandes et fortifiées jusqu'au ciel, et même nous avons vu là des descendants des Anakim. ²⁹ Mais je vous dis: N'ayez point peur, et ne les craignez point. ³⁰ L'Éternel votre Dieu, qui marche devant vous, combattra lui-même pour vous, selon tout ce qu'il a fait pour vous, sous vos yeux, en Égypte, ³¹ Et dans le désert; où tu as vu que l'Éternel ton Dieu t'a porté, comme un homme porte son fils, dans tout le chemin que vous avez fait, jusqu'à ce que vous soyez arrivés en ce lieu. ³² Mais malgré cela vous n'eûtes point foi en l'Éternel votre Dieu, ³³ Qui marchait devant vous par le chemin afin de chercher un lieu pour votre camp, la nuit dans la colonne de feu, pour vous montrer le chemin où vous deviez marcher, et le jour, dans la nuée. ³⁴ Alors l'Éternel entendit la voix de vos paroles, et se courrouça, et jura, en disant: ³⁵ Aucun des hommes de cette méchante génération ne verra ce bon pays que j'ai juré de donner à vos pères, ³⁶ Excepté Caleb, fils de Jephunné. Lui, il le verra; et je lui donnerai, à lui et à ses enfants, le pays sur lequel il a marché, parce qu'il a pleinement suivi l'Éternel. ³⁷ L'Éternel se mit même en colère contre moi à cause de vous, en disant: Toi non plus, tu n'y entreras pas. ³⁸ Josué, fils de Nun, qui te sert, y entrera; encourage-le, car c'est lui qui mettra Israël en possession de ce pays; ³⁹ Et vos petits enfants, dont vous avez dit qu'ils y seraient une proie, et vos fils, qui aujourd'hui ne savent ce que c'est que le bien ou le mal, ce sont eux qui y entreront, et je leur donnerai ce pays, et ils le posséderont; ⁴⁰ Mais vous, retournez-vous-en, et partez pour le désert dans la direction de la mer Rouge. ⁴¹ Alors vous répondîtes, et vous me dîtes: Nous avons péché contre l'Éternel; nous monterons et nous combattrons, selon tout ce que l'Éternel notre Dieu nous a commandé. Et vous ceignîtes chacun vos armes, et vous entreprîtes à la légère de monter vers la montagne. ⁴² Et l'Éternel me dit: Dis-leur: Ne montez point, et ne combattez point, car je ne suis point au milieu de vous; de peur que vous ne soyez battus devant vos ennemis. ⁴³ Je vous le rapportai, mais vous ne m'écoutâtes point; et vous fûtes rebelles au commandement de l'Éternel, et, pleins d'orgueil, vous montâtes vers la montagne. ⁴⁴ Alors l'Amoréen, qui demeurait dans cette montagne, sortit à votre rencontre, et vous poursuivit comme font les abeilles, et vous battit en Séir, jusqu'à Horma. ⁴⁵ Et vous revîntes et pleurâtes devant l'Éternel; mais l'Éternel n'écouta point votre voix, et ne vous prêta point l'oreille. ⁴⁶ Et vous demeurâtes à Kadès bien des jours, autant de temps que vous y aviez demeuré.

2

¹ Puis nous retournâmes et partîmes pour le désert dans la direction de la mer Rouge, comme l'Éternel me l'avait dit; et nous tournâmes longtemps autour de la montagne de Séir. ² Et l'Éternel me parla, en disant: ³ Vous avez assez fait le tour de cette montagne; tournez-vous vers le Nord; ⁴ Et commande au peuple, et dis-lui: Vous allez passer sur la frontière de vos frères, les enfants d'Ésaü, qui demeurent en Séir, et ils auront peur de vous. Mais soyez bien sur vos gardes; ⁵ N'ayez point de démêlé avec eux; car je ne vous donnerai pas même de leur pays pour y poser la plante du pied; car j'ai donné à Ésaü la montagne de Séir en héritage. ⁶ Vous achèterez d'eux les vivres pour de l'argent, et vous mangerez; vous achèterez d'eux aussi l'eau pour de l'argent, et vous boirez. ⁷ Car l'Éternel ton Dieu t'a béni dans toutes les œuvres de tes mains; il a connu ta marche par ce grand désert; l'Éternel ton Dieu a été avec toi pendant ces quarante ans; tu n'as manqué de rien. ⁸ Nous nous détournâmes donc de nos frères, les enfants d'Ésaü, qui demeuraient à Séir, et du chemin de la campagne, d'Élath et d'Etsjonguéber; puis nous nous tournâmes, et nous

passâmes dans la direction du désert de Moab. ⁹ Alors l'Éternel me dit: N'attaque point les Moabites, et n'entre point en guerre avec eux; car je ne te donnerai rien de leur pays en héritage, parce que j'ai donné Ar en héritage aux enfants de Lot. ¹⁰ (Les Emim y habitaient auparavant; peuple grand, et nombreux, et de haute taille, comme les Anakim; ¹¹ Ils étaient réputés Rephaïm (géants) comme les Anakim; mais les Moabites les appelaient Emim. ¹² Les Horiens demeuraient aussi auparavant à Séir; mais les descendants d'Ésaü les dépossédèrent et les détruisirent de devant eux; et ils habitèrent à leur place, comme l'a fait Israël au pays de son héritage que l'Éternel lui a donné.) ¹³ Maintenant levez-vous et passez le torrent de Zéred. Et nous passâmes le torrent de Zéred. ¹⁴ Or, le temps que nous avons marché, depuis Kadès-Barnéa jusqu'au passage du torrent de Zéred, a été de trente-huit ans, jusqu'à ce que toute la génération des gens de guerre ait été consumée du milieu du camp, comme l'Éternel le leur avait juré. ¹⁵ Et même la main de l'Éternel a été sur eux pour les détruire du milieu du camp, jusqu'à ce qu'ils aient été consumés. ¹⁶ Et, lorsque tous les hommes de guerre eurent été consumés et furent morts du milieu du peuple, ¹⁷ L'Éternel me parla, en disant: ¹⁸ Tu vas aujourd'hui passer Ar, la frontière de Moab; ¹⁹ Et tu t'approcheras vis-à-vis des enfants d'Ammon; ne les attaque point, et n'aie point de démêlé avec eux; car je ne te donnerai rien du pays des enfants d'Ammon en héritage, parce que je l'ai donné en héritage aux descendants de Lot. ²⁰ (Ce pays aussi était réputé pays de Rephaïm; les Rephaïm y habitaient auparavant, et les Ammonites les appelaient Zamzummim; ²¹ C'était un peuple grand, nombreux, et de haute taille, comme les Anakim; mais l'Éternel les détruisit devant eux, et ils les dépossédèrent, et habitèrent à leur place. ²² C'est ainsi qu'il avait fait pour les descendants d'Ésaü, qui demeuraient à Séir, quand il détruisit les Horiens devant eux; et ils les dépossédèrent, et habitèrent à leur place, jusqu'à ce jour. ²³ Quant aux Avviens, qui demeuraient dans des villages jusqu'à Gaza, les Caphthorim, sortis de Caphtor, les détruisirent et habitèrent à leur place.) ²⁴ Levez-vous, partez, et passez le torrent de l'Arnon. Vois, j'ai livré entre tes mains Sihon, roi de Hesbon, l'Amoréen, avec son pays; commence à en prendre possession, et entre en guerre avec lui. ²⁵ Aujourd'hui je commencerai à répandre la crainte et la terreur de ton nom sur les peuples qui sont sous tous les cieux; en sorte qu'entendant parler de toi, ils trembleront, et seront effrayés à cause de toi. ²⁶ Alors j'envoyai, du désert de Kedémoth, des messagers à Sihon, roi de Hesbon, avec des paroles de paix, pour lui dire: ²⁷ Permets que je passe par ton pays; je marcherai toujours par le grand chemin, sans me détourner ni à droite ni à gauche; ²⁸ Tu me vendras des vivres, pour de l'argent, afin que je mange; et tu me donneras de l'eau, pour de l'argent, afin que je boive; que j'y passe seulement de mes pieds, ²⁹ Comme me l'ont permis les enfants d'Ésaü, qui demeurent à Séir, et les Moabites, qui demeurent à Ar, jusqu'à ce que je passe le Jourdain, pour entrer au pays que l'Éternel notre Dieu nous donne. ³⁰ Mais Sihon, roi de Hesbon, ne voulut point nous laisser passer chez lui; car l'Éternel ton Dieu avait endurci son esprit et roidi son cœur, afin de le livrer entre tes mains, comme tu le vois aujourd'hui. ³¹ Et l'Éternel me dit: Vois, j'ai commencé de te livrer Sihon et son pays; commence à t'emparer de son pays, pour le posséder. ³² Sihon sortit donc à notre rencontre, lui et tout son peuple, pour combattre à Jahats. ³³ Mais l'Éternel notre Dieu nous le livra, et nous le battîmes, lui, ses fils, et tout son peuple. ³⁴ Dans ce même temps, nous prîmes toutes ses villes, et nous vouâmes à l'interdit toutes les villes, les hommes, les femmes et les petits enfants; nous ne laissâmes personne de reste. ³⁵ Nous pillâmes seulement pour nous le bétail et le butin des villes que nous avions prises. ³⁶ Depuis Aroër, qui est sur le bord du torrent de l'Arnon, et la ville qui est dans la vallée, jusqu'à Galaad, il n'y eut pas une cité qui fût trop haute pour nous; l'Éternel notre Dieu nous les livra toutes; ³⁷ Seulement tu ne t'es point approché du pays des enfants d'Ammon, de toute la rive du torrent de Jabbok, des villes de la montagne, et de tout ce que l'Éternel notre Dieu nous avait défendu d'occuper.

3

¹ Alors nous nous tournâmes, et montâmes par le chemin de Bassan; et Og, roi de Bassan, sortit à notre rencontre, avec tout son peuple, pour combattre à Édréi. ² Et l'Éternel me dit: Ne le crains point; car je l'ai livré entre tes mains, lui, et tout son peuple, et son pays; et tu lui feras comme tu as fait à Sihon, roi des Amoréens, qui habitait à Hesbon. ³ Et l'Éternel notre Dieu livra aussi entre nos mains Og, roi de Bassan, et tout son peuple; et nous le battîmes, au point qu'il ne lui resta personne. ⁴ Dans ce même temps, nous prîmes toutes ses villes; il n'y eut point de cité que nous ne leur prissions: soixante villes, toute la contrée d'Argob, le royaume d'Og en Bassan. ⁵ Toutes ces villes étaient fortifiées de hautes murailles, de portes et de barres; outre les villes en fort grand nombre, qui n'avaient point de murailles. ⁶ Et nous les vouâmes à l'interdit, comme nous avions fait à Sihon, roi de Hesbon, vouant à l'interdit toutes les villes, les hommes, les femmes et les petits enfants. ⁷ Mais nous pillâmes pour nous tout le bétail et le butin des villes. ⁸ Nous prîmes donc, en ce temps-là, le pays des deux rois des Amoréens, qui étaient au delà du Jourdain, depuis le torrent de l'Arnon, jusqu'à la montagne de Hermon; ⁹ (Les Sidoniens appellent l'Hermon, Sirion; les Amoréens le nomment Shenir); ¹⁰ Toutes les villes de la plaine, et tout Galaad, et tout Bassan, jusqu'à Salca et Edréi, les villes du royaume d'Og en Bassan. ¹¹ Car Og, roi de Bassan, était seul demeuré de reste des Rephaïm (géants). Voici, son lit, un lit de fer, n'est-il pas à Rabba, ville des enfants d'Ammon? Sa longueur est de neuf coudées, et sa largeur de quatre coudées, de coudée d'homme. ¹² En ce temps-là, nous prîmes donc possession de ce pays; et je donnai aux Rubénites et aux Gadites ce qui est depuis Aroër, qui est sur le torrent de l'Arnon, et la moitié de la montagne de Galaad, avec ses villes. ¹³ Et je donnai à la moitié de la tribu de Manassé le reste de Galaad, et tout Bassan, le royaume d'Og: toute la contrée d'Argob, avec tout le Bassan; c'est ce qu'on appelait le pays des Rephaïm. ¹⁴ Jaïr, fils de Manassé, prit toute la contrée d'Argob, jusqu'à la frontière des Gueshuriens et des Maacathiens, et donna son nom au pays de Bassan, en l'appelant les bourgs de Jaïr, nom qu'ils ont eu jusqu'à ce jour. ¹⁵ Je donnai aussi Galaad à Makir. ¹⁶ Mais je donnai aux Rubénites et aux Gadites, depuis Galaad jusqu'au torrent de l'Arnon, jusqu'au milieu du torrent, et son territoire, et jusqu'au torrent de Jabbok, frontière des enfants d'Ammon; ¹⁷ Et la campagne, et le Jourdain, et son territoire, depuis Kinnéreth jusqu'à la mer de la campagne, la mer Salée, sous les pentes du Pisga, vers l'orient. ¹⁸ Or, en ce temps-là, je vous fis ce commandement, et vous dis: L'Éternel votre Dieu vous a donné ce pays pour le posséder; vous tous, hommes vaillants, passez en armes devant vos frères les enfants d'Israël. ¹⁹ Que seulement vos femmes, vos petits enfants et votre bétail (je sais que vous en avez beaucoup), demeurent dans les villes que je vous ai données, ²⁰ Jusqu'à ce que l'Éternel ait mis vos frères en repos comme vous, et qu'eux aussi possèdent le pays que l'Éternel votre Dieu va leur donner au delà du Jourdain; et vous reviendrez chacun dans la possession que je vous ai donnée. ²¹ En ce temps-là je donnai aussi cet ordre à Josué, en disant: Tes yeux ont vu tout ce que l'Éternel votre Dieu a fait à ces deux rois; l'Éternel fera de même à tous les royaumes où tu vas passer. ²² Ne les craignez point; car l'Éternel votre Dieu combat lui-même pour vous. ²³ En ce même temps, je demandai grâce à l'Éternel, en disant: ²⁴ Seigneur Éternel, tu as commencé de montrer à ton serviteur ta grandeur et ta main forte; car quel est le dieu, dans les cieux et sur la terre, qui puisse

faire des œuvres et des exploits semblables aux tiens? ²⁵ Que je passe, je te prie, et que je voie ce bon pays qui est au delà du Jourdain, cette bonne montagne, et le Liban. ²⁶ Mais l'Éternel était irrité contre moi à cause de vous; et il ne m'exauça point, mais il me dit: C'est assez; ne me parle plus de cette affaire. ²⁷ Monte au sommet du Pisga, et lève tes yeux vers l'occident et vers le nord, vers le midi et vers l'orient, et regarde de tes yeux; car tu ne passeras point ce Jourdain. ²⁸ Mais donne tes ordres à Josué, et fortifie-le, et encourage-le; car c'est lui qui passera devant ce peuple, et qui le mettra en possession du pays que tu verras. ²⁹ Ainsi nous demeurâmes dans la vallée, vis-à-vis de Beth-Peor.

4

¹ Et maintenant, Israël, écoute les statuts et les ordonnances que je vous enseigne, pour les pratiquer; afin que vous viviez, et que vous entriez, et possédiez le pays que l'Éternel, le Dieu de vos pères, vous donne. ² Vous n'ajouterez rien à la parole que je vous prescris, et vous n'en diminuerez rien; afin d'observer les commandements de l'Éternel, votre Dieu, que je vous prescris. ³ Vos yeux ont vu ce que l'Éternel a fait à l'occasion de Baal-Peor; car l'Éternel ton Dieu a détruit, du milieu de toi, tout homme qui était allé après Baal-Peor. ⁴ Mais vous, qui vous êtes attachés à l'Éternel votre Dieu, vous êtes tous vivants aujourd'hui. ⁵ Voyez, je vous ai enseigné des statuts et des ordonnances, comme l'Éternel mon Dieu me l'a commandé, afin que vous fassiez ainsi au milieu du pays où vous allez entrer pour le posséder. ⁶ Vous les garderez donc et vous les pratiquerez; car ce sera là votre sagesse et votre intelligence aux yeux des peuples, qui, entendant tous ces statuts, diront: Cette grande nation est le seul peuple sage et intelligent! ⁷ Car quelle est la grande nation qui ait ses dieux près d'elle, comme nous avons l'Éternel notre Dieu, toutes les fois que nous l'invoquons? ⁸ Et quelle est la grande nation qui ait des statuts et des lois justes, comme toute cette loi que je mets aujourd'hui devant vous? ⁹ Seulement prends garde à toi, et garde avec soin ton âme, de peur que tu n'oublies les choses que tes yeux ont vues, et qu'elles ne sortent de ton cœur, aucun des jours de ta vie; mais tu les enseigneras à tes enfants, et aux enfants de tes enfants. ¹⁰ N'oublie point le jour où tu te présentas devant l'Éternel, ton Dieu, en Horeb, lorsque l'Éternel me dit: Assemble-moi le peuple, que je leur fasse entendre mes paroles, afin qu'ils apprennent à me craindre tout le temps qu'ils vivront sur la terre, et qu'ils l'enseignent à leurs enfants. ¹¹ Vous vous approchâtes donc, et vous vous tîntes sous la montagne (or, la montagne était tout en feu, jusqu'au milieu du ciel; et il y avait des ténèbres, des nuées, et de l'obscurité); ¹² Et l'Éternel vous parla du milieu du feu; vous entendiez une voix qui parlait, mais vous ne voyiez aucune figure; vous entendiez seulement une voix. ¹³ Et il vous fit entendre son alliance, qu'il vous commanda d'observer, les dix paroles; et il les écrivit sur deux tables de pierre. ¹⁴ L'Éternel me commanda aussi, en ce temps-là, de vous enseigner des statuts et des ordonnances, pour que vous les pratiquiez au pays où vous allez passer pour le posséder. ¹⁵ Vous prendrez donc bien garde à vos âmes, car vous ne vîtes aucune figure au jour où l'Éternel votre Dieu vous parla, en Horeb, du milieu du feu; ¹⁶ De peur que vous ne vous corrompiez, et que vous ne vous fassiez quelque image taillée, quelque ressemblance qui représente quoi que ce soit, quelque figure de mâle ou de femelle, ¹⁷ La figure de quelque bête qui soit sur la terre, la figure d'un oiseau ailé qui vole dans les cieux, ¹⁸ La figure d'un animal qui rampe sur le sol, la figure d'un poisson qui soit dans les eaux au-dessous de la terre; ¹⁹ De peur aussi qu'élevant tes yeux vers les cieux, et voyant le soleil, la lune et les étoiles, toute l'armée des cieux, tu ne sois poussé à te prosterner devant eux, et que tu ne serves ces choses que l'Éternel ton Dieu a données en partage à tous les peuples sous tous les cieux. ²⁰ Mais vous, l'Éternel vous a pris, et vous a retirés d'Égypte,

de cette fournaise de fer, afin de lui être un peuple dont il fît son héritage, comme vous le voyez aujourd'hui. ²¹ Or l'Éternel s'est courroucé contre moi à cause de vos paroles; et il a juré que je ne passerais point le Jourdain, et que je n'entrerais point dans le bon pays que l'Éternel ton Dieu te donne en héritage. ²² Et je vais mourir dans ce pays, je ne passerai point le Jourdain; mais vous allez le passer, et vous posséderez ce bon pays. ²³ Gardez-vous d'oublier l'alliance de l'Éternel votre Dieu, qu'il a traitée avec vous, et de vous faire quelque image taillée, quelque ressemblance d'aucune chose que l'Éternel ton Dieu t'ait défendue; ²⁴ Car l'Éternel ton Dieu est un feu consumant; c'est un Dieu jaloux. ²⁵ Quand tu auras des enfants, et des enfants de tes enfants, et que vous aurez demeuré longtemps dans le pays, si vous vous corrompez, et que vous fassiez quelque image taillée, quelque ressemblance de quoi que ce soit, et que vous fassiez ce qui est mal aux yeux de l'Éternel ton Dieu pour l'irriter, ²⁶ Je prends aujourd'hui à témoin contre vous les cieux et la terre, que vous périrez promptement de dessus le pays que vous allez posséder au delà du Jourdain. Vous n'y prolongerez point vos jours, mais vous serez entièrement détruits; ²⁷ Et l'Éternel vous dispersera parmi les peuples, et vous resterez en petit nombre parmi les nations où l'Éternel vous emmènera; ²⁸ Et vous servirez là des dieux, ouvrage de mains d'homme, du bois et de la pierre, qui ne voient, ni n'entendent, qui ne mangent et ne sentent point. ²⁹ Mais si de là tu cherches l'Éternel ton Dieu, tu le trouveras, quand tu le chercheras de tout ton cœur et de toute ton âme. ³⁰ Quand tu seras dans l'affliction et que toutes ces choses te seront arrivées, alors, dans les jours à venir, tu retourneras à l'Éternel ton Dieu, et tu obéiras à sa voix. ³¹ Parce que l'Éternel ton Dieu est un Dieu miséricordieux, il ne t'abandonnera point et ne te détruira point; et il n'oubliera point l'alliance de tes pères, qu'il leur a jurée. ³² Informe-toi des premiers temps qui ont été avant toi, depuis le jour où Dieu créa l'homme sur la terre, et depuis un bout des cieux jusqu'à l'autre bout, si jamais il y eut rien de si grand, ou si jamais on entendit rien de semblable; ³³ Si un peuple a entendu la voix de Dieu, parlant du milieu du feu, comme tu l'as entendue, et qu'il soit demeuré en vie, ³⁴ Ou si Dieu a jamais essayé de venir prendre à lui une nation du milieu d'une autre nation, par des épreuves, des signes et des miracles, et par des batailles, à main forte, à bras étendu, et par des choses grandes et terribles, comme tout ce que l'Éternel votre Dieu a fait pour vous en Égypte, sous vos yeux. ³⁵ Tu en as été fait spectateur, afin que tu reconnusses que c'est l'Éternel qui est Dieu, qu'il n'y en a point d'autre que lui. ³⁶ Des cieux il t'a fait entendre sa voix pour t'instruire, et sur la terre il t'a montré son grand feu, et tu as entendu ses paroles du milieu du feu. ³⁷ Et parce qu'il a aimé tes pères, il a choisi leur postérité après eux, et il t'a retiré d'Égypte par sa présence, par sa grande puissance, ³⁸ Pour chasser devant toi des nations plus grandes et plus fortes que toi, pour t'introduire en leur pays et te le donner en héritage, comme tu le vois aujourd'hui. ³⁹ Sache donc aujourd'hui, et grave dans ton cœur, que c'est l'Éternel qui est Dieu, là-haut dans les cieux et ici-bas sur la terre, et qu'il n'y en a point d'autre. ⁴⁰ Et observe ses statuts et ses commandements que je te prescris aujourd'hui, afin que tu sois heureux, toi et tes enfants après toi, et que tu prolonges tes jours sur la terre que le Seigneur ton Dieu te donne pour toujours. ⁴¹ Alors Moïse sépara trois villes au delà du Jourdain, vers le soleil levant, ⁴² Afin que le meurtrier, qui aurait tué son prochain par mégarde et sans l'avoir haï auparavant, pût s'y réfugier, et sauver sa vie, en fuyant dans l'une de ces villes, ⁴³ Savoir: Betser, au désert, dans le pays de la plaine, pour les Rubénites; Ramoth, en Galaad, pour les Gadites; et Golan, en Bassan, pour ceux de Manassé. ⁴⁴ Or, voici la loi que Moïse proposa aux enfants d'Israël. ⁴⁵ Voici les préceptes, les statuts et les ordonnances que Moïse exposa aux enfants d'Israël, quand ils furent sortis hors d'Égypte, ⁴⁶ De ce côté-ci du Jourdain, dans la vallée vis-à-vis de Beth-

Peor, au pays de Sihon, roi des Amoréens, qui demeurait à Hesbon, et que Moïse et les enfants d'Israël battirent, quand ils furent sortis d'Égypte. [47] Et ils possédèrent son pays avec le pays d'Og, roi de Bassan, deux rois des Amoréens, qui étaient au delà du Jourdain, vers le soleil levant, [48] Depuis Aroër, qui est sur le bord du torrent de l'Arnon, jusqu'à la montagne de Sion, qui est l'Hermon, [49] Et toute la campagne de ce côté-ci du Jourdain, vers l'Orient, jusqu'à la mer de la campagne, sous les pentes du Pisga.

5

[1] Moïse appela donc tout Israël, et leur dit: Écoute, Israël, les statuts et les ordonnances que je prononce aujourd'hui à vos oreilles; apprenez-les, prenez garde de les pratiquer. [2] L'Éternel notre Dieu traita alliance avec nous en Horeb. [3] Ce n'est point avec nos pères que l'Éternel a traité cette alliance, mais avec nous qui sommes ici aujourd'hui, tous vivants. [4] L'Éternel vous parla face à face sur la montagne, du milieu du feu. [5] Je me tenais en ce temps-là entre l'Éternel et vous, pour vous rapporter la parole de l'Éternel; car vous eûtes peur du feu, et vous ne montâtes point sur la montagne. Il dit: [6] Je suis l'Éternel ton Dieu, qui t'ai retiré du pays d'Égypte, de la maison de servitude. [7] Tu n'auras point d'autres dieux devant ma face. [8] Tu ne te feras point d'image taillée, ni aucune ressemblance des choses qui sont là-haut dans les cieux, de celles qui sont ici-bas sur la terre, ni de celles qui sont dans les eaux au-dessous de la terre. [9] Tu ne te prosterneras point devant elles, et tu ne les serviras point; car je suis l'Éternel ton Dieu, un Dieu jaloux, qui punis l'iniquité des pères sur les enfants, jusqu'à la troisième et à la quatrième génération de ceux qui me haïssent; [10] Et qui fais miséricorde en mille générations à ceux qui m'aiment et qui gardent mes commandements. [11] Tu ne prendras point le nom de l'Éternel ton Dieu en vain; car l'Éternel ne tiendra point pour innocent celui qui aura pris son nom en vain. [12] Observe le jour du repos pour le sanctifier, comme l'Éternel ton Dieu te l'a commandé; [13] Tu travailleras six jours, et tu feras toute ton œuvre; [14] Mais le septième jour est le repos de l'Éternel ton Dieu; tu ne feras aucune œuvre en ce jour-là, ni toi, ni ton fils, ni ta fille, ni ton serviteur, ni ta servante, ni ton bœuf, ni ton âne, ni aucune de tes bêtes, ni ton étranger qui est dans tes portes, afin que ton serviteur et ta servante se reposent comme toi. [15] Et souviens-toi que tu as été esclave au pays d'Égypte, et que l'Éternel ton Dieu t'en a retiré à main forte et à bras étendu; c'est pourquoi, l'Éternel ton Dieu t'a commandé d'observer le jour du repos. [16] Honore ton père et ta mère, comme l'Éternel ton Dieu te l'a commandé, afin que tes jours se prolongent, et que tu sois heureux sur la terre que l'Éternel ton Dieu te donne. [17] Tu ne tueras point. [18] Tu ne commettras point adultère. [19] Tu ne déroberas point. [20] Tu ne diras point de faux témoignage contre ton prochain. [21] Tu ne convoiteras point la femme de ton prochain, et tu ne désireras point la maison de ton prochain, ni son champ, ni son serviteur, ni sa servante, ni son bœuf, ni son âne, ni aucune chose qui soit à ton prochain. [22] L'Éternel prononça ces paroles à toute votre assemblée, sur la montagne, du milieu du feu, de la nuée et de l'obscurité, d'une voix forte, et il n'y ajouta rien; puis il les écrivit sur deux tables de pierre, qu'il me donna. [23] Or, dès que vous eûtes entendu la voix du milieu de l'obscurité, la montagne étant tout en feu, vous vous approchâtes de moi, tous vos chefs de tribu et vos anciens, [24] Et vous dîtes: Voici, l'Éternel notre Dieu nous a montré sa gloire et sa grandeur, et nous avons entendu sa voix du milieu du feu; aujourd'hui nous avons vu que Dieu peut parler avec l'homme, et l'homme demeurer en vie. [25] Mais maintenant, pourquoi mourrions-nous? Car ce grand feu nous consumera. Si nous entendons encore la voix de l'Éternel notre Dieu, nous mourrons. [26] Car qui est l'homme, quel qu'il soit, qui ait entendu, comme nous, la voix du Dieu vivant, parlant du milieu

du feu, et qui soit demeuré en vie? ²⁷ Approche, toi, et écoute tout ce que dira l'Éternel notre Dieu, puis tu nous rapporteras tout ce que l'Éternel notre Dieu t'aura dit, et nous l'entendrons, et nous le ferons. ²⁸ Et l'Éternel entendit vos paroles pendant que vous me parliez; et l'Éternel me dit: J'ai entendu les discours que ce peuple t'a tenus; ils ont bien dit tout ce qu'ils ont dit. ²⁹ Oh! s'ils avaient toujours ce même cœur pour me craindre et pour garder tous mes commandements, afin qu'ils fussent heureux, eux et leurs enfants, à jamais! ³⁰ Va, dis-leur: Retournez dans vos tentes; ³¹ Mais toi, demeure ici avec moi, et je te dirai tous les commandements, les statuts et les ordonnances que tu leur enseigneras, afin qu'ils les pratiquent, dans le pays que je leur donne pour le posséder. ³² Vous prendrez donc garde de faire comme l'Éternel votre Dieu a commandé; vous ne vous détournerez ni à droite ni à gauche. ³³ Vous marcherez dans toute la voie que l'Éternel votre Dieu vous a prescrite, afin que vous viviez et que vous soyez heureux, et que vous prolongiez vos jours dans le pays que vous posséderez.

6

¹ Or, voici les commandements, les statuts et les ordonnances que l'Éternel votre Dieu a commandé de vous enseigner, afin que vous les pratiquiez, dans le pays où vous allez passer pour en prendre possession; ² Afin que tu craignes l'Éternel ton Dieu, en gardant, tous les jours de ta vie, toi, ton fils, et le fils de ton fils, tous ses statuts et ses commandements que je te prescris, et afin que tes jours soient prolongés. ³ Tu les écouteras donc, ô Israël, et tu prendras garde de les pratiquer, afin que tu sois heureux, et que vous multipliiez beaucoup au pays où coulent le lait et le miel, comme l'Éternel, le Dieu de tes pères, te l'a dit. ⁴ Écoute, Israël! l'Éternel notre Dieu est le seul Éternel. ⁵ Tu aimeras donc l'Éternel ton Dieu, de tout ton cœur, de toute ton âme, et de toute ta force; ⁶ Et ces commandements que je te prescris aujourd'hui, seront dans ton cœur; ⁷ Tu les inculqueras à tes enfants, et tu en parleras quand tu te tiendras dans ta maison, quand tu marcheras en chemin, quand tu te coucheras, et quand tu te lèveras; ⁸ Et tu les lieras comme un signe sur ta main, et ils seront comme des fronteaux entre tes yeux; ⁹ Tu les écriras aussi sur les poteaux de ta maison, et sur tes portes. ¹⁰ Or, quand l'Éternel ton Dieu t'aura fait entrer dans le pays qu'il a juré à tes pères, Abraham, Isaac et Jacob, de te donner, dans de grandes et bonnes villes que tu n'as point bâties; ¹¹ Dans des maisons pleines de toute sorte de biens, que tu n'as point remplies; vers des puits creusés, que tu n'as point creusés; vers des vignes et des oliviers, que tu n'as point plantés; et que tu mangeras, et seras rassasié; ¹² Prends garde à toi, de peur que tu n'oublies l'Éternel, qui t'a retiré du pays d'Égypte, de la maison de servitude. ¹³ Tu craindras l'Éternel ton Dieu, et tu le serviras, et tu jureras par son nom. ¹⁴ Vous n'irez point après d'autres dieux, d'entre les dieux des peuples qui seront autour de vous, ¹⁵ Car l'Éternel ton Dieu est, au milieu de toi, un Dieu jaloux; de peur que la colère de l'Éternel ton Dieu ne s'embrase contre toi, et qu'il ne t'extermine de dessus la terre. ¹⁶ Vous ne tenterez point l'Éternel votre Dieu, comme vous le tentâtes à Massa. ¹⁷ Vous garderez soigneusement les commandements de l'Éternel votre Dieu, et ses lois et ses statuts qu'il t'a prescrits. ¹⁸ Tu feras donc ce qui est droit et bon aux yeux de l'Éternel, afin que tu sois heureux, et que tu entres, et possèdes le bon pays que l'Éternel a juré à tes pères de te donner, ¹⁹ En chassant tous tes ennemis devant toi, comme l'Éternel l'a dit. ²⁰ Quand ton enfant t'interrogera demain, en disant: Que veulent dire les préceptes, et les statuts et les ordonnances que l'Éternel notre Dieu vous a prescrits? ²¹ Tu diras à ton enfant: Nous avons été esclaves de Pharaon en Égypte, et l'Éternel nous a retirés d'Égypte à main forte; ²² Et l'Éternel a fait sous nos yeux,

des signes et des miracles, grands et désastreux, contre l'Égypte, contre Pharaon et contre toute sa maison; 23 Et il nous a fait sortir de là, afin de nous amener au pays qu'il avait juré à nos pères de nous donner. 24 Et l'Éternel nous a commandé de pratiquer tous ces statuts, en craignant l'Éternel notre Dieu, afin que nous soyons toujours heureux, et qu'il préserve notre vie, comme aujourd'hui. 25 Et nous posséderons la justice, quand nous prendrons garde de pratiquer tous ces commandements devant l'Éternel notre Dieu, comme il nous l'a ordonné.

7

1 Quand l'Éternel ton Dieu t'aura fait entrer dans le pays dont tu vas prendre possession, qu'il aura ôté de devant toi beaucoup de nations, les Héthiens, les Guirgasiens, les Amoréens, les Cananéens, les Phéréziens, les Héviens et les Jébusiens, sept nations plus grandes et plus puissantes que toi, 2 Et que l'Éternel ton Dieu te les aura livrées, et que tu les auras battues, tu les voueras à l'interdit; tu ne traiteras point alliance avec elles, et tu ne leur feras point grâce; 3 Tu ne t'allieras point par mariage avec elles; tu ne donneras point tes filles à leurs fils, et tu ne prendras point leurs filles pour tes fils, 4 Car elles détourneraient tes enfants de mon obéissance, et ils serviraient d'autres dieux, et la colère de l'Éternel s'allumerait contre vous, et il t'exterminerait promptement. 5 Mais vous agirez ainsi à leur égard: Vous démolirez leurs autels, vous briserez leurs statues, vous abattrez leurs emblèmes d'Ashéra, et vous brûlerez au feu leurs images taillées. 6 Car tu es un peuple consacré à l'Éternel ton Dieu; l'Éternel ton Dieu t'a choisi, afin que tu lui sois un peuple particulier, d'entre tous les peuples qui sont sur la face de la terre. 7 Ce n'est pas parce que vous étiez plus nombreux que tous les autres peuples, que l'Éternel s'est attaché à vous, et vous a choisis; car vous étiez le plus petit de tous les peuples; 8 Mais, c'est parce que l'Éternel vous aime, et parce qu'il garde le serment qu'il a fait à vos pères, que l'Éternel vous a retirés à main forte, et qu'il t'a racheté de la maison de servitude, de la main de Pharaon, roi d'Égypte. 9 Reconnais donc que c'est l'Éternel ton Dieu qui est Dieu, le Dieu fidèle, qui garde son alliance et sa miséricorde jusqu'à mille générations à ceux qui l'aiment et qui observent ses commandements, 10 Et qui rend la pareille en face à ceux qui le haïssent, pour les faire périr. Il ne diffère point envers celui qui le hait; il lui rend la pareille en face. 11 Prends donc garde aux commandements, aux statuts et aux ordonnances que je te donne aujourd'hui, pour les pratiquer. 12 Et il arrivera que si, après avoir entendu ces ordonnances, vous les gardez et les pratiquez, l'Éternel ton Dieu te gardera l'alliance et la miséricorde qu'il a jurées à tes pères; 13 Il t'aimera, il te bénira, il te multipliera, il bénira le fruit de tes entrailles et le fruit de ton sol, ton froment, ton moût et ton huile, les portées de tes vaches et de tes brebis, sur la terre qu'il a juré à tes pères de te donner; 14 Tu seras béni plus que tous les peuples: au milieu de toi, ni parmi ton bétail, il n'y aura ni mâle ni femelle stérile; 15 L'Éternel détournera de toi toutes les maladies; et toutes ces langueurs malignes d'Égypte que tu as connues, il ne les mettra point sur toi; mais il les fera venir sur tous ceux qui te haïssent. 16 Tu détruiras donc tous les peuples que l'Éternel ton Dieu te livre; ton œil sera pour eux sans pitié, et tu ne serviras point leurs dieux; car ce serait un piège pour toi. 17 Si tu dis en ton cœur: Ces nations sont plus nombreuses que moi, comment pourrai-je les déposséder? 18 Ne les crains point; souviens-toi bien de ce que l'Éternel ton Dieu a fait à Pharaon et à tous les Égyptiens, 19 Des grandes épreuves que tes yeux ont vues, des signes et des miracles, de la main forte, et du bras étendu par lequel l'Éternel ton Dieu t'a fait sortir d'Égypte; c'est ainsi que l'Éternel ton Dieu traitera tous les peuples que tu crains. 20 Et même, l'Éternel ton Dieu enverra contre eux les frelons, jusqu'à ce que ceux qui resteront et ceux qui

se cacheront aient péri de devant toi. 21 Ne t'effraie point à cause d'eux; car l'Éternel ton Dieu est, au milieu de toi, un Dieu grand et terrible. 22 Cependant, l'Éternel ton Dieu ôtera ces nations de devant toi peu à peu; tu ne pourras pas en venir à bout promptement, de peur que les bêtes des champs ne se multiplient contre toi; 23 Mais l'Éternel ton Dieu te les livrera, et les effraiera d'un grand effroi, jusqu'à ce qu'elles soient exterminées. 24 Et il livrera leurs rois entre tes mains, et tu feras périr leur nom de dessous les cieux; nul ne pourra subsister devant toi, jusqu'à ce que tu les aies exterminés. 25 Vous brûlerez au feu les images taillées de leurs dieux. Tu ne convoiteras point et ne prendras point pour toi l'argent et l'or qui seront sur elles, de peur que ce ne soit un piège pour toi; car c'est l'abomination de l'Éternel ton Dieu. 26 Tu n'introduiras donc point dans ta maison de chose abominable, afin que tu ne deviennes pas, comme elle, un interdit; tu l'auras en horreur et en abomination; car c'est un interdit.

8

1 Prenez garde de pratiquer tous les commandements que je vous donne aujourd'hui, afin que vous viviez, et que vous multipliiez, et que vous entriez et possédiez le pays que l'Éternel a juré de donner à vos pères. 2 Et souviens-toi de tout le chemin par lequel l'Éternel ton Dieu t'a fait marcher, pendant ces quarante ans, dans le désert, afin de t'humilier et de t'éprouver, pour connaître ce qui était dans ton cœur, et savoir si tu garderais ses commandements, ou non. 3 Il t'a donc humilié et t'a laissé avoir faim; mais il t'a fait manger la manne, que tu ne connaissais pas et que n'avaient pas connue tes pères; afin de te faire connaître que l'homme ne vivra pas de pain seulement, mais que l'homme vivra de tout ce qui sort de la bouche de l'Éternel. 4 Ton vêtement ne s'est point usé sur toi, et ton pied ne s'est point enflé pendant ces quarante années. 5 Reconnais donc en ton cœur que l'Éternel ton Dieu te châtie, comme un homme châtie son enfant. 6 Garde les commandements de l'Éternel ton Dieu, pour marcher dans ses voies et pour le craindre; 7 Car l'Éternel ton Dieu va te faire entrer dans un bon pays, un pays de torrents d'eaux, de sources, et de flots jaillissant par la vallée et par la montagne; 8 Un pays de blé, d'orge, de vignes, de figuiers et de grenadiers; un pays d'oliviers donnant l'huile, et de miel; 9 Un pays où tu ne mangeras pas ton pain avec insuffisance, où tu ne manqueras de rien; un pays dont les pierres sont du fer, et des montagnes duquel tu tailleras l'airain. 10 Tu mangeras donc, et tu seras rassasié, et tu béniras l'Éternel ton Dieu, à cause du bon pays qu'il t'aura donné. 11 Prends garde à toi, de peur que tu n'oublies l'Éternel ton Dieu, en ne gardant point ses commandements, ses ordonnances et ses statuts, que je te commande aujourd'hui d'observer; 12 De peur qu'après que tu auras mangé, et que tu te seras rassasié, et que tu auras bâti de belles maisons, afin d'y habiter, 13 Et que ton gros et ton menu bétail se sera multiplié, et que tu auras acquis beaucoup d'argent et d'or, et que tout ce que tu as se sera accru, 14 Alors ton cœur ne s'élève, et que tu n'oublies l'Éternel ton Dieu, qui t'a retiré du pays d'Égypte, de la maison de servitude; 15 Qui t'a fait marcher par ce désert grand et affreux, plein de serpents brûlants et de scorpions, désert aride, où il n'y a point d'eau; qui t'a fait sortir de l'eau du rocher le plus dur; 16 Qui te donne à manger, dans le désert, la manne que tes pères n'avaient point connue, afin de t'humilier et de t'éprouver, pour te faire du bien à la fin; 17 Et que tu ne dises en ton cœur: Ma puissance et la force de ma main m'ont acquis ces biens. 18 Mais tu te souviendras de l'Éternel ton Dieu; car c'est lui qui te donne la force pour acquérir des biens, afin de confirmer son alliance qu'il a jurée à tes pères, comme tu le vois aujourd'hui. 19 Que s'il arrive que tu oublies l'Éternel ton Dieu, et que tu ailles après d'autres dieux, et que tu les serves, et que tu te prosternes devant eux, je vous le proteste aujourd'hui: certainement

vous périrez! [20] Vous périrez comme les nations que l'Éternel fait périr devant vous, parce que vous n'aurez point obéi à la voix de l'Éternel votre Dieu.

9

[1] Écoute, Israël! Tu vas passer aujourd'hui le Jourdain, pour aller conquérir des nations plus grandes et plus fortes que toi, des villes grandes et fortifiées jusqu'au ciel, [2] Un peuple grand et de haute taille, les descendants des Anakim que tu connais, et dont tu as entendu dire: Qui subsistera devant les descendants d'Anak? [3] Sache donc aujourd'hui que l'Éternel, ton Dieu, qui passe devant toi, est un feu consumant; c'est lui qui les détruira et qui les abaissera devant toi; tu les chasseras, et tu les feras périr promptement, comme l'Éternel te l'a dit. [4] Ne dis point en ton cœur, quand l'Éternel ton Dieu les aura chassés devant toi: C'est à cause de ma justice que l'Éternel m'a amené pour posséder ce pays; car c'est à cause de l'impiété de ces nations que l'Éternel va les déposséder devant toi. [5] Ce n'est point à cause de ta justice, ni de la droiture de ton cœur, que tu entres dans leur pays pour le posséder; mais c'est à cause de l'impiété de ces nations que l'Éternel ton Dieu va les déposséder devant toi, et afin de réaliser la parole que l'Éternel a jurée à tes pères, Abraham, Isaac et Jacob. [6] Sache donc que ce n'est point pour ta justice que l'Éternel ton Dieu te donne ce bon pays pour le posséder; car tu es un peuple de cou roide. [7] Souviens-toi, n'oublie pas que tu as fort irrité l'Éternel ton Dieu dans le désert; depuis le jour où tu es sorti du pays d'Égypte, jusqu'à votre arrivée en ce lieu, vous avez été rebelles contre l'Éternel. [8] Vous avez aussi irrité l'Éternel en Horeb; et l'Éternel se mit en colère contre vous, pour vous détruire. [9] Quand je montai sur la montagne, pour prendre les tables de pierre, les tables de l'alliance que l'Éternel a traitée avec vous, je demeurai sur la montagne quarante jours et quarante nuits, sans manger de pain, ni boire d'eau; [10] Et l'Éternel me donna les deux tables de pierre, écrites du doigt de Dieu, et sur lesquelles étaient toutes les paroles que l'Éternel avait prononcées, lorsqu'il parlait avec vous sur la montagne, du milieu du feu, au jour de l'assemblée. [11] Et il arriva qu'au bout de quarante jours et quarante nuits, l'Éternel me donna les deux tables de pierre, les tables de l'alliance. [12] Puis l'Éternel me dit: Lève-toi, hâte-toi de descendre d'ici; car ton peuple, que tu as fait sortir d'Égypte, s'est corrompu; ils se sont bientôt détournés de la voie que je leur avais prescrite; ils se sont fait une image de fonte. [13] L'Éternel me parla aussi, en disant: J'ai regardé ce peuple, et voici, c'est un peuple de cou roide; [14] Laisse-moi, et je les détruirai, et j'effacerai leur nom de dessous les cieux; mais je te ferai devenir une nation plus puissante et plus grande que celle-ci. [15] Je retournai donc et je descendis de la montagne (or, la montagne était tout en feu), ayant les deux tables de l'alliance dans mes deux mains. [16] Alors je regardai, et voici, vous aviez péché contre l'Éternel votre Dieu, vous vous étiez fait un veau de fonte, vous vous étiez bientôt détournés de la voie que l'Éternel vous avait prescrite. [17] Alors je saisis les deux tables, et je les jetai de mes mains, et je les rompis devant vos yeux. [18] Puis je me prosternai devant l'Éternel comme auparavant, quarante jours et quarante nuits, sans manger de pain ni boire d'eau, à cause de tout le péché que vous aviez commis en faisant ce qui est mal aux yeux de l'Éternel, pour l'irriter; [19] Car je craignais la colère et la fureur dont l'Éternel était enflammé contre vous pour vous détruire; et l'Éternel m'exauça encore cette fois. [20] L'Éternel fut aussi fort irrité contre Aaron, voulant le faire périr; mais je priai aussi pour Aaron en ce temps-là. [21] Puis je pris votre péché, le veau que vous aviez fait, et je le brûlai au feu, et je le mis en pièces et le moulus jusqu'à ce qu'il fût réduit en poudre; et j'en jetai la poudre au torrent qui descendait de la montagne. [22] Vous avez aussi fort irrité

l'Éternel à Thabeéra, à Massa et à Kibroth-Hatthaava. ²³ Et quand l'Éternel vous envoya de Kadès-Barnéa, en disant: Montez, et prenez possession du pays que je vous ai donné; vous vous rebellâtes contre le commandement de l'Éternel votre Dieu, et vous ne le crûtes point, et vous n'obéîtes point à sa voix. ²⁴ Vous avez été rebelles à l'Éternel, depuis le jour que je vous connais. ²⁵ Je me prosternai donc devant l'Éternel les quarante jours et les quarante nuits, durant lesquels je me prosternai, parce que l'Éternel avait dit qu'il vous détruirait; ²⁶ Et je priai l'Éternel, et je dis: Seigneur Éternel, ne détruis pas ton peuple et ton héritage, que tu as racheté par ta grandeur, que tu as retiré d'Égypte à main forte. ²⁷ Souviens-toi de tes serviteurs Abraham, Isaac et Jacob; ne regarde point à la dureté de ce peuple, ni à sa méchanceté, ni à son péché; ²⁸ De peur que les habitants du pays d'où tu nous as fait sortir, ne disent: Parce que l'Éternel ne pouvait pas les faire entrer au pays dont il leur avait parlé, et parce qu'il les haïssait, il les a fait sortir pour les faire mourir dans le désert. ²⁹ Cependant ils sont ton peuple et ton héritage, que tu as retiré d'Égypte par ta grande puissance et ton bras étendu.

10

¹ En ce temps-là, l'Éternel me dit: Taille-toi deux tables de pierre, comme les premières, et monte vers moi sur la montagne; tu te feras aussi une arche de bois. ² Et j'écrirai sur ces tables les paroles qui étaient sur les premières tables que tu as brisées, et tu les mettras dans l'arche. ³ Je fis donc une arche de bois de Sittim, et je taillai deux tables de pierre, comme les premières, et je montai sur la montagne, ayant les deux tables en ma main. ⁴ Et il écrivit sur ces tables ce qu'il avait écrit la première fois, les dix paroles que l'Éternel avait prononcées lorsqu'il parlait avec vous sur la montagne, du milieu du feu, au jour de l'assemblée; puis l'Éternel me les donna. ⁵ Et je retournai, et je descendis de la montagne; et je mis les tables dans l'arche que j'avais faite; et elles y sont demeurées, comme l'Éternel me l'avait commandé. ⁶ Or, les enfants d'Israël partirent de Beéroth Bené-Jaakan, pour Moséra. Aaron mourut là, et y fut enseveli; et Éléazar, son fils, fut sacrificateur à sa place. ⁷ De là ils partirent pour Gud-goda, et de Gudgoda pour Jotbatha, pays de torrents d'eaux. ⁸ En ce temps-là, l'Éternel sépara la tribu de Lévi pour porter l'arche de l'alliance de l'Éternel, pour se tenir devant l'Éternel, pour le servir, et pour bénir en son nom, jusqu'à ce jour. ⁹ C'est pourquoi Lévi n'a point de portion ni d'héritage avec ses frères; c'est l'Éternel qui est son héritage, comme l'Éternel ton Dieu le lui a dit. ¹⁰ Je me tins donc sur la montagne, comme la première fois, quarante jours et quarante nuits; et l'Éternel m'exauça encore cette fois; l'Éternel ne voulut point te détruire. ¹¹ Mais l'Éternel me dit: Lève-toi; va pour marcher devant le peuple, afin qu'ils entrent, et possèdent le pays que j'ai juré à leurs pères de leur donner. ¹² Maintenant donc, Israël, que demande de toi l'Éternel ton Dieu, sinon que tu craignes l'Éternel ton Dieu, que tu marches dans toutes ses voies, que tu l'aimes, et que tu serves l'Éternel ton Dieu, de tout ton cœur et de toute ton âme, ¹³ Et que tu observes les commandements de l'Éternel et ses statuts que je te commande aujourd'hui, pour que tu sois heureux? ¹⁴ Voici, à l'Éternel ton Dieu appartiennent les cieux et les cieux des cieux, la terre et tout ce qui y est. ¹⁵ Cependant l'Éternel n'a pris en affection que tes pères, pour les aimer; et après eux, d'entre tous les peuples, il vous a choisis, vous leur postérité, comme vous le voyez aujourd'hui. ¹⁶ Circoncisez donc votre cœur, et ne roidissez plus votre cou; ¹⁷ Car l'Éternel votre Dieu est le Dieu des dieux et le Seigneur des seigneurs, le Dieu grand, puissant et terrible, qui n'a point d'égard à l'apparence des personnes et ne reçoit point de présents; ¹⁸ Qui fait droit à l'orphelin et à la veuve, qui aime l'étranger, pour lui donner la nourriture

et le vêtement. [19] Vous aimerez donc l'étranger; car vous avez été étrangers dans le pays d'Égypte. [20] Tu craindras l'Éternel ton Dieu, tu le serviras, tu t'attacheras à lui, et tu jureras par son nom. [21] C'est lui qui est ta louange, et il est ton Dieu, qui a fait à ton égard ces choses grandes et terribles que tes yeux ont vues. [22] Tes pères descendirent en Égypte au nombre de soixante et dix âmes; et maintenant, l'Éternel ton Dieu t'a fait égaler en nombre les étoiles des cieux.

11

[1] Aime donc l'Éternel ton Dieu, et garde toujours ce qu'il veut que tu gardes, ses statuts, ses lois et ses commandements. [2] Et reconnaissez aujourd'hui (car il ne s'agit pas de vos enfants, qui ne l'ont point connu et qui ne l'ont point vu), le châtiment de l'Éternel votre Dieu, sa grandeur, sa main forte, et son bras étendu, [3] Et ses signes, et les œuvres qu'il fit au milieu de l'Égypte, contre Pharaon, roi d'Égypte, et contre tout son pays; [4] Et ce qu'il fit à l'armée d'Égypte, à ses chevaux et à ses chars, quand il fit refluer contre eux les eaux de la mer Rouge, lorsqu'ils vous poursuivaient, et que l'Éternel les détruisit, jusqu'à ce jour; [5] Et ce qu'il vous a fait dans le désert, jusqu'à votre arrivée en ce lieu; [6] Et ce qu'il fit à Dathan et à Abiram, fils d'Éliab, fils de Ruben; comment la terre ouvrit sa bouche et les engloutit, au milieu de tout Israël, avec leurs familles et leurs tentes, et tous les êtres qui les suivaient. [7] Car ce sont vos yeux qui ont vu toute la grande œuvre que l'Éternel a faite. [8] Vous garderez donc tous les commandements que je vous donne aujourd'hui, afin que vous vous fortifiiez, et que vous entriez et vous empariez du pays où vous allez passer pour en prendre possession; [9] Et afin que vous prolongiez vos jours sur la terre que l'Éternel a juré à vos pères de leur donner, à eux et à leur postérité, pays où coulent le lait et le miel. [10] Car le pays où tu vas entrer pour le posséder, n'est pas comme le pays d'Égypte d'où vous êtes sortis, où tu semais ta semence, et que ton pied se fatiguait à arroser comme un jardin potager; [11] Mais le pays où vous allez passer pour le posséder, est un pays de montagnes et de vallées, et il est abreuvé des eaux de la pluie du ciel. [12] C'est un pays dont l'Éternel ton Dieu a soin; les yeux de l'Éternel ton Dieu sont continuellement sur lui, depuis le commencement de l'année jusqu'à la fin. [13] Il arrivera donc que si vous obéissez à mes commandements que je vous donne aujourd'hui d'aimer l'Éternel votre Dieu et de le servir de tout votre cœur et de toute votre âme, [14] Je donnerai en son temps la pluie à votre pays, la pluie de la première et de la dernière saison; et tu recueilleras ton froment, ton moût et ton huile. [15] Je mettrai aussi dans ton champ de l'herbe pour ton bétail, et tu mangeras et tu seras rassasié. [16] Prenez garde à vous, de peur que votre cœur ne se laisse séduire, et que vous ne vous détourniez, et ne serviez d'autres dieux, et ne vous prosterniez devant eux; [17] Et que la colère de l'Éternel ne s'allume contre vous, et qu'il ne ferme les cieux, en sorte qu'il n'y ait point de pluie, et que le sol ne donne plus son produit, et que vous ne périssiez bientôt de dessus ce bon pays que l'Éternel vous donne. [18] Mettez donc mes paroles que voici, dans votre cœur et dans votre âme; liez-les comme un signe sur votre main, et qu'elles soient comme des fronteaux entre vos yeux; [19] Et enseignez-les à vos enfants, en en parlant quand tu te tiens dans ta maison, quand tu marches par le chemin, quand tu te couches et quand tu te lèves. [20] Tu les écriras aussi sur les poteaux de ta maison et sur tes portes; [21] Afin que vos jours et les jours de vos enfants, sur le sol que l'Éternel a juré à vos pères de leur donner, soient multipliés comme les jours des cieux sur la terre. [22] Car si vous gardez avec soin tous ces commandements que je vous ordonne de pratiquer, aimant l'Éternel votre Dieu, marchant dans toutes ses voies et vous attachant à lui, [23] L'Éternel dépossédera devant vous toutes ces nations, et vous vous rendrez maîtres

de nations plus grandes et plus puissantes que vous. ²⁴ Tout lieu que foulera la plante de votre pied, sera à vous; votre frontière sera depuis le désert et le Liban, depuis le fleuve, le fleuve de l'Euphrate, jusqu'à la mer occidentale. ²⁵ Nul ne subsistera devant vous; l'Éternel votre Dieu répandra la terreur et l'effroi qu'on aura de vous, par tout le pays où vous marcherez, comme il vous l'a dit. ²⁶ Voyez, je mets aujourd'hui devant vous la bénédiction et la malédiction; ²⁷ La bénédiction, si vous obéissez aux commandements de l'Éternel votre Dieu, que je vous prescris aujourd'hui; ²⁸ Et la malédiction, si vous n'obéissez point aux commandements de l'Éternel votre Dieu, et si vous vous détournez de la voie que je vous prescris aujourd'hui, pour marcher après d'autres dieux que vous n'avez point connus. ²⁹ Or, quand l'Éternel ton Dieu t'aura fait entrer au pays où tu vas, pour le posséder, alors tu prononceras les bénédictions sur le mont Garizim et les malédictions sur le mont Ébal. ³⁰ Ne sont-ils pas au delà du Jourdain, vers le chemin du soleil couchant, au pays des Cananéens qui demeurent dans la campagne, vis-à-vis de Guilgal, près des chênes de Moré? ³¹ Car vous allez passer le Jourdain, pour entrer en possession du pays que l'Éternel votre Dieu vous donne; et vous le posséderez, et vous y habiterez. ³² Vous prendrez donc garde de pratiquer tous les statuts et toutes les lois que je mets devant vous aujourd'hui.

12

¹ Voici les statuts et les ordonnances que vous prendrez garde de pratiquer, dans le pays que l'Éternel, le Dieu de tes pères, t'a donné pour le posséder, pendant tout le temps que vous vivrez sur la terre. ² Vous détruirez tous les lieux où les nations que vous allez déposséder auront servi leurs dieux, sur les hautes montagnes, et sur les coteaux et sous tout arbre vert. ³ Vous démolirez aussi leurs autels, vous briserez leurs statues, vous brûlerez leurs emblèmes d'Ashéra; vous mettrez en pièces les images taillées de leurs dieux, et vous ferez disparaître leur nom de ce lieu-là. ⁴ Vous ne ferez pas ainsi à l'égard de l'Éternel votre Dieu; ⁵ Mais vous rechercherez sa demeure, au lieu que l'Éternel votre Dieu aura choisi d'entre toutes vos tribus pour y mettre son nom; et c'est là que tu iras. ⁶ Et vous apporterez là vos holocaustes, vos sacrifices, vos dîmes, et l'oblation de vos mains, vos vœux, vos offrandes volontaires, et les premiers-nés de votre gros et de votre menu bétail; ⁷ Et vous mangerez là devant l'Éternel votre Dieu, et vous vous réjouirez, vous et vos familles, de toutes les choses auxquelles vous aurez mis la main et dans lesquelles l'Éternel ton Dieu t'aura béni. ⁸ Vous ne ferez pas comme nous faisons ici aujourd'hui, chacun selon ce qui lui semble bon; ⁹ Car vous n'êtes point encore parvenus au repos et à l'héritage que l'Éternel ton Dieu te donne. ¹⁰ Vous passerez donc le Jourdain, et vous habiterez au pays que l'Éternel votre Dieu vous donne en héritage. Et il vous donnera du repos, en vous garantissant de tous vos ennemis, tout autour; et vous habiterez en sécurité. ¹¹ Alors, il y aura un lieu que l'Éternel votre Dieu choisira pour y faire habiter son nom; c'est là que vous apporterez tout ce que je vous commande, vos holocaustes, vos sacrifices, vos dîmes, l'oblation de vos mains, et toute offrande de choix pour les vœux que vous aurez voués à l'Éternel; ¹² Et vous vous réjouirez devant l'Éternel votre Dieu, vous, vos fils, vos filles, vos serviteurs et vos servantes, ainsi que le Lévite qui sera dans vos portes, car il n'a point de portion ni d'héritage avec vous. ¹³ Prends bien garde de ne point offrir tes holocaustes dans tous les lieux que tu verras; ¹⁴ Mais tu offriras tes holocaustes dans le lieu que l'Éternel choisira dans l'une de tes tribus, et tu y feras tout ce que je te commande. ¹⁵ Toutefois, tu pourras tuer et manger de la chair, selon tous tes désirs, dans toutes tes portes, selon la bénédiction que l'Éternel ton Dieu t'aura donnée; celui qui sera souillé et celui qui sera pur en mangeront, comme on mange du

daim et du cerf. ¹⁶ Seulement vous ne mangerez point le sang: tu le répandras sur la terre comme de l'eau. ¹⁷ Tu ne pourras point manger dans tes portes, la dîme de ton froment, ni de ton moût, ni de ton huile, ni les premiers-nés de ton gros et de ton menu bétail, ni ce que tu auras voué, ni tes offrandes volontaires, ni l'oblation de tes mains. ¹⁸ Mais tu les mangeras devant l'Éternel ton Dieu, au lieu que l'Éternel ton Dieu choisira, toi, ton fils, ta fille, ton serviteur et ta servante, et le Lévite qui est dans tes portes, et tu te réjouiras devant l'Éternel ton Dieu de tout ce à quoi tu auras mis la main. ¹⁹ Garde-toi, tout le temps que tu vivras sur la terre, d'abandonner le Lévite. ²⁰ Quand l'Éternel ton Dieu aura élargi ta frontière, comme il t'en a parlé, et que tu diras: Je voudrais manger de la chair! parce que ton âme souhaitera de manger de la chair, tu pourras en manger selon tous tes désirs. ²¹ Si le lieu que l'Éternel ton Dieu aura choisi pour y mettre son nom, est loin de toi, tu pourras tuer de ton gros ou de ton menu bétail que l'Éternel ton Dieu t'aura donné, comme je te l'ai commandé, et tu en mangeras dans tes portes, selon tous tes désirs. ²² Tu en mangeras simplement comme on mange du daim et du cerf; celui qui sera souillé et celui qui sera pur en mangeront également. ²³ Seulement garde-toi de manger le sang; car le sang c'est l'âme, et tu ne mangeras point l'âme avec la chair. ²⁴ Tu ne le mangeras point; tu le répandras sur la terre comme de l'eau. ²⁵ Tu ne le mangeras point, afin que tu sois heureux, toi et tes enfants après toi, parce que tu auras fait ce qui est droit aux yeux de l'Éternel. ²⁶ Seulement tu prendras les choses consacrées qui t'appartiendront, et ce que tu auras voué, et tu viendras au lieu que l'Éternel aura choisi; ²⁷ Et tu offriras tes holocaustes, la chair et le sang, sur l'autel de l'Éternel ton Dieu; mais le sang de tes autres sacrifices sera répandu sur l'autel de l'Éternel ton Dieu, et tu en mangeras la chair. ²⁸ Garde et écoute toutes ces choses que je te commande, afin que tu sois heureux, toi et tes enfants après toi, à jamais, parce que tu feras ce qui est bon et droit aux yeux de l'Éternel ton Dieu. ²⁹ Quand l'Éternel ton Dieu aura exterminé de devant toi les nations, vers lesquelles tu vas pour les déposséder, et que tu les auras dépossédées, et que tu habiteras dans leur pays, ³⁰ Prends garde à toi, de peur que tu ne tombes dans le piège en les suivant, quand elles auront été détruites de devant toi, et que tu ne recherches leurs dieux, en disant: Comment ces nations servaient-elles leurs dieux? que je fasse de même, moi aussi. ³¹ Tu n'agiras point ainsi à l'égard de l'Éternel ton Dieu; car elles ont fait à leurs dieux tout ce qui est en abomination à l'Éternel, et qu'il déteste; et même elles ont brûlé au feu leurs fils et leurs filles en l'honneur de leurs dieux. ³² Vous aurez soin de faire tout ce que je vous commande: Tu n'y ajouteras rien, et tu n'en retrancheras rien.

13

¹ S'il s'élève au milieu de toi un prophète ou un songeur, qui te donne un signe ou un miracle, ² Et que ce signe ou ce miracle, dont il t'aura parlé, arrive, et qu'il te dise: Allons après d'autres dieux que tu n'as point connus, et servons-les; ³ Tu n'écouteras point les paroles de ce prophète, ni de ce songeur; car l'Éternel, votre Dieu, vous éprouve, pour savoir si vous aimez l'Éternel votre Dieu, de tout votre cœur et de toute votre âme. ⁴ Vous suivrez l'Éternel votre Dieu, vous le craindrez, vous garderez ses commandements, vous obéirez à sa voix, vous le servirez et vous vous attacherez à lui. ⁵ Mais on fera mourir ce prophète ou ce songeur; car il a parlé de se révolter contre l'Éternel votre Dieu, qui vous a retirés du pays d'Égypte et qui vous a rachetés de la maison de servitude, pour te pousser hors de la voie où l'Éternel ton Dieu t'a prescrit de marcher. Ainsi tu extermineras le méchant du milieu de toi. ⁶ Quand ton frère, fils de ta mère, ou ton fils, ou ta fille, ou ta femme bien-aimée, ou ton ami, qui t'est comme ton âme, t'excitera en secret, en disant:

Allons et servons d'autres dieux, que tu n'as pas connus, ni toi, ni tes pères, ⁷ D'entre les dieux des peuples qui sont autour de vous, près de toi ou loin de toi, d'un bout de la terre jusqu'à l'autre, ⁸ N'aie point de complaisance pour lui, et ne l'écoute point; que ton œil aussi ne l'épargne point; ne sois point touché de compassion et ne le cache point. ⁹ Mais tu ne manqueras point de le faire mourir; ta main sera la première sur lui pour le mettre à mort, et ensuite la main de tout le peuple. ¹⁰ Et tu l'assommeras de pierres, et il mourra, parce qu'il a cherché à t'éloigner de l'Éternel ton Dieu, qui t'a retiré du pays d'Égypte, de la maison de servitude. ¹¹ Et tout Israël l'entendra et craindra, et l'on ne fera plus une si méchante action au milieu de toi. ¹² Quand tu entendras dire de l'une de tes villes que l'Éternel ton Dieu te donne pour y habiter; ¹³ Des gens pervers sont sortis du milieu de toi, et ont poussé les habitants de leur ville, en disant: Allons, et servons d'autres dieux que vous n'avez point connus; ¹⁴ Tu chercheras, et t'informeras, et t'enquerras soigneusement; et si tu trouves que ce qu'on a dit soit véritable et certain, et qu'une telle abomination se soit accomplie au milieu de toi, ¹⁵ Tu feras passer les habitants de cette ville au fil de l'épée; tu la voueras à l'interdit, avec tout ce qui y sera, et tu en passeras le bétail au fil de l'épée. ¹⁶ Puis tu rassembleras au milieu de la place tout son butin, et tu brûleras entièrement cette ville et tout son butin, devant l'Éternel ton Dieu, et elle sera à toujours un monceau de ruines; elle ne sera plus rebâtie. ¹⁷ Et il ne demeurera rien de l'interdit en ta main, afin que l'Éternel revienne de l'ardeur de sa colère, et qu'il te fasse miséricorde, et qu'il ait pitié de toi, et qu'il te multiplie, comme il l'a juré à tes pères, ¹⁸ Parce que tu auras obéi à la voix de l'Éternel ton Dieu, pour garder ses commandements que je te prescris aujourd'hui, pour faire ce qui est droit aux yeux de l'Éternel ton Dieu.

14

¹ Vous êtes les enfants de l'Éternel votre Dieu. Ne vous faites point d'incision, et ne vous rasez point entre les yeux pour un mort; ² Car tu es un peuple consacré à l'Éternel ton Dieu, et l'Éternel t'a choisi d'entre tous les peuples qui sont sur la face de la terre, pour que tu lui sois un peuple particulier. ³ Tu ne mangeras aucune chose abominable. ⁴ Voici les animaux que vous mangerez: le bœuf, le mouton et la chèvre, ⁵ Le cerf, la gazelle, le daim, le chamois, le chevreuil, le bœuf sauvage et la girafe. ⁶ Et vous mangerez d'entre les animaux, tous ceux qui ont l'ongle divisé et le pied fourché, et qui ruminent. ⁷ Seulement, voici ce que vous ne mangerez point d'entre ceux qui ruminent et d'entre ceux qui ont l'ongle divisé et le pied fourché: le chameau, le lièvre et le lapin; car ils ruminent, mais ils n'ont point l'ongle divisé: ils vous seront souillés; ⁸ Le pourceau aussi; car il a l'ongle divisé, mais il ne rumine point: il vous sera souillé. Vous ne mangerez point de leur chair; et vous ne toucherez point leur cadavre. ⁹ Voici ce que vous mangerez de tout ce qui est dans les eaux. Vous mangerez tout ce qui a des nageoires et des écailles; ¹⁰ Mais tout ce qui n'a point de nageoires ni d'écailles, vous ne le mangerez point; cela vous sera souillé. ¹¹ Vous mangerez tout oiseau pur. ¹² Mais voici ceux dont vous ne mangerez point: l'aigle, l'orfraie, le vautour, ¹³ L'autour, le faucon et le milan selon son espèce; ¹⁴ Et tout corbeau, selon son espèce; ¹⁵ Et l'autruche, le coucou, et la mouette, et l'épervier, selon son espèce; ¹⁶ La chouette, le hibou, le cygne, ¹⁷ Le pélican, le cormoran, le plongeon, ¹⁸ La cigogne et le héron, selon son espèce; la huppe et la chauve-souris. ¹⁹ Et tout reptile qui vole vous sera souillé; on n'en mangera point. ²⁰ Vous mangerez tout oiseau pur. ²¹ Vous ne mangerez d'aucune bête morte; tu la donneras à l'étranger qui sera dans tes portes, et il la mangera, ou on la vendra à un étranger. Car tu es un peuple consacré à l'Éternel ton Dieu. Tu ne feras point cuire le chevreau dans le lait de sa mère. ²² Tu ne manqueras point de donner la dîme de tout

le produit de ce que tu auras semé, de ce qui sortira de ton champ, chaque année. ²³ Et tu mangeras, devant l'Éternel ton Dieu, au lieu qu'il aura choisi pour y faire habiter son nom, la dîme de ton froment, de ton vin, de ton huile, et les premiers-nés de ton gros et de ton menu bétail, afin que tu apprennes à craindre toujours l'Éternel ton Dieu. ²⁴ Mais si le chemin est trop long pour toi, en sorte que tu ne puisses porter toutes ces choses, parce que le lieu que l'Éternel ton Dieu aura choisi pour y mettre son nom, sera trop loin de toi, quand l'Éternel ton Dieu t'aura béni, ²⁵ Alors tu les convertiras en argent, et tu serreras l'argent en ta main; tu iras au lieu que l'Éternel ton Dieu aura choisi, ²⁶ Et tu donneras l'argent en échange de tout ce que tu désireras, gros ou menu bétail, vin ou boisson forte, et tout ce que tu souhaiteras; et tu le mangeras là, devant l'Éternel ton Dieu, et tu te réjouiras, toi et ta famille. ²⁷ Et tu n'abandonneras point le Lévite qui est dans tes portes, parce qu'il n'a point de portion ni d'héritage avec toi. ²⁸ Au bout de trois ans, tu tireras toutes les dîmes de ton revenu de cette année-là, et tu les déposeras dans tes portes. ²⁹ Alors le Lévite, qui n'a point de portion ni d'héritage avec toi, et l'étranger, l'orphelin et la veuve, qui seront dans tes portes, viendront et mangeront, et se rassasieront; afin que l'Éternel ton Dieu te bénisse dans toute œuvre que tu feras de ta main.

15

¹ De sept en sept ans tu feras l'année de relâche. ² Et voici comment se fera l'année de relâche. Que tout créancier se relâche de son droit sur ce qu'il a prêté à son prochain, qu'il ne presse point son prochain et son frère, quand on aura proclamé l'année de relâche à l'honneur de l'Éternel. ³ Tu pourras presser l'étranger; mais si tu as affaire avec ton frère, tu lui donneras du relâche, ⁴ Afin qu'il n'y ait point de pauvre chez toi. Car l'Éternel te bénira certainement dans le pays que l'Éternel ton Dieu te donne en héritage pour le posséder, ⁵ Pourvu seulement que tu obéisses à la voix de l'Éternel ton Dieu, pour prendre garde à pratiquer tous ces commandements que je te prescris aujourd'hui. ⁶ Quand l'Éternel ton Dieu t'aura béni, comme il te l'a dit, tu prêteras sur gage à beaucoup de nations, et tu n'emprunteras point sur gage; tu domineras sur beaucoup de nations, et elles ne domineront point sur toi. ⁷ Quand un de tes frères sera pauvre au milieu de toi, dans l'une de tes portes, dans le pays que l'Éternel ton Dieu te donne, tu n'endurciras point ton cœur, et tu ne resserreras ta main devant ton frère pauvre. ⁸ Mais tu ne manqueras pas de lui ouvrir ta main, et de lui prêter sur gage ce dont il aura besoin. ⁹ Prends garde à toi, qu'il n'y ait une pensée impie dans ton cœur, et que tu ne dises: La septième année, l'année de relâche, approche; et que, ton œil étant sans pitié envers ton frère pauvre pour ne lui rien donner, il ne crie contre toi à l'Éternel, et qu'il n'y ait du péché en toi. ¹⁰ Tu ne manqueras point de lui donner, et ton cœur ne lui donnera point à regret; car, à cause de cela, l'Éternel ton Dieu te bénira dans toutes tes œuvres et dans tout ce à quoi tu mettras la main. ¹¹ Car il y aura toujours des pauvres dans le pays; c'est pourquoi je te fais ce commandement, et je te dis: Ne manque point d'ouvrir ta main à ton frère affligé et pauvre dans ton pays. ¹² Quand ton frère d'entre les Hébreux, homme ou femme, te sera vendu, il te servira six ans, mais à la septième année tu le renverras libre de chez toi. ¹³ Et quand tu le renverras libre de chez toi, tu ne le renverras point à vide; ¹⁴ Tu ne manqueras point de le charger de quelque chose de ton troupeau, de ton aire, et de ta cuve; tu lui donneras des biens dont l'Éternel ton Dieu t'aura béni. ¹⁵ Et souviens-toi que tu as été esclave au pays d'Égypte, et que l'Éternel ton Dieu t'en a racheté; c'est pour cela que je te commande ceci aujourd'hui. ¹⁶ Mais s'il arrive qu'il te dise: Je ne sortirai point de chez toi; parce qu'il t'aime, toi et ta maison, parce qu'il se trouve bien avec toi; ¹⁷ Alors tu prendras un poinçon, et tu lui perceras l'oreille contre la porte, et il

sera ton serviteur à toujours; et tu en feras de même à ta servante. 18 Qu'il ne te paraisse point dur de le renvoyer libre de chez toi; car il t'a servi six ans, pour la moitié du salaire d'un mercenaire; et l'Éternel ton Dieu te bénira en tout ce que tu feras. 19 Tu consacreras à l'Éternel ton Dieu tout premier-né mâle qui naîtra de ton gros et de ton menu bétail. Tu ne laboureras point avec le premier-né de ta vache, et tu ne tondras point le premier-né de tes brebis; 20 Tu le mangeras, toi et ta famille, chaque année, devant l'Éternel ton Dieu, au lieu que l'Éternel aura choisi. 21 Mais s'il a quelque défaut, s'il est boiteux ou aveugle, ou s'il a quelque autre mauvais défaut, tu ne le sacrifieras point à l'Éternel ton Dieu, 22 Mais tu le mangeras dans tes portes; celui qui est souillé et celui qui est pur en mangeront l'un et l'autre, comme on mange du daim ou du cerf. 23 Seulement tu n'en mangeras point le sang, tu le répandras sur la terre comme l'eau.

16

1 Observe le mois des épis, et fais la Pâque à l'Éternel ton Dieu; car c'est dans le mois des épis que l'Éternel ton Dieu t'a fait sortir d'Égypte, pendant la nuit. 2 Et sacrifie la Pâque à l'Éternel ton Dieu, du gros et du menu bétail, au lieu que l'Éternel aura choisi pour y faire habiter son nom. 3 Tu ne mangeras point de pain levé avec la Pâque; pendant sept jours, tu mangeras, en la célébrant, des pains sans levain, du pain d'affliction, car tu es sorti à la hâte du pays d'Égypte; afin que tu te souviennes, tous les jours de ta vie, du jour où tu sortis du pays d'Égypte. 4 On ne verra point chez toi de levain, dans tout ton territoire, pendant sept jours; et l'on ne gardera rien jusqu'au matin, de la chair du sacrifice que tu auras fait le soir du premier jour. 5 Tu ne pourras pas sacrifier la Pâque dans l'un quelconque des lieux que l'Éternel ton Dieu te donne; 6 Mais seulement au lieu que l'Éternel ton Dieu aura choisi pour y faire habiter son nom; c'est là que tu sacrifieras la Pâque, le soir, dès que le soleil sera couché, au moment où tu sortis d'Égypte. 7 Et tu la feras cuire et tu la mangeras, au lieu que l'Éternel ton Dieu aura choisi. Et le matin tu t'en retourneras, et t'en iras dans tes tentes. 8 Pendant six jours tu mangeras des pains sans levain, et au septième jour, il y aura une assemblée solennelle à l'Éternel ton Dieu: tu ne feras aucune œuvre. 9 Tu compteras sept semaines; tu commenceras à compter ces sept semaines dès qu'on commencera à mettre la faucille dans la moisson; 10 Puis tu célébreras la fête des semaines à l'honneur de l'Éternel ton Dieu, en présentant de ta main l'offrande volontaire, que tu donneras selon que l'Éternel ton Dieu t'aura béni. 11 Et tu te réjouiras devant l'Éternel ton Dieu, toi, ton fils, ta fille, ton serviteur et ta servante, et le Lévite qui est dans tes portes, et l'étranger, l'orphelin et la veuve qui seront parmi toi, au lieu que l'Éternel ton Dieu aura choisi pour y faire habiter son nom. 12 Et tu te souviendras que tu as été esclave en Égypte, et tu prendras garde à pratiquer ces statuts. 13 Tu célébreras la fête des tabernacles pendant sept jours, quand tu auras recueilli les produits de ton aire et de ta cuve. 14 Et tu te réjouiras en célébrant la fête, toi, ton fils, ta fille, ton serviteur et ta servante, et le Lévite, l'étranger, l'orphelin et la veuve qui seront dans tes portes. 15 Pendant sept jours tu célébreras la fête à l'honneur de l'Éternel ton Dieu, au lieu que l'Éternel aura choisi; car l'Éternel ton Dieu te bénira dans toute ta récolte et dans tout l'ouvrage de tes mains; et tu seras tout entier à ta joie. 16 Trois fois l'année, tout mâle d'entre vous se présentera devant l'Éternel ton Dieu, au lieu qu'il aura choisi: à la fête des pains sans levain, à la fête des semaines, et à la fête des tabernacles; et l'on ne se présentera pas devant l'Éternel à vide. 17 Chacun donnera à proportion de ce qu'il aura, selon la bénédiction que l'Éternel ton Dieu t'aura donnée. 18 Tu t'établiras des juges

et des officiers dans toutes tes portes que l'Éternel ton Dieu te donne, selon tes tribus, et ils jugeront le peuple d'un jugement juste. [19] Tu ne pervertiras point le droit; tu n'auras point égard à l'apparence des personnes; et tu ne prendras pas de présent; car le présent aveugle les yeux des sages, et trouble les paroles des justes. [20] Tu suivras exactement la justice, afin que tu vives et que tu possèdes le pays que l'Éternel ton Dieu te donne. [21] Tu ne te planteras point d'emblème d'Ashéra, aucun arbre, auprès de l'autel que tu dresseras à l'Éternel ton Dieu. [22] Tu ne te dresseras point non plus de statue. Car l'Éternel ton Dieu hait ces choses.

17

[1] Tu ne sacrifieras à l'Éternel ton Dieu, ni taureau, ni agneau ni chevreau qui ait un défaut, un vice d'aucune espèce; car c'est une abomination pour l'Éternel ton Dieu. [2] Quand il se trouvera au milieu de toi, dans quelqu'une des villes que l'Éternel ton Dieu te donne, un homme ou une femme qui fasse ce qui est mauvais aux yeux de l'Éternel ton Dieu, en transgressant son alliance, [3] Et qui aille et serve d'autres dieux, et qui se prosterne devant eux, devant le soleil, ou devant la lune, ou devant toute l'armée des cieux, ce que je n'ai pas commandé; [4] Et que cela t'aura été rapporté, et que tu l'auras appris; alors tu t'informeras exactement, et si tu trouves que ce qu'on a dit soit véritable et certain, et que cette abomination ait eté commise en Israël, [5] Tu feras sortir vers tes portes cet homme, ou cette femme, qui aura fait cette méchante action, soit l'homme, soit la femme, et tu les lapideras, et ils mourront. [6] C'est sur la parole de deux ou trois témoins que sera mis à mort celui qui devra mourir; il ne sera pas mis à mort sur la parole d'un seul témoin. [7] La main des témoins sera la première sur lui pour le faire mourir, et ensuite la main de tout le peuple. Tu ôteras ainsi le méchant du milieu de toi. [8] Quand une affaire sera trop difficile à juger pour toi, qu'il faille distinguer entre sang et sang, entre cause et cause, entre plaie et plaie, objets de contestation dans tes portes, tu te lèveras et tu monteras au lieu que l'Éternel ton Dieu aura choisi; [9] Et tu viendras aux sacrificateurs de la race de Lévi, et au juge qui sera en ce temps-là, et tu les consulteras, et ils te déclareront ce que porte le droit. [10] Et tu agiras conformément à ce qu'ils t'auront déclaré, du lieu que l'Éternel aura choisi, et tu prendras garde à faire selon tout ce qu'ils t'auront enseigné. [11] Tu agiras conformément à la loi qu'ils t'auront enseignée, et selon le droit qu'ils t'auront prononcé; tu ne te détourneras point de ce qu'ils t'auront déclaré, ni à droite ni à gauche. [12] Mais l'homme qui agira avec orgueil et ne voudra point obéir au sacrificateur qui se tient là pour servir l'Éternel ton Dieu, ou au juge, cet homme-là mourra, et tu ôteras le méchant d'Israël; [13] Et tout le peuple l'entendra et craindra, et ils ne s'élèveront plus par orgueil. [14] Quand tu seras entré au pays que l'Éternel ton Dieu te donne, et que tu le posséderas et y demeureras, si tu dis: J'établirai un roi sur moi, comme toutes les nations qui m'entourent, [15] Tu ne manqueras pas de t'établir pour roi celui que l'Éternel ton Dieu aura choisi; tu établiras sur toi un roi d'entre tes frères; tu ne pourras point mettre sur toi un homme étranger, qui ne soit point ton frère. [16] Seulement il ne se procurera point un grand nombre de chevaux, et il ne ramènera point le peuple en Égypte, afin d'augmenter le nombre des chevaux; car l'Éternel vous a dit: Vous ne retournerez plus par ce chemin-là. [17] Il ne prendra pas non plus un grand nombre de femmes, de peur que son cœur ne se détourne; il ne s'amassera pas non plus beaucoup d'argent et d'or. [18] Et dès qu'il sera assis sur son trône royal, il écrira pour lui dans un livre, un double de cette loi, qu'il recevra des sacrificateurs de la race de Lévi. [19] Et ce livre sera avec lui, et il y lira tous les jours de sa vie, afin qu'il apprenne à craindre l'Éternel son Dieu, à prendre garde à toutes les paroles de cette loi et à ces statuts pour les pratiquer;

20 De peur que son cœur ne s'élève au-dessus de ses frères et qu'il ne se détourne de ce commandement, à droite ou à gauche; et afin qu'il prolonge ses jours dans son règne, lui et ses fils, au milieu d'Israël.

18

1 Les sacrificateurs de la race de Lévi, toute la tribu de Lévi, n'auront point de part ni d'héritage avec le reste d'Israël; ils se nourriront des sacrifices faits par le feu à l'Éternel, et de son héritage. 2 Ils n'auront donc point d'héritage parmi leurs frères; l'Éternel est leur héritage, comme il le leur a dit. 3 Or, voici ce que les sacrificateurs auront droit de prendre du peuple, de ceux qui offriront un sacrifice, soit taureau, soit agneau ou chevreau. On donnera au sacrificateur l'épaule, les mâchoires et le ventre. 4 Tu lui donneras les prémices de ton froment, de ton moût et de ton huile, et les prémices de la toison de tes brebis; 5 Car l'Éternel ton Dieu l'a choisi d'entre toutes tes tribus, pour se tenir devant lui, et faire le service au nom de l'Éternel, lui et ses fils, à toujours. 6 Or, quand le Lévite viendra d'une de tes portes, de tout endroit d'Israël où il séjourne, et qu'il viendra, avec tout le désir de son âme, au lieu que l'Éternel aura choisi, 7 Et qu'il fera le service au nom de l'Éternel son Dieu, comme tous ses frères les Lévites qui se tiennent là devant l'Éternel, 8 Il aura pour sa nourriture une portion égale à la leur, outre ce qu'il pourrait avoir vendu du bien de ses pères. 9 Quand tu seras entré au pays que l'Éternel ton Dieu te donne, tu n'apprendras point à imiter les abominations de ces nations-là. 10 Il ne se trouvera personne parmi toi qui fasse passer par le feu son fils ou sa fille; ni devin, ni pronostiqueur, ni enchanteur, ni magicien, 11 Ni personne qui use de maléfices, ni personne qui consulte un sorcier, ni aucun diseur de bonne aventure, ni personne qui interroge les morts; 12 Car quiconque fait ces choses est en abomination à l'Éternel, et c'est à cause de ces abominations que l'Éternel ton Dieu chasse ces nations de devant toi. 13 Tu seras intègre à l'égard de l'Éternel ton Dieu. 14 Car ces nations, que tu vas déposséder, écoutent les pronostiqueurs et les devins; mais pour toi, l'Éternel ton Dieu ne t'a point permis d'agir ainsi. 15 L'Éternel ton Dieu te suscitera un prophète comme moi, du milieu de toi, d'entre tes frères; vous l'écouterez; 16 Suivant tout ce que tu demandas à l'Éternel ton Dieu en Horeb, au jour de l'assemblée, en disant: Que je n'entende plus la voix de l'Éternel mon Dieu, et que je ne voie plus ce grand feu, de peur que je ne meure. 17 Alors l'Éternel me dit: Ils ont bien parlé; 18 Je leur susciterai un prophète comme toi, d'entre leurs frères, et je mettrai mes paroles en sa bouche, et il leur dira tout ce que je lui commanderai. 19 Et il arrivera que quiconque n'écoutera pas mes paroles, qu'il dira en mon nom, je lui en demanderai compte. 20 Mais le prophète qui aura l'orgueil de dire en mon nom quelque chose que je ne lui aurai point commandé de dire, ou qui parlera au nom d'autres dieux, ce prophète-là mourra. 21 Que si tu dis en ton cœur: Comment connaîtrons-nous la parole que l'Éternel n'a point dite? 22 Quand le prophète parlera au nom de l'Éternel, et que ce qu'il aura dit ne sera point, et n'arrivera point, ce sera une parole que l'Éternel n'a point dite; le prophète l'a dite par orgueil; ne le crains point.

19

1 Quand l'Éternel ton Dieu aura exterminé les nations dont l'Éternel ton Dieu te donne le pays, que tu les auras dépossédées, et que tu demeureras dans leurs villes et dans leurs maisons, 2 Tu sépareras trois villes au milieu du pays que l'Éternel ton Dieu te donne pour le posséder; 3 Tu établiras des chemins, et tu partageras en trois le territoire de ton pays, que l'Éternel ton Dieu te donnera en héritage; et ce sera afin que tout meurtrier se réfugie

là. [4] Or, voici comment on procédera envers le meurtrier qui s'y enfuira pour sauver sa vie. Si quelqu'un a frappé son prochain par mégarde, et sans l'avoir haï auparavant; [5] Comme si quelqu'un va avec son prochain dans la forêt pour couper du bois, que sa main lance la cognée pour couper le bois, et que le fer s'échappe du manche et rencontre son prochain, en sorte qu'il en meure, cet homme-là s'enfuira dans une de ces villes pour sauver sa vie; [6] De peur que le vengeur du sang ne poursuive le meurtrier pendant que son cœur est échauffé, et qu'il ne l'atteigne, si le chemin était trop long, et ne le frappe à mort, bien qu'il ne soit point digne de mort, parce qu'il ne haïssait point son prochain auparavant. [7] C'est pourquoi, je te commande, et te dis: Sépare-toi trois villes. [8] Que si l'Éternel ton Dieu étend ton territoire, comme il l'a juré à tes pères, et s'il te donne tout le pays qu'il a promis de donner à tes pères, [9] (Parce que tu auras pris garde à pratiquer tous ces commandements que je te prescris aujourd'hui, d'aimer l'Éternel ton Dieu et de marcher toujours dans ses voies), alors tu ajouteras encore trois villes à ces trois-là; [10] Afin que le sang innocent ne soit pas répandu au milieu de ton pays, que l'Éternel ton Dieu te donne en héritage, et que tu ne sois pas coupable de meurtre. [11] Mais lorsqu'un homme qui haïssait son prochain lui aura dressé des embûches, et se sera élevé contre lui, et l'aura frappé à mort, et se sera enfui dans l'une de ces villes, [12] Les anciens de sa ville l'enverront tirer de là, et le livreront entre les mains du vengeur du sang, afin qu'il meure. [13] Ton œil ne l'épargnera point; mais tu ôteras d'Israël le sang de l'innocent, et tu seras heureux. [14] Tu ne déplaceras point les bornes de ton prochain, que tes prédécesseurs auront plantées, dans l'héritage que tu posséderas au pays que l'Éternel ton Dieu te donne pour le posséder. [15] Un seul témoin ne sera point valable contre un homme pour quelque crime et péché que ce soit, quelque péché qu'on ait commis; sur la parole de deux ou de trois témoins, une chose sera valable. [16] Quand un faux témoin s'élèvera contre quelqu'un pour l'accuser d'infidélité, [17] Les deux hommes qui auront contestation entre eux, comparaîtront devant l'Éternel, devant les sacrificateurs et les juges qui seront en ce temps-là; [18] Et les juges s'informeront exactement; et s'il se trouve que ce témoin soit un faux témoin, qu'il ait déposé faussement contre son frère, [19] Vous lui ferez comme il avait dessein de faire à son frère; et tu ôteras le méchant du milieu de toi. [20] Et les autres l'entendront et craindront, et ils ne feront plus de semblable méchanceté au milieu de toi. [21] Ton œil sera sans pitié: vie pour vie, œil pour œil, dent pour dent, main pour main, pied pour pied.

20

[1] Quand tu iras à la guerre contre tes ennemis, et que tu verras des chevaux et des chars, un peuple plus nombreux que toi, ne les crains point; car l'Éternel ton Dieu qui t'a fait monter hors du pays d'Égypte est avec toi. [2] Et quand vous vous approcherez pour combattre, le sacrificateur s'avancera, et parlera au peuple. [3] Et il leur dira: Écoute, Israël! Vous marchez aujourd'hui pour combattre vos ennemis; que votre cœur ne défaille point, ne craignez point, ne soyez point effrayés, et n'ayez point peur d'eux; [4] Car l'Éternel votre Dieu est celui qui marche avec vous, afin de combattre pour vous contre vos ennemis, afin de vous délivrer. [5] Alors les officiers parleront au peuple, en disant: Qui est-ce qui a bâti une maison neuve, et ne l'a point inaugurée? qu'il s'en aille et retourne en sa maison, de peur qu'il ne meure dans la bataille, et qu'un autre ne l'inaugure. [6] Et qui est-ce qui a planté une vigne, et n'en a point cueilli les premiers fruits? qu'il s'en aille et retourne en sa maison, de peur qu'il ne meure dans la bataille, et qu'un autre n'en cueille les premiers fruits. [7] Et qui est-ce qui a fiancé une femme, et ne l'a point épousée? qu'il s'en aille, et retourne en sa maison, de peur qu'il ne meure dans la bataille, et qu'un autre ne l'épouse. [8] Et les officiers continueront à parler au peuple, et diront: Qui est-ce

qui est craintif et lâche? qu'il s'en aille et retourne en sa maison, de peur que le cœur de ses frères ne se fonde comme le sien. 9 Et dès que les officiers auront achevé de parler au peuple, ils établiront les chefs des troupes à la tête du peuple. 10 Quand tu t'approcheras d'une ville pour l'attaquer, tu lui offriras la paix. 11 Et si elle te fait une réponse de paix et t'ouvre ses portes, tout le peuple qui s'y trouvera te sera tributaire et te servira. 12 Que si elle ne traite pas avec toi, mais qu'elle te fasse la guerre, alors tu l'assiégeras; 13 Et l'Éternel ton Dieu la livrera entre tes mains, et tu en feras passer tous les mâles au fil de l'épée. 14 Seulement, tu prendras pour toi les femmes, les petits enfants, le bétail et tout ce qui sera dans la ville, tout son butin. Et tu mangeras le butin de tes ennemis, que l'Éternel ton Dieu t'aura donné. 15 Tu en feras ainsi à toutes les villes qui sont fort éloignées de toi, qui ne sont point des villes de ces nations-ci. 16 Mais dans les villes de ces peuples que l'Éternel ton Dieu te donne en héritage, tu ne laisseras vivre rien de ce qui respire; 17 Car tu ne manqueras point de les vouer à l'interdit: les Héthiens, les Amoréens, les Cananéens, les Phéréziens, les Héviens, les Jébusiens, comme l'Éternel ton Dieu te l'a commandé, 18 Afin qu'ils ne vous apprennent pas à imiter toutes les abominations qu'ils ont pratiquées envers leurs dieux, et que vous ne péchiez pas contre l'Éternel votre Dieu. 19 Quand tu assiégeras une ville pendant longtemps, en l'attaquant pour la prendre, tu ne détruiras point ses arbres à coups de cognée, car tu pourras en manger le fruit; tu ne les couperas donc point; car l'arbre des champs est-il un homme, pour être assiégé par toi? 20 Tu détruiras et tu couperas seulement les arbres que tu connaîtras n'être point des arbres fruitiers; et tu en bâtiras des forts contre la ville qui te fait la guerre, jusqu'à ce qu'elle succombe.

21

1 Lorsque, dans la terre que l'Éternel ton Dieu te donne pour la posséder, on trouvera un homme tué, étendu dans les champs, et qu'on ne saura pas qui l'a tué, 2 Alors tes anciens et tes juges sortiront, et mesureront la distance depuis l'homme tué jusqu'aux villes qui sont autour de lui. 3 Puis les anciens de la ville la plus proche de l'homme tué prendront une jeune vache, dont on ne se soit point servi, qui n'ait point tiré au joug; 4 Et les anciens de cette ville feront descendre la jeune vache vers un torrent permanent, près duquel on ne laboure ni ne sème; et là ils rompront la nuque à la jeune vache, dans le torrent. 5 Et les sacrificateurs, fils de Lévi, s'approcheront; car l'Éternel ton Dieu les a choisis pour faire son service et pour bénir au nom de l'Éternel, et leur bouche doit décider de toute contestation et de toute blessure. 6 Alors tous les anciens de cette ville, qui sont les plus voisins de l'homme tué, laveront leurs mains sur la jeune vache à laquelle on aura rompu la nuque dans le torrent; 7 Et, prenant la parole, ils diront: Nos mains n'ont point répandu ce sang; et nos yeux ne l'ont point vu répandre. 8 Sois propice à ton peuple d'Israël que tu as racheté, ô Éternel! Et n'impute point le sang innocent à ton peuple d'Israël! Et le meurtre sera expié pour eux. 9 Et tu ôteras le sang innocent du milieu de toi, en faisant ce qui est droit aux yeux de l'Éternel. 10 Quand tu iras à la guerre contre tes ennemis, et que l'Éternel ton Dieu les livrera entre tes mains, et que tu en emmèneras des prisonniers; 11 Si tu vois parmi les prisonniers une belle femme, et qu'ayant conçu pour elle de l'affection, tu veuilles la prendre pour femme, 12 Tu la mèneras dans ta maison. Et elle se rasera la tête, et se coupera les ongles; 13 Elle ôtera de dessus elle ses vêtements de captivité; elle demeurera dans ta maison, et pleurera son père et sa mère pendant un mois; puis tu viendras vers elle, et tu seras son mari, et elle sera ta femme. 14 S'il arrive qu'elle ne te plaise plus, tu la renverras où elle voudra, et tu ne pourras pas la vendre pour de l'argent, ni la traiter en esclave, parce que tu l'auras humiliée. 15 Quand

un homme aura deux femmes, l'une aimée et l'autre haïe, et qu'elles lui auront enfanté des enfants, tant celle qui est aimée que celle qui est haïe, et que le fils aîné sera de celle qui est haïe; 16 Lorsqu'il partagera à ses enfants ce qu'il aura, il ne pourra pas faire aîné le fils de celle qui est aimée, à la place du fils né le premier de celle qui est haïe. 17 Mais il reconnaîtra le fils de celle qui est haïe pour le premier-né, en lui donnant une double portion de tout ce qui se trouvera lui appartenir; car il est les prémices de sa vigueur; le droit d'aînesse lui appartient. 18 Quand un homme aura un enfant pervers et rebelle, qui n'obéira point à la voix de son père, ni à la voix de sa mère, et qui, bien qu'ils l'aient châtié, ne veuille point les écouter, 19 Son père et sa mère le prendront, et le mèneront aux anciens de sa ville, et à la porte du lieu de sa demeure; 20 Et ils diront aux anciens de sa ville: Voici notre fils qui est pervers et rebelle; il n'obéit point à notre voix; il est dissolu et ivrogne. 21 Alors tous les hommes de sa ville le lapideront, et il mourra, et tu ôteras le méchant du milieu de toi, afin que tout Israël l'entende et craigne. 22 Quand un homme aura commis un péché digne de mort, et qu'on le fera mourir, et que tu le pendras au bois, 23 Son corps mort ne passera point la nuit sur le bois; mais tu ne manqueras point de l'ensevelir le jour même; car celui qui est pendu est malédiction de Dieu; et tu ne souilleras point la terre que l'Éternel ton Dieu te donne en héritage.

22

1 Si tu vois le bœuf ou la brebis de ton frère égarés, tu ne t'en détourneras point, tu ne manqueras point de les ramener à ton frère. 2 Que si ton frère ne demeure pas près de toi, et que tu ne le connaisses pas, tu les retireras dans ta maison; et ils seront avec toi jusqu'à ce que ton frère vienne les chercher, et alors tu les lui rendras. 3 Tu feras de même pour son âne, et tu feras de même pour son vêtement, et toute autre chose que ton frère aura perdue et que tu auras trouvée; tu ne pourras point t'en détourner. 4 Si tu vois l'âne de ton frère, ou son bœuf, tombés dans le chemin, tu ne t'en détourneras point; tu les relèveras avec lui. 5 Une femme ne portera point un habit d'homme, et un homme ne se revêtira point d'un habit de femme; car quiconque fait ces choses, est en abomination à l'Éternel ton Dieu. 6 Quand tu rencontreras dans le chemin, sur quelque arbre, ou sur la terre, un nid d'oiseau, avec des petits ou des œufs, et la mère couvant les petits ou les œufs, tu ne prendras point la mère avec les petits; 7 Tu laisseras aller la mère, et tu prendras les petits pour toi, afin que tu sois heureux, et que tu prolonges tes jours. 8 Quand tu bâtiras une maison neuve, tu feras un parapet à ton toit, de peur que tu ne rendes ta maison responsable du sang, si quelqu'un tombait de là. 9 Tu ne planteras pas ta vigne de diverses sortes de plants, de peur que le tout, le plant que tu auras planté et le produit de ta vigne, ne soit mis à part. 10 Tu ne laboureras point avec un bœuf et un âne attelés ensemble. 11 Tu ne t'habilleras point d'un tissu mélangé, laine et lin ensemble. 12 Tu feras des franges aux quatre pans du manteau dont tu te couvres. 13 Lorsqu'un homme aura pris une femme, et qu'après être venu vers elle, il la haïra, 14 Et lui imputera des actions qui fassent parler d'elle, et la diffamera, et dira: J'ai pris cette femme, et quand je me suis approché d'elle, je ne l'ai point trouvée vierge; 15 Le père et la mère de la jeune fille prendront et produiront les marques de sa virginité devant les anciens de la ville, à la porte; 16 Et le père de la jeune fille dira aux anciens: J'ai donné ma fille à cet homme pour femme, et il l'a prise en aversion; 17 Et voici, il lui impute des actions qui font parler d'elle, en disant: Je n'ai point trouvé que ta fille fût vierge; or, voici les marques de la virginité de ma fille. Et ils étendront le vêtement devant les anciens de la ville. 18 Alors les anciens de cette ville prendront le mari, et le châtieront. 19 Et ils le condamneront à une amende de cent pièces d'argent, qu'ils donneront au père de la jeune fille, parce qu'il a diffamé une vierge d'Israël; et elle sera sa femme, il ne pourra la renvoyer tant qu'il vivra. 20 Mais si ce qu'il a dit est véritable, que la jeune fille n'ait point été trouvée vierge,

[21] Ils feront sortir la jeune fille à la porte de la maison de son père, et les gens de sa ville la lapideront, et elle mourra; car elle a commis une infamie en Israël, en se prostituant dans la maison de son père; tu ôteras ainsi le méchant du milieu de toi. [22] Quand on trouvera un homme couché avec une femme mariée, ils mourront tous deux, l'homme qui a couché avec la femme, et la femme; tu ôteras ainsi le méchant d'Israël. [23] Quand une jeune fille vierge sera fiancée à quelqu'un, et qu'un homme, l'ayant trouvée dans la ville, aura couché avec elle, [24] Vous les ferez sortir tous deux à la porte de cette ville, et vous les lapiderez, et ils mourront: la jeune fille, parce qu'elle n'a point crié dans la ville, et l'homme, parce qu'il a violé la femme de son prochain; et tu ôteras le méchant du milieu de toi. [25] Mais si l'homme trouve dans les champs la jeune fille fiancée, et que, lui faisant violence, il couche avec elle, alors l'homme qui aura couché avec elle mourra seul; [26] Et tu ne feras rien à la jeune fille; la jeune fille n'a point commis de péché digne de mort; car il en est de ce cas, comme si un homme s'élevait contre son prochain et lui ôtait la vie; [27] Car il l'a trouvée aux champs: la jeune fille fiancée a pu crier, sans que personne l'ait délivrée. [28] Si un homme trouve une jeune fille vierge, qui ne soit point fiancée, et que, la saisissant, il couche avec elle, et qu'ils soient trouvés; [29] L'homme qui a couché avec elle donnera au père de la jeune fille cinquante pièces d'argent, et elle sera sa femme, parce qu'il l'a humiliée. Il ne pourra pas la renvoyer tant qu'il vivra. [30] Nul ne prendra la femme de son père, ni ne lèvera le bord de la couverture de son père.

23

[1] Celui qui est eunuque pour avoir été écrasé, ou pour avoir été taillé, n'entrera point dans l'assemblée de l'Éternel. [2] Le bâtard n'entrera point dans l'assemblée de l'Éternel; même sa dixième génération n'entrera point dans l'assemblée de l'Éternel. [3] L'Ammonite et le Moabite n'entreront point dans l'assemblée de l'Éternel; même leur dixième génération n'entrera point dans l'assemblée de l'Éternel, à jamais; [4] Parce qu'ils ne sont point venus au-devant de vous avec le pain et l'eau, dans le chemin, quand vous sortiez d'Égypte, et parce qu'ils firent venir, à prix d'argent, contre toi Balaam, fils de Béor, de Pethor en Mésopotamie, pour te maudire. [5] Mais l'Éternel ton Dieu ne voulut point écouter Balaam; et l'Éternel ton Dieu changea pour toi la malédiction en bénédiction, parce que l'Éternel ton Dieu t'aime. [6] Tu ne chercheras jamais, tant que tu vivras, leur paix ni leur bien. [7] Tu n'auras point en abomination l'Iduméen; car il est ton frère. Tu n'auras point en abomination l'Égyptien; car tu as été étranger dans son pays; [8] Les enfants qui leur naîtront à la troisième génération, pourront entrer dans l'assemblée de l'Éternel. [9] Quand tu marcheras en armes contre tes ennemis, garde-toi de toute chose mauvaise. [10] S'il y a quelqu'un d'entre vous qui ne soit point pur, par suite d'un accident arrivé de nuit, il sortira hors du camp, il n'entrera point dans le camp; [11] Et sur le soir il se lavera dans l'eau, et dès que le soleil sera couché, il rentrera dans le camp. [12] Tu auras un endroit, hors du camp, où tu sortiras; et tu auras un pieu avec ton bagage; [13] Et quand tu voudras t'asseoir dehors, tu creuseras avec ce pieu, et tu recouvriras ce qui sera sorti de toi. [14] Car l'Éternel ton Dieu marche au milieu de ton camp pour te délivrer, et pour livrer tes ennemis devant toi. Que ton camp soit donc saint, de peur qu'il ne voie chez toi quelque chose d'impur, et qu'il ne se détourne de toi. [15] Tu ne livreras point à son maître l'esclave qui se sera sauvé chez toi d'avec son maître; [16] Il demeurera avec toi, au milieu de toi, dans le lieu qu'il choisira dans l'une de tes villes, où il lui plaira; tu ne molesteras point. [17] Qu'il n'y ait point de prostituée entre les filles d'Israël, et qu'aucun des fils d'Israël ne se prostitue à l'infamie. [18] Tu n'apporteras point dans la maison de l'Éternel ton Dieu le salaire d'une prostituée, ni le prix d'un chien, pour quelque vœu que ce soit; car tous

les deux sont en abomination à l'Éternel ton Dieu. ¹⁹ Tu ne prêteras point à intérêt à ton frère, ni de l'argent, ni des vivres, ni quoi que ce soit qu'on prête à intérêt. ²⁰ Tu pourras prêter à intérêt à l'étranger, mais tu ne prêteras point à intérêt à ton frère; afin que l'Éternel ton Dieu te bénisse en toute chose à laquelle tu mettras la main, dans le pays où tu vas entrer pour le posséder. ²¹ Quand tu auras fait un vœu à l'Éternel ton Dieu, tu ne différeras point de l'accomplir; car l'Éternel ton Dieu ne manquerait pas de te le redemander; et il y aurait du péché en toi. ²² Mais quand tu t'abstiendras de faire des vœux, il n'y aura point de péché en toi. ²³ Tu prendras garde de faire ce qui sera sorti de tes lèvres, lorsque tu auras fait à l'Éternel ton Dieu un vœu volontaire, que tu auras prononcé de ta bouche. ²⁴ Quand tu entreras dans la vigne de ton prochain, tu pourras manger des raisins selon ton appétit, pour te rassasier, mais tu n'en mettras point dans ton panier. ²⁵ Quand tu entreras dans les blés de ton prochain, tu pourras arracher des épis avec ta main; mais tu ne mettras point la faucille dans les blés de ton prochain.

24

¹ Quand un homme aura pris une femme et l'aura épousée, si elle ne trouve pas grâce à ses yeux, parce qu'il aura trouvé en elle quelque chose de honteux, il lui écrira une lettre de divorce, la lui mettra dans la main, et la renverra de sa maison. ² Et si, étant sortie de sa maison, elle s'en va et devient la femme d'un autre homme, ³ Si ce dernier mari la hait, lui écrit une lettre de divorce, la lui met dans la main, et la renvoie de sa maison; ou si ce dernier mari, qui l'avait prise pour femme, meurt, ⁴ Son premier mari, qui l'avait renvoyée, ne pourra pas la reprendre pour femme après qu'elle a été souillée; car ce serait une abomination devant l'Éternel, et tu ne chargeras point de péché le pays que l'Éternel ton Dieu te donne en héritage. ⁵ Quand un homme aura nouvellement pris femme, il n'ira point à la guerre, et on ne lui imposera aucune charge; pendant un an il en sera exempt pour sa famille, et il réjouira la femme qu'il aura prise. ⁶ On ne prendra point pour gage les deux meules, ni la meule de dessus; car ce serait prendre pour gage la vie de son prochain. ⁷ Quand on trouvera un homme qui aura dérobé quelqu'un de ses frères, des enfants d'Israël, et l'aura fait esclave ou vendu, ce larron mourra; et tu ôteras le méchant du milieu de toi. ⁸ Prends garde à la plaie de la lèpre, pour bien observer et pour faire tout ce que les sacrificateurs, de la race de Lévi, vous enseigneront; vous prendrez garde à faire comme je leur ai commandé. ⁹ Souviens-toi de ce que l'Éternel ton Dieu fit à Marie dans le chemin, quand vous sortiez d'Égypte. ¹⁰ Quand tu prêteras quelque chose à ton prochain, tu n'entreras point dans sa maison pour prendre son gage; ¹¹ Tu te tiendras dehors, et l'homme à qui tu prêtes t'apportera le gage dehors. ¹² Et si c'est un homme pauvre, tu ne te coucheras point ayant encore son gage. ¹³ Tu ne manqueras pas de lui rendre le gage, au coucher du soleil, afin qu'il couche dans son vêtement, et qu'il te bénisse; et cela te sera imputé à justice devant l'Éternel ton Dieu. ¹⁴ Tu ne feras point tort au mercenaire pauvre et indigent, d'entre tes frères ou d'entre les étrangers qui demeurent dans ton pays, dans tes portes. ¹⁵ Tu lui donneras son salaire, le jour même, avant que le soleil se couche; car il est pauvre, et son âme s'y attend; de peur qu'il ne crie contre toi à l'Éternel, et qu'il n'y ait du péché en toi. ¹⁶ On ne fera point mourir les pères pour les enfants; on ne fera point non plus mourir les enfants pour les pères; on fera mourir chacun pour son péché. ¹⁷ Tu ne pervertiras point le droit d'un étranger, ni d'un orphelin, et tu ne prendras point pour gage le vêtement d'une veuve. ¹⁸ Et tu te souviendras que tu as été esclave en Égypte, et que l'Éternel ton Dieu t'a racheté de là. C'est pourquoi, je te commande de faire ces choses. ¹⁹ Quand tu feras ta moisson dans ton champ, et que tu y auras oublié une poignée d'épis, tu ne retourneras point pour la prendre; elle sera pour l'étranger, pour l'orphelin et pour la veuve, afin que l'Éternel ton

Dieu te bénisse dans toutes les œuvres de tes mains. [20] Quand tu secoueras tes oliviers, tu n'y retourneras point pour examiner branche après branche; ce qui restera sera pour l'étranger, pour l'orphelin et pour la veuve. [21] Quand tu vendangeras ta vigne, tu n'y feras pas grappiller après toi; ce qui restera sera pour l'étranger, pour l'orphelin et pour la veuve. [22] Et tu te souviendras que tu as été esclave au pays d'Égypte; c'est pourquoi, je te commande de faire cela.

25

[1] Quand il y aura un différend entre des hommes, et qu'ils s'approcheront du tribunal pour qu'on les juge, on justifiera celui qui est dans son droit, et l'on condamnera celui qui a tort. [2] Si celui qui a tort a mérité d'être battu, le juge le fera jeter par terre et battre en sa présence, selon la gravité de son crime, d'un certain nombre de coups. [3] Il le fera battre de quarante coups, pas davantage; de peur que si l'on continuait à le battre au-delà, par un châtiment excessif, ton frère ne fût avili à tes yeux. [4] Tu n'emmuselleras point le bœuf, quand il foule le grain. [5] Lorsque des frères demeureront ensemble, et que l'un d'entre eux mourra sans enfants, la femme du mort ne se mariera point au-dehors à un étranger; son beau-frère viendra vers elle, la prendra pour femme, et l'épousera comme étant son beau-frère. [6] Et le premier-né qu'elle enfantera, succédera au frère mort, et portera son nom, afin que son nom ne soit pas effacé d'Israël. [7] Que s'il ne plaît pas à cet homme de prendre sa belle-sœur, sa belle-sœur montera à la porte, vers les anciens, et dira: Mon beau-frère refuse de relever le nom de son frère en Israël, et ne veut point m'épouser par droit de beau-frère. [8] Et les anciens de sa ville l'appelleront, et lui parleront; et s'il demeure ferme, et qu'il dise: Il ne me plaît pas de l'épouser, [9] Alors sa belle-sœur s'approchera de lui, à la vue des anciens, et lui ôtera son soulier du pied, et lui crachera au visage; et, prenant la parole, elle dira: Ainsi soit fait à l'homme qui ne réédifie pas la maison de son frère. [10] Et son nom sera appelé en Israël, la maison du déchaussé. [11] Quand des hommes se disputeront ensemble, l'un contre l'autre, si la femme de l'un s'approche pour délivrer son mari de la main de celui qui le bat, et qu'avançant sa main, elle le saisisse par ses parties honteuses, [12] Tu lui couperas la main; ton œil sera sans pitié. [13] Tu n'auras point dans ton sac deux sortes de pierres à peser, une grande et une petite. [14] Tu n'auras point dans ta maison deux sortes d'épha, un grand et un petit; [15] Tu auras des pierres à peser exactes et justes; tu auras aussi un épha exact et juste; afin que tes jours se prolongent sur la terre que l'Éternel ton Dieu te donne. [16] Car quiconque fait ces choses, quiconque commet l'iniquité, est en abomination à l'Éternel ton Dieu. [17] Souviens-toi de ce que te fit Amalek, en chemin, quand vous sortiez d'Égypte; [18] Comment il vint te rencontrer dans le chemin, et te chargea en queue, attaquant tous les faibles qui te suivaient, lorsque tu étais toi-même las et fatigué, et comment il n'eut point de crainte de Dieu. [19] Quand donc l'Éternel ton Dieu t'aura donné du repos de tous tes ennemis à l'entour, au pays que l'Éternel ton Dieu te donne en héritage pour le posséder, tu effaceras la mémoire d'Amalek de dessous les cieux. Ne l'oublie point.

26

[1] Quand tu seras entré au pays que l'Éternel ton Dieu te donne en héritage, et que tu le posséderas et y demeureras, [2] Tu prendras des prémices de tous les fruits du sol que tu récolteras du pays que l'Éternel ton Dieu te donne, tu les mettras dans une corbeille, et tu iras au lieu que l'Éternel ton Dieu aura choisi pour y faire habiter son nom; [3] Et, étant venu vers le sacrificateur qui sera en ce temps-là, tu lui diras: Je reconnais aujourd'hui devant l'Éternel ton Dieu, que je suis entré dans le pays que l'Éternel avait juré à nos pères de nous donner. [4] Et le sacrificateur prendra la corbeille de ta main, et la déposera devant

l'autel de l'Éternel ton Dieu. 5 Puis tu prendras la parole, et diras, devant l'Éternel ton Dieu: Mon père était un Araméen prêt à périr; et il descendit en Égypte, avec un petit nombre de gens, et y séjourna; et il y devint une nation grande, forte et nombreuse. 6 Et les Égyptiens nous maltraitèrent, nous affligèrent et nous imposèrent une dure servitude; 7 Alors nous criâmes à l'Éternel, le Dieu de nos pères, et l'Éternel entendit notre voix, et regarda notre affliction, notre misère et notre oppression. 8 Et l'Éternel nous retira d'Égypte, à main forte et à bras étendu, par une grande terreur, et avec des signes et des miracles. 9 Et il nous conduisit en ce lieu, et nous donna ce pays, un pays où coulent le lait et le miel. 10 Maintenant donc, voici, j'apporte les prémices des fruits du sol que tu m'as donné, ô Éternel! Alors tu poseras la corbeille devant l'Éternel ton Dieu, et te prosterneras devant l'Éternel ton Dieu; 11 Et tu te réjouiras, toi, et le Lévite, et l'étranger qui sera au milieu de toi, de tout le bien que l'Éternel ton Dieu t'aura donné ainsi qu'à ta maison. 12 Quand tu auras achevé de lever toute la dîme de ton revenu, la troisième année, l'année de la dîme, tu la donneras au Lévite, à l'étranger, à l'orphelin et à la veuve, et ils la mangeront dans tes portes, et seront rassasiés; 13 Et tu diras, devant l'Éternel ton Dieu: J'ai ôté de ma maison ce qui était sacré; et je l'ai donné au Lévite, à l'étranger, à l'orphelin et à la veuve, selon tout le commandement que tu m'as donné; je n'ai rien transgressé ni oublié de tes commandements. 14 Je n'en ai point mangé dans mon deuil, je n'en ai rien ôté pour un usage souillé, et je n'en ai point donné pour un mort; j'ai obéi à la voix de l'Éternel mon Dieu; je me suis conformé à tout ce que tu m'avais commandé. 15 Regarde de ta sainte demeure, des cieux, et bénis ton peuple d'Israël et le pays que tu nous as donné, comme tu l'avais juré à nos pères, ce pays où coulent le lait et le miel. 16 Aujourd'hui l'Éternel ton Dieu te commande de pratiquer ces statuts et ces ordonnances; prends donc garde à les pratiquer de tout ton cœur et de toute ton âme. 17 Tu as fait dire aujourd'hui à l'Éternel qu'il serait ton Dieu, et que tu marcherais dans ses voies, et que tu garderais ses statuts, ses commandements et ses ordonnances, et que tu obéirais à sa voix. 18 Et l'Éternel t'a fait dire aujourd'hui, que tu lui seras un peuple particulier, comme il te l'a dit; et que tu gardes tous ses commandements; 19 Et qu'il te donnera, sur toutes les nations qu'il a faites, la prééminence en louange, en renom et en gloire, et que tu seras un peuple consacré à l'Éternel ton Dieu, comme il l'a dit.

27

1 Or, Moïse et les anciens d'Israël commandèrent au peuple, et dirent: Gardez tous les commandements que je vous prescris aujourd'hui. 2 Au jour où vous aurez passé le Jourdain, pour entrer au pays que l'Éternel ton Dieu te donne, tu te dresseras de grandes pierres, et tu les enduiras de chaux. 3 Puis tu y écriras toutes les paroles de cette loi, quand tu auras passé pour entrer dans le pays que l'Éternel ton Dieu te donne, pays où coulent le lait et le miel, comme l'Éternel, le Dieu de tes pères, te l'a dit. 4 Quand donc vous aurez passé le Jourdain, vous dresserez ces pierres, selon que je vous le commande aujourd'hui, sur le mont Ébal; et tu les enduiras de chaux. 5 Tu bâtiras aussi là un autel à l'Éternel ton Dieu, un autel de pierres, sur lesquelles tu ne lèveras point le fer. 6 Tu bâtiras l'autel de l'Éternel ton Dieu, de pierres entières, et tu y offriras des holocaustes à l'Éternel ton Dieu; 7 Tu y offriras aussi des sacrifices de prospérité, et tu mangeras là, et te réjouiras devant l'Éternel ton Dieu. 8 Et tu écriras sur les pierres toutes les paroles de cette loi, en les y gravant bien. 9 Et Moïse et les sacrificateurs, de la race de Lévi, parlèrent à tout Israël, en disant: Fais silence et écoute, Israël! Tu es aujourd'hui devenu le peuple de l'Éternel ton Dieu; 10 Tu obéiras donc à la voix de l'Éternel ton Dieu, et tu observeras

ses commandements et ses statuts que je te prescris aujourd'hui. 11 Ce jour-là, Moïse fit aussi au peuple ce commandement et dit: 12 Quand vous aurez passé le Jourdain, que Siméon, Lévi, Juda, Issacar, Joseph et Benjamin se tiennent sur le mont Garizim, pour bénir le peuple; 13 Et que Ruben, Gad, Asser, Zabulon, Dan, Nephthali, se tiennent sur le mont Ébal, pour maudire. 14 Et les Lévites prendront la parole, et diront, à haute voix, à tous les hommes d'Israël: 15 Maudit soit l'homme qui fera une image taillée ou de fonte, abomination de l'Éternel, ouvrage des mains d'un ouvrier, et qui la mettra dans un lieu secret! Et tout le peuple répondra, et dira: Amen! 16 Maudit soit celui qui méprise son père et sa mère! Et tout le peuple dira: Amen! 17 Maudit celui qui déplace la borne de son prochain! Et tout le peuple dira: Amen! 18 Maudit celui qui fait égarer l'aveugle dans le chemin! Et tout le peuple dira: Amen! 19 Maudit celui qui pervertit le droit de l'étranger, de l'orphelin et de la veuve! Et tout le peuple dira: Amen! 20 Maudit celui qui couche avec la femme de son père! Car il lève le bord de la couverture de son père. Et tout le peuple dira: Amen! 21 Maudit celui qui couche avec une bête quelconque! Et tout le peuple dira: Amen! 22 Maudit celui qui couche avec sa sœur, fille de son père, ou fille de sa mère! Et tout le peuple dira: Amen! 23 Maudit celui qui couche avec sa belle-mère! Et tout le peuple dira: Amen! 24 Maudit celui qui frappe son prochain en cachette! Et tout le peuple dira: Amen! 25 Maudit celui qui reçoit un présent pour mettre à mort l'innocent! Et tout le peuple dira: Amen! 26 Maudit celui qui n'accomplit pas les paroles de cette loi, en les mettant en pratique! Et tout le peuple dira: Amen!

28

1 Or, il arrivera, si tu obéis à la voix de l'Éternel ton Dieu, pour prendre garde à pratiquer tous ses commandements que je te prescris aujourd'hui, que l'Éternel ton Dieu te donnera la prééminence sur toutes les nations de la terre. 2 Et voici toutes les bénédictions qui viendront sur toi et t'arriveront, parce que tu obéiras à la voix de l'Éternel ton Dieu: 3 Tu seras béni dans la ville, et tu seras béni dans les champs; 4 Béni sera le fruit de tes entrailles, le fruit de ton sol, et le fruit de ton bétail, la portée de tes vaches et de tes brebis; 5 Bénie sera ta corbeille et ta huche. 6 Tu seras béni dans ton entrée, et tu seras béni dans ta sortie. 7 L'Éternel fera que tes ennemis, qui s'élèveront contre toi, seront battus devant toi; ils sortiront contre toi par un chemin, et par sept chemins ils s'enfuiront devant toi. 8 L'Éternel commandera à la bénédiction d'être avec toi dans tes greniers et dans tout ce à quoi tu mettras la main; et il te bénira dans le pays que l'Éternel ton Dieu te donne. 9 L'Éternel t'établira pour lui être un peuple consacré, comme il te l'a juré, parce que tu garderas les commandements de l'Éternel ton Dieu, et que tu marcheras dans ses voies; 10 Et tous les peuples de la terre verront que le nom de l'Éternel est proclamé sur toi, et ils te craindront. 11 Et l'Éternel ton Dieu te fera abonder en biens, en multipliant le fruit de tes entrailles, le fruit de ton bétail et le fruit de ton sol, dans le pays que l'Éternel a juré à tes pères de te donner. 12 L'Éternel t'ouvrira son bon trésor, les cieux, pour donner à ta terre la pluie en sa saison, et pour bénir toutes les œuvres de tes mains. Tu prêteras à beaucoup de nations, et tu n'emprunteras point. 13 L'Éternel te mettra à la tête des peuples et non à leur queue; et tu seras toujours en haut, et jamais en bas, quand tu obéiras aux commandements de l'Éternel ton Dieu, que je te prescris aujourd'hui d'observer et de pratiquer, 14 Et que tu ne te détourneras, ni à droite ni à gauche, d'aucune des paroles que je vous commande aujourd'hui, pour aller après d'autres dieux et pour les servir. 15 Mais si tu n'obéis pas à la voix de l'Éternel ton Dieu, pour prendre garde de pratiquer tous ses commandements et ses statuts que je te prescris aujourd'hui, voici toutes les malédictions qui viendront sur toi, et t'arriveront:

16 Tu seras maudit dans la ville, et tu seras maudit aux champs; 17 Maudite sera ta corbeille, et ta huche; 18 Maudit sera le fruit de tes entrailles, et le fruit de ton sol, la portée de tes vaches et de tes brebis. 19 Tu seras maudit dans ton entrée, et tu seras maudit dans ta sortie. 20 L'Éternel enverra sur toi la malédiction, l'effroi et la ruine, dans tout ce à quoi tu mettras la main et que tu feras, jusqu'à ce que tu sois détruit et que tu périsses promptement, à cause de la méchanceté des actions par lesquelles tu m'auras abandonné. 21 L'Éternel fera que la mortalité s'attachera à toi, jusqu'à ce qu'elle t'ait consumé de dessus la terre où tu vas entrer pour la posséder. 22 L'Éternel te frappera de langueur, de fièvre, d'inflammation, de chaleur brûlante, de l'épée, de sécheresse et de nielle, qui te poursuivront jusqu'à ce que tu périsses. 23 Les cieux qui sont sur ta tête, seront d'airain, et la terre qui est sous toi sera de fer. 24 L'Éternel te donnera, au lieu de la pluie qu'il faut à ta terre, de la poussière et de la poudre, qui descendra sur toi des cieux, jusqu'à ce que tu sois détruit. 25 L'Éternel fera que tu seras battu devant tes ennemis; tu sortiras par un chemin contre eux, et par sept chemins tu t'enfuiras devant eux; et tu seras vagabond par tous les royaumes de la terre; 26 Et tes cadavres seront la nourriture de tous les oiseaux des cieux, et des bêtes de la terre, et il n'y aura personne qui les chasse. 27 L'Éternel te frappera de l'ulcère d'Égypte, d'hémorrhoïdes, de gale et de grattelle, dont tu ne pourras guérir. 28 L'Éternel te frappera de frénésie, d'aveuglement et d'égarement d'esprit; 29 Tu iras tâtonnant en plein midi, comme l'aveugle tâtonne dans les ténèbres; tu ne réussiras point dans tes entreprises; et tu ne seras jamais qu'opprimé et pillé; et il n'y aura personne qui te délivre. 30 Tu fianceras une femme, mais un autre homme couchera avec elle; tu bâtiras une maison, et tu n'y demeureras point; tu planteras une vigne, et tu n'en cueilleras point les premiers fruits; 31 Ton bœuf sera égorgé sous tes yeux, et tu n'en mangeras point; ton âne sera ravi devant toi, et ne te sera point rendu; tes brebis seront livrées à tes ennemis, et tu n'auras personne qui les délivre. 32 Tes fils et tes filles seront livrés à un autre peuple; tes yeux le verront, et se consumeront tout le jour après eux; et ta main sera sans force. 33 Un peuple que tu n'auras point connu, mangera le fruit de ton sol et tout ton travail; et tu ne seras jamais qu'opprimé et écrasé. 34 Et tu deviendras fou de ce que tu verras de tes yeux. 35 L'Éternel te frappera sur les genoux et sur les jambes d'un ulcère malin dont tu ne pourras guérir; il t'en frappera depuis la plante de ton pied jusqu'au sommet de ta tête. 36 L'Éternel te fera marcher, toi et ton roi, que tu auras établi sur toi, vers une nation que tu n'auras point connue, ni toi ni tes pères; et tu serviras là d'autres dieux, des dieux de bois et de pierre; 37 Et tu seras un sujet d'étonnement, de raillerie et de sarcasme, parmi tous les peuples où l'Éternel t'aura emmené. 38 Tu porteras beaucoup de semence aux champs, et tu en recueilleras peu; car la sauterelle la broutera. 39 Tu planteras des vignes et tu les cultiveras, mais tu ne boiras point de vin, et tu n'en recueilleras rien; car le ver les mangera. 40 Tu auras des oliviers dans tout ton territoire, et tu ne t'oindras point d'huile; car tes oliviers perdront leur fruit. 41 Tu engendreras des fils et des filles, mais ils ne seront pas à toi; car ils iront en captivité. 42 Le hanneton s'emparera de tous tes arbres, et du fruit de ton sol. 43 L'étranger qui sera au milieu de toi montera au-dessus de toi, de plus en plus haut, et toi, tu descendras de plus en plus bas; 44 Il te prêtera, et tu ne lui prêteras point; il sera à la tête, et tu seras à la queue. 45 Et toutes ces malédictions viendront sur toi, et te poursuivront, et t'atteindront, jusqu'à ce que tu sois exterminé; parce que tu n'auras pas obéi à la voix de l'Éternel ton Dieu, pour garder ses commandements et ses statuts qu'il t'a prescrits. 46 Et elles seront sur toi et sur ta postérité à jamais, comme un signe et un prodige. 47 Parce que tu n'auras point servi l'Éternel ton Dieu avec joie et de bon cœur dans l'abondance de toutes choses, 48 Tu serviras, dans la faim, dans la soif,

dans la nudité et dans la disette de toutes choses, ton ennemi que Dieu enverra contre toi; et il mettra un joug de fer sur ton cou, jusqu'à ce qu'il t'ait exterminé. [49] L'Éternel fera lever contre toi, de loin, du bout de la terre, une nation qui volera comme l'aigle, une nation dont tu n'entendras point la langue, [50] Une nation au visage farouche, qui n'aura ni égard pour le vieillard, ni pitié pour l'enfant; [51] Qui mangera le fruit de ton bétail, et le fruit de ton sol, jusqu'à ce que tu sois exterminé; qui ne te laissera de reste ni froment, ni vin, ni huile, ni portée de tes vaches et de tes brebis, jusqu'à ce qu'elle t'ait détruit. [52] Et elle t'assiégera dans toutes tes portes, jusqu'à ce que tes murailles hautes et fortes sur lesquelles tu te fiais, tombent dans tout ton pays; elle t'assiégera dans toutes tes portes, dans tout le pays que l'Éternel ton Dieu t'aura donné. [53] Et tu mangeras, durant le siège et dans l'extrémité où ton ennemi te réduira, le fruit de tes entrailles, la chair de tes fils et de tes filles, que l'Éternel ton Dieu t'aura donnés. [54] L'homme le plus tendre et le plus délicat d'entre vous regardera d'un œil d'envie son frère, et sa femme bien-aimée, et le reste de ses enfants qu'il aura épargnés, [55] Et ne donnera à aucun d'eux de la chair de ses enfants, qu'il mangera, parce qu'il ne lui restera rien du tout, durant le siège et dans l'extrémité où ton ennemi te réduira dans toutes tes portes. [56] La plus tendre et la plus délicate d'entre vous, qui, par mollesse et par délicatesse, n'eût point essayé de mettre la plante de son pied sur la terre, regardera d'un œil d'envie son mari bien-aimé, son fils et sa fille, [57] Et la taie de son petit enfant, qui sortira d'entre ses pieds, et les enfants qu'elle enfantera; car dans la disette de toutes choses, elle les mangera en secret, durant le siège et dans l'extrémité où ton ennemi te réduira dans toutes tes portes. [58] Si tu ne prends pas garde de faire toutes les paroles de cette loi, écrites dans ce livre, en craignant ce nom glorieux et terrible, L'ÉTERNEL TON DIEU, [59] L'Éternel te frappera, toi et ta postérité, de plaies extraordinaires, de plaies grandes et persistantes, de maladies malignes et persistantes. [60] Il ramènera sur toi toutes les langueurs d'Égypte devant lesquelles tu as tremblé, et elles s'attacheront à toi; [61] L'Éternel fera aussi venir sur toi toute autre maladie et toute autre plaie, qui n'est point écrite au livre de cette loi, jusqu'à ce que tu sois exterminé; [62] Et vous resterez en petit nombre, au lieu que vous étiez nombreux comme les étoiles des cieux, parce que tu n'auras point obéi à la voix de l'Éternel ton Dieu. [63] Et il arrivera que comme l'Éternel prenait plaisir à vous faire du bien et à vous multiplier, ainsi l'Éternel prendra plaisir à vous faire périr et à vous exterminer. Et vous serez arrachés du pays où tu vas entrer pour le posséder; [64] Et l'Éternel te dispersera parmi tous les peuples, d'un bout de la terre jusqu'à l'autre; et tu serviras là d'autres dieux, que ni toi ni tes pères n'avez connus, des dieux de bois et de pierre; [65] Et tu ne seras point tranquille parmi ces nations, et la plante de ton pied n'aura pas de repos; mais l'Éternel te donnera là un cœur tremblant, des yeux qui se consumeront, et une âme accablée. [66] Et ta vie sera en suspens devant toi; tu seras dans l'effroi nuit et jour, et tu ne seras point assuré de ta vie. [67] Le matin tu diras: Que n'est-ce le soir? et le soir tu diras: Que n'est-ce le matin? à cause de l'effroi dont ton cœur sera effrayé, et à cause du spectacle que tu verras de tes yeux. [68] Et l'Éternel te fera retourner en Égypte, sur des navires, par le chemin dont je t'ai dit: Tu ne le reverras plus; et là vous vous vendrez à vos ennemis pour être esclaves et servantes, et il n'y aura personne qui vous achète.

29

[1] Ce sont ici les paroles de l'alliance que l'Éternel commanda à Moïse de traiter avec les enfants d'Israël, au pays de Moab, outre l'alliance qu'il avait traitée avec eux en Horeb. [2] Moïse appela donc tout Israël et leur dit: Vous avez vu tout ce que l'Éternel a fait sous vos yeux, dans le pays d'Égypte, à Pharaon, et à tous ses serviteurs, et à tout son pays, [3] Les

grandes épreuves que tes yeux ont vues, ces grands signes et miracles; [4] Mais l'Éternel ne vous a point donné jusqu'à ce jour un cœur pour connaître, ni des yeux pour voir, ni des oreilles pour entendre. [5] Et je vous ai conduits quarante ans dans le désert, sans que vos vêtements se soient usés sur vous, et sans que ton soulier se soit usé sur ton pied; [6] Vous n'avez point mangé de pain, ni bu de vin, ni de boisson forte, afin que vous connussiez que je suis l'Éternel votre Dieu, [7] Et vous êtes parvenus en ce lieu. Et Sihon, roi de Hesbon, et Og, roi de Bassan, sont sortis à notre rencontre pour nous combattre, et nous les avons battus, [8] Et nous avons pris leur pays, et nous l'avons donné en héritage aux Rubénites, aux Gadites, et à la moitié de la tribu de Manassé. [9] Vous garderez donc les paroles de cette alliance, et vous les mettrez en pratique afin que vous prospériez dans tout ce que vous ferez. [10] Vous comparaissez tous aujourd'hui devant l'Éternel votre Dieu, vous chefs et vos tribus, vos anciens et vos officiers, tout homme d'Israël, [11] Vos petits enfants, vos femmes, et ton étranger qui est au milieu de ton camp, depuis ton coupeur de bois jusqu'à ton puiseur d'eau; [12] Afin d'entrer dans l'alliance de l'Éternel ton Dieu, faite avec serment, et que l'Éternel ton Dieu traite aujourd'hui avec toi; [13] Afin qu'il t'établisse aujourd'hui pour être son peuple, et qu'il soit ton Dieu, comme il te l'a dit et comme il l'a juré à tes pères, Abraham, Isaac et Jacob. [14] Et ce n'est pas seulement avec vous que je fais cette alliance et ce serment; [15] Mais c'est avec celui qui se tient ici avec nous aujourd'hui devant l'Éternel notre Dieu, et avec celui qui n'est point ici avec nous aujourd'hui. [16] Car vous savez comment nous avons demeuré au pays d'Égypte, et comment nous avons passé au milieu des nations, parmi lesquelles vous avez passé; [17] Et vous avez vu leurs abominations et leurs dieux infâmes, de bois et de pierre, d'argent et d'or, qui sont parmi eux. [18] Qu'il n'y ait parmi vous ni homme, ni femme, ni famille, ni tribu, qui détourne aujourd'hui son cœur de l'Éternel notre Dieu, pour aller servir les dieux de ces nations; qu'il n'y ait point parmi vous de racine qui produise du poison et de l'absinthe; [19] Et que nul, en entendant les paroles de cette imprécation, ne se flatte en son cœur, en disant: J'aurai la paix, bien que je marche dans l'endurcissement de mon cœur; en sorte qu'il ajoute l'ivresse à la soif. [20] L'Éternel ne consentira point à lui pardonner; mais alors la colère de l'Éternel et sa jalousie s'allumeront contre cet homme, et toute la malédiction écrite dans ce livre pèsera sur lui, et l'Éternel effacera son nom de dessous les cieux, [21] Et l'Éternel le séparera, pour son malheur, de toutes les tribus d'Israël, selon toutes les imprécations de l'alliance écrite dans ce livre de la loi. [22] Et la génération à venir, vos enfants qui se lèveront après vous, et l'étranger qui viendra d'un pays éloigné, diront, - quand ils verront les plaies de ce pays et les maladies dont l'Éternel l'aura affligé, [23] Lorsque toute la terre de ce pays ne sera que soufre et sel, et qu'embrasement, qu'elle ne sera point ensemencée, qu'elle ne fera rien germer, et que nulle herbe n'y poussera, comme après la subversion de Sodome, de Gomorrhe, d'Adma et de Tséboïm, que l'Éternel détruisit dans sa colère et dans son indignation, - [24] Toutes les nations diront: Pourquoi l'Éternel a-t-il ainsi traité ce pays? Quelle est la cause de l'ardeur de cette grande colère? [25] Et on répondra: C'est parce qu'ils ont abandonné l'alliance de l'Éternel, le Dieu de leurs pères, qu'il avait traitée avec eux quand il les fit sortir du pays d'Égypte; [26] Et qu'ils sont allés et ont servi d'autres dieux, et se sont prosternés devant eux; des dieux qu'ils n'avaient point connus, et qu'il ne leur avait point donnés en partage. [27] Et la colère de l'Éternel s'est embrasée contre ce pays, pour faire venir sur lui toutes les malédictions écrites dans ce livre; [28] Et l'Éternel les a arrachés de leur sol, dans sa colère, dans son courroux et dans sa grande indignation, et il les a jetés dans un autre pays, comme cela se voit aujourd'hui. [29] Les choses cachées appartiennent à l'Éternel notre Dieu, mais les choses révélées sont pour nous et pour nos enfants à jamais, afin que nous mettions en pratique toutes les paroles de cette loi.

30

¹ Or, quand toutes ces choses, que je t'ai représentées, seront venues sur toi, soit la bénédiction, soit la malédiction, et que tu les rappelleras à ton cœur, parmi toutes les nations où l'Éternel ton Dieu t'aura chassé; ² Et que tu te convertiras à l'Éternel ton Dieu, et que tu obéiras à sa voix, de tout ton cœur et de toute ton âme, toi et tes enfants, selon tout ce que je te commande aujourd'hui; ³ Alors l'Éternel ton Dieu ramènera tes captifs et aura compassion de toi, et il te rassemblera de nouveau d'entre tous les peuples parmi lesquels l'Éternel ton Dieu t'aura dispersé. ⁴ Quand tes dispersés seraient au bout des cieux, de là l'Éternel ton Dieu te rassemblera, et de là il te retirera. ⁵ Et l'Éternel ton Dieu te ramènera au pays que possédèrent tes pères, et tu le posséderas; il te fera du bien, et te multipliera plus que tes pères. ⁶ Et l'Éternel ton Dieu circoncira ton cœur, et le cœur de ta postérité, pour que tu aimes l'Éternel ton Dieu de tout ton cœur et de toute ton âme, afin que tu vives. ⁷ Et l'Éternel ton Dieu mettra toutes ces imprécations sur tes ennemis, et sur ceux qui te haïssent et qui t'auront persécuté. ⁸ Mais toi, tu te convertiras, et tu obéiras à la voix de l'Éternel, et tu pratiqueras tous ses commandements que je te prescris aujourd'hui. ⁹ Et l'Éternel ton Dieu te fera abonder en biens dans toutes les œuvres de ta main, dans le fruit de tes entrailles, dans le fruit de ton bétail et dans le fruit de ton sol; car l'Éternel prendra de nouveau plaisir à te faire du bien, comme il y a pris plaisir pour tes pères, ¹⁰ Quand tu obéiras à la voix de l'Éternel ton Dieu, pour garder ses commandements et ses statuts écrits dans ce livre de la loi; quand tu te convertiras à l'Éternel ton Dieu de tout ton cœur et de toute ton âme. ¹¹ Car ce commandement que je te prescris aujourd'hui n'est point trop élevé au-dessus de toi, et n'est pas éloigné. ¹² Il n'est pas dans les cieux, pour qu'on dise: Qui montera pour nous aux cieux, et nous l'apportera, et nous le fera entendre, pour que nous le pratiquions? ¹³ Il n'est point non plus au delà de la mer, pour qu'on dise: Qui passera pour nous au delà de la mer, et nous l'apportera, et nous le fera entendre, pour que nous le pratiquions? ¹⁴ Car cette parole est fort près de toi, dans ta bouche et dans ton cœur, afin que tu l'accomplisses. ¹⁵ Regarde, j'ai mis aujourd'hui devant toi la vie et le bien, la mort et le mal. ¹⁶ Car je te commande aujourd'hui d'aimer l'Éternel ton Dieu, de marcher dans ses voies, et d'observer ses commandements, ses statuts et ses ordonnances, afin que tu vives, et que tu multiplies, et que l'Éternel ton Dieu te bénisse, au pays où tu vas pour le posséder. ¹⁷ Mais si ton cœur se détourne, et que tu n'obéisses pas, et que tu te laisses aller à te prosterner devant d'autres dieux et à les servir, ¹⁸ Je vous déclare aujourd'hui que vous périrez certainement; vous ne prolongerez point vos jours sur la terre où tu vas entrer en passant le Jourdain, pour la posséder. ¹⁹ Je prends aujourd'hui les cieux et la terre à témoin contre vous, que j'ai mis devant toi la vie et la mort, la bénédiction et la malédiction. Choisis donc la vie, afin que tu vives, toi et ta postérité, ²⁰ En aimant l'Éternel ton Dieu, en obéissant à sa voix, et en demeurant attaché à lui; car c'est lui qui est ta vie et la longueur de tes jours; en sorte que tu habites sur le sol que l'Éternel a juré de donner à tes pères, Abraham, Isaac et Jacob.

31

¹ Et Moïse s'en alla, et tint à tout Israël ces discours, ² Et leur dit: Je suis aujourd'hui âgé de cent vingt ans; je ne pourrai plus aller ni venir, et l'Éternel m'a dit: Tu ne passeras point ce Jourdain. ³ C'est l'Éternel ton Dieu qui passera devant toi, c'est lui qui

exterminera ces nations de devant toi, et tu posséderas leur pays. C'est Josué qui doit passer devant toi, comme l'Éternel l'a dit. ⁴ Et l'Éternel leur fera comme il a fait à Sihon et à Og, rois des Amoréens, et à leur pays, qu'il a détruits. ⁵ Et l'Éternel vous les livrera, et vous leur ferez selon tout le commandement que je vous ai donné. ⁶ Fortifiez-vous et prenez courage; ne craignez point, et ne soyez point effrayés devant eux; car c'est l'Éternel ton Dieu qui marche avec toi; il ne te laissera point, et ne t'abandonnera point. ⁷ Puis Moïse appela Josué, et lui dit, devant tout Israël: Fortifie-toi et prends courage; car tu entreras avec ce peuple au pays que l'Éternel a juré à leurs pères de leur donner, et c'est toi qui les en mettras en possession. ⁸ C'est l'Éternel qui marche devant toi; il sera lui-même avec toi; il ne te laissera point, et ne t'abandonnera point; ne crains point, et ne sois point effrayé. ⁹ Et Moïse écrivit cette loi, et la donna aux sacrificateurs, enfants de Lévi, qui portaient l'arche de l'alliance de l'Éternel, et à tous les anciens d'Israël. ¹⁰ Et Moïse leur commanda, en disant: Au bout de sept ans, à l'époque de l'année de relâche, à la fête des tabernacles, ¹¹ Quand tout Israël viendra pour comparaître devant l'Éternel ton Dieu, au lieu qu'il choisira, tu liras cette loi devant tout Israël, de manière qu'ils l'entendent. ¹² Rassemble le peuple, les hommes, les femmes, et les enfants, et ton étranger qui sera dans tes portes, afin qu'ils entendent, et qu'ils apprennent à craindre l'Éternel votre Dieu, et qu'ils prennent garde de faire toutes les paroles de cette loi; ¹³ Et que leurs enfants qui n'en ont pas eu connaissance, entendent, et apprennent à craindre l'Éternel votre Dieu, tous les jours que vous serez vivants sur la terre que vous allez posséder après avoir passé le Jourdain. ¹⁴ Alors l'Éternel dit à Moïse: Voici, le jour de ta mort approche; appelle Josué, et présentez-vous dans le tabernacle d'assignation, afin que je lui donne mes ordres. Moïse et Josué allèrent donc, et se présentèrent dans le tabernacle d'assignation. ¹⁵ Et l'Éternel apparut, dans le tabernacle, dans une colonne de nuée; et la colonne de nuée s'arrêta à l'entrée du tabernacle. ¹⁶ Et l'Éternel dit à Moïse: Voici, tu vas être couché avec tes pères; et ce peuple se lèvera, et se prostituera après les dieux étrangers qui seront au milieu de lui au pays où il va. Et il m'abandonnera, et il enfreindra mon alliance, que j'ai traitée avec lui. ¹⁷ En ce jour-là ma colère s'allumera contre lui; je les abandonnerai, je cacherai d'eux ma face; et il sera exposé à être dévoré, et il souffrira des maux nombreux et des angoisses. Et il dira en ce jour-là: N'est-ce pas parce que mon Dieu n'est plus au milieu de moi, que je souffre ces maux? ¹⁸ Mais moi, je cacherai entièrement ma face en ce jour-là, à cause de tout le mal qu'il aura fait, parce qu'il se sera détourné vers d'autres dieux. ¹⁹ Maintenant donc, écrivez ce cantique. Enseigne-le aux enfants d'Israël; mets-le dans leur bouche, afin que ce cantique me serve de témoin contre les enfants d'Israël. ²⁰ Car j'introduirai ce peuple dans le pays au sujet duquel j'ai fait serment à ses pères, pays où coulent le lait et le miel, et il mangera, et sera rassasié et engraissé; puis il se détournera vers d'autres dieux, et il les servira; il me méprisera, et il enfreindra mon alliance. ²¹ Et il arrivera, quand il souffrira des maux et des angoisses, que ce cantique déposera comme témoin contre lui, parce qu'il ne sera point oublié de la bouche de sa postérité. Car je connais sa nature, ce qu'il fait aujourd'hui, avant que je l'introduise au pays que j'ai juré de lui donner. ²² Et Moïse écrivit ce cantique en ce jour-là, et l'enseigna aux enfants d'Israël. ²³ Et l'Éternel commanda à Josué, fils de Nun, et lui dit: Fortifie-toi et prends courage; car c'est toi qui introduiras les enfants d'Israël au pays que j'ai juré de leur donner, et moi, je serai avec toi. ²⁴ Et quand Moïse eut achevé d'écrire les paroles de cette loi sur un livre, jusqu'à la fin, ²⁵ Il fit ce commandement aux Lévites qui portaient l'arche de l'alliance de l'Éternel, et leur dit: ²⁶ Prenez ce livre de la loi, et mettez-le à côté de l'arche de l'alliance de l'Éternel votre Dieu. Et il sera là comme témoin contre toi; ²⁷ Car je connais ta rébellion et ton cou roide. Voici, pendant que je suis encore aujourd'hui vivant avec vous, vous avez été rebelles contre l'Éternel; combien plus le serez-vous après ma mort? [28] Faites assembler vers moi tous les anciens de vos tribus et vos officiers, et je prononcerai ces paroles à leurs oreilles, et je prendrai à témoin contre eux les cieux et la terre. [29] Car je sais qu'après ma mort vous ne manquerez pas de vous corrompre et de vous détourner de la voie que je vous ai prescrite; et que le malheur vous arrivera dans les jours à venir, parce que vous ferez ce qui est mal aux yeux de l'Éternel, en l'irritant par les œuvres de vos mains. [30] Et Moïse prononça aux oreilles de toute l'assemblée d'Israël les paroles de ce cantique jusqu'à la fin.

32

[1] Cieux, prêtez l'oreille, et je parlerai; et que la terre écoute les paroles de ma bouche. [2] Ma doctrine coulera comme la pluie; ma parole tombera comme la rosée; comme des ondées sur la verdure, comme des pluies abondantes sur l'herbe. [3] Car je proclamerai le nom de l'Éternel. Célébrez la grandeur de notre Dieu! [4] L'œuvre du Rocher est parfaite; car toutes ses voies sont la justice même. C'est un Dieu fidèle et sans iniquité; il est juste et droit. [5] Ils ont agi à son égard d'une manière honteuse et perverse, ses enfants dégénérés, race fausse et tortueuse. [6] Est-ce ainsi que vous récompensez l'Éternel, peuple insensé et sans sagesse? N'est-il pas ton père, qui t'a formé, qui t'a fait et t'a affermi? [7] Souviens-toi des jours d'autrefois; considère les années, d'âge en âge; interroge ton père, et il te l'apprendra, tes vieillards, et ils te le diront. [8] Quand le Très-Haut donnait leur lot aux nations, quand il séparait les enfants des hommes, il fixa les limites des peuples selon le nombre des enfants d'Israël; [9] Car la portion de l'Éternel, c'est son peuple; Jacob est le lot de son héritage. [10] Il le trouva dans un pays désert, dans une solitude, où il n'y avait que hurlements de désolation; il l'entoura, il prit soin de lui; il le garda comme la prunelle de son œil; [11] Comme l'aigle qui réchauffe son nid et couve ses petits; qui étend ses ailes, les prend, et les porte sur ses plumes. [12] L'Éternel seul l'a conduit, et il n'y a point eu avec lui de dieu étranger. [13] Il l'a fait passer à cheval sur les lieux élevés de la terre; et Israël a mangé les produits des champs; et il lui a fait sucer le miel de la roche et l'huile des plus durs rochers, [14] Le beurre des vaches et le lait des brebis, avec la graisse des agneaux, des béliers nés à Bassan et des boucs, avec la fine fleur du froment. Et tu as bu le vin généreux, le sang de la grappe. [15] Mais Jeshurun (Israël) s'est engraissé, et a regimbé. Tu es devenu gras, gros et épais. Il a abandonné le Dieu qui l'a fait, et a méprisé le Rocher de son salut. [16] Ils ont excité sa jalousie par des dieux étrangers; ils l'ont irrité par des abominations; [17] Ils ont sacrifié à des idoles, qui ne sont point Dieu; à des dieux qu'ils ne connaissaient point, dieux nouveaux venus depuis peu, et que vos pères n'ont point redoutés. [18] Tu as abandonné le Rocher qui t'a engendré, et tu as oublié le Dieu qui t'a formé. [19] L'Éternel l'a vu, et il a rejeté, dans son indignation, ses fils et ses filles; [20] Et il a dit: Je cacherai d'eux ma face, je verrai quelle sera leur fin; car ils sont une race perverse, des enfants en qui l'on ne peut se fier. [21] Ils ont excité ma jalousie par ce qui n'est point Dieu, ils m'ont irrité par leurs vanités; moi aussi j'exciterai leur jalousie par ce qui n'est point un peuple, je les irriterai par une nation insensée. [22] Car le feu s'est embrasé dans ma colère; il a brûlé jusqu'au Sépulcre souterrain, il a dévoré la terre et son fruit, et enflammé les fondements des montagnes. [23] J'amasserai sur eux des maux, je tirerai contre eux toutes mes flèches; [24] Ils seront consumés par la faim, et dévorés par la fièvre et par un fléau amer; et j'enverrai contre eux la dent des bêtes, avec le venin des animaux rampants dans la poussière. [25] L'épée détruira au-dehors, et la frayeur au-dedans, frappant et le jeune homme et la vierge, l'enfant qui tète aussi bien que l'homme blanc de vieillesse. [26] J'aurais dit: Je les disperserai, j'abolirai leur mémoire d'entre les hommes; [27] Si je ne craignais le sarcasme de l'ennemi, et que leurs adversaires ne s'y

méprennent, et ne disent: Notre main a été élevée, et ce n'est point l'Éternel qui a fait tout ceci. [28] Car c'est une nation dépourvue de jugement, et il n'y a en eux aucune intelligence. [29] Oh! s'ils étaient sages! Ils considéreraient ceci, ils réfléchiraient à ce qui leur arrivera à la fin. [30] Comment un en poursuivrait-il mille, et deux en mettraient-ils en fuite dix mille, si ce n'était que leur rocher les a vendus, et que l'Éternel les a livrés? [31] Car leur rocher n'est pas comme notre Rocher, et nos ennemis en sont juges. [32] Car leur vigne est du plant de Sodome et du terroir de Gomorrhe; leurs raisins sont des raisins vénéneux, ils ont des grappes amères; [33] Leur vin est un venin de dragons, et un cruel poison d'aspics. [34] Cela n'est-il pas serré auprès de moi, scellé dans mes trésors? [35] La vengeance m'appartient, et la rétribution, pour le temps où leur pied chancellera; car le jour de leur calamité est proche, et les choses qui doivent leur arriver se hâtent. [36] Car l'Éternel tirera satisfaction de son peuple, et aura pitié de ses serviteurs, quand il verra que leur force s'en est allée, et qu'il n'y reste rien de ce qu'on enferme ou de ce qu'on délaisse. [37] Il dira: Où sont leurs dieux, le rocher en qui ils se confiaient, [38] Qui mangeaient la graisse de leurs sacrifices et buvaient le vin de leurs libations? Qu'ils se lèvent, qu'ils vous aident, qu'ils vous servent de retraite. [39] Voyez maintenant que c'est moi, moi-même, et qu'il n'y a point d'autre Dieu que moi. Je fais mourir et je fais vivre, je blesse et je guéris, et il n'y a personne qui puisse délivrer de ma main. [40] Car je lève ma main vers les cieux, et je dis: Je suis vivant éternellement! [41] Si j'aiguise la lame de mon épée, et que ma main saisisse le jugement, je rendrai la vengeance à mes adversaires, et la rétribution à ceux qui me haïssent. [42] J'enivrerai mes flèches de sang, et mon épée dévorera la chair; j'enivrerai mes flèches du sang des tués et des captifs, de la tête des chefs de l'ennemi. [43] Chantez de joie, nations, son peuple! car il vengera le sang de ses serviteurs, il rendra la vengeance à ses adversaires, et fera l'expiation pour sa terre, pour son peuple. [44] Moïse vint donc, lui et Josué, fils de Nun, et prononça toutes les paroles de ce cantique aux oreilles du peuple. [45] Et quand Moïse eut achevé de prononcer toutes ces paroles à tout Israël, [46] Il leur dit: Appliquez votre cœur à toutes les paroles que je vous somme aujourd'hui de prescrire à vos enfants, afin qu'ils prennent garde à faire selon toutes les paroles de cette loi. [47] Car ce n'est pas une parole vaine pour vous, mais c'est votre vie; et par cette parole vous prolongerez vos jours sur la terre que vous allez posséder en passant le Jourdain. [48] En ce même jour, l'Éternel parla à Moïse en disant: [49] Monte sur cette montagne d'Abarim, sur le mont Nébo, qui est au pays de Moab, en face de Jérico; et regarde le pays de Canaan, que je donne en possession aux enfants d'Israël. [50] Or tu mourras sur la montagne où tu montes, et tu seras recueilli vers tes peuples, comme Aaron ton frère est mort sur la montagne de Hor, et a été recueilli vers ses peuples; [51] Parce que vous avez péché contre moi, au milieu des enfants d'Israël, aux eaux de la contestation de Kadès, au désert de Tsin; parce que vous ne m'avez point sanctifié au milieu des enfants d'Israël. [52] Car tu verras le pays devant toi, mais tu n'entreras point dans le pays que je donne aux enfants d'Israël.

33

[1] Or voici la bénédiction dont Moïse, homme de Dieu, bénit les enfants d'Israël avant sa mort. [2] Il dit donc: L'Éternel est venu de Sinaï, et s'est levé sur eux de Séir; il a resplendi de la montagne de Paran; il est sorti des myriades de saints; de sa droite sortait pour eux le feu de la loi. [3] Oui, il aime les peuples. Tous ses saints sont en ta main. Ils se sont tenus à tes pieds pour recevoir tes paroles. [4] Moïse nous a donné la loi, héritage de l'assemblée de Jacob; [5] Et il a été roi en Jeshurun (Israël), quand les chefs du peuple s'assemblaient avec les tribus d'Israël. [6] Que Ruben vive, et qu'il ne meure point, et que ses hommes soient nombreux! [7] Et sur Juda, voici ce que Moïse dit: Écoute, Éternel, la voix de Juda, et ramène-le vers son peuple; que ses mains soient puissantes, et sois-lui

en aide contre ses ennemis! [8] Il dit aussi, touchant Lévi: Tes Thummim et tes Urim sont à ton pieux serviteur, que tu éprouvas à Massa, avec lequel tu contestas aux eaux de Mériba; [9] Qui dit de son père et de sa mère: Je ne l'ai point vu; et qui n'a point reconnu ses frères, ni connu ses enfants. Car ils ont observé tes paroles, et ils garderont ton alliance. [10] Ils enseigneront tes ordonnances à Jacob, et ta loi à Israël; ils mettront le parfum sous tes narines, et l'holocauste sur ton autel. [11] O Éternel, bénis sa force, et agrée l'œuvre de ses mains. Frappe aux reins ceux qui s'élèvent contre lui, et ceux qui le haïssent, dès qu'ils s'élèveront. [12] Sur Benjamin il dit: Celui que l'Éternel aime habitera en sécurité près de lui; il le couvrira tout le jour, et il se tiendra entre ses épaules. [13] Et sur Joseph il dit: Son pays est béni par l'Éternel, du précieux don des cieux, de la rosée, et de l'abîme qui repose en bas; [14] Des plus précieux produits du soleil, et des plus précieux fruits des lunes; [15] Des meilleures productions des montagnes antiques et des précieuses productions des coteaux éternels; [16] De ce qu'il y a de plus précieux sur la terre, et de son abondance. Et que la bienveillance de celui qui apparut dans le buisson vienne sur la tête de Joseph, et sur le front du prince de ses frères. [17] Il a la beauté du premier-né de ses taureaux, et ses cornes sont les cornes d'un buffle; avec elles il heurtera tous les peuples ensemble jusqu'aux bouts de la terre; ce sont les myriades d'Éphraïm, ce sont les milliers de Manassé. [18] Et de Zabulon il dit: Réjouis-toi, Zabulon, dans ta sortie; et toi, Issacar, dans tes tentes! [19] Ils appelleront les peuples à la montagne; là ils offriront des sacrifices de justice; car ils suceront l'abondance des mers et les trésors cachés dans le sable. [20] Et de Gad il dit: Béni soit celui qui met Gad au large! Il repose comme un lion, et il déchire bras et tête; [21] Il s'est choisi les prémices du pays, parce que là était cachée la portion du législateur; et il est venu avec les chefs du peuple; il a exécuté la justice de l'Éternel, et ses jugements envers Israël. [22] Et sur Dan il dit: Dan est un jeune lion, qui s'élance de Bassan. [23] Et de Nephthali il dit: Nephthali, rassasié de faveurs et rempli de la bénédiction de l'Éternel, possède l'Occident et le Midi! [24] Et d'Asser il dit: Qu'Asser soit béni entre les fils; qu'il soit agréable à ses frères, et qu'il baigne son pied dans l'huile! [25] Tes verrous seront de fer et d'airain, et ton repos durera autant que tes jours. [26] Nul n'est, ô Jeshurun (Israël), semblable au Dieu qui vient à ton aide, porté sur les cieux et sur les nues, dans sa majesté. [27] C'est une retraite que le Dieu qui est de tout temps, et que d'être sous ses bras éternels. Il a chassé de devant toi l'ennemi, et il a dit: Extermine! [28] Et Israël habitera en sécurité; la source issue de Jacob jaillit à part dans un pays de froment et de moût, et dont les cieux distillent la rosée. [29] Oh! que tu es heureux, Israël! Qui est semblable à toi, peuple sauvé par l'Éternel, le bouclier de ton secours et l'épée par laquelle tu es exalté? Tes ennemis dissimuleront devant toi; et toi, tu fouleras de tes pieds leurs hauts lieux

34

[1] Puis Moïse monta des campagnes de Moab sur le mont Nébo, au sommet du Pisga, qui est en face de Jérico; et l'Éternel lui fit voir tout le pays depuis Galaad jusqu'à Dan, [2] Et tout le pays de Nephthali, et le pays d'Éphraïm et de Manassé, et tout le pays de Juda, jusqu'à la mer occidentale; [3] Et le Midi, et la plaine, la vallée de Jérico, la ville des palmiers, jusqu'à Tsoar. [4] Et l'Éternel lui dit: Voilà le pays dont j'ai juré à Abraham, à Isaac et à Jacob, en disant: Je le donnerai à ta postérité. Je te l'ai fait voir de tes yeux, mais tu n'y entreras point. [5] Et Moïse, serviteur de l'Éternel, mourut là, au pays de Moab, selon l'ordre de l'Éternel. [6] Et il l'ensevelit dans la vallée, au pays de Moab, vis-à-vis de Beth-Peor; et personne n'a connu son tombeau jusqu'à aujourd'hui. [7] Or, Moïse était âgé de cent vingt ans quand il mourut; sa vue n'était point affaiblie, et sa vigueur n'était

point passée. ⁸ Et les enfants d'Israël pleurèrent Moïse trente jours dans les campagnes de Moab, et les jours des pleurs du deuil de Moïse furent accomplis. ⁹ Et Josué, fils de Nun, fut rempli de l'esprit de sagesse; car Moïse lui avait imposé les mains; et les enfants d'Israël lui obéirent, et se conformèrent à ce que l'Éternel avait commandé à Moïse. ¹⁰ Et il ne s'est plus levé en Israël de prophète tel que Moïse, que l'Éternel connut face à face; ¹¹ Soit pour tous les signes et les miracles que l'Éternel l'envoya faire au pays d'Égypte, devant Pharaon, et tous ses serviteurs, et tout son pays; ¹² Soit pour ce qu'il fit avec une main forte, et pour toutes les œuvres grandes et terribles que Moïse fit à la vue de tout Israël.

Josué

¹ Après la mort de Moïse, serviteur de l'Éternel, l'Éternel parla à Josué, fils de Nun, serviteur de Moïse, et lui dit: ² Moïse mon serviteur est mort; maintenant lève-toi, passe ce Jourdain, toi et tout ce peuple, pour entrer au pays que je donne aux enfants d'Israël. ³ Tout lieu que foulera la plante de votre pied, je vous le donne, comme je l'ai dit à Moïse. ⁴ Votre frontière sera depuis ce désert et ce Liban jusqu'au grand fleuve, le fleuve de l'Euphrate, tout le pays des Héthiens, et jusqu'à la grande mer, vers le soleil couchant. ⁵ Nul ne subsistera devant toi pendant tous les jours de ta vie; je serai avec toi comme j'ai été avec Moïse; je ne te laisserai point, et je ne t'abandonnerai point. ⁶ Fortifie-toi et prends courage; car c'est toi qui mettras ce peuple en possession du pays que j'ai juré à leurs pères de leur donner. ⁷ Fortifie-toi seulement et aie bon courage, pour prendre garde à faire selon toute la loi que Moïse mon serviteur t'a prescrite; ne t'en détourne ni à droite ni à gauche, afin que tu prospères dans tout ce que tu entreprendras. ⁸ Que ce livre de la loi ne s'éloigne point de ta bouche, mais médite-le jour et nuit, afin que tu prennes garde à faire tout ce qui y est écrit; car c'est alors que tu réussiras dans tes entreprises, et c'est alors que tu prospéreras. ⁹ Ne te l'ai-je pas commandé? Fortifie-toi et prends courage. Ne t'épouvante point et ne t'effraie de rien; car l'Éternel ton Dieu est avec toi, partout où tu iras. ¹⁰ Alors Josué donna des ordres aux officiers du peuple, et dit: ¹¹ Passez au milieu du camp, et commandez au peuple, en disant ¹² Josué parla aussi aux Rubénites, aux Gadites, et à la moitié de la tribu de Manassé, et leur dit: ¹³ Souvenez-vous de ce que vous a commandé Moïse, serviteur de l'Éternel, en disant: L'Éternel votre Dieu vous a accordé du repos, et vous a donné ce pays; ¹⁴ Vos femmes, vos petits enfants et votre bétail demeureront au pays que Moïse vous a donné, de l'autre côté du Jourdain; mais vous, vous passerez en armes devant vos frères, tous les hommes forts et vaillants, et vous les aiderez, ¹⁵ Jusqu'à ce que l'Éternel ait donné du repos à vos frères comme à vous, et qu'eux aussi possèdent le pays que l'Éternel votre Dieu leur donne. Puis vous retournerez au pays de votre possession, et vous le posséderez, celui que Moïse, serviteur de l'Éternel, vous a donné, de l'autre côté du Jourdain, vers le soleil levant. ¹⁶ Et ils répondirent à Josué, en disant: Nous ferons tout ce que tu nous as commandé, et nous irons partout où tu nous enverras; ¹⁷ Nous t'obéirons comme nous avons obéi à Moïse; seulement que l'Éternel ton Dieu soit avec toi, comme il a été avec Moïse! ¹⁸ Tout homme qui sera rebelle à ton commandement et n'obéira point à tes paroles, en tout ce que tu nous commanderas, sera mis à mort; fortifie-toi seulement et prends courage!

2

¹ Josué, fils de Nun, envoya secrètement de Sittim deux espions, en leur disant: Allez, examinez le pays et Jérico. Ils partirent donc et vinrent dans la maison d'une courtisane, nommée Rahab, et ils couchèrent là. ² Et l'on dit au roi de Jérico: Voici, des hommes sont venus ici cette nuit, d'entre les enfants d'Israël, pour explorer le pays. ³ Le roi de Jérico envoya dire à Rahab: Fais sortir les hommes qui sont venus chez toi, qui sont entrés dans ta maison; car ils sont venus pour explorer tout le pays. ⁴ Mais la femme avait pris les deux hommes, et les avait cachés; et elle dit: Il est vrai que ces hommes sont venus chez moi, mais je ne savais d'où ils étaient; ⁵ Et comme la porte allait être fermée, sur le soir, ces hommes sont sortis; je ne sais où ils sont allés; hâtez-vous de les poursuivre, car vous les atteindrez. ⁶ Or, elle les avait fait monter sur le toit, et les avait cachés sous des tiges de lin, qu'elle avait arrangées sur le toit. ⁷ Et les hommes les poursuivirent

dans la direction du Jourdain, vers les gués, et l'on ferma la porte, après que ceux qui les poursuivaient furent sortis. ⁸ Avant qu'ils se couchassent, elle monta vers eux sur le toit, ⁹ Et elle leur dit: Je sais que l'Éternel vous a donné le pays, et que la terreur de votre nom nous a saisis, et que tous les habitants du pays ont perdu courage à cause de vous.

¹⁰ Car nous avons appris comment l'Éternel a tari devant vous les eaux de la mer Rouge, quand vous sortiez d'Égypte, et ce que vous avez fait aux deux rois des Amoréens qui étaient au delà du Jourdain, à Sihon et à Og, que vous avez dévoués à l'interdit. ¹¹ Nous l'avons appris, et notre cœur s'est fondu, et le courage d'aucun homme ne se soutient encore devant vous; car l'Éternel votre Dieu est Dieu dans les cieux en haut et sur la terre en bas. ¹² Maintenant donc, jurez-moi, je vous prie, par l'Éternel, que puisque j'ai usé de bonté envers vous, vous userez aussi de bonté envers la maison de mon père; et donnez-moi une preuve assurée, ¹³ Que vous laisserez vivre mon père, ma mère, mes frères, mes sœurs, et tous ceux qui leur appartiennent, et que vous garantirez nos personnes de la mort. ¹⁴ Et ces hommes lui répondirent: Nous exposerons notre personne pour vous à la mort, si vous ne divulguez pas notre entreprise; et quand l'Éternel nous donnera le pays, nous te traiterons avec bonté et fidélité. ¹⁵ Elle les fit donc descendre avec une corde par la fenêtre; car sa maison était dans le mur du rempart, et elle habitait sur le rempart. ¹⁶ Et elle leur dit: Allez vers la montagne, de peur que ceux qui vous poursuivent ne vous rencontrent, et cachez-vous là trois jours, jusqu'à ce que ceux qui vous poursuivent soient de retour; et après cela vous irez votre chemin. ¹⁷ Or ces hommes lui avaient dit: Voici comment nous serons quittes de ce serment que tu nous as fait faire. ¹⁸ Lorsque nous entrerons dans le pays, tu attacheras ce cordon de fil écarlate à la fenêtre par laquelle tu nous auras fait descendre, et tu réuniras chez toi, dans la maison, ton père, ta mère, tes frères, et toute la famille de ton père; ¹⁹ Et si quelqu'un d'eux sort des portes de ta maison, son sang sera sur sa tête et nous en serons innocents; mais pour tous ceux qui seront avec toi dans la maison, leur sang sera sur notre tête, si l'on met la main sur quelqu'un d'eux. ²⁰ Et si tu divulgues ce qui nous concerne, nous serons quittes du serment que tu nous as fait faire. ²¹ Alors elle répondit: Qu'il en soit comme vous avez dit. Puis elle les renvoya, et ils s'en allèrent. Et elle attacha le cordon d'écarlate à la fenêtre. ²² Ils s'en allèrent donc et vinrent à la montagne, et demeurèrent là trois jours, jusqu'à ce que ceux qui les poursuivaient fussent de retour. Et ceux qui les poursuivaient les cherchèrent par tout le chemin, et ils ne les trouvèrent point. ²³ Les deux hommes s'en retournèrent alors, descendirent de la montagne et, passant le Jourdain, ils vinrent vers Josué, fils de Nun, et lui racontèrent tout ce qui leur était arrivé. ²⁴ Et ils dirent à Josué: Certaine-ment l'Éternel a livré tout le pays entre nos mains; et même, tous les habitants du pays ont perdu courage devant nous.

3

¹ Or, Josué se leva de bon matin, et ils partirent de Sittim, et vinrent jusqu'au Jourdain, lui et tous les enfants d'Israël, et ils y passèrent la nuit avant de le traverser. ² Et au bout de trois jours les officiers passèrent au milieu du camp, ³ Et ils commandèrent au peuple, en disant: Lorsque vous verrez l'arche de l'alliance de l'Éternel votre Dieu et les sacrificateurs, les Lévites, qui la porteront, vous partirez de vos quartiers, et vous marcherez après elle; ⁴ Seulement, il y aura, entre vous et elle, environ deux milles coudées de distance; n'en approchez pas, afin que vous puissiez connaître le chemin par lequel vous devez marcher; car vous n'avez point auparavant passé par ce chemin. ⁵ Josué dit aussi au peuple: Sanctifiez-vous; car demain l'Éternel fera au milieu de vous des choses merveilleuses. ⁶ Puis Josué parla aux sacrificateurs, en disant: Prenez l'arche de l'alliance, et passez devant le peuple. Ils prirent donc l'arche de l'alliance, et

marchèrent devant le peuple. ⁷ Et l'Éternel dit à Josué: Aujourd'hui je commencerai à t'élever à la vue de tout Israël, afin qu'ils connaissent que, comme j'ai été avec Moïse, je serai avec toi. ⁸ Tu commanderas donc aux sacrificateurs qui portent l'arche de l'alliance, en disant: Lorsque vous arriverez au bord des eaux du Jourdain, vous vous arrêterez dans le Jourdain. ⁹ Alors Josué dit aux enfants d'Israël: Approchez-vous ici, et écoutez les paroles de l'Éternel votre Dieu. ¹⁰ Puis Josué dit: Vous reconnaîtrez à ceci que le Dieu vivant est au milieu de vous, et qu'il chassera devant vous les Cananéens, les Héthiens, les Héviens, les Phéréziens, les Guirgasiens, les Amoréens et les Jébusiens. ¹¹ Voici, l'arche de l'alliance du Seigneur de toute la terre va passer devant vous dans le Jourdain. ¹² Maintenant donc, prenez douze hommes des tribus d'Israël, un homme par tribu; ¹³ Et il arrivera qu'aussitôt que les sacrificateurs qui portent l'arche de l'Éternel, le Seigneur de toute la terre, auront mis la plante de leurs pieds dans les eaux du Jourdain, les eaux du Jourdain seront coupées, les eaux qui descendent d'en haut, et elles s'arrêteront en un monceau. ¹⁴ Et lorsque le peuple fut parti de ses tentes, pour passer le Jourdain, les sacrificateurs qui portaient l'arche de l'alliance marchaient devant le peuple; ¹⁵ Et dès que ceux qui portaient l'arche furent arrivés au Jourdain, et que les pieds des sacrificateurs qui portaient l'arche se furent mouillés au bord de l'eau (or le Jourdain déborde sur toutes ses rives tout le temps de la moisson), ¹⁶ Les eaux qui descendaient d'en haut s'arrêtèrent, elles s'élevèrent en un monceau, fort loin, près de la ville d'Adam, qui est à côté de Tsarthan; et celles qui descendaient vers la mer de la campagne, la mer Salée, furent complètement coupées; et le peuple passa vis-à-vis de Jérico. ¹⁷ Mais les sacrificateurs qui portaient l'arche de l'alliance de l'Éternel s'arrêtèrent de pied ferme sur le sec, au milieu du Jourdain, pendant que tout Israël passait à sec, jusqu'à ce que toute la nation eût achevé de passer le Jourdain.

4

¹ Et quand toute la nation eut achevé de passer le Jourdain, l'Éternel parla à Josué, et lui dit: ² Prenez parmi le peuple douze hommes, un homme par tribu, ³ Et commandez-leur en disant: Prenez d'ici, du milieu du Jourdain, du lieu où les sacrificateurs se sont arrêtés de pied ferme, douze pierres que vous emporterez avec vous et que vous poserez au lieu où vous passerez cette nuit. ⁴ Josué appela donc les douze hommes qu'il avait choisis d'entre les enfants d'Israël, un homme par tribu, ⁵ Et Josué leur dit: Passez devant l'arche de l'Éternel votre Dieu, au milieu du Jourdain, et que chacun de vous prenne une pierre sur son épaule, selon le nombre des tribus des enfants d'Israël; ⁶ Afin que cela soit un signe au milieu de vous. Quand dans l'avenir vos enfants demanderont: Que veulent dire pour vous ces pierres? ⁷ Vous leur répondrez: C'est que les eaux du Jourdain furent coupées devant l'arche de l'alliance de l'Éternel, quand elle passa le Jourdain; les eaux du Jourdain furent coupées; et ces pierres sont pour les enfants d'Israël un mémorial à jamais. ⁸ Les enfants d'Israël firent donc ce que Josué avait commandé. Ils prirent douze pierres du milieu du Jourdain, comme l'Éternel l'avait dit à Josué, selon le nombre des tribus des enfants d'Israël, et les emportèrent avec eux au lieu où ils passèrent la nuit, et ils les y posèrent. ⁹ Josué dressa aussi douze pierres au milieu du Jourdain, au lieu où s'étaient arrêtés les pieds des sacrificateurs qui portaient l'arche de l'alliance, et elles sont là jusqu'à ce jour. ¹⁰ Et les sacrificateurs qui portaient l'arche se tinrent au milieu du Jourdain, jusqu'à ce que tout ce que l'Éternel avait commandé à Josué de dire au peuple fût achevé, selon tout ce que Moïse avait prescrit à Josué. Puis le peuple se hâta de passer. ¹¹ Quand tout le peuple eut achevé de passer, l'arche de l'Éternel et les sacrificateurs passèrent devant le peuple. ¹² Alors les enfants de Ruben, les enfants de Gad, et la demi-tribu de Manassé passèrent en armes devant les enfants d'Israël, comme Moïse

le leur avait dit; [13] Environ quarante mille hommes, équipés pour la guerre, passèrent devant l'Éternel pour combattre, dans les campagnes de Jérico. [14] En ce jour-là, l'Éternel éleva Josué à la vue de tout Israël, et ils le craignirent comme ils avaient craint Moïse, tous les jours de sa vie. [15] Or l'Éternel parla à Josué, en disant: [16] Commande aux sacrificateurs qui portent l'arche du Témoignage, et qu'ils montent hors du Jourdain. [17] Et Josué commanda aux sacrificateurs, en disant: Montez hors du Jourdain. [18] Et lorsque les sacrificateurs qui portaient l'arche de l'alliance de l'Éternel furent montés du milieu du Jourdain, et que la plante des pieds des sacrificateurs se leva pour se poser sur le sec, les eaux du Jourdain retournèrent à leur place, et coulèrent comme auparavant par-dessus toutes ses rives. [19] Le peuple monta ainsi hors du Jourdain, le dixième jour du premier mois, et il campa à Guilgal, du côté de l'Orient de Jérico. [20] Et Josué dressa à Guilgal les douze pierres qu'ils avaient prises du Jourdain. [21] Et il parla aux enfants d'Israël, en disant: Quand à l'avenir vos enfants interrogeront leurs pères, et diront: Que veulent dire ces pierres? [22] Vous l'apprendrez à vos enfants, en disant: Israël a passé ce Jourdain à sec. [23] Car l'Éternel votre Dieu a mis à sec les eaux du Jourdain devant vous, jusqu'à ce que vous fussiez passés, comme l'Éternel votre Dieu avait fait à la mer Rouge qu'il mit à sec devant nous, jusqu'à ce que nous fussions passés; [24] Afin que tous les peuples de la terre sachent que la main de l'Éternel est forte, et afin que vous craigniez toujours l'Éternel votre Dieu.

5

[1] Or, dès que tous les rois des Amoréens qui étaient au delà du Jourdain, vers l'Occident, et tous les rois des Cananéens qui étaient près de la mer, apprirent que l'Éternel avait mis à sec les eaux du Jourdain devant les enfants d'Israël jusqu'à ce qu'ils fussent passés, leur cœur se fondit, et il n'y eut plus de courage en eux devant les enfants d'Israël. [2] En ce temps-là, l'Éternel dit à Josué: Fais-toi des couteaux de pierre, et circoncis de nouveau, pour la seconde fois, les enfants d'Israël. [3] Josué se fit donc des couteaux de pierre et circoncit les enfants d'Israël, au coteau d'Araloth. [4] Or voici la raison pour laquelle Josué les circoncit: Tout le peuple sorti d'Égypte, les mâles, tous les gens de guerre étaient morts au désert, en chemin, après être sortis d'Égypte. [5] Car tout le peuple qui sortit, était circoncis; mais on n'avait circoncis aucun de ceux qui étaient nés au désert, en chemin, après être sortis d'Égypte. [6] Car les enfants d'Israël avaient marché dans le désert pendant quarante ans, jusqu'à ce que toute la nation des gens de guerre, qui étaient sortis d'Égypte et qui n'avaient point obéi à la voix de l'Éternel, eût été consumée; parce que l'Éternel leur avait juré qu'il ne leur laisserait point voir le pays que l'Éternel avait fait serment à leurs pères de nous donner, pays où coulent le lait et le miel; [7] Et il avait suscité leurs enfants à leur place. Ce sont eux que Josué circoncit, parce qu'ils étaient incirconcis; car on ne les avait pas circoncis en chemin. [8] Et lorsqu'on eut achevé de circoncire tout le peuple, ils restèrent à leur place dans le camp, jusqu'à ce qu'ils fussent guéris. [9] L'Éternel dit alors à Josué: Aujourd'hui j'ai roulé de dessus vous l'opprobre de l'Égypte. Et on nomma ce lieu Guilgal (ce qui roule), jusqu'à ce jour. [10] Et les enfants d'Israël campèrent à Guilgal, et ils célébrèrent la Pâque le quatorzième jour du mois, sur le soir, dans les campagnes de Jérico. [11] Et ils mangèrent du blé du pays, le lendemain de la Pâque, des pains sans levain et du grain rôti en ce même jour. [12] Et la manne cessa le lendemain, quand ils mangèrent du blé du pays; et les enfants d'Israël n'eurent plus de manne, mais ils mangèrent, cette année-là, des produits de la terre de Canaan. [13] Or, il arriva, comme Josué était près de Jérico, qu'il leva les yeux et regarda, et voici, un homme se tenait debout, vis-à-vis de lui, son épée nue à la main. Et Josué alla vers lui, et lui dit: Es-tu des nôtres, ou de nos ennemis?

¹⁴ Et il répondit: Non, mais je suis le chef de l'armée de l'Éternel; j'arrive maintenant. Et Josué tomba la face contre terre, se prosterna, et lui dit: Qu'est-ce que mon Seigneur dit à son serviteur? ¹⁵ Et le chef de l'armée de l'Éternel dit à Josué: Ote tes souliers de tes pieds; car le lieu où tu te tiens est saint. Et Josué fit ainsi.

6

¹ Or Jérico était close et fermée avec soin, à cause des enfants d'Israël; personne ne sortait et personne n'entrait. ² Et l'Éternel dit à Josué: Regarde, j'ai livré entre tes mains Jérico, et son roi, et ses vaillants guerriers. ³ Vous tous donc, les hommes de guerre, faites le tour de la ville, en tournant une fois autour d'elle. Tu feras ainsi pendant six jours; ⁴ Et sept sacrificateurs porteront sept cors de bélier devant l'arche. Mais le septième jour vous ferez le tour de la ville sept fois, et les sacrificateurs sonneront des cors. ⁵ Et quand ils sonneront avec force de la corne de bélier, dès que vous entendrez le son du cor, tout le peuple jettera de grands cris; alors la muraille de la ville tombera sous elle-même, et le peuple montera, chacun devant soi. ⁶ Josué, fils de Nun, appela donc les sacrificateurs, et leur dit: Portez l'arche de l'alliance, et que sept sacrificateurs portent sept cors de bélier devant l'arche de l'Éternel. ⁷ Il dit ensuite au peuple: Passez, et faites le tour de la ville, et que ceux qui sont armés passent devant l'arche de l'Éternel. ⁸ Et quand Josué eut parlé au peuple, les sept sacrificateurs qui portaient les sept cors de bélier devant l'Éternel, passèrent et sonnèrent des cors, et l'arche de l'alliance de l'Éternel les suivait. ⁹ Les hommes armés marchaient devant les sacrificateurs qui sonnaient de leurs cors; mais l'arrière-garde suivait l'arche; en marchant on sonnait des cors. ¹⁰ Or, Josué avait commandé au peuple, en disant: Vous ne pousserez point de cris, et vous ne ferez point entendre votre voix, et il ne sortira pas un mot de votre bouche, jusqu'au jour où je vous dirai: Poussez des cris! Alors vous pousserez des cris. ¹¹ Il fit donc faire le tour de la ville à l'arche de l'Éternel, en tournant une fois autour; puis ils vinrent au camp, et y passèrent la nuit. ¹² Et Josué se leva de bon matin, et les sacrificateurs portèrent l'arche de l'Éternel. ¹³ Or, les sept sacrificateurs qui portaient les sept cors de bélier devant l'arche de l'Éternel, marchaient et sonnaient des cors en marchant. Les hommes armés marchaient devant eux; et l'arrière-garde suivait l'arche de l'Éternel; en marchant on sonnait des cors. ¹⁴ Et ils firent une fois le tour de la ville, le second jour, puis ils retournèrent au camp. Ils firent ainsi pendant six jours. ¹⁵ Mais le septième jour, ils se levèrent de bon matin, au lever de l'aurore, et ils firent sept fois le tour de la ville, de la même manière; ce jour-là seulement ils firent le tour de la ville sept fois. ¹⁶ Et la septième fois, comme les sacrificateurs sonnèrent des cors, Josué dit au peuple: Poussez des cris, car l'Éternel vous a livré la ville. ¹⁷ La ville sera vouée à l'Éternel par interdit, elle et tout ce qu'elle contient; Rahab la courtisane vivra, elle seule et tous ceux qui seront avec elle dans la maison, parce qu'elle a caché les messagers que nous avions envoyés. ¹⁸ Seulement, gardez-vous de l'interdit, de peur que, après avoir dévoué la ville, vous ne preniez de l'interdit, que vous ne mettiez le camp d'Israël en interdit, et que vous n'y jetiez le trouble. ¹⁹ Tout l'argent et tout l'or, et tout objet d'airain et de fer, seront consacrés à l'Éternel; ils entreront au trésor de l'Éternel. ²⁰ Le peuple poussa donc des cris, et l'on sonna des cors. Dès que le peuple entendit le son des cors, il jeta de grands cris, et la muraille s'écroula; et le peuple monta dans la ville, chacun devant soi, et ils prirent la ville. ²¹ Et ils dévouèrent par interdit, au fil de l'épée, tout ce qui était dans la ville, depuis l'homme jusqu'à la femme, depuis l'enfant jusqu'au vieillard, et jusqu'au bœuf, à la brebis et à l'âne. ²² Mais Josué dit aux deux hommes qui avaient exploré le pays: Entrez dans la maison de la courtisane, et faites-en sortir cette femme et tout ce qui lui appartient, comme vous le lui avez juré. ²³ Les jeunes hommes

qui avaient exploré le pays entrèrent donc et firent sortir Rahab, son père, sa mère, ses frères et tout ce qui était à elle; ils firent sortir aussi toutes les familles de sa parenté, et ils les mirent hors du camp d'Israël. ²⁴ Puis ils brûlèrent la ville et tout ce qu'elle contenait; seulement ils mirent l'argent, l'or, et les objets d'airain et de fer, au trésor de la maison de l'Éternel. ²⁵ Josué laissa donc la vie à Rahab la courtisane, et à la maison de son père, et à tous ceux qui lui appartenaient; et elle a habité au milieu d'Israël jusqu'à ce jour, parce qu'elle avait caché les messagers que Josué avait envoyés pour explorer Jérico. ²⁶ En ce temps-là, Josué jura, en disant: Maudit soit devant l'Éternel, l'homme qui se lèvera et rebâtira cette ville de Jérico! Il la fondera au prix de son premier-né, et il en mettra les portes au prix de son plus jeune fils! ²⁷ Et l'Éternel fut avec Josué, et sa réputation se répandit par tout le pays.

7

¹ Cependant les enfants d'Israël commirent un grand péché au sujet de l'interdit. Acan, fils de Carmi, fils de Zabdi, fils de Zérach, de la tribu de Juda, prit de l'interdit, et la colère de l'Éternel s'enflamma contre les enfants d'Israël. ² Josué envoya de Jérico des hommes vers Aï, qui est près de Beth-Aven, à l'orient de Béthel, et leur parla, en disant: Montez et explorez le pays. Ces hommes montèrent donc et explorèrent Aï. ³ Puis ils revinrent vers Josué, et lui dirent: Que tout le peuple n'y monte point, et qu'environ deux ou trois mille hommes y montent, et ils battront Aï. Ne fatigue pas là tout le peuple; car ils sont peu nombreux. ⁴ Environ trois mille hommes du peuple y montèrent donc; mais ils s'enfuirent devant les gens d'Aï. ⁵ Et les gens d'Aï en tuèrent environ trente-six hommes; ils les poursuivirent depuis la porte jusqu'à Shebarim, et les battirent à la descente. Et le cœur du peuple se fondit et devint comme de l'eau. ⁶ Et Josué déchira ses vêtements, et tomba le visage contre terre, devant l'arche de l'Éternel, jusqu'au soir, lui et les anciens d'Israël, et ils jetèrent de la poussière sur leur tête. ⁷ Et Josué dit: Ah! Seigneur Éternel, pourquoi as-tu fait passer le Jourdain à ce peuple, pour nous livrer entre les mains de l'Amoréen, pour nous faire périr? Oh! que n'avons-nous pris le parti de demeurer au delà du Jourdain! ⁸ Hélas! Seigneur, que dirai-je, après qu'Israël a tourné le dos devant ses ennemis? ⁹ Les Cananéens et tous les habitants du pays l'apprendront; ils nous envelopperont; ils retrancheront notre nom de la terre; et que feras-tu pour ton grand nom? ¹⁰ Alors l'Éternel dit à Josué: Lève-toi! Pourquoi es-tu ainsi étendu, le visage contre terre? ¹¹ Israël a péché; ils ont même transgressé mon alliance, que je leur avais prescrite; et ils ont pris de l'interdit; ils en ont dérobé, et ont menti, et ils l'ont mis dans leurs bagages. ¹² C'est pourquoi les enfants d'Israël ne pourront pas subsister devant leurs ennemis; ils tourneront le dos devant leurs ennemis, car ils sont tombés en interdit. Je ne serai plus avec vous, si vous n'exterminez l'interdit du milieu de vous. ¹³ Lève-toi, sanctifie le peuple, et dis: Sanctifiez-vous pour demain; car ainsi a dit l'Éternel, le Dieu d'Israël: Il y a de l'interdit au milieu de toi, ô Israël; tu ne pourras pas subsister devant tes ennemis, jusqu'à ce que vous ayez ôté l'interdit du milieu de vous. ¹⁴ Vous vous approcherez donc, le matin, selon vos tribus; et la tribu que l'Éternel saisira s'approchera par familles; et la famille que l'Éternel saisira s'approchera par maisons; et la maison que l'Éternel saisira s'approchera par hommes. ¹⁵ Et celui qui aura été saisi, ayant de l'interdit, sera brûlé au feu, lui et tout ce qui est à lui, parce qu'il a transgressé l'alliance de l'Éternel, et qu'il a commis une infamie en Israël. ¹⁶ Josué se leva donc de bon matin, et fit approcher Israël selon ses tribus, et la tribu de Juda fut saisie. ¹⁷ Puis il fit approcher les familles de Juda, et la famille des descendants de Zérach fut saisie. Puis il fit approcher la famille des descendants de Zérach, par hommes, et Zabdi fut saisi.

[18] Et il fit approcher sa maison par hommes, et Acan, fils de Carmi, fils de Zabdi, fils de Zérach, de la tribu de Juda, fut saisi. [19] Alors Josué dit à Acan: Mon fils, donne gloire à l'Éternel, le Dieu d'Israël, et rends-lui hommage. Déclare-moi, je te prie, ce que tu as fait; ne me le cache point. [20] Et Acan répondit à Josué, et dit: C'est vrai, j'ai péché contre l'Éternel, le Dieu d'Israël; et voici ce que j'ai fait. [21] J'ai vu dans le butin un beau manteau de Shinear, et deux cents sicles d'argent, et un lingot d'or du poids de cinquante sicles; je les ai convoités et pris; et voici, ces choses sont cachées dans la terre, au milieu de ma tente, et l'argent est dessous. [22] Alors Josué envoya des messagers qui coururent à la tente; et voici, le manteau était caché dans sa tente, et l'argent était dessous. [23] Ils les prirent donc du milieu de la tente, et les apportèrent à Josué et à tous les enfants d'Israël, et les déposèrent devant l'Éternel. [24] Alors Josué, et tout Israël avec lui, prirent Acan, fils de Zérach, l'argent, le manteau, le lingot d'or, ses fils et ses filles, ses bœufs, ses ânes, ses brebis, sa tente, et tout ce qui était à lui; et ils les firent monter dans la vallée d'Acor. [25] Et Josué dit: Pourquoi nous as-tu troublés? L'Éternel te troublera aujourd'hui. Et tous les Israélites l'assommèrent de pierres. Ils les brûlèrent au feu, et ils les lapidèrent. [26] Et ils élevèrent sur lui un grand monceau de pierres, qui a subsisté jusqu'à ce jour. Et l'Éternel revint de l'ardeur de sa colère. C'est pourquoi on a nommé ce lieu-là, la vallée d'Acor (du trouble), jusqu'à aujourd'hui.

8

[1] L'Éternel dit ensuite à Josué: Ne crains point et ne t'effraie point; prends avec toi tous les gens de guerre, et lève-toi, monte à Aï. Regarde, j'ai livré entre tes mains le roi d'Aï, son peuple, sa ville et son pays. [2] Tu feras à Aï et à son roi, comme tu as fait à Jérico et à son roi; seulement vous en pillerez pour vous le butin et le bétail. Dresse une embuscade à la ville, par derrière. [3] Josué se leva donc, avec tout le peuple propre à la guerre, pour monter à Aï; et Josué choisit trente mille hommes forts et vaillants, et il les envoya de nuit. [4] Et il leur commanda, en disant: Voyez, vous serez en embuscade derrière la ville; ne vous éloignez pas beaucoup de la ville, et soyez tous prêts. [5] Et moi, et tout le peuple qui est avec moi, nous nous approcherons de la ville. Et quand ils sortiront à notre rencontre, comme la première fois, nous fuirons devant eux, [6] Et ils sortiront après nous, jusqu'à ce que nous les ayons attirés hors de la ville; car ils diront: Ils fuient devant nous comme la première fois. Et nous fuirons devant eux; [7] Alors vous vous lèverez de l'embuscade, et vous vous emparerez de la ville; et l'Éternel votre Dieu la livrera entre vos mains. [8] Or, quand vous aurez pris la ville, vous y mettrez le feu; vous ferez selon la parole de l'Éternel; voyez, je vous l'ai commandé. [9] Josué les envoya donc, et ils allèrent se mettre en embuscade; et ils s'établirent entre Béthel et Aï, à l'occident d'Aï; mais Josué demeura cette nuit-là au milieu du peuple. [10] Puis Josué se leva de bon matin et fit la revue du peuple; et il monta, lui et les anciens d'Israël, devant le peuple, vers Aï. [11] Tout le peuple propre à la guerre, qui était avec lui, monta et s'approcha; et ils vinrent vis-à-vis de la ville, et ils campèrent au nord d'Aï. La vallée était entre lui et Aï. [12] Il prit alors environ cinq mille hommes, et les mit en embuscade entre Béthel et Aï, à l'occident de la ville. [13] Ils disposèrent ainsi le peuple, tout le camp qui était au nord de la ville, et son arrière-garde à l'occident de la ville; puis Josué s'avança cette nuit-là au milieu de la vallée. [14] Or, dès que le roi d'Aï vit cela, les hommes de la ville se hâtèrent, et se levèrent de bon matin. Le roi et tout son peuple sortirent pour la bataille, à la rencontre d'Israël, au lieu indiqué, du côté de la plaine; et il ne savait pas qu'il y avait une embuscade contre lui derrière la ville. [15] Alors Josué et tout Israël, feignant d'être battus devant eux, s'enfuirent dans la direction du désert. [16] Et tout le peuple qui était dans la ville fut assemblé à grands cris pour les poursuivre. Ils poursuivirent Josué, et furent attirés hors de la ville; [17] Et

il ne resta pas un homme dans Aï ni dans Béthel, qui ne sortît à la poursuite d'Israël; et ils laissèrent la ville ouverte, et poursuivirent Israël. [18] Alors l'Éternel dit à Josué: Étends le javelot, qui est en ta main, vers Aï; car je la livrerai entre tes mains. Et Josué étendit vers la ville le javelot qui était en sa main. [19] Et ceux qui étaient en embuscade se levèrent promptement du lieu où ils étaient, et ils se mirent à courir, dès qu'il eut étendu sa main; et ils entrèrent dans la ville, s'en emparèrent, et se hâtèrent d'y mettre le feu. [20] Et les gens d'Aï, se tournant derrière eux, regardèrent, et voici, la fumée de la ville montait vers le ciel; et il n'y eut en eux aucune force pour fuir ici ou là. Et le peuple qui fuyait vers le désert, se retourna contre ceux qui le poursuivaient. [21] Car Josué et tout Israël, voyant que ceux qui étaient en embuscade avaient pris la ville et que la fumée de la ville montait, retournèrent, et frappèrent les gens d'Aï. [22] Les autres sortirent aussi de la ville à leur rencontre; ainsi ils furent enveloppés par les Israélites, ayant les uns d'un côté et les autres de l'autre. Et on les battit au point qu'il n'en resta aucun en vie ou qui s'échappât. [23] Et ils prirent vivant le roi d'Aï, et l'amenèrent à Josué. [24] Et quand Israël eut achevé de tuer tous les habitants d'Aï dans les champs, dans le désert, où ils l'avaient poursuivi, et qu'ils furent tous tombés sous le tranchant de l'épée jusqu'au dernier, tous les Israélites retournèrent à Aï, et la firent passer au fil de l'épée. [25] Et tous ceux qui tombèrent, en ce jour-là, hommes et femmes, furent au nombre de douze mille, tous gens d'Aï. [26] Et Josué ne retira point sa main, qu'il avait étendue avec le javelot, jusqu'à ce qu'on eût voué à l'interdit tous les habitants d'Aï. [27] Seulement les Israélites pillèrent pour eux le bétail et le butin de cette ville-là, selon ce que l'Éternel avait commandé à Josué. [28] Josué brûla donc Aï, et la réduisit en un monceau perpétuel de ruines, jusqu'à ce jour. [29] Il pendit au bois le roi d'Aï, jusqu'au soir; mais, au coucher du soleil, Josué commanda qu'on descendît son cadavre du bois; et on le jeta à l'entrée de la porte de la ville, et on éleva sur lui un grand monceau de pierres, qui est demeuré jusqu'à ce jour. [30] Alors Josué bâtit un autel à l'Éternel, le Dieu d'Israël, sur le mont Ébal, [31] Comme Moïse, serviteur de l'Éternel, l'avait commandé aux enfants d'Israël, ainsi qu'il est écrit dans le livre de la loi de Moïse; un autel de pierres brutes, sur lesquelles on n'avait point levé le fer. Ils y offrirent des holocaustes à l'Éternel, et ils présentèrent des sacrifices de prospérités. [32] Il écrivit aussi là, sur les pierres, une copie de la loi de Moïse, que celui-ci avait écrite devant les enfants d'Israël. [33] Et tout Israël, et ses anciens, et ses officiers, et ses juges, se tenaient des deux côtés de l'arche, devant les sacrificateurs, les Lévites, qui portaient l'arche de l'alliance de l'Éternel; les étrangers y étaient aussi bien que les Israélites, une moitié du côté du mont de Garizim, et l'autre moitié du côté du mont Ébal, comme Moïse, serviteur de l'Éternel, l'avait précédemment commandé, pour bénir le peuple d'Israël. [34] Après cela, Josué lut toutes les paroles de la loi, la bénédiction et la malédiction, selon tout ce qui est écrit dans le livre de la loi. [35] Il n'y eut rien de tout ce que Moïse avait commandé, que Josué ne lût en présence de toute l'assemblée d'Israël, des femmes, des petits enfants, et des étrangers qui marchaient au milieu d'eux.

9

[1] Dès que tous les rois, qui étaient de ce côté-ci du Jourdain, dans la montagne et dans la plaine, et sur tout le rivage de la grande mer vis-à-vis du Liban, les Héthiens, les Amoréens, les Cananéens, les Phéréziens, les Héviens et les Jébusiens, eurent appris ces choses, [2] Ils s'unirent tous ensemble pour faire la guerre à Josué et à Israël d'un commun accord. [3] Mais les habitants de Gabaon, ayant appris ce que Josué avait fait à Jérico et à Aï, [4] Agirent, de leur côté, avec ruse. Ils se mirent en chemin, avec des provisions de voyage. Ils prirent de vieux sacs pour leurs ânes, et de vieilles outres à vin qui avaient été rompues et recousues, [5] Et à leurs pieds de vieux souliers raccommodés,

et sur eux de vieux vêtements; et tout le pain de leur provision était sec et moisi. 6 Ils vinrent donc vers Josué, au camp de Guilgal, et lui dirent, à lui et aux hommes d'Israël: Nous sommes venus d'un pays éloigné; et maintenant, traitez alliance avec nous. 7 Les hommes d'Israël répondirent à ces Héviens: Peut-être que vous habitez parmi nous; et comment traiterions-nous alliance avec vous? 8 Mais ils dirent à Josué: Nous sommes tes serviteurs! Et Josué leur dit: Qui êtes-vous, et d'où venez-vous? 9 Ils lui répondirent: Tes serviteurs sont venus d'un pays fort éloigné, sur la réputation de l'Éternel ton Dieu; car nous avons entendu sa renommée, et tout ce qu'il a fait en Égypte, 10 Et tout ce qu'il a fait aux deux rois des Amoréens qui étaient au delà du Jourdain, à Sihon roi de Hesbon, et à Og roi de Bassan, qui était à Ashtaroth. 11 Et nos anciens, et tous les habitants de notre pays nous ont dit ces paroles: Prenez avec vous des provisions pour le chemin, et allez au-devant d'eux, et dites-leur: Nous sommes vos serviteurs, et maintenant traitez alliance avec nous. 12 Voici notre pain; nous le prîmes tout chaud de nos maisons, pour notre provision, le jour où nous en sortîmes pour venir vers vous, et maintenant voici, il est sec et moisi; 13 Et ces outres à vin que nous avons remplies toutes neuves, voici, elles se sont rompues; et nos vêtements et nos souliers se sont usés par suite d'un très long voyage. 14 Alors les hommes d'Israël prirent de leurs provisions, et ne consultèrent point la bouche de l'Éternel. 15 Et Josué fit la paix avec eux, et traita alliance avec eux, leur assurant la vie; et les principaux de l'assemblée leur en firent serment. 16 Mais il arriva, trois jours après qu'ils eurent fait alliance avec eux, qu'ils apprirent qu'ils étaient leurs voisins, et qu'ils habitaient parmi eux; 17 Car les enfants d'Israël partirent, et arrivèrent à leurs villes le troisième jour. Or, leurs villes étaient Gabaon, Képhira, Bééroth et Kirjath-Jéarim. 18 Et les enfants d'Israël ne les frappèrent point, parce que les chefs de l'assemblée leur en avaient fait serment par l'Éternel, le Dieu d'Israël; mais toute l'assemblée murmura contre les chefs. 19 Alors tous les chefs dirent à toute l'assemblée: Nous leur avons fait serment par l'Éternel, le Dieu d'Israël; maintenant nous ne pouvons pas les toucher. 20 Nous les traiterons ainsi: on les laissera vivre, afin que la colère de Dieu ne soit point sur nous, à cause du serment que nous leur avons fait. 21 Les chefs leur dirent donc: Ils vivront! Mais ils furent employés à couper le bois et à puiser l'eau pour toute l'assemblée, comme les chefs leur dirent. 22 Et Josué les appela, et leur parla, en disant: Pourquoi nous avez-vous trompés, en disant: Nous sommes fort éloignés de vous; tandis que vous habitez parmi nous? 23 Maintenant donc, vous êtes maudits, et vous ne cesserez d'être dans la servitude, de couper du bois et de puiser de l'eau pour la maison de mon Dieu. 24 Alors ils répondirent à Josué, et dirent: C'est qu'il a été rapporté à tes serviteurs, que l'Éternel ton Dieu avait commandé à Moïse, son serviteur, de vous donner tout le pays et d'en exterminer tous les habitants devant vous, et nous avons craint extrêmement pour nos personnes devant vous, et nous avons fait cela. 25 Et maintenant, nous voici entre tes mains; fais comme il te semblera bon et équitable de nous faire. 26 Il leur fit donc ainsi, et les délivra de la main des enfants d'Israël, et ils ne les firent pas mourir. 27 Mais Josué les établit, en ce jour-là, coupeurs de bois et puiseurs d'eau, pour l'assemblée et pour l'autel de l'Éternel, au lieu qu'il choisirait, ce qui a duré jusqu'à ce jour.

10

1 Dès qu'Adoni-Tsédek, roi de Jérusalem, apprit que Josué s'était emparé d'Aï, et qu'il l'avait vouée à l'interdit, qu'il avait traité Aï et son roi, comme il avait traité Jérico et son roi, et que les habitants de Gabaon avaient fait la paix avec les Israélites, et qu'ils étaient parmi eux, 2 Il craignit fort, parce que Gabaon était une grande ville, comme l'une des villes royales; car elle était plus grande qu'Aï, et tous ses hommes étaient vaillants.

³ Adoni-Tsédek, roi de Jérusalem, envoya donc vers Hoham roi de Hébron, vers Piram roi de Jarmuth, vers Japhia roi de Lakis, et vers Débir roi d'Églon, pour leur dire: ⁴ Montez vers moi, et portez-moi secours, et frappons Gabaon; car elle a fait la paix avec Josué et avec les enfants d'Israël. ⁵ Les cinq rois des Amoréens, le roi de Jérusalem, le roi de Hébron, le roi de Jarmuth, le roi de Lakis et le roi d'Églon, s'assemblèrent donc et montèrent, eux et toutes leurs armées, et campèrent contre Gabaon, et lui firent la guerre. ⁶ Et les gens de Gabaon envoyèrent dire à Josué, au camp de Guilgal: N'abandonne point tes serviteurs; monte vers nous promptement; délivre-nous, et donne-nous du secours; car tous les rois des Amoréens, qui habitent la montagne, se sont assemblés contre nous. ⁷ Josué monta donc de Guilgal, et avec lui tout le peuple propre à la guerre, et tous les hommes forts et vaillants. ⁸ Et l'Éternel dit à Josué: Ne les crains point, car je les ai livrés entre tes mains, et aucun d'eux ne subsistera devant toi. ⁹ Josué vint donc subitement à eux, et il monta toute la nuit de Guilgal. ¹⁰ Et l'Éternel les mit en déroute devant Israël, qui leur fit éprouver une grande défaite près de Gabaon, et les poursuivit par le chemin de la montée de Beth-Horon, et les battit jusqu'à Azéka, et à Makkéda. ¹¹ Et comme ils fuyaient devant Israël, et qu'ils étaient à la descente de Beth-Horon, l'Éternel jeta du ciel sur eux de grosses pierres, jusqu'à Azéka, et ils périrent. Ceux qui moururent par les pierres de grêle furent plus nombreux que ceux que les enfants d'Israël tuèrent avec l'épée. ¹² Alors Josué parla à l'Éternel, le jour où l'Éternel livra l'Amoréen aux enfants d'Israël, et il dit, en présence d'Israël: Soleil, arrête-toi sur Gabaon, et toi lune, sur la vallée d'Ajalon! ¹³ Et le soleil s'arrêta, et la lune aussi, jusqu'à ce que la nation se fût vengée de ses ennemis. Cela n'est-il pas écrit dans le livre du Juste? Le soleil s'arrêta au milieu des cieux, et ne se hâta point de se coucher, environ un jour entier. ¹⁴ Il n'y a point eu de jour comme celui-là, ni avant ni après, où l'Éternel ait exaucé la voix d'un homme; car l'Éternel combattait pour Israël. ¹⁵ Et Josué, et tout Israël avec lui, retourna au camp, à Guilgal. ¹⁶ Or les cinq rois s'enfuirent, et se cachèrent dans une caverne, à Makkéda. ¹⁷ Et on le rapporta à Josué en disant: On a trouvé les cinq rois, cachés dans une caverne, à Makkéda. ¹⁸ Alors Josué dit: Roulez de grandes pierres à l'entrée de la caverne, et mettez près d'elle des hommes pour les garder. ¹⁹ Mais vous, ne vous arrêtez pas, poursuivez vos ennemis, et attaquez-les par derrière; ne les laissez point entrer dans leurs villes; car l'Éternel votre Dieu les a livrés entre vos mains. ²⁰ Et lorsque Josué et les enfants d'Israël eurent achevé d'en faire une très grande défaite, jusqu'à les détruire entièrement, et que ceux d'entre eux qui échappèrent, se furent retirés dans les villes fortifiées, ²¹ Tout le peuple retourna en paix au camp, vers Josué, à Makkéda; et personne ne remua la langue contre les enfants d'Israël. ²² Alors Josué dit: Ouvrez l'entrée de la caverne, faites-en sortir ces cinq rois, et amenez-les-moi. ²³ Et ils firent ainsi. Ils firent sortir de la caverne ces cinq rois, le roi de Jérusalem, le roi d'Hébron, le roi de Jarmuth, le roi de Lakis et le roi d'Églon, et les lui amenèrent. ²⁴ Et lorsqu'ils eurent amené ces rois à Josué, Josué appela tous les hommes d'Israël, et dit aux chefs des gens de guerre qui étaient allés avec lui: Approchez-vous, mettez vos pieds sur le cou de ces rois. Et ils s'approchèrent, et mirent les pieds sur leurs cous. ²⁵ Puis Josué leur dit: Ne craignez point et ne soyez point effrayés; fortifiez-vous et prenez courage; car c'est ainsi que l'Éternel fera à tous vos ennemis, contre lesquels vous combattrez. ²⁶ Après cela Josué les frappa et les fit mourir, et les fit pendre à cinq arbres, et ils demeurèrent pendus aux arbres jusqu'au soir. ²⁷ Et comme le soleil allait se coucher, Josué commanda qu'on les descendît des arbres; on les jeta dans la caverne où ils s'étaient cachés, et on mit à l'entrée de la caverne de grandes pierres, qui y sont demeurées jusqu'à ce jour même. ²⁸ Josué prit aussi Makkéda, en ce même jour, et la fit passer au fil de l'épée; il voua à l'interdit son roi, ses habitants, et toutes les personnes

qui y étaient; il n'en laissa échapper aucune; et il fit au roi de Makkéda comme il avait fait au roi de Jérico. ²⁹ Puis Josué, et tout Israël avec lui, passa de Makkéda à Libna, et assiégea Libna; ³⁰ Et l'Éternel la livra aussi entre les mains d'Israël, avec son roi; et il la fit passer au fil de l'épée, ainsi que toutes les personnes qui y étaient; il n'en laissa échapper aucune; et il fit à son roi comme il avait fait au roi de Jérico. ³¹ Ensuite Josué, et tout Israël avec lui, passa de Libna à Lakis, et campa contre elle et lui fit la guerre; ³² Et l'Éternel livra Lakis entre les mains d'Israël, qui la prit le deuxième jour et la fit passer au fil de l'épée, avec toutes les personnes qui y étaient, tout comme il avait fait à Libna. ³³ Alors Horam, roi de Guézer, monta pour secourir Lakis, et Josué le frappa, lui et son peuple, de manière à ne pas laisser échapper un homme. ³⁴ Puis Josué, et tout Israël avec lui, passa de Lakis à Églon; ils campèrent contre elle et lui firent la guerre; ³⁵ Et ils la prirent le même jour, et la firent passer au fil de l'épée; et Josué voua à l'interdit en ce jour-là toutes les personnes qui y étaient, tout comme il avait fait à Lakis. ³⁶ Ensuite Josué, et tout Israël avec lui, monta d'Églon à Hébron, et ils lui firent la guerre; ³⁷ Ils la prirent et la firent passer au fil de l'épée, avec son roi et toutes ses villes, et toutes les personnes qui y étaient; il n'en laissa échapper aucune, tout comme il avait fait à Églon; il la voua à l'interdit, avec toutes les personnes qui y étaient. ³⁸ Puis Josué, et tout Israël avec lui, rebroussa chemin vers Débir, et lui fit la guerre; ³⁹ Il la prit avec son roi et toutes ses villes; et ils les firent passer au fil de l'épée, et vouèrent à l'interdit toutes les personnes qui y étaient; il n'en laissa échapper aucune. Il fit à Débir et à son roi comme il avait fait à Hébron, et comme il avait fait à Libna et à son roi. ⁴⁰ Josué battit donc tout le pays, la montagne, le Midi, la plaine et les coteaux, et tous leurs rois; il ne laissa échapper personne; et il voua à l'interdit tout ce qui respirait, comme l'Éternel, le Dieu d'Israël, l'avait commandé. ⁴¹ Josué les battit ainsi depuis Kadès-Barnéa jusqu'à Gaza, et tout le pays de Gossen, jusqu'à Gabaon. ⁴² Et Josué prit, en une seule fois, tous ces rois et leur pays, parce que l'Éternel, le Dieu d'Israël, combattait pour Israël. ⁴³ Puis Josué, et tout Israël avec lui, retourna au camp, à Guilgal.

11

¹ Dès que Jabin, roi de Hatsor, eut appris ces choses, il envoya vers Jobab roi de Madon, vers le roi de Shimron, vers le roi d'Acshaph, ² Vers les rois qui étaient au nord dans la montagne et dans la plaine au midi de Kinnéreth, et dans la plaine, et sur les hauteurs de Dor, à l'occident; ³ Vers les Cananéens de l'orient et de l'occident, vers les Amoréens, les Héthiens, les Phéréziens, les Jébusiens dans la montagne, et les Héviens au pied de l'Hermon, dans le pays de Mitspa. ⁴ Alors ils sortirent, eux et toutes leurs armées avec eux, un peuple nombreux, égal en nombre au sable qui est sur le bord de la mer, ayant des chevaux et des chars en fort grand nombre. ⁵ Tous ces rois se réunirent et vinrent camper ensemble près des eaux de Mérom, pour combattre contre Israël. ⁶ Mais l'Éternel dit à Josué: Ne les crains point; car demain, environ ce temps-ci, je les livrerai tous blessés à mort devant Israël; tu couperas les jarrets à leurs chevaux, et tu brûleras leurs chars au feu. ⁷ Josué, avec tous ses gens de guerre, vint donc subitement contre eux, près des eaux de Mérom, et ils tombèrent sur eux; ⁸ Et l'Éternel les livra entre les mains d'Israël; ils les battirent et les poursuivirent jusqu'à Sidon la grande, et jusqu'à Misrephoth-Maïm, et jusqu'à la vallée de Mitspa, vers l'orient; ils les battirent au point de n'en laisser échapper aucun. ⁹ Et Josué leur fit comme l'Éternel lui avait dit; il coupa les jarrets de leurs chevaux, et il brûla leurs chars au feu. ¹⁰ Et comme Josué s'en retournait, en ce même temps, il prit Hatsor, et frappa son roi avec l'épée; car Hatsor était autrefois la capitale de tous ces royaumes. ¹¹ Ils firent passer au fil de l'épée toutes les personnes qui y étaient, les vouant à l'interdit; il n'y resta rien de ce qui respirait, et on brûla Hatsor. ¹² Josué prit aussi toutes les villes de ces rois, et tous leurs rois, et les fit passer au fil de l'épée; il les

voua à l'interdit, comme Moïse, serviteur de l'Éternel, l'avait commandé. ¹³ Mais Israël ne brûla aucune des villes situées sur une colline, excepté Hatsor seule, que Josué brûla. ¹⁴ Et les enfants d'Israël pillèrent pour eux tout le butin de ces villes, et le bétail; mais ils firent passer au fil de l'épée tous les hommes, jusqu'à ce qu'ils les eussent exterminés; ils n'y laissèrent rien de ce qui respirait. ¹⁵ Comme l'Éternel l'avait commandé à Moïse son serviteur, Moïse le commanda à Josué; et Josué fit ainsi; il n'omit rien de ce que l'Éternel avait commandé à Moïse. ¹⁶ Josué prit donc tout ce pays, la montagne, tout le midi, tout le pays de Gossen, la plaine et la campagne, la montagne d'Israël et sa plaine, ¹⁷ Depuis la montagne nue, qui monte vers Séir, jusqu'à Baal-Gad, dans la vallée du Liban, au pied de la montagne d'Hermon. Et il prit tous leurs rois, les frappa, et les fit mourir. ¹⁸ Josué fit longtemps la guerre contre tous ces rois. ¹⁹ Il n'y eut aucune ville qui fît la paix avec les enfants d'Israël, excepté les Héviens qui habitaient Gabaon. Ils les prirent toutes par la guerre; ²⁰ Car cela venait de l'Éternel, qu'ils endurcissent leur cœur pour sortir en bataille contre Israël; afin de les vouer à l'interdit sans qu'il y eût pour eux de merci, mais afin de les exterminer, comme l'Éternel l'avait commandé à Moïse. ²¹ En ce temps-là Josué vint et extermina les Anakim de la montagne d'Hébron, de Débir, d'Anab, de toute la montagne de Juda et de toute la montagne d'Israël; Josué les voua à l'interdit, avec leurs villes. ²² Il ne resta point d'Anakim dans les pays des enfants d'Israël, il n'en resta qu'à Gaza, à Gath et à Asdod. ²³ Josué prit donc tout le pays, selon tout ce que l'Éternel avait dit à Moïse, et Josué le donna en héritage à Israël, selon leurs divisions, d'après leurs tribus. Alors le pays fut tranquille et sans guerre.

12

¹ Or, voici les rois du pays, que les enfants d'Israël battirent, et dont ils possédèrent le pays, au delà du Jourdain, vers le soleil levant, depuis le torrent de l'Arnon jusqu'à la montagne d'Hermon, et toute la plaine à l'Orient: ² Sihon, roi des Amoréens, qui habitait à Hesbon. Il dominait depuis Aroër qui est au bord du torrent de l'Arnon et au milieu du torrent, et sur la moitié de Galaad, jusqu'au torrent de Jabbok, frontière des enfants d'Ammon; ³ Sur la plaine jusqu'à la mer de Kinnéreth, vers l'orient, et jusqu'à la mer de la plaine, la mer Salée, à l'orient, dans la direction de Beth-Jeshimoth; et du côté du midi, sous les pentes du Pisga. ⁴ Et le territoire d'Og, roi de Bassan, un reste des Rephaïm, qui habitait à Ashtaroth et à Édréï: ⁵ Il dominait sur la montagne d'Hermon, sur Salca, sur tout Bassan jusqu'à la frontière des Gueshuriens et des Maacathiens, et sur la moitié de Galaad, frontière de Sihon, roi de Hesbon. ⁶ Moïse, serviteur de l'Éternel, et les enfants d'Israël les battirent; et Moïse, serviteur de l'Éternel, en donna la possession aux Rubénites, aux Gadites, et à la demi-tribu de Manassé. ⁷ Et voici les rois du pays, que Josué et les enfants d'Israël battirent de ce côté-ci du Jourdain, vers l'occident, depuis Baal-Gad, dans la vallée du Liban, jusqu'à la montagne nue qui monte vers Séir, et dont Josué donna le pays en possession aux tribus d'Israël, selon leurs divisions, ⁸ Dans la montagne, dans la plaine, dans la campagne, sur les coteaux, dans le désert, et dans le midi, pays des Héthiens, des Amoréens, des Cananéens, des Phéréziens, des Héviens et des Jébusiens: ⁹ Le roi de Jérico, le roi d'Aï, qui était à côté de Béthel, ¹⁰ Le roi de Jérusalem, le roi de Hébron, ¹¹ Le roi de Jarmuth, le roi de Lakis, ¹² Le roi d'Églon, le roi de Guézer, ¹³ Le roi de Débir, le roi de Guéder, ¹⁴ Le roi de Horma, le roi d'Arad, ¹⁵ Le roi de Libna, le roi d'Adullam, ¹⁶ Le roi de Makkéda, le roi de Béthel, ¹⁷ Le roi de Thappuach, le roi de Hépher, ¹⁸ Le roi d'Aphek, le roi de Saron, ¹⁹ Le roi de Madon, le roi de Hatsor, ²⁰ Le roi de Shimron-Méron, le roi d'Acshaph, ²¹ Le roi de Thaanac, le roi de Méguiddo, ²² Le roi de Kédès, le roi de Joknéam du Carmel, ²³ Le roi de Dor, sur les hauteurs de Dor, le roi de Goïm, près de Guilgal, ²⁴ Le roi de Thirtsa; en tout trente et un rois.

13

¹ Or, Josué était vieux et avancé en âge; et l'Éternel lui dit: Tu es devenu vieux, tu es avancé en âge, et il reste beaucoup de pays à soumettre. ² Voici le pays qui reste: Tous les districts des Philistins, et tout le territoire des Gueshuriens, ³ Depuis le Shichor, qui coule en face de l'Égypte, jusqu'à la frontière d'Ékron, vers le nord; contrée réputée cananéenne, appartenant aux cinq gouverneurs des Philistins, celui de Gaza, celui d'Asdod, celui d'Askélon, celui de Gath, celui d'Ékron, et les Avviens; ⁴ Du côté du midi, tout le pays des Cananéens, et Meara, qui est aux Sidoniens, jusqu'à Aphek, jusqu'à la frontière des Amoréens; ⁵ Le pays des Guibliens, et tout le Liban, vers le soleil levant, depuis Baal-Gad, sous la montagne d'Hermon, jusqu'à l'entrée de Hamath; ⁶ Tous les habitants de la montagne, depuis le Liban jusqu'à Misrephoth-Maïm, tous les Sidoniens. C'est moi qui les chasserai devant les enfants d'Israël; partage seulement ce pays par le sort en héritage à Israël, comme je te l'ai commandé. ⁷ Maintenant donc partage ce pays en héritage aux neuf tribus et à la demi-tribu de Manassé. ⁸ Les Rubénites et les Gadites ont reçu, avec l'autre moitié de la tribu de Manassé, leur héritage, que Moïse leur a donné au delà du Jourdain, à l'orient, comme Moïse, serviteur de l'Éternel, le leur a donné; ⁹ Depuis Aroër, qui est sur le bord du torrent de l'Arnon, et la ville qui est au milieu du torrent, et tout le plat pays de Médeba jusqu'à Dibon; ¹⁰ Et toutes les villes de Sihon, roi des Amoréens, qui régnait à Hesbon, jusqu'à la frontière des enfants d'Ammon; ¹¹ Et Galaad, et le territoire des Gueshuriens et des Maacathiens, toute la montagne d'Hermon, et tout Bassan, jusqu'à Salca; ¹² Tout le royaume d'Og, en Bassan, qui régnait à Ashtaroth et à Édréï; il était demeuré de reste des Rephaïm. Moïse les défit, et les déposséda. ¹³ Mais les enfants d'Israël ne dépossédèrent point les Gueshuriens ni les Maacathiens; et les Gueshuriens et les Maacathiens ont habité au milieu d'Israël jusqu'à ce jour. ¹⁴ Seulement Moïse ne donna point d'héritage à la tribu de Lévi; les sacrifices faits par le feu à l'Éternel, Dieu d'Israël, voilà son héritage, comme il le lui avait dit. ¹⁵ Moïse donna donc une part à la tribu des enfants de Ruben, selon leurs familles; ¹⁶ Et leur territoire fut depuis Aroër, qui est sur le bord du torrent de l'Arnon, et la ville qui est au milieu du torrent, et tout le plat pays près de Médeba, ¹⁷ Hesbon et toutes ses villes, qui sont dans le plat pays, Dibon, et Bamoth-Baal, et Beth-Baal-Meon, ¹⁸ Et Jahats, et Kedémoth, et Méphaath, ¹⁹ Et Kirjathaïm, et Sibma, et Tséreth-Hashachar, sur la montagne de la vallée, ²⁰ Et Beth-Peor, les pentes du Pisga, et Beth-Jeshimoth, ²¹ Et toutes les villes du plat pays, et tout le royaume de Sihon, roi des Amoréens, qui régnait à Hesbon, que Moïse défit, avec les princes de Madian, Évi, Rékem, Tsur, Hur, et Réba, princes qui relevaient de Sihon et qui habitaient le pays. ²² Parmi ceux qui furent tués les enfants d'Israël firent aussi périr par l'épée Balaam, fils de Béor, le devin. ²³ Et la frontière des enfants de Ruben fut le Jourdain et son territoire. Tel fut l'héritage des enfants de Ruben, selon leurs familles: les villes et leurs villages. ²⁴ Moïse donna aussi une part à la tribu de Gad, aux enfants de Gad, selon leurs familles. ²⁵ Et leur territoire fut Jaezer, toutes les villes de Galaad, et la moitié du pays des enfants d'Ammon, jusqu'à Aroër, qui est en face de Rabba, ²⁶ Et depuis Hesbon jusqu'à Ramath-Mitspé et Betonim, et depuis Mahanaïm jusqu'à la frontière de Débir; ²⁷ Et, dans la vallée, Beth-Haram, Beth-Nimra, et Succoth et Tsaphon, reste du royaume de Sihon, roi de Hesbon, le Jourdain et son territoire, jusqu'au bout de la mer de Kinnéreth, au delà du Jourdain, vers l'orient. ²⁸ Tel fut l'héritage des enfants de Gad, selon leurs familles: les villes et leurs villages. ²⁹ Moïse donna aussi à la demi-tribu de Manassé une part, qui est demeurée à la demi-tribu des enfants de Manassé, selon leurs familles. ³⁰ Leur territoire fut depuis Mahanaïm, tout Bassan, tout le royaume d'Og, roi de Bassan, et tous les bourgs de Jaïr en Bassan, soixante villes; ³¹ Et la moitié de Galaad, Ashtaroth et Édréï, villes du royaume d'Og en Bassan,

furent aux enfants de Makir, fils de Manassé, à la moitié des enfants de Makir, selon leurs familles. ³² Voilà ce que Moïse, dans les plaines de Moab, avait donné en héritage, au delà du Jourdain de Jérico, vers l'orient. ³³ Mais Moïse ne donna point d'héritage à la tribu de Lévi; c'est l'Éternel, le Dieu d'Israël, qui est leur héritage, comme il le leur avait dit.

14

¹ Voici ce que les enfants d'Israël obtinrent en héritage au pays de Canaan, ce que leur partagèrent Éléazar, le sacrificateur, Josué, fils de Nun, et les chefs de famille des tribus des enfants d'Israël. ² Leur héritage leur fut donné par le sort, comme l'Éternel l'avait commandé par l'organe de Moïse, pour les neuf tribus et la demi-tribu; ³ Car Moïse avait donné l'héritage des deux autres tribus, et de la demi-tribu, au delà du Jourdain; mais il ne donna point parmi eux d'héritage aux Lévites. ⁴ Car les enfants de Joseph formaient deux tribus, Manassé et Éphraïm, et l'on ne donna point de part aux Lévites dans le pays, mais seulement des villes pour y habiter, avec leurs banlieues, pour leurs troupeaux et pour leurs biens. ⁵ Les enfants d'Israël firent comme l'Éternel avait commandé à Moïse, et ils partagèrent le pays. ⁶ Or, les enfants de Juda s'approchèrent de Josué à Guilgal; et Caleb, fils de Jephunné, le Kénizien, lui dit: Tu sais ce que l'Éternel a dit à Moïse, homme de Dieu, relativement à moi et à toi, à Kadès-Barnéa. ⁷ J'étais âgé de quarante ans, lorsque Moïse, serviteur de l'Éternel, m'envoya de Kadès-Barnéa pour explorer le pays; et je lui rendis compte dans la sincérité de mon cœur. ⁸ Et mes frères, qui étaient montés avec moi, firent fondre le courage du peuple; mais moi, je suivis pleinement l'Éternel mon Dieu. ⁹ Et Moïse fit serment, ce jour-là, en disant: Certainement la terre que ton pied a foulée sera à jamais un héritage pour toi et tes enfants, parce que tu as suivi pleinement l'Éternel mon Dieu! ¹⁰ Or maintenant, voici, l'Éternel m'a conservé la vie, comme il l'avait dit; voilà quarante-cinq ans que l'Éternel prononça cette parole à Moïse, lorsque Israël marchait dans le désert; et maintenant, me voici âgé aujourd'hui de quatre-vingt-cinq ans; ¹¹ Je suis encore, aujourd'hui, aussi fort que le jour où Moïse m'envoya; j'ai maintenant la même force que j'avais alors, pour la guerre, pour sortir et rentrer. ¹² Maintenant donc donne-moi cette montagne, dont l'Éternel a parlé en ce jour-là. Car tu appris en ce jour qu'il s'y trouve des Anakim, et qu'il y a de grandes villes fortes. Peut-être que l'Éternel sera avec moi, et je les déposséderai, comme l'Éternel l'a dit. ¹³ Alors Josué le bénit, et donna Hébron, en héritage, à Caleb, fils de Jephunné. ¹⁴ C'est pourquoi Hébron a été à Caleb, fils de Jephunné, le Kénizien, en héritage jusqu'à ce jour, parce qu'il suivit pleinement l'Éternel, le Dieu d'Israël. ¹⁵ Or le nom d'Hébron était autrefois Kirjath-Arba (cité d'Arba); Arba avait été un grand homme parmi les Anakim. Et le pays fut tranquille, et sans guerre.

15

¹ La part échue par le sort à la tribu des enfants de Juda, selon leurs familles, fut à la frontière d'Édom, au désert de Tsin, vers le midi, à l'extrémité méridionale. ² Leur frontière méridionale partait de l'extrémité de la mer Salée, depuis le bras qui regarde vers le midi; ³ Et elle sortait au midi de la montée d'Akrabbim, passait vers Tsin, montait au midi de Kadès-Barnéa, passait à Hetsron, montait vers Addar, tournait vers Karkaa, ⁴ Passait vers Atsmon, sortait au torrent d'Égypte; et la frontière aboutissait à la mer. Ce sera là, dit Josué, votre frontière du côté du midi. ⁵ Et la frontière vers l'orient était la mer Salée, jusqu'à l'embouchure du Jourdain; et la frontière de la région du nord partait du bras de mer qui est à l'embouchure du Jourdain. ⁶ Et la frontière montait à Beth-Hogla, et passait au nord de Beth-Araba. Et la frontière montait à la pierre de Bohan, fils de

Ruben. ⁷ Puis la frontière montait vers Débir, du côté de la vallée d'Acor, et vers le nord, se dirigeant vers Guilgal, qui est vis-à-vis de la montée d'Adummim, au midi du torrent; la frontière passait ensuite près des eaux d'En-Shémèsh et aboutissait à En-Roguel. ⁸ De là la frontière montait par la vallée du fils de Hinnom, vers le côté méridional de Jébus, qui est Jérusalem. Ensuite la frontière s'élevait au sommet de la montagne qui est en face de la vallée de Hinnom, vers l'occident, et à l'extrémité de la vallée des Réphaïm, au nord. ⁹ Cette frontière s'étendait du sommet de la montagne vers la source des eaux de Nephthoach, et sortait vers les villes de la montagne d'Éphron; puis la frontière s'étendait à Baala, qui est Kirjath-Jéarim. ¹⁰ La frontière tournait ensuite de Baala à l'occident vers la montagne de Séir, et passait, vers le nord, à côté de la montagne de Jéarim qui est Késalon; puis elle descendait à Beth-Shémesh, et passait à Thimna. ¹¹ De là la frontière sortait du côté septentrional d'Ékron. Puis cette frontière s'étendait vers Shikron, passait par la montagne de Baala, et sortait à Jabnéel; et la frontière aboutissait à la mer. ¹² Or, la frontière de l'occident était la grande mer et la côte. Telle fut, de tous les côtés, la frontière des enfants de Juda, selon leurs familles. ¹³ On donna à Caleb, fils de Jephunné, une portion au milieu des enfants de Juda, selon le commandement de l'Éternel à Josué: savoir la cité d'Arba, père d'Anak. C'est Hébron. ¹⁴ Et Caleb en déposséda les trois fils d'Anak: Shéshaï, Ahiman et Thalmaï, enfants d'Anak. ¹⁵ De là il monta vers les habitants de Débir; et le nom de Débir était autrefois Kirjath-Sépher. ¹⁶ Et Caleb dit: Je donnerai ma fille Acsa pour femme à celui qui battra Kirjath-Sépher, et la prendra. ¹⁷ Alors Othniel, fils de Kénaz, frère de Caleb, la prit; et il lui donna pour femme sa fille Acsa. ¹⁸ Or il arriva qu'à son entrée chez Othniel, elle l'incita à demander un champ à son père. Et elle se jeta de dessus son âne, et Caleb lui dit: Qu'as-tu? ¹⁹ Et elle répondit: Donne-moi un présent; puisque tu m'as donné une terre du midi, donne-moi aussi des sources d'eaux. Et il lui donna les sources supérieures et les sources inférieures. ²⁰ Tel fut l'héritage de la tribu des enfants de Juda, selon leurs familles. ²¹ Les villes à l'extrémité de la tribu des enfants de Juda, vers la frontière d'Édom, au midi, furent Kabtséel, Éder, Jagur, ²² Kina, Dimona, Adéada, ²³ Kédès, Hatsor, Jithnan, ²⁴ Ziph, Télem, Béaloth, ²⁵ Hatsor-Hadattha, Kérijoth-Hetsron, qui est Hatsor, ²⁶ Amam, Shéma, Molada, ²⁷ Hatsar-gadda, Heshmon, Beth-Palet, ²⁸ Hatsar-Shual, Béer-Shéba, Bizjothja, ²⁹ Baala, Ijjim, Atsem, ³⁰ Eltholad, Késil, Horma, ³¹ Tsiklag, Madmanna, Sansanna, ³² Lébaoth, Shilhim, Aïn, et Rimmon; en tout vingt-neuf villes et leurs villages. ³³ Dans la plaine, Eshthaol, Tsoréa, Ashna, ³⁴ Zanoach, En-Gannim, Thappuach, Énam, ³⁵ Jarmuth, Adullam, Soco, Azéka, ³⁶ Shaaraïm, Adithaïm, Guédéra, et Guédérothaïm, quatorze villes et leurs villages; ³⁷ Tsénan, Hadasha, Migdal-Gad, ³⁸ Dilan, Mitspé, Jokthéel, ³⁹ Lakis, Botskath, Églon, ⁴⁰ Cabbon, Lachmas, Kithlish, ⁴¹ Guédéroth, Beth-Dagon, Naama, et Makkéda; seize villes et leurs villages; ⁴² Libna, Éther, Ashan, ⁴³ Jiphtach, Ashna, Netsib, ⁴⁴ Keïla, Aczib et Marésha; neuf villes et leurs villages; ⁴⁵ Ékron, les villes de son ressort, et ses villages; ⁴⁶ Depuis Ékron, et à l'occident, toutes celles qui sont dans le voisinage d'Asdod, et leurs villages; ⁴⁷ Asdod, les villes de son ressort, et ses villages; Gaza, les villes de son ressort, et ses villages, jusqu'au torrent d'Égypte, et à la grande mer et son rivage. ⁴⁸ Et dans la montagne, Shamir, Jatthir, Soco, ⁴⁹ Danna, Kirjath-Sanna, qui est Débir, ⁵⁰ Anab, Eshthemo, Anim, ⁵¹ Gossen, Holon, et Guilo; onze villes et leurs villages; ⁵² Arab, Duma, Eshéan, ⁵³ Janum, Beth-Thappuach, Aphéka, ⁵⁴ Humta, Kirjath-Arba, qui est Hébron, et Tsior; neuf villes et leurs villages; ⁵⁵ Maon, Carmel, Ziph, Juta, ⁵⁶ Jizréel, Jokdéam, Zanoach, ⁵⁷ Kaïn, Guibéa, et Thimna; dix villes et leurs villages; ⁵⁸ Halhul, Beth-Tsur, Guédor, ⁵⁹ Maarath, Beth-Anoth, et Elthekon; six villes et leurs villages; ⁶⁰ Kirjath-Baal, qui est Kirjath-Jéarim, et Rabba; deux villes et leurs villages; ⁶¹ Dans le désert, Beth-Araba, Middin, Secaca, ⁶² Nibshan, et Ir-Hammélach (la ville du sel), et En-Guédi; six villes et leurs villages. ⁶³ Or les enfants de Juda ne purent déposséder les Jébusiens qui habitaient à Jérusalem, et les Jébusiens ont habité avec les enfants de Juda à Jérusalem jusqu'à ce jour.

16

¹ Le sort échut aux enfants de Joseph à partir du Jourdain de Jérico, aux eaux de Jérico vers l'orient, le désert montant de Jérico vers la montagne de Béthel. ² La frontière sortait de Béthel vers Luz, passait par la frontière des Arkiens à Ataroth, ³ Et descendait à l'occident vers la frontière des Japhlétiens, jusqu'à la frontière de Beth-Horon la basse et jusqu'à Guézer, et aboutissait à la mer. ⁴ Et les enfants de Joseph, Manassé et Éphraïm reçurent leur héritage. ⁵ Or, la frontière des enfants d'Éphraïm, selon leurs familles, la frontière de leur héritage était, à l'orient, Ateroth-Addar, jusqu'à Beth-Horon la haute. ⁶ Et la frontière sortait vers l'occident à Micmethath, du côté du nord; puis la frontière tournait à l'orient vers Thaanath-Silo, et la dépassait dans la direction de l'orient jusqu'à Janoach. ⁷ Elle descendait ensuite de Janoach à Ataroth, et à Naaratha, touchait à Jérico, et aboutissait au Jourdain. ⁸ De Thappuach la frontière allait vers l'occident jusqu'au torrent de Kana, et aboutissait à la mer. Tel fut l'héritage de la tribu des enfants d'Éphraïm, selon leurs familles, ⁹ Avec les villes qui furent séparées, pour les enfants d'Éphraïm, au milieu de l'héritage des enfants de Manassé, toutes ces villes et leurs villages. ¹⁰ Toutefois ils ne dépossédèrent point les Cananéens qui habitaient à Guézer; et les Cananéens ont habité au milieu d'Éphraïm jusqu'à ce jour; mais ils ont été rendus tributaires.

17

¹ On jeta aussi le sort pour la tribu de Manassé, car il était le premier-né de Joseph. Quant à Makir, premier-né de Manassé et père de Galaad, comme c'était un homme de guerre, il avait eu Galaad et Bassan. ² On jeta donc le sort pour les autres enfants de Manassé, selon leurs familles: pour les enfants d'Abiézer, pour les enfants de Hélek, pour les enfants d'Asriel, pour les enfants de Sichem, pour les enfants de Hépher, et pour les enfants de Shemida. Ce sont les enfants mâles de Manassé, fils de Joseph, selon leurs familles. ³ Or, Tsélophcad, fils de Hépher, fils de Galaad, fils de Makir, fils de Manassé, n'eut point de fils, mais il n'eut que des filles, dont voici les noms: Machla, Noa, Hogla, Milca, et Thirtsa. ⁴ Elles se présentèrent devant Éléazar le sacrificateur, et devant Josué, fils de Nun, et devant les princes, en disant: L'Éternel a commandé à Moïse qu'on nous donnât un héritage parmi nos frères. Et on leur donna, selon le commandement de l'Éternel, un héritage parmi les frères de leur père. ⁵ Dix portions échurent donc à Manassé, outre les pays de Galaad et de Bassan, qui sont au delà du Jourdain; ⁶ Car les filles de Manassé eurent un héritage parmi ses enfants; et le pays de Galaad fut pour les autres enfants de Manassé. ⁷ Or la frontière de Manassé fut d'Asser à Micmethath, qui est en face de Sichem; puis la frontière allait à Jamin vers les habitants d'En-Thappuach. ⁸ Le pays de Thappuach appartenait à Manassé; mais Thappuach, près de la frontière de Manassé, était aux enfants d'Éphraïm. ⁹ Et de là la frontière descendait au torrent de Kana, au midi du torrent; ces villes-là étaient à Éphraïm, au milieu des villes de Manassé. Or, la frontière de Manassé était au nord du torrent, et elle aboutissait à la mer. ¹⁰ Ce qui était au midi, était à Éphraïm; ce qui était au nord, était à Manassé, et la mer était sa frontière; ils touchaient à Asser au nord, et à Issacar à l'orient. ¹¹ Manassé eut, en Issacar et en Asser, Beth-Shéan et les villes de son ressort, Gibleam et les villes de son ressort, les habitants de Dor et les villes de son ressort, les habitants d'En-Dor et les villes de son ressort, les habitants de Thaanac et les villes de son ressort, les habitants de Méguiddo et les villes

de son ressort, trois contrées. ¹² Les enfants de Manassé ne purent prendre possession de ces villes, et les Cananéens persistèrent à demeurer dans ce pays-là. ¹³ Mais lorsque les enfants d'Israël se furent fortifiés, ils rendirent les Cananéens tributaires; toutefois ils ne les dépossédèrent point entièrement. ¹⁴ Or, les enfants de Joseph parlèrent à Josué, en disant: Pourquoi m'as-tu donné en héritage un seul lot et une seule part, quand je suis un peuple nombreux, parce que jusqu'ici l'Éternel m'a béni? ¹⁵ Et Josué leur dit: Si tu es un peuple nombreux, monte à la forêt, et coupe-la, pour te faire place dans le pays des Phéréziens et des Réphaïm, puisque la montagne d'Éphraïm est trop étroite pour toi. ¹⁶ Mais les enfants de Joseph répondirent: La montagne ne nous suffira pas; et tous les Cananéens qui habitent la région de la vallée ont des chars de fer, ceux qui habitent à Beth-Shéan et dans les villes de son ressort, et ceux qui habitent dans la vallée de Jizréel. ¹⁷ Alors Josué parla à la maison de Joseph, à Éphraïm et à Manassé, et leur dit: Tu es un peuple nombreux, et tu as une grande force; tu n'auras pas un simple lot. ¹⁸ Mais tu auras la montagne; puisque c'est une forêt, tu la couperas, et ses issues t'appartiendront; car tu déposséderas les Cananéens, quoiqu'ils aient des chars de fer, et quelque puissants qu'ils soient.

18

¹ Or, toute l'assemblée des enfants d'Israël s'assembla à Silo, et ils y placèrent le tabernacle d'assignation, et le pays fut soumis devant eux. ² Mais il était resté, parmi les enfants d'Israël, sept tribus auxquelles on n'avait point distribué leur héritage. ³ Et Josué dit aux enfants d'Israël: Jusqu'à quand négligerez-vous d'aller prendre possession du pays que vous a donné l'Éternel, le Dieu de vos pères? ⁴ Prenez trois hommes par tribu, et je les enverrai. Ils se lèveront, et parcourront le pays, en traceront le plan, selon leur héritage, et reviendront auprès de moi. ⁵ Ils le partageront en sept portions; Juda demeurera dans ses limites au midi, et la maison de Joseph demeurera dans ses limites au nord. ⁶ Vous tracerez donc le plan du pays, en sept parts, et vous me l'apporterez ici, et je jetterai le sort pour vous, ici devant l'Éternel notre Dieu. ⁷ Car les Lévites n'ont point de part au milieu de vous, parce que le sacerdoce de l'Éternel est leur héritage; et Gad, Ruben et la demi-tribu de Manassé ont reçu, au delà du Jourdain, à l'orient, l'héritage que Moïse, serviteur de l'Éternel, leur a donné. ⁸ Ces hommes se levèrent donc et partirent; et Josué commanda à ceux qui partaient, de tracer le plan du pays, en disant: Allez, parcourez le pays et tracez-en le plan; puis revenez auprès de moi, et je jetterai ici le sort pour vous devant l'Éternel, à Silo. ⁹ Ces hommes s'en allèrent donc, parcoururent le pays, et en tracèrent le plan dans un livre, selon les villes, en sept parts, et ils revinrent vers Josué, au camp de Silo. ¹⁰ Alors Josué jeta le sort pour eux à Silo, devant l'Éternel; et Josué partagea là le pays aux enfants d'Israël, selon leurs divisions. ¹¹ Et le sort tomba sur la tribu des enfants de Benjamin, selon leurs familles; et le territoire que leur assigna le sort, leur échut entre les enfants de Juda et les enfants de Joseph. ¹² Leur frontière pour la région du nord, partait du Jourdain; elle montait derrière Jérico, au nord, puis montait dans la montagne, vers l'occident, et aboutissait au désert de Beth-Aven; ¹³ De là la frontière passait vers Luz, derrière Luz, qui est Béthel, au midi; puis la frontière descendait à Ataroth-Addar, près de la montagne qui est au midi de Beth-Horon la basse. ¹⁴ Puis la frontière s'étendait et tournait, pour la région occidentale, vers le midi, depuis la montagne qui est en face de Beth-Horon, vers le midi; et elle aboutissait à Kirjath-Baal, qui est Kirjath-Jéarim, ville des enfants de Juda. Telle était la région occidentale. ¹⁵ Et la région du midi partait de l'extrémité de Kirjath-Jéarim; et la frontière sortait vers l'occident, puis se dirigeait vers la source des eaux de Nephthoach. ¹⁶ Puis la frontière descendait à l'extrémité de la montagne qui est en face de la vallée du fils de Hinnom,

dans la vallée des Rephaïm, au nord; elle descendait par la vallée de Hinnom, derrière le Jébusien, vers le midi; puis descendait à En-Roguel. ¹⁷ Ensuite elle s'étendait du côté du nord, et sortait à En-Shémesh; puis elle sortait vers Gueliloth, qui est vis-à-vis de la montée d'Adummim, et descendait à la pierre de Bohan, fils de Ruben; ¹⁸ Puis elle passait vers le côté septentrional, en face d'Araba, et descendait à Araba. ¹⁹ Puis la frontière passait derrière Beth-Hogla, vers le nord, et aboutissait au bras de la mer Salée, vers le nord, à l'extrémité méridionale du Jourdain. Telle était la frontière du midi. ²⁰ Et le Jourdain la bornait du côté de l'orient. Tel fut l'héritage des enfants de Benjamin, d'après ses frontières tout autour, selon leurs familles. ²¹ Or, les villes de la tribu des enfants de Benjamin, selon leurs familles, étaient: Jérico, Beth-Hogla, Émek-Ketsits, ²² Beth-Araba, Tsémaraïm, Béthel, ²³ Avvim, Para, Ophra, ²⁴ Képhar-Ammonaï, Ophni et Guéba: douze villes, et leurs villages; ²⁵ Gabaon, Rama, Béeroth, ²⁶ Mitspé, Képhira, Motsa, ²⁷ Rékem, Jirpéel, Tharéala, ²⁸ Tséla, Éleph, Jébusi, qui est Jérusalem, Guibéath, Kirjath: quatorze villes et leurs villages. Tel fut l'héritage des enfants de Benjamin, selon leurs familles.

19

¹ Le second sort échut à Siméon, pour la tribu des enfants de Siméon, selon leurs familles; et leur héritage fut au milieu de l'héritage des enfants de Juda. ² Et ils eurent dans leur héritage Béer-Shéba, Shéba, Molada, ³ Hatsar-Shual, Bala, Atsem, ⁴ Eltholad, Bethul, Horma, ⁵ Tsiklag, Beth-Marcaboth, Hatsar-Susa, ⁶ Beth-Lebaoth, et Shearuchen: treize villes et leurs villages; ⁷ Aïn, Rimmon, Éther, et Ashan: quatre villes et leurs villages; ⁸ Et tous les villages qui sont autour de ces villes, jusqu'à Baalath-Béer, qui est Rama la méridionale. Tel fut l'héritage de la tribu des enfants de Siméon, selon leurs familles. ⁹ L'héritage des enfants de Siméon fut pris du lot des enfants de Juda; car la part des enfants de Juda était trop grande pour eux; et les enfants de Siméon eurent leur héritage au milieu de celui de Juda. ¹⁰ Le troisième sort échut aux enfants de Zabulon, selon leurs familles; et la frontière de leur héritage fut jusqu'à Sarid. ¹¹ Or, leur frontière montait à l'occident vers Maréala, et touchait à Dabbesheth, puis au torrent qui est en face de Joknéam. ¹² De Sarid elle tournait à l'orient, vers le soleil levant, sur les confins de Kisloth-Thabor; puis elle sortait vers Dabrath, et montait à Japhia; ¹³ De là elle passait vers l'orient, au levant, à Gath-Hépher, à Eth-Katsin; et elle sortait vers Rimmon, se prolongeant vers Néa. ¹⁴ Puis la frontière en faisait le tour au nord vers Hannathon, et aboutissait à la vallée de Jiphthach-El; ¹⁵ Avec Kattath, Nahalal, Shimron, Jidéala, et Bethléhem: douze villes et leurs villages. ¹⁶ Tel fut l'héritage des enfants de Zabulon, selon leurs familles, ces villes-là et leurs villages. ¹⁷ Le quatrième sort échut à Issacar, pour les enfants d'Issacar, selon leurs familles. ¹⁸ Et leur frontière fut Jizréel, Kesulloth, Sunem, ¹⁹ Hapharaïm, Shion, Anacharath, ²⁰ Rabbith, Kishjon, Abets, ²¹ Rémeth, En-Gannim, En-Hadda, et Beth-Patsets. ²² Et la frontière touchait à Thabor, à Shachatsima, et à Beth-Shémesh; et leur frontière aboutissait au Jourdain: seize villes et leurs villages. ²³ Tel fut l'héritage de la tribu des enfants d'Issacar, selon leurs familles, ces villes-là et leurs villages. ²⁴ Le cinquième sort échut à la tribu des enfants d'Asser, selon leurs familles. ²⁵ Et leur frontière fut Helkath, Hali, Béten, Acshaph, ²⁶ Allammélec, Améad, et Mishéal. Elle touchait vers l'occident au Carmel, et au torrent de Libnath; ²⁷ Puis elle tournait au soleil levant vers Beth-Dagon, touchait à Zabulon, et à la vallée de Jiphthach-El au nord de Beth-Émek et de Neïel; puis elle sortait vers Cabul, à gauche; ²⁸ Et vers Ébron, Réhob, Hammon, et Kana, jusqu'à Sidon la grande. ²⁹ La frontière tournait ensuite vers Rama jusqu'à la ville forte de Tyr; puis la frontière tournait vers Hosa, et aboutissait à la mer, à partir du district d'Aczib; ³⁰ Avec Umma, Aphek, et Réhob: vingt-deux villes et leurs villages. ³¹ Tel fut l'héritage de la tribu des enfants d'Asser, selon leurs familles,

ces villes-là et leurs villages. ³² Le sixième sort échut aux enfants de Nephthali, aux enfants de Nephthali selon leurs familles. ³³ Et leur frontière fut depuis Héleph, depuis le Chêne à Tsaanannim, Adami-Nékeb et Jabnéel, jusqu'à Lakkum; et elle aboutissait au Jourdain. ³⁴ Puis la frontière tournait vers l'occident, à Aznoth-Thabor, sortait de là vers Hukkok. Du côté du midi elle touchait à Zabulon, et du côté de l'occident elle touchait à Asser et à Juda; le Jourdain était au soleil levant. ³⁵ Et les villes fortes étaient Tsiddim, Tser, Hammath, Rakkath, Kinnéreth, ³⁶ Adama, Rama, Hatsor, ³⁷ Kédès, Édréï, En-Hatsor, ³⁸ Jiréon, Migdal-El, Horem, Beth-Anath, et Beth-Shémesh: dix-neuf villes et leurs villages. ³⁹ Tel fut l'héritage de la tribu des enfants de Nephthali, selon leurs familles, ces villes-là et leurs villages. ⁴⁰ Le septième sort échut à la tribu des enfants de Dan, selon leurs familles. ⁴¹ Et la contrée de leur héritage fut Tsoréa, Eshthaol, Ir-Shémesh, ⁴² Shaalabbin, Ajalon, Jithla, ⁴³ Élon, Thimnatha, Ékron, ⁴⁴ Elthéké, Guibbethon, Baalath, ⁴⁵ Jéhud, Bené-Bérak, Gath-Rimmon, ⁴⁶ Mé-Jarkon et Rakkon, avec le territoire vis-à-vis de Japho. ⁴⁷ Or, le territoire des enfants de Dan s'étendit hors de chez eux; les enfants de Dan montèrent et combattirent contre Léshem, la prirent, et la firent passer au fil de l'épée; ils en prirent possession, et y habitèrent, et appelèrent Léshem, Dan, du nom de Dan, leur père. ⁴⁸ Tel fut l'héritage de la tribu des enfants de Dan, selon leurs familles, ces villes-là et leurs villages. ⁴⁹ Quand on eut achevé de partager le pays selon ses limites, les enfants d'Israël donnèrent au milieu d'eux un héritage à Josué, fils de Nun. ⁵⁰ Selon l'ordre de l'Éternel, ils lui donnèrent la ville qu'il demanda: Thimnath-Sérach, dans la montagne d'Éphraïm. Il bâtit la ville et y habita. ⁵¹ Tels sont les héritages qu'Éléazar le sacrificateur, Josué, fils de Nun, et les chefs des familles des tribus des enfants d'Israël distribuèrent par le sort à Silo, devant l'Éternel, à l'entrée du tabernacle d'assignation. C'est ainsi qu'ils achevèrent le partage du pays.

20

¹ Or l'Éternel parla à Josué, en disant: ² Parle aux enfants d'Israël, et dis-leur: Établissez-vous les villes de refuge dont je vous ai parlé par l'organe de Moïse; ³ Afin que le meurtrier qui aura tué quelqu'un par mégarde, sans intention, puisse s'y enfuir; elles vous serviront de refuge contre le vengeur du sang. ⁴ Et le meurtrier s'enfuira vers l'une de ces villes; il s'arrêtera à l'entrée de la porte de la ville, et il dira ses raisons aux anciens de cette ville; et ils le recueilleront chez eux dans la ville, et lui donneront un lieu, afin qu'il habite avec eux. ⁵ Et si le vengeur du sang le poursuit, ils ne livreront point le meurtrier entre ses mains, car il a tué son prochain sans intention et ne le haïssait point auparavant. ⁶ Mais il demeurera dans cette ville jusqu'à ce qu'il comparaisse en jugement devant l'assemblée, jusqu'à la mort du souverain sacrificateur qui sera en ce temps-là. Alors le meurtrier s'en retournera, et viendra dans sa ville et dans sa maison, dans la ville d'où il se sera enfui. ⁷ Ils consacrèrent donc Kédès en Galilée, dans la montagne de Nephthali; Sichem, dans la montagne d'Éphraïm; et Kirjath-Arba, qui est Hébron, dans la montagne de Juda. ⁸ Et au delà du Jourdain de Jérico, au levant, ils établirent, dans la tribu de Ruben, Betser au désert, dans la plaine; Ramoth en Galaad, dans la tribu de Gad; et Golan en Bassan, dans la tribu de Manassé. ⁹ Telles furent les villes assignées à tous les enfants d'Israël et à l'étranger séjournant parmi eux, afin que quiconque aurait tué quelqu'un par mégarde pût s'y enfuir, et ne mourût point par la main du vengeur du sang, jusqu'à ce qu'il comparût devant l'assemblée.

21

¹ Or, les chefs de famille des Lévites s'approchèrent d'Éléazar, le sacrificateur, et de Josué, fils de Nun, et des chefs de famille des tribus des enfants d'Israël; ² Et ils leur

parlèrent à Silo, dans le pays de Canaan, et leur dirent: L'Éternel a commandé par l'organe de Moïse qu'on nous donnât des villes pour y habiter, et leurs banlieues pour notre bétail. ³ Et les enfants d'Israël donnèrent de leur héritage aux Lévites, selon le commandement de l'Éternel, ces villes-ci avec leurs banlieues. ⁴ Le sort échut aux familles des Kéhathites; et les enfants d'Aaron, le sacrificateur, d'entre les Lévites, obtinrent par le sort treize villes, de la tribu de Juda, de la tribu de Siméon et de la tribu de Benjamin. ⁵ Et les autres enfants de Kéhath obtinrent par le sort dix villes des familles de la tribu d'Éphraïm, de la tribu de Dan, et de la demi-tribu de Manassé. ⁶ Puis les enfants de Guershon obtinrent par le sort treize villes, des familles de la tribu d'Issacar, de la tribu d'Asser, de la tribu de Nephthali, et de la demi-tribu de Manassé, en Bassan. ⁷ Les enfants de Mérari, selon leurs familles, eurent douze villes, de la tribu de Ruben, de la tribu de Gad, de la tribu de Zabulon. ⁸ Et les enfants d'Israël donnèrent aux Lévites, par le sort, ces villes-ci avec leurs banlieues, comme l'Éternel l'avait commandé par l'organe de Moïse. ⁹ Ils donnèrent donc de la tribu des enfants de Juda, et de la tribu des enfants de Siméon, ces villes, qu'on nommera par leur nom. ¹⁰ Elles furent pour les enfants d'Aaron, des familles des Kéhathites, enfants de Lévi (car le premier sort fut pour eux); ¹¹ Et on leur donna la cité d'Arba, père d'Anak (c'est Hébron), dans la montagne de Juda, et sa banlieue tout autour. ¹² Mais quant au territoire de la ville, et à ses villages, on les donna à Caleb, fils de Jephunné, pour sa propriété. ¹³ On donna donc aux enfants d'Aaron, le sacrificateur, la ville de refuge pour le meurtrier, Hébron avec sa banlieue, Libna et sa banlieue, ¹⁴ Jatthir et sa banlieue, Eshthémoa et sa banlieue, ¹⁵ Holon et sa banlieue, Débir et sa banlieue, ¹⁶ Aïn et sa banlieue, Jutta et sa banlieue, et Beth-Shémèsh et sa banlieue, neuf villes de ces deux tribus. ¹⁷ Et de la tribu de Benjamin, Gabaon et sa banlieue, Guéba et sa banlieue, ¹⁸ Anathoth et sa banlieue, et Almon et sa banlieue, quatre villes. ¹⁹ Total des villes des sacrificateurs enfants d'Aaron: treize villes et leurs banlieues. ²⁰ Quant aux familles des enfants de Kéhath, aux Lévites formant le reste des enfants de Kéhath, les villes de leur lot furent de la tribu d'Éphraïm. ²¹ On leur donna la ville de refuge pour le meurtrier, Sichem et sa banlieue, dans la montagne d'Éphraïm, Guézer et sa banlieue, ²² Kibtsaïm et sa banlieue, et Beth-Horon et sa banlieue, quatre villes. ²³ De la tribu de Dan, Elthéké et sa banlieue, Guibbéthon et sa banlieue, ²⁴ Ajalon et sa banlieue, Gath-Rimmon et sa banlieue, quatre villes. ²⁵ Et de la demi-tribu de Manassé, Thaanac et sa banlieue, Gath-Rimmon et sa banlieue, deux villes. ²⁶ Total, dix villes et leurs banlieues, pour les familles des autres enfants de Kéhath. ²⁷ On donna aussi de la demi-tribu de Manassé, aux enfants de Guershon, d'entre les familles des Lévites, la ville de refuge pour le meurtrier, Golan en Bassan et sa banlieue, et Beeshthra et sa banlieue, deux villes; ²⁸ De la tribu d'Issacar, Kishjon et sa banlieue, Dabrath et sa banlieue, ²⁹ Jarmuth et sa banlieue, En-Gannim et sa banlieue, quatre villes; ³⁰ De la tribu d'Asser, Misheal et sa banlieue, Abdon et sa banlieue, ³¹ Helkath et sa banlieue, et Réhob et sa banlieue, quatre villes; ³² Et de la tribu de Nephthali, la ville de refuge pour le meurtrier, Kédès en Galilée et sa banlieue, Hammoth-Dor et sa banlieue, et Karthan et sa banlieue, trois villes. ³³ Total des villes des Guershonites, selon leurs familles: treize villes et leurs banlieues. ³⁴ On donna de la tribu de Zabulon, aux familles des enfants de Mérari, formant le reste des Lévites, Joknéam et sa banlieue, Kartha et sa banlieue, ³⁵ Dimna et sa banlieue, et Nahalal et sa banlieue, quatre villes; ³⁶ De la tribu de Ruben, Betser et sa banlieue, Jahtsa et sa banlieue, ³⁷ Kedémoth et sa banlieue, et Méphaath et sa banlieue, quatre villes; ³⁸ Et de la tribu de Gad, la ville de refuge pour le meurtrier, Ramoth en Galaad et sa banlieue, Mahanaïm et sa banlieue, ³⁹ Hesbon et sa banlieue, et Jaezer et sa banlieue, en tout quatre villes. ⁴⁰ Total des villes données aux enfants de Mérari, selon leurs familles, qui étaient le reste des familles des Lévites: leur lot fut de douze villes. ⁴¹ Total des villes des Lévites au milieu des possessions des enfants d'Israël:

quarante-huit villes et leurs banlieues. ⁴² Chacune de ces villes avait sa banlieue autour d'elle, il en était ainsi de toutes ces villes. ⁴³ L'Éternel donna donc à Israël tout le pays qu'il avait juré de donner à leurs pères. Ils le possédèrent, et y habitèrent. ⁴⁴ Et l'Éternel leur donna du repos de tous côtés, selon tout ce qu'il avait juré à leurs pères; et il n'y eut aucun de tous leurs ennemis qui subsistât devant eux; l'Éternel livra tous leurs ennemis entre leurs mains. ⁴⁵ Il ne tomba pas un seul mot de toutes les bonnes paroles que l'Éternel avait dites à la maison d'Israël; toutes s'accomplirent.

22

¹ Alors Josué appela les Rubénites, les Gadites, et la demi-tribu de Manassé, ² Et il leur dit: Vous avez observé tout ce que vous avait commandé Moïse, serviteur de l'Éternel, et vous m'avez obéi en tout ce que je vous ai commandé. ³ Vous n'avez pas abandonné vos frères, pendant ce longtemps, jusqu'à ce jour; et vous avez observé le commandement de l'Éternel votre Dieu. ⁴ Et maintenant l'Éternel votre Dieu a donné du repos à vos frères, comme il le leur avait dit. Retournez donc maintenant, et allez-vous-en à vos tentes, au pays qui est votre propriété, que Moïse, serviteur de l'Éternel, vous a donné au delà du Jourdain. ⁵ Seulement prenez bien garde de pratiquer le commandement et la loi que Moïse, serviteur de l'Éternel, vous a prescrits: d'aimer l'Éternel votre Dieu, de marcher dans toutes ses voies, de garder ses commandements, et de s'attacher à lui, et de le servir de tout votre cœur et de toute votre âme. ⁶ Et Josué les bénit et les renvoya; et ils s'en allèrent à leurs tentes. ⁷ Or, Moïse avait donné à une moitié de la tribu de Manassé un héritage en Bassan, et Josué donna à l'autre moitié un héritage avec leurs frères, de ce côté-ci du Jourdain, vers l'Occident. Au reste, quand Josué les renvoya vers leurs tentes, il les bénit et leur dit: ⁸ Vous retournez à vos tentes avec de grandes richesses et avec un bétail fort nombreux; avec de l'or, de l'argent, de l'airain, du fer, des vêtements en grande abondance: partagez avec vos frères le butin de vos ennemis. ⁹ Les enfants de Ruben, les enfants de Gad, et la demi-tribu de Manassé retournèrent donc et s'en allèrent de Silo, qui est dans le pays de Canaan, d'avec les enfants d'Israël, pour aller au pays de Galaad, dans le pays de leur propriété, dont ils avaient été mis en possession selon le commandement de l'Éternel par l'organe de Moïse. ¹⁰ Or ils vinrent aux districts du Jourdain qui sont dans le pays de Canaan; et les enfants de Ruben, les enfants de Gad et la demi-tribu de Manassé bâtirent là un autel, près du Jourdain, autel de grande apparence. ¹¹ Et les enfants d'Israël apprirent qu'on disait: Voici, les enfants de Ruben, les enfants de Gad et la demi-tribu de Manassé ont bâti un autel, en face du pays de Canaan, dans les districts du Jourdain, du côté des enfants d'Israël. ¹² Les enfants d'Israël entendirent donc cela; et toute l'assemblée des enfants d'Israël s'assembla à Silo pour monter et leur faire la guerre. ¹³ Et les enfants d'Israël envoyèrent vers les enfants de Ruben, vers les enfants de Gad et vers la demi-tribu de Manassé, au pays de Galaad, Phinées, fils d'Éléazar, le sacrificateur; ¹⁴ Et avec lui dix chefs, un chef par maison de pères pour chacune des tribus d'Israël; chacun d'eux était chef de maison de pères parmi les milliers d'Israël. ¹⁵ Ils vinrent donc vers les enfants de Ruben, vers les enfants de Gad et vers la demi-tribu de Manassé, au pays de Galaad; et il leur parlèrent, en disant: ¹⁶ Ainsi a dit toute l'assemblée de l'Éternel: Quel est ce forfait que vous avez commis contre le Dieu d'Israël? Pourquoi vous détourner aujourd'hui de l'Éternel, en vous bâtissant un autel, pour vous révolter aujourd'hui contre l'Éternel? ¹⁷ L'iniquité de Péor, dont nous ne sommes pas purifiés jusqu'à ce jour et qui attira la plaie sur l'assemblée de l'Éternel, est-elle peu de chose pour nous, ¹⁸ Que vous vous détourniez aujourd'hui de l'Éternel? Vous vous révoltez aujourd'hui contre l'Éternel, et demain il se courroucera contre toute l'assemblée

d'Israël. [19] Toutefois, si la terre que vous possédez est souillée, passez dans la terre que l'Éternel possède, où est établie la Demeure de l'Éternel, et prenez possession parmi nous; mais ne vous révoltez point contre l'Éternel, et ne vous séparez point de nous, en vous bâtissant un autel outre l'autel de l'Éternel notre Dieu. [20] Acan, fils de Zérach, ne commit-il pas un forfait au sujet de l'interdit, et le courroux de l'Éternel ne s'alluma-t-il pas contre toute l'assemblée d'Israël? Et cet homme n'expira pas seul pour son iniquité. [21] Mais les enfants de Ruben, les enfants de Gad, et la demi-tribu de Manassé répondirent et dirent aux chefs des milliers d'Israël: [22] Dieu, Dieu, l'Éternel, Dieu, Dieu, l'Éternel, le sait, et Israël le saura! Si c'est par rébellion, si c'est par un forfait contre l'Éternel, ne nous viens point en aide en ce jour! [23] Si nous nous sommes bâti un autel pour nous détourner de l'Éternel, si c'est pour y offrir des holocaustes et des oblations, et si c'est pour y faire des sacrifices de prospérité, que l'Éternel lui-même en redemande compte, [24] Si nous ne l'avons fait, au contraire, parce que nous avons craint ceci, que vos enfants ne disent demain à nos enfants: Qu'avez-vous de commun avec l'Éternel, le Dieu d'Israël? [25] L'Éternel a mis le Jourdain pour limite entre nous et vous, enfants de Ruben et enfants de Gad; vous n'avez point de part à l'Éternel! Et ainsi vos enfants feraient que nos enfants cesseraient de craindre l'Éternel. [26] C'est pourquoi, nous avons dit: Bâtissons-nous un autel, non pour des holocaustes ni pour des sacrifices, [27] Mais comme un témoin entre nous et vous, et entre nos descendants après nous, que nous pratiquons le culte de l'Éternel devant sa face, par nos holocaustes, nos sacrifices d'expiation et nos sacrifices de prospérité, afin que vos enfants ne disent pas dans l'avenir à nos enfants: Vous n'avez point de part à l'Éternel! [28] Et nous avons dit: Lorsqu'ils nous tiendront ce discours, ou à nos descendants dans l'avenir, nous dirons: Voyez la forme de l'autel de l'Éternel, que nos pères ont fait non pour des holocaustes ni pour des sacrifices, mais afin qu'il soit témoin entre nous et vous. [29] Loin de nous la pensée de nous révolter contre l'Éternel, et de nous détourner aujourd'hui de l'Éternel, en bâtissant un autel pour des holocaustes, pour des oblations et pour des sacrifices, outre l'autel de l'Éternel notre Dieu, qui est devant sa Demeure! [30] Or, quand Phinées, le sacrificateur, les principaux de l'assemblée, les chefs des milliers d'Israël, qui étaient avec lui, eurent entendu les paroles que prononcèrent les enfants de Ruben, les enfants de Gad et les enfants de Manassé, ils furent satisfaits. [31] Et Phinées, fils d'Éléazar, le sacrificateur, dit aux enfants de Ruben, aux enfants de Gad, et aux enfants de Manassé: Nous connaissons aujourd'hui que l'Éternel est au milieu de nous, puisque vous n'avez point commis ce forfait contre l'Éternel; maintenant vous avez délivré les enfants d'Israël de la main de l'Éternel. [32] Ainsi Phinées, fils d'Éléazar le sacrificateur, et les chefs s'en retournèrent d'avec les enfants de Ruben, et d'avec les enfants de Gad, du pays de Galaad au pays de Canaan, vers les enfants d'Israël, et leur rendirent compte. [33] Et la chose plut aux enfants d'Israël, et les enfants d'Israël bénirent Dieu, et ne parlèrent plus de monter en armes contre eux, pour ravager le pays où habitaient les enfants de Ruben et les enfants de Gad. [34] Et les enfants de Ruben et les enfants de Gad nommèrent l'autel Ed (témoin); car, dirent-ils, il est témoin entre nous que l'Éternel est Dieu.

23

[1] Il arriva, longtemps après que l'Éternel eut donné du repos à Israël devant tous les ennemis qui l'entouraient, que Josué, étant devenu vieux, avancé en âge, [2] Appela tout Israël, ses anciens, ses chefs, ses juges et ses officiers, et leur dit: Je suis vieux, je suis avancé en âge. [3] Et vous, vous avez vu tout ce que l'Éternel votre Dieu a fait à toutes ces nations devant vous; car c'est l'Éternel votre Dieu qui a combattu pour vous. [4] Voyez, je

vous ai partagé par le sort, en héritage, selon vos tribus, ces nations qui sont restées, depuis le Jourdain, et toutes les nations que j'ai exterminées, jusqu'à la grande mer, vers le soleil couchant; 5 Et l'Éternel votre Dieu les chassera, et les dépossédera devant vous; et vous posséderez leur pays, comme l'Éternel votre Dieu vous l'a dit. 6 Soyez donc bien fermes à observer et à faire tout ce qui est écrit dans le livre de la loi de Moïse; ne vous en détournez ni à droite ni à gauche, 7 Sans vous mêler à ces nations qui sont restées parmi vous; ne faites point mention du nom de leurs dieux; ne faites jurer personne par eux; ne les servez point et ne vous prosternez point devant eux. 8 Mais attachez-vous à l'Éternel votre Dieu, comme vous l'avez fait jusqu'à ce jour. 9 Car l'Éternel a dépossédé devant vous des nations grandes et fortes; mais quant à vous, personne jusqu'à ce jour n'a subsisté devant vous. 10 Un seul d'entre vous en poursuit mille; car l'Éternel votre Dieu est celui qui combat pour vous, comme il vous l'a dit. 11 Prenez donc bien garde à vous-mêmes, pour aimer l'Éternel votre Dieu. 12 Car, si vous vous détournez et que vous vous attachiez au reste de ces nations qui sont demeurées parmi vous; si vous vous alliez avec elles par mariages, et que vous vous mêliez avec elles, et elles avec vous, 13 Sachez bien que l'Éternel votre Dieu ne continuera plus à déposséder ces nations devant vous; mais elles seront pour vous un filet et un piège, un fouet dans vos côtés et des épines dans vos yeux, jusqu'à ce que vous périssiez de dessus ce bon pays que l'Éternel votre Dieu a donné. 14 Et voici, je m'en vais aujourd'hui par le chemin de toute la terre; reconnaissez donc de tout votre cœur et de toute votre âme, qu'il n'est pas tombé un seul mot de toutes les bonnes paroles que l'Éternel votre Dieu a prononcées sur vous; tout s'est accompli pour vous; il n'en est pas tombé un seul mot. 15 Et comme toutes les bonnes paroles que l'Éternel votre Dieu vous avait dites vous sont arrivées, il arrivera de même que l'Éternel fera venir sur vous toutes les paroles mauvaises, jusqu'à ce qu'il vous ait exterminés de dessus ce bon pays que l'Éternel votre Dieu vous a donné. 16 Si vous transgressez l'alliance de l'Éternel votre Dieu, qu'il vous a commandé d'observer, si vous allez servir d'autres dieux et vous prosterner devant eux, la colère de l'Éternel s'embrasera contre vous, et vous périrez promptement de dessus ce bon pays qu'il vous a donné.

24

1 Josué assembla aussi toutes les tribus d'Israël à Sichem; et il appela les anciens d'Israël, ses chefs, ses juges et ses officiers, et ils se présentèrent devant Dieu. 2 Et Josué dit à tout le peuple: Ainsi a dit l'Éternel, le Dieu d'Israël: Vos pères, Tharé, père d'Abraham et père de Nacor, habitaient anciennement au delà du fleuve, et servaient d'autres dieux. 3 Mais j'ai pris votre père Abraham de l'autre côté du fleuve, et je le fis aller par tout le pays de Canaan, et je multipliai sa postérité, et je lui donnai Isaac. 4 Et je donnai à Isaac Jacob et Ésaü; et je donnai à Ésaü la montagne de Séir, pour la posséder; mais Jacob et ses fils descendirent en Égypte. 5 Puis j'envoyai Moïse et Aaron, et je frappai l'Égypte par les prodiges que je fis au milieu d'elle; puis je vous en fis sortir. 6 Je fis donc sortir vos pères d'Égypte, et vous vîntes vers la mer; et les Égyptiens poursuivirent vos pères avec des chars et des cavaliers jusqu'à la mer Rouge. 7 Alors ils crièrent à l'Éternel, et il mit une obscurité entre vous et les Égyptiens; puis il ramena sur eux la mer, qui les couvrit, et vos yeux virent ce que je fis aux Égyptiens. Et vous demeurâtes longtemps au désert. 8 Puis, je vous amenai au pays des Amoréens, qui habitaient au delà du Jourdain; ils combattirent contre vous, et je les livrai entre vos mains, vous prîtes possession de leur pays, et je les exterminai devant vous. 9 Balak, fils de Tsippor, roi de Moab, se leva et

fit la guerre à Israël. Il appela Balaam, fils de Béor, pour vous maudire. ¹⁰ Mais je ne voulus point écouter Balaam; il vous bénit, et je vous délivrai de la main de Balak. ¹¹ Vous passâtes donc le Jourdain, et vous vîntes à Jérico; et les habitants de Jérico, les Amoréens, les Phéréziens, les Cananéens, les Héthiens, les Guirgassiens, les Héviens et les Jébusiens combattirent contre vous, et je les livrai entre vos mains. ¹² Et j'envoyai devant vous les frelons, qui les chassèrent devant votre face, comme les deux rois des Amoréens; ce ne fut ni par ton épée, ni par ton arc. ¹³ Et je vous donnai une terre que vous n'aviez point labourée, des villes que vous n'aviez point bâties, et vous y habitez; vous mangez des vignes et des oliviers que vous n'avez point plantés. ¹⁴ Maintenant donc, craignez l'Éternel, et servez-le avec intégrité et fidélité; éloignez les dieux que vos pères ont servis au delà du fleuve et en Égypte, et servez l'Éternel. ¹⁵ Que s'il ne vous plaît pas de servir l'Éternel, choisissez aujourd'hui qui vous voulez servir, ou les dieux que servaient vos pères au delà du fleuve, ou les dieux des Amoréens, dans le pays desquels vous habitez; mais pour moi et ma maison, nous servirons l'Éternel. ¹⁶ Alors le peuple répondit, et dit: Loin de nous la pensée d'abandonner l'Éternel pour servir d'autres dieux! ¹⁷ Car l'Éternel est notre Dieu; c'est lui qui nous a fait monter, nous et nos pères, du pays d'Égypte, de la maison de servitude, et qui a fait devant nos yeux ces grands prodiges, et nous a gardés dans tout le chemin où nous avons marché, et parmi tous les peuples au milieu desquels nous avons passé. ¹⁸ Et l'Éternel a chassé devant nous tous les peuples et les Amoréens qui habitaient le pays. Nous aussi, nous servirons l'Éternel; car il est notre Dieu. ¹⁹ Et Josué dit au peuple: Vous ne pourrez servir l'Éternel, car c'est un Dieu saint, c'est un Dieu jaloux; il ne pardonnera point vos transgressions et vos péchés; ²⁰ Quand vous abandonnerez l'Éternel, et que vous servirez des dieux étrangers, il se retournera et vous fera du mal, et vous consumera, après vous avoir fait du bien. ²¹ Alors le peuple dit à Josué: Non! Car nous servirons l'Éternel. ²² Josué dit donc au peuple: Vous êtes témoins contre vous-mêmes, que vous avez choisi vous-mêmes l'Éternel pour le servir. Et ils répondirent: Nous en sommes témoins! ²³ Maintenant donc, ôtez les dieux étrangers qui sont au milieu de vous, et tournez votre cœur vers l'Éternel, le Dieu d'Israël. ²⁴ Et le peuple répondit à Josué: Nous servirons l'Éternel notre Dieu, et nous obéirons à sa voix. ²⁵ Josué traita donc alliance avec le peuple en ce jour-là, et il lui établit des lois et des ordonnances à Sichem. ²⁶ Puis Josué écrivit ces paroles dans le livre de la loi de Dieu. Il prit ensuite une grande pierre, et la dressa là, sous le chêne qui était dans le sanctuaire de l'Éternel. ²⁷ Et Josué dit à tout le peuple: Voici, cette pierre sera en témoignage contre nous; car elle a entendu toutes les paroles que l'Éternel nous a dites; et elle sera en témoignage contre vous, afin que vous ne reniiez pas votre Dieu. ²⁸ Et Josué renvoya le peuple, chacun dans son héritage. ²⁹ Or, après ces choses, il arriva que Josué, fils de Nun, serviteur de l'Éternel, mourut, âgé de cent dix ans; ³⁰ Et on l'ensevelit dans le territoire de son héritage, à Thimnath-Sérach, qui est dans la montagne d'Éphraïm, au nord de la montagne de Gaash. ³¹ Et Israël servit l'Éternel tout le temps de Josué et tout le temps des anciens qui survécurent à Josué, et qui connaissaient toutes les œuvres que l'Éternel avait faites pour Israël. ³² On ensevelit aussi les os de Joseph, que les enfants d'Israël avaient apportés d'Égypte, à Sichem, dans la portion de champ que Jacob avait achetée pour cent pièces d'argent des enfants d'Hémor, père de Sichem; et les enfants de Joseph les eurent dans leur héritage. ³³ Éléazar, fils d'Aaron, mourut aussi, et on l'ensevelit à Guibeath-Phinées (coteau de Phinées), qui avait été donné à son fils, Phinées, dans la montagne d'Éphraïm.

Juges

[1] Après la mort de Josué, les enfants d'Israël consultèrent l'Éternel, et dirent: Qui d'entre nous montera le premier contre les Cananéens pour les combattre? [2] Et l'Éternel répondit: Juda y montera; voici, j'ai livré le pays entre ses mains. [3] Et Juda dit à Siméon, son frère: Monte avec moi dans mon lot, et nous combattrons les Cananéens; et j'irai aussi avec toi dans ton lot. Ainsi Siméon s'en alla avec lui. [4] Juda monta donc, et l'Éternel livra les Cananéens et les Phéréziens entre leurs mains, et ils battirent à Bézek dix mille hommes. [5] Et, ayant trouvé Adoni-Bézek à Bézek, ils l'attaquèrent, et battirent les Cananéens et les Phéréziens. [6] Cependant Adoni-Bézek s'enfuit; mais ils le poursuivirent, le saisirent, et lui coupèrent les pouces des mains et des pieds. [7] Alors Adoni-Bézek dit: Soixante et dix rois, dont les pouces des mains et des pieds avaient été coupés, recueillaient sous ma table ce qui en tombait. Ce que j'ai fait aux autres, Dieu me l'a rendu. Et, ayant été amené à Jérusalem, il y mourut. [8] Or, les descendants de Juda attaquèrent Jérusalem, et la prirent; et l'ayant frappée du tranchant de l'épée, ils mirent le feu à la ville. [9] Ensuite les descendants de Juda descendirent pour combattre contre les Cananéens qui habitaient la montagne, et le midi, et la plaine. [10] Juda marcha contre les Cananéens qui habitaient à Hébron (or, le nom d'Hébron était auparavant Kirjath-Arba), et il battit Sheshaï, Ahiman et Talmaï; [11] Et de là il marcha contre les habitants de Débir, dont le nom était auparavant Kirjath-Sépher. [12] Et Caleb dit: Qui battra Kirjath-Sépher et la prendra, je lui donnerai ma fille Acsa pour femme. [13] Alors Othniel, fils de Kénaz, frère puîné de Caleb, la prit; et Caleb lui donna pour femme sa fille Acsa. [14] Et comme elle venait chez lui, elle l'incita à demander un champ à son père; et elle se jeta de dessus son âne, et Caleb lui dit: Qu'as-tu? [15] Et elle lui répondit: Donne-moi un présent; puisque tu m'as donné une terre du midi, donne-moi aussi des sources d'eaux. Et Caleb lui donna les sources supérieures, et les sources inférieures. [16] Or, les enfants du Kénien, beau-père de Moïse, montèrent de la ville des palmiers, avec les descendants de Juda, au désert de Juda, qui est au midi d'Arad; et ils allèrent, et demeurèrent avec le peuple. [17] Puis Juda alla avec Siméon son frère, et ils battirent les Cananéens qui habitaient à Tséphath, et ils vouèrent ce lieu à l'interdit, et on appela la ville, Horma (Extermination). [18] Juda prit aussi Gaza avec son territoire, Askélon avec son territoire, et Ékron avec son territoire. [19] Et l'Éternel fut avec Juda; et ils prirent possession de la montagne; mais ils ne dépossédèrent point les habitants de la vallée, parce qu'ils avaient des chars de fer. [20] Et, selon que Moïse l'avait dit, on donna Hébron à Caleb, qui en déposséda les trois fils d'Anak. [21] Quant aux descendants de Benjamin, ils ne dépossédèrent point les Jébusiens, qui habitaient à Jérusalem; aussi les Jébusiens ont habité avec les enfants de Benjamin, à Jérusalem, jusqu'à ce jour. [22] La maison de Joseph monta aussi contre Béthel, et l'Éternel fut avec eux. [23] La maison de Joseph fit donc explorer Béthel, dont le nom était auparavant Luz; [24] Et les espions virent un homme, qui sortait de la ville, et ils lui dirent: Fais-nous voir, nous t'en prions, par où l'on peut entrer dans la ville, et nous te ferons grâce. [25] Et il leur montra par où l'on pouvait entrer dans la ville, et ils la firent passer au fil de l'épée; mais ils laissèrent aller cet homme-là et toute sa famille. [26] Puis, cet homme se rendit au pays des Héthiens; il y bâtit une ville, et l'appela Luz, nom qu'elle a porté jusqu'à ce jour. [27] Manassé ne déposséda point les habitants de Beth-Shéan et des villes de son ressort, ni les habitants de Thaanac et des villes de son ressort, ni les habitants de Dor et des villes de son ressort, ni les habitants de Jibléam et des villes de son ressort, ni les habitants de Méguiddo et des villes de son ressort; ainsi les Cananéens persistèrent à habiter ce pays-là. [28] Cependant, quand Israël fut devenu plus fort, il rendit les

Cananéens tributaires; mais il ne les chassa pas entièrement. [29] Éphraïm ne déposséda point non plus les Cananéens qui habitaient à Guézer; mais les Cananéens habitèrent avec lui à Guézer. [30] Zabulon ne déposséda point les habitants de Kitron, ni les habitants de Nahalol; et les Cananéens habitèrent avec lui, mais ils lui furent tributaires. [31] Asser ne déposséda point les habitants d'Acco, ni les habitants de Sidon, ni d'Achlab, ni d'Aczib, ni d'Helba, ni d'Aphik, ni de Réhob; [32] Mais ceux d'Asser habitèrent parmi les Cananéens, habitants du pays; car ils ne les dépossédèrent point. [33] Nephthali ne déposséda point les habitants de Beth-Shémèsh, ni les habitants de Beth-Anath; mais il habita parmi les Cananéens, habitants du pays; et les habitants de Beth-Shémèsh et de Beth-Anath leur furent tributaires. [34] Et les Amoréens resserrèrent dans la montagne les descendants de Dan, et ne les laissèrent point descendre dans la vallée. [35] Et ces Amoréens persistèrent à demeurer à Har-Hérès, à Ajalon, et à Shaalbim; mais la main de la maison de Joseph pesa sur eux, et ils furent rendus tributaires. [36] Or, le territoire des Amoréens s'étendait depuis la montée d'Akrabbim, depuis Séla (la Roche), et au-dessus.

2

[1] Or, l'ange de l'Éternel monta de Guilgal à Bokim, et il dit: Je vous ai fait monter hors d'Égypte, et je vous ai amenés dans le pays que j'avais juré à vos pères de vous donner. Et j'ai dit: Je n'enfreindrai jamais l'alliance que j'ai traitée avec vous, [2] Et vous, vous ne traiterez point d'alliance avec les habitants de ce pays, et vous démolirez leurs autels. Mais vous n'avez point obéi à ma voix. Pourquoi avez-vous fait cela? [3] Aussi j'ai dit: Je ne les chasserai point devant vous; mais ils seront à vos côtés, et leurs dieux vous seront un piège. [4] Et sitôt que l'ange de l'Éternel eut dit ces paroles à tous les enfants d'Israël, le peuple éleva la voix et pleura. [5] Et ils appelèrent ce lieu-là Bokim (les Pleurs), et ils y sacrifièrent à l'Éternel. [6] Or, Josué ayant renvoyé le peuple, les enfants d'Israël allèrent chacun dans son héritage pour prendre possession du pays. [7] Et le peuple servit l'Éternel tout le temps de Josué, et tout le temps des anciens qui survécurent à Josué et qui avaient vu les grandes œuvres que l'Éternel avait faites en faveur d'Israël. [8] Puis Josué, fils de Nun, serviteur de l'Éternel, mourut, âgé de cent dix ans, [9] Et on l'ensevelit dans le territoire de son héritage, à Thimnath-Hérès, sur la montagne d'Éphraïm, au nord de la montagne de Gaash. [10] Et toute cette génération fut recueillie avec ses pères; et il s'éleva après elle une autre génération qui ne connaissait point l'Éternel, ni les œuvres qu'il avait faites pour Israël. [11] Les enfants d'Israël firent alors ce qui déplaît à l'Éternel, et ils servirent les Baalim. [12] Et ils abandonnèrent l'Éternel, le Dieu de leurs pères, qui les avait fait sortir du pays d'Égypte; ils allèrent après d'autres dieux, d'entre les dieux des peuples qui les entouraient, et ils se prosternèrent devant eux; ainsi ils irritèrent l'Éternel. [13] Ils abandonnèrent donc l'Éternel, et servirent Baal et les Ashtharoth. [14] Et la colère de l'Éternel s'embrasa contre Israël, et il les livra entre les mains de gens qui les pillèrent; et il les vendit à leurs ennemis d'alentour, et ils ne purent plus tenir devant leurs ennemis. [15] Partout où ils allaient, la main de l'Éternel était contre eux en mal, comme l'Éternel l'avait dit, et comme l'Éternel le leur avait juré. Ainsi ils furent dans une grande détresse. [16] Cependant l'Éternel leur suscitait des juges, qui les délivraient de la main de ceux qui les pillaient. [17] Mais ils n'écoutaient pas même leurs juges, et ils se prostituaient à d'autres dieux; ils se prosternaient devant eux, et ils se détournaient promptement du chemin où leurs pères avaient marché en obéissant aux commandements de l'Éternel; ils ne firent pas de même. [18] Or, quand l'Éternel leur suscitait des juges, l'Éternel était avec le juge, et les délivrait de la main de leurs ennemis, pendant toute la vie du juge; car l'Éternel se

repentait, à cause des gémissements qu'ils poussaient devant ceux qui les opprimaient et qui les accablaient. [19] Puis, quand le juge mourait, ils se corrompaient de nouveau plus que leurs pères, en allant après d'autres dieux, pour les servir et se prosterner devant eux; ils ne rabattaient rien de leurs actions, ni de leur train obstiné. [20] C'est pourquoi la colère de l'Éternel s'embrasa contre Israël, et il dit: Puisque cette nation a transgressé mon alliance que j'avais prescrite à ses pères, et qu'ils n'ont point obéi à ma voix, [21] Je ne déposséderai plus devant eux aucune des nations que Josué laissa quand il mourut; [22] Afin de mettre par elles Israël à l'épreuve, pour voir s'ils garderont, ou non, la voie de l'Éternel pour y marcher, comme leurs pères l'ont gardée. [23] Et l'Éternel laissa ces nations-là, sans se hâter de les déposséder, car il ne les avait point livrées entre les mains de Josué.

3

[1] Ce sont ici les nations que l'Éternel laissa pour éprouver par elles Israël, savoir, tous ceux qui n'avaient pas connu les guerres de Canaan; [2] Afin que les générations des enfants d'Israël sussent et apprissent ce que c'est que la guerre; au moins ceux qui n'en avaient rien connu auparavant. [3] Ces nations étaient: les cinq princes des Philistins, et tous les Cananéens, les Sidoniens et les Héviens, qui habitaient dans la montagne du Liban, depuis la montagne de Baal-Hermon, jusqu'à l'entrée de Hamath. [4] Ces nations servirent à éprouver Israël, pour voir s'ils obéiraient aux commandements que l'Éternel avait prescrits à leurs pères par Moïse. [5] Ainsi les enfants d'Israël habitèrent parmi les Cananéens, les Héthiens, les Amoréens, les Phéréziens, les Héviens, et les Jébusiens; [6] Et ils prirent leurs filles pour femmes, et ils donnèrent leurs propres filles à leurs fils, et servirent leurs dieux. [7] Les enfants d'Israël firent ce qui est mauvais devant l'Éternel; ils oublièrent l'Éternel, leur Dieu, et ils rendirent un culte aux Baalim et aux images d'Ashéra. [8] C'est pourquoi la colère de l'Éternel s'embrasa contre Israël, et il les livra entre les mains de Cushan-Rishathaïm, roi de Mésopotamie. Et les enfants d'Israël furent asservis huit ans à Cushan-Rishathaïm. [9] Puis les enfants d'Israël crièrent à l'Éternel, et l'Éternel leur suscita un libérateur qui les délivra, Othniel, fils de Kénaz, frère puîné de Caleb. [10] L'Esprit de l'Éternel fut sur lui, et il jugea Israël, et il sortit en bataille. L'Éternel livra entre ses mains Cushan-Rishathaïm, roi d'Aram, et sa main fut puissante contre Cushan-Rishathaïm. [11] Et le pays fut en repos quarante ans. Et Othniel, fils de Kénaz, mourut. [12] Puis les enfants d'Israël firent encore ce qui est mauvais devant l'Éternel; et l'Éternel fortifia Églon, roi de Moab, contre Israël, parce qu'ils avaient fait ce qui est mauvais devant l'Éternel. [13] Églon assembla donc vers lui les Ammonites et les Amalécites; et il alla et battit Israël; et ils s'emparèrent de la ville des Palmiers. [14] Et les enfants d'Israël furent asservis dix-huit ans à Églon, roi de Moab. [15] Puis les enfants d'Israël crièrent à l'Éternel, et l'Éternel leur suscita un libérateur, Éhud, fils de Guéra, Benjamite, qui était empêché de la main droite. Et les enfants d'Israël envoyèrent par lui un présent à Églon, roi de Moab. [16] Or, Éhud s'était fait une épée à deux tranchants, longue d'une coudée, et il la ceignit sous ses vêtements au côté droit. [17] Et il offrit le présent à Églon, roi de Moab; or Églon était un homme très gras. [18] Et lorsqu'il eut achevé d'offrir le présent, il renvoya les gens qui avaient apporté le présent. [19] Puis, il revint depuis les carrières près de Guilgal, et il dit: O roi! j'ai quelque chose de secret à te dire. Et il lui répondit: Silence! Et tous ceux qui étaient auprès de lui sortirent. [20] Alors Éhud vint à lui (or, il était assis, seul dans la salle d'été); et il dit: J'ai une parole de Dieu pour toi. Alors Églon se leva du trône; [21] Et Éhud, avançant la main gauche, tira l'épée de son côté droit, et la lui enfonça dans le ventre; [22] Et la poignée même entra après la lame, et la graisse se referma autour de la lame; car

il ne retira pas du ventre l'épée, qui sortit par-derrière. ²³ Après cela, Éhud sortit par le portique, ferma sur lui les portes de la chambre haute et poussa le verrou. ²⁴ Quand il fut sorti, les serviteurs vinrent et regardèrent, et voici, les portes de la chambre haute étaient fermées au verrou; et ils dirent: Sans doute il est à ses affaires dans sa chambre d'été. ²⁵ Et ils attendirent tant qu'ils en furent honteux; et comme il n'ouvrait point les portes de la chambre, ils prirent la clef et ouvrirent; et voici, leur seigneur était mort, étendu par terre. ²⁶ Mais Éhud échappa pendant qu'ils hésitaient; et il dépassa les carrières et se sauva à Séira. ²⁷ Dès qu'il fut arrivé, il sonna de la trompette dans la montagne d'Éphraïm, et les enfants d'Israël descendirent avec lui de la montagne; et il se mit à leur tête. ²⁸ Et il leur dit: Suivez-moi, car l'Éternel a livré entre vos mains les Moabites vos ennemis. Ils descendirent ainsi après lui; et, s'emparant des gués du Jourdain vis-à-vis de Moab, ils ne laissèrent passer personne. ²⁹ Ils battirent donc en ce temps-là environ dix mille hommes de Moab, tous robustes, tous vaillants, et pas un n'échappa. ³⁰ En ce jour-là Moab fut humilié sous la main d'Israël. Et le pays eut du repos pendant quatre-vingts ans. ³¹ Et après Éhud, il y eut Shamgar, fils d'Anath. Il défit six cents Philistins avec un aiguillon à bœufs, et lui aussi délivra Israël.

4

¹ Après qu'Éhud fut mort, les enfants d'Israël continuèrent à faire ce qui est mauvais devant l'Éternel. ² C'est pourquoi l'Éternel les livra entre les mains de Jabin, roi de Canaan, qui régnait à Hatsor. Le chef de son armée était Sisera, qui habitait à Harosheth-Goïm. ³ Alors les enfants d'Israël crièrent à l'Éternel; car Jabin avait neuf cents chars de fer, et il opprimait avec beaucoup de violence les enfants d'Israël depuis vingt ans. ⁴ En ce temps-là, Débora, prophétesse, femme de Lappidoth, jugeait Israël. ⁵ Et elle siégeait sous le palmier de Débora entre Rama et Béthel, dans la montagne d'Éphraïm, et les enfants d'Israël montaient vers elle pour être jugés. ⁶ Or, elle envoya appeler Barak, fils d'Abinoam, de Kédès, de Nephthali, et elle lui dit: L'Éternel, le Dieu d'Israël, n'a-t-il pas donné ce commandement: Va, dirige-toi sur le mont Thabor, et prends avec toi dix mille hommes des enfants de Nephthali et des enfants de Zabulon? ⁷ J'attirerai vers toi, au torrent de Kisson, Sisera, chef de l'armée de Jabin, avec ses chars et la multitude de ses gens, et je le livrerai entre tes mains. ⁸ Et Barak lui dit: Si tu viens avec moi, j'irai; mais si tu ne viens pas avec moi, je n'irai pas. ⁹ Et elle répondit: J'irai, j'irai avec toi; mais tu n'auras point de gloire dans ton entreprise; car l'Éternel livrera Sisera entre les mains d'une femme. Débora se leva donc, et alla avec Barak à Kédès. ¹⁰ Et Barak assembla Zabulon et Nephthali à Kédès; dix mille hommes marchèrent à sa suite; et Débora monta avec lui. ¹¹ Or, Héber, le Kénien, s'étant séparé des Kéniens, enfants de Hobab, parent de Moïse, avait dressé ses tentes jusqu'au chêne de Tsaanaïm, qui est auprès de Kédès. ¹² On rapporta donc à Sisera que Barak, fils d'Abinoam, était monté à la montagne de Thabor. ¹³ Et Sisera assembla tous ses chars, neuf cents chars de fer, et tout le peuple qui était avec lui, depuis Harosheth-Goïm jusqu'au torrent de Kisson. ¹⁴ Et Débora dit à Barak: Lève-toi; car voici le jour où l'Éternel a livré Sisera entre tes mains. L'Éternel ne marche-t-il pas devant toi? Et Barak descendit du mont Thabor, ayant dix mille hommes à sa suite. ¹⁵ Et l'Éternel mit en déroute Sisera, et tous les chars, et tout le camp, et il les fit passer au fil de l'épée devant Barak; et Sisera descendit de son char, et s'enfuit à pied. ¹⁶ Et Barak poursuivit les chars et le camp jusqu'à Harosheth-Goïm, et tout le camp de Sisera fut passé au fil de l'épée; il n'en resta pas un homme. ¹⁷ Et Sisera s'enfuit à pied vers la tente de Jaël, femme de Héber, le Kénien; car il y avait paix entre Jabin, roi de Hatsor, et la maison de Héber, Kénien. ¹⁸ Et Jaël sortit au-devant de Sisera, et lui dit: Entre mon seigneur, entre chez moi; ne crains point. Il entra donc chez elle dans la tente, et

elle le cacha sous une couverture. ¹⁹ Puis il lui dit: Je te prie, donne-moi un peu d'eau à boire, car j'ai soif. Et elle ouvrit l'outre du lait, lui donna à boire, et le couvrit. ²⁰ Il lui dit encore: Tiens-toi à l'entrée de la tente, et si l'on vient t'interroger, en disant: Y a-t-il ici quelqu'un? Tu répondras: Non. ²¹ Mais Jaël, femme de Héber, saisit un clou de la tente; et, prenant en main le marteau, elle vint à lui doucement, et lui transperça la tempe avec ce clou, qui s'enfonça en terre. Il était profondément endormi et accablé de fatigue; et il mourut. ²² Et voici, Barak poursuivait Sisera, et Jaël sortit au-devant de lui, et lui dit: Viens, et je te montrerai l'homme que tu cherches. Et Barak entra chez elle, et voici, Sisera était étendu mort, le clou dans la tempe. ²³ En ce jour-là, Dieu humilia ainsi Jabin, roi de Canaan, devant les enfants d'Israël. ²⁴ Et la main des enfants d'Israël s'appesantit de plus en plus sur Jabin, roi de Canaan, jusqu'à ce qu'ils eussent exterminé Jabin, roi de Canaan.

5

¹ En ce jour-là, Débora chanta ce cantique avec Barak, fils d'Abinoam, en disant: ² Bénissez l'Éternel de ce que les chefs ont pris le commandement en Israël, de ce que le peuple s'est porté de plein gré au combat! ³ Rois, écoutez; princes, prêtez l'oreille! C'est moi, c'est moi qui chanterai à l'Éternel; qui psalmodierai à l'Éternel, le Dieu d'Israël. ⁴ O Éternel, quand tu sortis de Séir, quand tu t'avanças des champs d'Édom, la terre trembla, les cieux se fondirent, et les nuées se fondirent en eaux. ⁵ Les montagnes s'écoulèrent devant l'Éternel, et le Sinaï même, devant l'Éternel, le Dieu d'Israël! ⁶ Aux jours de Shamgar, fils d'Anath, aux jours de Jaël, les routes étaient abandonnées, et les voyageurs allaient par des chemins détournés; ⁷ Les chefs manquaient en Israël, ils manquaient, jusqu'à ce que je me sois levée, moi Débora, que je me sois levée comme une mère en Israël. ⁸ Israël choisissait-il des dieux nouveaux, aussitôt la guerre était aux portes. On ne voyait ni bouclier ni lance chez quarante milliers en Israël. ⁹ Mon cœur est aux chefs d'Israël, à ceux du peuple qui furent de bonne volonté. ¹⁰ Bénissez l'Éternel, vous qui montez sur des ânesses blanches, qui êtes assis sur des tapis, et vous qui parcourez les chemins! ¹¹ Chantez! A la voix des archers, entre les sources où l'on puise, qu'on célèbre la justice de l'Éternel, la justice de ses chefs en Israël! Alors le peuple de l'Éternel descendit aux portes. ¹² Réveille-toi, réveille-toi, Débora! Réveille-toi, réveille-toi, dis un cantique! Lève-toi, Barak! Et emmène tes captifs, fils d'Abinoam! ¹³ Alors, un débris du peuple l'emporta sur les puissants; l'Éternel me fit triompher des plus forts. ¹⁴ D'Éphraïm sont venus les habitants d'Amalek. A ta suite Benjamin marchait parmi tes peuples. De Makir sont descendus les chefs; de Zabulon, ceux qui portent le bâton de l'écrivain. ¹⁵ Et les chefs d'Issacar furent avec Débora; et Issacar suivit Barak, et fut envoyé sur ses pas dans la vallée. Près des ruisseaux de Ruben, grandes furent les contestations dans les cœurs! ¹⁶ Pourquoi es-tu demeuré au milieu des étables, à entendre le bêlement des troupeaux? Aux ruisseaux de Ruben, grandes furent les contestations dans les cœurs! ¹⁷ Galaad, au delà du Jourdain, resta dans sa demeure. Et Dan, pourquoi s'est-il tenu sur ses navires? Asser s'est assis au rivage de la mer, et s'est reposé dans ses havres. ¹⁸ Zabulon est un peuple qui affronta la mort, ainsi que Nephthali, sur les hauteurs de la plaine. ¹⁹ Les rois viennent, ils combattent. Ils combattent, les rois de Canaan, à Thaanac, aux eaux de Méguiddo. Ils ne remportent ni butin ni argent! ²⁰ Des cieux on combat; même de leurs sentiers les étoiles combattent contre Sisera. ²¹ Le torrent de Kisson les entraîne, le torrent ancien, le torrent de Kisson! Mon âme, foule aux pieds leur force! ²² Alors les sabots des chevaux retentirent par la course, par la course rapide de leurs guerriers. ²³ Maudissez Méroz, dit l'ange de l'Éternel; maudissez, maudissez ses habitants! Car ils ne sont point venus au secours de l'Éternel, au secours de l'Éternel, avec les vaillants!

24 Qu'elle soit bénie entre les femmes, Jaël, femme de Héber, le Kénien! Qu'elle soit bénie entre les femmes qui habitent sous la tente! 25 Sisera demande de l'eau, elle lui donne du lait; dans la coupe d'honneur elle lui présente de la crème. 26 Sa main saisit le clou, et sa droite le marteau d'ouvrier. Elle frappe Sisera, et lui fend la tête; elle fracasse et transperce sa tempe. 27 Il se courbe, il tombe à ses pieds, il se couche. Il se courbe, il tombe à ses pieds; et là où il se courbe, il tombe écrasé. 28 La mère de Sisera regarde par la fenêtre, et s'écrie, à travers le treillis: Pourquoi son char tarde-t-il à venir? Pourquoi ses chars vont-ils si lentement? 29 Et les plus sages d'entre ses femmes lui répondent, et elle aussi se le dit à elle-même: 30 N'ont-ils pas trouvé du butin? Ne le partagent-ils pas? Une fille, deux filles, par tête de guerrier; le butin des vêtements de couleur, pour Sisera! le butin des vêtements de couleur brodés! Un vêtement de couleur, deux vêtements brodés, pour le cou du vainqueur! 31 Périssent ainsi, ô Éternel, tous tes ennemis! Et que ceux qui t'aiment soient comme le soleil, quand il paraît en sa force! Puis le pays fut en repos quarante ans.

6

1 Or, les enfants d'Israël firent ce qui est mauvais devant l'Éternel, et l'Éternel les livra entre les mains des Madianites pendant sept ans. 2 Et la main des Madianites fut puissante contre Israël. Et à cause des Madianites, les enfants d'Israël se firent des retraites dans les montagnes, des cavernes et des forts. 3 Quand Israël avait semé, il arrivait que les Madianites montaient avec les Amalécites et les fils de l'Orient, et ils montaient contre lui. 4 Ils faisaient un camp contre lui; ils détruisaient les récoltes du pays jusqu'à Gaza, et ne laissaient point de vivres en Israël, ni brebis, ni bœufs, ni ânes. 5 Car ils montaient, eux et leurs troupeaux, et leurs tentes, comme une multitude de sauterelles; et eux et leurs chameaux étaient innombrables; et ils venaient dans le pays pour le ravager. 6 Israël fut donc très appauvri par les Madianites, et les enfants d'Israël crièrent à l'Éternel. 7 Alors, les enfants d'Israël ayant crié à l'Éternel au sujet des Madianites, 8 L'Éternel envoya un prophète vers les enfants d'Israël. Et il leur dit: Ainsi parle l'Éternel, le Dieu d'Israël: Je vous ai fait monter hors d'Égypte, et je vous ai retirés de la maison de servitude; 9 Je vous ai délivrés de la main des Égyptiens, et de la main de tous ceux qui vous opprimaient; je les ai chassés devant vous; je vous ai donné leur pays, et vous ai dit: 10 Je suis l'Éternel votre Dieu, vous ne craindrez point les dieux des Amoréens, dans le pays desquels vous habitez. Mais vous n'avez point écouté ma voix. 11 Puis l'ange de l'Éternel vint, et s'assit sous le térébinthe d'Ophra, qui appartenait à Joas, l'Abiézérite. Et Gédéon, son fils, battait du froment dans le pressoir, pour le soustraire aux Madianites. 12 Et l'ange de l'Éternel lui apparut, et lui dit: Vaillant guerrier, l'Éternel est avec toi! 13 Et Gédéon lui répondit: Hélas! Mon Seigneur, si l'Éternel est avec nous, pourquoi donc toutes ces choses nous sont-elles arrivées? Et où sont toutes ces merveilles que nos pères nous ont racontées, en disant: L'Éternel ne nous a-t-il pas fait monter hors d'Égypte? Car maintenant l'Éternel nous a abandonnés et nous a livrés entre les mains des Madianites. 14 Et l'Éternel tourna sa face vers lui et lui dit: Va avec cette force que tu as, et délivre Israël de la main des Madianites. N'est-ce pas moi qui t'envoie? 15 Et il lui répondit: Hélas! Mon Seigneur, avec quoi délivrerai-je Israël? Voici, mon millier est le plus pauvre en Manassé; et je suis le plus petit dans la maison de mon père. 16 Et l'Éternel lui dit: Parce que je serai avec toi, tu battras les Madianites comme un seul homme. 17 Et Gédéon lui dit: Si j'ai trouvé grâce à tes yeux, donne-moi un signe que c'est toi qui me parles. 18 Ne t'éloigne point d'ici, jusqu'à ce que je revienne auprès de toi, et que j'apporte mon offrande, et que je la dépose devant toi. Et il dit: Je resterai jusqu'à ce que tu reviennes. 19 Alors Gédéon

rentra, et apprêta un chevreau de lait, et fit avec un épha de farine, des gâteaux sans levain. Il mit la viande dans un panier, et le bouillon dans un pot, et les lui apporta sous le térébinthe, et les lui présenta. ²⁰ Et l'ange de Dieu lui dit: Prends la viande et les gâteaux sans levain, et dépose-les sur ce rocher, et répands le bouillon. Et il fit ainsi. ²¹ Alors l'ange de l'Éternel avança le bout du bâton qu'il avait en sa main, et toucha la chair et les gâteaux sans levain; et le feu monta du rocher, et consuma la chair et les gâteaux sans levain; et l'ange de l'Éternel disparut à ses y eux. ²² Et Gédéon vit que c'était l'ange de l'Éternel, et il dit: Hélas, Seigneur Éternel! Car j'ai vu l'ange de l'Éternel face à face. ²³ Mais l'Éternel lui dit: Sois en paix, ne crains point, tu ne mourras pas. ²⁴ Et Gédéon bâtit là un autel à l'Éternel, et l'appela JÉHOVA-SHALOM (L'Éternel-Paix). Il existe encore aujourd'hui à Ophra des Abiézérites. ²⁵ Or, dans cette même nuit, l'Éternel lui dit: Prends le jeune taureau de ton père, et un second taureau de sept ans, et démolis l'autel de Baal qui est à ton père, et coupe l'emblème d'Ashéra qui est au-dessus. ²⁶ Et bâtis un autel à l'Éternel ton Dieu, sur le haut de ce lieu fort, dans l'enceinte; tu prendras le second taureau, et tu l'offriras en holocauste, avec le bois de l'emblème d'Ashéra que tu auras coupé. ²⁷ Et Gédéon prit dix hommes parmi ses serviteurs et fit comme l'Éternel lui avait dit; et comme il craignait la maison de son père et les gens de la ville, il le fit de nuit et non de jour. ²⁸ Et au matin les gens de la ville se levèrent de bonne heure, et voici, l'autel de Baal avait été démoli, et l'emblème d'Ashéra, qui était au-dessus, était coupé, et le second taureau était offert en holocauste sur l'autel qui avait été bâti. ²⁹ Et ils se dirent les uns aux autres: Qui a fait cela? Et ils s'en informèrent et firent des recherches, et on dit: C'est Gédéon, fils de Joas, qui l'a fait. ³⁰ Les gens de la ville dirent à Joas: Fais sortir ton fils, et qu'il meure; car il a démoli l'autel de Baal, et il a coupé l'emblème d'Ashéra qui était au-dessus. ³¹ Et Joas répondit à tous ceux qui s'adressèrent à lui: Est-ce à vous de prendre parti pour Baal? Est-ce à vous de le sauver? Quiconque prendra parti pour Baal sera mis à mort avant que le matin vienne. S'il est dieu, qu'il plaide pour lui-même, puisqu'on a démoli son autel. ³² Et en ce jour-là, on appela Gédéon Jérubbaal (que Baal plaide), disant: Que Baal plaide contre lui, puisque Gédéon a démoli son autel. ³³ Or, tous les Madianites, les Amalécites et les fils de l'Orient se rassemblèrent; ils passèrent le Jourdain, et campèrent dans la vallée de Jizréel. ³⁴ Et l'Esprit de l'Éternel revêtit Gédéon; il sonna de la trompette, et les Abiézérites s'assemblèrent pour le suivre. ³⁵ Il envoya aussi des messagers par toute la tribu de Manassé, qui s'assembla pour marcher après lui. Puis il envoya des messagers à Asser, à Zabulon, et à Nephthali, qui montèrent à leur rencontre. ³⁶ Et Gédéon dit à Dieu: Si tu veux délivrer Israël par mon moyen, comme tu l'as dit, ³⁷ Voici, je vais mettre une toison dans l'aire; si la rosée est sur la toison seule et que la terre reste sèche, je connaîtrai que tu délivreras Israël par ma main, comme tu me l'as dit. ³⁸ Et c'est ce qui arriva; car le lendemain il se leva de bonne heure, et, ayant pressé la toison, il en fit sortir une pleine coupe d'eau de rosée. ³⁹ Gédéon dit encore à Dieu: Que ta colère ne s'embrase point contre moi, et je ne parlerai plus que cette fois. Je te prie, que je fasse une épreuve avec la toison, pour cette fois seulement; que la toison seule reste sèche, et que la rosée soit sur tout le sol. ⁴⁰ Et Dieu fit ainsi cette nuit-là; la toison seule resta sèche, et la rosée fut sur tout le sol.

7

¹ Jérubbaal, qui est Gédéon, et tout le peuple qui était avec lui, s'étant donc levés de bon matin, campèrent près de la fontaine de Harod; et le camp de Madian était au nord, vers le coteau de Moré, dans la vallée. ² Or, l'Éternel dit à Gédéon: Le peuple qui est avec toi, est trop nombreux pour que je livre Madian en ses mains; Israël se glorifierait contre moi, en disant: C'est ma main qui m'a délivré. ³ Maintenant donc, publie ceci aux

oreilles du peuple, et qu'on dise: Que celui qui est timide et qui a peur, s'en retourne et s'éloigne librement de la montagne de Galaad. Et vingt-deux mille hommes d'entre le peuple s'en retournèrent, et il en resta dix mille. ⁴ Et l'Éternel dit à Gédéon: Le peuple est encore trop nombreux; fais-les descendre vers l'eau, et là je les mettrai à l'épreuve; et celui dont je te dirai: Celui-ci ira avec toi, ira; et celui duquel je te dirai: Celui-ci n'ira point avec toi, n'ira point. ⁵ Il fit donc descendre le peuple vers l'eau, et l'Éternel dit à Gédéon: Quiconque lapera l'eau avec sa langue, comme le chien lape, tu le mettras à part; et tu les sépareras de tous ceux qui se courberont sur leurs genoux pour boire. ⁶ Et le nombre de ceux qui lapèrent l'eau dans leurs mains, la portant à leur bouche, fut de trois cents hommes; mais tout le reste du peuple se courba sur ses genoux pour boire de l'eau. ⁷ Alors l'Éternel dit à Gédéon: Je vous délivrerai par ces trois cents hommes, qui ont lapé l'eau, et je livrerai Madian entre tes mains. Que tout le peuple s'en aille, chacun chez soi. ⁸ On garda les vivres du peuple et ses trompettes. Et Gédéon renvoya tous les hommes d'Israël, chacun en sa tente, mais il retint les trois cents hommes. Or, le camp de Madian était au-dessous de lui, dans la vallée. ⁹ Et l'Éternel dit à Gédéon pendant la nuit: Lève-toi, descends au camp, car je l'ai livré entre tes mains. ¹⁰ Et si tu crains d'y descendre seul, descends au camp avec Pura ton serviteur, ¹¹ Et tu entendras ce qu'ils diront, et tes mains seront fortifiées; descends au camp. Il descendit donc, avec Pura son serviteur, jusqu'aux avant-postes du camp. ¹² Or, les Madianites, les Amalécites et tous les fils de l'Orient étaient répandus dans la vallée, nombreux comme des sauterelles, et leurs chameaux étaient sans nombre, comme le sable qui est sur le bord de la mer, tant il y en avait. ¹³ Et Gédéon arriva; et voici un homme contait à son compagnon un songe, et il disait: Voici, j'ai fait un songe; il me semblait qu'un gâteau de pain d'orge roulait dans le camp des Madianites, et qu'étant venu jusqu'à la tente, il l'a frappée, de sorte qu'elle est tombée; et il l'a retournée sens dessus dessous, et elle a été renversée. ¹⁴ Alors son compagnon répondit et dit: Ce songe ne signifie pas autre chose que l'épée de Gédéon, fils de Joas, homme d'Israël. Dieu a livré Madian et tout ce camp entre ses mains. ¹⁵ Et quand Gédéon eut entendu le récit du songe et son interprétation, il se prosterna, revint au camp d'Israël, et dit: Levez-vous, car l'Éternel a livré le camp de Madian entre vos mains. ¹⁶ Puis il divisa les trois cents hommes en trois bandes, et il leur remit à chacun des trompettes, et des cruches vides, et des flambeaux dans les cruches; ¹⁷ Et il leur dit: Regardez-moi, et faites comme je ferai; quand je serai arrivé à l'extrémité du camp, vous ferez ce que je ferai. ¹⁸ Et quand je sonnerai de la trompette, moi et tous ceux qui seront avec moi, vous sonnerez aussi de la trompette autour de tout le camp, et vous direz: Pour l'Éternel et pour Gédéon! ¹⁹ Gédéon, et les cent hommes qui étaient avec lui, vinrent à l'extrémité du camp, au commencement de la veille de minuit, comme on venait de poser les gardes. Ils sonnèrent des trompettes et cassèrent les cruches qu'ils avaient en leurs mains. ²⁰ Alors les trois bandes sonnèrent des trompettes, et cassèrent les cruches. Ils saisirent de leur main gauche les flambeaux, et de leur main droite les trompettes pour sonner; et ils crièrent: L'épée pour l'Éternel et pour Gédéon! ²¹ Et ils se tinrent, chacun à sa place, autour du camp; et tout le camp se mit à courir, à pousser des cris, et à fuir. ²² Les trois cents hommes sonnèrent encore des trompettes, et par tout le camp l'Éternel tourna l'épée de chacun contre son compagnon. Et le camp s'enfuit jusqu'à Beth-Shitta, vers Tseréra, jusqu'au bord d'Abel-Mehola, vers Tabbath. ²³ Et les hommes d'Israël, ceux de Nephthali, et d'Asser, et de tout Manassé, s'assemblèrent et poursuivirent les Madianites. ²⁴ Alors Gédéon envoya des messagers dans toute la montagne d'Éphraïm, disant: Descendez à la rencontre des Madianites, et emparez-vous du passage des eaux, jusqu'à Beth-Bara, et du Jourdain. Les hommes d'Éphraïm s'assemblèrent donc, se saisirent des eaux jusqu'à Beth-Bara, et du Jourdain. [25] Et ils prirent deux des chefs des Madianites: Oreb et Zéeb. Et ils tuèrent Oreb au rocher d'Oreb, et tuèrent Zéeb au pressoir de Zéeb. Puis ils poursuivirent les Madianites, et apportèrent les têtes d'Oreb et de Zéeb à Gédéon, de l'autre côté du Jourdain.

8

[1] Alors les hommes d'Éphraïm dirent à Gédéon: Pourquoi nous as-tu fait ceci, de ne pas nous appeler, quand tu es allé à la guerre contre les Madianites? Et ils le querellèrent avec violence. [2] Mais il leur répondit: Qu'ai-je fait en comparaison de vous? Les grappillages d'Éphraïm ne valent-ils pas mieux que la vendange d'Abiézer? [3] Dieu a livré entre vos mains les chefs des Madianites, Oreb et Zéeb. Qu'ai-je pu faire en comparaison de vous? Et leur esprit fut apaisé envers lui, quand il leur eut dit cette parole. [4] Or Gédéon, étant arrivé au Jourdain, le passa; mais les trois cents hommes qui étaient avec lui, étaient fatigués, et cependant ils poursuivaient l'ennemi. [5] Il dit donc aux gens de Succoth: Donnez, je vous prie, quelques pains au peuple qui me suit, car ils sont fatigués; et je poursuivrai Zébach et Tsalmuna, rois des Madianites. [6] Mais les principaux de Succoth répondirent: Tiens-tu déjà dans ta main le poignet de Zébach et de Tsalmuna, pour que nous donnions du pain à ton armée? [7] Et Gédéon dit: Eh bien! Lorsque l'Éternel aura livré Zébach et Tsalmuna entre mes mains, je briserai votre chair avec des épines du désert et avec des chardons. [8] Puis de là il monta à Pénuël, et il parla de la même manière à ceux de Pénuël. Et les gens de Pénuël lui répondirent comme les gens de Succoth avaient répondu. [9] Il dit donc aussi aux hommes de Pénuël: Quand je retournerai en paix, je démolirai cette tour. [10] Or, Zébach et Tsalmuna étaient à Karkor, et leurs armées avec eux, environ quinze mille hommes, tout ce qui restait de l'armée entière des fils de l'Orient; car il y avait cent vingt mille hommes, tirant l'épée, qui étaient tombés. [11] Et Gédéon monta par le chemin de ceux qui habitent sous les tentes, à l'orient de Nobach et de Jogbéha, et défit l'armée qui se croyait en sûreté. [12] Et comme Zébach et Tsalmuna fuyaient, il les poursuivit; il s'empara des deux rois de Madian, Zébach et Tsalmuna, et mit en déroute toute l'armée. [13] Puis Gédéon, fils de Joas, revint de la bataille, par la montée de Hérès. [14] Et il prit un jeune garçon de Succoth, qu'il interrogea, et qui lui donna par écrit les noms des principaux de Succoth et de ses anciens, soixante et dix-sept hommes. [15] Puis il vint vers les gens de Succoth, et dit: Voici Zébach et Tsalmuna, au sujet desquels vous m'avez insulté, en disant: Tiens-tu déjà dans ta main le poignet de Zébach et de Tsalmuna, pour que nous donnions du pain à tes gens fatigués? [16] Et il prit les anciens de la ville, et des épines du désert et des chardons, et il châtia les hommes de Succoth. [17] Il démolit aussi la tour de Pénuël, et fit mourir les principaux de la ville. [18] Puis il dit à Zébach et à Tsalmuna: Comment étaient faits ces hommes que vous avez tués au Thabor? Ils répondirent: Ils étaient tels que toi; chacun d'eux avait la taille d'un fils de roi. [19] Et il leur dit: C'étaient mes frères, enfants de ma mère. L'Éternel est vivant, si vous leur eussiez sauvé la vie, je ne vous tuerais point. [20] Puis il dit à Jéther, son premier-né: Lève-toi, tue-les! Mais le jeune garçon ne tira point son épée, parce qu'il craignait; car c'était encore un jeune garçon. [21] Et Zébach et Tsalmuna dirent: Lève-toi toi-même, et jette-toi sur nous; car tel est l'homme, telle est sa force. Et Gédéon se leva, et tua Zébach et Tsalmuna. Puis il prit les croissants qui étaient aux cous de leurs chameaux. [22] Et les hommes d'Israël dirent à Gédéon: Règne sur nous, toi et ton fils, et le fils de ton fils; car tu nous as délivrés de la main des Madianites. [23] Mais Gédéon leur répondit: Je ne dominerai point sur vous, et mon fils ne dominera point sur vous; c'est l'Éternel qui dominera sur vous. [24] Et Gédéon leur dit: Je vous ferai une demande; c'est que vous me donniez, chacun de vous, les bagues d'or qu'il a eues pour butin. Car les ennemis

avaient des bagues d'or, parce qu'ils étaient Ismaélites. [25] Et ils répondirent: Nous les donnerons volontiers. Et, étendant un manteau, tous y jetèrent les bagues de leur butin. [26] Et le poids des bagues d'or qu'il avait demandées, fut de mille et sept cents sicles d'or, sans les croissants, les boucles d'oreilles et les vêtements d'écarlate qui étaient sur les rois de Madian, et sans les croissants qui étaient aux cous de leurs chameaux. [27] Et Gédéon en fit un éphod, et il le plaça dans sa ville, à Ophra. Tout Israël s'y prostitua après lui, et ce fut un piège pour Gédéon et pour sa maison. [28] Ainsi Madian fut humilié devant les enfants d'Israël, et il ne leva plus la tête; et le pays fut en repos quarante ans, aux jours de Gédéon. [29] Jérubbaal, fils de Joas, s'en revint, et demeura dans sa maison. [30] Or Gédéon eut soixante et dix fils, qui naquirent de lui, car il eut plusieurs femmes. [31] Et sa concubine, qui était à Sichem, lui enfanta aussi un fils, et on l'appela du nom d'Abimélec. [32] Puis Gédéon, fils de Joas, mourut dans une bonne vieillesse, et il fut enseveli dans le tombeau de Joas son père, à Ophra des Abiézérites. [33] Après que Gédéon fut mort, les enfants d'Israël recommencèrent à se prostituer après les Baalim, et se donnèrent pour dieu Baal-Bérith. [34] Ainsi les enfants d'Israël ne se souvinrent pas de l'Éternel leur Dieu, qui les avait délivrés de la main de tous leurs ennemis d'alentour; [35] Et ils n'usèrent pas de gratitude envers la maison de Jérubbaal-Gédéon, après tout le bien qu'il avait fait à Israël.

9

[1] Or Abimélec, fils de Jérubbaal, s'en alla à Sichem vers les frères de sa mère, et il leur parla, ainsi qu'à toute la famille de la maison du père de sa mère, en disant: [2] Je vous prie, faites entendre ces paroles à tous les seigneurs de Sichem: Lequel vous semble le meilleur, ou que soixante et dix hommes, tous enfants de Jérubbaal, dominent sur vous, ou qu'un seul homme domine sur vous? Et souvenez-vous que je suis votre os et votre chair. [3] Les frères de sa mère dirent de sa part toutes ces paroles aux oreilles de tous les seigneurs de Sichem, et leur cœur inclina vers Abimélec; car, dirent-ils, c'est notre frère. [4] Et ils lui donnèrent soixante et dix pièces d'argent, de la maison de Baal-Bérith, avec lesquelles Abimélec leva des gens de rien et des vagabonds qui le suivirent. [5] Puis il vint à la maison de son père à Ophra, et il tua, sur une même pierre, ses frères, enfants de Jérubbaal, au nombre de soixante et dix hommes. Il ne resta que Jotham, le plus jeune fils de Jérubbaal; car il s'était caché. [6] Alors tous les chefs de Sichem s'assemblèrent, avec toute la maison de Millo; et ils vinrent, et proclamèrent roi Abimélec, auprès du chêne du monument qui est à Sichem. [7] Or on le rapporta à Jotham. Et il alla se placer au sommet de la montagne de Guérizim; et, élevant la voix, il cria et leur dit: Écoutez-moi, chefs de Sichem, et que Dieu vous écoute! [8] Les arbres partirent un jour pour aller oindre un roi qui régnât sur eux. Et ils dirent à l'olivier: Règne sur nous. [9] Mais l'olivier leur répondit: Renoncerais-je à mon huile, que Dieu et les hommes honorent en moi, pour aller planer au-dessus des arbres? [10] Alors les arbres dirent au figuier: Viens, et règne sur nous. [11] Mais le figuier leur répondit: Renoncerais-je à ma douceur et à mon bon fruit, pour aller planer au-dessus des arbres? [12] Puis les arbres dirent à la vigne: Viens, toi, règne sur nous. [13] Et la vigne répondit: Renoncerais-je à mon bon vin, qui réjouit Dieu et les hommes, pour aller planer au-dessus des arbres? [14] Alors tous les arbres dirent à l'épine: Viens, toi, et règne sur nous. [15] Et l'épine répondit aux arbres: Si c'est sincèrement que vous voulez m'oindre pour être votre roi, venez et réfugiez-vous sous mon ombre; sinon, que le feu sorte de l'épine, et qu'il dévore les cèdres du Liban! [16] Et maintenant, est-ce que vous avez agi en sincérité et en intégrité, en proclamant roi Abimélec? Et avez-vous bien agi envers Jérubbaal et envers sa maison? Et lui avez-vous rendu selon ce qu'il a fait pour vous? [17] Car mon père a combattu pour vous; il a exposé sa vie, et vous a délivrés de la main des Madianites. [18] Mais aujourd'hui vous vous êtes élevés contre la maison de mon père; et vous avez tué, sur une même pierre,

ses enfants, soixante et dix hommes; et vous avez proclamé roi sur les chefs de Sichem, Abimélec, fils de sa servante, parce qu'il est votre frère. [19] Si vous avez agi aujourd'hui en sincérité et en intégrité envers Jérubbaal et sa maison, qu'Abimélec soit votre joie, et que vous soyez aussi la sienne! Sinon, que le feu sorte d'Abimélec, [20] Et dévore les chefs de Sichem et la maison de Millo; et que le feu sorte des chefs de Sichem et de la maison de Millo, et qu'il dévore Abimélec! [21] Puis Jotham s'enfuit et s'échappa. Il alla à Béer, et il y demeura, loin d'Abimélec, son frère. [22] Abimélec domina sur Israël pendant trois ans.

[23] Puis Dieu envoya un mauvais esprit entre Abimélec et les chefs de Sichem; et les chefs de Sichem furent infidèles à Abimélec, [24] Afin que la violence faite aux soixante et dix enfants de Jérubbaal retombât et que leur sang retournât sur Abimélec, leur frère, qui les avait tués, et sur les chefs de Sichem, qui l'avaient aidé à tuer ses frères. [25] Les chefs de Sichem lui tendirent donc des embûches sur le haut des montagnes, et ils pillaient tous ceux qui passaient près d'eux par le chemin. Et cela fut rapporté à Abimélec. [26] Alors Gaal, fils d'Ébed, vint avec ses frères, et ils passèrent à Sichem; et les chefs de Sichem eurent confiance en lui. [27] Ils sortirent dans la campagne, vendangèrent leurs vignes, en foulèrent les raisins, et firent bonne chère. Puis ils entrèrent dans la maison de leur dieu, mangèrent et burent, et maudirent Abimélec. [28] Alors Gaal, fils d'Ébed, dit: Qui est Abimélec, et qu'est Sichem, pour que nous servions Abimélec? N'est-il pas fils de Jérubbaal? Et Zébul, n'est-il pas son lieutenant? Servez les hommes d'Hémor, père de Sichem. Mais nous, pourquoi servirions-nous celui-là? [29] Oh! Si j'avais ce peuple sous ma conduite, je chasserais Abimélec! Et il dit à Abimélec: Augmente ton armée, et sors contre nous! [30] Mais Zébul, gouverneur de la ville, apprit les paroles de Gaal, fils d'Ébed, et sa colère s'embrasa. [31] Puis il envoya adroitement des messagers vers Abimélec, pour lui dire: Voici, Gaal, fils d'Ébed, et ses frères, sont entrés à Sichem; et voici, ils soulèvent la ville contre toi. [32] Maintenant donc, lève-toi de nuit, toi et le peuple qui est avec toi, et dresse des embuscades dans la campagne; [33] Et le matin, au lever du soleil, tu te lèveras et viendras fondre sur la ville; alors, Gaal et le peuple qui est avec lui, sortiront contre toi, et tu lui feras selon que tu en trouveras le moyen. [34] Abimélec et tout le peuple qui était avec lui, partirent donc de nuit et se mirent en embuscade près de Sichem, en quatre bandes. [35] Cependant Gaal, fils d'Ébed, sortit, et s'arrêta à l'entrée de la porte de la ville. Alors Abimélec et tout le peuple qui était avec lui, se levèrent de l'embuscade. [36] Et Gaal, ayant aperçu ce peuple, dit à Zébul: Voici du peuple qui descend du haut des montagnes. Mais Zébul lui dit: Tu prends l'ombre des montagnes pour des hommes. [37] Et Gaal reprit la parole, et dit: Voici un peuple qui descend des hauteurs du pays, et une bande vient par le chemin du chêne des devins. [38] Alors Zébul lui dit: Où est maintenant ta vanterie, quand tu disais: Qui est Abimélec, pour que nous le servions? N'est-ce pas là le peuple que tu méprisais? Sors donc, maintenant, et combats contre eux! [39] Alors Gaal, conduisant les chefs de Sichem, sortit et combattit contre Abimélec. [40] Et Abimélec le poursuivit, et Gaal s'enfuit devant lui, et beaucoup tombèrent morts jusqu'à l'entrée de la porte. [41] Et Abimélec s'arrêta à Aruma. Et Zébul chassa Gaal et ses frères, qui ne purent plus rester à Sichem. [42] Mais le lendemain le peuple sortit aux champs, ce qui fut rapporté à Abimélec. [43] Alors il prit sa troupe, et la divisa en trois bandes, et se mit en embuscade dans les champs; et, ayant vu que le peuple sortait de la ville, il se leva contre eux et les défit. [44] Abimélec, et les gens qui étaient avec lui, s'avancèrent, et se tinrent à l'entrée de la porte de la ville; mais les deux autres bandes se jetèrent sur tous ceux qui étaient dans la campagne, et les défirent. [45] Abimélec combattit contre la ville tout ce jour-là, et prit la ville, et tua le peuple qui y était. Puis il rasa la ville, et y sema du sel. [46] Et tous les chefs de la tour de Sichem, ayant appris cela, se retirèrent dans le fort de la maison du dieu Bérith. [47] Et on rapporta à Abimélec que tous les chefs de la tour de Sichem s'étaient

rassemblés dans le fort. [48] Alors Abimélec monta sur la montagne de Tsalmon, lui et tout le peuple qui était avec lui; et Abimélec prit en main une hache, et coupa une branche d'arbre, l'enleva et la mit sur son épaule; et il dit au peuple qui était avec lui: Avez-vous vu ce que j'ai fait? Hâtez-vous de faire comme moi. [49] Ils coupèrent donc chacun une branche, et suivirent Abimélec; et ils placèrent les branches contre le fort, et y ayant mis le feu, ils brûlèrent le fort. Tous les gens de la tour de Sichem moururent ainsi, au nombre d'environ mille, tant hommes que femmes. [50] Ensuite Abimélec alla à Thébets, qu'il assiégea et prit. [51] Or, il y avait au milieu de la ville une forte tour, où se réfugièrent tous les hommes avec les femmes, et tous les chefs de la ville. Et ayant fermé les portes après eux, ils montèrent sur la plate-forme de la tour. [52] Alors Abimélec vint jusqu'à la tour, l'attaqua, et s'approcha jusqu'à la porte de la tour, pour y mettre le feu. [53] Mais une femme jeta une meule sur la tête d'Abimélec, et lui brisa le crâne. [54] Alors, appelant aussitôt le jeune homme qui portait ses armes, il lui dit: Tire ton épée et tue-moi, de peur qu'on ne dise de moi: Une femme l'a tué. Le jeune homme le transperça donc, et il mourut. [55] Et les hommes d'Israël, ayant vu qu'Abimélec était mort, s'en allèrent chacun chez soi. [56] Ainsi Dieu fit retomber sur Abimélec le mal qu'il avait fait à son père, en tuant ses soixante et dix frères; [57] Et Dieu fit retomber sur la tête des hommes de Sichem tout le mal qu'ils avaient fait. Ainsi vint sur eux la malédiction de Jotham, fils de Jérubbaal.

10

[1] Après Abimélec, Thola, fils de Pua, fils de Dodo, homme d'Issacar, se leva pour délivrer Israël. Il habitait à Shamir, dans la montage d'Éphraïm. [2] Et il jugea Israël vingt-trois ans; puis il mourut, et fut enseveli à Shamir. [3] Après lui se leva Jaïr, le Galaadite, qui jugea Israël vingt-deux ans. [4] Il avait trente fils, qui montaient sur trente ânons, et qui possédaient trente villes, qu'on appelle encore aujourd'hui les villes de Jaïr; elles sont au pays de Galaad. [5] Jaïr mourut, et il fut enseveli à Kamon. [6] Puis les enfants d'Israël recommencèrent à faire ce qui est mauvais devant l'Éternel, et ils servirent les Baalim, et les Ashtharoth, les dieux de Syrie, les dieux de Sidon, les dieux de Moab, les dieux des enfants d'Ammon et les dieux des Philistins, et ils abandonnèrent l'Éternel, et ils ne le servirent pas. [7] Alors la colère de l'Éternel s'embrasa contre Israël, et il les livra entre les mains des Philistins, et entre les mains des enfants d'Ammon, [8] Qui opprimèrent et foulèrent les enfants d'Israël en cette année-là, et pendant dix-huit ans tous les enfants d'Israël qui étaient au delà du Jourdain, au pays des Amoréens, en Galaad. [9] Et les enfants d'Ammon passèrent le Jourdain, pour combattre aussi contre Juda, et contre Benjamin, et contre la maison d'Éphraïm; et Israël fut dans de très grandes angoisses. [10] Alors les enfants d'Israël crièrent à l'Éternel, en disant: Nous avons péché contre toi; car nous avons abandonné notre Dieu, et nous avons servi les Baalim. [11] Mais l'Éternel répondit aux enfants d'Israël: Ne vous ai-je pas délivré des Égyptiens, des Amoréens, des enfants d'Ammon, des Philistins? [12] Et lorsque les Sidoniens, Amalék, et Maon vous ont opprimés et que vous avez crié vers moi, je vous ai délivrés de leurs mains. [13] Mais vous m'avez abandonné, et vous avez servi d'autres dieux; c'est pourquoi je ne vous délivrerai plus. [14] Allez, et criez aux dieux que vous avez choisis; qu'ils vous délivrent au temps de votre angoisse. [15] Mais les enfants d'Israël répondirent à l'Éternel: Nous avons péché! Traite-nous comme il te semblera bon; seulement veuille nous délivrer aujourd'hui. [16] Et ils ôtèrent du milieu d'eux les dieux des étrangers, et ils servirent l'Éternel, qui fut touché en son cœur de l'affliction d'Israël. [17] Or, les enfants d'Ammon se rassemblèrent, et campèrent en Galaad; et les enfants d'Israël aussi se rassemblèrent et campèrent à Mitspa. [18] Et le peuple, les chefs de Galaad, se dirent l'un à l'autre: Quel est l'homme

qui commencera à combattre contre les enfants d'Ammon? Il sera le chef de tous les habitants de Galaad.

11

¹ Jephthé, le Galaadite, était un vaillant guerrier, mais fils d'une femme prostituée; et c'était Galaad qui avait engendré Jephthé. ² Or la femme de Galaad lui avait enfanté des fils; et quand les fils de cette femme furent grands, ils chassèrent Jephthé, en lui disant: Tu n'auras point d'héritage dans la maison de notre père; car tu es fils d'une femme étrangère. ³ Jephthé s'enfuit donc loin de ses frères, et habita dans le pays de Tob. Alors des gens de rien s'amassèrent auprès de Jephthé, et ils faisaient des incursions avec lui. ⁴ Or, quelque temps après, les enfants d'Ammon firent la guerre à Israël. ⁵ Et comme les enfants d'Ammon faisaient la guerre à Israël, les anciens de Galaad allèrent chercher Jephthé au pays de Tob. ⁶ Et ils dirent à Jephthé: Viens, et sois notre capitaine, et nous combattrons les enfants d'Ammon. ⁷ Mais Jephthé répondit aux anciens de Galaad: N'est-ce pas vous qui m'avez haï? Et ne m'avez-vous pas chassé de la maison de mon père? Pourquoi venez-vous vers moi, maintenant que vous êtes en peine? ⁸ Alors les anciens de Galaad dirent à Jephthé: Nous revenons à toi maintenant, afin que tu marches avec nous, et que tu combattes les enfants d'Ammon, et que tu sois notre chef, celui de tous les habitants de Galaad. ⁹ Et Jephthé répondit aux anciens de Galaad: Si vous me ramenez pour combattre contre les enfants d'Ammon, et que l'Éternel les livre entre mes mains, je serai votre chef. ¹⁰ Et les anciens de Galaad dirent à Jephthé: Que l'Éternel nous entende et nous juge, si nous ne faisons pas ce que tu as dit. ¹¹ Jephthé s'en alla donc avec les anciens de Galaad; et le peuple l'établit chef et capitaine, et Jephthé répéta devant l'Éternel, à Mitspa, toutes les paroles qu'il avait prononcées. ¹² Puis Jephthé envoya des messagers au roi des enfants d'Ammon, pour lui dire: Qu'y a-t-il entre moi et toi, que tu sois venu contre moi pour faire la guerre dans mon pays? ¹³ Et le roi des enfants d'Ammon répondit aux messagers de Jephthé: C'est parce qu'Israël, quand il montait d'Égypte, a pris mon pays depuis l'Arnon jusqu'au Jabbok et au Jourdain. Rends-le maintenant de bon gré. ¹⁴ Mais Jephthé envoya de nouveau au roi des enfants d'Ammon, ¹⁵ Des messagers qui lui dirent: Ainsi a dit Jephthé: Israël n'a rien pris du pays de Moab, ni du pays des enfants d'Ammon. ¹⁶ Mais lorsque Israël monta d'Égypte, il marcha par le désert jusqu'à la mer Rouge, et arriva à Kadès, ¹⁷ Et envoya des députés au roi d'Édom, pour lui dire: Laisse-moi passer par ton pays. Mais le roi d'Édom n'y consentit pas. Et il en envoya de même au roi de Moab, qui refusa, et Israël resta à Kadès. ¹⁸ Puis il marcha par le désert, et fit le tour du pays d'Édom et du pays de Moab, et arriva au pays de Moab, du côté de l'orient. Il campa au delà de l'Arnon, sans entrer sur le territoire de Moab; car l'Arnon était la frontière de Moab. ¹⁹ Mais Israël envoya des messagers à Sihon, roi des Amoréens, roi de Hesbon, et Israël lui fit dire: Laisse-nous passer par ton pays, jusqu'à notre destination. ²⁰ Mais Sihon, ne se fiant point à Israël, pour le laisser passer par son pays, rassembla tout son peuple; ils campèrent vers Jahats, et combattirent contre Israël. ²¹ Et l'Éternel, le Dieu d'Israël, livra Sihon et tout son peuple entre les mains d'Israël; et Israël le défit, et conquit tout le pays des Amoréens, qui habitaient ce pays-là. ²² Ils conquirent donc tout le pays des Amoréens, depuis l'Arnon jusqu'au Jabbok, et depuis le désert jusqu'au Jourdain. ²³ Et maintenant que l'Éternel, le Dieu d'Israël, a chassé les Amoréens devant son peuple d'Israël, est-ce toi qui aurais la possession de leur pays? ²⁴ N'aurais-tu pas la possession de ce que ton dieu Kémosh t'aurait donné à posséder? Ainsi nous posséderons le pays de tous ceux que l'Éternel notre Dieu aura chassés devant nous. ²⁵ Au reste, vaux-tu mieux que Balak, fils de Tsippor, roi de Moab? A-t-il contesté et combattu contre Israël? ²⁶ Voilà trois

cents ans qu'Israël habite Hesbon et les villes de son ressort, et Aroër et les villes de son ressort, et toutes les villes qui sont le long de l'Arnon; pourquoi ne les lui avez-vous pas enlevées pendant ce temps-là? ²⁷ Je ne t'ai point offensé, mais tu agis mal avec moi, en me faisant la guerre. Que l'Éternel, le juge, soit aujourd'hui juge entre les enfants d'Israël et les enfants d'Ammon! ²⁸ Mais le roi des enfants d'Ammon ne voulut point écouter les paroles que Jephthé lui avait fait dire. ²⁹ Alors l'Esprit de l'Éternel fut sur Jephthé, qui traversa Galaad et Manassé; il passa jusqu'à Mitspa de Galaad, et de Mitspa de Galaad il marcha contre les enfants d'Ammon. ³⁰ Et Jephthé fit un vœu à l'Éternel, et dit: Si tu livres les enfants d'Ammon entre mes mains, ³¹ Ce qui sortira au-devant de moi des portes de ma maison, quand je retournerai en paix de chez les enfants d'Ammon, sera à l'Éternel, et je l'offrirai en holocauste. ³² Puis Jephthé marcha contre les enfants d'Ammon, pour leur faire la guerre, et l'Éternel les livra entre ses mains. ³³ Et il les battit depuis Aroër jusqu'à Minnith, espace qui renfermait vingt villes, et jusqu'à Abel-Keramim (la plaine des vignes); et les enfants d'Ammon furent abaissés devant les enfants d'Israël. ³⁴ Et comme Jephthé venait à Mitspa, en sa maison, voici, sa fille sortit au-devant de lui avec des tambourins et des danses. Elle était son seul et unique enfant, sans qu'il eût d'autre fils, ni fille. ³⁵ Et sitôt qu'il l'eut aperçue, il déchira ses vêtements, et dit: Ah! ma fille! tu m'accables, tu m'accables! Et tu es du nombre de ceux qui me troublent! Car j'ai fait un vœu à l'Éternel, et je ne puis le révoquer. ³⁶ Et elle lui répondit: Mon père, as-tu fait un vœu à l'Éternel? Fais-moi selon ce qui est sorti de ta bouche, puisque l'Éternel t'a vengé de tes ennemis, les enfants d'Ammon. ³⁷ Puis elle dit à son père: Accorde-moi ceci; laisse-moi pendant deux mois; je m'en irai, je descendrai par les montagnes, et je pleurerai ma virginité, moi et mes compagnes. ³⁸ Et il dit: Va! Et il la laissa aller pour deux mois. Elle s'en alla donc avec ses compagnes, et pleura sa virginité sur les montagnes. ³⁹ Et, au bout de deux mois, elle revint vers son père, et il accomplit sur elle le vœu qu'il avait fait, et elle ne connut point d'homme. ⁴⁰ De là vint la coutume en Israël, qu'annuellement les filles d'Israël vont célébrer la fille de Jephthé, le Galaadite, pendant quatre jours chaque année.

12

¹ Les hommes d'Éphraïm, s'étant rassemblés, partirent pour le nord, et dirent à Jephthé: Pourquoi es-tu allé combattre contre les enfants d'Ammon, sans nous avoir appelés à marcher avec toi? Nous brûlerons ta maison, et nous te brûlerons aussi. ² Et Jephthé leur dit: Nous avons eu de grandes contestations avec les enfants d'Ammon, moi et mon peuple; et quand je vous ai appelés, vous ne m'avez pas délivré de leurs mains. ³ Et voyant que vous ne me délivriez pas, j'ai exposé ma vie, et j'ai marché contre les enfants d'Ammon, et l'Éternel les a livrés en ma main. Pourquoi donc êtes-vous montés aujourd'hui contre moi, pour me faire la guerre? ⁴ Puis Jephthé, ayant rassemblé tous les gens de Galaad, combattit contre Éphraïm; et les hommes de Galaad battirent ceux d'Éphraïm, parce que ceux-ci avaient dit: Vous êtes des fugitifs d'Éphraïm! Galaad est au milieu d'Éphraïm, au milieu de Manassé! ⁵ Et Galaad s'empara des gués du Jourdain, avant que ceux d'Éphraïm n'y arrivassent. Et quand un des fugitifs d'Éphraïm disait: Laissez-moi passer; les gens de Galaad lui disaient: Es-tu Éphratien? et il répondait: Non. ⁶ Alors ils lui disaient: Eh bien, dis: Shibboleth (fleuve); et il disait Sibboleth, sans faire attention à bien prononcer; alors, le saisissant, ils le mettaient à mort aux gués du Jourdain. Il périt en ce temps-là quarante-deux mille hommes d'Éphraïm. ⁷ Jephthé jugea Israël six ans. Puis Jephthé, le Galaadite, mourut, et fut enseveli dans une des villes de Galaad. ⁸ Après lui, Ibtsan de Bethléhem jugea Israël. ⁹ Il eut trente fils, et il maria hors de

sa maison trente filles. Il fit venir de dehors trente filles pour ses fils, et il jugea Israël sept ans. [10] Puis Ibtsan mourut et fut enseveli à Bethléhem. [11] Après lui, Élon, le Zabulonite, jugea Israël; il jugea Israël dix ans. [12] Puis Élon, le Zabulonite, mourut, et fut enseveli à Ajalon, dans la terre de Zabulon. [13] Après lui Abdon, fils d'Hillel, le Pirathonite, jugea Israël. [14] Il eut quarante fils, et trente petits-fils, qui montaient sur soixante et dix ânons; et il jugea Israël huit ans. [15] Puis Abdon, fils d'Hillel, le Pirathonite, mourut, et fut enseveli à Pirathon, dans le pays d'Éphraïm, dans la montagne des Amalécites.

13

[1] Les enfants d'Israël continuèrent à faire ce qui est mauvais aux yeux de l'Éternel; et l'Éternel les livra entre les mains des Philistins, pendant quarante ans. [2] Or, il y avait un homme de Tsora, d'une famille des Danites, dont le nom était Manoah; et sa femme était stérile, et n'avait pas d'enfant. [3] Et un ange de l'Éternel apparut à cette femme, et lui dit: Voici, tu es stérile, et tu n'as pas d'enfants; mais tu concevras, et tu enfanteras un fils. [4] Prends donc bien garde, dès maintenant, de ne point boire de vin ni de boisson forte, et de ne manger rien d'impur; [5] Car, voici, tu vas être enceinte, et tu enfanteras un fils. Et le rasoir ne passera point sur sa tête, parce que l'enfant sera Nazarien de Dieu dès le sein de sa mère; et ce sera lui qui commencera à délivrer Israël de la main des Philistins. [6] Or, la femme vint, et parla à son mari, en disant: Un homme de Dieu est venu vers moi, et son aspect était comme l'aspect d'un ange de Dieu, fort vénérable. Je ne lui ai point demandé d'où il était, et il ne m'a point dit son nom, [7] Mais il m'a dit: Voici, tu vas être enceinte, et tu enfanteras un fils; maintenant donc, ne bois point de vin ni de boisson forte, et ne mange rien d'impur; car cet enfant sera Nazarien de Dieu dès le sein de sa mère jusqu'au jour de sa mort. [8] Et Manoah supplia l'Éternel, et dit: Ah! Seigneur, que l'homme de Dieu que tu as envoyé, vienne encore, je te prie, vers nous, et qu'il nous enseigne ce que nous devons faire à l'enfant qui doit naître. [9] Dieu exauça la prière de Manoah. Et l'ange de Dieu vint encore vers la femme, comme elle était assise dans un champ; mais Manoah, son mari, n'était pas avec elle. [10] Et la femme courut vite le rapporter à son mari, et lui dit: Voici, l'homme qui était venu l'autre jour vers moi, m'est apparu. [11] Et Manoah se leva, et suivit sa femme; et, venant vers l'homme, il lui dit: Es-tu l'homme qui a parlé à cette femme? Et il répondit: C'est moi. [12] Et Manoah dit: Quand ce que tu as dit sera arrivé, quelle conduite faudra-t-il tenir envers l'enfant, et que lui faudra-t-il faire? [13] Et l'ange de l'Éternel répondit à Manoah: La femme s'abstiendra de tout ce que je lui ai dit. [14] Elle ne mangera rien du produit de la vigne, elle ne boira ni vin ni boisson forte, et elle ne mangera rien d'impur; elle observera tout ce que je lui ai commandé. [15] Alors Manoah dit à l'ange de l'Éternel: Permets que nous te retenions, et que nous t'apprêtions un chevreau de lait. [16] Et l'ange de l'Éternel répondit à Manoah: Quand tu me retiendrais, je ne mangerais point de ton pain; mais si tu fais un holocauste, tu l'offriras à l'Éternel. Car Manoah ne savait point que ce fût un ange de l'Éternel. [17] Manoah dit encore à l'ange de l'Éternel: Quel est ton nom, afin que nous t'honorions, quand ce que tu as dit sera arrivé? [18] Et l'ange de l'Éternel lui dit: Pourquoi t'informes-tu ainsi de mon nom? Il est merveilleux. [19] Alors Manoah prit le chevreau de lait, et l'offrande, et les offrit à l'Éternel, sur le rocher. Et il se fit une chose merveilleuse, à la vue de Manoah et de sa femme; [20] Comme la flamme montait de dessus l'autel vers les cieux, l'ange de l'Éternel monta aussi dans la flamme de l'autel. Manoah et sa femme, voyant cela, tombèrent le visage contre terre. [21] Et l'ange de l'Éternel n'apparut plus à Manoah ni à sa femme. Alors Manoah reconnut que c'était l'ange de l'Éternel. [22] Et Manoah dit à sa femme: Certainement, nous allons mourir, car nous avons vu Dieu. [23] Mais sa

femme lui répondit: Si l'Éternel eût voulu nous faire mourir, il n'eût pas pris de notre main l'holocauste et l'offrande, et il ne nous eût point fait voir toutes ces choses-là, et, au temps où nous sommes, il ne nous eût pas fait entendre les choses que nous avons entendues. ²⁴ Puis cette femme enfanta un fils et l'appela Samson; et l'enfant grandit, et l'Éternel le bénit. ²⁵ Et l'Esprit de l'Éternel commença de l'animer à Machané-Dan, entre Tsora et Eshthaol.

14

¹ Or, Samson descendit à Thimna, et y vit une femme d'entre les filles des Philistins. ² Et étant remonté en sa maison, il le déclara à son père et à sa mère, et leur dit: J'ai vu à Thimna une femme, d'entre les filles des Philistins; maintenant, prenez-la, afin qu'elle soit ma femme. ³ Et son père et sa mère lui dirent: N'y a-t-il point de femme parmi les filles de tes frères et dans tout ton peuple, que tu ailles prendre une femme chez les Philistins incirconcis? Et Samson dit à son père: Prends-la pour moi, car elle plaît à mes yeux. ⁴ Or, son père et sa mère ne savaient point que cela venait de l'Éternel; car Samson cherchait une occasion contre les Philistins. En ce temps-là, les Philistins dominaient sur Israël. ⁵ Samson descendit donc à Thimna avec son père et sa mère, et comme ils arrivaient aux vignes de Thimna, voici, un jeune lion rugissant vint à sa rencontre. ⁶ Et l'Esprit de l'Éternel saisit Samson, et il déchira le lion comme il eût déchiré un chevreau, sans avoir rien en sa main. Et il ne raconta point à son père ni à sa mère ce qu'il avait fait. ⁷ Il descendit donc, et il parla à la femme, et elle plut aux yeux de Samson. ⁸ Puis, retournant quelques jours après pour la prendre, il se détourna pour voir le cadavre du lion; et voici, il y avait dans le corps du lion un essaim d'abeilles et du miel. ⁹ Et il en prit dans ses mains, et continua son chemin en mangeant. Puis, arrivé auprès de son père et de sa mère, il leur en donna, et ils en mangèrent; mais il ne leur raconta pas qu'il avait pris ce miel dans le corps du lion. ¹⁰ Cependant son père descendit chez cette femme, et Samson fit là un festin; car c'était la coutume des jeunes gens. ¹¹ Et sitôt qu'on le vit, on prit trente convives, pour lui faire compagnie. ¹² Or Samson leur dit: Je vais vous proposer une énigme. Si vous me l'expliquez pendant les sept jours du festin, et si vous la devinez, je vous donnerai trente tuniques et trente robes de rechange; ¹³ Mais si vous ne me l'expliquez pas, c'est vous qui me donnerez trente tuniques et trente robes de rechange. Et ils lui répondirent: Propose ton énigme, et nous l'écouterons. ¹⁴ Il leur dit donc: De celui qui dévorait est sorti la nourriture, et du fort est sorti le doux. Et pendant trois jours ils ne purent expliquer l'énigme. ¹⁵ Et le septième jour ils dirent à la femme de Samson: Persuade à ton mari de nous expliquer l'énigme; autrement nous te brûlerons, toi et la maison de ton père. C'est pour nous dépouiller que vous nous avez invités, n'est-ce pas? ¹⁶ La femme de Samson pleura auprès de lui, en disant: Certaine-ment, tu me hais, et tu ne m'aimes point; n'as-tu pas proposé une énigme aux enfants de mon peuple, et tu ne me l'as pas expliquée? Et il lui répondit: Voici, je ne l'ai point expliquée à mon père, ni à ma mère; te l'expliquerais-je, à toi? ¹⁷ Elle pleura ainsi auprès de lui pendant les sept jours du festin; et au septième jour il la lui expliqua, parce qu'elle le tourmentait. Puis elle l'expliqua aux gens de son peuple. ¹⁸ Les hommes de la ville lui dirent donc le septième jour, avant que le soleil se couchât: Quoi de plus doux que le miel, et quoi de plus fort que le lion? Et il leur dit: Si vous n'aviez pas labouré avec ma génisse, vous n'auriez pas trouvé mon énigme. ¹⁹ Alors l'Esprit de l'Éternel le saisit, et il descendit à Askélon. Et, y ayant tué trente hommes, il prit leurs dépouilles, et donna les robes de rechange à ceux qui avaient expliqué l'énigme; puis, enflammé de colère, il remonta à la maison de son père. ²⁰ Et la femme de Samson fut donnée à son compagnon, avec lequel il s'était lié.

15

[1] Quelque temps après, aux jours de la moisson des blés, Samson alla visiter sa femme, et lui porta un chevreau de lait, en disant: Je veux entrer vers ma femme, dans sa chambre. Mais le père ne lui permit pas d'y entrer. [2] Et le père lui dit: J'ai cru que tu avais de l'aversion pour elle; c'est pourquoi je l'ai donnée à ton compagnon. Sa jeune sœur n'est-elle pas plus belle qu'elle? Prends-la donc à sa place. [3] Mais Samson leur dit: Cette fois je serai innocent à l'égard des Philistins, quand je leur ferai du mal. [4] Samson s'en alla donc, et attrapa trois cents renards; il prit aussi des flambeaux, et il tourna les queues des renards les unes contre les autres, et il mit un flambeau entre les deux queues, au milieu. [5] Puis, ayant allumé les flambeaux, il lâcha les renards dans les blés des Philistins. Il brûla ainsi tant le blé qui était en gerbes que celui qui était sur pied, et jusqu'aux plantations d'oliviers. [6] Et les Philistins dirent: Qui a fait cela? Et on répondit: Samson, le gendre du Thimnien; parce qu'il lui a pris sa femme, et l'a donnée à son compagnon. Alors les Philistins montèrent et la brûlèrent, elle et son père. [7] Mais Samson leur dit: C'est ainsi que vous en usez? Cependant je ne cesserai point que je ne me sois vengé de vous. [8] Et il les battit dos et ventre, et en fit un grand carnage. Puis il descendit, et habita dans un creux du rocher d'Étam. [9] Alors les Philistins montèrent, campèrent en Juda, et se répandirent à Léchi. [10] Et les hommes de Juda dirent: Pourquoi êtes-vous montés contre nous? Ils répondirent: Nous sommes montés pour lier Samson, pour lui faire comme il nous a fait. [11] Alors trois mille hommes de Juda descendirent vers la caverne du rocher d'Étam, et dirent à Samson: Ne sais-tu pas que les Philistins dominent sur nous? Pourquoi nous as-tu fait cela? Il leur répondit: Je leur ai fait comme ils m'ont fait. [12] Ils lui dirent encore: Nous sommes descendus pour te lier, afin de te livrer entre les mains des Philistins. Et Samson leur dit: Jurez-moi que vous ne me tuerez pas. [13] Et ils répondirent, et dirent: Non, nous te lierons et nous te livrerons entre leurs mains; mais nous ne te tuerons point. Ils le lièrent donc de deux cordes neuves, et le firent sortir du rocher. [14] Or, quand il vint à Léchi, les Philistins poussèrent des cris de joie à sa rencontre. Mais l'Esprit de l'Éternel le saisit, et les cordes qu'il avait aux bras devinrent comme du lin brûlé par le feu; ses liens tombèrent de ses mains. [15] Et, ayant trouvé une mâchoire d'âne, toute fraîche, il étendit la main, la prit, et en frappa mille hommes. [16] Alors Samson dit: Avec une mâchoire d'âne, un monceau, deux monceaux! Avec une mâchoire d'âne j'ai tué mille hommes! [17] Et quand il eut achevé de parler, il jeta de sa main la mâchoire, et nomma ce lieu-là Ramath-Léchi (la mâchoire jetée). [18] Et, pressé par la soif, il cria à l'Éternel, et dit: Tu as accordé à ton serviteur cette grande délivrance; et maintenant mourrais-je de soif, et tomberais-je entre les mains des incirconcis? [19] Alors Dieu fendit le rocher creux qui est à Léchi et les eaux en sortirent; et Samson but; son esprit se remit, et il reprit courage. C'est pourquoi, ce lieu, qui est à Léchi, a été appelé jusqu'à ce jour: En-Hakkoré (la source de celui qui invoque). [20] Et il jugea Israël, au temps des Philistins, pendant vingt ans.

16

[1] Or, Samson alla à Gaza, et il y vit une courtisane, et entra chez elle. [2] Et on dit à ceux de Gaza: Samson est venu ici. Alors ils l'environnèrent, se tinrent en embuscade toute la nuit à la porte de la ville, et se tinrent tranquilles toute la nuit, en disant: Au point du jour, nous le tuerons. [3] Mais Samson demeura couché jusqu'à minuit; et vers minuit il se leva, saisit les battants de la porte de la ville et les deux poteaux, et, les ayant enlevés avec la barre, il les mit sur ses épaules, et les porta au sommet de la montagne qui est en face d'Hébron. [4] Après cela, il aima une femme dans la vallée de Sorek; elle se nommait Délila. [5] Et les princes des Philistins montèrent vers elle, et lui dirent: Flatte-le, et sache de lui en quoi consiste sa grande force, et comment nous pourrions le vaincre, afin que

nous le liions pour le dompter; et nous te donnerons chacun mille et cent pièces d'argent. ⁶ Délila dit donc à Samson: Dis-moi, je te prie, d'où vient ta grande force, et avec quoi il faudrait te lier pour te dompter. ⁷ Et Samson lui répondit: Si on me liait avec sept cordes fraîches, qui ne fussent point encore sèches, je deviendrais faible, et je serais comme un autre homme. ⁸ Les princes des Philistins apportèrent à Délila sept cordes fraîches, qui n'étaient point encore sèches, et elle l'en lia. ⁹ Or, des gens étaient en embuscade chez elle, dans une chambre; et elle lui dit: Les Philistins sont sur toi, Samson! Mais il rompit les cordes, comme se rompt un cordon d'étoupes lorsqu'il sent le feu; et le secret de sa force ne fut point connu. ¹⁰ Puis Délila dit à Samson: Voici, tu t'es moqué de moi, et tu m'as dit des mensonges. Je te prie, déclare-moi maintenant avec quoi il faut te lier. ¹¹ Et il lui répondit: Si on me liait de grosses cordes neuves, dont on ne se serait jamais servi, je deviendrais faible, et je serais comme un autre homme. ¹² Délila prit donc de grosses cordes neuves, et elle lia Samson; puis elle lui dit: Les Philistins sont sur toi, Samson! Or des gens étaient en embuscade dans une chambre. Mais il rompit comme un fil les grosses cordes qu'il avait aux bras. ¹³ Puis Délila dit à Samson: Jusqu'à présent tu t'es moqué de moi, et tu m'as dit des mensonges. Déclare-moi avec quoi il faudrait te lier. Et il lui dit: Ce serait si tu tissais sept tresses de ma tête dans la chaîne de ton métier. ¹⁴ Et elle les fixa par la cheville; et elle dit: Les Philistins sont sur toi, Samson! Mais il se réveilla de son sommeil, et arracha la cheville du métier avec le tissu. ¹⁵ Alors elle lui dit: Comment peux-tu dire: Je t'aime! Puisque ton cœur n'est point avec moi? Tu t'es moqué de moi trois fois, et tu ne m'as point déclaré d'où vient ta grande force. ¹⁶ Et elle le pressait tous les jours par ses paroles, et le tourmentait, de sorte que son âme en était affligée jusqu'à la mort. ¹⁷ Alors il lui ouvrit tout son cœur, et lui dit: Le rasoir n'a jamais passé sur ma tête; car je suis Nazarien de Dieu, dès le sein de ma mère. Si j'étais rasé, ma force m'abandonnerait, et je deviendrais faible, et je serais comme tout autre homme. ¹⁸ Délila, voyant qu'il lui avait ouvert tout son cœur, envoya appeler les princes des Philistins, et leur fit dire: Montez cette fois; car il m'a ouvert tout son cœur. Les princes des Philistins montèrent donc vers elle, et apportèrent l'argent dans leurs mains. ¹⁹ Et elle l'endormit sur ses genoux; et, ayant appelé un homme, elle lui fit raser sept tresses des cheveux de sa tête. Elle commença ainsi à le dompter, et sa force l'abandonna. ²⁰ Alors elle dit: Les Philistins sont sur toi, Samson! Et il s'éveilla de son sommeil, et dit: J'en sortirai comme les autres fois, et je me dégagerai de leurs mains. Mais il ne savait pas que l'Éternel s'était retiré de lui. ²¹ Les Philistins le saisirent donc, et lui crevèrent les yeux. Ils le firent descendre à Gaza, et le lièrent de deux chaînes d'airain; et il tournait la meule dans la prison. ²² Cependant les cheveux de sa tête recommencèrent à croître, depuis qu'il avait été rasé. ²³ Or, les princes des Philistins s'assemblèrent pour offrir un grand sacrifice à Dagon, leur dieu, et pour se réjouir. Et ils dirent: Notre dieu a livré entre nos mains Samson, notre ennemi. ²⁴ Et quand le peuple le vit, ils célébrèrent leur dieu, en disant: Notre dieu a livré entre nos mains notre ennemi, le destructeur de notre pays, et celui qui en a tant tué d'entre nous. ²⁵ Or, comme ils avaient le cœur joyeux, ils dirent: Faites venir Samson, et qu'il nous divertisse. Ils appelèrent donc Samson et le tirèrent de la prison, et il jouait devant eux; et ils le firent tenir entre les piliers. ²⁶ Alors Samson dit au garçon qui le tenait par la main: Place-moi, et fais-moi toucher les piliers qui soutiennent la maison, afin que je m'y appuie. ²⁷ Or, la maison était pleine d'hommes et de femmes, et tous les princes des Philistins y étaient; il y avait même sur la plate-forme près de trois mille personnes, hommes et femmes, qui regardaient Samson jouer. ²⁸ Alors Samson invoqua l'Éternel, et dit: Seigneur Éternel, je te prie, souviens-toi de moi! ô Dieu, je te prie, fortifie-moi seulement cette fois, et que je me venge des Philistins pour la perte de mes deux yeux! ²⁹ Et Samson embrassa les deux piliers du milieu, sur lesquels la maison reposait, et il s'appuya contre eux; l'un était à sa droite et l'autre à sa gauche. ³⁰ Et il dit: Que je meure avec les Philistins! Puis il s'étendit de toute sa force, et la maison tomba sur les princes et sur tout le peuple qui y était. Et il fit mourir beaucoup plus de gens dans sa mort, qu'il n'en avait fait mourir pendant sa vie. ³¹ Ensuite ses frères et toute la maison de son père descendirent, et l'emportèrent; et, étant remontés, ils l'ensevelirent entre Tsora et Eshthaol, dans le tombeau de Manoah son père. Il avait jugé Israël pendant vingt ans.

17

¹ Il y avait un homme de la montagne d'Éphraïm, dont le nom était Mica. ² Il dit à sa mère: Les onze cents pièces d'argent qui te furent prises, et pour lesquelles tu fis des imprécations, même à mes oreilles, voici, cet argent est entre mes mains; c'est moi qui l'avais pris. Alors sa mère dit: Que mon fils soit béni par l'Éternel! ³ Et il rendit à sa mère les onze cents pièces d'argent. Sa mère dit: Je consacre de ma main cet argent à l'Éternel pour mon fils, afin d'en faire une image taillée et une image de fonte; et maintenant, je te le rends. ⁴ Il rendit l'argent à sa mère; et elle en prit deux cents pièces, et les donna au fondeur, qui en fit une image taillée et une image de fonte; et elles furent dans la maison de Mica. ⁵ Ainsi ce Mica eut une maison de dieux; il fit un éphod et des théraphim, et consacra l'un de ses fils, qui lui servit de sacrificateur. ⁶ En ce temps-là il n'y avait point de roi en Israël, chacun faisait ce qui lui semblait bon. ⁷ Or, il y avait un jeune homme de Bethléhem de Juda, de la famille de Juda, qui était Lévite, et il séjournait là. ⁸ Cet homme partit de la ville de Bethléhem de Juda, pour aller demeurer où il trouverait son avantage. Et il vint, en poursuivant son chemin, à la montagne d'Éphraïm, jusqu'à la maison de Mica. ⁹ Et Mica lui dit: D'où viens-tu? Le Lévite lui répondit: Je suis de Bethléhem de Juda, et je cherche une demeure où je trouverai mon avantage. ¹⁰ Et Mica lui dit: Demeure avec moi, et sers-moi de père et de sacrificateur; et je te donnerai dix pièces d'argent par an, un habillement complet et ta nourriture. Et le Lévite y alla. ¹¹ Ainsi le Lévite se décida à demeurer avec cet homme, et ce jeune homme fut pour lui comme l'un de ses fils. ¹² Et Mica consacra le Lévite, et le jeune homme lui servit de sacrificateur, et demeura dans sa maison. ¹³ Alors Mica dit: Maintenant je sais que l'Éternel me fera du bien, parce que j'ai ce Lévite pour sacrificateur.

18

¹ En ce temps-là il n'y avait point de roi en Israël; et la tribu de Dan cherchait en ce temps-là un domaine pour elle, afin d'y habiter; car jusqu'alors il ne lui était point échu d'héritage parmi les tribus d'Israël. ² Les enfants de Dan envoyèrent donc cinq hommes de leur famille, pris d'entre eux tous, gens vaillants, de Tsora et d'Eshthaol, pour explorer le pays et le reconnaître; et ils leur dirent: Allez, explorez le pays. Ils vinrent dans la montagne d'Éphraïm jusqu'à la maison de Mica, et ils y passèrent la nuit. ³ Et comme ils étaient auprès de la maison de Mica, ils reconnurent la voix du jeune Lévite; et, s'étant approchés de cette maison, ils lui dirent: Qui t'a amené ici? que fais-tu dans ce lieu? et qu'as-tu ici? ⁴ Et il répondit: Mica fait pour moi telle et telle chose, il me donne un salaire, et je lui sers de sacrificateur. ⁵ Ils dirent encore: Nous te prions, consulte Dieu, afin que nous sachions si le voyage que nous entreprenons sera heureux. ⁶ Et le sacrificateur leur dit: Allez en paix; l'Éternel a devant ses yeux le voyage que vous entreprenez. ⁷ Ces cinq hommes partirent donc, et ils arrivèrent à Laïs. Ils virent que le peuple qui y était, habitait en sécurité, à la manière des Sidoniens, tranquille et confiant, sans que personne dans le pays eût autorité sur eux et leur fît injure en rien; ils étaient éloignés des Sidoniens, et ils n'avaient à faire avec personne. ⁸ Ils revinrent ensuite

auprès de leurs frères à Tsora et à Eshthaol, et leurs frères leur dirent: Que rapportez-vous? 9 Et ils répondirent: Allons, montons contre eux; car nous avons vu le pays, et voici, il est très bon. Quoi! vous êtes sans rien dire? Ne soyez point paresseux à partir, pour aller posséder ce pays. 10 Quand vous y entrerez, vous arriverez vers un peuple qui est en pleine sécurité. Le pays est de grande étendue, et Dieu l'a livré entre vos mains. C'est un lieu où rien ne manque de tout ce qui est sur la terre. 11 Il partit donc de là, de Tsora et d'Eshthaol, de la famille de Dan, six cents hommes munis de leurs armes. 12 Ils montèrent et campèrent à Kirjath-Jéarim, en Juda; et on a appelé ce lieu-là Machané-Dan (camp de Dan), jusqu'à ce jour; il est derrière Kirjath-Jéarim. 13 Puis de là ils passèrent dans la montagne d'Éphraïm, et arrivèrent jusqu'à la maison de Mica. 14 Alors les cinq hommes qui étaient allés pour explorer le pays de Laïs, prenant la parole, dirent à leurs frères: Savez-vous que dans ces maisons il y a un éphod et des théraphim, une image taillée et une image de fonte? Voyez donc maintenant ce que vous avez à faire. 15 Alors ils s'approchèrent de là, et entrèrent dans la maison du jeune Lévite, dans la maison de Mica, et le saluèrent. 16 Or, les six cents hommes d'entre les fils de Dan, qui étaient sous les armes, s'arrêtèrent à l'entrée de la porte. 17 Mais les cinq hommes qui étaient allés pour explorer le pays, montèrent, entrèrent dans la maison, et prirent l'image taillée, l'éphod, les théraphim et l'image de fonte, pendant que le sacrificateur était à l'entrée de la porte, avec les six cents hommes armés. 18 Étant donc entrés dans la maison de Mica, ils prirent l'image taillée, l'éphod, les théraphim et l'image de fonte. Et le sacrificateur leur dit: Que faites-vous? 19 Mais ils lui dirent: Tais-toi, et mets ta main sur ta bouche, et viens avec nous; tu nous serviras de père et de sacrificateur. Lequel vaut mieux pour toi, d'être sacrificateur de la maison d'un seul homme, ou d'être sacrificateur d'une tribu et d'une famille en Israël? 20 Alors le sacrificateur eut de la joie en son cœur; il prit l'éphod, les théraphim et l'image taillée, et se mit au milieu du peuple. 21 Ils se remirent donc en chemin, et marchèrent, en plaçant devant eux les petits enfants, le bétail et les bagages. 22 Ils étaient déjà loin de la maison de Mica, lorsque ceux qui étaient dans les maisons voisines de celle de Mica, se rassemblèrent à grand cri, et poursuivirent les enfants de Dan. 23 Et ils crièrent après eux. Mais eux, tournant visage, dirent à Mica: 24 Qu'as-tu, que tu cries ainsi? Il répondit: Vous avez enlevé mes dieux, que j'avais faits, ainsi que le sacrificateur, et vous êtes partis. Que me reste-t-il? Et comment me dites-vous: Qu'as-tu? 25 Mais les enfants de Dan lui dirent: Ne nous fais point entendre ta voix, de peur que des hommes irrités ne se jettent sur vous, et que vous n'y laissiez la vie, toi et ta famille. 26 Les descendants de Dan continuèrent donc leur chemin. Et Mica, voyant qu'ils étaient plus forts que lui, tourna visage et revint en sa maison. 27 Ainsi, ayant pris les choses que Mica avait faites et le sacrificateur qu'il avait, ils tombèrent sur Laïs, sur un peuple tranquille et qui se croyait en sûreté; et ils le firent passer au fil de l'épée; puis, ayant mis le feu à la ville, ils la brûlèrent. 28 Et il n'y eut personne qui la délivrât; car elle était loin de Sidon; ses habitants n'avaient aucun commerce avec personne, et elle était située dans la vallée qui s'étend vers Beth-Réhob. Ils rebâtirent la ville, et y habitèrent. 29 Et ils nommèrent cette ville-là, Dan, d'après le nom de Dan, leur père, qui était né à Israël; mais le nom de la ville était auparavant Laïs. 30 Puis les enfants de Dan dressèrent pour eux l'image taillée; et Jonathan, fils de Guershon, fils de Manassé, lui et ses enfants, furent sacrificateurs pour la tribu de Dan jusqu'au jour où ils furent conduits hors du pays. 31 Ils établirent pour eux l'image taillée que Mica avait faite, pendant tout le temps que la maison de Dieu fut à Silo.

19

1 Il arriva, en ce temps-là, où il n'y avait point de roi en Israël, qu'un Lévite qui demeurait au fond de la montagne d'Éphraïm, prit pour sa concubine une femme de

Bethléhem de Juda. [2] Et sa concubine se prostitua chez lui, et s'en alla d'avec lui à la maison de son père, à Bethléhem de Juda; et elle y resta l'espace de quatre mois. [3] Ensuite son mari se leva, et il s'en alla après elle, pour lui parler selon son cœur, et la ramener. Il avait avec lui son serviteur et deux ânes; et elle le fit entrer dans la maison de son père. Et le père de la jeune femme, le voyant venir, le reçut avec joie. [4] Son beau-père, le père de la jeune femme, le retint chez lui, et il demeura avec lui trois jours; ils y mangèrent et burent, et y passèrent la nuit. [5] Le quatrième jour, ils se levèrent de bon matin; et comme le Lévite se levait pour s'en aller, le père de la jeune femme dit à son gendre: Prends une bouchée de pain pour te fortifier, et après cela, vous vous en irez. [6] Ils s'assirent donc et mangèrent eux deux, et burent ensemble; et le père de la jeune femme dit au mari: Décide-toi donc à passer la nuit, et que ton cœur se réjouisse. [7] Et comme le mari se levait pour s'en aller, son beau-père le pressa tellement, qu'il revint, et passa encore la nuit. [8] Et au cinquième jour il se leva de bon matin pour s'en aller, et le père de la jeune femme lui dit: Je te prie, fortifie ton cœur. Or ils tardèrent jusqu'au déclin du jour, pendant qu'ils mangeaient tous deux. [9] Alors le mari se leva pour s'en aller, lui et sa concubine, et son serviteur; mais son beau-père, père de la jeune femme, lui dit: Voici, maintenant le jour baisse, le soir approche; passez ici la nuit, je vous prie. Voici, le jour finit, passez ici la nuit, et que ton cœur se réjouisse; demain matin vous vous lèverez pour continuer votre chemin, et tu t'en iras en ta maison. [10] Mais le mari ne voulut point passer la nuit; il se leva, et s'en alla, et vint jusque devant Jébus, qui est Jérusalem, ayant avec lui ses deux ânes bâtés; et sa concubine était avec lui. [11] Lorsqu'ils furent près de Jébus, le jour avait beaucoup baissé. Le serviteur dit à son maître: Allons, dirigeons-nous vers cette ville des Jébusiens, et nous y passerons la nuit. [12] Son maître lui répondit: Nous n'entrerons pas dans une ville d'étrangers, où il n'y a point d'enfants d'Israël; mais nous irons jusqu'à Guibea. [13] Il dit encore à son serviteur: Marche, et nous gagnerons l'un de ces lieux-là, Guibea ou Rama, et nous y passerons la nuit. [14] Ils passèrent donc plus avant, et marchèrent; et le soleil se coucha comme ils étaient près de Guibea, qui appartient à Benjamin. [15] Alors ils se dirigèrent vers Guibea, pour y entrer et y passer la nuit. Ils y entrèrent donc et se tinrent sur la place de la ville, et il n'y eut personne qui les reçût dans sa maison pour y passer la nuit. [16] Mais voici, sur le soir, un vieillard revenait des champs, de son travail. Cet homme était de la montagne d'Éphraïm, mais il demeurait à Guibea, dont les habitants étaient Benjamites. [17] Levant les yeux, il vit ce voyageur sur la place de la ville; alors le vieillard lui dit: Où vas-tu, et d'où viens-tu? [18] Et il lui répondit: Nous allons de Bethléhem de Juda vers le fond de la montagne d'Éphraïm, d'où je suis. J'étais allé jusqu'à Bethléhem de Juda, et je me rends à la maison de l'Éternel; et il n'y a personne qui me reçoive dans sa maison; [19] Cependant nous avons de la paille et du fourrage pour nos ânes, et du pain et du vin pour moi et pour ta servante, et pour le garçon qui est avec tes serviteurs. Il ne nous manque rien. [20] Et le vieillard lui dit: La paix soit avec toi! Je me charge de tout ce dont tu auras besoin; tu ne passeras pas la nuit sur la place. [21] Alors il le fit entrer dans sa maison, et il donna à manger aux ânes. Ils lavèrent aussi leurs pieds; puis ils mangèrent et burent. [22] Comme leur cœur se réjouissait, voici, les gens de la ville, des hommes pervers, environnèrent la maison, heurtèrent à la porte, et dirent au vieillard, maître de la maison: Fais sortir cet homme qui est entré chez toi, pour que nous le connaissions. [23] Mais l'homme, le maître de la maison, sortit vers eux et leur dit: Non, mes frères, ne faites point le mal, je vous prie; puisque cet homme est entré dans ma maison, ne commettez pas cette infamie. [24] Voici, j'ai une fille vierge, et cet homme a sa concubine; je vous les amènerai dehors, vous leur ferez violence, et vous ferez d'elles ce qui vous plaira; mais ne commettez pas sur cet homme une action si infâme. [25] Mais ces gens-là ne voulurent point l'écouter. Alors l'homme prit sa concubine et la leur amena; et ils la connurent, et ils abusèrent d'elle toute la nuit jusqu'au matin; puis ils la renvoyèrent au lever de l'aurore. ²⁶ Et, comme le jour approchait, cette femme alla tomber à la porte de la maison de l'homme où était son mari, et y demeura jusqu'au jour. ²⁷ Et le matin, son mari se leva, ouvrit la porte, et sortit pour continuer son chemin; mais voici, la femme, sa concubine, était étendue à la porte de la maison, les mains sur le seuil. ²⁸ Et il lui dit: Lève-toi, et allons-nous-en. Mais elle ne répondit pas. Alors il la chargea sur un âne, et se mit en chemin, et s'en retourna chez lui. ²⁹ Puis, étant venu dans sa maison, il prit un couteau, saisit sa concubine, et la coupa membre par membre en douze parts, qu'il envoya dans tout le territoire d'Israël. ³⁰ Et tous ceux qui virent cela, dirent: On n'a jamais fait ni vu rien de pareil, depuis que les enfants d'Israël sont montés hors du pays d'Égypte, jusqu'à ce jour! Faites attention à cela; consultez-vous et prononcez.

20

¹ Alors tous les enfants d'Israël sortirent, depuis Dan jusqu'à Béer-Shéba, et jusqu'au pays de Galaad; et l'assemblée se réunit comme si ce n'eût été qu'un seul homme, devant l'Éternel, à Mitspa. ² Et les chefs de tout le peuple, et toutes les tribus d'Israël se présentèrent dans l'assemblée du peuple de Dieu, au nombre de quatre cent mille hommes de pied, portant l'épée. ³ Or les enfants de Benjamin apprirent que les enfants d'Israël étaient montés à Mitspa. Et les enfants d'Israël dirent: Parlez; comment ce crime a-t-il été commis? ⁴ Et le Lévite, le mari de la femme qu'on avait tuée, répondit et dit: J'étais entré à Guibea de Benjamin, moi et ma concubine, pour y passer la nuit. ⁵ Les maîtres de Guibea se sont élevés contre moi, et ils ont environné de nuit la maison où j'étais, prétendant me tuer; et ils ont fait violence à ma concubine, et elle en est morte. ⁶ Alors, ayant pris ma concubine, je l'ai mise en pièces, et j'en ai envoyé par tout le territoire de l'héritage d'Israël; car ils ont commis un crime énorme, et une infamie en Israël. ⁷ Vous voici tous, enfants d'Israël; consultez-vous, donnez ici votre avis. ⁸ Et tout le peuple se leva, comme un seul homme, en disant: Aucun de nous n'ira dans sa tente, et personne ne se retirera dans sa maison. ⁹ Mais, voici ce que nous ferons maintenant à Guibea; nous marcherons contre elle d'après le sort. ¹⁰ Nous prendrons dix hommes sur cent, d'entre toutes les tribus d'Israël, et cent sur mille, et mille sur dix mille, afin qu'ils prennent des vivres pour le peuple, et que, se rendant à Guibea de Benjamin, on la traite selon l'infamie du crime qu'elle a commis en Israël. ¹¹ Ainsi tous les hommes d'Israël s'assemblèrent contre cette ville-là, unis comme un seul homme. ¹² Les tribus d'Israël envoyèrent des hommes dans toute la tribu de Benjamin, pour dire: Quelle méchante action a-t-on commise parmi vous? ¹³ Livrez-nous maintenant ces hommes pervers qui sont à Guibea, afin que nous les fassions mourir, et que nous ôtions le mal du milieu d'Israël. Mais les Benjamites ne voulurent point écouter la voix de leurs frères, les enfants d'Israël. ¹⁴ Et les enfants de Benjamin sortirent de leurs villes, et s'assemblèrent à Guibea, pour aller combattre les enfants d'Israël. ¹⁵ En ce jour-là, on fit le dénombrement des enfants de Benjamin, venus des villes; et il se trouva vingt-six mille hommes tirant l'épée, sans les habitants de Guibea, dont on fit aussi le dénombrement, formant sept cents hommes d'élite. ¹⁶ Parmi tout ce peuple, il y avait sept cents hommes d'élite qui ne se servaient pas de la main droite. Tous ceux-là lançaient des pierres avec une fronde contre un cheveu, et ne le manquaient pas. ¹⁷ On fit aussi le dénombrement des hommes d'Israël, sans compter ceux de Benjamin, et il s'en trouva quatre cent mille hommes tirant l'épée, tous gens de guerre. ¹⁸ Ils partirent donc, montèrent à Béthel, et consultèrent Dieu. Et les enfants d'Israël dirent: Qui de nous montera le premier pour faire la guerre aux enfants de Benjamin? Et l'Éternel répondit: Juda montera le premier. ¹⁹ Dès le matin, les enfants d'Israël se mirent donc en

marche, et campèrent près de Guibea. [20] Et les hommes d'Israël sortirent pour combattre ceux de Benjamin, et se rangèrent en bataille contre eux devant Guibea. [21] Alors les enfants de Benjamin sortirent de Guibea, et ce jour-là ils étendirent par terre vingt-deux mille hommes d'Israël. [22] Toutefois le peuple, les hommes d'Israël reprirent courage, et ils se rangèrent de nouveau en bataille, dans le lieu où ils s'étaient placés le premier jour. [23] Et les enfants d'Israël montèrent, et pleurèrent devant l'Éternel jusqu'au soir. Ils consultèrent l'Éternel en disant: M'approcherai-je encore pour combattre contre les enfants de Benjamin, mon frère? Et l'Éternel répondit: Montez contre lui. [24] Le lendemain donc, les enfants d'Israël s'approchèrent des enfants de Benjamin. [25] Les Benjamites sortirent aussi contre eux de Guibea ce second jour, et ils étendirent encore par terre dix-huit mille hommes des enfants d'Israël, qui tiraient tous l'épée. [26] Alors tous les enfants d'Israël et tout le peuple montèrent, et vinrent à Béthel. Ils y pleurèrent, et se tinrent là, devant l'Éternel, et jeûnèrent ce jour-là jusqu'au soir; et ils offrirent des holocaustes et des sacrifices de prospérité devant l'Éternel. [27] Ensuite les enfants d'Israël consultèrent l'Éternel (l'arche de l'alliance de Dieu était alors en ce lieu-là; [28] Et Phinées, fils d'Éléazar, fils d'Aaron, se tenait devant l'Éternel); ils dirent donc: Dois-je marcher encore pour combattre les enfants de Benjamin, mon frère, ou dois-je m'en abstenir? Et l'Éternel répondit: Montez; car demain je les livrerai entre vos mains. [29] Alors Israël mit des embuscades autour de Guibea. [30] Et les enfants d'Israël montèrent, le troisième jour, contre les Benjamites, et se rangèrent contre Guibea comme les autres fois. [31] Or les Benjamites, étant sortis à la rencontre du peuple, furent attirés loin de la ville. Et ils commencèrent à en frapper quelques-uns du peuple, comme les autres fois, et il y eut environ trente hommes d'Israël qui furent blessés à mort dans les chemins, dont l'un monte à Béthel et l'autre à Guibea, par la campagne. [32] Et les enfants de Benjamin disaient: Ils tombent devant nous comme la première fois. Mais les enfants d'Israël disaient: Fuyons, et attirons-les loin de la ville, dans les chemins. [33] Alors tous ceux d'Israël, se levant du lieu où ils étaient, se rangèrent à Baal-Thamar, et l'embuscade d'Israël déboucha de son poste, de la prairie de Guibea; [34] Et dix mille hommes d'élite, de tout Israël, vinrent contre Guibea; et la mêlée fut rude, et ceux de Benjamin n'aperçurent point le mal qui allait tomber sur eux. [35] Et l'Éternel battit Benjamin devant les Israélites; et les enfants d'Israël, en ce jour-là, tuèrent vingt-cinq mille et cent hommes de Benjamin, tous tirant l'épée. [36] Les Benjamites avaient cru que les hommes d'Israël étaient battus. Or, ils avaient reculé devant ceux de Benjamin; car ils se reposaient sur les embuscades qu'ils avaient mises près de Guibea. [37] Et ceux qui étaient en embuscade, se jetèrent vivement sur Guibea; ainsi ceux qui étaient en embuscade marchèrent, et firent passer toute la ville au fil de l'épée. [38] Or, les hommes d'Israël avaient donné pour signal à ceux qui étaient en embuscade, qu'ils fissent monter de la ville une épaisse fumée. [39] Les hommes d'Israël avaient donc tourné le dos dans la bataille, et les Benjamites avaient commencé de frapper et blesser à mort environ trente hommes de ceux d'Israël; et ils disaient: Certainement ils tombent devant nous comme à la première bataille! [40] Mais quand une colonne de fumée s'éleva et commença à monter de la ville, ceux de Benjamin regardèrent derrière eux, et voici, la ville entière montait en feu vers le ciel; [41] Alors les gens d'Israël se retournèrent, et ceux de Benjamin furent épouvantés en voyant le désastre qui allait les atteindre. [42] Et ils tournèrent le dos devant ceux d'Israël, par le chemin du désert; mais l'armée d'Israël les serra de près; et ceux des villes, ils les tuèrent dans leurs propres endroits. [43] Ils environnèrent Benjamin, le poursuivirent, et le foulèrent aux pieds, sans relâche, jusqu'à l'opposite de Guibea, vers le soleil levant. [44] Il tomba ainsi dix-huit mille hommes de Benjamin, tous vaillants hommes. [45] Parmi ceux qui tournèrent le dos pour s'enfuir vers le désert, au rocher de Rimmon, ceux d'Israël en grappillèrent, par les chemins, cinq mille hommes; et, les poursuivant de près jusqu'à Guidéom, ils en frappèrent deux mille. 46 Tous ceux de Benjamin qui tombèrent ce jour-là furent donc vingt-cinq mille hommes, tirant l'épée, et tous vaillants hommes. 47 Et il y eut six cents hommes, de ceux qui avaient tourné le dos, qui échappèrent vers le désert, au rocher de Rimmon, et demeurèrent au rocher de Rimmon pendant quatre mois. 48 Mais les gens d'Israël revinrent vers les enfants de Benjamin, et les firent passer au fil de l'épée, tant les hommes de chaque ville, que le bétail et tout ce qui s'y trouva. Ils brûlèrent aussi toutes les villes qu'ils rencontrèrent.

21

1 Or les hommes d'Israël avaient juré à Mitspa, en disant: Nul de nous ne donnera sa fille pour femme à un Benjamite. 2 Puis le peuple vint à Béthel, et resta là jusqu'au soir en la présence de Dieu. Ils élevèrent la voix et répandirent des larmes en abondance, 3 Et ils dirent: O Éternel, Dieu d'Israël, pourquoi ceci est-il arrivé en Israël, qu'il manque aujourd'hui une tribu d'Israël? 4 Et le lendemain le peuple se leva de bon matin; et ils bâtirent là un autel, et ils offrirent des holocaustes et des sacrifices de prospérité. 5 Alors les enfants d'Israël dirent: Qui est celui d'entre toutes les tribus d'Israël qui n'est point monté à l'assemblée, vers l'Éternel? Car on avait fait un grand serment contre celui qui ne monterait point vers l'Éternel, à Mitspa, en disant: Il sera puni de mort! 6 Car les enfants d'Israël se repentaient de ce qui était arrivé à Benjamin, leur frère, et disaient: Aujourd'hui une tribu a été retranchée d'Israël. 7 Que ferons-nous pour ceux qui sont demeurés de reste, pour leur donner des femmes, puisque nous avons juré par l'Éternel que nous ne leur donnerions point de nos filles pour femmes? 8 Ils dirent donc: Y a-t-il quelqu'un d'entre les tribus d'Israël qui ne soit point monté vers l'Éternel, à Mitspa? Et voici, personne de Jabès de Galaad n'était venu au camp, à l'assemblée; 9 Quand on fit le dénombrement du peuple, nul ne s'y trouva des habitants de Jabès de Galaad. 10 Alors l'assemblée y envoya douze mille hommes des plus vaillants, et leur donna cet ordre: Allez et faites passer au fil de l'épée les habitants de Jabès de Galaad, tant les femmes que les petits enfants. 11 Voici donc ce que vous ferez: Vous vouerez à l'interdit tout mâle, et toute femme qui a connu la couche d'un homme. 12 Et ils trouvèrent, parmi les habitants de Jabès de Galaad, quatre cents filles vierges, qui n'avaient point connu la couche d'un homme, et ils les amenèrent au camp, à Silo, qui est au pays de Canaan. 13 Alors toute l'assemblée envoya parler aux Benjamites, qui étaient au rocher de Rimmon, et on leur annonça la paix. 14 En ce temps-là, les Benjamites revinrent, et on leur donna les femmes à qui on avait laissé la vie parmi les femmes de Jabès de Galaad; mais il ne s'en trouva pas assez pour eux. 15 Et le peuple se repentait au sujet de Benjamin, car l'Éternel avait fait une brèche aux tribus d'Israël. 16 Et les anciens de l'assemblée dirent: Que ferons-nous pour donner des femmes à ceux qui restent? car les femmes des Benjamites ont été exterminées. 17 Et ils dirent: Ceux qui sont réchappés, posséderont ce qui appartenait à Benjamin, afin qu'une tribu ne soit pas retranchée d'Israël. 18 Cependant, nous ne pouvons pas leur donner des femmes d'entre nos filles; car les enfants d'Israël ont juré, en disant: Maudit soit celui qui donnera une femme à Benjamin! 19 Et ils dirent: Voici, il y a chaque année une fête de l'Éternel à Silo, qui est au nord de Béthel, et à l'orient du chemin qui monte de Béthel à Sichem, et au midi de Lébona. 20 Et ils donnèrent cet ordre aux enfants de Benjamin: Allez, et placez-vous en embuscade dans les vignes; 21 Et quand vous verrez que les filles de Silo sortiront pour danser au son des flûtes, alors vous sortirez des vignes, et vous enlèverez chacun pour vous une femme, d'entre les filles de Silo, et vous vous en irez au pays de Benjamin. 22 Et quand leurs pères ou

leurs frères viendront se plaindre auprès de nous, nous leur dirons: Ayez pitié d'eux pour l'amour de nous; parce que nous n'avons point pris de femme pour chacun d'eux dans cette guerre. Car ce n'est pas vous qui les leur avez données; en ce cas vous auriez été coupables. 23 Les enfants de Benjamin firent ainsi, et prirent des femmes, selon leur nombre, d'entre les danseuses qu'ils enlevèrent; puis, ils partirent et retournèrent dans leur héritage; ils rebâtirent des villes, et y habitèrent. 24 Dans le même temps les enfants d'Israël s'en retournèrent de là, chacun en sa tribu et dans sa famille; ils s'en allèrent de là chacun dans son héritage. 25 En ces jours-là il n'y avait point de roi en Israël, mais chacun faisait ce qui lui semblait bon.

Ruth

[1] Il arriva, aux jours du gouvernement des juges, qu'il y eut une famine dans le pays, et un homme de Bethléhem de Juda s'en alla habiter la campagne de Moab, lui, sa femme, et ses deux fils. [2] Le nom de cet homme était Élimélec, et le nom de sa femme Naomi, et les noms de ses deux fils Machlon et Kiljon; ils étaient Éphratiens, de Bethléhem de Juda, et ils vinrent dans la campagne de Moab, et ils s'y établirent. [3] Or, Élimélec, mari de Naomi, mourut, et elle resta avec ses deux fils. [4] Ceux-ci épousèrent des femmes moabites, dont l'une s'appelait Orpa, et l'autre Ruth; et ils demeurèrent là environ dix ans. [5] Puis, Machlon et Kiljon étant morts aussi, cette femme demeura seule, privée de ses deux fils et de son mari. [6] Alors elle se leva avec ses belles-filles, pour s'en retourner de la campagne de Moab; car elle y avait appris que l'Éternel avait visité son peuple, en lui donnant du pain. [7] Elle sortit donc du lieu où elle avait demeuré, et ses deux belles-filles avec elle; et elles se mirent en chemin pour retourner au pays de Juda. [8] Naomi dit à ses deux belles-filles: Allez, retournez chacune à la maison de sa mère. L'Éternel vous traite avec bonté, comme vous avez fait à ceux qui sont morts, et à moi! [9] L'Éternel vous fasse trouver du repos à chacune dans la maison d'un mari! Et elle les baisa. Mais elles élevèrent la voix et pleurèrent, [10] Et lui dirent: Nous retournerons avec toi vers ton peuple. [11] Mais Naomi répondit: Retournez, mes filles; pourquoi viendriez-vous avec moi? Ai-je encore dans mon sein des fils qui puissent devenir vos maris? [12] Retournez, mes filles, allez. Je suis trop âgée pour me remarier; et quand je dirais: J'ai de l'espérance; et quand cette nuit même je serais avec un mari, et que j'enfanterais des fils, [13] Attendriez-vous jusqu'à ce qu'ils devinssent grands? Resteriez-vous confinées sans vous remarier? Non, mes filles; car je suis en plus grande amertume que vous, parce que la main de l'Éternel s'est appesantie sur moi. [14] Alors elles élevèrent leur voix et pleurèrent encore. Et Orpa baisa sa belle-mère; mais Ruth s'attacha à elle. [15] Alors Naomi dit: Voici, ta belle-sœur s'en est allée vers son peuple et vers ses dieux; retourne après ta belle-sœur. [16] Mais Ruth répondit: Ne me presse pas de te laisser, pour m'éloigner de toi; car où tu iras j'irai, et où tu demeureras je demeurerai; ton peuple sera mon peuple, et ton Dieu sera mon Dieu; [17] Où tu mourras je mourrai, et j'y serai ensevelie. Que l'Éternel me traite avec la dernière rigueur, si autre chose que la mort me sépare de toi! [18] Naomi, voyant donc qu'elle était résolue d'aller avec elle, cessa de lui en parler. [19] Et elles marchèrent toutes deux jusqu'à ce qu'elles arrivassent à Bethléhem. Et comme elles entraient dans Bethléhem, toute la ville fut émue à cause d'elles, et les femmes disaient: N'est-ce pas Naomi? [20] Et elle leur répondit: Ne m'appelez point Naomi (la belle), appelez-moi Mara (amère); car le Tout-Puissant m'a remplie d'amertume. [21] Je suis partie dans l'abondance, et l'Éternel me ramène vide. Pourquoi m'appelleriez-vous Naomi, puisque l'Éternel m'a abattue, et que le Tout-Puissant m'a affligée? [22] C'est ainsi que Naomi s'en retourna avec Ruth, la Moabite, sa belle-fille, qui était venue de la campagne de Moab. Et elles entrèrent dans Bethléhem, au commencement de la moisson des orges.

2

[1] Or le mari de Naomi avait un parent qui était un homme puissant et riche, de la famille d'Élimélec; son nom était Booz. [2] Et Ruth, la Moabite, dit à Naomi: Laisse-moi aller aux champs, et glaner des épis après celui aux yeux duquel j'aurai trouvé grâce. Et elle lui répondit: Va, ma fille. [3] Elle s'en alla donc, et vint glaner dans un champ, derrière les moissonneurs. Et il se rencontra qu'elle était dans une portion du champ de Booz,

de la famille d'Élimélec. ⁴ Et voici, Booz vint de Bethléhem, et dit aux moissonneurs: Que l'Éternel soit avec vous! Et ils lui répondirent: Que l'Éternel te bénisse! ⁵ Puis Booz dit à son serviteur, chef des moissonneurs: A qui est cette jeune fille? ⁶ Et le serviteur, chef des moissonneurs, répondit et dit: C'est une jeune femme moabite, qui est revenue avec Naomi de la campagne de Moab; ⁷ Et elle nous a dit: Laissez-moi glaner, je vous prie; je ramasserai des épis entre les gerbes derrière les moissonneurs. Et elle est venue, et elle a été debout depuis le matin jusqu'à présent, et ne s'est reposée qu'un moment dans la maison. ⁸ Alors Booz dit à Ruth: Écoute, ma fille, ne va pas glaner dans un autre champ; et même ne sors point d'ici, et reste avec mes servantes; ⁹ Regarde le champ où l'on moissonnera, et va après elles. Voici, j'ai défendu à mes serviteurs de te toucher. Et si tu as soif, tu iras boire à la cruche, de ce que les serviteurs auront puisé. ¹⁰ Alors elle se jeta sur sa face, se prosterna contre terre, et lui dit: Comment ai-je trouvé grâce à tes yeux, que tu me reconnaisses, moi qui suis étrangère? ¹¹ Booz répondit, et lui dit: Tout ce que tu as fait à ta belle-mère, depuis la mort de ton mari, m'a été entièrement rapporté, comment tu as laissé ton père, et ta mère, et le pays de ta naissance, et comment tu es venue vers un peuple que tu ne connaissais point hier, ni avant. ¹² Que l'Éternel te rende ce que tu as fait! et que ta récompense soit entière de la part de l'Éternel, le Dieu d'Israël, sous les ailes duquel tu es venue te réfugier! ¹³ Et elle dit: Mon seigneur, je trouve grâce à tes yeux; car tu m'as consolée, et tu as parlé selon le cœur de ta servante, bien que je ne sois pas, moi, comme l'une de tes servantes. ¹⁴ Booz lui dit encore, au temps du repas: Approche-toi d'ici, et mange du pain, et trempe ton morceau dans le vinaigre. Elle s'assit donc à côté des moissonneurs, et il lui donna du grain rôti, et elle en mangea, et fut rassasiée, et elle en garda un reste. ¹⁵ Puis elle se leva pour glaner. Et Booz donna cet ordre à ses serviteurs: Qu'elle glane même entre les gerbes, et ne lui faites point de honte; ¹⁶ Et même, vous tirerez pour elle des gerbes quelques épis que vous lui laisserez glaner, et vous ne la gronderez point. ¹⁷ Elle glana donc dans le champ jusqu'au soir; et elle battit ce qu'elle avait recueilli, et il y en eut environ un épha d'orge. ¹⁸ Et elle l'emporta, et rentra à la ville; et sa belle-mère vit ce qu'elle avait glané. Elle sortit aussi ce qu'elle avait gardé de reste, après avoir été rassasiée, et elle le lui donna. ¹⁹ Alors sa belle-mère lui dit: Où as-tu glané aujourd'hui, et où as-tu travaillé? Béni soit celui qui t'a reconnue! Et elle raconta à sa belle-mère chez qui elle avait travaillé, et lui dit: L'homme chez qui j'ai travaillé aujourd'hui s'appelle Booz. ²⁰ Et Naomi dit à sa belle-fille: Qu'il soit béni de l'Éternel, puisqu'il a la même bonté pour les vivants qu'il avait eue pour les morts! Et Naomi lui dit: Cet homme est notre parent, et de ceux qui ont sur nous le droit de rachat. ²¹ Alors Ruth, la Moabite, ajouta: Il m'a dit aussi: Reste avec mes serviteurs, jusqu'à ce qu'ils aient achevé toute ma moisson. ²² Et Naomi dit à Ruth, sa belle-fille: Ma fille, il est bon que tu sortes avec ses servantes, et qu'on ne te rencontre pas dans un autre champ. ²³ Elle s'attacha donc aux servantes de Booz, pour glaner jusqu'à la fin de la moisson des orges et de la moisson des froments; et elle demeurait avec sa belle-mère.

3

¹ Et Naomi, sa belle-mère, lui dit: Ma fille, ne te chercherai-je pas un asile, afin que tu sois heureuse? ² Et maintenant, Booz, avec les servantes de qui tu as été, n'est-il pas notre parent? Voici, il vannera cette nuit les orges qui sont dans son aire. ³ Lave-toi, et oins-toi, et mets sur toi ton manteau, et descends dans l'aire; mais ne te fais point connaître à cet homme, jusqu'à ce qu'il ait achevé de manger et de boire. ⁴ Et quand il se couchera, sache le lieu où il couche, puis entre, et découvre ses pieds, et te couche; alors il te dira ce que tu auras à faire. ⁵ Et elle lui répondit: Je ferai tout ce que tu me dis. ⁶ Elle descendit donc à l'aire, et fit tout ce que sa belle-mère lui avait commandé. ⁷ Et

Booz mangea et but, et son cœur fut heureux, et il vint se coucher au bout d'un tas de gerbes. Alors elle vint tout doucement, et découvrit ses pieds, et se coucha. 8 Et au milieu de la nuit, cet homme-là eut peur; il se pencha, et voici, une femme était couchée à ses pieds. 9 Alors il lui dit: Qui es-tu? Et elle répondit: Je suis Ruth, ta servante. Étends le pan de ta robe sur ta servante; car tu as droit de rachat. 10 Et il dit: Ma fille, que l'Éternel te bénisse! Cette dernière bonté que tu me témoignes est plus grande que la première, de n'être point allée après les jeunes gens, pauvres ou riches. 11 Maintenant donc, ma fille, ne crains point, je ferai pour toi tout ce que tu me diras; car toute la porte de mon peuple sait que tu es une femme vertueuse. 12 Et maintenant, il est très vrai que j'ai droit de rachat; mais il y en a un autre, qui est plus proche que moi. 13 Passe ici cette nuit; et, au matin, si cet homme veut user du droit de rachat envers toi, à la bonne heure, qu'il en use; mais s'il ne lui plaît pas de te racheter, moi je te rachèterai; l'Éternel est vivant! Reste couchée jusqu'au matin. 14 Elle demeura donc couchée à ses pieds, jusqu'au matin; et elle se leva avant qu'on pût se reconnaître l'un l'autre. Et Booz dit: Qu'on ne sache pas qu'une femme est entrée dans l'aire. 15 Il lui dit encore: Donne-moi le manteau qui est sur toi, et tiens-le. Et elle le tint, et il mesura six mesures d'orge, qu'il chargea sur elle; puis il rentra dans la ville. 16 Puis Ruth revint chez sa belle-mère, qui lui dit: Qui es-tu, ma fille? Et elle lui déclara tout ce que cet homme avait fait pour elle. 17 Et elle dit: Il m'a donné ces six mesures d'orge; car il m'a dit: Tu ne retourneras point à vide auprès de ta belle-mère. 18 Et Naomi dit: Ma fille, reste ici jusqu'à ce que tu saches comment la chose tournera; car cet homme ne se donnera point de repos qu'il n'ait aujourd'hui achevé cette affaire.

4

1 Booz monta donc à la porte de la ville, et s'y assit; et voici, celui qui avait le droit de rachat, dont Booz avait parlé, vint à passer; et Booz lui dit: Toi, un tel, détourne-toi, et assieds-toi ici. Et il se détourna, et s'assit. 2 Alors il prit dix hommes, d'entre les anciens de la ville, et il leur dit: Asseyez-vous ici; et ils s'assirent. 3 Puis il dit à celui qui avait le droit de rachat: Naomi, qui est revenue du pays de Moab, a vendu la portion d'un champ qui appartenait à Élimélec notre frère. 4 Et j'ai dit: Je veux t'en informer et te dire: Acquiers-la, en présence des habitants et des anciens de mon peuple; si tu veux la racheter, rachète-la; et si tu ne veux pas la racheter, déclare-le-moi, et que je le sache; car il n'y en a point d'autre avant toi qui ait le droit de rachat, et je l'ai après toi. Il répondit: Je rachèterai. 5 Alors Booz dit: Au jour que tu acquerras le champ, de la main de Naomi et de Ruth, la Moabite, femme du défunt, tu acquerras aussi Ruth, pour conserver le nom du défunt dans son héritage. 6 Et celui qui avait le droit de rachat dit: Je ne saurais racheter, de peur que je ne perde mon héritage; toi, prends pour toi mon droit de rachat; car je ne puis pas racheter. 7 (Or, autrefois en Israël, en cas de rachat et de subrogation, pour confirmer la chose, l'homme ôtait son soulier et le donnait à son parent; cela servait de témoignage en Israël.) 8 Celui qui avait le droit de rachat dit donc à Booz: Acquiers-le pour toi! et il ôta son soulier. 9 Alors Booz dit aux anciens et à tout le peuple: Vous êtes aujourd'hui témoins que j'ai acquis de la main de Naomi tout ce qui appartenait à Élimélec, et tout ce qui était à Kiljon et à Machlon; 10 Et que je me suis aussi acquis pour femme Ruth, la Moabite, femme de Machlon, pour conserver le nom du défunt dans son héritage, afin que le nom du défunt ne soit point retranché d'entre ses frères, et de la porte de sa ville; vous en êtes témoins aujourd'hui. 11 Et tout le peuple qui était à la porte, et les anciens, dirent: Nous en sommes témoins! L'Éternel rende la femme qui entre en ta maison, semblable à Rachel et à Léa, qui toutes deux ont bâti la maison d'Israël! Montre ta force en Éphrath, et fais-toi un nom dans Bethléhem! 12 Que la postérité que l'Éternel

te donnera par cette jeune femme, rende ta maison semblable à la maison de Pharets, que Tamar enfanta à Juda! 13 Ainsi Booz prit Ruth et elle fut sa femme; et il alla vers elle, et l'Éternel lui fit la grâce de concevoir, et elle enfanta un fils; 14 Et les femmes dirent à Naomi: Béni soit l'Éternel, qui ne t'a pas laissée manquer aujourd'hui d'un homme qui eût droit de rachat; puisse son nom être conservé en Israël! 15 Qu'il console ton âme, et qu'il soit le soutien de ta vieillesse; car ta belle-fille, qui t'aime, a enfanté, et elle te vaut mieux que sept fils. 16 Alors Naomi prit l'enfant, et le mit dans son sein, et elle lui tenait lieu de nourrice. 17 Et les voisines lui donnèrent un nom, et dirent: Un fils est né à Naomi; et elles l'appelèrent Obed; ce fut le père d'Isaï, père de David. 18 Or, ce sont ici les générations de Pharets: Pharets fut père de Hetsron; 19 Hetsron fut père de Ram; Ram fut père d'Amminadab; 20 Amminadab fut père de Nahasshon; Nahasshon fut père de Salmon; 21 Salmon fut père de Booz; Booz fut père d'Obed; 22 Obed fut père d'Isaï, et Isaï fut père de David.

1 Samuel

¹ Il y avait un homme de Ramathaïm Tsophim, de la montagne d'Éphraïm; son nom était Elkana, fils de Jéroham, fils d'Élihu, fils de Thohu, fils de Tsuph, Éphratien. ² Et il avait deux femmes; le nom de l'une était Anne, et le nom de la seconde Péninna; et Péninna avait des enfants, mais Anne n'en avait point. ³ Or, cet homme montait de sa ville, tous les ans, pour adorer et pour sacrifier à l'Éternel des armées, à Silo; et là étaient les deux fils d'Héli, Hophni et Phinées, sacrificateurs de l'Éternel. ⁴ Et le jour qu'Elkana sacrifiait, il donnait des portions à Péninna sa femme, et à tous les fils et filles qu'il avait d'elle. ⁵ Mais il donnait à Anne une portion double, car il aimait Anne; mais l'Éternel l'avait rendue stérile. ⁶ Et sa rivale la mortifiait, même fort aigrement, afin de l'irriter, parce que l'Éternel l'avait rendue stérile. ⁷ Et Elkana faisait ainsi tous les ans. Chaque fois qu'Anne montait à la maison de l'Éternel, Péninna l'offensait de la même manière; et Anne pleurait, et ne mangeait point. ⁸ Et Elkana son mari lui disait: Anne, pourquoi pleures-tu, et pourquoi ne manges-tu point, et pourquoi ton cœur est-il triste? Est-ce que je ne vaux pas mieux, pour toi, que dix fils? ⁹ Or, après avoir mangé et bu à Silo, Anne se leva; et Héli le sacrificateur était assis sur son siège, auprès d'un des poteaux du temple de l'Éternel. ¹⁰ Elle donc, l'âme pleine d'amertume, pria l'Éternel, en répandant beaucoup de larmes; ¹¹ Et elle fit un vœu, et dit: Éternel des armées, si tu daignes regarder l'affliction de ta servante, si tu te souviens de moi, si tu n'oublies point ta servante, et si tu donnes à ta servante un enfant mâle, je le donnerai à l'Éternel pour tous les jours de sa vie, et le rasoir ne passera point sur sa tête. ¹² Et comme elle prolongeait sa prière devant l'Éternel, Héli observait sa bouche; ¹³ Or, Anne parlait dans son cœur, remuant seulement les lèvres, et l'on n'entendait point sa voix. Héli crut donc qu'elle était ivre. ¹⁴ Et Héli lui dit: Jusqu'à quand seras-tu ivre? Va faire passer ton vin. ¹⁵ Mais Anne répondit et dit: Non, mon seigneur; je suis une femme affligée en son esprit; je n'ai bu ni vin ni boisson forte, mais je répandais mon âme devant l'Éternel. ¹⁶ Ne prends pas ta servante pour une femme méprisable; car c'est dans l'excès de ma douleur et de mon affliction que j'ai parlé jusqu'à présent. ¹⁷ Alors Héli répondit, et dit: Va en paix, et que le Dieu d'Israël t'accorde la demande que tu lui as faite. ¹⁸ Et elle dit: Que ta servante trouve grâce devant tes yeux. Et cette femme s'en alla son chemin, et mangea, et son visage ne fut plus le même. ¹⁹ Après cela, ils se levèrent de bon matin, et se prosternèrent devant l'Éternel; puis ils s'en retournèrent, et vinrent à leur maison, à Rama. Alors Elkana connut Anne sa femme; et l'Éternel se souvint d'elle. ²⁰ Et il arriva, dans le courant de l'année, qu'Anne conçut et enfanta un fils, et le nomma Samuel (Dieu a exaucé); car, dit-elle, je l'ai demandé à l'Éternel. ²¹ Et Elkana, son mari, monta, avec toute sa maison, pour offrir à l'Éternel le sacrifice annuel, et son vœu. ²² Mais Anne n'y monta pas; car elle dit à son mari: Je n'irai point jusqu'à ce que l'enfant soit sevré; alors je le mènerai, afin qu'il soit présenté devant l'Éternel, et qu'il y demeure à toujours. ²³ Et Elkana, son mari, lui dit: Fais ce qui te semble bon; demeure jusqu'à ce que tu l'aies sevré. Seulement, que l'Éternel accomplisse sa parole! Ainsi cette femme demeura, et allaita son fils, jusqu'à ce qu'elle l'eût sevré. ²⁴ Et dès qu'elle l'eut sevré, elle le fit monter avec elle, et prit trois veaux, un épha de farine, et une outre de vin; et elle le mena dans la maison de l'Éternel, à Silo; et l'enfant était fort jeune. ²⁵ Puis ils égorgèrent le veau, et amenèrent l'enfant à Héli; ²⁶ Et elle dit: Pardon, mon seigneur! aussi vrai que ton âme vit, mon seigneur, je suis cette femme qui se tenait ici près de toi pour prier l'Éternel. ²⁷ C'est pour cet enfant que je priais, et

l'Éternel m'a accordé la demande que je lui ai faite. ²⁸ Aussi, je le prête à l'Éternel; il sera prêté à l'Éternel pour tous les jours de sa vie. Et ils se prosternèrent là devant l'Éternel.

2

¹ Alors Anne pria, et dit: Mon cœur s'est réjoui en l'Éternel; ma force a été relevée par l'Éternel; ma bouche s'est ouverte contre mes ennemis; car je me suis réjouie de ton salut. ² Nul n'est saint comme l'Éternel; car il n'en est point d'autre que toi, et il n'y a point de rocher comme notre Dieu. ³ Ne proférez pas tant de paroles hautaines; que des paroles arrogantes ne sortent pas de votre bouche; car l'Éternel est le Dieu fort qui sait toutes choses; et c'est par lui que les actions sont pesées. ⁴ L'arc des puissants est brisé, et ceux qui chancelaient ont été ceints de force. ⁵ Ceux qui étaient rassasiés se louent pour du pain, et les affamés ont cessé de l'être. La stérile même en a enfanté sept, et celle qui avait beaucoup de fils est dans la langueur. ⁶ L'Éternel fait mourir et fait vivre; il fait descendre au Sépulcre, et il en fait remonter. ⁷ L'Éternel appauvrit et enrichit, il abaisse et il élève; ⁸ Il relève le pauvre de la poussière, il tire l'indigent du fumier, pour les faire asseoir avec les princes; et il leur donne en héritage un trône de gloire; car les colonnes de la terre sont à l'Éternel, et il a posé le monde sur elles. ⁹ Il gardera les pieds de ses bien-aimés, mais les méchants périront dans les ténèbres; car l'homme ne prévaudra point par sa force. ¹⁰ Les adversaires de l'Éternel seront brisés; des cieux il tonnera sur eux; l'Éternel jugera les extrémités de la terre; il donnera la force à son Roi, et il élèvera la corne de son Oint. ¹¹ Et Elkana s'en alla à Rama en sa maison; mais l'enfant resta au service de l'Éternel, en présence d'Héli, le sacrificateur. ¹² Or, les fils d'Héli étaient des scélérats; ils ne connaissaient point l'Éternel. ¹³ Et voici la coutume de ces sacrificateurs à l'égard du peuple: Quand quelqu'un faisait un sacrifice, le garçon du sacrificateur venait, lorsqu'on faisait bouillir la chair, ayant en sa main la fourchette à trois dents; ¹⁴ Et il piquait dans la chaudière, ou dans le chaudron, ou dans la marmite, ou dans le pot. Le sacrificateur prenait pour lui tout ce que la fourchette enlevait. C'est ainsi qu'ils faisaient à tous ceux d'Israël qui venaient là, à Silo. ¹⁵ Même avant qu'on fît fumer la graisse, le garçon du sacrificateur venait, et disait à l'homme qui sacrifiait: Donne de la chair à rôtir pour le sacrificateur; car il ne prendra point de toi de la chair bouillie, mais de la chair crue. ¹⁶ Que si l'homme lui répondait: On va faire fumer la graisse; après cela, prends-en tant que tu voudras; alors il disait: Non! Tu en donneras maintenant; sinon j'en prendrai de force. ¹⁷ Et le péché de ces jeunes gens était très grand devant l'Éternel; car les hommes méprisaient l'oblation de l'Éternel. ¹⁸ Or, Samuel, enfant, ceint d'un éphod de lin, servait en présence de l'Éternel. ¹⁹ Et sa mère lui faisait un petit manteau, qu'elle lui apportait tous les ans, quand elle montait avec son mari pour offrir le sacrifice annuel. ²⁰ Et Héli bénit Elkana et sa femme, et dit: Que l'Éternel te fasse avoir des enfants de cette femme, pour le prêt qu'elle a fait à l'Éternel! Et ils s'en retournèrent chez eux. ²¹ Et l'Éternel visita Anne, qui conçut et enfanta trois fils et deux filles. Et le jeune Samuel grandissait auprès de l'Éternel. ²² Or Héli était très vieux, et il apprit tout ce que faisaient ses fils à tout Israël, et comment ils couchaient avec les femmes qui s'assemblaient à la porte du tabernacle d'assignation. ²³ Et il leur dit: Pourquoi faites-vous de telles choses? car j'apprends de tout le peuple vos méchantes actions; ²⁴ Ne faites pas ainsi, mes fils; la rumeur que j'entends n'est pas bonne; vous faites transgresser le peuple de l'Éternel. ²⁵ Si un homme pèche contre un autre homme, Dieu le jugera; mais si quelqu'un pèche contre l'Éternel, qui interviendra pour lui? Mais ils n'obéirent point à la voix de leur père, car l'Éternel voulait les faire mourir. ²⁶ Cependant le jeune Samuel allait croissant, et il

était agréable à l'Éternel et aux hommes. ²⁷ Or, un homme de Dieu vint vers Héli, et lui dit: Ainsi a dit l'Éternel: Ne me suis-je pas manifesté à la maison de ton père, quand ils étaient en Égypte, dans la maison de Pharaon? ²⁸ Et je l'ai choisi, d'entre toutes les tribus d'Israël, pour être mon sacrificateur, pour offrir sur mon autel, pour faire fumer les parfums, et porter l'éphod devant moi; et j'ai donné à la maison de ton père toutes les oblations des enfants d'Israël, faites par le feu. ²⁹ Pourquoi avez-vous foulé aux pieds mon sacrifice et mon oblation, que j'ai commandé de faire dans ma demeure? Et pourquoi as-tu honoré tes fils plus que moi, pour vous engraisser du meilleur de toutes les offrandes d'Israël, mon peuple? ³⁰ C'est pourquoi, l'Éternel, le Dieu d'Israël, dit: J'avais dit que ta maison et la maison de ton père marcheraient devant moi à jamais; mais maintenant, l'Éternel dit: Loin de moi cette pensée! car j'honorerai ceux qui m'honorent, mais ceux qui me méprisent seront méprisés. ³¹ Voici, les jours viennent que je couperai ton bras, et le bras de la maison de ton père, en sorte qu'il n'y aura point de vieillard dans ta maison; ³² Et tu verras un ennemi dans ma demeure, pendant que Dieu enverra toute sorte de biens en Israël, et il n'y aura plus jamais de vieillard en ta maison. ³³ Et celui des tiens que je n'aurai point retranché d'auprès de mon autel, sera pour consumer tes yeux et tourmenter ton âme; et tous les enfants de ta maison mourront à la fleur de leur âge. ³⁴ Et ce qui arrivera à tes deux fils, à Hophni et Phinées, te servira de signe; ils mourront tous deux le même jour. ³⁵ Et je m'établirai un sacrificateur fidèle; il agira selon mon cœur et selon mon âme; je lui bâtirai une maison stable, et il marchera toujours devant mon Oint. ³⁶ Et quiconque sera demeuré de reste de ta maison, viendra se prosterner devant lui, pour avoir une pièce d'argent et un morceau de pain, et lui dira: Fais-moi entrer, je te prie, dans une des charges du sacerdoce, pour manger un morceau de pain.

3

¹ Or, le jeune Samuel servait l'Éternel, en présence d'Héli; et la parole de l'Éternel était rare en ces jours-là, et les visions n'étaient pas communes. ² Et il arriva un jour qu'Héli était couché en son lieu. Or ses yeux commençaient à se ternir, et il ne pouvait plus voir. ³ La lampe de Dieu n'était pas encore éteinte, et Samuel était couché dans le temple de l'Éternel, où était l'arche de Dieu; ⁴ Alors l'Éternel appela Samuel, et il répondit: Me voici! ⁵ Et il courut vers Héli, et lui dit: Me voici, car tu m'as appelé. Mais Héli dit: Je n'ai point appelé; retourne-t'en, et couche-toi. Et il s'en alla et se coucha. ⁶ Et l'Éternel appela encore Samuel, et Samuel se leva et s'en alla vers Héli, et dit: Me voici, car tu m'as appelé. Et Héli dit: Mon fils, je n'ai point appelé; retourne-t'en et couche-toi. ⁷ Or, Samuel ne connaissait point encore l'Éternel, et la parole de l'Éternel ne lui avait point encore été révélée. ⁸ Et l'Éternel appela encore Samuel pour la troisième fois; et il se leva, et s'en alla vers Héli, et dit: Me voici, car tu m'as appelé. Et Héli comprit que l'Éternel appelait cet enfant. ⁹ Alors Héli dit à Samuel: Va, et couche-toi; et si l'on t'appelle, tu diras: Parle, Éternel; car ton serviteur écoute. Samuel s'en alla donc, et se coucha en son lieu. ¹⁰ Et l'Éternel vint, et se tint là, et appela, comme les autres fois, Samuel, Samuel! Et Samuel dit: Parle; car ton serviteur écoute. ¹¹ Alors l'Éternel dit à Samuel: Voici, je vais faire en Israël une chose que nul ne pourra entendre sans que ses deux oreilles lui tintent; ¹² En ce jour-là, j'exécuterai contre Héli tout ce que j'ai dit contre sa maison; je commencerai et j'achèverai. ¹³ Car je l'ai averti que j'allais punir sa maison pour jamais, à cause de l'iniquité qu'il a connue, et par laquelle ses fils se sont rendus infâmes, sans qu'il les ait réprimés. ¹⁴ C'est pourquoi, j'ai juré à la maison d'Héli que jamais l'iniquité de la maison d'Héli ne sera expiée, ni par sacrifice, ni par oblation. ¹⁵ Et Samuel demeura couché jusqu'au matin, puis il ouvrit les portes de la maison de l'Éternel. Or, Samuel craignait de déclarer cette vision à Héli.

[16] Mais Héli appela Samuel, et dit: Samuel, mon fils; [17] Et il répondit: Me voici! Et Héli dit: Quelle est la parole qu'il t'a adressée? Je te prie, ne me la cache point. Que Dieu te traite avec la dernière rigueur, si tu me caches un seul mot de tout ce qu'il t'a dit. [18] Samuel lui déclara donc toutes ces paroles, et il ne lui cacha rien. Et Héli répondit: C'est l'Éternel, qu'il fasse ce qui lui semblera bon! [19] Et Samuel devenait grand, et l'Éternel était avec lui, et il ne laissa tomber à terre aucune de ses paroles. [20] Et tout Israël, depuis Dan jusqu'à Béer-Shéba, connut que Samuel était établi prophète de l'Éternel. [21] Et l'Éternel continua d'apparaître à Silo; car l'Éternel se manifestait à Samuel, à Silo, par la parole de l'Éternel.

4

[1] Or la parole de Samuel était pour tout Israël. Et Israël sortit en guerre à la rencontre des Philistins, et campa près d'Ében-Ézer; et les Philistins campèrent à Aphek. [2] Et les Philistins se rangèrent en bataille contre Israël; et le combat s'engagea, et Israël fut battu par les Philistins, qui tuèrent en bataille rangée dans la campagne, environ quatre mille hommes. [3] Et le peuple étant rentré au camp, les anciens d'Israël dirent: Pourquoi l'Éternel nous a-t-il laissé battre aujourd'hui par les Philistins? Faisons venir de Silo l'arche de l'alliance de l'Éternel, et qu'il vienne au milieu de nous, et nous délivre de la main de nos ennemis. [4] Le peuple envoya donc à Silo, d'où l'on apporta l'arche de l'alliance de l'Éternel des armées, qui habite entre les chérubins; et les deux fils d'Héli, Hophni et Phinées, y étaient avec l'arche de l'alliance de Dieu. [5] Et comme l'arche de l'Éternel entrait au camp, tout Israël jeta de si grands cris de joie, que la terre en retentit. [6] Et les Philistins, entendant le bruit des cris de joie, dirent: Que veulent dire ces grands cris de joie au camp des Hébreux? Et ils surent que l'arche de l'Éternel était venue au camp. [7] Et les Philistins eurent peur, car ils disaient: Dieu est venu au camp; et ils dirent: Malheur à nous! car il n'en était pas ainsi ces jours passés; [8] Malheur à nous! qui nous délivrera de la main de ces Dieux puissants? Ce sont ces Dieux qui ont frappé les Égyptiens de toute sorte de plaies au désert. [9] Philistins, renforcez-vous, et agissez en hommes, de peur que vous ne soyez esclaves des Hébreux, comme ils ont été les vôtres; soyez donc hommes, et combattez. [10] Les Philistins combattirent donc, et Israël fut battu, et chacun s'enfuit en sa tente; la défaite fut très grande, et trente mille hommes de pied d'Israël y périrent. [11] Et l'arche de Dieu fut prise; et les deux fils d'Héli, Hophni et Phinées, moururent. [12] Or, un homme de Benjamin s'enfuit de la bataille, et arriva à Silo ce jour-là, les vêtements déchirés, et de la poussière sur la tête; [13] Et comme il arrivait, voici, Héli était assis sur son siège à côté du chemin, en attente; car son cœur tremblait à cause de l'arche de Dieu. Cet homme entra donc dans la ville pour porter ces nouvelles, et toute la ville se mit à crier. [14] Et Héli, entendant ces clameurs, dit: Que veut dire ce bruit, ce tumulte? Et cet homme, se hâtant, vint à Héli, et lui raconta tout. [15] Or, Héli était âgé de quatre-vingt-dix-huit ans, et ses yeux étaient fixes, et il ne pouvait plus voir. [16] L'homme dit donc à Héli: C'est moi qui viens de la bataille; et je me suis échappé de la bataille aujourd'hui. Et Héli dit: Qu'est-il arrivé, mon fils? [17] Et celui qui apportait les nouvelles répondit, et dit: Israël a fui devant les Philistins; et même il y a eu une grande défaite parmi le peuple, et tes deux fils, Hophni et Phinées, sont morts aussi, et l'arche de Dieu a été prise. [18] Et dès qu'il eut fait mention de l'arche de Dieu, Héli tomba à la renverse de dessus son siège, à côté de la porte, et il se rompit le cou, et mourut; car c'était un homme vieux et pesant. Il avait jugé Israël quarante ans. [19] Et sa belle-fille, femme de Phinées, qui était enceinte et sur le point d'accoucher, ayant appris la nouvelle que l'arche de Dieu était prise, et que son beau-père et son mari étaient morts, s'affaissa et enfanta; car les douleurs lui survinrent. [20] Et comme elle se mourait, celles qui étaient

près d'elle, lui dirent: Ne crains point; car tu as enfanté un fils. Mais elle ne répondit rien, et n'y fit aucune attention. ²¹ Et elle nomma l'enfant Icabod (sans gloire), en disant: La gloire est ôtée d'Israël; parce que l'arche de l'Éternel était prise, et à cause de son beau-père et de son mari. ²² Elle dit donc: La gloire est ôtée d'Israël; car l'arche de Dieu est prise.

5

¹ Or les Philistins prirent l'arche de Dieu, et l'emmenèrent d'Ében-Ézer à Asdod. ² Puis les Philistins prirent l'arche de Dieu, et l'emmenèrent dans la maison de Dagon, et la placèrent auprès de Dagon. ³ Le lendemain, les Asdodiens se levèrent de bon matin, et voici, Dagon était tombé, le visage contre terre, devant l'arche de l'Éternel; mais ils prirent Dagon, et le remirent à sa place. ⁴ Ils se levèrent encore le lendemain de bon matin, et voici, Dagon était tombé, le visage contre terre, devant l'arche de l'Éternel; la tête de Dagon et les deux paumes de ses mains, coupées, étaient sur le seuil; le tronc seul lui restait. ⁵ C'est pour cela que les sacrificateurs de Dagon, et tous ceux qui entrent dans sa maison, ne marchent point sur le seuil de Dagon, à Asdod, jusqu'à ce jour. ⁶ Ensuite la main de l'Éternel s'appesantit sur les Asdodiens, et désola leur pays, et les frappa d'hémorroïdes à Asdod et dans son territoire. ⁷ Ceux d'Asdod, voyant qu'il en était ainsi, dirent: L'arche du Dieu d'Israël ne demeurera point chez nous; car sa main s'est appesantie sur nous et sur Dagon, notre dieu. ⁸ Alors ils envoyèrent et assemblèrent tous les princes des Philistins, et dirent: Que ferons-nous de l'arche du Dieu d'Israël? Et ils répondirent: Qu'on transporte l'arche du Dieu d'Israël à Gath. Ainsi l'on transporta l'arche du Dieu d'Israël. ⁹ Mais après qu'on l'eut transportée, la main de l'Éternel fut sur la ville et y causa un grand trouble, et il frappa les gens de la ville, depuis le petit jusqu'au grand, et il leur vint des hémorrhoïdes. ¹⁰ Ils envoyèrent donc l'arche de Dieu à Ékron. Or, comme l'arche de Dieu entrait à Ékron, les Ékroniens s'écrièrent, et dirent: Ils ont transporté chez nous l'arche du Dieu d'Israël, pour nous faire mourir, nous et notre peuple! ¹¹ C'est pourquoi ils envoyèrent, et rassemblèrent tous les princes des Philistins, et dirent: Laissez aller l'arche du Dieu d'Israël, et qu'elle s'en retourne en son lieu, afin qu'elle ne nous fasse point mourir, nous et notre peuple. Car il y avait une terreur mortelle par toute la ville, et la main de Dieu s'y était fort appesantie. ¹² Et les hommes qui ne mouraient point, étaient frappés d'hémorrhoïdes; et le cri de la ville montait jusqu'au ciel.

6

¹ L'arche de l'Éternel ayant été pendant sept mois au pays des Philistins, ² Les Philistins appelèrent les sacrificateurs et les devins, et leur dirent: Que ferons nous de l'arche de l'Éternel? Apprenez-nous comment nous la renverrons en son lieu. ³ Et ils répondirent: Si vous renvoyez l'arche du Dieu d'Israël, ne la renvoyez point à vide; mais ne manquez pas de lui payer une offrande pour le délit; alors vous serez guéris, et vous saurez pourquoi sa main ne s'est point retirée de dessus vous. ⁴ Et ils dirent: Quelle offrande lui payerons-nous pour le délit? Et ils répondirent: D'après le nombre des princes des Philistins, cinq hémorrhoïdes d'or, et cinq souris d'or; car une même plaie a été sur vous tous, et sur vos princes. ⁵ Vous ferez donc des figures de vos hémorrhoïdes, et des figures des souris qui dévastent le pays, et vous donnerez gloire au Dieu d'Israël; peut-être allégera-t-il sa main de dessus vous, et de dessus vos dieux, et de dessus votre pays. ⁶ Et pourquoi endurciriez-vous votre cœur, comme les Égyptiens et Pharaon endurcirent le leur? Après qu'il eut accompli contre eux ses prodiges, ne les laissèrent-ils pas partir et s'en aller? ⁷ Maintenant donc prenez de quoi faire un chariot tout neuf, et deux vaches

qui allaient, sur lesquelles on n'ait point encore mis de joug; et attelez les deux vaches au chariot, et ramenez leurs petits à la maison. [8] Prenez ensuite l'arche de l'Éternel, et mettez-la sur le chariot; et mettez les ouvrages d'or, que vous lui aurez payés en offrande pour le délit, dans un coffret, à côté d'elle, et renvoyez-la, et qu'elle s'en aille. [9] Puis, regardez; si elle monte vers Beth-Shémesh, par le chemin de sa frontière, c'est l'Éternel qui nous a fait ce grand mal; sinon, nous saurons que sa main ne nous a point touchés, mais que ceci nous est arrivé par hasard. [10] Et ces gens firent ainsi. Ils prirent deux vaches qui allaitaient, et les attelèrent au chariot, et enfermèrent leurs petits dans la maison; [11] Ils mirent l'arche de l'Éternel sur le chariot, et le coffret, avec les souris d'or et les figures de leurs tumeurs. [12] Alors les vaches prirent tout droit le chemin de Beth-Shémesh, et tinrent toujours la même route, marchant et mugissant; et elles ne se détournèrent ni à droite ni à gauche; et les princes des Philistins allèrent après elles jusqu'à la frontière de Beth-Shémesh. [13] Or, les gens de Beth-Shémesh moissonnaient les blés dans la vallée; et ils levèrent les yeux, et virent l'arche, et se réjouirent de la voir. [14] Et le chariot vint au champ de Josué, de Beth-Shémesh, et s'arrêta là. Or, il y avait là une grande pierre, et on fendit le bois du chariot, et on offrit les vaches en holocauste à l'Éternel; [15] Et les Lévites descendirent l'arche de l'Éternel, et le coffret qui était auprès, dans lequel étaient les ouvrages d'or, et ils les mirent sur la grande pierre. En ce jour, ceux de Beth-Shémesh offrirent des holocaustes et des sacrifices à l'Éternel. [16] Et les cinq princes des Philistins, ayant vu cela, retournèrent le même jour à Ékron. [17] Et voici les tumeurs d'or que les Philistins donnèrent à l'Éternel, en offrande pour le délit; une pour Asdod, une pour Gaza, une pour Askélon, une pour Gath, une pour Ékron. [18] Et il y avait des souris d'or, selon le nombre de toutes les villes des Philistins soumises aux cinq princes, tant des villes fermées que des bourgs sans murailles. Or la grande pierre sur laquelle on posa l'arche de l'Éternel, est encore jusqu'à ce jour dans le champ de Josué de Beth-Shémesh. [19] Et l'Éternel frappa les gens de Beth-Shémesh, parce qu'ils avaient regardé dans l'arche de l'Éternel; et il frappa dans le peuple, soixante et dix hommes, et cinquante mille hommes. Et le peuple fut dans le deuil, parce que l'Éternel l'avait frappé d'une grande plaie. [20] Alors ceux de Beth-Shémesh dirent: Qui pourrait subsister en présence de l'Éternel, de ce Dieu saint? Et vers qui montera-t-il en s'éloignant de nous? [21] Et ils envoyèrent des messagers aux habitants de Kirjath-Jearim, pour leur dire: Les Philistins ont ramené l'arche de l'Éternel; descendez, et faites-la monter vers vous.

7

[1] Alors, les gens de Kirjath-Jearim vinrent, et firent monter l'arche de l'Éternel, et la mirent dans la maison d'Abinadab, sur le coteau, et ils consacrèrent Éléazar, son fils, pour garder l'arche de l'Éternel. [2] Or, depuis le jour où l'arche de l'Éternel fut déposée à Kirjath-Jearim, il se passa un long temps; et il y avait vingt ans de cela, lorsque toute la maison d'Israël soupira après l'Éternel. [3] Et Samuel parla à toute la maison d'Israël, en disant: Si vous retournez de tout votre cœur à l'Éternel, ôtez du milieu de vous les dieux étrangers et les Ashtharoth, et rangez votre cœur à l'Éternel, et servez-le lui seul, et il vous délivrera de la main des Philistins. [4] Alors les enfants d'Israël ôtèrent les Baalim et les Ashtharoth, et servirent l'Éternel seul. [5] Et Samuel dit: Assemblez tout Israël à Mitspa, et je prierai l'Éternel pour vous. [6] Ils s'assemblèrent donc à Mitspa, et y puisèrent de l'eau, qu'ils répandirent devant l'Éternel; et ils jeûnèrent ce jour-là, et dirent: Nous avons péché contre l'Éternel! Et Samuel jugea les enfants d'Israël à Mitspa. [7] Or, quand les Philistins eurent appris que les enfants d'Israël s'étaient assemblés à Mitspa,

les princes des Philistins montèrent contre Israël. Et quand les enfants d'Israël l'eurent appris, ils eurent peur des Philistins; 8 Et les enfants d'Israël dirent à Samuel: Ne cesse point de crier pour nous à l'Éternel, notre Dieu, afin qu'il nous délivre de la main des Philistins. 9 Alors Samuel prit un agneau de lait, et l'offrit tout entier à l'Éternel en holocauste; et Samuel cria vers l'Éternel pour Israël, et l'Éternel l'exauça. 10 Et il arriva, comme Samuel offrait l'holocauste, que les Philistins s'approchèrent pour combattre contre Israël; mais l'Éternel tonna avec grand bruit sur les Philistins en ce jour-là, et les mit en déroute, et ils furent battus devant Israël. 11 Et les hommes d'Israël sortirent de Mitspa, et poursuivirent les Philistins, et les frappèrent jusqu'au-dessous de Beth-Car. 12 Alors Samuel prit une pierre, et la mit entre Mitspa et le rocher, et la nomma Ében-Ézer (pierre du secours), et dit: L'Éternel nous a secourus jusqu'ici. 13 Et les Philistins furent humiliés, et ils ne vinrent plus sur le territoire d'Israël; et la main de l'Éternel fut contre les Philistins pendant tout le temps de Samuel. 14 Et les villes que les Philistins avaient prises sur Israël, retournèrent à Israël, depuis Ékron jusqu'à Gath, avec leur territoire. Israël les délivra de la main des Philistins, et il y eut paix entre Israël et les Amoréens. 15 Et Samuel jugea Israël tous les jours de sa vie. 16 Il allait tous les ans faire le tour de Béthel, et de Guilgal, et de Mitspa, et il jugeait Israël en tous ces lieux-là. 17 Puis il s'en retournait à Rama, car là était sa maison, et là il jugeait Israël; et il y bâtit un autel à l'Éternel.

8

1 Quand Samuel fut devenu vieux, il établit ses fils pour juges sur Israël. 2 Son premier-né s'appelait Joël, et le second Abija; et ils jugeaient à Béer-Shéba. 3 Et ses fils ne marchèrent point dans ses voies, mais ils s'en détournèrent pour rechercher le gain; et ils prenaient des présents, et pervertissaient le droit. 4 Alors tous les anciens d'Israël s'assemblèrent, et vinrent vers Samuel à Rama; 5 Et ils lui dirent: Voici, tu es devenu vieux, et tes fils ne marchent point dans tes voies; maintenant, établis sur nous un roi pour nous juger, comme en ont toutes les nations. 6 Et cette parole déplut à Samuel, parce qu'ils avaient dit: Donne-nous un roi pour nous juger; et Samuel pria l'Éternel. 7 Et l'Éternel dit à Samuel: Obéis à la voix du peuple, en tout ce qu'ils te diront; car ce n'est pas toi qu'ils ont rejeté, mais c'est moi qu'ils ont rejeté, afin que je ne règne point sur eux. 8 Conformément à toutes les actions qu'ils ont faites, depuis le jour où je les ai fait monter hors d'Égypte jusqu'à ce jour, et de même qu'ils m'ont abandonné et ont servi d'autres dieux, ils agissent aussi de même à ton égard. 9 Maintenant donc, obéis à leur voix; seulement ne manque point de protester contre eux, et de leur déclarer comment le roi, qui régnera sur eux, les traitera. 10 Alors Samuel dit toutes les paroles de l'Éternel au peuple, qui lui avait demandé un roi. 11 Et il dit: Voici comment vous traitera le roi qui régnera sur vous. Il prendra vos fils, et les mettra sur ses chars et parmi ses cavaliers, et ils courront devant son char; 12 Il les prendra aussi pour en faire ses chefs de milliers, et ses chefs de cinquantaines; pour labourer ses champs, pour récolter sa moisson, et pour faire ses instruments de guerre, et l'attirail de ses chars. 13 Il prendra aussi vos filles, pour en faire des parfumeuses, des cuisinières, et des boulangères; 14 Il prendra aussi vos champs, vos vignes et vos oliviers les meilleurs, et les donnera à ses serviteurs. 15 Il lèvera la dîme de vos grains et de vos vignes, et la donnera à ses eunuques et à ses serviteurs; 16 Il prendra vos serviteurs et vos servantes, et l'élite de vos jeunes gens, et vos ânes, et les emploiera à ses ouvrages; 17 Il dîmera vos troupeaux, et vous serez ses esclaves. 18 Vous crierez, en ce jour-là, à cause de votre roi, que vous vous serez choisi, mais l'Éternel ne vous exaucera point. 19 Mais le peuple refusa d'écouter la voix de Samuel, et ils dirent:

Non! mais il y aura un roi sur nous, ²⁰ Et nous serons, nous aussi, comme toutes les nations; et notre roi nous jugera, et sortira devant nous, et conduira nos guerres. ²¹ Et Samuel entendit toutes les paroles du peuple, et les rapporta aux oreilles de l'Éternel. ²² Et l'Éternel dit à Samuel: Obéis à leur voix, et établis-leur un roi. Et Samuel dit aux hommes d'Israël: Allez-vous-en chacun en sa ville.

9

¹ Or il y avait un homme de Benjamin, nommé Kis, fils d'Abiel, fils de Tséror, fils de Bécorath, fils d'Aphiach, fils d'un Benjamite, et vaillant homme. ² Il avait un fils, nommé Saül, jeune et beau, et aucun des enfants d'Israël n'était plus beau que lui; et, des épaules en haut, il dépassait tout le peuple. ³ Or, les ânesses de Kis, père de Saül, s'étaient égarées; et Kis dit à Saül, son fils: Prends maintenant avec toi un des serviteurs, lève-toi, et va chercher les ânesses. ⁴ Il passa donc par la montagne d'Éphraïm, et il passa par le pays de Shalisha, mais ils ne les trouvèrent point; puis ils passèrent par le pays de Shaalim, et elles n'y étaient pas; ils passèrent ensuite par le pays de Benjamin, et ils ne les trouvèrent point. ⁵ Quand ils furent venus au pays de Tsuph, Saül dit à son serviteur, qui était avec lui: Viens, et retournons-nous-en, de peur que mon père ne cesse de s'inquiéter des ânesses, et ne soit en peine de nous. ⁶ Mais il lui dit: Voici, je te prie, il y a dans cette ville un homme de Dieu, et c'est un homme vénéré, et tout ce qu'il dit arrive; allons-y maintenant; peut-être qu'il nous enseignera le chemin que nous devons suivre. ⁷ Et Saül dit à son serviteur: Mais si nous y allons, que porterons-nous à cet homme? car nos sacs sont vides de provisions, et nous n'avons aucun présent à porter à l'homme de Dieu. Qu'avons-nous avec nous? ⁸ Et le serviteur répondit de nouveau à Saül, et dit: Voici il se trouve encore entre mes mains le quart d'un sicle d'argent; je le donnerai à l'homme de Dieu, et il nous enseignera notre chemin. ⁹ (Autrefois en Israël, quand on allait consulter Dieu, on disait ainsi: Venez, allons jusqu'au Voyant; car celui qu'on appelle aujourd'hui le prophète, s'appelait autrefois le Voyant.) ¹⁰ Et Saül dit à son serviteur: Tu as bien dit; viens, allons. Et ils s'en allèrent à la ville où était l'homme de Dieu. ¹¹ Comme ils montaient par la montée de la ville, ils trouvèrent des jeunes filles qui sortaient pour puiser de l'eau, et ils leur dirent: Le Voyant est-il ici? ¹² Et elles leur répondirent, et dirent: Il y est, le voilà devant toi; hâte-toi maintenant; car il est venu aujourd'hui à la ville, parce que le peuple fait aujourd'hui un sacrifice sur le haut lieu. ¹³ Dès que vous serez entrés dans la ville, vous le trouverez, avant qu'il monte au haut lieu pour manger; car le peuple ne mangera point jusqu'à ce qu'il soit venu, parce qu'il doit bénir le sacrifice; après cela ceux qui sont conviés en mangeront. Montez donc maintenant; car vous le trouverez précisément aujourd'hui. ¹⁴ Ils montèrent donc à la ville. Comme ils entraient dans le milieu de la ville, voici, Samuel, qui sortait pour monter au haut lieu, les rencontra. ¹⁵ Or, un jour avant que Saül vînt, l'Éternel avait fait à Samuel une révélation, lui disant: ¹⁶ Demain, à cette même heure, je t'enverrai un homme du pays de Benjamin, et tu l'oindras pour être conducteur de mon peuple d'Israël, et il délivrera mon peuple de la main des Philistins. Car j'ai regardé mon peuple, parce que son cri est venu jusqu'à moi. ¹⁷ Et lorsque Samuel eut vu Saül, l'Éternel lui dit: Voici l'homme dont je t'ai parlé; c'est lui qui dominera sur mon peuple. ¹⁸ Et Saül s'approcha de Samuel, au milieu de la porte, et dit ¹⁹ Et Samuel répondit à Saül, et dit: C'est moi qui suis le Voyant. Monte devant moi au haut lieu, et vous mangerez aujourd'hui avec moi; et je te laisserai aller au matin, et je te déclarerai tout ce qui est en ton cœur. ²⁰ Mais quant aux ânesses que tu as perdues, il y a aujourd'hui trois jours, ne t'en mets point en peine, parce qu'elles ont été retrouvées. Et vers qui tend tout le désir d'Israël? N'est-ce point vers toi, et vers toute la maison de ton père? ²¹ Et Saül répondit, et dit: Ne suis-je pas Benjamite, de la moindre tribu d'Israël, et ma famille n'est-elle pas la plus petite de toutes les familles de

la tribu de Benjamin? Et pourquoi m'as-tu tenu de tels discours? ²² Samuel prit Saül et son serviteur, et il les fit entrer dans la salle, et leur donna une place à la tête des conviés, qui étaient environ trente hommes. ²³ Et Samuel dit au cuisinier: Donne la portion que je t'ai donnée, et que je t'ai dit de réserver. ²⁴ Alors le cuisinier prit l'épaule, avec ce qui est dessus, et la mit devant Saül. Et Samuel dit: Voici ce qui a été réservé; mets-le devant toi, et mange, car il t'a été gardé pour cette heure, lorsque je résolus de convier le peuple. Et Saül mangea avec Samuel ce jour-là. ²⁵ Ils descendirent ensuite du haut lieu dans la ville, et Samuel parla avec Saül sur la plate-forme. ²⁶ Puis ils se levèrent de bon matin, et à la pointe du jour, Samuel appela Saül sur la plate-forme, et lui dit: Lève-toi, et je te laisserai aller. Saül se leva donc, et ils sortirent tous deux, lui et Samuel. ²⁷ Comme ils descendaient au bas de la ville, Samuel dit à Saül: Dis au serviteur qu'il passe devant nous (et il passa); mais toi, arrête-toi maintenant, que je te fasse entendre la parole de Dieu.

10

¹ Or, Samuel prit une fiole d'huile, qu'il répandit sur la tête de Saül; puis il le baisa, et dit: L'Éternel ne t'a-t-il pas oint pour être le conducteur de son héritage? ² Aujourd'hui quand tu seras parti d'avec moi, tu trouveras, près du tombeau de Rachel, sur la frontière de Benjamin, à Tseltsach, deux hommes qui te diront: Les ânesses que tu étais allé chercher, ont été trouvées; et voici, ton père ne pense plus aux ânesses, mais il est en peine de vous, disant: Que ferai-je pour retrouver mon fils? ³ Et lorsque de là tu auras passé plus avant, et que tu seras venu jusqu'au chêne de Tabor, tu seras rencontré par trois hommes qui montent vers Dieu, à Béthel, et qui portent, l'un trois chevreaux, l'autre trois tourteaux de pain, et l'autre une outre de vin; ⁴ Et ils te demanderont comment tu te portes, et ils te donneront deux pains, que tu recevras de leur main. ⁵ Après cela, tu viendras à Guibea-Élohim, où est la garnison des Philistins; et il arrivera qu'en entrant dans la ville, tu rencontreras une troupe de prophètes, descendant du haut lieu, ayant devant eux une lyre, un tambour, une flûte et une harpe, et qui prophétiseront; ⁶ Alors l'Esprit de l'Éternel te saisira, et tu prophétiseras avec eux, et tu seras changé en un autre homme. ⁷ Et quand ces signes te seront arrivés, fais tout ce qui se présentera à faire; car Dieu est avec toi. ⁸ Puis tu descendras devant moi, à Guilgal; et voici, je descendrai vers toi, pour offrir des holocaustes et des sacrifices de prospérités; tu attendras sept jours, jusqu'à ce que j'arrive auprès de toi, et je te déclarerai ce que tu devras faire. ⁹ Or, aussitôt que Saül eut tourné le dos pour s'en aller d'avec Samuel, Dieu lui changea le cœur, et lui en donna un autre, et tous ces signes lui arrivèrent en ce jour-là. ¹⁰ Quand ils furent arrivés à Guibea, voici, une troupe de prophètes vint au-devant de lui; et l'Esprit de Dieu le saisit, et il prophétisa au milieu d'eux. ¹¹ Et lorsque tous ceux qui le connaissaient auparavant, virent qu'il prophétisait avec les prophètes, les gens se dirent l'un à l'autre: Qu'est-il donc arrivé au fils de Kis? Saül est-il aussi entre les prophètes? ¹² Et quelqu'un de là répondit, et dit: Et qui est leur père? C'est pourquoi cela passa en proverbe: Saül aussi est-il entre les prophètes? ¹³ Puis il cessa de prophétiser, et vint au haut lieu. ¹⁴ Et un oncle de Saül dit à Saül et à son serviteur: Où êtes-vous allés? Et il répondit: Chercher les ânesses; mais voyant qu'elles ne se trouvaient point, nous sommes venus vers Samuel. ¹⁵ Et l'oncle de Saül lui dit: Déclare-moi, je te prie, ce que vous a dit Samuel. ¹⁶ Et Saül dit à son oncle: Il nous a assuré que les ânesses étaient trouvées; mais il ne lui déclara pas le discours que Samuel avait tenu touchant la royauté. ¹⁷ Or, Samuel convoqua le peuple, devant l'Éternel, à Mitspa; ¹⁸ Et il dit aux enfants d'Israël: Ainsi a dit l'Éternel, le Dieu d'Israël: J'ai fait monter Israël hors d'Égypte, et je vous ai délivrés de la main des Égyptiens, et de la main de tous les royaumes qui vous opprimaient; ¹⁹ Et aujourd'hui vous rejetez votre Dieu, qui vous a délivrés de tous vos maux et de toutes vos afflictions, et vous dites: Non,

mais établis un roi sur nous. Présentez-vous donc maintenant devant l'Éternel, selon vos tribus, et selon vos milliers. ²⁰ Alors Samuel fit approcher toutes les tribus d'Israël; et la tribu de Benjamin fut désignée. ²¹ Puis, il fit approcher la tribu de Benjamin, selon ses familles, et la famille de Matri fut désignée; puis Saül, fils de Kis, fut désigné, et ils le cherchèrent; mais il ne se trouva point. ²² Et ils consultèrent encore l'Éternel, en disant: Est-il encore venu un homme ici? Et l'Éternel dit: Le voilà caché dans les bagages. ²³ Et ils coururent, et le tirèrent de là, et il se présenta au milieu du peuple; et il dépassait tout le peuple, depuis les épaules en haut. ²⁴ Et Samuel dit à tout le peuple: Voyez-vous celui que l'Éternel a choisi? Il n'y en a point dans tout le peuple qui soit semblable à lui. Et tout le peuple jeta des cris de joie, et dit: Vive le roi! ²⁵ Alors Samuel prononça devant le peuple le droit du royaume, et l'écrivit dans un livre, qu'il mit devant l'Éternel. Puis Samuel renvoya tout le peuple, chacun en sa maison. ²⁶ Saül aussi s'en alla en sa maison, à Guibea, et les gens de guerre, dont Dieu avait touché le cœur, allèrent avec lui. ²⁷ Mais il y eut des hommes pervers qui dirent: Comment celui-ci nous délivrerait-il? Et ils le méprisèrent, et ne lui apportèrent point de présent; mais il fit le sourd.

11

¹ Or, Nachash, l'Ammonite, monta, et campa contre Jabès de Galaad; et tous les hommes de Jabès dirent à Nachash: Traite alliance avec nous, et nous te servirons. ² Mais Nachash, l'Ammonite, leur répondit: Je traiterai avec vous à cette condition, que je vous crève à tous l'œil droit, et que je mette cet opprobre sur tout Israël. ³ Et les anciens de Jabès lui dirent: Donne-nous sept jours de trêve, et nous enverrons des messagers dans tout le territoire d'Israël, et s'il n'y a personne qui nous délivre, nous nous rendrons à toi. ⁴ Les messagers vinrent donc à Guibea de Saül, et firent entendre ces paroles au peuple; et tout le peuple éleva la voix et pleura. ⁵ Et voici, Saül revenait des champs derrière ses bœufs, et il dit: Qu'a donc le peuple pour pleurer ainsi? Et on lui raconta ce qu'avaient dit ceux de Jabès. ⁶ Or, l'Esprit de Dieu saisit Saül, quand il entendit ces paroles, et il entra dans une grande colère; ⁷ Et il prit une couple de bœufs, et les coupa en morceaux, qu'il envoya dans tout le territoire d'Israël, par les messagers, en disant: On traitera de même les bœufs de ceux qui ne sortiront point à la suite de Saül et de Samuel. Et la frayeur de l'Éternel saisit le peuple, et ils sortirent comme un seul homme. ⁸ Et il en fit la revue à Bézek; et il y avait trois cent mille hommes des enfants d'Israël, et trente mille des hommes de Juda. ⁹ Puis, ils dirent aux messagers qui étaient venus: Vous parlerez ainsi aux gens de Jabès de Galaad: Vous serez délivrés demain, quand le soleil sera dans sa force. Alors les messagers revinrent, et rapportèrent cela à ceux de Jabès, qui s'en réjouirent. ¹⁰ Et les gens de Jabès dirent aux Ammonites: Demain nous nous rendrons à vous, et vous nous ferez tout ce qui vous semblera bon. ¹¹ Mais, le lendemain, Saül mit le peuple en trois bandes, et ils pénétrèrent dans le camp sur la veille du matin, et ils battirent les Ammonites jusqu'à la chaleur du jour; et ceux qui restèrent furent tellement dispersés, qu'il n'en demeura pas d'entre eux deux ensemble. ¹² Et le peuple dit à Samuel: Qui est-ce qui disait: Saül régnerait-il sur nous? Livrez-nous ces hommes-là, et nous les ferons mourir. ¹³ Mais Saül dit: Personne ne sera mis à mort en ce jour; car aujourd'hui l'Éternel a opéré une délivrance en Israël. ¹⁴ Et Samuel dit au peuple: Venez, et allons à Guilgal, et là nous inaugurerons la royauté. ¹⁵ Et tout le peuple s'en alla à Guilgal; et là ils établirent Saül pour roi, devant l'Éternel, à Guilgal, et ils y offrirent des sacrifices de prospérités, devant l'Éternel. Et Saül et tous les hommes d'Israël s'y réjouirent beaucoup.

12

[1] Alors Samuel dit à tout Israël: Voici, j'ai obéi à votre voix dans tout ce que vous m'avez dit, et j'ai établi un roi sur vous; [2] Et maintenant, voici le roi qui marche devant vous. Quant à moi, je suis vieux, et déjà tout blanc. Voici, mes fils aussi sont avec vous; et pour moi, j'ai marché devant vous, dès ma jeunesse, jusqu'à ce jour. [3] Me voici, témoignez contre moi devant l'Éternel et devant son Oint. De qui ai-je pris le bœuf? et de qui ai-je pris l'âne? qui ai-je opprimé? qui ai-je foulé? et de la main de qui ai-je pris une rançon, pour fermer mes yeux sur lui? et je vous le restituerai. [4] Et ils répondirent: Tu ne nous as point opprimés, et tu ne nous as point foulés, et tu n'as rien pris de la main de personne. [5] Alors il leur dit: L'Éternel est témoin contre vous, son Oint aussi est témoin aujourd'hui, que vous n'avez rien trouvé entre mes mains. Et ils répondirent: Il en est témoin! [6] Alors Samuel dit au peuple: C'est l'Éternel qui établit Moïse et Aaron, et qui fit monter vos pères du pays d'Égypte. [7] Et maintenant, présentez-vous, et je plaiderai avec vous, devant l'Éternel, sur tous les bienfaits de l'Éternel, qu'il a faits à vous et à vos pères. [8] Après que Jacob fut entré en Égypte, vos pères crièrent à l'Éternel, et l'Éternel envoya Moïse et Aaron, qui firent sortir vos pères de l'Égypte et les firent habiter en ce lieu. [9] Mais ils oublièrent l'Éternel leur Dieu, et il les livra entre les mains de Sisera, chef de l'armée de Hatsor, et entre les mains des Philistins, et entre les mains du roi de Moab, qui leur firent la guerre. [10] Alors, ils crièrent à l'Éternel, et dirent: Nous avons péché; car nous avons abandonné l'Éternel, et nous avons servi les Baals et les Ashtharoth; mais maintenant, délivre-nous de la main de nos ennemis, et nous te servirons. [11] Et l'Éternel envoya Jérubbaal, et Bedan, et Jephthé, et Samuel, et il vous délivra de la main de vos ennemis, qui vous environnaient, et vous avez habité en sécurité. [12] Mais, voyant que Nachash, roi des enfants d'Ammon, venait contre vous, vous m'avez dit: Non! mais un roi règnera sur nous; bien que l'Éternel, votre Dieu, fût votre roi. [13] Et maintenant, voici le roi que vous avez choisi, que vous avez demandé; et voici, l'Éternel a établi un roi sur vous. [14] Si vous craignez l'Éternel, si vous le servez, si vous obéissez à sa voix, et si vous n'êtes point rebelles au commandement de l'Éternel, alors, et vous et le roi qui règne sur vous, vous aurez l'Éternel votre Dieu devant vous; [15] Mais si vous n'obéissez pas à la voix de l'Éternel, et si vous êtes rebelles au commandement de l'Éternel, la main de l'Éternel sera contre vous, comme elle a été contre vos pères. [16] Or maintenant attendez, et voyez cette grande chose que l'Éternel va faire devant vos yeux. [17] N'est-ce pas aujourd'hui la moisson des blés? Je crierai à l'Éternel, et il fera tonner et pleuvoir, afin que vous sachiez et que vous voyiez combien est grand aux yeux de l'Éternel le mal que vous avez fait, en demandant un roi pour vous. [18] Alors Samuel cria à l'Éternel, et l'Éternel fit tonner et pleuvoir en ce jour-là; et tout le peuple craignit fort l'Éternel et Samuel. [19] Et tout le peuple dit à Samuel: Prie l'Éternel, ton Dieu, pour tes serviteurs, afin que nous ne mourions point; car nous avons ajouté à tous nos autres péchés, le tort d'avoir demandé un roi pour nous. [20] Alors Samuel dit au peuple: Ne craignez point; vous avez fait tout ce mal; néanmoins ne vous détournez point d'après l'Éternel, mais servez l'Éternel de tout votre cœur. [21] Ne vous en détournez point, car ce serait aller après des choses de néant, qui ne profitent ni ne délivrent, parce que ce sont des choses de néant. [22] Car l'Éternel n'abandonnera point son peuple, à cause de son grand nom; car l'Éternel a voulu faire de vous son peuple. [23] Et pour moi, Dieu me garde de pécher contre l'Éternel, et de cesser de prier pour vous; mais je vous enseignerai le bon et droit chemin. [24] Seulement craignez l'Éternel, et servez-le en vérité, de tout votre cœur; car voyez les grandes choses qu'il a

faites en votre faveur. 25 Que si vous faites le mal, vous serez détruits, vous et votre roi.

13

1 Saül avait régné un an; et quand il eut régné deux ans sur Israël, 2 Saül se choisit trois mille hommes d'Israël; il y en avait deux mille avec lui à Micmash et sur la montagne de Béthel, et mille étaient avec Jonathan à Guibea de Benjamin; et il renvoya le reste du peuple, chacun dans sa tente. 3 Et Jonathan battit la garnison des Philistins qui était à Guéba, et les Philistins l'apprirent; et Saül fit sonner de la trompette par tout le pays, en disant: Que les Hébreux écoutent! 4 Ainsi tout Israël entendit dire: Saül a battu la garnison des Philistins, et même, Israël est en mauvaise odeur parmi les Philistins. Et le peuple fut convoqué auprès de Saül, à Guilgal. 5 Cependant les Philistins s'assemblèrent pour combattre contre Israël, avec trente mille chars et six mille cavaliers, et un peuple nombreux comme le sable qui est sur le bord de la mer. Ils montèrent donc, et campèrent à Micmash, à l'orient de Beth-Aven. 6 Or, les Israélites virent qu'ils étaient dans une grande extrémité; car le peuple était consterné; et le peuple se cacha dans les cavernes, dans les buissons, dans les rochers, dans les lieux forts et dans les citernes. 7 Et des Hébreux passèrent le Jourdain, pour aller au pays de Gad et de Galaad. Cependant Saül était encore à Guilgal, et tout le peuple le suivit en tremblant. 8 Et il attendit sept jours, selon le terme marqué par Samuel; mais Samuel ne venait point à Guilgal; et le peuple s'éloignait d'auprès de Saül. 9 Alors Saül dit: Amenez-moi l'holocauste et les sacrifices de prospérités; et il offrit l'holocauste. 10 Or, dès qu'il eut achevé d'offrir l'holocauste, voici, Samuel arriva, et Saül sortit au-devant de lui pour le saluer; 11 Mais Samuel dit: Qu'as-tu fait? Saül répondit: Quand j'ai vu que le peuple s'en allait d'avec moi, et que tu ne venais point au jour assigné, et que les Philistins étaient assemblés à Micmash, 12 J'ai dit: Les Philistins descendront maintenant contre moi à Guilgal, et je n'ai point supplié l'Éternel; et, après m'être ainsi retenu, j'ai offert l'holocauste. 13 Alors Samuel dit à Saül: Tu as agi follement, tu n'as point gardé le commandement que l'Éternel ton Dieu t'avait donné; car l'Éternel eût maintenant affermi ton règne sur Israël à toujours. 14 Mais maintenant, ton règne ne sera point stable; l'Éternel s'est cherché un homme selon son cœur, et l'Éternel l'a destiné à être le conducteur de son peuple, parce que tu n'as point gardé ce que l'Éternel t'avait commandé. 15 Puis Samuel se leva, et monta de Guilgal à Guibea de Benjamin. Et Saül fit la revue du peuple qui se trouvait avec lui, environ six cents hommes. 16 Or, Saül, et son fils Jonathan, et le peuple qui se trouvait avec eux, se tenaient à Guibea de Benjamin, et les Philistins étaient campés à Micmash. 17 Et il sortit trois bandes du camp des Philistins pour faire du dégât; l'une des bandes prit le chemin d'Ophra, vers le pays de Shual, 18 L'autre bande prit le chemin de Beth-Horon, et la troisième prit le chemin de la frontière qui regarde la vallée de Tséboïm, vers le désert. 19 Or, dans tout le pays d'Israël il ne se trouvait pas de forgeron; car les Philistins avaient dit: Il faut empêcher que les Hébreux ne fassent des épées ou des lances. 20 Et tout Israël descendait vers les Philistins, chacun pour aiguiser son soc, son coutre, sa cognée et son hoyau, 21 Quand il y avait des brèches au tranchant des hoyaux, des coutres, des fourches, des cognées, et pour raccommoder les aiguillons. 22 Et il arriva qu'au jour de la bataille, il ne se trouva ni épée ni lance dans la main de tout le peuple qui était avec Saül et Jonathan; toutefois il s'en trouva pour Saül et pour Jonathan, son fils. 23 Et un poste de Philistins sortit au passage de Micmash.

14

1 Or, il arriva un jour que Jonathan, fils de Saül, dit au jeune homme qui portait ses armes: Viens, et passons vers le poste des Philistins qui est de l'autre côté. Mais il ne le dit point à son père. 2 Et Saül se tenait à l'extrémité de Guibea, sous un grenadier qui

était à Migron; et le peuple qui était avec lui, formait environ six cents hommes; 3 Et Achija, fils d'Achitub, frère d'Icabod, fils de Phinées, fils d'Héli, sacrificateur de l'Éternel à Silo, portait l'éphod. Le peuple ne savait point que Jonathan s'en fût allé. 4 Or, entre les passages par lesquels Jonathan cherchait à passer jusqu'au poste des Philistins, il y avait une dent de rocher d'un côté, et une dent de rocher, de l'autre; l'une s'appelait Botsets et l'autre Séné. 5 L'une de ces dents est au nord, vis-à-vis de Micmash, et l'autre au midi, vis-à-vis de Guéba. 6 Et Jonathan dit au jeune homme qui portait ses armes: Viens, passons vers le poste de ces incirconcis; peut-être que l'Éternel agira pour nous; car rien n'empêche l'Éternel de délivrer, avec beaucoup de gens ou avec peu. 7 Et celui qui portait ses armes lui dit: Fais tout ce que tu as au cœur, vas-y; j'irai avec toi où tu voudras. 8 Et Jonathan lui dit: Voici, nous allons passer vers ces hommes, et nous nous montrerons à eux; 9 S'ils nous disent: Attendez jusqu'à ce que nous soyons venus à vous! alors nous demeurerons à notre place, et nous ne monterons point vers eux. 10 Mais s'ils disent: Montez vers nous! alors nous monterons; car l'Éternel les aura livrés entre nos mains. Que cela nous serve de signe. 11 Ils se montrèrent donc tous deux au poste des Philistins; et les Philistins dirent: Voilà les Hébreux qui sortent des antres où ils s'étaient cachés. 12 Et les hommes du poste crièrent à Jonathan et à celui qui portait ses armes, et dirent: Montez vers nous, et nous vous montrerons quelque chose. Alors Jonathan dit à celui qui portait ses armes: Monte après moi; car l'Éternel les a livrés entre les mains d'Israël. 13 Et Jonathan monta en s'aidant des mains et des pieds, suivi de celui qui portait ses armes; et les Philistins tombèrent devant Jonathan, et celui qui portait ses armes les tuait derrière lui. 14 Et cette première défaite, que fit Jonathan et celui qui portait ses armes, fut d'environ vingt hommes, tués sur un espace d'environ la moitié d'un arpent de terre. 15 Et il y eut grand effroi au camp, dans la campagne, et parmi tout le peuple; le poste et ceux qui étaient allés faire du dégât, furent effrayés eux aussi, et le pays trembla; ce fut comme une frayeur envoyée de Dieu. 16 Et les sentinelles de Saül, qui étaient à Guibea de Benjamin, regardèrent, et voici, la multitude s'écoulait et s'en allait en déroute. 17 Alors Saül dit au peuple qui était avec lui: Faites donc la revue, et voyez qui s'en est allé d'avec nous. Ils firent donc la revue, et voici, Jonathan n'y était point, ni celui qui portait ses armes. 18 Et Saül dit à Achija: Fais approcher l'arche de Dieu (car l'arche de Dieu était ce jour-là avec les enfants d'Israël). 19 Mais il arriva, pendant que Saül parlait au sacrificateur, que le tumulte, qui au camp des Philistins, allait croissant de plus en plus, et Saül dit au sacrificateur: Retire ta main! 20 Et Saül et tout le peuple qui était avec lui, fut assemblé à grand cri, et ils vinrent jusqu'au lieu du combat; et voici, les Philistins avaient l'épée tirée les uns contre les autres; c'était un désordre extrême. 21 Or, les Philistins avaient, comme auparavant, des Hébreux qui étaient montés des environs avec eux dans le camp; mais eux aussi se joignirent aux Israélites qui étaient avec Saül et Jonathan. 22 Et tous les Israélites qui étaient cachés dans la montagne d'Éphraim, ayant appris que les Philistins fuyaient, s'attachèrent eux aussi à leur poursuite dans la bataille. 23 En ce jour-là l'Éternel délivra Israël, et la bataille s'étendit jusqu'au delà de Beth-Aven. 24 En ce jour-là les Israélites furent harassés. Or Saül avait fait faire au peuple ce serment, disant: Maudit soit l'homme qui prendra de la nourriture jusqu'au soir, jusqu'à ce que je me sois vengé de mes ennemis! Et tout le peuple ne goûta d'aucune nourriture. 25 Cependant tout le peuple du pays vint dans une forêt, où il y avait du miel à la surface du sol. 26 Le peuple entra donc dans la forêt, et vit le miel qui coulait, mais nul ne porta la main à sa bouche; car le peuple respectait le serment. 27 Or, Jonathan n'avait point entendu lorsque son père avait fait jurer le peuple; et il étendit le bout du bâton qu'il avait à la main, le trempa dans un rayon de miel, et ramena sa main à sa bouche, et ses yeux furent éclaircis. 28 Alors quelqu'un du peuple prit la parole, et dit: Ton père a fait expressément jurer le peuple, en disant: Maudit soit l'homme qui prendra aujourd'hui de la nourriture! et le peuple est fatigué. ²⁹ Et Jonathan dit: Mon père a troublé le pays; voyez donc comme mes yeux se sont éclaircis, pour avoir goûté un peu de ce miel; ³⁰ Certes, si le peuple avait aujourd'hui mangé de la dépouille de ses ennemis, qu'il a trouvée, combien la défaite des Philistins n'aurait-elle pas été plus grande? ³¹ Ils battirent donc, en ce jour-là, les Philistins depuis Micmash jusqu'à Ajalon, et le peuple fut extrêmement fatigué. ³² Et le peuple se jeta sur le butin, et ils prirent des brebis, et des bœufs et des veaux, et ils les égorgèrent sur la terre; et le peuple les mangeait avec le sang. ³³ Et on le rapporta à Saül, en disant: Voici, le peuple pèche contre l'Éternel, en mangeant la chair avec le sang. Et il dit: Vous avez péché; roulez à l'instant vers moi une grande pierre. ³⁴ Et Saül dit: Allez partout parmi le peuple, et dites-leur que chacun amène vers moi son bœuf, et chacun sa brebis; et vous les égorgerez ici, et vous les mangerez, et vous ne pécherez point contre l'Éternel, en mangeant la chair avec le sang. Et le peuple amena chacun son bœuf, à la main, pendant la nuit, et ils les égorgèrent là. ³⁵ Et Saül bâtit un autel à l'Éternel; ce fut le premier autel qu'il bâtit à l'Éternel. ³⁶ Puis Saül dit: Descendons à la poursuite des Philistins, pendant la nuit, et pillons-les jusqu'à la clarté du matin, et n'en laissons pas un de reste. Et ils dirent: Fais tout ce qui te semble bon. Mais le sacrificateur dit: Approchons-nous ici de Dieu. ³⁷ Alors Saül consulta Dieu: Descendrai-je à la poursuite des Philistins? Les livreras-tu entre les mains d'Israël? Mais il ne lui donna point de réponse ce jour-là. ³⁸ Et Saül dit: Approchez ici, vous tous les chefs du peuple; et sachez et voyez comment ce péché a été commis aujourd'hui; ³⁹ Car l'Éternel est vivant, lui qui délivre Israël, que cela eût-il été fait par mon fils Jonathan, certainement il mourrait! Mais de tout le peuple nul ne lui répondit. ⁴⁰ Puis il dit à tout Israël: Mettez-vous d'un côté, et nous serons de l'autre, moi et Jonathan, mon fils. Le peuple répondit à Saül: Fais ce qui te semble bon. ⁴¹ Et Saül dit à l'Éternel: Dieu d'Israël! fais connaître la vérité. Et Jonathan et Saül furent désignés, et le peuple échappa. ⁴² Et Saül dit: Jetez le sort entre moi et Jonathan, mon fils. Et Jonathan fut désigné. ⁴³ Alors Saül dit à Jonathan: Déclare-moi ce que tu as fait. Et Jonathan le lui déclara, et dit: J'ai goûté, avec le bout du bâton que j'avais à la main, un peu de miel; me voici, je mourrai. ⁴⁴ Et Saül dit: Que Dieu me traite dans toute sa rigueur; certainement tu mourras, Jonathan! ⁴⁵ Mais le peuple dit à Saül: Jonathan, qui a opéré cette grande délivrance en Israël, mourrait-il? Cela ne sera point! L'Éternel est vivant! il ne tombera pas à terre un seul des cheveux de sa tête; car c'est avec Dieu qu'il a agi en ce jour. Ainsi le peuple délivra Jonathan, et il ne mourut point. ⁴⁶ Puis Saül s'en retourna de la poursuite des Philistins, et les Philistins s'en allèrent dans leur pays. ⁴⁷ Saül régna donc sur Israël, et fit la guerre de tous côtés contre ses ennemis, contre Moab et contre les Ammonites, contre Édom, contre les rois de Tsoba, et contre les Philistins; partout où il se tournait il portait la terreur. ⁴⁸ Il déploya de la vaillance, et battit Amalek, et délivra Israël de la main de ceux qui le pillaient. ⁴⁹ Or, les fils de Saül étaient Jonathan, Jishui et Malkishua; et quant aux fils de ses deux filles, le nom de l'aînée était Mérab, et le nom de la cadette Mical; ⁵⁰ Et le nom de la femme de Saül était Achinoam, fille d'Achimaats. Et le nom du chef de son armée était Abner, fils de Ner, oncle de Saül. ⁵¹ Et Kis, père de Saül, et Ner, père d'Abner, étaient fils d'Abiel. ⁵² Et pendant tout le temps de Saül il y eut une guerre violente contre les Philistins; et dès que Saül voyait quelque homme fort, et quelque homme vaillant, il le prenait auprès de lui.

15

¹ Or, Samuel dit à Saül: C'est moi que l'Éternel a envoyé pour t'oindre roi sur son peuple, sur Israël; maintenant donc, écoute les paroles de l'Éternel. ² Ainsi a dit l'Éternel des

armées: J'ai rappelé à ma mémoire ce qu'a fait Amalek à Israël, comment il s'opposa à lui sur le chemin, quand il montait d'Égypte. ³ Maintenant va, et frappe Amalek, et vouez à l'interdit tout ce qu'il a; et ne l'épargne point, mais fais mourir et les hommes et les femmes, et les jeunes enfants et ceux qui tètent, et les bœufs et les brebis, et les chameaux et les ânes. ⁴ Saül convoqua donc le peuple, et en fit la revue à Télaïm, au nombre de deux cent mille hommes de pied, et dix mille hommes de Juda. ⁵ Et Saül vint jusqu'à la ville d'Amalek, et mit une embuscade dans la vallée. ⁶ Et Saül dit aux Kéniens: Allez, retirez-vous, descendez du milieu des Amalécites, de peur que je ne vous enveloppe avec eux; car vous usâtes d'humanité envers tous les enfants d'Israël, quand ils montèrent hors d'Égypte. Et les Kéniens se retirèrent du milieu des Amalécites. ⁷ Or, Saül battit Amalek depuis Havila jusqu'à Shur, qui est vis-à-vis de l'Égypte; ⁸ Et il prit vivant Agag, roi d'Amalek; et il fit passer tout le peuple au fil de l'épée, le vouant à l'interdit. ⁹ Mais Saül et le peuple épargnèrent Agag et les meilleures brebis, les meilleurs bœufs, les bêtes de seconde qualité, les agneaux, et tout ce qu'il y avait de bon, et ne voulurent point les vouer à l'interdit; ils vouèrent seulement à l'interdit tout ce qui était méprisable et chétif. ¹⁰ Alors la parole de l'Éternel fut adressée à Samuel, en disant: ¹¹ Je me repens d'avoir établi Saül pour roi; car il s'est détourné de moi, et n'a point exécuté mes paroles. Et Samuel en fut fort affligé, et cria à l'Éternel toute la nuit. ¹² Puis Samuel se leva de bon matin pour aller au-devant de Saül; et l'on fit ce rapport à Samuel, et on lui dit: Saül est venu à Carmel, et voici, il s'est fait élever un monument; puis il s'en est retourné, et, passant outre, il est descendu à Guilgal. ¹³ Quand Samuel fut venu vers Saül, Saül lui dit: Sois béni de l'Éternel! j'ai exécuté la parole de l'Éternel. ¹⁴ Et Samuel dit: Quel est donc ce bêlement de brebis qui retentit à mes oreilles, et ce meuglement de bœufs que j'entends? ¹⁵ Et Saül répondit: Ils les ont amenés des Amalécites; car le peuple a épargné les meilleures brebis, et les meilleurs bœufs, pour les sacrifier à l'Éternel, ton Dieu, et nous avons voué le reste à l'interdit. ¹⁶ Et Samuel dit à Saül: Laisse-moi te déclarer ce que l'Éternel m'a dit cette nuit. Et il lui répondit: Parle. ¹⁷ Et Samuel dit: N'est-il pas vrai que lorsque tu étais petit à tes yeux, tu devins chef des tribus d'Israël, que l'Éternel t'a oint pour être roi sur Israël? ¹⁸ Or, l'Éternel t'avait envoyé en expédition, et t'avait dit: Va, et voue à l'interdit ces pécheurs, les Amalécites, et fais-leur la guerre jusqu'à ce que tu les aies consumés. ¹⁹ Pourquoi n'as-tu pas obéi à la voix de l'Éternel, et pourquoi t'es-tu jeté sur le butin, et as-tu fait ce qui déplaît à l'Éternel? ²⁰ Et Saül répondit à Samuel: J'ai pourtant obéi à la voix de l'Éternel, et je suis allé par le chemin par lequel l'Éternel m'a envoyé; j'ai amené Agag, roi d'Amalek, et j'ai voué à l'interdit les Amalécites. ²¹ Mais le peuple a pris sur le butin des brebis et des bœufs, comme prémices de l'interdit, pour sacrifier à l'Éternel, ton Dieu, à Guilgal. ²² Alors Samuel dit: L'Éternel prend-il plaisir aux holocaustes et aux sacrifices, comme à ce qu'on obéisse à la voix de l'Éternel? Voici, obéir vaut mieux que sacrifice; être attentif vaut mieux que la graisse des moutons; ²³ Car la rébellion est autant que le péché de divination, et la résistance autant que les idoles et les théraphim. Parce que tu as rejeté la parole de l'Éternel, il t'a aussi rejeté, pour n'être plus roi. ²⁴ Alors Saül répondit à Samuel: J'ai péché; car j'ai transgressé le commandement de l'Éternel et tes paroles, parce que je craignais le peuple, et j'ai obéi à sa voix. ²⁵ Mais maintenant, je te prie, pardonne mon péché, et reviens avec moi, et je me prosternerai devant l'Éternel. ²⁶ Et Samuel dit à Saül: Je ne retournerai point avec toi; car tu as rejeté la parole de l'Éternel, et l'Éternel t'a rejeté, pour n'être plus roi d'Israël. ²⁷ Et comme Samuel se tournait pour s'en aller, Saül saisit le pan de son manteau, qui se déchira. ²⁸ Alors Samuel lui dit: L'Éternel a aujourd'hui déchiré le royaume d'Israël de dessus toi, et il l'a donné à ton prochain, qui est meilleur que toi. [29] Et même, celui qui est la force d'Israël ne mentira point, et ne se repentira point; car il n'est pas un homme pour se repentir. [30] Et Saül répondit: J'ai péché; maintenant honore-moi, je te prie, en présence des anciens de mon peuple, et en présence d'Israël; et reviens avec moi, et je me prosternerai devant l'Éternel ton Dieu. [31] Samuel retourna donc, et suivit Saül; et Saül se prosterna devant l'Éternel. [32] Puis Samuel dit: Amenez-moi Agag, roi d'Amalek. Et Agag vint à lui gaiement. Et Agag disait: Certainement l'amertume de la mort est passée. [33] Mais Samuel dit: Comme ton épée a privé des femmes de leurs enfants, ainsi ta mère, entre les femmes, sera privée d'un fils. Et Samuel mit Agag en pièces, devant l'Éternel, à Guilgal. [34] Puis Samuel s'en alla à Rama; et Saül monta en sa maison, à Guibea de Saül. [35] Et Samuel n'alla plus voir Saül, jusqu'au jour de sa mort; car Samuel pleurait sur Saül, parce que l'Éternel se repentait d'avoir établi Saül roi sur Israël.

16

[1] Et l'Éternel dit à Samuel: Jusqu'à quand pleureras-tu sur Saül, puisque je l'ai rejeté, afin qu'il ne règne plus sur Israël? Remplis ta corne d'huile, et va; je t'enverrai vers Isaï, Bethléhémite; car je me suis pourvu d'un de ses fils pour roi. [2] Et Samuel dit: Comment irais-je? Saül l'apprendra et me tuera. Et l'Éternel répondit: Tu emmèneras avec toi une jeune vache, et tu diras: Je suis venu pour sacrifier à l'Éternel. [3] Et tu inviteras Isaï au sacrifice; et je te ferai savoir ce que tu auras à faire, et tu oindras pour moi celui que je te dirai. [4] Samuel fit donc comme l'Éternel avait dit, et vint à Bethléhem; et les anciens de la ville accoururent, effrayés, au-devant de lui, et dirent: Viens-tu pour notre bien? [5] Et il répondit: Pour votre bien. Je suis venu pour sacrifier à l'Éternel; purifiez-vous, et venez avec moi au sacrifice. Il fit aussi purifier Isaï et ses fils, et les invita au sacrifice. [6] Et comme ils entraient, il vit Éliab, et dit en lui même: Certaine-ment l'oint de l'Éternel est devant lui. [7] Mais l'Éternel dit à Samuel: Ne prends point garde à son visage, ni à la grandeur de sa taille; car je l'ai rejeté. L'Éternel ne regarde point à ce que l'homme regarde; l'homme regarde à ce qui paraît aux yeux; mais l'Éternel regarde au cœur. [8] Et Isaï appela Abinadab, et le fit passer devant Samuel; mais il dit: L'Éternel n'a pas non plus choisi celui-ci. [9] Et Isaï fit passer Shamma; mais Samuel dit: L'Éternel n'a pas non plus choisi celui-ci. [10] Isaï fit passer ainsi ses sept fils devant Samuel; et Samuel dit à Isaï: L'Éternel n'a point choisi ceux-ci. [11] Puis Samuel dit à Isaï: Sont-ce là tous tes enfants? Et il répondit: Il reste encore le plus jeune; mais, voici, il paît les brebis. Alors Samuel dit à Isaï: Envoie-le chercher; car nous ne nous mettrons point à table jusqu'à ce qu'il soit venu ici. [12] Il envoya donc et le fit venir. Or, il était blond, avec de beaux yeux et un beau visage; et l'Éternel dit à Samuel: Lève toi et oins-le; car c'est celui-là. [13] Alors Samuel prit la corne d'huile, et l'oignit au milieu de ses frères, et depuis ce jour-là l'Esprit de l'Éternel saisit David. Puis Samuel se leva, et s'en alla à Rama. [14] Et l'Esprit de l'Éternel se retira de Saül, et un mauvais esprit, envoyé par l'Éternel, le troublait. [15] Et les serviteurs de Saül lui dirent: Voici, un mauvais esprit, envoyé de Dieu, te trouble. [16] Que notre seigneur parle; tes serviteurs, qui sont devant toi, chercheront un homme qui sache jouer de la harpe; et quand le mauvais esprit, envoyé de Dieu, sera sur toi, il en jouera de sa main, et tu seras soulagé. [17] Saül dit donc à ses serviteurs: Trouvez-moi donc un homme qui sache bien jouer, et amenez-le-moi. [18] Et l'un de ses serviteurs répondit et dit: Voici, j'ai vu un fils d'Isaï, le Bethléhémite, qui sait jouer; c'est un homme fort et vaillant, un guerrier, qui parle bien, bel homme, et l'Éternel est avec lui. [19] Alors Saül envoya des messagers à Isaï, pour lui dire: Envoie-moi David, ton fils, qui est avec les brebis. [20] Et Isaï prit un

âne chargé de pain, et une outre de vin, et un chevreau de lait, et les envoya à Saül, par David, son fils. ²¹ Et David vint vers Saül, et se présenta devant lui; et Saül l'aima fort, et il en fit son écuyer. ²² Et Saül envoya dire à Isaï: Je te prie, que David demeure à mon service; car il a trouvé grâce à mes yeux. ²³ Quand donc le mauvais esprit, envoyé de Dieu, était sur Saül, David prenait la harpe, et en jouait de sa main; et Saül respirait et était soulagé, et le mauvais esprit se retirait de lui.

17

¹ Or, les Philistins assemblèrent leurs armées pour combattre; et ils s'assemblèrent à Soco, qui est de Juda, et campèrent entre Soco et Azéka, à Éphès-Dammim. ² Saül aussi et les hommes d'Israël s'assemblèrent, et campèrent dans la vallée du chêne; et ils se rangèrent en bataille contre les Philistins. ³ Or, les Philistins étaient sur la montagne d'un côté, et les Israélites sur la montagne de l'autre côté, et la vallée était entre eux. ⁴ Alors sortit du camp des Philistins un homme qui se présenta entre les deux armées, et qui s'appelait Goliath; il était de Gath; il avait six coudées et une palme de haut. ⁵ Il avait un casque d'airain sur la tête, et il était revêtu d'une cuirasse à écailles, et cette cuirasse pesait cinq mille sicles d'airain. ⁶ Il avait aussi des jambières d'airain sur les jambes, et un javelot d'airain entre les épaules. ⁷ Le bois de sa lance était comme l'ensouple d'un tisserand, et la pointe de sa lance pesait six cents sicles de fer; et celui qui portait son bouclier marchait devant lui. ⁸ Il se présenta donc, et il cria aux troupes rangées d'Israël, et leur dit: Pourquoi sortez-vous pour vous ranger en bataille? Ne suis-je pas le Philistin, et vous, n'êtes-vous pas serviteurs de Saül? Choisissez-vous un homme, et qu'il descende contre moi; ⁹ S'il a l'avantage, en combattant avec moi, et qu'il me tue, nous vous serons assujettis; mais si j'ai l'avantage sur lui et que je le tue, vous nous serez assujettis, et vous nous servirez. ¹⁰ Et le Philistin dit: J'ai insulté aujourd'hui les troupes rangées d'Israël. Donnez-moi un homme, et nous combattrons ensemble. ¹¹ Et Saül et tous les Israélites, ayant entendu ces paroles du Philistin, furent effrayés, et eurent une fort grande peur. ¹² Or, David était fils de cet homme éphratien, de Bethléhem de Juda, nommé Isaï, qui avait huit fils, et cet homme, au temps de Saül, était avancé en âge. ¹³ Les trois plus grands fils d'Isaï s'en étaient allés, et avaient suivi Saül à la guerre. Et ses trois fils qui étaient allés à la guerre, s'appelaient, l'aîné Éliab, le second Abinadab, et le troisième Shamma. ¹⁴ Et David était le plus jeune; et les trois plus grands suivaient Saül. ¹⁵ Et David allait et revenait d'auprès de Saül pour paître les brebis de son père, à Bethléhem. ¹⁶ Et le Philistin s'approchait matin et soir, et il se présenta ainsi pendant quarante jours. ¹⁷ Et Isaï dit à David, son fils: Prends-donc pour tes frères cet épha de froment rôti et ces dix pains, et porte-les promptement au camp, à tes frères; ¹⁸ Tu porteras aussi ces dix fromages de lait au capitaine de leur millier; et tu visiteras tes frères pour savoir s'ils se portent bien; et tu m'en apporteras des nouvelles certaines. ¹⁹ Or, Saül, et eux, et tous les hommes d'Israël étaient dans la vallée du chêne, combattant contre les Philistins. ²⁰ David se leva donc de bon matin, laissa les brebis à un gardien, prit sa charge, et s'en alla, comme Isaï lui avait commandé, et arriva au retranchement. Or, l'armée sortait pour se ranger en bataille, et poussait des cris de guerre; ²¹ Et les Israélites et les Philistins avaient rangé armée contre armée. ²² Alors David se déchargea de son fardeau, le laissa entre les mains de celui qui gardait le bagage, et courut vers les rangs de l'armée. Il vint donc, et demanda à ses frères s'ils se portaient bien; ²³ Et comme il parlait avec eux, voici, l'homme qui se présentait entre les deux armées, le Philistin, de Gath, nommé Goliath, monta hors des rangs des Philistins et prononça les mêmes discours; et David les entendit. ²⁴ Et tous ceux d'Israël, à la vue de cet homme, s'enfuyaient de devant lui, et tremblaient de peur. ²⁵ Et les Israélites disaient: Avez-vous vu cet homme qui monte? C'est pour insulter Israël qu'il est monté. Mais si quelqu'un le tue, le roi le comblera de richesses; il lui donnera

sa fille, et il affranchira la maison de son père en Israël. ²⁶ Alors David parla aux gens qui étaient avec lui, et leur dit: Que fera-t-on à l'homme qui aura tué ce Philistin, et qui aura ôté l'opprobre de dessus Israël? Car qui est ce Philistin, cet incirconcis, pour insulter les armées du Dieu vivant? ²⁷ Et le peuple lui répéta ces mêmes paroles, et lui dit: C'est là ce qu'on fera à l'homme qui l'aura tué. ²⁸ Et quand Éliab, son frère aîné, entendit qu'il parlait à ces hommes, sa colère s'embrasa contre David, et il lui dit: Pourquoi es-tu descendu? et à qui as-tu laissé ce peu de brebis au désert? Je connais ton orgueil et la malice de ton cœur. Tu es descendu pour voir la bataille. ²⁹ Et David répondit: Qu'ai-je fait maintenant? N'est-ce pas une simple parole? ³⁰ Et il se détourna de lui, alla vers un autre, et dit les mêmes paroles; et le peuple lui répondit comme la première fois. ³¹ Or les paroles que David avait dites furent entendues; on les rapporta à Saül, et il le fit venir. ³² Et David dit à Saül: Que personne ne perde courage à cause de cet homme; ton serviteur ira, et combattra contre ce Philistin. ³³ Mais Saül dit à David: Tu ne peux aller contre ce Philistin, pour combattre contre lui, car tu n'es qu'un jeune homme, et lui est un homme de guerre, dès sa jeunesse. ³⁴ Et David répondit à Saül: Lorsque ton serviteur paissait les brebis de son père, il venait un lion ou un ours, qui emportait une brebis du troupeau; ³⁵ Mais je sortais après lui, je le frappais, et j'arrachais la brebis de sa gueule; et quand il se levait contre moi, je le saisissais par la mâchoire, je le frappais, et je le tuais. ³⁶ Ton serviteur a tué et le lion et l'ours; et ce Philistin, cet incirconcis, sera comme l'un d'eux; car il a insulté les armées du Dieu vivant. ³⁷ David dit encore: L'Éternel, qui m'a délivré de la griffe du lion et de la patte de l'ours, me délivrera de la main de ce Philistin. Alors Saül dit à David: Va, et que l'Éternel soit avec toi! ³⁸ Et Saül fit revêtir David de ses vêtements, lui mit un casque d'airain sur la tête, et le revêtit d'une cuirasse; ³⁹ Puis David ceignit l'épée de Saül sur ses vêtements, et se mit à marcher; car jamais il ne s'y était essayé. Et David dit à Saül: Je ne saurais marcher avec ces armes; car je n'y suis pas accoutumé. Et David les ôta de dessus lui. ⁴⁰ Mais il prit en sa main son bâton, et choisit dans le torrent cinq cailloux bien polis, et les mit dans la panetière de berger qu'il avait sur lui, et dans sa poche; et, sa fronde à la main, il s'approcha du Philistin. ⁴¹ Le Philistin vint aussi, et s'approcha de David; et l'homme qui portait son bouclier marchait devant lui. ⁴² Alors le Philistin regarda, et vit David, et le méprisa; car c'était un jeune homme, blond et beau de visage. ⁴³ Et le Philistin dit à David: Suis-je un chien que tu viennes contre moi avec des bâtons? Et le Philistin maudit David par ses dieux. ⁴⁴ Le Philistin dit encore à David: Viens vers moi, et je donnerai ta chair aux oiseaux du ciel et aux bêtes des champs. ⁴⁵ Et David répondit au Philistin: Tu viens contre moi avec l'épée, la lance et le javelot; mais moi, je viens contre toi au nom de l'Éternel des armées, du Dieu des armées d'Israël, que tu as insultées. ⁴⁶ Aujourd'hui l'Éternel te livrera entre mes mains; je te tuerai, je t'ôterai la tête, et je donnerai aujourd'hui les cadavres du camp des Philistins aux oiseaux des cieux et aux animaux de la terre; et toute la terre saura qu'Israël a un Dieu; ⁴⁷ Et toute cette assemblée saura que l'Éternel ne délivre point par l'épée, ni par la lance; car la bataille est à l'Éternel, qui vous livrera entre nos mains. ⁴⁸ Et comme le Philistin, s'étant levé, venait et s'avançait à la rencontre de David, David se hâta, et courut vers la ligne de bataille à la rencontre du Philistin. ⁴⁹ Alors David mit la main à sa panetière, en prit une pierre, la lança avec sa fronde, et frappa le Philistin au front; et la pierre s'enfonça dans son front; et il tomba le visage contre terre. ⁵⁰ Ainsi David, avec une fronde et une pierre, fut plus fort que le Philistin, et il frappa le Philistin et le fit mourir. Or David n'avait point d'épée en sa main; ⁵¹ Et David courut, se jeta sur le Philistin, prit son épée, la tira du fourreau, le tua, et lui coupa la tête. Et les Philistins, voyant que leur homme vaillant était mort, s'enfuirent. ⁵² Alors les hommes d'Israël et de Juda se levèrent, jetèrent des cris de joie, et poursuivirent les Philistins jusqu'à l'entrée de la vallée, et jusqu'aux portes d'Ékron; et les Philistins blessés à mort tombèrent par le chemin de Shaarajim, jusqu'à Gath, et jusqu'à Ékron. 53 Puis les enfants d'Israël revinrent de la poursuite des Philistins, et pillèrent leur camp. 54 Et David prit la tête du Philistin, et la porta à Jérusalem; et il mit les armes dans sa tente. 55 Or, quand Saül vit David, sortant à la rencontre du Philistin, il dit à Abner, chef de l'armée: Abner, de qui ce jeune homme est-il fils? Et Abner répondit: Aussi vrai que ton âme vit, ô roi, je n'en sais rien. 56 Et le roi dit: Informe-toi de qui ce jeune homme est fils. 57 Et quand David revint de tuer le Philistin, Abner le prit et le mena devant Saül, avec la tête du Philistin à la main. 58 Et Saül lui dit: Jeune homme, de qui es-tu fils? David répondit: Je suis fils de ton serviteur, Isaï, Bethléhémite.

18

1 Or, dès que David eut achevé de parler à Saül, l'âme de Jonathan fut liée à l'âme de David, et Jonathan l'aima comme son âme. 2 Et, ce jour-là, Saül le prit, et ne lui permit pas de retourner dans la maison de son père. 3 Alors Jonathan fit alliance avec David, parce qu'il l'aimait comme son âme. 4 Et Jonathan se dépouilla du manteau qu'il portait, et le donna à David, avec ses habits, et jusqu'à son épée, son arc et sa ceinture. 5 Et David allait en campagne; il réussissait partout où Saül l'envoyait, et Saül l'établit sur les gens de guerre; et il fut agréable à tout le peuple, et même aux serviteurs de Saül. 6 Or, comme ils rentraient, lorsque David revenait de la défaite du Philistin, il sortit des femmes de toutes les villes d'Israël, chantant et dansant, au-devant du roi Saül, avec des tambours, avec des cris de joie, et avec des triangles; 7 Et les femmes qui jouaient des instruments se répondaient les unes aux autres, et disaient: Saül a frappé ses mille, et David ses dix mille. 8 Et Saül fut fort irrité, et cette parole lui déplut; elles ont donné, dit-il, dix mille hommes à David, et à moi mille; il ne lui manque donc plus que le royaume! 9 Depuis ce jour-là, Saül voyait David de mauvais œil. 10 Et il arriva, le lendemain, que le mauvais esprit, envoyé de Dieu, saisit Saül, et il avait des transports au milieu de la maison. Or David jouait de sa main sur la harpe, comme les autres jours, et Saül avait une lance à la main; 11 Alors Saül leva sa lance, disant en lui-même: Je frapperai David et la muraille; mais David se détourna de lui, par deux fois. 12 Et Saül avait peur de la présence de David, parce que l'Éternel était avec lui, et qu'il s'était retiré d'avec Saül. 13 C'est pourquoi Saül l'éloigna de lui, et l'établit capitaine de mille hommes, et il sortait et rentrait à la tête du peuple. 14 Et David réussissait en tout ce qu'il entreprenait; et l'Éternel était avec lui. 15 Or Saül, voyant que David était fort heureux, le craignit. 16 Mais tout Israël et Juda aimaient David, parce qu'il sortait et rentrait à leur tête. 17 Et Saül dit à David: Voici, je te donnerai pour femme Mérab, ma fille aînée; sois-moi seulement un vaillant soldat, et combats dans les guerres de l'Éternel. Or Saül disait: Que ma main ne soit point sur lui, mais que la main des Philistins soit sur lui. 18 Et David répondit à Saül: Qui suis-je et quelle est ma vie, et la famille de mon père en Israël, que je sois gendre du roi? 19 Or, au temps où l'on devait donner Mérab, fille de Saül, à David, elle fut donnée pour femme à Adriel Méholathite. 20 Mais Mical, fille de Saül, aima David; et on le rapporta à Saül, et la chose lui plut. 21 Et Saül dit: Je la lui donnerai, afin qu'elle lui soit en piège, et que la main des Philistins soit sur lui. Saül dit donc à David pour la seconde fois: Tu seras mon gendre aujourd'hui. 22 Et Saül donna cet ordre à ses serviteurs: Parlez à David en secret, et dites-lui: Voici, le roi a de la bonne volonté pour toi, et tous ses serviteurs t'aiment: sois donc maintenant gendre du roi. 23 Les serviteurs de Saül répétèrent donc toutes ces paroles à David; et David dit: Est-ce que la chose à vos yeux que d'être gendre du roi? Et moi je suis un homme pauvre et peu considéré. 24 Et les serviteurs de Saül le lui rapportèrent, et lui dirent: David a tenu tels discours. 25 Et Saül dit: Vous parlerez ainsi à David: Le

roi ne veut pas de douaire, mais cent prépuces de Philistins, afin que le roi soit vengé de ses ennemis. Or, Saül avait dessein de faire tomber David entre les mains des Philistins. ²⁶ Et les serviteurs de Saül rapportèrent ces discours à David, et il plut à David de devenir gendre du roi. Et avant que les jours fussent accomplis, ²⁷ David se leva, et s'en alla, lui et ses gens, et frappa deux cents hommes des Philistins; et David apporta leurs prépuces, et les livra bien comptés au roi, afin qu'il fût gendre du roi. Saül lui donna donc pour femme Mical, sa fille. ²⁸ Alors Saül vit et comprit que l'Éternel était avec David; et Mical, fille de Saül, l'aimait. ²⁹ Mais Saül continua de craindre David encore plus, et fut toujours ennemi de David. ³⁰ Or, les capitaines des Philistins se mirent en campagne; et chaque fois qu'ils sortaient, David avait plus de succès que tous les serviteurs de Saül, et son nom fut en fort grande estime.

19

¹ Et Saül parla à Jonathan, son fils, et à tous ses serviteurs, de faire mourir David; mais Jonathan, fils de Saül, était fort affectionné à David. ² C'est pourquoi Jonathan le fit savoir à David, et lui dit: Saül, mon père, cherche à te faire mourir; maintenant donc, tiens-toi sur tes gardes, je te prie, dès le matin, et demeure à l'écart, et cache-toi; ³ Et moi, je sortirai et me tiendrai auprès de mon père, dans le champ où tu seras; car je parlerai de toi à mon père, et je verrai ce qu'il en sera; je te le ferai savoir. ⁴ Jonathan parla donc favorablement de David à Saül, son père, et lui dit: Que le roi ne pèche point contre son serviteur David; car il n'a point péché contre toi; et même ce qu'il a fait t'est fort avantageux. ⁵ Il a exposé sa vie, et a frappé le Philistin, et l'Éternel a opéré une grande délivrance pour tout Israël; tu l'as vu et tu t'en es réjoui; pourquoi donc pécherais-tu contre le sang innocent, en faisant mourir David sans cause? ⁶ Et Saül prêta l'oreille à la voix de Jonathan; et Saül jura, disant: L'Éternel est vivant! il ne mourra pas. ⁷ Alors Jonathan appela David, et lui raconta toutes ces choses. Et Jonathan amena David à Saül, et il fut à son service comme auparavant. ⁸ Or la guerre recommença, et David sortit et combattit contre les Philistins, et en fit un grand carnage; et ils s'enfuirent devant lui. ⁹ Mais le mauvais esprit, envoyé par l'Éternel, fut sur Saül, qui était assis dans sa maison, sa lance à la main; et David jouait de sa main sur la harpe. ¹⁰ Alors Saül chercha à frapper David avec sa lance contre la muraille; mais il se déroba devant Saül, qui frappa de sa lance la paroi; et David s'enfuit, et s'échappa cette nuit-là. ¹¹ Mais Saül envoya des gens vers la maison de David, pour le garder et pour le faire mourir au matin; et Mical, femme de David, le lui apprit, en disant: Si tu ne te sauves cette nuit, demain on te fera mourir. ¹² Et Mical fit descendre David par la fenêtre; et il s'en alla, s'enfuit, et s'échappa. ¹³ Ensuite Mical prit le théraphim et le mit dans le lit, et mit à son chevet un tapis de poils de chèvre, et le couvrit d'une couverture. ¹⁴ Et quand Saül envoya des gens pour prendre David, elle dit: Il est malade. ¹⁵ Alors Saül renvoya ses gens pour voir David, en disant: Apportez-le moi dans son lit, afin que je le fasse mourir. ¹⁶ Les envoyés vinrent donc, et voici, le théraphim était dans le lit, et un tapis de poils de chèvre à son chevet. ¹⁷ Et Saül dit à Mical: Pourquoi m'as-tu ainsi trompé, et as-tu laissé aller mon ennemi, de sorte qu'il s'est échappé? Et Mical répondit à Saül: Il m'a dit: Laisse-moi aller; pourquoi te tuerais-je? ¹⁸ Ainsi David s'enfuit, échappa, et s'en vint vers Samuel à Rama, et lui apprit tout ce que Saül lui avait fait. Puis il s'en alla avec Samuel, et ils demeurèrent à Najoth. ¹⁹ Et on le rapporta à Saül, en disant: Voilà David qui est à Najoth, près de Rama. ²⁰ Alors Saül envoya des gens pour prendre David, et ils virent une assemblée de prophètes qui prophétisaient, et Samuel debout, qui présidait sur eux; et l'Esprit de Dieu vint sur les envoyés de Saül, et ils prophétisèrent aussi. ²¹ Et quand on l'eut rapporté à Saül, il envoya d'autres gens qui prophétisèrent aussi. Et Saül envoya des messagers, pour la troisième

fois, et ils prophétisèrent également. ²² Alors il alla lui-même à Rama, et vint jusqu'à la grande citerne qui est à Sécu, et il s'informa, et dit: Où sont Samuel et David? Et on lui répondit: Les voilà à Najoth, près de Rama. ²³ Il s'en alla donc à Najoth, près de Rama, et l'Esprit de Dieu fut aussi sur lui, et il prophétisa en continuant son chemin, jusqu'à ce qu'il fût arrivé à Najoth, près de Rama. ²⁴ Il se dépouilla même de ses vêtements, et prophétisa, lui aussi, en présence de Samuel, et se jeta nu par terre, tout ce jour-là et toute la nuit. C'est pourquoi l'on dit: Saül est-il aussi parmi les prophètes?

20

¹ David, s'enfuyant de Najoth, qui est près de Rama, vint trouver Jonathan, et dit en sa présence: Qu'ai-je fait, quelle est mon iniquité, et quel est mon péché devant ton père, qu'il cherche ma vie? ² Et il lui dit: A Dieu ne plaise! tu ne mourras point. Voici, mon père ne fait aucune chose, ni grande ni petite, qu'il ne me la communique, et pourquoi mon père me cacherait-il celle-ci? Cela n'est pas. ³ Alors David, jurant, dit encore: Ton père sait certainement que je suis dans tes bonnes grâces, et il aura dit: Que Jonathan ne le sache pas, de peur qu'il n'en soit affligé. Mais, certainement, comme l'Éternel est vivant, et comme ton âme vit, il n'y a qu'un pas entre moi et la mort. ⁴ Alors Jonathan dit à David: Que désires-tu que je fasse? et je le ferai pour toi. ⁵ Et David dit à Jonathan: Voici, c'est demain la nouvelle lune, et je devrais m'asseoir avec le roi pour manger; mais laisse-moi aller, et je me cacherai aux champs jusqu'au soir du troisième jour. ⁶ Si ton père vient à s'informer de moi, tu répondras: David m'a demandé instamment la permission d'aller en hâte à Bethléhem, sa ville, parce que toute sa famille y fait un sacrifice annuel. ⁷ S'il dit ainsi: C'est bon! tout va bien pour ton serviteur; mais s'il se met en colère, sache que le mal est résolu de sa part. ⁸ Fais donc cette grâce à ton serviteur, puisque tu as fait entrer ton serviteur en alliance avec toi au nom de l'Éternel. Mais s'il y a quelque iniquité en moi, fais-moi mourir toi-même; car pourquoi me mènerais-tu à ton père? ⁹ Et Jonathan dit: Loin de toi cette pensée! car si j'apprenais que mon père a résolu d'amener la ruine sur toi, ne te le ferais-je pas savoir? ¹⁰ Et David répondit à Jonathan: Qui me fera savoir si ton père te répond quelque chose de fâcheux? ¹¹ Et Jonathan dit à David: Viens, et sortons aux champs. Et ils sortirent tous deux aux champs. ¹² Alors Jonathan dit à David: Aussi vrai que l'Éternel est Dieu d'Israël, je sonderai mon père vers cette heure-ci, demain ou après-demain; et voici, s'il est favorable à David, et qu'alors je n'envoie pas vers toi et ne te le fasse pas savoir, ¹³ Que l'Éternel traite Jonathan avec la dernière rigueur! Que s'il plaît à mon père de te faire du mal, je te le ferai savoir aussi; et je te laisserai aller, et tu t'en iras en paix; et que l'Éternel soit avec toi comme il a été avec mon père! ¹⁴ Mais aussi, si je suis encore vivant, n'useras-tu pas envers moi de la bonté de l'Éternel, en sorte que je ne meure point, ¹⁵ Et que tu ne retires point ta bonté de ma maison, à jamais, non pas même quand l'Éternel aura retranché tous les ennemis de David de dessus la face de la terre? ¹⁶ Et Jonathan traita alliance avec la maison de David, et dit: Que l'Éternel tire vengeance des ennemis de David! ¹⁷ Jonathan fit encore jurer David par l'amour qu'il lui portait; car il l'aimait autant que son âme. ¹⁸ Et Jonathan lui dit: C'est demain la nouvelle lune, et on s'enquerra de toi; car ta place sera vide; ¹⁹ Mais, après-demain, tu descendras promptement, et tu viendras vers le lieu où tu t'étais caché, le jour de cette affaire, et tu demeureras auprès de la pierre d'Ézel; ²⁰ Et je tirerai trois flèches à côté, comme si je tirais à quelque but; ²¹ Et voici, j'enverrai un jeune homme, en lui disant: Va, trouve les flèches. Si je dis à ce garçon: Voici, les flèches sont de ce côté-ci de toi, prends-les; alors viens, tout va bien pour toi, et il n'y a rien à craindre: l'Éternel est vivant ²² Mais si je dis au jeune garçon: Voici, les flèches sont au-delà de toi; alors va-t'en, car l'Éternel te renvoie. ²³ Mais

quant à la parole que nous nous sommes donnée, toi et moi, voici, l'Éternel est témoin entre moi et toi, à jamais. 24 David se cacha donc aux champs. Et la nouvelle lune étant venue, le roi s'assit pour prendre son repas. 25 Et le roi s'assit sur son siège, comme les autres fois, sur le siège contre la muraille; et Jonathan se leva, et Abner s'assit à côté de Saül, mais la place de David était vide. 26 Et Saül n'en dit rien ce jour-là; car il se disait: Il lui est arrivé quelque chose, qui fait qu'il n'est pas pur; certainement il n'est pas pur. 27 Mais le lendemain de la nouvelle lune, le second jour, la place de David fut encore vide; et Saül dit à Jonathan, son fils: Pourquoi le fils d'Isaï n'est-il point venu manger ni hier ni aujourd'hui? 28 Et Jonathan répondit à Saül: David m'a demandé instamment la permission d'aller jusqu'à Bethléhem; 29 Et il a dit: Laisse-moi aller, je te prie; car nous avons un sacrifice de famille dans la ville, et mon frère m'a recommandé de m'y trouver; maintenant donc, si j'ai trouvé grâce à tes yeux, que j'y aille, je te prie, afin de voir mes frères. C'est pour cela qu'il n'est point venu à la table du roi. 30 Alors la colère de Saül s'embrasa contre Jonathan, et il lui dit: Fils pervers et rebelle, ne sais-je pas bien que tu as choisi le fils d'Isaï, à ta honte, et à la honte de ta mère? 31 Car tant que le fils d'Isaï vivra sur la terre, tu ne seras jamais stable, ni toi, ni ton royaume; maintenant donc envoie-le chercher, et amène-le-moi; car il est digne de mort. 32 Et Jonathan répondit à Saül, son père, et lui dit: Pourquoi le ferait-on mourir? Qu'a-t-il fait? 33 Mais Saül brandit sa lance contre lui pour le frapper. Alors Jonathan connut que son père avait résolu de faire mourir David. 34 Et Jonathan se leva de la table tout en colère, et ne prit point son repas le second jour de la nouvelle lune; car il était affligé à cause de David, parce que son père l'avait outragé. 35 Et le matin venu, Jonathan sortit aux champs, au lieu convenu avec David; et il amena avec lui un petit garçon; 36 Et il dit à ce garçon: Cours, trouve donc les flèches que je vais tirer. Le garçon courut, et Jonathan tira une flèche au-delà de lui. 37 Quand le garçon vint jusqu'au lieu où était la flèche que Jonathan avait tirée, Jonathan cria après lui, et lui dit: La flèche n'est-elle pas au-delà de toi? 38 Et Jonathan cria après le garçon: Vite, hâte-toi, ne t'arrête pas! Et le garçon de Jonathan ramassa la flèche, et vint vers son maître. 39 Mais le garçon ne savait rien; il n'y avait que David et Jonathan qui connussent l'affaire. 40 Et Jonathan donna ses armes au garçon qu'il avait avec lui, et lui dit: Va, porte-les à la ville. 41 Le garçon partit; et David se leva du côté du Midi, se jeta le visage contre terre, et se prosterna trois fois; puis ils s'embrassèrent l'un l'autre, et pleurèrent tous deux, et même David pleura extrêmement. 42 Et Jonathan dit David: Va en paix, selon ce que nous avons juré tous deux, au nom de l'Éternel, en disant: L'Éternel sera entre moi et toi, et entre ma postérité et ta postérité, à jamais. David se leva donc et s'en alla, et Jonathan rentra dans la ville.

21

1 Et David vint à Nob vers Achimélec, le sacrificateur; et Achimélec, tout effrayé, courut au-devant de David, et lui dit: D'où vient que tu es seul, et qu'il n'y a personne avec toi? 2 Alors David dit à Achimélec, le sacrificateur: Le roi m'a donné un ordre, et m'a dit: Que personne ne sache rien de l'affaire pour laquelle je t'envoie, et que je t'ai commandée. Et j'ai donné rendez-vous à mes gens à tel endroit. 3 Maintenant donc qu'as-tu sous la main? Donne-moi cinq pains, ou ce qui se trouvera. 4 Et le sacrificateur répondit à David, et dit: Je n'ai point de pain commun sous la main, j'ai seulement du pain sacré; mais tes gens se sont-ils au moins gardés des femmes? 5 Et David répondit au sacrificateur, et lui dit: Certes, les femmes ont été éloignées de nous, depuis hier et avant-hier que je suis parti; et les vases de mes gens sont purs; et si c'est là un usage profane, certes il sera, aujourd'hui, purifié par le vase. 6 Le sacrificateur lui donna donc le pain sacré; car il n'y avait point là d'autre pain que les pains de proposition, qui avaient été ôtés de devant l'Éternel, pour y remettre du pain chaud, au jour qu'on avait ôté l'autre. 7 Or, en ce jour,

un homme d'entre les serviteurs de Saül se tenait là, devant l'Éternel; il se nommait Doëg, l'Iduméen, chef des bergers de Saül. ⁸ Et David dit à Achimélec: N'as-tu donc pas sous la main quelque lance ou quelque épée? car je n'ai point pris mon épée ni mes armes avec moi, parce que l'affaire du roi était pressée. ⁹ Et le sacrificateur dit: Voici l'épée de Goliath, le Philistin, que tu tuas dans la vallée du chêne; elle est enveloppée dans un drap, derrière l'éphod; si tu veux la prendre pour toi, prends-la; car il n'y en a point ici d'autre que celle-là. Et David dit: il n'y en a point de pareille; donne-la-moi. ¹⁰ Alors David se leva, s'enfuit ce jour-là de devant Saül, et s'en alla vers Akish, roi de Gath. ¹¹ Or les serviteurs d'Akish lui dirent: N'est-ce pas là David, le roi du pays? N'est-ce pas celui dont on disait, en chantant dans les danses: Saül a tué ses mille, et David ses dix mille? ¹² Et David fut frappé de ces paroles, et il eut une fort grande peur d'Akish, roi de Gath. ¹³ Et il dissimula sa raison à leurs yeux, et fit l'insensé entre leurs mains; il faisait des marques sur les portes, et laissait couler sa salive sur sa barbe. ¹⁴ Alors Akish dit à ses serviteurs: Vous voyez bien que cet homme est fou? Pourquoi me l'avez-vous amené? ¹⁵ Manquais-je de gens insensés, que vous m'ayez amené celui-ci, pour faire l'insensé devant moi? Cet homme entrerait-il dans ma maison?

22

¹ Or, David partit de là, et se sauva dans la caverne d'Adullam; et ses frères et toute la maison de son père l'apprirent, et descendirent là vers lui. ² Et tous ceux aussi qui étaient mal dans leurs affaires, et tous ceux qui avaient des créanciers, et tous ceux qui avaient le cœur plein d'amertume, s'assemblèrent vers lui, et il fut leur chef; il y eut ainsi avec lui environ quatre cents hommes. ³ Puis David s'en alla de là à Mitspé de Moab. Et il dit au roi de Moab: Je te prie, que mon père et ma mère se retirent chez vous, jusqu'à ce que je sache ce que Dieu fera de moi. ⁴ Et il les amena devant le roi de Moab, et ils demeurèrent avec lui tout le temps que David fut dans cette forteresse. ⁵ Or, Gad, le prophète, dit à David: Ne demeure point dans cette forteresse; va-t'en, et entre au pays de Juda. David s'en alla donc, et vint dans la forêt de Héreth. ⁶ Et Saül apprit qu'on avait découvert David, et les gens qui étaient avec lui. Or, Saül était assis sous un tamarin sur la hauteur, à Guibea, sa lance à la main; et tous ses serviteurs se tenaient devant lui. ⁷ Et Saül dit à ses serviteurs, qui se tenaient devant lui: Écoutez, Benjamites; le fils d'Isaï vous donnera-t-il, à tous, des champs et des vignes? vous établira-t-il tous chefs de milliers et de centaines? ⁸ Que vous ayez tous conspiré contre moi, et que nul ne m'avertisse que mon fils a fait alliance avec le fils d'Isaï, et que personne de vous ne soit touché de mon état, et ne m'avertisse que mon fils a soulevé mon serviteur contre moi, pour me dresser des embûches, comme il le fait aujourd'hui. ⁹ Alors Doëg, l'Iduméen, qui était le chef des serviteurs de Saül, répondit et dit: J'ai vu le fils d'Isaï venir à Nob, vers Achimélec, fils d'Achitub, ¹⁰ Qui a consulté l'Éternel pour lui, et lui a donné des vivres; il lui a aussi donné l'épée de Goliath, le Philistin. ¹¹ Alors le roi envoya appeler Achimélec, fils d'Achitub, le sacrificateur, et toute la famille de son père, les sacrificateurs qui étaient à Nob; et ils vinrent tous vers le roi. ¹² Et Saül dit: Écoute, fils d'Achitub. Et il répondit: Me voici, mon seigneur. ¹³ Alors Saül lui dit: Pourquoi avez-vous conspiré contre moi, toi et le fils d'Isaï, quand tu lui as donné du pain et une épée, et que tu as consulté Dieu pour lui, afin qu'il s'élevât contre moi, pour me dresser des embûches, comme il le fait aujourd'hui? ¹⁴ Et Achimélec répondit au roi, et dit: Et qui donc, entre tous tes serviteurs, est aussi fidèle que David, gendre du roi, qui est parti sur ton ordre, et qui est honoré dans ta maison? ¹⁵ Ai-je commencé aujourd'hui à consulter Dieu pour lui? Loin de moi cette pensée! Que le roi n'impute rien à son serviteur, ni à toute la maison de mon père; car ton serviteur ne sait de tout ceci aucune chose, ni petite ni grande. ¹⁶ Et le roi dit: Certainement, tu mourras, Achimélec, toi et toute la famille de ton père! ¹⁷ Alors le roi dit aux archers

qui se tenaient devant lui: Tournez-vous, et faites mourir les sacrificateurs de l'Éternel; parce qu'ils ont aussi prêté la main à David, qu'ils ont bien su qu'il s'enfuyait, et ne m'en ont point averti. Mais les serviteurs du roi ne voulurent point porter la main ni se jeter sur les sacrificateurs de l'Éternel. [18] Alors le roi dit à Doëg: Tourne-toi, et jette-toi sur les sacrificateurs. Et Doëg, l'Iduméen, se tourna, et se jeta sur les sacrificateurs, et tua, en ce jour-là, quatre-vingt-cinq hommes portant l'éphod de lin; [19] Et il fit passer Nob, ville des sacrificateurs, au fil de l'épée, les hommes et les femmes, les enfants et les nourrissons; les bœufs aussi, les ânes, et le menu bétail, au fil de l'épée. [20] Toutefois, un des fils d'Achimélec, fils d'Achitub, qui s'appelait Abiathar, se sauva et s'enfuit auprès de David. [21] Et Abiathar rapporta à David, que Saül avait tué les sacrificateurs de l'Éternel. [22] Et David dit à Abiathar: Je compris bien, ce jour-là, puisque Doëg, l'Iduméen, s'y trouvait, qu'il ne manquerait point de le rapporter à Saül. Je suis cause de la mort de toutes les personnes de la famille de ton père; [23] Demeure avec moi; ne crains rien; car celui qui cherche ma vie, cherche la tienne; tu seras bien gardé avec moi.

23

[1] Or, on fit ce rapport à David, et on lui dit: Voilà les Philistins qui font la guerre à Keïla, et qui pillent les aires. [2] Et David consulta l'Éternel, en disant: Irai-je, et frapperai-je ces Philistins? Et l'Éternel répondit à David: Va, et tu frapperas les Philistins, et tu délivreras Keïla. [3] Et les gens de David lui dirent: Voici, nous avons peur ici dans le pays de Juda; que sera-ce donc si nous allons à Keïla, contre les troupes des Philistins? [4] C'est pourquoi David consulta encore l'Éternel; et l'Éternel lui répondit, et dit: Lève-toi, descends à Keïla; car je livrerai les Philistins entre tes mains. [5] Alors David s'en alla avec ses gens à Keïla, et combattit les Philistins, et emmena leur bétail, et il en fit un grand carnage; et David délivra les habitants de Keïla. [6] Or, quand Abiathar, fils d'Achimélec, s'enfuit vers David à Keïla, il y descendit, ayant l'éphod entre les mains. [7] Et on rapporta à Saül que David était venu à Keïla; et Saül dit: Dieu l'a livré entre mes mains; car, en entrant dans une ville qui a des portes et des barres, il s'est enfermé. [8] Et Saül convoqua tout le peuple à la guerre, pour descendre à Keïla, afin d'assiéger David et ses gens. [9] Mais David, ayant su que Saül machinait contre lui pour le perdre, dit au sacrificateur Abiathar: Apporte l'éphod. [10] Puis David dit: Éternel, Dieu d'Israël, ton serviteur a entendu dire que Saül cherche à venir contre Keïla, pour détruire la ville à cause de moi; [11] Les chefs de Keïla me livreront-ils entre ses mains? Saül descendra-t-il, comme ton serviteur l'a entendu dire? Éternel, Dieu d'Israël, enseigne-le, je te prie, à ton serviteur. Et l'Éternel répondit: Il descendra. [12] David dit encore: Les chefs de Keïla me livreront-ils, moi et mes gens, entre les mains de Saül? Et l'Éternel répondit: Ils te livreront. [13] Alors David se leva avec ses gens, environ six cents hommes, et ils sortirent de Keïla, et s'en allèrent où ils purent; et on rapporta à Saül que David s'était sauvé de Keïla; et il cessa de marcher. [14] Or David demeura au désert, dans des lieux forts, et il se tint sur la montagne, au désert de Ziph. Et Saül le cherchait tous les jours; mais Dieu ne le livra point entre ses mains. [15] David, voyant donc que Saül était sorti pour chercher sa vie, se tenait au désert de Ziph, dans la forêt. [16] Alors Jonathan, fils de Saül, se leva, et s'en alla vers David, à la forêt, et le fortifia en Dieu; [17] Et il lui dit: Ne crains point; car la main de Saül, mon père, ne te trouvera point, mais tu régneras sur Israël, et moi je serai le second après toi; et Saül, mon père, le sait bien aussi. [18] Ils traitèrent donc, tous deux, alliance devant l'Éternel. Et David demeura dans la forêt, et Jonathan retourna en sa maison. [19] Or, les Ziphiens montèrent vers Saül à Guibea, et lui dirent: David ne se tient-il pas caché parmi nous, dans les lieux forts, dans la forêt, au coteau de Hakila, qui est au midi de la région désolée? [20] Maintenant donc, ô roi, si tu souhaites de descendre, descends et ce sera à nous de le livrer entre les

mains du roi. ²¹ Et Saül dit: Que l'Éternel vous bénisse, de ce que vous avez eu pitié de moi! ²² Allez donc, faites encore attention; sachez et reconnaissez le lieu où il a posé son pied, et qui l'y a vu; car on m'a dit qu'il est fort rusé. ²³ Reconnaissez donc et sachez quelle est, de toutes les retraites, celle où il est caché; puis revenez vers moi, quand vous en serez assurés, et j'irai avec vous. Et s'il est dans le pays, je le chercherai soigneusement dans tous les milliers de Juda. ²⁴ Ils se levèrent donc et s'en allèrent à Ziph, devant Saül; mais David et ses gens étaient au désert de Maon, dans la plaine, au midi de la région désolée. ²⁵ Ainsi Saül et ses gens allèrent à la recherche; mais on le rapporta à David, et il descendit le rocher et demeura au désert de Maon. Saül, l'ayant appris, poursuivit David au désert de Maon. ²⁶ Et Saül marchait d'un côté de la montagne, et David et ses gens allaient de l'autre côté de la montagne; et David se hâtait de s'en aller de devant Saül. Mais comme Saül et ses gens environnaient David et les siens pour les prendre, ²⁷ Un messager vint vers Saül, et lui dit: Hâte-toi, et viens; car les Philistins se sont jetés sur le pays. ²⁸ Alors Saül s'en retourna de la poursuite de David, et s'en alla à la rencontre des Philistins. C'est pourquoi l'on a appelé ce lieu-là, Séla-Hammachlékoth (Rocher des Évasions). ²⁹ Puis David monta de là, et demeura dans les lieux forts d'En-Guédi.

24

¹ Et quand Saül fut revenu de la poursuite des Philistins, on lui fit ce rapport, en disant: Voilà David qui est au désert d'En-Guédi. ² Alors Saül prit trois mille hommes, choisis de tout Israël, et s'en alla chercher David et ses gens, jusque sur les rochers des chamois. ³ Et il vint aux parcs des brebis, auprès du chemin, et il y avait là une caverne, dans laquelle Saül entra pour ses nécessités; et David et ses gens se tenaient au fond de la caverne. ⁴ Et les gens de David lui dirent: Voici le jour dont l'Éternel t'a dit: Je livre ton ennemi entre tes mains; tu lui feras comme il te semblera bon. Et David se leva et coupa tout doucement le pan du manteau de Saül. ⁵ Mais, après cela, David fut ému en son cœur de ce qu'il avait coupé le pan du manteau de Saül, ⁶ Et il dit à ses gens: Que l'Éternel me garde de commettre contre mon seigneur, contre l'oint de l'Éternel, une action telle que de porter ma main sur lui! car il est l'oint de l'Éternel. ⁷ Et David arrêta ses gens par ces paroles, et il ne leur permit point de s'élever contre Saül. Puis Saül se leva de la caverne, et continua son chemin. ⁸ Après cela, David se leva, et sortit de la caverne, et cria après Saül, en disant: Mon seigneur et mon roi! Et Saül regarda derrière lui, et David s'inclina, le visage contre terre, et se prosterna. ⁹ Et David dit à Saül: Pourquoi écoutes-tu les paroles de gens qui disent: Voilà David qui cherche ta perte? ¹⁰ Voici, tes yeux ont vu, en ce jour, que l'Éternel t'avait livré aujourd'hui entre mes mains, dans la caverne, et l'on m'a dit de te tuer; mais je t'ai épargné, et j'ai dit: Je ne porterai point la main sur mon seigneur; car il est l'oint de l'Éternel. ¹¹ Regarde, mon père, regarde le pan de ton manteau que j'ai à la main; puisque j'ai coupé le pan de ton manteau, et que je ne t'ai pas tué, sache et reconnais qu'il n'y a point de mal ni d'injustice en moi, et que je n'ai point péché contre toi; et toi tu épies ma vie pour me l'ôter! ¹² L'Éternel sera juge entre moi et toi, et l'Éternel me vengera de toi; mais ma main ne sera point sur toi. ¹³ Le mal vient des méchants, comme dit le proverbe des anciens; aussi ma main ne sera point sur toi. ¹⁴ Après qui est sorti le roi d'Israël? Qui poursuis-tu? Un chien mort, une puce! ¹⁵ L'Éternel donc sera juge; il jugera entre moi et toi; il regardera, et plaidera ma cause, et me rendra justice, en me délivrant de ta main. ¹⁶ Or, dès que David eut achevé de dire ces paroles à Saül, Saül dit: Est-ce bien ta voix, mon fils David? Et Saül éleva la voix, et pleura. ¹⁷ Et il dit à David: Tu es plus juste que moi; car tu m'as rendu le bien pour le mal que je t'ai fait; ¹⁸ Et tu as montré aujourd'hui que tu agis bien à mon égard; car l'Éternel

m'avait livré entre tes mains, et tu ne m'as point tué. ¹⁹ Or, quand un homme trouve son ennemi, le laisse-t-il aller sain et sauf? Que l'Éternel te rende du bien pour ce que tu m'as fait aujourd'hui! ²⁰ Et maintenant, voici, je sais que certainement tu régneras, et que le royaume d'Israël sera ferme entre tes mains. ²¹ Jure-moi donc maintenant, par l'Éternel, que tu ne détruiras point ma race après moi, et que tu n'extermineras point mon nom de la maison de mon père. ²² Et David le jura à Saül. Alors Saül s'en alla en sa maison, et David et ses gens montèrent au lieu fort.

25

¹ Or, Samuel mourut; et tout Israël s'assembla et le pleura; et on l'ensevelit dans sa maison à Rama. Et David se leva, et descendit au désert de Paran. ² Or, il y avait à Maon un homme qui avait ses biens à Carmel, et cet homme était fort riche; il avait trois mille brebis et mille chèvres; et il était à Carmel quand on tondait ses brebis. ³ Cet homme s'appelait Nabal, et sa femme s'appelait Abigaïl; c'était une femme de bon sens, et belle de visage, mais l'homme était dur, et méchant dans ses actions. Et il était de la race de Caleb. ⁴ Or, David apprit au désert que Nabal tondait ses brebis. ⁵ Il envoya donc dix de ses gens, et leur dit: Montez à Carmel, et allez vers Nabal, et saluez-le de ma part, ⁶ Et dites-lui: Paix à toi pour la vie! Paix à ta maison et à tout ce qui t'appartient! ⁷ Et maintenant, j'ai appris que tu as les tondeurs. Or, tes bergers ont été avec nous, et nous ne leur avons fait aucun outrage, et il ne leur a rien manqué, tout le temps qu'ils ont été à Carmel. ⁸ Demande-le à tes gens, et ils te le diront. Que mes gens trouvent donc grâce à tes yeux, puisque nous sommes venus en un bon jour; donne, je te prie, à tes serviteurs et à ton fils David, ce qui se trouvera sous ta main. ⁹ Les gens de David vinrent donc, et dirent à Nabal toutes ces paroles, au nom de David; puis ils se turent. ¹⁰ Et Nabal répondit aux serviteurs de David et dit: Qui est David, et qui est le fils d'Isaï? Ils sont nombreux aujourd'hui les serviteurs qui abandonnent leurs maîtres! ¹¹ Et je prendrais mon pain, et mon eau, et ma viande que j'ai apprêtée pour mes tondeurs, et je les donnerais à des gens qui viennent je ne sais d'où? ¹² Alors les gens de David s'en retournèrent par leur chemin. Ils revinrent donc, et, à leur arrivée, lui rapportèrent toutes ces paroles. ¹³ Et David dit à ses gens: Que chacun de vous ceigne son épée; et ils ceignirent chacun leur épée. David aussi ceignit son épée; et il monta après David environ quatre cents hommes; mais deux cents demeurèrent auprès du bagage. ¹⁴ Or, un des serviteurs fit ce rapport à Abigaïl, femme de Nabal, et lui dit: Voici, David a envoyé du désert des messagers pour saluer notre maître; mais il s'est emporté contre eux. ¹⁵ Et cependant ces gens ont été très bons envers nous, et nous n'en avons reçu aucun outrage; et rien de ce qui est à nous ne s'est perdu, tout le temps que nous avons été avec eux, lorsque nous étions aux champs; ¹⁶ Ils nous ont servi de muraille, et la nuit et le jour, tout le temps que nous avons été avec eux, paissant les troupeaux. ¹⁷ Maintenant donc réfléchis, et vois ce que tu as à faire; car la ruine est résolue contre notre maître, et contre toute sa maison. Mais il est si méchant, qu'on n'ose lui parler. ¹⁸ Alors Abigaïl se hâta, et prit deux cents pains, deux outres de vin, cinq moutons tout apprêtés, cinq mesures de grain rôti, cent paquets de raisins secs, et deux cents cabas de figues sèches; et elle les mit sur des ânes. ¹⁹ Puis elle dit à ses gens: Passez devant moi; voici, je viens après vous. Mais elle n'en dit rien à Nabal, son mari. ²⁰ Et, montée sur un âne, elle descendait par un chemin couvert de la montagne; et voici, David et ses gens descendaient en face d'elle, et elle les rencontra. ²¹ Or, David avait dit: C'est bien en vain que j'ai gardé tout ce que cet homme avait dans le désert, de sorte qu'il ne s'est rien perdu de tout ce qui était à lui; il m'a rendu le mal pour le bien. ²² Que Dieu fasse ainsi aux ennemis de David, et qu'il y ajoute, si d'ici à demain matin, je laisse subsister de tout ce qu'il a, même un seul homme. ²³ Quand donc Abigaïl aperçut David, elle se hâta de descendre de son âne, se jeta sur son visage

devant David, et se prosterna en terre. ²⁴ Elle tomba donc à ses pieds, et dit: Que la faute soit sur moi, mon seigneur! mais que ta servante parle, je te prie, devant toi, et écoute les paroles de ta servante. ²⁵ Que mon seigneur ne prenne pas garde, je te prie, à ce méchant homme, à Nabal; car il est tel que son nom; il s'appelle Nabal (fou), et il y a de la folie en lui. Mais moi, ta servante, je n'ai point vu les gens que mon seigneur a envoyés. ²⁶ Et maintenant, mon seigneur, comme l'Éternel est vivant, et comme ton âme vit, c'est l'Éternel qui t'a empêché d'en venir au sang et de te venger de ta propre main. Or, que tes ennemis, et ceux qui cherchent à nuire à mon seigneur, soient comme Nabal. ²⁷ Et maintenant, voici le présent que ta servante apporte à mon seigneur, afin qu'on le donne aux gens qui marchent à la suite de mon seigneur. ²⁸ Pardonne, je te prie, la faute de ta servante; car l'Éternel ne manquera point d'établir à mon seigneur une maison stable, parce que mon seigneur soutient les guerres de l'Éternel, et qu'il ne s'est trouvé aucun mal en toi, pendant toute ta vie. ²⁹ Et si quelqu'un se lève pour te persécuter, et pour chercher ta vie, l'âme de mon seigneur sera liée dans le faisceau de la vie auprès de l'Éternel ton Dieu; mais il lancera au loin, comme du milieu d'une fronde, l'âme de tes ennemis. ³⁰ Et quand l'Éternel fera à mon seigneur tout le bien qu'il t'a dit, et qu'il t'établira conducteur d'Israël, ³¹ Ceci ne te sera point en achoppement; et le cœur de mon seigneur n'aura point le remords d'avoir, sans cause, répandu le sang, et de s'être vengé soi-même; et quand l'Éternel aura fait du bien à mon seigneur, tu te souviendras de ta servante. ³² Alors David dit à Abigaïl: Béni soit l'Éternel, le Dieu d'Israël, qui t'a aujourd'hui envoyée au-devant de moi! ³³ Et bénie soit ta prudence, et sois bénie toi-même, toi qui m'as aujourd'hui empêché d'en venir au sang, et de me venger de ma propre main! ³⁴ Mais certainement, comme l'Éternel, le Dieu d'Israël, qui m'a empêché de te faire du mal, est vivant, si tu ne te fusses hâtée de venir au-devant de moi, il ne serait pas demeuré de reste à Nabal, d'ici à demain matin, même un seul homme. ³⁵ David prit donc de sa main ce qu'elle lui avait apporté, et lui dit: Remonte en paix à ta maison; regarde, j'ai écouté ta voix, et je t'ai accordé ta demande. ³⁶ Alors Abigaïl revint vers Nabal, et voici, il faisait un festin dans sa maison, comme un festin de roi; et Nabal avait le cœur joyeux, et était entièrement ivre; et elle ne lui dit pas la moindre chose jusqu'au lendemain matin. ³⁷ Mais, le matin, quand Nabal fut revenu de son ivresse, sa femme lui dit ces choses; et son cœur en reçut un coup mortel, et il devint comme une pierre. ³⁸ Et environ dix jours après, l'Éternel frappa Nabal, et il mourut. ³⁹ Et quand David apprit que Nabal était mort, il dit: Béni soit l'Éternel qui m'a fait droit de l'outrage que j'avais reçu de la main de Nabal, et qui a préservé son serviteur de faire du mal! Mais l'Éternel a fait retomber la malice de Nabal sur sa tête! Puis David envoya des gens à Abigaïl, et lui fit parler, afin de la prendre pour sa femme. ⁴⁰ Les serviteurs de David vinrent donc vers Abigaïl, à Carmel, lui parlèrent, en disant: David nous a envoyés vers toi, afin de te prendre pour sa femme. ⁴¹ Alors elle se leva, se prosterna le visage contre terre, et dit: Voici, ta servante sera à ton service pour laver les pieds des serviteurs de mon seigneur! ⁴² Puis Abigaïl se leva promptement et monta sur son âne, et cinq servantes la suivaient; et elle suivit les messagers de David, et elle fut sa femme. ⁴³ David avait aussi épousé Achinoam de Jizréel, et toutes deux furent ses femmes. ⁴⁴ Mais Saül avait donné Mical sa fille, femme de David, à Palti, fils de Laïsh, qui était de Gallim.

26

¹ Les Ziphiens vinrent encore vers Saül, à Guibea, et lui dirent: David ne se tient-il pas caché au coteau de Hakila, à l'orient de la région désolée? ² Et Saül se leva, et descendit au désert de Ziph, ayant avec lui trois mille hommes choisis d'Israël, pour chercher David

au désert de Ziph. ³ Et Saül campa au coteau de Hakila, qui est à l'orient de la région désolée, près du chemin. Or David se tenait au désert, et il s'aperçut que Saül venait à sa poursuite au désert. ⁴ Il envoya donc des espions, et s'assura que Saül était arrivé. ⁵ Alors David se leva, et vint au lieu où Saül était campé; et David vit le lieu où couchait Saül, ainsi qu'Abner, fils de Ner, chef de son armée. Or, Saül couchait dans l'enceinte du camp, et le peuple était campé autour de lui. ⁶ Et David prit la parole, et dit à Achimélec, Héthien, et à Abishaï, fils de Tséruja, frère de Joab: Qui descendra avec moi vers Saül, au camp? Alors Abishaï répondit: J'y descendrai avec toi. ⁷ David et Abishaï vinrent donc de nuit vers le peuple; et voici, Saül dormait, couché dans l'enceinte du camp, et sa lance était plantée en terre à son chevet, et Abner et le peuple étaient couchés autour de lui. ⁸ Alors Abishaï dit à David: Dieu a livré aujourd'hui ton ennemi entre tes mains; maintenant donc, je te prie, que je le frappe de la lance jusqu'en terre, d'un seul coup, et je n'y reviendrai pas. ⁹ Mais David dit à Abishaï: Ne le mets point à mort; car qui porterait la main sur l'oint de l'Éternel, et serait innocent? ¹⁰ Et David dit: L'Éternel est vivant! C'est l'Éternel seul qui le frappera, soit que son jour vienne et qu'il meure, soit qu'il descende au combat et y périsse. ¹¹ Que l'Éternel me garde de porter la main sur l'oint de l'Éternel! Mais, prends maintenant, je te prie, la lance qui est à son chevet, ainsi que la cruche d'eau, et allons-nous-en. ¹² David prit donc la lance et la cruche d'eau, qui étaient au chevet de Saül, et ils s'en allèrent; et il n'y eut personne qui les vît, ni qui les aperçût, ni qui s'éveillât; car tous dormaient, parce que l'Éternel avait fait tomber sur eux un profond sommeil. ¹³ Puis David passa de l'autre côté, et s'arrêta sur le haut de la montagne, loin de là; il y avait une grande distance entre eux; ¹⁴ Et il cria au peuple, et à Abner, fils de Ner, en disant: Ne répondras-tu pas, Abner? Et Abner répondit, et dit: Qui es-tu, toi qui cries au roi? ¹⁵ Alors David dit à Abner: N'es-tu pas un homme? Et qui est semblable à toi en Israël? Pourquoi donc n'as-tu pas gardé le roi, ton seigneur? Car quelqu'un du peuple est venu pour tuer le roi, ton seigneur; ¹⁶ Ce que tu as fait n'est pas bien. L'Éternel est vivant! vous méritez la mort, pour avoir mal gardé votre seigneur, l'oint de l'Éternel. Et maintenant, regarde où sont la lance du roi et la cruche d'eau qui étaient à son chevet. ¹⁷ Alors Saül reconnut la voix de David, et dit: Est-ce bien ta voix, mon fils David? Et David dit: C'est ma voix, ô roi, mon seigneur! ¹⁸ Et il dit: Pourquoi mon seigneur poursuit-il son serviteur? Qu'ai-je fait, et quel mal y a-t-il en ma main? ¹⁹ Et maintenant, je te prie, que le roi, mon seigneur, écoute les paroles de son serviteur. Si c'est l'Éternel qui te pousse contre moi, que l'offrande lui soit agréable; mais si ce sont les hommes, qu'ils soient maudits devant l'Éternel! Car ils m'ont chassé aujourd'hui, afin que je ne puisse me joindre à l'héritage de l'Éternel, et ils m'ont dit: Va-t'en, sers des dieux étrangers. ²⁰ Et maintenant, que mon sang ne tombe point en terre loin de la face de l'Éternel; car le roi d'Israël est sorti pour chercher une puce, comme on poursuit une perdrix dans les montagnes. ²¹ Alors Saül dit: J'ai péché; reviens, mon fils David! car je ne te ferai plus de mal, puisque aujourd'hui ma vie t'a été précieuse. Voici, j'ai agi follement, et j'ai fait une très grande faute. ²² Et David répondit, et dit: Voici la lance du roi; que l'un de vos gens passe ici, et qu'il la prenne. ²³ Et l'Éternel rendra à chacun selon sa justice et sa fidélité; car l'Éternel t'avait livré aujourd'hui entre mes mains, et je n'ai point voulu porter la main sur l'oint de l'Éternel. ²⁴ Et comme ton âme a été aujourd'hui d'un grand prix à mes yeux, ainsi mon âme sera d'un grand prix aux yeux de l'Éternel, et il me délivrera de toute affliction. ²⁵ Et Saül dit à David: Béni sois-tu, mon fils David! certainement tu entreprendras et tu réussiras. Alors David continua son chemin, et Saül retourna en son lieu.

27

[1] Mais David dit en son cœur: Je périrai quelque jour par la main de Saül; ne vaut-il pas mieux que je me sauve au pays des Philistins, afin que Saül renonce à me chercher encore dans tout le territoire d'Israël? Ainsi je me sauverai de ses mains. [2] David se leva donc, et passa, avec les six cents hommes qui étaient avec lui, chez Akish, fils de Maoc, roi de Gath. [3] Et David demeura avec Akish, à Gath, lui et ses gens, chacun avec sa famille, David et ses deux femmes, Achinoam, de Jizréel, et Abigaïl, de Carmel, qui avait été femme de Nabal. [4] Alors on rapporta à Saül que David s'était enfui à Gath; et il ne continua plus à le poursuivre. [5] Et David dit à Akish: Je te prie, si j'ai trouvé grâce à tes yeux, qu'on me donne un lieu dans l'une des villes de ce pays, afin que j'y demeure; car pourquoi ton serviteur demeurerait-il dans la ville royale avec toi? [6] Akish lui donna donc, en ce jour-là, Tsiklag; c'est pourquoi Tsiklag a appartenu aux rois de Juda, jusqu'à ce jour. [7] Et le temps que David demeura au pays des Philistins fut d'un an et quatre mois. [8] Or, David montait avec ses gens, et ils faisaient des incursions chez les Gueshuriens, les Guirziens et les Amalécites; car ces nations habitaient le pays qu'elles avaient habité de tout temps, du côté de Shur et jusqu'au pays d'Égypte. [9] Et David désolait le pays; il ne laissait ni homme ni femme en vie, et il prenait les brebis, les bœufs, les ânes, les chameaux et les vêtements, puis il s'en retournait et venait vers Akish. [10] Et Akish disait: Où avez-vous fait vos courses aujourd'hui? Et David répondait: Vers le midi de Juda, vers le midi des Jérachméeliens, et vers le midi des Kéniens. [11] Mais David ne laissait en vie ni homme ni femme pour les amener à Gath; de peur, disait-il, qu'ils ne fassent rapport contre nous, et ne disent: Voilà ce que David a fait. Et il en usa ainsi tout le temps qu'il demeura au pays des Philistins. [12] Akish se fiait donc à David, et disait: Il se rend odieux à Israël, son peuple; et il sera mon serviteur à jamais.

28

[1] En ces jours-là, les Philistins assemblèrent leurs armées pour faire la guerre, pour combattre Israël. Et Akish dit à David: Tu sais que tu viendras avec moi au camp, toi et tes gens. [2] Alors David répondit à Akish: Eh bien! tu verras ce que ton serviteur fera. Et Akish dit à David: Aussi je te confierai pour toujours la garde de ma personne. [3] Or, Samuel était mort, et tout Israël l'avait pleuré, et on l'avait enseveli à Rama, dans sa ville. Et Saül avait ôté du pays les magiciens et les devins. [4] Les Philistins assemblés, vinrent donc, et campèrent à Sunem; Saül aussi assembla tout Israël, et ils campèrent à Guilboa. [5] Or, Saül, voyant le camp des Philistins, eut peur, et son cœur fut fort effrayé. [6] Et Saül consulta l'Éternel; mais l'Éternel ne lui répondit point, ni par des songes, ni par l'Urim, ni par les prophètes. [7] Et Saül dit à ses serviteurs: Cherchez-moi une femme qui connaisse la magie, et j'irai vers elle, et je la consulterai. Ses serviteurs lui dirent: Voilà, il y a à Endor une femme qui connaît la magie. [8] Alors Saül se déguisa, et prit d'autres habits, et s'en alla, lui et deux hommes avec lui; et ils arrivèrent de nuit chez cette femme. Et Saül lui dit: Prédis-moi, je te prie, par la magie; et fais-moi monter celui que je te dirai. [9] Mais la femme lui répondit: Voici, tu sais ce que Saül a fait; comment il a ôté du pays les magiciens et les devins; pourquoi donc dresses-tu un piège à ma vie, pour me faire mourir? [10] Alors Saül lui jura par l'Éternel, et lui dit: L'Éternel est vivant! il ne t'arrivera aucun mal pour cela. [11] Alors la femme dit: Qui veux-tu que je te fasse monter? Et il répondit: Fais-moi monter Samuel. [12] Et quand la femme vit Samuel, elle poussa un grand cri, et elle dit à Saül: Pourquoi m'as-tu trompée? tu es Saül [13] Et le roi lui répondit: Ne crains point; mais que vois-tu? Et la femme dit à Saül: Je vois un dieu qui monte de la terre. [14] Et il lui dit: Comment est-il fait? Elle répondit: C'est un vieillard qui monte, et il est couvert d'un manteau. Et Saül comprit que c'était Samuel; et il s'inclina le visage contre terre, et se prosterna. [15] Et Samuel dit à Saül: Pourquoi m'as-tu troublé, en me faisant monter?

Saül répondit: Je suis dans une grande détresse; car les Philistins me font la guerre, et Dieu s'est retiré de moi, et ne m'a plus répondu, ni par les prophètes, ni par les songes; et je t'ai appelé, afin que tu me fasses connaître ce que je dois faire. [16] Mais Samuel dit: Pourquoi donc me consultes-tu, puisque l'Éternel s'est retiré de toi, et qu'il est devenu ton ennemi? [17] Or, l'Éternel a fait selon qu'il avait dit par moi; l'Éternel a arraché le royaume d'entre tes mains, et l'a donné à ton prochain, à David. [18] Parce que tu n'as point obéi à la voix de l'Éternel, et que tu n'as point exécuté l'ardeur de sa colère contre Amalek, à cause de cela l'Éternel te traite aujourd'hui de cette manière. [19] Et l'Éternel livrera même Israël avec toi entre les mains des Philistins; et demain, toi et tes fils vous serez avec moi; l'Éternel livrera même le camp d'Israël entre les mains des Philistins. [20] Et aussitôt Saül tomba de toute sa hauteur sur la terre, et fut fort effrayé des paroles de Samuel; et même les forces lui manquèrent, parce qu'il n'avait rien mangé de tout le jour et de toute la nuit. [21] Alors la femme vint auprès de Saül, et, voyant qu'il était fort troublé, elle lui dit: Voici, ta servante a obéi à ta voix, et j'ai exposé ma vie, et j'ai obéi aux paroles que tu m'as dites; [22] Et maintenant écoute, je te prie, la voix de ta servante; permets que je mette devant toi une bouchée de pain, afin que tu manges, et que tu prennes des forces pour te remettre en chemin. [23] Mais il refusa, et dit: Je ne mangerai point. Cependant ses serviteurs, et la femme aussi, le pressèrent tant, qu'il se rendit à leurs instances; et, s'étant levé de terre, il s'assit sur le lit. [24] Or, cette femme avait dans la maison un veau gras; elle se hâta donc de le tuer; puis elle prit de la farine, la pétrit, et en cuisit des pains sans levain, [25] Qu'elle mit devant Saül et devant ses serviteurs, et ils mangèrent. Puis, s'étant levés, ils s'en allèrent cette même nuit.

29

[1] Or, les Philistins assemblèrent toutes leurs armées à Aphek; et les Israélites étaient campés près de la fontaine qui est à Jizréel. [2] Et les princes des Philistins marchèrent avec leurs centaines et avec leurs milliers; et David et ses gens marchaient à l'arrière-garde avec Akish. [3] Alors les chefs des Philistins dirent: Que font ici ces Hébreux? Et Akish répondit aux chefs des Philistins: N'est-ce pas David, serviteur de Saül, roi d'Israël, qui a déjà été avec moi quelque temps, ou plutôt quelques années? Or je n'ai rien trouvé à redire en lui, depuis le jour où il est passé à nous jusqu'à ce jour-ci? [4] Mais les chefs des Philistins se mirent en colère contre lui, et lui dirent: Renvoie cet homme, et qu'il s'en retourne au lieu où tu l'as établi, et qu'il ne descende point avec nous au combat, de peur qu'il ne se tourne contre nous dans la bataille. Car comment pourrait-il rentrer en grâce auprès de son seigneur? Ne serait-ce pas au moyen des têtes de nos gens? [5] N'est-ce pas ce David dont on disait, en chantant dans les danses: Saül a frappé ses mille, et David ses dix mille? [6] Akish appela donc David, et lui dit: L'Éternel est vivant! tu es un homme droit, et j'aimerais à te voir sortir et entrer au camp avec moi; car je n'ai point trouvé de mal en toi, depuis le jour où tu vins vers moi jusqu'à ce jour-ci; mais tu ne plais point aux princes. [7] Maintenant donc retourne et va-t'en en paix, afin que tu ne fasses rien qui déplaise aux princes des Philistins. [8] Et David dit à Akish: Mais qu'ai-je fait, et qu'as-tu trouvé en ton serviteur, depuis le jour où j'ai été auprès de toi jusqu'à maintenant, pour que je n'aille point combattre contre les ennemis de mon seigneur le roi? [9] Et Akish répondit et dit à David: Je le sais, car tu m'es agréable comme un ange de Dieu; mais les chefs des Philistins ont dit: Il ne montera point avec nous au combat. [10] C'est pourquoi lève-toi de bon matin, avec les serviteurs de ton seigneur qui sont venus avec toi; et levez-vous de bon matin, et sitôt que vous verrez le jour, allez-vous en. [11] Ainsi David se leva de bonne heure, lui et ses gens, pour partir dès le matin, pour retourner au pays des Philistins; mais les Philistins montèrent à Jizréel.

30

¹ Or, quand David et ses gens arrivèrent à Tsiklag, le troisième jour, les Amalécites s'étaient jetés sur la contrée du midi et sur Tsiklag; ils avaient pris Tsiklag et l'avaient brûlée. ² Et ils avaient fait prisonnières les femmes qui s'y trouvaient, et les petits et les grands; ils n'avaient tué personne, mais ils les avaient emmenés, et s'étaient remis en chemin. ³ David et ses gens revinrent donc à la ville; et voici, elle était brûlée; et leurs femmes, leurs fils et leurs filles, avaient été faits prisonniers. ⁴ Alors David et le peuple qui était avec lui élevèrent la voix, et pleurèrent jusqu'à ce qu'il n'y eût plus en eux de force pour pleurer. ⁵ Or les deux femmes de David avaient aussi été faites prisonnières, savoir, Achinoam, de Jizréel, et Abigaïl, de Carmel, femme de Nabal. ⁶ Et David fut dans une grande détresse, car le peuple parlait de le lapider. Car tout le peuple avait l'âme pleine d'amertume, chacun à cause de ses fils et de ses filles; mais, David se fortifia en l'Éternel son Dieu, ⁷ Et il dit à Abiathar, le sacrificateur, fils d'Achimélec: Apporte-moi, je te prie, l'éphod; et Abiathar apporta l'éphod à David. ⁸ Alors David consulta l'Éternel, en disant: Poursuivrai-je cette troupe? l'atteindrai-je? Et il lui répondit: Poursuis; car certainement tu atteindras et tu délivreras. ⁹ David s'en alla donc, avec les six cents hommes qui étaient avec lui; et ils arrivèrent jusqu'au torrent de Bésor, où s'arrêtèrent ceux qui demeuraient en arrière. ¹⁰ Ainsi David et quatre cents hommes firent la poursuite; deux cents s'arrêtèrent, trop fatigués pour passer le torrent de Bésor. ¹¹ Or, ils trouvèrent dans les champs, un homme égyptien qu'ils amenèrent à David, et ils lui donnèrent du pain, qu'il mangea, et de l'eau à boire; ¹² Ils lui donnèrent aussi quelques figues sèches, et deux grappes de raisins secs. Il les mangea donc, et reprit ses esprits; car il n'avait point mangé de pain, ni bu d'eau depuis trois jours et trois nuits. ¹³ Et David lui dit: A qui es-tu, et d'où es-tu? Et il répondit: Je suis un garçon égyptien, serviteur d'un homme amalécite; et mon maître m'a abandonné, parce que je tombai malade, il y a trois jours. ¹⁴ Nous avons fait irruption au midi des Kéréthiens, et sur ce qui appartient à Juda, et au midi de Caleb, et nous avons brûlé Tsiklag. ¹⁵ Alors David lui dit: Me conduiras-tu vers cette troupe? Et il répondit: Jure-moi, par le nom de Dieu, que tu ne me feras point mourir, et que tu ne me livreras point entre les mains de mon maître, et je te conduirai vers cette troupe. ¹⁶ Et il le conduisit; et voici, ils étaient dispersés sur toute la contrée, mangeant, buvant et dansant, à cause du grand butin qu'ils avaient enlevé au pays des Philistins et au pays de Juda. ¹⁷ Et David les battit, depuis l'aube du jour jusqu'au soir du lendemain; et il n'en échappa aucun, excepté quatre cents jeunes hommes qui montèrent sur des chameaux et s'enfuirent. ¹⁸ Et David recouvra tout ce que les Amalécites avaient pris; il recouvra aussi ses deux femmes. ¹⁹ Et il ne leur manqua personne, ni petit, ni grand, ni fils, ni filles, ni rien du butin et de tout ce qu'ils leur avaient emporté; David ramena le tout. ²⁰ David reprit aussi tout le gros et le menu bétail; et ses gens marchaient à la tête de ce troupeau et disaient: C'est ici le butin de David. ²¹ Puis David vint vers les deux cents hommes qui avaient été trop fatigués pour suivre David, et qu'il avait fait rester au torrent de Bésor. Et ils sortirent au-devant de David, et au-devant du peuple qui était avec lui. Et David, s'approchant d'eux, leur demanda comment ils se portaient. ²² Mais tous les hommes méchants et mauvais, d'entre ceux qui étaient allés avec David, prirent la parole et dirent: Puisqu'ils ne sont point venus avec nous, nous ne leur donnerons rien du butin que nous avons recouvré, sinon à chacun sa femme et ses enfants; qu'ils les emmènent, et s'en aillent. ²³ Mais David dit: Ce n'est pas ainsi, mes frères, que vous disposerez de ce que l'Éternel nous a donné, puisqu'il nous a gardés, et a livré entre nos mains la troupe qui était venue contre nous. ²⁴ Qui vous écouterait dans cette affaire? Car la part de celui qui descend au combat et la part de celui qui demeure au bagage, doivent être égales; ils partageront ensemble. ²⁵ Or cela s'est pratiqué depuis

ce jour-là, et on en a fait une règle et un usage en Israël, jusqu'à ce jour. [26] David revint donc à Tsiklag, et envoya du butin aux anciens de Juda, à ses amis, en disant: Voici un présent, pour vous, du butin des ennemis de l'Éternel. [27] Il en envoya à ceux qui étaient à Béthel, à ceux qui étaient à Ramoth du Midi, à ceux qui étaient à Jatthir, [28] A ceux qui étaient à Aroër, à ceux qui étaient à Siphmoth, à ceux qui étaient à Eshthémoa, [29] A ceux qui étaient à Racal, et à ceux qui étaient dans les villes des Jérachméeliens, à ceux qui étaient dans les villes des Kéniens, [30] A ceux qui étaient à Horma, à ceux qui étaient à Cor-Ashan, à ceux qui étaient à Athac, [31] Et à ceux qui étaient à Hébron, et dans tous les lieux où David avait passé, lui et ses gens.

31

[1] Or, les Philistins combattirent contre Israël, et les Israélites prirent la fuite devant les Philistins, et furent tués sur la montagne de Guilboa. [2] Et les Philistins poursuivirent Saül et ses fils, et tuèrent Jonathan, Abinadab, et Malkishua, fils de Saül. [3] Et l'effort du combat tomba sur Saül; et les archers l'atteignirent, et il fut dangereusement blessé par les archers. [4] Alors Saül dit à son écuyer: Tire ton épée, et m'en transperce, de peur que ces incirconcis ne viennent, et ne me transpercent, et ne me fassent des outrages. Mais son écuyer ne le voulut point faire, car il était fort effrayé. Saül prit donc l'épée, et se jeta dessus. [5] Alors l'écuyer de Saül, voyant que Saül était mort, se jeta aussi sur son épée, et mourut avec lui. [6] Ainsi moururent en ce jour-là, Saül et ses trois fils, son écuyer et tous ses gens. [7] Et ceux d'Israël qui étaient de ce côté-ci de la vallée, et de ce côté-ci du Jourdain, ayant vu que les Israélites s'étaient enfuis, et que Saül et ses fils étaient morts, abandonnèrent les villes et s'enfuirent; de sorte que les Philistins vinrent et y habitèrent. [8] Et, le lendemain, les Philistins vinrent pour dépouiller les morts; et ils trouvèrent Saül et ses trois fils étendus sur la montagne de Guilboa. [9] Et ils lui coupèrent la tête et le dépouillèrent de ses armes; et ils envoyèrent au pays des Philistins, de tous côtés, pour annoncer la nouvelle dans les temples de leurs idoles, et parmi le peuple. [10] Puis ils mirent ses armes au temple d'Ashtharoth, et pendirent son corps à la muraille de Beth-Shan. [11] Or, les habitants de Jabès de Galaad apprirent ce que les Philistins avaient fait à Saül; [12] Et tous les vaillants hommes se levèrent et marchèrent toute la nuit, et enlevèrent le corps de Saül et les corps de ses fils, de la muraille de Beth-Shan; et ils revinrent à Jabès, où ils les brûlèrent. [13] Puis ils prirent leurs os, et les ensevelirent sous le tamarin, près de Jabès; et ils jeûnèrent sept jours.

2 Samuel

[1] Après que Saül fut mort, David, étant revenu de la défaite des Amalécites, demeura à Tsiklag deux jours; [2] Et le troisième jour on vit paraître un homme qui revenait du camp, d'auprès de Saül, ayant ses vêtements déchirés et de la terre sur sa tête; et, étant venu vers David, il se jeta contre terre et se prosterna. [3] Et David lui dit: D'où viens-tu? Et il lui répondit: Je me suis échappé du camp d'Israël. [4] David lui dit: Qu'est-il arrivé? Raconte-le-moi donc. Il répondit: Le peuple s'est enfui de la bataille, et même un grand nombre sont tombés morts; Saül aussi et Jonathan, son fils, sont morts. [5] Et David dit au jeune homme qui lui donnait ces nouvelles: Comment sais-tu que Saül et Jonathan, son fils, sont morts? [6] Et le jeune homme qui lui donnait ces nouvelles, répondit: Je me trouvais par hasard sur la montagne de Guilboa, et voici, Saül s'appuyait sur sa lance; et voici, les chars et les cavaliers étaient près de l'atteindre; [7] Et, regardant en arrière, il me vit, et m'appela; et je répondis: Me voici. [8] Et il me dit: Qui es-tu? Et je lui répondis: Je suis Amalécite. [9] Alors il me dit: Avance-toi vers moi, et me fais mourir; car je suis dans une grande angoisse, ma vie est encore toute en moi. [10] Je me suis donc approché de lui et je l'ai fait mourir; car je savais qu'il ne vivrait pas après s'être ainsi jeté sur son épée; puis j'ai pris la couronne qui était sur sa tête, et le bracelet qui était à son bras, et je les ai apportés ici à mon seigneur. [11] Alors David prit ses vêtements, et les déchira; et tous les hommes qui étaient avec lui firent de même. [12] Et ils menèrent deuil, et pleurèrent, et jeûnèrent jusqu'au soir à cause de Saül, et de Jonathan, son fils, et du peuple de l'Éternel, et de la maison d'Israël; parce qu'ils étaient tombés par l'épée. [13] Mais David dit au jeune homme qui lui avait donné ces nouvelles: D'où es-tu? Et il répondit: Je suis fils d'un étranger amalécite. [14] Et David lui dit: Comment n'as-tu pas craint d'avancer ta main pour tuer l'oint de l'Éternel? [15] Alors David appela l'un de ses gens, et lui dit: Approche-toi, jette-toi sur lui! Il le frappa, et il mourut. [16] Et David lui dit: Ton sang soit sur ta tête! car ta bouche a témoigné contre toi, en disant: J'ai fait mourir l'oint de l'Éternel. [17] Alors David fit sur Saül et sur Jonathan, son fils, cette complainte, [18] Qu'il ordonna d'enseigner aux enfants de Juda, la complainte de l'Arc; voici, elle est écrite au livre du Juste: [19] Ta gloire, ô Israël, a péri sur tes collines! Comment sont tombés les hommes vaillants? [20] N'allez point le dire dans Gath, ne l'annoncez point dans les places d'Askélon; de peur que les filles des Philistins ne se réjouissent, de peur que les filles des incirconcis ne triomphent. [21] Montagnes de Guilboa, que la rosée et la pluie ne tombent plus sur vous, qu'il n'y ait plus de champs dont on offre les prémices; car c'est là qu'a été jeté le bouclier des hommes forts, le bouclier de Saül, comme s'il n'eût pas été oint d'huile. [22] L'arc de Jonathan ne revenait jamais sans être teint du sang des blessés et de la graisse des vaillants; et l'épée de Saül ne retournait pas sans effet. [23] Saül et Jonathan, aimables et agréables pendant leur vie, n'ont point été séparés dans leur mort; ils étaient plus légers que les aigles, ils étaient plus forts que les lions. [24] Filles d'Israël, pleurez sur Saül, qui vous revêtait d'écarlate, dans les délices; qui vous faisait porter des ornements d'or sur vos habits! [25] Comment sont tombés les hommes forts au milieu de la bataille, et comment Jonathan a-t-il été tué sur tes collines? [26] Jonathan, mon frère, je suis dans la douleur à cause de toi. Tu faisais tout mon plaisir; l'amour que j'avais pour toi était plus grand que celui des femmes. [27] Comment sont tombés les vaillants? Comment se sont perdues les armes de la guerre?

2

[1] Après cela, David consulta l'Éternel, en disant: Monterai-je en quelqu'une des villes

de Juda? Et l'Éternel lui répondit: Monte. Et David dit: Dans laquelle monterai-je? L'Éternel répondit: A Hébron. ² David monta donc là, avec ses deux femmes, Achinoam de Jizréel, et Abigaïl, de Carmel, qui avait été femme de Nabal. ³ David fit monter aussi les hommes qui étaient avec lui, chacun avec sa famille, et ils demeurèrent dans les villes d'Hébron. ⁴ Et ceux de Juda vinrent, et là ils oignirent David pour roi sur la maison de Juda. Et on rapporta à David que les gens de Jabès de Galaad avaient enseveli Saül. ⁵ Alors David envoya des messagers vers les gens de Jabès de Galaad, et leur fit dire: Soyez bénis de l'Éternel, vous qui avez usé de cette humanité envers Saül, votre seigneur, et l'avez enseveli; ⁶ Maintenant donc que l'Éternel veuille user envers vous de fidélité et de grâce! Et moi aussi je vous ferai du bien, parce que vous avez fait cela. ⁷ Et maintenant, que vos mains se fortifient, et soyez des hommes de cœur; car Saül, votre seigneur, est mort, et la maison de Juda m'a oint pour être roi sur elle. ⁸ Mais Abner, fils de Ner, chef de l'armée de Saül, prit Ishbosheth, fils de Saül, et le fit passer à Mahanaïm; ⁹ Et il l'établit roi sur Galaad, sur les Ashuriens, sur Jizréel, sur Éphraïm, sur Benjamin, sur tout Israël. ¹⁰ Ishbosheth, fils de Saül, était âgé de quarante ans quand il commença à régner sur Israël, et il régna deux ans. Il n'y eut que la maison de Juda qui suivit David. ¹¹ Et le nombre des jours que David régna à Hébron sur la maison de Juda, fut de sept ans et six mois. ¹² Or Abner, fils de Ner, et les gens d'Ishbosheth, fils de Saül, sortirent de Mahanaïm pour marcher vers Gabaon. ¹³ Joab aussi, fils de Tséruja, et les gens de David sortirent; et ils se rencontrèrent vers l'étang de Gabaon et se tinrent les uns de ce côté-ci de l'étang, les autres au delà de l'étang. ¹⁴ Alors Abner dit à Joab: Que ces jeunes gens se lèvent maintenant, et qu'ils se battent devant nous. Et Joab dit: Qu'ils se lèvent! ¹⁵ Ils se levèrent donc, et s'avancèrent en nombre égal, douze pour Benjamin et pour Ishbosheth, fils de Saül, et douze des gens de David. ¹⁶ Alors chacun, saisissant son adversaire par la tête, lui passa son épée par le flanc, et ils tombèrent tous ensemble; et ce lieu-là fut appelé Helkath-Hatsurim (le champ des épées); il est près de Gabaon. ¹⁷ Et il y eut, ce jour-là, un très rude combat, dans lequel Abner fut battu, avec ceux d'Israël, par les gens de David. ¹⁸ Les trois fils de Tséruja, Joab, Abishaï et Asaël, étaient là. Or Asaël était léger de ses pieds comme un chevreuil dans la campagne. ¹⁹ Et Asaël poursuivit Abner, sans se détourner de lui ni à droite ni à gauche. ²⁰ Abner regarda donc en arrière et dit: Est-ce toi, Asaël? Et il répondit: C'est moi. ²¹ Et Abner lui dit: Détourne-toi à droite ou à gauche, et saisis-toi de l'un de ces jeunes gens, et prends sa dépouille pour toi. Mais Asaël ne voulut point se détourner de lui. ²² Et Abner continuait à dire à Asaël: Détourne-toi de moi; pourquoi te jetterai-je mort par terre? et comment oserais-je paraître devant Joab, ton frère? ²³ Mais il ne voulut point se détourner; alors Abner le frappa au ventre avec le bout de derrière de sa lance, tellement que sa lance lui sortit par derrière; et il tomba là et mourut sur place; et tous ceux qui arrivaient au lieu où Asaël était tombé mort, s'arrêtaient. ²⁴ Joab et Abishaï poursuivirent donc Abner, et le soleil se couchait comme ils arrivaient au coteau d'Amma, qui est vis-à-vis de Guiach, au chemin du désert de Gabaon. ²⁵ Et les Benjamites se rallièrent auprès d'Abner, et se rangèrent en un bataillon, et se tinrent sur le sommet d'un coteau. ²⁶ Alors Abner cria à Joab, et dit: L'épée dévorera-t-elle sans cesse? Ne sais-tu pas bien qu'il y aura de l'amertume à la fin? et jusqu'à quand différeras-tu de dire au peuple qu'il cesse de poursuivre ses frères? ²⁷ Et Joab dit: Dieu est vivant! si tu n'eusses parlé, dès le matin déjà le peuple se serait retiré, chacun de la poursuite de son frère. ²⁸ Joab sonna donc de la trompette, et tout le peuple s'arrêta; et ils ne poursuivirent plus Israël et ne continuèrent plus à combattre. ²⁹ Ainsi Abner et ses gens marchèrent toute cette nuit-là par la campagne, et passèrent le Jourdain, et traversèrent tout le Bithron, et arrivèrent à Mahanaïm. ³⁰ Joab revint aussi de la poursuite d'Abner; et quand il eut assemblé tout le peuple, on trouva que des gens de

David il manquait dix-neuf hommes, et Asaël. ³¹ Mais les gens de David avaient frappé à mort trois cent soixante hommes de Benjamin et des gens d'Abner. ³² Et ils emportèrent Asaël, et l'ensevelirent dans le tombeau de son père, à Bethléhem. Et Joab et ses gens marchèrent toute la nuit, et au point du jour ils arrivèrent à Hébron.

3

¹ Or il y eut une longue guerre entre la maison de Saül et la maison de David; mais David allait se fortifiant, et la maison de Saül allait s'affaiblissant. ² Et il naquit des fils à David, à Hébron; son premier-né fut Amnon, d'Achinoam de Jizréel; ³ Le second fut Kiléab, d'Abigaïl, de Carmel, qui avait été femme de Nabal; le troisième, Absalom, fils de Maaca, fille de Thalmaï, roi de Gueshur; ⁴ Le quatrième, Adonija, fils de Hagguith; le cinquième, Shéphatia, fils d'Abital; ⁵ Et le sixième, Jithréam, d'Égla, femme de David. Ceux-là naquirent à David, à Hébron. ⁶ Or, pendant qu'il y eut guerre entre la maison de Saül et la maison de David, Abner soutenait la maison de Saül. ⁷ Et Saül avait eu une concubine qui s'appelait Ritspa, fille d'Ajja; et Ishbosheth dit à Abner: Pourquoi es-tu venu vers la concubine de mon père? ⁸ Et Abner fut fort irrité des paroles d'Ishbosheth, et lui dit: Suis-je une tête de chien, moi qui, contre Juda, use aujourd'hui de bonté envers la maison de Saül, ton père, et envers ses frères et ses amis, et qui ne t'ai point livré entre les mains de David, que tu me recherches aujourd'hui pour le péché d'une femme? ⁹ Que Dieu punisse sévèrement Abner, si je ne fais à David tout ce que l'Éternel lui a juré, ¹⁰ En transportant la royauté de la maison de Saül dans la sienne, et en établissant le trône de David sur Israël et sur Juda, depuis Dan jusqu'à Béer-Shéba. ¹¹ Et Ishbosheth n'osa répondre un mot à Abner, parce qu'il le craignait. ¹² Abner envoya donc des messagers à David, pour dire de sa part: A qui appartient le pays? en ajoutant: Traite alliance avec moi; et voici, ma main sera avec toi, pour réunir à toi tout Israël. ¹³ Et David répondit: C'est bien; je traiterai alliance avec toi; je te demande seulement une chose; c'est que tu ne voies point ma face, que tu ne m'aies d'abord ramené Mical, fille de Saül, quand tu viendras me voir. ¹⁴ Alors David envoya des messagers à Ishbosheth, fils de Saül, pour lui dire: Rends-moi ma femme Mical, que j'ai épousée pour cent prépuces de Philistins. ¹⁵ Et Ishbosheth l'envoya prendre à son mari Paltiel, fils de Laïsh. ¹⁶ Et son mari s'en alla avec elle, pleurant en la suivant jusqu'à Bachurim. Puis Abner lui dit: Va, retourne-t'en! Et il s'en retourna. ¹⁷ Or Abner parla aux anciens d'Israël et dit: Vous désiriez autrefois d'avoir David pour votre roi. ¹⁸ Maintenant donc, faites-le; car l'Éternel a parlé à David et a dit: C'est par David, mon serviteur, que je délivrerai mon peuple d'Israël de la main des Philistins et de la main de tous ses ennemis. ¹⁹ Et Abner parla de même à ceux de Benjamin; puis il alla dire à David, à Hébron, ce qui avait été approuvé par Israël et par toute la maison de Benjamin. ²⁰ Abner vint donc vers David à Hébron, et vingt hommes avec lui; et David fit un festin à Abner et aux hommes qui étaient avec lui. ²¹ Puis Abner dit à David: Je me lèverai, et je m'en irai rassembler tout Israël auprès du roi, mon seigneur, pour qu'ils traitent alliance avec toi, et tu régneras comme ton âme le souhaite. Et David renvoya Abner qui s'en alla en paix. ²² Et voici, les gens de David revenaient avec Joab de faire une incursion, et amenaient avec eux un grand butin. Or Abner n'était plus avec David à Hébron; car il l'avait renvoyé, et il s'en était allé en paix. ²³ Joab, et toute l'armée qui était avec lui, revint donc; et on fit rapport à Joab en ces mots: Abner, fils de Ner, est venu vers le roi, qui l'a laissé partir, et il s'en est allé en paix. ²⁴ Et Joab vint vers le roi, et dit: Qu'as-tu fait? Voici, Abner est venu vers toi; pourquoi l'as-tu renvoyé, et s'en est-il allé ainsi? ²⁵ Tu connais Abner, fils de Ner; c'est pour te tromper qu'il est venu, pour reconnaître tes démarches, et pour savoir tout ce que tu fais. ²⁶ Puis Joab, ayant quitté David, envoya après Abner des gens qui le ramenèrent de la fosse de Sira, sans que David le sût. ²⁷ Abner étant donc revenu à Hébron, Joab le tira à part, en

dedans de la porte, comme pour lui parler en secret, et là il le frappa au ventre; et Abner mourut ainsi, à cause du sang d'Asaël, frère de Joab. 28 Et David l'apprit ensuite, et dit: Je suis innocent, moi et mon royaume, devant l'Éternel, à jamais, du sang d'Abner, fils de Ner. 29 Que ce sang retombe sur la tête de Joab, et sur toute la maison de son père! Et que la maison de Joab ne soit jamais sans quelque homme ayant un flux, ou la lèpre, ou qui s'appuie sur un bâton, ou qui tombe par l'épée, ou qui manque de pain! 30 Ainsi Joab et Abishaï, son frère, tuèrent Abner, parce qu'il avait tué Asaël, leur frère, près de Gabaon, dans le combat. 31 Mais David dit à Joab et à tout le peuple qui était avec lui: Déchirez vos vêtements et ceignez-vous de sacs, et menez deuil sur Abner. Et le roi David marcha derrière le cercueil. 32 Et quand ils eurent enseveli Abner à Hébron, le roi éleva la voix et pleura près du tombeau d'Abner; et tout le peuple pleura aussi. 33 Et le roi fit une complainte sur Abner, et dit: Abner devait-il mourir comme meurt un méchant? 34 Tes mains ne furent point liées, ni tes pieds mis dans les fers. Tu es tombé comme on tombe devant les méchants! Et tout le peuple recommença à pleurer sur lui. 35 Puis tout le peuple vint pour faire prendre quelque nourriture à David, pendant qu'il était encore jour; mais David fit serment et dit: Que Dieu me punisse sévèrement, si avant que le soleil soit couché, je goûte du pain ou quelque autre chose. 36 Et tout le peuple l'entendit, et l'approuva; et tout le peuple trouva bon tout ce que fit le roi. 37 Ainsi, en ce jour-là, tout le peuple et tout Israël connut que ce n'était point par ordre du roi qu'on avait fait mourir Abner, fils de Ner. 38 Et le roi dit à ses serviteurs: Ne savez-vous pas qu'un capitaine, et un grand capitaine, est tombé aujourd'hui en Israël? 39 Et je suis encore faible aujourd'hui, bien que j'aie été oint roi; mais ces gens, les fils de Tséruja, sont trop puissants pour moi. Que l'Éternel rende à celui qui a fait le mal, selon sa malice!

4

1 Quand le fils de Saül apprit qu'Abner était mort à Hébron, ses mains devinrent lâches, et tout Israël fut consterné. 2 Or le fils de Saül avait deux chefs de bandes, dont l'un s'appelait Baana et l'autre Récab; ils étaient fils de Rimmon le Beérothien, des enfants de Benjamin (car Beéroth était réputé appartenir à Benjamin, 3 Et les Beérothiens s'étaient enfuis à Guitthaïm, et ils y ont séjourné jusqu'à aujourd'hui). 4 Or Jonathan, fils de Saül, avait un fils perclus des pieds; il était âgé de cinq ans lorsque la nouvelle de la mort de Saül et de Jonathan arriva de Jizréel; et sa gouvernante le prit et s'enfuit, et comme elle se hâtait de fuir, il tomba et devint boiteux; son nom était Méphibosheth. 5 Les fils de Rimmon, le Beérothien, Récab et Baana, vinrent donc et entrèrent à la chaleur du jour dans la maison d'Ishbosheth, comme il prenait son repos de midi; 6 Ils entrèrent jusqu'au milieu de la maison, comme pour y prendre du froment, et ils le frappèrent au ventre; puis Récab et Baana, son frère, s'enfuirent. 7 Ils entrèrent donc dans la maison, lorsqu'Ishbosheth était couché sur son lit, dans la chambre où il dormait; et ils le frappèrent et le firent mourir; puis ils lui coupèrent la tête, et la prirent, et marchèrent par le chemin de la plaine toute cette nuit-là. 8 Et ils apportèrent la tête d'Ishbosheth à David, à Hébron, et ils dirent au roi: Voici la tête d'Ishbosheth, fils de Saül, ton ennemi, qui cherchait ta vie; l'Éternel a vengé aujourd'hui le roi, mon seigneur, de Saül et de sa race. 9 Mais David répondit à Récab et à Baana, son frère, fils de Rimmon, le Beérothien, et leur dit: L'Éternel est vivant, qui a délivré mon âme de toutes mes détresses! 10 J'ai saisi celui qui vint m'annoncer et me dire: Voilà, Saül est mort; et qui pensait m'apprendre de bonnes nouvelles, et je le fis mourir à Tsiklag, pour prix de ses bonnes nouvelles. 11 Combien plus, quand des méchants ont tué un homme de bien, dans sa maison, sur son lit, ne redemanderai-je pas maintenant son sang de votre main, et ne vous exterminerai-je pas de la terre? 12 Et David donna ordre à ses gens, qui les tuèrent, et leur coupèrent

les mains et les pieds, et les pendirent près de l'étang d'Hébron. Puis ils prirent la tête d'Ishbosheth, et l'ensevelirent dans le tombeau d'Abner, à Hébron.

5

¹ Alors toutes les tribus d'Israël vinrent vers David, à Hébron, et dirent: Voici, nous sommes tes os et ta chair. ² Et même auparavant, quand Saül était roi sur nous, c'est toi qui faisais sortir et qui ramenais Israël; et l'Éternel t'a dit: C'est toi qui paîtras mon peuple d'Israël, et qui seras le conducteur d'Israël. ³ Tous les anciens d'Israël vinrent donc vers le roi à Hébron; et le roi David fit alliance avec eux à Hébron devant l'Éternel; et ils oignirent David pour roi sur Israël. ⁴ David était âgé de trente ans, quand il commença à régner, et il régna quarante ans; ⁵ Il régna sur Juda à Hébron sept ans et six mois; puis il régna trente trois ans à Jérusalem, sur tout Israël et Juda. ⁶ Or, le roi marcha avec ses gens sur Jérusalem, contre les Jébusiens qui habitaient en ce pays-là; et ils dirent à David: Tu n'entreras point ici que tu n'aies ôté les aveugles et les boiteux; voulant dire: David n'entrera point ici. ⁷ Mais David prit la forteresse de Sion; c'est la cité de David. ⁸ Et David dit en ce jour-là: Quiconque aura battu les Jébusiens, et aura atteint le canal, et ces boiteux et ces aveugles qui sont les ennemis de David, sera récompensé. C'est pourquoi l'on dit: Ni aveugle ni boiteux n'entrera dans cette maison. ⁹ Et David habita dans la forteresse, et l'appela la cité de David; et il bâtit tout à l'entour depuis Millo jusqu'au-dedans. ¹⁰ Et David allait toujours avançant et croissant; et l'Éternel, le Dieu des armées, était avec lui. ¹¹ Et Hiram, roi de Tyr, envoya à David des ambassadeurs, avec du bois de cèdre et des charpentiers et des tailleurs de pierres; et ils bâtirent la maison de David. ¹² Alors David reconnut que l'Éternel l'avait affermi comme roi sur Israël, et qu'il avait élevé son royaume, à cause de son peuple d'Israël. ¹³ Or David prit encore des concubines et des femmes de Jérusalem, après qu'il fut venu d'Hébron; et il lui naquit encore des fils et des filles. ¹⁴ Ce sont ici les noms de ceux qui lui naquirent à Jérusalem: Shammua, Shobab, Nathan, Salomon, ¹⁵ Jibhar, Élishua, Népheg, Japhia, ¹⁶ Élishama, Eljada et Éliphélet. ¹⁷ Mais quand les Philistins eurent appris qu'on avait oint David pour roi sur Israël, ils montèrent tous pour attaquer David; et David, l'ayant appris, descendit à la forteresse. ¹⁸ Et les Philistins vinrent, et se répandirent dans la vallée des Géants. ¹⁹ Alors David consulta l'Éternel, en disant: Monterai-je contre les Philistins? les livreras-tu entre mes mains? Et l'Éternel répondit à David: Monte; car, certainement je livrerai les Philistins entre tes mains. ²⁰ Alors David vint à Baal-Pératsim, où il les battit; et il dit: L'Éternel a fait écouler mes ennemis devant moi, comme des eaux qui s'écoulent. C'est pourquoi il nomma ce lieu Baal-Pératsim (lieu des ruptures). ²¹ Et ils laissèrent même là leurs idoles, que David et ses gens emportèrent. ²² Puis les Philistins montèrent encore une fois, et ils se répandirent dans la vallée des Géants; ²³ Et David consulta l'Éternel, qui répondit: Tu ne monteras pas; tu les tourneras par derrière, et tu iras contre eux vis-à-vis des mûriers. ²⁴ Et quand tu entendras un bruit de pas au sommet des mûriers, alors hâte-toi; car alors l'Éternel sortira devant toi pour frapper le camp des Philistins. ²⁵ David fit donc ce que l'Éternel lui avait commandé; et il battit les Philistins depuis Guéba jusqu'à Guézer.

6

¹ David assembla encore tous les hommes d'élite d'Israël, au nombre de trente mille. ² Puis David se leva, ainsi que tout le peuple qui était avec lui, et partit de Baalé de Juda, pour transporter de là l'arche de Dieu, devant laquelle est invoqué le nom de l'Éternel des armées qui habite entre les chérubins. ³ Et ils mirent l'arche de Dieu sur un chariot neuf, et ils l'emmenèrent de la maison d'Abinadab, qui était sur la colline; et

Uzza et Achjo, fils d'Abinadab, conduisaient le chariot neuf. [4] Ils l'emmenèrent donc de la maison d'Abinadab, sur la colline, avec l'arche de Dieu, et Achjo allait devant l'arche. [5] Et David et toute la maison d'Israël jouaient devant l'Éternel de toute sorte d'instruments de bois de cyprès, de harpes, de lyres, de tambours, de sistres et de cymbales. [6] Or quand ils furent venus jusqu'à l'aire de Nacon, Uzza porta la main sur l'arche de Dieu et la saisit, parce que les bœufs regimbaient. [7] Et la colère de l'Éternel s'embrasa contre Uzza, et Dieu le frappa à cause de sa témérité, et il mourut là, près de l'arche de Dieu. [8] Et David fut affligé de ce que l'Éternel avait fait une brèche en la personne d'Uzza, et jusqu'à ce jour on a appelé ce lieu-là Pérets-Uzza (brèche d'Uzza). [9] David eut donc peur de l'Éternel en ce jour-là, et il dit: Comment l'arche de l'Éternel entrerait-elle chez moi? [10] Et David ne voulut point retirer l'arche de l'Éternel chez lui, dans la cité de David; mais il la fit conduire dans la maison d'Obed-Édom, de Gath. [11] Et l'arche de l'Éternel demeura dans la maison d'Obed-Édom, le Guitthien, trois mois; et l'Éternel bénit Obed-Édom et toute sa maison. [12] Puis on vint dire à David: L'Éternel a béni la maison d'Obed-Édom et tout ce qui est à lui, à cause de l'arche de Dieu. Alors David s'y rendit, et fit monter l'arche de Dieu, de la maison d'Obed-Édom en la cité de David, avec joie. [13] Et quand ceux qui portaient l'arche de Dieu eurent fait six pas, on sacrifia des taureaux et des béliers gras. [14] Et David sautait de toute sa force devant l'Éternel; et il était ceint d'un éphod de lin. [15] David et toute la maison d'Israël firent ainsi monter l'arche de l'Éternel, avec des cris de joie et au son des trompettes. [16] Mais comme l'arche de l'Éternel entrait dans la cité de David, Mical, fille de Saül, regardant par la fenêtre, vit le roi David qui sautait et dansait devant l'Éternel, et elle le méprisa en son cœur. [17] Ils amenèrent donc l'arche de l'Éternel et la posèrent en son lieu, dans la tente que David lui avait dressée; et David offrit des holocaustes et des sacrifices de prospérités devant l'Éternel. [18] Quand David eut achevé d'offrir les holocaustes et les sacrifices de prospérités, il bénit le peuple au nom de l'Éternel des armées; [19] Et il distribua à tout le peuple, à toute la multitude d'Israël, tant aux hommes qu'aux femmes, à chacun un pain, une portion de viande et un gâteau de raisin. Puis tout le peuple s'en retourna chacun en sa maison. [20] David s'en retourna aussi pour bénir sa maison; mais Mical, fille de Saül, vint au-devant de lui, et dit: Quel honneur s'est fait aujourd'hui le roi d'Israël, en se découvrant aux yeux des servantes de ses serviteurs, comme se découvrirait un homme de rien! [21] Mais David dit à Mical: C'est devant l'Éternel, qui m'a choisi plutôt que ton père et que toute sa maison, pour m'établir conducteur de son peuple d'Israël, c'est devant l'Éternel que je me suis réjoui. [22] Et je m'abaisserai encore plus que cela, et je serai humilié à mes yeux; mais je serai en honneur auprès des servantes dont tu parles. [23] Or Mical, fille de Saül, n'eut point d'enfants jusqu'au jour de sa mort.

7

[1] Après que le roi fut établi dans sa maison, et que tout alentour l'Éternel lui eut donné du repos de tous ses ennemis, [2] Le roi dit à Nathan, le prophète: Regarde, j'habite dans une maison de cèdre, et l'arche de Dieu habite sous une tente. [3] Et Nathan dit au roi: Va, fais tout ce qui est en ton cœur, car l'Éternel est avec toi. [4] Mais il arriva, cette nuit-là, que la parole de l'Éternel fut adressée à Nathan, en ces mots: [5] Va, et dis à David, mon serviteur: Ainsi a dit l'Éternel: Est-ce toi qui me bâtirais une maison, afin que j'y habite; [6] Puisque je n'ai point habité dans une maison, depuis le jour que j'ai fait monter les enfants d'Israël hors d'Égypte jusqu'à ce jour, mais que j'ai marché çà et là sous une tente et dans un tabernacle? [7] Partout où j'ai marché avec tous les enfants d'Israël, en

ai-je dit un mot à quelqu'une des tribus d'Israël, à qui j'ai commandé de paître mon peuple d'Israël? Ai-je dit: Pourquoi ne m'avez-vous point bâti une maison de cèdre? [8] Maintenant donc tu diras ainsi à David, mon serviteur: Ainsi a dit l'Éternel des armées: Je t'ai pris au pâturage, d'auprès des brebis, afin que tu fusses le conducteur de mon peuple d'Israël, [9] Et j'ai été avec toi partout où tu as été; j'ai exterminé tous tes ennemis devant toi, et j'ai rendu ton nom grand, comme le nom des grands de la terre. [10] Et j'ai assigné un lieu à mon peuple d'Israël; je l'ai planté, et il habite chez lui; il ne sera plus agité, et les enfants d'iniquité ne l'affligeront plus comme auparavant, [11] Depuis le jour où j'ai établi des juges sur mon peuple d'Israël. Et je t'ai donné du repos de tous tes ennemis. L'Éternel donc t'a fait entendre qu'il te bâtira une maison. [12] Quand tes jours seront accomplis, et que tu seras couché avec tes pères, j'élèverai ta postérité après toi, celui qui sortira de tes entrailles, et j'affermirai son règne; [13] Ce sera lui qui bâtira une maison à mon nom, et j'affermirai le trône de son règne à toujours. [14] Je serai son père, et lui sera mon fils. S'il commet quelque iniquité, je le châtierai avec la verge des hommes et avec les plaies des fils des hommes, [15] Mais ma grâce ne se retirera point de lui, comme je l'ai retirée de Saül, que j'ai ôté de devant toi. [16] Ainsi ta maison et ton règne seront assurés à jamais devant tes yeux; ton trône sera à jamais affermi. [17] Nathan parla donc à David selon toutes ces paroles et selon toute cette vision. [18] Alors le roi David entra et se tint debout devant l'Éternel, et dit: Qui suis-je, Seigneur Éternel, et quelle est ma maison, que tu m'aies fait parvenir où je suis? [19] Encore cela t'a-t-il paru peu de chose, Seigneur Éternel; tu as même parlé de la maison de ton serviteur pour le temps à venir. Est-ce là la manière d'agir des hommes, Seigneur Éternel? [20] Et que te pourrait dire de plus David? car, Seigneur Éternel, tu connais ton serviteur. [21] C'est à cause de ta parole, et selon ton cœur, que tu as fait toutes ces grandes choses et les as fait connaître à ton serviteur. [22] Aussi tu es grand, Éternel Dieu; car nul n'est comme toi, et il n'y a point d'autre Dieu que toi, selon tout ce que nous avons entendu de nos oreilles. [23] Et qui est comme ton peuple, comme Israël, la seule nation de la terre que Dieu est venu racheter pour en faire son peuple, pour s'acquérir un grand nom, et pour faire en sa faveur, en faveur de ton pays, ces choses grandes et terribles, en chassant devant ton peuple que tu t'es racheté d'Égypte, les nations et leurs dieux? [24] Car tu t'es assuré ton peuple d'Israël pour être ton peuple à jamais; et toi, Éternel, tu as été leur Dieu. [25] Maintenant donc, Éternel Dieu, confirme pour jamais la parole que tu as prononcée sur ton serviteur et sur sa maison, et fais selon ta parole. [26] Et que ton nom soit magnifié à jamais; et qu'on dise: L'Éternel des armées est le Dieu d'Israël! Et que la maison de David ton serviteur soit affermie devant toi. [27] Car toi-même, Éternel des armées, Dieu d'Israël, tu as fait entendre ces choses à ton serviteur, en disant: Je t'édifierai une maison! C'est pourquoi ton serviteur a pris la hardiesse de te faire cette prière. [28] Maintenant donc, Seigneur Éternel, tu es Dieu, et tes paroles sont véritables; or, tu as promis à ton serviteur de lui faire ce bien. [29] Veuille donc maintenant bénir la maison de ton serviteur, afin qu'elle subsiste éternellement devant toi; car tu l'as dit, Seigneur Éternel, et la maison de ton serviteur sera bénie de ta bénédiction à jamais.

8

[1] Après cela David battit les Philistins et les abaissa; et David enleva Méthegamma des mains des Philistins. [2] Il battit aussi les Moabites, et les mesura au cordeau, en les faisant coucher par terre; il en mesura deux cordeaux pour les faire mourir, et un plein cordeau pour leur laisser la vie; et les Moabites furent soumis à David et ses tributaires. [3] David battit aussi Hadadézer, fils de Réhob, roi de Tsoba, comme il allait rétablir sa domination

sur le fleuve de l'Euphrate. ⁴ Et David lui prit dix-sept cents cavaliers, et vingt mille hommes de pied; et il coupa les jarrets aux chevaux de tous les chars, mais il en réserva cent chars. ⁵ Or les Syriens de Damas vinrent au secours de Hadadézer, roi de Tsoba; et David battit vingt-deux mille Syriens. ⁶ Puis David mit des garnisons dans la Syrie de Damas, et les Syriens furent soumis à David et ses tributaires. Et l'Éternel gardait David partout où il allait. ⁷ Et David prit les boucliers d'or qu'avaient les serviteurs de Hadadézer, et les apporta à Jérusalem. ⁸ Le roi David emporta aussi une très grande quantité d'airain de Bétach et de Bérothaï, villes de Hadadézer. ⁹ Or Thoï, roi de Hamath, apprit que David avait défait toutes les forces de Hadadézer. ¹⁰ Et il envoya Joram, son fils, vers le roi David, pour le saluer, et pour le bénir de ce qu'il avait fait la guerre contre Hadadézer et de ce qu'il l'avait défait. Car Hadadézer était continuellement en guerre avec Thoï. Et Joram apporta des vases d'argent, des vases d'or et des vases d'airain, ¹¹ Que David consacra à l'Éternel, avec l'argent et l'or qu'il avait déjà consacrés, du butin de toutes les nations qu'il s'était assujetties, ¹² De la Syrie, de Moab, des enfants d'Ammon, des Philistins, d'Amalek, et du butin de Hadadézer, fils de Réhob, roi de Tsoba. ¹³ David s'acquit encore du renom, à son retour de la défaite des Syriens, en battant, dans la vallée du Sel, dix-huit mille Iduméens, ¹⁴ Et il mit des garnisons dans l'Idumée; il mit des garnisons dans toute l'Idumée, et l'Idumée entière fut soumise à David. Et l'Éternel gardait David partout où il allait. ¹⁵ Ainsi David régna sur tout Israël, faisant droit et justice à tout son peuple. ¹⁶ Et Joab, fils de Tséruja, commandait l'armée; et Josaphat, fils d'Achilud, était archiviste; ¹⁷ Et Tsadok, fils d'Achitub, et Achimélec, fils d'Abiathar, étaient sacrificateurs, et Séraja, secrétaire; ¹⁸ Et Bénaja, fils de Jéhojada, était sur les Kéréthiens et les Péléthiens, et les fils de David étaient ses principaux officiers.

9

¹ Alors David dit: Ne reste-t-il donc personne de la maison de Saül, afin que je lui fasse du bien pour l'amour de Jonathan? ² Or il y avait dans la maison de Saül un serviteur nommé Tsiba, qu'on appela auprès de David; et le roi lui dit: Es-tu Tsiba? Et il répondit: Ton serviteur! ³ Et le roi dit: N'y a-t-il plus personne de la maison de Saül, pour que j'use envers lui d'une bonté selon Dieu? Et Tsiba répondit au roi: Il y a encore un fils de Jonathan, qui est perclus des pieds. ⁴ Le roi lui dit: Où est-il? Et Tsiba répondit au roi: Il est dans la maison de Makir, fils d'Ammiel, à Lodébar. ⁵ Alors le roi David envoya et le fit amener de la maison de Makir, fils d'Ammiel de Lodébar. ⁶ Or quand Méphibosheth, le fils de Jonathan, fils de Saül, fut venu vers David, il se jeta sur sa face et se prosterna. Et David dit: Méphibosheth! Il répondit: Voici ton serviteur. ⁷ Et David lui dit: Ne crains point, car certainement je te ferai du bien pour l'amour de Jonathan, ton père; et je te rendrai toutes les terres de Saül, ton père; et toi, tu mangeras toujours à ma table. ⁸ Alors Méphibosheth se prosterna et dit: Qu'est ton serviteur, que tu aies regardé un chien mort tel que moi? ⁹ Puis le roi appela Tsiba, serviteur de Saül, et lui dit: J'ai donné au fils de ton maître tout ce qui appartenait à Saül et à toute sa maison. ¹⁰ Tu cultiveras donc pour lui ces terres-là, toi et tes fils et tes serviteurs, et tu en recueilleras les fruits, afin que le fils de ton maître ait du pain à manger. Et Méphibosheth, le fils de ton maître, mangera toujours à ma table. Or Tsiba avait quinze fils et vingt serviteurs. ¹¹ Et Tsiba dit au roi: Ton serviteur fera tout ce que le roi, mon seigneur, commande à son serviteur. Et Méphibosheth, dit le roi, mangera à ma table comme un des fils du roi. ¹² Or Méphibosheth avait un jeune fils, nommé Mica; et tous ceux qui demeuraient dans la maison de Tsiba étaient serviteurs de Méphibosheth. ¹³ Et Méphibosheth demeurait à Jérusalem, parce qu'il mangeait toujours à la table du roi. Il était boiteux des deux pieds.

10

¹ Après cela, le roi des enfants d'Ammon mourut, et Hanun, son fils, régna à sa place. ² Et David dit: J'userai de bonté envers Hanun, fils de Nachash, comme son père a usé de bonté envers moi. David envoya donc ses serviteurs pour le consoler au sujet de son père; et les serviteurs de David vinrent au pays des enfants d'Ammon. ³ Mais les chefs d'entre les enfants d'Ammon dirent à Hanun, leur seigneur: Penses-tu que ce soit pour honorer ton père que David t'envoie des consolateurs? N'est-ce pas pour reconnaître exactement la ville, pour l'épier, et la détruire, que David envoie ses serviteurs vers toi? ⁴ Hanun prit donc les serviteurs de David, et leur fit raser la moitié de la barbe, et couper la moitié de leurs habits jusqu'aux hanches; puis il les renvoya. ⁵ Et cela fut rapporté à David, qui envoya au-devant d'eux; car ces hommes étaient dans une grande confusion. Et le roi leur fit dire: Tenez-vous à Jérico jusqu'à ce que votre barbe ait repoussé, et alors vous reviendrez. ⁶ Or les enfants d'Ammon, voyant qu'ils s'étaient mis en mauvaise odeur auprès de David, envoyèrent lever à leur solde vingt mille hommes de pied chez les Syriens de Beth-Réhob et chez les Syriens de Tsoba, et mille hommes chez le roi de Maaca, et douze mille hommes chez les gens de Tob. ⁷ David, l'ayant appris, envoya Joab et toute l'armée, les plus vaillants hommes. ⁸ Alors les enfants d'Ammon sortirent, et se rangèrent en bataille à l'entrée de la porte; et les Syriens de Tsoba, et de Réhob, et ceux de Tob et de Maaca, étaient à part dans la campagne. ⁹ Et Joab, voyant que leur armée était tournée contre lui devant et derrière, choisit d'entre tous ceux d'Israël des hommes d'élite, et les rangea contre les Syriens. ¹⁰ Et il donna la conduite du reste du peuple à Abishaï, son frère, qui les rangea contre les enfants d'Ammon. ¹¹ Et il lui dit: Si les Syriens sont plus forts que moi, tu me viendras en aide; et si les enfants d'Ammon sont plus forts que toi, j'irai te délivrer. ¹² Sois vaillant, et combattons vaillamment pour notre peuple et pour les villes de notre Dieu; et que l'Éternel fasse ce qui lui semblera bon. ¹³ Alors Joab et le peuple qui était avec lui, s'approchèrent pour livrer bataille aux Syriens, et ils s'enfuirent devant lui. ¹⁴ Et les enfants d'Ammon, voyant que les Syriens avaient pris la fuite, s'enfuirent aussi devant Abishaï, et rentrèrent dans la ville. Et Joab s'en retourna de la poursuite des enfants d'Ammon, et vint à Jérusalem. ¹⁵ Mais les Syriens, voyant qu'ils avaient été battus par ceux d'Israël, se rallièrent. ¹⁶ Et Hadarézer envoya, et fit venir les Syriens d'au delà du fleuve, et ils vinrent à Hélam; et Shobac, chef de l'armée de Hadarézer, les conduisait. ¹⁷ Cela fut rapporté à David, qui assembla tout Israël, passa le Jourdain, et vint à Hélam. Et les Syriens se rangèrent en bataille contre David, et combattirent contre lui. ¹⁸ Mais les Syriens s'enfuirent devant Israël; et David défit sept cents chars des Syriens et quarante mille cavaliers. Il frappa aussi Shobac, chef de leur armée, qui mourut là. ¹⁹ Et quand tous les rois, soumis à Hadarézer, virent qu'ils avaient été battus par Israël, ils firent la paix avec les Israélites, et leur furent assujettis; et les Syriens craignirent de donner encore du secours aux enfants d'Ammon.

11

¹ L'an d'après, au temps où les rois se mettaient en campagne, David envoya Joab, et avec lui ses serviteurs et tout Israël; et ils ravagèrent le pays des enfants d'Ammon et assiégèrent Rabba. Mais David demeura à Jérusalem. ² Et il arriva, sur le soir, que David se leva de dessus son lit; et comme il se promenait sur la plate-forme du palais royal, il vit de cette plate-forme une femme qui se baignait, et cette femme était fort belle à voir. ³ Et David envoya demander qui était cette femme, et on lui dit: N'est-ce pas Bath-Shéba, fille d'Éliam, femme d'Urie, le Héthien? ⁴ Et David envoya des messagers, et l'enleva. Elle vint vers lui, et il coucha avec elle; or elle était nettoyée de sa souillure; puis elle s'en retourna dans sa maison. ⁵ Or cette femme conçut, et elle envoya l'annoncer à David, en lui disant: Je suis enceinte. ⁶ Alors David fit dire à Joab: Envoie-moi Urie, le Héthien. Joab

envoya donc Urie vers David. [7] Et Urie vint à lui, et David l'interrogea sur l'état de Joab et du peuple, et sur l'état de la guerre. [8] Puis David dit à Urie: Descends dans ta maison et te lave les pieds. Urie sortit donc de la maison du roi, et il fut suivi d'un présent royal. [9] Mais Urie dormit à la porte de la maison du roi, avec tous les serviteurs de son seigneur, et ne descendit point dans sa maison. [10] Et on le rapporta à David, et on lui dit: Urie n'est pas descendu dans sa maison. Et David dit à Urie: Ne viens-tu pas de voyage? Pourquoi n'es-tu pas descendu dans ta maison? [11] Et Urie répondit à David: L'arche, et Israël et Juda logent sous des tentes; mon seigneur Joab aussi et les serviteurs de mon seigneur campent aux champs; et moi j'entrerais dans ma maison pour manger et boire, et pour coucher avec ma femme? Tu es vivant, et ton âme vit, que je ne saurais faire une telle chose! [12] Et David dit à Urie: Demeure encore ici aujourd'hui, et demain je te renverrai. Urie resta donc à Jérusalem ce jour-là et le lendemain. [13] Puis David l'appela, et il mangea et but devant lui, et David l'enivra; mais le soir il sortit pour coucher dans son lit, avec les serviteurs de son maître, et ne descendit point dans sa maison. [14] Alors, le lendemain matin, David écrivit une lettre à Joab et l'envoya par les mains d'Urie. [15] Or il écrivit en ces termes: Placez Urie à l'endroit où sera le plus fort de la bataille, et retirez-vous d'auprès de lui, afin qu'il soit frappé et qu'il meure. [16] Joab, ayant donc considéré la ville, plaça Urie à l'endroit où il savait que seraient les plus vaillants hommes. [17] Et ceux de la ville sortirent et combattirent contre Joab, et plusieurs tombèrent parmi le peuple, d'entre les serviteurs de David. Urie, le Héthien, mourut aussi. [18] Puis Joab envoya vers David, pour lui faire savoir tout ce qui était arrivé dans le combat. [19] Et il donna cet ordre au messager, et lui dit: Quand tu auras achevé de parler au roi de tout ce qui est arrivé dans le combat, [20] S'il arrive que le roi se mette en colère et qu'il te dise: Pourquoi vous êtes-vous approchés de la ville pour combattre? Ne savez-vous pas bien qu'on tire de dessus la muraille? [21] Qui tua Abimélec, fils de Jérubbésheth? N'est-ce pas une femme qui jeta sur lui un morceau de meule de moulin, du haut de la muraille, et il mourut à Thébets? Pourquoi vous êtes-vous approchés de la muraille? Alors tu lui diras: Ton serviteur Urie, le Héthien, est mort aussi. [22] Ainsi le messager partit, et, étant arrivé, il fit savoir à David toutes les choses pour lesquelles Joab l'avait envoyé. [23] Le messager dit donc à David: Ces gens se sont montrés plus forts que nous, et sont sortis contre nous dans la campagne; mais nous les avons repoussés jusqu'à l'entrée de la porte. [24] Et les archers ont tiré contre tes serviteurs, du haut de la muraille, et quelques-uns des serviteurs du roi sont morts; ton serviteur Urie, le Héthien, est mort aussi. [25] Et David dit au messager: Tu diras ainsi à Joab: Que cela ne te peine point; car l'épée dévore tantôt l'un, tantôt l'autre; redouble le combat contre la ville, et détruis-la. Et toi, encourage-le! [26] Or la femme d'Urie apprit qu'Urie, son mari, était mort, et elle prit le deuil pour son mari. [27] Quand le deuil fut passé, David envoya, et la recueillit dans sa maison, et elle fut sa femme, et elle lui enfanta un fils. Mais l'action que David avait faite, déplut à l'Éternel.

12

[1] Et l'Éternel envoya Nathan vers David; et il vint à lui et lui dit: Il y avait deux hommes dans une ville, l'un riche et l'autre pauvre. [2] Le riche avait du gros et du menu bétail en fort grande abondance. [3] Mais le pauvre n'avait rien du tout, qu'une petite brebis qu'il avait achetée et nourrie, et qui avait grandi chez lui et avec ses enfants, mangeant de ses morceaux, buvant de sa coupe et dormant dans son sein; et elle était comme sa fille. [4] Mais un voyageur étant venu chez cet homme riche, il a épargné son gros et son menu bétail, et n'en a point apprêté au passant qui était venu chez lui; mais il a pris la brebis de l'homme pauvre, et l'a apprêtée pour l'homme qui était venu chez lui. [5] Alors la colère de David s'embrasa fort contre cet homme; et il dit à Nathan: L'Éternel est vivant! l'homme qui a fait cela est digne de mort. [6] Et pour cette brebis il en rendra quatre, puisqu'il a

fait cela et qu'il a été sans pitié. ⁷ Alors Nathan dit à David: Tu es cet homme-là! Ainsi dit l'Éternel, le Dieu d'Israël: Je t'ai oint pour roi sur Israël, et je t'ai délivré de la main de Saül; ⁸ Je t'ai même donné la maison de ton seigneur, et les femmes de ton seigneur dans ton sein, et je t'ai donné la maison d'Israël et de Juda, et si c'était peu, je t'eusse ajouté telle et telle chose. ⁹ Pourquoi donc as-tu méprisé la parole de l'Éternel, en faisant ce qui lui déplaît? Tu as frappé de l'épée Urie, le Héthien; tu as pris sa femme pour en faire ta femme, et lui, tu l'as tué par l'épée des enfants d'Ammon. ¹⁰ Et maintenant, l'épée ne s'éloignera jamais de ta maison, parce que tu m'as méprisé, et tu as enlevé la femme d'Urie, le Héthien, afin qu'elle fût ta femme. ¹¹ Ainsi dit l'Éternel: Voici, je vais faire sortir de ta propre maison le malheur contre toi; je prendrai tes femmes sous tes yeux, et je les donnerai à un de tes proches, et il couchera avec tes femmes, à la vue de ce soleil. ¹² Car tu l'as fait en secret; mais moi je le ferai en présence de tout Israël et à la face du soleil. ¹³ Alors David dit à Nathan: J'ai péché contre l'Éternel! Et Nathan dit à David: Aussi l'Éternel a fait passer ton péché; tu ne mourras point; ¹⁴ Toutefois, parce qu'en cela tu as donné occasion aux ennemis de l'Éternel de blasphémer, le fils qui t'est né mourra certainement. ¹⁵ Et Nathan retourna dans sa maison. Et l'Éternel frappa l'enfant que la femme d'Urie avait enfanté à David, et il devint fort malade; ¹⁶ Et David pria Dieu pour l'enfant, et David jeûna; puis il rentra et passa la nuit couché sur la terre. ¹⁷ Et les anciens de sa maison se levèrent et vinrent vers lui pour le faire lever de terre; mais il ne le voulut point, et ne mangea point avec eux. ¹⁸ Et le septième jour l'enfant mourut, et les serviteurs de David craignaient de lui faire savoir que l'enfant était mort; car ils disaient: Quand l'enfant était en vie, nous lui avons parlé, et il n'a point écouté notre voix; comment donc lui dirions-nous que l'enfant est mort? Il ferait bien pis encore. ¹⁹ Mais David aperçut que ses serviteurs parlaient tout bas, et il comprit que l'enfant était mort; et David dit à ses serviteurs: L'enfant est-il mort? Ils répondirent: Il est mort. ²⁰ Alors David se leva de terre, se lava, s'oignit, et changea de vêtements; et il entra dans la maison de l'Éternel, et se prosterna. Puis il revint dans sa maison; il demanda de la nourriture qu'on lui présenta, et il mangea. ²¹ Et ses serviteurs lui dirent: Qu'est-ce donc que tu fais? Tu as jeûné et pleuré pour l'enfant, lorsqu'il était encore en vie; et quand l'enfant est mort, tu te lèves, et tu prends de la nourriture? ²² Mais il dit: Quand l'enfant était encore en vie, j'ai jeûné et j'ai pleuré; car je disais: Qui sait si l'Éternel n'aura point pitié de moi, et si l'enfant ne vivra point? ²³ Mais maintenant qu'il est mort, pourquoi jeûnerais-je? Pourrais-je le faire revenir? Je m'en irai vers lui, mais lui ne reviendra pas vers moi. ²⁴ Et David consola sa femme Bath-Shéba; et il vint vers elle, et coucha avec elle; et elle enfanta un fils qu'il nomma Salomon. ²⁵ Et l'Éternel l'aima; et il envoya Nathan, le prophète, qui lui donna le nom de Jédidia (aimé de l'Éternel), à cause de l'Éternel. ²⁶ Or Joab faisait la guerre contre Rabba des enfants d'Ammon, et il prit la ville royale. ²⁷ Alors Joab envoya des messagers vers David, pour lui dire: J'ai attaqué Rabba, et même j'ai pris la ville des eaux. ²⁸ Maintenant donc assemble le reste du peuple, et campe contre la ville et prends-la, de peur que je ne prenne la ville et qu'on ne l'appelle de mon nom. ²⁹ David assembla donc tout le peuple; il marcha contre Rabba, combattit contre elle et la prit. ³⁰ Et il enleva la couronne de leur roi de dessus sa tête; elle était d'or avec des pierres précieuses, et pesait un talent; et on la mit sur la tête de David. Il emmena aussi de la ville un fort grand butin. ³¹ Et il fit sortir le peuple qui y était, et le mit sous des scies, sous des herses de fer et sous des haches de fer, et les fit passer par un four à briques; il en fit ainsi à toutes les villes des enfants d'Ammon. Puis David s'en retourna à Jérusalem avec tout le peuple.

13

¹ Après cela il arriva qu'Absalom, fils de David, ayant une sœur qui était belle et qui se nommait Tamar, Amnon, fils de David, l'aima. ² Et Amnon était tourmenté jusqu'à se rendre malade, à cause de Tamar, sa sœur; car elle était vierge, et il semblait trop difficile à Amnon de rien obtenir d'elle. ³ Or Amnon avait un ami nommé Jonadab, fils de Shimea, frère de David; et Jonadab était un homme fort adroit. ⁴ Et il lui dit: Fils du roi, pourquoi dépéris-tu ainsi de jour en jour? Ne me le déclareras-tu pas? Amnon lui dit: J'aime Tamar, la sœur de mon frère Absalom. ⁵ Et Jonadab lui dit: Couche-toi sur ton lit, et fais le malade; et quand ton père viendra te voir, tu lui diras: Je te prie, que ma sœur Tamar vienne, et qu'elle me donne à manger; qu'elle apprête devant moi quelque mets, afin que je le voie, et que je le mange de sa main. ⁶ Amnon se coucha donc et fit le malade; et le roi vint le voir, et Amnon dit au roi: Je te prie, que ma sœur Tamar vienne et fasse deux gâteaux devant moi, et que je les mange de sa main. ⁷ Et David envoya dire à Tamar dans la maison: Va dans la maison de ton frère Amnon, et apprête-lui quelque chose à manger. ⁸ Et Tamar s'en alla dans la maison d'Amnon, son frère, qui était couché. Et elle prit de la pâte, et la pétrit, et elle en fit devant lui des gâteaux, et les fit cuire. ⁹ Puis elle prit la poêle et les versa devant lui; mais Amnon refusa d'en manger, et il dit: Faites retirer tous ceux qui sont auprès de moi. Et chacun se retira. ¹⁰ Alors Amnon dit à Tamar: Apporte-moi dans la chambre ce que tu m'as apprêté, et que j'en mange de ta main. Et Tamar prit les gâteaux qu'elle avait faits, et les apporta à Amnon, son frère, dans la chambre. ¹¹ Et elle les lui présenta afin qu'il en mangeât; mais il se saisit d'elle et lui dit: Viens, couche avec moi, ma sœur. ¹² Et elle lui répondit: Non, mon frère, ne me fais pas violence, car cela ne se fait point en Israël; ne commets pas cette infamie. ¹³ Et moi, où irais-je porter mon opprobre? Et toi, tu serais comme l'un des infâmes, en Israël. Maintenant donc, parles-en, je te prie, au roi, et il n'empêchera point que tu ne m'aies pour femme. ¹⁴ Mais il ne voulut point l'écouter, et il fut plus fort qu'elle; il lui fit violence et coucha avec elle. ¹⁵ Puis Amnon eut pour elle une très grande haine; et la haine qu'il lui porta fut plus grande que l'amour qu'il avait eu pour elle. Ainsi Amnon lui dit: Lève-toi, va-t'en! ¹⁶ Et elle lui dit: Ne me fais pas ce mal-là, plus grand que l'autre que tu m'as fait, de me chasser! Mais il ne voulut pas l'écouter; ¹⁷ Et, appelant le valet qui le servait, il dit: Qu'on chasse cette femme loin de moi, qu'on la mette dehors, et ferme la porte après elle! ¹⁸ Or elle était vêtue d'une robe bigarrée, car les filles vierges du roi étaient ainsi habillées. Celui qui servait Amnon la fit donc sortir, et ferma la porte après elle. ¹⁹ Alors Tamar prit de la cendre sur sa tête, et déchira la robe bigarrée qu'elle avait sur elle; elle mit la main sur sa tête, et elle s'en allait en criant. ²⁰ Et son frère Absalom lui dit: Amnon, ton frère, a été avec toi? Maintenant, ma sœur, tais-toi, c'est ton frère; ne prends point ceci à cœur. Ainsi Tamar demeura désolée dans la maison d'Absalom, son frère. ²¹ Le roi David apprit toutes ces choses, et il en fut fort irrité. ²² Or Absalom ne parlait ni en bien ni en mal à Amnon; car Absalom haïssait Amnon, parce qu'il avait outragé Tamar, sa sœur. ²³ Et il arriva, deux ans après, qu'Absalom ayant les tondeurs à Baal-Hatsor, qui est près d'Éphraïm, il invita tous les fils du roi. ²⁴ Et Absalom vint vers le roi, et dit: Voici, ton serviteur a les tondeurs; je te prie donc, que le roi et ses serviteurs viennent chez ton serviteur. ²⁵ Mais le roi dit à Absalom: Non, mon fils, non; nous n'irons pas tous, de peur que nous ne te soyons à charge; et bien qu'Absalom le pressât fort, il n'y voulut point aller; et il le bénit. ²⁶ Alors Absalom dit: Si tu ne viens pas, je te prie, que mon frère Amnon vienne avec nous. Et le roi lui répondit: Pourquoi irait-il avec toi? ²⁷ Mais Absalom le pressa tant qu'il laissa aller Amnon, et tous les fils du roi avec lui. ²⁸ Or, Absalom donna ordre à ses serviteurs, et leur dit: Prenez garde, quand le cœur d'Amnon sera égayé par le vin, et que je vous dirai: Frappez Amnon! alors tuez-le, ne craignez point; n'est-ce pas moi qui vous le commande? Fortifiez-vous et soyez vaillants. ²⁹ Et

les serviteurs d'Absalom firent à Amnon comme Absalom l'avait commandé; alors tous les fils du roi se levèrent, et montèrent chacun sur sa mule, et s'enfuirent. [30] Or, comme ils étaient en chemin, le bruit parvint jusqu'à David qu'Absalom avait tué tous les fils du roi, et qu'il n'en était pas resté un seul. [31] Alors le roi se leva et déchira ses vêtements, et se coucha par terre; tous ses serviteurs aussi se tenaient là avec leurs vêtements déchirés. [32] Et Jonadab, fils de Shimea, frère de David, prit la parole et dit: Que mon seigneur ne dise point qu'on a tué tous les jeunes gens, fils du roi; car Amnon seul est mort; et c'était là le dessein d'Absalom depuis le jour où Amnon outragea Tamar sa sœur. [33] Maintenant donc, que le roi mon seigneur ne prenne point la chose à cœur, en disant: Tous les fils du roi sont morts; car Amnon seul est mort. [34] Or Absalom s'était enfui. Et le jeune homme qui était en sentinelle, leva les yeux et regarda; et voici que par la route opposée une grande troupe s'avançait sur le flanc de la montagne. [35] Et Jonadab dit au roi: Voici les fils du roi qui viennent; la chose est arrivée comme ton serviteur a dit. [36] Et comme il achevait de parler, on vit arriver les fils du roi, et ils élevèrent la voix et pleurèrent. Le roi aussi et tous ses serviteurs pleurèrent abondamment. [37] Mais Absalom s'enfuit, et se retira chez Thalmaï, fils d'Ammihud, roi de Gueshur. Et David pleurait tous les jours sur son fils. [38] Or Absalom, s'étant enfui, alla à Gueshur, et y resta trois ans; [39] Et le roi David cessa de poursuivre Absalom, parce qu'il était consolé de la mort d'Amnon.

14

[1] Alors Joab, fils de Tséruja, connaissant que le cœur du roi se rapprochait d'Absalom, [2] Envoya à Thékoa, et fit venir de là une femme habile et lui dit: Je te prie, mets-toi en deuil, revêts-toi d'habits de deuil, et ne t'oins pas d'huile, mais sois comme une femme qui depuis longtemps pleure un mort; [3] Puis entre vers le roi, et tiens-lui ces discours. Et Joab lui mit dans la bouche ce qu'elle devait dire. [4] La femme thékoïte parla donc au roi. Elle se jeta le visage contre terre et se prosterna, et dit: O roi, aide-moi! [5] Et le roi lui dit: Qu'as-tu? Elle répondit: Ah! je suis une femme veuve, et mon mari est mort. [6] Or, ta servante avait deux fils qui se sont querellés dans les champs, et il n'y avait personne qui les séparât; ainsi l'un a frappé l'autre, et l'a tué. [7] Et voici, toute la famille s'est élevée contre ta servante, en disant: Donne-nous celui qui a frappé son frère, et que nous le fassions mourir, pour l'âme de son frère qu'il a tué, et que nous exterminions même l'héritier. Et ils veulent éteindre le charbon vif qui m'est resté, pour ne laisser à mon mari ni nom ni survivant sur la face de la terre. [8] Le roi dit à la femme: Va-t'en ta maison; je donnerai des ordres à ton sujet. [9] Et la femme thékoïte dit au roi: Mon seigneur et mon roi, que l'iniquité soit sur moi et sur la maison de mon père, et que le roi et son trône en soient innocents! [10] Et le roi répondit: Amène-moi celui qui parlera contre toi, et jamais il ne lui arrivera de te toucher. [11] Et elle dit: Je te prie que le roi se souvienne de l'Éternel, son Dieu, afin que le vengeur du sang n'augmente point la ruine, et qu'on ne fasse pas périr mon fils! Et il répondit: l'Éternel est vivant! il ne tombera pas à terre un seul cheveu de ton fils. [12] Alors la femme dit: Je te prie, que ta servante dise un mot au roi, mon seigneur. Et il répondit: Parle! [13] Et la femme dit: Pourquoi donc as-tu pensé une chose semblable contre le peuple de Dieu? Car, en tenant ce discours, le roi se déclare coupable, en ce qu'il ne fait point revenir celui qu'il a banni. [14] Car certainement nous mourrons, et nous sommes semblables aux eaux qui s'écoulent sur la terre et qu'on ne recueille point. Or Dieu ne lui ôte pas la vie, mais il médite les moyens de ne pas repousser loin de lui l'exilé. [15] Et maintenant, si je suis venue pour tenir ce discours au roi, mon seigneur, c'est que le peuple m'a épouvantée. Et ta servante a dit: Je parlerai maintenant au roi; peut-être que le roi fera ce que sa servante lui dira. [16] Car le roi écoutera sa servante, pour la délivrer de la main de celui qui veut nous exterminer, moi et mon fils ensemble, de l'héritage de Dieu. [17] Et ta servante a dit: Que la parole du roi, mon seigneur, nous

donne du repos; car le roi, mon seigneur, est comme un ange de Dieu pour entendre le bien et le mal. Que l'Éternel, ton Dieu, soit avec toi! [18] Et le roi répondit, et dit à la femme: Ne me cache point ce que je vais te demander. Et la femme répondit: Que le roi, mon seigneur, parle. [19] Et le roi dit: N'est-ce pas Joab qui te fait faire tout ceci? Et la femme répondit et dit: Comme ton âme vit, ô roi, mon seigneur, on ne saurait se détourner ni à droite ni à gauche de tout ce que dit le roi, mon seigneur; car c'est ton serviteur Joab qui me l'a commandé, et lui-même a mis dans la bouche de ta servante toutes ces paroles. [20] Ton serviteur Joab m'a fait donner ce tour à mon discours. Mais mon seigneur est sage comme un ange de Dieu, pour savoir tout ce qui se passe dans le pays. [21] Alors le roi dit à Joab: Voici, maintenant, c'est toi qui as conduit cette affaire; va donc, et fais revenir ce jeune homme, Absalom. [22] Et Joab se jeta la face en terre, et se prosterna, et bénit le roi. Et Joab dit: Aujourd'hui ton serviteur a connu qu'il a trouvé grâce devant toi, ô roi, mon seigneur, car le roi a fait ce que son serviteur lui demandait. [23] Joab se leva donc et s'en alla à Gueshur, et il ramena Absalom à Jérusalem. [24] Et le roi dit: Qu'il se retire dans sa maison, et qu'il ne voie point ma face. Et Absalom se retira dans sa maison, sans voir la face du roi. [25] Or il n'y avait pas d'homme aussi beau qu'Absalom dans tout Israël, et sa beauté était fort célèbre; depuis la plante des pieds jusqu'au sommet de la tête, il était sans défaut. [26] Et quand il se coupait les cheveux (or il les coupait tous les ans, parce qu'ils lui pesaient trop), le poids de sa chevelure était de deux cents sicles, au poids du roi. [27] Et il naquit à Absalom trois fils, et une fille, nommée Tamar, qui était une très belle femme. [28] Et Absalom demeura à Jérusalem deux ans entiers, sans voir la face du roi. [29] C'est pourquoi Absalom manda Joab pour l'envoyer vers le roi, et il ne voulut point venir vers lui. Il le manda encore pour la seconde fois, mais il ne voulut point venir. [30] Alors il dit à ses serviteurs: Voyez le champ de Joab qui est auprès du mien, ce champ d'orge; allez-y mettre le feu. Et les serviteurs d'Absalom mirent le feu à ce champ. [31] Alors Joab se leva et vint trouver Absalom dans sa maison, et lui dit: Pourquoi tes serviteurs ont-ils mis le feu à mon champ? [32] Et Absalom répondit à Joab: Voici, je t'ai envoyé dire: Viens ici, et je t'enverrai vers le roi; afin que tu lui dises: Pourquoi suis-je revenu de Gueshur? Mieux vaudrait pour moi que j'y fusse encore. Maintenant donc, que je voie la visage du roi; et s'il y a de l'iniquité en moi, qu'il me fasse mourir! [33] Joab vint donc vers le roi et lui fit ce rapport. Et le roi appela Absalom, qui vint vers le roi, et se prosterna le visage en terre devant lui; et le roi baisa Absalom.

15

[1] Après cela, Absalom s'équipa de chars et de chevaux, et il avait cinquante hommes qui couraient devant lui. [2] Et Absalom se levait de bon matin, et se tenait au bord du chemin de la porte. Et s'il se présentait un homme ayant quelque affaire pour laquelle il venait en justice devant le roi, Absalom l'appelait et lui disait: De quelle ville es-tu? Et s'il répondait: Ton serviteur est de l'une des tribus d'Israël, [3] Absalom lui disait: Vois, ta cause est bonne et droite; mais tu n'as personne pour t'écouter de la part du roi. [4] Et Absalom disait: Que ne m'établit-on juge dans le pays! Tout homme qui aurait un procès ou une affaire à juger viendrait vers moi, et je lui ferais justice. [5] Et si quelqu'un s'approchait pour se prosterner devant lui, il lui tendait la main, et le prenait et le baisait. [6] Absalom faisait ainsi à tous ceux d'Israël qui venaient vers le roi pour avoir justice; et Absalom gagnait le cœur des hommes d'Israël. [7] Et il arriva, au bout de quarante ans, qu'Absalom dit au roi: Je te prie, que j'aille à Hébron pour acquitter le vœu que j'ai fait à l'Éternel. [8] Car, quand ton serviteur demeurait à Gueshur en Syrie, il fit un vœu, disant: Si l'Éternel me ramène à Jérusalem, je servirai l'Éternel. [9] Et le roi lui répondit: Va en paix! Il se leva donc, et s'en alla à Hébron. [10] Or Absalom envoya des espions dans toutes les tribus

d'Israël, pour dire: Quand vous entendrez le son de la trompette, dites: Absalom est proclamé roi à Hébron! ¹¹ Et avec Absalom s'en allèrent deux cents hommes de Jérusalem, qu'il avait invités; or ils y allaient en toute simplicité, ne sachant rien. ¹² Et Absalom, pendant qu'il offrait les sacrifices, envoya appeler Achithophel, le Guilonite, conseiller de David, de sa ville de Guilo; et il se forma une puissante conjuration; et le peuple allait en augmentant auprès d'Absalom. ¹³ Alors il vint vers David un messager, qui lui dit: Le cœur des hommes d'Israël se tourne vers Absalom. ¹⁴ Et David dit à tous ses serviteurs qui étaient avec lui à Jérusalem: Levez-vous et fuyons, car nous ne saurions échapper à Absalom. Hâtez-vous de partir, de peur qu'il ne se hâte, qu'il ne nous atteigne, qu'il ne précipite le mal sur nous, et ne fasse passer la ville au fil de l'épée. ¹⁵ Et les serviteurs du roi répondirent au roi: Tes serviteurs sont prêts à faire tout ce que le roi, notre seigneur, trouvera bon. ¹⁶ Le roi sortit donc, et toute sa maison le suivait; mais le roi laissa dix femmes, de ses concubines, pour garder la maison. ¹⁷ Ainsi le roi sortit, et tout le peuple à sa suite; et ils s'arrêtèrent à Beth-Merchak. ¹⁸ Et tous ses serviteurs marchaient à côté de lui, et tous les Kéréthiens, tous les Péléthiens, et tous les Guitthiens, au nombre de six cents hommes venus de Gath à sa suite, marchaient devant le roi. ¹⁹ Mais le roi dit à Itthaï, le Guitthien: Pourquoi viendrais-tu aussi avec nous? Retourne-t'en, et demeure avec le roi, car tu es étranger, et tu dois même retourner en ton lieu. ²⁰ Tu es arrivé hier, et te ferai-je aujourd'hui errer çà et là avec nous? Quant à moi, je vais où je puis; retourne-t'en, et emmène tes frères avec toi. Que la miséricorde et la vérité t'accompagnent! ²¹ Mais Itthaï répondit au roi, en disant: L'Éternel est vivant, et le roi, mon seigneur, vit! au lieu où sera le roi mon seigneur, soit pour mourir, soit pour vivre, ton serviteur y sera aussi. ²² Alors David dit à Itthaï: Viens et marche. Et Itthaï, le Guitthien, marcha, avec tous ses gens, et tous les petits enfants qui étaient avec lui. ²³ Or tout le pays pleurait à grands cris; et tout le peuple passait. Et le roi passa le torrent du Cédron, et tout le peuple passa vis-à-vis du chemin qui mène au désert. ²⁴ Tsadok était aussi là, et avec lui tous les Lévites qui portaient l'arche de l'alliance de Dieu; et ils posèrent l'arche de Dieu; et Abiathar montait, pendant que tout le peuple achevait de sortir de la ville. ²⁵ Mais le roi dit à Tsadok: Reporte l'arche de Dieu dans la ville. Si je trouve grâce devant l'Éternel, il me ramènera, et il me fera voir l'arche et sa demeure. ²⁶ Que s'il dit ainsi: Je ne prends point de plaisir en toi; me voici, qu'il fasse de moi ce qui lui semblera bon. ²⁷ Le roi dit encore à Tsadok, le sacrificateur: Vois-tu? Retourne en paix à la ville, ainsi qu'Achimaats, ton fils, et Jonathan, fils d'Abiathar, vos deux fils, avec vous. ²⁸ Voyez, je vais attendre dans les plaines du désert, jusqu'à ce qu'on vienne m'apporter des nouvelles de votre part. ²⁹ Tsadok et Abiathar reportèrent donc l'arche de Dieu à Jérusalem, et ils y demeurèrent. ³⁰ Et David montait par la montée des Oliviers, et en montant il pleurait; il avait la tête couverte, et marchait nu-pieds. Tout le peuple aussi qui était avec lui montait, chacun ayant la tête couverte; et en montant ils pleuraient. ³¹ Alors on fit ce rapport à David, et on lui dit: Achithophel est parmi les conjurés avec Absalom. Et David dit: Je te prie, ô Éternel, déjoue le conseil d'Achithophel! ³² Et lorsque David fut venu jusqu'au sommet, où il se prosterna devant Dieu, voici, Cushaï l'Arkite, vint à sa rencontre, ayant sa tunique déchirée et de la terre sur sa tête. ³³ Et David lui dit: Si tu passes plus avant avec moi, tu me seras à charge. ³⁴ Mais si tu t'en retournes à la ville, et que tu dises à Absalom: Je suis ton serviteur, ô roi! j'ai servi ton père dès longtemps, et maintenant je te servirai; alors tu déjoueras en ma faveur le conseil d'Achithophel. ³⁵ Et n'auras-tu pas là avec toi les sacrificateurs Tsadok et Abiathar? Et tout ce que tu apprendras de la maison du roi, tu le rapporteras aux sacrificateurs, Tsadok et Abiathar; ³⁶ Voici, ils ont là avec eux leurs deux fils, Achimaats, fils de Tsadok, et Jonathan, fils d'Abiathar; vous me ferez savoir par eux tout ce que vous aurez appris. ³⁷ Ainsi Cushaï, l'ami de David, retourna dans la ville. Et Absalom vint à Jérusalem.

16

[1] Quand David eut un peu dépassé le sommet, voici, Tsiba, serviteur de Méphibosheth, vint au-devant de lui avec deux ânes bâtés, sur lesquels étaient deux cents pains, et cent paquets de raisins secs, et cent de fruits d'été, et une outre de vin. [2] Et le roi dit à Tsiba: Que veux-tu faire de cela? Et Tsiba répondit: Les ânes serviront de montures pour la maison du roi, et le pain et les fruits d'été sont pour la nourriture des jeunes gens, et il y a du vin à boire pour ceux qui seront fatigués dans le désert. [3] Et le roi dit: Mais où est le fils de ton maître? Et Tsiba répondit au roi: Voilà, il est demeuré à Jérusalem; car il a dit: Aujourd'hui la maison d'Israël me rendra le royaume de mon père. [4] Alors le roi dit à Tsiba: Voici, tout ce qui est à Méphibosheth, est à toi. Et Tsiba dit: Je me prosterne! Que je trouve grâce à tes yeux, ô roi, mon seigneur! [5] Puis le roi David vint jusqu'à Bachurim; et voici, il en sortit un homme, de la famille de la maison de Saül, nommé Shimeï, fils de Guéra. Il s'avança en maudissant, [6] Et il jeta des pierres contre David et contre tous les serviteurs du roi David, et contre tout le peuple, et tous les hommes vaillants, à sa droite et à sa gauche. [7] Et Shimeï parlait ainsi en le maudissant: Sors, sors, homme de sang, méchant homme! [8] L'Éternel fait retomber sur toi tout le sang de la maison de Saül, à la place de qui tu régnais; et l'Éternel a mis le royaume entre les mains de ton fils Absalom, et te voilà dans ton propre malheur, parce que tu es un homme de sang! [9] Alors Abishaï, fils de Tséruja, dit au roi: Pourquoi ce chien mort maudirait-il le roi, mon seigneur? Permets que je m'avance, et que je lui ôte la tête! [10] Mais le roi répondit: Qu'ai-je à faire avec vous, fils de Tséruja? Qu'il maudisse; car l'Éternel lui a dit: Maudis David; qui donc lui dira: Pourquoi fais-tu ainsi? [11] Et David dit à Abishaï et à tous ses serviteurs: Voici, mon propre fils, qui est sorti de mes entrailles, cherche ma vie. Combien plus maintenant ce Benjamite! Laissez-le, et qu'il maudisse, car l'Éternel le lui a dit. [12] Peut-être que l'Éternel regardera mon affliction, et que l'Éternel me rendra du bien au lieu des malédictions de ce jour. [13] David et ses gens continuaient donc leur chemin; et Shimeï marchait sur le flanc de la montagne, vis-à-vis de lui; et en marchant il maudissait, et il jetait des pierres contre lui, et soulevait la poussière. [14] Ainsi le roi David et tout le peuple qui était avec lui, arrivèrent fatigués, et là ils reprirent haleine. [15] Cependant Absalom et tout le peuple, les hommes d'Israël, entrèrent dans Jérusalem, et Achithophel était avec lui. [16] Et lorsque Cushaï, l'Arkite, l'ami de David, fut venu vers Absalom, Cushaï dit à Absalom: Vive le roi! Vive le roi! [17] Et Absalom dit à Cushaï: Est-ce donc là l'affection que tu as pour ton ami? Pourquoi n'es-tu point allé avec ton ami? [18] Mais Cushaï répondit à Absalom: Non, mais je serai à celui qui a été choisi par l'Éternel, par ce peuple et par tous les hommes d'Israël; et je demeurerai avec lui. [19] Et d'ailleurs, qui servirai-je? Ne sera-ce pas son fils? Je serai ton serviteur, comme j'ai été le serviteur de ton père. [20] Alors Absalom dit à Achithophel: Prenez conseil entre vous sur ce que nous avons à faire. [21] Et Achithophel dit à Absalom: Va vers les concubines de ton père, qu'il a laissées pour garder la maison; et quand tout Israël saura que tu t'es rendu odieux à ton père, les mains de ceux qui sont avec toi, seront fortifiées: [22] On dressa donc un pavillon pour Absalom sur la plate-forme; et Absalom entra vers les concubines de son père, à la vue de tout Israël. [23] Or, en ce temps-là, un conseil donné par Achithophel était autant estimé, que si l'on eût consulté Dieu. Telle était la valeur des conseils d'Achithophel, soit pour David, soit pour Absalom.

17

[1] Puis Achithophel dit à Absalom: Je choisirai maintenant douze mille hommes, et je me lèverai, et je poursuivrai David cette nuit. [2] Et je me jetterai sur lui pendant qu'il est fatigué et que ses mains sont affaiblies; et je l'épouvanterai tellement que tout le peuple

qui est avec lui s'enfuira, et je frapperai le roi seul. ³ Et je ferai revenir à toi tout le peuple; car l'homme que tu cherches vaut autant que si tous retournaient à toi; et tout le peuple sera en paix. ⁴ Cet avis fut approuvé par Absalom et par tous les anciens d'Israël. ⁵ Mais Absalom dit: Qu'on appelle aussi Cushaï, l'Arkite, et que nous entendions ce qu'il dira, lui aussi. ⁶ Et Cushaï étant venu vers Absalom, Absalom lui dit: Achithophel a donné un tel avis; ferons-nous ce qu'il a dit, ou non? Parle, toi aussi. ⁷ Alors Cushaï dit à Absalom: Le conseil qu'Achithophel a donné cette fois, n'est pas bon. ⁸ Et Cushaï dit: Tu connais ton père et ses gens; ce sont des hommes vaillants, et ils ont le cœur exaspéré, comme dans les champs une ourse à qui on a pris ses petits; et même ton père est un homme de guerre, qui ne passera point la nuit avec le peuple. ⁹ Voici, il est maintenant caché dans quelque fosse ou dans quelque autre lieu. S'il arrive qu'on soit battu par eux au commencement, quiconque en entendra parler, dira: Le peuple qui suit Absalom a été défait. ¹⁰ Et fût-ce un homme vaillant, eût-il un cœur de lion, le courage lui manquera; car tout Israël sait que ton père est un homme vaillant, et que ceux qui sont avec lui, sont des braves. ¹¹ Mais je suis d'avis qu'autour de toi se rassemble tout Israël, depuis Dan jusqu'à Béer-Shéba, nombreux comme le sable qui est sur le bord de la mer, et qu'en personne tu marches au combat. ¹² Et nous viendrons à lui en quelque lieu qu'il se trouve, et nous fondrons sur lui comme la rosée tombe sur la terre; et de lui et de tous ceux qui sont avec lui, il ne restera pas un seul homme. ¹³ Que s'il se retire en quelque ville, tout Israël portera des cordes vers cette ville-là, et nous la traînerons jusqu'au torrent, en sorte qu'on n'en trouvera plus même une pierre. ¹⁴ Alors Absalom et tous les hommes d'Israël dirent: Le conseil de Cushaï, l'Arkite, vaut mieux que le conseil d'Achithophel. Car l'Éternel avait décrété de dissiper le conseil d'Achithophel, qui était bon, afin de faire venir le mal sur Absalom. ¹⁵ Alors Cushaï dit aux sacrificateurs Tsadok et Abiathar: Achithophel a donné tel et tel conseil à Absalom et aux anciens d'Israël; mais moi j'ai donné tel et tel conseil. ¹⁶ Maintenant donc envoyez promptement, et faites-le savoir à David, et dites-lui: Ne demeure point cette nuit dans les campagnes du désert, et même ne manque point de passer plus avant, de peur que le roi et tout le peuple qui est avec lui, ne périsse. ¹⁷ Or Jonathan et Achimaats se tenaient à En-Roguel (la fontaine du foulon), et une servante vint les avertir pour qu'ils allassent le rapporter au roi David; car ils ne pouvaient se montrer, en entrant dans la ville. ¹⁸ Mais un garçon les vit, et le rapporta à Absalom. Cependant ils s'en allèrent tous deux en hâte, et vinrent à Bachurim, à la maison d'un homme qui avait dans sa cour un puits, où ils descendirent. ¹⁹ Et la femme prit une couverture, et l'étendit sur l'ouverture du puits, et y répandit du grain pilé, en sorte qu'on n'y reconnut rien. ²⁰ Et les serviteurs d'Absalom vinrent vers cette femme, dans la maison, et lui dirent: Où sont Achimaats et Jonathan? Et la femme leur répondit: Ils ont passé le gué de l'eau. Les ayant donc cherchés, et ne les ayant point trouvés, ils s'en retournèrent à Jérusalem. ²¹ Et après leur départ, Achimaats et Jonathan remontèrent du puits, et s'en allèrent, et firent leur rapport au roi David, en lui disant: Levez-vous, et hâtez-vous de passer l'eau, car Achithophel a donné tel conseil contre vous. ²² Alors David se leva, et tout le peuple qui était avec lui, et ils passèrent le Jourdain; et au point du jour il n'en restait pas un qui n'eût passé le Jourdain. ²³ Or Achithophel, voyant qu'on n'avait point fait ce qu'il avait conseillé, sella son âne, se leva et s'en alla en sa maison, dans sa ville; et après qu'il eut mis ordre à sa maison, il s'étrangla et mourut; et il fut enseveli dans le tombeau de son père. ²⁴ Cependant David arriva à Mahanaïm; et Absalom passa le Jourdain, lui et tous les gens d'Israël avec lui. ²⁵ Et Absalom établit Amasa sur l'armée, à la place de Joab. Or, Amasa était fils d'un homme nommé Jithra, Israélite, qui était entré vers Abigaïl, fille de Nachash, et sœur de Tséruja, mère de Joab. ²⁶ Et Israël campa avec Absalom au pays de Galaad. ²⁷ Et lorsque David fut arrivé à Mahanaïm, Shobi, fils de Nachash, qui était de Rabba des enfants d'Ammon, et Makir, fils d'Ammiel de Lodébar, et Barzillaï, Galaadite, de Roguélim, 28 Apportèrent à David et au peuple qui était avec lui, des lits, des bassins, des vases de terre, du froment, de l'orge, de la farine, du grain rôti, des fèves, des lentilles, et d'autres grains rôtis, 29 Du miel, du beurre, des brebis, et des fromages de vache, pour se nourrir; car ils disaient: Ce peuple est affamé; il est las, et il a soif dans ce désert.

18

1 Or David fit la revue du peuple qui était avec lui, et il établit sur eux des chefs de milliers et des chefs de centaines. 2 Et David envoya le peuple, un tiers sous la conduite de Joab, un tiers sous la conduite d'Abishaï, fils de Tséruja et frère de Joab, et un tiers sous la conduite d'Itthaï, le Guitthien. Et le roi dit au peuple: Moi aussi, je veux sortir avec vous. 3 Mais le peuple lui dit: Tu ne sortiras point; car si nous sommes mis en fuite, on ne fera point attention à nous, et quand la moitié d'entre nous périraient, on ne ferait point attention à nous; mais maintenant, tu en vaux dix mille comme nous. Maintenant donc, il vaut mieux que tu sois dans la ville pour nous secourir. 4 Et le roi leur dit: Ce que vous jugez bon, je le ferai. Le roi se tint donc à côté de la porte, et tout le peuple sortit par centaines et par milliers. 5 Et le roi donna cet ordre à Joab, et à Abishaï, et à Itthaï, et dit: Épargnez-moi le jeune homme, Absalom. Et tout le peuple entendit ce que le roi commandait à tous les chefs, au sujet d'Absalom. 6 Ainsi le peuple sortit dans la campagne, à la rencontre d'Israël; et le combat eut lieu dans la forêt d'Éphraïm. 7 Là le peuple d'Israël fut battu par les gens de David, et il y eut, en ce jour-là, dans ce même lieu, une grande défaite, de vingt mille hommes. 8 Et le combat s'étendit par tout le pays, et en ce jour la forêt consuma beaucoup plus de peuple que ne fit l'épée. 9 Et Absalom se rencontra devant les serviteurs de David. Or Absalom était monté sur un mulet; et le mulet étant entré sous les branches entrelacées d'un grand chêne, la tête d'Absalom fut prise dans les branches du chêne, et il demeura entre le ciel et la terre, le mulet qui était sous lui ayant passé outre. 10 Et un homme, ayant vu cela, le rapporta à Joab, et dit: Voici, j'ai vu Absalom suspendu à un chêne. 11 Et Joab répondit à l'homme qui lui rapportait cela: Quoi! tu l'as vu? Et pourquoi ne l'as-tu pas abattu là, par terre? C'eût été à moi de te donner dix pièces d'argent et un baudrier. 12 Mais cet homme dit à Joab: Quand je pèserais dans ma main mille pièces d'argent, je ne mettrais point la main sur le fils du roi; car nous avons entendu ce que le roi vous a commandé, à toi, à Abishaï et à Itthaï, disant: Prenez garde chacun à ce jeune homme, à Absalom. 13 Autrement je mentirais au péril de ma vie, car rien ne serait caché au roi, et toi-même tu te lèverais contre moi. 14 Et Joab répondit: Je n'attendrai pas tant devant toi! Et, ayant pris trois dards en sa main, il les enfonça dans le cœur d'Absalom, qui était encore vivant au milieu du chêne. 15 Puis dix jeunes hommes, qui portaient les armes de Joab, environnèrent Absalom, le frappèrent, et l'achevèrent. 16 Alors Joab fit sonner de la trompette, et le peuple s'en revint et cessa de poursuivre Israël, car Joab retint le peuple. 17 Et ils prirent Absalom et le jetèrent dans la forêt, dans une grande fosse; et ils mirent sur lui un fort grand monceau de pierres. Et tout Israël s'enfuit, chacun dans sa tente. 18 Or Absalom s'était fait ériger, de son vivant, le monument qui est dans la vallée du roi; car il disait: Je n'ai point de fils pour conserver la mémoire de mon nom. Et il appela le monument de son nom, et jusqu'à ce jour on l'appelle, la place d'Absalom. 19 Et Achimaats, fils de Tsadok, dit: Je te prie, que je coure porter au roi cette bonne nouvelle, que l'Éternel lui a fait justice de la main de ses ennemis. 20 Et Joab lui répondit: Tu ne seras pas aujourd'hui porteur de bonnes nouvelles, mais tu le seras un autre jour; car aujourd'hui tu ne porterais pas de bonnes nouvelles, puisque le fils du roi est mort. 21 Joab dit donc à Cushi: Va, et rapporte au roi ce que tu as vu. Cushi se prosterna devant Joab, puis il se mit à courir. 22 Achimaats, fils de Tsadok, dit encore à Joab: Quoi qu'il arrive, laisse-moi courir après Cushi. Joab

lui dit: Pourquoi veux-tu courir, mon fils, puisque le message ne te rapportera rien? [23] N'importe, dit-il, je veux courir. Alors Joab lui dit: Cours! Achimaats courut donc par le chemin de la plaine, et il dépassa Cushi. [24] Or David était assis entre les deux portes, et la sentinelle allait sur le toit de la porte, vers la muraille; et, levant les yeux, elle regarda; et voici, un homme accourait tout seul. [25] Alors la sentinelle cria, et le fit savoir au roi; et le roi dit: S'il est seul, il apporte de bonnes nouvelles. Et il allait toujours et se rapprochait. [26] Puis la sentinelle vit un autre homme qui courait; et la sentinelle cria au portier, et dit: Voici un homme qui court tout seul. Et le roi dit: Il apporte aussi de bonnes nouvelles. [27] Et la sentinelle dit: Il me semble, à voir courir le premier, que c'est ainsi que court Achimaats, fils de Tsadok. Et le roi dit: C'est un homme de bien, il vient pour de bonnes nouvelles. [28] Alors Achimaats cria, et dit au roi: Tout va bien! Et il se prosterna devant le roi, le visage contre terre, et dit: Béni soit l'Éternel, ton Dieu, qui a livré les hommes qui avaient levé leurs mains contre le roi, mon seigneur! [29] Mais le roi dit: Le jeune homme, Absalom, se porte-t-il bien? Achimaats répondit: J'ai vu s'élever un grand tumulte, lorsque Joab envoyait le serviteur du roi et moi, ton serviteur; mais je ne sais ce que c'était. [30] Et le roi dit: Mets-toi là de côté. Il se mit de côté, et se tint là. [31] Alors Cushi parut, et dit: Que le roi, mon seigneur, ait cette bonne nouvelle; c'est que l'Éternel t'a fait justice aujourd'hui de la main de tous ceux qui s'élevaient contre toi. [32] Et le roi dit à Cushi: Le jeune homme, Absalom, est-il bien portant? Et Cushi répondit: Que les ennemis du roi mon seigneur, et tous ceux qui se sont élevés contre toi pour te faire du mal, deviennent tels que ce jeune homme! [33] Alors le roi fut fort ému; il monta à la chambre haute de la porte, et pleura; et, en marchant, il disait ainsi: Mon fils Absalom! mon fils! mon fils Absalom! Que ne suis-je mort moi-même à ta place! Absalom, mon fils! mon fils!

19

[1] Et on fit ce rapport à Joab: Voilà le roi qui pleure et qui s'afflige à cause d'Absalom. [2] Ainsi la victoire fut ce jour-là changée en deuil pour tout le peuple, parce que le peuple avait entendu qu'on disait: Le roi est fort affligé à cause de son fils. [3] Ainsi ce jour-là le peuple revint dans la ville à la dérobée, comme ferait un peuple honteux d'avoir fui dans la bataille. [4] Or le roi s'était couvert la face, et il criait à haute voix: Mon fils Absalom! Absalom, mon fils! mon fils! [5] Alors Joab entra vers le roi dans la maison, et dit: Tu as aujourd'hui couvert de confusion tous tes serviteurs, qui ont, en ce jour, garanti ta vie, et la vie de tes fils et de tes filles, et la vie de tes femmes, et la vie de tes concubines. [6] Tu aimes ceux qui te haïssent, et tu hais ceux qui t'aiment; car tu as aujourd'hui montré que tes capitaines et tes serviteurs ne te sont rien; et je connais en ce jour que si Absalom vivait, et que nous fussions tous morts aujourd'hui, cela serait agréable à tes yeux. [7] Maintenant donc, lève-toi, sors et parle selon le cœur de tes serviteurs; car je te jure par l'Éternel, que si tu ne sors, il ne demeurera pas cette nuit un seul homme avec toi; et ce mal sera pire pour toi que tous ceux qui te sont arrivés depuis ta jeunesse jusqu'à présent. [8] Alors le roi se leva et s'assit à la porte; et on le fit savoir à tout le peuple, en disant: Voici, le roi est assis à la porte. Et tout le peuple vint devant le roi. Cependant Israël s'était enfui, chacun dans sa tente. [9] Et tout le peuple se disputait dans toutes les tribus d'Israël, disant: Le roi nous a délivrés de la main de nos ennemis, et il nous a garantis de la main des Philistins; et maintenant il s'est enfui du pays à cause d'Absalom. [10] Or Absalom que nous avions oint pour être roi sur nous, est mort dans la bataille. Maintenant donc, pourquoi ne parlez-vous pas de ramener le roi? [11] Alors le roi David envoya dire aux sacrificateurs Tsadok et Abiathar: Parlez aux anciens de Juda, et dites-leur: Pourquoi seriez-vous les derniers à ramener le roi dans sa maison? (Car les discours que tenait tout Israël étaient parvenus jusqu'au roi dans sa maison.) [12] Vous êtes

mes frères, vous êtes mes os et ma chair; et pourquoi seriez-vous les derniers à ramener le roi? ¹³ Dites aussi à Amasa: N'es-tu pas mes os et ma chair? Que Dieu me traite avec la dernière rigueur, si tu ne deviens devant moi, pour toujours, chef de l'armée à la place de Joab! ¹⁴ Ainsi il fléchit le cœur de tous les hommes de Juda, comme si ce n'eût été qu'un seul homme; et ils envoyèrent dire au roi: Reviens avec tous tes serviteurs. ¹⁵ Le roi s'en retourna donc et vint jusqu'au Jourdain; et Juda vint à Guilgal pour aller à la rencontre du roi, et pour lui faire repasser le Jourdain. ¹⁶ Et Shimeï, fils de Guéra, Benjamite, de Bachurim, se hâta de descendre avec les hommes de Juda, à la rencontre du roi David. ¹⁷ Et il y avait avec lui mille hommes de Benjamin, ainsi que Tsiba, serviteur de la maison de Saül, et ses quinze fils et ses vingt serviteurs avec lui; et ils passèrent le Jourdain devant le roi. ¹⁸ Le bateau passa aussi, pour transporter la famille du roi, et pour faire ce qu'il lui plairait. Alors Shimeï, fils de Guéra, se jeta en terre devant le roi, comme il passait le Jourdain; ¹⁹ Et il dit au roi: Que mon seigneur ne m'impute point mon iniquité, et ne se souvienne point de ce que ton serviteur fit avec méchanceté, le jour où le roi, mon seigneur, sortait de Jérusalem, et que le roi ne le prenne point à cœur. ²⁰ Car ton serviteur reconnaît qu'il a péché; et voici, je suis venu aujourd'hui, le premier de toute la maison de Joseph, pour descendre au-devant du roi, mon seigneur. ²¹ Mais Abishaï, fils de Tséruja, répondit et dit: A cause de cela ne fera-t-on pas mourir Shimeï, puisqu'il a maudit l'oint de l'Éternel? ²² Et David dit: Qu'ai-je à faire avec vous, fils de Tséruja, que vous soyez aujourd'hui mes adversaires? Ferait-on mourir aujourd'hui quelqu'un en Israël? Car ne sais-je pas bien qu'aujourd'hui je deviens roi sur Israël? ²³ Et le roi dit à Shimeï: Tu ne mourras point! Et le roi le lui jura. ²⁴ Méphibosheth, fils de Saül, descendit aussi à la rencontre du roi. Il n'avait point lavé ses pieds, ni fait sa barbe, ni lavé ses habits, depuis que le roi s'en était allé jusqu'au jour qu'il revint en paix. ²⁵ Il arriva donc, quand il fut venu à Jérusalem au-devant du roi, que le roi lui dit: Pourquoi n'es-tu point venu avec moi, Méphibosheth? ²⁶ Et il répondit: O roi mon seigneur, mon serviteur m'a trompé; car ton serviteur avait dit: Je ferai seller mon âne, et je monterai dessus, et j'irai vers le roi; car ton serviteur est boiteux. ²⁷ Et il a calomnié ton serviteur auprès du roi, mon seigneur; mais le roi, mon seigneur, est comme un ange de Dieu. Fais donc ce qui te semblera bon. ²⁸ Car, bien que tous ceux de la maison de mon père aient mérité la mort de la part du roi mon seigneur, cependant tu as mis ton serviteur parmi ceux qui mangeaient à ta table. Et quel droit ai-je encore? Qu'ai-je encore à me plaindre auprès du roi? ²⁹ Alors le roi lui dit: Pourquoi toutes ces paroles? Je l'ai dit: Toi et Tsiba, partagez-vous les terres. ³⁰ Et Méphibosheth répondit au roi: Qu'il prenne même tout, puisque le roi, mon seigneur, est revenu en paix dans sa maison. ³¹ Barzillaï, de Galaad, était aussi descendu de Roguélim; et il avait passé le Jourdain avec le roi, pour l'accompagner au delà du Jourdain. ³² Or Barzillaï était très vieux, âgé de quatre-vingts ans; et il avait entretenu le roi pendant son séjour à Mahanaïm; car c'était un homme fort riche. ³³ Et le roi dit à Barzillaï: Passe plus avant avec moi, et je t'entretiendrai chez moi, à Jérusalem. ³⁴ Mais Barzillaï répondit au roi: Combien d'années ai-je à vivre, que je monte avec le roi à Jérusalem? ³⁵ Je suis aujourd'hui âgé de quatre-vingts ans; pourrais-je discerner ce qui est bon d'avec ce qui est mauvais? Ton serviteur savourerait-il ce qu'il mangerait et boirait? Pourrais-je encore entendre la voix des chanteurs et des chanteuses? Et pourquoi ton serviteur serait-il encore à charge au roi, mon seigneur? ³⁶ Ton serviteur ira un peu au delà du Jourdain avec le roi. Mais pourquoi le roi voudrait-il me donner une telle récompense? ³⁷ Je te prie, que ton serviteur s'en retourne, et que je meure dans ma ville, près du tombeau de mon père et de ma mère. Mais voici, ton serviteur Kimham passera avec le roi mon seigneur; fais pour lui ce qui te semblera bon. ³⁸ Et le roi dit: Que Kimham passe avec moi, et je ferai pour lui tout ce qui te semblera bon; et tout ce que tu souhaiteras de moi, je te l'accorderai. ³⁹ Tout le peuple passa donc le Jourdain, et le roi aussi passa. Puis le roi baisa Barzillaï et le bénit; et il s'en retourna en sa demeure. ⁴⁰ De là le roi passa à Guilgal, et Kimham passa avec lui. Ainsi tout le peuple de Juda, et même la moitié du peuple d'Israël, ramenèrent le roi. ⁴¹ Mais voici, tous les hommes d'Israël vinrent vers le roi, et lui dirent: Pourquoi nos frères, les hommes de Juda, t'ont-ils enlevé, et ont-ils fait passer le Jourdain, au roi, à sa famille, à tous les gens de David avec lui? ⁴² Alors tous les hommes de Juda répondirent aux hommes d'Israël: Parce que le roi nous tient de plus près. Et pourquoi vous fâchez-vous de cela? Avons-nous rien mangé de ce qui est du roi? Ou en avons-nous reçu quelque présent? ⁴³ Mais les hommes d'Israël répondirent aux hommes de Juda, et dirent: Nous avons dix parts au roi, et nous sommes pour David plus que vous; pourquoi donc nous avez-vous méprisés? N'avons-nous pas parlé les premiers de ramener notre roi? Mais les hommes de Juda parlèrent plus rudement que les hommes d'Israël.

20

¹ Alors il se trouva là un méchant homme, nommé Shéba, fils de Bicri, Benjamite, qui sonna de la trompette et dit: Nous n'avons point de part avec David, ni d'héritage avec le fils d'Isaï. Israël, chacun à ses tentes! ² Alors tous les hommes d'Israël se séparèrent de David et suivirent Shéba, fils de Bicri; mais les hommes de Juda s'attachèrent à leur roi, depuis le Jourdain jusqu'à Jérusalem. ³ Et quand David fut venu dans sa maison à Jérusalem, il prit les dix concubines qu'il avait laissées pour garder la maison; et il les mit en un lieu où elles furent gardées. Il les y nourrit, mais il n'alla point vers elles. Ainsi elles furent enfermées jusqu'au jour de leur mort, pour vivre dans le veuvage. ⁴ Puis le roi dit à Amasa: Assemble-moi à cri public, dans trois jours, les hommes de Juda; et toi, trouve-toi ici. ⁵ Amasa s'en alla donc pour assembler à cri public ceux de Juda; mais il tarda au-delà du temps qu'on lui avait assigné. ⁶ Alors David dit à Abishaï: Maintenant Shéba, fils de Bicri, nous fera plus de mal qu'Absalom. Toi, prends les serviteurs de ton seigneur, et poursuis-le, de peur qu'il ne trouve des villes fortes, et que nous ne le perdions de vue. ⁷ Ainsi les gens de Joab sortirent après lui, avec les Kéréthiens, et les Péléthiens, et tous les hommes vaillants. Ils sortirent de Jérusalem pour poursuivre Shéba, fils de Bicri. ⁸ Et comme ils étaient auprès de la grande pierre qui est à Gabaon, Amasa vint au-devant d'eux. Or Joab avait ceint la tunique dont il se vêtait; et par-dessus était le ceinturon de son épée, attachée sur ses reins, dans son fourreau; et quand il s'avança elle tomba. ⁹ Et Joab dit à Amasa: Te portes-tu bien, mon frère? Puis Joab saisit de la main droite la barbe d'Amasa pour le baiser. ¹⁰ Or Amasa ne prenait point garde à l'épée qui était dans la main de Joab; et Joab lui en porta un coup dans le ventre, et répandit ses entrailles à terre, sans le frapper une seconde fois; et il mourut. Après cela Joab et Abishaï, son frère, poursuivirent Shéba, fils de Bicri. ¹¹ Et l'un des serviteurs de Joab s'arrêta auprès d'Amasa, en disant: Quiconque aime Joab, et quiconque est pour David, suive Joab! ¹² Or Amasa se roulait dans le sang au milieu du chemin; et cet homme, voyant que tout le peuple s'arrêtait, poussa Amasa hors du chemin dans un champ, et jeta sur lui un vêtement, quand il vit que tous ceux qui arrivaient près de lui, s'arrêtaient. ¹³ Et quand il l'eut ôté du chemin, chacun passa outre après Joab, afin de poursuivre Shéba, fils de Bicri. ¹⁴ Et Shéba parcourut toutes les tribus d'Israël, jusqu'à Abel-Beth-Maaca, et tout le pays des Bérites, qui se rassemblèrent et le suivirent aussi. ¹⁵ Les gens de Joab vinrent donc, et l'assiégèrent dans Abel-Beth-Maaca; et ils élevèrent contre la ville une terrasse qui atteignait la muraille, et tout le peuple qui était avec Joab, sapait la muraille pour la faire tomber. ¹⁶ Alors une femme habile cria depuis la ville: Écoutez, écoutez! Dites, je vous prie, à Joab: Approche jusqu'ici, que je te parle. ¹⁷ Et quand il se fut approché d'elle, la femme dit: Es-tu Joab? Il répondit: Je le suis. Elle lui dit: Écoute les paroles de ta

servante. Il répondit: J'écoute. [18] Elle parla donc, et dit: On disait communément autrefois: Qu'on aille consulter Abel, et le but sera atteint. [19] Je suis une des cités paisibles et fidèles en Israël; tu cherches à faire périr une ville qui est une mère en Israël! Pourquoi détruirais-tu l'héritage de l'Éternel? [20] Joab répondit et dit: Loin de moi, loin de moi, de vouloir détruire et ruiner! [21] La chose n'est pas ainsi. Mais un homme de la montagne d'Éphraïm nommé Shéba, fils de Bicri, a levé la main contre le roi, contre David. Livrez-le, lui seul, et je m'éloignerai de la ville. Et la femme dit à Joab: Voici, on va te jeter sa tête par-dessus la muraille. [22] Cette femme vint donc vers tout le peuple, et leur parla habilement; et ils coupèrent la tête à Shéba, fils de Bicri, et la jetèrent à Joab. Alors il sonna de la trompette; le peuple se retira de devant la ville, chacun en sa tente; et Joab s'en retourna vers le roi, à Jérusalem. [23] Or Joab était le chef de toute l'armée d'Israël; et Bénaja, fils de Jéhojada, avait sous lui les Kéréthiens et les Péléthiens; [24] Et Adoram était préposé aux tributs; et Jéhosaphat, fils d'Achilud, rédacteur des Mémoires; [25] Shéja, secrétaire; Tsadok et Abiathar, sacrificateurs. [26] Et Ira, Jaïrite, était aussi sacrificateur de David.

21

[1] Il y eut du temps de David une famine qui dura trois ans de suite. Et David chercha la face de l'Éternel; et l'Éternel dit: C'est à cause de Saül et de sa maison sanguinaire; parce qu'il a fait mourir les Gabaonites. [2] Et le roi appela les Gabaonites pour leur parler. (Or les Gabaonites n'étaient point des enfants d'Israël, mais un reste des Amoréens; et les enfants d'Israël s'étaient engagés envers eux par serment; cependant Saül avait cherché à les faire périr, parce qu'il était jaloux pour les enfants d'Israël et de Juda.) [3] Et David dit aux Gabaonites: Que ferai-je pour vous, et avec quoi ferai-je expiation, afin que vous bénissiez l'héritage de l'Éternel? [4] Les Gabaonites lui répondirent: Il ne s'agit point pour nous d'argent ou d'or, avec Saül et avec sa maison; et ce n'est point à nous de faire mourir personne en Israël. Et il dit: Que demandez-vous donc que je fasse pour vous? [5] Et ils répondirent au roi: Cet homme qui nous a détruits, et qui a machiné contre nous, pour nous exterminer et ne point nous laisser subsister dans aucune contrée d'Israël, [6] Qu'on nous livre sept hommes de ses fils, et nous les pendrons devant l'Éternel, sur le coteau de Saül, l'élu de l'Éternel. Et le roi dit: Je les livrerai. [7] Or le roi épargna Méphibosheth, fils de Jonathan, fils de Saül, à cause du serment qu'avaient fait entre eux, devant l'Éternel, David et Jonathan, fils de Saül. [8] Mais le roi prit les deux fils de Ritspa, fille d'Ajja, Armoni et Méphibosheth, qu'elle avait enfantés à Saül, et les cinq fils de Mical, fille de Saül, qu'elle avait enfantés à Adriel, fils de Barzillaï Méholathite; [9] Et il les livra aux mains des Gabaonites, qui les pendirent sur la montagne, devant l'Éternel. Ces sept-là furent donc tués ensemble; et on les fit mourir aux premiers jours de la moisson, au commencement de la moisson des orges. [10] Alors Ritspa, fille d'Ajja, prit un sac, et se l'étendit sur le rocher, depuis le commencement de la moisson jusqu'à ce que l'eau du ciel tombât sur eux; et elle ne laissait pas les oiseaux du ciel se poser sur eux le jour, ni les bêtes des champs la nuit. [11] Et on rapporta à David ce que Ritspa, fille d'Ajja, concubine de Saül, avait fait. [12] Et David s'en alla et prit les os de Saül et les os de Jonathan, son fils, chez les habitants de Jabès de Galaad, qui les avaient enlevés de la place de Beth-Shan, où les Philistins les avaient pendus le jour qu'ils défirent Saül Guilboa. [13] Il emporta de là les os de Saül et les os de Jonathan, son fils; et on recueillit aussi les os de ceux qui avaient été pendus. [14] Et on les ensevelit avec les os de Saül et de Jonathan, son fils, au pays de Benjamin, à Tséla, dans le tombeau de Kis, père de Saül. On fit tout ce que le roi avait commandé; et après cela, Dieu fut apaisé envers le pays. [15] Or il y eut encore guerre entre les Philistins et Israël. Et David descendit avec ses serviteurs; et ils combattirent contre les Philistins, et David était très fatigué. [16] Et Jishbi de Nob, qui était des enfants de Rapha, et qui avait

une lance dont le poids était de trois cents sicles d'airain, et qui était ceint d'une armure neuve, avait résolu de frapper David. ¹⁷ Mais Abishaï, fils de Tséruja, vint à son secours, et frappa le Philistin, et le tua. Alors les gens de David firent serment, et lui dirent: Tu ne sortiras plus avec nous à la bataille, de peur que tu n'éteignes la lampe d'Israël. ¹⁸ Après cela, la guerre eut encore lieu à Gob, contre les Philistins; là Sibbécaï, le Hushathite, tua Saph, qui était des enfants de Rapha. ¹⁹ Il y eut encore à Gob une autre guerre contre les Philistins; et Elchanan, fils de Jaaré-Oréguim, Bethléhémite, frappa Goliath, le Guitthien, qui avait une lance dont le bois était comme l'ensouple d'un tisserand. ²⁰ Il y eut encore à Gath une guerre, où se trouva un homme de haute taille, qui avait six doigts aux mains et six aux pieds, vingt-quatre en tout, et qui était aussi de la race de Rapha. ²¹ Cet homme outragea Israël; mais Jonathan, fils de Shimea, frère de David, le tua. ²² Ces quatre-là étaient nés à Gath, de la race de Rapha; et ils périrent de la main de David et de la main de ses serviteurs.

22

¹ Et David adressa à l'Éternel les paroles de ce cantique, au jour où l'Éternel l'eut délivré de la main de tous ses ennemis, et de la main de Saül. ² Il dit: Éternel, mon rocher, ma forteresse et mon libérateur! ³ O Dieu, mon rocher, vers qui je me retire; mon bouclier et la force qui me délivre, ma haute retraite et mon asile! mon Sauveur! tu me garantis de la violence. ⁴ Je m'écrie: Loué soit l'Éternel! Et je suis délivré de mes ennemis. ⁵ Car les flots de la mort m'avaient environné, les torrents des méchants m'avaient effrayé; ⁶ Les liens du Sépulcre m'avaient environné; les filets de la mort m'avaient surpris. ⁷ Dans ma détresse, j'invoquai l'Éternel, je criai à mon Dieu; de son palais il entendit ma voix, et mon cri parvint à ses oreilles. ⁸ Alors la terre fut ébranlée et trembla, les fondements des cieux s'agitèrent et s'ébranlèrent, parce qu'il était courroucé. ⁹ Une fumée montait de ses narines, et de sa bouche un feu dévorant; il en jaillissait des charbons embrasés. ¹⁰ Il abaissa les cieux, et descendit, ayant l'obscurité sous ses pieds. ¹¹ Il était monté sur un chérubin et volait; il parut sur les ailes du vent. ¹² Il mit autour de lui les ténèbres comme une tente, des amas d'eaux, des nuées épaisses. ¹³ De la splendeur qui était devant lui, s'embrasèrent des charbons de feu. ¹⁴ L'Éternel tonna des cieux; le Très-Haut fit retentir sa voix. ¹⁵ Il lança des flèches, et dispersa mes ennemis; il lança des éclairs, et les mit en déroute. ¹⁶ Alors le fond de la mer apparut, et les fondements du monde se découvrirent, par la menace de l'Éternel, par le souffle du vent de sa colère. ¹⁷ Il étendit sa main d'en haut, et me prit; il me tira des grosses eaux. ¹⁸ Il me délivra de mon ennemi puissant, et de mes adversaires qui étaient plus forts que moi. ¹⁹ Ils m'avaient surpris au jour de ma calamité, mais l'Éternel fut mon appui. ²⁰ Il m'a mis au large; il m'a délivré, parce qu'il a pris son plaisir en moi. ²¹ L'Éternel m'a traité selon ma justice; il m'a rendu selon la pureté de mes mains; ²² Car j'ai gardé les voies de l'Éternel, et je n'ai point été infidèle à mon Dieu. ²³ Car toutes ses ordonnances sont devant moi, et je ne m'écarte point de ses statuts. ²⁴ J'ai été intègre devant lui, et je me suis gardé de mon iniquité. ²⁵ Aussi l'Éternel m'a rendu selon ma justice, selon ma pureté à ses yeux. ²⁶ Avec celui qui est bon, tu es bon; avec l'homme intègre tu es intègre. ²⁷ Avec celui qui est pur, tu te montres pur; mais avec le pervers, tu agis selon sa perversité. ²⁸ Tu sauves le peuple affligé; mais de ton regard tu abaisses les orgueilleux. ²⁹ Car tu es ma lampe, ô Éternel! Et l'Éternel fait resplendir mes ténèbres. ³⁰ Avec toi je fonds sur une troupe; avec mon Dieu je franchis la muraille. ³¹ La voie de Dieu est parfaite, la parole de l'Éternel est éprouvée; il est le bouclier de tous ceux qui se retirent vers lui. ³² Car qui est Dieu, sinon l'Éternel? Et qui est un rocher, sinon notre Dieu? ³³ Le Dieu qui est ma forteresse assurée, et qui

enseigne à l'homme intègre sa voie; [34] Qui rend mes pieds semblables à ceux des biches, et m'affermit sur mes hauteurs; [35] Qui forme mes mains au combat, et mes bras bandent un arc d'airain. [36] Tu m'as donné le bouclier de ton salut, et ta bonté m'a fait devenir grand. [37] Tu élargis le chemin sous mes pas, et mes pieds ne chancellent point. [38] Je poursuis mes ennemis; je les détruis; et je ne reviens qu'après les avoir exterminés. [39] Je les consume, je les écrase, et ils ne se relèvent plus; ils tombent sous mes pieds. [40] Car tu m'as ceint de force pour le combat; tu fais plier sous moi mes adversaires. [41] Tu fais tourner le dos à mes ennemis devant moi; ceux qui me haïssent, je les détruis. [42] Ils regardent, et point de libérateur! Ils crient à l'Éternel, mais il ne leur répond point. [43] Et je les broie comme la poussière de la terre; je les écrase, je les foule comme la boue des rues. [44] Tu me sauves des dissensions de mon peuple; tu me gardes pour être chef des nations. Le peuple que je ne connaissais pas, m'est assujetti. [45] Les fils de l'étranger viennent me flatter; dès que leur oreille a entendu, ils se sont soumis. [46] Les fils de l'étranger défaillent, et sortent tremblants de leurs retraites. [47] L'Éternel est vivant! Et béni soit mon rocher! Que Dieu, le rocher de mon salut, soit exalté! [48] Le Dieu qui me donne vengeance, et qui m'assujettit les peuples; qui me fait échapper à mes ennemis. [49] Tu m'élèves au-dessus de mes adversaires, tu me délivres de l'homme violent. [50] C'est pourquoi, ô Éternel, je te louerai parmi les nations, et je chanterai ton nom! [51] C'est lui qui délivre magnifiquement son roi, et qui fait miséricorde à son oint, à David et à sa postérité, à jamais!

23

[1] Or ce sont ici les dernières paroles de David. David, fils d'Isaï, l'homme qui a été élevé, qui a été l'oint du Dieu de Jacob, et le chantre aimé d'Israël, dit: [2] L'Esprit de l'Éternel a parlé par moi, et sa parole a été sur ma langue. [3] Le Dieu d'Israël a dit, le rocher d'Israël a parlé de moi: Celui qui règne parmi les hommes avec justice, qui règne dans la crainte de Dieu, [4] Est pareil à la lumière du matin, lorsque le soleil se lève, en un matin sans nuages; son éclat fait germer de la terre la verdure après la pluie. [5] N'en est-il pas ainsi de ma maison devant Dieu? Car il a fait avec moi une alliance éternelle, bien ordonnée, assurée. Tout mon salut, tout ce que j'aime, ne le fera-t-il pas fleurir? [6] Mais les méchants seront tous comme des épines qu'on jette au loin; car on ne les prend pas avec la main, [7] Mais celui qui les veut manier, s'arme d'un fer ou du bois d'une lance, et on les brûle au feu sur la place même. [8] Ce sont ici les noms des hommes vaillants qu'avait David: Joseb-Bashébeth, Tachkémonite, était chef des meilleurs guerriers. C'est lui qui leva sa lance sur huit cents hommes qu'il tua en une seule occasion. [9] Après lui était Éléazar, fils de Dodo, fils d'Achochi; l'un des trois vaillants hommes qui étaient avec David, lorsqu'ils défièrent les Philistins assemblés pour combattre, et que ceux d'Israël montèrent. [10] Il se leva, et frappa les Philistins jusqu'à ce que sa main en fût lasse, et demeurât attachée à son épée. En ce jour-là l'Éternel accorda une grande délivrance, et le peuple revint après Éléazar, seulement pour prendre les dépouilles. [11] Après lui venait Shamma, fils d'Agué, Hararite. Les Philistins s'étaient rassemblés en troupe; et il y avait là une pièce de terre pleine de lentilles; or le peuple fuyait devant les Philistins; [12] Mais il se tint au milieu du champ, le défendit, et frappa les Philistins. Ainsi l'Éternel accorda une grande délivrance. [13] Trois des trente chefs descendirent et vinrent, au temps de la moisson, vers David, dans la caverne d'Adullam, lorsqu'une troupe de Philistins était campée dans la vallée des Réphaïm (des géants). [14] David était alors dans la forteresse, tandis qu'une garnison de Philistins était à Bethléhem. [15] Et David fit un souhait, et dit: Qui me fera boire de l'eau du puits qui est à la porte de Bethléhem? [16] Alors ces trois hommes vaillants passèrent au travers du camp des Philistins, et puisèrent de l'eau du puits qui est à la porte de

Bethléhem; et, l'ayant apportée, ils la présentèrent à David; mais il n'en voulut point boire, et il la répandit devant l'Éternel. [17] Et il dit: Loin de moi, ô Éternel, de faire une telle chose! N'est-ce pas le sang de ces hommes, qui sont allés au péril de leur vie? Et il n'en voulut point boire. Voilà ce que firent ces trois vaillants hommes. [18] Abishaï, frère de Joab, fils de Tséruja, était le chef des trois. Ce fut lui qui brandit sa lance contre trois cents hommes, qu'il frappa à mort; et il s'acquit un nom parmi les trois. [19] Il était le plus considéré des trois, et il fut leur chef; cependant il n'égala point les trois premiers. [20] Puis Bénaja, fils de Jéhojada, fils d'un homme vaillant, grand par ses exploits, de Kabtséel; il tua deux des plus puissants hommes de Moab; il descendit aussi, et tua un lion au milieu d'une fosse, en un jour de neige. [21] Ce fut lui qui frappa un homme égyptien d'un aspect redoutable. Cet Égyptien avait en sa main une lance, et Bénaja descendit contre lui avec un bâton; il arracha la lance de la main de l'Égyptien, et le tua de sa propre lance. [22] Voilà ce que fit Bénaja, fils de Jéhojada; et il eut un nom parmi ces trois hommes vaillants. [23] Il fut plus honoré que les trente; mais il n'égalait pas les trois premiers. Et David le mit en son conseil privé. [24] Asaël, frère de Joab, parmi les trente. Elchanan, fils de Dodo, de Bethléhem; [25] Shamma, Harodite; Elika, Harodite; [26] Hélets, Paltite; Ira, fils de Ikkèsh, Thékoïte; [27] Abiézer, Anathothite; Mébunnaï, Hushathite; [28] Tsalmon, Achochite; Maharaï, Nétophathite; [29] Héleb, fils de Baana, Nétophathite; Ittaï, fils de Ribaï de Guibea, des enfants de Benjamin; [30] Bénaja, Pirathonite; Hiddaï, de Nachalé-Gaash; [31] Abi-Albon, Arbathite; Azmaveth, Barchumite; [32] Eliachba, Shaalbonite; des enfants de Jashen, Jonathan; [33] Shamma, Hararite; Achiam, fils de Sharar, Ararite; [34] Éliphélet, fils d'Achasbaï, fils d'un Maacathite; Éliam, fils d'Achithophel, Guilonite; [35] Hetsraï, Carmélite; Paaraï, Arbite; [36] Jiguéal, fils de Nathan, de Tsoba; Bani, Gadite; [37] Tsélek, Ammonite; Naharaï, Beérothite, qui portait les armes de Joab, fils de Tséruja; [38] Ira, Jithrite; Gareb, Jithrite; [39] Urie, Héthien; en tout trente-sept.

24

[1] La colère de l'Éternel s'alluma encore contre Israël, et il incita David contre eux, en disant: Va, fais le dénombrement d'Israël et de Juda. [2] Et le roi dit à Joab, chef de l'armée, qu'il avait auprès de lui: Va parcourir toutes les tribus d'Israël, depuis Dan jusqu'à Béer-Shéba, et faites le dénombrement du peuple, afin que j'en sache le nombre. [3] Mais Joab répondit au roi: Que l'Éternel ton Dieu veuille augmenter ton peuple autant et cent fois autant qu'il est maintenant, et que les yeux du roi, mon seigneur, le voient! Mais pourquoi le roi, mon seigneur, prend-il plaisir à cela? [4] Cependant la parole du roi prévalut sur Joab et sur les chefs de l'armée; et Joab et les chefs de l'armée sortirent de la présence du roi pour dénombrer le peuple d'Israël. [5] Ils passèrent donc le Jourdain, et campèrent à Aroër, à droite de la ville qui est au milieu du torrent de Gad, et vers Jaezer; [6] Et ils vinrent en Galaad, et au bas pays de Hodshi; puis ils vinrent à Dan-Jaan, et aux environs de Sidon. [7] Ils vinrent aussi à la forteresse de Tyr, et dans toutes les villes des Héviens et des Cananéens, et ils finirent par le midi de Juda, à Béer-Shéba. [8] Ils parcoururent ainsi tout le pays, et revinrent à Jérusalem au bout de neuf mois et vingt jours. [9] Alors Joab donna au roi le nombre du recensement du peuple, et il se trouva de ceux d'Israël huit cent mille hommes de guerre, tirant l'épée, et de ceux de Juda cinq cent mille hommes. [10] Mais David fut repris en son cœur, après qu'il eut ainsi dénombré le peuple, et David dit à l'Éternel: J'ai commis un grand péché en faisant cela; et maintenant, ô Éternel, fais passer, je te prie, l'iniquité de ton serviteur, car j'ai agi très follement! [11] Et quand David se leva le matin, la parole de l'Éternel fut adressée au prophète Gad, le Voyant de David, en ces mots: [12] Va et dis à David: Ainsi a dit l'Éternel: J'ai trois choses à te proposer; choisis l'une d'elles, afin que je te la fasse. [13] Gad vint

donc vers David, et le lui fit savoir, en disant: Que veux-tu qu'il t'arrive, ou sept ans de famine dans ton pays, ou que, durant trois mois, tu fuies devant tes ennemis et qu'ils te poursuivent, ou que, pendant trois jours, la mortalité soit dans ton pays? Maintenant consulte, et vois ce que je dois répondre à celui qui m'a envoyé. [14] Alors David répondit à Gad: Je suis dans une grande angoisse. Oh! que nous tombions entre les mains de l'Éternel, car ses compassions sont grandes; et que je ne tombe pas entre les mains des hommes! [15] L'Éternel envoya donc la mortalité en Israël, depuis le matin jusqu'au temps assigné; et il mourut dans le peuple, depuis Dan jusqu'à Béer-Shéba, soixante et dix mille hommes. [16] Mais quand l'ange étendit sa main sur Jérusalem pour la ravager, l'Éternel se repentit de ce mal, et dit à l'ange qui ravageait le peuple: Assez! retire maintenant ta main. Or l'ange de l'Éternel était auprès de l'aire d'Arauna, le Jébusien. [17] Et David, voyant l'ange qui frappait le peuple, parla à l'Éternel et dit: Voici, c'est moi qui ai péché, c'est moi qui ai commis l'iniquité; mais ces brebis qu'ont-elles fait? Que ta main soit sur moi, je te prie, et sur la maison de mon père! [18] Et en ce jour-là, Gad vint vers David, et lui dit: Monte et dresse un autel à l'Éternel dans l'aire d'Arauna, le Jébusien. [19] David monta donc, selon la parole de Gad, comme l'Éternel l'avait commandé. [20] Et Arauna regarda, et vit le roi et ses serviteurs qui venaient vers lui; alors Arauna sortit, et se prosterna devant le roi, le visage contre terre. [21] Puis Arauna dit: Pourquoi le roi, mon seigneur, vient-il vers son serviteur? Et David répondit: C'est pour acheter ton aire, et y bâtir un autel à l'Éternel, afin que cette plaie soit arrêtée parmi le peuple. [22] Et Arauna dit à David: Que le roi, mon seigneur, prenne et offre ce qu'il trouvera bon. Voilà les bœufs pour l'holocauste, et les chariots et l'attelage des bœufs au lieu de bois. [23] O roi, Arauna donne le tout au roi. Et Arauna dit au roi: L'Éternel, ton Dieu, te soit favorable! [24] Et le roi répondit à Arauna: Non; mais je l'achèterai de toi pour un certain prix, et je n'offrirai point à l'Éternel, mon Dieu, des holocaustes qui ne me coûtent rien. Ainsi David acheta l'aire et les bœufs pour cinquante sicles d'argent. [25] Puis David bâtit là un autel à l'Éternel, et offrit des holocaustes et des sacrifices de prospérité; et l'Éternel fut apaisé envers le pays, et la plaie fut arrêtée en Israël.

1 Rois

[1] Or le roi David était vieux, et avancé en âge; et, quoiqu'on le couvrît de vêtements, il ne pouvait se réchauffer. [2] Alors ses serviteurs lui dirent: Qu'on cherche au roi, mon seigneur, une jeune fille vierge qui se tienne devant le roi et qui en ait soin; et qu'elle dorme en ton sein, afin que le roi, mon seigneur, se réchauffe. [3] On chercha donc dans tout le territoire d'Israël une belle jeune fille, et on trouva Abishag, la Sunamite, qu'on amena au roi. [4] Or cette jeune fille était fort belle; et elle avait soin du roi et le servait; mais le roi ne la connut point. [5] Or Adonija, fils de Hagguith, s'éleva, disant: Je régnerai. Et il se procura des chars et des cavaliers, et cinquante hommes qui couraient devant lui. [6] Mais son père ne voulait point lui donner de chagrin pendant sa vie, ni lui dire: Pourquoi agis-tu ainsi? Lui aussi était fort beau, et sa mère l'avait enfanté après Absalom. [7] Il s'entendit avec Joab, fils de Tséruja, et avec le sacrificateur Abiathar; et ils embrassèrent le parti d'Adonija. [8] Mais le sacrificateur Tsadok, et Bénaja, fils de Jéhojada, et Nathan, le prophète, et Shimeï, et Réi, et les vaillants hommes de David n'étaient point du parti d'Adonija. [9] Et Adonija immola des brebis, des bœufs et des veaux gras, auprès de la pierre de Zohéleth, à côté de la fontaine de Roguel; et il convia tous ses frères, les fils du roi, et tous les hommes de Juda qui étaient au service du roi. [10] Mais il ne convia point Nathan, le prophète, ni Bénaja, ni les vaillants hommes, ni Salomon, son frère. [11] Alors Nathan parla à Bath-Shéba, mère de Salomon, et lui dit: N'as-tu pas appris qu'Adonija, fils de Hagguith, a été fait roi, sans que David, notre seigneur, le sache? [12] Et maintenant viens, je te prie, et je te donnerai un conseil afin que tu sauves ta vie et la vie de ton fils Salomon. [13] Va te présenter au roi David, et dis-lui: O roi, mon seigneur, n'as-tu pas fait ce serment à ta servante, en disant: Ton fils Salomon régnera après moi, et c'est lui qui sera assis sur mon trône? Pourquoi donc est-ce Adonija qui règne? [14] Et voici, pendant que tu parleras encore là avec le roi, j'entrerai moi-même après toi et j'achèverai ton discours. [15] Bath-Shéba vint donc vers le roi, dans sa chambre. Or le roi était fort vieux, et Abishag, la Sunamite, le servait. [16] Et Bath-Shéba s'inclina et se prosterna devant le roi; et le roi lui dit: Qu'as-tu? [17] Et elle lui répondit: Mon seigneur, tu as juré, par l'Éternel ton Dieu, à ta servante, en disant: Certainement ton fils Salomon régnera après moi, et il s'assiéra sur mon trône. [18] Mais maintenant, voici, c'est Adonija qui est roi, et tu n'en sais rien, ô roi, mon seigneur! [19] Il a même immolé des bœufs, des veaux gras et des brebis en grand nombre, et il a convié tous les fils du roi, avec Abiathar, le sacrificateur, et Joab, le chef de l'armée; mais il n'a point invité ton serviteur Salomon. [20] Et pour toi, ô roi, mon seigneur, les yeux de tout Israël sont sur toi, afin que tu leur déclares qui doit s'asseoir sur le trône du roi, mon seigneur, après lui. [21] Or, il arrivera, lorsque le roi, mon seigneur, se sera endormi avec ses pères, que nous serons tenus pour coupables, moi et mon fils Salomon. [22] Et voici, elle parlait encore avec le roi, quand Nathan, le prophète, arriva. [23] Et on l'annonça au roi, en disant: Voici Nathan, le prophète. Et il se présenta devant le roi et se prosterna en terre devant lui sur son visage. [24] Et Nathan dit: O roi, mon seigneur, as-tu dit: Adonija régnera après moi et s'assiéra sur mon trône? [25] Car il est descendu aujourd'hui, et il a immolé des bœufs, des veaux gras et des brebis en grand nombre; et il a convié tous les fils du roi, et les chefs de l'armée et le sacrificateur Abiathar; et voici, ils mangent et boivent devant lui, et ils ont dit: Vive le roi Adonija! [26] Mais il n'a convié ni moi, ton serviteur, ni le sacrificateur Tsadok, ni Bénaja, fils de Jéhojada, ni Salomon, ton serviteur. [27] Ceci aurait-il été fait par le roi, mon seigneur, sans que tu eusses fait savoir à tes serviteurs qui doit s'asseoir sur le trône du roi, mon seigneur, après lui? [28] Alors le roi David répondit et dit: Appelez-moi Bath-Shéba; et elle

se présenta devant le roi et se tint devant lui. ²⁹ Alors le roi jura, et dit: L'Éternel, qui a délivré mon âme de toute détresse, est vivant! ³⁰ Comme je te l'ai juré par l'Éternel, le Dieu d'Israël, en disant: Certainement ton fils Salomon régnera après moi et s'assiéra sur mon trône à ma place, ainsi ferai-je aujourd'hui. ³¹ Et Bath-Shéba s'inclina le visage contre terre, et se prosterna devant le roi, et dit: Que le roi David, mon seigneur, vive à jamais! ³² Puis le roi David dit: Appelez-moi Tsadok, le sacrificateur, et Nathan, le prophète, et Bénaja, fils de Jéhojada. Et ils se présentèrent devant le roi. ³³ Et le roi leur dit: Prenez avec vous les serviteurs de votre seigneur, et faites monter mon fils Salomon sur ma mule, et faites-le descendre à Guihon; ³⁴ Et que là Tsadok, le sacrificateur, et Nathan, le prophète, l'oignent roi sur Israël. Ensuite, vous sonnerez de la trompette, et vous direz: Vive le roi Salomon! ³⁵ Et vous monterez après lui, et il viendra, et s'assiéra sur mon trône, et régnera à ma place; car j'ai ordonné qu'il soit conducteur d'Israël et de Juda. ³⁶ Alors Bénaja, fils de Jéhojada, répondit au roi et dit: Amen! Que l'Éternel, le Dieu du roi, mon seigneur, l'ordonne ainsi! ³⁷ Comme l'Éternel a été avec le roi, mon seigneur, qu'il soit de même avec Salomon, et qu'il élève son trône plus que le trône du roi David, mon seigneur! ³⁸ Puis Tsadok, le sacrificateur, descendit avec Nathan, le prophète, et Bénaja, fils de Jéhojada, et les Kéréthiens et les Péléthiens, et ils firent monter Salomon sur la mule du roi David et le menèrent à Guihon. ³⁹ Et Tsadok, le sacrificateur, prit dans le tabernacle la corne d'huile, et oignit Salomon. Puis on sonna de la trompette, et tout le peuple dit: Vive le roi Salomon! ⁴⁰ Et tout le monde monta après lui; et le peuple jouait de la flûte, et se livrait à une grande joie, et faisait retentir la terre de ses cris. ⁴¹ Or Adonija et tous les conviés qui étaient avec lui entendirent ce bruit, comme ils achevaient de manger. Joab aussi entendit le son de la trompette, et dit: Pourquoi ce bruit de la ville en tumulte? ⁴² Comme il parlait encore, voici, Jonathan, fils d'Abiathar le sacrificateur, arriva. Et Adonija lui dit: Entre, car tu es un brave; tu apportes de bonnes nouvelles. ⁴³ Mais Jonathan répondit, et dit à Adonija: Au contraire. Le roi David, notre seigneur, a établi roi Salomon. ⁴⁴ Et le roi a envoyé avec lui Tsadok, le sacrificateur, Nathan, le prophète, Bénaja, fils de Jéhojada, et les Kéréthiens et les Péléthiens; et ils l'ont fait monter sur la mule du roi. ⁴⁵ Puis Tsadok, le sacrificateur, et Nathan, le prophète, l'ont oint pour roi à Guihon; ils en sont remontés avec joie, et toute la ville s'est émue; c'est là le bruit que vous avez entendu. ⁴⁶ Et Salomon s'est même assis sur le trône royal; ⁴⁷ Et même les serviteurs du roi sont venus pour bénir le roi David, notre seigneur, en disant: Que Dieu rende le nom de Salomon plus grand que ton nom, et qu'il élève son trône plus que ton trône! Et le roi s'est prosterné sur son lit. ⁴⁸ Et voici ce que le roi a dit: Béni soit l'Éternel, le Dieu d'Israël, qui a donné aujourd'hui, pour être assis sur mon trône, un homme que je vois de mes propres yeux! ⁴⁹ Alors tous les conviés qui étaient avec Adonija, furent dans un grand trouble et se levèrent, et chacun s'en alla de son côté. ⁵⁰ Et Adonija, craignant Salomon, se leva et s'en alla, et saisit les cornes de l'autel. ⁵¹ Et on en fit rapport à Salomon, en disant: Voici, Adonija a peur du roi Salomon; et voici, il a saisi les cornes de l'autel, et il a dit: Que le roi Salomon me jure aujourd'hui qu'il ne fera pas mourir son serviteur par l'épée. ⁵² Alors Salomon dit: S'il se conduit en homme de bien, il ne tombera pas un de ses cheveux à terre; mais s'il se trouve du mal en lui, il mourra. ⁵³ Et le roi Salomon envoya, et le fit ramener de l'autel; et il vint se prosterner devant le roi Salomon. Et Salomon lui dit: Va-t'en dans ta maison.

2

¹ Le temps de la mort de David approchant, il donna ses commandements à son fils Salomon, et lui dit: ² Je m'en vais par le chemin de toute la terre; fortifie-toi et sois un homme. ³ Et garde ce que l'Éternel ton Dieu veut que tu gardes, en marchant dans ses

voies, et en gardant ses statuts, ses commandements, ses ordonnances et ses témoignages, selon ce qui est écrit dans la loi de Moïse; afin que tu réussisses dans tout ce que tu feras et dans tout ce que tu entreprendras; 4 Et que l'Éternel accomplisse la parole qu'il a prononcée à mon égard, en disant: Si tes fils prennent garde à leur voie, pour marcher devant moi dans la vérité, de tout leur cœur et de toute leur âme, alors ta descendance ne sera jamais retranchée du trône d'Israël. 5 Au reste, tu sais ce que m'a fait Joab, fils de Tséruja, ce qu'il a fait à deux chefs des armées d'Israël, à Abner, fils de Ner, et à Amasa, fils de Jéther, qu'il a tués, versant dans la paix le sang de la guerre, et ensanglantant du sang de la guerre la ceinture qu'il avait aux reins et les souliers qu'il avait aux pieds. 6 Tu agiras selon ta sagesse, et ne laisseras point descendre en paix ses cheveux blancs au Sépulcre. 7 Quant aux fils de Barzillaï, le Galaadite, tu useras de bonté à leur égard, et ils seront de ceux qui mangent à ta table; car c'est ainsi qu'ils sont venus vers moi, lorsque je fuyais devant Absalom, ton frère. 8 Et voici, tu as avec toi Shimeï, fils de Guéra, le Benjamite, de Bachurim, qui prononça contre moi des malédictions atroces, le jour que je m'en allais à Mahanaïm; mais il descendit au-devant de moi vers le Jourdain, et je lui jurai par l'Éternel et lui dis: Je ne te ferai pas mourir par l'épée. 9 Maintenant donc, tu ne le laisseras point impuni; car tu es sage pour savoir ce que tu lui devras faire; mais tu feras descendre ensanglantés ses cheveux blancs au Sépulcre. 10 Ainsi David s'endormit avec ses pères, et il fut enseveli dans la cité de David. 11 Et le temps que David régna sur Israël fut de quarante ans. Il régna sept ans à Hébron, et trente-trois ans à Jérusalem. 12 Et Salomon s'assit sur le trône de David, son père, et son règne fut très affermi. 13 Alors Adonija, fils de Hagguith, vint chez Bath-Shéba, mère de Salomon. Et elle dit: Viens-tu pour la paix? Et il répondit: Pour la paix. 14 Puis il dit: J'ai un mot à te dire. Elle répondit: Parle! 15 Et il dit: Tu sais bien que le royaume m'appartenait, et que tout Israël s'attendait à ce que je régnasse; mais la royauté a été transférée, et elle est échue à mon frère, parce que l'Éternel la lui a donnée. 16 Maintenant donc j'ai une demande à te faire; ne me la refuse pas. Et elle lui dit: Parle! 17 Et il dit: Je te prie, dis au roi Salomon (car il ne te refusera pas), qu'il me donne pour femme Abishag, la Sunamite. 18 Bath-Shéba répondit: Bien; je parlerai pour toi au roi. 19 Et Bath-Shéba alla vers le roi Salomon, afin de lui parler pour Adonija. Et le roi, se levant, vint au-devant d'elle et se prosterna devant elle; puis il s'assit sur son trône, et fit mettre un siège pour la mère du roi; et elle s'assit à sa droite. 20 Et elle dit: J'ai une petite demande à te faire; ne me la refuse pas. Et le roi lui répondit: Fais-la, ma mère; car je ne te la refuserai pas. 21 Et elle dit: Qu'on donne Abishag, la Sunamite, pour femme à Adonija, ton frère. 22 Mais le roi Salomon répondit et dit à sa mère: Et pourquoi demandes-tu Abishag, la Sunamite, pour Adonija? Demande donc le royaume pour lui, car il est mon frère aîné; pour lui, et pour Abiathar, le sacrificateur, et pour Joab, fils de Tséruja! 23 Alors le roi Salomon jura par l'Éternel, en disant: Que Dieu me traite dans toute sa rigueur, si Adonija n'a dit cette parole contre sa propre vie! 24 Et maintenant, l'Éternel est vivant, qui m'a établi et fait asseoir sur le trône de David, mon père, et qui a établi ma maison comme il l'avait dit! Certainement Adonija sera mis à mort aujourd'hui. 25 Et le roi Salomon donna commission à Bénaja, fils de Jéhojada, qui se jeta sur lui; et il mourut. 26 Puis le roi dit à Abiathar, le sacrificateur: Va-t'en à Anathoth, dans ta possession; car tu mérites la mort; toutefois je ne te ferai pas mourir aujourd'hui; car tu as porté l'arche du Seigneur l'Éternel devant David, mon père, et tu as eu part à toutes les afflictions de mon père. 27 Ainsi Salomon chassa Abiathar, afin qu'il ne fût plus sacrificateur de l'Éternel; et cela, pour accomplir la parole de l'Éternel, qu'il avait prononcée à Silo contre la maison d'Héli. 28 Cette nouvelle étant parvenue à Joab (qui s'était révolté pour suivre Adonija, bien qu'il ne se fût point révolté pour suivre Absalom), il s'enfuit au tabernacle de l'Éternel, et il saisit les cornes de l'autel. 29 Et on vint dire au roi Salomon: Joab s'est enfui au tabernacle de l'Éternel, et le voilà près de l'autel. Alors Salomon envoya Bénaja, fils de Jéhojada, et lui dit: Va, jette-toi sur lui. ³⁰ Bénaja vint donc au tabernacle de l'Éternel, et il lui dit: Ainsi a dit le roi: Sors de là! Et il dit: Non; mais je mourrai ici. Et Bénaja fit rapport au roi, et dit: Joab m'a parlé ainsi, et il m'a ainsi répondu. ³¹ Et le roi lui dit: Fais comme il a dit. Jette-toi sur lui, et l'ensevelis; et tu ôteras de dessus moi et de dessus la maison de mon père le sang que Joab a répandu sans cause. ³² Et l'Éternel fera retomber son sang sur sa tête; car il s'est jeté sur deux hommes plus justes et meilleurs que lui, et il les a tués avec l'épée, sans que David, mon père, en sût rien: Abner, fils de Ner, chef de l'armée d'Israël, et Amasa, fils de Jéther, chef de l'armée de Juda. ³³ Et leur sang retombera sur la tête de Joab, et sur la tête de sa postérité à toujours; mais il y aura paix de la part de l'Éternel, à toujours, pour David, pour sa postérité, pour sa maison et pour son trône. ³⁴ Bénaja, fils de Jéhojada, monta donc, et se jeta sur lui, et le tua; et on l'ensevelit dans sa maison, au désert. ³⁵ Alors le roi établit Bénaja, fils de Jéhojada, sur l'armée, à la place de Joab; et le sacrificateur Tsadok fut mis par le roi à la place d'Abiathar. ³⁶ Puis le roi envoya appeler Shimeï et lui dit: Bâtis-toi une maison à Jérusalem, et demeures-y, et n'en sors point pour aller de côté ou d'autre. ³⁷ Car sache bien qu'au jour où tu en sortiras et passeras le torrent de Cédron, tu mourras sans rémission: ton sang sera sur ta tête. ³⁸ Et Shimeï répondit au roi: Cette parole est bonne; ton serviteur fera tout ce qu'a dit le roi, mon seigneur. Ainsi Shimeï demeura un certain temps à Jérusalem. ³⁹ Mais il arriva qu'au bout de trois ans, deux serviteurs de Shimeï s'enfuirent vers Akish, fils de Maaca, roi de Gath; et on le rapporta à Shimeï, en disant: Voici, tes serviteurs sont à Gath. ⁴⁰ Et Shimeï se leva et sella son âne, et s'en alla à Gath vers Akish, pour chercher ses serviteurs. Shimeï s'en alla donc et ramena de Gath ses serviteurs. ⁴¹ Or on rapporta à Salomon que Shimeï était allé de Jérusalem à Gath, et qu'il était de retour. ⁴² Et le roi envoya appeler Shimeï et lui dit: Ne t'avais-je pas fait jurer par l'Éternel, et ne t'avais-je pas protesté, en disant: Sache bien qu'au jour où tu sortiras et où tu iras de côté ou d'autre, tu mourras sans rémission? Et ne me répondis-tu pas: Cette parole est bonne; j'ai entendu? ⁴³ Pourquoi donc n'as-tu pas gardé le serment de l'Éternel et le commandement que je t'avais donné? ⁴⁴ Et le roi dit à Shimeï: Tu sais tout le mal que tu as fait à David, mon père, et tu en es convaincu dans ton cœur; aussi l'Éternel fait retomber ta méchanceté sur ta tête. ⁴⁵ Mais le roi Salomon sera béni, et le trône de David sera affermi devant l'Éternel à jamais. ⁴⁶ Et le roi donna ordre à Bénaja, fils de Jéhojada, qui sortit et se jeta sur lui; et il mourut. Et la royauté fut affermie entre les mains de Salomon.

3

¹ Or, Salomon s'allia avec Pharaon, roi d'Égypte; et il épousa la fille de Pharaon, qu'il amena dans la ville de David, jusqu'à ce qu'il eût achevé de bâtir sa maison et la maison de l'Éternel, ainsi que la muraille autour de Jérusalem. ² Le peuple sacrifiait seulement sur les hauts lieux, parce que jusqu'alors on n'avait pas bâti de maison au nom de l'Éternel. ³ Et Salomon aimait l'Éternel et suivait les ordonnances de David, son père; seulement il offrait les sacrifices et le parfum sur les hauts lieux. ⁴ Le roi s'en alla donc à Gabaon pour y sacrifier; car c'était le plus considérable des hauts lieux; et Salomon offrit mille holocaustes sur cet autel. ⁵ A Gabaon, l'Éternel apparut en songe à Salomon, pendant la nuit, et Dieu lui dit: Demande ce que tu veux que je te donne. ⁶ Et Salomon dit: Tu as usé d'une grande bienveillance envers ton serviteur David, mon père, selon qu'il a marché en ta présence dans la vérité, dans la justice et dans la droiture de son cœur devant toi; et tu lui as conservé cette grande bienveillance, et lui as donné un fils qui est assis sur son trône, comme il paraît aujourd'hui. ⁷ Et maintenant, ô Éternel mon Dieu,

tu as fait régner ton serviteur à la place de David, mon père; et moi je ne suis qu'un tout jeune homme; je ne sais pas me conduire. 8 Et ton serviteur est au milieu du peuple que tu as choisi, ce grand peuple qui ne se peut dénombrer ni compter à cause de sa multitude. 9 Donne donc à ton serviteur un cœur intelligent, pour juger ton peuple, et pour discerner entre le bien et le mal; car qui pourrait juger ton peuple, ce peuple si nombreux? 10 Or ce discours plut au Seigneur, en ce que Salomon lui avait fait cette demande. 11 Et Dieu lui dit: Puisque tu m'as fait cette demande, et que tu n'as demandé ni une longue vie, ni des richesses, ni la mort de tes ennemis, mais que tu as demandé de l'intelligence pour rendre la justice: 12 Voici, je fais selon ta parole. Je te donne un cœur sage et intelligent, de sorte qu'avant toi nul n'aura été pareil à toi, et qu'il n'y en aura point après toi qui te soit semblable. 13 Et même, je te donne ce que tu n'as pas demandé, et les richesses et la gloire; de sorte qu'entre les rois il n'y en aura point de semblable à toi, pendant tous les jours de ta vie. 14 Et si tu marches dans mes voies, gardant mes statuts et mes ordonnances, comme y a marché David, ton père, je prolongerai tes jours. 15 Alors Salomon se réveilla, et voici, c'était un songe. Puis il vint à Jérusalem, et se tint devant l'arche de l'alliance de l'Éternel; et il offrit des holocaustes et des sacrifices de prospérités, et fit un festin à tous ses serviteurs. 16 Alors deux femmes de mauvaise vie vinrent vers le roi, et se présentèrent devant lui. 17 Et l'une de ces femmes dit: Ah! mon seigneur! nous demeurions, cette femme et moi, dans le même logis, et je suis accouchée près d'elle dans cette maison-là. 18 Le troisième jour après mes couches, cette femme est aussi accouchée, et nous étions ensemble; personne d'autre n'était avec nous dans cette maison; il n'y avait que nous deux. 19 Or le fils de cette femme est mort pendant la nuit, parce qu'elle s'était couchée sur lui. 20 Et elle s'est levée au milieu de la nuit, et a pris mon fils que j'avais près de moi, pendant que ta servante dormait; et elle l'a couché dans son sein, et elle a couché son fils mort dans mon sein. 21 Puis, le matin, je me suis levée pour allaiter mon fils, et voici, il était mort; mais je l'ai considéré avec attention le matin, et voici, ce n'était pas mon fils que j'avais enfanté. 22 Et l'autre femme répliqua: Non, celui qui vit est mon fils, et celui qui est mort est ton fils. Mais celle-là dit: Non, celui qui est mort est ton fils, et celui qui vit est mon fils. C'est ainsi qu'elles parlaient devant le roi. 23 Et le roi dit: L'une dit: C'est mon fils qui est vivant, et ton fils qui est mort; et l'autre dit: Non; mais c'est ton fils qui est mort, et celui qui vit est mon fils. 24 Et le roi dit: Apportez-moi une épée! Et on apporta une épée devant le roi. 25 Puis le roi dit: Partagez en deux l'enfant qui vit, et donnez-en la moitié à l'une et la moitié à l'autre. 26 Alors la femme dont le fils vivait, dit au roi (car ses entrailles furent émues au sujet de son fils): Ah! mon seigneur! donnez-lui l'enfant qui vit, et qu'on se garde bien de le faire mourir! tandis que l'autre disait: Il ne sera ni à moi ni à toi; partagez-le! 27 Alors le roi répondit, et dit: Donnez à celle-là l'enfant qui vit, et gardez-vous de le faire mourir: c'est elle qui est la mère. 28 Et tout Israël, ayant su le jugement que le roi avait prononcé, craignit le roi; car on vit qu'il y avait en lui une sagesse divine pour rendre la justice.

4

1 Le roi Salomon fut donc roi sur tout Israël. 2 Et voici quels étaient ses dignitaires: Azaria, fils du sacrificateur Tsadok, 3 Élihoreph et Achija, fils de Shisha, étaient secrétaires; Jéhoshaphat, fils d'Achilud, était archiviste; 4 Bénaja, fils de Jéhojada, chef de l'armée; Tsadok et Abiathar étaient sacrificateurs; 5 Azaria, fils de Nathan, était surintendant; et Zabud, fils de Nathan, principal officier, ami du roi; 6 Achishar, grand-maître de la maison; et Adoniram, fils d'Abda, commis sur les impôts. 7 Or Salomon avait douze intendants préposés sur tout Israël, et ils entretenaient le roi et sa maison; et chacun était chargé de cet entretien pendant un mois de l'année. 8 Voici leurs noms: le fils de Hur, dans la montagne d'Éphraïm; 9 Le fils de Déker à Makats, Saalbim, Beth-Shémèsh et Élon de

Beth-Hanan; [10] Le fils de Hésed à Arubboth; il avait Soco et tout le pays de Hépher. [11] Le fils d'Abinadab avait toute la contrée de Dor; il eut Taphath, fille de Salomon, pour femme. [12] Baana, fils d'Achilud, avait Thaanac, et Méguiddo, et tout le pays de Beth-Shéan, qui est vers Tsarthan, au-dessous de Jizréel, depuis Beth-Shéan jusqu'à Abel-Méhola, et jusqu'au delà de Jokméam. [13] Le fils de Guéber était à Ramoth de Galaad; il avait les bourgs de Jaïr, fils de Manassé, en Galaad; il avait aussi la contrée d'Argob, en Bassan, soixante grandes villes à murailles et à barres d'airain. [14] Achinadab, fils d'Iddo, à Mahanaïm; [15] Achimaats, en Nephthali; lui aussi prit pour femme une fille de Salomon, Basmath. [16] Baana, fils de Cushaï, en Asser et à Aloth; [17] Jéhoshaphat, fils de Paruach, en Issacar; [18] Shimeï, fils d'Éla, en Benjamin; [19] Guéber, fils d'Uri, au pays de Galaad, le pays de Sihon, roi des Amoréens et d'Og, roi de Bassan; et il était seul intendant de ce pays-là. [20] Juda et Israël étaient comme le sable qui est sur le bord de la mer, tant ils étaient en grand nombre; ils mangeaient, buvaient et se réjouissaient. [21] Et Salomon dominait sur tous les royaumes, depuis le fleuve jusqu'au pays des Philistins et à la frontière d'Égypte; ils apportaient des présents, et furent assujettis à Salomon tout le temps de sa vie. [22] Or les vivres de Salomon étaient, pour chaque jour: trente cores de fleur de farine et soixante cores de farine; [23] Dix bœufs gras et vingt bœufs des pâturages, et cent moutons, sans les cerfs, les gazelles, les daims et les volailles engraissées. [24] Car il dominait sur tous les pays de ce côté-ci du fleuve, depuis Thiphsach jusqu'à Gaza, sur tous les rois de ce côté-ci du fleuve; et il avait la paix avec tous ses alentours, de tous côtés. [25] Et Juda et Israël habitaient en sécurité, chacun sous sa vigne et sous son figuier, depuis Dan jusqu'à Béer-Shéba, pendant toute la vie de Salomon. [26] Salomon avait aussi quarante mille attelages de chevaux pour ses chars et douze mille cavaliers. [27] Or les intendants pourvoyaient de vivres, chacun durant son mois, le roi Salomon et tous ceux qui s'approchaient de la table du roi Salomon; ils ne laissaient rien manquer. [28] Ils faisaient aussi venir de l'orge et de la paille pour les chevaux de trait et les coursiers, chacun selon sa charge, au lieu où ils étaient. [29] Et Dieu donna à Salomon de la sagesse, une fort grande intelligence, et un esprit aussi vaste que le sable qui est sur le bord de la mer. [30] Et la sagesse de Salomon surpassait la sagesse de tous les Orientaux, et toute la sagesse des Égyptiens. [31] Il était plus sage qu'aucun homme; plus qu'Éthan l'Ézrachite, et Héman, Calcol et Darda, les fils de Machol; et sa réputation se répandit parmi toutes les nations d'alentour. [32] Il prononça trois mille sentences, et ses cantiques furent au nombre de mille et cinq. [33] Il a aussi parlé des arbres, depuis le cèdre qui est au Liban jusqu'à l'hysope qui sort de la muraille; il a aussi parlé des animaux, des oiseaux, des reptiles et des poissons. [34] Et, de tous les peuples, on venait pour entendre la sagesse de Salomon, de la part de tous les rois de la terre, qui avaient entendu parler de sa sagesse.

5

[1] Hiram, roi de Tyr, envoya de ses serviteurs vers Salomon, quand il eut appris qu'on l'avait oint pour roi à la place de son père; car Hiram avait toujours aimé David. [2] Et Salomon envoya vers Hiram, pour lui dire: [3] Tu sais que David, mon père, n'a pu bâtir une maison au nom de l'Éternel son Dieu, à cause de la guerre dont ses ennemis l'environnaient, jusqu'à ce que l'Éternel les eût mis sous ses pieds. [4] Et maintenant l'Éternel mon Dieu m'a donné du repos de toutes parts; je n'ai point d'adversaire ni d'affaire fâcheuse. [5] Voici donc, je me propose de bâtir une maison au nom de l'Éternel mon Dieu, selon que l'Éternel en a parlé à David, mon père, en disant: Ton fils, que je mettrai à ta place sur ton trône, sera celui qui bâtira une maison à mon nom. [6] Et maintenant, commande qu'on me coupe des cèdres du Liban; mes serviteurs seront avec tes serviteurs; et je te donnerai pour tes serviteurs le salaire que tu demanderas;

car tu sais qu'il n'y a personne parmi nous qui s'entende à couper les bois comme les Sidoniens. [7] Quand Hiram entendit les paroles de Salomon, il en eut une grande joie, et il dit: Béni soit aujourd'hui l'Éternel, qui a donné à David un fils sage, pour régner sur ce grand peuple! [8] Et Hiram envoya vers Salomon, pour lui dire: J'ai entendu ce que tu m'as mandé. Je ferai tout ce que tu voudras, quant au bois de cèdre et au bois de cyprès. [9] Mes serviteurs les descendront du Liban à la mer; puis je les ferai mettre sur la mer en radeaux, jusqu'au lieu que tu m'auras marqué, et je les ferai délivrer là; tu les y prendras; mais, de ton côté, tu me satisferas en fournissant de vivres ma maison. [10] Hiram donc donna du bois de cèdre et du bois de cyprès à Salomon, autant qu'il en voulut. [11] Et Salomon donnait à Hiram vingt mille cores de froment, pour la nourriture de sa maison, et vingt cores d'huile très pure. Salomon en donnait autant à Hiram chaque année. [12] L'Éternel donna donc de la sagesse à Salomon, comme il lui en avait parlé. Et il y eut paix entre Hiram et Salomon, et ils traitèrent alliance ensemble. [13] Et le roi Salomon leva des gens de corvée dans tout Israël; et la corvée fut de trente mille hommes. [14] Et il les envoyait au Liban tour à tour, dix mille chaque mois; ils étaient un mois au Liban et deux mois chez eux; et Adoniram était préposé à la corvée. [15] Salomon eut aussi soixante et dix mille hommes qui portaient les fardeaux, et quatre-vingt mille qui taillaient dans la montagne; [16] Outre les chefs préposés par Salomon, qui avaient la direction de l'ouvrage, au nombre de trois mille trois cents, et qui commandaient le peuple qui travaillait. [17] Et le roi commanda d'extraire de grandes pierres, des pierres de prix, pour faire de pierres de taille les fondements de la maison. [18] Et les ouvriers de Salomon, et les ouvriers de Hiram, et les Guibliens taillèrent et préparèrent le bois et les pierres pour bâtir la maison.

6

[1] Or Salomon bâtit la maison de l'Éternel, la quatre cent quatre-vingtième année après que les enfants d'Israël furent sortis du pays d'Égypte, la quatrième année de son règne sur Israël, au mois de Ziv, qui est le second mois. [2] Et la maison que le roi Salomon bâtit à l'Éternel avait soixante coudées de long, vingt de large, et trente coudées de haut. [3] Le portique devant le temple de la maison avait vingt coudées de long, selon la largeur de la maison, et dix coudées de large devant la maison. [4] Il fit aussi à la maison des fenêtres à jalousies fixes. [5] Et il bâtit, contre la muraille de la maison, à l'entour, un corps d'étages, entourant les murs de la maison, le temple et le sanctuaire; ainsi il fit des chambres latérales tout autour. [6] La largeur de l'étage d'en bas était de cinq coudées; la largeur de celui du milieu de six coudées, et la largeur du troisième de sept coudées; car il avait fait en retraite le mur de la maison par dehors, tout autour, afin que la charpente n'entrât pas dans les murailles de la maison. [7] Or, en bâtissant la maison, on la bâtit de pierres toutes préparées dans la carrière; de sorte que ni marteau, ni hache, ni aucun outil de fer ne furent entendus dans la maison quand on la bâtissait. [8] L'entrée des chambres du milieu était au côté droit de la maison; et on montait par un escalier tournant à l'étage du milieu, et de celui du milieu au troisième. [9] Il bâtit donc la maison et l'acheva. Et il couvrit la maison de planches et de poutres de cèdre. [10] Et il bâtit les étages contre toute la maison, chacun de cinq coudées de haut; et ils tenaient à la maison par des bois de cèdre. [11] Alors la parole de l'Éternel fut adressée à Salomon, en ces termes: [12] Quant à cette maison que tu bâtis, si tu marches dans mes statuts, et si tu pratiques mes ordonnances, et si tu gardes tous mes commandements, pour y marcher, j'accomplirai à ton égard la parole que j'ai dite à David ton père; [13] Et j'habiterai au milieu des enfants d'Israël, et n'abandonnerai point mon peuple d'Israël. [14] Ainsi Salomon bâtit la maison et l'acheva. [15] Il lambrissa les murailles de la maison, par dedans, de planches de cèdre, depuis le sol

de la maison jusqu'aux parois de la toiture; il couvrit de bois tout le dedans; et il revêtit le sol de la maison de planches de cyprès. [16] Il lambrissa aussi de planches de cèdre vingt coudées à partir du fond de la maison, tant le sol que les murailles; il lambrissa ainsi intérieurement cet espace pour le sanctuaire, le lieu très-saint. [17] Mais les quarante coudées sur le devant formaient la maison, savoir le temple. [18] Et le cèdre, au-dedans de la maison, était sculpté en coloquintes et en fleurs épanouies; tout était de cèdre; la pierre ne se voyait pas. [19] Quant au sanctuaire, il l'établit à l'intérieur de la maison vers le fond, pour y mettre l'arche de l'alliance de l'Éternel. [20] Et le sanctuaire avait par-devant vingt coudées de long, vingt coudées de large et vingt coudées de haut; il le couvrit d'or fin; il en couvrit aussi l'autel, qui était en cèdre. [21] Et Salomon couvrit d'or fin l'intérieur de la maison; et il fit passer le voile avec des chaînes d'or au-devant du sanctuaire, qu'il couvrit d'or. [22] Ainsi il couvrit d'or la maison tout entière; il couvrit aussi d'or tout l'autel du sanctuaire. [23] Et il fit dans le sanctuaire deux chérubins de bois d'olivier, de dix coudées de haut. [24] L'une des ailes d'un des chérubins avait cinq coudées, et l'autre aile du chérubin avait cinq coudées; depuis le bout d'une aile jusqu'au bout de l'autre aile, il y avait dix coudées. [25] Le second chérubin était aussi de dix coudées. Les deux chérubins étaient d'une même mesure et taillés l'un comme l'autre. [26] La hauteur d'un chérubin était de dix coudées, et l'autre chérubin était de même. [27] Et il mit les chérubins au-dedans de la maison, vers le fond; et on étendit les ailes des chérubins, de sorte que l'aile de l'un touchait une muraille et l'aile de l'autre chérubin touchait l'autre muraille; et que leurs ailes se rencontraient au milieu de la maison, l'une des ailes touchant l'autre. [28] Et il couvrit d'or les chérubins. [29] Et sur toutes les murailles de la maison, tout autour, il fit sculpter en relief des chérubins, et des palmes, et des fleurs épanouies, tant au-dedans qu'au-dehors. [30] Et il revêtit d'or le sol de la maison, tant au-dedans qu'au-dehors. [31] Et il fit la porte du sanctuaire à deux battants, de bois d'olivier; l'encadrement avec les poteaux, occupait un cinquième de la paroi. [32] Les deux battants étaient de bois d'olivier; et il y fit sculpter des chérubins, des palmes et des fleurs épanouies, et il les couvrit d'or, étendant l'or sur les chérubins et sur les palmes. [33] Il fit aussi pour la porte du temple des poteaux de bois d'olivier, d'un quart de la paroi; [34] Et deux battants de bois de cyprès; les deux pièces d'un des battants étaient brisées; et les deux pièces de l'autre battant étaient aussi brisées. [35] Et il y sculpta des chérubins, des palmes et des fleurs épanouies, et il les couvrit d'or, exactement appliqué sur les sculptures. [36] Il bâtit aussi le parvis intérieur de trois rangées de pierre de taille et d'une rangée de poutres de cèdre. [37] La quatrième année, au mois de Ziv, les fondements de la maison de l'Éternel furent posés; [38] Et la onzième année, au mois de Bul, qui est le huitième mois, la maison fut achevée, avec toutes ses appartenances et tous ses meubles. On mit sept ans à la bâtir.

7

[1] Salomon bâtit aussi sa maison, et il l'acheva toute en treize ans. [2] Il bâtit la maison de la Forêt du Liban, de cent coudées de long, de cinquante coudées de large, et de trente coudées de haut, sur quatre rangées de colonnes de cèdre et des poutres de cèdre placées sur les colonnes. [3] Et il y avait des plafonds de cèdre aux chambres latérales, qui étaient sur les colonnes, au nombre de quarante-cinq, quinze par étage. [4] Et il y avait trois étages de fenêtres; une fenêtre répondant à une fenêtre, les trois fois. [5] Et toutes les portes et les poteaux étaient d'une charpente carrée; et aux trois étages, les ouvertures répondaient aux ouvertures vis-à-vis. [6] Il fit aussi le portique des colonnes, de cinquante coudées de long et de trente coudées de large, et devant elles un autre portique; en sorte qu'il y avait devant elles des colonnes et un perron. [7] Il fit aussi le portique du trône, où il rendait la justice, le portique du jugement; et on le couvrit de cèdre, depuis un plancher jusqu'à l'autre. [8] Et sa maison où il demeurait, dans l'autre parvis, en dedans

du portique, était d'une construction semblable. Et Salomon fit à la fille de Pharaon, qu'il avait épousée, une maison bâtie comme ce portique. ⁹ Toutes ces constructions étaient de pierres de prix, taillées d'après des mesures, sciées à la scie en dedans et en dehors, des fondements aux corniches, et par dehors jusqu'au grand parvis. ¹⁰ Le fondement était aussi de pierres de prix, de grandes pierres, de pierres de dix coudées et de pierres de huit coudées. ¹¹ Et au-dessus c'étaient des pierres de prix, taillées d'après des mesures, et du bois de cèdre. ¹² Et le grand parvis avait aussi, tout à l'entour, trois rangées de pierres de taille et une rangée de poutres de cèdre, comme le parvis intérieur de la maison de l'Éternel et le portique de la maison. ¹³ Or le roi Salomon avait fait venir de Tyr, Hiram, ouvrier en cuivre, qui était fils d'une femme veuve de la tribu de Nephthali et dont le père était Tyrien. ¹⁴ Cet homme était fort expert, intelligent et savant pour faire toute sorte d'ouvrage d'airain; et il vint vers le roi Salomon, et il fit tout son ouvrage. ¹⁵ Il fondit les deux colonnes d'airain. La hauteur de chaque colonne était de dix-huit coudées, et un cordon de douze coudées en mesurait le tour. ¹⁶ Il fit aussi deux chapiteaux d'airain fondu, pour mettre sur le haut des colonnes; la hauteur de l'un des chapiteaux était de cinq coudées, et la hauteur de l'autre chapiteau était aussi de cinq coudées. ¹⁷ Il y avait des réseaux en ouvrage réticulé, des festons en façon de chaînes, aux chapiteaux qui étaient sur le sommet des colonnes; sept pour l'un des chapiteaux, et sept pour l'autre. ¹⁸ Et il fit les colonnes avec deux rangs de pommes de grenade sur un réseau, tout autour, pour couvrir l'un des chapiteaux qui était sur le sommet d'une des colonnes; et il fit la même chose pour l'autre chapiteau. ¹⁹ Or les chapiteaux, au sommet des colonnes, dans le portique, étaient façonnés en fleur de lis, et avaient quatre coudées. ²⁰ Et les chapiteaux qui étaient sur les deux colonnes, s'élevaient même au-dessus, depuis l'endroit du renflement qui était au-delà du réseau: il y avait aussi deux cents pommes de grenade, disposées par rangs, tout autour, sur le second chapiteau. ²¹ Il dressa donc les colonnes au portique du temple. Il posa la colonne de droite, et la nomma Jakin (il a fondé); puis il dressa la colonne de gauche, et la nomma Boaz (en lui la force). ²² Et le sommet des colonnes était façonné en lis. Ainsi l'ouvrage des colonnes fut achevé. ²³ Il fit aussi la mer de fonte, qui avait dix coudées d'un bord à l'autre; elle était ronde tout autour, de cinq coudées de haut; et un cordon de trente coudées en mesurait le tour. ²⁴ Or, au-dessous de son bord, il y avait tout autour, des coloquintes qui l'environnaient, dix par coudée, faisant tout le tour de la mer; il y avait deux rangées de ces coloquintes, coulées dans la fonte même. ²⁵ Elle était posée sur douze bœufs, dont trois regardaient le septentrion, trois regardaient l'occident, trois regardaient le midi, et trois regardaient l'orient. La mer était au-dessus d'eux, et toutes leurs croupes étaient tournées en dedans. ²⁶ Son épaisseur était d'une paume, et son bord était comme le bord d'une coupe, en fleur de lis; elle contenait deux mille baths. ²⁷ Il fit aussi les dix socles d'airain, ayant chacun quatre coudées de long, et quatre coudées de large, et trois coudées de haut. ²⁸ Et voici quelle était la façon des socles. Ils avaient des panneaux enchâssés entre les bordures. ²⁹ Et sur ces panneaux qui étaient entre les bordures, il y avait des lions, des bœufs et des chérubins. Et sur les bordures, tant au-dessus qu'au-dessous des lions et des bœufs, il y avait des guirlandes pendantes. ³⁰ Et il y avait à chaque socle, quatre roues d'airain et des essieux d'airain; et ses quatre pieds leur servaient d'appuis. Ces appuis étaient fondus au-dessous de la cuve; et au-delà de chacun étaient les guirlandes. ³¹ L'ouverture du socle, depuis le dedans du couronnement jusqu'en haut, avait une coudée; et cette ouverture arrondie en façon de base était d'une coudée et demie; et sur cette ouverture il y avait aussi des sculptures. Les panneaux étaient carrés, non circulaires. ³² Et les quatre roues étaient au-dessous des panneaux; et les essieux des roues tenaient au socle. Chaque roue était haute d'une coudée et demie. ³³ Et la façon des roues était comme celle d'une roue de char. Leurs essieux, leurs jantes, leurs rais et leurs moyeux, tout était de fonte. [34] Les quatre appuis étaient aux quatre angles de chaque socle; ces appuis étaient tirés du socle même. [35] Et la tête du socle s'élevait d'une demi-coudée, en forme de cercle; et contre cette tête étaient ses appuis et ses panneaux qui en étaient tirés. [36] Et il sculpta, sur la surface de ses appuis et sur ses panneaux, des chérubins, des lions et des palmes, selon le champ de chacun, et des guirlandes tout autour. [37] C'est ainsi qu'il fit les dix socles, ayant tous une même fonte, une même mesure et une même forme. [38] Il fit aussi dix cuves d'airain, dont chacune contenait quarante baths. Chaque cuve était de quatre coudées; chaque cuve était sur l'un des dix socles. [39] Et il mit les socles, cinq au côté droit de la maison, et cinq au côté gauche de la maison; et, quant à la mer, il la mit au côté droit de la maison, vers l'orient, du côté du midi. [40] Ainsi Hiram fit les cuves, les pelles et les bassins; et il acheva tout l'ouvrage qu'il faisait au roi Salomon pour la maison de l'Éternel; [41] Savoir: deux colonnes et les deux renflements des chapiteaux qui étaient sur le sommet des colonnes; et deux réseaux pour couvrir les deux renflements des chapiteaux qui étaient sur le sommet des colonnes; [42] Et les quatre cents pommes de grenade pour les deux réseaux, deux rangs de grenades à chaque réseau, pour couvrir les deux renflements des chapiteaux qui étaient sur les colonnes; [43] Et les dix socles, et les dix cuves sur les socles; [44] Et la mer, unique; et les douze bœufs sous la mer; [45] Et les pots, et les pelles, et les bassins. Tous ces ustensiles, que Hiram fit au roi Salomon pour la maison de l'Éternel, étaient d'airain poli. [46] Le roi les fit fondre dans la plaine du Jourdain, dans une terre grasse, entre Succoth et Tsarthan. [47] Et Salomon ne pesa pas un de ces ustensiles, parce qu'ils étaient en trop grand nombre; et on ne recherchera pas le poids de l'airain. [48] Salomon fit encore tous ces ustensiles qui appartenaient à la maison de l'Éternel: l'autel d'or, et la table d'or sur laquelle était le pain de proposition; [49] Et les chandeliers d'or fin, cinq à droite et cinq à gauche, devant le sanctuaire; et les fleurs et les lampes et les mouchettes d'or; [50] Et les coupes, les serpes, les bassins, les tasses, et les encensoirs d'or fin; et les gonds d'or pour les portes de la maison de dedans, du lieu très-saint, et pour les portes de la maison, pour le temple. [51] Ainsi fut achevé tout l'ouvrage que le roi Salomon fit pour la maison de l'Éternel. Puis Salomon fit apporter ce que David, son père, avait consacré, l'argent, l'or et les ustensiles, et il les mit dans les trésors de la maison de l'Éternel.

8

[1] Alors Salomon fit assembler auprès de lui à Jérusalem les anciens d'Israël, et tous les chefs des tribus, les principaux des pères des enfants d'Israël, pour transporter, de la ville de David, qui est Sion, l'arche de l'alliance de l'Éternel. [2] Et tous les hommes d'Israël s'assemblèrent auprès du roi Salomon, au mois d'Ethanim, qui est le septième mois, pendant la fête. [3] Tous les anciens d'Israël vinrent donc, et les sacrificateurs portèrent l'arche. [4] Ainsi on fit monter l'arche de l'Éternel et le tabernacle d'assignation, et tous les ustensiles sacrés qui étaient au tabernacle; les sacrificateurs et les Lévites les transportèrent. [5] Or le roi Salomon et toute l'assemblée d'Israël, qui avait été convoquée auprès de lui, étaient ensemble devant l'arche; et ils sacrifiaient du gros et du menu bétail en si grand nombre qu'on ne pouvait ni le compter ni le nombrer. [6] Et les sacrificateurs portèrent l'arche de l'alliance de l'Éternel en son lieu, dans le sanctuaire de la maison, au lieu très-saint, sous les ailes des chérubins. [7] Car les chérubins étendaient les ailes sur le lieu où devait être l'arche, et les chérubins couvraient l'arche et ses barres par-dessus. [8] Et les barres étaient assez longues pour qu'on en pût voir les extrémités du lieu saint, sur le devant du sanctuaire; mais elles ne se voyaient pas dehors; et elles sont demeurées là jusqu'à ce jour. [9] Il n'y avait dans l'arche que les deux tables de pierre que Moïse y avait mises à Horeb, quand l'Éternel traita alliance avec les enfants d'Israël, à leur sortie

du pays d'Égypte. ¹⁰ Or il arriva, comme les sacrificateurs sortaient du lieu saint, que la nuée remplit la maison de l'Éternel; ¹¹ Et les sacrificateurs ne purent s'y tenir pour faire le service, à cause de la nuée; car la gloire de l'Éternel remplissait la maison de l'Éternel. ¹² Alors Salomon dit: L'Éternel a dit qu'il habiterait dans l'obscurité. ¹³ J'ai achevé de bâtir une maison pour ta demeure, un domicile afin que tu y habites à toujours! ¹⁴ Et le roi, tournant son visage, bénit toute l'assemblée d'Israël; et toute l'assemblée d'Israël se tenait debout. ¹⁵ Et il dit: Béni soit l'Éternel, le Dieu d'Israël, qui, de sa bouche, a parlé à David mon père, et qui, de sa main, a accompli ce qu'il avait promis, en disant: ¹⁶ Depuis le jour où je retirai d'Égypte mon peuple d'Israël, je n'ai choisi aucune ville entre toutes les tribus d'Israël pour qu'on y bâtit une maison où fût mon nom; mais j'ai choisi David, pour qu'il fût établi sur mon peuple d'Israël. ¹⁷ Or David, mon père, avait dessein de bâtir une maison au nom de l'Éternel, le Dieu d'Israël. ¹⁸ Mais l'Éternel dit à David mon père: Quand tu as eu le dessein de bâtir une maison à mon nom, tu as bien fait de former ce dessein. ¹⁹ Néanmoins, tu ne bâtiras point cette maison; mais ton fils, issu de tes reins, sera celui qui bâtira cette maison à mon nom. ²⁰ L'Éternel a donc accompli la parole qu'il avait prononcée; et j'ai succédé à David, mon père, et je me suis assis sur le trône d'Israël, comme l'avait dit l'Éternel, et j'ai bâti cette maison au nom de l'Éternel, le Dieu d'Israël. ²¹ Et j'y ai établi un lieu pour l'arche, où est l'alliance de l'Éternel, qu'il traita avec nos pères quand il les retira du pays d'Égypte. ²² Ensuite Salomon se tint devant l'autel de l'Éternel, en présence de toute l'assemblée d'Israël, et, étendant ses mains vers les cieux, il dit: ²³ O Éternel, Dieu d'Israël, ni là-haut dans les cieux, ni en bas sur la terre, il n'y a de Dieu semblable à toi, qui gardes l'alliance et la miséricorde envers tes serviteurs qui marchent de tout leur cœur devant ta face; ²⁴ Toi, qui as tenu à ton serviteur David, mon père, ce que tu lui avais promis. En effet, ce que tu as prononcé de ta bouche, tu l'as accompli de ta main, comme il paraît aujourd'hui. ²⁵ Maintenant donc, ô Éternel, Dieu d'Israël, tiens à ton serviteur David, mon père, ce que tu lui as promis, en disant: Tu ne manqueras jamais devant moi d'un successeur assis sur le trône d'Israël; pourvu que tes fils prennent garde à leur voie, pour marcher devant ma face comme tu y as marché. ²⁶ Et maintenant, ô Dieu d'Israël, je t'en prie, que la parole que tu as adressée à ton serviteur David, mon père, soit ratifiée. ²⁷ Mais serait-il vrai que Dieu habitât sur la terre? Voici, les cieux, même les cieux des cieux, ne peuvent te contenir; combien moins cette maison que j'ai bâtie! ²⁸ Toutefois, ô Éternel, mon Dieu, aie égard à la prière de ton serviteur et à sa supplication, pour écouter le cri et la prière que ton serviteur t'adresse aujourd'hui. ²⁹ Que tes yeux soient ouverts, jour et nuit, sur cette maison, sur le lieu dont tu as dit: Mon nom sera là! Exauce la prière que ton serviteur fait en ce lieu. ³⁰ Exauce la supplication de ton serviteur et de ton peuple d'Israël, quand ils prieront en ce lieu; exauce-les, toi, du lieu de ta demeure dans les cieux; exauce et pardonne! ³¹ Quand quelqu'un aura péché contre son prochain, et qu'on lui déférera le serment pour le faire jurer, et qu'il viendra prêter serment devant ton autel, dans cette maison; ³² Toi, écoute des cieux, agis, et juge tes serviteurs, en condamnant le méchant et faisant retomber sa conduite sur sa tête; en justifiant le juste et lui rendant selon sa justice. ³³ Quand ton peuple d'Israël aura été battu par l'ennemi, pour avoir péché contre toi; s'ils retournent à toi, s'ils donnent gloire à ton nom, et s'ils t'adressent dans cette maison des prières et des supplications; ³⁴ Toi, exauce-les des cieux, et pardonne le péché de ton peuple d'Israël, et ramène-les dans la terre que tu as donnée à leurs pères. ³⁵ Quand les cieux seront fermés et qu'il n'y aura point de pluie, parce qu'ils auront péché contre toi; s'ils prient en ce lieu, s'ils donnent gloire à ton nom, et s'ils se détournent de leurs péchés, parce que tu les auras affligés; ³⁶ Toi, exauce-les des cieux, et pardonne le péché de tes serviteurs et de ton peuple d'Israël, après que tu leur auras enseigné le bon chemin par lequel ils doivent marcher; et envoie de la pluie sur la terre que tu as donnée en héritage à ton peuple. [37] Quand il y aura dans le pays la famine ou la peste; quand il y aura la rouille, la nielle, les sauterelles ou les chenilles; quand les ennemis les assiégeront dans leur pays, dans leurs portes, ou qu'il y aura une plaie, une maladie quelconque; [38] Quelque prière, quelque supplication que fasse quelque homme que ce soit de tout ton peuple d'Israël, selon qu'ils auront connu chacun la plaie de son cœur, et que chacun aura étendu ses mains vers cette maison; [39] Toi, exauce-les des cieux, du lieu de ta demeure; pardonne, agis, et rends à chacun selon toutes ses œuvres, toi qui connais son cœur; car seul tu connais le cœur de tous les enfants des hommes; [40] Afin qu'ils te craignent tout le temps qu'ils vivront sur la terre que tu as donnée à nos pères. [41] Et l'étranger lui-même, qui ne sera pas de ton peuple d'Israël, mais qui viendra d'un pays éloigné pour l'amour de ton nom [42] (Car on entendra parler de ton grand nom, de ta main forte et de ton bras étendu); quand il viendra prier dans cette maison; [43] Toi, exauce-le des cieux, du lieu de ta demeure, et fais tout ce que cet étranger réclamera de toi; afin que tous les peuples de la terre connaissent ton nom, qu'ils te craignent, comme ton peuple d'Israël, et sachent que ton nom est invoqué sur cette maison que j'ai bâtie. [44] Quand ton peuple sera sorti en guerre contre son ennemi, par le chemin où tu l'auras envoyé; s'ils prient l'Éternel en regardant vers cette ville que tu as choisie et vers cette maison que j'ai bâtie à ton nom; [45] Exauce des cieux leur prière et leur supplication et fais-leur droit. [46] Quand ils auront péché contre toi (car il n'y a point d'homme qui ne pèche), et qu'irrité contre eux tu les auras livrés à leurs ennemis, et que ceux qui les auront pris les auront menés captifs en pays ennemi, soit au loin, soit au près; [47] Si, dans le pays où ils seront captifs, ils rentrent en eux-mêmes et que, se repentant, ils prient dans le pays de ceux qui les auront emmenés captifs, en disant: nous avons péché, nous avons commis l'iniquité, nous avons agi méchamment; [48] S'ils retournent à toi de tout leur cœur et de toute leur âme, dans le pays de leurs ennemis qui les auront emmenés captifs, et s'ils t'adressent leurs prières en regardant vers leur pays que tu as donné à leurs pères, vers cette ville que tu as choisie et vers cette maison que j'ai bâtie à ton nom; [49] Exauce des cieux, du lieu de ta demeure, leur prière et leur supplication, et fais leur droit. [50] Pardonne à ton peuple, qui aura péché contre toi, toutes les rébellions dont il sera coupable envers toi; fais qu'ils soient un objet de pitié pour ceux qui les auront emmenés captifs, et qu'ils en aient compassion; [51] Car ils sont ton peuple, et ton héritage, que tu as tiré d'Égypte, du milieu d'une fournaise de fer. [52] Que tes yeux soient donc ouverts sur la supplication de ton serviteur et sur la supplication de ton peuple d'Israël, pour les exaucer dans tout ce qu'ils réclameront de toi. [53] Car tu les as séparés d'entre tous les peuples de la terre pour être ton héritage, comme tu l'as dit par Moïse, ton serviteur, quand tu retiras nos pères de l'Égypte, ô Seigneur Éternel! [54] Or, quand Salomon eut achevé de faire toute cette prière et cette supplication à l'Éternel, il se leva de devant l'autel de l'Éternel, où il était à genoux, les mains étendues vers les cieux; [55] Et, se tenant debout, il bénit à haute voix toute l'assemblée d'Israël, en disant: [56] Béni soit l'Éternel, qui a donné du repos à son peuple d'Israël, selon tout ce qu'il avait dit! Il n'est pas tombé un seul mot de toutes les bonnes paroles qu'il a prononcées par Moïse, son serviteur. [57] Que l'Éternel notre Dieu soit avec nous, comme il a été avec nos pères; qu'il ne nous abandonne point et ne nous délaisse point; mais qu'il incline notre cœur vers lui, [58] Afin que nous marchions dans toutes ses voies et que nous gardions ses commandements, ses statuts, et ses ordonnances, qu'il a prescrits à nos pères. [59] Et que ces paroles, par lesquelles j'ai prié l'Éternel, soient présentes jour et nuit devant l'Éternel notre Dieu, pour qu'il fasse droit à son serviteur et à son peuple d'Israël, selon le besoin de chaque jour; [60] Afin que tous les peuples de la terre connaissent que c'est l'Éternel qui est Dieu, qu'il n'y en a point d'autre; 61 Et que votre cœur soit intègre envers l'Éternel notre Dieu, pour marcher dans ses statuts et garder ses commandements, comme aujourd'hui. 62 Et le roi, et tout Israël avec lui, offrirent des sacrifices devant l'Éternel. 63 Et Salomon immola, pour le sacrifice de prospérités qu'il présenta à l'Éternel, vingt-deux mille taureaux et cent vingt mille brebis. Ainsi le roi et tous les enfants d'Israël firent la dédicace de la maison de l'Éternel. 64 En ce jour-là, le roi consacra le milieu du parvis, devant la maison de l'Éternel; car il offrit là les holocaustes et les offrandes, et les graisses des sacrifices de prospérités; parce que l'autel d'airain qui est devant l'Éternel, était trop petit pour contenir les holocaustes et les offrandes, et les graisses des sacrifices de prospérités. 65 Ainsi, en ce temps-là, Salomon célébra la fête, et avec lui tout Israël, venu en grande assemblée, depuis les environs de Hamath jusqu'au torrent d'Égypte, devant l'Éternel notre Dieu, pendant sept jours et sept autres jours, c'est-à-dire, quatorze jours. 66 Le huitième jour il renvoya le peuple; et ils bénirent le roi et s'en allèrent dans leurs demeures, joyeux et heureux de tout le bien que l'Éternel avait fait à David, son serviteur, et à Israël, son peuple.

9

1 Après que Salomon eut achevé de bâtir la maison de l'Éternel, et la maison royale, et tout ce que Salomon prit plaisir à faire, 2 L'Éternel apparut à Salomon pour la seconde fois, comme il lui était apparu à Gabaon. 3 Et l'Éternel lui dit: J'ai exaucé ta prière et la supplication que tu m'as présentée; j'ai sanctifié cette maison que tu as bâtie, pour y mettre mon nom à jamais; et mes yeux et mon cœur seront toujours là. 4 Pour toi, si tu marches devant moi, comme David, ton père, a marché, avec intégrité de cœur et droiture, en faisant tout ce que je t'ai commandé, et si tu gardes mes statuts et mes ordonnances, 5 Alors j'affermirai le trône de ton royaume sur Israël à jamais, comme j'en ai parlé à David, ton père, en disant: Il ne te manquera point de successeur sur le trône d'Israël. 6 Mais si vous vous détournez de moi, vous et vos fils, et que vous ne gardiez pas mes commandements et mes statuts que j'ai mis devant vous, et si vous allez et servez d'autres dieux et vous prosternez devant eux; 7 Je retrancherai Israël de dessus la terre que je lui ai donnée, je rejetterai loin de moi cette maison que j'ai consacrée à mon nom, et Israël sera la fable et la risée de tous les peuples. 8 Et quant à cette maison, qui aura été haut élevée, quiconque passera près d'elle sera étonné et sifflera; et l'on dira: Pourquoi l'Éternel a-t-il ainsi traité ce pays et cette maison? 9 Et on répondra: Parce qu'ils ont abandonné l'Éternel leur Dieu, qui avait tiré leurs pères hors du pays d'Égypte, et qu'ils se sont attachés à d'autres dieux; qu'ils se sont prosternés devant eux et les ont servis; c'est pour cela que l'Éternel a fait venir sur eux tous ces maux. 10 Or au bout des vingt ans pendant lesquels Salomon bâtit les deux maisons, la maison de l'Éternel et la maison royale, 11 Hiram, roi de Tyr, ayant fourni à Salomon du bois de cèdre, du bois de cyprès et de l'or, autant qu'il en avait voulu, le roi Salomon donna à Hiram vingt villes, au pays de Galilée. 12 Et Hiram sortit de Tyr pour voir les villes que Salomon lui avait données, mais elles ne lui plurent point; 13 Et il dit: Quelles villes m'as-tu données, mon frère? Et il les appela le pays de Cabul (comme rien), nom qu'elles ont conservé jusqu'à ce jour. 14 Hiram avait envoyé au roi cent vingt talents d'or. 15 Et voici ce qui concerne la corvée que le roi Salomon leva pour bâtir la maison de l'Éternel, et sa maison, et Millo, et la muraille de Jérusalem, et Hatsor, et Méguiddo, et Guézer. 16 Pharaon, roi d'Égypte, était monté et avait pris Guézer et l'avait brûlée; et il avait tué les Cananéens qui habitaient cette ville; mais il la donna pour dot à sa fille, femme de Salomon. 17 Salomon bâtit donc Guézer, et Beth-Horon la basse; 18 Et Baalath, et Thadmor, dans la partie déserte du pays;

[19] Toutes les villes servant de magasins appartenant à Salomon, les villes pour les chars, les villes pour la cavalerie, et tout ce qu'il plut à Salomon de bâtir à Jérusalem, au Liban, et dans tout le pays de sa domination. [20] Tout le peuple qui était resté des Amoréens, des Héthiens, des Phéréziens, des Héviens et des Jébusiens, qui n'étaient point des enfants d'Israël; [21] Leurs descendants, qui étaient demeurés après eux au pays et que les enfants d'Israël n'avaient pu vouer à l'interdit, Salomon les leva comme serfs de corvée, ce qu'ils ont été jusqu'à ce jour. [22] Et d'entre les enfants d'Israël Salomon ne fit point de serf; mais ils furent gens de guerre, et ses officiers, et ses principaux chefs et ses capitaines, et chefs de ses chars et de sa cavalerie. [23] Quant aux chefs préposés aux travaux de Salomon, ils étaient cinq cent cinquante, ayant autorité sur le peuple qui faisait l'ouvrage. [24] Mais ce fut quand la fille de Pharaon monta de la cité de David dans sa maison que Salomon lui avait bâtie, qu'il construisit Millo. [25] Et Salomon offrait, trois fois l'an, des holocaustes et des sacrifices de prospérités sur l'autel qu'il avait construit à l'Éternel, et il offrait des parfums sur celui qui était devant l'Éternel. Et il acheva la maison. [26] Le roi Salomon équipa aussi une flotte à Etsjon-Guéber, près d'Éloth, sur les bords de la mer Rouge, au pays d'Édom. [27] Et Hiram envoya de ses serviteurs, gens de mer et qui entendaient la marine, pour être avec les serviteurs de Salomon sur cette flotte. [28] Et ils allèrent à Ophir et y prirent de l'or, quatre cent vingt talents, et l'apportèrent au roi Salomon.

10

[1] La reine de Shéba, ayant appris la renommée de Salomon, à cause du nom de l'Éternel, vint l'éprouver par des questions obscures. [2] Elle entra dans Jérusalem avec un fort grand train, avec des chameaux qui portaient des aromates et de l'or en grande quantité, et des pierres précieuses; puis, étant venue vers Salomon, elle lui dit tout ce qu'elle avait dans le cœur. [3] Et Salomon lui expliqua tout ce qu'elle lui proposa; il n'y eut rien que le roi n'entendît et qu'il ne lui expliquât. [4] Alors, la reine de Shéba voyant toute la sagesse de Salomon, et la maison qu'il avait bâtie, [5] Et les mets de sa table, les logements de ses serviteurs, l'ordre du service de ses officiers, leurs vêtements, ses échansons, et les holocaustes qu'il offrait dans la maison de l'Éternel, elle fut toute hors d'elle-même. [6] Et elle dit au roi: Ce que j'ai entendu dire dans mon pays de ton état et de ta sagesse, est véritable. [7] Je ne croyais point ce qu'on en disait, jusqu'à ce que je sois venue et que mes yeux l'aient vu; et voici, on ne m'en avait pas rapporté la moitié; ta sagesse et tes biens surpassent ce que j'avais appris par la renommée. [8] Heureux tes gens! heureux tes serviteurs, qui se tiennent continuellement devant toi et qui écoutent ta sagesse! [9] Béni soit l'Éternel ton Dieu, qui t'a eu pour agréable, pour te placer sur le trône d'Israël! C'est parce que l'Éternel a aimé Israël à toujours, qu'il t'a établi roi pour faire droit et justice. [10] Et elle donna au roi cent vingt talents d'or, et une très grande quantité d'aromates, avec des pierres précieuses. Il ne vint jamais depuis une aussi grande abondance d'aromates, que la reine de Shéba en donna au roi Salomon. [11] La flotte de Hiram, qui avait apporté de l'or d'Ophir, apporta aussi du bois de santal, en fort grande abondance, et des pierres précieuses. [12] Et de ce bois de santal le roi fit des balustrades pour la maison de l'Éternel et pour la maison royale, et des harpes, et des lyres pour les chantres. Il n'était point venu tant de bois de santal, et on n'en a point vu ainsi, jusqu'à ce jour. [13] Et le roi Salomon donna à la reine de Shéba tout ce qu'il lui plut de demander, outre ce qu'il lui donna comme le roi Salomon pouvait donner. Et elle reprit le chemin de son pays avec ses serviteurs. [14] Le poids de l'or qui arrivait à Salomon, chaque année, était de six cent soixante-six talents d'or; [15] Outre ce qui lui revenait des facteurs, des négociants, et du commerce de détail, et de tous les rois d'Arabie, et des gouverneurs du pays. [16] Le roi Salomon fit aussi deux cents boucliers d'or battu, employant six cents sicles d'or pour

chaque bouclier; [17] Et trois cents boucliers plus petits, d'or battu, employant trois mines d'or pour chaque bouclier; et le roi les mit dans la maison de la Forêt du Liban. [18] Le roi fit aussi un grand trône d'ivoire qu'il couvrit d'or fin. [19] Ce trône avait six degrés; et le haut du trône était rond par-derrière; et il y avait des accoudoirs de côté et d'autre du siège, et deux lions se tenaient auprès des accoudoirs. [20] Et douze lions se tenaient là, sur les six degrés, de part et d'autre. Rien de pareil n'avait été fait pour aucun royaume. [21] Et tous les vases à boire du roi Salomon étaient d'or, et toute la vaisselle de la maison de la Forêt du Liban était d'or pur; rien n'était en argent; on n'en faisait aucun cas du vivant de Salomon. [22] Car le roi avait sur la mer une flotte de Tarsis, avec la flotte de Hiram; et, tous les trois ans une fois, la flotte de Tarsis venait, apportant de l'or, de l'argent, des dents d'éléphant, des singes et des paons. [23] Ainsi le roi Salomon fut plus grand que tous les rois de la terre, en richesses et en sagesse; [24] Et toute la terre recherchait la face de Salomon, pour entendre la sagesse que Dieu lui avait mise dans le cœur. [25] Et chacun lui apportait chaque année son présent, des vases d'argent, des vases d'or, des vêtements, des armes, des aromates, des chevaux et des mulets. [26] Salomon aussi rassembla des chars et des cavaliers; il eut quatorze cents chars et douze mille cavaliers, qu'il mit dans les villes des chars, et auprès du roi à Jérusalem. [27] Et le roi fit que l'argent était aussi commun à Jérusalem que les pierres, et les cèdres aussi nombreux que les sycomores qui sont dans la plaine. [28] C'était d'Égypte que sortaient les chevaux de Salomon; un convoi de marchands du roi allait les chercher par troupes, contre paiement. [29] Un char montait et sortait d'Égypte pour six cents sicles d'argent, et un cheval pour cent cinquante; et de même on en tirait, par leur moyen, pour tous les rois des Héthiens et pour les rois de Syrie.

11

[1] Or, le roi Salomon aima plusieurs femmes étrangères, outre la fille de Pharaon: des Moabites, des Ammonites, des Iduméennes, des Sidoniennes et des Héthiennes, [2] D'entre les nations dont l'Éternel avait dit aux enfants d'Israël: Vous n'irez point chez elles, et elles ne viendront point chez vous; certaine-ment elles détourneraient votre cœur pour suivre leurs dieux. Salomon s'attacha à ces nations par l'amour. [3] Il eut donc pour femmes sept cents princesses, et trois cents concubines; et ses femmes détournèrent son cœur. [4] Et il arriva, au temps de la vieillesse de Salomon, que ses femmes détournèrent son cœur après d'autres dieux; et son cœur ne fut pas intègre avec l'Éternel son Dieu, comme le cœur de David, son père. [5] Et Salomon suivit Astarté, divinité des Sidoniens, et Milcom, l'abomination des Ammonites. [6] Ainsi Salomon fit ce qui est mal aux yeux de l'Éternel, et il ne suivit pas pleinement l'Éternel, comme David, son père. [7] Et Salomon bâtit un haut lieu à Kémos, l'idole abominable de Moab, sur la montagne qui est vis-à-vis de Jérusalem; et à Molec, l'abomination des enfants d'Ammon. [8] Il en fit de même pour toutes ses femmes étrangères, qui offraient de l'encens et des sacrifices à leurs dieux. [9] Et l'Éternel fut indigné contre Salomon, parce qu'il avait détourné son cœur de l'Éternel, le Dieu d'Israël, qui lui était apparu deux fois, [10] Et lui avait même donné ce commandement exprès, de ne point suivre d'autres dieux; mais il n'observa point ce que l'Éternel lui avait commandé. [11] Et l'Éternel dit à Salomon: Puisque tu as agi ainsi, et que tu n'as pas gardé mon alliance et mes ordonnances que je t'avais données, je t'arracherai certainement le royaume et je le donnerai à ton serviteur. [12] Seulement, pour l'amour de David, ton père, je ne le ferai point pendant ta vie; c'est des mains de ton fils que je l'arracherai. [13] Toutefois je n'arracherai pas tout le royaume; j'en donnerai une tribu à ton fils pour l'amour de David, mon serviteur, et pour l'amour de Jérusalem que j'ai choisie. [14] L'Éternel suscita donc un ennemi à Salomon: Hadad, Iduméen, qui était de la race royale d'Édom.

15 Dans le temps que David était en Édom, lorsque Joab, chef de l'armée, monta pour ensevelir ceux qui avaient été tués, il tua tous les mâles d'Édom. 16 Car Joab demeura là six mois avec tout Israël, jusqu'à ce qu'il eût exterminé tous les mâles d'Édom. 17 Alors Hadad s'enfuit avec quelques Iduméens des serviteurs de son père, pour se retirer en Égypte. Or, Hadad était fort jeune. 18 Et quand ils furent partis de Madian, ils vinrent à Paran; et ils prirent avec eux des gens de Paran et se retirèrent en Égypte vers Pharaon, roi d'Égypte, qui lui donna une maison, lui assigna de quoi se nourrir, et lui donna aussi une terre. 19 Et Hadad fut fort dans les bonnes grâces de Pharaon; de sorte qu'il lui fit épouser la sœur de sa femme, la sœur de la reine Thachpénès. 20 Et la sœur de Thachpénès lui enfanta son fils Guénubath, que Thachpénès sevra dans la maison de Pharaon. Ainsi Guénubath était dans la maison de Pharaon, parmi les fils de Pharaon. 21 Or, quand Hadad eut appris en Égypte que David s'était endormi avec ses pères, et que Joab, le chef de l'armée, était mort, il dit à Pharaon: Laisse-moi partir, et je m'en irai en mon pays. 22 Et Pharaon lui dit: Que te manque-t-il donc auprès de moi, pour que tu demandes ainsi de t'en aller en ton pays? Et il lui répondit: Rien; mais laisse-moi, laisse-moi partir! 23 Dieu suscita encore un ennemi à Salomon: Rézon, fils d'Eljada, qui s'était enfui d'avec son seigneur Hadadézer, roi de Tsoba, 24 Et qui assembla des gens contre lui et était chef de bande, lorsque David tua les Syriens. Et ils s'en allèrent à Damas, y habitèrent et y régnèrent. 25 Rézon fut donc ennemi d'Israël tout le temps de Salomon, outre le mal que fit Hadad; il eut Israël en aversion, et il régna sur la Syrie. 26 Jéroboam, fils de Nébat, Éphratien de Tséréda, serviteur de Salomon, dont la mère, femme veuve, s'appelait Tséruha, se révolta aussi contre le roi. 27 Et voici l'occasion pour laquelle il se révolta contre le roi: Salomon bâtissait Millo et fermait la brèche de la cité de David, son père. 28 Or, Jéroboam était fort et vaillant; et Salomon, voyant ce jeune homme qui travaillait, l'établit sur toute la corvée de la maison de Joseph. 29 Or, il arriva dans ce temps-là que Jéroboam sortit de Jérusalem. Et le prophète Achija, le Silonite, vêtu d'un manteau neuf, le rencontra dans le chemin; et ils étaient eux deux tout seuls dans les champs. 30 Alors Achija prit le manteau neuf qu'il avait sur lui, et le déchira en douze morceaux; 31 Et il dit à Jéroboam: Prends pour toi dix morceaux; car ainsi a dit l'Éternel, le Dieu d'Israël: Voici, je vais déchirer le royaume d'entre les mains de Salomon, et je te donnerai dix tribus; 32 Mais il aura une tribu, pour l'amour de David, mon serviteur, et de Jérusalem, la ville que j'ai choisie d'entre toutes les tribus d'Israël; 33 Parce qu'ils m'ont abandonné et se sont prosternés devant Astarté, divinité des Sidoniens, devant Kémos, dieu de Moab, et devant Milcom, dieu des enfants d'Ammon, et n'ont point marché dans mes voies, pour faire ce qui est droit à mes yeux, pour garder mes statuts et mes ordonnances, comme l'a fait David, père de Salomon. 34 Toutefois je n'ôterai rien de ce royaume d'entre ses mains; car, tout le temps qu'il vivra, je le maintiendrai prince, pour l'amour de David, mon serviteur, que j'ai choisi et qui a gardé mes commandements et mes statuts. 35 Mais j'ôterai le royaume d'entre les mains de son fils, et je t'en donnerai dix tribus; et je donnerai une tribu à son fils, afin que David, mon serviteur, ait toujours une lampe devant moi à Jérusalem, la ville que j'ai choisie pour y mettre mon nom. 37 Je te prendrai donc, tu régneras sur tout ce que souhaitera ton âme, et tu seras roi sur Israël. 38 Et si tu m'obéis dans tout ce que je te commanderai, si tu marches dans mes voies et que tu fasses tout ce qui est droit à mes yeux, gardant mes statuts et mes commandements, comme a fait David, mon serviteur, je serai avec toi; je te bâtirai une maison stable, comme j'en ai bâti une à David, et je te donnerai Israël. 39 Ainsi j'affligerai la postérité de David à cause de cela; mais non pour toujours. 40 Or Salomon chercha à faire mourir Jéroboam; mais Jéroboam se leva et s'enfuit en Égypte vers Shishak, roi d'Égypte; et il demeura en Égypte jusqu'à la mort de Salomon. 41 Quant au reste des actions de Salomon, et tout ce qu'il fit, et sa sagesse,

cela n'est-il pas écrit au livre des Actes de Salomon? [42] Or, le temps que Salomon régna à Jérusalem sur tout Israël fut de quarante ans. [43] Puis Salomon s'endormit avec ses pères, et il fut enseveli dans la cité de David, son père. Et Roboam, son fils, régna à sa place.

12

[1] Or Roboam se rendit à Sichem; car tout Israël était venu à Sichem pour l'établir roi. [2] Et quand Jéroboam, fils de Nébat, l'apprit, il était encore en Égypte où il s'était enfui de devant le roi Salomon, et il demeurait en Égypte. [3] Mais on l'envoya appeler. Ainsi Jéroboam et toute l'assemblée d'Israël vinrent et parlèrent à Roboam, en disant: [4] Ton père a mis sur nous un joug pesant; mais toi, allège maintenant cette rude servitude de ton père et ce joug pesant qu'il nous a imposé, et nous te servirons. [5] Et il leur répondit: Allez, et, dans trois jours, revenez vers moi. Ainsi le peuple s'en alla. [6] Et le roi Roboam consulta les vieillards qui avaient été auprès de Salomon, son père, pendant sa vie, et il leur dit: Quelle réponse me conseillez-vous de faire à ce peuple? [7] Et ils lui parlèrent en ces termes: Si aujourd'hui tu rends ce service à ce peuple, si tu leur cèdes, et leur réponds par de bonnes paroles, ils seront tes serviteurs à toujours. [8] Mais il ne suivit pas le conseil que les vieillards lui avaient donné; et il consulta les jeunes gens qui avaient grandi avec lui et qui se tenaient devant lui; [9] Et il leur dit: Que me conseillez-vous de répondre à ce peuple qui m'a parlé et m'a dit: Allège le joug que ton père a mis sur nous? [10] Alors les jeunes gens qui avaient grandi avec lui, lui parlèrent et lui dirent: Tu parleras ainsi à ce peuple qui t'est venu dire: Ton père a mis sur nous un joug pesant, mais toi, allège-le; tu leur parleras ainsi: Mon petit doigt est plus gros que les reins de mon père. [11] Or, mon père vous a imposé un joug pesant; mais moi, je rendrai votre joug plus pesant encore. Mon père vous a châtiés avec des fouets; mais moi, je vous châtierai avec des fouets garnis de pointes. [12] Trois jours après, Jéroboam, avec tout le peuple, vint vers Roboam, suivant ce que le roi leur avait dit: Revenez vers moi dans trois jours. [13] Mais le roi répondit durement au peuple, délaissant le conseil que les vieillards lui avaient donné. [14] Et il leur parla suivant le conseil des jeunes gens, et leur dit: Mon père a mis sur vous un joug pesant; mais moi, je rendrai votre joug plus pesant encore. Mon père vous a châtiés avec des fouets; mais moi, je vous châtierai avec des fouets garnis de pointes. [15] Le roi n'écouta donc point le peuple; car cela était ainsi dispensé par l'Éternel, pour ratifier la parole qu'il avait adressée par le ministère d'Achija, le Silonite, à Jéroboam fils de Nébat. [16] Et, quand tout Israël vit que le roi ne les écoutait pas, le peuple fit cette réponse au roi: Quelle part avons-nous avec David? Nous n'avons point d'héritage avec le fils d'Isaï. À tes tentes, Israël! Maintenant, David, pourvois à ta maison! Ainsi Israël s'en alla dans ses tentes. [17] Mais quant aux enfants d'Israël qui habitaient les villes de Juda, Roboam régna sur eux. [18] Cependant le roi Roboam envoya Adoram qui était préposé aux impôts; mais tout Israël le lapida, et il mourut. Et le roi Roboam se hâta de monter sur son char pour s'enfuir à Jérusalem. [19] C'est ainsi qu'Israël s'est rebellé contre la maison de David jusqu'à ce jour. [20] Aussitôt que tout Israël eut appris que Jéroboam était de retour, ils l'envoyèrent appeler dans l'assemblée, et ils l'établirent roi sur tout Israël. Aucune tribu ne suivit la maison de David, que la seule tribu de Juda. [21] Roboam, étant arrivé à Jérusalem, assembla toute la maison de Juda et la tribu de Benjamin, cent quatre-vingt mille hommes de guerre choisis, pour combattre contre la maison d'Israël, pour ramener le royaume à Roboam, fils de Salomon. [22] Mais la parole de Dieu fut adressée à Shémaeja, homme de Dieu, en ces termes: [23] Parle à Roboam, fils de Salomon, roi de Juda, et à toute la maison de Juda et de Benjamin, et au reste du peuple, et dis-leur: [24] Ainsi a dit l'Éternel: Vous ne monterez point et vous ne combattrez point contre vos frères, les enfants d'Israël. Retournez-vous-en, chacun dans sa maison, car ceci vient de moi. Et ils

obéirent à la parole de l'Éternel, et ils s'en retournèrent, selon la parole de l'Éternel. [25] Or Jéroboam bâtit Sichem en la montagne d'Éphraïm et y habita; puis il sortit de là et bâtit Pénuël. [26] Et Jéroboam dit en son cœur: Le royaume pourrait bien maintenant retourner à la maison de David. [27] Si ce peuple monte pour faire des sacrifices dans la maison de l'Éternel à Jérusalem, le cœur de ce peuple se tournera vers son seigneur Roboam, roi de Juda; ils me tueront, et ils retourneront à Roboam, roi de Juda. [28] Et le roi, ayant pris conseil, fit deux veaux d'or et dit au peuple: C'est trop pour vous de monter à Jérusalem. Voici tes dieux, ô Israël, qui t'ont fait monter hors du pays d'Égypte! [29] Et il en mit un à Béthel, et plaça l'autre à Dan. [30] Et ce fut une occasion de péché; car le peuple alla même, devant l'un des veaux, jusqu'à Dan. [31] Il fit aussi des maisons dans les hauts lieux; et il établit des sacrificateurs pris de tout le peuple et qui n'étaient pas des enfants de Lévi. [32] Et Jéroboam fit une fête au huitième mois, le quinzième jour du mois, comme la fête qu'on célébrait en Juda, et il offrit des sacrifices sur l'autel. Il fit ainsi à Béthel, sacrifiant aux veaux qu'il avait faits; et il établit à Béthel les sacrificateurs des hauts lieux qu'il avait faits. [33] Et le quinzième jour du huitième mois, du mois qu'il avait imaginé de lui-même, il offrit des sacrifices sur l'autel qu'il avait fait à Béthel, et il fit une fête pour les enfants d'Israël, et monta sur l'autel pour offrir le parfum.

13

[1] Mais voici, un homme de Dieu vint de Juda à Béthel, par la parole de l'Éternel, comme Jéroboam se tenait près de l'autel pour offrir des parfums. [2] Et il cria contre l'autel, par la parole de l'Éternel, et dit: Autel, autel! ainsi dit l'Éternel: Voici un fils naîtra à la maison de David; son nom sera Josias; il immolera sur toi les sacrificateurs des hauts lieux qui brûlent sur toi des parfums; et on brûlera sur toi des ossements d'homme! [3] Et il donna, le jour même, un signe en disant: C'est ici le signe que l'Éternel a parlé: Voici l'autel se fendra, et la cendre qui est dessus sera répandue. [4] Et quand le roi entendit la parole que l'homme de Dieu prononçait à voix haute contre l'autel de Béthel, Jéroboam étendit sa main de dessus l'autel, en disant: Saisissez-le! Et la main qu'il étendait contre lui devint sèche, et il ne put la ramener à lui. [5] L'autel aussi se fendit, et la cendre qui était dessus fut répandue, conformément au signe que l'homme de Dieu avait donné, par la parole de l'Éternel. [6] Alors le roi prit la parole et dit à l'homme de Dieu: Implore, je te prie, l'Éternel ton Dieu, et prie pour moi, pour que ma main puisse revenir à moi. Et l'homme de Dieu implora l'Éternel, et la main du roi put revenir à lui; et elle fut comme auparavant. [7] Puis le roi dit à l'homme de Dieu: Entre avec moi dans la maison, et te restaure; et je te ferai un présent. [8] Mais l'homme de Dieu dit au roi: Quand tu me donnerais la moitié de ta maison, je n'entrerais pas chez toi, et je ne mangerais de pain ni ne boirais d'eau en ce lieu-ci. [9] Car j'ai reçu cet ordre de l'Éternel, qui m'a dit: Tu ne mangeras point de pain et ne boiras point d'eau, et tu ne reviendras point par le chemin par lequel tu seras allé. [10] Il s'en alla donc par un autre chemin et ne retourna point par le chemin par lequel il était venu à Béthel. [11] Or, il y avait un vieux prophète qui demeurait à Béthel, à qui son fils vint raconter toutes les choses que l'homme de Dieu avait faites ce jour-là à Béthel, et les paroles qu'il avait dites au roi; et comme les fils les rapportaient à leur père, [12] Celui-ci leur dit: Par quel chemin s'en est-il allé? Or, ses fils avaient vu le chemin par lequel l'homme de Dieu qui était venu de Juda, s'en était allé. [13] Et il dit à ses fils: Sellez-moi l'âne. Et ils lui sellèrent l'âne; et il monta dessus. [14] Ainsi il s'en alla après l'homme de Dieu; et il le trouva assis sous un chêne, et il lui dit: Es-tu l'homme de Dieu qui est venu de Juda? Et il lui dit: C'est moi. [15] Et il lui dit: Viens avec moi à la maison et mange du pain. [16] Mais il répondit: Je ne puis retourner avec toi, ni entrer chez toi; je ne mangerai point de pain, ni ne boirai d'eau avec toi dans ce lieu; [17] Car il m'a été dit par la parole de l'Éternel: Tu

n'y mangeras point de pain et tu n'y boiras point d'eau; et tu ne retourneras point par le chemin par lequel tu seras allé. [18] Et il lui dit: Moi aussi, je suis prophète comme toi; et un ange m'a parlé, de la part de l'Éternel, et m'a dit: Ramène-le avec toi dans ta maison, et qu'il mange du pain et boive de l'eau. Il lui mentait. [19] Alors il s'en retourna avec lui, et il mangea du pain et but de l'eau dans sa maison. [20] Et il arriva, comme ils étaient assis à table, que la parole de l'Éternel fut adressée au prophète qui l'avait ramené. [21] Et il cria à l'homme de Dieu, qui était venu de Juda: Ainsi parle l'Éternel: Parce que tu as été rebelle à l'ordre de l'Éternel, et que tu n'as point gardé le commandement que l'Éternel ton Dieu t'avait donné, [22] Mais que tu t'en es retourné, et que tu as mangé du pain et bu de l'eau dans le lieu dont il t'avait dit: N'y mange point de pain et n'y bois point d'eau; ton corps n'entrera point au tombeau de tes pères. [23] Après qu'il eut mangé du pain et qu'il eut bu, il fit seller l'âne pour le prophète qu'il avait ramené. [24] Et celui-ci s'en alla, et un lion le trouva dans le chemin et le tua; et son corps était étendu dans le chemin, et l'âne se tenait auprès du corps; le lion aussi se tenait auprès du corps. [25] Et voici, quelques passants virent le corps étendu dans le chemin, et le lion qui se tenait auprès du corps; et ils vinrent le dire dans la ville où demeurait le vieux prophète. [26] Quand le prophète qui avait ramené du chemin l'homme de Dieu, l'eut appris, il dit: C'est l'homme de Dieu qui a été rebelle à l'ordre de l'Éternel. L'Éternel l'a livré au lion, qui l'a déchiré et l'a tué, selon la parole que l'Éternel lui avait dite. [27] Et il dit a ses fils: Sellez-moi l'âne; et ils le sellèrent. [28] Et il alla, et trouva son corps gisant dans le chemin, et l'âne et le lion qui se tenaient auprès du corps; le lion n'avait pas dévoré le corps et n'avait pas déchiré l'âne. [29] Et le prophète releva le corps de l'homme de Dieu, et le mit sur l'âne, et le ramena. Et ce vieux prophète revint dans la ville pour en faire le deuil et l'ensevelir. [30] Et il mit son corps dans son tombeau; et ils pleurèrent sur lui, en disant: Hélas, mon frère! [31] Et après l'avoir enseveli, il dit à ses fils: Quand je serai mort, ensevelissez-moi dans le tombeau où est enseveli l'homme de Dieu; et mettez mes os à côté de ses os. [32] Car elle s'accomplira certainement la parole qu'il a prononcée à voix haute, de la part de l'Éternel, contre l'autel qui est à Béthel et contre toutes les maisons des hauts lieux qui sont dans les villes de Samarie. [33] Néanmoins Jéroboam ne se détourna point de sa mauvaise voie; mais il fit de nouveau, pour les hauts lieux, des sacrificateurs pris de tout le peuple; et il instituait qui le voulait, pour en faire un sacrificateur des hauts lieux. [34] Et cela augmenta tellement le péché de la maison de Jéroboam, qu'elle fut effacée et exterminée de dessus la terre.

14

[1] En ce temps-là, Abija, fils de Jéroboam, devint malade. [2] Et Jéroboam dit à sa femme: Lève-toi maintenant, et déguise-toi, qu'on ne reconnaisse pas que tu es la femme de Jéroboam, et va-t'en à Silo; là est Achija, le prophète; c'est lui qui a dit que je serais roi sur ce peuple. [3] Et prends en ta main dix pains, des gâteaux, et un vase de miel, et entre chez lui; il te déclarera ce qui doit arriver à l'enfant. [4] Et la femme de Jéroboam fit ainsi; elle se leva, et s'en alla à Silo, et elle entra dans la maison d'Achija. Or, Achija ne pouvait voir, car ses yeux étaient obscurcis par la vieillesse. [5] Mais l'Éternel avait dit à Achija: Voici la femme de Jéroboam qui vient pour s'enquérir de toi touchant son fils, parce qu'il est malade. Tu lui diras telles et telles choses. Quand elle entrera, elle fera semblant d'être quelque autre. [6] Aussitôt donc qu'Achija eut entendu le bruit de ses pas, comme elle entrait par la porte, il dit: Entre, femme de Jéroboam; pourquoi fais-tu semblant d'être quelque autre? J'ai mission de t'annoncer des choses dures. [7] Va, dis à Jéroboam: Ainsi a dit l'Éternel, le Dieu d'Israël: Parce que je t'ai élevé du milieu du peuple et que je t'ai établi pour conducteur de mon peuple d'Israël; [8] Et que j'ai déchiré le royaume de la maison de David, et te l'ai donné; mais que tu n'as point été comme David, mon

serviteur, qui a gardé mes commandements et marché après moi de tout son cœur, ne faisant que ce qui est droit devant moi; ⁹ Et que tu as fait plus mal que tous ceux qui ont été avant toi; que tu t'en es allé et t'es fait d'autres dieux et des images de fonte, pour m'irriter, et que tu m'as rejeté derrière ton dos; ¹⁰ A cause de cela, voici, je vais faire venir du mal sur la maison de Jéroboam; je retrancherai ce qui appartient à Jéroboam, jusqu'à un seul homme, tant ce qui est serré que ce qui est abandonné en Israël; et je raclerai la maison de Jéroboam comme on racle le fumier, jusqu'à ce qu'il n'en reste plus. ¹¹ Celui de la maison de Jéroboam qui mourra dans la ville, les chiens le mangeront; et celui qui mourra aux champs sera mangé par les oiseaux des cieux; car l'Éternel a parlé. ¹² Toi donc, lève-toi et va-t'en en ta maison; aussitôt que tes pieds entreront dans la ville, l'enfant mourra. ¹³ Et tout Israël mènera deuil sur lui et l'ensevelira; car lui seul, de la maison de Jéroboam, entrera au tombeau; parce que l'Éternel, le Dieu d'Israël, a trouvé quelque chose de bon en lui seul, de toute la maison de Jéroboam. ¹⁴ Et l'Éternel établira sur Israël un roi qui, en ce jour-là, retranchera la maison de Jéroboam. Et quoi? Même dans peu. ¹⁵ Et l'Éternel frappera Israël, comme quand le roseau est agité dans l'eau; et il arrachera Israël de dessus ce bon pays qu'il a donné à leurs pères; et il les dispersera au delà du fleuve, parce qu'ils se sont fait des emblèmes d'Ashéra, irritant l'Éternel. ¹⁶ Et il livrera Israël, à cause des péchés que Jéroboam a commis et qu'il a fait commettre à Israël. ¹⁷ Alors la femme de Jéroboam se leva et s'en alla; et elle vint à Thirtsa. Et comme elle mettait le pied sur le seuil de la maison, le jeune garçon mourut; ¹⁸ Et on l'ensevelit, et tout Israël mena deuil sur lui, selon la parole que l'Éternel avait prononcée par son serviteur Achija, le prophète. ¹⁹ Quant au reste des actions de Jéroboam, comment il fit la guerre et comment il régna, voici, cela est écrit au livre des Chroniques des rois d'Israël. ²⁰ Or, le temps que régna Jéroboam fut de vingt-deux ans; puis il s'endormit avec ses pères, et Nadab son fils régna à sa place. ²¹ Or Roboam, fils de Salomon, régna en Juda. Il avait quarante et un ans quand il commença à régner, et il régna dix-sept ans à Jérusalem, la ville que l'Éternel avait choisie d'entre toutes les tribus d'Israël, pour y mettre son nom. Sa mère s'appelait Naama, l'Ammonite. ²² Et Juda fit ce qui est mal aux yeux de l'Éternel; et, par les péchés qu'ils commirent, ils émurent sa jalousie plus que leurs pères n'avaient jamais fait. ²³ Car ils se bâtirent aussi des hauts lieux, avec des statues et des emblèmes d'Ashéra, sur toutes les hautes collines et sous tous les arbres verts. ²⁴ Il y eut même des prostitués dans le pays; ils imitèrent toutes les abominations des nations que l'Éternel avait chassées devant les enfants d'Israël. ²⁵ Or, il arriva la cinquième année du roi Roboam, que Shishak, roi d'Égypte, monta contre Jérusalem; ²⁶ Il prit les trésors de la maison de l'Éternel, et les trésors de la maison royale; il prit tout; il prit aussi tous les boucliers d'or que Salomon avait faits. ²⁷ Et le roi Roboam fit des boucliers d'airain à la place de ceux-là et les mit entre les mains des chefs des coureurs, qui gardaient la porte de la maison du roi. ²⁸ Et, quand le roi entrait dans la maison de l'Éternel, les coureurs les portaient; puis ils les rapportaient dans la chambre des coureurs. ²⁹ Quant au reste des actions de Roboam et tout ce qu'il fit, n'est-ce pas écrit au livre des Chroniques des rois de Juda? ³⁰ Or, il y eut toujours guerre entre Roboam et Jéroboam. ³¹ Et Roboam s'endormit avec ses pères; et il fut enseveli avec eux dans la cité de David. Sa mère s'appelait Naama, l'Ammonite; et Abijam, son fils, régna à sa place.

15

¹ La dix-huitième année du roi Jéroboam, fils de Nébat, Abijam commença à régner sur Juda. ² Il régna trois ans à Jérusalem. Sa mère s'appelait Maaca, et était fille d'Abishalom. ³ Il marcha dans tous les péchés que son père avait commis avant lui; et son cœur ne fut

point intègre envers l'Éternel son Dieu, comme le cœur de David, son père. ⁴ Mais, pour l'amour de David, l'Éternel son Dieu lui donna une lampe dans Jérusalem, suscitant son fils après lui et laissant subsister Jérusalem; ⁵ Parce que David avait fait ce qui est droit devant l'Éternel, et que, pendant toute sa vie, il ne s'était point détourné de tout ce qu'il lui avait commandé, excepté dans l'affaire d'Urie, le Héthien. ⁶ Et il y avait eu guerre entre Roboam et Jéroboam, tout le temps de leur vie. ⁷ Le reste des actions d'Abijam et tout ce qu'il fit, cela n'est-il pas écrit au livre des Chroniques des rois de Juda? Il y eut aussi guerre entre Abijam et Jéroboam. ⁸ Et Abijam s'endormit avec ses pères, et on l'ensevelit dans la cité de David; et Asa, son fils, régna à sa place. ⁹ La vingtième année de Jéroboam, roi d'Israël, Asa commença à régner sur Juda; ¹⁰ Et il régna quarante et un ans à Jérusalem. Sa mère s'appelait Maaca, et elle était fille d'Abishalom. ¹¹ Et Asa fit ce qui est droit aux yeux de l'Éternel, comme David, son père. ¹² Il chassa du pays les prostitués, et il ôta toutes les idoles que ses pères avaient faites. ¹³ Et même il destitua de son rang sa mère, Maaca, qui avait fait une idole pour Ashéra. Et Asa abattit son idole et la brûla au torrent de Cédron. ¹⁴ Les hauts lieux ne furent point ôtés; néanmoins, le cœur d'Asa fut intègre envers l'Éternel tout le long de ses jours, ¹⁵ Et il remit dans la maison de l'Éternel les choses qui avaient été consacrées par son père, avec ce qu'il lui avait aussi consacré, l'argent, l'or et les ustensiles. ¹⁶ Or il y eut guerre entre Asa et Baesha, roi d'Israël, tout le temps de leur vie. ¹⁷ Et Baesha, roi d'Israël, monta contre Juda, et il bâtit Rama, afin de ne laisser sortir ni entrer aucun homme pour Asa, roi de Juda. ¹⁸ Alors Asa prit tout l'argent et l'or demeuré dans les trésors de l'Éternel et les trésors de la maison royale, et les remit à ses serviteurs; et le roi Asa les envoya vers Ben-Hadad, fils de Tabrimon, fils de Hezjon, roi de Syrie, qui habitait à Damas, pour lui dire: ¹⁹ Il y a alliance entre moi et toi, comme entre mon père et ton père; voici je t'envoie un présent en argent et en or; va, romps ton alliance avec Baesha, roi d'Israël, afin qu'il se retire de moi. ²⁰ Et Ben-Hadad écouta le roi Asa, et il envoya les capitaines de ses armées contre les villes d'Israël; et il frappa Ijjon, Dan, Abel-Beth-Maaca et tout Kinnéroth, avec tout le pays de Nephthali. ²¹ Et aussitôt que Baesha l'eut appris, il cessa de bâtir Rama; et il resta à Thirtsa. ²² Alors le roi Asa fit publier par tout Juda, que tous, sans exempter personne, eussent à emporter les pierres et le bois de Rama, que Baesha faisait bâtir; et le roi Asa en bâtit Guéba de Benjamin, et Mitspa. ²³ Quant à tout le reste des actions d'Asa et tous ses exploits, et tout ce qu'il fit, et les villes qu'il bâtit, cela n'est-il pas écrit au livre des Chroniques des rois de Juda? Seulement, au temps de sa vieillesse, il fut malade des pieds. ²⁴ Et Asa s'endormit avec ses pères, et il fut enseveli avec eux dans la cité de David, son père; et Josaphat, son fils, régna à sa place. ²⁵ Nadab, fils de Jéroboam, avait commencé à régner sur Israël la seconde année d'Asa, roi de Juda, et il régna deux ans sur Israël. ²⁶ Il fit ce qui est mal aux yeux de l'Éternel; et il marcha dans la voie de son père et dans le péché par lequel il avait fait pécher Israël. ²⁷ Et Baesha, fils d'Achija, de la maison d'Issacar, conspira contre lui, et le frappa à Guibbéthon qui est aux Philistins, lorsque Nadab et tout Israël assiégeaient Guibbéthon. ²⁸ Baesha le fit donc mourir, la troisième année d'Asa, roi de Juda; et il régna à sa place. ²⁹ Et dès qu'il fut roi, il frappa toute la maison de Jéroboam; et il ne laissa à Jéroboam aucune âme vivante qu'il n'exterminât, selon la parole que l'Éternel avait prononcée par son serviteur Achija, de Silo, ³⁰ A cause des péchés que Jéroboam avait commis et fait commettre à Israël, en provoquant l'Éternel, le Dieu d'Israël. ³¹ Le reste des actions de Nadab, et tout ce qu'il fit, cela n'est-il pas écrit au livre des Chroniques des rois d'Israël? ³² Or, il y eut guerre entre Asa et Baesha, roi d'Israël, tout le temps de leur vie. ³³ La troisième année d'Asa, roi de Juda, Baesha, fils d'Achija, commença à régner sur tout Israël, à Thirtsa; il régna vingt-quatre ans. ³⁴ Il fit ce qui est mal aux yeux de l'Éternel;

et il marcha dans la voie de Jéroboam et dans le péché par lequel il avait fait pécher Israël.

16

[1] Et la parole de l'Éternel fut adressée à Jéhu, fils de Hanani, contre Baesha, pour lui dire: [2] Parce que je t'ai élevé de la poussière et que je t'ai établi conducteur de mon peuple d'Israël, et que tu as marché dans la voie de Jéroboam, et que tu as fait pécher mon peuple d'Israël, en m'irritant par leurs péchés, [3] Voici, je m'en vais balayer Baesha et sa maison; et je rendrai ta maison semblable à la maison de Jéroboam, fils de Nébat. [4] Celui de la maison de Baesha qui mourra dans la ville, les chiens le mangeront; et celui des siens qui mourra dans les champs, sera mangé par les oiseaux des cieux. [5] Le reste des actions de Baesha, et ce qu'il fit et ses exploits, cela n'est-il pas écrit au livre des Chroniques des rois d'Israël? [6] Ainsi Baesha s'endormit avec ses pères, et il fut enseveli à Thirtsa; et Éla, son fils, régna à sa place. [7] Mais, par le prophète Jéhu, fils de Hanani, la parole de l'Éternel avait été adressée à Baesha et à sa maison, tant à cause de tout le mal qu'il avait fait devant l'Éternel, en l'irritant par l'œuvre de ses mains et en devenant comme la maison de Jéroboam, que parce qu'il l'avait détruite. [8] La vingt-sixième année d'Asa, roi de Juda, Éla, fils de Baesha, commença à régner sur Israël; et il régna deux ans à Thirtsa. [9] Et Zimri, son serviteur, capitaine de la moitié des chars, fit une conspiration contre lui, lorsqu'il était à Thirtsa, buvant et s'enivrant dans la maison d'Artsa, son maître d'hôtel, à Thirtsa. [10] Zimri vint donc, le frappa et le tua, la vingt-septième année d'Asa, roi de Juda; et il régna à sa place. [11] Dès qu'il fut roi et qu'il fut assis sur son trône, il frappa toute la maison de Baesha; il extermina tout ce qui lui appartenait, et ses parents, et ses amis. [12] Ainsi Zimri détruisit toute la maison de Baesha, selon la parole que l'Éternel avait prononcée contre Baesha, par Jéhu, le prophète; [13] A cause de tous les péchés de Baesha et des péchés d'Éla, son fils, qu'ils avaient commis et fait commettre à Israël, irritant l'Éternel, le Dieu d'Israël, par leurs idoles. [14] Le reste des actions d'Éla, tout ce qu'il fit, n'est-il pas écrit au livre des Chroniques des rois d'Israël? [15] La vingt-septième année d'Asa, roi de Juda, Zimri régna sept jours à Thirtsa. Or, le peuple était campé contre Guibbéthon qui était aux Philistins. [16] Et le peuple qui était campé là entendit qu'on disait: Zimri a fait une conspiration, et même il a tué le roi; et, en ce même jour, tout Israël établit dans le camp pour roi, Omri, capitaine de l'armée d'Israël. [17] Et Omri et tout Israël avec lui montèrent de Guibbéthon, et ils assiégèrent Thirtsa. [18] Mais quand Zimri vit que la ville était prise, il monta au lieu le plus haut de la maison royale, et il brûla sur lui la maison royale, et mourut, [19] A cause des péchés qu'il avait commis, en faisant ce qui est mal aux yeux de l'Éternel, en imitant la conduite de Jéroboam et le péché qu'il avait fait commettre à Israël. [20] Quant au reste des actions de Zimri, et la conspiration qu'il trama, n'est-ce pas écrit au livre des Chroniques des rois d'Israël? [21] Alors le peuple d'Israël se divisa en deux partis: la moitié du peuple suivait Thibni, fils de Guinath, pour le faire roi, et l'autre moitié suivait Omri. [22] Mais le peuple qui suivait Omri fut plus fort que le peuple qui suivait Thibni, fils de Guinath; et Thibni mourut, et Omri régna. [23] La trente et unième année d'Asa, roi de Juda, Omri commença à régner sur Israël; et il régna douze ans. Il régna six ans à Thirtsa. [24] Puis il acheta de Shémer la montagne de Samarie, pour deux talents d'argent; et il bâtit sur cette montagne. Et il nomma la ville qu'il bâtit Samarie, du nom de Shémer, seigneur de la montagne. [25] Et Omri fit ce qui est mal aux yeux de l'Éternel; il fit pis que tous ceux qui avaient été avant lui. [26] Il imita toute la conduite de Jéroboam, fils de Nébat, et le péché qu'il avait fait commettre aux Israélites, irritant l'Éternel, le Dieu d'Israël, par leurs idoles. [27] Le reste des actions d'Omri, tout ce qu'il fit et ses exploits, cela n'est-il pas écrit au livre des Chroniques des rois d'Israël? [28] Et Omri s'endormit avec ses pères, et fut enseveli à

Samarie; et Achab, son fils, régna à sa place. ²⁹ Achab, fils d'Omri, commença à régner sur Israël la trente-huitième année d'Asa, roi de Juda. Et Achab, fils d'Omri, régna sur Israël, à Samarie, vingt-deux ans. ³⁰ Et Achab, fils d'Omri, fit ce qui est mal aux yeux de l'Éternel, plus que tous ceux qui avaient été avant lui. ³¹ Et comme si c'eût été peu de chose pour lui d'imiter les péchés de Jéroboam, fils de Nébat, il prit pour femme Jésabel, fille d'Ethbaal, roi des Sidoniens; puis il alla et servit Baal, et se prosterna devant lui. ³² Et il dressa un autel à Baal dans la maison de Baal, qu'il bâtit à Samarie. ³³ Et Achab fit aussi une idole d'Ashéra. Et Achab fit plus encore que tous les rois d'Israël qui avaient été avant lui, pour irriter l'Éternel, le Dieu d'Israël. ³⁴ De son temps, Hiel de Béthel bâtit Jérico. Il la fonda sur Abiram, son aîné, et il en posa les portes sur Ségub, son dernier-né, selon la parole que l'Éternel avait prononcée par Josué, fils de Nun.

17

¹ Alors Élie, le Thishbite, l'un de ceux qui s'étaient établis en Galaad, dit à Achab: L'Éternel, le Dieu d'Israël, en la présence de qui je me tiens, est vivant! pendant ces années-ci, il n'y aura ni rosée ni pluie, sinon à ma parole. ² Et la parole de l'Éternel lui fut adressée en ces termes: ³ Va-t'en d'ici, tourne-toi vers l'Orient, et cache-toi au torrent de Kérith, qui est en face du Jourdain. ⁴ Tu boiras au torrent, et j'ai commandé aux corbeaux de t'y nourrir. ⁵ Il partit donc et fit selon la parole de l'Éternel; il s'en alla et demeura au torrent de Kérith, qui est en face du Jourdain. ⁶ Et les corbeaux lui apportaient du pain et de la viande le matin, du pain et de la viande le soir; et il buvait au torrent. ⁷ Mais il arriva qu'au bout de quelque temps le torrent fut à sec, parce qu'il n'y avait pas eu de pluie au pays. ⁸ Alors la parole de l'Éternel lui fut adressée en ces termes: ⁹ Lève-toi, va-t'en à Sarepta, qui appartient à Sidon, et demeure là. Voici, j'ai commandé là à une femme veuve de te nourrir. ¹⁰ Il se leva donc et s'en alla à Sarepta; et, comme il arrivait à la porte de la ville, voici, il y avait là une femme veuve qui ramassait du bois; il l'appela et lui dit: Je te prie, prends-moi un peu d'eau dans un vase, et que je boive. ¹¹ Et elle s'en alla pour en prendre; mais il la rappela et lui dit: Je te prie, prends en ta main une bouchée de pain pour moi. ¹² Mais elle répondit: L'Éternel ton Dieu est vivant! je n'ai pas une galette; je n'ai qu'une poignée de farine dans une cruche, et un peu d'huile dans une fiole; et voici, je ramasse deux bûches, puis je rentrerai et j'apprêterai cela pour moi et pour mon fils; nous le mangerons, et après nous mourrons. ¹³ Et Élie lui dit: Ne crains point, rentre, fais comme tu l'as dit; toutefois fais-m'en premièrement une petite galette; tu me l'apporteras dehors, et après tu en feras pour toi et pour ton fils. ¹⁴ Car ainsi a dit l'Éternel, le Dieu d'Israël: La farine qui est dans la cruche ne manquera point, et l'huile qui est dans la fiole ne finira point, jusqu'au jour où l'Éternel enverra de la pluie sur la terre. ¹⁵ Elle s'en alla donc, et fit comme Élie avait dit; et elle en mangea, elle et sa famille, ainsi que lui, pendant longtemps. ¹⁶ La farine de la cruche ne manqua point, et l'huile de la fiole ne finit point, selon la parole que l'Éternel avait prononcée par Élie. ¹⁷ Après ces choses, il arriva que le fils de la maîtresse de la maison tomba malade; et la maladie s'aggrava tellement qu'il ne resta plus de souffle en lui. ¹⁸ Et elle dit à Élie: Qu'y a-t-il entre moi et toi, homme de Dieu? Es-tu venu chez moi pour renouveler la mémoire de mon iniquité, et pour faire mourir mon fils? ¹⁹ Et il lui dit: Donne-moi ton fils. Et il le prit d'entre ses bras, et le porta dans la chambre haute où il demeurait, et il le coucha sur son lit. ²⁰ Puis il cria à l'Éternel et dit: Éternel mon Dieu, est-ce que tu affligerais même cette veuve, chez qui je demeure, au point de faire mourir son fils? ²¹ Et il s'étendit sur l'enfant, par trois fois; et il cria à l'Éternel, et dit: Éternel mon Dieu, je te prie, que l'âme de cet enfant rentre en lui! ²² Et l'Éternel exauça la voix d'Élie; et l'âme de l'enfant rentra

en lui, et il recouvra la vie. ²³ Alors Élie prit l'enfant, et le descendit de la chambre haute dans la maison, et le donna à sa mère; et il dit: Regarde, ton fils vit. ²⁴ Et la femme dit à Élie: Je connais maintenant que tu es un homme de Dieu, et que la parole de l'Éternel qui est dans ta bouche est la vérité.

18

¹ Et il s'écoula nombre de jours, et la parole de l'Éternel fut adressée à Élie, la troisième année, en ces mots: Va, montre-toi à Achab, et j'enverrai de la pluie sur la terre. ² Et Élie s'en alla pour se montrer à Achab. Et la famine était grande à Samarie. ³ Et Achab avait appelé Abdias, son maître d'hôtel. (Or Abdias craignait fort l'Éternel. ⁴ Quand Jésabel exterminait les prophètes de l'Éternel, Abdias prit cent prophètes et les cacha, cinquante dans une caverne et cinquante dans une autre, et les y nourrit de pain et d'eau.) ⁵ Achab dit donc à Abdias: Va par le pays, vers toutes les fontaines et vers tous les torrents; peut-être que nous trouverons de l'herbe, et que nous sauverons la vie aux chevaux et aux mulets, et n'aurons pas à détruire de bêtes. ⁶ Et ils se partagèrent entre eux le pays pour le parcourir. Achab allait à part, par un chemin; et Abdias allait séparément, par un autre chemin. ⁷ Et comme Abdias était en chemin, voici Élie le rencontra; et Abdias le reconnut, et il tomba sur son visage, et dit: Est-ce toi, mon seigneur Élie? ⁸ Et il dit: C'est moi; va, dis à ton maître: Voici Élie! ⁹ Et Abdias dit: Quel péché ai-je commis que tu livres ton serviteur entre les mains d'Achab, pour me faire mourir? ¹⁰ L'Éternel ton Dieu est vivant! il n'y a point de nation, ni de royaume, où mon maître n'ait envoyé pour te chercher; et comme l'on répondait: Il n'y est point, il faisait jurer le royaume et la nation, qu'on ne pouvait te trouver. ¹¹ Et maintenant tu dis: Va, dis à ton maître: Voici Élie! ¹² Et il arrivera, quand je serai parti d'avec toi, que l'Esprit de l'Éternel te transportera où je ne saurai point, et j'irai faire mon rapport à Achab; et, ne te trouvant point, il me tuera. Or ton serviteur craint l'Éternel dès sa jeunesse. ¹³ N'a-t-on pas dit à mon seigneur ce que je fis quand Jésabel tuait les prophètes de l'Éternel, comment j'en cachai cent, cinquante dans une caverne et cinquante dans une autre, et les y nourris de pain et d'eau? ¹⁴ Et maintenant, tu dis: Va, dis à ton maître: Voici Élie! Mais il me tuera! ¹⁵ Mais Élie lui répondit: L'Éternel des armées, devant qui je me tiens, est vivant! certainement je me montrerai aujourd'hui à Achab. ¹⁶ Abdias s'en alla donc à la rencontre d'Achab et lui fit son rapport; et Achab vint au-devant d'Élie. ¹⁷ Et aussitôt qu'Achab eut vu Élie, il lui dit: Est-ce toi, perturbateur d'Israël? ¹⁸ Mais il répondit: Je n'ai point troublé Israël; mais c'est toi et la maison de ton père, en ce que vous avez abandonné les commandements de l'Éternel, et que tu es allé après les Baals. ¹⁹ Mais maintenant, envoie et fais assembler vers moi, à la montagne de Carmel, tout Israël et les quatre cent cinquante prophètes de Baal, et les quatre cents prophètes d'Ashéra, qui mangent à la table de Jésabel. ²⁰ Et Achab envoya vers tous les enfants d'Israël, et rassembla les prophètes à la montagne de Carmel. ²¹ Puis Élie s'approcha de tout le peuple et dit: Jusqu'à quand boiterez-vous des deux côtés? Si l'Éternel est Dieu, suivez-le; mais si c'est Baal, suivez-le! Mais le peuple ne lui répondit pas un mot. ²² Alors Élie dit au peuple: Je suis demeuré seul prophète de l'Éternel; et les prophètes de Baal sont quatre cent cinquante hommes. ²³ Qu'on nous donne deux jeunes taureaux; qu'ils en choisissent un pour eux; qu'ils le dépècent et le mettent sur le bois; mais qu'ils n'y mettent point le feu; et je préparerai l'autre taureau, et je le mettrai sur le bois, et je n'y mettrai point le feu. ²⁴ Puis invoquez le nom de votre dieu; et moi, j'invoquerai le nom de l'Éternel. Et le dieu qui répondra par le feu, c'est celui-là qui sera Dieu. Et tout le peuple répondit en disant: C'est bien dit. ²⁵ Et Élie dit aux

prophètes de Baal: Choisissez pour vous l'un des taureaux, et préparez-le les premiers, car vous êtes en plus grand nombre, et invoquez le nom de votre dieu; mais n'y mettez pas le feu. 26 Et ils prirent le taureau qu'on leur donna, et le préparèrent; et ils invoquèrent le nom de Baal, depuis le matin jusqu'à midi, disant: Baal, exauce-nous! Mais il n'y eut ni voix, ni réponse; et ils sautaient autour de l'autel qu'on avait fait. 27 Et, sur le midi, Élie se moquait d'eux et disait: Criez à haute voix, car il est dieu; mais il pense à quelque chose, ou il est à quelque affaire, ou en voyage; peut-être qu'il dort, et il s'éveillera. 28 Ils criaient donc à voix haute; et ils se faisaient des incisions avec des couteaux et des lancettes, selon leur coutume, jusqu'à ce que le sang coulât sur eux. 29 Et, lorsque midi fut passé, et qu'ils eurent fait les prophètes jusqu'au temps où l'on offre l'oblation, sans qu'il y eût ni voix ni réponse, ni aucune apparence qu'on eût égard à ce qu'ils faisaient, 30 Alors Élie dit à tout le peuple: Approchez-vous de moi. Et tout le peuple s'approcha de lui; et il répara l'autel de l'Éternel, qui était démoli. 31 Et Élie prit douze pierres, selon le nombre des tribus des enfants de Jacob, auquel la parole de l'Éternel avait été adressée, en lui disant: Israël sera ton nom. 32 Et il bâtit de ces pierres un autel au nom de l'Éternel. Puis il fit, autour de l'autel, un canal de la capacité de deux mesures de semence; 33 Et il rangea le bois, et dépeça le taureau, et le mit sur le bois; 34 Et il dit: Emplissez d'eau quatre cruches, et versez-les sur l'holocauste et sur le bois. Puis il dit: Faites-le une seconde fois; et ils le firent une seconde fois. Il dit encore: Faites-le une troisième fois; et ils le firent une troisième fois; 35 De sorte que les eaux allaient autour de l'autel; et même il remplit d'eau le canal. 36 Et, au temps où l'on offre l'oblation, le prophète Élie s'approcha et dit: Éternel, Dieu d'Abraham, d'Isaac et d'Israël! qu'on connaisse aujourd'hui que tu es Dieu en Israël, et que je suis ton serviteur, et que c'est par ta parole que j'ai fait toutes ces choses. 37 Exauce-moi, Éternel, exauce-moi; et que ce peuple connaisse que c'est toi, Éternel, qui es Dieu, et que c'est toi qui ramènes leur cœur! 38 Alors le feu de l'Éternel tomba, et il consuma l'holocauste, et le bois, et les pierres, et la poussière, et absorba l'eau qui était dans le canal. 39 Et tout le peuple, voyant cela, tomba sur son visage et dit: C'est l'Éternel qui est Dieu; c'est l'Éternel qui est Dieu! 40 Et Élie leur dit: Saisissez les prophètes de Baal; qu'il n'en échappe pas un! Ils les saisirent donc; et Élie les fit descendre au torrent de Kisson, et les y égorgea. 41 Puis Élie dit à Achab: Monte, mange et bois; car voici le bruit d'une grande pluie. 42 Et Achab monta pour manger et pour boire. Mais Élie monta au sommet du Carmel; et, se penchant contre terre, il mit son visage entre ses genoux, 43 Et dit à son serviteur: Monte, maintenant, et regarde vers la mer. Il monta donc, et regarda, et dit: Il n'y a rien. Et il lui dit: Retournes-y par sept fois. 44 A la septième fois, il dit: Voilà une petite nuée, comme la paume de la main d'un homme, qui monte de la mer. Alors Élie lui dit: Monte, et dis à Achab: Attelle, et descends, de peur que la pluie ne te retienne. 45 Et sur ces entrefaites, les cieux s'obscurcirent de nuages, le vent se leva, et il y eut une grande pluie. Alors Achab partit sur son char, et s'en alla à Jizréel. 46 Et la main de l'Éternel fut sur Élie; et, s'étant ceint les reins, il courut devant Achab, jusqu'à l'entrée de Jizréel.

19

1 Or Achab rapporta à Jésabel tout ce qu'avait fait Élie, et comment il avait tué par l'épée tous les prophètes. 2 Et Jésabel envoya un messager vers Élie, pour lui dire: Que les dieux me traitent avec la dernière rigueur; si demain à cette heure je ne te mets dans le même état que l'un d'eux! 3 Et, voyant cela, Élie se leva, et s'en alla pour sauver sa vie. Et il s'en vint à Béer-Shéba, qui est de Juda, et laissa là son serviteur. 4 Mais, pour lui, il s'en alla dans le désert, une journée de chemin; et il vint s'asseoir sous un genêt, et

il demanda la mort, en disant: C'est assez, ô Éternel! prends maintenant mon âme; car je ne suis pas meilleur que mes pères. ⁵ Puis il se coucha, et s'endormit sous un genêt; et voici, un ange le toucha et lui dit: Lève-toi, mange. ⁶ Et il regarda, et voici, à son chevet, était un gâteau cuit aux charbons, et une cruche d'eau. Il mangea donc et but, et se recoucha. ⁷ Et l'ange de l'Éternel revint une seconde fois, et le toucha, en disant: Lève-toi, mange; car le chemin est trop long pour toi. ⁸ Il se leva donc, et mangea et but. Et, avec la force que lui donna ce repas, il marcha quarante jours et quarante nuits, jusqu'à Horeb, la montagne de Dieu. ⁹ Et là, il entra dans la caverne, et il y passa la nuit. Et voici, la parole de l'Éternel lui fut adressée, en ces mots: Que fais-tu ici, Élie? ¹⁰ Et il répondit: J'ai été extrême-ment ému de jalousie pour l'Éternel, le Dieu des armées; car les enfants d'Israël ont abandonné ton alliance; ils ont démoli tes autels, et ils ont tué tes prophètes par l'épée; et je suis demeuré, moi seul, et ils cherchent ma vie pour me l'ôter. ¹¹ Et il lui dit: Sors, et tiens-toi sur la montagne, devant l'Éternel. Et voici, l'Éternel passait. Et un vent grand et violent déchirait les montagnes, et brisait les rochers devant l'Éternel: mais l'Éternel n'était point dans ce vent. Après le vent, il y eut un tremblement de terre: l'Éternel n'était point dans ce tremblement. ¹² Et après le tremblement, un feu: l'Éternel n'était point dans ce feu. Et après le feu, un son doux et subtil. ¹³ Et sitôt qu'Élie l'eut entendu, il arriva qu'il s'enveloppa le visage de son manteau, et sortit, et se tint à l'entrée de la caverne; et voici, une voix lui fut adressée en ces termes: Que fais-tu ici, Élie? ¹⁴ Et il dit: J'ai été extrêmement ému de jalousie pour l'Éternel, le Dieu des armées; car les enfants d'Israël ont abandonné ton alliance, ils ont démoli tes autels, et ils ont tué tes prophètes par l'épée; et je suis demeuré, moi seul, et ils cherchent ma vie pour me l'ôter. ¹⁵ Mais l'Éternel lui dit: Va, retourne-t'en par ton chemin du désert, à Damas; et, quand tu y seras entré, tu oindras Hazaël roi sur la Syrie, ¹⁶ Tu oindras aussi Jéhu, fils de Nimshi, roi sur Israël; et tu oindras Élisée, fils de Shaphat, d'Abel-Méhola, comme prophète à ta place. ¹⁷ Et il arrivera que quiconque échappera à l'épée de Hazaël sera mis à mort par Jéhu; et quiconque échappera à l'épée de Jéhu sera mis à mort par Élisée. ¹⁸ Mais j'en ferai demeurer sept mille de reste en Israël, tous ceux qui n'ont point fléchi les genoux devant Baal, et dont la bouche ne l'a point baisé. ¹⁹ Élie partit donc de là, et il trouva Élisée, fils de Shaphat, qui labourait, ayant douze couples de bœufs devant lui; et il était avec la douzième. Et Élie passa vers lui, et jeta sur lui son manteau. ²⁰ Alors Élisée laissa ses bœufs, et courut après Élie, en disant: Je te prie, que j'aille embrasser mon père et ma mère, et puis je te suivrai. Et il lui dit: Va, et reviens; car que t'ai-je fait? ²¹ Il s'en retourna donc d'avec lui; et il prit une couple de bœufs et les offrit en sacrifice; et, avec le bois de l'attelage des bœufs, il en fit bouillir la chair, et la donna au peuple; et ils mangèrent. Puis il se leva, et suivit Élie. Et il le servait.

20

¹ Or Ben-Hadad, roi de Syrie, assembla toute son armée; il avait avec lui trente-deux rois, et des chevaux et des chars. Et il monta, et assiégea Samarie, et lui fit la guerre. ² Et il envoya des messagers à Achab, roi d'Israël, dans la ville; ³ Et il lui fit dire: Ainsi parle Ben-Hadad: Ton argent, ton or est à moi; tes femmes aussi et tes beaux enfants sont à moi. ⁴ Et le roi d'Israël répondit et dit: Comme tu le dis, ô roi mon seigneur, je suis à toi, avec tout ce que j'ai. ⁵ Les messagers revinrent et dirent: Ainsi parle Ben-Hadad: Puisque je t'ai envoyé dire: Donne-moi ton argent et ton or, tes femmes et tes enfants, ⁶ Ainsi demain, en ce même temps, quand j'enverrai mes serviteurs chez toi, ils fouilleront ta maison et les maisons de tes serviteurs; et ils se saisiront de tout ce que tu prends plaisir à voir, et l'emporteront. ⁷ Alors le roi d'Israël appela tous les anciens

du pays, et dit: Considérez, je vous prie, et voyez que cet homme ne cherche que du mal. Car il avait envoyé vers moi pour avoir mes femmes, mes enfants, mon argent et mon or, et je ne lui avais point refusé. ⁸ Et tous les anciens et tout le peuple lui dirent: Ne l'écoute pas, et ne consens pas. ⁹ Il répondit donc aux messagers de Ben-Hadad: Dites au roi, mon seigneur: Tout ce que tu as envoyé dire la première fois à ton serviteur, je le ferai; mais ceci, je ne puis le faire. Et les messagers s'en allèrent et lui rendirent réponse. ¹⁰ Mais Ben-Hadad lui renvoya dire: Que les dieux me traitent avec la dernière rigueur, si la poussière de Samarie suffit pour remplir le creux de la main de tout le peuple qui suit mes pas! ¹¹ Mais le roi d'Israël répondit: Dites-lui: Que celui qui revêt l'armure, ne se glorifie pas comme celui qui la quitte! ¹² Et quand Ben-Hadad eut entendu cette parole (il buvait alors dans les tentes avec les rois), il dit à ses serviteurs: Prenez position! Et ils prirent position contre la ville. ¹³ Et voici, un prophète s'approcha d'Achab, roi d'Israël, et dit: Ainsi a dit l'Éternel: Vois-tu toute cette grande multitude? Voici, je vais la livrer aujourd'hui entre tes mains, et tu sauras que je suis l'Éternel. ¹⁴ Et Achab dit: Par qui? Et il répondit: Ainsi a dit l'Éternel: Par les valets des gouverneurs des provinces. Et il dit: Qui engagera le combat? Et il lui répondit: Toi. ¹⁵ Alors il passa en revue les valets des gouverneurs des provinces, qui furent deux cent trente-deux. Après eux il passa en revue tout le peuple, tous les enfants d'Israël, et ils étaient sept mille. ¹⁶ Et ils sortirent en plein midi, lorsque Ben-Hadad buvait et s'enivrait dans les tentes, lui et les trente-deux rois ses auxiliaires. ¹⁷ Les valets des gouverneurs des provinces sortirent les premiers; et Ben-Hadad envoya quelques personnes qui lui firent ce rapport: Il est sorti des gens de Samarie. ¹⁸ Et il dit: Si c'est pour la paix qu'ils sont sortis, saisissez-les vivants; et, si c'est pour le combat, saisissez-les vivants! ¹⁹ Les valets des gouverneurs des provinces sortirent donc de la ville, puis l'armée après eux; ²⁰ Et ils frappèrent chacun son homme, et les Syriens s'enfuirent, et Israël les poursuivit; et Ben-Hadad, roi de Syrie, se sauva sur un cheval avec des cavaliers. ²¹ Alors le roi d'Israël sortit, et frappa les chevaux et les chars; de sorte qu'il frappa les Syriens d'une grande défaite. ²² Ensuite le prophète s'approcha du roi d'Israël, et lui dit: Va, fortifie-toi; considère et vois ce que tu as à faire; car, l'année révolue, le roi de Syrie montera contre toi. ²³ Or les serviteurs du roi de Syrie lui dirent: Leur dieu est un dieu de montagnes, c'est pourquoi ils ont été plus forts que nous; mais combattons contre eux dans la plaine, nous l'emporterons bien sur eux. ²⁴ Fais donc ceci: Ote chacun de ces rois de leur poste, et mets à leur place des capitaines; ²⁵ Puis lève une armée semblable à celle que tu as perdue, et autant de chevaux et autant de chars; et nous combattrons contre eux dans la plaine, et l'on verra si nous ne serons pas plus forts qu'eux. Et il écouta leur avis et fit ainsi. ²⁶ Ainsi, un an après, Ben-Hadad passa les Syriens en revue, et monta à Aphek pour combattre contre Israël. ²⁷ Et les enfants d'Israël furent aussi passés en revue et fournis de vivres; et ils marchèrent à leur rencontre. Les enfants d'Israël campèrent vis-à-vis d'eux, comme deux petits troupeaux de chèvres; mais les Syriens remplissaient le pays. ²⁸ Alors l'homme de Dieu s'approcha, et parla au roi d'Israël en ces termes: Ainsi a dit l'Éternel: Parce que les Syriens ont dit: L'Éternel est un dieu de montagnes et non un dieu de vallées, je livrerai entre tes mains toute cette grande multitude, et vous saurez que je suis l'Éternel. ²⁹ Sept jours durant, ils demeurèrent campés les uns vis-à-vis des autres. Mais au septième jour ils en vinrent aux mains; et les enfants d'Israël frappèrent en un jour cent mille hommes de pied des Syriens; ³⁰ Et le reste s'enfuit dans la ville d'Aphek, où la muraille tomba sur vingt-sept mille hommes qui étaient demeurés de reste. Ben-Hadad aussi s'enfuit, et entra dans la ville, où il se cacha de chambre en chambre. ³¹ Et ses serviteurs lui dirent: Voici, maintenant nous avons appris que les rois de la maison d'Israël sont des rois cléments; laisse-nous donc mettre des sacs sur nos reins et des cordes à nos têtes, et sortir vers le roi d'Israël; peut-être t'accordera-t-il la vie. ³² Alors ils se ceignirent de sacs autour de leurs reins et de cordes autour de leurs têtes, et vinrent vers le roi d'Israël, et dirent: Ton serviteur Ben-Hadad dit: Je t'en prie, laisse-moi vivre! Et il répondit: Vit-il encore? Il est mon frère. ³³ Et ces gens tirèrent de là un bon augure, et ils se hâtèrent de le prendre au mot, et ils dirent: Ben-Hadad est ton frère! Et il dit: Allez, et amenez-le. Ben-Hadad sortit donc vers lui, et il le fit monter sur son char. ³⁴ Et Ben-Hadad lui dit: Je rendrai les villes que mon père avait prises à ton père, et tu te feras des rues dans Damas, comme mon père avait fait dans Samarie. Et moi, répondit Achab, je te renverrai avec ce traité. Il fit donc un traité avec lui, et le laissa aller. ³⁵ Alors un homme d'entre les fils des prophètes dit à son compagnon, sur l'ordre de l'Éternel: Frappe-moi, je te prie; mais il refusa de le frapper. ³⁶ Et il lui dit: Parce que tu n'as pas obéi à la voix de l'Éternel, voici, tu vas te séparer de moi, et le lion te tuera. Quand il se fut séparé d'avec lui, le lion le rencontra et le tua. ³⁷ Il rencontra un autre homme, et dit: Frappe-moi, je te prie. Et l'homme le frappa et le blessa. ³⁸ Et le prophète s'en alla, et se tint sur le chemin du roi, et il se déguisa par un bandeau sur les yeux. ³⁹ Et comme le roi passait, il cria vers le roi, et dit: Ton serviteur était allé au milieu du combat; et voici, quelqu'un s'écartant m'a amené un homme et m'a dit: Garde cet homme; s'il vient à s'échapper, ta vie en répondra, ou tu paieras un talent d'argent. ⁴⁰ Et il est arrivé, comme ton serviteur était occupé çà et là, que l'homme a disparu. Et le roi d'Israël lui répondit: C'est ta condamnation; tu as prononcé toi-même! ⁴¹ Aussitôt cet homme ôta le bandeau de dessus ses yeux, et le roi d'Israël reconnut qu'il était d'entre les prophètes. ⁴² Et ce prophète lui dit: Ainsi a dit l'Éternel: Parce que tu as laissé aller d'entre tes mains l'homme que j'avais voué à la mort, ta vie répondra pour sa vie et ton peuple pour son peuple. ⁴³ Et le roi d'Israël s'en alla chez lui, chagrin et irrité; et il vint à Samarie.

21

¹ Il arriva, après ces choses, que Naboth, le Jizréélite, ayant une vigne à Jizréel, près du palais d'Achab, roi de Samarie, ² Achab parla à Naboth et lui dit: Donne-moi ta vigne, que j'en fasse un jardin de verdure; car elle est proche de ma maison; et, au lieu de cette vigne, je t'en donnerai une meilleure; ou, si cela te convient, je te donnerai de l'argent pour sa valeur. ³ Mais Naboth répondit à Achab: Que l'Éternel me garde de te donner l'héritage de mes pères! ⁴ Et Achab vint en sa maison tout chagrin et irrité de la parole que lui avait dite Naboth, le Jizréélite: Je ne te donnerai pas l'héritage de mes pères; et il se coucha sur son lit, détourna son visage et ne mangea rien. ⁵ Alors Jésabel, sa femme, entra vers lui et lui dit: D'où vient que ton esprit est chagrin, et que tu ne manges pas? ⁶ Et il lui répondit: Parce que j'ai parlé à Naboth, le Jizréélite, et lui ai dit: Donne-moi ta vigne pour de l'argent, ou, si tu le désires, je te donnerai une autre vigne au lieu de celle-là; et qu'il m'a dit: Je ne te donnerai pas ma vigne. ⁷ Alors Jésabel, sa femme, lui dit: Est-ce toi maintenant qui règnes sur Israël? Lève-toi, mange, et que ton cœur se réjouisse! Moi, je te donnerai la vigne de Naboth, le Jizréélite. ⁸ Et elle écrivit des lettres au nom d'Achab, et les scella de son sceau, et envoya ces lettres aux anciens et aux magistrats qui habitaient avec Naboth, dans sa ville. ⁹ Et elle écrivit dans ces lettres: Publiez un jeûne, et mettez Naboth à la tête du peuple; ¹⁰ Et faites tenir en face de lui deux scélérats, et qu'ils témoignent contre lui, en disant: Tu as blasphémé contre Dieu et le roi! Ensuite menez-le dehors, lapidez-le, et qu'il meure. ¹¹ Et les gens de la ville de Naboth, les anciens et les magistrats qui habitaient dans sa ville, firent comme Jésabel leur avait mandé, et selon qu'il était écrit dans les lettres qu'elle leur avait envoyées. ¹² Ils publièrent un jeûne, et firent tenir Naboth à la tête du peuple. ¹³ Alors les deux scélérats entrèrent et se tinrent en face de lui; et ces scélérats témoignèrent contre Naboth, en la présence du peuple, en disant: Naboth a blasphémé contre Dieu et le roi. Puis ils le menèrent hors de la ville,

ils le lapidèrent, et il mourut. ¹⁴ Et ils envoyèrent dire à Jésabel: Naboth a été lapidé, et il est mort. ¹⁵ Et aussitôt que Jésabel apprit que Naboth avait été lapidé et qu'il était mort, elle dit à Achab: Lève-toi, prends possession de la vigne de Naboth, le Jizréélite, qu'il avait refusé de te donner pour de l'argent, car Naboth n'est plus en vie, mais il est mort. ¹⁶ Ainsi, dès qu'Achab eut entendu que Naboth était mort, il se leva pour descendre à la vigne de Naboth, le Jizréélite, afin d'en prendre possession. ¹⁷ Alors la parole de l'Éternel fut adressée à Élie, le Thishbite, en ces mots: ¹⁸ Lève-toi, descends au-devant d'Achab, roi d'Israël, qui est à Samarie. Le voilà dans la vigne de Naboth, où il est descendu pour en prendre possession. ¹⁹ Et tu lui parleras en ces termes: Ainsi a dit l'Éternel: N'as-tu pas tué, et n'as-tu pas même pris possession? Et tu lui diras: Ainsi a dit l'Éternel: Comme les chiens ont léché le sang de Naboth, les chiens lécheront aussi ton propre sang. ²⁰ Et Achab dit à Élie: M'as-tu trouvé, mon ennemi? Et il lui répondit: Je t'ai trouvé; parce que tu t'es vendu pour faire ce qui déplaît à l'Éternel. ²¹ Voici, je vais faire venir le malheur sur toi, et je te balayerai, et je retrancherai à Achab jusqu'à un seul homme, et ce qui est serré et ce qui est abandonné en Israël; ²² Et je rendrai ta maison semblable à la maison de Jéroboam, fils de Nébat, et à la maison de Baesha, fils d'Achija; à cause des péchés par lesquels tu m'as provoqué et as fait pécher Israël. ²³ L'Éternel parla aussi contre Jésabel, en disant: Les chiens mangeront Jésabel près du rempart de Jizréel. ²⁴ Celui qui mourra à Achab dans la ville, les chiens le mangeront; et celui qui mourra aux champs, sera mangé par les oiseaux des cieux. ²⁵ En effet, il n'y avait eu personne comme Achab, qui se fût vendu pour faire ce qui est mauvais aux yeux de l'Éternel, selon que l'y incitait sa femme Jésabel; ²⁶ De sorte qu'il se rendit fort abominable, allant après les idoles, comme avaient fait les Amoréens que l'Éternel avait chassés devant les enfants d'Israël. ²⁷ Et il arriva, aussitôt qu'Achab eut entendu ces paroles, qu'il déchira ses vêtements, et mit un sac sur sa chair et jeûna; et il couchait enveloppé du sac, et se traînait en marchant. ²⁸ Alors la parole de l'Éternel fut adressée à Élie, le Thishbite, en ces mots: ²⁹ As-tu vu comment Achab s'est humilié devant moi? Parce qu'il s'est humilié devant moi, je ne ferai pas venir ce malheur de son temps; ce sera aux jours de son fils que je ferai venir le malheur sur sa maison.

22

¹ Or on demeura trois ans sans qu'il y eût guerre entre la Syrie et Israël. ² Puis, la troisième année, Josaphat, roi de Juda, étant descendu vers le roi d'Israël, ³ Le roi d'Israël dit à ses serviteurs: Savez-vous que Ramoth de Galaad nous appartient? Et nous nous tenons tranquilles, sans la reprendre des mains du roi de Syrie! ⁴ Puis il dit à Josaphat: Viendras-tu avec moi à la guerre contre Ramoth de Galaad? Et Josaphat répondit au roi d'Israël: Dispose de moi comme de toi, de mon peuple comme de ton peuple, et de mes chevaux comme de tes chevaux. ⁵ Et Josaphat dit au roi d'Israël: Consulte d'abord, je te prie, la parole de l'Éternel. ⁶ Alors le roi d'Israël assembla les prophètes, environ quatre cents hommes, et leur dit: Irai-je à la guerre contre Ramoth de Galaad, ou y renoncerai-je? Et ils dirent: Monte; et le Seigneur la livrera entre les mains du roi. ⁷ Et Josaphat dit: N'y a-t-il point ici encore quelque prophète de l'Éternel par qui nous puissions le consulter ⁸ Et le roi d'Israël dit à Josaphat: Il y a encore un homme par qui l'on peut consulter l'Éternel; mais je le hais; car il ne me prophétise rien de bon, mais seulement du mal: C'est Michée, fils de Jimla. Et Josaphat dit: Que le roi ne parle pas ainsi! ⁹ Alors le roi d'Israël appela un officier auquel il dit: Fais promptement venir Michée, fils de Jimla. ¹⁰ Or, le roi d'Israël et Josaphat, roi de Juda, étaient assis, chacun sur son trône, revêtus de leurs habits, dans la place, vers l'entrée de la porte de Samarie; et tous les

prophètes prophétisaient en leur présence. ¹¹ Alors Tsidkija, fils de Kénaana, s'étant fait des cornes de fer, dit: Ainsi a dit l'Éternel: Avec ces cornes tu heurteras les Syriens jusqu'à les détruire. ¹² Et tous les prophètes prophétisaient de même, disant: Monte à Ramoth de Galaad, et tu réussiras; et l'Éternel la livrera entre les mains du roi. ¹³ Or le messager qui était allé appeler Michée, lui parla et lui dit: Voici, maintenant les prophètes prédisent tous d'une voix du bien au roi; je te prie, que ta parole soit semblable à celle de chacun d'eux, et annonce du bien. ¹⁴ Mais Michée dit: L'Éternel est vivant, je dirai ce que l'Éternel me dira. ¹⁵ Il vint donc vers le roi, et le roi lui dit: Michée, irons-nous à la guerre contre Ramoth de Galaad, ou y renoncerons-nous? Et il lui dit: Monte; et tu réussiras; et l'Éternel la livrera entre les mains du roi. ¹⁶ Et le roi lui dit: Combien de fois t'adjurerai-je de ne me dire que la vérité au nom de l'Éternel? ¹⁷ Et il répondit: J'ai vu tout Israël dispersé par les montagnes, comme un troupeau de brebis qui n'a point de pasteur; et l'Éternel a dit: Ces gens n'ont point de seigneur; que chacun retourne en paix dans sa maison! ¹⁸ Et le roi d'Israël dit à Josaphat: Ne t'ai-je pas dit qu'il ne prophétise rien de bon quand il s'agit de moi, mais seulement du mal? ¹⁹ Et Michée dit: C'est pourquoi, écoute la parole de l'Éternel: J'ai vu l'Éternel assis sur son trône, et toute l'armée des cieux se tenant devant lui, à sa droite et à sa gauche. ²⁰ Et l'Éternel dit: Qui est-ce qui séduira Achab, afin qu'il monte et qu'il périsse à Ramoth de Galaad? L'un répondait d'une façon et l'autre d'une autre. ²¹ Alors un esprit s'avança et se tint devant l'Éternel, et dit: Je le séduirai. Et l'Éternel lui dit: Comment? ²² Et il répondit: Je sortirai, et je serai un esprit de mensonge dans la bouche de tous ses prophètes. Et l'Éternel dit: Tu le séduiras, et même tu en viendras à bout. Sors, et fais ainsi. ²³ Maintenant donc, voici, l'Éternel a mis un esprit de mensonge dans la bouche de tous tes prophètes que voilà; et l'Éternel a prononcé du mal contre toi. ²⁴ Alors Tsidkija, fils de Kénaana, s'approcha et frappa Michée sur la joue, en disant: Par où l'Esprit de l'Éternel m'a-t-il quitté pour te parler? ²⁵ Et Michée répondit: Voici, tu le verras au jour où tu iras de chambre en chambre pour te cacher! ²⁶ Alors le roi d'Israël dit à l'officier: Prends Michée, et mène-le vers Amon, capitaine de la ville, et vers Joas, fils du roi; ²⁷ Et tu diras: Ainsi a dit le roi: Mettez cet homme en prison, et nourrissez-le du pain de l'affliction et de l'eau de l'affliction, jusqu'à ce que je revienne en paix. ²⁸ Et Michée dit: Si jamais tu reviens en paix, l'Éternel n'aura point parlé par moi. Et il dit: Vous tous, peuples, entendez! ²⁹ Le roi d'Israël monta donc avec Josaphat, roi de Juda, à Ramoth de Galaad. ³⁰ Et le roi d'Israël dit à Josaphat: Je me déguiserai pour aller au combat; mais toi, revêts-toi de tes habits. Ainsi le roi d'Israël se déguisa et vint au combat. ³¹ Or le roi des Syriens avait donné cet ordre aux trente-deux chefs de ses chars, disant: Vous n'attaquerez ni petit ni grand, mais seulement le roi d'Israël. ³² Sitôt donc que les chefs des chars eurent vu Josaphat, ils dirent: C'est certainement le roi d'Israël. Et ils tournèrent vers lui pour l'attaquer; mais Josaphat poussa un cri. ³³ Et quand les chefs des chars virent que ce n'était pas le roi d'Israël, ils se détournèrent de lui. ³⁴ Alors un homme tira de son arc tout au hasard, et frappa le roi d'Israël entre les jointures de la cuirasse. Et le roi dit à son cocher: Tourne, et mène-moi hors des rangs; car je suis blessé. ³⁵ Or, en ce jour-là, le combat fut acharné et le roi fut retenu dans son char, vis-à-vis des Syriens; et il mourut le soir; et le sang de la blessure coula sur le fond du char. ³⁶ Et, comme le soleil se couchait, ce cri passa dans les rangs: Chacun à sa ville, et chacun à son pays! ³⁷ Le roi donc entra mort à Samarie; et on l'y ensevelit. ³⁸ Et on lava le char dans l'étang de Samarie, et les chiens léchèrent son sang, comme aussi quand on lava ses armes, selon la parole que l'Éternel avait prononcée. ³⁹ Le reste des actions d'Achab, et tout ce qu'il fit, et la maison d'ivoire qu'il bâtit, et toutes les villes qu'il bâtit, tout cela n'est-il pas écrit au livre des Chroniques des rois d'Israël? ⁴⁰ Et Achab s'endormit avec ses pères; et Achazia, son fils, régna à sa place. ⁴¹ Josaphat, fils d'Asa, avait commencé à régner sur Juda la quatrième année d'Achab, roi d'Israël. ⁴² Josaphat était âgé de trente-cinq ans quand il commença à régner, et il régna vingt-cinq ans à Jérusalem. Le nom de sa mère était Asuba, et elle était fille de Shilchi. ⁴³ Il suivit entièrement la voie d'Asa, son père, et il ne s'en détourna point, faisant ce qui est droit aux yeux de l'Éternel. Seulement, les hauts lieux ne furent point détruits; le peuple y sacrifiait encore, et y offrait de l'encens. ⁴⁴ Josaphat fut en paix avec le roi d'Israël. ⁴⁵ Le reste des actions de Josaphat, les exploits qu'il fit et les guerres qu'il soutint, cela n'est-il pas écrit au livre des Chroniques des rois de Juda? ⁴⁶ Quant au reste de ceux qui se prostituaient, qui étaient demeurés depuis le temps d'Asa, son père, il les fit disparaître du pays. ⁴⁷ Il n'y avait point alors de roi en Édom; mais le gouverneur était vice-roi. ⁴⁸ Josaphat équipa une flotte de Tarsis, pour aller à Ophir chercher de l'or; mais on n'y alla point, parce que les navires furent brisés à Etsjon-Guéber. ⁴⁹ Alors Achazia, fils d'Achab, dit à Josaphat: Que mes serviteurs aillent avec les tiens sur les navires. Mais Josaphat ne le voulut pas. ⁵⁰ Et Josaphat s'endormit avec ses pères, et fut enseveli avec eux dans la cité de David, son père; et Joram, son fils, régna à sa place. ⁵¹ Achazia, fils d'Achab, commença à régner sur Israël, à Samarie, la dix-septième année de Josaphat, roi de Juda; et il régna deux ans sur Israël. ⁵² Il fit ce qui est mal aux yeux de l'Éternel, et il marcha dans la voie de son père, et dans la voie de sa mère, et dans la voie de Jéroboam, fils de Nébat, qui avait fait pécher Israël. ⁵³ Il servit Baal et se prosterna devant lui; et il irrita l'Éternel, le Dieu d'Israël, comme l'avait fait son père.

2 Rois

[1] Après la mort d'Achab, les Moabites se révoltèrent contre Israël. [2] Or Achazia tomba par le treillis de sa chambre haute, à Samarie, et il en fut malade; et il envoya des messagers, auxquels il dit: Allez, consultez Baal-Zébub, dieu d'Ékron, pour savoir si je relèverai de cette maladie. [3] Mais l'ange de l'Éternel dit à Élie, le Thishbite: Lève-toi, monte au-devant des messagers du roi de Samarie, et dis-leur: N'y a-t-il point de Dieu en Israël, que vous alliez consulter Baal-Zébub, dieu d'Ékron? [4] C'est pourquoi, ainsi a dit l'Éternel: Tu ne descendras point du lit sur lequel tu es monté, mais certainement tu mourras. Et Élie s'en alla. [5] Puis les messagers retournèrent vers Achazia, qui leur dit: Pourquoi revenez-vous? [6] Et ils lui répondirent: Un homme est monté au-devant de nous, et nous a dit: Allez, retournez vers le roi qui vous a envoyés, et dites-lui: Ainsi a dit l'Éternel: N'y a-t-il point de Dieu en Israël, que tu envoies consulter Baal-Zébub, dieu d'Ékron? C'est pourquoi, tu ne descendras point du lit sur lequel tu es monté, mais certainement tu mourras. [7] Alors le roi leur dit: Comment est cet homme qui est monté au-devant de vous et qui vous a dit ces paroles? [8] Et ils lui dirent: C'est un homme vêtu de poil, et ayant autour de ses reins une ceinture de cuir. Et il dit: C'est Élie, le Thishbite. [9] Alors il envoya vers lui un capitaine de cinquante hommes, avec ses cinquante hommes, qui monta vers lui. Or voici, Élie se tenait sur le haut de la montagne. Et le capitaine lui dit: Homme de Dieu, le roi a dit que tu descendes. [10] Mais Élie répondit, et dit au capitaine des cinquante hommes: Si je suis homme de Dieu, que le feu descende des cieux et te consume, toi et tes cinquante hommes. Et le feu descendit des cieux et le consuma, lui et ses cinquante hommes. [11] Et Achazia lui envoya encore un autre capitaine de cinquante hommes, avec ses cinquante hommes, qui prit la parole et lui dit: Homme de Dieu, ainsi a dit le roi: Hâte-toi de descendre. [12] Mais Élie répondit et leur dit: Si je suis homme de Dieu, que le feu descende des cieux et te consume, toi et tes cinquante hommes. Et le feu de Dieu descendit des cieux, et le consuma, lui et ses cinquante hommes. [13] Et Achazia envoya encore le capitaine d'une troisième cinquantaine, avec ses cinquante hommes. Et ce troisième capitaine de cinquante hommes monta, vint, et fléchit les genoux devant Élie, et, le suppliant, il lui dit: Homme de Dieu, je te prie, que ma vie et la vie de ces cinquante hommes, tes serviteurs, soit précieuse à tes yeux! [14] Voici, le feu est descendu des cieux, et a consumé les deux premiers capitaines de cinquantaine, avec leurs cinquante hommes; mais maintenant, que ma vie soit précieuse à tes yeux! [15] Et l'ange de l'Éternel dit à Élie: Descends avec lui; n'aie point peur de lui. Il se leva donc, et descendit avec lui vers le roi; et il lui dit: [16] Ainsi a dit l'Éternel: Parce que tu as envoyé des messagers pour consulter Baal-Zébub, dieu d'Ékron, comme s'il n'y avait point de Dieu en Israël pour consulter sa parole, tu ne descendras point du lit sur lequel tu es monté; mais certainement tu mourras! [17] Achazia mourut donc, selon la parole de l'Éternel, qu'Élie avait prononcée; et Joram régna à sa place, la seconde année de Joram, fils de Josaphat, roi de Juda, parce qu'Achazia n'avait point de fils. [18] Le reste des actes d'Achazia n'est-il pas écrit au livre des Chroniques des rois d'Israël?

2

[1] Lorsque l'Éternel enleva Élie aux cieux dans un tourbillon, Élie et Élisée venaient de Guilgal. [2] Et Élie dit à Élisée: Je te prie, demeure ici; car l'Éternel m'envoie jusqu'à Béthel. Mais Élisée dit: L'Éternel est vivant, et ton âme est vivante! je ne te quitterai point.

Ainsi ils descendirent à Béthel. ³ Et les fils des prophètes qui étaient à Béthel sortirent vers Élisée, et lui dirent: Sais-tu qu'aujourd'hui l'Éternel va t'enlever ton maître? Et il dit: Je le sais bien aussi; taisez-vous! ⁴ Élie lui dit: Élisée, je te prie, demeure ici; car l'Éternel m'envoie à Jérico. Mais il répondit: L'Éternel est vivant et ton âme est vivante! je ne te quitterai point. Ainsi ils vinrent à Jérico. ⁵ Et les fils des prophètes qui étaient à Jérico s'approchèrent d'Élisée, et lui dirent: Sais-tu qu'aujourd'hui l'Éternel va t'enlever ton maître? Et il répondit: Je le sais bien aussi; taisez-vous! ⁶ Et Élie lui dit: Je te prie, demeure ici; car l'Éternel m'envoie jusqu'au Jourdain. Mais il répondit: L'Éternel est vivant et ton âme est vivante! je ne te quitterai point. Ainsi ils s'en allèrent tous deux. ⁷ Et cinquante hommes d'entre les fils des prophètes vinrent, et se tinrent à distance, vis-à-vis d'eux, tandis qu'ils s'arrêtaient tous deux au bord du Jourdain. ⁸ Alors Élie prit son manteau, le plia et en frappa les eaux, qui se partagèrent çà et là; et ils passèrent tous deux à sec. ⁹ Quand ils eurent passé, Élie dit à Élisée: Demande ce que tu veux que je fasse pour toi, avant que je sois enlevé d'avec toi. Élisée ré-pondit: Que j'aie, je te prie, une double portion de ton esprit. ¹⁰ Et Élie dit: Tu demandes une chose difficile. Si tu me vois enlever d'avec toi, il t'arrivera ainsi; sinon, cela n'arrivera pas. ¹¹ Et comme ils continuaient leur chemin et s'entretenaient en marchant, voici, un char de feu, et des chevaux de feu les séparèrent l'un de l'autre. Et Élie monta aux cieux dans un tourbillon. ¹² Et Élisée, le regardant, criait: Mon père, mon père, char d'Israël et sa cavalerie! Et il ne le vit plus; et, saisissant ses vêtements, il les déchira en deux pièces. ¹³ Puis il releva le manteau qu'Élie avait laissé tomber de dessus lui; et il s'en retourna, et s'arrêta sur le bord du Jourdain. ¹⁴ Et il prit le manteau qu'Élie avait laissé tomber de dessus lui; il en frappa les eaux et dit: Où est l'Éternel, le Dieu d'Élie? Lui aussi il frappa les eaux, qui se partagèrent çà et là, et Élisée passa. ¹⁵ Quand les fils des prophètes qui étaient à Jérico, vis-à-vis, l'eurent vu, ils dirent: L'esprit d'Élie repose maintenant sur Élisée. Et ils vinrent au-devant de lui, se prosternèrent en terre devant lui, et lui dirent: ¹⁶ Voici, il y a parmi tes serviteurs cinquante hommes vaillants; nous te prions qu'ils s'en aillent chercher ton maître, de peur que l'Esprit de l'Éternel, l'ayant enlevé, ne l'ait jeté dans quelque montagne ou dans quelque vallée. Et il répondit: N'y envoyez point. ¹⁷ Mais ils le pressèrent jusqu'à l'embarrasser; il leur dit donc: Envoyez-y! Alors ils envoyèrent cinquante hommes, qui cherchèrent trois jours et ne le trouvèrent pas. ¹⁸ Et ils revinrent vers Élisée, qui était demeuré à Jérico; et il leur dit: Ne vous avais-je pas dit: N'y allez pas? ¹⁹ Et les gens de la ville dirent à Élisée: Voici, le séjour de cette ville est bon, comme mon seigneur le voit; mais les eaux sont mauvaises, et le pays est stérile. ²⁰ Et il dit: Apportez-moi un vase neuf, et mettez-y du sel. Et ils le lui apportèrent. ²¹ Puis il sortit vers la source des eaux, et il y jeta du sel et dit: Ainsi a dit l'Éternel: Je rends saines ces eaux; elles ne causeront plus ni mort, ni stérilité. ²² Et les eaux ont été saines jusqu'à ce jour, selon la parole qu'Élisée avait prononcée. ²³ Et de là il monta à Béthel. Et comme il montait par le chemin, il sortit de la ville de jeunes garçons qui se moquaient de lui, et disaient: Monte, chauve; monte, chauve! ²⁴ Et, se retournant, il les vit et les maudit au nom de l'Éternel. Alors deux ours sortirent de la forêt, et déchirèrent quarante-deux de ces enfants. ²⁵ Et de là il se rendit au mont Carmel, d'où il revint à Samarie.

3

¹ Joram, fils d'Achab, devint roi d'Israël, à Samarie, la dix-huitième année de Josaphat, roi de Juda, et il régna douze ans. ² Il fit ce qui est mauvais aux yeux de l'Éternel, non pas pourtant comme son père et sa mère; car il ôta la statue de Baal que son père avait faite.

³ Seulement il demeura dans les péchés de Jéroboam, fils de Nébat, qui avait fait pécher Israël. Il ne s'en détourna point. ⁴ Or Mésha, roi de Moab, avait de grands troupeaux; et il payait au roi d'Israël un tribut de cent mille agneaux et cent mille béliers avec leur laine. ⁵ Mais, aussitôt qu'Achab fut mort, le roi de Moab se révolta contre le roi d'Israël. ⁶ C'est pourquoi le roi Joram sortit en ce jour de Samarie, et fit le dénombrement de tout Israël. ⁷ Et il envoya vers Josaphat, roi de Juda, pour lui dire: Le roi de Moab s'est révolté contre moi. Viendras-tu avec moi à la guerre contre Moab? Et il répondit: J'y monterai; dispose de moi comme de toi, de mon peuple comme de ton peuple, de mes chevaux comme de tes chevaux. ⁸ Et il dit: Par quel chemin monterons-nous? Et Joram répondit: Par le chemin du désert d'Édom. ⁹ Ainsi le roi d'Israël partit, avec le roi de Juda et le roi d'Édom; et, faisant le tour, ils marchèrent pendant sept jours; mais l'eau manqua pour le camp et pour les bêtes qui suivaient. ¹⁰ Alors le roi d'Israël dit: Hélas! l'Éternel a sûrement appelé ces trois rois pour les livrer entre les mains de Moab ¹¹ Et Josaphat dit: N'y a-t-il point ici quelque prophète de l'Éternel, afin que nous consultions l'Éternel par son moyen? Un des serviteurs du roi d'Israël répondit, et dit: Élisée, fils de Shaphat, qui versait l'eau sur les mains d'Élie, est ici. ¹² Et Josaphat dit: La parole de l'Éternel est avec lui. Alors le roi d'Israël, Josaphat et le roi d'Édom descendirent vers lui. ¹³ Mais Élisée dit au roi d'Israël: Qu'y a-t-il entre moi et toi? Va-t'en vers les prophètes de ton père et vers les prophètes de ta mère! Et le roi d'Israël répondit: Non! car l'Éternel a appelé ces trois rois pour les livrer entre les mains de Moab. ¹⁴ Alors Élisée dit: L'Éternel des armées, devant qui je me tiens, est vivant! si je n'avais égard à Josaphat, roi de Juda, je ne ferais point attention à toi, et je ne te regarderais pas. ¹⁵ Mais maintenant, amenez-moi un joueur de harpe. Et comme le joueur de harpe jouait, la main de l'Éternel fut sur Élisée. ¹⁶ Et il dit: Ainsi a dit l'Éternel: Qu'on fasse des fossés par toute cette vallée. ¹⁷ Car ainsi parle l'Éternel: Vous ne verrez ni vent ni pluie, et cette vallée se remplira d'eaux et vous boirez, vous, vos troupeaux et vos bêtes. ¹⁸ Et c'est peu de chose aux yeux de l'Éternel: Il livrera encore Moab entre vos mains. ¹⁹ Et vous frapperez toutes les villes fortes et toutes les villes principales; vous abattrez tous les bons arbres, vous boucherez toutes les sources d'eau, et vous couvrirez de pierres tous les meilleurs champs. ²⁰ Le matin donc, à l'heure où l'on offre l'oblation, il arriva qu'on vit des eaux venir par le chemin d'Édom, et le pays fut rempli d'eaux. ²¹ Or tous les Moabites, ayant appris que les rois étaient montés pour leur faire la guerre, s'étaient assemblés à cri public, depuis l'âge où l'on ceint le baudrier et au-dessus; et ils se tenaient sur la frontière. ²² Et, le matin, à leur lever, comme le soleil se levait sur les eaux, les Moabites virent vis-à-vis d'eux les eaux rouges comme du sang. ²³ Et ils dirent: C'est du sang! Certainement, les rois se sont entre-tués, et chacun a frappé son compagnon. Maintenant donc, Moabites, au butin! ²⁴ Ainsi, ils vinrent au camp d'Israël; mais les Israélites se levèrent et battirent les Moabites, qui s'enfuirent devant eux; puis ils avancèrent dans le pays, et frappèrent Moab. ²⁵ Ils détruisirent les villes, jetèrent chacun des pierres dans les meilleurs champs, et les remplirent; ils bouchèrent toutes les sources d'eau, et abattirent tous les bons arbres, jusqu'à ne laisser que les pierres à Kir-Haréseth, que les tireurs de fronde environnèrent et battirent. ²⁶ Et le roi de Moab, voyant qu'il n'était pas le plus fort, prit avec lui sept cents hommes tirant l'épée, pour pénétrer jusqu'au roi d'Édom; mais ils ne le purent. ²⁷ Alors il prit son fils aîné, qui devait régner à sa place, et il l'offrit en holocauste sur la muraille. Et il y eut chez les Israélites une grande indignation. Ainsi ils se retirèrent de lui, et s'en retournèrent en leur pays.

4

¹ Or la veuve d'un des fils des prophètes cria à Élisée, en disant: Ton serviteur mon mari est mort; et tu sais que ton serviteur craignait l'Éternel; et son créancier est venu pour prendre mes deux enfants pour esclaves. ² Et Élisée lui dit: Que ferai-je pour toi? Déclare-moi ce que tu as à la maison. Et elle dit: Ta servante n'a rien dans toute la maison qu'une fiole d'huile. ³ Alors il lui dit: Va, et emprunte dehors à tous tes voisins des vases, des vases vides, et n'en demande pas un petit nombre. ⁴ Puis rentre et ferme la porte sur toi et sur tes enfants, et verse dans tous ces vases, faisant ôter ceux qui seront pleins. ⁵ Elle s'en alla donc d'avec lui; puis elle ferma la porte sur elle et sur ses enfants; ils lui apportaient les vases, et elle versait. ⁶ Et, lorsque les vases furent pleins, elle dit à son fils: Apporte-moi encore un vase; et il répondit: Il n'y a plus de vase. Et l'huile s'arrêta. ⁷ Alors elle vint le rapporter à l'homme de Dieu, qui lui dit: Va, vends l'huile, et paie ta dette; et, toi et tes fils, vous vivrez du reste. ⁸ Et il arriva un jour qu'Élisée passa à Sunem; et il y avait là une femme riche, qui le retint à manger le pain chez elle. Et, toutes les fois qu'il passait, il entrait là pour y manger le pain. ⁹ Et elle dit à son mari: Voici, je reconnais que cet homme qui passe toujours chez nous, est un saint homme de Dieu. ¹⁰ Faisons, je te prie, une petite chambre haute, et mettons-lui là un lit, une table, un siège et un chandelier; quand il viendra chez nous, il s'y retirera. ¹¹ Étant donc un jour venu là, il se retira dans cette chambre haute, et y reposa. ¹² Et il dit à Guéhazi, son serviteur: Appelle cette Sunamite. Guéhazi l'appela, et elle se présenta devant lui. ¹³ Alors il dit à Guéhazi: Dis-lui, je te prie: Voici, tu as pris pour nous tous ces soins; que pourrait-on faire pour toi? As-tu à parler au roi, ou au chef de l'armée? Elle répondit: J'habite au milieu de mon peuple. Il dit donc: Que faire pour elle? ¹⁴ Et Guéhazi répondit: Mais, elle n'a pas de fils, et son mari est vieux. ¹⁵ Alors il dit: Appelle-la! Et il l'appela, et elle se présenta à la porte. ¹⁶ Et il lui dit: L'année qui vient, en cette même saison, tu embrasseras un fils. Et elle répondit: Non, mon seigneur, homme de Dieu, ne mens point à ta servante! ¹⁷ Or cette femme conçut, et enfanta un fils un an après, dans la même saison, comme Élisée le lui avait dit. ¹⁸ Et l'enfant étant devenu grand, il arriva qu'il sortit un jour pour aller vers son père, auprès des moissonneurs. ¹⁹ Et il dit à son père: Ma tête, ma tête! Et le père dit au serviteur: Porte-le à sa mère. ²⁰ Il le porta donc et l'amena à sa mère; et il demeura sur les genoux de sa mère jusqu'à midi, puis il mourut. ²¹ Alors elle monta, et le coucha sur le lit de l'homme de Dieu; et, ayant fermé la porte sur lui, elle sortit. ²² Ensuite elle appela son mari, et dit: Envoie-moi, je te prie, un des serviteurs et une des ânesses; et je m'en irai jusqu'à l'homme de Dieu; puis je reviendrai. ²³ Et il dit: Pourquoi vas-tu vers lui aujourd'hui? Ce n'est point la nouvelle lune, ni le sabbat. Elle répondit: Tout va bien! ²⁴ Elle fit donc seller l'ânesse, et dit à son serviteur: Mène bon train; ne ralentis pas la course, que je ne te le dise. ²⁵ Ainsi elle s'en alla, et vint vers l'homme de Dieu, à la montagne de Carmel. Et, sitôt que l'homme de Dieu l'eut vue paraître, il dit à Guéhazi, son serviteur: Voilà cette Sunamite! ²⁶ Va, cours au-devant d'elle, et dis-lui: Tout va-t-il bien pour toi, pour ton mari, pour l'enfant? Et elle dit: Bien. ²⁷ Puis elle vint vers l'homme de Dieu sur la montagne, et embrassa ses pieds. Et Guéhazi s'approcha pour la repousser; mais l'homme de Dieu lui dit: Laisse-la, car son âme est dans l'amertume; et l'Éternel me l'a caché, et ne me l'a point déclaré. ²⁸ Alors elle dit: Avais-je demandé un fils à mon seigneur? Ne te dis-je pas: Ne fais point que je sois trompée? ²⁹ Et il dit à Guéhazi: Ceins tes reins; prends mon bâton en ta main, et t'en va. Si tu rencontres quelqu'un, ne le salue point; et si quelqu'un te salue, ne lui réponds pas; ensuite tu mettras mon bâton sur le visage de l'enfant. ³⁰ Mais la mère de l'enfant dit: L'Éternel est vivant et ton âme est vivante! je ne te laisserai point. Et il se leva, et la suivit. ³¹ Or Guéhazi, les ayant devancés, mit le bâton sur le visage de l'enfant; mais il

n'y eut ni voix ni signe d'attention; et il revint au-devant d'Élisée, et lui fit ce rapport, en disant: L'enfant ne s'est pas réveillé. [32] Élisée entra donc dans la maison; et voici, l'enfant était mort et couché sur son lit. [33] Et, étant entré, il ferma la porte sur eux deux, et pria l'Éternel. [34] Puis il monta, et se coucha sur l'enfant, et mit sa bouche sur la bouche de l'enfant, ses yeux sur ses yeux, ses mains sur ses mains, et s'étendit sur lui; et la chair de l'enfant fut réchauffée. [35] Puis il se retirait, et allait par la maison, tantôt ici, tantôt là, et remontait et s'étendait encore sur lui; enfin l'enfant éternua sept fois, et ouvrit les yeux. [36] Alors Élisée appela Guéhazi, et lui dit: Appelle cette Sunamite. Et il l'appela; et elle vint vers lui, et il lui dit: Prends ton fils. [37] Elle vint donc, et se jeta à ses pieds, et se prosterna en terre; puis elle prit son fils, et sortit. [38] Et Élisée revint à Guilgal. Or il y avait une famine au pays; et les fils des prophètes étaient assis devant lui. Et il dit à son serviteur: Mets le grand pot, et cuis du potage pour les fils des prophètes. [39] Mais quelqu'un sortit aux champs pour cueillir des herbes; et il trouva de la vigne sauvage, et cueillit des coloquintes sauvages, plein sa robe; puis étant venu, il les mit par pièces dans le pot où était le potage; car on ne savait ce que c'était. [40] Et on en versa à ces gens pour manger; mais sitôt qu'ils eurent mangé de ce potage, ils s'écrièrent: Homme de Dieu, la mort est dans ce pot! Et ils n'en purent manger. [41] Alors il dit: Eh bien, apportez de la farine. Et il la jeta dans le pot; puis il dit: Verse à ces gens, et qu'ils mangent. Et il n'y avait plus rien de mauvais dans le pot. [42] Alors vint un homme de Baal-Shalisha, qui apportait à l'homme de Dieu du pain des prémices, vingt pains d'orge, et du blé de primeur dans sa besace. Et Élisée dit: Donnes-en à ces gens, et qu'ils mangent. [43] Et son serviteur dit: Comment en donnerais-je à cent hommes? Mais Élisée répondit: Donne-le à ces gens et qu'ils mangent. Car ainsi a dit l'Éternel: On en mangera, et on en aura de reste. [44] Ainsi il le mit devant eux, et ils mangèrent, et ils en laissèrent de reste, selon la parole de l'Éternel.

5

[1] Or Naaman, chef de l'armée du roi de Syrie, était un homme puissant auprès de son seigneur et fort honoré, parce que l'Éternel avait délivré les Syriens par son moyen; mais cet homme fort et vaillant était lépreux. [2] Et quelques troupes étaient sorties de Syrie et avaient emmené prisonnière une petite fille du pays d'Israël, et elle servait la femme de Naaman. [3] Et elle dit à sa maîtresse: Oh! si mon seigneur était devant le prophète qui est à Samarie! Il le guérirait aussitôt de sa lèpre. [4] Naaman vint donc le rapporter à son seigneur, et lui dit: La jeune fille du pays d'Israël a dit telle et telle chose. [5] Et le roi de Syrie dit: Pars, va, et j'enverrai une lettre au roi d'Israël. Et il partit, prenant en sa main dix talents d'argent, six mille pièces d'or, et dix robes de rechange. [6] Et il porta au roi d'Israël la lettre, qui disait: Dès que cette lettre te sera parvenue, tu sauras que je t'ai envoyé Naaman, mon serviteur, afin que tu le guérisses de sa lèpre. [7] Dès que le roi d'Israël eut lu la lettre, il déchira ses vêtements et dit: Suis-je Dieu, pour faire mourir ou vivre, que celui-ci envoie vers moi pour guérir un homme de sa lèpre? C'est pourquoi, sachez et voyez qu'il ne cherche qu'une occasion contre moi. [8] Mais quand Élisée, l'homme de Dieu, apprit que le roi d'Israël avait déchiré ses vêtements, il envoya dire au roi: Pourquoi as-tu déchiré tes vêtements? Qu'il vienne seulement vers moi, et il saura qu'il y a un prophète en Israël. [9] Naaman vint donc avec ses chevaux et son char, et s'arrêta à la porte de la maison d'Élisée. [10] Et Élisée lui envoya un messager pour lui dire: Va, lave-toi sept fois au Jourdain, et ta chair te reviendra, et tu seras pur. [11] Mais Naaman se mit fort en colère, et s'en alla, en disant: Voici, je me disais: Il sortira certainement vers moi; il se tiendra là; il invoquera le nom de l'Éternel son Dieu; il étendra sa main sur la plaie et guérira le lépreux. [12] L'Abana et le Parpar, les fleuves de Damas, ne valent-ils pas

mieux que toutes les eaux d'Israël? Ne pourrais-je m'y laver et devenir pur? Ainsi il s'en retournait et s'en allait tout en colère. [13] Mais ses serviteurs s'approchèrent, et lui dirent: Mon père, si le prophète t'eût dit quelque chose de difficile, ne le ferais-tu pas? Combien plus lorsqu'il te dit: Lave-toi et tu seras pur! [14] Alors il descendit, et se plongea dans le Jourdain sept fois, selon la parole de l'homme de Dieu; et sa chair lui revint semblable à la chair d'un petit enfant, et il fut pur. [15] Alors il retourna vers l'homme de Dieu, lui et toute sa suite, et vint se présenter devant lui, et dit: Voici, je reconnais qu'il n'y a point de Dieu dans toute la terre, si ce n'est en Israël. Et maintenant, veuille accepter une marque de reconnaissance de la part de ton serviteur. [16] Mais Élisée répondit: L'Éternel, en la présence de qui je me tiens, est vivant! je n'en accepterai pas. Et Naaman le pressa d'accepter, mais il refusa. [17] Alors Naaman dit: Mais, je te prie, ne pourrait-on pas donner de cette terre à ton serviteur, la charge de deux mulets? Car ton serviteur ne fera plus d'holocauste ni de sacrifice à d'autres dieux qu'à l'Éternel. [18] L'Éternel veuille pardonner ceci à ton serviteur: c'est que, lorsque mon maître entrera dans la maison de Rimmon pour s'y prosterner, et qu'il s'appuiera sur ma main, je me prosternerai dans la maison de Rimmon. L'Éternel veuille pardonner à ton serviteur, quand je me prosternerai dans la maison de Rimmon! [19] Et Élisée lui dit: Va en paix! Ainsi, l'ayant quitté, Naaman fit quelque peu de chemin. [20] Alors Guéhazi, serviteur d'Élisée, l'homme de Dieu, dit en lui-même: Voici, mon maître a ménagé Naaman, ce Syrien, et n'a pas accepté de sa main ce qu'il avait apporté. L'Éternel est vivant! je courrai après lui et j'en recevrai quelque chose. [21] Guéhazi courut donc après Naaman. Et Naaman, voyant qu'il courait après lui, sauta de son char à sa rencontre, et dit: Tout va-t-il bien? [22] Et il répondit: Tout va bien. Mon maître m'envoie te dire: Voici, il m'arrive à l'instant même, de la montagne d'Éphraïm, deux jeunes gens d'entre les fils des prophètes; donne-leur, je te prie, un talent d'argent et deux robes de rechange. [23] Et Naaman dit: Veuille accepter deux talents; et il le pressa, et mit dans deux sacs deux talents, ainsi que deux robes de rechange; et il les donna à deux de ses serviteurs qui les portèrent devant Guéhazi. [24] Et quand il fut parvenu à la colline, il les prit d'entre leurs mains et les serra dans la maison; puis il renvoya ces gens-là, et ils s'en retournèrent. [25] Alors il rentra, et se présenta devant son maître. Et Élisée lui dit: D'où viens-tu, Guéhazi? Et il lui répondit: Ton serviteur n'est allé ni d'un côté ni d'autre. [26] Mais Élisée lui dit: Mon esprit n'est-il pas allé là où cet homme a quitté son char pour venir à ta rencontre? Est-ce le temps de prendre de l'argent, de prendre des vêtements, puis des oliviers et des vignes, des brebis et des bœufs, des serviteurs et des servantes? [27] C'est pourquoi la lèpre de Naaman s'attachera à toi et à ta postérité à jamais! Et il sortit de devant Élisée, blanc de lèpre comme la neige.

6

[1] Or, les fils des prophètes dirent à Élisée: Voici, le lieu où nous sommes assis devant toi est trop étroit pour nous. [2] Allons-nous-en jusqu'au Jourdain; et nous prendrons là chacun une pièce de bois, et nous y bâtirons une demeure. [3] Il répondit: Allez. Et l'un d'eux dit: Veuille, je te prie, venir avec tes serviteurs. Et il répondit: J'irai. [4] Il s'en alla donc avec eux; et ils vinrent au Jourdain, et coupèrent du bois. [5] Mais comme l'un d'entre eux abattait une pièce de bois, il arriva que le fer tomba dans l'eau; et il s'écria et dit: Hélas, mon seigneur! Et encore il était emprunté! [6] Et l'homme de Dieu dit: Où est-il tombé? Et il lui montra l'endroit. Alors Élisée coupa un morceau de bois et le jeta là, et fit surnager le fer; et il dit: Ramasse-le. [7] Et il étendit la main et le prit. [8] Or le roi de Syrie, faisant la guerre à Israël, tenait conseil avec ses serviteurs, disant: Mon camp sera dans tel lieu. [9] Mais l'homme de Dieu envoyait dire au roi d'Israël: Garde-toi de

négliger ce lieu; car les Syriens y descendent. [10] Et le roi d'Israël envoyait vers le lieu au sujet duquel l'homme de Dieu lui avait parlé et l'avait averti, et il y était sur ses gardes; cela se fit plus d'une et de deux fois. [11] Et le cœur du roi de Syrie en fut troublé; et il appela ses serviteurs, et leur dit: Ne me découvrirez-vous pas lequel des nôtres est pour le roi d'Israël? [12] Et l'un de ses serviteurs lui dit: Il n'y en a point, ô roi, mon seigneur; mais Élisée, le prophète qui est en Israël, déclare au roi d'Israël les paroles mêmes que tu dis dans la chambre où tu couches. [13] Alors il dit: Allez, voyez où il est; et je l'enverrai prendre. Et on lui fit ce rapport: Voici, il est à Dothan. [14] Et il y envoya des chevaux, des chars et une troupe considérable, qui arrivèrent de nuit et environnèrent la ville. [15] Or le serviteur de l'homme de Dieu se leva de grand matin, et sortit; et voici, des troupes, avec des chevaux et des chars, environnaient la ville. Et son serviteur lui dit: Hélas! mon seigneur, comment ferons-nous? [16] Élisée répondit: Ne crains point; car ceux qui sont avec nous sont en plus grand nombre que ceux qui sont avec eux. [17] Et Élisée pria et dit: O Éternel, daigne ouvrir ses yeux et qu'il voie! Et l'Éternel ouvrit les yeux du serviteur, et il vit; et voici, la montagne était pleine de chevaux et de chars de feu, autour d'Élisée. [18] Cependant les Syriens descendirent vers Élisée; alors il pria l'Éternel et dit: Veuille frapper ces gens d'aveuglement. Et Dieu les frappa d'aveuglement, selon la parole d'Élisée. [19] Et Élisée leur dit: Ce n'est pas ici le chemin et ce n'est pas ici la ville. Suivez-moi; et je vous mènerai vers l'homme que vous cherchez. Et il les mena à Samarie. [20] Et, quand ils furent entrés dans Samarie, Élisée dit: O Éternel, ouvre leurs yeux et qu'ils voient! Et l'Éternel ouvrit leurs yeux, et ils virent; et voici, ils étaient au milieu de Samarie. [21] Et dès que le roi d'Israël les vit, il dit à Élisée: Mon père, frapperai-je, frapperai-je? [22] Et Élisée répondit: Tu ne frapperas point. Ceux que tu fais prisonniers, les frappes-tu de ton épée et de ton arc? Mets du pain et de l'eau devant eux; qu'ils mangent et boivent, et s'en aillent vers leur seigneur. [23] Et le roi leur fit grande chère; ils mangèrent et burent; puis il les renvoya, et ils s'en allèrent vers leur seigneur. Depuis ce temps-là, les troupes des Syriens ne revinrent plus au pays d'Israël. [24] Mais, après ces choses, il arriva que Ben-Hadad, roi de Syrie, assembla toute son armée, monta et assiégea Samarie. [25] Et il y eut une grande famine dans Samarie; et voici, elle était serrée de si près que la tête d'un âne se vendait quatre-vingts sicles d'argent, et le quart d'un kab de fiente de pigeon, cinq sicles d'argent. [26] Et, comme le roi d'Israël passait sur la muraille, une femme lui cria et lui dit: O roi, mon seigneur, secours-moi! [27] Et il dit: Si l'Éternel ne te secourt pas, d'où te secourrais-je? Serait-ce de l'aire ou du pressoir? [28] Puis le roi lui dit: Qu'as-tu? Et elle dit: Cette femme-là m'a dit: Donne ton fils, et mangeons-le aujourd'hui; et demain nous mangerons le mien. [29] Ainsi nous avons fait cuire mon fils, et nous l'avons mangé; et, le jour suivant, je lui ai dit: Donne ton fils, et mangeons-le. [30] Mais elle a caché son fils. Et dès que le roi eut entendu les paroles de cette femme, il déchira ses vêtements; il passait alors sur la muraille, et le peuple vit qu'il avait en dessous un sac sur son corps. [31] Et il dit: Que Dieu me traite avec la dernière rigueur, si la tête d'Élisée, fils de Shaphat, reste aujourd'hui sur lui! [32] Or, Élisée étant assis dans sa maison et les anciens étant assis avec lui, le roi envoya un homme devant lui. Mais, avant que le messager fût arrivé, Élisée dit aux anciens: Voyez-vous que ce fils de meurtrier envoie quelqu'un pour m'ôter la tête? Lorsque le messager entrera, ayez soin de fermer la porte, et de le retenir à la porte. Entendez-vous le bruit des pas de son maître qui le suit? [33] Comme il leur parlait encore, voici, le messager descendit vers lui, et dit: Voici, ce mal vient de l'Éternel; qu'ai-je plus à attendre de l'Éternel?

7

[1] Alors Élisée dit: Écoutez la parole de l'Éternel. Ainsi a dit l'Éternel: Demain, à cette heure, la mesure de fine farine sera à un sicle, et la double mesure d'orge à un sicle, à la porte de Samarie. [2] Mais l'officier, sur la main duquel le roi s'appuyait, répondit à l'homme de Dieu, et dit: Quand l'Éternel ferait maintenant des fenêtres au ciel, cela arriverait-il? Et Élisée dit: Voici, tu le verras de tes yeux, mais tu n'en mangeras point. [3] Or, il y avait à l'entrée de la porte quatre lépreux; et ils se dirent l'un à l'autre: Pourquoi demeurons-nous ici jusqu'à ce que nous mourions? [4] Si nous parlons d'entrer dans la ville, la famine y est, et nous y mourrons; et si nous demeurons ici, nous mourrons également. Venez donc, et glissons-nous dans le camp des Syriens. S'ils nous laissent vivre, nous vivrons; et s'ils nous font mourir, nous mourrons. [5] C'est pourquoi, à l'entrée de la nuit, ils se levèrent pour aller au camp des Syriens, et vinrent jusqu'à l'une des extrémités du camp; et voici, il n'y avait personne. [6] Car le Seigneur avait fait entendre dans le camp des Syriens un bruit de chars et un bruit de chevaux, le bruit d'une grande armée, de sorte qu'ils s'étaient dit l'un à l'autre: Voici, le roi d'Israël a payé les rois des Héthiens et les rois d'Égypte, pour venir contre nous. [7] Et ils s'étaient levés, et s'étaient enfuis à l'entrée de la nuit; et ils avaient laissé leurs tentes, leurs chevaux, leurs ânes, et le camp comme il était; et ils s'étaient enfuis pour sauver leur vie. [8] Ces lépreux pénétrèrent donc jusqu'à l'une des extrémités du camp, entrèrent dans une tente, et mangèrent et burent, y prirent de l'argent, de l'or et des vêtements, puis s'en allèrent et les cachèrent. Après quoi ils revinrent, et entrèrent dans une autre tente, et là aussi ils prirent du butin, qu'ils s'en allèrent cacher. [9] Alors ils se dirent l'un à l'autre: Nous ne faisons pas bien; ce jour est un jour de bonnes nouvelles, et nous gardons le silence! Si nous attendons jusqu'à ce que le jour soit venu, le châtiment nous atteindra. Venez donc, allons l'annoncer à la maison du roi. [10] Ils s'en allèrent donc, appelèrent les gardes des portes de la ville, et le leur annoncèrent, en disant: Nous sommes allés au camp des Syriens; et voici, il n'y a personne, et on n'y entend la voix d'aucun homme; mais il n'y a que des chevaux et des ânes attachés, et les tentes telles qu'elles étaient. [11] Alors les gardes des portes crièrent, et transmirent ce rapport à la maison du roi. [12] Et le roi se leva de nuit et dit à ses serviteurs: Je vais vous dire ce que les Syriens nous ont fait. Ils savent que nous sommes affamés. Ils seront donc sortis du camp pour se cacher dans la campagne, disant: Quand ils seront sortis de la ville, nous les prendrons vifs, et nous entrerons dans la ville. [13] Mais l'un de ses serviteurs répliqua: Que l'on prenne cinq des chevaux qui sont demeurés de reste dans la ville; voici, ils sont comme tout ce qui y est resté de la multitude d'Israël; ils sont comme toute la multitude d'Israël, qui est consumée. Envoyons-les, et voyons. [14] Ils prirent donc deux chars avec leurs chevaux; et le roi les envoya après l'armée des Syriens, et leur dit: Allez, et voyez. [15] Et ils s'en allèrent après eux jusqu'au Jourdain. Et voici, tout le chemin était couvert de hardes et d'armes que les Syriens avaient jetées dans leur précipitation; et les messagers revinrent, et le rapportèrent au roi. [16] Alors le peuple sortit, et pilla le camp des Syriens, de sorte que la mesure de fine farine fut à un sicle, et la double mesure d'orge à un sicle, selon la parole de l'Éternel. [17] Et le roi ayant donné la garde de la porte à l'officier sur la main duquel il s'appuyait, le peuple l'écrasa à la porte, et il en mourut, comme l'avait dit l'homme de Dieu en parlant au roi, quand il était descendu vers lui. [18] Car, lorsque l'homme de Dieu avait dit au roi: Demain matin à cette heure, à la porte de Samarie, la double mesure d'orge sera à un sicle, et la mesure de fine farine à un sicle, [19] L'officier avait répondu à l'homme de Dieu: Quand l'Éternel ferait maintenant des fenêtres au ciel, cela arriverait-il? Et l'homme de Dieu avait dit: Voici, tu le verras de tes yeux, mais tu n'en mangeras point. [20] Il lui en arriva donc ainsi; car le peuple l'écrasa à la porte, et il en mourut.

8

¹ Or Élisée avait parlé à la femme au fils de laquelle il avait rendu la vie, et lui avait dit: Lève-toi et va-t'en, toi et ta famille, et séjourne où tu pourras. Car l'Éternel a appelé la famine; et même elle vient sur le pays pour sept ans. ² Cette femme, s'étant donc levée, avait fait selon la parole de l'homme de Dieu. Elle s'en était allée, elle et sa famille, et avait séjourné sept ans au pays des Philistins. ³ Mais il arriva qu'au bout des sept ans, cette femme revint du pays des Philistins, et elle sortit pour implorer le roi, au sujet de sa maison et de ses champs. ⁴ Or le roi parlait à Guéhazi, serviteur de l'homme de Dieu, et lui disait: Raconte-moi toutes les grandes choses qu'Élisée a faites. ⁵ Et, comme il racontait au roi comment il avait rendu la vie à un mort, voici que la femme dont il avait fait revivre le fils, vint implorer le roi, au sujet de sa maison et de ses champs. Alors Guéhazi dit: O roi, mon seigneur, c'est ici la femme, et c'est ici son fils à qui Élisée a rendu la vie. ⁶ Alors le roi interrogea la femme, et elle lui raconta le fait. Et le roi lui donna un officier, auquel il dit: Fais-lui rendre tout ce qui lui appartient, même tous les revenus de ses champs, depuis le jour où elle a quitté le pays jusqu'à maintenant. ⁷ Or Élisée alla à Damas; et Ben-Hadad, roi de Syrie, était alors malade, et on lui fit ce rapport: L'homme de Dieu est venu jusqu'ici. ⁸ Et le roi dit à Hazaël: Prends en ta main un présent, et t'en va au-devant de l'homme de Dieu, et par son moyen, consulte l'Éternel, en disant: Relèverai-je de cette maladie? ⁹ Hazaël s'en alla donc au-devant de lui, ayant pris avec lui un présent, tout ce qu'il y avait de mieux à Damas, la charge de quarante chameaux. Il vint donc se présenter devant Élisée, et lui dit: Ton fils Ben-Hadad, roi de Syrie, m'a envoyé vers toi, pour te dire: Relèverai-je de cette maladie? ¹⁰ Élisée lui répondit: Va, dis-lui: Certainement, tu en relèveras! Mais, moi, l'Éternel m'a montré qu'il mourra certainement. ¹¹ Puis l'homme de Dieu arrêta sur lui son regard très longtemps, et pleura. ¹² Alors Hazaël dit: Pourquoi mon seigneur pleure-t-il? Et Élisée répondit: Parce que je sais combien tu feras de mal aux enfants d'Israël. Tu mettras le feu à leurs villes fortes, tu tueras avec l'épée leurs jeunes gens, tu écraseras leurs petits enfants, et tu éventreras leurs femmes enceintes. ¹³ Hazaël répliqua: Mais qui est ton serviteur, qui n'est qu'un chien, pour faire de si grandes choses? Élisée répondit: L'Éternel m'a montré que tu seras roi de Syrie. ¹⁴ Alors Hazaël quitta Élisée et vint vers son maître qui lui dit: Que t'a dit Élisée? Il répondit: Il m'a dit: Certainement tu guériras! ¹⁵ Mais, le lendemain, il prit une couverture, et, la plongeant dans l'eau, il l'étendit sur le visage de Ben-Hadad, qui en mourut. Et Hazaël régna à sa place. ¹⁶ La cinquième année de Joram, fils d'Achab, roi d'Israël (Josaphat étant encore roi de Juda), Joram, fils de Josaphat, roi de Juda, commença à régner sur Juda. ¹⁷ Il était âgé de trente-deux ans quand il commença à régner, et il régna huit ans à Jérusalem. ¹⁸ Il suivit la voie des rois d'Israël, comme avait fait la maison d'Achab; car la fille d'Achab était sa femme. Il fit donc ce qui est mauvais aux yeux de l'Éternel. ¹⁹ Toutefois l'Éternel ne voulut point détruire Juda, pour l'amour de David, son serviteur; car il lui avait dit qu'il lui donnerait une lampe parmi ses fils à toujours. ²⁰ De son temps, les Iduméens se révoltèrent contre Juda et établirent un roi sur eux. ²¹ Et Joram passa à Tsaïr avec tous ses chars; et, se levant de nuit, il battit les Iduméens qui l'entouraient et les chefs des chars; mais le peuple s'enfuit dans ses tentes. ²² Néanmoins les Iduméens ont été rebelles à Juda jusqu'à ce jour. En ce même temps, Libna aussi se révolta. ²³ Le reste des actions de Joram, et tout ce qu'il a fait, n'est-il pas écrit au livre des Chroniques des rois de Juda? ²⁴ Et Joram s'endormit avec ses pères, avec lesquels il fut enseveli dans la cité de David; et Achazia, son fils, régna à sa place. ²⁵ La douzième année de Joram, fils d'Achab, roi d'Israël, Achazia, fils de Joram, roi de Juda, commença à régner. ²⁶ Achazia était âgé de vingt-deux ans quand il commença à

régner, et il régna un an à Jérusalem. Sa mère s'appelait Athalie, et était petite fille d'Omri, roi d'Israël. [27] Il suivit la voie de la maison d'Achab et fit ce qui est mauvais aux yeux de l'Éternel, comme la maison d'Achab; car il s'était allié à la maison d'Achab. [28] Et il s'en alla avec Joram, fils d'Achab, à la guerre contre Hazaël, roi de Syrie, à Ramoth de Galaad; et les Syriens battirent Joram. [29] Et le roi Joram s'en retourna, pour se faire guérir à Jizréel des blessures que les Syriens lui avaient faites à Rama, quand il combattait contre Hazaël, roi de Syrie. Et Achazia, fils de Joram, roi de Juda, descendit pour voir Joram, fils d'Achab, à Jizréel, parce qu'il était malade.

9

[1] Alors Élisée, le prophète, appela un des fils des prophètes et lui dit: Ceins tes reins, prends en ta main cette fiole d'huile, et va-t'en à Ramoth de Galaad. [2] Quand tu y seras arrivé, regarde où sera Jéhu, fils de Josaphat, fils de Nimshi; puis entre et, l'ayant fait lever d'avec ses frères, tu le feras entrer dans quelque chambre secrète. [3] Tu prendras alors la fiole d'huile, tu la verseras sur sa tête et tu diras: Ainsi a dit l'Éternel: Je t'ai oint roi sur Israël! Puis, tu ouvriras la porte, et tu t'enfuiras sans attendre. [4] Ainsi le jeune homme, le serviteur du prophète, s'en alla à Ramoth de Galaad. [5] Quand il arriva, voici, les capitaines de l'armée étaient assis; et il dit: J'ai à te parler, capitaine. Et Jéhu dit: A qui de nous tous? A toi, capitaine. [6] Alors Jéhu se leva et entra dans la maison. Et le jeune homme lui versa l'huile sur la tête, et lui dit: Ainsi a dit l'Éternel, le Dieu d'Israël: Je t'ai oint roi sur le peuple de l'Éternel, sur Israël! [7] Tu frapperas la maison d'Achab, ton seigneur; et je vengerai sur Jésabel le sang de mes serviteurs les prophètes, et le sang de tous les serviteurs de l'Éternel. [8] Et toute la maison d'Achab périra; et je retrancherai à Achab jusqu'à un seul homme, tant ce qui est serré que ce qui est abandonné en Israël; [9] Et je mettrai la maison d'Achab dans le même état que la maison de Jéroboam, fils de Nébat, et que la maison de Baesha, fils d'Achija. [10] Les chiens mangeront aussi Jésabel dans le champ de Jizréel, et il n'y aura personne qui l'ensevelisse. Puis le jeune homme ouvrit la porte, et s'enfuit. [11] Alors Jéhu sortit vers les serviteurs de son seigneur. Et on lui dit: Tout va-t-il bien? Pourquoi cet insensé est-il venu vers toi? Il leur répondit: Vous connaissez l'homme et ses discours. [12] Mais ils dirent: C'est faux! Déclare-nous-le donc! Et il dit: Il m'a parlé de telle et telle sorte, disant: Ainsi a dit l'Éternel: Je t'ai oint roi sur Israël. [13] Alors ils prirent à la hâte chacun leurs vêtements, les mirent sous lui, au plus haut des degrés, sonnèrent de la trompette, et dirent: Jéhu est roi! [14] Ainsi Jéhu, fils de Josaphat, fils de Nimshi, fit une conjuration contre Joram. Or, Joram gardait Ramoth de Galaad, lui et tout Israël, contre Hazaël, roi de Syrie. [15] Et le roi Joram était revenu se faire guérir à Jizréel des blessures que les Syriens lui avaient faites, quand il combattait contre Hazaël, roi de Syrie. Et Jéhu dit: Si vous le trouvez bon, que personne ne sorte ni n'échappe de la ville pour aller en porter avis à Jizréel. [16] Alors Jéhu monta sur son char, et s'en alla à Jizréel, car Joram y était alité; et Achazia, roi de Juda, y était descendu pour visiter Joram. [17] Or la sentinelle qui se tenait sur la tour, à Jizréel, vit venir la troupe de Jéhu, et dit: Je vois une troupe de gens. Et Joram dit: Prends un cavalier, et envoie-le au-devant d'eux, et qu'il dise: Y a-t-il paix? [18] Et le cavalier s'en alla au-devant de lui, et dit: Ainsi dit le roi: Y a-t-il paix? Jéhu répliqua: Qu'as-tu à faire de paix? Passe derrière moi. Et la sentinelle le rapporta, et dit: Le messager est allé jusqu'à eux, et il ne revient point. [19] Et on envoya un second cavalier, qui vint à eux et dit: Ainsi dit le roi: Y a-t-il paix? Jéhu répliqua: Qu'as-tu à faire de paix? Passe derrière moi. [20] La sentinelle le rapporta encore, et dit: Il est allé jusqu'à eux, et il ne revient point; mais la manière de conduire à l'air de celle de Jéhu, fils de Nimshi; car il mène avec furie. [21] Alors Joram dit: Attelle! Et on attela son char. Ainsi Joram, roi d'Israël, sortit avec Achazia, roi de Juda, chacun dans son char,

et ils s'avancèrent à la rencontre de Jéhu, et le rencontrèrent dans le champ de Naboth, le Jizréélite. ²² Et dès que Joram eut vu Jéhu, il dit: Y a-t-il paix, Jéhu? Mais Jéhu répondit: Quelle paix, tandis que les prostitutions de Jésabel, ta mère, et ses enchantements sont en si grand nombre? ²³ Alors Joram tourna bride et s'enfuit, en disant à Achazia: Trahison, Achazia! ²⁴ Mais Jéhu saisit l'arc à pleine main, et frappa Joram entre les épaules, de sorte que la flèche lui traversa le cœur, et qu'il s'affaissa sur ses genoux dans son char. ²⁵ Et Jéhu dit à Bidkar, son officier: Prends-le, et le jette dans le champ de Naboth, le Jizréélite. Car souviens-toi que, lorsque nous étions à cheval, moi et toi, l'un auprès de l'autre, à la suite d'Achab, son père, l'Éternel prononça contre lui cet oracle: ²⁶ Aussi vrai que je vis hier le sang de Naboth et le sang de ses fils, dit l'Éternel, aussi vrai je te le rendrai dans ce champ, dit l'Éternel. C'est pourquoi, maintenant prends-le et le jette dans ce champ, selon la parole de l'Éternel. ²⁷ Et Achazia, roi de Juda, ayant vu cela, s'enfuit vers le pavillon du jardin; mais Jéhu le poursuivit, et dit: Frappez-le aussi sur son char! Ce fut à la montée de Gur, près de Jibléam. Puis Achazia s'enfuit à Méguiddo, et y mourut. ²⁸ Et ses serviteurs le transportèrent sur un char à Jérusalem et l'ensevelirent dans son tombeau avec ses pères, dans la cité de David. ²⁹ Or Achazia avait commencé à régner sur Juda la onzième année de Joram, fils d'Achab. ³⁰ Puis Jéhu vint à Jizréel. Et Jésabel, l'ayant appris, farda ses yeux, orna sa tête, et se mit à la fenêtre. ³¹ Et comme Jéhu passait la porte, elle dit: En a-t-il bien pris à Zimri qui assassina son maître? ³² Aussitôt il leva la tête vers la fenêtre et dit: Qui est pour moi? qui? Et deux ou trois eunuques se penchèrent vers lui. ³³ Et il leur dit: Jetez-la en bas! Et ils la jetèrent, de sorte qu'il rejaillit de son sang contre la muraille et contre les chevaux; et il la foula aux pieds. ³⁴ Et, étant entré, il mangea et but. Puis il dit: Allez voir maintenant cette maudite, et ensevelissez-la; car elle est fille de roi. ³⁵ Ils y allèrent donc pour l'ensevelir; mais ils ne trouvèrent d'elle que le crâne, les pieds et les paumes des mains. ³⁶ Et, étant retournés, ils le lui rapportèrent. Alors il dit: C'est la parole que l'Éternel a prononcée par son serviteur Élie, le Thishbite, en disant: Dans le champ de Jizréel les chiens mangeront la chair de Jésabel; ³⁷ Et le cadavre de Jésabel sera, dans le champ de Jizréel, comme du fumier sur la campagne, de sorte qu'on ne pourra point dire: C'est ici Jésabel.

10

¹ Or il y avait à Samarie soixante-dix fils d'Achab. Et Jéhu écrivit des lettres et les envoya à Samarie, aux principaux chefs de Jizréel, aux anciens, et aux gouverneurs des enfants d'Achab, pour leur dire: ² Maintenant, dès que cette lettre vous sera parvenue, à vous qui avez avec vous les fils de votre maître, les chars, les chevaux, une ville forte, et les armes, ³ Voyez quel est parmi les fils de votre maître celui qui vous plaît et vous convient le mieux, mettez-le sur le trône de son père et combattez pour la maison de votre seigneur. ⁴ Alors ils eurent une fort grande peur, et dirent: Voici, deux rois n'ont pu tenir devant lui; et nous, comment tiendrions-nous? ⁵ Les préfets du palais et de la ville, et les anciens, et les gouverneurs des enfants envoyèrent donc dire à Jéhu: Nous sommes tes serviteurs. Nous ferons tout ce que tu nous diras. Nous ne ferons personne roi. Fais ce qu'il te semblera bon. ⁶ Il leur écrivit une seconde lettre, en ces termes: Si vous êtes pour moi, et si vous obéissez à ma voix, prenez les têtes des fils de votre maître, et venez vers moi, demain à cette heure, à Jizréel. Or les fils du roi, au nombre de soixante-dix, étaient chez les grands de la ville qui les élevaient. ⁷ Aussitôt donc que la lettre leur fut parvenue, ils prirent les fils du roi et égorgèrent ces soixante-dix hommes; et, ayant mis leurs têtes dans des paniers, ils les lui envoyèrent à Jizréel. ⁸ Et le messager vint le lui annoncer, en disant: On a apporté les têtes des fils du roi. Jéhu dit: Mettez-les en deux monceaux à l'entrée de la porte, jusqu'au matin. ⁹ Et le matin il sortit; et, se présentant, il dit à tout le peuple:

Vous êtes justes! Voici, j'ai conspiré contre mon maître, et je l'ai tué; mais qui a frappé tous ceux-ci? [10] Sachez maintenant qu'il ne tombera rien à terre de la parole de l'Éternel, que l'Éternel a prononcée contre la maison d'Achab, et que l'Éternel a fait ce qu'il avait dit par son serviteur Élie. [11] Jéhu fit aussi mourir tous ceux qui restaient de la maison d'Achab à Jizréel, tous ses grands, ses familiers et ses principaux officiers, jusqu'à ne lui laisser personne de reste. [12] Puis il se leva et prit le chemin de Samarie. Et, comme il était près d'une maison de bergers, sur le chemin, [13] Jéhu rencontra les frères d'Achazia, roi de Juda, et leur dit: Qui êtes-vous? Ils répondirent: Nous sommes les frères d'Achazia. Nous descendons pour saluer les fils du roi et les fils de la reine. [14] Alors il dit: Saisissez-les vifs! Ainsi on les saisit vifs, et on les égorgea, au nombre de quarante-deux, à la citerne de la maison des bergers; et on n'en laissa pas subsister un seul. [15] Étant parti de là, il rencontra Jonadab, fils de Récab, qui venait au-devant de lui; et il le salua, et lui dit: Ton cœur est-il aussi droit envers moi, que mon cœur l'est à ton égard? Et Jonadab répondit: Il l'est. S'il l'est, dit Jéhu, donne-moi la main. Et Jonadab lui donna la main. Et Jéhu le fit monter auprès de lui dans le char. [16] Puis il dit: Viens avec moi, et tu verras le zèle que j'ai pour l'Éternel. Ainsi ils l'emmenèrent dans son char. [17] Et, étant entré à Samarie, il frappa tous ceux qui restaient d'Achab à Samarie, jusqu'à ce qu'il les eût exterminés selon la parole que l'Éternel avait dite à Élie. [18] Puis Jéhu assembla tout le peuple, et lui dit: Achab n'a servi Baal que peu; mais Jéhu le servira beaucoup. [19] Et maintenant, convoquez vers moi tous les prophètes de Baal, tous ses serviteurs et tous ses prêtres; qu'il n'en manque pas un; car j'ai à offrir un grand sacrifice à Baal. Quiconque y manquera ne vivra point. Or Jéhu agissait par finesse, pour faire périr ceux qui servaient Baal. [20] Et Jéhu dit: Célébrez une fête solennelle à Baal! Et on la publia. [21] Puis Jéhu envoya par tout Israël, et tous les serviteurs de Baal vinrent; il n'y en eut pas un qui n'y vînt. Ils entrèrent dans la maison de Baal, et la maison de Baal fut remplie d'un bout à l'autre. [22] Alors il dit à celui qui avait la charge du vestiaire: Sors les costumes pour tous les serviteurs de Baal. Et il sortit des costumes pour eux. [23] Et Jéhu entra, avec Jonadab, fils de Récab, dans la maison de Baal, et il dit aux serviteurs de Baal: Cherchez et regardez, afin qu'il n'y ait ici aucun des serviteurs de l'Éternel, mais les seuls serviteurs de Baal. [24] Ils entrèrent donc pour offrir des sacrifices et des holocaustes. Or Jéhu avait posté dehors quatre-vingts hommes, et leur avait dit: Celui qui laissera échapper un de ces hommes que je remets entre vos mains, paiera de sa vie la vie de l'autre. [25] Et dès qu'il eut achevé de présenter l'holocauste, Jéhu dit aux coureurs et aux capitaines: Entrez, frappez-les; que personne ne sorte! Ils les passèrent donc au fil de l'épée et les jetèrent là. Puis ils s'en allèrent jusqu'à la ville de la maison de Baal. [26] Ils tirèrent dehors les statues de la maison de Baal et les brûlèrent; [27] Et ils démolirent la statue de Baal. Ils démolirent aussi la maison de Baal et en firent un cloaque qui subsiste jusqu'à ce jour. [28] Ainsi Jéhu extermina Baal du milieu d'Israël. [29] Toutefois il ne se détourna point des péchés que Jéroboam, fils de Nébat, avait fait commettre à Israël, savoir, des veaux d'or de Béthel et de Dan. [30] Et l'Éternel dit à Jéhu: Parce que tu as fort bien exécuté ce qui était droit devant moi, et que tu as fait à la maison d'Achab tout ce que j'avais dans mon cœur, tes fils seront assis sur le trône d'Israël jusqu'à la quatrième génération. [31] Mais Jéhu ne prit point garde à marcher de tout son cœur dans la loi de l'Éternel, le Dieu d'Israël. Il ne se détourna point des péchés par lesquels Jéroboam avait fait pécher Israël. [32] En ce temps-là, l'Éternel commença à entamer Israël; car Hazaël battit les Israélites dans toutes leurs contrées, [33] Depuis le Jourdain jusqu'au soleil levant, tout le pays de Galaad, les Gadites, les Rubénites et les Manassites; depuis Aroër, sur le torrent d'Arnon, jusqu'à Galaad et Bassan. [34] Le reste des actions de Jéhu, tout ce qu'il fit et tous ses exploits, n'est-il pas écrit au livre des Chroniques des rois d'Israël? [35] Et Jéhu s'endormit avec ses pères, et fut enseveli à Samarie; et Joachaz, son fils, régna à sa place.

³⁶ Or le temps que Jéhu régna sur Israël à Samarie fut de vingt-huit ans.

11

¹ Or Athalie, mère d'Achazia, voyant que son fils était mort, se leva et extermina toute la race royale. ² Mais Joshéba, fille du roi Joram, sœur d'Achazia, prit Joas, fils d'Achazia, le déroba d'entre les fils du roi qu'on faisait mourir, et le mit, avec sa nourrice, dans la salle des lits. Ainsi on le cacha aux yeux d'Athalie, en sorte qu'il ne fut pas mis à mort. ³ Et il fut caché auprès d'elle, six ans, dans la maison de l'Éternel. Et Athalie régnait sur le pays. ⁴ Et, la septième année, Jéhojada envoya chercher les centeniers des gardes et des coureurs, les fit entrer vers lui dans la maison de l'Éternel, traita alliance avec eux et leur fit prêter serment dans la maison de l'Éternel, et il leur montra le fils du roi. ⁵ Puis il leur donna ce commandement: Voici ce que vous ferez: Un tiers d'entre vous qui entrez en semaine, fera la garde de la maison du roi; ⁶ Un tiers sera à la porte de Sur; et un tiers à la porte qui est derrière les coureurs. Ainsi vous ferez la garde du temple, afin que personne n'y entre. ⁷ Et vos deux compagnies qui sortent de semaine, feront la garde de la maison de l'Éternel auprès du roi. ⁸ Vous environnerez le roi de tous côtés, chacun tenant ses armes à la main. Celui qui entrera dans les rangs sera mis à mort. Et vous serez avec le roi, quand il sortira et quand il entrera. ⁹ Les centeniers firent donc tout ce que Jéhojada, le sacrificateur, avait commandé. Ils prirent chacun leurs gens, tant ceux qui entraient en semaine que ceux qui sortaient de semaine; et ils vinrent vers le sacrificateur Jéhojada. ¹⁰ Et le sacrificateur donna aux centeniers les lances et les boucliers qui provenaient du roi David, et qui étaient dans la maison de l'Éternel. ¹¹ Et les coureurs se rangèrent auprès du roi tout à l'entour, chacun tenant ses armes à la main, depuis le côté droit du temple jusqu'au côté gauche, le long de l'autel et du temple. ¹² Alors il fit sortir le fils du roi, et mit sur lui la couronne et le témoignage. Ils l'établirent roi et l'oignirent, et, frappant des mains, ils dirent: Vive le roi! ¹³ Mais Athalie, entendant le bruit des coureurs et du peuple, vint vers le peuple, dans la maison de l'Éternel. ¹⁴ Elle regarda, et voici, le roi était debout près de la colonne, selon la coutume, et les capitaines et les trompettes étaient près du roi; et tout le peuple du pays était dans la joie, et l'on sonnait des trompettes. Alors Athalie déchira ses vêtements, et cria: Conspiration, conspiration! ¹⁵ Mais le sacrificateur Jéhojada donna cet ordre aux chefs de centaines, qui commandaient l'armée: Menez-la hors des rangs; et que celui qui la suivra soit mis à mort par l'épée! Car le sacrificateur avait dit: Qu'on ne la fasse pas mourir dans la maison de l'Éternel! ¹⁶ On lui fit donc place, et elle revint par le chemin de l'entrée des chevaux dans la maison du roi; elle fut tuée là. ¹⁷ Et Jéhojada traita cette alliance, entre l'Éternel, le roi et le peuple, qu'ils seraient le peuple de l'Éternel; il fit aussi alliance entre le roi et le peuple. ¹⁸ Alors tout le peuple du pays entra dans la maison de Baal; et ils la démolirent avec ses autels, et ils brisèrent entièrement ses images. Ils tuèrent aussi devant les autels Matthan, sacrificateur de Baal. Ensuite le sacrificateur établit des surveillants dans la maison de l'Éternel. ¹⁹ Il prit aussi les centeniers, les gardes, les coureurs et tout le peuple du pays, qui firent descendre le roi de la maison de l'Éternel, et ils entrèrent dans la maison du roi par le chemin de la porte des coureurs; et il s'assit sur le trône des rois. ²⁰ Tout le peuple du pays se réjouit, et la ville fut en repos, après qu'on eut mis à mort Athalie, par l'épée, dans la maison du roi. ²¹ Joas était âgé de sept ans, quand il devint roi.

12

¹ La septième année de Jéhu, Joas devint roi, et il régna quarante ans à Jérusalem. Sa mère s'appelait Tsibia, et elle était de Béer-Shéba. ² Joas fit ce qui est droit aux yeux de

l'Éternel, tout le temps que Jéhojada, le sacrificateur, l'instruisit. ³ Toutefois, les hauts lieux ne furent point ôtés; le peuple sacrifiait encore et faisait des encensements dans les hauts lieux. ⁴ Or Joas dit aux sacrificateurs: Tout l'argent consacré qu'on apporte dans la maison de l'Éternel, soit l'argent de tout homme qui passe par le dénombrement, soit l'argent des personnes, selon l'estimation qu'en fait le sacrificateur, soit tout l'argent que chacun apporte volontairement dans la maison de l'Éternel, ⁵ Que les sacrificateurs le prennent par-devers eux, chacun de ceux qu'il connaît, et qu'ils en réparent les dégradations du temple, partout où l'on trouvera quelque chose à réparer. ⁶ Mais il arriva, la vingt-troisième année du roi Joas, que les sacrificateurs n'avaient point encore réparé les dégradations du temple. ⁷ Alors le roi Joas appela le sacrificateur Jéhojada et les sacrificateurs, et leur dit: Pourquoi ne réparez-vous pas les dégradations du temple? Maintenant donc, ne prenez plus d'argent de ceux que vous connaissez; mais laissez-le pour les réparations du temple. ⁸ Les sacrificateurs consentirent à ne plus recevoir l'argent du peuple, et à ne pas être chargés de réparer les dégradations du temple. ⁹ Mais le sacrificateur Jéhojada prit un coffre, fit un trou au couvercle, et le mit auprès de l'autel, à main droite quand on entre dans la maison de l'Éternel. Et les sacrificateurs, gardiens du seuil, mettaient là tout l'argent qu'on apportait à la maison de l'Éternel. ¹⁰ Et, dès qu'ils voyaient qu'il y avait beaucoup d'argent dans le coffre, le secrétaire du roi montait avec le grand sacrificateur; et ils serraient et comptaient l'argent qui se trouvait dans la maison de l'Éternel. ¹¹ Et ils remettaient cet argent bien compté entre les mains de ceux qui faisaient l'ouvrage, dont ils avaient la surveillance dans la maison de l'Éternel, lesquels payaient les charpentiers et les architectes qui travaillaient à la maison de l'Éternel, ¹² Les maçons et les tailleurs de pierres, les achats de bois et de pierres de taille pour réparer les dégradations de la maison de l'Éternel, ainsi que tout ce qui se dépensait pour la réparation du temple. ¹³ Et de cet argent qu'on apportait dans la maison de l'Éternel, on ne faisait plus de coupes d'argent pour la maison de l'Éternel, ni de serpes, ni de bassins, ni de trompettes, ni aucun autre ustensile d'or ou d'argent; ¹⁴ Mais on le donnait à ceux qui faisaient l'ouvrage, et qui en réparaient la maison de l'Éternel. ¹⁵ Et on ne faisait pas rendre compte à ceux entre les mains de qui on délivrait cet argent pour le distribuer aux travailleurs; car ils agissaient avec fidélité. ¹⁶ L'argent des sacrifices pour le délit, ainsi que l'argent des sacrifices pour les péchés, n'était point apporté dans la maison de l'Éternel. Il était aux sacrificateurs. ¹⁷ Alors Hazaël, roi de Syrie, monta et fit la guerre contre Gath et la prit. Puis Hazaël se retourna pour monter contre Jérusalem. ¹⁸ Et Joas, roi de Juda, prit tout ce qui était consacré, ce que Josaphat, Joram et Achazia, ses pères, rois de Juda, avaient consacré, et tout ce que lui-même avait consacré, et tout l'or qui se trouva dans les trésors de la maison de l'Éternel et de la maison du roi, et il l'envoya à Hazaël, roi de Syrie, qui se retira de Jérusalem. ¹⁹ Le reste des actions de Joas, tout ce qu'il fit, n'est-il pas écrit au livre des Chroniques des rois de Juda? ²⁰ Or ses serviteurs se soulevèrent et, ayant fait une conspiration, ils frappèrent Joas dans la maison de Millo, à la descente de Silla. ²¹ Jozakar, fils de Shimeath, et Jozabad, fils de Shomer, ses serviteurs, le frappèrent, et il mourut; et on l'ensevelit avec ses pères, dans la cité de David; et Amatsia, son fils, régna à sa place.

13

¹ La vingt-troisième année de Joas, fils d'Achazia, roi de Juda, Joachaz, fils de Jéhu, devint roi sur Israël à Samarie, et il régna dix-sept ans. ² Il fit ce qui est mauvais aux yeux de l'Éternel; car il suivit les péchés de Jéroboam, fils de Nébat, par lesquels il avait fait pécher Israël. Il ne s'en détourna point. ³ La colère de l'Éternel s'alluma donc contre Israël; et il

les livra entre les mains de Hazaël, roi de Syrie, et entre les mains de Ben-Hadad, fils de Hazaël, durant tout ce temps-là. ⁴ Mais Joachaz supplia l'Éternel, et l'Éternel l'exauça; car il vit l'oppression des Israélites, il vit que le roi de Syrie les opprimait. ⁵ L'Éternel donna donc un libérateur à Israël, et ils sortirent de dessous la puissance des Syriens. Ainsi les enfants d'Israël habitèrent dans leurs tentes, comme auparavant. ⁶ Toutefois, ils ne se détournèrent point des péchés de la maison de Jéroboam, qu'il avait fait commettre à Israël; mais ils y marchèrent, et même l'emblème d'Ashéra subsista à Samarie, ⁷ Bien que Dieu n'eût laissé de troupes à Joachaz que cinquante cavaliers, dix chars, et dix mille hommes de pied. En effet, le roi de Syrie les avait détruits, et rendus tels que la poussière qu'on foule aux pieds. ⁸ Le reste des actions de Joachaz, tout ce qu'il fit, et ses exploits, n'est-il pas écrit au livre des Chroniques des rois d'Israël? ⁹ Joachaz s'endormit donc avec ses pères, et on l'ensevelit à Samarie. Et Joas son fils régna à sa place. ¹⁰ La trente-septième année de Joas, roi de Juda, Joas, fils de Joachaz, devint roi sur Israël à Samarie, et il régna seize ans. ¹¹ Il fit ce qui est mauvais aux yeux de l'Éternel, et ne se détourna d'aucun des péchés de Jéroboam, fils de Nébat, par lesquels il avait fait pécher Israël; mais il y marcha. ¹² Le reste des actions de Joas, tout ce qu'il fit, et la valeur avec laquelle il combattit contre Amatsia, roi de Juda, n'est-il pas écrit au livre des Chroniques des rois d'Israël? ¹³ Et Joas s'endormit avec ses pères, et Jéroboam s'assit sur son trône. Et Joas fut enseveli à Samarie avec les rois d'Israël. ¹⁴ Or, comme Élisée était malade de la maladie dont il mourut, Joas, roi d'Israël, descendit et pleura sur son visage, disant: Mon père, mon père, char d'Israël et sa cavalerie! ¹⁵ Et Élisée lui dit: Prends un arc et des flèches. Et il prit un arc et des flèches. ¹⁶ Et Élisée dit au roi d'Israël: Tends l'arc de ta main. Et quand il l'eut tendu, Élisée mit ses mains sur les mains du roi, et dit: ¹⁷ Ouvre la fenêtre vers l'Orient. Et il l'ouvrit. Et Élisée lui dit: Tire. Et il tira. Et Élisée dit: C'est une flèche de délivrance de la part de l'Éternel, une flèche de délivrance contre les Syriens. Tu frapperas les Syriens à Aphek, jusqu'à les détruire. ¹⁸ Élisée lui dit encore: Prends les flèches. Et il les prit. Et Élisée dit au roi d'Israël: Frappe contre terre. Joas frappa trois fois, puis s'arrêta. ¹⁹ Et l'homme de Dieu s'irrita contre lui, et dit: Il fallait frapper cinq ou six fois; alors tu eusses frappé les Syriens jusqu'à les détruire! Maintenant tu frapperas les Syriens trois fois. ²⁰ Et Élisée mourut, et on l'ensevelit. Et, l'année suivante, des bandes de Moabites entrèrent dans le pays. ²¹ Et voici, des gens qui enterraient un homme virent une de ces bandes, et jetèrent l'homme dans le tombeau d' Élisée. Et cet homme, étant allé toucher les os d'Élisée, revint à la vie, et se leva sur ses pieds. ²² Or Hazaël, roi de Syrie, avait opprimé les Israélites pendant toute la vie de Joachaz. ²³ Mais l'Éternel leur fit grâce, il eut compassion d'eux, et il se retourna vers eux à cause de son alliance avec Abraham, Isaac et Jacob. Il ne voulut point les exterminer; et, jusqu'à maintenant, il ne les a pas rejetés de devant sa face. ²⁴ Alors Hazaël, roi de Syrie, mourut, et Ben-Hadad, son fils, régna à sa place. ²⁵ Et Joas, fils de Joachaz, reprit des mains de Ben-Hadad, fils de Hazaël, les villes que celui-ci avait conquises sur Joachaz, son père. Joas le battit par trois fois, et recouvra les villes d'Israël.

14

¹ La seconde année de Joas, fils de Joachaz, roi d'Israël, Amatsia, fils de Joas, roi de Juda, commença à régner. ² Il était âgé de vingt-cinq ans quand il devint roi, et il régna vingt-neuf ans à Jérusalem. ³ Sa mère s'appelait Joaddan, et elle était de Jérusalem. Il fit ce qui est droit aux yeux de l'Éternel; non pas toutefois comme David, son père. Il fit tout comme avait fait Joas, son père. ⁴ De sorte qu'il n'y eut que les hauts lieux qui ne furent point ôtés; le peuple sacrifiait encore et faisait des encensements sur les hauts lieux. ⁵ Et,

dès que la royauté fut affermie entre ses mains, il fit mourir ceux de ses serviteurs qui avaient tué le roi, son père. [6] Mais il ne fit point mourir leurs enfants, se conformant à ce qui est écrit au livre de la loi de Moïse, où l'Éternel a donné ce commandement: On ne fera point mourir les pères pour les enfants, et on ne fera point mourir les enfants pour les pères; mais on fera mourir chacun pour son péché. [7] Il frappa dix mille hommes d'Édom dans la vallée du Sel, et prit d'assaut Séla, et lui donna le nom de Jokthéel, qu'elle a gardé jusqu'à ce jour. [8] Alors Amatsia envoya des messagers vers Joas, fils de Joachaz, fils de Jéhu, roi d'Israël, pour lui dire: Viens, que nous nous voyions en face! [9] Mais Joas, roi d'Israël, envoya dire à Amatsia, roi de Juda: L'épine qui est au Liban a envoyé dire au cèdre du Liban: Donne ta fille pour femme à mon fils. Mais les bêtes sauvages qui sont au Liban ont passé et ont foulé l'épine. [10] Tu as rudement frappé les Iduméens, et ton cœur s'est élevé. Jouis de ta gloire, et reste dans ta maison. Et pourquoi attirerais-tu un mal par lequel tu tomberais, toi et Juda avec toi? [11] Mais Amatsia ne l'écouta point. Et Joas, roi d'Israël, monta et ils se virent en face, lui et Amatsia, roi de Juda, à Bethsémèsh de Juda. [12] Et ceux de Juda, ayant été défaits par Israël, s'enfuirent chacun dans sa tente. [13] Et Joas, roi d'Israël, prit Amatsia, roi de Juda, fils de Joas, fils d'Achazia, à Bethsémèsh. Ensuite il vint à Jérusalem, et fit une brèche de quatre cents coudées dans la muraille de Jérusalem, depuis la porte d'Éphraïm jusqu'à la porte du Coin. [14] Et, ayant pris tout l'or et l'argent et tous les objets précieux qui furent trouvés dans la maison de l'Éternel et dans les trésors de la maison royale, et des otages, il s'en retourna à Samarie. [15] Le reste des actions de Joas, et sa valeur, et comment il combattit contre Amatsia, roi de Juda, cela n'est-il pas écrit au livre des Chroniques des rois d'Israël? [16] Et Joas s'endormit avec ses pères, et fut enseveli à Samarie avec les rois d'Israël; et Jéroboam, son fils, régna à sa place. [17] Amatsia, fils de Joas, roi de Juda, vécut quinze ans après la mort de Joas, fils de Joachaz, roi d'Israël. [18] Le reste des actions d'Amatsia n'est-il pas écrit au livre des Chroniques des rois de Juda? [19] Or on fit une conspiration contre lui à Jérusalem, et il s'enfuit à Lakis. Mais on envoya après lui à Lakis, et on le tua là. [20] Puis on le transporta sur des chevaux, et il fut enseveli à Jérusalem avec ses pères, dans la cité de David. [21] Alors tout le peuple de Juda prit Asaria, qui était âgé de seize ans, et on l'établit roi à la place d'Amatsia, son père. [22] C'est lui qui rebâtit Élath, l'ayant reconquise pour Juda, après que le roi se fut endormi avec ses pères. [23] La quinzième année d'Amatsia, fils de Joas, roi de Juda, Jéroboam, fils de Joas, devint roi sur Israël à Samarie, et il régna quarante et un ans. [24] Il fit ce qui est mauvais aux yeux de l'Éternel. Il ne se détourna d'aucun des péchés de Jéroboam, fils de Nébat, par lesquels il avait fait pécher Israël. [25] C'est lui qui rétablit les frontières d'Israël, depuis l'entrée de Hamath jusqu'à la mer de la plaine, selon la parole que l'Éternel, Dieu d'Israël, avait prononcée par son serviteur Jonas, le prophète, fils d'Amitthaï, qui était de Gath-Hépher. [26] Car l'Éternel vit que l'affliction d'Israël était fort amère, et qu'il ne restait plus rien ni de ce qui est serré ni de ce qui est délaissé, et qu'il n'y avait personne qui aidât Israël. [27] Or l'Éternel n'avait point parlé d'effacer le nom d'Israël de dessous les cieux; aussi les délivra-t-il par les mains de Jéroboam, fils de Joas. [28] Le reste des actions de Jéroboam, tout ce qu'il fit, la valeur avec laquelle il combattit, et comment il reconquit pour Israël Damas et Hamath de Juda, cela n'est-il pas écrit au livre des Chroniques des rois d'Israël? [29] Et Jéroboam s'endormit avec ses pères, les rois d'Israël; et Zacharie, son fils, régna à sa place.'br wp="br1"'

15

[1] La vingt-septième année de Jéroboam, roi d'Israël, Asaria, fils d'Amatsia, roi de Juda, devint roi. [2] Il était âgé de seize ans quand il commença à régner, et il régna cinquante-deux ans à Jérusalem. Sa mère s'appelait Jécolia, et elle était de Jérusalem. [3] Il fit ce qui

est droit aux yeux de l'Éternel, tout comme Amatsia, son père. ⁴ Seulement les hauts lieux ne furent point ôtés. Le peuple sacrifiait encore, et faisait des encensements sur les hauts lieux. ⁵ Mais l'Éternel frappa le roi, qui fut lépreux jusqu'au jour de sa mort, et demeura dans une maison écartée; et Jotham, fils du roi, avait l'intendance du palais et jugeait le peuple du pays. ⁶ Le reste des actions d'Asaria, tout ce qu'il fit, n'est-il pas écrit au livre des Chroniques des rois de Juda? ⁷ Or Asaria s'endormit avec ses pères, et fut enseveli avec ses pères, dans la cité de David; et Jotham, son fils, régna à sa place.
⁸ La trente-huitième année d'Asaria, roi de Juda, Zacharie, fils de Jéroboam, devint roi sur Israël à Samarie, et il régna six mois. ⁹ Il fit ce qui est mauvais aux yeux de l'Éternel, comme avaient fait ses pères. Il ne se détourna point des péchés de Jéroboam, fils de Nébat, par lesquels il avait fait pécher Israël. ¹⁰ Or Shallum, fils de Jabèsh, fit une conspiration contre lui, le frappa en présence du peuple, et le tua; et il devint roi à sa place. ¹¹ Quant au reste des actions de Zacharie, voici, cela est écrit au livre des Chroniques des rois d'Israël.
¹² C'est là la parole que l'Éternel avait adressée à Jéhu, en disant: Tes fils seront assis sur le trône d'Israël jusqu'à la quatrième génération. Il en fut ainsi. ¹³ Shallum, fils de Jabèsh, devint roi la trente-neuvième année d'Ozias, roi de Juda, et il régna un mois à Samarie. ¹⁴ Et Ménahem, fils de Gadi, monta de Thirtsa, entra à Samarie, frappa Shallum, fils de Jabèsh, à Samarie, et le tua; et il devint roi à sa place. ¹⁵ Le reste des actions de Shallum, et la conspiration qu'il fit, voici, cela est écrit au livre des Chroniques des rois d'Israël. ¹⁶ Alors Ménahem frappa Thiphsach, et tous ceux qui y étaient, et sa contrée depuis Thirtsa, parce qu'elle ne lui avait pas ouvert ses portes. Il la frappa, et éventra toutes ses femmes enceintes. ¹⁷ La trente-neuvième année d'Asaria, roi de Juda, Ménahem, fils de Gadi, devint roi sur Israël, et il régna dix ans à Samarie. ¹⁸ Il fit ce qui est mauvais aux yeux de l'Éternel. Pendant toute sa vie, il ne se détourna pas des péchés de Jéroboam, fils de Nébat, par lesquels il avait fait pécher Israël. ¹⁹ Pul, roi d'Assyrie, étant venu contre le pays, Ménahem donna mille talents d'argent à Pul pour qu'il lui aidât à affermir la royauté entre ses mains. ²⁰ Or, Ménahem tira cet argent d'Israël, de tous ceux qui étaient puissants en biens, pour le donner au roi d'Assyrie: de chacun cinquante sicles d'argent. Ainsi le roi d'Assyrie s'en retourna, et ne s'arrêta point dans le pays. ²¹ Le reste des actions de Ménahem, et tout ce qu'il fit, cela n'est-il pas écrit au livre des Chroniques des rois d'Israël? ²² Et Ménahem s'endormit avec ses pères, et Pékachia, son fils, régna à sa place. ²³ La cinquantième année d'Asaria, roi de Juda, Pékachia, fils de Ménahem, devint roi sur Israël à Samarie, et il régna deux ans. ²⁴ Il fit ce qui est mauvais aux yeux de l'Éternel. Il ne se détourna point des péchés de Jéroboam, fils de Nébat, par lesquels il avait fait pécher Israël. ²⁵ Et Pékach, fils de Rémalia, son officier, fit une conspiration contre lui et le frappa, à Samarie, dans le palais de la maison du roi, avec Argob et Arié, ayant avec lui cinquante hommes des enfants des Galaadites. Ainsi il le tua, et il régna à sa place. ²⁶ Le reste des actions de Pékachia, et tout ce qu'il fit, voici, cela est écrit au livre des Chroniques des rois d'Israël. ²⁷ La cinquante-deuxième année d'Asaria, roi de Juda, Pékach, fils de Rémalia, devint roi sur Israël, à Samarie, et il régna vingt ans. ²⁸ Il fit ce qui est mauvais aux yeux de l'Éternel; et il ne se détourna point des péchés de Jéroboam, fils de Nébat, par lesquels il avait fait pécher Israël. ²⁹ Du temps de Pékach, roi d'Israël, Tiglath-Piléser, roi d'Assyrie, vint et prit Ijjon, Abel-Beth-Maaca, Janoach, Kédès, Hatsor, Galaad, la Galilée, tout le pays de Nephthali, et il en transporta le peuple en Assyrie. ³⁰ Et Osée, fils d'Éla, fit une conspiration contre Pékach, fils de Rémalia, le frappa et le tua; et il devint roi à sa place, la vingtième année de Jotham, fils d'Ozias. ³¹ Le reste des actions de Pékach, et tout ce qu'il fit, voici, cela est écrit au livre de Chroniques des rois d'Israël. ³² La seconde année de Pékach, fils de Rémalia, roi d'Israël, Jotham, fils d'Ozias, roi de Juda, commença

à régner. [33] Il était âgé de vingt-cinq ans quand il commença à régner, et il régna seize ans à Jérusalem. Sa mère s'appelait Jérusha, fille de Tsadok. [34] Il fit ce qui est droit aux yeux de l'Éternel, il fit tout comme avait fait Ozias, son père. [35] Seulement les hauts lieux ne furent point ôtés. Le peuple sacrifiait encore et faisait des encensements dans les hauts lieux. Ce fut lui qui bâtit la porte Haute de la maison de l'Éternel. [36] Le reste des actions de Jotham, et tout ce qu'il fit, n'est-il pas écrit au livre des Chroniques des rois de Juda? [37] En ces jours-là, l'Éternel commença d'envoyer contre Juda Retsin, roi de Syrie, et Pékach, fils de Rémalia. [38] Et Jotham s'endormit avec ses pères, et fut enseveli avec ses pères dans la cité de David, son père. Et Achaz, son fils, régna à sa place.'br wp="br1"'

16

[1] La dix-septième année de Pékach, fils de Rémalia, Achaz, fils de Jotham, roi de Juda, commença à régner. [2] Achaz était âgé de vingt ans quand il commença à régner, et il régna seize ans à Jérusalem. Il ne fit point ce qui est droit aux yeux de l'Éternel, son Dieu, comme David, son père; [3] Mais il suivit la voie des rois d'Israël; et même il fit passer son fils par le feu, selon les abominations des nations que l'Éternel avait chassées devant les enfants d'Israël. [4] Il sacrifiait aussi et faisait des encensements dans les hauts lieux, sur les coteaux et sous tout arbre vert. [5] Alors Retsin, roi de Syrie, et Pékach, fils de Rémalia, roi d'Israël, montèrent contre Jérusalem pour combattre, et ils assiégèrent Achaz; mais ils ne purent point en venir à bout par les armes. [6] En ce temps-là, Retsin, roi de Syrie, remit Élath en la puissance des Syriens, car il déposséda les Juifs d'Élath, et les Syriens vinrent à Élath, où ils ont demeuré jusqu'à ce jour. [7] Or Achaz avait envoyé des députés à Tiglath-Piléser, roi des Assyriens, pour lui dire: Je suis ton serviteur et ton fils; monte et délivre-moi de la main du roi de Syrie et de la main du roi d'Israël, qui s'élèvent contre moi. [8] Et Achaz prit l'argent et l'or qui se trouva dans la maison de l'Éternel et dans les trésors de la maison royale, et il l'envoya en don au roi d'Assyrie. [9] Le roi d'Assyrie fit ce qu'il souhaitait; il monta contre Damas, la prit, en transporta le peuple à Kir, et fit mourir Retsin. [10] Alors le roi Achaz s'en alla à Damas au-devant de Tiglath-Piléser, roi d'Assyrie. Or le roi Achaz, ayant vu l'autel qui était à Damas, envoya à Urie, le sacrificateur, le dessin et le modèle de cet autel, selon toute sa construction. [11] Et Urie, le sacrificateur, bâtit un autel suivant tout ce que le roi Achaz avait mandé de Damas. Urie, le sacrificateur, le fit avant que le roi fût revenu de Damas. [12] Et quand le roi Achaz fut revenu de Damas et qu'il eut vu l'autel, il s'en approcha et y monta. [13] Il fit fumer sur cet autel son holocauste et son oblation, y versa ses libations et y répandit le sang de ses sacrifices de prospérités. [14] Quant à l'autel d'airain qui était devant l'Éternel, il le transporta de devant la maison, en sorte qu'il ne fût point entre son autel et la maison de l'Éternel; et il le mit à côté de cet autel-là, vers le nord. [15] Puis le roi Achaz donna ce commandement à Urie, le sacrificateur: Tu feras fumer sur le grand autel l'holocauste du matin et l'oblation du soir, l'holocauste du roi et son oblation, l'holocauste de tout le peuple du pays et leurs oblations; tu y répandras leurs libations, tout le sang des holocaustes, et tout le sang des sacrifices. Mais, quant à l'autel d'airain, ce sera à moi d'examiner. [16] Or Urie, le sacrificateur, fit tout ce que le roi Achaz lui avait commandé. [17] De plus le roi Achaz mit en morceaux les panneaux des socles et en ôta les cuves qui étaient dessus; il descendit la mer de dessus les bœufs d'airain qui étaient dessous, et la mit sur un pavé de pierre. [18] Il ôta aussi de la maison de l'Éternel, à cause du roi d'Assyrie, le portique couvert du sabbat, qu'on avait bâti au temple, et l'entrée du roi, qui était en dehors. [19] Le reste des actions d'Achaz, et ce qu'il fit, n'est-il pas écrit au livre des Chroniques des rois de Juda? [20] Puis Achaz s'endormit avec ses pères et fut enseveli avec eux dans la cité de David, et Ézéchias, son fils, régna à sa place.'br wp="br1"'

17

[1] La douzième année d'Achaz, roi de Juda, Osée, fils d'Éla, devint roi sur Israël, à Samarie, et il régna neuf ans. [2] Il fit ce qui est mauvais aux yeux de l'Éternel; non pas toutefois comme les rois d'Israël qui avaient été avant lui. [3] Salmanéser, roi des Assyriens, monta contre lui; et Osée lui fut assujetti, et il lui envoyait un tribut. [4] Mais le roi des Assyriens découvrit qu'Osée conspirait; car Osée avait envoyé des députés vers So, roi d'Égypte, et n'envoyait plus au roi d'Assyrie le tribut annuel. C'est pourquoi le roi des Assyriens l'enferma, et le lia dans une prison. [5] Puis le roi des Assyriens monta par tout le pays. Il monta aussi à Samarie, et l'assiégea pendant trois ans. [6] La neuvième année d'Osée, le roi des Assyriens prit Samarie; et il transporta les Israélites en Assyrie, et les fit habiter à Chalach et sur le Chabor, fleuve de Gozan, et dans les villes des Mèdes. [7] Car les enfants d'Israël avaient péché contre l'Éternel leur Dieu, qui les avait fait remonter du pays d'Égypte, de dessous la main de Pharaon, roi d'Égypte, et ils avaient adoré d'autres dieux. [8] Ils avaient suivi les coutumes des nations que l'Éternel avait chassées devant les enfants d'Israël, et celles qu'avaient établies les rois d'Israël. [9] Et les enfants d'Israël firent en secret contre l'Éternel leur Dieu des choses qui ne sont pas droites; et ils se bâtirent des hauts lieux dans toutes leurs villes, depuis la tour des gardes jusqu'à la ville forte. [10] Ils se dressèrent des statues et des emblèmes d'Ashéra sur toute haute colline et sous tout arbre vert, [11] Et firent là des encensements, dans tous les hauts lieux, comme les nations que l'Éternel avait chassées devant eux. Ils firent des choses mauvaises, pour irriter l'Éternel, [12] Et servirent les idoles, dont l'Éternel leur avait dit: Vous ne ferez point cela. [13] Et l'Éternel somma Israël et Juda par chacun de ses prophètes et de ses voyants, leur disant: Revenez de vos mauvaises voies, gardez mes commandements et mes statuts, selon toute la loi que j'ai prescrite à vos pères, et que je vous ai envoyée par mes serviteurs les prophètes. [14] Mais ils n'écoutèrent point, et ils roidirent leur cou, comme avaient fait leurs pères, qui n'avaient point cru à l'Éternel leur Dieu. [15] Ils méprisèrent ses statuts, et l'alliance qu'il avait traitée avec leurs pères, et les témoignages par lesquels il les avait sommés. Ils allèrent après la vanité, et devinrent vains, et après les nations qui étaient autour d'eux, bien que l'Éternel eût défendu de faire comme elles. [16] Et, ayant abandonné tous les commandements de l'Éternel leur Dieu, ils se firent des images de fonte, deux veaux; ils firent des emblèmes d'Ashéra, ils se prosternèrent devant toute l'armée des cieux, et ils servirent Baal. [17] Ils firent aussi passer par le feu leurs fils et leurs filles; ils s'adonnèrent aux divinations et aux sortilèges; et ils se vendirent pour faire ce qui déplaît à l'Éternel, afin de l'irriter. [18] Aussi l'Éternel s'irrita fort contre les Israélites, et les rejeta de devant sa face. Il ne demeura de reste que la seule tribu de Juda. [19] Juda même ne garda pas les commandements de l'Éternel, son Dieu; mais ils marchèrent dans les coutumes qu'Israël avait établies. [20] Et l'Éternel rejeta toute la race d'Israël; il les humilia, et les livra entre les mains des spoliateurs, jusqu'à les bannir loin de sa face. [21] Car Israël fit schisme d'avec la maison de David. Ils établirent roi Jéroboam, fils de Nébat, et Jéroboam détourna Israël de suivre l'Éternel; et il leur fit commettre un grand péché. [22] Et les enfants d'Israël marchèrent dans tous les péchés que Jéroboam avait commis. Ils ne s'en détournèrent point; [23] Tellement qu'à la fin l'Éternel les bannit loin de sa face, selon qu'il en avait parlé par tous ses serviteurs, les prophètes. Et Israël fut transporté de son pays en Assyrie, où il est jusqu'à ce jour. [24] Alors le roi des Assyriens fit venir des gens de Babylone, de Cutha, d'Avva, de Hamath et de Sépharvaïm, et les établit dans les villes de Samarie, à la place des enfants d'Israël; ils prirent possession de la Samarie, et habitèrent dans ses villes. [25] Or, lorsqu'ils commencèrent d'y habiter, ils ne craignaient pas l'Éternel; et

l'Éternel envoya contre eux des lions qui les tuaient. ²⁶ Et on dit au roi des Assyriens: Les nations que tu as transportées et établies dans les villes de la Samarie ne connaissent pas la manière de servir le dieu du pays, et il a envoyé des lions qui les tuent, parce qu'elles ne connaissent pas la manière de servir le dieu du pays. ²⁷ Alors le roi des Assyriens donna cet ordre: Faites-y aller quelqu'un des sacrificateurs que vous avez amenés captifs; qu'il y aille, qu'il y demeure, et qu'il enseigne la manière de servir le dieu du pays. ²⁸ Ainsi l'un des sacrificateurs qu'on avait transportés de Samarie, vint et habita à Béthel; et il leur enseigna comment ils devaient craindre l'Éternel. ²⁹ Mais chaque nation se fit ses dieux, et les mit dans les maisons des hauts lieux que les Samaritains avaient faits; chaque nation les mit dans les villes où elle habitait. ³⁰ Les gens de Babylone firent Succoth-Bénoth; les gens de Cuth firent Nergal; les gens de Hamath firent Ashima; ³¹ Les Avviens firent Nibchaz et Tharthac; et les Sépharviens brûlaient au feu leurs enfants en l'honneur d'Adrammélec et d'Anammélec, dieux de Sépharvaïm. ³² Ils adoraient aussi l'Éternel. Mais ils établirent pour sacrificateurs des hauts lieux, des gens pris d'entre eux tous, qui sacrifiaient pour eux dans les maisons des hauts lieux. ³³ Ainsi ils craignaient l'Éternel, et ils servaient en même temps leurs dieux, à la manière des nations d'où on les avait transportés. ³⁴ Et ils suivent jusqu'à ce jour leurs premières coutumes; ils ne craignent pas l'Éternel; ils ne font ni selon leurs ordonnances et leurs coutumes, ni selon la loi et le commandement que l'Éternel Dieu donna aux enfants de Jacob, qu'il avait nommé Israël. ³⁵ Car l'Éternel traita alliance avec eux, et leur donna ce commandement: Vous ne craindrez point d'autres dieux; vous ne vous prosternerez point devant eux; vous ne les servirez point, et vous ne leur sacrifierez point. ³⁶ Mais vous craindrez l'Éternel qui vous a fait monter hors du pays d'Égypte par une grande force et à bras étendu. C'est devant lui que vous vous prosternerez; c'est à lui que vous sacrifierez. ³⁷ Les statuts, les ordonnances, la loi et les commandements qu'il a écrits pour vous, vous prendrez garde à les pratiquer toujours; et vous ne craindrez pas d'autres dieux. ³⁸ Vous n'oublierez donc pas l'alliance que j'ai traitée avec vous; vous ne craindrez pas d'autres dieux; ³⁹ Mais c'est l'Éternel votre Dieu que vous craindrez, et il vous délivrera de la main de vos ennemis. ⁴⁰ Mais ils n'écoutèrent point, et ils firent selon leurs premières coutumes. ⁴¹ Ainsi ces nations craignaient l'Éternel, et servaient en même temps leurs idoles. Or leurs enfants, et les enfants de leurs enfants, font jusqu'à ce jour comme leurs pères ont fait.'br wp="br1"'

18

¹ La troisième année d'Osée, fils d'Ela, roi d'Israël, Ézéchias, fils d'Achaz, roi de Juda, commença à régner. ² Il était âgé de vingt-cinq ans quand il commença à régner, et il régna vingt-neuf ans à Jérusalem. Sa mère s'appelait Abi; elle était fille de Zacharie. ³ Il fit ce qui est droit aux yeux de l'Éternel, selon tout ce qu'avait fait David, son père. ⁴ Il ôta les hauts lieux; il mit en pièces les statues; il abattit les images d'Ashéra, et brisa le serpent d'airain que Moïse avait fait, parce que jusqu'à ce jour-là les enfants d'Israël lui faisaient des encensements; et on le nommait Néhushtan. ⁵ Il mit son espérance en l'Éternel, le Dieu d'Israël; et il n'y eut point son pareil entre tous les rois de Juda qui suivirent, non plus que parmi ses prédécesseurs. ⁶ Il s'attacha à l'Éternel; il ne se détourna point de lui; et il garda les commandements que l'Éternel avait donnés à Moïse. ⁷ Et l'Éternel fut avec lui; dans tout ce qu'il entreprenait il prospérait. Il se révolta contre le roi des Assyriens, et ne lui fut point assujetti. ⁸ Il battit les Philistins jusqu'à Gaza et ses frontières, depuis les tours des gardes jusqu'aux villes fortes. ⁹ Or il arriva, la quatrième année du roi Ézéchias, qui était la septième d'Osée, fils d'Éla, roi d'Israël, que

Salmanéser, roi des Assyriens, monta contre Samarie et l'assiégea. [10] Au bout de trois ans ils la prirent; la sixième année du règne d'Ézéchias, qui était la neuvième d'Osée, roi d'Israël, Samarie fut prise. [11] Et le roi des Assyriens transporta les Israélites en Assyrie, et il les établit à Chalach et sur le Chabor, fleuve de Gozan, et dans les villes des Mèdes, [12] Parce qu'ils n'avaient point écouté la voix de l'Éternel leur Dieu, mais qu'ils avaient transgressé son alliance, et qu'ils n'avaient ni écouté ni fait rien de ce qu'avait ordonné Moïse, serviteur de l'Éternel. [13] Or, la quatorzième année du roi Ézéchias, Sanchérib, roi d'Assyrie, monta contre toutes les villes fortes de Juda, et les prit. [14] Alors Ézéchias, roi de Juda, envoya dire au roi des Assyriens, à Lakis: Je suis en faute. Retire-toi de moi; je supporterai ce que tu m'imposeras. Et le roi des Assyriens imposa trois cents talents d'argent et trente talents d'or à Ézéchias, roi de Juda. [15] Et Ézéchias donna tout l'argent qui se trouva dans la maison de l'Éternel et dans les trésors de la maison royale. [16] En ce temps-là, Ézéchias enleva l'or dont lui-même avait couvert les portes du temple de l'Éternel et ses linteaux, et le donna au roi d'Assyrie. [17] Mais le roi des Assyriens envoya, de Lakis, Tharthan, Rabsaris et Rabshaké, avec de grandes forces contre le roi Ézéchias, à Jérusalem. Ils montèrent et vinrent à Jérusalem; et, y étant arrivés, ils se présentèrent auprès de l'aqueduc du haut étang, qui est sur la route du champ du foulon. [18] Et ils appelèrent le roi. Alors Eliakim, fils de Hilkija, préfet du palais, se rendit vers eux, avec Shebna, le secrétaire, et Joach, le chancelier, fils d'Asaph. [19] Et Rabshaké leur dit: Dites, je vous prie, à Ézéchias: Ainsi dit le grand roi, le roi des Assyriens: Qu'est-ce que cette confiance sur laquelle tu t'appuies? [20] Tu parles, mais ce ne sont que des paroles! Le conseil et la force sont requis à la guerre. Et maintenant, en qui t'es-tu confié, pour te révolter contre moi? [21] Voici, tu te confies en l'Égypte, en ce bâton, ce roseau cassé, qui perce et traverse la main de celui qui s'y appuie. Tel est Pharaon, le roi d'Égypte, pour tous ceux qui se confient en lui. [22] Que si vous me dites: Nous nous confions en l'Éternel, notre Dieu; n'est-ce pas lui dont Ézéchias a ôté les hauts lieux et les autels, disant à Juda et à Jérusalem: Vous vous prosternerez à Jérusalem devant cet autel-ci? [23] Et maintenant, fais un accord avec mon maître, le roi d'Assyrie; et je te donnerai deux mille chevaux, si tu peux fournir autant d'hommes pour les monter. [24] Et comment ferais-tu tourner visage au moindre gouverneur d'entre les serviteurs de mon maître? Mais tu te confies en l'Égypte, pour trouver des chars et des cavaliers! [25] Maintenant, est-ce sans l'ordre de l'Éternel que je suis monté contre ce lieu-ci pour le ravager? C'est l'Éternel qui m'a dit: Monte contre ce pays, et ravage-le. [26] Alors Eliakim, fils de Hilkija, avec Shebna et Joach, dirent à Rabshaké: Parle à tes serviteurs en langue araméenne, car nous l'entendons; et ne nous parle point en lanque judaïque, aux oreilles de ce peuple qui est sur la muraille. [27] Mais Rabshaké leur dit: Est-ce vers ton maître, ou vers toi, que mon maître m'a envoyé pour dire ces paroles? N'est-ce pas vers les hommes qui se tiennent sur la muraille, pour dire qu'ils mangeront leurs excréments et boiront leur urine avec vous? [28] Puis Rabshaké, se tenant debout, s'écria à haute voix en langue judaïque, et parla ainsi: Écoutez la parole du grand roi, du roi d'Assyrie! [29] Ainsi dit le roi: Qu'Ézéchias ne vous abuse point; car il ne pourra vous délivrer de ma main. [30] Qu'Ézéchias ne vous fasse pas mettre votre confiance en l'Éternel, en disant: L'Éternel ne manquera pas de nous délivrer, et cette ville ne sera pas livrée aux mains du roi d'Assyrie. [31] N'écoutez point Ézéchias; car ainsi a dit le roi d'Assyrie: Faites la paix avec moi, et sortez vers moi; et vous mangerez chacun de sa vigne et chacun de son figuier, et vous boirez chacun de l'eau de sa citerne; [32] Jusqu'à ce que je vienne, et que je vous emmène en un pays pareil au vôtre, un pays de froment et de vin, un pays de pain et de vignes, un pays d'oliviers à huile et de miel; et vous vivrez et ne mourrez point. N'écoutez pas Ézéchias, car il vous leurre, en disant: L'Éternel nous délivrera. [33] Les dieux des nations ont-ils délivré chacun son pays de la main du roi d'Assyrie? [34] Où sont les dieux de Hamath et d'Arpad? Où sont les dieux de Sépharvaïm, de Héna et d'Ivva? A-t-on même délivré Samarie de ma main? [35] De tous les dieux de ces pays-là, lesquels ont délivré leur pays de ma main, pour que l'Éternel délivre Jérusalem de ma main? [36] Mais le peuple se tut et ne lui répondit pas un mot. Car le roi l'avait ainsi ordonné, en disant: Vous ne lui répondrez pas. [37] Et Éliakim, fils de Hilkija, préfet du palais, Shebna, le secrétaire, et Joach, fils d'Asaph, le chancelier, revinrent vers Ézéchias, leurs vêtements déchirés, et lui rapportèrent les paroles de Rabshaké.'br wp="br1"'

19

[1] Lorsque le roi Ézéchias eut entendu ces choses, il déchira ses vêtements, il se couvrit d'un sac, et entra dans la maison de l'Éternel. [2] Puis il envoya Éliakim, le préfet du palais, et Shebna, le secrétaire, et les anciens d'entre les sacrificateurs, couverts de sacs, vers Ésaïe, le prophète, fils d'Amots. [3] Et ils lui dirent: Ainsi dit Ézéchias: Ce jour est un jour d'angoisse, de châtiment et d'opprobre; car les enfants sont venus jusqu'au moment de naître; mais il n'y a point de force pour enfanter. [4] Peut-être l'Éternel ton Dieu aura entendu toutes les paroles de ce Rabshaké, que le roi d'Assyrie, son maître, a envoyé pour insulter le Dieu vivant, et peut-être que l'Éternel, ton Dieu, châtiera les paroles qu'il a entendues. Fais donc monter une prière en faveur de ce qui reste encore. [5] Les serviteurs du roi Ézéchias vinrent donc vers Ésaïe; et Ésaïe leur dit: Vous parlerez ainsi à votre maître: [6] Ainsi a dit l'Éternel: Ne crains point à cause des paroles que tu as entendues, par lesquelles les serviteurs du roi d'Assyrie m'ont outragé. [7] Voici, je vais mettre en lui un esprit tel, qu'ayant appris une nouvelle, il retournera dans son pays; et je le ferai tomber par l'épée dans son pays. [8] Rabshaké s'en retourna donc, et trouva le roi des Assyriens qui assiégeait Libna. Car il avait appris qu'il était parti de Lakis. [9] Or le roi entendit dire au sujet de Thirhaca, roi d'Éthiopie: Voici, il est sorti pour te combattre. C'est pourquoi Sanchérib envoya de nouveau des messagers à Ézéchias, et leur dit: [10] Vous parlerez ainsi à Ézéchias, roi de Juda: Que ton Dieu, en qui tu te confies, ne t'abuse pas, en disant: Jérusalem ne sera point livrée aux mains du roi d'Assyrie. [11] Voici, tu as entendu ce que les rois d'Assyrie ont fait à tous les pays: ils les ont détruits entièrement; et toi, tu échapperais! [12] Les dieux des nations que mes ancêtres ont détruites, les dieux de Gozan, de Charan, de Retseph et des enfants d'Éden, qui sont en Thélassar, les ont-ils délivrées? [13] Où sont le roi de Hamath, le roi d'Arpad, et le roi de la ville de Sépharvaïm, de Héna et d'Ivva? [14] Or quand Ézéchias eut reçu la lettre de la main des messagers, et qu'il l'eut lue, il monta à la maison de l'Éternel; et Ézéchias la déploya devant l'Éternel. [15] Puis Ézéchias fit sa prière à l'Éternel et dit: Éternel, Dieu d'Israël, qui sièges entre les chérubins, toi seul, tu es le Dieu de tous les royaumes de la terre; c'est toi qui as fait les cieux et la terre. [16] Éternel, incline ton oreille et écoute! Éternel, ouvre tes yeux et regarde! Écoute les paroles de Sanchérib, de celui qu'il a envoyé pour insulter le Dieu vivant. [17] Il est vrai, ô Éternel, que les rois d'Assyrie ont ravagé les nations et leurs pays, [18] Et qu'ils ont jeté leurs dieux au feu; car ce n'étaient pas des dieux, mais l'ouvrage des mains de l'homme, du bois et de la pierre; aussi les ont-ils détruits. [19] Maintenant donc, ô Éternel, notre Dieu, je te prie, délivre-nous de la main de Sanchérib, et que tous les royaumes de la terre sachent que c'est toi, ô Éternel, qui es le seul Dieu. [20] Alors Ésaïe, fils d'Amots, envoya dire à Ézéchias: Ainsi a dit l'Éternel, le Dieu d'Israël: J'ai entendu la prière que tu m'as faite au sujet de Sanchérib, roi d'Assyrie. [21] C'est ici la parole que l'Éternel a prononcée contre lui: Elle te méprise, elle se

rit de toi, la vierge fille de Sion; elle hoche la tête après toi, la fille de Jérusalem. ²² Qui as-tu insulté et outragé? Et contre qui as-tu élevé la voix? Tu as porté les yeux en haut sur le Saint d'Israël. ²³ Par tes messagers tu as insulté le Seigneur, et tu as dit: Avec la multitude de mes chars, je monterai au sommet des montagnes, aux retraites du Liban; je couperai ses plus hauts cèdres et ses plus beaux cyprès; j'atteindrai sa dernière cime, la forêt de son jardin. ²⁴ J'ai creusé, et j'ai bu les eaux étrangères; et j'ai tari de la plante de mes pieds tous les fleuves de l'Égypte. ²⁵ N'as-tu pas appris que j'ai préparé ceci dès longtemps, et que dès les temps anciens, j'en ai formé le dessein? Maintenant je le fais arriver, et tu es là pour réduire les villes fortes en monceaux de ruines. ²⁶ Leurs habitants, privés de force, sont épouvantés et confus; ils sont comme l'herbe des champs et la tendre verdure, comme l'herbe des toits et le blé brûlés avant de se former en tiges. ²⁷ Mais je connais ta demeure, ta sortie et ton entrée, et ta fureur contre moi. ²⁸ Parce que tu es en fureur contre moi, et que ton insolence est montée à mes oreilles, je mettrai ma boucle à tes narines et mon frein entre tes lèvres; et je te ferai retourner par le chemin par lequel tu es venu. ²⁹ Et voici le signe que tu en auras, ô Ézéchias. On mangera cette année ce qui viendra de soi-même aux champs; et la seconde année, ce qui croîtra encore sans qu'on sème; mais, la troisième année, vous sèmerez et vous moissonnerez, vous planterez des vignes et vous en mangerez le fruit. ³⁰ Et ce qui sera réchappé et demeuré de reste à la maison de Juda, poussera ses racines en bas, et produira ses fruits en haut. ³¹ Car il sortira de Jérusalem quelque reste, et de la montagne de Sion quelques réchappés. La jalousie de l'Éternel des armées fera cela. ³² C'est pourquoi, ainsi dit l'Éternel touchant le roi d'Assyrie: Il n'entrera point dans cette ville, il n'y jettera point de flèche, il ne lui présentera point le bouclier, il n'élèvera point de terrasse contre elle. ³³ Il s'en retournera par où il est venu, et il n'entrera point dans cette ville, dit l'Éternel. ³⁴ Et je protégerai cette ville pour la sauver, à cause de moi et à cause de David, mon serviteur. ³⁵ Or, cette même nuit-là, un ange de l'Éternel sortit et frappa dans le camp des Assyriens cent quatre-vingt-cinq mille hommes; et, quand on se leva le matin, voici c'étaient tous des corps morts. ³⁶ Et Sanchérib, roi des Assyriens, leva son camp, partit, et s'en retourna; et il resta à Ninive. ³⁷ Et comme il était prosterné dans la maison de Nisroc, son dieu, Adrammélec et Sharetser, ses fils, le frappèrent avec l'épée; puis ils se sauvèrent au pays d'Ararat. Et Esarhaddon, son fils, régna à sa place.'br wp="br1'''

20

¹ En ce temps-là, Ézéchias fut malade à la mort; et le prophète Ésaïe, fils d'Amots, vint vers lui, et lui dit: Ainsi a dit l'Éternel: Mets ordre à ta maison; car tu vas mourir, et tu ne vivras plus. ² Alors Ézéchias tourna son visage contre la muraille, et pria l'Éternel; ³ Et il dit: O Éternel, souviens-toi que j'ai marché devant ta face avec fidélité et intégrité de cœur, et que j'ai fait ce qui est agréable à tes yeux! Et Ézéchias répandit beaucoup de larmes. ⁴ Or, Ésaïe n'était point encore sorti jusqu'au milieu de la ville, que la parole de l'Éternel lui fut adressée en ces mots: ⁵ Retourne, et dis à Ézéchias, conducteur de mon peuple: Ainsi a dit l'Éternel, le Dieu de David, ton père: J'ai entendu ta prière; j'ai vu tes larmes. Voici, je vais te guérir. Dans trois jours tu monteras à la maison de l'Éternel. ⁶ Je vais ajouter quinze années à tes jours; et je te délivrerai, toi et cette ville, de la main du roi d'Assyrie; et je protégerai cette ville, à cause de moi et à cause de David, mon serviteur. ⁷ Puis Ésaïe dit: Prenez une masse de figues. Et ils la prirent, et la mirent sur l'ulcère; et le roi guérit. ⁸ Or Ézéchias avait dit à Ésaïe: Quel est le signe que l'Éternel me guérira, et qu'au troisième jour je monterai à la maison de l'Éternel? ⁹ Et Ésaïe répondit: Ceci te sera, de la part de

l'Éternel, le signe que l'Éternel accomplira la parole qu'il a prononcée: L'ombre avancera-t-elle de dix degrés, ou reculera-t-elle de dix degrés? 10 Et Ézéchias dit: C'est peu de chose que l'ombre avance de dix degrés; non, mais que l'ombre rétrograde de dix degrés. 11 Et Ésaïe, le prophète, cria à l'Éternel, qui fit rétrograder de dix degrés l'ombre, par les degrés qu'elle avait descendus sur le cadran d'Achaz. 12 En ce temps-là, Bérodac-Baladan, fils de Baladan, roi de Babylone, envoya des lettres avec un présent à Ézéchias, parce qu'il avait appris qu'Ézéchias avait été malade. 13 Et Ézéchias, ayant donné audience aux messagers, leur montra son trésor, l'argent, l'or, et les aromates, et l'huile précieuse, tout son arsenal, et tout ce qui se trouvait dans ses trésors. Il n'y eut rien qu'Ézéchias ne leur montrât dans sa maison et dans tout son domaine. 14 Puis le prophète Ésaïe vint vers le roi Ézéchias, et lui dit: Qu'ont dit ces gens-là, et d'où sont-ils venus vers toi? Et Ézéchias répondit: Ils sont venus d'un pays éloigné, de Babylone. 15 Et Ésaïe dit: Qu'ont-ils vu dans ta maison? Ézéchias répondit: Ils ont vu tout ce qui est dans ma maison. Il n'y a rien dans mes trésors que je ne leur aie montré. 16 Alors Ésaïe dit à Ézéchias: Écoute la parole de l'Éternel: 17 Voici, les jours viennent où tout ce qui est dans ta maison et ce que tes pères ont amassé dans leurs trésors jusqu'à ce jour, sera emporté à Babylone. Il n'en demeurera rien de reste, dit l'Éternel. 18 On prendra même de tes fils qui seront issus de toi et que tu auras engendrés, pour être eunuques dans le palais du roi de Babylone. 19 Et Ézéchias répondit à Ésaïe: La parole de l'Éternel, que tu as prononcée, est bonne! Et il ajouta: N'y aura-t-il pas paix et sûreté pendant mes jours? 20 Le reste des actions d'Ézéchias, tous ses exploits, comment il fit le réservoir et le canal par lequel il fit entrer les eaux dans la ville, cela n'est-il pas écrit au livre des Chroniques des rois de Juda? 21 Et Ézéchias s'endormit avec ses pères; et Manassé, son fils, régna à sa place.'br wp="br1"'

21

1 Manassé était âgé de douze ans quand il devint roi, et il régna cinquante-cinq ans à Jérusalem. Sa mère s'appelait Hephtsiba. 2 Il fit ce qui est mauvais aux yeux de l'Éternel, selon les abominations des nations que l'Éternel avait chassées devant les enfants d'Israël. 3 Il rebâtit les hauts lieux qu'Ézéchias, son père, avait détruits; il dressa des autels à Baal; il fit une image d'Ashéra comme avait fait Achab, roi d'Israël; et il se prosterna devant toute l'armée des cieux et la servit. 4 Il bâtit même des autels dans la maison de l'Éternel, dont l'Éternel avait dit: C'est à Jérusalem que je mettrai mon nom. 5 Il bâtit des autels à toute l'armée des cieux dans les deux parvis de la maison de l'Éternel. 6 Il fit passer son fils par le feu; il pratiquait la magie et les augures; il établit des nécromanciens et des devins; il fit de plus en plus ce qui est mauvais aux yeux de l'Éternel, pour l'irriter. 7 Et l'image taillée d'Ashéra qu'il avait faite, il la mit dans la maison dont l'Éternel avait dit à David et à Salomon, son fils: C'est dans cette maison et dans Jérusalem, que j'ai choisie d'entre toutes les tribus d'Israël, que je mettrai mon nom à perpétuité. 8 Et je ne ferai plus errer les Israélites hors de cette terre que j'ai donnée à leurs pères, pourvu seulement qu'ils prennent garde à exécuter tout ce que je leur ai commandé, toute la loi que Moïse, mon serviteur, leur a commandé d'observer. 9 Mais ils n'obéirent point; et Manassé les égara, et leur fit faire pis que les nations que Dieu avait exterminées devant les enfants d'Israël. 10 Alors l'Éternel parla par ses serviteurs les prophètes et dit: 11 Parce que Manassé, roi de Juda, a commis de telles abominations, faisant pis que tout ce qu'ont fait les Amoréens avant lui, et qu'il a fait aussi pécher Juda par ses idoles; 12 A cause de cela, ainsi dit l'Éternel, le Dieu d'Israël: Voici, je vais faire venir sur Jérusalem et sur Juda un mal tel que quiconque en entendra parler, les deux oreilles lui

en tinteront. ¹³ J'étendrai sur Jérusalem le cordeau de Samarie et le niveau de la maison d'Achab; et j'écurerai Jérusalem comme un plat qu'on écure, et qu'on renverse sur son fond après l'avoir écuré. ¹⁴ Et j'abandonnerai le reste de mon héritage; et je les livrerai entre les mains de leurs ennemis, et ils seront en pillage et en proie à tous leurs ennemis; ¹⁵ Parce qu'ils ont fait ce qui est mauvais devant moi et qu'ils m'ont irrité, depuis le jour où leurs pères sont sortis d'Égypte jusqu'à ce jour. ¹⁶ Manassé répandit aussi le sang innocent en fort grande abondance, jusqu'à en remplir Jérusalem depuis un bout jusqu'à l'autre, outre le péché où il entraîna Juda en faisant ce qui est mauvais aux yeux de l'Éternel. ¹⁷ Le reste des actions de Manassé, et tout ce qu'il fit et les péchés qu'il commit, cela n'est-il pas écrit au livre des Chroniques des rois de Juda? ¹⁸ Et Manassé s'endormit avec ses pères, et il fut enseveli au jardin de sa maison, au jardin d'Uzza. Et Amon, son fils, régna à sa place. ¹⁹ Amon était âgé de vingt-deux ans quand il commença à régner, et il régna deux ans à Jérusalem. Sa mère s'appelait Meshullémeth, fille de Haruts, de Jotba. ²⁰ Il fit ce qui est mauvais aux yeux de l'Éternel, comme avait fait Manassé, son père. ²¹ Il suivit toute la voie que son père avait suivie; il servit les idoles qu'il avait servies, et se prosterna devant elles. ²² Il abandonna l'Éternel, le Dieu de ses pères, et il ne marcha point dans les voies de l'Éternel. ²³ Or les serviteurs d'Amon firent une conspiration contre lui, et le tuèrent dans sa maison. ²⁴ Mais le peuple du pays fit mourir tous ceux qui avaient conspiré contre le roi Amon; et on établit Josias, son fils, pour roi à sa place. ²⁵ Le reste des actions d'Amon, ce qu'il a fait, n'est-il pas écrit au livre des Chroniques des rois de Juda? ²⁶ On l'ensevelit dans son tombeau, au jardin d'Uzza; et Josias, son fils, régna à sa place.'br wp="br1"'

22

¹ Josias était âgé de huit ans quand il devint roi, et il régna trente et un ans à Jérusalem. Sa mère s'appelait Jédida, fille d'Adaja, de Botskath. ² Il fit ce qui est droit aux yeux de l'Éternel, il marcha dans toutes les voies de David, son père, et ne s'en détourna ni à droite ni à gauche. ³ Or, la dix-huitième année du roi Josias, le roi envoya à la maison de l'Éternel Shaphan le secrétaire, fils d'Atsalia, fils de Meshullam, en lui disant: ⁴ Monte vers Hilkija, le grand sacrificateur, et qu'il donne l'argent qu'on a apporté dans la maison de l'Éternel, et que ceux qui gardent le seuil ont recueilli du peuple. ⁵ Qu'on le remette entre les mains de ceux qui ont la charge de l'ouvrage, et qui sont préposés à la maison de l'Éternel; et qu'ils le donnent à ceux qui exécutent l'ouvrage qui se fait dans la maison de l'Éternel, pour en réparer les dégradations: ⁶ Aux charpentiers, aux constructeurs et aux maçons, pour acheter du bois et des pierres de taille pour réparer le temple. ⁷ Mais qu'on ne leur fasse pas rendre compte de l'argent qu'on leur délivre entre les mains, car ils agissent avec fidélité. ⁸ Alors Hilkija, le grand sacrificateur, dit à Shaphan, le secrétaire: J'ai trouvé le livre de la loi dans la maison de l'Éternel. Et Hilkija donna ce livre-là à Shaphan, qui le lut. ⁹ Et Shaphan, le secrétaire, vint vers le roi et lui fit ce rapport, en disant: Tes serviteurs ont versé l'argent qui a été trouvé dans le temple, et l'ont délivré entre les mains de ceux qui ont la charge de l'ouvrage, et qui sont préposés à la maison de l'Éternel. ¹⁰ Shaphan, le secrétaire, fit encore ce rapport au roi: Hilkija, le sacrificateur, m'a donné un livre. Et Shaphan le lut devant le roi; ¹¹ Et dès que le roi eut entendu les paroles du livre de la loi, il déchira ses vêtements. ¹² Et il donna ce commandement au sacrificateur Hilkija à Achikam, fils de Shaphan, à Acbor, fils de Micaja, à Shaphan, le secrétaire, et à Asaja, serviteur du roi: ¹³ Allez, consultez l'Éternel pour moi, pour le peuple et pour tout Juda, touchant les paroles de ce livre qui a été trouvé. Car la colère de l'Éternel, qui s'est allumée contre nous, est grande, parce que nos pères n'ont pas obéi aux paroles de ce

livre, pour faire tout ce qui nous y est prescrit. [14] Et Hilkija, le sacrificateur, Achikam, Acbor, Shaphan et Asaja, s'en allèrent vers Hulda, la prophétesse, femme de Shallum, le gardien des vêtements, fils de Thikva, fils de Harhas, laquelle habitait à Jérusalem dans le second quartier; et ils lui parlèrent. [15] Et elle leur dit: Ainsi a dit l'Éternel, le Dieu d'Israël: Dites à l'homme qui vous a envoyés vers moi: [16] Ainsi parle l'Éternel: Voici, je vais faire venir du mal sur ce lieu et sur ses habitants, tout ce qui est dit dans le livre qu'a lu le roi de Juda. [17] Parce qu'ils m'ont abandonné et ont fait des encensements à d'autres dieux, pour m'irriter par toutes les œuvres de leurs mains, ma colère s'est allumée contre ce lieu, et elle ne s'éteindra point. [18] Mais quant au roi de Juda, qui vous a envoyés pour consulter l'Éternel, vous lui direz: Ainsi a dit l'Éternel, le Dieu d'Israël, touchant les paroles que tu as entendues: [19] Puisque ton cœur s'est ému, et que tu t'es humilié devant l'Éternel, lorsque tu as entendu ce que j'ai prononcé contre ce lieu et contre ses habitants, savoir, qu'ils seraient désolés et maudits; parce que tu as déchiré tes vêtements et que tu as pleuré devant moi, moi aussi j'ai entendu, dit l'Éternel. [20] C'est pourquoi, voici, je vais te retirer avec tes pères, tu seras recueilli en paix dans tes tombeaux, et tes yeux ne verront point tout ce mal que je vais faire venir sur ce lieu. Et ils rapportèrent ces choses au roi.'br wp="br1"'

23

[1] Alors le roi envoya, et fit assembler vers lui tous les anciens de Juda et de Jérusalem. [2] Puis le roi monta à la maison de l'Éternel, et avec lui tous les hommes de Juda, tous les habitants de Jérusalem, les sacrificateurs, les prophètes et tout le peuple, depuis le plus petit jusqu'au plus grand. Et ils entendirent lire toutes les paroles du livre de l'alliance, qui avait été trouvé dans la maison de l'Éternel. [3] Et le roi, se tenant près de la colonne, traita alliance devant l'Éternel, promettant de suivre l'Éternel et de garder ses commandements, ses témoignages et ses statuts, de tout leur cœur et de toute leur âme, pour accomplir les paroles de cette alliance, écrites dans ce livre. Et tout le peuple adhéra à cette alliance. [4] Alors le roi commanda à Hilkija, le grand sacrificateur, et aux sacrificateurs de second rang, et à ceux qui gardaient le seuil, de tirer hors du temple de l'Éternel tous les objets qui avaient été faits pour Baal, et pour Ashéra, et pour toute l'armée des cieux; et il les brûla hors de Jérusalem, aux campagnes du Cédron, et en emporta les cendres à Béthel. [5] Il abolit aussi les prêtres des idoles, que les rois de Juda avaient établis pour faire des encensements dans les hauts lieux, par les villes de Juda et autour de Jérusalem, et ceux qui faisaient des encensements à Baal, au soleil, à la lune, au zodiaque et à toute l'armée des cieux. [6] Il fit emporter de la maison de l'Éternel, hors de Jérusalem, l'image d'Ashéra; il la brûla dans la vallée du Cédron; il la réduisit en cendres, et en fit jeter les cendres sur les tombeaux des enfants du peuple. [7] Il démolit les maisons des prostitués qui étaient dans la maison de l'Éternel, et où les femmes tissaient des tentes pour les Ashéra. [8] Il fit aussi venir des villes de Juda tous les sacrificateurs, et profana les hauts lieux où les sacrificateurs faisaient des encensements, depuis Guéba jusqu'à Béer-Shéba; et il démolit les hauts lieux des portes, entre autres celui qui était à l'entrée de la porte de Josué, préfet de la ville, à gauche quand on entre par la porte de la ville. [9] Au reste, ceux qui avaient été sacrificateurs des hauts lieux ne montaient pas à l'autel de l'Éternel à Jérusalem, mais ils mangeaient des pains sans levain parmi leurs frères. [10] Il profana aussi Topheth, dans la vallée du fils de Hinnom, afin qu'il ne servît plus à personne pour y faire venir son fils ou sa fille par le feu, à Moloc. [11] Il ôta de l'entrée de la maison de l'Éternel, les chevaux que les rois de Juda avaient consacrés au soleil, vers le logis de Néthanmélec, eunuque, situé à Parvarim, et il brûla au feu les chars du soleil. [12] Le

roi démolit aussi les autels qui étaient sur la plate-forme de la chambre haute d'Achaz, et que les rois de Juda avaient faits, et les autels que Manassé avait faits dans les deux parvis de la maison de l'Éternel; il les brisa et les ôta de là, et en répandit la poussière au torrent du Cédron. [13] Le roi profana aussi les hauts lieux qui étaient vis-à-vis de Jérusalem, à main droite de la montagne de Perdition que Salomon, roi d'Israël, avait bâtis à Astarté, l'infamie des Sidoniens, et à Kémosh, l'infamie des Moabites, et à Milcom, l'abomination des enfants d'Ammon. [14] Il brisa les statues, il coupa les emblèmes d'Ashéra et remplit leur emplacement d'ossements humains. [15] L'autel aussi qui était à Béthel, le haut lieu qu'avait fait Jéroboam, fils de Nébat, et par lequel il avait fait pécher Israël, cet autel même et le haut lieu, il les démolit; il brûla le haut lieu et le réduisit en cendres; il brûla aussi l'emblème d'Ashéra. [16] Or Josias, s'étant retourné, vit les tombeaux qui étaient là dans la montagne, et il envoya prendre les ossements des tombeaux et les brûla sur l'autel. Ainsi il le profana selon la parole de l'Éternel, qu'avait prononcée l'homme de Dieu qui annonça publiquement ces choses. [17] Puis le roi dit: Qu'est-ce que ce tombeau que je vois? Les hommes de la ville lui répondirent: C'est le tombeau de l'homme de Dieu qui vint de Juda et qui cria contre l'autel de Béthel ces choses que tu as faites. [18] Et il dit: Laissez-le! Que personne ne remue ses os. Ils conservèrent donc ses os, avec les os du prophète qui était venu de Samarie. [19] Josias ôta aussi toutes les maisons de hauts lieux qui étaient dans les villes de Samarie, et que les rois d'Israël avaient faites pour irriter l'Éternel. Il fit à leur égard tout comme il avait fait à Béthel. [20] Et il sacrifia sur les autels tous les sacrificateurs des hauts lieux qui étaient là; il y brûla des ossements humains. Après quoi il retourna à Jérusalem. [21] Alors le roi donna ce commandement à tout le peuple: Célébrez la pâque à l'Éternel votre Dieu, comme il est écrit dans ce livre de l'alliance. [22] Et jamais pâque n'avait été célébrée, depuis le temps des juges qui avaient jugé Israël, ni pendant tout le temps des rois d'Israël et des rois de Juda, [23] Comme cette pâque qui fut célébrée en l'honneur de l'Éternel dans Jérusalem, la dix-huitième année du roi Josias. [24] Josias fit aussi disparaître les nécromanciens et les devins, les théraphim, les idoles, et toutes les abominations qui se voyaient au pays de Juda et à Jérusalem; afin d'accomplir les paroles de la loi, écrites dans le livre qu'Hilkija, le sacrificateur, avait trouvé dans la maison de l'Éternel. [25] Avant lui, il n'y avait pas eu de roi semblable à lui, qui se fût tourné vers l'Éternel de tout son cœur, de toute son âme et de toute sa force, selon toute la loi de Moïse; et après lui, il ne s'en est point élevé de semblable à lui. [26] Toutefois l'Éternel ne revint pas de l'ardeur de sa grande colère, qui s'était allumée contre Juda à cause de tout ce que Manassé avait fait pour l'irriter. [27] Car l'Éternel avait dit: J'ôterai aussi Juda de devant ma face, comme j'en ai ôté Israël; et je rejetterai cette ville de Jérusalem que j'ai choisie, et la maison de laquelle j'ai dit: Mon nom sera là. [28] Le reste des actions de Josias, tout ce qu'il fit, n'est-il pas écrit au livre des Chroniques des rois de Juda? [29] De son temps Pharaon-Néco, roi d'Égypte, monta contre le roi d'Assyrie, vers le fleuve d'Euphrate; et Josias marcha contre lui. Mais, dès que Pharaon l'eut vu, il le tua à Méguiddo. [30] De Méguiddo ses serviteurs le chargèrent mort sur un char, et l'emmenèrent à Jérusalem, et l'ensevelirent dans son tombeau. Et le peuple du pays prit Joachaz, fils de Josias; et ils l'oignirent, et l'établirent roi à la place de son père. [31] Joachaz était âgé de vingt-trois ans quand il commença à régner, et il régna trois mois à Jérusalem. Sa mère, fille de Jérémie, de Libna, s'appelait Hamutal. [32] Il fit ce qui est mauvais aux yeux de l'Éternel, tout comme avaient fait ses pères. [33] Et Pharaon-Néco l'emprisonna à Ribla, au pays de Hamath, afin qu'il ne régnât plus à Jérusalem. Et il imposa au pays une amende de cent talents d'argent et d'un talent d'or. [34] Puis Pharaon-Néco établit pour roi Éliakim, fils de Josias, à la place de Josias, son père, et changea son nom en celui de Jéhojakim. Il prit ensuite Joachaz, qui alla en Égypte où il mourut. [35] Et Jéhojakim donna l'argent et l'or à Pharaon. Mais il taxa le pays, pour fournir cet argent, d'après le commandement de Pharaon; il exigea du peuple du pays l'argent et l'or, selon la taxe de chacun, pour le donner à Pharaon-Néco. [36] Jéhojakim était âgé de vingt-cinq ans quand il commença à régner, et il régna onze ans à Jérusalem. Sa mère s'appelait Zébudda, fille de Pédaja, de Ruma. [37] Il fit ce qui est mauvais aux yeux de l'Éternel, tout comme avaient fait ses pères.'br wp="br1"'

24

[1] De son temps, Nébucadnetsar, roi de Babylone, monta, et Jéhojakim lui fut assujetti trois ans; mais il se révolta de nouveau contre lui. [2] Et l'Éternel envoya contre lui des troupes de Caldéens, des troupes de Syriens, des troupes de Moabites et des troupes d'Ammonites; il les envoya contre Juda pour le détruire, selon la parole que l'Éternel avait prononcée par les prophètes, ses serviteurs. [3] Ce fut sur l'ordre seul de l'Éternel qu'il en fut ainsi de Juda, pour le rejeter de devant sa face, à cause des péchés de Manassé, et de tout ce qu'il avait fait, [4] Et aussi du sang innocent qu'il avait répandu; car il avait rempli Jérusalem de sang innocent. Et l'Éternel ne voulut point pardonner. [5] Le reste des actions de Jéhojakim, et tout ce qu'il fit, n'est-il pas écrit au livre des Chroniques des rois de Juda? [6] Et Jéhojakim s'endormit avec ses pères, et Jéhojakin, son fils, devint roi à sa place. [7] Or le roi d'Égypte ne sortit plus de son pays, parce que le roi de Babylone avait pris tout ce qui était au roi d'Égypte depuis le torrent d'Égypte jusqu'au fleuve d'Euphrate. [8] Jéhojakin était âgé de dix-huit ans quand il devint roi, et il régna trois mois à Jérusalem. Sa mère, fille d'Elnathan, de Jérusalem, s'appelait Néhushta. [9] Il fit ce qui est mauvais aux yeux de l'Éternel, tout comme avait fait son père. [10] En ce temps-là, les serviteurs de Nébucadnetsar, roi de Babylone, montèrent à Jérusalem, et la ville fut assiégée. [11] Et Nébucadnetsar, roi de Babylone, vint contre la ville, lorsque ses serviteurs l'assiégeaient. [12] Alors Jéhojakin, roi de Juda, sortit vers le roi de Babylone, lui, sa mère, ses serviteurs, ses officiers et ses eunuques; et le roi de Babylone le prit, la huitième année de son règne. [13] Et il tira de là tous les trésors de la maison de l'Éternel et les trésors de la maison royale; et il mit en pièces tous les ustensiles d'or que Salomon, roi d'Israël, avait faits pour le temple de l'Éternel, comme l'Éternel en avait parlé. [14] Et il déporta tout Jérusalem, tous les chefs et tous les vaillants hommes de guerre, au nombre de dix mille captifs, avec les charpentiers et les serruriers. Il ne demeura personne de reste, que le pauvre peuple du pays. [15] Ainsi il transporta Jéhojakin à Babylone, et la mère du roi, et les femmes du roi, et ses eunuques; et il emmena en captivité, de Jérusalem à Babylone, tous les puissants du pays, [16] Tous les hommes vaillants, au nombre de sept mille, et les charpentiers et les serruriers au nombre de mille, tous hommes vaillants et propres à la guerre; le roi de Babylone les emmena captifs à Babylone. [17] Et le roi de Babylone établit pour roi, à la place de Jéhojakin, Matthania, son oncle, et il changea son nom en celui de Sédécias. [18] Sédécias était âgé de vingt et un ans quand il commença à régner, et il régna onze ans à Jérusalem. Sa mère s'appelait Hamutal, fille de Jérémie, de Libna. [19] Il fit ce qui est mauvais aux yeux de l'Éternel, tout comme avait fait Jéhojakim. [20] Car, à cause de la colère de l'Éternel, il en arriva ainsi à Jérusalem et à Juda, jusqu'à ce qu'il les rejetât de devant sa face. Or Sédécias se révolta contre le roi de Babylone.'br wp="br1"'

25

[1] Et il arriva, la neuvième année du règne de Sédécias, le dixième jour du dixième mois, que Nébucadnetsar, roi de Babylone, vint contre Jérusalem, lui et toute son armée; il campa contre elle, et ils bâtirent des forts tout autour. [2] Or la ville fut assiégée jusqu'à la onzième

année du roi Sédécias. ³ Le neuvième jour du quatrième mois, la famine sévissait dans la ville, et il n'y avait plus de pain pour le peuple du pays. ⁴ Alors la brèche fut faite à la ville; et tous les gens de guerre s'enfuirent de nuit par le chemin de la porte, entre les doubles murailles, près du jardin du roi, pendant que les Caldéens bloquaient la ville tout autour; et on s'en alla par le chemin de la campagne. ⁵ Mais l'armée des Caldéens poursuivit le roi; et, quand ils l'eurent atteint dans les campagnes de Jérico, toute son armée se dispersa d'avec lui. ⁶ Ils prirent donc le roi, et le firent monter vers le roi de Babylone à Ribla, où on lui fit son procès. ⁷ On égorgea les fils de Sédécias en sa présence; après quoi on creva les yeux à Sédécias, on le lia de chaînes d'airain, et on le mena à Babylone. ⁸ Au septième jour du cinquième mois, la dix-neuvième année du roi Nébucadnetsar, roi de Babylone, Nébuzar-Adan, capitaine des gardes, serviteur du roi de Babylone, entra dans Jérusalem. ⁹ Il brûla la maison de l'Éternel, la maison royale et toutes les maisons de Jérusalem; il livra aux flammes toutes les grandes maisons. ¹⁰ Puis toute l'armée des Caldéens qui était avec le capitaine des gardes, démolit les murailles de Jérusalem tout autour. ¹¹ Et Nébuzar-Adan, capitaine des gardes, transporta le reste du peuple, ceux qui étaient demeurés de reste dans la ville, ceux qui venaient se rendre au roi de Babylone, et le reste de la multitude. ¹² Toutefois, le capitaine des gardes en laissa quelques-uns des plus pauvres du pays comme vignerons et laboureurs. ¹³ Et les Caldéens mirent en pièces les colonnes d'airain qui étaient dans la maison de l'Éternel, les socles et la mer d'airain qui étaient dans la maison de l'Éternel; et ils en emportèrent l'airain à Babylone. ¹⁴ Ils emportèrent aussi les chaudières, les pelles, les serpes, les tasses et tous les ustensiles d'airain employés pour le service. ¹⁵ Le capitaine des gardes emporta aussi les encensoirs et les bassins, ce qui était d'or et ce qui était d'argent. ¹⁶ Pour ce qui est des deux colonnes, de la mer et des socles que Salomon avait faits pour la maison de l'Éternel, on ne pouvait peser l'airain de tous ces objets. ¹⁷ Chaque colonne avait dix-huit coudées de haut, et un chapiteau d'airain par-dessus, dont la hauteur était de trois coudées; et sur le chapiteau, à l'entour, étaient un réseau et des grenades, le tout d'airain. La seconde colonne était en tout semblable, avec le réseau. ¹⁸ Et le capitaine des gardes prit Séraja, premier sacrificateur, et Sophonie, second sacrificateur, et les trois gardes du seuil. ¹⁹ Et de la ville il prit un eunuque qui avait la charge des gens de guerre, et cinq hommes de ceux qui voyaient la face du roi, qui se trouvèrent dans la ville, le secrétaire en chef de l'armée, qui enrôlait le peuple du pays, et soixante hommes d'entre le peuple du pays, qui furent trouvés dans la ville. ²⁰ Nébuzar-Adan, capitaine des gardes, les prit et les mena au roi de Babylone, à Ribla. ²¹ Et le roi de Babylone les frappa, et les fit mourir à Ribla, au pays de Hamath. Ainsi Juda fut transporté hors de son pays. ²² Quant au peuple qui était demeuré de reste au pays de Juda et que Nébucadnetsar, roi de Babylone, y avait laissé, il lui donna pour gouverneur Guédalia, fils d'Achikam, fils de Shaphan. ²³ Et lorsque tous les capitaines des gens de guerre et leurs gens eurent appris que le roi de Babylone avait établi pour gouverneur Guédalia, ils vinrent vers Guédalia à Mitspa, savoir, Ismaël, fils de Néthania, et Jochanan, fils de Karéach, et Séraja, fils de Thanhumeth le Nétophathite, et Jaazania, fils du Maacathite, eux et leurs gens. ²⁴ Et Guédalia leur jura, à eux et à leurs gens, et leur dit: Ne craignez pas les serviteurs des Caldéens. Demeurez au pays, servez le roi de Babylone, et vous vous en trouverez bien. ²⁵ Mais, au septième mois, Ismaël, fils de Néthania, fils d'Élishama, de la race royale, et dix hommes avec lui, vinrent, frappèrent Guédalia, et le tuèrent ainsi que les Juifs et les Caldéens qui étaient avec lui à Mitspa. ²⁶ Alors tout le peuple, depuis le plus petit jusqu'au plus grand, avec les capitaines des gens de guerre, se levèrent et s'en allèrent en Égypte, parce qu'ils avaient peur des Caldéens. ²⁷ Or il arriva, la trente-septième année de la captivité de Jéhojakin, roi de Juda, le vingt-septième jour du douzième mois, qu'Évilmérodac, roi de Babylone, l'année où il devint roi, releva la tête de Jéhojakin, roi de Juda, et le tira de prison. [28] Il lui parla avec douceur, et il mit son trône au-dessus du trône des rois qui étaient avec lui à Babylone. [29] Et, après qu'il lui eut changé ses vêtements de prisonnier, il mangea constamment en sa présence, tout le temps de sa vie. [30] Et pour son entretien, un ordinaire continuel lui fut établi par le roi, pour chaque jour et pour tout le temps de sa vie.

1 Chroniques

[1] Adam, Seth, Énosh; [2] Kénan, Mahalaléel, Jéred; [3] Hénoc, Métushélah, Lémec; [4] Noé, Sem, Cham et Japhet. [5] Fils de Japhet: Gomer, Magog, Madaï, Javan, Tubal, Méshec et Tiras. [6] Fils de Gomer: Ashkénaz, Diphath et Togarma. [7] Fils de Javan: Élisham, Tharshisha, Kittim et Rodanim. [8] Fils de Cham: Cush, Mitsraïm, Put et Canaan. [9] Fils de Cush: Séba, Havila, Sabta, Raema et Sabtéca. Fils de Raema: Shéba et Dédan. [10] Cush engendra Nimrod, qui commença à être puissant sur la terre. [11] Mitsraïm engendra les Ludim, les Anamin, les Léhabim, les Naphtuhim, [12] Les Pathrusim, les Casluhim, d'où sont sortis les Philistins, et les Caphtorim. [13] Canaan engendra Sidon, son premier-né, et Heth, [14] Les Jébusiens, les Amoréens, les Guirgasiens, [15] Les Héviens, les Arkiens, les Siniens, [16] Les Arvadiens, les Tsémariens et les Hamathiens. [17] Fils de Sem: Élam, Assur, Arpacshad, Lud, Aram, Uts, Hul, Guéther et Méshec. [18] Arpacshad engendra Shélach; et Shélach engendra Héber. [19] Deux fils naquirent à Héber: l'un s'appelait Péleg (partage), parce que de son temps la terre fut partagée; et le nom de son frère était Jockthan. [20] Jockthan engendra Almodad, Shéleph, Hatsarmaveth, Jérach, [21] Hadoram, Uzal, Dikla, [22] Ébal, Abimaël, Shéba, [23] Ophir, Havila et Jobab; tous ceux-là furent fils de Jockthan. [24] Sem, Arpacshad, Shélach, [25] Héber, Péleg, Réhu, [26] Sérug, Nachor, Tharé, [27] Abram, qui est Abraham. [28] Fils d'Abraham: Isaac et Ismaël. [29] Voici leur postérité: le premier-né d'Ismaël, Nébajoth; puis Kédar, Adbéel, Mibsam, [30] Mishma, Duma, Massa, Hadan, Théma, [31] Jéthur, Naphish et Kedma; ce sont là les fils d'Ismaël. [32] Fils de Kétura, concubine d'Abraham: Elle enfanta Zimran, Jokshan, Médan, Madian, Jishbak et Shuach. Fils de Jokshan: Shéba et Dédan. [33] Fils de Madian: Épha, Épher, Hanoc, Abida et Eldaa; tous ceux-là sont fils de Kétura. [34] Abraham engendra Isaac. Fils d'Isaac: Ésaü et Israël. [35] Fils d'Ésaü: Éliphaz, Réuël, Jéush, Jaelam et Korah. [36] Fils d'Éliphaz: Théman, Omar, Tséphi, Gaetham, Kénaz, Thimna et Amalek. [37] Fils de Réuël: Nahath, Zérach, Shamma et Mizza. [38] Fils de Séir: Lothan, Shobal, Tsibeon, Ana, Dishon, Etser et Dishan; [39] Fils de Lothan: Hori et Homam. Sœur de Lothan: Thimna. [40] Fils de Shobal: Aljan, Manahath, Ébal, Shéphi et Onam. Fils de Tsibeon: Ajja et Ana. [41] Fils d'Ana: Dishon. Fils de Dishon: Hamran, Eshban, Jithran et Kéran. [42] Fils d'Etser: Bilhan, Zaavan et Jaakan. Fils de Dishan: Uts et Aran. [43] Voici les rois qui ont régné au pays d'Édom, avant qu'un roi régnât sur les enfants d'Israël: Béla, fils de Béor; et le nom de sa ville était Dinhaba. [44] Béla mourut, et Jobab, fils de Zérach, de Botsra, régna à sa place. [45] Jobab mourut, et Husham, du pays des Thémanites, régna à sa place. [46] Husham mourut, et Hadad, fils de Bédad, régna à sa place; il défit Madian au territoire de Moab. Le nom de sa ville était Avith. [47] Hadad mourut, et Samla de Masréka régna à sa place. [48] Samla mourut, et Saül de Réhoboth, sur le fleuve, régna à sa place. [49] Saül mourut, et Baal-Hanan, fils d'Acbor, régna à sa place. [50] Baal-Hanan mourut, et Hadad régna à sa place. Le nom de sa ville était Paï, et le nom de sa femme Méhétabéel, fille de Matred, fille de Mézahab. [51] Et Hadad mourut. Les chefs d'Édom furent: le chef Thimna, le chef Alja, le chef Jétheth, [52] Le chef Oholibama, le chef Éla, le chef Pinon, [53] Le chef Kénaz, le chef Théman, le chef Mibtsar, [54] Le chef Magdiel et le chef Iram. Ce sont là les chefs d'Édom.

2

[1] Voici les fils d'Israël: Ruben, Siméon, Lévi, Juda, Issacar, Zabulon, [2] Dan, Joseph, Benjamin, Nephthali, Gad et Asser. [3] Fils de Juda: Er, Onan et Shéla. Ces trois lui naquirent de la fille de Shua, la Cananéenne. Er, premier-né de Juda, était méchant

devant l'Éternel, et il le fit mourir. ⁴ Tamar, sa belle-fille, lui enfanta Pharets et Zérach. Total des fils de Juda: cinq. ⁵ Fils de Pharets: Hetsron et Hamul. ⁶ Fils de Zérach: Zimri, Éthan, Héman, Calcol et Dara; cinq en tout. ⁷ Fils de Carmi: Acar, qui troubla Israël, lorsqu'il commit une prévarication au sujet de l'interdit. ⁸ Fils d'Éthan: Azaria. ⁹ Fils qui naquirent à Hetsron: Jérachméel, Ram et Kélubaï (Caleb). ¹⁰ Ram engendra Amminadab; Amminadab engendra Nahasshon, prince des enfants de Juda. ¹¹ Nahasshon engendra Salma. Salma engendra Booz. ¹² Booz engendra Obed. Obed engendra Isaï. ¹³ Isaï engendra Éliab son premier-né, Abinadab le second, Shimea le troisième, ¹⁴ Nathanaël le quatrième, Raddaï le cinquième, ¹⁵ Otsem le sixième, David le septième. ¹⁶ Tséruja et Abigaïl étaient leurs sœurs. Fils de Tséruja: Abishaï, Joab et Azaël, trois. ¹⁷ Abigaïl enfanta Amasa, dont le père fut Jéther, l'Ismaélite. ¹⁸ Caleb, fils de Hetsron, eut des enfants d'Azuba, sa femme, et de Jérioth; ses fils furent Jésher, Shobab et Ardon. ¹⁹ Azuba mourut; et Caleb prit pour femme Éphrath, qui lui enfanta Hur. ²⁰ Hur engendra Uri, et Uri engendra Betsaléel. ²¹ Après cela, Hetsron alla vers la fille de Makir, père de Galaad, et la prit, étant âgé de soixante ans; elle lui enfanta Ségub. ²² Ségub engendra Jaïr, qui eut vingt-trois villes au pays de Galaad. ²³ Les Gueshuriens et les Syriens leur prirent les bourgs de Jaïr, Kénath et les villes de son ressort, soixante villes. Tous ceux-là étaient enfants de Makir, père de Galaad. ²⁴ Après la mort de Hetsron, à Caleb-Éphratha, Abija, femme de Hetsron, lui enfanta Ashur, père de Thékoa. ²⁵ Les fils de Jérachméel, premier-né de Hetsron, furent: Ram, le premier-né, Buna, Oren et Otsem, nés d'Achija. ²⁶ Jérachméel eut une autre femme, nomée Atara, qui fut mère d'Onam. ²⁷ Les fils de Ram, premier-né de Jérachméel, furent Maats, Jamin et Éker. ²⁸ Les fils d'Onam furent: Shammaï et Jada. Fils de Shammaï: Nadab et Abishur. ²⁹ Le nom de la femme d'Abishur était Abichaïl, qui lui enfanta Achban et Molid. ³⁰ Fils de Nadab: Séled et Appaïm. Séled mourut sans enfants. ³¹ Fils d'Appaïm: Jishéï. Fils de Jishéï: Shéshan. Fils de Shéshan: Achlaï. ³² Fils de Jada, frère de Shammaï: Jéther et Jonathan. Jéther mourut sans enfants. ³³ Fils de Jonathan: Péleth et Zaza. Ce furent là les enfants de Jérachméel. ³⁴ Shéshan n'eut point de fils, mais il eut des filles. Il avait un esclave égyptien, nommé Jarcha. ³⁵ Et Shéshan donna sa fille pour femme à Jarcha, son esclave, et elle lui enfanta Attaï. ³⁶ Attaï engendra Nathan; Nathan engendra Zabad; ³⁷ Zabad engendra Ephlal; Ephlal engendra Obed; ³⁸ Obed engendra Jéhu; Jéhu engendra Azaria; ³⁹ Azaria engendra Hélets; Hélets engendra Élasa; ⁴⁰ Élasa engendra Sismaï; Sismaï engendra Shallum; ⁴¹ Shallum engendra Jékamia; Jékamia engendra Élishama. ⁴² Fils de Caleb, frère de Jérachméel: Mésha, son premier-né, qui fut père de Ziph, et les fils de Marésha, père d'Hébron. ⁴³ Fils d'Hébron: Kora, Thappuach, Rékem et Shéma. ⁴⁴ Shéma engendra Racham, père de Jorkéam; et Rékem engendra Shammaï. ⁴⁵ Fils de Shammaï: Maon; et Maon fut père de Bethsur. ⁴⁶ Épha, concubine de Caleb, enfanta Haran, Motsa et Gazez. Haran engendra Gazez. ⁴⁷ Fils de Jahdaï: Réguem, Jotham, Guéshan, Pélet, Épha et Shaaph. ⁴⁸ Maaca, concubine de Caleb, enfanta Shéber et Thirchana. ⁴⁹ Elle enfanta aussi Shaaph, père de Madmanna, Shéva, père de Macbéna et père de Guibea. La fille de Caleb était Acsa. ⁵⁰ Ceux-ci furent fils de Caleb: Shobal, fils de Hur, premier-né d'Éphrata, et père de Kirjath-Jearim; ⁵¹ Salma, père de Bethléhem; Hareph, père de Beth-Gader. ⁵² Shobal, père de Kirjath-Jearim, eut des enfants: Haroë, Hatsi-Hamménuhoth. ⁵³ Les familles de Kirjath-Jearim furent: les Jithriens, les Puthiens, les Shumathiens et les Mishraïens; de ceux-là sont sortis les Tsoreathiens et les Eshthaoliens. ⁵⁴ Enfants de Salma: Bethléhem et les Néthophathiens, Atroth-Beth-Joab, Hatsi-Hammanachthi, les Tsoreïens. ⁵⁵ Et les familles des scribes qui habitaient à Jaebets, les Thireathiens, les Shimathiens, les Suchatiens. Ce sont les Kéniens, issus de Hamath, père de la maison de Récab.

3

¹ Voici les enfants de David, qui lui naquirent à Hébron: Le premier-né, Amnon, d'Achinoam, de Jizréel; le second, Daniel, d'Abigaïl, de Carmel; ² Le troisième, Absalom, fils de Maaca, fille de Talmaï, roi de Gueshur; le quatrième, Adonija, fils de Hagguith; ³ Le cinquième, Shéphatia, d'Abital; le sixième, Jithréam, d'Égla, sa femme. ⁴ Ces six lui naquirent à Hébron, où il régna sept ans et six mois; et il régna trente-trois ans à Jérusalem. ⁵ Ceux-ci lui naquirent à Jérusalem: Shimea, Shobab, Nathan, et Salomon, quatre, de Bathshua, fille d'Ammiel; ⁶ Jibhar, Élishama, Éliphélet, ⁷ Noga, Népheg, Japhia, ⁸ Élishama, Eljada et Éliphélet, neuf. ⁹ Ce sont tous les fils de David, outre les fils des concubines; et Tamar était leur sœur. ¹⁰ Fils de Salomon: Roboam, qui eut pour fils Abija, dont le fils fut Asa, dont le fils fut Josaphat, ¹¹ Dont le fils fut Joram, dont le fils fut Achazia, dont le fils fut Joas, ¹² Dont le fils fut Amatsia, dont le fils fut Azaria, dont le fils fut Jotham, ¹³ Dont le fils fut Achaz, dont le fils fut Ézéchias, dont le fils fut Manassé, ¹⁴ Dont le fils fut Amon, dont le fils fut Josias. ¹⁵ Fils de Josias: le premier-né Jochanan; le second, Jéhojakim; le troisième, Sédécias; le quatrième, Shallum. ¹⁶ Fils de Jéhojakim: Jéchonias, son fils; Sédécias, son fils. ¹⁷ Fils de Jéchonias, captif: Salathiel, son fils, ¹⁸ Malkiram, Pédaja, Shénatsar, Jékamia, Hoshama et Nédabia. ¹⁹ Fils de Pédaja: Zorobabel et Shimeï. Fils de Zorobabel: Méshullam et Hanania; Shélomith, leur sœur; ²⁰ Et Hashuba, Ohel, Bérékia, Hasadia, Jushab-Hésed, cinq. ²¹ Fils de Hanania: Pélatia et Ésaïe; les fils de Réphaja, les fils d'Arnan, les fils d'Obadia, les fils de Shécania. ²² Fils de Shécania: Shémaja; et les fils de Shémaja: Hattush, Jiguéal, Bariach, Néaria et Shaphat, six. ²³ Les fils de Néaria: Eljoénaï, Ézéchias et Azrikam, trois. ²⁴ Fils d'Eljoénaï: Hodavia, Éliashib, Pélaja, Akkub, Jochanan, Délaja et Anani, sept.

4

¹ Fils de Juda: Pharets, Hetsron, Carmi, Hur et Shobal. ² Réaja, fils de Shobal, engendra Jachath; Jachath engendra Achumaï et Lahad. Ce sont les familles des Tsoreathiens. ³ Ceux-ci sont issus du père d'Étham: Jizréel, Jishma et Jidbash; le nom de leur sœur était Hatsélelponi; ⁴ Pénuel était père de Guédor, et Ézer, père de Husha. Ce sont là les fils de Hur, premier-né d'Éphrata, père de Bethléhem. ⁵ Ashur, père de Thékoa, eut deux femmes: Héléa et Naara. ⁶ Naara lui enfanta Achuzam, Hépher, Théméni et Achashthari. Ce sont là les fils de Naara. ⁷ Fils de Héléa: Tséreth, Tsochar et Etnan. ⁸ Kots engendra Anub et Hatsobéba et les familles d'Acharchel, fils d'Harum. ⁹ Jaebets était plus honoré que ses frères; sa mère l'avait nommé Jaebets (douleur), en disant: C'est avec douleur que je l'ai enfanté. ¹⁰ Jaebets invoqua le Dieu d'Israël, en disant: Si tu me bénis et que tu étendes mes limites; si ta main est avec moi, et si tu me préserves du malheur, en sorte que je ne sois pas dans la souffrance! Et Dieu accorda ce qu'il avait demandé. ¹¹ Kélub, frère de Shucha, engendra Méchir, qui fut père d'Eshthon. ¹² Eshthon engendra la maison de Rapha, Paséach et Théchinna, père de la ville de Nachash. Ce sont là les gens de Réca. ¹³ Fils de Kénaz: Othniel et Séraja. Fils d'Othniel: Hathath. ¹⁴ Méonothaï engendra Ophra. Séraja engendra Joab, père de la vallée des ouvriers; car ils étaient ouvriers. ¹⁵ Fils de Caleb, fils de Jéphunné: Iru, Éla et Naam, et les fils d'Éla, et Kénaz. ¹⁶ Fils de Jehalléléel: Ziph, Zipha, Thiria et Asaréel. ¹⁷ Fils d'Esdras: Jéther, Méred, Épher et Jalon. Une femme de Méred enfanta Miriam, Shammaï, et Jishbach, père d'Eshthémoa. ¹⁸ Sa femme, la Juive, enfanta Jéred, père de Guédor, Héber, père de Soco, et Jékuthiel, père de Zanoach. Ceux-là sont les enfants de Bithia, fille de Pharaon, que Méred prit pour femme. ¹⁹ Fils de la femme d'Hodija, sœur de Nacham: le père de Kéhila le Garmien, et Eshthémoa le Maacathien. ²⁰ Fils de Simon: Amnon, Rinna, Ben-Hanan et Thélon. Fils de Jisheï:

Zocheth et Ben-Zocheth. ²¹ Fils de Shéla, fils de Juda: Er, père de Léca, Laëda, père de Marésha, et les familles de la maison des ouvriers en lin fin, de la maison d'Ashbéa, ²² Et Jokim, et les gens de Cozéba, et Joas et Saraph, qui dominèrent sur Moab, et Jashubi-Léchem. Ces choses sont anciennes. ²³ C'étaient les potiers et les habitants des plantations et des parcs; ils habitaient là auprès du roi pour son ouvrage. ²⁴ Fils de Siméon: Némuel, Jamin, Jarib, Zérach, Saül; ²⁵ Shallum, son fils; Mibsam, son fils, et Mishma, son fils. ²⁶ Fils de Mishma: Hamuel, son fils; Zaccur, son fils; Shimeï, son fils. ²⁷ Shimeï eut seize fils et six filles; ses frères n'eurent pas beaucoup d'enfants, et toutes leurs familles ne se multiplièrent pas autant que les fils de Juda. ²⁸ Ils habitèrent à Béer-Shéba, à Molada, à Hatsar-Shual, ²⁹ A Bilha, à Etsem, à Tholad, ³⁰ A Béthuel, à Horma, à Tsiklag, ³¹ A Beth-Marcaboth, à Hatsar-Susim, à Beth-Biréï et à Shaaraïm. Ce furent là leurs villes jusqu'au règne de David. ³² Et leurs villages furent Etam, Aïn, Rimmon, Thoken et Assan, cinq villes; ³³ Et tous leurs villages, qui étaient autour de ces villes, jusqu'à Baal. Ce sont là leurs habitations et leur enregistrement généalogique. ³⁴ Meshobab, Jamlec, Josha, fils d'Amats; ³⁵ Joël, Jéhu, fils de Joshbia, fils de Séraja, fils d'Asiel; ³⁶ Éljoénaï, Jaakoba, Jeshochaïa, Asaja, Adiel, Jésimiel, Bénaja; ³⁷ Ziza, fils de Shiphéï, fils d'Allon, fils de Jédaja, fils de Shimri, fils de Shémaja. ³⁸ Ceux-là, désignés par leurs noms, étaient princes dans leurs familles, et les maisons de leurs pères se répandirent beaucoup. ³⁹ Ils allèrent vers Guédor, jusqu'à l'orient de la vallée, cherchant des pâturages pour leurs troupeaux. ⁴⁰ Ils trouvèrent des pâturages gras et bons, et une contrée spacieuse en tous sens, tranquille et sûre; car ceux qui habitaient là auparavant descendaient de Cham. ⁴¹ Ces hommes inscrits par leurs noms, vinrent du temps d'Ézéchias, roi de Juda, et frappèrent leurs tentes et les Maonites qui se trouvaient là; ils les vouèrent à l'interdit jusqu'à ce jour, et ils habitèrent à leur place, car il y avait là des pâturages pour leurs troupeaux. ⁴² Cinq cents hommes d'entre eux, des enfants de Siméon, s'en allèrent à la montagne de Séir, ayant à leur tête Pélatia, Néaria, Réphaja et Uziel, enfants de Jisheï. ⁴³ Ils frappèrent le reste des réchappés d'Amalek, et ils ont habité là jusqu'à ce jour.

5

¹ Fils de Ruben, premier-né d'Israël (car il était le premier-né; mais pour avoir souillé le lit de son père, son droit d'aînesse fut donné aux fils de Joseph, fils d'Israël, non toutefois pour être enregistré dans les généalogies, selon le droit d'aînesse. ² Car Juda fut puissant parmi ses frères, et de lui est issu un prince; mais le droit d'aînesse est à Joseph). ³ Fils de Ruben, premier-né d'Israël: Hénoc, Pallu, Hetsron et Carmi. ⁴ Fils de Joël: Shémaja, son fils, Gog, son fils, Shimeï, son fils, ⁵ Mica, son fils, Réaja, son fils, Baal, son fils, ⁶ Béera, son fils, que Thilgath-Pilnéser, roi d'Assyrie, emmena captif. C'était un prince des Rubénites. ⁷ Ses frères, d'après leurs familles, au registre généalogique, selon leur naissance, étaient: le premier Jéïel; Zacharie; ⁸ Béla, fils d'Azaz, fils de Shéma, fils de Joël. Béla habitait à Aroër, et jusqu'à Nébo et Baal-Méon; ⁹ A l'orient, il habitait jusqu'à l'entrée du désert, depuis le fleuve de l'Euphrate, car leurs troupeaux étaient nombreux au pays de Galaad. ¹⁰ Du temps de Saül, ils firent la guerre aux Hagaréniens, qui tombèrent entre leurs mains; et ils habitèrent dans leurs tentes, sur tout le côté oriental de Galaad. ¹¹ Les enfants de Gad habitèrent vis-à-vis d'eux dans le pays de Bassan, jusqu'à Salca. ¹² Joël, le premier, Shapham, le second, Janaï et Shaphat en Bassan. ¹³ Leurs frères, selon la maison de leurs pères: Micaël, Meshullam, Shéba, Joraï, Jaecan, Zia et Éber, sept. ¹⁴ Ceux-ci sont les enfants d'Abichaïl, fils de Huri, fils de Jaroach, fils de Galaad, fils de Micaël, fils de Jeshishaï, fils de Jachdo, fils de Buz. ¹⁵ Achi, fils d'Abdiel, fils de Guni, était le chef de la maison de leurs pères. ¹⁶ Ils habitaient en Galaad, en Bassan, et dans les villes de leur ressort, et dans toutes les banlieues de Saron, jusqu'à leurs frontières. ¹⁷ Ils furent tous

enregistrés dans les généalogies du temps de Jotham, roi de Juda, et du temps de Jéroboam, roi d'Israël. [18] Les enfants de Ruben, les Gadites et la demi-tribu de Manassé, d'entre les vaillants hommes portant le bouclier et l'épée, tirant de l'arc, et instruits pour la guerre, étaient au nombre de quarante-quatre mille sept cent soixante, sortant en armée. [19] Ils firent la guerre aux Hagaréniens, à Jétur, à Naphish et à Nodab. [20] Ils eurent du secours contre eux, et les Hagaréniens, et tous ceux qui étaient avec eux, furent livrés entre leurs mains; car, dans la bataille, ils crièrent à Dieu, et il les exauça, parce qu'ils avaient mis leur espérance en lui; [21] Et ils prirent leurs troupeaux: cinquante mille chameaux, deux cent cinquante mille brebis, deux mille ânes, et cent mille personnes. [22] Car il en tomba morts un grand nombre, parce que la bataille venait de Dieu; et ils habitèrent à leur place jusqu'à la déportation. [23] Les enfants de la demi-tribu de Manassé habitèrent dans le pays, depuis Bassan jusqu'à Baal-Hermon et à Sénir, et à la montagne de Hermon; ils étaient nombreux. [24] Et voici les chefs des maisons de leurs pères: Épher, Jishéï, Éliel, Azriel, Jérémie, Hodavia et Jachdiel, vaillants hommes, gens de renom, chefs des maisons de leurs pères. [25] Mais ils péchèrent contre le Dieu de leurs pères, et ils se prostituèrent après les dieux des peuples du pays, que l'Éternel avait détruits devant eux. [26] Et le Dieu d'Israël excita l'esprit de Pul, roi d'Assyrie, et l'esprit de Thilgath-Pilnéser, roi d'Assyrie, qui transporta les Rubénites, les Gadites et la demi-tribu de Manassé, et les emmena à Chalach, à Chabor, à Hara, et au fleuve de Gozan, où ils sont demeurés jusqu'à ce jour.

6

[1] Fils de Lévi: Guershon, Kéhath et Mérari. [2] Fils de Kéhath: Amram, Jitsehar, Hébron et Uziel. [3] Enfants d'Amram: Aaron, Moïse et Marie. Fils d'Aaron: Nadab, Abihu, Éléazar et Ithamar. [4] Éléazar engendra Phinées; Phinées engendra Abishua; [5] Abishua engendra Bukki; Bukki engendra Uzzi; [6] Uzzi engendra Zérachia; Zérachia engendra Mérajoth; [7] Mérajoth engendra Amaria; Amaria engendra Achitub; [8] Achitub engendra Tsadok; Tsadok engendra Achimaats; [9] Achimaats engendra Azaria; Azaria engendra Jochanan; [10] Jochanan engendra Azaria, qui exerça la sacrificature dans la maison que Salomon bâtit à Jérusalem. [11] Azaria engendra Amaria; Amaria engendra Achitub; [12] Achitub engendra Tsadok; Tsadok engendra Shallum; [13] Shallum engendra Hilkija; Hilkija engendra Azaria; [14] Azaria engendra Séraja; Séraja engendra Jéhotsadak; [15] Jéhotsadak s'en alla, quand l'Éternel transporta Juda et Jérusalem par Nébucadnetsar. [16] Fils de Lévi: Guershom, Kéhath et Mérari. [17] Voici les noms des fils de Guershom: Libni et Shimeï. [18] Fils de Kéhath: Amram, Jitsehar, Hébron et Uziel. [19] Fils de Mérari: Machli et Mushi. Ce sont là les familles de Lévi, selon les maisons de leurs pères. [20] De Guershom: Libni, son fils; Jachath, son fils; Zimma, son fils; [21] Joach, son fils; Iddo, son fils; Zérach, son fils; Jéathraï, son fils. [22] Fils de Kéhath: Amminadab, son fils; Coré, son fils; Assir, son fils; [23] Elkana, son fils; Ébiasaph, son fils; Assir, son fils; [24] Tachath, son fils; Uriel, son fils; Uzzija, son fils; Saül, son fils. [25] Fils d'Elkana: Amasaï et Achimoth; Elkana, son fils; [26] Elkana-Tsophaï, son fils; Nachath, son fils; [27] Éliab, son fils; Jérocham, son fils; Elkana, son fils. [28] Et les fils de Samuel: le premier-né, Vashni, et Abija. [29] Fils de Mérari: Machli; Libni, son fils; Shimeï, son fils; Uzza, son fils; [30] Shimea, son fils; Hagguija, son fils; Asaja, son fils. [31] Or voici ceux que David établit pour la direction du chant de la maison de l'Éternel, depuis que l'arche fut en lieu de repos. [32] Ils firent le service du chant devant la demeure du tabernacle d'assignation, jusqu'à ce que Salomon eût bâti la maison de l'Éternel à Jérusalem; et ils faisaient leur service suivant la règle qui était prescrite. [33] Voici ceux qui officiaient, avec leurs fils. D'entre les enfants des Kéhathites: Héman, le chantre, fils de Joël, fils de Samuel, [34] Fils d'Elkana, fils de Jérocham, fils d'Éliel, fils de Thoach, [35] Fils de Tsuph, fils d'Elkana, fils de Machath, fils d'Amasaï, [36] Fils d'Elkana, fils de Joël,

fils d'Azaria, fils de Sophonie, [37] Fils de Tachath, fils d'Assir, fils d'Ébiasaph, fils de Coré, [38] Fils de Jitsehar, fils de Kéhath, fils de Lévi, fils d'Israël. [39] Son frère Asaph, qui se tenait à sa droite. Asaph, fils de Bérekia, fils de Shimea, [40] Fils de Micaël, fils de Baaséja, fils de Malkija, [41] Fils d'Ethni, fils de Zérach, fils d'Adaja, [42] Fils d'Éthan, fils de Zimma, fils de Shimeï, [43] Fils de Jachath, fils de Guershom, fils de Lévi. [44] Enfants de Mérari, leurs frères, à la gauche: Éthan, fils de Kishi, fils d'Abdi, fils de Malluc, [45] Fils de Hashabia, fils d'Amatsia, fils de Hilkija, [46] Fils d'Amtsi, fils de Bani, fils de Shémer, [47] Fils de Machli, fils de Mushi, fils de Mérari, fils de Lévi. [48] Leurs frères, les Lévites, étaient chargés de tout le service de la demeure de la maison de Dieu. [49] Aaron et ses fils faisaient fumer les oblations sur l'autel des holocaustes et sur l'autel des parfums, vaquant à toute l'œuvre du lieu très-saint, et faisant l'expiation pour Israël, selon tout ce qu'avait commandé Moïse, serviteur de Dieu. [50] Voici les enfants d'Aaron: Éléazar, son fils; Phinées, son fils; Abishua, son fils; [51] Bukki, son fils; Uzzi, son fils; Zérachia, son fils; [52] Mérajoth, son fils; Amaria, son fils; Achitub, son fils; [53] Tsadok, son fils; Achimaats, son fils. [54] Voici leurs habitations, selon leurs enclaves, dans leurs limites. Aux enfants d'Aaron de la famille des Kéhathites (car le premier sort fut pour eux), [55] On donna Hébron, au pays de Juda, et sa banlieue tout autour. [56] Mais on donna à Caleb, fils de Jéphunné, le territoire de la ville et ses villages. [57] Aux enfants d'Aaron on donna les villes de refuge Hébron, Libna et sa banlieue, Jatthir, Eshthémoa et sa banlieue, [58] Hilen et sa banlieue, Débir et sa banlieue, [59] Ashan et sa banlieue, Beth-Shémèsh et sa banlieue; [60] Et de la tribu de Benjamin, Guéba et sa banlieue, Alémeth et sa banlieue, Anathoth et sa banlieue. Toutes leurs villes étaient treize en nombre, selon leurs familles. [61] Aux enfants de Kéhath qui restaient, on donna par le sort dix villes de la tribu d'Éphraïm, de la moitié de la tribu de Dan, et de la demi-tribu de Manassé. [62] Aux enfants de Guershom, d'après leurs familles, on donna treize villes, de la tribu d'Issacar, de la tribu d'Asser, de la tribu de Nephthali, et de la tribu de Manassé, en Bassan. [63] Aux enfants de Mérari, d'après leurs familles, on donna, par le sort, douze villes, de la tribu de Ruben, de la tribu de Gad, et de la tribu de Zabulon. [64] Les enfants d'Israël donnèrent aux Lévites ces villes et leurs banlieues. [65] Ils donnèrent par le sort, de la tribu des enfants de Juda, de la tribu des enfants de Siméon, et de la tribu des enfants de Benjamin, ces villes qu'ils désignèrent par leurs noms. [66] Et pour les autres familles des enfants de Kéhath, les villes de leur territoire furent de la tribu d'Éphraïm. [67] On leur donna les villes de refuge, Sichem et sa banlieue, dans la montagne d'Éphraïm, Guézer et sa banlieue, [68] Jokméam et sa banlieue, Beth-Horon et sa banlieue, [69] Ajalon et sa banlieue, et Gath-Rimmon et sa banlieue; [70] Et de la demi-tribu de Manassé, Aner et sa banlieue, et Bileam et sa banlieue. On donna ces villes aux enfants des familles de Kéhath qui restaient. [71] Aux enfants de Guershom, on donna de la famille de la demi-tribu de Manassé, Golan en Bassan et sa banlieue, et Ashtharoth et sa banlieue; [72] De la tribu d'Issacar, Kédès et sa banlieue, Dobrath et sa banlieue, [73] Ramoth et sa banlieue, et Anem et sa banlieue; [74] De la tribu d'Asser, Mashal et sa banlieue, Abdon et sa banlieue, [75] Hukok et sa banlieue, Réhob et sa banlieue; [76] Et de la tribu de Nephthali, Kédès en Galilée et sa banlieue, Hammon et sa banlieue, et Kirjathaïm et sa banlieue. [77] Aux enfants de Mérari qui restaient, on donna, de la tribu de Zabulon, Rimmono et sa banlieue, et Thabor et sa banlieue; [78] Et au delà du Jourdain de Jérico, vers l'orient du Jourdain, de la tribu de Ruben, Betser au désert et sa banlieue, Jahtsa et sa banlieue, [79] Kédémoth et sa banlieue, et Méphaath et sa banlieue; [80] Et de la tribu de Gad, Ramoth en Galaad et sa banlieue, Mahanaïm et sa banlieue, [81] Hesbon et sa banlieue, et Jaezer et sa banlieue.

7

[1] Fils d'Issacar: Thola, Pua, Jashub et Shimron, quatre. [2] Fils de Thola: Uzzi, Réphaja,

Jériel, Jachmaï, Jibsam et Samuel, chefs des maisons de leurs pères, de Thola, vaillants guerriers. Ils furent inscrits selon leur naissance; leur nombre au temps de David était de vingt-deux mille six cents. ³ Fils d'Uzzi: Jizrachia. Fils de Jizrachia: Micaël, Obadia, Joël et Jishija, en tout cinq chefs; ⁴ Avec eux, inscrits selon leur naissance, selon les maisons de leurs pères, il y avait en troupes d'armée de guerre trente-six mille hommes; car ils avaient beaucoup de femmes et de fils. ⁵ Leurs frères, selon toutes les familles d'Issacar, vaillants guerriers, étaient en tout quatre-vingt-sept mille, enregistrés dans les généalogies. ⁶ Fils de Benjamin: Béla, Béker et Jédiaël, trois. ⁷ Fils de Béla: Etsbon, Uzzi, Uzziel, Jérimoth, Iri; cinq chefs des maisons de leurs pères, vaillants guerriers, et enregistrés dans les généalogies au nombre de vingt-deux mille trente-quatre. ⁸ Fils de Béker: Zémira, Joas, Éliézer, Eljoénaï, Omri, Jérémoth, Abija, Anathoth et Alémeth; tous ceux-là étaient fils de Béker. ⁹ Et ils furent enregistrés dans les généalogies selon leurs naissances, comme chefs des maisons de leurs pères, vaillants guerriers, au nombre de vingt mille deux cents. ¹⁰ Fils de Jédiaël: Bilhan. Fils de Bilhan: Jéush, Benjamin, Éhud, Kénaana, Zéthan, Tarsis et Ahishachar. ¹¹ Tous ceux-là enfants de Jédiaël, chefs des maisons de leurs pères, vaillants guerriers, au nombre de dix-sept mille deux cents, allant à l'armée pour la guerre. ¹² Shuppim et Huppim, fils d'Ir; Hushim, fils d'Acher. ¹³ Fils de Nephthali: Jahtsiel, Guni, Jetser et Shallum, fils de Bilha. ¹⁴ Fils de Manassé: Asriel qu'enfanta sa concubine araméenne; elle enfanta Makir, père de Galaad. ¹⁵ Makir prit une femme de Huppim et de Shuppim. Le nom de sa sœur était Maaca. Le nom du second fils était Tsélophcad; et Tsélophcad eut des filles. ¹⁶ Maaca, femme de Makir, enfanta un fils, et elle l'appela Pérèsh; le nom de son frère était Shérèsh, et ses fils étaient Ulam et Rékem. ¹⁷ Fils d'Ulam: Bédan. Ce sont là les enfants de Galaad, fils de Makir, fils de Manassé. ¹⁸ Sa sœur Hammoléketh enfanta Ishod, Abiézer et Machla. ¹⁹ Les fils de Shémida étaient: Achian, Shékem, Likchi et Aniam. ²⁰ Fils d'Éphraïm: Shuthélach; Béred, son fils; Jachath, son fils; Éleada, son fils; Tachath, son fils; ²¹ Zabad, son fils; Shutélach, son fils; Ézer et Élead. Les hommes de Gath, nés au pays, les tuèrent parce qu'ils étaient descendus pour prendre leurs troupeaux. ²² Éphraïm, leur père, fut longtemps dans le deuil, et ses frères vinrent pour le consoler. ²³ Puis il alla vers sa femme, qui conçut et enfanta un fils; il l'appela du nom de Béria (dans le malheur), parce que le malheur était dans sa maison. ²⁴ Sa fille était Shéera, qui bâtit la basse et la haute Beth-Horon, et Uzen-Shéera. ²⁵ Il eut pour fils Réphach, et Résheph; puis vinrent Thélach, son fils; Tachan, son fils; ²⁶ Laedan, son fils; Ammihud, son fils; Élishama, son fils; ²⁷ Nun, son fils; Josué, son fils. ²⁸ Leur propriété et leur habitation était Béthel et les villes de son ressort; à l'orient, Naaran; à l'occident, Guézer et les villes de son ressort, Sichem et les villes de son ressort, jusqu'à Gaza et les villes de son ressort; ²⁹ Les fils de Manassé possédaient Beth-Shéan et les villes de son ressort; Thaanac et les villes de son ressort; Méguiddo et les villes de son ressort; Dor et les villes de son ressort. Dans ces villes habitèrent les enfants de Joseph, fils d'Israël. ³⁰ Enfants d'Asser: Jimna, Jishva, Jishvi, Béria, et Sérach, leur sœur. ³¹ Fils de Béria: Héber et Malkiel, celui-ci fut père de Birzavith. ³² Héber engendra Japhlet, Shomer, Hotham, et Shua, leur sœur. ³³ Fils de Japhlet: Pasac, Bimhal et Ashvath. Ce sont là les fils de Japhlet. ³⁴ Fils de Shémer: Achi, Rohéga, Hubba et Aram. ³⁵ Fils de Hélem, son frère: Tsophach, Jimna, Shellesh et Amal. ³⁶ Fils de Tsophach: Suach, Harnépher, Shual, Béri, Jimra, ³⁷ Betser, Hod, Shamma, Shilsha, Jithran et Béera. ³⁸ Fils de Jéther: Jéphunné, Pispa et Ara. ³⁹ Fils d'Ulla: Arach, Hanniel et Ritsia. ⁴⁰ Tous ceux-là étaient enfants d'Asser, chefs des maisons de leurs pères, hommes choisis, vaillants guerriers, chefs des princes, enregistrés dans l'armée, pour la guerre, au nombre de vingt-six mille hommes.

8

¹ Benjamin engendra Béla, son premier-né, Ashbel le second, Achrach le troisième, ² Nocha le quatrième, et Rapha le cinquième. ³ Les fils de Béla furent: Addar, Guéra, Abihud, ⁴ Abishua, Naaman, Achoach, ⁵ Guéra, Shéphuphan et Huram. ⁶ Voici les enfants d'Échud; ils étaient chefs des maisons des pères des habitants de Guéba, et ils les transportèrent à Manachath: ⁷ Naaman, Achija et Guéra; c'est lui qui les transporta. Il engendra Uzza et Achichud. ⁸ Shacharaïm eut des enfants au pays de Moab, après qu'il eut renvoyé Hushim et Baara, ses femmes. ⁹ Il engendra de Hodèsh, sa femme, Jobab, Tsibia, Mésha, Malcam, ¹⁰ Jéuts, Shocja et Mirma. Ce sont là ses fils, chefs des pères. ¹¹ De Hushim il engendra Abitub, et Elpaal. ¹² Les fils d'Elpaal: Éber, Misheam, et Shémer, qui bâtit Ono, Lod et les villes de son ressort. ¹³ Béria et Shéma, qui étaient chefs des pères des habitants d'Ajalon, mirent en fuite les habitants de Gath. ¹⁴ Achio, Shashak, Jérémoth, ¹⁵ Zébadia, Arad, Éder, ¹⁶ Micaël, Jishpha et Jocha, étaient fils de Béria. ¹⁷ Zébadia, Meshullam, Hizki, Héber, ¹⁸ Jishméraï, Jizlia, et Jobab, étaient fils d'Elpaal. ¹⁹ Jakim, Zicri, Zabdi, ²⁰ Éliénaï, Tsilethaï, Éliel, ²¹ Adaja, Béraja, et Shimrath, étaient fils de Shimeï. ²² Jishpan, Éber, Éliel, ²³ Abdon, Zicri, Hanan, ²⁴ Hanania, Élam, Anthothija, ²⁵ Jiphdéja et Pénuel, étaient fils de Shashak. ²⁶ Shamshéraï, Shécharia, Athalia, ²⁷ Jaareshia, Élija et Zicri, étaient fils de Jérocham. ²⁸ Ce sont là les chefs des maisons des pères, chefs selon leur naissance. Ils habitaient à Jérusalem. ²⁹ Le père de Gabaon habitait à Gabaon; sa femme s'appelait Maaca. ³⁰ Son fils, le premier-né, fut Abdon; puis Tsur, Kis, Baal, Nadab, ³¹ Guédor, Achio et Zéker. ³² Mikloth engendra Shiméa. Ils habitèrent aussi près de leurs frères à Jérusalem, avec leurs frères. ³³ Ner engendra Kis; Kis engendra Saül; Saül engendra Jonathan, Malkishua, Abinadab et Eshbaal. ³⁴ Fils de Jonathan: Mérib-Baal. Mérib-Baal engendra Mica. ³⁵ Fils de Mica: Pithon, Mélec, Thaeréa et Achaz. ³⁶ Achaz engendra Jéhoadda; Jéhoadda engendra Alémeth, Azmaveth et Zimri; Zimri engendra Motsa; ³⁷ Motsa engendra Binea, qui eut pour fils Rapha, qui eut pour fils Éleasa, qui eut pour fils Atsel. ³⁸ Atsel eut six fils, dont voici les noms: Azrikam, Bocru, Ismaël, Shéaria, Obadia et Hanan. Tous ceux-là étaient fils d'Atsel. ³⁹ Fils d'Eshek, son frère: Ulam, son premier-né, Jéush le second, et Éliphélet le troisième. ⁴⁰ Les fils d'Ulam furent de vaillants guerriers, tirant de l'arc; et ils eurent beaucoup de fils et de petits-fils, cent cinquante. Tous ceux-là sont des enfants de Benjamin.

9

¹ Tous ceux d'Israël furent enregistrés dans les généalogies; et voici, ils sont inscrits dans le livre des rois d'Israël. Et Juda fut transporté à Babylone à cause de ses prévarications. ² Les premiers habitants qui demeurèrent dans leurs possessions, dans leurs villes, étaient les Israélites, les sacrificateurs, les Lévites et les Néthiniens. ³ A Jérusalem habitaient des enfants de Juda, des enfants de Benjamin, des enfants d'Éphraïm et de Manassé. ⁴ Des enfants de Pharets, fils de Juda: Uthaï, fils d'Ammihud, fils d'Omri, fils d'Imri, fils de Bani. ⁵ Des Shilonites: Asaja, le premier-né, et ses fils. ⁶ Des enfants de Zérach: Jéuël et ses frères, six cent quatre-vingt-dix. ⁷ Des enfants de Benjamin: Sallu, fils de Meshullam, fils de Hodavia, fils d'Assénua; ⁸ Jibnéja, fils de Jérocham; Éla, fils d'Uzzi, fils de Micri; Meshullam, fils de Shéphatia, fils de Réuël, fils de Jibnija; ⁹ Et leurs frères, selon leur génération: neuf cent cinquante-six. Tous ces hommes-là étaient chefs des pères, selon les maisons de leurs pères. ¹⁰ Des sacrificateurs: Jédaeja, Jéhojarib, Jakin, ¹¹ Azaria, fils de Hilkija, fils de Meshullam, fils de Tsadok, fils de Mérajoth, fils d'Achitub, gouverneur de la maison de Dieu; ¹² Adaja, fils de Jérocham, fils de Pashur, fils de Malkija; Maesaï, fils d'Adiel, fils de Jachzéra, fils de Meshullam, fils de Meshillémith, fils d'Immer; ¹³ Et leurs frères, chefs de la maison de leurs pères, mille sept cent soixante, hommes

vaillants, pour l'œuvre du service de la maison de Dieu. [14] Des Lévites: Shémaja, fils de Hashub, fils d'Azrikam, fils de Hashabia, des enfants de Mérari; [15] Bakbakkar, Hérèsh, Galal, Matthania, fils de Mica, fils de Zicri, fils d'Asaph; [16] Obadia, fils de Shémaja, fils de Galal, fils de Jéduthun; Bérekia, fils d'Asa, fils d'Elkana, qui habita dans les villages des Néthophatiens. [17] Et les portiers: Shallum, Akkub, Talmon, Achiman, et leurs frères; Shallum était le chef. [18] Et jusqu'à présent ils sont à la porte du roi, à l'orient. Ce sont les portiers pour le camp des enfants de Lévi. [19] Shallum, fils de Coré, fils d'Ebiasaph, fils de Coré, et ses frères, les Corites, de la maison de son père, avaient la charge de l'ouvrage du service, gardant les seuils du tabernacle; leurs pères avaient gardé l'entrée du camp de l'Éternel; [20] Phinées, fils d'Éléazar, avec qui l'Éternel était, fut autrefois leur chef. [21] Zacharie, fils de Meshélémia, était portier à l'entrée du tabernacle d'assignation. [22] Tous choisis pour portiers des seuils, ils étaient deux cent douze, enregistrés dans les généalogies d'après leurs villages; David et Samuel, le Voyant, les avaient établis dans leur office. [23] Eux et leurs enfants étaient préposés à la garde des portes de la maison de l'Éternel, de la maison du tabernacle. [24] Il y avait des portiers aux quatre vents, à l'orient, à l'occident, au nord et au midi. [25] Leurs frères, qui étaient dans leurs villages, devaient de temps en temps venir auprès d'eux pendant sept jours. [26] Car ces quatre chefs des portiers étaient toujours en fonctions. Ils étaient Lévites, et étaient préposés sur les chambres et sur les trésors de la maison de Dieu. [27] Ils se tenaient la nuit autour de la maison de Dieu; car la garde leur en appartenait, et ils avaient la charge de l'ouvrir tous les matins. [28] Il y en avait d'entre eux qui étaient commis sur les ustensiles du service. Car on en faisait le compte lorsqu'on les rentrait et qu'on les sortait. [29] Il y en avait aussi qui étaient commis sur les ustensiles, sur tous les ustensiles du sanctuaire et sur la fleur de farine, le vin, l'huile, l'encens et les aromates. [30] Ceux qui faisaient les parfums aromatiques étaient des fils de sacrificateurs. [31] Matthithia, d'entre les Lévites, premier-né de Shallum, Corite, avait la charge des gâteaux cuits sur la plaque. [32] Parmi les enfants des Kéhathites, leurs frères, il y en avait qui avaient la charge des pains de proposition, pour les apprêter, chaque sabbat. [33] Ce sont là les chantres, chefs des maisons des pères des Lévites, demeurant dans les chambres, exemptés d'autres charges parce qu'ils devaient être en fonctions le jour et la nuit. [34] Ce sont là les chefs des pères des Lévites, chefs selon leur naissance; ils habitaient à Jérusalem. [35] Le père de Gabaon, Jéïel, habita à Gabaon; et le nom de sa femme était Maaca; [36] Son fils, le premier-né, fut Abdon, puis Tsur, Kis, Baal, Ner, Nadab, [37] Guédor, Achjo, Zacharie et Mikloth. [38] Mikloth engendra Shiméam. Ils habitèrent aussi près de leurs frères à Jérusalem, avec leurs frères. [39] Ner engendra Kis; Kis engendra Saül; Saül engendra Jonathan, Malkishua, Abinadab et Eshbaal. [40] Le fils de Jonathan fut Mérib-Baal; et Mérib-Baal engendra Mica. [41] Fils de Mica: Pithon, Mélec, Thaeréa et Achaz. [42] Achaz engendra Jaera; Jaera engendra Alémeth, Azmaveth et Zimri; Zimri engendra Motsa; [43] Motsa engendra Binea, qui eut pour fils Réphaja, qui eut pour fils Éleasa, qui eut pour fils Atsel. [44] Atsel eut six fils, dont voici les noms: Azrikam, Bocru, Ismaël, Shéaria, Obadia et Hanan. Ce sont là les fils d'Atsel.

10

[1] Or les Philistins combattirent contre Israël; et ceux d'Israël s'enfuirent devant les Philistins, et tombèrent morts sur la montagne de Guilboa. [2] Et les Philistins poursuivirent Saül et ses fils, et tuèrent Jonathan, Abinadab et Malkishua, fils de Saül. [3] L'effort du combat tomba sur Saül; les archers l'atteignirent, et il eut peur de ces archers. [4] Alors Saül dit à celui qui portait ses armes: Tire ton épée et m'en transperce, de peur que ces incirconcis ne viennent, et ne me fassent des outrages. Mais celui qui portait ses armes ne voulut pas, car il était fort effrayé. Saül prit donc l'épée et se jeta dessus. [5] Alors celui qui portait ses armes, ayant vu que Saül était mort, se jeta, lui

aussi, sur l'épée, et mourut. ⁶ Ainsi moururent Saül et ses trois fils, et toute sa maison périt en même temps. ⁷ Or tous ceux d'Israël qui étaient dans la vallée, ayant vu qu'on avait fui, et que Saül et ses fils étaient morts, abandonnèrent leurs villes et s'enfuirent. Et les Philistins vinrent et y demeurèrent. ⁸ Le lendemain, les Philistins vinrent pour dépouiller les morts, et ils trouvèrent Saül et ses fils étendus sur la montagne de Guilboa. ⁹ Ils le dépouillèrent, et emportèrent sa tête et ses armes. Et ils envoyèrent dans le pays des Philistins, de tous côtés, pour annoncer la nouvelle à leurs idoles et au peuple. ¹⁰ Ils mirent ses armes dans la maison de leur dieu, et attachèrent son crâne dans la maison de Dagon. ¹¹ Mais tout Jabès de Galaad apprit tout ce que les Philistins avaient fait à Saül; ¹² Et tous les hommes vaillants se levèrent et enlevèrent le corps de Saül, et les corps de ses fils, et les apportèrent à Jabès. Ils ensevelirent leurs os sous un térébinthe, à Jabès, et ils jeûnèrent sept jours. ¹³ Ainsi mourut Saül, à cause de la faute qu'il avait commise contre l'Éternel, au sujet de la parole de l'Éternel qu'il n'avait point observée, et aussi parce qu'il interrogea et consulta ceux qui évoquent les esprits. ¹⁴ Il ne consulta point l'Éternel, et l'Éternel le fit mourir, et transféra la royauté à David, fils d'Isaï.

11

¹ Or, tout Israël s'assembla vers David, à Hébron, en disant: Voici nous sommes tes os et ta chair; ² Même ci-devant, quand Saül était roi, c'est toi qui faisais sortir et qui ramenais Israël. Et l'Éternel, ton Dieu, t'a dit: Tu paîtras mon peuple d'Israël, et tu seras le chef de mon peuple d'Israël. ³ Tous les anciens d'Israël vinrent donc vers le roi à Hébron, et David fit alliance avec eux à Hébron, devant l'Éternel; et ils oignirent David pour roi sur Israël, selon la parole de l'Éternel, prononcée par Samuel. ⁴ Puis David marcha avec tout Israël sur Jérusalem, qui est Jébus; là étaient les Jébusiens, habitants du pays. ⁵ Et les habitants de Jébus dirent à David: Tu n'entreras point ici. Mais David s'empara de la forteresse de Sion; c'est la cité de David. ⁶ Or, David avait dit: Quiconque aura battu le premier les Jébusiens, sera chef et prince. Joab, fils de Tséruja, monta le premier, et il devint chef. ⁷ Et David habita dans la forteresse; c'est pourquoi on l'appela la cité de David. ⁸ Il bâtit la ville tout autour, depuis Millo et aux environs; et Joab répara le reste de la ville. ⁹ Et David allait s'avançant et grandissant, et l'Éternel des armées était avec lui. ¹⁰ Voici les chefs des hommes vaillants qu'avait David, et qui l'aidèrent, avec tout Israël, dans sa royauté, pour le faire régner, selon la parole de l'Éternel au sujet d'Israël. ¹¹ Voici donc le nombre des hommes vaillants qu'avait David: Jashobeam, fils de Hacmoni, chef de ceux qui combattaient sur des chars. Il brandit sa lance sur trois cents hommes, qu'il fit périr en une seule fois. ¹² Après lui, Éléazar, fils de Dodo, l'Achochite, l'un des trois hommes vaillants. ¹³ C'est lui qui était avec David à Pas-Dammin, où les Philistins s'étaient assemblés pour combattre. Il y avait une portion de champ remplie d'orge; et le peuple fuyait devant les Philistins. ¹⁴ Ils se placèrent au milieu du champ, le défendirent, et battirent les Philistins. Et l'Éternel accorda une grande délivrance. ¹⁵ Trois des trente chefs descendirent sur le rocher, vers David, dans la caverne d'Adullam, lorsque le camp des Philistins était dressé dans la vallée des Réphaïm. ¹⁶ David était alors dans la forteresse, tandis qu'une garnison des Philistins était à Bethléhem. ¹⁷ Et David fit un souhait, et dit: Qui me fera boire de l'eau du puits qui est à la porte de Bethléhem? ¹⁸ Alors ces trois hommes passèrent au travers du camp des Philistins, et puisèrent de l'eau du puits qui est à la porte de Bethléhem; et l'ayant apportée, ils la présentèrent à David; mais David ne voulut pas la boire, et il la répandit devant l'Éternel. ¹⁹ Et il dit: Que mon Dieu me garde de faire cela! Boirais-je le sang de ces hommes qui sont allés au péril de leur vie? Car ils m'ont apporté cette eau au péril de leur vie. Et il ne voulut pas la boire. Voilà ce que firent ces trois hommes vaillants. ²⁰ Abishaï, frère de Joab, était

le chef des trois. Il brandit sa lance sur trois cents hommes, qu'il frappa à mort; et il eut du renom parmi les trois. ²¹ Entre les trois il fut plus honoré que les deux autres, et fut leur chef; toutefois, il n'égala point les trois premiers. ²² Bénaja, fils de Jéhojada, fils d'un homme vaillant, grand par ses exploits, de Kabtséel. Il tua deux des plus puissants hommes de Moab. Il descendit aussi et tua un lion, au milieu d'une fosse, en un jour de neige. ²³ Il frappa un Égyptien dont la stature était de cinq coudées. L'Égyptien avait en sa main une lance comme une ensuble de tisserand; il descendit vers lui avec un bâton, arracha la lance de la main de l'Égyptien, et le tua de sa propre lance. ²⁴ Voilà ce que fit Bénaja, fils de Jéhojada, et il eut un nom parmi ces trois vaillants hommes. ²⁵ Il était le plus honoré des trente, mais il n'égala pas les trois premiers. David le mit en son conseil privé. ²⁶ Hommes vaillants de l'armée: Asaël, frère de Joab; Elchanan, fils de Dodo, de Bethléhem; ²⁷ Shammoth, Harorite; Hélets, Pélonien; ²⁸ Ira, fils d'Ikkèsh, Thékoïte; Abiézer, d'Anathoth; ²⁹ Sibbecaï, le Hushathite; Ilaï, Achochite; ³⁰ Maharaï, Nétophathite; Héled, fils de Baana, Nétophathite; ³¹ Ithaï, fils de Ribaï, de Guibea, des enfants de Benjamin; Bénaja, Pirathonite; ³² Huraï, de Nachalé-Gaash; Abiel, Arbathite; ³³ Azmaveth, Bacharumite; Éliachba, Shaalbonite; ³⁴ Bené-Hashem, Guizonite; Jonathan, fils de Shagué, Hararite; ³⁵ Achijam, fils de Sacar, Hararite; Éliphal, fils d'Ur; ³⁶ Hépher, Mékérathite; Achija, Pélonien; ³⁷ Hetsro, de Carmel; Naaraï, fils d'Ezbaï; ³⁸ Joël, frère de Nathan; Mibchar, fils d'Hagri; ³⁹ Tsélek, Ammonite; Nacharaï, Béerothite, qui portait les armes de Joab, fils de Tséruja; ⁴⁰ Ira, Jithrite; Gareb, Jithrite; ⁴¹ Urie, le Héthien; Zabad, fils d'Achlaï; ⁴² Adina, fils de Shiza, le Rubénite, chef des Rubénites, et trente avec lui; ⁴³ Hanan, fils de Maaca; Joshaphat, Mithnite; ⁴⁴ Uzzija, Ashthérathite; Shama et Jéhiel, fils de Hotham, Aroérite; ⁴⁵ Jédiaël, fils de Shimri; Jocha son frère, le Thitsite; ⁴⁶ Éliel de Machavim, Jéribaï et Joshavia, fils d'Elnaam; Jithma, Moabite; ⁴⁷ Éliel, Obed, et Jaasiel-Metsobaja.

12

¹ Voici ceux qui allèrent à Tsiklag, vers David, lorsqu'il était encore éloigné de la présence de Saül, fils de Kis. Ils faisaient partie des hommes vaillants qui l'aidaient à la guerre, ² Armés de l'arc, lançant des pierres de la main droite et de la main gauche, et tirant des flèches avec l'arc. Ils étaient de Benjamin, d'entre les frères de Saül. ³ Le chef Achiézer et Joas, enfants de Shémaa, de Guibea; Jéziel et Pélet, enfants d'Azmaveth; Béraca; Jéhu, d'Anathoth; ⁴ Jishmaeja, Gabaonite, vaillant entre les trente, et au-dessus des trente; Jérémie; Jachaziel; Jochanan; Jozabad, Guédérothite; ⁵ Éluzaï; Jérimoth; Béalia; Shémaria; Shéphatia, Haruphien; ⁶ Elkana; Jishija; Azaréel; Joézer et Jashobeam, Corites; ⁷ Joéla et Zébadia, enfants de Jérocham, de Guédor. ⁸ D'entre les Gadites, se retirèrent vers David, dans la forteresse, au désert, de vaillants guerriers propres à la guerre, maniant le bouclier et la lance, semblables à des lions, et aussi prompts que des gazelles sur les montagnes: ⁹ Ézer, le chef; Obadia, le second; Éliab, le troisième; ¹⁰ Mishmanna, le quatrième; Jérémie, le cinquième; ¹¹ Atthaï, le sixième; Éliel, le septième; ¹² Jochanan, le huitième; Elzabad, le neuvième; ¹³ Jérémie, le dixième; Macbannaï, le onzième. ¹⁴ Ils étaient d'entre les enfants de Gad, chefs de l'armée; un seul, le moindre, en valait cent, et le plus grand, mille. ¹⁵ Ce sont ceux qui passèrent le Jourdain au premier mois, quand il déborde sur toutes ses rives, et qui mirent en fuite tous les habitants des vallées, à l'orient et à l'occident. ¹⁶ Il vint aussi des enfants de Benjamin et de Juda, vers David, à la forteresse. ¹⁷ David sortit au-devant d'eux et, prenant la parole, il leur dit: Si vous êtes venus dans un esprit de paix vers moi pour m'aider, mon cœur s'unira à vous; mais si c'est pour me tromper au profit de mes ennemis, bien que je ne sois coupable d'aucune violence, que le Dieu de nos pères le voie, qu'il fasse justice! ¹⁸ Alors Amasaï, chef de

ceux qui combattent sur des chars, fut revêtu de l'Esprit, et il dit: Nous sommes à toi, David, et avec toi, fils d'Isaï! Paix, paix à toi! Et paix à celui qui te secourt, car ton Dieu t'a secouru! Et David les reçut, et les plaça parmi les chefs de ses troupes. ¹⁹ De Manassé, il y en eut aussi qui passèrent à David, quand il vint avec les Philistins pour combattre contre Saül. Mais David et ses gens ne les aidèrent point, parce que les princes des Philistins, après délibération, le renvoyèrent, en disant: Il passerait à son seigneur Saül, au péril de nos têtes. ²⁰ Quand il retourna à Tsiklag, Adna, Jozabad, Jédiaël, Micaël, Jozabad, Élihu et Tsiléthaï, chefs des milliers de Manassé, passèrent à lui. ²¹ Ils aidèrent David contre les bandes des Amalécites; car ils étaient tous de vaillants guerriers, et ils furent chefs dans l'armée. ²² Et journellement il venait des gens vers David pour l'aider, jusqu'à former un grand camp, comme un camp de Dieu. ²³ Voici le nombre des hommes équipés pour l'armée, qui vinrent vers David à Hébron, pour lui transférer la royauté de Saül, selon l'ordre de l'Éternel: ²⁴ Enfants de Juda, portant le bouclier et la javeline, six mille huit cents, équipés pour l'armée. ²⁵ Des enfants de Siméon, vaillants guerriers pour l'armée, sept mille cent. ²⁶ Des enfants de Lévi, quatre mille six cents; ²⁷ Et Jéhojada, prince d'Aaron, et avec lui trois mille sept cents hommes; ²⁸ Et Tsadok, jeune homme, fort et vaillant, et la maison de son père: vingt-deux chefs; ²⁹ Des enfants de Benjamin, frères de Saül, trois mille; car jusqu'alors la plus grande partie d'entre eux était restée attachée à la maison de Saül. ³⁰ Des enfants d'Éphraïm, vingt mille huit cents, vaillants guerriers, hommes de renom d'après les maisons de leurs pères. ³¹ De la demi-tribu de Manassé, dix-huit mille, qui furent désignés par leurs noms pour aller établir David roi. ³² Des enfants d'Issacar, qui savaient discerner les temps, pour savoir ce qu'Israël devait faire, deux cents de leurs chefs, et tous leurs frères sous leurs ordres. ³³ De Zabulon, cinquante mille, allant à l'armée, équipés pour le combat, de toutes les armes de guerre, pour se ranger en bataille d'un cœur sans partage. ³⁴ De Nephthali, mille chefs, et avec eux trente-sept mille hommes, portant le bouclier et la lance. ³⁵ Des Danites équipés pour la guerre, vingt-huit mille six cents. ³⁶ D'Asser, allant à l'armée pour se ranger en bataille, quarante mille. ³⁷ Et d'au delà du Jourdain: des Rubénites, des Gadites, et de la demi-tribu de Manassé, avec toutes les armes d'une armée en guerre, cent vingt mille. ³⁸ Tous ceux-là, gens de guerre, rangés en bataille, vinrent avec un cœur sincère à Hébron, pour établir David roi sur tout Israël. Or, tout le reste d'Israël était unanime aussi pour établir David roi. ³⁹ Et ils furent là, avec David, mangeant et buvant pendant trois jours; car leurs frères leur avaient préparé des vivres; ⁴⁰ Et même ceux qui étaient les plus près d'eux, jusqu'à Issacar, à Zabulon et à Nephthali, apportaient des vivres sur des ânes, sur des chameaux, sur des mulets et sur des bœufs; des aliments de farine, des masses de figues sèches et de raisins secs, du vin, de l'huile, des bœufs et des brebis en abondance; car il y avait de la joie en Israël.

13

¹ Or David tint conseil avec les chefs de milliers et de centaines, avec tous les conducteurs du peuple. ² Et David dit à toute l'assemblée d'Israël: S'il vous semble bon, et que cela vienne de l'Éternel, notre Dieu, envoyons de tous côtés vers nos autres frères qui restent dans toutes les contrées d'Israël, et aussi vers les sacrificateurs et les Lévites, dans leurs villes à banlieues, afin qu'ils se réunissent à nous, ³ Et ramenons auprès de nous l'arche de notre Dieu; car nous ne l'avons point recherchée du temps de Saül. ⁴ Et tout l'assemblée décida de faire ainsi, car la chose fut approuvée par tout le peuple. ⁵ David assembla donc tout Israël, depuis le Shichor d'Égypte, jusqu'à l'entrée de Hamath, pour ramener l'arche de Dieu de Kirjath-Jearim. ⁶ Et David monta avec tout Israël à Baala, à Kirjath-Jearim qui est à Juda, pour faire monter de là l'arche de Dieu, l'Éternel, qui habite

entre les chérubins, et dont le nom y est invoqué. ⁷ Ils mirent donc l'arche de Dieu sur un chariot neuf, et l'emmenèrent de la maison d'Abinadab; et Uzza et Achjo conduisaient le chariot. ⁸ Et David et tout Israël dansaient devant Dieu de toute leur force, en chantant, et en jouant des harpes, des lyres, des tambourins, des cymbales et des trompettes. ⁹ Quand ils furent venus jusqu'à l'aire de Kidon, Uzza étendit la main pour retenir l'arche, parce que les bœufs regimbaient. ¹⁰ Mais la colère de l'Éternel s'enflamma contre Uzza, et il le frappa, parce qu'il avait étendu la main sur l'arche; et il mourut là devant Dieu. ¹¹ Et David fut affligé de ce que l'Éternel avait fait une brèche, en la personne d'Uzza; et on a appelé jusqu'à ce jour ce lieu Pérets-Uzza (Brèche d'Uzza). ¹² David eut peur de Dieu en ce jour-là, et il dit: Comment ferais-je entrer chez moi l'arche de Dieu? ¹³ Aussi David ne retira pas l'arche chez lui, dans la cité de David; mais il la fit conduire dans la maison d'Obed-Édom, le Guitthien. ¹⁴ L'arche de Dieu resta trois mois avec la famille d'Obed-Édom, dans sa maison. Et l'Éternel bénit la maison d'Obed-Édom et tout ce qui était à lui.

14

¹ Or Hiram, roi de Tyr, envoya des messagers à David, et du bois de cèdre, des tailleurs de pierres et des charpentiers, pour lui bâtir une maison. ² Et David connut que l'Éternel l'avait affermi comme roi sur Israël, et que sa royauté était haut élevée, à cause de son peuple d'Israël. ³ David prit encore des femmes à Jérusalem, et il engendra encore des fils et des filles. ⁴ Voici les noms de ceux qui lui naquirent à Jérusalem: Shammua, Shobab, Nathan, Salomon, ⁵ Jibhar, Élishua, Élpélet, ⁶ Noga, Népheg, Japhia, ⁷ Élishama, Béeljada et Éliphélet. ⁸ Or les Philistins apprirent que David avait été oint comme roi sur tout Israël, et ils montèrent tous pour chercher David. Et David, l'ayant appris, sortit au-devant d'eux. ⁹ Les Philistins vinrent donc, et se répandirent dans la vallée des Réphaïm. ¹⁰ Alors David consulta Dieu, et dit: Monterai-je contre les Philistins, et les livreras-tu entre mes mains? Et l'Éternel lui dit: Monte, et je les livrerai entre tes mains. ¹¹ Et ils montèrent à Baal-Pératsim; et David les y battit, et dit: Dieu a dispersé mes ennemis par ma main, comme un débordement d'eaux. C'est pourquoi on appela ce lieu Baal-Pératsim (Lieu des ruptures). ¹² Ils laissèrent là leurs dieux, et David commanda qu'on les brûlât. ¹³ Cependant les Philistins se répandirent de nouveau dans cette vallée. ¹⁴ Et David consulta encore Dieu; et Dieu lui dit: Tu ne monteras pas après eux; détourne-toi d'eux, et tu viendras contre eux vis-à-vis des mûriers. ¹⁵ Et quand tu entendras un bruit de pas au sommet des mûriers, alors tu sortiras pour combattre; car Dieu sera sorti devant toi pour frapper le camp des Philistins. ¹⁶ David fit donc ce que Dieu lui avait commandé; et ils frappèrent le camp des Philistins depuis Gabaon jusqu'à Guézer. ¹⁷ Et la renommée de David se répandit dans tous les pays, et l'Éternel mit la frayeur de son nom sur toutes les nations.

15

¹ David se bâtit des maisons dans la cité de David; il prépara un lieu pour l'arche de Dieu, et lui dressa une tente. ² Alors David dit: L'arche de Dieu ne doit être portée que par les Lévites; car l'Éternel les a choisis pour porter l'arche de Dieu, et pour en faire le service à toujours. ³ Et David assembla tout Israël à Jérusalem, pour faire monter l'arche de l'Éternel au lieu qu'il lui avait préparé. ⁴ David assembla aussi les enfants d'Aaron et les Lévites: ⁵ Des enfants de Kéhath, Uriel le chef, et ses frères, cent vingt; ⁶ Des enfants de Mérari, Asaja le chef, et ses frères, deux cent vingt; ⁷ Des enfants de Guershom, Joël le chef, et ses frères, cent trente; ⁸ Des enfants d'Élitsaphan, Shémaja le chef, et ses frères, deux cents; ⁹ Des enfants d'Hébron, Éliel le chef, et ses frères, quatre-vingts; ¹⁰ Des

enfants d'Uziel, Amminadab le chef, et ses frères, cent douze. ¹¹ Puis David appela Tsadok et Abiathar, les sacrificateurs, et les Lévites, Uriel, Asaja, Joël, Shémaja, Éliel et Amminadab. ¹² Et il leur dit: Vous qui êtes les chefs des pères des Lévites, sanctifiez-vous, vous et vos frères, et faites monter l'arche de l'Éternel, le Dieu d'Israël, au lieu que je lui ai préparé. ¹³ Parce que vous n'y étiez pas la première fois, l'Éternel notre Dieu fit une brèche parmi nous; car nous ne le recherchâmes pas conformément à ce qui est ordonné. ¹⁴ Les sacrificateurs et les Lévites se sanctifièrent donc pour faire monter l'arche de l'Éternel, Dieu d'Israël. ¹⁵ Les fils des Lévites portèrent l'arche de Dieu sur leurs épaules, avec des barres, comme Moïse l'avait commandé, selon la parole de l'Éternel. ¹⁶ Et David dit aux chefs des Lévites de disposer leurs frères, les chantres, avec des instruments de musique, des lyres, des harpes et des cymbales, qu'ils feraient retentir des sons éclatants, en signe de réjouissance. ¹⁷ Les Lévites disposèrent donc Héman, fils de Joël; et d'entre ses frères, Asaph, fils de Bérékia; et des enfants de Mérari, leurs frères, Éthan, fils de Kushaja; ¹⁸ Et avec eux leurs frères, du second rang, Zacharie, Ben, Jaaziel, Shémiramoth, Jéhiel, Unni, Éliab, Bénaja, Maaséja, Matthithia, Éliphélé, Miknéja, Obed-Édom et Jéiel, les portiers. ¹⁹ Les chantres Héman, Asaph et Éthan, avaient des cymbales d'airain qu'ils faisaient retentir. ²⁰ Zacharie, Aziel, Shémiramoth, Jéhiel, Unni, Éliab, Maaséja et Bénaja avaient des lyres sur Alamoth; ²¹ Et Matthithia, Éliphélé, Miknéja, Obed-Édom, Jéiel et Azazia avaient des harpes à huit cordes, pour conduire le chant. ²² Kénania, chef des Lévites pour la musique, dirigeait la musique; car il était habile. ²³ Bérékia et Elkana étaient portiers de l'arche. ²⁴ Shébania, Joshaphat, Nathanaël, Amazaï, Zacharie, Bénaja et Éliézer, sacrificateurs, sonnaient des trompettes devant l'arche de Dieu; et Obed-Édom et Jéchija étaient portiers de l'arche. ²⁵ David, les anciens d'Israël et les chefs de milliers, se mirent donc en chemin pour faire monter l'arche de l'alliance de l'Éternel de la maison d'Obed-Édom, avec réjouissance. ²⁶ Et il arriva que Dieu ayant assisté les Lévites qui portaient l'arche de l'alliance de l'Éternel, on sacrifia sept taureaux et sept béliers. ²⁷ David était vêtu d'un manteau de fin lin, ainsi que tous les Lévites qui portaient l'arche, les chantres et Kénania, le chef de musique parmi les chantres; et David avait sur lui un éphod de lin. ²⁸ Et tout Israël fit monter l'arche de l'alliance de l'Éternel avec des cris de joie, au son du cor, des trompettes et des cymbales, faisant retentir les lyres et les harpes. ²⁹ Mais, comme l'arche de l'alliance de l'Éternel entrait dans la cité de David, Mical, fille de Saül, regardait par la fenêtre; et, voyant le roi David sauter et danser, elle le méprisa dans son cœur.

16

¹ Ils amenèrent donc l'arche de Dieu, et la placèrent dans la tente que David lui avait dressée; et on offrit des holocaustes et des sacrifices de prospérités devant Dieu. ² Et quand David eut achevé d'offrir les holocaustes et les sacrifices de prospérités, il bénit le peuple au nom de l'Éternel. ³ Et il distribua à tous les Israélites, hommes et femmes, à chacun un pain, une portion de viande et un gâteau de raisins. ⁴ Et il établit des Lévites devant l'arche de l'Éternel, pour faire le service, pour célébrer, pour louer, et pour magnifier l'Éternel, Dieu d'Israël: ⁵ Asaph, le chef; Zacharie, le second après lui, Jéiel, Shémiramoth, Jéhiel, Matthithia, Éliab, Bénaja, Obed-Édom, et Jeïel, avec des instruments de musique, des lyres et des harpes; et Asaph faisait retentir les cymbales. ⁶ Bénaja et Jachaziel, sacrificateurs, étaient continuellement avec des trompettes devant l'arche de l'alliance de Dieu. ⁷ Ce jour-là, pour la première fois, David chargea Asaph et ses frères de célébrer l'Éternel, comme suit: ⁸ Célébrez l'Éternel, invoquez son nom! Faites connaître

parmi les peuples ses hauts faits! ⁹ Chantez-lui, psalmodiez-lui! Parlez de toutes ses merveilles! ¹⁰ Glorifiez-vous de son saint nom! Que le cœur de ceux qui cherchent l'Éternel se réjouisse! ¹¹ Recherchez l'Éternel et sa force; cherchez continuellement sa face! ¹² Souvenez-vous des merveilles qu'il a faites, de ses miracles, et des jugements de sa bouche, ¹³ Vous, postérité d'Israël, son serviteur, enfants de Jacob, ses élus! ¹⁴ C'est lui, l'Éternel, qui est notre Dieu; ses jugements sont sur toute la terre. ¹⁵ Souvenez-vous toujours de son alliance, de sa promesse établie pour mille générations; ¹⁶ Du traité qu'il fit avec Abraham, du serment qu'il fit à Isaac, ¹⁷ Et qu'il a confirmé à Jacob, pour être un statut, à Israël, pour être une alliance éternelle, ¹⁸ En disant: Je te donnerai le pays de Canaan; c'est le lot de votre héritage; ¹⁹ Lorsqu'ils n'étaient qu'une poignée de gens, peu nombreux et étrangers dans le pays, ²⁰ Allant de nation en nation et d'un royaume vers un autre peuple. ²¹ Il ne permit à personne de les opprimer, et il châtia des rois à cause d'eux, ²² Disant: Ne touchez pas à mes oints, et ne faites point de mal à mes prophètes. ²³ Vous, toute la terre, chantez à l'Éternel; annoncez de jour en jour son salut; ²⁴ Racontez sa gloire parmi les nations, ses merveilles parmi tous les peuples. ²⁵ Car l'Éternel est grand, et digne de grandes louanges; il est redoutable par-dessus tous les dieux. ²⁶ Car tous les dieux des peuples sont des idoles! mais l'Éternel a fait les cieux. ²⁷ La splendeur et la majesté sont devant lui; la force et la joie sont dans sa Demeure. ²⁸ Rendez à l'Éternel, familles des peuples, rendez à l'Éternel la gloire et la force! ²⁹ Rendez à l'Éternel la gloire due à son nom. Apportez des offrandes, et présentez-vous devant lui; prosternez-vous devant l'Éternel avec des ornements sacrés! ³⁰ Tremblez devant lui, vous, toute la terre. Le monde est ferme et ne chancelle point. ³¹ Que les cieux se réjouissent, et que la terre tressaille de joie; qu'on dise parmi les nations: L'Éternel règne! ³² Que la mer retentisse, avec tout ce qu'elle contient; que les campagnes s'égaient, avec tout ce qui est en elles! ³³ Que les arbres des forêts chantent de joie devant l'Éternel! Car il vient pour juger la terre. ³⁴ Célébrez l'Éternel, car il est bon, car sa miséricorde demeure à toujours! ³⁵ Dites: Sauve-nous, Dieu de notre salut! Rassemble-nous, et nous retire d'entre les nations, afin que nous célébrions ton saint nom, et que nous nous glorifiions dans tes louanges. ³⁶ Béni soit l'Éternel, le Dieu d'Israël, de siècle en siècle! Et tout le peuple dit: Amen, et loua l'Éternel. ³⁷ Puis David laissa là, devant l'arche de l'alliance de l'Éternel, Asaph et ses frères, pour faire continuellement le service, devant l'arche, chaque chose à son jour; ³⁸ Et Obed-Édom et Hosa, avec leurs frères, au nombre de soixante-huit, Obed-Édom, fils de Jédithun, et Hosa, pour portiers; ³⁹ Et il établit Tsadok le sacrificateur, et ses frères les sacrificateurs, devant la Demeure de l'Éternel, sur le haut lieu qui était à Gabaon, ⁴⁰ Pour offrir continuellement des holocaustes à l'Éternel sur l'autel des holocaustes, le matin et le soir, et selon tout ce qui est écrit dans la loi de l'Éternel, qu'il a prescrite à Israël. ⁴¹ Avec eux étaient Héman et Jéduthun, et les autres qui furent choisis, et désignés par leurs noms, pour louer l'Éternel; car sa miséricorde dure éternellement. ⁴² Héman et Jéduthun étaient avec eux, avec des trompettes et des cymbales pour ceux qui les faisaient retentir, et des instruments pour les cantiques de Dieu. Les fils de Jéduthum étaient portiers. ⁴³ Puis tout le peuple s'en alla, chacun dans sa maison; David aussi s'en retourna pour bénir sa maison.

17

¹ Quand David fut établi dans sa maison, il dit à Nathan, le prophète: Voici, j'habite dans une maison de cèdre, et l'arche de l'alliance de l'Éternel est sous une tente. ² Et Nathan dit à David: Fais tout ce qui est en ton cœur; car Dieu est avec toi. ³ Mais il arriva, cette nuit-là, que la parole de Dieu fut adressée à Nathan, en ces mots: ⁴ Va, et dis

à David, mon serviteur: Ainsi a dit l'Éternel: Ce n'est pas toi qui me bâtiras une maison pour y habiter. ⁵ Car je n'ai point habité dans une maison, depuis le jour où j'ai fait monter Israël hors d'Égypte, jusqu'à ce jour; mais j'ai été de tabernacle en tabernacle, et de demeure en demeure. ⁶ Partout où j'ai marché avec tout Israël, en ai-je parlé à un seul des juges d'Israël, auxquels j'ai commandé de paître mon peuple? Leur ai-je dit: Pourquoi ne m'avez-vous pas bâti une maison de cèdre? ⁷ Et maintenant tu diras ainsi à David, mon serviteur: Ainsi dit l'Éternel des armées: Je t'ai pris au pâturage, d'auprès des brebis, afin que tu fusses chef de mon peuple d'Israël. ⁸ J'ai été avec toi partout où tu as marché; j'ai exterminé tous tes ennemis devant toi, et je t'ai fait un nom, comme le nom des grands qui sont sur la terre. ⁹ Or, j'établirai un lieu à mon peuple d'Israël, et je le planterai; il habitera chez lui, et ne sera plus agité; les enfants d'iniquité ne le consumeront plus, comme auparavant, ¹⁰ Et depuis les jours où j'instituai des juges sur mon peuple d'Israël. J'ai humilié tous tes ennemis, et je t'annonce que l'Éternel te bâtira une maison. ¹¹ Quand tes jours seront accomplis, pour t'en aller avec tes pères, il arrivera que j'élèverai ta postérité après toi, l'un de tes fils, et j'affermirai son règne. ¹² C'est lui qui me bâtira une maison, et j'affermirai son trône à jamais. ¹³ Je serai pour lui un père, et il sera pour moi un fils; et je ne retirerai point de lui ma grâce, comme je l'ai retirée de celui qui a été avant toi. ¹⁴ Je l'établirai dans ma maison et dans mon royaume à jamais, et son trône sera affermi pour toujours. ¹⁵ Nathan parla à David selon toutes ces paroles et selon toute cette vision. ¹⁶ Alors le roi David entra, se tint devant l'Éternel, et dit: Qui suis-je, ô Éternel Dieu! et quelle est ma maison, que tu m'aies amené jusqu'ici? ¹⁷ Mais c'est peu de chose à tes yeux, ô Dieu! Et tu as parlé de la maison de ton serviteur pour un temps éloigné, et tu m'as regardé à la manière des hommes, toi qui es élevé! Éternel Dieu! ¹⁸ Que pourrait te dire encore David, de l'honneur que tu fais à ton serviteur? Tu connais ton serviteur. ¹⁹ O Éternel! c'est à cause de ton serviteur, et selon ton cœur que tu as fait toutes ces grandes choses, pour faire connaître toutes ces merveilles. ²⁰ Éternel! nul n'est semblable à toi, et il n'y a point d'autre Dieu que toi, selon tout ce que nous avons entendu de nos oreilles. ²¹ Est-il sur la terre une nation semblable à ton peuple d'Israël, que Dieu est venu racheter pour qu'il fût son peuple, et pour te faire un nom par des choses grandes et terribles, en chassant des nations de devant ton peuple que tu as racheté d'Égypte? ²² Tu t'es établi ton peuple d'Israël, pour être ton peuple à jamais; et toi, Éternel! tu as été son Dieu. ²³ Et maintenant, ô Éternel! que la parole que tu as prononcée touchant ton serviteur et sa maison, soit ferme à jamais; et fais selon que tu as parlé. ²⁴ Qu'elle demeure ferme, et que ton nom soit magnifié à jamais, afin qu'on dise: L'Éternel des armées, le Dieu d'Israël, est Dieu à Israël! Et que la maison de David, ton serviteur, soit affermie devant toi! ²⁵ Car, toi-même, ô mon Dieu! tu as révélé à ton serviteur que tu lui bâtirais une maison; c'est pourquoi ton serviteur a osé prier devant ta face. ²⁶ Et maintenant, ô Éternel! tu es Dieu, et tu as promis cette faveur à ton serviteur. ²⁷ Veuille donc maintenant bénir la maison de ton serviteur, afin qu'elle soit éternellement devant toi; car ce que tu bénis, ô Éternel! est béni à jamais.

18

¹ Il arriva, après cela, que David battit les Philistins et les humilia; et il prit Gath et les villes de son ressort, d'entre les mains des Philistins. ² Il battit aussi les Moabites; et les Moabites furent assujettis à David, lui payant un tribut. ³ David battit aussi Hadarézer, roi de Tsoba, vers Hamath, lorsqu'il alla établir sa domination sur le fleuve d'Euphrate. ⁴ David lui prit mille chars, sept mille cavaliers, et vingt mille hommes de pied; il coupa les jarrets des chevaux de tous les chars; mais il en réserva cent chars. ⁵ Or les Syriens de Damas vinrent au secours de Hadaréxer, roi de Tsoba, et David battit vingt-deux

mille Syriens. ⁶ Puis David mit garnison dans la Syrie de Damas; et les Syriens furent assujettis à David, lui payant un tribut. Et l'Éternel gardait David partout où il allait. ⁷ Et David prit les boucliers d'or qui étaient aux serviteurs de Hadarézer, et les apporta à Jérusalem. ⁸ Il emporta aussi de Tibechath et de Cun, villes de Hadarézer, une grande quantité d'airain; Salomon en fit la mer d'airain, les colonnes et les ustensiles d'airain. ⁹ Or, Thohu, roi de Hamath, apprit que David avait défait toute l'armée de Hadarézer, roi de Tsoba; ¹⁰ Et il envoya Hadoram, son fils, vers le roi David, pour le saluer et le féliciter de ce qu'il avait combattu Hadarézer, et l'avait défait; car Hadarézer était dans une guerre continuelle avec Thohu. Il envoya aussi toutes sortes de vases d'or, d'argent et d'airain. ¹¹ Le roi David les consacra aussi à l'Éternel, avec l'argent et l'or qu'il avait emporté de toutes les nations, des Iduméens, des Moabites, des enfants d'Ammon, des Philistins et des Amalécites. ¹² Abishaï, fils de Tséruja, battit aussi dix-huit mille Iduméens dans la vallée du Sel. ¹³ Il mit des garnisons dans l'Idumée, et tous les Iduméens furent assujettis à David; et l'Éternel gardait David partout où il allait. ¹⁴ Et David régna sur tout Israël, rendant la justice et le droit à tout son peuple. ¹⁵ Joab, fils de Tséruja, commandait l'armée; Joshaphat, fils d'Achilud, était archiviste; ¹⁶ Tsadok, fils d'Achitub, et Abimélec, fils d'Abiathar, étaient sacrificateurs, et Shavsha était secrétaire; ¹⁷ Bénaja, fils de Jéhojada, était chef des Kéréthiens et des Péléthiens; et les fils de David étaient les premiers auprès du roi.

19

¹ Il arriva, après cela, que Nachash, roi des enfants d'Ammon, mourut; et son fils régna à sa place. ² Et David dit: J'userai de bonté envers Hanun, fils de Nachash; car son père a usé de bonté envers moi. David envoya donc des messagers pour le consoler au sujet de son père; et les serviteurs de David vinrent au pays des enfants d'Ammon vers Hanun, pour le consoler. ³ Mais les chefs des enfants d'Ammon dirent à Hanun: Penses-tu que ce soit pour honorer ton père, que David t'envoie des consolateurs? N'est-ce pas pour examiner la ville et pour la détruire, et pour explorer le pays, que ses serviteurs sont venus auprès de toi? ⁴ Alors Hanun prit les serviteurs de David, les fit raser, et fit couper leurs habits par le milieu, jusqu'au haut des jambes, et les renvoya. ⁵ Cependant on vint informer David de ce qui était arrivé à ces hommes, et il envoya à leur rencontre, car ces hommes étaient fort confus; et le roi leur fit dire: Restez à Jérico jusqu'à ce que votre barbe ait repoussé, et alors vous reviendrez. ⁶ Or les enfants d'Ammon virent qu'ils s'étaient mis en mauvaise odeur auprès de David. Hanun et les enfants d'Ammon, envoyèrent donc mille talents d'argent, pour prendre à leur solde des chars et des cavaliers chez les Syriens de Mésopotamie, et chez les Syriens de Maaca et de Tsoba; ⁷ Et ils prirent à leur solde trente-deux mille chars, et le roi de Maaca avec son peuple, lesquels vinrent et campèrent devant Médéba. Les enfants d'Ammon se rassemblèrent aussi de leurs villes, et vinrent pour combattre. ⁸ David l'apprit, et il envoya Joab et toute l'armée, les hommes vaillants. ⁹ Et les enfants d'Ammon sortirent et se rangèrent en bataille à l'entrée de la ville; et les rois qui étaient venus, étaient à part dans la campagne. ¹⁰ Alors Joab, voyant que l'armée était tournée contre lui devant et derrière, choisit, de toutes les troupes d'élite d'Israël, des gens qu'il rangea contre les Syriens; ¹¹ Et il donna la conduite du reste du peuple à Abishaï, son frère; et ils se rangèrent contre les enfants d'Ammon. ¹² Et il dit: Si les Syriens sont plus forts que moi, tu viendras à mon secours; et si les enfants d'Ammon sont plus forts que toi, je te délivrerai. ¹³ Sois ferme, et montrons-nous vaillants pour notre peuple, et pour les villes de notre Dieu; et que l'Éternel fasse ce qui lui semblera bon! ¹⁴ Alors Joab, et le peuple qui était avec lui, s'approchèrent pour livrer bataille aux Syriens, et ils s'enfuirent devant lui. ¹⁵ Et les enfants d'Ammon, voyant que les Syriens s'étaient enfuis, s'enfuirent aussi devant Abishaï, frère de Joab, et rentrèrent

dans la ville. Et Joab revint à Jérusalem. [16] Les Syriens, voyant qu'ils avaient été battus par Israël, envoyèrent des messagers, et firent venir les Syriens qui étaient de l'autre côté du fleuve; et Shophac, chef de l'armée de Hadarézer, était à leur tête. [17] Cela fut rapporté à David, qui rassembla tout Israël, passa le Jourdain, vint vers eux, et se rangea en bataille contre eux. David rangea donc son armée en bataille contre les Syriens, et ils combattirent contre lui. [18] Mais les Syriens s'enfuirent devant Israël; et David tua aux Syriens les combattants de sept mille chars, et quarante mille hommes de pied, et mit à mort Shophac, chef de l'armée. [19] Et les serviteurs de Hadarézer, voyant qu'ils avaient été battus par Israël, firent la paix avec David, et lui furent assujettis. Et les Syriens ne voulurent plus secourir les enfants d'Ammon.

20

[1] L'année suivante, au temps où les rois se mettaient en campagne, Joab conduisit le gros de l'armée; il ravagea le pays des enfants d'Ammon et vint assiéger Rabba, tandis que David restait à Jérusalem. Or Joab battit Rabba et la détruisit. [2] Et David prit la couronne de dessus la tête de leur roi, et la trouva du poids d'un talent d'or; et il y avait des pierres précieuses. On la mit sur la tête de David, qui emmena de la ville un fort grand butin. [3] Il fit sortir aussi les habitants et les mit en pièces avec des scies, des herses de fer et des faux. David traita de même toutes les villes des enfants d'Ammon. Puis David retourna à Jérusalem avec tout le peuple. [4] Après cela la guerre continua à Guézer avec les Philistins. Alors Sibbécaï, le Hushathite, tua Sippaï, l'un des enfants de Rapha; et ils furent humiliés. [5] Il y eut encore guerre avec les Philistins. Et Elchanan, fils de Jaïr, tua Lachmi, frère de Goliath, le Guitthien, qui avait une lance dont le bois était comme une ensuble de tisserand. [6] Il y eut encore une autre guerre, à Gath, où se trouva un homme de haute taille, qui avait six doigts à chaque main et à chaque pied, vingt-quatre en tout, et qui était aussi de la race de Rapha. [7] Il outragea Israël; mais Jonathan, fils de Shimea, frère de David, le tua. [8] Ceux-là étaient nés à Gath, de la race de Rapha, et ils périrent de la main de David, et de la main de ses serviteurs.

21

[1] Or Satan s'éleva contre Israël, et incita David à faire le dénombrement d'Israël. [2] Et David dit à Joab et aux chefs du peuple: Allez, faites le dénombrement d'Israël, depuis Béer-Shéba jusqu'à Dan, et rapportez-le-moi, afin que j'en sache le nombre. [3] Mais Joab répondit: Que l'Éternel veuille augmenter son peuple cent fois autant qu'il est! O roi mon seigneur, ne sont-ils pas tous serviteurs de mon seigneur? Pourquoi mon seigneur cherche-t-il cela? Et pourquoi Israël en serait-il coupable? [4] Cependant la parole du roi prévalut sur Joab; et Joab partit, et parcourut tout Israël; puis il revint à Jérusalem. [5] Et Joab donna à David le rôle du dénombrement du peuple, et il se trouva de tout Israël onze cent mille hommes tirant l'épée; et de Juda quatre cent soixante et dix mille hommes tirant l'épée; [6] Il ne recensa point parmi eux Lévi et Benjamin; car l'ordre du roi était une abomination pour Joab. [7] Or cette affaire déplut à Dieu, qui frappa Israël. [8] Et David dit à Dieu: J'ai commis un grand péché en faisant cela! Et maintenant, fais passer, je te prie, l'iniquité de ton serviteur; car j'ai agi très follement. [9] Alors l'Éternel parla à Gad, le Voyant de David, en disant: [10] Va, parle à David, et dis-lui: Ainsi a dit l'Éternel: J'ai trois choses à te proposer; choisis l'une d'elles, afin que je te la fasse. [11] Gad vint donc vers David, et lui dit: Ainsi a dit l'Éternel: [12] Accepte, ou trois années de famine, ou trois mois de défaites devant tes adversaires, atteint par l'épée de tes ennemis, ou pendant trois jours l'épée de l'Éternel et la peste dans le pays, et l'ange de l'Éternel exerçant la destruction dans tout le territoire d'Israël. Vois maintenant ce que je dois répondre à celui qui m'envoie. [13] Et David répondit à Gad: Je suis dans une grande angoisse. Que

je tombe, je te prie, entre les mains de l'Éternel; car ses compassions sont en très grand nombre; et que je ne tombe pas entre les mains des hommes! ¹⁴ Alors l'Éternel envoya la peste sur Israël, et il tomba soixante et dix mille hommes d'Israël. ¹⁵ Dieu envoya aussi un ange à Jérusalem pour la ravager. Et comme il ravageait, l'Éternel regarda, et se repentit de ce mal, et il dit à l'ange qui ravageait: Assez! Retire maintenant ta main. Or l'ange de l'Éternel se tenait près de l'aire d'Ornan, le Jébusien. ¹⁶ Et David leva les yeux et vit l'ange de l'Éternel se tenant entre la terre et le ciel, ayant en sa main son épée nue étendue sur Jérusalem. Et David et les anciens, couverts de sacs, tombèrent sur leurs faces. ¹⁷ Et David dit à Dieu: N'est-ce pas moi qui ai commandé qu'on fît le dénombrement du peuple? C'est moi qui ai péché et qui ai fait ce mal; mais ces brebis, qu'ont-elles fait? Éternel, mon Dieu! que ta main soit sur moi, je te prie, et sur la maison de mon père, mais qu'elle ne soit pas sur ton peuple, pour le frapper! ¹⁸ Et l'ange de l'Éternel dit à Gad de dire à David, qu'il montât pour dresser un autel à l'Éternel, dans l'aire d'Ornan, le Jébusien. ¹⁹ David monta donc, selon la parole que Gad avait dite au nom de l'Éternel. ²⁰ Or Ornan, s'étant retourné, avait vu l'ange, et ses quatre fils s'étaient cachés avec lui. Ornan foulait du froment. ²¹ Et David vint vers Ornan; et Ornan regarda, et, ayant vu David, il sortit de l'aire, et se prosterna devant David, le visage contre terre. ²² Alors David dit à Ornan: Donne-moi la place de cette aire, et j'y bâtirai un autel à l'Éternel; donne-la-moi pour le prix qu'elle vaut, afin que cette plaie soit arrêtée de dessus le peuple. ²³ Mais Ornan dit à David: Prends-la, et que le roi mon seigneur fasse ce qui lui semblera bon. Voici, je donne les bœufs pour les holocaustes, les instruments à fouler le blé, au lieu de bois, et le froment pour l'offrande; je donne tout cela. ²⁴ Le roi David dit à Ornan: Non, mais je veux l'acheter ce que cela vaut; car je ne présenterai point à l'Éternel ce qui est à toi, et je n'offrirai point un holocauste qui ne me coûte rien. ²⁵ David donna donc à Ornan pour cette place, en sicles d'or, le poids de six cents sicles. ²⁶ Et David bâtit là un autel à l'Éternel, offrit des holocaustes et des sacrifices de prospérités, et invoqua l'Éternel, qui lui répondit par le feu qui descendit du ciel sur l'autel de l'holocauste. ²⁷ Alors l'Éternel parla à l'ange, qui remit son épée dans le fourreau. ²⁸ En ce temps-là, David, voyant que l'Éternel l'avait exaucé dans l'aire d'Ornan, le Jébusien, y offrait des sacrifices. ²⁹ Mais la Demeure de l'Éternel, que Moïse avait faite au désert, et l'autel des holocaustes, étaient, en ce temps-là, sur le haut lieu de Gabaon. ³⁰ Et David ne put pas aller devant cet autel pour chercher Dieu, parce qu'il était épouvanté à cause de l'épée de l'ange de l'Éternel.

22

¹ Or David dit: Ici sera la maison de l'Éternel Dieu, et ici sera l'autel des holocaustes pour Israël. ² Et David dit de rassembler les étrangers qui étaient dans le pays d'Israël, et il établit des tailleurs de pierres pour tailler les pierres de taille, pour bâtir la maison de Dieu. ³ David prépara aussi du fer en abondance, pour les clous des battants des portes, et pour les assemblages, une quantité d'airain, d'un poids incalculable, ⁴ Et des bois de cèdre sans nombre; car les Sidoniens et les Tyriens avaient amené à David des bois de cèdre en abondance. ⁵ Et David disait: Salomon, mon fils, est jeune et d'un âge tendre, et la maison qu'il faut bâtir à l'Éternel doit s'élever très haut en renom et en gloire dans tous les pays; je veux donc faire pour lui des préparatifs. Et David fit des préparatifs en abondance, avant sa mort. ⁶ Puis il appela Salomon, son fils, et lui commanda de bâtir une maison à l'Éternel, le Dieu d'Israël. ⁷ David dit donc à Salomon: Mon fils, j'avais moi-même dessein de bâtir une maison au nom de l'Éternel mon Dieu. ⁸ Mais la parole de l'Éternel me fut adressée, en ces termes: Tu as répandu beaucoup de sang, et tu as fait de

grandes guerres; tu ne bâtiras point une maison à mon nom, car tu as répandu beaucoup de sang sur la terre devant moi. [9] Voici, un fils va te naître, qui sera un homme de repos, et je lui donnerai du repos de la part de tous ses ennemis, tout autour, car son nom sera Salomon (le Pacifique), et je donnerai la paix et la tranquillité à Israël pendant sa vie. [10] C'est lui qui bâtira une maison à mon nom. Il sera pour moi un fils, et je serai pour lui un père; et j'affermirai le trône de son règne sur Israël, à jamais. [11] Maintenant, mon fils, que l'Éternel soit avec toi, pour que tu prospères, et que tu bâtisses la maison de l'Éternel ton Dieu, ainsi qu'il l'a dit de toi. [12] Que l'Éternel seulement te donne de la sagesse et de l'intelligence, et qu'il te fasse régner sur Israël, et garder la loi de l'Éternel ton Dieu. [13] Alors tu prospéreras, si tu prends garde à pratiquer les lois et les ordonnances que l'Éternel a prescrites à Moïse pour Israël. Fortifie-toi et sois ferme; ne crains point et ne t'effraye point. [14] Voici, selon ma petitesse, j'ai préparé pour la maison de l'Éternel cent mille talents d'or et un million de talents d'argent; quant à l'airain et au fer, il est sans poids, car il y en a en abondance. J'ai aussi préparé du bois et des pierres, et tu en ajouteras encore. [15] Tu as avec toi un grand nombre d'ouvriers, des maçons, des tailleurs de pierres, des charpentiers, et toute espèce de gens experts en toute sorte d'ouvrages. [16] L'or, l'argent, l'airain et le fer sont sans nombre; lève-toi et agis, et que l'Éternel soit avec toi! [17] David commanda aussi à tous les chefs d'Israël d'aider Salomon, son fils, et il leur dit: [18] L'Éternel votre Dieu n'est-il pas avec vous, et ne vous a-t-il pas donné du repos de tous côtés? Car il a livré entre mes mains les habitants du pays, et le pays est assujetti devant l'Éternel et devant son peuple. [19] Maintenant appliquez votre cœur et votre âme à rechercher l'Éternel, votre Dieu; levez-vous, et bâtissez le sanctuaire de l'Éternel Dieu, afin d'amener l'arche de l'alliance de l'Éternel et les ustensiles consacrés à Dieu, dans la maison qui doit être bâtie au nom de l'Éternel.

23

[1] Or David, étant vieux et rassasié de jours, établit Salomon, son fils, roi sur Israël. [2] Puis il assembla tous les chefs d'Israël, les sacrificateurs et les Lévites. [3] On fit le dénombrement des Lévites, depuis l'âge de trente ans et au-dessus; et leur nombre fut, par tête, par homme, de trente-huit mille. [4] Il y en eut d'entre eux vingt-quatre mille pour vaquer à l'œuvre de la maison de l'Éternel, et six mille comme scribes et juges; [5] Quatre mille comme portiers, et quatre mille qui célébraient l'Éternel, avec les instruments que j'ai faits, dit David, pour le célébrer. [6] Et David les divisa en classes d'après les fils de Lévi, Guershon, Kéhath et Mérari. [7] Des Guershonites: Laedan et Shiméi. [8] Fils de Laedan: Jéchiel le chef, Zétham et Joël, trois. [9] Fils de Shiméi: Shélomith, Haziel et Haran, trois. Ce sont là les chefs des pères de la famille de Laedan. [10] Fils de Shiméi: Jachath, Zina, Jéush et Béria; ce sont là les quatre fils de Shiméi. [11] Jachath était le chef, et Zina le second; Jéush et Béria n'eurent pas beaucoup d'enfants, et ils formèrent une seule maison de pères dans le recensement. [12] Fils de Kéhath: Amram, Jitsehar, Hébron et Uziel, quatre. [13] Fils d'Amram: Aaron et Moïse. Aaron fut mis à part pour être consacré comme très saint, lui et ses fils, à toujours, pour offrir les parfums devant l'Éternel, pour faire son service, et pour bénir à toujours en son nom. [14] Quant à Moïse, homme de Dieu, ses enfants furent comptés dans la tribu de Lévi. [15] Fils de Moïse: Guershom et Éliézer. [16] Fils de Guershom: Shébuel, le chef. [17] Et les fils d'Éliézer furent: Réchabia, le chef. Éliézer n'eut point d'autres enfants, mais les enfants de Réchabia furent très nombreux. [18] Fils de Jitsehar: Shélomith, le chef. [19] Fils de Hébron: Jérija, le chef; Amaria, le second; Jachaziel, le troisième; et Jékameam, le quatrième. [20] Fils d'Uziel: Mica, le chef; et Jishija, le second. [21] Fils de Mérari: Machli et Mushi. Fils de Machli: Éléazar et Kis. [22] Éléazar mourut sans

avoir de fils; mais il eut des filles; et les fils de Kis, leurs frères, les épousèrent. [23] Fils de Mushi: Machli, Éder et Jérémoth, trois. [24] Ce sont là les enfants de Lévi, selon les maisons de leurs pères, les chefs des pères, selon leurs dénombrements, en comptant les noms par tête. Ils s'employaient au service de la maison de l'Éternel, depuis l'âge de vingt ans et au-dessus. [25] Car David avait dit: L'Éternel, le Dieu d'Israël, a donné du repos à son peuple, et il demeurera à Jérusalem, pour toujours; [26] Et les Lévites n'auront plus à porter la Demeure, ni tous les ustensiles pour son service. [27] Car c'est d'après les derniers ordres de David qu'eut lieu le dénombrement des enfants de Lévi, depuis l'âge de vingt ans et au-dessus. [28] Leur place était auprès des enfants d'Aaron, pour le service de la maison de l'Éternel; ils étaient chargés des parvis et des chambres, de la purification de toutes les choses saintes, et de l'ouvrage du service de la maison de Dieu; [29] Des pains de proposition, de la fleur de farine pour l'offrande, des galettes sans levain, de ce qui se cuit sur la plaque, de ce qui est rissolé, et de toutes les mesures de contenance et de longueur. [30] Ils avaient à se présenter chaque matin et chaque soir, afin de louer et de célébrer l'Éternel; [31] Et à offrir continuellement, devant la face de l'Éternel, tous les holocaustes à l'Éternel: aux sabbats, aux nouvelles lunes et aux fêtes, selon le nombre, conformément à l'ordonnance touchant ces choses. [32] Ils donnaient leurs soins au tabernacle d'assignation, au sanctuaire, et aux enfants d'Aaron, leurs frères, pour le service de la maison de l'Éternel.

24

[1] Quant aux enfants d'Aaron, voici leurs classes: Fils d'Aaron: Nadab, Abihu, Éléazar et Ithamar. [2] Mais Nadab et Abihu moururent avant leur père, et ils n'eurent point de fils; et Éléazar et Ithamar exercèrent la sacrificature. [3] Or David les distribua, selon leur classement dans leur service, Tsadok d'entre les enfants d'Éléazar, et Achimélec d'entre les enfants d'Ithamar. [4] Il se trouva parmi les enfants d'Éléazar plus de chefs que parmi les enfants d'Ithamar, et on les partagea ainsi: pour les enfants d'Éléazar seize chefs de maisons de pères, et pour les enfants d'Ithamar, huit chefs de maisons de pères. [5] On les classa par le sort, les uns avec les autres; car les chefs du sanctuaire et les chefs de la maison de Dieu étaient des enfants d'Éléazar et des enfants d'Ithamar. [6] Shémaja, le scribe, fils de Nathanael, de la tribu de Lévi, les inscrivit devant le roi et les princes, devant Tsadok, le sacrificateur, et Achimélec, fils d'Abiathar, et devant les chefs des pères des sacrificateurs et des Lévites. Une maison de père était tirée pour Éléazar, et une était tirée ensuite pour Ithamar. [7] Le premier sort échut à Jéhojarib; le second, à Jédaeja; [8] Le troisième, à Harim; le quatrième, à Séorim; [9] Le cinquième, à Malkija; le sixième, à Mijamin; [10] Le septième, à Kots; le huitième, à Abija; [11] Le neuvième, à Jeshua; le dixième, à Shécania; [12] Le onzième, à Éliashib; le douzième, à Jakim; [13] Le treizième, à Huppa; le quatorzième, à Jéshébeab; [14] Le quinzième, à Bilga; le seizième, à Immer; [15] Le dix-septième, à Hézir; le dix-huitième, à Pitsets; [16] Le dix-neuvième, à Péthachia; le vingtième, à Ézéchiel; [17] Le vingt et unième, à Jakin; le vingt-deuxième, à Gamul; [18] Le vingt-troisième, à Délaja; le vingt-quatrième, à Maazia. [19] Tel fut leur classement pour leur service, pour entrer dans la maison de l'Éternel, selon leur règle, établie par Aaron, leur père, comme l'Éternel, le Dieu d'Israël, le lui avait ordonné. [20] Quant au reste des enfants de Lévi, voici leurs chefs: Des fils d'Amram: Shubaël; et des fils de Shubaël: Jechdéja; [21] De Réchabia, des fils de Réchabia: le chef Jishija. [22] Des Jitseharites: Shélomoth; des fils de Shélomoth: Jachath. [23] Fils de Hébron: Jérija, Amaria le second, Jachaziel le troisième, Jékameam le quatrième. [24] Fils d'Uziel: Mica; des fils de Mica: Shamir. [25] Frère de Mica: Jishija; des fils de Jishija: Zacharie. [26] Fils de Mérari: Machli et Mushi, et les fils de Jaazija, son fils.

²⁷ Fils de Mérari, de Jaazija, son fils: Shoham, Zaccur et Ibri. ²⁸ De Machli: Éléazar qui n'eut point de fils; ²⁹ De Kis, les fils de Kis: Jérachméel. ³⁰ Fils de Mushi: Machli, Éder et Jérimoth. Ce sont là les fils des Lévites, selon les maisons de leurs pères. ³¹ Eux aussi, comme leurs frères, les enfants d'Aaron, ils tirèrent au sort devant le roi David, Tsadok et Achimélec, et les chefs des pères des sacrificateurs et des Lévites. Le chef de maison de pères tira tout comme le moindre de ses frères.

25

¹ David et les chefs de l'armée mirent à part pour le service, ceux des fils d'Asaph, d'Héman et de Jéduthun, qui prophétisaient avec des harpes, des lyres et des cymbales. Et voici le nombre des hommes employés pour le service qu'ils devaient faire: ² Des fils d'Asaph: Zaccur, Joseph, Néthania et Ashareéla, fils d'Asaph, sous la direction d'Asaph, qui prophétisait sous la direction du roi; ³ De Jéduthun, les fils de Jéduthun: Guédalia, Tséri, Ésaïe, Hashabia, Matthithia et Shiméi, six, sous la direction de leur père Jéduthun, qui prophétisait avec la harpe pour louer et célébrer l'Éternel; ⁴ De Héman, les fils de Héman: Bukkija, Matthania, Uziel, Shébuel, Jérimoth, Hanania, Hanani, Élijatha, Guiddalthi, Romamthi-Ézer, Joshbékasha, Mallothi, Hothir et Machazioth. ⁵ Tous ceux-là étaient fils de Héman, le Voyant du roi, pour sonner du cor selon l'ordre de Dieu. Et Dieu avait donné à Héman quatorze fils et trois filles. ⁶ Tous ceux-là étaient sous la direction de leurs pères, pour le chant de la maison de l'Éternel, avec des cymbales, des lyres et des harpes, pour le service de la maison de Dieu. Asaph, Jéduthun et Héman étaient sous la direction du roi. ⁷ Leur nombre, avec leurs frères exercés à chanter à l'Éternel, tous les hommes habiles, était de deux cent quatre-vingt-huit. ⁸ Et ils tirèrent au sort pour leurs fonctions, petits et grands, maîtres et disciples. ⁹ Le premier sort échut, pour Asaph, à Joseph; le second, à Guédalia, lui, ses frères et ses fils, douze; ¹⁰ Le troisième, à Zaccur, ses fils et ses frères, douze; ¹¹ Le quatrième, à Jitseri, ses fils et ses frères, douze; ¹² Le cinquième, à Néthania, ses fils et ses frères, douze; ¹³ Le sixième, à Bukkija, ses fils et ses frères, douze; ¹⁴ Le septième, à Jesharéela, ses fils et ses frères, douze; ¹⁵ Le huitième, à Ésaïe, ses fils et ses frères, douze; ¹⁶ Le neuvième, à Matthania, ses fils et ses frères, douze; ¹⁷ Le dixième, à Shimeï, ses fils et ses frères, douze; ¹⁸ Le onzième, à Azaréel, ses fils et ses frères, douze; ¹⁹ Le douzième, à Hashabia, ses fils et ses frères, douze; ²⁰ Le treizième, à Shubaël, ses fils et ses frères, douze; ²¹ Le quatorzième, à Matthithia, ses fils et ses frères, douze; ²² Le quinzième, à Jérémoth, ses fils et ses frères, douze; ²³ Le seizième, à Hanania, ses fils et ses frères, douze; ²⁴ Le dix-septième, à Joshbékasha, ses fils et ses frères, douze; ²⁵ Le dix-huitième, à Hanani, ses fils et ses frères, douze; ²⁶ Le dix-neuvième, à Mallothi, ses fils et ses frères, douze; ²⁷ Le vingtième, à Élijatha, ses fils et ses frères, douze; ²⁸ Le vingt et unième, à Hothir, ses fils et ses frères, douze; ²⁹ Le vingt-deuxième, à Guiddalthi, ses fils et ses frères, douze; ³⁰ Le vingt-troisième, à Machazioth, ses fils et ses frères, douze; ³¹ Le vingt-quatrième, à Romamthi-Ézer, ses fils et ses frères, douze.

26

¹ Quant aux classes des portiers, pour les Corites: Meshélémia, fils de Coré, d'entre les fils d'Asaph. ² Fils de Meshélémia: Zacharie, le premier-né, Jédiaël le second, Zébadia le troisième, Jathniel le quatrième, ³ Élam le cinquième, Jochanan le sixième, Eljoénaï le septième. ⁴ Fils d'Obed-Édom: Shémaja, le premier-né, Jéhozabad le second, Joach le troisième, Sacar le quatrième, Nathanael le cinquième, ⁵ Ammiel le sixième, Issacar le septième, Péullethaï le huitième; car Dieu l'avait béni. ⁶ A Shémaja, son fils, naquirent des fils qui dominèrent dans la maison de leur père, car ils étaient de vaillants hommes. ⁷ Fils de Shémaja: Othni, Réphaël, Obed, Elzabad, et ses frères, hommes vaillants, Élihu et

Shémaja. [8] Tous ceux-là étaient des enfants d'Obed-Édom; eux, leurs fils et leurs frères, étaient des hommes vaillants, pleins de force pour le service; soixante-deux d'Obed-Édom. [9] Les fils de Meshélémia avec ses frères, vaillants hommes, étaient au nombre de dix-huit. [10] Fils d'Hosa, d'entre les fils de Mérari: Shimri, le chef (car bien qu'il ne fût pas le premier-né, son père l'établit pour chef); [11] Hilkija le second, Tébalia le troisième, Zacharie le quatrième; tous les fils et les frères de Hosa étaient treize. [12] A ces classes de portiers, aux chefs de ces hommes, conjointement avec leurs frères, échut la garde pour le service de la maison de l'Éternel. [13] Et ils tirèrent au sort, le petit comme le grand, selon les maisons de leurs pères, pour chaque porte. [14] Le sort échut à Shélémia pour le côté du levant. Ils tirèrent au sort pour Zacharie, son fils, qui était un sage conseiller, et son sort échut du côté du nord. [15] A Obed-Édom échut le côté du midi, et la maison des magasins à ses fils. [16] A Shuppim et à Hosa échut le côté vers l'occident, avec la porte de Shalléketh, au chemin montant; une garde étant vis-à-vis de l'autre. [17] Il y avait à l'orient six Lévites, au nord quatre par jour; au midi quatre par jour, et deux à chaque magasin; [18] Au Parbar, à l'occident, quatre vers le chemin, deux au Parbar. [19] Ce sont là les classes des portiers, pour les enfants des Corites, et pour les enfants de Mérari. [20] Et parmi les Lévites, Achija était préposé aux trésors de la maison de Dieu, et aux trésors des choses sacrées. [21] Les fils de Laedan, les fils des Guershonites du côté de Laedan, chefs des pères de la famille de Laedan, le Guershonite: Jéchiéli, [22] Et les fils de Jéchiéli, Zétham et Joël, son frère, étaient préposés aux trésors de la maison de l'Éternel. [23] Parmi les Amramites, les Jitseharites, les Hébronites et les Uziélites, [24] Shébuël, fils de Guershom, fils de Moïse, était intendant des trésors. [25] Et d'entre ses frères par Éliézer (dont le fils fut Réchabia, dont le fils fut Ésaïe, dont le fils fut Joram, dont le fils fut Zicri, dont le fils fut Shélomith), [26] C'étaient ce Shélomith et ses frères qui étaient préposés aux trésors des choses saintes que le roi David, les chefs des pères, les chefs de milliers et de centaines, les chefs de l'armée avaient consacrées; [27] C'était sur les guerres et sur le butin qu'ils les avaient consacrées, pour l'entretien de la maison de l'Éternel. [28] Et tout ce qu'avait consacré Samuel, le Voyant, Saül, fils de Kis, Abner, fils de Ner, et Joab, fils de Tséruja, toutes les choses consacrées étaient sous la garde de Shélomith et de ses frères. [29] D'entre les Jitseharites, Kénania et ses fils étaient pour l'œuvre extérieure, préposés sur Israël, comme scribes et juges. [30] Parmi les Hébronites, Hashabia et ses frères, hommes vaillants, au nombre de mille sept cents, avaient la surveillance d'Israël, de l'autre côté du Jourdain, à l'occident, pour toute l'œuvre de l'Éternel et pour le service du roi. [31] Pour ce qui est des Hébronites, Jérija en fut le chef. Dans la quarantième année du règne de David, on fit une recherche au sujet des Hébronites, d'après leurs généalogies, selon les maisons de leurs pères, et il se trouva parmi eux de vaillants hommes à Jaezer de Galaad. [32] Les frères de Jérija, hommes vaillants, étaient au nombre de deux mille sept cents chefs des pères. Le roi David les établit sur les Rubénites, sur les Gadites et sur la demi-tribu de Manassé, pour toutes les affaires de Dieu et pour les affaires du roi.

27

[1] Or voici les enfants d'Israël selon leur nombre, chefs des pères, chefs de milliers et de centaines, et leurs officiers au service du roi, pour tout ce qui concernait les divisions, leur entrée et leur sortie, mois par mois, pendant tous les mois de l'année, chaque division étant de vingt-quatre mille hommes. [2] Sur la première division, pour le premier mois, était préposé Jashobeam, fils de Zabdiel; et sa division était de vingt-quatre mille hommes. [3] Il était des enfants de Pharets et chef de tous les commandants de l'armée du premier mois. [4] Dodaï, Achochite, était préposé sur la division du second mois; Mikloth était chef de sa division; et il avait vingt-quatre mille hommes dans sa

division. 5 Le chef de la troisième armée, pour le troisième mois, était Bénaja, fils de Jéhojada, le sacrificateur, chef; et il avait vingt-quatre mille hommes dans sa division. 6 Ce Bénaja était vaillant entre les trente, et à la tête des trente. Et Ammizabad, son fils, était chef de sa division. 7 Le quatrième, pour le quatrième mois, était Asaël, frère de Joab; et Zébadia, son fils, était après lui; et il avait vingt-quatre mille hommes dans sa division. 8 Le cinquième, pour le cinquième mois, était le chef Shamehuth, de Jizrach; et il avait vingt-quatre mille hommes dans sa division. 9 Le sixième, pour le sixième mois, était Ira, fils d'Ikkèsh, le Thékoïte; et il avait vingt-quatre mille hommes dans sa division. 10 Le septième, pour le septième mois, était Hélets, le Pélonite, des enfants d'Éphraïm; et il avait vingt-quatre mille hommes dans sa division. 11 Le huitième, pour le huitième mois, était Sibbécaï, le Hushathite, de la famille des Zarechites; et il avait vingt-quatre mille hommes dans sa division. 12 Le neuvième, pour le neuvième mois, était Abiézer, d'Anathoth, des Benjamites; et il avait vingt-quatre mille hommes dans sa division. 13 Le dixième, pour le dixième mois, était Maharaï, de Nétopha, de la famille des Zarechites, et il avait vingt-quatre mille hommes dans sa division. 14 Le onzième, pour le onzième mois, était Bénaja, de Pirathon, des enfants d'Éphraïm; et il avait vingt-quatre mille hommes dans sa division. 15 Le douzième, pour le douzième mois, était Heldaï, de Nétopha, de la famille d'Othniel; et il avait vingt-quatre mille hommes dans sa division. 16 Et sur les tribus d'Israël: Éliézer, fils de Zicri, était chef des Rubénites; des Siméonites, Shéphatia, fils de Maaca; 17 Des Lévites: Hashabia, fils de Kémuel; de ceux d'Aaron: Tsadok; 18 De Juda: Élihu, des frères de David; d'Issacar: Omri, fils de Micaël; 19 De Zabulon: Jishmaeja, fils d'Obadia; de Nephthali: Jérimoth, fils d'Azriel; 20 Des enfants d'Éphraïm: Hosée, fils d'Azazia; de la demi-tribu de Manassé: Joël, fils de Pédaja; 21 De la demi-tribu de Manassé, en Galaad: Jiddo, fils de Zacharie; de Benjamin: Jaasiel, fils d'Abner; 22 De Dan: Azaréel, fils de Jérocham. Ce sont là les chefs des tribus d'Israël. 23 Et David ne fit point le compte des Israélites depuis l'âge de vingt ans et au-dessous, car l'Éternel avait dit qu'il multiplierait Israël comme les étoiles du ciel. 24 Joab, fils de Tséruja, avait commencé le dénombrement, mais il ne l'acheva pas, la colère de l'Éternel étant venue à ce sujet sur Israël; et ce dénombrement n'entra pas parmi les dénombrements des Chroniques du roi David. 25 Azmaveth, fils d'Adiel, était préposé sur les trésors du roi; Jonathan, fils d'Uzija, sur les provisions dans les champs, les villes, les villages et les tours; 26 Ezri, fils de Kélub, sur les ouvriers des champs, pour la culture du sol; 27 Shimeï, de Rama, sur les vignes; Zabdi, de Shépham, sur les provisions de vin dans les vignes; 28 Baal-Hanan, de Guéder, sur les oliviers et les sycomores dans la plaine; Joash, sur les provisions d'huile; 29 Shitraï, de Saron, sur le gros bétail qui paissait à Saron; Shaphat, fils d'Adlaï, sur le gros bétail dans les vallées; 30 Obil, l'Ismaélite, sur les chameaux; Jéchdia, de Méronoth, sur les ânesses; 31 Jaziz, l'Hagarénien, sur le menu bétail. Tous ceux-là étaient intendants des biens du roi David. 32 Jonathan, oncle de David, était conseiller, homme intelligent et instruit; Jéchiel, fils de Hacmoni, était auprès des fils du roi; 33 Achitophel était conseiller du roi; Cushaï, l'Arkite, était ami du roi. 34 Après Achitophel, étaient Jéhojada, fils de Bénaja, et Abiathar. Joab était chef de l'armée du roi.

28

1 Or David assembla à Jérusalem tous les chefs d'Israël, les chefs des tribus, les chefs des divisions, qui servaient le roi, et les chefs de milliers et les chefs de centaines, ceux qui avaient charge sur tous les biens et les troupeaux du roi et auprès de ses fils, avec les eunuques, les héros, et tous les hommes vaillants. 2 Et le roi David se leva sur ses pieds, et dit: Mes frères et mon peuple, écoutez-moi! J'avais dessein de bâtir une maison de repos pour l'arche de l'alliance de l'Éternel, et pour le marchepied de notre Dieu, et je

m'apprêtais à bâtir. ³ Mais Dieu m'a dit: Tu ne bâtiras pas une maison à mon nom, parce que tu es un homme de guerre, et que tu as versé du sang. ⁴ Or l'Éternel, le Dieu d'Israël, m'a choisi de toute la maison de mon père, pour être roi sur Israël à toujours; car il a choisi Juda pour conducteur, et, dans la maison de Juda, la maison de mon père; et parmi les fils de mon père, il a pris plaisir en moi, pour me faire régner sur tout Israël; ⁵ Et entre tous mes fils (car l'Éternel m'a donné beaucoup de fils) il a choisi mon fils Salomon pour le faire asseoir sur le trône du royaume de l'Éternel, sur Israël. ⁶ Et il m'a dit: Salomon, ton fils, est celui qui bâtira ma maison et mes parvis; car je me le suis choisi pour fils, et je serai pour lui un père; ⁷ Et j'affermirai son règne à toujours, s'il s'applique à pratiquer mes commandements et mes ordonnances, comme aujourd'hui. ⁸ Maintenant donc, aux yeux de tout Israël, de l'assemblée de l'Éternel, et devant notre Dieu qui l'entend, je vous somme de garder et de rechercher diligemment tous les commandements de l'Éternel, votre Dieu, afin que vous possédiez ce bon pays, et que vous en fassiez hériter vos enfants après vous, à jamais. ⁹ Et toi, Salomon, mon fils, connais le Dieu de ton père, et sers-le avec intégrité de cœur et une âme empressée; car l'Éternel sonde tous les cœurs, et discerne tout dessein des pensées. Si tu le cherches, il se fera trouver de toi; mais si tu l'abandonnes, il te rejettera pour toujours. ¹⁰ Considère maintenant, que l'Éternel t'a choisi pour bâtir une maison pour son sanctuaire. Fortifie-toi et agis. ¹¹ Puis David donna à Salomon, son fils, le modèle du portique et des bâtiments, des chambres du trésor, des chambres hautes, des chambres intérieures, et du lieu du propitiatoire; ¹² Et le modèle de toutes les choses qu'il avait dans l'esprit, pour les parvis de la maison de l'Éternel, pour les chambres d'alentour, pour les trésors de la maison de Dieu, et pour les trésors des choses saintes; ¹³ Et pour les classes des sacrificateurs et des Lévites, et pour toute l'œuvre du service de la maison de l'Éternel, et pour tous les ustensiles du service de la maison de l'Éternel. ¹⁴ Il lui donna le modèle des objets d'or, avec le poids, pour ce qui devait être d'or, pour tous les ustensiles de chaque service; de même, pour tous les ustensiles d'argent, avec le poids, pour tous les ustensiles de chaque service. ¹⁵ Il lui donna le poids des chandeliers d'or et de leurs lampes d'or, avec le poids de chaque chandelier et de ses lampes; et le poids des chandeliers d'argent, avec le poids de chaque chandelier et de ses lampes, selon l'usage de chaque chandelier. ¹⁶ Il lui donna l'or, au poids, pour les tables des pains de proposition, pour chaque table; et de l'argent pour les tables d'argent. ¹⁷ Et de même pour les fourchettes, les bassins et les fioles d'or pur; et pour les coupes d'or, avec le poids de chaque coupe, et pour les coupes d'argent, avec le poids de chaque coupe; ¹⁸ Et pour l'autel des parfums, en or épuré, avec le poids; et le modèle du char, des chérubins d'or qui étendent leurs ailes et couvrent l'arche de l'alliance de l'Éternel. ¹⁹ Tout cela, dit David, est en écrit de la part de l'Éternel, qui m'en a donné l'intelligence, savoir, de toutes les œuvres de ce modèle. ²⁰ David dit donc à Salomon, son fils: Fortifie-toi, prends courage et agis; ne crains point, et ne t'effraye point; car l'Éternel Dieu, mon Dieu, sera avec toi: il ne te laissera point et ne t'abandonnera point, jusqu'à ce que toute l'œuvre pour le service de la maison de l'Éternel soit achevée. ²¹ Et voici les classes des sacrificateurs et des Lévites, pour tout le service de la maison de Dieu; et tu as avec toi, pour toute l'œuvre, tous les hommes de bonne volonté, experts pour toute sorte de service; et les chefs et tout le peuple sont prêts à exécuter tout ce que tu diras.

29

¹ Puis le roi David dit à toute l'assemblée: Mon fils Salomon, le seul que Dieu ait choisi, est jeune et d'âge tendre, et l'œuvre est grande; car ce palais n'est pas pour un homme, mais il est pour l'Éternel Dieu. ² J'ai préparé de tout mon pouvoir, pour la maison de

mon Dieu, de l'or pour ce qui doit être d'or, de l'argent pour ce qui doit être d'argent, de l'airain pour ce qui doit être d'airain, du fer pour ce qui doit être de fer, et du bois pour ce qui doit être de bois, des pierres d'onyx et des pierres à enchâsser, des pierres d'ornement et de diverses couleurs, des pierres précieuses de toutes sortes, et du marbre blanc en quantité. [3] De plus, dans mon affection pour la maison de mon Dieu, je donne, pour la maison de mon Dieu, outre toutes les choses que j'ai préparées pour la maison du sanctuaire, ce que j'ai d'or et d'argent m'appartenant en propre: [4] Trois mille talents d'or, d'or d'Ophir, et sept mille talents d'argent épuré, pour revêtir les parois des bâtiments; [5] L'or pour ce qui doit être d'or, et l'argent pour ce qui doit être d'argent, et pour toute l'œuvre à faire par la main des ouvriers. Qui est disposé à présenter volontairement aujourd'hui ses offrandes à l'Éternel? [6] Alors les chefs des pères, les chefs des tribus d'Israël, les chefs de milliers et de centaines, ainsi que les intendants du roi, firent volontairement des offrandes. [7] Ils donnèrent, pour le service de la maison de Dieu, cinq mille talents d'or, dix mille dariques, dix mille talents d'argent, dix-huit mille talents d'airain, et cent mille talents de fer. [8] Enfin, les pierres précieuses que chacun trouva chez soi, ils les mirent au trésor de la maison de l'Éternel, entre les mains de Jéchiel, le Guershonite. [9] Et le peuple se réjouit de ses dons volontaires; car ils faisaient de tout cœur leurs offrandes volontaires à l'Éternel; et le roi David en eut aussi une grande joie. [10] Puis David bénit l'Éternel, en présence de toute l'assemblée. Et David dit: O Éternel! Dieu d'Israël notre père, béni sois-tu d'éternité en éternité! [11] A toi, Éternel, la grandeur, la force et la magnificence, l'éternité et la splendeur, car tout ce qui est dans les cieux et sur la terre t'appartient. A toi, Éternel, est le règne, et tu t'élèves en souverain au-dessus de tout. [12] La richesse et la gloire viennent de toi, tu as la domination sur tout; la force et la puissance sont en ta main, et en ta main est le pouvoir d'agrandir et de fortifier toutes choses. [13] Maintenant, ô notre Dieu! nous te louons, et nous célébrons ton nom glorieux. [14] Car qui suis-je, et qui est mon peuple, que nous ayons le pouvoir d'offrir ainsi volontairement? Car tout vient de toi; et de ta main nous vient ce que nous te donnons. [15] Nous sommes devant toi des étrangers et des hôtes, comme tous nos pères; nos jours sont comme l'ombre, sur la terre; et il n'y a point d'espérance. [16] Éternel, notre Dieu, toute cette abondance que nous avons préparée pour bâtir une maison à ton saint nom, vient de ta main, et tout est à toi. [17] Et je sais, ô mon Dieu, que tu sondes le cœur, et que tu prends plaisir à la droiture. C'est dans la droiture de mon cœur que j'ai volontairement offert toutes ces choses; et j'ai vu maintenant avec joie ton peuple, qui se trouve ici, t'offrir volontairement ses dons. [18] Éternel, Dieu d'Abraham, d'Isaac et d'Israël, nos pères, conserve à toujours cette disposition des pensées du cœur de ton peuple, et affermis leurs cœurs en toi. [19] Donne aussi un cœur intègre à Salomon, mon fils, pour garder tes commandements, tes témoignages et tes statuts, pour tout exécuter, et pour bâtir le palais que j'ai préparé. [20] Et David dit à toute l'assemblée: Bénissez l'Éternel votre Dieu! Et toute l'assemblée bénit l'Éternel, le Dieu de leurs pères; ils s'inclinèrent et se prosternèrent devant l'Éternel et devant le roi. [21] Le lendemain de ce jour, ils sacrifièrent des sacrifices à l'Éternel, et lui offrirent des holocaustes; mille taureaux, mille béliers, et mille agneaux, avec leurs libations, et des sacrifices en grand nombre pour tout Israël. [22] Ils mangèrent et burent ce jour-là devant l'Éternel avec une grande joie; ils proclamèrent roi pour la seconde fois Salomon, fils de David; ils l'oignirent, devant l'Éternel, comme chef, et Tsadok, comme sacrificateur. [23] Salomon s'assit donc sur le trône de l'Éternel, comme roi, à la place de David, son père; il prospéra, et tout Israël lui obéit. [24] Et tous les chefs et les hommes vaillants, et même tous les fils du roi David, se soumirent au roi Salomon. [25] Et l'Éternel éleva au plus haut degré Salomon, à la vue de tout Israël, et lui donna une splendeur de royauté, comme n'en avait eu avant lui aucun roi en Israël. [26] Ainsi David, fils d'Isaï, régna sur tout Israël. [27] Le temps qu'il régna sur Israël fut de quarante ans. Il régna sept ans à Hébron, et trente-trois ans à Jérusalem. [28] Il mourut en bonne vieillesse, rassasié de jours, de richesses et de gloire; et Salomon, son fils, régna à sa place. [29] Or quant aux actions du roi David, tant les premières que les dernières, voici, elles sont écrites dans le livre de Samuel, le Voyant, dans le livre de Nathan, le prophète, et dans le livre de Gad, le Voyant, [30] Avec tout son règne, et ses exploits, et ce qui se passa de son temps, tant en Israël que dans tous les royaumes des autres pays.

2 Chroniques

¹ Or Salomon, fils de David, s'affermit dans son règne; l'Éternel son Dieu fut avec lui, et l'éleva extrêmement. ² Et Salomon parla à tout Israël, aux chefs de milliers et de centaines, aux juges et à tous les principaux de tout Israël, chefs des maisons des pères. ³ Et Salomon et toute l'assemblée avec lui, allèrent au haut lieu qui était à Gabaon; car là était le tabernacle d'assignation de Dieu, que Moïse, serviteur de l'Éternel, avait fait dans le désert. ⁴ Mais David avait amené l'arche de Dieu, de Kirjath-Jearim au lieu qu'il avait préparé; car il lui avait dressé un tabernacle à Jérusalem. ⁵ L'autel d'airain que Betsaléel, fils d'Uri, fils de Hur, avait fait, était là devant la Demeure de l'Éternel. Et Salomon et l'assemblée y cherchèrent l'Éternel. ⁶ Et Salomon offrit là, devant l'Éternel, mille holocaustes, sur l'autel d'airain qui était devant le tabernacle d'assignation. ⁷ En cette nuit-là, Dieu apparut à Salomon, et lui dit: Demande ce que tu veux que je te donne. ⁸ Et Salomon répondit à Dieu: Tu as usé de grande miséricorde envers David, mon père, et tu m'as établi roi à sa place. ⁹ Maintenant, Éternel Dieu! que ta parole à David, mon père, soit ferme; car tu m'as établi roi sur un peuple nombreux comme la poussière de la terre. ¹⁰ Donne-moi donc maintenant de la sagesse et de l'intelligence, afin que je sache me conduire devant ce peuple; car qui pourrait juger ton peuple, ce peuple si grand? ¹¹ Et Dieu dit à Salomon: Puisque c'est là ce qui est dans ton cœur, et que tu n'as demandé ni des richesses, ni des biens, ni de la gloire, ni la mort de ceux qui te haïssent, ni même des jours nombreux, mais que tu as demandé pour toi de la sagesse et de l'intelligence, afin de pouvoir juger mon peuple, sur lequel je t'ai établi roi, ¹² La sagesse et l'intelligence te sont données. Je te donnerai aussi des richesses, des biens et de la gloire, comme n'en ont pas eu les rois qui ont été avant toi, et comme n'en aura aucun après toi. ¹³ Puis Salomon s'en retourna à Jérusalem, du haut lieu qui était à Gabaon, de devant le tabernacle d'assignation; et il régna sur Israël. ¹⁴ Salomon rassembla des chars et des cavaliers; il avait quatorze cents chars et douze mille cavaliers; et il les mit dans les villes où il tenait ses chars, et auprès du roi, à Jérusalem. ¹⁵ Et le roi fit que l'argent et l'or étaient aussi communs à Jérusalem que les pierres, et les cèdres, que les sycomores de la plaine. ¹⁶ Le lieu d'où l'on tirait les chevaux pour Salomon était l'Égypte; une troupe de marchands du roi allaient en chercher un convoi pour un prix convenu. ¹⁷ On faisait monter et sortir d'Égypte un char pour six cents sicles d'argent, et un cheval pour cent cinquante. On en amenait de même par eux pour tous les rois des Héthiens, et pour les rois de Syrie.

2

¹ Or Salomon ordonna de bâtir une maison au nom de l'Éternel, et pour lui une maison royale. ² Et Salomon compta soixante et dix mille hommes pour porter les fardeaux, et quatre-vingt mille pour tailler les pierres dans la montagne, et trois mille six cents préposés sur eux. ³ Puis Salomon envoya vers Huram, roi de Tyr, pour lui dire: Fais pour moi comme tu as fait pour David, mon père, à qui tu as envoyé des cèdres, pour se bâtir une maison afin d'y habiter. ⁴ Voici, je vais bâtir une maison au nom de l'Éternel mon Dieu, pour la lui consacrer, pour faire fumer devant lui le parfum des aromates, pour présenter continuellement devant lui les pains de proposition, et pour offrir les holocaustes du matin et du soir, des sabbats, des nouvelles lunes, et des fêtes de l'Éternel, notre Dieu, ce qui est un devoir pour Israël à perpétuité. ⁵ La maison que je vais bâtir sera grande; car notre Dieu est plus grand que tous les dieux. ⁶ Mais qui aurait le pouvoir de

lui bâtir une maison, puisque les cieux et les cieux des cieux ne sauraient le contenir? Et qui suis-je pour lui bâtir une maison, si ce n'est pour faire fumer des parfums devant sa face? ⁷ Maintenant envoie-moi un homme habile à travailler en or, en argent, en airain et en fer, en écarlate, en cramoisi et en pourpre, sachant sculpter des sculptures, pour travailler avec les hommes habiles que j'ai avec moi en Juda et à Jérusalem, et que David, mon père, a préparés. ⁸ Envoie-moi aussi du Liban du bois de cèdre, de cyprès et de santal; car je sais que tes serviteurs savent couper le bois du Liban. Voici, mes serviteurs seront avec les tiens. ⁹ Qu'on me prépare du bois en grande quantité; car la maison que je vais bâtir sera grande et magnifique. ¹⁰ Et je donnerai à tes serviteurs qui couperont, qui abattront les bois, vingt mille cores de froment foulé, vingt mille cores d'orge, vingt mille baths de vin, et vingt mille baths d'huile. ¹¹ Huram, roi de Tyr, répondit, dans un écrit qu'il envoya à Salomon: C'est parce que l'Éternel aime son peuple qu'il t'a établi roi sur eux. ¹² Et Huram dit: Béni soit l'Éternel, le Dieu d'Israël, qui a fait les cieux et la terre, de ce qu'il a donné au roi David un fils sage, prudent et intelligent, qui va bâtir une maison à l'Éternel, et une maison royale pour lui! ¹³ Je t'envoie donc un homme habile et intelligent, Huram-Abi, ¹⁴ Fils d'une femme d'entre les filles de Dan, et d'un père tyrien. Il sait travailler en or, en argent, en airain et en fer, en pierres et en bois, en écarlate, en pourpre, en fin lin et en cramoisi; il sait sculpter toutes sortes de sculptures et imaginer toutes sortes d'objets d'art qu'on lui donne à faire. Il travaillera avec tes hommes habiles et avec les hommes habiles de mon seigneur David, ton père. ¹⁵ Et maintenant, que mon seigneur envoie à ses serviteurs le froment, l'orge, l'huile et le vin qu'il a dit. ¹⁶ Et nous couperons des bois du Liban autant qu'il t'en faudra, et nous te les amènerons en radeaux, par mer, jusqu'à Japho, et tu les feras monter à Jérusalem. ¹⁷ Alors Salomon compta tous les étrangers qui étaient au pays d'Israël, après le dénombrement que David, son père, en avait fait; on en trouva cent cinquante-trois mille six cents. ¹⁸ Et il en établit soixante et dix mille qui portaient des fardeaux, quatre-vingt mille qui taillaient les pierres dans la montagne, et trois mille six cents préposés pour faire travailler le peuple.

3

¹ Salomon commença donc à bâtir la maison de l'Éternel à Jérusalem, sur la montagne de Morija, qui avait été indiquée à David, son père, au lieu même que David avait préparé dans l'aire d'Ornan, le Jébusien. ² Il commença à bâtir, le second jour du second mois, la quatrième année de son règne. ³ Or voici la base fixée par Salomon pour bâtir la maison de Dieu: La longueur, en coudées de l'ancienne mesure, était de soixante coudées, et la largeur de vingt coudées. ⁴ Le portique, qui était sur le devant, et dont la longueur répondait à la largeur de la maison, avait vingt coudées, et cent vingt de hauteur. Il le revêtit intérieurement d'or pur. ⁵ Et il couvrit la grande maison de bois de cyprès; il la revêtit d'or fin, et y fit mettre des palmes et des chaînettes. ⁶ Il revêtit la maison de pierres précieuses, pour l'ornement; et l'or était de l'or de Parvaïm. ⁷ Il revêtit d'or la maison, les poutres, les seuils, les parois et les portes; et il sculpta des chérubins sur les parois. ⁸ Il fit le lieu très-saint, dont la longueur était de vingt coudées, selon la largeur de la maison, et la largeur de vingt coudées; et il le couvrit d'or fin, se montant à six cents talents. ⁹ Et le poids des clous montait à cinquante sicles d'or. Il revêtit aussi d'or les chambres hautes. ¹⁰ Il fit deux chérubins dans le lieu très-saint, en travail de sculpture, et on les couvrit d'or; ¹¹ La longueur des ailes des chérubins était de vingt coudées; l'aile de l'un, longue de cinq coudées, touchait à la paroi de la maison, et l'autre aile, longue de cinq coudées, touchait à l'aile de l'autre chérubin. ¹² Et l'aile de l'autre chérubin, longue de cinq coudées, touchait la paroi de la maison; et l'autre aile, longue de cinq coudées, joignait l'aile de

l'autre chérubin. ¹³ Les ailes de ces chérubins avaient une étendue de vingt coudées; ils se tenaient debout sur leurs pieds, leur face tournée vers la maison. ¹⁴ Il fit le voile de pourpre, d'écarlate, de cramoisi et de fin lin; et il mit dessus des chérubins. ¹⁵ Devant la maison il fit deux colonnes, de trente-cinq coudées de hauteur; et le chapiteau qui les surmontait, était de cinq coudées. ¹⁶ Il fit des chaînettes dans le sanctuaire; et il en mit sur le sommet des colonnes; et il fit cent grenades qu'il mit aux chaînettes. ¹⁷ Il dressa les colonnes sur le devant du temple, l'une à droite, et l'autre à gauche; il appela celle de droite Jakin (il a fondé), et celle de gauche Boaz (en lui la force).

4

¹ Il fit aussi un autel d'airain de vingt coudées de long, de vingt coudées de large, et de dix coudées de haut. ² Il fit la mer de fonte de dix coudées d'un bord à l'autre, ronde tout autour, et haute de cinq coudées; et un cordon de trente coudées l'environnait tout autour. ³ Et des figures de bœufs l'entouraient en dessous, tout autour, dix par coudée, environnant la mer tout autour; il y avait deux rangées de bœufs fondus avec elle dans sa fonte. ⁴ Elle était posée sur douze bœufs, dont trois tournés vers le nord, trois tournés vers l'occident, trois tournés vers le midi, et trois tournés vers l'orient; la mer était sur eux, et toutes leurs croupes étaient en dedans. ⁵ Son épaisseur était d'une palme; et son bord était comme le bord d'une coupe, en fleur de lis; elle contenait trois mille baths. ⁶ Il fit aussi dix cuves, et en mit cinq à droite et cinq à gauche, pour y laver. On y lavait ce qui appartenait aux holocaustes, et la mer servait aux sacrificateurs pour s'y laver. ⁷ Il fit dix chandeliers d'or, selon la forme qu'ils devaient avoir, et les mit dans le temple, cinq à droite et cinq à gauche. ⁸ Il fit aussi dix tables, et il les mit dans le temple, cinq à droite, et cinq à gauche; et il fit cent coupes d'or. ⁹ Il fit encore le parvis des sacrificateurs, et le grand parvis, et des portes pour ce parvis, et couvrit d'airain ces portes. ¹⁰ Il mit la mer du côté droit, vers l'orient, en face du midi. ¹¹ Et Huram lui fit les pots, les pelles et les coupes; et il acheva de faire l'œuvre qu'il faisait pour le roi Salomon dans la maison de Dieu: ¹² Deux colonnes, les renflements et les deux chapiteaux, sur le sommet des colonnes; les deux réseaux pour couvrir les deux renflements des chapiteaux, sur le sommet des colonnes; ¹³ Et les quatre cents grenades pour les deux réseaux, deux rangs de grenades à chaque réseau, pour couvrir les deux renflements des chapiteaux, sur le sommet des colonnes. ¹⁴ Il fit aussi les socles, et il fit les cuves sur les socles; ¹⁵ Une mer et les douze bœufs sous elle; ¹⁶ Les pots, les pelles et les fourchettes et tous les ustensiles qui en dépendaient, Huram-Abi les fit au roi Salomon, pour la maison de l'Éternel, en airain poli. ¹⁷ Le roi les fit fondre dans la plaine du Jourdain, dans une terre grasse, entre Succoth et Tséréda. ¹⁸ Et Salomon fit tous ces ustensiles en grand nombre, car on ne pouvait estimer le poids de l'airain. ¹⁹ Salomon fit encore tous ces ustensiles qui appartenaient à la maison de Dieu: l'autel d'or, et les tables sur lesquelles on mettait le pain de proposition; ²⁰ Les chandeliers et leurs lampes d'or fin, qu'on devait allumer devant le sanctuaire, selon l'ordonnance; ²¹ Les fleurs, les lampes, et les mouchettes d'or, d'un or parfaitement pur; ²² Et les serpes, les bassins, les tasses et les encensoirs d'or fin. Et quant à l'entrée de la maison, les portes intérieures conduisant au lieu très-saint, et les portes de la maison, pour entrer au temple, étaient d'or.

5

¹ Ainsi fut achevé tout l'ouvrage que Salomon fit pour la maison de l'Éternel. Puis Salomon fit apporter ce que David, son père, avait consacré: l'argent, l'or et tous les ustensiles; et il les mit dans les trésors de la maison de Dieu. ² Alors Salomon assembla à Jérusalem les anciens d'Israël, et tous les chefs des tribus, les principaux des pères des enfants d'Israël, pour transporter de la ville de David, qui est Sion, l'arche de l'alliance

de l'Éternel. ³ Et tous les hommes d'Israël se réunirent auprès du roi pour la fête; c'était le septième mois. ⁴ Tous les anciens d'Israël vinrent, et les Lévites portèrent l'arche. ⁵ Ils transportèrent l'arche, le tabernacle d'assignation, et tous les ustensiles sacrés qui étaient dans le tabernacle; les sacrificateurs et les Lévites les transportèrent. ⁶ Or le roi Salomon et toute l'assemblée d'Israël réunie auprès de lui étaient devant l'arche, sacrifiant du menu et du gros bétail, en si grand nombre qu'on ne le pouvait ni compter ni nombrer. ⁷ Et les sacrificateurs portèrent l'arche de l'alliance de l'Éternel à sa place, dans le sanctuaire de la maison, dans le lieu très-saint, sous les ailes des chérubins. ⁸ Les chérubins étendaient les ailes sur l'endroit où devait être l'arche; et les chérubins couvraient l'arche et ses barres par-dessus. ⁹ Les barres avaient une longueur telle que leurs extrémités se voyaient en avant de l'arche, sur le devant du sanctuaire; mais elles ne se voyaient point du dehors. Et l'arche a été là jusqu'à ce jour. ¹⁰ Il n'y avait dans l'arche que les deux tables que Moïse y avait mises en Horeb, quand l'Éternel traita alliance avec les enfants d'Israël, à leur sortie d'Égypte. ¹¹ Or il arriva, comme les sacrificateurs sortaient du lieu saint (car tous les sacrificateurs présents s'étaient sanctifiés, sans observer l'ordre des classes; ¹² Et tous les Lévites qui étaient chantres, Asaph, Héman, Jéduthun, leurs fils et leurs frères, vêtus de fin lin, avec des cymbales, des lyres et des harpes, se tenaient à l'orient de l'autel; et il y avait avec eux cent vingt sacrificateurs, qui sonnaient des trompettes), ¹³ Lorsque, comme un seul homme, ceux qui sonnaient des trompettes et ceux qui chantaient firent entendre leur voix d'un même accord, pour célébrer et pour louer l'Éternel, et qu'ils firent retentir le son des trompettes, des cymbales et d'autres instruments de musique, et qu'ils célébrèrent l'Éternel, en disant: Car il est bon, car sa miséricorde demeure à toujours! il arriva que la maison de l'Éternel fut remplie d'une nuée; ¹⁴ Et les sacrificateurs ne purent s'y tenir pour faire le service, à cause de la nuée; car la gloire de l'Éternel remplissait la maison de Dieu.

6

¹ Alors Salomon dit: L'Éternel a dit qu'il habiterait dans l'obscurité. ² Et moi, j'ai bâti une maison pour ta demeure, et un domicile afin que tu y habites à toujours! ³ Puis le roi tourna son visage, et bénit toute l'assemblée d'Israël; et toute l'assemblée d'Israël était debout. ⁴ Et il dit: Béni soit l'Éternel, le Dieu d'Israël, qui de sa bouche a parlé à David, mon père, et qui, de sa main, a accompli ce qu'il avait promis en disant: ⁵ Depuis le jour où j'ai fait sortir mon peuple du pays d'Égypte, je n'ai point choisi de ville entre toutes les tribus d'Israël pour y bâtir une maison, afin que mon nom y fût, et je n'ai point choisi d'homme pour être chef de mon peuple d'Israël. ⁶ Mais j'ai choisi Jérusalem pour que mon nom y fût, et j'ai choisi David pour qu'il régnât sur mon peuple d'Israël. ⁷ Or David, mon père, avait dessein de bâtir une maison au nom de l'Éternel, le Dieu d'Israël. ⁸ Mais l'Éternel dit à David, mon père: Puisque tu as eu le dessein de bâtir une maison à mon nom, tu as bien fait de former ce dessein. ⁹ Seulement ce n'est pas toi qui bâtiras cette maison; mais c'est ton fils, issu de toi, qui bâtira cette maison à mon nom. ¹⁰ L'Éternel a donc accompli la parole qu'il avait prononcée; j'ai succédé à David, mon père, et je me suis assis sur le trône d'Israël, comme l'Éternel l'avait dit, et j'ai bâti cette maison au nom de l'Éternel, le Dieu d'Israël. ¹¹ Et j'y ai mis l'arche, où est l'alliance de l'Éternel, qu'il a traitée avec les enfants d'Israël. ¹² Puis il se plaça devant l'autel de l'Éternel, en face de toute l'assemblée d'Israël, et il étendit ses mains. ¹³ Car Salomon avait fait une tribune d'airain, et il l'avait mise au milieu du grand parvis; elle était longue de cinq coudées, large de cinq coudées, et haute de trois coudées; il s'y plaça, se mit à genoux, en face de toute l'assemblée d'Israël, et, étendant ses mains vers les cieux, il dit: ¹⁴ O Éternel, Dieu d'Israël! ni dans les cieux, ni

sur la terre, il n'y a de Dieu semblable à toi, qui gardes l'alliance et la miséricorde envers tes serviteurs qui marchent de tout leur cœur devant ta face; [15] Toi qui as tenu à ton serviteur David, mon père, ce que tu lui avais promis; et ce que tu as prononcé de ta bouche, tu l'as accompli de ta main, comme il paraît aujourd'hui. [16] Maintenant donc, ô Éternel, Dieu d'Israël! tiens à ton serviteur David, mon père, ce que tu lui as promis en disant: Tu ne manqueras jamais devant moi d'un successeur assis sur le trône d'Israël; pourvu que tes fils prennent garde à leur voie, pour marcher dans ma loi, comme tu as marché devant ma face. [17] Et maintenant, ô Éternel, Dieu d'Israël! que ta parole, que tu as prononcée à David, ton serviteur, soit ratifiée! [18] Mais serait-il vrai que Dieu habitât sur la terre avec les hommes? Voici, les cieux, même les cieux des cieux, ne peuvent te contenir, combien moins cette maison que j'ai bâtie? [19] Toutefois, ô Éternel, mon Dieu! aie égard à la prière de ton serviteur et à sa supplication, pour écouter le cri et la prière que ton serviteur t'adresse. [20] Que tes yeux soient ouverts, jour et nuit, sur cette maison, sur le lieu où tu as promis de mettre ton nom, exauçant la prière que ton serviteur te fait en ce lieu. [21] Exauce les supplications de ton serviteur et de ton peuple d'Israël, quand ils prieront en ce lieu; exauce-les des cieux, du lieu de ta demeure; exauce et pardonne! [22] Quand quelqu'un aura péché contre son prochain, et qu'on lui déférera le serment pour le faire jurer, et qu'il viendra prêter serment devant ton autel, dans cette maison; [23] Toi, écoute des cieux, agis et juge tes serviteurs, en donnant au méchant son salaire, et faisant retomber sa conduite sur sa tête; en justifiant le juste, et lui rendant selon sa justice. [24] Quand ton peuple d'Israël aura été battu par l'ennemi, pour avoir péché contre toi; s'ils retournent à toi, s'ils donnent gloire à ton nom, s'ils t'adressent dans cette maison des prières et des supplications; [25] Toi, exauce-les des cieux, et pardonne le péché de ton peuple d'Israël, et ramène-les dans la terre que tu as donnée à eux et à leurs pères. [26] Quand les cieux seront fermés, et qu'il n'y aura point de pluie, parce qu'ils auront péché contre toi; s'ils prient en ce lieu, s'ils donnent gloire à ton nom, et s'ils se détournent de leurs péchés, parce que tu les auras affligés; [27] Toi, exauce-les des cieux, et pardonne le péché de tes serviteurs et de ton peuple d'Israël, après que tu leur auras enseigné le bon chemin, par lequel ils doivent marcher; et envoie de la pluie sur la terre que tu as donnée en héritage à ton peuple. [28] Quand il y aura dans le pays la famine ou la peste, quand il y aura la rouille, la nielle, les sauterelles ou les chenilles, quand les ennemis les assiégeront dans leur pays, dans leurs portes, ou qu'il y aura une plaie, une maladie quelconque; [29] Quelque prière, quelque supplication que fasse quelque homme que ce soit de tout ton peuple d'Israël, selon qu'ils auront reconnu chacun sa plaie et sa douleur, et que chacun aura étendu ses mains vers cette maison; [30] Toi, exauce-les des cieux, du lieu de ta demeure, et pardonne; rends à chacun selon toutes ses voies, toi qui connais son cœur; car seul tu connais le cœur des enfants des hommes; [31] Afin qu'ils te craignent, pour marcher dans tes voies, tout le temps qu'ils vivront sur la terre que tu as donnée à nos pères. [32] Et l'étranger lui-même, qui ne sera pas de ton peuple d'Israël, mais qui viendra d'un pays éloigné, à cause de ton grand nom, de ta main forte, et de ton bras étendu; quand il viendra prier dans cette maison, [33] Toi, exauce-le des cieux, du lieu de ta demeure, et fais tout ce que cet étranger réclamera de toi; afin que tous les peuples de la terre connaissent ton nom, qu'ils te craignent comme ton peuple d'Israël, et sachent que ton nom est invoqué sur cette maison que j'ai bâtie. [34] Quand ton peuple sortira en guerre contre ses ennemis, par le chemin où tu l'auras envoyé; s'ils te prient, en regardant vers cette ville que tu as choisie, et vers cette maison que j'ai bâtie à ton nom, [35] Exauce des cieux leur prière et leur supplication, et fais-leur droit. [36] Quand ils auront péché contre toi (car il n'y a point d'homme qui ne pèche), et que, irrité contre eux, tu les auras livrés à leurs ennemis, et que ceux qui les auront pris les auront emmenés captifs en quelque pays, soit au loin, soit au près; [37] Si, dans le pays où ils seront captifs, ils rentrent en eux-mêmes, et que, se repentant, ils prient dans le pays de leur captivité, en disant: Nous avons péché, nous avons commis l'iniquité, nous avons agi méchamment! [38] S'ils retournent à toi de tout leur cœur et de toute leur âme, dans le pays de leur captivité où on les aura emmenés captifs, et s'ils t'adressent leurs prières, en regardant vers leur pays, que tu as donné à leurs pères, vers cette ville que tu as choisie, et vers cette maison que j'ai bâtie à ton nom; [39] Exauce alors, du lieu de ta demeure, leurs prières et leurs supplications, et fais-leur droit; pardonne à ton peuple qui aura péché contre toi. [40] Maintenant, ô mon Dieu! que tes yeux soient ouverts et que tes oreilles soient attentives à la prière faite en ce lieu! [41] Et maintenant, Éternel Dieu! lève-toi, viens au lieu de ton repos, toi et l'arche de ta force. Éternel Dieu, que tes sacrificateurs soient revêtus de salut, et que tes bien-aimés se réjouissent de leur bonheur! [42] Éternel Dieu, ne repousse pas ton oint; souviens-toi des grâces accordées à David, ton serviteur.

7

[1] Lorsque Salomon eut achevé de prier, le feu descendit du ciel et consuma l'holocauste et les sacrifices; et la gloire de l'Éternel remplit la maison. [2] Et les sacrificateurs ne pouvaient entrer dans la maison de l'Éternel, parce que la gloire de l'Éternel avait rempli la maison de l'Éternel. [3] Tous les enfants d'Israël virent descendre le feu et la gloire de l'Éternel sur la maison; et ils se courbèrent, le visage en terre, sur le pavé, se prosternèrent, et louèrent l'Éternel, en disant: Car il est bon, car sa miséricorde demeure éternellement! [4] Or le roi et tout le peuple offraient des sacrifices devant l'Éternel. [5] Et le roi Salomon offrit un sacrifice de vingt-deux mille bœufs, et cent vingt mille brebis. Ainsi le roi et tout le peuple firent la dédicace de la maison de Dieu. [6] Et les sacrificateurs se tenaient à leurs postes, ainsi que les Lévites, avec les instruments de musique de l'Éternel, que le roi David avait faits pour louer l'Éternel en disant: Car sa miséricorde demeure éternellement! quand David le célébrait par leur moyen. Et les sacrificateurs sonnaient des trompettes vis-à-vis d'eux, et tout Israël se tenait debout. [7] Salomon consacra le milieu du parvis, qui est devant la maison de l'Éternel; car il offrit là les holocaustes et les graisses des sacrifices de prospérités, parce que l'autel d'airain que Salomon avait fait ne pouvait contenir les holocaustes, les offrandes et les graisses. [8] Ainsi Salomon célébra, en ce temps-là, la fête pendant sept jours, avec tout Israël. Il y avait une fort grande assemblée, venue depuis l'entrée d'Hamath jusqu'au torrent d'Égypte. [9] Le huitième jour, ils firent une assemblée solennelle; car ils firent la dédicace de l'autel pendant sept jours, et la fête pendant sept jours. [10] Le vingt-troisième jour du septième mois, il renvoya le peuple dans ses tentes, joyeux et content, à cause du bien que l'Éternel avait fait à David, à Salomon, et à Israël, son peuple. [11] Salomon acheva donc la maison de l'Éternel et la maison du roi; et il réussit dans tout ce qu'il avait eu dessein de faire dans la maison de l'Éternel et dans la sienne. [12] Et l'Éternel apparut à Salomon pendant la nuit, et lui dit: J'ai exaucé ta prière, et je me suis choisi ce lieu pour une maison de sacrifices. [13] Si je ferme les cieux, et qu'il n'y ait point de pluie, et si je commande aux sauterelles de consumer le pays, et si j'envoie la peste parmi mon peuple; [14] Et que mon peuple, sur lequel mon nom est invoqué, s'humilie, prie, et cherche ma face, et qu'il se détourne de ses mauvaises voies, alors je l'exaucerai des cieux, je pardonnerai ses péchés, et je guérirai son pays. [15] Mes yeux seront désormais ouverts, et mes oreilles seront attentives à la prière faite en ce lieu. [16] Maintenant j'ai choisi et j'ai sanctifié cette maison, afin que mon nom y soit à toujours; mes yeux et mon cœur seront toujours là. [17] Et toi, si tu marches devant

moi comme David, ton père, a marché, faisant tout ce que je t'ai commandé, et si tu gardes mes lois et mes ordonnances, [18] J'affermirai le trône de ton royaume, comme je l'ai promis à David, ton père, en disant: Il ne te manquera point de successeur qui règne en Israël. [19] Mais si vous vous détournez, et que vous abandonniez mes lois et mes commandements que je vous ai prescrits, et que vous alliez servir d'autres dieux, et vous prosterner devant eux, [20] Je vous arracherai de mon pays que je vous ai donné, je rejetterai loin de moi cette maison que j'ai consacrée à mon nom, et j'en ferai la fable et la risée de tous les peuples. [21] Et pour ce qui est de cette maison, qui aura été si haut élevée, quiconque passera près d'elle sera étonné, et dira: Pourquoi l'Éternel a-t-il ainsi traité ce pays et cette maison? [22] Et on répondra: Parce qu'ils ont abandonné l'Éternel, le Dieu de leurs pères, qui les fit sortir du pays d'Égypte, et qu'ils se sont attachés à d'autres dieux, et qu'ils se sont prosternés devant eux, et les ont servis; c'est pour cela qu'il a fait venir sur eux tous ces maux.

8

[1] Il arriva, au bout des vingt ans pendant lesquels Salomon bâtit la maison de l'Éternel et la sienne, [2] Qu'il bâtit les villes que Huram lui avait données, et y fit habiter les enfants d'Israël. [3] Puis Salomon marcha contre Hamath, de Tsoba, et s'en empara. [4] Il bâtit Thadmor au désert, et toutes les villes servant de magasin qu'il bâtit dans le pays de Hamath. [5] Il bâtit Beth-Horon la haute, et Beth-Horon la basse, villes fortes avec murailles, portes et barres; [6] Baalath, et toutes les villes servant de magasin, qu'avait Salomon, et toutes les villes pour les chars, et les villes pour la cavalerie, et tout ce que Salomon prit plaisir à bâtir à Jérusalem, et au Liban, et dans tout le pays de sa domination. [7] Tout le peuple qui était resté des Héthiens, des Amoréens, des Phéréziens, des Héviens et des Jébusiens, qui n'étaient point d'Israël; [8] Leurs descendants, qui étaient restés après eux dans le pays, et que les enfants d'Israël n'avaient pas détruits, Salomon en fit des levées pour la corvée, jusqu'à ce jour. [9] Salomon n'employa comme esclave pour ses travaux aucun des enfants d'Israël; mais ils étaient gens de guerre, et chefs de ses meilleurs guerriers, et chefs de ses chars et de sa cavalerie. [10] Et voici le nombre des chefs de ceux qui étaient préposés aux travaux du roi Salomon; ils étaient deux cent cinquante, ayant autorité sur le peuple. [11] Or Salomon fit monter la fille de Pharaon, de la cité de David dans la maison qu'il lui avait bâtie; car il dit: Ma femme n'habitera point dans la maison de David, roi d'Israël, parce que les lieux où l'arche de l'Éternel est entrée sont saints. [12] Alors Salomon offrit des holocaustes à l'Éternel sur l'autel de l'Éternel qu'il avait bâti devant le portique, [13] Offrant chaque jour ce qui était prescrit par Moïse, pour les sabbats, pour les nouvelles lunes, et pour les fêtes, trois fois l'année, à la fête des pains sans levain, à la fête des semaines, et à la fête des tabernacles. [14] Il établit, selon l'ordonnance de David, son père, les classes des sacrificateurs selon leur office, et les Lévites selon leurs charges, pour célébrer l'Éternel et pour faire, jour par jour, le service en présence des sacrificateurs, et les portiers, selon leurs classes, à chaque porte; car tel était le commandement de David, homme de Dieu. [15] On ne s'écarta point du commandement du roi, pour les sacrificateurs et les Lévites, ni pour aucune chose, ni pour les trésors. [16] Ainsi fut préparée toute l'œuvre de Salomon, jusqu'au jour de la fondation de la maison de l'Éternel et jusqu'à ce qu'elle fût achevée. La maison de l'Éternel fut donc achevée. [17] Alors Salomon alla à Etsjon-Guéber et à Éloth, sur le bord de la mer, dans le pays d'Édom. [18] Et Huram lui envoya, sous la conduite de ses serviteurs, des navires et des serviteurs connaissant la mer. Ils allèrent avec les serviteurs de Salomon à Ophir, et ils y prirent quatre cent cinquante talents d'or, qu'ils apportèrent au roi Salomon.

9

¹ Or la reine de Shéba, ayant appris la renommée de Salomon, vint à Jérusalem pour éprouver Salomon par des questions obscures. Elle avait un fort grand train, et des chameaux portant des aromates, de l'or en grande quantité et des pierres précieuses. Elle vint à Salomon, et elle lui dit tout ce qu'elle avait dans le cœur. ² Et Salomon lui expliqua tout ce qu'elle proposa; il n'y eut rien que Salomon n'entendît et qu'il ne lui expliquât. ³ Alors, la reine de Shéba voyant la sagesse de Salomon, et la maison qu'il avait bâtie, ⁴ Et les mets de sa table, et la demeure de ses serviteurs, l'ordre de service et les vêtements de ceux qui le servaient, et ses échansons et leurs vêtements, et sa montée, par où l'on montait à la maison de l'Éternel, elle fut toute hors d'elle-même. ⁵ Et elle dit au roi: Ce que j'ai entendu dire dans mon pays, de ton état et de ta sagesse, est véritable. ⁶ Je ne croyais point ce qu'on en disait, jusqu'à ce que je sois venue, et que mes yeux l'aient vu; et voici, on ne m'avait pas rapporté la moitié de la grandeur de ta sagesse; tu surpasses ce que j'avais appris de la renommée. ⁷ Heureux tes gens! heureux tes serviteurs qui se tiennent continuellement devant toi, et qui écoutent ta sagesse! ⁸ Béni soit l'Éternel, ton Dieu, qui t'a eu pour agréable, pour te placer sur son trône, comme roi pour l'Éternel, ton Dieu! C'est parce que ton Dieu aime Israël, pour le faire subsister à jamais, qu'il t'a établi roi sur eux pour faire droit et justice. ⁹ Et elle donna au roi cent vingt talents d'or, et une très grande quantité d'aromates, et des pierres précieuses; et il n'y eut plus d'aromates tels que ceux que la reine de Shéba donna au roi Salomon. ¹⁰ Les serviteurs de Huram et les serviteurs de Salomon, qui amenèrent de l'or d'Ophir, amenèrent aussi du bois de santal et des pierres précieuses. ¹¹ Le roi fit de ce bois de santal des escaliers pour la maison de l'Éternel et pour la maison du roi, et des harpes et des lyres pour les chantres. On n'en avait point vu auparavant de semblable dans le pays de Juda. ¹² Et le roi Salomon donna à la reine de Shéba tout ce qu'elle souhaita, ce qu'elle demanda, plus qu'elle n'avait apporté au roi; et elle s'en retourna, et revint en son pays, elle et ses serviteurs. ¹³ Le poids de l'or qui arrivait à Salomon chaque année, était de six cent soixante-six talents d'or; ¹⁴ Outre ce qu'il retirait des négociants et des marchands qui en apportaient, et de tous les rois d'Arabie et des gouverneurs du pays, qui apportaient de l'or et de l'argent à Salomon. ¹⁵ Le roi Salomon fit deux cents grands boucliers d'or battu employant six cents sicles d'or battu, pour chaque bouclier; ¹⁶ Et trois cents boucliers plus petits d'or battu, employant trois cents sicles d'or pour chaque bouclier; et le roi les mit dans la maison de la Forêt du Liban. ¹⁷ Le roi fit aussi un grand trône d'ivoire, qu'il couvrit d'or pur; ¹⁸ Ce trône avait six degrés et un marche-pied d'or qui tenaient au trône; et il avait des accoudoirs de l'un et de l'autre côté du siège; et deux lions se tenaient auprès des accoudoirs; ¹⁹ Et douze lions se tenaient là sur les six degrés, des deux côtés. Rien de pareil n'avait été fait pour aucun royaume. ²⁰ Et tous les vases à boire du roi Salomon étaient d'or, et toute la vaisselle de la maison de la Forêt du Liban était d'or pur; rien n'était d'argent; on n'en faisait aucun cas du vivant de Salomon. ²¹ Car les navires du roi allaient à Tarsis avec les serviteurs de Huram; et tous les trois ans une fois arrivaient les navires de Tarsis, apportant de l'or, de l'argent, des dents d'éléphants, des singes et des paons. ²² Ainsi le roi Salomon fut plus grand que tous les rois de la terre, en richesses et en sagesse. ²³ Tous les rois de la terre recherchaient la face de Salomon, pour entendre la sagesse que Dieu lui avait mise dans le cœur. ²⁴ Et chacun d'eux apportait son présent, des vases d'argent, et des vases d'or, des vêtements, des armes, des aromates, des chevaux et des mulets, année par année. ²⁵ Salomon avait quatre mille râteliers de chevaux, avec des chars, et douze mille cavaliers, qu'il mit dans les villes des chars, et auprès du roi à Jérusalem. ²⁶ Il dominait sur tous les rois depuis le fleuve jusqu'au pays des Philistins, et jusqu'à la frontière d'Égypte. ²⁷ Et le roi fit que l'argent était aussi commun à Jérusalem

que les pierres, et les cèdres aussi nombreux que les sycomores qui sont dans la plaine. ²⁸ On tirait des chevaux pour Salomon, de l'Égypte et de tous les pays. ²⁹ Quant au reste des actions de Salomon, les premières et les dernières, cela n'est-il pas écrit dans le livre de Nathan, le prophète, dans la prophétie d'Achija, le Silonite, et dans la vision de Jéeddo, le Voyant, touchant Jéroboam, fils de Nébat? ³⁰ Salomon régna quarante ans à Jérusalem sur tout Israël. ³¹ Puis Salomon s'endormit avec ses pères, et on l'ensevelit dans la cité de David, son père; et Roboam, son fils, régna à sa place.

10

¹ Roboam se rendit à Sichem, car tout Israël était venu à Sichem pour l'établir roi. ² Quand Jéroboam, fils de Nébat, qui était en Égypte, où il s'était enfui de devant le roi Salomon, l'eut appris, il revint d'Égypte. ³ Or on l'avait envoyé appeler. Ainsi Jéroboam et tout Israël vinrent et parlèrent à Roboam, en disant: ⁴ Ton père a mis sur nous un joug pesant; allège maintenant cette rude servitude de ton père, et ce joug pesant qu'il nous a imposé, et nous te servirons. ⁵ Alors il leur dit: Revenez vers moi dans trois jours. Ainsi le peuple s'en alla. ⁶ Et le roi Roboam consulta les vieillards qui avaient été auprès de Salomon, son père, pendant sa vie, et il leur dit: Quelle réponse me conseillez-vous de faire à ce peuple? ⁷ Et ils lui répondirent en ces termes: Si tu es bon envers ce peuple, si tu es bienveillant envers eux, et que tu leur dises de bonnes paroles, ils seront tes serviteurs à toujours. ⁸ Mais il laissa le conseil que les vieillards lui avaient donné, et il consulta les jeunes gens qui avaient grandi avec lui, et qui se tenaient devant lui. ⁹ Et il leur dit: Que me conseillez-vous de répondre à ce peuple, qui m'a parlé, et m'a dit: Allège le joug que ton père a mis sur nous? ¹⁰ Et les jeunes gens qui avaient grandi avec lui, lui répondirent, en disant: Tu diras ainsi à ce peuple qui t'a parlé, et t'a dit: Ton père a mis sur nous un joug pesant, mais toi, allège-le; tu leur répondras ainsi: Mon petit doigt est plus gros que les reins de mon père. ¹¹ Or, mon père vous a imposé un joug pesant, mais moi, je rendrai votre joug plus pesant encore. Mon père vous a châtiés avec des fouets, mais moi, je vous châtierai avec des fouets garnis de pointes. ¹² Trois jours après, Jéroboam avec tout le peuple vint vers Roboam, suivant ce que le roi avait dit: Revenez vers moi dans trois jours. ¹³ Mais le roi leur répondit rudement, et le roi Roboam ne suivit point le conseil des vieillards; ¹⁴ Il leur parla suivant le conseil des jeunes gens, et leur dit: Mon père a mis sur vous un joug pesant; mais moi, j'y ajouterai encore. Mon père vous a châtiés avec des fouets; mais moi, je vous châtierai avec des fouets garnis de pointes. ¹⁵ Le roi n'écouta donc point le peuple; car cela était dispensé de la part de Dieu, afin que l'Éternel ratifiât la parole qu'il avait prononcée par Achija, le Silonite, à Jéroboam, fils de Nébat. ¹⁶ Et quand tout Israël vit que le roi ne les écoutait point, le peuple répondit au roi, en disant: Quelle part avons-nous avec David? Nous n'avons point d'héritage avec le fils d'Isaï. Israël, chacun à ses tentes! Maintenant, David, pourvois à ta maison. Ainsi tout Israël s'en alla dans ses tentes. ¹⁷ Mais quant aux enfants d'Israël qui habitaient les villes de Juda, Roboam régna sur eux. ¹⁸ Alors le roi Roboam envoya Hadoram, qui était préposé aux impôts; mais les enfants d'Israël l'assommèrent à coups de pierres, et il mourut. Et le roi Roboam se hâta de monter sur un char pour s'enfuir à Jérusalem. ¹⁹ C'est ainsi qu'Israël s'est rebellé contre la maison de David, jusqu'à ce jour.

11

¹ Roboam, étant arrivé à Jérusalem, assembla la maison de Juda et de Benjamin, cent quatre-vingt mille hommes de guerre choisis, pour combattre contre Israël, pour ramener le royaume à Roboam. ² Mais la parole de l'Éternel fut adressée à Shémaeja, homme de Dieu, en ces termes: ³ Parle à Roboam, fils de Salomon, roi de Juda, et à

tout Israël en Juda et en Benjamin, et dis-leur: [4] Ainsi dit l'Éternel: Vous ne monterez point, et vous ne combattrez point contre vos frères; retournez-vous-en, chacun dans sa maison; car ceci vient de moi. Et ils obéirent aux paroles de l'Éternel, et s'en retournèrent, renonçant à marcher contre Jéroboam. [5] Roboam demeura donc à Jérusalem, et il bâtit des villes fortes en Juda. [6] Il bâtit Bethléhem, Étam, Thékoa, [7] Beth-Tsur, Soco, Adullam, [8] Gath, Marésha, Ziph, [9] Adoraïm, Lakis, Azéka, [10] Tsoréa, Ajalon et Hébron, qui étaient en Juda et en Benjamin, et en fit des villes fortes. [11] Il les fortifia, et y mit des gouverneurs et des provisions de vivres, d'huile et de vin, [12] Et, dans chacune de ces villes, des boucliers et des lances, et il les rendit très fortes. Ainsi Juda et Benjamin furent à lui. [13] Les sacrificateurs et les Lévites, qui étaient dans tout Israël, vinrent de toutes parts se ranger auprès de lui. [14] Car les Lévites abandonnèrent leurs banlieues et leurs propriétés et vinrent en Juda et à Jérusalem, parce que Jéroboam, avec ses fils, les avaient rejetés des fonctions de sacrificateurs à l'Éternel, [15] Et s'était établi des sacrificateurs pour les hauts lieux et les démons, et pour les veaux qu'il avait faits. [16] Et à leur suite, de toutes les tribus d'Israël, ceux qui avaient à cœur de chercher l'Éternel, le Dieu d'Israël, vinrent à Jérusalem pour sacrifier à l'Éternel, le Dieu de leurs pères. [17] Et ils fortifièrent le royaume de Juda et affermirent Roboam, fils de Salomon, pendant trois ans; car on suivit les voies de David et de Salomon pendant trois ans. [18] Or Roboam prit pour femme Mahalath, fille de Jérimoth, fils de David, et d'Abichaïl, fille d'Éliab, fils d'Isaï. [19] Elle lui enfanta des fils: Jéush, Shémaria et Zaham. [20] Après elle, il prit Maaca, fille d'Absalom, qui lui enfanta Abija, Atthaï, Ziza et Shélomith. [21] Et Roboam aima Maaca, fille d'Absalom, plus que toutes ses femmes et ses concubines. Car il prit dix-huit femmes et soixante concubines, et il engendra vingt-huit fils et soixante filles. [22] Roboam établit pour chef Abija, fils de Maaca, comme prince entre ses frères; car il voulait le faire roi; [23] Et il agit prudemment et dispersa tous ses fils dans toutes les contrées de Juda et de Benjamin, dans toutes les villes fortes; il leur donna abondamment de quoi vivre, et demanda pour eux une multitude de femmes.

12

[1] Lorsque la royauté de Roboam se fut affermie et qu'il fut devenu fort, il abandonna la loi de l'Éternel, et tout Israël avec lui. [2] Et il arriva, la cinquième année du roi Roboam, que Shishak, roi d'Égypte, monta contre Jérusalem, parce qu'ils avaient péché contre l'Éternel; [3] Il avait douze cents chars et soixante mille cavaliers, et le peuple venu avec lui d'Égypte était innombrable, des Libyens, des Sukkiens et des Éthiopiens. [4] Il prit les villes fortes qui appartenaient à Juda, et vint jusqu'à Jérusalem. [5] Alors Shémaeja, le prophète, vint vers Roboam et vers les chefs de Juda, qui s'étaient assemblés à Jérusalem, à l'approche de Shishak, et leur dit: Ainsi a dit l'Éternel: Vous m'avez abandonné; moi aussi je vous abandonne aux mains de Shishak. [6] Alors les chefs d'Israël et le roi s'humilièrent, et dirent: L'Éternel est juste! [7] Et quand l'Éternel vit qu'ils s'étaient humiliés, la parole de l'Éternel fut adressée à Shémaeja, et il lui dit: Ils se sont humiliés; je ne les détruirai pas; et je leur donnerai bientôt un moyen d'échapper, et mon courroux ne se répandra point sur Jérusalem par la main de Shishak. [8] Toutefois ils lui seront asservis, afin qu'ils sachent ce que c'est que de me servir ou de servir les royaumes des autres pays. [9] Shishak, roi d'Égypte, monta donc contre Jérusalem, et prit les trésors de la maison de l'Éternel, et les trésors de la maison royale; il prit tout. Il prit les boucliers d'or que Salomon avait faits. [10] Le roi Roboam fit à leur place des boucliers d'airain, et il les mit entre les mains des chefs des coureurs qui gardaient la porte de la maison du roi. [11] Et toutes les fois que le roi entrait dans la maison de l'Éternel, les coureurs venaient, et les portaient; puis

ils les rapportaient dans la chambre des coureurs. [12] Ainsi comme il s'était humilié, la colère de l'Éternel se détourna de lui, et ne le détruisit pas entièrement; car il y avait encore de bonnes choses en Juda. [13] Le roi Roboam se fortifia donc dans Jérusalem, et régna. Il avait quarante et un ans quand il devint roi, et il régna dix-sept ans à Jérusalem, la ville que l'Éternel avait choisie, de toutes les tribus d'Israël, pour y mettre son nom. Sa mère s'appelait Naama, l'Ammonite. [14] Il fit le mal, car il n'appliqua pas son cœur à chercher l'Éternel. [15] Or les actions de Roboam, les premières et les dernières, ne sont-elles pas écrites dans les livres de Shémaeja, le prophète, et d'Iddo, le Voyant, aux généalogies? Et les guerres de Roboam et de Jéroboam furent continuelles. [16] Et Roboam s'endormit avec ses pères, et il fut enseveli dans la cité de David; et Abija, son fils, régna à sa place.

13

[1] La dix-huitième année du roi Jéroboam, Abija commença à régner sur Juda. [2] Il régna trois ans à Jérusalem. Sa mère s'appelait Micaja, fille d'Uriel, de Guibea. Or il y eut guerre entre Abija et Jéroboam. [3] Abija engagea la guerre avec une armée de vaillants guerriers, quatre cent mille hommes d'élite; et Jéroboam se rangea en bataille contre lui avec huit cent mille hommes d'élite, vaillants guerriers. [4] Et Abija se tint sur la montagne de Tsémaraïm, qui est dans la montagne d'Éphraïm, et dit: Jéroboam et tout Israël, écoutez-moi! [5] Ne devez-vous pas savoir que l'Éternel, le Dieu d'Israël, a donné pour toujours la royauté sur Israël, à David, à lui et à ses fils, par une alliance inviolable! [6] Mais Jéroboam, fils de Nébat, serviteur de Salomon, fils de David, s'est élevé, s'est révolté contre son seigneur; [7] Et des gens de rien, des misérables se sont joints à lui et se sont fortifiés contre Roboam, fils de Salomon. Or Roboam était un enfant et de faible courage, et il ne tint pas devant eux. [8] Et maintenant, vous pensez tenir devant la royauté de l'Éternel, qui est entre les mains des fils de David; et vous êtes une grande multitude, et vous avez avec vous les veaux d'or que Jéroboam vous a faits pour être vos dieux. [9] N'avez-vous pas repoussé les sacrificateurs de l'Éternel, les fils d'Aaron, et les Lévites? Et ne vous êtes-vous pas fait des sacrificateurs à la façon des peuples des autres pays? Quiconque est venu, pour être consacré, avec un jeune taureau et sept béliers, est devenu sacrificateur de ce qui n'est pas Dieu. [10] Mais pour nous, l'Éternel est notre Dieu, et nous ne l'avons point abandonné; les sacrificateurs qui font le service de l'Éternel, sont enfants d'Aaron, et ce sont les Lévites qui fonctionnent, [11] Faisant fumer pour l'Éternel, chaque matin et chaque soir, les holocaustes et le parfum d'aromates. Les pains de proposition sont rangés sur la table pure, et on allume le chandelier d'or, avec ses lampes, chaque soir. Car nous gardons ce que l'Éternel notre Dieu veut qu'on garde; mais vous, vous l'avez abandonné. [12] Voici, Dieu et ses sacrificateurs sont avec nous, à notre tête, et les trompettes au son éclatant, pour les faire retentir contre vous. Enfants d'Israël, ne combattez pas contre l'Éternel, le Dieu de vos pères; car cela ne vous réussira point. [13] Mais Jéroboam fit faire un détour à une embuscade, pour arriver derrière eux. Ainsi les Israélites étaient en face de Juda, et l'embuscade était derrière ceux-ci. [14] Ceux de Juda regardèrent donc, et voici, ils avaient la bataille en face et par-derrière. Alors ils crièrent à l'Éternel, et les sacrificateurs sonnèrent des trompettes. [15] Et tous les hommes de Juda poussèrent un cri de guerre, et au cri de guerre des hommes de Juda, Dieu frappa Jéroboam et tout Israël devant Abija et Juda; [16] Et les enfants d'Israël s'enfuirent devant ceux de Juda, et Dieu les livra entre leurs mains. [17] Abija et son peuple en firent un grand carnage, et il tomba d'Israël cinq cent mille hommes d'élite blessés à mort. [18] Ainsi les enfants d'Israël furent humiliés en ce temps-là; et les enfants de Juda devinrent forts, parce qu'ils s'étaient appuyés sur l'Éternel, le Dieu de leurs pères. [19] Or Abija poursuivit Jéroboam, et lui prit ces villes: Béthel

et les villes de son ressort, Jeshana et les villes de son ressort, Éphron et les villes de son ressort. [20] Jéroboam n'eut plus de force pendant le temps d'Abija; et l'Éternel le frappa, et il mourut. [21] Mais Abija devint puissant. Il prit quatorze femmes, et engendra vingt-deux fils et seize filles. [22] Le reste des actions d'Abija, et sa conduite, et ses paroles sont écrites dans les mémoires du prophète Iddo.

14

[1] Abija s'endormit avec ses pères, et on l'ensevelit dans la cité de David; et Asa son fils régna à sa place. De son temps, le pays fut en repos pendant dix ans. [2] Asa fit ce qui est bon et droit aux yeux de l'Éternel, son Dieu. [3] Il ôta les autels étrangers et les hauts lieux; il brisa les statues et mit en pièces les emblèmes d'Ashéra. [4] Et il recommanda à Juda de rechercher l'Éternel, le Dieu de leurs pères, et de pratiquer la loi et les commandements. [5] Il ôta de toutes les villes de Juda les hauts lieux et les colonnes consacrées au soleil. Et le royaume fut en repos devant lui. [6] Il bâtit des villes fortes en Juda; car le pays fut en repos; et pendant ces années-là il n'y eut point de guerre contre lui, parce que l'Éternel lui donna du repos. [7] Et il dit à Juda: Bâtissons ces villes, et environnons-les de murailles, de tours, de portes et de barres; le pays est encore devant nous, parce que nous avons recherché l'Éternel notre Dieu; nous l'avons recherché, et il nous a donné du repos de tous côtés. Ainsi ils bâtirent et prospérèrent. [8] Or Asa avait une armée de trois cent mille hommes de Juda, portant le grand bouclier et la lance, et de deux cent quatre-vingt mille de Benjamin, portant le petit bouclier et tirant de l'arc, tous vaillants guerriers. [9] Mais Zérach, l'Éthiopien, sortit contre eux avec une armée d'un million d'hommes, et de trois cents chars; et il vint jusqu'à Marésha. [10] Et Asa alla au-devant de lui, et ils se rangèrent en bataille dans la vallée de Tséphatha, près de Marésha. [11] Alors Asa cria à l'Éternel son Dieu, et dit: Éternel! Tu ne fais point de différence pour aider, que l'on soit nombreux ou sans force! Aide-nous, Éternel, notre Dieu! car nous nous sommes appuyés sur toi, et nous sommes venus en ton nom contre cette multitude. Tu es l'Éternel, notre Dieu: que l'homme ne prévale pas contre toi! [12] Et l'Éternel frappa les Éthiopiens devant Asa et devant Juda; et les Éthiopiens s'enfuirent. [13] Asa et le peuple qui était avec lui, les poursuivirent jusqu'à Guérar; et il tomba tant d'Éthiopiens, qu'ils ne purent se remettre; car ils furent écrasés devant l'Éternel et son armée, et on emporta un fort grand butin. [14] Ils frappèrent toutes les villes autour de Guérar, car la terreur de l'Éternel était sur elles; et ils pillèrent toutes ces villes, car il s'y trouvait beaucoup de butin. [15] Ils frappèrent aussi les tentes des troupeaux, et emmenèrent des brebis et des chameaux en abondance; puis ils retournèrent à Jérusalem.

15

[1] Alors l'Esprit de Dieu fut sur Azaria, fils d'Oded. [2] Et il sortit au-devant d'Asa, et lui dit: Asa, et tout Juda et Benjamin, écoutez-moi! L'Éternel est avec vous quand vous êtes avec lui. Si vous le cherchez, vous le trouverez; mais si vous l'abandonnez, il vous abandonnera. [3] Pendant longtemps Israël a été sans vrai Dieu, sans sacrificateur qui enseignât, et sans loi; [4] Mais dans sa détresse il revint à l'Éternel, le Dieu d'Israël; ils le recherchèrent, et il se laissa trouver d'eux. [5] Dans ces temps-là, il n'y avait point de sécurité pour ceux qui allaient et venaient, car il y avait de grands troubles parmi tous les habitants du pays. [6] Une nation était heurtée par une autre, et une ville par une autre ville; car Dieu les agitait par toutes sortes d'angoisses. [7] Mais vous, fortifiez-vous, et que vos mains ne soient point lâches; car il y a un salaire pour ce que vous ferez. [8] Quand Asa eut entendu ces paroles et la prophétie d'Oded, le prophète, il se fortifia, et

fit disparaître les abominations de tout le pays de Juda et de Benjamin, et des villes qu'il avait prises dans la montagne d'Éphraïm; et il rétablit l'autel de l'Éternel, qui était devant le portique de l'Éternel. ⁹ Puis il rassembla tout Juda et Benjamin, et ceux d'Éphraïm, de Manassé et de Siméon, qui demeuraient avec eux; car un grand nombre de gens d'Israël passaient à lui, voyant que l'Éternel son Dieu était avec lui. ¹⁰ Ils s'assemblèrent donc à Jérusalem, le troisième mois de la quinzième année du règne d'Asa; ¹¹ Et ils sacrifièrent, ce jour-là, à l'Éternel, sept cents bœufs et sept mille brebis, du butin qu'ils avaient amené. ¹² Et ils rentrèrent dans l'alliance, pour chercher l'Éternel, le Dieu de leurs pères, de tout leur cœur et de toute leur âme; ¹³ En sorte qu'on devait faire mourir tous ceux qui ne rechercheraient pas l'Éternel, le Dieu d'Israël, tant les petits que les grands, tant les hommes que les femmes. ¹⁴ Et ils prêtèrent serment à l'Éternel, à haute voix, avec acclamation, et au son des trompettes et des cors; ¹⁵ Et tout Juda se réjouit de ce serment, parce qu'ils avaient juré de tout leur cœur, et qu'ils avaient recherché l'Éternel de leur plein gré, et qu'ils l'avaient trouvé. Et l'Éternel leur donna du repos de tous côtés. ¹⁶ Le roi Asa destitua même de son rang sa mère, Maaca, parce qu'elle avait fait une idole pour Ashéra. Asa abattit son idole, la mit en pièces, et la brûla au torrent de Cédron. ¹⁷ Mais les hauts lieux ne furent point ôtés du milieu d'Israël; néanmoins le cœur d'Asa fut intègre tout le long de ses jours. ¹⁸ Il remit dans la maison de Dieu les choses qui avaient été consacrées par son père, avec ce qu'il avait lui-même consacré, l'argent, l'or et les ustensiles. ¹⁹ Et il n'y eut point de guerre jusqu'à la trente-cinquième année du règne d'Asa.

16

¹ La trente-sixième année du règne d'Asa, Baesha, roi d'Israël, monta contre Juda, et il bâtit Rama, afin de ne laisser sortir ni entrer aucun homme pour Asa, roi de Juda. ² Alors Asa tira de l'argent et de l'or des trésors de la maison de l'Éternel et de la maison royale, et il envoya vers Ben-Hadad, roi de Syrie, qui habitait à Damas, pour lui dire: ³ Il y a alliance entre moi et toi, comme entre mon père et le tien; voici, je t'envoie de l'argent et de l'or; va, romps ton alliance avec Baesha, roi d'Israël, afin qu'il se retire de moi. ⁴ Et Ben-Hadad écouta le roi Asa, et il envoya les capitaines de ses armées contre les villes d'Israël, et ils frappèrent Ijjon, Dan, Abel-Maïm, et tous les magasins des villes de Nephthali. ⁵ Et aussitôt que Baesha l'eut appris, il cessa de bâtir Rama et suspendit son travail. ⁶ Alors le roi Asa prit avec lui tout Juda, et ils emportèrent les pierres et le bois de Rama, que Baesha faisait bâtir; et il en bâtit Guéba et Mitspa. ⁷ En ce temps-là, Hanani, le voyant, vint vers Asa, roi de Juda, et lui dit: Parce que tu t'es appuyé sur le roi de Syrie, et que tu ne t'es point appuyé sur l'Éternel, ton Dieu, l'armée du roi de Syrie a échappé de ta main. ⁸ Les Éthiopiens et les Libyens n'étaient-ils pas une fort grande armée, ayant des chars et des cavaliers en fort grand nombre? Mais parce que tu t'appuyais sur l'Éternel, il les livra entre tes mains. ⁹ Car les yeux de l'Éternel parcourent toute la terre, pour soutenir ceux dont le cœur est tout entier à lui. Tu as agi follement en cela; car désormais tu auras des guerres. ¹⁰ Et Asa fut irrité contre le voyant, et le mit en prison, car il était fort indigné contre lui à ce sujet. Asa opprima aussi, en ce temps-là, quelques-uns du peuple. ¹¹ Or voici, les actions d'Asa, les premières et les dernières, sont écrites au livre des rois de Juda et d'Israël. ¹² La trente-neuvième année de son règne, Asa fut malade des pieds, et sa maladie fut très grave; et toutefois dans sa maladie, il ne chercha point l'Éternel, mais les médecins. ¹³ Puis Asa s'endormit avec ses pères, et il mourut la quarante et unième année de son règne. ¹⁴ Et on l'ensevelit dans le tombeau qu'il s'était creusé dans

la cité de David. On le coucha sur un lit qu'il avait rempli de parfums et d'aromates, préparés en ouvrage de parfumerie; et on lui en brûla une quantité très considérable.

17

¹ Josaphat, son fils, régna à sa place, et se fortifia contre Israël. ² Il mit des troupes dans toutes les villes fortes de Juda, et des garnisons dans le pays de Juda, et dans les villes d'Éphraïm qu'Asa, son père, avait prises. ³ Et l'Éternel fut avec Josaphat, parce qu'il suivit les premières voies de David, son père, et qu'il ne rechercha point les Baalim; ⁴ Car il rechercha le Dieu de son père, et il marcha dans ses commandements, et non pas selon ce que faisait Israël. ⁵ L'Éternel affermit donc le royaume entre ses mains; et tout Juda apportait des présents à Josaphat, et il eut richesse et gloire en abondance. ⁶ Son cœur s'enhardit dans les voies de l'Éternel, et il ôta encore de Juda les hauts lieux et les emblèmes d'Ashéra. ⁷ Puis, la troisième année de son règne, il envoya ses chefs Benhaïl, Obadia, Zacharie, Nathanaël et Micaja, pour enseigner dans les villes de Juda; ⁸ Et avec eux les Lévites Shémaja, Néthania, Zébadia, Asaël, Shémiramoth, Jonathan, Adonija, Tobija et Tob-Adonija, Lévites, et avec eux Élishama et Joram, sacrificateurs. ⁹ Ils enseignèrent en Juda, ayant avec eux le livre de la loi de l'Éternel. Ils firent le tour de toutes les villes de Juda, et enseignèrent parmi le peuple. ¹⁰ Et la terreur de l'Éternel fut sur tous les royaumes des pays qui entouraient Juda, et ils ne firent point la guerre à Josaphat. ¹¹ Même de chez les Philistins on apportait des présents à Josaphat, et un tribut d'argent; et les Arabes lui amenèrent aussi du bétail, sept mille sept cents béliers, et sept mille sept cents boucs. ¹² Ainsi Josaphat alla grandissant jusqu'au plus haut degré. Et il bâtit en Juda des châteaux et des villes à magasins. ¹³ Il fit de grands travaux dans les villes de Juda; et il avait des gens de guerre, hommes vaillants, à Jérusalem. ¹⁴ Et voici leur dénombrement, selon les maisons de leurs pères. Les chefs de milliers de Juda furent: Adna, le chef, avec trois cent mille vaillants guerriers. ¹⁵ A côté de lui, Jochanan, le chef, avec deux cent quatre-vingt mille hommes. ¹⁶ A côté de lui, Amasia, fils de Zicri, qui s'était volontairement offert à l'Éternel, avec deux cent mille vaillants guerriers. ¹⁷ De Benjamin, Éliada, vaillant guerrier, avec deux cent mille hommes, armés de l'arc et du bouclier; ¹⁸ A côté de lui Jéhozabad, avec cent quatre-vingt mille hommes équipés pour l'armée. ¹⁹ Tels sont ceux qui étaient au service du roi, outre ceux que le roi avait mis dans les villes fortes, dans tout Juda.

18

¹ Or, Josaphat, ayant beaucoup de richesses et de gloire, s'allia par mariage avec Achab. ² Et au bout de quelques années, il descendit vers Achab, à Samarie. Et Achab tua pour lui, et pour le peuple qui était avec lui, un grand nombre de brebis et de bœufs, et l'incita à monter à Ramoth de Galaad. ³ Achab, roi d'Israël, dit à Josaphat, roi de Juda: Viendras-tu avec moi à Ramoth de Galaad? Et il lui répondit: Dispose de moi comme de toi, et de mon peuple comme de ton peuple; et nous irons avec toi à la guerre. ⁴ Puis Josaphat dit au roi d'Israël: Consulte d'abord, je te prie, la parole de l'Éternel. ⁵ Alors le roi d'Israël assembla les prophètes, au nombre de quatre cents, et leur dit: Irons-nous à la guerre contre Ramoth de Galaad, ou y renoncerai-je? Et ils répondirent: Monte, et Dieu la livrera entre les mains du roi. ⁶ Mais Josaphat dit: N'y a-t-il point ici encore quelque prophète de l'Éternel, par qui nous puissions le consulter? ⁷ Et le roi d'Israël dit à Josaphat: Il y a encore un homme par qui on peut consulter l'Éternel; mais je le hais, car il ne me prophétise rien de bon, mais toujours du mal; c'est Michée, fils de Jimla. Et Josaphat dit: Que le roi ne parle pas ainsi! ⁸ Alors le roi d'Israël appela un officier, et dit: Fais promptement venir Michée, fils de Jimla. ⁹ Or le roi d'Israël et Josaphat, roi

de Juda, étaient assis, chacun sur son trône, revêtus de leurs habits royaux, et ils étaient assis dans la place, à l'entrée de la porte de Samarie; et tous les prophètes prophétisaient en leur présence. [10] Alors Tsidkija, fils de Kénaana, s'étant fait des cornes de fer, dit: Ainsi a dit l'Éternel: Avec ces cornes tu heurteras les Syriens, jusqu'à les détruire. [11] Et tous les prophètes prophétisaient de même, en disant: Monte à Ramoth de Galaad, et tu réussiras, et l'Éternel la livrera entre les mains du roi. [12] Or le messager qui était allé appeler Michée, lui parla, et lui dit: Voici, les prophètes prédisent tous d'une voix du bien au roi; je te prie, que ta parole soit semblable à celle de chacun d'eux, et annonce du bien. [13] Mais Michée répondit: L'Éternel est vivant! je dirai ce que mon Dieu dira. [14] Il vint donc vers le roi, et le roi lui dit: Michée, irons-nous à la guerre contre Ramoth de Galaad, ou y renoncerai-je? Et il répondit: Montez, vous réussirez, et ils seront livrés entre vos mains. [15] Et le roi lui dit: Combien de fois t'adjurerai-je de ne me dire que la vérité au nom de l'Éternel? [16] Et il répondit: J'ai vu tout Israël dispersé par les montagnes, comme un troupeau de brebis qui n'a point de pasteur; et l'Éternel a dit: Ces gens n'ont point de seigneur; que chacun retourne en paix dans sa maison! [17] Alors le roi d'Israël dit à Josaphat: Ne t'ai-je pas dit qu'il ne prophétise rien de bon quand il s'agit de moi, mais seulement du mal? [18] Et Michée dit: C'est pourquoi, écoutez la parole de l'Éternel: J'ai vu l'Éternel assis sur son trône, et toute l'armée des cieux se tenant à sa droite et à sa gauche. [19] Et l'Éternel dit: Qui est-ce qui séduira Achab, roi d'Israël, afin qu'il monte et qu'il périsse à Ramoth de Galaad? Et l'un répondait d'une façon et l'autre d'une autre. [20] Alors un esprit s'avança et se tint devant l'Éternel, et dit: Moi, je le séduirai. L'Éternel lui dit: Comment? [21] Il répondit: Je sortirai, et je serai un esprit de mensonge dans la bouche de tous ses prophètes. Et l'Éternel dit: Tu le séduiras, et même tu en viendras à bout. Sors, et fais ainsi. [22] Maintenant donc, voici, l'Éternel a mis un esprit de mensonge dans la bouche de tes prophètes que voilà; et l'Éternel a prononcé du mal contre toi. [23] Alors Tsidkija, fils de Kénaana, s'approcha, et frappa Michée sur la joue, et dit: Par quel chemin l'Esprit de l'Éternel s'est-il éloigné de moi pour te parler? [24] Et Michée répondit: Voici, tu le verras au jour où tu iras de chambre en chambre pour te cacher! [25] Alors le roi d'Israël dit: Prenez Michée, et menez-le vers Amon, capitaine de la ville, et vers Joas, fils du roi. [26] Et vous direz: Ainsi a dit le roi: Mettez cet homme en prison, et nourrissez-le du pain de l'affliction et de l'eau de l'affliction, jusqu'à ce que je revienne en paix. [27] Et Michée dit: Si jamais tu reviens en paix, l'Éternel n'aura point parlé par moi. Et il dit: Vous tous, peuples, entendez! [28] Le roi d'Israël monta donc avec Josaphat, roi de Juda, à Ramoth de Galaad. [29] Et le roi d'Israël dit à Josaphat: Je me déguiserai pour aller au combat; mais toi, revêts-toi de tes habits. Ainsi le roi d'Israël se déguisa; et ils allèrent au combat. [30] Or le roi des Syriens avait donné cet ordre aux chefs de ses chars, disant: Vous n'attaquerez ni petit ni grand, mais seulement le roi d'Israël. [31] Sitôt donc que les chefs des chars eurent vu Josaphat, ils dirent: C'est le roi d'Israël! et ils l'environnèrent pour l'attaquer; mais Josaphat cria, et l'Éternel le secourut, et Dieu les éloigna de lui. [32] Et quand les chefs des chars virent que ce n'était pas le roi d'Israël, ils se détournèrent de lui. [33] Alors un homme tira de son arc tout au hasard, et frappa le roi d'Israël entre les jointures de la cuirasse; et le roi dit au cocher: Tourne, et mène-moi hors des rangs; car je suis blessé. [34] Or, en ce jour-là le combat fut acharné; et le roi d'Israël demeura dans son char, vis-à-vis des Syriens, jusqu'au soir; et il mourut vers le coucher du soleil.

19

[1] Josaphat, roi de Juda, revint sain et sauf dans sa maison, à Jérusalem. [2] Mais Jéhu, fils de Hanani, le Voyant, sortit au-devant du roi Josaphat, et lui dit: Est-ce le méchant qu'il

faut aider? Sont-ce les ennemis de l'Éternel que tu aimes? A cause de cela, l'Éternel est irrité contre toi. ³ Mais il s'est trouvé de bonnes choses en toi, car tu as ôté du pays les emblèmes d'Ashéra, et tu as appliqué ton cœur à rechercher Dieu. ⁴ Et Josaphat habita à Jérusalem. Puis, de nouveau, il sortit parmi le peuple, depuis Béer-Shéba jusqu'à la montagne d'Éphraïm, et il les ramena à l'Éternel, le Dieu de leurs pères. ⁵ Il établit aussi des juges dans le pays, dans toutes les villes fortes de Juda, dans chaque ville. ⁶ Et il dit aux juges: Regardez à ce que vous ferez; car ce n'est pas pour l'homme que vous jugerez, mais pour l'Éternel, qui sera avec vous quand vous jugerez. ⁷ Maintenant, que la crainte de l'Éternel soit sur vous; prenez garde à ce que vous ferez; car il n'y a point d'iniquité dans l'Éternel notre Dieu, ni d'acception de personnes, ni d'acceptation de présents. ⁸ Josaphat établit aussi à Jérusalem des Lévites, et des sacrificateurs, et des chefs des pères d'Israël, pour le jugement de l'Éternel, et pour les contestations. Et on revint à Jérusalem. ⁹ Et il leur donna des ordres, en disant: Vous agirez ainsi dans la crainte de l'Éternel, avec fidélité et avec intégrité de cœur. ¹⁰ Et pour les différends qui viendront devant vous, de la part de vos frères qui habitent dans leurs villes, qu'il s'agisse d'un meurtre, d'une loi, d'un commandement, de statuts ou d'ordonnances, vous les éclairerez, afin qu'ils ne se rendent pas coupables envers l'Éternel, et qu'il n'y ait point de courroux sur vous et sur vos frères. Vous agirez ainsi, et vous ne serez point trouvés coupables. ¹¹ Et voici, Amaria, le principal sacrificateur, est préposé sur vous pour toutes les affaires de l'Éternel, et Zébadia, fils d'Ismaël, prince de la maison de Juda, pour toutes les affaires du roi; et pour secrétaires vous avez devant vous les Lévites. Fortifiez-vous et agissez; et que l'Éternel soit avec l'homme de bien!

20

¹ Il arriva, après cela, que les enfants de Moab et les enfants d'Ammon (car avec eux il y avait des Ammonites), vinrent contre Josaphat pour lui faire la guerre. ² On vint donc le rapporter à Josaphat, en disant: Il vient contre toi une grande multitude d'au delà de la mer, de Syrie; et les voici à Hatsatson-Thamar, qui est En-Guédi. ³ Alors Josaphat craignit; et il se disposa à rechercher l'Éternel, et il publia un jeûne pour tout Juda. ⁴ Juda s'assembla donc pour demander du secours à l'Éternel; on vint même de toutes les villes de Juda pour chercher l'Éternel. ⁵ Et Josaphat se tint debout dans l'assemblée de Juda et de Jérusalem, dans la maison de l'Éternel, devant le nouveau parvis; ⁶ Et il dit: Éternel, Dieu de nos pères! n'es-tu pas Dieu dans les cieux, et n'est-ce pas toi qui domines sur tous les royaumes des nations? Et n'as-tu pas en ta main la force et la puissance, en sorte que nul ne peut te résister? ⁷ N'est-ce pas toi, ô notre Dieu! qui as dépossédé les habitants de ce pays devant ton peuple d'Israël, et qui l'as donné pour toujours à la postérité d'Abraham, qui t'aimait? ⁸ Ils l'ont habité, et t'y ont bâti un sanctuaire pour ton nom, en disant: ⁹ S'il nous arrive quelque mal, l'épée, le jugement, la peste, ou la famine, nous nous tiendrons devant cette maison, et en ta présence; car ton nom est en cette maison; et nous crierons à toi dans notre détresse, et tu exauceras et tu délivreras! ¹⁰ Maintenant, voici les enfants d'Ammon et de Moab, et ceux de la montagne de Séir, chez lesquels tu ne permis pas à Israël d'entrer, quand il venait du pays d'Égypte, car il se détourna d'eux, et ne les détruisit pas, ¹¹ Les voici qui nous en récompensent, en venant nous chasser de ton héritage, dont tu nous as donné la possession. ¹² O notre Dieu! ne les jugeras-tu pas? Car il n'y a point de force en nous devant cette grande multitude qui vient contre nous, et nous ne savons que faire; mais nos yeux sont sur toi. ¹³ Or tout Juda se tenait devant l'Éternel, même avec leurs familles, leurs femmes et leurs enfants. ¹⁴ Alors l'Esprit de l'Éternel fut sur Jachaziel, fils de Zacharie, fils de Bénaja, fils de Jéïel, fils de Matthania, Lévite, d'entre les

enfants d'Asaph, au milieu de l'assemblée; [15] Et il dit: Vous, tout Juda, et habitants de Jérusalem, et toi, roi Josaphat, soyez attentifs! Ainsi vous dit l'Éternel: Ne craignez point, et ne soyez point effrayés à cause de cette grande multitude; car ce ne sera pas à vous de combattre, mais à Dieu. [16] Descendez demain contre eux; les voici qui montent par la montée de Tsits, et vous les trouverez à l'extrémité de la vallée, en face du désert de Jéruël. [17] Ce ne sera point à vous de combattre en cette bataille; présentez-vous, tenez-vous là, et voyez la délivrance que l'Éternel va vous donner. Juda et Jérusalem, ne craignez point, et ne soyez point effrayés! Demain, sortez au-devant d'eux, et l'Éternel sera avec vous. [18] Alors Josaphat s'inclina le visage contre terre, et tout Juda et les habitants de Jérusalem se jetèrent devant l'Éternel, se prosternant devant l'Éternel. [19] Et les Lévites, d'entre les enfants des Kéhathites et d'entre les enfants des Corites, se levèrent pour célébrer l'Éternel, le Dieu d'Israël, d'une voix forte et haute. [20] Puis, le matin, ils se levèrent de bonne heure et sortirent vers le désert de Thékoa; et comme ils sortaient, Josaphat se tint là et dit: Juda et vous, habitants de Jérusalem, écoutez-moi: Croyez en l'Éternel votre Dieu, et vous serez en sûreté; croyez en ses prophètes, et vous réussirez. [21] Puis, ayant délibéré avec le peuple, il établit des chantres de l'Éternel, qui célébraient sa sainte magnificence; et, marchant devant l'armée, ils disaient: Louez l'Éternel, car sa miséricorde demeure à toujours! [22] Et au moment où ils commencèrent le chant et la louange, l'Éternel mit des embuscades contre les enfants d'Ammon, et de Moab, et ceux de la montagne de Séir, qui venaient contre Juda, et ils furent battus. [23] Les enfants d'Ammon et de Moab se levèrent contre les habitants de la montagne de Séir, pour les vouer à l'interdit et les exterminer; et quand ils en eurent fini avec les habitants de Séir, ils s'aidèrent l'un l'autre à se détruire. [24] Et quand Juda arriva sur la hauteur d'où l'on voit le désert, ils regardèrent vers cette multitude, et voici, c'étaient des cadavres gisant à terre, sans qu'il en fût échappé un seul. [25] Ainsi Josaphat et son peuple vinrent pour piller leur butin, et ils trouvèrent parmi eux, au milieu des cadavres, des biens en abondance, et des objets précieux; et ils en enlevèrent tant, qu'ils ne le pouvaient porter; et ils pillèrent le butin pendant trois jours, car il était considérable. [26] Et, le quatrième jour, ils s'assemblèrent dans la vallée de Bénédiction; car ils bénirent là l'Éternel; c'est pourquoi, on a appelé ce lieu, jusqu'à ce jour, la vallée de Bénédiction. [27] Puis tous les hommes de Juda et de Jérusalem, et Josaphat, à leur tête, reprirent joyeusement le chemin de Jérusalem; car l'Éternel leur avait donné de la joie au sujet de leurs ennemis. [28] Ils entrèrent donc à Jérusalem, dans la maison de l'Éternel, avec des lyres, des harpes et des trompettes. [29] Et la terreur de Dieu fut sur tous les royaumes des divers pays, quand ils eurent appris que l'Éternel avait combattu contre les ennemis d'Israël. [30] Ainsi le royaume de Josaphat fut tranquille, et son Dieu lui donna du repos de tous côtés. [31] Josaphat régna donc sur Juda. Il était âgé de trente-cinq ans quand il devint roi, et il régna vingt-cinq ans à Jérusalem. Sa mère s'appelait Azuba, fille de Shilchi. [32] Il suivit les traces d'Asa, son père, et il ne s'en détourna point, faisant ce qui est droit devant l'Éternel. [33] Seulement les hauts lieux ne furent point ôtés, et le peuple n'avait pas encore tourné son cœur vers le Dieu de ses pères. [34] Or le reste des actions de Josaphat, les premières et les dernières, voici, elles sont écrites dans les mémoires de Jéhu, fils de Hanani, insérés dans le livre des rois d'Israël. [35] Après cela, Josaphat, roi de Juda, s'associa avec Achazia, roi d'Israël, dont la conduite était impie. [36] Il s'associa avec lui pour faire des navires, afin d'aller à Tarsis; et ils firent des navires à Etsjon-Guéber. [37] Alors Éliézer, fils de Dodava, de Marésha, prophétisa contre Josaphat, en disant: Parce que tu t'es associé avec Achazia, l'Éternel a détruit ton œuvre. Et les navires furent brisés, et ne purent aller à Tarsis.

21

¹ Puis Josaphat s'endormit avec ses pères, et il fut enseveli avec eux dans la cité de David; et Joram, son fils, régna à sa place. ² Il avait des frères, fils de Josaphat, Azaria, Jéhiel, Zacharie, Azaria, Micaël et Shéphatia. Tous ceux-là étaient fils de Josaphat, roi d'Israël. ³ Leur père leur avait fait de grands dons d'argent, d'or et de choses précieuses, avec des villes fortes en Juda; mais il avait donné le royaume à Joram, parce qu'il était l'aîné. ⁴ Quand Joram se fut élevé sur le royaume de son père, et s'y fut fortifié, il fit mourir par l'épée tous ses frères, et quelques-uns aussi des chefs d'Israël. ⁵ Joram était âgé de trente-deux ans, quand il devint roi, et il régna huit ans à Jérusalem. ⁶ Il marcha dans la voie des rois d'Israël, comme avait fait la maison d'Achab; car la fille d'Achab était sa femme, et il fit ce qui est mal aux yeux de l'Éternel. ⁷ Toutefois, l'Éternel, à cause de l'alliance qu'il avait traitée avec David, ne voulut pas détruire la maison de David, selon qu'il avait dit qu'il lui donnerait une lampe, à lui et à ses fils, pour toujours. ⁸ De son temps, Édom se révolta de l'obéissance de Juda, et ils établirent un roi sur eux. ⁹ Joram se mit donc en marche avec ses chefs et tous ses chars; et, s'étant levé de nuit, il battit les Édomites, qui l'entouraient, et tous les chefs des chars. ¹⁰ Néanmoins Édom s'est révolté contre l'autorité de Juda jusqu'à ce jour. En ce même temps, Libna se révolta contre son autorité, parce qu'il avait abandonné l'Éternel, le Dieu de ses pères. ¹¹ Lui aussi fit des hauts lieux dans les montagnes de Juda; il fit que les habitants de Jérusalem se prostituèrent, et il y poussa ceux de Juda. ¹² Alors il lui vint un écrit de la part d'Élie, le prophète, disant: Ainsi a dit l'Éternel, le Dieu de David, ton père: Parce que tu n'as point suivi les traces de Josaphat, ton père, ni celles d'Asa, roi de Juda, ¹³ Mais que tu as suivi le train des rois d'Israël, et que tu débauches Juda et les habitants de Jérusalem, comme l'a fait la maison d'Achab, et que tu as tué tes frères, la maison de ton père, meilleurs que toi, ¹⁴ Voici l'Éternel va frapper d'une grande plaie ton peuple, tes enfants, tes femmes et tous tes biens. ¹⁵ Et toi, tu auras de grandes souffrances, par une maladie d'entrailles; jusque-là que tes entrailles sortiront par la force de la maladie, qui augmentera de jour en jour. ¹⁶ Et l'Éternel excita contre Joram l'esprit des Philistins et des Arabes, qui habitent près des Éthiopiens. ¹⁷ Ils montèrent donc contre Juda, et y pénétrèrent, et pillèrent toutes les richesses qui furent trouvées dans la maison du roi; et même, ils emmenèrent captifs ses enfants et ses femmes, de sorte qu'il ne lui demeura aucun fils, sinon Joachaz, le plus jeune de ses fils. ¹⁸ Après tout cela, l'Éternel le frappa dans ses entrailles, d'une maladie incurable. ¹⁹ Et il arriva, au bout d'un certain temps, vers la fin de la seconde année, que ses entrailles sortirent par la force de sa maladie, et il mourut dans de grandes souffrances; son peuple ne fit point brûler sur lui de parfums, comme on avait fait sur ses pères. ²⁰ Il était âgé de trente-deux ans quand il devint roi, et il régna huit ans à Jérusalem. Il s'en alla sans être regretté, et on l'ensevelit dans la cité de David, mais non dans les tombeaux des rois.

22

¹ Les habitants de Jérusalem établirent pour roi à sa place Achazia, le plus jeune de ses fils, parce que les troupes qui étaient venues au camp avec les Arabes, avaient tué tous les plus âgés; et Achazia, fils de Joram, roi de Juda, régna. ² Achazia était âgé de quarante-deux ans, quand il devint roi, et il régna un an à Jérusalem. Sa mère s'appelait Athalie, fille d'Omri. ³ Il suivit aussi les voies de la maison d'Achab; car sa mère était sa conseillère pour faire du mal. ⁴ Il fit donc ce qui est mauvais aux yeux de l'Éternel, comme la maison d'Achab; parce qu'ils furent ses conseillers après la mort de son père, pour sa ruine. ⁵ Gouverné par leurs conseils, il alla même avec Joram, fils d'Achab, roi d'Israël, à la guerre, à Ramoth de Galaad, contre Hazaël, roi de Syrie. Et les Syriens frappèrent

Joram, [6] Qui s'en retourna pour se faire guérir à Jizréel, des blessures que les Syriens lui avaient faites à Rama, lorsqu'il faisait la guerre contre Hazaël, roi de Syrie. Alors Azaria, fils de Joram, roi de Juda, descendit pour voir Joram, le fils d'Achab, à Jizréel, parce qu'il était malade. [7] Or ce fut pour son entière ruine, qui procédait de Dieu, qu'Achazia vint auprès de Joram. En effet, quand il fut arrivé, il sortit avec Joram au-devant de Jéhu, fils de Nimshi, que l'Éternel avait oint pour exterminer la maison d'Achab. [8] Et il arriva, comme Jéhu faisait justice de la maison d'Achab, qu'il trouva les chefs de Juda et les fils des frères d'Achazia, qui servaient Achazia, et il les tua. [9] Il chercha ensuite Achazia, qui s'était caché à Samarie; on le prit, et on l'amena vers Jéhu, et on le fit mourir. Puis on l'ensevelit, car on dit: C'est le fils de Josaphat, qui a recherché l'Éternel de tout son cœur. Et il n'y eut plus personne dans la maison d'Achazia qui fût capable de régner. [10] Or Athalie, mère d'Achazia, voyant que son fils était mort, se leva, et extermina toute la race royale de la maison de Juda. [11] Mais Joshabath, fille du roi Joram, prit Joas, fils d'Achazia, le déroba d'entre les fils du roi qu'on faisait mourir, et le mit avec sa nourrice, dans la salle des lits. Ainsi Joshabath, fille du roi Joram et femme de Jéhojada, le sacrificateur, étant la sœur d'Achazia, le cacha aux yeux d'Athalie, qui ne le fit point mourir. [12] Il fut ainsi caché avec eux, six ans, dans la maison de Dieu; et Athalie régnait sur le pays.

23

[1] Mais la septième année, Jéhojada se fortifia, et traita alliance avec les chefs de centaines, Azaria, fils de Jérocham, Ismaël, fils de Jochanan, Azaria, fils d'Obed, Maaséja, fils d'Adaja, et Élishaphat, fils de Zicri. [2] Ils firent le tour de Juda, assemblèrent, de toutes les villes de Juda, les Lévites et les chefs des pères d'Israël, et vinrent à Jérusalem. [3] Et toute l'assemblée traita alliance avec le roi, dans la maison de Dieu. Et Jéhojada leur dit: Voici, le fils du roi régnera, selon que l'Éternel a parlé au sujet des fils de David. [4] Voici ce que vous ferez: Le tiers de ceux d'entre vous qui entrez en service au sabbat, sacrificateurs et Lévites, gardera les portes d'entrée. [5] Un autre tiers se tiendra dans la maison du roi, et un tiers à la porte de Jésod; et tout le peuple sera dans les parvis de la maison de l'Éternel. [6] Que nul n'entre dans la maison de l'Éternel, sinon les sacrificateurs et les Lévites de service: ceux-ci entreront, car ils sont consacrés; et tout le peuple fera la garde de l'Éternel. [7] Et les Lévites environneront le roi de tous côtés, tenant chacun leurs armes à la main, et quiconque entrera dans la maison, sera mis à mort; et vous serez avec le roi quand il entrera et quand il sortira. [8] Les Lévites et tout Juda, firent donc tout ce que Jéhojada, le sacrificateur, avait commandé. Ils prirent chacun leurs gens, tant ceux qui entraient en service au sabbat, que ceux qui en sortaient; car Jéhojada, le sacrificateur, ne congédia point les classes. [9] Et Jéhojada, le sacrificateur, donna aux chefs de centaines les lances, les boucliers et les rondelles qui provenaient du roi David, et qui étaient dans la maison de Dieu. [10] Puis il rangea tout le peuple, chacun tenant ses armes à la main, auprès du roi tout à l'entour, depuis le côté droit du temple jusqu'au côté gauche du temple, le long de l'autel et du temple. [11] Alors ils firent sortir le fils du roi, et mirent sur lui la couronne et le témoignage; et ils l'établirent roi, et Jéhojada et ses fils l'oignirent, et dirent: Vive le roi! [12] Mais Athalie, entendant le bruit du peuple qui courait et célébrait le roi, vint vers le peuple, dans la maison de l'Éternel. [13] Elle regarda, et voici, le roi était debout près de sa colonne, à l'entrée, et les capitaines et les trompettes étaient près du roi, et tout le peuple du pays était dans la joie, et l'on sonnait des trompettes; et les chantres, avec des instruments de musique, dirigeaient les chants de louanges. Alors Athalie déchira ses vêtements et dit: Conspiration! conspiration! [14] Et le sacrificateur Jéhojada fit sortir les chefs de centaines qui commandaient l'armée, et leur dit: Menez-la hors des rangs, et que celui qui la suivra soit mis à mort par l'épée! Car le sacrificateur

avait dit: Ne la mettez point à mort dans la maison de l'Éternel. ¹⁵ Ils mirent donc la main sur elle, et elle revint, par l'entrée de la porte des chevaux, dans la maison du roi; et là ils la firent mourir. ¹⁶ Puis Jéhojada, tout le peuple et le roi, firent une alliance, pour être le peuple de l'Éternel. ¹⁷ Et tout le peuple entra dans la maison de Baal. Et ils la démolirent; ils brisèrent ses autels et ses images, et ils tuèrent devant les autels Matthan, sacrificateur de Baal. ¹⁸ Jéhojada remit aussi les fonctions de la maison de l'Éternel entre les mains des sacrificateurs, Lévites, que David avait distribués dans la maison de l'Éternel, afin qu'ils offrissent des holocaustes à l'Éternel, comme il est écrit dans la loi de Moïse, avec joie et avec des cantiques, selon les ordonnances de David. ¹⁹ Il établit aussi les portiers aux portes de la maison de l'Éternel, afin qu'aucune personne souillée, de quelque manière que ce fût, n'y entrât. ²⁰ Il prit les chefs de centaines, et les hommes considérables, et ceux qui étaient en autorité sur le peuple, et tout le peuple du pays; et il fit descendre le roi, de la maison de l'Éternel, et ils entrèrent par la porte supérieure dans la maison du roi, et ils firent asseoir le roi sur le trône royal. ²¹ Alors tout le peuple du pays se réjouit, et la ville fut en repos, après qu'on eut mis à mort Athalie par l'épée.

24

¹ Joas était âgé de sept ans quand il devint roi, et il régna quarante ans à Jérusalem; sa mère s'appelait Tsibia, de Béer-Shéba. ² Joas fit ce qui est droit aux yeux de l'Éternel, pendant toute la vie de Jéhojada, le sacrificateur. ³ Et Jéhojada lui donna deux femmes, dont il eut des fils et des filles. ⁴ Après cela Joas eut la pensée de réparer la maison de l'Éternel. ⁵ Il assembla donc les sacrificateurs et les Lévites, et leur dit: Allez par les villes de Juda, et amassez de l'argent par tout Israël, pour réparer la maison de votre Dieu d'année en année, et hâtez cette affaire. Mais les Lévites ne se hâtèrent point. ⁶ Alors le roi appela Jéhojada, leur chef, et lui dit: Pourquoi n'as-tu pas veillé à ce que les Lévites apportassent, de Juda et de Jérusalem, l'impôt que Moïse, serviteur de l'Éternel, mit sur l'assemblée d'Israël, pour le tabernacle du témoignage? ⁷ Car l'impie Athalie et ses enfants ont ravagé la maison de Dieu; et même ils ont employé pour les Baals toutes les choses consacrées à la maison de l'Éternel. ⁸ Et le roi ordonna qu'on fît un coffre, et qu'on le mît à la porte de la maison de l'Éternel, en dehors. ⁹ Puis on publia dans Juda et dans Jérusalem, qu'on apportât à l'Éternel l'impôt mis par Moïse, serviteur de Dieu, sur Israël dans le désert. ¹⁰ Tous les chefs et tout le peuple s'en réjouirent, et ils apportèrent leur tribut, et jetèrent dans le coffre, jusqu'à ce qu'il fût plein. ¹¹ Or, quand c'était le moment d'apporter le coffre à l'inspection du roi, par l'entremise des Lévites, et que ceux-ci voyaient qu'il y avait beaucoup d'argent, un secrétaire du roi et un commissaire du principal sacrificateur venaient et vidaient le coffre; puis ils le rapportaient et le remettaient à sa place. Ils faisaient ainsi jour après jour, et ils recueillaient de l'argent en abondance. ¹² Le roi et Jéhojada le donnaient à ceux qui étaient chargés de l'ouvrage pour le service de la maison de l'Éternel, et ceux-ci louaient des tailleurs de pierres et des charpentiers pour réparer la maison de l'Éternel, et aussi des ouvriers en fer et en airain, pour réparer la maison de l'Éternel. ¹³ Ceux qui étaient chargés de l'ouvrage travaillèrent donc, et par leurs soins, l'œuvre fut réparée; de sorte qu'ils rétablirent la maison de Dieu en son état, et la consolidèrent. ¹⁴ Lorsqu'ils eurent achevé, ils apportèrent devant le roi et devant Jéhojada le reste de l'argent, dont il fit faire des ustensiles pour la maison de l'Éternel, des ustensiles pour le service et pour les holocaustes, des coupes et d'autres ustensiles d'or et d'argent. Et on offrit continuellement des holocaustes dans la maison de l'Éternel, tant que vécut Jéhojada. ¹⁵ Or Jéhojada devint vieux et rassasié de jours, et il mourut; il était âgé de cent trente ans quand il mourut. ¹⁶ On l'ensevelit dans la cité de

David avec les rois; car il avait fait du bien à Israël, et à l'égard de Dieu et de sa maison. [17] Mais, après que Jéhojada fut mort, les principaux de Juda vinrent et se prosternèrent devant le roi; alors le roi les écouta. [18] Et ils abandonnèrent la maison de l'Éternel, le Dieu de leurs pères, et ils servirent les emblèmes d'Ashéra et les idoles; et la colère de l'Éternel fut sur Juda et sur Jérusalem, parce qu'ils s'étaient ainsi rendus coupables. [19] Et l'Éternel envoya parmi eux, pour les faire retourner à lui, des prophètes qui témoignèrent contre eux; mais ils ne voulurent point les écouter. [20] Alors l'Esprit de Dieu revêtit Zacharie, fils de Jéhojada, le sacrificateur, et, se tenant debout au-dessus du peuple, il leur dit: Dieu a dit ainsi: Pourquoi transgressez-vous les commandements de l'Éternel? Vous ne prospérerez point; car vous avez abandonné l'Éternel, et il vous abandonnera. [21] Mais ils conspirèrent contre lui, et l'assommèrent de pierres, par le commandement du roi, dans le parvis de la maison de l'Éternel. [22] Ainsi le roi Joas ne se souvint point de la bonté dont Jéhojada, père de Zacharie, avait usé envers lui; et il tua son fils, qui dit en mourant: L'Éternel le voit, et il en demandera compte! [23] Et il arriva, quand l'année fut révolue, que l'armée de Syrie monta contre Joas, et vint en Juda et à Jérusalem. Or les Syriens détruisirent, d'entre le peuple, tous les principaux du peuple, et ils envoyèrent au roi, à Damas, tout leur butin. [24] Bien que ce fût avec un petit nombre d'hommes qu'arrivât l'armée de Syrie, l'Éternel livra entre leurs mains une très nombreuse armée, parce qu'ils avaient abandonné l'Éternel, le Dieu de leurs pères. Ainsi les Syriens firent justice de Joas. [25] Et quand ils se furent éloignés de lui, après l'avoir laissé dans de grandes souffrances, ses serviteurs conspirèrent contre lui, à cause du sang des fils de Jéhojada, le sacrificateur; ils le tuèrent sur son lit, et il mourut. On l'ensevelit dans la cité de David; mais on ne l'ensevelit pas dans les tombeaux des rois. [26] Et ce sont ici ceux qui conspirèrent contre lui: Zabad, fils de Shimeath, femme ammonite, et Jozabad, fils de Shimrith, femme moabite. [27] Quant à ses fils et à la grande charge qui lui fut imposée, et à la restauration de la maison de Dieu, voici, ces choses sont écrites dans les mémoires sur le livre des rois. Amatsia, son fils, régna à sa place.

25

[1] Amatsia devint roi à l'âge de vingt-cinq ans, et il régna vingt-neuf ans à Jérusalem. Sa mère s'appelait Joaddan, de Jérusalem. [2] Il fit ce qui est droit aux yeux de l'Éternel, mais non d'un cœur intègre. [3] Il arriva, après qu'il fut affermi dans son royaume, qu'il fit mourir ses serviteurs qui avaient tué le roi, son père. [4] Mais il ne fit pas mourir leurs enfants; car il fit selon ce qui est écrit dans la loi, dans le livre de Moïse, où l'Éternel a donné ce commandement: On ne fera point mourir les pères pour les enfants, et on ne fera point mourir les enfants pour les pères; mais on fera mourir chacun pour son péché. [5] Puis Amatsia rassembla ceux de Juda, et il les rangea selon les maisons des pères, par chefs de milliers et par chefs de centaines, pour tout Juda et Benjamin; il en fit le dénombrement depuis l'âge de vingt ans et au-dessus; et il trouva trois cent mille hommes d'élite, propres à l'armée, maniant la lance et le bouclier. [6] Il prit aussi à sa solde, pour cent talents d'argent, cent mille vaillants hommes de guerre d'Israël. [7] Mais un homme de Dieu vint à lui, et lui dit: O roi! que l'armée d'Israël ne marche point avec toi; car l'Éternel n'est point avec Israël, avec tous ces fils d'Éphraïm. [8] Sinon, tu peux aller, agir, être vaillant au combat; mais Dieu te fera tomber devant l'ennemi; car Dieu a le pouvoir d'aider et de faire tomber. [9] Et Amatsia dit à l'homme de Dieu: Mais que faire à l'égard des cent talents que j'ai donnés à la troupe d'Israël? Et l'homme de Dieu dit: L'Éternel en a pour t'en donner beaucoup plus. [10] Ainsi Amatsia sépara les troupes qui lui étaient venues d'Éphraïm, afin qu'elles retournassent chez elles; mais leur colère s'enflamma

contre Juda, et ces gens s'en retournèrent chez eux dans une ardente colère. [11] Alors Amatsia, ayant pris courage, conduisit son peuple et s'en alla dans la vallée du Sel, où il tua dix mille hommes des enfants de Séir. [12] Et les enfants de Juda prirent dix mille hommes vivants, qu'ils amenèrent au sommet d'une roche, d'où ils les précipitèrent, et ils furent tous brisés. [13] Mais les gens de la troupe qu'Amatsia avait renvoyée, afin qu'ils ne vinssent point avec lui à la guerre, se jetèrent sur les villes de Juda, depuis Samarie jusqu'à Beth-Horon, y tuèrent trois mille personnes, et pillèrent un grand butin. [14] Et après qu'Amatsia fut de retour de la défaite des Édomites, il fit apporter les dieux des enfants de Séir, et se les établit pour dieux; il se prosterna devant eux, et leur fit des encensements. [15] Alors la colère de l'Éternel s'enflamma contre Amatsia, et il envoya vers lui un prophète, qui lui dit: Pourquoi as-tu recherché les dieux de ce peuple, qui n'ont point délivré leur peuple de ta main? [16] Et comme il parlait au roi, le roi lui dit: T'a-t-on établi conseiller du roi? Retire-toi! pourquoi te frapperait-on? Et le prophète se retira, mais en disant: Je sais que Dieu a résolu de te détruire, parce que tu as fait cela, et que tu n'as point écouté mon conseil. [17] Puis Amatsia, roi de Juda, ayant tenu conseil, envoya vers Joas, fils de Joachaz, fils de Jéhu, roi d'Israël, pour lui dire: Viens, que nous nous voyions en face! [18] Mais Joas, roi d'Israël, envoya dire à Amatsia, roi de Juda: L'épine qui est au Liban a envoyé dire au cèdre du Liban: Donne ta fille pour femme à mon fils. Mais les bêtes sauvages qui sont au Liban ont passé et ont foulé l'épine. [19] Voici, tu dis que tu as battu Édom; et ton cœur s'est élevé pour te glorifier. Maintenant, reste dans ta maison! Pourquoi t'engagerais-tu dans un malheur où tu tomberais, toi et Juda avec toi? [20] Mais Amatsia ne l'écouta point; car cela venait de Dieu, afin de les livrer entre les mains de Joas parce qu'ils avaient recherché les dieux d'Édom. [21] Joas, roi d'Israël, monta donc; et ils se virent en face, lui et Amatsia, roi de Juda, à Beth-Shémèsh, qui est de Juda. [22] Et Juda fut battu devant Israël, et ils s'enfuirent chacun dans leurs tentes. [23] Et Joas, roi d'Israël, prit Amatsia, roi de Juda, fils de Joas, fils de Joachaz, à Beth-Shémèsh. Il l'emmena à Jérusalem, et fit une brèche de quatre cents coudées dans la muraille de Jérusalem, depuis la porte d'Éphraïm, jusqu'à la porte du coin. [24] Il prit tout l'or et l'argent, et tous les vases qui furent trouvés dans la maison de Dieu, sous la garde d'Obed-Édom, et les trésors de la maison du roi, et des otages; et il s'en retourna à Samarie. [25] Et Amatsia, fils de Joas, roi de Juda, vécut quinze ans, après que Joas, fils de Joachaz, roi d'Israël, fut mort. [26] Le reste des actions d'Amatsia, les premières et les dernières, voici cela n'est-il pas écrit dans le livre des rois de Juda et d'Israël? [27] Or, depuis le moment où Amatsia se détourna de l'Éternel, on fit une conspiration contre lui à Jérusalem, et il s'enfuit à Lakis; mais on envoya après lui à Lakis, et on le tua là. [28] Puis on le transporta sur des chevaux, et on l'ensevelit avec ses pères dans la ville de Juda.

26

[1] Alors, tout le peuple de Juda prit Ozias, qui était âgé de seize ans, et ils l'établirent roi à la place de son père Amatsia. [2] Ce fut lui qui bâtit Éloth, et la ramena sous la puissance de Juda, après que le roi se fut endormi avec ses pères. [3] Ozias était âgé de seize ans quand il devint roi, et il régna cinquante-deux ans à Jérusalem. Sa mère s'appelait Jécolia, de Jérusalem. [4] Il fit ce qui est droit aux yeux de l'Éternel, comme avait fait Amatsia, son père. [5] Il s'appliqua à rechercher Dieu pendant la vie de Zacharie, homme intelligent dans les visions de Dieu; et pendant les jours qu'il rechercha l'Éternel, Dieu le fit prospérer. [6] Il sortit et fit la guerre contre les Philistins; et il renversa la muraille de Gath, la muraille de Jabné, et la muraille d'Asdod; et il bâtit des villes dans le pays d'Asdod, et chez les Philistins. [7] Et Dieu lui donna du secours contre les Philistins et contre les Arabes qui habitaient à Gur-Baal, et contre les Maonites. [8] Les Ammonites même faisaient des

présents à Ozias, et sa renommée parvint jusqu'à l'entrée de l'Égypte; car il devint très puissant. [9] Ozias bâtit des tours à Jérusalem, sur la porte du coin, sur la porte de la vallée, et sur l'angle rentrant; et il les fortifia. [10] Il bâtit des tours dans le désert, et il creusa de nombreuses citernes, parce qu'il avait beaucoup de bétail dans la plaine et dans la campagne, et des laboureurs et des vignerons sur les montagnes, et au Carmel; car il aimait l'agriculture. [11] Ozias avait une armée de gens de guerre, allant en campagne par bandes, selon le compte de leur dénombrement fait par Jéïel, le scribe, et Maaséja, le prévôt, sous la conduite de Hanania, l'un des chefs du roi. [12] Le nombre total des chefs des pères, des vaillants guerriers, était de deux mille six cents. [13] Sous leur conduite était une armée de trois cent sept mille cinq cents combattants, tous gens de guerre, forts et vaillants, pour aider le roi contre l'ennemi. [14] Et Ozias leur procura, pour toute l'armée, des boucliers, des lances, des casques, des cuirasses, des arcs et des pierres de fronde. [15] Il fit aussi à Jérusalem des machines de l'invention d'un ingénieur, pour être placées sur les tours et sur les angles, pour lancer des flèches et de grosses pierres. Et sa renommée s'étendit au loin; car il fut merveilleusement aidé, jusqu'à ce qu'il fût devenu fort puissant. [16] Mais lorsqu'il fut puissant, son cœur s'éleva jusqu'à se corrompre; et il commit un péché contre l'Éternel, son Dieu: il entra dans le temple de l'Éternel pour brûler le parfum sur l'autel des parfums. [17] Mais Asaria, le sacrificateur, entra après lui, et avec lui quatre-vingts sacrificateurs de l'Éternel, hommes vaillants, [18] Qui s'opposèrent au roi Ozias, et lui dirent: Ce n'est pas à toi, Ozias, d'offrir le parfum à l'Éternel, mais aux sacrificateurs, fils d'Aaron, qui sont consacrés pour cela. Sors du sanctuaire, car tu as péché, et cela ne sera pas à ta gloire devant l'Éternel Dieu. [19] Alors Ozias, qui avait à la main un encensoir pour faire brûler le parfum, se mit en colère, et comme il s'irritait contre les sacrificateurs, la lèpre parut sur son front, en présence des sacrificateurs, dans la maison de l'Éternel, près de l'autel des parfums. [20] Et Asaria, le principal sacrificateur, le regarda ainsi que tous les sacrificateurs, et voici, il avait la lèpre au front. Ils le firent donc sortir en hâte de là; et lui-même se hâta de sortir, parce que l'Éternel l'avait frappé. [21] Le roi Ozias fut ainsi lépreux jusqu'au jour de sa mort, et demeura comme lépreux dans une maison écartée, car il était exclu de la maison de l'Éternel. Et Jotham, son fils, avait le commandement de la maison du roi, jugeant le peuple du pays. [22] Or Ésaïe, fils d'Amots, le prophète, a écrit le reste des actions d'Ozias, les premières et les dernières. [23] Et Ozias s'endormit avec ses pères, et on l'ensevelit avec ses pères dans le champ de la sépulture des rois; car on dit: Il est lépreux. Et Jotham, son fils, régna à sa place.

27

[1] Jotham était âgé de vingt-cinq ans quand il devint roi, et il régna seize ans à Jérusalem. Sa mère s'appelait Jérusha, fille de Tsadok. [2] Il fit ce qui est droit aux yeux de l'Éternel, tout comme Ozias, son père, avait fait; seulement il n'entra pas dans le temple de l'Éternel; néanmoins le peuple se corrompait encore. [3] Ce fut lui qui bâtit la porte supérieure de la maison de l'Éternel, et il bâtit beaucoup à la muraille d'Ophel. [4] Il bâtit des villes dans la montagne de Juda, et des châteaux, et des tours dans les forêts. [5] Il fut en guerre avec le roi des enfants d'Ammon, et fut le plus fort; et cette année-là, les enfants d'Ammon lui donnèrent cent talents d'argent, dix mille cores de froment, et dix mille d'orge. Les enfants d'Ammon lui en donnèrent autant la seconde et la troisième année. [6] Jotham devint donc très puissant, parce qu'il avait affermi ses voies devant l'Éternel, son Dieu. [7] Le reste des actions de Jotham, toutes ses guerres, et sa conduite, voici, toutes ces choses sont écrites au livre des rois d'Israël et de Juda. [8] Il était âgé de vingt-cinq ans

quand il devint roi, et il régna seize ans à Jérusalem. ⁹ Puis Jotham s'endormit avec ses pères, et on l'ensevelit dans la cité de David; et Achaz, son fils, régna à sa place.

28

¹ Achaz était âgé de vingt ans quand il devint roi, et il régna seize ans à Jérusalem. Il ne fit point ce qui est droit aux y eux de l'Éternel, comme David, son père. ² Il suivit la voie des rois d'Israël; et il fit même des images de fonte pour les Baals. ³ Il fit des encensements dans la vallée du fils de Hinnom, et il brûla ses fils au feu, selon les abominations des nations que l'Éternel avait chassées devant les enfants d'Israël. ⁴ Il sacrifiait aussi et faisait des encensements dans les hauts lieux, sur les collines, et sous tout arbre verdoyant. ⁵ Et l'Éternel son Dieu le livra entre les mains du roi de Syrie; et les Syriens le battirent et lui prirent un grand nombre de prisonniers, qu'ils emmenèrent à Damas. Il fut aussi livré entre les mains du roi d'Israël, qui lui fit essuyer une grande défaite. ⁶ Car Pékach, fils de Rémalia, tua en un seul jour, en Juda, cent vingt mille hommes, tous vaillants hommes, parce qu'ils avaient abandonné l'Éternel, le Dieu de leurs pères. ⁷ Et Zicri, homme vaillant d'Éphraïm, tua Maaséja, fils du roi, et Azrikam, qui avait la conduite de la maison, et Elkana, le second après le roi. ⁸ Et les enfants d'Israël emmenèrent prisonniers, deux cent mille de leurs frères, tant femmes que fils et filles; ils firent aussi sur eux un grand butin, et ils emmenèrent le butin à Samarie. ⁹ Or un prophète de l'Éternel, nommé Oded, était là; il sortit au-devant de cette armée, qui revenait à Samarie, et leur dit: Voici, l'Éternel, le Dieu de vos pères, étant indigné contre Juda, les a livrés entre vos mains, et vous les avez tués avec une fureur qui est parvenue jusqu'aux cieux. ¹⁰ Et maintenant, vous prétendez vous assujettir, pour serviteurs et pour servantes, les enfants de Juda et de Jérusalem! Mais n'est-ce pas vous, surtout, qui êtes coupables envers l'Éternel, votre Dieu? ¹¹ Maintenant écoutez-moi, et remmenez les prisonniers que vous avez faits parmi vos frères; car l'ardeur de la colère de l'Éternel est sur vous. ¹² Alors quelques-uns des chefs des enfants d'Éphraïm, Azaria, fils de Jochanan, Bérékia, fils de Meshillémoth, Ézéchias, fils de Shallum, et Amasa, fils de Hadlaï, s'élevèrent contre ceux qui revenaient de l'armée, ¹³ Et leur dirent: Vous ne ferez point entrer ici ces prisonniers; car, pour nous rendre coupables devant l'Éternel, vous voulez ajouter à nos péchés et à notre culpabilité; car nous sommes déjà très coupables, et l'ardeur de la colère est sur Israël. ¹⁴ Alors les soldats abandonnèrent les prisonniers et le butin devant les chefs et devant toute l'assemblée. ¹⁵ Et ces hommes, qui ont été désignés par leurs noms, se levèrent, prirent les prisonniers, et vêtirent, au moyen du butin, tous ceux d'entre eux qui étaient nus; ils les vêtirent, ils les chaussèrent; ils leur donnèrent à manger et à boire; ils les oignirent, et ils conduisirent sur des ânes tous ceux qui ne pouvaient pas se soutenir, et les menèrent à Jérico, la ville des palmiers, auprès de leurs frères; puis ils s'en retournèrent à Samarie. ¹⁶ En ce temps-là, le roi Achaz envoya vers les rois d'Assyrie, afin qu'ils lui donnassent du secours. ¹⁷ Les Édomites étaient encore venus, avaient battu Juda, et emmené des prisonniers. ¹⁸ Les Philistins s'étaient aussi jetés sur les villes de la plaine et du midi de Juda; et ils avaient pris Beth-Shémèsh, Ajalon, Guédéroth, Soco et les villes de son ressort, Thimna et les villes de son ressort, Guimzo et les villes de son ressort, et ils y habitaient. ¹⁹ Car l'Éternel avait abaissé Juda, à cause d'Achaz, roi d'Israël, parce qu'il avait relâché tout frein en Juda, et qu'il avait grandement péché contre l'Éternel. ²⁰ Or Thilgath-Pilnéser, roi d'Assyrie, vint vers lui; mais il l'opprima, bien loin de le fortifier. ²¹ Car Achaz dépouilla la maison de l'Éternel, la maison du roi et celle des principaux du peuple, pour faire des présents au roi d'Assyrie, mais sans en retirer secours. ²² Et dans le temps de sa détresse, il continua à pécher contre l'Éternel. C'était toujours le roi Achaz.

²³ Il sacrifia aux dieux de Damas qui l'avaient frappé, et il dit: Puisque les dieux des rois de Syrie leur viennent en aide, je leur sacrifierai, afin qu'ils me soient en aide. Mais ils furent cause de sa chute et de celle de tout Israël. ²⁴ Or Achaz rassembla les vases de la maison de Dieu, et il mit en pièces les vases de la maison de Dieu. Il ferma les portes de la maison de l'Éternel, et se fit des autels dans tous les coins de Jérusalem. ²⁵ Et il fit des hauts lieux dans chaque ville de Juda, pour faire des encensements à d'autres dieux; et il irrita l'Éternel, le Dieu de ses pères. ²⁶ Quant au reste de ses actions, et de toutes ses voies, les premières et les dernières, voici, elles sont écrites dans le livre des rois de Juda et d'Israël. ²⁷ Puis Achaz s'endormit avec ses pères, et on l'ensevelit dans la cité, à Jérusalem; car on ne le mit point dans les tombeaux des rois d'Israël; et Ézéchias, son fils, régna à sa place.

29

¹ Ézéchias devint roi à l'âge de vingt-cinq ans, et il régna vingt-neuf ans à Jérusalem. Sa mère s'appelait Abija, fille de Zacharie. ² Il fit ce qui est droit aux yeux de l'Éternel, tout comme avait fait David, son père. ³ La première année de son règne, au premier mois, il ouvrit les portes de la maison de l'Éternel, et il les répara. ⁴ Il fit venir les sacrificateurs et les Lévites, et il les assembla dans la place orientale. ⁵ Et il leur dit: Écoutez-moi, Lévites! sanctifiez-vous maintenant, et sanctifiez la maison de l'Éternel, le Dieu de vos pères, et ôtez du sanctuaire la souillure. ⁶ Car nos pères ont péché et fait ce qui est mauvais aux yeux de l'Éternel, notre Dieu; ils l'ont abandonné, ils ont détourné leurs faces de la demeure de l'Éternel et lui ont tourné le dos. ⁷ Ils ont même fermé les portes du portique, et ont éteint les lampes, et ils n'ont point fait fumer le parfum, et ils n'ont point offert l'holocauste au Dieu d'Israël dans le sanctuaire. ⁸ C'est pourquoi le courroux de l'Éternel a été sur Juda et sur Jérusalem; et il les a livrés au trouble, à la désolation, à la moquerie, comme vous le voyez de vos yeux. ⁹ Et voici, à cause de cela, nos pères sont tombés par l'épée, et nos fils, nos filles et nos femmes sont en captivité. ¹⁰ Maintenant donc j'ai l'intention de traiter alliance avec l'Éternel, le Dieu d'Israël, pour que l'ardeur de sa colère se détourne de nous. ¹¹ Or, mes enfants, ne soyez pas indifférents; car l'Éternel vous a choisis, afin que vous vous teniez devant lui pour le servir, pour être ses serviteurs, et pour lui offrir le parfum. ¹² Et les Lévites se levèrent: Machath, fils d'Amasaï, Joël, fils d'Azaria, des enfants des Kéhathites; et des enfants de Mérari, Kis, fils d'Abdi, Azaria, fils de Jéhalléléel; et des Guershonites, Joach, fils de Zimma, et Éden, fils de Joach; ¹³ Et des enfants d'Élitsaphan, Shimri et Jéïel; et des enfants d'Asaph, Zacharie et Matthania; ¹⁴ Et des enfants d'Héman, Jéhiel et Shimeï, et des enfants de Jéduthun, Shémaja et Uzziel. ¹⁵ Ils assemblèrent leurs frères, et ils se sanctifièrent; et ils entrèrent selon le commandement du roi, et suivant les paroles de l'Éternel, pour purifier la maison de l'Éternel. ¹⁶ Ainsi les sacrificateurs entrèrent dans l'intérieur de la maison de l'Éternel, pour la purifier; et ils portèrent dehors, au parvis de la maison de l'Éternel, toutes les souillures qu'ils trouvèrent dans le temple de l'Éternel; et les Lévites les reçurent pour les emporter dehors, au torrent de Cédron. ¹⁷ Ils commencèrent à sanctifier le temple, le premier jour du premier mois; le huitième jour du mois, ils entrèrent au portique de l'Éternel, et ils sanctifièrent la maison de l'Éternel pendant huit jours; le seizième jour du premier mois, ils eurent achevé. ¹⁸ Après cela ils se rendirent chez le roi Ézéchias, et dirent: Nous avons purifié toute la maison de l'Éternel, l'autel des holocaustes et tous ses ustensiles, et la table des pains de proposition et tous ses ustensiles. ¹⁹ Nous avons remis en état et sanctifié tous les ustensiles que le roi Achaz avait rejetés pendant son règne, par suite de son péché; et voici, ils sont devant l'autel de l'Éternel. ²⁰ Alors le roi

Ézéchias se leva de bon matin, assembla les principaux de la ville, et monta à la maison de l'Éternel. 21 Et ils amenèrent sept taureaux, sept béliers, sept agneaux et sept boucs, destinés à des sacrifices pour le péché, pour le royaume, pour le sanctuaire et pour Juda. Puis le roi dit aux sacrificateurs, fils d'Aaron, qu'ils les offrissent sur l'autel de l'Éternel. 22 Ils égorgèrent donc les bœufs, et les sacrificateurs en reçurent le sang, et le répandirent sur l'autel; ils égorgèrent les béliers, et en répandirent le sang sur l'autel; ils égorgèrent les agneaux, et en répandirent le sang sur l'autel. 23 Puis on fit approcher les boucs du sacrifice pour le péché, devant le roi et devant l'assemblée, et ils posèrent leurs mains sur eux; 24 Et les sacrificateurs les égorgèrent, et offrirent en expiation leur sang sur l'autel, pour faire l'expiation pour tout Israël; car le roi avait ordonné l'holocauste et le sacrifice pour le péché, pour tout Israël. 25 Il fit aussi tenir les Lévites dans la maison de l'Éternel, avec des cymbales, des lyres et des harpes, selon le commandement de David et de Gad, le Voyant du roi, et de Nathan, le prophète; car c'était un commandement de l'Éternel, par ses prophètes. 26 Les Lévites se tinrent donc là avec les instruments de David, et les sacrificateurs avec les trompettes. 27 Alors Ézéchias commanda qu'on offrît l'holocauste sur l'autel; et au moment où commença l'holocauste, commença aussi le cantique de l'Éternel, avec les trompettes et l'accompagnement des instruments de David, roi d'Israël. 28 Et toute l'assemblée se prosterna, le chant retentit, et les trompettes sonnèrent; le tout jusqu'à ce qu'on eût achevé l'holocauste. 29 Et quand on eut achevé d'offrir l'holocauste, le roi et tous ceux qui se trouvaient avec lui fléchirent les genoux et se prosternèrent. 30 Puis le roi Ézéchias et les chefs dirent aux Lévites de louer l'Éternel avec les paroles de David et d'Asaph, le Voyant; et ils le louèrent avec des transports de joie, et ils s'inclinèrent et se prosternèrent. 31 Alors Ézéchias prit la parole, et dit: Vous avez maintenant consacré vos mains à l'Éternel; approchez-vous, amenez des sacrifices, et offrez des louanges dans la maison de l'Éternel. Et l'assemblée amena des sacrifices et offrit des louanges, et tous ceux qui étaient de bonne volonté offrirent des holocaustes. 32 Le nombre des holocaustes que l'assemblée offrit, fut de soixante et dix taureaux, cent béliers, deux cents agneaux, le tout en holocauste à l'Éternel. 33 Six cents bœufs et trois mille brebis furent en outre consacrés. 34 Mais les sacrificateurs étaient en petit nombre, et ils ne purent pas dépouiller tous les holocaustes; les Lévites, leurs frères, les aidèrent, jusqu'à ce que l'ouvrage fût achevé, et jusqu'à ce que les autres sacrificateurs se fussent sanctifiés; car les Lévites eurent le cœur plus droit pour se sanctifier, que les sacrificateurs. 35 Il y eut aussi un grand nombre d'holocaustes, avec les graisses des sacrifices de prospérités, et avec les libations des holocaustes. Ainsi le service de la maison de l'Éternel fut rétabli. 36 Et Ézéchias et tout le peuple se réjouirent de ce que Dieu avait ainsi disposé le peuple; car la chose se fit subitement.

30

1 Puis Ézéchias envoya vers tout Israël et Juda; et il écrivit même des lettres à Éphraïm et à Manassé, pour qu'ils vinssent à la maison de l'Éternel, à Jérusalem, célébrer la pâque en l'honneur de l'Éternel, le Dieu d'Israël. 2 Le roi, et ses chefs et toute l'assemblée, avaient résolu en conseil, à Jérusalem, de célébrer la pâque au second mois; 3 Car on n'avait pas pu la célébrer en son temps, parce qu'il n'y avait pas assez de sacrificateurs sanctifiés, et que le peuple n'était pas rassemblé à Jérusalem. 4 La chose plut au roi et à toute l'assemblée; 5 Et ils décidèrent de publier par tout Israël, depuis Béer-Shéba jusqu'à Dan, qu'on vînt célébrer la pâque à l'Éternel, le Dieu d'Israël, à Jérusalem; car depuis longtemps ils ne l'avaient pas célébrée conformément à ce qui est écrit. 6 Les coureurs allèrent donc avec des lettres de la part du roi et de ses chefs, par tout Israël et Juda, en disant, selon

que le roi l'avait commandé: Enfants d'Israël, retournez à l'Éternel, le Dieu d'Abraham, d'Isaac et d'Israël, et il reviendra vers le reste d'entre vous qui est échappé de la main des rois d'Assyrie. [7] Ne soyez pas comme vos pères, ni comme vos frères, qui ont péché contre l'Éternel, le Dieu de leurs pères, de sorte qu'il les a mis en désolation, comme vous le voyez. [8] Maintenant, ne roidissez pas votre cou, comme vos pères; tendez la main vers l'Éternel, venez à son sanctuaire, qu'il a consacré pour toujours, servez l'Éternel, votre Dieu, et l'ardeur de sa colère se détournera de vous. [9] Car si vous retournez à l'Éternel, vos frères et vos fils trouveront miséricorde auprès de ceux qui les ont emmenés captifs, et ils reviendront en ce pays, parce que l'Éternel, votre Dieu, est clément et miséricordieux; et il ne détournera point sa face de vous, si vous revenez à lui. [10] Les coureurs passaient ainsi de ville en ville, par le pays d'Éphraïm et de Manassé, et jusqu'à Zabulon; mais l'on se moquait d'eux et l'on s'en raillait. [11] Toutefois, quelques-uns d'Asser, de Manassé et de Zabulon s'humilièrent, et vinrent à Jérusalem. [12] La main de Dieu fut aussi sur Juda, pour leur donner un même cœur, afin d'exécuter le commandement du roi et des chefs, selon la parole de l'Éternel. [13] Et il s'assembla à Jérusalem un peuple nombreux, pour célébrer la fête des pains sans levain, au second mois: ce fut une fort grande assemblée. [14] Ils se levèrent, et ils ôtèrent les autels qui étaient dans Jérusalem; ils ôtèrent aussi tous ceux où l'on brûlait de l'encens, et ils les jetèrent dans le torrent de Cédron. [15] Puis on immola la pâque, au quatorzième jour du second mois; car les sacrificateurs et les Lévites avaient eu honte et s'étaient sanctifiés, et ils offrirent des holocaustes dans la maison de l'Éternel. [16] Ils se tinrent, à leur place, suivant leur règle, d'après la loi de Moïse, homme de Dieu. Et les sacrificateurs répandaient le sang qu'ils recevaient de la main des Lévites. [17] Car il y en avait une grande partie dans l'assemblée qui ne s'étaient pas purifiés; et les Lévites eurent la charge d'immoler les victimes de la pâque pour tous ceux qui n'étaient pas purs, afin de les consacrer à l'Éternel. [18] Car une grande partie du peuple, beaucoup de ceux d'Éphraïm, de Manassé, d'Issacar et de Zabulon, ne s'étaient pas purifiés, et mangèrent la pâque, sans se conformer à ce qui est écrit. Mais Ézéchias pria pour eux, en disant: Que l'Éternel, qui est bon, fasse l'expiation, [19] Pour quiconque a disposé son cœur à rechercher Dieu, l'Éternel, le Dieu de ses pères, bien que ce ne soit pas selon la purification du sanctuaire! [20] Et l'Éternel exauça Ézéchias, et il pardonna au peuple. [21] Les enfants d'Israël qui se trouvèrent à Jérusalem célébrèrent donc la fête des pains sans levain, pendant sept jours, avec une grande joie; et les Lévites et les sacrificateurs célébraient l'Éternel chaque jour, avec les instruments qui retentissaient à la louange de l'Éternel. [22] Et Ézéchias parla au cœur de tous les Lévites, qui se montraient intelligents dans la bonne science du service de l'Éternel. Ils mangèrent les repas de la fête pendant sept jours, offrant des sacrifices de prospérités, et louant l'Éternel le Dieu de leurs pères. [23] Puis toute l'assemblée résolut de célébrer sept autres jours. Et ils célébrèrent ces sept jours dans la joie. [24] Car Ézéchias, roi de Juda, fit présent à l'assemblée de mille taureaux et de sept mille moutons; et les chefs firent présent à l'assemblée de mille taureaux et de dix mille moutons; et des sacrificateurs, en grand nombre, s'étaient sanctifiés. [25] Et toute l'assemblée de Juda, avec les sacrificateurs et les Lévites, et toute l'assemblée venue d'Israël, et les étrangers venus du pays d'Israël, et ceux qui habitaient en Juda, se réjouirent. [26] Il y eut donc une grande joie à Jérusalem; car depuis le temps de Salomon, fils de David, roi d'Israël, il n'y avait rien eu de semblable dans Jérusalem. [27] Puis les sacrificateurs lévites se levèrent et bénirent le peuple, et leur voix fut entendue, et leur prière parvint jusqu'aux cieux, jusqu'à la sainte demeure de l'Éternel.

31

[1] Lorsque tout cela fut achevé, tous ceux d'Israël qui se trouvaient là, allèrent par les villes de Juda, et brisèrent les statues, abattirent les emblèmes d'Ashéra et démolirent les hauts lieux et les autels, dans tout Juda et Benjamin et dans Éphraïm et Manassé, jusqu'à ce que tout fût détruit. Ensuite tous les enfants d'Israël retournèrent dans leurs villes, chacun dans sa possession. [2] Puis Ézéchias rétablit les classes des sacrificateurs et des Lévites, selon leurs divisions, chacun selon ses fonctions, tant les sacrificateurs que les Lévites, pour les holocaustes et les sacrifices de prospérités, pour faire le service, pour louer et pour célébrer Dieu aux portes du camp de l'Éternel. [3] Le roi donna aussi une portion de ses biens pour les holocaustes, pour les holocaustes du matin et du soir, pour les holocaustes des sabbats, des nouvelles lunes et des fêtes, comme il est écrit dans la loi de l'Éternel. [4] Et il dit au peuple, aux habitants de Jérusalem, de donner la portion des sacrificateurs et des Lévites, afin qu'ils s'appliquassent à la loi de l'Éternel. [5] Et aussitôt que la chose fut publiée, les enfants d'Israël donnèrent en abondance les prémices du blé, du moût, de l'huile, du miel et de tous les produits des champs; ils apportèrent la dîme de tout, en abondance. [6] Et les enfants d'Israël et de Juda, qui habitaient dans les villes de Juda, apportèrent aussi la dîme du gros et du menu bétail, et la dîme des choses saintes, qui étaient consacrées à l'Éternel, leur Dieu; et ils les mirent par monceaux. [7] Ils commencèrent à faire les monceaux au troisième mois, et au septième mois ils les achevèrent. [8] Alors Ézéchias et les chefs vinrent, et virent les monceaux, et ils bénirent l'Éternel et son peuple d'Israël. [9] Et Ézéchias interrogea les sacrificateurs et les Lévites au sujet de ces monceaux. [10] Et Azaria, le principal sacrificateur, de la maison de Tsadok, lui parla, et dit: Depuis qu'on a commencé à apporter des offrandes dans la maison de l'Éternel, nous avons mangé, et nous avons été rassasiés, et il en est resté en abondance; car l'Éternel a béni son peuple, et cette grande quantité est ce qu'il y a eu de reste. [11] Alors Ézéchias dit qu'on préparât des chambres dans la maison de l'Éternel, et on les prépara. [12] Et on apporta fidèlement les offrandes, et la dîme, et les choses consacrées. Et Conania, le Lévite, en eut l'intendance, et Shimeï, son frère, était son second. [13] Jéhiel, Azazia, Nachath, Asaël, Jérimoth, Josabad, Éliel, Jismakia, Machath, et Benaïa, étaient commis sous l'autorité de Conania et de Shimeï, son frère, par l'ordre du roi Ézéchias, et d'Azaria, gouverneur de la maison de Dieu. [14] Coré, fils de Jimna, le Lévite, qui était portier vers l'orient, avait la charge des dons volontaires offerts à Dieu, pour distribuer l'offrande élevée de l'Éternel, et les choses très saintes. [15] Et sous sa direction étaient Éden, Minjamin, Josué, Shémaja, Amaria, et Shécania, dans les villes des sacrificateurs, pour distribuer fidèlement les portions à leurs frères, grands et petits, suivant leurs divisions, [16] Outre ceux qui étaient enregistrés comme mâles, depuis l'âge de trois ans et au-dessus; à tous ceux qui entraient dans la maison de l'Éternel, pour les fonctions de chaque jour, selon le service de leurs charges, suivant leurs divisions; [17] Aux sacrificateurs enregistrés selon la maison de leurs pères, et aux Lévites, depuis ceux de vingt ans et au-dessus, selon leurs charges et selon leurs divisions; [18] A ceux de toute l'assemblée enregistrés avec leurs petits enfants, leurs femmes, leurs fils et leurs filles; car ils se consacraient avec fidélité aux choses saintes. [19] Et quant aux enfants d'Aaron, les sacrificateurs, qui étaient à la campagne, dans la banlieue de leurs villes, il y avait dans chaque ville des gens désignés par leurs noms, pour distribuer les portions à tous les mâles des sacrificateurs, et à tous les Lévites enregistrés. [20] Ézéchias en usa ainsi par tout Juda; et il fit ce qui est bon, droit et véritable, devant l'Éternel son Dieu. [21] Et, dans tout l'ouvrage qu'il entreprit pour le service de la maison de Dieu, et pour la loi, et pour les commandements, en recherchant son Dieu, il agit de tout son cœur, et il réussit.

32

[1] Après ces choses et ces actes de fidélité, arriva Sanchérib, roi des Assyriens; il entra en Juda, et campa contre les villes fortes, dans l'intention de s'en emparer. [2] Or Ézéchias, voyant que Sanchérib était venu, et qu'il se tournait contre Jérusalem pour lui faire la guerre, [3] Tint conseil avec ses chefs et ses hommes vaillants pour boucher les sources d'eau qui étaient hors de la ville, et ils l'aidèrent. [4] Un peuple nombreux s'assembla donc, et ils bouchèrent toutes les sources et le cours d'eau qui coule par le milieu de la contrée, en disant: Pourquoi les rois des Assyriens trouveraient-ils à leur venue des eaux en abondance? [5] Il se fortifia et rebâtit toute la muraille où l'on avait fait brèche, et l'éleva jusqu'aux tours; il bâtit une autre muraille en dehors; il fortifia Millo, dans la cité de David, et il fit faire beaucoup de traits et de boucliers. [6] Il établit des capitaines de guerre sur le peuple, les rassembla auprès de lui sur la place de la porte de la ville, et parla à leur cœur, en disant: [7] Fortifiez-vous et soyez fermes! Ne craignez point et ne soyez point effrayés devant le roi des Assyriens et devant toute la multitude qui est avec lui; car avec nous il y a plus qu'avec lui. [8] Avec lui est le bras de la chair, mais avec nous est l'Éternel, notre Dieu, pour nous aider et pour combattre dans nos combats. Et le peuple eut confiance dans les paroles d'Ézéchias, roi de Juda. [9] Après cela, Sanchérib, roi d'Assyrie, pendant qu'il était devant Lakis, ayant avec lui toutes ses forces, envoya ses serviteurs à Jérusalem vers Ézéchias, roi de Juda, et vers tous ceux de Juda qui étaient à Jérusalem, pour leur dire: [10] Ainsi dit Sanchérib, roi des Assyriens: En quoi vous confiez-vous, que vous restiez à Jérusalem dans la détresse [11] Ézéchias ne vous induit-il pas à vous livrer à la mort, par la famine et par la soif, en vous disant: L'Éternel, notre Dieu, nous délivrera de la main du roi des Assyriens? [12] N'est-ce pas lui, Ézéchias, qui a aboli ses hauts lieux et ses autels, et qui a fait ce commandement à Juda et à Jérusalem, en disant: Vous vous prosternerez devant un seul autel, et vous y ferez fumer le parfum? [13] Ne savez-vous pas ce que nous avons fait, moi et mes pères, à tous les peuples des autres pays? Les dieux des nations de ces pays ont-ils pu délivrer leur pays de ma main? [14] Quel est celui de tous les dieux de ces nations, que mes pères ont entièrement détruites, qui ait pu délivrer son peuple de ma main, pour que votre Dieu puisse vous délivrer de ma main? [15] Maintenant donc qu'Ézéchias ne vous abuse point, et qu'il ne vous incite plus de cette manière, et ne le croyez pas; car aucun dieu d'aucune nation ni d'aucun royaume n'a pu délivrer son peuple de ma main, ni de la main de mes pères; combien moins votre Dieu vous délivrerait-il de ma main? [16] Et ses serviteurs parlèrent encore contre l'Éternel Dieu, et contre Ézéchias, son serviteur. [17] Il écrivit aussi des lettres pour insulter l'Éternel, le Dieu d'Israël, en parlant ainsi contre lui: Comme les dieux des nations des autres pays n'ont pu délivrer leur peuple de ma main, ainsi le Dieu d'Ézéchias ne pourra délivrer son peuple de ma main. [18] Et ses serviteurs crièrent à haute voix en langue judaïque, au peuple de Jérusalem qui était sur la muraille, pour les effrayer et les épouvanter, afin de prendre la ville. [19] Ils parlèrent du Dieu de Jérusalem comme des dieux des peuples de la terre, ouvrage de mains d'hommes. [20] Alors le roi Ézéchias, et Ésaïe, le prophète, fils d'Amots, prièrent à ce sujet et crièrent vers les cieux. [21] Et l'Éternel envoya un ange, qui extermina tous les vaillants hommes, les princes et les chefs dans le camp du roi d'Assyrie, en sorte qu'il s'en retourna confus en son pays. Et, comme il était entré dans la maison de son dieu, ceux qui étaient sortis de ces entrailles, le firent tomber là par l'épée. [22] Ainsi l'Éternel sauva Ézéchias et les habitants de Jérusalem de la main de Sanchérib, roi d'Assyrie, et de la main de tous, et il les protégea de tous côtés. [23] Puis beaucoup de gens apportèrent des offrandes à l'Éternel, à Jérusalem, et des choses précieuses à Ézéchias, roi de Juda, qui après cela fut élevé aux yeux de toutes les nations. [24] En ces jours-là, Ézéchias

fut malade à la mort, et pria l'Éternel, qui l'exauça et lui accorda un prodige. ²⁵ Mais Ézéchias ne fut pas reconnaissant du bienfait qu'il avait reçu; car son cœur s'éleva, et il y eut de l'indignation contre lui, et contre Juda et Jérusalem. ²⁶ Mais Ézéchias s'humilia de l'élévation de son cœur, lui et les habitants de Jérusalem, et l'indignation de l'Éternel ne vint pas sur eux pendant la vie d'Ézéchias. ²⁷ Et Ézéchias eut beaucoup de richesses et d'honneurs, et il se fit des trésors d'argent, d'or, de pierres précieuses, d'aromates, de boucliers, et de toutes sortes d'objets désirables; ²⁸ Des magasins pour les produits en blé, en moût et en huile, des étables pour toute sorte de bétail, et des troupeaux pour les étables. ²⁹ Il se bâtit des villes, et il eut en abondance des troupeaux de gros et de menu bétail; car Dieu lui avait donné de fort grandes richesses. ³⁰ Ce fut lui, Ézéchias, qui boucha l'issue supérieure des eaux de Guihon, et les conduisit droit en bas, vers l'occident de la cité de David. Ainsi Ézéchias réussit dans tout ce qu'il fit. ³¹ Toutefois, lorsque les chefs de Babylone envoyèrent des messagers vers lui pour s'informer du prodige qui était arrivé dans le pays, Dieu l'abandonna pour l'éprouver, afin de connaître tout ce qui était dans son cœur. ³² Quant au reste des actions d'Ézéchias, et à ses œuvres de piété, voici, cela est écrit dans la vision d'Ésaïe, le prophète, fils d'Amots, dans le livre des rois de Juda et d'Israël. ³³ Puis Ézéchias s'endormit avec ses pères, et on l'ensevelit au plus haut des tombeaux des fils de David; tout Juda et les habitants de Jérusalem lui rendirent honneur à sa mort; et Manassé, son fils, régna à sa place.

33

¹ Manassé était âgé de douze ans quand il devint roi, et il régna cinquante-cinq ans à Jérusalem. ² Il fit ce qui est mauvais aux yeux de l'Éternel, selon les abominations des nations que l'Éternel avait chassées devant les enfants d'Israël. ³ Il rebâtit les hauts lieux qu'Ézéchias, son père, avait démolis, il éleva des autels aux Baals, il fit des emblèmes d'Ashéra, et se prosterna devant toute l'armée des cieux et la servit. ⁴ Il bâtit aussi des autels dans la maison de l'Éternel, de laquelle l'Éternel avait dit: Mon nom sera dans Jérusalem à jamais. ⁵ Il bâtit des autels à toute l'armée des cieux, dans les deux parvis de la maison de l'Éternel. ⁶ Il fit passer ses fils par le feu dans la vallée du fils de Hinnom; il pratiquait la magie, les sorcelleries et les augures; il établit des nécromanciens et des devins. Il fit de plus en plus ce qui est mauvais aux yeux de l'Éternel, pour l'irriter. ⁷ Il plaça une image taillée, une idole qu'il avait faite, dans la maison de Dieu, de laquelle Dieu avait dit à David et à Salomon, son fils: Je mettrai à perpétuité mon nom dans cette maison et dans Jérusalem, que j'ai choisie entre toutes les tribus d'Israël; ⁸ Et je ne ferai plus sortir Israël de la terre que j'ai assignée à leurs pères, pourvu seulement qu'ils prennent garde à faire tout ce que je leur ai commandé, selon toute la loi, les préceptes et les ordonnances prescrites par Moïse. ⁹ Manassé fit donc que Juda et les habitants de Jérusalem s'égarèrent, jusqu'à faire pis que les nations que l'Éternel avait exterminées devant les enfants d'Israël. ¹⁰ Et l'Éternel parla à Manassé et à son peuple; mais ils n'y voulurent point entendre. ¹¹ Alors l'Éternel fit venir contre eux les chefs de l'armée du roi des Assyriens, qui mirent Manassé dans les fers; ils le lièrent d'une double chaîne d'airain, et l'emmenèrent à Babylone. ¹² Et lorsqu'il fut dans l'angoisse, il implora l'Éternel, son Dieu, et il s'humilia fort devant le Dieu de ses pères. ¹³ Il lui adressa ses supplications, et Dieu fut fléchi par sa prière, et exauça sa supplication; et il le fit retourner à Jérusalem, dans son royaume; et Manassé reconnut que c'est l'Éternel qui est Dieu. ¹⁴ Après cela, il bâtit une muraille extérieure à la cité de David, à l'occident, vers Guihon, dans la vallée, jusqu'à l'entrée de la porte des Poissons; il en entoura Ophel,

et lui donna une grande hauteur; il établit aussi des chefs d'armée dans toutes les villes fortes de Juda. [15] Il ôta de la maison de l'Éternel les dieux des étrangers, et l'idole, et tous les autels, qu'il avait bâtis sur la montagne de la maison de l'Éternel et à Jérusalem; et il les jeta hors de la ville. [16] Puis il rebâtit l'autel de l'Éternel et y offrit des sacrifices de prospérités et de louanges; et il ordonna à Juda de servir l'Éternel, le Dieu d'Israël. [17] Toutefois le peuple sacrifiait encore dans les hauts lieux, mais seulement à l'Éternel, son Dieu. [18] Le reste des actions de Manassé, sa prière à son Dieu, et les paroles des Voyants qui lui parlaient au nom de l'Éternel, le Dieu d'Israël, voici, cela est écrit dans les actes des rois d'Israël. [19] Sa prière, et comment Dieu fut fléchi, tout son péché et son infidélité, les places dans lesquelles il bâtit des hauts lieux, et dressa des emblèmes d'Ashéra et des images taillées, avant qu'il s'humiliât, voici cela est écrit dans les paroles des Voyants. [20] Puis Manassé s'endormit avec ses pères, et on l'ensevelit dans sa maison; et Amon, son fils, régna à sa place. [21] Amon était âgé de vingt-deux ans quand il devint roi, et il régna deux ans à Jérusalem. [22] Il fit ce qui est mauvais aux yeux de l'Éternel, comme avait fait Manassé, son père; il sacrifia à toutes les images taillées que Manassé, son père, avait faites, et il les servit. [23] Mais il ne s'humilia point devant l'Éternel, comme Manassé, son père, s'était humilié, car lui, Amon, se rendit coupable de plus en plus. [24] Et ses serviteurs conspirèrent contre lui, et le firent mourir dans sa maison. [25] Mais le peuple du pays frappa tous ceux qui avaient conspiré contre le roi Amon; et le peuple du pays établit pour roi, à sa place, Josias, son fils.

34

[1] Josias était âgé de huit ans quand il devint roi, et il régna trente et un ans à Jérusalem. [2] Il fit ce qui est droit aux yeux de l'Éternel; il marcha sur les traces de David, son père; il ne s'en détourna ni à droite ni à gauche. [3] La huitième année de son règne, comme il était encore jeune, il commença à rechercher le Dieu de David, son père; et la douzième année, il commença à purifier Juda et Jérusalem des hauts lieux, des emblèmes d'Ashéra, et des images taillées, et des images de fonte. [4] On détruisit en sa présence les autels des Baals, et il abattit les colonnes solaires qui étaient dessus. Il brisa les emblèmes d'Ashéra, les images taillées et les images de fonte; et les ayant réduites en poudre, il la répandit sur les tombeaux de ceux qui leur avaient sacrifié. [5] Puis il brûla les os des sacrificateurs sur leurs autels, et il purifia Juda et Jérusalem. [6] Dans les villes de Manassé, d'Éphraïm et de Siméon, et jusqu'à Nephthali, dans leurs ruines, partout, [7] Il démolit les autels, et mit en pièces les emblèmes d'Ashéra et les images taillées, et les réduisit en poussière; et il abattit toutes les colonnes solaires dans tout le pays d'Israël. Puis il revint à Jérusalem. [8] Et la dix-huitième année de son règne, après qu'il eut purifié le pays et le temple, il envoya Shaphan, fils d'Atsalia, et Maaséja, capitaine de la ville, et Joach, fils de Joachaz, l'archiviste, pour réparer la maison de l'Éternel, son Dieu. [9] Et ils vinrent vers Hilkija, le grand sacrificateur; et on livra l'argent qui avait été apporté dans la maison de Dieu et que les Lévites, gardiens du seuil, avaient recueilli de Manassé, et d'Éphraïm, et de tout le reste d'Israël, et de tout Juda, et de Benjamin, et des habitants de Jérusalem. [10] On le remit entre les mains de ceux qui avaient la charge de l'ouvrage, qui étaient préposés sur la maison de l'Éternel; et ceux qui avaient la charge de l'ouvrage, qui travaillaient dans la maison de l'Éternel, le distribuèrent pour la réparer et la restaurer. [11] Ils le remirent aux charpentiers et aux maçons, pour acheter des pierres de taille et du bois pour les assemblages et pour la charpente des maisons que les rois de Juda avaient détruites. [12] Et ces hommes s'employaient fidèlement au travail. Jachath et Obadia, Lévites d'entre les enfants de Mérari, étaient préposés sur eux, et Zacharie et Méshullam, d'entre les enfants

des Kéhathites, pour les diriger; et ces Lévites étaient tous habiles dans les instruments de musique. ¹³ Ils surveillaient ceux qui portaient les fardeaux, et dirigeaient tous ceux qui faisaient l'ouvrage, dans chaque genre de service; il y avait des scribes, des commissaires et des portiers, d'entre les Lévites. ¹⁴ Or, comme on retirait l'argent qui avait été apporté dans la maison de l'Éternel, Hilkija, le sacrificateur, trouva le livre de la loi de l'Éternel, donné par Moïse. ¹⁵ Alors Hilkija, prenant la parole, dit à Shaphan, le secrétaire: J'ai trouvé le livre de la loi dans la maison de l'Éternel. Et Hilkija donna le livre à Shaphan. ¹⁶ Et Shaphan apporta le livre au roi, et rendit compte au roi, en disant: Tes serviteurs font tout ce qu'on leur a donné à faire. ¹⁷ Ils ont versé l'argent qui a été trouvé dans la maison de l'Éternel, et l'ont remis entre les mains des commissaires, et entre les mains de ceux qui ont la charge de l'ouvrage. ¹⁸ Shaphan, le secrétaire, dit aussi au roi: Hilkija, le sacrificateur, m'a donné un livre; et Shaphan y lut devant le roi. ¹⁹ Or il arriva, dès que le roi eut entendu les paroles de la loi, qu'il déchira ses vêtements; ²⁰ Et il donna cet ordre à Hilkija, à Achikam, fils de Shaphan, à Abdon, fils de Mica, à Shaphan, le secrétaire, et à Asaja, serviteur du roi, en disant: ²¹ Allez, consultez l'Éternel pour moi et pour ce qui reste en Israël et en Juda, touchant les paroles du livre qui a été trouvé; car la colère de l'Éternel qui s'est répandue sur nous, est grande, parce que nos pères n'ont point gardé la parole de l'Éternel, pour faire selon tout ce qui est écrit dans ce livre. ²² Hilkija et ceux que le roi avait désignés allèrent vers Hulda, la prophétesse, femme de Shallum, fils de Tokhath, fils de Hasra, gardien des vêtements. Elle habitait à Jérusalem, dans le second quartier; et ils lui parlèrent dans ce sens. ²³ Et elle leur répondit: Ainsi a dit l'Éternel, le Dieu d'Israël: Dites à l'homme qui vous a envoyés vers moi: ²⁴ Ainsi a dit l'Éternel: Voici, je vais faire venir du mal sur ce lieu et sur ses habitants, toutes les malédictions qui sont écrites dans le livre qu'on a lu devant le roi de Juda. ²⁵ Parce qu'ils m'ont abandonné, et qu'ils ont fait des encensements à d'autres dieux, pour m'irriter par toutes les œuvres de leurs mains, ma colère s'est répandue sur ce lieu, et elle ne sera point éteinte. ²⁶ Mais quant au roi de Juda, qui vous a envoyés pour consulter l'Éternel, vous lui direz: Ainsi a dit l'Éternel, le Dieu d'Israël, quant aux paroles que tu as entendues: ²⁷ Parce que ton cœur a été touché, et que tu t'es humilié devant Dieu, quand tu as entendu ses paroles contre ce lieu et contre ses habitants; parce que tu t'es humilié devant moi, et que tu as déchiré tes vêtements, et que tu as pleuré devant moi, moi aussi, j'ai entendu, dit l'Éternel. ²⁸ Voici, je vais te recueillir avec tes pères, et tu seras recueilli en paix dans tes tombeaux, et tes yeux ne verront point tout le mal que je vais faire venir sur ce lieu et sur ses habitants. Et ils rapportèrent au roi cette parole. ²⁹ Alors le roi envoya assembler tous les anciens de Juda et de Jérusalem. ³⁰ Et le roi monta à la maison de l'Éternel avec tous les hommes de Juda, et les habitants de Jérusalem, les sacrificateurs et les Lévites, et tout le peuple, depuis le plus grand jusqu'au plus petit; et on lut devant eux toutes les paroles du livre de l'alliance, qui avait été trouvé dans la maison de l'Éternel. ³¹ Et le roi se tint debout à sa place; et il traita alliance devant l'Éternel, promettant de suivre l'Éternel et de garder ses commandements, ses témoignages et ses lois, de tout son cœur et de toute son âme, en pratiquant les paroles de l'alliance écrites dans ce livre. ³² Et il y fit adhérer tous ceux qui se trouvaient à Jérusalem et en Benjamin; et les habitants de Jérusalem firent selon l'alliance de Dieu, le Dieu de leurs pères. ³³ Josias ôta donc, de tous les pays appartenant aux enfants d'Israël, toutes les abominations; et il obligea tous ceux qui se trouvaient en Israël à servir l'Éternel leur Dieu. Pendant toute sa vie, ils ne se détournèrent point de l'Éternel, le Dieu de leurs pères.

35

¹ Or Josias célébra la pâque à l'Éternel, à Jérusalem, et on immola la pâque, le quatorzième jour du premier mois. ² Et il établit les sacrificateurs dans leurs charges, et les encouragea au service de la maison de l'Éternel. ³ Il dit aussi aux Lévites qui enseignaient tout Israël, et qui étaient consacrés à l'Éternel: Mettez l'arche sainte dans la maison que Salomon, fils de David, roi d'Israël, a bâtie. Vous n'avez plus à la porter sur l'épaule; maintenant, servez l'Éternel, votre Dieu, et son peuple d'Israël. ⁴ Tenez-vous prêts, selon les maisons de vos pères, selon vos divisions, suivant l'écrit de David, roi d'Israël, et suivant l'écrit de Salomon, son fils; ⁵ Tenez-vous dans le sanctuaire, selon les classes des maisons des pères, pour vos frères, les enfants du peuple, et selon le partage de la maison des pères des Lévites. ⁶ Immolez la pâque, sanctifiez-vous, et préparez-la pour vos frères, en faisant selon la parole de l'Éternel prononcée par Moïse. ⁷ Et Josias fit aux gens du peuple, à tous ceux qui se trouvaient là, un présent de menu bétail, en agneaux et en chevreaux, au nombre de trente mille, le tout pour faire la pâque, et de trois mille bœufs; cela fut pris sur les biens du roi. ⁸ Et ses chefs firent un présent volontaire au peuple, aux sacrificateurs et aux Lévites. Hilkija, Zacharie et Jéhiel, princes de la maison de Dieu, donnèrent aux sacrificateurs, pour faire la pâque, deux mille six cents agneaux, et trois cents bœufs. ⁹ Conania, Shémaja et Nathanaël, ses frères, et Hashabia, Jéiel et Jozabad, chefs des Lévites, en présentèrent cinq mille aux Lévites pour faire la pâque, et cinq cents bœufs. ¹⁰ Le service étant préparé, les sacrificateurs se tinrent à leurs places, ainsi que les Lévites suivant leurs divisions, selon le commandement du roi. ¹¹ Puis on immola la pâque; et les sacrificateurs répandaient le sang reçu des mains des Lévites, et les Lévites dépouillaient les victimes. ¹² Ils mirent à part les holocaustes, pour les donner aux gens du peuple, suivant les divisions des maisons de leurs pères, afin de les offrir à l'Éternel, selon qu'il est écrit au livre de Moïse; ils firent de même pour les bœufs. ¹³ Et ils firent cuire la pâque au feu, selon l'ordonnance; et ils firent cuire les choses consacrées, dans des chaudières, des chaudrons et des poêles; et ils s'empressaient de les distribuer à tous les gens du peuple. ¹⁴ Ensuite ils apprêtèrent ce qui était pour eux et pour les sacrificateurs; car les sacrificateurs, enfants d'Aaron, furent occupés jusqu'à la nuit à offrir les holocaustes et les graisses; c'est pourquoi, les Lévites apprêtèrent ce qu'il fallait pour eux et pour les sacrificateurs, enfants d'Aaron. ¹⁵ Or les chantres, enfants d'Asaph, étaient à leur place, selon le commandement de David, d'Asaph, d'Héman et de Jéduthun, le Voyant du roi; et les portiers étaient à chaque porte. Ils n'eurent pas à interrompre leur service, car les Lévites, leurs frères, apprêtaient ce qui était pour eux. ¹⁶ Ainsi, tout le service de l'Éternel fut organisé en ce jour-là, pour faire la pâque, et pour offrir les holocaustes sur l'autel de l'Éternel, selon le commandement du roi Josias. ¹⁷ Les enfants d'Israël qui s'y trouvèrent, célébrèrent donc la pâque, en ce temps-là, et la fête des pains sans levain, pendant sept jours. ¹⁸ On n'avait point célébré de pâque semblable en Israël, depuis les jours de Samuel, le prophète; et aucun des rois d'Israël n'avait célébré une pâque pareille à celle que célébrèrent Josias, les sacrificateurs et les Lévites, tout Juda et Israël, qui s'y trouvèrent avec les habitants de Jérusalem. ¹⁹ Cette pâque fut célébrée la dix-huitième année du règne de Josias. ²⁰ Après tout cela, quand Josias eut réparé le temple, Néco, roi d'Égypte, monta pour faire la guerre à Carkémish, sur l'Euphrate; et Josias sortit à sa rencontre. ²¹ Mais Néco lui envoya des messagers, pour lui dire: Qu'y a-t-il entre moi et toi, roi de Juda? Ce n'est pas à toi que j'en veux aujourd'hui, mais à une maison avec laquelle je suis en guerre; et Dieu m'a dit de me hâter. Cesse de t'opposer à Dieu, qui est avec moi, de peur qu'il ne te détruise. ²² Cependant Josias ne voulut point se détourner de lui; il se déguisa pour combattre contre lui; et il n'écouta pas les paroles de Néco, qui procédaient de la bouche de Dieu. Il vint donc pour combattre, dans la plaine de

Méguiddo. ²³ Et les archers tirèrent sur le roi Josias; et le roi dit à ses serviteurs: Emportez-moi, car je suis fort blessé. ²⁴ Et ses serviteurs l'emportèrent du char, le mirent sur un second char qu'il avait, et le menèrent à Jérusalem, et il mourut. Puis il fut enseveli dans les tombeaux de ses pères, et tous ceux de Juda et de Jérusalem pleurèrent Josias. ²⁵ Jérémie fit aussi une complainte sur Josias; et tous les chantres et toutes les chanteuses ont parlé de Josias dans leurs complaintes, jusqu'à ce jour, et on en a fait une coutume en Israël. Voici, ces choses sont écrites dans les complaintes. ²⁶ Le reste des actions de Josias, et ses œuvres de piété, conformes à ce qui est écrit dans la loi de l'Éternel, ²⁷ Ses premières et ses dernières actions, sont écrites dans le livre des rois d'Israël et de Juda.

36

¹ Alors le peuple du pays prit Joachaz, fils de Josias, et l'établit roi à Jérusalem, à la place de son père. ² Joachaz était âgé de vingt-trois ans quand il devint roi, et il régna trois mois à Jérusalem. ³ Le roi d'Égypte le déposa, à Jérusalem, et frappa le pays d'une amende de cent talents d'argent et d'un talent d'or. ⁴ Et le roi d'Égypte établit pour roi sur Juda et Jérusalem Éliakim, frère de Joachaz, et changea son nom en celui de Jéhojakim. Puis Néco prit Joachaz, son frère, et l'emmena en Égypte. ⁵ Jéhojakim était âgé de vingt-cinq ans quand il devint roi, et il régna onze ans à Jérusalem. Il fit ce qui est mauvais aux yeux de l'Éternel, son Dieu. ⁶ Et Nébucadnetsar, roi de Babylone, monta contre lui, et le lia d'une double chaîne d'airain, pour le mener à Babylone. ⁷ Nébucadnetsar emporta aussi à Babylone des vases de la maison de l'Éternel, et il les mit dans son palais, à Babylone. ⁸ Le reste des actions de Jéhojakim, et les abominations qu'il commit, et ce qui se trouva en lui, voici, ces choses sont écrites dans le livre des rois d'Israël et de Juda. Et Jéhojakin, son fils, régna à sa place. ⁹ Jéhojakin était âgé de huit ans quand il devint roi, et il régna trois mois et dix jours à Jérusalem. Il fit ce qui est mauvais aux yeux de l'Éternel. ¹⁰ Et l'année suivante, le roi Nébucadnetsar envoya, et le fit amener à Babylone, avec les vases précieux de la maison de l'Éternel; et il établit roi sur Juda et Jérusalem, Sédécias, son frère. ¹¹ Sédécias était âgé de vingt et un ans quand il devint roi, et il régna onze ans à Jérusalem. ¹² Il fit ce qui est mauvais aux yeux de l'Éternel, son Dieu; et il ne s'humilia point devant Jérémie, le prophète, qui lui parlait de la part de l'Éternel. ¹³ Il se révolta même contre le roi Nébucadnetsar, qui l'avait fait jurer par le nom de Dieu; et il roidit son cou, et il endurcit son cœur, pour ne pas retourner à l'Éternel, le Dieu d'Israël. ¹⁴ De même tous les chefs des sacrificateurs et le peuple multiplièrent de plus en plus leurs offenses, selon toutes les abominations des nations; et ils souillèrent la maison de l'Éternel, qu'il avait consacrée dans Jérusalem. ¹⁵ Or l'Éternel, le Dieu de leurs pères, leur avait envoyé des avertissements par le moyen de ses messagers, qu'il envoya de bonne heure; car il voulait épargner son peuple et sa propre demeure. ¹⁶ Mais ils se moquèrent des envoyés de Dieu, ils méprisèrent ses paroles, et ils se raillèrent de ses prophètes, jusqu'à ce que la colère de l'Éternel contre son peuple montât au point qu'il n'y eut plus de remède. ¹⁷ Alors il fit monter contre eux le roi des Caldéens, et tua leurs jeunes gens par l'épée, dans la maison de leur sanctuaire; il n'épargna ni le jeune homme, ni la vierge, ni le vieillard, ni l'homme à cheveux blancs; il livra tout entre ses mains. ¹⁸ Nébucadnetsar emmena à Babylone tous les vases de la maison de Dieu, grands et petits, les trésors de la maison de l'Éternel, et les trésors du roi et de ses chefs. ¹⁹ Ils brûlèrent la maison de Dieu; ils démolirent les murailles de Jérusalem; ils livrèrent au feu tous ses palais, et détruisirent tous les objets précieux. ²⁰ Puis le roi transporta à Babylone ceux qui avaient échappé à l'épée, et ils furent ses esclaves et ceux de ses fils, jusqu'à la domination du royaume de Perse; ²¹ Afin que la parole de l'Éternel, prononcée par la bouche de Jérémie, fût accomplie; jusqu'à ce

que le pays eût acquitté ses sabbats. Pendant tout le temps qu'il fut dévasté, il se reposa jusqu'à l'accomplissement de soixante-dix ans. [22] Mais la première année de Cyrus, roi de Perse, afin que la parole de l'Éternel, prononcée par Jérémie, fût accomplie, l'Éternel réveilla l'esprit de Cyrus, roi de Perse, qui fit publier par tout son royaume, et même par écrit, un édit portant: [23] Ainsi a dit Cyrus, roi de Perse: L'Éternel, le Dieu des cieux, m'a donné tous les royaumes de la terre, et lui-même m'a ordonné de lui bâtir une maison à Jérusalem, qui est en Juda. Qui d'entre vous est de son peuple? Que l'Éternel, son Dieu, soit avec lui, et qu'il monte!

Esdras

¹ La première année du règne de Cyrus, roi de Perse, afin que la parole de l'Éternel, prononcée par Jérémie, fût accomplie, l'Éternel réveilla l'esprit de Cyrus, roi de Perse, qui fit publier par tout son royaume, et même par écrit, un édit portant: ² Ainsi a dit Cyrus, roi de Perse: L'Éternel, le Dieu des cieux, m'a donné tous les royaumes de la terre, et lui-même m'a ordonné de lui bâtir une maison à Jérusalem, qui est en Juda. ³ Qui d'entre vous est de son peuple? Que son Dieu soit avec lui, et qu'il monte à Jérusalem qui est en Juda, et qu'il rebâtisse la maison de l'Éternel, le Dieu d'Israël; c'est le Dieu qui est à Jérusalem. ⁴ Et quant à tous ceux qui restent, en quelque lieu qu'ils séjournent, que les gens du lieu les assistent, d'argent, d'or, de biens et de bétail, outre ce qu'on offrira volontairement pour la maison du Dieu qui est à Jérusalem. ⁵ Alors les chefs des pères de Juda et de Benjamin, les sacrificateurs et les Lévites, tous ceux dont Dieu réveilla l'esprit, se levèrent afin de monter pour rebâtir la maison de l'Éternel, qui est à Jérusalem. ⁶ Et tous ceux qui étaient autour d'eux leur vinrent en aide avec des objets d'argent, de l'or, des biens, du bétail et des choses précieuses, outre tout ce qu'on offrit volontairement. ⁷ Puis le roi Cyrus fit sortir les vases de la maison de l'Éternel, que Nébucadnetsar avait emportés de Jérusalem, et qu'il avait mis dans la maison de son dieu. ⁸ Cyrus, roi de Perse, les fit sortir par Mithrédath, le trésorier, qui les livra, par compte, à Sheshbatsar, prince de Juda. ⁹ En voici le nombre: trente bassins d'or, mille bassins d'argent, vingt-neuf couteaux, ¹⁰ Trente plats d'or, quatre cent dix plats d'argent de second ordre, mille autres ustensiles. ¹¹ Tous les ustensiles d'or et d'argent étaient au nombre de cinq mille quatre cents. Sheshbatsar emporta le tout, quand on fit remonter de Babylone à Jérusalem, ceux qui en avaient été transportés.

2

¹ Or voici ceux de la province qui remontèrent de la captivité, d'entre ceux que Nébucadnetsar, roi de Babylone, avait transportés à Babylone, et qui retournèrent à Jérusalem et en Juda, chacun dans sa ville, ² Qui vinrent avec Zorobabel, Jéshua, Néhémie, Séraja, Reélaja, Mardochée, Bilshan, Mispar, Bigvaï, Réhum et Baana. Nombre des hommes du peuple d'Israël: ³ Les enfants de Parosh, deux mille cent soixante-douze; ⁴ Les enfants de Shéphatia, trois cent soixante-douze; ⁵ Les enfants d'Arach, sept cent soixante-quinze; ⁶ Les enfants de Pachath-Moab, des enfants de Jeshua et de Joab, deux mille huit cent douze; ⁷ Les enfants d'Élam, mille deux cent cinquante-quatre; ⁸ Les enfants de Zatthu, neuf cent quarante-cinq; ⁹ Les enfants de Zaccaï, sept cent soixante; ¹⁰ Les enfants de Bani, six cent quarante-deux; ¹¹ Les enfants de Bébaï, six cent vingt-trois; ¹² Les enfants d'Azgad, mille deux cent vingt-deux; ¹³ Les enfants d'Adonikam, six cent soixante-six; ¹⁴ Les enfants de Bigvaï, deux mille cinquante-six; ¹⁵ Les enfants d'Adin, quatre cent cinquante-quatre; ¹⁶ Les enfants d'Ater, de la famille d'Ézéchias, quatre-vingt-dix-huit; ¹⁷ Les enfants de Betsaï, trois cent vingt-trois; ¹⁸ Les enfants de Jora, cent douze; ¹⁹ Les enfants de Hashum, deux cent vingt-trois; ²⁰ Les enfants de Guibbar, quatre-vingt-quinze; ²¹ Les enfants de Bethléhem, cent vingt-trois; ²² Les gens de Nétopha, cinquante-six; ²³ Les gens d'Anathoth, cent vingt-huit; ²⁴ Les enfants d'Azmaveth, quarante-deux; ²⁵ Les enfants de Kirjath-Arim, de Képhira et de Béeroth, sept cent quarante-trois; ²⁶ Les enfants de Rama et de Guéba, six cent vingt et un; ²⁷ Les gens de Micmas, cent vingt-deux; ²⁸ Les gens de Béthel et d'Aï, deux cent vingt-trois;

²⁹ Les enfants de Nébo, cinquante-deux; ³⁰ Les enfants de Magbish, cent cinquante-six; ³¹ Les enfants d'un autre Élam, mille deux cent cinquante-quatre; ³² Les enfants de Harim, trois cent vingt; ³³ Les enfants de Lod, de Hadid et d'Ono, sept cent vingt-cinq; ³⁴ Les enfants de Jérico, trois cent quarante-cinq; ³⁵ Les enfants de Sénaa, trois mille six cent trente. ³⁶ Sacrificateurs: les enfants de Jédaeja, de la maison de Jéshua, neuf cent soixante et treize; ³⁷ Les enfants d'Immer, mille cinquante-deux; ³⁸ Les enfants de Pashur, mille deux cent quarante-sept; ³⁹ Les enfants de Harim, mille et dix-sept. ⁴⁰ Lévites: les enfants de Jéshua et de Kadmiel, d'entre les enfants d'Hodavia, soixante et quatorze. ⁴¹ Chantres: les enfants d'Asaph, cent vingt-huit. ⁴² Enfants des portiers: les enfants de Shallum, les enfants d'Ater, les enfants de Talmon, les enfants d'Akkub, les enfants de Hatita, les enfants de Shobaï, en tout, cent trente-neuf. ⁴³ Néthiniens: les enfants de Tsicha, les enfants de Hasupha, les enfants de Tabbaoth; ⁴⁴ Les enfants de Kéros, les enfants de Siaha, les enfants de Padon; ⁴⁵ Les enfants de Lébana, les enfants de Hagaba, les enfants d'Akkub; ⁴⁶ Les enfants de Hagab, les enfants de Shamlaï, les enfants de Hanan; ⁴⁷ Les enfants de Guiddel, les enfants de Gachar, les enfants de Réaja; ⁴⁸ Les enfants de Retsin, les enfants de Nékoda, les enfants de Gazzam; ⁴⁹ Les enfants d'Uzza, les enfants de Paséach, les enfants de Bésaï; ⁵⁰ Les enfants d'Asna, les enfants de Méhunim, les enfants de Néphusim; ⁵¹ Les enfants de Bakbuk, les enfants de Hakupha, les enfants de Harhur; ⁵² Les enfants de Batsluth, les enfants de Méhida, les enfants de Harsha; ⁵³ Les enfants de Barkos, les enfants de Sisra, les enfants de Tamach; ⁵⁴ Les enfants de Netsiach, les enfants de Hatipha. ⁵⁵ Enfants des serviteurs de Salomon: les enfants de Sotaï, les enfants de Sophéreth, les enfants de Péruda; ⁵⁶ Les enfants de Jaala, les enfants de Darkon, les enfants de Guiddel; ⁵⁷ Les enfants de Shéphatia, les enfants de Hattil, les enfants de Pokéreth-Hatsébaïm, les enfants d'Ami. ⁵⁸ Total des Néthiniens et des enfants des serviteurs de Salomon: trois cent quatre-vingt-douze. ⁵⁹ Voici ceux qui montèrent de Thel-Mélach, de Thel-Harsha, de Kérub-Addan, et d'Immer, et qui ne purent indiquer la maison de leurs pères, ni leur race, ni s'ils étaient d'Israël. ⁶⁰ Les enfants de Délaja, les enfants de Tobija, les enfants de Nékoda, six cent cinquante-deux. ⁶¹ Des enfants des sacrificateurs: les enfants de Habaja, les enfants de Kots, les enfants de Barzillaï, qui prit pour femme une des filles de Barzillaï, le Galaadite, et fut appelé de leur nom. ⁶² Ceux-là cherchèrent leurs titres généalogiques; mais ils ne se retrouvèrent point, et ils furent exclus du sacerdoce. ⁶³ Le gouverneur leur dit qu'ils ne mangeassent point des choses très saintes, jusqu'à ce qu'un sacrificateur pût consulter avec l'Urim et le Thummim. ⁶⁴ L'assemblée tout entière était de quarante-deux mille trois cent soixante; ⁶⁵ Sans compter leurs serviteurs et leurs servantes, au nombre de sept mille trois cent trente-sept; et ils avaient deux cents chantres et chanteuses. ⁶⁶ Ils avaient sept cent trente-six chevaux, deux cent quarante-cinq mulets, ⁶⁷ Quatre cent trente-cinq chameaux, et six mille sept cent vingt ânes. ⁶⁸ Et plusieurs des chefs des pères, quand ils vinrent à la maison de l'Éternel qui est à Jérusalem, firent des offrandes volontaires pour la maison de Dieu, afin qu'on la rétablît sur son emplacement. ⁶⁹ Ils donnèrent au trésor de l'ouvrage, selon leur pouvoir, soixante et un mille dariques d'or, cinq mille mines d'argent, et cent tuniques de sacrificateurs. ⁷⁰ Les sacrificateurs, les Lévites, les gens du peuple, les chantres, les portiers et les Néthiniens habitèrent dans leurs villes; tous ceux d'Israël furent aussi dans leurs villes.

3

¹ Le septième mois approchant, et les enfants d'Israël étant dans leurs villes, le peuple s'assembla à Jérusalem, comme un seul homme. ² Alors Jéshua, fils de Jotsadak, se leva avec ses frères les sacrificateurs, et Zorobabel, fils de Salathiel, avec ses frères; et ils bâtirent l'autel du Dieu d'Israël, pour y offrir les holocaustes ainsi qu'il est écrit dans la loi

de Moïse, homme de Dieu. ³ Et ils redressèrent l'autel sur ses fondements, car ils étaient sous la crainte des populations du pays; et ils y offrirent des holocaustes à l'Éternel, les holocaustes du matin et du soir. ⁴ Ils célébrèrent ensuite la fête des tabernacles, ainsi qu'il est écrit, et ils offrirent des holocaustes chaque jour, autant qu'il en fallait selon que l'ordinaire de chaque jour le demandait. ⁵ Après cela, ils offrirent l'holocauste continuel, ceux des nouvelles lunes et de toutes les solennités consacrées à l'Éternel, et ceux que chacun présentait volontairement à l'Éternel. ⁶ Dès le premier jour du septième mois, ils commencèrent à offrir des holocaustes à l'Éternel, bien que le temple de l'Éternel ne fût pas encore fondé. ⁷ Mais ils donnèrent de l'argent aux tailleurs de pierres et aux charpentiers; ils donnèrent aussi à manger et à boire, ainsi que de l'huile, aux Sidoniens et aux Tyriens, afin qu'ils amenassent du bois de cèdre, du Liban à la mer de Japho, selon la permission que Cyrus, roi de Perse, leur en avait donnée. ⁸ Et la seconde année depuis leur arrivée à la maison de Dieu, à Jérusalem, au second mois, Zorobabel, fils de Salathiel, Jéshua, fils de Jotsadak, et le reste de leurs frères, les sacrificateurs, et les Lévites, et tous ceux qui étaient venus de la captivité à Jérusalem, commencèrent; et ils établirent des Lévites, depuis l'âge de vingt ans et au-dessus, pour présider à l'ouvrage de la maison de l'Éternel. ⁹ Et Jéshua assistait avec ses fils et ses frères, et Kadmiel avec ses fils, enfants de Juda, comme un seul homme, pour diriger ceux qui faisaient l'ouvrage de la maison de Dieu, ainsi que les fils de Hénadad, avec leurs fils et leurs frères, Lévites. ¹⁰ Or, lorsque ceux qui bâtissaient jetèrent les fondements du temple de l'Éternel, on y fit assister les sacrificateurs en costume, avec les trompettes, et les Lévites, fils d'Asaph, avec les cymbales, pour louer l'Éternel, selon l'institution de David, roi d'Israël. ¹¹ Et en louant et en célébrant l'Éternel, ils s'entre-répondaient ainsi: Car il est bon, car sa miséricorde demeure à toujours sur Israël! Et tout le peuple jetait de grands cris de joie, en louant l'Éternel, parce qu'on posait les fondements de la maison de l'Éternel. ¹² Mais plusieurs des sacrificateurs, et des Lévites, et des chefs des pères, qui étaient âgés, et qui avaient vu la première maison sur son fondement, se ne représentant cette maison-ci, pleuraient à haute voix; tandis que beaucoup d'autres élevaient leurs voix avec des cris de réjouissance et avec joie. ¹³ Et l'on ne pouvait discerner la voix des cris de joie d'avec la voix des pleurs du peuple; car le peuple jetait de grands cris, de sorte que leur voix fut entendue bien loin.

4

¹ Or les ennemis de Juda et de Benjamin apprirent que les enfants de la captivité rebâtissaient le temple de l'Éternel, le Dieu d'Israël. ² Ils vinrent vers Zorobabel et vers les chefs des pères, et leur dirent: Nous bâtirons avec vous; car nous invoquerons votre Dieu comme vous; et c'est à lui que nous sacrifions depuis le temps d'Ésar-Haddon, roi d'Assyrie, qui nous a fait monter ici. ³ Mais Zorobabel, Jéshua, et les autres chefs des pères d'Israël, leur répondirent: Il ne convient pas que vous et nous, nous bâtissions une maison à notre Dieu; mais nous la bâtirons nous seuls à l'Éternel, le Dieu d'Israël, comme le roi Cyrus, roi de Perse, nous l'a commandé. ⁴ Alors le peuple du pays rendit lâches les mains du peuple de Juda, en l'effrayant pour l'empêcher de bâtir; ⁵ Et ils soudoyèrent contre eux des conseillers pour dissiper leur entreprise, pendant tout le temps de Cyrus, roi de Perse, jusqu'au règne de Darius, roi de Perse. ⁶ Puis, pendant le règne d'Assuérus, au commencement de son règne, ils écrivirent une accusation contre les habitants de Juda et de Jérusalem. ⁷ Et du temps d'Artaxerxès, Bishlam, Mithrédath, Tabéel, et les autres de leurs collègues, écrivirent à Artaxerxès, roi de Perse. La lettre fut écrite en caractères araméens et traduite en araméen. ⁸ Réhum, gouverneur, et Shimshaï, secrétaire, écrivirent donc en ces termes une lettre, touchant Jérusalem, au roi Artaxerxès:

[9] Réhum, gouverneur et Shimshaï, secrétaire, et les autres de leurs collègues, Diniens, Apharsathkiens, Tarpéliens, Arphasiens, Arkéviens, Babyloniens, Susankiens, Déhaviens, Élamites, [10] Et les autres peuples que le grand et illustre Osnapar a transportés et fait habiter dans la ville de Samarie, et autres villes de ce côté-ci du fleuve, - et ainsi de suite. [11] C'est ici la copie de la lettre qu'ils lui envoyèrent: Au roi Artaxerxès: Tes serviteurs, les gens de ce côté-ci du fleuve, - et ainsi de suite. [12] Que le roi sache que les Juifs qui sont montés d'auprès de toi vers nous, sont venus à Jérusalem; qu'ils rebâtissent cette ville rebelle et méchante, qu'ils en relèvent les murailles et en restaurent les fondements. [13] Maintenant, que le roi sache que si cette ville est rebâtie et ses murailles relevées, on ne paiera plus de tribut, ni d'impôts, ni de péage, et que finalement elle portera dommage aux rois. [14] Or, comme nous mangeons le sel du palais, et qu'il n'est pas convenable que nous soyons témoins de ce dommage fait au roi, nous envoyons cette lettre au roi et lui faisons savoir ceci: [15] Qu'on cherche au livre des mémoires de tes pères, tu trouveras dans le livre des mémoires et tu apprendras que cette ville est une ville rebelle et pernicieuse aux rois et aux provinces, et que de tout temps on y a fait des séditions; c'est pour cela que cette ville a été détruite. [16] Nous faisons savoir au roi, que si cette ville est rebâtie et ses murailles relevées, tu n'auras plus de possessions de ce côté-ci du fleuve. [17] Le roi envoya cette réponse à Réhum, gouverneur, à Shimshaï, secrétaire, et à leurs autres collègues qui habitaient à Samarie, et autres lieux de ce côté-ci du fleuve: Salut, - et ainsi de suite. [18] La lettre que vous nous avez envoyée, a été exactement lue devant moi. [19] J'ai donné ordre, et on a cherché, et on a trouvé que, de tout temps, cette ville-là s'est élevée contre les rois, et qu'on y a fait des séditions et des révoltes; [20] Et qu'il y a eu des rois puissants à Jérusalem, qui ont dominé sur tout ce qui est au delà du fleuve, et qu'on leur payait le tribut, l'impôt et le péage. [21] Maintenant donc donnez l'ordre de faire cesser ces gens-là, afin que cette ville ne soit point rebâtie, jusqu'à ce qu'un ordre en soit donné de ma part. [22] Et gardez-vous de manquer d'agir d'après cela. Pourquoi s'accroîtrait le dommage au préjudice des rois? [23] Or, dès que la copie de la lettre du roi Artaxerxès eut été lue en la présence de Réhum, de Shimshaï, secrétaire, et de leurs collègues, ils s'en allèrent en hâte à Jérusalem vers les Juifs, et les firent cesser à main forte. [24] Alors l'ouvrage de la maison de Dieu, qui est à Jérusalem, cessa, et fut arrêté jusqu'à la seconde année du règne de Darius, roi de Perse.

5

[1] Or Aggée, le prophète, et Zacharie, fils d'Iddo, prophète, prophétisèrent aux Juifs qui étaient en Juda et à Jérusalem, au nom du Dieu d'Israël, qui s'adressait à eux. [2] Alors Zorobabel, fils de Salathiel, et Jéshua, fils de Jotsadak, se levèrent et commencèrent à bâtir la maison de Dieu, qui est à Jérusalem; et avec eux étaient les prophètes de Dieu, qui les aidaient. [3] En ce temps-là, Thathénaï, gouverneur de ce côté-ci du fleuve, Shéthar-Boznaï et leurs collègues, vinrent vers eux, et leur parlèrent ainsi: Qui vous a donné ordre de bâtir cette maison, et de relever ces murailles? [4] Puis ils leur dirent: Quels sont les noms des hommes qui bâtissent cet édifice? [5] Mais l'œil de leur Dieu fut sur les anciens des Juifs, et on ne les fit point cesser, jusqu'à ce que l'affaire parvînt à Darius, et qu'alors on leur écrivît sur cet objet. [6] Copie de la lettre que Thathénaï, gouverneur de ce côté-ci du fleuve, Shéthar-Boznaï, et ses collègues Apharsékiens, qui étaient de ce côté-ci du fleuve, envoyèrent au roi Darius. [7] Ils lui envoyèrent un rapport en ces termes: Au roi Darius, paix parfaite! [8] Que le roi soit averti que nous sommes allés dans la province de Juda, à la maison du grand Dieu, que l'on bâtit en pierres de taille; le bois est posé sur les murs, et cet édifice se bâtit rapidement, et s'avance entre leurs mains. [9] Alors nous avons interrogé les anciens qui étaient là, nous leur avons dit: Qui vous a donné ordre de bâtir cette maison et de relever ces murs? [10] Et même nous leur avons demandé

leurs noms, pour te les faire connaître, afin d'écrire les noms des hommes qui sont à leur tête. [11] Et ils nous ont répondu ainsi: Nous sommes les serviteurs du Dieu des cieux et de la terre, et nous rebâtissons la maison qui avait été bâtie autrefois, il y a longtemps, et qu'un grand roi d'Israël avait bâtie et achevée. [12] Mais, après que nos pères eurent irrité le Dieu des cieux, il les livra entre les mains de Nébucadnetsar, roi de Babylone, le Caldéen, qui détruisit cette maison et transporta le peuple à Babylone. [13] Cependant la première année de Cyrus, roi de Babylone, le roi Cyrus commanda qu'on rebâtît cette maison de Dieu. [14] Le roi Cyrus tira même du temple de Babylone les vases d'or et d'argent de la maison de Dieu, que Nébucadnetsar avait enlevés du temple de Jérusalem et qu'il avait apportés au temple de Babylone; et ils furent remis au nommé Sheshbatsar, qu'il avait établi gouverneur, [15] Et auquel il dit: Prends ces ustensiles et va les porter dans le temple de Jérusalem, et que la maison de Dieu soit rebâtie sur son emplacement. [16] Alors ce Sheshbatsar vint et posa les fondements de la maison de Dieu, qui est à Jérusalem; et depuis ce temps-là jusqu'à présent on la bâtit, et elle n'est point encore achevée. [17] Maintenant donc, s'il semble bon au roi, qu'on cherche dans la maison des trésors du roi, laquelle est à Babylone, s'il est vrai qu'il y ait eu un ordre donné par Cyrus, de rebâtir cette maison de Dieu à Jérusalem; et que le roi nous mande sa volonté sur cela.

6

[1] Alors le roi Darius donna ordre, et on chercha dans la maison des archives, où étaient déposés les trésors à Babylone. [2] Et l'on trouva, à Ecbatane, dans la capitale de la province de Médie, un rouleau qui contenait ce mémoire: [3] La première année du roi Cyrus, le roi Cyrus fit cet édit, quant à la maison de Dieu, à Jérusalem: Que cette maison soit rebâtie pour être un lieu où l'on offre des sacrifices, et que ses fondements soient restaurés; sa hauteur sera de soixante coudées, et sa longueur de soixante coudées, [4] Avec trois rangées de pierres de taille, et une rangée de bois neuf; et la dépense sera fournie par la maison du roi. [5] De plus les ustensiles d'or et d'argent, de la maison de Dieu, que Nébucadnetsar avait enlevés du temple de Jérusalem, et apportés à Babylone, seront restitués et portés au temple de Jérusalem, à leur place, et tu les déposeras dans la maison de Dieu. [6] Maintenant donc, vous Thathénaï, gouverneur d'au delà du fleuve, et Shéthar-Boznaï, et vos collègues Apharsékiens, qui êtes au delà du fleuve, retirez-vous de là; [7] Laissez continuer les travaux de cette maison de Dieu, et que le gouverneur des Juifs et leurs anciens rebâtissent cette maison de Dieu sur son emplacement. [8] Et de par moi ordre est donné, touchant ce que vous avez à faire à l'égard de ces anciens des Juifs, pour rebâtir cette maison de Dieu: c'est que, des finances du roi provenant du tribut d'au delà du fleuve, les frais soient promptement payés à ces hommes, afin que le travail ne soit pas interrompu. [9] Et quant à ce qui sera nécessaire pour les holocaustes au Dieu des cieux, soit jeunes taureaux, béliers et agneaux, soit blé, sel, vin et huile, ainsi que le diront les sacrificateurs qui sont à Jérusalem, qu'on le leur donne chaque jour, sans y manquer; [10] Afin qu'ils offrent des sacrifices de bonne odeur au Dieu des cieux, et qu'ils prient pour la vie du roi et de ses enfants. [11] Et de par moi ordre est donné, que si quelqu'un change cette ordonnance, on arrache de sa maison un bois, qui sera dressé, afin qu'il y soit attaché, et qu'à cause de cela on fasse de sa maison une voirie. [12] Et que le Dieu, qui a fait habiter là son nom, détruise tout roi et tout peuple qui aura étendu sa main pour changer cela, pour détruire cette maison de Dieu qui est à Jérusalem. Moi, Darius, ai fait cet édit; qu'il soit promptement exécuté. [13] Alors Thathénaï, gouverneur de ce côté-ci du fleuve, Shéthar-Boznaï, et leurs collègues, le firent promptement exécuter, parce que le roi Darius le leur avait ainsi écrit. [14] Or les anciens des Juifs bâtissaient et avançaient, selon la prophétie d'Aggée, le prophète, et de Zacharie, fils d'Iddo. Ils bâtirent donc et achevèrent, d'après l'ordre du Dieu d'Israël, et d'après l'ordre de Cyrus, de Darius, et

d'Artaxerxès, roi de Perse. ¹⁵ Et cette maison fut achevée le troisième jour du mois d'Adar, en la sixième année du règne du roi Darius. ¹⁶ Et les enfants d'Israël, les sacrificateurs, les Lévites et le reste de ceux qui étaient retournés de la captivité, célébrèrent avec joie la dédicace de cette maison de Dieu. ¹⁷ Ils offrirent, pour la dédicace de cette maison de Dieu, cent taureaux, deux cents béliers, quatre cents agneaux, et douze boucs pour le péché, pour tout Israël, selon le nombre des tribus d'Israël; ¹⁸ Et ils établirent les sacrificateurs dans leurs rangs, et les Lévites dans leurs classes, pour le service de Dieu à Jérusalem, selon ce qui est écrit au livre de Moïse. ¹⁹ Puis les enfants de la captivité célébrèrent la pâque, le quatorzième jour du premier mois. ²⁰ Car les sacrificateurs et les Lévites s'étaient tous purifiés sans exception; et ils immolèrent la pâque pour tous les enfants de la captivité, pour leurs frères les sacrificateurs, et pour eux-mêmes. ²¹ Les enfants d'Israël qui étaient revenus de la captivité en mangèrent, avec tous ceux qui, s'étant séparés de l'impureté des nations du pays, se joignirent à eux, pour chercher l'Éternel, le Dieu d'Israël. ²² Et ils célébrèrent avec joie la fête solennelle des pains sans levain, pendant sept jours; car l'Éternel les avait réjouis, ayant tourné vers eux le cœur du roi d'Assyrie, pour fortifier leurs mains dans l'œuvre de la maison de Dieu, du Dieu d'Israël.

7

¹ Après ces choses, sous le règne d'Artaxerxès, roi de Perse, Esdras, fils de Séraja, fils d'Azaria, fils de Hilkija, ² Fils de Shallum, fils de Tsadok, fils d'Achitub, ³ Fils d'Amaria, fils d'Azaria, fils de Mérajoth, ⁴ Fils de Zérachia, fils d'Uzzi, fils de Bukki, ⁵ Fils d'Abishua, fils de Phinées, fils d'Éléazar, fils d'Aaron, le grand sacrificateur, ⁶ Cet Esdras monta de Babylone. C'était un scribe versé dans la loi de Moïse, que l'Éternel, le Dieu d'Israël, avait donnée. Et le roi lui accorda toute sa demande, parce que la main de l'Éternel son Dieu était sur lui. ⁷ Quelques-uns des enfants d'Israël, des sacrificateurs, des Lévites, des chantres, des portiers, et des Néthiniens, montèrent aussi à Jérusalem, la septième année du roi Artaxerxès. ⁸ Esdras arriva à Jérusalem au cinquième mois de la septième année du roi. ⁹ Car, le premier jour du premier mois, fut commencé le départ de Babylone; et au premier jour du cinquième mois, il arriva à Jérusalem, parce que la bonne main de son Dieu était sur lui. ¹⁰ Car Esdras avait appliqué son cœur à rechercher la loi de l'Éternel, et à la pratiquer, et à enseigner en Israël les lois et les ordonnances. ¹¹ Or c'est ici la teneur de la lettre que le roi Artaxerxès donna à Esdras, sacrificateur et scribe, scribe des paroles des commandements de l'Éternel et de ses ordonnances concernant Israël: ¹² Artaxerxès, roi des rois, à Esdras, sacrificateur et scribe accompli de la loi du Dieu des cieux, - et ainsi de suite. ¹³ Un édit est fait maintenant de ma part, afin que tous ceux de mon royaume qui sont du peuple d'Israël, et de ses sacrificateurs, et des Lévites, qui se présenteront volontairement pour aller à Jérusalem, aillent avec toi; ¹⁴ Parce que tu es envoyé de la part du roi et de ses sept conseillers, pour t'enquérir au sujet de Juda et de Jérusalem, d'après la loi de ton Dieu, que tu as en ta main, ¹⁵ Et pour porter l'argent et l'or que le roi et ses conseillers ont volontairement offerts au Dieu d'Israël, dont la demeure est à Jérusalem, ¹⁶ Ainsi que tout l'argent et l'or que tu trouveras dans toute la province de Babylone, avec les offrandes volontaires du peuple et des sacrificateurs, qu'ils feront volontairement à la maison de leur Dieu qui est à Jérusalem. ¹⁷ C'est pourquoi tu auras soin d'acheter avec cet argent des taureaux, des béliers, des agneaux, avec leurs offrandes et leurs libations, et tu les offriras sur l'autel de la maison de votre Dieu, qui est à Jérusalem. ¹⁸ Du reste de l'argent et de l'or, vous ferez ce qui semblera bon à toi et à tes frères, selon la volonté de votre Dieu. ¹⁹ Et pour ce qui est des ustensiles qui te sont donnés pour le service de la maison de ton Dieu, dépose-les en la présence du Dieu de Jérusalem. ²⁰ Quant au reste de ce qui sera nécessaire pour la

maison de ton Dieu, et autant que tu auras à en donner, tu le donneras de la maison des trésors du roi. [21] Et de par moi, Artaxerxès, roi, ordre est donné à tous les trésoriers qui sont au delà du fleuve, que tout ce qu'Esdras, le sacrificateur, scribe de la loi du Dieu des cieux, vous demandera, soit fait promptement, [22] Jusqu'à cent talents d'argent, cent cores de froment, cent baths de vin, cent baths d'huile, et du sel à discrétion. [23] Que tout ce qui est commandé par le Dieu des cieux, soit exactement fait pour la maison du Dieu des cieux; de peur qu'il n'y ait de l'indignation contre le royaume, le roi et ses enfants. [24] De plus, nous vous faisons savoir qu'on ne pourra imposer ni tribut, ni impôt, ni péage sur aucun des sacrificateurs, des Lévites, des chantres, des portiers, des Néthiniens et des serviteurs de cette maison de Dieu. [25] Et toi, Esdras, établis des magistrats et des juges, selon la sagesse de ton Dieu, que tu possèdes, afin qu'ils fassent justice à tout le peuple qui est au delà du fleuve, à tous ceux qui connaissent les lois de ton Dieu; enseignez-les à quiconque ne les connaît point. [26] Et pour tous ceux qui n'observeront pas la loi de ton Dieu et la loi du roi, qu'aussitôt il en soit fait justice, soit par la mort, soit par le bannissement, soit par quelque amende pécuniaire, soit par l'emprisonnement. [27] Béni soit l'Éternel, le Dieu de nos pères, qui a mis cela au cœur du roi, pour honorer la maison de l'Éternel, qui est à Jérusalem; [28] Et qui a fait que j'ai trouvé grâce devant le roi, devant ses conseillers, et devant tous les puissants princes du roi! Ainsi je me fortifiai, parce que la main de l'Éternel mon Dieu était sur moi, et je rassemblai les chefs d'Israël, afin qu'ils montassent avec moi.

8

[1] Voici les chefs des pères et l'enregistrement généalogique de ceux qui montèrent avec moi de Babylone, pendant le règne du roi Artaxerxès. [2] Des enfants de Phinées, Guershom; des enfants d'Ithamar, Daniel; des enfants de David, Hattush; [3] Des enfants de Shécania, des enfants de Parosh, Zacharie, et avec lui cent cinquante hommes enregistrés; [4] Des enfants de Pachath-Moab, Eljoénaï, fils de Zérachia, et avec lui deux cents hommes; [5] Des enfants de Shécania, le fils de Jachaziel, et avec lui trois cents hommes; [6] Des enfants d'Adin, Ébed, fils de Jonathan, et avec lui cinquante hommes; [7] Des enfants d'Élam, Ésaïe, fils d'Athalia, et avec lui soixante-dix hommes; [8] Des enfants de Shéphatia, Zébadia, fils de Micaël, et avec lui quatre-vingts hommes; [9] Des enfants de Joab, Abdias, fils de Jéhiel, et avec lui deux cent dix-huit hommes; [10] Des enfants de Shélomith, le fils de Josiphia, et avec lui soixante hommes; [11] Des enfants de Bébaï, Zacharie, fils de Bébaï, et avec lui vingt-huit hommes; [12] Des enfants d'Azgad, Jochanan, fils de Haccatan, et avec lui cent dix hommes; [13] Des enfants d'Adonicam, les derniers, dont les noms sont, Éliphélet, Jéhiel et Shémaja, et avec eux soixante hommes; [14] Des enfants de Bigvaï, Uthaï et Zabbud, et avec eux soixante-dix hommes. [15] Je les assemblai près du fleuve qui coule vers Ahava, et nous y campâmes trois jours. Puis je portai mon attention sur le peuple et sur les sacrificateurs, et je n'y trouvai personne des enfants de Lévi. [16] Alors j'envoyai chercher Éliézer, Ariel, Shémaja, Elnathan, Jarib, Elnathan, Nathan, Zacharie et Méshullam, d'entre les principaux, et Jojarib et Elnathan, docteurs. [17] Et je leur donnai des ordres pour Iddo, le chef, qui demeurait dans le lieu de Casiphia; et je mis dans leur bouche ce qu'ils devaient dire à Iddo et à son frère, Néthiniens, dans le lieu de Casiphia, afin qu'ils nous fissent venir des gens pour servir dans la maison de notre Dieu. [18] Et parce que la bonne main de notre Dieu était sur nous, ils nous amenèrent un homme intelligent, d'entre les enfants de Machli, fils de Lévi, fils d'Israël, savoir, Shérébia, et ses fils, et ses frères au nombre de dix-huit; [19] Et Hashabia, et avec lui Ésaïe, d'entre les fils de Mérari, ses frères, et leurs fils, au nombre de vingt; [20] Et des Néthiniens, que David et les principaux du peuple avaient assujettis au service des Lévites, deux cent

vingt Néthiniens, tous désignés par leurs noms. [21] Là, près du fleuve d'Ahava, je publiai un jeûne, afin de nous humilier devant notre Dieu, en le priant de nous donner un heureux voyage, pour nous et pour nos petits enfants, et pour tous nos biens. [22] Car j'aurais eu honte de demander au roi des troupes et des cavaliers, pour nous défendre des ennemis par le chemin; car nous avions dit au roi: La main de notre Dieu est favorable à tous ceux qui le cherchent; mais sa force et sa colère sont contre tous ceux qui l'abandonnent. [23] Nous jeûnâmes donc, et nous implorâmes le secours de notre Dieu pour cela, et il nous exauça. [24] Alors je séparai douze des principaux des sacrificateurs, Shérébia, Hashabia, et avec eux dix de leurs frères. [25] Et je leur pesai l'argent, l'or et les ustensiles, qui étaient l'offrande que le roi, ses conseillers, ses princes et tous ceux qui s'étaient trouvés d'Israël, avaient faite à la maison de notre Dieu. [26] Je leur pesai donc et leur délivrai six cent cinquante talents d'argent, et des ustensiles d'argent pour cent talents, cent talents d'or, [27] Vingt coupes d'or valant mille dariques, et deux vases d'un bel airain fin, brillant comme l'or, et aussi précieux que l'or. [28] Et je leur dis: Vous êtes consacrés à l'Éternel, et ces ustensiles sont consacrés; cet argent et cet or sont une offrande volontaire à l'Éternel, le Dieu de vos pères. [29] Veillez, et gardez-les jusqu'à ce que vous les pesiez en la présence des principaux des sacrificateurs et des Lévites, et devant les principaux des pères d'Israël, à Jérusalem, dans les chambres de la maison de l'Éternel. [30] Les sacrificateurs et les Lévites reçurent donc au poids l'argent, l'or et les ustensiles, pour les porter à Jérusalem dans la maison de notre Dieu. [31] Nous partîmes du fleuve d'Ahava le douze du premier mois, pour aller à Jérusalem; et la main de notre Dieu fut sur nous, et il nous délivra de la main des ennemis et de leurs embûches sur le chemin. [32] Puis nous arrivâmes à Jérusalem; et nous y étant reposés trois jours, [33] Au quatrième jour nous pesâmes l'argent et l'or et les ustensiles, dans la maison de notre Dieu, et nous les remîmes à Mérémoth, fils d'Urie, le sacrificateur (avec lequel était Éléazar, fils de Phinées; et avec eux Jozabad, fils de Jéshua, et Noadia, fils de Binnuï, Lévites), [34] Selon le nombre et le poids de toutes les choses. Et, en même temps, tout le poids en fut mis par écrit. [35] Les enfants de la déportation, revenus de la captivité, offrirent en holocauste au Dieu d'Israël, douze taureaux pour tout Israël, quatre-vingt-seize béliers, soixante et dix-sept agneaux, et douze boucs pour le péché; le tout en holocauste à l'Éternel. [36] Et ils remirent les ordres du roi aux satrapes du roi, et aux gouverneurs de ce côté-ci du fleuve, qui favorisèrent le peuple et la maison de Dieu.

9

[1] Lorsque ces choses furent achevées, les chefs s'approchèrent de moi, en disant: Le peuple d'Israël, les sacrificateurs et les Lévites, ne se sont point séparés des peuples de ce pays, quant à leurs abominations: des Cananéens, des Héthiens, des Phéréziens, des Jébusiens, des Ammonites, des Moabites, des Égyptiens et des Amoréens. [2] Car ils ont pris de leurs filles pour eux et pour leurs fils; et la race sainte s'est mêlée avec les peuples de ces pays; et la main des chefs et des magistrats a été la première à commettre ce péché. [3] Lorsque j'eus entendu cela, je déchirai ma robe et mon manteau, je m'arrachai les cheveux de la tête et la barbe, et je m'assis tout désolé. [4] Et tous ceux qui tremblaient aux paroles du Dieu d'Israël, s'assemblèrent vers moi, à cause du crime de ceux de la captivité, et je me tins assis, tout désolé, jusqu'à l'oblation du soir. [5] Et au temps de l'oblation du soir, je me levai de mon affliction, et ayant ma robe et mon manteau déchirés, je me courbai sur mes genoux, et j'étendis mes mains vers l'Éternel mon Dieu; [6] Et je dis: Mon Dieu, je suis confus, et j'ai honte de lever, ô mon Dieu! ma face vers toi; car nos iniquités se sont multipliées par-dessus nos têtes, et nos crimes sont si grands qu'ils atteignent jusqu'aux cieux. [7] Depuis les jours de nos pères jusqu'à ce jour, nous sommes

extrêmement coupables; et, à cause de nos iniquités, nous avons été livrés, nous, nos rois et nos sacrificateurs, entre les mains des rois de ces pays, à l'épée, à la captivité, au pillage, et à l'opprobre, comme il se voit aujourd'hui. ⁸ Et maintenant l'Éternel notre Dieu nous a fait depuis un moment cette grâce, que quelques-uns de nous soient demeurés de reste; et il nous a donné un asile dans son saint lieu, afin que notre Dieu éclairât nos yeux, et qu'il nous donnât un peu de vie dans notre servitude. ⁹ Car nous sommes esclaves; et toutefois notre Dieu ne nous a point abandonnés dans notre servitude. Mais il nous a fait trouver grâce devant les rois de Perse, pour nous donner du répit, afin que nous rebâtissions la maison de notre Dieu et que nous relevions ses ruines; et pour nous donner une cloison en Juda et à Jérusalem. ¹⁰ Et maintenant, ô notre Dieu! que dirons-nous après cela? Car nous avons abandonné tes commandements, ¹¹ Que tu as prescrits par tes serviteurs les prophètes, en disant: Le pays où vous allez entrer pour le posséder, est un pays souillé par la souillure des peuples de ces contrées, par les abominations dont ils l'ont rempli depuis un bout jusqu'à l'autre avec leurs impuretés. ¹² Maintenant donc, ne donnez point vos filles à leurs fils, et ne prenez point leurs filles pour vos fils, et ne cherchez jamais ni leur paix, ni leur prospérité, afin que vous soyez affermis, et que vous mangiez les biens de ce pays, et que vous en fassiez hériter vos fils à toujours. ¹³ Or, après toutes les choses qui nous sont arrivées à cause de nos mauvaises actions et de notre grande culpabilité, quand tes châtiments, ô notre Dieu! sont demeurés au-dessous de nos péchés et que tu nous accordes une pareille délivrance, ¹⁴ Reviendrions-nous donc à violer tes commandements, et à faire alliance avec ces peuples abominables? Ne serais-tu pas irrité contre nous, jusqu'à nous consumer, en sorte qu'il n'y aurait plus aucun reste, ni personne qui échappât? ¹⁵ Éternel, Dieu d'Israël! tu es juste; car nous sommes demeurés un reste de réchappés, comme il se voit aujourd'hui. Nous voici devant ta face avec notre culpabilité, ne pouvant à cause d'elle subsister devant toi.

10

¹ Or, comme Esdras priait et faisait cette confession, pleurant et prosterné devant la maison de Dieu, une fort grande multitude d'Israélites, hommes, femmes et enfants, s'assembla vers lui; et ce peuple répandit des larmes en abondance. ² Alors Shécania, fils de Jéhiel, des enfants d'Élam, prit la parole, et dit à Esdras: Nous avons péché contre notre Dieu, en prenant des femmes étrangères d'entre les peuples de ce pays. Mais maintenant il est encore à cet égard quelque espérance pour Israël. ³ Engageons-nous maintenant, par alliance avec notre Dieu, à renvoyer toutes ces femmes et tout ce qui est né d'elles, selon le conseil de mon seigneur et de ceux qui tremblent au commandement de notre Dieu; et que l'on fasse selon la loi. ⁴ Lève-toi; car cette affaire te regarde, et nous serons avec toi. Prends donc courage, et agis. ⁵ Alors Esdras se leva, et il fit jurer aux chefs des sacrificateurs, des Lévites et de tout Israël, qu'ils feraient selon cette parole; et ils le jurèrent. ⁶ Puis Esdras se leva de devant la maison de Dieu, et s'en alla dans la chambre de Jochanan, fils d'Éliashib, et y entra; et il ne mangea point de pain et ne but point d'eau, parce qu'il était en deuil à cause du péché de ceux de la captivité. ⁷ Alors on publia, en Juda et à Jérusalem, que tous les enfants de la captivité eussent à s'assembler à Jérusalem. ⁸ Et que si quelqu'un ne s'y rendait pas dans trois jours, selon l'avis des principaux et des anciens, tout son bien serait mis en interdit, et qu'il serait séparé de l'assemblée de ceux de la captivité. ⁹ Ainsi tous ceux de Juda et de Benjamin s'assemblèrent à Jérusalem dans les trois jours; ce fut au neuvième mois, le vingtième jour du mois; et tout le peuple se tint sur la place de la maison de Dieu, tremblant au sujet de cette affaire, et à cause des pluies. ¹⁰ Puis Esdras, le sacrificateur, se leva et leur dit: Vous avez péché, en prenant chez vous des femmes étrangères, et vous avez ainsi rendu Israël plus coupable.

[11] Mais maintenant, faites la confession de votre faute à l'Éternel, le Dieu de vos pères, et faites sa volonté. Séparez-vous des peuples du pays et des femmes étrangères. [12] Et toute l'assemblée répondit, et dit à haute voix: Oui, il faut que nous fassions comme tu dis. [13] Mais le peuple est nombreux, et c'est le temps des pluies, et il n'y a pas moyen de se tenir dehors; et ce n'est pas une affaire d'un jour, ni de deux; car nous sommes un grand nombre qui avons péché dans cette affaire. [14] Que nos chefs de toute l'assemblée demeurent donc; et que tous ceux qui dans nos villes ont introduit chez eux des femmes étrangères, viennent à des époques déterminées, avec les anciens et les juges de chaque ville, jusqu'à ce que l'ardeur de la colère de notre Dieu au sujet de cette affaire, se soit détournée de nous. [15] Il n'y eut que Jonathan, fils d'Asaël, et Jachzia, fils de Thikva, qui s'opposèrent à cela; et Méshullam et Shabbéthaï, le Lévite, les appuyèrent. [16] Mais les enfants de la captivité firent ainsi: On choisit Esdras, le sacrificateur, et les chefs des pères, selon les maisons de leurs pères, tous désignés par leurs noms. Ils siégèrent au premier jour du dixième mois, pour s'informer de cette affaire. [17] Et le premier jour du premier mois, ils eurent fini avec tous ceux qui avaient pris chez eux des femmes étrangères. [18] Parmi les fils des sacrificateurs, il s'en trouva qui avaient pris chez eux des femmes étrangères; d'entre les enfants de Jéshua, fils de Jotsadak, et d'entre ses frères: Maaséja, Éliézer, Jarib et Guédalia; [19] Qui promirent de renvoyer leurs femmes, et d'offrir, comme coupables, un bélier pour leur péché. [20] Des enfants d'Immer: Hanani et Zébadia. [21] Des enfants de Harim: Maaséja, Élie, Shémaja, Jéhiel et Uzzia. [22] Des enfants de Pashur: Eljoénaï, Maaséja, Ismaël, Nathanaël, Jozabad et Éléasa. [23] Des Lévites: Jozabad, Shimeï, Kélaja (c'est Kélita), Péthachia, Juda et Éliézer. [24] Des chantres: Éliashib; et des portiers: Shallum, Télem et Uri. [25] De ceux d'Israël, des enfants de Parosh: Ramia, Jizzia, Malkija, Mijamin, Éléazar, Malkija et Bénaja. [26] Des enfants d'Élam: Matthania, Zacharie, Jéhiel, Abdi, Jérémoth et Élie. [27] Des enfants de Zatthu: Eljoénaï, Éliashib, Matthania, Jérémoth, Zabad et Aziza. [28] Des enfants de Bébaï: Jochanan, Hanania, Zabbaï et Athlaï. [29] Des enfants de Bani: Méshullam, Malluc, Adaja, Jashud, Shéal et Ramoth. [30] Des enfants de Pachath-Moab: Adna, Kélal, Bénaja, Maaséja, Matthania, Bethsaléel, Binnuï et Manassé. [31] Des enfants de Harim: Éliézer, Jishija, Malkija, Shémaja, Siméon, [32] Benjamin, Malluc et Shémaria. [33] Des enfants de Hashum: Mathnaï, Matthattha, Zabad, Éliphélet, Jérémaï, Manassé et Shimeï. [34] Des enfants de Bani: Maadaï, Amram, Uël, [35] Bénaja, Bédia, Kéluhu, [36] Vania, Mérémoth, Éliashib, [37] Matthania, Matthénaï, Jaasaï, [38] Bani, Binnuï, Shimeï, [39] Shélémia, Nathan, Adaja, [40] Macnadbaï, Shashaï, Sharaï, [41] Azaréel, Shélémia, Shémaria, [42] Shallum, Amaria et Joseph. [43] Des enfants de Nébo: Jéiel, Matthithia, Zabad, Zébina, Jaddaï, Joël et Bénaja. [44] Tous ceux-là avaient pris des femmes étrangères; et il y en avait d'entre eux qui avaient eu des enfants de ces femmes-là.

Néhémie

[1] Paroles de Néhémie, fils de Hacalia. Il arriva au mois de Kisleu, la vingtième année (du règne d'Artaxerxès), comme j'étais à Suse, la capitale, [2] Que Hanani, l'un de mes frères, et quelques gens arrivèrent de Juda; et je m'enquis d'eux touchant les Juifs réchappés, qui étaient de reste de la captivité, et touchant Jérusalem. [3] Et ils me dirent: Ceux qui sont restés de la captivité, sont là, dans la province, dans une grande misère et dans l'opprobre; la muraille de Jérusalem est en ruine, et ses portes ont été consumées par le feu. [4] Lorsque j'eus entendu ces paroles, je m'assis, je pleurai, et je fus dans le deuil plusieurs jours; je jeûnai, et je fis ma prière devant le Dieu des cieux; [5] Et je dis: Je te prie, Éternel, Dieu des cieux! Dieu grand et redoutable, qui gardes l'alliance et la miséricorde à ceux qui t'aiment et qui observent tes commandements; [6] Je te prie, que ton oreille soit attentive, et que tes yeux soient ouverts, pour entendre la prière que ton serviteur te présente en ce temps-ci, jour et nuit, pour les enfants d'Israël tes serviteurs, en faisant confession des péchés des enfants d'Israël, que nous avons commis contre toi; car moi-même et la maison de mon père, nous avons péché. [7] Certainement, nous nous sommes rendus coupables devant toi, et nous n'avons pas gardé les commandements, les lois et les ordonnances que tu prescrivis à Moïse, ton serviteur. [8] Souviens-toi, je te prie, de la parole que tu chargeas Moïse, ton serviteur, de dire: Vous commettrez des crimes, et je vous disperserai parmi les peuples; [9] Puis vous retournerez à moi, vous garderez mes commandements, et vous les observerez. Alors, quand vous auriez été chassés jusqu'à l'extrémité des cieux, je vous rassemblerai de là, et je vous ramènerai au lieu que j'ai choisi pour y faire habiter mon nom. [10] Or, ceux-ci sont tes serviteurs et ton peuple, que tu as racheté par ta grande puissance et par ta main forte. [11] Je te prie, Seigneur! que ton oreille soit attentive à la prière de ton serviteur, et à la prière de tes serviteurs qui prennent plaisir à craindre ton nom. Fais, je te prie, prospérer aujourd'hui ton serviteur, et fais qu'il trouve grâce devant cet homme. Or j'étais échanson du roi.

2

[1] Et il arriva au mois de Nisan, la vingtième année du roi Artaxerxès, comme le vin était devant lui, que je pris le vin et le présentai au roi. Or, devant lui, je n'étais jamais triste. [2] Mais le roi me dit: Pourquoi as-tu mauvais visage, puisque tu n'es point malade? Cela ne vient que de quelque tristesse de cœur. Alors je craignis fort; [3] Et je répondis au roi: Que le roi vive à jamais! Comment n'aurais-je pas mauvais visage, quand la ville, lieu des tombeaux de mes pères, demeure désolée, et que ses portes ont été consumées par le feu? [4] Et le roi me dit: Que me demandes-tu? Alors je priai le Dieu des cieux; [5] Puis je dis au roi: Si le roi le trouve bon, et si ton serviteur t'est agréable, envoie-moi en Juda, vers la ville des tombeaux de mes pères, pour la rebâtir. [6] Et le roi, ainsi que sa femme qui était assise auprès de lui, me dit: Combien durerait ton voyage, et quand reviendrais-tu? Je lui précisai le temps, et le roi trouva bon de m'envoyer. [7] Et je dis au roi: Si le roi le trouve bon, qu'on me donne des lettres pour les gouverneurs d'au delà du fleuve, afin qu'ils me laissent passer jusqu'à ce que j'arrive en Juda; [8] Et des lettres pour Asaph, le garde du parc du roi, afin qu'il me donne du bois pour la charpente des portes de la forteresse, attenant à la maison de Dieu, pour les murailles de la ville, et pour la maison dans laquelle j'entrerai. Et le roi me l'accorda selon que la bonne main de mon Dieu était sur moi. [9] Je vins donc vers les gouverneurs qui sont de l'autre côté du fleuve, et je leur donnai les lettres du roi. Or, le roi avait envoyé avec moi des chefs de l'armée et des cavaliers. [10] Ce que Samballat, le Horonite, et Tobija, le serviteur ammonite, ayant

appris, ils eurent un fort grand dépit de ce qu'il était venu quelqu'un pour procurer du bien aux enfants d'Israël. [11] Ainsi j'arrivai à Jérusalem, et je fus là trois jours. [12] Puis je me levai, de nuit, moi et quelque peu de gens avec moi; mais je ne déclarai à personne ce que mon Dieu m'avait mis au cœur de faire à Jérusalem. Et il n'y avait pas avec moi d'autre monture que celle sur laquelle j'étais monté. [13] Je sortis donc de nuit par la porte de la vallée, et me dirigeai vers la fontaine du dragon et la porte du fumier; et je considérai les murailles de Jérusalem qui étaient en ruines, et ses portes consumées par le feu. [14] De là, je passai à la porte de la fontaine, et vers l'étang du roi, mais il n'y avait point de lieu par où la monture, sur laquelle j'étais monté, pût passer. [15] Et je montai de nuit par le torrent, et je considérai la muraille; puis, m'en retournant, je rentrai par la porte de la vallée, et m'en revins. [16] Or, les magistrats ne savaient point où j'étais allé, ni ce que je faisais; aussi je n'en avais rien déclaré jusqu'alors, ni aux Juifs, ni aux sacrificateurs, ni aux principaux, ni aux magistrats, ni au reste de ceux qui s'occupaient des affaires. [17] Alors je leur dis: Vous voyez la misère dans laquelle nous sommes, comment Jérusalem est dévastée et ses portes brûlées; venez et rebâtissons la muraille de Jérusalem, et ne soyons plus dans l'opprobre. [18] Et je leur déclarai comment la bonne main de mon Dieu avait été sur moi, et aussi les paroles que le roi m'avait dites. Alors ils dirent: Levons-nous, et bâtissons! Ils fortifièrent donc leurs mains pour bien faire. [19] Mais Samballat, le Horonite, et Tobija, le serviteur ammonite, et Guéshem, l'Arabe, l'ayant appris, se moquèrent de nous, et nous méprisèrent, en disant: Qu'est-ce que vous faites? Est-ce que vous vous révoltez contre le roi? [20] Mais je leur répliquai, et leur dis: Le Dieu des cieux lui-même nous donnera le succès! Nous, ses serviteurs, nous nous lèverons et nous bâtirons; mais vous, vous n'avez ni part, ni droit, ni souvenir dans Jérusalem.

3

[1] Éliashib, le grand sacrificateur, se leva donc avec ses frères, les sacrificateurs, et ils bâtirent la porte des brebis, qu'ils consacrèrent, et ils en posèrent les battants; ils la consacrèrent jusqu'à la tour de Méa, jusqu'à la tour de Hananéel. [2] Et les gens de Jérico bâtirent à côté de lui, et Zaccur, fils d'Imri, bâtit à côté d'eux. [3] Les enfants de Sénaa bâtirent la porte des poissons; ils en firent la charpente, et en posèrent les battants, les verrous et les barres. [4] A côté d'eux Mérémoth, fils d'Urie, fils de Kots, travailla aux réparations. Puis, à leurs côtés, travailla Méshullam, fils de Bérékia, fils de Méshézabéel. A côté d'eux, travailla Tsadok, fils de Baana. [5] A côte d'eux, travaillèrent les Thékoïtes; mais les principaux d'entre eux ne se rangèrent point au service de leur seigneur. [6] Jojada, fils de Paséach, et Méshullam, fils de Bésodia, réparèrent la vieille porte; ils en firent la charpente, et en posèrent les battants, les verrous et les barres. [7] A leur côté travaillèrent Mélatia, le Gabaonite, Jadon le Méronothite, les gens de Gabaon et de Mitspa ressortissant au siège du gouverneur de ce côté du fleuve. [8] A côté d'eux travailla Uzziel, fils de Harhaja, d'entre les orfèvres, et à côté Hanania, d'entre les parfumeurs. Ils laissèrent la partie de Jérusalem qui est jusqu'à la muraille large. [9] A côté d'eux, Réphaja, fils de Hur, chef d'un demi-quartier de Jérusalem, travailla aux réparations. [10] Puis à leur côté Jédaja, fils de Harumaph, travailla vis-à-vis de sa maison. Et à son côté travailla Hattush, fils de Hashabnia. [11] Malkija, fils de Harim, et Hashub, fils de Pachath-Moab, réparèrent une seconde section, et la tour des fours. [12] A côté d'eux, Shallum, fils de Hallochèsh, chef d'un demi-quartier de Jérusalem, travailla aussi, ainsi que ses filles. [13] Hanun et les habitants de Zanoach réparèrent la porte de la vallée; ils la bâtirent, et en posèrent les battants, les verrous et les barres, et firent mille coudées de muraille, jusqu'à la porte du fumier. [14] Malkija, fils de Récab, chef du quartier de Beth-Hakkérem, répara la porte du fumier; il la bâtit, et en posa les battants, les verrous et les barres. [15] Shallun, fils de Col-Hozé, chef du quartier de Mitspa, répara la porte de la fontaine; il la bâtit, la couvrit,

en posa les battants, les verrous et les barres, et travailla aussi au mur de l'étang de Shélach, près du jardin du roi, et jusqu'aux degrés qui descendent de la cité de David. ¹⁶ Après lui, Néhémie, fils d'Azbuc, chef du demi-quartier de Bethtsur, répara jusque vis-à-vis des tombeaux de David, jusqu'à l'étang construit, et jusqu'à la maison des hommes vaillants. ¹⁷ Après lui travaillèrent aux réparations les Lévites: Réhum, fils de Bani; à son côté travailla Hashabia, chef du demi-quartier de Kéïla, pour son quartier. ¹⁸ Après lui, leurs frères travaillèrent: Bavaï, fils de Hénadad, chef d'un demi-quartier de Kéïla; ¹⁹ Et à son côté Ézer, fils de Jéshua, chef de Mitspa, répara une seconde section, vis-à-vis de la montée de l'arsenal, à l'angle. ²⁰ Après lui, Baruc, fils de Zabbaï, répara avec ardeur une seconde section, depuis l'angle jusqu'à l'entrée de la maison d'Éliashib, le grand sacrificateur. ²¹ Après lui, Mérémoth, fils d'Urie, fils de Kots, répara une seconde section, depuis l'entrée de la maison d'Éliashib jusqu'à l'extrémité de la maison d'Éliashib. ²² Après lui travaillèrent les sacrificateurs de la contrée environnante. ²³ Après eux, Benjamin et Hashub travaillèrent vis-à-vis de leur maison. Après eux, Azaria, fils de Maaséja, fils d'Anania, travailla auprès de sa maison. ²⁴ Après lui, Binnuï, fils de Hénadad, répara une seconde section, depuis la maison d'Azaria jusqu'à l'angle et jusqu'au coin. ²⁵ Palal, fils d'Uzaï, travailla vis-à-vis de l'angle et de la tour qui sort de la maison supérieure du roi, qui est sur la cour de la prison. Après lui, Pédaja, fils de Parosh. ²⁶ Et les Néthiniens, qui habitaient sur la colline, réparèrent vers l'orient, jusque vis-à-vis de la porte des eaux et de la tour en saillie. ²⁷ Après eux, les Thékoïtes réparèrent une seconde section, vis-à-vis de la grande tour en saillie jusqu'à la muraille de la colline. ²⁸ Au-dessus de la porte des chevaux, les sacrificateurs travaillèrent, chacun vis-à-vis de sa maison. ²⁹ Après eux, Tsadok, fils d'Immer, travailla vis-à-vis de sa maison. Après lui, travailla Shémaja, fils de Shécania, gardien de la porte orientale. ³⁰ Après lui, Hanania, fils de Shélémia, et Hanun, le sixième fils de Tsalaph, réparèrent une seconde section. Après eux, Méshullam, fils de Bérékia, travailla vis-à-vis de sa chambre. ³¹ Après lui, Malkija, fils de l'orfèvre, travailla jusqu'à la maison des Néthiniens et des marchands, vis-à-vis de la porte de Miphkad, et jusqu'à la montée du coin. ³² Et les orfèvres et les marchands travaillèrent entre la montée du coin et la porte des brebis.

4

¹ Mais il arriva que Samballat, ayant appris que nous rebâtissions la muraille, fut fort indigné et fort irrité. Et il se moqua des Juifs, ² Et dit, en la présence de ses frères et des gens de guerre de Samarie: Que font ces Juifs languissants? Les laissera-t-on faire? Sacrifieront-ils? Achèveront-ils maintenant? De ces monceaux de décombres feront-ils renaître les pierres, quand elles sont brûlées? ³ Et Tobija, Ammonite, qui était auprès de lui, dit: Quoi qu'ils bâtissent, si un renard montait, il romprait leur muraille de pierre. ⁴ O notre Dieu! écoute, car nous sommes en mépris! Fais retourner sur leur tête l'opprobre dont ils nous couvrent, et livre-les au pillage dans un pays de captivité; ⁵ Ne couvre point leur iniquité, et que leur péché ne soit point effacé en ta présence; car ils ont offensé ceux qui bâtissent. ⁶ Nous rebâtîmes donc la muraille, et toute la muraille fut fermée jusqu'à la moitié de sa hauteur; et le peuple prenait à cœur le travail. ⁷ Mais quand Samballat, Tobija, les Arabes, les Ammonites et les Asdodiens eurent appris que la muraille de Jérusalem se relevait, et qu'on avait commencé à fermer les brèches, ils furent fort en colère. ⁸ Et ils se liguèrent tous ensemble pour venir faire la guerre contre Jérusalem, et pour y porter le trouble. ⁹ Alors nous priâmes notre Dieu, et nous mîmes des gardes contre eux, de jour et de nuit, pour nous garantir d'eux. ¹⁰ Et Juda disait: Les forces des ouvriers faiblissent; et il y a beaucoup de décombres; nous ne pourrons pas bâtir la muraille! ¹¹ Et nos ennemis disaient: Ils ne sauront et ne verront rien, jusqu'à ce que nous entrions au milieu d'eux. Nous les tuerons, et nous ferons cesser

l'ouvrage. [12] Mais il arriva que les Juifs qui habitaient près d'eux, vinrent, jusqu'à dix fois, nous dire leur dessein, de tous les lieux d'où ils revenaient vers nous. [13] Je plaçai donc dans le bas, derrière la muraille, aux endroits découverts, le peuple, par familles, avec leurs épées, leurs javelines et leurs arcs. [14] Puis je regardai; et je me levai, et je dis aux principaux, aux magistrats, et au reste du peuple: Ne les craignez point; souvenez-vous du Seigneur, qui est grand et redoutable, et combattez pour vos frères, vos fils et vos filles, vos femmes et vos maisons. [15] Or, après que nos ennemis eurent appris que nous avions été avertis, Dieu dissipa leur conseil; et nous retournâmes tous aux murailles, chacun à son travail. [16] Depuis ce jour-là une moitié de mes gens travaillait à l'œuvre et l'autre moitié était armée de lances, de boucliers, d'arcs et de cuirasses; et les chefs suivaient chaque famille de Juda. [17] Ceux qui bâtissaient la muraille, et ceux qui portaient ou chargeaient les fardeaux, travaillaient d'une main, et de l'autre ils tenaient une arme. [18] Car chacun de ceux qui bâtissaient, avait les reins ceints d'une épée; c'est ainsi qu'ils bâtissaient; et celui qui sonnait de la trompette était près de moi. [19] Je dis aux principaux, aux magistrats, et au reste du peuple: L'ouvrage est considérable et étendu, et nous sommes dispersés sur la muraille, loin l'un de l'autre; [20] En quelque lieu donc que vous entendiez le son de la trompette, rassemblez-vous-y vers nous; notre Dieu combattra pour nous. [21] C'est ainsi que nous travaillions; et la moitié des gens tenait des javelines depuis le point du jour, jusqu'à ce que les étoiles parussent. [22] En ce temps-là je dis aussi au peuple: Que chacun passe la nuit dans Jérusalem, avec son serviteur, afin qu'ils nous servent la nuit pour faire le guet, et le jour pour travailler. [23] Et pour moi, mes frères, mes serviteurs et les gens de la garde qui me suivent, nous ne quitterons point nos habits, chacun aura son épée et de l'eau.

5

[1] Or, il y eut une grande clameur du peuple et de leurs femmes contre les Juifs, leurs frères. [2] Il y en avait qui disaient: Nous, nos fils et nos filles, nous sommes nombreux; qu'on nous donne du blé, afin que nous mangions et que nous vivions. [3] Et il y en avait d'autres qui disaient: Nous engageons nos champs, et nos vignes, et nos maisons, afin d'avoir du blé pendant la famine. [4] Il y en avait aussi qui disaient: Nous empruntons de l'argent, pour le tribut du roi, sur nos champs et sur nos vignes. [5] Et pourtant notre chair est comme la chair de nos frères, et nos fils sont comme leurs fils. Et voici, nous assujettissons nos fils et nos filles pour être esclaves; et déjà quelques-unes de nos filles sont assujetties; et nous n'y pouvons rien, car nos champs et nos vignes sont à d'autres. [6] Quand j'entendis leur cri et ces paroles-là, je fus fort irrité. [7] Je délibérai donc en moi-même, et je censurai les principaux et les magistrats, et je leur dis: Vous prêtez à intérêt l'un à l'autre? Et je convoquai contre eux une grande assemblée; [8] Et je leur dis: Nous avons racheté, selon notre pouvoir, nos frères juifs, qui avaient été vendus aux nations, et vous vendriez vous-mêmes vos frères? Et c'est à vous qu'ils seraient vendus? Alors ils se turent, et ne surent que dire. [9] Et je dis: Ce que vous faites n'est pas bien. Ne voulez-vous pas marcher dans la crainte de notre Dieu, pour n'être pas l'opprobre des nations qui sont nos ennemies? [10] Moi aussi, et mes frères, et mes serviteurs, nous leur avons prêté de l'argent et du blé. Abandonnons, je vous prie, cette dette! [11] Rendez-leur aujourd'hui, je vous prie, leurs champs, leurs vignes, leurs oliviers et leurs maisons, et le centième de l'argent, du blé, du vin et de l'huile que vous exigez d'eux comme intérêt. [12] Et ils répondirent: Nous le leur rendrons, et nous ne leur demanderons rien; nous ferons ce que tu dis. Alors j'appelai les sacrificateurs, devant qui je les fis jurer de faire selon cette parole. [13] Je secouai aussi mon sein, et je dis: Que Dieu secoue ainsi de sa maison et de son travail, tout homme qui n'aura point accompli cette parole, et qu'il soit ainsi secoué et vidé! Et toute l'assemblée répondit: Amen! Et ils louèrent

l'Éternel; et le peuple fit selon cette parole. [14] Et même, depuis le jour auquel le roi m'avait commandé d'être leur gouverneur au pays de Juda, depuis la vingtième année jusqu'à la trente-deuxième année du roi Artaxerxès, l'espace de douze ans, moi et mes frères, nous n'avons point pris ce qui était assigné au gouverneur pour sa table. [15] Les précédents gouverneurs, qui étaient avant moi, opprimaient le peuple et recevaient de lui du pain et du vin, outre quarante sicles d'argent, et même leurs serviteurs dominaient sur le peuple; mais je n'ai pas fait ainsi, par crainte de Dieu. [16] Et j'ai même mis la main à l'œuvre de cette muraille; nous n'avons point acheté de champ, et tous mes serviteurs étaient assemblés là pour travailler. [17] Et les Juifs et les magistrats, au nombre de cent cinquante hommes, et ceux qui venaient vers nous, des nations qui nous entouraient, étaient à ma table. [18] Et ce qu'on apprêtait chaque jour, était un bœuf et six moutons choisis, et de la volaille, et de dix en dix jours toutes sortes de vins en abondance. Et avec tout cela, je n'ai point demandé le pain qui était assigné au gouverneur; car le service pesait lourdement sur le peuple. [19] Ô mon Dieu! souviens-toi de moi, pour me faire du bien, selon tout ce que j'ai fait pour ce peuple!

6

[1] Quand Samballat, Tobija et Guéshem, l'Arabe, et le reste de nos ennemis, eurent appris que j'avais rebâti la muraille, et qu'il n'y était demeuré aucune brèche, bien que, jusqu'à ce temps-là, je n'eusse pas encore mis les battants aux portes, [2] Samballat et Guéshem envoyèrent vers moi, pour me dire: Viens, et que nous nous trouvions ensemble, dans les villages de la vallée d'Ono. Or ils avaient comploté de me faire du mal. [3] Mais j'envoyai des messagers vers eux, pour leur dire: Je fais un grand ouvrage, et je ne puis descendre. Pourquoi cet ouvrage serait-il interrompu, pendant que je le laisserais pour aller vers vous? [4] Ils me mandèrent la même chose quatre fois; et je leur répondis de même. [5] Alors Samballat envoya vers moi son serviteur, pour me tenir le même discours pour la cinquième fois; et il avait en sa main une lettre ouverte, [6] Dans laquelle il était écrit: On entend dire parmi les nations, et Gashmu le dit, que vous pensez, toi et les Juifs, à vous révolter; que c'est pour cela que tu rebâtis la muraille, et que tu vas être leur roi, d'après ce qu'on dit; [7] Et que tu as même établi des prophètes, pour te proclamer à Jérusalem et pour dire: Il est roi en Juda. Et maintenant on fera entendre au roi ces mêmes choses; viens donc maintenant, afin que nous consultions ensemble. [8] Je renvoyai alors vers lui, pour lui dire: Ce que tu dis n'est point; mais tu l'inventes toi-même. [9] En effet tous cherchaient à nous épouvanter, et se disaient: Leurs mains se fatigueront du travail, de sorte qu'il ne se fera point. Maintenant donc, ô Dieu! fortifie mes mains. [10] Après cela, j'allai dans la maison de Shémaja, fils de Délaja, fils de Méhétabéel, qui s'était enfermé. Et il me dit: Assemblons-nous dans la maison de Dieu, dans le temple, et fermons les portes du temple; car ils doivent venir pour te tuer, et c'est de nuit qu'ils viendront pour te tuer. [11] Mais je répondis: Un homme tel que moi fuirait-il? Et quel homme tel que moi pourrait entrer dans le temple, et vivre? Je n'y entrerai point. [12] Et je connus bien que Dieu ne l'avait pas envoyé, mais qu'il avait prononcé cette prophétie contre moi, parce que Tobija et Samballat l'avaient soudoyé. [13] Ils l'avaient soudoyé afin que, par crainte et en péchant, j'en agisse ainsi, et que, m'étant fait un mauvais renom, ils pussent me couvrir d'opprobre. [14] Ô mon Dieu! souviens-toi de Tobija et de Samballat, selon leurs actions; ainsi que de Noadia, la prophétesse, et des autres prophètes qui tâchaient de m'effrayer! [15] La muraille fut achevée le vingt-cinq du mois d'Élul, en cinquante-deux jours. [16] Et quand tous nos ennemis l'eurent appris, et que toutes les nations qui étaient autour de nous, l'eurent vu, ils furent tout découragés; et ils connurent que cet ouvrage s'était fait de par notre Dieu. [17] En ce même temps, des principaux de Juda envoyaient de nombreuses lettres à Tobija; et celles de

Tobija leur parvenaient. [18] Car un grand nombre de personnes en Juda s'étaient liées à lui par serment, parce qu'il était gendre de Shécania, fils d'Arach, et Jochanan, son fils, avait épousé la fille de Méshullam, fils de Bérékia. [19] Ils disaient même du bien de lui en ma présence, et lui rapportaient mes paroles; et Tobija envoyait des lettres pour m'effrayer.

7

[1] Après que la muraille fut rebâtie, que j'eus mis les portes, et que les portiers, les chantres et les Lévites furent installés, [2] Je donnai mes ordres à Hanani, mon frère, et à Hanania, commandant de la forteresse de Jérusalem, car c'était un homme fidèle et craignant Dieu, plus que beaucoup d'autres; [3] Et je leur dis: Que les portes de Jérusalem ne s'ouvrent point avant la chaleur du soleil; et pendant que les gardes seront encore là, que l'on ferme les portes, et qu'on y mette les barres; que l'on place comme gardes les habitants de Jérusalem, chacun à son poste, chacun devant sa maison. [4] Or la ville était spacieuse et grande, mais le peuple peu nombreux, et les maisons n'étaient point bâties. [5] Alors mon Dieu me mit au cœur d'assembler les principaux, les magistrats et le peuple, pour en faire le dénombrement; et je trouvai le registre du dénombrement de ceux qui étaient montés la première fois. Or j'y trouvai écrit ce qui suit: [6] Voici ceux de la province qui remontèrent de la captivité, d'entre ceux que Nébucadnetsar, roi de Babylone, avait transportés, et qui retournèrent à Jérusalem et en Juda, chacun en sa ville; [7] Qui vinrent avec Zorobabel, Jéshua, Néhémie, Azaria, Raamia, Nachamani, Mardochée, Bilshan, Mispéreth, Bigvaï, Néhum et Baana. Nombre des hommes du peuple d'Israël: [8] Les enfants de Parosh, deux mille cent soixante-douze; [9] Les enfants de Shéphatia, trois cent soixante-douze; [10] Les enfants d'Arach, six cent cinquante-deux; [11] Les enfants de Pachath-Moab, des enfants de Jéshua et de Joab, deux mille huit cent dix-huit; [12] Les enfants d'Élam, mille deux cent cinquante-quatre; [13] Les enfants de Zatthu, huit cent quarante-cinq; [14] Les enfants de Zaccaï, sept cent soixante; [15] Les enfants de Binnuï, six cent quarante-huit; [16] Les enfants de Bébaï, six cent vingt-huit; [17] Les enfants d'Azgad, deux mille trois cent vingt-deux; [18] Les enfants d'Adonikam, six cent soixante-sept; [19] Les enfants de Bigvaï, deux mille soixante-sept; [20] Les enfants d'Adin, six cent cinquante-cinq; [21] Les enfants d'Ater de la famille d'Ézéchias, quatre-vingt-dix-huit; [22] Les enfants de Hashum, trois cent vingt-huit; [23] Les enfants de Betsaï, trois cent vingt-quatre; [24] Les enfants de Hariph, cent douze; [25] Les enfants de Gabaon, quatre-vingt-quinze; [26] Les gens de Bethléhem et de Nétopha, cent quatre-vingt-huit; [27] Les gens d'Anathoth, cent vingt-huit; [28] Les gens de Beth-Azmaveth, quarante-deux; [29] Les gens de Kirjath-Jéarim, de Képhira et de Béeroth, sept cent quarante-trois; [30] Les gens de Rama et de Guéba, six cent vingt et un; [31] Les gens de Micmas, cent vingt-deux; [32] Les gens de Béthel et d'Aï, cent vingt-trois; [33] Les gens de l'autre Nébo, cinquante-deux; [34] Les enfants de l'autre Élam, mille deux cent cinquante-quatre; [35] Les enfants de Harim, trois cent vingt; [36] Les enfants de Jérico, trois cent quarante-cinq; [37] Les enfants de Lod, de Hadid, et d'Ono, sept cent vingt et un; [38] Les enfants de Sénaa, trois mille neuf cent trente. [39] Sacrificateurs: les enfants de Jédaja, de la maison de Jéshua, neuf cent soixante-treize; [40] Les enfants d'Immer, mille cinquante-deux; [41] Les enfants de Pashur, mille deux cent quarante-sept; [42] Les enfants de Harim, mille dix-sept. [43] Lévites: les enfants de Jéshua, de Kadmiel, enfants de Hodéva, soixante et quatorze. [44] Chantres: les enfants d'Asaph, cent quarante-huit. [45] Portiers: les enfants de Shallum, les enfants d'Ater, les enfants de Talmon, les enfants d'Akkub, les enfants de Hatita, les enfants de Shobaï, cent trente huit. [46] Néthiniens: les enfants de Tsicha, les enfants de Hasupha, les enfants de Tabbaoth, [47] Les enfants de Kéros, les enfants de Sia, les enfants de Padon, [48] Les enfants de Lébana, les enfants de Hagaba, les enfants de Salmaï, [49] Les enfants de Hanan,

les enfants de Guiddel, les enfants de Gachar, 50 Les enfants de Réaja, les enfants de Retsin, les enfants de Nékoda, 51 Les enfants de Gazam, les enfants d'Uzza, les enfants de Paséach, 52 Les enfants de Bésaï, les enfants de Méunim, les enfants de Néphishésim, 53 Les enfants de Bakbuk, les enfants de Hakupha, les enfants de Harhur, 54 Les enfants de Batslith, les enfants de Méhida, les enfants de Harsha, 55 Les enfants de Barkos, les enfants de Sisera, les enfants de Thamach, 56 Les enfants de Netsiach, les enfants de Hatipha. 57 Enfants des serviteurs de Salomon: les enfants de Sotaï, les enfants de Sophéreth, les enfants de Périda, 58 Les enfants de Jaala, les enfants de Darkon, les enfants de Guiddel, 59 Les enfants de Shéphatia, les enfants de Hattil, les enfants de Pokéreth-Hatsébaïm, les enfants d'Amon. 60 Total des Néthiniens, et des enfants des serviteurs de Salomon: trois cent quatre-vingt-douze. 61 Voici ceux qui montèrent de Thel-Mélach, de Thel-Harsha, de Kérub-Addon, et d'Immer, lesquels ne purent montrer la maison de leurs pères, ni leur race, ni s'ils étaient d'Israël: 62 Les enfants de Délaja, les enfants de Tobija, les enfants de Nékoda, six cent quarante-deux. 63 Et les sacrificateurs: les enfants de Hobaja, les enfants de Kots, les enfants de Barzillaï, qui prit pour femme une des filles de Barzillaï, le Galaadite, et qui fut appelé de leur nom. 64 Ils cherchèrent leur inscription parmi les généalogies; mais elle n'y fut point trouvée; et ils furent exclus de la sacrificature. 65 Le gouverneur leur dit donc qu'ils ne mangeassent point des choses très saintes, jusqu'à ce que le sacrificateur fût là, pour consulter avec l'Urim et le Thummim. 66 L'assemblée tout entière était de quarante-deux mille trois cent soixante, 67 Sans leurs serviteurs et leurs servantes, qui étaient au nombre de sept mille trois cent trente-sept; ils avaient deux cent quarante-cinq chantres ou chanteuses. 68 Ils avaient sept cent trente-six chevaux, deux cent quarante-cinq mulets, 69 Quatre cent trente-cinq chameaux, et six mille sept cent vingt ânes. 70 Quelques-uns des chefs des pères contribuèrent pour l'ouvrage. Le gouverneur donna au trésor mille dariques d'or, cinquante bassins, cinq cent trente tuniques de sacrificateurs. 71 Et d'entre les chefs des pères, plusieurs donnèrent pour le trésor de l'ouvrage, vingt mille dariques d'or, et deux mille deux cents mines d'argent. 72 Et ce que le reste du peuple donna fut vingt mille dariques d'or, deux mille mines d'argent, et soixante-sept tuniques de sacrificateurs. 73 Et les sacrificateurs, les Lévites, les portiers, les chantres, les gens du peuple, les Néthiniens, et tous ceux d'Israël, habitèrent dans leurs villes. Ainsi, quand arriva le septième mois, les enfants d'Israël étaient dans leurs villes.

8

1 Or, tout le peuple s'assembla comme un seul homme, sur la place qui est devant la porte des eaux; et ils dirent à Esdras, le scribe, d'apporter le livre de la loi de Moïse, prescrite par l'Éternel à Israël. 2 Et le premier jour du septième mois, Esdras, le sacrificateur, apporta la loi devant l'assemblée, composée d'hommes et de femmes, et de tous ceux qui étaient capables de l'entendre. 3 Alors il lut au livre, sur la place qui est devant la porte des eaux, depuis le matin jusqu'au milieu du jour, en présence des hommes et des femmes, et de ceux qui étaient capables de l'entendre; et les oreilles de tout le peuple furent attentives à la lecture du livre de la loi. 4 Esdras, le scribe, se tenait sur une estrade de bois, qu'on avait dressée pour cela; et il avait auprès de lui, à sa main droite, Matthithia, Shéma, Anaja, Urie, Hilkija et Maaséja; et à sa gauche, Pédaja, Mishaël, Malkija, Hashum, Hash-baddana, Zacharie et Méshullam. 5 Esdras ouvrit le livre devant tout le peuple; car il était au-dessus de tout le peuple; et sitôt qu'il l'eut ouvert, tout le peuple se tint debout. 6 Et Esdras bénit l'Éternel, le grand Dieu, et tout le peuple répondit: Amen! Amen! en élevant les mains; puis ils s'inclinèrent, et se prosternèrent devant l'Éternel, le visage contre terre. 7 Ensuite Jéshua, Bani, Shérébia, Jamin, Akkub, Shabéthaï, Hodija, Maaséja, Kélita, Azaria, Jozabad, Hanan, Pélaja, et les autres Lévites,

expliquèrent la loi au peuple, le peuple se tenant en sa place. [8] Ils lisaient distinctement au livre de la loi de Dieu; ils en donnaient le sens, et faisaient comprendre la lecture. [9] Et Néhémie, le gouverneur, Esdras, sacrificateur et scribe, et les Lévites, qui instruisaient le peuple, dirent au peuple: Ce jour est consacré à l'Éternel notre Dieu; ne vous affligez pas, et ne pleurez pas; car tout le peuple pleurait en entendant les paroles de la loi. [10] Et ils leur dirent: Allez, mangez des viandes grasses, et buvez du vin doux, et envoyez des portions à ceux qui n'ont rien d'apprêté, car ce jour est consacré à notre Seigneur; ne soyez donc point affligés, car la joie de l'Éternel est votre force. [11] Et les Lévites calmèrent tout le peuple, en disant: Faites silence, car ce jour est saint, et ne vous affligez point. [12] Ainsi tout le peuple s'en alla pour manger, et pour boire, et pour envoyer des portions, et pour faire une grande réjouissance; car ils avaient compris les paroles qu'on leur avait fait connaître. [13] Le second jour, les chefs des pères de tout le peuple, les sacrificateurs et les Lévites, s'assemblèrent auprès d'Esdras, le scribe, pour s'instruire dans les paroles de la loi. [14] Ils trouvèrent donc écrit dans la loi que l'Éternel avait prescrite par Moïse, que les enfants d'Israël devaient demeurer dans des tabernacles pendant la fête, au septième mois, [15] Et qu'on devait l'annoncer et le publier dans toutes les villes et à Jérusalem, en disant: Allez à la montagne, et apportez des rameaux d'olivier, des rameaux d'olivier sauvage, des rameaux de myrthe, des rameaux de palmier, et des rameaux d'arbres touffus, pour faire des tabernacles, ainsi qu'il est écrit. [16] Alors le peuple sortit, et en rapporta; et ils se firent des tabernacles, chacun sur son toit, dans leurs cours, dans les parvis de la maison de Dieu, sur la place de la porte des eaux, et sur la place de la porte d'Éphraïm. [17] Ainsi toute l'assemblée de ceux qui étaient retournés de la captivité fit des tabernacles, et ils se tinrent dans ces tabernacles. Or les enfants d'Israël n'en avaient point fait de tels, depuis les jours de Josué, fils de Nun, jusqu'à ce jour-là. Il y eut donc une fort grande joie. [18] Et on lut dans le livre de la loi de Dieu, chaque jour, depuis le premier jour jusqu'au dernier. On célébra la fête pendant sept jours, et il y eut une assemblée solennelle au huitième jour, comme il était ordonné.

9

[1] Le vingt-quatrième jour du même mois, les enfants d'Israël s'assemblèrent, jeûnant, vêtus de sacs, et ayant de la terre sur eux. [2] Et la race d'Israël se sépara de tous les étrangers; et ils se présentèrent, confessant leurs péchés et les iniquités de leurs pères. [3] Ils se levèrent donc à leur place, et on lut dans le livre de la loi de l'Éternel leur Dieu, pendant un quart de la journée, et pendant un autre quart, ils firent confession, et se prosternèrent devant l'Éternel leur Dieu. [4] Et Jéshua, Bani, Kadmiel, Shébania, Bunni, Shérébia, Bani et Kénani, se levèrent sur la tribune des Lévites, et crièrent à haute voix à l'Éternel leur Dieu. [5] Et les Lévites, Jéshua, Kadmiel, Bani, Hashabnia, Shérébia, Hodija, Shébania et Péthachia, dirent: Levez-vous, bénissez l'Éternel votre Dieu, d'éternité en éternité! Que l'on bénisse ton nom glorieux, qui est au-dessus de toute bénédiction et de toute louange! [6] Toi seul es l'Éternel! tu as fait les cieux, les cieux des cieux, et toute leur armée; la terre, et tout ce qui y est; les mers, et toutes les choses qui y sont. Tu donnes la vie à toutes ces choses, et l'armée des cieux se prosterne devant toi. [7] Tu es l'Éternel Dieu, qui choisis Abram, et qui le fis sortir d'Ur des Caldéens, et qui lui donnas le nom d'Abraham. [8] Tu trouvas son cœur fidèle devant toi, et tu traitas une alliance avec lui, pour donner à sa postérité le pays des Cananéens, des Héthiens, des Amoréens, des Phéréziens, des Jébusiens et des Guirgasiens; et tu as accompli ta parole, car tu es juste. [9] Tu regardas l'affliction de nos pères en Égypte, et tu entendis leur cri près de la mer Rouge; [10] Tu fis des prodiges et des miracles, sur Pharaon et sur tous ses serviteurs, et sur tout le peuple de son pays, parce que tu connus qu'ils les traitaient orgueilleusement; et tu t'acquis un renom tel qu'il existe aujourd'hui.

¹¹ Tu fendis la mer devant eux, et ils passèrent à sec, au travers de la mer, et tu jetas dans l'abîme ceux qui les poursuivaient, comme une pierre dans les eaux profondes. ¹² Tu les conduisis, de jour par la colonne de nuée, et de nuit par la colonne de feu, pour les éclairer dans le chemin par lequel ils devaient aller. ¹³ Tu descendis sur la montagne de Sinaï; et tu leur parlas des cieux, et tu leur donnas des ordonnances droites, des lois de vérité, de bons statuts et de bons commandements. ¹⁴ Tu leur enseignas ton saint sabbat, et tu leur prescrivis des commandements, des statuts et une loi, par Moïse, ton serviteur. ¹⁵ Tu leur donnas aussi, des cieux, du pain pour leur faim, et tu fis sortir l'eau du rocher pour leur soif, et tu leur dis qu'ils entrassent, pour posséder le pays que tu avais fait serment de leur donner. ¹⁶ Mais eux, nos pères, agirent avec orgueil, et raidirent leur cou, et n'écoutèrent point tes commandements. ¹⁷ Ils refusèrent d'écouter, et ne se souvinrent point des merveilles que tu avais faites en leur faveur, mais ils raidirent leur cou, et dans leur rébellion ils se donnèrent un chef, pour retourner dans leur servitude. Mais toi, qui es un Dieu qui pardonnes, miséricordieux, pitoyable, lent à la colère, et abondant en grâce, tu ne les abandonnas point. ¹⁸ Même lorsqu'ils se firent un veau de fonte, et qu'ils dirent: Voici ton Dieu, qui t'a fait monter d'Égypte, et qu'ils te firent de grands outrages, ¹⁹ Toi, dans tes grandes miséricordes, tu ne les abandonnas point dans le désert; la colonne de nuée ne cessa point d'être sur eux le jour, pour les conduire par le chemin, ni la colonne de feu, la nuit, pour les éclairer dans le chemin par lequel ils devaient aller. ²⁰ Tu leur donnas ton bon Esprit pour les rendre sages; tu ne retiras point ta manne de leur bouche, et tu leur donnas de l'eau pour leur soif. ²¹ Tu les nourris quarante ans dans le désert, sans que rien leur manquât; leurs vêtements ne s'usèrent point, et leurs pieds n'enflèrent point. ²² Tu leur donnas des royaumes et des peuples, que tu leur partageas par contrées; ils possédèrent le pays de Sihon, le pays du roi de Hesbon, et le pays d'Og, roi de Bassan. ²³ Tu multiplias leurs enfants comme les étoiles des cieux, et tu les introduisis au pays dont tu avais dit à leurs pères, qu'ils y entreraient pour le posséder. ²⁴ Et les enfants y entrèrent, et ils possédèrent le pays; tu abaissas devant eux les Cananéens, habitants du pays, et tu les livras entre leurs mains, avec leurs rois, et les peuples du pays, afin qu'ils en fissent à leur volonté. ²⁵ Ils prirent des villes fortes et une terre grasse; ils possédèrent des maisons pleines de toute sorte de biens, des citernes creusées, des vignes, des oliviers et des arbres fruitiers en abondance; ils mangèrent et furent rassasiés; ils s'engraissèrent, et se traitèrent délicieusement par ta grande bonté. ²⁶ Mais ils se rebellèrent et se révoltèrent contre toi, ils jetèrent ta loi derrière leur dos; ils tuèrent tes prophètes qui les sommaient de revenir à toi, et ils te firent de grands outrages. ²⁷ Aussi tu les livras entre les mains de leurs ennemis, qui les opprimèrent. Toutefois, au temps de leur détresse, ils crièrent à toi; des cieux tu les exauças, et, selon tes grandes miséricordes, tu leur donnas des libérateurs, qui les délivrèrent de la main de leurs ennemis. ²⁸ Mais, dès qu'ils avaient du repos, ils recommençaient à faire le mal devant toi; alors tu les abandonnais entre les mains de leurs ennemis, qui dominaient sur eux. Puis ils recommençaient à crier vers toi, et tu les exauçais des cieux; et maintes fois tu les as délivrés, selon tes miséricordes. ²⁹ Et tu les adjuras de revenir à ta loi; mais ils se sont élevés avec orgueil, et n'ont point obéi à tes commandements; ils ont péché contre tes ordonnances, qui feront vivre quiconque les observera. Ils ont tiré l'épaule en arrière; ils ont roidi leur cou, et n'ont pas écouté. ³⁰ Tu les as attendus patiemment pendant nombre d'années, et tu les adjuras par ton Esprit, par le ministère de tes prophètes; mais ils ne leur ont point prêté l'oreille, et tu les as livrés entre les mains des peuples étrangers. ³¹ Néanmoins, par tes grandes miséricordes, tu ne les as pas réduits à néant, et tu ne les as pas abandonnés; car tu es un Dieu clément et miséricordieux. ³² Et maintenant, ô notre Dieu! Dieu grand, puissant et redoutable! qui gardes l'alliance et la miséricorde, ne regarde pas comme peu de chose toute cette tribulation qui nous a atteints, nous, nos

rois, nos chefs, nos sacrificateurs, nos prophètes, nos pères et tout ton peuple, depuis le temps des rois d'Assyrie jusqu'à ce jour. 33 Tu es juste dans tout ce qui nous est arrivé; car tu as agi en vérité, mais nous avons agi avec méchanceté. 34 Nos rois, nos chefs, nos sacrificateurs et nos pères, n'ont point pratiqué ta loi, et n'ont point été attentifs à tes commandements, ni aux sommations par lesquelles tu les adjurais. 35 Ils ne t'ont point servi durant leur règne, au milieu des grands biens que tu leur accordais, dans le pays spacieux et gras que tu avais mis à leur disposition, et ils ne se sont point détournés de leurs œuvres mauvaises. 36 Voici, nous sommes aujourd'hui esclaves! Dans le pays que tu as donné à nos pères, pour en manger le fruit et les biens, voici, nous sommes esclaves! 37 Et il rapporte en abondance pour les rois que tu as établis sur nous, à cause de nos péchés, et qui dominent sur nos corps et sur nos bêtes, à leur volonté, en sorte que nous sommes dans une grande détresse! 38 A cause de tout cela, nous contractâmes une alliance, nous l'écrivîmes, et nos chefs, nos Lévites et nos sacrificateurs, y apposèrent leur sceau.

10

1 Or, ceux qui apposèrent leur sceau furent: Néhémie, le gouverneur, fils de Hacalia, et Sédécias, 2 Séraja, Azaria, Jérémie, 3 Pashur, Amaria, Malkija, 4 Hattush, Shébania, Malluc, 5 Harim, Mérémoth, Obadia, 6 Daniel, Guinnéthon, Baruc, 7 Méshullam, Abija, Mijamin, 8 Maazia, Bilgaï, Shémaja. Ce sont les sacrificateurs. 9 Les Lévites: Jéshua, fils d'Azania, Binnuï, des fils de Hénadad, Kadmiel; 10 Et leurs frères, Shébania, Hodija, Kélita, Pélaja, Hanan, 11 Mica, Réhob, Hashabia, 12 Zaccur, Shérébia, Shébania, 13 Hodija, Bani, Béninu. 14 Les chefs du peuple: Parosh, Pachath-Moab, Élam, Zatthu, Bani, 15 Bunni, Azgad, Bébaï, 16 Adonija, Bigvaï, Adin, 17 Ater, Ézéchias, Azzur, 18 Hodija, Hashum, Betsaï, 19 Hariph, Anathoth, Nébaï, 20 Magpiash, Méshullam, Hézir, 21 Meshézabéel, Tsadok, Jaddua, 22 Pélatia, Hanan, Anaja, 23 Osée, Hanania, Hashub, 24 Lochèsh, Pilcha, Shobek, 25 Réhum, Hashabna, Maaséja, 26 Achija, Hanan, Anan, 27 Malluc, Harim, Baana. 28 Et le reste du peuple, les sacrificateurs, les Lévites, les portiers, les chantres, les Néthiniens, et tous ceux qui s'étaient séparés des peuples de ces pays, pour observer la loi de Dieu, leurs femmes, leurs fils, et leurs filles, tous ceux qui étaient capables de connaissance et d'intelligence, 29 Se joignirent à leurs frères, les plus considérables d'entre eux, et s'engagèrent par imprécation et serment, à marcher dans la loi de Dieu, qui avait été donnée par Moïse, serviteur de Dieu, à garder et à faire tous les commandements de l'Éternel notre Seigneur, ses ordonnances et ses lois; 30 A ne pas donner nos filles aux peuples du pays, et à ne point prendre leurs filles pour nos fils; 31 Et à ne prendre rien, au jour du sabbat, ni dans un autre jour consacré, des peuples du pays qui apportent des marchandises et toutes sortes de denrées, le jour du sabbat, pour les vendre, et à faire relâche la septième année, et à faire remise de toute dette. 32 Nous fîmes aussi des ordonnances, nous chargeant de donner, par an, le tiers d'un sicle, pour le service de la maison de notre Dieu, 33 Pour les pains de proposition, pour l'offrande perpétuelle, pour l'holocauste perpétuel des sabbats, des nouvelles lunes, pour les fêtes, pour les choses consacrées, pour les sacrifices d'expiation en faveur d'Israël, et pour tout ce qui se fait dans la maison de notre Dieu. 34 Nous tirâmes au sort, pour l'offrande du bois, tant les sacrificateurs et les Lévites que le peuple, afin de l'amener à la maison de notre Dieu, selon les maisons de nos pères, à des époques déterminées, année par année, pour le brûler sur l'autel de l'Éternel, notre Dieu, ainsi qu'il est écrit dans la loi. 35 Nous décidâmes aussi d'apporter à la maison de l'Éternel, année par année, les premiers fruits de notre terre, et les premiers fruits de tous les arbres; 36 Et les premiers-nés de nos fils et de nos bêtes, comme il est écrit dans la loi; et d'amener à la maison de notre Dieu, aux sacrificateurs qui font le service dans la maison de notre Dieu, les premiers-nés de notre gros et de

notre menu bétail. ³⁷ Et les prémices de notre pâte, nos offrandes, les fruits de tous les arbres, le vin et l'huile, nous les apporterons aux sacrificateurs, dans les chambres de la maison de notre Dieu, ainsi que la dîme de notre terre aux Lévites, qui eux-mêmes en paient la dîme dans toutes nos villes agricoles. ³⁸ Le sacrificateur, fils d'Aaron, sera avec les Lévites, lorsque les Lévites paieront la dîme; et les Lévites apporteront la dîme de la dîme à la maison de notre Dieu, dans les chambres de la maison du trésor. ³⁹ Car les enfants d'Israël et les enfants de Lévi doivent apporter dans ces chambres l'offrande du blé, du vin et de l'huile; là sont les ustensiles du sanctuaire, les sacrificateurs qui font le service, les portiers et les chantres. Et nous n'abandonnerons point la maison de notre Dieu.

11

¹ Les principaux du peuple s'établirent à Jérusalem; mais le reste du peuple tira au sort, afin qu'un sur dix vînt s'établir à Jérusalem, la sainte cité, et que les neuf autres dixièmes demeurassent dans les autres villes. ² Et le peuple bénit tous ceux qui se présentèrent volontairement pour s'établir à Jérusalem. ³ Voici les principaux de la province qui s'établirent à Jérusalem, les autres s'étant établis dans les villes de Juda, chacun dans sa possession, dans sa ville, Israélites, sacrificateurs, Lévites, Néthiniens et enfants des serviteurs de Salomon. ⁴ A Jérusalem habitèrent donc des enfants de Juda et des enfants de Benjamin. Des enfants de Juda: Athaja, fils d'Uzia, fils de Zacharie, fils d'Amaria, fils de Shéphatia, fils de Mahalaléel, des enfants de Pharets, ⁵ Et Maaséja, fils de Baruc, fils de Col-Hozé, fils de Hazaja, fils d'Adaja, fils de Jojarib, fils de Zacharie, fils de Shiloni. ⁶ Total des enfants de Pharets, qui s'établirent à Jérusalem, quatre cent soixante-huit vaillants hommes. ⁷ Et voici les enfants de Benjamin: Sallu, fils de Méshullam, fils de Joëd, fils de Pédaja, fils de Kolaja, fils de Maaséja, fils d'Ithiel, fils d'Ésaïe; ⁸ Et après lui Gabbaï, Sallaï, neuf cent vingt-huit. ⁹ Et Joël, fils de Zicri, était commis sur eux; et Juda, fils de Sénua, était lieutenant de la ville. ¹⁰ Des sacrificateurs: Jédaja, fils de Jojarib, Jakin, ¹¹ Séraja, fils de Hilkija, fils de Méshullam, fils de Tsadok, fils de Mérajoth, fils d'Achitub, conducteur de la maison de Dieu; ¹² Puis leurs frères, qui faisaient le service de la maison, au nombre de huit cent vingt-deux. Et Adaja, fils de Jérocham, fils de Pélalia, fils d'Amtsi, fils de Zacharie, fils de Pashur, fils de Malkija; ¹³ Et ses frères, chefs des pères, au nombre de deux cent quarante-deux. Et Amashaï, fils d'Azaréel, fils d'Achzaï, fils de Méshillémoth, fils d'Immer. ¹⁴ Et leurs frères, forts et vaillants, au nombre de cent vingt-huit. Et Zabdiel, fils de Guédolim, était préposé sur eux. ¹⁵ D'entre les Lévites: Shémaja, fils de Hashub, fils d'Azrikam, fils de Hashabia, fils de Bunni; ¹⁶ Shabbethaï et Jozabad, chargés du service extérieur pour la maison de Dieu, d'entre les chefs des Lévites; ¹⁷ Matthania, fils de Mica, fils de Zabdi, fils d'Asaph, chef, qui commençait le premier à chanter les louanges, à la prière, et Bakbukia le second d'entre ses frères; et Abda, fils de Shammua, fils de Galal, fils de Jéduthun. ¹⁸ Total des Lévites dans la sainte cité: deux cent quatre-vingt-quatre. ¹⁹ Et les portiers: Akkub, Talmon, et leurs frères, qui gardaient les portes: cent soixante-douze. ²⁰ Le reste des Israélites, les sacrificateurs, les Lévites, s'établit dans toutes les villes de Juda, chacun dans son héritage. ²¹ Les Néthiniens habitèrent à Ophel; Tsicha et Guishpa étaient préposés sur les Néthiniens. ²² Celui qui avait charge des Lévites à Jérusalem, était Uzzi, fils de Bani, fils de Hashabia, fils de Matthania, fils de Mica, d'entre les enfants d'Asaph, chantres, pour le service de la maison de Dieu. ²³ Car il y avait un commandement du roi à leur égard, et il y avait un salaire assuré, pour les chantres, chaque jour. ²⁴ Péthachia, fils de Meshézabéel, des enfants de Zarach, fils de Juda, était commissaire du roi, pour toutes les affaires du peuple. ²⁵ Pour ce qui est des villages avec leur territoire, quelques-uns des enfants de Juda habitèrent à Kirjath-Arba, et dans les lieux de son ressort; à Dilon, et dans les lieux de son ressort; à Jékabtséel, et dans

ses villages, ²⁶ A Jéshua, à Molada, à Beth-Palet, ²⁷ A Hatsar-Shual, à Béer-Shéba et dans les lieux de son ressort, ²⁸ A Tsiklag, à Mécona et dans les lieux de son ressort, ²⁹ A En-Rimmon, à Tsora, à Jarmuth, ³⁰ A Zanoach, à Adullam et dans leurs villages; à Lakis et dans ses territoires; et à Azéka et dans les lieux de son ressort; ils habitèrent depuis Béer-Shéba jusqu'à la vallée de Hinnom. ³¹ Les enfants de Benjamin habitèrent depuis Guéba, à Micmash, Ajja, Béthel et dans les lieux de son ressort, ³² A Anathoth, Nob, Anania, ³³ Hatsor, Rama, Guitthaïm, ³⁴ Hadid, Tséboïm, Néballat, ³⁵ Lod et Ono, la vallée des ouvriers. ³⁶ D'entre les Lévites, des classes de Juda se rattachèrent à Benjamin.

12

¹ Voici les sacrificateurs et les Lévites qui montèrent avec Zorobabel, fils de Salathiel, et avec Jéshua: Séraja, Jérémie, Esdras, ² Amaria, Malluc, Hattush, ³ Shécania, Réhum, Mérémoth, ⁴ Iddo, Guinnéthoï, Abija, ⁵ Mijamin, Maadia, Bilga, ⁶ Shémaja, Jojarib, Jédaja, ⁷ Sallu, Amok, Hilkija, Jédaja. C'étaient là les principaux des sacrificateurs et de leurs frères, du temps de Jéshua. ⁸ Les Lévites étaient: Jéshua, Binnuï, Kadmiel, Shérébia, Juda et Matthania, qui présidait au chant des louanges, lui et ses frères. ⁹ Bakbukia et Unni, leurs frères, étaient avec eux pour la surveillance. ¹⁰ Et Jéshua engendra Jojakim; Jojakim engendra Éliashib; Éliashib engendra Jojada; ¹¹ Jojada engendra Jonathan, et Jonathan engendra Jaddua. ¹² Au temps de Jojakim, étaient sacrificateurs, chefs des pères: pour Séraja, Méraja; pour Jérémie, Hanania; ¹³ Pour Esdras, Méshullam; pour Amaria, Jochanan; ¹⁴ Pour Méluki, Jonathan; pour Shébania, Joseph; ¹⁵ Pour Harim, Adna; pour Mérajoth, Helkaï; ¹⁶ Pour Iddo, Zacharie; pour Guinnéthon, Méshullam; ¹⁷ Pour Abija, Zicri; pour Minjamin, et Moadia, Piltaï; ¹⁸ Pour Bilga, Shammua; pour Shémaja, Jonathan; ¹⁹ Pour Jojarib, Matthénaï; pour Jédaja, Uzzi; ²⁰ Pour Sallaï, Kallaï; pour Amok, Éber; ²¹ Pour Hilkija, Hashabia; pour Jédaja, Nathanaël. ²² Quant aux Lévites, les chefs des pères furent inscrits au temps d'Éliashib, de Jojada, de Jochanan et de Jaddua; quant aux sacrificateurs, ce fut sous le règne de Darius, le Perse. ²³ Les enfants de Lévi, chefs des pères, furent inscrits dans le livre des Chroniques, jusqu'au temps de Jochanan, fils d'Éliashib. ²⁴ Les chefs des Lévites étaient: Hashabia, Shérébia et Jéshua, fils de Kadmiel; et leurs frères étaient avec eux, pour louer et célébrer l'Éternel, selon le commandement de David, homme de Dieu, un chœur répondant à l'autre. ²⁵ Matthania, Bakbukia, Obadia, Méshullam, Talmon et Akkub, gardiens, portiers, faisaient la garde aux seuils des portes. ²⁶ Ceux-là vivaient au temps de Jojakim, fils de Jéshua, fils de Jotsadak, et au temps de Néhémie, le gouverneur, et d'Esdras, sacrificateur et scribe. ²⁷ Or, à la dédicace de la muraille de Jérusalem, on envoya quérir les Lévites de toutes leurs demeures, pour les faire venir à Jérusalem, afin de célébrer la dédicace avec joie, avec des louanges et des cantiques, avec des cymbales, des lyres et des harpes. ²⁸ Les fils des chantres se rassemblèrent du district qui entoure Jérusalem, des villages des Nétophathites, ²⁹ De Beth-Guilgal et des campagnes de Guéba et d'Azmaveth; car les chantres s'étaient bâti des villages autour de Jérusalem. ³⁰ Et les sacrificateurs et les Lévites se purifièrent. Ils purifièrent aussi le peuple, les portes et la muraille. ³¹ Puis je fis monter les chefs de Juda sur la muraille, et j'établis deux grands chœurs et des cortèges. L'un s'avança à droite, sur la muraille, vers la porte du fumier. ³² Après eux marchait Hoshaja, avec la moitié des chefs de Juda; ³³ Azaria, Esdras, Méshullam, ³⁴ Juda, Benjamin, Shémaja et Jérémie; ³⁵ Et des fils des sacrificateurs, avec des trompettes: Zacharie, fils de Jonathan, fils de Shémaja, fils de Matthania, fils de Micaja, fils de Zaccur, fils d'Asaph; ³⁶ Et ses frères, Shémaja, Azaréel, Milalaï, Guilalaï, Maaï, Nathanaël, Juda, Hanani, avec les instruments de musique de David, homme de Dieu; Esdras, le scribe, était à leur tête. ³⁷ Et à la porte de la fontaine, vis-à-vis d'eux, ils montèrent les degrés de la cité de David, par la montée

de la muraille, au-dessus de la maison de David, jusqu'à la porte des eaux, vers l'orient. [38] Le second chœur allait à l'opposite, et moi après lui, avec l'autre moitié du peuple, sur la muraille, au-dessus de la tour des fours, jusqu'à la muraille large; [39] Et au-dessus de la porte d'Éphraïm, de la vieille porte, de la porte des poissons, de la tour de Hananéel, et de la tour de Shéa, jusqu'à la porte des brebis. On s'arrêta à la porte de la prison. [40] Puis les deux chœurs s'arrêtèrent dans la maison de Dieu, ainsi que moi, et la moitié des magistrats avec moi; [41] Et les sacrificateurs Éliakim, Maaséja, Minjamin, Micaja, Eljoénaï, Zacharie, Hanania, avec des trompettes; [42] Et Maaséja, Shémaja, Éléazar, Uzzi, Jochanan, Malkija, Élam et Ézer. Et les chantres se firent entendre; Jizrachia était leur chef. [43] On offrit aussi, en ce jour-là, de grands sacrifices, et on se réjouit, parce que Dieu leur avait donné une grande joie; même les femmes et les enfants se réjouirent; et la joie de Jérusalem fut entendue au loin. [44] Et on établit, en ce jour-là, des hommes sur les chambres des trésors, des offrandes, des prémices et des dîmes, pour y rassembler, du territoire des villes, les portions assignées par la loi aux sacrificateurs et aux Lévites; car Juda fut dans la joie à cause des sacrificateurs et des Lévites qui se trouvaient là, [45] Et s'acquittaient de ce qui concernait le service de leur Dieu et le service des purifications, ainsi que les chantres et les portiers, selon le commandement de David et de Salomon, son fils. [46] Car autrefois, du temps de David et d'Asaph, il y avait des chefs de chantres, et des chants de louange et d'actions de grâces à Dieu. [47] Et tous les Israélites, au temps de Zorobabel et au temps de Néhémie, donnaient les portions des chantres et des portiers, jour par jour; on donnait aux Lévites les choses consacrées, et les Lévites donnaient aux enfants d'Aaron les choses consacrées.

13

[1] En ce temps-là, on lut le livre de Moïse en présence du peuple; et on y trouva écrit que les Ammonites et les Moabites ne devaient jamais entrer dans l'assemblée de Dieu; [2] Parce qu'ils n'étaient point venus au-devant des enfants d'Israël avec du pain et de l'eau, mais qu'ils avaient soudoyé Balaam contre eux, pour les maudire; mais notre Dieu changea la malédiction en bénédiction. [3] Il arriva donc, dès qu'on eut entendu la loi, qu'on sépara d'Israël tout mélange. [4] Or, avant cela, Éliashib, le sacrificateur, préposé sur les chambres de la maison de notre Dieu, parent de Tobija, [5] Lui avait préparé une grande chambre, là où l'on mettait auparavant les offrandes, l'encens, les ustensiles, et les dîmes du blé, du vin et de l'huile, qui étaient ordonnées pour les Lévites, pour les chantres et pour les portiers, avec ce qui se prélevait pour les sacrificateurs. [6] Or, je n'étais point à Jérusalem pendant tout cela; car, la trente-deuxième année d'Artaxerxès, roi de Babylone, j'étais retourné auprès du roi; et au bout de quelque temps je demandai un congé au roi. [7] Je revins donc à Jérusalem; et alors j'eus connaissance du mal qu'Éliashib avait fait en faveur de Tobija, lui préparant une chambre dans le parvis de la maison de Dieu. [8] Ce qui me déplut fort, et je jetai tous les meubles de la maison de Tobija hors de la chambre. [9] Et par mon ordre, on purifia les chambres; et j'y fis rapporter les ustensiles de la maison de Dieu, les offrandes et l'encens. [10] J'appris aussi que les portions des Lévites ne leur avaient point été données, et que les Lévites et les chantres, qui faisaient le service, s'étaient enfuis, chacun vers son champ. [11] Et je censurai les magistrats, et je dis: Pourquoi la maison de Dieu est-elle abandonnée? Je rassemblai donc les Lévites et les chantres, et les rétablis dans leurs fonctions. [12] Alors tous ceux de Juda apportèrent les dîmes du blé, du vin et de l'huile, dans les magasins. [13] Et j'établis chefs des magasins Shélémia, le sacrificateur, Tsadok, le scribe, et Pédaja l'un des Lévites; et pour les assister, Hanan, fils de Zaccur, fils de Matthania, parce qu'ils passaient pour intègres; et leur charge était de faire les répartitions à leurs frères. [14] Mon Dieu! souviens-

toi de moi à cause de cela; et n'efface point ce que j'ai fait, avec une sincère affection, à l'égard de la maison de mon Dieu et des choses qu'il y faut observer! ¹⁵ En ces jours-là, je vis en Juda des gens qui foulaient au pressoir le jour du sabbat; et d'autres qui apportaient des gerbes, et qui les chargeaient sur des ânes, ainsi que du vin, des raisins, des figues et toutes sortes de fardeaux, et les apportaient à Jérusalem le jour du sabbat. Je leur fis des remontrances, le jour où ils vendaient leurs denrées. ¹⁶ Et dans la ville il y avait des Tyriens qui apportaient du poisson et toutes sortes de marchandises; et ils les vendaient aux enfants de Juda à Jérusalem, le jour du sabbat. ¹⁷ Je censurai donc les principaux de Juda, et leur dis: Quel mal faites-vous, de profaner ainsi le jour du sabbat ¹⁸ Vos pères n'ont-ils pas fait de même, et n'est-ce pas pour cela que notre Dieu fit venir tout ce mal sur nous et sur cette ville? Et vous augmentez l'ardeur de la colère de l'Éternel contre Israël, en profanant le sabbat. ¹⁹ C'est pourquoi, dès que le soleil s'était retiré des portes de Jérusalem, avant le sabbat, par mon commandement, on fermait les portes; je commandai aussi qu'on ne les ouvrît point jusqu'après le sabbat; et je fis tenir quelques-uns de mes gens aux portes, afin qu'il n'entrât aucune charge le jour du sabbat. ²⁰ Et les marchands, et ceux qui vendaient toutes sortes de marchandises, passèrent la nuit une fois ou deux, hors de Jérusalem. ²¹ Je leur fis des remontrances, et leur dis: Pourquoi passez-vous la nuit devant la muraille? Si vous y retournez, je mettrai la main sur vous. Depuis ce temps-là, ils ne vinrent plus le jour du sabbat. ²² Je dis aussi aux Lévites de se purifier et de venir garder les portes, pour sanctifier le jour du sabbat. O mon Dieu, souviens-toi de moi à cet égard, et me pardonne selon la grandeur de ta miséricorde! ²³ En ces jours-là aussi je vis des Juifs qui avaient pris des femmes asdodiennes, ammonites et moabites. ²⁴ Quant à leurs enfants, la moitié parlait l'asdodien et ne savait point parler la langue des Juifs, mais bien la langue de tel ou tel peuple. ²⁵ Je les réprimandai et je les maudis; j'en frappai plusieurs, je leur arrachai les cheveux, et je les fis jurer par le nom de Dieu, en disant: Vous ne donnerez point vos filles à leurs fils, et vous ne prendrez point de leurs filles pour vos fils, ni pour vous. ²⁶ N'est-ce pas en cela que pécha Salomon, roi d'Israël? Parmi la multitude des nations il n'y avait point de roi comme lui; il était aimé de son Dieu, et Dieu l'avait fait roi de tout Israël; toutefois les femmes étrangères le firent pécher. ²⁷ Et vous permettrions-nous de faire tout ce grand mal, de commettre ce crime contre notre Dieu, de prendre des femmes étrangères? ²⁸ Or, l'un des fils de Jojada, fils d'Éliashib, le grand sacrificateur, était gendre de Samballat, le Horonite; je le chassai d'auprès de moi. ²⁹ Mon Dieu! qu'il te souvienne d'eux; car ils ont souillé la sacrificature, l'alliance de la sacrificature et des Lévites. ³⁰ Ainsi je les purifiai de tout ce qui était étranger, et je rétablis les sacrificateurs et les Lévites dans leurs charges, chacun selon son office, ³¹ Et les prestations en bois aux époques fixées, et celles des prémices. Mon Dieu! souviens-toi de moi pour me faire du bien!

Esther

¹ Au temps d'Assuérus, de cet Assuérus qui régnait depuis l'Inde jusqu'à l'Éthiopie sur cent vingt-sept provinces, ² Il arriva, en ce temps-là, que le roi Assuérus étant assis sur le trône de son royaume, à Suse, la capitale, ³ La troisième année de son règne, il fit un festin à tous ses princes et à ses serviteurs; l'armée de Perse et de Médie, les grands seigneurs, et les gouverneurs des provinces, étaient devant lui; ⁴ Il montra la richesse de la gloire de son royaume, et l'éclatante magnificence de sa grandeur, pendant un grand nombre de jours, cent quatre-vingts jours. ⁵ Et au bout de ces jours-là, le roi fit un festin pendant sept jours, dans la cour du jardin du palais du roi, à tout le peuple qui se trouvait à Suse, la capitale, depuis le plus grand jusqu'au plus petit. ⁶ Des tentures blanches, vertes et pourpres, étaient retenues par des cordons de fin lin et d'écarlate à des anneaux d'argent et à des colonnes de marbre blanc. Les lits étaient d'or et d'argent sur un pavé de porphyre, de marbre blanc, de nacre et de marbre tacheté. ⁷ On donnait à boire dans des vases d'or, qui étaient de diverses façons, et il y avait du vin royal en abondance, comme le roi pouvait le faire. ⁸ Ainsi qu'il était ordonné, on ne contraignait personne à boire, car le roi avait expressément commandé à tous les officiers de la maison de faire comme chacun voudrait. ⁹ Vasthi, la reine, fit aussi un festin pour les femmes, dans la maison royale du roi Assuérus. ¹⁰ Or, le septième jour, comme le roi avait le cœur égayé par le vin, il commanda à Méhuman, Biztha, Harbona, Bigtha, Abagtha, Zéthar et Carcas, les sept eunuques qui servaient devant le roi Assuérus, ¹¹ D'amener Vasthi, la reine, devant lui, avec la couronne royale, pour faire voir sa beauté aux peuples et aux seigneurs; car elle était belle de figure. ¹² Mais la reine Vasthi refusa de venir au commandement que le roi lui fit faire par les eunuques; et le roi en fut fort grande colère, et son courroux s'alluma au-dedans de lui. ¹³ Alors le roi parla aux sages, qui avaient la connaissance des temps. Car ainsi se traitaient les affaires du roi, devant tous ceux qui connaissaient la loi et le droit. ¹⁴ Et les plus proches de lui étaient alors Carshéna, Shéthar, Admatha, Tharsis, Mérès, Marséna, Mémucan, sept seigneurs de Perse et de Médie, qui voyaient la face du roi, et qui occupaient la première place dans le royaume. ¹⁵ Que doit-on faire, dit-il, selon les lois, à la reine Vasthi, pour n'avoir point exécuté l'ordre que le roi Assuérus lui a fait donner par les eunuques? ¹⁶ Alors Mémucan dit, en la présence du roi et des seigneurs: La reine Vasthi n'a pas seulement mal agi à l'égard du roi, mais aussi envers tous les seigneurs et tous les peuples, qui sont dans toutes les provinces du roi Assuérus. ¹⁷ Car, ce que la reine a fait, parviendra à la connaissance de toutes les femmes, et leur fera mépriser leurs maris. Elles diront: Le roi Assuérus avait commandé qu'on lui amenât la reine, et elle n'est pas venue. ¹⁸ Désormais les dames de Perse et de Médie, qui auront appris cette action de la reine, répondront de même à tous les seigneurs du roi, d'où il arrivera beaucoup de mépris et de colère. ¹⁹ Si le roi le trouve bon, qu'on publie un édit royal de sa part, et qu'il soit inscrit dans les décrets de Perse et de Médie et soit irrévocable, savoir, que Vasthi ne vienne plus devant le roi Assuérus, et que le roi donne sa royauté à une autre, meilleure qu'elle. ²⁰ Et l'édit que le roi aura fait étant connu par tout son royaume, quelque grand qu'il soit, toutes les femmes honoreront leurs maris, depuis le plus grand jusqu'au plus petit. ²¹ Cette parole plut au roi et aux seigneurs; et le roi fit ce que Mémucan avait dit. ²² Il envoya des lettres par toutes les provinces du roi, à chaque province selon sa manière d'écrire, et à chaque peuple selon sa langue, afin que chacun fût maître en sa maison; et cela fut publié selon la langue de chaque peuple.

2

¹ Après ces choses, lorsque la colère du roi Assuérus fut apaisée, il se souvint de Vasthi, de ce qu'elle avait fait, et de ce qui avait été décrété à son égard. ² Et les jeunes gens qui servaient le roi, dirent: Qu'on cherche pour le roi des jeunes filles, vierges et belles de figure; ³ Et que le roi établisse des commissaires, dans toutes les provinces de son royaume, qui assemblent toutes les jeunes filles, vierges et belles de figure, à Suse, la capitale, dans la maison des femmes, sous la surveillance d'Hégaï, eunuque du roi et gardien des femmes; et qu'on leur donne ce qu'il leur faut pour se préparer. ⁴ Et la jeune fille qui plaira au roi régnera à la place de Vasthi. La chose plut au roi, et il le fit ainsi. ⁵ Or il y avait à Suse, la capitale, un Juif, nommé Mardochée, fils de Jaïr, fils de Shimeï, fils de Kis, Benjamite, ⁶ Qui avait été transporté de Jérusalem avec les prisonniers qui avaient été emmenés captifs avec Jéconia, roi de Juda, que Nébucadnetsar, roi de Babylone, avait transporté. ⁷ Il élevait Hadassa, qui est Esther, fille de son oncle; car elle n'avait ni père ni mère. Et la jeune fille était belle de taille, et belle de figure; et, après la mort de son père et de sa mère, Mardochée l'avait prise pour sa fille. ⁸ Quand la parole du roi et son édit furent connus, et que des jeunes filles en grand nombre eurent été assemblées à Suse, la capitale, sous la garde d'Hégaï, Esther fut aussi amenée dans la maison du roi, sous la garde d'Hégaï, gardien des femmes. ⁹ Et la jeune fille lui plut, et gagna ses bonnes grâces; il s'empressa de lui fournir ce qu'il fallait pour ses apprêts et son entretien; et il lui donna sept jeunes filles choisies de la maison du roi, et la plaça avec ses jeunes filles dans le meilleur appartement de la maison des femmes. ¹⁰ Esther ne déclara point son peuple ni sa naissance; car Mardochée lui avait enjoint de n'en rien déclarer. ¹¹ Mais chaque jour Mardochée se promenait devant la cour de la maison des femmes, pour savoir comment se portait Esther, et ce qu'on ferait d'elle. ¹² Or quand arrivait pour chaque jeune fille le tour d'entrer chez le roi Assuérus, après s'être conformée au décret concernant les femmes pendant douze mois (car c'est ainsi que s'accomplissaient les jours de leurs préparatifs, six mois avec de l'huile de myrrhe, et six mois avec des aromates et d'autres apprêts de femmes), ¹³ Alors la jeune fille entrait vers le roi; on lui donnait tout ce qu'elle demandait, pour l'emporter avec elle de la maison des femmes à la maison du roi. ¹⁴ Elle y entrait le soir; et sur le matin elle retournait dans la seconde maison des femmes, sous la garde de Shaashgaz, eunuque du roi, gardien des concubines. Elle n'entrait plus vers le roi, à moins que le roi n'en eût le désir, et qu'elle ne fût appelée par son nom. ¹⁵ Quand donc le tour d'Esther, fille d'Abichaïl, oncle de Mardochée, qui l'avait prise pour sa fille, fut venu d'entrer vers le roi, elle ne demanda rien, sinon ce que dirait Hégaï, eunuque du roi, gardien des femmes. Or Esther gagnait les bonnes grâces de tous ceux qui la voyaient. ¹⁶ Ainsi Esther fut amenée vers le roi Assuérus, dans sa maison royale, au dixième mois, qui est le mois de Tébeth, dans la septième année de son règne. ¹⁷ Et le roi aima Esther plus que toutes les autres femmes, et elle gagna ses bonnes grâces et sa faveur plus que toutes les vierges; il mit la couronne royale sur sa tête, et il l'établit reine à la place de Vasthi. ¹⁸ Alors le roi fit un grand festin, le festin d'Esther, à tous ses seigneurs, et à ses serviteurs; il soulagea les provinces, et fit des présents, selon la puissance royale. ¹⁹ Or, comme on rassemblait les vierges pour la seconde fois, Mardochée était assis à la porte du roi. ²⁰ Esther n'avait fait connaître ni sa naissance ni son peuple, selon que Mardochée le lui avait recommandé; car elle faisait ce que Mardochée lui ordonnait, comme lorsqu'elle était élevée chez lui. ²¹ En ces jours-là, Mardochée étant assis à la porte du roi, Bigthan et Thérèsh, deux eunuques du roi, d'entre les gardes du seuil, s'étant pris de colère, cherchaient à mettre la main sur le roi Assuérus. ²² Mardochée, l'ayant appris, le fit savoir à la reine Esther, et Esther le redit au roi, de la part de Mardochée. ²³ On s'enquit de la chose, qui fut constatée, et les eunuques furent tous deux pendus au bois; et cela fut écrit dans le livre des Chroniques, devant le roi.

3

¹ Après ces choses, le roi Assuérus agrandit Haman, fils d'Hammédatha, l'Agagien; il l'éleva, et mit son siège au-dessus de ceux de tous les seigneurs qui étaient avec lui. ² Et tous les serviteurs du roi, qui étaient à la porte du roi, s'inclinaient et se prosternaient devant Haman; car le roi l'avait ainsi ordonné à son égard. Mais Mardochée ne s'inclinait, ni ne se prosternait. ³ Et les serviteurs du roi, qui étaient à la porte du roi, dirent à Mardochée: Pourquoi violes-tu le commandement du roi? ⁴ Or il arriva qu'après qu'ils le lui eurent dit plusieurs jours, et qu'il ne les eut point écoutés, ils le rapportèrent à Haman, pour voir si Mardochée serait ferme dans sa résolution; car il leur avait déclaré qu'il était Juif. ⁵ Et Haman vit que Mardochée ne s'inclinait ni ne se prosternait devant lui; et il en fut rempli de colère. ⁶ Mais il dédaigna de mettre la main sur Mardochée seul, car on lui avait appris de quelle nation était Mardochée; et Haman chercha à exterminer tous les Juifs, qui étaient dans tout le royaume d'Assuérus, comme étant la nation de Mardochée. ⁷ Au premier mois, qui est le mois de Nisan, la douzième année du roi Assuérus, on jeta le Pur, c'est-à-dire, le sort, devant Haman, pour chaque jour et pour chaque mois; et le sort tomba sur le douzième mois, qui est le mois d'Adar. ⁸ Alors Haman dit au roi Assuérus: Il y a un peuple dispersé parmi les peuples, par toutes les provinces de ton royaume, et qui, toutefois, se tient à part, dont les lois sont différentes de celles de tous les peuples, et qui n'observe point les lois du roi. Il n'est pas expédient au roi de le laisser en repos. ⁹ Si donc le roi le trouve bon, qu'on écrive pour le détruire; et je livrerai entre les mains de ceux qui manient les affaires, dix mille talents d'argent, pour qu'on les porte dans les trésors du roi. ¹⁰ Alors le roi tira son anneau de sa main, et le donna à Haman, fils d'Hammédatha, l'Agagien, qui opprimait les Juifs. ¹¹ Et le roi dit à Haman: Cet argent t'est donné, aussi bien que ce peuple, pour en faire ce que tu voudras. ¹² Au treizième jour du premier mois, on appela donc les secrétaires du roi; et on écrivit aux satrapes du roi, comme Haman l'ordonna, aux gouverneurs de chaque province, et aux principaux de chaque peuple, à chaque province selon sa façon d'écrire, et à chaque peuple selon sa langue; tout fut écrit au nom du roi Assuérus, et scellé de l'anneau du roi. ¹³ Et les lettres furent envoyées par des courriers, dans toutes les provinces du roi, afin qu'on eût à exterminer, à tuer et à détruire tous les Juifs, tant les jeunes que les vieux, les petits enfants et les femmes, dans un même jour, le treizième du douzième mois, qui est le mois d'Adar, et à piller leurs dépouilles. ¹⁴ Les lettres qui furent écrites portaient qu'on publierait l'ordonnance dans chaque province, et qu'on la notifierait publiquement à tous les peuples, afin qu'on fût prêt pour ce jour-là. ¹⁵ Les courriers, pressés par le commandement du roi, partirent; l'ordonnance fut aussi publiée à Suse, la capitale. Et tandis que le roi et Haman étaient assis à boire, la ville de Suse était dans la consternation.

4

¹ Or, quand Mardochée eut appris tout ce qui avait été fait, il déchira ses vêtements, se couvrit d'un sac et de cendre, et il sortit par la ville, criant d'un cri grand et amer. ² Et il vint jusque devant la porte du roi; car il n'était point permis d'entrer dans le palais du roi, étant vêtu d'un sac. ³ Et dans chaque province, dans les lieux où la parole du roi et son ordonnance parvinrent, les Juifs furent en grand deuil, jeûnant, pleurant et se lamentant; et plusieurs se couchaient sur le sac et la cendre. ⁴ Les servantes d'Esther et ses eunuques vinrent et lui rapportèrent cela; et la reine fut fort effrayée, et elle envoya des vêtements pour en revêtir Mardochée, et pour qu'il ôtât son sac de dessus lui; mais il ne les accepta point. ⁵ Alors Esther appela Hathac, un des eunuques du roi, qu'il avait établi pour la servir; et elle lui donna ordre de savoir de Mardochée ce que c'était et pourquoi il en usait ainsi. ⁶ Hathac sortit donc vers Mardochée, sur la place de la ville

qui était devant la porte du roi. ⁷ Et Mardochée lui déclara tout ce qui lui était arrivé, et la somme d'argent qu'Haman avait promis de payer au trésor du roi, au sujet des Juifs, afin qu'on les détruisît. ⁸ Et il lui donna une copie de l'ordonnance écrite, qui avait été publiée à Suse, en vue de les exterminer, pour qu'il la montrât à Esther, l'informât de tout, et lui ordonnât d'entrer chez le roi, afin de lui demander grâce et de le prier pour sa nation. ⁹ Hathac vint donc, et rapporta à Esther les paroles de Mardochée. ¹⁰ Et Esther dit à Hathac, et lui commanda de dire à Mardochée: ¹¹ Tous les serviteurs du roi et le peuple des provinces du roi savent que c'est une loi, la même pour tous, que quiconque, homme ou femme, entre chez le roi, dans la cour intérieure, sans y être appelé, est mis à mort; il n'y a que celui à qui le roi tend le sceptre d'or, qui puisse vivre; et moi je n'ai point été appelée pour entrer chez le roi depuis trente jours. ¹² On rapporta donc les paroles d'Esther à Mardochée. ¹³ Et Mardochée dit qu'on fît à Esther cette réponse: Ne pense pas que tu échapperas seule d'entre tous les Juifs parce que tu es dans la maison du roi. ¹⁴ Car, si tu te tais en ce temps-ci, les Juifs respireront et seront délivrés par quelque autre moyen; mais toi et la maison de ton père, vous périrez. Et qui sait si tu n'es point parvenue à la royauté pour un temps comme celui-ci? ¹⁵ Alors Esther dit qu'on fît cette réponse à Mardochée: ¹⁶ Va, assemble tous les Juifs qui se trouvent à Suse, et jeûnez pour moi; ne mangez ni ne buvez de trois jours, tant la nuit que le jour; et pour moi et mes servantes, nous jeûnerons de même; puis je m'en irai ainsi vers le roi, bien que ce soit contre la loi; et s'il arrive que je périsse, je périrai! ¹⁷ Mardochée s'en alla donc, et fit tout ce qu'Esther lui avait commandé.

5

¹ Or, le troisième jour, Esther se revêtit de son vêtement royal, et se tint dans la cour intérieure de la maison du roi, au-devant de la maison du roi. Le roi était assis sur le trône de son royaume, dans la maison royale, vis-à-vis de la porte de la maison. ² Et lorsque le roi vit la reine Esther qui se tenait debout dans la cour, elle trouva grâce à ses yeux, et le roi tendit à Esther le sceptre d'or qui était en sa main; et Esther s'approcha, et toucha le bout du sceptre. ³ Et le roi lui dit: Qu'as-tu, reine Esther, et quelle est ta demande? Quand ce serait jusqu'à la moitié du royaume, elle te serait donnée. ⁴ Esther répondit: Si le roi le trouve bon, que le roi vienne aujourd'hui, avec Haman, au festin que je lui ai préparé. ⁵ Alors le roi dit: Appelez promptement Haman, pour faire ce qu'a dit Esther. Le roi vint donc avec Haman au festin qu'Esther avait préparé. ⁶ Et le roi dit à Esther, pendant qu'on buvait le vin: Quelle est ta demande? Et elle te sera accordée. Et quelle est ta prière? Serait-ce la moitié du royaume, il y sera fait droit. ⁷ Et Esther répondit, et dit: Voici ma demande et ma prière: ⁸ Si j'ai trouvé grâce devant le roi, et si le roi trouve bon de m'accorder ma demande, et de faire selon ma requête, que le roi et Haman viennent au festin que je leur préparerai, et demain je ferai selon la parole du roi. ⁹ Or, Haman sortit, en ce jour-là, joyeux et le cœur content; mais lorsqu'il vit, à la porte du roi, Mardochée, qui ne se leva point et ne se remua point pour lui, il fut rempli de colère contre Mardochée. ¹⁰ Toutefois Haman se contint, vint en sa maison, et envoya chercher ses amis et Zérèsh, sa femme. ¹¹ Puis Haman leur parla de la gloire de ses richesses, du nombre de ses enfants, de tout ce que le roi avait fait pour l'agrandir, et comment il l'avait élevé au-dessus des princes et serviteurs du roi. ¹² Haman dit aussi: Et même la reine Esther n'a fait venir que moi, avec le roi, au festin qu'elle a fait, et je suis encore convié par elle, pour demain, avec le roi. ¹³ Mais tout cela ne me suffit pas, aussi longtemps que je verrai Mardochée, le Juif, assis à la porte du roi. ¹⁴ Alors Zérèsh, sa femme, et tous ses amis répondirent: Qu'on fasse un gibet haut de cinquante coudées; et, demain matin, dis au roi qu'on y pende Mardochée; et va-t'en joyeux au festin avec le roi. Cette parole plut à Haman, et il fit faire le gibet.

6

¹ Cette nuit-là le roi ne pouvait pas dormir; et il commanda d'apporter le livre des mémoires, les Chroniques; et on les lut devant le roi. ² Et on y trouva écrit que Mardochée avait donné avis au sujet de Bigthan et de Thérèsh, les deux eunuques du roi, d'entre les gardes du seuil, qui avaient cherché à mettre la main sur le roi Assuérus. ³ Alors le roi dit: Quel honneur et quelle magnificence a-t-on faits à Mardochée pour cela? Et les gens du roi, qui le servaient, répondirent: On ne lui en a point fait. ⁴ Et le roi dit: Qui est dans la cour? Or, Haman était venu dans la cour extérieure de la maison du roi, pour demander au roi qu'il fît pendre Mardochée au gibet qu'il lui avait fait préparer. ⁵ Et les gens du roi lui répondirent: Voilà Haman qui est dans la cour; et le roi dit: Qu'il entre. ⁶ Haman entra donc, et le roi lui dit: Que faudrait-il faire à un homme que le roi voudrait honorer? Or Haman dit en son cœur: A qui le roi voudrait-il faire plus d'honneur qu'à moi? ⁷ Et Haman répondit au roi: Quant à l'homme que le roi veut honorer, ⁸ Qu'on lui apporte le vêtement royal, dont le roi se revêt, et le cheval sur lequel le roi monte, et qu'on lui mette la couronne royale sur la tête. ⁹ Qu'on donne ensuite ce vêtement et ce cheval à quelqu'un des chefs du roi, des grands seigneurs qui sont auprès du roi; qu'on revête l'homme que le roi veut honorer; qu'on le fasse aller à cheval par les rues de la ville, et qu'on crie devant lui: C'est ainsi qu'on fait à l'homme que le roi veut honorer! ¹⁰ Alors le roi dit à Haman: Hâte-toi, prends le vêtement et le cheval, comme tu l'as dit, et fais ainsi à Mardochée, le Juif, qui est assis à la porte du roi; n'omets rien de tout ce que tu as dit. ¹¹ Haman prit donc le vêtement et le cheval; il revêtit Mardochée, et le fit aller à cheval par les rues de la ville, et il criait devant lui: C'est ainsi qu'on fait à l'homme que le roi veut honorer! ¹² Puis Mardochée retourna à la porte du roi; mais Haman se retira promptement dans sa maison, tout affligé, et ayant la tête couverte. ¹³ Et Haman raconta à Zérèsh, sa femme, et à tous ses amis tout ce qui lui était arrivé. Et ses sages, et Zérèsh, sa femme, lui répondirent: Si Mardochée, devant lequel tu as commencé de tomber, est de la race des Juifs, tu ne l'emporteras point sur lui; mais tu tomberas devant lui. ¹⁴ Cependant comme ils parlaient encore avec lui, les eunuques du roi survinrent, et se hâtèrent d'amener Haman au festin qu'Esther avait préparé.

7

¹ Le roi et Haman vinrent donc au festin chez la reine Esther. ² Et ce second jour, le roi dit encore à Esther, pendant qu'on buvait le vin: Quelle est ta demande, reine Esther? Et elle te sera accordée. Et quelle est ta prière? Fût-ce jusqu'à la moitié du royaume, il y sera fait droit. ³ Alors la reine Esther répondit, et dit: Si j'ai trouvé grâce devant toi, ô roi! et si le roi le trouve bon, que ma vie me soit accordée à ma demande, et mon peuple à ma prière! ⁴ Car nous avons été vendus, moi et mon peuple, pour être exterminés, égorgés et détruits. Que si nous n'avions été vendus que pour être esclaves et servantes, je me fusse tue, bien que l'oppresseur ne pût dédommager de la perte qui en reviendrait au roi. ⁵ Alors le roi Assuérus prit la parole, et dit à la reine Esther: Qui est, et où est cet homme, qui a osé faire cela? ⁶ Et Esther répondit: L'oppresseur et l'ennemi est ce méchant Haman. Alors Haman fut troublé en présence du roi et de la reine. ⁷ Et le roi, en colère, se leva du festin, et entra dans le jardin du palais; mais Haman se tint là, afin de prier la reine Esther pour sa vie; car il voyait bien que sa perte était résolue par le roi. ⁸ Quand le roi revint du jardin du palais dans la salle du festin, Haman s'était jeté sur le lit où était Esther. Et le roi dit: Ferait-il bien encore violence à la reine, en ma présence, dans cette maison? Dès que cette parole fut sortie de la bouche du roi, on couvrit le visage d'Haman. ⁹ Et Harbona, l'un des eunuques, dit en présence du roi: Voici, le gibet qu'Haman a fait faire pour Mardochée, qui parla dans l'intérêt du roi, est tout dressé dans la maison d'Haman, haut de cinquante coudées. Alors le roi dit: Qu'on l'y pende!

¹⁰ Et ils pendirent Haman au gibet qu'il avait préparé pour Mardochée; et la colère du roi fut apaisée.

8

¹ En ce même jour, le roi Assuérus donna à la reine Esther la maison d'Haman, l'oppresseur des Juifs. Et Mardochée se présenta devant le roi; car Esther avait déclaré ce qu'il lui était. ² Et le roi prit son anneau, qu'il avait fait ôter à Haman, et le donna à Mardochée; et Esther établit Mardochée sur la maison d'Haman. ³ Or Esther continua de parler en la présence du roi, et se jetant à ses pieds, elle pleura, et le supplia de faire que la malice d'Haman, l'Agagien, et ce qu'il avait maniché contre les Juifs, n'eût point d'effet. ⁴ Alors le roi tendit le sceptre d'or à Esther. Esther se leva donc et se tint debout devant le roi; ⁵ Et elle dit: Si le roi le trouve bon, si j'ai trouvé grâce devant lui, si la chose semble raisonnable au roi, et si je lui suis agréable, qu'on écrive pour révoquer les lettres qui regardaient la machination d'Haman, fils d'Hammédatha, l'Agagien, qu'il avait écrites afin de détruire les Juifs qui sont dans toutes les provinces du roi. ⁶ Car comment pourrais-je voir le mal qui arriverait à mon peuple, et comment pourrais-je voir la destruction de ma race? ⁷ Alors le roi Assuérus dit à la reine Esther et au Juif Mardochée: Voici, j'ai donné la maison d'Haman à Esther, et on l'a pendu au gibet, parce qu'il avait étendu sa main contre les Juifs. ⁸ Vous donc, écrivez au nom du roi en faveur des Juifs, comme il vous semblera bon, et scellez l'écrit de l'anneau du roi; car l'écriture qui est écrite au nom du roi et scellée de l'anneau du roi, ne se révoque point. ⁹ Aussitôt, au vingt-troisième jour du troisième mois, qui est le mois de Sivan, les secrétaires du roi furent appelés, et on écrivit aux Juifs, comme Mardochée le commanda, et aux satrapes, aux gouverneurs et aux chefs des provinces, qui étaient depuis les Indes jusqu'en Éthiopie, cent vingt-sept provinces, à chaque province selon sa façon d'écrire, et à chaque peuple selon sa langue, et aux Juifs selon leur façon d'écrire, et selon leur langue. ¹⁰ On écrivit donc au nom du roi Assuérus, et on scella les lettres avec l'anneau du roi; puis on les envoya par des courriers, montés sur des coursiers, sur des mulets nés de juments. ¹¹ Ces lettres portaient que le roi permettait aux Juifs qui étaient dans chaque ville, de s'assembler et de se mettre en défense pour leur vie; d'exterminer, de tuer et de détruire toute force armée du peuple et de la province qui les opprimerait, ainsi que les petits enfants et les femmes, et de piller leurs dépouilles; ¹² Et cela, en un même jour, dans toutes les provinces du roi Assuérus, au treizième jour du douzième mois, qui est le mois d'Adar. ¹³ Les lettres qui furent écrites, portaient qu'on publierait l'ordonnance dans chaque province, et qu'on la notifierait publiquement à tous les peuples, afin que les Juifs fussent prêts en ce jour à se venger de leurs ennemis. ¹⁴ Les courriers montés sur des coursiers, sur des mulets, partirent, se dépêchant et se hâtant, d'après l'ordre du roi. L'édit fut aussi publié à Suse, la capitale. ¹⁵ Et Mardochée sortit de devant le roi en vêtement royal, pourpre et blanc, avec une grande couronne d'or, et un manteau de fin lin et d'écarlate; la ville de Suse poussait des cris de joie et se réjouissait. ¹⁶ Il y eut pour les Juifs du bonheur et de la joie, de l'allégresse et de l'honneur. ¹⁷ Et dans chaque province, et dans chaque ville, dans les lieux où la parole du roi et son ordonnance parvinrent, il y eut parmi les Juifs de l'allégresse et de la joie, des festins et des jours de fêtes. Et beaucoup de gens d'entre les peuples du pays se firent Juifs, parce que la crainte des Juifs les avait saisis.

9

¹ Au douzième mois, qui est le mois d'Adar, au treizième jour du mois, auquel la parole du roi et son édit devaient être exécutés, au jour où les ennemis des Juifs espéraient en être les maîtres, le contraire arriva, et les Juifs furent maîtres de ceux qui les haïssaient.

² Les Juifs s'assemblèrent dans leurs villes, par toutes les provinces du roi Assuérus, pour mettre la main sur ceux qui cherchaient leur perte; et nul ne put subsister devant eux, parce que la frayeur qu'on avait d'eux avait saisi tous les peuples. ³ Et tous les chefs des provinces, les satrapes, les gouverneurs, et ceux qui faisaient les affaires du roi, soutenaient les Juifs, parce que la crainte qu'on avait de Mardochée les avait saisis. ⁴ Car Mardochée était grand dans la maison du roi; et sa renommée se répandait par toutes les provinces, parce que Mardochée allait toujours grandissant. ⁵ Les Juifs frappèrent donc tous leurs ennemis à coups d'épée; ce fut un massacre et une extermination; ils disposèrent à leur volonté de ceux qui les haïssaient. ⁶ A Suse, la capitale, les Juifs tuèrent et firent périr cinq cents hommes. ⁷ Ils tuèrent Parshandatha, Dalphon, Aspatha, ⁸ Poratha, Adalia, Aridatha, ⁹ Parmashtha, Arisaï, Aridaï et Vajézatha, ¹⁰ Dix fils d'Haman, fils d'Hammédatha, l'oppresseur des Juifs; mais ils ne mirent point la main au pillage. ¹¹ En ce jour-là, on rapporta au roi le nombre de ceux qui avaient été tués dans Suse, la capitale. ¹² Et le roi dit à la reine Esther: Dans Suse, la capitale, les Juifs ont tué et détruit cinq cents hommes, et les dix fils d'Haman; qu'auront-ils fait dans le reste des provinces du roi? Quelle est ta demande? Et elle te sera accordée. Et quelle est encore ta prière? Il y sera fait droit. ¹³ Esther répondit: Si le roi le trouve bon, qu'il soit permis demain encore, aux Juifs qui sont à Suse, de faire selon l'édit d'aujourd'hui, et qu'on pende au gibet les dix fils d'Haman. ¹⁴ Et le roi commanda que cela fût ainsi fait; l'édit en fut publié dans Suse, et on pendit les dix fils d'Haman. ¹⁵ Les Juifs qui étaient à Suse, s'assemblèrent donc encore au quatorzième jour du mois d'Adar, et ils tuèrent à Suse trois cents hommes; mais ils ne mirent point la main au pillage. ¹⁶ Le reste des Juifs, qui étaient dans les provinces du roi, s'assemblèrent et se mirent en défense pour leur vie; et ils eurent du repos de leurs ennemis, et tuèrent soixante et quinze mille de ceux qui les haïssaient; mais ils ne mirent point la main au pillage. ¹⁷ C'était le treizième jour du mois d'Adar; le quatorzième, ils se reposèrent, et en firent un jour de festin et de joie. ¹⁸ Mais les Juifs qui étaient à Suse, s'assemblèrent le treizième jour et le quatorzième jour du même mois; ils se reposèrent le quinzième, et en firent un jour de festin et de joie. ¹⁹ C'est pourquoi, les Juifs de la campagne, qui habitent dans les villes qui ne sont point fermées de murailles, font du quatorzième jour du mois d'Adar un jour de joie, de festin, un jour de fête, où l'on s'envoie des présents l'un à l'autre. ²⁰ Mardochée écrivit ces choses, et envoya des lettres à tous les Juifs qui étaient dans toutes les provinces du roi Assuérus, au près et au loin, ²¹ Leur ordonnant de célébrer chaque année le quatorzième jour et le quinzième du mois d'Adar, ²² Comme les jours où les Juifs avaient eu du repos de leurs ennemis, et le mois où leur détresse fut changée en joie, et leur deuil en jour de fête, et d'en faire des jours de festin et de joie où l'on s'envoie des présents l'un à l'autre, et où l'on fait des dons aux pauvres. ²³ Les Juifs adoptèrent donc ce qu'ils avaient commencé de faire, et ce que leur avait écrit Mardochée. ²⁴ Car Haman, fils d'Hammédatha, l'Agagien, l'oppresseur de tous les Juifs, avait machiné contre les Juifs de les détruire, et avait jeté le Pur, c'est-à-dire le sort, pour les exterminer et les détruire. ²⁵ Mais quand Esther fut venue devant le roi, il commanda par lettres que la méchante machination qu'Haman avait faite contre les Juifs, retombât sur sa tête, et qu'on le pendît, lui et ses fils, au gibet. ²⁶ C'est pourquoi on appelle ces jours Purim, du nom de Pur. Par ces motifs, d'après tout le contenu de cette lettre, d'après ce qu'ils avaient vu et ce qui leur était arrivé, ²⁷ Les Juifs établirent et adoptèrent, pour eux et pour leur postérité, et pour tous ceux qui se joindraient à eux, de ne point manquer de célébrer, chaque année, ces deux jours, selon leur règle écrite et leur époque déterminée. ²⁸ Ces jours devaient être rappelés et célébrés dans tous les âges, dans chaque famille, dans chaque province et dans chaque ville; de telle sorte qu'on n'abolît point ces jours de Purim parmi les Juifs, et que le souvenir ne s'en effaçât point parmi leurs descendants. ²⁹ La reine Esther, fille d'Abichaïl, et le Juif

Mardochée, écrivirent avec toute leur autorité, pour confirmer une seconde fois cette lettre sur les Purim. ³⁰ Et on envoya des lettres à tous les Juifs, dans les cent vingt-sept provinces du royaume d'Assuérus, avec des paroles de paix et de fidélité, ³¹ Pour établir ces jours de Purim en leur saison, comme le Juif Mardochée et la reine Esther les avaient établis pour eux, et comme ils les avaient établis pour eux-mêmes et pour leur postérité, à l'occasion de leurs jeûnes et de leurs lamentations. ³² Ainsi l'ordre d'Esther confirma cette institution des Purim, comme cela est écrit dans le livre.

10

¹ Puis le roi Assuérus imposa un tribut au pays et aux îles de la mer. ² Or, quant à tous les actes de sa puissance et à ses exploits, et à la description de la grandeur à laquelle le roi éleva Mardochée, ces choses ne sont-elles pas écrites dans le livre des Chroniques des rois de Médie et de Perse? ³ Car le Juif Mardochée fut le second après le roi Assuérus, et il fut grand parmi les Juifs et agréable à la multitude de ses frères, recherchant le bien de son peuple, et parlant pour le bonheur de toute sa race.

Job

¹ Il y avait dans le pays d'Uts, un homme dont le nom était Job; cet homme était intègre, droit, craignant Dieu et se détournant du mal. ² Et il lui naquit sept fils et trois filles; ³ Et il possédait sept mille brebis, trois mille chameaux, cinq cents paires de bœufs, cinq cents ânesses, et un très grand nombre de serviteurs, et cet homme était le plus grand des enfants de l'Orient. ⁴ Et ses fils allaient les uns chez les autres et se donnaient un repas chacun à leur jour, et ils envoyaient convier leurs trois sœurs à manger et à boire avec eux; ⁵ Et quand le cercle des jours de festin était achevé, Job envoyait chercher ses fils pour les purifier, et se levant de bon matin, il offrait un holocauste pour chacun d'eux; car Job disait: Peut-être mes fils ont-ils péché, et ont-ils renié Dieu dans leurs cœurs. Ainsi faisait Job toujours. ⁶ Or, il arriva un jour que les fils de Dieu étant venus se présenter devant l'Éternel, Satan vint aussi au milieu d'eux; ⁷ Et l'Éternel dit à Satan: D'où viens-tu? Et Satan répondit à l'Éternel, et dit: De courir çà et là sur la terre et de m'y promener. ⁸ Et l'Éternel dit à Satan: As-tu remarqué mon serviteur Job? Il n'y en a pas comme lui sur la terre, intègre, droit, craignant Dieu, et se détournant du mal. ⁹ Et Satan répondit à l'Éternel, et dit: Est-ce pour rien que Job craint Dieu? ¹⁰ N'as-tu pas fait comme une haie de tous côtés autour de lui, autour de sa maison, autour de tout ce qui lui appartient? Tu as béni l'œuvre de ses mains, et ses troupeaux se répandent sur la terre. ¹¹ Mais étends ta main, touche à tout ce qui lui appartient; et tu verras s'il ne te renie pas en face! ¹² Et l'Éternel dit à Satan: Voici, tout ce qui lui appartient est dans ta main; seulement ne porte pas la main sur lui. Et Satan sortit de devant la face de l'Éternel. ¹³ Il arriva donc qu'un jour, comme ses fils et ses filles mangeaient et buvaient du vin dans la maison de leur frère aîné, un messager vint vers Job, ¹⁴ Et lui dit: Les bœufs labouraient, et les ânesses paissaient à côté d'eux; ¹⁵ Et ceux de Shéba se sont jetés dessus, et les ont pris, et ont passé les serviteurs au fil de l'épée; et je me suis échappé, moi seul, pour te l'annoncer. ¹⁶ Cet homme parlait encore, lorsqu'un autre vint et dit: Le feu de Dieu est tombé du ciel, et il a brûlé les brebis et les serviteurs, et les a consumés; et je me suis échappé, moi seul, pour te l'annoncer. ¹⁷ Cet homme parlait encore, lorsqu'un autre vint et dit: Des Caldéens ont fait trois bandes, et ils ont fondu sur les chameaux et les ont pris; et ils ont passé les serviteurs au fil de l'épée; et je me suis échappé, moi seul, pour te l'annoncer. ¹⁸ Cet homme parlait encore, lorsqu'un autre vint et dit: Tes fils et tes filles mangeaient et buvaient du vin dans la maison de leur frère aîné; ¹⁹ Et voici, un grand vent est venu de l'autre côté du désert, et a donné contre les quatre coins de la maison, et elle est tombée sur les jeunes gens, et ils sont morts; et je me suis échappé, moi seul, pour te l'annoncer. ²⁰ Alors Job se leva, et il déchira son manteau, et il rasa sa tête; et il se jeta par terre, et il se prosterna, ²¹ Et il dit: Nu je suis sorti du ventre de ma mère, et nu j'y retournerai; l'Éternel a donné, l'Éternel a ôté, que le nom de l'Éternel soit béni! ²² En tout cela, Job ne pécha point, et n'attribua rien de mauvais à Dieu.

2

¹ Or, il arriva un jour que les fils de Dieu étant venus se présenter devant l'Éternel, Satan vint aussi au milieu d'eux, se présenter devant l'Éternel, ² Et l'Éternel dit à Satan: D'où viens-tu? Et Satan répondit à l'Éternel, et dit: De courir çà et là sur la terre et de m'y promener. ³ Et l'Éternel dit à Satan: As-tu remarqué mon serviteur Job? Il n'y en a pas comme lui sur la terre, intègre, droit, craignant Dieu, et se détournant du mal. Il tient encore ferme dans son intégrité, et tu m'as excité à le ruiner sans motif. ⁴ Et Satan

répondit à l'Éternel et dit: Peau pour peau! Tout ce que l'homme possède, il le donne pour sa vie. ⁵ Mais étends ta main, et touche à ses os et à sa chair; et tu verras s'il ne te renie pas en face! ⁶ Et l'Éternel dit à Satan: Voici, il est en ta main; seulement respecte sa vie. ⁷ Et Satan sortit de devant la face de l'Éternel; et il frappa Job d'un ulcère malin, depuis la plante des pieds jusqu'au sommet de la tête. ⁸ Et Job prit un tesson pour se gratter, et il était assis dans la cendre. ⁹ Et sa femme lui dit: Tu tiens ferme encore dans ton intégrité! Renie Dieu, et meurs! ¹⁰ Et il lui dit: Tu parles comme une femme insensée! Nous recevons le bien de la part de Dieu, et nous ne recevrions pas le mal! En tout cela, Job ne pécha point par ses lèvres. ¹¹ Et trois amis de Job, Éliphaz, de Théman, Bildad, de Shuach, Tsophar, de Naama, ayant appris tous les maux qui lui étaient arrivés, partirent chacun de leur pays, et convinrent ensemble d'un jour pour venir lui faire leurs condoléances et le consoler. ¹² Et, ayant de loin levé les yeux, ils ne le reconnurent pas; alors ils élevèrent la voix et ils pleurèrent; et ils déchirèrent leur manteau, et ils jetèrent de la poussière vers le ciel, au-dessus de leur tête. ¹³ Puis ils restèrent assis à terre avec lui, sept jours et sept nuits, et aucun d'eux ne lui dit une parole, car ils voyaient que sa douleur était fort grande.

3

¹ Après cela, Job ouvrit la bouche et maudit le jour de sa naissance. ² Et, prenant la parole, Job dit: ³ Périsse le jour où je suis né, et la nuit qui a dit: Un homme est conçu! ⁴ Que ce jour soit ténèbres, que Dieu ne s'en enquière pas d'en haut, qu'aucune lumière ne brille sur lui! ⁵ Que les ténèbres et l'ombre de la mort le reprennent, qu'une sombre nuée demeure sur lui, qu'une éclipse le remplisse d'horreur! ⁶ Que l'obscurité s'empare de cette nuit, qu'elle ne se réjouisse pas au milieu des jours de l'année, qu'elle n'entre pas dans le compte des mois! ⁷ Voici, que cette nuit soit stérile, et qu'aucun cri de joie n'y survienne! ⁸ Qu'ils la maudissent ceux qui maudissent les jours, ceux qui sont habiles à faire lever Léviathan! ⁹ Que les étoiles de son crépuscule soient obscurcies, qu'elle attende la lumière et qu'il n'y en ait point, et qu'elle ne voie pas les paupières de l'aurore! ¹⁰ Parce qu'elle n'a pas fermé le sein qui me porta, et n'a point caché la douleur à mes yeux! ¹¹ Que ne suis-je mort dès le sein de ma mère? Au sortir de ses flancs, que n'ai-je expiré? ¹² Pourquoi des genoux se sont-ils présentés à moi, et pourquoi des mamelles pour être sucées? ¹³ Car, maintenant, je serais couché et tranquille, je dormirais, je serais en repos, ¹⁴ Avec les rois et les arbitres de la terre, qui se bâtissent des mausolées, ¹⁵ Avec les princes qui ont de l'or, qui remplissent d'argent leurs maisons. ¹⁶ Ou bien, comme l'avorton caché, je n'existerais pas; comme les petits enfants qui n'ont pas vu la lumière. ¹⁷ Là, les méchants ne tourmentent plus personne, et là se reposent les hommes fatigués; ¹⁸ Avec eux, les captifs sont tranquilles: ils n'entendent plus la voix de l'exacteur. ¹⁹ Là, le petit et le grand sont ensemble, et l'esclave est délivré de son maître. ²⁰ Pourquoi donne-t-on la lumière au malheureux, et la vie à ceux dont l'âme est pleine d'amertume? ²¹ Qui attendent la mort, et elle ne vient point, qui la recherchent plus qu'un trésor, ²² Qui seraient contents jusqu'à l'allégresse et ravis de joie, s'ils trouvaient le tombeau? ²³ A l'homme qui ne connaît pas sa voie et que Dieu cerne de tous côtés? ²⁴ Car je soupire au lieu de manger, et mes cris se répandent comme l'eau. ²⁵ Ce que je crains m'arrive, et ce que j'appréhende vient sur moi. ²⁶ Je n'ai ni paix, ni tranquillité, ni repos! Le tourment est venu!

4

¹ Alors Éliphaz, de Théman, prit la parole, et dit: ² Si l'on tente de te parler, te fâcheras-tu? Mais qui pourrait retenir ses paroles? ³ Voici, tu as souvent instruit les autres, et tu as fortifié les mains affaiblies; ⁴ Tes paroles ont relevé ceux qui chancelaient, et

tu as raffermi les genoux qui pliaient. ⁵ Et maintenant que le malheur t'arrive, tu te fâches; et parce qu'il t'a atteint, tu es tout éperdu! ⁶ Ta piété ne fait-elle pas ta confiance? Ton espérance, n'est-ce pas l'intégrité de tes voies? ⁷ Cherche dans ta mémoire; quel est l'innocent qui a péri, et où des justes ont-ils été exterminés? ⁸ Pour moi, j'ai vu que ceux qui labourent l'iniquité et qui sèment la peine, la moissonnent. ⁹ Ils périssent par le souffle de Dieu, et ils sont consumés par le vent de sa colère. ¹⁰ Le rugissement du lion, le cri du grand lion cesse, et les dents du lionceau sont anéanties; ¹¹ Le lion périt faute de proie, et les petits de la lionne sont dispersés. ¹² Une parole m'est furtivement arrivée, et mon oreille en a saisi le murmure. ¹³ Au milieu de mes pensées, pendant les visions de la nuit, quand un profond sommeil tombe sur les humains, ¹⁴ Une frayeur et un tremblement me saisirent, et effrayèrent tous mes os. ¹⁵ Un esprit passa devant moi, et fit hérisser le poil de ma chair. ¹⁶ Il se tint là et je ne reconnus pas son visage; une figure était devant mes yeux. Il y eut un silence; et j'entendis une voix: ¹⁷ "L'homme sera-t-il juste devant Dieu? L'homme sera-t-il pur devant celui qui l'a fait? ¹⁸ Voici, il ne se fie pas à ses serviteurs, il trouve des défauts à ses anges. ¹⁹ Combien plus chez ceux qui habitent des maisons d'argile, qui ont leurs fondements dans la poussière, qu'on écrase comme des vermisseaux! ²⁰ Ils sont détruits du matin au soir; sans qu'on y prenne garde, ils périssent pour toujours. ²¹ La corde de leur tente est coupée, ils meurent, sans avoir été sages. "

5

¹ Crie maintenant! Y aura-t-il quelqu'un qui te réponde? Et vers lequel des saints te tourneras-tu? ² La colère tue l'insensé, et le dépit fait mourir celui qui est destitué de sens; ³ J'ai vu l'insensé étendant ses racines, mais soudain j'ai maudit sa demeure. ⁴ Ses fils sont loin de tout secours, ils sont écrasés à la porte, et personne ne les délivre; ⁵ L'affamé dévore sa moisson; il la lui prend à travers les épines de sa haie; l'homme altéré convoite ses biens. ⁶ Car la souffrance ne sort pas de la poussière, et la peine ne germe pas du sol, ⁷ De sorte que l'homme soit né pour la peine, comme l'étincelle pour voler en haut. ⁸ Mais moi, j'aurais recours à Dieu, et j'adresserais ma parole à Dieu, ⁹ Qui fait de grandes choses qu'on ne peut sonder, de merveilleuses choses qu'on ne peut compter; ¹⁰ Qui répand la pluie sur la face de la terre, et qui envoie les eaux sur la face des champs; ¹¹ Qui met en haut ceux qui sont abaissés, et ceux qui sont en deuil au faîte du bonheur; ¹² Qui dissipe les projets des hommes rusés, et leurs mains ne viennent à bout de rien; ¹³ Qui prend les sages dans leurs propres ruses, et le dessein des pervers est renversé. ¹⁴ De jour, ils rencontrent les ténèbres, et, comme dans la nuit, ils tâtonnent en plein midi; ¹⁵ Et il délivre le pauvre de l'épée de leur bouche, et de la main des puissants. ¹⁶ Et il y a une espérance pour les malheureux, et la méchanceté a la bouche fermée. ¹⁷ Voici, heureux l'homme que Dieu châtie! Ne méprise donc pas la correction du Tout-Puissant. ¹⁸ Car c'est lui qui fait la plaie et la bande; il blesse et ses mains guérissent. ¹⁹ Dans six détresses, il te délivrera; et dans sept, le mal ne te touchera point. ²⁰ En temps de famine, il te garantira de la mort, et en temps de guerre, du tranchant de l'épée. ²¹ Tu seras à couvert du fléau de la langue, et tu n'auras point peur de la désolation, quand elle arrivera. ²² Tu riras de la dévastation et de la famine, et tu n'auras pas peur des bêtes de la terre; ²³ Car tu auras un pacte avec les pierres des champs, et les bêtes des champs seront en paix avec toi. ²⁴ Et tu verras la prospérité dans ta tente: tu visiteras tes pâturages, ²⁵ Et rien ne t'y manquera; et tu verras ta postérité croissante, et tes descendants pareils à l'herbe de la terre. ²⁶ Tu entreras mûr dans le tombeau, comme une gerbe qu'on emporte en son temps. ²⁷ Voilà, nous avons examiné la chose; elle est ainsi, écoute cela, et fais-en ton profit.

6

¹ Et Job prit la parole, et dit: ² Oh! si l'on pesait ma douleur, et si l'on mettait en même temps mes calamités dans la balance! ³ Elles seraient plus pesantes que le sable des mers! Voilà pourquoi mes paroles sont outrées. ⁴ Car les flèches du Tout-Puissant sont sur moi: mon âme en boit le venin. Les terreurs de Dieu se rangent en bataille contre moi. ⁵ L'onagre brait-il auprès de l'herbe? Et le bœuf mugit-il auprès de son fourrage? ⁶ Mange-t-on sans sel ce qui est fade? Trouve-t-on du goût dans un blanc d'œuf? ⁷ Ce que mon âme refusait de toucher, est comme devenu ma dégoûtante nourriture. ⁸ Oh! puisse mon vœu s'accomplir et Dieu me donner ce que j'attends! ⁹ Qu'il plaise à Dieu de me réduire en poussière, qu'il laisse aller sa main pour m'achever! ¹⁰ Et j'aurai une consolation, et j'aurai des transports de joie au milieu des tourments qu'il ne m'épargne pas: c'est que je n'ai pas renié les paroles du Saint. ¹¹ Quelle est ma force pour que j'espère, et quelle est ma fin pour que je prenne patience? ¹² Ma force est-elle la force des pierres? Ma chair est-elle d'airain? ¹³ Ne suis-je pas sans secours, et toute ressource ne m'est-elle pas ôtée? ¹⁴ Le malheureux a droit à la pitié de son ami, eût-il abandonné la crainte du Tout-Puissant. ¹⁵ Mes amis m'ont trompé comme un torrent, comme le lit des torrents qui passent; ¹⁶ Ils sont troublés par les glaçons, la neige s'y engloutit; ¹⁷ Mais, au temps de la sécheresse, ils tarissent, et, dans les chaleurs, ils disparaissent de leur place. ¹⁸ Les caravanes se détournent de leur route; elles montent dans le désert et se perdent. ¹⁹ Les caravanes de Théma y comptaient; les voyageurs de Shéba s'y attendaient. ²⁰ Ils sont honteux d'avoir eu cette confiance: ils arrivent sur les lieux, et restent confondus. ²¹ C'est ainsi que vous me manquez à présent; vous voyez une chose terrible, et vous en avez horreur! ²² Mais vous ai-je dit: "Donnez-moi quelque chose, et, de vos biens, faites des présents en ma faveur; ²³ Délivrez-moi de la main de l'ennemi, et rachetez-moi de la main des violents? " ²⁴ Instruisez-moi, et je me tairai. Faites-moi comprendre en quoi j'ai erré. ²⁵ Oh! que les paroles droites ont de force! Mais que veut censurer votre censure? ²⁶ Sont-ce des mots que vous voulez censurer? Mais il faut laisser au vent les paroles d'un homme au désespoir. ²⁷ Vraiment, vous joueriez au sort un orphelin, et vous vendriez votre ami! ²⁸ Mais, à présent, veuillez jeter les yeux sur moi, et voyez si je vous mens en face! ²⁹ Revenez donc, et soyez sans injustice! Revenez, et que mon bon droit paraisse! ³⁰ Y a-t-il de l'injustice dans ma langue? Et mon palais ne sait-il pas discerner le mal?

7

¹ L'homme n'a-t-il pas sur la terre un service de soldat, et ses jours ne sont-ils pas comme ceux d'un mercenaire? ² Comme un esclave, il soupire après l'ombre, et, comme un mercenaire, il attend son salaire. ³ Ainsi j'ai reçu en partage des mois de déception, et l'on m'a assigné des nuits de fatigue. ⁴ Si je suis couché, je dis: Quand me lèverai-je? Quand finira la nuit? Et je suis rassasié d'inquiétudes jusqu'au point du jour. ⁵ Ma chair est couverte de vermine et d'écailles terreuses; ma peau se crevasse et coule. ⁶ Mes jours ont passé plus légers que la navette du tisserand, et ils se consument sans espoir. ⁷ Considère que ma vie est un souffle, et que mon œil ne reverra plus le bonheur. ⁸ L'œil qui me voit, ne m'apercevra plus; tes yeux me chercheront, et je ne serai plus. ⁹ La nuée se dissipe et s'en va, ainsi celui qui descend aux enfers n'en remontera pas. ¹⁰ Il ne reviendra plus dans sa maison, et son lieu ne le reconnaîtra plus. ¹¹ C'est pourquoi, je ne retiendrai point ma bouche, je parlerai dans la détresse de mon esprit, je me plaindrai dans l'amertume de mon âme. ¹² Suis-je une mer? Suis-je un monstre marin, pour que tu poses autour de moi une garde? ¹³ Quand je dis: Mon lit me consolera; ma couche me soulagera de ma peine; ¹⁴ Alors, tu me terrifies par des songes, et tu m'épouvantes par des visions. ¹⁵ Ainsi j'aime mieux étouffer, j'aime mieux mourir que conserver mes os.

16 Je suis ennuyé de la vie. Je ne vivrai pas toujours. Retire-toi de moi, car mes jours sont un souffle. 17 Qu'est-ce que l'homme pour que tu en fasses un si grand cas, pour que tu prennes garde à lui? 18 Pour que tu l'inspectes tous les matins, pour que tu le scrutes à chaque instant? 19 Quand finiras-tu de me regarder? Ne me lâcheras-tu pas, pour que j'avale ma salive? 20 Si j'ai péché, que t'ai-je fait, à toi, ô surveillant des hommes! Pourquoi m'as-tu mis en butte à tes coups, et suis-je à charge à moi-même? 21 Et pourquoi ne pardonnes-tu pas mon péché, et ne fais-tu pas disparaître mon iniquité? Car je vais maintenant me coucher dans la poussière; tu me chercheras, et je ne serai plus.

8

1 Alors Bildad, de Shuach, prit la parole, et dit: 2 Jusques à quand parleras-tu ainsi, et les paroles de ta bouche ressembleront-elles à un vent impétueux? 3 Dieu ferait-il fléchir le droit, le Tout-Puissant ferait-il fléchir la justice? 4 Si tes fils ont péché contre lui, il les a livrés à leur crime. 5 Mais toi, si tu cherches Dieu, et si tu demandes grâce au Tout-Puissant, 6 Si tu es pur et droit, il veillera certainement sur toi; il restaurera la demeure de ta justice; 7 Tes commencements auront été peu de chose, et ta fin sera très grande. 8 Interroge, en effet, les générations précédentes, et fais attention aux recherches de leurs pères; 9 Car nous sommes d'hier et nous ne savons rien; car nos jours sur la terre sont comme une ombre; 10 Mais eux, ne t'enseigneront-ils pas, ne te parleront-ils pas, ne tireront-ils pas de leur cœur ces discours: 11 Le roseau croît-il hors des marais, et le jonc pousse-t-il sans eau? 12 Il est encore en sa verdure, on ne le coupe pas, et avant toutes les herbes, il est desséché. 13 Telle est la destinée de tous ceux qui oublient Dieu: l'espérance de l'impie périra. 14 Sa confiance sera trompée, et sa sécurité deviendra une toile d'araignée; 15 Il s'appuiera sur sa maison, et elle ne tiendra pas; il s'y cramponnera, et elle ne restera pas debout. 16 Il est plein de vigueur, exposé au soleil, et ses jets poussent par-dessus son jardin; 17 Mais ses racines s'entrelacent sur des monceaux de pierres, il rencontre un sol de rochers, 18 Et si on l'enlève de sa place, celle-ci le renie et lui dit: Je ne t'ai point connu! 19 Telle est la joie qu'il a de sa conduite, et d'autres après lui s'élèveront de la poussière. 20 C'est ainsi que Dieu ne rejette pas l'homme intègre, mais il ne donne pas la main aux méchants. 21 Il remplira encore ta bouche de joie, et tes lèvres de chants d'allégresse. 22 Tes ennemis seront couverts de honte, et la tente des méchants ne sera plus!

9

1 Et Job prit la parole, et dit: 2 Certainement, je sais qu'il en est ainsi; et comment l'homme serait-il juste devant Dieu? 3 S'il veut plaider avec lui, il ne lui répondra pas une fois sur mille. 4 Il est habile en son intelligence, et puissant en sa force: qui lui a résisté et s'en est bien trouvé? 5 Il transporte les montagnes, et elles ne le savent pas; il les bouleverse en sa fureur; 6 Il fait trembler la terre sur sa base, et ses colonnes sont ébranlées. 7 Il parle au soleil, et le soleil ne se lève pas; et il met un sceau sur les étoiles. 8 Seul, il étend les cieux, et il marche sur les hauteurs de la mer. 9 Il a créé la grande Ourse, l'Orion, et la Pléiade, et les régions cachées du midi. 10 Il fait de grandes choses qu'on ne peut sonder, de merveilleuses choses qu'on ne peut compter. 11 Voici, il passe près de moi, et je ne le vois pas; il passe encore, et je ne l'aperçois pas. 12 S'il ravit, qui le lui fera rendre? Qui lui dira: Que fais-tu? 13 Dieu ne revient pas sur sa colère; sous lui sont abattus les plus puissants rebelles. 14 Combien moins lui pourrais-je répondre, moi, et choisir mes paroles pour lui parler! 15 Quand j'aurais raison, je ne lui répondrais pas; je demanderais grâce à mon juge! 16 Si je le citais, et qu'il me répondît, je ne croirais pas qu'il voulût écouter ma voix, 17 Lui qui fond sur moi dans une tempête, et qui multiplie mes plaies sans motif. 18 Il ne me permet point de reprendre haleine; il me rassasie

d'amertume. [19] S'il est question de force, il dit: "Me voilà! " S'il est question de droit: "Qui m'assigne? " [20] Quand même je serais juste, ma bouche me condamnerait; je serais innocent, qu'elle me déclarerait coupable. [21] Je suis innocent. Je ne me soucie pas de vivre, je ne fais aucun cas de ma vie. [22] Tout se vaut! C'est pourquoi j'ai dit: Il détruit l'innocent comme l'impie. [23] Quand un fléau soudain répand la mort, il se rit des épreuves des innocents. [24] La terre est livrée aux mains des méchants; il couvre les yeux de ceux qui la jugent. Si ce n'est lui, qui est-ce donc [25] Mes jours ont été plus légers qu'un courrier; ils se sont enfuis, sans voir le bonheur; [26] Ils ont glissé comme des barques de roseaux, comme l'aigle qui fond sur sa proie. [27] Si je dis: Je veux oublier ma plainte, quitter mon air triste, et reprendre ma sérénité, [28] Je suis effrayé de toutes mes douleurs: je sais que tu ne me jugeras pas innocent. [29] Moi, je suis condamné, pourquoi me fatiguer en vain? [30] Quand je me laverais dans la neige, quand je purifierais mes mains dans la potasse, [31] Tu me plongerais dans le fossé, et mes vêtements m'auraient en horreur. [32] Car il n'est pas un homme comme moi pour que je lui réponde, pour que nous allions ensemble en justice. [33] Il n'y a pas d'arbitre entre nous, qui pose sa main sur nous deux. [34] Qu'il ôte sa verge de dessus moi, et que ses terreurs ne me troublent plus! [35] Alors je lui parlerai sans crainte; car, dans l'état où je me trouve, je ne suis plus à moi.

10

[1] Mon âme a pris en dégoût la vie; je laisserai aller ma plainte, je parlerai dans l'amertume de mon âme. [2] Je dirai à Dieu: Ne me condamne point; fais-moi savoir pourquoi tu me prends à partie. [3] Peux-tu te plaire à accabler, à repousser l'œuvre de tes mains, et à éclairer les desseins des méchants? [4] As-tu des yeux de chair? Vois-tu comme voient les mortels? [5] Tes jours sont-ils comme les jours des mortels? Tes années sont-elles comme les jours des humains? [6] Pour que tu fasses la recherche de mon iniquité et l'enquête de mon péché, [7] Quoique tu saches que je ne suis pas coupable, et que nul ne peut me délivrer de ta main. [8] Tes mains m'ont formé et m'ont fait tout entier. Et tu me détruirais! [9] Souviens-toi donc que tu m'as formé comme de l'argile, et tu me ferais rentrer dans la poussière! [10] Ne m'as-tu pas coulé comme du lait, et caillé comme un fromage? [11] Tu m'as revêtu de peau et de chair, et tu m'as composé d'os et de nerfs. [12] Tu m'as comblé de vie et de grâces, et ta providence a gardé mon souffle. [13] Et voici ce que tu me réservais en ton cœur! Et voici, je le vois, ce qui était dans ta pensée: [14] Si je péchais, tu me remarquerais, et tu ne m'absoudrais pas de ma faute; [15] Si j'étais méchant, malheur à moi! Si j'étais juste, je n'en lèverais pas la tête plus haut, je serais rassasié d'ignominie et spectateur de ma propre misère. [16] Si je redressais la tête, tu me donnerais la chasse comme à un lion, et tu multiplierais tes exploits contre moi; [17] Tu produirais de nouveaux témoins contre moi, tu redoublerais de colère à mon égard, tes bataillons se renouvelleraient contre moi. [18] Mais pourquoi m'as-tu fait sortir du sein de ma mère? J'eusse expiré, et aucun œil ne m'aurait vu! [19] Je serais comme n'ayant pas été; j'aurais été porté du sein maternel au tombeau! [20] Mes jours ne sont-ils pas en petit nombre? Qu'il me laisse! Qu'il éloigne sa main de moi, et que je respire un peu? [21] Avant que j'aille, pour n'en plus revenir, dans la terre des ténèbres et de l'ombre de la mort; [22] Terre obscure comme la nuit, où règnent l'ombre de la mort et le chaos, où la lumière est comme la nuit!

11

[1] Alors Tsophar, de Naama, prit la parole, et dit: [2] Ne répondra-t-on point à tant de discours, et suffira-t-il d'être un grand parleur pour être justifié? [3] Tes vains propos feront-ils taire les gens? Te moqueras-tu, sans que personne te confonde? [4] Tu as dit: Ma doctrine est pure, je suis sans tache devant tes yeux. [5] Mais je voudrais que Dieu parlât,

et qu'il ouvrît sa bouche pour te répondre; [6] Qu'il te montrât les secrets de sa sagesse, de son immense sagesse; et tu reconnaîtrais que Dieu oublie une partie de ton iniquité. [7] Trouveras-tu le fond de Dieu? Trouveras-tu la limite du Tout-Puissant? [8] Ce sont les hauteurs des cieux: qu'y feras-tu? C'est plus profond que les enfers: qu'y connaîtras-tu? [9] Son étendue est plus longue que la terre, et plus large que la mer. [10] S'il saisit, s'il emprisonne, s'il assemble le tribunal, qui l'en empêchera? [11] Car il connaît, lui, les hommes de rien; il voit l'iniquité, sans qu'elle s'en doute; [12] Mais l'homme vide de sens de-viendra intelligent, quand l'ânon sauvage naîtra comme un homme! [13] Si tu disposes bien ton cœur, et si tu étends tes mains vers Dieu, [14] (Si l'iniquité est en tes mains, éloigne-la, et que le crime n'habite point dans tes tentes!) [15] Alors certainement tu lèveras ton front sans tache; tu seras raffermi et tu ne craindras rien; [16] Tu oublieras tes peines, tu t'en souviendras comme des eaux écoulées. [17] La vie se lèvera pour toi plus brillante que le midi, et l'obscurité même sera comme le matin. [18] Tu seras plein de confiance, parce que tu auras lieu d'espérer; tu exploreras autour de toi, et tu te coucheras en sécurité; [19] Tu t'étendras à ton aise, et nul ne t'effraiera; et bien des gens te feront la cour. [20] Mais les yeux des méchants seront consumés; tout refuge leur sera ôté, et toute leur espérance sera de rendre l'âme.

12

[1] Et Job prit la parole, et dit: [2] Vraiment, vous êtes tout un peuple, et avec vous mourra la sagesse! [3] J'ai pourtant du sens aussi bien que vous, je ne vous suis point inférieur; et qui ne sait de telles choses? [4] Je suis un homme qui est en risée à son ami; un homme qui invoquait Dieu, et Dieu lui répondait! En risée! un homme juste, intègre! [5] Mépris au malheur! telle est la pensée des heureux; le mépris est réservé à ceux dont le pied chancelle! [6] Elles sont en paix, les tentes des pillards, et toutes les sécurités sont pour ceux qui irritent Dieu, qui se font un dieu de leur bras. [7] Mais interroge donc les bêtes, et elles t'instruiront; ou les oiseaux des cieux, et ils te l'annonceront; [8] Ou parle à la terre, et elle t'instruira; et les poissons de la mer te le raconteront. [9] Qui ne sait, parmi tous ces êtres, que la main de Dieu a fait cet univers? [10] Qu'il tient en sa main l'âme de tous les vivants, l'esprit de toute chair d'homme? [11] L'oreille ne juge-t-elle pas des discours, comme le palais goûte les aliments? [12] La sagesse est dans les vieillards, et le discernement est le fruit des longs jours! [13] Non, c'est en Dieu que se trouvent la sagesse et la force; c'est à lui qu'appartiennent le conseil et l'intelligence. [14] Voici, il démolit, et on ne rebâtit point; il enferme quelqu'un, et on ne lui ouvre pas. [15] Voici, il retient les eaux, et elles tarissent; il les lâche, et elles bouleversent la terre. [16] En lui résident la puissance et la sagesse; de lui dépendent celui qui s'égare et celui qui égare. [17] Il fait marcher pieds nus les conseillers; il frappe de folie les juges. [18] Il relâche l'autorité des rois, et il serre la corde sur leurs reins. [19] Il fait marcher pieds nus les prêtres, et il renverse les puissants. [20] Il ôte la parole aux plus assurés, et il prive de sens les vieillards. [21] Il verse le mépris sur les nobles, et il délie la ceinture des forts. [22] Il met en évidence les profondeurs cachées dans les ténèbres, et il amène à la lumière l'ombre de la mort. [23] Il agrandit les nations, et il les perd; il étend les nations, et il les conduit en captivité. [24] Il ôte le sens aux chefs des peuples de la terre, et il les fait errer dans un désert sans chemin. [25] Ils tâtonnent dans les ténèbres, sans aucune clarté, et il les fait errer comme un homme ivre.

13

[1] Voici, mon œil a vu tout cela; mon oreille l'a entendu et compris; [2] Ce que vous savez, je le sais aussi; je ne vous suis pas inférieur. [3] Mais je veux parler au Tout-Puissant, je veux plaider auprès de Dieu. [4] Mais vous, vous êtes des inventeurs de mensonges. Vous êtes tous des médecins de néant. [5] Puissiez-vous demeurer dans le silence, et que ce soit là

votre sagesse! [6] Écoutez donc ma réprimande, et soyez attentifs à la réplique de mes lèvres. [7] Tiendrez-vous des discours injustes en faveur de Dieu? Et, pour le défendre, direz-vous des mensonges? [8] Ferez-vous acception de personnes en sa faveur? Prétendrez-vous plaider pour Dieu? [9] Vous en prendra-t-il bien, s'il vous sonde? Comme on trompe un homme, le tromperez-vous? [10] Certainement, il vous reprendra, si secrètement vous faites acception de personnes. [11] Sa majesté ne vous épouvantera-t-elle point, et sa frayeur ne tombera-t-elle pas sur vous? [12] Vos réminiscences sont des sentences de cendre, vos remparts sont des remparts de boue! [13] Taisez-vous, laissez-moi; je veux parler, et qu'il m'arrive ce qui pourra. [14] Pourquoi prendrais-je ma chair dans mes dents? Non, j'exposerai ma vie. [15] Voici, il me tuera; je n'ai plus d'espoir. Du moins, je défendrai ma conduite devant lui. [16] Et cela me tournera à salut; car un impie ne viendrait pas devant lui. [17] Écoutez, écoutez mes paroles, prêtez l'oreille à mes déclarations. [18] Voici, j'ai préparé ma cause. Je sais que je serai justifié. [19] Quelqu'un plaidera-t-il contre moi? Alors je me tais, et je meurs. [20] Seulement, ne me fais point deux choses, et alors je ne me cacherai pas loin de ta face: [21] Éloigne ta main de moi, et que ta terreur ne me trouble point. [22] Puis, appelle-moi et je répondrai. Ou bien, que je parle, et tu me répliqueras. [23] Combien ai-je commis d'iniquités et de péchés? Fais-moi connaître ma transgression et mon péché. [24] Pourquoi caches-tu ta face, et me tiens-tu pour ton ennemi? [25] Veux-tu effrayer une feuille que le vent emporte, et poursuivre une paille desséchée? [26] Pour que tu écrives contre moi d'amers arrêts, et que tu me fasses recevoir la peine des péchés de ma jeunesse; [27] Pour que tu mettes mes pieds dans des ceps, que tu épies tous mes chemins, et que tu traces une limite autour de la plante de mes pieds; [28] Et ce corps se détruit comme du bois vermoulu, comme un vêtement que la teigne a rongé.

14

[1] L'homme né de femme a la vie courte, et est rassasié de trouble. [2] Comme une fleur, il éclot, et on le coupe; il fuit comme une ombre, et ne subsiste point. [3] Et c'est sur cet être que tu ouvres les yeux, et c'est moi que tu conduis en justice avec toi! [4] Qui peut tirer la pureté de la souillure? Personne. [5] Si ses jours sont déterminés, si le nombre de ses mois est fixé par-devers toi, si tu lui as prescrit des limites qu'il ne passera pas, [6] Détourne tes regards de lui, et qu'il ait quelque repos, jusqu'à ce qu'il goûte, comme un mercenaire, la fin de sa journée. [7] Car il y a de l'espérance pour l'arbre, si on l'a coupé; il reverdit encore, et il ne cesse pas d'avoir des rejetons; [8] Si sa racine vieillit dans la terre, et si dans la poussière son tronc est mort, [9] Dès qu'il sent l'eau, il pousse de nouveau, et il produit des branches comme un jeune plant. [10] Mais quand l'homme meurt, il reste gisant; quand l'homme a expiré, où est-il? [11] Les eaux de la mer s'écoulent, le fleuve tarit et se dessèche, [12] Ainsi l'homme se couche, et il ne se relève point. Tant qu'il y aura des cieux, ils ne se réveilleront point, et on ne les fera pas sortir de leur sommeil. [13] Oh! si tu me cachais dans le Sépulcre, si tu me mettais à couvert, jusqu'à ce que ta colère fût passée! Si tu me donnais un terme, après lequel tu te souviendrais de moi [14] (Si l'homme meurt, revivra-t-il?), tout le temps de ma consigne, j'attendrais, jusqu'à ce que vînt mon remplacement! [15] Tu appellerais, et je répondrais; tu désirerais de revoir l'ouvrage de tes mains. [16] Mais, maintenant, tu comptes mes pas, et tu observes tous mes péchés. [17] Ma transgression est scellée dans le sac, et tu as ajouté à mon iniquité. [18] Mais la montagne s'éboule; le rocher est transporté hors de sa place; [19] Les eaux minent les pierres; les inondations entraînent la poussière de la terre: ainsi fais-tu périr l'espérance du mortel. [20] Tu ne cesses de l'assaillir, et il s'en va; tu changes son aspect, et tu le renvoies. [21] Que ses fils soient honorés, il n'en saura rien; qu'ils soient méprisés, il ne le verra pas. [22] C'est sur lui seul que sa chair s'afflige, et sur lui que son âme gémit.

15

¹ Alors Éliphaz, de Théman, prit la parole, et dit: ² Le sage répond-il par une science vaine, et remplit-il de vent sa poitrine? ³ Discute-t-il avec des propos qui ne servent de rien, et avec des paroles sans profit? ⁴ Bien plus, tu abolis la piété, et tu détruis la prière qui s'adresse à Dieu. ⁵ Ton iniquité inspire ta bouche, et tu as choisi le langage des rusés. ⁶ Ta bouche te condamne, et non pas moi; et tes lèvres témoignent contre toi. ⁷ Es-tu le premier-né des hommes, et as-tu été formé avant les montagnes? ⁸ As-tu entendu ce qui s'est dit dans le conseil de Dieu, et as-tu pris pour toi la sagesse? ⁹ Que sais-tu que nous ne sachions? Quelle connaissance as-tu que nous n'ayons aussi? ¹⁰ Il y a aussi parmi nous des cheveux blancs, des vieillards, plus riches de jours que ton père. ¹¹ Est-ce donc peu de chose pour toi que les consolations de Dieu et les paroles dites avec douceur? ¹² Pourquoi ton cœur s'emporte-t-il? Et pourquoi tes yeux regardent-ils de travers? ¹³ C'est contre Dieu que tu tournes ta colère, et que tu fais sortir de ta bouche de tels discours! ¹⁴ Qu'est-ce qu'un mortel pour qu'il soit pur, et un fils de femme pour qu'il soit juste? ¹⁵ Voici, Dieu ne se fie pas à ses saints, et les cieux ne sont pas purs à ses yeux. ¹⁶ Combien plus est abominable et corrompu, l'homme qui boit l'iniquité comme l'eau! ¹⁷ Je t'instruirai, écoute-moi. Je te raconterai ce que j'ai vu, ¹⁸ Ce que les sages ont proclamé, ce qu'ils n'ont point caché, l'ayant tenu de leurs pères. ¹⁹ A eux seuls ce pays avait été donné, et l'étranger n'avait pas pénétré chez eux: ²⁰ "Toute sa vie, le méchant est tourmenté, et un petit nombre d'années sont réservées au malfaiteur. ²¹ Des bruits effrayants remplissent ses oreilles; en pleine paix, le destructeur vient sur lui. ²² Il ne croit pas pouvoir sortir des ténèbres, et il se voit épié par l'épée; ²³ Il court çà et là, cherchant son pain; il sait que le jour des ténèbres lui est préparé. ²⁴ La détresse et l'angoisse l'épouvantent; elles l'assaillent comme un roi prêt au combat; ²⁵ Parce qu'il a levé la main contre Dieu, et a bravé le Tout-Puissant: ²⁶ Il a couru vers lui, avec audace, sous le dos épais de ses boucliers. ²⁷ L'embonpoint avait couvert son visage, et la graisse s'était accumulée sur ses flancs; ²⁸ C'est pourquoi il habite des villes détruites, des maisons désertes, tout près de n'être plus que des monceaux de pierres. ²⁹ Il ne s'enrichira pas, et sa fortune ne subsistera pas, et ses propriétés ne s'étendront pas sur la terre. ³⁰ Il ne pourra pas sortir des ténèbres; la flamme desséchera ses rejetons, et il s'en ira par le souffle de la bouche de Dieu. ³¹ Qu'il ne compte pas sur la vanité qui le séduit; car la vanité sera sa récompense. ³² Avant le temps, il prendra fin, et ses branches ne reverdiront point. ³³ On arrachera ses fruits non mûrs, comme à une vigne; on jettera sa fleur, comme celle d'un olivier. ³⁴ Car la famille de l'hypocrite est stérile, et le feu dévore les tentes de l'homme corrompu. ³⁵ Il conçoit le tourment, et il enfante la peine; et son ventre prépare une déception. "

16

¹ Et Job prit la parole, et dit: ² J'ai souvent entendu de pareils discours; vous êtes tous des consolateurs fâcheux. ³ N'y aura-t-il point de fin à ces discours en l'air? Et qu'est-ce qui te force à me répondre? ⁴ Moi aussi, je parlerais comme vous, si vous étiez à ma place. J'accumulerais des paroles contre vous; je hocherais la tête sur vous; ⁵ Je vous fortifierais avec ma bouche, et le mouvement de mes lèvres vous soulagerait. ⁶ Si je parle, ma douleur ne sera point soulagée. Si je me tais, en sera-t-elle diminuée? ⁷ Maintenant il m'a épuisé. Tu as dévasté toute ma famille, ⁸ Tu m'as saisi, et cela témoigne contre moi; ma maigreur s'est élevée contre moi, elle m'accuse en face. ⁹ Sa fureur m'a déchiré, et s'est acharnée sur moi. Il a grincé des dents contre moi; mon ennemi aiguise contre moi ses yeux. ¹⁰ Ils ont ouvert contre moi leur bouche; ils m'ont frappé à la joue pour m'outrager; ils se réunissent tous ensemble contre moi. ¹¹ Dieu m'a livré à l'impie; il m'a jeté aux mains des méchants. ¹² J'étais en repos, et il m'a écrasé; il m'a saisi à la gorge, et

il m'a brisé. Il m'a posé en butte à ses traits. [13] Ses flèches m'environnent; il me perce les reins, et ne m'épargne pas; il répand à terre mon fiel. [14] Il me fait plaie sur plaie; il court sur moi comme un guerrier. [15] J'ai cousu un sac sur ma peau; j'ai souillé mon front dans la poussière; [16] J'ai le visage tout enflammé, à force de pleurer, et l'ombre de la mort est sur mes paupières, [17] Quoiqu'il n'y ait point de crime dans mes mains, et que ma prière soit pure. [18] O terre, ne cache point mon sang, et qu'il n'y ait aucun lieu où s'arrête mon cri! [19] A présent même, voici, j'ai mon témoin dans les cieux, et mon garant dans les hauts lieux. [20] Mes amis se moquent de moi: c'est vers Dieu que mon œil se tourne en pleurant, [21] Pour qu'il décide entre l'homme et Dieu, entre le fils d'Adam et son semblable. [22] Car les années qui me sont comptées s'en vont, et j'entre dans un chemin d'où je ne reviendrai pas!

17

[1] Mon souffle se perd; mes jours s'éteignent; le tombeau m'attend! [2] Certes, je suis entouré de railleurs, et mon œil veille toute la nuit au milieu de leurs insultes. [3] Dépose un gage, sois ma caution auprès de toi-même; car qui voudrait répondre pour moi? [4] Tu as fermé leur cœur à l'intelligence; c'est pourquoi tu ne les feras pas triompher. [5] Tel livre ses amis au pillage, dont les enfants auront les yeux consumés. [6] On a fait de moi la fable des peuples, un être à qui l'on crache au visage. [7] Et mon œil s'est consumé de chagrin, et tous mes membres sont comme une ombre. [8] Les hommes droits en sont consternés, et l'innocent est irrité contre l'impie. [9] Le juste néanmoins persévère dans sa voie, et celui dont les mains sont pures redouble de constance. [10] Mais, pour vous tous, allons, recommencez! Je ne trouverai pas un sage parmi vous. [11] Mes jours sont passés; mes desseins, chers à mon cœur, sont renversés. [12] Ils changent la nuit en jour; ils disent la lumière proche, en face des ténèbres! [13] Quand je n'attends plus pour demeure que le Sépulcre, quand j'étends ma couche dans les ténèbres, [14] Quand je crie au tombeau: Tu es mon père! et aux vers: Vous êtes ma mère et ma sœur! [15] Où est donc mon espérance? Et mon espérance, qui pourrait la voir? [16] Elle descendra aux portes du Sépulcre, quand nous irons en-semble reposer dans la poussière!

18

[1] Alors Bildad, de Shuach, prit la parole et dit: [2] Quand finirez-vous ces discours? Ayez du bon sens, et ensuite parlons. [3] Pourquoi sommes-nous regardés comme des bêtes, et sommes-nous stupides à vos yeux? [4] O toi qui te déchires toi-même dans ta fureur, la terre sera-t-elle abandonnée à cause de toi, et le rocher sera-t-il transporté hors de sa place? [5] Oui, la lumière du méchant s'éteindra, et la flamme de son feu ne brillera pas. [6] La lumière s'obscurcira dans sa tente, et la lampe s'éteindra au-dessus de lui. [7] Ses pas si puissants seront restreints, et son propre conseil le renversera. [8] Car il sera pris dans les filets par ses pieds, et il marchera sur le piège. [9] Le lacet le tiendra par le talon, et le filet le saisira: [10] Une corde est cachée pour lui sous terre, et une trappe sur son sentier. [11] De tous côtés des terreurs l'assiégeront, et feront courir ses pieds çà et là. [12] Sa vigueur sera affamée; la calamité se tiendra prête à ses côtés. [13] Il dévorera les membres de son corps, il dévorera ses membres, le premier-né de la mort! [14] On l'arrachera de sa tente, objet de sa confiance; on l'amènera au roi des épouvantements. [15] On habitera dans sa tente, qui ne sera plus à lui; le soufre sera répandu sur sa demeure. [16] En bas ses racines sécheront, et en haut ses branches seront coupées. [17] Sa mémoire disparaîtra de la terre, et on ne prononcera plus son nom sur les places. [18] On le chassera de la lumière dans les ténèbres, et on le bannira du monde. [19] Il n'aura ni lignée, ni descendance au milieu de son peuple, ni survivant dans ses habitations. [20] Ceux d'Occident seront stupéfaits du

jour de sa ruine, et ceux d'Orient en seront saisis d'horreur. ²¹ Tel est le sort de l'injuste. Telle est la destinée de celui qui ne connaît pas Dieu.

19

¹ Alors Job prit la parole, et dit: ² Jusques à quand affligerez-vous mon âme, et m'accablerez-vous de paroles? ³ Voilà déjà dix fois que vous m'outragez: vous n'avez pas honte de me maltraiter? ⁴ Vraiment si j'ai failli, ma faute demeure avec moi. ⁵ Si vraiment vous vous élevez contre moi, si vous me reprochez l'opprobre où je me trouve, ⁶ Sachez donc que c'est Dieu qui m'a fait tort, et qui a tendu ses filets autour de moi. ⁷ Voici, je crie à la violence, et on ne me répond pas; je crie au secours, et il n'y a point de justice! ⁸ Il a fermé mon chemin, et je ne puis passer; il a mis des ténèbres sur mes sentiers. ⁹ Il m'a dépouillé de ma gloire; il a ôté la couronne de ma tête. ¹⁰ Il m'a détruit de tous côtés, et je m'en vais; il a arraché, comme un arbre, mon espérance. ¹¹ Il a allumé sa colère contre moi, et il m'a tenu pour l'un de ses ennemis. ¹² Ses troupes sont venues en-semble; elles ont dressé contre moi leurs chaussées, et se sont campées autour de ma tente. ¹³ Il a éloigné de moi mes frères, et ceux qui me connaissaient se sont écartés comme des étrangers; ¹⁴ Mes proches m'ont abandonné, et mes connaissances m'ont oublié. ¹⁵ Les hôtes de ma maison et mes servantes m'ont traité comme un étranger; je suis devenu un inconnu pour eux. ¹⁶ J'ai appelé mon serviteur, il ne m'a pas répondu; de ma propre bouche, j'ai dû le supplier. ¹⁷ Mon haleine est insupportable à ma femme, et ma prière aux fils de ma mère. ¹⁸ Les petits enfants eux-mêmes me méprisent: si je veux me lever, ils parlent contre moi. ¹⁹ Tous mes intimes m'ont en abomination, et ceux que j'aimais se sont tournés contre moi. ²⁰ Mes os se sont attachés à ma peau et à ma chair, et je me suis échappé avec la peau de mes dents. ²¹ Ayez pitié de moi, ayez pitié de moi, vous, mes amis! Car la main de Dieu m'a frappé. ²² Pourquoi me persécutez-vous comme Dieu, et ne pouvez-vous vous rassasier de ma chair? ²³ Oh! je voudrais que mes paroles fussent écrites quelque part! Je voudrais qu'elles fussent inscrites dans un livre; ²⁴ Qu'avec un burin de fer et avec du plomb, elles fussent gravées sur le roc, pour toujours! ²⁵ Pour moi, je sais que mon Rédempteur est vivant, qu'à la fin il se lèvera sur la terre, ²⁶ Et qu'après cette peau qui se détruit, et hors de ma chair, je verrai Dieu; ²⁷ Moi, je le verrai, à moi propice; mes yeux le verront, et non un autre. Mes reins se consument en mon sein? ²⁸ Si vous dites: Comment le poursuivrons-nous, et trouverons-nous en lui la cause de son malheur? ²⁹ Craignez l'épée pour vous-mêmes, car la fureur est un crime digne de l'épée, afin que vous sachiez qu'il y a un jugement.

20

¹ Tsophar, de Naama, prit la parole et dit: ² C'est pour cela que mes pensées me poussent à répondre, et c'est pour cette raison que j'ai hâte de le faire: ³ J'ai entendu une leçon outrageante, mais l'esprit tire de mon intelligence une réponse. ⁴ Ne sais-tu pas que, de tout temps, depuis que Dieu a mis l'homme sur la terre, ⁵ Le triomphe du méchant est de peu de durée, et la joie de l'impie n'a qu'un moment? ⁶ Quand son élévation monterait jusqu'aux cieux, et quand sa tête atteindrait les nues, ⁷ Il périra pour toujours, comme son ordure; ceux qui le voyaient diront: Où est-il? ⁸ Il s'envolera comme un songe, et on ne le trouvera plus; il s'évanouira comme un rêve de la nuit. ⁹ L'œil qui l'a vu ne le verra plus, et son lieu ne l'apercevra plus. ¹⁰ Ses enfants feront la cour aux pauvres, et ses propres mains restitueront ses biens. ¹¹ Ses os sont pleins de jeunesse, mais elle reposera avec lui dans la poussière. ¹² Si le mal est doux à sa bouche, s'il le cache sous sa langue, ¹³ S'il le ménage et ne le rejette point, s'il le retient dans son palais, ¹⁴ Sa nourriture se changera dans ses entrailles, et deviendra dans son sein du fiel d'aspic. ¹⁵ Il a englouti des richesses, et il les vomira; Dieu les arrachera de son ventre. ¹⁶ Il sucera

du venin d'aspic; la langue de la vipère le tuera. [17] Il ne verra plus les ruisseaux, les fleuves, les torrents de miel et de lait. [18] Il rendra le fruit de son travail, et ne l'avalera pas; il restituera à proportion de ce qu'il aura amassé, et ne s'en réjouira pas. [19] Parce qu'il a foulé, abandonné le pauvre, pillé la maison au lieu de la bâtir; [20] Parce qu'il n'a pas connu le repos dans son avidité, il ne sauvera rien de ce qu'il a tant désiré; [21] Rien n'échappait à sa voracité, c'est pourquoi son bonheur ne durera pas. [22] Au comble de l'abondance, il sera dans la gêne; les mains de tous les malheureux se jetteront sur lui. [23] Il arrivera que pour lui remplir le ventre, Dieu enverra contre lui l'ardeur de sa colère; il la fera pleuvoir sur lui et entrer dans sa chair. [24] Il fuira devant les armes de fer, l'arc d'airain le transpercera. [25] Il arrachera la flèche, et elle sortira de son corps, et le fer étincelant, de son foie; les frayeurs de la mort viendront sur lui. [26] Toutes les calamités sont réservées à ses trésors, un feu qu'on n'aura pas besoin de souffler le dévorera, et ce qui restera dans sa tente sera consumé. [27] Les cieux découvriront son iniquité, et la terre s'élèvera contre lui. [28] Le revenu de sa maison sera emporté. Tout s'écoulera au jour de la colère. [29] Telle est la part que Dieu réserve à l'homme méchant, tel est l'héritage que Dieu lui assigne.

21

[1] Et Job prit la parole, et dit: [2] Écoutez attentivement mes discours, et que cela me tienne lieu de vos consolations! [3] Supportez-moi, et je parlerai; et, après que j'aurai parlé, tu te moqueras. [4] Mais est-ce à un homme que s'adresse ma plainte? Et comment ne perdrais-je pas toute patience? [5] Regardez-moi, et soyez étonnés, et mettez la main sur la bouche. [6] Quand j'y pense, je suis éperdu, et un frisson saisit ma chair. [7] Pourquoi les méchants vivent-ils, vieillissent-ils, et croissent-ils en force? [8] Leur postérité s'établit devant eux, avec eux, et leurs rejetons sont sous leurs yeux. [9] Leurs maisons sont en paix, à l'abri de la crainte, et la verge de Dieu n'est pas sur eux. [10] Leur taureau n'est jamais impuissant, leur génisse vêle et n'avorte pas. [11] Ils font courir devant eux leurs enfants comme un troupeau, et leur progéniture bondit. [12] Ils chantent avec le tambourin et la harpe, ils s'égaient au son du hautbois, [13] Ils passent leurs jours dans le bonheur, et ils descendent au Sépulcre en un moment. [14] Et cependant ils ont dit à Dieu: "Éloigne-toi de nous, nous ne voulons pas connaître tes voies. [15] Qu'est-ce que le Tout-Puissant, pour que nous le servions? Et que gagnerions-nous à le prier? " [16] Voici, leur bonheur n'est-il pas en leurs mains? (Que le conseil des méchants soit loin de moi!) [17] Combien de fois arrive-t-il que la lampe des méchants s'éteigne, que leur ruine vienne sur eux, que Dieu leur partage leurs lots dans sa colère, [18] Qu'ils soient comme la paille au souffle du vent, et comme la balle enlevée par le tourbillon? [19] Vous dites: "Dieu réserve la peine à ses enfants; " mais qu'Il le punisse lui-même, afin qu'il le sente! [20] Qu'il voie de ses propres yeux sa ruine, qu'il boive la colère du Tout-Puissant! [21] Car, que lui importe sa maison après lui, quand le nombre de ses mois est tranché? [22] Enseignerait-on la science à Dieu, lui qui juge ceux qui sont élevés? [23] L'un meurt au sein du bien-être, tout à son aise et en repos. [24] Ses flancs sont chargés de graisse, et ses os comme abreuvés de moelle; [25] Un autre meurt dans l'amertume de son âme, n'ayant jamais goûté le bonheur: [26] Ils sont couchés ensemble dans la poussière, et les vers les couvrent. [27] Voici, je connais vos pensées et les desseins que vous formez contre moi. [28] Car vous dites: Où est la maison de l'homme opulent, et où est la tente, demeure des méchants? [29] N'avez-vous jamais interrogé les voyageurs, et n'avez-vous pas reconnu, par leurs témoignages, [30] Qu'au jour de la calamité, le méchant est épargné, et qu'au jour des colères, il est éloigné? [31] Qui lui représente en face sa conduite, et qui lui rend ce qu'il a fait? [32] Il est porté au tombeau, et, sur le tertre, il veille encore. [33] Les mottes de la

vallée lui sont légères; après lui, suivent à la file tous les hommes, et devant lui, la foule est innombrable. [34] Comment donc me donnez-vous des consolations vaines? De vos réponses, ce qui reste, c'est la perfidie.

22

[1] Alors Éliphaz, de Théman, prit la parole, et dit: [2] L'homme est-il utile à Dieu? [3] C'est à lui-même que le sage est utile. Le Tout-Puissant a-t-il de l'intérêt à ce que tu sois juste? Gagne-t-il quelque chose à ce que tu marches dans l'intégrité? [4] Est-ce par crainte de toi, qu'il te reprend, et qu'il entre en jugement avec toi? [5] Ta méchanceté n'est-elle pas grande, et tes iniquités ne sont-elles pas sans nombre? [6] Tu exigeais des gages de tes frères, sans motif; tu privais de leurs vêtements ceux qui étaient nus. [7] Tu ne donnais pas d'eau à boire à l'homme altéré, et tu refusais le pain à l'homme affamé. [8] Tu livrais la terre à celui qui était puissant, et celui pour qui tu avais des égards y habitait. [9] Tu renvoyais les veuves les mains vides, et les bras des orphelins étaient brisés. [10] C'est pour cela que les pièges sont autour de toi, qu'une subite frayeur t'épouvante, [11] Ou que les ténèbres t'empêchent de voir, et que le débordement des eaux te submerge. [12] Dieu n'est-il pas là-haut dans les cieux? Regarde le front des étoiles: combien elles sont élevées! [13] Et tu as dit: "Qu'est-ce que Dieu connaît? Jugera-t-il à travers l'obscurité? [14] Les nues sont pour lui un voile, et il ne voit rien; il se promène sur la voûte des cieux. " [15] Veux-tu suivre l'ancien chemin, où ont marché les hommes d'iniquité, [16] Qui ont été retranchés avant le temps, et dont un fleuve a emporté les fondations, [17] Qui disaient à Dieu: "Éloigne-toi de nous! " Et que leur avait fait le Tout-Puissant? [18] Il avait rempli leurs maisons de biens! (Ah! loin de moi le conseil des méchants!) [19] Les justes le verront et se réjouiront; l'innocent se moquera d'eux: [20] "Certainement notre adversaire a été détruit; le feu a dévoré ce qui en restait. " [21] Attache-toi donc à Lui, et tu seras en paix, et il t'en arrivera du bien. [22] Reçois de sa bouche l'instruction, et mets ses paroles dans ton cœur. [23] Si tu reviens au Tout-Puissant, tu seras rétabli; éloigne l'iniquité de ta tente, [24] Jette l'or dans la poussière, et l'or d'Ophir dans les rochers des torrents, [25] Et le Tout-Puissant sera ton or, il sera pour toi et argent et trésors. [26] Car alors tu feras tes délices du Tout-Puissant, et tu élèveras ton visage vers Dieu. [27] Tu le supplieras, et il t'exaucera, et tu lui rendras tes vœux. [28] Si tu formes un dessein, il te réussira, et la lumière resplendira sur tes voies. [29] Quand on aura humilié quelqu'un, et que tu diras: Qu'il soit élevé! Dieu délivrera celui qui avait les yeux baissés. [30] Il délivrera le coupable; il sera délivré par la pureté de tes mains.

23

[1] Et Job prit la parole, et dit: [2] Maintenant encore ma plainte est une révolte, et pourtant ma main comprime mes soupirs. [3] Oh! si je savais où le trouver, j'irais jusqu'à son trône, [4] J'exposerais ma cause devant lui, et je remplirais ma bouche de preuves; [5] Je saurais ce qu'il me répondrait, et je comprendrais ce qu'il me dirait. [6] Contesterait-il avec moi dans la grandeur de sa force? Non, seulement il ferait attention à moi. [7] Ce serait alors un juste qui raisonnerait avec lui, et je serais absous pour toujours par mon juge. [8] Voici, si je vais à l'Orient, il n'y est pas; si je vais à l'Occident, je ne le découvre pas. [9] Est-il occupé au Nord, je ne le vois pas. Se cache-t-il au Midi, je ne l'aperçois pas. [10] Il sait la voie que j'ai suivie; qu'il m'éprouve, j'en sortirai comme l'or. [11] Mon pied s'est attaché à ses pas, j'ai gardé sa voie, et je ne m'en suis pas détourné. [12] Je ne me suis point écarté du commandement de ses lèvres, j'ai tenu aux paroles de sa bouche plus qu'à ma provision ordinaire. [13] Mais il n'a qu'une pensée; qui l'en fera revenir? Ce que son âme désire, il le fait. [14] Il achèvera ce qu'il a décidé de moi, et il a dans l'esprit bien d'autres choses pareilles à celle-ci. [15] C'est pourquoi sa présence m'épouvante; quand j'y pense, j'ai peur

de lui. [16] Dieu a amolli mon cœur, et le Tout-Puissant m'a épouvanté. [17] Car je n'ai pas été retranché avant l'arrivée des ténèbres, et il n'a pas éloigné de ma face l'obscurité.

24

[1] Pourquoi n'y a-t-il pas des temps réservés par le Tout-Puissant? Et pourquoi ceux qui le connaissent ne voient-ils pas ses jours? [2] On remue les bornes; on ravit les troupeaux, et on les fait paître; [3] On emmène l'âne des orphelins, on prend pour gage le bœuf de la veuve; [4] On fait écarter les pauvres du chemin, et les affligés du pays sont contraints de se cacher. [5] Voici, ils sont dans le désert comme des ânes sauvages; ils sortent pour leur travail, espérant une proie; la steppe leur donne le pain pour les enfants. [6] Ils moissonnent leur pâture dans les champs, ils maraudent dans la vigne de l'impie; [7] Ils passent la nuit nus, faute de vêtement, et n'ont pas de quoi se couvrir contre le froid; [8] Ils sont percés par la pluie des montagnes, et, manquant d'abri, ils embrassent le rocher. [9] On arrache l'orphelin à la mamelle, on prend des gages sur le pauvre, [10] On le force à marcher nu, sans vêtements, on fait porter les gerbes à des affamés. [11] Ceux qui pressent l'huile dans leurs maisons, ceux qui foulent dans leurs pressoirs, ont soif. [12] Du sein de la ville, les mourants se lamentent; l'âme des blessés crie; et Dieu ne prend pas garde à ces indignités! [13] En voici d'autres qui se révoltent contre la lumière, qui ne connaissent pas ses voies, et ne se tiennent pas dans ses sentiers. [14] Le meurtrier se lève au point du jour; il tue le pauvre et l'indigent, et, de nuit, il dérobe comme un voleur. [15] L'œil de l'adultère épie le soir; il dit: "Aucun œil ne me verra, " et il se voile le visage. [16] Ils forcent les maisons dans les ténèbres, ils se tiennent enfermés le jour, ils ne savent pas ce que c'est que la lumière. [17] Car le matin leur est à tous comme l'ombre de la mort; si quelqu'un les reconnaît, ils ont des frayeurs mortelles. [18] Ils disparaissent comme un corps léger sur la surface de l'eau; leur héritage est maudit sur la terre; ils ne prennent plus le chemin des vignes. [19] La sécheresse et la chaleur consument les eaux de la neige; ainsi le Sépulcre dévore ceux qui pèchent. [20] Le sein qui les porta les oublie; les vers font d'eux bonne chère; on ne se souvient plus d'eux; l'injuste est brisé comme du bois. [21] Lui qui tourmentait la femme stérile, sans enfants, et ne faisait aucun bien à la veuve; [22] Qui entraînait les puissants par sa force; qui se levait et nul n'était sûr de sa vie: [23] Dieu lui donnait de la sécurité, et il s'y appuyait; et ses yeux étaient sur leurs voies. [24] Ils s'étaient élevés: un peu de temps encore, ils ne sont plus; ils s'affaissent, ils sont emportés comme les autres; ils sont coupés comme une tête d'épi. [25] S'il n'en est pas ainsi, qui me convaincra de mensonge, et mettra à néant mon discours?

25

[1] Et Bildad, de Shuach, prit la parole, et dit: [2] L'empire et la terreur lui appartiennent, il fait régner la paix dans ses hauts lieux. [3] Ses cohortes se peuvent-elles compter, et sur qui sa lumière ne se lève-t-elle pas? [4] Et comment l'homme serait-il juste devant Dieu? Et comment celui qui est né de la femme serait-il pur? [5] Voici, la lune même est sans éclat, et les étoiles ne sont pas pures à ses yeux. [6] Combien moins l'homme qui n'est qu'un ver, et le fils de l'homme qui n'est qu'un vermisseau!

26

[1] Job prit la parole, et dit: [2] Comme tu as aidé celui qui était sans force! Comme tu as secouru le bras sans vigueur! [3] Comme tu as bien conseillé l'homme sans raison, et fait paraître l'abondance de ta sagesse! [4] A qui as-tu adressé des discours? Et de qui est l'esprit qui est sorti de toi? [5] Les ombres tremblent au-dessous des eaux et de leurs habitants. [6] Le Sépulcre est à nu devant lui, et l'abîme est sans voile. [7] Il étend le septentrion sur le vide, il suspend la terre sur le néant. [8] Il renferme les eaux dans ses

nuages, et la nuée n'éclate pas sous leur poids. ⁹ Il couvre la face de son trône, il déploie au-dessus sa nuée. ¹⁰ Il décrit un cercle sur les eaux, au point où la lumière confine avec les ténèbres. ¹¹ Les colonnes des cieux sont ébranlées, et s'étonnent à sa menace. ¹² Par sa force, il soulève la mer; et par son habileté, il écrase les plus puissants rebelles. ¹³ Son souffle rend le ciel pur; sa main perce le dragon fugitif. ¹⁴ Ce ne sont là que les bords de ses voies; qu'il est faible le bruit qu'en saisit notre oreille! Et qui pourra entendre le tonnerre de sa puissance?

27

¹ Et Job continua son discours sentencieux, et dit: ² Par le Dieu qui a mis mon droit de côté, par le Tout-Puissant qui a rempli mon âme d'amertume, ³ Tant qu'un souffle me restera, tant que l'esprit de Dieu sera dans mes narines, ⁴ Mes lèvres ne prononceront rien d'injuste, et ma langue ne dira rien de faux. ⁵ Loin de moi la pensée de vous donner raison! Jusqu'à mon dernier soupir, je ne me dépouillerai pas de mon intégrité. ⁶ J'ai maintenu ma justice, et je ne faiblirai pas; ma conscience ne me reproche aucun de mes jours. ⁷ Que mon ennemi soit comme le méchant, et mon adversaire comme l'injuste! ⁸ Car quel sera l'espoir de l'impie, quand Dieu retranchera, quand Dieu arrachera son âme? ⁹ Dieu entendra-t-il ses cris, quand la détresse viendra sur lui? ¹⁰ Trouvera-t-il son plaisir dans le Tout-Puissant? Invoquera-t-il Dieu en tout temps? ¹¹ Je vous enseignerai comment Dieu agit, et je ne vous cacherai pas la pensée du Tout-Puissant. ¹² Voici, vous-mêmes, vous avez tous vu ces choses, et pourquoi donc vous laissez-vous aller à ces vaines pensées ¹³ Voici la part que Dieu réserve au méchant, et l'héritage que les violents reçoivent du Tout-Puissant. ¹⁴ Si ses enfants se multiplient, c'est pour l'épée; et ses rejetons ne seront pas rassasiés de pain. ¹⁵ Ses survivants seront ensevelis par la peste, et leurs veuves ne les pleureront pas. ¹⁶ Qu'il amasse de l'argent comme la poussière, qu'il entasse des vêtements comme de la boue, ¹⁷ Il entassera, et le juste s'en revêtira, et l'innocent se partagera son argent. ¹⁸ Il se bâtit une maison comme celle de la teigne, comme la cabane du gardien des vignes. ¹⁹ Il se couche riche, et c'est pour la dernière fois; il ouvre ses yeux, et il n'est plus; ²⁰ Les frayeurs l'atteignent comme des eaux débordées; la tempête le ravit dans la nuit. ²¹ Le vent d'Orient l'emporte, et il s'en va; il l'arrache de sa place comme un tourbillon. ²² Le Seigneur jette sur lui ses traits, et ne l'épargne pas; il fuit de toute sa force devant sa main. ²³ On bat des mains contre lui; on le chasse à coups de sifflets.

28

¹ L'argent a des lieux d'extraction, et l'or a des endroits où on l'affine. ² Le fer se tire de la poussière, et la pierre fondue donne l'airain. ³ L'homme dissipe les ténèbres; il explore, jusqu'aux extrêmes limites, la pierre qui est dans l'obscurité et l'ombre de la mort. ⁴ Il creuse un puits, loin des passants; ne se souvenant plus de ses pieds, il est suspendu et balancé loin des humains. ⁵ C'est de la terre que sort le pain, et elle est bouleversée, dans ses profondeurs, comme par le feu. ⁶ Ses rochers sont la demeure du saphir, et l'on y trouve la poudre d'or. ⁷ L'oiseau de proie n'en connaît pas le chemin, et l'œil du milan ne le découvre pas. ⁸ Les bêtes féroces n'y ont point marché, le lion n'a point passé par là. ⁹ L'homme met la main sur le granit; il bouleverse les montagnes jusqu'en leurs fondements. ¹⁰ Il taille des galeries dans les rochers, et son œil découvre tout ce qu'il y a de précieux. ¹¹ Il arrête la filtration des eaux, et il met au jour ce qui était caché. ¹² Mais la sagesse, où la trouvera-t-on? Où donc est le lieu de l'intelligence? ¹³ L'homme ne connaît pas son prix, et elle ne se trouve pas dans la terre des vivants. ¹⁴ L'abîme dit: Elle n'est pas en moi; et la mer dit: Elle n'est pas avec moi. ¹⁵ Elle ne se donne pas pour de l'or fin, elle ne s'achète pas au poids de l'argent. ¹⁶ On ne la met pas en balance avec l'or

d'Ophir; ni avec le précieux onyx, ni avec le saphir. ¹⁷ On ne la compare point avec l'or et avec le verre, et on ne l'échange pas pour des vases d'or fin. ¹⁸ On ne parle ni du corail ni du cristal, et la possession de la sagesse vaut plus que des perles. ¹⁹ On ne la compare pas avec la topaze d'Éthiopie; on ne la met pas en balance avec l'or le plus fin. ²⁰ Mais la sagesse, d'où viendra-t-elle? Et où donc est la demeure de l'intelligence? ²¹ Elle est cachée aux yeux de tous les vivants; elle se dérobe aux oiseaux des cieux. ²² Le gouffre et la mort disent: Nous avons de nos oreilles entendu parler d'elle. ²³ C'est Dieu qui sait son chemin; c'est lui qui connaît sa demeure. ²⁴ Car il regarde, lui, jusqu'aux extrémités du monde; il voit sous tous les cieux. ²⁵ Quand il donnait au vent son poids, quand il pesait et mesurait les eaux, ²⁶ Quand il prescrivait une loi à la pluie, et un chemin à l'éclair des tonnerres, ²⁷ Il la vit alors et la proclama; il l'établit, et même il la sonda; ²⁸ Puis il dit à l'homme: Voici, la crainte du Seigneur, c'est la sagesse, et se détourner du mal, c'est l'intelligence.

29

¹ Job continua son discours sentencieux, et dit: ² Oh! que ne suis-je comme aux mois d'autrefois, comme au jour où Dieu me gardait, ³ Quand son flambeau luisait sur ma tête, quand je marchais à sa lumière dans les ténèbres; ⁴ Comme aux jours de mon automne, quand l'amitié de Dieu veillait sur ma tente; ⁵ Quand le Tout-Puissant était encore avec moi, et que mes jeunes gens m'entouraient; ⁶ Quand je lavais mes pieds dans le lait, et que le rocher se fondait près de moi en torrent d'huile! ⁷ Quand je sortais pour me rendre à la porte de la ville, et que je me faisais préparer un siège dans la place publique, ⁸ Les jeunes gens, me voyant, se retiraient; les vieillards se levaient et se tenaient debout. ⁹ Des princes s'arrêtaient de parler, et mettaient la main sur leur bouche. ¹⁰ La voix des chefs s'éteignait, et leur langue s'attachait à leur palais. ¹¹ Car l'oreille qui m'entendait me proclamait heureux, et l'œil qui me voyait me rendait témoignage. ¹² Car je délivrais l'affligé qui criait, et l'orphelin qui n'avait personne pour le secourir. ¹³ La bénédiction de celui qui s'en allait périr venait sur moi, et je faisais chanter de joie le cœur de la veuve. ¹⁴ Je me revêtais de la justice, et elle se revêtait de moi. Mon équité était mon manteau et ma tiare. ¹⁵ J'étais les yeux de l'aveugle, et les pieds du boiteux. ¹⁶ J'étais le père des pauvres, et j'étudiais à fond la cause de l'inconnu. ¹⁷ Je brisais les mâchoires de l'injuste, et j'arrachais la proie d'entre ses dents. ¹⁸ Et je disais: Je mourrai avec mon nid, et je multiplierai mes jours comme le phénix. ¹⁹ Ma racine sera exposée à l'eau, et la rosée passera la nuit dans mes branches. ²⁰ Ma gloire se renouvellera en moi, et mon arc se renforcera dans ma main. ²¹ On m'écoutait, on attendait et on se taisait, jusqu'à ce que j'eusse donné mon avis. ²² Après que j'avais parlé, on ne répliquait pas, et ma parole découlait goutte à goutte sur eux. ²³ Ils m'attendaient comme la pluie, et ils ouvraient leur bouche comme pour une ondée tardive. ²⁴ Je souriais quand ils étaient désespérés; et ils n'altéraient pas la sérénité de mon visage. ²⁵ J'aimais à aller avec eux, et je m'asseyais à leur tête; je siégeais comme un roi au milieu de ses gardes, comme un consolateur au milieu des affligés.

30

¹ Mais, maintenant, des hommes plus jeunes que moi se moquent de moi, des hommes dont je n'aurais pas daigné mettre les pères avec les chiens de mon troupeau. ² Et qu'aurais-je pu faire de la force de leurs mains? En eux avait péri toute vigueur. ³ Exténués par la disette et la faim, ils broutent les lieux arides, depuis longtemps désolés et déserts. ⁴ Ils cueillent l'herbe sauvage près des buissons, et la racine des genêts est leur nourriture. ⁵ On les chasse du milieu des hommes; on crie après eux comme après un larron; ⁶ Ils habitent dans des torrents affreux, dans les trous de la terre, et parmi

les rochers. [7] On les entend braire dans les buissons, ils s'étendent pêle-mêle sous les chardons; [8] Race impie, race sans nom, qui avait été chassée du pays! [9] Et maintenant je suis le sujet de leurs chansons, et je fais la matière de leurs propos. [10] Ils m'ont en horreur, ils s'éloignent de moi; ils ne craignent pas de me cracher au visage. [11] Parce que Dieu a détendu la corde de mon arc et m'a humilié, ils ont secoué tout frein devant moi. [12] Cette engeance se lève à ma droite; ils poussent mes pieds; ils construisent contre moi des routes pour me nuire; [13] Ils rompent mon chemin, ils aident à ma ruine, eux à qui personne ne porterait secours. [14] Ils arrivent comme par une large brèche, ils se précipitent au milieu du fracas. [15] Toutes les terreurs se tournent contre moi, elles poursuivent ma prospérité comme le vent, et mon bonheur a passé comme un nuage! [16] Et maintenant mon âme se fond en moi, les jours d'affliction m'ont atteint; [17] La nuit perce mes os et les détache, et ceux qui me rongent ne dorment pas. [18] Par la violence extrême de mon mal, mon vêtement se déforme; il me serre comme le col de ma tunique. [19] Dieu m'a jeté dans la boue, et je ressemble à la poussière et à la cendre. [20] Je crie vers toi, et tu ne me réponds pas; je me tiens debout devant toi, et tu me considères! [21] Tu es devenu cruel pour moi; tu t'opposes à moi avec toute la force de ton bras. [22] Tu m'enlèves, tu me fais chevaucher sur le vent, et tu me fais fondre au bruit de la tempête. [23] Oui, je sais bien que tu m'amènes à la mort, et dans la demeure, rendez-vous de tous les vivants. [24] Seulement, n'étendrait-on pas la main au milieu de la ruine? Et, dans sa calamité, ne serait-il donc pas permis de pousser un cri? [25] Ne pleurais-je pas sur l'homme qui passait de mauvais jours? Mon âme n'était-elle pas affligée à cause du pauvre [26] J'ai attendu le bonheur, et le malheur est arrivé. J'espérais la lumière, et les ténèbres sont venues. [27] Mes entrailles bouillonnent sans repos; les jours d'affliction m'ont assailli. [28] Je marche tout noirci, et non par le soleil. Je me lève dans l'assemblée, et je crie. [29] Je suis devenu le frère des chacals, et le compagnon des autruches. [30] Ma peau se noircit et tombe. Mes os sont brûlés par la fièvre. [31] Ma harpe s'est changée en deuil, et mon luth en voix de pleurs.

31

[1] J'avais fait un accord avec mes yeux; et comment aurais-je regardé une vierge? [2] Car quelle part Dieu m'aurait-il faite d'en haut, et quel héritage le Tout-Puissant m'aurait-il envoyé des cieux? [3] La calamité n'est-elle pas pour le pervers, et l'adversité pour ceux qui commettent l'iniquité? [4] Ne voit-il pas toute ma conduite, et ne compte-t-il pas tous mes pas? [5] Si j'ai marché dans le mensonge, et si mon pied s'est hâté pour tromper, [6] Que Dieu me pèse dans des balances justes, et il reconnaîtra mon intégrité. [7] Si mes pas se sont détournés de la voie, et si mon cœur a suivi mes yeux, et si quelque souillure s'est attachée à mes mains, [8] Que je sème et qu'un autre mange, et que mes rejetons soient déracinés! [9] Si mon cœur a été séduit par quelque femme, et si j'ai fait le guet à la porte de mon prochain, [10] Que ma femme broie le grain pour un autre, et que d'autres se penchent sur elle! [11] Car c'est là une méchanceté préméditée, une iniquité punie par les juges. [12] C'est un feu qui dévore jusqu'à pleine destruction, qui eût ruiné tous mes biens dans leur racine. [13] Si j'ai méprisé le droit de mon serviteur ou de ma servante, dans leurs contestations avec moi, [14] Et que ferais-je, quand Dieu se lèvera, et quand il demandera compte, que lui répondrais-je? [15] Celui qui m'a fait dans le sein de ma mère, ne l'a-t-il pas fait aussi? Un même créateur ne nous a-t-il pas formés dans le sein maternel? [16] Si j'ai refusé aux pauvres leur demande, si j'ai laissé se consumer les yeux de la veuve, [17] Si j'ai mangé seul mon morceau, et si l'orphelin n'en a point mangé, [18] Certes, dès ma jeunesse, il a grandi près de moi comme près d'un père, et dès le sein de ma mère, j'ai été le guide de la veuve, [19] Si j'ai vu un homme périr faute de vêtement, et le pauvre manquer de couverture; [20] Si ses reins ne m'ont pas béni, et s'il n'a pas été réchauffé par la toison de mes agneaux; [21] Si j'ai levé ma main contre l'orphelin, parce que je me voyais appuyé

à la porte; ²² Que mon épaule tombe de ma nuque, et que mon bras soit cassé et séparé de l'os! ²³ Car la frayeur serait sur moi avec la calamité de Dieu, et je ne pourrais pas subsister devant sa majesté. ²⁴ Si j'ai mis dans l'or ma confiance, et si j'ai dit à l'or fin: Tu es ma sécurité; ²⁵ Si je me suis réjoui de ce que ma fortune était grande, et de ce que ma main avait beaucoup acquis; ²⁶ Si, voyant le soleil briller et la lune s'avancer magnifique, ²⁷ Mon cœur a été secrètement séduit, et si ma main a envoyé des baisers ²⁸ (Ce qui est aussi une iniquité punie par le juge, car c'est un reniement du Dieu d'en haut); ²⁹ Si je me suis réjoui du malheur de mon ennemi, si j'ai sauté de joie quand le mal l'a atteint ³⁰ (Je n'ai pas permis à ma langue de pécher en demandant sa mort dans des malédictions); ³¹ Si les gens de ma maison n'ont pas dit: "Où y a-t-il quelqu'un qui n'ait été rassasié de sa viande? " ³² (L'étranger ne passait pas la nuit dehors; j'ouvrais ma porte au voyageur); ³³ Si j'ai caché, comme Adam, mes fautes; si j'ai enfermé mon crime dans mon sein, ³⁴ Parce que je craignais la foule et redoutais le mépris des familles, en sorte que je restais tranquille et n'osais franchir ma porte. ³⁵ Oh! si quelqu'un m'écoutait! Voici ma signature: Que le Tout-Puissant me réponde, et que mon adversaire écrive son mémoire! ³⁶ Je jure que je le porterai sur mon épaule, je me l'attacherai comme une couronne, ³⁷ Je lui déclarerai le nombre de mes pas, je l'aborderai comme un prince. ³⁸ Si ma terre crie contre moi, et si mes sillons pleurent avec elle; ³⁹ Si je mange ses fruits sans l'avoir payée, si je fais rendre l'âme à ses maîtres, ⁴⁰ Qu'elle produise de l'épine au lieu de froment, et l'ivraie au lieu d'orge! C'est ici la fin des paroles de Job.

32

¹ Alors ces trois hommes-là cessèrent de répondre à Job, parce qu'il croyait être juste. ² Et Élihu, fils de Barakéel, Buzite, de la famille de Ram, se mit dans une fort grande colère contre Job, parce qu'il se justifiait lui-même devant Dieu. ³ Il se mit aussi en colère contre ses trois amis, parce qu'ils ne trouvaient rien à répondre, et que néanmoins ils avaient condamné Job. ⁴ Et Élihu avait attendu pour s'adresser à Job qu'ils eussent parlé, parce qu'ils étaient plus âgés que lui. ⁵ Élihu, voyant que ces trois hommes n'avaient plus aucune réponse à la bouche, se mit en colère. ⁶ Et Élihu, fils de Barakéel, Buzite, prit la parole, et dit: Je suis jeune et vous êtes des vieillards, aussi j'ai craint et je n'ai pas osé vous dire mon avis. ⁷ Je me disais: Les jours parleront, et le grand nombre des années fera connaître la sagesse. ⁸ Mais c'est l'esprit qui est dans les hommes, c'est le souffle du Tout-Puissant qui les rend intelligents. ⁹ Ce ne sont pas les aînés qui sont sages; ce ne sont pas les vieillards qui comprennent ce qui est juste. ¹⁰ C'est pourquoi je dis: Écoute-moi; je dirai mon avis, moi aussi. ¹¹ Voici, j'ai attendu vos discours, j'ai écouté vos raisonnements, jusqu'à ce que vous eussiez bien examiné les discours de Job. ¹² Je vous ai suivis attentivement, et voici, pas un de vous n'a convaincu Job, pas un n'a répondu à ses paroles. ¹³ Ne dites pas: Nous avons trouvé la sagesse! Dieu seul le mettra en fuite, et non un homme. ¹⁴ Il n'a pas dirigé ses discours contre moi, et je ne lui répondrai pas à votre manière. ¹⁵ Ils sont consternés! Ils ne répondent plus! On leur a ôté l'usage de la parole! ¹⁶ J'ai attendu: puisqu'ils ne parlent plus, qu'ils se tiennent là sans répondre, ¹⁷ Je répondrai, moi aussi, pour ma part; je dirai mon avis, moi aussi; ¹⁸ Car je suis rempli de discours; l'esprit qui est en mon sein me presse. ¹⁹ Voici, mon sein est comme un vin sans issue, il va éclater comme des outres neuves. ²⁰ Je parlerai donc et je me soulagerai; j'ouvrirai mes lèvres et je répondrai. ²¹ Qu'il ne m'arrive pas d'être partial, et de flatter qui que ce soit. ²² Car je ne sais pas flatter: mon créateur ne m'enlèverait-il pas bientôt!

33

¹ Mais toi, ô Job, écoute mes discours, et prête l'oreille à toutes mes paroles. ² Voici,

j'ouvre la bouche, ma langue parle en mon palais. ³ Mes paroles exprimeront la droiture de mon cœur; mes lèvres diront franchement ce que je sais. ⁴ C'est l'Esprit de Dieu qui m'a fait; c'est le souffle du Tout-Puissant qui m'a donné la vie. ⁵ Si tu le peux, réponds-moi; résiste-moi en face, et tiens-toi bien. ⁶ Voici, je suis ton égal devant Dieu; j'ai été tiré de la boue, moi aussi. ⁷ Voici, ma terreur ne te troublera point, et ma majesté ne pèsera pas sur toi. ⁸ Vraiment, tu as dit à mes oreilles, et j'ai entendu le son de tes paroles: ⁹ Je suis pur, sans péché; je suis net, et il n'y a point d'iniquité en moi. ¹⁰ Voici, Dieu me cherche querelle, il me tient pour son ennemi; ¹¹ Il met mes pieds dans les ceps, il surveille tous mes mouvements. ¹² Voici, en cela, tu n'as pas été juste, te répondrai-je; car Dieu est plus grand que l'homme. ¹³ Pourquoi as-tu plaidé contre lui? Il ne rend pas compte de ce qu'il fait. ¹⁴ Dieu parle cependant une fois, deux fois, mais on n'y prend pas garde; ¹⁵ En songe, par des visions nocturnes, quand le sommeil tombe sur les humains, pendant qu'ils dorment sur leur couche; ¹⁶ Alors il ouvre l'oreille de l'homme, et il met le sceau sur ses réprimandes, ¹⁷ Afin de détourner l'homme de son œuvre, et d'éloigner de lui l'orgueil, ¹⁸ Afin de préserver son âme de la fosse, et sa vie de l'épée. ¹⁹ L'homme est aussi châtié par des douleurs, sur son lit, par l'agitation continuelle de ses os. ²⁰ Alors sa vie prend en horreur le pain, et son âme les mets les plus désirés. ²¹ Sa chair se consume et disparaît; ses os qu'on ne voyait pas, sont mis à nu. ²² Son âme approche de la fosse, et sa vie de ceux qui font mourir. ²³ S'il y a pour cet homme quelque ange médiateur, un entre mille, pour lui faire connaître ce qu'il doit faire, ²⁴ Alors Dieu prend pitié de lui, et dit: "Rachète-le; qu'il ne descende pas dans la fosse; j'ai trouvé une rançon! " ²⁵ Sa chair prend plus de fraîcheur que dans son enfance; il revient aux jours de sa jeunesse. ²⁶ Il supplie Dieu, et Dieu lui est favorable. Il lui fait contempler avec joie sa face, et il lui rend sa justice. ²⁷ Il chante au milieu des hommes, et il dit: "J'avais péché, j'avais violé la justice, et ma peine n'a pas égalé ma faute. ²⁸ Il a racheté mon âme, afin qu'elle ne passât point dans la fosse, et ma vie voit encore la lumière! " ²⁹ Voilà ce que Dieu fait deux, trois fois, envers l'homme, ³⁰ Pour ramener son âme de la fosse, pour qu'elle soit éclairée de la lumière des vivants. ³¹ Sois attentif, Job, écoute-moi! Tais-toi, et je parlerai. ³² Si tu as quelque chose à dire, réponds-moi; parle, car je désire te justifier. ³³ Sinon, écoute-moi; tais-toi, et je t'enseignerai la sagesse.

34

¹ Élihu reprit la parole, et dit: ² Vous, sages, écoutez mes discours; et vous, savants, prêtez-moi l'oreille. ³ Car l'oreille juge des discours, comme le palais goûte ce qu'on doit manger. ⁴ Choisissons ensemble ce qui est juste; voyons, entre nous, ce qui est bon. ⁵ Job a dit: "Je suis juste, mais Dieu met mon droit de côté; ⁶ En dépit de mon droit, je suis un menteur; ma plaie est douloureuse, sans que j'aie péché. " ⁷ Y a-t-il un homme tel que Job, qui boit le blasphème comme l'eau, ⁸ Qui marche dans la compagnie des ouvriers d'iniquité, et qui va avec les hommes pervers? ⁹ Car il a dit: L'homme ne gagne rien à se plaire avec Dieu. ¹⁰ C'est pourquoi, vous qui avez de l'intelligence, écoutez-moi. Loin de Dieu la méchanceté! loin du Tout-Puissant l'injustice! ¹¹ Il rend à l'homme selon ses œuvres, et il fait trouver à chacun selon sa conduite. ¹² Certainement Dieu ne commet pas d'injustice, le Tout-Puissant ne fait pas fléchir le droit. ¹³ Qui lui a commis le soin de la terre? Qui lui a confié l'univers? ¹⁴ S'il ne pensait qu'à lui, s'il retirait à lui son esprit et son souffle, ¹⁵ Toute chair expirerait à la fois, et l'homme retournerait dans la poussière. ¹⁶ Si donc tu as de l'intelligence, écoute cela; prête l'oreille au son de mes paroles. ¹⁷ Eh quoi! celui qui haïrait la justice, régnerait-il? Et condamnerais-tu celui qui est souverainement juste? ¹⁸ Lui qui dit aux rois "Scélérat! " et "Méchant! " aux princes; ¹⁹ Qui n'a point égard à la personne des grands, qui ne connaît pas le riche plus

que le pauvre, car ils sont tous l'ouvrage de ses mains? ²⁰ En un moment ils mourront; au milieu de la nuit, un peuple est ébranlé et passe; le potentat puissant est emporté, et non par une main d'homme. ²¹ Car les yeux de Dieu sont sur les voies de l'homme, et il regarde tous ses pas. ²² Il n'y a ni ténèbres ni ombre de la mort, où se puissent cacher les ouvriers d'iniquité. ²³ Il ne regarde pas à deux fois un homme, pour le faire aller en jugement avec lui. ²⁴ Il brise les puissants, sans enquête, et il en établit d'autres à leur place, ²⁵ Parce qu'il connaît leurs œuvres; il les renverse de nuit, et ils sont brisés. ²⁶ Il les flagelle comme des impies, à la vue de tout le monde, ²⁷ Parce qu'ils se sont détournés de lui, et n'ont pas du tout pris garde à ses voies. ²⁸ Ils ont fait monter jusqu'à lui le cri du pauvre, et il a entendu la clameur des affligés. ²⁹ S'il donne le repos, qui est-ce qui le condamnera? S'il cache sa face, qui le regardera? soit qu'il s'agisse d'un peuple ou d'un particulier, ³⁰ Pour que l'homme impie ne règne pas, pour qu'il ne soit pas en piège au peuple. ³¹ Car a-t-il dit à Dieu: "J'ai souffert, je ne pécherai plus; ³² Ce que je ne vois pas, montre-le-moi; si j'ai fait le mal, je ne le ferai plus? " ³³ Est-ce donc d'après tes idées que le mal doit être puni? Car tu as montré du mécontentement. Ainsi, c'est à toi de décider, non à moi! Dis ce que tu sais. ³⁴ Les hommes de sens me diront, ainsi que le sage qui m'aura écouté: ³⁵ "Job ne parle pas avec con-naissance, et ses paroles sont sans intelligence. " ³⁶ Ah! que Job soit éprouvé jusqu'à la fin, puisqu'il a répondu comme les méchants! ³⁷ Car il ajoute à son péché une transgression nouvelle; il s'applaudit au milieu de nous; il parle de plus en plus contre Dieu.

35

¹ Élihu reprit la parole, et dit: ² As-tu pensé avoir raison de dire: Je suis juste devant Dieu? ³ Car tu as dit: Que m'en revient-il, et qu'y gagnerai-je de plus qu'à mon péché? ⁴ Je te répondrai en mes discours, et à tes amis avec toi: ⁵ Regarde les cieux, et les considère; vois les nues, elles sont plus hautes que toi. ⁶ Si tu pèches, quel effet produis-tu sur lui? et si tes péchés se multiplient, qu'est-ce que tu lui fais? ⁷ Si tu es juste, que lui donnes-tu, et que reçoit-il de ta main? ⁸ C'est à un homme tel que toi que la méchanceté peut nuire, et au fils de l'homme que ta justice peut être utile. ⁹ On crie sous le poids de l'oppression, on gémit sous la violence des grands, ¹⁰ Et l'on ne dit pas: Où est Dieu, mon créateur, celui qui donne de quoi chanter dans la nuit, ¹¹ Qui nous rend plus instruits que les bêtes de la terre, et plus sages que les oiseaux des cieux? ¹² Ils crient donc sans être exaucés, à cause de l'orgueil des méchants. ¹³ Dieu n'écoute pas ce qui n'est que mensonge, et le Tout-Puissant n'y a point égard. ¹⁴ Quoique tu aies dit que tu ne le vois pas, le procès est devant lui: attends-le! ¹⁵ Et maintenant, parce que sa colère ne punit pas, parce qu'il ne prend pas rigoureusement connaissance du péché, ¹⁶ Job ouvre sa bouche pour de vains discours, il entasse paroles sur paroles sans science.

36

¹ Élihu continua, et dit: ² Attends un peu et je t'instruirai, car il y a encore des raisons pour la cause de Dieu. ³ Je prendrai de loin ma science, et je donnerai droit à mon créateur. ⁴ Car, certainement, mes discours ne sont point mensongers, et c'est un homme qui te parle d'une science parfaite. ⁵ Voici, Dieu est puissant, et il ne dédaigne personne; il est puissant par la force de son intelligence. ⁶ Il ne laisse point vivre le méchant, et il fait droit aux affligés. ⁷ Il ne détourne pas ses yeux des justes, il place ces justes avec les rois sur le trône; et il les y fait asseoir pour toujours, et ils sont élevés. ⁸ S'ils sont liés de chaînes, s'ils sont pris dans les liens de l'affliction, ⁹ Il leur fait connaître ce qu'ils ont fait, leurs péchés et leur orgueil. ¹⁰ Alors il leur ouvre l'oreille à la réprimande; il leur dit de se détourner de l'iniquité. ¹¹ S'ils l'écoutent, et s'ils le servent, ils achèvent leurs jours dans le bonheur, et leurs années dans la joie; ¹² Mais s'ils ne l'écoutent pas, ils passent par

l'épée, et ils expirent dans leur aveuglement. 13 Les cœurs impies se mettent en colère; ils ne crient point à lui quand il les a liés. 14 Leur âme meurt en sa jeunesse, et leur vie s'éteint comme celle des débauchés. 15 Il sauve l'affligé par son affliction, et il l'instruit par sa douleur. 16 Et toi-même, il te mettra hors de ta détresse, au large, loin de toute angoisse, et ta table sera dressée, couverte de graisse. 17 Mais si tu es plein de la cause du méchant, cette cause et la condamnation se suivront de près. 18 Prends garde que la colère ne te pousse au blasphème, et ne te laisse pas égarer par la pensée d'une abondante expiation. 19 Ferait-il cas de ta richesse? Il n'estimera ni l'or ni les moyens de l'opulence. 20 Ne souhaite point la nuit, en laquelle les peuples sont enlevés sur place. 21 Garde-toi de te tourner vers l'iniquité; car tu la préfères à l'affliction. 22 Voici, Dieu est élevé en sa puissance; qui pourrait enseigner comme lui? 23 Qui lui a prescrit sa voie? Et qui lui dira: Tu as fait une injustice? 24 Souviens-toi de célébrer ses ouvrages, que tous les hommes chantent. 25 Tout homme les admire, chacun les contemple de loin. 26 Voici, Dieu est élevé, et nous ne le connaissons pas; le nombre de ses années, nul ne peut le sonder! 27 Il attire les gouttes d'eau, elles se fondent en pluie, au milieu du brouillard; 28 Les nuées la font couler, et tomber goutte à goutte sur la foule des hommes. 29 Et qui pourrait comprendre le déploiement des nuées, et le fracas de sa tente? 30 Voici, il étend sur lui-même la lumière, et il couvre le profond des mers. 31 C'est ainsi qu'il juge les peuples, et qu'il donne la nourriture en abondance. 32 Il tient cachée dans sa main la lumière, et il lui prescrit de frapper. 33 Son tonnerre l'annonce, et les troupeaux font connaître qu'il s'approche.

37

1 Mon cœur en est tout tremblant, et il bondit hors de sa place. 2 Écoutez, écoutez le bruit de sa voix, et le grondement qui sort de sa bouche! 3 Il l'envoie sous tous les cieux, et son éclair va jusqu'aux extrémités de la terre. 4 Puis, sa voix rugit; il tonne de sa voix magnifique, et il n'épargne pas ses éclairs, quand retentit sa voix. 5 Dieu tonne de sa voix merveilleusement; il fait de grandes choses, que nous ne comprenons pas. 6 Il dit à la neige: Tombe sur la terre; il le dit aux ondées, aux fortes ondées. 7 Il ferme la main de tous les hommes, afin que tous les hommes, ses créatures, le connaissent, 8 Et les bêtes se retirent dans leurs tanières, et elles demeurent dans leurs repaires. 9 Des profondeurs du Sud vient la tempête, et des vents du Nord vient le froid; 10 Par son souffle, Dieu forme la glace, et l'eau qui s'étendait est resserrée. 11 Il charge d'humidité la nue; il disperse les nuages, pleins de ses éclairs, 12 Et ceux-ci se promènent de tous côtés, selon ses directions, pour faire tout ce qu'il commande, sur la face de la terre habitée; 13 Que ce soit pour châtier, ou pour rendre sa terre fertile, ou pour exercer sa bonté, il leur fait atteindre le but. 14 Prête l'oreille à cela, Job: arrête-toi, et considère les merveilles de Dieu. 15 Sais-tu comment Dieu se prépare, comment il fait briller la lumière de sa nue? 16 Sais-tu comment se balancent les nuages, cette merveille de celui dont la science est parfaite? 17 Comment tes vêtements sont chauds quand il endort la terre par le vent du Midi? 18 As-tu étendu avec lui les cieux, fermes comme un miroir de métal? 19 Apprends-nous donc ce que nous devons dire de lui: car nous ne saurions préparer des discours du sein de nos ténèbres. 20 Voudrais-je qu'on lui rapportât ce que je dis? Jamais homme voulut-il être englouti? 21 Et maintenant on ne peut regarder le soleil brillant dans les cieux, quand un vent a passé et les a purifiés, 22 Quand une lueur d'or vient du septentrion. Il y a en Dieu une majesté redoutable. 23 Le Tout-Puissant! nous ne pouvons l'atteindre; il est sublime en puissance, en droit, en justice; il n'opprime personne. 24 C'est pourquoi les hommes le craignent. Mais il ne regarde pas ceux qui sont sages en leur cœur.

38

¹ Alors l'Éternel répondit à Job du sein de la tempête, et dit: ² Qui est celui-ci qui obscurcit mes plans par des discours sans science? ³ Ceins donc tes reins comme un vaillant homme, je t'interrogerai, et tu m'instruiras. ⁴ Où étais-tu quand je jetais les fondations de la terre? Dis-le, si tu as de l'intelligence. ⁵ Qui en a réglé les mesures, si tu le sais, ou qui a étendu le niveau sur elle? ⁶ Sur quoi en a-t-on fait plonger les bases, ou qui en a posé la pierre angulaire, ⁷ Quand les étoiles du matin poussaient ensemble des cris de joie, et les fils de Dieu, des acclamations? ⁸ Et qui renferma la mer dans des portes, quand elle sortit en s'élançant du sein de la terre; ⁹ Quand je lui donnai la nuée pour vêtement, et l'obscurité pour langes; ¹⁰ Quand j'établis ma loi sur elle, quand je lui mis des verrous et des portes, ¹¹ Et que je lui dis: Tu viendras jusqu'ici, et tu n'iras pas plus loin; ici s'arrêtera l'orgueil de tes flots? ¹² Depuis que tu es au monde, as-tu commandé au matin, as-tu marqué à l'aurore sa place, ¹³ Pour qu'elle saisisse les extrémités de la terre, et que les méchants soient chassés? ¹⁴ La terre change de forme comme l'argile sous le cachet, et toutes choses se lèvent comme pour la vêtir. ¹⁵ La lumière des méchants leur est ôtée, et le bras des menaçants est rompu. ¹⁶ As-tu pénétré jusqu'aux sources de la mer, et t'es-tu promené au fond de l'abîme? ¹⁷ Les portes de la mort se sont-elles découvertes à toi? Et as-tu vu les portes de l'ombre de la mort? ¹⁸ As-tu compris l'étendue de la terre? Si tu sais tout cela, dis-le! ¹⁹ Où est le chemin du séjour de la lumière? Et les ténèbres, où est leur demeure? ²⁰ Car tu peux les ramener à leur domaine, et tu connais les sentiers de leur maison! ²¹ Tu le sais; car alors tu étais né, et le nombre de tes jours est grand! ²² As-tu pénétré jusqu'aux trésors de neige? Et as-tu vu les trésors de grêle, ²³ Que je réserve pour les temps de détresse, pour le jour de la bataille et du combat? ²⁴ Par quels chemins se partage la lumière, et le vent d'orient se répand-il sur la terre? ²⁵ Qui a donné à l'averse ses canaux, et sa voie à l'éclair des tonnerres, ²⁶ Pour faire pleuvoir sur une terre sans habitants, sur un désert sans hommes, ²⁷ Pour abreuver des lieux déserts et désolés, et faire germer et sortir l'herbe? ²⁸ La pluie a-t-elle un père? Ou, qui enfante les gouttes de rosée? ²⁹ De quel sein est sortie la glace? Et qui enfante le givre du ciel? ³⁰ Les eaux se dissimulent, changées en pierre, et la surface de l'abîme se prend. ³¹ Peux-tu resserrer les liens des Pléiades, ou détacher les chaînes d'Orion? ³² Fais-tu sortir en leur temps les signes du zodiaque? Et conduis-tu la grande Ourse avec ses petits? ³³ Connais-tu les lois du ciel? Ou disposes-tu de son pouvoir sur la terre? ³⁴ Élèves-tu ta voix vers la nuée, pour que des eaux abondantes te couvrent? ³⁵ Envoies-tu les éclairs? Partent-ils, et te disent-ils: Nous voici? ³⁶ Qui a mis la sagesse dans les nues, qui a donné au météore l'intelligence? ³⁷ Qui compte les nuages avec sagesse, qui incline les outres des cieux, ³⁸ Quand la poussière se délaie et se met en fusion, et que les mottes s'agglomèrent? ³⁹ Chasses-tu pour le lion sa proie, et assouvis-tu la faim des lionceaux, ⁴⁰ Quand ils se tapissent dans leurs repaires, quand ils sont aux aguets dans les fourrés? ⁴¹ Qui apprête la nourriture au corbeau, quand ses petits crient vers Dieu et volent çà et là, n'ayant rien à manger?

39

¹ Sais-tu le temps où les chamois mettent bas? As-tu observé quand les biches faonnent? ² As-tu compté les mois de leur portée, et sais-tu le temps où elles mettent bas? ³ Elles se courbent, elles font sortir leurs petits, et se délivrent de leurs douleurs; ⁴ Leurs petits se fortifient, ils croissent en plein air, ils s'en vont et ne reviennent plus vers elles. ⁵ Qui a lâché l'onagre en liberté, et qui a délié les liens de cet animal farouche, ⁶ A qui j'ai donné la steppe pour demeure, et la terre salée pour habitation? ⁷ Il se rit du bruit de la ville; il n'entend pas les clameurs de l'ânier. ⁸ Il parcourt les montagnes qui sont ses pâturages, il cherche partout de la verdure. ⁹ Le buffle veut-il te servir? Passe-t-il

la nuit auprès de ta crèche? ¹⁰ Attaches-tu le buffle par la corde au sillon? Herse-t-il tes champs en te suivant? ¹¹ Te fies-tu à lui parce que sa force est grande, et lui abandonnes-tu ton travail? ¹² Comptes-tu sur lui pour rentrer ton grain, et pour l'amasser sur ton aire? ¹³ L'aile de l'autruche s'agite joyeusement; est-ce l'aile et la plume de la cigogne? ¹⁴ Non, car elle abandonne ses œufs à terre, elle les fait couver sur la poussière; ¹⁵ Elle oublie qu'un pied peut les fouler, une bête des champs les écraser. ¹⁶ Elle est dure envers ses petits, comme s'ils n'étaient pas siens. Son travail est vain, elle ne s'en inquiète pas. ¹⁷ Car Dieu l'a privée de sagesse, et ne lui a point départi d'intelligence. ¹⁸ Quand elle se lève, et bat des ailes, elle se moque du cheval et de son cavalier. ¹⁹ As-tu donné au cheval sa vigueur? As-tu revêtu son cou de la crinière frémissante? ²⁰ Le fais-tu bondir comme la sauterelle? Son fier hennissement donne la terreur. ²¹ De son pied il creuse la terre; il se réjouit en sa force; il va à la rencontre de l'homme armé; ²² Il se rit de la crainte, il n'a peur de rien; il ne recule point devant l'épée. ²³ Sur lui retentit le carquois, la lance étincelante et le javelot. ²⁴ Bondissant et frémissant, il dévore l'espace; il ne peut se contenir dès que la trompette sonne; ²⁵ Dès qu'il entend la trompette, il hennit; il sent de loin la bataille, la voix tonnante des chefs et les clameurs des guerriers. ²⁶ Est-ce par ta sagesse que l'épervier prend son vol, et déploie ses ailes vers le Midi? ²⁷ Est-ce sur ton ordre que l'aigle s'élève, et qu'il place son aire sur les hauteurs? ²⁸ Il habite sur les rochers, il se tient sur la dent des rochers, sur les lieux inaccessibles. ²⁹ De là, il découvre sa proie; ses yeux la voient de loin. ³⁰ Ses petits sucent le sang, et partout où il y a des corps morts, il s'y trouve.

40

¹ L'Éternel adressa la parole à Job, et dit: ² Le censeur contestera-t-il avec le Tout-Puissant? L'accusateur de Dieu répondra-t-il à cela? ³ Alors Job répondit à l'Éternel et dit: ⁴ Je suis trop peu de chose; que te répondrais-je? Je mets ma main sur ma bouche. ⁵ J'ai parlé une fois, et je ne répondrai plus. J'ai parlé deux fois, et je n'y retournerai plus. ⁶ Et l'Éternel répondit à Job du sein de la tempête, et dit: ⁷ Ceins tes reins, comme un vaillant homme; je t'interrogerai, et tu m'instruiras. ⁸ Est-ce que tu voudrais anéantir ma justice? me condamner pour te justifier? ⁹ As-tu un bras comme celui de Dieu; tonnes-tu de la voix, comme lui? ¹⁰ Pare-toi donc de magnificence et de grandeur; et revêts-toi de majesté et de gloire. ¹¹ Répands les fureurs de ta colère, d'un regard humilie tous les orgueilleux; ¹² D'un regard abaisse tous les orgueilleux, et écrase les méchants sur place. ¹³ Cache-les tous ensemble dans la poussière, et enferme leurs visages dans les ténèbres. ¹⁴ Alors, moi aussi, je te louerai, car ta main t'aura aidé. ¹⁵ Vois donc le Béhémoth, que j'ai fait aussi bien que toi; il mange l'herbe comme le bœuf; ¹⁶ Vois donc: sa force est dans ses flancs, et sa vigueur dans les muscles de son ventre. ¹⁷ Il remue sa queue semblable au cèdre; les tendons de ses hanches sont entrelacés. ¹⁸ Ses os sont des tubes d'airain, ses membres sont comme des barres de fer. ¹⁹ C'est le chef-d'œuvre de Dieu, son créateur lui a donné son épée. ²⁰ Les montagnes portent pour lui leur herbe; là se jouent toutes les bêtes des champs. ²¹ Il se couche sous les lotus, dans l'ombre des roseaux et dans le limon. ²² Les lotus le couvrent de leur ombre, et les saules du torrent l'environnent. ²³ Vois, le fleuve déborde avec violence, il n'a point peur; il serait tranquille quand le Jourdain monterait à sa gueule. ²⁴ Qu'on le prenne à force ouverte! Ou qu'à l'aide de filets on lui perce le nez!

41

¹ Tu tireras le Léviathan avec un hameçon? et tu serreras sa langue avec une corde? ² Mettras-tu un jonc dans ses narines, perceras-tu sa joue avec un crochet? ³ T'adressera-t-il beaucoup de prières, et te dira-t-il de douces paroles? ⁴ Fera-t-il un accord avec

toi, et le prendras-tu pour esclave à toujours? ^{5} En joueras-tu comme d'un oiseau, et l'attacheras-tu pour amuser tes filles? ^{6} Les associés en feront-ils commerce, le partageront-ils entre des marchands? ^{7} Perceras-tu sa peau d'un dard, et sa tête d'un harpon? ^{8} Mets ta main sur lui: tu te souviendras de la bataille, et tu n'y reviendras pas. ^{9} Voici, tout espoir de le prendre est trompé; à son seul aspect on est jeté à terre! ^{10} Il n'y a point d'homme si hardi qui l'ose réveiller; et qui se tiendra debout devant moi? ^{11} Qui m'a fait des avances, et je lui rendrai? Tout ce qui est sous les cieux est à moi. ^{12} Je ne me tairai pas sur ses membres, sur ses forces, et sur la beauté de sa stature. ^{13} Qui a soulevé le dessus de son vêtement? Qui est entré dans sa double mâchoire? ^{14} Qui a ouvert les portes de sa gueule? La terreur est autour de ses dents. ^{15} Ses puissants boucliers sont superbes; ils sont fermés, étroitement scellés. ^{16} Ils se touchent l'un l'autre, le vent ne passe point entre eux. ^{17} Ils sont adhérents l'un à l'autre; ils se tiennent, ils ne se séparent point. ^{18} Ses éternuements jettent un éclat de lumière, et ses yeux sont comme les paupières de l'aurore. ^{19} De sa bouche sortent des lueurs, et s'échappent des étincelles de feu. ^{20} De ses narines sort une fumée, comme d'un vase qui bout ou d'une chaudière. ^{21} Son souffle enflammerait des charbons, et une flamme sort de sa gueule. ^{22} Dans son cou réside la force, et la terreur marche devant lui. ^{23} Les fanons de sa chair sont adhérents; ils sont massifs, inébranlables. ^{24} Son cœur est massif comme une pierre, massif comme la meule de dessous. ^{25} Quand il se lève, les plus forts tremblent, ils défaillent d'effroi. ^{26} Quand on l'approche, l'épée ne sert à rien, ni la lance, ni le dard, ni la cuirasse. ^{27} Il regarde le fer comme de la paille, et l'airain comme du bois pourri. ^{28} La flèche ne le fait pas fuir, les pierres de la fronde sont pour lui comme du chaume; ^{29} Comme du chaume, la massue; il se rit du frémissement des javelots. ^{30} Son ventre a des tessons pointus: il étend une herse sur le limon. ^{31} Il fait bouillonner le gouffre comme une chaudière, il rend la mer semblable à un vase de parfumeur. ^{32} Il laisse après lui une trace brillante, on dirait sur l'abîme une blanche chevelure. ^{33} Il n'a pas son pareil sur la terre; il a été fait pour ne rien craindre. ^{34} Il regarde tout ce qui est élevé; il est roi des plus fiers animaux.

42

^{1} Alors Job répondit à l'Éternel, et dit: ^{2} Je sais que tu peux tout, et qu'on ne saurait t'empêcher d'accomplir un dessein. ^{3} "Qui obscurcit mes plans sans science? " J'ai parlé et je ne comprenais pas; ce sont des choses trop merveilleuses pour moi, et je ne les connais point. ^{4} "Écoute donc et je parlerai; je t'interrogerai et tu m'instruiras. " ^{5} Mes oreilles avaient entendu parler de toi; mais, maintenant, mon œil t'a vu. ^{6} C'est pourquoi je me condamne et je me repens, sur la poussière et sur la cendre. ^{7} Or, après que l'Éternel eut ainsi parlé à Job, il dit à Éliphaz, de Théman: Ma colère est enflammée contre toi et contre tes deux amis, parce que vous n'avez pas parlé avec droiture devant moi, comme Job, mon serviteur. ^{8} Maintenant, prenez sept taureaux et sept béliers, et allez vers mon serviteur Job, offrez un holocauste pour vous, et Job, mon serviteur, priera pour vous; et par égard pour lui, je ne vous traiterai pas selon votre folie, car vous n'avez pas parlé avec droiture devant moi, comme mon serviteur Job. ^{9} Et Éliphaz, de Théman, Bildad, de Shuach, et Tsophar, de Naama, allèrent et firent comme leur avait dit l'Éternel, et l'Éternel eut égard à Job. ^{10} Et l'Éternel rétablit Job dans ses biens, quand il eut prié pour ses amis; et il lui rendit au double tout ce qu'il avait eu. ^{11} Tous ses frères, et toutes ses sœurs, tous ceux qui l'avaient connu auparavant vinrent vers lui, et mangèrent avec lui dans sa maison. Ils lui firent leurs condoléances, et le consolèrent au sujet de tout le mal que l'Éternel avait fait venir sur lui, et chacun lui donna une késita et un anneau d'or. ^{12} Ainsi l'Éternel bénit le dernier état de Job plus que le premier; il eut quatorze mille brebis, six mille chameaux, et mille couples de bœufs, et mille ânesses. ^{13} Il eut sept fils et trois filles. ¹⁴ Il donna à la première le nom de Jémima (colombe), à la seconde celui de Ketsia (parfum), à la troisième celui de Kéren-Happuc (flacon de fard). ¹⁵ Et il ne se trouvait pas de femmes aussi belles que les filles de Job dans tout le pays; et leur père leur donna un héritage avec leurs frères. ¹⁶ Job vécut, après ces choses, cent quarante ans, et vit ses fils et les fils de ses fils jusqu'à la quatrième génération. ¹⁷ Et il mourut âgé et rassasié de jours.

Psaumes

1

¹ Heureux l'homme qui ne marche pas selon le conseil des méchants, et qui ne se tient pas dans la voie des pécheurs, et qui ne s'assied pas au banc des moqueurs; ² Mais qui prend son plaisir dans la loi de l'Éternel, et médite sa loi jour et nuit. ³ Il sera comme un arbre planté près des eaux courantes, qui rend son fruit dans sa saison et dont le feuillage ne se flétrit point; et dans tout ce qu'il fait, il réussira. ⁴ Il n'en sera pas ainsi des méchants; mais ils seront comme la paille que le vent chasse au loin. ⁵ C'est pourquoi les méchants ne subsisteront pas dans le jugement, ni les pécheurs dans l'assemblée des justes. ⁶ Car l'Éternel connaît la voie des justes, mais la voie des méchants périra.

2

¹ Pourquoi ce tumulte parmi les nations? Et pourquoi les peuples projettent-ils des choses vaines? ² Les rois de la terre se sont levés, et les princes se sont concertés ensemble contre l'Éternel et contre son Oint. ³ Rompons leurs liens, disent-ils, et jetons loin de nous leurs cordes! ⁴ Celui qui est assis dans les cieux s'en rira; le Seigneur se moquera d'eux. ⁵ Alors il leur parlera dans sa colère; il les épouvantera dans son courroux. ⁶ Et moi, dira-t-il, j'ai sacré mon roi, sur Sion, ma montagne sainte. ⁷ Je publierai le décret de l'Éternel; il m'a dit: Tu es mon fils; aujourd'hui je t'ai engendré. ⁸ Demande-moi, je te donnerai les nations pour héritage, et pour possession les bouts de la terre. ⁹ Tu les briseras avec un sceptre de fer, tu les mettras en pièces comme un vase de potier. ¹⁰ Maintenant donc, ô rois, ayez de l'intelligence; recevez instruction, juges de la terre. ¹¹ Servez l'Éternel avec crainte, et réjouissez-vous avec tremblement. ¹² Rendez hommage au Fils, de peur qu'il ne s'irrite, et que vous ne périssiez dans votre voie, quand sa colère s'enflammera tout à coup. Heureux tous ceux qui se confient en lui!

3

¹ Éternel, que mes ennemis sont nombreux! Combien de gens se lèvent contre moi! ² Combien, qui disent de mon âme: Point de salut pour lui auprès de Dieu! Sélah (pause). ³ Mais toi, Éternel, tu es mon bouclier, ma gloire, et celui qui me fait lever la tête. ⁴ Je crie de ma voix à l'Éternel, et il me répond de sa montagne sainte. (Sélah.) ⁵ Je me couche, je m'endors, et je me réveille; car l'Éternel me soutient. ⁶ Je ne crains point les milliers d'hommes qui se rangent de toute part contre moi. ⁷ Lève-toi, Éternel, sauve-moi, mon Dieu! Car tu as frappé à la joue tous mes ennemis, tu as brisé les dents des méchants. ⁸ Le salut vient de l'Éternel; ta bénédiction est sur ton peuple! (Sélah.)

4

¹ Quand je crie, réponds-moi, ô Dieu de ma justice! Quand j'étais à l'étroit, tu m'as mis au large; aie pitié de moi, entends ma prière! ² Fils des hommes, jusques à quand ma gloire sera-t-elle mise en opprobre? Jusques à quand aimerez-vous la vanité, et rechercherez-vous le mensonge? (Sélah.) ³ Sachez que l'Éternel s'est choisi un bien-aimé. L'Éternel m'entend quand je crie à lui. ⁴ Tremblez, et ne péchez point! Parlez en vos cœurs sur votre couche, et gardez le silence! (Sélah.) ⁵ Offrez des sacrifices de justice, et confiez-vous en l'Éternel. ⁶ Plusieurs disent: Qui nous fera voir du bien? Fais lever sur nous la lumière de ta face, ô Éternel! ⁷ Tu as mis dans mon cœur plus de joie, qu'ils n'en ont quand

leur blé et leur vin sont abondants. [8] Je me coucherai, je m'endormirai aussi en paix; car toi seul, ô Éternel, tu me fais reposer en assurance.

5

[1] Prête l'oreille à mes paroles, ô Éternel, entends mon gémissement! [2] Mon roi et mon Dieu, sois attentif à la voix de mon cri, car c'est toi que je prie! [3] Éternel, dès le matin tu entends ma voix; dès le matin je me tourne vers toi, et je regarde. [4] Car tu n'es pas un Dieu qui prenne plaisir à l'iniquité; le méchant n'habitera point avec toi. [5] Les hommes superbes ne subsisteront pas devant tes yeux; tu hais tous les ouvriers d'iniquité. [6] Tu feras périr ceux qui profèrent le mensonge; l'Éternel a en abomination l'homme de sang et de fraude. [7] Mais moi, dans l'abondance de ta grâce, j'entrerai dans ta maison, je me prosternerai dans ton saint temple, avec crainte. [8] Éternel, conduis-moi par ta justice, à cause de mes ennemis; aplanis ta voie devant moi. [9] Car il n'y a point de sincérité dans leur bouche; leur cœur n'est que malice, leur gosier est un tombeau ouvert; ils flattent avec leur langue. [10] Condamne-les, ô Dieu! Qu'ils échouent dans leurs desseins; renverse-les à cause de la multitude de leurs crimes; car ils se sont révoltés contre toi. [11] Mais que tous ceux qui se retirent vers toi se réjouissent! qu'ils chantent de joie à jamais! Sois leur protecteur, et que ceux qui aiment ton nom, triomphent en toi! [12] Car toi, Éternel, tu bénis le juste; tu l'environnes de ta bienveillance comme d'un bouclier.

6

[1] Éternel, ne me reprends pas dans ton indignation, et ne me châtie pas dans ta colère. [2] Aie pitié de moi, Éternel! car je suis sans force; Éternel, guéris-moi, car mes os sont tremblants. [3] Mon âme aussi est fort troublée; et toi, Éternel, jusques à quand? [4] Reviens, Éternel, délivre mon âme; sauve-moi pour l'amour de ta bonté! [5] Car dans la mort on ne se souvient point de toi; qui te célébrera dans le Sépulcre? [6] Je m'épuise à gémir; chaque nuit je baigne ma couche de pleurs, je trempe mon lit de mes larmes. [7] Mon visage est tout défait de chagrin; il dépérit à cause de tous mes ennemis. [8] Éloignez-vous de moi, vous tous, ouvriers d'iniquité! Car l'Éternel a entendu la voix de mes pleurs. [9] L'Éternel a entendu ma supplication, l'Éternel reçoit ma prière. [10] Tous mes ennemis seront confus et saisis d'effroi; ils reculeront, ils seront soudain couverts de honte.

7

[1] Éternel, mon Dieu, je me retire vers toi; sauve-moi de tous ceux qui me poursuivent, et délivre-moi! [2] De peur qu'ils ne me déchirent comme un lion, et ne me mettent en pièces sans que personne me délivre. [3] Éternel, mon Dieu, si j'ai fait cela, s'il y a de l'iniquité dans mes mains; [4] Si j'ai rendu le mal à celui qui était en paix avec moi, et si j'ai dépouillé celui qui m'opprimait sans cause; [5] Que l'ennemi me poursuive et qu'il m'atteigne; qu'il foule à terre ma vie et couche ma gloire dans la poussière! Sélah (pause). [6] Lève-toi, Éternel, dans ta colère! Élève-toi contre les fureurs de mes ennemis; réveille-toi, viens à moi; accomplis le jugement que tu as ordonné. [7] Que l'assemblée des peuples t'environne; remonte au-dessus d'elle vers les lieux élevés! [8] L'Éternel juge les peuples. Juge-moi, Éternel, selon ma justice, selon l'intégrité qui est en moi. [9] Que la malice des méchants prenne fin, et affermis le juste, toi qui sondes les cœurs et les reins, ô Dieu juste! [10] Dieu est mon bouclier; il délivre ceux qui ont le cœur droit. [11] Dieu est un juste juge, un Dieu qui s'indigne en tout temps. [12] Si le méchant ne se convertit, Dieu affile son épée; il a bandé son arc, et il l'ajuste. [13] Il prépare contre lui des armes mortelles, il apprête des flèches ardentes. [14] Voici, le méchant est en travail pour enfanter le mal; il a conçu le

crime, mais il n'enfante que mensonge. ¹⁵ Il a creusé un trou profond; mais il tombera dans la fosse qu'il a faite. ¹⁶ Sa malice retournera sur sa tête, sa violence retombera sur son front. ¹⁷ Je célébrerai l'Éternel à cause de sa justice; je chanterai le nom de l'Éternel, le Très-Haut.

8

¹ Éternel, notre Seigneur, que ton nom est magnifique sur toute la terre! Tu as établi ta majesté au-dessus des cieux. ² De la bouche des petits enfants et des nourrissons, tu tires ta louange, à cause de tes adversaires, pour réduire au silence l'ennemi et le rebelle. ³ Quand je regarde tes cieux, l'ouvrage de tes doigts, la lune et les étoiles que tu as formées, ⁴ Je dis: Qu'est-ce que l'homme, que tu te souviennes de lui? le fils de l'homme, que tu prennes garde à lui? ⁵ Et tu l'as fait un peu inférieur aux anges; tu l'as couronné de gloire et d'honneur. ⁶ Tu lui as donné l'empire sur les ouvrages de tes mains; tu as mis toutes choses sous ses pieds; ⁷ Les brebis et les bœufs, tous ensemble, et même les bêtes des champs; ⁸ Les oiseaux des cieux et les poissons de la mer, tout ce qui parcourt les sentiers des mers. ⁹ Éternel, notre Seigneur, que ton nom est magnifique sur toute la terre!

9

¹ Je célébrerai l'Éternel de tout mon cœur; je raconterai toutes tes merveilles. ² Je m'égaierai, je me réjouirai en toi, je chanterai ton nom, ô Dieu Très-Haut! ³ Parce que mes ennemis reculent en arrière, qu'ils tombent et périssent devant ta face. ⁴ Car tu m'as fait droit, tu as défendu ma cause; tu t'es assis sur ton trône en juste juge. ⁵ Tu as châtié les nations, tu as fait périr le méchant, tu as effacé leur nom pour toujours, à perpétuité. ⁶ C'en est fait des ennemis; plus que des ruines! Tu as détruit leurs villes et leur mémoire a péri. ⁷ Mais l'Éternel règne à jamais; il prépare son trône pour le jugement. ⁸ Il jugera le monde avec justice; il jugera les peuples avec équité. ⁹ L'Éternel sera le refuge de l'opprimé, son refuge au temps de la détresse. ¹⁰ Et ceux qui connaissent ton nom, se confieront en toi; car tu n'abandonnes pas ceux qui te cherchent, ô Éternel! ¹¹ Chantez à l'Éternel qui habite en Sion; annoncez parmi les peuples ses hauts faits! ¹² Car il venge le sang versé, et il s'en souvient; il n'oublie point le cri des affligés. ¹³ Aie pitié de moi, ô Éternel! Vois l'affliction que m'ont causée mes ennemis, toi qui me fais remonter des portes de la mort! ¹⁴ Afin que je publie toutes tes louanges dans les portes de la fille de Sion, et que je me réjouisse de ton salut. ¹⁵ Les nations sont tombées dans la fosse qu'elles avaient faite; leur pied s'est pris au filet qu'elles avaient caché. ¹⁶ L'Éternel s'est fait connaître, il a exercé le jugement; le méchant s'est enlacé dans l'ouvrage de ses mains. - Higgajon. Sélah (Jeu d'instruments. Pause). - ¹⁷ Les méchants reculeront jusqu'aux enfers, et toutes les nations qui oublient Dieu. ¹⁸ Car le pauvre ne sera pas oublié pour toujours; et l'attente des affligés ne périra pas à perpétuité! ¹⁹ Lève-toi, Éternel! Que l'homme ne prévale point, que les peuples soient jugés devant ta face! ²⁰ Éternel, répands sur eux la terreur; que les peuples sachent qu'ils ne sont que des hommes! (Sélah.)

10

¹ Pourquoi, ô Éternel, te tiens-tu loin, et te caches-tu au temps de la détresse? ² Le méchant, dans son orgueil, poursuit les malheureux. Ils sont pris par les artifices qu'il a médités. ³ Car le méchant se glorifie du désir de son âme; le ravisseur blasphème contre l'Éternel, et l'outrage. ⁴ Le méchant dit avec arrogance: Il ne fera point d'enquête! Toutes ses pensées sont qu'il n'y a point de Dieu. ⁵ Ses voies prospèrent en tout temps; tes jugements sont loin de sa vue; il souffle contre tous ses ennemis. ⁶ Il dit en son cœur: Je ne

serai point ébranlé, jamais il ne m'arrivera de mal. 7 Sa bouche est pleine de malédiction, de fraude et de violence; sous sa langue il n'y a que tourment et qu'outrage. 8 Il se tient aux aguets près des hameaux; il tue l'innocent dans les lieux écartés; ses yeux épient le malheureux. 9 Il s'embusque dans les lieux cachés, comme un lion dans son repaire; il se tient aux aguets pour surprendre le faible; il surprend le faible, en l'attirant dans son filet. 10 Il se tapit, il se baisse, et les malheureux tombent en sa puissance. 11 Il dit en son cœur: Dieu oublie, il a caché sa face, il ne le verra jamais. 12 Lève-toi, Éternel! O Dieu, lève ta main, n'oublie point les affligés! 13 Pourquoi le méchant outrage-t-il Dieu, et dit-il en son cœur que tu n'en feras point d'enquête? 14 Tu l'as vu! Car tu regardes le tourment et la peine, pour en tenir compte; c'est sur toi que se repose le malheureux, tu es le secours de l'orphelin. 15 Romps le bras du méchant, et recherche la méchanceté de l'injuste, jusqu'à ce que tu ne la trouves plus. 16 L'Éternel est Roi à toujours et à perpétuité; les nations ont disparu de dessus sa terre. 17 Éternel, tu entends le souhait des affligés; affermis leurs cœurs, prête-leur une oreille attentive, 18 Pour faire droit à l'orphelin et à l'opprimé; afin que sur la terre l'homme ne continue plus à répandre l'effroi.

11

1 Au maître-chantre. Psaume de David. Je me suis retiré vers l'Éternel; comment donc dites-vous à mon âme: Fuyez en votre montagne, comme l'oiseau? 2 Car voici, les méchants bandent l'arc; ils ont ajusté leur flèche sur la corde, pour tirer dans l'ombre, sur ceux qui ont le cœur droit. 3 Quand les fondements sont renversés, le juste, que fera-t-il? 4 L'Éternel est dans le temple de sa sainteté; l'Éternel a son trône dans les cieux. Ses yeux contemplent, ses paupières sondent les fils des hommes. 5 L'Éternel sonde le juste; mais son âme hait le méchant et celui qui aime la violence. 6 Il fera pleuvoir sur les méchants des filets, du feu et du soufre, et le vent embrasé sera leur partage. 7 Car l'Éternel juste aime la justice; les hommes droits contempleront sa face.

12

1 Délivre-nous, ô Éternel! Car il n'y a plus d'hommes de bien; les fidèles ont disparu d'entre les fils des hommes. 2 Ils se parlent faussement l'un à l'autre; ils parlent avec des lèvres flatteuses, avec un cœur double. 3 L'Éternel veuille retrancher toutes les lèvres flatteuses, et la langue qui parle avec orgueil, 4 Ceux qui disent: Nous aurons le dessus par nos langues, nos lèvres sont à nous, qui sera notre maître? 5 A cause de l'oppression des misérables, à cause du gémissement des pauvres, maintenant, dit l'Éternel, je me lèverai; je mettrai en sûreté celui qu'on insulte. 6 Les paroles de l'Éternel sont des paroles pures; c'est un argent affiné au creuset, en terre, fondu sept fois. 7 Toi, ô Éternel, tu les garderas, tu nous préserveras de cette race à jamais! 8 Lorsque des gens abjects s'élèvent parmi les fils des hommes, les méchants se promènent de toutes parts.

13

1 Au maître-chantre. Psaume de David. 2 Jusques à quand, ô Éternel, m'oublieras-tu toujours? Jusques à quand me cacheras-tu ta face? 3 Jusques à quand formerai-je des projets dans mon âme, et aurai-je le chagrin au cœur tout le jour? Jusques à quand mon ennemi s'élèvera-t-il contre moi? 4 Éternel, mon Dieu, regarde, exauce-moi; éclaire mes yeux, de peur que je ne m'endorme du sommeil de la mort; 5 De peur que mon ennemi ne dise: J'ai eu le dessus; que mes adversaires ne se réjouissent, si j'étais ébranlé. 6 Pour moi, je me confie en ta bonté; mon cœur se réjouira de ton salut; je chanterai à l'Éternel, parce qu'il m'aura fait du bien.

14

¹ Au maître chantre. Psaume de David. L'insensé a dit en son cœur: Il n'y a point de Dieu. Ils se sont corrompus, ils ont commis des actions abominables, il n'y a personne qui fasse le bien. ² L'Éternel abaisse des cieux son regard sur les fils des hommes, pour voir s'il y a quelqu'un qui soit intelligent, qui recherche Dieu. ³ Ils se sont tous égarés, ils se sont corrompus tous ensemble; il n'y en a point qui fasse le bien, non pas même un seul. ⁴ Ont-ils perdu le sens, tous ces ouvriers d'iniquité? Ils dévorent mon peuple comme s'ils mangeaient du pain; ils n'invoquent point l'Éternel. ⁵ C'est là qu'ils trembleront d'épouvante; car Dieu est au milieu de la race juste. ⁶ Vous faites honte à l'affligé de son attente, parce que l'Éternel est son refuge! ⁷ Oh! qui donnera de Sion la délivrance d'Israël? Quand l'Éternel ramènera les captifs de son peuple, Jacob sera dans l'allégresse, Israël se réjouira.

15

¹ Psaume de David. Éternel, qui séjournera dans ton tabernacle? Qui habitera sur la montagne de ta sainteté? ² C'est celui qui marche dans l'intégrité, et qui pratique la justice; qui dit la vérité telle qu'elle est en son cœur; ³ Qui n'emploie pas sa langue à médire, qui ne fait point de mal à son prochain, et ne jette point l'opprobre sur son voisin; ⁴ Qui regarde avec dédain l'homme méprisable, et honore ceux qui craignent l'Éternel; et s'il a juré, fût-ce à son dommage, il n'y change rien. ⁵ Il ne donne point son argent à usure et ne prend point de présent contre l'innocent. Celui qui fait ces choses ne sera jamais ébranlé.

16

¹ Mitcam (cantique) de David. Garde-moi, ô Dieu! car je me suis retiré vers toi. ² J'ai dit à l'Éternel: Tu es le Seigneur, je n'ai point de bien au-dessus de toi. ³ C'est dans les saints, et dans les nobles âmes qui sont sur la terre, que je prends tout mon plaisir. ⁴ Les idoles des impies se multiplient, ils courent après d'autres dieux: je ne ferai pas leurs aspersions de sang, et leur nom ne passera point par ma bouche. ⁵ L'Éternel est mon héritage et ma portion; c'est toi qui m'assures mon lot. ⁶ Ma possession m'est échue dans des lieux agréables, et un très bel héritage m'est échu. ⁷ Je bénirai l'Éternel qui est mon conseil; les nuits même mon cœur m'instruit au-dedans de moi. ⁸ J'ai eu l'Éternel constamment présent devant moi; puisqu'il est à ma droite, je ne serai point ébranlé. ⁹ C'est pourquoi mon cœur se réjouit, et mon âme chante de joie; et ma chair même reposera en assurance. ¹⁰ Car tu n'abandonneras pas mon âme au Sépulcre; tu ne permettras point que ton saint voie la corruption. ¹¹ Tu me feras connaître le chemin de la vie; il y a un rassasiement de joie devant ta face, et des délices à ta droite pour jamais.

17

¹ Prière de David. Éternel! écoute ma juste cause; sois attentif à mon cri; prête l'oreille à la prière que je te fais, avec des lèvres sans fraude! ² Que mon droit paraisse devant ta face; que tes yeux voient mon intégrité! ³ Tu as sondé mon cœur, tu m'as visité la nuit; tu m'as éprouvé, tu ne trouves rien; ma parole ne va pas au-delà de ma pensée. ⁴ Quant aux actions des hommes, suivant la parole de tes lèvres, je me suis gardé des voies de l'homme violent. ⁵ Mes pas sont affermis dans tes sentiers, mes pieds ne chancellent point. ⁶ Je t'invoque, car tu m'exauces, ô Dieu! Incline ton oreille vers moi, écoute ma parole! ⁷ Rends admirables tes bontés, ô toi, dont la droite délivre de leurs adversaires ceux qui se retirent vers toi! ⁸ Garde-moi comme la prunelle de l'œil; couvre-moi sous l'ombre de tes ailes, ⁹ Contre ces méchants qui m'oppriment, contre mes ennemis mortels

qui m'environnent! [10] Ils ferment leur cœur endurci; leur bouche parle avec fierté. [11] Déjà ils entourent nos pas; ils nous épient pour nous jeter à terre. [12] Ils ressemblent au lion qui ne demande qu'à déchirer, au lionceau qui se tient en embuscade. [13] Lève-toi, Éternel! préviens-le, renverse-le; délivre mon âme du méchant par ton épée! [14] Par ta main, ô Éternel, délivre-la des hommes, des hommes de ce monde, dont le partage est dans cette vie, dont tu remplis le ventre de tes biens; leurs fils sont rassasiés, et ils laissent leurs restes à leurs petits enfants. [15] Mais moi, dans la justice je verrai ta face; je serai rassasié de ton image, quand je me réveillerai.

18

[1] Il dit donc: Je t'aimerai, ô Éternel, qui es ma force! [2] Éternel, mon rocher, ma forteresse et mon libérateur! Mon Dieu, mon rocher où je me réfugie! Mon bouclier, la force qui me délivre, ma haute retraite! [3] Je m'écrie: Loué soit l'Éternel! et je suis délivré de mes ennemis. [4] Les liens de la mort m'avaient enveloppé, et les torrents de la destruction m'avaient épouvanté; [5] Les liens du Sépulcre m'entouraient, les pièges de la mort m'avaient surpris; [6] Dans ma détresse, j'invoquai l'Éternel, et je criai à mon Dieu. De son palais, il entendit ma voix, et les cris que je poussais vers lui parvinrent à ses oreilles. [7] Alors la terre fut ébranlée et trembla; les fondements des montagnes s'agitèrent et s'ébranlèrent, parce qu'il était courroucé. [8] Une fumée montait de ses narines, et de sa bouche un feu dévorant; il en jaillissait des charbons embrasés. [9] Il abaissa les cieux et descendit, ayant l'obscurité sous ses pieds. [10] Il était monté sur un chérubin, et il volait; il était porté sur les ailes du vent. [11] Il fit des ténèbres sa retraite; il mit autour de lui, comme une tente, des eaux ténébreuses, de noirs nuages. [12] De la splendeur qui était devant lui, s'échappaient des nuées, avec de la grêle et des charbons de feu. [13] Et l'Éternel tonna dans les cieux, le Très-Haut fit retentir sa voix, avec de la grêle et des charbons de feu. [14] Il lança ses flèches, et dispersa mes ennemis; il lança des éclairs nombreux, et les mit en déroute. [15] Alors le fond des eaux apparut, et les fondements du monde furent mis à découvert, au bruit de ta menace, ô Éternel, au souffle du vent de ta colère. [16] Il étendit sa main d'en haut, et me prit; il me tira des grosses eaux. [17] Il me délivra de mon ennemi puissant, et de mes adversaires qui étaient plus forts que moi. [18] Ils m'avaient surpris au jour de ma calamité; mais l'Éternel fut mon appui. [19] Il m'a mis au large, il m'a délivré, parce qu'il a pris son plaisir en moi. [20] L'Éternel m'a traité selon ma justice; il m'a rendu selon la pureté de mes mains. [21] Car j'ai gardé les voies de l'Éternel, et je n'ai point été infidèle à mon Dieu. [22] Car toutes ses ordonnances sont devant moi, et je ne m'écarte point de ses statuts. [23] J'ai été intègre avec lui, et je me suis gardé de mon péché. [24] Aussi l'Éternel m'a rendu selon ma justice, selon la pureté de mes mains devant ses yeux. [25] Avec celui qui est bon, tu es bon; avec l'homme intègre, tu es intègre. [26] Avec celui qui est pur, tu te montres pur; mais avec le pervers, tu agis selon sa perversité. [27] Car c'est toi qui sauves le peuple affligé, et qui abaisses les yeux des superbes. [28] C'est toi qui fais luire ma lampe; c'est l'Éternel mon Dieu qui éclaire mes ténèbres. [29] Car avec toi je fonds sur une troupe; avec mon Dieu je franchis la muraille. [30] La voie de Dieu est parfaite; la parole de l'Éternel est éprouvée; il est un bouclier pour tous ceux qui se retirent vers lui. [31] Car qui est Dieu, sinon l'Éternel? Et qui est un rocher, sinon notre Dieu? [32] Le Dieu qui me ceint de force, et qui a rendu mon chemin sûr; [33] Qui rend mes pieds semblables à ceux des biches, et me fait tenir sur mes hauteurs; [34] Qui forme mes mains au combat, et mes bras bandent un arc d'airain. [35] Tu m'as donné le bouclier de ton salut; ta droite me soutient, et ta bonté me rend puissant. [36] Tu élargis le chemin sous mes pas, et mes talons ne chancellent point. [37] Je poursuis mes ennemis; je les atteins, et je ne reviens

qu'après les avoir exterminés. [38] Je les frappe, et ils ne peuvent se relever; ils tombent sous mes pieds. [39] Car tu m'as ceint de force pour le combat, tu fais plier sous moi mes adversaires. [40] Tu fais tourner le dos à mes ennemis devant moi; ceux qui me haïssaient, je les détruis. [41] Ils crient, mais il n'y a point de libérateur; ils crient à l'Éternel, mais il ne leur répond pas. [42] Je les broie comme la poussière livrée au vent, je les jette au loin comme la boue des rues. [43] Tu me sauves des dissensions du peuple; tu me mets à la tête des nations; le peuple que je ne connaissais pas m'est assujetti. [44] Au bruit de mon nom, ils m'obéissent; les fils de l'étranger viennent me flatter. [45] Les fils de l'étranger défaillent, et sortent tremblants de leur retraite. [46] L'Éternel est vivant! Et béni soit mon rocher! Que le Dieu de mon salut soit exalté, [47] Le Dieu qui me donne la vengeance, et qui range les peuples sous moi! [48] Toi qui me délivres de mes ennemis, qui m'élèves au-dessus de mes adversaires, qui me délivres de l'homme violent! [49] C'est pourquoi je te louerai, ô Éternel, parmi les nations, et je chanterai à ton nom. [50] C'est lui qui délivre magnifiquement son roi, qui fait miséricorde à son Oint, à David et à sa postérité à jamais.

19

[1] Les cieux racontent la gloire de Dieu, et l'étendue fait connaître l'œuvre de ses mains. [2] Le jour parle au jour, et la nuit enseigne la nuit. [3] Ce n'est pas un langage, ce ne sont pas des paroles dont la voix ne s'entende pas. [4] Leur voix se répand par toute la terre, et leurs paroles jusqu'aux extrémités du monde. Là, il a dressé un pavillon pour le soleil. [5] Et lui, il est comme un époux sortant de sa chambre nuptiale; il se réjouit, comme un héros, de parcourir la carrière. [6] Il part de l'un des bouts des cieux, et son tour s'achève à l'autre bout; et rien ne se dérobe à sa chaleur. [7] La loi de l'Éternel est parfaite, elle restaure l'âme; le témoignage de l'Éternel est sûr, il donne de la sagesse aux simples. [8] Les ordonnances de l'Éternel sont droites, elles réjouissent le cœur; le commandement de l'Éternel est pur, il éclaire les yeux. [9] La crainte de l'Éternel est pure, elle subsiste à perpétuité; les jugements de l'Éternel ne sont que vérité, ils sont tous également justes. [10] Ils sont plus désirables que l'or, et que beaucoup d'or fin; plus doux que le miel, que ce qui découle des rayons de miel. [11] Aussi ton serviteur est éclairé par eux; il y a un grand salaire dans leur observation. [12] Qui connaît ses fautes commises par erreur? Pardonne-moi mes fautes cachées. [13] Préserve aussi ton serviteur des péchés d'orgueil; qu'ils ne dominent point sur moi; alors je serai intègre et innocent de grands péchés. [14] Que les paroles de ma bouche et la méditation de mon cœur te soient agréables, ô Éternel, mon rocher et mon rédempteur!

20

[1] Que l'Éternel te réponde au jour de la détresse; que le nom du Dieu de Jacob te mette en une haute retraite! [2] Qu'il t'envoie son secours du saint lieu, et qu'il te soutienne de Sion! [3] Qu'il se souvienne de toutes tes offrandes et qu'il ait pour agréable ton holocauste! Sélah (pause). [4] Qu'il t'accorde le désir de ton cœur, et qu'il accomplisse tous tes desseins! [5] Nous triompherons de ta délivrance, et nous élèverons l'étendard au nom de notre Dieu; l'Éternel accomplira toutes tes demandes. [6] Déjà je sais que l'Éternel a délivré son Oint; il lui répondra des cieux de sa sainteté, par le secours puissant de sa droite. [7] Les uns se vantent de leurs chars, et les autres de leurs chevaux; mais nous, du nom de l'Éternel, notre Dieu. [8] Ils ont plié et sont tombés, mais nous nous sommes relevés et affermis. [9] Éternel, sauve le roi! Exauce-nous au jour où nous t'invoquons!

21

[1] Éternel, le roi se réjouit de ta puissance, et quelle allégresse lui donne ton salut! [2] Tu lui as accordé le désir de son cœur, et ne lui as pas refusé la prière de ses lèvres. (Sélah.) [3] Car tu l'as prévenu par des bénédictions excellentes; tu as mis sur sa tête une couronne d'or fin. [4] Il te demandait la vie; tu la lui as donnée, une longue durée de jours, à perpétuité, à jamais. [5] Sa gloire est grande par ta délivrance; tu le revêts de splendeur et de majesté. [6] Car tu fais de lui l'objet de tes bénédictions pour toujours, tu le combles de joie en ta présence. [7] Le roi met sa confiance en l'Éternel, et par la bonté du Très-Haut, il ne sera point ébranlé. [8] Ta main atteindra tous tes ennemis, ta droite atteindra ceux qui te haïssent. [9] Tu les rendras tels qu'un four ardent, quand tu paraîtras; l'Éternel les engloutira dans sa colère, et le feu les consumera. [10] Tu feras périr leur fruit de dessus la terre, et leur race d'entre les fils des hommes. [11] Car ils ont projeté du mal contre toi; ils ont formé des desseins qu'ils ne pourront exécuter. [12] Car tu les mettras en fuite, tu armeras ton arc contre leur face. [13] Élève-toi, ô Éternel, dans ta force! Nous chanterons et nous célébrerons ta puissance!

22

[1] Mon Dieu, mon Dieu, pourquoi m'as-tu abandonné, t'éloignant de ma délivrance et des paroles de mon gémissement? [2] Mon Dieu, je crie le jour, mais tu ne réponds point; et la nuit, et je n'ai point de repos. [3] Cependant tu es le Saint, qui habites au milieu des louanges d'Israël. [4] Nos pères se sont confiés en toi; ils se sont confiés en toi, et tu les as délivrés. [5] Ils ont crié vers toi, et ils ont été délivrés; ils se sont confiés en toi, et ils n'ont pas été confus. [6] Mais moi, je suis un ver, et non un homme; l'opprobre des hommes et le méprisé du peuple. [7] Tous ceux qui me voient se raillent de moi; ils ouvrent la bouche, ils secouent la tête. [8] Il se repose sur l'Éternel, disent-ils, qu'il le délivre; qu'il le sauve, puisqu'il a mis en lui son affection. [9] Oui, c'est toi qui m'as tiré du sein de ma mère, et qui m'as fait reposer en paix sur sa mamelle. [10] J'ai été remis en tes mains dès ma naissance; dès le sein de ma mère tu es mon Dieu. [11] Ne t'éloigne pas de moi, car la détresse est proche, car il n'y a personne pour me secourir! [12] Des taureaux nombreux m'environnent; de puissants taureaux de Bassan m'entourent. [13] Ils ouvrent leur gueule contre moi, comme un lion déchirant et rugissant. [14] Je suis comme de l'eau qui s'écoule, et tous mes os se sont déjoints; mon cœur est comme la cire, il se fond dans mes entrailles. [15] Ma vigueur est desséchée comme la brique; ma langue est attachée à mon palais, et tu m'as couché dans la poussière de la mort. [16] Car des chiens m'ont environné, une bande de méchants m'a entouré; ils ont percé mes mains et mes pieds. [17] Je compterais tous mes os. Ils me considèrent et me regardent. [18] Ils partagent entre eux mes vêtements; ils tirent ma robe au sort. [19] Toi donc, Éternel, ne t'éloigne pas! [20] Toi, ma force, accours à mon aide! Délivre mon âme de l'épée, mon unique bien de la patte des chiens! [21] Sauve-moi de la gueule du lion, retire-moi d'entre les cornes des buffles! [22] J'annoncerai ton nom à mes frères; je te louerai au milieu de l'assemblée. [23] Vous qui craignez l'Éternel, louez-le; toute la race de Jacob, glorifiez-le; toute la race d'Israël, redoutez-le! [24] Car il n'a point méprisé ni dédaigné l'affliction de l'affligé; il ne lui a point caché sa face; mais il l'a exaucé quand il criait vers lui. [25] Tu seras loué par moi dans la grande assemblée; j'accomplirai mes vœux en présence de ceux qui te craignent. [26] Les humbles mangeront et seront rassasiés; ceux qui cherchent l'Éternel, le loueront; votre cœur vivra à perpétuité. [27] Tous les bouts de la terre s'en souviendront, et reviendront à l'Éternel; toutes les familles des nations se prosterneront devant ta face. [28] Car le règne appartient à l'Éternel, et il domine sur les nations. [29] Tous les riches de la terre mangeront aussi et se prosterneront; tous ceux qui descendent vers la poussière et celui qui ne peut conserver sa vie, s'inclineront

devant lui. ³⁰ La postérité le servira; on parlera de l'Éternel à la génération future. ³¹ Ils viendront, et raconteront sa justice au peuple qui naîtra, parce qu'il aura fait ces choses.

23

¹ Psaume de David. L'Éternel est mon berger; je n'aurai point de disette. ² Il me fait reposer dans des pâturages herbeux; il me mène le long des eaux tranquilles. ³ Il restaure mon âme, il me conduit dans les sentiers de la justice, à cause de son nom. ⁴ Même quand je marcherais dans la vallée de l'ombre de la mort, je ne craindrais aucun mal; car tu es avec moi; c'est ton bâton et ta houlette qui me consolent. ⁵ Tu dresses la table devant moi, à la vue de ceux qui me persécutent; tu oins ma tête d'huile; ma coupe déborde. ⁶ Oui, les biens et la miséricorde m'accompagneront tous les jours de ma vie, et j'habiterai dans la maison de l'Éternel pour l'éternité.

24

¹ Psaume de David. La terre appartient à l'Éternel, et ce qu'elle contient, le monde et ceux qui l'habitent. ² Car il l'a fondée au-dessus des mers, et l'a affermie au-dessus des fleuves. ³ Qui pourra monter à la montagne de l'Éternel? Et qui se tiendra dans le lieu de sa sainteté? ⁴ C'est l'homme qui a les mains nettes et le cœur pur, dont l'âme ne se porte pas vers la fausseté, et qui ne jure pas pour tromper. ⁵ Il recevra la bénédiction de l'Éternel, et la justice de Dieu, son Sauveur. ⁶ Telle est la race de ceux qui le cherchent, de ceux qui recherchent ta face, la race de Jacob. (Sélah.) ⁷ Portes, élevez vos linteaux! Haussez-vous, portes éternelles, et le roi de gloire entrera. ⁸ Qui est ce roi de gloire? L'Éternel, le fort, le puissant, l'Éternel puissant dans les combats. ⁹ Portes, élevez vos linteaux! Élevez-les, portes éternelles, et le roi de gloire entrera. ¹⁰ Qui est-il, ce roi de gloire? L'Éternel des armées; c'est lui qui est le roi de gloire! (Sélah.)

25

¹ Psaume de David. Éternel, j'élève mon âme à toi. ² Mon Dieu, je m'assure en toi; que je ne sois pas rendu confus, que mes ennemis ne se réjouissent pas à mon sujet ³ Certes, aucun de ceux qui s'attendent à toi, ne sera confus; ceux-là seront confus, qui agissent avec perfidie, sans cause. ⁴ Éternel, fais-moi connaître tes voies, enseigne-moi tes sentiers! ⁵ Fais-moi marcher dans ta vérité et m'enseigne; car tu es le Dieu de ma délivrance, je m'attends à toi tout le jour. ⁶ Souviens-toi de tes compassions, ô Éternel, et de tes bontés; car elles sont de tout temps. ⁷ Ne te souviens point des péchés de ma jeunesse, ni de mes transgressions; selon ta miséricorde, souviens-toi de moi, à cause de ta bonté, ô Éternel! ⁸ L'Éternel est bon et droit; c'est pourquoi il enseignera aux pécheurs le chemin qu'ils doivent suivre. ⁹ Il fera marcher les humbles dans la justice; il enseignera sa voie aux humbles. ¹⁰ Tous les sentiers de l'Éternel ne sont que bonté et fidélité, pour ceux qui gardent son alliance et ses témoignages. ¹¹ Pour l'amour de ton nom, ô Éternel, tu me pardonneras mon iniquité; car elle est grande. ¹² Quel est l'homme qui craint l'Éternel? Il lui enseignera le chemin qu'il doit choisir. ¹³ Son âme habitera parmi les biens, et sa postérité possédera la terre. ¹⁴ Le secret de l'Éternel est pour ceux qui le craignent, et il leur fera connaître son alliance. ¹⁵ Mes yeux regardent sans cesse vers l'Éternel; car il fera sortir mes pieds du filet. ¹⁶ Tourne-toi vers moi, et prends pitié de moi, car je suis seul et affligé! ¹⁷ Les détresses de mon cœur se sont augmentées; délivre-moi de mes angoisses! ¹⁸ Vois mon affliction et mon travail, et me pardonne tous mes péchés! ¹⁹ Vois mes ennemis, car ils sont nombreux, et ils me haïssent d'une haine violente. ²⁰ Garde mon âme, et me délivre; que je ne sois pas confus, car je me suis retiré vers toi! ²¹ Que

l'intégrité et la droiture me préservent, car je me suis attendu à toi! [22] O Dieu! rachète Israël de toutes ses détresses.

26

[1] Psaume de David. Éternel, fais-moi justice! Car je marche dans mon intégrité; je mets ma confiance en l'Éternel, je ne chancelle point. [2] Éternel, sonde-moi et m'éprouve; examine mes reins et mon cœur! [3] Car ta bonté est devant mes yeux, et je marche dans ta vérité. [4] Je ne m'assieds point avec les hommes faux; je ne vais point avec les gens dissimulés. [5] Je hais l'assemblée des hommes pervers, et je ne m'assieds point avec les méchants. [6] Je lave mes mains dans l'innocence, et je fais le tour de ton autel, ô Éternel! [7] Pour éclater en voix d'actions de grâces, et pour raconter toutes tes merveilles. [8] Éternel! j'aime le séjour de ta maison, le lieu où ta gloire habite. [9] N'enlève pas mon âme avec les pécheurs, ni ma vie avec les hommes sanguinaires, [10] Qui ont le crime dans leurs mains, et dont la droite est pleine de présents. [11] Mais moi je marche dans mon intégrité; délivre-moi; aie pitié de moi! [12] Mon pied se tient ferme dans le droit chemin. Je bénirai l'Éternel dans les assemblées.

27

[1] Psaume de David. L'Éternel est ma lumière et ma délivrance; de qui aurais-je peur? L'Éternel est le rempart de ma vie; de qui aurais-je de la crainte? [2] Quand les méchants, mes adversaires et mes ennemis, sont venus contre moi pour me dévorer, eux-mêmes ont bronché et sont tombés. [3] Quand une armée camperait contre moi, mon cœur ne craindrait point; quand la guerre s'élèverait contre moi, ce sera là ma confiance. [4] J'ai demandé une seule chose à l'Éternel, et je la rechercherai: c'est d'habiter dans la maison de l'Éternel tous les jours de ma vie, pour contempler la beauté de l'Éternel, et pour visiter son palais. [5] Car il m'abritera dans sa tente au mauvais jour; il me cachera dans le lieu secret de son tabernacle; il m'élèvera comme sur un rocher. [6] Et maintenant ma tête s'élèvera au-dessus de mes ennemis qui sont autour de moi; j'offrirai dans son tabernacle des sacrifices de cris de joie; je chanterai et je psalmodierai à l'Éternel. [7] Éternel, écoute ma voix, je t'invoque; aie pitié de moi et m'exauce! [8] Mon cœur me dit de ta part: Cherchez ma face. Je cherche ta face, ô Éternel! [9] Ne me cache pas ta face! Ne rejette pas ton serviteur dans ton courroux! Tu as été mon aide; ne me délaisse pas, ne m'abandonne pas, Dieu de mon salut! [10] Quand mon père et ma mère m'auraient abandonné, l'Éternel me recueillera. [11] Éternel, enseigne-moi ta voie, et me conduis dans le droit chemin, à cause de mes ennemis. [12] Ne me livre pas au désir de mes adversaires; car de faux témoins et qui ne respirent que violence, se sont élevés contre moi. [13] Ah! si je n'avais cru que je verrais les biens de l'Éternel dans la terre des vivants! [14] Attends-toi à l'Éternel, demeure ferme, que ton cœur se fortifie; oui, attends-toi à l'Éternel!

28

[1] Psaume de David. Je crie à toi, Éternel! Mon rocher, ne sois pas sourd à ma voix, de peur que si tu gardes le silence, je ne devienne semblable à ceux qui descendent dans la fosse. [2] Exauce la voix de mes supplications, quand je crie à toi, quand j'élève mes mains vers ton sanctuaire. [3] Ne m'enlève pas avec les méchants, ni avec les ouvriers d'iniquité, qui parlent de paix avec leur prochain, quoiqu'ils aient la malice dans le cœur. [4] Donne-leur selon leurs œuvres; donne-leur selon la malice de leurs actions; traite-les selon les œuvres de leurs mains; rends-leur ce qu'ils ont mérité! [5] Car ils ne prennent pas garde aux œuvres de l'Éternel, ni à l'ouvrage de ses mains. Il les renversera, et ne les relèvera point. [6] Béni soit l'Éternel, car il a entendu la voix de mes supplications! [7] L'Éternel est ma

force et mon bouclier; mon cœur s'est confié en lui, et j'ai été secouru; aussi mon cœur s'est réjoui, et je le loue par mon cantique. [8] L'Éternel est la force des siens, le rempart et le salut de son Oint. [9] Sauve ton peuple, et bénis ton héritage; conduis-les et les soutiens éternellement!

29

[1] Psaume de David. Rendez à l'Éternel, vous, fils de Dieu, rendez à l'Éternel la gloire et la force! [2] Rendez à l'Éternel l'honneur dû à son nom; prosternez-vous devant l'Éternel dans une sainte magnificence! [3] La voix de l'Éternel retentit sur les eaux; le Dieu de gloire, l'Éternel, fait tonner sur les grandes eaux. [4] La voix de l'Éternel est puissante; la voix de l'Éternel est magnifique. [5] La voix de l'Éternel brise les cèdres; l'Éternel brise les cèdres du Liban. [6] Il les fait bondir comme un veau; le Liban et le Sirion comme un jeune buffle. [7] La voix de l'Éternel jette des éclats de flammes de feu. [8] La voix de l'Éternel fait trembler le désert; l'Éternel fait trembler le désert de Kadès. [9] La voix de l'Éternel fait enfanter les biches; elle dépouille les forêts; et dans son temple chacun s'écrie: Gloire! [10] L'Éternel régnait au déluge; l'Éternel siégera en roi éternellement. [11] L'Éternel donnera force à son peuple; l'Éternel bénira son peuple par la paix.

30

[1] Je t'exalte, ô Éternel! Car tu m'as relevé, et tu n'as pas permis que mes ennemis se réjouissent à mon sujet. [2] Éternel, mon Dieu, j'ai crié à toi, et tu m'as guéri. [3] Éternel, tu as fait remonter mon âme du Sépulcre; tu m'as rappelé à la vie, d'entre ceux qui descendent vers la fosse. [4] Chantez à l'Éternel, vous, ses bien-aimés, et célébrez la mémoire de sa sainteté! [5] Car il n'y a qu'un moment dans sa colère, mais une vie dans sa faveur; les pleurs logent le soir, et le chant de triomphe revient le matin. [6] Et moi, je disais dans ma prospérité: Je ne serai jamais ébranlé! [7] Éternel, par ta faveur, tu avais établi la force dans ma montagne. As-tu caché ta face? j'ai été tout éperdu. [8] Éternel, j'ai crié à toi; j'ai fait ma supplication à l'Éternel, disant: [9] Quel profit retireras-tu de mon sang, si je descends dans la fosse? La poussière te célébrera-t-elle? Annoncera-t-elle ta vérité? [10] Éternel, écoute, aie pitié de moi! Éternel, sois-moi en aide! [11] Tu as changé mon deuil en allégresse, tu as délié le sac dont j'étais couvert, tu m'as ceint de joie, [12] Afin que ma gloire chante ta louange, et ne se taise point. [13] Éternel, mon Dieu, je te célébrerai à toujours.

31

[1] Éternel, je me suis retiré vers toi; que je ne sois jamais confus! Délivre-moi par ta justice! [2] Incline ton oreille vers moi; hâte-toi de me délivrer; sois mon rocher, ma retraite, ma forteresse où je puisse me sauver! [3] Car tu es mon rocher et ma forteresse; pour l'amour de ton nom, tu me guideras et me conduiras. [4] Tu me tireras du piège qu'on m'a tendu; car tu es ma retraite. [5] Je remets mon esprit entre tes mains; tu m'as racheté, ô Éternel, Dieu de vérité! [6] Je hais ceux qui s'adonnent aux vanités trompeuses; pour moi, je me confie en l'Éternel. [7] Je triompherai, je me réjouirai en ta bonté, toi qui as regardé mon affliction, qui as pris connaissance des détresses de mon âme. [8] Tu ne m'as pas livré aux mains de l'ennemi; tu as mis au large et tu as assuré mes pas. [9] Éternel, aie pitié de moi, car je suis dans la détresse! Mon œil dépérit de chagrin, mon âme aussi et mes entrailles. [10] Car ma vie se consume dans la douleur, et mes ans dans les soupirs; ma force est déchue à cause de mon iniquité, et mes os dépérissent. [11] A cause de tous mes ennemis je suis un objet d'opprobre, de grand opprobre pour mes voisins, et un objet d'horreur pour mes amis; ceux qui me voient dehors s'enfuient loin de moi. [12] J'ai été mis en oubli

dans les cœurs comme un mort; je suis comme un vase de rebut. [13] Car j'entends les propos secrets de beaucoup de gens; la frayeur m'environne; ils se concertent ensemble contre moi, et complotent de m'ôter la vie. [14] Mais moi, Éternel, je me confie en toi; j'ai dit: Tu es mon Dieu. [15] Mes temps sont en ta main; délivre-moi de la main de mes ennemis et de mes persécuteurs. [16] Fais luire ta face sur ton serviteur; délivre-moi par ta bonté. [17] Éternel, que je ne sois point confus, car je t'ai invoqué; que les méchants soient confus, qu'ils aient la bouche fermée dans le Sépulcre! [18] Qu'elles soient muettes, les lèvres menteuses qui profèrent contre le juste des paroles impudentes, avec orgueil et mépris! [19] Oh! qu'ils sont grands, les biens que tu as réservés pour ceux qui te craignent; que tu répands, aux yeux des fils des hommes, sur ceux qui se retirent vers toi! [20] Tu les caches dans le secret de ta face, loin des complots des hommes; tu les abrites dans ta tente contre les langues qui les attaquent. [21] Béni soit l'Éternel! Car il a signalé sa bonté envers moi, et m'a mis comme dans une ville forte. [22] Je disais dans ma précipitation: Je suis retranché de devant tes yeux; mais tu as exaucé la voix de mes supplications, quand j'ai crié à toi. [23] Aimez l'Éternel, vous tous ses bien-aimés! L'Éternel garde les fidèles, mais il rend à celui qui agit avec orgueil tout ce qu'il a mérité. [24] Demeurez fermes, et que votre cœur se fortifie, vous tous qui vous attendez à l'Éternel!

32

[1] Maskil (cantique) de David. Heureux celui dont la transgression est pardonnée, et dont le péché est couvert! [2] Heureux l'homme à qui l'Éternel n'impute pas l'iniquité, et dans l'esprit duquel il n'y a point de fraude! [3] Quand je me suis tu, mes os se sont consumés, et je gémissais tout le jour. [4] Car, jour et nuit, ta main s'appesantissait sur moi; ma vigueur se changeait en une sécheresse d'été. Sélah (pause). [5] Je t'ai fait connaître mon péché, et je ne t'ai point caché mon iniquité. J'ai dit: Je confesserai mes transgressions à l'Éternel; et tu as ôté la peine de mon péché. (Sélah.) [6] C'est pourquoi tout fidèle t'invoquera au temps qu'on te trouve; et quand les grandes eaux déborderaient, seul il n'en sera pas atteint. [7] Tu es ma retraite; tu me garantis de la détresse, tu m'environnes de chants de délivrance. (Sélah.) [8] Je te rendrai intelligent, m'a dit l'Éternel, je t'enseignerai le chemin où tu dois marcher; je te conduirai; mon œil sera sur toi. [9] Ne soyez pas comme le cheval et comme le mulet sans intelligence, dont il faut serrer la bouche avec un mors et un frein, de peur qu'ils n'approchent de toi. [10] Beaucoup de douleurs atteindront le méchant; mais la grâce environnera celui qui se confie en l'Éternel. [11] Justes, réjouissez-vous en l'Éternel, et vous égayez! Chantez de joie, vous tous qui avez le cœur droit!

33

[1] Justes, réjouissez-vous en l'Éternel! La louange convient aux hommes droits. [2] Célébrez l'Éternel avec la harpe; chantez-lui des cantiques sur la lyre à dix cordes! [3] Chantez-lui un cantique nouveau; faites retentir vos instruments et vos voix! [4] Car la parole de l'Éternel est droite, et toute son œuvre est faite avec fidélité. [5] Il aime la justice et l'équité; la terre est pleine de la bonté de l'Éternel. [6] Les cieux ont été faits par la parole de l'Éternel, et toute leur armée par le souffle de sa bouche. [7] Il amasse les eaux de la mer comme en un monceau; il met les flots dans des réservoirs. [8] Que toute la terre craigne l'Éternel; que tous les habitants du monde le redoutent! [9] Car il parle, et la chose existe; il commande, et elle paraît. [10] L'Éternel dissipe le conseil des nations, il met à néant le dessein des peuples. [11] Mais le conseil de l'Éternel subsiste à toujours; les desseins de son cœur durent d'âge en âge. [12] Heureuse la nation dont l'Éternel est le Dieu, le peuple qu'il s'est choisi pour héritage! [13] L'Éternel regarde des cieux; il voit tous les enfants des hommes. [14] Du lieu

de sa demeure, il observe tous les habitants de la terre. [15] Il a formé leur cœur à tous, il prend garde à toutes leurs actions. [16] Le roi n'est pas sauvé par sa grande puissance, et l'homme vaillant n'est pas délivré par sa grande force. [17] Le cheval manque à sauver, et il ne délivre point par la grandeur de sa force. [18] Voici, l'œil de l'Éternel est sur ceux qui le craignent, sur ceux qui s'attendent à sa bonté, [19] Pour délivrer leur âme de la mort, et pour les faire vivre durant la famine. [20] Notre âme s'attend à l'Éternel; il est notre aide et notre bouclier. [21] Car notre cœur se réjouit en lui; car nous nous confions en son saint nom. [22] Que ta bonté soit sur nous, ô Éternel! comme nous nous attendons à toi.

34

[1] Je bénirai l'Éternel en tout temps; sa louange sera continuellement dans ma bouche. [2] Mon âme se glorifiera en l'Éternel; les débonnaires l'entendront et se réjouiront. [3] Magnifiez l'Éternel avec moi; exaltons son nom tous ensemble! [4] J'ai cherché l'Éternel, et il m'a répondu; il m'a délivré de toutes mes frayeurs. [5] L'a-t-on regardé? on en est illuminé, on n'a pas à rougir de honte. [6] Cet affligé a crié, et l'Éternel l'a exaucé, et l'a délivré de toutes ses détresses. [7] L'ange de l'Éternel campe autour de ceux qui le craignent, et il les délivre. [8] Goûtez et voyez combien l'Éternel est bon! Heureux l'homme qui se retire vers lui! [9] Craignez l'Éternel, vous ses saints, car rien ne manque à ceux qui le craignent! [10] Les lionceaux ont disette et ont faim; mais ceux qui cherchent l'Éternel n'auront faute d'aucun bien. [11] Venez, enfants, écoutez-moi; je vous enseignerai la crainte de l'Éternel. [12] Quel est l'homme qui prenne plaisir à vivre, qui aime à voir des jours de bonheur? [13] Garde ta langue du mal, et tes lèvres de proférer la tromperie. [14] Détourne-toi du mal, et fais le bien; cherche la paix, et la poursuis. [15] Les yeux de l'Éternel sont sur les justes, et ses oreilles sont attentives à leur cri. [16] La face de l'Éternel est contre ceux qui font le mal, pour retrancher de la terre leur mémoire. [17] Quand les justes crient, l'Éternel les exauce, et il les délivre de toutes leurs détresses. [18] L'Éternel est près de ceux qui ont le cœur brisé, et il délivre ceux qui ont l'esprit froissé. [19] Le juste a des maux en grand nombre; mais l'Éternel le délivre de tous. [20] Il garde tous ses os; aucun d'eux n'est rompu. [21] Le mal fera mourir le méchant, et ceux qui haïssent le juste seront détruits. [22] L'Éternel rachète l'âme de ses serviteurs, et aucun de ceux qui se retirent vers lui ne sera détruit.

35

[1] Psaume de David. Éternel, défends-moi contre mes adversaires; combats ceux qui me combattent! [2] Prends l'écu et le bouclier, et lève-toi pour me secourir! [3] Saisis la lance, barre le passage à ceux qui me poursuivent; dis à mon âme: Je suis ton salut. [4] Qu'ils soient honteux et confus, ceux qui en veulent à ma vie; qu'ils reculent et qu'ils rougissent, ceux qui méditent mon malheur! [5] Qu'ils soient comme la paille livrée au vent, et que l'ange de l'Éternel les chasse! [6] Que leur chemin soit ténébreux et glissant, et que l'ange de l'Éternel les poursuive! [7] Car sans cause ils m'ont tendu leur filet sur une fosse; sans cause ils l'ont creusée pour m'ôter la vie. [8] Qu'une ruine imprévue l'atteigne! Qu'il soit pris au filet qu'il a caché! Qu'il y tombe et qu'il périsse! [9] Et mon âme s'égaiera en l'Éternel, et se réjouira de sa délivrance. [10] Tous mes os diront: Éternel, qui est semblable à toi, qui délivres l'affligé de celui qui est plus fort que lui, l'affligé et le pauvre de celui qui le dépouille? [11] De faux témoins se lèvent; ils me demandent des choses dont je ne sais rien. [12] Ils me rendent le mal pour le bien; mon âme est dans l'abandon. [13] Mais moi, quand ils étaient malades, je me couvrais d'un sac, j'affligeais mon âme par le jeûne, et ma prière revenait sur mon sein. [14] Je marchais lentement comme pour le deuil d'un

ami, d'un frère; j'allais courbé tristement comme au deuil d'une mère. [15] Mais quand j'ai chancelé, ils se sont rassemblés joyeux; ils se sont rassemblés, me frappant à mon insu, me déchirant sans cesse. [16] Avec des impies, des bouffons de table, ils grincent les dents contre moi. [17] Seigneur, jusques à quand le verras-tu? Délivre mon âme de leurs violences; arrache au lion mon unique bien! [18] Je te célébrerai dans la grande assemblée; je te louerai au milieu d'un peuple nombreux. [19] Que mes injustes ennemis ne se réjouissent point à mon sujet; que ceux qui me haïssent sans cause ne clignent pas l'œil! [20] Car ils ne parlent point de paix, mais ils méditent des tromperies contre les gens paisibles du pays. [21] Ils ont ouvert contre moi leur bouche, disant: Ah! ah! notre œil a vu! [22] Tu l'as vu, Éternel; ne te tais point! [23] Seigneur, ne sois pas loin de moi! Réveille-toi, lève-toi pour me faire droit, mon Dieu, mon Seigneur, pour défendre ma cause! [24] Juge-moi selon ta justice, Éternel mon Dieu, et qu'ils ne se réjouissent point de moi! [25] Qu'ils ne disent pas en leur cœur: Ah! notre âme est contente! Qu'ils ne disent pas: Nous l'avons englouti! [26] Qu'ils soient honteux et confus, tous ceux qui se réjouissent de mon mal! Qu'ils soient revêtus de honte et de confusion, ceux qui s'élèvent fièrement contre moi! [27] Que ceux qui prennent plaisir à ma justice chantent et se réjouissent! Et que sans cesse ils disent: Magnifié soit l'Éternel, qui se plaît à la prospérité de son serviteur! [28] Alors ma langue racontera ta justice, et tous les jours elle dira tes louanges.

36

[1] L'impiété du méchant me dit au fond de mon cœur, que la crainte de Dieu n'est point devant ses yeux. [2] Car il se flatte lui-même à ses propres yeux, pour accomplir son péché, pour exercer sa haine. [3] Les paroles de sa bouche ne sont qu'iniquité et que fraude; il renonce à être intelligent, à bien faire. [4] Il médite l'iniquité sur son lit; il se tient au chemin qui n'est pas bon, il n'a point en horreur le mal. [5] Éternel, ta bonté atteint jusqu'aux cieux, ta fidélité jusqu'aux nues. [6] Ta justice est comme les montagnes de Dieu; tes jugements sont un grand abîme. Éternel, tu conserves les hommes et les bêtes. [7] O Dieu, que ta bonté est précieuse! Aussi les fils des hommes se retirent sous l'ombre de tes ailes. [8] Ils sont rassasiés de l'abondance de ta maison, et tu les abreuves au fleuve de tes délices. [9] Car la source de la vie est auprès de toi; c'est par ta lumière que nous voyons la lumière. [10] Continue ta faveur à ceux qui te connaissent, et ta justice aux hommes droits de cœur. [11] Que le pied de l'orgueilleux n'approche pas de moi, et que la main du méchant ne m'ébranle pas! [12] Là sont tombés les ouvriers d'iniquité; ils ont été renversés et n'ont pu se relever.

37

[1] Psaume de David. Ne t'irrite pas contre les méchants; ne porte pas envie à ceux qui font le mal. [2] Car ils seront bientôt fauchés comme l'herbe; ils se faneront comme l'herbe verte. [3] Confie-toi en l'Éternel, et fais le bien; habite la terre, et fais de la vérité ta pâture. [4] Et prends ton plaisir en l'Éternel, et il t'accordera les demandes de ton cœur. [5] Remets ta voie à l'Éternel et te confie en lui, et il agira. [6] Il fera ressortir ta justice comme la lumière, et ton droit comme le plein midi. [7] Demeure tranquille en regardant à l'Éternel, et t'attends à lui; ne t'irrite pas contre celui qui vient à bout de ses desseins. [8] Réprime la colère, et laisse l'emportement; ne t'irrite point pour mal faire. [9] Car ceux qui font le mal seront retranchés, mais ceux qui s'attendent à l'Éternel posséderont la terre. [10] Encore un peu de temps et le méchant ne sera plus; tu considéreras sa place, et il ne sera plus. [11] Mais les débonnaires posséderont la terre, et jouiront d'une paix abondante. [12] Le méchant machine contre le juste, et grince les dents contre lui. [13] Le Seigneur se rira de lui, car il voit que son jour approche. [14] Les méchants ont tiré l'épée et bandé

leur arc, pour abattre l'affligé et le pauvre, pour égorger ceux qui suivent la droite voie. [15] Leur épée entrera dans leur cœur, et leurs arcs seront brisés. [16] Mieux vaut le peu du juste que l'abondance de plusieurs méchants. [17] Car les bras des méchants seront brisés, mais l'Éternel soutient les justes. [18] L'Éternel connaît les jours des gens intègres, et leur héritage subsistera toujours. [19] Ils ne seront pas confus au temps du malheur; ils seront rassasiés aux jours de la famine. [20] Car les méchants périront, et les ennemis de l'Éternel seront consumés comme la graisse des agneaux; ils périront, ils s'en iront en fumée. [21] Le méchant emprunte, et ne rend pas; mais le juste a compassion, et il donne. [22] Car ceux qu'il bénit hériteront la terre, mais ceux qu'il maudit seront retranchés. [23] Les pas de l'homme de bien sont affermis par l'Éternel, et il prend plaisir à sa voie. [24] S'il tombe, il ne sera pas entièrement abattu, car l'Éternel lui soutient la main. [25] J'ai été jeune, et je suis devenu vieux; mais je n'ai point vu le juste abandonné, ni sa postérité mendiant son pain. [26] Tous les jours il a compassion et il prête, et sa postérité est bénie. [27] Détourne-toi du mal et fais le bien, et tu demeureras à toujours. [28] Car l'Éternel aime la justice, et il n'abandonne pas ses bien-aimés; ils sont gardés à jamais, mais la postérité des méchants est retranchée. [29] Les justes posséderont la terre, et y demeureront à perpétuité. [30] La bouche du juste profère la sagesse, et sa langue prononce ce qui est droit. [31] La loi de son Dieu est dans son cœur; ses pas ne chancelleront point. [32] Le méchant épie le juste, et cherche à le faire mourir. [33] L'Éternel ne le laissera pas en son pouvoir, et ne le condamnera pas quand il sera jugé. [34] Attends-toi à l'Éternel, et observe sa voie; il t'élèvera pour posséder la terre; les méchants seront retranchés à tes yeux. [35] J'ai vu le méchant terrible et s'étendant comme un arbre vigoureux. [36] Mais il a passé, et voici, il n'est plus; je l'ai cherché: il ne se trouve plus. [37] Observe l'homme intègre, et considère l'homme droit; car il y a un avenir pour l'homme de paix. [38] Mais les rebelles sont entièrement détruits; l'avenir des méchants est retranché. [39] La délivrance des justes vient de l'Éternel; il est leur force au temps de la détresse. [40] L'Éternel les aide et les délivre; il les délivre des méchants et les sauve, parce qu'ils se sont confiés en lui.

38

[1] Éternel, ne me châtie pas dans ta colère, et ne me punis pas dans ton courroux! [2] Car tes flèches sont entrées en moi, et ta main s'est appesantie sur moi. [3] Il n'y a rien d'entier dans ma chair, à cause de ton courroux, ni aucun repos dans mes os, à cause de mon péché. [4] Car mes iniquités vont par-dessus ma tête; elles sont comme un lourd fardeau, trop pesant pour moi. [5] Mes plaies sont fétides, et elles coulent, à cause de ma folie. [6] Je suis courbé, affaissé au dernier point; je marche en deuil tout le jour. [7] Car mes reins sont pleins d'inflammation; il n'y a rien d'entier dans ma chair. [8] Je suis affaibli et tout brisé; je rugis dans l'agitation de mon cœur. [9] Seigneur, tout mon désir est devant toi, et mon gémissement ne t'est point caché. [10] Mon cœur palpite, ma force m'abandonne; et la lumière de mes yeux même, je ne l'ai plus. [11] Devant le coup qui me frappe, mes amis, mes compagnons s'arrêtent, et mes proches se tiennent loin. [12] Ceux qui en veulent à ma vie me tendent des pièges; ceux qui cherchent mon mal parlent de ruine, et chaque jour ils méditent des tromperies. [13] Mais moi, comme un sourd, je n'entends point; je suis comme un muet qui n'ouvre point la bouche. [14] Oui, je suis comme un homme qui n'entend point, et qui n'a point de réplique en sa bouche. [15] Car c'est à toi, Éternel, que je m'attends; tu répondras, Seigneur, mon Dieu! [16] Car j'ai dit: Qu'ils ne se réjouissent pas à mon sujet! Quand mon pied glisse, ils s'élèvent contre moi. [17] Et je suis prêt à tomber, et ma douleur est toujours devant moi. [18] Car je déclare mon iniquité; je suis dans la crainte à cause de mon péché. [19] Cependant mes ennemis sont vivants et forts, et ceux qui me

haïssent sans cause sont nombreux. ²⁰ Et, me rendant le mal pour le bien, ils se font mes adversaires parce que je m'attache au bien. ²¹ Ne m'abandonne point, ô Éternel! Mon Dieu, ne t'éloigne point de moi! ²² Hâte-toi, viens à mon aide, Seigneur, qui es ma délivrance!

39

¹ J'ai dit: Je prendrai garde à mes voies, afin de ne pas pécher par ma langue; je mettrai un frein à ma bouche, tant que le méchant sera devant moi. ² Je suis resté muet, dans le silence; je me suis abstenu de parler, même pour le bien; et ma douleur s'est augmentée. ³ Mon cœur s'est échauffé au-dedans de moi; ma méditation s'est embrasée comme un feu; ma langue a parlé: ⁴ Éternel, fais-moi connaître ma fin et quelle est la mesure de mes jours; que je sache combien courte est ma durée. ⁵ Voilà, tu as réduit mes jours à la mesure de quatre doigts, et ma durée est devant toi comme un rien; oui, tout homme n'est debout sur la terre n'est que vanité! Sélah (pause). ⁶ Oui, l'homme se promène comme une ombre; oui, c'est en vain qu'on s'agite; on amasse des biens, et on ne sait qui les recueillera. ⁷ Et maintenant, qu'ai-je attendu, Seigneur? Mon espoir est en toi. ⁸ Délivre-moi de toutes mes transgressions, et ne m'expose pas à l'opprobre de l'insensé! ⁹ Je me suis tu, je n'ouvre pas la bouche, parce que c'est toi qui l'as fait. ¹⁰ Détourne de moi tes châtiments! Je me consume sous les coups de ta main. ¹¹ Lorsque tu châties l'homme en le reprenant pour son péché, tu consumes comme la teigne ce qu'il a de plus précieux. Oui, tout homme n'est que vanité! (Sélah.) ¹² Éternel, écoute ma requête; prête l'oreille à mon cri, ne sois pas sourd à mes larmes. Car je suis un étranger chez toi, un voyageur comme tous mes pères. ¹³ Détourne de moi ton regard, et que je reprenne mes forces, avant que je m'en aille et que je ne sois plus.

40

¹ J'ai patiemment attendu l'Éternel; il s'est incliné vers moi, il a entendu mes cris. ² Il m'a fait remonter de la fosse de destruction, du bourbier fangeux; il a posé mes pieds sur le roc, il a affermi mes pas. ³ Et il a mis dans ma bouche un nouveau chant de louange à notre Dieu. Plusieurs le verront, et auront de la crainte, et se confieront en l'Éternel. ⁴ Heureux l'homme qui place en l'Éternel sa confiance, et ne se tourne pas vers les orgueilleux, vers ceux qui s'adonnent au mensonge! ⁵ Éternel, mon Dieu, tu as multiplié tes merveilles et tes pensées en notre faveur; nul ne peut être comparé à toi. Veux-je les publier et les dire? Elles sont trop nombreuses pour les raconter. ⁶ Tu prends plaisir ni au sacrifice, ni à l'offrande; tu m'as percé les oreilles; tu ne demandes point d'holocauste, ni de sacrifice pour le péché. ⁷ Alors j'ai dit: Voici, je viens; il est écrit de moi dans le rouleau de ton livre. ⁸ Mon Dieu, j'ai pris plaisir à faire ta volonté, et ta loi est au-dedans de mes entrailles. ⁹ J'ai annoncé ta justice dans la grande assemblée; voici, je ne tiens pas mes lèvres fermées, tu le sais, ô Éternel! ¹⁰ Je n'ai point renfermé ta justice au-dedans de mon cœur; j'ai dit ta fidélité et ta délivrance; je n'ai point caché ta bonté ni ta vérité à la grande assemblée. ¹¹ Toi donc, ô Éternel, ne me ferme pas tes compassions! Que ta bonté et ta vérité me gardent continuellement! ¹² Car des maux sans nombre m'ont environné; mes iniquités m'ont atteint, et je ne puis les voir; elles surpassent en nombre les cheveux de ma tête, et le cœur me manque. ¹³ Éternel, veuille me délivrer! Éternel, accours à mon aide! ¹⁴ Que tous ceux qui cherchent ma vie pour la ravir, soient confus et qu'ils rougissent! Que tous ceux qui prennent plaisir à mon mal, retournent en arrière et soient confus! ¹⁵ Qu'ils soient stupéfaits dans leur confusion, ceux qui disent de moi: Ah! ah! ¹⁶ Que tous ceux qui te cherchent s'égaient et se réjouissent en toi; que ceux qui aiment ta délivrance disent sans cesse: Magnifié soit l'Éternel! ¹⁷ Pour moi, je

suis affligé et misérable; le Seigneur aura soin de moi. Tu es mon aide et mon libérateur. Mon Dieu, ne tarde point!

41

[1] Heureux celui qui fait attention au misérable! Au jour du malheur l'Éternel le délivrera. [2] L'Éternel le gardera et conservera sa vie; il sera heureux sur la terre; tu ne le livreras point au désir de ses ennemis. [3] L'Éternel le soutiendra sur le lit de langueur; tu changes entièrement son lit, lorsqu'il est malade. [4] J'ai dit: Éternel, aie pitié de moi, guéris mon âme, car j'ai péché contre toi! [5] Mes ennemis me souhaitent du mal et disent: Quand mourra-t-il? Quand périra son nom? [6] Si quelqu'un vient me voir, il parle faussement; son cœur amasse de mauvais desseins; il s'en va dehors et il parle. [7] Tous ceux qui me haïssent chuchotent entre eux contre moi; à mes côtés, ils méditent ma perte. [8] Quelque action criminelle pèse sur lui; le voilà couché, disent-ils, il ne se relèvera plus. [9] Même l'homme avec qui j'étais en paix, qui avait ma confiance et qui mangeait mon pain, a levé le pied contre moi. [10] Mais toi, Éternel, aie pitié de moi et me relève! Et je le leur rendrai. [11] A ceci je connais que tu prends plaisir en moi, c'est que mon ennemi n'a pas lieu de se réjouir à mon sujet. [12] Mais tu me soutiens dans mon intégrité; tu m'as établi devant toi pour toujours. [13] Béni soit l'Éternel, le Dieu d'Israël, d'éternité en éternité! Amen! oui, Amen!

42

[1] Comme un cerf brame après les eaux courantes, ainsi mon âme soupire après toi, ô Dieu! [2] Mon âme a soif de Dieu, du Dieu vivant; quand entrerai-je et me présenterai-je devant la face de Dieu? [3] Les larmes sont devenues mon pain jour et nuit, pendant qu'on me dit sans cesse: Où est ton Dieu? [4] Voici ce que je me rappelle, et j'en repasse le souvenir dans mon cœur: c'est que je marchais entouré de la foule, je m'avançais à sa tête jusqu'à la maison de Dieu, avec des cris de joie et de louange, en cortège de fête. [5] Pourquoi t'abats-tu, mon âme, et frémis-tu en moi? Attends-toi à Dieu, car je le louerai encore; son regard est le salut! [6] Mon Dieu, mon âme est abattue en moi; aussi je me souviens de toi au pays du Jourdain et des Hermons, au mont de Mitséar. [7] Un abîme appelle un autre abîme au bruit de tes torrents; toutes tes vagues, tous tes flots ont passé sur moi. [8] De jour, l'Éternel enverra sa grâce, et de nuit son cantique sera dans ma bouche; je prierai le Dieu qui est ma vie; [9] Je dirai à Dieu, mon rocher: Pourquoi m'as-tu oublié? Pourquoi marcherai-je en deuil, sous l'oppression de l'ennemi? [10] Mes os se brisent, quand mes ennemis m'outragent, disant chaque jour: Où est ton Dieu? [11] Pourquoi t'abats-tu, mon âme, et pourquoi frémis-tu en moi? Attends-toi à Dieu, car je le louerai encore; il est mon salut et mon Dieu!

43

[1] Fais-moi justice, ô Dieu, et défends ma cause contre une nation infidèle! Délivre-moi de l'homme trompeur et pervers! [2] Car tu es le Dieu de ma force. Pourquoi m'as-tu rejeté? Pourquoi marcherai-je en deuil, sous l'oppression de l'ennemi? [3] Envoie ta lumière et ta vérité; qu'elles me conduisent, qu'elles m'amènent sur ta montagne sainte, vers tes tabernacles! [4] Et j'entrerai vers l'autel de Dieu, vers Dieu, ma joie et mon allégresse; et je te louerai avec la harpe, ô Dieu, mon Dieu! [5] Pourquoi t'abats-tu, mon âme, et pourquoi frémis-tu en moi? Attends-toi à Dieu, car je le louerai encore; il est mon salut et mon Dieu!

44

[1] O Dieu! nous avons entendu de nos oreilles, nos pères nous ont raconté l'œuvre que tu as faite en leur temps, aux jours d'autrefois. [2] Par ta main tu as chassé les nations et tu

as établi nos pères; tu as brisé les peuples pour leur faire place. ³ Car ce n'est pas par leur épée qu'ils ont conquis le pays, et ce n'est pas leur bras qui les a sauvés; c'est ta droite, et ton bras, et la lumière de ta face, car tu les aimais. ⁴ C'est toi, ô Dieu! qui es mon Roi; ordonne la délivrance de Jacob. ⁵ Par toi nous frapperons nos ennemis; par ton nom nous foulerons ceux qui s'élèvent contre nous. ⁶ Car je ne me confie pas en mon arc; ce n'est pas mon épée qui me sauvera. ⁷ C'est toi qui nous as sauvés de nos ennemis, et qui as rendu confus ceux qui nous haïssent. ⁸ C'est en Dieu que nous nous glorifions chaque jour; nous célébrerons ton nom à jamais. Sélah (pause). ⁹ Cependant nous as rejetés et couverts d'opprobre, et tu ne sors plus avec nos armées. ¹⁰ Tu nous fais reculer devant l'ennemi, et ceux qui nous haïssent ont pris leur butin. ¹¹ Tu nous livres comme des brebis qu'on mange; tu nous as dispersés parmi les nations. ¹² Tu vends ton peuple pour rien, et tu les mets à vil prix. ¹³ Tu fais de nous l'opprobre de nos voisins, la risée et le jouet de nos alentours. ¹⁴ Tu fais de nous la fable des nations; en nous voyant, les peuples hochent la tête. ¹⁵ Mon ignominie est toujours devant moi, et la confusion couvre mon visage, ¹⁶ A la voix de celui qui insulte et qui outrage, à la vue de l'ennemi et du vindicatif. ¹⁷ Tout cela nous est arrivé; et cependant nous ne t'avons pas oublié, nous n'avons pas forfait à ton alliance. ¹⁸ Notre cœur ne s'est point retiré en arrière; nos pas ne se sont point écartés de ton sentier, ¹⁹ Quand tu nous as foulés parmi les chacals et couverts de l'ombre de la mort. ²⁰ Si nous eussions oublié le nom de notre Dieu, si nous eussions étendu nos mains vers un dieu étranger, ²¹ Dieu n'en aurait-il pas fait enquête, lui qui connaît les secrets du cœur? ²² Mais, à cause de toi, nous sommes mis à mort tous les jours, et regardés comme des brebis destinées à la boucherie. ²³ Lève-toi! Pourquoi dors-tu, Seigneur? Réveille-toi, ne nous rejette pas à toujours! ²⁴ Pourquoi caches-tu ta face? Pourquoi oublies-tu notre misère et notre oppression? ²⁵ Car notre âme est abattue jusque dans la poussière; notre ventre est attaché à la terre. ²⁶ Lève-toi, viens à notre aide, et rachète-nous à cause de ta bonté!

45

¹ Mon cœur bouillonne pour prononcer une parole excellente; je dis: Mon œuvre sera pour le roi; ma langue sera comme la plume d'un écrivain habile. ² Tu es plus beau qu'aucun des fils des hommes; la grâce est répandue sur tes lèvres; aussi Dieu t'a béni à jamais. ³ Héros, ceins à ton côté ton épée, ta parure et ta gloire! ⁴ Triomphe dans ta gloire; monte sur ton char, pour la vérité, la bonté et la justice; ta droite te fera voir des exploits terribles! ⁵ Tes flèches sont aiguës; les peuples tomberont sous toi; elles iront au cœur des ennemis du roi. ⁶ Ton trône, ô Dieu, demeure à toujours et à perpétuité; le sceptre de ton règne est un sceptre d'équité. ⁷ Tu aimes la justice et tu hais la méchanceté; c'est pourquoi, ô Dieu, ton Dieu t'a oint d'une huile de joie; il t'a mis au-dessus de tes semblables. ⁸ La myrrhe, l'aloès et la casse parfument tous tes vêtements; dans les palais d'ivoire, le jeu des instruments te réjouit. ⁹ Des filles de rois sont parmi les dames d'honneur; l'épouse est à ta droite, parée d'or d'Ophir. ¹⁰ Écoute, jeune fille, vois et prête l'oreille; oublie ton peuple et la maison de ton père. ¹¹ Et le roi désirera pour lui ta beauté. Puisqu'il est ton seigneur, prosterne-toi devant lui. ¹² La fille de Tyr avec des présents et les plus riches du peuple viendront te rendre hommage. ¹³ La fille du roi est pleine de gloire dans l'intérieur du palais; des tissus d'or forment son vêtement. ¹⁴ Elle est présentée au roi, parée de broderies; à sa suite les vierges, ses compagnes, te sont amenées. ¹⁵ Elles te sont amenées avec réjouissance et allégresse; elles entrent au palais du roi. ¹⁶ Tes fils tiendront la place de tes pères; tu les établiras princes dans toute la terre. ¹⁷ Je rendrai ton nom célèbre dans tous les âges; aussi les peuples t'honoreront à toujours, à perpétuité.

46

¹ Dieu est notre retraite, notre force, notre secours dans les détresses, et fort aisé à trouver. ² C'est pourquoi nous ne craindrons point, quand la terre serait bouleversée, quand les montagnes seraient ébranlées au sein de la mer; ³ Quand ses eaux mugiraient en bouillonnant, et que leur furie ferait trembler les montagnes. Sélah (pause). ⁴ Le fleuve et ses canaux réjouissent la cité de Dieu, le lieu saint des demeures du Très-Haut. ⁵ Dieu est au milieu d'elle; elle ne sera point ébranlée. Dieu lui donne secours dès le retour du matin. ⁶ Les nations s'agitent, les royaumes s'ébranlent; il fait entendre sa voix, la terre se fond. ⁷ L'Éternel des armées est avec nous; le Dieu de Jacob est notre haute retraite. (Sélah.) ⁸ Venez, contemplez les exploits de l'Éternel, les ravages qu'il a faits sur la terre. ⁹ Il fait cesser les combats jusqu'au bout de la terre; il rompt les arcs et brise les lances; il brûle les chars au feu. ¹⁰ Cessez, dit-il, et reconnaissez que je suis Dieu; je serai exalté parmi les nations, je serai exalté par toute la terre. ¹¹ L'Éternel des armées est avec nous; le Dieu de Jacob est notre haute retraite. (Sélah.)

47

¹ Peuples, battez tous des mains; poussez des cris de joie à Dieu avec une voix de triomphe! ² Car l'Éternel est le Très-Haut, le terrible, le grand Roi, régnant sur toute la terre. ³ Il range les peuples sous nous, et les nations sous nos pieds. ⁴ Il nous choisit notre héritage, la gloire de Jacob qu'il aime. (Sélah.) ⁵ Dieu est monté au milieu des cris de joie; l'Éternel est monté au son de la trompette. ⁶ Chantez à Dieu, chantez; chantez à notre Roi, chantez! ⁷ Car Dieu est roi de toute la terre; chantez le cantique! ⁸ Dieu règne sur les nations; Dieu siège sur son trône saint. ⁹ Les princes des peuples se rassemblent avec le peuple du Dieu d'Abraham; car à Dieu sont les boucliers de la terre; il est souverainement élevé.

48

¹ L'Éternel est grand et très digne de louanges, dans la cité de notre Dieu, sur sa montagne sainte. ² Elle s'élève avec grâce, la montagne de Sion, joie de toute la terre; du côté du septentrion est la ville du grand Roi. ³ Dieu, dans ses palais, est connu pour une haute retraite. ⁴ Car voici, les rois s'étaient donné rendez-vous; ils s'étaient avancés ensemble. ⁵ L'ont-ils vue? Frappés de stupeur, éperdus, ils se sont enfuis à la hâte. ⁶ Là un tremblement les a saisis, une angoisse comme celle de la femme qui enfante; ⁷ Ainsi par le vent d'orient tu brises les navires de Tarsis. ⁸ Ce que nous avions entendu, nous l'avons vu, dans la ville de l'Éternel des armées, dans la ville de notre Dieu; Dieu la maintient à jamais. (Sélah.) ⁹ O Dieu, nous avons attendu ta faveur au milieu de ton temple! ¹⁰ Tel qu'est ton nom, ô Dieu, telle est ta louange jusqu'aux bouts de la terre; ta droite est pleine de justice. ¹¹ Que la montagne de Sion se réjouisse; que les filles de Juda tressaillent d'allégresse, à cause de tes jugements! ¹² Parcourez Sion, faites le tour de son enceinte, comptez ses tours. ¹³ Considérez son rempart, examinez ses palais, pour le raconter à la génération future. ¹⁴ Car ce Dieu-là est notre Dieu, à toujours et à perpétuité. Il nous conduira jusqu'à la mort.

49

¹ Écoutez ceci, vous tous les peuples; prêtez l'oreille, vous tous les habitants du monde! ² Enfants du peuple et enfants des grands, le riche aussi bien que le pauvre. ³ Ma bouche prononcera des paroles sages, et les pensées de mon cœur sont pleines de sens. ⁴ Je vais prêter l'oreille aux discours sentencieux; j'expose mon énigme au son de la harpe. ⁵ Pourquoi craindrais-je aux jours du malheur, quand l'iniquité de mes adversaires m'environne? ⁶ Ils se confient en leurs biens, ils se glorifient de l'abondance de leurs

richesses. 7 Mais l'homme ne saurait racheter son frère, ni payer à Dieu sa rançon. 8 Car le rachat de leur âme est trop cher, et il ne se fera jamais, 9 Pour qu'ils continuent de vivre à perpétuité, et qu'ils ne voient point le tombeau. 10 Car on voit que les sages meurent; le fou et l'insensé périssent également, et laissent leurs biens à d'autres. 11 Ils pensent que leurs maisons dureront éternellement, et leurs demeures d'âge en âge; ils ont donné leurs noms à leurs terres. 12 Mais l'homme ne peut demeurer dans son éclat; il est rendu semblable aux bêtes qui périssent. 13 Telle est la voie sur laquelle ils se fient; et leurs successeurs se plaisent à leurs discours. 14 Ils sont poussés au Sépulcre comme un troupeau; la mort se repaîtra d'eux; les justes domineront sur eux au matin; leur beauté sera consumée dans le Sépulcre, loin de leurs habitations. 15 Mais Dieu rachètera mon âme de la main du Sépulcre, quand il me prendra à lui. (Sélah.) 16 Ne crains point, quand un homme s'enrichit, quand la gloire de sa maison s'accroît. 17 Car, en mourant, il n'emportera rien; sa gloire ne descendra pas après lui. 18 Que dans sa vie il rende son âme heureuse, qu'on te loue parce que tu te fais du bien, 19 Tu iras pourtant vers la génération de tes pères, qui ne reverront jamais la lumière. 20 L'homme qui est en honneur et qui n'a pas d'intelligence, devient semblable aux bêtes qui périssent.

50

1 Psaume d'Asaph. Dieu, l'Éternel Dieu, a parlé; et il a appelé la terre, du soleil levant au soleil couchant. 2 De Sion, parfaite en beauté, Dieu a resplendi. 3 Notre Dieu vient, et ne demeure plus dans le silence; devant lui est un feu dévorant; autour de lui, une violente tempête. 4 Il appelle les cieux en haut et la terre, pour juger son peuple: 5 Assemblez-moi mes fidèles, qui ont fait alliance avec moi par le sacrifice. 6 Et les cieux proclament sa justice, car c'est Dieu lui-même qui vient juger. 7 Écoute, mon peuple, et je parlerai; je témoignerai contre toi, ô Israël! Je suis Dieu, ton Dieu. 8 Je ne te reprendrai pas sur tes sacrifices, ni sur tes holocaustes, qui sont continuellement devant moi. 9 Je ne prendrai point de taureau dans ta maison, ni de bouc dans tes bergeries. 10 Car tous les animaux des forêts sont à moi, les bêtes des montagnes par milliers. 11 Je connais tous les oiseaux des montagnes, et tout ce qui se meut dans les champs est en mon pouvoir. 12 Si j'avais faim, je ne t'en dirais rien, car le monde avec tout ce qu'il renferme est à moi. 13 Mangerais-je la chair des forts taureaux, ou boirais-je le sang des boucs? 14 Offre à Dieu le sacrifice de la louange, et accomplis tes vœux envers le Très-Haut; 15 Et invoque-moi au jour de la détresse: je te délivrerai et tu me glorifieras. 16 Mais Dieu dit au méchant: Est-ce à toi de réciter mes lois, et d'avoir mon alliance dans la bouche? 17 Toi qui hais la correction et qui jettes mes paroles derrière toi? 18 Quand tu vois un larron, tu te plais avec lui, et ta portion est avec les adultères. 19 Tu laisses aller ta bouche au mal, et ta langue trame la fraude. 20 Quand tu t'assieds, tu parles contre ton frère; tu diffames le fils de ta mère. 21 Voilà ce que tu as fait, et je me suis tu. Tu as cru que j'étais vraiment comme toi. Je te reprendrai, et je mettrai le tout devant tes yeux. 22 Comprenez donc cela, vous qui oubliez Dieu, de peur que je ne déchire et que personne ne délivre! 23 Celui qui offre pour sacrifice la louange, m'honore; et à celui qui règle sa voie, je ferai voir le salut de Dieu.

51

1 Lorsque Nathan le prophète vint à lui, après que David fut allé vers Bath-Shéba. 2 O Dieu, aie pitié de moi, selon ta miséricorde! Selon la grandeur de tes compassions, efface mes forfaits! 3 Lave-moi parfaitement de mon iniquité, et nettoie-moi de mon péché! 4 Car je connais mes transgressions, et mon péché est toujours devant moi. 5 J'ai péché contre toi, contre toi seul, et j'ai fait ce qui est mal à tes yeux, de sorte que tu seras juste quand tu parleras, et sans reproche quand tu jugeras. 6 Voilà, j'ai été formé

dans l'iniquité, et ma mère m'a conçu dans le péché. [7] Voilà, tu aimes la vérité dans le cœur, tu m'as fait connaître la sagesse au-dedans de moi. [8] Purifie-moi de mon péché avec l'hysope, et je serai net; lave-moi et je serai plus blanc que la neige. [9] Fais-moi entendre la joie et l'allégresse; que les os que tu as brisés, se réjouissent! [10] Détourne ta face de mes péchés; efface toutes mes iniquités! [11] O Dieu, crée en moi un cœur pur, et renouvelle en moi un esprit droit! [12] Ne me rejette pas loin de ta face, et ne m'ôte pas ton esprit saint! [13] Rends-moi la joie de ton salut, et que l'esprit de bonne volonté me soutienne! [14] J'enseignerai tes voies aux transgresseurs, et les pécheurs se convertiront à toi. [15] Délivre-moi du sang versé, ô Dieu, Dieu de mon salut! Ma langue chantera hautement ta justice. [16] Seigneur, ouvre mes lèvres, et ma bouche publiera ta louange. [17] Car tu ne prends pas plaisir aux sacrifices, autrement j'en donnerais; l'holocauste ne t'est point agréable. [18] Le sacrifice agréable à Dieu, c'est un esprit brisé; ô Dieu, tu ne méprises pas le cœur contrit et brisé. [19] Fais du bien à Sion dans ta bienveillance; édifie les murs de Jérusalem. [20] Alors tu prendras plaisir aux sacrifices de justice, à l'holocauste et à la victime entière; alors on offrira de jeunes taureaux sur ton autel.

52

[1] Lorsque Doëg, l'Iduméen, vint avertir Saül, et lui dit que David s'était rendu dans la maison d'Achimélec. [2] Pourquoi te glorifies-tu de la malice, homme puissant? La bonté de Dieu dure toujours. [3] Pareille au rasoir affilé, ta langue médite la ruine, artisan de fraudes! [4] Tu aimes le mal plus que le bien, le mensonge plus que les paroles justes. Sélah (pause). [5] Tu n'aimes que les paroles de destruction, langue perfide! [6] Aussi Dieu te détruira pour toujours; il te saisira et t'arrachera de ta tente; il te déracinera de la terre des vivants. (Sélah.) [7] Les justes le verront, et ils craindront; et ils se riront de lui: [8] Le voilà, cet homme qui n'avait point pris Dieu pour mettait sa force dans sa méchanceté! [9] Mais moi, comme un olivier verdoyant dans la maison à perpétuité. [10] Je te louerai toujours, parce que tu auras fait cela; et j'espérerai en ton nom, car il est propice, en faveur de tes fidèles.

53

[1] L'insensé dit en son cœur: Il n'y a point de Dieu. Ils se sont corrompus, ils ont commis des iniquités abominables; il n'y a personne qui fasse le bien. [2] Dieu, du haut des cieux, jette ses regards sur les fils des hommes, pour voir s'il en est un qui ait de l'intelligence, qui recherche Dieu. [3] Ils se sont tous égarés, ils sont corrompus tous ensemble; il n'y en a point qui fasse le bien, non pas même un seul. [4] N'ont-ils point de connaissance, ceux qui pratiquent l'iniquité? Ils dévorent mon peuple comme s'ils mangeaient du pain; ils n'invoquent point Dieu. [5] Là où il n'y avait point de frayeur, ils vont être saisis de frayeur; car Dieu dispersera les os de ceux qui campent contre toi; tu les rendras confus, car Dieu les a rejetés. [6] Qui fera sortir de Sion la délivrance d'Israël? Quand Dieu ramènera son peuple captif, Jacob sera dans l'allégresse, Israël se réjouira.

54

[1] Lorsque les Ziphiens vinrent dire à Saül: David n'est-il pas caché parmi nous? [2] O Dieu, sauve-moi par ton nom, et fais-moi justice par ta puissance! [3] O Dieu, écoute ma prière, prête l'oreille aux paroles de ma bouche! [4] Car des étrangers se sont élevés contre moi, et des hommes violents cherchent ma vie; ils n'ont point mis Dieu devant leurs yeux. Sélah (pause). [5] Voici, Dieu est mon aide, le Seigneur est parmi ceux [6] Il fera retomber le mal sur mes ennemis. Selon ta fidélité, détruis-les. [7] Je t'offrirai des sacrifices volontaires. Je célébrerai ton nom, ô Éternel! car il est bon. [8] Car il m'a délivré de toutes mes détresses, et mon œil a contemplé avec joie mes ennemis.

55

[1] O Dieu, prête l'oreille à ma prière, et ne te cache pas loin de ma supplication! [2] Écoute-moi et réponds-moi; je m'agite dans ma plainte, et je gémis, [3] A la voix de l'ennemi, devant l'oppression du méchant; car ils font tomber sur moi le malheur, et me poursuivent avec furie. [4] Mon cœur frémit au-dedans de moi, et des frayeurs mortelles sont tombées sur moi. [5] La crainte et le tremblement viennent sur moi; l'effroi m'enveloppe. [6] Et j'ai dit: Oh! qui me donnera les ailes de la colombe? Je m'envolerais, et j'irais me poser ailleurs. [7] Voilà, je m'enfuirais bien loin, je me tiendrais au désert. (Sélah.) [8] Je me hâterais de m'échapper, loin du vent violent, loin de la tempête. [9] Anéantis-les, Seigneur; confonds leurs langues; car je ne vois que violence et querelles dans la ville. [10] Elles en font le tour, jour et nuit, sur ses murailles; la ruine et le tourment sont au milieu d'elle. [11] La malice est au milieu d'elle; l'oppression et la fraude ne s'éloignent point de ses places. [12] Car ce n'est pas un ennemi qui m'outrage, je pourrais le supporter; mon adversaire n'est pas celui qui me haïssait, je me cacherais loin de lui. [13] Mais c'est toi, un homme traité comme mon égal, mon compagnon et mon ami! [14] Nous prenions plaisir à nous entretenir ensemble, nous allions à la maison de Dieu avec la foule. [15] Que la mort les surprenne! Qu'ils descendent vivants au Sépulcre! Car la malice est dans leurs demeures, dans leurs cœurs. [16] Mais moi, je crierai à Dieu, et l'Éternel me sauvera. [17] Le soir, et le matin, et à midi, je crierai et je gémirai, et il entendra ma voix. [18] Il mettra mon âme en paix, la délivrant de la guerre qu'on lui fait, car j'ai affaire à beaucoup de gens. [19] Dieu l'entendra, et il les humiliera, lui qui règne de tout temps (Sélah); parce qu'il n'y a point en eux de changement, et qu'ils ne craignent point Dieu. [20] Chacun jette la main sur ceux qui vivaient en paix avec lui; il viole son alliance. [21] Les paroles de sa bouche sont plus douces que le beurre, mais la guerre est dans son cœur; ses paroles sont plus onctueuses que l'huile, mais ce sont des épées nues. [22] Décharge-toi de ton fardeau sur l'Éternel, et il te soutiendra; il ne permettra jamais que le juste soit ébranlé. [23] Toi, ô Dieu, tu les précipiteras au fond de la fosse; les hommes de sang et de fraude n'atteindront pas la moitié de leurs jours; mais moi, je me confie en toi.

56

[1] O Dieu, aie pitié de moi, car les hommes me poursuivent; tout le jour ils me font la guerre, ils me pressent. [2] Tout le jour mes adversaires me poursuivent; car plusieurs font la guerre contre moi, ô Dieu Très-Haut! [3] Le jour où je craindrai, je me confierai en toi. [4] Je louerai Dieu et sa promesse; je me confie en Dieu, je ne crains rien; que me ferait l'homme? [5] Tout le jour ils tordent mes paroles; ils ne pensent qu'à me nuire. [6] Ils s'assemblent; ils se tiennent cachés; ils observent mes pas, car ils en veulent à ma vie. [7] Ils comptent sur l'iniquité pour se sauver. O Dieu, précipite les peuples dans ta colère! [8] Tu comptes mes allées et mes venues; mets mes larmes dans tes vaisseaux; ne sont-elles pas dans ton livre? [9] Le jour où je crierai à toi, mes ennemis seront repoussés en arrière; je sais que Dieu est pour moi. [10] Je louerai Dieu et sa promesse; je louerai l'Éternel et sa promesse. [11] Je m'assure en Dieu; je ne crains rien; que me ferait l'homme? [12] O Dieu, j'accomplirai les vœux que je t'ai faits; je te rendrai des actions de grâces. [13] Car tu as délivré mon âme de la mort et mes pieds de chute, afin que je marche devant Dieu, dans la lumière des vivants.

57

[1] Aie pitié, ô Dieu, aie pitié de moi! Car mon âme se retire vers toi; je me réfugie sous l'ombre de tes ailes, jusqu'à ce que les calamités soient passées. [2] Je crie au Dieu Très-Haut, à Dieu qui accomplit son œuvre pour moi. [3] Il enverra des cieux et me sauvera. Il rendra honteux celui qui me poursuit (Sélah); Dieu enverra sa bonté et sa vérité. [4] Mon

âme est au milieu des lions; j'habite parmi des gens qui soufflent des flammes, des hommes dont les dents sont des lances et des flèches, dont la langue est une épée aiguë. [5] O Dieu, élève-toi sur les cieux! Que ta gloire soit sur toute la terre! [6] Ils avaient tendu un piège à mes pas; mon âme chancelait; ils avaient creusé une fosse devant moi; ils y sont tombés. (Sélah.) [7] Mon cœur est disposé, ô Dieu! mon cœur est disposé; je chanterai, je psalmodierai. [8] Éveille-toi, ma gloire; éveillez-vous, mon luth et ma harpe! Je préviendrai l'aurore. [9] Seigneur, je te louerai parmi les peuples; je te célébrerai parmi les nations. [10] Car ta bonté atteint jusqu'aux cieux, et ta fidélité jusqu'aux nues. [11] O Dieu, élève-toi sur les cieux! Que ta gloire soit sur toute la terre!

58

[1] Est-ce que vous prononcez vraiment selon la justice? Fils des hommes, jugez-vous avec droiture? [2] Loin de là; dans votre cœur vous commettez des iniquités, vous ordonnez sur la terre la violence de vos mains. [3] Les méchants se sont détournés dès le sein maternel; les menteurs se sont égarés dès leur naissance. [4] Ils ont un venin semblable au venin du serpent; ils sont comme l'aspic sourd, qui ferme son oreille; [5] Qui n'écoute point la voix des enchanteurs, la voix du charmeur expert en charmes. [6] O Dieu, brise-leur les dents dans la bouche! Éternel, romps les mâchoires des lionceaux! [7] Qu'ils s'écoulent comme l'eau, et qu'ils se dissipent! Quand ils bandent leur arc, que leurs flèches soient rompues! [8] Qu'ils s'en aillent comme le limaçon qui se fond; sans voir le soleil, comme l'avorton d'une femme! [9] Avant que vos chaudières aient senti le feu des épines, vertes ou enflammées, le vent les emportera. [10] Le juste se réjouira lorsqu'il aura vu la vengeance; il baignera ses pieds dans le sang du méchant. [11] Et l'on dira: Oui, il y a du fruit pour le juste; oui, il y a un Dieu qui fait justice sur la terre.

59

[1] Mon Dieu, délivre-moi de mes ennemis; garantis-moi de ceux qui s'élèvent contre moi! [2] Délivre-moi des ouvriers d'iniquité, et sauve-moi des hommes sanguinaires! [3] Car voilà, ils sont aux aguets pour m'ôter la vie; des hommes puissants s'assemblent contre moi; sans qu'il y ait en moi d'offense, ni de transgression, ô Éternel. [4] Sans qu'il y ait d'iniquité en moi, ils accourent, ils se préparent; réveille-toi pour venir à moi, et regarde! [5] Toi donc, Éternel, Dieu des armées, Dieu d'Israël, réveille-toi, visite toutes les nations, ne fais grâce à aucun de ces hommes perfides et méchants. Sélah (pause). [6] Ils reviennent le soir; hurlant comme des chiens, ils parcourent la ville. [7] Voilà, ils vomissent l'injure de leur bouche; des épées sont sur leurs lèvres; car, disent-ils, qui nous entend? [8] Mais toi, Éternel, tu te riras d'eux; tu te moqueras de toutes les nations. [9] A cause de leur force, c'est à toi que je regarde; car Dieu est ma haute retraite. [10] Mon Dieu, dans sa bonté, me préviendra; Dieu me fera contempler avec joie mes ennemis. [11] Ne les tue pas, de peur que mon peuple ne l'oublie; agite-les par ta puissance, et précipite-les, Seigneur, notre bouclier! [12] Chaque parole de leurs lèvres est un péché de leur bouche; qu'ils soient donc pris dans leur orgueil, à cause des imprécations et des mensonges qu'ils profèrent! [13] Consume-les avec fureur, consume-les et qu'ils ne soient plus; et qu'on sache que Dieu règne en Jacob et jusqu'aux extrémités de la terre. (Sélah.) [14] Qu'ils reviennent le soir, hurlant comme des chiens, et parcourant la ville; [15] Qu'ils aillent çà et là, cherchant à manger, et qu'ils passent la nuit sans être rassasiés! [16] Mais moi, je chanterai ta force; je célébrerai dès le matin ta bonté; car tu as été ma haute retraite et mon refuge au jour de la détresse. [17] Toi, ma force, je te psalmodierai. Car Dieu est ma haute retraite et le Dieu qui me fait voir sa bonté.

60

[1] Lorsqu'il fit la guerre avec les Syriens de Mésopotamie et avec les Syriens de Tsoba, et que Joab revint et défit douze mille Édomites dans la vallée du Sel. [2] O Dieu, tu nous as rejetés, tu nous as dispersés, tu t'es irrité; rétablis-nous! [3] Tu as fait trembler la terre, tu l'as déchirée; répare ses brèches, car elle est ébranlée. [4] Tu as fait voir à ton peuple des choses dures; tu nous as abreuvés d'un vin d'étourdissement. [5] Mais tu as donné à ceux qui te craignent un étendard [6] Afin que tes bien-aimés soient délivrés; sauve-nous par ta droite, et nous exauce! [7] Dieu a parlé dans son sanctuaire; je me réjouirai; je partagerai Sichem, et je mesurerai la vallée de Succoth: [8] Galaad est à moi; à moi Manassé; Éphraïm est le rempart de ma tête; Juda mon législateur; [9] Moab est le bassin où je me lave; je jette mon soulier sur Édom; terre des Philistins, pousse des acclamations à mon honneur! [10] Qui me conduira vers la ville forte? Qui me mènera jusqu'en Édom? [11] N'est-ce pas toi, ô Dieu, qui nous avais rejetés, qui ne sortais plus, ô Dieu, avec nos armées? [12] Donne-nous du secours pour sortir de détresse; car [13] En Dieu nous combattrons avec vaillance, et c'est lui qui foulera nos adversaires.

61

[1] O Dieu, écoute mon cri, sois attentif à ma prière! [2] Du bout de la terre, je crie à toi, quand le cœur me manque; conduis-moi sur ce rocher, qui est trop élevé pour moi. [3] Car tu as été mon refuge, ma forte tour devant l'ennemi. [4] Je séjournerai dans ta tente à jamais; je me retirerai sous l'abri de tes ailes. (Sélah.) [5] Car tu as, ô Dieu, exaucé mes vœux; tu m'as donné l'héritage de ceux qui craignent ton nom. [6] Ajoute des jours aux jours du roi, et que ses années soient d'âge en âge! [7] Qu'il siège à toujours devant Dieu! Donne-lui pour garde ta bonté, ta fidélité. [8] Alors je chanterai ton nom à jamais, et j'accomplirai mes vœux chaque jour.

62

[1] Mon âme se repose en Dieu seul; c'est de lui que vient mon salut. [2] Lui seul est mon rocher, ma délivrance, ma haute retraite; je ne serai pas beaucoup ébranlé. [3] Jusques à quand vous jetterez-vous sur un homme, pour le détruire tous ensemble, comme un mur qui penche, comme une clôture ébranlée? [4] Ils ne font que consulter pour le faire tomber de son élévation; ils se plaisent au mensonge; de leur bouche ils bénissent, mais dans leur cœur ils maudissent. (Sélah.) [5] Mon âme, repose-toi sur Dieu seul, car mon attente est en lui. [6] Lui seul est mon rocher, ma délivrance et ma haute retraite; je ne serai point ébranlé. [7] En Dieu est mon salut et ma gloire; mon fort rocher, mon refuge est en Dieu. [8] Peuples, confiez-vous en lui en tout temps; répandez votre cœur devant lui; Dieu est notre retraite. (Sélah.) [9] Les petits ne sont que néant; les grands ne sont que mensonge; placés dans la balance, ils seraient tous ensemble plus légers que le néant même. [10] Ne vous confiez pas dans la violence, et ne soyez pas séduits par la rapine; si les richesses abondent, n'y mettez pas votre cœur. [11] Dieu a parlé une fois, et je l'ai entendu deux fois: c'est que la force appartient à Dieu. [12] A toi aussi, Seigneur, la miséricorde! Oui, tu rendras à chacun selon son œuvre.

63

[1] O Dieu, tu es mon Dieu, je te cherche au point du jour; mon âme a soif de toi, ma chair te souhaite, dans cette terre aride, desséchée, sans eau, [2] Pour voir ta force et ta gloire, comme je t'ai contemplé dans le sanctuaire. [3] Car ta bonté est meilleure que la vie; mes lèvres chanteront ta louange. [4] Ainsi je te bénirai pendant ma vie; j'élèverai mes mains en ton nom. [5] Mon âme est rassasiée comme de mœlle et de graisse; ma bouche te loue avec des cris de réjouissance; [6] Quand je me souviens de toi sur mon lit, et que je médite sur

toi pendant les veilles de la nuit. [7] Car tu as été mon secours; aussi je me réjouirai sous l'ombre de tes ailes. [8] Mon âme s'est attachée à toi pour te suivre, et ta droite me soutient. [9] Mais ceux qui cherchent ma vie pour la détruire, descendront dans les profondeurs de la terre. [10] Ils seront livrés au tranchant de l'épée; ils seront la proie des renards. [11] Mais le roi se réjouira en Dieu, et quiconque jure par lui, s'en glorifiera; car la bouche de ceux qui parlent faussement sera fermée.

64

[1] O Dieu, écoute ma voix quand je parle; garantis ma vie contre l'ennemi qui m'épouvante! [2] Mets-moi à couvert du complot des méchants, du tumulte des ouvriers d'iniquité; [3] Qui aiguisent leur langue comme une épée, qui ajustent comme une flèche leur parole amère, [4] Pour tirer en secret sur l'innocent; ils tirent soudain contre lui, et n'ont point de crainte. [5] Ils s'affermissent dans un mauvais dessein; ils ne parlent que de cacher des pièges; ils disent: Qui le verra? [6] Ils inventent des fraudes: Nous voilà prêts; le plan est formé! Et leur pensée secrète, le cœur de chacun est un abîme. [7] Mais Dieu leur lance une flèche; soudain les voilà frappés. [8] Ceux que leur langue attaquait, les ont renversés; tous ceux qui les voient hochent la tête. [9] Les hommes sont tous saisis de crainte; ils racontent l'œuvre de Dieu, et considèrent ce qu'il a fait. [10] Le juste se réjouira en l'Éternel, et se retirera vers lui; tous ceux qui ont le cœur droit s'en glorifieront.

65

[1] O Dieu, la louange t'attend dans Sion; là seront rendus les vœux qu'on t'a faits. [2] O toi qui entends la prière, toute créature viendra jusqu'à toi. [3] Les iniquités avaient prévalu sur moi; mais toi, tu expieras nos transgressions. [4] Heureux celui que tu choisis, et que tu fais habiter dans tes parvis! Nous serons rassasiés des biens de ta maison, de la sainteté de ton palais. [5] Tu nous répondras par des œuvres redoutables, selon ta justice, ô Dieu de notre salut, l'espoir des extrémités lointaines de la terre et de la mer! [6] Il tient ferme les montagnes par sa force; il est ceint de puissance. [7] Il apaise le bruit des mers, le bruit de leurs flots et la rumeur des peuples. [8] Et ceux qui habitent aux bouts de la terre, craignent à la vue de tes prodiges; tu fais chanter de joie et le Levant et le Couchant. [9] Tu visites la terre, tu l'arroses, tu l'enrichis abondamment; les ruisseaux de Dieu sont pleins d'eau; tu prépares leur froment, après que tu as ainsi préparé la terre. [10] Tu abreuves ses sillons; tu aplanis ses mottes; tu l'amollis par la pluie menue; tu bénis son germe. [11] Tu couronnes l'année de tes biens, et les roues de ton char distillent l'abondance. [12] Elles la répandent sur les pâturages du désert, et les coteaux sont parés de joie. [13] Les campagnes sont revêtues de troupeaux, et les vallées sont couvertes de froment; elles en triomphent, et elles en chantent.

66

[1] Chantez la gloire de son nom; louez-le, et lui rendez gloire! [2] Dites à Dieu: Que tes œuvres sont redoutables! A cause de la grandeur de ta force, tes ennemis viendront se soumettre à toi. [3] Toute la terre se prosternera devant toi; elle chantera en ton honneur, elle chantera ton nom. (Sélah.) [4] Venez, et voyez les œuvres de Dieu; il est redoutable dans ce qu'il fait envers les fils des hommes. [5] Il a changé la mer en terre sèche; on passait à pied dans le fleuve; là nous nous sommes réjouis en lui. [6] Il domine éternellement par sa puissance; ses yeux observent les nations, pour que les rebelles ne s'élèvent pas. (Sélah.) [7] Peuples, bénissez notre Dieu, et faites entendre la voix de sa louange! [8] Lui qui a conservé la vie à notre âme, et qui n'a pas permis que nos pieds bronchassent. [9] Car tu nous as éprouvés, ô Dieu; tu nous as fait passer au creuset comme l'argent. [10] Tu nous avais amenés dans le filet; tu avais mis sur nos reins un pesant fardeau; [11] Tu

avais fait monter les hommes sur nos têtes; nous étions entrés dans le feu et dans l'eau; mais tu nous as mis au large et dans l'abondance. [12] J'entrerai dans ta maison avec des holocaustes; et je te rendrai mes vœux, [13] Que mes lèvres ont proférés et que ma bouche a prononcés dans ma détresse. [14] Je t'offrirai des brebis grasses en holocauste, avec les béliers fumant sur l'autel; je sacrifierai des taureaux avec des boucs. (Sélah.) [15] Vous tous qui craignez Dieu, venez, écoutez, et je raconterai ce qu'il a fait à mon âme. [16] Je l'ai invoqué de ma bouche; aussi ma langue l'exaltera. [17] Si j'eusse pensé quelque iniquité dans mon cœur, le Seigneur ne m'eût point écouté. [18] Mais certainement Dieu m'a écouté; il a prêté l'oreille à la voix de ma prière. [19] Béni soit Dieu qui n'a point rejeté ma prière, ni retiré de moi sa bonté!

67

[1] Que Dieu ait pitié de nous et nous bénisse; qu'il fasse luire sa face sur nous! (Sélah.) [2] Afin que ta voie soit connue sur la terre, et ton salut parmi toutes les nations. [3] Les peuples te célébreront, ô Dieu; tous les peuples te célébreront. [4] Les nations se réjouiront et chanteront de joie; car tu jugeras les peuples avec droiture, et tu conduiras les nations sur la terre. [5] Les peuples te célébreront, ô Dieu; tous les peuples te célébreront. [6] La terre a donné son fruit; Dieu, notre Dieu, nous bénira. [7] Dieu nous bénira, et toutes les extrémités de la terre le craindront.

68

[1] Que Dieu se lève, et ses ennemis seront dispersés, et ceux qui le haïssent s'enfuiront devant lui. [2] Tu les disperseras comme la fumée se dissipe; comme la cire se fond au feu, ainsi périront les méchants devant Dieu. [3] Mais les justes se réjouiront, ils triompheront devant Dieu, et tressailleront de joie. [4] Chantez à Dieu, célébrez son nom, préparez le chemin à celui qui s'avance dans les plaines! L'Éternel est son nom; réjouissez-vous devant lui! [5] Le père des orphelins et le défenseur des veuves, c'est Dieu, dans sa demeure sainte. [6] Dieu fait habiter en famille ceux qui étaient seuls; il délivre les captifs, et les met au large; mais les rebelles demeurent dans des lieux arides. [7] O Dieu, quand tu sortis devant ton peuple, quand tu marchas dans le désert, - Sélah (pause), - [8] La terre trembla, les cieux mêmes se fondirent en eau devant Dieu; le Sinaï même trembla devant Dieu, le Dieu d'Israël. [9] Tu répandis une pluie bienfaisante, ô Dieu; tu rendis la force à ton héritage épuisé. [10] Ton troupeau habita dans cette terre que ta bonté, ô Dieu, avait préparée pour l'affligé. [11] Le Seigneur fait entendre sa parole, et les messagères de bonnes nouvelles sont une grande armée. [12] Les rois des armées s'enfuient; ils s'enfuient, et celle qui reste à la maison partage le butin. [13] Vous qui restez couchés au milieu des parcs, vous recevez les ailes argentées de la colombe, et son plumage d'un jaune d'or. [14] Quand le Tout-Puissant dispersa les rois, la terre devint blanche comme la neige de Tsalmon. [15] Montagne de Dieu, mont de Bassan, montagne aux cimes nombreuses, mont de Bassan, [16] Pourquoi vous élevez-vous, monts aux cimes nombreuses, contre la montagne que Dieu a choisie pour sa demeure? L'Éternel y habitera pour jamais. [17] Les chars de Dieu se comptent par vingt mille, par milliers redoublés; le Seigneur est au milieu d'eux; Sinaï est dans le sanctuaire. [18] Tu es monté en haut, tu as emmené des captifs; tu as reçu des dons parmi les hommes, pour avoir ta demeure même chez les rebelles, ô Éternel Dieu! [19] Béni soit le Seigneur chaque jour! Quand on nous accable, Dieu est notre délivrance. (Sélah.) [20] Dieu est pour nous le Dieu des délivrances; c'est l'Éternel notre Dieu qui retire de la mort. [21] Certainement Dieu écrasera la tête de ses ennemis, le crâne chevelu de celui qui marche dans ses forfaits. [22] Le Seigneur a dit: Je les ramènerai de Bassan, je les ramènerai des profondeurs de la mer; [23] Afin que tu plonges ton pied dans le sang, que la langue de tes chiens ait sa part des ennemis. [24] On a vu ta marche, ô Dieu,

la marche de mon Dieu, de mon Roi, dans le sanctuaire. [25] Les chantres allaient devant; ensuite les joueurs de harpe, au milieu des jeunes filles qui battaient le tambourin. [26] Bénissez Dieu dans les assemblées, bénissez le Seigneur, vous qui sortez de la source d'Israël! [27] Là sont Benjamin le petit, le dominateur; les chefs de Juda et leur multitude; les chefs de Zabulon; les chefs de Nephthali. [28] Ton Dieu a ordonné ta force. Affermis, ô Dieu, ce que tu as fait pour nous! [29] Dans ton temple qui est à Jérusalem, les rois t'apporteront des présents. [30] Tance la bête des roseaux, la troupe des taureaux avec les veaux des peuples, ceux qui se sont parés de lames d'argent. Il disperse les peuples qui se plaisent aux combats. [31] Les grands viendront d'Égypte. Cush se hâtera de tendre les mains vers Dieu. [32] Royaumes de la terre, chantez à Dieu! Psalmodiez au Seigneur (Sélah), [33] A celui qui s'avance porté sur les cieux des cieux, les cieux éternels! Voici, il fait retentir sa voix, sa puissante voix. [34] Rendez la force à Dieu! Sa majesté est sur Israël, sa force est dans les nues. [35] De tes sanctuaires, ô Dieu, tu te montres redoutable. C'est lui, le Dieu d'Israël, qui donne force et puissance au peuple. Béni soit Dieu!

69

[1] Sauve-moi, ô Dieu, car les eaux ont atteint ma vie! [2] Je suis plongé dans un bourbier profond, où je ne puis prendre pied; je suis entré dans l'abîme des eaux, et les flots m'ont submergé. [3] Je suis las de crier; ma gorge est desséchée; mes yeux se consument à attendre mon Dieu. [4] Ceux qui me haïssent sans cause, passent en nombre les cheveux de ma tête; ceux qui m'attaquent et qui sont mes ennemis sans sujet, se renforcent; je dois alors rendre ce que je n'ai pas ravi. [5] O Dieu! tu connais ma folie, et mes fautes ne te sont point cachées. [6] Que ceux qui s'attendent à toi ne soient pas honteux à cause de moi, Seigneur, Éternel des armées! Que ceux qui te cherchent ne soient pas confus à mon sujet, ô Dieu d'Israël! [7] Car c'est pour toi que je porte l'opprobre, et que la honte a couvert mon visage. [8] Je suis devenu un étranger pour mes frères, et un inconnu pour les fils de ma mère. [9] Car le zèle de ta maison m'a dévoré, et les outrages de ceux qui t'outragent sont tombés sur moi, [10] Et j'ai pleuré en jeûnant; mais cela même m'a été un opprobre. [11] J'ai aussi pris le sac pour vêtement; mais j'ai été l'objet de leurs railleries. [12] Ceux qui sont assis à la porte s'entretiennent de moi; les buveurs de boissons fortes font de moi le sujet de leurs chansons. [13] Pour moi, ma prière s'adresse à toi, ô Éternel, dans le temps de ta faveur. O Dieu, selon ta grande bonté, réponds-moi et me délivre, selon ta fidélité! [14] Tire-moi du bourbier, et que je n'enfonce pas; que je sois délivré de mes ennemis et des eaux profondes! [15] Que le courant des eaux ne me submerge pas, que je ne sois pas englouti par le gouffre, et que la fosse ne referme pas sa bouche sur moi! [16] Éternel, réponds-moi, car ta faveur est bonne; selon la grandeur de tes compassions, tourne-toi vers moi! [17] Et ne cache pas ta face à ton serviteur, car je suis en détresse; hâte-toi, réponds-moi! [18] Approche-toi de mon âme, rachète-la; à cause de mes ennemis, délivre-moi! [19] Toi, tu sais mon opprobre, et ma honte, et ma confusion; tous mes adversaires sont devant tes yeux. [20] L'opprobre m'a brisé le cœur, et je suis languissant; j'ai attendu de la compassion, mais il n'y en a point; des consolateurs, mais je n'en trouve pas. [21] Ils mettent du fiel dans ma nourriture, et dans ma soif ils m'abreuvent de vinaigre. [22] Que leur table devienne un piège devant eux, et un filet dans leur sécurité! [23] Que leurs yeux s'obscurcissent pour ne plus voir; et fais trembler continuellement leurs reins! [24] Répands sur eux ton indignation, et que l'ardeur de ton courroux les atteigne! [25] Que leur demeure soit déserte, et que personne n'habite dans leurs tentes! [26] Car ils persécutent celui que tu as frappé, et ils racontent la douleur de ceux que tu as blessés. [27] Ajoute iniquité à leurs iniquités, et qu'ils n'aient point de part à ta justice. [28] Qu'ils soient effacés du livre de vie, et ne soient pas inscrits avec les justes! [29] Pour moi, je suis

affligé et dans la douleur; ta délivrance, ô Dieu, me mettra dans une haute retraite! [30] Je célébrerai le nom de Dieu par des chants; je le magnifierai par des louanges. [31] Et cela plaira mieux à l'Éternel qu'un taureau, qu'un veau ayant des cornes et l'ongle divisé. [32] Les humbles le verront et se réjouiront; votre cœur revivra, vous qui cherchez Dieu. [33] Car l'Éternel écoute les misérables, et il ne dédaigne point ses captifs. [34] Que les cieux et la terre le louent, les mers et tout ce qui s'y meut! [35] Car Dieu sauvera Sion et bâtira les villes de Juda; on y habitera, on la possédera. [36] La race de ses serviteurs l'aura pour héritage; ceux qui aiment son nom, y auront leur demeure.

70

[1] O Dieu, hâte-toi de me délivrer; Éternel, accours à mon aide! [2] Qu'ils soient honteux et qu'ils rougissent, ceux qui cherchent ma vie; qu'ils reculent et soient confus, ceux qui désirent ma perte! [3] Qu'ils retournent en arrière, à cause de leur honte, ceux qui disent: Ah! ah! [4] Que tous ceux qui te cherchent, se réjouissent et s'égaient en toi, et que ceux qui aiment ta délivrance disent toujours: Dieu soit magnifié! [5] Pour moi, je suis affligé et misérable: ô Dieu, hâte-toi de venir à moi! Tu es mon aide et mon libérateur; Éternel, ne tarde point!

71

[1] Éternel, je me suis retiré vers toi; que je ne sois jamais confus! [2] Délivre-moi par ta justice et me fais échapper; incline ton oreille vers moi et sauve-moi! [3] Sois pour moi un rocher de retraite, où je puisse toujours me retirer; tu as ordonné que je sois sauvé; car tu es mon rocher et ma forteresse. [4] Mon Dieu, délivre-moi de la main du méchant, de la main du pervers et de l'oppresseur. [5] Car tu es mon attente, Seigneur Éternel, ma confiance dès ma jeunesse. [6] Je me suis appuyé sur toi dès ma naissance; c'est toi qui m'as tiré du sein de ma mère; tu es ma louange en tout temps. [7] J'ai été comme un monstre aux yeux de plusieurs; mais toi, tu es ma forte retraite. [8] Que ma bouche soit pleine de ta louange et de ta gloire chaque jour! [9] Ne me rejette pas au temps de la vieillesse; quand ma force s'en va, ne m'abandonne pas! [10] Car mes ennemis parlent de moi; ceux qui guettent mon âme tiennent conseil ensemble, [11] Disant: Dieu l'a abandonné; poursuivez-le et le saisissez, car il n'y a personne qui le délivre. [12] O Dieu! ne t'éloigne pas de moi; mon Dieu, accours à mon aide! [13] Que les ennemis de mon âme soient couverts d'opprobre et de honte; que ceux qui cherchent ma perte soient confus, et qu'ils périssent! [14] Mais moi, j'espérerai toujours, et je te louerai de plus en plus. [15] Ma bouche racontera chaque jour ta justice et tes délivrances; car je n'en sais pas le nombre. [16] J'irai louant tes grandes œuvres, Seigneur Éternel; je célébrerai ta seule justice. [17] O Dieu! tu m'as instruit dès ma jeunesse, et jusqu'ici j'ai annoncé tes merveilles. [18] Et même jusqu'à la vieillesse, jusqu'à la blanche vieillesse, ô Dieu, ne m'abandonne pas; jusqu'à ce que j'aie annoncé la force de ton bras à cette génération, ta puissance à tous ceux qui naîtront, [19] Et ta justice, ô Dieu, qui est haut élevée. Tu fais de grandes choses. O Dieu! qui est semblable à toi? [20] Toi qui, m'ayant fait voir plusieurs détresses et plusieurs maux, reviens me rendre la vie, et qui me fais remonter hors des abîmes de la terre. [21] Tu accroîtras ma grandeur, et tu me consoleras encore. [22] Aussi je te louerai sur l'instrument du luth, pour ta fidélité, ô mon Dieu! Je te psalmodierai sur la harpe, ô Saint d'Israël! [23] Mes lèvres, et mon âme que tu as rachetée, chanteront de joie quand je te psalmodierai. [24] Ma langue aussi chaque jour redira ta justice; car ceux qui cherchent mon mal seront honteux et rougiront.

72

[1] De Salomon. O Dieu, donne tes jugements au roi et ta justice au fils du roi! [2] Qu'il juge ton peuple avec justice, et tes affligés avec droiture! [3] Les montagnes et les coteaux

produiront la prospérité pour le peuple, par l'effet de la justice. [4] Il fera droit aux affligés du peuple, il sauvera les enfants du pauvre, et il écrasera l'oppresseur. [5] On te craindra tant que dureront le soleil et la lune, dans tous les âges. [6] Il sera comme la pluie descendant sur le regain, comme une pluie menue arrosant la terre. [7] En ses jours fleurira le juste, et il y aura une abondance de paix, jusqu'à ce qu'il n'y ait plus de lune. [8] Il dominera d'une mer à l'autre, et depuis le fleuve jusqu'aux bouts de la terre. [9] Les habitants du désert se courberont devant lui, et ses ennemis lécheront la poussière. [10] Les rois de Tarsis et des îles lui présenteront des dons; les rois de Shéba et de Séba lui apporteront des présents; [11] Tous les rois se prosterneront devant lui; toutes les nations le serviront. [12] Car il délivrera le pauvre qui crie, et l'affligé qui est sans aide. [13] Il aura pitié du misérable et du pauvre; il sauvera les âmes des malheureux. [14] Il rachètera leur âme de l'oppression et de la violence, et leur sang sera précieux devant ses yeux. [15] Il vivra et on lui donnera de l'or de Shéba; on priera pour lui sans cesse et on le bénira chaque jour. [16] Le froment abondera dans le pays, sur le sommet des montagnes; son fruit fera du bruit comme le Liban; le peuple fleurira dans les villes comme l'herbe de la terre. [17] Son nom subsistera toujours; son nom se propagera tant que luira le soleil; on invoquera son nom pour bénir; toutes les nations le diront heureux. [18] Béni soit l'Éternel Dieu, le Dieu d'Israël, qui seul fait des choses merveilleuses! [19] Béni soit à jamais son nom glorieux, et que toute la terre soit remplie de sa gloire! Amen, amen! [20] Fin des prières de David, fils d'Isaï.

73

[1] Psaume d'Asaph. Oui, Dieu est bon pour Israël, pour ceux qui ont le cœur pur. [2] Pour moi, le pied m'a presque manqué, et peu s'en est fallu que mes pas n'aient glissé; [3] Car j'ai porté envie aux insensés, voyant la prospérité des méchants. [4] Car ils ne sont point liés jusqu'à leur mort, et leur force est en son entier. [5] Quand les mortels sont en peine, ils n'y sont point; ils ne sont point frappés avec les humains. [6] C'est pourquoi l'orgueil les entoure comme un collier, la violence les couvre comme un vêtement. [7] Leurs yeux sont enflés à force d'embonpoint; les désirs de leur cœur se font jour. [8] Ils sont moqueurs et parlent méchamment d'opprimer; ils parlent avec hauteur. [9] Ils portent leur bouche jusqu'au ciel, et leur langue parcourt la terre. [10] Aussi son peuple en revient à ceci, quand on leur fait boire les eaux amères en abondance, [11] Et ils disent: Comment Dieu connaîtrait-il? Et comment y aurait-il de la connaissance chez le Très-Haut? [12] Voici, ceux-là sont des méchants, et, toujours heureux, ils amassent des richesses. [13] Certainement c'est en vain que j'ai purifié mon cœur, et que j'ai lavé mes mains dans l'innocence. [14] Car je suis frappé tous les jours, et mon châtiment revient chaque matin. [15] Si j'ai dit: Je parlerai ainsi; voici, j'étais infidèle à la race de tes enfants. [16] J'ai donc réfléchi pour comprendre ces choses, et cela m'a semblé fort difficile; [17] Jusqu'à ce qu'entré dans les sanctuaires de Dieu, j'aie pris garde à la fin de ces gens-là. [18] Car tu les mets en des lieux glissants; tu les fais tomber dans des précipices. [19] Comme ils sont détruits en un moment! enlevés et consumés par une destruction soudaine! [20] Tel un songe quand on s'éveille, ainsi, Seigneur, à ton réveil tu mets en mépris leur vaine apparence. [21] Quand mon cœur s'aigrissait ainsi, et que je me tourmentais en moi-même, [22] Alors j'étais abruti et sans connaissance; j'étais devant toi comme les bêtes. [23] Mais moi, je serai toujours avec toi; tu m'as pris par la main droite. [24] Tu me conduiras par ton conseil, puis tu me recevras dans la gloire. [25] Quel autre que toi ai-je au ciel? Je ne prends plaisir sur la terre qu'en toi. [26] Ma chair et mon cœur défaillaient; mais Dieu est le rocher de mon cœur et mon partage à toujours. [27] Car voici: ceux qui s'éloignent de toi périront. Tu retranches tous

ceux qui se détournent de toi. [28] Mais pour moi, m'approcher de Dieu, c'est mon bien; j'ai placé mon refuge dans le Seigneur, l'Éternel, afin de raconter toutes tes œuvres.

74

[1] Maskil (cantique) d'Asaph. Pourquoi, ô Dieu, nous rejettes-tu à jamais, et ta colère fume-t-elle contre le troupeau de ta pâture? [2] Souviens-toi de ton assemblée, que tu t'es acquise jadis, que tu as rachetée pour être la tribu de ton héritage; souviens-toi de cette montagne de Sion, où tu as fait ta demeure. [3] Porte tes pas vers ces ruines perpétuelles: l'ennemi a tout détruit dans le lieu saint. [4] Tes ennemis ont rugi au milieu de tes parvis; ils y ont mis pour signes leurs signes. [5] Ils s'y font voir comme des gens élevant les haches dans l'épaisseur d'un bois. [6] Et déjà ils en brisent toutes les sculptures, avec des cognées et des marteaux. [7] Ils ont mis en feu ton sanctuaire; ils ont jeté à terre, profané la demeure de ton nom. [8] Ils ont dit en leur cœur: Détruisons-les tous! Ils ont brûlé toutes les synagogues de Dieu dans le pays. [9] Nous ne voyons plus nos signes; il n'y a plus de prophète, ni personne avec nous qui sache jusques à quand. [10] Jusques à quand, ô Dieu, l'adversaire outragera-t-il, l'ennemi méprisera-t-il sans cesse ton nom? [11] Pourquoi retires-tu ta main et ta droite? Tire-la de ton sein, et détruis! [12] Mais Dieu est mon Roi de tout temps, lui qui opère des délivrances au milieu de la terre. [13] C'est toi qui fendis la mer par ta puissance, qui brisas les têtes des dragons sur les eaux. [14] C'est toi qui écrasas les têtes du Léviathan, qui le donnas en pâture au peuple du désert. [15] C'est toi qui fis jaillir des sources et des ruisseaux; toi qui mis à sec les fleuves intarissables. [16] A toi est le jour, à toi aussi est la nuit; tu as créé la lumière et le soleil. [17] C'est toi qui as posé toutes les limites de la terre; l'été et l'hiver, c'est toi qui les as formés. [18] Souviens-toi que l'ennemi outrage, ô Éternel! qu'un peuple insensé méprise ton nom! [19] N'abandonne pas aux bêtes la vie de ta tourterelle; n'oublie pas pour toujours la troupe de tes affligés. [20] Regarde à ton alliance; car les lieux ténébreux de la terre sont pleins de repaires de violence. [21] Que l'opprimé ne retourne pas confus; que l'affligé et le pauvre louent ton nom! [22] Lève-toi, ô Dieu, défends ta cause! Souviens-toi de l'opprobre qui t'est fait tous les jours par l'insensé. [23] N'oublie pas les cris de tes adversaires, le bruit toujours grandissant de ceux qui s'élèvent contre toi!

75

[1] Nous te louons, ô Dieu, nous te louons, et ton nom est près de nous; on raconte tes merveilles. [2] Au terme que j'ai fixé, je jugerai avec droiture. [3] La terre tremblait avec tous ses habitants; moi j'ai affermi ses colonnes. (Sélah.) [4] J'ai dit aux superbes: Ne faites pas les superbes; et aux méchants: Ne levez pas la corne; [5] Ne levez pas votre corne en haut; ne raidissez pas le cou pour parler avec insolence! [6] Car ce n'est pas de l'orient, ni de l'occident, ni du désert que vient l'élévation; [7] Car c'est Dieu qui juge; il abaisse l'un et élève l'autre. [8] Car il y a dans la main de l'Éternel une coupe où le vin bouillonne; elle est pleine de vin mêlé, et il en verse; certes, tous les méchants de la terre en boiront les lies. [9] Et moi, je le raconterai à jamais; je chanterai au Dieu de Jacob. [10] Je romprai toutes les forces des méchants; mais les forces du juste seront élevées.

76

[1] Dieu est connu en Juda, son nom est grand en Israël. [2] Son tabernacle est en Salem, et son domicile en Sion. [3] C'est là qu'il a brisé les foudres de l'arc, le bouclier, l'épée et la bataille. (Sélah.) [4] Tu es brillant et magnifique, plus que les montagnes des ravisseurs. [5] Ils ont été dépouillés, les hommes au cœur fort; ils ont dormi leur sommeil, et tous ces hommes vaillants n'ont plus trouvé leurs mains. [6] A ta menace, ô Dieu de Jacob, chars et chevaux ont été frappés d'assoupissement. [7] Tu es redoutable, toi! Et qui peut subsister

devant toi, dès que paraît ta colère? [8] Lorsque des cieux tu fais entendre ton jugement, la terre est effrayée et se tient en repos; [9] Quand tu te lèves, ô Dieu, pour juger, pour délivrer tous les affligés de la terre. (Sélah.) [10] Certes, la fureur de l'homme tourne à ta louange, quand tu te revêts de tout ton courroux. [11] Faites des vœux, acquittez-les à l'Éternel votre Dieu; que tous ceux qui l'environnent, apportent des dons au Redoutable. [12] Il abat l'orgueil des princes; il est redoutable aux rois de la terre.

77

[1] Ma voix s'adresse à Dieu, et je crie, ma voix s'adresse à Dieu, et il m'écoutera. [2] Au jour de ma détresse, j'ai cherché le Seigneur; la nuit, ma main était étendue vers lui et ne se lassait point; mon âme refusait d'être consolée. [3] Je me souvenais de Dieu, et je gémissais; je méditais, et mon esprit était abattu. Sélah (pause). [4] Tu avais retenu mes yeux dans les veilles; j'étais troublé, je ne pouvais parler. [5] Je pensais aux jours d'autrefois, aux années des temps passés. [6] Je me rappelais mes mélodies de la nuit; je méditais en mon cœur, et mon esprit examinait. [7] Le Seigneur rejettera-t-il pour toujours, ne sera-t-il plus désormais propice? [8] Sa bonté a-t-elle cessé pour toujours? Sa parole a-t-elle pris fin pour tous les âges? [9] Dieu a-t-il oublié d'avoir pitié? A-t-il dans sa colère fermé ses compassions? [10] Et j'ai dit: Voilà ce qui fait ma souffrance: C'est que la droite du Très-Haut a changé. [11] Je me rappellerai les exploits de l'Éternel, me souvenant de tes merveilles d'autrefois; [12] Je méditerai sur toutes tes œuvres, et je considérerai tes hauts faits. [13] O Dieu, tes voies sont saintes! Quel autre Dieu est grand comme Dieu? [14] Tu es le Dieu qui fait des merveilles; tu as fait connaître ta force parmi les peuples. [15] Par ton bras, tu rachetas ton peuple, les enfants de Jacob et de Joseph. (Sélah.) [16] Les eaux te virent, ô Dieu! Les eaux te virent; elles tremblèrent; même les abîmes s'émurent. [17] Les nues se répandirent en eaux; les nuages tonnèrent; tes traits aussi volèrent çà et là. [18] Ton tonnerre gronda dans le tourbillon; les éclairs brillèrent sur le monde; la terre s'émut et trembla. [19] Tu as fait ton chemin dans la mer, tes sentiers dans les grandes eaux; et tes traces n'ont point été connues. [20] Tu as conduit ton peuple comme un troupeau, par la main de Moïse et d'Aaron.

78

[1] Maskil (cantique) d'Asaph. Écoute ma loi, ô mon peuple! Prêtez l'oreille aux paroles de ma bouche. [2] J'ouvrirai ma bouche pour prononcer des discours sentencieux; je publierai les secrets des temps anciens, [3] Que nous avons entendus et connus, et que nos pères nous ont racontés. [4] Nous ne les cacherons point à leurs enfants; nous raconterons à la race future les louanges de l'Éternel, et sa force, et les merveilles qu'il a faites. [5] Il établit un témoignage en Jacob; il mit en Israël une loi, qu'il ordonna à nos pères de faire connaître à leurs enfants; [6] Afin que la génération suivante, les enfants à venir, la connussent, et qu'en grandissant ils la racontassent à leurs enfants; [7] Qu'ils missent en Dieu leur confiance, qu'ils n'oubliassent pas les œuvres de Dieu, et qu'ils gardassent ses commandements; [8] Et qu'ils ne fussent pas, comme leurs pères, une génération rebelle et indocile, génération qui ne disposa point son cœur, et dont l'esprit ne fut pas fidèle à Dieu. [9] Les fils d'Éphraïm, armés et tirant de l'arc, ont tourné le dos au jour du combat. [10] Ils n'ont point gardé l'alliance de Dieu, et n'ont pas voulu marcher dans sa loi. [11] Ils ont mis en oubli ses exploits, et ses merveilles qu'il leur avait fait voir. [12] Il fit des prodiges devant leurs pères, au pays d'Égypte, aux champs de Tsoan. [13] Il fendit la mer et les fit passer; il dressa les eaux comme en un monceau; [14] Et il les conduisit, le jour par la nuée, et toute la nuit par la clarté du feu. [15] Il fendit les rochers au désert, et les abreuva comme à flots abondants. [16] De la pierre il fit sortir des ruisseaux; il fit descendre les

eaux comme des rivières. [17] Mais ils continuèrent à pécher contre lui, se rebellant contre le Très-Haut dans le désert. [18] Ils tentèrent Dieu dans leur cœur, demandant des mets selon leur désir. [19] Ils parlèrent contre Dieu et dirent: Dieu pourrait-il dresser une table au désert? [20] Voici, il a frappé la roche, et des eaux ont coulé, et des torrents se sont répandus: pourra-t-il bien donner du pain, préparer de la chair à son peuple? [21] Aussi l'Éternel l'entendit et s'indigna; un feu s'alluma contre Jacob, et la colère s'éleva contre Israël; [22] Parce qu'ils n'avaient pas cru en Dieu, et ne s'étaient pas confiés en son salut. [23] Alors il commanda aux nuées en haut, et ouvrit les portes des cieux. [24] Il fit pleuvoir sur eux la manne pour nourriture, et leur donna le froment des cieux. [25] Chacun mangea le pain des puissants; il leur envoya des vivres à souhait. [26] Il fit lever le vent d'orient dans les cieux, et amena par sa force le vent du midi. [27] Il fit pleuvoir sur eux de la chair comme de la poussière, et des oiseaux ailés, comme le sable des mers. [28] Il les fit tomber au milieu de leur camp, et tout autour de leurs tentes. [29] Ils mangèrent et furent abondamment repus; il leur accorda ce qu'ils désiraient. [30] Ils n'en avaient pas perdu l'envie, les mets étaient encore dans leur bouche, [31] Que la colère de Dieu monta contre eux, qu'il tua leurs hommes forts, et abattit l'élite d'Israël. [32] Et pourtant ils péchèrent encore, et ne crurent point à ses merveilles. [33] Il consuma leurs jours par un souffle, et leurs années par un effroi soudain. [34] Quand il les tuait, ils s'enquéraient de lui, et se remettaient à chercher Dieu. [35] Ils se souvenaient que Dieu était leur rocher, et le Dieu Très-Haut leur rédempteur. [36] Mais ils faisaient beau semblant de leur bouche, et de leur langue ils lui mentaient. [37] Leur cœur n'était pas droit envers lui, et ils n'étaient pas fidèles à son alliance. [38] Mais lui, miséricordieux, pardonnait le crime et ne les détruisait pas; souvent il revint de sa colère, et n'éveilla pas toute sa fureur. [39] Et il se souvint qu'ils n'étaient que chair, un vent qui passe et ne revient pas. [40] Que de fois ils se rebellèrent contre lui au désert, et le contristèrent dans la solitude! [41] Ils recommencèrent à tenter Dieu et à provoquer le Saint d'Israël; [42] Ils ne se souvinrent plus de sa main, du jour où il les délivra de l'oppresseur, [43] Lorsqu'il manifesta ses prodiges en Égypte, et ses miracles dans les champs de Tsoan; [44] Qu'il changea leurs fleuves en sang, et ils n'en burent plus les ondes; [45] Qu'il envoya contre eux des insectes pour les dévorer et des grenouilles pour les infester; [46] Qu'il livra leur récolte aux vermisseaux, et leur travail aux sauterelles; [47] Qu'il tua leurs vignes par la grêle, et leurs sycomores par les frimas; [48] Qu'il livra leur bétail à la grêle, et leurs troupeaux à la foudre; [49] Qu'il envoya contre eux l'ardeur de son courroux, l'indignation, la colère, la détresse, déchaînant les messagers de malheur. [50] Il donna carrière à sa colère, et ne préserva point leur âme de la mort; il livra leur vie à la mortalité. [51] Il frappa dans l'Égypte tous les premiers-nés, les prémices de la force dans les tentes de Cham. [52] Il fit partir son peuple comme des brebis, et les conduisit par le désert comme un troupeau. [53] Il les mena en sûreté et sans crainte; mais la mer couvrit leurs ennemis. [54] Il les fit parvenir dans ses frontières saintes, à la montagne que sa droite a conquise. [55] Il chassa devant eux des nations; il les leur fit échoir en portions d'héritage, et logea les tribus d'Israël dans leurs tentes. [56] Mais ils tentèrent et irritèrent le Dieu Très-Haut, et ne gardèrent point ses témoignages. [57] Ils reculèrent et furent infidèles comme leurs pères; ils tournèrent comme un arc qui trompe. [58] Ils le provoquèrent par leurs hauts lieux, et l'émurent à jalousie par leurs idoles. [59] Dieu l'entendit et s'indigna; il prit Israël en aversion. [60] Il abandonna la demeure de Silo, la tente qu'il avait dressée parmi les hommes. [61] Il livra sa gloire à la captivité, et sa majesté aux mains de l'ennemi. [62] Il abandonna son peuple à l'épée, et s'indigna contre son héritage. [63] Le feu dévora ses jeunes hommes, et ses vierges ne furent point chantées. [64] Ses sacrificateurs tombèrent par l'épée, et ses veuves ne pleurèrent pas. [65] Alors le Seigneur s'éveilla comme un homme qui dort, comme un guerrier à qui le vin fait jeter des cris. [66] Il refoula ses adversaires;

il les chargea d'un opprobre éternel. [67] Mais il rejeta la tente de Joseph, et ne choisit pas la tribu d'Éphraïm. [68] Il choisit la tribu de Juda, la montagne de Sion qu'il aime. [69] Il bâtit son sanctuaire comme les lieux très hauts, comme la terre qu'il a fondée pour toujours. [70] Il choisit David son serviteur, et le prit des parcs des brebis. [71] Il l'amena d'auprès de celles qui allaitent, pour paître Jacob, son peuple, et Israël, son héritage. [72] Alors David les fit paître suivant l'intégrité de son cœur, et les conduisit par la sagesse de ses mains.

79

[1] Psaume d'Asaph. O Dieu, les nations sont entrées dans ton héritage; elles ont profané le temple de ta sainteté; elles ont mis Jérusalem en ruines. [2] Elles ont donné les corps de tes serviteurs en pâture aux oiseaux des cieux, la chair de tes bien-aimés aux bêtes de la terre. [3] Elles ont répandu leur sang comme l'eau, à l'entour de Jérusalem, sans qu'il y eût personne pour les ensevelir. [4] Nous avons été en opprobre chez nos voisins, la risée et le jouet de nos alentours. [5] Jusques à quand, ô Éternel, seras-tu irrité sans relâche, et ta jalousie sera-t-elle embrasée comme un feu? [6] Répands ta colère sur les nations qui ne te connaissent pas, et sur les royaumes qui n'invoquent pas ton nom. [7] Car on a dévoré Jacob; on a désolé sa demeure. [8] Ne te souviens point de nos iniquités passées; que ta compassion se hâte de venir à nous; car nous sommes devenus fort misérables. [9] Aide-nous, ô Dieu de notre salut, pour la gloire de ton nom, et nous délivre! Pardonne-nous nos péchés pour l'amour de ton nom! [10] Pourquoi les nations diraient-elles: Où est leur Dieu? Qu'elle se montre à nos yeux, parmi les nations, la vengeance du sang de tes serviteurs, qui a été répandu! [11] Que le gémissement du captif parvienne en ta présence! conserve, selon la grandeur de ta force, ceux qui sont voués à la mort! [12] Et rends à nos voisins, par sept fois, dans leur sein, l'outrage qu'ils t'ont fait, Seigneur! [13] Mais nous, ton peuple, le troupeau que tu conduis, nous te célébrerons à jamais. D'âge en âge nous redirons ta louange.

80

[1] Pasteur d'Israël, prête l'oreille; toi qui mènes Joseph comme un troupeau, toi qui sièges entre les chérubins, fais briller ta splendeur! [2] Devant Éphraïm, Benjamin et Manassé, réveille ta puissance et viens nous sauver. [3] O Dieu! rétablis-nous; fais luire ta face, et nous serons sauvés! [4] Éternel, Dieu des armées, jusques à quand ta colère fumera-t-elle contre la prière de ton peuple? [5] Tu leur fais manger un pain de larmes, et tu leur fais boire des larmes à pleine mesure. [6] Tu fais de nous un sujet de contestations pour nos voisins, et nos ennemis se raillent de nous entre eux. [7] Dieu des armées! rétablis-nous; fais luire ta face, et nous serons sauvés! [8] Tu enlevas de l'Égypte une vigne; tu chassas des nations et tu la plantas. [9] Tu préparas le sol devant elle; elle poussa ses racines et remplit la terre. [10] Les montagnes se couvraient de son ombre, et les cèdres de Dieu de ses sarments. [11] Elle étendait ses pampres jusqu'à la mer, et ses rejetons jusqu'au fleuve. [12] Pourquoi as-tu rompu ses clôtures, en sorte que tous les passants la pillent? [13] Que le sanglier des forêts la dévaste, et que les bêtes des champs la broutent? [14] Dieu des armées, reviens! Regarde des cieux, et vois, et visite cette vigne. [15] Protège ce que ta droite a planté, et le fils que tu t'es choisi. [16] Elle est brûlée, elle est coupée. Ils périssent devant le courroux de ta face. [17] Que ta main soit sur l'homme de ta droite, sur le fils de l'homme que tu t'es choisi; [18] Et nous ne nous détournerons plus de toi; rends-nous la vie, et nous invoquerons ton nom. [19] Éternel, Dieu des armées, rétablis-nous; fais luire ta face, et nous serons sauvés!

81

¹ Chantez avec allégresse à Dieu, notre force; jetez des cris de réjouissance au Dieu de Jacob! ² Entonnez le chant; faites résonner le tambourin, la harpe agréable avec la lyre. ³ Sonnez de la trompette à la nouvelle lune, à la pleine lune, au jour de notre fête. ⁴ Car c'est une loi pour Israël, une ordonnance du Dieu de Jacob. ⁵ Il en fit un statut pour Joseph, quand il sortit contre le pays d'Égypte; là j'entendis un langage que je ne connaissais pas. ⁶ J'ai déchargé, dit-il, son épaule du fardeau; ses mains ont lâché la corbeille. ⁷ Tu as crié dans la détresse, et je t'ai délivré; je t'ai répondu, caché dans le tonnerre; je t'ai éprouvé aux eaux de Mériba. (Sélah.) ⁸ Écoute, mon peuple, et je t'exhorterai; Israël, si tu m'écoutais! ⁹ Qu'il n'y ait point chez toi de dieu étranger; ne te prosterne pas devant les dieux des nations! ¹⁰ Je suis l'Éternel, ton Dieu, qui t'ai fait remonter du pays d'Égypte. Ouvre ta bouche, et je la remplirai. ¹¹ Mais mon peuple n'a pas écouté ma voix; Israël n'a pas voulu m'obéir. ¹² Et je les ai abandonnés à la dureté de leur cœur, pour marcher selon leurs conseils. ¹³ Oh! si mon peuple voulait m'écouter, qu'Israël marchât dans mes voies! ¹⁴ J'eusse en un instant fait ployer leurs ennemis, j'aurais tourné ma main contre leurs adversaires. ¹⁵ Ceux qui haïssent l'Éternel eussent flatté Israël, et son temps heureux eût toujours duré. ¹⁶ Dieu les eût nourris de la moelle du froment. Je t'eusse rassasié du miel du rocher.

82

¹ Psaume d'Asaph. Dieu se tient dans l'assemblée de Dieu; il juge au milieu des dieux. ² Jusques à quand serez-vous des juges pervers, et aurez-vous égard à la personne des méchants? ³ Faites droit au faible et à l'orphelin; rendez justice au misérable et au pauvre. ⁴ Délivrez le faible et l'indigent; sauvez-le de la main des méchants. ⁵ Ils ne connaissent ni n'entendent rien; ils marchent dans les ténèbres; tous les fondements de la terre sont ébranlés. ⁶ J'ai dit: Vous êtes des dieux, vous êtes tous des fils du Très-Haut; ⁷ Toutefois vous mourrez comme des hommes, et vous tomberez comme l'un des princes. ⁸ Lève-toi, ô Dieu, juge la terre! Car tu posséderas en héritage toutes les nations.

83

¹ O Dieu, ne garde pas le silence! Ne sois pas sourd et ne reste pas dans le repos, ô Dieu! ² Car voici, tes ennemis s'agitent, et ceux qui te haïssent ont levé la tête. ³ Ils font contre ton peuple d'astucieux complots, et se concertent contre ceux que tu protèges. ⁴ Venez, disent-ils, faisons-les disparaître d'entre les nations, et qu'on ne parle plus du nom d'Israël. ⁵ Car ils ont conspiré d'un même cœur, ils forment une alliance contre toi; ⁶ Les tentes d'Édom et les Ismaélites, Moab et les Hagaréniens; ⁷ Guébal, Ammon et Amalek, les Philistins avec les habitants de Tyr. ⁸ Assur aussi se joint à eux; ils prêtent leur bras aux enfants de Lot. (Sélah.) ⁹ Fais-leur comme à Madian; comme à Sisera, comme à Jabin au torrent de Kisson; ¹⁰ Qui furent détruits à Endor, et servirent de fumier à la terre. ¹¹ Rends-les, rends leurs princes semblables à Oreb et à Zéeb; et tous leurs rois à Zébach et à Tsalmuna. ¹² Car ils disent: Emparons-nous des demeures de Dieu! ¹³ Mon Dieu, rends-les semblables au tourbillon, au chaume emporté par le vent. ¹⁴ Comme le feu dévore la forêt, comme la flamme embrase les montagnes, ¹⁵ Ainsi poursuis-les de ta tempête, épouvante-les par ton ouragan. ¹⁶ Remplis leur face d'ignominie, et qu'ils cherchent ton nom, ô Éternel! ¹⁷ Qu'ils soient honteux, qu'ils soient épouvantés à jamais, qu'ils soient rendus confus et qu'ils périssent! ¹⁸ Et qu'ils connaissent que toi seul, qui t'appelles l'Éternel, tu es le souverain de toute la terre.

84

[1] Éternel des armées, que tes tabernacles sont aimables! [2] Mon âme languit, même elle se consume après les parvis de l'Éternel; mon cœur et ma chair crient vers le Dieu vivant. [3] Le passereau même a bien trouvé une maison, et l'hirondelle son nid où elle a mis ses petits. Tes autels, ô Éternel des armées, mon roi et mon Dieu! [4] Heureux ceux qui habitent ta maison, qui te louent incessamment! Sélah (pause). [5] Heureux l'homme dont la force est en toi, ceux qui aiment les chemins de ta maison! [6] Passant par la vallée de Baca (Larmes), ils en font une source vive; et la pluie d'automne la couvre de biens. [7] Ils vont de force en force pour se présenter devant Dieu en Sion. [8] Éternel, Dieu des armées, écoute ma prière! Dieu de Jacob, prête l'oreille! [9] O Dieu, notre bouclier, vois et regarde la face de ton Oint! [10] Car un jour dans tes parvis vaut mieux que mille ailleurs. J'aime mieux me tenir sur le seuil, dans la maison de mon Dieu, que d'habiter dans les tentes des méchants. [11] Car l'Éternel Dieu est un soleil et un bouclier; l'Éternel donne la grâce et la gloire; il ne refuse aucun bien à ceux qui marchent dans l'intégrité. [12] Éternel des armées, heureux l'homme qui se confie en toi!

85

[1] Éternel, tu as été propice envers ta terre; tu as ramené les captifs de Jacob. [2] Tu as pardonné l'iniquité de ton peuple; tu as couvert tous leurs péchés. (Sélah.) [3] Tu as retiré tout ton courroux; tu es revenu de l'ardeur de ta colère. [4] Rétablis-nous, ô Dieu de notre salut, et fais cesser ton indignation contre nous! [5] Seras-tu toujours courroucé contre nous? Feras-tu durer ta colère d'âge en âge? [6] Ne reviendras-tu pas nous rendre la vie, afin que ton peuple se réjouisse en toi? [7] Fais-nous voir ta bonté, ô Éternel, et accorde-nous ta délivrance! [8] J'écouterai ce que dit Dieu, l'Éternel, car il parlera de paix à son peuple et à ses bien-aimés, afin qu'ils ne retournent plus à la folie. [9] Oui, son salut est près de ceux qui le craignent, afin que la gloire habite dans notre terre. [10] La bonté et la vérité se sont rencontrées; la justice et la paix se sont entrebaisées. [11] La vérité germera de la terre, et la justice regardera des cieux. [12] L'Éternel aussi donnera ses biens, et notre terre donnera ses fruits. [13] La justice marchera devant lui, et il la mettra partout où il passera.

86

[1] Prière de David. Éternel, prête l'oreille, exauce-moi, car je suis affligé et misérable. [2] Garde mon âme, car je suis de ceux qui t'aiment; ô toi, mon Dieu, sauve ton serviteur qui se confie en toi! [3] Aie pitié de moi, Seigneur; car je crie à toi tout le jour. [4] Réjouis l'âme de ton serviteur; car j'élève mon âme à toi, Seigneur. [5] Car tu es bon et clément, Seigneur, et plein de bonté pour tous ceux qui t'invoquent. [6] Écoute, ô Éternel, ma prière, et sois attentif à la voix de mes supplications! [7] Je t'invoque au jour de ma détresse; car tu m'exauces. [8] Seigneur, nul entre les dieux n'est comme toi, et il n'y a point d'œuvres telles que les tiennes. [9] Toutes les nations que tu as faites, viendront se prosterner devant toi, Seigneur, et glorifieront ton nom. [10] Car tu es grand, et tu fais des choses merveilleuses; tu es Dieu, toi seul. [11] Éternel, enseigne-moi ta voie, je marcherai dans ta vérité; range mon cœur à la crainte de ton nom. [12] Je te louerai de tout mon cœur, Seigneur mon Dieu, et je glorifierai ton nom à toujours. [13] Car ta bonté est grande envers moi, et tu as retiré mon âme du Sépulcre profond. [14] O Dieu, des orgueilleux se lèvent contre moi, et une troupe de gens violents, qui ne t'ont pas devant les yeux, cherche ma vie. [15] Mais toi, Seigneur, tu es un Dieu pitoyable et miséricordieux, lent à la colère, abondant en bonté et en fidélité. [16] Tourne-toi vers moi et aie pitié de moi; donne ta force à ton serviteur; délivre le fils de ta servante. [17] Accorde-moi un signe de ta faveur, et que ceux qui me

haïssent le voient et soient confus, parce que toi, ô Éternel, tu m'auras aidé et tu m'auras consolé.

87

[1] Psaume, cantique des enfants de Coré. Elle est fondée sur les saintes montagnes. [2] L'Éternel aime les portes de Sion, plus que toutes les demeures de Jacob. [3] Des choses glorieuses sont prononcées sur toi, ô cité de Dieu! (Sélah.) [4] Je nomme Rahab et Babel parmi ceux qui me connaissent. Voici le pays des Philistins et Tyr, avec l'Éthiopie: c'est dans Sion qu'ils sont nés. [5] Et de Sion il sera dit: Celui-ci et celui-là sont nés en elle; et le Très-Haut lui-même l'affermira. [6] En enregistrant les peuples, l'Éternel écrira: C'est là qu'ils sont nés. (Sélah.) [7] Et ceux qui chantent comme ceux qui dansent, répètent: Toutes mes sources sont en toi.

88

[1] Éternel, Dieu de ma délivrance, je crie jour et nuit devant toi. [2] Que ma prière parvienne en ta présence; incline ton oreille à mon cri. [3] Car mon âme est rassasiée de maux, et ma vie touche au séjour des morts. [4] Je suis compté parmi ceux qui descendent dans la fosse; je suis comme un homme sans vigueur, [5] Gisant parmi les morts, tel que les blessés à mort, qui sont couchés dans le tombeau, dont tu ne te souviens plus, et qui sont séparés de ta main. [6] Tu m'as mis dans la fosse la plus basse, dans les lieux ténébreux, dans les abîmes. [7] Ta colère pèse sur moi, et tu m'accables de tous tes flots. (Sélah.) [8] Tu as éloigné de moi ceux que je connais; tu m'as rendu pour eux un objet d'horreur; je suis enfermé et je ne puis sortir. [9] Mon œil se consume par l'affliction; je t'invoque, ô Éternel, tous les jours; j'étends mes mains vers toi. [10] Feras-tu quelque merveille pour les morts? Ou les trépassés se lèveront-ils pour te louer? (Sélah.) [11] Annoncera-t-on ta bonté dans le tombeau, et ta fidélité dans l'abîme? [12] Connaîtra-t-on tes merveilles dans les ténèbres, et ta justice dans la terre d'oubli? [13] Et moi, Éternel, je crie à toi; ma prière te prévient dès le matin. [14] Éternel, pourquoi rejettes-tu mon âme, et me caches-tu ta face? [15] Je suis affligé et comme expirant dès ma jeunesse; je suis chargé de tes terreurs, je suis éperdu. [16] Tes fureurs ont passé sur moi; tes épouvantes me tuent. [17] Elles m'environnent comme des eaux chaque jour; elles m'enveloppent toutes à la fois. [18] Tu as éloigné de moi amis et compagnons; ceux que je connais, ce sont les ténèbres.

89

[1] Je chanterai à jamais les bontés de l'Éternel; ma bouche publiera ta fidélité d'âge en âge. [2] Car j'ai dit: Ta bonté subsiste à jamais; tu établis ta fidélité dans les cieux. [3] J'ai traité alliance avec mon élu; j'ai fait serment à David, mon serviteur, disant: [4] J'affermirai ta postérité pour toujours, et je fonderai ton trône pour tous les âges. (Sélah.) [5] Les cieux, ô Éternel, célèbrent tes merveilles et ta fidélité dans l'assemblée des saints. [6] Car qui, dans les lieux célestes, est comparable à l'Éternel? qui ressemble à l'Éternel parmi les fils des dieux? [7] Dieu est terrible dans l'assemblée des saints, redoutable plus que tous ceux qui l'environnent. [8] Éternel, Dieu des armées, qui est puissant comme toi, ô Éternel? Tu es environné de ta fidélité. [9] Tu domines sur l'orgueil de la mer; quand ses vagues s'élèvent, toi, tu les apaises. [10] Tu as abattu Rahab comme un blessé à mort; par ton bras puissant tu as dissipé tes ennemis. [11] A toi sont les cieux, à toi aussi la terre; tu as fondé le monde et ce qu'il renferme. [12] Tu as créé le nord et le midi; le Thabor et l'Hermon poussent des cris de joie à ton nom. [13] Ton bras est puissant, ta main forte, ta droite élevée. [14] La justice et l'équité sont la base de ton trône; la grâce et la vérité marchent devant ta face. [15] Heureux le peuple qui connaît les cris de joie! Éternel, ils marchent à la clarté de ta

face. [16] Ils se réjouissent en ton nom chaque jour, et se glorifient de ta justice. [17] Car tu es leur gloire et leur force; c'est par ta faveur que notre corne est élevée. [18] Car l'Éternel est notre bouclier; le Saint d'Israël est notre roi. [19] Tu parlas jadis à ton bien-aimé dans une vision, et tu dis: J'ai prêté secours à un homme fort; j'ai élevé du milieu du peuple un héros; [20] J'ai trouvé David mon serviteur, je l'ai oint de mon huile sainte; [21] Ma main sera constamment avec lui, et mon bras le fortifiera; [22] L'ennemi ne pourra le surprendre, et l'homme inique ne l'opprimera point; [23] Je briserai devant lui ses adversaires, et je frapperai ceux qui le haïssent; [24] Ma fidélité, ma faveur seront avec lui, et sa force s'élèvera par mon nom; [25] Je mettrai sa main sur la mer, et sa droite sur les fleuves. [26] Il m'invoquera, disant: Tu es mon Père, mon Dieu et le rocher de mon salut. [27] Aussi j'en ferai le premier-né, le souverain des rois de la terre. [28] Je lui conserverai ma faveur à toujours, et mon alliance lui est assurée. [29] Je rendrai sa postérité éternelle, et son trône comme les jours des cieux. [30] Si ses fils abandonnent ma loi, et ne marchent pas selon mes ordonnances; [31] S'ils violent mes statuts, et ne gardent pas mes commandements; [32] Je châtierai leur transgression par la verge, et leur iniquité par des plaies. [33] Mais je ne lui retirerai pas ma bonté, et ne lui fausserai point ma foi. [34] Je ne violerai point mon alliance, et ne changerai pas ce qui est sorti de mes lèvres. [35] J'ai une fois juré par ma sainteté; je ne mentirai point à David. [36] Sa postérité subsistera toujours, et son trône aussi longtemps que le soleil devant moi. [37] Comme la lune, il durera à jamais; et il y en a dans les cieux un témoin fidèle. [38] Cependant tu l'as rejeté, tu l'as méprisé; tu t'es indigné contre ton Oint; [39] Tu as repoussé l'alliance de ton serviteur; tu as jeté à terre et profané sa couronne. [40] Tu as rompu toutes ses barrières; tu as ruiné ses forteresses. [41] Tous ceux qui passent au chemin le pillent; il est en opprobre à ses voisins. [42] Tu as élevé la droite de ses adversaires, tu as réjoui tous ses ennemis; [43] Tu as fait plier la pointe de son épée et ne l'as pas soutenu dans le combat. [44] Tu as fait cesser son éclat, et tu as jeté son trône à terre; [45] Tu as abrégé les jours de sa jeunesse, et tu l'as couvert de honte. (Sélah.) [46] Jusques à quand, Éternel, te cacheras-tu sans cesse, et ta colère sera-t-elle embrasée comme un feu? [47] Rappelle-toi quelle est ma durée, pour quel néant tu as créé tous les fils des hommes. [48] Quel homme pourra vivre et ne point voir la mort? Qui sauvera son âme de la main du Sépulcre? (Sélah.) [49] Seigneur, où sont tes bontés premières, que tu juras à David sur ta fidélité? [50] Souviens-toi, Seigneur, de l'opprobre de tes serviteurs; et que je porte en mon sein l'opprobre fait par tous ces grands peuples. [51] Car tes ennemis ont outragé, ô Éternel, tes ennemis ont outragé les pas de ton Oint. [52] Béni soit l'Éternel à toujours! Amen, oui, amen!

90

[1] Prière de Moïse, homme de Dieu. Seigneur, tu as été pour nous une retraite d'âge en âge. [2] Avant que les montagnes fussent nées et que tu eusses formé la terre et le monde, d'éternité en éternité, tu es Dieu. [3] Tu fais retourner l'homme à la poussière; et tu dis: Fils des hommes, retournez! [4] Car mille ans à tes yeux sont comme le jour d'hier quand il est passé, et comme une veille dans la nuit. [5] Tu les emportes, semblables à un songe; ils sont au matin comme une herbe qui passe; [6] Elle fleurit le matin et elle se fane; le soir on la coupe et elle sèche. [7] Car nous sommes consumés par ta colère, et nous sommes troublés par ton courroux. [8] Tu as mis devant toi nos iniquités, et devant la clarté de ta face nos fautes cachées. [9] Car tous nos jours s'en vont par ta colère; nous consumons nos années comme une pensée. [10] Les jours de nos années reviennent à soixante-dix ans et pour les plus vigoureux, à quatre-vingts ans; et le plus beau de ces jours n'est que peine et tourment; car il s'en va bientôt, et nous nous envolons. [11] Qui connaît la force de ton courroux et ton indignation, selon la crainte qui t'est due? [12] Enseigne-nous à compter

nos jours, tellement que nous puissions avoir un cœur sage. 13 Reviens, Éternel, jusques à quand? Aie compassion de tes serviteurs! 14 Dès le matin, rassasie-nous de ta bonté, afin que nous nous réjouissions et que nous soyons joyeux tout le long de nos jours. 15 Réjouis-nous au prix des jours où tu nous as affligés et des années où nous avons vu des maux. 16 Que ton œuvre se montre à tes serviteurs, et ta gloire sur leurs enfants! 17 Et que la bienveillance de l'Éternel notre Dieu soit sur nous! Affermis pour nous l'œuvre de nos mains; oui, affermis l'œuvre de nos mains.

91

1 Celui qui habite dans la retraite secrète du Très-Haut repose à l'ombre du Tout-Puissant. 2 Je dis à l'Éternel: Mon refuge et ma forteresse! mon Dieu en qui je m'assure! 3 Certes, il te sauvera du filet de l'oiseleur et de la mortalité funeste. 4 Il te couvrira de ses plumes, et tu auras retraite sous ses ailes; sa vérité sera ton bouclier et ton écu. 5 Tu ne craindras pas les terreurs de la nuit, ni la flèche qui vole de jour, 6 Ni la mortalité qui marche dans les ténèbres, ni la destruction qui ravage en plein midi. 7 Qu'il en tombe mille à ton côté et dix mille à ta droite, elle n'approchera point de toi. 8 Seulement tu considéreras de tes yeux et tu verras la punition des méchants. 9 Car tu es mon refuge, ô Éternel! Tu as pris le Très-Haut pour ton asile. 10 Aucun mal ne t'atteindra, aucune plaie n'approchera de ta tente. 11 Car il ordonnera à ses anges de te garder dans toutes tes voies. 12 Ils te porteront dans leurs mains, de peur que ton pied ne heurte contre une pierre. 13 Tu marcheras sur le lion et sur l'aspic; tu fouleras le lionceau et le dragon. 14 Puisqu'il m'aime avec affection, dit le Seigneur, je le délivrerai; je le mettrai en sûreté, car il connaît mon nom. 15 Il m'invoquera et je l'exaucerai; je serai avec lui dans la détresse; je l'en retirerai et le glorifierai. 16 Je le rassasierai de longs jours, et je lui ferai voir ma délivrance.

92

1 Il est beau de louer l'Éternel, et de chanter à ton nom, ô Très-Haut! 2 D'annoncer le matin ta bonté et ta fidélité durant les nuits; 3 Sur la lyre à dix cordes et sur le luth, au son des accords de la harpe! 4 Car, ô Éternel, tu m'as réjoui par tes œuvres; je me réjouirai des ouvrages de tes mains. 5 Que tes œuvres sont grandes, ô Éternel! tes pensées sont merveilleusement profondes! 6 L'homme dépourvu de sens n'y connaît rien, et l'insensé ne comprend pas ceci: 7 Que les méchants croissent comme l'herbe et que tous les ouvriers d'iniquité fleurissent, pour être détruits à jamais. 8 Mais toi, Éternel, tu es élevé à toujours. 9 Car voici, tes ennemis, ô Éternel, car voici, tes ennemis périront; tous ceux qui pratiquent l'iniquité seront dispersés. 10 Mais tu me fais lever la tête comme le buffle; je suis oint avec une huile fraîche. 11 Et mon œil se plaît à regarder, mes oreilles à entendre ces méchants qui s'élèvent contre moi. 12 Le juste croîtra comme le palmier; il s'élèvera comme le cèdre du Liban. 13 Plantés dans la maison de l'Éternel, ils fleuriront dans les parvis de notre Dieu. 14 Ils porteront encore des fruits dans la blanche vieillesse; ils seront vigoureux et verdoyants, 15 Pour annoncer que l'Éternel est juste. Il est mon rocher, et il n'y a point d'injustice en lui.

93

1 L'Éternel règne, il est revêtu de majesté; l'Éternel est revêtu de force, il en est ceint; aussi le monde est ferme et ne chancelle point. 2 Ton trône est affermi dès les temps anciens; tu es, de toute éternité. 3 Les fleuves ont élevé, ô Éternel, les fleuves ont élevé leur voix; les fleuves élèvent leurs flots bruyants. 4 L'Éternel est puissant dans les hauts lieux, plus que

les voix des grandes eaux, des flots puissants de la mer. [5] Tes témoignages sont la fermeté même; la sainteté orne ta maison, ô Éternel, pour une longue durée.

94

[1] Dieu des vengeances, Éternel, Dieu des vengeances, fais briller ta splendeur! [2] Élève-toi, juge de la terre, rends la récompense aux orgueilleux! [3] Jusques à quand les méchants, ô Éternel, jusques à quand les méchants triompheront-ils? [4] Jusques à quand tous les ouvriers d'iniquité se répandront-ils en discours insolents et se glorifieront-ils? [5] Éternel, ils écrasent ton peuple, et ils oppriment ton héritage. [6] Ils tuent la veuve et l'étranger, et mettent à mort les orphelins. [7] Et ils disent: L'Éternel ne le voit pas, le Dieu de Jacob n'y prend pas garde. [8] Prenez garde, vous les plus stupides du peuple! Insensés, quand serez-vous intelligents? [9] Celui qui plante l'oreille n'entendra-t-il pas? Celui qui forme l'œil ne verra-t-il pas? [10] Celui qui châtie les nations, ne punira-t-il pas, lui qui enseigne aux hommes la science? [11] L'Éternel connaît que les pensées de l'homme ne sont que vanité. [12] Heureux l'homme que tu châties, ô Éternel, et que tu instruis par ta loi, [13] Pour le mettre à l'abri des jours d'adversité, jusqu'à ce que la fosse soit creusée pour le méchant. [14] Car l'Éternel ne délaisse point son peuple et n'abandonne point son héritage. [15] Car le jugement sera conforme à la justice; et tous ceux qui sont droits de cœur le suivront. [16] Qui se lèvera pour moi contre les méchants? Qui m'assistera contre les ouvriers d'iniquité? [17] Si l'Éternel n'eût été mon secours, bientôt mon âme eût habité le lieu du silence. [18] Lorsque j'ai dit: Mon pied a glissé, ta bonté, ô Éternel, m'a soutenu. [19] Quand j'avais beaucoup de pensées au-dedans de moi, tes consolations ont réjoui mon âme. [20] Serais-tu l'allié du trône de méchanceté, qui forge des injustices contre la loi? [21] Ils s'assemblent contre l'âme du juste et condamnent le sang innocent. [22] Mais l'Éternel est ma haute retraite; mon Dieu est le rocher de mon refuge. [23] Il fera retomber sur eux leur iniquité, et les détruira par leur propre méchanceté; l'Éternel notre Dieu les détruira.

95

[1] Venez, chantons à l'Éternel; jetons des cris de joie au rocher de notre salut. [2] Présentons-nous à lui avec des louanges; offrons-lui nos joyeux cantiques. [3] Car l'Éternel est un Dieu grand, il est un grand roi au-dessus de tous les dieux. [4] C'est en sa main que sont les abîmes de la terre; à lui sont les sommets des montagnes. [5] A lui appartient la mer, car il l'a faite, et ses mains ont formé la terre. [6] Venez, prosternons-nous, inclinons-nous; fléchissons les genoux devant l'Éternel qui nous a faits. [7] Car il est notre Dieu, nous sommes le peuple qu'il fait paître et les brebis qu'il conduit. [8] Aujourd'hui, si vous entendez sa voix, n'endurcissez pas votre cœur comme à Mériba (Querelle), comme au jour de Massa (Tentation), dans le désert, [9] Où vos pères m'ont tenté et m'ont éprouvé, où ils ont aussi vu mes œuvres. [10] Pendant quarante ans j'eus cette génération en dégoût, et je dis: C'est un peuple dont le cœur s'égare; ils n'ont point connu mes voies. [11] Aussi je l'ai juré dans ma colère: S'ils entrent dans mon repos!

96

[1] Chantez à l'Éternel un cantique nouveau; chantez à l'Éternel, vous toute la terre! [2] Chantez à l'Éternel; bénissez son nom; annoncez de jour en jour son salut! [3] Racontez sa gloire parmi les nations, ses merveilles parmi tous les peuples. [4] Car l'Éternel est grand et digne de grandes louanges; il est redoutable par-dessus tous les dieux. [5] Car tous les dieux des peuples sont des idoles; mais l'Éternel a fait les cieux. [6] La splendeur et la majesté sont devant lui; la force et la beauté sont dans son sanctuaire. [7] Rendez

l'Éternel, familles des peuples, rendez à l'Éternel la gloire et la force! [8] Rendez à l'Éternel la gloire due à son nom; apportez des offrandes, et entrez dans ses parvis. [9] Prosternez-vous devant l'Éternel avec des ornements sacrés; tremblez devant lui, vous toute la terre! [10] Dites parmi les nations: L'Éternel règne; aussi le monde est ferme et ne chancelle point; il jugera les peuples avec équité. [11] Que les cieux se réjouissent, et que la terre tressaille de joie; que la mer retentisse, avec tout ce qu'elle contient! [12] Que les campagnes s'égaient, avec tout ce qui est en elles; que tous les arbres des forêts chantent de joie, devant l'Éternel! [13] Car il vient; il vient pour juger la terre; il jugera le monde avec justice, et les peuples selon sa fidélité.

97

[1] L'Éternel règne; que la terre tressaille de joie, que les îles nombreuses se réjouissent! [2] La nuée et l'obscurité sont autour de lui; la justice et le droit sont la base de son trône. [3] Le feu marche devant lui, et embrase de tous côtés ses ennemis. [4] Ses éclairs brillent sur le monde; la terre tremble en le voyant. [5] Les montagnes se fondent comme la cire, devant l'Éternel, devant le Seigneur de toute la terre. [6] Les cieux annoncent sa justice, et tous les peuples voient sa gloire. [7] Que tous ceux qui servent les images, et qui se glorifient des idoles, soient confus! Vous, tous les dieux, prosternez-vous devant lui! [8] Sion l'a entendu et s'est réjouie; les filles de Juda ont tressailli d'allégresse, à cause de tes jugements, ô Éternel! [9] Car toi, ô Éternel, tu es le Souverain de toute la terre, tu es souverainement élevé au-dessus de tous les dieux. [10] Vous qui aimez l'Éternel, haïssez le mal. Il garde les âmes de ses fidèles, et les délivre de la main des méchants. [11] La lumière est semée pour le juste, et la joie pour ceux qui sont droits de cœur. [12] Justes, réjouissez-vous en l'Éternel, et célébrez son saint nom!

98

[1] Psaume. Chantez à l'Éternel un cantique nouveau! Car il a fait des choses merveilleuses; sa droite et le bras de sa sainteté l'ont délivré. [2] L'Éternel a fait connaître son salut; il a révélé sa justice aux yeux des nations. [3] Il s'est souvenu de sa bonté et de sa fidélité envers la maison d'Israël; tous les bouts de la terre ont vu le salut de notre Dieu. [4] Vous, toute la terre, jetez des cris de réjouissance à l'Éternel; éclatez en cris de joie, et chantez! [5] Chantez à l'Éternel avec la harpe, avec la harpe et la voix des cantiques! [6] Avec les cors et le son des trompettes, poussez des cris de joie, devant le Roi, l'Éternel! [7] Que la mer retentisse, avec tout ce qu'elle contient; le monde, avec ceux qui l'habitent! [8] Que les fleuves battent des mains, que toutes les montagnes chantent de joie, devant l'Éternel! [9] Car il vient pour juger la terre; il jugera le monde avec justice, et les peuples avec équité.

99

[1] L'Éternel règne; que les peuples tremblent! Il siège entre les chérubins; que la terre chancelle! [2] L'Éternel est grand dans Sion; il est élevé au-dessus de tous les peuples. [3] Qu'on célèbre son nom grand et redoutable! [4] Car il est saint, et la force du roi qui aime la justice. Tu as établi l'équité, tu as exercé le jugement et la justice en Jacob. [5] Exaltez l'Éternel notre Dieu; prosternez-vous devant son marchepied; car il est saint. [6] Moïse et Aaron furent parmi ses sacrificateurs, et Samuel parmi ceux qui invoquaient son nom; ils invoquaient l'Éternel, et il leur répondait. [7] Il leur parlait dans la colonne de nuée; ils ont gardé ses témoignages et la loi qu'il leur avait donnée. [8] Éternel, notre Dieu, tu les as exaucés; tu as été pour eux un Dieu qui pardonne, tout en faisant vengeance de leurs

fautes. [9] Exaltez l'Éternel, notre Dieu, et prosternez-vous vers la montagne de sa sainteté! Car l'Éternel, notre Dieu, est saint.

100

[1] Psaume de louange. Vous, toute la terre, jetez des cris de réjouissance à l'Éternel! [2] Servez l'Éternel avec joie; venez devant sa face avec des cris d'allégresse. [3] Sachez que l'Éternel est Dieu. C'est lui qui nous a faits, et non pas nous; nous sommes son peuple et le troupeau qu'il fait paître. [4] Entrez dans ses portes avec des actions de grâces, dans ses parvis avec la louange; célébrez-le, bénissez son nom [5] Car l'Éternel est bon; sa bonté demeure à toujours, et sa fidélité d'âge en âge.

101

[1] Psaume de David. Je chanterai la grâce et la justice; Éternel, je te psalmodierai. [2] Je prendrai garde à la voie de l'intégrité. Quand viendras-tu à moi? Je marcherai dans l'intégrité de mon cœur, au milieu de ma maison. [3] Je ne mettrai rien de mauvais devant mes yeux; j'ai en haine la conduite des transgresseurs; elle ne s'attachera point à moi. [4] Le cœur pervers s'éloignera de moi; je ne connaîtrai pas le méchant. [5] Je retrancherai celui qui médit en secret de son prochain; je ne supporterai point celui qui a le regard hautain et le cœur enflé. [6] J'aurai les yeux sur les fidèles du pays, afin qu'ils demeurent avec moi; celui qui marche dans l'intégrité, me servira. [7] Celui qui use de tromperie, n'habitera point dans ma maison; celui qui profère le mensonge, ne subsistera pas devant mes yeux. [8] Chaque matin je retrancherai tous les méchants du pays, pour exterminer de la cité de l'Éternel tous les ouvriers d'iniquité.

102

[1] Éternel, écoute ma prière, et que mon cri parvienne jusqu'à toi! [2] Ne me cache point ta face; au jour de ma détresse, incline vers moi ton oreille; au jour que je t'invoque, hâte-toi, réponds-moi! [3] Car mes jours s'en vont comme la fumée, et mes os sont brûlés comme un foyer. [4] Mon cœur a été frappé, et s'est desséché comme l'herbe; tellement que j'ai oublié de manger mon pain. [5] A force de crier en gémissant, mes os sont attachés à ma chair. [6] Je ressemble au pélican du désert; je suis comme la chouette des masures. [7] Je veille, et je suis semblable à un passereau solitaire sur le toit. [8] Tous les jours mes ennemis m'outragent, et mes adversaires en fureur jurent par mon nom. [9] Car j'ai mangé la cendre comme le pain, et j'ai mêlé ma boisson de pleurs, [10] A cause de ton indignation et de ton courroux; car tu m'as enlevé et jeté au loin. [11] Mes jours sont comme l'ombre à son déclin, et je deviens sec comme l'herbe. [12] Mais toi, Éternel, tu règnes à perpétuité, et ta mémoire dure d'âge en âge. [13] Tu te lèveras, tu auras compassion de Sion; car il est temps d'en avoir pitié; car le moment est venu. [14] Car tes serviteurs sont affectionnés à ses pierres, et ils ont pitié de sa poussière. [15] Alors les peuples craindront le nom de l'Éternel, et tous les rois de la terre, ta gloire; [16] Quand l'Éternel aura rebâti Sion, qu'il aura paru dans sa gloire, [17] Qu'il aura écouté la requête des désolés, et n'aura pas dédaigné leur supplication. [18] Cela sera écrit pour la génération à venir; et le peuple qui sera créé, louera l'Éternel. [19] Parce qu'il aura regardé du lieu élevé de sa sainteté, et que des cieux l'Éternel aura jeté les yeux sur la terre, [20] Pour entendre les gémissements des captifs, pour délivrer ceux qui sont voués à la mort; [21] Afin qu'on célèbre en Sion le nom de l'Éternel, et sa louange dans Jérusalem, [22] Quand tous les peuples s'assembleront, et tous les royaumes, pour servir l'Éternel. [23] Il a abattu ma force en chemin; il a abrégé mes jours. [24] J'ai dit: Mon Dieu, ne m'enlève pas au milieu de mes jours. Tes années sont d'âge en âge. [25] Tu as jadis fondé la terre, et les cieux sont l'ouvrage de tes mains. [26] Ils périront, mais

toi tu subsisteras; ils vieilliront tous comme un vêtement; tu les changeras comme un habit, et ils seront changés. [27] Mais toi, tu es toujours le même, et tes années ne finiront point. [28] Les enfants de tes serviteurs habiteront en repos, et leur postérité sera affermie devant toi.

103

[1] Psaume de David. Mon âme, bénis l'Éternel, et que tout ce qui est en moi bénisse son saint nom! [2] Mon âme, bénis l'Éternel, et n'oublie aucun de ses bienfaits! [3] C'est lui qui pardonne toutes tes iniquités; qui guérit toutes tes infirmités; [4] Qui retire ta vie de la fosse; qui te couronne de bonté et de compassion; [5] Qui rassasie ta bouche de biens, tellement que ta jeunesse est renouvelée comme celle de l'aigle. [6] L'Éternel fait justice et droit à tous ceux qui sont opprimés. [7] Il a fait connaître ses voies à Moïse, et ses exploits aux enfants d'Israël. [8] L'Éternel est compatissant et miséricordieux; lent à la colère et abondant en grâce. [9] Il ne conteste pas à perpétuité, et ne garde pas sa colère à toujours. [10] Il ne nous a pas fait selon nos péchés, et ne nous a pas rendu selon nos iniquités. [11] Car autant les cieux sont élevés au-dessus de la terre, autant sa bonté est grande sur ceux qui le craignent. [12] Il a éloigné de nous nos iniquités, autant que l'orient est éloigné de l'occident. [13] Comme un père est ému de compassion envers ses enfants, l'Éternel est ému de compassion envers ceux qui le craignent. [14] Car il connaît de quoi nous sommes faits, il se souvient que nous ne sommes que poussière. [15] Les jours de l'homme sont comme l'herbe; il fleurit comme la fleur des champs. [16] Car le vent ayant passé dessus, elle n'est plus, et son lieu ne la reconnaît plus. [17] Mais la bonté de l'Éternel est de tout temps et à toujours sur ceux qui le craignent, et sa justice pour les enfants de leurs enfants, [18] Pour ceux qui gardent son alliance et se souviennent de ses commandements pour les accomplir. [19] L'Éternel a établi son trône dans les cieux, et son règne a la domination sur tout. [20] Bénissez l'Éternel, vous ses anges puissants en force, qui exécutez son commandement en obéissant à la voix de sa parole! [21] Bénissez l'Éternel, vous toutes ses armées, qui êtes ses serviteurs, et qui faites sa volonté! [22] Bénissez l'Éternel, vous toutes ses œuvres, dans tous les lieux de son empire! Mon âme, bénis l'Éternel!

104

[1] Mon âme, bénis l'Éternel! Éternel, mon Dieu, tu es merveilleusement grand; tu es revêtu de splendeur et de majesté. [2] Il s'enveloppe de lumière comme d'un vêtement; il étend les cieux comme une tenture. [3] Il construit sa haute demeure avec les eaux; il fait des nuées son char; il se promène sur les ailes du vent. [4] Il fait des vents ses messagers, des flammes de feu ses serviteurs. [5] Il a posé la terre sur ses bases; elle est inébranlable à jamais. [6] Tu l'avais couverte de l'abîme comme d'un vêtement; les eaux se tenaient sur les montagnes. [7] A ta menace, elles se retirèrent; au bruit de ton tonnerre, elles s'enfuirent. [8] Les montagnes s'élevèrent, les vallées s'abaissèrent au lieu que tu leur avais assigné. [9] Tu as fixé pour les eaux une borne qu'elles ne passeront pas; elles ne reviendront pas couvrir la terre. [10] Il envoie des sources dans les vallées, et elles courent entre les montagnes. [11] Elles abreuvent toutes les bêtes des champs; les ânes sauvages y étanchent leur soif. [12] Les oiseaux habitent sur leurs bords, faisant résonner leur voix dans le feuillage. [13] De sa haute demeure, il abreuve les montagnes; la terre est rassasiée du fruit de tes œuvres. [14] Il fait germer le foin pour le bétail et l'herbe pour le service de l'homme, faisant sortir la nourriture de la terre; [15] Et le vin qui réjouit le cœur de l'homme et fait resplendir son visage plus que l'huile; et le pain qui soutient le cœur de l'homme. [16] Les arbres de l'Éternel sont rassasiés, les cèdres du Liban qu'il a plantés. [17] C'est là que les oiseaux font leurs nids; les cyprès sont la demeure de la cigogne; [18] Les

hautes montagnes sont pour les bouquetins; les rochers sont la retraite des lapins. ¹⁹ Il a fait la lune pour marquer les temps; le soleil connaît son coucher. ²⁰ Tu amènes les ténèbres, et la nuit vient, où toutes les bêtes des forêts se promènent. ²¹ Les lionceaux rugissent après la proie, et pour demander à Dieu leur pâture. ²² Le soleil se lève; ils se retirent, et se couchent dans leurs tanières. ²³ Alors l'homme sort à son ouvrage, et à son travail jusqu'au soir. ²⁴ O Éternel, que tes œuvres sont en grand nombre! Tu les as toutes faites avec sagesse; la terre est pleine de tes richesses. ²⁵ Et cette grande et vaste mer! Là sont des animaux sans nombre, gros et petits. ²⁶ Là se promènent les navires, et ce Léviathan que tu as formé pour s'y jouer. ²⁷ Tous, ils s'attendent à toi, pour que tu leur donnes leur nourriture en son temps. ²⁸ Tu la leur donnes, et ils la recueillent; tu ouvres ta main, et ils sont rassasiés de biens. ²⁹ Caches-tu ta face? ils sont éperdus; retires-tu leur souffle? ils expirent, et retournent en leur poussière. ³⁰ Envoies-tu ton esprit? ils sont créés, et tu renouvelles la face de la terre. ³¹ Que la gloire de l'Éternel dure à toujours! Que l'Éternel se réjouisse dans ses œuvres! ³² Il regarde la terre et elle tremble; il touche les montagnes et elles fument. ³³ Je chanterai à l'Éternel tant que je vivrai; je psalmodierai à mon Dieu tant que j'existerai. ³⁴ Que ma méditation lui soit agréable! Je me réjouirai en l'Éternel. ³⁵ Que les pécheurs disparaissent de la terre, et que les méchants ne soient plus! Mon âme, bénis l'Éternel! Louez l'Éternel!

105

¹ Célébrez l'Éternel; invoquez son nom; faites connaître parmi les peuples ses hauts faits! ² Chantez-lui, psalmodiez-lui; parlez de toutes ses merveilles! ³ Glorifiez-vous de son saint nom; que le cœur de ceux qui cherchent l'Éternel se réjouisse! ⁴ Recherchez l'Éternel et sa force; cherchez continuellement sa face! ⁵ Souvenez-vous des merveilles qu'il a faites, de ses miracles et des jugements de sa bouche; ⁶ Vous, postérité d'Abraham, son serviteur, enfants de Jacob, ses élus! ⁷ C'est lui, l'Éternel, qui est notre Dieu; ses jugements sont sur toute la terre. ⁸ Il se souvient à jamais de son alliance, de sa promesse établie pour mille générations; ⁹ Du traité qu'il fit avec Abraham, et du serment qu'il fit à Isaac, ¹⁰ Et qu'il a confirmé à Jacob pour être un statut, à Israël pour être une alliance éternelle, ¹¹ Disant: Je te donnerai le pays de Canaan; c'est le lot de votre héritage; ¹² Lorsqu'ils n'étaient qu'une poignée de gens, peu nombreux et étrangers dans le pays, ¹³ Allant de nation en nation, et d'un royaume vers un autre royaume. ¹⁴ Il ne permit à personne de les opprimer, et il châtia des rois à cause d'eux, ¹⁵ Disant: Ne touchez pas à mes oints, et ne faites point de mal à mes prophètes! ¹⁶ Il appela sur la terre la famine, et rompit tout l'appui du pain. ¹⁷ Il envoya devant eux un homme; Joseph fut vendu comme esclave. ¹⁸ On lui serra les pieds dans des ceps, et sa vie fut mise dans les fers; ¹⁹ Jusqu'au temps où ce qu'il avait dit arriva, où la parole de l'Éternel le fit connaître. ²⁰ Le roi l'envoya délivrer; le dominateur des peuples le fit élargir. ²¹ Il l'établit seigneur de sa maison, et gouverneur de tous ses biens; ²² Pour enchaîner à son gré ses princes, et enseigner à ses anciens la sagesse. ²³ Alors Israël vint en Égypte; Jacob séjourna au pays de Cham. ²⁴ Dieu fit fort multiplier son peuple, et le rendit plus puissant que ses oppresseurs. ²⁵ Puis il changea leur cœur, tellement qu'ils haïrent son peuple, et agirent perfidement contre ses serviteurs. ²⁶ Il envoya Moïse, son serviteur, Aaron qu'il avait élu. ²⁷ Ils opérèrent au milieu d'eux ses prodiges, et des miracles dans le pays de Cham. ²⁸ Il envoya des ténèbres, et produisit l'obscurité; et ils ne furent pas rebelles à sa parole. ²⁹ Il changea leurs eaux en sang, et fit mourir leurs poissons. ³⁰ Leur terre fourmilla de grenouilles, jusque dans les chambres de leurs rois. ³¹ Il parla, et des insectes vinrent, des moucherons dans tout leur territoire. ³² Il leur donna pour pluie de la grêle, des

flammes de feu sur leur pays. ³³ Il frappa leurs vignes et leurs figuiers, et brisa les arbres de leur territoire. ³⁴ Il parla, et des sauterelles vinrent, des insectes rongeurs sans nombre, ³⁵ Qui dévorèrent toute l'herbe de leur pays, qui dévorèrent les fruits de leurs champs. ³⁶ Il frappa tous les premiers-nés dans leur pays, toutes les prémices de leur force. ³⁷ Puis il les fit sortir avec de l'argent et de l'or; et dans leurs tribus il n'y eut personne qui chancelât. ³⁸ L'Égypte se réjouit à leur départ, car la frayeur d'Israël les avait saisis. ³⁹ Il étendit la nuée pour les couvrir, et le feu pour les éclairer de nuit. ⁴⁰ A leur demande, il fit venir des cailles; et il les rassasia du pain des cieux. ⁴¹ Il ouvrit le rocher, et les eaux coulèrent; elles coururent, par les lieux secs, comme un fleuve. ⁴² Car il se souvenait de sa parole sainte, et d'Abraham, son serviteur. ⁴³ Et il fit sortir son peuple avec allégresse, ses élus avec des chants de joie. ⁴⁴ Il leur donna les terres des nations, et ils possédèrent le travail des peuples; ⁴⁵ Afin qu'ils gardassent ses ordonnances, et qu'ils observassent ses lois. Louez l'Éternel!

106

¹ Louez l'Éternel! Célébrez l'Éternel, car il est bon, car sa miséricorde demeure à toujours! ² Qui pourrait raconter les hauts faits de l'Éternel et faire entendre toutes ses louanges? ³ Heureux ceux qui observent ce qui est droit, qui font en tout temps ce qui est juste! ⁴ Éternel, souviens-toi de moi, dans ta bienveillance envers ton peuple; fais venir à moi ton salut; ⁵ Afin que je voie le bonheur de tes élus, que je me réjouisse de la joie de ton peuple, et que je me glorifie avec ton héritage. ⁶ Nous et nos pères, nous avons péché; nous avons agi avec perversité; nous avons mal fait. ⁷ Nos pères en Égypte ne furent pas attentifs à tes merveilles; ils ne se souvinrent point de la multitude de tes bontés; mais ils furent rebelles auprès de la mer, vers la mer Rouge. ⁸ Et il les sauva pour l'amour de son nom, afin de faire connaître sa puissance. ⁹ Il tança la mer Rouge, et elle fut à sec; et il les conduisit par les abîmes comme par le désert. ¹⁰ Il les sauva des mains de l'adversaire, et les racheta des mains de l'ennemi. ¹¹ Les eaux couvrirent leurs oppresseurs; il n'en resta pas un seul. ¹² Alors ils crurent à ses paroles, et ils chantèrent sa louange. ¹³ Bientôt ils oublièrent ses œuvres; ils ne s'attendirent point à ses desseins. ¹⁴ Ils s'éprirent de convoitise dans le désert, et tentèrent Dieu dans la solitude. ¹⁵ Alors il leur accorda leur demande; mais il envoya sur eux la consomption. ¹⁶ Ils furent jaloux de Moïse dans le camp, et d'Aaron, le saint de l'Éternel. ¹⁷ La terre s'ouvrit, et engloutit Dathan, et couvrit la troupe d'Abiram. ¹⁸ Le feu s'alluma dans leur assemblée; la flamme consuma les méchants. ¹⁹ Ils firent un veau en Horeb, et se prosternèrent devant une image de fonte. ²⁰ Ils échangèrent leur gloire contre la figure du bœuf qui mange l'herbe. ²¹ Ils oublièrent Dieu, leur libérateur, qui avait fait de grandes choses en Égypte, ²² Des choses merveilleuses au pays de Cham, et des choses terribles sur la mer Rouge. ²³ Et il parlait de les détruire, si Moïse, son élu, ne se fût mis à la brèche devant lui, pour détourner sa colère, afin qu'il ne les détruisît pas. ²⁴ Ils méprisèrent la terre désirable; ils ne crurent point à sa parole. ²⁵ Ils murmurèrent dans leurs tentes; ils n'écoutèrent point la voix de l'Éternel. ²⁶ Alors il leur fit serment de les faire tomber dans le désert, ²⁷ De faire tomber leur postérité entre les nations, de les disperser dans tous les pays. ²⁸ Ils s'attachèrent à Baal-Péor, et mangèrent les sacrifices des morts. ²⁹ Ils irritèrent Dieu par leurs actions, tellement qu'une plaie fit irruption parmi eux. ³⁰ Mais Phinées se présenta et fit justice, et la plaie fut arrêtée. ³¹ Et cela lui fut imputé à justice, dans tous les âges, à perpétuité. ³² Ils l'irritèrent aussi près des eaux de Mériba; et il en arriva du mal à Moïse à cause d'eux. ³³ Car ils résistèrent à son esprit, et il parla légèrement de ses lèvres. ³⁴ Ils ne détruisirent pas les peuples, que l'Éternel leur avait dit de détruire. ³⁵ Mais ils se mêlèrent avec les nations, et ils apprirent leurs œuvres. ³⁶ Ils servirent leurs idoles, qui

furent pour eux un piège; ³⁷ Et ils sacrifièrent aux démons leurs fils et leurs filles. ³⁸ Ils répandirent le sang innocent, le sang de leurs fils et de leurs filles, qu'ils sacrifièrent aux idoles de Canaan; et le pays fut profané par ces meurtres. ³⁹ Ils se souillèrent par leurs œuvres, et se prostituèrent par leurs actions. ⁴⁰ Et la colère de l'Éternel s'alluma contre son peuple; il eut en abomination son héritage. ⁴¹ Il les livra entre les mains des nations; ceux qui les haïssaient, dominèrent sur eux. ⁴² Leurs ennemis les opprimèrent, et ils furent humiliés sous leur main. ⁴³ Maintes fois il les délivra; mais ils se montraient rebelles dans leurs desseins, et se perdaient par leur iniquité. ⁴⁴ Toutefois, il les a regardés dans leur détresse, quand il entendait leur cri. ⁴⁵ Il s'est souvenu en leur faveur de son alliance, et s'est repenti selon la grandeur de sa miséricorde. ⁴⁶ Il leur a fait trouver compassion auprès de tous ceux qui les tenaient captifs. ⁴⁷ Sauve-nous, Éternel, notre Dieu, et rassemble-nous d'entre les nations, afin que nous célébrions ton saint nom, et que nous nous glorifiions dans tes louanges. ⁴⁸ Béni soit l'Éternel, le Dieu d'Israël, de siècle en siècle, et que tout le peuple dise: Amen! Louez l'Éternel!

107

¹ Célébrez l'Éternel, car il est bon, car sa miséricorde demeure à toujours! ² Qu'ainsi disent les rachetés de l'Éternel, ceux qu'il a rachetés de la main de l'oppresseur, ³ Et qu'il a rassemblés des pays d'orient et d'occident, de l'aquilon et du midi. ⁴ Ils erraient par le désert, dans un chemin solitaire; ils ne trouvaient point de ville habitable. ⁵ Ils étaient affamés et altérés; leur âme défaillait en eux. ⁶ Alors ils ont crié à l'Éternel dans leur détresse; et il les a délivrés de leurs angoisses. ⁷ Il les a conduits par le droit chemin, pour arriver à une ville habitable. ⁸ Qu'ils célèbrent l'Éternel pour sa bonté, pour ses merveilles envers les fils des hommes! ⁹ Car il a rassasié l'âme altérée, et rempli de biens l'âme affamée. ¹⁰ Ceux qui habitaient les ténèbres et l'ombre de la mort, retenus dans l'affliction et dans les fers, ¹¹ Pour avoir été rebelles aux paroles de Dieu, et avoir méprisé le conseil du Très-Haut; ¹² Il avait humilié leur cœur par la souffrance; ils succombaient loin de tout secours. ¹³ Alors ils ont crié à l'Éternel dans leur détresse; et il les a délivrés de leurs angoisses. ¹⁴ Il les a tirés des ténèbres et de l'ombre de la mort; il a rompu leurs liens. ¹⁵ Qu'ils célèbrent l'Éternel pour sa bonté, pour ses merveilles envers les fils des hommes! ¹⁶ Car il a brisé les portes d'airain, et rompu les barreaux de fer. ¹⁷ Les insensés qui étaient affligés à cause de la voie de leurs trangressions et de leurs iniquités; ¹⁸ Leur âme avait en horreur toute nourriture; ils touchaient aux portes de la mort. ¹⁹ Alors ils ont crié à l'Éternel dans leur détresse; et il les a délivrés de leurs angoisses. ²⁰ Il a envoyé sa parole, et il les a guéris, et les a retirés de leurs tombeaux. ²¹ Qu'ils célèbrent l'Éternel pour sa bonté, pour ses merveilles envers les fils des hommes! ²² Qu'ils offrent des sacrifices d'actions de grâces, et racontent ses œuvres en chantant de joie! ²³ Ceux qui descendent sur la mer dans des navires, et qui trafiquent sur les grandes eaux, ²⁴ Ceux-là ont vu les œuvres de l'Éternel, et ses merveilles dans les lieux profonds. ²⁵ Il parla, et fit lever un vent de tempête, qui souleva les vagues de la mer. ²⁶ Ils montent aux cieux; ils descendent aux abîmes; leur âme se fond d'angoisse. ²⁷ Ils tournoient et chancellent comme un homme ivre; toute leur sagesse leur manque. ²⁸ Alors ils ont crié à l'Éternel dans leur détresse, et il les a retirés de leurs angoisses. ²⁹ Il arrête la tempête, la changeant en calme, et les ondes se taisent. ³⁰ Ils se réjouissent de ce qu'elles sont calmées; et il les conduit au port qu'ils désiraient. ³¹ Qu'ils célèbrent la bonté de l'Éternel, et ses merveilles envers les fils des hommes! ³² Qu'ils l'exaltent dans l'assemblée du peuple; qu'ils le louent dans le conseil des anciens! ³³ Il change les fleuves en désert, et les sources d'eaux en un sol aride; ³⁴ La terre fertile en lande salée, à cause de la méchanceté de ses habitants. ³⁵ Il

change le désert en étang, et la terre aride en sources d'eaux. ³⁶ Il y fait habiter ceux qui étaient affamés; et ils fondent une ville pour l'habiter. ³⁷ Ils ensemencent des champs et plantent des vignes, qui rendent du fruit tous les ans. ³⁸ Il les bénit, et ils se multiplient extrêmement; il ne laisse point diminuer leur bétail. ³⁹ Puis, ils sont amoindris et humiliés par l'oppression, le malheur et la souffrance. ⁴⁰ Il répand le mépris sur les grands, et les fait errer dans un désert sans chemin. ⁴¹ Mais il relève le pauvre de l'affliction, et rend les familles nombreuses comme des troupeaux. ⁴² Les hommes droits le voient et s'en réjouissent; mais tous les injustes ont la bouche fermée. ⁴³ Que celui qui est sage prenne garde à ces choses, et considère les bontés de l'Éternel.

108

¹ Mon cœur est disposé, ô Dieu! je chanterai, je psalmodierai; c'est ma gloire. ² Réveillez-vous, mon luth et ma harpe! Je devancerai l'aurore. ³ Je te louerai parmi les peuples, ô Éternel; je te célébrerai parmi les nations. ⁴ Car ta bonté s'élève au-dessus des cieux, et ta fidélité jusqu'aux nues. ⁵ O Dieu, élève-toi sur les cieux! Que ta gloire soit sur toute la terre, ⁶ Afin que tes bien-aimés soient délivrés. Sauve-moi par ta droite, et m'exauce! ⁷ Dieu a parlé dans son sanctuaire; je me réjouirai; je partagerai Sichem, je mesurerai la vallée de Succoth. ⁸ Galaad est à moi, à moi Manassé; Éphraïm est le rempart de ma tête, et Juda mon législateur. ⁹ Moab est le bassin où je me lave; je jette mon soulier sur Édom; je pousse des cris de joie sur le pays des Philistins. ¹⁰ Qui me conduira dans la ville forte? Qui me mènera jusqu'en Édom? ¹¹ N'est-ce pas toi, ô Dieu, qui nous avais rejetés, et qui ne sortais plus, ô Dieu, avec nos armées? ¹² Donne-nous du secours pour sortir de détresse; car la délivrance qui vient de l'homme n'est que vanité. ¹³ Nous ferons des actions de valeur en Dieu, et il foulera nos ennemis.

109

¹ Au maître-chantre. Psaume de David. ² O Dieu de ma louange, ne te tais point! Car la bouche du méchant et la bouche du perfide se sont ouvertes contre moi; ils me parlent avec une langue menteuse. ³ Ils m'environnent de paroles de haine; ils me font la guerre sans cause. ⁴ En retour de mon amour, ils se font mes adversaires; moi, je ne fais que prier. ⁵ Ils m'ont rendu le mal pour le bien, et la haine pour mon amour. ⁶ Établis sur lui un méchant, et qu'un adversaire se tienne à sa droite! ⁷ Quand on le jugera, qu'il soit déclaré coupable, et que sa prière lui soit imputée à péché! ⁸ Que ses jours soient peu nombreux; qu'un autre prenne sa charge! ⁹ Que ses fils soient orphelins, et sa femme veuve! ¹⁰ Que ses fils soient errants et mendiants; qu'ils aillent quêter loin de leurs masures! ¹¹ Que le créancier jette le filet sur ce qu'il a; que les étrangers pillent son travail! ¹² Qu'il n'y ait personne qui lui continue sa bonté; que nul n'ait pitié de ses orphelins! ¹³ Que sa postérité soit retranchée; que dans la génération à venir leur nom soit effacé! ¹⁴ Que l'iniquité de ses pères revienne en mémoire devant l'Éternel, et que le péché de sa mère ne soit point effacé; ¹⁵ Qu'ils soient toujours devant l'Éternel, et qu'il retranche leur mémoire de la terre; ¹⁶ Parce qu'il ne s'est pas souvenu d'user de bonté, qu'il a persécuté l'affligé, le pauvre, l'homme au cœur brisé, pour le faire mourir! ¹⁷ Il a aimé la malédiction, elle viendra sur lui; il n'a point pris plaisir à la bénédiction, elle s'éloignera de lui. ¹⁸ Il sera enveloppé de malédiction comme d'un manteau; elle pénétrera dans son corps comme de l'eau, et dans ses os comme de l'huile. ¹⁹ Elle sera comme l'habit dont il se couvre, comme la ceinture dont il est toujours ceint. ²⁰ Tel sera, de la part de l'Éternel, le salaire de mes adversaires, et de ceux qui disent du mal contre moi. ²¹ Mais toi, Éternel mon Dieu, agis en ma faveur, à cause de ton nom; selon la grandeur

de ta bonté, délivre-moi! [22] Car je suis affligé et misérable, et mon cœur est blessé au-dedans de moi. [23] Je m'en vais comme l'ombre quand elle décline; je suis chassé comme la sauterelle. [24] Mes genoux chancellent par le jeûne; ma chair a perdu son embonpoint. [25] Je suis pour eux un sujet d'opprobre; en me voyant, ils hochent la tête. [26] Sois-moi en aide, Éternel mon Dieu! [27] Sauve-moi selon ta bonté, afin qu'ils sachent que c'est ta main, que c'est toi, Éternel, qui l'as fait. [28] Ils maudiront, toi tu béniras; ils s'élèvent, mais ils rougiront, et ton serviteur se réjouira. [29] Que mes adversaires soient revêtus de confusion, et couverts de leur honte comme d'un manteau! [30] Ma bouche louera hautement l'Éternel; je le célébrerai au milieu de la multitude. [31] Car il se tient à la droite du pauvre, pour le sauver de ceux qui condamnent son âme.

110

[1] Psaume de David. L'Éternel a dit à mon Seigneur: Assieds-toi à ma droite, jusqu'à ce que j'aie fait de tes ennemis le marchepied de tes pieds. [2] L'Éternel étendra de Sion ton sceptre puissant: Domine, dira-t-il, au milieu de tes ennemis! [3] Ton peuple sera un peuple de franche volonté, au jour où ton armée sortira dans une sainte pompe; ta jeune milice sera devant toi comme la rosée naissant du sein de l'aurore. [4] L'Éternel l'a juré, et il ne s'en repentira point: Tu es sacrificateur à toujours, selon l'ordre de Melchisédec. [5] Le Seigneur est à ta droite; il écrasera les rois au jour de sa colère. [6] Il exercera la justice parmi les nations; il remplira tout de morts; il écrasera le chef qui domine sur un grand pays. [7] Il boira au torrent dans le chemin; c'est pourquoi il relèvera la tête.

111

[1] Louez l'Éternel! Je célébrerai l'Éternel de tout mon cœur, dans le conseil des justes, et dans l'assemblée. [2] Les œuvres de l'Éternel sont grandes, recherchées de tous ceux qui y prennent plaisir. [3] Son œuvre n'est que splendeur et magnificence, et sa justice demeure à perpétuité. [4] Il a laissé la mémoire de ses prodiges. L'Éternel est miséricordieux et compatissant. [5] Il donne à vivre à ceux qui le craignent; il se souvient toujours de son alliance. [6] Il a fait connaître à son peuple la force de ses œuvres, en lui donnant l'héritage des nations. [7] Les œuvres de ses mains ne sont que justice et vérité, et tous ses commandements sont véritables. [8] Ils sont stables à jamais, à perpétuité, étant faits avec vérité et droiture. [9] Il a envoyé la rédemption à son peuple. Il a établi son alliance pour toujours. Son nom est saint et redoutable. [10] Le commencement de la sagesse, c'est la crainte de l'Éternel. Tous ceux qui pratiquent ses commandements sont vraiment sages. Sa louange demeure à toujours.

112

[1] Louez l'Éternel! Heureux l'homme qui craint l'Éternel, qui prend tout son plaisir en ses commandements! [2] Sa postérité sera puissante sur la terre; la race des hommes droits sera bénie. [3] L'abondance et la richesse seront dans sa maison, et sa justice subsiste à toujours. [4] La lumière se lève dans les ténèbres pour l'homme droit; il est compatissant, miséricordieux et juste. [5] Heureux l'homme qui est compatissant et qui prête; qui règle ses actions selon la justice! [6] Car il ne sera jamais ébranlé; la mémoire du juste sera perpétuelle. [7] Il n'a pas à craindre les mauvaises nouvelles; son cœur est ferme, s'assurant en l'Éternel. [8] Son cœur bien appuyé ne craindra point, jusqu'à ce qu'il ait reposé sa vue sur ses ennemis. [9] Il a répandu, il a donné aux pauvres; sa justice demeure à perpétuité; sa tête s'élève avec gloire. [10] Le méchant le voit, et en a du dépit; il grince les dents et se consume; le désir des méchants périra.

113

¹ Louez l'Éternel! Louez, vous serviteurs de l'Éternel, louez le nom de l'Éternel! ² Que le nom de l'Éternel soit béni, dès maintenant et à toujours! ³ Du soleil levant au soleil couchant, loué soit le nom de l'Éternel! ⁴ L'Éternel est élevé par-dessus toutes les nations; sa gloire est au-dessus des cieux. ⁵ Qui est semblable à l'Éternel notre Dieu, qui habite dans les lieux très hauts? ⁶ Qui abaisse ses regards sur le ciel et sur la terre; ⁷ qui retire le petit de la poussière, et relève le pauvre du fumier, ⁸ Pour le faire asseoir avec les grands, avec les grands de son peuple; ⁹ Qui donne une maison à la femme stérile, la rendant mère de plusieurs enfants et joyeuse. Louez l'Éternel!

114

¹ Quand Israël sortit d'Égypte, et la maison de Jacob de chez le peuple barbare, ² Juda fut le sanctuaire de Dieu, Israël devint son empire. ³ La mer le vit et s'enfuit; le Jourdain retourna en arrière. ⁴ Les montagnes bondirent comme des béliers, et les collines comme des agneaux. ⁵ Qu'avais-tu, ô mer, pour t'enfuir? Et toi, Jourdain, pour retourner en arrière? ⁶ Vous, montagnes, pour bondir comme des béliers, et vous, collines, comme des agneaux? ⁷ Terre, tremble devant la face du Seigneur, devant la face du Dieu de Jacob, ⁸ Qui change le rocher en étang, la pierre dure en sources d'eaux.

115

¹ Non point à nous, Éternel, non point à nous, mais à ton nom donne gloire, à cause de ta bonté, à cause de ta vérité. ² Pourquoi diraient les nations: Où donc est leur Dieu? ³ Notre Dieu, il est dans les cieux; il fait tout ce qu'il lui plaît. ⁴ Leurs idoles sont de l'argent et de l'or, un ouvrage de mains d'homme. ⁵ Elles ont une bouche et ne parlent pas; elles ont des yeux, et ne voient pas. ⁶ Elles ont des oreilles, et n'entendent pas; elles ont un nez et ne sentent pas; ⁷ Des mains, et ne touchent pas; des pieds, et ne marchent pas; elles ne rendent aucun son de leur gosier. ⁸ Ceux qui les font, et tous ceux qui s'y confient, leur deviendront semblables. ⁹ Israël, confie-toi en l'Éternel! Il est leur aide et leur bouclier. ¹⁰ Maison d'Aaron, confiez-vous en l'Éternel! Il est leur aide et leur bouclier. ¹¹ Vous qui craignez l'Éternel, confiez-vous en l'Éternel! Il est leur aide et leur bouclier. ¹² L'Éternel s'est souvenu de nous; il bénira, il bénira la maison d'Israël; il bénira la maison d'Aaron. ¹³ Il bénira ceux qui craignent l'Éternel, tant les petits que les grands. ¹⁴ L'Éternel vous ajoutera des biens, à vous et à vos enfants. ¹⁵ Vous êtes bénis de l'Éternel, qui a fait les cieux et la terre. ¹⁶ Quant aux cieux, les cieux sont à l'Éternel; mais il a donné la terre aux enfants des hommes. ¹⁷ Les morts ne loueront point l'Éternel, ni tous ceux qui descendent au lieu du silence. ¹⁸ Mais nous, nous bénirons l'Éternel, dès maintenant et à toujours. Louez l'Éternel!

116

¹ J'aime l'Éternel, car il a entendu ma voix et mes supplications; ² Car il a incliné son oreille vers moi; aussi je l'invoquerai toute ma vie. ³ Les liens de la mort m'avaient entouré, les angoisses du Sépulcre m'avaient saisi; j'avais trouvé la détresse et la douleur. ⁴ Mais j'invoquai le nom de l'Éternel: O Éternel, délivre mon âme! ⁵ L'Éternel est compatissant et juste, et notre Dieu fait miséricorde. ⁶ L'Éternel garde les petits; j'étais misérable, et il m'a sauvé. ⁷ Mon âme, retourne à ton repos, car l'Éternel t'a fait du bien. ⁸ Car tu as délivré mon âme de la mort, mes yeux de pleurs, et mes pieds de chute. ⁹ Je marcherai devant la face de l'Éternel sur la terre des vivants. ¹⁰ J'ai cru, c'est pourquoi j'ai parlé. J'ai été fort affligé. ¹¹ Je disais dans mon agitation: Tout homme est menteur.

¹² Que rendrai-je à l'Éternel? Tous ses bienfaits sont sur moi. ¹³ Je prendrai la coupe des délivrances, et j'invoquerai le nom de l'Éternel. ¹⁴ Je rendrai mes vœux à l'Éternel, en présence de tout son peuple. ¹⁵ La mort des bien-aimés de l'Éternel est précieuse à ses yeux. ¹⁶ Je te prie, ô Éternel! car je suis ton serviteur, ton serviteur, fils de ta servante. Tu as délié mes liens. ¹⁷ Je t'offrirai le sacrifice d'actions de grâces, et j'invoquerai le nom de l'Éternel. ¹⁸ Je rendrai mes vœux à l'Éternel, en présence de tout son peuple, ¹⁹ Dans les parvis de la maison de l'Éternel, au milieu de toi, Jérusalem. Louez l'Éternel!

117

¹ Louez l'Éternel, vous, toutes les nations; célébrez-le, vous, tous les peuples! ² Car sa bonté est grande envers nous, et la fidélité de l'Éternel demeure à toujours. Louez l'Éternel!

118

¹ Célébrez l'Éternel, car il est bon, car sa miséricorde dure éternellement! ² Qu'Israël aussi dise que sa miséricorde dure éternellement. ³ Que la maison d'Aaron dise que sa miséricorde dure éternellement. ⁴ Que ceux qui craignent l'Éternel disent que sa miséricorde dure éternellement. ⁵ Du sein de la détresse, j'ai invoqué l'Éternel; et l'Éternel m'a exaucé, et m'a mis au large. ⁶ L'Éternel est pour moi, je ne craindrai point; que me ferait l'homme? ⁷ L'Éternel est pour moi parmi ceux qui m'aident; et je regarderai sans crainte ceux qui me haïssent. ⁸ Mieux vaut se retirer vers l'Éternel que de s'assurer en l'homme. ⁹ Mieux vaut se retirer vers l'Éternel que de s'appuyer sur les grands. ¹⁰ Toutes les nations m'avaient environné; mais au nom de l'Éternel je les mets en pièces. ¹¹ Elles m'avaient environné, oui, elles m'avaient environné; mais au nom de l'Éternel je les mets en pièces. ¹² Elles m'avaient environné comme des abeilles; elles ont été éteintes comme un feu d'épines; car au nom de l'Éternel je les mets en pièces. ¹³ Tu m'avais rudement poussé pour me faire tomber, mais l'Éternel m'a secouru. ¹⁴ L'Éternel est ma force et mon cantique; il a été mon libérateur. ¹⁵ Une voix de chant de triomphe retentit dans les tentes des justes: La droite de l'Éternel fait vertu! ¹⁶ La droite de l'Éternel est haut élevée; la droite de l'Éternel fait vertu! ¹⁷ Je ne mourrai point, mais je vivrai, et je raconterai les œuvres de l'Éternel. ¹⁸ L'Éternel m'a châtié sévèrement, mais il ne m'a pas livré à la mort. ¹⁹ Ouvrez-moi les portes de la justice; j'y entrerai et je célébrerai l'Éternel. ²⁰ C'est ici la porte de l'Éternel, les justes y entreront. ²¹ Je te célébrerai, car tu m'as exaucé, et tu as été mon libérateur. ²² La pierre que ceux qui bâtissaient ont rejetée, est devenue la principale de l'angle. ²³ Ceci a été fait par l'Éternel, et c'est une merveille devant nos yeux. ²⁴ C'est ici la journée que l'Éternel a faite; égayons-nous et nous réjouissons en elle! ²⁵ O Éternel, donne le salut! O Éternel, donne la prospérité! ²⁶ Béni soit celui qui vient au nom de l'Éternel! Nous vous bénissons, de la maison de l'Éternel. ²⁷ L'Éternel est Dieu, et il nous a éclairés; liez avec des cordes la bête du sacrifice, et l'amenez jusqu'aux cornes de l'autel. ²⁸ Tu es mon Dieu, je te célébrerai. Mon Dieu, je t'exalterai. ²⁹ Louez l'Éternel, car il est bon, car sa miséricorde dure éternellement!

119

¹ Heureux ceux qui sont intègres dans leur voie, qui marchent selon la loi de l'Éternel! ² Heureux ceux qui gardent ses témoignages et qui le cherchent de tout leur cœur; ³ Qui ne commettent point d'iniquité, mais qui marchent dans ses voies! ⁴ Tu as prescrit tes ordonnances pour qu'on les garde soigneusement. ⁵ Oh! que mes voies soient

bien réglées, pour observer tes statuts. [6] Alors je ne rougirai point, en regardant tous tes commandements. [7] Je te célébrerai dans la droiture de mon cœur, quand j'aurai appris les ordonnances de ta justice. [8] Je veux garder tes statuts; ne m'abandonne pas entièrement! [9] Comment le jeune homme rendra-t-il pure sa voie? C'est en y prenant garde selon ta parole. [10] Je te cherche de tout mon cœur; ne me laisse pas égarer loin de tes commandements! [11] J'ai serré ta parole dans mon cœur, afin de ne pas pécher contre toi. [12] Béni sois-tu, ô Éternel! Enseigne-moi tes statuts. [13] Je raconte de mes lèvres tous les jugements de ta bouche. [14] Je me réjouis dans la voie de tes témoignages, comme si j'avais toutes les richesses du monde. [15] Je méditerai tes ordonnances, et je regarderai à tes sentiers. [16] Je prendrai plaisir à tes statuts, et je n'oublierai point tes paroles. [17] Fais ce bien à ton serviteur, que je vive et que je garde ta parole. [18] Dessille mes yeux, afin que je voie les merveilles de ta loi. [19] Je suis étranger sur la terre; ne me cache pas tes commandements! [20] Mon âme est consumée de l'affection qu'elle a de tout temps pour tes lois. [21] Tu tances les orgueilleux maudits, qui s'écartent de tes ordonnances. [22] Ote de dessus moi l'opprobre et le mépris, car je garde tes témoignages. [23] Les puissants mêmes se sont assis et ont parlé contre moi; mais ton serviteur médite tes statuts. [24] Aussi tes témoignages sont mes plaisirs et les gens de mon conseil. [25] Mon âme est attachée à la poussière; fais-moi revivre selon ta parole! [26] Je t'ai raconté mes voies, et tu m'as répondu; enseigne-moi tes statuts. [27] Fais-moi connaître la voie de tes commandements, et je parlerai de tes merveilles. [28] Mon âme pleure de chagrin; relève-moi selon ta parole! [29] Éloigne de moi la voie du mensonge, et accorde-moi la grâce d'observer ta loi. [30] J'ai choisi la voie de la vérité; j'ai mis tes jugements devant mes yeux. [31] Je me suis attaché à tes témoignages; Éternel, ne me rends pas confus! [32] Je courrai dans la voie de tes commandements, quand tu auras mis mon cœur au large. [33] Éternel, enseigne-moi la voie de tes statuts, et je la garderai jusqu'à la fin. [34] Donne-moi l'intelligence, et je garderai ta loi; je l'observerai de tout mon cœur. [35] Fais-moi marcher dans le sentier de tes commandements; car j'y prends plaisir. [36] Incline mon cœur vers tes témoignages, et non vers le gain. [37] Détourne mes yeux de regarder à la vanité; fais-moi revivre dans tes voies! [38] Ratifie à ton serviteur ta parole, laquelle est pour ceux qui te craignent. [39] Détourne de moi l'opprobre que je crains; car tes ordonnances sont bonnes. [40] Voici, je soupire après tes commandements; fais-moi revivre par ta justice! [41] Que ta bonté vienne sur moi, ô Éternel! et ton salut, selon ta parole! [42] Et j'aurai de quoi répondre à celui qui m'outrage; car je me confie en ta parole. [43] N'ôte pas entièrement de ma bouche la parole de vérité; car je m'attends à tes jugements; [44] Et je garderai ta loi constamment, à toujours et à perpétuité. [45] Je marcherai au large, parce que j'ai recherché tes commandements. [46] Je parlerai de tes témoignages devant les rois, et je n'aurai point de honte. [47] Je ferai mes délices de tes commandements que j'aime. [48] J'élèverai mes mains vers tes commandements que j'aime, et je m'entretiendrai de tes statuts. [49] Souviens-toi de la parole donnée à ton serviteur, en laquelle tu m'as fait espérer. [50] C'est ici ma consolation dans mon affliction, que ta parole me rend la vie. [51] Des orgueilleux me couvrent de railleries; mais je ne m'écarte point de ta loi. [52] Je me rappelle tes jugements d'autrefois, ô Éternel, et je me console. [53] L'indignation me saisit, à cause des méchants qui abandonnent ta loi. [54] Tes statuts sont le sujet de mes cantiques, dans la maison où j'habite en étranger. [55] La nuit, je me rappelle ton nom, ô Éternel; et je garde ta loi. [56] C'est ici mon partage, d'observer tes commandements. [57] Ma portion, ô Éternel, je l'ai dit, c'est de garder tes paroles. [58] Je t'ai supplié de tout mon cœur: aie pitié de moi selon ta promesse! [59] J'ai fait le compte de mes voies, et j'ai tourné mes pas vers tes témoignages. [60] Je me hâte, je ne diffère point d'observer tes commandements. [61] Les pièges des méchants m'ont environné; je n'ai point oublié ta loi. [62] Je me lève à minuit pour te louer, à cause des ordonnances de ta justice. [63] Je suis le compagnon de tous ceux qui te craignent, et qui gardent tes ordonnances. [64] Éternel, la terre est pleine de ta bonté; enseigne-moi tes statuts! [65] Éternel, tu as fait du bien à ton serviteur, selon ta parole. [66] Enseigne-moi à avoir du sens et de l'intelligence; car j'ai cru à tes commandements. [67] Avant d'être affligé, je m'égarais: mais maintenant j'observe ta parole. [68] Tu es bon et bienfaisant: enseigne-moi tes statuts. [69] Des orgueilleux ont forgé contre moi des faussetés; moi, je garderai tes ordonnances de tout mon cœur. [70] Leur cœur est épaissi comme de la graisse; moi, je trouve mes délices dans ta loi. [71] Il m'est bon d'avoir été affligé, afin que j'apprenne tes statuts. [72] La loi de ta bouche m'est plus précieuse que des milliers de pièces d'or et d'argent. [73] Tes mains m'ont fait et m'ont formé; rends-moi intelligent, et j'apprendrai tes commandements. [74] Ceux qui te craignent me verront et se réjouiront, car je m'attends à ta parole. [75] Je sais, ô Éternel, que tes jugements ne sont que justice, et que tu m'as affligé selon ta fidélité. [76] Oh! que ta bonté me console, comme tu l'as promis à ton serviteur. [77] Que tes compassions viennent sur moi, et je vivrai; car ta loi fait mon plaisir. [78] Que les orgueilleux soient confus, qui m'oppriment sans sujet! Moi, je méditerai sur tes commandements. [79] Que ceux qui te craignent, reviennent à moi, et ceux qui connaissent tes témoignages! [80] Que mon cœur soit intègre dans tes statuts, afin que je ne sois pas confus! [81] Mon âme se consume après ton salut; je m'attends à ta parole. [82] Mes yeux se consument après ta promesse; je dis: Quand me consoleras-tu? [83] Car je suis comme une outre dans la fumée; mais je n'oublie point tes statuts. [84] Combien dureront les jours de ton serviteur? Quand feras-tu justice de ceux qui me poursuivent? [85] Les orgueilleux m'ont creusé des fosses; ce qui n'est pas selon ta loi. [86] Tous tes commandements ne sont que fidélité; on me persécute sans cause; aide-moi! [87] Encore un peu, et ils me détruisaient sur la terre; mais je n'abandonne pas tes commandements. [88] Fais-moi revivre selon ta bonté, et je garderai la loi de ta bouche. [89] O Éternel, ta parole subsiste à toujours dans les cieux. [90] Ta fidélité dure d'âge en âge; tu as fondé la terre, et elle demeure ferme. [91] Tout subsiste aujourd'hui selon tes ordonnances; car toutes choses te servent. [92] Si ta loi n'eût été mon plaisir, j'eusse alors péri dans mon affliction. [93] Je n'oublierai jamais tes commandements, car par eux tu m'as fait revivre. [94] Je suis à toi, sauve-moi; car j'ai recherché tes commandements. [95] Les méchants m'ont attendu pour me faire périr; mais je suis attentif à tes témoignages. [96] J'ai vu des bornes à tout ce qu'il y a de parfait; ton commandement est d'une immense étendue. [97] Oh! combien j'aime ta loi! C'est ce dont je m'entretiens tout le jour. [98] Tu me rends plus sage que mes ennemis par tes commandements; car ils sont toujours avec moi. [99] J'ai passé en prudence tous ceux qui m'avaient enseigné, parce que tes témoignages sont mon entretien. [100] Je suis plus entendu que les anciens, parce que j'ai gardé tes commandements. [101] J'ai détourné mes pas de tout mauvais chemin, afin d'observer ta parole. [102] Je n'ai pas dévié de tes ordonnances; car c'est toi qui m'as enseigné. [103] Que ta parole est douce à mon palais! Plus douce que le miel à ma bouche. [104] Tes ordonnances me rendent intelligent, c'est pourquoi je hais toute voie de mensonge. [105] Ta parole est une lampe à mon pied, et une lumière sur mon sentier. [106] J'ai juré, et je le tiendrai, d'observer les ordonnances de ta justice. [107] Je suis extrêmement affligé; Éternel, fais-moi revivre selon ta parole! [108] Éternel, aie pour agréables les vœux que t'offre ma bouche, et m'enseigne tes ordonnances! [109] Ma vie est continuellement en danger; toutefois, je n'ai point oublié ta loi. [110] Les méchants m'ont tendu des pièges; mais je ne me suis point écarté de tes ordonnances. [111] J'ai pris tes témoignages pour héritage perpétuel; car ils sont la joie de mon cœur. [112] J'ai incliné mon cœur à pratiquer tes statuts, constamment et jusqu'à la fin. 113 Je hais les pensées vaines; mais j'aime ta loi. 114 Tu es ma retraite et mon bouclier; je m'attends à ta parole. 115 Méchants, retirez-vous de moi, et je garderai les commandements de mon Dieu! 116 Soutiens-moi selon ta parole, et je vivrai, et ne me rends pas confus dans mon attente! 117 Soutiens-moi, et je serai sauvé, et j'aurai toujours les yeux sur tes statuts! 118 Tu rejettes tous ceux qui s'écartent de tes statuts, car leur tromperie est un vain mensonge. 119 Tu réduis à néant comme de l'écume tous les méchants de la terre; c'est pourquoi j'aime tes témoignages. 120 Ma chair frissonne de la frayeur que j'ai de toi; et je crains tes jugements. 121 J'ai pratiqué le droit et la justice; ne m'abandonne pas à mes oppresseurs. 122 Sois le garant de ton serviteur pour son bien; que les orgueilleux ne m'oppriment pas. 123 Mes yeux se consument après ton salut, après la parole de ta justice. 124 Agis envers ton serviteur selon ta bonté, et m'enseigne tes statuts. 125 Je suis ton serviteur; rends-moi intelligent, et je connaîtrai tes témoignages. 126 Il est temps que l'Éternel opère; ils ont aboli ta loi. 127 C'est pourquoi j'aime tes commandements plus que l'or, même que l'or fin. 128 C'est pourquoi j'estime droits tous tes commandements, et je hais toute voie de mensonge. 129 Tes témoignages sont admirables; c'est pourquoi mon âme les a gardés. 130 La révélation de tes paroles éclaire; elle donne de l'intelligence aux simples. 131 J'ai ouvert la bouche et j'ai soupiré; car j'ai désiré tes commandements. 132 Regarde-moi et prends pitié de moi, comme tu as accoutumé de faire à l'égard de ceux qui aiment ton nom. 133 Affermis mes pas dans ta parole, et ne laisse aucune iniquité dominer sur moi! 134 Délivre-moi de l'oppression des hommes, afin que je garde tes commandements! 135 Fais luire ta face sur ton serviteur, et m'enseigne tes statuts! 136 Des ruisseaux d'eau coulent de mes yeux, parce qu'on n'observe pas ta loi. 137 Tu es juste, ô Éternel, et droit dans tes jugements. 138 Tu as prescrit tes témoignages avec justice, et avec une grande fidélité. 139 Mon zèle m'a miné, parce que mes ennemis ont oublié tes paroles. 140 Ta parole est parfaitement pure; c'est pourquoi ton serviteur l'aime. 141 Je suis petit et méprisé; mais je n'oublie point tes commandements. 142 Ta justice est une justice éternelle, et ta loi n'est que vérité. 143 La détresse et l'angoisse m'ont atteint; mais tes commandements sont mes plaisirs. 144 Tes témoignages ne sont que justice à toujours; donne-m'en l'intelligence, afin que je vive! 145 Je crie de tout mon cœur; réponds-moi, Éternel, et je garderai tes statuts. 146 Je crie à toi; sauve-moi, et j'observerai tes témoignages. 147 Je préviens l'aurore et je crie; je m'attends à ta promesse. 148 Mes yeux préviennent les veilles de la nuit pour méditer ta parole. 149 Écoute ma voix selon ta bonté; Éternel, fais-moi revivre selon ton ordonnance! 150 Ceux qui ont de mauvais desseins s'approchent; ils se tiennent loin de ta loi. 151 Tu es proche, ô Éternel, et tous tes commandements sont la vérité. 152 Dès longtemps je sais par tes témoignages, que tu les as établis pour toujours. 153 Regarde mon affliction, et me délivre, car je n'ai pas oublié ta loi. 154 Défends ma cause et me rachète; fais-moi revivre selon ta parole! 155 Le salut est loin des méchants, parce qu'ils ne recherchent point tes statuts. 156 Tes compassions sont en grand nombre, ô Éternel; fais-moi revivre selon tes ordonnances! 157 Mes persécuteurs et mes adversaires sont en grand nombre; mais je ne me détourne point de tes témoignages. 158 J'ai vu les infidèles et j'en ai horreur; ils n'observent pas ta parole. 159 Considère que j'aime tes commandements; Éternel, fais-moi revivre selon ta bonté! 160 Le fondement de ta parole est la vérité, et toutes les lois de ta justice sont éternelles. 161 Les grands m'ont persécuté sans cause; mais mon cœur n'a craint que tes paroles. 162 Je me réjouis de ta parole, comme celui qui trouve un grand butin. 163 J'ai en haine et en abomination le mensonge; j'aime ta loi. 164 Je te loue sept fois le jour, à cause des ordonnances de ta justice. 165 Il y a une grande paix pour ceux qui aiment ta loi, et rien ne peut les renverser. [166] Éternel, j'espère en ta délivrance, et je pratique tes commandements. [167] Mon âme observe tes témoignages, et je les aime d'un grand amour. [168] J'observe tes commandements et tes témoignages, car toutes mes voies sont devant toi. [169] Éternel, que mon cri vienne en ta présence! Rends-moi intelligent, selon ta parole. [170] Que ma supplication vienne devant toi! Délivre-moi, selon ta promesse! [171] Mes lèvres répandront ta louange, quand tu m'auras enseigné tes statuts. [172] Ma langue ne parlera que de ta parole; car tous tes commandements sont justes. [173] Que ta main me soit en aide! Car j'ai fait choix de tes ordonnances. [174] Éternel, je soupire après ton salut, et ta loi est tout mon plaisir. [175] Que mon âme vive, afin qu'elle te loue, et que tes ordonnances me soient en aide! [176] Je suis errant comme une brebis perdue: cherche ton serviteur, car je n'ai point oublié tes commandements.

120

[1] Cantique de Maaloth. J'ai crié à l'Éternel dans ma détresse, et il m'a exaucé. [2] Éternel, délivre mon âme des lèvres menteuses, de la langue qui trompe! [3] Que te donnera, que te rapportera la langue trompeuse? [4] Des flèches aiguës comme celles du guerrier, avec les charbons ardents du genêt. [5] Malheureux que je suis de séjourner en Méshec, de demeurer parmi les tentes de Kédar! [6] Trop longtemps mon âme a demeuré avec celui qui hait la paix. [7] Je veux la paix; mais dès que je parle, ils sont pour la guerre.

121

[1] Cantique de Maaloth. J'élève mes yeux vers les montagnes d'où me viendra le secours. [2] Mon secours vient de l'Éternel, qui a fait les cieux et la terre. [3] Il ne permettra pas que ton pied chancelle; celui qui te garde ne sommeillera point. [4] Voici, celui qui garde Israël ne sommeillera point, et ne s'endormira point. [5] L'Éternel est celui qui te garde; l'Éternel est ton ombre; il est à ta main droite. [6] Le soleil ne te frappera point pendant le jour, ni la lune pendant la nuit. [7] L'Éternel te gardera de tout mal; il gardera ton âme. [8] L'Éternel gardera ta sortie et ton entrée, dès maintenant et à toujours.

122

[1] Cantique de Maaloth, de David. Je me réjouis lorsqu'on me dit: Allons à la maison de l'Éternel! [2] Nos pieds s'arrêtent dans tes portes, ô Jérusalem! [3] Jérusalem, qui es bâtie comme une ville aux édifices pressés. [4] C'est là que montent les tribus, les tribus de l'Éternel, ce qui est un témoignage en Israël, pour célébrer le nom de l'Éternel. [5] C'est là que sont dressés les trônes pour la justice, les trônes pour la maison de David. [6] Priez pour la paix de Jérusalem! Que ceux qui t'aiment jouissent de la paix! [7] Que la paix soit dans tes murs, et le repos dans tes palais! [8] A cause de mes frères et de mes amis, je prierai pour ta paix. [9] A cause de la maison de l'Éternel notre Dieu, je demanderai pour toi le bonheur.

123

[1] Cantique de Maaloth. J'élève mes yeux vers toi, qui habites dans les cieux. [2] Voici, comme les yeux des serviteurs regardent à la main de leurs maîtres, et les yeux de la servante à la main de sa maîtresse, ainsi nos yeux regardent à l'Éternel notre Dieu, jusqu'à ce qu'il ait pitié de nous. [3] Aie pitié de nous, Éternel, aie pitié de nous, car nous sommes rassasiés de mépris! [4] Notre âme est abondamment rassasiée de la moquerie de ceux qui sont dans l'abondance, du mépris des orgueilleux.

124

[1] Cantique de Maaloth, de David. Sans l'Éternel qui fut pour nous, peut bien dire Israël, [2] Sans l'Éternel qui fut pour nous, quand les hommes s'élevaient contre nous, [3] Alors ils nous auraient engloutis vivants, quand leur colère s'enflammait contre nous. [4] Alors les eaux nous auraient submergés, un torrent eût passé sur notre âme. [5] Alors les eaux impétueuses auraient passé sur notre âme. [6] Béni soit l'Éternel, qui ne nous a pas livrés en proie à leurs dents! [7] Notre âme s'est échappée comme un oiseau du filet de l'oiseleur; le filet s'est rompu, et nous nous sommes échappés. [8] Notre secours est dans le nom de l'Éternel, qui a fait les cieux et la terre.

125

[1] Cantique de Maaloth. Ceux qui se confient en l'Éternel sont comme la montagne de Sion, qui ne peut être ébranlée, et qui subsiste à toujours. [2] Jérusalem est environnée de montagnes; et l'Éternel est autour de son peuple, dès maintenant et à toujours. [3] Car le sceptre de la méchanceté ne reposera pas sur le lot des justes; de peur que les justes ne mettent leurs mains à l'iniquité. [4] Éternel, fais du bien aux bons, à ceux qui ont le cœur droit! [5] Mais pour ceux qui se détournent dans des voies tortueuses, l'Éternel les fera marcher avec les ouvriers d'iniquité. Que la paix soit sur Israël!

126

[1] Cantique de Maaloth. Quand l'Éternel ramena les captifs de Sion, nous étions comme ceux qui font un rêve. [2] Alors notre bouche fut pleine de cris de joie, et notre langue de chants de triomphe. Alors on disait parmi les nations: L'Éternel a fait de grandes choses à ceux-ci. [3] L'Éternel nous a fait de grandes choses; nous en avons été joyeux. [4] Éternel, ramène nos captifs, comme les ruisseaux au pays du midi! [5] Ceux qui sèment avec larmes, moissonneront avec chants de triomphe. [6] Celui qui porte la semence pour la répandre, marche en pleurant; mais il reviendra en chantant de joie, quand il portera ses gerbes.

127

[1] Cantique de Maaloth, de Salomon. Si l'Éternel ne bâtit la maison, ceux qui la bâtissent travaillent en vain. Si l'Éternel ne garde la ville, celui qui la garde veille en vain. [2] En vain vous vous levez matin, vous vous couchez tard, et vous mangez le pain de douleur; il en donne autant à son bien-aimé pendant son sommeil. [3] Voici, les enfants sont un héritage de l'Éternel; le fruit des entrailles est une récompense. [4] Telles les flèches dans la main d'un guerrier, tels sont les fils du jeune âge. [5] Heureux l'homme qui en a rempli son carquois! Ils ne seront pas confus, quand ils parleront avec des ennemis à la porte.

128

[1] Cantique de Maaloth. Heureux l'homme qui craint l'Éternel, et marche dans ses voies! [2] Car tu mangeras du travail de tes mains, tu seras bienheureux et tu prospéreras. [3] Ta femme sera dans ta maison comme une vigne abondante en fruits, et tes enfants comme des plants d'olivier autour de ta table. [4] Oui, c'est ainsi que sera béni l'homme qui craint l'Éternel. [5] L'Éternel te bénira de Sion, et tu verras le bien de Jérusalem tous les jours de ta vie. [6] Et tu verras des enfants à tes enfants. Que la paix soit sur Israël!

129

[1] Cantique de Maaloth. Ils m'ont fort tourmenté dès ma jeunesse, peut bien dire Israël. [2] Ils m'ont fort tourmenté dès ma jeunesse, mais ils n'ont pas prévalu sur moi. [3] Des

laboureurs ont labouré mon dos; ils y ont tracé tout au long leurs sillons. 4 L'Éternel est juste; il a coupé les cordes des méchants. 5 Tous ceux qui haïssent Sion seront rendus honteux et repoussés en arrière. 6 Ils seront comme l'herbe des toits, qui sèche avant qu'elle monte en tuyau; 7 Dont le moissonneur ne remplit pas sa main, ni le lieur de gerbes ses bras; 8 Et dont les passants ne disent pas: La bénédiction de l'Éternel soit sur vous! Nous vous bénissons au nom de l'Éternel!

130

1 Cantique de Maaloth. O Éternel, je t'invoque des lieux profonds. 2 Seigneur, écoute ma voix! Que tes oreilles soient attentives à la voix de mes supplications! 3 Éternel, si tu prends garde aux iniquités, Seigneur, qui subsistera? 4 Mais le pardon se trouve auprès de toi, afin qu'on te craigne. 5 J'ai attendu l'Éternel; mon âme l'a attendu, et j'ai eu mon espérance en sa parole. 6 Mon âme attend le Seigneur, plus que les sentinelles n'attendent le matin. 7 Israël, attends-toi à l'Éternel, car la miséricorde est auprès de l'Éternel, et la rédemption se trouve en abondance auprès de lui. 8 Et lui-même rachètera Israël de toutes ses iniquités.

131

1 Cantique de Maaloth, de David. Éternel, mon cœur ne s'est point enflé; mes yeux ne se sont point élevés; et je n'ai point recherché des choses trop grandes et trop élevées pour moi. 2 N'ai-je pas soumis et fait taire mon âme, comme un enfant sevré fait envers sa mère? Mon âme est en moi comme un enfant sevré. 3 Israël, attends-toi à l'Éternel, dès maintenant et à toujours!

132

1 Cantique de Maaloth. Éternel, souviens-toi de David et de toute son affliction; 2 Lui qui jura à l'Éternel, et fit ce vœu au Puissant de Jacob: 3 Si j'entre sous l'abri de ma maison, et si je monte sur le lit où je repose; 4 Si je donne du sommeil à mes yeux, du repos à mes paupières; 5 Jusqu'à ce que j'aie trouvé un lieu pour l'Éternel, une demeure pour le Puissant de Jacob! 6 Voici, nous en avons entendu parler à Éphrath; nous l'avons trouvée dans les champs de Jaar. 7 Entrons dans ses demeures; prosternons-nous devant son marche-pied! 8 Lève-toi, ô Éternel, viens au lieu de ton repos, toi et l'arche de ta force! 9 Que tes sacrificateurs soient revêtus de justice, et que tes bien-aimés chantent de joie! 10 Pour l'amour de David, ton serviteur, ne rejette pas la face de ton Oint! 11 L'Éternel a juré la vérité à David, et il n'en reviendra pas: Je mettrai sur ton trône le fruit de tes entrailles. 12 Si tes fils gardent mon alliance et mes témoignages que je leur enseignerai, leurs fils aussi, à perpétuité, seront assis sur ton trône. 13 Car l'Éternel a fait choix de Sion; il l'a préférée pour y faire son séjour. 14 Elle est, dit-il, le lieu de mon repos, à perpétuité; j'y habiterai, car je l'ai choisie. 15 Je bénirai abondamment ses vivres; je rassasierai de pain ses pauvres. 16 Je revêtirai de salut ses sacrificateurs, et ses fidèles chanteront d'une grande joie. 17 C'est là que je ferai lever une corne à David, et que je prépare une lampe à mon Oint. 18 Je couvrirai de honte ses ennemis, et sur lui brillera son diadème.

133

1 Cantique de Maaloth, de David. Voici, oh! qu'il est bon et qu'il est agréable que des frères demeurent unis ensemble! 2 C'est comme l'huile précieuse, qui descend sur la tête et sur la barbe d'Aaron, qui descend jusqu'au bord de ses vêtements; 3 Et comme la rosée de l'Hermon, qui descend sur les montagnes de Sion; car c'est là que l'Éternel a ordonné la bénédiction, et la vie à toujours.

134

¹ Cantique de Maaloth. Voici, bénissez l'Éternel, vous, tous les serviteurs de l'Éternel, qui vous tenez dans la maison de l'Éternel pendant les nuits. ² Élevez vos mains vers le sanctuaire, et bénissez l'Éternel! ³ L'Éternel te bénisse de Sion, lui qui a fait les cieux et la terre!

135

¹ Louez l'Éternel! Louez le nom de l'Éternel; louez-le, serviteurs de l'Éternel! ² Vous qui vous tenez dans la maison de l'Éternel, dans les parvis de la maison de notre Dieu, ³ Louez l'Éternel, car l'Éternel est bon! Chantez à son nom, car il est clément! ⁴ Car l'Éternel s'est choisi Jacob et Israël pour sa possession. ⁵ Car je sais que l'Éternel est grand, et notre Seigneur au-dessus de tous les dieux. ⁶ L'Éternel fait tout ce qui lui plaît dans les cieux et sur la terre, dans les mers et dans tous les abîmes. ⁷ C'est lui qui fait monter du bout de la terre les vapeurs; qui produit les éclairs et la pluie; qui tire le vent de ses trésors. ⁸ C'est lui qui a frappé les premiers-nés d'Égypte, depuis les hommes jusqu'aux bêtes; ⁹ Qui a envoyé des signes et des prodiges au milieu de toi, Égypte, contre Pharaon et contre tous ses serviteurs; ¹⁰ Qui a frappé plusieurs nations, et mis à mort de puissants rois: ¹¹ Sihon, roi des Amoréens, et Og, roi de Bassan, et tous les rois de Canaan; ¹² Et qui a donné leur pays en héritage, en héritage à Israël, son peuple. ¹³ Éternel, ton nom subsiste à toujours; Éternel, ta mémoire est d'âge en âge. ¹⁴ Car l'Éternel fera justice à son peuple, et il aura compassion de ses serviteurs. ¹⁵ Les idoles des nations sont de l'argent et de l'or, un ouvrage de mains d'homme. ¹⁶ Elles ont une bouche, et ne parlent point; elles ont des yeux, et ne voient point; ¹⁷ Elles ont des oreilles, et n'entendent point; il n'y a pas non plus de souffle dans leur bouche. ¹⁸ Ceux qui les font et tous ceux qui s'y confient leur deviendront semblables! ¹⁹ Maison d'Israël, bénissez l'Éternel! Maison d'Aaron, bénissez l'Éternel! ²⁰ Maison de Lévi, bénissez l'Éternel! Vous qui craignez l'Éternel, bénissez l'Éternel! ²¹ Béni soit, de Sion, l'Éternel qui réside à Jérusalem! Louez l'Éternel!

136

¹ Célébrez l'Éternel, car il est bon; car sa miséricorde dure éternellement! ² Célébrez le Dieu des dieux, car sa miséricorde dure éternellement. ³ Célébrez le Seigneur des seigneurs, car sa miséricorde dure éternellement; ⁴ Celui qui seul fait de grandes merveilles, car sa miséricorde dure éternellement! ⁵ Celui qui a fait les cieux avec intelligence, car sa miséricorde dure éternellement; ⁶ Qui a étendu la terre sur les eaux, car sa miséricorde dure éternellement; ⁷ Qui a fait les grands luminaires, car sa miséricorde dure éternellement; ⁸ Le soleil pour dominer sur le jour, car sa miséricorde dure éternellement; ⁹ La lune et les étoiles pour dominer sur la nuit, car sa miséricorde dure éternellement! ¹⁰ Celui qui a frappé l'Égypte en ses premiers-nés, car sa miséricorde dure éternellement; ¹¹ Et qui a fait sortir Israël du milieu d'eux, car sa miséricorde dure éternellement; ¹² A main forte et à bras étendu, car sa miséricorde dure éternellement! ¹³ Celui qui a fendu la mer Rouge en deux, car sa miséricorde dure éternellement; ¹⁴ Qui a fait passer Israël au milieu d'elle, car sa miséricorde dure éternellement; ¹⁵ Et a renversé Pharaon et son armée dans la mer Rouge, car sa miséricorde dure éternellement! ¹⁶ Celui qui a conduit son peuple par le désert, car sa miséricorde dure éternellement; ¹⁷ Qui a frappé de grands rois, car sa miséricorde dure éternellement; ¹⁸ Et a tué des rois magnifiques, car sa miséricorde dure éternellement; ¹⁹ Sihon, roi des Amoréens, car sa miséricorde dure éternellement; ²⁰ Et Og, roi de Bassan, car sa miséricorde dure éternellement; ²¹ Et a donné leur pays en héritage, car sa miséricorde dure éternellement; ²² En héritage à Israël, son serviteur, car sa miséricorde dure éternellement; ²³ Celui qui, lorsque nous étions abaissés, s'est souvenu

de nous, car sa miséricorde dure éternellement; [24] Et nous a délivrés de nos ennemis, car sa miséricorde dure éternellement; [25] Qui donne de la nourriture à toute chair, car sa miséricorde dure éternellement! [26] Célébrez le Dieu des cieux; car sa miséricorde dure éternellement!

137

[1] Nous nous sommes assis près des fleuves de Babylone, et là, nous avons pleuré, nous souvenant de Sion. [2] Nous avons suspendu nos harpes aux saules de la contrée. [3] Là, ceux qui nous avaient emmenés captifs nous demandaient des chants joyeux: Chantez-nous quelque chose des cantiques de Sion. [4] Comment chanterions-nous les cantiques de l'Éternel, dans une terre étrangère? [5] Si je t'oublie, Jérusalem, que ma droite s'oublie elle-même! [6] Que ma langue s'attache à mon palais, si je ne me souviens de toi, si je ne fais de Jérusalem le principal sujet de ma joie! [7] Éternel, souviens-toi des enfants d'Édom, qui, dans la journée de Jérusalem, disaient: Rasez, rasez jusqu'à ses fondements! [8] Fille de Babel, la dévastée, heureux qui te rendra ce que tu nous as fait! [9] Heureux qui saisira tes enfants, et les écrasera contre le rocher!

138

[1] Psaume de David. Je te célébrerai de tout mon cœur; je te psalmodierai en la présence de Dieu. [2] Je me prosternerai dans le palais de ta sainteté, et je célébrerai ton nom, à cause de ta bonté et de ta vérité; car tu as magnifiquement accompli ta parole, au-delà de toute ta renommée. [3] Le jour que je t'ai invoqué, tu m'as exaucé; tu m'as délivré, tu as fortifié mon âme. [4] O Éternel, tous les rois de la terre te célébreront, quand ils auront entendu les paroles de ta bouche. [5] Et ils chanteront les voies de l'Éternel; car la gloire de l'Éternel est grande. [6] Car l'Éternel, qui est haut élevé, voit celui qui est abaissé, et il aperçoit de loin celui qui s'élève. [7] Si je marche au milieu de l'adversité, tu me rendras la vie; tu étendras ta main contre la colère de mes ennemis, et ta droite me délivrera. [8] L'Éternel achèvera ce qui me concerne. Éternel, ta bonté demeure à toujours. N'abandonne pas l'œuvre de tes mains!

139

[1] Au maître-chantre. Psaume de David. Éternel, tu m'as sondé, et tu m'as connu. [2] Tu sais quand je m'assieds et quand je me lève; tu découvres de loin ma pensée. [3] Tu vois quand je marche et quand je me couche; tu connais parfaitement toutes mes voies. [4] Même avant que la parole soit sur ma langue, voici, ô Éternel, tu la connais tout entière. [5] Tu me tiens serré par-derrière et par-devant, et tu as mis ta main sur moi. [6] Science trop merveilleuse pour moi, si élevée que je n'y puis atteindre! [7] Où irais-je loin de ton Esprit, et où fuirais-je loin de ta face? [8] Si je monte aux cieux, tu y es; si je me couche au Sépulcre, t'y voilà. [9] Si je prends les ailes de l'aube du jour, et que j'aille habiter au bout de la mer, [10] Là même, ta main me conduira, et ta droite me saisira. [11] Si je dis: Au moins les ténèbres me couvriront; la nuit devient lumière autour de moi; [12] Les ténèbres mêmes ne sont pas obscures pour toi, et la nuit resplendit comme le jour; les ténèbres sont comme la lumière. [13] Car c'est toi qui as formé mes reins, qui m'as façonné dans le sein de ma mère. [14] Je te loue de ce que j'ai été fait d'une étrange et merveilleuse manière; tes œuvres sont merveilleuses, et mon âme le sait très bien. [15] Mes os ne t'étaient point cachés, lorsque j'étais formé dans le secret, ouvré comme un tissu dans les lieux bas de la terre. [16] Tes yeux m'ont vu, lorsque j'étais comme une masse informe, et sur ton livre étaient inscrits tous les jours qui m'étaient réservés, quand aucun d'eux n'existait. [17] Que tes pensées me sont précieuses, ô Dieu, et combien le nombre en est grand! [18] Les veux-je compter? Elles sont plus nombreuses que le sable. Suis-je réveillé? Je suis encore avec toi. [19] O Dieu, ne

feras-tu pas mourir le méchant? Hommes de sang, éloignez-vous de moi! [20] Ils parlent de toi pour mal faire; tes ennemis jurent faussement par ton nom. [21] Éternel, ne haïrais-je pas ceux qui te haïssent? N'aurais-je pas horreur de ceux qui s'élèvent contre toi? [22] Je les hais d'une parfaite haine; je les tiens pour mes ennemis. [23] Sonde-moi, ô Dieu, et connais mon cœur; éprouve-moi, et connais mes pensées. [24] Vois si je suis dans une voie d'injustice, et conduis-moi dans la voie de l'éternité!

140

[1] Éternel, délivre-moi de l'homme méchant, et garde-moi de l'homme violent, [2] Qui méditent le mal dans leur cœur, et suscitent tous les jours des combats; [3] Qui affilent leur langue comme un serpent; qui ont un venin d'aspic sous leurs lèvres. Sélah (pause). [4] Éternel, garde-moi des mains du méchant, préserve-moi de l'homme violent, qui méditent de me faire tomber. [5] Les orgueilleux m'ont dressé un piège et des lacs; ils ont tendu des rets sur le bord du chemin; ils m'ont dressé des embûches. (Sélah.) [6] J'ai dit à l'Éternel: Tu es mon Dieu; prête l'oreille, ô Éternel, à la voix de mes supplications! [7] Seigneur Éternel, qui es la force de mon salut, tu as couvert ma tête au jour de la bataille. [8] Éternel, n'accorde pas au méchant ses souhaits; ne fais pas réussir ses desseins; ils s'élèveraient. (Sélah.) [9] Que sur la tête de ceux qui m'assiègent, retombe l'iniquité de leurs lèvres! [10] Que des charbons embrasés tombent sur eux! Qu'il les précipite dans le feu, dans des flots profonds d'où ils ne se relèvent plus! [11] L'homme à la langue méchante ne sera point affermi sur la terre; et quant à l'homme violent, le mal le poursuivra et le renversera. [12] Je sais que l'Éternel fera droit à l'affligé, qu'il fera justice aux misérables. [13] Oui, les justes célébreront ton nom; les hommes droits habiteront devant ta face.

141

[1] Psaume de David. Éternel, je t'invoque; hâte-toi de venir à moi; prête l'oreille à ma voix, quand je crie à toi! [2] Que ma prière vienne devant toi comme le parfum, et l'élévation de mes mains comme l'oblation du soir! [3] Éternel, mets une garde à ma bouche; garde l'entrée de mes lèvres. [4] N'incline point mon cœur à des choses mauvaises, pour commettre de méchantes actions par malice, avec les ouvriers d'iniquité, et que je ne goûte pas de leurs délices! [5] Que le juste me frappe, ce me sera une faveur; qu'il me reprenne, ce sera de l'huile sur ma tête; elle ne se détournera pas, car encore je prierai pour lui dans ses calamités. [6] Que leurs chefs soient précipités le long des rochers, alors on écoutera mes paroles; car elles sont agréables. [7] Comme lorsqu'on laboure et qu'on fend la terre, nos os sont épars à l'entrée du Sépulcre. [8] Mais c'est vers toi, ô Éternel, Seigneur, que se tournent mes yeux; je me retire vers toi, n'abandonne point mon âme! [9] Garde-moi du piège qu'ils m'ont tendu, et des embûches des ouvriers d'iniquité! [10] Que les méchants tombent ensemble dans leurs filets, tandis que moi, j'échapperai!

142

[1] Je crie, de ma voix, à l'Éternel; de ma voix, je supplie l'Éternel. [2] Je répands devant lui ma plainte; j'expose ma détresse en sa présence. [3] Quand mon esprit est abattu en moi, toi, tu connais mon sentier. Ils m'ont caché un piège dans le chemin où je marchais. [4] Regarde à ma droite, et vois! Personne ne me reconnaît; tout refuge me manque; personne n'a souci de mon âme. [5] Éternel! je crie à toi, et je dis: Tu es ma retraite, mon partage dans la terre des vivants. [6] Sois attentif à mon cri, car je suis fort misérable; délivre-moi de ceux qui me poursuivent, car ils sont plus forts que moi! [7] Retire mon âme de sa prison, afin que je célèbre ton nom. Les justes viendront autour de moi, parce que tu m'auras fait du bien.

143

¹ Psaume de David. Éternel, écoute ma requête, prête l'oreille à mes supplications; réponds-moi dans ta fidélité, dans ta justice! ² Et n'entre pas en jugement avec ton serviteur; car nul homme vivant ne sera juste devant toi. ³ Car l'ennemi poursuit mon âme; il foule à terre ma vie; il me fait habiter dans les ténèbres, comme ceux qui sont morts dès longtemps. ⁴ Et mon esprit est abattu en moi; mon cœur est troublé au-dedans de moi. ⁵ Je me souviens des jours d'autrefois; je médite toutes tes œuvres; je m'entretiens des ouvrages de tes mains. ⁶ J'étends mes mains vers toi; mon âme a soif de toi, comme une terre altérée. (Sélah.) ⁷ Éternel, hâte-toi, réponds-moi! Mon esprit se consume. Ne me cache pas ta face, en sorte que je devienne semblable à ceux qui descendent dans la fosse! ⁸ Fais-moi entendre dès le matin ta bonté, car je me suis confié en toi; fais-moi connaître le chemin où je dois marcher, car j'ai élevé mon âme à toi. ⁹ Éternel, délivre-moi de mes ennemis; je me suis retiré vers toi. ¹⁰ Enseigne-moi à faire ta volonté, car tu es mon Dieu. Que ton bon Esprit me conduise dans le droit chemin! ¹¹ Éternel, rends-moi la vie pour l'amour de ton nom; dans ta justice, retire mon âme de la détresse! ¹² Et dans ta bonté, retranche mes ennemis, et détruis tous ceux qui persécutent mon âme, car je suis ton serviteur.

144

¹ Psaume de David. Béni soit l'Éternel, mon rocher, qui dresse mes mains au combat et mes doigts à la bataille! ² Mon bienfaiteur et ma forteresse, ma haute retraite et mon libérateur, mon bouclier et celui vers qui je me retire; celui qui range mon peuple sous moi! ³ Éternel, qu'est-ce que l'homme, que tu aies soin de lui? et le fils de l'homme que tu en tiennes compte? ⁴ L'homme est semblable à un souffle; ses jours sont comme l'ombre qui passe. ⁵ Éternel, abaisse tes cieux et descends; touche les montagnes, et qu'elles fument! ⁶ Fais briller l'éclair, et disperse-les; lance tes flèches, et les mets en déroute! ⁷ Étends tes mains d'en haut, délivre-moi, et me retire des grandes eaux, de la main du fils de l'étranger; ⁸ Dont la bouche profère le mensonge, et dont la droite est une droite trompeuse. ⁹ O Dieu, je te chanterai un cantique nouveau; je te célébrerai sur la lyre à dix cordes, ¹⁰ Toi qui donnes la délivrance aux rois, qui sauves David, ton serviteur, de l'épée meurtrière. ¹¹ Délivre-moi, et me retire de la main des fils de l'étranger, dont la bouche profère le mensonge, et dont la droite est une droite trompeuse. ¹² Que nos fils soient comme des plantes croissant dans leur jeunesse; nos filles comme des colonnes taillées, ornant les angles d'un palais! ¹³ Que nos celliers soient remplis, fournissant toute espèce de provisions; que nos brebis se multiplient par milliers, par dix milliers dans nos champs! ¹⁴ Que nos bœufs soient chargés de graisse; qu'il n'y ait ni brèche, ni attaque, ni clameur dans nos rues! ¹⁵ Heureux le peuple duquel il en est ainsi! Heureux le peuple dont l'Éternel est le Dieu!

145

¹ Cantique de louange, de David. Mon Dieu, mon Roi, je t'exalterai; je bénirai ton nom à toujours, à perpétuité. ² Chaque jour je te bénirai; je louerai ton nom à toujours, à perpétuité. ³ L'Éternel est grand et très digne de louange, et l'on ne saurait sonder sa grandeur. ⁴ Une génération dira la louange de tes œuvres à l'autre génération, et elles raconteront tes hauts faits. ⁵ Je m'entretiendrai de la splendeur glorieuse de ta majesté, et de tes œuvres merveilleuses. ⁶ On dira la puissance de tes exploits redoutables, et je raconterai ta grandeur. ⁷ On publiera le souvenir de ta grande bonté, et l'on chantera ta justice. ⁸ L'Éternel est miséricordieux et compatissant, lent à la colère et grand en bonté. ⁹ L'Éternel est bon envers tous, et ses compassions sont sur toutes ses œuvres. ¹⁰ O Éternel,

toutes tes œuvres te célébreront, et tes bien-aimés te béniront! [11] Ils diront la gloire de ton règne, et ils raconteront ta puissance; [12] Pour faire connaître aux fils des hommes tes hauts faits, et la glorieuse magnificence de ton règne. [13] Ton règne est un règne de tous les siècles, et ta domination dure dans tous les âges. [14] L'Éternel soutient tous ceux qui sont près de tomber, et il redresse tous ceux qui sont courbés. [15] Les yeux de tous s'attendent à toi, et tu leur donnes leur nourriture en son temps. [16] Tu ouvres ta main, et tu rassasies à souhait tout ce qui vit. [17] L'Éternel est juste dans toutes ses voies, et plein de bonté dans toutes ses œuvres. [18] L'Éternel est près de tous ceux qui l'invoquent, de tous ceux qui l'invoquent en vérité. [19] Il accomplit le souhait de ceux qui le craignent; il entend leur cri, et les délivre. [20] L'Éternel garde tous ceux qui l'aiment, mais il détuira tous les méchants. [21] Ma bouche publiera la louange de l'Éternel, et toute chair bénira le nom de sa sainteté, à toujours et à perpétuité.

146

[1] Louez l'Éternel! Mon âme, loue l'Éternel! [2] Je louerai l'Éternel tant que je vivrai; je célébrerai mon Dieu tant que j'existerai. [3] Ne vous confiez pas dans les grands, ni dans aucun fils d'homme, qui ne saurait délivrer. [4] Son souffle s'en va, il retourne à sa terre, et en ce jour-là ses desseins périssent. [5] Heureux celui qui a le Dieu de Jacob pour aide, et dont l'attente est en l'Éternel son Dieu, [6] Qui a fait les cieux et la terre, la mer et tout ce qui y est; qui garde la fidélité à toujours; [7] Qui fait droit à ceux qui sont opprimés, qui donne du pain à ceux qui ont faim! [8] L'Éternel délie les captifs; l'Éternel ouvre les yeux des aveugles; l'Éternel redresse ceux qui sont courbés; l'Éternel aime les justes. [9] L'Éternel garde les étrangers; il soutient l'orphelin et la veuve; mais il renverse la voie des méchants. [10] L'Éternel régnera éternellement. O Sion, ton Dieu est d'âge en âge! Louez l'Éternel!

147

[1] Louez l'Éternel! Car il est bon de psalmodier à notre Dieu, car il est doux, il est bienséant de le louer. [2] C'est l'Éternel qui bâtit Jérusalem, qui rassemble les dispersés d'Israël; [3] Qui guérit ceux qui ont le cœur brisé, et qui bande leurs plaies. [4] Il compte le nombre des étoiles; il les appelle toutes par leur nom. [5] Notre Seigneur est grand, et d'une grande puissance; son intelligence est infinie. [6] L'Éternel soutient les humbles, et il abaisse les méchants jusqu'à terre. [7] Chantez à l'Éternel avec des actions de grâces; psalmodiez sur la harpe à notre Dieu, [8] Qui couvre les cieux de nuées, qui prépare la pluie pour la terre; qui fait germer l'herbe sur les montagnes; [9] Qui donne au bétail sa nourriture, et aux petits du corbeau qui crient. [10] Il ne se complaît point en la force du cheval; il ne fait point cas des hommes légers à la course. [11] L'Éternel prend son plaisir en ceux qui le craignent, en ceux qui s'attendent à sa bonté. [12] Jérusalem, loue l'Éternel; Sion, célèbre ton Dieu! [13] Car il a renforcé les barres de tes portes; il a béni tes enfants au milieu de toi. [14] Il donne la paix à ton territoire, il te rassasie de la moelle du froment. [15] Il envoie ses ordres sur la terre, et sa parole court avec vitesse; [16] Il fait tomber la neige comme de la laine, et répand le givre comme de la cendre; [17] Il jette sa glace comme par morceaux. Qui peut résister devant son froid? [18] Il envoie sa parole, et les fait fondre; il fait souffler son vent, et les eaux s'écoulent. [19] Il a révélé sa parole à Jacob, ses statuts et ses ordonnances à Israël. [20] Il n'a pas agi ainsi pour toutes les nations; et elles ne connaissent pas ses ordonnances. Louez l'Éternel!

148

[1] Louez l'Éternel! Louez l'Éternel dans les cieux; louez-le dans les plus hauts lieux! [2] Tous ses anges, louez-le; toutes ses armées, louez-le! [3] Louez-le, soleil et lune; louez-le toutes, étoiles brillantes! [4] Louez-le, cieux des cieux, et vous, eaux qui êtes au-dessus des cieux! [5] Qu'ils louent le nom de l'Éternel; car il a commandé, et ils ont été créés. [6] Il les a affermis pour toujours, à perpétuité; il y a mis un ordre qui ne changera point. [7] Louez l'Éternel sur la terre; vous, monstres marins, et tous les abîmes; [8] Feu et grêle, neige et vapeur, vents de tempête, qui exécutez sa parole; [9] Montagnes et toutes les collines; arbres à fruit et tous les cèdres; [10] Bêtes sauvages et tout le bétail; reptiles et oiseaux ailés; [11] Rois de la terre, et tous les peuples; princes, et tous les juges de la terre; [12] Jeunes hommes et vous aussi, vierges; vieillards avec les enfants! [13] Qu'ils louent le nom de l'Éternel, car son nom seul est élevé; sa majesté est au-dessus de la terre et des cieux! [14] Il a élevé la force de son peuple, sujet de louange pour tous ses fidèles, pour les enfants d'Israël, peuple qui est près de lui. Louez l'Éternel!

149

[1] Louez l'Éternel! Chantez à l'Éternel un cantique nouveau, et sa louange dans l'assemblée de ses bien-aimés. [2] Qu'Israël se réjouisse en celui qui l'a fait; que les enfants de Sion s'égaient en leur Roi! [3] Qu'ils louent son nom avec des danses, qu'ils le chantent avec le tambourin et la harpe! [4] Car l'Éternel prend plaisir en son peuple; il glorifiera les humbles par son salut. [5] Que ses bien-aimés triomphent avec gloire; qu'ils poussent des cris de joie sur leur couche! [6] Les louanges de Dieu sont dans leur bouche, et l'épée à deux tranchants dans leur main, [7] Pour faire vengeance parmi les nations et pour châtier les peuples; [8] Pour lier leurs rois avec des chaînes, et leurs grands avec des ceps de fer; [9] Pour exercer sur eux le jugement qui est écrit. Cet honneur est pour tous ses bien-aimés. Louez l'Éternel!

150

[1] Louez l'Éternel! Louez Dieu pour sa sainteté; louez-le pour cette étendue qu'a faite sa puissance! [2] Louez-le pour ses hauts faits; louez-le selon la grandeur de sa majesté! [3] Louez-le au son de la trompette; louez-le avec la lyre et la harpe! [4] Louez-le avec le tambourin et les danses; louez-le avec les instruments à cordes et la flûte! [5] Louez-le avec les cymbales sonores; louez-le avec les cymbales retentissantes! [6] Que tout ce qui respire loue l'Éternel! Louez l'Éternel!

Proverbes

¹ Proverbes de Salomon, fils de David, roi d'Israël; ² Pour faire connaître la sagesse et l'instruction, pour faire comprendre les discours d'intelligence; ³ Pour faire recevoir une instruction de raison, de justice, de jugement, et d'équité; ⁴ Pour donner du discernement aux simples, de la connaissance et de la réflexion au jeune homme. ⁵ Le sage écoutera et deviendra plus instruit, et l'homme intelligent acquerra de la prudence, ⁶ Afin d'entendre les sentences et les énigmes, les paroles des sages, et leurs discours profonds. ⁷ La crainte de l'Éternel est le principal point de la science; mais les fous méprisent la sagesse et l'instruction. ⁸ Mon fils, écoute l'instruction de ton père, et n'abandonne point l'enseignement de ta mère. ⁹ Car ce sont des grâces assemblées autour de ta tête, et des colliers à ton cou. ¹⁰ Mon fils, si les pécheurs veulent te séduire, n'y consens pas. ¹¹ S'ils disent: Viens avec nous, dressons des embûches pour tuer; tendons des pièges à l'innocent, sans qu'il en ait donné de sujet; ¹² Engloutissons-les tout vifs comme le Sépulcre, et tout entiers comme ceux qui descendent dans la fosse; ¹³ Nous trouverons toutes sortes de biens précieux, nous remplirons nos maisons de butin; ¹⁴ Tu y auras ta part avec nous, il n'y aura qu'une bourse pour nous tous. ¹⁵ Mon fils, ne te mets point en chemin avec eux; détourne ton pied de leur sentier. ¹⁶ Car leurs pieds courent au mal, et ils se hâtent pour répandre le sang. ¹⁷ Or c'est en vain qu'on tend le filet devant les yeux de tout ce qui a des ailes; ¹⁸ Mais eux, ils dressent des embûches contre leur propre sang, et ils tendent des pièges à leur âme. ¹⁹ Telles sont les voies de celui qui convoite le gain déshonnête, lequel perdra l'âme de ceux qui le poursuivent. ²⁰ La souveraine sagesse crie hautement par les rues, elle fait retentir sa voix sur les places; ²¹ Elle crie dans les carrefours, où on fait le plus de bruit, aux entrées des portes; elle prononce ses paroles par la ville: ²² Stupides, dit-elle, jusques à quand aimerez-vous la sottise? Jusques à quand les moqueurs prendront-ils plaisir à la moquerie, et les insensés auront-ils en haine la science? ²³ Étant repris par moi, convertissez-vous. Voici, je vous communiquerai de mon esprit en abondance, je vous ferai comprendre mes paroles. ²⁴ Puisque j'ai crié, et que vous avez refusé d'entendre; que j'ai étendu ma main, et que personne n'y a pris garde; ²⁵ Puisque vous rejetez tous mes conseils, et que vous n'aimez pas mes réprimandes, ²⁶ Je me rirai, moi, de votre calamité, je me moquerai quand votre effroi surviendra; ²⁷ Quand votre effroi surviendra comme une ruine, et votre calamité comme une tempête; quand la détresse et l'angoisse viendront sur vous. ²⁸ Alors ils crieront vers moi, mais je ne répondrai point; ils me chercheront de grand matin, mais ils ne me trouveront point; ²⁹ Parce qu'ils ont haï la science, et qu'ils n'ont point choisi la crainte de l'Éternel. ³⁰ Ils n'ont point pris plaisir à mon conseil; ils ont dédaigné toutes mes réprimandes. ³¹ Qu'ils mangent donc le fruit de leur voie, et qu'ils se rassasient de leurs conseils. ³² Car l'égarement des sots les tue, et la sécurité des insensés les perd. ³³ Mais celui qui m'écoute, habitera en sûreté, et sera tranquille, sans être effrayé d'aucun mal.

2

¹ Mon fils, si tu reçois mes paroles, et si tu conserves avec toi mes commandements, ² Tellement que tu rendes ton oreille attentive à la sagesse, et que tu inclines ton cœur à l'intelligence; ³ Si tu appelles à toi la prudence, et si tu adresses ta voix à l'intelligence; ⁴ Si tu la cherches comme de l'argent, et si tu la recherches soigneusement comme un trésor; ⁵ Alors tu comprendras la crainte de l'Éternel, et tu trouveras la connaissance de Dieu. ⁶ Car l'Éternel donne la sagesse; de sa bouche procèdent la connaissance et l'intelligence.

[7] Il réserve le salut à ceux qui sont droits, et il est le bouclier de ceux qui marchent en intégrité, [8] Pour suivre les sentiers de la justice. Il gardera la voie de ses bien-aimés. [9] Alors tu connaîtras la justice, et le jugement, et l'équité, et tout bon chemin. [10] Car la sagesse viendra dans ton cœur, et la connaissance sera agréable à ton âme; [11] La prudence veillera sur toi, et l'intelligence te gardera; [12] Pour te délivrer du mauvais chemin, et de l'homme qui parle avec perversité; [13] De ceux qui abandonnent les chemins de la droiture, pour marcher dans les voies des ténèbres; [14] Qui se réjouissent de mal faire et qui prennent plaisir dans les égarements du méchant; [15] Dont les chemins sont détournés, et qui suivent des voies tortueuses. [16] Tu seras aussi délivré de la femme étrangère, et de la femme d'autrui, dont les paroles sont flatteuses; [17] Qui a abandonné le compagnon de sa jeunesse, et qui a oublié l'alliance de son Dieu. [18] Car sa maison penche vers la mort, son chemin mène chez les morts. [19] Pas un de ceux qui vont vers elle n'en revient, ni ne retrouve les sentiers de la vie. [20] Ainsi tu marcheras dans la voie des gens de bien, tu garderas les sentiers des justes. [21] Car ceux qui sont droits habiteront la terre, et les hommes intègres y subsisteront. [22] Mais les méchants seront retranchés de la terre, et ceux qui agissent perfidement, en seront arrachés.

3

[1] Mon fils, n'oublie point mon enseignement, et que ton cœur garde mes commandements. [2] Car ils t'apporteront de longs jours, et des années de vie, et la prospérité. [3] Que la miséricorde et la vérité ne t'abandonnent point; lie-les à ton cou, écris-les sur la table de ton cœur; [4] Et tu obtiendras la grâce et une grande sagesse aux yeux de Dieu et des hommes. [5] Confie-toi en l'Éternel de tout ton cœur, et ne t'appuie point sur ta prudence. [6] Considère-le dans toutes tes voies, et il dirigera tes sentiers. [7] Ne sois point sage à tes propres yeux; crains l'Éternel, et détourne-toi du mal. [8] Ce sera la santé pour tes muscles et un rafraîchissement pour tes os. [9] Honore l'Éternel de ton bien, et des prémices de tout ton revenu; [10] Et tes greniers seront remplis d'abondance, et tes cuves regorgeront de moût. [11] Mon fils, ne rejette point la correction de l'Éternel, et ne perds pas courage de ce qu'il te reprend; [12] Car l'Éternel châtie celui qu'il aime, comme un père l'enfant qu'il chérit. [13] Heureux l'homme qui a trouvé la sagesse, et l'homme qui avance dans l'intelligence! [14] Car il vaut mieux l'acquérir que de gagner de l'argent, et le revenu qu'on en peut tirer vaut mieux que l'or fin. [15] Elle est plus précieuse que les perles, et toutes les choses désirables ne la valent pas. [16] Il y a de longs jours dans sa droite, des richesses et de la gloire dans sa gauche. [17] Ses voies sont des voies agréables, et tous ses sentiers conduisent à la paix. [18] Elle est l'arbre de vie pour ceux qui l'embrassent, et tous ceux qui la conservent sont rendus bienheureux. [19] L'Éternel a fondé la terre par la sagesse, et agencé les cieux par l'intelligence. [20] C'est par sa science que les abîmes s'ouvrent, et que les nuées distillent la rosée. [21] Mon fils, qu'elles ne s'écartent point de devant tes yeux; garde la sagesse et la prudence, [22] Et elles seront la vie de ton âme, et un ornement à ton cou. [23] Alors tu marcheras en assurance par ton chemin, et ton pied ne heurtera point. [24] Si tu te couches, tu n'auras point de frayeur; et quand tu seras couché, ton sommeil sera doux. [25] Ne crains point la frayeur soudaine, ni l'attaque des méchants, quand elle arrivera. [26] Car l'Éternel sera ton espérance, et il gardera ton pied du piège. [27] Ne refuse pas un bienfait à celui qui en a besoin, quand il est en ton pouvoir de l'accorder. [28] Ne dis point à ton prochain: Va et reviens, et je te donnerai demain; quand tu as de quoi donner. [29] Ne machine point de mal contre ton prochain qui habite en assurance avec toi. [30] N'aie point de procès sans sujet avec personne, lorsqu'on ne t'a fait aucun mal. [31] Ne porte pas envie à l'homme violent, et ne choisis aucune de ses voies. [32] Car celui

qui va de travers est en abomination à l'Éternel; mais il est l'ami de ceux qui sont droits. [33] La malédiction de l'Éternel est dans la maison du méchant; mais il bénit la demeure des justes. [34] Il se moque des moqueurs; mais il fait grâce aux humbles. [35] Les sages hériteront la gloire; mais l'ignominie accablera les insensés.

4

[1] Enfants, écoutez l'instruction de votre père, et soyez attentifs pour connaître la prudence. [2] Car je vous donne de bons conseils; n'abandonnez point mon enseigne-ment. [3] Quand j'étais encore enfant près de mon père, tendre et chéri auprès de ma mère, [4] Il m'enseignait et me disait: Que ton cœur retienne mes paroles; garde mes commandements, et tu vivras. [5] Acquiers la sagesse, acquiers la prudence; ne l'oublie pas, et ne te détourne point des paroles de ma bouche. [6] Ne l'abandonne pas, elle te gardera; aime-la, et elle te protégera. [7] Le commencement de la sagesse, c'est d'acquérir la sagesse; acquiers la prudence au prix de tout ton avoir. [8] Estime-la, et elle t'élèvera; elle fera ta gloire quand tu l'auras embrassée. [9] Elle posera sur ta tête une couronne de grâces, et te donnera un diadème de gloire. [10] Écoute, mon fils, et reçois mes paroles; et les années de ta vie te seront multipliées. [11] Je t'ai enseigné le chemin de la sagesse, et je t'ai fait marcher dans les sentiers de la droiture. [12] Quand tu marcheras, tes pas ne seront pas gênés, et quand tu courras, tu ne broncheras point. [13] Embrasse l'instruction, ne la lâche point; garde-la, car c'est ta vie. [14] N'entre point dans le sentier des méchants, et ne pose pas ton pied dans le chemin des pervers. [15] Détourne-t'en, ne passe point par là; écarte-toi, et passe outre. [16] Car ils ne dormiraient pas, s'ils n'avaient fait quelque mal, et le sommeil leur serait ôté, s'ils n'avaient fait tomber personne. [17] Car ils mangent le pain de la méchanceté, et ils boivent le vin de la violence. [18] Mais le sentier des justes est comme la lumière resplendissante, dont l'éclat augmente jusques à ce que le jour soit dans sa perfection. [19] La voie des méchants est comme l'obscurité; ils ne voient point ce qui les fera tomber. [20] Mon fils, sois attentif à mes paroles, incline ton oreille à mes discours. [21] Qu'ils ne s'éloignent pas de tes yeux, garde-les dans ton cœur. [22] Car ils sont la vie de ceux qui les trouvent, et la santé de tout leur corps. [23] Garde ton cœur plus que toute autre chose qu'on garde; car c'est de lui que procèdent les sources de la vie. [24] Éloigne de toi la perversité de la bouche, et la fausseté des lèvres. [25] Que tes yeux regardent droit, et que tes paupières se dirigent devant toi. [26] Balance le chemin de tes pieds, afin que toutes tes voies soient affermies. [27] Ne te détourne ni à droite ni à gauche; retire ton pied du mal.

5

[1] Mon fils, sois attentif à ma sagesse, incline ton oreille à ma prudence; [2] Afin que tu conserves la réflexion, et que tes lèvres gardent la connaissance. [3] Car les lèvres de l'étrangère distillent le miel, et son palais est plus doux que l'huile. [4] Mais ce qui en provient est amer comme de l'absinthe, et perçant comme une épée à deux tranchants. [5] Ses pieds conduisent à la mort; ses démarches aboutissent au Sépulcre. [6] Elle ne considère pas le chemin de la vie; ses voies s'égarent, elle ne sait où. [7] Maintenant donc, mes enfants, écoutez-moi; et ne vous détournez point des paroles de ma bouche. [8] Éloigne ton chemin d'elle, et n'approche point de l'entrée de sa maison; [9] De peur que tu ne donnes ton honneur à d'autres, et tes années à un homme cruel; [10] De peur que les étrangers ne se rassasient de ta fortune, et que ce que tu auras acquis par ton travail ne passe dans une maison étrangère; [11] Et que tu ne rugisses quand tu seras près de ta fin, quand ta chair et ton corps seront consumés, [12] Et que tu ne dises: Comment ai-je haï l'instruction, et comment mon cœur a-t-il dédaigné les réprimandes? [13] Comment n'ai-je point obéi à la voix de ceux qui m'instruisaient, et n'ai-je point incliné mon oreille

vers ceux qui m'enseignaient? ¹⁴ Peu s'en est fallu que je n'aie été plongé dans tous les maux, au milieu du peuple et de l'assemblée. ¹⁵ Bois des eaux de ta citerne, et des ruisseaux de ton puits. ¹⁶ Tes fontaines doivent-elles se répandre dehors, et tes ruisseaux d'eau sur les places publiques? ¹⁷ Qu'ils soient à toi seul, et non aux étrangers avec toi. ¹⁸ Que ta source soit bénie; et réjouis-toi de la femme de ta jeunesse, ¹⁹ Comme d'une biche aimable et d'une chèvre gracieuse; que ses caresses te réjouissent en tout temps, et sois continuellement épris de son amour. ²⁰ Et pourquoi, mon fils, t'égarerais-tu après une autre, et embrasserais-tu le sein d'une étrangère? ²¹ Car les voies de l'homme sont devant les yeux de l'Éternel, et il pèse toutes ses démarches. ²² Le méchant sera pris dans ses iniquités, et il sera retenu dans les cordes de son péché. ²³ Il mourra, faute d'instruction, et il ira errant par la grandeur de sa folie.

6

¹ Mon fils, si tu as cautionné ton prochain, si tu as répondu pour quelqu'un, ² Tu es enlacé par les paroles de ta bouche; tu es pris par les paroles de ta bouche. ³ Mon fils, fais promptement ceci: dégage-toi; puisque tu es tombé entre les mains de ton prochain, va, prosterne-toi, et supplie ton prochain. ⁴ Ne donne point de sommeil à tes yeux, ni de repos à tes paupières; ⁵ Dégage-toi comme le daim de la main du chasseur, et comme l'oiseau de la main de l'oiseleur. ⁶ Paresseux, va vers la fourmi, regarde ses voies, et deviens sage. ⁷ Elle n'a ni chef, ni surveillant, ni maître, ⁸ Elle prépare sa nourriture en été, et amasse durant la moisson de quoi manger. ⁹ Paresseux, jusques à quand seras-tu couché? Quand te lèveras-tu de ton sommeil? ¹⁰ Un peu dormir, un peu sommeiller, un peu croiser les mains pour se reposer; ¹¹ Et la pauvreté viendra comme un coureur, et la disette comme un homme armé. ¹² Le méchant homme, l'homme inique va avec une bouche perverse. ¹³ Il fait signe de ses yeux, il parle de ses pieds, il donne à entendre de ses doigts. ¹⁴ La perversité est dans son cœur, il machine du mal en tout temps, il fait naître des querelles. ¹⁵ C'est pourquoi sa ruine viendra tout d'un coup; il sera subitement brisé, il n'y aura point de guérison. ¹⁶ Il y a six choses que hait l'Éternel, même sept qui lui sont en abomination: ¹⁷ Les yeux hautains, la langue fausse, les mains qui répandent le sang innocent, ¹⁸ Le cœur qui forme de mauvais desseins, les pieds qui se hâtent pour courir au mal, ¹⁹ Le faux témoin qui prononce des mensonges, et celui qui sème des querelles entre les frères. ²⁰ Mon fils, garde le commandement de ton père, et n'abandonne point l'enseignement de ta mère. ²¹ Tiens-les continuellement liés sur ton cœur, et les attache à ton cou. ²² Quand tu marcheras, ils te conduiront; quand tu te coucheras, ils te garderont; quand tu te réveilleras, ils te parleront. ²³ Car le commandement est une lampe, l'enseignement est une lumière, et les corrections propres à instruire sont le chemin de la vie. ²⁴ Pour te garder de la femme corrompue, et de la langue flatteuse d'une étrangère, ²⁵ Ne convoite point sa beauté dans ton cœur, et ne te laisse pas prendre par ses yeux. ²⁶ Car pour l'amour de la femme débauchée on est réduit à un morceau de pain, et la femme adultère chasse après l'âme précieuse de l'homme. ²⁷ Quelqu'un peut-il prendre du feu dans son sein, sans que ses habits brûlent? ²⁸ Quelqu'un marchera-t-il sur la braise, sans que ses pieds soient brûlés? ²⁹ Il en est de même pour celui qui entre vers la femme de son prochain; quiconque la touchera ne sera point impuni. ³⁰ On ne laisse pas impuni le voleur qui ne dérobe que pour se rassasier, quand il a faim; ³¹ Et s'il est surpris, il rendra sept fois autant, il donnera tout ce qu'il a dans sa maison. ³² Mais celui qui commet adultère avec une femme, est dépourvu de sens; celui qui veut se perdre fera cela. ³³ Il trouvera des plaies et de l'ignominie, et son opprobre ne sera point effacé; ³⁴ Car la jalousie du mari est une fureur, et il sera

sans pitié au jour de la vengeance. [35] Il n'aura égard à aucune rançon, et n'acceptera rien, quand même tu multiplierais les présents.

7

[1] Mon fils, garde mes paroles et conserve au-dedans de toi mes commandements. [2] Observe mes commandements, et tu vivras; garde mon enseignement comme la prunelle de tes yeux; [3] Lie-les à tes doigts, écris-les sur la table de ton cœur. [4] Dis à la sagesse: Tu es ma sœur; et appelle la prudence ton amie; [5] Afin qu'elles te préservent de la femme étrangère, et de la femme d'autrui, qui se sert de paroles flatteuses. [6] Comme je regardais par la fenêtre de ma maison, à travers mes treillis, [7] Je remarquai parmi les insensés, et je considérai parmi les jeunes gens, un jeune homme dépourvu de sens, [8] Qui passait par la rue, au coin où se tenait une de ces femmes, et qui suivait le chemin de sa maison, [9] Sur le soir, à la fin du jour, lorsque la nuit devenait noire et obscure. [10] Et voici, une femme vint au-devant de lui, parée en courtisane, et pleine de ruse. [11] Elle était bruyante et sans retenue, et ses pieds ne demeuraient point dans sa maison; [12] Tantôt dans les rues, tantôt dans les places, elle épiait à chaque coin. [13] Elle le prit, et l'embrassa, et d'un visage effronté lui dit: [14] Je devais un sacrifice de prospérité; aujourd'hui j'ai acquitté mes vœux. [15] C'est pourquoi je suis sortie au-devant de toi, pour te chercher avec empressement, et je t'ai trouvé. [16] J'ai orné mon lit de tapis, d'étoffes aux couleurs diverses, en fil d'Égypte. [17] J'ai parfumé ma couche de myrrhe, d'aloès et de cinnamome. [18] Viens, enivrons-nous de délices jusqu'au matin, réjouissons-nous dans les plaisirs. [19] Car mon mari n'est pas à la maison; il est allé bien loin en voyage; [20] Il a pris avec lui un sac d'argent; il ne retournera en sa maison qu'à la nouvelle lune. [21] Elle l'entraîna à force de paroles, et le fit tomber par la flatterie de ses lèvres. [22] Il s'en alla aussitôt après elle, comme un bœuf s'en va à la boucherie, et comme un fou qu'on lie pour être châtié, [23] Jusques à ce qu'une flèche lui perce le foie; comme un oiseau qui se précipite vers le lacet, ne sachant pas qu'il est tendu contre sa vie. [24] Maintenant donc, mes enfants, écoutez-moi, et soyez attentifs aux paroles de ma bouche. [25] Que ton cœur ne se détourne point vers les voies de cette femme, et qu'elle ne te fasse point égarer dans ses sentiers. [26] Car elle en a fait tomber plusieurs, blessés à mort, et grand est le nombre de ceux qu'elle a tués. [27] Sa maison est le chemin du Sépulcre; il descend aux demeures de la mort.

8

[1] La sagesse ne crie-t-elle pas, et l'intelligence ne fait-elle pas entendre sa voix? [2] Elle se place au sommet des hauteurs, sur le chemin, aux carrefours. [3] Près des portes, devant la ville, à l'entrée des rues, elle s'écrie: [4] O hommes! je vous appelle, et ma voix s'adresse aux enfants des hommes. [5] Vous, stupides, apprenez le discernement; vous, insensés, devenez intelligents de cœur. [6] Écoutez, car je dirai des choses importantes, et j'ouvrirai mes lèvres pour enseigner ce qui est droit. [7] Car ma bouche dit la vérité, et mes lèvres ont en horreur le mensonge. [8] Toutes les paroles de ma bouche sont selon la justice; il n'y a rien en elles de faux ni de trompeur. [9] Toutes sont claires pour l'homme intelligent, et droites pour ceux qui ont trouvé la science. [10] Recherchez mon instruction, plus que de l'argent; et la science, plus que de l'or choisi. [11] Car la sagesse est meilleure que les perles, et tout ce qu'on pourrait souhaiter ne la vaut pas. [12] Moi, la sagesse, j'habite avec le discernement, et je possède la science des sages pensées. [13] La crainte de l'Éternel, c'est la haine du mal; je hais l'orgueil et l'arrogance, la voie du mal et la bouche perverse. [14] C'est à moi qu'appartient le conseil et l'habileté; je suis la prudence; la force est à moi. [15] Par moi les rois règnent, et les princes ordonnent ce qui est juste. [16] Par moi dominent les puissants et les grands, et tous les juges de la terre. [17] J'aime ceux qui m'aiment; et

ceux qui me cherchent me trouvent. [18] Avec moi sont les richesses et la gloire, les biens durables et la justice. [19] Mon fruit est meilleur que l'or fin, même que l'or raffiné, et ce que je rapporte est meilleur que l'argent le plus pur. [20] Je fais marcher par le chemin de la justice, et par le milieu des sentiers de la droiture, [21] Pour donner en héritage des biens à ceux qui m'aiment, et pour remplir leurs trésors. [22] L'Éternel m'a possédée dès le commencement de ses voies, avant qu'il fît aucune de ses œuvres. [23] J'ai été établie depuis l'éternité, dès le commencement, dès l'origine de la terre. [24] J'ai été engendrée lorsqu'il n'y avait point encore d'abîmes, ni de fontaines riches en eaux. [25] J'ai été engendrée avant que les montagnes fussent assises, et avant les coteaux; [26] Avant qu'il eût fait la terre, et les campagnes, et le commencement de la poussière du monde. [27] Quand il agençait les cieux, j'y étais; quand il traçait le cercle au-dessus de l'abîme, [28] Quand il fixait les nuages en haut, quand il faisait jaillir les fontaines de l'abîme. [29] Quand il imposait à la mer sa loi, afin que ses eaux n'en franchissent pas les limites, quand il posait les fondements de la terre, [30] Alors j'étais auprès de lui son ouvrière, j'étais ses délices de tous les jours, et je me réjouissais sans cesse en sa présence. [31] Je trouvais ma joie dans le monde et sur la terre, et mon bonheur parmi les enfants des hommes. [32] Maintenant donc, mes enfants, écoutez-moi. Heureux ceux qui garderont mes voies! [33] Écoutez l'instruction, pour devenir sages, et ne la rejetez point. [34] Heureux l'homme qui m'écoute, qui veille à mes portes chaque jour, et qui garde les poteaux de l'entrée de ma maison! [35] Car celui qui me trouve, trouve la vie, et obtient la faveur de l'Éternel; [36] Mais celui qui m'offense fait tort à son âme. Tous ceux qui me haïssent, aiment la mort.

9

[1] La sagesse a bâti sa maison; elle a taillé ses sept colonnes. [2] Elle a apprêté sa viande, elle a préparé son vin; elle a déjà dressé sa table. [3] Elle a envoyé ses servantes; du haut des lieux les plus élevés de la ville, elle crie: [4] Que celui qui est ignorant entre ici! Et elle dit à ceux qui manquent d'intelligence: [5] Venez, mangez de mon pain, et buvez du vin que j'ai préparé. [6] Laissez là l'ignorance, et vous vivrez; et marchez dans le chemin de la prudence. [7] Celui qui reprend un moqueur, n'en reçoit que de la honte; et celui qui corrige un méchant, s'attire un affront. [8] Ne reprends point un moqueur, de peur qu'il ne te haïsse; reprends un homme sage, et il t'aimera. [9] Instruis un sage, et il deviendra encore plus sage; enseigne un homme de bien, et il croîtra en science. [10] Le commencement de la sagesse est la crainte de l'Éternel; et la science des saints c'est la prudence. [11] Car par moi tes jours seront multipliés, et des années seront ajoutées à ta vie. [12] Si tu es sage, tu es sage pour toi-même; si tu es moqueur, tu en porteras seul la peine. [13] La folie est une femme turbulente, stupide, et qui ne sait rien. [14] Elle s'assied à la porte de la maison, sur un siège, dans les lieux élevés de la ville, [15] Pour crier aux passants qui vont droit leur chemin: [16] Que celui qui est ignorant entre ici! Et elle dit à celui qui manque d'intelligence: [17] Les eaux dérobées sont douces, et le pain pris en cachette est agréable. [18] Et il ne sait pas que là sont les morts, et que ses invités sont au fond du Sépulcre.

10

[1] Proverbes de Salomon. L'enfant sage réjouit son père; mais l'enfant insensé est le chagrin de sa mère. [2] Les trésors de méchanceté ne profitent point; mais la justice délivre de la mort. [3] L'Éternel ne permet pas que le juste souffre de la faim; mais il repousse l'avidité des méchants. [4] La main paresseuse appauvrit; mais la main des diligents enrichit. [5] Celui qui amasse en été est un fils prudent; celui qui dort pendant la moisson est un fils qui fait honte. [6] Il y a des bénédictions sur la tête du juste; mais la violence

fermera la bouche aux méchants. [7] La mémoire du juste sera en bénédiction; mais le nom des méchants tombera en pourriture. [8] Celui qui a le cœur sage, reçoit les avertissements; mais celui qui a les lèvres insensées, tombera. [9] Celui qui marche dans l'intégrité, marche en assurance; mais celui qui pervertit ses voies, sera découvert. [10] Celui qui cligne de l'œil cause du trouble; et celui qui a les lèvres insensées, court à sa perte. [11] La bouche du juste est une source de vie; mais la violence fermera la bouche aux méchants. [12] La haine excite les querelles; mais la charité couvre toutes les fautes. [13] La sagesse se trouve sur les lèvres de l'homme sage; mais la verge est pour le dos de celui qui est dépourvu de sens. [14] Les sages tiennent la science en réserve; mais la bouche de l'insensé est une ruine prochaine. [15] Les biens du riche sont sa ville forte; mais la pauvreté des misérables est leur ruine. [16] L'œuvre du juste conduit à la vie; mais le fruit du méchant est le péché. [17] Celui qui garde l'instruction, est dans le chemin de la vie; mais celui qui oublie la correction, s'égare. [18] Celui qui dissimule la haine a des lèvres trompeuses; et celui qui répand la calomnie, est un insensé. [19] Où il y a beaucoup de paroles, il ne manque pas d'y avoir du péché; mais celui qui retient ses lèvres est prudent. [20] La langue du juste est un argent de choix; mais le cœur des méchants vaut peu de chose. [21] Les lèvres du juste nourrissent beaucoup d'hommes; mais les insensés mourront, faute de sens. [22] C'est la bénédiction de l'Éternel qui enrichit, et il n'y joint aucune peine. [23] Faire le mal est la joie de l'insensé; la sagesse est celle de l'homme prudent. [24] Ce que le méchant craint, lui arrivera; mais Dieu accordera aux justes ce qu'ils désirent. [25] Comme le tourbillon passe, ainsi le méchant disparaît; mais le juste s'appuie sur un fondement éternel. [26] Ce que le vinaigre est aux dents, et la fumée aux yeux, tel est le paresseux à ceux qui l'envoient. [27] La crainte de l'Éternel multiplie les jours; mais les années des méchants seront retranchées. [28] L'espérance des justes est la joie; mais l'attente des méchants périra. [29] La voie de l'Éternel est la force de l'homme intègre; mais elle est la ruine des ouvriers d'iniquité. [30] Le juste ne sera jamais ébranlé; mais les méchants n'habiteront point sur la terre. [31] La bouche du juste produira la sagesse; mais la langue perverse sera retranchée. [32] Les lèvres du juste connaissent ce qui est agréable; mais la bouche des méchants n'est que perversité.

11

[1] La balance fausse est en abomination à l'Éternel; mais le poids juste lui est agréable. [2] L'orgueil est-il venu, aussitôt vient l'ignominie; mais la sagesse est avec les humbles. [3] L'intégrité des hommes droits les conduit; mais la perversité des perfides les détruit. [4] Les biens ne serviront de rien au jour de l'indignation; mais la justice délivrera de la mort. [5] La justice de l'homme intègre aplanit son chemin; mais le méchant tombera par sa méchanceté. [6] La justice des hommes droits les délivre; mais les perfides sont pris par leur malice. [7] Quand l'homme méchant meurt, son attente périt, et l'espérance des violents est anéantie. [8] Le juste est délivré de la détresse; mais le méchant y tombe à sa place. [9] L'impie ruine son prochain par ses paroles; mais les justes sont délivrés par la science. [10] La ville se réjouit du bien des justes; mais il y a un chant de triomphe quand les méchants périssent. [11] La ville est élevée par la bénédiction des hommes droits; mais elle est renversée par la bouche des méchants. [12] Celui qui méprise son prochain, est dépourvu de sens; mais l'homme prudent se tait. [13] Celui qui va médisant, révèle le secret; mais celui qui a un cœur loyal, le cache. [14] Le peuple tombe, faute de prudence; mais la délivrance est dans la multitude des gens de bon conseil. [15] Celui qui cautionne un étranger, ne peut manquer d'avoir du mal; mais celui qui hait ceux qui frappent dans la main, est en sécurité. [16] La femme gracieuse obtient de l'honneur, et les hommes violents obtiennent des richesses. [17] L'homme bienfaisant se fait du bien à soi-même; mais celui qui est cruel

trouble sa propre chair. [18] Le méchant fait une œuvre qui le trompe; mais la récompense est assurée à celui qui sème la justice. [19] Ainsi la justice mène à la vie; mais celui qui poursuit le mal cherche la mort. [20] Ceux qui ont le cœur dépravé, sont en abomination à l'Éternel; mais ceux qui marchent en intégrité, lui sont agréables. [21] Tôt ou tard, le méchant ne demeurera point impuni; mais la race des justes sera délivrée. [22] Une belle femme, qui se détourne de la raison, est comme une bague d'or au groin d'un pourceau. [23] Le souhait des justes n'est que le bien; mais l'attente des méchants c'est l'indignation. [24] Tel répand son bien, qui l'augmentera encore davantage; et tel le resserre plus qu'il ne faut, qui sera dans la disette. [25] Celui qui est bienfaisant sera rassasié, et celui qui arrose, sera aussi arrosé lui-même. [26] Celui qui retient le blé est maudit du peuple; mais la bénédiction est sur la tête de celui qui le vend. [27] Celui qui recherche le bien, acquiert de la faveur; mais le mal arrivera à celui qui le poursuit. [28] Celui qui se fie en ses richesses, tombera; mais les justes reverdiront comme la feuille. [29] Celui qui ne gouverne pas sa maison avec ordre, aura le vent pour héritage; et le fou sera le serviteur de celui qui a le cœur sage. [30] Le fruit du juste est un arbre de vie, et le sage gagne les cœurs. [31] Voici, le juste reçoit sur la terre sa rétribution; combien plus le méchant et le pécheur?

12

[1] Celui qui aime la correction, aime la science; mais celui qui hait d'être repris, est un insensé. [2] L'homme de bien attire la faveur de l'Éternel; mais Dieu condamnera l'homme qui est plein de malice. [3] L'homme ne sera point affermi par la méchanceté; mais la racine des justes ne sera point ébranlée. [4] Une femme vertueuse est la couronne de son mari; mais celle qui fait honte est comme la carie à ses os. [5] Les pensées des justes ne sont que justice; mais les conseils des méchants ne sont que fraude. [6] Les paroles des méchants sont des embûches, pour répandre le sang; mais la bouche des hommes droits les délivrera. [7] Sitôt que les méchants sont renversés, ils ne sont plus; mais la maison des justes se maintiendra. [8] L'homme sera loué suivant sa prudence; mais le cœur dépravé sera dans le mépris. [9] L'homme qui est humble bien qu'il ait un serviteur, vaut mieux que celui qui se glorifie et qui manque de pain. [10] Le juste a soin de la vie de sa bête; mais les entrailles des méchants sont cruelles. [11] Celui qui cultive sa terre, sera rassasié de pain; mais celui qui suit les fainéants, est dépourvu de sens. [12] Le méchant convoite ce qu'ont pris les méchants; mais la racine du juste donne du fruit. [13] Il y a un piège funeste dans le péché des lèvres; mais le juste sortira de la détresse. [14] L'homme sera rassasié de biens par le fruit de sa bouche, et on rendra à chacun selon l'œuvre de ses mains. [15] La voie de l'insensé est droite à ses yeux; mais celui qui écoute le conseil, est sage. [16] Le dépit de l'insensé se connaît le jour même; mais celui qui est bien avisé, dissimule l'injure. [17] Celui qui dit la vérité, rend un témoignage juste; mais le faux témoin soutient la fraude. [18] Il y a tel homme dont les paroles blessent comme des pointes d'épée; mais la langue des sages est guérison. [19] La lèvre véridique est affermie pour toujours; mais la langue fausse n'est que pour un moment. [20] La tromperie est dans le cœur de ceux qui machinent le mal; mais la joie est pour ceux qui conseillent la paix. [21] Aucun malheur n'arrivera au juste; mais les méchants seront accablés de maux. [22] Les lèvres fausses sont en abomination à l'Éternel; mais ceux qui agissent sincèrement, lui sont agréables. [23] L'homme prudent cache ce qu'il sait; mais le cœur des insensés publie leur folie. [24] La main des diligents dominera; mais la main paresseuse sera tributaire. [25] Le chagrin qui est dans le cœur de l'homme, l'accable; mais une bonne parole le réjouit. [26] Le juste l'emporte sur son voisin; mais la voie des méchants les égare. [27] Le paresseux ne rôtira point sa chasse; mais les biens les plus précieux sont à l'homme diligent. [28] La vie est dans le chemin de la justice, et la voie de son sentier ne tend point à la mort.

13

¹ L'enfant sage écoute l'instruction de son père; mais le moqueur n'écoute point la réprimande. ² L'homme sera rassasié de bien par le fruit de sa bouche; mais l'âme des perfides vit d'injustice. ³ Celui qui garde sa bouche, garde son âme; mais celui qui ouvre trop ses lèvres, y trouvera sa perte. ⁴ L'âme du paresseux ne fait que souhaiter, et il n'a rien; mais l'âme des diligents sera rassasiée. ⁵ Le juste hait la parole de mensonge; mais le méchant se rend odieux, et tombe dans la confusion. ⁶ La justice garde celui qui marche dans l'intégrité; mais la méchanceté renversera celui qui s'égare. ⁷ Tel se fait riche qui n'a rien du tout; et tel se fait pauvre qui a de grands biens. ⁸ Les richesses font qu'un homme peut racheter sa vie; mais le pauvre n'entend point de menaces. ⁹ La lumière des justes réjouira; mais la lampe des méchants s'éteindra. ¹⁰ L'orgueil ne produit que des querelles; mais la sagesse est avec ceux qui prennent conseil. ¹¹ Les richesses mal acquises, seront diminuées; mais celui qui amasse par son travail, les multipliera. ¹² L'espérance différée fait languir le cœur; mais le souhait accompli est comme l'arbre de vie. ¹³ Celui qui méprise la parole, se perd; mais celui qui respecte le commandement, en aura la récompense. ¹⁴ L'enseignement du sage est une source de vie, pour détourner des pièges de la mort. ¹⁵ Une raison saine donne de la grâce; mais la voie de ceux qui agissent perfidement, est rude. ¹⁶ Tout homme bien avisé agit avec intelligence; mais l'insensé fait voir sa folie. ¹⁷ Le méchant messager tombera dans le mal; mais le messager fidèle apporte la guérison. ¹⁸ La pauvreté et l'ignominie arriveront à celui qui rejette l'instruction; mais celui qui profite de la réprimande, sera honoré. ¹⁹ Le souhait accompli est une chose douce à l'âme; mais se détourner du mal fait horreur aux insensés. ²⁰ Celui qui fréquente les sages, deviendra sage; mais le compagnon des fous se perdra. ²¹ Le mal poursuit les pécheurs; mais le bonheur est la récompense des justes. ²² L'homme de bien transmettra son héritage aux enfants de ses enfants; mais les richesses du pécheur sont réservées pour le juste. ²³ Il y a beaucoup à manger dans le champ défriché par le pauvre; mais il y a des hommes qui périssent faute de jugement. ²⁴ Celui qui épargne la verge, hait son fils; mais celui qui l'aime se hâte de le châtier. ²⁵ Le juste mangera et sera rassasié à souhait; mais le ventre des méchants aura disette.

14

¹ Toute femme sage bâtit sa maison; mais la folle la renverse de ses mains. ² Celui qui marche dans la droiture, révère l'Éternel; mais celui dont les voies sont perverses, le méprise. ³ La bouche de l'insensé est une verge pour son orgueil; mais les lèvres des sages les gardent. ⁴ Où il n'y a point de bœuf, la grange est vide; mais la force du bœuf fait abonder le revenu. ⁵ Le témoin fidèle ne ment jamais; mais le faux témoin avance des faussetés. ⁶ Le moqueur cherche la sagesse et ne la trouve point; mais la science est aisée à trouver pour un homme entendu. ⁷ Éloigne-toi de l'homme insensé, puisque tu ne connais pas en lui de paroles sages. ⁸ La sagesse d'un homme habile est de prendre garde à sa voie; mais la folie des insensés, c'est la fraude. ⁹ Les insensés se raillent du péché; mais la bienveillance est parmi les hommes droits. ¹⁰ Le cœur de chacun sent l'amertume de son âme; et un autre n'aura point de part à sa joie. ¹¹ La maison des méchants sera détruite; mais la tente des hommes droits fleurira. ¹² Il y a telle voie qui semble droite à l'homme, mais dont l'issue est la voie de la mort. ¹³ Même en riant le cœur sera triste; et la joie finit par l'ennui. ¹⁴ Celui qui a le cœur pervers, sera rassasié de ses voies; mais l'homme de bien se rassasie de ce qui est en lui-même. ¹⁵ Un homme simple croit tout ce qu'on dit; mais l'homme bien avisé considère ses pas. ¹⁶ Le sage craint, et il évite le mal; mais l'insensé est arrogant et plein de sécurité. ¹⁷ L'homme emporté fait des folies; et l'homme rusé est haï. ¹⁸ Les imprudents possèdent la folie; mais les bien avisés sont couronnés de science. ¹⁹ Les méchants seront humiliés devant les bons, et les

impies seront aux portes du juste. [20] Le pauvre est haï, même de son ami; mais les amis du riche sont en grand nombre. [21] Celui qui méprise son prochain, s'égare; mais celui qui a pitié des affligés, est heureux. [22] Ceux qui machinent du mal, ne se fourvoient-ils pas? Mais la miséricorde et la vérité seront pour ceux qui procurent le bien. [23] En tout travail il y a quelque profit; mais les vains discours ne tournent qu'à disette. [24] La richesse est une couronne pour le sage; mais la folie des insensés est toujours folie. [25] Le témoin fidèle délivre les âmes; mais celui qui prononce des mensonges, n'est que tromperie. [26] Il y a une ferme assurance dans la crainte de l'Éternel; et il y aura une sûre retraite pour les enfants de celui qui le craint. [27] La crainte de l'Éternel est une source de vie, pour détourner des pièges de la mort. [28] Dans la multitude du peuple est la gloire d'un roi; mais quand le peuple manque, c'est la ruine du prince. [29] Celui qui est lent à la colère est d'un grand sens; mais celui qui est prompt à se courroucer, étale sa folie. [30] Un cœur tranquille est la vie du corps; mais l'envie est la carie des os. [31] Celui qui fait tort au pauvre, déshonore celui qui l'a fait; mais celui-là l'honore qui a pitié du nécessiteux. [32] Dans le malheur, le méchant est renversé; mais le juste reste en assurance, même dans la mort. [33] La sagesse repose dans le cœur de l'homme entendu; elle est même reconnue au milieu des insensés. [34] La justice élève une nation; mais le péché est la honte des peuples. [35] La faveur du roi est pour le serviteur prudent; mais il aura de l'indignation contre celui qui lui fait honte.

15

[1] Une réponse douce apaise la fureur; mais la parole dure excite la colère. [2] La langue des sages embellit la science; mais la bouche des insensés ne prononce que folie. [3] Les yeux de l'Éternel sont en tous lieux; ils contemplent les méchants et les bons. [4] Une langue qui corrige est comme l'arbre de vie; mais une langue perverse est comme un vent qui brise tout. [5] L'insensé méprise l'instruction de son père; mais celui qui prend garde à la réprimande deviendra prudent. [6] Il y a grande abondance dans la maison du juste; mais il y a du trouble dans le revenu du méchant. [7] Les lèvres des sages sèment la science; mais il n'en est pas ainsi du cœur des insensés. [8] Le sacrifice des méchants est en abomination à l'Éternel; mais la requête des hommes droits lui est agréable. [9] La voie du méchant est en abomination à l'Éternel; mais il aime celui qui s'adonne à la justice. [10] Un châtiment sévère attend celui qui quitte le droit chemin; et celui qui hait d'être repris, mourra. [11] Le séjour des morts et l'abîme sont devant l'Éternel; combien plus les cœurs des enfants des hommes? [12] Le moqueur n'aime point qu'on le reprenne, et il n'ira jamais vers les sages. [13] Le cœur joyeux embellit le visage; mais la tristesse du cœur abat l'esprit. [14] Un cœur intelligent cherche la science; mais la bouche des fous se repaît de folie. [15] Tous les jours de l'affligé sont mauvais; mais un cœur joyeux est un festin continuel. [16] Peu, avec la crainte de l'Éternel, vaut mieux qu'un grand trésor, avec lequel il y a du trouble. [17] Mieux vaut un repas d'herbes, où il y a de l'amitié, qu'un festin de bœuf engraissé où il y a de la haine. [18] L'homme violent excite les disputes; mais celui qui est lent à la colère apaise les querelles. [19] La voie du paresseux est comme une haie de ronces; mais le sentier des hommes droits est comme un chemin battu. [20] L'enfant sage réjouit son père; mais l'homme insensé méprise sa mère. [21] La folie est la joie de celui qui est dépourvu de sens; mais l'homme prudent suit le droit chemin. [22] Les projets échouent où manquent les conseils; mais ils s'affermissent lorsqu'il y a beaucoup de conseillers. [23] On a de la joie à donner une réponse de sa bouche; et qu'une parole dite à propos est bonne! [24] Pour l'homme prudent, le chemin de la vie mène en haut, et lui fait éviter le Sépulcre qui est en bas. [25] L'Éternel démolit la maison des orgueilleux; mais il affermit les bornes de la veuve. [26] Les pensées du méchant sont en abomination à l'Éternel; mais les paroles pures

lui sont agréables. [27] Celui qui est adonné au gain déshonnête, trouble sa maison; mais celui qui hait les présents vivra. [28] Le cœur du juste médite ce qu'il doit répondre; mais la bouche des méchants profère des choses mauvaises. [29] L'Éternel s'éloigne des méchants; mais il exauce la requête des justes. [30] La lumière des yeux réjouit le cœur, et une bonne nouvelle engraisse les os. [31] L'oreille qui écoute la réprimande qui donne la vie, habitera parmi les sages. [32] Celui qui rejette l'instruction, méprise son âme; mais celui qui écoute la réprimande, acquiert du sens. [33] La crainte de l'Éternel enseigne la sagesse, et l'humilité va devant la gloire.

16

[1] Les projets du cœur dépendent de l'homme; mais la réponse de la langue appartient à l'Éternel. [2] Toutes les voies de l'homme lui semblent pures; c'est l'Éternel qui pèse les esprits. [3] Remets tes affaires à l'Éternel, et tes desseins seront affermis. [4] L'Éternel a fait toutes choses en sorte qu'elles répondent l'une à l'autre, et même le méchant pour le jour de la calamité. [5] L'Éternel a en abomination tout homme hautain de cœur; tôt ou tard il ne demeurera point impuni. [6] L'iniquité sera expiée par la miséricorde et la vérité; et par la crainte de l'Éternel on se détourne du mal. [7] Quand l'Éternel prend plaisir aux voies d'un homme, il apaise envers lui même ses ennemis. [8] Peu, avec justice, vaut mieux que de grands revenus sans droit. [9] Le cœur de l'homme délibère sur sa conduite; mais l'Éternel dirige ses pas. [10] Des oracles sont sur les lèvres du roi, et sa bouche ne s'écarte point du droit. [11] La balance et le poids juste viennent de l'Éternel, et tous les poids du sachet sont son œuvre. [12] Les rois doivent avoir horreur de faire le mal, car c'est la justice qui affermit le trône. [13] Les rois doivent prendre plaisir aux paroles justes, et aimer celui qui parle avec droiture. [14] La fureur du roi est un messager de mort; mais l'homme sage l'apaise. [15] Le visage serein du roi donne la vie; et sa faveur est comme la nuée qui porte la pluie de l'arrière-saison. [16] Combien il vaut mieux acquérir de la sagesse que de l'or fin! Et combien il est plus excellent d'acquérir de la prudence que de l'argent! [17] Le chemin des hommes droits, c'est de se détourner du mal; celui-là garde son âme qui prend garde à sa conduite. [18] L'orgueil va devant l'écrasement, et la fierté d'esprit devant la ruine. [19] Il vaut mieux être humble avec les débonnaires, que de partager le butin avec les orgueilleux. [20] Celui qui prend garde à la parole, trouvera le bien; et celui qui se confie en l'Éternel, sera heureux. [21] On appellera intelligent celui qui a un cœur sage; et la douceur des paroles augmente la science. [22] La prudence est à ceux qui la possèdent une source de vie; mais le châtiment des insensés, c'est leur folie. [23] Le cœur sage conduit prudemment sa bouche, et ajoute la science à ses lèvres. [24] Les paroles agréables sont des rayons de miel, une douceur à l'âme, et la santé aux os. [25] Il y a telle voie qui semble droite à l'homme, mais dont l'issue est la voie de la mort. [26] La faim de celui qui travaille, travaille pour lui, parce que sa bouche l'y contraint. [27] L'homme méchant se creuse le mal, et il y a comme un feu brûlant sur ses lèvres. [28] L'homme pervers sème des querelles, et le rapporteur divise les meilleurs amis. [29] L'homme violent entraîne son compagnon, et le fait marcher dans une voie qui n'est pas bonne. [30] Celui qui ferme les yeux pour méditer le mal, celui qui serre les lèvres, a déjà accompli le crime. [31] Les cheveux blancs sont une couronne d'honneur; c'est dans la voie de la justice qu'elle se trouve. [32] Celui qui est lent à la colère vaut mieux que l'homme vaillant; et celui qui est maître de son cœur, que celui qui prend des villes. [33] On jette le sort dans le pan de la robe; mais tout ce qui en résulte vient de l'Éternel.

17

[1] Un morceau de pain sec, avec la paix, vaut mieux qu'une maison pleine de viandes,

avec des querelles. ² Le serviteur prudent dominera sur le fils qui fait honte, et il aura part à l'héritage avec les frères. ³ Le fourneau est pour éprouver l'argent, et le creuset pour l'or; mais c'est l'Éternel qui éprouve les cœurs. ⁴ Le méchant est attentif à la lèvre injuste, et le menteur écoute la langue qui calomnie. ⁵ Celui qui se moque du pauvre, déshonore celui qui l'a fait; et celui qui se réjouit d'un malheur, ne demeurera point impuni. ⁶ Les enfants des enfants sont la couronne des vieillards; et les pères sont la gloire de leurs enfants. ⁷ La parole grave ne convient point à un insensé; combien moins la parole fausse aux principaux du peuple. ⁸ Le présent est comme une pierre précieuse aux yeux de ceux qui le reçoivent; de quelque côté qu'il soit tourné, il plaît. ⁹ Celui qui couvre les fautes, cherche l'amitié; mais celui qui en fait rapport, divise les meilleurs amis. ¹⁰ Une réprimande fait plus d'effet sur l'homme prudent, que cent coups sur l'insensé. ¹¹ Le méchant ne cherche que des querelles; mais un messager cruel sera envoyé contre lui. ¹² Mieux vaut rencontrer une ourse qui a perdu ses petits, qu'un fou dans sa folie. ¹³ Le mal ne quittera point la maison de celui qui rend le mal pour le bien. ¹⁴ Commencer une querelle c'est ouvrir un passage à l'eau; avant qu'on en vienne à la dispute, retire-toi. ¹⁵ Celui qui déclare juste le méchant, et celui qui déclare méchant le juste, sont tous deux en abomination à l'Éternel. ¹⁶ Que sert le prix dans la main d'un insensé pour acheter la sagesse, puisqu'il manque de sens? ¹⁷ L'intime ami aime en tout temps, et il naîtra comme un frère dans la détresse. ¹⁸ Celui-là est dépourvu de sens, qui touche dans la main, et qui se rend caution envers son prochain. ¹⁹ Celui qui aime les querelles, aime le mal; et celui qui élève trop son portail, veut qu'il croule. ²⁰ Le cœur pervers ne trouvera point le bonheur, et la langue double tombera dans le malheur. ²¹ Celui qui a donné naissance à un insensé, en aura de l'ennui; et le père d'un fou ne se réjouira point. ²² Le cœur joyeux vaut un remède; mais l'esprit abattu dessèche les os. ²³ Le méchant accepte le présent, pour renverser les voies de la justice. ²⁴ La sagesse est devant l'homme prudent; mais les yeux de l'insensé vont au bout de la terre. ²⁵ L'enfant insensé fait le chagrin de son père, et l'amertume de celle qui l'a enfanté. ²⁶ Il n'est pas bon de condamner le juste à l'amende, ni de frapper les hommes honnêtes pour avoir fait ce qui est droit. ²⁷ L'homme retenu dans ses paroles connaît la prudence, et celui qui est d'un esprit froid, est un homme entendu. ²⁸ L'insensé même passe pour sage quand il se tait, et celui qui ferme ses lèvres est un homme intelligent.

18

¹ Celui qui s'isole suit son inclination; il s'obstine contre toute raison. ² Ce n'est pas à la prudence que l'insensé prend plaisir; mais c'est à manifester ce qu'il a dans le cœur. ³ Quand le méchant vient, le mépris vient aussi, et avec l'opprobre vient l'ignominie. ⁴ Les paroles de la bouche d'un homme sont des eaux profondes; et la source de la sagesse est un torrent qui jaillit. ⁵ Il n'est pas bon d'avoir égard à la personne du méchant, pour faire tort au juste dans le jugement. ⁶ Les lèvres de l'insensé amènent la querelle, et sa bouche appelle les coups. ⁷ La bouche de l'insensé est une ruine pour lui, et ses lèvres sont un piège à son âme. ⁸ Les paroles d'un médisant sont comme des friandises; elles pénètrent jusqu'au-dedans des entrailles. ⁹ Celui qui se relâche dans son ouvrage, est frère de celui qui dissipe ce qu'il a. ¹⁰ Le nom de l'Éternel est une forte tour; le juste y court, et il y est dans une haute retraite. ¹¹ Les biens du riche sont sa ville forte, et comme une haute muraille, dans son imagination. ¹² Le cœur de l'homme s'élève, avant que la ruine arrive; mais l'humilité précède la gloire. ¹³ Celui qui répond à un discours, avant que de l'avoir entendu, fait une folie et s'attire la confusion. ¹⁴ L'esprit de l'homme le soutiendra dans la maladie; mais si l'esprit est abattu, qui le relèvera? ¹⁵ Le cœur de l'homme intelligent acquiert de la science, et l'oreille des sages cherche la connaissance. ¹⁶ Le présent d'un

homme lui fait faire place, et lui donne accès auprès des grands. ¹⁷ Celui qui plaide le premier, paraît juste; mais sa partie vient et l'examine. ¹⁸ Le sort termine les procès, et fait les partages entre les puissants. ¹⁹ Des frères divisés sont plus difficiles à gagner qu'une ville forte; et leurs différends sont comme les verrous d'un château. ²⁰ C'est du fruit de sa bouche qu'un homme rassasie son corps; c'est du revenu de ses lèvres qu'il sera nourri. ²¹ La mort et la vie sont au pouvoir de la langue, et celui qui en aime l'usage, en mangera les fruits. ²² Celui qui a trouvé une femme, a trouvé le bonheur; c'est une faveur qu'il obtient de l'Éternel. ²³ Le pauvre parle en suppliant; mais le riche répond avec dureté. ²⁴ Celui qui a beaucoup de compagnons les a pour son malheur; mais il y a tel ami plus attaché qu'un frère.

19

¹ Le pauvre qui marche dans son intégrité, vaut mieux que celui qui parle avec perversité et qui est insensé. ² Une âme sans prudence n'est pas un bien, et celui qui se précipite dans ses démarches, s'égare. ³ C'est la folie de l'homme qui renverse ses voies; et c'est contre l'Éternel que son cœur murmure. ⁴ Les richesses amènent beaucoup d'amis; mais le pauvre est délaissé, même de son ami. ⁵ Le faux témoin ne demeurera point impuni, et celui qui profère des mensonges, n'échappera point. ⁶ Plusieurs flattent celui qui est généreux, et chacun est ami de l'homme qui donne. ⁷ Tous les frères du pauvre le haïssent; combien plus ses amis se retireront-ils de lui! Il les presse de ses paroles: ils ne sont plus là! ⁸ Celui qui acquiert du sens, aime son âme, et celui qui conserve la prudence, trouvera le bien. ⁹ Le faux témoin ne demeurera point impuni, et celui qui profère des mensonges, périra. ¹⁰ Il ne sied pas à un insensé de vivre dans les délices; combien moins à un esclave de dominer sur les grands! ¹¹ L'homme prudent retient sa colère; et son honneur, c'est d'oublier les offenses. ¹² L'indignation du roi est comme le rugissement d'un jeune lion; mais sa faveur est comme la rosée sur l'herbe. ¹³ Un enfant insensé est un grand malheur pour son père; et les querelles d'une femme sont une gouttière continuelle. ¹⁴ Une maison et des richesses sont l'héritage venu des pères; mais une femme prudente est un don de l'Éternel. ¹⁵ La paresse produit l'assoupissement, et l'âme paresseuse aura faim. ¹⁶ Celui qui garde le commandement, garde son âme; mais celui qui ne veille pas sur ses voies, mourra. ¹⁷ Celui qui a pitié du pauvre, prête à l'Éternel, et il lui rendra son bienfait. ¹⁸ Châtie ton enfant pendant qu'il y a de l'espérance, mais ne va pas jusques à le faire mourir. ¹⁹ Celui qui se laisse emporter par la colère, en portera la peine; et si on l'en exempte, il faudra y revenir. ²⁰ Écoute le conseil et reçois l'instruction, afin que tu sois sage jusques à la fin de tes jours. ²¹ Il y a des pensées en grand nombre dans le cœur de l'homme; mais le conseil de l'Éternel est immuable. ²² Ce qui fait la valeur de l'homme, c'est sa miséricorde; car le pauvre vaut mieux que le menteur. ²³ La crainte de l'Éternel conduit à la vie; et celui qui l'a sera rassasié, et passera la nuit sans être visité d'aucun mal. ²⁴ Le paresseux plonge sa main dans le plat; et il ne la ramène pas à sa bouche. ²⁵ Si tu bats le moqueur, le simple en deviendra avisé; et si tu reprends un homme intelligent, il entendra ce qu'il faut savoir. ²⁶ L'enfant qui fait honte et dont on rougit, ruine son père et fait fuir sa mère. ²⁷ Garde-toi, mon fils, d'écouter les conseils qui pourraient te détourner des paroles de la sagesse. ²⁸ Un témoin pervers se moque de la justice, et la bouche des méchants se repaît d'iniquité. ²⁹ Les jugements sont préparés pour les moqueurs, et les coups pour le dos des insensés.

20

¹ Le vin est moqueur, et la boisson forte est tumultueuse, et quiconque en fait excès, n'est pas sage. ² La menace du roi est comme le rugissement d'un jeune lion; celui qui

l'irrite pèche contre soi-même. [3] C'est une gloire pour l'homme de s'abstenir des disputes; mais tout insensé s'y engage. [4] Le paresseux ne labourera point à cause du mauvais temps; lors de la moisson il mendiera; mais il n'aura rien. [5] Le conseil dans le cœur de l'homme est une eau profonde; et l'homme intelligent y puisera. [6] La plupart des hommes vantent leur bonté; mais qui trouvera un homme véritable? [7] Le juste marche dans son intégrité; heureux ses enfants après lui! [8] Le roi assis sur le trône de la justice, dissipe tout mal par son regard. [9] Qui est-ce qui peut dire: J'ai purifié mon cœur; je suis net de mon péché? [10] Le double poids et la double mesure sont tous deux en abomination à l'Éternel. [11] L'enfant fait déjà connaître par ses actions, si sa conduite sera pure et droite. [12] L'oreille qui entend, et l'œil qui voit, sont deux choses que l'Éternel a faites. [13] N'aime point le sommeil, de peur que tu ne deviennes pauvre; ouvre tes yeux, et tu seras rassasié de pain. [14] Celui qui achète, dit: Cela ne vaut rien, cela ne vaut rien; puis il s'en va, et se vante. [15] Il y a de l'or, et beaucoup de perles; mais les lèvres sages sont un vase précieux. [16] Quand quelqu'un aura cautionné un étranger, prends son vêtement et exige de lui un gage, à cause des étrangers. [17] Le pain acquis par la tromperie est agréable à l'homme; mais ensuite sa bouche sera remplie de gravier. [18] Les résolutions s'affermissent par le conseil; fais donc la guerre avec prudence. [19] Le médisant révèle les secrets; évite donc celui qui aime ouvrir ses lèvres. [20] La lampe de celui qui maudit son père ou sa mère, sera éteinte dans les plus profondes ténèbres. [21] L'héritage trop vite acquis à l'origine, ne sera point béni à la fin. [22] Ne dis point: Je rendrai le mal; mais attends l'Éternel, et il te délivrera. [23] Le double poids est en abomination à l'Éternel, et la balance fausse n'est pas chose bonne. [24] C'est l'Éternel qui dirige les pas de l'homme; comment donc l'homme comprendrait-il sa voie? [25] C'est un piège pour l'homme que de prononcer légèrement une promesse sacrée, et, après ses vœux, d'examiner encore. [26] Le roi sage dissipe les méchants, et fait tourner la roue sur eux. [27] L'esprit de l'homme est une lampe de l'Éternel; il sonde les profondeurs de l'âme. [28] La bonté et la vérité garderont le roi; il soutient son trône par la bonté. [29] La force des jeunes gens est leur gloire, et les cheveux blancs sont l'honneur des vieillards. [30] Les meurtrissures des plaies sont la correction du méchant, ainsi que les coups qui atteignent les profondeurs des entrailles.

21

[1] Le cœur du roi est dans la main de l'Éternel comme une eau courante; il l'incline à tout ce qu'il veut. [2] Toutes les voies de l'homme sont droites à ses yeux; mais c'est l'Éternel qui pèse les cœurs. [3] Faire ce qui est juste et droit, est une chose que l'Éternel aime mieux que des sacrifices. [4] Les yeux élevés et le cœur enflé sont la lampe des méchants; ce n'est que péché. [5] Les projets de celui qui est diligent, produisent l'abondance; mais tout homme étourdi tombe dans la pauvreté. [6] Travailler à avoir des trésors par une langue trompeuse, c'est une vapeur qui se dissipe, c'est chercher la mort. [7] La rapine des méchants sera leur ruine, parce qu'ils auront refusé de faire ce qui est droit. [8] La voie du coupable est tortueuse; mais l'innocent agit avec droiture. [9] Mieux vaut habiter au coin d'un toit, qu'avec une femme querelleuse dans une grande maison. [10] L'âme du méchant souhaite le mal, et son prochain ne trouve point grâce devant lui. [11] Quand on punit le moqueur, le simple en devient sage, et quand on instruit le sage, il acquiert la science. [12] Le juste considère la maison du méchant, lorsque les méchants sont renversés dans le malheur. [13] Celui qui ferme son oreille au cri du misérable, criera aussi lui-même, et on ne lui répondra point. [14] Le don fait en secret apaise la colère, et le présent mis dans le sein calme la fureur la plus véhémente. [15] C'est une joie pour le juste de faire ce qui est droit; mais c'est l'effroi des ouvriers d'iniquité. [16] L'homme qui s'écarte du chemin de la prudence, aura sa demeure dans l'assemblée des morts. [17] L'homme qui aime la joie,

sera indigent, et celui qui aime le vin et la graisse, ne s'enrichira point. [18] Le méchant sera la rançon du juste, et le trompeur celle des hommes droits. [19] Mieux vaut habiter dans une terre déserte, qu'avec une femme querelleuse et chagrine. [20] Les trésors précieux et l'huile sont dans la demeure du sage; mais l'homme insensé les engloutit. [21] Celui qui recherche la justice et la miséricorde, trouvera la vie, la justice et la gloire. [22] Le sage entre dans la ville des hommes forts, et il abat la force qui en était la confiance. [23] Celui qui garde sa bouche et sa langue, garde son âme de détresse. [24] On appelle moqueur un superbe arrogant, qui agit avec colère et fierté. [25] Le souhait du paresseux le tue, parce que ses mains refusent de travailler. [26] Il ne fait que souhaiter tout le jour; mais le juste donne, et n'épargne rien. [27] Le sacrifice des méchants est une abomination; combien plus s'ils l'apportent dans un mauvais dessein! [28] Le témoin menteur périra; mais l'homme qui écoute, pourra toujours parler. [29] L'homme méchant a un air hautain; mais le juste affermit sa voie. [30] Il n'y a ni sagesse, ni intelligence, ni conseil, pour résister à l'Éternel. [31] Le cheval est équipé pour le jour de la bataille; mais la délivrance vient de l'Éternel.

22

[1] La bonne réputation est préférable aux grandes richesses, et une bonne estime à l'argent et à l'or. [2] Le riche et le pauvre se rencontrent; celui qui les a faits l'un et l'autre, c'est l'Éternel. [3] L'homme bien avisé prévoit le mal, et se met à l'abri; mais les simples passent outre, et en portent la peine. [4] Le fruit de l'humilité et de la crainte de l'Éternel, c'est la richesse, la gloire et la vie. [5] Il y a des épines et des pièges dans la voie du pervers; celui qui garde son âme, s'en éloignera. [6] Instruis le jeune enfant selon la voie qu'il doit suivre; lors même qu'il sera devenu vieux, il ne s'en éloignera point. [7] Le riche dominera sur les pauvres, et celui qui emprunte sera serviteur de l'homme qui prête. [8] Celui qui sème la perversité, moissonnera la vanité, et la verge de sa fureur prendra fin. [9] L'œil bienfaisant sera béni, parce qu'il aura donné de son pain au pauvre. [10] Chasse le moqueur, et la dispute s'en ira, la querelle et l'outrage cesseront. [11] Le roi est ami de celui qui aime la pureté du cœur, et qui a de la grâce dans ses discours. [12] Les yeux de l'Éternel protègent la sagesse; mais il confond les paroles du perfide. [13] Le paresseux dit: Le lion est là dehors; je serais tué par les rues. [14] La bouche des étrangères est une fosse profonde; celui contre qui l'Éternel est irrité, y tombera. [15] La folie est attachée au cœur de l'enfant; mais la verge du châtiment l'éloignera de lui. [16] Celui qui fait tort au pauvre pour s'enrichir, donne au riche, pour n'aboutir qu'à l'indigence. [17] Prête ton oreille, et écoute les paroles des sages; applique ton cœur à ma science. [18] Car il est bon que tu les gardes au-dedans de toi, et qu'elles restent présentes sur tes lèvres. [19] Je te le fais entendre aujourd'hui à toi-même, afin que ta confiance soit en l'Éternel. [20] N'ai-je pas déjà écrit pour toi sur le conseil et sur la science, [21] Pour t'enseigner des choses sûres, des paroles de vérité; afin que tu répondes par des paroles de vérité à ceux qui te consultent? [22] Ne pille point le pauvre, parce qu'il est pauvre, et n'opprime point l'affligé à la porte. [23] Car l'Éternel plaidera leur cause, et pillera l'âme de ceux qui les auront pillés. [24] Ne sois point le compagnon de l'homme colère, et ne va point avec l'homme furieux; [25] De peur que tu n'apprennes ses voies, et qu'elles ne soient un piège pour ton âme. [26] Ne sois point de ceux qui frappent dans la main, ni de ceux qui cautionnent pour les dettes. [27] Si tu n'avais pas de quoi payer, voudrais-tu qu'on prît ton lit de dessous toi? [28] Ne déplace point la borne ancienne que tes pères ont posée. [29] As-tu vu un homme habile dans son travail? Il sera au service des rois, et non à celui de gens d'une condition obscure.

23

[1] Quand tu seras assis pour manger avec un prince, considère avec attention ce qui

sera devant toi; ² Autrement tu te mettras le couteau à la gorge, si ton appétit te domine. ³ Ne désire point ses friandises; car c'est une nourriture trompeuse. ⁴ Ne te fatigue pas à t'enrichir; n'y applique pas ton esprit. ⁵ Pourquoi jeter les yeux sur des biens qui bientôt ne seront plus? Car certainement ils se feront des ailes, comme l'aigle qui s'envole vers les cieux. ⁶ Ne mange point le pain de celui qui est envieux, et ne désire point ses friandises. ⁷ Car il cache sa pensée au fond de son âme. Il te dira bien: Mange et bois; mais son cœur n'est point avec toi. ⁸ Tu vomiras le morceau que tu auras mangé, et tu auras perdu tes belles paroles. ⁹ Ne parle point quand un insensé t'écoute; car il méprisera la prudence de tes discours. ¹⁰ Ne déplace point la borne ancienne, et n'entre point dans les champs des orphelins; ¹¹ Car leur vengeur est puissant; il plaidera leur cause contre toi. ¹² Applique ton cœur à l'instruction, et tes oreilles aux paroles de la science. ¹³ N'épargne point la correction au jeune enfant; quand tu l'auras frappé de la verge, il n'en mourra pas. ¹⁴ En le frappant de la verge, tu délivreras son âme du Sépulcre. ¹⁵ Mon fils, si ton cœur est sage, mon cœur s'en réjouira; oui, moi-même je m'en réjouirai; ¹⁶ Et mes reins tressailliront de joie, quand tes lèvres parleront avec droiture. ¹⁷ Que ton cœur ne porte point envie aux pécheurs; mais adonne-toi à la crainte de l'Éternel continuellement. ¹⁸ Car il y aura certainement une bonne issue, et ton attente ne sera point trompée. ¹⁹ Toi, mon fils, écoute, et deviens sage, et dirige ton cœur dans la bonne voie. ²⁰ Ne sois point avec les buveurs de vin, ni avec ceux qui aiment la bonne chère. ²¹ Car le buveur et le gourmand deviendront pauvres, et le dormeur portera des haillons. ²² Écoute ton père; c'est celui qui t'a donné la vie; et ne méprise point ta mère quand elle sera devenue vieille. ²³ Achète la vérité, et ne la vends point; achète la sagesse, l'instruction et la prudence. ²⁴ Le père du juste a une grande joie; et celui qui aura mis au monde un enfant sage, en sera heureux. ²⁵ Que ton père et ta mère se réjouissent, et que celle qui t'a enfanté soit ravie de joie. ²⁶ Mon fils, donne-moi ton cœur, et que tes yeux prennent garde à mes voies. ²⁷ Car la femme débauchée est une fosse profonde, et l'étrangère est un puits étroit. ²⁸ Aussi se tient-elle en embuscade comme un brigand, et elle rendra plusieurs hommes infidèles. ²⁹ A qui cette plainte: Malheur sur moi? A qui: Hélas? A qui les débats? A qui le bruit? A qui les blessures sans cause? A qui la rougeur des yeux? ³⁰ A ceux qui s'arrêtent auprès du vin, et qui vont chercher le vin mixtionné. ³¹ Ne regarde point le vin quand il est rouge, quand il brille dans la coupe, et qu'il coule aisément. ³² A la fin, il mord comme le serpent, et pique comme le basilic. ³³ Puis tes yeux regarderont les femmes étrangères, et ton cœur parlera d'une manière déréglée; ³⁴ Et tu seras comme celui qui dort au milieu de la mer, et comme celui qui dort au sommet d'un mât. ³⁵ On m'a battu, diras-tu, et je n'ai point de mal; on m'a frappé, et je ne l'ai point senti. Quand je me réveillerai, j'irai encore en chercher.

24

¹ Ne porte point envie aux hommes méchants, et ne désire point être avec eux. ² Car leur cœur médite la ruine et leurs lèvres parlent de nuire. ³ C'est par la sagesse que la maison sera bâtie, et c'est par l'intelligence qu'elle sera affermie. ⁴ Et c'est par la science que les chambres seront remplies de tous les biens précieux et agréables. ⁵ L'homme sage est plein de force, et l'homme intelligent devient puissant. ⁶ Car c'est avec la prudence qu'on fait la guerre, et la victoire dépend du nombre des conseillers. ⁷ La sagesse est trop élevée pour un insensé; il n'ouvrira pas la bouche aux portes. ⁸ Celui qui pense à faire mal, on l'appellera maître en méchanceté. ⁹ Un mauvais dessein est une folie, et le moqueur est en abomination aux hommes. ¹⁰ Si tu perds courage au jour de la détresse, ta force sera petite. ¹¹ Délivre ceux qui sont traînés à la mort, et ceux qui sont sur le point d'être tués. ¹² Si tu dis: Voici, nous n'en avons rien su; celui qui pèse les cœurs ne l'entendra-t-il point? Et celui qui garde ton âme ne le saura-t-il point? Et ne rendra-t-il pas à chacun selon son

œuvre? ¹³ Mon fils, mange le miel, car il est bon, et le rayon de miel, qui est doux à ton palais. ¹⁴ Telle sera la connaissance de la sagesse à ton âme; quand tu l'auras trouvée, il y aura une bonne issue, et ton attente ne sera point trompée. ¹⁵ Méchant, ne tends pas d'embûches contre la demeure du juste, et ne dévaste pas son habitation. ¹⁶ Car le juste tombera sept fois, et il sera relevé; mais les méchants sont précipités dans le malheur. ¹⁷ Quand ton ennemi sera tombé, ne t'en réjouis point; et quand il sera renversé, que ton cœur ne s'en égaie point; ¹⁸ De peur que l'Éternel ne le voie, et que cela ne lui déplaise, et qu'il ne détourne de lui sa colère. ¹⁹ Ne t'irrite point à cause de ceux qui font le mal; ne porte point envie aux méchants; ²⁰ Car il n'y a pas d'issue pour celui qui fait le mal, et la lampe des méchants sera éteinte. ²¹ Mon fils, crains l'Éternel et le roi, et ne te mêle point avec des gens remuants. ²² Car leur ruine surviendra tout d'un coup, et qui sait le malheur qui arrivera aux uns et aux autres? ²³ Voici encore ce qui vient des sages: Il n'est pas bon d'avoir égard à l'apparence des personnes dans le jugement. ²⁴ Celui qui dit au méchant: Tu es juste, les peuples le maudiront, et les nations le détesteront. ²⁵ Mais ceux qui le reprennent s'en trouveront bien; sur eux viendront la bénédiction et le bonheur. ²⁶ Celui qui répond avec droiture à quelqu'un, lui donne un baiser sur les lèvres. ²⁷ Règle ton ouvrage au-dehors, et mets ordre à ton champ; et puis tu bâtiras ta maison. ²⁸ Ne sois point témoin contre ton prochain sans qu'il soit nécessaire: voudrais-tu séduire par tes lèvres? ²⁹ Ne dis point: Je lui ferai comme il m'a fait; je rendrai à cet homme selon son œuvre. ³⁰ J'ai passé près du champ d'un paresseux, et près de la vigne d'un homme dépourvu de sens; ³¹ Et voici, les chardons y croissaient partout; les ronces en couvraient la surface, et son mur de pierre était écroulé. ³² Quand je vis cela, j'y appliquai mes pensées; je le regardai, j'en tirai instruction. ³³ Un peu dormir, un peu sommeiller, un peu croiser les mains pour se reposer, ³⁴ Et ta pauvreté viendra comme un passant, et ta disette comme un homme armé.

25

¹ Voici encore des proverbes de Salomon, copiés par les gens d'Ézéchias, roi de Juda. ² La gloire de Dieu est de cacher les choses; mais la gloire des rois est de sonder les affaires. ³ Il n'y a pas moyen de sonder les cieux, à cause de leur hauteur, ni la terre, à cause de sa profondeur, ni le cœur des rois. ⁴ Ote de l'argent les scories, et il en sortira un vase pour le fondeur. ⁵ Ote le méchant de devant le roi, et son trône sera affermi par la justice. ⁶ Ne fais point le magnifique devant le roi, et ne te mets point au rang des grands. ⁷ Car il vaut mieux qu'on te dise: Monte ici, que si l'on t'abaissait devant le prince que tes yeux auront vu. ⁸ Ne te hâte pas de sortir pour plaider, de peur qu'à la fin tu ne saches que faire, après que ton prochain t'aura rendu confus. ⁹ Plaide ta cause contre ton prochain; mais ne révèle point le secret d'un autre; ¹⁰ De peur qu'en l'apprenant, il ne te le reproche, et que tu n'en reçoives un blâme qui ne s'efface point. ¹¹ Une parole dite à propos est comme des pommes d'or dans des paniers d'argent. ¹² Quand on reprend le sage qui a l'oreille docile, c'est comme une bague d'or, ou comme un joyau d'or fin. ¹³ L'ambassadeur fidèle est à ceux qui l'envoient, comme la fraîcheur de la neige au temps de la moisson, et il restaure l'âme de son maître. ¹⁴ Celui qui se vante faussement de sa libéralité, est comme les nuées et le vent sans pluie. ¹⁵ Le prince est fléchi par la patience, et la langue douce brise les os. ¹⁶ Quand tu auras trouvé du miel, manges-en, mais pas plus qu'il ne t'en faut; de peur qu'en en prenant avec excès, tu ne le rejettes. ¹⁷ De même, mets rarement le pied dans la maison de ton prochain, de peur qu'il ne soit rassasié de toi et qu'il ne te haïsse. ¹⁸ L'homme qui porte un faux témoignage contre son prochain, est comme un marteau, une épée, et une flèche aiguë. ¹⁹ La confiance en un perfide au jour de la détresse, est une dent qui se rompt, et un pied qui glisse. ²⁰ Celui qui chante

des chansons à un cœur affligé, est comme celui qui ôte son vêtement en un temps froid, et comme du vinaigre répandu sur le nitre. ²¹ Si ton ennemi a faim donne-lui du pain à manger; et s'il a soif donne-lui de l'eau à boire. ²² Car ce sont des charbons ardents que tu amasseras sur sa tête, et l'Éternel te le rendra. ²³ Le vent du nord produit la pluie, et la langue qui médit en secret, produit le visage irrité. ²⁴ Mieux vaut habiter au coin d'un toit, qu'avec une femme querelleuse dans une grande maison. ²⁵ De bonnes nouvelles apportées d'un pays éloigné, sont comme de l'eau fraîche à une personne altérée et lasse. ²⁶ Le juste qui bronche devant le méchant, est comme une fontaine embourbée et une source gâtée. ²⁷ Il n'est pas bon de manger trop de miel, et sonder les choses profondes est un fardeau. ²⁸ L'homme qui n'est pas maître de lui-même, est comme une ville où il y a brèche et qui est sans murailles.

26

¹ Comme la neige en été, et la pluie pendant la moisson, ainsi la gloire ne convient point à un fou. ² Comme l'oiseau s'enfuit, et comme l'hirondelle s'envole, ainsi la malédiction non méritée n'atteindra point. ³ Le fouet est pour le cheval, le mors pour l'âne, et la verge pour le dos des insensés. ⁴ Ne réponds point au fou selon sa folie, de peur que tu ne lui ressembles toi-même. ⁵ Réponds au fou selon sa folie, de peur qu'il ne s'imagine qu'il est sage. ⁶ Celui qui envoie des messages par un fou, se coupe les pieds, et boit la peine du tort qu'il se fait. ⁷ Comme les jambes de l'impotent sont sans force, ainsi est une sentence dans la bouche d'un insensé. ⁸ Faire honneur à un insensé, c'est mettre une pierre précieuse dans un monceau de pierres. ⁹ Un discours sentencieux dans la bouche d'un insensé, est comme une épine dans la main d'un homme ivre. ¹⁰ Celui qui prend à son service les insensés et les premiers venus, est comme un archer qui blesse tout le monde. ¹¹ Comme le chien retourne à ce qu'il a vomi, ainsi l'insensé revient à sa folie. ¹² As-tu vu un homme qui croit être sage? Il y a plus à espérer d'un fou que de lui. ¹³ Le paresseux dit: Le grand lion est dans le chemin; le lion est par les rues. ¹⁴ Comme la porte tourne sur ses gonds, le paresseux se tourne sur son lit. ¹⁵ Le paresseux plonge la main dans le plat, et il a de la peine à la ramener à sa bouche. ¹⁶ Le paresseux se croit plus sage que sept hommes qui savent répondre avec bon sens. ¹⁷ Celui qui, en passant, se met en colère pour une querelle qui ne le touche en rien, est comme celui qui saisit un chien par les oreilles. ¹⁸ Tel qu'est le furieux qui jette des tisons, des flèches et la mort, ¹⁹ Tel est l'homme qui trompe son ami, et qui dit: N'était-ce pas pour jouer? ²⁰ Le feu s'éteint faute de bois; ainsi quand il n'y aura plus de rapporteurs, les querelles s'apaiseront. ²¹ Le charbon est pour faire de la braise, et le bois pour faire du feu, et l'homme querelleur pour exciter les querelles. ²² Les paroles d'un rapporteur sont comme des friandises; mais elles descendent jusqu'au-dedans des entrailles. ²³ Les lèvres brûlantes et le cœur mauvais, sont comme de l'écume d'argent dont on enduit un pot de terre. ²⁴ Celui qui hait, dissimule en parlant; mais au-dedans de lui il cache la fraude. ²⁵ Quand il parlera gracieusement, ne le crois point; car il y a sept abominations dans son cœur. ²⁶ La méchanceté de celui qui cache sa haine pour faire du mal, se découvrira dans l'assemblée. ²⁷ Celui qui creuse la fosse, y tombera, et la pierre retournera sur celui qui la roule. ²⁸ La langue fausse hait celui qu'elle a abattu, et la bouche qui flatte fait tomber.

27

¹ Ne te vante point du jour du lendemain; car tu ne sais pas ce que ce jour peut enfanter. ² Qu'un autre te loue, et non pas ta propre bouche; que ce soit un étranger, et non tes lèvres. ³ La pierre est pesante, et le sable est lourd; mais la colère d'un insensé est plus pesante que l'un et l'autre. ⁴ La colère est cruelle; et la fureur est comme une inondation; mais qui pourra subsister devant la jalousie? ⁵ Une réprimande ouverte vaut

mieux qu'une amitié cachée. [6] Les blessures faites par celui qui aime, sont fidèles; mais les baisers de celui qui hait sont trompeurs. [7] Celui qui est rassasié, foule aux pieds les rayons de miel; mais celui qui a faim trouve doux même ce qui est amer. [8] Tel qu'est un oiseau qui erre loin de son nid, tel est l'homme qui s'éloigne de sa demeure. [9] L'huile et le parfum réjouissent le cœur; telle est la douceur d'un ami dont le conseil vient du cœur. [10] Ne quitte point ton ami, ni l'ami de ton père, et ne va point dans la maison de ton frère au jour de ta détresse; car un bon voisin qui est près, vaut mieux qu'un frère qui est loin. [11] Mon fils, sois sage, et réjouis mon cœur, et je pourrai répondre à celui qui me fera des reproches. [12] L'homme bien avisé prévoit le mal, et se met à l'abri; mais les simples passent outre et en portent la peine. [13] Quand quelqu'un aura cautionné un étranger, prends son vêtement; exige de lui un gage, à cause des étrangers. [14] Celui qui bénit son ami à haute voix, de bon matin, sera considéré comme s'il le maudissait. [15] Une gouttière continuelle au temps d'une grosse pluie, et une femme querelleuse, c'est tout un. [16] Qui veut la retenir essaie d'arrêter le vent et de saisir de l'huile de sa main. [17] Comme le fer aiguise le fer, ainsi un homme en aiguise un autre. [18] Celui qui garde le figuier, mangera de son fruit; ainsi celui qui garde son maître sera honoré. [19] Comme dans l'eau le visage répond au visage, ainsi le cœur d'un homme répond à celui d'un autre homme. [20] Le Sépulcre et le gouffre ne sont jamais rassasiés; de même, les yeux de l'homme sont insatiables. [21] L'argent est éprouvé par le fourneau, l'or par le creuset; et l'homme est jugé d'après sa renommée. [22] Quand tu pilerais un insensé dans un mortier, parmi du grain, avec un pilon, sa folie ne se détacherait pas de lui. [23] Applique-toi à connaître l'état de tes brebis et donne tes soins à tes troupeaux. [24] Car les richesses ne durent pas toujours, et la couronne ne demeure pas d'âge en âge. [25] Le foin se récolte, et la verdure paraît, et les herbes des montagnes sont recueillies. [26] Les agneaux seront pour te vêtir, et les boucs pour payer le champ. [27] Et l'abondance du lait des chèvres sera pour ta nourriture, pour la nourriture de ta maison, et pour la vie de tes servantes.

28

[1] Le méchant fuit sans qu'on le poursuive; mais le juste a de l'assurance comme un jeune lion. [2] Quand un pays est en révolte, il a plusieurs chefs; mais le gouvernement est affermi par un homme sage et intelligent. [3] Un homme pauvre, qui opprime les petits, est une pluie qui ravage, et fait manquer le pain. [4] Ceux qui abandonnent la loi, louent les méchants; mais ceux qui gardent la loi, leur font la guerre. [5] Les gens adonnés au mal n'entendent point ce qui est juste; mais ceux qui cherchent l'Éternel entendent tout. [6] Le pauvre qui marche dans son intégrité, vaut mieux que celui dont les voies sont détournées et qui est riche. [7] Celui qui garde la loi est un enfant entendu; mais celui qui se plaît avec les débauchés fait honte à son père. [8] Celui qui augmente son bien par intérêt et par usure, l'amasse pour celui qui aura pitié des pauvres. [9] Si quelqu'un détourne l'oreille pour ne point écouter la loi, sa prière même est une abomination. [10] Celui qui fait égarer les hommes droits dans un mauvais chemin, tombera dans la fosse qu'il aura faite; mais les hommes intègres hériteront le bonheur. [11] L'homme riche pense être sage; mais le pauvre qui est intelligent le sondera. [12] Quand les justes se réjouissent, la gloire est grande; mais quand les méchants s'élèvent, chacun se cache. [13] Celui qui cache ses transgressions, ne prospérera point; mais celui qui les confesse et qui les abandonne, obtiendra miséricorde. [14] Heureux est l'homme qui est continuellement dans la crainte; mais celui qui endurcit son cœur tombera dans la calamité. [15] Un méchant qui domine sur un peuple pauvre est un lion rugissant et un ours affamé. [16] Le prince qui manque d'intelligence fait beaucoup d'exactions; mais celui qui hait le gain déshonnête, prolongera ses jours. [17] L'homme chargé du sang de l'homme fuira jusques

à la fosse: que personne ne le retienne! [18] Celui qui marche dans l'intégrité trouve le salut; mais celui qui s'en détourne pour suivre deux voies, tombera dans l'une d'elles. [19] Celui qui cultive sa terre sera rassasié de pain; mais le compagnon des fainéants sera rassasié de misère. [20] L'homme loyal abondera en bénédictions; mais celui qui se hâte de s'enrichir, ne demeurera point impuni. [21] Il n'est pas bon d'avoir égard à l'apparence des personnes; car pour un morceau de pain un homme fera le mal. [22] L'homme envieux se hâte pour s'enrichir, et il ne sait pas que la disette lui arrivera. [23] Celui qui reprend quelqu'un, finira par être préféré à celui qui flatte de sa langue. [24] Celui qui vole son père ou sa mère, et qui dit que ce n'est point un crime, est le compagnon du malfaiteur. [25] Celui qui a le cœur enflé excite les querelles; mais celui qui s'assure sur l'Éternel sera rassasié. [26] Celui qui se confie en son propre cœur, est un insensé; mais celui qui marche dans la sagesse, sera délivré. [27] Celui qui donne au pauvre, n'aura point de disette; mais celui qui en détourne ses yeux, abondera en malédictions. [28] Quand les méchants s'élèvent, chacun se cache; mais quand ils périssent, les justes se multiplient.

29

[1] L'homme qui, étant repris, roidit son cou, sera subitement brisé, sans qu'il y ait de guérison. [2] Quand les justes sont les plus nombreux, le peuple se réjouit; mais quand le méchant domine, le peuple gémit. [3] L'homme qui aime la sagesse, réjouit son père; mais celui qui se plaît avec les débauchées, dissipe ses richesses. [4] Le roi affermit le pays par la justice; mais celui qui aime les présents le ruine. [5] L'homme qui flatte son prochain, tend un filet sous ses pas. [6] Il y a un piège dans le crime du méchant; mais le juste chante et se réjouit. [7] Le juste prend connaissance de la cause des pauvres; mais le méchant ne s'en informe pas. [8] Les hommes moqueurs soufflent le feu dans la ville; mais les sages calment la colère. [9] Un homme sage contestant avec un homme insensé, qu'il se fâche ou qu'il rie, n'aura point de repos. [10] Les hommes sanguinaires haïssent l'homme intègre; mais les hommes droits protègent sa vie. [11] L'insensé met dehors tout ce qu'il a dans l'esprit; mais le sage le réprime et le retient. [12] Quand le prince prête l'oreille à la parole de mensonge, tous ses serviteurs sont méchants. [13] Le pauvre et l'oppresseur se rencontrent; c'est l'Éternel qui éclaire les yeux de l'un et de l'autre. [14] Le trône du roi qui rend justice aux pauvres selon la vérité, sera affermi à perpétuité. [15] La verge et la répréhension donnent la sagesse; mais l'enfant livré à lui-même fait honte à sa mère. [16] Quand les méchants sont les plus nombreux, les crimes se multiplient; mais les justes verront leur ruine. [17] Corrige ton enfant, et il te donnera du repos, et il fera la joie de ton âme. [18] Lorsqu'il n'y a point de vision, le peuple est sans frein; mais heureux est celui qui garde la loi! [19] Ce n'est pas par des paroles qu'on corrige un esclave; car il entend bien, mais ne répond pas. [20] As-tu vu un homme étourdi dans ses paroles? Il y a plus à espérer d'un fou que de lui. [21] Le serviteur sera à la fin le fils de celui qui le nourrit délicatement dès la jeunesse. [22] L'homme colère excite les querelles, et l'homme emporté commet bien des fautes. [23] L'orgueil de l'homme l'abaisse; mais celui qui est humble d'esprit, obtient la gloire. [24] Celui qui partage avec un larron, hait son âme; il entend le serment d'exécration, et il ne déclare rien. [25] La crainte qu'on a de l'homme, fait tomber dans le piège; mais celui qui s'assure en l'Éternel aura une haute retraite. [26] Plusieurs recherchent la faveur de celui qui domine; mais c'est l'Éternel qui fait droit à chacun. [27] L'homme inique est en abomination aux justes, et celui qui va droit est en abomination au méchant.

30

[1] Paroles d'Agur, fils de Jaké. Sentences que cet homme prononça pour Ithiel, pour Ithiel et Ucal. [2] Certainement je suis le plus borné de tous les hommes; je n'ai pas

l'intelligence d'un homme. [3] Je n'ai pas appris la sagesse; et je ne connais pas la science des saints. [4] Qui est monté aux cieux, ou qui en est descendu? Qui a assemblé le vent dans ses mains? Qui a serré les eaux dans sa robe? Qui a dressé toutes les bornes de la terre? Quel est son nom, et quel est le nom de son fils? Le sais-tu [5] Toute la parole de Dieu est épurée; il est un bouclier pour ceux qui ont en lui leur refuge. [6] N'ajoute rien à ses paroles, de peur qu'il ne te reprenne, et que tu ne sois trouvé menteur. [7] Je t'ai demandé deux choses; ne me les refuse pas avant que je meure. [8] Éloigne de moi la vanité et la parole de mensonge. Ne me donne ni pauvreté ni richesses; nourris-moi du pain de mon ordinaire; [9] De peur que dans l'abondance je ne te renie, et que je ne dise: Qui est l'Éternel? De peur aussi que dans la pauvreté je ne dérobe, et que je ne prenne en vain le nom de mon Dieu. [10] Ne calomnie pas le serviteur devant son maître, de peur qu'il ne te maudisse, et qu'il ne t'en arrive du mal. [11] Il y a une espèce de gens qui maudit son père, et qui ne bénit point sa mère. [12] Il y a une race de gens qui se croit pure, et qui, toutefois, n'est pas lavée de sa souillure. [13] Il y a une race de gens dont les yeux sont hautains, et les paupières élevées. [14] Il y a une race de gens dont les dents sont comme des épées, et dont les mâchoires sont des couteaux, pour dévorer les affligés de dessus la terre et les pauvres d'entre les hommes. [15] La sangsue a deux filles, qui disent: Apporte, apporte! Il y a trois choses qui ne se rassasient point; il y en a même quatre qui ne disent point: C'est assez! [16] Le Sépulcre, la femme stérile, la terre qui n'est point rassasiée d'eau, et le feu, qui ne dit point: C'est assez. [17] Les corbeaux des torrents crèveront l'œil de celui qui se moque de son père et qui méprise l'enseignement de sa mère, et les petits de l'aigle le mangeront. [18] Il y a trois choses que je ne comprends point, même quatre, que je ne connais point: [19] La trace de l'aigle dans l'air, la trace du serpent sur un rocher, le chemin d'un navire au milieu de la mer, et la trace de l'homme chez la jeune fille. [20] Telle est la conduite de la femme adultère: elle mange, et s'essuie la bouche; puis elle dit: Je n'ai point commis de mal. [21] La terre tremble pour trois choses, même pour quatre, et elle ne les peut porter: [22] Pour un serviteur qui règne; pour un insensé qui est rassasié de nourriture, [23] Pour une femme dédaignée qui se marie; et pour une servante qui hérite de sa maîtresse. [24] Il y a quatre choses, des plus petites de la terre, qui, toutefois, sont sages et avisées: [25] Les fourmis qui sont un peuple faible, et qui néanmoins préparent leur nourriture pendant l'été. [26] Les lapins, qui sont un peuple qui n'est pas puissant, et, cependant, ils font leurs maisons dans les rochers; [27] Les sauterelles qui n'ont point de roi, et, cependant, elles vont toutes par bandes; [28] Le lézard qui se tient avec ses mains, et qui est dans les palais des rois. [29] Il y en a trois qui marchent bien, même quatre qui ont une belle démarche: [30] Le lion, le plus fort d'entre les animaux, qui ne recule point devant qui que ce soit; [31] Le cheval, aux flancs bien harnachés, et le bouc; et le roi à qui personne ne peut résister. [32] Si tu as agi follement, en t'élevant toi-même, si tu as de mauvaises pensées, mets ta main sur ta bouche. [33] Comme celui qui bat le lait, fait sortir le beurre, et comme celui qui presse le nez fait sortir le sang, ainsi celui qui provoque la colère, excite la querelle.

31

[1] Paroles du roi Lémuel, sentences par lesquelles sa mère l'instruisit. [2] Que te dirai-je, mon fils? Que te dirai-je, fils de mes entrailles? Que te dirai-je, fils de mes vœux? [3] Ne livre point ta force aux femmes, ni tes voies à celles qui perdent les rois. [4] Ce n'est point aux rois, Lémuel, ce n'est point aux rois de boire le vin, ni aux princes de boire la boisson forte; [5] De peur qu'ayant bu, ils n'oublient ce qui est ordonné, et qu'ils ne méconnaissent le droit de tous les pauvres affligés. [6] Donnez de la boisson forte à celui qui va périr, et du vin à celui qui a l'amertume dans l'âme; [7] Pour qu'il en boive, qu'il oublie sa pauvreté, et ne se souvienne plus de sa peine. [8] Ouvre ta bouche en faveur du

muet, et pour le droit de ceux qui sont délaissés. [9] Ouvre ta bouche, juge avec justice, et fais droit à l'affligé et au pauvre. [10] Qui est-ce qui trouvera une femme vertueuse? Car son prix surpasse beaucoup celui des perles. [11] Le cœur de son mari s'assure en elle, et il ne manquera point de butin; [12] Elle lui fera du bien tous les jours de sa vie, et jamais du mal. [13] Elle cherche de la laine et du lin, et elle fait de ses mains ce qu'elle veut; [14] Elle est comme les navires d'un marchand, elle amène son pain de loin. [15] Elle se lève lorsqu'il est encore nuit, et elle distribue la nourriture à sa famille, et la tâche à ses servantes; [16] Elle considère un champ, et l'acquiert, et du fruit de ses mains elle plante une vigne. [17] Elle ceint ses reins de force, et elle affermit ses bras; [18] Elle éprouve que son trafic est bon; sa lampe ne s'éteint point la nuit; [19] Elle met ses mains à la quenouille, et ses doigts tiennent le fuseau. [20] Elle tend la main à l'affligé, et présente ses mains aux pauvres. [21] Elle ne craint point la neige pour sa famille; car toute sa famille est vêtue de laine cramoisi. [22] Elle se fait des couvertures; ses vêtements sont de fin lin et d'écarlate. [23] Son mari est considéré aux portes, lorsqu'il est assis avec les anciens du pays. [24] Elle fait du linge et le vend; et des ceintures, qu'elle donne au marchand; [25] La force et la magnificence forment son vêtement, et elle se rit du jour à venir; [26] Elle ouvre la bouche avec sagesse, et des instructions aimables sont sur sa langue; [27] Elle surveille ce qui se fait dans sa maison, et elle ne mange point le pain de paresse. [28] Ses enfants se lèvent, et la disent bienheureuse; son mari aussi, et il la loue, et dit: [29] Plusieurs filles ont une conduite vertueuse; mais toi, tu les surpasses toutes. [30] La grâce est trompeuse, et la beauté s'évanouit; mais la femme qui craint l'Éternel est celle qui sera louée. [31] Donnez-lui le fruit de ses mains, et qu'aux portes ses œuvres la louent.

Ecclésiaste

¹ Paroles de l'Ecclésiaste, fils de David, roi de Jérusalem. ² Vanité des vanités, dit l'Ecclésiaste; vanité des vanités, tout est vanité. ³ Quel avantage a l'homme de tout le travail auquel il se livre sous le soleil? ⁴ Une génération passe, et une autre vient; mais la terre subsiste toujours. ⁵ Le soleil se lève, et le soleil se couche, et il soupire après le lieu d'où il se lève de nouveau. ⁶ Le vent va vers le midi, et tourne vers le nord; il va tournoyant çà et là, et revient à ses circuits. ⁷ Tous les fleuves vont à la mer, et la mer n'est point remplie; les fleuves continuent à aller vers le lieu d'où ils viennent. ⁸ Toutes choses travaillent plus que l'homme ne saurait dire; l'œil n'est jamais rassasié de voir, ni l'oreille lasse d'entendre. ⁹ Ce qui a été, c'est ce qui sera; ce qui s'est fait, c'est ce qui se fera, et il n'y a rien de nouveau sous le soleil. ¹⁰ Y a-t-il une chose dont on puisse dire: Vois ceci, c'est nouveau? Elle a déjà été dans les siècles qui furent avant nous. ¹¹ On ne se souvient plus des choses d'autrefois; de même on ne se souviendra point des choses à venir, parmi ceux qui viendront plus tard. ¹² Moi, l'Ecclésiaste, j'ai été roi sur Israël à Jérusalem; ¹³ Et j'ai appliqué mon cœur à rechercher et à sonder avec sagesse tout ce qui se fait sous les cieux; c'est là une occupation pénible que Dieu a donnée aux hommes, afin qu'ils s'y exercent. ¹⁴ J'ai vu tout ce qui se fait sous le soleil, et voilà, tout est vanité et tourment d'esprit. ¹⁵ Ce qui est courbé ne se peut redresser; et ce qui manque ne peut être compté. ¹⁶ J'ai parlé en mon cœur, et j'ai dit: Voici, j'ai grandi et surpassé en sagesse tous ceux qui ont été avant moi sur Jérusalem, et mon cœur a vu beaucoup de sagesse et de science; ¹⁷ Et j'ai appliqué mon cœur à connaître la sagesse, et à connaître la sottise et la folie; mais j'ai connu que cela aussi était un tourment d'esprit. ¹⁸ Car avec beaucoup de science, il y a beaucoup de chagrin; et celui qui accroît sa science, accroît sa douleur.

2

¹ J'ai dit en mon cœur: Allons, que je t'éprouve maintenant par la joie, et jouis du bonheur; mais voici, cela est aussi une vanité. ² J'ai dit du rire: Insensé! et de la joie: A quoi sert-elle? ³ J'ai résolu en mon cœur de livrer ma chair à l'attrait du vin, tandis que mon cœur se guiderait avec sagesse, et de m'attacher à la folie, jusques à ce que je visse ce qu'il est bon aux hommes de faire sous les cieux, pendant le nombre des jours de leur vie. ⁴ J'ai fait de grands ouvrages; je me suis bâti des maisons; je me suis planté des vignes; ⁵ Je me suis fait des jardins et des vergers, et j'y ai planté toutes sortes d'arbres fruitiers; ⁶ Je me suis fait des réservoirs d'eaux, pour en arroser le parc planté d'arbres. ⁷ J'ai acquis des serviteurs et des servantes, et j'ai eu leurs enfants, nés en ma maison; et j'ai eu plus de gros et de menu bétail que tous ceux qui ont été avant moi à Jérusalem; ⁸ Je me suis aussi amassé de l'argent et de l'or, et les richesses des rois et des provinces; je me suis procuré des chanteurs et des chanteuses, et les délices des hommes, des femmes en grand nombre. ⁹ Je me suis agrandi, et je me suis accru plus que tous ceux qui ont été avant moi à Jérusalem; et même ma sagesse est demeurée avec moi. ¹⁰ Enfin, je n'ai rien refusé à mes yeux de tout ce qu'ils ont désiré, et je n'ai épargné aucune joie à mon cœur; car mon cœur s'est réjoui de tout mon travail, et c'est la part que j'ai eue de tout mon travail. ¹¹ Et j'ai considéré tous les ouvrages que mes mains avaient faits, et le travail auquel je m'étais livré pour les faire; et voici, tout est vanité et tourment d'esprit; et il n'y a aucun avantage sous le soleil. ¹² Puis je me suis mis à considérer et la sagesse et la sottise et la folie. (Car que fera l'homme qui viendra après le roi? Ce qui s'est déjà fait.) ¹³ Et j'ai vu que la sagesse a de l'avantage sur la folie, comme la lumière a de l'avantage sur les ténèbres. ¹⁴ Le sage a ses yeux dans sa tête, et l'insensé marche dans les ténèbres;

mais j'ai reconnu aussi qu'un même accident leur arrive à tous. [15] Et j'ai dit en mon cœur: Il m'arrivera comme à l'insensé. Pourquoi donc ai-je été plus sage? Et j'ai dit en mon cœur, que cela aussi est une vanité. [16] La mémoire du sage ne sera pas plus éternelle que celle de l'insensé; puisque, dans les jours à venir, tout sera depuis longtemps oublié. Comment le sage meurt-il de même que l'insensé? [17] Et j'ai haï cette vie; car les choses qui se font sous le soleil m'ont déplu; car tout est vanité et tourment d'esprit. [18] Et j'ai haï tout le travail que j'ai fait sous le soleil; parce que je le laisserai à l'homme qui sera après moi. [19] Et qui sait s'il sera sage ou insensé? Cependant, il sera maître de tout le travail auquel je me suis livré, et de ce que j'ai fait avec sagesse sous le soleil. Cela aussi est une vanité. [20] C'est pourquoi je me suis mis à n'espérer plus rien de tout le travail auquel je m'étais livré sous le soleil. [21] Car tel homme a travaillé avec sagesse, science et succès, et il laisse tout en partage à un homme qui n'y a point travaillé. Cela aussi est une vanité et un grand mal. [22] Que reste-t-il, en effet, à l'homme de tout son travail, et du tourment de son cœur, de ce dont il se fatigue sous le soleil? [23] Car tous ses jours ne sont que douleurs, et son occupation n'est que chagrin; même la nuit son cœur ne repose point. Cela aussi est une vanité. [24] Ne vaut-il pas mieux pour l'homme, manger et boire, et faire jouir son âme du bien-être, au milieu de son travail? J'ai vu aussi que cela vient de la main de Dieu. [25] Qui, en effet, a mangé, qui s'est réjoui plus que moi? [26] Car Dieu donne à l'homme qui lui est agréable, la sagesse, la science et la joie; mais il donne au pécheur la tâche de recueillir et d'amasser, afin de donner à celui qui est agréable à Dieu. Cela aussi est une vanité et un tourment d'esprit.

3

[1] A toute chose sa saison, et à toute affaire sous les cieux, son temps. [2] Il y a un temps pour naître, et un temps pour mourir; un temps pour planter, et un temps pour arracher ce qui est planté; [3] Un temps pour tuer, et un temps pour guérir; un temps pour démolir, et un temps pour bâtir; [4] Un temps pour pleurer, et un temps pour rire; un temps pour se lamenter, et un temps pour sauter de joie. [5] Un temps pour jeter des pierres, et un temps pour les ramasser; un temps pour embrasser, et un temps pour s'éloigner des embrassements; [6] Un temps pour chercher, et un temps pour laisser perdre; un temps pour conserver, et un temps pour jeter; [7] Un temps pour déchirer, et un temps pour coudre; un temps pour se taire, et un temps pour parler; [8] Un temps pour aimer, et un temps pour haïr; un temps pour la guerre, et un temps pour la paix. [9] Quel avantage celui qui travaille a-t-il de sa peine? [10] J'ai vu l'occupation que Dieu a donnée aux hommes pour s'y exercer. [11] Il a fait toute chose belle en son temps; même a mis l'éternité dans leur cœur, sans que l'homme puisse toutefois comprendre, depuis le commencement jusques à la fin, l'œuvre que Dieu fait. [12] J'ai reconnu qu'il n'y a rien de bon pour les hommes, que de se réjouir et de bien faire pendant leur vie. [13] Et même, que chacun mange et boive, et jouisse du bien-être au milieu de tout son travail, c'est un don de Dieu. [14] J'ai reconnu que tout ce que Dieu fait, subsiste à toujours; il n'y a rien à y ajouter, ni rien à en retrancher; et Dieu le fait afin qu'on le craigne. [15] Ce qui est, a déjà été, et ce qui doit être a déjà été, et Dieu ramène ce qui est passé. [16] J'ai vu encore sous le soleil, qu'au lieu établi pour juger, il y a de la méchanceté, qu'au lieu établi pour la justice, il y a de la méchanceté. [17] Et j'ai dit en mon cœur: Dieu jugera le juste et le méchant; car il y a là un temps pour tout dessein et pour toute œuvre. [18] J'ai dit en mon cœur, au sujet des hommes, que Dieu les éprouverait, et qu'ils verraient eux-mêmes qu'ils ne sont que des bêtes. [19] Car l'accident qui arrive aux hommes, et l'accident qui arrive aux bêtes, est un même accident; telle qu'est la mort de l'un, telle est la mort de l'autre; ils ont tous un même souffle, et l'homme n'a nul avantage sur la bête; car tout est vanité. [20] Tout va en un même lieu; tout a été fait de la poussière, et tout retourne dans la poussière. [21] Qui

sait si l'esprit des hommes monte en haut, et si l'esprit de la bête descend en bas dans la terre? ²² Et j'ai vu qu'il n'y a rien de mieux pour l'homme que de se réjouir de ses œuvres; puisque c'est là sa part. Car qui le ramènera pour voir ce qui sera après lui?

4

¹ Puis je me suis mis à considérer toutes les oppressions qui se commettent sous le soleil; et voici, les opprimés sont dans les larmes, et ils n'ont point de consolateur; la force est du côté de ceux qui les oppriment: pour eux, point de consolateur. ² C'est pourquoi j'estime plus les morts qui sont déjà morts, que les vivants qui sont encore en vie; ³ Et plus heureux que les uns et les autres, celui qui n'a pas encore été, et qui n'a point vu les mauvaises actions qui se font sous le soleil. ⁴ J'ai vu aussi que tout travail et toute habileté dans le travail n'est que jalousie de l'un à l'égard de l'autre. Cela aussi est une vanité et un tourment d'esprit. ⁵ L'insensé se croise les mains et se consume lui-même: ⁶ Mieux vaut plein le creux de la main avec repos, que plein les deux paumes, avec travail et tourment d'esprit. ⁷ Je me suis mis à regarder une autre vanité sous le soleil. ⁸ Tel homme est seul, et n'a point de second; il n'a ni fils, ni frère, et toutefois, il n'y a point de fin à tout son travail; même ses yeux ne se rassasient jamais de richesses; il ne se dit point: Pour qui est-ce que je travaille et que je prive mon âme du bien? Cela aussi est une vanité et une pénible occupation. ⁹ Deux valent mieux qu'un; parce qu'il y a pour eux un bon salaire de leur travail. ¹⁰ Car s'ils tombent, l'un peut relever l'autre; mais malheur à celui qui est seul, et qui tombe, et n'a personne pour le relever. ¹¹ De même si deux couchent ensemble, ils auront chaud; mais celui qui est seul, comment aura-t-il chaud? ¹² Et si quelqu'un est plus fort qu'un seul, les deux lui pourront résister; et la corde à trois cordons ne se rompt pas si tôt. ¹³ Mieux vaut un enfant pauvre et sage qu'un roi vieux et insensé, qui ne sait pas recevoir de conseil. ¹⁴ Car tel sort de prison pour régner; et de même, tel étant né roi, devient pauvre. ¹⁵ J'ai vu tous les vivants qui marchent sous le soleil, entourer l'enfant, le second après le roi, et qui le remplacera. ¹⁶ Et il n'y avait point de fin à tout le peuple, à tous ceux à la tête desquels il était; cependant ceux qui viendront après ne se réjouiront point à son sujet. Certainement, cela aussi est une vanité et un tourment d'esprit.

5

¹ Quand tu entreras dans la maison de Dieu, prends garde à ton pied, et approche-toi pour écouter, plutôt que pour offrir le sacrifice des insensés; car ils ne savent pas le mal qu'ils font. ² Ne te presse pas d'ouvrir la bouche, et que ton cœur ne se hâte point de prononcer quelque parole devant Dieu; car Dieu est aux cieux, et toi sur la terre; c'est pourquoi, use de peu de paroles. ³ Car, comme le songe naît de la multitude des occupations, ainsi la voix des fous se fait connaître par la multitude des paroles. ⁴ Quand tu auras fait un vœu à Dieu, ne diffère point de l'accomplir; car il ne prend point plaisir aux insensés. Accomplis donc le vœu que tu as fait. ⁵ Il vaut mieux que tu ne fasses point de vœux, que d'en faire, et de ne pas les accomplir. ⁶ Ne permets pas à ta bouche de te faire pécher, et ne dis pas devant l'envoyé de Dieu, que c'est une erreur. Pourquoi Dieu s'irriterait-il de tes paroles, et détruirait-il l'ouvrage de tes mains? ⁷ Car, comme dans la multitude des songes il y a de la vanité, il y en a beaucoup aussi dans la multitude des paroles; mais crains Dieu. ⁸ Si tu vois dans une province le pauvre opprimé, et le droit et la justice violés, ne t'étonne point de cela; car il y en a un qui est plus élevé que celui qui est élevé, et qui y prend garde, et il en est de plus élevés qu'eux. ⁹ C'est cependant un avantage pour le pays qu'un roi honoré du pays. ¹⁰ Celui qui aime l'argent n'est point rassasié par l'argent, et celui qui aime un grand train, n'en est pas nourri. Cela aussi est une vanité. ¹¹ Où il y a beaucoup de bien, il y a beaucoup de gens qui le mangent; et

quel avantage en a celui qui le possède, sinon qu'il le voit de ses yeux? [12] Le sommeil du travailleur est doux, soit qu'il mange peu ou beaucoup; mais le rassasiement du riche ne le laisse pas dormir. [13] Il y a un mal fâcheux que j'ai vu sous le soleil: des richesses conservées pour son malheur par celui qui les possède. [14] Et ces richesses périssent par un mauvais trafic, et s'il a engendré un fils, il n'aura rien entre les mains. [15] Et, comme il est sorti nu du sein de sa mère, il s'en retournera nu, s'en allant comme il est venu; et il n'emportera rien qu'il puisse prendre dans sa main. [16] C'est encore ici un mal fâcheux; comme il est venu, il s'en va de même; et quel avantage a-t-il d'avoir travaillé pour du vent? [17] Il mange aussi, tous les jours de sa vie, dans les ténèbres, et il a beaucoup de chagrin, de maux et d'irritation. [18] Voici ce que j'ai vu: c'est pour l'homme une chose bonne et agréable que de manger, de boire, et de jouir du bien-être, au milieu de tout le travail auquel il se livre sous le soleil, pendant les jours de vie que Dieu lui a donnés; car c'est là son partage. [19] En effet, ce que Dieu donne à tout homme, de richesses et de biens, ce dont il le fait maître, pour en manger, et pour en prendre sa part, et pour s'en réjouir au milieu de son travail, cela est un don de Dieu. [20] Car il ne se souviendra pas beaucoup des jours de sa vie, parce que Dieu lui répond par la joie de son cœur.

6

[1] Il est un mal que j'ai vu sous le soleil, et qui est fréquent parmi les hommes; [2] C'est qu'il y a tel homme à qui Dieu donne des richesses, des biens et des honneurs, et qui ne manque pour son âme de rien de ce qu'il peut souhaiter; mais Dieu ne le laisse pas maître d'en manger, car un étranger le mangera. Cela est une vanité et un mal fâcheux. [3] Quand un homme aurait cent enfants, qu'il aurait vécu de nombreuses années, et que les jours de ses années se seraient multipliés; si son âme ne s'est pas rassasiée de bien, et que même il n'ait point de sépulture, je dis qu'un avorton vaut mieux que lui. [4] Car il est venu en vain, et s'en va dans les ténèbres, et son nom est couvert de ténèbres; [5] Il n'a même point vu le soleil; il n'a rien connu; il a plus de repos que l'autre. [6] Et quand celui-ci aurait vécu deux fois mille ans, sans jouir d'aucun bien, tous ne vont-ils pas en un même lieu? [7] Tout le travail de l'homme est pour sa bouche, et toutefois son désir n'est jamais assouvi. [8] Car quel avantage le sage a-t-il sur l'insensé? Quel avantage a l'affligé qui sait se conduire parmi les vivants? [9] Il vaut mieux voir de ses yeux, que d'avoir des désirs vagues. Cela aussi est une vanité et un tourment d'esprit. [10] Ce qui existe a déjà été appelé par son nom; et l'on sait que celui qui est homme, ne peut contester avec celui qui est plus fort que lui. [11] Quand on a beaucoup, on a beaucoup de vanité. Quel avantage en a l'homme? [12] Car qui sait ce qui est bon pour l'homme dans la vie, pendant les jours de la vie de sa vanité, qu'il passe comme une ombre? Et qui peut dire à un homme ce qui sera après lui sous le soleil?

7

[1] Une bonne réputation vaut mieux que le bon parfum; et le jour de la mort, que le jour de la naissance. [2] Mieux vaut aller dans une maison de deuil, que d'aller dans une maison de festin; car là est la fin de tout homme, et celui qui vit met cela dans son cœur. [3] Mieux vaut la tristesse que le rire; car, par la tristesse du visage, le cœur devient joyeux. [4] Le cœur des sages est dans la maison de deuil; mais le cœur des insensés est dans la maison de joie. [5] Mieux vaux entendre la répréhension du sage, que d'entendre la chanson des insensés. [6] Car tel qu'est le bruit des épines sous la chaudière, tel est le rire de l'insensé. Cela aussi est une vanité. [7] Certainement l'oppression peut faire perdre le sens au sage; et le présent corrompt le cœur. [8] Mieux vaut la fin d'une chose que son commencement; mieux vaut un esprit patient qu'un esprit hautain. [9] Ne te hâte point dans ton esprit de t'irriter; car l'irritation repose dans le sein des insensés. [10] Ne dis

point: D'où vient que les jours passés étaient meilleurs que ceux-ci? Car ce n'est point par sagesse que tu t'enquiers de cela. [11] La sagesse est aussi bonne qu'un héritage; elle est un avantage pour ceux qui voient le soleil. [12] Car on est à couvert à l'ombre de la sagesse et à l'ombre de l'argent; mais la science a cet avantage, que la sagesse fait vivre celui qui la possède. [13] Regarde l'œuvre de Dieu; car qui peut redresser ce qu'il aura courbé? [14] Au jour de la prospérité, sois joyeux; et au jour de l'adversité, prends-y garde; aussi Dieu a fait l'un comme l'autre, afin que l'homme ne trouve rien de ce qui sera après lui. [15] J'ai vu tout ceci pendant les jours de ma vanité. Il y a tel juste qui périt dans sa justice, et il y a tel méchant qui prolonge ses jours dans sa méchanceté. [16] Ne sois pas juste à l'excès, et ne te fais pas trop sage; pourquoi te perdrais-tu? [17] Ne sois pas méchant à l'excès, et ne sois point insensé; pourquoi mourrais-tu avant ton temps? [18] Il est bon que tu retiennes ceci, et que tu ne négliges pas cela; car celui qui craint Dieu, sort de toutes ces choses. [19] La sagesse donne plus de force au sage que dix gouverneurs qui seraient dans une ville. [20] Certainement il n'y a point d'homme juste sur la terre, qui fasse le bien et qui ne pèche point. [21] Aussi ne fais point attention à toutes les paroles qu'on dira, de peur que tu n'entendes ton serviteur parler mal de toi. [22] Car ton cœur a reconnu bien des fois que toi aussi tu as mal parlé des autres. [23] J'ai éprouvé tout cela par la sagesse; et j'ai dit: J'acquerrai de la sagesse; mais elle s'est éloignée de moi. [24] Ce qui est loin, ce qui est profond, profond, qui peut l'atteindre? [25] J'ai appliqué mon cœur à connaître, à sonder et à chercher la sagesse et la raison de tout, et à connaître la méchanceté de la folie, et la sottise de la déraison. [26] Et j'ai trouvé plus amère que la mort, la femme dont le cœur est un piège et un filet, et dont les mains sont des liens; celui qui est agréable à Dieu lui échappera; mais le pécheur sera pris par elle. [27] Voici, dit l'Ecclésiaste, ce que j'ai trouvé, en examinant les choses une à une pour en trouver la raison. [28] Voici ce que mon âme cherche encore, mais que je n'ai point trouvé. J'ai trouvé un homme entre mille; mais je n'ai pas trouvé une femme entre elles toutes. [29] Seulement voici ce que j'ai trouvé: c'est que Dieu a fait l'homme droit; mais ils ont cherché beaucoup de discours.

8

[1] Qui est comme le sage? Et qui connaît l'explication des choses? La sagesse de l'homme fait reluire sa face, et la sévérité de son visage en est changée. [2] Observe, je te le dis, le commandement du roi; et cela, à cause du serment fait à Dieu. [3] Ne te hâte point de te retirer de devant sa face, et ne persévère point dans une chose mauvaise; car il fait tout ce qui lui plaît. [4] Où est la parole du roi, là est la puissance; et qui lui dira: Que fais-tu? [5] Celui qui garde le commandement ne sentira aucun mal, et le cœur du sage connaît le temps et le jugement. [6] Car dans tout dessein il y a un temps et un jugement, quand le malheur pèse sur l'homme. [7] Car il ne sait pas ce qui doit arriver, et qui lui dira comment cela arrivera? [8] L'homme n'est point maître de son esprit, pour pouvoir le retenir, et il n'a point de puissance sur le jour de la mort; il n'y a point d'exemption dans cette guerre, et la méchanceté ne délivrera point ceux en qui elle se trouve. [9] J'ai vu tout cela, et j'ai appliqué mon cœur à toute œuvre qui se fait sous le soleil. Il y a un temps où l'homme domine sur l'homme pour son malheur. [10] Et alors j'ai vu les méchants ensevelis; et ceux qui avaient fait le bien ont passé; ils s'en sont allés loin du lieu saint, et sont oubliés dans la ville. Cela est aussi une vanité. [11] Parce que la sentence contre les mauvaises actions ne s'exécute pas promptement, à cause de cela, le cœur des hommes est plein du désir de mal faire. [12] Bien que le pécheur fasse le mal cent fois, et qu'il y persévère longtemps, cependant je sais aussi qu'il y aura du bonheur pour ceux qui craignent Dieu, qui craignent devant sa face. [13] Mais il n'y aura point de bonheur pour le méchant, et il ne prolongera pas ses jours plus que l'ombre, parce qu'il ne craint point la face de Dieu. [14] Il est une vanité qui a lieu sur la terre: c'est qu'il y a des justes auxquels

il arrive selon l'œuvre des méchants; et il y a aussi des méchants auxquels il arrive selon l'œuvre des justes. J'ai dit que cela aussi est une vanité. [15] C'est pourquoi j'ai loué la joie, parce qu'il n'est rien de mieux pour l'homme sous le soleil que de manger, et de boire, et de se réjouir; et c'est ce qui lui restera de son travail pendant les jours de sa vie, que Dieu lui donne sous le soleil. [16] Lorsque j'ai appliqué mon cœur à connaître la sagesse, et à considérer les affaires qui se font sur la terre (car l'homme ne donne, ni jour ni nuit, de repos à ses yeux), [17] J'ai vu toute l'œuvre de Dieu, j'ai vu que l'homme ne peut trouver la raison de ce qui se fait sous le soleil; bien qu'il se fatigue à la chercher, il ne la trouve pas; et même si le sage dit qu'il la connaît, il ne la peut trouver.

9

[1] Certainement j'ai appliqué mon cœur à tout cela, pour l'éclaircir, savoir, que les justes et les sages, et leurs actions, sont dans la main de Dieu, et l'amour et la haine; et que les hommes ne connaissent rien de tout ce qui est devant eux. [2] Tout arrive également à tous: même accident pour le juste et pour le méchant, pour celui qui est bon et pur, et pour celui qui est souillé, pour celui qui sacrifie et pour celui qui ne sacrifie point; il en est de l'homme de bien comme du pécheur, de celui qui jure, comme de celui qui craint de jurer. [3] Ceci est un mal dans tout ce qui se fait sous le soleil, qu'un même accident arrive à tous. Aussi le cœur des hommes est rempli de malice; la folie est dans leur cœur pendant leur vie; après quoi ils s'en vont chez les morts. [4] Car il y a de l'espérance pour quiconque est encore associé à tous les vivants; et même un chien vivant vaut mieux qu'un lion mort. [5] Les vivants, en effet, savent qu'ils mourront, mais les morts ne savent rien; il n'y a plus pour eux de récompense, car leur mémoire est mise en oubli. [6] Aussi leur amour, leur haine, leur envie a déjà péri, et ils n'ont plus à jamais aucune part dans tout ce qui se fait sous le soleil. [7] Va, mange avec joie ton pain, et bois gaiement ton vin; car Dieu a déjà tes œuvres pour agréables. [8] Qu'en tout temps tes vêtements soient blancs, et que l'huile ne manque point sur ta tête. [9] Vis joyeusement, tous les jours de la vie de ta vanité, avec la femme que tu aimes, qui t'a été donnée sous le soleil, pour tous les jours de ta vanité; car c'est là ton partage dans la vie, et au milieu de ton travail, que tu fais sous le soleil. [10] Tout ce que ta main trouve à faire, fais-le selon ton pouvoir; car il n'y a ni œuvre, ni pensée, ni science, ni sagesse, dans le Sépulcre où tu vas. [11] J'ai vu encore sous le soleil, que la course n'est pas aux agiles, ni le combat aux vaillants, ni le pain aux sages, ni les richesses aux intelligents, ni la faveur aux savants; car tous sont assujettis au temps et aux circonstances. [12] Car l'homme ne connaît pas même son temps; comme les poissons qui sont pris au filet fatal, et les oiseaux qui sont pris au lacet, ainsi les hommes sont enlacés au temps de l'adversité, lorsqu'elle tombe sur eux tout d'un coup. [13] J'ai vu aussi cette sagesse sous le soleil, et elle m'a semblé grande. [14] Il y avait une petite ville, avec peu d'hommes dedans; contre elle vint un grand roi; et il l'investit, et il bâtit contre elle de grands forts. [15] Mais il s'y trouvait un homme pauvre et sage, qui délivra la ville par sa sagesse. Et nul ne s'est souvenu de cet homme pauvre. [16] Alors j'ai dit: La sagesse vaut mieux que la force; et toutefois la sagesse du pauvre est méprisée, et ses paroles ne sont point écoutées. [17] Mieux vaut des paroles de sages paisiblement écoutées, que le cri de celui qui domine parmi les insensés. [18] La sagesse vaut mieux que les instruments de guerre, et un seul pécheur fait perdre de grands biens.

10

[1] Les mouches mortes corrompent et font fermenter l'huile du parfumeur; ainsi fait un peu de folie à l'égard de celui qui est estimé pour sa sagesse et pour sa gloire. [2] Le sage a le cœur à sa droite; mais le fou a le cœur à sa gauche. [3] Et même, quand l'insensé marche dans le chemin, le sens lui manque; et il dit de chacun: Voilà un insensé. [4] Si l'esprit de

celui qui domine s'élève contre toi, ne quitte point ta place; car la douceur prévient de grandes fautes. 5 Il y a un mal que j'ai vu sous le soleil, comme une erreur qui procède du prince: 6 C'est que la folie est mise aux plus hauts lieux, et que des riches sont assis dans l'abaissement. 7 J'ai vu des serviteurs à cheval, et des princes aller à pied comme des serviteurs. 8 Celui qui creuse une fosse y tombera, et un serpent mordra celui qui fait brèche à une clôture. 9 Celui qui remue des pierres en sera blessé; et celui qui fend du bois en sera en danger. 10 Si le fer est émoussé, et qu'il n'en ait pas aiguisé le tranchant, il devra redoubler d'efforts; mais la sagesse a l'avantage de donner de l'adresse. 11 Si le serpent mord, quand il n'est pas charmé, le médisant ne vaut pas mieux. 12 Les paroles de la bouche du sage sont pleines de grâce; mais les lèvres du fou l'engloutissent. 13 Le commencement des paroles de sa bouche est une folie, et la fin de son discours une pernicieuse sottise. 14 L'insensé multiplie les paroles; toutefois l'homme ne sait ce qui arrivera; et qui lui annoncera ce qui sera après lui 15 Le travail des insensés les lasse, parce qu'ils ne savent pas aller à la ville. 16 Malheur à toi, pays, dont le roi est un enfant, et dont les princes mangent dès le matin! 17 Heureux es-tu, pays, dont le roi est de race illustre, et dont les princes mangent quand il est temps, pour réparer leurs forces, et non pour se livrer à la boisson! 18 A cause des mains paresseuses le plancher s'affaisse; et à cause des mains lâches, la maison a des gouttières. 19 On fait des repas pour se réjouir, et le vin égaie la vie, et l'argent répond à tout. 20 Ne dis point de mal du roi, pas même dans ta pensée; et ne dis point de mal du riche dans la chambre où tu couches; car l'oiseau des cieux emporterait ta voix, et ce qui a des ailes révélerait tes paroles.

11

1 Jette ton pain sur la face des eaux, car avec le temps tu le retrouveras. 2 Fais-en part à sept, et même à huit; car tu ne sais pas quel mal peut venir sur la terre. 3 Quand les nuées sont pleines, elles répandent de la pluie sur la terre; et quand un arbre tombe, au midi, ou au nord, au lieu où l'arbre est tombé, il demeure. 4 Celui qui observe le vent, ne sèmera point; et celui qui regarde les nuées, ne moissonnera point. 5 Comme tu ne sais pas quel est le chemin du vent, ni comment se forment les os dans le sein de celle qui est enceinte; de même tu ne connais pas l'œuvre de Dieu, qui a fait toutes choses. 6 Sème ta semence dès le matin, et ne laisse pas reposer ta main le soir; car tu ne sais pas ce qui réussira, ceci ou cela, ou si les deux seront également bons. 7 La lumière est douce, et il est agréable aux yeux de voir le soleil. 8 Et si un homme vit un grand nombre d'années, qu'il se réjouisse pendant toutes ces années, et qu'il se souvienne des jours de ténèbres, qui sont nombreux. Tout ce qui vient est vanité. 9 Jeune homme, réjouis-toi dans ton jeune âge, et que ton cœur te rende content aux jours de ta jeunesse; et marche comme ton cœur te mène, et selon le regard de tes yeux; mais sache que pour toutes ces choses Dieu te fera venir en jugement. 10 Bannis le chagrin de ton cœur, et éloigne les maux de ta chair; car le jeune âge et l'adolescence ne sont que vanité.

12

1 Mais souviens-toi de ton créateur pendant les jours de ta jeunesse, avant que les jours mauvais viennent, avant qu'arrivent les années dont tu diras: Je n'y prends point de plaisir; 2 Avant que le soleil, la lumière, la lune et les étoiles s'obscurcissent, et que les nuées reviennent après la pluie; 3 Quand les gardes de la maison trembleront, que les hommes forts se courberont, que celles qui moulent cesseront, parce qu'elles seront diminuées; que celles qui regardent par les fenêtres, seront obscurcies; 4 Et que les deux battants de la porte seront fermés sur la rue, quand s'abaissera le bruit de la meule; qu'on se lèvera au chant de l'oiseau, et que toutes les filles du chant seront abattues; 5 Et que l'on craindra ce qui est élevé, qu'on aura des terreurs en marchant, que l'amandier

fleurira, que la sauterelle deviendra pesante, et que l'appétit manquera; car l'homme s'en va vers sa demeure éternelle, et ceux qui pleurent feront le tour des rues; 6 Avant que la corde d'argent se rompe, que le vase d'or se brise, que la cruche se casse sur la fontaine, et que la roue se rompe sur la citerne; 7 Avant que la poussière retourne dans la terre, comme elle y avait été, et que l'esprit retourne à Dieu qui l'a donné. 8 Vanité des vanités, dit l'Ecclésiaste, tout est vanité. 9 De plus, comme l'Ecclésiaste a été sage, il a aussi enseigné la sagesse au peuple. Il a examiné, il a sondé et mis en ordre beaucoup de sentences. 10 L'Ecclésiaste s'est appliqué à trouver des paroles agréables. Ce qui a été écrit l'a été avec droiture; ce sont des paroles de vérité. 11 Les paroles des sages sont comme des aiguillons, et réunies en recueil, elles sont comme des clous plantés. Celles-ci ont été données par un seul pasteur. 12 Du reste, mon fils, prends garde à ces choses. A faire beaucoup de livres, il n'y a point de fin, et tant d'étude n'est que fatigue pour le corps. 13 Écoutons la conclusion de tout ce discours: Crains Dieu, et garde ses commandements; car c'est là le tout de l'homme. 14 Car Dieu fera venir toute œuvre en jugement, avec tout ce qui est caché, soit bien, soit mal.

Cantique

¹ Le cantique des cantiques, qui est de Salomon. ² Qu'il me baise des baisers de sa bouche! Car tes amours sont plus agréables que le vin. ³ Tes parfums ont une odeur suave, ton nom est comme un parfum répandu; c'est pourquoi les jeunes filles t'ont aimé. ⁴ Entraîne-moi, et nous courrons après toi! Le roi m'a fait entrer dans ses appartements. Nous nous égaierons et nous réjouirons en toi; nous célébrerons tes amours plus que le vin. Les hommes droits t'ont aimé. ⁵ O filles de Jérusalem, je suis brune, mais belle. Je suis comme les tentes de Kédar, et comme les pavillons de Salomon. ⁶ Ne prenez pas garde que je suis brune, car le soleil m'a regardée; les enfants de ma mère se sont irrités contre moi, ils m'ont mise à garder les vignes. Ma vigne, à moi, je ne l'ai point gardée. ⁷ Dis-moi, ô toi qu'aime mon âme, où tu pais ton troupeau, et où tu le fais reposer sur le midi; car pourquoi serais-je comme une femme errante auprès des troupeaux de tes compagnons? ⁸ Si tu ne le sais pas, ô la plus belle d'entre les femmes, sors sur les traces du troupeau, et pais tes chevrettes auprès des cabanes des bergers. ⁹ Ma bien-aimée, je te compare à ma cavale qu'on attelle aux chars de Pharaon. ¹⁰ Tes joues ont bonne grâce avec les atours, et ton cou avec les colliers. ¹¹ Nous te ferons des atours d'or, avec des boutons d'argent. ¹² Tandis que le roi était assis à table, mon nard exhalait son parfum. ¹³ Mon bien-aimé est pour moi un sachet de myrrhe; il reposera sur mon sein. ¹⁴ Mon bien-aimé est pour moi une grappe de troëne, dans les vignes d'En-guédi. ¹⁵ Que tu es belle, ma bien-aimée, que tu es belle! Tes yeux sont ceux des colombes. ¹⁶ Que tu es beau, mon bien-aimé; que tu es agréable! ¹⁷ Notre couche est un lit de verdure. Les poutres de nos maisons sont des cèdres, et nos lambris des cyprès.

2

¹ Je suis la rose de Saron et le lis des vallées. ² Comme le lis au milieu des épines, telle est ma bien-aimée parmi les jeunes filles. ³ Comme le pommier au milieu des arbres de la forêt, tel est mon bien-aimé parmi les jeunes hommes; j'ai désiré son ombrage, et m'y suis assise, et son fruit a été doux à mon palais. ⁴ Il m'a mené dans la salle du festin, et l'étendard qu'il lève sur moi, porte: AMOUR. ⁵ Ranimez-moi avec du raisin; fortifiez-moi avec des pommes, car je me pâme d'amour. ⁶ Que sa main gauche soit sous ma tête, et que sa droite m'embrasse! ⁷ Filles de Jérusalem, je vous adjure par les gazelles et les biches des champs, ne réveillez pas, ne réveillez pas celle que j'aime, avant qu'elle le veuille. ⁸ C'est ici la voix de mon bien-aimé; le voici qui vient, sautant sur les montagnes, et bondissant sur les coteaux. ⁹ Mon bien-aimé est semblable à la gazelle, ou au faon des biches; le voilà qui se tient derrière notre muraille; il regarde par les fenêtres, il s'avance par les treillis. ¹⁰ Mon bien-aimé parle et me dit: Lève-toi, ma bien-aimée, ma belle, et viens! ¹¹ Car voici, l'hiver est passé, la pluie a cessé, elle s'en est allée; ¹² Les fleurs paraissent sur la terre, le temps des chansons est venu, et la voix de la tourterelle se fait entendre dans nos campagnes. ¹³ Le figuier a poussé ses premières figues, et les vignes ont des grappes et exhalent leur odeur. Lève-toi, ma bien-aimée, ma belle, et viens! ¹⁴ Ma colombe, qui te tiens dans les fentes du rocher, qui te caches dans les lieux escarpés, fais-moi voir ton regard, et fais-moi entendre ta voix; car ta voix est douce, et ton regard est gracieux. ¹⁵ Prenez-nous les renards, les petits renards, qui gâtent les vignes, depuis que nos vignes ont des grappes. ¹⁶ Mon bien-aimé est à moi, et je suis à lui; il paît son troupeau parmi les lis. ¹⁷ Avant que le vent du jour souffle, et que les ombres fuient, reviens, mon bien-aimé, comme la gazelle, ou le faon des biches, sur les montagnes qui nous séparent.

3

[1] J'ai cherché durant les nuits sur ma couche celui qu'aime mon âme; je l'ai cherché, mais je ne l'ai point trouvé. [2] Je me lèverai maintenant, et je ferai le tour de la ville, dans les rues et sur les places; je chercherai celui qu'aime mon âme. Je l'ai cherché; mais je ne l'ai point trouvé. [3] Le guet qui faisait la ronde par la ville m'a trouvée. N'avez-vous point vu, leur ai-je dit, celui qu'aime mon âme? [4] A peine les avais-je passés, que je trouvai celui qu'aime mon âme; je l'ai pris, et je ne le lâcherai point, que je ne l'aie amené à la maison de ma mère, et dans la chambre de celle qui m'a conçue. [5] Filles de Jérusalem, je vous adjure par les gazelles et les biches des champs, ne réveillez pas, ne réveillez pas celle que j'aime, avant qu'elle le veuille. [6] Qui est celle qui monte du désert comme des colonnes de fumée, parfumée de myrrhe et d'encens, et de toute sorte de poudre de senteur? [7] Voici le lit de Salomon, entouré de soixante vaillants hommes, des plus vaillants d'Israël, [8] Tous maniant l'épée, et très bien dressés à la guerre; chacun porte l'épée sur sa hanche, en vue des alarmes nocturnes. [9] Le roi Salomon s'est fait une litière de bois du Liban. [10] Il en a fait les piliers d'argent, le dossier d'or, le siège d'écarlate, et le dedans un tissu d'amour des filles de Jérusalem. [11] Sortez, filles de Sion, et regardez le roi Salomon, avec la couronne dont sa mère l'a couronné au jour de son mariage, et au jour de la joie de son cœur.

4

[1] Que tu es belle, ma bien-aimée, que tu es belle! Tes yeux sont comme ceux des colombes, derrière ton voile; tes cheveux sont comme un troupeau de chèvres suspendues aux montagnes de Galaad. [2] Tes dents sont comme un troupeau de brebis tondues qui remontent du lavoir, qui sont toutes deux à deux, et dont aucune ne manque. [3] Tes lèvres sont comme un fil d'écarlate; ton parler est gracieux; ta joue est comme une moitié de grenade, sous tes voiles. [4] Ton cou est comme la tour de David, bâtie pour servir d'arsenal, à laquelle pendent mille boucliers, tous les boucliers des vaillants. [5] Tes deux mamelles sont comme deux faons jumeaux d'une gazelle, qui paissent au milieu des lis. [6] Avant que le vent du jour souffle, et que les ombres fuient, je m'en irai à la montagne de la myrrhe, et à la colline de l'encens. [7] Tu es toute belle, ma bien-aimée, et sans tache. [8] Viens du Liban avec moi, mon épouse, viens du Liban avec moi! Regarde du sommet d'Amana, du sommet de Shénir et de l'Hermon, des repaires des lions, et des montagnes des léopards. [9] Tu m'as ravi le cœur, ma sœur, mon épouse; tu m'as ravi le cœur par l'un de tes regards, et par l'un des colliers de ton cou. [10] Que tes amours sont belles, ma sœur, mon épouse! Combien ton amour est meilleur que le vin, et combien tes parfums sont plus suaves qu'aucun aromate! [11] Tes lèvres, mon épouse, distillent des rayons de miel. Le miel et le lait sont sous ta langue, et l'odeur de tes vêtements est comme l'odeur du Liban. [12] Ma sœur, mon épouse, tu es un jardin fermé, une source fermée, et une fontaine scellée. [13] Tes plantes sont un jardin de grenadiers, avec des fruits délicieux, les troënes avec le nard; [14] Le nard et le safran, la canne odorante et le cinnamome, avec toutes sortes d'arbres d'encens; la myrrhe et l'aloès, avec tous les plus excellents aromates. [15] O fontaine des jardins! O puits d'eau vive, et ruisseaux du Liban! [16] Lève-toi, aquilon, et viens, vent du midi! Souffle dans mon jardin, afin que ses aromates distillent. Que mon bien-aimé vienne dans son jardin, et qu'il mange de ses fruits délicieux!

5

[1] Je suis venu dans mon jardin, ma sœur, mon épouse; j'ai cueilli ma myrrhe, avec mes plantes aromatiques; j'ai mangé mes rayons de miel et mon miel; j'ai bu mon vin et mon lait. Mes amis, mangez, buvez; faites bonne chère, mes bien-aimés. [2] J'étais endormie, mais mon cœur veillait; et voici la voix de mon bien-aimé qui heurtait: Ouvre-moi, ma sœur, ma bien-aimée, ma colombe, ma parfaite! Car ma tête est pleine de rosée, et mes

cheveux des gouttes de la nuit. [3] J'ai dépouillé ma robe, comment la revêtirais-je? J'ai lavé mes pieds, comment les souillerais-je? [4] Mon bien-aimé a avancé sa main par le trou de la porte, et mes entrailles se sont émues pour lui. [5] Je me suis levée pour ouvrir à mon bien-aimé, et la myrrhe a distillé de mes mains, et la myrrhe la plus pure de mes doigts, sur la poignée du verrou. [6] J'ouvris à mon bien-aimé; mais mon bien-aimé s'était retiré, il avait passé; mon âme se pâma de l'avoir entendu parler; je le cherchai, mais je ne le trouvai point; je l'appelai, mais il ne me répondit pas. [7] Le guet qui faisait la ronde par la ville me trouva; ils me frappèrent, ils me blessèrent; les gardes des murailles m'ôtèrent mon voile. [8] Filles de Jérusalem, je vous adjure, si vous trouvez mon bien-aimé, que lui direz-vous? Que je languis d'amour. [9] Qu'est ton bien-aimé plus qu'un autre, ô la plus belle d'entre les femmes? Qu'est ton bien-aimé plus qu'un autre, que tu nous adjures ainsi? [10] Mon bien-aimé est blanc et vermeil; il porte l'étendard entre dix mille. [11] Sa tête est de l'or pur; ses cheveux flottants sont noirs comme le corbeau. [12] Ses yeux sont comme ceux des colombes aux bords des ruisseaux, lavés dans du lait, et enchâssés dans des chatons. [13] Ses joues sont comme un parterre de plantes aromatiques, et comme des fleurs parfumées; ses lèvres sont des lis, elles distillent la myrrhe la plus pure. [14] Ses mains sont des anneaux d'or, garnis de chrysolithes; son corps est de l'ivoire poli, couvert de saphirs. [15] Ses jambes sont des colonnes de marbre, posées sur des bases d'or pur; son aspect est comme le Liban, il est beau comme les cèdres. [16] Son palais n'est que douceur, tout ce qui est en lui est aimable. Tel est mon bien-aimé, tel est mon ami, filles de Jérusalem.

6

[1] Où est allé ton bien-aimé, ô la plus belle des femmes? De quel côté est allé ton bien-aimé? Nous le chercherons avec toi. [2] Mon bien-aimé est descendu dans son verger, au parterre des plantes aromatiques, pour paître son troupeau dans les vergers, et pour cueillir des lis. [3] Je suis à mon bien-aimé, et mon bien-aimé est à moi; il paît son troupeau parmi les lis. [4] Ma bien-aimée, tu es belle comme Thirtsa, agréable comme Jérusalem, redoutable comme les armées qui marchent enseignes déployées. [5] Détourne de moi tes yeux; qu'ils ne me regardent point, car ils me troublent. Tes cheveux sont comme un troupeau de chèvres suspendues aux flancs de Galaad. [6] Tes dents sont comme un troupeau de brebis qui remontent du lavoir, qui sont toutes deux à deux: il n'en manque aucune. [7] Ta joue est comme une moitié de grenade, sous ton voile. [8] Il y a soixante reines, et quatre-vingts concubines, et des vierges sans nombre: ma colombe, ma parfaite, est unique. [9] Elle est l'unique de sa mère, l'unique de celle qui l'a enfantée; les jeunes filles l'ont vue, et l'ont dite bienheureuse; les reines et les concubines l'ont louée. [10] Qui est celle qui apparaît comme l'aube du jour, belle comme la lune, pure comme le soleil, redoutable comme les armées qui marchent enseignes déployées? [11] Je suis descendu au verger des noyers, pour voir les fruits qui mûrissent dans la vallée; pour voir si la vigne pousse, et si les grenadiers fleurissent. [12] Je ne sais, mais mon affection m'a rendu semblable aux chars d'Aminadab. [13] Reviens, reviens, ô Sulamithe! Reviens, reviens, et que nous te contemplions! Pourquoi contemplez-vous la Sulamithe comme une danse de deux troupes?

7

[1] Fille de prince, que tes pieds sont beaux dans ta chaussure! Le contour de tes hanches est comme un collier travaillé de la main d'un excellent ouvrier. [2] Ton sein est une coupe arrondie, pleine d'un vin aromatisé; ton ventre est un tas de blé entouré de lis. [3] Tes deux mamelles sont comme deux faons jumeaux d'une gazelle. [4] Ton cou est

comme une tour d'ivoire, tes yeux sont les viviers en Hesbon, près de la porte de Bath-Rabbim; ton visage est comme la tour du Liban, qui regarde vers Damas. ⁵ Ta tête est élevée comme le Carmel, et les cheveux de ta tête sont comme de l'écarlate. Un roi serait enchaîné par tes boucles. ⁶ Que tu es belle, et que tu es agréable, mon amour et mes délices! ⁷ Ta taille est semblable à un palmier, et tes mamelles à des grappes de raisins. ⁸ J'ai dit: Je monterai sur le palmier, et je saisirai ses branches; que les mamelles soient pour moi comme des grappes de vigne, et le parfum de ton souffle comme l'odeur des pommes, ⁹ Et ton palais comme le bon vin qui coule en faveur de mon bien-aimé, et qui fait parler les lèvres de ceux qui dorment. ¹⁰ Je suis à mon bien-aimé, et son désir tend vers moi. ¹¹ Viens, mon bien-aimé, sortons aux champs, passons la nuit aux villages. ¹² Levons-nous le matin pour aller aux vignes; et voyons si la vigne est avancée, et si la grappe est formée, et si les grenadiers sont fleuris; c'est là que je te donnerai mes amours. ¹³ Les mandragores exhalent leur odeur, et à nos portes il y a de toutes sortes de fruits exquis, des fruits nouveaux et des anciens, que je t'ai gardés, ô mon bien-aimé!

8

¹ Plût à Dieu que tu fusses comme mon frère, allaité des mamelles de ma mère! J'irais te trouver dehors, je te baiserais, et on ne me mépriserait point. ² Je t'amènerais et t'introduirais dans la maison de ma mère; et tu m'instruirais, et je te ferais boire du vin mixtionné d'aromates et du moût de mon grenadier. ³ Que sa main gauche soit sous ma tête, et que sa droite m'embrasse! ⁴ Je vous adjure, filles de Jérusalem, ne réveillez pas, ne réveillez pas celle que j'aime, avant qu'elle le veuille. ⁵ Qui est celle-ci qui monte du désert, appuyée doucement sur son bien-aimé? Je t'ai réveillée sous un pommier, là où ta mère t'a enfantée, là où t'a enfantée celle qui t'a donné le jour. ⁶ Mets-moi comme un sceau sur ton cœur, comme un cachet sur ton bras. L'amour est fort comme la mort, et la jalousie est inflexible comme les enfers; leurs embrasements sont des embrasements de feu et une flamme de l'Éternel. ⁷ Beaucoup d'eaux ne pourraient éteindre cet amour-là, et les fleuves même ne le pourraient pas noyer; si quelqu'un donnait tous les biens de sa maison pour cet amour-là, certainement on n'en tiendrait aucun compte. ⁸ Nous avons une petite sœur, qui n'a pas encore de mamelles; que ferons-nous de notre sœur au jour qu'on parlera d'elle? ⁹ Si elle est comme un mur, nous bâtirons dessus un palais d'argent; et si elle est comme une porte, nous la fermerons par une planche de cèdre. ¹⁰ Je suis un mur, et mes seins sont comme des tours; j'ai été à ses yeux comme celle qui trouve la paix. ¹¹ Salomon a eu à Baal-Hamon une vigne, qu'il a donnée à des gardes; chacun d'eux doit en apporter pour son fruit mille pièces d'argent. ¹² Ma vigne, qui est à moi, je la garde, ô Salomon! A toi les mille pièces, et deux cents à ceux qui gardent le fruit! ¹³ O toi, qui habites dans les jardins, les amis sont attentifs à ta voix; fais que je l'entende! ¹⁴ Mon bien-aimé, enfuis-toi aussi vite qu'une gazelle, ou qu'un faon de biche, sur les montagnes des aromates.

Esaïe

[1] La vision d'Ésaïe, fils d'Amots, qu'il a vue touchant Juda et Jérusalem, aux jours d'Ozias, de Jotham, d'Achaz et d'Ézéchias, rois de Juda. [2] Cieux, écoutez; terre, prête l'oreille; car l'Éternel parle: J'ai nourri des enfants et je les ai élevés; mais ils se sont rebellés contre moi. [3] Le bœuf connaît son possesseur, et l'âne la crèche de son maître: Israël n'a point de connaissance, mon peuple n'a point d'intelligence. [4] Ah! nation pécheresse, peuple chargé d'iniquités, race de méchants, enfants corrompus! Ils ont abandonné l'Éternel, ils ont méprisé le Saint d'Israël, ils se sont détournés en arrière. [5] Où vous frapper encore si vous continuez vos révoltes? Toute la tête est malade, et tout le cœur languissant. [6] De la plante du pied jusqu'à la tête, il n'y a rien de sain; ce ne sont que blessures, meurtrissures et plaies vives, qui n'ont point été pansées, ni bandées, ni adoucies avec l'huile. [7] Votre pays est dévasté, vos villes sont consumées par le feu, l'étranger dévore vos campagnes sous vos yeux; tout est dévasté comme après un ravage fait par l'étranger. [8] Et la fille de Sion est restée comme une cabane dans une vigne, comme une hutte dans un champ de concombres, comme une ville assiégée. [9] Si l'Éternel des armées ne nous eût laissé quelque petit reste, nous serions comme Sodome, nous ressemblerions à Gomorrhe! [10] Écoutez la parole de l'Éternel, chefs de Sodome! Prêtez l'oreille à la loi de notre Dieu, peuple de Gomorrhe! [11] Qu'ai-je à faire, dit l'Éternel, de la multitude de vos sacrifices? Je suis rassasié d'holocaustes de béliers et de la graisse des veaux gras; je ne prends point plaisir au sang des taureaux, ni des agneaux, ni des boucs. [12] Quand vous venez vous présenter devant ma face, qui vous demande de fouler mes parvis? [13] Ne continuez plus d'apporter des offrandes vaines; j'ai en horreur le parfum, la nouvelle lune, le sabbat et l'assemblée; je ne puis souffrir ensemble le crime et les solennités. [14] Mon âme hait vos nouvelles lunes et vos fêtes; elles me sont à charge; je suis las de les supporter. [15] Quand vous étendez vos mains, je cache mes yeux de vous; quand vous multipliez les prières, je n'écoute point. Vos mains sont pleines de sang. [16] Lavez-vous, nettoyez-vous! Otez de devant mes yeux la malice de vos actions. [17] Cessez de mal faire; apprenez à bien faire; recherchez la droiture; protégez l'opprimé, faites droit à l'orphelin, défendez la veuve. [18] Venez maintenant et débattons nos droits, dit l'Éternel. Quand vos péchés seraient comme le cramoisi, ils seront blanchis comme la neige; quand ils seraient rouges comme le vermillon, ils deviendront comme la laine. [19] Si vous obéissez volontairement, vous mangerez le meilleur du pays. [20] Mais si vous résistez, si vous êtes rebelles, vous serez dévorés par l'épée; car la bouche de l'Éternel a parlé. [21] Comment la cité fidèle est-elle devenue une prostituée? Elle était pleine de droiture, la justice habitait en elle; et maintenant, des meurtriers! [22] Ton argent s'est changé en scories; ton breuvage est mêlé d'eau. [23] Tes princes sont des rebelles et des compagnons de voleurs; tous ils aiment les présents et courent après les récompenses; ils ne font pas droit à l'orphelin, et la cause de la veuve ne vient pas jusqu'à eux. [24] C'est pourquoi, voici ce que dit le Seigneur, l'Éternel des armées, le Puissant d'Israël: Ah! j'aurai satisfaction de mes adversaires, je me vengerai de mes ennemis! [25] Et je remettrai ma main sur toi, je refondrai tes scories comme avec la potasse, et j'ôterai tout ton étain. [26] Je rétablirai tes juges tels qu'ils étaient autrefois, et tes conseillers tels qu'ils étaient au commencement; après cela on t'appellera ville de la justice, cité fidèle. [27] Sion sera rachetée par la droiture, et ceux qui s'y convertiront, par la justice. [28] Mais les rebelles et les pécheurs seront détruits ensemble, et ceux qui abandonnent l'Éternel périront. [29] Car ils seront confus à cause des chênes que vous aimez; et vous rougirez des

jardins qui font vos délices. ³⁰ Car vous serez comme le chêne dont la feuille tombe, et comme un jardin qui n'a point d'eau. ³¹ L'homme fort sera l'étoupe, et son œuvre l'étincelle; l'un et l'autre brûleront ensemble, et il n'y aura personne qui éteigne.

2

¹ La parole qui fut révélée à Ésaïe, fils d'Amots, sur Juda et Jérusalem. ² Il arrivera, aux derniers jours, que la montagne de la maison de l'Éternel sera établie au-dessus des montagnes, et s'élèvera par-dessus les collines; et toutes les nations y afflueront. ³ Et plusieurs peuples viendront et diront: Venez et montons à la montagne de l'Éternel, à la maison du Dieu de Jacob; il nous instruira de ses voies, et nous marcherons dans ses sentiers! Car la loi sortira de Sion et la parole de l'Éternel de Jérusalem. ⁴ Il jugera entre les nations, et sera l'arbitre de plusieurs peuples. Alors ils forgeront de leurs épées des hoyaux, et de leurs lances, des serpes; une nation ne lèvera plus l'épée contre l'autre, et on n'apprendra plus la guerre. ⁵ Maison de Jacob, venez et marchons à la lumière de l'Éternel! ⁶ Car tu as rejeté ton peuple, la maison de Jacob, parce qu'ils sont pleins des pratiques de l'Orient et adonnés à la divination comme les Philistins, et qu'ils s'allient aux enfants des étrangers. ⁷ Son pays est plein d'argent et d'or, et il n'y a point de fin à ses trésors; son pays est plein de chevaux, et il n'y a point de fin à ses chars. ⁸ Son pays est plein d'idoles; ils se prosternent devant l'ouvrage de leurs mains, devant ce que leurs doigts ont façonné. ⁹ Et les hommes sont humiliés, et les grands sont abaissés; mais tu ne leur pardonneras point! ¹⁰ Entre dans les rochers et cache-toi dans la poussière, pour fuir la frayeur de l'Éternel et la gloire de sa majesté! ¹¹ L'homme aux regards superbes sera abaissé, et l'homme orgueilleux sera humilié; et l'Éternel seul sera grand en ce jour-là. ¹² Car l'Éternel des armées aura son jour, contre tout ce qui est orgueilleux et hautain, et contre tout ce qui s'élève, pour l'abaisser; ¹³ Contre tous les cèdres du Liban, hauts et élevés, et contre tous les chênes de Bassan; ¹⁴ Contre toutes les hautes montagnes, et contre tous les coteaux élevés; ¹⁵ Contre toute haute tour, et contre toute muraille forte; ¹⁶ Contre tous les navires de Tarsis, et contre tout ce qui plaît à la vue. ¹⁷ Et l'arrogance des hommes sera humiliée, et la fierté des grands sera abaissée; et l'Éternel sera seul élevé en ce jour-là, ¹⁸ Et toutes les idoles disparaîtront. ¹⁹ Et l'on entrera dans les cavernes des rochers et dans les trous de la terre, pour fuir la frayeur de l'Éternel et la gloire de sa majesté, quand il se lèvera pour frapper la terre. ²⁰ En ce jour-là, l'homme jettera aux taupes et aux chauves-souris ses idoles d'argent et ses idoles d'or, qu'il s'était faites pour les adorer; ²¹ Et ils entreront dans les fentes des rochers et dans les creux des montagnes, pour fuir la frayeur de l'Éternel et la gloire de sa majesté, quand il se lèvera pour frapper la terre. ²² Cessez de compter sur l'homme, qui n'a qu'un souffle dans ses narines; car quel cas peut-on faire de lui?

3

¹ Car voici, le Seigneur, l'Éternel des armées, va ôter de Jérusalem et de Juda tout appui et toute ressource, toute ressource de pain et toute ressource d'eau; ² L'homme fort et l'homme de guerre, le juge et le prophète, le devin et l'ancien, ³ Le chef de cinquantaines et l'homme considéré, le conseiller, l'artisan habile et celui qui s'entend à la magie. ⁴ Et je leur donnerai des jeunes gens pour chefs, et des enfants domineront sur eux. ⁵ Le peuple sera opprimé; l'un s'élèvera contre l'autre, et chacun contre son prochain; le jeune homme attaquera le vieillard, et l'homme de rien celui qui est honoré. ⁶ Alors un homme saisira son frère dans la maison paternelle: Tu as un manteau, sois notre chef, et prends en main ces ruines! ⁷ Mais, en ce jour-là, celui-ci répondra, disant: Je n'y saurais porter remède; il n'y a dans ma maison ni pain ni manteau; ne m'établissez

pas chef du peuple. ⁸ Car Jérusalem s'écroule, et Juda tombe, parce que leurs paroles et leurs actions sont contre l'Éternel, pour braver les regards de sa majesté. ⁹ L'impudence de leurs visages témoigne contre eux; comme Sodome, ils publient leur péché, et ne le dissimulent point. Malheur à leur âme! Car elle se prépare des maux. ¹⁰ Dites les justes heureux; car ils mangeront le fruit de leurs œuvres. ¹¹ Malheur au méchant, malheur! Car il recueillera l'œuvre de ses mains. ¹² Mon peuple a des enfants pour oppresseurs, et des femmes dominent sur lui. Mon peuple, tes guides t'égarent et t'ont fait perdre le chemin que tu dois suivre. ¹³ L'Éternel se présente pour plaider; il est debout pour juger les peuples. ¹⁴ L'Éternel entre en jugement avec les anciens de son peuple, et avec ses princes: c'est vous qui avez dévoré la vigne! La dépouille du pauvre est dans vos maisons! ¹⁵ De quel droit foulez-vous mon peuple et écrasez-vous la face des pauvres, dit le Seigneur, l'Éternel des armées? ¹⁶ L'Éternel dit encore: Parce que les filles de Sion sont orgueilleuses, qu'elles marchent le cou tendu en faisant des signes des yeux, et qu'elles marchent à petits pas, faisant résonner les boucles de leurs pieds, ¹⁷ Le Seigneur rendra chauve la tête des filles de Sion, l'Éternel découvrira leur nudité. ¹⁸ En ce jour-là, le Seigneur ôtera les anneaux dont elles se parent, les filets et les croissants; ¹⁹ Les pendants d'oreille, les bracelets et les voiles; ²⁰ Les diadèmes, les chaînettes des pieds, les ceintures, les boîtes de senteur et les amulettes; ²¹ Les bagues et les anneaux pour le nez; ²² Les robes de fête, les larges tuniques, les manteaux, les sachets; ²³ Les miroirs, les chemises, les tiares et les mantilles. ²⁴ Au lieu de parfum, il y aura de l'infection; au lieu de ceintures, des cordes; au lieu de cheveux frisés, des têtes chauves; au lieu de robes flottantes, des sacs étroits; des cicatrices, au lieu de beauté. ²⁵ Tes hommes tomberont par l'épée, et tes héros par la guerre. ²⁶ Les portes de Sion gémiront et seront dans le deuil; désolée, elle s'assiéra à terre.

4

¹ En ce jour-là, sept femmes saisiront un seul homme, et diront: Nous mangerons notre pain, et nous nous vêtirons de nos vêtements; seulement que nous portions ton nom; fais cesser notre opprobre! ² En ce jour-là, le germe de l'Éternel sera l'ornement et la gloire des réchappés d'Israël; le fruit de la terre sera leur orgueil et leur parure. ³ Et ceux qui resteront de Sion, ceux qui seront demeurés de reste à Jérusalem, seront appelés saints, tous ceux de Jérusalem qui seront inscrits parmi les vivants, ⁴ Quand le Seigneur aura lavé la souillure des filles de Sion, et enlevé le sang du milieu de Jérusalem, par l'esprit de justice et par l'esprit qui consume. ⁵ Et sur toute l'étendue du mont de Sion, et sur ses assemblées, l'Éternel créera un nuage et une fumée pendant le jour, et pendant la nuit l'éclat d'un feu flamboyant. Car toute gloire sera mise à couvert. ⁶ Et il y aura un abri, qui donnera de l'ombrage le jour contre la chaleur, qui servira de refuge et d'asile contre la tempête et la pluie.

5

¹ Je chanterai pour mon bien-aimé le cantique de mon bien-aimé sur sa vigne. Mon ami avait une vigne sur un coteau fertile. ² Il la défricha; il en ôta les pierres; il la planta de ceps exquis; il bâtit une tour au milieu d'elle, et il y creusa un pressoir. Or il espérait qu'elle produirait des raisins; mais elle a produit des grappes sauvages. ³ Maintenant donc, habitants de Jérusalem, hommes de Juda, jugez entre moi et ma vigne. ⁴ Qu'y avait-il encore à faire à ma vigne, que je n'aie pas fait pour elle? Pourquoi, quand j'espérais qu'elle produirait des raisins, a-t-elle produit des grappes sauvages? ⁵ Et maintenant je vais vous apprendre ce que je veux faire à ma vigne: J'enlèverai sa haie et elle sera broutée; je romprai sa clôture, et elle sera foulée. ⁶ Je la réduirai en désert; elle ne sera

plus taillée ni bêchée; elle montera en ronces et en épines; je commanderai aux nuées de ne plus faire tomber la pluie sur elle. [7] Or la vigne de l'Éternel des armées, c'est la maison d'Israël, et les hommes de Juda sont le plant auquel il prenait plaisir. Il en attendait la droiture, et voici des meurtres; la justice, et voici des cris de détresse! [8] Malheur à ceux qui joignent maison à maison, qui ajoutent un champ à l'autre, jusqu'à ce qu'il n'y ait plus d'espace et que vous habitiez seuls au milieu du pays! [9] L'Éternel des armées me l'a fait entendre: Si les maisons nombreuses ne sont réduites en désolation, si les maisons grandes et belles ne sont privées d'habitants! [10] Même dix arpents de vignes ne produiront qu'un bath, et un homer de semence ne produira qu'un épha. [11] Malheur à ceux qui se lèvent de grand matin pour courir après la boisson forte, et qui bien avant dans la nuit sont échauffés par le vin! [12] La harpe et le luth, le tambourin, la flûte et le vin sont dans leurs festins; mais ils ne prennent pas garde à l'œuvre de l'Éternel, ils ne voient pas l'ouvrage de ses mains. [13] C'est pourquoi mon peuple sera emmené captif, faute de connaissance; sa noblesse mourra de faim, son peuple languira de soif. [14] C'est pourquoi le Sépulcre s'est élargi; il ouvre sa gueule sans mesure; la magnificence de Jérusalem y descend, sa foule bruyante et joyeuse. [15] Les hommes seront abattus, les grands seront humiliés, et les yeux des superbes seront abaissés. [16] L'Éternel des armées sera glorifié par le jugement, le Dieu saint sera sanctifié par la justice. [17] Les agneaux paîtront comme dans leurs pâturages, et les étrangers dévoreront les champs désolés des riches. [18] Malheur à ceux qui tirent l'iniquité avec les cordes du mensonge, et le péché comme avec les traits d'un chariot; [19] Qui disent: Qu'il se hâte, qu'il accélère son œuvre, afin que nous la voyions! Qu'il s'avance et qu'il vienne, le dessein du Saint d'Israël, et nous le connaîtrons! [20] Malheur à ceux qui appellent le mal bien et le bien mal; qui font des ténèbres la lumière, et de la lumière les ténèbres; qui font l'amer doux, et le doux amer! [21] Malheur à ceux qui sont sages à leurs yeux et intelligents à leur propre jugement! [22] Malheur à ceux qui sont forts pour boire le vin, et vaillants pour mêler la boisson forte! [23] Qui justifient le coupable pour un présent, et ravissent aux justes leur droit! [24] Aussi, comme le feu dévore le chaume, et comme la flamme consume l'herbe sèche, leur racine tombera en pourriture et leur fleur s'en ira en poussière; car ils ont rejeté la loi de l'Éternel des armées, ils ont méprisé la parole du Saint d'Israël. [25] Aussi la colère de l'Éternel s'embrase contre son peuple. Il étend la main sur lui, il le frappe, et les montagnes en tremblent; leurs cadavres sont comme le fumier au milieu des rues. Malgré tout cela, sa colère ne s'arrête pas, et sa main est toujours étendue. [26] Il élève une bannière vers les peuples éloignés; il siffle pour en appeler un du bout de la terre; et voici, rapide et prompt, il arrive. [27] Nul n'est fatigué, nul ne chancelle; nul ne sommeille ni ne dort; nul n'a la ceinture de ses reins déliée, ni la courroie de ses souliers rompue. [28] Ses flèches sont aiguës; tous ses arcs sont tendus; le sabot de ses chevaux ressemble au caillou, et ses roues à l'ouragan. [29] Il a le rugissement de la lionne; il rugit comme les lionceaux; il gronde, et saisit la proie; il l'emporte, et nul ne la sauve. [30] En ce jour-là, il grondera contre Juda, comme gronde la mer. Qu'on regarde vers la terre: voici les ténèbres et l'angoisse; la lumière est obscurcie par les nuées.

6

[1] L'année de la mort du roi Ozias, je vis le Seigneur assis sur un trône haut et élevé, et les pans de son vêtement remplissaient le temple. [2] Des séraphins se tenaient au-dessus de lui, et chacun d'eux avait six ailes: de deux ils couvraient leur face; de deux ils couvraient leurs pieds; et de deux ils volaient. [3] Ils criaient l'un à l'autre, et disaient: Saint, saint, saint est l'Éternel des armées! Toute la terre est pleine de sa gloire! [4] Les fondements des seuils furent ébranlés par la voix de celui qui criait, et la maison fut

remplie de fumée. [5] Alors je dis: Malheur à moi! Je suis perdu! Car je suis un homme dont les lèvres sont impures, et je demeure au milieu d'un peuple dont les lèvres sont impures, et mes yeux ont vu le roi, l'Éternel des armées! [6] Mais l'un des séraphins vola vers moi, ayant dans sa main un charbon ardent, qu'il avait pris sur l'autel avec des pincettes. [7] Et il en toucha ma bouche, et dit: Maintenant ceci a touché tes lèvres; ton iniquité est ôtée, ton péché est expié. [8] Puis j'entendis la voix du Seigneur, qui disait: Qui enverrai-je et qui sera notre messager? Et je dis: Me voici, envoie-moi. [9] Et il dit: Va! et dis à ce peuple: Vous entendrez, mais vous ne comprendrez point; vous verrez, mais vous n'apercevrez point. [10] Endurcis le cœur de ce peuple, rends ses oreilles pesantes, couvre ses yeux! Qu'il ne voie pas de ses yeux, qu'il n'entende pas de ses oreilles, que son cœur ne comprenne pas, qu'il ne se convertisse pas et qu'il ne soit pas guéri! [11] Et je dis: Jusqu'à quand, Seigneur? Et il répondit: Jusqu'à ce que les villes soient désolées et sans habitants, et les maisons privées d'hommes, et le sol désert et dévasté; [12] Jusqu'à ce que l'Éternel en ait éloigné les hommes, et que la solitude soit grande au milieu du pays. [13] Que s'il y reste un dixième du peuple, il sera de nouveau détruit. Mais, comme un térébinthe ou un chêne conservent un tronc lorsqu'on les abat, il restera de ce peuple un tronc, une postérité sainte.

7

[1] Or il arriva, au temps d'Achaz, fils de Jotham, fils d'Ozias, roi de Juda, que Retsin, roi de Syrie, et Pékach, fils de Rémalia, roi d'Israël, montèrent contre Jérusalem pour l'assiéger; mais ils ne purent l'assiéger. [2] Et l'on vint dire à la maison de David: Le Syrien campe en Éphraïm. Alors le cœur d'Achaz et le cœur de son peuple furent ébranlés, comme les arbres des forêts sont ébranlés par le vent. [3] Puis l'Éternel dit à Ésaïe: Sors au-devant d'Achaz, toi et Shéarjashub, ton fils, vers le bout de l'aqueduc du haut étang, vers la chaussée du champ du foulon. [4] Et dis-lui: Prends garde, et reste tranquille; ne crains rien, et que ton cœur ne s'alarme pas devant ces deux bouts de tisons fumants, devant l'ardente colère de Retsin, de la Syrie et du fils de Rémalia, [5] Parce que la Syrie médite du mal contre toi, avec Éphraïm et le fils de Rémalia, et qu'ils disent: [6] Montons contre Juda, frappons-le de terreur et battons la ville en brèche, et établissons-y roi le fils de Tabéal! [7] Ainsi a dit le Seigneur, l'Éternel: Cela n'aura point d'effet, cela ne se fera point. [8] Car la tête de la Syrie, c'est Damas; et la tête de Damas, c'est Retsin; et dans soixante-cinq ans, Éphraïm sera mis en pièces et ne sera plus un peuple. [9] Et la tête d'Éphraïm, c'est Samarie; et la tête de Samarie, le fils de Rémalia. Que si vous ne croyez pas, vous ne subsisterez pas. [10] L'Éternel parla encore à Achaz, et lui dit: [11] Demande un signe à l'Éternel ton Dieu; demande-le soit dans les lieux bas, soit dans les lieux élevés. [12] Et Achaz dit: Je n'en demanderai point, et je ne tenterai point l'Éternel. [13] Alors Ésaïe dit: Écoutez, ô maison de David! Est-ce trop peu pour vous de lasser les hommes, que vous lassiez aussi mon Dieu? [14] C'est pourquoi le Seigneur lui-même vous donnera un signe: Voici, la vierge sera enceinte; elle enfantera un fils, et lui donnera le nom d'Emmanuel (Dieu avec nous). [15] Il mangera de la crème et du miel, jusqu'à ce qu'il sache rejeter le mal et choisir le bien. [16] Mais, avant que l'enfant sache rejeter le mal et choisir le bien, le pays dont tu redoutes les deux rois, sera abandonné. [17] L'Éternel fera venir sur toi, sur ton peuple et sur la maison de ton père, des jours tels qu'il n'y en a pas eu de semblables, depuis le jour qu'Éphraïm se sépara d'avec Juda, savoir le roi d'Assyrie. [18] En ce jour-là, l'Éternel sifflera pour appeler les mouches qui sont au bout des fleuves d'Égypte, et les guêpes du pays d'Assur. [19] Elles viendront et se poseront toutes dans les vallées désertes, dans les fentes des rochers, dans tous les buissons et dans tous les pâturages. [20] En ce jour-là, le Seigneur rasera avec un rasoir

qu'il aura loué au-delà du fleuve (avec le roi d'Assyrie), la tête et les poils des pieds, et il enlèvera aussi la barbe. ²¹ En ce jour-là, chacun nourrira une jeune vache et deux brebis; ²² Et elles produiront tant de lait qu'il mangera de la crème; car tous ceux qui seront laissés de reste dans le pays, mangeront de la crème et du miel. ²³ En ce jour-là, tout lieu qui contiendra mille ceps de vigne, valant mille sicles d'argent, sera réduit en ronces et en épines. ²⁴ On y viendra avec la flèche et avec l'arc; car tout le pays ne sera que ronces et épines. ²⁵ Et dans toutes les montagnes que l'on cultivait à la bêche, on ne viendra plus, par crainte des ronces et des épines; mais on y mettra les bœufs en pâture, et elles seront foulées par les brebis.

8

¹ L'Éternel me dit: Prends une grande table, et y écris en caractères lisibles: Pillage prompt, ravage soudain. ² Je pris donc avec moi des témoins dignes de foi, Urie, le sacrificateur, et Zacharie, fils de Jébérékia. ³ Et je m'approchai de la prophétesse: elle conçut et enfanta un fils. Et l'Éternel me dit: Appelle-le: Maher-Shalal-Hash-Baz (Pillage prompt, ravage soudain). ⁴ Car, avant que l'enfant sache crier: Mon père! ma mère! on enlèvera devant le roi d'Assyrie les richesses de Damas et le butin de Samarie. ⁵ L'Éternel me parla encore, et me dit: ⁶ Parce que ce peuple a méprisé les eaux de Siloé qui coulent doucement, pour se réjouir de Retsin et du fils de Rémalia; ⁷ A cause de cela, voici, le Seigneur va faire venir sur eux les eaux du fleuve, grandes et fortes, le roi d'Assur et toute sa gloire. Il s'élèvera partout au-dessus de son lit, et se répandra par-dessus toutes ses rives. ⁸ Il passera sur Juda; il débordera, il inondera; il atteindra jusqu'au cou. Et ses ailes étendues rempliront la largeur de ton pays, ô Emmanuel! ⁹ Peuples, faites du bruit, et soyez brisés! Prêtez l'oreille, vous tous habitants des pays éloignés! Équipez-vous, et soyez brisés; équipez-vous, et soyez brisés! ¹⁰ Formez un dessein, et il sera dissipé; parlez, et votre parole n'aura point d'effet: car Dieu est avec nous (Emmanuel)! ¹¹ Car ainsi m'a dit l'Éternel, lorsque sa main me saisit, et qu'il m'avertit de ne point marcher dans la voie de ce peuple: ¹² Ne dites point: Conjuration! toutes les fois que ce peuple dit: Conjuration! Ne craignez pas ce qu'il craint, et ne soyez pas effrayés. ¹³ Sanctifiez l'Éternel des armées; que lui soit votre crainte et votre frayeur. ¹⁴ Il sera un sanctuaire, mais aussi une pierre d'achoppement et une pierre de chute pour les deux maisons d'Israël; un piège et un filet pour les habitants de Jérusalem. ¹⁵ Plusieurs y trébucheront et tomberont; ils se briseront; ils seront enlacés et pris. ¹⁶ Enveloppe cet oracle; scelle cette révélation parmi mes disciples! ¹⁷ Je m'attendrai à l'Éternel, qui cache sa face à la maison de Jacob: je m'attends à lui! ¹⁸ Me voici, moi et les enfants que l'Éternel m'a donnés, nous sommes des signes et des présages en Israël, de la part de l'Éternel des armées qui habite en la montagne de Sion. ¹⁹ Et si l'on vous dit: "Consultez les évocateurs d'esprits et les devins, ceux qui chuchotent et qui murmurent", dites: Un peuple n'ira-t-il pas vers son Dieu? Pour les vivants, s'adressera-t-il aux morts? ²⁰ A la loi et au témoignage! Et si le peuple ne parle pas ainsi, point d'aurore pour lui! ²¹ Il sera errant dans le pays, accablé et affamé; et dans sa faim il s'irritera, et maudira son roi et son Dieu, et tournera les yeux en haut. ²² Puis il regardera vers la terre, et voici la détresse et l'obscurité, de sombres angoisses: il sera repoussé dans les ténèbres.

9

¹ Mais il ne fera pas toujours sombre, là où l'angoisse avait régné. Comme, au premier temps, Dieu a humilié la terre de Zabulon et la terre de Nephthali; ainsi, dans l'avenir, il couvrira de gloire la terre voisine de la mer, au-delà du Jourdain, la contrée des Gentils. ² Le peuple qui marchait dans les ténèbres a vu une grande lumière, et la lumière a

resplendi sur ceux qui habitaient le pays de l'ombre de la mort. ³ Tu as multiplié la nation; tu as augmenté sa joie; ils se réjouissent devant toi, comme on se réjouit dans la moisson, comme on s'égaie en partageant le butin. ⁴ Car tu as brisé le joug dont il était chargé, le bâton qui frappait ses épaules, le bâton de son oppresseur, comme tu fis à la journée de Madian. ⁵ Toute chaussure qu'on porte dans la mêlée, et le vêtement roulé dans le sang, seront brûlés et dévorés par les flammes. ⁶ Car un enfant nous est né, un fils nous est donné, et l'empire est mis sur son épaule: on l'appellera l'Admirable, le Conseiller, le Dieu fort, le Père d'éternité, le Prince de la paix; ⁷ Pour accroître l'empire, pour donner une prospérité sans fin au trône de David et à son royaume; pour l'établir et l'affermir dans l'équité et dans la justice, dès maintenant et à toujours. La jalousie de l'Éternel des armées fera cela. ⁸ Le Seigneur envoie une parole à Jacob; elle tombe sur Israël. ⁹ Le peuple entier en aura connaissance, Éphraïm et les habitants de Samarie, ceux qui disent avec orgueil et avec fierté: ¹⁰ Les briques sont tombées, nous bâtirons en pierres de taille; les sycomores ont été coupés, nous les remplacerons par des cèdres! ¹¹ L'Éternel élèvera les adversaires de Retsin contre le peuple; il armera aussi leurs ennemis: ¹² Les Syriens par-devant, et les Philistins par-derrière; et ils dévoreront Israël à pleine bouche. Malgré tout cela, sa colère ne s'arrête pas, et sa main est toujours étendue! ¹³ Mais le peuple ne retourne pas à celui qui le frappe; ils ne cherchent pas l'Éternel des armées. ¹⁴ Aussi l'Éternel retranchera d'Israël, en un jour, la tête et la queue, la palme et le jonc. ¹⁵ La tête, c'est l'ancien et l'homme considéré; et la queue, c'est le prophète qui enseigne le mensonge. ¹⁶ Car les conducteurs de ce peuple l'égarent, et ceux qui sont conduits par eux se perdent. ¹⁷ C'est pourquoi l'Éternel ne prendra point plaisir en ses jeunes gens, et n'aura point pitié de ses orphelins ni de ses veuves; car ce ne sont tous que des impies et des méchants, et toute bouche profère des infamies. Malgré tout cela, sa colère ne s'arrête pas, et sa main est toujours étendue! ¹⁸ Car la méchanceté brûle, comme un feu qui dévore les ronces et les épines; il embrase les taillis de la forêt, qui montent en colonnes de fumée. ¹⁹ La colère de l'Éternel des armées embrase le pays, et le peuple devient la proie du feu; nul n'épargne son frère. ²⁰ On déchire à droite, et l'on a faim; on dévore à gauche, et l'on n'est pas rassasié; chacun mange la chair de son bras. ²¹ Manassé dévore Éphraïm; et Éphraïm, Manassé. Ensemble, ils fondent sur Juda. Malgré tout cela, sa colère ne s'arrête pas, et sa main est toujours étendue!

10

¹ Malheur à ceux qui décrètent des décrets d'iniquité, et qui écrivent pour ordonner la violence; ² Pour refuser justice aux pauvres, et pour ravir le droit aux malheureux de mon peuple; pour faire des veuves leur butin, et pour piller les orphelins! ³ Que ferez-vous au jour de la visitation, quand la ruine viendra de loin? Vers qui fuirez-vous pour avoir du secours, et où laisserez-vous votre gloire? ⁴ Ceux qui ne seront pas courbés parmi les captifs, tomberont parmi les morts. Malgré tout cela, sa colère ne s'arrête pas, et sa main est toujours étendue! ⁵ Malheur à Assur, verge de ma colère, et qui a dans sa main le bâton de mon indignation! ⁶ Je l'envoie contre une nation impie; je lui donne mission contre le peuple de mon courroux, pour piller et pour dépouiller, pour le fouler comme la boue des rues. ⁷ Mais tel n'est pas son dessein, telle n'est pas la pensée de son cœur. Mais son cœur pense à déchirer, à exterminer des peuples en grand nombre. ⁸ Car il dit: Mes princes ne sont-ils pas autant de rois? N'en fut-il pas de Calno comme de Carkémish? ⁹ N'en fut-il pas de Hamath comme d'Arpad? N'en fut-il pas de Samarie comme de Damas? ¹⁰ Si ma main a atteint les royaumes des idoles, dont les images valaient mieux que celles de Jérusalem et de Samarie, ¹¹ Ne ferai-je pas à Jérusalem et à ses statues, comme j'ai fait à Samarie et à ses idoles? ¹² Mais, quand le Seigneur aura

accompli toute son œuvre dans la montagne de Sion et à Jérusalem, je visiterai le fruit du cœur orgueilleux du roi d'Assur, et l'arrogance de ses yeux hautains. 13 Car il dit: Je l'ai fait par la force de ma main et par ma sagesse; car je suis intelligent. J'ai déplacé les bornes des peuples, et j'ai pillé ce qu'ils avaient de plus précieux; et, comme un héros, j'ai fait descendre des rois de leurs trônes. 14 Ma main a trouvé la richesse des peuples, comme on trouve un nid; comme on ramasse des œufs abandonnés, j'ai ramassé, moi, toute la terre; et nul n'a remué l'aile, ni ouvert le bec, ni poussé un cri. 15 La cognée se glorifiera-t-elle contre celui qui s'en sert? Ou la scie s'élèvera-t-elle au-dessus de celui qui la fait mouvoir? Comme si la verge faisait mouvoir ceux qui la lèvent, comme si le bâton soulevait le bras! 16 C'est pourquoi le Seigneur, le Seigneur des armées, enverra le dépérissement sur ses hommes robustes, et, au milieu de sa magnificence, s'allumera un embrase-ment, tel qu'un embrasement de feu. 17 Et la lumière d'Israël deviendra un feu, et son Saint une flamme, qui brûlera et dévorera ses épines et ses ronces, en un seul jour; 18 Qui consumera, de fond en comble, la gloire de sa forêt et de son verger. Il en sera comme d'un malade qui s'en va. 19 Alors le reste des arbres de la forêt sera facile à compter, et un enfant les mettrait par écrit. 20 En ce jour-là, le reste d'Israël et les réchappés de la maison de Jacob ne continueront plus à s'appuyer sur celui qui les frappait; mais ils s'appuieront en vérité sur l'Éternel, le Saint d'Israël. 21 Le reste reviendra, le reste de Jacob, au Dieu fort. 22 Car, ô Israël, quand ton peuple serait comme le sable de la mer, un reste seulement reviendra à lui. La destruction est résolue; elle fera couler à flots la justice. 23 Car la destruction qu'il a résolue, le Seigneur, l'Éternel des armées, va l'exécuter dans tout le pays. 24 C'est pourquoi, ainsi dit le Seigneur, l'Éternel des armées: Mon peuple qui habites en Sion, ne crains point Assur, qui te frappe de la verge et lève sur toi son bâton, à la façon de l'Égypte. 25 Car encore un peu de temps, et l'indignation prendra fin, et ma colère viendra contre eux pour les détruire. 26 Alors l'Éternel des armées lèvera le fouet contre lui, comme il frappa Madian au rocher d'Oreb; son bâton sera étendu sur la mer, et il le lèvera comme il fit en Égypte. 27 En ce jour-là, son fardeau sera ôté de dessus ton épaule, et son joug de dessus ton cou; et la graisse fera éclater le joug. 28 Il marche sur Ajjath: il passe à Migron, il laisse à Micmash son bagage. 29 Ils passent le défilé; ils prennent leur gîte à Guéba; Rama tremble; Guibath-Saül est en fuite. 30 Pousse des cris aigus, fille de Gallim! Tends l'oreille vers Laïs, malheureuse Anathoth! 31 Madména s'enfuit; les habitants de Guébim cherchent un abri. 32 Encore ce jour d'arrêt à Nob, et il lèvera sa main contre la montagne de la fille de Sion, contre la colline de Jérusalem! 33 Voici, le Seigneur, l'Éternel des armées, ébranchera les rameaux avec force; les grands arbres seront coupés, et les troncs élevés seront abattus. 34 Il frappera avec le fer les halliers de la forêt, et le Liban tombera sous le Tout-Puissant!

11

1 Mais il sortira un rejeton du tronc d'Isaï, et un surgeon naîtra de ses racines. 2 Et l'Esprit de l'Éternel reposera sur lui, l'Esprit de sagesse et d'intelligence, l'Esprit de conseil et de force, l'Esprit de science et de crainte de l'Éternel. 3 Il prendra son plaisir dans la crainte de l'Éternel; tellement qu'il ne jugera pas d'après l'apparence, et ne décidera pas sur un ouï-dire. 4 Mais il jugera avec justice les petits, et décidera avec droiture pour les malheureux du pays. Il frappera la terre de sa parole, comme d'une verge, et fera mourir le méchant par le souffle de ses lèvres. 5 La justice sera la ceinture de ses reins, et la vérité sera la ceinture de ses flancs. 6 Le loup habitera avec l'agneau, et le léopard gîtera avec le chevreau; le veau, le lion et le bétail qu'on engraisse, seront ensemble, et un enfant les conduira. 7 La génisse paîtra avec l'ourse; leurs petits gîteront ensemble, et le lion mangera du fourrage comme le bœuf. 8 L'enfant qu'on allaite

s'ébattra près du trou de l'aspic, et l'enfant sevré étendra la main sur le trou de la vipère. [9] On ne fera point de mal, et on ne détruira point, sur toute ma montagne sainte; car la terre sera remplie de la connaissance de l'Éternel, comme le fond de la mer des eaux qui le couvrent. [10] En ce jour-là, le rejeton d'Isaï sera comme un étendard dressé pour les peuples; les nations se tourneront vers lui, et sa demeure sera glorieuse. [11] En ce jour-là, le Seigneur étendra encore une fois la main pour racheter les restes de son peuple, qui seront réchappés de l'Assyrie, de l'Égypte, de Pathros, de Cush, d'Élam, de Shinear, de Hamath et des îles de la mer. [12] Il élèvera un étendard vers les nations; il recueillera les exilés d'Israël, et rassemblera les dispersés de Juda, des quatre bouts de la terre. [13] Alors la jalousie d'Éphraïm disparaîtra, et les oppresseurs seront retranchés de Juda; Éphraïm ne sera plus jaloux de Juda, et Juda n'opprimera plus Éphraïm. [14] Mais ils voleront sur l'épaule des Philistins, vers la mer; ensemble ils pilleront les enfants de l'Orient; ils étendront leur main sur Édom et Moab; les enfants d'Ammon leur seront assujettis. [15] Et l'Éternel mettra à sec le bras de mer de l'Égypte; il lèvera sa main sur le fleuve, avec un souffle terrible; il le partagera en sept ruisseaux, et fera qu'on y passe avec des chaussures. [16] Et il y aura une route pour le reste de son peuple, qui sera réchappé de l'Assyrie, comme il y en eut une pour Israël, lorsqu'il remonta du pays d'Egypte.

12

[1] En ce jour-là tu diras: Je te loue, ô Éternel, car tu étais courroucé contre moi; mais ta colère a pris fin et tu m'as consolé. [2] Voici, Dieu est mon salut; j'aurai confiance, et je ne craindrai point. Car l'Éternel, l'Éternel est ma force et ma louange, et il a été mon Sauveur! [3] Et vous puiserez des eaux avec joie aux sources du salut. [4] Et vous direz en ce jour-là: Louez l'Éternel, invoquez son nom, publiez parmi les peuples ses hauts faits! Célébrez la gloire de son nom! [5] Chantez à l'Éternel, car il a fait des choses magnifiques; qu'elles soient connues par toute la terre! [6] Crie et chante de joie, toi qui habites en Sion! Car le Saint d'Israël est grand au milieu de toi.

13

[1] Prophétie sur Babylone, révélée à Ésaïe, fils d'Amots. [2] Dressez l'étendard sur la montagne découverte! Élevez la voix pour les appeler, faites signe avec la main, et qu'ils entrent par les portes des princes! [3] Moi, j'ai donné l'ordre à ceux qui me sont consacrés; j'ai appelé, pour exécuter ma colère, mes hommes vaillants, ceux qui se réjouissent de ma grandeur. [4] On entend sur les montagnes un bruit tel que celui d'un peuple nombreux; un bruit tumultueux de royaumes, de nations assemblées; l'Éternel des armées fait la revue de l'armée pour le combat. [5] D'un pays éloigné, de l'extrémité des cieux, l'Éternel vient avec les instruments de son courroux, pour dévaster tout le pays. [6] Gémissez, car la journée de l'Éternel est proche; elle vient comme un ravage fait par le Tout-Puissant. [7] Aussi toutes les mains deviennent lâches, et tout cœur d'homme se fond. [8] Ils sont dans l'épouvante, saisis de douleurs et d'angoisses. Ils souffrent comme une femme en travail; ils se regardent l'un l'autre avec stupeur; leurs visages ont la pâleur de la flamme. [9] Voici, le jour de l'Éternel arrive, jour cruel, jour de fureur et d'ardente colère, qui réduira le pays en désolation et en exterminera les pécheurs. [10] Car les étoiles du ciel et leurs astres ne feront pas briller leur lumière; le soleil s'obscurcira dès son lever, et la lune ne fera point luire sa clarté. [11] Et je punirai la terre de sa malice, et les méchants de leur iniquité; je mettrai fin à l'orgueil des superbes, et j'abattrai l'insolence des oppresseurs. [12] Je rendrai les hommes plus rares que l'or fin, et les humains plus que l'or d'Ophir. [13] Aussi je ferai trembler les cieux, et la terre sera ébranlée de sa place, par la colère de

l'Éternel des armées, au jour de l'ardeur de son courroux. [14] Alors, comme une gazelle effarouchée, comme un troupeau que nul ne rassemble, chacun tournera visage vers son peuple, chacun fuira vers son pays. [15] Ceux qu'on trouvera, seront transpercés; ceux qu'on saisira, tomberont par l'épée. [16] Leurs enfants seront écrasés sous leurs yeux, leurs maisons seront pillées, leurs femmes seront déshonorées. [17] Voici, je vais susciter contre eux les Mèdes, qui n'estiment pas l'argent, et qui ne prennent point de plaisir à l'or. [18] De leurs arcs ils abattent les jeunes gens; ils sont sans pitié pour le fruit du sein maternel; leur œil n'épargne point les enfants. [19] Et Babylone, l'ornement des empires, la parure et l'orgueil des Caldéens, sera comme Sodome et Gomorrhe, que Dieu détruisit. [20] Elle ne sera plus jamais habitée, on n'y demeurera plus d'âge en âge; l'Arabe n'y dressera point sa tente, les bergers n'y feront plus reposer leurs troupeaux. [21] Mais les animaux du désert y auront leur gîte, et ses maisons seront pleines de hiboux; les autruches y feront leur demeure, et les boucs y sauteront. [22] Les hyènes s'entre-répondront dans ses palais, et les chacals dans ses maisons de plaisance. Et son heure est près de venir, et ses jours ne seront plus prolongés.

14

[1] Car l'Éternel aura compassion de Jacob; il choisira encore Israël; il les rétablira dans leur terre; les étrangers se joindront à eux, et s'attacheront à la maison de Jacob. [2] Les peuples les prendront et les ramèneront dans leur pays; et la maison d'Israël les possédera, sur la terre de l'Éternel, comme serviteurs et comme servantes. Ils mèneront captifs ceux qui les menaient captifs, et ils domineront sur leurs exacteurs. [3] Et le jour où l'Éternel t'aura fait reposer de ton travail et de ton tourment, et de la dure servitude sous laquelle on t'avait asservi, [4] Tu commenceras ce chant sur le roi de Babylone, et tu diras: Comment a fini le tyran, comment a fini l'oppression? [5] L'Éternel a brisé le bâton des méchants, la verge des dominateurs! [6] Celui qui frappait les peuples avec fureur, de coups incessants, qui gouvernait les peuples avec colère, est poursuivi sans ménagement! [7] Toute la terre est en repos, elle est tranquille; on éclate en cris de joie. [8] Les cyprès aussi, les cèdres du Liban, se réjouissent à ton sujet. Depuis que tu es gisant, disent-ils, personne ne monte plus pour nous abattre. [9] Le Sépulcre profond s'émeut devant toi, pour venir à ta rencontre. Il réveille devant toi les trépassés, tous les puissants de la terre; il fait lever de leurs trônes tous les rois des nations. [10] Tous ils prennent la parole, et te disent: Toi aussi, te voilà sans force comme nous! Tu es devenu semblable à nous! [11] Ta magnificence est descendue au Sépulcre, avec le son de tes lyres. Tu es couché sur une couche de vers, et la corruption est ta couverture! [12] Comment es-tu tombé du ciel, astre brillant (Lucifer), fils de l'aurore? Comment as-tu été abattu à terre, toi qui foulais les nations? [13] Tu disais en ton cœur: Je monterai aux cieux, j'élèverai mon trône par-dessus les étoiles de Dieu; je siégerai sur la montagne de l'assemblée, aux régions lointaines de l'Aquilon. [14] Je monterai sur les hauteurs des nues, je serai semblable au Très-Haut. [15] Mais tu es descendu dans le Sépulcre, dans les profondeurs du tombeau! [16] Ceux qui te voient fixent leurs yeux sur toi; ils te considèrent: Est-ce là cet homme qui faisait trembler la terre, qui ébranlait les royaumes, [17] Qui changeait le monde en désert, qui détruisait les villes et ne relâchait pas ses prisonniers? [18] Tous les rois des nations, oui tous, reposent avec gloire, chacun dans sa demeure. [19] Mais toi, tu es jeté loin de ta sépulture, comme un rejeton de rebut; tu es recouvert des corps morts, percés par l'épée, qu'on jette sous les pierres d'une fosse; tu es comme un cadavre foulé aux pieds! [20] Tu ne seras pas réuni à eux dans la tombe; car tu as ravagé ta terre, tu as tué ton peuple. La race des méchants ne sera plus nommée à jamais! [21] Préparez le massacre pour les fils, à cause de l'iniquité de leurs pères. Qu'ils ne se lèvent plus pour posséder la terre, et couvrir de villes la face du monde!

²² Je m'élèverai contre eux, dit l'Éternel des armées; et je retrancherai de Babylone son nom et son reste, le fils et le petit-fils, dit l'Éternel. ²³ J'en ferai la tanière du hérisson; j'en ferai un marécage; je la balaierai avec le balai de la destruction, dit l'Éternel des armées. ²⁴ L'Éternel des armées l'a juré, disant: Certainement, la chose arrivera comme je l'ai projetée, et ce que j'ai résolu, s'accomplira: ²⁵ De briser Assur dans ma terre, et de le fouler aux pieds sur mes montagnes; son joug sera ôté de dessus mon peuple, et son fardeau de dessus leurs épaules. ²⁶ C'est là le dessein arrêté contre toute la terre, c'est là la main étendue sur toutes les nations. ²⁷ Car l'Éternel des armées a formé ce dessein: qui l'empêchera? C'est sa main qui est étendue: qui la détournera ²⁸ L'année de la mort du roi Achaz, cet oracle fut prononcé: ²⁹ Ne te réjouis point, terre des Philistins, de ce que la verge qui te frappait a été brisée; car de la race du serpent naîtra un basilic, et le fruit en sera un dragon volant. ³⁰ Alors les plus pauvres seront repus, et les misérables reposeront en sécurité; mais je ferai mourir de faim ta postérité, et on tuera ce qui sera resté de toi. ³¹ Porte, gémis! Ville, lamente-toi! Terre des Philistins, sois toute dans l'épouvante! Car du nord vient une fumée, une troupe où nul combattant ne quitte son rang. ³² Et que répondre aux envoyés de cette nation? Que l'Éternel a fondé Sion, et qu'en elle les affligés de son peuple auront leur refuge.

15

¹ Oracle sur Moab. La nuit même où on la ravage, Ar-Moab périt! La nuit même où on la ravage, Kir-Moab périt! ² On monte à la maison des dieux et à Dibon, sur les hauts lieux, pour pleurer. Moab se lamente sur Nébo et sur Médéba; toutes les têtes sont rasées, toutes les barbes sont coupées. ³ On est ceint de sacs dans ses rues; sur ses toits et dans ses places, chacun gémit et fond en larmes. ⁴ Hesbon et Élealé se lamentent, leur voix est entendue jusqu'à Jahats; aussi les guerriers de Moab jettent des cris; son âme est tremblante. ⁵ Mon cœur gémit sur Moab, dont les fugitifs courent jusqu'à Tsoar, jusqu'à Églath-Shélishija. Car on monte en pleurant la montée de Luchith; car on fait retentir le cri de la ruine au chemin de Horonajim. ⁶ Même les eaux de Nimrim ne sont que désolation; le gazon est desséché, l'herbe a disparu, il n'y a plus de verdure. ⁷ Aussi l'épargne qu'ils avaient faite, ce qu'ils avaient mis en réserve, ils l'emportent au torrent des saules. ⁸ Et les cris font le tour des frontières de Moab; ses gémissements vont jusqu'à Églaïm; ses gémissements vont jusqu'à Béer-Élim. ⁹ Et les eaux de Dimon sont pleines de sang; et j'enverrai sur Dimon un surcroît de maux: les lions contre les réchappés de Moab, et contre ce qui reste du pays.

16

¹ Envoyez les agneaux du souverain du pays, de Séla, dans le désert, à la montagne de la fille de Sion. ² Comme des oiseaux volant çà et là, comme une nichée effarouchée, ainsi seront les filles de Moab aux passages de l'Arnon. ³ Prenez conseil, intercédez. Étends en plein jour ton ombre, pareille à la nuit; cache les bannis, ne décèle pas les fugitifs! ⁴ Que les bannis de Moab séjournent chez toi! Sois pour eux une retraite devant le dévastateur! Car l'oppression a cessé, la dévastation a pris fin; ceux qui foulaient le pays ont disparu. ⁵ Car un trône sera établi par la clémence; et sur ce trône siégera avec fidélité, dans la tente de David, un juge ami du droit, prompt à faire justice. ⁶ Nous avons entendu l'orgueil de Moab, le peuple très orgueilleux, sa fierté, son orgueil et son insolence, et son vain parler. ⁷ Que Moab gémisse donc sur Moab; que tout y gémisse! Sur les ruines de Kir-Haréseth, lamentez-vous, tout abattus! ⁸ Car les champs de Hesbon et le vignoble de Sibma languissent; les maîtres des nations ont brisé ses meilleurs ceps, qui s'étendaient jusqu'à Jaezer, qui erraient dans le désert, et dont les jets allaient se répandre à travers

la mer. ⁹ Aussi je pleure sur le vignoble de Sibma, comme sur Jaezer; je vous arrose de mes larmes, Hesbon et Élealé! Parce que le cri de guerre fond sur vos fruits et sur vos moissons. ¹⁰ La joie et l'allégresse ont disparu des vergers; dans les vignes plus de chants, plus de cris de joie; plus de vendangeur qui foule le vin dans les cuves! J'ai fait cesser les cris joyeux. ¹¹ Aussi ma poitrine soupire sur Moab comme une harpe, et mon cœur sur Kir-Hérès. ¹² Et quand Moab se présentera et se fatiguera sur les hauts lieux, quand il entrera au sanctuaire pour prier, il ne pourra rien obtenir. ¹³ Telle est la parole que l'Éternel a prononcée dès longtemps sur Moab. ¹⁴ Et maintenant l'Éternel a parlé, disant: Dans trois ans, tels que sont les ans d'un mercenaire, la gloire de Moab tombera dans le mépris, avec toute cette grande multitude; et ce qui en restera sera très petit, et peu considérable.

17

¹ Oracle sur Damas. Voici, Damas cesse d'être une ville; elle devient un monceau de ruines. ² Les villes d'Aroër sont abandonnées; elles sont livrées aux troupeaux; ils y reposent, et personne ne les effraie. ³ Il n'y aura plus de forteresse en Éphraïm, ni de royaume à Damas et dans le reste de la Syrie. Ils seront comme la gloire des enfants d'Israël, dit l'Éternel des armées. ⁴ En ce jour-là, la gloire de Jacob sera diminuée, et son embonpoint se changera en maigreur. ⁵ Il en sera comme quand le moissonneur rassemble les blés, et que son bras coupe les épis; il en sera comme quand on ramasse les épis dans la vallée des Réphaïms. ⁶ Mais il y restera quelque glanure, comme quand on secoue l'olivier: deux, trois olives au haut de la cime, quatre ou cinq fruits aux branches fertiles, dit l'Éternel, le Dieu d'Israël. ⁷ En ce jour-là, l'homme tournera les yeux vers Celui qui l'a fait; et ses yeux regarderont au Saint d'Israël. ⁸ Il ne tournera plus les yeux vers les autels, ouvrage de ses mains, et ne regardera plus ce que ses doigts ont formé, les images d'Ashéra et les statues du soleil. ⁹ En ce jour-là, ses villes fortes seront comme les lieux abandonnés des bois et des sommets, qu'on abandonna devant les enfants d'Israël, et qui devinrent un désert. ¹⁰ Car tu as oublié le Dieu de ton salut, et tu ne t'es point souvenu du rocher de ton refuge. C'est pourquoi tu te fais des plantations d'agrément, et tu y plantes des provins étrangers. ¹¹ Le jour où tu plantes, tu fais la clôture, et au matin tu fais germer ta semence; mais, au jour de la jouissance, la récolte a fui, et la douleur est sans espoir. ¹² Oh! quelle rumeur de peuples nombreux, qui font un bruit comme le bruit des mers! Quel tumulte de nations, qui grondent comme grondent les eaux puissantes! ¹³ Les nations grondent, comme grondent les grandes eaux: mais il les menace, et elles fuient au loin, chassées comme la balle par le vent sur les montagnes, comme la poussière devant la tempête. ¹⁴ Au temps du soir, voici une terreur soudaine; avant le matin ils ne sont plus. Tel est le partage de ceux qui nous ont dépouillés, le sort échu à ceux qui nous ont pillés.

18

¹ O toi, terre dont les ailes retentissent, qui es au-delà des fleuves de Cush; ² Qui envoies sur la mer des messagers, dans des navires de jonc, voguant sur les eaux! Allez, émissaires légers, vers la nation robuste et agile, vers le peuple redoutable au près et au loin, vers la nation puissante et qui foule aux pieds, dont le pays est coupé de fleuves. ³ Vous, tous les habitants du monde, et vous qui habitez dans le pays, regardez l'étendard dressé sur les montagnes, écoutez la trompette qui sonne! ⁴ Car ainsi m'a dit l'Éternel: Je me tiens tranquille et je regarde, dans ma demeure, à l'heure de la chaleur brillante du jour, et du nuage qui donne la rosée, dans la chaleur de la moisson. ⁵ Car, avant la moisson, quand la floraison sera finie, et que la fleur sera une grappe prête à mûrir, il coupera les sarments avec des serpes, il enlèvera les pampres et les retranchera.

⁶ Ils seront tous abandonnés aux oiseaux de proie des montagnes, et aux bêtes de la terre; les oiseaux de proie passeront l'été auprès d'eux, et toutes les bêtes de la terre y passeront l'hiver. ⁷ En ce temps-là, seront apportées des offrandes à l'Éternel des armées, par le peuple robuste et agile, par le peuple redoutable au près et au loin, par la nation puissante et qui foule aux pieds, dont la terre est coupée de fleuves, au lieu où réside le nom de l'Éternel des armées, sur la montagne de Sion.

19

¹ Oracle sur l'Égypte. Voici, l'Éternel est porté sur un nuage léger; il vient en Égypte, et les idoles d'Égypte tremblent devant lui, et le cœur des Égyptiens se fond au-dedans d'eux. ² J'armerai l'Égyptien contre l'Égyptien; et ils combattront chacun contre son frère, et chacun contre son ami, ville contre ville, et royaume contre royaume. ³ Et l'esprit de l'Égypte s'évanouira au milieu d'elle; je détruirai son conseil, et ils consulteront les idoles et les enchanteurs, les évocateurs d'esprits et les devins. ⁴ Je livrerai l'Égypte aux mains d'un maître dur; et un roi cruel dominera sur eux, dit le Seigneur, l'Éternel des armées. ⁵ Et les eaux de la mer manqueront; la rivière se desséchera, et tarira. ⁶ Les rivières deviendront infectes; les canaux de l'Égypte s'abaisseront et tariront; les roseaux et les joncs dépériront. ⁷ Les prairies du fleuve, celles qui bordent le fleuve, tout ce qui est semé sur ses rives, sécheront, s'en iront en poussière, et ne seront plus. ⁸ Les pêcheurs gémiront; tous ceux qui jettent l'hameçon dans le fleuve se lamenteront, et ceux qui étendent les filets sur les eaux s'affligeront. ⁹ Ceux qui travaillent le fin lin seront confus, et ceux qui tissent des étoffes blanches. ¹⁰ Les colonnes du pays seront brisées, et tous les mercenaires seront dans l'abattement. ¹¹ Les princes de Tsoan ne sont que des insensés; les sages conseils de Pharaon sont un conseil sans intelligence. Comment dites-vous à Pharaon: Je suis le fils des sages, le fils des anciens rois? ¹² Où sont-ils donc tes sages? Qu'ils t'annoncent maintenant, qu'ils découvrent ce que l'Éternel des armées a résolu contre l'Égypte! ¹³ Les princes de Tsoan ont perdu le sens; les princes de Noph sont abusés; l'Égypte est égarée par les chefs de ses tribus. ¹⁴ L'Éternel a répandu au milieu d'elle un esprit de vertige, et ils égarent l'Égypte dans toutes ses entreprises, comme un homme ivre qui chancelle en vomissant. ¹⁵ Et il n'y aura rien qui serve à l'Égypte, de tout ce que feront la tête et la queue, la palme et le jonc. ¹⁶ En ce jour-là, l'Égypte sera comme des femmes; elle sera éperdue et épouvantée, en voyant s'agiter la main de l'Éternel des armées, qu'il agitera contre elle. ¹⁷ Alors la terre de Juda sera la terreur de l'Égypte; tous ceux à qui l'on en parlera seront épouvantés, à cause du dessein que l'Éternel des armées, va former contre elle. ¹⁸ En ce jour-là, il y aura cinq villes, au pays d'Égypte, qui parleront la langue de Canaan et qui jureront obéissance à l'Éternel des armées. Ir-Hérès (ville sauvée) sera le nom de l'une d'elles. ¹⁹ En ce jour-là, il y aura un autel érigé à l'Éternel au milieu du pays d'Égypte, et un monument dressé à l'Éternel sur la frontière; ²⁰ Ce sera, pour l'Éternel des armées, un signe et un témoignage dans le pays d'Égypte; car ils crieront à l'Éternel à cause des oppresseurs, et il leur enverra un Sauveur et un défenseur pour les délivrer. ²¹ Et l'Éternel se fera connaître aux Égyptiens, et les Égyptiens connaîtront l'Éternel en ce jour-là; ils offriront des sacrifices et des oblations; ils feront des vœux à l'Éternel et les accompliront. ²² L'Éternel frappera les Égyptiens; il les frappera et les guérira; ils retourneront à l'Éternel, qui se laissera fléchir par leurs prières, et les guérira. ²³ En ce jour-là, il y aura une route d'Égypte en Assyrie; les Assyriens viendront en Égypte, et les Égyptiens en Assyrie; et l'Égyptien avec l'Assyrien serviront l'Éternel. ²⁴ En ce jour-là, Israël

sera joint, lui troisième, à l'Égypte et à l'Assyrie, bénis ensemble au milieu de la terre. 25 Et l'Éternel des armées les bénira, disant: Bénis soient l'Égypte, mon peuple, et Assur, l'ouvrage de mes mains, et Israël, mon héritage!

20

1 L'année où Tharthan vint à Asdod, envoyé par Sargon, roi d'Assyrie, assiégea Asdod et la prit; 2 En ce temps-là, l'Éternel parla par le ministère d'Ésaïe, fils d'Amots, et lui dit: Va, détache le sac de tes reins, et ôte tes souliers de tes pieds; ce qu'il fit, allant nu et déchaussé. 3 Alors l'Éternel dit: Comme Ésaïe, mon serviteur, a marché nu et déchaussé, ce qui est un signe et un présage contre l'Égypte et contre l'Éthiopie pour trois années; 4 Ainsi le roi d'Assyrie emmènera les captifs de l'Égypte et les exilés de l'Éthiopie, jeunes hommes et vieillards, nus et déchaussés, le dos découvert, à la honte de l'Égypte. 5 Alors ils seront consternés et confus au sujet de l'Éthiopie, leur espérance, et de l'Égypte, leur gloire. 6 Et l'habitant de ce rivage dira, en ce jour-là: Voilà ce qu'est devenu le peuple en qui nous espérions, vers qui nous courions chercher du secours, pour être délivrés du roi d'Assyrie! Et nous, comment échapperons-nous?

21

1 Prophétie sur le désert de la mer. Pareil aux ouragans du midi quand ils passent, il vient du désert, du pays redoutable. 2 Une vision terrible m'a été révélée. Le perfide agit avec perfidie, et le dévastateur dévaste. Élamites, montez! Mèdes, assiégez! Je fais cesser tous ses gémissements! 3 C'est pourquoi mes reins sont remplis de douleur; des angoisses m'ont saisi, comme les angoisses de celle qui enfante; les douleurs m'empêchent d'entendre, l'épouvante m'empêche de voir! 4 Mon cœur est troublé; la terreur me saisit; la nuit de mes plaisirs est changée en nuit d'épouvante. 5 On dresse la table; la sentinelle veille; on mange, on boit. Levez-vous, capitaines! Huilez le bouclier! 6 Car ainsi m'a dit le Seigneur: Va, place la sentinelle; qu'elle annonce ce qu'elle verra. 7 Elle voit de la cavalerie, des cavaliers à cheval, deux à deux; des cavaliers sur des ânes, des cavaliers sur des chameaux; elle observe avec attention, avec grande attention. 8 Puis elle s'écrie, comme un lion: Seigneur, je me tenais en sentinelle sur la tour toute la journée, j'étais debout à mon poste toute la nuit; 9 Et voici venir de la cavalerie, des cavaliers deux à deux! Elle prend encore la parole, et dit: Elle est tombée, elle est tombée, Babylone! Et toutes les images de ses dieux sont brisées par terre! 10 O mon peuple, froment battu, foulé dans mon aire! ce que j'ai entendu de la part de l'Éternel des armées, Dieu d'Israël, je vous l'ai annoncé. 11 Prophétie sur Duma. On me crie de Séir: Sentinelle, qu'en est-il de la nuit? Sentinelle, qu'en est-il de la nuit? 12 La sentinelle dit: Le matin vient, et la nuit aussi. Si vous voulez interroger, interrogez; revenez encore. 13 Prophétie sur l'Arabie. Vous passerez la nuit dans les bois, en Arabie, troupes errantes de Dédan. 14 Venez apporter de l'eau à ceux qui ont soif, habitants du pays de Théma. Venez au-devant du fugitif avec son pain. 15 Car ils s'enfuient devant les épées, devant l'épée nue, devant l'arc tendu, devant le fort de la bataille. 16 Car ainsi m'a dit le Seigneur: Encore une année comme les années d'un mercenaire, et toute la gloire de Kédar prendra fin; 17 Et le nombre des vaillants archers, fils de Kédar, sera réduit à un faible reste. Car l'Éternel, le Dieu d'Israël, a parlé.

22

1 Prophétie sur la vallée des visions. Qu'as-tu donc, que tu sois tout entière montée sur les toits, 2 Ville bruyante, pleine de clameurs, cité joyeuse? Tes morts n'ont pas été frappés par l'épée, ils ne sont pas tués en combattant. 3 Tous ses chefs s'étaient

enfuis ensemble, devant les archers; ils sont faits prisonniers; tous ceux des siens que l'on trouve, sont faits prisonniers ensemble, quand ils s'enfuyaient au loin. ⁴ C'est pourquoi je dis: Détournez les yeux de moi, que je pleure amèrement! N'insistez pas pour me consoler du désastre de la fille de mon peuple. ⁵ Car c'est un jour de trouble, de destruction et de consternation, le jour du Seigneur, l'Éternel des armées, dans la vallée des visions. On démolit la muraille, des cris de détresse retentissent sur la montagne. ⁶ Élam porte le carquois, avec des chars pleins d'hommes et des cavaliers; Kir découvre le bouclier. ⁷ Les plus belles vallées sont remplies de chars, et les cavaliers se rangent en bataille devant les portes. ⁸ Le voile de Juda est levé, et en ce jour tu portes tes regards vers les armes du palais de la forêt. ⁹ Vous voyez les brèches nombreuses faites à la ville de David, et vous amassez les eaux du bas étang; ¹⁰ Vous comptez les maisons de Jérusalem, vous démolissez les maisons pour fortifier la muraille; ¹¹ Vous faites aussi un réservoir entre les deux murailles pour les eaux du vieil étang. Mais vous ne regardez pas à Celui qui a fait ceci, vous ne voyez pas Celui qui l'a préparé dès longtemps. ¹² Et tandis que le Seigneur, l'Éternel des armées, vous appelait en ce jour à pleurer, à gémir, à vous raser la tête et à ceindre le sac, ¹³ Voici de l'allégresse et de la joie; on tue des bœufs, on égorge des moutons, on mange de la chair, et on boit du vin: Mangeons et buvons, car demain nous mourrons! ¹⁴ Mais voici ce que l'Éternel des armées m'a fait entendre: Jamais cette iniquité ne vous sera pardonnée, que vous n'en mouriez, dit le Seigneur, l'Éternel des armées. ¹⁵ Ainsi a dit le Seigneur, l'Éternel des armées: Va, rends-toi vers ce favori du roi, vers Shebna, le préfet du palais: ¹⁶ Qu'as-tu ici et qui as-tu ici, que tu te sois creusé ici un tombeau? Il se creuse un tombeau sur la hauteur; il se taille une demeure dans le roc! ¹⁷ Voici, l'Éternel va te lancer au loin, comme avec un bras vigoureux; il t'enveloppera de toutes parts; ¹⁸ Il te fera rouler, rouler comme une boule, vers un pays large et spacieux. Là tu mourras, là iront tes chars magnifiques, ô honte de la maison de ton seigneur! ¹⁹ Je te chasserai de ton poste, et tu seras ôté de ta place! ²⁰ En ce jour-là, j'appellerai mon serviteur Éliakim, fils de Hilkija; ²¹ Je le vêtirai de ta tunique, et le ceindrai de ta ceinture; je mettrai ton autorité entre ses mains, et il sera le père des habitants de Jérusalem et de la maison de Juda. ²² Je mettrai sur son épaule la clef de la maison de David; il ouvrira, et nul ne fermera; il fermera, et nul n'ouvrira. ²³ Je le fixerai comme un clou en lieu sûr; il sera comme un trône de gloire pour la maison de son père. ²⁴ Toute la gloire de la maison de son père, les rejetons grands et petits, reposeront sur lui; tous les petits ustensiles, depuis la vaisselle des bassins, jusqu'à tous les instruments de musique. ²⁵ En ce jour-là, dit l'Éternel des armées, le clou fixé dans un lieu sûr cédera; il sera coupé, il tombera, et la charge qu'il portait sera retranchée. Car l'Éternel a parlé.

23

¹ Prophétie sur Tyr. Gémissez, navires de Tarsis, car elle est détruite! Plus de maisons! On n'y entre plus! La nouvelle leur en vient du pays de Kittim. ² Soyez stupéfaits, habitants de la côte, toi qui étais remplie par les marchands de Sidon, qui parcourent la mer! ³ A travers les grandes eaux, les grains du Shichor, les moissons du Nil, étaient son revenu; elle était le marché des nations. ⁴ Sois honteuse, ô Sidon! Car la mer, la forteresse de la mer, a parlé ainsi: Je n'ai point été en travail, je n'ai point enfanté, je n'ai point nourri de jeunes gens, ni élevé de jeunes filles. ⁵ Quand la nouvelle parviendra en Égypte, ils trembleront aux nouvelles de Tyr. ⁶ Passez à Tarsis; gémissez, habitants du rivage! ⁷ Est-ce là votre joyeuse cité, dont l'origine remonte aux jours anciens? Ses pieds la portent au loin pour habiter en étrangère! ⁸ Qui a résolu ces choses contre Tyr, la distributrice de couronnes, dont les marchands étaient des princes, dont les trafiquants

étaient les grands de la terre? [9] L'Éternel des armées l'a résolu, pour abaisser toute gloire orgueilleuse, pour humilier tous les grands de la terre. [10] Parcours ton pays, pareille au fleuve, fille de Tarsis; plus de liens qui te retiennent! [11] L'Éternel a étendu sa main sur la mer, il a fait trembler les royaumes. Il a donné ordre contre Canaan, pour détruire ses forteresses. [12] Il a dit: Tu ne continueras plus à te réjouir, fille de Sidon, vierge déshonorée! Lève-toi, passe au pays de Kittim; là même, tu n'auras point de repos. [13] Vois le pays des Caldéens, peuple qui naguère n'était pas: Assur assigna ce pays aux habitants du désert. Ils dressent leurs tours, ils détruisent les palais de Tyr, ils la mettent en ruines. [14] Gémissez, navires de Tarsis! Car votre forteresse est détruite. [15] En ce temps-là, Tyr sera mise en oubli soixante-dix ans, le temps de la vie d'un roi. Au bout de soixante-dix ans, il en sera de Tyr comme de la courtisane dont parle la chanson: [16] "Prends la harpe, fais le tour de la ville, courtisane oubliée! Touche bien les cordes; multiplie les chants; afin qu'on se souvienne de toi! " [17] Et au bout de soixante-dix ans, l'Éternel visitera Tyr; elle retournera à ses gains impurs, elle se prostituera sur la face du monde avec tous les royaumes de la terre. [18] Mais ses profits et ses gains impurs seront consacrés à l'Éternel: il n'en sera rien accumulé, ni réservé. Car ses profits seront à ceux qui habitent devant la face de l'Éternel, pour les nourrir abondamment et les vêtir avec magnificence.

24

[1] Voici, l'Éternel va rendre le pays vide et le dépouiller; il en bouleversera la face et en dispersera les habitants. [2] Et il en sera du sacrificateur comme du peuple, du maître comme de son serviteur, de la maîtresse comme de la servante, du vendeur comme de l'acheteur, du prêteur comme de l'emprunteur, du créancier comme du débiteur. [3] Le pays sera entièrement vidé et mis au pillage, car l'Éternel a prononcé cet arrêt. [4] Le pays est triste et mort; la terre est morte et languissante; les grands du peuple du pays sont languissants. [5] Le pays était profané par ses habitants; car ils ont transgressé les lois, ils ont violé l'ordonnance, ils ont enfreint l'alliance éternelle. [6] C'est pourquoi la malédiction dévore le pays, et ses habitants portent leur peine; c'est pourquoi les habitants du pays ont été consumés, et il n'est resté que très peu d'hommes. [7] Le vin doux pleure, la vigne languit, tous ceux qui avaient le cœur joyeux soupirent; [8] Le son joyeux des tambourins a cessé, le bruit de la gaieté a pris fin, le son joyeux de la harpe a cessé; [9] On ne boit plus de vin en chantant; la boisson forte est amère à ceux qui la boivent. [10] Elle est détruite, la cité déserte; toute maison est fermée, on n'y entre plus. [11] On crie dans les rues parce que le vin manque; toute joie a disparu; l'allégresse du pays s'en est allée! [12] Il ne reste dans la ville que désolation; la porte tombe en débris sous les coups! [13] Car il en est, au milieu du pays, parmi les peuples, comme lorsqu'on bat l'olivier, comme au grappillage après la vendange. [14] Mais ceux-ci élèvent la voix, ils jettent des cris de joie; des bords de la mer ils chantent la majesté de l'Éternel: [15] Glorifiez donc l'Éternel aux lieux où naît la lumière; glorifiez le nom de l'Éternel, le Dieu d'Israël, dans les îles de la mer! [16] Du bout de la terre nous entendons chanter: Honneur au juste! Mais j'ai dit: Je suis perdu, je suis perdu! Malheur à moi! Les pillards pillent, les pillards s'acharnent au pillage! [17] La terreur, la fosse et le filet vont t'atteindre, habitant du pays! [18] Et celui qui fuira au bruit de la terreur, tombera dans la fosse; et qui sera remonté de la fosse, tombera dans le filet. Car les écluses d'en haut s'ouvrent, et les fondements de la terre tremblent. [19] La terre se brise, la terre se rompt, la terre chancelle. [20] La terre chancelle comme un homme ivre; elle vacille comme une cabane; son péché pèse sur elle; elle tombe, et ne se relèvera plus! [21] En ce jour-là, l'Éternel châtiera, en haut, l'armée d'en haut, et sur la terre, les rois de la terre. [22] Et ils seront rassemblés captifs dans un cachot, et enfermés dans la prison; et après un grand nombre de jours ils seront châtiés. [23] La lune rougira,

et le soleil sera honteux, quand l'Éternel des armées régnera sur la montagne de Sion, à Jérusalem; et devant ses anciens resplendira la gloire.

25

[1] Éternel, tu es mon Dieu! Je t'exalterai, je célébrerai ton nom; car tu as fait des choses merveilleuses. Tes desseins formés dès longtemps sont sûrs et fidèles. [2] Car tu as réduit la ville en monceau de pierres, et la cité forte en ruines; la citadelle des étrangers n'est plus une ville; elle ne sera plus jamais rebâtie. [3] C'est pourquoi les peuples puissants te glorifieront; les cités des nations redoutables te craindront. [4] Car tu as été le refuge du faible, le refuge du pauvre en sa détresse, un abri contre la tempête, un ombrage contre le hâle, quand le souffle des puissants était comme la tempête qui frappe une muraille. [5] Tu abats le tumulte des étrangers, comme tombe le hâle dans une terre aride; comme le hâle sous l'ombre d'un nuage, le chant des puissants est rabaissé. [6] Et l'Éternel des armées fera pour tous les peuples, sur cette montagne, un banquet de viandes grasses, un banquet de vins conservés, de viandes grasses et mœlleuses, de vins conservés et clarifiés. [7] Et il enlèvera, sur cette montagne, le voile qui couvre la face de tous les peuples, la couverture étendue sur toutes les nations. [8] Il détruira la mort pour jamais; le Seigneur, l'Éternel, essuiera les larmes de tous les visages, et fera disparaître de toute la terre l'opprobre de son peuple; car l'Éternel a parlé. [9] Et l'on dira, en ce jour-là: Voici, il est notre Dieu; nous avons espéré en lui, et il nous sauve. C'est l'Éternel; nous avons espéré en lui: égayons-nous, et nous réjouissons de son salut! [10] Car la main de l'Éternel reposera sur cette montagne; mais Moab sera foulé sur place, comme on foule la paille dans les eaux du fumier. [11] Là il étendra les mains, comme le nageur les étend pour nager; mais l'Éternel abaissera son orgueil et tout l'effort de ses bras. [12] Et l'Éternel abattra le rempart élevé de tes murailles; il l'abaissera, il le jettera à terre et dans la poussière.

26

[1] En ce jour-là, on chantera ce cantique dans le pays de Juda: Nous avons une ville forte; l'Éternel y met le salut pour muraille et pour rempart. [2] Ouvrez les portes, et qu'elle entre, la nation juste et fidèle! [3] Tu gardes au cœur ferme une paix assurée, parce qu'il se confie en toi. [4] Confiez-vous en l'Éternel, à perpétuité; car l'Éternel, l'Éternel est le rocher des siècles! [5] Car il a fait descendre ceux qui habitaient sur la hauteur; il abaisse la ville élevée, il l'abaisse jusqu'en terre, il la fait descendre jusqu'à la poussière; [6] Elle est foulée aux pieds, aux pieds des pauvres, sous les pas des misérables. [7] Le chemin du juste est uni; tu aplanis le droit chemin du juste. [8] Aussi nous nous attendons à toi, Éternel, dans la voie de tes jugements; ton nom et ton souvenir sont le désir de notre âme. [9] Mon âme te désire la nuit, et au-dedans de moi mon cœur te cherche; car, lorsque tes jugements sont sur la terre, les habitants du monde apprennent la justice. [10] Fait-on grâce au méchant? Il n'apprend pas la justice; il fera le mal dans le pays de la vérité, et ne verra point la majesté de l'Éternel. [11] Éternel! ton bras est levé; ils ne le voient point: qu'ils voient ton zèle pour ton peuple, et qu'ils soient confus! Le feu réservé pour tes ennemis, va les dévorer. [12] Éternel, tu nous donneras la paix; car tout ce que nous faisons, c'est toi qui l'accomplis pour nous. [13] Éternel notre Dieu, d'autres seigneurs que toi ont dominé sur nous; c'est grâce à toi seul que nous pouvons invoquer ton nom. [14] Ils sont morts, ils ne revivront pas; ils ont péri, ils ne se relèveront plus; tu les as châtiés et détruits; tu as anéanti même leur souvenir. [15] Tu as accru la nation, Éternel, tu as accru la nation; tu t'es glorifié, tu as reculé toutes les limites du pays! [16] Éternel, dans la détresse ils ont recouru à toi; ils ont répandu leurs plaintes quand ton châtiment a été sur eux. [17] Comme la femme

enceinte, près d'enfanter, est en travail et crie dans ses douleurs, tels nous avons été, loin de ta face, ô Éternel! [18] Nous avons conçu, nous avons été en travail; nous n'avons enfanté que du vent, nous ne saurions accomplir le salut du pays, ni faire naître sur la terre de nouveaux habitants. [19] Tes morts revivront; mes corps morts se relèveront! Réveillez-vous et chantez de joie, habitants de la poussière! Car ta rosée est comme la rosée de l'aurore, et la terre fera renaître les trépassés. [20] Va, mon peuple, entre dans tes chambres, et ferme les portes derrière toi. Cache-toi pour un petit moment, jusqu'à ce que l'indignation soit passée. [21] Car voici, l'Éternel sort de sa demeure, pour punir l'iniquité des habitants de la terre. Alors la terre laissera voir le sang versé sur elle et ne cachera plus ses morts.

27

[1] En ce jour-là, l'Éternel frappera, de sa dure, grande et forte épée, le Léviathan, le serpent agile, le Léviathan, le serpent tortueux, et il tuera le monstre marin. [2] En ce temps-là, on chantera ainsi sur la vigne excellente: [3] C'est moi, l'Éternel, qui la garde; je l'arroserai en tout temps; je la garderai nuit et jour, de peur qu'on ne lui fasse du mal. [4] Il n'y a point en moi de colère. Qu'on me donne des ronces, des épines à combattre! Je marcherai sur elles, je les brûlerai toutes ensemble. [5] Ou bien qu'il me prenne pour refuge! Qu'il fasse la paix avec moi, qu'il fasse la paix avec moi! [6] Un jour, Jacob poussera des racines; Israël fleurira et s'épanouira; ils couvriront de fruits la face de la terre. [7] Dieu a-t-il frappé son peuple, comme l'ont été ceux qui le frappaient? Israël a-t-il été tué, comme le furent ceux qui le tuaient? [8] C'est avec mesure que tu l'as châtié en le rejetant, lorsqu'il fut emporté par ton souffle impétueux, au jour du vent d'orient. [9] Aussi l'iniquité de Jacob est ainsi expiée; et voici le fruit du pardon de son péché: c'est qu'il a mis en poussière toutes les pierres des autels, comme des pierres à chaux; les emblèmes d'Ashéra ni les colonnes solaires ne se relèveront plus. [10] Car la ville forte est changée en solitude; c'est une demeure abandonnée, délaissée comme un désert. Là vient paître le veau; il s'y couche, et broute les branches qui s'y trouvent. [11] Quand le branchage en est sec, on le brise, et les femmes y viennent pour allumer du feu. Car ce peuple n'a point d'intelligence; c'est pourquoi son créateur n'a pas pitié de lui; celui qui l'a formé ne lui fait pas grâce. [12] En ce jour-là, l'Éternel abattra les fruits depuis le cours du Fleuve jusqu'au torrent d'Égypte; et vous serez ramassés un par un, ô enfants d'Israël! [13] En ce jour-là, on sonnera de la grande trompette; et ceux qui étaient perdus au pays d'Assur, et ceux qui étaient chassés au pays d'Égypte, viendront se prosterner devant l'Éternel, en la sainte montagne, à Jérusalem.

28

[1] Malheur à la couronne orgueilleuse des ivrognes d'Éphraïm, à la fleur fanée, son plus bel ornement, qui domine la vallée fertile des hommes vaincus par le vin! [2] Voici, le Seigneur tient en réserve un homme fort et puissant, semblable à un orage de grêle, à un ouragan destructeur, à une trombe de grosses eaux qui débordent. Il la jette par terre de la main. [3] Elle sera foulée aux pieds, la couronne superbe des ivrognes d'Éphraïm. [4] Et il en sera de la fleur fanée, son plus bel ornement, qui domine la vallée fertile, comme des fruits hâtifs avant la récolte; on les voit, et sitôt qu'on les a dans la main, on les dévore. [5] En ce jour-là, l'Éternel des armées sera une couronne éclatante et un diadème de gloire pour le reste de son peuple; [6] Un esprit de jugement pour celui qui est assis sur le siège de la justice, et une force pour ceux qui repoussent l'ennemi aux portes. [7] Mais ils chancellent, eux aussi, par le vin; ils sont troublés par la boisson forte; sacrificateurs et prophètes chancellent par la boisson forte, ils sont vaincus par le vin, et troublés par la boisson forte; ils chancellent en prophétisant, ils vacillent en rendant la justice. [8] Toutes

leurs tables sont pleines de vomissement et d'ordures; il n'y a plus de place! ⁹ "A qui veut-il enseigner la sagesse, et à qui faire entendre l'instruction? Est-ce à des enfants sevrés, arrachés à la mamelle? ¹⁰ Car il donne loi sur loi, loi sur loi, règle sur règle, règle sur règle, un peu ici, un peu là. " ¹¹ Aussi c'est par des lèvres qui balbutient et par une langue étrangère qu'il parlera à ce peuple. ¹² Il leur avait dit: C'est ici le repos, que vous donniez du repos à celui qui est accablé, c'est ici le soulagement. Mais ils n'ont pas voulu écouter. ¹³ Aussi la parole de l'Éternel sera pour eux loi sur loi, loi sur loi, règle sur règle, règle sur règle, un peu ici, un peu là; afin qu'en marchant ils tombent à la renverse, qu'ils soient brisés, qu'ils tombent dans le piège, et qu'ils soient pris. ¹⁴ C'est pourquoi, écoutez la parole de l'Éternel, hommes moqueurs, qui dominez sur ce peuple de Jérusalem. ¹⁵ Car vous dites: Nous avons fait alliance avec la mort, et nous avons fait accord avec le Sépulcre; quand le fléau débordé passera, il ne nous atteindra point; car nous avons pris la tromperie pour refuge, et le mensonge pour asile. ¹⁶ C'est pourquoi, ainsi a dit le Seigneur, l'Éternel: Voici, j'ai posé en Sion une pierre, une pierre angulaire, éprouvée et précieuse, solidement posée; celui qui s'y appuiera ne s'enfuira point. ¹⁷ Je prendrai le droit pour règle et la justice pour niveau; et la grêle emportera le refuge de tromperie, et les eaux inonderont l'asile de mensonge. ¹⁸ Votre alliance avec la mort sera abolie, et votre accord avec le Sépulcre ne tiendra point. Quand le fléau débordé passera, vous serez foulés par lui. ¹⁹ Sitôt qu'il passera, il vous saisira; car il passera matin après matin, de jour et de nuit, et la frayeur seule sera votre instruction. ²⁰ Car le lit sera trop court pour s'y étendre, et la couverture trop étroite, quand on voudra s'envelopper. ²¹ Car l'Éternel se lèvera, comme à la montagne de Pératsim; il se courroucera, comme dans la vallée de Gabaon, pour faire son œuvre, son œuvre inconnue, et pour exécuter son travail, son travail inaccoutumé. ²² Et maintenant ne faites pas les moqueurs, de peur que vos liens ne se resserrent; car j'ai entendu que la destruction est résolue par le Seigneur, l'Éternel des armées, contre toute la terre. ²³ Prêtez l'oreille, écoutez ma voix; soyez attentifs, écoutez ma parole! ²⁴ Le laboureur qui veut semer, laboure-t-il toujours? Est-il toujours à ouvrir et à herser son terrain? ²⁵ Quand il en a aplani la surface, n'y répand-il pas l'anet, n'y sème-t-il pas le cumin? Ne met-il pas le froment par rangées, l'orge à la place marquée, et l'épeautre sur les bords? ²⁶ Son Dieu lui enseigne la règle à suivre, et l'instruit. ²⁷ Car l'anet ne se foule pas avec le rouleau; on ne fait pas tourner sur le cumin la roue du chariot; mais on bat l'anet avec une verge, et le cumin avec un fléau. ²⁸ On bat le blé, mais on ne le foule pas sans fin, en y poussant la roue du chariot, et le pied des chevaux ne l'écrase pas. ²⁹ Cela procède aussi de l'Éternel des armées, qui est admirable en conseil et magnifique en moyens.

29

¹ Malheur à Ariel! Ariel, ville où campa David! Ajoutez année sur année, que les fêtes reviennent tour à tour, et je mettrai Ariel à l'étroit; ² Elle ne sera que plaintes et gémissements; mais elle sera pour moi comme un Ariel (Lion de Dieu). ³ Je camperai contre toi tout à l'entour, et je cernerai avec des postes armés, et dresserai des forts contre toi. ⁴ Tu seras abaissée; tu parleras comme de dessous terre, et ta parole sortira étouffée de la poussière; ta voix montera de la terre comme celle d'un évocateur d'esprits; ta parole sera comme un murmure sortant de la poussière. ⁵ Mais la foule de tes ennemis sera comme la poussière menue, et la foule des hommes puissants comme la balle qui s'envole; et cela tout à coup, en un instant. ⁶ Tu seras châtiée par l'Éternel des armées, avec des tonnerres, des tremblements de terre et un grand bruit, avec la tempête, le tourbillon et la flamme d'un feu dévorant. ⁷ Et comme il arrive dans un songe, dans une vision de la nuit, ainsi en sera-t-il de la multitude de toutes les nations qui combattront

contre Ariel, de tous ceux qui l'attaqueront, elle et sa forteresse, et qui la serreront de près. 8 Comme un homme affamé songe qu'il mange, mais quand il s'éveille, son âme est vide; et comme un homme altéré songe qu'il boit, mais quand il s'éveille, le voici languissant et son âme est altérée; ainsi en sera-t-il de toute la multitude de nations qui combattront contre la montagne de Sion. 9 Soyez étonnés et stupéfaits! Soyez aveuglés et éblouis! Ils sont ivres, mais non pas de vin; ils chancellent, mais non par la boisson forte! 10 Car l'Éternel a répandu sur vous un esprit d'assoupissement; il a fermé vos yeux, - les prophètes; il a voilé vos têtes, - les voyants. 11 Aussi toutes les visions sont devenues pour vous comme la parole d'un livre scellé, qu'on donnerait à un homme sachant lire, en lui disant: Lis ceci! et qui répondrait: Je ne puis, car il est scellé; 12 Ou qu'on donnerait à un homme ne sachant pas lire, en lui disant: Lis ceci! et qui répondrait: Je ne sais pas lire. 13 Et le Seigneur dit: Puisque ce peuple s'approche de moi de sa bouche, et qu'ils m'honorent de leurs lèvres, mais leur cœur est éloigné de moi; puisque la crainte qu'ils ont de moi n'est qu'un commandement enseigné par des hommes; 14 A cause de cela, voici je continuerai à user de prodiges à l'égard de ce peuple, de miracles et de prodiges; la sagesse de ses sages périra, et l'intelligence de ses intelligents disparaîtra. 15 Malheur à ceux qui cachent profondément leurs desseins, pour les dérober à l'Éternel, qui font leurs œuvres dans les ténèbres, et qui disent: Qui nous voit, et qui nous connaît? 16 Pervers que vous êtes, l'argile sera-t-elle estimée à l'égal du potier? tellement que l'ouvrage dise de celui qui l'a fait: Il ne m'a point fait; et que l'œuvre dise de l'ouvrier: Il n'y entend rien? 17 Encore un peu de temps, le Liban ne sera-t-il pas changé en verger, et le verger regardé comme une forêt? 18 En ce jour-là les sourds entendront les paroles du livre; et les yeux des aveugles, délivrés de l'obscurité et des ténèbres, verront. 19 Les débonnaires auront en l'Éternel joie sur joie, et les pauvres d'entre les hommes s'égaieront dans le Saint d'Israël. 20 Car l'oppresseur ne sera plus; le moqueur sera détruit, et ceux qui veillent pour commettre l'iniquité seront retranchés, 21 Ceux qui font condamner un homme par leur parole, qui tendent des pièges à l'homme qui plaide devant les portes, qui perdent le juste par leurs fraudes. 22 C'est pourquoi l'Éternel qui a racheté Abraham, a dit ainsi à la maison de Jacob: Jacob ne sera plus dans la honte, et sa face ne pâlira plus. 23 Car, lorsqu'il verra au milieu de lui ses fils, l'œuvre de mes mains, il sanctifiera mon nom; il sanctifiera le Saint de Jacob, il révérera le Dieu d'Israël. 24 Et ceux qui avaient l'esprit égaré deviendront entendus, et ceux qui murmuraient apprendront la sagesse.

30

1 Malheur, dit l'Éternel, aux enfants rebelles, qui forment des desseins, mais sans moi, qui traitent alliance, mais sans mon Esprit, afin d'ajouter péché sur péché! 2 Qui descendent en Égypte, sans avoir consulté ma bouche, pour se réfugier sous la protection de Pharaon, et se retirer à l'ombre de l'Égypte! 3 La protection de Pharaon sera votre honte, et cette retraite sous l'ombre de l'Égypte, sera votre confusion. 4 Que ses princes soient à Tsoan et que ses envoyés soient parvenus à Hanès, 5 Tous seront rendus honteux par ce peuple, qui ne leur servira de rien, ni pour aider, ni pour secourir, mais qui sera leur honte, et même leur opprobre. 6 Les bêtes de somme sont chargées pour aller au midi, dans la terre de détresse et d'angoisse, d'où viennent le lion et la lionne, la vipère et le dragon volant; ils portent leurs richesses sur le dos des ânons, et leurs trésors sur la bosse des chameaux, vers un peuple qui ne leur servira de rien. 7 Le secours de l'Égypte ne sera que vanité et néant; c'est pourquoi j'appelle cela: grand bruit pour rien faire. 8 Va maintenant, grave-le sur une table en leur présence, et écris-le dans un livre, afin que cela demeure pour le temps à venir, à toujours et à perpétuité; 9 Car c'est ici un peuple rebelle, ce sont des enfants menteurs, des enfants qui ne veulent point

écouter la loi de l'Éternel; ¹⁰ Qui disent aux voyants: Ne voyez point! et aux prophètes: Ne nous prophétisez pas la vérité! Dites-nous des choses flatteuses; voyez des illusions! ¹¹ Sortez de la voie, détournez-vous du chemin! Otez de notre vue le Saint d'Israël! ¹² C'est pourquoi, ainsi a dit le Saint d'Israël: Puisque vous rejetez cette parole, et que vous vous confiez dans la violence et dans l'artifice, et que vous les prenez pour appuis; ¹³ A cause de cela, cette iniquité sera pour vous comme une crevasse menaçant ruine, qui fait saillie dans un mur élevé, et qui s'écroule tout à coup, en un moment. ¹⁴ Il se brise comme se brise un vase de terre, cassé sans pitié, dans les débris duquel on ne trouve pas un tesson pour prendre du feu au foyer, ni pour puiser de l'eau à la citerne.

¹⁵ Car ainsi a dit le Seigneur, l'Éternel, le Saint d'Israël: C'est en retournant à moi et en demeurant tranquilles que vous serez sauvés; c'est dans le repos et la confiance que sera votre force. Mais vous ne l'avez pas voulu. ¹⁶ Et vous avez dit: "Non; mais nous nous enfuirons sur des chevaux!" à cause de cela vous fuirez; - "Nous monterons sur des coursiers légers!" à cause de cela ceux qui vous poursuivront seront légers. ¹⁷ Mille s'enfuiront à la menace d'un seul; et à la menace de cinq, vous fuirez, jusqu'à ce que vous restiez comme un signal au sommet de la montagne, comme un étendard sur le coteau. ¹⁸ Cependant l'Éternel attend pour vous faire grâce; il se lèvera pour avoir compassion de vous; car l'Éternel est un Dieu juste. Heureux tous ceux qui se confient en lui! ¹⁹ Car tu ne pleureras plus, peuple de Sion, qui habites dans Jérusalem. Il te fera grâce, quand tu crieras; dès qu'il t'entendra, il t'exaucera. ²⁰ Le Seigneur vous donnera le pain d'angoisse et l'eau d'affliction; mais ceux qui t'enseignent ne disparaîtront plus, et tes yeux verront ceux qui t'enseignent. ²¹ Et quand vous irez à droite, ou quand vous irez à gauche, vos oreilles entendront derrière vous la voix qui dira: C'est ici le chemin, marchez-y! ²² Vous tiendrez pour souillées vos images recouvertes d'argent et vos statues revêtues d'or. Tu les jetteras loin, comme une chose impure: Hors d'ici! leur diras-tu. ²³ Il enverra la pluie sur tes semences dont tu auras ensemencé tes champs; et le pain que donnera la terre sera savoureux et nourrissant; ton bétail, en ce jour-là, paîtra dans de vastes pâturages. ²⁴ Les bœufs et les ânes, qui laboureront la terre, mangeront un fourrage savoureux, qu'on aura vanné avec la pelle et le van. ²⁵ Et sur toute haute montagne, et sur toute colline élevée, il y aura des ruisseaux, des courants d'eau, au jour du grand carnage, lorsque les tours tomberont. ²⁶ Et la lumière de la lune sera comme la lumière du soleil, et la lumière du soleil sera sept fois plus grande, pareille à la lumière de sept jours, lorsque l'Éternel bandera la plaie de son peuple, et guérira la blessure faite par ses coups. ²⁷ Voici, le nom de l'Éternel vient de loin; sa colère brûle, et le poids en est accablant; c'est un violent incendie; ses lèvres sont pleines de courroux, sa langue est comme un feu dévorant. ²⁸ Son souffle est comme un torrent débordé, qui monte jusqu'au cou. Il vient pour cribler les nations avec le crible de la destruction, pour mettre aux mâchoires des peuples un frein qui les égare. ²⁹ Vous chanterez comme dans la nuit où l'on célèbre la fête; vous aurez la joie dans le cœur, comme celui qui monte au son de la flûte, pour venir à la montagne de l'Éternel, vers le Rocher d'Israël. ³⁰ Et l'Éternel fera entendre sa voix majestueuse; il fera voir son bras qui s'abaisse, dans l'indignation de sa colère, au milieu des flammes d'un feu dévorant, de l'orage, de la pluie violente et de la grêle pesante. ³¹ Car, à la voix de l'Éternel, Assur tremblera. Il le frappera de sa verge; ³² Et partout où passera la verge que Dieu lui destine, et qu'il fera tomber sur lui, on entendra les tambourins et les harpes; il combattra contre lui à main levée. ³³ Car dès longtemps il est réservé pour Thopheth, et Thopheth est préparé pour le roi. On a fait son bûcher, profond et large, avec du feu, du bois en abondance; le souffle de l'Éternel, comme un torrent de soufre, va l'embraser.

31

¹ Malheur à ceux qui descendent en Égypte pour avoir du secours, qui s'appuient sur les chevaux, qui mettent leur confiance dans le nombre des chars et dans la force des cavaliers, et qui ne regardent point au Saint d'Israël, et ne recherchent point l'Éternel! ² Cependant lui aussi est sage. Il fait venir les maux et ne révoque point sa parole. Il s'élèvera contre la maison des méchants et contre le secours des ouvriers d'iniquité. ³ Or l'Égyptien est homme et non Dieu, ses chevaux ne sont que chair et non pas esprit; l'Éternel étendra sa main, et le protecteur trébuchera, le protégé tombera, ils périront tous ensemble. ⁴ Car ainsi m'a dit l'Éternel: Comme le lion, le jeune lion rugit sur sa proie; on appelle contre lui les bergers en foule, mais il n'est point effrayé par leur voix, il ne cède point à leur nombre: ainsi descendra l'Éternel des armées pour combattre sur la montagne de Sion et sur sa colline. ⁵ Comme un oiseau déployant ses ailes, ainsi l'Éternel des armées couvrira Jérusalem; il protégera et sauvera, il épargnera et délivrera. ⁶ Retournez à celui contre lequel on s'est grandement révolté, enfants d'Israël! ⁷ Car, en ce jour-là, chacun rejettera ses idoles d'argent et ses idoles d'or, que vos mains ont faites pour pécher. ⁸ Assur tombera par une épée qui n'est pas celle d'un homme; une épée qui n'est pas celle de l'homme le dévorera. Il fuira devant l'épée, et ses gens d'élite seront asservis. ⁹ Il s'en ira de frayeur à sa forteresse, et ses capitaines fuiront loin de l'étendard, dit l'Éternel, celui qui a son feu dans Sion et sa fournaise dans Jérusalem.

32

¹ Voici le roi régnera selon la justice, les princes gouverneront avec équité. ² Et chacun d'eux sera comme un abri contre le vent et un refuge contre la pluie, comme des ruisseaux d'eau dans une terre aride, comme l'ombre d'un grand rocher dans un pays désolé. ³ Alors les yeux de ceux qui voient ne seront plus couverts, et les oreilles de ceux qui entendent seront attentives. ⁴ Le cœur des hommes légers entendra la sagesse; la langue des bègues parlera promptement et nettement. ⁵ L'insensé ne sera plus appelé noble, et le trompeur ne sera plus nommé magnifique. ⁶ Car l'insensé ne prononce que folie, et son cœur s'adonne à la fausseté, pour commettre l'impiété, pour blasphémer contre l'Éternel, pour frustrer l'âme de l'affamé, et pour ôter le breuvage à celui qui a soif. ⁷ Quant au trompeur, ses moyens sont pernicieux; il trouve des inventions pour perdre les affligés par des paroles fausses, et le pauvre dont la cause est juste. ⁸ Mais l'homme noble forme de nobles desseins, et il se lève pour agir avec noblesse. ⁹ Femmes insouciantes, levez-vous, écoutez ma voix! Filles qui vous tenez assurées, prêtez l'oreille à ma parole! ¹⁰ Dans un an et quelques jours vous tremblerez, vous qui êtes assurées; car la vendange aura manqué, on ne fera point de récolte. ¹¹ Soyez dans l'effroi, insouciantes! Tremblez, vous qui êtes assurées! Dépouillez-vous, mettez-vous à nu, ceignez vos reins pour le deuil! ¹² Frappez-vous la poitrine, à cause des belles campagnes et des vignes fertiles. ¹³ Les épines, les ronces monteront sur la terre de mon peuple, même sur toutes les maisons de plaisance de la cité joyeuse. ¹⁴ Car le palais est abandonné; la ville bruyante est délaissée; la colline et la tour sont à jamais comme des cavernes; les ânes sauvages s'y joueront, et les troupeaux y paîtront; ¹⁵ Jusqu'à ce que l'Esprit soit répandu sur nous d'en haut, que le désert devienne un verger, et que le verger soit semblable à une forêt. ¹⁶ Alors l'équité habitera dans le désert, et la justice fera sa demeure dans le verger. ¹⁷ La justice produira la paix, et le fruit de la justice sera le repos et la sûreté pour toujours. ¹⁸ Mon peuple habitera une demeure paisible, des habitations sûres et des asiles tranquilles. ¹⁹ Mais la forêt tombera sous la grêle, et la ville sera entièrement abaissée. ²⁰ Heureux, vous qui semez près de toutes les eaux, qui y faites mouvoir le pied du bœuf et de l'âne!

33

¹ Malheur à toi qui ravages et qui n'as pas été ravagé, qui pilles et n'as pas été pillé! Quand tu auras fini de ravager, tu seras ravagé; quand tu auras achevé de piller, on te pillera. ² Éternel, aie pitié de nous! Nous nous attendons à toi. Sois le bras de ceux-ci dès le matin, et notre délivrance au temps de la détresse! ³ Au bruit du tumulte, les peuples ont pris la fuite; quand tu t'es élevé, les nations se sont dispersées. ⁴ Votre butin sera ramassé comme ramasse la sauterelle; on se précipitera dessus, comme la sauterelle se précipite. ⁵ L'Éternel va être exalté, lui qui habite les lieux élevés. Il remplira Sion de justice et d'équité. ⁶ Et la sécurité de tes jours, l'assurance du salut seront la sagesse et la connaissance; la crainte de l'Éternel sera ton trésor. ⁷ Voici, leurs hérauts crient dans les rues; les messagers de paix pleurent amèrement. ⁸ Les routes sont désertes; on ne passe plus sur les chemins; il a rompu l'alliance, il méprise les villes! ⁹ Il ne fait aucun cas des hommes. La terre est dans le deuil et languit. Le Liban est confus et dépérit; Saron est devenu comme une lande; Bassan et Carmel perdent leur feuillage. ¹⁰ Maintenant je me lèverai, dit l'Éternel; maintenant je serai exalté, maintenant je serai haut élevé! ¹¹ Vous concevrez de la balle, vous enfanterez du chaume. Votre souffle vous dévorera comme un feu. ¹² Et les peuples seront comme des fournaises de chaux, des épines coupées, qu'on brûle au feu. ¹³ Vous qui êtes loin, écoutez ce que j'ai fait; et vous qui êtes près, connaissez ma force. ¹⁴ Les pécheurs sont effrayés dans Sion; le tremblement saisit les impies: "Qui de nous pourra subsister devant le feu dévorant? qui de nous pourra subsister devant les flammes éternelles? " ¹⁵ Celui qui marche dans la justice, et qui parle avec droiture; qui rejette le gain acquis par extorsion, qui secoue ses mains pour ne point prendre de présent; qui bouche ses oreilles pour ne point entendre des paroles de sang, et ferme ses yeux pour ne point voir le mal. ¹⁶ Celui-là habitera dans les lieux élevés; des forteresses de rochers seront sa retraite; son pain lui sera donné, ses eaux ne manqueront point. ¹⁷ Tes yeux contempleront le roi dans sa beauté; ils verront la terre éloignée. ¹⁸ Ton cœur se rappellera ses terreurs: "Où est celui qui écrivait? où est celui qui pesait les tributs? où est celui qui comptait les tours? " ¹⁹ Tu ne verras plus le peuple fier, le peuple au langage obscur, qu'on n'entend pas, à la langue bégayante, qu'on ne comprend pas. ²⁰ Regarde Sion, la ville de nos fêtes solennelles! Que tes yeux contemplent Jérusalem, habitation tranquille, tente qui ne sera point transportée, dont les pieux ne seront jamais arrachés, et dont aucun cordage ne sera rompu. ²¹ Car c'est là que l'Éternel se montre puissant pour nous; il nous tient lieu de fleuves, de larges rivières, où les vaisseaux à rames ne passent point et que les grands vaisseaux ne traversent point. ²² Car l'Éternel est notre juge, l'Éternel est notre législateur, l'Éternel est notre roi; c'est lui qui nous sauvera. ²³ Tes cordages sont relâchés; ils ne pourront maintenir leur mât, ni tendre la voile. Alors on partagera les dépouilles d'un grand butin; les boiteux même prendront part au pillage. ²⁴ Aucun de ceux qui y demeurent ne dira: Je suis malade! Le peuple qui habite Jérusalem a reçu le pardon de son péché.

34

¹ Approchez, nations, pour écouter; et vous, peuples, soyez attentifs! Que la terre écoute, et tout ce qu'elle renferme, le monde avec tout ce qu'il produit! ² Car l'Éternel est irrité contre toutes les nations; il est courroucé contre toute leur armée; il les a vouées à l'interdit; il les a livrées au carnage. ³ Leurs blessés à mort seront jetés dehors; leurs cadavres exhaleront l'infection; les montagnes ruisselleront de leur sang. ⁴ Toute l'armée des cieux se fondra, les cieux seront roulés comme un livre, et toute leur armée tombera, comme tombe la feuille de la vigne, comme la feuille morte du figuier. ⁵ Car mon épée est enivrée dans les cieux; voici, elle va descendre sur Édom, sur le peuple

que j'ai voué à l'interdit, pour faire justice. ⁶ L'épée de l'Éternel est pleine de sang; elle est couverte de graisse, du sang des agneaux et des boucs, de la graisse des reins des béliers. Car l'Éternel fait un sacrifice à Botsra, une grande tuerie au pays d'Édom. ⁷ Avec eux tombent les bœufs sauvages, et les veaux avec les taureaux. Leur terre est enivrée de sang, et leur poussière imprégnée de graisse. ⁸ Car c'est le jour de la vengeance de l'Éternel, l'année de la rétribution, pour faire droit à Sion. ⁹ Les torrents d'Édom seront changés en poix, et sa poussière en soufre; sa terre deviendra de la poix brûlante. ¹⁰ Elle ne sera éteinte ni nuit ni jour; sa fumée montera à jamais; elle sera désolée d'âge en âge; il n'y aura plus, à jamais, personne qui y passe. ¹¹ Le pélican et le hérisson la posséderont; la chouette et le corbeau y feront leur demeure; on étendra sur elle le cordeau de la désolation et le niveau de la destruction. ¹² Ses grands ne seront plus là pour proclamer la royauté; tous ses princes seront réduits à néant. ¹³ Les épines croîtront dans ses palais, les orties et les ronces dans ses forts; elle servira de repaire aux chacals, et de parc aux hiboux. ¹⁴ Les bêtes du désert et les chiens sauvages s'y rencontreront; les boucs s'y appelleront l'un l'autre; l'effraie s'y établira et y prendra son repos. ¹⁵ Là le serpent fera son nid; il déposera ses œufs, il les fera éclore, et recueillera ses petits dans l'ombre; là aussi les vautours se rassembleront l'un avec l'autre. ¹⁶ Cherchez dans le livre de l'Éternel et lisez; aucun d'eux n'y manquera, aucun ne regrettera l'absence de l'autre. Car c'est sa bouche qui a commandé, et c'est son Esprit qui les rassemblera. ¹⁷ C'est lui qui a jeté le sort pour eux; c'est sa main qui leur distribue cette terre au cordeau. Ils la posséderont à toujours; ils y habiteront d'âge en âge.

35

¹ Le désert et le pays aride se réjouiront! La solitude sera dans l'allégresse, et fleurira comme le lis. ² Elle fleurira, et elle sera dans l'allégresse; elle poussera des cris de joie et des chants de triomphe! La gloire du Liban, la magnificence de Carmel et de Saron lui est donnée. Ils verront la gloire de l'Éternel, la magnificence de notre Dieu. ³ Fortifiez les mains languissantes; affermissez les genoux tremblants! ⁴ Dites à ceux qui ont le cœur troublé: Prenez courage et ne craignez plus! voici votre Dieu! La vengeance viendra, la rétribution de Dieu. Il viendra lui-même, et vous délivrera. ⁵ Alors les yeux des aveugles seront ouverts, et les oreilles des sourds seront débouchées. ⁶ Alors le boiteux sautera comme un cerf, et la langue du muet chantera de joie. Car des eaux jailliront au désert, et des torrents dans la solitude. ⁷ Le lieu aride se changera en étang, et la terre altérée en source d'eau. Le lieu où les chacals avaient leur gîte, sera un parc de roseaux et de joncs. ⁸ Et il y aura là une route et un chemin, qui s'appellera le chemin de la sainteté. Celui qui est souillé n'y passera point; mais il sera pour eux seuls: ceux qui marcheront dans ce chemin, même les insensés, ne s'égareront point. ⁹ Il n'y aura point là de lion; les bêtes farouches n'y monteront pas, et ne s'y trouveront point; mais les rachetés y marcheront. ¹⁰ Et ceux dont l'Éternel aura payé la rançon, retourneront et viendront en Sion avec un chant de triomphe; une allégresse éternelle sera sur leur tête. Ils obtiendront la joie et l'allégresse; la douleur et le gémissement s'enfuiront.

36

¹ Or il arriva, la quatorzième année du roi Ézéchias, que Sanchérib, roi des Assyriens, monta contre toutes les villes fortes de Juda et les prit. ² Puis le roi des Assyriens envoya Rabshaké avec de grandes forces, de Lakis à Jérusalem, contre le roi Ézéchias; et il se présenta auprès de l'aqueduc du haut étang, sur la route du champ du foulon. ³ Et Éliakim, fils de Hilkija, préfet du palais, se rendit vers lui, avec Shebna, le secrétaire, et Joach, fils d'Asaph, le chancelier. ⁴ Et Rabshaké leur dit: Dites, je vous prie, à Ézéchias: Ainsi dit le

grand roi, le roi d'Assyrie: Qu'est-ce que cette confiance sur laquelle tu t'appuies? [5] Je te le dis: ce ne sont là que des paroles! Le conseil et la force sont requis à la guerre; et maintenant, en qui t'es-tu confié, pour te révolter contre moi? [6] Voici, tu te confies en l'Égypte, en ce bâton, ce roseau cassé, qui perce et traverse la main de celui qui s'y appuie: tel est Pharaon, roi d'Égypte, pour tous ceux qui se confient en lui. [7] Que si tu me dis: "Nous nous confions en l'Éternel, notre Dieu", n'est-ce pas lui dont Ézéchias a ôté les hauts lieux et les autels, disant à Juda et à Jérusalem: C'est devant cet autel-ci que vous vous prosternerez! [8] Maintenant fais un accord avec mon maître, le roi d'Assyrie, et je te donnerai deux mille chevaux, si tu peux fournir autant d'hommes pour les monter. [9] Et comment ferais-tu tourner visage au moindre gouverneur d'entre les serviteurs de mon maître? Mais tu te confies en l'Égypte, pour trouver des chars et des cavaliers! [10] Est-ce donc sans l'ordre de l'Éternel que je suis monté contre ce pays-ci pour le ravager? C'est l'Éternel qui m'a dit: Monte contre ce pays, et le ravage. [11] Alors Éliakim, Shebna et Joach dirent à Rabshaké: Parle à tes serviteurs en langue araméenne, car nous l'entendons; et ne nous parle pas en langue judaïque, aux oreilles du peuple qui est sur la muraille. [12] Mais Rabshaké dit: Est-ce vers ton maître, ou vers toi, que mon maître m'a envoyé pour dire ces paroles? N'est-ce pas vers les hommes qui se tiennent sur la muraille, pour dire qu'ils mangeront leurs excréments et boiront leur urine avec vous? [13] Puis Rabshaké, se tenant debout, s'écria à haute voix en langue judaïque, et dit: Écoutez les paroles du grand roi, du roi d'Assyrie! [14] Ainsi dit le roi: Qu'Ézéchias ne vous abuse point, car il ne pourra vous délivrer. [15] Et qu'Ézéchias ne vous fasse pas mettre votre confiance en l'Éternel, disant: L'Éternel ne manquera pas de nous délivrer, et cette ville ne sera pas livrée aux mains du roi d'Assyrie. [16] N'écoutez pas Ézéchias. Car ainsi a dit le roi d'Assyrie: Faites la paix avec moi et sortez vers moi, et vous mangerez chacun de sa vigne et chacun de son figuier, et vous boirez chacun l'eau de sa citerne; [17] Jusqu'à ce que je vienne et que je vous emmène dans un pays pareil à votre pays, un pays de froment et de vin, un pays de pain et de vignes. [18] Et qu'Ézéchias ne vous séduise pas, en disant: L'Éternel nous délivrera. Les dieux des nations ont-ils délivré chacun son pays de la main du roi d'Assyrie? [19] Où sont les dieux de Hamath et d'Arpad? Où sont les dieux de Sépharvaïm? Et même a-t-on délivré Samarie de ma main? [20] De tous les dieux de ces pays-là, lesquels ont délivré leur pays de ma main, pour que l'Éternel délivre Jérusalem de ma main? [21] Mais ils se turent et ne lui répondirent pas un mot. Car le roi l'avait ainsi ordonné, disant: Vous ne lui répondrez pas. [22] Et Éliakim, fils de Hilkija, préfet du palais, et Shebna, le secrétaire, et Joach, fils d'Asaph, chancelier, vinrent auprès d'Ézéchias, les vêtements déchirés, et lui rapportèrent les paroles de Rabshaké.

37

[1] Lorsque le roi Ézéchias eut entendu cela, il déchira ses vêtements, il se couvrit d'un sac, et entra dans la maison de l'Éternel. [2] Puis il envoya Éliakim, préfet du palais, et Shebna le secrétaire, et les anciens d'entre les sacrificateurs, couverts de sacs, vers Ésaïe, le prophète, fils d'Amots. [3] Et ils lui dirent: Ainsi a dit Ézéchias: Ce jour est un jour d'angoisse, de châtiment et d'opprobre; car les enfants sont venus jusqu'au moment de naître, mais il n'y a point de force pour enfanter. [4] Peut-être que l'Éternel ton Dieu aura entendu les paroles de Rabshaké, que le roi d'Assyrie, son maître, a envoyé pour insulter le Dieu vivant; peut-être que l'Éternel ton Dieu châtiera les paroles qu'il a entendues. Fais donc monter une prière en faveur de ce qui reste encore. [5] Les serviteurs du roi Ézéchias vinrent donc vers Ésaïe. [6] Et Ésaie leur dit: Vous parlerez ainsi à votre maître: Ainsi

a dit l'Éternel: ne crains point à cause des paroles que tu as entendues, par lesquelles les serviteurs du roi d'Assyrie m'ont outragé. [7] Voici, je vais mettre en lui un esprit tel, qu'ayant appris une nouvelle, il retournera dans son pays; et je le ferai tomber par l'épée dans son pays. [8] Rabshaké s'en retourna donc et trouva le roi des Assyriens qui assiégeait Libna; car il avait appris qu'il était parti de Lakis. [9] Et le roi entendit dire au sujet de Thirhaca, roi d'Éthiopie: Il est sorti pour te combattre. Et, l'ayant appris, il envoya des messagers à Ézéchias, et leur dit: [10] Vous parlerez ainsi à Ézéchias, roi de Juda: Que ton Dieu, en qui tu te confies, ne t'abuse pas, en disant: Jérusalem ne sera point livré aux mains du roi d'Assyrie. [11] Voilà, tu as entendu ce que les rois des Assyriens ont fait à tous les pays: ils les ont détruits entièrement; et toi, tu échapperais! [12] Les dieux des nations que mes ancêtres ont détruites, les dieux de Gozan, de Charan, de Retseph et des enfants d'Éden qui sont à Thélassar, les ont-ils délivrées? [13] Où est le roi de Hamath, le roi d'Arpad, le roi de la ville de Sépharvaïm, de Héna et d'Ivva? [14] Or, quand Ézéchias eut reçu la lettre de la main des messagers et qu'il l'eut lue, il monta à la maison de l'Éternel, et Ézéchias la déploya devant l'Éternel. [15] Puis Ézéchias fit sa prière à l'Éternel et dit: [16] Éternel des armées, Dieu d'Israël, qui sièges entre les chérubins! Toi seul, tu es le Dieu de tous les royaumes de la terre; c'est toi qui as fait les cieux et la terre. [17] Éternel, incline ton oreille et écoute! Éternel, ouvre tes yeux et regarde! Écoute toutes les paroles de Sanchérib, qu'il m'a envoyé dire pour insulter le Dieu vivant! [18] Il est vrai, ô Éternel, que les rois d'Assyrie ont ravagé tous les pays et leur propre pays, [19] Et qu'ils en ont jeté les dieux au feu; car ce n'étaient pas des dieux, mais l'ouvrage des mains de l'homme, du bois et de la pierre; aussi les ont-ils détruits. [20] Maintenant donc, ô Éternel notre Dieu, délivre-nous de sa main, et que tous les royaumes de la terre sachent que toi seul es l'Éternel! [21] Alors Ésaïe, fils d'Amots, envoya dire à Ézéchias: Ainsi a dit l'Éternel, le Dieu d'Israël: J'ai entendu la prière que tu m'as faite au sujet de Sanchérib, roi d'Assyrie. [22] C'est ici la parole que l'Éternel a prononcée contre lui: Elle te méprise, elle se rit de toi, la vierge, fille de Sion; elle hoche la tête après toi, la fille de Jérusalem. [23] Qui as-tu insulté et outragé, et contre qui as-tu élevé la voix? Tu as porté tes yeux en haut, sur le Saint d'Israël. [24] Par tes serviteurs, tu as insulté le Seigneur, et tu as dit: Avec la multitude de mes chars je monterai au sommet des montagnes, aux retraites du Liban; je couperai ses plus hauts cèdres et ses plus beaux cyprès; j'atteindrai sa dernière cime, la forêt de son jardin. [25] J'ai creusé des puits et j'en ai bu les eaux; j'ai tari, de la plante de mes pieds, tous les fleuves de l'Égypte. [26] N'as-tu pas appris que j'ai préparé ceci dès longtemps, que dès les temps anciens j'en ai formé le dessein? Maintenant je le fais arriver, et tu es là pour réduire les villes fortes en monceaux de ruines. [27] Leurs habitants, privés de force, sont épouvantés et confus; ils sont comme l'herbe des champs, la tendre verdure, comme l'herbe des toits et le blé brûlés avant de se former en tiges. [28] Mais je connais ta demeure, ta sortie et ton entrée, et ta fureur contre moi. [29] Parce que tu es en fureur contre moi, et que ton insolence est montée à mes oreilles, je mettrai ma boucle à tes narines et mon frein à tes lèvres, et je te ferai retourner par le chemin par lequel tu es venu. [30] Et voici le signe que tu en auras, ô Ézéchias! On mangera cette année ce qui viendra de soi-même, et la seconde année ce qui croîtra encore sans qu'on sème; mais la troisième année, vous sèmerez et vous moissonnerez: vous planterez des vignes et vous en mangerez le fruit. [31] Et ce qui sera réchappé et demeuré de reste à la maison de Juda, poussera ses racines en bas et produira ses fruits en haut. [32] Car il sortira de Jérusalem quelque reste, et de la montagne de Sion quelques réchappés. La jalousie de l'Éternel des armées fera cela. [33] C'est pourquoi, ainsi a dit l'Éternel touchant le roi d'Assyrie: Il n'entrera pas dans cette ville, il n'y jettera point de flèche, il ne lui présentera point le bouclier et n'élèvera point de terrasse contre elle. [34] Il s'en retournera par où il est venu, et il n'entrera pas dans cette ville, dit l'Éternel. [35] Et je protégerai cette ville pour la sauver, à cause de moi et à cause de David, mon serviteur. [36] Or un ange de l'Éternel sortit et frappa dans le camp des Assyriens cent quatre-vingt-cinq mille hommes; et quand on se leva le matin, voilà, c'étaient tous des corps morts. [37] Et Sanchérib, roi des Assyriens, leva son camp, partit et s'en retourna, et il resta à Ninive. [38] Et comme il était prosterné dans la maison de Nisroc son dieu, Adrammélec et Sharétser, ses fils, le frappèrent avec l'épée, puis ils se sauvèrent au pays d'Ararat. Et Esarhaddon, son fils, régna en sa place.

38

[1] En ce temps-là, Ézéchias fut malade à la mort; et le prophète Ésaïe, fils d'Amots, vint vers lui et lui dit: Ainsi a dit l'Éternel: mets ordre à ta maison, car tu vas mourir, et tu ne vivras plus. [2] Alors Ézéchias tourna son visage contre la muraille et pria l'Éternel, [3] Et il dit: O Éternel, souviens-toi que j'ai marché devant ta face avec fidélité et intégrité de cœur, et que j'ai fait ce qui est agréable à tes yeux! Et Ézéchias répandit beaucoup de larmes. [4] Alors la parole de l'Éternel fut adressée à Ésaïe, en ces mots: [5] Va, et dis à Ézéchias: Ainsi a dit l'Éternel, le Dieu de David, ton père: j'ai entendu ta prière, j'ai vu tes larmes; voici, je vais ajouter quinze années à tes jours. [6] Et je te délivrerai, toi et cette ville, de la main du roi d'Assyrie; je protégerai cette ville. [7] Et ceci te sera, de la part de l'Éternel, le signe que l'Éternel accomplira la parole qu'il a prononcée: [8] Voici, je ferai retourner l'ombre par les degrés qu'elle a déjà parcourus aux degrés d'Achaz, de dix degrés en arrière, avec le soleil. Et le soleil rétrograda de dix degrés par les degrés qu'il avait parcourus. [9] Cantique d'Ézéchias, roi de Juda, lorsqu'il fut malade et qu'il guérit de sa maladie. [10] Je disais: Quand mes jours sont tranquilles, je m'en vais aux portes du Sépulcre: je suis privé du reste de mes années! [11] Je disais: Je ne verrai plus l'Éternel, l'Éternel dans la terre des vivants. Je ne verrai plus aucun homme parmi les habitants du monde. [12] Ma durée est enlevée; elle est transportée loin de moi comme une tente de berger. Ma vie est coupée; je suis retranché comme la toile que le tisserand détache de la trame. Du matin au soir tu m'auras enlevé! [13] Je pensais en moi-même jusqu'au matin: Comme un lion, il brisera tous mes os. Du matin au soir tu m'auras enlevé! [14] Je murmurais comme la grue et l'hirondelle; je gémissais comme la colombe. Mes yeux se lassaient à regarder en haut: Éternel, je suis en détresse, garantis-moi! [15] Que dirai-je? Il m'a parlé, et c'est lui qui l'a fait. Je marcherai humblement tout le reste de mes années, à cause de l'amertume de mon âme. [16] Seigneur, c'est par là qu'on a la vie, c'est là tout ce qui fait la vie de mon âme! Tu me guéris, tu me rends la vie. [17] Voici, ma grande amertume est changée en prospérité; tu as retiré mon âme de la fosse de destruction; car tu as jeté tous mes péchés derrière ton dos. [18] Le Sépulcre ne te louera point, la mort ne te célébrera point; ceux qui descendent au tombeau ne s'attendent plus à ta fidélité. [19] Mais le vivant, le vivant te célébrera, comme je fais aujourd'hui; le père fera connaître aux enfants ta fidélité. [20] L'Éternel est mon libérateur! Nous ferons résonner nos cantiques, tous les jours de notre vie, dans la maison de l'Éternel. [21] Or Ésaïe avait dit: Qu'on prenne une masse de figues, et qu'on l'étende sur l'ulcère, et il guérira. [22] Et Ézéchias dit: Quel signe aurai-je, que je monterai à la maison de l'Éternel?

39

[1] En ce temps-là, Mérodac-Baladan, fils de Baladan, roi de Babylone, envoya des lettres avec un présent à Ézéchias, ayant appris qu'il avait été malade et qu'il était guéri. [2] Et

Ézéchias en eut de la joie, et il leur montra son trésor, l'argent, l'or, et les aromates, et l'huile précieuse, tout son arsenal et tout ce qui se trouvait dans ses trésors. Il n'y eut rien qu'Ézéchias ne leur montrât dans sa maison et dans tout son domaine. ³ Puis le prophète Ésaïe vint vers le roi Ézéchias, et lui dit: Qu'ont dit ces gens-là, et d'où sont-ils venus vers toi? Et Ézéchias répondit: Ils sont venus vers moi d'un pays éloigné, de Babylone. ⁴ Et Ésaïe dit: Qu'ont-ils vu dans ta maison? Et Ézéchias répondit: Ils ont vu tout ce qui est dans ma maison; il n'y a rien dans mes trésors que je ne leur aie montré. ⁵ Alors Ésaïe dit à Ézéchias: Écoute la parole de l'Éternel des armées: ⁶ Voici, les jours viennent où tout ce qui est dans ta maison, et ce que tes pères ont amassé dans leurs trésors jusqu'à ce jour, sera emporté à Babylone. Il n'en demeurera rien de reste, dit l'Éternel. ⁷ On prendra même de tes fils, qui seront issus de toi et que tu auras engendrés, pour être eunuques dans le palais du roi de Babylone. ⁸ Et Ézéchias répondit à Ésaïe: La parole de l'Éternel que tu as prononcée est bonne. Et il ajouta: Du moins il y aura paix et sûreté pendant mes jours.

40

¹ Consolez, consolez mon peuple, dit votre Dieu. ² Parlez à Jérusalem selon son cœur, et criez-lui que son temps de guerre est accompli, que son iniquité est pardonnée; qu'elle a reçu au double, de la main de l'Éternel, la peine de tous ses péchés. ³ Une voix crie: Préparez dans le désert le chemin de l'Éternel; aplanissez dans la solitude une route pour notre Dieu! ⁴ Toute vallée sera comblée, toute montagne et toute colline seront abaissées; les lieux montueux deviendront une plaine, et les lieux raboteux une vallée. ⁵ Alors la gloire de l'Éternel sera manifestée, et toute chair en même temps la verra; car la bouche de l'Éternel a parlé. ⁶ Une voix dit: Crie. Et on répond: Que crierai-je? - Toute chair est comme l'herbe, et toute sa grâce comme la fleur des champs. ⁷ L'herbe sèche, la fleur tombe, quand le vent de l'Éternel souffle sur elle. Vraiment le peuple est comme l'herbe. ⁸ L'herbe sèche, la fleur tombe, mais la parole de notre Dieu demeure éternellement! ⁹ Monte sur une haute montagne, Sion, qui annonces de bonnes nouvelles! Élève ta voix avec force, Jérusalem, qui annonces de bonnes nouvelles! Élève ta voix, ne crains point; dis aux villes de Juda: Voici votre Dieu! ¹⁰ Voici, le Seigneur, l'Éternel, vient avec puissance; il domine par la force de son bras; voici, son salaire vient avec lui, et sa rétribution devant lui. ¹¹ Il paîtra son troupeau comme un berger; il rassemblera les agneaux entre ses bras, et les portera dans son sein; il conduira celles qui allaitent. ¹² Qui a mesuré les eaux avec le creux de sa main, et qui a pris avec la paume les dimensions des cieux? Qui a ramassé dans un boisseau la poussière de la terre? Qui a pesé au crochet les montagnes, et les collines à la balance? ¹³ Qui a mesuré l'Esprit de l'Éternel, ou qui a été son conseiller pour l'instruire? ¹⁴ De qui a-t-il pris conseil? Qui lui a donné l'intelligence, et lui a enseigné le chemin de la justice? Qui lui a enseigné la science, et lui a fait connaître la voie de la sagesse? ¹⁵ Voilà, les nations sont comme une goutte qui tombe d'un seau, et comme la poussière d'une balance; voilà, les îles sont comme la poudre qui vole. ¹⁶ Le Liban ne suffirait pas pour le feu, et ses bêtes ne suffiraient pas pour l'holocauste. ¹⁷ Toutes les nations sont devant lui comme un rien. Elles ne sont à ses yeux que néant et que vanité. ¹⁸ A qui donc feriez-vous ressembler Dieu, et par quelle image le représenterez-vous? ¹⁹ L'ouvrier fond une idole, et l'orfèvre étend l'or par-dessus, et lui fait des chaînettes d'argent. ²⁰ Celui qui ne peut offrir beaucoup, choisit un bois qui ne pourrisse point, et cherche un ouvrier habile pour fabriquer une idole qui ne branle pas. ²¹ N'aurez-vous point de connaissance? N'entendrez-vous point? Ne l'avez-vous pas appris dès le commencement? N'avez-vous pas compris comment la terre fut fondée? ²² C'est lui qui est assis au-dessus du globe de la terre, et ceux qui l'habitent

sont comme des sauterelles; c'est lui qui étend les cieux comme un voile, et les déploie comme une tente pour y habiter; 23 C'est lui qui réduit les princes à rien, et qui anéantit les gouverneurs de la terre. 24 A peine sont-ils plantés, à peine sont-ils semés, à peine leur tronc a-t-il pris racine en terre: l'Éternel souffle sur eux, et ils sèchent; et un tourbillon les emporte comme du chaume. 25 A qui donc me feriez-vous ressembler? Et à qui serai-je égalé, dit le Saint? 26 Levez les yeux en haut, et regardez: qui a créé ces choses? C'est lui qui fait sortir en ordre leur armée, et qui les appelle toutes par leur nom; telle est la grandeur de son pouvoir et de sa force puissante, que pas une ne manque à lui obéir. 27 Pourquoi donc dirais-tu, Jacob, et pourquoi parlerais-tu ainsi, Israël: Mon état est caché à l'Éternel, et mon Dieu ne soutient plus mon droit? 28 Ne le sais-tu pas, ne l'as-tu pas entendu, que l'Éternel est le Dieu d'éternité, qui a créé les extrémités de la terre? Il ne se lasse point, il ne se fatigue point, et on ne peut sonder son intelligence. 29 Il donne de la force à celui qui est lassé; il accroît la vigueur de celui qui est affaibli. 30 Les jeunes gens se fatiguent et se lassent, les jeunes hommes deviennent chancelants. 31 Mais ceux qui s'attendent à l'Éternel reprennent de nouvelles forces. Les ailes leur reviennent comme aux aigles. Ils courront, et ne se fatigueront point; ils marcheront, et ne se lasseront point.

41

1 Iles, faites silence pour m'écouter, et que les peuples reprennent de nouvelles forces; qu'ils s'avancent, et qu'ils parlent! Approchons pour plaider ensemble! 2 Qui a fait lever de l'Orient, celui dont la justice accompagne les pas? Il lui livre les nations, et le fait dominer sur les rois; il réduit leur épée en poussière, et leur arc est comme de la paille qui vole. 3 Il les poursuit, il s'avance en paix par un chemin où il n'avait jamais mis les pieds. 4 Qui a fait et accompli ces choses? Celui qui appelle dès l'origine les générations; moi l'Éternel, le premier, qui suis aussi avec les derniers. 5 Les îles le voient, et sont dans la crainte; les extrémités de la terre tremblent; ils s'approchent, ils viennent; 6 Ils s'aident l'un l'autre, et chacun dit à son frère: Courage! 7 L'ouvrier encourage le fondeur; celui qui polit au marteau encourage celui qui frappe l'enclume; il dit de la soudure: elle est bonne; et il fixe l'idole avec des clous, pour qu'elle ne branle pas. 8 Mais toi, Israël, mon serviteur; toi Jacob, que j'ai élu; race d'Abraham, qui m'a aimé; 9 Toi que j'ai pris des bouts de la terre, et que j'ai appelé de ses extrémités, à qui j'ai dit: Tu es mon serviteur; je t'ai élu, et je ne t'ai point rejeté. 10 Ne crains point, car je suis avec toi; ne sois point éperdu, car je suis ton Dieu! Je te fortifie, je t'aide, et je te maintiens par la droite de ma justice. 11 Voici, tous ceux qui s'irritent contre toi, seront honteux et confus. Ils seront réduits à rien et périront, ceux qui s'élèvent contre toi. 12 Tu les chercheras, et tu ne les trouveras plus, ceux qui disputaient contre toi; ceux qui te faisaient la guerre, périront et seront anéantis. 13 Car c'est moi, l'Éternel ton Dieu, qui te prends par la main et qui te dis: Ne crains point, je suis ton aide! 14 Ne crains point, vermisseau de Jacob, faible reste d'Israël: Je suis ton aide, dit l'Éternel; le Saint d'Israël est ton Rédempteur. 15 Voici, je fais de toi une herse aiguë, neuve et armée de tranchants; tu fouleras les montagnes, tu les écraseras, et tu rendras les collines semblables à de la balle. 16 Tu les vanneras, le vent les emportera, la tempête les dispersera; mais toi, tu te réjouiras en l'Éternel, tu te glorifieras dans le Saint d'Israël. 17 Les affligés et les misérables qui cherchent des eaux et qui n'en ont point, dont la langue est desséchée par la soif, moi, l'Éternel, je les exaucerai; moi, le Dieu d'Israël, je ne les abandonnerai point. 18 Je ferai jaillir des fleuves sur les hauteurs, et des sources au milieu des vallées; je changerai le désert en étang, et la terre aride en sources d'eaux; 19 Je mettrai dans le désert le cèdre, l'acacia, le myrte et l'olivier; je planterai dans les solitudes le cyprès, l'orme et le buis ensemble; 20 Afin qu'ils voient

et qu'ils sachent, qu'ils observent et comprennent tous, que la main de l'Éternel a fait ces choses, que le Saint d'Israël en est l'auteur. ²¹ Présentez votre cause, dit l'Éternel; exposez vos preuves, dit le roi de Jacob. ²² Qu'ils les exposent! Qu'ils nous déclarent ce qui doit arriver! Vos premières prédictions, quelles furent-elles? Déclarez-nous-le et nous y ferons attention, et nous en saurons l'issue. Ou faites-nous entendre les choses à venir; ²³ Annoncez les choses qui arriveront plus tard, et nous saurons que vous êtes des dieux. Faites aussi du bien, ou du mal, et nous l'admirerons, et nous l'observerons ensemble. ²⁴ Voici, vous êtes moins que rien, et ce que vous faites est le néant même; c'est une abomination, que de se complaire en vous. ²⁵ Je l'ai suscité de l'Aquilon, et il est venu; de l'Orient il invoquera mon nom; il marche sur les princes comme sur la boue, comme le potier foule l'argile. ²⁶ Qui l'a déclaré dès le commencement, pour que nous le sachions? Qui l'a dit à l'avance, que nous disions: Il est juste? Mais personne ne l'a déclaré, personne ne l'a fait entendre, personne n'a entendu vos paroles. ²⁷ C'est moi, qui le premier ai dit à Sion: Les voici, les voici; j'enverrai à Jérusalem un messager de bonnes nouvelles. ²⁸ J'ai regardé, il n'y avait personne, point de conseiller à consulter parmi eux, pour qu'on répondît. ²⁹ Voilà, ils ne sont tous que vanité; leurs ouvrages ne sont que néant, et leurs idoles de fonte qu'un vain souffle!

42

¹ Voici mon serviteur, celui que je soutiendrai, mon élu, en qui mon âme prend plaisir. J'ai mis sur lui mon Esprit; il manifestera la justice aux nations. ² Il ne criera point; il n'élèvera point sa voix, et ne la fera point entendre dans les rues. ³ Il ne brisera pas le roseau cassé, et n'éteindra pas le lumignon qui fume encore; il manifestera la justice avec vérité. ⁴ Il ne se ralentira ni ne se précipitera point, jusqu'à ce qu'il ait établi la justice sur la terre; et les îles espéreront en sa loi. ⁵ Ainsi a dit le Dieu, l'Éternel, qui a créé les cieux et les a déployés, qui a étendu la terre avec tout ce qu'elle produit; qui donne la respiration au peuple qui est sur elle, et le souffle à ceux qui y marchent: ⁶ Moi, l'Éternel, je t'ai appelé dans la justice; je te prendrai par la main, je te garderai; je te donnerai pour alliance au peuple, et pour lumière aux nations, ⁷ Pour ouvrir les yeux des aveugles, pour faire sortir de prison le captif, et du cachot ceux qui habitent dans les ténèbres. ⁸ Je suis l'Éternel; tel est mon nom, je ne donnerai point ma gloire à un autre, ni ma louange aux idoles. ⁹ Voici, les premières choses sont arrivées, et j'en annonce de nouvelles; je vous les fais entendre avant qu'elles arrivent. ¹⁰ Chantez à l'Éternel un cantique nouveau! Chantez sa louange de l'extrémité de la terre, vous qui voguez sur la mer, et tout ce qui y est, les îles et leurs habitants! ¹¹ Que le désert et ses villes élèvent la voix, et les tentes qu'habite Kédar! Que les habitants des rochers chantent de joie! Que du sommet des montagnes on pousse des cris! ¹² Qu'ils rendent gloire à l'Éternel, et publient sa louange dans les îles! ¹³ L'Éternel sortira comme un héros; il réveillera son ardeur comme un homme de guerre; il poussera des cris terribles; il déploiera sa force sur ses ennemis. ¹⁴ Je me suis tu dès longtemps, j'ai gardé le silence, je me suis contenu; mais je crierai comme celle qui enfante, je serai haletant et je respirerai à la fois. ¹⁵ Je dévasterai montagnes et coteaux, et je dessécherai toute leur verdure; je changerai les fleuves en terre ferme, et je dessécherai les étangs. ¹⁶ Je ferai marcher les aveugles par un chemin qu'ils ne connaissent pas; je les conduirai par des sentiers inconnus; je changerai devant eux les ténèbres en lumière, et les lieux montueux en plaine. Je leur ferai cela, et ne les abandonnerai point. ¹⁷ Mais ils reculeront et seront couverts de honte, ceux qui se fient aux images taillées, qui disent aux idoles de fonte: Vous êtes nos dieux! ¹⁸ Sourds, écoutez; et vous, aveugles, regardez et voyez! ¹⁹ Qui est aveugle sinon mon serviteur, et sourd comme le messager que j'envoie? Qui est aveugle comme celui qui fut comblé de biens, aveugle comme le serviteur de

l'Éternel? ²⁰ Tu as vu beaucoup de choses, mais tu n'y as pas pris garde; vous avez les oreilles ouvertes, et vous n'entendez rien. ²¹ L'Éternel s'est plu, à cause de sa justice, à donner une loi grande et magnifique. ²² Et cependant, c'est un peuple pillé et dépouillé; on les a tous enchaînés dans des fosses et enfouis dans des prisons; ils sont livrés en proie, et nul ne les délivre; ils sont dépouillés, et nul ne dit: Rends-le nous! ²³ Qui parmi vous prêtera l'oreille à ceci, pour écouter et pour entendre à l'avenir? ²⁴ Qui a livré Jacob en proie, et Israël à ceux qui l'ont pillé? N'est-ce pas l'Éternel, contre qui nous avons péché, dont ils n'ont pas voulu suivre les voies, dont ils n'ont point écouté la loi? ²⁵ Aussi a-t-il répandu sur Israël l'ardeur de sa colère, la violence de la guerre; elle l'a embrasé de toutes parts, et il n'a point compris; elle l'a consumé, et il n'y a point fait attention.

43

¹ Maintenant, ainsi a dit l'Éternel, celui qui t'a créé, ô Jacob! celui qui t'a formé, ô Israël! ne crains point, car je t'ai racheté; je t'ai appelé par ton nom, tu es à moi. ² Quand tu traverseras les eaux, je serai avec toi; et les fleuves, ils ne te submergeront point. Quand tu passeras par le feu, tu n'en seras pas brûlé, et la flamme ne te consumera pas. ³ Car je suis l'Éternel ton Dieu, le Saint d'Israël, ton Sauveur. Je donne pour ta rançon l'Égypte; Cush et Séba pour toi. ⁴ Parce que tu es précieux à mes yeux, que tu es honoré et que je t'aime, je donne des hommes à ta place et des nations en échange de ta vie. ⁵ Ne crains point, car je suis avec toi; je ramènerai ta postérité de l'Orient, et je te rassemblerai de l'Occident. ⁶ Je dirai à l'Aquilon: Donne! et au Midi: Ne retiens pas! Amène mes fils des pays éloignés, mes filles du bout de la terre; ⁷ Tous ceux qui sont appelés de mon nom, que j'ai créés pour ma gloire, que j'ai formés et que j'ai faits! ⁸ Faites sortir le peuple aveugle, qui a des yeux, et les sourds qui ont des oreilles. ⁹ Que toutes les nations se rassemblent, et que les peuples soient réunis! Qui d'entre eux annoncerait cela? Qu'ils nous fassent entendre les premières prédictions; qu'ils produisent leurs témoins, et qu'ils se justifient; qu'on les entende et qu'on dise: C'est la vérité! ¹⁰ Vous êtes mes témoins, dit l'Éternel, vous et mon serviteur que j'ai élu, afin que vous le sachiez, que vous me croyiez, et que vous compreniez que c'est moi! Il n'y a point eu de Dieu formé avant moi, et il n'y en aura point après moi. ¹¹ C'est moi, c'est moi qui suis l'Éternel, et il n'y a point de Sauveur que moi. ¹² C'est moi qui ai annoncé la délivrance, qui l'ai donnée, et qui l'ai fait connaître; et ce n'a point été parmi vous un dieu étranger; vous êtes mes témoins, dit l'Éternel, et je suis Dieu. ¹³ Même avant que le jour fût, je le suis, et personne ne peut sauver de ma main; je ferai l'œuvre; qui l'empêchera? ¹⁴ Ainsi a dit l'Éternel, votre Rédempteur, le Saint d'Israël: A cause de vous, j'envoie l'ennemi contre Babylone; je les en fais tous descendre en fugitifs, et on entendra le cri des Caldéens sur les navires. ¹⁵ Moi, l'Éternel, je suis votre Saint, le Créateur d'Israël, votre roi. ¹⁶ Ainsi dit l'Éternel, celui qui a ouvert un chemin dans la mer et un sentier dans les eaux puissantes; ¹⁷ Qui a fait sortir les chars et les chevaux, l'armée et les forts guerriers, pour être couchés ensemble et ne plus se relever, pour être étouffés, éteints comme une mèche de lin. ¹⁸ Ne vous souvenez plus des choses passées, ne considérez plus celles des temps anciens. ¹⁹ Voici, je vais faire une chose nouvelle; maintenant elle va se produire: ne la connaîtrez-vous pas? C'est que je mettrai un chemin dans le désert, des fleuves dans la solitude. ²⁰ Les bêtes des champs me glorifieront, les chacals avec les hiboux, parce que j'aurai mis des eaux dans le désert, des fleuves dans la solitude, pour abreuver mon peuple, mon élu. ²¹ Le peuple que je me suis formé, racontera ma louange. ²² Mais ce n'est pas moi que tu invoques, ô Jacob! Car tu t'es lassé de moi, ô Israël! ²³ Tu ne m'as point offert les agneaux de tes holocaustes, et ne m'as point honoré par tes sacrifices. Je ne t'ai pas tourmenté pour des offrandes, et je ne t'ai pas fatigué pour l'encens. ²⁴ Tu ne m'as point acheté à pris

d'argent le roseau aromatique, et tu ne m'as pas rassasié de la graisse de tes sacrifices. Mais tu m'as tourmenté par tes péchés, et tu m'as fatigué par tes iniquités. 25 C'est moi, c'est moi qui efface tes forfaits pour l'amour de moi, et je ne me souviendrai plus de tes péchés. 26 Fais-moi ressouvenir, et plaidons ensemble; parle pour te justifier; 27 Ton premier père a péché, et tes docteurs se sont rebellés contre moi. 28 Aussi j'ai profané les chefs du sanctuaire; j'ai livré Jacob à l'extermination, et Israël à l'opprobre.

44

1 Et maintenant, écoute, ô Jacob, mon serviteur, ô Israël que j'ai élu! 2 Ainsi a dit l'Éternel, qui t'a fait, qui t'a formé dès le sein maternel, qui est ton aide: Ne crains point, Jacob, mon serviteur; Jeshurun (Israël), que j'ai élu; 3 Car je répandrai des eaux sur le sol altéré, et des ruisseaux sur la terre sèche; je répandrai mon Esprit sur ta postérité, et ma bénédiction sur ceux qui sortiront de toi. 4 Ils croîtront comme au milieu de l'herbe, comme les saules auprès des eaux courantes. 5 L'un dira: Je suis à l'Éternel, l'autre se réclamera du nom de Jacob, et l'autre écrira de sa main: Je suis à l'Éternel, et prendra le nom d'Israël. 6 Ainsi dit l'Éternel, le roi d'Israël et son Rédempteur, l'Éternel des armées: Je suis le premier et je suis le dernier, et il n'y a point d'autre Dieu que moi. 7 Qui a fait entendre sa voix comme moi, - qu'il le déclare et qu'il le prouve! - depuis que j'ai établi le peuple ancien? Qu'ils annoncent l'avenir et ce qui doit arriver! 8 Ne soyez point effrayés et ne soyez point troublés. Ne te l'ai-je pas fait entendre et annoncé dès longtemps? Et vous êtes mes témoins. Y a-t-il un autre Dieu que moi? Il n'y a pas d'autre rocher; je n'en connais point. 9 Les faiseurs d'idoles ne sont tous que néant, et leurs plus belles œuvres ne servent à rien; et elles-mêmes le leur témoignent; elles ne voient point et ne connaissent point; c'est pourquoi ils seront rendus honteux. 10 Qui forme un dieu, qui fond une image, pour n'en avoir aucun profit? 11 Voici, tous ceux qui s'attachent à elles, seront confondus; ces ouvriers-là ne sont que des hommes. Qu'ils s'assemblent, qu'ils comparaissent tous! Ils seront tous effrayés et confondus. 12 Le forgeron fait une hache, et il travaille avec le charbon; il façonne le métal avec le marteau, il le travaille à force de bras; même il a faim et il est sans force; il ne boit point d'eau, et il est épuisé. 13 Le charpentier tend le cordeau; il marque le bois avec le crayon; il façonne avec le ciseau, et le marque avec le compas; il en fait une figure d'homme, une belle forme humaine, pour la loger dans une maison. 14 Il se coupe des cèdres; il prend un rouvre et un chêne, il choisit parmi les arbres de la forêt; il plante un frêne, et la pluie le fait croître. 15 Ce bois servira à l'homme pour brûler; il en prend, et il se chauffe. Il en fait aussi du feu pour cuire du pain: il en fait aussi un dieu, et se prosterne devant lui; il en fait une idole, et il l'adore. 16 Il en brûle au feu la moitié: avec cette moitié il prépare sa viande, il la fait rôtir et se rassasie; il se chauffe aussi, et dit: Ah! Ah! je me réchauffe, je vois la flamme! 17 Puis du reste de ce bois, il fait un dieu, son idole; il l'adore, il se prosterne, il le prie et dit: Délivre-moi, car tu es mon dieu! 18 Ils ne connaissent et ne comprennent rien; car on a couvert leurs yeux pour ne pas voir, et leur cœur pour ne pas comprendre. 19 Nul ne rentre en soi-même, et n'a de connaissance ni d'intelligence, pour dire: J'en ai brûlé la moitié au feu; j'ai cuit du pain sur les charbons; j'en ai rôti ma viande et l'ai mangée; et avec le reste je ferais une abomination! J'adorerais un morceau de bois! 20 Il se repaît de cendres; son cœur abusé l'égare; il ne délivrera pas son âme, et ne dira pas: N'est-ce pas un mensonge que je tiens dans ma main? 21 O Jacob, ô Israël, souviens-toi de ceci! Car tu es mon serviteur; je t'ai formé pour être mon serviteur. Israël, ne m'oublie pas! 22 J'ai effacé tes forfaits comme une nuée épaisse, et tes péchés comme un nuage. Retourne à moi, car je t'ai racheté. 23 Cieux, jetez des cris de joie! Car l'Éternel a fait son œuvre! Jetez des acclamations, vous les profondeurs de la terre! Montagnes, éclatez en cris de

joie, et les forêts, avec tous leurs arbres! Car l'Éternel a racheté Jacob, et il se glorifie en Israël. [24] Ainsi dit l'Éternel, ton Rédempteur, qui t'a formé dès le sein maternel: C'est moi, l'Éternel, qui ai fait toutes choses, qui seul ai déployé les cieux et qui, par moi-même, étendis la terre; [25] Qui dissipe les présages des menteurs, et rends insensés les devins; qui fais retourner les sages en arrière, et change leur science en folie; [26] Qui confirme la parole de mon serviteur, et accomplis le conseil de mes envoyés; qui dis de Jérusalem: Elle sera habitée, et des villes de Juda: Elles seront rebâties, et je relèverai leurs ruines; [27] Qui dis à l'abîme: Sois desséché, et je tarirai tes fleuves! [28] Qui dis de Cyrus: Il est mon pasteur, il accomplira toute ma volonté, en disant à Jérusalem: Sois rebâtie, et au temple: Tu seras fondé!

45

[1] Ainsi a dit l'Éternel à son oint, à Cyrus, que j'ai pris par la main droite, pour terrasser devant lui les nations et délier les ceintures des rois, pour ouvrir les portes devant lui, tellement qu'elles ne soient plus fermées: [2] J'irai devant toi, et j'aplanirai les chemins raboteux; je romprai les portes d'airain, et je briserai les barres de fer; [3] Je te donnerai les trésors cachés et les richesses les plus secrètes; afin que tu saches que je suis l'Éternel, qui t'appelle par ton nom, le Dieu d'Israël. [4] Pour l'amour de Jacob, mon serviteur, et d'Israël, mon élu, je t'ai appelé par ton nom et je t'ai choisi, quand tu ne me connaissais pas. [5] Je suis l'Éternel, et il n'y en a point d'autre; il n'y a pas d'autre Dieu que moi. Je t'ai ceint, quand tu ne me connaissais pas; [6] Afin qu'on sache, du soleil levant au soleil couchant, qu'il n'y en a point d'autre que moi. Je suis l'Éternel, et il n'y en a point d'autre; [7] Qui forme la lumière et qui crée les ténèbres, qui fais la prospérité et qui crée l'adversité; c'est moi, l'Éternel, qui fais toutes ces choses. [8] Cieux, répandez la rosée d'en haut, et que les nues fassent pleuvoir la justice! Que la terre s'ouvre, et produise le salut, et qu'elle fasse germer la justice! Moi l'Éternel, j'ai créé cela. [9] Malheur à qui dispute contre celui qui l'a formé, vase parmi des vases de terre! L'argile dira-t-elle à celui qui la façonne: Que fais-tu? Ton œuvre dira-t-elle: Il n'a point de mains? [10] Malheur à celui qui dit à son père: Qu'as-tu engendré? et à sa mère: Qu'as-tu enfanté? [11] Ainsi dit l'Éternel, le Saint d'Israël, celui qui l'a formé: M'interrogerez-vous sur les choses à venir? Me donnerez-vous des ordres au sujet de mes fils et de l'ouvrage de mes mains? [12] C'est moi qui ai fait la terre, et qui ai créé l'homme sur elle; c'est moi dont les mains ont étendu les cieux, et donné la loi à leur armée. [13] C'est moi qui ai suscité celui-ci dans la justice, et j'aplanirai tous ses chemins; il rebâtira ma ville et renverra mes captifs, sans rançon ni présents, dit l'Éternel des armées. [14] Ainsi a dit l'Éternel: Le travail de l'Égypte, le trafic de Cush, et les Sabéens, gens de haute stature, passeront vers toi et seront à toi. Ils marcheront après toi, ils passeront enchaînés, et se prosterneront devant toi, et te feront des prières, en disant: "Dieu ne se trouve que chez toi, et il n'y a point d'autre Dieu! " [15] Certainement tu es un Dieu qui te caches, ô Dieu d'Israël, le Sauveur! [16] Ils sont tous honteux et confus; ils s'en vont ensemble avec confusion, les fabricateurs d'idoles. [17] Israël est sauvé par l'Éternel, d'un salut éternel; vous ne serez ni honteux, ni confus, aux siècles des siècles. [18] Car ainsi dit l'Éternel, qui a formé les cieux, lui, le Dieu qui a formé la terre et qui l'a faite, lui qui l'a fondée; qui ne la créa pas pour être déserte, mais qui la forma pour être habitée: Je suis l'Éternel, et il n'y en a point d'autre! [19] Je n'ai pas parlé en secret, ni dans quelque lieu ténébreux de la terre; je n'ai pas dit à la postérité de Jacob: Cherchez-moi en vain. Je suis l'Éternel qui prononce ce qui est juste, et qui déclare ce qui est droit. [20] Assemblez-vous et venez, approchez-vous ensemble, réchappés des nations! Ils n'ont point de connaissance, ceux qui portent leur idole de bois, et qui adressent leur

prière à un dieu qui ne sauve point. [21] Annoncez-le, faites-les venir, et qu'ils consultent ensemble! Qui a fait entendre ces choses dès l'origine, et les a déclarées dès longtemps? N'est-ce pas moi, l'Éternel? Et il n'y a point d'autre Dieu que moi. Il n'y a point de Dieu juste et sauveur, que moi. [22] Regardez vers moi et soyez sauvés, vous tous les bouts de la terre! Car je suis Dieu, et il n'y en a point d'autre. [23] J'ai juré par moi-même, et de ma bouche est sortie la vérité, une parole qui ne sera point révoquée: C'est que tout genou fléchira devant moi, et toute langue jurera par moi; [24] C'est qu'on dira de moi: La justice et la force sont à l'Éternel seul! A lui viendront, confondus, tous ceux qui s'irritaient contre lui. [25] Toute la postérité d'Israël sera justifiée par l'Éternel, et elle se glorifiera en lui.

46

[1] Bel est renversé; Nébo tombe; leurs statues s'en vont sur les animaux, sur les bêtes de somme; les dieux que vous portiez, on les charge comme un fardeau sur la bête fatiguée. [2] Ils sont renversés, ils tombent ensemble, ils ne peuvent sauver le fardeau; eux-mêmes, ils s'en vont en captivité. [3] Écoutez-moi, maison de Jacob, vous tous, restes de la maison d'Israël, dont je me suis chargé dès le sein maternel, que j'ai portés dès votre naissance. [4] Jusqu'à votre vieillesse je serai le même, et je vous soutiendrai jusqu'à la blanche vieillesse; je l'ai fait, et je vous porterai encore; je vous soutiendrai, et vous sauverai. [5] A qui me comparerez-vous, et qui ferez-vous mon égal? Avec qui me confronterez-vous, pour nous trouver semblables? [6] Ils répandent l'or de leur bourse et pèsent l'argent à la balance, ils paient un orfèvre pour en faire un dieu; ils l'adorent, et ils se prosternent devant lui. [7] Ils le portent, ils le chargent sur l'épaule, ils le posent en place, et il y reste; il ne bougera pas de son lieu. Puis on crie à lui; mais il ne répond point, et il ne sauve pas de la détresse. [8] Rappelez-vous ces choses, et soyez des hommes! Rappelez-les à votre cœur, infidèles! [9] Rappelez-vous les premières choses, celles des temps anciens; car je suis Dieu, et il n'y en a point d'autre; je suis Dieu, et il n'y en a point comme moi; [10] J'annonce dès le commencement ce qui doit arriver, et longtemps d'avance ce qui n'est pas fait encore; je dis: Mon dessein tiendra, et j'exécuterai toute ma volonté. [11] J'appelle du Levant l'oiseau de proie, et d'une terre éloignée, l'homme de mes desseins. Ce que j'ai dit, je le fais arriver; ce que j'ai projeté, je l'exécute. [12] Écoutez-moi, gens endurcis de cœur, qui vous éloignez de la justice! [13] Je fais approcher ma justice, elle n'est pas loin: mon salut ne tardera pas. Je mettrai le salut en Sion, et en Israël ma gloire.

47

[1] Descends, assieds-toi dans la poussière, vierge, fille de Babel! Assieds-toi à terre; plus de trône, fille des Caldéens! Car tu ne seras plus appelée la délicate, la voluptueuse. [2] Prends les deux meules, et mouds de la farine; défais tes tresses, déchausse-toi, découvre tes jambes, passe les fleuves. [3] Que ta nudité soit découverte, et qu'on voie ta honte! Je ferai vengeance, je n'épargnerai personne. [4] Notre Rédempteur s'appelle l'Éternel des armées, le Saint d'Israël! [5] Habite dans le silence, fuis dans les ténèbres, fille des Caldéens! Car tu ne seras plus appelée dominatrice des royaumes. [6] J'étais irrité contre mon peuple; j'ai profané mon héritage, je les ai livrés entre tes mains: tu n'as point usé de miséricorde envers eux, tu as fait lourdement peser ton joug sur le vieillard. [7] Tu as dit: Je dominerai à toujours! Si bien que tu ne prenais pas garde à ces choses, tu ne pensais pas quelle en serait la fin. [8] Et maintenant, écoute ceci, voluptueuse, qui habites en sécurité, qui dis en ton cœur: Moi, et nulle autre que moi! Je ne deviendrai pas veuve, je ne connaîtrai pas le deuil des enfants! [9] Elles viendront sur toi, ces deux choses, en un moment et le même jour, le deuil des enfants et le veuvage; elles viendront sur toi, sans que rien n'y manque, malgré le nombre de tes sortilèges, malgré la multitude de

tes enchantements! [10] Tu t'es confiée dans ta malice, et tu as dit: Personne ne me voit. Ta sagesse et ta science t'ont séduite, et tu as dit en ton cœur: Moi, et nulle autre que moi! [11] Mais un mal viendra sur toi, que tu n'auras pas vu poindre; une calamité tombera sur toi, que tu ne pourras détourner; une ruine que tu n'auras pas prévue viendra subitement sur toi! [12] Parais avec tes enchantements et avec la multitude de tes sortilèges, auxquels tu t'es fatiguée dès ta jeunesse! Peut-être pourras-tu en tirer profit, peut-être te rendras-tu redoutable! [13] Tu es lasse de la multitude de tes conseils. Qu'ils paraissent, ceux qui interrogent les cieux, qui examinent les étoiles, qui font leurs prédictions aux nouvelles lunes! qu'ils te délivrent de ce qui va venir sur toi! [14] Les voilà devenus comme du chaume; le feu les brûle, ils ne se sauveront pas du pouvoir des flammes; ce ne sera pas un brasier pour cuire leur pain, ni un feu pour s'asseoir auprès. [15] Tels sont pour toi ceux avec qui tu t'es lassée, avec lesquels tu trafiquas dès ta jeunesse: ils errent chacun de son côté; il n'y a personne pour te sauver!

48

[1] Écoutez ceci, maison de Jacob, vous qui portez le nom d'Israël, et qui sortez de la source de Juda; qui jurez par le nom de l'Éternel et qui célébrez le Dieu d'Israël, sans vérité et sans justice. [2] Car ils prennent le nom de la ville sainte et ils s'appuient sur le Dieu d'Israël, dont le nom est l'Éternel des armées. [3] J'ai annoncé dès longtemps les premiers événements; ils sont sortis de ma bouche, et je les ai publiés; soudain je les ai faits, et ils se sont accomplis. [4] Car je savais que tu es endurci, que ton cou est une barre de fer, et que tu as un front d'airain. [5] Aussi je t'ai annoncé ces choses dès longtemps, je te les ai fait entendre avant qu'elles arrivassent, afin que tu ne disses pas: "C'est mon idole qui les a faites; c'est mon image taillée ou mon image de fonte qui les a ordonnées. " [6] Tu les as entendues; vois-les toutes! Et ne les publierez-vous pas vous-mêmes? - Je te fais entendre maintenant des événements nouveaux, qui étaient cachés et que tu ne savais pas. [7] C'est maintenant qu'ils sont produits, et non pas auparavant; avant ce jour tu n'en avais rien entendu, afin que tu ne disses pas: Voici, je le savais! [8] Tu ne les as pas entendues, et tu ne les as pas connus, et ils n'ont pas encore frappé ton oreille; car je savais que tu ne manquerais pas d'être infidèle, et tu as été appelé rebelle dès ta naissance. [9] Pour l'amour de mon nom, je diffère ma colère; pour l'amour de ma gloire, je me contiens envers toi, et je ne te détruis pas. [10] Voici, je t'ai épurée, mais non comme l'argent; je t'ai éprouvée au creuset de l'affliction. [11] C'est pour l'amour de moi, pour l'amour de moi que je le fais; car comment mon nom serait-il profané? Je ne donnerai pas ma gloire à un autre. [12] Écoute-moi, ô Jacob; Israël, que j'ai appelé; c'est moi, c'est moi qui suis le premier, et je suis aussi le dernier! [13] Ma main aussi a fondé la terre, et ma droite a étendu les cieux; je les appelle, et les voici tous ensemble. [14] Assemblez-vous tous, et écoutez: Qui d'entre eux a annoncé ces choses? Qui a annoncé celui que l'Éternel aime, qui fera sa volonté contre Babel, et servira son bras contre les Caldéens? [15] C'est moi, c'est moi qui ai parlé, et qui l'ai aussi appelé; je l'ai fait venir, et ses desseins lui réussiront. [16] Approchez-vous de moi, écoutez ceci: Dès le commencement je n'ai point parlé en secret; depuis que la chose existe, je suis là; et maintenant c'est le Seigneur, l'Éternel et son Esprit, qui m'envoient. [17] Ainsi a dit l'Éternel, ton Rédempteur, le Saint d'Israël: Je suis l'Éternel ton Dieu, qui t'enseigne ce qui est bon, qui te conduis dans le chemin où tu dois marcher. [18] Oh! si tu étais attentif à mes commandements! Ta paix serait comme un fleuve, et ta justice comme les flots de la mer. [19] Ta postérité serait comme le sable, et les fruits de tes entrailles comme les grains de sable; ton nom ne serait ni retranché ni effacé devant ma face. [20] Sortez de Babylone! Fuyez du milieu des Caldéens! Annoncez ceci à grands cris, publiez-le, portez-le jusqu'au bout de la terre! Dites: L'Éternel a racheté Jacob, son serviteur. [21] Quand il

les a fait marcher par les déserts, ils n'ont pas eu soif; il a fait jaillir pour eux l'eau du rocher; il a fendu le roc, et l'eau a coulé! [22] Il n'y a point de paix pour les méchants, dit l'Éternel.

49

[1] Iles, écoutez-moi! Peuples éloignés, prêtez l'oreille! L'Éternel m'a appelé dès ma naissance; dès le sein de ma mère il a prononcé mon nom. [2] Il a rendu ma bouche semblable à une épée tranchante; il m'a couvert de l'ombre de sa main; il a fait de moi une flèche aiguë, et m'a caché dans son carquois. [3] Il m'a dit: Tu es mon serviteur, Israël en qui je me glorifierai. [4] Et moi j'ai dit: J'ai travaillé en vain, j'ai consumé ma force inutilement et sans fruit. Mais mon droit est auprès de l'Éternel, et mon salaire auprès de mon Dieu. [5] Et maintenant l'Éternel parle, lui qui m'a formé dès ma naissance pour être son serviteur, pour ramener à lui Jacob; or Israël ne se rassemble point, mais je suis honoré aux yeux de l'Éternel, et mon Dieu a été ma force. [6] Et il a dit: C'est peu que tu sois mon serviteur, pour relever les tribus de Jacob et pour ramener les restes d'Israël: je fais de toi la lumière des nations, pour que mon salut parvienne jusqu'au bout de la terre. [7] Ainsi dit l'Éternel, le Rédempteur, le Saint d'Israël, à celui qui est méprisé des hommes, détesté du peuple, à l'esclave des dominateurs. Les rois le verront et se lèveront, les princes se prosterneront devant lui, à cause de l'Éternel qui est fidèle, et du Saint d'Israël qui t'a élu. [8] Ainsi a dit l'Éternel: Je t'ai exaucé dans le temps favorable; je t'ai secouru au jour du salut; je te garderai, j'établirai en toi mon alliance avec le peuple, pour relever le pays et donner en partage les héritages dévastés; [9] Pour dire aux prisonniers: Sortez! à ceux qui sont dans les ténèbres: Paraissez! Ils paîtront le long des chemins, et trouveront leur pâturage sur tous les coteaux. [10] Ils n'auront plus faim, ils n'auront plus soif; la chaleur ni le soleil ne les frapperont plus; car celui qui a pitié d'eux les conduira, et les mènera vers des sources d'eaux. [11] Je changerai toutes mes montagnes en chemins, et mes sentiers seront relevés. [12] Les voici qui viennent de loin; en voici du Nord et de l'Occident, et d'autres du pays des Siniens. [13] Cieux, chantez de joie! Terre, réjouis-toi! Montagnes, éclatez en cris d'allégresse! Car l'Éternel a consolé son peuple; il a compassion de ses affligés. [14] Sion a dit: L'Éternel m'a délaissée, le Seigneur m'a oubliée. [15] La femme peut-elle oublier l'enfant qu'elle allaite, et n'avoir pas pitié du fils de son sein? Mais quand elles les oublieraient, moi je ne t'oublierai pas. [16] Voici, je t'ai gravée sur les paumes de mes mains; tes murs sont continuellement devant mes yeux. [17] Tes fils accourent; tes destructeurs et tes dévastateurs sortiront du milieu de toi. [18] Jette les yeux autour de toi, regarde: tous ils s'assemblent, ils viennent vers toi. Je suis vivant! dit l'Éternel, tu te revêtiras d'eux tous comme d'une parure, tu t'en ceindras comme une fiancée. [19] Car tes ruines, tes déserts, ton pays ravagé, seront maintenant trop étroits pour tes habitants; ceux qui te dévoraient s'éloigneront. [20] Les enfants que tu avais perdus te diront encore: L'espace est trop étroit pour moi; fais-moi de la place, pour que j'y puisse habiter. [21] Et tu diras en ton cœur: Qui m'a enfanté ceux-ci? J'avais perdu mes enfants, et j'étais stérile; j'étais exilée et chassée; qui m'a élevé ceux-ci? Voilà, j'étais restée seule, et ceux-ci, où étaient-ils? [22] Ainsi a dit le Seigneur, l'Éternel: Voici, je lèverai ma main vers les nations; je dresserai mon étendard vers les peuples; et ils ramèneront tes fils entre leurs bras, ils porteront tes filles sur l'épaule. [23] Des rois seront tes nourriciers, et leurs princesses tes nourrices; ils se prosterneront devant toi, la face contre terre, et lécheront la poussière de tes pieds; et tu sauras que je suis l'Éternel, et que ceux qui s'attendent à moi ne sont point confus. [24] Le butin de l'homme fort lui sera-t-il ôté, et les captifs du vainqueur seront-ils délivrés? [25] Ainsi dit l'Éternel: Oui, les captifs de l'homme fort

lui seront ôtés, et la proie du vainqueur lui sera enlevée. Car je plaiderai contre tes adversaires, et je délivrerai tes enfants. ²⁶ Je ferai manger à tes oppresseurs leur propre chair; ils s'enivreront de leur sang, comme de vin nouveau; et toute chair connaîtra que je suis l'Éternel, ton Sauveur, et que le puissant de Jacob est ton Rédempteur.

50

¹ Ainsi a dit l'Éternel: Où est la lettre de divorce de votre mère, par laquelle je l'ai renvoyée? Ou qui est celui de mes créanciers auquel je vous ai vendus? Voici, c'est pour vos iniquités que vous avez été vendus, c'est pour vos rébellions que votre mère a été renvoyée. ² Pourquoi n'ai-je trouvé personne, quand je suis venu? Pourquoi nul n'a-t-il répondu, quand j'ai appelé? Ma main est-elle devenue trop courte pour délivrer, ou n'y a-t-il plus de force en moi pour sauver? Voici, je fais tarir la mer quand je la menace; je change les fleuves en désert; leurs poissons se corrompent faute d'eau, et ils meurent de soif. ³ Je revêts les cieux de ténèbres, et j'y mets un manteau de deuil pour couverture. ⁴ Le Seigneur, l'Éternel m'a donné une langue exercée, pour soutenir par la parole celui qui est abattu; il éveille, chaque matin, il éveille mon oreille pour écouter, comme écoutent les disciples. ⁵ Le Seigneur, l'Éternel m'a ouvert l'oreille, et je n'ai point résisté, je ne me suis point retiré en arrière. ⁶ J'ai présenté mon dos à ceux qui me frappaient, mes joues à ceux qui m'arrachaient la barbe; je n'ai pas dérobé mon visage aux outrages ni aux crachats. ⁷ Mais le Seigneur, l'Éternel est mon aide; aussi je n'ai point eu de honte; aussi j'ai rendu mon visage semblable à un caillou; je sais que je ne serai pas confondu. ⁸ Celui qui me justifie est proche: qui plaidera contre moi? Comparais-sons ensemble! Qui est ma partie adverse? Qu'il s'approche de moi! ⁹ Voici, le Seigneur, l'Éternel est mon aide: qui me condamnera? Voici, ils s'useront tous comme un vêtement, la teigne les dévorera. ¹⁰ Qui d'entre vous craint l'Éternel, qui écoute la voix de son serviteur? Que celui qui marche dans les ténèbres, et qui n'a point de lumière, se confie au nom de l'Éternel, et qu'il s'appuie sur son Dieu. ¹¹ Voici, vous tous qui allumez un feu et qui vous armez de flambeaux, tombez dans les flammes de votre feu et des flambeaux que vous avez allumés! C'est de ma main que vous vient cela: vous serez gisants dans les tourments!

51

¹ Écoutez-moi, vous qui poursuivez la justice, qui cherchez l'Éternel! Regardez au rocher d'où vous avez été taillés, à la carrière d'où vous avez été tirés! ² Regardez à Abraham, votre père, et à Sara qui vous a enfantés; je l'ai appelé lorsqu'il était seul, je l'ai béni et l'ai multiplié. ³ Ainsi l'Éternel va consoler Sion, il a pitié de toutes ses ruines; il fera de son désert un Éden, et de sa terre aride un jardin de l'Éternel; la joie et l'allégresse se trouveront au milieu d'elle, la louange et le chant des cantiques. ⁴ Sois attentif, mon peuple; toi, ma nation, prête-moi l'oreille! Car la loi procédera de moi, et j'établirai mon jugement pour servir de lumière aux peuples. ⁵ Ma justice est proche, mon salut arrive, et mes bras jugeront les peuples. Les îles espéreront en moi, et se confieront en mon bras. ⁶ Élevez vos yeux vers les cieux, et regardez en bas vers la terre; car les cieux s'évanouiront comme une fumée, la terre s'usera comme un vêtement, et, comme des mouches, ses habitants périront: mais mon salut durera toujours, et ma justice ne passera point. ⁷ Écoutez-moi, vous qui connaissez la justice, peuple dans le cœur duquel est ma loi! Ne craignez pas l'opprobre des hommes, et ne soyez point effrayés de leurs injures. ⁸ Car la teigne les rongera comme un vêtement, et la gerce les rongera comme la laine; mais ma justice durera toujours, et mon salut d'âge en âge. ⁹ Réveille-toi, réveille-toi! Revêts-toi de force, bras de l'Éternel! Réveille-toi comme aux jours d'autrefois, comme aux

âges anciens! N'est-ce pas toi qui mis en pièces Rahab, qui transperças le dragon? [10] N'est-ce pas toi qui fis tarir la mer, les eaux du grand abîme; qui fis des profondeurs de la mer un chemin pour y faire passer les rachetés? [11] Les rachetés de l'Éternel retourneront, et viendront à Sion avec des chants de triomphe; une allégresse éternelle sera sur leurs têtes; ils obtiendront la joie et l'allégresse; la douleur et les gémissements s'enfuiront. [12] C'est moi, c'est moi qui vous console. Qui es-tu, pour avoir peur de l'homme mortel, du fils de l'homme qui deviendra comme l'herbe; [13] Pour oublier l'Éternel, ton créateur, qui a étendu les cieux et fondé la terre, et pour trembler sans cesse, tout le jour, devant la fureur de l'oppresseur, lorsqu'il s'apprête à détruire? Où donc est-elle, la fureur de l'oppresseur? [14] Bientôt l'homme courbé sous les fers sera mis en liberté. Il ne descendra pas dans la fosse, et son pain ne lui manquera point. [15] Car je suis l'Éternel ton Dieu, qui frappe la mer et fais mugir ses flots, de qui le nom est l'Éternel des armées. [16] J'ai mis mes paroles dans ta bouche, et t'ai couvert de l'ombre de ma main, pour rétablir les cieux et fonder la terre, pour dire à Sion: Tu es mon peuple! [17] Réveille-toi, réveille-toi! Lève-toi, Jérusalem! qui as bu de la main de l'Éternel la coupe de sa colère, qui as bu et sucé jusqu'à la lie la coupe d'étourdissement. [18] Il n'y en a aucun pour la conduire, de tous les enfants qu'elle a enfantés; il n'y en a aucun pour la prendre par la main, de tous les enfants qu'elle a nourris. [19] Ces deux choses te sont arrivées, et qui te plaindra? la dévastation et la ruine, la famine et l'épée. Comment te consolerai-je? [20] Tes enfants sont défaillants, couchés à tous les carrefours des rues, comme un cerf dans un filet, chargés de la colère de l'Éternel et de l'indignation de ton Dieu. [21] C'est pourquoi, écoute ceci, toi qui es affligée, ivre mais non pas de vin. [22] Ainsi a dit l'Éternel, ton Seigneur, ton Dieu, qui défend la cause de son peuple: Voici j'ai pris de ta main la coupe d'étourdissement, le calice de ma colère, tu n'en boiras plus désormais. [23] Et je le mettrai dans la main de tes oppresseurs, de ceux qui disaient à ton âme: Prosterne-toi pour que nous passions! Et tu faisais de ton dos comme une terre, et comme une rue pour les passants.

52

[1] Réveille-toi, réveille-toi, revêts ta gloire, ô Sion! Revêts ton vêtement de parure, Jérusalem, ville sainte! Car il n'entrera plus chez toi d'incirconcis ni d'impur. [2] Secoue ta poussière, lève-toi, Jérusalem captive; détache les liens de ton cou, fille de Sion prisonnière! [3] Car ainsi a dit l'Éternel: Vous avez été vendus pour rien; vous serez aussi rachetés sans argent. [4] Car ainsi a dit le Seigneur, l'Éternel: Mon peuple descendit jadis en Égypte pour y habiter; mais Assur l'a opprimé sans sujet. [5] Et maintenant qu'ai-je à faire ici, dit l'Éternel, quand mon peuple a été enlevé pour rien? Ceux qui dominent sur lui poussent des cris, dit l'Éternel, et chaque jour, mon nom est continuellement outragé. [6] C'est pourquoi mon peuple connaîtra mon nom; c'est pourquoi il saura, en ce jour, que c'est moi qui dis: Me voici! [7] Qu'ils sont beaux sur les montagnes, les pieds de celui qui apporte de bonnes nouvelles, qui publie la paix, qui apporte un bon message, qui publie le salut, qui dit à Sion: Ton Dieu règne! [8] On entend la voix de tes sentinelles: elles élèvent la voix; elles poussent ensemble des cris de joie; car elles voient de leurs yeux que l'Éternel ramène Sion. [9] Éclatez ensemble en cris de joie, ruines de Jérusalem! Car l'Éternel a consolé son peuple, il a racheté Jérusalem. [10] L'Éternel a découvert le bras de sa sainteté, devant les yeux de toutes les nations; tous les bouts de la terre verront le salut de notre Dieu! [11] Retirez-vous, retirez-vous, sortez de là! Ne touchez à rien d'impur, sortez du milieu d'elle; purifiez-vous, vous qui portez les vases de l'Éternel! [12] Car vous ne sortirez pas à la hâte, et vous ne marcherez pas en fuyant; mais l'Éternel marche devant vous, et votre arrière garde est le Dieu d'Israël. [13] Voici, mon serviteur prospérera; il montera,

il s'élèvera, il grandira puissamment. [14] Comme plusieurs ont été étonnés à cause de lui, tant son visage était défait et méconnaissable, tant son aspect différait de celui des hommes; ainsi il remplira de joie plusieurs nations; [15] Les rois fermeront la bouche devant lui; car ils verront ce qui ne leur avait pas été raconté, ils apprendront ce qu'ils n'avaient point entendu.

53

[1] Qui a cru à notre message, et à qui le bras de l'Éternel a-t-il été révélé? [2] Il est monté devant l'Éternel comme un rejeton, comme une racine qui sort d'une terre desséchée. Il n'a ni beauté ni éclat qui nous le fasse regarder, ni apparence qui nous le fasse désirer; [3] Méprisé, délaissé des hommes, homme de douleurs et connaissant la souffrance; comme un homme devant qui on se couvre le visage; si méprisé que nous n'en faisions aucun cas. [4] Cependant il a porté nos maladies, et il s'est chargé de nos douleurs; et nous, nous pensions qu'il était frappé de Dieu, battu et affligé. [5] Mais il était meurtri pour nos péchés, et frappé pour nos iniquités; le châtiment qui nous apporte la paix est tombé sur lui, et par sa meurtrissure nous avons la guérison. [6] Nous étions tous errants comme des brebis, nous suivions chacun son propre chemin, et l'Éternel a fait venir sur lui l'iniquité de nous tous. [7] Il est maltraité, il est affligé; et il n'ouvre point la bouche; comme un agneau mené à la boucherie, comme une brebis muette devant celui qui la tond, il n'ouvre point la bouche. [8] Il a été retiré de l'angoisse et de la condamnation; et qui dira sa durée? Car il a été retranché de la terre des vivants; il a été frappé pour le péché de mon peuple. [9] On lui avait assigné sa sépulture avec les méchants, et dans sa mort il a été avec le riche; car il n'a point fait d'injustice, et il n'y a point eu de fraude en sa bouche. [10] Or il a plu à l'Éternel de le frapper; il l'a mis dans la souffrance. Après avoir offert sa vie en sacrifice pour le péché, il se verra de la postérité, il prolongera ses jours, et le bon plaisir de l'Éternel prospérera dans ses mains. [11] Il jouira du travail de son âme, il en sera rassasié; mon serviteur juste en justifiera plusieurs, par la connaissance qu'ils auront de lui, et lui-même portera leurs iniquités. [12] C'est pourquoi je lui donnerai son partage parmi les grands; il partagera le butin avec les puissants; parce qu'il a livré sa vie à la mort, qu'il a été mis au nombre des méchants, qu'il a porté les péchés de plusieurs, et intercédé pour les pécheurs.

54

[1] Réjouis-toi, stérile, qui n'enfantais point! Éclate en cris de joie et d'allégresse, toi qui n'as pas été en travail! Car les enfants de la femme délaissée sont plus nombreux que les enfants de celle qui était mariée, a dit l'Éternel. [2] Agrandis l'espace de ta tente, et qu'on élargisse les tentures de ta demeure; ne resserre pas, allonge tes cordages, affermis tes pieux! [3] Car tu te répandras à droite et à gauche; ta postérité possédera les nations, et peuplera les villes désertes. [4] Ne crains point! Car tu ne seras pas confondue; n'aie point de honte, car tu ne seras pas rendue honteuse. Car tu oublieras la honte de ta jeunesse, et tu ne te souviendras plus de l'opprobre de ton veuvage. [5] Car ton créateur est ton époux; son nom est l'Éternel des armées; le Saint d'Israël est ton Rédempteur; il s'appelle le Dieu de toute la terre. [6] Car l'Éternel t'a appelée comme une femme délaissée, affligée d'esprit, comme une épouse de la jeunesse qui aurait été répudiée, dit ton Dieu. [7] Je t'ai abandonnée pour un peu de temps; mais je te recueillerai avec de grandes compassions. [8] Je t'ai caché ma face pour un moment, dans l'effusion de ma colère; mais j'ai compassion de toi, par une miséricorde éternelle, dit l'Éternel, ton Rédempteur. [9] Il en sera pour moi comme des eaux de Noé; comme j'ai juré que les eaux de Noé ne se répandraient plus sur la terre, ainsi j'ai juré de n'être plus irrité contre toi, et de ne plus

te menacer. [10] Quand les montagnes s'éloigneraient, quand les collines s'ébranleraient, ma bonté ne s'éloignera pas de toi, et mon alliance de paix ne sera point ébranlée, dit l'Éternel, qui a compassion de toi. [11] Affligée, battue de la tempête, dénuée de consolation, voici je vais enchâsser tes pierres dans un ciment précieux, et je te fonderai sur des saphirs. [12] Je ferai tes créneaux de rubis, et tes portes d'escarboucles, et toute ton enceinte de pierres précieuses. [13] Tous tes enfants seront enseignés par l'Éternel, et la prospérité de tes enfants sera abondante. [14] Tu seras affermie par la justice; tu seras loin de l'oppression, car tu n'auras rien à craindre, et de la ruine, car elle n'approchera pas de toi. [15] Que l'on forme des complots, cela ne viendra pas de moi. Qui complotera contre toi, tombera devant toi! [16] Voici, c'est moi qui crée l'ouvrier, celui qui souffle le feu du charbon et qui en tire un instrument pour son ouvrage, et c'est moi qui crée le destructeur, pour anéantir. [17] Aucune arme forgée contre toi ne réussira; et tu condamneras toute langue qui s'élèvera contre toi en jugement. Tel est l'héritage des serviteurs de l'Éternel, et la justice qu'ils recevront de moi, dit l'Éternel.

55

[1] O vous tous qui êtes altérés, venez aux eaux! Et vous qui n'avez point d'argent, venez, achetez et mangez! Venez, achetez sans argent et sans aucun prix, du vin et du lait. [2] Pourquoi dépensez-vous l'argent pour ce qui ne nourrit pas, et votre travail pour ce qui ne rassasie pas? Écoutez-moi, et vous mangerez ce qui est bon, et vous jouirez à plaisir de ce qu'il y a de meilleur. [3] Prêtez l'oreille, et venez à moi; écoutez, et votre âme vivra; et je traiterai avec vous une alliance éternelle, selon les gratuités immuables données à David. [4] Voici, je l'ai établi comme témoin auprès des peuples, comme chef et législateur des peuples. [5] Voici, tu appelleras la nation que tu ne connais pas, et les nations qui ne te connaissaient pas accourront vers toi, à cause de l'Éternel ton Dieu, et du Saint d'Israël qui t'aura glorifié. [6] Cherchez l'Éternel pendant qu'il se trouve; invoquez-le, tandis qu'il est près! [7] Que le méchant abandonne sa voie, et l'homme injuste ses pensées; et qu'il retourne à l'Éternel, qui aura pitié de lui, et à notre Dieu, car il pardonne abondamment. [8] Car mes pensées ne sont pas vos pensées, et vos voies ne sont pas mes voies, dit l'Éternel. [9] Car autant les cieux sont élevés au-dessus de la terre, autant mes voies sont élevées au-dessus de vos voies et mes pensées au-dessus de vos pensées. [10] Car, comme la pluie et la neige descendent des cieux, et n'y retournent pas sans avoir arrosé et fécondé la terre et l'avoir fait produire, pour donner de la semence au semeur et du pain à celui qui mange, [11] Ainsi en est-il de ma parole, qui sort de ma bouche; elle ne retourne pas à moi sans effet, sans avoir fait ce que j'ai voulu, et accompli l'œuvre pour laquelle je l'ai envoyée. [12] Car vous sortirez avec joie, et vous serez conduits en paix; les montagnes et les collines éclateront en cris de joie devant vous, et tous les arbres des champs battront des mains. [13] Au lieu du buisson croîtra le cyprès, au lieu de l'épine croîtra le myrte; et ce sera pour l'Éternel une gloire, un signe perpétuel, qui ne sera jamais retranché.

56

[1] Ainsi a dit l'Éternel: Observez ce qui est droit, et pratiquez ce qui est juste; car mon salut est près de venir, et ma justice d'être manifestée. [2] Heureux l'homme qui fait ces choses, et le fils des hommes qui s'y attache, gardant le sabbat pour ne pas le profaner, et gardant ses mains de faire aucun mal! [3] Et que le fils de l'étranger, qui s'attache à l'Éternel, ne dise pas: L'Éternel me sépare de son peuple. Que l'eunuque ne dise pas: Voici, je suis un arbre sec. [4] Car ainsi a dit l'Éternel: Pour les eunuques qui garderont mes sabbats, qui choisiront ce qui m'est agréable et s'attacheront à mon alliance, [5] Je leur donnerai

une place dans ma maison et dans mes murs, et un nom meilleur que celui de fils et de filles; je leur donnerai un nom éternel, qui ne sera pas retranché. [6] Et les enfants de l'étranger, qui se seront joints à l'Éternel pour le servir, pour aimer le nom de l'Éternel et pour être ses serviteurs; tous ceux qui garderont le sabbat pour ne pas le profaner, et qui s'attacheront à mon alliance; [7] Je les amènerai sur ma montagne sainte, et les réjouirai dans ma maison de prière; leurs holocaustes et leurs sacrifices seront agréés sur mon autel; car ma maison sera appelée une maison de prière pour tous les peuples. [8] Le Seigneur, l'Éternel a dit, lui qui rassemble les dispersés d'Israël: J'en rassemblerai encore auprès de lui, outre les siens déjà rassemblés. [9] Vous, toutes les bêtes des champs, venez pour manger, et vous, toutes les bêtes des forêts! [10] Les gardiens de mon peuple sont tous aveugles; ils ne connaissent rien. Ce sont tous des chiens muets, qui ne peuvent aboyer, voyant trouble, se tenant couchés, aimant à sommeiller. [11] Les chiens sont voraces, ils ne peuvent se rassasier. Et les bergers sont sans intelligence, suivant tous leur propre voie, courant chacun à ses profits, jusqu'au dernier. [12] Venez, disent-ils, je prendrai du vin, et nous nous enivrerons de boisson forte; et nous ferons demain comme aujourd'hui, et beaucoup plus encore!

57

[1] Le juste meurt, et personne n'y prend garde; les gens de bien sont recueillis, sans que nul comprenne que le juste est recueilli devant le mal. [2] Il entre dans la paix. Ils se reposent sur leurs couches, ceux qui ont marché dans le droit chemin. [3] Mais vous, approchez ici, enfants de la devineresse, race de l'adultère et de la prostituée! [4] De qui est-ce que vous vous moquez? Contre qui ouvrez-vous une large bouche, et tirez-vous la langue? N'êtes-vous pas des enfants de rébellion, une race de mensonge; [5] S'échauffant auprès des chênes, sous tout arbre vert; égorgeant les enfants dans les vallons, sous les cavités des rochers? [6] Les pierres polies des torrents sont ton partage; voilà, voilà ton lot; c'est aussi à elles que tu fais des libations, que tu présentes l'offrande; pourrai-je me résigner à cela? [7] Tu places ta couche sur une montagne haute et élevée, et tu montes là pour sacrifier. [8] Tu places ton mémorial derrière la porte et le linteau; car tu me quittes pour te découvrir et pour monter là; tu élargis ton lit, et c'est avec ceux-là que tu t'allies; tu aimes leur commerce, tu te choisis une place. [9] Tu te rends auprès du roi avec de l'huile, et tu multiplies les parfums; tu envoies tes messagers bien loin, et tu les fais descendre jusqu'au séjour des morts. [10] Tu te fatigues par la longueur du chemin; tu ne dis pas: C'est en vain! Tu trouves encore en ta main de la vigueur; c'est pourquoi tu ne t'abats point. [11] Qui donc as-tu craint et redouté, pour être infidèle, pour ne pas te souvenir ni te soucier de moi? Je me taisais, n'est-ce pas? et depuis longtemps; c'est pourquoi tu ne me crains plus? [12] Je ferai connaître ta justice, et tes œuvres, qui ne te profiteront pas. [13] Quand tu crieras, qu'ils te délivrent, les dieux que tu as amassés! Voici, le vent les enlèvera tous, un souffle les emportera. Mais celui qui se retire vers moi, héritera le pays, et possédera ma montagne sainte. [14] Et l'on dira: Aplanissez, aplanissez, préparez le chemin! Enlevez tout obstacle du chemin de mon peuple! [15] Car ainsi a dit le Très-Haut, qui habite une demeure éternelle, et dont le nom est saint: J'habite dans le lieu haut et saint, et avec l'homme abattu et humble d'esprit, pour ranimer l'esprit des humbles, pour ranimer le cœur de ceux qui sont abattus. [16] Car je ne contesterai pas toujours, et je ne serai pas indigné à jamais; car l'esprit défaillirait devant ma face, et les âmes que j'ai créées. [17] A cause de l'iniquité de ses gains, je me suis indigné et j'ai frappé; j'ai caché ma face, et je me suis indigné; et le rebelle a suivi le chemin de son cœur. [18] J'ai vu ses voies, et je le guérirai; je le conduirai et lui donnerai des consolations, à lui et aux siens qui sont dans le deuil. [19] C'est moi qui crée le fruit des lèvres: Paix, paix, à celui qui est loin et à celui qui est près! dit l'Éternel. Oui, je le guérirai. [20] Mais les méchants sont comme la mer agitée,

qui ne peut se calmer, dont les eaux rejettent de la vase et du limon. [21] Il n'y a point de paix pour les méchants, dit mon Dieu.

58

[1] Crie à plein gosier, ne te retiens pas; élève ta voix comme une trompette; déclare à mon peuple leur iniquité, à la maison de Jacob ses péchés! [2] Car, jour après jour, ils me cherchent et ils veulent connaître mes voies, comme une nation qui aurait pratiqué la justice et n'aurait pas abandonné la loi de son Dieu; ils me demandent des jugements justes, ils veulent s'approcher de Dieu: [3] Pourquoi avons-nous jeûné, sans que tu y prisses garde, et affligé nos âmes, sans que tu le connusses? Voici, dans votre jour de jeûne, vous faites votre volonté et vous traitez durement tous vos mercenaires. [4] Voici, vous jeûnez pour quereller et disputer, et pour frapper du poing méchamment; vous ne jeûnez pas comme le veut ce jour, pour que votre voix soit entendue en haut. [5] Est-ce là le jeûne auquel je prends plaisir, un jour où l'homme afflige son âme? Est-ce de courber sa tête comme un jonc, de se coucher sur le sac et la cendre? Appelleras-tu cela un jeûne, un jour agréable à l'Éternel? [6] N'est-ce pas plutôt ici le jeûne auquel je prends plaisir, qu'on dénoue les liens de la méchanceté, qu'on délie les courroies du joug, qu'on renvoie libres les opprimés, et que tout joug soit brisé? [7] N'est-ce pas que tu partages ton pain avec l'affamé; que tu fasses entrer dans ta maison les malheureux errants; que tu revêtes ceux que tu vois nus, et ne te détournes pas de ton semblable? [8] Alors ta lumière poindra comme l'aurore, et ta guérison se montrera promptement; ta justice ira devant toi, et la gloire de l'Éternel sera ton arrière-garde. [9] Alors tu appelleras, et l'Éternel répondra; tu crieras, et il dira: Me voici! Si tu ôtes du milieu de toi l'oppression, le doigt levé insolemment, et les paroles criminelles; [10] Si tu fais part de ta subsistance à l'affamé, et que tu rassasies l'âme affligée, ta lumière se lèvera dans l'obscurité, et tes ténèbres seront comme le midi. [11] L'Éternel te conduira continuellement; il te rassasiera dans les lieux arides; il donnera la vigueur à tes os, et tu seras comme un jardin arrosé, comme une source dont les eaux ne trompent jamais. [12] Les tiens rebâtiront les antiques ruines, tu relèveras les fondations des anciens âges; on t'appellera le réparateur des brèches, le restaurateur des chemins, qui rend le pays habitable. [13] Si tu retiens ton pied au jour du sabbat, pour ne pas faire ta volonté dans mon saint jour; si tu appelles le sabbat tes délices, et honorable ce qui est consacré à l'Éternel; si tu l'honores plutôt que de suivre tes voies, de faire ta volonté et de dire des paroles vaines: [14] Alors tu trouveras des délices en l'Éternel; je te ferai passer par-dessus les hauteurs du pays, et je te nourrirai de l'héritage de Jacob, ton père; car la bouche de l'Éternel a parlé.

59

[1] Voici, la main de l'Éternel n'est pas trop courte pour délivrer; ni son oreille trop pesante pour entendre; [2] Mais ce sont vos iniquités qui ont fait la séparation entre vous et votre Dieu, et ce sont vos péchés qui lui font cacher sa face, pour ne plus vous entendre. [3] Car vos mains sont souillées de sang, et vos doigts d'iniquité; vos lèvres profèrent le mensonge, votre langue fait entendre la perversité. [4] Personne n'accuse avec justice, personne ne plaide selon la vérité; on se confie dans le néant, et l'on dit des faussetés; on conçoit la malice, et on enfante le crime. [5] Ils font éclore des œufs d'aspic, et ils tissent des toiles d'araignées; qui mange leurs œufs en meurt, et si l'on en écrase un, il en sort une vipère. [6] Leurs toiles ne feront pas un vêtement, et ils ne pourront se vêtir de leurs ouvrages; leurs ouvrages sont des ouvrages d'iniquité, et leurs mains pleines d'actes de violence. [7] Leurs pieds courent au mal, et se hâtent pour répandre le sang innocent; leurs pensées sont des pensées d'iniquité; le ravage et la ruine sont sur leurs sentiers.

⁸ Ils ne connaissent pas le chemin de la paix, il n'y a point de justice dans leurs voies; ils se font des sentiers tortueux; tous ceux qui y marchent ne connaissent point la paix! ⁹ C'est pourquoi le jugement favorable s'est éloigné de nous, et la justice ne parvient pas jusqu'à nous. Nous attendons la lumière, et voici les ténèbres; l'éclat du jour, et nous marchons dans l'obscurité. ¹⁰ Nous allons à tâtons comme des aveugles le long d'un mur, nous tâtonnons comme des gens sans yeux; nous trébuchons en plein midi, comme sur la brune; dans l'abondance nous sommes comme morts. ¹¹ Nous rugissons tous comme des ours; nous ne cessons de gémir comme des colombes; nous attendons le jugement, et il n'y en a point; le salut, et il est loin de nous! ¹² Car nos transgressions sont nombreuses devant toi, et nos péchés témoignent contre nous. Car nos transgressions sont avec nous, et nous connaissons nos iniquités: ¹³ Pécher et mentir contre l'Éternel, et nous détourner de notre Dieu; parler d'oppression et de révolte, concevoir et méditer dans le cœur des paroles de mensonge. ¹⁴ Aussi le jugement s'est retiré en arrière, et la justice se tient éloignée; car la vérité trébuche sur la place publique, et la droiture ne peut entrer. ¹⁵ Et la vérité fait défaut, et quiconque se retire du mal est dépouillé. L'Éternel l'a vu, et cela lui a déplu, qu'il n'y ait point de justice. ¹⁶ Il a vu qu'il n'y a pas un homme; il s'étonne qu'il n'y ait personne qui intercède. Mais son bras l'a délivré, et sa propre justice l'a soutenu. ¹⁷ Il s'est revêtu de la justice, comme d'une cuirasse, et il a mis le casque du salut sur sa tête; il s'est revêtu de la vengeance, comme d'un vêtement, et s'est couvert de la jalousie, comme d'un manteau. ¹⁸ Telles sont les œuvres, telle sera sa rétribution; il rendra la fureur à ses adversaires, la rétribution à ses ennemis; il rendra la rétribution aux îles. ¹⁹ On craindra le nom de l'Éternel depuis l'Occident, et sa gloire depuis le soleil levant; quand l'adversaire viendra comme un fleuve, l'Esprit de l'Éternel lèvera l'étendard contre lui. ²⁰ Le Rédempteur viendra pour Sion, pour ceux de Jacob qui se convertiront de leur péché, dit l'Éternel. ²¹ Et pour moi, voici mon alliance avec eux, a dit l'Éternel: Mon Esprit qui est sur toi, et mes paroles que j'ai mises dans ta bouche, ne se retireront pas de ta bouche ni de la bouche de ta postérité, ni de la bouche de la postérité de ta postérité, a dit l'Éternel, dès maintenant et à jamais!

60

¹ Lève-toi, sois illuminée! Car ta lumière est venue, et la gloire de l'Éternel s'est levée sur toi! ² Car voici, les ténèbres couvriront la terre, et l'obscurité couvrira les peuples; mais sur toi se lèvera l'Éternel, et sur toi paraîtra sa gloire. ³ Et les nations marcheront à ta lumière, et les rois à la clarté de tes rayons. ⁴ Jette les yeux autour de toi et regarde: tous ceux-ci se rassemblent, ils viennent à toi; tes fils viennent de loin, et tes filles sont portées sur les bras. ⁵ Alors tu le verras, et tu resplendiras de joie, ton cœur tressaillira et s'épanouira; car l'abondance de la mer se tournera vers toi, et la puissance des nations viendra chez toi. ⁶ Une multitude de chameaux couvrira ton pays, les dromadaires de Madian et d'Épha; tous ils viendront de Shéba; ils apporteront de l'or et de l'encens, et publieront les louanges de l'Éternel. ⁷ Toutes les brebis de Kédar seront rassemblées vers toi, les béliers de Nébajoth seront à ton service; ils monteront en agréable offrande sur mon autel, et je rendrai magnifique la maison de ma gloire. ⁸ Qui sont ceux-là, volant comme des nuages, comme des pigeons vers leurs colombiers? ⁹ Car les îles s'attendront à moi, et les navires de Tarsis les premiers, pour amener de loin tes enfants, avec leur argent et leur or, à la gloire du nom de l'Éternel ton Dieu, et du Saint d'Israël qui te glorifie. ¹⁰ Les fils de l'étranger rebâtiront tes murs, et leurs rois te serviront; car je t'ai frappée dans ma colère, mais, dans ma bienveillance, j'ai compassion de toi. ¹¹ Tes portes seront continuellement ouvertes; elles ne seront fermées ni jour ni nuit, pour faire entrer chez toi la puissance des nations et leurs rois, qui seront conduits vers toi. ¹² Car la nation et

630

le royaume qui ne te serviront pas, périront, et ces nations-là seront entièrement détruites. ¹³ La gloire du Liban viendra chez toi, le cyprès, l'orme et le buis ensemble, pour orner le lieu de mon sanctuaire, et je glorifierai le lieu où reposent mes pieds. ¹⁴ Et les fils de ceux qui t'opprimaient viendront vers toi en se courbant; tous ceux qui te méprisaient se prosterneront jusque sous tes pieds, et t'appelleront la ville de l'Éternel, la Sion du Saint d'Israël. ¹⁵ Au lieu que tu étais délaissée et haïe, et que personne ne passait chez toi, je ferai de toi une magnificence éternelle, une joie qui durera d'âge en âge. ¹⁶ Et tu suceras le lait des nations; tu suceras la mamelle des rois, et tu sauras que moi, l'Éternel, je suis ton Sauveur, que le Puissant de Jacob est ton Rédempteur. ¹⁷ Au lieu de l'airain je ferai venir de l'or, au lieu de fer je ferai venir de l'argent; au lieu du bois, de l'airain, et au lieu des pierres, du fer. Je te donnerai pour gouverneurs la paix, et pour dominateurs la justice. ¹⁸ On n'entendra plus parler de violence dans ton pays, de ravage ni de ruine dans tes frontières; mais tu appelleras tes murailles Salut, et tes portes Louange. ¹⁹ Tu n'auras plus le soleil pour lumière pendant le jour, et la lueur de la lune ne t'éclairera plus; mais l'Éternel sera pour toi une lumière éternelle, et ton Dieu sera ta gloire. ²⁰ Ton soleil ne se couchera plus, et ta lune ne disparaîtra plus; car l'Éternel sera pour toi une lumière éternelle, et les jours de ton deuil seront finis. ²¹ Ceux de ton peuple seront tous des justes; ils posséderont le pays à perpétuité, rejeton que j'aurai planté, ouvrage de mes mains, pour me glorifier. ²² Le plus petit deviendra un millier, et le moindre, une nation puissante. Moi, l'Éternel, je hâterai ceci en son temps.

61

¹ L'Esprit du Seigneur, de l'Éternel, est sur moi; car l'Éternel m'a oint, pour annoncer la bonne nouvelle aux affligés. Il m'a envoyé pour guérir ceux qui ont le cœur brisé, pour proclamer aux captifs la liberté, et aux prisonniers l'ouverture de la prison; ² Pour proclamer l'année de la bienveillance de l'Éternel et le jour de la vengeance de notre Dieu; pour consoler tous ceux qui sont dans le deuil; ³ Pour présenter à ceux de Sion qui sont dans le deuil et pour leur donner le diadème au lieu de la cendre, l'huile de joie au lieu du deuil, le manteau de louange au lieu d'un esprit abattu; tellement qu'on les appellera les chênes de la justice, les arbres plantés par l'Éternel pour le glorifier. ⁴ Ils rebâtiront les ruines antiques; ils relèveront les décombres des temps anciens; ils renouvelleront les villes détruites, ruinées d'âge en âge. ⁵ Les étrangers se tiendront là pour paître vos troupeaux; les enfants de l'étranger seront vos laboureurs et vos vignerons. ⁶ Et vous, vous serez appelés les sacrificateurs de l'Éternel; on vous nommera les ministres de notre Dieu; vous mangerez les richesses des nations; à leur place vous serez couverts de leur gloire. ⁷ Au lieu de votre honte, vous aurez une double part; et au lieu d'ignominie, ils célébreront leur partage; ainsi dans leur pays ils posséderont le double, et ils auront une joie éternelle. ⁸ Car je suis l'Éternel, qui aime la justice, qui hais la rapine et l'iniquité; je leur donnerai leur rétribution avec fidélité, et je traiterai avec eux une alliance éternelle. ⁹ Leur race sera connue parmi les nations, et leurs rejetons parmi les peuples; tous ceux qui les verront, les reconnaîtront pour la race que l'Éternel a bénie. ¹⁰ Je me réjouirai en l'Éternel, et mon âme s'égaiera en mon Dieu; car il m'a revêtu des vêtements du salut, et m'a couvert du manteau de la justice, comme un époux se pare d'un diadème et comme une épouse s'orne de ses joyaux. ¹¹ Car, comme la terre fait pousser ses germes et comme un jardin fait germer ce qu'on y sème, ainsi le Seigneur, l' Éternel, fera germer la justice et la louange, en présence de toutes les nations.

62

¹ Pour l'amour de Sion, je ne me tairai point; pour l'amour de Jérusalem, je n'aurai point de repos, jusqu'à ce que sa justice paraisse comme l'éclat du jour, et sa délivrance comme un flambeau qui s'allume. ² Alors les nations verront ta justice, et tous les rois ta gloire. Et on t'appellera d'un nouveau nom, que la bouche de l'Éternel aura déclaré. ³ Tu seras une couronne d'ornement dans la main de l'Éternel, et une tiare royale dans la main de ton Dieu. ⁴ On ne te nommera plus la délaissée, et on ne nommera plus ta terre la désolée; mais on t'appellera: Mon plaisir en elle, et ta terre: La mariée; car l'Éternel mettra son plaisir en toi, et ta terre aura un époux. ⁵ Comme un jeune homme épouse une vierge, ainsi tes enfants t'épouseront, et ton Dieu se réjouira de toi, comme l'époux se réjouit de la fiancée. ⁶ Jérusalem, j'ai placé des gardes sur tes murailles; ni le jour, ni la nuit, jamais ils ne se tairont. Ô vous qui faites souvenir de l'Éternel, n'ayez point de repos; ⁷ Et ne lui donnez point de repos, jusqu'à ce qu'il ait rétabli Jérusalem, jusqu'à ce qu'il ait fait d'elle un sujet de louange sur la terre! ⁸ L'Éternel l'a juré par sa droite et par son bras puissant: Je ne donnerai plus ton froment pour nourriture à tes ennemis, et les enfants de l'étranger ne boiront plus ton vin, pour lequel tu auras travaillé. ⁹ Mais ceux qui auront amassé le froment le mangeront et loueront l'Éternel, et ceux qui auront récolté le vin le boiront dans les parvis de mon sanctuaire. ¹⁰ Passez, passez par les portes; préparez le chemin du peuple; relevez, relevez la route, ôtez-en les pierres; dressez l'étendard vers les peuples! ¹¹ Voici, l'Éternel fait entendre sa voix jusqu'au bout de la terre: Dites à la fille de Sion: Voici, ton salut vient! Voici, son salaire est avec lui, et sa récompense vient devant lui. ¹² Et on les appellera le peuple saint, les rachetés de l'Éternel; et on t'appellera la recherchée, la ville qui n'est plus délaissée.

63

¹ Qui est celui-ci qui vient d'Édom, en vêtements rouges, qui vient de Botsra avec des habits éclatants, portant la tête haute, dans la plénitude de sa force? C'est moi, qui parle avec justice, tout-puissant pour sauver. ² Pourquoi tes vêtements sont-ils rouges, et tes habits comme ceux de l'homme qui foule dans la cuve? ³ J'ai été seul à fouler au pressoir, et parmi les peuples personne n'était avec moi. Et je les ai foulés dans ma colère, je les ai écrasés dans mon courroux: leur sang a rejailli sur mes habits, et j'ai souillé tous mes vêtements. ⁴ Car le jour de la vengeance est dans mon cœur, et l'année de mes rachetés est venue. ⁵ J'ai regardé, et il n'y avait point d'aide; je me suis étonné, et point de soutien! Alors mon bras m'a sauvé, et mon courroux m'a soutenu. ⁶ J'ai foulé les peuples dans ma colère, et je les ai enivrés dans mon courroux; et j'ai fait couler leur sang sur ta terre. ⁷ Je publierai les bontés de l'Éternel, les louanges de l'Éternel, pour tout le bien que l'Éternel nous a fait et pour l'abondance des biens qu'il a faits à la maison d'Israël, dans ses compassions et dans la grandeur de ses bontés. ⁸ Il a dit: Oui, ils sont mon peuple, des enfants qui ne tromperont pas; et il a été leur Sauveur. ⁹ Dans toutes leurs détresses il a été en détresse, et l'ange de sa face les a délivrés; lui-même il les a rachetés dans son amour et dans sa miséricorde; il les a soutenus, et les a portés sans cesse aux jours d'autrefois. ¹⁰ Mais ils ont été rebelles, ils ont contristé son Esprit Saint; et il est devenu leur ennemi; lui-même a combattu contre eux. ¹¹ Alors son peuple s'est souvenu des jours anciens, des jours de Moïse: Où est celui qui les fit remonter de la mer, avec le pasteur de son troupeau? Où est celui qui mit au milieu d'eux son Esprit Saint; ¹² Qui fit marcher à la droite de Moïse son bras glorieux; qui fendit les eaux devant eux, pour se faire un nom éternel; ¹³ Qui les fit marcher par les flots, comme un cheval dans le désert, sans broncher? ¹⁴ L'Esprit de l'Éternel les a conduits doucement, comme une bête qui descend

dans la vallée; c'est ainsi que tu as conduit ton peuple, pour te faire un nom glorieux. [15] Regarde des cieux, et vois, de ta demeure sainte et glorieuse! Où sont ta jalousie et ta force, l'émotion de tes entrailles, et tes compassions qui se contiennent envers moi? [16] Car c'est toi qui es notre père! Quand Abraham ne nous connaîtrait pas, quand Israël ne nous avouerait pas, toi, Éternel, tu es notre père; notre Rédempteur, voilà ton nom de tout temps! [17] Pourquoi, ô Éternel, nous fais-tu égarer hors de tes voies, et endurcis-tu notre cœur pour ne pas te craindre? Reviens, en faveur de tes serviteurs, des tribus de ton héritage! [18] Pour un peu de temps ton peuple saint a possédé le pays; mais nos ennemis ont foulé ton sanctuaire. [19] Nous sommes comme ceux sur qui tu n'as jamais dominé, et qui ne sont pas appelés de ton nom!

64

[1] Oh! si tu ouvrais les cieux, si tu descendais, les montagnes s'ébranleraient devant toi! [2] Comme le feu embrase le bois sec, comme le feu fait bouillir l'eau, tu ferais connaître ton nom à tes ennemis, les nations trembleraient devant toi. [3] Quand tu fis des choses terribles, que nous n'attendions point, tu descendis, et les montagnes s'ébranlèrent devant toi. [4] Car on n'a jamais entendu, jamais oreille n'a perçu, jamais œil n'a vu, qu'un autre Dieu que toi fît de telles choses, pour celui qui s'attend à lui. [5] Tu viens au-devant de celui qui se réjouit en pratiquant la justice, de ceux qui marchent dans tes voies et qui se souviennent de toi. Voici, tu t'es irrité, et nous avions péché; tu t'es irrité longtemps, et cependant nous serons sauvés. [6] Tous, nous sommes devenus comme un homme souillé, et toutes nos justices comme un vêtement impur; nous nous sommes tous flétris comme le feuillage, et nos iniquités nous emportent comme le vent. [7] Et il n'y a personne qui invoque ton nom, qui se réveille pour s'attacher à toi! Car tu nous as caché ta face, et tu nous as fait fondre par l'effet de nos iniquités. [8] Mais maintenant, Éternel, tu es notre père! Nous sommes l'argile, et tu es celui qui nous a formés, et nous sommes tous l'ouvrage de tes mains. [9] Ne te courrouce pas entièrement, ô Éternel, et ne te souviens pas à toujours de l'iniquité! Voici, regarde: nous sommes tous ton peuple! [10] Tes villes saintes sont devenues un désert; Sion est devenue un désert; Jérusalem, une désolation. [11] La maison de notre sanctuaire et de notre gloire, où nos pères t'ont loué, a été consumée par le feu; tout ce qui nous était cher a été dévasté. [12] Après cela, te contiendras-tu, ô Éternel? Garderas-tu le silence, et nous affligeras-tu entièrement?

65

[1] J'ai exaucé ceux qui ne demandaient pas, je me suis fait trouver par ceux qui ne me cherchaient point; j'ai dit à la nation qui n'était pas appelée de mon nom: Me voici, me voici! [2] J'ai étendu mes mains tout le jour vers un peuple rebelle, vers ceux qui marchent dans la voie qui n'est pas bonne, qui suivent leurs propres sentiers; [3] Vers le peuple de ceux qui m'irritent toujours en face, qui sacrifient dans les jardins et font des encensements sur les autels de briques; [4] Qui se tiennent dans les tombeaux et passent la nuit dans les lieux désolés; qui mangent la chair du pourceau, et dont les vases contiennent des mets abominables; [5] Qui disent: Retire-toi! ne m'approche pas! car je suis plus saint que toi. Ces choses sont une fumée à mes narines, un feu toujours allumé. [6] Voici, cela est écrit devant moi; je ne m'en tairai point; mais je le rendrai; oui, je le leur rendrai dans leur sein: [7] Vos iniquités, dit l'Éternel, et les iniquités de vos pères, qui ont fait des encensements sur les montagnes et m'ont outragé sur les collines! Or je mesurerai dans leur sein le salaire de ce qu'ils ont fait autrefois. [8] Ainsi a dit l'Éternel: Comme on dit, lorsqu'il se trouve du jus dans une grappe: Ne la détruis pas, car il y a là une bénédiction! ainsi ferai-je à cause de mes serviteurs, afin de ne pas tout détruire. [9] Je

ferai sortir de Jacob une postérité, et de Juda un possesseur de mes montagnes; mes élus les posséderont, et mes serviteurs y habiteront. ¹⁰ Et Saron servira de pâturage au menu bétail, et la vallée d'Acor sera le gîte du gros bétail, pour mon peuple qui m'aura cherché.

¹¹ Mais vous qui abandonnez l'Éternel, qui oubliez ma montagne sainte, qui dressez la table à Gad et remplissez la coupe pour Méni, ¹² Je vous destine aussi à l'épée, et vous vous courberez pour être égorgés; parce que j'ai appelé, et vous n'avez pas répondu; j'ai parlé, et vous n'avez pas écouté; mais vous avez fait ce qui est mal à mes yeux, et vous avez choisi ce qui me déplaît! ¹³ C'est pourquoi, ainsi a dit le Seigneur, l'Éternel: Voici, mes serviteurs mangeront, et vous aurez faim; mes serviteurs boiront, et vous aurez soif; voici, mes serviteurs seront dans la joie, et vous serez dans la confusion; ¹⁴ Voici, mes serviteurs chanteront, de la joie qu'ils auront au cœur; et vous, vous gémirez dans la douleur de votre cœur, et vous hurlerez dans le tourment de votre esprit! ¹⁵ Vous laisserez votre nom pour servir d'imprécation à mes élus; et le Seigneur, l'Éternel te fera mourir; mais il appellera ses serviteurs d'un autre nom. ¹⁶ Celui qui souhaitera d'être béni sur la terre, se bénira par le Dieu de vérité; et celui qui jurera sur la terre, jurera par le Dieu de vérité; car les détresses anciennes seront oubliées, et elles seront cachées à mes yeux. ¹⁷ Car voici, je vais créer de nouveaux cieux et une nouvelle terre; on ne se souviendra plus des choses passées, et elles ne reviendront plus en mémoire. ¹⁸ Mais réjouissez-vous à jamais, et soyez dans l'allégresse, à cause de ce que je vais créer. Car voici, je vais créer Jérusalem pour l'allégresse, et son peuple pour la joie. ¹⁹ Et je ferai de Jérusalem mon allégresse, et de mon peuple ma joie; et on n'y entendra plus le bruit des pleurs, ni le bruit des cris. ²⁰ Il n'y aura plus là d'enfant né pour peu de jours, ni de vieillard qui n'accomplisse ses jours; car celui qui mourra à cent ans, sera jeune, et le pécheur âgé de cent ans, sera maudit. ²¹ Ils bâtiront des maisons, et ils les habiteront; ils planteront des vignes, et ils en mangeront le fruit. ²² Ils ne bâtiront plus pour qu'un autre y habite, ils ne planteront plus pour qu'un autre en mange; car les jours de mon peuple seront comme les jours des arbres, et mes élus verront vieillir l'ouvrage de leurs mains. ²³ Ils ne se fatigueront plus en vain; ils n'enfanteront pas des enfants pour l'épouvante; car ils seront la race des bénis de l'Éternel, et leurs rejetons avec eux. ²⁴ Et il arrivera qu'avant qu'ils crient, je les exaucerai; quand ils parleront encore, je les aurai déjà entendus. ²⁵ Le loup et l'agneau paîtront ensemble; le lion mangera de la paille comme le bœuf; et le serpent aura la poussière pour sa nourriture. On ne fera plus de mal, et on ne détruira plus sur toute ma montagne sainte, a dit l'Éternel.

66

¹ Ainsi a dit l'Éternel: Le ciel est mon trône, et la terre mon marchepied. Quelle maison me bâtirez-vous? Quel lieu sera celui de mon repos? ² Car toutes ces choses, ma main les a faites, et toutes ces choses existent par elle, dit l'Éternel. Et voici à qui je regarde: à celui qui est humble, qui a l'esprit abattu, et qui tremble à ma parole. ³ Égorger un bœuf est comme tuer un homme; sacrifier une brebis, comme abattre un chien; présenter une offrande, comme répandre le sang d'un pourceau; faire un parfum d'encens, comme bénir une idole. Puisqu'ils ont choisi leurs voies et que leur âme prend plaisir à leurs abominations, ⁴ Moi aussi, je choisirai leur ruine, et je ferai venir sur eux ce qu'ils redoutent; parce que j'ai appelé et nul n'a répondu, j'ai parlé et ils n'ont point écouté, mais ils ont fait ce qui est mal à mes yeux, et ils ont choisi ce qui me déplaît. ⁵ Écoutez la parole de l'Éternel, vous qui tremblez à sa parole. Vos frères qui vous haïssent, et qui vous rejettent, à cause de mon nom, ont dit: Que l'Éternel montre sa gloire, et que nous voyions votre joie! Mais ils seront confondus. ⁶ Une voix éclatante vient de la ville, une

voix vient du temple, la voix de l'Éternel, qui rend à ses ennemis leur salaire. [7] Avant d'être en travail, elle a enfanté; avant de sentir les douleurs, elle a mis au monde un enfant mâle. [8] Qui a jamais entendu pareille chose? Qui en a vu de semblable? Un pays est-il enfanté en un jour, ou une nation naît-elle en une seule fois, que Sion ait enfanté ses fils aussitôt qu'elle a été en travail? [9] Moi, qui ouvre le sein, ne la ferai-je pas enfanter, dit l'Éternel? Moi qui fais enfanter, l'en empêcherai-je, dit ton Dieu? [10] Réjouissez-vous avec Jérusalem, soyez dans l'allégresse à cause d'elle, vous tous qui l'aimez! Réjouissez-vous avec elle d'une grande joie, vous tous qui pleuriez sur elle! [11] Afin que vous soyez allaités et rassasiés du lait de ses consolations; afin que vous buviez avec délices de sa glorieuse abondance. [12] Car ainsi a dit l'Éternel: Voici, je vais faire couler vers elle la paix comme un fleuve, et la gloire des nations comme un torrent débordé; et vous serez allaités, vous serez portés sur les bras, et caressés sur les genoux. [13] Je vous consolerai comme une mère console son fils, et vous serez consolés dans Jérusalem. [14] Vous le verrez, et votre cœur se réjouira, et vos os reprendront vigueur comme l'herbe. Et la main de l'Éternel se fera connaître pour ses serviteurs, et sa colère contre ses ennemis. [15] Car voici l'Éternel qui vient dans un feu, et ses chars sont comme l'ouragan, pour tourner sa colère en fureur, et ses menaces en flammes de feu. [16] Car l'Éternel exercera son jugement contre toute chair, par le feu et par son épée; et ceux que frappera l'Éternel, seront en grand nombre. [17] Ceux qui se sanctifient et qui se purifient au milieu des jardins, l'un après l'autre; qui mangent de la chair de pourceau, et des choses abominables, et des souris, périront tous ensemble, dit l'Éternel. [18] Mais pour moi, qui vois leurs œuvres et leurs pensées, le temps est venu de rassembler toutes les nations et toutes les langues; elles viendront, et verront ma gloire. [19] Je mettrai un signe en elles, et j'enverrai leurs réchappés vers les nations, à Tarsis, à Pul et à Lud, qui tirent de l'arc, à Tubal et à Javan, aux îles éloignées, qui n'ont jamais entendu parler de moi et qui n'ont point vu ma gloire; et ils publieront ma gloire parmi les nations. [20] Et ils amèneront tous vos frères, du milieu de toutes les nations, comme une offrande à l'Éternel, sur des chevaux, sur des chars, dans des litières, sur des mulets, sur des dromadaires, à ma montagne sainte, à Jérusalem, dit l'Éternel; comme les enfants d'Israël apportent l'offrande, dans un vase pur, à la maison de l'Éternel. [21] Et parmi eux aussi j'en prendrai pour être sacrificateurs et lévites, dit l'Éternel. [22] Car, comme les cieux nouveaux et la terre nouvelle que je vais créer, subsisteront devant moi, dit l'Éternel, ainsi subsisteront votre race et votre nom. [23] Et de mois en mois, et de sabbat en sabbat, toute chair viendra se prosterner devant moi, dit l'Éternel. [24] Et ils sortiront, et verront les cadavres des hommes qui se sont rebellés contre moi; car leur ver ne mourra point, leur feu ne s'éteindra point, et ils seront pour toute chair un objet d'horreur.

Jérémie

[1] Paroles de Jérémie, fils de Hilkija, d'entre les sacrificateurs qui étaient à Anathoth, dans le pays de Benjamin. [2] La parole de l'Éternel lui fut adressée au temps de Josias, fils d'Amon, roi de Juda, la treizième année de son règne; [3] Et aussi au temps de Jéhojakim, fils de Josias, roi de Juda, jusqu'à la fin de la onzième année de Sédécias, fils de Josias, roi de Juda, jusqu'à ce que Jérusalem fut emmenée en captivité, au cinquième mois. [4] La parole de l'Éternel me fut adressée, en ces mots: [5] Avant que je te formasse dans le sein de ta mère, je t'ai connu; avant que tu sortisses de son sein, je t'ai sanctifié; je t'ai établi prophète pour les nations. [6] Et je répondis: Ah! Seigneur Éternel, voici, je ne sais point parler; car je suis un enfant! [7] Et l'Éternel me dit: Ne dis pas: je suis un enfant; car tu iras vers tous ceux à qui je t'enverrai, et tu diras tout ce que je te commanderai. [8] Ne les crains point, car je suis avec toi pour te délivrer, dit l'Éternel. [9] Puis l'Éternel étendit sa main et toucha ma bouche. Et l'Éternel me dit: Voici, j'ai mis mes paroles dans ta bouche. [10] Regarde, je t'ai établi aujourd'hui sur les nations et sur les royaumes, pour que tu arraches et que tu démolisses, pour que tu ruines et que tu détruises, pour que tu bâtisses et que tu plantes. [11] Et la parole de l'Éternel me fut adressée, disant: Que vois-tu, Jérémie? Et je répondis: Je vois une branche d'amandier. [12] Et l'Éternel me dit: Tu as bien vu; car je veille sur ma parole pour l'exécuter. [13] Et la parole de l'Éternel me fut adressée une seconde fois, disant: Que vois-tu? Je réponds: Je vois une chaudière bouillante, du côté du Nord. [14] Et l'Éternel me dit: C'est du Nord que le mal se déchaînera sur tous les habitants du pays. [15] Car voici, je vais appeler toutes les tribus des royaumes du Nord, dit l'Éternel; ils viendront et mettront chacun leur trône à l'entrée des portes de Jérusalem, et contre toutes ses murailles à l'entour, et contre toutes les villes de Juda. [16] Et je prononcerai mes jugements contre eux, à cause de toute leur méchanceté, parce qu'ils m'ont abandonné et ont offert des parfums à d'autres dieux et se sont prosternés devant l'ouvrage de leurs mains. [17] Toi donc, ceins tes reins, lève-toi, et dis-leur tout ce que je te commanderai. Ne tremble pas devant eux, de peur que je ne te mette en pièces en leur présence. [18] Car voici, je t'établis aujourd'hui comme une ville forte, comme une colonne de fer, et comme une muraille d'airain contre tout le pays: contre les rois de Juda, contre ses chefs, contre ses sacrificateurs et contre le peuple du pays. [19] Ils combattront contre toi, mais ne pourront te vaincre; car je suis avec toi, dit l'Éternel, pour te délivrer.

2

[1] Puis la parole de l'Éternel me fut adressée en ces mots: [2] Va, et crie aux oreilles de Jérusalem, et dis: Ainsi a dit l'Éternel: Il me souvient à ton égard de l'affection de ta jeunesse, de l'amour de tes fiançailles, quand tu me suivais au désert, dans une terre qu'on n'ensemence point. [3] Israël était une chose sainte à l'Éternel; il était les prémices de son revenu. Tous ceux qui le dévoraient étaient coupables; il leur en arrivait du mal, dit l'Éternel. [4] Écoutez la parole de l'Éternel, maison de Jacob, et vous, toutes les familles de la maison d'Israël! [5] Ainsi a dit l'Éternel: Quelle injustice vos pères ont-ils trouvée en moi, qu'ils se soient éloignés de moi, pour marcher après la vanité et devenir vains? [6] Ils n'ont pas dit: Où est l'Éternel, qui nous a fait monter du pays d'Égypte, qui nous a conduits dans le désert, dans un pays de landes et de fondrières, dans un pays de sécheresse couvert de l'ombre de la mort, dans un pays où personne ne passait et où n'habitait aucun homme? [7] Et je vous ai fait entrer dans un pays de vergers, pour que vous en mangiez les fruits

et les biens. Mais, sitôt que vous y êtes entrés, vous avez souillé mon pays, et vous avez fait de mon héritage une abomination. [8] Les sacrificateurs n'ont pas dit: Où est l'Éternel? Les dépositaires de la loi ne m'ont point connu; les pasteurs se sont révoltés contre moi; les prophètes ont prophétisé par Baal, et sont allés après ce qui n'est d'aucun profit. [9] C'est pourquoi je conteste encore avec vous, dit l'Éternel, et je contesterai avec les enfants de vos enfants. [10] Passez, en effet, aux îles de Kittim, et regardez; envoyez en Kédar; observez bien, et voyez si pareille chose s'est faite. [11] Y a-t-il une nation qui ait changé ses dieux? Et pourtant ce ne sont pas des dieux. Et mon peuple a changé sa gloire contre ce qui n'est d'aucun profit! [12] Cieux, soyez étonnés de ceci, frémissez d'horreur et soyez stupéfaits! dit l'Éternel. [13] Car mon peuple a fait doublement mal: ils m'ont abandonné, moi qui suis la source des eaux vives, pour se creuser des citernes, des citernes crevassées qui ne retiennent point l'eau. [14] Israël est-il un esclave, ou est-il né dans la maison? Pourquoi donc a-t-il été mis au pillage? [15] Contre lui les lionceaux rugissent, ils ont fait entendre leur voix, ils ont mis son pays en désolation. Ses villes sont brûlées, il n'y a plus d'habitants. [16] Même les enfants de Noph et de Tacphanès te dévoreront le sommet de la tête. [17] Cela ne t'arrive-t-il pas parce que tu as abandonné l'Éternel ton Dieu, pendant qu'il te conduisait par le chemin? [18] Et maintenant qu'as-tu à faire d'aller en Égypte boire l'eau du Shichor et qu'as-tu à faire d'aller en Assyrie pour boire de l'eau du Fleuve? [19] Ta malice te châtiera, et tes infidélités te reprendront; et tu sauras et tu verras que c'est une chose mauvaise et amère que tu aies abandonné l'Éternel, ton Dieu, et que ma crainte ne soit pas en toi, dit le Seigneur, l'Éternel des armées. [20] Parce que dès longtemps tu as brisé ton joug, rompu tes liens, tu as dit: Je ne servirai point! Mais, sur toute colline élevée et sous tout arbre vert, tu t'inclines, tu te prostitues! [21] Et moi, je t'avais plantée comme une vigne excellente, dont tout le plant était franc; comment t'es-tu changée pour moi en sarments de vigne étrangère? [22] Quand tu te laverais avec du nitre, et que tu prendrais de la potasse en abondance, ton iniquité demeurerait marquée devant moi, dit le Seigneur, l'Éternel. [23] Comment dis-tu: Je ne me suis point souillée, je ne suis point allée après les Baals? Regarde tes pas dans la vallée, reconnais ce que tu as fait, dromadaire légère, qui ne tient pas de route certaine; [24] Anesse sauvage, accoutumée au désert, qui, dans le désir qui l'anime, hume le vent. Qui l'arrêtera dans son ardeur? Nul de ceux qui la cherchent ne se fatigue; on la trouvera même en son mois. [25] Garde ton pied de se déchausser, ton gosier d'avoir soif! Mais tu dis: C'en est fait! Non! car j'aime les étrangers, et j'irai après eux. [26] Comme un voleur est confus quand il est surpris, ainsi seront confus ceux de la maison d'Israël; eux, leurs rois, leurs chefs, leurs sacrificateurs, et leurs prophètes. [27] Ils disent au bois: Tu es mon père, et à la pierre: Tu m'as donné la vie. Car ils m'ont tourné le dos et non le visage. Et ils diront, au temps de leur malheur: "Lève-toi, et nous délivre! " [28] Et où sont les dieux que tu t'es faits? Qu'ils se lèvent, s'ils peuvent te sauver au temps de ton malheur. Car tes dieux, ô Juda, sont aussi nombreux que tes villes! [29] Pourquoi plaideriez-vous avec moi? Vous vous êtes tous rebellés contre moi, dit l'Éternel. [30] En vain ai-je frappé vos enfants: ils n'ont point reçu d'instruction. Votre épée a dévoré vos prophètes, comme un lion destructeur. [31] O génération, considérez la parole de l'Éternel! Ai-je été un désert pour Israël, ou une terre de ténèbres? Pourquoi mon peuple a-t-il dit: "Nous sommes nos maîtres; nous ne viendrons plus à toi? " [32] La vierge oublie-t-elle ses ornements, la jeune épouse ses ceintures? Mais mon peuple m'a oublié durant des jours sans nombre! [33] Comme tu es habile dans tes voies, pour chercher ce que tu aimes! C'est pourquoi aussi tu accoutumes tes voies aux crimes. [34] Même sur les pans de ta robe se trouve le sang des pauvres, des innocents, que tu n'avais point trouvés en effraction. [35] Bien plus; après toutes ces choses, tu dis: Oui, je suis innocente! certainement sa colère s'est détournée de moi! Voici, je vais entrer en jugement avec toi, sur ce que tu dis: Je n'ai point péché. 36 Pourquoi tant te précipiter pour changer ton chemin! Tu auras autant de confusion de l'Égypte que tu en as eu de l'Assyrie. 37 De là aussi tu sortiras ayant tes mains sur la tête. Car l'Éternel a rejeté les objets de ta confiance, et tu ne réussiras point auprès d'eux.

3

1 L'Éternel a dit: Si quelqu'un renvoie sa femme, et qu'elle le quitte et se joigne à un autre homme, retournera-t-il encore vers elle? Le pays même n'en serait-il pas vraiment souillé? Or toi, qui t'es prostituée à plusieurs amants, reviens à moi, dit l'Éternel. 2 Lève les yeux vers les hauteurs, et regarde: où ne t'es-tu pas prostituée! Tu te tenais sur les chemins comme un Arabe au désert, et tu as souillé le pays par tes prostitutions et par ta malice. 3 Aussi les pluies ont-elles été retenues, et il n'y a pas eu de pluie de l'arrière-saison. Et tu as eu le front d'une femme débauchée; tu n'as pas voulu avoir honte. 4 Maintenant tu crieras vers moi: Mon père! tu es l'ami de ma jeunesse! 5 Gardera-t-il à toujours sa colère? la conservera-t-il à jamais? Voilà comment tu parles; et tu fais le mal, et tu l'accomplis! 6 L'Éternel me dit dans les jours du roi Josias: As-tu vu ce qu'a fait Israël, la rebelle? Elle est allée sur toute haute montagne, et sous tout arbre vert, et elle s'est prostituée? 7 Et je disais: après avoir fait toutes ces choses, elle reviendra à moi. Mais elle n'est pas revenue. Et sa sœur, Juda, la perfide, l'a vu. 8 Et j'ai vu que, quoique j'eusse répudié Israël, la rebelle, à cause de tous ses adultères, et que je lui eusse donné sa lettre de divorce, cependant sa sœur, Juda, la perfide, n'en a point eu de crainte; mais elle s'en est allée et s'est aussi prostituée. 9 Par le bruit de sa prostitution, elle a souillé le pays; elle a commis adultère avec la pierre et le bois. 10 Et, malgré tout cela, sa sœur Juda, la perfide, n'est pas revenue à moi de tout son cœur, mais elle l'a fait avec mensonge, dit l'Éternel. 11 L'Éternel donc m'a dit: Israël, la rebelle, s'est montrée plus juste que Juda, la perfide. 12 Va, et crie ces paroles vers le Nord, et dis: Reviens, Israël, la rebelle! dit l'Éternel. Je ne prendrai point pour vous un visage sévère; car je suis miséricordieux, dit l'Éternel; je ne garde pas ma colère à toujours. 13 Mais reconnais ton iniquité: que tu t'es révoltée contre l'Éternel ton Dieu, que tu as tourné çà et là tes pas vers les étrangers, sous tout arbre vert, et que tu n'as point écouté ma voix, dit l'Éternel. 14 Convertissez-vous, enfants rebelles, dit l'Éternel; car je suis votre maître, et je vous prendrai, un d'une ville et deux d'une famille, et je vous ramènerai dans Sion; 15 Et je vous donnerai des bergers selon mon cœur, qui vous paîtront avec science et intelligence. 16 Et quand vous aurez multiplié et fructifié sur la terre, en ces jours-là, dit l'Éternel, on ne dira plus: L'arche de l'alliance de l'Éternel! Elle ne reviendra plus à la pensée; on n'en fera plus mention; on ne s'en informera plus, et elle ne sera plus refaite. 17 En ce temps-là, on appellera Jérusalem le trône de l'Éternel, et toutes les nations s'assembleront à Jérusalem, au nom de l'Éternel, et elles ne suivront plus la dureté de leur mauvais cœur. 18 En ces jours-là, la maison de Juda marchera avec la maison d'Israël, et elles viendront ensemble, du pays du Nord, au pays que j'ai donné en héritage à vos pères. 19 Et moi, j'ai dit: Comment t'admettrai-je au nombre de mes fils, et te donnerai-je la terre désirable, le plus excellent héritage des nations? Et j'ai dit: Tu me crieras: Mon père! et tu ne te détourneras plus de moi. 20 Mais, comme une femme est infidèle à son compagnon, ainsi vous m'avez été infidèles, maison d'Israël, dit l'Éternel. 21 Une voix se fait entendre sur les lieux élevés: ce sont les pleurs, les supplications des enfants d'Israël; car ils ont perverti leur voie, ils ont oublié l'Éternel leur Dieu. 22 Convertissez-vous, enfants rebelles! Je guérirai vos infidélités. Dites: Nous

venons à toi! car tu es l'Éternel notre Dieu. ²³ Certainement on s'attend en vain aux collines et à la multitude des montagnes; certainement c'est en l'Éternel notre Dieu qu'est la délivrance d'Israël. ²⁴ Et la honte a dévoré le travail de nos pères, dès notre jeunesse, leurs brebis et leurs bœufs, leurs fils et leurs filles. ²⁵ Couchons-nous dans notre honte, et que notre ignominie nous couvre! Car nous avons péché contre l'Éternel notre Dieu, nous et nos pères, dès notre jeunesse et jusqu'à ce jour; et nous n'avons point obéi à la voix de l'Éternel notre Dieu.

4

¹ Israël, si tu reviens, si tu reviens à moi, dit l'Éternel, si tu ôtes tes abominations de devant moi, tu ne seras plus errant. ² Et tu jureras: L'Éternel est vivant! en vérité, en équité et en justice. Alors les nations seront bénies en lui, et se glorifieront en lui. ³ Car ainsi a dit l'Éternel aux hommes de Juda et de Jérusalem ⁴ Soyez circoncis à l'Éternel, et circoncisez vos cœurs, hommes de Juda, habitants de Jérusalem! De peur que ma fureur ne sorte comme un feu, et qu'elle ne s'enflamme, sans que personne ne l'éteigne, à cause de la méchanceté de vos actions. ⁵ Annoncez en Juda, et publiez à Jérusalem, et dites: Sonnez de la trompette dans le pays. Criez à pleine voix, dites: Assemblez-vous, et allons aux villes fortes! ⁶ Élevez l'étendard vers Sion! Fuyez et ne vous arrêtez pas! Car j'amène du Nord le mal, une grande ruine. ⁷ Le lion monte hors de son fourré; le destructeur des nations est en marche; il est sorti de son lieu pour faire de ton pays une désolation, pour que tes villes soient ruinées, et qu'il n'y ait plus d'habitants. ⁸ C'est pourquoi ceignez-vous de sacs, lamentez-vous et gémissez; car l'ardeur de la colère de l'Éternel ne s'est point détournée de vous. ⁹ Et en ce jour-là, dit l'Éternel, le cœur du roi et le cœur des chefs seront éperdus; les sacrificateurs seront troublés, et les prophètes seront stupéfaits. ¹⁰ Et je dis: Ah! Seigneur Éternel! Tu as donc véritablement abusé ce peuple et Jérusalem, en disant: Vous aurez la paix! et l'épée a pénétré jusqu'à l'âme. ¹¹ En ce temps-là, il sera dit à ce peuple et à Jérusalem: Un vent brûlant souffle des lieux élevés du désert, sur le chemin de la fille de mon peuple; non pour vanner, ni pour nettoyer. ¹² Plus impétueux est le vent qui viendra de ma part. Maintenant je prononcerai mes jugements sur eux. ¹³ Voici, il monte comme des nuées, et ses chars sont comme un tourbillon. Ses chevaux sont plus légers que les aigles. Malheur à nous, car nous sommes détruits! ¹⁴ Jérusalem, purifie ton cœur du mal, afin que tu sois délivrée. Jusqu'à quand entretiendras-tu des pensées mauvaises au-dedans de toi? ¹⁵ Car une voix apporte des nouvelles de Dan; elle annonce l'affliction depuis la montagne d'Éphraïm. ¹⁶ Rappelez-le aux nations! Voici, publiez-le contre Jérusalem! Les assiégeants viennent d'un pays éloigné, et ils ont jeté leur cri contre les villes de Juda. ¹⁷ Ils se sont mis tout autour d'elle, comme ceux qui gardent un champ; car elle m'a été rebelle, dit l'Éternel. ¹⁸ Ta conduite, tes actions t'ont préparé ces choses; c'est là le fruit de ta méchanceté; oui, cela est amer, cela pénètre jusqu'à ton cœur. ¹⁹ Mes entrailles! mes entrailles! Je sens de la douleur; le dedans de mon cœur, le cœur me bat. Je ne puis me taire! Car, ô mon âme! tu as entendu le son de la trompette, le cri du combat. ²⁰ Ruine sur ruine est annoncée; car tout le pays est détruit; mes tentes sont détruites tout d'un coup, mes pavillons en un moment! ²¹ Jusqu'à quand verrai-je l'étendard, entendrai-je le bruit de la trompette? ²² C'est que mon peuple est insensé. Ils ne me connaissent pas. Ce sont des enfants insensés, dépourvus d'intelligence. Ils sont habiles pour faire le mal; mais ils ne savent pas faire le bien. ²³ Je regarde la terre, et voici elle est informe et vide; et les cieux, et leur lumière n'est plus. ²⁴ Je regarde les montagnes, et voici, elles chancellent, et toutes les collines sont ébranlées. ²⁵ Je regarde, et voici, il n'y a pas un seul homme, et tous les oiseaux des cieux ont fui. ²⁶ Je regarde, et voici, le Carmel est un désert, et toutes ses villes sont détruites, devant l'Éternel, devant

l'ardeur de sa colère. ²⁷ Car ainsi a dit l'Éternel: Tout le pays sera dévasté; quoique je ne fasse pas une destruction entière. ²⁸ A cause de cela, la terre sera dans le deuil, et les cieux en haut seront noirs, parce que je l'ai dit, je l'ai résolu; je n'en reviendrai pas; je ne m'en repentirai point. ²⁹ Au bruit des cavaliers et des tireurs d'arc toutes les villes prennent la fuite; ils entrent dans les bois, montent sur les rochers; toutes les villes sont abandonnées, il n'y reste plus d'habitants. ³⁰ Et toi, dévastée, que fais-tu? Quoique tu te revêtes de pourpre, que tu te pares d'ornements d'or, et que tu bordes tes yeux de fard, tu t'embellis en vain: tes amants t'ont méprisée; c'est ta vie qu'ils cherchent. ³¹ Car j'entends comme le cri d'une femme en travail, comme l'angoisse d'une femme à son premier enfantement; c'est le cri de la fille de Sion qui soupire, étendant les mains: "Ah! malheur à moi! car mon âme succombe sous les meurtriers! "

5

¹ Parcourez les rues de Jérusalem; regardez, et considérez, et informez-vous dans les places, si vous trouvez un homme, s'il y en a un qui fasse ce qui est droit, qui cherche la vérité, et je pardonne à la ville. ² Même s'ils disent: L'Éternel est vivant! c'est faussement qu'ils jurent. ³ Éternel! n'est-ce pas à la fidélité que tes yeux regardent? Tu les frappes, et ils n'éprouvent pas de douleur; tu les consumes, et ils ne veulent pas recevoir instruction. Ils ont endurci leurs faces plus qu'un rocher; ils refusent de se convertir. ⁴ Je disais: mais ce ne sont que les petits; ils se montrent insensés, parce qu'ils ne connaissent pas la voie de l'Éternel, le droit de leur Dieu. ⁵ J'irai donc vers les grands et je leur parlerai; car eux, ils connaissent la voie de l'Éternel, le droit de leur Dieu. Mais, eux aussi, ils ont brisé le joug, rompu les liens! ⁶ C'est pourquoi le lion de la forêt les tue; le loup du désert les ravage; le léopard est au guet contre leurs villes; quiconque en sortira sera dévoré. Car leurs rébellions se sont multipliées, leurs infidélités se sont renforcées. ⁷ Pourquoi te pardonnerais-je? Tes fils m'ont abandonné, et ils jurent par ce qui n'est pas dieu; je les ai rassasiés, et ils ont commis adultère; ils se pressent en foule dans la maison de la prostituée. ⁸ Ils sont comme des chevaux bien nourris, qui courent çà et là; ils hennissent chacun après la femme de son prochain. ⁹ Ne punirais-je point ces choses-là, dit l'Éternel, et mon âme ne se vengerait-elle pas d'une telle nation? ¹⁰ Montez sur ses murailles, et renversez-les! Mais ne détruisez pas entièrement. Otez ses sarments, car ils ne sont pas à l'Éternel! ¹¹ Car la maison d'Israël et la maison de Juda ont agi très perfidement envers moi, dit l'Éternel. ¹² Ils ont renié l'Éternel, et ils ont dit: "Ce n'est pas lui! et le mal ne viendra pas sur nous; nous ne verrons ni l'épée ni la famine. ¹³ Les prophètes ne sont que du vent; il n'y a point d'oracle en eux; qu'il leur soit fait ainsi! " ¹⁴ C'est pourquoi, ainsi a dit l'Éternel, le Dieu des armées: Parce que vous avez prononcé cette parole, voici, je fais de mes paroles dans ta bouche un feu, et de ce peuple du bois, et ce feu les consumera. ¹⁵ Voici, je fais venir de loin une nation contre vous, maison d'Israël, dit l'Éternel; c'est une nation puissante, une nation ancienne, une nation dont tu ne sauras point la langue, et tu n'entendras point ce qu'elle dira. ¹⁶ Son carquois est comme un tombeau ouvert; tous, ils sont vaillants. ¹⁷ Elle dévorera ta moisson et ton pain; elle dévorera tes fils et tes filles; elle dévorera tes brebis et tes bœufs; elle dévorera ta vigne et ton figuier; elle détruira par l'épée tes villes fortes dans lesquelles tu te confies. ¹⁸ Toutefois, même en ces jours-là, dit l'Éternel, je ne vous achèverai pas entièrement. ¹⁹ Et il arrivera que vous direz: Pourquoi l'Éternel notre Dieu nous a-t-il fait toutes ces choses? Tu leur diras: Comme vous m'avez abandonné, et que vous avez servi les dieux de l'étranger dans votre pays, ainsi servirez-vous les étrangers dans un pays qui ne sera pas à vous. ²⁰ Faites savoir ceci à la maison de Jacob, publiez-le en Juda, et dites: ²¹ Écoutez donc ceci, peuple insensé et dépourvu de sens, qui avez des yeux et ne voyez point, des oreilles et n'entendez point. ²² Ne

me craindrez-vous pas, dit l'Éternel, ne tremblerez-vous pas devant moi, qui ai posé le sable pour limite à la mer, borne éternelle qu'elle ne passera point? Ses vagues s'agitent, mais elles sont impuissantes; elles grondent, mais elles ne la passeront point. ²³ Mais ce peuple a un cœur rétif et rebelle; ils reculent, ils s'en vont; ²⁴ Ils ne disent pas dans leur cœur: Craignons donc l'Éternel, notre Dieu, qui donne la pluie de la première et de la dernière saison, et nous garde les semaines ordonnées pour la moisson. ²⁵ Vos iniquités ont détourné tout cela; vos péchés retiennent loin de vous le bien. ²⁶ Car il s'est trouvé dans mon peuple des méchants, qui épient comme l'oiseleur qui tend des lacets; ils dressent des pièges mortels, et prennent des hommes. ²⁷ Comme une cage est remplie d'oiseaux, ainsi leurs maisons sont remplies de fraude; aussi sont-ils devenus grands et riches. ²⁸ Ils sont engraissés, ils sont brillants; ils ont surpassé tout mal, ils ne jugent point la cause, la cause de l'orphelin, et ils prospèrent; ils ne font pas droit aux pauvres. ²⁹ Ne punirais-je point ces choses-là, dit l'Éternel? mon âme ne se vengerait-elle pas d'une telle nation? ³⁰ Une chose étonnante, horrible, se fait dans le pays: ³¹ Les prophètes prophétisent le mensonge, et les sacrificateurs dominent par leur moyen, et mon peuple a pris plaisir à cela! Que ferez-vous donc quand viendra la fin?

6

¹ Fuyez, enfants de Benjamin, du milieu de Jérusalem! Sonnez de la trompette à Thékoa, et élevez un signal vers Beth-Kérem; car de l'Aquilon un mal est imminent, une grande ruine! ² La belle, la délicate, la fille de Sion, je la détruis! ³ Vers elle viennent des bergers et leurs troupeaux; ils plantent contre elle des tentes à l'entour; ils dévorent chacun son quartier. ⁴ Préparez le combat contre elle! Allons! montons en plein midi. Hélas! le jour décline; les ombres du soir s'étendent. ⁵ Allons! montons de nuit, et ruinons ses palais! ⁶ Car ainsi a dit l'Éternel des armées: Abattez les arbres, élevez des terrasses contre Jérusalem. C'est ici la ville qui doit être châtiée. Il n'y a qu'oppression au milieu d'elle. ⁷ Comme un puits fait sourdre ses eaux, ainsi fait-elle jaillir sa malice. On n'entend continuellement en elle, devant moi, que violence et ruine; on n'y voit que douleurs et que plaies. ⁸ Jérusalem, reçois l'instruction, de peur que mon âme ne se détache de toi; de peur que je ne fasse de toi un désert, une terre inhabitée! ⁹ Ainsi a dit l'Éternel des armées: On grappillera comme une vigne les restes d'Israël. Remets, comme un vendangeur, ta main aux paniers. ¹⁰ A qui parlerai-je, et qui sommerai-je, pour qu'ils écoutent? Voici, leur oreille est incirconcise, et ils ne peuvent entendre; voici la parole de l'Éternel est pour eux un opprobre; ils n'y prennent point de plaisir. ¹¹ Et je suis rempli de la fureur de l'Éternel, et je suis las de la contenir. Répands-la sur l'enfant dans la rue, et sur l'assemblée des jeunes gens aussi; car tant l'homme que la femme seront pris, le vieillard et celui qui est chargé de jours. ¹² Et leurs maisons passeront à d'autres, les champs et les femmes aussi; car j'étendrai ma main sur les habitants du pays, dit l'Éternel. ¹³ Car, depuis le plus petit d'entre eux jusqu'au plus grand, chacun s'adonne au gain déshonnête; et du prophète au sacrificateur, tous se conduisent faussement. ¹⁴ Et ils pansent à la légère la plaie de la fille de mon peuple, disant: Paix, paix! et il n'y a point de paix. ¹⁵ Sont-ils confus d'avoir commis des abominations? Ils n'en ont même aucune honte, et ils ne savent ce que c'est que de rougir. C'est pourquoi ils tomberont parmi ceux qui tombent; quand je les visiterai, ils seront renversés, dit l'Éternel. ¹⁶ Ainsi a dit l'Éternel: Tenez-vous sur les chemins, et regardez, et enquérez-vous des sentiers d'autrefois, quel est le bon chemin; et marchez-y, et vous trouverez le repos de vos âmes! Et ils répondent: Nous n'y marcherons point. ¹⁷ Et j'ai établi sur vous des sentinelles: Soyez attentifs au son de la trompette! Et ils répondent: Nous n'y serons point attentifs. ¹⁸ Vous donc, nations, écoutez! Assemblée des peuples, sachez

ce qui leur arrivera! ¹⁹ Écoute, terre! Voici, je fais venir un mal sur ce peuple, c'est le fruit de leurs pensées; car ils n'ont point été attentifs à mes paroles, et ils ont rejeté ma loi. ²⁰ Qu'ai-je à faire de l'encens qui vient de Shéba, du roseau aromatique d'un pays éloigné? Vos holocaustes ne me plaisent pas, et vos sacrifices ne me sont point agréables. ²¹ C'est pourquoi ainsi a dit l'Éternel: Voici, je vais mettre devant ce peuple des pierres d'achoppement, contre lesquelles tomberont ensemble pères et fils, voisins et amis, et ils périront. ²² Ainsi a dit l'Éternel: Voici, un peuple vient du pays du Nord, une grande nation se lève des extrémités de la terre. ²³ Ils prendront l'arc et le javelot; ils sont cruels et n'ont pas de pitié; leur voix gronde comme la mer, et, montés sur des chevaux, ils sont rangés comme un seul homme en bataille contre toi, fille de Sion! ²⁴ Nous en entendons le bruit; nos mains deviennent lâches; l'angoisse nous saisit, une douleur comme de celle qui enfante. ²⁵ Ne sortez pas aux champs, et n'allez point par les chemins! Car l'épée de l'ennemi, la frayeur est partout. ²⁶ Fille de mon peuple, ceins-toi d'un sac, et roule-toi dans la cendre! Prends le deuil comme pour un fils unique, et fais une lamentation très amère; car le destructeur vient subitement sur nous. ²⁷ Je t'ai établi en observateur au milieu de mon peuple, comme une forteresse, afin que tu connaisses et sondes leur voie. ²⁸ Tous sont rebelles et plus que rebelles, des calomniateurs, de l'airain et du fer. ²⁹ Ils sont tous dénaturés. Le soufflet est brûlé; le plomb est consumé par le feu; c'est en vain que l'on fond et refond: les méchants ne sont point séparés. ³⁰ On les appellera un argent réprouvé; car l'Éternel les réprouve.

7

¹ La parole qui fut adressée à Jérémie de la part de l'Éternel, en ces mots: ² Tiens-toi à la porte de la maison de l'Éternel, et là, crie cette parole, et dis: Écoutez la parole de l'Éternel, vous tous, hommes de Juda, qui entrez par ces portes pour vous prosterner devant l'Éternel. ³ Ainsi a dit l'Éternel des armées, le Dieu d'Israël: Amendez vos voies et vos actions, et je vous ferai habiter en ce lieu. ⁴ Ne vous fiez pas à des paroles trompeuses, disant: C'est ici le temple de l'Éternel, le temple de l'Éternel, le temple de l'Éternel! ⁵ Mais si sérieusement vous amendez vos voies et vos actions; si vous pratiquez la justice envers les uns et les autres; ⁶ Si vous ne faites point de tort à l'étranger, à l'orphelin, à la veuve, et ne répandez point en ce lieu le sang innocent, et ne marchez pas après les dieux étrangers, pour votre ruine; ⁷ Alors je vous ferai habiter en ce lieu, au pays que j'ai donné à vos pères, d'un siècle à l'autre siècle. ⁸ Voici, vous vous fiez sur des paroles trompeuses, sans aucun profit. ⁹ Quoi! vous dérobez, vous tuez, vous commettez des adultères, vous jurez faussement, vous offrez de l'en-cens à Baal, et allez après d'autres dieux que vous ne connaissez pas! ¹⁰ Puis vous venez vous présenter devant moi, dans cette maison, sur laquelle mon nom est invoqué, et vous dites: "Nous sommes délivrés ... " pour faire toutes ces abominations-là! ¹¹ N'est-elle plus à vos yeux qu'une caverne de voleurs, cette maison sur laquelle mon nom est invoqué? Et voici, moi-même je le vois, dit l'Éternel. ¹² Mais allez vers mon lieu, qui était à Silo, où je fis habiter mon nom au commencement, et voyez ce que je lui ai fait, à cause de la malice de mon peuple d'Israël. ¹³ Et maintenant, puisque vous faites toutes ces actions, dit l'Éternel, et que je vous ai parlé, parlé dès le matin, et que vous n'avez point écouté; que je vous ai appelés et que vous n'avez pas répondu; ¹⁴ Je traiterai cette maison sur laquelle mon nom est invoqué et sur laquelle vous vous fiez, et ce lieu que je vous ai donné, à vous et à vos pères, comme j'ai traité Silo; ¹⁵ Et je vous rejetterai de devant ma face, comme j'ai rejeté tous vos pères, toute la postérité d'Éphraïm. ¹⁶ Et toi, ne prie pas pour ce peuple, n'élève pour eux ni cri ni requête, et ne me sollicite point, car je ne t'écouterai pas. ¹⁷ Ne vois-tu pas ce qu'ils font dans les villes de Juda et dans les rues de Jérusalem? ¹⁸ Les fils ramassent le bois, les pères

allument le feu, et les femmes pétrissent la pâte, pour faire des gâteaux à la reine des cieux et des libations à d'autres dieux, afin de m'offenser. [19] Est-ce moi qu'ils offensent? dit l'Éternel. N'est-ce pas eux-mêmes, à la confusion de leurs faces? [20] C'est pourquoi, ainsi a dit le Seigneur, l'Éternel: Voici, ma colère, ma fureur va fondre sur ce lieu, sur les hommes et sur les bêtes, sur les arbres des champs et sur les fruits de la terre; elle brûlera et ne s'éteindra point. [21] Ainsi a dit l'Éternel des armées, le Dieu d'Israël: Ajoutez vos holocaustes à vos sacrifices, et mangez-en la chair. [22] Car je n'ai point parlé avec vos pères et je ne leur ai point donné de commandement, au jour où je les fis sortir du pays d'Égypte, touchant les holocaustes et les sacrifices. [23] Mais voici ce que je leur ai commandé et dit: Écoutez ma voix, et je serai votre Dieu, et vous serez mon peuple; et marchez dans toutes les voies que je vous ordonne, afin que vous soyez heureux. [24] Mais ils n'ont point écouté, ils n'ont point prêté l'oreille; mais ils ont suivi les conseils, l'obstination de leur mauvais cœur, et ils se sont tournés en arrière au lieu de venir à moi. [25] Depuis le jour où vos pères sortirent du pays d'Égypte jusqu'à ce jour, je vous ai envoyé mes serviteurs les prophètes; je vous les ai envoyés chaque jour, dès le matin. [26] Mais ils ne m'ont point écouté, ils n'ont point prêté l'oreille; ils ont roidi leur cou; ils ont fait pis que leurs pères. [27] Et tu leur prononceras toutes ces paroles; mais ils ne t'écouteront pas. Tu crieras après eux; mais ils ne te répondront pas. [28] Alors tu leur diras: C'est ici la nation qui n'a pas écouté la voix de l'Éternel, son Dieu, et qui n'a point reçu instruction. La fidélité a péri; elle est retranchée de leur bouche! [29] Rase ta chevelure, et jette-la au loin; et sur les hauteurs, prononce une complainte! Car l'Éternel rejette et abandonne cette race, objet de son courroux. [30] Car les enfants de Juda ont fait ce qui est mal à mes yeux, dit l'Éternel. Ils ont placé leurs abominations dans la maison sur laquelle mon nom est invoqué, afin de la souiller. [31] Et ils ont bâti les hauts lieux de Thopheth, qui est dans la vallée du fils de Hinnom, pour brûler au feu leurs fils et leurs filles, ce que je n'ai pas commandé et à quoi je n'ai point pensé. [32] C'est pourquoi, voici, les jours viennent, dit l'Éternel, où l'on ne dira plus Thopheth et la vallée du fils de Hinnom, mais la vallée de la tuerie; et on ensevelira à Thopheth, faute de place. [33] Et les cadavres de ce peuple seront la pâture des oiseaux des cieux et des bêtes de la terre, et il n'y aura personne qui les trouble. [34] Et je ferai cesser dans les villes de Juda et dans les rues de Jérusalem, la voix de joie et la voix d'allégresse, la voix de l'époux et la voix de l'épouse; car le pays sera un désert.

8

[1] En ce temps-là, dit l'Éternel, on jettera les os des rois de Juda, et les os de ses princes, les os des sacrificateurs, les os des prophètes et les os des habitants de Jérusalem, hors de leurs sépultures; [2] On les étendra devant le soleil, et devant la lune, et devant toute l'armée des cieux qu'ils ont aimés, qu'ils ont servis et après lesquels ils ont marché, qu'ils ont recherchés et devant lesquels ils se sont prosternés. Ils ne seront point recueillis, ni ensevelis; ils seront comme du fumier sur la face du sol. [3] Et la mort sera plus désirable que la vie pour tous ceux qui seront restés de cette race mauvaise, dans tous les lieux où j'en aurai chassé les restes, dit l'Éternel des armées. [4] Tu leur diras donc: Ainsi a dit l'Éternel: Si l'on tombe, ne se relève-t-on pas? et si l'on se détourne, ne revient-on pas? [5] Pourquoi donc ce peuple de Jérusalem, s'est-il égaré d'un égarement continuel? Ils persistent dans la tromperie; ils refusent de se convertir. [6] J'ai prêté l'oreille, j'ai écouté: ils ne parlent pas droitement. Nul ne se repent de sa méchanceté, en me dit: Qu'ai-je fait? Tous ils retournent à leur course, comme le cheval qui se précipite au combat. [7] La cigogne même connaît dans les cieux ses saisons; la tourterelle, l'hirondelle et la grue

observent le temps où elles doivent venir; mais mon peuple ne connaît pas le jugement de l'Éternel. ⁸ Comment dites-vous: Nous sommes sages, et la loi de l'Éternel est avec nous? Mais voici, la plume menteuse des scribes en fait un mensonge! ⁹ Les sages seront confus; ils seront épouvantés, et ils seront pris. Car ils ont rejeté la parole de l'Éternel, et quelle sagesse auraient-ils? ¹⁰ C'est pourquoi je donnerai leurs femmes à d'autres, et leurs champs à de nouveaux possesseurs. Car, depuis le plus petit jusqu'au plus grand, tous sont avides de gain. Depuis le prophète jusqu'au sacrificateur, tous se conduisent faussement. ¹¹ Ils pansent à la légère la plaie de la fille de mon peuple, en disant: Paix, paix! et il n'y a point de paix. ¹² Ont-ils été confus de ce qu'ils ont commis l'abomination? Ils n'en ont même eu aucune honte, et ils ne savent ce que c'est de rougir. C'est pourquoi ils tomberont avec ceux qui tombent; au temps de leur visitation ils seront renversés, dit l'Éternel. ¹³ Je les enlèverai entièrement, dit l'Éternel. Il n'y a point de grappes à la vigne; il n'y a point de figues au figuier; la feuille est flétrie; ce que je leur ai donné sera enlevé! ¹⁴ Pourquoi demeurons-nous assis? Assemblez-vous, et entrons dans les villes fortes, et nous y périrons! Car l'Éternel notre Dieu a résolu notre perte; il nous fait boire des eaux empoisonnées; parce que nous avons péché contre l'Éternel. ¹⁵ On attendait la paix, mais il n'y a rien de bon; un temps de guérison, et voici la terreur! ¹⁶ Du côté de Dan se fait entendre le ronflement de leurs chevaux; au bruit du hennissement de leurs puissants coursiers, toute la terre tremble. Ils viennent; ils dévorent le pays et ce qu'il contient, la ville et ceux qui y habitent. ¹⁷ Car voici, j'envoie contre vous des serpents, des basilics, contre lesquels il n'y a point de charme; ils vous mordront, dit l'Éternel. ¹⁸ Ah! du répit pour ma douleur! Mon cœur souffre au-dedans de moi! ¹⁹ Voici la voix de la fille de mon peuple, qui crie d'un pays éloigné: L'Éternel n'est-il plus dans Sion? Son roi n'est-il plus au milieu d'elle? Pourquoi m'ont-ils irrité par leurs images taillées, par les vanités de l'étranger? ²⁰ La moisson est passée, l'été a pris fin, et nous ne sommes pas délivrés! ²¹ Je suis blessé de la blessure de la fille de mon peuple; j'en suis en deuil, la désolation m'en a saisi. ²² N'y a-t-il point de baume en Galaad? N'y a-t-il point de médecin? Pourquoi donc la plaie de la fille de mon peuple n'est-elle pas consolidée?

9

¹ Oh! que ma tête n'est-elle de l'eau, et mes yeux une fontaine de larmes! Je pleurerais jour et nuit les blessés à mort de la fille de mon peuple. ² Que n'ai-je au désert une cabane de voyageurs! J'abandonnerais mon peuple et m'en irais loin d'eux; car ce sont tous des adultères, c'est une troupe de perfides. ³ Ils tendent leur langue comme un arc, pour lancer le mensonge; ce n'est pas pour la vérité qu'ils sont vaillants dans le pays; car ils vont de malice en malice, et ils ne me connaissent point, dit l'Éternel. ⁴ Gardez-vous chacun de son ami, et ne vous fiez à aucun de vos frères; car tout frère fait métier de supplanter, et tout ami répand la calomnie. ⁵ Et chacun se moque de son prochain; et on ne dit point la vérité. Ils ont formé leur langue à dire le mensonge; ils se fatiguent pour faire le mal. ⁶ Ta demeure est au sein de la fausseté. C'est par fausseté qu'ils refusent de me connaître, dit l'Éternel. ⁷ C'est pourquoi, ainsi a dit l'Éternel des armées: Voici je vais les mettre au creuset et les éprouver. Car comment agirais-je à l'égard de la fille de mon peuple? ⁸ Leur langue est un trait meurtrier qui profère le mensonge; chacun a la paix dans la bouche avec son prochain, mais au-dedans il lui dresse des embûches. ⁹ Ne les punirais-je pas pour ces choses-là, dit l'Éternel? Mon âme ne se vengerait-elle pas d'une telle nation? ¹⁰ Sur les montagnes j'élèverai ma voix avec larmes, avec gémissements; et sur les pâturages du désert je prononcerai une complainte, car ils sont brûlés, et personne n'y passe. On n'y entend plus la voix des troupeaux; les oiseaux des cieux et le bétail se sont enfuis; ils ont disparu. ¹¹ Et je réduirai Jérusalem en monceaux de ruines, en repaires

de chacals; et je ferai des villes de Juda un désert sans habitants. [12] Qui est l'homme sage qui entende ceci, à qui la bouche de l'Éternel ait parlé, et qui déclare pourquoi le pays est perdu, brûlé comme le désert, et sans personne qui y passe? [13] L'Éternel a dit: C'est parce qu'ils ont abandonné ma loi, que j'avais mise devant eux, et qu'ils n'ont pas écouté ma voix et ne l'ont pas suivie; [14] Mais qu'ils ont suivi la dureté de leur cœur et les Baals, comme leurs pères. [15] C'est pourquoi, ainsi a dit l'Éternel des armées, le Dieu d'Israël: Voici, je vais nourrir ce peuple d'absinthe, et je lui ferai boire des eaux empoisonnées. [16] Et je les disperserai parmi des nations qu'ils n'ont connues, ni eux ni leurs pères; et j'enverrai après eux l'épée, jusqu'à ce que je les aie consumés. [17] Ainsi a dit l'Éternel des armées: Cherchez, appelez des pleureuses, et qu'elles viennent; envoyez vers les femmes sages, et qu'elles viennent. [18] Qu'elles se hâtent, et qu'elles prononcent sur nous une complainte; et que nos yeux fondent en larmes, que l'eau coule de nos paupières. [19] Car une voix de lamentation se fait entendre de Sion: Quel est notre désastre! Nous sommes couverts de honte! Car nous abandonnons le pays; car on a renversé nos demeures! [20] Femmes, écoutez la parole de l'Éternel; et que votre oreille reçoive la parole de sa bouche. Enseignez vos filles à se lamenter, et chacune sa compagne à faire des complaintes! [21] Car la mort est montée par nos fenêtres; elle a pénétré dans nos palais, exterminant les enfants dans la rue, et les jeunes gens dans les places publiques. [22] Dis: Ainsi a dit l'Éternel: Les cadavres des hommes tomberont comme du fumier sur les champs, et comme une poignée d'épis derrière les moissonneurs, sans que personne les ramasse! [23] Ainsi a dit l'Éternel: Que le sage ne se glorifie pas de sa sagesse; que le fort ne se glorifie pas de sa force, et que le riche ne se glorifie pas de sa richesse. [24] Mais que celui qui se glorifie, se glorifie de ce qu'il a de l'intelligence, et qu'il me connaît, et qu'il sait que je suis l'Éternel qui exerce la miséricorde, le droit et la justice sur la terre; car c'est en ces choses que je prends plaisir, dit l'Éternel. [25] Voici, les jours viennent, dit l'Éternel, où je punirai tous les circoncis qui ne le sont pas du cœur: [26] L'Égypte, Juda, Édom, les enfants d'Ammon, Moab, et tous ceux qui se rasent les coins de la chevelure et qui habitent le désert. Car toutes les nations sont incirconcises, et toute la maison d'Israël est incirconcise de cœur.

10

[1] Écoutez la parole que l'Éternel a prononcée pour vous, maison d'Israël. [2] Ainsi a dit l'Éternel: N'apprenez pas les façons de faire des nations; et ne craignez pas les signes des cieux, parce que les nations les craignent. [3] Car les statuts des peuples ne sont que vanité. On coupe le bois dans la forêt; la main de l'ouvrier le travaille à la hache; [4] On l'embellit avec de l'argent et de l'or; on le fixe avec des clous et des marteaux, pour qu'il ne vacille point. [5] Ils sont semblables, ces dieux, à une colonne faite au tour, et ils ne parlent pas. Il faut qu'on les porte, parce qu'ils ne peuvent marcher. Ne les craignez pas; car ils ne font point de mal; comme aussi faire du bien n'est pas en leur puissance. [6] Nul n'est semblable à toi, ô Éternel! Tu es grand, et tu as un grand renom de puissance. [7] Qui ne te craindrait, roi des nations? Car cela t'est dû. Car parmi les plus sages des nations et dans tous leurs royaumes, nul n'est semblable à toi. [8] Ils sont tous ensemble abrutis et insensés. Ce bois n'enseigne que vanités. [9] C'est de l'argent en plaques, apporté de Tarsis, et de l'or d'Uphaz; l'œuvre du sculpteur et des mains de l'orfèvre. La pourpre et l'écarlate sont leur vêtement; tous ils sont l'ouvrage de gens habiles. [10] Mais l'Éternel est le Dieu de vérité; c'est le Dieu vivant et le roi éternel. Devant sa colère la terre tremble, et les nations ne peuvent soutenir son courroux. [11] Vous leur direz ainsi: Les dieux qui n'ont point fait les cieux et la terre périront de dessus la terre, de dessous les cieux! [12] C'est lui qui a fait la terre par sa puissance; qui a fondé le monde par sa sagesse; qui

a étendu les cieux par son intelligence. [13] Au son de sa voix les eaux s'amassent dans les cieux; il fait monter les vapeurs du bout de la terre; il produit les éclairs et la pluie, et tire le vent de ses trésors. [14] Tout homme est abruti dans sa science, tout orfèvre est honteux de son image taillée; car les idoles ne sont que mensonge; il n'y a point de respiration en elles; [15] Elles ne sont que vanité, œuvre de tromperie; elles périront au temps où Dieu les visitera. [16] Celui qui est la part de Jacob n'est pas comme elles; car c'est lui qui a tout formé, et Israël est la tribu de son héritage. Son nom est l'Éternel des armées. [17] Rassemble de terre ton bagage, toi qui es assise dans la détresse. [18] Car ainsi a dit l'Éternel: Voici, cette fois je vais lancer comme avec la fronde les habitants du pays; et je vais les mettre à l'étroit, afin qu'on les atteigne. [19] Malheur à moi! Je suis brisée! Ma plaie est douloureuse! Mais moi je dis: Eh bien, c'est ma souffrance, et je la supporterai. [20] Ma tente est détruite; tous mes cordages sont rompus; mes fils m'ont quittée, ils ne sont plus. Je n'ai personne qui dresse de nouveau ma tente, qui relève mes pavillons. [21] Car les bergers étaient stupides; ils ne cherchaient pas l'Éternel. C'est pour cela qu'ils n'ont pas prospéré, et que tous leurs troupeaux ont été dispersés. [22] Voici, une rumeur se fait entendre, un grand tumulte vient du pays du Nord, pour faire des villes de Juda un désert, un repaire de chacals. [23] Éternel! je connais que la voie de l'homme ne dépend pas de lui, et qu'il n'est pas au pouvoir de l'homme qui marche, de bien diriger ses pas. [24] O Éternel! châtie-moi, toutefois avec mesure; non pas en ta colère, de peur que tu ne me réduises à néant. [25] Répands ta fureur sur les nations qui ne te connaissent pas, et sur les tribus qui n'invoquent point ton nom. Car elles ont dévoré Jacob, et elles le dévorent; elles l'ont consumé, et elles ont mis sa demeure en désolation.

11

[1] La parole qui fut adressée à Jérémie, de la part de l'Éternel, en ces mots: [2] Écoutez les paroles de cette alliance, et parlez aux hommes de Juda et aux habitants de Jérusalem. [3] Tu leur diras: Ainsi a dit l'Éternel, le Dieu d'Israël: Maudit est l'homme qui n'écoute pas les paroles de cette alliance, [4] Que j'ai prescrite à vos pères le jour où je les ai retirés du pays d'Égypte, de la fournaise de fer, en disant: Écoutez ma voix, et faites toutes les choses que je vous commande, et vous serez mon peuple et je serai votre Dieu; [5] J'accomplirai le serment que j'ai fait à vos pères, de leur donner un pays où coulent le lait et le miel, comme vous le voyez aujourd'hui. Et je répondis et dis: Amen! ô Éternel! [6] Et l'Éternel me dit: Crie toutes ces paroles par les villes de Juda et par les rues de Jérusalem, en disant: Écoutez les paroles de cette alliance, et observez-les. [7] Car j'ai sommé vos pères, depuis le jour où je les fis monter du pays d'Égypte jusqu'à ce jour, je les ai sommés dès le matin, disant: Écoutez ma voix! [8] Mais ils n'ont pas écouté; ils n'ont pas prêté l'oreille; ils ont marché chacun selon la dureté de son cœur. Et j'ai fait venir sur eux toutes les paroles de cette alliance, que je leur avais commandé de garder et qu'ils n'ont point gardée. [9] Et l'Éternel me dit: Il y a une conjuration entre les hommes de Juda et entre les habitants de Jérusalem. [10] Ils sont retournés aux iniquités de leurs ancêtres qui ont refusé d'écouter mes paroles, et ils sont allés après d'autres dieux pour les servir. La maison d'Israël et la maison de Juda ont violé mon alliance, que j'ai traitée avec leurs pères. [11] C'est pourquoi, ainsi a dit l'Éternel: Voici, je vais faire venir sur eux un mal duquel ils ne pourront sortir; ils crieront vers moi, mais je ne les écouterai point. [12] Et les villes de Juda et les habitants de Jérusalem s'en iront crier vers les dieux auxquels ils offrent leurs parfums; mais ils ne les sauveront point au temps de leur malheur. [13] Car, ô Juda! tu as autant de dieux que de villes, et, autant il y a de rues à Jérusalem, autant vous avez dressé d'autels à l'infamie, des autels pour offrir des parfums à Baal. [14] Et toi, n'intercède pas pour ce peuple, n'élève

pour eux ni cri ni prière; car je ne les écouterai pas, lorsqu'ils crieront vers moi à cause de leur malheur. [15] Que viendrait faire mon bien-aimé dans ma maison? Cette foule n'y est que pour commettre la fraude! Mais on ôtera de devant toi la chair sacrée. Quand tu fais le mal, c'est alors que tu t'élèves! [16] Olivier verdoyant, excellent par la beauté de son fruit, ainsi l'appelait l'Éternel. Au bruit d'un grand fracas il y allume le feu, et ses rameaux sont brisés! [17] Et l'Éternel des armées, qui t'a planté, a prononcé le mal contre toi, à cause du mal que se sont fait à elles-mêmes la maison d'Israël et la maison de Juda, en m'irritant par leurs encensements à Baal. [18] L'Éternel me l'a fait connaître, et je l'ai connu; alors tu m'as fait voir leurs œuvres. [19] Et moi, comme un agneau familier, qu'on mène pour être égorgé, je ne savais pas les mauvais desseins qu'ils méditaient contre moi: "Détruisons l'arbre avec son fruit, et l'exterminons de la terre des vivants, et qu'il ne soit plus fait mention de son nom! " [20] Mais l'Éternel des armées est un juste juge, qui sonde les reins et les cœurs. Tu me feras voir la vengeance que tu tireras d'eux; car je t'ai découvert ma cause. [21] C'est pourquoi, ainsi a dit l'Éternel contre les gens d'Anathoth, qui cherchent ta vie et qui disent: Ne prophétise pas au nom de l'Éternel, et tu ne mourras pas de notre main; [22] C'est pourquoi, ainsi dit l'Éternel des armées: Voici, je vais les punir; les jeunes hommes mourront par l'épée; leurs fils et leurs filles mourront par la famine. [23] Et il ne restera rien d'eux; car je ferai venir le mal sur les gens d'Anathoth, l'année de leur visitation.

12

[1] Tu demeures juste, ô Éternel, quand je conteste avec toi; toutefois je parlerai de jugements avec toi. Pourquoi la voie des méchants prospère-t-elle? Pourquoi sont-ils en paix tous ceux qui agissent perfidement? [2] Tu les as plantés, ils ont pris racine. Ils avancent, même ils fructifient. Tu es près de leur bouche, mais loin de leur cœur. [3] Mais toi, Éternel! tu me connais, tu me vois, et tu éprouves quel est mon cœur envers toi. Traîne-les comme des brebis qu'on doit égorger, et prépare-les pour le jour du carnage! [4] Jusqu'à quand le pays sera-t-il dans le deuil, et l'herbe de tous les champs sera-t-elle desséchée? A cause de la malice de ses habitants, les bêtes et les oiseaux disparaissent. Car ils disent: Il ne verra pas notre fin. [5] Si tu as couru avec les gens de pied et qu'ils t'aient lassé, comment lutteras-tu d'ardeur avec les chevaux? Et si tu n'es en assurance que dans une terre de paix, que feras-tu devant l'orgueil du Jourdain? [6] Car même tes frères et la maison de ton père, même ceux-là sont perfides envers toi, même ceux-là crient à plein gosier derrière toi. Ne les crois pas, quand même ils te parleront amicalement. [7] J'ai abandonné ma maison; j'ai délaissé mon héritage; j'ai livré ce que mon âme aimait, aux mains de ses ennemis. [8] Mon héritage a été pour moi comme un lion dans la forêt; il a jeté son cri contre moi; c'est pourquoi je l'ai pris en haine. [9] Mon héritage m'est-il un oiseau de diverses couleurs, que les oiseaux de proie fassent cercle autour de lui? Allez, rassemblez toutes les bêtes des champs; amenez-les pour le dévorer. [10] De nombreux bergers ont ravagé ma vigne; ils ont foulé mon partage; ils ont réduit mon beau partage en un désert affreux. [11] On en fait une solitude; il est désolé, il est en deuil devant moi. Tout le pays devient désolé, car personne n'y a rien pris à cœur. [12] Sur tous les lieux élevés du désert les destructeurs viennent; car l'épée de l'Éternel dévore le pays d'un bout à l'autre; il n'y a de paix pour personne. [13] Ils ont semé du froment, et ils moissonnent des épines; ils se sont fatigués sans profit. Soyez honteux de vos récoltes, à cause de l'ardeur de la colère de l'Éternel! [14] Ainsi a dit l'Éternel contre tous mes mauvais voisins, qui mettent la main sur l'héritage que j'ai fait hériter à mon peuple d'Israël: Voici, je vais les arracher de leur pays, et j'arracherai la maison de Juda du milieu d'eux. [15] Mais il arrivera qu'après les avoir arrachés, j'aurai encore compassion d'eux, et je

les ferai retourner chacun à son héritage et chacun à sa terre. ¹⁶ Et il arrivera que, s'ils apprennent les voies de mon peuple, s'ils jurent par mon nom, et disent: L'Éternel est vivant! comme ils ont enseigné à mon peuple à jurer par Baal, ils seront établis au milieu de mon peuple. ¹⁷ Mais s'ils n'écoutent pas, j'arracherai entièrement une telle nation, et je la ferai périr, dit l'Éternel.

13

¹ Ainsi m'a dit l'Éternel: Va, achète-toi une ceinture de lin, et mets-la sur tes reins; mais ne la trempe pas dans l'eau. ² J'achetai donc la ceinture, suivant la parole de l'Éternel, et je la mis sur mes reins. ³ Et la parole de l'Éternel me fut adressée une seconde fois, en disant: ⁴ Prends la ceinture que tu as achetée, et qui est sur tes reins; lève-toi, va-t'en vers l'Euphrate, et là, cache-la dans la fente d'un rocher. ⁵ J'allai donc et je la cachai près de l'Euphrate, comme l'Éternel me l'avait commandé. ⁶ Et il arriva, plusieurs jours après, que l'Éternel me dit: Lève-toi, va vers l'Euphrate, et reprends la ceinture que je t'avais commandé d'y cacher. ⁷ Et j'allai vers l'Euphrate, et je creusai, et je pris la ceinture du lieu où je l'avais cachée, mais voici, la ceinture était gâtée; elle n'était plus bonne à rien. ⁸ Et la parole de l'Éternel me fut adressée, en disant: ⁹ Ainsi a dit l'Éternel: C'est ainsi que je gâterai l'orgueil de Juda, le grand orgueil de Jérusalem. ¹⁰ Ce peuple de méchants, qui refusent d'écouter mes paroles, et qui marchent suivant la dureté de leur cœur, et qui vont après d'autres dieux pour les servir et pour se prosterner devant eux, il sera comme cette ceinture qui n'est plus bonne à rien. ¹¹ Car, comme on attache la ceinture aux reins d'un homme, ainsi je m'étais attaché toute la maison d'Israël et toute la maison de Juda, dit l'Éternel, afin qu'elles fussent mon peuple, mon renom, ma louange et ma gloire; mais ils ne m'ont point écouté. ¹² Tu leur diras donc cette parole: Ainsi a dit l'Éternel, le Dieu d'Israël: Tout vase à vin se remplit de vin. Et ils te diront: Ne savons-nous pas bien que tout vase à vin se remplit de vin? ¹³ Mais tu leur diras: Ainsi a dit l'Éternel: Voici, je vais remplir d'ivresse tous les habitants de ce pays, les rois qui sont assis sur le trône de David, les sacrificateurs, les prophètes et tous les habitants de Jérusalem. ¹⁴ Et je les briserai les uns contre les autres, les pères et les fils ensemble, dit l'Éternel; je n'épargnerai pas; je n'aurai ni pitié, ni miséricorde; rien ne m'empêchera de les détruire. ¹⁵ Écoutez et prêtez l'oreille; ne vous élevez point, car l'Éternel a parlé. ¹⁶ Donnez gloire à l'Éternel, votre Dieu, avant qu'il fasse venir les ténèbres, avant que vos pieds heurtent contre les montagnes obscures; vous attendrez la lumière, et il la changera en ombre de la mort, il la réduira en obscurité profonde. ¹⁷ Si vous n'écoutez point ceci, mon âme pleurera en secret à cause de votre orgueil; mon œil pleurera, il se fondra en larmes, parce que le troupeau de l'Éternel sera emmené captif. ¹⁸ Dis au roi et à la reine: Asseyez-vous bien bas! Car elle est tombée de vos têtes, la couronne de votre gloire! ¹⁹ Les villes du Midi sont fermées, il n'y a personne qui les ouvre; tout Juda est transporté, transporté entièrement. ²⁰ Lève tes yeux! Vois ceux qui viennent du Nord. Où est le troupeau qui t'a été donné, où sont les brebis qui faisaient ta gloire? ²¹ Que diras-tu de ce qu'il te châtie? C'est toi-même qui leur as appris à dominer en maîtres sur toi. Les douleurs ne te saisiront-elles pas, comme la femme qui enfante? ²² Et si tu dis en ton cœur: Pourquoi cela m'arrive-t-il? C'est à cause de la grandeur de ton iniquité, que les pans de tes habits sont relevés, et que tes talons sont maltraités. ²³ Un more changerait-il sa peau, ou un léopard ses taches? Alors aussi vous pourriez faire le bien, vous qui êtes dressés à faire le mal. ²⁴ Je les disperserai comme du chaume emporté par le vent du désert. ²⁵ Tel est ton sort, la portion que je te mesure, dit l'Éternel, parce que tu m'as oublié et que tu as mis ta confiance dans le mensonge. ²⁶ Moi donc aussi je relèverai tes pans sur ton visage,

et ta honte paraîtra. [27] Tes adultères et tes hennissements, l'énormité de tes prostitutions sur les collines et dans la campagne, tes abominations, je les ai vues. Malheur à toi, Jérusalem! Combien de temps encore seras-tu impure?

14

[1] La parole de l'Éternel, qui fut adressée à Jérémie, à l'occasion de la sécheresse: [2] Juda est dans le deuil; et dans ses portes on languit tristement couché à terre, et le cri de Jérusalem monte vers le ciel. [3] Et les grands d'entre eux envoient les petits chercher de l'eau; ils vont aux citernes, et ne trouvent point d'eau; ils reviennent leurs vases vides; ils sont honteux et confus, et couvrent leur tête. [4] A cause du sol qui est consterné, parce qu'il n'y a point eu de pluie au pays, les laboureurs confus et honteux se couvrent la tête. [5] Même la biche, dans la campagne, fait son faon et l'abandonne, parce qu'il n'y a point d'herbe. [6] Les ânes sauvages se tiennent sur les lieux élevés, humant le vent comme les chacals; leurs yeux sont éteints, parce qu'il n'y a point de verdure. [7] Si nos iniquités témoignent contre nous, agis à cause de ton nom, ô Éternel! Car nos infidélités sont nombreuses; c'est contre toi que nous avons péché. [8] Toi qui es l'attente d'Israël et son libérateur au temps de la détresse, pourquoi serais-tu dans le pays comme un étranger, et comme un voyageur qui se détourne pour passer la nuit! [9] Pourquoi serais-tu comme un homme stupéfait, et comme un héros qui ne peut sauver? Mais tu es au milieu de nous, ô Éternel! et ton nom est invoqué sur nous: ne nous abandonne pas! [10] Ainsi a dit l'Éternel au sujet de ce peuple: C'est ainsi qu'ils aiment à aller çà et là. Ils ne retiennent point leurs pieds, et l'Éternel ne prend point plaisir en eux. Il se souvient maintenant de leur iniquité, et il punit leurs péchés. [11] Puis l'Éternel me dit: N'intercède pas en faveur de ce peuple. [12] S'ils jeûnent, je n'écouterai point leur cri, et s'ils offrent des holocaustes et des oblations, je ne les agréerai point; car je vais les consumer par l'épée, par la famine et par la peste. [13] Et je dis: Ah! Seigneur Éternel! voici, les prophètes leur disent: Vous ne verrez point d'épée, et vous n'aurez point de famine; mais je vous donnerai dans ce lieu-ci une paix assurée! [14] Et l'Éternel me dit: C'est le mensonge, que ces prophètes prophétisent en mon nom. Je ne les ai point envoyés, je ne leur ai point donné de charge, et je ne leur ai point parlé. Ce sont des visions de mensonge, de vaines prédictions, des tromperies de leur cœur, qu'ils vous prophétisent. [15] C'est pourquoi ainsi a dit l'Éternel, touchant ces prophètes qui prophétisent en mon nom sans que je les aie envoyés, et qui disent: "Il n'y aura ni épée, ni famine dans ce pays", ces prophètes eux-mêmes périront par l'épée et par la famine. [16] Et ce peuple auquel ils prophétisent, sera jeté par la famine et l'épée dans les rues de Jérusalem, sans que personne les ensevelisse, tant eux que leurs femmes, leurs fils et leurs filles, et je répandrai sur eux leur méchanceté. [17] Et dis-leur cette parole: Que mes yeux se fondent en larmes nuit et jour, et qu'ils ne cessent point! Car la vierge, fille de mon peuple, a été frappée d'un grand coup, d'une plaie fort douloureuse. [18] Si je sors aux champs, voici des gens percés de l'épée, et si j'entre dans la ville, voici des gens qui meurent de faim. Le prophète même et le sacrificateur courent par le pays, sans savoir où ils vont. [19] Aurais-tu entièrement rejeté Juda? Ton âme aurait-elle Sion en horreur? Pourquoi nous frappes-tu sans qu'il y ait pour nous de guérison? On attend la paix, mais il n'y a rien de bon; un temps de guérison, et voici la terreur! [20] Éternel! nous reconnaissons notre méchanceté, l'iniquité de nos pères; car nous avons péché contre toi! [21] A cause de ton nom ne rejette pas, ne déshonore pas ton trône de gloire; souviens-toi; ne romps pas ton alliance avec nous! [22] Parmi les vaines idoles des nations y en a-t-il qui fassent pleuvoir? Ou sont-ce les cieux qui donnent la pluie menue? N'est-ce pas toi, Éternel, notre Dieu? Et nous espérerons en toi; car c'est toi qui fais toutes ces choses.

15

¹ Et l'Éternel me dit: Quand Moïse et Samuel se tiendraient devant moi, mon âme n'en serait point inclinée vers ce peuple. Chasse-le de devant ma face, et qu'il s'en aille! ² Et s'ils te disent: Où irons-nous? Tu leur répondras: Ainsi a dit l'Éternel: A la mort ceux qui sont pour la mort, à l'épée ceux qui sont pour l'épée, à la famine ceux qui sont pour la famine, à la captivité ceux qui sont pour la captivité. ³ Et j'enverrai sur eux quatre sortes de fléaux, dit l'Éternel: l'épée pour tuer, et les chiens pour traîner, les oiseaux des cieux et les bêtes de la terre pour dévorer et pour détruire. ⁴ Et je les livrerai pour être agités à tous les royaumes de la terre, à cause de Manassé, fils d'Ézéchias, roi de Juda, et de tout ce qu'il a fait dans Jérusalem. ⁵ Car qui serait ému de compassion pour toi, Jérusalem! Ou qui viendrait te plaindre; ou qui se détournerait pour s'informer de ta prospérité? ⁶ Tu m'as abandonné, dit l'Éternel, tu es allée en arrière; mais j'étends ma main sur toi, et je te détruis. Je suis las d'avoir pitié. ⁷ Je les vannerai avec un van jusqu'aux portes du pays. Je priverai d'enfants, je ferai périr mon peuple; ils ne se sont pas détournés de leurs voies. ⁸ Je multiplierai ses veuves plus que le sable des mers; je ferai venir sur eux, sur la mère du jeune homme, celui qui détruit en plein midi; je ferai tomber subitement sur elle l'angoisse et la frayeur. ⁹ Celle qui avait enfanté sept fils languit; elle rend l'esprit; son soleil se couche quand il est encore jour; elle est honteuse et confuse. Ceux qui lui restent, je les livrerai à l'épée devant leurs ennemis, dit l'Éternel. ¹⁰ Malheur à moi, ô ma mère! de ce que tu m'as fait naître homme de contestation et homme de dispute pour tout ce pays! Je n'ai rien prêté, et je n'ai rien emprunté, et cependant chacun me maudit! ¹¹ L'Éternel dit: Ne te réservé-je pas pour le bien? Ne ferai-je pas qu'au temps de la calamité, au temps de la détresse, l'ennemi te supplie? ¹² Le fer brisera-t-il le fer du Nord et l'airain? ¹³ Tes richesses et tes trésors, je les livrerai, sans prix, au pillage, à cause de tous tes péchés, et dans toutes tes frontières. ¹⁴ Je te ferai passer, avec tes ennemis, dans un pays que tu ne connais pas; car le feu de ma colère s'est allumé; il brûlera contre vous. ¹⁵ Tu sais tout, ô Éternel! Souviens-toi de moi, visite-moi, venge-moi de mes persécuteurs! Ne m'enlève pas, en différant ta colère; reconnais que je souffre l'opprobre pour toi! ¹⁶ Dès que j'ai trouvé tes paroles, je les ai dévorées; et tes paroles sont la joie et l'allégresse de mon cœur. Car ton nom est invoqué sur moi, Éternel, Dieu des armées! ¹⁷ Je ne me suis point assis dans l'assemblée des moqueurs, pour m'y réjouir; mais, à cause de ta main, je me suis assis solitaire, car tu me remplissais d'indignation. ¹⁸ Pourquoi ma douleur est-elle continuelle? Et pourquoi ma plaie est-elle incurable, et ne veut-elle pas guérir? Serais-tu pour moi comme une source qui trompe, comme des eaux qui ne durent pas? ¹⁹ C'est pourquoi ainsi a dit l'Éternel: Si tu reviens, je te ramènerai: tu te tiendras devant moi; et si tu sépares ce qui est précieux de ce qui est vil, tu seras ma bouche; ils se tourneront vers toi, et tu ne te tourneras pas vers eux. ²⁰ Et je ferai que tu sois pour ce peuple comme une muraille d'airain fortifiée, et s'ils te combattent, ils ne l'emporteront pas sur toi; car je suis avec toi pour te sauver et te délivrer, dit l'Éternel. ²¹ Et je te délivrerai de la main des méchants, et te rachèterai de la main des violents.

16

¹ Puis la parole de l'Éternel me fut adressée en ces mots: ² Tu ne prendras point de femme, et tu n'auras point dans ce lieu de fils ni de filles. ³ Car ainsi a dit l'Éternel, sur les fils et les filles qui naîtront en ce lieu, et sur leurs mères qui les auront enfantés, et sur leurs pères qui les auront engendrés dans ce pays: ⁴ Ils mourront de mort misérable; ils ne seront ni pleurés, ni ensevelis; mais ils seront comme du fumier sur la terre; ils seront consumés par l'épée et par la famine, et leurs cadavres serviront de pâture aux oiseaux

des cieux et aux bêtes de la terre. [5] Car ainsi a dit l'Éternel: N'entre pas dans la maison de deuil, et ne va pas te lamenter ni t'affliger avec eux; car j'ai retiré de ce peuple ma paix, dit l'Éternel, ma grâce et mes compassions. [6] Grands et petits mourront en ce pays; ils ne seront pas ensevelis: on ne les pleurera pas, on ne se fera point d'incisions, et l'on ne se rasera pas pour eux. [7] On ne rompra pas le pain dans le deuil, pour consoler quelqu'un au sujet d'un mort; on n'offrira pas la coupe de consolation, pour leur père ou pour leur mère. [8] N'entre pas non plus dans la maison de festin, pour t'asseoir avec eux, pour manger ou pour boire. [9] Car ainsi a dit l'Éternel des armées, le Dieu d'Israël: Voici, je ferai cesser en ce lieu, devant vos yeux et en vos jours, la voix de joie et la voix d'allégresse, la voix de l'époux et la voix de l'épouse. [10] Et quand tu auras annoncé à ce peuple toutes ces choses, et qu'ils te diront: "Pourquoi l'Éternel a-t-il prononcé tout ce grand mal contre nous? Quelle est donc notre iniquité, quel est le péché que nous avons commis contre l'Éternel notre Dieu?" [11] Tu leur diras: C'est parce que vos pères m'ont abandonné, dit l'Éternel, et sont allés après d'autres dieux et les ont servis, et se sont prosternés devant eux; parce qu'ils m'ont abandonné et n'ont pas gardé ma loi; [12] Et que vous faites encore pis que vos pères. Car voici, chacun de vous marche suivant la dureté de son cœur méchant, pour ne point m'écouter. [13] Aussi je vous transporterai de ce pays dans un pays que vous n'avez point connu, ni vous ni vos pères, et là vous servirez les autres dieux, jour et nuit, car je ne vous accorderai point de grâce. [14] C'est pourquoi voici, les jours viennent, dit l'Éternel, où l'on ne dira plus: L'Éternel est vivant, lui qui a fait monter du pays d'Égypte les enfants d'Israël; [15] Mais on dira: L'Éternel est vivant, lui qui a fait monter les enfants d'Israël du pays du Nord, et de tous les pays où il les avait chassés; car je les ramènerai dans leur pays, que j'avais donné à leurs pères. [16] Voici, j'envoie de nombreux pêcheurs, dit l'Éternel, et ils les pêcheront; et après cela, j'enverrai de nombreux chasseurs, et ils les chasseront de toutes les montagnes, et de toutes les collines, et des fentes des rochers. [17] Car mes yeux sont sur toutes leurs voies; elles ne me sont point cachées, et leur iniquité n'est point couverte devant mes yeux. [18] Et je leur rendrai d'abord le double de leur iniquité et de leur péché, parce qu'ils ont souillé ma terre par les cadavres de leurs infamies, et qu'ils ont rempli mon héritage de leurs abominations. [19] Éternel! ma force, mon rempart, et mon refuge au jour de la détresse! les nations viendront à toi des bouts de la terre, et elles diront: Nos pères n'ont hérité que le mensonge, que des choses vaines, où il n'y a point de profit. [20] L'homme se fera-t-il lui-même des dieux, qui ne sont pas des dieux? [21] C'est pourquoi, voici, je leur ferai connaître cette fois, je leur ferai connaître ma force et ma puissance, et ils sauront que mon nom est l'Éternel.

17

[1] Le péché de Juda est écrit avec un burin de fer, avec une pointe de diamant; il est gravé sur la table de leurs cœurs et sur les cornes de leurs autels. [2] Comme ils pensent à leurs enfants, ainsi pensent-ils à leurs autels et à leurs images d'Ashéra auprès des arbres verts et sur les hautes collines. [3] Je livrerai au pillage ma montagne avec la campagne, tes richesses, tes trésors et tes hauts lieux, à cause de tes péchés sur tout ton territoire. [4] Et, par ta faute, tu laisseras en repos l'héritage que je t'avais donné, et je t'asservirai à tes ennemis dans un pays que tu ne connais pas; car vous avez allumé le feu de ma colère, et il brûlera à toujours. [5] Ainsi a dit l'Éternel: Maudit est l'homme qui se confie en l'homme, et qui de la chair fait son bras, et dont le cœur se retire de l'Éternel! [6] Il sera comme un homme dénué de secours dans la plaine stérile; il ne verra point venir le bien; mais il habitera au désert, dans les lieux secs, dans une terre salée et inhabitable. [7] Béni

soit l'homme qui se confie en l'Éternel, dont l'Éternel est la confiance! [8] Il sera comme un arbre planté près des eaux, qui étend ses racines le long d'une eau courante; qui, lorsque vient la chaleur, ne la craint point, mais dont la feuille est verte; il n'est point en peine dans l'année de sécheresse, et ne cesse pas de porter du fruit. [9] Le cœur est trompeur par-dessus tout, et désespérément malin; qui le connaîtra? [10] Moi, l'Éternel, je sonde le cœur, et j'éprouve les reins; et cela pour rendre à chacun selon ses voies, selon le fruit de ses actions. [11] Celui qui acquiert des richesses, mais non point avec droit, est comme une perdrix qui couve ce qu'elle n'a point pondu; il les laissera au milieu de ses jours, et à la fin il se trouvera qu'il est un insensé. [12] Le lieu de notre sanctuaire est un trône de gloire, un lieu élevé dès le commencement. [13] Éternel, qui es l'attente d'Israël! tous ceux qui t'abandonnent seront confondus! - Ceux qui se détournent de moi seront écrits sur la terre; car ils abandonnent la source des eaux vives, l'Éternel. [14] Éternel! guéris-moi, et je serai guéri; sauve-moi, et je serai sauvé; car tu es ma louange. [15] Voici, ceux-ci me disent: "Où est la parole de l'Éternel? Qu'elle arrive donc! " [16] Et moi, je n'ai pas refusé d'être pasteur à ta suite, et je n'ai pas désiré le jour du malheur, tu le sais! Ce qui est sorti de mes lèvres a été devant toi. [17] Ne sois pas pour moi un sujet d'effroi! Tu es mon refuge au jour de l'affliction. [18] Que ceux qui me persécutent soient honteux, et que je ne sois point confus; qu'ils soient effrayés, et que je ne sois point effrayé! Amène sur eux le jour du malheur, et frappe-les d'une double plaie! [19] Ainsi m'a dit l'Éternel: Va, et tiens-toi à la porte des enfants du peuple, par laquelle entrent les rois de Juda et par laquelle ils sortent, et à toutes les portes de Jérusalem, [20] Et dis-leur: Écoutez la parole de l'Éternel, rois de Juda, et tout Juda, et vous tous, habitants de Jérusalem, qui entrez par ces portes. [21] Ainsi a dit l'Éternel: Prenez garde à vos âmes, et ne portez aucun fardeau le jour du sabbat, et n'en faites point passer par les portes de Jérusalem; [22] Et ne transportez hors de vos maisons aucun fardeau, le jour du sabbat; et ne faites aucune œuvre; mais sanctifiez le jour du sabbat, comme je l'ai commandé à vos pères. [23] Cependant ils n'ont pas écouté; ils n'ont pas incliné l'oreille; mais ils ont roidi leur cou, pour ne point écouter et ne point recevoir instruction. [24] Mais si vous m'écoutez attentivement, dit l'Éternel, pour ne faire passer aucun fardeau par les portes de cette ville le jour du sabbat, et pour sanctifier le jour du sabbat, en ne faisant aucun travail ce jour-là, [25] Alors les rois et les princes, assis sur le trône de David, entreront par les portes de cette ville, montés sur des chars et sur des chevaux, eux et leurs princes, les hommes de Juda et les habitants de Jérusalem; et cette ville sera habitée à toujours. [26] On viendra des villes de Juda et des environs de Jérusalem, du pays de Benjamin, du bas-pays, de la montagne et du Midi, pour apporter des holocaustes et des victimes, des oblations et de l'encens, pour apporter aussi des actions de grâces dans la maison de l'Éternel. [27] Mais si vous ne m'écoutez pas, pour sanctifier le jour du sabbat, et pour ne porter aucun fardeau, et n'en point faire passer par les portes de Jérusalem le jour du sabbat, je mettrai le feu à ses portes; il consumera les palais de Jérusalem, et ne sera point éteint.

18

[1] La parole qui fut adressée par l'Éternel à Jérémie, en ces termes: [2] Lève-toi, et descends dans la maison du potier; et là je te ferai entendre mes paroles. [3] Je descendis donc dans la maison du potier, et voici, il travaillait sur son tour. [4] Et le vase qu'il faisait avec l'argile qu'il tenait en sa main, fut manqué; et il en refit un autre vase, comme il lui sembla bon de le faire. [5] Alors la parole de l'Éternel me fut adressée en ces mots: [6] Maison d'Israël, ne puis-je pas agir envers vous comme ce potier? dit l'Éternel. Voici, comme l'argile est dans la main du potier, ainsi vous êtes dans ma main, maison d'Israël! [7] Au moment où j'aurai

parlé d'une nation, d'un royaume, pour arracher, pour démolir et pour détruire, [8] Si cette nation dont j'aurai parlé, revient de sa méchanceté, je me repentirai aussi du mal que je pensais lui faire. [9] Et au moment où j'aurai parlé d'une nation, d'un royaume, pour édifier et pour planter, [10] S'il fait ce qui est mal à mes yeux, et n'écoute point ma voix, je me repentirai aussi du bien que j'avais dit vouloir lui faire. [11] Maintenant donc parle ainsi aux hommes de Juda, et aux habitants de Jérusalem, et dis leur: Ainsi a dit l'Éternel: Voici, je prépare du mal, et je forme un dessein contre vous. Détournez-vous donc chacun de votre mauvais train, et amendez vos voies et vos actions. [12] Mais ils disent: C'est inutile! Car nous suivrons nos pensées, et chacun de nous fera selon la dureté de son mauvais cœur. [13] C'est pourquoi ainsi a dit l'Éternel: Demandez donc chez les nations, qui entendit rien de pareil? La vierge d'Israël a fait une chose très énorme. [14] La neige du Liban abandonne-t-elle le rocher des champs? Ou voit-on tarir les eaux venues de loin, fraîches et ruisselantes? [15] Cependant mon peuple m'a oublié. Il a offert des parfums au néant. On les a fait chanceler dans leurs voies, quitter les sentiers anciens, pour suivre les voies d'un chemin non tracé, [16] Pour faire de leur pays une désolation, une dérision perpétuelle, en sorte que tous ceux qui y passent, s'étonnent et branlent la tête. [17] Je les disperserai devant l'ennemi, comme par le vent d'Orient; je leur tournerai le dos, je ne les regarderai pas, au jour de leur calamité. [18] Et ils disent: Venez, et formons des complots contre Jérémie! Car la loi ne se perdra pas chez le sacrificateur, ni le conseil chez le sage, ni la parole chez le prophète. Venez, et frappons-le de la langue, et ne faisons attention à aucun de ses discours! [19] Éternel! fais attention à moi, et entends la voix de mes adversaires! [20] Le mal sera-t-il rendu pour le bien? Car ils ont creusé une fosse pour mon âme. Souviens-toi que je me suis tenu devant toi, afin de parler pour leur bien, afin de détourner d'eux ta colère. [21] C'est pourquoi livre leurs enfants à la famine, et abandonne-les à l'épée; que leurs femmes soient privées d'enfants et veuves; que leurs maris soient enlevés par la peste, et leurs jeunes gens frappés de l'épée dans le combat; [22] Que de leurs maisons on entende des cris, quand tu feras soudain venir des troupes contre eux. Car ils ont creusé une fosse pour me prendre; ils ont caché des filets sous mes pieds. [23] Et toi, Éternel, tu sais que tout leur dessein contre moi, est de me mettre à mort. Ne couvre point leur iniquité, et n'efface point leur péché de devant ta face. Qu'ils soient renversés en ta présence; agis contre eux au temps de ta colère.

19

[1] Ainsi a dit l'Éternel: Va, et achète d'un potier un vase de terre; et prends avec toi des anciens du peuple et des anciens des sacrificateurs, [2] Et sors à la vallée du fils de Hinnom, qui est à l'entrée de la porte de la Poterie; et crie là les paroles que je te dirai. [3] Dis: Rois de Juda, et vous, habitants de Jérusalem, écoutez la parole de l'Éternel! Ainsi a dit l'Éternel des armées, le Dieu d'Israël: Voici, je vais faire venir sur ce lieu un mal tel que les oreilles en tinteront à quiconque l'apprendra; [4] Parce qu'ils m'ont abandonné, et qu'ils ont profané ce lieu, et qu'ils y ont fait des encensements à d'autres dieux que ni eux, ni leurs pères, ni les rois de Juda n'avaient connus; et qu'ils ont rempli ce lieu du sang des innocents, et ont bâti des hauts lieux à Baal, [5] Pour brûler au feu leurs fils, en holocaustes à Baal, ce que je n'ai point commandé, et dont je n'ai point parlé, et à quoi je n'ai jamais pensé. [6] C'est pourquoi, voici, les jours viennent, dit l'Éternel, où ce lieu-ci ne sera plus appelé Thopheth, ni la vallée du fils de Hinnom, mais où on l'appellera la vallée de la tuerie. [7] Et j'anéantirai en ce lieu le conseil de Juda et de Jérusalem; je les ferai tomber par l'épée devant leurs ennemis, et par la main de ceux qui cherchent leur vie, et je donnerai leurs cadavres en pâture aux oiseaux des cieux et aux bêtes de la terre. [8] Et je ferai de cette ville un sujet d'étonnement et de moquerie; quiconque passera près

d'elle, sera étonné et sifflera à cause de toutes ses plaies. ⁹ Et je leur ferai manger la chair de leurs fils et la chair de leurs filles; et ils mangeront la chair l'un de l'autre, dans le siège et dans l'extrémité où les réduiront leurs ennemis et ceux qui cherchent leur vie. ¹⁰ Ensuite tu briseras le vase sous les yeux de ceux qui seront allés avec toi. ¹¹ Et tu leur diras: Ainsi a dit l'Éternel des armées: Je briserai ainsi ce peuple et cette ville, comme on brise un vase de potier, qui ne peut être réparé; et faute de place pour ensevelir, on ensevelira à Thopheth. ¹² C'est ainsi que je ferai à ce lieu, dit l'Éternel, et à ses habitants; je rendrai cette ville semblable à Thopheth. ¹³ Et les maisons de Jérusalem et les maisons des rois de Juda seront impures comme le lieu de Thopheth, toutes les maisons sur les toits desquelles ils ont offert des parfums à toute l'armée des cieux, et fait des libations à d'autres dieux. ¹⁴ Puis Jérémie revint de Thopheth, où l'Éternel l'avait envoyé prophétiser; et il se tint debout dans le parvis de la maison de l'Éternel, et il dit à tout le peuple: ¹⁵ Ainsi a dit l'Éternel des armées, le Dieu d'Israël: Voici, je vais faire venir sur cette ville, et sur toutes ses villes, tout le mal que j'ai prononcé contre elle, parce qu'ils ont roidi leur cou, pour ne pas écouter mes paroles.

20

¹ Alors Pashur, fils d'Immer, sacrificateur et surintendant dans la maison de l'Éternel, entendit Jérémie qui prophétisait ces choses. ² Et Pashur frappa le prophète Jérémie, et le mit dans la prison qui était à la porte supérieure de Benjamin, dans la maison de l'Éternel. ³ Mais, le lendemain, Pashur fit sortir Jérémie de la prison. Et Jérémie lui dit: L'Éternel ne t'a pas appelé Pashur (en sécurité tout autour), mais Magor-Missabib (frayeur de tous côtés!) ⁴ Car ainsi a dit l'Éternel: Voici, je te livrerai à la frayeur, toi et tous tes amis; ils tomberont par l'épée de leurs ennemis, et tes yeux le verront. Je livrerai aussi tout Juda entre les mains du roi de Babylone. Il les transportera à Babylone, et les frappera de l'épée. ⁵ Et je livrerai toutes les richesses de cette ville, et tout son travail, et tout ce qu'elle a de précieux, je livrerai tous les trésors des rois de Juda aux mains de leurs ennemis, qui les pilleront, les enlèveront et les emporteront à Babylone. ⁶ Et toi, Pashur, et tous ceux qui demeurent dans ta maison, vous irez en captivité. Tu iras à Babylone, et là tu mourras; là tu seras enseveli, toi et tous tes amis, auxquels tu as prophétisé le mensonge. ⁷ O Éternel! tu m'as persuadé, et je me suis laissé persuader; tu m'as saisi, et tu as prévalu. Je suis un objet de raillerie chaque jour; chacun se moque de moi. ⁸ Car depuis que je parle, je jette des cris; je crie violence et oppression. Et la parole de l'Éternel s'est tournée pour moi en opprobre et en moquerie tout le jour. ⁹ Et quand je dis: je ne ferai plus mention de lui, et je ne parlerai plus en son nom, il y a dans mon cœur comme un feu ardent renfermé dans mes os; je m'efforce de le contenir, mais je ne le puis. ¹⁰ Car j'ai entendu les propos de plusieurs: "Frayeur de toutes parts! Dénoncez-le, disent-ils, et nous le dénoncerons! " Tous ceux qui étaient en paix avec moi, épient pour voir si je ne broncherai point. Peut-être, disent-ils, se laissera-t-il surprendre; alors nous aurons le dessus, et nous nous vengerons de lui. ¹¹ Mais l'Éternel est avec moi, comme un héros puissant et redoutable; c'est pourquoi mes persécuteurs tomberont et n'auront pas le dessus. Pour n'avoir point sagement agi, ils rougiront d'une honte éternelle, qui ne s'oubliera jamais. ¹² Éternel des armées, qui sondes le juste, qui pénètres les reins et le cœur, je verrai ta vengeance s'exercer contre eux; car je t'ai découvert ma cause. ¹³ Chantez à l'Éternel, louez l'Éternel! Car il a délivré l'âme du pauvre de la main des méchants. ¹⁴ Maudit soit le jour où je naquis! Que le jour où ma mère m'enfanta ne soit point béni! ¹⁵ Maudit soit l'homme qui porta cette nouvelle à mon père: un enfant mâle t'est né, et qui le combla de joie! ¹⁶ Que cet homme soit comme les villes que l'Éternel a

détruites, sans s'en repentir! Qu'il entende la clameur au matin, le cri de guerre au temps de midi! ¹⁷ Que ne m'a-t-on fait mourir dans le sein de ma mère? Que n'a-t-elle été mon tombeau? Et pourquoi sa grossesse n'a-t-elle été sans terme? ¹⁸ Pourquoi suis-je né pour ne voir que tourment et qu'ennui, et pour consumer mes jours dans la honte?

21

¹ La parole qui fut adressée à Jérémie de la part de l'Éternel, lorsque le roi Sédécias lui envoya Pashur, fils de Malkija, et Sophonie, fils de Maaséja, le sacrificateur, pour lui dire: ² Consulte l'Éternel pour nous, car Nébucadnetsar, roi de Babylone, combat contre nous; peut-être l'Éternel fera-t-il en notre faveur quelqu'un de ses miracles, afin qu'il se retire de nous. ³ Et Jérémie leur dit: Vous répondrez ainsi à Sédécias: ⁴ Ainsi a dit l'Éternel, le Dieu d'Israël: Voici, je vais détourner les armes qui sont dans vos mains, avec lesquelles vous combattez en dehors des murailles le roi de Babylone et les Caldéens qui vous assiègent, et je les rassemblerai au milieu de cette ville. ⁵ Et moi-même je combattrai contre vous, d'une main étendue et d'un bras fort, avec colère, avec fureur, et avec une grande indignation. ⁶ Et je frapperai les habitants de cette ville, les hommes et les bêtes; ils mourront d'une grande mortalité. ⁷ Et après cela, dit l'Éternel, je livrerai Sédécias, roi de Juda, et ses serviteurs, et le peuple, ceux qui dans cette ville auront échappé à la peste, à l'épée et à la famine, je les livrerai entre les mains de Nébucadnetsar, roi de Babylone, et entre les mains de leurs ennemis, et entre les mains de ceux qui cherchent leur vie, et Nébucadnetsar les frappera du tranchant de l'épée; il ne les épargnera point, il n'en aura ni compassion ni pitié. ⁸ Tu diras à ce peuple: Ainsi a dit l'Éternel: Voici, je mets devant vous le chemin de la vie et le chemin de la mort. ⁹ Quiconque se tiendra dans cette ville mourra par l'épée, ou par la famine, ou par la peste; mais celui qui sortira et se rendra aux Caldéens qui vous assiègent, vivra, et il aura sa vie pour butin. ¹⁰ Car j'ai tourné ma face contre cette ville pour faire du mal et non du bien, dit l'Éternel. Elle sera livrée entre les mains du roi de Babylone, et il la brûlera par le feu. ¹¹ Et tu diras à la maison du roi de Juda: Écoutez la parole de l'Éternel! ¹² Maison de David, ainsi a dit l'Éternel: Rendez la justice dès le matin; délivrez l'opprimé des mains de l'oppresseur; de peur que ma colère n'éclate comme un feu, et qu'elle ne brûle sans que personne l'éteigne, à cause de la malice de vos actions! ¹³ Voici, je viens à toi, ville située dans la vallée, sur le rocher de la plaine, dit l'Éternel; à vous qui dites: Qui descendra contre nous, qui entrera dans nos demeures? ¹⁴ Je vous punirai selon le fruit de vos actions, dit l'Éternel; et j'allumerai dans sa forêt un feu qui consumera tout ce qui est autour d'elle.

22

¹ Ainsi a dit l'Éternel: Descends dans la maison du roi de Juda, et prononces-y cette parole. ² Dis: Écoute la parole de l'Éternel, roi de Juda, qui es assis sur le trône de David, toi, et tes serviteurs, et ton peuple, qui entrez par ces portes. ³ Ainsi a dit l'Éternel: Faites droit et justice; délivrez l'opprimé de la main de l'oppresseur; n'opprimez pas, ne violentez pas l'étranger, ni l'orphelin ni la veuve, et ne répandez point le sang innocent dans ce lieu. ⁴ Car si vous agissez suivant cette parole, les rois assis sur le trône de David entreront par les portes de cette maison, montés sur des chars et sur des chevaux, eux, leurs serviteurs et leur peuple. ⁵ Mais si vous n'écoutez pas ces paroles, j'ai juré par moi-même, dit l'Éternel, que cette maison sera réduite en ruines. ⁶ Car ainsi a dit l'Éternel touchant la maison du roi de Juda: Tu es pour moi comme un Galaad, comme le sommet du Liban; mais certainement, je ferai de toi un désert, des villes sans habitants. ⁷ Je prépare contre toi des destructeurs, chacun avec ses armes, qui couperont et jetteront au feu l'élite de tes cèdres. ⁸ Et plusieurs nations passeront près de cette ville, et chacun dira

à son compagnon: Pourquoi l'Éternel a-t-il fait ainsi à cette grande ville? ⁹ Et on répondra: Parce qu'ils ont abandonné l'alliance de l'Éternel leur Dieu, et qu'ils se sont prosternés devant d'autres dieux, et les ont servis. ¹⁰ Ne pleurez point celui qui est mort; ne faites point sur lui de condoléance. Mais pleurez, pleurez celui qui s'en va; car il ne reviendra plus, il ne reverra plus le pays de sa naissance! ¹¹ Car ainsi a dit l'Éternel, sur Shallum, fils de Josias, roi de Juda, qui régnait à la place de Josias, son père, et qui est sorti de ce lieu: ¹² Il n'y reviendra plus; mais il mourra dans le lieu où on l'a transporté, et il ne verra plus ce pays. ¹³ Malheur à celui qui bâtit sa maison par l'injustice, et ses étages par l'iniquité; qui se sert de son prochain sans le payer, et ne lui donne pas le salaire de son travail; ¹⁴ Qui dit: Je me bâtirai une vaste maison, et des étages bien aérés; qui s'y fait percer des fenêtres, la lambrisse de cèdre, et qui la peint de vermillon! ¹⁵ Crois-tu que tu règnes, parce que tu te piques d'employer le cèdre? Ton père n'a-t-il pas mangé et bu? Il fit droit et justice; alors il prospéra. ¹⁶ Il jugea la cause de l'affligé et du pauvre; alors il prospéra. N'est-ce pas là me connaître? dit l'Éternel. ¹⁷ Mais tu n'as des yeux et un cœur que pour ta cupidité, pour répandre le sang innocent, et pour exercer l'oppression et la violence. ¹⁸ C'est pourquoi, ainsi a dit l'Éternel touchant Jéhojakim, fils de Josias, roi de Juda: On ne le pleurera point, en disant: hélas, mon frère; hélas, ma sœur! On ne le plaindra point, en disant: hélas, seigneur! hélas, sa majesté! ¹⁹ Il sera enseveli de la sépulture d'un âne; il sera traîné et jeté hors des portes de Jérusalem. ²⁰ Monte au Liban, et crie; élève ta voix sur le Bassan; et crie du mont Abarim! Car tous ceux qui t'aimaient sont détruits. ²¹ Je t'ai parlé dans tes prospérités; tu as dit: Je n'écouterai pas! Tel est ton train dès ta jeunesse: tu n'as pas écouté ma voix. ²² Le vent se repaîtra de tous ceux qui te paissent, et ceux qui t'aiment iront en captivité. Certainement alors tu seras honteuse et dans l'ignominie, à cause de toute ta malice. ²³ Toi qui habites le Liban et qui fais ton nid dans les cèdres, que tu seras à plaindre quand te surviendront les douleurs et l'angoisse, comme à la femme en travail! ²⁴ Je suis vivant! dit l'Éternel; quand Chonia, fils de Jéhojakim, roi de Juda, serait un cachet à ma main droite, je t'arracherais de là! ²⁵ Je te livrerai entre les mains de ceux qui cherchent ta vie, entre les mains de ceux dont la présence te fait peur, et entre les mains de Nébucadnetsar, roi de Babylone, et entre les mains des Caldéens. ²⁶ Je te jetterai, toi et ta mère qui t'a enfanté, dans cet autre pays où vous n'êtes point nés, et c'est là que vous mourrez. ²⁷ Et quant au pays où leur âme aspire à retourner, ils n'y retourneront point. ²⁸ Est-il donc, ce Chonia, un vase de rebut, mis en pièces? un ustensile qui ne fait plus de plaisir? Pourquoi sont-ils jetés, lui et sa postérité, lancés dans un pays qu'ils ne connaissent pas? ²⁹ O terre, terre, terre! écoute la parole de l'Éternel. ³⁰ Ainsi a dit l'Éternel: Inscrivez cet homme comme n'ayant point d'enfants, comme un homme qui ne prospérera point dans ses jours; car de sa postérité personne ne réussira à siéger sur le trône de David, ni à dominer encore en Juda.

23

¹ Malheur aux bergers qui détruisent et dispersent le troupeau de mon pâturage! dit l'Éternel. ² C'est pourquoi ainsi a dit l'Éternel, le Dieu d'Israël, touchant les bergers qui paissent mon peuple: Vous avez dispersé mes brebis; vous les avez chassées et ne les avez pas visitées. Voici, je vais punir sur vous la malice de vos actions, dit l'Éternel. ³ Je rassemblerai le reste de mes brebis, de tous les pays où je les aurai chassées, et je les ramènerai à leurs pâturages, et elles seront fécondes et multiplieront. ⁴ J'établirai sur elles des pasteurs qui les paîtront; elles n'auront plus de crainte ni d'épouvante, et il n'en manquera aucune, dit l'Éternel. ⁵ Voici, les jours viennent, dit l'Éternel, où je susciterai à David un germe juste. Il régnera en roi; il prospérera, et il exercera le droit et la justice sur la terre. ⁶ En ses jours Juda sera sauvé, et Israël habitera en assurance; et voici le nom

dont on l'appellera: l'Éternel notre justice. ⁷ C'est pourquoi voici, les jours viennent, dit l'Éternel, où l'on ne dira plus: L'Éternel est vivant, lui qui a fait monter les enfants d'Israël du pays d'Égypte; ⁸ Mais: L'Éternel est vivant, lui qui a fait monter et qui a ramené la postérité de la maison d'Israël du pays du Nord, et de tous les pays où je les aurai chassés; et ils habiteront dans leur pays. ⁹ Sur les prophètes. Mon cœur est brisé au-dedans de moi; tous mes os tremblent; je suis comme un homme ivre, comme un homme que le vin a surmonté, à cause de l'Éternel et à cause de ses paroles saintes. ¹⁰ Car le pays est rempli d'adultères; le pays est en deuil à cause de la malédiction; les pâturages du désert sont desséchés. Leur course ne va qu'au mal, et leur force à ce qui n'est pas droit. ¹¹ Car tant le prophète que le sacrificateur sont des profanes. Jusque dans ma maison je trouve leur méchanceté, dit l'Éternel. ¹² C'est pourquoi leur chemin sera comme des lieux glissants dans les ténèbres; ils y seront poussés et ils tomberont. Car je ferai venir le mal sur eux, dans l'année où je les visiterai, dit l'Éternel. ¹³ Dans les prophètes de Samarie, j'avais bien vu de la folie; ils prophétisaient par Baal; ils égaraient mon peuple d'Israël. ¹⁴ Mais dans les prophètes de Jérusalem, je vois une chose horrible; car ils commettent adultère, et ils marchent dans le mensonge. Ils fortifient les mains des méchants, afin qu'aucun ne se détourne de sa méchanceté. Ils me sont tous comme Sodome, et les habitants de la ville, comme Gomorrhe. ¹⁵ C'est pourquoi ainsi a dit l'Éternel des armées sur les prophètes: Voici, je vais les nourrir d'absinthe, et leur faire boire des eaux empoisonnées; car l'impiété s'est répandue dans tout le pays, par les prophètes de Jérusalem. ¹⁶ Ainsi a dit l'Éternel des armées: N'écoutez point les paroles des prophètes qui vous prophétisent! Ils vous font devenir vains; ils prononcent la vision de leur cœur, et non ce qui procède de la bouche de l'Éternel. ¹⁷ Ils ne cessent de dire à ceux qui me méprisent: L'Éternel a dit: Vous aurez la paix. Et à tous ceux qui marchent dans la dureté de leur cœur, ils disent: Il ne vous arrivera aucun mal. ¹⁸ Car qui s'est trouvé au conseil de l'Éternel? Qui est-ce qui l'a vu, et a entendu sa parole? Qui a prêté l'oreille à sa parole, et qui l'a entendue? ¹⁹ Voici, la tempête de l'Éternel, la fureur éclate, et l'orage prêt à fondre tombera sur la tête des méchants. ²⁰ La colère de l'Éternel ne se détournera pas, qu'il n'ait exécuté et accompli les pensées de son cœur. Vous aurez une claire intelligence de ceci dans les derniers jours. ²¹ Je n'ai pas envoyé ces prophètes, et ils ont couru; je ne leur ai point parlé, et ils ont prophétisé! ²² S'ils s'étaient trouvés dans mon conseil, ils auraient aussi fait entendre mes paroles à mon peuple; et ils les auraient détournés de leur mauvais train et de la malice de leurs actions. ²³ Ne suis-je un Dieu que de près, dit l'Éternel, et ne suis-je pas aussi un Dieu de loin? ²⁴ Quelqu'un se cachera-t-il dans des cachettes où je ne le voie point? dit l'Éternel. Ne remplis-je pas, moi, les cieux et la terre? dit l'Éternel. ²⁵ J'ai entendu ce que disent ces prophètes, qui prophétisent le mensonge en mon nom, en disant: "J'ai eu un songe, j'ai eu un songe. " ²⁶ Jusqu'à quand? Ont-ils la pensée, ces prophètes qui prophétisent le mensonge, prophètes de la tromperie de leur cœur, ²⁷ Ont-ils le projet de faire oublier mon nom à mon peuple, par les songes que chacun d'eux raconte à son prochain, comme leurs pères ont oublié mon nom pour Baal? ²⁸ Que le prophète qui a un songe, raconte le songe; et que celui qui a ma parole, prononce ma parole en vérité. Qu'a à faire la paille avec le froment? dit l'Éternel. ²⁹ Ma parole n'est-elle pas comme un feu, dit l'Éternel, et comme un marteau qui brise le roc? ³⁰ C'est pourquoi voici, dit l'Éternel, j'en veux aux prophètes, qui se dérobent mes paroles l'un à l'autre. ³¹ Voici, dit l'Éternel, j'en veux aux prophètes qui parlent d'eux-mêmes et qui disent: "Il a dit. " ³² Voici, j'en veux à ceux qui prophétisent des songes de fausseté, dit l'Éternel, qui les racontent, et qui égarent mon peuple par leurs mensonges et par leur témérité; bien que je ne les aie pas envoyés et que je ne leur aie point donné de charge, en sorte qu'ils n'apportent aucun profit à ce peuple, dit l'Éternel. ³³ Et si ce peuple, ou le prophète, ou un sacrificateur t'interroge, et te dit: Quelle est la menace de l'Éternel? tu leur diras: Quelle est la menace? C'est que je vous rejetterai, dit l'Éternel. ³⁴ Et quant au prophète, au sacrificateur, et à l'homme du peuple qui dira: "Menace de l'Éternel", je punirai cet homme-là et sa maison. ³⁵ Vous direz ainsi, chacun à son prochain et chacun à son frère: "Qu'a répondu l'Éternel, et qu'a prononcé l'Éternel? " ³⁶ Et vous ne parlerez plus de la menace de l'Éternel; car la parole de chacun sera sa menace, et vous pervertissez les paroles du Dieu vivant, de l'Éternel des armées, notre Dieu. ³⁷ Tu diras ainsi au prophète: Que t'a répondu l'Éternel, ou qu'a prononcé l'Éternel? ³⁸ Et si vous dites: "La menace de l'Éternel"; à cause de cela, a dit l'Éternel, parce que vous dites cette parole: "La menace de l'Éternel", et que j'ai envoyé vers vous pour vous dire: Ne dites pas: "La menace de l'Éternel", ³⁹ A cause de cela, je vous oublierai entièrement, et je rejetterai de ma présence et vous et la ville que j'ai donnée à vous et à vos pères; ⁴⁰ Et je mettrai sur vous un opprobre éternel, et une confusion éternelle qui ne s'oubliera point.

24

¹ L'Éternel me fit voir une vision. Et voici, deux paniers de figues étaient posés devant le temple de l'Éternel, après que Nébucadnetsar, roi de Babylone, eut transporté de Jérusalem Jéchonias, fils de Jéhojakim, roi de Juda, et les principaux de Juda, avec les charpentiers et les serruriers, et les eut emmenés à Babylone. ² L'un des paniers avait de fort bonnes figues, comme sont d'ordinaire les figues de la première récolte; et l'autre panier avait de fort mauvaises figues, dont on ne pouvait manger, tant elles étaient mauvaises. ³ Et l'Éternel me dit: Que vois-tu, Jérémie? Et je répondis: Des figues; les bonnes figues, fort bonnes; et les mauvaises, fort mauvaises, trop mauvaises pour être mangées. ⁴ Et la parole de l'Éternel me fut adressée, et il me dit: ⁵ Ainsi a dit l'Éternel, le Dieu d'Israël: Comme tu distingues ces bonnes figues, ainsi je distinguerai, pour leur bien, les captifs de Juda, que j'ai envoyés de ce lieu au pays des Caldéens. ⁶ Et je les regarderai d'un œil favorable, et je les ferai retourner en ce pays, et je les rétablirai et ne les détruirai plus; je les planterai et ne les arracherai plus. ⁷ Et je leur donnerai un cœur pour connaître que je suis l'Éternel; ils seront mon peuple, et je serai leur Dieu; car ils reviendront à moi de tout leur cœur. ⁸ Et comme ces mauvaises figues, qu'on ne peut manger, tant elles sont mauvaises, a dit l'Éternel, tels je rendrai Sédécias, roi de Juda, et ses princes, et le reste de Jérusalem, ceux qui sont restés dans ce pays, et ceux qui habitent dans le pays d'Égypte. ⁹ Et je les livrerai pour être agités et maltraités par tous les royaumes de la terre, et pour être en opprobre, en proverbe, en risée, et en malédiction, dans tous les lieux où je les aurai chassés. ¹⁰ Et j'enverrai sur eux l'épée, la famine et la peste, jusqu'à ce qu'ils soient consumés de dessus la terre que je leur avais donnée, à eux et à leurs pères.

25

¹ La parole qui fut adressée à Jérémie, pour tout le peuple de Juda, la quatrième année de Jéhojakim, fils de Josias, roi de Juda (c'était la première année de Nébucadnetsar, roi de Babylone), ² Et que Jérémie, le prophète, prononça devant tout le peuple de Juda et tous les habitants de Jérusalem, en disant: ³ Depuis la treizième année de Josias, fils d'Amon, roi de Juda, jusqu'à ce jour, il y a vingt-trois ans que la parole de l'Éternel m'a été adressée, et je vous ai parlé, parlé dès le matin; mais vous n'avez point écouté. ⁴ Et l'Éternel vous a envoyé tous ses serviteurs, les prophètes; il les a envoyés dès le matin;

mais vous n'avez point écouté, vous n'avez point prêté l'oreille pour écouter, 5 Lorsqu'ils disaient: Détournez-vous chacun de votre mauvaise voie et de la malice de vos actions, et vous habiterez de siècle en siècle sur la terre que l'Éternel vous a donnée, à vous et à vos pères; 6 Et n'allez pas après d'autres dieux, pour les servir et vous prosterner devant eux; ne m'irritez pas par l'œuvre de vos mains, et je ne vous ferai aucun mal. 7 Mais vous ne m'avez point écouté, dit l'Éternel; en sorte que vous m'avez irrité par l'œuvre de vos mains, pour votre malheur. 8 C'est pourquoi, ainsi a dit l'Éternel des armées: Parce que vous n'avez pas écouté mes paroles, 9 Voici, j'enverrai, et je prendrai tous les peuples du Nord, dit l'Éternel, et j'enverrai vers Nébucadnetsar, roi de Babylone, mon serviteur; et je les ferai venir contre ce pays, et contre ses habitants, et contre toutes ces nations d'alentour, et je les vouerai à l'interdit, et j'en ferai un objet de désolation, de moquerie, des déserts éternels. 10 Et je ferai cesser parmi eux la voix de joie et la voix d'allégresse, la voix de l'époux et la voix de l'épouse, le bruit des meules et la lumière des lampes. 11 Et tout ce pays sera une ruine, un désert; et ces nations seront asservies au roi de Babylone pendant soixante et dix ans. 12 Et il arrivera, quand les soixante et dix ans seront accomplis, que je punirai le roi de Babylone et cette nation, dit l'Éternel, à cause de leurs iniquités; je punirai le pays des Caldéens, je les réduirai en des désolations éternelles. 13 Et j'exécuterai sur ce pays toutes ces paroles que j'ai prononcées contre lui, tout ce qui est écrit dans ce livre, ce que Jérémie a prophétisé contre toutes ces nations. 14 Car des nations puissantes et de grands rois les asserviront, eux aussi, et je leur rendrai suivant leurs actions et suivant l'œuvre de leurs mains. 15 Car ainsi m'a dit l'Éternel, le Dieu d'Israël: Prends de ma main cette coupe du vin de la colère, et fais-la boire à tous les peuples auxquels je t'envoie. 16 Ils boiront, ils chancelleront, et deviendront comme insensés, à cause de l'épée que j'enverrai parmi eux. 17 Je pris donc la coupe de la main de l'Éternel, et je la fis boire à toutes les nations auxquelles l'Éternel m'envoyait 18 A Jérusalem et aux villes de Juda, à ses rois, à ses princes, pour les livrer à la ruine, à la désolation, à la moquerie et à la malédiction, comme on le voit aujourd'hui; 19 A Pharaon, roi d'Égypte, à ses serviteurs, à ses princes et à tout son peuple; 20 A tout le mélange des peuples d'Arabie, à tous les rois du pays d'Uts; à tous les rois du pays des Philistins: à Askélon, à Gaza, à Ékron, et au reste d'Asdod; 21 A Édom, à Moab, et aux enfants d'Ammon; 22 A tous les rois de Tyr, à tous les rois de Sidon, et aux rois des côtes qui sont au delà de la mer; 23 A Dédan, à Théma, à Buz, et à tous ceux qui se rasent les coins de la chevelure; 24 A tous les rois d'Arabie, et à tous les rois du mélange de nations qui habitent au désert; 25 A tous les rois de Zimri, à tous les rois d'Élam, et à tous les rois de Médie, 26 A tous les rois du Nord, tant proches qu'éloignés, l'un après l'autre, et à tous les royaumes du monde qui sont sur la face de la terre; et le roi de Shéshac boira après eux. 27 Et tu leur diras: Ainsi a dit l'Éternel des armées, le Dieu d'Israël: Buvez et soyez enivrés, et vomissez, et tombez sans vous relever, à cause de l'épée que j'enverrai parmi vous! 28 Que s'ils refusent de prendre la coupe de ta main pour boire, tu leur diras: Ainsi a dit l'Éternel des armées: Vous en boirez certainement! 29 Car voici, c'est par la ville sur laquelle mon nom est invoqué que je commence à faire du mal, - et vous, vous en seriez exempts! Vous n'en serez point exempts; car je vais appeler l'épée sur tous les habitants de la terre, dit l'Éternel des armées. 30 Et toi, tu leur prophétiseras toutes ces choses, et tu leur diras: L'Éternel rugira d'en haut; il fera entendre sa voix de sa demeure sainte; il rugira contre son habitation; il poussera des cris, comme ceux qui foulent au pressoir, contre tous les habitants de la terre. 31 Le retentissement en parvient jusqu'au bout de la terre; car l'Éternel est en procès avec les nations, il entre en jugement contre toute chair; il livre les méchants à l'épée, a dit l'Éternel. 32 Ainsi a dit l'Éternel des armées: Voici, le mal va passer de peuple à peuple, et une grande tempête se lève de l'extrémité de la terre. ³³ Ceux que l'Éternel tuera en ce jour-là seront étendus d'un bout de la terre à l'autre bout; ils ne seront ni pleurés, ni recueillis, ni ensevelis; ils seront comme du fumier sur la terre! ³⁴ Gémissez, pasteurs, et criez! Roulez-vous dans la poussière, conducteurs du troupeau! Car les jours où vous devez être égorgés sont venus; je vais vous disperser, et vous tomberez comme un vase de prix. ³⁵ Et les bergers n'auront aucun moyen de fuir, ni les conducteurs du troupeau d'échapper. ³⁶ On entend le cri des bergers, et le gémissement des conducteurs du troupeau; car l'Éternel dévaste leurs pâturages, ³⁷ Et les demeures paisibles sont ravagées, à cause de l'ardeur de la colère de l'Éternel. ³⁸ Il a abandonné sa demeure comme un lionceau son repaire; car leur pays est mis en désolation, à cause de la fureur du destructeur, à cause de l'ardeur de sa colère.

26

¹ Au commencement du règne de Jéhojakim, fils de Josias, roi de Juda, cette parole fut adressée à Jérémie de la part de l'Éternel, en ces termes: ² Ainsi a dit l'Éternel: Tiens-toi debout dans le parvis de la maison de l'Éternel, et dis à toutes les villes de Juda, qui viennent pour se prosterner dans la maison de l'Éternel, toutes les paroles que je t'ai commandé de leur dire; n'en retranche pas un mot. ³ Peut-être qu'ils écouteront, et reviendront chacun de sa mauvaise voie, et je me repentirai du mal que je pense à leur faire, à cause de la malice de leurs actions. ⁴ Tu leur diras donc: Ainsi a dit l'Éternel: Si vous ne m'écoutez pas, pour marcher dans ma loi, que j'ai mise devant vous; ⁵ Pour obéir aux paroles des prophètes, mes serviteurs, que je vous envoie, que je vous ai envoyés dès le matin, et que vous n'avez pas écoutés; ⁶ Je traiterai cette maison comme Silo, et je livrerai cette ville à l'exécration de toutes les nations de la terre. ⁷ Or, les sacrificateurs, et les prophètes, et tout le peuple, entendirent Jérémie qui prononçait ces paroles dans la maison de l'Éternel. ⁸ Et il arriva, aussitôt que Jérémie eut achevé de prononcer tout ce que l'Éternel lui avait ordonné de dire à tout le peuple, que les sacrificateurs, et les prophètes, et tout le peuple, le saisirent, en disant: Tu vas mourir! ⁹ Pourquoi prophétises-tu au nom de l'Éternel, en disant: Cette maison sera comme Silo, et cette ville sera désolée, privée d'habitants? Et tout le peuple s'attroupa contre Jérémie dans la maison de l'Éternel. ¹⁰ Mais les chefs de Juda, ayant entendu ces choses, montèrent de la maison du roi à la maison de l'Éternel, et s'assirent à l'entrée de la porte neuve de la maison de l'Éternel. ¹¹ Alors les sacrificateurs et les prophètes parlèrent aux chefs et à tout le peuple, et dirent: Cet homme mérite la mort; car il a prophétisé contre cette ville, comme vous l'avez entendu de vos oreilles. ¹² Mais Jérémie parla à tous les chefs et à tout le peuple, en disant: C'est l'Éternel qui m'a envoyé pour prophétiser, contre cette maison et contre cette ville, toutes les paroles que vous avez entendues. ¹³ Et maintenant, amendez vos voies et vos actions, et écoutez la voix de l'Éternel votre Dieu, et l'Éternel se repentira du mal qu'il a prononcé contre vous. ¹⁴ Pour moi, me voici entre vos mains; faites de moi comme il vous semblera bon et juste. ¹⁵ Seulement sachez bien que si vous me faites mourir, vous mettrez du sang innocent sur vous, sur cette ville, et sur ses habitants. Car, en vérité, l'Éternel m'a envoyé vers vous, pour prononcer à vos oreilles toutes ces paroles. ¹⁶ Alors les chefs et tout le peuple dirent aux sacrificateurs et aux prophètes: Cet homme n'a pas mérité la mort; car c'est au nom de l'Éternel notre Dieu qu'il nous a parlé. ¹⁷ Et quelques-uns des anciens du pays se levèrent, et parlèrent à toute l'assemblée du peuple, en disant: ¹⁸ Michée de Mórésheth prophétisait aux jours d'Ézéchias, roi de Juda, et il parla à tout le peuple de Juda, en disant: "Ainsi a

dit l'Éternel des armées: Sion sera labourée comme un champ; et Jérusalem sera changée en un monceau de ruines, et la montagne du temple en une haute forêt. " 19 Ézéchias, roi de Juda, et tout Juda, le firent-ils mourir? Ézéchias ne craignit-il pas l'Éternel; et ne supplia-t-il pas l'Éternel? Et l'Éternel se repentit du mal qu'il avait prononcé contre eux. Et nous, chargerions-nous nos âmes d'un si grand crime? 20 Il y eut aussi un homme qui prophétisait au nom de l'Éternel: Urie, fils de Shémaja, de Kirjath-Jéarim. Il prophétisa contre cette ville et contre ce pays, les mêmes choses que Jérémie. 21 Et le roi Jéhojakim, avec tous ses guerriers et tous les chefs, entendit ses paroles; et le roi voulut le faire mourir; mais Urie, l'ayant appris et ayant eu peur, s'enfuit et s'en alla en Égypte. 22 Mais le roi Jéhojakim envoya des gens en Égypte: Elnathan, fils d'Acbor, et quelques autres avec lui, en Égypte; 23 Et ils firent sortir d'Égypte Urie, et l'amenèrent au roi Jéhojakim, qui le fit mourir par l'épée et jeta son cadavre dans les tombeaux des enfants du peuple. 24 Cependant la main d'Achikam, fils de Shaphan, fut avec Jérémie, et empêcha qu'on ne le livrât aux mains du peuple pour le faire mourir.

27

1 Au commencement du règne de Jéhojakim, fils de Josias, roi de Juda, cette parole fut adressée par l'Éternel à Jérémie, en ces termes: 2 L'Éternel me dit ainsi: Fais-toi des liens et des jougs, et mets-les sur ton cou; 3 Et envoie-les au roi d'Édom, au roi de Moab, au roi des enfants d'Ammon, au roi de Tyr, et au roi de Sidon, par les mains des ambassadeurs qui viennent à Jérusalem, vers Sédécias, roi de Juda. 4 Et donne-leur mes ordres pour leurs maîtres, en disant: Ainsi a dit l'Éternel des armées, le Dieu d'Israël: Vous direz ainsi à vos maîtres: 5 J'ai fait la terre, les hommes et les bêtes qui sont sur la terre, par ma grande force et par mon bras étendu; et je les donne à qui bon me semble. 6 Et maintenant, j'ai livré tous ces pays entre les mains de Nébucadnetsar, roi de Babylone, mon serviteur; et même je lui ai donné les bêtes des champs, pour qu'elles lui soient assujetties. 7 Et toutes les nations lui seront assujetties, à lui et à son fils, et au fils de son fils, jusqu'à ce que le temps de son pays lui-même vienne aussi, et que plusieurs nations et de grands rois l'asservissent. 8 Et il arrivera que la nation ou le royaume qui ne se soumettra pas à lui, à Nébucadnetsar, roi de Babylone, et qui ne soumettra pas son cou au joug du roi de Babylone, je punirai cette nation-là, dit l'Éternel, par l'épée, par la famine et par la peste, jusqu'à ce que je les aie consumés par sa main. 9 Vous donc, n'écoutez pas vos prophètes, ni vos devins, ni vos songeurs, ni vos augures, ni vos magiciens qui vous parlent, disant: Vous ne serez point assujettis au roi de Babylone. 10 Car ils vous prophétisent le mensonge, pour que vous alliez loin de votre pays, afin que je vous en chasse et que vous périssiez. 11 Mais la nation qui soumettra son cou au joug du roi de Babylone et le servira, je la laisserai dans son pays, dit l'Éternel, afin qu'elle le cultive et y demeure. 12 Puis je parlai à Sédécias, roi de Juda, conformément à toutes ces paroles, en disant: Soumettez-vous au joug du roi de Babylone, et servez-le, lui et son peuple, et vous vivrez. 13 Pourquoi mourriez-vous, toi et ton peuple, par l'épée, par la famine et par la peste, selon que l'Éternel l'a dit de la nation qui ne se soumettrait pas au roi de Babylone? 14 N'écoutez donc pas les paroles des prophètes qui vous parlent en disant: Vous ne serez point assujettis au roi de Babylone! Car ils vous prophétisent le mensonge. 15 Je ne les ai pas envoyés, dit l'Éternel, et ils prophétisent faussement en mon nom, afin que je vous chasse et que vous périssiez, vous et les prophètes qui vous prophétisent. 16 Je parlai aussi aux sacrificateurs et à tout ce peuple, et je leur dis: Ainsi a dit l'Éternel: N'écoutez pas les paroles de vos prophètes, qui vous prophétisent, en disant: Voici, les vases de la maison de l'Éternel seront bientôt rapportés de Babylone! Car ils

vous prophétisent le mensonge. [17] Ne les écoutez pas. Soumettez-vous au roi de Babylone et vous vivrez. Pourquoi cette ville deviendrait-elle une ruine? [18] Et s'ils sont prophètes et si la parole de l'Éternel est avec eux, qu'ils intercèdent donc auprès de l'Éternel des armées pour que les ustensiles restant dans la maison de l'Éternel et dans la maison du roi de Juda et à Jérusalem, n'aillent point à Babylone. [19] Car ainsi a dit l'Éternel des armées, touchant les colonnes, et la mer, et les socles, et les autres ustensiles qui sont restés dans cette ville, [20] Que Nébucadnetsar, roi de Babylone, n'a pas emportés quand il a transporté de Jérusalem à Babylone Jéchonias, fils de Jéhojakim, roi de Juda, avec tous les grands de Juda et de Jérusalem; [21] Ainsi a dit l'Éternel des armées, le Dieu d'Israël, au sujet des ustensiles qui restent dans la maison de l'Éternel, et dans la maison du roi de Juda, et à Jérusalem: [22] Ils seront emportés à Babylone, et ils y resteront jusqu'au jour où je les chercherai, dit l'Éternel, où je les ferai remonter, et revenir en ce lieu.

28

[1] Cette même année, au commencement du règne de Sédécias, roi de Juda, la quatrième année, au cinquième mois, Hanania, fils d'Azzur, prophète de Gabaon, me parla dans la maison de l'Éternel, en la présence des sacrificateurs et de tout le peuple, et dit: [2] Ainsi a dit l'Éternel des armées, le Dieu d'Israël: J'ai rompu le joug du roi de Babylone. [3] Encore deux années, et je fais rapporter en ce lieu tous les vases de la maison de l'Éternel que Nébucadnetsar, roi de Babylone, a pris de ce lieu et qu'il a emportés à Babylone. [4] Et je ferai revenir dans ce lieu, dit l'Éternel, Jéchonias, fils de Jéhojakim, roi de Juda, et tous les captifs de Juda qui sont allés à Babylone; car je romprai le joug du roi de Babylone. [5] Alors Jérémie, le prophète, parla à Hanania, le prophète, en présence des sacrificateurs et en présence de tout le peuple, qui se tenaient dans la maison de l'Éternel. [6] Et Jérémie, le prophète, dit: Amen! qu'ainsi fasse l'Éternel! Que l'Éternel accomplisse les paroles que tu as prophétisées, et qu'il fasse revenir de Babylone en ce lieu les vases de la maison de l'Éternel et tous les captifs de Babylone. [7] Toutefois, écoute cette parole que je prononce à tes oreilles et aux oreilles de tout le peuple: [8] Les prophètes qui ont été avant moi et avant toi, dès longtemps, ont prophétisé contre plusieurs pays et contre de grands royaumes, la guerre, et l'affliction, et la peste. [9] Si un prophète prophétise la paix, c'est par l'accomplissement de sa parole que ce prophète sera reconnu pour véritablement envoyé de l'Éternel. [10] Alors Hanania, le prophète, prit le joug de dessus le cou de Jérémie, le prophète, et le rompit. [11] Puis Hanania parla en présence de tout le peuple, en disant: Ainsi a dit l'Éternel: C'est ainsi que je romprai, dans deux années, le joug de Nébucadnetsar, roi de Babylone, de dessus le cou de toutes les nations. Et Jérémie, le prophète, s'en alla son chemin. [12] Or la parole de l'Éternel fut adressée à Jérémie en ces mots, après que Hanania, le prophète, eut rompu le joug de dessus le cou de Jérémie, le prophète: [13] Va et parle à Hanania, et dis-lui: Ainsi a dit l'Éternel: Tu as rompu des jougs de bois; mais, au lieu de ceux-là, tu auras des jougs de fer. [14] Car ainsi a dit l'Éternel des armées, le Dieu d'Israël: J'ai mis un joug de fer sur le cou de toutes ces nations, pour qu'elles soient asservies à Nébucadnetsar, roi de Babylone, et elles lui seront asservies; et même je lui ai donné les bêtes des champs. [15] Puis Jérémie, le prophète, dit à Hanania, le prophète: Écoute, Hanania! l'Éternel ne t'a pas envoyé; mais tu as fait que ce peuple a mis sa confiance dans le mensonge. [16] C'est pourquoi ainsi a dit l'Éternel: Voici, je te rejette de dessus la terre; tu mourras cette année; car tu as prêché la révolte contre l'Éternel. [17] Et Hanania, le prophète, mourut cette année-là, au septième mois.

29

¹ Voici la teneur de la lettre que Jérémie, le prophète, envoya de Jérusalem au reste des anciens en captivité, aux sacrificateurs, aux prophètes et à tout le peuple, que Nébucadnetsar avait transportés de Jérusalem à Babylone, ² Après que le roi Jéchonias, avec la reine, les eunuques, les chefs de Juda et de Jérusalem, les charpentiers et les serruriers, furent sortis de Jérusalem. ³ Elle fut portée par Éleasa, fils de Shaphan, et Guémaria, fils de Hilkija, que Sédécias, roi de Juda, envoyait à Babylone, vers Nébucadnetsar, roi de Babylone, et était ainsi conçue: ⁴ Ainsi a dit l'Éternel des armées, le Dieu d'Israël: à tous les captifs que j'ai transportés de Jérusalem à Babylone: ⁵ Bâtissez des maisons, et les habitez; plantez des jardins, et mangez-en les fruits; ⁶ Prenez des femmes, et ayez des fils et des filles; prenez des femmes pour vos fils et donnez des maris à vos filles, afin qu'elles enfantent des fils et des filles; multipliez-vous là, et ne diminuez point. ⁷ Cherchez la paix de la ville où je vous ai transportés, et priez l'Éternel pour elle; car dans sa paix vous aurez la paix. ⁸ Car ainsi a dit l'Éternel des armées, le Dieu d'Israël: Que vos prophètes qui sont parmi vous et vos devins ne vous séduisent point, et ne croyez pas aux songes que vous songez. ⁹ Car ils vous prophétisent faussement en mon nom. Je ne les ai point envoyés, dit l'Éternel. ¹⁰ Car ainsi a dit l'Éternel: Dès que soixante et dix ans seront accomplis pour Babylone, je vous visiterai, et j'accomplirai ma bonne parole à votre égard, pour vous faire retourner en ce lieu. ¹¹ Car je sais les pensées que je forme pour vous, dit l'Éternel, pensées de paix et non d'adversité, pour vous donner un avenir et une espérance. ¹² Alors vous m'invoquerez, et vous partirez; vous me prierez, et je vous exaucerai. ¹³ Vous me chercherez, et vous me trouverez; car vous m'aurez recherché de tout votre cœur. ¹⁴ Je me ferai trouver de vous, dit l'Éternel, et je ramènerai vos captifs, et je vous rassemblerai de toutes les nations et de tous les lieux où je vous ai chassés, dit l'Éternel, et je vous ferai revenir au lieu d'où je vous ai transportés. ¹⁵ Cependant si vous dites: "L'Éternel nous a suscité des prophètes à Babylone; " ¹⁶ A cause de cela, l'Éternel a dit ainsi touchant le roi qui est assis sur le trône de David, et touchant tout le peuple qui habite en cette ville, et touchant vos frères qui ne sont point allés avec vous en captivité, ¹⁷ L'Éternel des armées a dit ainsi: Voici, j'envoie contre eux l'épée, la famine et la peste, et je les ferai devenir comme ces figues horribles, qu'on ne peut manger tant elles sont mauvaises. ¹⁸ Et je les poursuivrai par l'épée, la famine et la peste; et je les livrerai pour être agités par tous les royaumes de la terre, et pour être en malédiction, en étonnement, en moquerie et en opprobre, à toutes les nations où je les aurai chassés; ¹⁹ Parce qu'ils n'ont pas écouté mes paroles, dit l'Éternel, lorsque je leur ai envoyé mes serviteurs, les prophètes, que j'ai envoyés dès le matin; mais vous n'écoutiez pas, dit l'Éternel. ²⁰ Mais écoutez la parole de l'Éternel, vous, tous les captifs, que j'ai envoyés de Jérusalem à Babylone. ²¹ Ainsi a dit l'Éternel des armées, le Dieu d'Israël, sur Achab, fils de Kolaja, et sur Sédécias, fils de Maaséja, qui vous prophétisent faussement en mon nom: Voici, je les livre aux mains de Nébucadnetsar, roi de Babylone, et il les fera mourir sous vos yeux. ²² Et on prendra d'eux une formule de malédiction, parmi tous les captifs de Juda qui sont à Babylone; on dira: "Que l'Éternel te traite comme Sédécias et Achab, que le roi de Babylone a fait brûler vifs! " ²³ Parce qu'ils ont fait des infamies en Israël, et qu'ils ont commis adultère avec les femmes de leur prochain, et qu'ils ont dit en mon nom des paroles fausses que je ne leur avais point commandées; c'est moi-même qui le sais, et j'en suis le témoin, dit l'Éternel. ²⁴ Parle aussi à Shémaja, Néchélamite, et dis-lui: ²⁵ Ainsi a dit l'Éternel des armées, le Dieu d'Israël: Parce que tu as envoyé en ton nom des lettres à tout le peuple qui est à Jérusalem, à Sophonie, fils de Maaséja, le sacrificateur, et à tous

les sacrificateurs, leur disant: ²⁶ L'Éternel t'a établi sacrificateur à la place de Jéhojada, le sacrificateur, afin qu'il y ait, dans la maison de l'Éternel, des inspecteurs pour surveiller tout homme qui fait l'inspiré et le prophète, et pour le mettre en prison et dans les fers. ²⁷ Et maintenant, pourquoi n'as-tu pas réprimé Jérémie d'Anathoth, qui vous prophétise? ²⁸ Car c'est pour cela qu'il a envoyé vers nous, à Babylone, pour nous dire: Ce sera long; bâtissez des maisons, et habitez-les; plantez des jardins, et mangez-en les fruits. ²⁹ Or Sophonie, le sacrificateur, avait lu cette lettre en présence de Jérémie, le prophète. ³⁰ Et la parole de l'Éternel fut adressée à Jérémie, en ces mots: ³¹ Mande ceci à tous ceux qui ont été transportés: Ainsi a dit l'Éternel sur Shémaja de Néchélam: Parce que Shémaja vous a prophétisé, quoique je ne l'aie point envoyé, et qu'il vous a fait mettre votre confiance dans le mensonge; ³² A cause de cela, ainsi a dit l'Éternel: Voici, je vais punir Shémaja, Néchélamite, et sa postérité; il n'y aura personne de sa race qui habite parmi ce peuple; et il ne verra pas le bien que je vais faire à mon peuple, dit l'Éternel, parce qu'il a prêché la révolte contre l'Éternel.

30

¹ La parole qui fut adressée à Jérémie de la part de l'Éternel, en ces termes: ² Ainsi a parlé l'Éternel, le Dieu d'Israël: Écris dans un livre toutes les paroles que je t'ai dites. ³ Car voici, les jours viennent, dit l'Éternel, où je ramènerai les captifs de mon peuple d'Israël et de Juda, a dit l'Éternel; je les ramènerai dans le pays que j'ai donné à leurs pères, et ils le posséderont. ⁴ Et ce sont ici les paroles que l'Éternel a prononcées pour Israël et Juda; ⁵ Car ainsi a dit l'Éternel: Nous entendons des cris d'effroi; c'est l'épouvante; et il n'y a point de paix! ⁶ Informez-vous, et voyez si un mâle enfante. Pourquoi vois-je tout homme les mains sur les reins, comme une femme en travail? Et pourquoi tous les visages sont-ils devenus livides? ⁷ Hélas! c'est que cette journée est grande, et qu'il n'y en a point eu de semblable. C'est un temps de détresse pour Jacob! Pourtant il en sera délivré. ⁸ Et en ce jour-là, dit l'Éternel des armées, je briserai son joug de dessus ton cou, et je romprai tes liens; et les étrangers ne t'asserviront plus. ⁹ Ils serviront l'Éternel leur Dieu et David leur roi, que je leur susciterai. ¹⁰ Toi donc, mon serviteur Jacob, ne crains point, dit l'Éternel; ne t'épouvante pas, Israël! car voici, je te délivrerai de la terre lointaine, et ta postérité du pays de leur captivité. Alors Jacob reviendra, et il sera tranquille et à l'aise, et il n'y aura personne qui le trouble. ¹¹ Car je suis avec toi, dit l'Éternel, pour te délivrer. Je détruirai entière-ment toutes les nations parmi lesquelles je t'ai dispersé; mais toi, je ne te détruirai point entièrement; je te châtierai avec mesure; cependant je ne te tiendrai pas pour innocent. ¹² Car ainsi a dit l'Éternel: Ta blessure est incurable; ta plaie est sans espoir. ¹³ Nul ne prend ton parti, pour bander ta plaie; il n'y a pour toi nul remède, nul moyen de guérison. ¹⁴ Tous ceux qui t'aiment t'ont oubliée; ils ne s'inquiètent plus de toi; car je t'ai frappée comme frappe un ennemi, comme châtie un homme cruel, à cause de la multitude de tes iniquités, parce que tes péchés se sont accrus. ¹⁵ Pourquoi cries-tu pour ta blessure? Ta douleur est incurable. C'est pour la grandeur de ton iniquité, parce que tes péchés se sont accrus, que je t'ai fait ces choses. ¹⁶ Cependant tous ceux qui te dévorent seront dévorés, et tous tes oppresseurs, tous, s'en iront en captivité; ceux qui te dépouillent seront dépouillés, et je livrerai au pillage tous ceux qui te pillent. ¹⁷ Mais je consoliderai tes plaies et je te guérirai, dit l'Éternel; car ils t'ont appelée la répudiée: c'est Sion, dont nul ne s'enquiert! ¹⁸ Ainsi a dit l'Éternel: Voici je ramène les captifs des tentes de Jacob, et j'ai compassion de ses demeures; la ville sera rebâtie sur sa hauteur, et le palais habité selon l'usage. ¹⁹ Et il en sortira des chants de louange et des cris de réjouissance. Je les multiplierai, et ils ne diminueront pas; je les honorerai, et ils ne seront

pas avilis. [20] Ses fils seront comme autrefois, son assemblée sera affermie devant moi, et je punirai tous ceux qui l'oppriment. [21] Et son chef sera pris de lui, et son dominateur sera issu de son sein. Je le ferai approcher, et il viendra vers moi; car qui est celui qui exposerait son cœur à s'approcher de moi? dit l'Éternel. [22] Et vous serez mon peuple, et je serai votre Dieu. [23] Voici, la tempête de l'Éternel, la fureur éclate, et l'orage prêt à fondre tombera sur la tête des méchants. [24] L'ardeur de la colère de l'Éternel ne se détournera pas, jusqu'à ce qu'il ait exécuté et accompli les desseins de son cœur. Vous entendrez ceci dans les derniers jours.

31

[1] En ce temps-là, dit l'Éternel, je serai le Dieu de toutes les familles d'Israël; et ils seront mon peuple. [2] Ainsi a dit l'Éternel: Il a trouvé grâce dans le désert, le peuple des réchappés de l'épée; Israël marche à son repos. [3] De loin l'Éternel m'est apparu, et m'a dit: Je t'ai aimée d'un amour éternel, c'est pourquoi j'ai prolongé envers toi ma bonté. [4] Je te rétablirai encore et tu seras rétablie, ô vierge d'Israël! Tu te pareras encore de tes tambourins, et tu sortiras au milieu des danses joyeuses. [5] Tu planteras encore des vignes sur les montagnes de Samarie; ceux qui les auront plantées en recueilleront les fruits. [6] Car il y aura un jour où les gardes crieront, sur la montagne d'Éphraïm: Levez-vous, et montons en Sion vers l'Éternel, notre Dieu! [7] Car ainsi a dit l'Éternel: Réjouissez-vous avec chants de triomphe à cause de Jacob; éclatez de joie à la tête des nations! Faites-vous entendre, chantez des louanges, et dites: Éternel! délivre ton peuple, le reste d'Israël! [8] Voici, je les ramène du pays du Nord, et je les rassemble des extrémités de la terre: parmi eux sont l'aveugle et le boiteux, la femme enceinte et celle qui enfante; ils reviennent ici en une grande assemblée. [9] Ils viendront avec pleurs et supplications; je les conduirai, je les mènerai aux torrents des eaux, par un droit chemin où ils ne broncheront pas. Car je suis un père pour Israël, et Éphraïm est mon premier-né. [10] Nations, écoutez la parole de l'Éternel; annoncez-la dans les îles lointaines! Dites: Celui qui a dispersé Israël, le rassemblera, et il le gardera comme un berger son troupeau. [11] Car l'Éternel rachète Jacob, et le retire des mains d'un plus fort que lui. [12] Et ils viendront, et pousseront des cris de joie sur les hauteurs de Sion; ils accourront aux biens de l'Éternel, au froment, au moût et à l'huile, et au fruit du gros et du menu bétail; et leur âme sera comme un jardin arrosé, et ils ne continueront plus à languir. [13] Alors la vierge se réjouira dans la danse, et les jeunes gens et les vieillards ensemble; et je changerai leur deuil en allégresse; je les consolerai, et je les réjouirai après leur douleur. [14] Et je rassasierai de graisse l'âme des sacrificateurs, et mon peuple sera rassasié de mes biens, dit l'Éternel. [15] Ainsi a dit l'Éternel: On a entendu dans Rama des cris, des lamentations, des larmes amères, Rachel pleurant ses enfants; elle a refusé d'être consolée au sujet de ses enfants, parce qu'ils ne sont plus. [16] Ainsi a dit l'Éternel: Retiens ta voix de pleurer, et tes yeux de verser des larmes; car il y a un salaire pour ton travail, dit l'Éternel; on reviendra du pays de l'ennemi. [17] Il y a de l'espérance pour ton avenir, dit l'Éternel; tes enfants reviendront dans leur territoire. [18] J'entends, j'entends Éphraïm qui s'afflige: "Tu m'as châtié, et j'ai été châtié comme un veau indompté. Convertis-moi, et je serai converti; car tu es l'Éternel, mon Dieu. [19] Certes, après m'être converti, je me repens, et après m'être reconnu, je frappe sur ma cuisse. Je suis honteux et confus, car je porte l'opprobre de ma jeunesse. " [20] Éphraïm est-il pour moi un enfant chéri, un enfant de prédilection? Car dès que je parle de lui, son souvenir se renouvelle toujours en moi. C'est pourquoi mes entrailles sont émues à cause

de lui; j'aurai certainement pitié de lui, dit l'Éternel. [21] Dresse-toi des signaux; place des poteaux; prends garde à la route, au chemin que tu as suivi. Reviens, ô vierge d'Israël, reviens dans ces villes qui sont à toi! [22] Jusqu'à quand seras-tu errante, fille rebelle? L'Éternel crée une chose nouvelle sur la terre: la femme environnera l'homme. [23] Ainsi a dit l'Éternel des armées, le Dieu d'Israël: On dira encore cette parole dans le pays de Juda et dans ses villes, quand j'aurai ramené leurs captifs: "Que l'Éternel te bénisse, demeure de justice, montagne de sainteté! " [24] Et Juda, et toutes ses villes ensemble, les laboureurs et ceux qui conduisent les troupeaux, y habiteront. [25] Car j'abreuverai l'âme altérée, et je rassasierai toute âme qui languit. [26] Là-dessus je me suis réveillé, et j'ai regardé; et mon sommeil m'a été doux. [27] Voici, les jours viennent, dit l'Éternel, que j'ensemencerai la maison d'Israël et la maison de Juda d'une semence d'hommes et d'une semence de bêtes. [28] Et comme j'ai veillé sur eux pour arracher et pour démolir, pour détruire, pour perdre et pour nuire, ainsi je veillerai sur eux pour bâtir et pour planter, dit l'Éternel. [29] En ces jours-là on ne dira plus: Les pères ont mangé des raisins verts, et les dents des enfants en sont agacées. [30] Mais chacun mourra pour son iniquité; tout homme qui mangera des raisins verts, ses dents en seront agacées. [31] Voici les jours viennent, dit l'Éternel, que je traiterai une alliance nouvelle avec la maison d'Israël et avec la maison de Juda; [32] Non comme l'alliance que je traitai avec leurs pères, au jour où je les pris par la main pour les faire sortir du pays d'Égypte, - alliance qu'ils ont violée, et toutefois j'avais été pour eux un époux, dit l'Éternel; [33] Mais c'est ici l'alliance que je traiterai avec la maison d'Israël, après ces jours-là, dit l'Éternel: Je mettrai ma loi au-dedans d'eux, et je l'écrirai dans leur cœur; et je serai leur Dieu, et ils seront mon peuple. [34] Chacun d'eux n'enseignera plus son prochain, ni chacun son frère, en disant: Connaissez l'Éternel! car ils me connaîtront tous, depuis le plus petit d'entre eux jusqu'au plus grand, dit l'Éternel; car je pardonnerai leur iniquité, et je ne me souviendrai plus de leur péché. [35] Ainsi a dit l'Éternel, qui donne le soleil pour être la lumière du jour, et qui règle la lune et les étoiles pour être la lumière de la nuit; qui agite la mer, et ses flots grondent; celui dont le nom est l'Éternel des armées: [36] Si ces lois-là viennent à cesser devant moi, dit l'Éternel, la race d'Israël aussi cessera d'être une nation devant moi pour toujours! [37] Ainsi a dit l'Éternel: Si les cieux en haut peuvent être mesurés, et si les fondements de la terre en bas peuvent être sondés, alors je rejetterai toute la race d'Israël à cause de tout ce qu'ils ont fait, dit l'Éternel. [38] Voici, les jours viennent, dit l'Éternel, où la ville sera rebâtie à l'Éternel, depuis la tour de Hananéel jusqu'à la porte du coin. [39] Et de là le cordeau à mesurer sera tiré droit sur la colline de Gareb, puis tournera vers Goath. [40] Et toute la vallée des cadavres et de la cendre, et tous les champs jusqu'au torrent du Cédron, jusqu'au coin de la porte des chevaux, vers l'orient, seront un lieu saint à l'Éternel. Il ne sera plus jamais ravagé ni détruit.

32

[1] La parole qui fut adressée par l'Éternel à Jérémie, la dixième année de Sédécias, roi de Juda; c'était l'an dix-huitième de Nébucadnetsar. [2] L'armée du roi de Babylone assiégeait alors Jérusalem, et Jérémie, le prophète, était enfermé dans la cour de la prison qui était dans la maison du roi de Juda. [3] Sédécias, roi de Juda, l'avait fait enfermer, et lui avait dit: Pourquoi prophétises-tu, en disant: Ainsi a dit l'Éternel: Voici, je vais livrer cette ville entre les mains du roi de Babylone, et il la prendra; [4] Et Sédécias, roi de Juda, n'échappera pas aux mains des Caldéens; mais il sera certainement livré aux mains du roi de Babylone, et il lui parlera bouche à bouche, et ses yeux verront ses yeux; [5] Et il emmènera Sédécias à Babylone, et il sera là jusqu'à ce que je le visite, dit l'Éternel.

Quand vous combattrez contre les Caldéens, vous ne réussirez pas. [6] Alors Jérémie dit: La parole de l'Éternel m'a été adressée en ces termes: [7] Voici Hanaméel, fils de Shallum, ton oncle, qui vient vers toi pour te dire: Achète mon champ qui est à Anathoth; car tu as le droit de rachat pour l'acquérir. [8] Et Hanaméel, fils de mon oncle, vint vers moi, selon la parole de l'Éternel, dans la cour de la prison, et il me dit: Achète, je te prie, mon champ qui est à Anathoth, au pays de Benjamin, car tu as le droit d'héritage et de rachat; achète-le. Et je connus que c'était la parole de l'Éternel. [9] Ainsi j'achetai de Hanaméel, fils de mon oncle, le champ d'Anathoth, et je lui pesai l'argent: dix-sept sicles d'argent. [10] Puis j'écrivis un contrat, que je cachetai; et je pris des témoins et pesai l'argent dans la balance. [11] Je pris ensuite le contrat, tant celui qui était cacheté, selon l'ordonnance et les statuts, que celui qui était ouvert. [12] Et je remis le contrat d'acquisition à Baruc, fils de Nérija, fils de Machséja, en présence de Hanaméel, fils de mon oncle, et des témoins qui avaient signé le contrat d'acquisition, et en présence de tous les Juifs qui étaient assis dans la cour de la prison. [13] Et je donnai cet ordre à Baruc, en leur présence: [14] Ainsi a dit l'Éternel des armées, le Dieu d'Israël: Prends ces écrits, ce contrat d'acquisition, celui qui est cacheté et celui qui est ouvert, et mets-les dans un vase de terre, afin qu'ils puissent se conserver longtemps. [15] Car ainsi a dit l'Éternel des armées, le Dieu d'Israël: On achètera encore des maisons, des champs et des vignes dans ce pays. [16] Et après que j'eus remis à Baruc, fils de Nérija, le contrat d'acquisition, je fis ma prière à l'Éternel, en disant: [17] Ah! Seigneur Éternel! voici, tu as fait le ciel et la terre, par ta grande puissance et par ton bras étendu: aucune chose ne te sera difficile. [18] Tu fais miséricorde en mille générations, et tu rétribues l'iniquité des pères dans le sein de leurs enfants après eux. Tu es le Dieu grand, le puissant, dont le nom est l'Éternel des armées, [19] Grand en conseil et puissant en exploits; tu as les yeux ouverts sur toutes les voies des enfants des hommes, pour rendre à chacun selon ses voies et selon le fruit de ses œuvres; [20] Tu as fait des signes et des prodiges au pays d'Égypte, jusqu'à ce jour, et en Israël et parmi les hommes, et tu t'es acquis un renom tel qu'il est aujourd'hui. [21] Tu as retiré du pays d'Égypte Israël ton peuple, avec des prodiges et des miracles, à main forte et à bras étendu, et avec une grande terreur. [22] Et tu leur as donné ce pays, que tu avais juré à leurs pères de leur donner, pays où coulent le lait et le miel; [23] Et ils vinrent et en prirent possession. Mais ils n'ont point obéi à ta voix, et n'ont point marché dans ta loi; ils n'ont rien fait de tout ce que tu leur avais commandé de faire. C'est pourquoi tu as fait que tout ce mal leur est arrivé. [24] Voici, les terrasses s'élèvent contre la ville pour la prendre, et la ville va être livrée entre les mains des Caldéens qui combattent contre elle, et abandonnée à l'épée, à la famine et à la peste. Ce que tu as dit est arrivé, et voici, tu le vois! [25] Et néanmoins, Seigneur Éternel! tu m'as dit: "Achète ce champ à prix d'argent et prends-en des témoins" - Et la ville est livrée entre les mains des Caldéens! [26] Et la parole de l'Éternel fut adressée à Jérémie, en ces termes: [27] Voici, je suis l'Éternel, le Dieu de toute chair; y a-t-il rien qui me soit difficile? [28] C'est pourquoi, ainsi a dit l'Éternel: Voici je vais livrer cette ville entre les mains des Caldéens, entre les mains de Nébucadnetsar, roi de Babylone, qui la prendra. [29] Et les Caldéens qui combattent contre cette ville, vont entrer; ils mettront le feu à cette ville, et ils la brûleront, avec les maisons sur les toits desquelles on a fait des encensements à Baal et des libations à d'autres dieux, pour m'irriter. [30] Car les enfants d'Israël et les enfants de Juda n'ont fait, dès leur jeunesse, que ce qui est mal à mes yeux; car les enfants d'Israël ne font que m'irriter par les œuvres de leurs mains, dit l'Éternel. [31] Car cette ville m'a été un objet de colère et d'indignation, depuis le jour où on l'a bâtie jusqu'à ce jour, en sorte que je l'ôte de devant ma face; [32] A cause de tout le mal que les enfants d'Israël et les enfants de Juda ont fait pour m'irriter, eux, leurs rois, leurs chefs, leurs sacrificateurs et leurs prophètes, les hommes de Juda et les habitants de Jérusalem. [33] Ils m'ont tourné le dos et non le visage. On les a enseignés, enseignés dès le matin; mais ils n'ont pas été dociles pour recevoir instruction. [34] Ils ont mis leurs abominations dans la maison sur laquelle est invoqué mon nom, pour la souiller. [35] Et ils ont bâti les hauts lieux de Baal, dans la vallée des fils de Hinnom, pour faire passer leurs fils et leurs filles par le feu à Moloc, ce que je ne leur avais point commandé; et il ne m'était jamais venu à la pensée qu'on fît une telle abomination, pour faire pécher Juda. [36] Et maintenant, à cause de cela, ainsi a dit l'Éternel, le Dieu d'Israël, touchant cette ville dont vous dites qu'elle va être livrée entre les mains du roi de Babylone, par l'épée, par la famine et par la peste: [37] Voici, je les rassemblerai de tous les pays où je les aurai chassés dans ma colère, dans ma fureur, dans une grande indignation; je les ferai revenir en ce lieu, et y habiter en sûreté. [38] Alors ils seront mon peuple, et je serai leur Dieu. [39] Et je leur donnerai un même cœur et un même chemin, afin qu'ils me craignent toujours, pour leur bien et pour celui de leurs enfants après eux. [40] Et je traiterai avec eux une alliance éternelle; je ne me retirerai plus d'eux, je leur ferai du bien, et je mettrai ma crainte dans leurs cœurs, afin qu'ils ne se détournent pas de moi. [41] Et je me réjouirai en leur faisant du bien; et je les planterai véritablement dans ce pays, de tout mon cœur et de toute mon âme. [42] Car ainsi a dit l'Éternel: Comme j'ai fait venir tout ce grand mal sur ce peuple, je ferai aussi venir sur eux tout le bien que je leur promets. [43] Et l'on achètera des champs dans ce pays dont vous dites: C'est un désert, sans homme ni bête; il est livré entre les mains des Caldéens. [44] On y achètera des champs à prix d'argent, on en écrira les contrats, et on les cachètera, et on prendra des témoins, dans le pays de Benjamin et aux environs de Jérusalem, dans les villes de Juda, dans les villes de la montagne, dans les villes de la plaine et dans les villes du midi. Car je ferai revenir leurs captifs, dit l'Éternel.

33

[1] Or la parole de l'Éternel fut adressée à Jérémie une seconde fois, en ces mots, quand il était encore enfermé dans la cour de la prison: [2] Ainsi a dit l'Éternel qui va faire ceci, l'Éternel qui le conçoit pour l'exécuter, celui dont le nom est l'Éternel: [3] Crie vers moi, et je te répondrai, et je te déclarerai des choses grandes et cachées que tu ne connais pas. [4] Car ainsi a dit l'Éternel, le Dieu d'Israël, touchant les maisons de cette ville et les maisons des rois de Juda, qui seront renversées par les terrasses et par l'épée, [5] Quand on ira combattre les Caldéens et qu'elles seront remplies des cadavres des hommes que je frapperai dans ma colère et dans ma fureur, et à cause de toute la méchanceté desquels je cacherai ma face à cette ville: [6] Voici, je leur donnerai la guérison et la santé; je les guérirai, je leur découvrirai une abondance de paix et de vérité; [7] Je ramènerai les captifs de Juda et les captifs d'Israël; et je les rétablirai comme auparavant. [8] Et je les nettoierai de toute iniquité qu'ils ont commise contre moi; je pardonnerai toutes les iniquités par lesquelles ils ont péché et se sont révoltés contre moi. [9] Et ce sera pour moi un renom plein de joie, de louange et de gloire, auprès de toutes les nations de la terre, qui apprendront tout le bien que je vais leur faire, et seront effrayées et épouvantées de toute la prospérité et de tout le bonheur que je vais leur donner. [10] Ainsi a dit l'Éternel: Dans ce lieu duquel vous dites: Il est désert, il n'y a ni hommes, ni bêtes; dans les villes de Juda et dans les rues de Jérusalem, qui sont désolées, privées d'hommes, d'habitants et de bêtes, [11] On entendra encore la voix de joie et la voix d'allégresse, la voix de l'époux et la voix de l'épouse, la voix de ceux qui diront: "Célébrez l'Éternel des armées, car l'Éternel est bon, car sa miséricorde demeure à toujours! " et qui apporteront des sacrifices d'actions de grâces à la maison de l'Éternel. Car je ramènerai les captifs du pays, et je les rétablirai comme auparavant, a dit l'Éternel. [12] Ainsi a dit l'Éternel des armées: Dans ce lieu qui est désert, sans homme ni bête,

et dans toutes ses villes, il y aura des demeures pour les bergers, qui y feront reposer leurs troupeaux. [13] Dans les villes de la montagne, dans les villes de la plaine, dans les villes du midi, dans le pays de Benjamin, aux environs de Jérusalem et dans les villes de Juda, les troupeaux passeront encore sous les mains de celui qui les compte, a dit l'Éternel. [14] Voici, les jours viennent, dit l'Éternel, où j'accomplirai la bonne parole que j'ai prononcée sur la maison d'Israël et sur la maison de Juda. [15] En ces jours et en ce temps-là, je ferai germer à David un germe de justice, qui fera droit et justice dans le pays. [16] En ces jours-là Juda sera sauvé, et Jérusalem habitera en assurance, et voici comment on l'appellera: L'Éternel notre justice. [17] Car voici, a dit l'Éternel: David ne manquera jamais d'un homme assis sur le trône de la maison d'Israël; [18] Et les sacrificateurs lévites ne manqueront jamais devant moi d'un homme qui présente des holocaustes, et qui fasse fumer l'oblation, et qui offre des sacrifices tous les jours. [19] La parole de l'Éternel fut encore adressée à Jérémie, en ces termes: [20] Ainsi a dit l'Éternel: Si vous pouvez rompre mon alliance avec le jour et mon alliance avec la nuit, en sorte que le jour et la nuit ne soient plus en leur temps, [21] Alors aussi sera rompue mon alliance avec David, mon serviteur, en sorte qu'il n'ait point de fils qui règne sur son trône, ainsi que mon alliance avec les lévites, les sacrificateurs, qui font mon service. [22] Comme on ne peut compter l'armée des cieux, ni mesurer le sable de la mer, ainsi je multiplierai la postérité de David, mon serviteur, et les Lévites qui font mon service. [23] La parole de l'Éternel fut aussi adressée à Jérémie, en ces mots: [24] N'as-tu pas vu quel langage tient ce peuple, en disant: Les deux familles que l'Éternel avait élues, il les a rejetées? Ainsi ils méprisent mon peuple, de sorte qu'à leurs yeux il ne serait plus une nation. [25] Ainsi a dit l'Éternel: Si je n'ai pas fait mon alliance avec le jour et la nuit, et si je n'ai pas établi les lois des cieux et de la terre, [26] Je rejetterai aussi la postérité de Jacob et de David, mon serviteur, pour ne plus prendre de sa postérité ceux qui domineront sur la postérité d'Abraham, d'Isaac et de Jacob. Car je ramènerai leurs captifs, et j'aurai compassion d'eux.

34

[1] La parole qui fut adressée en ces mots à Jérémie, de la part de l'Éternel, lorsque Nébucadnetsar, roi de Babylone, et toute son armée, tous les royaumes de la terre gouvernés par sa main, et tous les peuples, combattaient contre Jérusalem et contre toutes ses villes: [2] Ainsi a dit l'Éternel, le Dieu d'Israël: Va, et parle à Sédécias, roi de Juda, et dis-lui: Ainsi a dit l'Éternel: Voici, je vais livrer cette ville dans la main du roi de Babylone, et il la brûlera. [3] Et toi, tu n'échapperas pas à sa main; car certainement tu seras pris, et tu seras livré entre ses mains; et tes yeux verront les yeux du roi de Babylone, et il te parlera bouche à bouche, et tu iras à Babylone. [4] Toutefois, écoute la parole de l'Éternel, Sédécias, roi de Juda! Ainsi a dit l'Éternel: Tu ne mourras point par l'épée. [5] Tu mourras en paix, et comme on a brûlé des parfums pour tes pères, les rois précédents qui ont été avant toi, on en brûlera pour toi et on te pleurera, en disant: Hélas, Seigneur! Car j'ai prononcé cette parole, dit l'Éternel. [6] Jérémie, le prophète, prononça toutes ces paroles à Sédécias, roi de Juda, à Jérusalem. [7] Et l'armée du roi de Babylone combattait contre Jérusalem et contre toutes les villes de Juda qui restaient, contre Lakis et contre Azéka; car c'étaient les villes fortes qui restaient d'entre les villes de Juda. [8] La parole qui fut adressée par l'Éternel à Jérémie, après que le roi Sédécias eut fait une alliance avec tout le peuple de Jérusalem, pour proclamer la liberté parmi eux, [9] Afin que chacun renvoyât libre son serviteur israélite et chacun sa servante israélite, et que personne ne rendît esclave le Juif, son frère. [10] Tous les chefs et tout le peuple qui étaient entrés dans cette alliance, s'engagèrent à renvoyer libres chacun son serviteur et chacun sa servante,

sans plus les tenir dans l'esclavage. Ils obéirent et les renvoyèrent. [11] Mais ensuite ils changèrent d'avis, et firent revenir leurs serviteurs et leurs servantes, qu'ils avaient renvoyés libres, et se les assujettirent comme serviteurs et comme servantes. [12] Alors la parole de l'Éternel fut adressée à Jérémie, en ces mots: [13] Ainsi a dit l'Éternel le Dieu d'Israël: J'ai fait alliance avec vos pères au jour où je les tirai hors du pays d'Égypte, de la maison de servitude, et je leur ai dit: [14] Au bout de sept ans, vous renverrez chacun votre frère hébreu qui vous aura été vendu. Il te servira six ans: puis tu le renverras libre de chez toi. Mais vos pères ne m'ont point écouté et n'ont point prêté l'oreille. [15] Cependant vous étiez revenus aujourd'hui; vous aviez fait ce qui est droit à mes yeux, en publiant chacun la liberté de son prochain; et vous aviez traité l'alliance en ma présence, dans la maison sur laquelle mon nom est invoqué. [16] Mais vous avez changé d'avis, et vous avez profané mon nom, en faisant revenir chacun son serviteur et chacun sa servante, que vous aviez renvoyés libres et pour être à eux-mêmes; et vous les avez forcés à être vos serviteurs et vos servantes. [17] C'est pourquoi ainsi a dit l'Éternel: Vous ne m'avez point obéi, pour publier la liberté, chacun à son frère, chacun à son prochain; voici, dit l'Éternel, je publie la liberté contre vous à l'épée, à la peste et à la famine, et je vous livrerai pour être agités par tous les royaumes de la terre. [18] Et je livrerai les hommes qui ont transgressé mon alliance, qui n'ont pas exécuté les paroles de l'accord qu'ils avaient fait devant moi, en passant entre les deux moitiés du veau qu'ils avaient coupé en deux, [19] Les chefs de Juda et les chefs de Jérusalem, les eunuques et les sacrificateurs, et tous les gens du pays qui ont passé entre les moitiés du veau, [20] Je les livrerai entre les mains de leurs ennemis, entre les mains de ceux qui cherchent leur vie, et leurs cadavres seront la pâture des oiseaux du ciel et des bêtes de la terre. [21] Je livrerai aussi Sédécias, roi de Juda, avec ses princes, entre les mains de leurs ennemis et entre les mains de ceux qui cherchent leur vie, entre les mains de l'armée du roi de Babylone qui s'est éloigné de vous. [22] Voici, je vais donner ordre, dit l'Éternel, et je les ramènerai contre cette ville. Et ils combattront contre elle, et ils la prendront, et la brûleront; et je mettrai les villes de Juda en désolation, sans aucun habitant.

35

[1] La parole qui fut adressée par l'Éternel à Jérémie, aux jours de Jéhojakim, fils de Josias, roi de Juda, en ces termes: [2] Va à la maison des Récabites, et leur parle, et fais-les venir à la maison de l'Éternel, dans une des chambres, et offre-leur du vin à boire. [3] Je pris donc Jaazania, fils de Jérémie, fils de Habatsinia, et ses frères, et tous ses fils, et toute la maison des Récabites; [4] Et je les amenai à la maison de l'Éternel, dans la chambre des fils de Hanan, fils de Jigdalia, homme de Dieu, laquelle était auprès de la chambre des chefs, au-dessus de la chambre de Maaséja, fils de Shallum, garde du seuil. [5] Et je mis devant les enfants de la maison des Récabites des vases pleins de vin et des coupes, et je leur dis: Buvez du vin! [6] Mais ils répondirent: Nous ne boirons point de vin; car Jonadab, fils de Récab, notre père, nous a donné un ordre en disant: Vous ne boirez point de vin, ni vous ni vos enfants, à jamais; [7] Vous ne bâtirez point de maisons; vous ne sèmerez pas de semence; vous ne planterez pas de vigne, et vous n'en posséderez point; mais vous habiterez sous des tentes, tous les jours de votre vie, afin que vous viviez longtemps sur la terre où vous êtes étrangers. [8] Et nous avons obéi à la voix de Jonadab, fils de Récab, notre père, en tout ce qu'il nous a prescrit; de sorte que nous ne buvons pas de vin pendant toute notre vie, ni nous, ni nos femmes, ni nos fils, ni nos filles; [9] Nous n'avons point bâti de maisons pour notre demeure, et nous ne possédons ni vignes, ni champs, ni semailles, [10] Mais nous avons habité sous des tentes, et nous avons obéi, et fait tout ce que nous a prescrit Jonadab, notre père. [11] Or, quand Nébucadnetsar, roi de Babylone, est

monté contre ce pays, nous avons dit: Venez, retirons-nous à Jérusalem, loin de l'armée des Caldéens et de l'armée de Syrie. C'est ainsi que nous habitons à Jérusalem. ¹² Alors la parole de l'Éternel fut adressée à Jérémie, en ces mots: ¹³ Ainsi a dit l'Éternel des armées, le Dieu d'Israël: Va, et dis aux hommes de Juda, et aux habitants de Jérusalem: Ne recevrez-vous pas instruction, pour obéir à mes paroles? dit l'Éternel. ¹⁴ On a observé la parole de Jonadab, fils de Récab, qui a ordonné à ses fils de ne pas boire de vin; ils n'en ont point bu jusqu'à ce jour, car ils ont obéi à l'ordre de leur père. Mais moi, je vous ai parlé, parlé dès le matin, et vous ne m'avez pas obéi. ¹⁵ Je vous ai envoyé tous mes serviteurs, les prophètes; je les ai envoyés dès le matin pour vous dire: Détournez-vous chacun de votre mauvaise voie; amendez vos actions, et n'allez pas après d'autres dieux pour les servir; et vous demeurerez dans le pays que j'ai donné à vous et à vos pères. Mais vous n'avez pas prêté l'oreille, et vous ne m'avez pas écouté. ¹⁶ Oui, les fils de Jonadab, fils de Récab, ont observé l'ordre que leur père leur avait donné, et ce peuple ne m'a point écouté! ¹⁷ C'est pourquoi l'Éternel, le Dieu des armées, le Dieu d'Israël, dit ainsi: Voici, je vais faire venir sur Juda et sur tous les habitants de Jérusalem tout le mal que j'ai prononcé contre eux, parce que je leur ai parlé, et qu'ils n'ont pas écouté; que je les ai appelés, et qu'ils n'ont pas répondu. ¹⁸ Puis Jérémie dit à la maison des Récabites: Ainsi a dit l'Éternel des armées, le Dieu d'Israël: Parce que vous avez obéi à l'ordre de Jonadab, votre père, et que vous avez gardé tous ses commandements et fait selon tout ce qu'il vous a prescrit, ¹⁹ A cause de cela, ainsi a dit l'Éternel des armées, le Dieu d'Israël: Jonadab, fils de Récab, ne manquera jamais de descendants qui se tiennent devant ma face.

36

¹ La quatrième année de Jéhojakim, fils de Josias, roi de Juda, cette parole fut adressée à Jérémie par l'Éternel, en ces termes: ² Prends un rouleau de livre, et y écris toutes les paroles que je t'ai dites contre Israël et contre Juda, et contre toutes les nations, depuis le jour où je t'ai parlé, depuis les jours de Josias jusqu'à ce jour. ³ Peut-être que, la maison de Juda entendant tout le mal que je me propose de leur faire, chacun se détournera de sa mauvaise voie, et je pardonnerai leur iniquité et leur péché. ⁴ Jérémie appela donc Baruc, fils de Nérija. Et Baruc écrivit, sous la dictée de Jérémie, dans le rouleau, toutes les paroles que l'Éternel lui avait dites. ⁵ Puis Jérémie donna cet ordre à Baruc, et lui dit: Je suis retenu; je ne puis aller à la maison de l'Éternel. ⁶ Toi donc, vas-y, et tu liras, dans le rouleau que tu as écrit sous ma dictée, les paroles de l'Éternel aux oreilles du peuple, dans la maison de l'Éternel, le jour du jeûne. Tu les liras aussi aux oreilles de tous ceux de Juda qui seront venus de leurs villes. ⁷ Peut-être que leur supplication sera reçue devant l'Éternel, et qu'ils reviendront chacun de leur mauvaise voie; car la colère, la fureur que l'Éternel a prononcée contre ce peuple est grande. ⁸ Et Baruc, fils de Nérija, fit tout ce que lui avait ordonné Jérémie, le prophète, et lut dans le livre les paroles de l'Éternel, dans la maison de l'Éternel. ⁹ La cinquième année de Jéhojakim, fils de Josias, roi de Juda, le neuvième mois, on publia le jeûne devant l'Éternel, pour tout le peuple de Jérusalem, et pour tout le peuple qui venait des villes de Juda à Jérusalem. ¹⁰ Alors Baruc lut dans le livre les paroles de Jérémie, dans la maison de l'Éternel, dans la chambre de Guémaria, fils de Shaphan, le secrétaire, dans le parvis supérieur, à l'entrée de la porte neuve de la maison de l'Éternel, aux oreilles de tout le peuple. ¹¹ Or, quand Michée, fils de Guémaria, fils de Shaphan, eut entendu de ce livre toutes les paroles de l'Éternel, ¹² Il descendit à la maison du roi, à la chambre du secrétaire, et voici, tous les chefs étaient assis là, Élishama, le secrétaire, et Délaja, fils de Shémaja, Elnathan, fils d'Acbor, et Guémaria, fils de Shaphan,

et Sédécias, fils de Hanania, et tous les chefs. ¹³ Et Michée leur rapporta toutes les paroles qu'il avait entendues, quand Baruc lisait dans le livre, aux oreilles du peuple. ¹⁴ Alors tous les chefs envoyèrent Jéhudi, fils de Néthania, fils de Shélémia, fils de Cushi, vers Baruc, pour lui dire: Prends en ta main ce rouleau dans lequel tu as lu aux oreilles du peuple, et viens. Baruc, fils de Nérija, prit donc en sa main le rouleau et vint vers eux. ¹⁵ Et ils lui dirent: Assieds-toi, et lis-le à nos oreilles. Et Baruc le lut à leurs oreilles. ¹⁶ Mais il arriva qu'aussitôt qu'ils eurent entendu toutes ces paroles, ils furent effrayés entre eux, et dirent à Baruc: Nous ne manquerons pas de rapporter au roi toutes ces paroles. ¹⁷ Puis ils l'interrogèrent Baruc et dirent: Fais-nous savoir comment tu as écrit toutes ces paroles sous sa dictée. ¹⁸ Et Baruc répondit: Il me dictait de sa bouche toutes ces paroles, et je les écrivais dans le livre avec de l'encre. ¹⁹ Alors les chefs dirent à Baruc: Va, et cache-toi, ainsi que Jérémie, et que personne ne sache où vous êtes. ²⁰ Puis ils allèrent vers le roi, dans la cour, après avoir déposé le rouleau dans la chambre d'Élishama, le secrétaire; et ils en rapportèrent aux oreilles du roi toutes les paroles. ²¹ Et le roi envoya Jéhudi pour prendre le rouleau. Et quand Jéhudi l'eut pris de la chambre d'Élishama, le secrétaire, il le lut aux oreilles du roi et de tous les chefs qui se tenaient debout près de lui. ²² Or le roi était assis dans la maison d'hiver, au neuvième mois, et un brasier était allumé devant lui. ²³ Et il arriva, quand Jéhudi eut lu trois ou quatre colonnes du livre, que le roi le coupa avec le canif du secrétaire, et le jeta au feu dans le brasier, jusqu'à ce que tout le rouleau fût entièrement consumé par le feu du brasier. ²⁴ Le roi et tous ses serviteurs, qui entendirent toutes ces paroles, n'en furent point effrayés et ne déchirèrent point leurs vêtements. ²⁵ Toutefois, Elnathan, et Délaja, et Guémaria avaient fait des instances auprès du roi, pour qu'il ne brûlât pas le rouleau; mais il ne les écouta point. ²⁶ Et le roi commanda à Jérachméel, fils de Hammélec, et à Séraja, fils d'Ozriel, et à Shélémia, fils d'Abdiel, de saisir Baruc, le secrétaire, et Jérémie, le prophète; mais l'Éternel les cacha. ²⁷ Alors la parole de l'Éternel fut adressée à Jérémie, en ces mots, après que le roi eut brûlé le rouleau et les paroles que Baruc avait écrites sous la dictée de Jérémie: ²⁸ Prends un autre rouleau, et tu y écriras toutes les premières paroles qui étaient dans le premier rouleau que Jéhojakim, roi de Juda, a brûlé. ²⁹ Et quant à Jéhojakim, roi de Juda, tu diras: Ainsi a dit l'Éternel: Tu as brûlé ce rouleau, en disant: "Pourquoi y as-tu écrit que le roi de Babylone viendra certainement, et qu'il détruira ce pays, et en exterminera les hommes et les bêtes? " ³⁰ C'est pourquoi ainsi a dit l'Éternel, touchant Jéhojakim, roi de Juda: Aucun des siens ne sera assis sur le trône de David, et son cadavre sera jeté, et exposé le jour à la chaleur, et la nuit à la gelée. ³¹ Et je punirai sur lui, et sur sa postérité, et sur ses serviteurs, leur iniquité; et je ferai venir sur eux, et sur les habitants de Jérusalem, et sur les hommes de Juda, tout le mal que j'ai prononcé contre eux sans qu'ils m'aient écouté. ³² Jérémie prit donc un autre rouleau et le donna à Baruc, le secrétaire, fils de Nérija, qui y écrivit, sous la dictée de Jérémie, toutes les paroles du livre que Jéhojakim, roi de Juda, avait brûlé au feu; et plusieurs paroles semblables y furent encore ajoutées.

37

¹ Sédécias, fils de Josias, régna à la place de Chonia, fils de Jéhojakim, et fut établi roi sur le pays de Juda, par Nébucadnetsar, roi de Babylone. ² Mais ni lui, ni ses serviteurs, ni le peuple du pays n'écoutèrent les paroles que l'Éternel avait prononcées par Jérémie, le prophète. ³ Toutefois le roi Sédécias envoya Jéhucal, fils de Shélémia, et Sophonie, fils de Maaséja, le sacrificateur, vers Jérémie, le prophète, pour lui dire: Intercède pour nous auprès de l'Éternel, notre Dieu. ⁴ Or Jérémie allait et venait parmi le peuple, et on ne l'avait pas encore mis en prison. ⁵ L'armée de Pharaon était sortie d'Égypte, et les Caldéens qui assiégeaient Jérusalem, ayant appris cette nouvelle, s'étaient éloignés de Jérusalem. ⁶ Alors la

parole de l'Éternel fut adressée à Jérémie, le prophète, en ces mots: 7 Ainsi a dit l'Éternel, le Dieu d'Israël: Vous direz ainsi au roi de Juda, qui vous a envoyés vers moi pour me consulter: Voici, l'armée de Pharaon, qui est sortie à votre secours, va retourner chez elle, en Égypte. 8 Et les Caldéens reviendront assiéger cette ville, et la prendront, et la brûleront par le feu. 9 Ainsi a dit l'Éternel: Ne vous abusez point vous-mêmes, en disant: "Les Caldéens s'en iront loin de nous; " car ils ne s'en iront point. 10 Et même quand vous auriez défait toute l'armée des Caldéens qui combattent contre vous, et quand il n'en resterait que des blessés, ils se relèveraient chacun dans sa tente, et brûleraient cette ville par le feu. 11 Or, quand l'armée des Caldéens se fut retirée de devant Jérusalem, à cause de l'armée de Pharaon, 12 Il arriva que Jérémie sortit pour s'en aller de Jérusalem au pays de Benjamin, en se glissant de là parmi le peuple. 13 Mais lorsqu'il fut à la porte de Benjamin, il se trouva là un capitaine de la garde, nommé Jiréija, fils de Shélémia, fils de Hanania, qui saisit Jérémie, le prophète, en disant: Tu passes aux Caldéens! 14 Et Jérémie répondit: C'est faux! Je ne passe point aux Caldéens. Mais il ne l'écouta pas. Jiréija saisit donc Jérémie, et l'emmena vers les chefs. 15 Alors les chefs s'emportèrent contre Jérémie, le frappèrent et le mirent en prison dans la maison de Jéhonathan, le secrétaire; car ils en avaient fait une prison. 16 Ce fut ainsi que Jérémie entra dans la basse-fosse et dans les cachots. Et Jérémie y demeura longtemps. 17 Mais le roi Sédécias l'envoya chercher, et l'interrogea en secret dans sa maison, et lui dit: Y a-t-il quelque parole de la part de l'Éternel? Et Jérémie répondit: Il y en a une; et lui dit: Tu seras livré entre les mains du roi de Babylone. 18 Puis Jérémie dit au roi Sédécias: En quoi ai-je péché contre toi, contre tes serviteurs, et contre ce peuple, que vous m'ayez mis en prison? 19 Et où sont vos prophètes qui vous prophétisaient, en disant: Le roi de Babylone ne viendra pas contre vous, ni contre ce pays? 20 Or maintenant écoute, je te prie, ô roi, mon seigneur, et que ma supplication soit favorablement reçue de toi! Ne me renvoie point dans la maison de Jéhonathan, le secrétaire, de peur que je n'y meure. 21 Alors le roi Sédécias commanda qu'on gardât Jérémie dans la cour de la prison, et qu'on lui donnât chaque jour un pain de la rue des boulangers, jusqu'à ce que tout le pain de la ville fût consommé. Ainsi Jérémie demeura dans la cour de la prison.

38

1 Or Shéphatia, fils de Matthan, et Guédalia, fils de Pashur, et Jucal, fils de Shélémia, et Pashur, fils de Malkija, entendirent les paroles que Jérémie prononçait devant tout le peuple, en disant: 2 Ainsi a dit l'Éternel: Celui qui demeurera dans cette ville mourra par l'épée, par la famine ou par la peste; mais celui qui sortira vers les Caldéens vivra; il aura sa vie pour butin, et il vivra. 3 Ainsi a dit l'Éternel: Cette ville sera certainement livrée à l'armée du roi de Babylone, et il la prendra. 4 Et les chefs dirent au roi: Qu'on fasse mourir cet homme; il fait perdre courage aux hommes de guerre qui restent dans cette ville, et à tout le peuple, en leur tenant de tels discours; car cet homme ne cherche pas la prospérité, mais le malheur de ce peuple. 5 Alors le roi Sédécias dit: Voici, il est entre vos mains; car le roi ne peut rien contre vous. 6 Ils prirent donc Jérémie et le jetèrent dans la citerne de Malkija, fils de Hammélec, laquelle se trouvait dans la cour de la prison; et ils y descendirent Jérémie avec des cordes. Il n'y avait point d'eau dans la citerne, mais de la boue; et Jérémie enfonça dans la boue. 7 Mais Ébed-Mélec, l'Éthiopien, eunuque de la maison du roi, apprit qu'ils avaient mis Jérémie dans la citerne. Or le roi était assis à la porte de Benjamin. 8 Et Ébed-Mélec sortit de la maison du roi, et parla au roi, disant: 9 O roi, mon seigneur, ces hommes-ci ont mal agi dans tout ce qu'ils ont fait contre Jérémie, le prophète, en le jetant dans la citerne. Il serait déjà mort de faim dans le lieu où il était, puisqu'il n'y a plus de pain dans la ville. 10 Et le roi donna cet ordre à

Ébed-Mélec, l'Éthiopien: Prends ici trente hommes sous ta conduite, et fais remonter hors de la citerne Jérémie, le prophète, avant qu'il meure. ¹¹ Ébed-Mélec prit donc ces hommes sous sa conduite, et vint dans la maison du roi, au-dessous du Trésor, où il prit de vieux lambeaux et de vieux haillons, qu'il descendit avec des cordes à Jérémie dans la citerne. ¹² Puis Ébed-Mélec, l'Éthiopien, dit à Jérémie: Mets ces vieux lambeaux et ces haillons sous tes aisselles autour des cordes. Et Jérémie fit ainsi. ¹³ Alors ils tirèrent Jérémie avec les cordes et le firent remonter de la citerne; et Jérémie demeura dans la cour de la prison. ¹⁴ Cependant le roi Sédécias envoya chercher Jérémie, le prophète, et le fit venir auprès de lui dans la troisième entrée de la maison de l'Éternel. Alors le roi dit à Jérémie: Je vais te demander une chose, ne me cache rien! ¹⁵ Et Jérémie répondit à Sédécias: Si je te la dis, n'est-il pas vrai que tu me feras mourir? et que, si je te donne un conseil, tu ne m'écouteras point? ¹⁶ Et le roi Sédécias jura en secret à Jérémie, en disant: L'Éternel est vivant, lui qui nous a donné la vie! je ne te ferai pas mourir, et je ne te livrerai point entre les mains de ces hommes qui cherchent ta vie. ¹⁷ Alors Jérémie dit à Sédécias: Ainsi a dit l'Éternel, le Dieu des armées, le Dieu d'Israël: Si tu sors résolument vers les généraux du roi de Babylone, ton âme vivra, cette ville ne sera pas brûlée, et tu vivras, toi et ta maison. ¹⁸ Mais si tu ne sors pas vers les généraux du roi de Babylone, cette ville sera livrée entre les mains des Caldéens, qui la brûleront par le feu, et tu n'échapperas pas de leurs mains. ¹⁹ Et le roi Sédécias dit à Jérémie: Je suis en peine à cause des Juifs qui se sont rendus aux Caldéens; je crains qu'on ne me livre entre leurs mains, et qu'ils ne m'outragent. ²⁰ Mais Jérémie répondit: On ne te livrera pas. Je te prie, écoute la voix de l'Éternel dans ce que je te dis, afin que tu t'en trouves bien et que ton âme vive. ²¹ Mais si tu refuses de sortir, voici ce que l'Éternel m'a révélé: ²² C'est que toutes les femmes qui restent dans la maison du roi de Juda seront menées dehors aux généraux du roi de Babylone, et qu'elles diront que ceux qui t'annonçaient la paix t'ont séduit, et ont prévalu sur toi; puis, quand tes pieds ont enfoncé dans la boue, ils se sont retirés en arrière. ²³ On mènera donc dehors, aux Caldéens, toutes tes femmes et tes enfants; et toi, tu n'échapperas point de leurs mains, mais tu seras saisi par la main du roi de Babylone, et tu seras cause que cette ville sera brûlée par le feu. ²⁴ Alors Sédécias dit à Jérémie: Que personne ne sache rien de ces paroles, et tu ne mourras point. ²⁵ Et si les chefs apprennent que je t'ai parlé, et qu'ils viennent vers toi et te disent: "Déclare-nous donc ce que tu as dit au roi, et ce que le roi t'a dit; ne nous cache rien, et nous ne te ferons pas mourir; " ²⁶ Tu leur diras: J'ai humblement supplié le roi de ne pas me faire retourner dans la maison de Jéhonathan, pour y mourir. ²⁷ Tous les chefs vinrent donc vers Jérémie, et l'interrogèrent. Mais il leur répondit conformément à tout ce que le roi lui avait prescrit. Alors ils le laissèrent en repos; car on n'avait rien su de l'affaire. ²⁸ Ainsi Jérémie demeura dans la cour de la prison, jusqu'au jour de la prise de Jérusalem.

39

¹ Or, lorsque Jérusalem fut prise (la neuvième année de Sédécias, roi de Juda, au dixième mois, Nébucadnetsar, roi de Babylone, vint, avec toute son armée, assiéger Jérusalem; ² La onzième année de Sédécias, au quatrième mois, le neuvième jour du mois, la brèche fut faite à la ville), ³ Tous les chefs du roi de Babylone vinrent, et se postèrent à la porte du milieu. C'étaient Nergal-Sharéetser, Samgar-Nébu, Sarsékim, chef des eunuques, Nergal-Sharéetser, chef des mages, et tous les autres chefs du roi de Babylone. ⁴ Dès que Sédécias, roi de Juda, et tous les gens de guerre les eurent vus, ils s'enfuirent, et sortirent de la ville pendant la nuit, par le chemin du jardin du roi, par la porte entre les deux murailles. Ils sortirent dans la direction de la plaine. ⁵ Mais l'armée des Caldéens les poursuivit; ils atteignirent Sédécias dans les plaines de Jérico; et, l'ayant pris, ils l'amenèrent vers

Nébucadnetsar, roi de Babylone, à Ribla, dans le pays de Hamath, où on lui fit son procès. ⁶ Et le roi de Babylone fit égorger à Ribla les fils de Sédécias en sa présence; le roi de Babylone fit aussi égorger tous les grands de Juda. ⁷ Puis il fit crever les yeux à Sédécias, et le fit lier de doubles chaînes d'airain, pour l'emmener à Babylone. ⁸ Les Caldéens brûlèrent aussi par le feu la maison du roi et les maisons du peuple, et ils démolirent les murailles de Jérusalem. ⁹ Puis Nébuzar-Adan, chef des gardes, transporta à Babylone le reste du peuple qui était demeuré dans la ville, ceux qui s'étaient rendus à lui, et le reste du peuple. ¹⁰ Mais Nébuzar-Adan, chef des gardes, laissa dans le pays de Juda quelques gens les plus pauvres, ceux qui n'avaient rien; et en ce jour-là il leur donna des vignes et des champs. ¹¹ Or Nébucadnetsar, roi de Babylone, avait donné ordre en ces termes, à Nébuzar-Adan, chef des gardes, au sujet de Jérémie: ¹² Prends-le, et aie soin de lui, et ne lui fais aucun mal; mais traite-le comme il te le dira. ¹³ Nébuzar-Adan, chef des gardes, avec Nébushazban, chef des eunuques, et Nergal-Sharéetser, chef des mages, et tous les principaux du roi de Babylone, ¹⁴ Envoyèrent donc chercher Jérémie dans la cour de la prison, et le remirent à Guédalia, fils d'Achikam, fils de Shaphan, pour le conduire dans sa maison; ainsi il demeura au milieu du peuple. ¹⁵ La parole de l'Éternel fut adressée en ces termes à Jérémie, pendant qu'il était enfermé dans la cour de la prison: ¹⁶ Va, et parle à Ébed-Mélec, l'Éthiopien, et lui dis: Ainsi a dit l'Éternel des armées, le Dieu d'Israël: Voici je vais faire venir sur cette ville les choses que j'ai annoncées, pour son malheur et non pour son bien, et elles seront accomplies en ce jour-là, en ta présence. ¹⁷ Mais je te délivrerai en ce jour-là, dit l'Éternel, et tu ne seras pas livré entre les mains des hommes que tu crains. ¹⁸ Car je te ferai certainement échapper, et tu ne tomberas point par l'épée; mais tu auras ta vie pour butin, parce que tu as eu confiance en moi, dit l'Éternel.

40

¹ La parole qui fut adressée par l'Éternel à Jérémie après que Nébuzar-Adan, chef des gardes, l'eut renvoyé de Rama; quand il le fit chercher, Jérémie était lié de chaînes parmi tous les captifs de Jérusalem et de Juda qu'on transportait à Babylone. ² Le chef des gardes prit donc Jérémie, et lui dit: L'Éternel ton Dieu a prononcé ce mal contre ce lieu; ³ Et l'Éternel l'a fait venir, et il a fait comme il avait dit, parce que vous avez péché contre l'Éternel, et que vous n'avez point écouté sa voix; c'est pourquoi ceci vous est arrivé. ⁴ Et maintenant, voici, je te délivre aujourd'hui des chaînes que tu as aux mains. S'il te plaît de venir avec moi à Babylone, viens, et j'aurai soin de toi. Mais s'il ne te plaît pas de venir avec moi à Babylone, ne le fais pas; regarde, tout le pays est à ta disposition; va où il te semblera bon et convenable d'aller. ⁵ Et comme il ne s'en retournait point: Retourne donc, dit-il, vers Guédalia, fils d'Achikam, fils de Shaphan, que le roi de Babylone a établi sur les villes de Juda, et demeure avec lui parmi le peuple; ou bien, va partout où il te conviendra d'aller. Puis le chef des gardes lui donna des vivres et des présents, et le congédia. ⁶ Jérémie alla donc vers Guédalia, fils d'Achikam, à Mitspa, et demeura avec lui au milieu du peuple qui avait été laissé de reste dans le pays. ⁷ Or tous les chefs des gens de guerre qui étaient dans la campagne, eux et leurs gens, apprirent que le roi de Babylone avait établi Guédalia, fils d'Achikam, gouverneur du pays, et qu'il lui avait confié les hommes, les femmes et les enfants, d'entre les plus pauvres du pays, de ceux qui n'avaient pas été transportés à Babylone. ⁸ Alors ils vinrent vers Guédalia, à Mitspa, savoir: Ismaël, fils de Néthania, Jochanan et Jonathan, fils de Karéach, et Séraja, fils de Thanhumeth, et les fils d'Ephaï, de Nétopha, et Jézania, fils du Maacathite, eux et leurs gens. ⁹ Et Guédalia, fils d'Achikam, fils de Shaphan, leur jura, à eux et à leurs gens, et leur dit: Ne craignez pas de servir les Caldéens; demeurez dans le pays, et servez le roi de Babylone; et vous vous en trouverez bien. ¹⁰ Et pour moi, voici, je demeurerai à Mitspa,

pour être aux ordres des Caldéens qui viendront vers nous. Mais vous, recueillez le vin, les fruits d'été et l'huile, mettez-les dans vos vases, et demeurez dans les villes que vous occupez. ¹¹ Tous les Juifs aussi qui étaient au pays de Moab, chez les enfants d'Ammon et dans l'Idumée, et dans toutes ces contrées, ayant appris que le roi de Babylone avait laissé quelque reste en Juda, et qu'il leur avait donné pour gouverneur Guédalia, fils d'Achikam, fils de Shaphan, ¹² Tous ces Juifs revinrent de tous les lieux où ils avaient été chassés, et se rendirent dans le pays de Juda, vers Guédalia, à Mitspa; et ils recueillirent du vin et des fruits d'été en grande abondance. ¹³ Mais Jochanan, fils de Karéach, et tous les chefs des troupes qui étaient dans la campagne, vinrent vers Guédalia, à Mitspa, ¹⁴ Et lui dirent: Sais-tu bien que Baalis, roi des enfants d'Ammon, a envoyé Ismaël, fils de Néthania, pour t'ôter la vie? Mais Guédalia, fils d'Achikam, ne les crut point. ¹⁵ Alors Jochanan, fils de Karéach, dit secrètement à Guédalia, à Mitspa: Laisse-moi aller et frapper Ismaël, fils de Néthania, sans que personne le sache. Pourquoi t'ôterait-il la vie? Pourquoi tous les Juifs qui se sont rassemblés vers toi, seraient-ils dispersés, et le reste de Juda périrait-il? ¹⁶ Mais Guédalia, fils d'Achikam, répondit à Jochanan, fils de Karéach: Ne fais pas cela, car ce que tu dis d'Ismaël est faux.

41

¹ Or, au septième mois, Ismaël, fils de Néthania, fils d'Élishama, de la race royale et l'un des grands du roi, et dix hommes avec lui, vinrent vers Guédalia, fils d'Achikam, à Mitspa; et ils mangèrent ensemble à Mitspa. ² Et Ismaël, fils de Néthania, se leva, ainsi que les dix hommes qui étaient avec lui, et ils frappèrent de l'épée Guédalia, fils d'Achikam, fils de Shaphan. Il fit ainsi mourir celui que le roi de Babylone avait établi sur le pays. ³ Ismaël tua aussi tous les Juifs qui étaient avec Guédalia, à Mitspa, et les Caldéens, gens de guerre, qui se trouvaient là. ⁴ Or il arriva, le jour après qu'on eut fait mourir Guédalia, avant que personne le sût, ⁵ Que des hommes vinrent de Sichem, de Silo et de Samarie, au nombre de quatre-vingts, la barbe rasée et les vêtements déchirés, se faisant des incisions et tenant dans leurs mains des offrandes et de l'encens, pour les porter à la maison de l'Éternel. ⁶ Alors Ismaël, fils de Néthania, sortit de Mitspa au-devant d'eux. Il marchait en pleurant; et quand il les eut rencontrés, il leur dit: Venez vers Guédalia, fils d'Achikam. ⁷ Et comme ils arrivaient au milieu de la ville, Ismaël, fils de Néthania, avec les hommes qui l'accompagnaient, les égorgea, et les jeta dans la citerne. ⁸ Mais il se trouva parmi eux dix hommes qui dirent à Ismaël: Ne nous fais pas mourir; car nous avons dans les champs des provisions cachées de froment, d'orge, d'huile et de miel. Et il s'arrêta et ne les fit pas mourir avec leurs frères. ⁹ Or la citerne dans laquelle Ismaël jeta tous les corps des hommes qu'il tua à l'occasion de Guédalia, est celle que le roi Asa avait fait faire, lorsqu'il craignait Baesha, roi d'Israël. C'est cette citerne qu'Ismaël, fils de Néthania, remplit de gens qu'il avait tués. ¹⁰ Ismaël emmena prisonniers tout le reste du peuple qui était à Mitspa, les filles du roi, et tous ceux qui étaient demeurés de reste à Mitspa, et que Nébuzar-Adan, chef des gardes, avait confiés à Guédalia, fils d'Achikam. Ismaël, fils de Néthania, les emmena prisonniers, et partit pour passer chez les enfants d'Ammon. ¹¹ Mais Jochanan, fils de Karéach et tous les chefs des troupes qui étaient avec lui, apprirent tout le mal qu'Ismaël, fils de Néthania, avait fait, ¹² Et ils prirent tous leurs gens et s'en allèrent pour combattre contre Ismaël, fils de Néthania. Ils le trouvèrent près des grandes eaux de Gabaon. ¹³ Et quand tout le peuple qui était avec Ismaël, vit Jochanan, fils de Karéach, et tous les chefs des troupes qui étaient avec lui, ils se réjouirent; ¹⁴ Et tout le peuple qu'Ismaël emmenait prisonnier de Mitspa tourna visage, et revenant sur leurs pas, ils allèrent à Jochanan, fils de Karéach. ¹⁵ Mais Ismaël, fils de Néthania, se sauva avec huit hommes devant Jochanan, et s'en alla chez les enfants d'Ammon. ¹⁶ Puis Jochanan, fils de Karéach, et tous les chefs des troupes qui étaient avec lui, prirent

tout le reste du peuple qu'ils avaient retiré des mains d'Ismaël, fils de Néthania, lorsqu'il l'emmenait de Mitspa, après avoir tué Guédalia, fils d'Achikam, les hommes de guerre, les femmes, les enfants, et les eunuques; et Jochanan les ramena depuis Gabaon. 17 Et ils s'en allèrent, et s'arrêtèrent à l'hôtellerie de Kimham, près de Bethléhem, pour se retirer en Égypte, 18 A cause des Caldéens; car ils les craignaient, parce qu'Ismaël, fils de Néthania, avait tué Guédalia, fils d'Achikam, que le roi de Babylone avait établi sur le pays.

42

1 Alors tous les chefs des troupes, Jochanan, fils de Karéach, Jézania, fils de Hoshaja, et tout le peuple, depuis le plus petit jusqu'au plus grand, s'approchèrent, 2 Et dirent à Jérémie, le prophète: Reçois favorablement notre prière et intercède auprès de l'Éternel ton Dieu pour nous, pour tout ce qui reste! Car, de beaucoup que nous étions, nous sommes restés peu, comme tes yeux le voient. 3 Et que l'Éternel ton Dieu nous indique le chemin que nous devons suivre et ce que nous avons à faire. 4 Alors Jérémie, le prophète, leur répondit: J'entends. Voici, je vais prier l'Éternel votre Dieu, selon ce que vous avez dit; et tout ce que l'Éternel vous répondra, je vous le déclarerai. Je ne vous en cacherai pas un mot. 5 Et ils dirent à Jérémie: Que l'Éternel soit contre nous un témoin véritable et fidèle, si nous ne faisons tout ce que l'Éternel ton Dieu t'enverra nous dire. 6 Que ce soit du bien ou du mal, nous obéirons à la voix de l'Éternel, notre Dieu, vers qui nous t'envoyons, afin qu'il nous arrive du bien quand nous aurons obéi à la voix de l'Éternel, notre Dieu. 7 Et il arriva, au bout de dix jours, que la parole de l'Éternel fut adressée à Jérémie. 8 Il appela donc Jochanan, fils de Karéach, et tous les chefs des troupes qui étaient avec lui, et tout le peuple, depuis le plus petit jusqu'au plus grand. 9 Et il leur dit: Ainsi a dit l'Éternel, le Dieu d'Israël, vers qui vous m'avez envoyé pour présenter vos supplications devant lui: 10 Si vous retournez et habitez dans ce pays, je vous y établirai, et ne vous détruirai point; je vous planterai, et je ne vous arracherai point; car je me repens du mal que je vous ai fait. 11 Ne craignez point le roi de Babylone, dont vous avez peur; ne le craignez pas, dit l'Éternel, car je suis avec vous pour vous sauver et pour vous délivrer de sa main. 12 Je vous ferai même obtenir miséricorde, tellement qu'il aura pitié de vous et qu'il vous fera retourner dans vos terres. 13 Mais si vous dites: Nous ne demeurerons pas dans ce pays; en sorte que, n'obéissant point à la voix de l'Éternel votre Dieu, 14 Vous disiez: Non; mais nous irons au pays d'Égypte, où nous ne verrons point de guerre, où nous n'entendrons pas le son de la trompette, où nous ne manquerons pas de pain, et nous y demeurerons; 15 En ce cas, écoutez maintenant la parole de l'Éternel, restes de Juda! Ainsi a dit l'Éternel des armées, le Dieu d'Israël: Si vous tournez le visage pour aller en Égypte, et si vous y allez demeurer, 16 L'épée dont vous avez peur vous atteindra là, au pays d'Égypte; et la famine qui vous met en inquiétude s'attachera à vous, là en Égypte, et vous y mourrez. 17 Et il arrivera que tous les hommes qui auront tourné le visage pour aller en Égypte, afin d'y demeurer, mourront par l'épée, par la famine et par la peste; et nul ne restera ni n'échappera devant le mal que je vais faire venir sur eux. 18 Car ainsi a dit l'Éternel des armées, le Dieu d'Israël: Comme ma colère, comme ma fureur s'est répandue sur les habitants de Jérusalem, ainsi ma fureur se répandra sur vous quand vous serez entrés en Égypte; et vous serez un objet d'exécration et d'étonnement, de malédiction et d'opprobre; et vous ne verrez plus ce lieu-ci! 19 Restes de Juda, l'Éternel vous a dit: N'allez pas en Égypte! Sachez certainement que je vous en fais aujourd'hui sommation. 20 Car vous vous abusez au péril de votre vie. Car vous m'avez envoyé vers l'Éternel, votre Dieu, en disant: Intercède pour nous auprès de l'Éternel, notre Dieu, et nous déclare tout ce que

l'Éternel, notre Dieu, te dira, et nous le ferons. [21] Or je vous l'ai déclaré aujourd'hui; mais vous n'écoutez pas la voix de l'Éternel votre Dieu, ni aucune des choses pour lesquelles il m'a envoyé vers vous. [22] Maintenant donc, sachez certainement que vous mourrez par l'épée, par la famine et par la peste, au lieu où il vous plaît d'aller pour y demeurer.

43

[1] Or, aussitôt que Jérémie eut achevé de dire à tout le peuple toutes les paroles de l'Éternel, leur Dieu, pour lesquelles l'Éternel, leur Dieu, l'avait envoyé vers eux, savoir, toutes ces paroles-là, [2] Il arriva qu'Azaria, fils de Hoshaja, et Jochanan, fils de Karéach, et tous ces hommes orgueilleux, dirent à Jérémie: Tu prononces des mensonges; l'Éternel notre Dieu ne t'a pas envoyé pour dire: N'allez pas en Égypte pour y demeurer. [3] Mais c'est Baruc, fils de Nérija, qui t'incite contre nous, afin de nous livrer entre les mains des Caldéens, pour nous faire mourir ou pour nous faire transporter à Babylone. [4] Ainsi Jochanan, fils de Karéach, et tous les chefs des troupes, et tout le peuple, n'écoutèrent point la voix de l'Éternel, pour demeurer au pays de Juda. [5] Et Jochanan, fils de Karéach, et tous les chefs des troupes, prirent tous les restes de Juda qui étaient revenus de chez toutes les nations parmi lesquelles ils avaient été dispersés, pour demeurer au pays de Juda: [6] Les hommes, les femmes, les enfants, les filles du roi, et toutes les personnes que Nébuzar-Adan, chef des gardes, avait laissées avec Guédalia, fils d'Achikam, fils de Shaphan, ainsi que Jérémie, le prophète, et Baruc, fils de Nérija; [7] Et ils entrèrent au pays d'Égypte, car ils n'obéirent point à la voix de l'Éternel, et ils vinrent jusqu'à Tachphanès. [8] Alors la parole de l'Éternel fut adressée à Jérémie, à Tachphanès, en ces mots: [9] Prends dans ta main de grandes pierres, et cache-les, en présence des Juifs, dans l'argile de la tuilerie qui est à l'entrée de la maison de Pharaon, à Tachphanès. [10] Et dis-leur: Ainsi a dit l'Éternel des armées, le Dieu d'Israël: Voici, j'envoie chercher Nébucadnetsar, roi de Babylone, mon serviteur, et je mettrai son trône sur ces pierres que j'ai cachées, et il étendra sur elles son tapis. [11] Il viendra, et il frappera le pays d'Égypte: à la mort ceux qui sont pour la mort, à la captivité ceux qui sont pour la captivité, à l'épée ceux qui sont pour l'épée! [12] Et je mettrai le feu aux maisons des dieux d'Égypte. Nébucadnetsar les brûlera, et il emmènera captives les idoles. Il s'enveloppera du pays d'Égypte, comme un berger s'enveloppe de son vêtement, et il en sortira en paix. [13] Il brisera les colonnes de Beth-Shémèsh, au pays d'Égypte, et il brûlera par le feu les maisons des dieux de l'Égypte.

44

[1] La parole qui fut adressée à Jérémie pour tous les Juifs qui habitaient dans le pays d'Égypte, qui habitaient à Migdol, à Tachphanès, à Noph et au pays de Pathros, en ces mots: [2] Ainsi a dit l'Éternel des armées, le Dieu d'Israël: Vous avez vu tout le mal que j'ai fait venir sur Jérusalem et sur toutes les villes de Juda. Et voici, elles sont aujourd'hui un désert, et personne n'y habite; [3] A cause du mal que leurs habitants ont commis pour m'irriter, en allant encenser et servir d'autres dieux, qu'ils n'ont point connus, ni eux, ni vous, ni vos pères. [4] Et je vous ai envoyé tous mes serviteurs, les prophètes; je les ai envoyés dès le matin pour vous dire: Ne faites point cette chose abominable, que je hais! [5] Mais ils n'ont pas écouté, et n'ont pas prêté l'oreille, pour se détourner de leur méchanceté, et ne plus faire d'encensements à d'autres dieux. [6] Alors ma colère et ma fureur se sont répandues, et ont embrasé les villes de Juda et les rues de Jérusalem, qui sont réduites en désert et en désolation, comme on le voit aujourd'hui. [7] Et maintenant, ainsi a dit l'Éternel, le Dieu des armées, le Dieu d'Israël: Pourquoi vous faites-vous ce grand mal à vous-mêmes, en vous faisant retrancher du milieu de Juda, hommes et femmes, enfants

et nourrissons, en sorte qu'il n'y ait plus de vous aucun reste? [8] Pourquoi m'irritez-vous par les œuvres de vos mains, en offrant de l'encens à d'autres dieux au pays d'Égypte, où vous venez d'entrer pour y demeurer; en sorte que vous soyez exterminés et deveniez une malédiction et un opprobre chez toutes les nations de la terre? [9] Avez-vous oublié les crimes de vos pères, et les crimes des rois de Juda, et les crimes de leurs femmes, vos crimes et les crimes de vos femmes, commis dans le pays de Juda et dans les rues de Jérusalem? [10] Ils ne se sont point humiliés jusqu'à ce jour, ils n'ont point eu de crainte, et ils n'ont pas marché dans ma loi, ni dans les ordonnances que j'avais prescrites, à vous et à vos pères. [11] C'est pourquoi, ainsi a dit l'Éternel des armées, le Dieu d'Israël: Voici, je tourne ma face contre vous pour votre malheur et pour retrancher tout Juda. [12] Je prendrai les restes de Juda, ceux qui ont tourné le visage pour aller au pays d'Égypte, afin d'y demeurer, et ils seront tous consumés. Ils tomberont dans le pays d'Égypte; ils seront consumés par l'épée et par la famine; depuis le plus petit jusqu'au plus grand, ils périront par l'épée et par la famine; et ils seront un objet d'exécration, d'étonnement, de malédiction et d'opprobre. [13] Et je punirai ceux qui demeurent au pays d'Égypte, comme j'ai puni Jérusalem, par l'épée, par la famine et par la peste. [14] Et il n'y aura personne qui se sauve ou qui échappe, des restes de Juda venus pour séjourner là, au pays d'Égypte, et s'en retourner au pays de Juda, où leur âme aspire à retourner afin d'y demeurer; ils n'y retourneront pas, sinon quelques réchappés. [15] Cependant tous les hommes qui savaient que leurs femmes faisaient des encensements à d'autres dieux, et toutes les femmes qui se tenaient là en grand nombre, et tout le peuple qui demeurait au pays d'Égypte, à Pathros, répondirent à Jérémie, en disant: [16] Quant à cette parole que tu nous dis au nom de l'Éternel, nous ne t'écouterons pas. [17] Mais nous ferons certainement tout ce que notre bouche a promis: nous offrirons de l'encens à la reine des cieux, nous lui ferons des libations, comme nous faisions, nous et nos pères, nos rois et nos chefs, dans les villes de Juda et dans les rues de Jérusalem; et nous étions alors rassasiés de pain, nous étions à l'aise, et nous ne voyions pas le malheur. [18] Mais, depuis que nous avons cessé de faire des encensements à la reine des cieux et de lui faire des libations, nous avons manqué de tout, et nous avons été consumés par l'épée et par la famine. [19] Et quand nous offrions de l'encens à la reine des cieux et lui faisions des libations, est-ce à l'insu de nos maris que nous lui faisions des gâteaux sur lesquels elle était représentée, et que nous lui faisions des libations? [20] Jérémie dit alors à tout le peuple, aux hommes, aux femmes, et à tous ceux qui lui avaient répondu: [21] Ne sont-ce pas ces encensements que vous faisiez dans les villes de Juda et dans les rues de Jérusalem, vous et vos pères, vos rois et vos chefs et le peuple du pays, que l'Éternel s'est rappelés, et qui lui sont montés au cœur? [22] Et l'Éternel n'a pu le supporter davantage, à cause de la malice de vos actions, à cause des abominations que vous avez commises; en sorte que votre pays a été réduit en désert, en désolation et en malédiction, sans que personne y habite, comme il l'est aujourd'hui. [23] Parce que vous avez fait ces encensements et que vous avez péché contre l'Éternel, que vous n'avez pas écouté la voix de l'Éternel et n'avez point marché dans sa loi, ni dans ses ordonnances, ni dans ses témoignages, à cause de cela, ce malheur vous est arrivé, comme il se voit aujourd'hui. [24] Puis Jérémie dit à tout le peuple et à toutes les femmes: Écoutez la parole de l'Éternel, vous tous de Juda, qui êtes au pays d'Égypte: [25] Ainsi a dit l'Éternel des armées, le Dieu d'Israël: Vous et vos femmes, vous avez parlé de vos bouches, et de vos mains vous exécutez; vous dites: "Certainement nous accomplirons les vœux que nous avons faits, d'offrir des parfums à la reine des cieux et de lui faire des libations; " vous confirmerez bien vos vœux, et vous les exécuterez de point en point! [26] C'est pourquoi, écoutez la parole de l'Éternel, vous tous, gens de Juda, qui demeurez au pays d'Égypte: Voici, je le jure par mon grand nom, a dit l'Éternel, mon nom ne sera plus invoqué, dans tout le pays d'Égypte, par la bouche d'aucun homme de Juda, qui dise: "Le Seigneur, l'Éternel est vivant! " 27 Voici, je veille sur eux, pour faire du mal et non du bien; et tous les hommes de Juda qui sont au pays d'Égypte, seront consumés par l'épée et par la famine, jusqu'à ce qu'il n'y en ait plus aucun. 28 Et ceux qui auront échappé à l'épée retourneront du pays d'Égypte au pays de Juda en fort petit nombre; mais tout le reste de Juda, tous ceux qui sont venus dans le pays d'Égypte pour y demeurer, sauront quelle parole subsistera, la mienne ou la leur. 29 Et ceci vous servira de signe, dit l'Éternel, que je vous punirai dans ce lieu, afin que vous sachiez que mes paroles s'accompliront infailliblement pour votre malheur: 30 Ainsi a dit l'Éternel: Voici, je vais livrer Pharaon Hophra, roi d'Égypte, entre les mains de ses ennemis et de ceux qui cherchent sa vie, comme j'ai livré Sédécias, roi de Juda, entre les mains de Nébucadnetsar, roi de Babylone, son ennemi, qui cherchait sa vie.

45

1 La parole que Jérémie, le prophète, adressa à Baruc, fils de Nérija, quand il écrivait dans un livre ces paroles-là, sous la dictée de Jérémie, la quatrième année de Jéhojakim, fils de Josias, roi de Juda. 2 Il dit: Ainsi a dit l'Éternel, le Dieu d'Israël, à ton sujet, Baruc! 3 Tu dis: "Malheur à moi! car l'Éternel ajoute le chagrin à ma douleur; je me fatigue à gémir, et je ne trouve point de repos. " 4 Tu lui diras donc: Ainsi a dit l'Éternel: Voici, ce que j'ai bâti, je le renverse; ce que j'ai planté, je l'arrache, savoir, tout ce pays. 5 Et toi, te chercherais-tu de grandes choses? Ne les cherche pas; car voici, je vais faire venir le malheur sur toute chair, dit l'Éternel; mais je te donnerai ta vie pour butin, dans tous les lieux où tu iras.

46

1 La parole de l'Éternel, qui fut adressée à Jérémie, le prophète, pour les nations, 2 Touchant l'Égypte, touchant l'armée de Pharaon-Néco, roi d'Égypte, qui était près du fleuve de l'Euphrate, à Carkémish, et qui fut battue par Nébucadnetsar, roi de Babylone, la quatrième année de Jéhojakim, fils de Josias, roi de Juda. 3 Préparez le bouclier et l'écu, et approchez-vous pour le combat! 4 Attelez les chevaux, et vous, cavaliers, montez! Présentez-vous avec les casques, fourbissez les lances, revêtez les cuirasses! 5 Que vois-je? Ils sont effrayés; ils tournent le dos; leurs hommes forts sont mis en pièces; et ils fuient sans regarder en arrière; la frayeur est de toutes parts, dit l'Éternel. 6 Que le plus léger ne s'enfuie point, et que le fort n'échappe pas! Au nord, sur les bords du fleuve d'Euphrate, ils chancellent et tombent! 7 Qui est celui qui monte comme le Nil, et dont les eaux s'émeuvent comme les fleuves? 8 C'est l'Égypte. Elle monte comme le Nil; ses eaux s'émeuvent comme les fleuves; elle dit: "Je monterai; je couvrirai la terre; je détruirai les villes et ceux qui y habitent! " 9 Montez, chevaux; chars, précipitez-vous! Et que les hommes vaillants se montrent: ceux de Cush et de Put qui manient le bouclier, et les Ludiens qui manient et bandent l'arc! 10 Ce jour est au Seigneur, à l'Éternel des armées; c'est un jour de vengeance, pour se venger de ses ennemis. L'épée dévore, s'assouvit, s'enivre de leur sang; car il y a un sacrifice au Seigneur, l'Éternel des armées, dans le pays du nord, sur les bords de l'Euphrate. 11 Monte en Galaad, et prends du baume, vierge, fille de l'Égypte! En vain multiplies-tu les remèdes; point de guérison pour toi! 12 Les nations ont appris ta honte, et ton cri remplit la terre; car les forts ont chancelé l'un sur l'autre, et tous deux sont tombés ensemble. 13 La parole que l'Éternel prononça à Jérémie, le prophète, touchant la venue de Nébucadnetsar, roi de Babylone, pour frapper

le pays d'Égypte: [14] Annoncez-le en Égypte; publiez-le à Migdol, publiez-le à Noph et à Tachphanès! Dites: Lève-toi et tiens-toi prêt; car l'épée dévore autour de toi. [15] Pourquoi tes vaillants hommes sont-ils emportés? Ils n'ont pu tenir ferme, parce que l'Éternel les a renversés. [16] Il en a fait chanceler un grand nombre, et même ils tombent l'un sur l'autre, et ils disent: "Allons, retournons vers notre peuple et au pays de notre naissance, loin de l'épée qui désole." [17] Là, ils s'écrient: "Pharaon, roi d'Égypte, n'est que du bruit! Il a laissé échapper l'occasion." [18] Je suis vivant, dit le roi dont le nom est l'Éternel des armées, comme le Thabor entre les montagnes, comme le Carmel qui s'avance dans la mer, il viendra! [19] Fais ton bagage pour la captivité, habitante, fille de l'Égypte; car Noph deviendra un désert, elle sera brûlée, elle n'aura plus d'habitants. [20] L'Égypte est comme une très belle génisse; mais la destruction vient, elle vient du nord. [21] Ses mercenaires aussi sont chez elle comme des veaux bien nourris. Mais eux aussi, ils tournent le dos, ils fuient ensemble; ils ne tiennent pas ferme; car le jour de la calamité est venu sur eux, le temps de leur visitation. [22] Sa voix se fait entendre comme celle du serpent; car ils marchent avec une armée, et ils viennent contre elle avec des haches, comme des bûcherons. [23] Ils coupent sa forêt, dit l'Éternel, parce qu'elle est impénétrable. Car ils sont plus nombreux que les sauterelles, on ne pourrait les compter. [24] La fille d'Égypte est honteuse; elle est livrée entre les mains d'un peuple du nord. [25] L'Éternel des armées, le Dieu d'Israël a dit: Voici, je vais punir Amon de No, Pharaon, l'Égypte, ses dieux et ses rois, Pharaon et ceux qui se confient en lui. [26] Et je les livrerai entre les mains de ceux qui cherchent leur vie, entre les mains de Nébucadnetsar, roi de Babylone, et entre les mains de ses serviteurs. Mais après cela, elle sera habitée comme aux jours d'autrefois, dit l'Éternel. [27] Et toi, Jacob, mon serviteur, ne crains point; ne t'épouvante pas, Israël! Car voici, je te délivrerai du pays lointain, et ta postérité de la terre où elle est captive. Alors Jacob reviendra, et sera en repos et à l'aise, et il n'y aura personne qui le trouble. [28] Toi, Jacob, mon serviteur, ne crains point, dit l'Éternel; car je suis avec toi. Je détruirai entièrement toutes les nations parmi lesquelles je t'ai dispersé; mais toi, je ne te détruirai point entièrement; je te châtierai avec mesure; cependant je ne te tiendrai pas pour innocent.

47

[1] La parole de l'Éternel qui fut adressée à Jérémie, le prophète, touchant les Philistins, avant que Pharaon frappât Gaza. [2] Ainsi a dit l'Éternel: Voici des eaux qui montent de l'Aquilon; elles deviennent un torrent débordé; elles inondent la terre et ce qu'elle contient, les villes et leurs habitants; les hommes poussent des cris, et tous les habitants du pays se lamentent. [3] A cause du retentissement des sabots de ses puissants chevaux, du fracas de ses chars, du grondement de ses roues, les pères ne se tournent pas vers leurs enfants, tant les mains sont devenues lâches. [4] C'est que le jour est venu de détruire tous les Philistins, de retrancher à Tyr et à Sidon quiconque reste encore pour les secourir. Car l'Éternel va détruire les Philistins, les restes de l'île de Caphtor. [5] Gaza est devenue chauve. Askélon, avec le reste de leur vallée, se tait. Jusqu'à quand te feras-tu des incisions? [6] Ah! épée de l'Éternel, jusqu'à quand ne cesseras-tu pas? Rentre dans ton fourreau, apaise-toi, et tiens en repos. [7] Comment cesserais-tu? L'Éternel lui a donné commandement; c'est contre Askélon et contre le rivage de la mer qu'il l'a assignée.

48

[1] Touchant Moab. Ainsi a dit l'Éternel des armées, le Dieu d'Israël: Malheur à Nébo, car elle est saccagée! Kirjathaïm est honteuse; elle est prise; la ville forte est honteuse

et atterrée. ² Moab n'a plus à se glorifier de Hesbon; on machine du mal contre elle: "Venez, exterminons-la du milieu des nations. " Toi aussi, Madmen, tu seras détruite, et l'épée te poursuivra. ³ Un cri part de Horonajim; c'est une dévastation, c'est une grande ruine! ⁴ Moab est brisé. Les petits enfants font entendre leurs cris. ⁵ On monte, en versant pleurs sur pleurs, la montée de Luchith; et dans la descente de Horonajim, on entend les cris de l'angoisse et de la détresse. ⁶ Fuyez, sauvez vos vies, et qu'elles soient comme celles des misérables dans le désert! ⁷ Car, puisque tu as eu confiance en tes ouvrages et en tes trésors, tu seras aussi prise; et Kémosh s'en ira en captivité, avec ses sacrificateurs et ses chefs. ⁸ Le dévastateur entrera dans toutes les villes et aucune ville n'échappera; la vallée périra, et la plaine sera détruite, suivant ce que l'Éternel a dit. ⁹ Donnez des ailes à Moab; car certainement il s'envolera, et ses villes seront réduites en désolation, sans qu'il y ait personne qui y habite. ¹⁰ Maudit soit quiconque fera l'œuvre de l'Éternel lâchement! Maudit soit celui qui refuse le sang à son épée! ¹¹ Moab était tranquille depuis sa jeunesse; il reposait sur sa lie; il ne fut pas vidé d'un vase dans un autre; il n'alla point en captivité; aussi son goût lui est resté, et son odeur ne s'est point changée. ¹² C'est pourquoi, voici, les jours viennent, dit l'Éternel, où je lui enverrai des gens qui le renverseront, qui videront ses vases, et qui mettront ses outres en pièces. ¹³ Et Moab sera honteux de Kémosh, comme la maison d'Israël a été honteuse de Béthel, qui était sa confiance. ¹⁴ Comment diriez-vous: Nous sommes des héros, des gens vaillants pour le combat? ¹⁵ Moab est saccagé; ses villes montent en fumée; et l'élite de ses jeunes gens descend pour être égorgée, dit le roi dont le nom est l'Éternel des armées. ¹⁶ La calamité de Moab est prochaine et son mal s'avance à grands pas. Plaignez-le, vous tous qui l'entourez! ¹⁷ Et vous tous qui connaissez son nom, dites: Comment ce sceptre de force a-t-il été brisé, ce bâton de majesté? ¹⁸ Descends de ta gloire, et t'assieds sur la terre desséchée, habitante, fille de Dibon! Car le dévastateur de Moab monte contre toi; il détruit tes forteresses. ¹⁹ Tiens-toi sur le chemin et regarde, habitante d'Aroër! Interroge le fuyard et celle qui s'échappe; dis-lui: Qu'est-il arrivé? ²⁰ Moab est dans la honte car il est brisé. Gémissez et criez! Publiez sur l'Arnon que Moab est saccagé, ²¹ Et que le jugement est venu sur le pays de la plaine, sur Holon, sur Jahtsa, sur Méphaath, ²² Sur Dibon, sur Nébo, sur Beth-Diblathaïm, ²³ Sur Kirjathaïm, sur Beth-Gamul, sur Beth-Méon, ²⁴ Sur Kérijoth, sur Botsra, et sur toutes les villes du pays de Moab, éloignées et proches. ²⁵ La corne de Moab est abattue, et son bras est brisé, dit l'Éternel. ²⁶ Enivrez-le, car il s'est élevé contre l'Éternel. Et que Moab se roule dans son vomissement et qu'il soit, lui aussi, un objet de risée! ²⁷ Car n'as-tu pas fait ta risée d'Israël? Avait-il été surpris parmi les voleurs, que dès que tu parlais de lui, tu hochasses la tête? ²⁸ Habitants de Moab, abandonnez les villes, et demeurez dans les rochers; et soyez comme la colombe, qui fait son nid aux côtés de l'ouverture d'une caverne! ²⁹ Nous avons appris l'orgueil de Moab, le très orgueilleux, son arrogance et son orgueil, sa fierté et son cœur altier. ³⁰ Je connais, dit l'Éternel, son emportement. Vaines sont ses vanteries; vaines sont les choses qu'ils font! ³¹ C'est pourquoi je me lamente sur Moab; je crie au sujet de tout Moab. On gémit sur les gens de Kir-Hérès. ³² Vignoble de Sibma, je pleure sur toi plus que sur Jaezer, toi dont les pampres traversaient la mer, atteignaient la mer de Jaezer; le dévastateur s'est jeté sur tes fruits d'été et sur ta vendange. ³³ La joie et l'allégresse se retirent du champ fertile et du pays de Moab, et j'ai fait tarir le vin dans les cuves. On n'y foule plus avec des cris de joie: c'est le cri de guerre, et non le cri de joie! ³⁴ A cause des cris de Hesbon, ils font entendre leur voix jusqu'à Élealé, jusqu'à Jahats, depuis Tsoar jusqu'à Horonajim, jusqu'à Églath-Shélishija. Car les eaux de Nimrim sont aussi désolées. ³⁵ Et je ferai, dit l'Éternel, que Moab n'ait plus personne qui monte au haut lieu, et qui fasse des encensements à ses dieux. ³⁶ C'est pourquoi mon cœur gémit sur Moab, comme la flûte; mon cœur gémit comme la flûte sur les gens de Kir-Hérès, parce que les trésors qu'ils avaient acquis sont perdus. [37] Car toute tête devient chauve, et toute barbe est coupée; sur toutes les mains il y a des incisions, et sur les reins, des sacs; [38] Sur les toits de Moab et dans ses places, tout est deuil; car j'ai brisé Moab comme un vase qui déplaît, dit l'Éternel. [39] Gémissez! Comme il est brisé! comme Moab tourne le dos dans sa honte! Moab sera la risée et l'effroi de tous ses alentours. [40] Car ainsi a dit l'Éternel: Voici, l'ennemi vole comme l'aigle, et il étend ses ailes sur Moab. [41] Kérijoth est prise, et les lieux forts sont saisis; et le cœur des héros de Moab sera, en ce jour-là, comme le cœur d'une femme en travail. [42] Et Moab sera exterminé; il cessera d'être un peuple; car il s'est élevé contre l'Éternel. [43] Sur toi sont la terreur, la fosse et le filet, habitant de Moab! dit l'Éternel. [44] Celui qui fuit devant la terreur, tombera dans la fosse, et celui qui remonte de la fosse, sera pris au filet. Car je fais venir sur lui, sur Moab, l'année de leur visitation, dit l'Éternel. [45] A l'ombre de Hesbon s'arrêtent les fuyards, à bout de forces. Mais le feu est sorti de Hesbon, et la flamme du milieu de Sihon; elle a dévoré la contrée de Moab, et le sommet de la tête des fils du tumulte. [46] Malheur à toi, Moab! Le peuple de Kémosh est perdu! Car tes fils sont emmenés captifs, et tes filles captives. [47] Toutefois, aux derniers jours, je ramènerai les captifs de Moab, dit l'Éternel. Jusqu'ici va le jugement de Moab.

49

[1] Pour les enfants d'Ammon. Ainsi a dit l'Éternel: Israël n'a-t-il point de fils? N'a-t-il point d'héritier? Pourquoi Malcam hérite-t-il de Gad, et son peuple habite-t-il dans ses villes? [2] C'est pourquoi les jours viennent, dit l'Éternel, où je ferai entendre le cri de guerre vers Rabba des enfants d'Ammon; elle deviendra un monceau de ruines, et les villes de son ressort seront consumées par le feu, et Israël possédera ceux qui l'auront possédé, a dit l'Éternel. [3] Hurle, Hesbon! car Haï est saccagée; filles de Rabba, criez, revêtez-vous de sacs, lamentez-vous, courez çà et là le long des murailles. Car Malcam ira en captivité, avec ses sacrificateurs et ses chefs. [4] Pourquoi te glorifies-tu de tes vallées? Le sang coulera dans ta vallée, fille infidèle, qui te confies dans tes trésors et dis: Qui viendra contre moi? [5] Voici, je vais faire venir de tous tes environs la terreur contre toi, dit le Seigneur, l'Éternel des armées; et vous serez chassés chacun devant soi, et personne ne rassemblera les fugitifs. [6] Mais, après cela, je ramènerai les captifs des enfants d'Ammon, dit l'Éternel. [7] Pour Édom. Ainsi a dit l'Éternel des armées: N'y a-t-il plus de sagesse dans Théman? Le conseil manque-t-il aux hommes entendus? Leur sagesse s'est-elle évanouie? [8] Fuyez, tournez le dos, prenez des cavernes pour demeures, habitants de Dédan! car je fais venir sur Ésaü sa calamité, le temps auquel je veux le visiter. [9] Si des vendangeurs entraient chez toi, ne laisseraient-ils pas des grappillages? Si c'étaient des voleurs de nuit, ils ne prendraient que ce qui leur suffit. [10] Mais moi, j'ai dépouillé Ésaü, j'ai découvert ses retraites, il ne peut plus se cacher; sa postérité, ses frères, ses voisins sont dévastés, et il n'est plus. [11] Laisse tes orphelins; je les ferai vivre; et que tes veuves s'assurent en moi! [12] Car ainsi a dit l'Éternel: Voici, ceux qui ne devaient pas boire la coupe la boiront, et toi, en serais-tu exempt? Tu n'en seras pas exempt; mais tu la boiras certainement. [13] Car j'ai juré par moi-même, dit l'Éternel, que Botsra sera réduite en désolation, en opprobre, en désert et en malédiction, et que toutes ses villes deviendront des solitudes éternelles. [14] Je l'ai entendu de la part de l'Éternel: Un messager est envoyé parmi les nations: "Assemblez-vous, dit-il, et venez contre elle, et levez-vous pour combattre! " [15] Car voici, je te rendrai petite entre les nations, et méprisée entre les hommes. [16] Ta présomption, l'orgueil de ton cœur t'a séduite, toi qui habites le creux des rochers et qui occupes le sommet des collines. Quand tu élèverais

ton nid comme l'aigle, je te précipiterai de là, dit l'Éternel. [17] Et l'Idumée sera réduite en désolation; tellement que quiconque passera près d'elle en sera étonné, et sifflera à cause de toutes ses plaies. [18] Comme dans la destruction de Sodome et de Gomorrhe, et des villes voisines, a dit l'Éternel, il n'y habitera personne et aucun fils d'homme n'y séjournera. [19] Voici, tel qu'un lion, il monte des bords orgueilleux du Jourdain vers la demeure forte. Car, en un moment, je le ferai courir sur elle, et je donnerai mission contre elle à celui que j'ai choisi. Car qui est semblable à moi? Qui m'assignera? Et quel est le berger qui me résistera? [20] C'est pourquoi, écoutez la résolution que l'Éternel a prise contre Édom, et les desseins qu'il a formés contre les habitants de Théman: Certainement on les traînera comme les plus petits du troupeau! Certainement on détruira sur eux leurs demeures! [21] Au bruit de leur chute, la terre tremble, et la voix de leur cri se fait entendre jusqu'à la mer Rouge. [22] Voici, il monte comme l'aigle, il vole, il étend ses ailes sur Botsra, et en ce jour-là le cœur des héros d'Édom sera comme le cœur d'une femme en travail. [23] Pour Damas. Hamath et Arpad sont confondues; car elles ont appris de fâcheuses nouvelles; elles défaillent! C'est comme la mer par une tourmente; elle ne peut s'apaiser. [24] Damas n'a plus de force; elle se tourne pour fuir; la peur s'empare d'elle; l'angoisse et les douleurs la saisissent comme celle qui enfante. [25] Comment n'est-elle point abandonnée, la ville fameuse, la cité de ma joie? [26] C'est pourquoi ses jeunes gens tomberont dans ses rues, et tous les hommes de guerre périront en ce jour-là, dit l'Éternel des armées. [27] Et je mettrai le feu dans les murs de Damas, et il dévorera les palais de Ben-Hadad. [28] Pour Kédar et les royaumes de Hatsor, que frappa Nébucadnetsar, roi de Babylone. Ainsi a dit l'Éternel: Levez-vous, montez vers Kédar, et détruisez les enfants de l'Orient. [29] On enlèvera leurs tentes et leurs troupeaux; on s'emparera de leurs tapis, de tous leurs bagages et de leurs chameaux, et on criera: "Frayeur de tous côtés! " [30] Fuyez! Éloignez-vous tant que vous pourrez! Prenez dans les creux vos demeures, habitants de Hatsor! dit l'Éternel; car Nébucadnetsar, roi de Babylone, a formé contre vous un dessein, il a pris une résolution contre vous. [31] Levez-vous; montez vers une nation qui est en repos et qui habite en assurance, dit l'Éternel. Ils n'ont ni portes, ni barres; ils habitent seuls. [32] Leurs chameaux seront au pillage, et la multitude de leur bétail sera une proie. Je les disperserai à tout vent, ces gens qui se rasent les coins de la barbe, et je ferai venir leur calamité de tous les côtés, dit l'Éternel. [33] Et Hatsor deviendra un repaire de chacals et un désert à toujours. Il n'y demeurera personne, et aucun fils d'homme n'y séjournera! [34] La parole de l'Éternel qui fut adressée à Jérémie, le prophète, touchant Élam, au commencement du règne de Sédécias, roi de Juda, en ces termes: [35] Ainsi a dit l'Éternel des armées: Voici, je vais rompre l'arc d'Élam, leur principale force. [36] Et je ferai venir contre Élam, les quatre vents, des quatre extrémités des cieux; et je les disperserai par tous ces vents-là, et il n'y aura pas de nation où ne viennent des fugitifs d'Élam. [37] Je ferai que les Élamites seront épouvantés devant leurs ennemis et devant ceux qui cherchent leur vie; et j'amènerai sur eux le malheur, l'ardeur de ma colère, dit l'Éternel; et j'enverrai après eux l'épée, jusqu'à ce que je les aie consumés. [38] Et je placerai mon trône dans Élam, et j'en détruirai les rois et les chefs, dit l'Éternel. [39] Mais il arrivera qu'aux derniers jours je ramènerai les captifs d'Élam, dit l'Éternel.

50

[1] La parole que l'Éternel prononça contre Babylone, contre le pays des Caldéens, par Jérémie, le prophète. [2] Annoncez-le chez les nations, et publiez-le; élevez l'étendard! Publiez-le, ne cachez rien; dites: Babylone est prise; Bel est confondu; Mérodac est brisé;

ses idoles sont confondues, et ses faux dieux brisés! 3 Car une nation monte contre elle du nord; elle mettra son pays en désolation, et il n'y aura personne qui y demeure. Tant les hommes que les bêtes ont fui; ils sont partis. 4 En ces jours et en ce temps-là, dit l'Éternel, les enfants d'Israël et les enfants de Juda reviendront ensemble; ils marcheront en pleurant, et chercheront l'Éternel, leur Dieu. 5 Ils s'informeront du chemin de Sion; ils tourneront vers elle leurs regards: Venez, attachez-vous à l'Éternel, par une alliance éternelle qui ne s'oublie point! 6 Mon peuple était comme des brebis perdues; leurs bergers les égaraient, et les faisaient errer par les montagnes. Elles allaient de montagne en colline, et oubliaient leur bercail. 7 Tous ceux qui les trouvaient les dévoraient, et leurs ennemis disaient: Nous ne serons point coupables, puisqu'ils ont péché contre l'Éternel, la demeure de la justice, contre l'Éternel, l'espérance de leurs pères. 8 Fuyez hors de Babylone, sortez du pays des Caldéens, et soyez comme les boucs qui vont devant le troupeau! 9 Car voici, je vais susciter et faire venir contre Babylone, du pays du nord, une multitude de grandes nations, qui se rangeront en bataille contre elle, et elle sera prise. Leurs flèches sont comme celles d'un guerrier habile: elles ne retourneront point à vide. 10 Et la Caldée sera mise au pillage; tous ceux qui la pilleront seront rassasiés, dit l'Éternel. 11 Parce que vous vous êtes réjouis, parce que vous avez été dans l'allégresse en ravageant mon héritage, parce que vous avez bondi de joie comme une génisse dans l'herbe, et que vous avez henni comme de puissants chevaux, 12 Votre mère est est couverte de honte, celle qui vous a enfantés rougit. Voici, elle est la dernière des nations: un désert, une terre sèche, une lande. 13 A cause de la colère de l'Éternel, elle ne sera plus habitée, et tout entière elle ne sera que désolation; quiconque passera près de Babylone sera étonné, et sifflera à cause de toutes ses plaies. 14 Rangez-vous en bataille autour de Babylone, vous tous qui bandez l'arc. Tirez contre elle, et n'épargnez pas les flèches; car elle a péché contre l'Éternel. 15 Jetez de grands cris sur elle tout autour. Elle tend les mains; ses fondements s'écroulent, ses murailles sont renversées; car c'est la vengeance de l'Éternel. Vengez-vous d'elle; faites-lui comme elle a fait. 16 Retranchez à Babylone celui qui sème, et celui qui tient la faucille au temps de la moisson; devant l'épée qui désole, que chacun retourne vers son peuple, que chacun fuie vers son pays! 17 Israël est une brebis égarée, que les lions ont chassée. Le roi d'Assyrie l'a dévorée le premier; mais ce dernier, Nébucadnetsar, roi de Babylone, lui a brisé les os. 18 C'est pourquoi, ainsi a dit l'Éternel des armées, le Dieu d'Israël: Voici, je vais visiter le roi de Babylone et son pays, comme j'ai visité le roi d'Assyrie. 19 Et je ferai retourner Israël dans ses demeures. Il paîtra au Carmel et au Bassan; et son âme sera rassasiée sur les montagnes d'Éphraïm et de Galaad. 20 En ces jours-là et en ce temps-là, dit l'Éternel, on cherchera l'iniquité d'Israël, mais elle ne sera plus; et les péchés de Juda, mais ils ne se trouveront point; car je pardonnerai à ceux que j'aurai fait demeurer de reste. 21 Monte contre le pays doublement rebelle, contre les habitants destinés à la visitation; dévaste, et voue à l'interdit après eux! dit l'Éternel, et fais selon tout ce que je t'ai commandé. 22 Le cri de guerre est dans le pays, ainsi qu'un grand désastre. 23 Comment est-il rompu, brisé, le marteau de toute la terre! Comment Babylone est-elle un objet d'étonnement parmi les nations! 24 Je t'ai tendu un piège et tu as été prise, Babylone, à l'improviste. Tu as été trouvée, et saisie, parce que tu t'es attaquée à l'Éternel. 25 L'Éternel a ouvert son arsenal, il en a tiré les armes de son indignation; parce que le Seigneur, l'Éternel des armées a une œuvre à exécuter dans le pays des Caldéens. 26 Venez contre elle de toutes parts! Ouvrez ses granges; entassez-la comme des gerbes, vouez-la à l'interdit, et qu'il n'en reste rien! 27 Égorgez tous ses taureaux; qu'ils descendent à la tuerie! Malheur à eux, car leur jour est venu, le temps de leur visitation! 28 Écoutez la voix de ceux qui fuient, qui s'échappent du pays de Babylone, pour annoncer dans Sion la vengeance de l'Éternel, notre Dieu, la vengeance de son temple. ²⁹ Assemblez à cri public les archers contre Babylone. Vous tous qui maniez l'arc, campez-vous contre elle tout autour; que personne n'échappe! Rendez-lui selon ses œuvres; faites-lui selon tout ce qu'elle a fait; car elle s'est élevée avec fierté contre l'Éternel, contre le Saint d'Israël. ³⁰ C'est pourquoi ses gens d'élite tomberont dans ses places, et tous ses gens de guerre seront anéantis en ce jour-là, dit l'Éternel. ³¹ Voici, j'en veux à toi, orgueilleuse, dit le Seigneur, l'Éternel des armées; car ton jour est venu, le temps de ta visitation. ³² L'orgueilleuse chancellera et tombera, et personne ne la relèvera! Et je mettrai le feu à ses villes et il dévorera tous ses alentours. ³³ Ainsi a dit l'Éternel des armées: Les enfants d'Israël et les enfants de Juda sont ensemble opprimés. Tous ceux qui les ont emmenés les retiennent, et refusent de les laisser aller. ³⁴ Leur Rédempteur est puissant; son nom est l'Éternel des armées. Il défendra certainement leur cause, afin de donner le repos au pays et de mettre dans le trouble les habitants de Babylone. ³⁵ L'épée est contre les Caldéens, dit l'Éternel, contre les habitants de Babylone, contre ses chefs et contre ses sages! ³⁶ L'épée est contre ses imposteurs; qu'ils soient reconnus insensés! L'épée est contre ses vaillants hommes; qu'ils soient éperdus! ³⁷ L'épée contre ses chevaux, et contre ses chars, et contre les gens de toute espèce qui sont au milieu d'elle; qu'ils deviennent comme des femmes! L'épée contre ses trésors; qu'ils soient pillés! ³⁸ La sécheresse contre ses eaux; qu'elles tarissent! Car c'est le pays des images taillées; ils sont fous de leurs idoles monstrueuses. ³⁹ C'est pourquoi les bêtes sauvages y feront leur gîte avec les chacals, les autruches y feront leur demeure; elle ne sera plus jamais habitée, et d'âge en âge on n'y demeurera plus. ⁴⁰ Comme dans la destruction que Dieu fit de Sodome et de Gomorrhe et des lieux voisins, a dit l'Éternel, il n'y habitera personne et aucun fils d'homme n'y séjournera! ⁴¹ Voici, un peuple vient du nord, une grande nation et des rois nombreux se réveillent du fond de la terre. ⁴² Ils prennent l'arc et le javelot; ils sont cruels et n'ont point de compassion; leur voix gronde comme la mer; ils sont montés sur des chevaux, rangés comme un seul homme pour le combat, contre toi, fille de Babylone! ⁴³ Le roi de Babylone en a entendu le bruit, et ses mains sont devenues lâches; l'angoisse le saisit, la douleur, comme celle qui enfante. ⁴⁴ Voici, tel qu'un lion, il monte des bords orgueilleux du Jourdain vers la demeure forte; car, en un moment, je les ferai courir sur elle, et je donnerai mission contre elle à celui que j'ai choisi; car qui est semblable à moi? Qui m'assignera et quel est le berger qui me résistera? ⁴⁵ C'est pourquoi écoutez la résolution que l'Éternel a prise contre Babylone, et les desseins qu'il a formés contre le pays des Caldéens. Certainement on les traînera comme les plus petits du troupeau! certainement on détruira sur eux leur demeure! ⁴⁶ Au bruit de la prise de Babylone la terre a été ébranlée, et le cri en a été entendu parmi les nations.

51

¹ Ainsi a dit l'Éternel: Je fais lever un vent de destruction contre Babylone, et contre les habitants de ce pays, qui est le cœur de mes adversaires. ² Et j'envoie contre Babylone des vanneurs qui la vanneront, et qui videront son pays; car ils viendront sur elle de tous côtés, au jour du malheur. ³ Qu'on bande l'arc contre celui qui bande son arc, et contre celui qui est fier dans sa cuirasse! Et n'épargnez pas ses gens d'élite; vouez à l'interdit toute son armée; ⁴ Qu'ils tombent blessés à mort au pays des Caldéens, et transpercés dans ses rues! ⁵ Car Israël et Juda ne sont pas abandonnés de leur Dieu, de l'Éternel des armées, et le pays des Caldéens est rempli de crimes devant le Saint d'Israël. ⁶ Fuyez loin de Babylone, et que chacun sauve sa vie, de peur que vous ne périssiez dans son iniquité! Car c'est le temps de la vengeance de l'Éternel; il lui rend ce qu'elle

a mérité. [7] Babylone était dans la main de l'Éternel une coupe d'or, qui enivrait toute la terre; les nations ont bu de son vin, c'est pourquoi les nations sont devenues folles. [8] En un instant Babylone est tombée; elle s'est brisée; gémissez sur elle! Prenez du baume pour sa douleur; peut-être guérira-t-elle. [9] Nous avons traité Babylone, et elle n'est pas guérie. Laissez-la; et allons-nous-en, chacun dans son pays; car son jugement atteint aux cieux, et s'élève jusqu'aux nues. [10] L'Éternel a manifesté notre justice. Venez, et racontons dans Sion l'œuvre de l'Éternel, notre Dieu. [11] Aiguisez les flèches, saisissez les boucliers! L'Éternel a réveillé l'esprit des rois de Médie, parce qu'il a résolu de détruire Babylone. Car c'est ici la vengeance de l'Éternel, la vengeance de son temple. [12] Élevez un étendard contre les murailles de Babylone! Renforcez la garnison, posez les gardes; préparez les embuscades! Car c'est l'Éternel qui a projeté, c'est l'Éternel qui exécute ce qu'il a dit contre les habitants de Babylone. [13] Toi qui es assise sur plusieurs eaux, toi qui abondes en trésors, ta fin est venue, la mesure de ton avarice est comble! [14] L'Éternel des armées l'a juré par lui-même: Certainement je te remplirai d'hommes comme de sauterelles, et ils pousseront contre toi le cri de guerre! [15] C'est lui qui a fait la terre par sa puissance, qui a fondé le monde par sa sagesse, qui a étendu les cieux par son intelligence. [16] Au son de sa voix, les eaux s'amassent dans les cieux; il fait monter les vapeurs du bout de la terre, il produit les éclairs et la pluie; il tire le vent de ses trésors. [17] Tout homme est abruti dans sa science; tout orfèvre est honteux de son image taillée; car ses idoles ne sont que mensonge, il n'y a point de respiration en elles; [18] Elles ne sont que vanité, une œuvre de tromperie. Elles périront, au temps où Dieu les visitera. [19] Celui qui est la part de Jacob n'est pas comme elles; car c'est lui qui a tout formé, et Israël est la tribu de son héritage. Son nom est l'Éternel des armées. [20] Tu m'as été un marteau, un instrument de guerre: par toi j'ai mis en pièces des nations, par toi j'ai détruit des royaumes. [21] Par toi j'ai mis en pièces le cheval et son cavalier; par toi j'ai mis en pièces le char et celui qui le monte. [22] Par toi j'ai mis en pièces l'homme et la femme; par toi j'ai mis en pièces le vieillard et le jeune garçon; par toi j'ai mis en pièces le jeune homme et la vierge. [23] Par toi j'ai mis en pièces le berger et son troupeau; par toi j'ai mis en pièces le laboureur et son attelage; par toi j'ai mis en pièces le gouverneur et les magistrats. [24] Mais je rendrai à Babylone et à tous les habitants de la Caldée, sous vos yeux, tous les maux qu'ils ont faits dans Sion, dit l'Éternel. [25] Voici, je viens à toi, dit l'Éternel, montagne de destruction, qui détruisais toute la terre! J'étendrai aussi ma main sur toi, et je te roulerai du haut des rochers, et je ferai de toi une montagne embrasée. [26] Et on ne pourra prendre de toi ni pierres angulaires, ni pierre de fondements, car tu seras réduite en désolations perpétuelles dit l'Éternel. [27] Élevez l'étendard sur la terre; sonnez de la trompette parmi les nations; préparez les nations contre elle! Appelez contre elle les royaumes d'Ararat, de Minni et d'Ashkénaz! Établissez contre elle des capitaines! Faites monter les chevaux comme des sauterelles effrayantes! [28] Préparez contre elle des nations, les rois de Médie, ses gouverneurs, et tous ses magistrats, et tout le pays de sa domination! [29] La terre s'ébranle, et elle est en travail; car les desseins de l'Éternel contre Babylone s'exécutent, pour faire du pays de Babylone un désert sans habitants. [30] Les hommes vaillants de Babylone cessent de combattre, ils se tiennent dans les forteresses; leur force est épuisée; ils sont devenus comme des femmes. On a incendié ses demeures; les barres de ses portes sont brisées. [31] Les courriers, les messagers se croisent, pour annoncer au roi de Babylone que sa ville est prise de tous côtés, [32] Que les passages sont saisis, les marais embrasés par le feu, et que les hommes de guerre sont éperdus. [33] Car ainsi a dit l'Éternel des armées, le Dieu d'Israël: La fille de Babylone est comme l'aire au temps où on la foule; encore un peu, et le temps de la moisson sera venu. [34] Nébucadnetsar, roi de Babylone, m'a dévorée, il m'a brisée; il nous a laissés comme un vase vide; il nous a engloutis comme le dragon; il a rempli son ventre de ce que j'avais de plus excellent; il nous a chassés au loin. [35] Que la violence faite à moi et à ma chair, retombe sur Babylone! dira l'habitante de Sion. Que mon sang soit sur les habitants de la Caldée! dira Jérusalem. [36] C'est pourquoi, ainsi a dit l'Éternel: Voici, je défendrai ta cause, et je ferai la vengeance pour toi; je dessécherai sa mer, et je ferai tarir sa source. [37] Et Babylone deviendra des monceaux de ruines, un gîte de chacals, un objet d'étonnement et de moquerie, et personne n'y habitera. [38] Ils rugiront ensemble comme des lions, ils crieront comme des lionceaux. [39] Quand ils seront échauffés, je leur présenterai à boire; je les enivrerai, pour qu'ils se réjouissent, et s'endorment d'un sommeil éternel, et ne se réveillent plus, dit l'Éternel. [40] Je les ferai descendre comme des agneaux à la tuerie, et comme des béliers avec des boucs. [41] Comment Shéshac a-t-elle été prise? Comment a-t-elle été saisie, celle que louait toute la terre? Comment Babylone est-elle réduite en désolation parmi les peuples? [42] La mer est montée sur Babylone; elle est couverte par la multitude de ses flots. [43] Ses villes sont devenues un désert, une terre d'aridité et de landes, une terre où personne n'habite et où ne passe aucun fils d'homme. [44] Et je punirai Bel dans Babylone, et je ferai sortir de sa bouche ce qu'il a englouti, et les nations n'afflueront plus vers lui. La muraille même de Babylone est tombée! [45] Sortez du milieu d'elle, mon peuple, et que chacun sauve sa vie devant l'ardeur de la colère de l'Éternel! [46] Que votre cœur ne faiblisse pas, et ne soyez pas effrayés des bruits que l'on entendra dans le pays. Car cette année viendra ce bruit, puis une autre année un autre bruit; et il y aura violence dans le pays, et dominateur contre dominateur. [47] C'est pourquoi, voici, les jours viennent où je visiterai les images taillées de Babylone; et tout son pays sera rendu honteux, et tous ses blessés à mort tomberont au milieu d'elle. [48] Et les cieux, et la terre, et tout ce qui est en eux, se réjouiront avec un chant de triomphe sur Babylone, parce que du nord les dévastateurs viendront contre elle, dit l'Éternel. [49] Comme Babylone a fait tomber les blessés à mort d'Israël, ainsi tomberont à Babylone les blessés à mort de tout le pays. [50] Vous qui avez échappé à l'épée, partez, ne vous arrêtez point! Dans la terre lointaine souvenez-vous de l'Éternel, et que Jérusalem se présente à vos cœurs! [51] Nous sommes honteux, direz-vous, des opprobres que nous avons entendus; la confusion a couvert nos faces, quand des étrangers sont venus contre les sanctuaires de la maison de l'Éternel. [52] C'est pourquoi, voici les jours viennent, dit l'Éternel, où je visiterai ses images taillées, et les blessés à mort gémiront par tout son pays. [53] Quand Babylone s'élèverait jusqu'aux cieux, et quand elle rendrait inaccessible sa forteresse, les dévastateurs y entreront de par moi, dit l'Éternel. [54] De Babylone un cri se fait entendre, un grand fracas, du pays des Caldéens. [55] Car l'Éternel va ravager Babylone, il va faire cesser au milieu d'elle la grande voix. Leurs flots grondent comme les grosses eaux; leur voix retentit avec éclat. [56] Car le dévastateur est venu sur elle, sur Babylone. Ses hommes forts sont pris, et leurs arcs sont brisés; car l'Éternel est le Dieu des rétributions; il rend à chacun ce qui lui est dû. [57] J'enivrerai ses princes et ses sages, ses gouverneurs, ses magistrats et ses hommes de guerre; ils s'endormiront d'un sommeil éternel et ne se réveilleront plus, dit le Roi, dont le nom est l'Éternel des armées. [58] Ainsi a dit l'Éternel des armées: Ces murailles de Babylone, si larges, seront entièrement rasées, et ses portes, si hautes, seront brûlées par le feu; ainsi les peuples auront travaillé pour le néant, et les nations se seront lassées pour le feu. [59] C'est ici l'ordre que Jérémie, le prophète, donna à Séraja, fils de Nérija, fils de Machséja, quand il alla à Babylone avec Sédécias, roi de Juda, la quatrième année de son règne. Or Séraja était premier chambellan. [60] Jérémie écrivit, dans un livre, tout le mal qui devait venir sur Babylone, toutes ces paroles qui sont écrites sur Babylone. [61] Jérémie dit à Séraja: Sitôt que tu seras arrivé à Babylone, tu regarderas et tu liras toutes ces paroles, [62] Et tu diras: "Éternel! tu as dit de ce lieu que tu le détruirais, en sorte qu'il n'y ait plus d'habitant, ni homme ni bête, mais qu'il soit réduit en des désolations perpétuelles. " [63] Et dès que tu auras achevé de lire ce livre, tu y attacheras une pierre et tu le jetteras dans l'Euphrate; [64] Et tu diras: Ainsi s'abîmera Babylone! et elle ne se relèvera point du mal que je vais faire venir sur elle; ils seront accablés! Jusqu'ici sont les paroles de Jérémie.

52

[1] Sédécias était âgé de vingt et un ans quand il commença à régner, et il régna onze ans à Jérusalem. Sa mère s'appelait Hamutal; elle était fille de Jérémie, de Libna. [2] Il fit ce qui est mauvais aux yeux de l'Éternel, tout comme avait fait Jéhojakim. [3] Car, à cause de la colère de l'Éternel, il en arriva ainsi à Jérusalem et à Juda, jusqu'à ce qu'il les rejetât de devant sa face. Or Sédécias se révolta contre le roi de Babylone. [4] Et il arriva, la neuvième année du règne de Sédécias, le dixième jour du dixième mois, que Nébucadnetsar, roi de Babylone, vint contre Jérusalem, lui et toute son armée; et ils campèrent contre elle et bâtirent des forts tout autour. [5] Or la ville fut assiégée, jusqu'à la onzième année du roi Sédécias. [6] Le neuvième jour du quatrième mois, la famine sévissait dans la ville, et il n'y avait plus de pain pour le peuple du pays. [7] Alors la brèche fut faite à la ville, et tous les gens de guerre s'enfuirent et sortirent pendant la nuit hors de la ville, par le chemin de la porte, entre les doubles murailles, près du jardin du roi, pendant que les Caldéens bloquaient la ville tout autour; et on s'en alla par le chemin de la campagne. [8] Mais l'armée des Caldéens poursuivit le roi; et ils atteignirent Sédécias dans les campagnes de Jérico; et toute son armée se dispersa d'avec lui. [9] Ils prirent donc le roi, et le firent monter vers le roi de Babylone, à Ribla, au pays de Hamath, où on lui fit son procès. [10] Et le roi de Babylone fit égorger les fils de Sédécias en sa présence; il fit aussi égorger tous les chefs de Juda à Ribla. [11] Puis il fit crever les yeux à Sédécias, et le fit lier de chaînes d'airain. Et le roi de Babylone l'emmena à Babylone, et le mit en prison jusqu'au jour de sa mort. [12] Le dixième jour du cinquième mois, la dix-neuvième année de Nébucadnetsar, roi de Babylone, Nébuzar-Adan, capitaine des gardes, officier ordinaire du roi de Babylone, entra dans Jérusalem. [13] Il brûla la maison de l'Éternel, et la maison royale, et toutes les maisons de Jérusalem; et il livra aux flammes toutes les grandes maisons. [14] Puis toute l'armée des Caldéens, qui était avec le capitaine des gardes, démolit toutes les murailles qui étaient autour de Jérusalem. [15] Et Nébuzar-Adan, capitaine des gardes, emmena captifs quelques-uns des pauvres du peuple, ceux qui étaient demeurés de reste dans la ville, ceux qui s'étaient rendus au roi de Babylone et le reste de la multitude. [16] Toutefois Nébuzar-Adan, capitaine des gardes, en laissa quelques-uns des plus pauvres du pays, comme vignerons et laboureurs. [17] Et les Caldéens mirent en pièces les colonnes d'airain qui étaient dans la maison de l'Éternel, les socles, et la mer d'airain, qui étaient dans la maison de l'Éternel, et ils en emportèrent tout l'airain à Babylone. [18] Ils emportèrent aussi les chaudières, les pelles, les serpes, les bassins, les tasses, et tous les ustensiles d'airain employés pour le service. [19] Le capitaine des gardes emporta aussi les coupes, et les encensoirs, et les bassins, et les chaudières, et les chandeliers, et les tasses et les gobelets, ce qui était d'or et ce qui était d'argent. [20] Pour ce qui est des deux colonnes, de la mer et des douze bœufs d'airain qui lui servaient de base, et que Salomon avait faits pour la maison de l'Éternel, on ne pouvait peser l'airain de tous ces objets. [21] Pour les colonnes, chaque colonne avait dix-huit coudées de haut, un cordon de douze coudées en pouvait faire le tour; elle était épaisse de quatre doigts et creuse. [22] Et il y avait au-dessus un chapiteau d'airain; et la hauteur d'un des chapiteaux était de cinq coudées; et sur le chapiteau, à l'entour, étaient un réseau et des grenades, le tout d'airain. La seconde colonne était en tout semblable, et il y avait aussi des grenades.

23 Et il y avait quatre-vingt-seize grenades extérieurement. Toutes les grenades sur le réseau étaient au nombre de cent, à l'entour. 24 Et le capitaine des gardes prit Séraja, premier sacrificateur, et Sophonie, second sacrificateur, et les trois gardes du seuil. 25 Et de la ville il prit un eunuque qui avait la charge des gens de guerre, et sept hommes de ceux qui voyaient la face du roi, qui se trouvèrent dans la ville, le secrétaire en chef de l'armée, qui enrôlait le peuple du pays, et soixante hommes d'entre le peuple du pays, qui furent trouvés dans la ville. 26 Nébuzar-Adan, capitaine des gardes, les prit et les mena au roi de Babylone, à Ribla. 27 Et le roi de Babylone les frappa, et les fit mourir à Ribla, au pays de Hamath. Ainsi Juda fut transporté hors de son pays. 28 C'est ici le peuple que Nébucadnetsar emmena en captivité: La septième année, trois mille vingt-trois Juifs. 29 La dix-huitième année de Nébucadnetsar, on emmena de Jérusalem huit cent trente-deux personnes. 30 La vingt-troisième année de Nébucadnetsar, Nébuzar-Adan, capitaine des gardes, transporta sept cent quarante-cinq personnes des Juifs. Toutes ces personnes furent donc quatre mille six cents. 31 Or il arriva, la trente-septième année de la captivité de Jéhojakim, roi de Juda, le vingt-cinquième jour du douzième mois, qu'Évilmérodac, roi de Babylone, l'année où il devint roi, releva la tête de Jéhojakim, roi de Juda, et le tira de prison. 32 Il lui parla avec douceur, et il mit son trône au-dessus du trône des rois qui étaient avec lui à Babylone. 33 Et après qu'il lui eut changé ses vêtements de prisonnier, il mangea constamment en sa présence, tout le temps de sa vie. 34 Et pour son entretien, un ordinaire continuel lui fut établi par le roi de Babylone, pour chaque jour, jusqu'à sa mort, tout le temps de sa vie.

Lamentations

¹ Comment est-elle assise solitaire, la ville si peuplée! Celle qui était grande entre les nations est semblable à une veuve; la princesse des provinces est devenue tributaire! ² Elle pleure durant la nuit, et les larmes couvrent ses joues; de tous ceux qu'elle aimait aucun ne la console; tous ses amis ont agi perfidement contre elle, ils sont devenus ses ennemis. ³ Juda s'est exilé devant l'affliction et la grandeur de sa servitude; il demeure au milieu des nations, et il n'y trouve point de repos; tous ses persécuteurs l'ont saisi dans l'angoisse. ⁴ Les chemins de Sion sont dans le deuil, car personne ne vient plus aux fêtes solennelles; toutes ses portes sont désertes, ses sacrificateurs gémissent, ses vierges sont désolées, et elle est remplie d'amertume. ⁵ Ses adversaires ont le dessus, ses ennemis prospèrent; car l'Éternel l'a affligée, à cause de la multitude de ses forfaits; ses petits enfants ont marché captifs devant l'ennemi. ⁶ Et la fille de Sion a perdu toute sa splendeur; ses chefs sont devenus comme des cerfs qui ne trouvent point de pâture, et ils s'en vont, privés de force, devant celui qui les chasse. ⁷ Aux jours de son affliction et de son exil, Jérusalem s'est souvenue de toutes les choses désirables qu'elle possédait depuis les jours anciens. Quand son peuple est tombé par la main de l'ennemi et que personne n'est venu à son aide, ses adversaires l'ont vue et se sont moqués de ses sabbats. ⁸ Jérusalem a grièvement péché; c'est pourquoi elle est devenue un objet de dégoût; tous ceux qui l'honoraient la méprisent, parce qu'ils ont vu sa nudité; elle-même gémit et détourne la tête! ⁹ Sa souillure était dans les pans de sa robe, et elle ne s'est pas souvenue de sa fin. Elle a été prodigieusement abaissée; elle n'a point de consolateur! Regarde, ô Éternel! mon affliction; car l'ennemi triomphe. ¹⁰ L'adversaire a étendu la main sur tout ce qu'elle avait de plus désirable; car elle a vu entrer dans son sanctuaire les nations, au sujet desquelles tu avais donné cet ordre: Elles n'entreront point dans ton assemblée. ¹¹ Tout son peuple gémit, ils cherchent du pain; ils ont donné ce qu'ils avaient de plus précieux pour de la nourriture, afin de ranimer leur vie. Vois, ô Éternel, et regarde combien je suis méprisée! ¹² N'êtes-vous pas touchés, vous tous qui passez par le chemin? Regardez et voyez s'il est une douleur pareille à la douleur dont j'ai été frappée, moi que l'Éternel afflige au jour de l'ardeur de sa colère. ¹³ D'en haut, il a envoyé dans mes os un feu qui s'en est rendu maître; il a tendu un filet sous mes pieds, et m'a fait tomber en arrière. Il m'a mise dans la désolation, dans une langueur de tous les jours. ¹⁴ Le joug de mes iniquités est lié par sa main. Elles sont entrelacées et pèsent sur mon cou; il a fait fléchir ma force; le Seigneur m'a livrée à des mains auxquelles je ne puis résister. ¹⁵ Le Seigneur a renversé au milieu de moi tous les hommes vaillants; il a convoqué contre moi une assemblée, pour mettre en pièces mes jeunes gens d'élite. Le Seigneur a foulé au pressoir la vierge, fille de Juda! ¹⁶ C'est pour cela que je pleure, et que mon œil, mon œil se fond en eau; car le consolateur qui ranimait mon âme s'est éloigné de moi; mes enfants sont dans la désolation, parce que l'ennemi a été le plus fort. ¹⁷ Sion étend ses mains, et personne ne la console; l'Éternel a ordonné aux ennemis de Jacob de l'entourer de toutes parts. Jérusalem est devenue parmi eux comme un objet d'horreur. ¹⁸ L'Éternel est juste; car j'ai été rebelle à sa parole. Peuples, écoutez tous, je vous prie, et regardez ma douleur! Mes vierges et mes jeunes gens sont allés en captivité. ¹⁹ J'ai appelé mes amis, mais ils m'ont trompée. Mes sacrificateurs et mes anciens ont expiré dans la ville, lorsqu'ils cherchaient de la nourriture pour ranimer leur vie. ²⁰ Regarde, ô Éternel! car je suis dans la détresse: mes entrailles bouillonnent, mon cœur est bouleversé au-dedans de moi, car j'ai été fort rebelle. Au-dehors, l'épée fait ses ravages; au-dedans,

c'est la mort! [21] Ils m'entendent gémir; et personne ne me console. Tous mes ennemis ont appris mon malheur; ils se réjouissent de ce que tu l'as fait. Tu feras venir le jour que tu as annoncé, et ils seront semblables à moi. [22] Que toute leur malice vienne devant toi, et traite-les comme tu m'as traitée, à cause de toutes mes transgressions; car mes gémissements sont en grand nombre, et mon cœur est languissant.

2

[1] Comment le Seigneur, dans sa colère, a-t-il couvert d'un nuage la fille de Sion? Il a précipité des cieux sur la terre la gloire d'Israël, et au jour de sa colère il ne s'est point souvenu du marchepied de ses pieds! [2] Le Seigneur a détruit sans pitié toutes les demeures de Jacob; il a ruiné, dans sa fureur, les forteresses de la ville de Juda; il les a jetées par terre, il a profané le royaume et ses chefs. [3] Dans l'ardeur de sa colère, il a brisé toute la force d'Israël; il a retiré sa droite en présence de l'ennemi; il a allumé dans Jacob comme un feu flamboyant, qui consume de toutes parts. [4] Il a tendu son arc comme un ennemi; sa droite s'est tenue comme celle d'un adversaire; il a tué tout ce qui était agréable à l'œil; sur la tente de la fille de Sion, il a répandu comme un feu sa colère. [5] Le Seigneur a été comme un ennemi, il a détruit Israël, il a détruit tous ses palais, il a ruiné toutes ses forteresses, il a multiplié chez la fille de Juda les gémissements et les plaintes. [6] Il a ravagé son enclos comme un jardin; il a détruit le lieu de son assemblée. L'Éternel a fait oublier, dans Sion, la fête solennelle et le sabbat; et dans l'indignation de sa colère, il a rejeté le roi et le sacrificateur. [7] Le Seigneur a dédaigné son autel, il a répudié son sanctuaire; il a livré aux mains de l'ennemi les murailles de ses palais; ils ont jeté leurs cris dans la maison de l'Éternel, comme en un jour de fête. [8] L'Éternel avait résolu de détruire la muraille de la fille de Sion; il a tendu le cordeau, et n'a point retiré sa main pour cesser de détruire; il a mis dans le deuil le rempart et la muraille; l'un et l'autre languissent attristés. [9] Ses portes sont enfoncées en terre; il en a détruit et brisé les barres. Son roi et ses chefs sont parmi les nations; la loi n'est plus; ses prophètes même ne reçoivent aucune vision de l'Éternel. [10] Les anciens de la fille de Sion sont assis à terre et se taisent; ils mettent de la poussière sur leur tête; ils se sont ceints de sacs; les vierges de Jérusalem laissent retomber leur tête vers la terre. [11] Mes yeux se consument dans les larmes; mes entrailles bouillonnent, et mon foie se répand sur la terre, à cause de la plaie de la fille de mon peuple, parce que les petits enfants et ceux qui sont à la mamelle défaillent dans les places de la ville. [12] Ils disaient à leurs mères: Où est le froment et le vin? lorsqu'ils défaillaient comme des blessés à mort dans les places de la ville, et rendaient l'âme sur le sein de leurs mères. [13] Quel témoignage présenterai-je? A quoi te comparerai-je, fille de Jérusalem? Et à qui t'égalerai-je, pour te consoler, vierge, fille de Sion? Car ta plaie est grande comme la mer; qui est-ce qui te guérira? [14] Tes prophètes ont eu pour toi des visions mensongères et vaines; ils ne t'ont point découvert ton iniquité, pour détourner ta captivité, mais ils ont eu pour toi des oracles de mensonge et d'égarement. [15] Tous les passants battent des mains à ton sujet; ils sifflent, ils branlent la tête, contre la fille de Jérusalem. Est-ce là, disent-ils, la ville qu'on appelait la parfaite en beauté, la joie de toute la terre? [16] Tous tes ennemis ouvrent la bouche contre toi; ils sifflent et grincent des dents; ils disent: Nous les avons engloutis! Oui, c'est ici le jour que nous attendions, nous y sommes parvenus, nous le voyons! [17] L'Éternel a fait ce qu'il avait résolu; il a accompli la parole qu'il avait dès longtemps arrêtée; il a détruit, il n'a point épargné. Il a réjoui l'ennemi à ton sujet, et il a relevé la force de tes adversaires. [18] Leur cœur crie vers le Seigneur: Muraille de la fille de Sion! verse des larmes, comme un torrent, jour et nuit; ne te donne pas de relâche, et que la prunelle de tes yeux ne se repose point! [19] Lève-toi et crie de nuit, dès le commencement des veilles de la nuit; répands ton cœur comme de l'eau, en la présence du Seigneur! Lève

tes mains vers lui, pour la vie de tes petits enfants, qui meurent de faim aux coins de toutes les rues! ²⁰ Regarde, ô Éternel! et considère qui tu as ainsi traité! Fallait-il que les femmes dévorassent leur fruit, les petits enfants, objets de leurs caresses? Fallait-il que le sacrificateur et le prophète fussent tués dans le sanctuaire du Seigneur? ²¹ Le jeune homme et le vieillard sont couchés par terre dans les rues; mes vierges et mes jeunes gens d'élite sont tombés par l'épée; tu as tué, au jour de ta colère, tu as égorgé, tu n'as point épargné! ²² Tu as appelé de toutes parts sur moi les frayeurs, comme à un jour de fête solennelle; et au jour de la colère de l'Éternel, nul n'a échappé ni survécu. Ceux que j'avais caressés et élevés, mon ennemi les a consumés!

3

¹ Je suis l'homme qui ai vu l'affliction sous la verge de sa fureur. ² Il m'a conduit et fait marcher dans les ténèbres, et non dans la lumière. ³ Contre moi seul il tourne et retourne sa main tout le jour. ⁴ Il a fait vieillir ma chair et ma peau; il a brisé mes os. ⁵ Il a bâti contre moi, et m'a environné d'amertume et de peine. ⁶ Il m'a fait habiter dans des lieux ténébreux, comme ceux qui sont morts dès longtemps. ⁷ Il a élevé autour de moi un mur, afin que je ne sorte point; il a appesanti mes fers. ⁸ Même quand je crie et que j'appelle du secours, il repousse ma prière. ⁹ Il a fermé mes chemins avec des pierres de taille; il a ruiné mes sentiers. ¹⁰ Il a été pour moi un ours en embuscade, un lion dans les lieux cachés. ¹¹ Il a détourné mes chemins, il m'a déchiré, et il m'a mis dans la désolation. ¹² Il a tendu son arc, et m'a placé comme un but pour la flèche. ¹³ Il a fait entrer dans mes reins les flèches de son carquois. ¹⁴ Je suis la risée de tout mon peuple, et leur chanson tout le jour. ¹⁵ Il m'a rassasié d'amertume; il m'a enivré d'absinthe. ¹⁶ Il m'a brisé les dents avec du gravier; il m'a couvert de cendre. ¹⁷ Tu as éloigné la paix de mon âme; j'ai oublié le bonheur. ¹⁸ Et j'ai dit: Ma force est perdue, et l'espérance que j'avais en l'Éternel! ¹⁹ Souviens-toi de mon affliction et de ma misère; ce n'est qu'absinthe et que poison. ²⁰ Mon âme s'en souvient sans cesse, et elle est abattue au-dedans de moi. ²¹ Voici ce que je veux rappeler à mon cœur, et c'est pourquoi j'aurai de l'espérance: ²² Ce sont les bontés de l'Éternel, que nous n'ayons pas été consumés; ses compassions n'ont point défailli. ²³ Elles se renouvellent chaque matin; ta fidélité est grande! ²⁴ L'Éternel est mon partage, dit mon âme; c'est pourquoi j'espérerai en lui! ²⁵ L'Éternel est bon pour ceux qui s'attendent à lui, pour l'âme qui le recherche. ²⁶ Il est bon d'attendre en repos la délivrance de l'Éternel. ²⁷ Il est bon à l'homme de porter le joug dès sa jeunesse. ²⁸ Il sera assis solitaire et silencieux, parce que Dieu le lui impose. ²⁹ Il mettra sa bouche dans la poussière, en disant: Peut-être y a-t-il quelque espérance! ³⁰ Il tendra la joue à celui qui le frappe, il sera rassasié d'opprobres. ³¹ Car le Seigneur ne rejette pas à toujours. ³² Mais s'il afflige, il a aussi compassion, selon la grandeur de sa miséricorde. ³³ Car ce n'est pas volontiers qu'il afflige et contriste les fils des hommes. ³⁴ Quand on foule sous les pieds tous les prisonniers du pays; ³⁵ Quand on pervertit le droit de quelqu'un en la présence du Très-Haut; ³⁶ Quand on fait tort à quelqu'un dans sa cause, le Seigneur ne le voit-il pas? ³⁷ Qui est-ce qui dit qu'une chose est arrivée, sans que le Seigneur l'ait commandé? ³⁸ Les maux et les biens ne procèdent-ils pas de la volonté du Très-Haut? ³⁹ Pourquoi l'homme vivant se plaindrait-il? - Que chacun se plaigne de ses péchés! ⁴⁰ Recherchons nos voies, et les sondons, et retournons à l'Éternel. ⁴¹ Élevons nos cœurs avec nos mains vers Dieu qui est au ciel: ⁴² Nous avons péché, nous avons été rebelles, et toi, tu n'as point pardonné. ⁴³ Tu t'es enveloppé dans ta colère, et tu nous as poursuivis; tu as tué, tu n'as point épargné. ⁴⁴ Tu t'es enveloppé d'un nuage, afin que notre requête ne te parvienne point. ⁴⁵ Tu as fait de nous, au milieu des peuples, des balayures et un objet de mépris. ⁴⁶ Tous nos ennemis ouvrent la bouche contre nous. ⁴⁷ La frayeur et la fosse ont été pour

nous, avec la destruction et la ruine! [48] Mon œil se fond en ruisseaux d'eaux, à cause de la ruine de la fille de mon peuple. [49] Mon œil pleure et ne cesse point, parce qu'il n'y a point de relâche, [50] Jusqu'à ce que l'Éternel regarde et qu'il voie des cieux! [51] Mon œil afflige mon âme, à cause de toutes les filles de ma ville. [52] Ceux qui sont mes ennemis sans cause, m'ont donné la chasse comme à un oiseau. [53] Ils ont voulu anéantir ma vie dans une fosse, ils ont jeté des pierres sur moi. [54] Les eaux montèrent par-dessus ma tête; je disais: C'en est fait de moi! [55] J'ai invoqué ton nom, ô Éternel! du fond de la fosse. [56] Tu as entendu ma voix; ne cache point ton oreille à mes soupirs, à mes cris! [57] Au jour où je t'ai invoqué, tu t'es approché, tu as dit: Ne crains rien! [58] Seigneur, tu as plaidé la cause de mon âme, tu as racheté ma vie. [59] Tu as vu, Éternel, le tort qu'on me fait; fais-moi justice! [60] Tu as vu toutes leurs vengeances, tous leurs complots contre moi. [61] Tu as entendu, ô Éternel! leurs outrages et tous leurs complots contre moi; [62] Les discours de ceux qui s'élèvent contre moi, et les desseins qu'ils forment contre moi tout le jour. [63] Regarde: quand ils s'asseyent ou quand ils se lèvent, je suis le sujet de leur chanson. [64] Tu leur rendras leur récompense, ô Éternel! selon l'œuvre de leurs mains. [65] Tu leur donneras l'aveuglement du cœur; ta malédiction sera pour eux. [66] Tu les poursuivras dans ta colère, tu les extermineras, ô Éternel! de dessous les cieux.

4

[1] Comment l'or s'est-il obscurci, et l'or fin s'est-il altéré! Comment les pierres du sanctuaire sont-elles semées aux coins de toutes les rues! [2] Comment les enfants chéris de Sion, estimés à l'égal de l'or pur, sont-ils réputés comme des vases de terre, ouvrage de la main d'un potier! [3] Les chacals mêmes tendent la mamelle, et allaitent leurs petits: mais la fille de mon peuple est devenue cruelle comme les autruches du désert. [4] La langue du nourrisson s'attache à son palais par la soif; les petits enfants demandent du pain, et personne ne leur en distribue. [5] Ceux qui mangeaient des viandes délicates périssent dans les rues, et ceux qui étaient nourris sur l'écarlate embrassent le fumier. [6] Et la peine de l'iniquité de la fille de mon peuple est plus grande que celle du péché de Sodome qui fut renversée, comme en un moment, sans qu'aucune main d'homme fût venue sur elle. [7] Ses princes étaient plus éclatants que la neige, plus blancs que le lait; leur teint était plus vermeil que le corail, leur beauté était celle du saphir. [8] Leur visage est plus sombre que la noirceur même; on ne les reconnaît plus dans les rues; leur peau est attachée à leurs os; elle est devenue sèche comme le bois. [9] Ceux qui périssent par l'épée sont plus heureux que ceux qui périssent par la famine; car ceux-ci sont consumés peu à peu, exténués par le défaut du produit des champs. [10] De tendres femmes ont, de leurs mains, fait cuire leurs enfants, et ils leur ont servi de nourriture, dans la ruine de la fille de mon peuple. [11] L'Éternel a épuisé sa fureur, il a répandu l'ardeur de sa colère, il a allumé dans Sion un feu qui a dévoré ses fondements. [12] Les rois de la terre, ni aucun des habitants du monde, n'auraient cru que l'adversaire, que l'ennemi entrerait dans les portes de Jérusalem. [13] C'est à cause des péchés de ses prophètes, et des iniquités de ses sacrificateurs, qui ont répandu au milieu d'elle le sang des justes. [14] Ils erraient comme des aveugles par les rues, souillés de sang, au point qu'on ne pouvait toucher leurs vêtements. [15] On leur criait: Retirez-vous, souillés! Retirez-vous, retirez-vous; ne nous touchez pas! Ils sont en fuite, ils errent çà et là. On dit parmi les nations: Ils n'auront plus leur demeure! [16] La face de l'Éternel les a dispersés. Il ne les regarde plus. Ils n'ont pas eu de respect pour les sacrificateurs, ni de pitié pour les vieillards. [17] Et pour nous, nos yeux se sont consumés jusqu'ici après un vain secours. Du haut de nos tours, nous avons regardé vers une nation qui ne pouvait nous délivrer. [18] Ils épiaient nos pas, afin de nous empêcher de marcher dans nos places. Notre fin est proche; nos jours sont accomplis;

notre fin est venue! [19] Nos persécuteurs étaient plus légers que les aigles des cieux; ils nous ont poursuivis sur les montagnes, ils nous ont dressé des embûches dans le désert. [20] Celui qui nous faisait respirer, l'oint de l'Éternel, a été pris dans leurs fosses; lui de qui nous disions: Nous vivrons sous son ombre parmi les nations. [21] Réjouis-toi, et sois dans l'allégresse, fille d'Édom, qui demeures dans le pays d'Uts! La coupe passera aussi vers toi, tu en seras enivrée, et tu seras mise à nu. [22] Fille de Sion! la peine de ton iniquité est finie; le Seigneur ne t'emmenera plus en captivité. Fille d'Édom! il visitera ton iniquité, il mettra tes péchés à découvert.

5

[1] Souviens-toi, ô Éternel, de ce qui nous est arrivé! Regarde et vois notre opprobre! [2] Notre héritage a passé à des étrangers, nos maisons à des inconnus. [3] Nous sommes devenus des orphelins sans père, et nos mères sont comme des veuves. [4] Nous buvons notre eau à prix d'argent; c'est contre paiement que nous vient notre bois. [5] Le joug sur le cou, nous souffrons la persécution; nous sommes épuisés, nous n'avons point de repos. [6] Nous avons tendu la main vers l'Égypte et vers l'Assyrie, pour nous rassasier de pain. [7] Nos pères ont péché, ils ne sont plus; et nous, nous portons la peine de leur iniquité. [8] Des esclaves dominent sur nous, et personne ne nous délivre de leurs mains. [9] Nous cherchons notre pain au péril de notre vie, à cause de l'épée du désert. [10] Notre peau est brûlée comme un four, par l'ardeur véhémente de la faim. [11] Ils ont déshonoré les femmes dans Sion, et les vierges dans les villes de Juda. [12] Des chefs ont été pendus par leur main; la personne des anciens n'a point été respectée. [13] Les jeunes gens ont porté la meule, et les enfants ont chancelé sous le bois. [14] Les vieillards ne se trouvent plus aux portes; les jeunes gens ont abandonné leurs lyres. [15] La joie de notre cœur a cessé; nos danses sont changées en deuil. [16] La couronne de notre tête est tombée. Malheur à nous! parce que nous avons péché! [17] C'est pour cela que notre cœur est malade; c'est pour ces choses que nos yeux sont obscurcis; [18] C'est à cause de la montagne de Sion, qui est désolée, tellement que les renards s'y promènent. [19] Mais toi, Éternel! tu demeures éternellement, et ton trône subsiste d'âge en âge! [20] Pourquoi nous oublierais-tu à jamais, pourquoi nous abandonnerais-tu si longtemps? [21] Convertis-nous à toi, Éternel, et nous serons convertis! Renouvelle nos jours comme ils étaient autrefois! [22] Nous aurais-tu entièrement rejetés? Serais-tu courroucé contre nous à l'excès?

Ezéchiel

¹ La trentième année, le cinquième jour du quatrième mois, alors que je me trouvais parmi ceux qui avaient été transportés près du fleuve du Kébar, les cieux s'ouvrirent et je vis des visions divines. ² Le cinquième jour du mois, c'était la cinquième année de la captivité du roi Jéhojakim, ³ La parole de l'Éternel fut adressée à Ézéchiel, le sacrificateur, fils de Buzi, dans le pays des Caldéens, près du fleuve du Kébar. C'est là que la main de l'Éternel fut sur lui. ⁴ Et voici, je vis un tourbillon de vent qui venait du Nord, une grosse nuée, une gerbe de feu qui répandait tout autour son éclat. Au centre brillait comme de l'airain poli sortant du feu. ⁵ Au centre encore on voyait quatre animaux dont voici la figure: ils avaient une ressemblance humaine; ⁶ Chacun d'eux avait quatre faces et chacun quatre ailes. ⁷ Leurs pieds étaient droits, et la plante de leurs pieds comme la plante du pied d'un veau; ils étincelaient comme de l'airain poli. ⁸ Des mains d'homme sortaient de dessous leurs ailes sur leurs quatre côtés, et tous les quatre avaient leurs faces et leurs ailes. ⁹ Leurs ailes étaient jointes l'une à l'autre; quand ils marchaient, ils ne se tournaient point, mais allaient chacun droit devant soi. ¹⁰ Quant à la forme de leurs faces, ils avaient tous quatre une face d'homme, une face de lion du côté droit, tous quatre une face de bœuf du côté gauche, et tous quatre une face d'aigle. ¹¹ Leurs faces et leurs ailes étaient séparées par le haut; chacun avait deux ailes jointes l'une à l'autre, et deux qui couvraient leurs corps. ¹² Et chacun d'eux marchait droit devant soi; ils allaient partout où l'esprit les poussait à aller, et ne se détournaient point dans leur marche. ¹³ L'aspect de ces animaux était semblable à celui de charbons de feu ardents et de torches enflammées; et ce feu flamboyait entre les animaux avec une éclatante splendeur, et il en sortait des éclairs. ¹⁴ Et ces animaux allaient et venaient avec l'aspect de la foudre. ¹⁵ Or, comme je contemplais ces animaux, voici je vis une roue sur la terre, auprès de ces animaux, devant leurs quatre faces. ¹⁶ Quant à l'aspect de ces roues et à leur structure, elles ressemblaient à une chrysolithe; toutes les quatre étaient de même forme; leur aspect et leur structure étaient tels que chaque roue semblait être au milieu d'une autre roue. ¹⁷ En cheminant elles allaient sur leurs quatre côtés, et ne se détournaient point dans leur marche. ¹⁸ Elles avaient des jantes et une hauteur effrayante, et les jantes des quatre roues étaient toutes garnies d'yeux. ¹⁹ Et quand les animaux marchaient, les roues cheminaient à côté d'eux; et quand les animaux s'élevaient de terre, les roues s'élevaient aussi. ²⁰ Ils allaient partout où l'esprit les poussait à aller; l'esprit tendait-il là, ils y allaient, et les roues s'élevaient avec eux; car l'esprit des animaux était dans les roues. ²¹ Quand ils marchaient, elles marchaient; quand ils s'arrêtaient, elles s'arrêtaient; et quand ils s'élevaient de terre, les roues s'élevaient avec eux, car l'esprit des animaux était dans les roues. ²² Au-dessus des têtes des animaux on voyait un ciel, pareil au cristal resplendissant, et qui s'étendait en haut par-dessus leurs têtes. ²³ Et au-dessous de ce ciel, leurs ailes se tenaient droites l'une contre l'autre. Ils avaient chacun deux ailes dont ils se couvraient, et deux qui couvraient leurs corps. ²⁴ Quand ils marchaient, j'entendais le bruit de leurs ailes, semblable au bruit des grosses eaux et comme la voix du Tout-Puissant, un bruit tumultueux, le bruit d'une armée; et quand ils s'arrêtaient, ils laissaient retomber leurs ailes. ²⁵ Et lorsqu'ils s'arrêtaient et laissaient retomber leurs ailes, une voix se faisait entendre du ciel étendu sur leurs têtes. ²⁶ Au-dessus du ciel étendu sur leurs têtes, on voyait une forme de trône, semblable par son aspect à une pierre de saphir; et sur cette forme de trône, on voyait comme une figure d'homme, qui en occupait le plus haut degré. ²⁷ Je vis aussi, tout à l'entour, comme de l'airain poli, comme du feu, au-dedans duquel était cet homme.

Depuis ce qui paraissait être ses reins, jusqu'en haut, et depuis ce qui paraissait être ses reins, jusqu'en bas, je vis comme du feu qui répandait autour de lui une splendeur éclatante. ²⁸ Et la splendeur qui se voyait autour de lui, était pareille à celle de l'arc qui est dans la nuée en un jour de pluie. Cette vision représentait l'image de la gloire de l'Éternel. A sa vue je tombai sur la face, et j'entendis une voix qui parlait.

2

¹ Et il me fut dit: Fils de l'homme, tiens-toi sur tes pieds, et je te parlerai. ² Dès qu'il m'eut parlé, l'Esprit entra en moi, et me fit tenir debout, et j'entendis celui qui me parlait. ³ Fils de l'homme, me dit-il, je t'envoie vers les enfants d'Israël, vers ces nations rebelles qui se sont révoltées contre moi; eux et leurs pères ont péché contre moi jusqu'à aujourd'hui même. ⁴ Ce sont des enfants à la face impudente et au cœur obstiné, vers lesquels je t'envoie; tu leur diras: Ainsi a parlé le Seigneur, l'Éternel! ⁵ Et soit qu'ils écoutent, soit qu'ils n'en fassent rien, - car c'est une maison rebelle, - ils sauront du moins qu'un prophète est au milieu d'eux. ⁶ Mais toi, fils de l'homme, ne les crains point et ne crains point leurs paroles; bien que tu sois au milieu des épines et des ronces, et que tu demeures parmi des scorpions, ne crains point leurs paroles, et ne t'effraie pas de leur visage, quoiqu'ils soient une maison rebelle. ⁷ Tu leur annonceras donc mes paroles, soit qu'ils écoutent, soit qu'ils n'en fassent rien, car ils ne sont que rébellion. ⁸ Mais toi, fils de l'homme, écoute ce que je vais te dire et ne sois point rebelle, comme cette maison rebelle; ouvre la bouche, et mange ce que je vais te donner. ⁹ Alors je regardai, et voici une main étendue vers moi, qui tenait un livre en rouleau. ¹⁰ Elle le déploya devant moi, et il était écrit, au-dedans et au-dehors; des lamentations, des plaintes et des gémissements y étaient écrits.

3

¹ Puis il me dit: Fils de l'homme, mange ce que tu trouves, mange ce rouleau, et va, parle à la maison d'Israël. ² Et j'ouvris la bouche, et il me fit manger ce rouleau. ³ Et il me dit: Fils de l'homme, repais ton ventre et remplis tes entrailles de ce rouleau que je te donne. Je le mangeai donc, et il fut doux à ma bouche comme du miel. ⁴ Puis il me dit: Fils de l'homme, rends-toi vers la maison d'Israël, et tu leur rapporteras mes paroles. ⁵ Car ce n'est point vers un peuple au parler inintelligible et à la langue barbare que je t'envoie, mais vers la maison d'Israël. ⁶ Ce n'est point vers de nombreux peuples, au parler inintelligible et à la langue barbare, et dont tu ne puisses pas entendre les paroles, que je t'envoie; ceux-là, certes, ils t'écouteraient, si je t'envoyais vers eux. ⁷ Mais la maison d'Israël ne voudra pas t'écouter, parce qu'elle ne veut point m'écouter; car toute la maison d'Israël a le front dur et le cœur obstiné. ⁸ Voici j'endurcirai ta face pour que tu l'opposes à leurs faces, et j'endurcirai ton front pour que tu l'opposes à leurs fronts. ⁹ Je rendrai ton front semblable au diamant, plus dur que le roc; ne les crains donc pas et ne t'effraie point de leurs visages, bien qu'ils soient une maison rebelle. ¹⁰ Puis il me dit: Fils de l'homme, reçois dans ton cœur et écoute de tes oreilles toutes les paroles que je te dirai: ¹¹ Rends-toi vers ceux qui ont été transportés, vers les enfants de ton peuple; tu leur parleras et, soit qu'ils écoutent, soit qu'ils n'en fassent rien, tu leur diras: Ainsi a parlé le Seigneur, l'Éternel. ¹² Alors l'Esprit m'enleva, et j'entendis derrière moi le bruit d'un grand tumulte: "Bénie soit la gloire de l'Éternel, du lieu de sa demeure! " ¹³ Et le bruit des ailes des animaux, frappant l'une contre l'autre, et le bruit des roues à côté d'eux, et le bruit d'un grand tumulte. ¹⁴ Et l'Esprit m'enleva et m'emporta; je m'en allais irrité et furieux, et la main de l'Éternel agissait sur moi avec puissance. ¹⁵ Et je vins à Thel-Abib auprès de ceux qui avaient été transportés, qui demeuraient vers le fleuve du Kébar. Je me tins où ils se tenaient. Je restai là sept jours au milieu d'eux dans un morne

silence. [16] Au bout de sept jours, la parole de l'Éternel me fut adressée, en ces mots: [17] Fils de l'homme, je t'ai établi sentinelle sur la maison d'Israël; tu écouteras la parole de ma bouche, et tu les avertiras de ma part. [18] Quand je dirai au méchant: "Tu mourras! " si tu ne l'avertis pas, si tu ne lui parles pas, pour avertir le méchant de se détourner de sa mauvaise voie, afin de sauver sa vie, ce méchant-là mourra dans son iniquité; mais je redemanderai son sang de ta main. [19] Si, au contraire, tu avertis le méchant et qu'il ne se détourne point de sa méchanceté ni de sa mauvaise voie, il mourra dans son iniquité, mais toi tu sauveras ton âme. [20] De même, si le juste se détourne de sa justice, et fait le mal, je mettrai une pierre d'achoppement devant lui, et il mourra. Et c'est parce que tu ne l'auras pas averti, qu'il mourra dans son péché, et qu'il ne sera plus fait mention des choses justes qu'il avait faites; mais je redemanderai son sang de ta main. [21] Si, au contraire, tu avertis le juste de ne pas pécher, et qu'il ne pèche pas, il vivra certainement, parce qu'il s'est laissé avertir, et toi, tu sauveras ton âme. [22] Là encore la main de l'Éternel fut sur moi, et il me dit: Lève-toi, va dans la vallée; là je te parlerai. [23] Je me levai donc, et je sortis dans la vallée, et voici, la gloire de l'Éternel se tenait là, telle que je l'avais vue près du fleuve du Kébar. Alors je tombai sur ma face. [24] Et l'Esprit entra en moi et me fit tenir sur mes pieds; puis il me parla et me dit: Va et t'enferme dans ta maison. [25] Fils de l'homme, voici, on mettra sur toi des cordes et on t'en liera, afin que tu ne puisses sortir au milieu d'eux. [26] J'attacherai ta langue à ton palais, pour que tu sois muet et que tu ne puisses les reprendre, car c'est une maison rebelle. [27] Mais quand je te parlerai, j'ouvrirai ta bouche, et tu leur diras: Ainsi a parlé le Seigneur, l'Éternel. Que celui qui voudra écouter, écoute, et que celui qui ne le voudra pas, n'écoute pas; car c'est une maison rebelle.

4

[1] Et toi, fils de l'homme, prends une brique, mets-la devant toi et y dessine une ville, Jérusalem. [2] Établis un siège contre elle, bâtis contre elle des retranchements, élève contre elle des terrasses, environne-la d'un camp, place des béliers tout autour. [3] Prends aussi une plaque de fer, place-la comme une muraille de fer entre la ville et toi; tourne ta face contre elle, en sorte qu'elle soit assiégée, et tu la serreras de près. Ce sera là un signe pour la maison d'Israël. [4] Ensuite couche-toi sur ton côté gauche, mets-y l'iniquité d'Israël. Tu porteras leur iniquité autant de jours que tu seras couché sur ce côté. [5] Car je te compterai les années de leur iniquité pour un nombre égal de jours, savoir, trois cent quatre-vingt-dix jours, durant lesquels tu porteras l'iniquité de la maison d'Israël. [6] Quand tu auras accompli ces jours-là, tu te coucheras en second lieu sur ton côté droit, et tu porteras l'iniquité de la maison de Juda pendant quarante jours, un jour pour une année; car je te compte un jour pour la durée d'une année. [7] Tu tourneras aussi ta face et ton bras retroussé vers Jérusalem assiégée, et tu prophétiseras contre elle. [8] Or voici, je mets sur toi des liens, afin que tu ne te tournes point de l'un de tes côtés sur l'autre, jusqu'à ce que tu aies accompli les jours de ton siège. [9] Prends aussi du froment, de l'orge, des fèves, des lentilles, du millet et de l'épeautre; mets-les dans un vase, et fais-en du pain pour autant de jours que tu seras couché sur ton côté; tu en mangeras pendant trois cent quatre-vingt-dix jours. [10] La nourriture que tu mangeras sera du poids de vingt sicles par jour; tu en mangeras de temps à autre. [11] Quant à l'eau, tu en boiras par mesure, savoir, la sixième partie d'un hin; tu en boiras de temps à autre. [12] Tu mangeras des gâteaux d'orge, que tu cuiras sous leurs yeux avec des excréments humains. [13] Et l'Éernel dit: C'est ainsi que les enfants d'Israël mangeront leur pain souillé parmi les nations au milieu desquelles je les chasserai. [14] Alors je dis: Ah! Seigneur Éternel, voici, mon âme n'a point été souillée; et depuis ma jeunesse jusqu'à présent, je n'ai mangé d'aucun corps

mort, ni d'aucune bête déchirée, et aucune chair impure n'est entrée dans ma bouche. ¹⁵ Et il me répondit: Voici, je te donne la fiente des bœufs à la place d'excréments humains, et là-dessus tu apprêteras ta nourriture. ¹⁶ Puis il ajouta: Fils de l'homme, voici, je vais retrancher dans Jérusalem le pain qui soutient; ils mangeront leur pain au poids et dans l'angoisse; ils boiront l'eau à la mesure et dans la stupeur. ¹⁷ Et parce que le pain et l'eau leur manqueront, ils seront dans la consternation les uns et les autres, et ils se consumeront à cause de leur iniquité.

5

¹ Et toi, fils de l'homme, prends une épée tranchante; prends un rasoir de barbier; prends-le, et le fais passer sur ta tête et sur ta barbe. Prends ensuite une balance à peser, et partage ce que tu auras coupé. ² Tu en brûleras un tiers au feu, au milieu de la ville, à mesure que les jours du siège s'accompliront; puis tu en prendras un autre tiers, que tu frapperas de l'épée tout autour de la ville; et tu disperseras au vent le dernier tiers, et je tirerai l'épée après eux. ³ Toutefois tu en prendras une petite quantité, que tu serreras dans les pans de ton manteau; ⁴ Et de ceux-là tu en prendras encore quelques-uns, que tu jetteras au feu et que tu brûleras dans le feu. De là sortira un feu contre toute la maison d'Israël. ⁵ Ainsi a dit le Seigneur, l'Éternel: C'est là cette Jérusalem que j'avais placée au milieu des nations et des pays qui l'environnent. ⁶ Elle a violé mes ordonnances plus que les nations, et mes statuts plus que les pays d'alentour, en pratiquant l'impiété; car ses habitants ont méprisé mes ordonnances et n'ont point marché selon mes statuts. ⁷ C'est pourquoi, ainsi a dit le Seigneur, l'Éternel: Parce que vous vous êtes montrés plus rebelles que les nations qui vous entourent, que vous n'avez pas marché selon mes statuts, ni observé mes ordonnances, et que vous n'avez pas même agi selon les lois des nations qui vous environnent, ⁸ A cause de cela, ainsi a dit le Seigneur, l'Éternel, voici, moi-même je m'élèverai contre toi et j'exécuterai mes jugements au milieu de toi, à la vue des nations. ⁹ Je te ferai, à cause de toutes tes abominations, des choses que je n'avais point encore faites, et telles que je n'en ferai plus jamais. ¹⁰ C'est pourquoi, des pères mangeront leurs enfants au milieu de toi, et des enfants mangeront leurs pères. Ainsi j'exercerai mes jugements contre toi, et tout ce qui restera de toi, je le disperserai à tous les vents. ¹¹ C'est pourquoi, je suis vivant, dit le Seigneur, l'Éternel, parce que tu as souillé mon sanctuaire par toutes tes infamies et toutes tes abominations, moi aussi je détournerai mon regard, et mon œil ne t'épargnera point; moi aussi je serai sans miséricorde. ¹² Un tiers d'entre vous mourra de la peste, et sera consumé par la famine dans ton sein; un tiers tombera par l'épée autour de toi; et j'en disperserai un tiers à tous les vents, et je tirerai l'épée après eux. ¹³ Ainsi ma colère sera assouvie, et je ferai reposer sur eux ma fureur; je me donnerai satisfaction, et quand j'aurai assouvi ma fureur, ils sauront que moi, l'Éternel, j'ai parlé dans ma jalousie. ¹⁴ Je ferai de toi un désert et un objet d'opprobre parmi les nations qui t'entourent, aux yeux de tout passant. ¹⁵ Tu seras un objet d'opprobre et d'ignominie, un exemple et une cause de stupeur pour les nations qui t'entourent, quand j'exécuterai contre toi mes jugements, avec colère, avec fureur, et par des châtiments pleins de fureur, - c'est moi l'Éternel, qui ai parlé, - ¹⁶ Quand je lancerai contre eux les flèches pernicieuses et mortelles de la famine, que j'enverrai pour vous détruire; car j'ajouterai la famine à vos maux, et je briserai le pain qui vous soutient. ¹⁷ J'enverrai contre vous la famine et les bêtes nuisibles qui te priveront d'enfants; la peste et le sang passeront au milieu de toi, et je ferai venir l'épée sur toi. C'est moi, l'Éternel, qui ai parlé.

6

¹ La parole de l'Éternel me fut adressée, en ces mots: ² Fils de l'homme, tourne ta face vers les montagnes d'Israël, et prophétise contre elles. ³ Tu diras: Montagnes d'Israël, écoutez la parole du Seigneur, l'Éternel. Ainsi a dit le Seigneur, l'Éternel, aux montagnes et aux collines, aux ravins et aux vallées: Me voici, moi; je vais faire venir l'épée sur vous, et je détruirai vos hauts lieux. ⁴ Vos autels seront dévastés, vos statues du soleil brisées, et je ferai tomber vos morts devant vos idoles. ⁵ Je mettrai les cadavres des enfants d'Israël devant leurs idoles, et je disperserai vos ossements autour de vos autels. ⁶ Où que vous habitiez, les villes seront réduites en désert et les hauts lieux seront dévastés, de sorte que vos autels seront abandonnés et ruinés, vos idoles brisées et détruites, vos statues du soleil mises en pièces, et vos ouvrages anéantis. ⁷ Les morts tomberont au milieu de vous, et vous saurez que je suis l'Éternel. ⁸ Pourtant je laisserai un reste d'entre vous, réchappés de l'épée parmi les nations, quand vous serez dispersés en divers pays. ⁹ Vos réchappés se souviendront de moi, parmi les nations où ils seront captifs, parce que j'aurai brisé leur cœur adultère, qui s'est détourné de moi, ainsi que leurs yeux, qui se sont prostitués avec leurs idoles; ils se prendront même en dégoût pour tout ce qu'ils auront fait de mal, pour toutes leurs abominations. ¹⁰ Alors ils sauront que je suis l'Éternel et que ce n'est point en vain que je les avais menacés de tous ces maux. ¹¹ Ainsi a dit le Seigneur, l'Éternel: Frappe de la main, frappe du pied, et dis: Hélas! au sujet de toutes les méchantes abominations de la maison d'Israël, qui tombera par l'épée, par la famine et par la peste. ¹² Celui qui sera loin mourra de la peste; celui qui sera près tombera par l'épée, et celui qui sera demeuré de reste et qui sera assiégé périra par la famine, afin que j'assouvisse ma fureur contre eux. ¹³ Vous saurez alors que je suis l'Éternel, quand leurs morts seront gisants au milieu de leurs idoles, autour de leurs autels, sur toute colline élevée, sur tous les sommets des montagnes, sous tout arbre vert, sous tout chêne touffu, partout où ils offraient des parfums de bonne odeur à toutes leurs idoles. ¹⁴ J'étendrai donc ma main sur eux, et partout où ils habitent, je rendrai le pays plus désolé et plus dévasté que le désert de Dibla, et ils sauront que je suis l'Éternel.

7

¹ La parole de l'Éternel me fut encore adressée, en ces mots: ² Et toi, fils de l'homme, ainsi a dit le Seigneur, l'Éternel, au sujet du pays d'Israël: La fin arrive; voici la fin pour les quatre extrémités du pays! ³ Maintenant, c'est la fin pour toi; j'enverrai sur toi ma colère; je te jugerai selon ta conduite, et je ferai retomber sur toi toutes tes abominations. ⁴ Mon œil ne t'épargnera point, et je n'aurai pas de compassion, mais je ferai retomber sur toi ta conduite, et tes abominations seront au milieu de toi. Et vous saurez que je suis l'Éternel. ⁵ Ainsi a dit le Seigneur, l'Éternel: Un malheur, un malheur unique! le voici qui arrive! ⁶ La fin vient, la fin vient! Elle s'est réveillée contre toi; la voici qui vient! ⁷ Ton tour est venu, habitant du pays! Le temps est arrivé, le jour approche, jour d'effroi, et non plus de cris joyeux dans les montagnes. ⁸ Maintenant je vais bientôt répandre ma fureur sur toi, et assouvir contre toi ma colère; je te jugerai selon tes voies, et je ferai retomber sur toi toutes tes abominations. ⁹ Mon œil ne t'épargnera point, et je n'aurai point de compassion; mais je ferai retomber sur toi ta conduite, et tes abominations seront au milieu de toi; et vous saurez que c'est moi, l'Éternel, qui vous frappe. ¹⁰ Voici le jour! voici, il arrive! ton tour est venu, la verge a fleuri, l'orgueil a bourgeonné! ¹¹ La violence s'élève pour servir de verge à l'iniquité; il ne restera rien d'eux, ni de leur foule bruyante, ni de leurs richesses, et on ne les pleurera point. ¹² Le temps vient, le jour approche; que l'acheteur ne se réjouisse point et que le vendeur ne mène point deuil, car le courroux va éclater contre toute leur multitude! ¹³ Car le vendeur ne recouvrera pas ce qu'il a vendu,

quand même il serait encore vivant; car la prophétie concernant toute leur multitude ne sera point révoquée; et aucun, grâce à son iniquité, ne maintiendra sa vie. [14] On a sonné de la trompette; tout est prêt, mais personne ne marche au combat, car mon courroux va éclater contre toute leur multitude. [15] Au-dehors l'épée, au-dedans la peste et la famine! celui qui sera aux champs mourra par l'épée, celui qui sera dans la ville, la famine et la peste le dévoreront. [16] Leurs fuyards s'échappent; ils sont sur les montagnes, semblables aux colombes des vallées, gémissant tous, chacun sur son iniquité. [17] Toutes les mains sont défaillantes, tous les genoux se fondent en eau; [18] Ils se ceignent de sacs, l'effroi les couvre, la confusion est sur tous leurs visages; tous ils ont la tête rasée. [19] Ils jetteront leur argent par les rues, et leur or leur sera en abomination; ni leur argent, ni leur or ne pourront les délivrer au jour de la grande colère de l'Éternel; ils n'en rassasieront point leur âme, ni n'en rempliront leurs entrailles, car ce fut là la pierre d'achoppement de leur iniquité. [20] Ils étaient fiers de cette splendide parure; ils en ont fait les images de leurs abominations, de leurs idoles; c'est pourquoi j'en ferai pour eux une chose souillée. [21] Je la livrerai en proie aux mains des étrangers, et comme butin aux méchants de la terre, afin qu'ils la profanent. [22] Et je détournerai d'eux ma face, et l'on souillera mon sanctuaire; des furieux y entreront et le profaneront. [23] Prépare les chaînes! Car le pays est rempli de meurtres, et la ville pleine de violence. [24] Et je ferai venir les plus méchantes des nations, afin qu'elles s'emparent de leurs maisons; je mettrai un terme à l'orgueil des puissants, et leurs saints lieux seront profanés. [25] La destruction arrive! Ils cherchent le salut, mais il n'y en a point. [26] Il arrive malheur sur malheur; on apprend nouvelle sur nouvelle; ils demandent des visions au prophète; la loi fait défaut au sacrificateur, et le conseil aux anciens. [27] Le roi mène deuil, le prince s'épouvante, et les mains du peuple du pays sont tremblantes. Je les traiterai selon leurs voies; je les jugerai comme ils le méritent, et ils sauront que je suis l'Éternel.

8

[1] Or, la sixième année, le cinquième jour du sixième mois, comme j'étais assis dans ma maison et que les anciens de Juda étaient assis devant moi, la main du Seigneur, l'Éternel, tomba sur moi. [2] Et je regardai, et voici une figure semblable à du feu dans son aspect; depuis ce qui paraissait être ses reins jusqu'en bas, c'était du feu; depuis ce qui paraissait être ses reins jusqu'en haut, c'était une sorte de splendeur pareille à celle de l'airain poli. [3] Et elle avança une forme de main, et me saisit par les cheveux de la tête; et l'Esprit m'enleva entre la terre et les cieux, et me transporta, dans des visions divines, à Jérusalem, à l'entrée de la porte intérieure, qui est tournée vers le Nord, où se trouvait l'idole de la jalousie, qui provoque la jalousie de l'Éternel. [4] Et voici, la gloire du Dieu d'Israël était là, telle que je l'avais vue en vision dans la vallée. [5] Et il me dit: Fils de l'homme, lève les yeux du côté du Nord. Je levai donc les yeux du côté du Nord, et voici, vers le Nord, à la porte de l'autel, à l'entrée, cette idole de la jalousie. [6] Alors il me dit: Fils de l'homme, vois-tu ce que font ces gens, les grandes abominations que commet ici la maison d'Israël, pour m'éloigner de mon sanctuaire? Mais tu verras encore de plus grandes abominations. [7] Il me conduisit donc à l'entrée du parvis; je regardai, et voici, il y avait une ouverture dans le mur. [8] Et il dit: Fils de l'homme, pénètre dans la muraille; et quand j'eus pénétré dans la muraille, voici, il y avait là une porte. [9] Puis il me dit: Entre, et vois les abominations impies qu'ils commettent ici. [10] J'entrai donc, regardai, et voici toute sorte de figures de reptiles et d'animaux immondes; et toutes les idoles de la maison d'Israël étaient peintes tout alentour sur la muraille. [11] Et soixante-dix hommes d'entre les anciens de la maison d'Israël, au milieu desquels se trouvait Joazania, fils de Shaphan, se tenaient debout devant elles, chacun l'encensoir à la main,

d'où s'élevait un épais nuage d'encens. ¹² Et il me dit: As-tu vu, fils de l'homme, ce que font les anciens de la maison d'Israël, dans les ténèbres, chacun dans son cabinet d'images? Car ils disent: L'Éternel ne nous voit point; l'Éternel a abandonné le pays. ¹³ Et il me dit: Tu verras encore de plus grandes abominations, qu'ils commettent. ¹⁴ Il me conduisit donc à l'entrée de la porte de la maison de l'Éternel, qui est du côté du Nord, et voici, des femmes assises pleuraient Thammuz. ¹⁵ Et il me dit: As-tu vu, fils de l'homme? Mais tu verras encore de plus grandes abominations que celles-là. ¹⁶ Et il me fit entrer dans le parvis intérieur de la maison de l'Éternel; et voici, à l'entrée du temple de l'Éternel, entre le portique et l'autel, environ vingt-cinq hommes, qui tournaient le dos au temple de l'Éternel et la face vers l'Orient; ils se prosternaient devant le soleil, vers l'Orient. ¹⁷ Alors il me dit: As-tu vu, fils de l'homme? Est-ce trop peu pour la maison de Juda, de commettre les abominations qu'ils commettent ici, pour qu'ils remplissent encore le pays de violence et qu'ils ne cessent de m'irriter? Voici, ils approchent le rameau de leur narine! ¹⁸ Mais moi aussi, j'agirai avec fureur; mon œil ne les épargnera point et je n'aurai pas de compassion; quand ils crieront à voix haute à mes oreilles, je ne les écouterai point.

9

¹ Puis une voix forte retentit à mes oreilles en disant: Approchez, vous qui devez châtier la ville, chacun avec son instrument de destruction à la main. ² Et voici venir six hommes par le chemin de la porte supérieure qui regarde le Nord, chacun son instrument de destruction à la main. Au milieu d'eux était un homme vêtu de lin, portant une écritoire à sa ceinture; et ils entrèrent, et se tinrent près de l'autel d'airain. ³ Alors la gloire du Dieu d'Israël s'éleva de dessus le chérubin sur lequel elle était, et se dirigea vers le seuil de la maison; elle appela l'homme vêtu de lin, qui portait une écritoire à sa ceinture. ⁴ Et l'Éternel lui dit: Traverse la ville, Jérusalem, et fais une marque sur le front des hommes qui gémissent et qui soupirent à cause de toutes les abominations qui se commettent dans son sein. ⁵ Puis il dit aux autres, de manière que je l'entendis: Passez par la ville après lui, et frappez; que votre œil n'épargne personne, et n'ayez point de compassion! ⁶ Vieillards, jeunes gens, vierges, enfants et femmes, tuez-les tous jusqu'à extermination; mais n'approchez pas de quiconque portera la marque, et commencez par mon sanctuaire. Ils commencèrent donc par les anciens qui étaient devant la maison. ⁷ Et il leur dit: Profanez la maison, et remplissez les parvis de gens tués! Sortez! Alors ils sortirent, et frappèrent dans toute la ville. ⁸ Or, comme ils frappaient et que je restais encore, je tombai sur ma face, et m'écriai: Ah! Seigneur, Éternel, veux-tu détruire tout le reste d'Israël, en répandant ta fureur sur Jérusalem? ⁹ Et il me dit: L'iniquité de la maison d'Israël et de Juda est grande au-delà de toute mesure; le pays est rempli de meurtres, et la ville pleine d'injustices; car ils disent: L'Éternel a abandonné le pays; l'Éternel ne voit rien. ¹⁰ Eh bien, mon œil aussi ne les épargnera pas, et je n'aurai point de compassion; je ferai retomber leur conduite sur leur tête. ¹¹ Et voici, l'homme vêtu de lin, qui portait une écritoire à sa ceinture, vint faire son rapport, et dit: J'ai fait comme tu m'as ordonné.

10

¹ Je regardai, et voici, sur le ciel, au-dessus de la tête des chérubins, comme une pierre de saphir, quelque chose de pareil à une forme de trône, au-dessus d'eux. ² Et l'Éternel parla à l'homme vêtu de lin, et lui dit: Va entre les roues, sous les chérubins, et remplis tes mains de charbons ardents que tu prendras entre les chérubins; répands-les sur la ville. ³ Et il y alla sous mes yeux. Or les chérubins se tenaient à droite de la maison quand l'homme alla, et la nuée remplit le parvis intérieur. ⁴ Alors la gloire de l'Éternel s'éleva de

dessus les chérubins, et se dirigea vers le seuil de la maison; et la maison fut remplie de la nuée, pendant que le parvis était rempli de la splendeur de la gloire de l'Éternel. [5] Et le bruit des ailes des chérubins se fit entendre jusqu'au parvis extérieur, pareil à la voix du Dieu Tout Puissant, quand il parle. [6] Quand l'Éternel eut donné cet ordre à l'homme vêtu de lin, en disant: "Prends du feu dans l'intervalle des roues, entre les chérubins", cet homme alla se placer près des roues. [7] Et un des chérubins étendit sa main, du milieu des chérubins, vers le feu qui était entre les chérubins; il en prit et le mit dans les mains de l'homme vêtu de lin, qui se retira après l'avoir reçu; [8] Car on voyait aux chérubins une forme de main d'homme sous leurs ailes. [9] Je regardai encore, et voici quatre roues près des chérubins, une roue près de chaque chérubin; et l'aspect de ces roues était comme celui d'une chrysolithe. [10] A les voir, toutes quatre avaient la même forme; chaque roue semblait traverser par le milieu une autre roue. [11] En cheminant, elles allaient de leurs quatre côtés; elles ne se tournaient point dans leur marche; mais de quelque côté que se dirigeât la tête, elles la suivaient, sans se tourner dans leur marche. [12] Et le corps entier des chérubins, leur dos, leurs mains, leurs ailes, ainsi que les roues, les roues de chacun des quatre, étaient entièrement couverts d'yeux. [13] Les roues, j'entendis qu'on les appelait tourbillon. [14] Chacun avait quatre faces: le premier, une face de chérubin; le second, une face d'homme; le troisième, une face de lion; et le quatrième, une face d'aigle. [15] Et les chérubins s'élevèrent; c'étaient là les animaux que j'avais vus près du fleuve du Kébar. [16] Quand les chérubins marchaient, les roues cheminaient à côté d'eux; quand les chérubins déployaient leurs ailes pour s'élever de terre, les roues ne se détournaient pas d'eux. [17] Quand ils s'arrêtaient, elles s'arrêtaient; quand ils s'élevaient, elles s'élevaient avec eux; car l'esprit des animaux était en elles. [18] Puis la gloire de l'Éternel se retira du seuil de la maison, et se tint sur les chérubins. [19] Et les chérubins déployèrent leurs ailes, et s'élevèrent de terre sous mes yeux, quand ils partirent avec les roues; ils s'arrêtèrent à l'entrée de la porte orientale de la maison de l'Éternel, et la gloire du Dieu d'Israël était sur eux, en haut. [20] C'étaient là les animaux que j'avais vus sous le Dieu d'Israël, près du fleuve du Kébar, et je les reconnus pour des chérubins. [21] Chacun avait quatre faces, et chacun quatre ailes, et sous leurs ailes il y avait une forme de main d'homme. [22] Et leurs faces ressemblaient à celles que j'avais vues près du fleuve du Kébar; c'était le même aspect; c'étaient bien eux. Chacun d'eux marchait droit devant soi.

11

[1] Puis l'Esprit m'enleva et me transporta à la porte orientale de la maison de l'Éternel, à celle qui regarde l'Orient; et voici, à l'entrée de la porte vingt-cinq hommes; je vis au milieu d'eux Joazania, fils d'Azzur, et Pélatia, fils de Bénaja, chefs du peuple. [2] Et l'Éternel me dit: Fils de l'homme, ce sont là les hommes qui ont des pensées d'iniquité, et qui donnent de mauvais conseils dans cette ville. [3] Ils disent: Ce n'est pas l'heure de bâtir des maisons; cette ville, c'est la chaudière, et nous la viande. [4] C'est pourquoi prophétise contre eux, prophétise, fils de l'homme! [5] Et l'Esprit de l'Éternel tomba sur moi, et me dit: Parle; ainsi a dit l'Éternel: Vous parlez de la sorte, maison d'Israël, et ce qui vous monte à l'esprit, je le sais. [6] Vous avez multiplié les meurtres dans cette ville, et vous avez rempli ses rues de cadavres. [7] C'est pourquoi, ainsi a dit le Seigneur, l'Éternel: Les morts que vous avez étendus au milieu d'elle, c'est la viande, et elle, la chaudière; mais vous, on vous fera sortir de son sein. [8] Vous avez peur de l'épée, mais je ferai venir sur vous l'épée, dit le Seigneur, l'Éternel. [9] Je vous ferai sortir de cette ville; je vous livrerai entre les mains des étrangers, et j'exécuterai mes jugements contre vous. [10] Vous tomberez par l'épée, je vous jugerai sur les frontières d'Israël, et vous saurez que je suis l'Éternel.

¹¹ Cette ville ne sera point pour vous une chaudière dans laquelle vous seriez la chair; c'est sur les frontières d'Israël que je vous jugerai. ¹² Et vous saurez que je suis l'Éternel, dont vous n'avez pas observé les statuts, ni gardé les ordonnances; mais vous avez agi d'après les lois des nations qui vous avoisinent. ¹³ Et, comme je prophétisais, Pélatia, fils de Bénaja, mourut. Alors je tombai sur la face, et m'écriai à haute voix: Ah! Seigneur, Éternel, veux-tu anéantir le reste d'Israël? ¹⁴ Et la parole de l'Éternel me fut adressée en ces mots: ¹⁵ Fils de l'homme, ce sont tes frères, oui, tes frères, les gens de ta parenté et la maison d'Israël tout entière, à qui les habitants de Jérusalem ont dit: Demeurez loin de l'Éternel; c'est à nous que ce pays a été donné en héritage. ¹⁶ C'est pourquoi dis-leur: Ainsi a dit le Seigneur, l'Éternel: Quoique je les tienne éloignés parmi les nations, quoique je les aie dispersés en divers pays, pourtant je serai pour eux un asile quelque temps dans les pays où ils sont allés. ¹⁷ C'est pourquoi dis-leur: Ainsi a dit le Seigneur, l'Éternel: Je vous rassemblerai du milieu des peuples, je vous recueillerai des divers pays où vous êtes dispersés, et je vous donnerai la terre d'Israël. ¹⁸ Ils y entreront, et feront disparaître de son sein toutes les idoles et toutes les abominations. ¹⁹ Je leur donnerai un même cœur, et je mettrai en eux un esprit nouveau; j'ôterai de leur chair le cœur de pierre, et je leur donnerai un cœur de chair, ²⁰ Afin qu'ils marchent selon mes statuts, qu'ils gardent et observent mes ordonnances; ils seront mon peuple et je serai leur Dieu. ²¹ Mais pour ceux dont le cœur marche au gré de leurs idoles et de leurs abominations, je ferai retomber leur conduite sur leur tête, dit le Seigneur, l'Éternel. ²² Puis les chérubins déployèrent leurs ailes, les roues s'élevèrent avec eux, ainsi que la gloire du Dieu d'Israël, qui était au-dessus d'eux, tout en haut. ²³ Et la gloire de l'Éternel s'éleva du milieu de la ville, et s'arrêta sur la montagne qui est à l'Orient de la ville. ²⁴ L'Esprit m'enleva et me transporta en vision, par l'Esprit de Dieu, en Caldée auprès de ceux de la captivité, et la vision que j'avais vue disparut de devant moi. ²⁵ Alors je racontai à ceux qui avaient été emmenés captifs, toutes les choses que l'Éternel m'avait révélées.

12

¹ La parole de l'Éternel me fut adressée en ces termes: ² Fils de l'homme, tu habites au milieu d'une maison de rebelles, qui ont des yeux pour voir et qui ne voient point, des oreilles pour entendre et qui n'entendent point, car ils sont une maison rebelle. ³ Et toi, fils de l'homme, prépare un bagage d'émigrant, et pars en plein jour sous leurs yeux; pars du lieu que tu habites pour aller en un autre lieu, sous leurs yeux; peut-être verront-ils qu'ils sont une maison rebelle. ⁴ Tu feras sortir ton bagage comme le bagage d'un émigrant, en plein jour, sous leurs yeux, et toi tu sortiras vers le soir, sous leurs yeux, comme partent des exilés. ⁵ Sous leurs yeux, tu feras une ouverture dans la muraille, par laquelle tu feras sortir ton bagage. ⁶ Sous leurs yeux, tu le porteras sur l'épaule, et tu le sortiras quand il fera obscur. Tu te couvriras le visage, et tu ne regarderas pas la terre, car je veux que tu sois un signe pour la maison d'Israël. ⁷ Je fis ce qui m'avait été ordonné; je fis sortir en plein jour mon bagage, comme un bagage d'émigrant; et vers le soir je perçai de ma main la muraille; je le sortis dans l'obscurité, et le portai sur l'épaule sous leurs yeux. ⁸ Au matin, la parole de l'Éternel me fut adressée en ces termes: ⁹ Fils de l'homme, la maison d'Israël, cette maison rebelle, ne t'a-t-elle pas dit: "Que fais-tu? " ¹⁰ Dis-leur: Ainsi a dit le Seigneur, l'Éternel: C'est le prince qui est à Jérusalem que concerne cet oracle, ainsi que toute la maison d'Israël qui s'y trouve. ¹¹ Dis: Je suis pour vous un signe. Il leur sera fait comme j'ai fait; ils partiront pour l'exil, pour la captivité. ¹² Et le prince qui est au milieu d'eux mettra son bagage sur l'épaule, et partira dans l'obscurité; on lui fera une ouverture dans le mur pour le faire sortir; il couvrira son

visage, afin de ne point voir de ses yeux la terre. [13] J'étendrai mon rets sur lui, il sera pris dans mon filet, et je l'emmènerai à Babylone, dans le pays des Caldéens; mais il ne le verra point, et il y mourra. [14] Quant à tout son entourage, à ses auxiliaires et à toutes ses armées, je les disperserai à tout vent, et je tirerai l'épée derrière eux. [15] Et ils sauront que je suis l'Éternel, quand je les aurai dispersés parmi les nations et disséminés en divers pays. [16] Toutefois je laisserai d'entre eux un petit nombre de gens qui échapperont à l'épée, à la famine, à la peste; afin qu'ils racontent toutes leurs abominations parmi les nations où ils iront, et ils sauront que je suis l'Éternel. [17] Puis la parole de l'Éternel me fut adressée en ces mots: [18] Fils de l'homme, tu mangeras ton pain dans le trouble; tu boiras ton eau dans l'angoisse et dans l'effroi. [19] Et tu diras au peuple du pays: Ainsi a dit le Seigneur, l'Éternel, au sujet des habitants de Jérusalem, dans la terre d'Israël: Ils mangeront leur pain dans l'effroi et boiront leur eau dans la stupéfaction, parce que le pays sera dévasté et dépouillé de son abondance, à cause de la violence de tous ceux qui l'habitent. [20] Les villes peuplées seront réduites en désert, et le pays sera ravagé, et vous saurez que je suis l'Éternel. [21] La parole de l'Éternel me fut encore adressée en ces mots: [22] Fils de l'homme, qu'est-ce que ce propos passé en proverbe, que vous tenez dans le pays d'Israël, en disant: Les jours se prolongent, et toute prophétie demeure sans effet? [23] C'est pourquoi dis-leur: Ainsi a dit le Seigneur, l'Éternel: Je ferai cesser ce propos, et on ne le trouvera plus en Israël. Dis-leur au contraire: Le temps approche, ainsi que l'accomplissement de toute prophétie. [24] Car il n'y aura plus aucune prophétie vaine, ni d'oracle trompeur, au milieu de la maison d'Israël. [25] Car moi, l'Éternel, je parlerai, et la parole que j'aurai dite s'accomplira, et ne sera plus différée. Oui, maison rebelle, de vos jours je prononcerai une parole et l'accomplirai, dit le Seigneur, l'Éternel. [26] La parole de l'Éternel me fut encore adressée en ces termes: [27] Fils de l'homme, voici, la maison d'Israël dit: La vision qu'il a, est à long terme; c'est pour des temps éloignés qu'il prophétise. [28] C'est pourquoi dis-leur: Ainsi a dit le Seigneur, l'Éternel: Il n'y aura plus de délai pour l'accomplissement de toutes mes paroles; ce que j'aurai dit s'accomplira, dit le Seigneur, l'Éternel.

13

[1] La parole de l'Éternel me fut adressée en ces termes: [2] Fils de l'homme, prophétise contre les prophètes d'Israël qui prophétisent; dis à ceux qui prophétisent selon leur propre cœur: Écoutez la parole de l'Éternel! [3] Ainsi a dit le Seigneur, l'Éternel: Malheur aux prophètes insensés qui suivent leur propre esprit, et qui n'ont point eu de vision. [4] Comme des renards dans les ruines, tels sont tes prophètes, ô Israël! [5] Vous n'êtes point montés sur les brèches, et vous n'avez point entouré d'un rempart la maison d'Israël, pour demeurer fermes dans le combat au jour de l'Éternel. [6] Leurs visions sont trompeuses, leurs oracles menteurs, quand ils disent: "L'Éternel a dit! " tandis que l'Éternel ne les a point envoyés; et ils ont fait espérer que leur parole aurait son accomplissement. [7] N'avez-vous pas eu des visions trompeuses, et prononcé des oracles menteurs, vous qui dites: "L'Éternel a dit! " quand je n'ai point parlé? [8] C'est pourquoi, ainsi a dit le Seigneur, l'Éternel: Parce que vous tenez des discours mensongers, et que vous avez des visions trompeuses, voici je vous en veux, dit le Seigneur, l'Éternel. [9] Ma main s'appesantira sur les prophètes qui ont des visions fausses, et qui prononcent des oracles menteurs. Ils ne feront plus partie de l'assemblée de mon peuple, ils ne seront plus inscrits sur les registres de la maison d'Israël, ils n'entreront pas dans le pays d'Israël, et vous saurez que je suis le Seigneur, l'Éternel. [10] Et ces choses arriveront

parce que, oui, parce qu'ils égarent mon peuple, en disant: Paix! quand il n'y a point de paix. Mon peuple bâtit un mur, eux ils le recouvrent de mortier. [11] Dis à ceux qui le recouvrent de mortier, qu'il s'écroulera. Une pluie violente surviendra, et vous, grêlons, vous tomberez, et un vent de tempête éclatera. [12] Et voici, le mur s'écroule. Ne vous dira-t-on pas: Où est le mortier dont vous l'aviez couvert? [13] Car ainsi a dit le Seigneur, l'Éternel: Dans ma fureur, je ferai éclater un vent de tempête; dans ma colère il surviendra une pluie torrentielle, et dans mon indignation des grêlons tomberont, pour tout détruire. [14] Et je renverserai le mur que vous aviez recouvert de mortier; je le jetterai à terre, tellement que ses fondements seront mis à nu; il s'écroulera, et vous serez entièrement détruits sous ses décombres, et vous saurez que je suis l'Éternel. [15] J'assouvirai ainsi ma fureur contre le mur, et contre ceux qui l'ont recouvert de mortier, et je vous dirai: Le mur n'est plus, c'en est fait de ceux qui le recouvraient de mortier, [16] Des prophètes d'Israël, qui prophétisent sur Jérusalem, et qui ont pour elle des visions de paix, quand il n'y a point de paix, dit le Seigneur, l'Éternel. [17] Et toi, fils de l'homme, tourne ta face contre les filles de ton peuple, qui prophétisent selon leur propre cœur, et prophétise contre elles. [18] Et dis: Ainsi a dit le Seigneur, l'Éternel: Malheur à celles qui fabriquent des coussinets pour toutes les jointures des mains, et qui font des voiles pour la tête des gens de toute taille, afin de séduire les âmes. Vous séduiriez les âmes de mon peuple, et vous conserveriez vos propres âmes! [19] Vous me déshonorez auprès de mon peuple, pour quelques poignées d'orge et quelques morceaux de pain, en faisant mourir des âmes qui ne doivent point mourir, et en faisant vivre d'autres qui ne doivent point vivre, trompant ainsi mon peuple qui écoute le mensonge. [20] C'est pourquoi, ainsi a dit le Seigneur, l'Éternel: Voici j'en veux à vos coussinets, par le moyen desquels vous prenez les âmes comme des oiseaux, et je les arracherai de vos bras, et je délivrerai les âmes que vous prenez au piège comme des oiseaux. [21] J'arracherai aussi vos voiles, je délivrerai mon peuple de vos mains, et ils ne seront plus comme une proie entre vos mains; et vous saurez que je suis l'Éternel. [22] Parce que vous affligez par vos mensonges le cœur du juste, que je n'ai pas attristé, et que vous fortifiez les mains du méchant, afin qu'il ne se détourne point de son mauvais train pour avoir la vie, [23] Vous n'aurez plus de visions trompeuses et vous ne prononcerez plus d'oracles; je délivrerai mon peuple de vos mains, et vous saurez que je suis l'Éternel.

14

[1] Or quelques-uns des anciens d'Israël vinrent auprès de moi, et s'assirent devant moi. [2] Et la parole de l'Éternel me fut adressée en ces termes: [3] Fils de l'homme, ces gens-là portent leurs idoles dans leur cœur; et la pierre d'achoppement qui les a fait tomber dans l'iniquité, ils y attachent leur regard. Me laisserai-je consulter par eux? [4] C'est pourquoi parle-leur et dis-leur: Ainsi a dit le Seigneur, l'Éternel: Tout homme de la maison d'Israël qui porte ses idoles dans son cœur, et qui attache ses regards à la pierre d'achoppement qui l'a fait tomber dans l'iniquité, s'il vient vers un prophète, moi l'Éternel, je lui répondrai en vue de ses nombreuses idoles, [5] Afin de saisir dans leur propre cœur ceux de la maison d'Israël, qui se sont éloignés de moi avec toutes leurs idoles. [6] C'est pourquoi dis à la maison d'Israël: Ainsi a dit le Seigneur, l'Éternel: Revenez, détournez-vous de vos idoles, détournez vos regards de toutes vos abominations. [7] Car quiconque de la maison d'Israël ou des étrangers qui séjournent en Israël, s'éloigne de moi, place ses idoles dans son cœur et attache les regards sur la pierre d'achoppement qui l'a fait tomber dans l'iniquité, s'il vient auprès d'un prophète pour me consulter par son moyen, moi l'Éternel, je lui répondrai moi-même: [8] Je tournerai ma face contre cet homme-

là, afin qu'il serve d'avertissement, et qu'il passe en proverbe; et je le retrancherai du milieu de mon peuple. Et vous saurez que je suis l'Éternel. [9] Et si le prophète se laisse entraîner à prononcer quelque parole, c'est moi, l'Éternel, qui aurai entraîné ce prophète-là; j'étendrai ma main contre lui, et je le retrancherai du milieu de mon peuple d'Israël. [10] Et ils porteront la peine de leur iniquité; telle la peine de celui qui consulte, telle sera la peine du prophète, [11] Afin que la maison d'Israël ne s'égare plus loin de moi et qu'ils ne se souillent plus par toutes leurs transgressions, mais qu'ils soient mon peuple et que je sois leur Dieu, dit le Seigneur, l'Éternel. [12] Puis la parole de l'Éternel me fut adressée en ces mots: [13] Fils de l'homme, si un pays pèche contre moi en commettant quelque infidélité, et que j'étende ma main contre lui, en lui retranchant le pain qui soutient, en lui envoyant la famine et en faisant disparaître hommes et bêtes de son sein, [14] Et qu'il s'y trouvât ces trois hommes, Noé, Daniel et Job, ils sauveraient leur vie par leur justice, dit le Seigneur, l'Éternel! [15] Si je faisais parcourir le pays par des bêtes nuisibles qui le dépeuplent et en fassent un désert, où personne ne passerait plus à cause de ces bêtes, [16] Et qu'il s'y trouvât ces trois hommes-là, je suis vivant, dit le Seigneur, l'Éternel, ils ne sauveraient ni fils ni filles; eux seuls seraient sauvés, tandis que le pays deviendrait un désert. [17] Ou bien, si j'amenais l'épée sur ce pays, et que je disse: Que l'épée passe par le pays, pour en retrancher hommes et bêtes, [18] Et qu'il s'y trouvât ces trois hommes, je suis vivant, dit le Seigneur, l'Éternel, ils ne sauveraient ni fils ni filles, mais eux seuls seraient sauvés. [19] Ou encore si j'envoyais la peste dans ce pays, et que je répandisse sur lui ma fureur jusqu'à faire couler le sang, pour retrancher de son sein hommes et bêtes, [20] Et que Noé, Daniel et Job s'y trouvassent, je suis vivant, dit le Seigneur, l'Éternel, ils ne sauveraient ni fils ni filles, ils ne sauveraient que leur vie par leur justice. [21] Voici donc ce que dit le Seigneur, l'Éternel: Bien que j'envoie contre Jérusalem mes quatre jugements terribles, l'épée, la famine, les bêtes nuisibles et la peste, pour retrancher de son sein hommes et bêtes, [22] Toutefois il y aura un reste, quelques réchappés, des fils et des filles qu'on en fera sortir. Voici, ils arriveront auprès de vous; vous verrez leur conduite et leurs actions, et vous vous consolerez des malheurs que j'ai fait tomber sur Jérusalem et de tout ce qui lui est advenu. [23] Ils vous consoleront quand vous aurez vu leur conduite et leurs actions. Alors vous reconnaîtrez que ce n'est pas sans raison que je lui ai fait tout ce que je lui aurai fait, dit le Seigneur, l'Éternel.

15

[1] La parole de l'Éternel me fut adressée en ces termes: [2] Fils de l'homme, le bois de la vigne vaut-il plus que tout autre bois, le sarment qui est parmi les arbres de la forêt [3] Prend-on de ce bois pour faire quelque ouvrage; en tire-t-on une cheville pour y suspendre un objet quelconque? [4] Voici, on le jette au feu pour le consumer, et quand le feu en a dévoré les deux bouts, et que le milieu brûle, est-il propre à quelque ouvrage? [5] Voici, quand il était entier, on n'en faisait aucun ouvrage; combien moins encore quand le feu l'a dévoré et qu'il est brûlé, en pourra-t-on faire quelque chose? [6] C'est pourquoi ainsi a dit le Seigneur, l'Éternel: De même que parmi les arbres d'une forêt, c'est le bois de la vigne que je livre au feu pour être dévoré, de même j'y livrerai les habitants de Jérusalem. [7] Je tournerai ma face contre eux; s'ils sortent d'un feu, un autre feu les consumera, et vous saurez que je suis l'Éternel, quand je tournerai ma face contre eux. [8] Je ferai du pays un désert, parce qu'ils ont été infidèles, dit le Seigneur, l'Éternel!

16

[1] La parole de l'Éternel me fut adressée en ces termes: [2] Fils de l'homme, fais connaître

à Jérusalem ses abominations. ³ Dis: Ainsi a dit le Seigneur, l'Éternel, à Jérusalem: Par ton origine et ta naissance tu es du pays de Canaan; ton père est un Amoréen, ta mère une Héthienne. ⁴ A ta naissance, au jour où tu naquis, ton nombril ne fut point coupé, tu ne fus point lavée dans l'eau pour être nettoyée, tu ne fus pas purifiée avec du sel, ni enveloppée de langes. ⁵ Aucun œil n'eut pitié de toi, pour te faire aucune de ces choses par compassion pour toi; mais tu fus jetée sur la surface d'un champ, par mépris pour ta vie, au jour de ta naissance. ⁶ Or je passai près de toi, je te vis gisant dans ton sang, près d'être foulée aux pieds, et je te dis: Vis dans ton sang! je te dis: Vis dans ton sang! ⁷ Je t'ai multipliée par myriades, comme l'herbe des champs, tu pris de l'accroissement, tu grandis et tu devins d'une beauté parfaite. Tes seins se formèrent, tu devins nubile, mais tu étais nue, et entièrement nue. ⁸ Et je passai près de toi et te regardai; voici, ton âge était l'âge où l'on aime, et j'étendis sur toi le pan de mon vêtement, je couvris ta nudité; je te fis serment, je fis alliance avec toi, dit le Seigneur, l'Éternel, et tu m'appartins. ⁹ Je te lavai dans l'eau, et en t'y plongeant, j'ôtai le sang de dessus toi, et je t'oignis d'huile. ¹⁰ Je te revêtis de broderies, je te mis une chaussure de couleur d'hyacinthe; je te ceignis de fin lin et te couvris de soie. ¹¹ Je te parai d'ornements; je mis des bracelets à tes mains, et un collier à ton cou, ¹² Un anneau à ton nez, des boucles à tes oreilles, une couronne magnifique sur ta tête. ¹³ Ainsi tu fus parée d'or et d'argent; ton vêtement était de fin lin, de soie, de broderies; la fleur de farine, le miel et l'huile faisaient ta nourriture; tu devins extrêmement belle, et tu parvins à une royale dignité. ¹⁴ Ta renommée se répandit parmi les nations à cause de ta beauté, car elle était parfaite, grâce à la magnificence dont je t'avais ornée, dit le Seigneur, l'Éternel. ¹⁵ Mais tu t'es confiée en ta beauté, tu t'es prostituée à la faveur de ta renommée, et tu as prodigué tes prostitutions à tout passant, en te livrant à lui. ¹⁶ Tu as pris de tes vêtements; tu t'es fait des hauts lieux garnis d'étoffes de toute couleur, et tu t'y es prostituée, - chose qui n'était point arrivée, et qui n'arrivera plus. ¹⁷ Tu as aussi pris les magnifiques parures, faites de mon or et de mon argent, que je t'avais données; tu en as fait des figures d'hommes, auxquels tu t'es prostituée. ¹⁸ Tu as pris tes vêtements brodés pour les en couvrir, et tu leur as offert mon huile et mes parfums. ¹⁹ Et mon pain que je t'avais donné, la fleur de farine, l'huile et le miel dont je te nourrissais, tu as mis ces choses devant elles comme une offrande d'agréable odeur. Voilà ce qui en est, dit le Seigneur, l'Éternel. ²⁰ Tu as pris tes fils et tes filles, que tu m'avais enfantés, et tu les leur as sacrifiés pour être dévorés. Était-ce trop peu que tes prostitutions? ²¹ Tu as immolé mes fils, tu les as livrés, en les faisant passer par le feu en leur honneur. ²² Et au milieu de toutes tes abominations et de tes adultères, tu ne t'es point souvenue du temps de ta jeunesse, alors que tu étais nue et découverte, gisante dans ton sang, près d'être foulée aux pieds. ²³ Et après toutes tes méchantes actions, - malheur, malheur à toi! dit le Seigneur, l'Éternel,- ²⁴ Tu t'es bâti des maisons de débauche, tu t'es fait des hauts lieux sur toutes les places. ²⁵ A l'entrée de chaque rue tu as bâti ton haut lieu, et tu as déshonoré ta beauté; car tu t'es livrée à tout passant et tu as multiplié tes adultères. ²⁶ Tu t'es prostituée aux enfants de l'Égypte, tes voisins aux corps vigoureux, et pour m'irriter tu as multiplié tes adultères. ²⁷ Et voici, j'ai étendu ma main contre toi, j'ai diminué la part qui t'était assignée, et t'ai livrée à la discrétion de tes ennemis, les filles des Philistins, qui ont rougi de ta conduite criminelle. ²⁸ Tu t'es prostituée aux enfants de l'Assyrie, parce que tu n'étais pas assouvie; et après avoir commis adultère avec eux, tu ne fus point encore assouvie; ²⁹ Car tu as multiplié tes impudicités avec la terre de Canaan et jusqu'en Caldée; même alors tu n'en eus point assez. ³⁰ Combien ton cœur est lâche, dit le Seigneur, l'Éternel, que tu aies fait toutes ces choses à la façon d'une insigne prostituée! ³¹ Quand tu bâtissais tes maisons de débauche à chaque bout de rue, quand tu faisais tes hauts lieux dans toutes les places, tu n'as pas même été comme la femme débauchée qui réclame un salaire; [32] Tu as été la femme adultère qui reçoit les étrangers à la place de son mari. [33] On paie un salaire à toutes les femmes débauchées, mais toi, tu as donné des présents à tous tes amants; tu leur as fait des largesses, afin que de toute part ils viennent vers toi, pour tes prostitutions. [34] Et tu as été le contraire des autres femmes dans tes impudicités, en ce qu'on ne te recherchait pas; tu donnais un salaire, tandis que l'on ne t'en donnait aucun; tu as été le contraire des autres. [35] C'est pourquoi, ô prostituée, écoute la parole de l'Éternel! [36] Ainsi a dit le Seigneur, l'Éternel: Parce que tes trésors ont été prodigués, et que ta nudité s'est découverte dans tes prostitutions, devant tes amants et toutes tes abominables idoles; à cause du sang de tes enfants, que tu leur as livrés, [37] Voici, je rassemblerai tous tes amants, avec lesquels tu te plaisais, tous ceux que tu as aimés, tous ceux que tu as haïs, je les rassemblerai de toute part contre toi; je leur découvrirai ta nudité, et ils la verront tout entière. [38] Et je te jugerai comme on juge les femmes adultères et celles qui répandent le sang; je t'abandonnerai à la sanguinaire vengeance de la fureur et de la jalousie. [39] Je te livrerai entre leurs mains; ils abattront tes maisons de débauche et démoliront tes hauts lieux; ils te dépouilleront de tes vêtements; ils enlèveront tes magnifiques parures et te laisseront nue, entièrement nue. [40] Ils feront monter contre toi une foule de gens qui t'assommeront de pierres, et qui te mettront en pièces avec leurs épées. [41] Ils brûleront tes maisons par le feu, et feront justice de toi, en présence d'un grand nombre de femmes; ainsi je mettrai fin à tes prostitutions, et tu ne donneras plus de salaire. [42] Et j'assouvirai ma fureur contre toi, et ma jalousie se détournera de toi; alors je serai en repos et n'aurai plus à m'irriter. [43] Parce que tu ne t'es point souvenue du temps de ta jeunesse, que tu m'as provoqué par toutes ces choses, voici, je ferai retomber ta conduite sur ta tête, dit le Seigneur, l'Éternel, et tu ne commettras plus le crime avec toutes tes abominations. [44] Voici, tout homme qui use de proverbes, en fera un sur ton compte, et dira: "Telle mère, telle fille! " [45] Tu es la fille de ta mère, qui eut en aversion son mari et ses enfants; tu es la sœur de tes sœurs, qui ont eu en aversion leurs maris et leurs enfants; votre mère était Héthienne et votre père Amoréen. [46] Ta sœur aînée, avec ses filles, qui habite à ta gauche, c'est Samarie; ta sœur cadette qui demeure à ta droite, c'est Sodome et ses filles. [47] Tu n'as pas seulement marché dans leurs voies et pratiqué les mêmes abominations; c'était trop peu; mais tu t'es corrompue plus qu'elles dans toute ta conduite. [48] Je suis vivant! dit le Seigneur, l'Éternel; Sodome, ta sœur elle-même, avec ses filles, n'a point fait ce que tu as fait, toi, avec tes filles. [49] Voici quelle a été l'iniquité de Sodome, ta sœur: l'orgueil, l'abondance et une molle oisiveté; voilà ce qu'elle avait, elle et ses filles; mais elle ne soutenait pas la main de l'affligé et du pauvre. [50] Elles sont devenues hautaines et ont commis l'abomination devant moi; aussi les ai-je exterminées, dès que je l'ai vu. [51] Et Samarie n'a pas commis la moitié autant de péchés que toi; tu as multiplié tes abominations plus qu'elle, et par toutes les abominations que tu as commises tu as justifié tes sœurs. [52] Porte donc, toi aussi, l'opprobre que tu as infligé à tes sœurs! A cause de tes péchés que tu as rendus plus abominables que les leurs, elles se trouvent être plus justes que toi. Sois donc, toi aussi, couverte de confusion, et porte ton opprobre, puisque tu as justifié tes sœurs. [53] Je ramènerai leurs captifs, les captifs de Sodome et de ses filles, les captifs de Samarie et de ses filles, ainsi que tes propres captifs au milieu des leurs, [54] Afin que tu portes ton opprobre, que tu sois confuse à cause de tout ce que tu as fait, en étant pour elles un sujet de consolation. [55] Et tes sœurs, Sodome et ses filles, reviendront à leur premier état; Samarie et ses filles reviendront à leur premier état; et toi et tes filles vous reviendrez à votre premier état. [56] Cependant, dans le temps de ton orgueil, [57] Avant que ta méchanceté fût découverte, lorsque tu recevais les outrages des filles de Syrie et de tous ses alentours, des filles des Philistins qui t'insultaient de toute part, ne discourais-tu pas sur Sodome ta sœur? [58] Tu portes sur toi le fardeau de tes crimes et de tes abominations! dit l'Éternel. [59] Car ainsi a dit l'Éternel: Je te ferai comme tu as fait, toi qui as méprisé le serment, en rompant l'alliance. [60] Toutefois je me souviendrai de l'alliance que j'ai faite avec toi, dans les jours de ta jeunesse, et j'établirai en ta faveur une alliance éternelle. [61] Alors tu te souviendras de ta conduite, et tu en seras confuse, quand tu recevras tes sœurs, tant les aînées que les cadettes, et que je te les donnerai pour filles, mais non en vertu de ton alliance. [62] Car j'établirai mon alliance avec toi, et tu sauras que je suis l'Éternel, [63] Afin que tu te souviennes, que tu sois confuse, et qu'à cause de ta confusion tu n'ouvres plus la bouche, quand je t'aurai pardonné tout ce que tu as fait, dit le Seigneur, l'Éternel.

17

[1] La parole de l'Éternel me fut encore adressée en ces termes: [2] Fils de l'homme, propose une énigme, présente une parabole à la maison d'Israël. [3] Tu diras: Ainsi a dit le Seigneur, l'Éternel: Un grand aigle, aux grandes ailes, aux ailes étendues, tout couvert d'un duvet de couleurs variées, vint sur le Liban et enleva la cime d'un cèdre. [4] Il arracha le plus élevé de ses rameaux, le transporta en un pays marchand, et le déposa dans une ville de commerce. [5] Il prit ensuite du plant du pays et le confia à un sol fertile; il le plaça près des eaux abondantes et le planta comme un saule. [6] Le plant poussa, devint un cep de vigne étendu, mais peu élevé; ses rameaux étaient tournés du côté de l'aigle, et ses racines étaient sous lui; il devint un cep, produisit des sarments et donna du feuillage. [7] Mais il y avait un autre grand aigle, aux grandes ailes, au plumage épais; et voici, des couches où il était planté, le cep étendit vers lui ses racines, et dirigea ses rameaux de son côté, afin qu'il l'arrosât. [8] Et pourtant il était planté dans un bon terrain, près d'eaux abondantes, de manière à produire des sarments, à porter du fruit et à devenir un cep superbe. [9] Dis: Ainsi a dit le Seigneur, l'Éternel: Le cep réussira-t-il? Le premier aigle n'en arrachera-t-il pas les racines, et n'en coupera-t-il pas les fruits, de manière à faire sécher tous les rejetons qu'il aura produits? Il séchera, et il n'y aura besoin ni d'un grand effort, ni de beaucoup de gens pour le séparer de ses racines. [10] Voici, il est planté; mais réussira-t-il? Dès que le vent d'orient le touchera, ne séchera-t-il pas entièrement? Il séchera sur les couches où il a été planté. [11] Et la parole de l'Éternel me fut adressée en ces termes: [12] Dis à cette maison rebelle: Ne savez-vous pas ce que signifient ces choses? Dis: Voici, le roi de Babylone est allé à Jérusalem; il a pris le roi et les principaux, et les a emmenés avec lui à Babylone. [13] Et il a pris un rejeton de la race royale, il a fait alliance avec lui et lui a fait prêter serment; et il s'est emparé des puissants du pays, [14] Afin que le royaume fût tenu dans l'abaissement, sans pouvoir s'élever, tout en le laissant subsister, s'il observait son alliance. [15] Mais il s'est révolté contre lui, en envoyant des ambassadeurs en Égypte, afin qu'on lui donnât des chevaux et un grand nombre d'hommes. Pourra-t-il réussir, échapper, celui qui a fait de telles choses? Il a rompu l'alliance, et il échapperait! [16] Je suis vivant! dit le Seigneur, l'Éternel, c'est dans la résidence du roi qui l'a fait régner, dont il a méprisé le serment et rompu l'alliance, c'est près de lui, au milieu de Babylone, qu'il mourra! [17] Et Pharaon, avec une grande armée et des troupes nombreuses, ne fera rien pour lui dans la guerre, quand on aura élevé des remparts et construit des tours pour faire périr nombre d'âmes. [18] Car il a méprisé le serment, en violant l'alliance; et voici, après avoir donné sa main, il a néanmoins fait toutes ces choses. Il n'échappera pas! [19] C'est pourquoi, ainsi a dit le Seigneur, l'Éternel: Je suis vivant! c'est mon serment qu'il a méprisé, mon alliance qu'il a rompue; je ferai retomber cela sur sa tête. [20] J'étendrai mon rets sur lui, et il sera pris dans mes filets; je l'emmènerai à Babylone où je plaiderai contre lui sur sa perfidie à mon égard. [21] Et tous les fuyards de toutes ses troupes tomberont par

l'épée; et ceux qui resteront seront dispersés à tous les vents. Et vous saurez que c'est moi, l'Éternel, qui ai parlé. ²² Ainsi a dit le Seigneur, l'Éternel: Je prendrai moi-même la cime d'un cèdre élevé, et je la planterai. De l'extrémité de ses rameaux, je couperai un tendre rejeton, et moi-même je le planterai sur une montagne haute et élevée. ²³ Sur la haute montagne d'Israël, je le planterai; il poussera des jets, et produira des fruits; il deviendra un cèdre magnifique, et des oiseaux de toute espèce viendront s'abriter sous lui; tout ce qui a des ailes habitera à l'ombre de ses rameaux. ²⁴ Et tous les arbres des champs connaîtront que, moi l'Éternel, j'ai abaissé l'arbre élevé, et élevé le petit arbre, que j'ai fait sécher l'arbre vert et fait reverdir l'arbre sec. Moi l'Éternel, je l'ai dit, et je le ferai.

18

¹ La parole de l'Éternel me fut encore adressée en ces termes: ² Que voulez-vous dire, vous qui répétez continuellement ce proverbe, dans le pays d'Israël, en disant: "Les pères ont mangé du raisin vert, et les dents des enfants en sont agacées?" ³ Je suis vivant! dit le Seigneur, l'Éternel, vous n'aurez plus lieu de répéter ce proverbe en Israël. ⁴ Voici, toutes les âmes sont à moi, l'âme du père comme l'âme du fils; toutes deux sont à moi; l'âme qui pèche est celle qui mourra. ⁵ L'homme qui est juste, qui pratique la droiture et la justice, ⁶ Qui ne mange point sur les montagnes, qui ne lève pas les yeux vers les idoles de la maison d'Israël, qui ne déshonore pas la femme de son prochain, ni ne s'approche d'une femme pendant sa souillure; ⁷ L'homme qui ne fait de tort à personne, qui rend au débiteur son gage, qui ne commet point de rapine, qui donne de son pain à l'affamé, et couvre d'un vêtement celui qui est nu, ⁸ Qui ne prête point à usure, qui ne retient pas au-delà de ce qui lui est dû, qui détourne sa main de l'iniquité, qui rend son jugement selon la vérité entre un homme et un autre, ⁹ Qui marche selon mes statuts et observe mes ordonnances, en se conduisant avec droiture, - cet homme est juste, et certainement il vivra, dit le Seigneur, l'Éternel. ¹⁰ Mais s'il a donné le jour à un fils violent, qui répande le sang, et ne fasse à son frère que l'une de ces choses et non pas les autres; ¹¹ Qu'il mange sur les montagnes, qu'il déshonore la femme de son prochain, ¹² Qu'il fasse tort à l'affligé et au pauvre, qu'il commette des rapines et ne rende point le gage, qu'il lève les yeux vers les idoles et commette des abominations, ¹³ Qu'il prête à usure, qu'il retienne plus qu'il ne lui est dû, - ce fils-là vivrait-il? Il ne vivra pas! Parce qu'il a commis toutes ces abominations, certainement il mourra, et son sang sera sur lui. ¹⁴ Mais voici, si ce dernier à son tour a donné le jour à un fils qui voie tous les péchés qu'a commis son père, et qui prenne soin de ne rien faire de semblable; ¹⁵ Qu'il ne mange point sur les montagnes, qu'il ne lève point les yeux vers les idoles de la maison d'Israël, qu'il ne déshonore pas la femme de son prochain, ¹⁶ Qu'il ne fasse tort à personne, qu'il ne retienne point le gage et ne commette point de rapine, qu'il donne de son pain à l'affamé, et couvre d'un vêtement celui qui est nu; ¹⁷ Qu'il détourne sa main de l'iniquité, qu'il ne retienne ni usure ni bénéfice, qu'il observe mes ordonnances et marche selon mes statuts, - cet homme ne mourra point pour l'iniquité de son père; certainement il vivra. ¹⁸ Mais c'est son père, qui a usé de violences et commis des rapines envers son frère, et fait ce qui n'est pas bien, au milieu de son peuple, voici, c'est lui qui mourra pour son iniquité. ¹⁹ Et vous dites: "Pourquoi le fils ne porte-t-il pas l'iniquité de son père? " C'est que le fils a agi selon la droiture et la justice, c'est qu'il a gardé tous mes statuts et les a mis en pratique; certainement il vivra. ²⁰ L'âme qui pèche est celle qui mourra. Le fils ne portera point l'inquité du père, et le père ne portera point l'iniquité du fils; la justice du juste sera sur lui, et la méchanceté du méchant sera sur lui. ²¹ Si le méchant se détourne de tous les péchés qu'il a commis, s'il garde tous mes statuts, et s'il agit selon la droiture et la justice, certainement il vivra et ne mourra point. ²² On ne se

souviendra contre lui d'aucune de toutes les transgressions qu'il aura commises; il vivra à cause de la justice qu'il aura pratiquée. ²³ Prendrais-je plaisir en aucune manière à la mort du méchant? dit le Seigneur, l'Éternel; n'est-ce pas plutôt à ce qu'il se détourne de ses voies et qu'il vive? ²⁴ Mais si le juste se détourne de sa justice, qu'il commette l'iniquité, en suivant toutes les abominations que le méchant a accoutumé de commettre, vivrait-il? On ne se souviendra plus d'aucun des actes de justice qu'il aura accomplis, à cause de l'infidélité dont il s'est rendu coupable, et du péché qu'il a commis; c'est à cause de cela qu'il mourra. ²⁵ Et vous dites: "La voie du Seigneur n'est pas bien réglée. " Écoutez maintenant, maison d'Israël: Est-ce ma voie qui n'est pas bien réglée? Ne sont-ce pas plutôt vos voies qui ne sont pas bien réglées? ²⁶ Si le juste se détourne de sa justice, qu'il commette l'iniquité, que pour cela il meure, c'est à cause de l'iniquité qu'il a commise qu'il meurt. ²⁷ Et si le méchant se détourne de la méchanceté qu'il a commise, et qu'il pratique la droiture et la justice, il fera vivre son âme. ²⁸ S'il ouvre les yeux, et se détourne de toutes les transgressions qu'il a commises, certainement il vivra et ne mourra point. ²⁹ Cependant la maison d'Israël dit: "La voie du Seigneur n'est pas bien réglée. " Sont-ce mes voies, ô maison d'Israël, qui ne sont pas bien réglées? Ne sont-ce pas plutôt vos voies qui ne sont pas bien réglées? ³⁰ C'est pourquoi je vous jugerai chacun selon ses voies, ô maison d'Israël, dit le Seigneur, l'Éternel. Convertissez-vous, et détournez-vous de toutes vos transgressions, afin que l'iniquité ne devienne point pour vous une cause de ruine. ³¹ Rejetez loin de vous toutes les transgressions dont vous vous êtes rendus coupables, et faites-vous un cœur nouveau et un esprit nouveau; car pourquoi mourriez-vous, ô maison d'Israël? ³² En effet, je ne prends point plaisir à la mort de celui qui meurt, dit le Seigneur l'Éternel; convertissez-vous et vivez!

19

¹ Et toi, prononce une complainte sur les princes d'Israël, ² Et dis: Qu'était-ce que ta mère? Une lionne couchée au milieu des lions, et élevant ses petits au milieu des lionceaux. ³ Elle éleva un de ses petits, qui devint un jeune lion; il apprit à déchirer sa proie, et dévora des hommes. ⁴ Mais les nations en entendirent parler, et il fut pris dans leur fosse; et, après lui avoir mis des boucles aux narines, elles l'emmenèrent au pays d'Égypte. ⁵ Quand la lionne vit qu'elle attendait en vain, que tout son espoir était perdu, elle prit un autre de ses petits, et en fit un jeune lion. ⁶ Il marcha parmi les lions, et devint un jeune lion; il apprit à déchirer sa proie, et dévora des hommes; ⁷ Il désolait leurs palais, et détruisait leurs villes; le pays avec tout ce qu'il contient fut frappé de stupeur à l'ouïe de son rugissement. ⁸ Contre lui se rangèrent les nations de toutes les contrées voisines, et elles jetèrent sur lui leurs filets; il fut pris dans leur fosse. ⁹ Elles le mirent en cage, avec des boucles aux narines; puis elles l'emmenèrent auprès du roi de Babylone, et le conduisirent dans une forteresse, afin qu'on n'entendît plus sa voix sur les montagnes d'Israël. ¹⁰ Ta mère était, comme toi, semblable à une vigne plantée près des eaux; elle était chargée de fruits et de sarments, grâce à l'abondance des eaux. ¹¹ Elle avait de vigoureux rameaux pour des sceptres de souverains; par son élévation elle atteignait jusqu'aux branches touffues; elle attirait les regards par sa hauteur et par l'abondance de ses rameaux. ¹² Mais elle fut arrachée avec fureur et jetée par terre; le vent d'orient a desséché son fruit; ses rameaux vigoureux ont été brisés et desséchés; ¹³ Le feu les a dévorés, et maintenant elle est plantée dans le désert, dans une terre sèche et aride. ¹⁴ Le feu est sorti d'un rameau de ses branches et a consumé son fruit, et elle n'a plus de rameau vigoureux pour un sceptre de roi. Telle est la complainte, et elle servira de complainte.

20

¹ La septième année, le dixième jour du cinquième mois, quelques-uns des anciens d'Israël vinrent pour consulter l'Éternel, et ils s'assirent devant moi. ² Et la parole de l'Éternel me fut adressée en ces termes: ³ Fils de l'homme, parle aux anciens d'Israël, et dis-leur: Ainsi a dit le Seigneur, l'Éternel: C'est pour me consulter que vous êtes venus! Je suis vivant! je ne me laisserai point consulter par vous, dit le Seigneur, l'Éternel. ⁴ Ne les jugeras-tu pas, fils de l'homme, ne les jugeras-tu pas? Fais-leur connaître les abominations de leurs pères. ⁵ Et dis-leur: Ainsi a dit le Seigneur, l'Éternel: Le jour où j'élus Israël, où je levai ma main en faveur de la postérité de la maison de Jacob, où je me fis connaître à eux dans le pays d'Égypte, où je levai ma main pour eux, en disant: Je suis l'Éternel votre Dieu; ⁶ En ce jour-là, je leur promis en levant ma main, que je les ferais sortir du pays d'Égypte, pour les faire entrer dans un pays que j'avais cherché pour eux, pays où coulent le lait et le miel, le plus beau de tous les pays. ⁷ Et je leur dis: Rejetez, chacun de vous, les abominations objets de vos regards, ne vous souillez pas avec les idoles de l'Égypte; je suis l'Éternel, votre Dieu. ⁸ Mais ils se révoltèrent contre moi, et ne voulurent pas m'écouter; aucun d'eux ne rejeta les abominations qui attiraient ses regards, et n'abandonna les idoles de l'Égypte. Alors je songeai à répandre ma fureur sur eux, et à assouvir contre eux ma colère au milieu du pays d'Égypte. ⁹ Néanmoins j'ai agi pour l'amour de mon nom, afin qu'il ne fût point profané aux yeux des nations parmi lesquelles ils se trouvaient, et en présence desquelles je m'étais fait connaître à eux, pour les faire sortir du pays d'Égypte. ¹⁰ Je les fis donc sortir du pays d'Égypte, et les amenai au désert. ¹¹ Je leur donnai mes statuts et leur fis connaître mes lois, que l'homme doit accomplir afin de vivre par elles. ¹² Je leur donnai aussi mes sabbats pour servir de signe entre moi et eux, afin qu'ils connussent que je suis l'Éternel, qui les sanctifie. ¹³ Mais ceux de la maison d'Israël se révoltèrent contre moi dans le désert; ils ne marchèrent point selon mes statuts et rejetèrent mes lois, que l'homme doit accomplir afin de vivre par elles, et ils profanèrent indignement mes sabbats. C'est pourquoi je songeai à répandre sur eux ma fureur au désert, pour les anéantir. ¹⁴ Néanmoins j'ai agi pour l'amour de mon nom, afin qu'il ne fût point profané aux yeux des nations, en présence desquelles je les avais fait sortir d'Égypte. ¹⁵ Et même je leur avais promis, en levant ma main dans le désert, que je ne les amènerais point au pays que je leur avais donné, - pays où coulent le lait et le miel, le plus beau de tous les pays, - ¹⁶ Parce qu'ils avaient rejeté mes lois, qu'ils n'avaient point marché selon mes statuts, et qu'ils avaient profané mes sabbats, car leur cœur marchait après leurs idoles. ¹⁷ Toutefois mon œil les épargna pour ne point les détruire; je ne les exterminai pas entièrement au désert. ¹⁸ Je dis à leurs enfants au désert: Ne marchez pas selon les préceptes de vos pères, n'observez pas leurs mœurs, et ne vous souillez pas avec leurs idoles. ¹⁹ Je suis l'Éternel votre Dieu; marchez selon mes statuts, gardez mes commandements, et mettez-les en pratique. ²⁰ Sanctifiez mes sabbats, afin qu'ils servent de signe entre moi et vous, et que vous connaissiez que je suis l'Éternel votre Dieu. ²¹ Mais les enfants se révoltèrent contre moi; ils ne marchèrent point selon mes statuts; ils n'observèrent pas mes ordonnances ne mirent point en pratique ces lois, que l'homme doit accomplir afin de vivre par elles, et ils profanèrent mes sabbats. C'est pourquoi je songeai à répandre sur eux ma fureur, et à assouvir contre eux ma colère au désert. ²² Néanmoins j'ai retiré ma main, et je l'ai fait pour l'amour de mon nom, afin qu'il ne fût point profané aux yeux des nations en présence desquelles je les avais fait sortir. ²³ Toutefois je leur avais promis, en levant ma main au désert, que je les disperserais parmi les nations et que je les répandrais en divers pays, ²⁴ Parce qu'ils n'avaient point observé mes statuts, qu'ils avaient rejeté mes lois, qu'ils avaient profané

mes sabbats et que leurs yeux étaient attachés aux idoles de leurs pères. ²⁵ Aussi leur ai-je donné des statuts qui n'étaient pas bons, et des lois par lesquelles ils ne devaient pas vivre. ²⁶ Je les souillai par leurs offrandes, en ce qu'ils ont fait passer par le feu tous leurs premiers-nés, afin de les mettre en désolation et de leur faire connaître que je suis l'Éternel. ²⁷ C'est pourquoi, fils de l'homme, parle à la maison d'Israël, et dis-leur: Ainsi a dit le Seigneur, l'Éternel: Vos pères m'ont outragé en agissant perfidement à mon égard. ²⁸ Je les ai fait entrer dans le pays que j'avais promis, en levant la main, de leur donner; mais ils ont regardé toute colline élevée et tout arbre touffu; ils y ont fait leurs sacrifices, ils y ont présenté leurs offrandes qui m'irritaient; ils y ont déposé leurs parfums d'agréable odeur, et y ont fait leurs libations. ²⁹ Et je leur dis: Que signifient ces hauts lieux où vous vous rendez? Et le nom de hauts lieux leur a été donné jusqu'à ce jour. ³⁰ C'est pourquoi, dis à la maison d'Israël: Ainsi a dit le Seigneur, l'Éternel: Ne vous souillez-vous pas dans les voies de vos pères, et ne vous prostituez-vous pas à leurs abominations? ³¹ Quand vous présentez vos offrandes, quand vous faites passer vos enfants par le feu, vous vous souillez avec toutes vos idoles encore aujourd'hui. Et je me laisserais consulter par vous, ô maison d'Israël! Je suis vivant! dit le Seigneur, l'Éternel, je ne me laisserai point consulter par vous! ³² Rien n'arrivera de ce que vous pensez quand vous dites: Nous voulons être comme les nations et les familles des autres pays, en servant le bois et la pierre. ³³ Je suis vivant! dit le Seigneur, l'Éternel, à main forte, à bras étendu, et avec effusion de colère, je régnerai sur vous! ³⁴ Je vous ferai sortir d'entre les peuples; je vous rassemblerai des pays dans lesquels vous avez été dispersés, à main forte, à bras étendu et avec effusion de colère. ³⁵ Et je vous amènerai dans le désert des peuples, et là j'entrerai en jugement avec vous, face à face; ³⁶ Comme je suis entré en jugement avec vos pères dans le désert du pays d'Égypte, ainsi j'entrerai en jugement avec vous, dit le Seigneur, l'Éternel. ³⁷ Puis je vous ferai passer sous la verge, et vous ferai rentrer dans les liens de l'alliance. ³⁸ Je séparerai de vous les rebelles et ceux qui se sont révoltés contre moi; je les ferai sortir du pays où ils séjournent; mais ils n'entreront point sur le sol d'Israël. Ainsi vous saurez que je suis l'Éternel. ³⁹ Et vous, maison d'Israël, ainsi a dit le Seigneur, l'Éternel: Allez servir chacun vos idoles! Mais, après cela, vous m'écouterez et ne profanerez plus le nom de ma sainteté par vos offrandes et par vos idoles. ⁴⁰ Mais sur ma sainte montagne, sur la haute montagne d'Israël, dit le Seigneur, l'Éternel, là toute la maison d'Israël et tout ce qui sera dans le pays me serviront. Là je prendrai plaisir à eux; là je rechercherai vos offrandes, et les prémices de vos dons, dans tout ce que vous me consacrerez. ⁴¹ Je prendrai plaisir à vous, comme à un parfum d'agréable odeur, quand je vous aurai fait sortir du milieu des peuples et rassemblés des pays où vous êtes dispersés, et je serai sanctifié par vous aux yeux des nations. ⁴² Et vous saurez que je suis l'Éternel, quand je vous aurai fait revenir sur le sol d'Israël, dans le pays que j'avais promis, en levant la main, de donner à vos pères. ⁴³ Là, vous vous souviendrez de vos voies et de toutes vos actions par lesquelles vous vous êtes souillés; vous vous prendrez vous-mêmes en dégoût, à cause de tout ce que vous aurez fait de mal. ⁴⁴ Et vous saurez que je suis l'Éternel, quand j'agirai avec vous pour l'amour de mon nom, et non pas selon votre conduite mauvaise et vos actions corrompues, ô maison d'Israël! dit le Seigneur, l'Éternel. ⁴⁵ La parole de l'Éternel me fut adressée en ces mots: ⁴⁶ Fils de l'homme, tourne ta face du côté de Théman, et prêche vers le midi, prophétise sur la forêt de la campagne du midi. ⁴⁷ Dis à la forêt du midi: Écoute la parole de l'Éternel! Ainsi a dit le Seigneur, l'Éternel: Voici, je vais allumer un feu au-dedans de toi; il dévorera dans ton sein tout arbre vert et tout arbre sec; la flamme embrasée ne s'éteindra point, et toute la surface en sera brûlée du midi au septentrion. ⁴⁸ Et toute chair verra que moi, l'Éternel, je l'ai allumée; elle ne s'éteindra point. ⁴⁹ Et je dis: Ah! Seigneur, Éternel, ils disent de moi: Cet homme ne fait que parler en énigmes.

21

¹ Puis la parole de l'Éternel me fut adressée en ces mots: ² Fils de l'homme, tourne ta face vers Jérusalem; prêche vers les saints lieux, prophétise contre le pays d'Israël. ³ Dis au pays d'Israël: Ainsi a dit l'Éternel: Voici, c'est à toi que j'en veux; je tirerai mon épée de son fourreau, et j'exterminerai du milieu de toi le juste et le méchant. ⁴ Et parce que je vais exterminer du milieu de toi le juste et le méchant, mon épée sortira de son fourreau pour frapper toute chair du midi au septentrion, ⁵ Et toute chair saura que moi, l'Éternel, j'ai tiré l'épée de son fourreau; elle n'y rentrera plus. ⁶ Et toi, fils de l'homme, gémis, les reins brisés; dans une amère douleur tu dois gémir. ⁷ Quand ils te diront: Pourquoi gémis-tu? tu répondras: C'est à cause de la rumeur! Quand elle arrivera, tous les cœurs fondront, toutes les mains défailliront, tout esprit sera abattu, et tous les genoux se fondront en eau. Voici, elle arrive! Elle est là! dit le Seigneur, l'Éternel. ⁸ La parole de l'Éternel me fut encore adressée en ces termes: ⁹ Fils de l'homme, prophétise, et dis: Ainsi a dit l'Éternel: Dis: L'épée, l'épée! Elle est aiguisée, elle est fourbie! ¹⁰ Elle est aiguisée pour le massacre; elle est fourbie pour lancer des éclairs! Faut-il se réjouir, sceptre de mon fils, qui dédaignes tout pouvoir? ¹¹ On l'a donnée à fourbir pour qu'on la prenne en main; elle est aiguisée, cette épée, elle est fourbie pour armer la main de l'égorgeur. ¹² Crie et lamente-toi, fils de l'homme, car elle est tirée contre mon peuple, contre tous les principaux d'Israël, qui seront livrés à l'épée avec mon peuple. Frappe donc sur ta cuisse. ¹³ Oui, l'épreuve sera faite. Eh quoi! lors même que ce sceptre est si dédaigneux, il sera anéanti! dit le Seigneur, l'Éternel. ¹⁴ Toi donc, fils de l'homme, prophétise, frappe des deux mains, et que l'épée double et triple ses coups; c'est l'épée du carnage, la grande épée du carnage, qui va les presser de toute part. ¹⁵ C'est pour fondre les cœurs, pour multiplier les monceaux à toutes leurs portes, que j'ai pris l'épée menaçante. Ah! elle est faite pour lancer l'éclair; elle est aiguisée pour égorger! ¹⁶ Rassemble tes forces, frappe à droite! Tourne-toi, frappe à gauche, de quel côté que tu tournes ton tranchant! ¹⁷ Et moi aussi, je frapperai des deux mains, et j'assouvirai ma fureur. Moi, l'Éternel, j'ai parlé. ¹⁸ Puis la parole de l'Éternel me fut adressée en ces termes: ¹⁹ Toi, fils de l'homme, trace-toi deux chemins pour le passage de l'épée du roi de Babylone; qu'ils partent tous deux d'un même pays; fais une marque, fais-la à l'entrée du chemin qui conduit à une ville. ²⁰ Trace l'un des chemins par où l'épée arrive à Rabbath, ville des enfants d'Ammon, et l'autre par où elle arrive en Juda, à Jérusalem, la ville forte. ²¹ Car le roi de Babylone se tient à la bifurcation, à l'entrée des deux chemins pour tirer des présages; il secoue les flèches, il interroge les idoles, il examine le foie. ²² Le sort qui est dans sa main droite désigne Jérusalem, pour y dresser des béliers, commander le carnage, pousser des cris de guerre, pour ranger les béliers contre les portes, élever des terrasses et construire des forts. ²³ C'est à leurs yeux un présage trompeur, eux qui ont fait serments sur serments; mais lui, il se souvient de leur iniquité, en sorte qu'ils seront pris. ²⁴ C'est pourquoi, ainsi a dit le Seigneur, l'Éternel: Parce que vous rappelez le souvenir de votre iniquité, en mettant à nu vos transgressions, en montrant vos péchés dans toutes vos actions; parce que vous en rappelez le souvenir, vous serez saisis par la main de l'ennemi. ²⁵ Et toi, profane, méchant, prince d'Israël, dont le jour arrive, au temps où l'iniquité a son terme, ²⁶ Ainsi a dit le Seigneur, l'Éternel: Ote cette tiare; enlève cette couronne; les choses vont changer. Ce qui est élevé sera abaissé, et ce qui est abaissé sera élevé. ²⁷ En pièces, en

pièces, en pièces je la réduirai! Et elle ne sera plus, jusqu'à ce que vienne celui à qui appartient le jugement, et auquel je le remettrai. ²⁸ Et toi, fils de l'homme, prophétise, et dis: Ainsi a dit le Seigneur, l'Éternel, au sujet des enfants d'Ammon et de leur opprobre. Dis: L'épée, l'épée est dégainée pour le massacre; elle est polie pour dévorer en lançant l'éclair! ²⁹ Au milieu de tes visions trompeuses et de tes présages menteurs, elle te jettera sur les cadavres des méchants, dont le jour arrive au temps où leur iniquité est à son terme. ³⁰ Remets ton épée dans le fourreau! C'est dans le lieu où tu as été formée, dans le pays de ta naissance que je te jugerai. ³¹ Et je répandrai sur toi mon indignation; du feu de mon courroux je soufflerai sur toi, et je te livrerai entre les mains d'hommes barbares, artisans de destruction. ³² Tu deviendras la proie du feu; ton sang coulera au sein du pays, et on ne se souviendra plus de toi; car moi, l'Éternel, j'ai parlé.

22

¹ La parole de l'Éternel me fut adressée en ces mots: ² Et toi, fils de l'homme, juge; juge la ville sanguinaire, et fais-lui connaître toutes ses abominations. ³ Dis: Ainsi a dit le Seigneur, l'Éternel: Ville qui répands le sang dans ton sein, afin que ton jour arrive, et qui te fais des idoles pour en être souillée! ⁴ Par le sang que tu as répandu, tu t'es rendue coupable, et par les idoles que tu as faites, tu t'es souillée. Tu as avancé tes jours, et tu es parvenue au terme de tes années; c'est pourquoi je vais faire de toi un objet d'opprobre pour les nations, et de moquerie pour tous les pays. ⁵ Ceux qui sont près et ceux qui sont loin se moqueront de toi, qui es souillée de réputation et remplie de troubles. ⁶ Voici, dans ton sein les princes d'Israël contribuent de tout leur pouvoir à répandre le sang. ⁷ Chez toi, l'on méprise père et mère; chez toi, on use de violence envers l'étranger; chez toi, on opprime l'orphelin et la veuve. ⁸ Tu méprises mes choses saintes, et tu profanes mes sabbats. ⁹ Chez toi, se trouvent des calomniateurs pour répandre le sang; chez toi, on mange sur les montagnes; chez toi, l'on commet des atrocités. ¹⁰ Chez toi, on découvre la nudité d'un père; chez toi, l'on humilie la femme à l'époque de sa souillure. ¹¹ Chez toi, l'un se livre à des abominations avec la femme de son prochain, l'autre souille sa belle-fille par l'inceste, et l'autre fait violence à sa sœur, la fille de son père. ¹² Chez toi, l'on reçoit des présents pour répandre le sang; tu prends l'intérêt et l'usure, tu dépouilles ton prochain par la violence, et tu m'oublies, dit le Seigneur, l'Éternel. ¹³ Voici, je frappe des mains à cause des spoliations que tu as commises, et du sang qui a été répandu au milieu de toi. ¹⁴ Ton cœur tiendra-t-il bon, tes mains resteront-elles fermes, dans les jours où j'agirai contre toi? Moi, l'Éternel, j'ai parlé, et je le ferai. ¹⁵ Je te disperserai parmi les nations; je te disséminerai en divers pays, et je ferai disparaître la souillure du milieu de toi. ¹⁶ Alors tu seras avilie par toi-même, aux yeux des nations, et tu sauras que je suis l'Éternel. ¹⁷ La parole de l'Éternel me fut adressée en ces mots: ¹⁸ Fils de l'homme, la maison d'Israël est devenue pour moi comme des scories; ils sont tous de l'airain, de l'étain, du fer et du plomb dans un creuset; ce sont des scories d'argent. ¹⁹ C'est pourquoi, ainsi a dit le Seigneur, l'Éternel: Parce que vous êtes tous devenus semblables à des scories, voici je vous rassemblerai au milieu de Jérusalem. ²⁰ Comme on réunit dans le creuset l'argent, l'airain, le fer, le plomb et l'étain, et qu'on y souffle le feu afin de les fondre, ainsi je vous rassemblerai dans ma colère et dans ma fureur, et je vous mettrai au creuset pour vous fondre. ²¹ Je vous amasserai, je soufflerai contre vous le feu de ma fureur, et vous serez fondus au milieu de Jérusalem. ²² Comme fond l'argent dans un creuset, ainsi vous serez fondus au milieu d'elle, et vous saurez que moi, l'Éternel, j'ai répandu sur vous ma fureur. ²³ La parole de l'Éternel me fut encore adressée en ces mots: ²⁴ Fils de l'homme, dis à Jérusalem: Tu es une terre qui n'a point été purifiée, et qui n'est

point arrosée de pluie au jour de la colère. ²⁵ Ses prophètes forment des complots en son sein; pareils au lion rugissant qui déchire sa proie, ils dévorent les âmes, ils s'emparent des richesses et des choses précieuses et multiplient les veuves au milieu d'elle. ²⁶ Ses sacrificateurs violent ma loi et profanent mes choses saintes; ils ne distinguent pas entre ce qui est saint et ce qui est profane; ils ne font pas connaître la différence entre ce qui est souillé et ce qui est pur; ils ferment les yeux sur mes sabbats, et je suis profané au milieu d'eux. ²⁷ Ses chefs dans son sein sont pareils à des loups qui dévorent leur proie en répandant le sang, en perdant les âmes pour commettre des rapines. ²⁸ Ses prophètes les enduisent de mortier; ils ont des visions trompeuses, et prononcent des oracles menteurs en disant: "Ainsi a dit le Seigneur, l'Éternel", quand l'Éternel n'a point parlé. ²⁹ Le peuple du pays use de violence; ils commettent des rapines, et font tort à l'affligé et au pauvre, et contrairement à toute justice ils oppriment l'étranger. ³⁰ Je cherche au milieu d'eux quelqu'un qui relève la muraille, qui se tienne sur la brèche devant ma face en faveur du pays, afin que je ne le détruise pas; mais je ne trouve personne. ³¹ C'est pourquoi je répandrai sur eux ma fureur, et je les consumerai par le feu de ma colère; je ferai retomber leur conduite sur leurs têtes, dit le Seigneur, l'Éternel.

23

¹ La parole de l'Éternel me fut adressée en ces termes: ² Fils de l'homme, il y avait deux femmes, filles d'une même mère. ³ Elles se prostituèrent en Égypte; elles se prostituèrent dans leur jeunesse; là leurs mamelles furent pressées, leur sein virginal y fut flétri. ⁴ L'aînée se nommait Ohola et sa sœur Oholiba. Elles m'appartenaient, et enfantèrent des fils et des filles. Celle qui s'appelle Ohola, c'est Samarie, et Oholiba, c'est Jérusalem. ⁵ Ohola me fut infidèle, et s'éprit de ses amants, les Assyriens, ses voisins, ⁶ Vêtus de pourpre, gouverneurs et seigneurs, tous beaux jeunes hommes, des cavaliers montés sur des coursiers. ⁷ Elle commit adultère avec eux tous, l'élite des enfants d'Assur, et elle se souilla avec tous ceux dont elle s'était éprise, et avec toutes leurs idoles. ⁸ Elle n'a pas renoncé à ses prostitutions d'Égypte; car ils avaient déshonoré sa jeunesse, flétri son sein virginal, et répandu sur elle la souillure. ⁹ C'est pourquoi je l'ai livrée aux mains de ses amants, aux mains des enfants d'Assur, dont elle s'était éprise. ¹⁰ Ils ont découvert sa nudité; ils ont enlevé ses fils et ses filles, et l'ont fait périr elle-même par l'épée. Elle est devenue fameuse parmi les femmes, après les jugements exercés sur elle. ¹¹ Sa sœur Oholiba avait vu cela; néanmoins elle fut plus déréglée encore dans sa passion, et dans ses prostitutions elle a fait pire que sa sœur. ¹² Elle s'éprit des enfants d'Assur, gouverneurs et seigneurs, ses voisins, magnifiquement vêtus, cavaliers montés sur des coursiers, tous beaux jeunes hommes. ¹³ Je vis qu'elle s'était souillée, et que toutes les deux suivaient la même voie. ¹⁴ Mais elle est allée plus loin encore dans ses prostitutions; car elle vit des peintures d'hommes sur la muraille, des images de Caldéens peints en vermillon. ¹⁵ Ils portaient des ceintures autour de leurs reins, et sur leurs têtes des rubans flottants de diverses couleurs; ils avaient tous l'aspect de nobles guerriers, portraits des enfants de Babylone en Caldée, leur pays natal. ¹⁶ Elle s'éprit d'eux, au premier regard de ses yeux, et leur envoya des messagers en Caldée. ¹⁷ Et les enfants de Babylone sont venus vers elle, pour partager la couche des amours, et ils l'ont souillée par leurs adultères; elle aussi s'est souillée avec eux, puis son cœur s'est détaché d'eux. ¹⁸ Elle a mis à nu ses adultères; elle a découvert sa nudité, et mon cœur s'est détaché d'elle, comme il s'était détaché de sa sœur; ¹⁹ Car elle a multiplié ses prostitutions, en songeant aux jours de sa jeunesse, où elle s'était prostituée au pays d'Égypte. ²⁰ Elle s'est éprise de ces débauchés dont la chair est comme la chair des ânes, et l'ardeur pareille à celle des chevaux. ²¹ Tu es retournée aux crimes de ta jeunesse, alors que les Égyptiens pressaient tes mamelles, à cause de ton sein

virginal. ²² C'est pourquoi, Oholiba, ainsi a dit le Seigneur, l'Éternel: Voici, j'excite contre toi tes amants dont ton cœur s'est détaché; je les amène de toute part contre toi: ²³ Les enfants de Babylone et tous les Caldéens, chefs, princes et nobles, et tous les enfants d'Assur avec eux, de beaux jeunes hommes, tous gouverneurs et seigneurs, guerriers fameux, tous montés sur des coursiers. ²⁴ Ils viennent contre toi avec des armes, des chars, de grands trains et une foule de peuples; ils t'environnent de toute part avec des pavois, des boucliers, des casques; je remets entre leurs mains le jugement; ils te jugeront à leur façon. ²⁵ Je donne libre cours à l'ardeur de ma jalousie contre toi, et ils te traiteront avec fureur; ils te couperont le nez et les oreilles; et ce qui restera de toi périra par l'épée; ils enlèveront tes fils et tes filles, et ce qui restera de toi sera dévoré par le feu. ²⁶ Ils te dépouilleront de tes vêtements, et enlèveront les ornements dont tu te pares. ²⁷ Je mettrai un terme à tes infamies et à tes prostitutions du pays d'Égypte; tu ne lèveras plus les yeux vers eux, et tu ne te souviendras plus de l'Égypte. ²⁸ Car ainsi a dit le Seigneur, l'Éternel: Voici, je te livre aux mains de ceux que tu hais, aux mains de ceux dont ton cœur s'est détaché. ²⁹ Ils te traiteront avec haine, ils t'enlèveront tout le fruit de tes labeurs; ils te laisseront nue, entièrement nue, et aussi sera mise à découvert la honte de tes impudicités, de ton crime et de tes prostitutions. ³⁰ On te fera ces choses, parce que tu t'es prostituée auprès des nations, que tu t'es souillée avec leurs idoles. ³¹ Tu as marché dans la voie de ta sœur, c'est pourquoi je mettrai sa coupe dans ta main. ³² Ainsi a dit le Seigneur, l'Éternel: Tu boiras la coupe de ta sœur, coupe profonde et large; tu deviendras un objet de dérision et de moquerie; grande est sa capacité. ³³ Tu seras remplie d'ivresse et de douleur; c'est une coupe de désolation et de stupeur que la coupe de ta sœur Samarie. ³⁴ Tu la boiras, tu la videras, tu en rongeras les morceaux, et tu te déchireras le sein. Car j'ai parlé, dit le Seigneur, l'Éternel. ³⁵ C'est pourquoi ainsi a dit le Seigneur, l'Éternel: Parce que tu m'as mis en oubli, et que tu m'as rejeté derrière ton dos, porte donc aussi la peine de tes infamies et de tes adultères. ³⁶ Et l'Éternel me dit: Fils de l'homme, ne jugeras-tu pas Ohola. et Oholiba? Mets sous leurs yeux leurs abominations. ³⁷ Elles ont commis adultère, et il y a du sang à leurs mains; elles ont commis adultère avec leurs idoles; et même, les enfants qu'elles ont enfantés, elles les ont fait passer par le feu pour être dévorés! ³⁸ Voici ce qu'elles m'ont encore fait: en un même jour, elles ont souillé mon sanctuaire et profané mes sabbats; ³⁹ Après avoir immolé leurs enfants à leurs idoles, elles sont entrées le même jour dans mon sanctuaire pour le profaner! Voilà ce qu'elles ont fait au milieu de ma maison. ⁴⁰ Bien plus, elles ont fait chercher des hommes venant d'un pays éloigné; elles leur ont envoyé des messagers, et voici, ils sont venus. Pour eux tu t'es lavée, tu as fardé ton visage, et tu t'es parée d'ornements. ⁴¹ Tu t'es assise sur un lit magnifique, devant lequel était dressée une table, et où tu as placé mon parfum et mon huile de senteur. ⁴² Là on entendait le bruit d'une multitude joyeuse; et parmi cette foule d'hommes, on a fait venir des Sabéens du désert, qui ont mis des bracelets aux mains des deux sœurs, et de magnifiques couronnes sur leur tête. ⁴³ Et je dis, touchant celle qui avait vieilli dans l'adultère: Continueront-ils maintenant leurs impudicités avec elle, et elle avec eux? ⁴⁴ Et l'on est venu chez elle, comme l'on va chez une prostituée; c'est ainsi qu'on est allé vers Ohola et Oholiba, ces femmes coupables. ⁴⁵ Mais des hommes justes les jugeront comme on juge des femmes adultères, comme on juge celles qui répandent le sang, car elles sont adultères et il y a du sang à leurs mains. ⁴⁶ C'est pourquoi, ainsi a dit le Seigneur, l'Éternel: Je ferai monter contre elles une multitude, et les livrerai à l'insulte et au pillage. ⁴⁷ Et cette multitude les assommera à coups de pierres, et les taillera en pièces par l'épée; ils égorgeront leurs fils et leurs filles; ils brûleront leurs maisons par le feu. ⁴⁸ Ainsi je mettrai fin aux infamies dans le pays, et toutes les femmes apprendront à ne point imiter vos désordres. ⁴⁹ On fera retomber sur vous-mêmes vos infamies; vous porterez la peine de vos péchés d'idolâtrie, et vous saurez que je suis le Seigneur, l'Éternel.

24

[1] La neuvième année, le dixième jour du dixième mois, la parole de l'Éternel me fut adressée, en ces termes: [2] Fils de l'homme, note-toi la date de ce jour, de ce jour même; aujourd'hui le roi de Babylone s'approche de Jérusalem. [3] Propose une parabole à la maison rebelle, et dis-leur: Ainsi a dit le Seigneur, l'Éternel: Mets en place la chaudière, place-la, et verses-y de l'eau. [4] Mets-y ensemble des morceaux, tous les bons morceaux, les cuisses et les épaules, et remplis-la des meilleurs os. [5] Choisis la meilleure pièce du troupeau, et entasse du bois sous la chaudière; fais bouillir à gros bouillons, afin que les os qui sont dedans cuisent aussi. [6] C'est pourquoi ainsi a dit le Seigneur, l'Éternel: Malheur à la ville sanguinaire, chaudière rouillée, et dont la rouille ne s'en va pas! Vide-la pièce par pièce, sans recourir au sort. [7] Car le sang qu'elle a répandu est au milieu d'elle; elle l'a mis sur le roc nu, elle ne l'a pas versé sur la terre pour le couvrir de poussière. [8] Afin de faire monter ma fureur et pour me venger, je l'ai laissée répandre son sang sur le roc nu, afin qu'il ne fût pas couvert. [9] C'est pourquoi ainsi a dit le Seigneur, l'Éternel: Malheur à la ville sanguinaire! moi aussi je vais dresser un grand bûcher. [10] Entasse du bois, allume le feu, cuis la chair entièrement, fais fondre la graisse et que les os se consument. [11] Puis place la chaudière vide sur les charbons ardents, afin qu'elle s'échauffe, que son airain devienne brûlant, que sa souillure se fonde au-dedans, et que sa rouille soit consumée. [12] Elle lasse tous mes efforts, et la rouille dont elle est remplie ne s'en va point; au feu donc la rouille! [13] Ta souillure est criminelle, puisque j'ai voulu te purifier et que tu n'es point devenue pure; tu ne seras plus nettoyée de ta souillure jusqu'à ce que j'aie assouvi contre toi ma fureur. [14] Moi, l'Éternel, j'ai parlé; cela arrivera, et je le ferai; je ne reculerai point, et je n'aurai ni pitié, ni repentir. On te jugera selon ta conduite et selon tes actions, dit le Seigneur, l'Éternel! [15] La parole de l'Éternel me fut adressée en ces termes: [16] Fils de l'homme, voici, par une plaie soudaine, j'enlève ce qui fait les délices de tes yeux; mais tu ne mèneras point deuil, tu ne pleureras point, et tu ne laisseras pas couler tes larmes. [17] Soupire en silence, mais ne prends pas le deuil des morts; attache ta coiffure sur toi, mets ta chaussure à tes pieds, ne te voile pas la barbe et ne mange pas le pain des autres. [18] Le matin je parlai donc au peuple; et le soir ma femme mourut; et le lendemain matin je fis comme il m'avait été commandé. [19] Alors le peuple me dit: Ne nous expliqueras-tu pas ce que signifie pour nous ce que tu fais? [20] Et je répondis: La parole de l'Éternel m'a été adressée, en ces termes: [21] Dis à la maison d'Israël: Ainsi a dit le Seigneur, l'Éternel: Voici, je vais profaner mon sanctuaire, l'orgueil de votre puissance, les délices de vos yeux, l'affection de votre âme, et vos fils et vos filles que vous avez laissés tomberont par l'épée. [22] Vous ferez alors comme j'ai fait; vous ne vous voilerez point la barbe, et vous ne mangerez pas le pain des autres; [23] Vos coiffures seront sur vos têtes, et votre chaussure à vos pieds; vous ne mènerez point deuil, et ne pleurerez pas; mais vous serez frappés de langueur à cause de vos iniquités, et vous gémirez les uns avec les autres. [24] Ézéchiel sera pour vous un signe, et tout ce qu'il a fait vous le ferez aussi. Quand cela arrivera, vous saurez que je suis le Seigneur, l'Éternel. [25] Et toi, fils de l'homme, le jour où je leur ôterai leur force, leur joie, leur gloire, les délices de leurs yeux, l'objet de leur amour, leurs fils et leurs filles, [26] Ce jour-là un fuyard viendra vers toi pour l'annoncer à tes oreilles. [27] En ce jour-là, ta bouche s'ouvrira en même temps que celle du fuyard; tu parleras, tu ne seras plus muet; et tu seras pour eux un signe, et ils sauront que je suis l'Éternel.

25

¹ La parole de l'Éternel me fut adressée, en ces termes: ² Fils de l'homme, tourne ta face vers les enfants d'Ammon, et prophétise contre eux. ³ Dis aux enfants d'Ammon: Écoutez la parole du Seigneur, l'Éternel. Ainsi a dit le Seigneur, l'Éternel: Parce que tu as dit: ah! ah! à propos de mon sanctuaire, quand il fut profané, et du pays d'Israël, quand il fut dévasté, et de la maison de Juda, lorsqu'elle se rendit en captivité, ⁴ Voici, je te livre aux enfants de l'Orient. Ils établiront au milieu de toi leurs parcs, et ils y placeront leurs demeures; ils mangeront tes fruits, et ils boiront ton lait. ⁵ De Rabba, je ferai un pâturage pour les chameaux, et du pays des enfants d'Ammon, un bercail pour les moutons, et vous saurez que je suis l'Éternel. ⁶ Car ainsi a dit le Seigneur, l'Éternel: Parce que tu as battu des mains et frappé du pied, que tu t'es réjoui avec dédain en ton âme, au sujet du pays d'Israël, ⁷ Voici, j'étends ma main sur toi et je te livre en proie aux nations; je te retranche d'entre les peuples, je te fais disparaître d'entre les pays, je t'extermine, et tu sauras que je suis l'Éternel. ⁸ Ainsi a dit le Seigneur, l'Éternel: Parce que Moab et Séïr ont dit: voici, il en est de la maison de Juda comme de toutes les nations; ⁹ A cause de cela, voici, j'ouvre le flanc de Moab, du côté de ses villes, ses villes frontières, l'ornement du pays, Beth-Jéshimoth, Baal-Méon et Kirjathaïm, ¹⁰ Je l'ouvre aux enfants de l'Orient, qui marchent contre les enfants d'Ammon, et je le leur donne en possession, afin que les enfants d'Ammon ne soient plus rangés au nombre des nations. ¹¹ J'exercerai mes jugements contre Moab et ils sauront que je suis l'Éternel. ¹² Ainsi a dit le Seigneur, l'Éternel: Parce qu'Édom s'est livré à la vengeance à l'égard de la maison de Juda, et s'est rendu coupable en se vengeant d'elle, ¹³ Ainsi a dit le Seigneur, l'Éternel: J'étends ma main sur Édom; j'en extermine hommes et bêtes; je le réduis en désert; de Théman à Dédan ils tomberont par l'épée. ¹⁴ J'exercerai ma vengeance sur Édom par la main de mon peuple d'Israël, et ils traiteront Édom selon ma colère et selon ma fureur; ils sauront ce qu'est ma vengeance, dit le Seigneur, l'Éternel. ¹⁵ Ainsi a dit le Seigneur, l'Éternel: Parce que les Philistins ont agi par vengeance, et qu'ils se sont vengés inhumainement, avec mépris, et selon leur désir, jusqu'à tout détruire dans une haine éternelle, ¹⁶ A cause de cela, ainsi a dit le Seigneur, l'Éternel: Voici, j'étends ma main sur les Philistins, et j'extermine les Kéréthiens, et je fais périr ce qui reste sur la côte de la mer. ¹⁷ J'exercerai sur eux de grandes vengeances par des châtiments pleins de fureur, et ils sauront que je suis l'Éternel, quand j'exécuterai contre eux ma vengeance.

26

¹ Or, la onzième année, au premier jour du mois, la parole de l'Éternel me fut adressée, en ces termes: ² Fils de l'homme, parce que Tyr a dit de Jérusalem: Ah! ah! elle est rompue, la porte des peuples; on se tourne vers moi; je me remplirai, elle est déserte; ³ A cause de cela, ainsi a dit le Seigneur, l'Éternel: Voici, j'en veux à toi, Tyr, et je ferai monter contre toi plusieurs nations, comme la mer fait monter ses flots. ⁴ Elles détruiront les murailles de Tyr et démoliront ses tours, j'en raclerai la poussière, et je ferai d'elle un roc nu. ⁵ Elle sera sur la mer un lieu où l'on étend les filets; car j'ai parlé, dit le Seigneur, l'Éternel; elle sera en pillage aux nations. ⁶ Les villes de son territoire seront passées au fil de l'épée, et elles sauront que je suis l'Éternel. ⁷ Car ainsi a dit le Seigneur, l'Éternel: Voici, je fais venir du septentrion Nébucadnetzar, roi de Babylone, le roi des rois, contre Tyr, avec des chevaux et des chars, des cavaliers, et une multitude, et un peuple nombreux. ⁸ Il passera au fil de l'épée les villes de ton territoire; il élèvera contre toi des forts, et dressera contre toi des terrasses, et lèvera le bouclier contre toi. ⁹ Il posera ses machines de guerre contre tes murailles, et démolira tes tours avec ses marteaux. ¹⁰ La poussière

de ses chevaux te couvrira, à cause de leur grand nombre; tes murailles trembleront au bruit des cavaliers, des roues et des chars, quand il entrera par tes portes, comme on entre dans une ville conquise. [11] Il foulera toutes tes rues avec les sabots de ses chevaux; il passera tes habitants au fil de l'épée, et les monuments de ta force seront renversés. [12] Puis ils raviront tes richesses, pilleront tes marchandises, ruineront tes murailles; ils démoliront tes maisons de plaisance et jetteront tes pierres, ton bois et ta poussière au milieu des eaux. [13] Et je ferai cesser le bruit de tes chants, et l'on n'entendra plus le son de tes harpes; [14] Je ferai de toi un roc nu, tu seras un lieu pour étendre les filets; tu ne seras plus rebâtie, car moi, l'Éternel, j'ai parlé, dit le Seigneur, l'Éternel. [15] Ainsi a dit le Seigneur, l'Éternel, à Tyr: Au bruit de ta chute, lorsque gémissent les blessés à mort, que le carnage se fait au milieu de toi, les îles tremblent. [16] Tous les princes de la mer descendent de leurs trônes; ils ôtent leurs manteaux, dépouillent leurs vêtements brodés, et se revêtent de frayeur; ils s'assoient sur la terre; à tout moment l'effroi les saisit; ils sont frappés de stupeur à cause de toi. [17] Ils prononcent à haute voix une complainte à ton sujet, et te disent: Comment as-tu péri, toi que peuplaient ceux qui parcourent la mer, ville renommée, puissante sur mer, toi et tes habitants qui se faisaient redouter de tous ceux d'alentour! [18] Les îles sont effrayées au jour de ta ruine; les îles de la mer sont épouvantées au sujet de ta fin. [19] Car ainsi a dit le Seigneur, l'Éternel: Quand je ferai de toi une ville désolée, comme sont les villes qui n'ont point d'habitants, quand je ferai monter contre toi l'abîme, et que les grandes eaux te couvriront, [20] Je te ferai descendre avec ceux qui descendent dans la fosse, vers le peuple d'autrefois; je te placerai dans les lieux les plus bas de la terre, dans les lieux depuis longtemps désolés, près de ceux qui sont descendus dans la fosse, afin que tu ne sois plus habitée; [21] Je réserverai la gloire pour la terre des vivants. Je te réduirai à rien; tu ne seras plus, et quand on te cherchera, on ne te trouvera plus jamais, dit le Seigneur, l'Éternel.

27

[1] La parole de l'Éternel me fut adressée, en ces termes: [2] Et toi, fils de l'homme, prononce à haute voix une complainte sur Tyr. [3] Dis à Tyr: O toi qui es assise aux bords de la mer, qui fais le commerce avec les peuples dans des îles nombreuses, ainsi dit le Seigneur, l'Éternel: Tyr, tu as dit: Je suis d'une parfaite beauté. [4] Tes frontières sont au cœur des mers, ceux qui t'ont bâtie t'ont rendue d'une parfaite beauté; [5] Ils ont fait tes lambris en cyprès de Sénir; ils ont pris des cèdres du Liban pour te faire des mâts; [6] Ils ont fait tes rames de chênes de Bassan, tes bancs en ivoire enchâssé dans le buis des îles de Kittim. [7] Le fin lin d'Égypte, orné de broderie, te servait de voile et de pavillon; tu te couvrais de pourpre et d'écarlate des îles d'Élisha. [8] Les habitants de Sidon et d'Arvad étaient tes rameurs; ô Tyr, les plus habiles au milieu de toi étaient tes pilotes. [9] Les anciens de Guébal et ses bons ouvriers étaient au milieu de toi pour réparer tes fissures; tous les navires de la mer et leurs mariniers étaient au milieu de toi pour faire l'échange de tes marchandises. [10] Ceux de Perse, de Lud, de Put servaient dans ton armée et suspendaient chez toi le bouclier et le casque; ils te rendaient magnifique. [11] Les enfants d'Arvad et tes soldats garnissaient tout le tour de tes murailles; des hommes vaillants étaient dans tes tours et suspendaient leurs boucliers à tous tes murs; ils achevaient ta parfaite beauté. [12] Ceux de Tarsis trafiquaient avec toi de toute sorte de richesses, fournissant tes marchés d'argent, de fer, d'étain et de plomb. [13] Javan, Tubal et Méshec négociaient avec toi, te donnant en échange des hommes et des ustensiles d'airain. [14] Ceux de la maison de Togarma fournissaient tes marchés de chevaux, de cavaliers et de mulets. [15] Les enfants de Dédan négociaient avec toi; dans tes mains était le commerce de nombreuses îles, et l'on te donnait en échange des dents d'ivoire et de l'ébène. [16] La

Syrie trafiquait avec toi de tes produits de toute espèce; elle fournissait tes marchés d'escarboucles, d'écarlate, de broderie, de fin lin, de corail et de rubis. [17] Juda et le pays d'Israël négociaient avec toi, te donnant en échange du blé de Minnith, de la pâtisserie, du miel, de l'huile et du baume. [18] Damas trafiquait avec toi à cause de tes nombreux produits, à cause de toutes tes richesses; elle te fournissait du vin de Helbon et de la laine blanche. [19] Védan et Javan fournissaient tes marchés de tissus; le fer forgé, la casse et le roseau aromatique étaient échangés avec toi. [20] Ceux de Dédan négociaient avec toi les draps précieux pour monter à cheval. [21] Les Arabes et tous les princes de Kédar trafiquaient avec toi et négociaient des agneaux, des béliers et des boucs; [22] Les marchands de Shéba et de Raema trafiquaient avec toi, et pourvoyaient tes marchés de toutes sortes de parfums exquis, de toutes sortes de pierres précieuses et d'or. [23] Haran, Canné et Éden, les marchands de Shéba, Assur et Kilmad négociaient avec toi; [24] Ils trafiquaient avec toi en marchandises de prix, en manteaux de pourpre et de broderie, en étoffes précieuses serrées dans des coffres, liés de cordes et faits de bois de cèdre. [25] Les navires de Tarsis naviguaient pour ton commerce, et tu étais glorieuse et puissante au cœur des mers. [26] Tes rameurs t'ont menée sur les grandes eaux; le vent d'Orient t'a brisée au cœur des mers. [27] Tes richesses et tes marchandises, ton commerce et tes mariniers, tes pilotes, ceux qui réparent tes fissures, ceux qui trafiquent avec toi de tes marchandises, tous tes gens de guerre qui sont chez toi, toute la multitude qui est au milieu de toi tomberont au cœur des mers, au jour de ta ruine. [28] Au cri de tes pilotes les faubourgs trembleront; [29] Tous ceux qui manient la rame, les mariniers et tous les pilotes de la mer descendront de leurs navires et se tiendront sur la terre. [30] Ils feront entendre sur toi leur voix et crieront amèrement; ils jetteront de la poussière sur leurs têtes, et se rouleront dans la cendre. [31] Ils se raseront la tête à cause de toi; ils se ceindront de sacs, et dans l'amertume de leur âme ils pleureront sur toi avec une vive douleur. [32] Ils diront sur toi à haute voix une complainte; dans leur lamentation et leur complainte ils diront: Qui fut comme Tyr, comme cette ville détruite au milieu de la mer? [33] Par le commerce des marchandises qui sortaient d'au delà des mers, tu rassasiais des peuples nombreux; par la grandeur de tes richesses et de ton commerce, tu enrichissais les rois de la terre. [34] Maintenant que tu as été brisée par les mers au profond des eaux, ton commerce et toute ta multitude sont tombés avec toi. [35] Tous les habitants des îles sont frappés de stupeur à cause de toi, leurs rois ont été épouvantés, leur visage est bouleversé. [36] Les marchands parmi les peuples sifflent sur toi; tu es un sujet d'effroi, et tu ne seras plus à jamais!

28

[1] La parole de l'Éternel me fut adressée, en ces termes: [2] Fils de l'homme, dis au prince de Tyr: Ainsi a dit le Seigneur, l'Éternel: Parce que ton cœur s'est élevé et que tu as dit: Je suis Dieu; je suis assis sur un trône de dieux au sein des mers, quoique tu ne sois qu'un homme et non pas Dieu; parce que tu penses être un dieu, [3] Certes, tu es plus sage que Daniel, aucun mystère n'est obscur pour toi; [4] Tu t'es acquis de la puissance par ta sagesse et par ton intelligence; tu as amassé de l'or et de l'argent dans tes trésors; [5] Tu as accru ta puissance par la grandeur de ta sagesse dans ton commerce, et à cause de ta puissance ton cœur s'est élevé; [6] A cause de cela, ainsi a dit le Seigneur, l'Éternel: [7] Parce que tu penses être un dieu, à cause de cela, voici, je vais faire venir contre toi des étrangers, les plus violents d'entre les peuples, qui tireront leurs épées contre ton éclatante sagesse, et souilleront ta beauté. [8] Ils te précipiteront dans la fosse, et tu mourras, comme meurent les blessés à mort, au milieu des mers. [9] En face de ton meurtrier, diras-tu: "Je suis un dieu! " tandis que tu n'es qu'un homme et non un dieu, entre les mains de celui qui t'égorgera? [10] Tu mourras de la mort des incirconcis, par la main

des étrangers; car moi j'ai parlé, dit le Seigneur, l'Éternel. [11] La parole de l'Éternel me fut adressée en ces termes: [12] Fils de l'homme, prononce une complainte sur le roi de Tyr, et dis- lui: Ainsi a dit le Seigneur, l'Éternel: Tu étais le couronnement de l'édifice, plein de sagesse, parfait en beauté; [13] Tu te trouvais dans l'Éden, le jardin de Dieu; tu étais couvert de pierres précieuses de toutes sortes, la sardoine, la topaze, la calcédoine, le chrysolithe, l'onyx, le jaspe, le saphir, l'escarboucle, l'émeraude et l'or. Les tambours et les flûtes étaient à ton service, préparés pour le jour où tu fus créé. [14] Je t'avais établi comme chérubin protecteur, aux ailes déployées; tu étais sur la sainte montagne de Dieu; tu marchais au milieu des pierres de feu. [15] Tu fus intègre dans tes voies depuis le jour où tu fus créé, jusqu'à ce que l'iniquité ait été trouvée en toi. [16] Au milieu de ton riche commerce, ton cœur s'est rempli de violence, et tu devins coupable; je te précipiterai de la montagne de Dieu; je te détruirai, ô chérubin protecteur, du milieu des pierres de feu! [17] Ton cœur s'est élevé à cause de ta beauté, et tu as corrompu ta sagesse par ton éclat; je te jetterai par terre, je te donnerai en spectacle aux rois, pour qu'ils te regardent. [18] Tu as profané tes sanctuaires par la multitude de tes iniquités, par l'injustice de ton trafic; je ferai surgir de ton sein un feu qui te consumera, et je te réduirai en cendre pour toute la terre, en la présence de tous ceux qui te regardent. [19] Tous ceux qui te connaissent parmi les peuples seront frappés de stupeur à ton sujet; tu seras un sujet d'épouvante, et tu ne seras plus jamais! [20] La parole de l'Éternel me fut adressée, en ces mots: [21] Fils de l'homme, tourne ta face vers Sidon, et prophétise contre elle. [22] Dis: Ainsi a dit le Seigneur, l'Éternel: Voici, j'en veux à toi, Sidon, et je me glorifierai au milieu de toi; et l'on saura que je suis l'Éternel, lorsque j'exercerai mes jugements contre elle, et que j'y manifesterai ma sainteté. [23] J'enverrai la peste dans son sein, le sang dans ses rues; les blessés à mort tomberont au milieu d'elle, par l'épée qui la frappera de toute part, et ils sauront que je suis l'Éternel. [24] Et elle ne sera plus pour la maison d'Israël une ronce piquante, ni une épine qui blesse, parmi ceux qui l'entourent et la méprisent; et ils sauront que je suis le Seigneur, l'Éternel. [25] Ainsi a dit le Seigneur, l'Éternel: Quand j'aurai rassemblé la maison d'Israël du milieu des peuples où ils sont dispersés, je manifesterai en eux ma sainteté aux yeux des nations, [26] Et ils habiteront leur pays que j'ai donné à mon serviteur Jacob. Ils y habiteront en sécurité; ils bâtiront des maisons et planteront des vignes; ils demeureront en sécurité, quand j'aurai exercé des jugements contre ceux qui les méprisent à l'entour; et ils sauront que je suis l'Éternel leur Dieu.

29

[1] La dixième année, le douzième jour du dixième mois, la parole de l'Éternel me fut adressée, en ces termes: [2] Fils de l'homme, tourne ta face contre Pharaon, roi d'Égypte, et prophétise contre lui et contre toute l'Égypte. [3] Parle, et dis: Ainsi a dit le Seigneur, l'Éternel: Voici, j'en veux à toi, Pharaon, roi d'Égypte, grand crocodile couché au milieu de tes fleuves; qui dis: "Mon fleuve est à moi; je l'ai fait. " [4] C'est pourquoi je mettrai une boucle à tes mâchoires, et j'attacherai à tes écailles les poissons de tes fleuves. Je te tirerai du milieu de tes fleuves, avec tous les poissons de tes fleuves, qui auront été attachés à tes écailles. [5] Je te jetterai au désert, toi et tous les poissons de tes fleuves; tu tomberas à la surface des champs, tu ne seras ni recueilli, ni ramassé; je te livrerai en pâture aux bêtes de la terre et aux oiseaux des cieux. [6] Et tous les habitants de l'Égypte sauront que je suis l'Éternel, parce qu'ils n'ont été qu'un roseau comme appui pour la maison d'Israël. [7] Quand ils t'ont saisi par la main, tu t'es rompu, et tu leur as déchiré toute l'épaule; quand ils se sont appuyés sur toi, tu t'es brisé, et tu as rendu leurs reins immobiles. [8] C'est pourquoi, ainsi a dit le Seigneur, l'Éternel: Voici, je ferai venir contre

toi l'épée, et j'exterminerai de ton sein les hommes et les bêtes. [9] Et le pays d'Égypte deviendra une solitude désolée, et ils sauront que je suis l'Éternel, parce que Pharaon a dit: "Le fleuve est à moi; je l'ai fait. " [10] C'est pourquoi, voici, j'en veux à toi et à tes fleuves, et je réduirai le pays d'Égypte en déserts arides et désolés, depuis Migdol à Syène et jusqu'aux frontières de Cush. [11] Nul pied d'homme n'y passera, et nul pied de bête n'y passera non plus, et durant quarante ans elle ne sera pas habitée; [12] Car je réduirai le pays d'Égypte en désolation au milieu des pays désolés, et ses villes en désert au milieu des villes désertes, pendant quarante ans; et je disperserai les Égyptiens parmi les nations, je les disperserai en divers pays. [13] Toutefois, ainsi a dit le Seigneur, l'Éternel: Au bout de quarante ans je rassemblerai les Égyptiens d'entre les peuples parmi lesquels ils auront été dispersés. [14] Je ramènerai les captifs d'Égypte, et les ferai retourner au pays de Pathros, dans leur pays d'origine; mais ils formeront un faible royaume. [15] Ce sera le plus faible des royaumes, et il ne s'élèvera plus par-dessus les nations; je l'affaiblirai, afin qu'il ne domine point sur les nations. [16] Et il ne sera plus pour la maison d'Israël un sujet de confiance, mais il lui rappellera son iniquité, alors qu'elle se tournait vers eux, et ils sauront que je suis le Seigneur, l'Éternel. [17] La vingt-septième année, le premier jour du premier mois, la parole de l'Éternel me fut adressée, en ces termes: [18] Fils de l'homme, Nébucadnetzar, roi de Babylone, a imposé à son armée un service pénible contre Tyr; toutes les têtes en sont devenues chauves, et toutes les épaules en sont écorchées, et il n'a point eu de salaire de Tyr, ni lui, ni son armée, pour le service qu'il a fait contre elle. [19] C'est pourquoi, ainsi a dit le Seigneur, l'Éternel: Voici, je donne à Nébucadnetzar, roi de Babylone, le pays d'Égypte; il en enlèvera les richesses, il en emportera le butin, il en fera le pillage; ce sera là le salaire de son armée. [20] Pour prix du service qu'il a fait contre Tyr, je lui donne le pays d'Égypte, parce qu'ils ont travaillé pour moi, dit le Seigneur, l'Éternel. [21] En ce jour-là, je donnerai de la force à la maison d'Israël, et je t'ouvrirai la bouche au milieu d'eux, et ils sauront que je suis l'Éternel.

30

[1] La parole de l'Éternel me fut adressée, en ces termes: [2] Fils de l'homme, prophétise et dis: Ainsi a dit le Seigneur, l'Éternel: Gémissez! et dites: Malheureux jour! [3] Car le jour approche, oui, le jour de l'Éternel, jour de nuage: ce sera le temps des nations. [4] L'épée fondra sur l'Égypte, il y aura de l'effroi en Éthiopie, lorsqu'en Égypte tomberont les blessés à mort, qu'on enlèvera ses richesses et qu'on détruira ses fondements. [5] Cush, Put, et Lud, tous les mercenaires, et Cub et les enfants du pays allié tomberont avec eux par l'épée. [6] Ainsi a dit l'Éternel: Les soutiens de l'Égypte tomberont, l'orgueil de sa force sera abaissé; ils tomberont par l'épée au milieu d'elle, depuis Migdol à Syène, dit le Seigneur, l'Éternel. [7] Ils seront les plus désolés au milieu des pays désolés, et ses villes les plus désertes des villes désertes. [8] Ils sauront que je suis l'Éternel, lorsque j'aurai mis le feu à l'Égypte, et que tous ses appuis auront été brisés. [9] En ce jour-là, des messagers partiront de ma part sur des navires, pour effrayer Cush dans sa sécurité, et la terreur les saisira comme au jour de l'Égypte; le voici qui vient. [10] Ainsi a dit le Seigneur, l'Éternel: J'anéantirai le train de l'Égypte par la main de Nébucadnetzar, roi de Babylone. [11] Lui et son peuple avec lui, le plus terrible des peuples, seront amenés pour ravager le pays; ils tireront leurs épées contre les Égyptiens, et rempliront le pays de gens blessés à mort. [12] Je mettrai à sec les fleuves, et je livrerai le pays entre les mains de gens méchants; je désolerai le pays et ce qu'il contient par la main des étrangers. Moi, l'Éternel, j'ai parlé. [13] Ainsi a dit le Seigneur,

l'Éternel: Je détruirai les idoles, et j'anéantirai les faux dieux de Noph; il n'y aura plus de prince au pays d'Égypte, et je répandrai la terreur dans le pays d'Égypte. [14] Je désolerai Pathros; je mettrai le feu à Tsoan, et j'exercerai mes jugements sur No. [15] Je répandrai ma fureur sur Sin, la forteresse de l'Égypte, et j'exterminerai la multitude de No. [16] Je mettrai le feu à l'Égypte; Sin sera saisie de grandes douleurs; No sera battue en brèche, et Noph prise par l'ennemi en plein jour. [17] Les hommes d'élite d'On et de Pi-Béseth tomberont par l'épée; elles-mêmes iront en captivité. [18] A Tachphanès le jour s'obscurcira, lorsque j'y briserai le joug de l'Égypte et que sa force orgueilleuse aura cessé; une nuée la couvrira, et ses filles iront en captivité. [19] J'exercerai mes jugements sur l'Égypte, et ils sauront que je suis l'Éternel. [20] La onzième année, le septième jour du premier mois, la parole de l'Éternel me fut adressée en ces termes: [21] Fils de l'homme, j'ai brisé le bras de Pharaon, roi d'Égypte; et voici, on ne l'a point pansé pour le guérir, on ne l'a point bandé pour le lier et l'affermir, afin qu'il pût manier l'épée. [22] C'est pourquoi, ainsi a dit le Seigneur, l'Éternel: Voici, j'en veux à Pharaon, roi d'Égypte, et je romprai ses bras, tant celui qui est en bon état que celui qui est brisé, et je ferai tomber l'épée de sa main. [23] Je disperserai les Égyptiens parmi les nations, et je les répandrai dans les pays. [24] Je fortifierai les bras du roi de Babylone, et je mettrai mon épée dans sa main; mais je briserai le bras de Pharaon, et il poussera devant lui des cris, comme un homme blessé à mort. [25] Je fortifierai les bras du roi de Babylone, mais les bras de Pharaon tomberont; et ils sauront que je suis l'Éternel, quand je mettrai mon épée dans la main du roi de Babylone, et qu'il l'étendra sur le pays d'Égypte. [26] Et je disperserai les Égyptiens parmi les nations; je les répandrai dans les pays, et ils sauront que je suis l'Éternel.

31

[1] La onzième année, le premier jour du troisième mois, la parole de l'Éternel me fut adressée, en ces termes: [2] Fils de l'homme, dis à Pharaon, roi d'Égypte, et à sa multitude: A qui ressembles-tu dans ta grandeur? [3] Voici, l'Assyrie était un cèdre du Liban aux belles branches, au feuillage touffu, haut de taille et élevant sa cime jusqu'aux nues. [4] Les eaux l'avaient fait croître, l'abîme l'avait fait monter fort haut, en faisant couler ses fleuves autour du lieu où il était planté, et en envoyant ses canaux à tous les arbres des champs. [5] C'est pourquoi sa hauteur dépassait tous les arbres des champs; ses branches avaient multiplié, et ses rameaux s'étendaient, grâce à l'abondance des eaux qui le faisaient croître. [6] Tous les oiseaux des cieux nichaient dans ses branches, et toutes les bêtes des champs faisaient leurs petits sous ses rameaux, et de nombreuses nations habitaient toutes à son ombre. [7] Il était beau dans sa grandeur et par l'étendue de ses branches; car ses racines plongeaient dans des eaux abondantes. [8] Les cèdres du jardin de Dieu ne lui ôtaient rien de son lustre; les cyprès n'égalaient point ses branches, et les platanes n'étaient point semblables à ses rameaux; aucun arbre du jardin de Dieu n'égalait sa beauté. [9] Je l'avais rendu beau par la multitude de ses branches, et tous les arbres d'Éden, qui étaient au jardin de Dieu, lui portaient envie. [10] C'est pourquoi, ainsi a dit le Seigneur, l'Éternel: Parce qu'il s'est élevé en hauteur, qu'il a produit une cime touffue, et que son cœur s'est enorgueilli de sa grandeur, [11] Je l'ai livré entre les mains du puissant des nations, qui les traitera comme il fallait: je l'ai chassé à cause de ses crimes. [12] Des étrangers, les plus terribles d'entre les nations, l'ont coupé et rejeté; ses branches sont tombées sur les montagnes et dans toutes les vallées, et ses rameaux se sont brisés dans tous les ravins du pays, et tous les peuples de la terre se sont retirés de dessous son ombre et l'ont abandonné. [13] Tous les oiseaux des cieux se tiennent sur ses ruines, et toutes les bêtes des champs ont fait leur gîte de ses rameaux, [14] Afin qu'aucun des arbres arrosés

d'eau ne garde plus sa hauteur, et ne lance plus sa cime touffue, afin que tous ceux qui sont arrosés d'eau ne gardent plus leur élévation; car tous sont livrés à la mort dans les profondeurs de la terre, parmi les enfants des hommes, avec ceux qui descendent dans la fosse. ¹⁵ Ainsi a dit le Seigneur, l'Éternel: Au jour qu'il descendit dans le Sépulcre, j'ai fait mener deuil; à cause de lui, je couvris l'abîme, et empêchai ses fleuves de couler, et les grandes eaux furent retenues; j'ai mis le Liban en deuil à cause de lui, et tous les arbres des champs en défaillirent. ¹⁶ J'ébranlai les nations par le bruit de sa chute, quand je l'ai précipité dans le Sépulcre, avec ceux qui descendent dans la fosse. Tous les arbres d'Éden, l'élite et le meilleur du Liban, tous arrosés d'eau, furent consolés dans les profondeurs de la terre. ¹⁷ Eux aussi sont descendus avec lui dans le Sépulcre, vers ceux que l'épée blessa à mort; ils étaient son bras, et habitaient à son ombre au milieu des nations. ¹⁸ A qui ressembles-tu ainsi, en gloire et en grandeur, parmi les arbres d'Éden? Tu seras jeté bas avec les arbres d'Éden dans les profondeurs de la terre; tu seras couché au milieu des incirconcis, avec ceux que l'épée a blessés à mort. Tel sera Pharaon et toute sa multitude, dit le Seigneur, l'Éternel.

32

¹ La douzième année, le premier jour du douzième mois, la parole de l'Éternel me fut adressée, en ces termes: ² Fils de l'homme, prononce une complainte sur Pharaon, roi d'Égypte, et dis-lui: Tu semblais un lionceau parmi les nations; pareil au crocodile dans les mers, tu t'élançais dans tes fleuves; avec tes pieds tu troublais les eaux, et tu remplissais de boue leurs flots. ³ Ainsi a dit le Seigneur, l'Éternel: J'étendrai mes filets sur toi, par une multitude nombreuse de peuples, qui te tireront dans mes filets. ⁴ Je t'abandonnerai sur la terre, et je jetterai à la surface des champs; je ferai reposer sur toi tous les oiseaux des cieux, et je rassasierai de toi les bêtes de toute la terre. ⁵ Je mettrai ta chair sur les montagnes, et de tes débris je remplirai les vallées. ⁶ J'abreuverai de ton sang la terre où tu nages, jusqu'aux montagnes, et les ravins seront remplis de toi. ⁷ Quand je t'éteindrai, je couvrirai les cieux, et j'obscurcirai leurs étoiles; je couvrirai le soleil de nuages, et la lune ne donnera plus sa lumière. ⁸ A cause de toi, j'obscurcirai tous les luminaires qui éclairent les cieux, et je répandrai les ténèbres sur ton pays, dit le Seigneur, l'Éternel. ⁹ Je ferai frémir le cœur de beaucoup de peuples, quand j'annoncerai ta ruine parmi les nations, dans des pays que tu n'as point connus. ¹⁰ Je remplirai de stupeur beaucoup de peuples à ton sujet, et leurs rois seront éperdus à cause de toi, quand je brandirai devant eux mon épée. Ils trembleront à tout instant, chacun pour sa vie, au jour de ta ruine. ¹¹ Car ainsi a dit le Seigneur, l'Éternel: L'épée du roi de Babylone fondra sur toi; ¹² J'abattrai ta multitude par l'épée des hommes forts, tous les plus terribles d'entre les nations; ils détruiront l'orgueil de l'Égypte, et toute sa multitude sera anéantie. ¹³ Je ferai périr tout son bétail près des grandes eaux; nul pied d'homme ne les troublera plus, aucun sabot de bête ne les troublera plus. ¹⁴ Alors j'apaiserai ses eaux, et je ferai couler ses fleuves comme l'huile, dit le Seigneur, l'Éternel. ¹⁵ Quand je réduirai le pays d'Égypte en désolation, et que le pays sera dénué de tout ce dont il était rempli, quand je frapperai tous ses habitants, ils sauront que je suis l'Éternel. ¹⁶ Telle est la complainte; les filles des nations la chanteront d'une voix plaintive; elles la chanteront pour plaindre l'Égypte et toute sa multitude, dit le Seigneur, l'Éternel. ¹⁷ La douzième année, le quinzième jour du mois, la parole de l'Éternel me fut adressée, en ces termes: ¹⁸ Fils de l'homme, fais une lamentation sur la multitude de l'Égypte. Précipite-la, elle et les filles des nations puissantes, dans les profondeurs de la terre, avec ceux qui descendent dans la fosse! ¹⁹ Vaux-tu mieux que d'autres? Descends, et couche-toi parmi

les incirconcis! [20] Ils tomberont au milieu de ceux que l'épée a blessés à mort. L'épée est tirée. Entraînez-la avec toute sa multitude [21] Les plus vaillants héros lui parlent au sein du séjour des morts, avec ceux qui furent ses auxiliaires; ils sont descendus et couchés, les incirconcis que l'épée blessa à mort. [22] Là est Assur et toute sa multitude, et autour de lui ses tombeaux; tous ont été blessés, et sont tombés par l'épée. [23] Ses tombeaux se trouvent dans les profondeurs de la fosse, et sa multitude est rangée à l'entour; tous ont été blessés à mort, et sont tombés par l'épée, eux qui répandaient la terreur dans la terre des vivants. [24] Là est Élam et toute sa multitude, à l'entour de son tombeau. Tous sont blessés à mort, et sont tombés par l'épée; ils sont descendus incirconcis dans les profondeurs de la terre, eux qui répandaient la terreur sur la terre des vivants; ils portent leur ignominie avec ceux qui descendent dans la fosse. [25] Au milieu des blessés à mort, on a mis sa couche, avec toute sa multitude; tout autour, ses tombeaux. Tous ces incirconcis sont blessés à mort par l'épée, car ils répandaient la terreur dans la terre des vivants; ils portent leur ignominie avec ceux qui descendent dans la fosse; on les a mis parmi les blessés à mort. [26] Là sont Méshec, Tubal et toute leur multitude: tout autour, leurs tombeaux; tous ces incirconcis sont blessés à mort par l'épée, car ils répandaient la terreur dans la terre des vivants. [27] Mais ils ne sont point couchés avec les vaillants hommes, tombés d'entre les incirconcis, qui sont descendus au Sépulcre avec leurs armes de guerre, et sous la tête desquels on a mis leurs épées. Leurs iniquités couvrent leurs ossements, car ils furent la terreur des hommes vaillants sur la terre des vivants. [28] Toi aussi, tu seras brisé au milieu des incirconcis, et tu seras couché avec ceux que l'épée a blessés à mort. [29] Là est Édom, ses rois et ses princes, qui malgré leur vaillance ont été mis au nombre de ceux que l'épée a blessés à mort; ils sont couchés avec les incirconcis, et avec ceux qui descendent dans la fosse. [30] Là sont tous les princes du nord, et tous les Sidoniens, qui sont descendus avec les blessés à mort, malgré la terreur qu'inspirait leur vaillance; ils sont confus, étendus, ces incirconcis, avec ceux que l'épée a blessés à mort, et ils portent leur ignominie, avec ceux qui descendent dans la fosse. [31] Pharaon les verra, et se consolera de toute sa multitude; Pharaon et toute son armée seront blessés à mort par l'épée, dit le Seigneur, l'Éternel; [32] Car je répandrai ma terreur sur la terre des vivants. Pharaon et toute sa multitude seront couchés au milieu des incirconcis, avec ceux que l'épée a blessés à mort, dit le Seigneur, l'Éternel.

33

[1] La parole de l'Éternel me fut adressée en ces termes: [2] Fils de l'homme, parle aux enfants de ton peuple, et dis-leur: Lorsque je fais venir l'épée sur un pays, et que le peuple de ce pays choisit quelqu'un pour l'établir comme sentinelle, [3] Si cet homme, voyant venir l'épée sur le pays, sonne de la trompette pour avertir le peuple, [4] Et que celui qui entend le son de la trompette ne se tienne pas sur ses gardes et que l'épée le surprenne, son sang sera sur sa tête. [5] Car il a entendu le son de la trompette, et il ne s'est point tenu sur ses gardes; son sang sera sur lui; mais s'il se tient pour averti, il sauvera sa vie. [6] Si la sentinelle voit venir l'épée et ne sonne pas de la trompette, en sorte que le peuple ne se tienne pas sur ses gardes, et que l'épée vienne enlever la vie à quelqu'un d'entre eux, celui-ci aura été surpris à cause de son iniquité, mais je redemanderai son sang à la sentinelle. [7] Et toi, fils de l'homme, je t'ai établi comme sentinelle pour la maison d'Israël; écoute la parole de ma bouche, et avertis-la de ma part. [8] Lorsque je dis au méchant: "Méchant, tu mourras certainement! " si tu ne parles pas pour détourner le méchant de sa voie, ce méchant mourra à cause de son iniquité, mais je te redemanderai son sang. [9] Si au contraire tu avertis le méchant, pour le détourner de sa voie, sans qu'il s'en détourne, il mourra à cause de son iniquité; mais toi, tu sauveras ta vie. [10] Et toi, fils de l'homme, dis à la maison d'Israël: Vous parlez ainsi et vous dites: "Puisque nos

péchés et nos forfaits sont sur nous, et que nous dépérissons à cause d'eux, comment pourrions-nous vivre? " [11] Dis-leur: Je suis vivant! dit le Seigneur, l'Éternel, je ne prends point plaisir à la mort du méchant, mais à ce que le méchant se détourne de sa voie et qu'il vive. Détournez-vous, détournez-vous de votre méchante voie; pourquoi mourriez-vous, ô maison d'Israël! [12] Et toi, fils de l'homme, dis aux enfants de ton peuple: La justice du juste ne le sauvera pas au jour où il péchera, et la méchanceté du méchant ne le fera pas tomber au jour où il s'en détournera, de même que le juste ne pourra vivre par sa justice au jour où il péchera. [13] Quand je dis au juste qu'il vivra certainement, si, se confiant en sa justice, il commet l'iniquité, on ne se souviendra d'aucune de ses œuvres de justice; mais il mourra à cause de l'iniquité qu'il a commise. [14] Lorsque je dis au méchant: "Tu mourras certainement! " si, se détournant de son péché, il fait ce qui est droit et juste, [15] Si le méchant rend le gage, s'il restitue ce qu'il a ravi, s'il marche dans les préceptes qui donnent la vie, sans commettre d'iniquité, certainement il vivra et ne mourra point. [16] On ne se souviendra d'aucun des péchés qu'il aura commis; il fait ce qui est droit et juste, certainement il vivra. [17] Mais les enfants de ton peuple disent: "La voie du Seigneur n'est pas bien réglée. " C'est leur voie qui n'est pas bien réglée. [18] Si le juste se détourne de sa justice, pour commettre l'iniquité, il en mourra. [19] Si le méchant se détourne de sa méchanceté, pour faire ce qui est droit et juste, il en vivra. [20] Et vous dites: "La voie de l'Éternel n'est pas bien réglée! " Je vous jugerai, ô maison d'Israël, chacun selon ses voies. [21] La douzième année de notre captivité, le cinquième jour du dixième mois, un homme qui s'était échappé de Jérusalem vint me dire: La ville est prise! [22] Or la main de l'Éternel avait été sur moi, le soir avant que vînt le fugitif; et lorsqu'il vint auprès de moi le matin, l'Éternel m'avait ouvert la bouche. Ma bouche était ouverte, et je n'étais plus muet. [23] Et la parole de l'Éternel me fut adressée, en ces termes: [24] Fils de l'homme, ceux qui habitent les lieux désolés du pays d'Israël, parlent ainsi: Abraham était seul, et il a hérité le pays; nous sommes un grand nombre, et le pays nous est donné en possession. [25] C'est pourquoi dis-leur: Ainsi a dit le Seigneur, l'Éternel: Vous mangez avec le sang, vous levez les yeux vers vos idoles, vous répandez le sang, et vous posséderiez le pays! [26] Vous vous appuyez sur votre épée, vous commettez des abominations, vous souillez chacun de vous la femme de son prochain, et vous posséderiez le pays! [27] Dis-leur: Ainsi a dit le Seigneur, l'Éternel: Je suis vivant! les habitants de ces lieux désolés tomberont par l'épée, et je livrerai aux bêtes ceux qui sont dans les champs, afin qu'elles les dévorent, et ceux des forteresses et des cavernes mourront de la peste. [28] Je réduirai le pays en désolation et en désert, l'orgueil de sa force sera abattu; les montagnes d'Israël seront désolées, au point que nul n'y passera plus. [29] Et ils sauront que je suis l'Éternel, quand je réduirai le pays en désolation et en désert, à cause de toutes les abominations qu'ils ont commises. [30] Et toi, fils de l'homme, les enfants de ton peuple s'entretiennent à ton sujet, près des murs et aux portes des maisons. Ils conversent ensemble, chacun avec son frère, et ils disent: Allons écouter quelle est la parole qui est procédée de l'Éternel! [31] Et ils viennent vers toi en grande foule; mon peuple s'assied devant toi, et ils écoutent tes paroles, mais ne les mettent point en pratique. Ils en font dans leur bouche un objet de moquerie, et leur cœur se livre à la cupidité. [32] Voici, tu es pour eux une belle mélodie, un excellent musicien; ils écoutent tes paroles, mais ne les mettent point en pratique. [33] Mais quand ces choses arriveront, et voici qu'elles arrivent, ils sauront qu'il y avait un prophète au milieu d'eux.

34

[1] La parole de l'Éternel me fut adressée en ces termes: [2] Fils de l'homme, prophétise contre les pasteurs d'Israël; prophétise et dis-leur, aux pasteurs: Ainsi a dit le Seigneur,

l'Éternel: Malheur aux pasteurs d'Israël, qui ne paissaient qu'eux-mêmes! [3] N'est-ce pas le troupeau que les pasteurs doivent paître? Vous mangiez la graisse, et vous vous revêtiez de la laine; vous tuiez ce qui était gras, vous ne paissiez point le troupeau! [4] Vous n'avez pas fortifié les faibles, vous n'avez pas guéri les malades, vous n'avez point bandé les blessées; vous n'avez pas ramené les égarées, et n'avez pas cherché les perdues; mais vous les avez dominées avec dureté et rigueur. [5] Faute de pasteurs, elles se sont dispersées; elles ont été exposées à devenir la proie de toutes les bêtes des champs; elles se sont dispersées. [6] Mes brebis sont errantes sur toutes les montagnes et sur toutes les collines élevées; mes brebis sont dispersées sur toute la surface de la terre; personne ne s'en inquiète, personne ne s'en informe. [7] C'est pourquoi, pasteurs, écoutez la parole de l'Éternel: [8] Je suis vivant! dit le Seigneur, l'Éternel, parce que mes brebis sont livrées au pillage, parce que, faute de pasteurs, elles ont été exposées à devenir la proie de toutes les bêtes des champs, que mes pasteurs n'ont pris nul souci de mes brebis, mais se paissaient eux-mêmes au lieu de faire paître mes brebis; [9] A cause de cela, pasteurs, écoutez la parole de l'Éternel: [10] Ainsi a dit le Seigneur, l'Éternel: Voici, j'en veux à ces pasteurs, et je redemanderai mes brebis de leurs mains; je ne les laisserai plus paître mes brebis, et ils ne se paîtront plus eux-mêmes; mais je délivrerai mes brebis de leur bouche, afin qu'elles ne leur servent plus de pâture. [11] Car ainsi a dit le Seigneur, l'Éternel: Voici, je redemanderai mes brebis, et j'en ferai la revue. [12] Comme un pasteur inspecte son troupeau, lorsqu'il est au milieu de ses brebis éparses, ainsi je ferai la revue de mes brebis: je les recueillerai de tous les lieux où elles ont été dispersées, au jour des nuages et de l'obscurité. [13] Je les retirerai d'entre les peuples, je les rassemblerai des divers pays, je les ramènerai dans leur pays, et les ferai paître sur les montagnes d'Israël, dans les ravins et dans tous les lieux habités du pays. [14] Je les ferai paître dans de bons pâturages, et leur parc sera dans les hautes montagnes d'Israël; elles y reposeront dans un bon parc, et paîtront dans de gras pâturages sur les montagnes d'Israël. [15] Car moi-même je paîtrai mes brebis et les ferai reposer, dit le Seigneur, l'Éternel. [16] Je chercherai celle qui était perdue, je ramènerai l'égarée, je panserai la blessée et fortifierai la malade; mais je détruirai les grasses et les vigoureuses; car je les paîtrai avec justice. [17] Et vous, mes brebis, ainsi a dit le Seigneur, l'Éternel: Voici, je veux juger entre brebis et brebis, entre béliers et boucs. [18] Est-ce trop peu pour vous de paître dans un bon pâturage, que vous fouliez de vos pieds le reste de votre pâturage; de boire de belles eaux, que vous troubliez de vos pieds ce qui reste? [19] Et mes brebis doivent paître ce que foulent vos pieds, et ce que vous troublez de vos pieds! [20] C'est pourquoi, ainsi a dit le Seigneur, l'Éternel: Voici, je veux moi-même juger entre la brebis grasse et la brebis maigre. [21] Parce que vous avez poussé, du côté et de l'épaule, et heurté de vos cornes toutes celles qui sont languissantes, jusqu'à ce que vous les ayez chassées dehors, [22] Je sauverai mon troupeau, afin qu'il ne soit plus exposé au pillage, et je jugerai entre brebis et brebis. [23] J'établirai sur elles un seul pasteur qui les paîtra: David, mon serviteur; il les paîtra, et il sera lui-même leur pasteur; [24] Et moi l'Éternel, je serai leur Dieu, et David, mon serviteur, sera prince au milieu d'elles. Moi, l'Éternel, j'ai parlé. [25] Je traiterai avec elles une alliance de paix, et j'exterminerai du pays les bêtes sauvages; et mes brebis habiteront en sécurité au désert, et dormiront dans les bois. [26] Je les comblerai de bénédictions, elles et les environs de mon coteau; en sa saison je ferai tomber la pluie: ce seront des pluies de bénédiction. [27] Les arbres des champs produiront leur fruit, et la terre rapportera son revenu; elles seront en sécurité dans leur pays, et elles sauront que je suis l'Éternel, quand je briserai le bois de leur joug, et que je les délivrerai des mains de leurs oppresseurs. [28] Elles ne seront plus la proie des nations; les bêtes de la terre ne les dévoreront plus; elles demeureront en sécurité, sans que personne les épouvante. ²⁹ Je leur susciterai une plantation de renom; elles ne périront plus de faim dans le pays, et ne porteront plus l'opprobre des nations. ³⁰ Et ils sauront que moi, l'Éternel leur Dieu, suis avec elles, et qu'elles, la maison d'Israël, sont mon peuple, dit le Seigneur, l'Éternel. ³¹ Vous, mes brebis, les brebis de mon pâturage, vous êtes des hommes; je suis votre Dieu, dit le Seigneur, l'Éternel.

35

¹ La parole de l'Éternel me fut adressée en ces termes: ² Fils de l'homme, tourne ta face vers la montagne de Séir, et prohétise contre elle. ³ Dis-lui: Ainsi a dit le Seigneur, l'Éternel: Voici, j'en veux à toi, montagne de Séir; j'étends ma main sur toi, et te réduis en solitude et en désert! ⁴ Je réduirai tes villes en désert, tu seras une désolation, et tu sauras que je suis l'Éternel. ⁵ Parce que tu avais une inimitié éternelle, et que tu as livré à l'épée les enfants d'Israël, dans le temps de leur calamité, alors que leur iniquité était à son terme, ⁶ A cause de cela, je suis vivant! dit le Seigneur, l'Éternel, je te mettrai à sang, et le sang te poursuivra; parce que tu n'as point haï le sang, le sang te poursuivra! ⁷ Je réduirai en solitude et en désolation la montagne de Séir, et j'en retrancherai les allants et venants. ⁸ Je remplirai ses montagnes de blessés à mort; ceux que l'épée blesse à mort tomberont sur tes coteaux, dans tes vallées et dans tous tes ravins. ⁹ Je te réduirai en solitudes éternelles; tes villes ne seront plus habitées, et vous saurez que je suis l'Éternel. ¹⁰ Parce que tu as dit: "Les deux nations et les deux pays seront à moi, et nous nous en emparerons", bien que l'Éternel y soit, ¹¹ C'est pourquoi, je suis vivant! dit le Seigneur, l'Éternel, je te traiterai selon la colère et la fureur que tu as exercées dans tes inimitiés contre eux, et je me ferai connaître au milieu d'eux, quand je te jugerai. ¹² Sache que moi, l'Éternel, j'ai entendu les outrages que tu as proférés contre les montagnes d'Israël, en disant: Elles sont désolées, elles nous sont données comme une proie. ¹³ Et vous m'avez bravé par vos discours, et vous avez multiplié vos paroles contre moi; je l'ai entendu. ¹⁴ Ainsi a dit le Seigneur, l'Éternel: Lorsque toute la terre sera dans la joie, je te réduirai en désolation. ¹⁵ Puisque tu t'es réjouie de ce que l'héritage de la maison d'Israël ait été désolé, je te traiterai de même; tu seras désolée, montagne de Séir, avec l'Idumée tout entière, et l'on saura que je suis l'Éternel.

36

¹ Et toi, fils de l'homme, prophétise sur les montagnes d'Israël, et dis: Montagnes d'Israël, écoutez la parole de l'Éternel. ² Ainsi a dit le Seigneur, l'Éternel: Parce que les ennemis ont dit de vous: "Ah! ah! même les hauteurs éternelles sont devenues notre possession! " ³ A cause de cela prophétise, et dis: Ainsi a dit le Seigneur, l'Éternel: Parce que, oui, parce qu'on vous a réduites en désolation et englouties de toutes parts, afin que vous fussiez la propriété des autres nations, et que vous avez été l'objet des discours et des moqueries des peuples; ⁴ A cause de cela, montagnes d'Israël, écoutez la parole du Seigneur l'Éternel: Ainsi a dit le Seigneur, l'Éternel, aux montagnes et aux coteaux, aux ravins et aux vallées, aux lieux détruits et désolés, aux villes abandonnées, qui ont été livrées au pillage et aux moqueries des autres nations d'alentour; ⁵ A cause de cela, ainsi a dit le Seigneur, l'Éternel: Oui, dans l'ardeur de ma jalousie, je veux parler contre les autres nations, et contre l'Idumée tout entière, qui se sont arrogé la possession de mon pays, dans la joie de leur cœur et le mépris de leur âme, pour le mettre au pillage. ⁶ C'est pourquoi prophétise sur le pays d'Israël, dis aux montagnes et aux coteaux, aux ravins et aux vallées: Ainsi a dit le Seigneur, l'Éternel: Voici, je parle dans ma jalousie et dans ma colère, parce que vous portez l'ignominie des nations.

⁷ C'est pourquoi, ainsi a dit le Seigneur, l'Éternel: Je lève ma main: les nations qui vous entourent porteront elles-mêmes leur ignominie! ⁸ Mais vous, montagnes d'Israël, vous pousserez vos branches, vous porterez votre fruit pour mon peuple d'Israël, car ces choses sont près d'arriver. ⁹ Car, voici, je viens à vous, je me tournerai vers vous, vous serez cultivées et ensemencées. ¹⁰ Je multiplierai sur vous les hommes, la maison d'Israël tout entière; les villes seront habitées, et les lieux détruits rebâtis. ¹¹ Je multiplierai sur vous les hommes et les bêtes; ils se multiplieront et s'accroîtront, et je ferai que vous soyez habitées comme vous l'étiez autrefois, et je vous ferai plus de bien que jadis, et vous saurez que je suis l'Éternel. ¹² Je ferai venir sur vous des hommes, mon peuple d'Israël, qui te posséderont; tu seras leur héritage, et tu ne les priveras plus de leurs enfants.

¹³ Ainsi a dit le Seigneur, l'Éternel: Parce qu'on vous dit: "Tu dévores des hommes, et tu prives ta propre nation de ses enfants"; ¹⁴ À cause de cela tu ne dévoreras plus d'hommes, et tu ne priveras plus ta nation de ses enfants, dit le Seigneur, l'Éternel. ¹⁵ Je ne te ferai plus entendre les outrages des nations, tu ne porteras plus l'opprobre des peuples, et tu ne feras plus déchoir ta nation, dit le Seigneur, l'Éternel. ¹⁶ La parole de l'Éternel me fut encore adressée, en ces termes: ¹⁷ Fils de l'homme, ceux de la maison d'Israël, qui habitaient leur pays, l'ont souillé par leur conduite et leurs actions; leur voie est devenue devant moi comme la souillure d'une femme pendant son impureté. ¹⁸ Et j'ai répandu sur eux l'ardeur de ma colère, à cause du sang qu'ils ont répandu sur le pays, et parce qu'ils l'ont souillé par leurs idoles. ¹⁹ Je les ai dispersés parmi les nations, et ils ont été répandus en divers pays; je les ai jugés selon leur conduite et leurs actions. ²⁰ Et lorsqu'ils sont arrivés parmi les nations où ils allaient, ils ont profané mon saint nom, en sorte qu'on a dit d'eux: C'est le peuple de l'Éternel, et ils sont sortis de son pays! ²¹ Mais j'ai voulu épargner mon saint nom, que profanait la maison d'Israël parmi les nations où elle est allée. ²² C'est pourquoi dis à la maison d'Israël: Ainsi a dit le Seigneur, l'Éternel: Je n'agis pas de la sorte à cause de vous, maison d'Israël, mais à cause de mon saint nom, que vous avez profané parmi les nations où vous êtes allés. ²³ Je sanctifierai mon grand nom, qui a été profané parmi les nations, que vous avez profané au milieu d'elles; et les nations sauront que je suis l'Éternel, dit le Seigneur, l'Éternel, quand je serai sanctifié par vous, sous leurs yeux. ²⁴ Je vous retirerai d'entre les nations, et je vous rassemblerai de tous les pays, et je vous ramènerai dans votre pays. ²⁵ Je répandrai sur vous des eaux pures, et vous serez purifiés; je vous purifierai de toutes vos souillures et de toutes vos idoles. ²⁶ Je vous donnerai un cœur nouveau, et je mettrai en vous un esprit nouveau; j'ôterai de votre corps le cœur de pierre, et je vous donnerai un cœur de chair. ²⁷ Je mettrai en vous mon Esprit, et je ferai que vous marchiez dans mes statuts, et que vous gardiez mes ordonnances pour les pratiquer. ²⁸ Et vous habiterez dans le pays que j'ai donné à vos pères; vous serez mon peuple, et je serai votre Dieu. ²⁹ Je vous délivrerai de toutes vos souillures; j'appellerai le froment, et le multiplierai, et je ne vous enverrai plus la famine. ³⁰ Je multiplierai le fruit des arbres et le produit des champs, afin que vous ne portiez plus l'opprobre de la famine parmi les nations. ³¹ Vous vous souviendrez alors de votre mauvaise voie, et de vos actions qui n'étaient pas bonnes; vous aurez horreur de vous-mêmes, à cause de vos iniquités et de vos abominations. ³² Je ne le fais pas à cause de vous, dit le Seigneur, l'Éternel; sachez-le, soyez honteux et confus à cause de vos voies, maison d'Israël! ³³ Ainsi a dit le Seigneur, l'Éternel: Au jour où je vous purifierai de toutes vos iniquités, je ferai que vos villes soient habitées, et les lieux ruinés rebâtis. ³⁴ La terre désolée sera cultivée, tandis qu'elle était déserte aux yeux de tous les passants. ³⁵ Et ils diront: Cette terre désolée est devenue comme un jardin d'Éden; ces villes désolées, désertes et ruinées, sont fortifiées et habitées. ³⁶ Et les

nations d'alentour, qui seront demeurées de reste, sauront que moi, l'Éternel, j'ai rebâti les lieux détruits, et planté le pays désolé; moi, l'Éternel, je le dis, et je le ferai. ³⁷ Ainsi a dit le Seigneur, l'Éternel: Je me laisserai encore fléchir par la maison d'Israël, pour leur faire ceci: Je multiplierai les hommes comme un troupeau. ³⁸ Les villes désertes seront remplies de troupeaux d'hommes, pareils aux troupeaux consacrés, pareils aux troupeaux qu'on amène à Jérusalem durant ses fêtes solennelles; et ils sauront que je suis l'Éternel.

37

¹ La main de l'Éternel fut sur moi, et l'Éternel me fit sortir en esprit, et me posa au milieu d'une vallée pleine d'ossements. ² Il me fit passer près d'eux tout autour; et voici, ils étaient en fort grand nombre à la surface de cette vallée, et ils étaient complètement secs. ³ Et il me dit: Fils de l'homme, ces os pourraient-ils revivre? Je répondis: Seigneur Éternel, tu le sais. ⁴ Alors il me dit: Prophétise sur ces os, et dis-leur: Os secs, écoutez la parole de l'Éternel. ⁵ Ainsi a dit le Seigneur, l'Éternel à ces os: Voici, je vais faire entrer en vous l'esprit, et vous vivrez. ⁶ Je vous donnerai des nerfs; je ferai croître sur vous de la chair; je vous couvrirai de peau, je mettrai l'esprit en vous, et vous vivrez, et vous saurez que je suis l'Éternel. ⁷ Je prophétisai donc, comme il m'avait été commandé; et, dès que j'eus prophétisé, il se fit un bruit, et voici, un mouvement, et les os s'approchèrent les uns des autres. ⁸ Je regardai, et voici, il se forma des nerfs sur eux; il y crût de la chair, la peau les couvrit, mais il n'y avait point d'esprit en eux. ⁹ Alors il me dit: Prophétise à l'esprit, fils de l'homme; prophétise et dis à l'esprit: Ainsi a dit le Seigneur, l'Éternel: Esprit, viens des quatre vents, et souffle sur ces tués, afin qu'ils revivent. ¹⁰ Je prophétisai donc, comme il m'avait été commandé, et l'esprit entra en eux, et ils revécurent, et se tinrent sur leurs pieds. C'était une fort grande armée. ¹¹ Et il me dit: Fils de l'homme, ces os, c'est toute la maison d'Israël. Voici, ils disent: Nos os sont devenus secs, notre espérance est perdue, c'en est fait de nous! ¹² C'est pourquoi prophétise, et dis-leur: Ainsi a dit le Seigneur, l'Éternel: Voici, j'ouvrirai vos tombeaux, et vous ferai remonter de vos tombeaux, ô mon peuple, et je vous ferai rentrer dans le pays d'Israël. ¹³ Et vous saurez que je suis l'Éternel, quand j'ouvrirai vos tombeaux, et que je vous ferai remonter de vos tombeaux, ô mon peuple. ¹⁴ Je mettrai en vous mon esprit, et vous vivrez; je vous placerai dans votre pays, et vous saurez que moi, l'Éternel, j'ai parlé et agi, dit l'Éternel. ¹⁵ La parole de l'Éternel me fut adressée en ces termes: ¹⁶ Et toi, fils de l'homme, prends un morceau de bois et y écris: "Pour Juda et pour les enfants d'Israël, ses compagnons. " Prends un autre morceau de bois, et y écris: "Pour Joseph, bois d'Éphraïm et de toute la maison d'Israël qui lui est associée. " ¹⁷ Rapproche-les l'un de l'autre pour en faire une seule pièce, afin qu'ils soient unis dans ta main. ¹⁸ Et quand les enfants de ton peuple t'interrogeront, en disant: "Ne nous expliqueras-tu pas ce que tu veux dire par cette action? " ¹⁹ Dis-leur: Ainsi a dit le Seigneur, l'Éternel: Voici, je prendrai le bois de Joseph qui est dans la main d'Éphraïm et les tribus d'Israël, ses compagnes; je les joindrai au bois de Juda, pour en faire un seul bois, qui ne soit qu'un dans ma main. ²⁰ Les bois sur lesquels tu auras écrit seront dans ta main, sous leurs yeux. ²¹ Dis-leur: Ainsi a dit le Seigneur, l'Éternel: Voici, je vais prendre les enfants d'Israël du milieu des nations où ils sont allés; je les rassemblerai de toute part, et les ferai rentrer dans leur pays. ²² Je ferai d'eux une seule nation dans le pays, sur les montagnes d'Israël, et ils auront tous un seul et même roi; ils ne seront plus deux nations, et ne seront plus divisés en deux royaumes. ²³ Ils ne se souilleront plus par leurs idoles, ni par leurs infamies, ni par tous leurs péchés; je les retirerai de tous les lieux où ils habitent, et où ils ont péché; je les purifierai, ils seront mon peuple, et je

serai leur Dieu. [24] David mon serviteur régnera sur eux; ils auront tous un seul pasteur; ils marcheront dans mes ordonnances, et garderont mes statuts pour les pratiquer. [25] Ils habiteront dans le pays que j'ai donné à Jacob, mon serviteur, où vos pères ont habité; ils y habiteront, eux, leurs enfants et les enfants de leurs enfants, à toujours, et David, mon serviteur, sera leur prince à jamais. [26] Je traiterai avec eux une alliance de paix, et il y aura avec eux une alliance éternelle; je les établirai, et les multiplierai; je mettrai mon sanctuaire au milieu d'eux pour toujours. [27] Ma demeure sera au milieu d'eux; je serai leur Dieu, et ils seront mon peuple. [28] Et les nations sauront que je suis l'Éternel, qui sanctifie Israël, lorsque mon sanctuaire sera au milieu d'eux pour toujours.

38

[1] La parole de l'Éternel me fut adressée en ces termes: [2] Fils de l'homme, tourne ta face vers Gog, au pays de Magog, vers le prince de Rosh, de Méshec et de Tubal, et prophétise contre lui; [3] Et dis: Ainsi a dit le Seigneur, l'Éternel: Voici, j'en veux à toi, Gog, prince de Rosh, de Méshec et de Tubal; [4] Je t'entraînerai, et je mettrai une boucle à tes mâchoires, et je te ferai sortir avec toute ton armée, avec les chevaux et les cavaliers, tous parfaitement équipés, grande multitude armée d'écus et de boucliers, et tous maniant l'épée. [5] Ceux de Perse, d'Éthiopie, de Put, sont avec eux, portant tous des boucliers et des casques; [6] Gomer et toutes ses troupes, la maison de Togarma à l'extrême nord, avec toutes ses troupes, peuples nombreux qui t'accompagnent. [7] Sois prêt, prépare-toi, toi et toute la multitude assemblée avec toi; sois leur chef. [8] Après beaucoup de jours, tu seras sommé; dans la suite des années tu viendras en un pays délivré de l'épée et rassemblé d'entre plusieurs peuples, sur les montagnes d'Israël, longtemps désertes; maintenant tous ramenés d'entre les nations, ils y habitent en sécurité. [9] Tu t'avanceras, et tu viendras comme l'ouragan; comme une nuée tu couvriras le pays, toi, toutes tes troupes et les nombreux peuples qui sont avec toi. [10] Ainsi a dit le Seigneur, l'Éternel: En ces jours-là, des pensées monteront dans ton cœur, et tu formeras de mauvais desseins. [11] Tu diras: Je monterai contre ce pays de villes sans murailles; je fondrai sur des hommes tranquilles, en sécurité dans leurs demeures, habitant tous des villes sans murailles, sans barres, ni portes. [12] J'irai faire du butin et du pillage, mettre la main sur les lieux déserts qui ont été repeuplés, et sur le peuple ramené du milieu des nations, et qui soigne le bétail et ses biens, et habite au centre de la terre. [13] Shéba et Dédan, les marchands de Tarsis et ses lionceaux, te diront: Ne viens-tu pas pour enlever du butin, et n'as-tu pas assemblé ta multitude pour faire du pillage, pour emporter de l'argent et de l'or, pour prendre le bétail et les biens, pour enlever un grand butin? [14] C'est pourquoi, fils de l'homme, prophétise, et dis à Gog: Ainsi a dit le Seigneur, l'Éternel: Ne sauras-tu pas en ce jour-là qu'Israël, mon peuple, habite en sécurité? [15] Et pourtant tu viendras de ton pays, de l'extrême nord, toi et plusieurs peuples avec toi, tous gens de cheval, une grande multitude et une puissante armée. [16] Tu monteras contre mon peuple d'Israël, pareil à une nuée qui couvre le pays. Ce sera dans les derniers jours; je te ferai marcher contre mon pays, afin que les nations me connaissent, quand je serai sanctifié par toi sous leurs yeux, ô Gog! [17] Ainsi a dit le Seigneur, l'Éternel: N'est-ce pas de toi que j'ai parlé jadis, par le ministère de mes serviteurs les prophètes d'Israël, qui ont prophétisé alors pendant des années que je te ferai venir contre eux? [18] Mais, en ce jour-là, au jour où Gog marchera contre le pays d'Israël, dit le Seigneur, l'Éternel, la colère me montera au visage. [19] Je le dis dans ma jalousie, dans l'ardeur de ma colère: oui, en ce jour-là, il y aura un grand trouble dans le pays d'Israël. [20] Les poissons de la mer, les oiseaux des cieux, les bêtes des champs et tout reptile qui rampe sur la terre, et tous les hommes qui sont sur la face de la terre, trembleront devant moi; les montagnes seront renversées, les rochers

escarpés tomberont, et toutes les murailles s'écrouleront par terre. ²¹ Et j'appellerai contre lui l'épée sur toutes mes montagnes, dit le Seigneur, l'Éternel; l'épée de chacun se tournera contre son frère. ²² Et j'entrerai en jugement avec lui par la peste et par le sang; je ferai pleuvoir sur lui, sur ses troupes, et sur les grands peuples qui l'accompagnent, une pluie violente, des grêlons, du feu et du soufre. ²³ Et je me glorifierai, et je me sanctifierai, et je me ferai connaître aux yeux de nations nombreuses, et elles sauront que je suis l'Éternel.

39

¹ Et toi, fils de l'homme, prophétise contre Gog, et dis: Ainsi a dit le Seigneur, l'Éternel: Voici, j'en veux à toi, ô Gog, prince de Rosh, de Méshec et de Tubal. ² Je te conduirai, je t'entraînerai, je te ferai monter de l'extrême nord, et je t'amènerai sur les montagnes d'Israël. ³ J'abattrai ton arc de ta main gauche, et ferai tomber tes flèches de ta main droite. ⁴ Tu tomberas sur les montagnes d'Israël, toi et toutes tes troupes, et les peuples qui t'accompagnent; je t'ai livré en pâture aux oiseaux de proie, à tous les oiseaux et aux bêtes des champs. ⁵ Tu tomberas sur la surface de la terre, car j'ai parlé, dit le Seigneur, l'Éternel. ⁶ Et j'enverrai le feu dans Magog, et parmi ceux qui habitent en sécurité dans les îles, et ils sauront que je suis l'Éternel. ⁷ Je ferai connaître mon saint nom au milieu de mon peuple d'Israël, et je ne profanerai plus mon saint nom, et les nations sauront que je suis l'Éternel, le Saint d'Israël. ⁸ Voici, ces choses arrivent; elles se réalisent, dit le Seigneur, l'Éternel; c'est le jour dont j'ai parlé. ⁹ Les habitants des villes d'Israël sortiront, allumeront et brûleront les armes, les boucliers et les écus, les arcs et les flèches, les lances et les javelines, et ils en feront du feu pendant sept ans. ¹⁰ On n'apportera point de bois des champs, on n'en coupera point dans les forêts, parce qu'ils feront du feu avec ces armes; ils dépouilleront ceux qui les avaient dépouillés, et pilleront ceux qui les avaient pillés, dit le Seigneur, l'Éternel. ¹¹ En ce jour-là, je donnerai à Gog une sépulture en Israël, la vallée des passants, à l'orient de la mer; et cette sépulture bornera le chemin aux passants. C'est là qu'on enterrera Gog et toute sa multitude; et on appellera cette vallée, la vallée d'Hamon-Gog (de la multitude de Gog). ¹² La maison d'Israël les enterrera pendant sept mois, afin de purifier le pays; ¹³ Et tout le peuple du pays les enterrera, et il en aura du renom, au jour où je me glorifierai, dit le Seigneur, l'Éternel. ¹⁴ Ils mettront à part des gens qui ne feront que parcourir le pays et qui, avec les passants, enterreront ceux qui seront restés à la surface de la terre, afin de la purifier, et pendant sept mois entiers ils seront à la recherche. ¹⁵ Et si, en parcourant le pays, ils arrivent à voir des ossements d'hommes, ils dresseront près d'eux un signal, jusqu'à ce que les enterreurs les aient enterrés dans la vallée d'Hamon-Gog. ¹⁶ Il y aura aussi une ville appelée Hamona (multitude). Ainsi l'on purifiera le pays. ¹⁷ Et toi, fils de l'homme, ainsi a dit le Seigneur, l'Éternel: Dis aux oiseaux de toute espèce, et à toutes les bêtes des champs: Assemblez-vous, venez, réunissez-vous de toute part, pour le sacrifice que je fais pour vous, un grand sacrifice sur les montagnes d'Israël. Vous mangerez de la chair, et vous boirez du sang. ¹⁸ Vous mangerez la chair des héros, vous boirez le sang des princes de la terre; des béliers, des agneaux, des boucs, tous engraissés en Bassan. ¹⁹ Vous mangerez de la graisse jusqu'à en être rassasiés, et vous boirez du sang jusqu'à vous enivrer, au sacrifice que je ferai pour vous. ²⁰ Vous serez rassasiés à ma table, des chevaux et des cavaliers, des héros et de tous les hommes de guerre, dit le Seigneur, l'Éternel. ²¹ Je manifesterai ma gloire parmi les nations, et toutes les nations verront mon jugement, que j'exercerai, et comment je leur ferai sentir ma main. ²² Et la maison d'Israël saura que je suis l'Éternel, leur Dieu, dès ce jour et à l'avenir. ²³ Et

les nations sauront que la maison d'Israël a été transportée en captivité à cause de ses iniquités, parce qu'ils ont péché contre moi. Aussi j'ai caché ma face devant eux, et je les ai livrés entre les mains de leurs ennemis, afin que tous ils tombent par l'épée. [24] Je les ai traités selon leurs souillures et selon leur crime, et j'ai caché ma face devant eux. [25] C'est pourquoi, ainsi a dit le Seigneur, l'Éternel: Maintenant je ramènerai les captifs de Jacob, et j'aurai pitié de toute la maison d'Israël, et je serai jaloux de mon saint nom. [26] Ils auront supporté leur ignominie, et tous les péchés dont ils se sont rendus coupables envers moi, lorsqu'ils demeureront en sécurité dans leur pays, sans que personne les épouvante. [27] Lorsque je les ramènerai d'entre les peuples, et que je les rassemblerai des pays de leurs ennemis, je serai sanctifié par eux aux yeux de beaucoup de nations. [28] Et ils sauront que je suis l'Éternel leur Dieu, lorsqu'après les avoir transportés parmi les nations, je les aurai réunis dans leur pays, sans en laisser aucun en arrière. [29] Et je ne cacherai plus ma face devant eux, car je répandrai mon Esprit sur la maison d'Israël, dit le Seigneur, l'Éternel.

40

[1] La vingt-cinquième année de notre captivité, au commencement de l'année, le dixième jour du mois, quatorze ans après la prise de la ville, en ce même jour, la main de l'Éternel fut sur moi, et il m'y transporta. [2] Il m'amena, en visions divines, au pays d'Israël, et me plaça sur une montagne fort haute, sur laquelle, du côté du sud, se trouvaient comme les bâtiments d'une ville. [3] Et après qu'il m'y eut fait entrer, voici un homme dont l'aspect était semblable à celui de l'airain; il tenait en sa main un cordeau de lin et une canne à mesurer, et il était debout à la porte. [4] Cet homme me dit: Fils de l'homme, regarde de tes yeux, et écoute de tes oreilles, et fais attention à tout ce que je vais te montrer. Tu as été amené ici afin que je te les montre. Fais connaître à la maison d'Israël tout ce que tu vas voir. [5] Et voici, il y avait un mur extérieur, entourant la maison de tous côtés. Et l'homme, qui avait à la main une canne à mesurer de six coudées, chaque coudée mesurant une palme de plus que la coudée usuelle, mesura la largeur de la construction, qui était d'une canne, et la hauteur qui était d'une canne. [6] Il alla vers la porte orientale, et en monta les degrés, pour mesurer le seuil de la porte, qui avait une canne de largeur; et l'autre seuil avait une canne de largeur. [7] Chaque chambre était longue d'une canne, et large d'une canne; et entre les chambres il y avait un espace de cinq coudées; et le seuil de la porte, près du vestibule de la porte, à l'intérieur, avait une canne. [8] Il mesura le vestibule de la porte, à l'intérieur: il avait une canne; [9] Il mesura le vestibule de la porte: il avait huit coudées, et ses poteaux deux coudées; c'était le vestibule de la porte, à l'intérieur. [10] Les chambres de la porte orientale étaient au nombre de trois de chaque côté, toutes trois de même grandeur, et les poteaux de chaque côté avaient une même mesure. [11] Il mesura la largeur de l'ouverture de la porte, c'étaient dix coudées, et sa hauteur, qui était de treize coudées. [12] Devant les chambres, il y avait un espace d'une coudée, de côté et d'autre; et chaque chambre avait six coudées d'un côté, et six de l'autre. [13] Il mesura la porte, depuis le toit d'une chambre jusqu'au toit de l'autre, ce qui donnait une largeur de vingt-cinq coudées entre les deux ouvertures opposées. [14] Puis il fit soixante coudées pour les poteaux; et près des poteaux, un parvis tout autour de la porte. [15] L'espace entre la porte d'entrée et le vestibule de la porte intérieure, était de cinquante coudées. [16] Il y avait des fenêtres grillées aux chambres et à leurs poteaux, à l'intérieur de la porte, tout autour, de même qu'aux vestibules; les fenêtres étaient tout autour, à l'intérieur; et sur les poteaux étaient sculptées des palmes. [17] Puis il me conduisit dans le parvis extérieur, où je vis des chambres, et un dallage posé tout autour du parvis; sur ce dallage se trouvaient trente chambres. [18] Le dallage s'étendait sur les

côtés des portes, et répondait à leur longueur; c'était le dallage inférieur. ¹⁹ Il mesura la largeur depuis le devant de la porte inférieure, jusque devant le parvis intérieur, au-dehors, cent coudées à l'Orient et au Nord. ²⁰ Il mesura la longueur et la largeur de la porte septentrionale du parvis extérieur. ²¹ Ses chambres, au nombre de trois par côté, et ses poteaux, et son vestibule, avaient la même mesure que la première porte: cinquante coudées en longueur, et vingt-cinq en largeur. ²² Ses fenêtres, son vestibule et ses palmes, avaient les mêmes mesures que la porte orientale; on y montait par sept degrés, en face desquels était son vestibule. ²³ Et vis-à-vis de la porte septentrionale et de la porte orientale, se trouvait la porte du parvis intérieur; d'une porte à l'autre il mesura cent coudées. ²⁴ Après cela il me conduisit du côté du Sud, où je vis la porte méridionale; il en mesura les poteaux et les vestibules, qui avaient la même mesure. ²⁵ Cette porte et ses vestibules avaient des fenêtres tout autour, semblables aux fenêtres précédentes; et sa longueur était de cinquante coudées, et sa largeur de vingt-cinq. ²⁶ On y montait par sept degrés, en face desquels se trouvait un vestibule; de chaque côté, il y avait des palmes sur ses poteaux. ²⁷ Le parvis intérieur avait une porte au Midi, et il mesura d'une porte à l'autre, du côté du Midi, cent coudées. ²⁸ Puis il me fit entrer au parvis intérieur par la porte du Midi; il mesura la porte du Midi; elle avait les mêmes mesures. ²⁹ Ses chambres, ses poteaux et ses vestibules avaient les mêmes mesures. Cette porte et ses vestibules avaient des fenêtres tout autour; la longueur en était de cinquante coudées, et la largeur de vingt-cinq. ³⁰ Tout autour était un vestibule de vingt-cinq coudées de long, et de cinq de large. ³¹ Les vestibules de la porte arrivaient au parvis extérieur; il y avait des palmes à ses poteaux, et huit degrés pour y monter. ³² Ensuite il me fit entrer au parvis intérieur du côté de l'Orient; et il en mesura la porte qui avait les mêmes mesures. Ses chambres, ses poteaux et son vestibule avaient les mêmes mesures, et cette porte et ses vestibules avaient des fenêtres tout autour. ³³ La longueur en était de cinquante coudées, et la largeur de vingt-cinq. ³⁴ Les vestibules de la porte arrivaient au parvis extérieur; il y avait des palmes à ses poteaux, de chaque côté, et huit degrés pour y monter. ³⁵ Puis il me mena vers la porte du Nord, et la mesura; elle avait les mêmes mesures, ainsi que ses chambres, ses poteaux et ses vestibules; ³⁶ Il y avait des fenêtres tout autour; et la longueur en était de cinquante coudées, et la largeur de vingt-cinq; ³⁷ Ses vestibules arrivaient au parvis extérieur; il y avait des palmes sur ses poteaux, de chaque côté, et huit degrés pour y monter. ³⁸ Il y avait une chambre qui avait ses ouvertures du côté des poteaux des portes; c'est là qu'on lavait les holocaustes. ³⁹ Dans le vestibule de la porte se trouvaient deux tables, de chaque côté, pour y égorger les holocaustes pour le sacrifice pour le péché, et pour le sacrifice pour le délit. ⁴⁰ A l'un des côtés extérieurs, là où l'on montait, à l'entrée de la porte du Nord, étaient deux tables; à l'autre côté, vers le vestibule de la porte, deux tables. ⁴¹ Ainsi, quatre tables d'un côté, quatre tables de l'autre, aux côtés de la porte; ce qui fait huit tables, sur lesquelles on égorgeait les victimes. ⁴² Il y avait encore quatre tables pour l'holocauste, en pierre de taille, longues d'une coudée et demie, larges d'une coudée et demie, et hautes d'une coudée. On y déposait les instruments avec lesquels on égorgeait les victimes pour les holocaustes et les autres sacrifices. ⁴³ A la maison, tout autour, étaient fixés des crochets, larges d'une paume; et la chair des oblations devait être déposée sur les tables. ⁴⁴ En dehors de la porte intérieure étaient deux chambres pour les chantres, dans le parvis intérieur; l'une était à côté de la porte du Nord, et regardait le Midi; l'autre à côté de la porte Orientale, et regardait le Nord. ⁴⁵ Il me dit: La chambre qui regarde le Midi, est pour les sacrificateurs qui font le service de la maison; ⁴⁶ La chambre qui regarde le Nord, est pour les sacrificateurs qui font le service de l'autel. Ce sont les fils de Tsadok, qui, parmi les fils de Lévi, s'approchent de l'Éternel pour faire son service. ⁴⁷ Et il mesura le parvis; il avait cent coudées de long, et cent coudées de large, en carré; l'autel se trouvait devant la maison. [48] Ensuite il me fit entrer dans le vestibule de la maison, et en mesura les poteaux, cinq coudées de chaque côté; la largeur de la porte était de trois coudées, de chaque côté. [49] Le vestibule avait vingt coudées de long, et onze de large; on y montait par des degrés, et près des poteaux se trouvaient des colonnes, l'une d'un côté, l'autre de l'autre.

41

[1] Puis il me fit entrer dans le temple, et en mesura les poteaux; il y avait six coudées de largeur d'un côté, et six de l'autre; c'était la largeur du tabernacle. [2] La largeur de la porte était de dix coudées: cinq coudées d'un côté, cinq de l'autre. Il mesura la longueur du temple: quarante coudées; et la largeur: vingt coudées. [3] Il entra dans l'intérieur, et mesura les poteaux de la porte: deux coudées; la hauteur de la porte: six coudées; et la largeur de la porte: sept coudées. [4] Il mesura une longueur de vingt coudées, et une largeur de vingt coudées sur le devant du temple, et me dit: C'est ici le lieu très-saint. [5] Ensuite il mesura la muraille de la maison: six coudées; la largeur des chambres latérales tout autour de la maison: quatre coudées. [6] Les chambres latérales étaient en trois étages, trente par étage; elles entraient dans une muraille construite tout autour de la maison, où elles s'appuyaient sans entrer dans le mur de la maison. [7] Plus les chambres s'élevaient, plus le mur d'enceinte devenait large; car il y avait une galerie tout autour de la maison, à chaque étage supérieur; ainsi la largeur de la maison était plus grande vers le haut, et l'on montait de l'étage inférieur à l'étage supérieur par celui du milieu. [8] Et je considérai la hauteur, tout autour de la maison; depuis les fondements des chambres latérales, il y avait une canne entière, six grandes coudées. [9] L'épaisseur de la muraille extérieure des chambres latérales était de cinq coudées. [10] L'espace libre entre les chambres latérales de la maison et les chambres autour de la maison, était large de vingt coudées tout autour de la maison. [11] L'entrée des chambres latérales donnait sur l'espace libre: une entrée du côté du Nord, une du côté du Sud; et la largeur de l'espace libre était de cinq coudées tout autour. [12] Le bâtiment qui était devant l'espace libre, vers l'Occident, était large de soixante et dix coudées; la muraille tout autour était épaisse de cinq coudées, et longue de quatre-vingt-dix. [13] Puis il mesura la maison, qui était longue de cent coudées; et l'espace libre, avec ses bâtiments et ses murailles, avait une longueur de cent coudées. [14] La largeur de la face de la maison, avec l'espace libre du côté de l'Orient, était de cent coudées. [15] Il mesura ensuite la longueur du bâtiment devant l'espace libre, sur le derrière, ainsi que les galeries de chaque côté: cent coudées. [16] Et le temple intérieur et les vestibules du parvis, les seuils, les fenêtres grillées, les galeries du pourtour, dans leurs trois étages en face des seuils, étaient recouverts d'un lambris de bois, tout autour; [17] Depuis le sol aux fenêtres fermées, le dessus de la porte, l'intérieur de la maison et le dehors, toute la muraille du pourtour, à l'intérieur et à l'extérieur, tout avait les mêmes dimensions. [18] On y avait sculpté des chérubins et des palmes, une palme entre deux chérubins; chaque chérubin avait deux faces, [19] Un visage humain d'un côté vers la palme, un visage de lion de l'autre côté vers la palme; telles étaient les sculptures de toute la maison, tout autour. [20] Du sol jusqu'au-dessus de la porte, il y avait des chérubins et des palmes sculptés, ainsi que sur la muraille du temple. [21] Les poteaux du temple étaient carrés, et la façade du lieu très-saint avait le même aspect. [22] L'autel était de bois, haut de trois coudées, long de deux. Ses angles, sa longueur et ses côtés, étaient de bois. Il me dit: C'est ici la table qui est devant l'Éternel. [23] Le temple et le lieu très-saint avaient deux portes; [24] Les deux portes avaient deux battants qui se repliaient, deux battants pour une porte, deux pour l'autre. [25] Des chérubins et des palmes étaient sculptés sur les portes du temple, comme sur les murs. Sur le devant du vestibule, en dehors, se trouvait un entablement de bois. [26] Il y avait également des fenêtres grillées,

et des palmes de part et d'autre, aux côtés du vestibule, aux chambres latérales de la maison et aux entablements.

42

[1] Puis il me fit sortir vers le parvis extérieur, dans la direction du Nord, et me fit entrer dans les chambres qui se trouvaient en face de l'espace vide, vis-à-vis du bâtiment du côté du Nord. [2] Sur la face où se trouvait l'entrée du côté du Nord, il y avait une longueur de cent coudées, et la largeur était de cinquante. [3] C'était en face des vingt coudées du parvis intérieur, vis-à-vis du dallage du parvis extérieur, là où étaient les galeries des trois étages. [4] Devant les chambres, à l'intérieur, il y avait une allée large de dix coudées, et un corridor d'une coudée; leurs portes étaient tournées du côté du Nord. [5] Les chambres supérieures étaient plus étroites que les inférieures et que celles du milieu, parce que les galeries leur ôtaient de l'espace. [6] Il y avait trois étages, mais pas de colonnes comme celles des parvis; c'est pourquoi, depuis le sol, les chambres inférieures et celles du milieu étaient plus étroites. [7] Le mur extérieur parallèle aux chambres, dans la direction du parvis extérieur, devant les chambres, avait cinquante coudées de longueur; [8] Car la longueur des chambres, du côté du parvis extérieur, était de cinquante coudées, tandis qu'en face du temple elles avaient cent coudées. [9] Au bas de ces chambres se trouvait l'entrée orientale, quand on y venait depuis le parvis extérieur. [10] Il y avait des chambres sur la largeur du mur du parvis, du côté de l'Orient, en face de l'espace libre et du bâtiment. [11] Devant elles était une allée, comme devant les chambres septentrionales; elles avaient la même longueur et la même largeur, toutes les mêmes sorties, les mêmes dispositions et les mêmes entrées. [12] Il en était de même des portes des chambres méridionales. A l'entrée de l'allée, de l'allée en face du mur oriental correspondant, se trouvait une porte par où l'on entrait. [13] Et il me dit: Les chambres du Nord et celles du Midi, en face de l'entrée libre, sont les chambres saintes, celles où les sacrificateurs qui s'approchent de l'Éternel mangeront les choses très saintes. Ils y déposeront les choses très saintes, savoir les offrandes, les victimes pour le péché, les victimes pour le délit, car ce lieu est saint. [14] Quand les sacrificateurs y seront entrés, ils ne sortiront pas du lieu saint au parvis extérieur; mais ils déposeront là les vêtements avec lesquels ils font le service, parce qu'ils sont sacrés, et ils mettront d'autres vêtements pour s'approcher du peuple. [15] Après avoir achevé les mesures de la maison intérieure, il me fit sortir par le chemin de la porte orientale, et il mesura l'enceinte tout autour. [16] Il mesura le côté de l'Orient avec la canne à mesurer; il y avait tout autour cinq cents cannes, de la canne à mesurer. [17] Il mesura le côté septentrional: cinq cents cannes, de la canne à mesurer, tout autour. [18] Il mesura le côté du Midi: cinq cents cannes, de la canne à mesurer. [19] Il se tourna vers le côté occidental pour le mesurer; il y avait cinq cents cannes de la canne à mesurer. [20] Il mesura de quatre côtés le mur qui entourait la maison: cinq cents cannes de long, et cinq cents cannes en largeur; il servait à séparer le saint et le profane.

43

[1] Ensuite il me conduisit vers la porte, vers la porte orientale; et voici, la gloire du Dieu d'Israël s'avançait de l'Orient; [2] Sa voix était semblable au bruit des grandes eaux, et la terre resplendissait de sa gloire. [3] La vision que j'eus alors était semblable à celle que j'avais eue, lorsque j'étais venu pour détruire la ville, et ces visions étaient comme celles que j'avais eues près du fleuve du Kébar; et je me prosternai sur ma face. [4] La gloire de l'Éternel entra dans la maison par le chemin de la porte orientale, [5] Et l'Esprit m'enleva, et me fit entrer dans le parvis intérieur; et voici, la gloire de l'Éternel remplissait la maison. [6] J'entendis quelqu'un qui me parlait depuis la maison, et un homme se tenait près de moi. [7] Et il me dit: Fils de l'homme, c'est ici le lieu de mon trône, le lieu de la plante de mes

pieds, où j'établirai à jamais ma demeure parmi les enfants d'Israël. La maison d'Israël, ni ses rois, ne souilleront plus mon saint nom par leurs prostitutions, ni par les cadavres de leurs rois sur leurs hauts lieux. ⁸ Ils mettaient leur seuil près de mon seuil, leur poteau tout près de mon poteau, tellement qu'il n'y avait plus qu'une paroi entre moi et eux; ils ont souillé mon saint nom par les abominations qu'ils ont commises; et dans ma colère je les ai consumés. ⁹ Maintenant ils éloigneront de moi leurs prostitutions et les cadavres de leurs rois, et j'établirai à jamais ma demeure au milieu d'eux. ¹⁰ Toi, fils de l'homme, montre cette maison à la maison d'Israël; qu'ils soient confus de leurs iniquités; qu'ils mesurent le plan de cette maison. ¹¹ Quand ils seront confus de tout ce qu'ils ont fait, explique-leur la forme de cette maison, sa disposition, ses sorties, ses entrées, tous ses dessins, toutes ses dispositions, toutes ses ordonnances et toutes ses lois. Fais-en une description sous leurs yeux, afin qu'ils observent ses dispositions et ses ordonnances, et qu'ils s'y conforment. ¹² Voici la loi de la maison: toute son enceinte, au sommet de la montagne, est un lieu saint. Telle est la loi de la maison. ¹³ Voici les mesures de l'autel, en coudées dont chacune a une palme de plus que la coudée usuelle. La base aura une coudée de haut, et une de large; le rebord qui en fait le tour sera d'un empan; c'est le support de l'autel. ¹⁴ Depuis la base sur le sol jusqu'à l'encadrement inférieur, il y aura deux coudées, et une coudée de largeur; depuis le petit au grand encadrement, quatre coudées, et une de largeur. ¹⁵ L'âtre aura quatre coudées, et de l'âtre s'élèveront quatre cornes. ¹⁶ L'âtre aura douze coudées de longueur, sur douze de large, un carré par ses quatre côtés. ¹⁷ L'encadrement aura quatorze coudées de long, quatorze de large à ses quatre côtés; il aura tout autour un rebord d'une demi-coudée; la base aura une coudée tout autour, et ses degrés regarderont l'Orient. ¹⁸ Et il me dit: Fils de l'homme, ainsi a dit le Seigneur, l'Éternel: Voici les ordonnances concernant l'autel, dès le jour qu'il aura été fait, afin qu'on y offre l'holocauste et qu'on y répande le sang. ¹⁹ Tu donneras aux sacrificateurs Lévites, qui sont de la race de Tsadok et qui s'approchent de moi pour me servir, dit le Seigneur, l'Éternel, un jeune taureau pour le sacrifice pour le péché. ²⁰ Tu prendras de son sang, et en mettras sur les quatre cornes et les quatre angles de l'encadrement, sur le rebord tout autour, pour purifier l'autel et faire l'expiation pour lui. ²¹ Tu prendras le taureau du sacrifice pour le péché, et on le brûlera au lieu réservé de la maison, en dehors du sanctuaire. ²² Le second jour, tu offriras un bouc sans défaut, pour le péché, pour purifier l'autel, comme on l'aura purifié avec le taureau. ²³ Lorsque tu auras achevé la purification, tu offriras un jeune taureau sans défaut, et un bélier sans défaut, pris dans le troupeau. ²⁴ Tu les offriras devant l'Éternel, et les sacrificateurs jetteront du sel dessus, et les offriront en holocauste à l'Éternel. ²⁵ Durant sept jours, tu sacrifieras un bouc chaque jour, en sacrifice pour le péché; et on sacrifiera un jeune taureau, et un bélier sans défaut, pris dans le troupeau. ²⁶ Durant sept jours on fera l'expiation pour l'autel; on le purifiera, on le consacrera. ²⁷ Après que ces jours seront écoulés, depuis le huitième jour et dans la suite, lorsque les sacrificateurs sacrifieront sur cet autel vos holocaustes et vos sacrifices de prospérités, je vous serai favorable, dit le Seigneur, l'Éternel.

44

¹ Puis il me ramena au chemin de la porte extérieure du sanctuaire, celle de l'Orient. Elle était fermée. ² L'Éternel me dit: Cette porte sera fermée, et ne sera point ouverte; personne n'entrera par elle, parce que l'Éternel, le Dieu d'Israël est entré par elle; elle demeurera fermée. ³ Le prince seul, parce qu'il est prince, pourra s'y asseoir pour manger le pain devant l'Éternel; il entrera par le chemin du vestibule de la porte, et sortira par le même chemin. ⁴ Et il me conduisit au chemin de la porte du Nord, jusque

sur le devant de la maison; et je regardai, et voici, la gloire de l'Éternel remplissait la maison de l'Éternel, et je tombai sur ma face. ⁵ Alors l'Éternel me dit: Fils de l'homme, fais attention, regarde de tes yeux, et écoute de tes oreilles tout ce que je vais te dire, toutes les ordonnances de la maison de l'Éternel, et toutes ses lois; considère avec soin l'entrée de la maison et toutes les sorties du sanctuaire. ⁶ Et tu diras aux rebelles, à la maison d'Israël: Ainsi a dit le Seigneur, l'Éternel: Maison d'Israël, j'ai assez de toutes vos abominations! ⁷ Vous avez fait entrer les enfants de l'étranger, incirconcis de cœur et incirconcis de chair, pour être dans mon sanctuaire et pour profaner ma maison, quand vous offriez mon pain, la graisse et le sang, et vous avez violé mon alliance avec toutes vos abominations. ⁸ Vous n'avez point fait le service de mon sanctuaire; mais vous les avez établis à votre place, pour faire le service de mon sanctuaire. ⁹ Ainsi a dit le Seigneur, l'Éternel: Aucun fils d'étranger, incirconcis de cœur et incirconcis de chair, n'entrera dans mon sanctuaire, aucun de tous les fils d'étrangers qui se trouvent au milieu des enfants d'Israël. ¹⁰ En outre, les Lévites qui se sont éloignés de moi, lorsque Israël s'est égaré, et qui se sont détournés de moi pour suivre leurs idoles, porteront leur iniquité. ¹¹ Ils serviront dans mon sanctuaire, comme gardes aux portes de la maison; ils feront le service de la maison; ils égorgeront pour le peuple l'holocauste et les autres sacrifices; et ils se tiendront devant lui pour le servir. ¹² Parce qu'ils l'ont servi devant ses idoles, et qu'ils ont fait tomber la maison d'Israël dans l'iniquité, à cause de cela j'ai levé ma main contre eux, dit le Seigneur, l'Éternel: ils porteront leur iniquité. ¹³ Ils ne s'approcheront pas de moi pour exercer mon sacerdoce; ils ne s'approcheront ni de mon sanctuaire, ni de mes lieux très saints; mais ils porteront leur ignominie et la peine des abominations qu'ils ont commises; ¹⁴ Je les établirai pour avoir la garde de la maison, pour en faire tout le service et tout ce qui s'y fait. ¹⁵ Mais, pour les sacrificateurs Lévites, fils de Tsadok, qui ont fait le service de mon sanctuaire, lorsque les enfants d'Israël se sont égarés loin de moi, ils s'approcheront de moi pour faire mon service, et ils se tiendront devant moi, pour m'offrir de la graisse et du sang, dit le Seigneur, l'Éternel. ¹⁶ Ceux-là entreront dans mon sanctuaire, ceux-là s'approcheront de ma table, pour me servir, et ils feront mon service. ¹⁷ Lorsqu'ils entreront par les portes du parvis intérieur, ils auront à se vêtir de vêtements de lin; ils n'auront point de laine sur eux, pendant qu'ils feront le service aux portes du parvis intérieur et dans la maison. ¹⁸ Ils auront des tiares de lin sur la tête, des caleçons de lin sur les reins, et ne se ceindront point de manière à exciter la sueur. ¹⁹ Mais quand ils sortiront au parvis extérieur, au parvis extérieur vers le peuple, ils quitteront leurs vêtements de service, les déposeront dans les chambres saintes, et se revêtiront d'autres vêtements, afin de ne pas sanctifier le peuple par leurs vêtements. ²⁰ Ils ne se raseront pas la tête, et ne laisseront pas croître leurs cheveux; mais ils couperont leur chevelure. ²¹ Aucun sacrificateur ne boira de vin, lorsqu'il entrera dans le parvis intérieur. ²² Ils ne prendront point pour femme une veuve ou une répudiée; mais ils prendront des vierges, de la race de la maison d'Israël, ou une veuve qui soit veuve d'un sacrificateur. ²³ Ils enseigneront à mon peuple la différence entre le sacré et le profane; ils lui feront connaître la différence entre ce qui est souillé et ce qui est pur. ²⁴ Quand il surviendra quelque procès, ils présideront au jugement, et jugeront selon le droit que j'ai établi; ils garderont mes lois et mes statuts dans toutes mes solennités, et sanctifieront mes sabbats. ²⁵ Aucun sacrificateur n'ira vers un homme mort, de peur d'en être souillé; toutefois ils pourront se souiller pour un père, pour une mère, pour un fils, pour une fille, pour un frère, et pour une sœur qui n'aura point eu de mari. ²⁶ Après qu'il se sera purifié, on lui comptera sept jours. ²⁷ Le jour où il entrera dans le lieu saint, au parvis intérieur, pour faire le sacrifice dans le lieu saint, il offrira un sacrifice pour son péché, dit le Seigneur, l'Éternel. ²⁸ Ils auront un héritage; je serai leur héritage. Vous ne leur donnerez aucune possession en Israël; je serai leur possession. [29] Ils se nourriront des offrandes, des sacrifices pour le péché et le délit, et tout l'interdit en Israël leur appartiendra. [30] Les prémices de toutes les sortes de produits, toutes les offrandes présentées en élévation, appartiendront aux sacrificateurs; vous donnerez aux sacrificateurs les prémices de votre pâte, afin de faire reposer la bénédiction sur la maison de chacun de vous. [31] Les sacrificateurs ne mangeront la chair d'aucune bête morte d'elle-même ou déchirée, soit oiseau, soit bétail.

45

[1] Quand vous partagerez par le sort le pays en héritage, vous prélèverez comme offrande à l'Éternel une portion du pays, qui sera sacrée; elle sera de vingt-cinq mille cannes de long, et de dix mille de large; elle sera sacrée dans toute son étendue. [2] Dans cette portion, il y aura, pour le sanctuaire, cinq cents cannes sur cinq cents, formant un carré, autour duquel il y aura un rayon libre de cinquante coudées. [3] Sur cet espace, de vingt-cinq mille en longueur et de dix mille en largeur, tu mesureras un emplacement pour le sanctuaire, le lieu très-saint. [4] Ce sera la portion sainte du pays; elle appartiendra aux sacrificateurs qui font le service du sanctuaire, qui s'approchent de l'Éternel pour faire son service; ce sera un emplacement pour leurs maisons, et un lieu très saint pour le sanctuaire. [5] Vingt-cinq mille cannes en longueur, dix mille en largeur, appartiendront aux Lévites qui font le service de la maison; ce sera leur possession, avec vingt chambres. [6] Pour la possession de la ville, vous prendrez cinq mille cannes en largeur, et vingt-cinq mille cannes en longueur, parallèlement à la portion sainte prélevée; ce sera pour toute la maison d'Israël. [7] Pour le prince, vous réserverez un territoire, des deux côtés de la portion sainte prélevée et de la possession de la ville, le long de la portion sainte prélevée et de la possession de la ville, au côté de l'Occident vers l'Occident, au côté de l'Orient vers l'Orient, sur une longueur parallèle à l'une des parts, depuis la limite occidentale à la limite orientale. [8] Ce sera sa terre, sa possession en Israël, et mes princes ne fouleront plus mon peuple; mais ils donneront le pays à la maison d'Israël, selon ses tribus. [9] Ainsi a dit le Seigneur, l'Éternel: Princes d'Israël, que cela vous suffise; ôtez la violence et l'oppression; faites droit et justice; enlevez vos extorsions de dessus mon peuple, dit le Seigneur, l'Éternel. [10] Ayez des balances justes, un épha juste et un bath juste. [11] L'épha et le bath auront la même mesure; le bath contiendra la dixième partie d'un homer, et l'épha la dixième partie d'un homer; leur mesure se réglera sur le homer. [12] Le sicle aura vingt guéras; vingt sicles, plus vingt-cinq sicles, plus quinze sicles, feront la mine. [13] Voici la portion que vous prélèverez: un sixième d'épha par homer de blé, et un sixième d'épha par homer d'orge; [14] Pour l'huile, pour un bath d'huile, vous prélèverez un dixième de bath par cor, qui vaut un homer de dix baths; car dix baths font le homer. [15] Vous prélèverez une tête de menu bétail sur deux cents, dans les gros pâturages d'Israël, pour l'offrande, l'holocauste, les sacrifices de prospérités, afin de faire expiation pour eux, dit le Seigneur, l'Éternel. [16] Tout le peuple du pays devra prélever cette offrande pour le prince d'Israël. [17] Mais le prince sera tenu de fournir les holocaustes, les offrandes et les libations, aux fêtes, aux nouvelles lunes, aux sabbats, à toutes les solennités de la maison d'Israël. Il offrira le sacrifice pour le péché, l'offrande, et l'holocauste, et les sacrifices de prospérités, afin de faire propitiation pour la maison d'Israël. [18] Ainsi a dit le Seigneur, l'Éternel: Au premier jour du premier mois, tu prendras un jeune taureau sans défaut, pour purifier le sanctuaire. [19] Le sacrificateur prendra du sang de ce sacrifice pour le péché, pour en mettre sur les poteaux de la maison, sur les quatre angles de l'encadrement de l'autel, et sur les poteaux de la porte du parvis intérieur. [20] Tu feras la même chose, le septième jour du mois, pour les hommes qui

auront péché involontairement ou par imprudence, et vous ferez l'expiation pour la maison. [21] Le quatorzième jour du premier mois, vous aurez la Pâque, fête de sept jours; on mangera des pains sans levain. [22] Ce jour-là, le prince offrira pour lui et tout le peuple du pays un taureau pour le péché. [23] Et durant les sept jours de la fête, il offrira sept taureaux et sept béliers sans défaut, en holocauste à l'Éternel, chaque jour durant sept jours, et chaque jour un bouc en sacrifice pour le péché. [24] Il offrira comme offrande un épha par taureau, et un épha par bélier, et un hin d'huile par épha. [25] Le quinzième jour du septième mois, à la fête, il offrira durant sept jours les mêmes choses, le même sacrifice pour le péché, le même holocauste, les mêmes offrandes, et les mêmes mesures d'huile.

46

[1] Ainsi a dit le Seigneur, l'Éternel: La porte du parvis intérieur, celle qui regarde l'Orient, sera fermée les six jours ouvriers; mais elle sera ouverte le jour du sabbat, et elle sera aussi ouverte le jour de la nouvelle lune. [2] Le prince y entrera par le chemin du vestibule de la porte extérieure, et il se tiendra près des poteaux de la porte, pendant que les sacrificateurs offriront son holocauste et ses sacrifices de prospérités. Il se prosternera sur le seuil de la porte, et sortira, et la porte ne sera pas fermée jusqu'au soir. [3] Le peuple du pays se prosternera devant l'Éternel, à l'entrée de cette porte, aux sabbats et aux nouvelles lunes. [4] Et l'holocauste que le prince offrira à l'Éternel, au jour du sabbat, sera de six agneaux sans défaut et d'un bélier sans défaut. [5] L'offrande sera d'un épha pour le bélier, et pour les agneaux de ce qu'il voudra, avec un hin d'huile par épha. [6] Au jour de la nouvelle lune, il offrira un jeune taureau sans défaut, six agneaux et un bélier, qui seront sans défaut. [7] Comme offrande, il offrira un épha pour le taureau, un épha pour le bélier, et pour les agneaux ce qu'il voudra donner, avec un hin d'huile par épha. [8] Lorsque le prince entrera, il entrera par le chemin du vestibule de la porte, et sortira par le même chemin. [9] Quand le peuple du pays entrera, pour se présenter devant l'Éternel aux fêtes solennelles, celui qui entrera par la porte du Nord pour adorer, sortira par le chemin de la porte du Midi; et celui qui entrera par le chemin de la porte du Midi, sortira par le chemin de la porte du Nord. On ne retournera pas par le chemin de la porte par laquelle on sera entré, mais on sortira par celle qui est vis-à-vis. [10] Le prince entrera parmi eux quand ils entreront; et quand ils sortiront, il sortira. [11] Dans les fêtes et dans les solennités, l'offrande sera d'un épha pour un taureau, d'un épha pour un bélier, et pour les agneaux ce qu'il voudra donner, avec un hin d'huile par épha. [12] Si le prince offre un sacrifice volontaire, quelque holocauste ou quelque sacrifice de prospérités, en offrande volontaire à l'Éternel, on lui ouvrira la porte tournée à l'Orient, et il offrira son holocauste et ses sacrifices de prospérités, comme il les offre au jour du sabbat; puis il sortira, et lorsqu'il sera sorti, on fermera cette porte. [13] Chaque jour tu sacrifieras à l'Éternel un agneau d'un an, sans défaut; tu le sacrifieras le matin. [14] Tu offriras aussi comme offrande, tous les matins, avec l'agneau, un sixième d'épha, un tiers de hin d'huile pour détremper la fine farine. C'est là l'offrande de l'Éternel; ce sont des statuts permanents, pour toujours. [15] Ainsi on offrira tous les matins l'agneau, l'offrande et l'huile, en holocauste continuel. [16] Ainsi a dit le Seigneur, l'Éternel: Quand le prince fera un don pris sur son héritage à quelqu'un de ses fils, ce don appartiendra à ses fils, et sera leur propriété comme héritage. [17] Mais s'il fait un don pris sur son héritage à l'un de ses serviteurs, le don lui appartiendra jusqu'à l'année de l'affranchissement, et retournera au prince; son héritage n'appartient qu'à ses fils, il leur demeurera. [18] Le prince ne prendra rien de l'héritage du peuple, en le dépouillant de sa possession; c'est de sa possession qu'il donnera un héritage à ses fils, afin qu'aucun homme de mon peuple ne soit chassé de sa possession. [19] Après cela, il me mena par l'entrée, qui était à côté de

la porte, dans les chambres saintes des sacrificateurs, vers le Septentrion; et voici, il y avait une place au fond vers l'Occident. ²⁰ Il me dit: C'est là le lieu où les sacrificateurs feront bouillir la chair des sacrifices pour le délit et pour le péché, et où ils cuiront les offrandes, afin de ne pas les porter au parvis extérieur et de ne pas sanctifier le peuple. ²¹ Puis il me fit sortir vers le parvis extérieur et me fit passer vers les quatre angles du parvis; et voici, il y avait une cour à chacun des angles du parvis. ²² Aux quatre angles du parvis, il y avait des cours fermées, longues de quarante coudées, et larges de trente; toutes les quatre avaient la même mesure, dans les quatre angles. ²³ Ces quatre parvis étaient entourés d'un mur, et sous les murs tout autour, on avait pratiqué des foyers. ²⁴ Il me dit: Ce sont ici les cuisines, où ceux qui font le service de la maison bouilliront la chair des sacrifices du peuple.

47

¹ Ensuite il me ramena vers l'entrée de la maison; et voici, des eaux sortaient sous le seuil de la maison, du côté de l'Orient; car la façade de la maison regardait l'Orient, et ces eaux descendaient de dessous le côté droit de la maison, au Midi de l'autel. ² Il me fit sortir par le chemin de la porte du Nord, et me fit tourner par le chemin du dehors, jusqu'à la porte extérieure, un chemin qui regardait l'Orient; et voici, les eaux coulaient du côté droit. ³ Quand l'homme s'avança vers l'Orient, il tenait en sa main un cordeau, et mesura mille coudées; il me fit passer au travers des eaux, et j'en avais jusqu'aux chevilles. ⁴ Il mesura encore mille coudées, et me fit traverser les eaux, qui me venaient jusqu'aux deux genoux; il mesura encore mille coudées, et me fit traverser les eaux: elles atteignaient mes reins. ⁵ Il mesura mille autres coudées: c'était un torrent, que je ne pouvais traverser; car ces eaux s'étaient enflées, et il fallait les passer à la nage; c'était un torrent qu'on ne pouvait traverser. ⁶ Alors il me dit: Fils de l'homme, as-tu vu? Puis il me fit aller et revenir vers le bord du torrent. ⁷ Quand j'y fus retourné, je vis des deux côtés, sur le bord du torrent, un fort grand nombre d'arbres. ⁸ Il me dit: Ces eaux vont se rendre dans le district oriental; elles descendront dans la plaine, et entreront dans la mer; et lorsqu'elles se seront jetées dans la mer, les eaux de la mer en deviendront saines. ⁹ Tout être vivant qui se meut, vivra partout où le torrent coulera, et il y aura une fort grande quantité de poissons; et là où ces eaux arriveront, les eaux deviendront saines, et tout vivra où arrivera ce torrent. ¹⁰ Les pêcheurs se tiendront le long de cette mer; depuis En-Guédi jusqu'à En-Églaïm on étendra les filets, et le poisson sera fort nombreux, chacun selon son espèce, comme le poisson de la grande mer. ¹¹ Ses marais et ses fosses ne seront point assainis; ils seront abandonnés au sel. ¹² Et près de ce torrent, sur ses bords, des deux côtés, croîtront des arbres fruitiers de toute espèce, dont le feuillage ne se flétrira point, et dont les fruits ne cesseront point; chaque mois, ils en produiront de nouveaux, parce que les eaux sortiront du sanctuaire; leur fruit sera bon à manger, et leur feuillage servira de remède. ¹³ Ainsi a dit le Seigneur, l'Éternel: Voici les frontières du pays que vous distribuerez en héritage aux douze tribus d'Israël; Joseph aura deux portions. ¹⁴ Vous en aurez tous également la possession, parce que j'ai promis, la main levée, de le donner à vos pères, et ce pays-là vous tombera en partage. ¹⁵ Voici la frontière du pays du côté du Nord: depuis la grande mer, le chemin de Hethlon jusqu'à Tsédad, ¹⁶ Hamath, Béroth et Sibraïm, entre la frontière de Damas et celle de Hamath; Hatser-Hatthicon vers la frontière de Havran; ¹⁷ Ainsi la frontière sera, depuis la mer, Hatser-Énon, la frontière de Damas, Tsaphon au Nord et la frontière de Hamath; ce sera le côté septentrional. ¹⁸ Le côté oriental s'étendra entre Havran, Damas, Galaad et le pays d'Israël, le long du Jourdain; vous mesurerez depuis la frontière septentrionale jusqu'à la mer orientale; ce sera le côté oriental. ¹⁹ Le côté méridional, le Midi, ira depuis Thamar jusqu'aux eaux de contestation de Kadès, le long du torrent, jusqu'à la grande mer; ce

sera là le côté méridional, le Midi. [20] Le côté occidental sera la grande mer, depuis la frontière Sud jusqu'à l'entrée de Hamath; ce sera le côté occidental. [21] Vous partagerez ce pays entre vous, selon les tribus d'Israël; [22] Vous le distribuerez par le sort, en héritage, à vous et aux étrangers qui habitent au milieu de vous et qui engendreront des enfants parmi vous. Ils seront pour vous comme celui qui est né au pays parmi les enfants d'Israël; ils partageront au sort avec vous l'héritage parmi les tribus d'Israël. [23] Et vous assignerez à l'étranger son héritage dans la tribu dans laquelle il sera domicilié, dit le Seigneur, l'Éternel.

48

[1] Voici les noms des tribus. Depuis l'extrémité septentrionale, le long du chemin de Héthlon, en continuant vers Hamath, Hatsar-Énon, la frontière de Damas au Nord vers Hamath, de l'Est à l'Ouest, ce sera la part de Dan. [2] Sur la frontière de Dan, de l'Est à l'Ouest, la part d'Asser. [3] Sur la frontière d'Asser, de l'Est à l'Ouest, la part de Nephthali. [4] Sur la frontière de Nephthali, de l'Est à l'Ouest, la part de Manassé; [5] Sur la frontière de Manassé, de l'Est à l'Ouest, la part d'Éphraïm. [6] Sur la frontière d'Éphraïm, de l'Est à l'Ouest, la part de Ruben. [7] Sur la frontière de Ruben, de l'Est à l'Ouest, la part de Juda; [8] Sur la frontière de Juda, de l'Est à l'Ouest, sera la part que vous prélèverez, vingt-cinq mille cannes de large et longue comme l'une des parts de l'Est à l'Ouest; le sanctuaire sera au milieu. [9] La portion que vous prélèverez pour l'Éternel, aura vingt-cinq mille cannes de long, et dix mille de large. [10] C'est pour les sacrificateurs que sera cette portion sainte; vingt-cinq mille cannes au Nord, dix mille en largeur à l'Ouest, et dix mille en largeur à l'Est, et vers le Midi vingt-cinq mille en longueur; le sanctuaire de l'Éternel sera au milieu. [11] Elle sera pour les sacrificateurs consacrés, pour les fils de Tsadok, qui ont fait le service de mon sanctuaire sans s'égarer, lorsque s'égarèrent les enfants d'Israël, comme se sont égarés les Lévites. [12] Ils auront une portion prélevée sur la portion prélevée du pays, une portion très sainte, à côté de la frontière des Lévites; [13] Car les Lévites auront, parallèle-ment à la frontière des sacrificateurs, vingt-cinq mille cannes de longueur et dix mille en largeur; vingt-cinq mille pour toute la longueur, et dix mille pour la largeur. [14] Ils n'en vendront ni n'en échangeront rien; ils n'aliéneront point les prémices du sol, parce qu'elles sont consacrées à l'Éternel. [15] Mais les cinq mille cannes qui resteront, dans la largeur, sur le décompte des vingt-cinq mille de longueur, seront un espace non consacré, pour la ville, pour les habitations et les faubourgs; la ville sera au milieu. [16] Voici ses mesures: du côté Nord quatre mille cinq cents cannes, du côté Sud quatre mille cinq cents, du côté oriental quatre mille cinq cents, du côté occidental quatre mille cinq cents. [17] Les faubourgs pour la ville auront au Nord deux cent cinquante, et au Midi deux cent cinquante; à l'Orient deux cent cinquante, et à l'Occident deux cent cinquante. [18] Quant à ce qui restera sur la longueur, parallèlement à la portion consacrée, soit dix mille cannes à l'Orient et dix mille à l'Occident, parallèlement à la portion consacrée, ce sera le revenu pour nourrir ceux qui travailleront pour la ville. [19] Ceux qui travailleront pour la ville, de toutes les tribus d'Israël, cultiveront cette portion. [20] Le total de la portion prélevée sera de vingt-cinq mille sur vingt-cinq mille; vous prélèverez un quart de cette portion sainte, pour la possession de la ville. [21] Le reste sera pour le prince, aux deux côtés de la portion sainte prélevée et de la possession de la ville, le long des vingt-cinq mille cannes de la portion prélevée, jusqu'à la frontière de l'Orient, et à l'Occident, le long des vingt-cinq mille cannes jusqu'à la frontière de l'Occident, parallèlement aux parts. Ce sera pour le prince; la portion sainte prélevée et le sanctuaire de la maison seront au milieu. [22] La part du prince sera donc depuis la possession des Lévites et depuis la possession de la ville; l'espace entre la frontière de Juda et la frontière de Benjamin,

sera pour le prince. [23] Le reste sera pour les autres tribus: de l'Est à l'Ouest, une part pour Benjamin; [24] Sur la frontière de Benjamin, de l'Est à l'Ouest, une part pour Siméon; [25] Sur la frontière de Siméon, de l'Est à l'Ouest, une part pour Issacar; [26] Sur la frontière d'Issacar, de l'Est à l'Ouest, une part pour Zabulon; [27] Sur la frontière de Zabulon, de l'Est à l'Ouest, une part pour Gad; [28] Et sur la frontière de Gad du côté Sud, au Midi, la frontière ira depuis Thamar jusqu'aux eaux de contestation, à Kadès, jusqu'au torrent vers la grande mer. [29] C'est là le pays que vous partagerez, par le sort, en héritage aux tribus d'Israël, et ce sont là leurs portions, dit le Seigneur, l'Éternel. [30] Voici les sorties de la ville: du côté Nord, quatre mille cinq cents cannes; [31] Les portes de la ville porteront le nom des tribus d'Israël: trois portes au Nord: la porte de Ruben, une; la porte de Juda, une; la porte de Lévi, une. [32] Du côté oriental, quatre mille cinq cents cannes, et trois portes: la porte de Joseph, une; la porte de Benjamin, une; la porte de Dan, une. [33] Du côté Sud, quatre mille cinq cents cannes, et trois portes: la porte de Siméon, une; la porte d'Issacar, une; la porte de Zabulon, une. [34] Du côté occidental, quatre mille cinq cents cannes, et trois portes: la porte de Gad, une; la porte d'Asser, une; la porte de Nephthali, une. [35] Le circuit de la ville sera de dix-huit mille cannes, et depuis ce jour le nom de la ville sera: L'Éternel est ici.

Daniel

¹ La troisième année du règne de Jéhojakim, roi de Juda, Nébucadnetsar, roi de Babylone, vint contre Jérusalem et l'assiégea. ² Et le Seigneur livra entre ses mains Jéhojakim, roi de Juda, et une partie des vases de la maison de Dieu; et Nébucadnetsar les transporta au pays de Shinear, dans la maison de son dieu, et il mit les vases dans la maison du trésor de son dieu. ³ Et le roi ordonna à Ashpénaz, chef de ses eunuques, d'amener d'entre les enfants d'Israël, de la race royale et des principaux seigneurs, ⁴ Quelques jeunes gens en qui il n'y eût aucun défaut corporel, de belle apparence, instruits en toute sagesse, ayant de la science et pleins d'intelligence, et qui fussent capables de se tenir au palais du roi, et de leur enseigner les lettres et la langue des Caldéens. ⁵ Et le roi leur assigna, pour chaque jour, une portion des mets de sa table et du vin dont il buvait, afin de les élever ainsi pendant trois ans, au bout desquels ils se tiendraient devant le roi. ⁶ Il y avait parmi eux, d'entre les enfants de Juda, Daniel, Hanania, Mishaël et Azaria. ⁷ Et le chef des eunuques leur donna d'autres noms: il donna à Daniel le nom de Beltshatsar; à Hanania celui de Shadrac; à Mishaël celui de Méshac; et à Azaria celui d'Abed-Négo. ⁸ Or Daniel résolut dans son cœur de ne pas se souiller par les mets du roi, ni par le vin qu'il buvait; et il pria le chef des eunuques de ne pas l'obliger à se souiller. ⁹ Et Dieu fit trouver à Daniel grâce et faveur auprès du chef des eunuques. ¹⁰ Et le chef des eunuques dit à Daniel: Je crains le roi mon maître, qui a ordonné votre manger et votre boire. Pourquoi verrait-il vos visages plus défaits que ceux des jeunes gens de votre âge, et mettriez-vous ma tête en danger auprès du roi? ¹¹ Mais Daniel dit au maître d'hôtel, qui avait été établi par le chef des eunuques sur Daniel, Hanania, Mishaël et Azaria: ¹² Éprouve, je te prie, tes serviteurs pendant dix jours, et qu'on nous donne des légumes à manger et de l'eau à boire; ¹³ Après cela, tu regarderas notre visage et le visage des jeunes gens qui mangent les mets du roi; puis tu feras avec tes serviteurs selon ce que tu auras vu. ¹⁴ Alors il leur accorda cela, et les éprouva pendant dix jours. ¹⁵ Et au bout de dix jours, on leur vit meilleur visage et plus d'embonpoint qu'à tous les jeunes gens qui mangeaient les mets du roi. ¹⁶ C'est pourquoi le maître d'hôtel enlevait les mets qui leur étaient destinés et le vin qu'ils devaient boire, et il leur donnait des légumes. ¹⁷ Or Dieu donna à ces quatre jeunes gens de la science, et de l'intelligence dans toutes les lettres, et de la sagesse; et Daniel comprenait toutes sortes de visions et de songes. ¹⁸ Et au bout des jours fixés par le roi pour qu'on les lui amenât, le chef des eunuques les amena devant Nébucadnetsar. ¹⁹ Le roi s'entretint avec eux; et parmi eux tous, il ne s'en trouva point de tels que Daniel, Hanania, Mishaël et Azaria; et ils entrèrent au service du roi. ²⁰ Et dans toute question qui demandait de la sagesse et de l'intelligence, et sur laquelle le roi les interrogeait, il les trouvait dix fois supérieurs à tous les magiciens et astrologues qui étaient dans tout son royaume. ²¹ Ainsi fut Daniel jusqu'à la première année du roi Cyrus.

2

¹ Or, la seconde année du règne de Nébucadnetsar, Nébucadnetsar eut des songes; et son esprit fut troublé, et son sommeil interrompu. ² Et le roi ordonna d'appeler les magiciens, les astrologues, les enchanteurs et les Caldéens, pour lui expliquer ses songes. Et ils vinrent et se présentèrent devant le roi. ³ Alors le roi leur dit: J'ai eu un songe; et mon esprit s'est agité pour connaître ce songe. ⁴ Et les Caldéens dirent au roi: (langue araméenne) O roi, vis éternellement! Dis le songe à tes serviteurs, et nous en donnerons l'interprétation. ⁵ Le roi répondit, et dit aux Caldéens: La chose m'a échappé. Si vous ne me faites connaître le songe et son interprétation, vous serez mis en pièces, et vos

maisons réduites en voirie. [6] Mais si vous me dites le songe et son interprétation, vous recevrez de moi des dons, des présents et de grands honneurs. Dites-moi donc le songe et son interprétation. [7] Ils répondirent pour la seconde fois et dirent: Que le roi dise le songe à ses serviteurs, et nous en donnerons l'interprétation. [8] Le roi répondit et dit: Je comprends maintenant que vous cherchez à gagner du temps, parce que vous voyez que la chose m'a échappé. [9] Mais si vous ne me faites pas connaître le songe, la même sentence vous frappera tous; car vous vous êtes préparés à me dire quelque parole fausse et mensongère, en attendant que le temps soit changé. Dites-moi donc le songe, et je saurai si vous pouvez m'en donner l'interprétation. [10] Les Caldéens répondirent au roi et dirent: Il n'y a aucun homme sur la terre qui puisse faire ce que demande le roi; aussi jamais roi, quelque grand et puissant qu'il fût, n'a demandé pareille chose à aucun magicien, astrologue ou Caldéen. [11] Car ce que le roi demande est difficile, et il n'y a personne qui puisse le faire connaître au roi, excepté les dieux, dont l'habitation n'est point parmi les mortels. [12] Sur cela, le roi s'irrita et se mit dans une grande colère, et il commanda de faire périr tous les sages de Babylone. [13] La sentence fut donc publiée; on mettait à mort tous les sages, et l'on cherchait Daniel et ses compagnons pour les faire mourir. [14] Alors Daniel parla avec prudence et sagesse à Arioc, chef des gardes du roi, qui sortait pour mettre à mort les sages de Babylone. [15] Prenant la parole, il dit à Arioc, le grand officier du roi: Pourquoi cette sentence si sévère de la part du roi? Alors Arioc fit connaître l'affaire à Daniel. [16] Et Daniel entra et pria le roi de lui accorder du temps pour donner l'interprétation au roi. [17] Puis Daniel alla dans sa maison et informa de cette affaire Hanania, Mishaël et Azaria, ses compagnons, [18] Pour implorer la miséricorde du Dieu des cieux touchant ce secret, afin qu'on ne fit point périr Daniel et ses compagnons, avec le reste des sages de Babylone. [19] Alors le secret fut révélé à Daniel, dans une vision, pendant la nuit. Et Daniel bénit le Dieu des cieux. [20] Daniel prit la parole et dit: Béni soit le nom de Dieu, d'éternité en éternité; car c'est à lui qu'appartiennent la sagesse et la force! [21] Et c'est lui qui change les temps et les moments; qui dépose les rois et qui les établit; qui donne la sagesse aux sages, et la science à ceux qui ont de l'intelligence. [22] C'est lui qui révèle les choses profondes et cachées. Il connaît ce qui est dans les ténèbres, et la lumière demeure avec lui. [23] O Dieu de mes pères! je te célèbre et je te loue de ce que tu m'as donné sagesse et force, et de ce que tu m'as fait connaître maintenant ce que nous t'avons demandé; car tu nous as révélé l'affaire du roi. [24] C'est pourquoi Daniel alla vers Arioc, à qui le roi avait ordonné de faire périr tous les sages de Babylone; il alla et lui parla ainsi: Ne fais pas périr tous les sages de Babylone. Introduis-moi auprès du roi, et je donnerai au roi l'interprétation. [25] Alors Arioc introduisit promptement Daniel auprès du roi, et lui parla ainsi: J'ai trouvé parmi les captifs de Juda un homme qui donnera au roi l'interprétation. [26] Le roi prit la parole et dit à Daniel, qu'on appelait Beltshatsar: Es-tu capable de me faire connaître le songe que j'ai eu et son interprétation? [27] Daniel répondit en présence du roi et dit: Le secret que le roi demande, ni les sages, ni les astrologues, ni les magiciens, ni les devins ne sont capables de le découvrir au roi. [28] Mais il y a un Dieu dans les cieux qui révèle les secrets, et il a fait connaître au roi Nébucadnetsar ce qui doit arriver dans la suite des jours. Voici ton songe et les visions de ta tête sur ta couche: [29] O roi! il t'est monté des pensées sur ta couche, touchant ce qui arrivera dans la suite. Et celui qui révèle les secrets t'a fait connaître ce qui arrivera. [30] Et ce secret m'a été révélé, non qu'il y ait eu en moi plus de sagesse qu'en aucun des vivants, mais pour que l'interprétation en soit donnée au roi, et que tu connaisses les pensées de ton cœur. [31] O roi! tu regardais, et tu voyais une grande statue; cette statue était immense et d'une splendeur extraordinaire; elle était debout devant toi, et son aspect était terrible. [32] La tête de la statue était d'or fin; sa poitrine et ses bras étaient d'argent; son ventre et ses hanches étaient d'airain; [33] Ses jambes étaient de fer; et ses pieds, en partie de fer et en partie d'argile. ³⁴ Tu regardais, jusqu'à ce qu'une pierre fut détachée sans le secours d'aucune main et frappa la statue dans ses pieds, qui étaient de fer et d'argile, et les brisa. ³⁵ Alors le fer, l'argile, l'airain, l'argent et l'or furent brisés ensemble, et devinrent comme la balle de l'aire en été; et le vent les emporta, et il ne s'en trouva plus de vestige; mais la pierre qui avait frappé la statue devint une grande montagne et remplit toute la terre. ³⁶ C'est là le songe; et nous en donnerons l'interprétation devant le roi. ³⁷ Toi, ô roi! tu es le roi des rois, auquel le Dieu des cieux a donné le règne, la puissance, la force et la gloire; ³⁸ Il a remis entre tes mains les enfants des hommes, les bêtes des champs et les oiseaux du ciel, en quelque lieu qu'ils habitent, et il t'a fait dominer sur eux tous; c'est toi qui es la tête d'or. ³⁹ Et après toi il s'élèvera un autre royaume, moindre que toi; puis un troisième royaume, qui sera d'airain et qui dominera sur toute la terre. ⁴⁰ Il y aura un quatrième royaume, fort comme du fer; de même que le fer brise et rompt tout, ainsi, pareil au fer qui brise et met tout en pièces, il brisera et mettra tout en pièces. ⁴¹ Et comme tu as vu les pieds et les doigts en partie d'argile et en partie de fer, ce sera un royaume divisé; mais il y aura en lui de la force du fer, parce que tu as vu le fer mêlé avec l'argile; ⁴² Et comme les doigts des pieds étaient en partie de fer et en partie d'argile, ce royaume sera en partie fort et en partie fragile. ⁴³ Quant à ce que tu as vu le fer mêlé à l'argile, c'est qu'ils se mêleront par des alliances humaines; mais ils ne seront pas unis l'un à l'autre, de même que le fer ne s'allie point avec l'argile. ⁴⁴ Et dans le temps de ces rois, le Dieu des cieux suscitera un royaume qui ne sera jamais détruit; et ce royaume ne passera point à un autre peuple; il brisera et anéantira tous ces royaumes-là, et lui-même subsistera éternellement, ⁴⁵ Comme tu as vu que de la montagne une pierre s'est détachée sans le secours d'aucune main, et qu'elle a brisé le fer, l'airain, l'argent et l'or. Le grand Dieu a fait connaître au roi ce qui arrivera ci-après. Le songe est véritable, et l'interprétation en est certaine. ⁴⁶ Alors le roi Nébucadnetsar tomba sur sa face et se prosterna devant Daniel, et il ordonna qu'on lui présentât des offrandes et des parfums. ⁴⁷ Le roi parla à Daniel et dit: Certainement votre Dieu est le Dieu des dieux et le Seigneur des rois, et il révèle les secrets, puisque tu as pu découvrir ce secret. ⁴⁸ Alors le roi éleva Daniel en dignité, et lui fit de riches présents; et il l'établit gouverneur sur toute la province de Babylone et chef suprême de tous les sages de Babylone. ⁴⁹ Et Daniel pria le roi de préposer Shadrac, Méshac et Abed-Négo à l'administration de la province. Mais Daniel était à la porte du roi.

3

¹ Le roi Nébucadnetsar fit une statue d'or, haute de soixante coudées et large de six coudées. Il la dressa dans la plaine de Dura, dans la province de Babylone. ² Et le roi Nébucadnetsar fit assembler les satrapes, les préfets, les gouverneurs, les grands juges, les trésoriers, les légistes, les juges et toutes les autorités des provinces, afin qu'ils vinssent à la dédicace de la statue que le roi Nébucadnetsar avait élevée. ³ Alors les satrapes, les préfets, les gouverneurs, les grands juges, les trésoriers, les légistes, les juges et toutes les autorités des provinces s'assemblèrent pour la dédicace de la statue que le roi Nébucadnetsar avait élevée; et ils se tinrent debout devant la statue qu'avait élevée Nébucadnetsar. ⁴ Et le héraut cria à haute voix: On vous fait savoir, peuples, nations et langues, ⁵ Qu'au moment où vous entendrez le son de la trompette, de la flûte, de la cithare, de la sambuque, du psaltérion, de la cornemuse et de toutes sortes d'instruments, vous aurez à vous prosterner et à adorer la statue d'or que le roi Nébucadnetsar a élevée. ⁶ Et quiconque ne se prosternera pas et n'adorera pas, sera au même instant jeté dans la fournaise de feu ardent. ⁷ C'est pourquoi, au moment même où tous les peuples entendirent le son de la trompette, de la flûte, de la cithare, de la sambuque, du psaltérion et de toutes sortes d'instruments, ils se prosternèrent tous,

peuples, nations et langues, et adorèrent la statue d'or que le roi Nébucadnetsar avait élevée. ⁸ A cette occasion, et dans le même temps, des hommes caldéens s'approchèrent et accusèrent les Juifs. ⁹ Ils prirent la parole, et dirent au roi Nébucadnetsar: ¹⁰ O roi! vis éternellement! Toi, ô roi! tu as fait un édit, portant que tout homme qui entendrait le son de la trompette, de la flûte, de la cithare, de la sambuque, du psaltérion, de la cornemuse et de toutes sortes d'instruments, devait se prosterner et adorer la statue d'or; ¹¹ Et que quiconque ne se prosternerait pas et n'adorerait pas serait jeté dans la fournaise de feu ardent. ¹² Or il y a des Juifs que tu as préposés à l'administration de la province de Babylone, Shadrac, Méshac et Abed-Négo; ces hommes-là, ô roi! n'ont aucun égard pour toi; ils ne servent pas tes dieux, et ils n'adorent pas la statue d'or que tu as élevée. ¹³ Alors le roi Nébucadnetsar, saisi de colère et de fureur, commanda qu'on amenât Shadrac, Méshac et Abed-Négo. Et ces hommes furent amenés devant le roi. ¹⁴ Le roi Nébucadnetsar prenant la parole, leur dit: Est-ce à dessein, Shadrac, Méshac et Abed-Négo, que vous ne serviez pas mes dieux et que vous n'adorez pas la statue d'or que j'ai élevée? ¹⁵ Maintenant donc, voyez si vous êtes prêts, au moment où vous entendrez le son de la trompette, de la flûte, de la cithare, de la sambuque, du psaltérion, de la cornemuse et de toutes sortes d'instruments, à vous prosterner et à adorer la statue que j'ai faite; mais si vous ne vous prosternez pas, au même instant vous serez jetés dans la fournaise de feu ardent. Et quel est le dieu qui vous délivrera de ma main? ¹⁶ Shadrac, Méshac et Abed-Négo répondirent et dirent au roi Nébucadnetsar: Il n'est pas besoin que nous te répondions là-dessus. ¹⁷ Voici, notre Dieu, que nous servons, peut nous délivrer de la fournaise ardente, et il nous délivrera de ta main, ô roi! ¹⁸ Sinon, sache, ô roi! que nous ne servirons pas tes dieux, et que nous n'adorerons pas la statue d'or que tu as élevée. ¹⁹ Alors Nébucadnetsar fut rempli de fureur, et l'air de son visage fut changé, à cause de Shadrac, Méshac et Abed-Négo; et il prit la parole et ordonna de chauffer la fournaise sept fois plus qu'on n'avait coutume de la chauffer. ²⁰ Et il commanda à quelques-uns des plus vigoureux soldats de son armée de lier Shadrac, Méshac et Abed-Négo, et de les jeter dans la fournaise de feu ardent. ²¹ Alors ces hommes furent liés avec leurs tuniques, leurs robes, leurs manteaux et leurs autres vêtements, et jetés au milieu de la fournaise de feu ardent. ²² Et comme l'ordre du roi était sévère, et que la fournaise était extraordinairement chauffée, la flamme tua les hommes qui y avaient jeté Shadrac, Méshac et Abed-Négo. ²³ Et ces trois hommes-là, Shadrac, Méshac et Abed-Négo, tombèrent liés au milieu de la fournaise de feu ardent. ²⁴ Alors le roi Nébucadnetsar fut tout stupéfait, et il se leva précipitamment. Il prit la parole et dit à ses conseillers: N'avons-nous pas jeté au milieu du feu trois hommes liés? Ils répondirent et dirent au roi: Certainement, ô roi! ²⁵ Il reprit et dit: Voici, je vois quatre hommes sans liens, qui marchent au milieu du feu, sans éprouver de dommage; et l'aspect du quatrième est semblable à un fils des dieux. ²⁶ Alors Nébucadnetsar s'approcha de l'entrée de la fournaise de feu ardent. Il prit la parole et dit: Shadrac, Méshac et Abed-Négo, serviteurs du Dieu souverain, sortez et venez! Alors Shadrac, Méshac et Abed-Négo sortirent du milieu du feu. ²⁷ Puis les satrapes, les préfets, les gouverneurs et les conseillers du roi s'assemblèrent; ils virent que le feu n'avait eu aucun pouvoir sur le corps de ces hommes, de sorte qu'aucun cheveu de leur tête n'était brûlé, que leurs tuniques n'avaient point changé, et que l'odeur du feu n'avait point passé sur eux. ²⁸ Nébucadnetsar prit la parole et dit: Béni soit le Dieu de Shadrac, de Méshac et d'Abed-Négo, lequel a envoyé son ange et délivré ses serviteurs qui se sont confiés en lui, et qui ont violé l'édit du roi, et ont livré leurs corps, afin de ne servir et de n'adorer aucun autre dieu que leur Dieu! ²⁹ De ma part ordre est donc donné que tout homme, de quelque peuple, nation ou langue qu'il soit, qui parlera mal du Dieu de Shadrac, de Méshac et d'Abed-Négo, soit mis en pièces, et que sa maison soit réduite en voirie, parce qu'il n'y a aucun dieu qui puisse délivrer comme lui. ³⁰ Alors le roi fit prospérer Shadrac, Méshac et Abed-Négo dans la province de Babylone.

4

¹ Nébucadnetsar, roi, à tous les peuples, aux nations et langues qui habitent sur toute la terre. Que votre paix soit multipliée! ² Il m'a semblé bon de faire connaître les signes et les prodiges que le Dieu souverain a faits en ma faveur. ³ Que ses signes sont grands! et ses prodiges pleins de force! Son règne est un règne éternel, et sa domination dure de génération en génération! ⁴ Moi, Nébucadnetsar, j'étais tranquille dans ma maison, et florissant dans mon palais. ⁵ J'eus un songe qui m'épouvanta, et mes pensées sur ma couche et les visions de ma tête me troublèrent. ⁶ Et de ma part ordre fut donné de faire venir devant moi tous les sages de Babylone, afin qu'ils me donnassent l'interprétation du songe. ⁷ Alors vinrent les magiciens, les astrologues, les Caldéens et les devins, et je leur dis le songe, mais ils ne m'en firent pas connaître l'interprétation. ⁸ Et à la fin, Daniel, qui est nommé Beltshatsar, selon le nom de mon dieu, et en qui est l'esprit des dieux saints, se présenta devant moi, et je lui dis le songe. ⁹ Beltshatsar, chef des magiciens, comme je sais que l'esprit des dieux saints est en toi, et que nul secret ne t'est difficile, dis-moi les visions que j'ai eues en songe et donne-m'en l'interprétation. ¹⁰ Voici quelles étaient les visions de ma tête, sur ma couche: Je regardais, et voici il y avait un arbre au milieu de la terre, et sa hauteur était grande. ¹¹ Cet arbre était devenu grand et fort, et sa cime touchait aux cieux, et on le voyait de tous les bouts de la terre. ¹² Son feuillage était beau et son fruit abondant; il y avait sur lui de la nourriture pour tous; les bêtes des champs se mettaient à l'ombre sous lui, et les oiseaux du ciel se tenaient dans ses branches, et de lui se nourrissait toute chair. ¹³ Je regardais, dans les visions de ma tête, sur ma couche, et voici un des saints qui veillent descendit du ciel. ¹⁴ Il cria à haute voix, et parla ainsi: Coupez l'arbre, et l'ébranchez; abattez son feuillage, et dispersez son fruit; que les bêtes fuient de dessous, et les oiseaux du milieu de ses branches! ¹⁵ Toutefois laissez en terre le tronc de ses racines, et liez-le avec une chaîne de fer et d'airain, parmi l'herbe des champs. Qu'il soit trempé de la rosée du ciel, et qu'avec les animaux il ait sa portion de l'herbe de la terre. ¹⁶ Que son cœur d'homme soit changé, et qu'un cœur de bête lui soit donné, et que sept temps passent sur lui. ¹⁷ La sentence est rendue par le décret des veillants, et la décision est l'ordre des saints, afin que les vivants sachent que le Souverain domine sur le règne des hommes, et qu'il le donne à qui il veut, et qu'il y élève le plus abject des hommes. ¹⁸ Tel est le songe que j'ai eu, moi, le roi Nébucadnetsar. Toi donc, Beltshatsar, donnes-en l'interprétation, puisque aucun des sages de mon royaume ne peut me la donner; mais pour toi, tu le peux, car l'esprit des dieux saints est en toi. ¹⁹ Alors Daniel, qui est nommé Beltshatsar, demeura un instant stupéfait, et ses pensées le troublaient. Le roi prit la parole et dit: Beltshatsar, que le songe et l'interprétation ne te troublent pas. Beltshatsar répondit, et dit: Mon seigneur! que le songe soit pour ceux qui te haïssent, et sa signification pour tes adversaires! ²⁰ L'arbre que tu as vu, et qui était devenu grand et fort, dont la cime touchait aux cieux, et qu'on voyait de toute la terre; ²¹ Cet arbre dont le feuillage était beau et le fruit abondant, qui avait de la nourriture pour tous, sous lequel les bêtes des champs demeuraient, et dans les branches duquel se tenaient les oiseaux du ciel: ²² C'est toi, ô roi! qui es devenu grand et puissant, dont la grandeur s'est accrue et s'est élevée jusqu'aux cieux, et dont la domination s'étend jusqu'aux extrémités de la terre. ²³ Quant à ce que le roi a vu un des saints qui veillent, descendre du ciel en disant: "Coupez l'arbre et le détruisez; toutefois laissez en terre le tronc de ses racines, et liez-le avec des chaînes de fer et d'airain parmi l'herbe des champs; qu'il soit trempé de la rosée du ciel, et qu'il ait sa portion avec les bêtes des champs, jusqu'à ce que sept temps aient passé sur lui", ²⁴ En voici l'interprétation, ô

roi! et c'est la sentence du Souverain qui va atteindre le roi, mon seigneur. ^{25} On te chassera du milieu des hommes, et ton habitation sera avec les bêtes des champs. Tu seras nourri d'herbe comme les bœufs, et tu seras trempé de la rosée du ciel, et sept temps passeront sur toi, jusqu'à ce que tu reconnaisses que le Souverain domine sur le règne des hommes et qu'il le donne à qui il lui plaît. ^{26} Et s'il a été dit de laisser le tronc des racines de l'arbre, cela signifie que ton règne te sera restitué dès que tu auras reconnu que les cieux dominent. ^{27} C'est pourquoi, ô roi! agrée mon conseil, et mets un terme à tes péchés par la justice, et à tes iniquités par la miséricorde envers les pauvres, si ta prospérité doit se prolonger. ^{28} Toutes ces choses arrivèrent au roi Nébucadnetsar. ^{29} Au bout de douze mois, comme il se promenait sur le palais royal de Babylone, ^{30} Le roi prit la parole et dit: "N'est-ce pas ici la grande Babylone, que j'ai bâtie pour être la demeure royale, par la puissance de ma force et pour la gloire de ma magnificence? " ^{31} La parole était encore dans la bouche du roi, qu'une voix descendit du ciel: Roi Nébucadnetsar, on t'annonce que ta royauté va t'être ôtée. ^{32} On te chassera du milieu des hommes, et ton habitation sera avec les bêtes des champs: tu seras nourri d'herbe comme les bœufs, et sept temps passeront sur toi, jusqu'à ce que tu reconnaisses que le Souverain domine sur le règne des hommes, et qu'il le donne à qui il lui plaît. ^{33} Au même instant la parole s'accomplit sur Nébucadnetsar; il fut chassé du milieu des hommes, et il mangea l'herbe comme les bœufs; son corps fut trempé de la rosée du ciel, jusqu'à ce que ses cheveux crussent comme les plumes de l'aigle, et ses ongles comme ceux des oiseaux. ^{34} Mais à la fin de ces jours-là, moi, Nébucadnetsar, je levai les yeux vers le ciel; le sens me revint, et je bénis le Souverain, et je magnifiai, et j'honorai Celui qui vit éternellement, dont la puissance est une puissance éternelle, dont le règne dure de génération en génération. ^{35} Devant lui tous les habitants de la terre sont estimés néant; il fait ce qu'il lui plaît, tant de l'armée des cieux que des habitants de la terre, et il n'y a personne qui puisse arrêter sa main et lui dire: Que fais-tu? ^{36} En ce temps-là, le sens me revint; la gloire de mon royaume, ma majesté et ma splendeur me furent rendues; mes conseillers et mes grands me redemandèrent; je fus rétabli dans mon royaume, et une plus grande puissance me fut donnée. ^{37} Maintenant, moi, Nébucadnetsar, je loue, j'exalte et je glorifie le Roi des cieux, dont toutes les œuvres sont véritables, et les voies justes; et qui peut abaisser ceux qui marchent avec orgueil.

5

^{1} Le roi Belshatsar donna un grand festin à ses mille grands seigneurs, et en présence de ces mille il but du vin. ^{2} Belshatsar, animé par le goût du vin, ordonna qu'on apportât les vases d'or et d'argent que Nébucadnetsar, son père, avait enlevés du temple de Jérusalem, afin que le roi et ses grands, ses femmes et ses concubines y bussent. ^{3} Alors on apporta les vases d'or qui avaient été enlevés du temple, de la maison de Dieu, à Jérusalem; et le roi et ses grands, ses femmes et ses concubines y burent. ^{4} Ils burent du vin et ils louèrent les dieux d'or et d'argent, d'airain, de fer, de bois et de pierre. ^{5} A ce moment-là, on vit sortir les doigts d'une main d'homme, et ils écrivaient vis-à-vis du chandelier, sur l'enduit de la muraille du palais royal; et le roi vit cette partie de main qui écrivait. ^{6} Alors le roi changea de couleur, et ses pensées le troublèrent; les jointures de ses reins se relâchèrent, et ses genoux se heurtèrent l'un contre l'autre. ^{7} Le roi cria avec force qu'on fît venir les astrologues, les Caldéens et les devins. Le roi prit la parole et dit aux sages de Babylone: Quiconque lira cette écriture et m'en donnera l'interprétation sera revêtu de pourpre, il aura un collier d'or à son cou, et sera le troisième dans le gouvernement du royaume. ^{8} Alors les sages du roi entrèrent; mais ils ne purent lire l'écriture, ni en donner au roi l'interprétation. ^{9} De sorte que le roi Belshatsar fut fort troublé, il changea de couleur et ses grands furent consternés.

¹⁰ La reine entra dans la salle du festin, à cause des paroles du roi et de ses grands. La reine prit la parole et dit: Roi, vis éternellement! que tes pensées ne te troublent point, et que ton visage ne change pas de couleur. ¹¹ Il y a un homme dans ton royaume en qui est l'esprit des dieux saints; et du temps de ton père, on trouva en lui une lumière, une intelligence et une sagesse semblables à la sagesse des dieux; et le roi Nébucadnetsar ton père, - ton père, ô roi! - l'établit chef des magiciens, des astrologues, des Caldéens et des devins, ¹² Parce qu'on trouva en lui, Daniel, que le roi avait nommé Beltshatsar, un esprit extraordinaire, et de la connaissance, et de l'intelligence pour interpréter les songes, expliquer les énigmes et résoudre les questions difficiles. Que Daniel soit donc appelé, et il donnera l'interprétation. ¹³ Alors Daniel fut introduit devant le roi. Le roi prit la parole et dit à Daniel: Es-tu ce Daniel, l'un des captifs de Juda, que le roi, mon père, a amenés de Juda? ¹⁴ J'ai entendu dire de toi que l'esprit des dieux est en toi, et qu'on a trouvé en toi une lumière, une intelligence et une sagesse extraordinaires. ¹⁵ Et maintenant les sages, les astrologues ont été amenés devant moi, afin de lire cette écriture et de m'en donner l'interprétation, mais ils ne peuvent donner l'interprétation de la chose. ¹⁶ Or j'ai entendu dire que tu peux donner des explications et résoudre les questions difficiles. Si donc tu peux lire cette écriture et m'en donner l'interprétation, tu seras revêtu de pourpre et tu porteras un collier d'or à ton cou, et tu seras le troisième dans le gouvernement du royaume. ¹⁷ Alors Daniel répondit, et dit devant le roi: Que tes dons te demeurent, et fais à un autre tes présents; toutefois je lirai l'écriture au roi, et je lui en donnerai l'interprétation. ¹⁸ O roi! le Dieu souverain avait donné à Nébucadnetsar, ton père, la royauté et la grandeur, la gloire et la magnificence. ¹⁹ Et à cause de la grandeur qu'il lui avait donnée, tous les peuples, nations et langues tremblaient devant lui et le redoutaient. Il faisait mourir ceux qu'il voulait, et il laissait la vie à ceux à qui il voulait. Il élevait ceux qu'il voulait, et abaissait ceux qu'il voulait. ²⁰ Mais son cœur s'étant élevé et son esprit s'étant affermi dans l'orgueil, il fut renversé de son trône royal et dépouillé de sa gloire; ²¹ Il fut chassé du milieu des enfants des hommes; son cœur fut rendu semblable à celui des bêtes, et son habitation fut avec les ânes sauvages; il fut nourri d'herbe comme les bœufs, et son corps fut trempé de la rosée du ciel, jusqu'à ce qu'il reconnût que le Dieu souverain domine sur le règne des hommes, et qu'il y établit qui il lui plaît. ²² Et toi aussi, Belshatsar, son fils, tu n'as point humilié ton cœur, quoique tu susses toutes ces choses. ²³ Mais tu t'es élevé contre le Seigneur des cieux, et on a apporté les vases de sa maison devant toi, et vous y avez bu du vin, toi et tes grands, tes femmes et tes concubines, et tu as loué les dieux d'argent, d'or, d'airain, de fer, de bois et de pierre, qui ne voient, ni n'entendent, ni ne connaissent, et tu n'as pas glorifié le Dieu qui a dans sa main ton souffle et toutes tes voies. ²⁴ C'est alors qu'a été envoyée de sa part cette partie de main, et que cette écriture a été tracée. ²⁵ Voici l'écriture qui a été tracée: MENÉ, MENÉ, THEKEL, UPHARSIN (Compté, compté; pesé et divisé). ²⁶ Et voici l'interprétation de ces paroles: MENÉ: Dieu a compté ton règne, et y a mis fin. ²⁷ THEKEL: tu as été pesé dans la balance, et tu as été trouvé léger. ²⁸ PERES: ton royaume a été divisé, et donné aux Mèdes et aux Perses. ²⁹ Alors, sur l'ordre de Belshatsar, on revêtit Daniel de pourpre, on lui mit au cou un collier d'or, et on publia qu'il serait le troisième dans le gouvernement du royaume. ³⁰ Dans cette même nuit Belshatsar, roi des Caldéens, fut tué. ³¹ Et Darius, le Mède, prit possession du royaume, étant âgé de soixante-deux ans.

6

¹ Il plut à Darius d'établir sur le royaume cent vingt satrapes, qui devaient être répartis dans tout le royaume, ² Et au-dessus d'eux trois ministres, au nombre desquels était Daniel, afin que ces satrapes leur rendissent compte, et que le roi ne souffrît aucun dommage. ³ Or Daniel surpassait les ministres et les satrapes, parce qu'il y avait en

lui un esprit extraordinaire; et le roi pensait à l'établir sur tout le royaume. [4] Et les ministres et les satrapes cherchaient une occasion d'accuser Daniel, au sujet des affaires du royaume; mais ils ne purent trouver aucune occasion, ni aucune malversation, car il était fidèle; et il ne se trouvait en lui ni faute ni malversation. [5] Ces hommes dirent donc: Nous ne trouverons point d'occasion contre ce Daniel, à moins que nous n'en trouvions contre lui dans la loi de son Dieu. [6] Alors ces ministres et ces satrapes se rendirent en tumulte auprès du roi, et lui parlèrent ainsi: Roi Darius, vis éternellement! [7] Tous les chefs du royaume, les préfets, les satrapes, les conseillers et les gouverneurs sont d'avis d'établir une ordonnance royale et une défense expresse, portant que quiconque adressera une requête à quelque dieu ou à quelque homme pendant trente jours, excepté à toi, ô roi! sera jeté dans la fosse aux lions. [8] Maintenant, ô roi! confirme la défense, et mets-la par écrit, afin qu'il n'y soit rien changé, selon la loi des Mèdes et des Perses, qui est irrévocable. [9] C'est pourquoi le roi Darius écrivit le décret et la défense. [10] Et quand Daniel eut appris que le décret était écrit, il entra dans sa maison, et, les fenêtres de sa chambre étant ouvertes du côté de Jérusalem, il se mettait trois fois le jour à genoux, et il priait et il célébrait son Dieu comme auparavant. [11] Alors ces hommes accoururent en tumulte, et trouvèrent Daniel priant et faisant des supplications à son Dieu. [12] Puis ils s'approchèrent du roi, et lui dirent au sujet de la défense royale: N'as-tu pas rendu par écrit une défense, portant que tout homme qui adresserait une requête à quelque dieu ou à quelque homme pendant trente jours, excepté à toi, ô roi! serait jeté dans la fosse aux lions? Le roi répondit et dit: La chose est certaine, selon la loi des Mèdes et des Perses, qui est irrévocable. [13] Alors ils répondirent et dirent au roi: Daniel, qui est l'un des captifs de Juda, n'a eu aucun égard pour toi, ô roi! ni pour la défense que tu as écrite; mais trois fois le jour il fait sa prière à son Dieu. [14] Le roi, ayant entendu cela, en eut un grand déplaisir; il prit à cœur de délivrer Daniel, et jusqu'au coucher du soleil il travailla à le sauver. [15] Mais ces hommes se rendirent en tumulte vers le roi et lui dirent: Sache, ô roi! que c'est la loi des Mèdes et des Perses que toute défense ou tout décret confirmé par le roi ne se doit point changer. [16] Alors le roi commanda qu'on amenât Daniel, et qu'on le jetât dans la fosse aux lions. Le roi prit la parole, et dit à Daniel: Puisse ton Dieu, que tu sers sans cesse, te délivrer lui-même! [17] Et on apporta une pierre qui fut mise sur l'ouverture de la fosse, et le roi la scella de son anneau et de l'anneau de ses grands, afin que rien ne fût changé à l'égard de Daniel. [18] Alors le roi rentra dans son palais, et il passa la nuit sans manger; il ne fit point venir de femmes auprès de lui, et il ne put point dormir. [19] Puis le roi se leva avec l'aurore, au point du jour, et alla en toute hâte à la fosse aux lions. [20] Et comme il approchait de la fosse, il appela Daniel d'une voix triste. Le roi prit la parole, et dit à Daniel: Daniel, serviteur du Dieu vivant, ton Dieu, que tu sers sans cesse, a-t-il pu te délivrer des lions? [21] Alors Daniel dit au roi: O roi, vis éternellement! [22] Mon Dieu a envoyé son ange, il a fermé la gueule des lions, et ils ne m'ont fait aucun mal, parce que j'ai été trouvé innocent devant lui; et devant toi aussi, ô roi, je n'ai commis aucun mal. [23] Alors le roi fut extrêmement réjoui, et il commanda qu'on retirât Daniel de la fosse. Daniel fut retiré de la fosse, et on ne trouva sur lui aucune blessure, parce qu'il avait cru en son Dieu. [24] Et sur l'ordre du roi, ces hommes qui avaient accusé Daniel furent amenés et jetés dans la fosse aux lions, eux, leurs enfants et leurs femmes; mais avant qu'ils eussent atteint le sol de la fosse, les lions les saisirent et brisèrent tous leurs os. [25] Alors le roi Darius écrivit à tous les peuples, nations et langues, qui habitent sur toute la terre: Que votre paix soit multipliée! [26] De par moi il est ordonné que dans toute l'étendue de mon royaume on ait de la crainte et de la frayeur devant le Dieu de Daniel. Car c'est le Dieu vivant, et il demeure éternellement; son royaume ne sera point détruit, et sa domination durera jusqu'à la fin. [27] Il sauve et il délivre; il fait des signes et des prodiges dans les cieux et sur la terre; c'est lui qui a délivré Daniel de la griffe des lions.

28 Et ce Daniel prospéra sous le règne de Darius, et sous le règne de Cyrus, roi de Perse.

7

1 La première année de Belshatsar, roi de Babylone, Daniel, étant sur sa couche, eut un songe et des visions en sa tête. Puis il écrivit le songe; il en dit le sommaire. 2 Daniel prit la parole, et dit: Je regardais, dans ma vision, pendant la nuit, et voici, les quatre vents des cieux se levèrent avec impétuosité sur la grande mer. 3 Et quatre grandes bêtes montèrent de la mer, différentes l'une de l'autre. 4 La première était comme un lion, et avait des ailes d'aigle; je regardais jusqu'au moment où ses ailes furent arrachées, et où elle fut élevée de terre, et dressée sur ses pieds comme un homme, et où un cœur d'homme lui fut donné. 5 Et voici, une seconde bête semblable à un ours; elle se tenait sur un côté, et avait trois côtes dans sa gueule, entre les dents, et on lui disait: Lève-toi, mange beaucoup de chair. 6 Après cela, je regardais et voici, une autre était semblable à un léopard, et avait sur le dos quatre ailes d'oiseau; cette bête avait quatre têtes, et la domination lui fut donnée. 7 Après cela, je regardais dans mes visions de la nuit, et voici, une quatrième bête, terrible, épouvantable et extraordinairement forte. Elle avait de grandes dents de fer; elle mangeait, elle brisait et foulait aux pieds ce qui restait; elle était différente de toutes les bêtes qui l'avaient précédée, et elle avait dix cornes. 8 Je considérais les cornes, et voici, une autre petite corne sortit du milieu d'elles, et trois des premières cornes furent arrachées devant elle. Et voici, cette corne avait des yeux comme des yeux d'homme, et une bouche qui proférait de grandes choses. 9 Je regardai, jusqu'à ce que des trônes furent placés, et que l'Ancien des jours s'assit. Son vêtement était blanc comme la neige, et les cheveux de sa tête étaient comme de la laine pure. Son trône était comme des flammes de feu; ses roues, comme un feu ardent. 10 Un fleuve de feu sortait et se répandait de devant lui. Mille milliers le servaient, et dix mille millions se tenaient devant lui. Le jugement se tint, et les livres furent ouverts. 11 Je regardai alors, à cause du bruit des paroles orgueilleuses que la corne proférait; je regardai jusqu'à ce que la bête fut tuée et que son corps périt, et qu'elle fut livrée au feu pour être brûlée. 12 Quant aux autres bêtes, la domination leur fut ôtée, quoiqu'une prolongation de vie leur eût été accordée jusqu'à un temps déterminé. 13 Je regardais, dans ces visions de la nuit, et je vis comme le Fils de l'homme qui venait sur les nuées des cieux, et il vint jusqu'à l'Ancien des jours, et on le fit approcher de lui. 14 Et on lui donna la domination, la gloire et le règne, et tous les peuples, nations et langues le servirent. Sa domination est une domination éternelle qui ne passera point, et son règne ne sera point détruit. 15 Mon esprit à moi, Daniel, fut troublé au-dedans de moi, et les visions de ma tête m'effrayèrent. 16 Je m'approchai de l'un des assistants, et je lui demandai la vérité sur toutes ces choses. Et il me parla et m'en donna l'interprétation. 17 Ces quatre grandes bêtes sont quatre rois qui s'élèveront de la terre. 18 Mais les saints du Souverain recevront le royaume éternellement, et jusqu'au siècle des siècles. 19 Alors je voulus savoir la vérité touchant la quatrième bête, qui était différente de toutes les autres et extraordinairement terrible, dont les dents étaient de fer et les ongles d'airain, qui mangeait, brisait et foulait aux pieds ce qui restait; 20 Et touchant les dix cornes qui étaient sur sa tête, et touchant l'autre corne qui était sortie et devant laquelle trois étaient tombées, cette corne qui avait des yeux et une bouche qui proférait de grandes choses, et qui avait une plus grande apparence que les autres. 21 Je regardais comment cette corne faisait la guerre aux saints, et prévalait sur eux; 22 Jusqu'à ce que l'Ancien des jours vint, et que le jugement fut donné aux saints du Souverain, et que le temps arriva où les saints entrèrent en possession du royaume. 23 Il me parla ainsi: La quatrième bête est un quatrième royaume qui existera sur la terre, qui sera différent de tous les royaumes, et qui dévorera toute la terre, et la foulera et la brisera. Les dix cornes, ce sont dix rois qui s'élèveront de ce royaume; 24 Et un

autre s'élèvera après eux, qui sera différent des premiers et il abaissera trois rois. [25] Il prononcera des paroles contre le Souverain, il opprimera les saints du Souverain, et pensera à changer les temps et la loi; et les saints seront livrés en sa main pendant un temps, des temps et la moitié d'un temps. [26] Puis viendra le jugement, et on lui ôtera sa domination, pour la détruire et la faire périr jusqu'à la fin. [27] Et le règne, et la domination et la grandeur des royaumes qui sont sous tous les cieux, seront donnés au peuple des saints du Souverain. Son royaume est un royaume éternel, et toutes les dominations le serviront et lui obéiront. [28] C'est ici la fin de cette parole. Quant à moi, Daniel, mes pensées me troublèrent fort, je changeai de couleur, et je conservai ces paroles dans mon cœur.

8

[1] La troisième année du règne du roi Belshatsar, moi, Daniel, j'eus une vision, outre celle que j'avais eue auparavant. [2] J'eus une vision, et il arriva, comme je regardais, que j'étais à Suse, la capitale, dans la province d'Élam, et dans ma vision, je me trouvais près du fleuve Ulaï. [3] Je levai les yeux, je regardai, et voici, un bélier se tenait devant le fleuve; et il avait deux cornes, et ces deux cornes étaient hautes, mais l'une était plus haute que l'autre, et la plus haute s'éleva la dernière. [4] Et je vis le bélier qui frappait de ses cornes vers l'occident, vers le nord et vers le midi; et aucune bête ne pouvait subsister devant lui, et il n'y avait personne qui délivrât de sa puissance; mais il faisait tout ce qu'il voulait, et il devint grand. [5] Et comme je regardais attentivement, voici, un bouc venait de l'occident, parcourant toute la terre sans toucher le sol; ce bouc avait une corne considérable entre les yeux. [6] Il vint jusqu'au bélier qui avait les deux cornes, et que j'avais vu se tenant devant le fleuve; et il courut contre lui dans la fureur de sa force. [7] Et je le vis atteindre le bélier; et, s'irritant contre lui, il le heurta et brisa ses deux cornes; et le bélier n'avait pas la force de lui résister; il le jeta à terre et le foula aux pieds, et il n'y eut personne qui délivrât le bélier de sa puissance. [8] Et le bouc grandit extrêmement; mais quand il fut puissant, sa grande corne se brisa, et à sa place, il en surgit quatre considérables, vers les quatre vents des cieux. [9] Et de l'une d'elles surgit une petite corne qui s'agrandit beaucoup vers le midi, et vers l'orient, et vers le pays de gloire. [10] Et elle grandit jusqu'à l'armée des cieux, et elle fit tomber à terre une partie de l'armée des étoiles, et les foula aux pieds. [11] Elle s'éleva même jusqu'au chef de l'armée, lui enleva le sacrifice continuel et abattit la demeure de son sanctuaire. [12] Et l'armée fut livrée avec le sacrifice continuel, à cause du péché, et la corne jeta la vérité par terre, et elle agit et prospéra. [13] Et j'entendis parler un saint, et un autre saint dit à celui qui parlait: Jusqu'à quand durera la vision du sacrifice continuel et du péché qui cause la désolation, qui livre le sanctuaire et l'armée pour être foulés aux pieds? [14] Et il me dit: Jusqu'à deux mille trois cents soirs et matins; puis le sanctuaire sera purifié. [15] Pendant que moi, Daniel, je regardais la vision et que je cherchais à la comprendre, voici, quelqu'un qui avait l'apparence d'un homme se tint devant moi. [16] Et j'entendis la voix d'un homme au milieu du fleuve Ulaï; il cria et dit: Gabriel, explique-lui la vision. [17] Et il vint près du lieu où je me tenais, et, à sa venue, je fus épouvanté et je tombai sur ma face, et il me dit: Comprends, fils de l'homme, car la vision est pour le temps de la fin. [18] Et comme il me parlait, je m'assoupis la face contre terre; mais il me toucha et me fit tenir debout à la place où j'étais. [19] Et il dit: Voici, je vais t'apprendre ce qui arrivera au dernier temps de la colère, car il y a un temps marqué pour la fin. [20] Le bélier que tu as vu, qui avait deux cornes, ce sont les rois des Mèdes et des Perses; [21] Et le bouc velu, c'est le roi de Javan; et la grande corne entre ses yeux, c'est le premier roi. [22] Et cette corne s'étant brisée, les quatre cornes qui se sont élevées à sa place sont quatre rois qui s'élèveront de cette nation, mais ils n'auront pas sa force. [23] Et à la fin de leur règne,

quand les pécheurs auront comblé la mesure, il s'élèvera un roi au visage audacieux et entendu dans l'artifice. [24] Sa puissance s'accroîtra, mais non pas par sa propre force. Il fera des ravages extraordinaires; il réussira dans ses entreprises, il détruira les puissants et le peuple des saints. [25] Et par son habileté, il fera réussir la fraude dans sa main. Il s'enorgueillira dans son cœur, et à l'improviste il fera périr beaucoup de gens; il s'élèvera contre le Prince des princes; mais il sera brisé sans le secours d'aucune main. [26] La vision des soirs et des matins, qui a été dite, est véritable. Mais toi, scelle la vision, car elle se rapporte à un temps éloigné. [27] Et moi, Daniel, je tombai en défaillance et fus malade pendant quelques jours; puis je me levai et fis les affaires du roi. J'étais étonné de la vision, mais personne ne la comprit.

9

[1] La première année de Darius, fils d'Assuérus, de la race des Mèdes, qui avait été établi sur le royaume des Caldéens; [2] La première année de son règne, moi, Daniel, je compris par les livres, que le nombre des années dont l'Éternel avait parlé au prophète Jérémie, pour finir les désolations de Jérusalem, était de soixante et dix ans. [3] Je tournai ma face vers le Seigneur Dieu, pour lui présenter des requêtes et des supplications, avec jeûne, et en prenant le sac et la cendre. [4] Et je priai l'Éternel mon Dieu, je lui fis ma confession, et je dis: Ah! Seigneur, Dieu grand et redoutable, qui gardes l'alliance et la miséricorde à ceux qui t'aiment et qui observent tes commandements! [5] Nous avons péché, nous avons commis l'iniquité, nous avons agi méchamment, nous avons été rebelles et nous nous sommes détournés de tes commandements et de tes ordonnances. [6] Et nous n'avons pas écouté tes serviteurs les prophètes, qui ont parlé en ton nom à nos rois, à nos chefs, à nos pères et à tout le peuple du pays. [7] A toi, Seigneur, est la justice et à nous la confusion de face, comme elle est aujourd'hui aux hommes de Juda, aux habitants de Jérusalem et à tout Israël, à ceux qui sont près et à ceux qui sont loin, dans tous les pays où tu les as chassés, à cause des iniquités qu'ils ont commises contre toi. [8] Seigneur, à nous la confusion de face, à nos rois, à nos chefs et à nos pères, parce que nous avons péché contre toi. [9] Les compassions et les pardons sont au Seigneur notre Dieu, car nous nous sommes rebellés contre lui. [10] Nous n'avons point écouté la voix de l'Éternel notre Dieu pour marcher suivant ses lois, qu'il avait mises devant nous par le moyen de ses serviteurs les prophètes. [11] Tout Israël a transgressé ta loi et s'est détourné pour ne point écouter ta voix. Et la malédiction et les serments, qui sont écrits dans la loi de Moïse, serviteur de Dieu, ont fondu sur nous, parce que nous avons péché contre lui. [12] Il a accompli les paroles qu'il avait prononcées contre nous et contre les chefs qui nous ont gouvernés; il a fait venir sur nous un grand mal, tel qu'il n'en est point arrivé sous les cieux, de semblable à celui qui est arrivé à Jérusalem. [13] Selon ce qui est écrit dans la loi de Moïse, tout ce mal est venu sur nous; et nous n'avons pas supplié l'Éternel notre Dieu, pour nous détourner de nos iniquités et nous rendre attentifs à ta vérité. [14] Et l'Éternel a veillé sur le mal, et l'a fait venir sur nous, car l'Éternel notre Dieu est juste dans toutes les œuvres qu'il a faites, mais nous n'avons point écouté sa voix. [15] Et maintenant, Seigneur notre Dieu, qui as tiré ton peuple du pays d'Égypte par ta main puissante, et qui t'es acquis un nom tel qu'il est aujourd'hui, nous avons péché, nous avons agi méchamment! [16] Seigneur, que selon toutes tes justices, ta colère et ton indignation se détournent de ta ville de Jérusalem, de ta montagne sainte; car, à cause de nos péchés et à cause des iniquités de nos pères, Jérusalem et ton peuple sont en opprobre à tous ceux qui nous entourent. [17] Et maintenant écoute, ô notre Dieu! la requête de ton serviteur et ses supplications; et pour l'amour du Seigneur, fais luire ta face sur ton sanctuaire désolé. [18] Mon Dieu! prête l'oreille, et écoute; ouvre les yeux et regarde

nos désolations, et la ville sur laquelle ton nom est invoqué; car ce n'est pas à cause de nos justices que nous présentons nos supplications devant ta face, mais à cause de tes grandes compassions. [19] Seigneur! exauce. Seigneur! pardonne. Seigneur! sois attentif et agis, à cause de toi-même; ô mon Dieu! ne tarde point, car ton nom est invoqué sur ta ville et sur ton peuple. [20] Et je parlais encore, je priais, je confessais mon péché et le péché de mon peuple d'Israël, et je présentais ma supplication à l'Éternel mon Dieu, pour la sainte montagne de mon Dieu; [21] Je parlais encore dans ma prière, quand cet homme, Gabriel, que j'avais vu en vision auparavant, vint à moi d'un vol rapide, vers le temps de l'oblation du soir. [22] Et il m'instruisit, me parla et me dit: Maintenant je suis venu pour te rendre sage et intelligent. [23] Daniel! lorsque tu commençais à prier, la parole est sortie et je suis venu te l'annoncer, parce que tu es un bien-aimé; fais donc attention à la parole, et comprends la vision. [24] Soixante-dix semaines sont déterminées sur ton peuple et sur ta ville sainte, pour enfermer la rébellion, pour sceller les péchés, pour expier l'iniquité, pour amener la justice éternelle, pour sceller la vision et le prophète, et pour oindre le Saint des saints. [25] Sache-le donc et comprends: depuis l'émission de la parole ordonnant de retourner et de rebâtir Jérusalem, jusqu'au Christ, le Conducteur, il y a sept semaines et soixante-deux semaines: les places et les fossés seront rétablis, mais en un temps fâcheux. [26] Et après les soixante-deux semaines, le Christ sera retranché, et non pour lui. Et le peuple d'un conducteur qui viendra, détruira la ville et le sanctuaire, et sa fin sera dans ce débordement; les désolations sont déterminées jusqu'au terme de la guerre. [27] Il confirmera l'alliance avec plusieurs pendant une semaine; et à la moitié de la semaine, il fera cesser le sacrifice et l'oblation; et sur l'aile des abominations viendra le désolateur, jusqu'à ce que la ruine qui a été déterminée fonde sur le désolé.

10

[1] La troisième année de Cyrus, roi de Perse, une parole fut révélée à Daniel, qu'on nommait Beltshatsar; et cette parole est véritable et annonce un grand combat. Et il comprit la parole, et il eut l'intelligence de la vision. [2] En ce temps-là, moi Daniel, je fus dans le deuil pendant trois semaines. [3] Je ne mangeai point de mets délicats; il n'entra dans ma bouche ni viande, ni vin, et je ne m'oignis point jusqu'à ce que les trois semaines fussent accomplies. [4] Et le vingt-quatrième jour du premier mois, j'étais sur le bord du grand fleuve qui est l'Hiddékel. [5] Et je levai les yeux et je regardai; et voici, je vis un homme vêtu de lin, et dont les reins étaient ceints d'une ceinture d'or fin d'Uphaz. [6] Son corps était comme de chrysolithe, son visage brillait comme un éclair, ses yeux comme des lampes allumées, ses bras et ses pieds paraissaient comme de l'airain poli, et le bruit de ses paroles était comme le bruit d'une multitude. [7] Et moi, Daniel, je vis seul la vision, et les hommes qui étaient avec moi ne la virent point; mais une grande frayeur tomba sur eux, et ils s'enfuirent pour se cacher. [8] Je restai seul, et je vis cette grande vision, et il ne me resta plus de force. Mon visage changea de couleur et fut tout défait, et je ne conservai aucune force. [9] Et j'entendis la voix de ses paroles, et quand je l'eus entendue, je tombai assoupi et la face contre terre. [10] Et voici, une main me toucha et me fit mettre sur mes genoux et sur les paumes de mes mains. [11] Puis il me dit: Daniel, homme bien-aimé, fais attention aux paroles que je te dis, et tiens-toi debout à la place où tu es, car je suis maintenant envoyé vers toi. Et quand il m'eut dit ces paroles, je me tins debout en tremblant. [12] Et il me dit: Ne crains point, Daniel; car dès le jour où tu as pris à cœur de comprendre et de t'humilier devant ton Dieu, tes paroles ont été exaucées, et c'est à cause de tes paroles que je suis venu. [13] Mais le chef du royaume de Perse m'a résisté vingt et un jours; et voici, Micaël, l'un des principaux chefs, est venu à mon aide, et je suis demeuré là auprès des rois de Perse. [14] Et je viens maintenant pour te faire entendre ce qui doit arriver à ton peuple dans les derniers jours; car la

vision s'étend jusqu'à ces jours-là. [15] Pendant qu'il m'adressait ces paroles, je tenais mon visage contre terre, et je restais muet. [16] Et voici, quelqu'un qui ressemblait aux fils de l'homme toucha mes lèvres. Alors j'ouvris la bouche, je parlai et je dis à celui qui se tenait devant moi: Mon seigneur, par la vision l'angoisse m'a saisi, et je n'ai conservé aucune force. [17] Et comment le serviteur de mon seigneur pourrait-il parler avec mon seigneur? Maintenant il n'y a plus en moi aucune force, et il ne me reste plus de souffle! [18] Alors celui qui avait l'apparence d'un homme me toucha de nouveau et me fortifia. [19] Et il me dit: Ne crains point, homme bien-aimé; que la paix soit avec toi! Prends courage, prends courage! Et, comme il me parlait, je repris courage, et je dis: Que mon seigneur parle, car tu m'as fortifié. [20] Et il me dit: Sais-tu pourquoi je suis venu vers toi? Et maintenant je m'en retourne pour combattre le chef de Perse; et quand je serai parti, voici, le chef de Javan viendra. [21] Mais je t'annoncerai ce qui est écrit dans le livre de vérité. Et il n'y a personne qui me soutienne contre ceux-là, sinon Micaël, votre chef.

11

[1] Et moi, dans la première année de Darius le Mède, je me tenais auprès de lui pour l'aider et le fortifier. [2] Maintenant je t'annoncerai la vérité: Voici, il y aura encore trois rois en Perse; puis le quatrième possédera de plus grandes richesses que tous les autres; et quand il sera devenu fort par ses richesses, il soulèvera tout contre le royaume de Javan. [3] Mais il s'élèvera un roi vaillant, qui dominera avec une grande puissance, et fera ce qu'il voudra. [4] Et dès qu'il se sera élevé, son royaume se brisera et sera divisé vers les quatre vents des cieux, mais il ne passera point à sa postérité, et n'aura pas la même puissance qu'il a exercée; car son royaume sera déchiré et donné à d'autres qu'à ceux-là. [5] Et le roi du midi deviendra fort, mais l'un de ses chefs deviendra plus fort que lui et dominera, et sa domination sera une grande domination. [6] Et au bout de quelques années ils s'allieront, et la fille du roi du midi viendra vers le roi du nord pour rétablir l'accord. Mais elle ne conservera pas la force du bras, et son bras ne subsistera point; et elle sera livrée, elle et ceux qui l'auront amenée, avec son père et celui qui l'aura soutenue dans ces temps-là. [7] Mais un rejeton de ses racines s'élèvera pour le remplacer. Il viendra à l'armée, il entrera dans les forteresses du roi du nord, il agira contre eux, et il sera puissant. [8] Et même il transportera en Égypte leurs dieux, avec leurs images de fonte et avec leurs vases précieux d'or et d'argent; puis il se tiendra pendant quelques années éloigné du roi du nord. [9] Celui-ci marchera contre le royaume du midi, et il retournera dans son pays. [10] Mais ses fils entreront en guerre et rassembleront une grande multitude de troupes; l'un d'eux s'avancera et se répandra comme un torrent; il passera et reviendra, et il portera la guerre jusqu'à la forteresse du roi du midi. [11] Le roi du midi sera irrité; il sortira et combattra contre lui, contre le roi du nord. Et celui-ci mettra sur pied une grande multitude, mais la multitude sera livrée en sa main. [12] Cette multitude s'enorgueillira, et le cœur du roi s'élèvera; il fera tomber des milliers, mais il n'en sera pas fortifié. [13] Car le roi du nord reviendra et rassemblera une multitude plus nombreuse; et au bout de quelque temps, de quelques années, il viendra avec une grande armée et un grand appareil. [14] En ce temps-là, plusieurs s'élèveront contre le roi du midi, et des hommes violents de ton peuple s'élèveront, afin d'accomplir la vision, mais ils succomberont. [15] Et le roi du nord viendra, il élèvera des terrasses et prendra les villes fortes; et les bras du midi, ni son peuple d'élite ne pourront résister. Il n'y aura point de force pour résister. [16] Et celui qui sera venu contre lui fera tout ce qu'il voudra, et il n'y aura personne qui lui résiste; et il s'arrêtera dans le pays de gloire, ayant la destruction dans sa main. [17] Et il concevra le dessein de venir avec la force de tout son royaume, et fera un accord avec le roi du midi, et il lui donnera sa fille pour la perdre; mais cela ne lui réussira pas et ne sera pas pour lui. [18] Puis il

tournera sa face vers les îles et en prendra plusieurs. Mais un capitaine mettra fin à l'opprobre qu'il lui attirait; il fera retomber sur lui son opprobre. [19] Et il tournera sa face vers les forteresses de son pays, mais il chancellera, il tombera, et on ne le trouvera plus. [20] Et un autre sera établi à sa place, qui fera passer l'exacteur dans l'ornement du royaume; et en peu de jours il sera brisé, et ce ne sera ni par la colère, ni dans la bataille. [21] A sa place il s'élèvera un homme méprisé, auquel on ne donnera pas l'honneur de la royauté; mais il viendra inopinément, et il s'emparera de la royauté par des flatteries. [22] Et les forces qui submergent seront submergées devant lui et seront brisées, aussi bien que le prince son allié. [23] Et après l'accord fait avec lui, il usera de tromperie, et il montera, et il aura le dessus avec peu de gens. [24] Il viendra à l'improviste dans les lieux les plus fertiles de la province, et il fera ce que n'avaient pas fait ses pères, ni les pères de ses pères; il leur distribuera le butin, les dépouilles et les richesses; et il formera des desseins contre les forteresses, et cela pour un temps. [25] Puis il réveillera sa force et son courage contre le roi du midi, avec une grande armée. Et le roi du midi s'engagera dans la guerre avec une grande et très forte armée, mais il ne subsistera pas, parce qu'on formera contre lui des complots. [26] Et ceux qui mangent les mets de sa table le briseront; son armée s'écoulera comme un torrent, et beaucoup d'hommes tomberont blessés à mort. [27] Et les deux rois chercheront dans leur cœur à se nuire; et à la même table ils parleront avec fausseté. Mais cela ne réussira pas, car la fin ne viendra qu'au temps marqué. [28] Il retournera dans son pays avec de grandes richesses; son cœur se déclarera contre l'alliance sainte, et il agira contre elle, puis il retournera dans son pays. [29] Au temps marqué, il reviendra et marchera contre le midi; mais cette dernière fois ne sera pas comme la précédente. [30] Des navires de Kittim viendront contre lui, et il perdra courage; il s'en retournera, et il sera irrité contre l'alliance sainte et il agira contre elle, il retournera et s'entendra avec ceux qui abandonnent l'alliance sainte. [31] Et des forces se lèveront de sa part, elles profaneront le sanctuaire, la forteresse, et feront cesser le sacrifice continuel, et mettront l'abomination qui cause la désolation. [32] Il séduira par des flatteries les prévaricateurs de l'alliance; mais le peuple de ceux qui connaissent leur Dieu prendra courage et agira. [33] Et ceux du peuple qui seront intelligents en instruiront plusieurs; mais il y en aura qui tomberont par l'épée et par la flamme, par la captivité et par le pillage, pendant un certain temps. [34] Et lorsqu'ils seront renversés, ils seront un peu secourus; et plusieurs se joindront à eux par hypocrisie. [35] Et parmi les intelligents, quelques-uns seront renversés, afin qu'il y en ait qui soient éprouvés, purifiés et blanchis, jusqu'au temps de la fin, car elle ne viendra qu'au temps marqué. [36] Le roi fera tout ce qu'il voudra; et il s'enorgueillira et s'élèvera au-dessus de tout dieu; il proférera des choses étranges contre le Dieu des dieux; et il prospérera jusqu'à ce que la colère soit consommée, car ce qui est décrété sera exécuté. [37] Il n'aura égard ni aux dieux de ses pères, ni à l'amour des femmes; il n'aura égard à aucun dieu; car il s'élèvera au-dessus de tout. [38] Mais, à la place, il honorera le dieu des forteresses. Il honorera avec de l'or, de l'argent, des pierres précieuses et avec les choses les plus désirables, un dieu que n'ont pas connu ses pères. [39] Et il agira ainsi dans les remparts des forteresses avec un dieu étranger: à ceux qui le reconnaîtront, il multipliera la gloire; il les fera dominer sur plusieurs et leur partagera le pays en récompense. [40] Et au temps de la fin, le roi du midi se heurtera contre lui; et le roi du nord fondra sur lui comme une tempête, avec des chars et des cavaliers et beaucoup de navires. [41] Il entrera dans les terres, se répandra comme un torrent et passera. Il entrera dans le pays de gloire; et plusieurs pays succomberont, mais ceux-ci échapperont de sa main: Édom et Moab et les principaux des enfants d'Ammon. [42] Il étendra sa main sur les pays, et le pays d'Égypte n'échappera point. [43] Il se rendra maître des trésors d'or et d'argent et de toutes les choses précieuses de l'Égypte. Les Libyens et les Éthiopiens seront à sa suite. ⁴⁴ Mais des nouvelles de l'orient et du nord viendront le troubler; et il sortira avec une grande fureur pour détruire et exterminer beaucoup de gens. ⁴⁵ Il dressera les tentes de son palais entre les mers, vers la montagne glorieuse et sainte. Puis il viendra à sa fin, et personne ne lui donnera de secours.

12

¹ En ce temps-là, se lèvera Micaël, le grand chef, qui tient ferme pour les enfants de ton peuple; et ce sera un temps de détresse tel qu'il n'y en a point eu depuis qu'il existe des nations, jusqu'à ce temps-là. En ce temps-là, ton peuple échappera, savoir quiconque sera trouvé inscrit dans le livre. ² Et plusieurs de ceux qui dorment dans la poussière de la terre se réveilleront, les uns pour la vie éternelle, les autres pour l'opprobre et une infamie éternelle. ³ Ceux qui auront été intelligents brilleront comme la splendeur de l'étendue, et ceux qui en auront amené plusieurs à la justice brilleront comme des étoiles, à toujours et à perpétuité. ⁴ Et toi, Daniel, cache ces paroles et scelle ce livre jusqu'au temps de la fin. Plusieurs le parcourront et la connaissance augmentera. ⁵ Et moi, Daniel, je regardai, et voici, deux autres hommes se tenaient debout, l'un en deçà du bord du fleuve, l'autre au-delà du bord du fleuve. ⁶ Et on dit à l'homme vêtu de lin, qui était au-dessus des eaux du fleuve: Quand sera la fin de ces merveilles? ⁷ Et j'entendis l'homme vêtu de lin, qui était au-dessus des eaux du fleuve; il leva sa main droite et sa main gauche vers les cieux, et il jura par celui qui vit éternellement que ce sera pour un temps, des temps et la moitié d'un temps, et que quand il aura achevé de briser la force du peuple saint toutes ces choses seront accomplies. ⁸ Et moi j'entendis, mais je ne compris pas. Et je dis: Mon seigneur, quelle sera l'issue de ces choses? ⁹ Et il dit: Va, Daniel, car ces paroles sont cachées et scellées jusqu'au temps de la fin. ¹⁰ Plusieurs seront purifiés, blanchis et éprouvés, mais les méchants agiront avec méchanceté, et aucun des méchants ne comprendra, mais les intelligents comprendront. ¹¹ Et, depuis le temps où cessera le sacrifice continuel et où l'on mettra l'abomination de la désolation, il y aura mille deux cent quatre-vingt-dix jours. ¹² Heureux celui qui attendra, et qui atteindra jusqu'à mille trois cent trente-cinq jours! ¹³ Mais toi, va à ta fin. Tu reposeras, et tu seras debout pour ton lot, à la fin des jours.

Osée

¹ La parole de l'Éternel qui fut adressée à Osée, fils de Bééri, au temps d'Ozias, de Jotham, d'Achaz, d'Ézéchias, rois de Juda, et au temps de Jéroboam, fils de Joas, roi d'Israël. ² Lorsque l'Éternel commença à parler par Osée, l'Éternel dit à Osée: Va, prends une femme prostituée et des enfants de prostitution; car le pays ne fait que se prostituer loin de l'Éternel. ³ Il alla donc et prit Gomer, fille de Diblaïm. Elle conçut, et lui enfanta un fils. ⁴ Et l'Éternel lui dit: Appelle-le du nom de Jizréel; car encore un peu de temps, et je punirai la maison de Jéhu pour le sang versé à Jizréel, et je ferai cesser le règne de la maison d'Israël. ⁵ Et il arrivera qu'en ce jour je romprai l'arc d'Israël dans la vallée de Jizréel. ⁶ Elle conçut encore, et enfanta une fille, et l'Éternel dit à Osée: Appelle-la du nom de Lo-Ruchama (dont on n'a pas pitié); car je ne continuerai plus à avoir pitié de la maison d'Israël pour leur pardonner entièrement. ⁷ Mais j'aurai pitié de la maison de Juda; je les sauverai par l'Éternel leur Dieu, et je ne les sauverai ni par l'arc, ni par l'épée, ni par les combats, ni par les chevaux, ni par les cavaliers. ⁸ Puis, quand elle eut sevré Lo-Ruchama, elle conçut et enfanta un fils. ⁹ Et l'Éternel dit: Appelle-le du nom de Lo-Ammi (pas mon peuple); car vous n'êtes pas mon peuple, et je ne suis pas votre Dieu. ¹⁰ Cependant le nombre des enfants d'Israël sera comme le sable de la mer, qui ne peut ni se mesurer, ni se compter; et il arrivera que dans le lieu où il leur est dit: "Vous n'êtes pas mon peuple, " on leur dira: "Enfants du Dieu vivant! " ¹¹ Et les enfants de Juda et les enfants d'Israël se réuniront ensemble et s'établiront un chef, et ils remonteront du pays; car la journée de Jizréel sera grande.

2

¹ Dites à vos frères: Ammi (mon peuple)! et à vos sœurs: Ruchama (dont on a pitié)! ² Plaidez contre votre mère, plaidez! Car elle n'est pas ma femme, et je ne suis point son mari. Qu'elle ôte ses prostitutions de son visage et ses adultères de son sein; ³ De peur que je ne la dépouille à nu, et que je ne la mette comme au jour de sa naissance, et que je ne la rende semblable à un désert, à une terre aride, et ne la fasse mourir de soif; ⁴ Et que je n'aie point pitié de ses enfants, parce que ce sont des enfants de prostitution. ⁵ Car leur mère s'est prostituée, celle qui les a conçus s'est déshonorée; car elle a dit: "J'irai après mes amants, qui me donnent mon pain et mon eau, ma laine et mon lin, mon huile et mon breuvage. " ⁶ C'est pourquoi, voici, je vais fermer ton chemin avec des épines. J'y élèverai un mur, tellement qu'elle ne trouvera plus ses sentiers. ⁷ Elle poursuivra ses amants, et elle ne les atteindra pas; elle les cherchera, mais elle ne les trouvera point. Puis elle dira: "J'irai, et je retournerai à mon premier mari; car alors j'étais mieux que je ne suis maintenant. " ⁸ Or elle n'a pas reconnu que c'était moi qui lui donnais le froment, et le moût, et l'huile, et qui lui multipliais l'argent et l'or, dont ils faisaient un Baal. ⁹ C'est pourquoi je reprendrai mon froment en son temps, et mon moût en sa saison, et j'enlèverai ma laine et mon lin qui couvraient sa nudité. ¹⁰ Et je découvrirai maintenant sa turpitude aux yeux de ses amants, et nul ne la délivrera de ma main. ¹¹ Je ferai cesser toute sa joie, ses fêtes, ses nouvelles lunes, ses sabbats et toutes ses solennités. ¹² Je dévasterai ses vignes et ses figuiers, dont elle a dit: "Ce sont là mes salaires, que mes amants m'ont donnés. " Je les réduirai en forêt, et les bêtes des champs les dévoreront. ¹³ Et je la punirai pour les jours où elle offrait des parfums aux Baals, en se parant de ses bagues et de ses joyaux, et s'en allait après ses amants, et m'oubliait, dit l'Éternel. ¹⁴ C'est pourquoi, voici, je l'attirerai, et je la ferai aller au désert, et je parlerai

à son cœur. [15] Et de là je lui donnerai ses vignes, et la vallée d'Acor, comme une entrée d'espérance; et elle y chantera comme au temps de sa jeunesse, comme au jour où elle remonta du pays d'Égypte. [16] Et il arrivera en ce jour-là, dit l'Éternel, que tu m'appelleras: "Mon mari; " et tu ne m'appelleras plus: "Mon Baal (maître). " [17] Et j'ôterai de sa bouche les noms des Baals; et on ne fera plus mention de leur nom. [18] En ce jour-là, je traiterai pour eux une alliance avec les bêtes des champs, avec les oiseaux des cieux et les reptiles de la terre; je briserai, j'ôterai du pays l'arc, l'épée et la guerre, et je les ferai reposer en sûreté. [19] Et je t'épouserai pour toujours; je t'épouserai par une alliance de justice et de droit, de bonté et de compassion. [20] Je t'épouserai en fidélité, et tu connaîtras l'Éternel. [21] En ce temps-là je répondrai, dit l'Éternel, [22] Je répondrai aux cieux, et ils répondront à la terre, et la terre répondra au froment, au moût et à l'huile, et ils répondront à Jizréel (que Dieu sème). [23] Et je la sèmerai pour moi dans la terre, et je ferai miséricorde à Lo-Ruchama; et je dirai à Lo-Ammi: Tu es mon peuple! et il me dira: "Mon Dieu! "

3

[1] Et l'Éternel me dit: Va encore, aime une femme aimée d'un ami, et adultère, comme l'Éternel aime les enfants d'Israël, qui se tournent vers d'autres dieux, et qui aiment les gâteaux de raisins. [2] Et je m'acquis cette femme pour quinze pièces d'argent, et un homer et demi d'orge. [3] Et je lui dis: Tu m'attendras pendant beaucoup de jours; tu ne te prostitueras pas, et ne seras à personne; et je ferai de même pour toi. [4] Car les enfants d'Israël attendront pendant beaucoup de jours, sans roi et sans prince, sans sacrifice et sans statue, sans éphod et sans théraphim. [5] Après cela, les enfants d'Israël reviendront, et rechercheront l'Éternel leur Dieu, et David, leur roi. Et ils viendront avec crainte à l'Éternel et à sa bonté, aux derniers jours.

4

[1] Écoutez la parole de l'Éternel, enfants d'Israël! Car l'Éternel a un procès avec les habitants du pays, parce qu'il n'y a ni vérité, ni bonté, ni connaissance de Dieu, dans le pays. [2] Il n'y a que parjures et mensonges; meurtres, vols et adultères; on use de violence, et un meurtre touche l'autre. [3] C'est pourquoi le pays sera dans le deuil, et tous ses habitants dans la langueur, avec les bêtes des champs et les oiseaux des cieux; même les poissons de la mer périront. [4] Mais que nul ne conteste, et que nul ne reprenne! Car ton peuple est comme ceux qui disputent avec le sacrificateur. [5] Tu tomberas de jour; le prophète aussi tombera avec toi de nuit; et je détruirai ta mère. [6] Mon peuple est détruit, faute de connaissance. Puisque toi tu as rejeté la connaissance, je te rejetterai, afin que tu n'exerces plus devant moi le sacerdoce; puisque tu as oublié la loi de ton Dieu, moi aussi j'oublierai tes enfants. [7] Plus ils se sont multipliés, plus ils ont péché contre moi: je changerai leur gloire en ignominie! [8] Ils se nourrissent des péchés de mon peuple; ils sont avides de ses iniquités. [9] Aussi il en sera du sacrificateur comme du peuple; je le punirai selon ses voies et lui rendrai selon ses œuvres. [10] Ils mangeront, et ne seront pas rassasiés; ils se prostitueront, et ne multiplieront pas. Car ils ont abandonné l'Éternel, pour ne pas observer sa loi. [11] La fornication, le vin et le moût ôtent l'entendement. [12] Mon peuple consulte son bois, et son bâton lui prophétise; car l'esprit de fornication égare, et ils se prostituent en abandonnant leur Dieu. [13] Ils sacrifient sur le sommet des montagnes; sur les coteaux, ils font fumer le parfum; sous le chêne, le peuplier, le térébinthe, dont l'ombre est agréable. C'est pourquoi vos filles se prostituent, et vos belles-filles commettent adultère. [14] Je ne punirai point vos filles parce qu'elles se prostituent, ni vos belles-filles parce qu'elles commettent adultère. Car eux-mêmes se retirent avec des prostituées, et sacrifient avec les femmes consacrées à l'impudicité; et le peuple sans

intelligence court à sa ruine. ¹⁵ Si tu te prostitues, Israël, que Juda ne se rende pas coupable! N'entrez pas à Guilgal! Et ne montez point à Beth-Aven! Et ne jurez point: "L'Éternel est vivant! " ¹⁶ Parce qu'Israël a été rebelle comme une génisse indomptée, maintenant l'Éternel les fera paître comme un agneau dans des lieux spacieux. ¹⁷ Éphraïm s'est associé aux idoles: abandonne-le! ¹⁸ Ont-ils fini de boire, les voilà à la fornication. Les chefs d'Israël n'aiment que l'ignominie. ¹⁹ Le vent les attachera à ses ailes, et ils auront honte de leurs sacrifices.

5

¹ Écoutez ceci, sacrificateurs, et vous maison d'Israël, soyez attentifs; maison du roi, prêtez l'oreille! Car le jugement vient à vous; parce que vous avez été un piège à Mitspa, et un filet tendu sur le Thabor. ² Par leurs sacrifices ils rendent leurs rébellions plus profondes; mais moi je les châtierai tous. ³ Je connais Éphraïm, et Israël ne m'est point caché. Car maintenant, Éphraïm, tu t'es prostitué, et Israël s'est souillé. ⁴ Leurs œuvres ne leur permettent pas de revenir à leur Dieu; parce que l'esprit de fornication est au milieu d'eux, et qu'ils ne connaissent point l'Éternel. ⁵ Et la fierté d'Israël rend témoignage sur son visage. Israël et Éphraïm tomberont par leur iniquité; Juda aussi tombera avec eux. ⁶ Ils iront avec leurs brebis et leurs bœufs chercher l'Éternel, mais ils ne le trouveront point; il s'est retiré d'eux. ⁷ Ils ont été perfides envers l'Éternel; car ils ont engendré des enfants étrangers; maintenant, un mois les dévorera avec leurs biens! ⁸ Sonnez du cor à Guibea, de la trompette à Rama! Poussez des cris à Beth-Aven! ⁹ Derrière toi, Benjamin! Éphraïm sera mis en désolation au jour du châtiment; j'annonce aux tribus d'Israël une chose certaine. ¹⁰ Les chefs de Juda sont comme ceux qui déplacent les bornes; je répandrai sur eux ma colère comme un torrent. ¹¹ Éphraïm est opprimé, accablé justement; car c'est volontiers qu'il suit les commandements de l'homme. ¹² Je serai donc comme la teigne pour Éphraïm, comme la vermoulure pour la maison de Juda. ¹³ Éphraïm a vu sa maladie, et Juda sa plaie. Éphraïm s'en va vers Assur, et on envoie vers le roi Jareb; mais il ne pourra ni vous guérir, ni vous délivrer de votre plaie. ¹⁴ Je serai comme un lion pour Éphraïm, et comme un lionceau pour la maison de Juda: moi, moi, je déchirerai! ¹⁵ Je m'en irai, j'emporterai, sans que personne délivre! Je m'en irai, je retournerai en mon lieu; jusqu'à ce qu'ils se reconnaissent coupables, et qu'ils cherchent ma face. Dans leur angoisse, ils me chercheront avec empressement.

6

¹ Venez, retournons à l'Éternel! Car il a déchiré, mais il nous guérira; il a frappé, mais il bandera nos plaies. Il nous rendra la vie dans deux jours. ² Le troisième jour il nous relèvera, et nous vivrons en sa présence. ³ Et nous connaîtrons l'Éternel, nous nous attacherons à le connaître. Son lever se prépare comme celui de l'aurore, et il viendra à nous comme la pluie, comme la pluie de l'arrière-saison, qui arrose la terre. ⁴ Que te ferai-je, Éphraïm? Que te ferai-je, Juda? Votre piété est comme la nuée du matin, comme la rosée qui dès le matin se dissipe. ⁵ C'est pourquoi je les frappe par les prophètes, je les tue par les paroles de ma bouche, et mes jugements éclateront comme la lumière. ⁶ Car c'est la piété que j'aime et non le sacrifice, et la connaissance de Dieu plus que les holocaustes. ⁷ Mais comme Adam ils ont transgressé l'alliance; là ils ont agi perfidement contre moi. ⁸ Galaad est une ville d'ouvriers d'iniquité, pleine de traces de sang. ⁹ Et la troupe des sacrificateurs est comme les bandes qui épient les gens, et qui massacrent sur le chemin de Sichem; car ils commettent le crime. ¹⁰ Dans la maison d'Israël, j'ai vu une

chose horrible: là est la prostitution d'Éphraïm; là Israël se souille! [11] Pour toi aussi, Juda, une moisson est réservée, quand je ramènerai les captifs de mon peuple.

7

[1] Lorsque je voulais guérir Israël, l'iniquité d'Éphraïm et la méchanceté de Samarie se sont révélées; car ils ont pratiqué la fausseté; et tandis que le larron s'est introduit, la bande a pillé au-dehors. Et ils ne se disent pas, dans leurs cœurs, que je me souviens de toute leur malice. [2] Maintenant leurs forfaits les environnent; ils sont devant ma face. [3] Ils réjouissent le roi par leur malice, et les chefs par leurs mensonges. [4] Ils sont tous adultères, pareils au four chauffé par le boulanger, qui cesse d'attiser le feu depuis qu'il a pétri la pâte jusqu'à ce qu'elle soit levée. [5] Au jour de notre roi, les chefs se rendent malades par l'ardeur du vin; le roi tend la main aux moqueurs. [6] Lorsqu'ils dressent des embûches, leur cœur est un four; toute la nuit dort leur boulanger; au matin c'est un feu qui jette des flammes. [7] Ils sont tous ardents comme un four, et ils dévorent leurs juges. Tous leurs rois tombent, et aucun d'eux ne crie à moi! [8] Éphraïm, lui, se mêle avec les peuples. Éphraïm est un gâteau qui n'a pas été retourné. [9] Les étrangers ont dévoré sa force, et il ne l'a point senti; sa tête s'est parsemée de cheveux blancs, et il ne s'en est pas aperçu. [10] Et l'orgueil d'Israël rend témoignage sur son visage: ils ne sont pas revenus à l'Éternel leur Dieu; ils ne l'ont point recherché, malgré tout cela. [11] Éphraïm est comme une colombe stupide, sans intelligence. Ils appellent l'Égypte, ils vont vers les Assyriens. [12] Pendant qu'ils iront, j'étendrai sur eux mon filet; je les abattrai comme les oiseaux des cieux, je les châtierai, comme ils l'ont entendu dans leur assemblée. [13] Malheur à eux! car ils me fuient. Ruine sur eux! car ils se rebellent contre moi. Moi, je les rachèterais; mais ils disent contre moi des mensonges. [14] Ils ne crient pas du cœur vers moi, quand ils hurlent sur leurs couches. Ils s'inquiètent pour le froment et le vin; ils se détournent de moi. [15] Je les ai châtiés; j'ai fortifié leurs bras; mais ils méditent du mal contre moi. [16] Ils retournent, mais non point au Souverain; ils sont comme un arc trompeur. Leurs chefs tomberont par l'épée, à cause de l'emportement de leur langue. Cela leur tournera en moquerie au pays d'Égypte.

8

[1] Embouche la trompette! L'ennemi fond comme un aigle sur la maison de l'Éternel, parce qu'ils ont violé mon alliance et péché contre ma loi. [2] Ils crieront à moi: "Mon Dieu! Nous t'avons connu, nous, Israël! " [3] Israël a rejeté ce qui est bon; l'ennemi le poursuivra. [4] Ils ont fait des rois, mais non de ma part; des chefs, mais à mon insu. Ils se sont fait des dieux de leur argent et de leur or; c'est pourquoi ils seront retranchés! [5] Ton veau, ô Samarie, est rejeté! Ma colère s'est embrasée contre eux! Jusqu'à quand seront-ils incapables d'innocence? [6] Car il vient d'Israël; c'est un ouvrier qui l'a fait, et il n'est point Dieu. C'est pourquoi le veau de Samarie sera mis en pièces! [7] Parce qu'ils sèment le vent, ils moissonneront la tempête. Ils n'auront point de blé debout; ce qui pousse ne donnera point de farine; et si peut-être il en donne, les étrangers la dévoreront. [8] Israël est dévoré. Ils sont maintenant parmi les nations comme un vase dédaigné. [9] Car ils sont montés vers Assur, comme un âne sauvage qui se tient à l'écart. Éphraïm a fait des présents pour avoir des amis. [10] Et parce qu'ils font des présents chez les nations, je vais maintenant les rassembler, et ils commenceront à diminuer sous le fardeau du roi des princes. [11] Parce qu'Éphraïm a multiplié les autels pour pécher, ces autels lui tourneront en piège. [12] Que je lui multiplie mes enseignements par écrit, ils sont regardés comme une chose étrangère. [13] Dans les sacrifices qui me sont offerts, ils sacrifient de la chair et la mangent; mais l'Éternel ne les agrée point. Maintenant il se souvient de leur iniquité,

et il punira leur péché: ils retourneront en Égypte! [14] Israël a oublié celui qui l'a fait, et a bâti des palais, et Juda a multiplié les villes fortes; mais j'enverrai dans les villes de celui-ci un feu qui dévorera les palais de celui-là.

9

[1] Israël, ne te réjouis point, et ne sois pas transporté de joie comme les peuples, de ce que tu t'es prostitué en abandonnant ton Dieu! Tu as aimé le salaire de la prostitution sur toutes les aires de froment. [2] L'aire et la cuve ne les repaîtront point, et le vin doux leur manquera. [3] Ils ne demeureront pas dans la terre de l'Éternel; Éphraïm retournera en Égypte, et ils mangeront en Assyrie un aliment souillé. [4] Ils ne feront point à l'Éternel des libations de vin, et leurs sacrifices ne lui plairont pas. Ce leur sera comme le pain de deuil; tous ceux qui en mangent seront souillés. Car leur pain ne sera que pour eux-mêmes; il n'entrera point dans la maison de l'Éternel. [5] Que ferez-vous aux jours solennels, aux jours des fêtes de l'Éternel? [6] Car voici, ils s'en vont à cause de la désolation. L'Égypte les recueillera; Memphis les ensevelira. L'ortie possédera leurs joyaux d'argent; l'épine croîtra dans leurs tentes. [7] Ils viennent, les jours du châtiment! Ils viennent, les jours de la rétribution! Israël le saura! Le prophète est fou; l'homme inspiré est insensé, à cause de la grandeur de ton iniquité et de ta grande rébellion! [8] La sentinelle d'Éphraïm est avec mon Dieu; mais le prophète est un filet d'oiseleur sur toutes ses voies, un ennemi dans la maison de son Dieu. [9] Ils se sont entièrement corrompus, comme aux jours de Guibea. L'Éternel se souviendra de leur iniquité; il punira leurs péchés! [10] J'ai trouvé Israël comme des grappes dans le désert; j'ai vu vos pères comme le premier fruit d'un figuier qui commence. Mais ils sont allés vers Baal-Péor; ils se sont consacrés à une chose infâme, ils sont devenus abominables comme ce qu'ils ont aimé. [11] La gloire d'Éphraïm s'envolera comme un oiseau: plus de naissance, plus de grossesse, plus de conception! [12] S'ils élèvent leurs enfants, je les en priverai avant l'âge d'homme. Car malheur à eux aussi, quand je me retirerai d'eux! [13] Éphraïm, partout où je regarde vers Tyr, est planté dans un beau séjour; mais Éphraïm mènera ses fils à celui qui les tuera. [14] O Éternel! donne-leur ... Que leur donnerais-tu? ... Donne-leur le sein qui avorte, et les mamelles taries! [15] Tout leur mal est à Guilgal; c'est là que je les hais. A cause de la malice de leurs œuvres, je les chasserai de ma maison; je ne continuerai plus à les aimer; tous leurs chefs sont des rebelles. [16] Éphraïm est frappé, sa racine est devenue sèche; ils ne porteront plus de fruit; et s'ils ont des enfants, je ferai mourir le fruit précieux de leur sein. [17] Mon Dieu les rejettera, parce qu'ils ne l'ont point écouté, et ils seront errants parmi les nations.

10

[1] Israël est une vigne florissante, qui porte beaucoup de fruits. Plus ses fruits sont abondants, plus il multiplie les autels; plus sa terre est belle, plus il embellit ses statues. [2] Leur cœur est partagé: ils vont être déclarés coupables. Il abattra leurs autels, il détruira leurs statues. [3] Car bientôt ils diront: Nous n'avons point de roi, car nous n'avons pas craint l'Éternel; et que nous ferait un roi [4] Ils prononcent des paroles, et jurent faussement, lorsqu'ils concluent des alliances; aussi le jugement germera, comme la ciguë sur les sillons des champs. [5] Les habitants de Samarie sont épouvantés à cause des veaux de Beth-Aven; car le peuple mènera deuil sur son idole, et ses prêtres tremblent pour sa gloire, qui va disparaître du milieu d'eux. [6] Elle sera même transportée en Assyrie, et on en fera présent au roi Jareb. Éphraïm recevra de la honte, et Israël sera confus de ses desseins. [7] Le roi de Samarie disparaît, comme l'écume à la surface des eaux. [8] Et les hauts lieux d'Aven, le péché d'Israël, seront détruits; l'épine et le

chardon croîtront sur leurs autels; et ils diront aux montagnes: Couvrez-nous! et aux coteaux: Tombez sur nous! ⁹ Dès les jours de Guibea tu as péché, Israël! Ils se sont tenus là; la guerre contre les impies ne les atteignit point à Guibea. ¹⁰ Je les châtierai à mon gré, et les peuples s'assembleront contre eux, lorsqu'ils seront liés à leur double iniquité. ¹¹ Éphraïm est une génisse dressée, et qui aime à fouler le grain; mais je m'approcherai de son cou superbe: j'attellerai Éphraïm, Juda labourera, Jacob traînera la herse. ¹² Semez pour la justice; moissonnez par la miséricorde; défrichez-vous des terres nouvelles! Car il est temps de rechercher l'Éternel, jusqu'à ce qu'il vienne et fasse pleuvoir la justice sur vous. ¹³ Vous avez labouré la méchanceté, moissonné l'iniquité, mangé le fruit du mensonge; car tu t'es confié en ta voie, dans la multitude de tes hommes vaillants. ¹⁴ C'est pourquoi un tumulte s'élèvera parmi ton peuple, et on détruira toutes tes forteresses, comme Shalman a détruit Beth-Arbel au jour de la bataille où la mère fut écrasée avec les enfants. ¹⁵ Béthel vous fera de même, à cause de votre extrême méchanceté. Au point du jour c'en sera fait entièrement du roi d'Israël!

11

¹ Quand Israël était jeune, je l'aimai, et j'appelai mon fils hors d'Égypte. ² Les a-t-on appelés, ils se sont dérobés, ils ont sacrifié aux Baals et offert de l'encens aux idoles. ³ C'est moi qui guidai les pas d'Éphraïm, le prenant par les bras. Mais ils n'ont point connu que je les guérissais. ⁴ Je les ai tirés avec des cordeaux d'humanité, avec des liens d'amour. J'ai été pour eux comme celui qui aurait enlevé la bride de leur mâchoire, et je leur ai présenté de la nourriture. ⁵ Ils ne retourneront pas au pays d'Égypte, mais leur roi sera Assur, parce qu'ils n'ont pas voulu se convertir. ⁶ L'épée fondra sur leurs villes, et en consumera les défenseurs, et les dévorera à cause de leurs desseins. ⁷ Et mon peuple est attaché à sa rébellion contre moi; on le rappelle au Souverain, mais aucun ne l'exalte. ⁸ Comment t'abandonnerais-je, Éphraïm? Te livrerais-je, Israël? Te traiterais-je comme Adma, te rendrais-je tel que Tséboïm? Mon cœur s'agite au-dedans de moi; toutes mes compassions sont émues. ⁹ Je n'exécuterai point l'ardeur de ma colère, et je ne reviendrai pas pour détruire Éphraïm; car je suis Dieu et non pas un homme; je suis le Saint au milieu de toi; je ne viendrai pas avec irritation. ¹⁰ Ils marcheront après l'Éternel, qui rugira comme un lion. Car il rugira, et les enfants accourront en hâte de l'occident. Ils accourront de l'Égypte, comme un oiseau, ¹¹ Et du pays d'Assyrie, comme une colombe, et je les ferai habiter dans leurs maisons, dit l'Éternel. ¹² Éphraïm m'a environné de mensonge, et la maison d'Israël de tromperie; et Juda est encore inconstant avec Dieu, avec le Saint, le Fidèle.

12

¹ Éphraïm se repaît de vent, et poursuit le vent d'orient. Chaque jour il multiplie le mensonge et la violence; il traite alliance avec Assur, et on porte l'huile en Égypte. ² L'Éternel est aussi en procès avec Juda, et il punira Jacob à cause de ses voies; il lui rendra selon ses œuvres. ³ Dès le sein maternel il supplanta son frère, et dans sa force il lutta avec Dieu. ⁴ Il lutta avec l'ange, et il fut le plus fort; il pleura, et lui demanda grâce. À Béthel il le trouva, et c'est là que Dieu nous a parlé. ⁵ L'Éternel est le Dieu des armées; son nom est l'Éternel. ⁶ Toi donc, reviens à ton Dieu; garde la miséricorde et la justice; et espère continuellement en ton Dieu. ⁷ Éphraïm est un marchand, qui a dans sa main des balances fausses; il aime à frauder. ⁸ Et Éphraïm dit: "Oui, je suis devenu riche; je me suis acquis des richesses. Dans tout mon travail on ne trouvera aucune injustice, rien qui soit un péché. " ⁹ Et moi, je suis l'Éternel ton Dieu dès le pays d'Égypte. Je te ferai

encore habiter sous des tentes, comme aux jours de fête. [10] J'ai parlé aux prophètes, et j'ai multiplié les visions, et par le moyen des prophètes j'ai proposé des similitudes. [11] Si Galaad n'est qu'iniquité, certainement ils seront réduits à néant. Ils ont sacrifié des bœufs à Guilgal; aussi leurs autels seront comme des monceaux de pierres sur les sillons des champs. [12] Jacob s'enfuit au pays de Syrie, et Israël servit pour une femme, et pour une femme il garda les troupeaux. [13] Et par un prophète l'Éternel fit monter Israël hors d'Égypte; et par un prophète Israël fut gardé. [14] Éphraïm a provoqué une amère indignation; aussi son Seigneur laissera-t-il peser sur lui le sang qu'il a répandu, et lui rendra ses mépris.

13

[1] Dès qu'Éphraïm parlait, on tremblait. Il s'était élevé en Israël. Mais il s'est rendu coupable par Baal, et il est mort. [2] Et maintenant ils continuent à pécher; ils se font avec leur argent des images de fonte, des idoles de leur invention; et ce ne sont qu'ouvrages d'artisans. A leur sujet ils disent: "Que ceux qui sacrifient baisent les veaux! " [3] C'est pourquoi ils seront comme la nuée du matin, comme la rosée du matin qui bientôt se dissipe, comme la balle que le vent chasse de l'aire, comme la fumée qui s'échappe d'une fenêtre! Mais je suis l'Éternel ton Dieu dès le pays d'Égypte, et tu ne connais d'autre dieu que moi; [4] Il n'y a de sauveur que moi! [5] Je t'ai connu dans le désert, dans une terre aride. [6] Ils ont été rassasiés dans leurs pâturages; ils ont été rassasiés, et leur cœur s'est élevé; c'est pourquoi ils m'ont oublié. [7] Je serai donc pour eux comme un lion; comme un léopard, je les épierai sur le chemin; [8] Je les rencontrerai comme une ourse à qui l'on a enlevé ses petits. Et je déchirerai l'enveloppe de leur cœur, je les dévorerai là comme une lionne; la bête sauvage les mettra en pièces. [9] Ce qui t'a perdu, ô Israël, c'est d'être contre moi, contre celui qui est ton secours. [10] Où est donc ton roi? Qu'il te délivre dans toutes tes villes. Où sont tes juges, au sujet desquels tu disais: Donne-moi un roi et des princes? [11] Je t'ai donné un roi dans ma colère, je te l'ôterai dans mon indignation. [12] L'iniquité d'Éphraïm est liée, et son péché est réservé. [13] Les douleurs de celle qui enfante lui surviendront. C'est un enfant qui n'est pas sage; car, au terme voulu, il ne se présente pas pour voir le jour. [14] Je les rachèterais de la puissance du Sépulcre; je les garantirais de la mort. O mort! je serais ta peste. O Sépulcre! je serais ta destruction. Le repentir se cache à mes yeux! [15] Quoiqu'il ait fructifié parmi ses frères, le vent d'orient viendra, le vent de l'Éternel, montant du désert, viendra, desséchera ses sources et tarira ses fontaines. On pillera le trésor de tous ses objets précieux. [16] Samarie sera punie, car elle s'est rebellée contre son Dieu. Ils tomberont par l'épée; leurs petits enfants seront écrasés, et l'on fendra le ventre de leurs femmes enceintes.

14

[1] Israël, convertis-toi à l'Éternel ton Dieu, car tu es tombé par ton iniquité. [2] Apportez avec vous des paroles, et revenez à l'Éternel. Dites-lui: Pardonne toute iniquité, et reçois le bien, et nous t'offrirons pour sacrifices la louange de nos lèvres. [3] Assur ne nous délivrera pas; nous ne monterons plus sur les chevaux, et nous ne dirons plus à l'ouvrage de nos mains: Vous êtes nos dieux! Car c'est en toi que l'orphelin trouve compassion. [4] Je guérirai leur infidélité; je les aimerai de bon cœur; car ma colère s'est détournée d'eux. [5] Je serai comme une rosée pour Israël. Il fleurira comme le lis, et il jettera des racines comme le Liban. [6] Ses rameaux s'étendront; sa magnificence sera celle de l'olivier, et il aura le parfum du Liban. [7] Ils reviendront s'asseoir à son ombre; ils feront fructifier le froment; ils fleuriront comme la vigne, et leur renommée sera comme celle du vin du Liban. [8] Éphraïm, qu'ai-je à faire encore avec les idoles? - Je t'exaucerai, je le regarderai;

je serai pour lui comme un cyprès toujours vert. C'est de moi que viendra ton fruit. ⁹ Qui est sage? qu'il comprenne ces choses! Qui est intelligent? qu'il les connaisse! Car les voies de l'Éternel sont droites; les justes y marcheront, mais les rebelles y tomberont.

Joël

[1] La parole de l'Éternel qui fut adressée à Joël, fils de Péthuël. [2] Écoutez ceci, vieillards! Et prêtez l'oreille, vous tous les habitants du pays! Est-il rien arrivé de pareil de votre temps, ou du temps de vos pères? [3] Faites-en le récit à vos enfants, et vos enfants à leurs enfants, et leurs enfants à la génération suivante. [4] La sauterelle a dévoré les restes du gazam, le jélek a dévoré les restes de la sauterelle, et le hasil a dévoré les restes du jélek. [5] Réveillez-vous, ivrognes, et pleurez! Et vous tous, buveurs de vin, lamentez-vous au sujet du jus de la vigne, car il est retranché de votre bouche! [6] Car une nation puissante et innombrable est montée contre mon pays; ses dents sont des dents de lion, elle a les mâchoires d'un vieux lion. [7] Elle a mis ma vigne en désolation, et mes figuiers en pièces. Elle les a entièrement dépouillés, abattus; les sarments sont devenus tout blancs. [8] Lamente-toi comme une vierge qui serait ceinte d'un sac, à cause de l'époux de sa jeunesse! [9] L'offrande et la libation sont retranchées de la maison de l'Éternel; les sacrificateurs qui font le service de l'Éternel sont dans le deuil. [10] Les champs sont ravagés, la terre est dans le deuil; car le froment est détruit, le moût est tari, et l'huile est desséchée. [11] Laboureurs, soyez confus; vignerons, gémissez, à cause du froment et de l'orge, car la moisson des champs est perdue. [12] La vigne est desséchée, le figuier est languissant; le grenadier, même le palmier et le pommier, tous les arbres des champs ont séché, et la joie a cessé parmi les fils des hommes! [13] Sacrificateurs, ceignez-vous, et menez deuil; vous qui faites le service de l'autel, lamentez-vous; vous qui faites le service de mon Dieu, entrez, passez la nuit revêtus de sacs. Car l'offrande et la libation sont supprimées de la maison de votre Dieu. [14] Sanctifiez un jeûne, convoquez une assemblée solennelle, réunissez les anciens et tous les habitants du pays dans la maison de l'Éternel, votre Dieu, et criez à l'Éternel! [15] Ah! quel jour! Car le jour de l'Éternel est proche; il vient comme un ravage du Tout-Puissant. [16] La nourriture n'est-elle pas enlevée sous nos yeux; et de la maison de notre Dieu, la joie et l'allégresse? [17] Les semences ont pourri sous leurs mottes; les greniers sont désolés, les granges sont en ruine, car le blé a péri. [18] Comme le bétail gémit! Les troupeaux de bœufs sont consternés, parce qu'ils n'ont point de pâture; même les troupeaux de brebis en souffrent. [19] Éternel, je crie à toi! Car le feu a dévoré les pâturages du désert, et la flamme a consumé tous les arbres des champs. [20] Même les bêtes sauvages soupirent après toi, car les courants d'eaux sont desséchés, et le feu dévore les pâturages du désert.

2

[1] Sonnez de la trompette en Sion, faites-la retentir sur ma sainte montagne! Que tous les habitants du pays tremblent! Car le jour de l'Éternel vient, car il est proche; [2] Jour de ténèbres et d'obscurité, jour de nuées et de brouillards. Comme l'aube du jour s'étend sur les montagnes, voici un peuple nombreux et fort, tel qu'il n'y en a point eu dans tous les temps et qu'il n'y en aura plus dans la suite, de génération en génération. [3] Un feu dévore devant lui, et derrière lui une flamme consume. Avant lui le pays était un jardin d'Éden, après lui c'est un désert affreux, et il n'y a rien qui lui échappe. [4] Leur aspect est comme l'aspect des chevaux, et ils s'élancent comme des cavaliers. [5] C'est comme un bruit de chars, quand ils bondissent au sommet des montagnes, comme le pétillement d'une flamme de feu, qui dévore du chaume; c'est comme un peuple puissant rangé en bataille! [6] Devant eux les peuples tremblent, tous les visages pâlissent. [7] Ils courent comme des hommes vaillants; ils montent sur la muraille comme des gens de guerre; ils marchent

chacun en son rang, et ne s'écartent point de leur route. ⁸ L'un ne presse point l'autre; chacun poursuit sa voie. Ils se précipitent au travers des traits, ils n'interrompent point leur marche. ⁹ Ils se répandent dans la ville, courent sur les murs, montent dans les maisons; ils entrent par les fenêtres comme le voleur. ¹⁰ Devant eux la terre tremble, les cieux sont ébranlés, le soleil et la lune s'obscurcissent, et les étoiles retirent leur éclat. ¹¹ Et l'Éternel fait entendre sa voix devant son armée; car son camp est fort nombreux, l'exécuteur de sa parole est puissant. Certainement le jour de l'Éternel est grand et terrible; qui pourra le soutenir? ¹² Et maintenant encore, dit l'Éternel, convertissez-vous à moi de tout votre cœur, avec jeûne, avec larmes et avec lamentations. ¹³ Déchirez vos cœurs, et non vos vêtements; et revenez à l'Éternel votre Dieu; car il est miséricordieux et compatissant, lent à la colère et abondant en grâce, et il se repent d'avoir affligé. ¹⁴ Qui sait s'il ne reviendra pas et ne se repentira pas, et s'il ne laissera pas après lui la bénédiction, l'offrande et la libation pour l'Éternel votre Dieu? ¹⁵ Sonnez de la trompette en Sion, sanctifiez un jeûne, convoquez une assemblée solennelle! ¹⁶ Réunissez le peuple, sanctifiez l'assemblée; réunissez les anciens! Assemblez les enfants et les nourrissons à la mamelle! Que l'époux sorte de sa chambre, et l'épouse de son appartement! ¹⁷ Que les sacrificateurs qui font le service de l'Éternel pleurent entre le portique et l'autel, et qu'ils disent: Éternel! épargne ton peuple, et n'expose pas ton héritage à l'opprobre, aux railleries des nations. Pourquoi dirait-on parmi les peuples: Où est leur Dieu? ¹⁸ L'Éternel a été jaloux de sa terre, il a été ému de compassion envers son peuple. ¹⁹ Et l'Éternel a répondu et a dit à son peuple: Voici, je vais vous envoyer du blé, du moût et de l'huile; vous en serez rassasiés, et je ne vous livrerai plus à l'opprobre parmi les nations. ²⁰ J'éloignerai de vous l'ennemi du nord, et je le chasserai dans une contrée aride et désolée; son avant-garde vers la mer orientale, et son arrière-garde vers la mer occidentale; sa puanteur montera, et son infection s'élèvera, quoiqu'il ait fait de grandes choses. ²¹ Terre, ne crains point; égaye-toi et réjouis-toi! Car l'Éternel a fait de grandes choses. ²² Ne craignez pas, bêtes des champs; car les pâturages du désert reverdissent; les arbres portent leurs fruits; le figuier et la vigne donnent leurs richesses. ²³ Et vous, enfants de Sion, égayez-vous et réjouissez-vous en l'Éternel votre Dieu! Car il vous donne la pluie de la première saison dans une juste mesure, et il vous envoie une pluie abondante de la première et de la dernière saison, comme autrefois. ²⁴ Les aires se rempliront de froment, et les cuves regorgeront de moût et d'huile. ²⁵ Et je vous rendrai les années qu'a dévorées la sauterelle, le jélek, le hasil, et le gazam, ma grande armée, que j'avais envoyée contre vous. ²⁶ Vous mangerez et vous serez rassasiés, et vous louerez le nom de l'Éternel, votre Dieu, qui vous aura fait des choses merveilleuses; et mon peuple ne sera jamais confus. ²⁷ Vous saurez que je suis au milieu d'Israël; que moi, l'Éternel, je suis votre Dieu, et qu'il n'y en a point d'autre; et mon peuple ne sera plus jamais confus. ²⁸ Et il arrivera, après ces choses, que je répandrai mon Esprit sur toute chair; vos fils et vos filles prophétiseront; vos vieillards auront des songes, et vos jeunes gens des visions. ²⁹ Et même sur les serviteurs et sur les servantes, en ces jours-là, je répandrai mon Esprit. ³⁰ Et je ferai des prodiges dans les cieux et sur la terre; du sang, du feu, et des colonnes de fumée. ³¹ Le soleil sera changé en ténèbres, et la lune en sang, avant que le grand et terrible jour de l'Éternel vienne. ³² Et il arrivera que quiconque invoquera le nom de l'Éternel sera sauvé; car le salut sera sur la montagne de Sion et à Jérusalem, comme l'a dit l'Éternel; et parmi les réchappés seront ceux que l'Éternel appellera.

3

¹ Car voici, en ces jours-là, et dans ce temps où je ramènerai les captifs de Juda et de

Jérusalem, ² Je rassemblerai toutes les nations et les ferai descendre dans la vallée de Josaphat; et là j'entrerai en jugement avec eux au sujet de mon peuple et de mon héritage, Israël, qu'ils ont dispersé parmi les nations, en se partageant mon pays. ³ Ils ont jeté le sort sur mon peuple; ils ont donné le jeune garçon pour une prostituée, et ils ont vendu la jeune fille pour du vin, et ils ont bu. ⁴ Et vous aussi, Tyr et Sidon, et toutes les contrées des Philistins, que me voulez-vous? Voulez-vous vous venger de moi? Si vous voulez vous venger de moi, je vous rendrai promptement et soudain sur la tête votre salaire. ⁵ Car vous avez pris mon argent et mon or, et vous avez emporté dans vos temples mes joyaux précieux. ⁶ Vous avez vendu les enfants de Juda et les enfants de Jérusalem aux enfants de Javan, afin de les éloigner de leur territoire. ⁷ Voici, je les ferai revenir du lieu où vous les avez vendus, et je ferai retomber sur votre tête votre salaire. ⁸ Je vendrai vos fils et vos filles aux enfants de Juda; ils les vendront aux Sabéens, à un peuple lointain; car l'Éternel a parlé. ⁹ Publiez ceci parmi les nations; préparez la guerre; réveillez les hommes vaillants; que tous les gens de guerre s'approchent, et qu'ils montent! ¹⁰ Forgez de vos hoyaux des épées, et de vos serpes, des lances; et que le faible dise: Je suis fort! ¹¹ Hâtez-vous et venez, vous toutes les nations d'alentour, et rassemblez-vous. Là, ô Éternel! fais descendre tes hommes vaillants! ¹² Que les nations se réveillent, et qu'elles montent à la vallée de Josaphat; car là je siégerai pour juger toutes les nations d'alentour. ¹³ Mettez la faucille, car la moisson est mûre. Venez, foulez, car le pressoir est plein; les cuves regorgent, car leur malice est grande. ¹⁴ Des multitudes, des multitudes dans la vallée du jugement! Car le jour de l'Éternel est proche, dans la vallée du jugement. ¹⁵ Le soleil et la lune s'obscurcissent, et les étoiles retirent leur éclat. ¹⁶ L'Éternel rugit de Sion, et de Jérusalem il fait entendre sa voix; les cieux et la terre sont ébranlés; mais l'Éternel est pour son peuple une retraite, et une forteresse pour les enfants d'Israël. ¹⁷ Et vous saurez que je suis l'Éternel votre Dieu, qui habite en Sion, la montagne de ma sainteté; et Jérusalem sera sainte, et les étrangers n'y passeront plus. ¹⁸ En ce jour-là les montagnes ruisselleront de moût, et le lait coulera des collines; l'eau coulera dans tous les ruisseaux de Juda, et une source sortira de la maison de l'Éternel et arrosera la vallée de Sittim. ¹⁹ L'Égypte deviendra une désolation; Édom sera réduit en un désert affreux, à cause de la violence faite aux enfants de Juda, dont ils ont répandu le sang innocent dans leur pays. ²⁰ Mais Juda sera habité éternellement, et Jérusalem d'âge en âge. ²¹ Et je nettoierai leur sang que je n'avais point encore nettoyé. Et l'Éternel habitera en Sion.

Amos

¹ Les paroles d'Amos, qui était d'entre les bergers de Thékoa, lesquelles lui furent révélées touchant Israël aux jours d'Ozias, roi de Juda, et de Jéroboam, fils de Joas, roi d'Israël, deux ans avant le tremblement de terre. ² Il dit: L'Éternel rugit de Sion; de Jérusalem il fait entendre sa voix; les pâturages des bergers sont en deuil, et le sommet du Carmel est desséché. ³ Ainsi a dit l'Éternel: A cause de trois crimes de Damas et même de quatre, je ne le révoquerai point: parce qu'ils ont foulé Galaad avec des herses de fer; ⁴ J'enverrai le feu dans la maison de Hasaël, et il dévorera les palais de Ben-Hadad; ⁵ Je briserai les barres de Damas; j'exterminerai de Bikath-Aven les habitants, et de Beth-Éden celui qui tient le sceptre, et le peuple de Syrie sera mené captif à Kir, dit l'Éternel. ⁶ Ainsi a dit l'Éternel: A cause de trois crimes de Gaza et même de quatre, je ne le révoquerai point: parce qu'ils ont emmené des captifs en grand nombre pour les livrer à Édom; ⁷ J'enverrai le feu dans les murs de Gaza, et il dévorera ses palais; ⁸ J'exterminerai d'Asdod les habitants, et d'Askélon celui qui tient le sceptre; je tournerai ma main contre Ékron, et le reste des Philistins périra, dit l'Éternel. ⁹ Ainsi a dit l'Éternel: A cause de trois crimes de Tyr et même de quatre, je ne le révoquerai point: parce qu'ils ont livré à Édom des captifs en grand nombre, et ne se sont point souvenus de l'alliance fraternelle; ¹⁰ J'enverrai le feu dans les murs de Tyr, et il dévorera ses palais. ¹¹ Ainsi a dit l'Éternel: A cause de trois crimes d'Édom et même de quatre, je ne le révoquerai point: parce qu'il a poursuivi son frère avec l'épée, et qu'il a étouffé la compassion, parce que sa colère déchire sans cesse, et qu'il garde sa fureur à toujours; ¹² J'enverrai le feu dans Théman, et il dévorera les palais de Botsra. ¹³ Ainsi a dit l'Éternel: A cause de trois crimes des enfants d'Ammon et même de quatre, je ne le révoquerai point: parce qu'ils ont fendu le ventre des femmes enceintes de Galaad, pour étendre leurs frontières; ¹⁴ J'allumerai le feu dans les murs de Rabba, et il dévorera ses palais, au bruit des clameurs dans le jour du combat, au milieu de l'ouragan dans le jour de la tempête; ¹⁵ Et leur roi s'en ira en captivité, lui et ses chefs avec lui, dit l'Éternel.

2

¹ Ainsi a dit l'Éternel: A cause de trois crimes de Moab et même de quatre, je ne le révoquerai point: parce qu'il a brûlé et calciné les os du roi d'Édom; ² J'enverrai le feu dans Moab, et il dévorera les palais de Kérijoth; et Moab périra dans le tumulte, au milieu des clameurs, au bruit de la trompette; ³ J'exterminerai les juges du milieu de lui, et je tuerai tous ses chefs avec lui, dit l'Éternel. ⁴ Ainsi a dit l'Éternel: A cause de trois crimes de Juda et même de quatre, je ne le révoquerai point: parce qu'ils ont rejeté la loi de l'Éternel et n'ont pas gardé ses ordonnances, et qu'ils ont été égarés par leurs dieux de mensonge après lesquels avaient marché leurs pères; ⁵ J'enverrai le feu dans Juda, et il dévorera les palais de Jérusalem. ⁶ Ainsi a dit l'Éternel: A cause de trois crimes d'Israël et même de quatre, je ne le révoquerai point: parce qu'ils ont vendu le juste pour de l'argent, et le pauvre pour une paire de souliers; ⁷ Ils font lever sur la tête des misérables la poussière de la terre, et ils font fléchir le droit des malheureux. Le fils et le père vont vers la même fille, pour profaner mon saint nom; ⁸ Ils s'étendent, à côté de chaque autel, sur des vêtements pris en gage, et ils boivent, dans la maison de leurs dieux, le vin de ceux qu'ils ont condamnés. ⁹ Et moi, j'ai détruit devant eux l'Amoréen, qui était haut comme les cèdres, et fort comme les chênes; j'ai détruit son fruit en haut, et ses racines en bas; ¹⁰ Je vous ai fait monter du

pays d'Égypte et je vous ai conduits dans le désert quarante ans, pour posséder la terre de l'Amoréen; [11] J'ai suscité des prophètes parmi vos fils, et des nazariens parmi vos jeunes hommes. N'en est-il pas ainsi, enfants d'Israël? dit l'Éternel. [12] Mais vous avez fait boire du vin aux nazariens, et vous avez fait défense aux prophètes, disant: Ne prophétisez pas! [13] Voici, je vais vous fouler, comme foule un char plein de gerbes; [14] L'homme agile ne pourra fuir, le fort ne trouvera pas sa force, et l'homme vaillant ne sauvera point sa vie; [15] Celui qui manie l'arc ne tiendra pas, celui qui a les pieds légers n'échappera point, celui qui monte le cheval ne sauvera pas sa vie; [16] Et le plus courageux entre les vaillants s'enfuira nu en ce jour-là, dit l'Éternel.

3

[1] Écoutez cette parole, que l'Éternel a prononcée contre vous, enfants d'Israël, contre toute la famille que j'ai fait monter du pays d'Égypte. [2] Il a dit: Je n'ai connu que vous d'entre toutes les familles de la terre; c'est pourquoi je vous châtierai pour toutes vos iniquités. [3] Deux hommes marchent-ils ensemble, sans en être convenus? [4] Le lion rugit-il dans la forêt, sans qu'il ait une proie? Le lionceau jette-t-il son cri de sa tanière, sans qu'il ait rien pris? [5] L'oiseau tombe-t-il dans le filet qui est à terre, sans qu'il y ait un piège? Le filet se lève-t-il du sol, sans qu'il y ait rien de pris? [6] Si la trompette sonne dans une ville, le peuple ne sera-t-il pas alarmé? Et s'il arrive un malheur dans une ville, n'est-ce pas l'Éternel qui l'a fait? [7] Car le Seigneur, l'Éternel, ne fait rien, qu'il n'ait révélé son secret à ses serviteurs les prophètes. [8] Le lion rugit: qui ne craindra? Le Seigneur, l'Éternel, parle: qui ne prophétisera? [9] Faites entendre votre voix sur les palais d'Asdod et sur les palais du pays d'Égypte, et dites: Assemblez-vous sur les montagnes de Samarie, et voyez quels désordres au milieu d'elle et quelles oppressions dans son sein! [10] Ils ne savent pas faire ce qui est droit, dit l'Éternel, ils amassent la violence et la rapine dans leurs palais. [11] C'est pourquoi, ainsi a dit le Seigneur, l'Éternel: L'ennemi vient, il entoure le pays; il abattra ta force et tes palais seront pillés. [12] Ainsi a dit l'Éternel: Comme un berger sauve de la gueule du lion deux jambes ou un bout d'oreille; ainsi seront sauvés les enfants d'Israël qui sont assis dans Samarie, à l'angle d'une couche et sur le damas d'un lit. [13] Écoutez et soyez mes témoins contre la maison de Jacob, dit le Seigneur, l'Éternel, le Dieu des armées: [14] Qu'au jour où je punirai Israël pour ses crimes, j'exercerai aussi la punition sur les autels de Béthel; les cornes de l'autel seront brisées et tomberont à terre. [15] Et j'abattrai la maison d'hiver avec la maison d'été, les maisons d'ivoire périront, et de nombreuses maisons prendront fin, dit l'Éternel.

4

[1] Écoutez cette parole, génisses de Bassan, qui êtes sur la montagne de Samarie, vous qui opprimez les petits, qui maltraitez les pauvres, qui dites à leurs maîtres: Apportez, et buvons! [2] Le Seigneur, l'Éternel, l'a juré par sa sainteté: Voici, les jours viennent sur vous, où l'on vous enlèvera avec des hameçons, et votre postérité avec des crochets de pêcheur. [3] Vous sortirez par les brèches, chacune devant soi, et vous serez jetées vers la forteresse, dit l'Éternel. [4] Allez à Béthel, et péchez; à Guilgal, et péchez davantage! Apportez vos sacrifices dès le matin, et vos dîmes tous les trois jours! [5] Faites fumer vos offrandes d'action de grâces avec du levain; proclamez les offrandes volontaires et publiez-les; car c'est là ce que vous aimez, enfants d'Israël, dit le Seigneur, l'Éternel. [6] Et moi, je vous ai rendu les dents nettes dans toutes vos villes, et j'ai fait manquer le pain dans toutes vos demeures; et vous n'êtes pas revenus à moi, dit l'Éternel. [7] Je vous ai aussi refusé la pluie, quand il restait encore trois mois jusqu'à la moisson; j'ai fait pleuvoir sur une

ville, et je n'ai pas fait pleuvoir sur une autre ville; un champ a reçu la pluie, et un autre champ, sur lequel il n'a point plu, a séché; 8 Deux et trois villes sont allées vers une autre ville pour boire de l'eau, et n'ont pas été désaltérées; et vous n'êtes pas revenus à moi, dit l'Éternel. 9 Je vous ai frappés par la rouille et par la pourriture des blés; vos jardins en grand nombre, vos vignes, vos figuiers et vos oliviers ont été dévorés par la sauterelle; et vous n'êtes pas revenus à moi, dit l'Éternel. 10 J'ai envoyé parmi vous la peste, telle que celle d'Égypte; et j'ai fait mourir par l'épée vos jeunes hommes, avec vos chevaux qui avaient été pris; et j'ai fait monter la puanteur de vos camps jusqu'à vos narines; et vous n'êtes pas revenus à moi, dit l'Éternel. 11 Je vous ai détruits, comme Dieu détruisit Sodome et Gomorrhe; et vous avez été comme un tison arraché du feu; et vous n'êtes pas revenus à moi, dit l'Éternel. 12 C'est pourquoi je te traiterai de la même manière, Israël; et puisque je te traiterai ainsi, prépare-toi à la rencontre de ton Dieu, ô Israël! 13 Car voici celui qui a formé les montagnes, et créé le vent, et qui révèle à l'homme quelle est sa pensée; qui fait l'aube et l'obscurité, et qui marche sur les hauteurs de la terre; son nom est l'Éternel, le Dieu des armées.

5

1 Écoutez cette parole, cette complainte que je prononce sur vous, maison d'Israël! 2 Elle est tombée, elle ne se relèvera plus, la vierge d'Israël; elle est étendue sur sa terre, et personne ne la relève. 3 Car ainsi a dit le Seigneur, l'Éternel: La ville qui mettait en campagne mille hommes, en aura cent de reste; et celle qui mettait en campagne cent hommes, en aura dix de reste, dans la maison d'Israël. 4 Car ainsi a dit l'Éternel à la maison d'Israël: Cherchez-moi, et vous vivrez! 5 Et ne cherchez pas Béthel, n'allez pas à Guilgal, ne passez pas à Béer-Shéba. Car Guilgal s'en ira en exil, et Béthel sera réduit à rien. 6 Cherchez l'Éternel, et vous vivrez; de peur qu'il ne saisisse comme un feu la maison de Joseph, et que ce feu ne la dévore, sans qu'il y ait personne à Béthel pour l'éteindre. 7 Ils changent le droit en absinthe, et foulent à terre la justice! 8 Celui qui a fait les Pléiades et l'Orion, qui change en lumière du matin l'obscurité de la mort, et le jour en nuit ténébreuse; celui qui appelle les eaux de la mer, et les répand sur la surface de la terre, - l'Éternel est son nom. 9 Il fait éclater la ruine contre les puissants, et la ruine vient contre le lieu fort. 10 Ils haïssent celui qui les reprend à la porte, et ils ont en abomination celui qui parle avec intégrité. 11 C'est pourquoi puisque vous foulez le pauvre, et que vous prenez de lui des présents de blé: vous avez bâti des maisons en pierres de taille, mais vous n'y habiterez point; vous avez planté des vignes délicieuses, mais vous n'en boirez pas le vin. 12 Car je connais vos crimes nombreux, et vos péchés multipliés; vous opprimez le juste, vous recevez des présents, et vous faites fléchir à la porte le droit des pauvres. 13 C'est pourquoi dans ce temps-ci l'homme prudent se tait, car c'est un temps de malheur. 14 Cherchez le bien et non le mal, afin que vous viviez, et qu'ainsi l'Éternel, le Dieu des armées, soit avec vous, comme vous le dites. 15 Haïssez le mal, et aimez le bien; maintenez la justice dans le conseil. Peut-être l'Éternel, le Dieu des armées, aura-t-il pitié des restes de Joseph. 16 C'est pourquoi, ainsi a dit l'Éternel, le Dieu des armées, le Seigneur: Dans toutes les places on se lamentera; dans toutes les rues on dira: Hélas! hélas! On appellera au deuil le laboureur; et à la lamentation les faiseurs de complaintes. 17 Dans toutes les vignes on se lamentera, quand je passerai au milieu de toi, dit l'Éternel. 18 Malheur à ceux qui désirent le jour de l'Éternel! A quoi vous servira le jour de l'Éternel? Il sera ténèbres, et non lumière; 19 Comme un homme, qui fuit devant un lion, et que rencontre un ours; qui entre dans la maison, appuie sa main sur le mur, et un serpent le mord. 20 Le jour de l'Éternel, n'est-il pas ténèbres, et non

lumière? obscurité, et non clarté? [21] Je hais, je méprise vos fêtes; je ne prends point plaisir à vos assemblées solennelles. [22] Si vous me présentez des holocaustes, je n'agréerai point vos offrandes, je ne regarderai point les bêtes grasses de vos sacrifices de prospérités. [23] Éloigne de moi le bruit de tes cantiques! Je ne veux pas entendre le son de tes luths. [24] Mais le jugement coulera comme de l'eau, et la justice comme un fleuve intarissable. [25] M'avez-vous présenté des sacrifices et des offrandes pendant quarante ans au désert, maison d'Israël? [26] Mais vous avez porté la tente de votre roi et le piédestal de vos idoles, l'étoile de votre dieu que vous vous étiez fait. [27] C'est pourquoi je vous transporterai au-delà de Damas, dit l'Éternel, dont le nom est le Dieu des armées.

6

[1] Malheur à ceux qui vivent tranquilles dans Sion, et à ceux qui sont en sécurité sur la montagne de Samarie! Aux principaux de la première des nations, et vers lesquels va la maison d'Israël! [2] Passez à Calné, et voyez; allez de là à Hamath la grande, et descendez à Gath des Philistins. Sont-ils plus prospères que ces royaumes-ci, ou leur territoire est-il plus grand que votre territoire? [3] Vous qui repoussez le jour de la calamité, et qui rapprochez le siège de la violence! [4] Ils se couchent sur des lits d'ivoire, s'étendent sur leurs coussins; ils mangent les agneaux du troupeau, et les veaux pris du lieu où on les engraisse; [5] Ils divaguent au son du luth; comme David, ils inventent des instruments de musique; [6] Ils boivent le vin dans de grands vases; ils s'oignent avec la meilleure huile, et ne sont pas dans la douleur pour la ruine de Joseph. [7] C'est pourquoi ils vont être emmenés à la tête des captifs, et les clameurs des voluptueux cesseront. [8] Le Seigneur, l'Éternel, l'a juré par lui-même, dit l'Éternel, le Dieu des armées: Je déteste l'orgueil de Jacob, et je hais ses palais; je livrerai la ville et ce qu'elle contient. [9] Que s'il reste dix hommes dans une maison, ils mourront aussi. [10] Et le proche parent d'un mort, et celui qui doit le brûler, le prendra pour emporter les os hors de la maison, et il dira à celui qui est au fond de la maison: Y a-t-il encore quelqu'un auprès de toi? Et il répondra: Il n'y en a plus! Puis il dira: Silence! ce n'est pas le moment de prononcer le nom de l'Éternel. [11] Car voici, l'Éternel donne ses ordres, et il fera tomber la grande maison en ruines, et la petite maison en débris. [12] Des chevaux courent-ils sur le rocher, ou y laboure-t-on avec des bœufs, que vous ayez changé le droit en poison, et le fruit de la justice en absinthe? [13] Vous qui vous réjouissez en ce qui n'est rien, vous qui dites: N'est-ce pas par notre force que nous avons acquis de la puissance? [14] Car voici, je vais faire lever contre vous, maison d'Israël, dit l'Éternel, le Dieu des armées, une nation qui vous opprimera, depuis l'entrée de Hamath jusqu'au torrent du désert.

7

[1] Le Seigneur, l'Éternel, m'a fait voir ceci: Voici, il formait des sauterelles, au temps où le regain commençait à croître; et voici, le regain poussait après les fenaisons du roi. [2] Et quand elles eurent achevé de dévorer l'herbe de la terre, je dis: Seigneur Éternel pardonne, je te prie! Comment Jacob subsistera-t-il? Car il est petit. [3] L'Éternel se repentit de cela. Cela n'arrivera point, dit l'Éternel. [4] Puis le Seigneur, l'Éternel, me fit voir ceci: voici, le Seigneur, l'Éternel, proclamait le jugement par le feu. Et le feu dévorait le grand abîme, et il dévorait les champs. [5] Et je dis: Seigneur Éternel, cesse, je te prie! Comment Jacob subsistera-t-il? Car il est petit. [6] L'Éternel se repentit de cela. Cela non plus n'arrivera point, dit le Seigneur, l'Éternel. [7] Puis il me fit voir ceci: voici, le Seigneur se tenait debout sur un mur fait au niveau, et dans sa main était un niveau. [8] Et l'Éternel me dit: Que vois-tu, Amos? Et je dis: Un niveau. Et le Seigneur dit: Je mettrai le niveau

au milieu de mon peuple d'Israël; je ne lui pardonnerai plus. ⁹ Les hauts lieux d'Isaac seront ravagés, et les sanctuaires d'Israël seront détruits, et je me lèverai contre la maison de Jéroboam avec l'épée. ¹⁰ Alors Amatsia, sacrificateur de Béthel, fit dire à Jéroboam, roi d'Israël: Amos conspire contre toi, au milieu de la maison d'Israël; le pays ne saurait souffrir tous ses discours. ¹¹ Car voici ce que dit Amos: Jéroboam mourra par l'épée, et Israël sera transporté hors de son pays. ¹² Et Amatsia dit à Amos: Voyant, va, enfuis-toi au pays de Juda, et manges-y ton pain, et là tu prophétiseras. ¹³ Mais ne continue plus de prophétiser à Béthel, car c'est le sanctuaire du roi, et c'est la maison royale. ¹⁴ Et Amos répondit, et dit à Amatsia: Je n'étais ni prophète, ni fils de prophète; j'étais un berger, et je recueillais des figues sauvages. ¹⁵ Or l'Éternel m'a pris derrière le troupeau, et l'Éternel m'a dit: Va, prophétise à mon peuple d'Israël. ¹⁶ Et maintenant écoute la parole de l'Éternel. Tu dis: Ne prophétise pas contre Israël, et ne parle pas contre la maison d'Isaac. ¹⁷ C'est pourquoi ainsi a dit l'Éternel: Ta femme se prostituera dans la ville; tes fils et tes filles tomberont par l'épée; ton champ sera partagé au cordeau; et toi, tu mourras sur une terre souillée, et Israël sera transporté hors de son pays.

8

¹ Le Seigneur, l'Éternel, me fit voir ceci: voici, je vis une corbeille de fruits mûrs. ² Et il dit: Que vois-tu Amos? Je répondis: Un panier de fruits mûrs. Et l'Éternel me dit: La fin est venue pour mon peuple d'Israël; je ne continuerai plus à lui pardonner. ³ En ce jour-là, les chants du palais seront des gémissements, dit le Seigneur, l'Éternel. En tout lieu il y aura beaucoup de cadavres, qu'on jettera en silence. ⁴ Écoutez ceci, vous qui dévorez les pauvres et qui faites périr les misérables du pays; ⁵ Qui dites: Quand la nouvelle lune sera-t-elle passée, pour que nous vendions le blé? et le sabbat, pour que nous ouvrions les greniers, en diminuant l'épha, en augmentant le sicle, et en faussant la balance pour tromper. ⁶ Nous achèterons les misérables pour de l'argent, et le pauvre pour une paire de souliers; et nous vendrons la criblure du froment. ⁷ L'Éternel l'a juré par la gloire de Jacob: Jamais je n'oublierai toutes leurs actions! ⁸ La terre, à cause d'elles, ne tremblera-t-elle pas? Et tous ses habitants n'en mèneront-ils pas deuil? Le pays tout entier montera comme le fleuve, il se soulèvera et s'affaissera comme le fleuve d'Égypte. ⁹ Et il arrivera dans ce jour-là, dit le Seigneur, l'Éternel, que je ferai coucher le soleil à midi, et que j'obscurcirai la terre en plein jour. ¹⁰ Je changerai vos fêtes en deuil, et tous vos chants en complaintes; je mettrai le sac sur tous les reins, et je rendrai chauves toutes les têtes; et je mettrai le pays dans le deuil comme pour un fils unique, et sa fin sera comme un jour d'amertume. ¹¹ Voici, les jours viennent, dit le Seigneur, l'Éternel, où j'enverrai la famine dans le pays; non une famine de pain ni une soif d'eau, mais celle d'entendre les paroles de l'Éternel. ¹² Ils erreront d'une mer à l'autre, et du nord au levant; ils iront çà et là pour chercher la parole de l'Éternel, et ils ne la trouveront pas. ¹³ En ce jour-là, les belles vierges et les jeunes hommes défailliront de soif; ¹⁴ Ceux qui jurent par le péché de Samarie, qui disent: Vive ton dieu, ô Dan! Et vive la voie de Béer-Shéba! Ils tomberont, et ne se relèveront plus.

9

¹ Je vis le Seigneur debout sur l'autel, et il dit: Frappe le chapiteau, et que les seuils tremblent, et brise-les sur leurs têtes à tous. Je tuerai par l'épée ce qui restera d'eux; il ne s'enfuira pas un fugitif, il ne s'en échappera pas un réchappé! ² Quand ils pénétreraient dans le Sépulcre, ma main les enlèvera de là; et quand ils monteraient aux cieux, je les en ferai descendre. ³ Quand ils se cacheraient au sommet du Carmel, je les y chercherai,

et je les enlèverai de là; et quand ils se déroberaient à mes yeux dans le fond de la mer, là j'ordonnerai au serpent de les mordre. ⁴ Et lorsqu'ils s'en iront en captivité devant leurs ennemis, là j'ordonnerai à l'épée de les tuer; et j'arrêterai mon œil sur eux pour leur faire du mal, et non pas du bien. ⁵ Le Seigneur, l'Éternel des armées, est celui qui touche la terre, et elle fond, et tous ceux qui l'habitent se lamentent; elle monte tout entière comme le fleuve, et elle s'affaisse comme le fleuve d'Égypte. ⁶ Il bâtit dans les cieux ses chambres hautes, et il fonde sa voûte sur la terre; il appelle les eaux de la mer, et les répand sur la face de la terre. Son nom est l'Éternel. ⁷ N'êtes-vous pas pour moi comme les enfants des Éthiopiens, enfants d'Israël? dit l'Éternel. N'ai-je pas fait monter Israël du pays d'Égypte, les Philistins de Caphtor et les Syriens de Kir? ⁸ Voici, les yeux du Seigneur, l'Éternel, sont sur ce royaume pécheur, et je le détruirai de dessus la face de la terre. Cependant je ne détruirai pas entièrement la maison de Jacob, dit l'Éternel. ⁹ Car voici, je vais donner mes ordres, et je secouerai la maison d'Israël parmi toutes les nations, comme le blé est secoué dans le crible, sans qu'il en tombe un grain à terre. ¹⁰ Tous les pécheurs de mon peuple mourront par l'épée, ceux qui disent: Le mal n'approchera pas, il ne nous atteindra pas. ¹¹ En ce temps-là, je relèverai le tabernacle de David qui est tombé, j'en réparerai les brèches, j'en redresserai les ruines, et je le rebâtirai comme il était aux jours anciens; ¹² Afin qu'ils possèdent le reste d'Édom et toutes les nations sur lesquelles mon nom a été invoqué, dit l'Éternel, qui fera cela. ¹³ Voici, les jours viennent, dit l'Éternel, où le laboureur suivra de près le moissonneur; et celui qui foule les raisins, celui qui répand la semence; et les montagnes seront découlantes de moût, et toutes les collines en ruisselleront. ¹⁴ Et je ramènerai les captifs de mon peuple d'Israël; ils rebâtiront les villes dévastées, et y habiteront; ils planteront des vignes, et en boiront le vin; ils feront des jardins et en mangeront les fruits. ¹⁵ Je les replanterai dans leur terre, et ils ne seront plus arrachés de leur terre, que je leur ai donnée, dit l'Éternel ton Dieu.

Abdias

¹ Vision d'Abdias. Ainsi a dit le Seigneur, l'Éternel, touchant Édom: Nous l'avons entendu de la part de l'Éternel, et un messager a été envoyé parmi les nations. "Levez-vous! levons-nous contre ce peuple pour le combattre! " ² Voici, je te rendrai petit parmi les nations. ³ Tu seras fort méprisé. L'orgueil de ton cœur t'a séduit, toi qui habites le creux des rochers, ta haute demeure, et qui dis en ton cœur: Qui me précipitera jusqu'à terre? ⁴ Quand tu élèverais ton nid comme l'aigle, quand tu le mettrais entre les étoiles, je te précipiterai de là, dit l'Éternel. ⁵ Si des voleurs entraient chez toi, ou des pillards de nuit (comme tu es ruinée!), ils ne prendraient que ce qui leur suffit. Si des vendangeurs entraient chez toi, ne laisseraient-ils pas des grappillages? ⁶ Comme Ésaü a été fouillé! comme ses trésors cachés ont été recherchés! ⁷ Tous tes alliés t'ont chassé jusqu'à la frontière. Ils t'ont séduit, ils ont prévalu sur toi ceux qui étaient en paix avec toi; ceux qui mangeaient ton pain t'ont tendu des pièges; et tu ne t'en es point aperçu! ⁸ N'est-ce pas en ce jour-là, dit l'Éternel, que je ferai disparaître les sages d'Édom, et l'intelligence de la montagne d'Ésaü? ⁹ Tes guerriers seront éperdus, ô Théman! afin qu'ils soient tous retranchés de la montagne d'Ésaü par le carnage. ¹⁰ A cause de la violence que tu as faite à ton frère Jacob, la honte te couvrira, et tu seras retranché à jamais. ¹¹ Au jour où tu te tenais en face de lui, au jour où des étrangers emmenaient captive son armée, et où des étrangers entraient dans ses portes et jetaient le sort sur Jérusalem, toi aussi, tu étais comme l'un d'eux. ¹² Ne considère pas avec joie le jour de ton frère, le jour de son infortune; ne te réjouis pas sur les enfants de Juda, au jour de leur ruine, et n'ouvre pas une grande bouche au jour de la détresse. ¹³ N'entre pas dans les portes de mon peuple, au jour de sa calamité; ne considère pas avec joie son malheur, au jour de sa calamité; et que tes mains ne se jettent pas sur son bien, au jour de sa calamité; ¹⁴ Ne te tiens pas aux passages pour exterminer ses fugitifs, et ne livre pas ses réchappés au jour de la détresse. ¹⁵ Car le jour de l'Éternel est proche pour toutes les nations; on te fera comme tu as fait; tes actes retomberont sur ta tête. ¹⁶ Car comme vous avez bu sur ma montagne sainte, ainsi toutes les nations boiront continuellement; elles boiront, elles avaleront, et elles seront comme si elles n'avaient jamais été. ¹⁷ Mais le salut sera sur la montagne de Sion; elle sera sainte, et la maison de Jacob possédera ses possessions. ¹⁸ La maison de Jacob sera un feu, et la maison de Joseph une flamme, et la maison d'Ésaü du chaume; ils l'embraseront et le consumeront, et il ne restera rien de la maison d'Ésaü; car l'Éternel a parlé. ¹⁹ Et ceux du midi posséderont la montagne d'Ésaü, et ceux de la plaine la contrée des Philistins; ils posséderont le territoire d'Éphraïm et le territoire de Samarie; et Benjamin possédera Galaad. ²⁰ Et les captifs de cette armée des enfants d'Israël posséderont ce qui est aux Cananéens jusqu'à Sarepta, et ceux qui auront été transportés de Jérusalem, qui sont en Sépharad, posséderont les villes du midi. ²¹ Et des libérateurs monteront sur la montagne de Sion pour juger la montagne d'Ésaü; et la royauté sera à l'Éternel.

Jonas

¹ La parole de l'Éternel fut adressée à Jonas, fils d'Amitthaï, en ces mots: ² Lève-toi, va à Ninive, la grande ville, et crie contre elle; car leur méchanceté est montée jusqu'à moi. ³ Mais Jonas se leva pour s'enfuir à Tarsis, de devant la face de l'Éternel. Il descendit à Japho, et il trouva un navire qui allait à Tarsis; il paya son passage, et y entra pour aller avec eux à Tarsis, de devant la face de l'Éternel. ⁴ Mais l'Éternel souleva un grand vent sur la mer, et il y eut une grande tempête sur la mer, et le navire était sur le point de se briser. ⁵ Et les marins eurent peur; ils crièrent chacun à leur dieu, et jetèrent à la mer les objets qui étaient dans le navire, pour l'alléger; mais Jonas était descendu au fond du navire, s'était couché et dormait profondément. ⁶ Alors le pilote s'approcha de lui, et lui dit: Pourquoi dors-tu? Lève-toi, crie à ton Dieu. Peut-être pensera-t-il à nous, et nous ne périrons pas. ⁷ Puis ils se dirent l'un à l'autre: Venez, jetons le sort, et nous saurons qui est cause de ce malheur qui nous arrive. Ils jetèrent donc le sort, et le sort tomba sur Jonas. ⁸ Alors ils lui dirent: Fais-nous donc savoir pourquoi ce malheur nous arrive. Quelle est ta profession, et d'où viens-tu? Quel est ton pays, et de quel peuple es-tu? ⁹ Et il leur dit: Je suis Hébreu, et je crains l'Éternel, le Dieu des cieux, qui a fait la mer et la terre. ¹⁰ Et ces hommes furent saisis d'une grande crainte, et ils lui dirent: Pourquoi as-tu fait cela? Car ces hommes savaient qu'il s'enfuyait de devant la face de l'Éternel, parce qu'il le leur avait déclaré. ¹¹ Ils lui dirent donc: Que te ferons-nous, pour que la mer s'apaise envers nous? Car la mer devenait de plus en plus orageuse. ¹² Et il leur répondit: Prenez-moi, et jetez-moi dans la mer, et la mer s'apaisera envers vous; car je sais que c'est à cause de moi que cette grande tempête est venue sur vous. ¹³ Et ces hommes ramaient pour gagner la terre, mais ils ne le purent, parce que la mer s'agitait de plus en plus contre eux. ¹⁴ Alors ils crièrent à l'Éternel, et dirent: O Éternel! que nous ne périssions pas à cause de la vie de cet homme, et ne mets point sur nous le sang innocent! Car toi, ô Éternel, tu fais comme il te plaît. ¹⁵ Puis ils prirent Jonas, et le jetèrent dans la mer, et la fureur de la mer s'arrêta. ¹⁶ Et ces hommes furent saisis d'une grande crainte de l'Éternel. Ils offrirent des sacrifices à l'Éternel, et firent des vœux. ¹⁷ Et l'Éternel prépara un grand poisson pour engloutir Jonas, et Jonas fut dans le ventre du poisson trois jours et trois nuits.

2

¹ Or, Jonas fit sa prière à l'Éternel son Dieu, dans le ventre du poisson. ² Et il dit: Dans ma détresse j'ai invoqué l'Éternel, et il m'a répondu; du sein du Sépulcre j'ai crié, et tu as entendu ma voix. ³ Tu m'as jeté dans l'abîme, au cœur de la mer, et le courant m'a environné. Toutes tes vagues et tous tes flots ont passé sur moi. ⁴ Et moi je disais: Je suis rejeté de devant tes yeux! Cependant je verrai encore le temple de ta sainteté! ⁵ Les eaux m'ont environné jusqu'à l'âme; l'abîme m'a enveloppé; les roseaux ont entouré ma tête. ⁶ J'étais descendu jusqu'aux racines des montagnes; la terre avait fermé sur moi ses barres pour toujours. Mais tu as fait remonter ma vie de la fosse, Éternel, mon Dieu! ⁷ Quand mon âme défaillait en moi, je me suis souvenu de l'Éternel, et ma prière est parvenue jusqu'à toi, dans le temple de ta sainteté. ⁸ Ceux qui s'attachent à des vanités trompeuses abandonnent celui qui leur fait miséricorde; ⁹ Mais moi, je t'offrirai des sacrifices avec chant de louange, j'accomplirai les vœux que j'ai faits. Le salut est de l'Éternel! ¹⁰ Alors l'Éternel commanda au poisson, et le poisson vomit Jonas sur la terre.

3

¹ Puis la parole de l'Éternel fut adressée à Jonas une seconde fois, en ces mots: ² Lève-toi, va à Ninive, la grande ville, et publies-y le message que je t'ordonne. ³ Jonas se leva donc et alla à Ninive, suivant l'ordre de l'Éternel. Or Ninive était une grande ville devant Dieu, de trois journées de marche. ⁴ Et Jonas commença de pénétrer dans la ville le chemin d'une journée; il criait et disait: Encore quarante jours, et Ninive sera détruite! ⁵ Et les gens de Ninive crurent à Dieu; ils publièrent un jeûne et se revêtirent de sacs, depuis les plus grands d'entre eux jusqu'aux plus petits. ⁶ La chose parvint au roi de Ninive; il se leva de son trône, ôta de dessus lui son manteau, se couvrit d'un sac, et s'assit sur la cendre. ⁷ Puis il fit proclamer et dire dans Ninive, par décret du roi et de ses grands: "Que les hommes et les bêtes, le gros et le menu bétail, ne goûtent de rien; qu'ils ne paissent point, et ne boivent point d'eau. ⁸ Que les hommes et les bêtes soient couverts de sacs; et qu'ils crient à Dieu avec force, et que chacun se détourne de sa mauvaise voie et de l'iniquité qui est dans ses mains. ⁹ Qui sait si Dieu ne reviendra pas, et ne se repentira pas; et s'il ne reviendra pas de l'ardeur de sa colère, en sorte que nous ne périssions point? " ¹⁰ Or Dieu vit ce qu'ils faisaient, comment ils se détournaient de leur mauvaise voie; et Dieu se repentit du mal qu'il avait parlé de leur faire, et il ne le fit point.

4

¹ Mais cela déplut extrêmement à Jonas, et il en fut irrité. ² Et il fit sa requête à l'Éternel, et dit: Ah! Éternel, n'est-ce pas là ce que je disais quand j'étais encore dans mon pays? C'est pourquoi je voulais prévenir cela en m'enfuyant à Tarsis. Car je savais que tu es un Dieu miséricordieux, compatissant, lent à la colère et abondant en grâce, et qui te repens du mal. ³ Maintenant, Éternel, prends donc ma vie; car mieux me vaut la mort que la vie! ⁴ Et l'Éternel lui dit: Fais-tu bien de t'irriter? ⁵ Alors Jonas sortit de la ville, et s'assit à l'orient de la ville; il s'y fit une cabane et s'y tint à l'ombre, jusqu'à ce qu'il vit ce qui arriverait à la ville. ⁶ Et l'Éternel fit croître un ricin, qui s'éleva au-dessus de Jonas, pour donner de l'ombre sur sa tête et le délivrer de son chagrin. Et Jonas éprouva une grande joie à cause de ce ricin. ⁷ Mais Dieu fit venir le lendemain, au lever de l'aurore, un ver qui attaqua le ricin, en sorte qu'il sécha. ⁸ Puis il arriva qu'au lever du soleil Dieu fit venir un vent chaud d'orient, et le soleil frappa sur la tête de Jonas, en sorte qu'il tomba en défaillance. Et il demanda la mort, et dit: Mieux me vaut la mort que la vie! ⁹ Mais Dieu dit à Jonas: Fais-tu bien de t'irriter à cause de ce ricin? Et il répondit: J'ai raison de m'irriter jusqu'à la mort. ¹⁰ Alors l'Éternel dit: Tu as pitié d'un ricin, pour lequel tu n'as pris aucune peine, et que tu n'as point fait croître, qui est né dans une nuit, et dans une nuit a péri; ¹¹ Et moi je n'aurais pas pitié de Ninive, la grande ville, dans laquelle il y a plus de cent vingt mille créatures humaines qui ne savent pas distinguer leur droite de leur gauche, et du bétail en grand nombre!

Michée

¹ La parole de l'Éternel, qui fut adressée à Michée, de Mörésheth, aux jours de Jotham, d'Achaz, d'Ézéchias, rois de Juda, et qui lui fut révélée touchant Samarie et Jérusalem. ² Écoutez, vous tous, peuples! Sois attentive, ô terre, avec tout ce qui est en toi! Que le Seigneur, l'Éternel, soit témoin contre vous, le Seigneur, du palais de sa sainteté! ³ Car voici, l'Éternel sort de sa demeure; il descend, et marche sur les lieux élevés de la terre. ⁴ Les montagnes se fondent sous lui, les vallées s'entrouvrent, comme la cire devant le feu, comme des eaux qui coulent sur une pente. ⁵ Tout cela arrivera à cause du crime de Jacob, à cause des péchés de la maison d'Israël. - Quel est le crime de Jacob? N'est-ce pas Samarie? Quels sont les hauts lieux de Juda? N'est-ce pas Jérusalem? ⁶ Je ferai de Samarie un monceau de pierres dans les champs, un lieu où l'on plante la vigne. Je ferai rouler ses pierres dans la vallée, et je mettrai à nu ses fondements. ⁷ Toutes ses images taillées seront brisées, et tous les salaires de sa prostitution seront brûlés au feu, et je mettrai en désolation toutes ses idoles; car elle les a rassemblées avec le salaire de la prostitution: elles retourneront aussi au salaire de prostitution. ⁸ C'est pourquoi je mènerai deuil, et je me lamenterai; j'irai dépouillé et nu; je ferai une lamentation comme les chacals, et un cri de deuil comme les autruches. ⁹ Car sa plaie est incurable; elle s'étend jusqu'à Juda, elle atteint jusqu'à la porte de mon peuple, jusqu'à Jérusalem. ¹⁰ Ne l'annoncez point dans Gath! Ne pleurez point! A Beth-Léaphra je me roule dans la poussière. ¹¹ Passe, habitante de Shaphir, dans la nudité et la honte! L'habitant de Tsaanan n'ose sortir. Le deuil de Beth-Haetsel vous prive de son soutien. ¹² Car l'habitant de Maroth est dans l'angoisse à cause de son bien; parce que le mal descend de la part de l'Éternel jusqu'à la porte de Jérusalem. ¹³ Attelle les coursiers au char, habitante de Lakis! Tu as été le commencement du péché pour la fille de Sion; car en toi ont été trouvés les crimes d'Israël. ¹⁴ C'est pourquoi tu dois renoncer à Mörésheth-Gath; les maisons d'Aczib seront une déception pour les rois d'Israël. ¹⁵ Je t'amènerai un autre possesseur de tes biens, habitante de Marésha! La gloire d'Israël s'en ira jusqu'à Adullam. ¹⁶ Rends-toi chauve et rase-toi, à cause de tes enfants chéris; rends-toi chauve comme le vautour, car ils s'en vont en captivité loin de toi!

2

¹ Malheur à ceux qui méditent l'iniquité, et qui forgent le mal sur leurs couches! Au point du jour ils l'exécutent, parce qu'ils ont le pouvoir en main. ² Ils convoitent des champs et s'en emparent, des maisons, et ils les enlèvent; ils oppriment l'homme et sa maison, l'homme et son héritage. ³ C'est pourquoi, ainsi a dit l'Éternel: Voici, je médite contre cette race un mal duquel vous ne pourrez point retirer votre cou, et vous ne marcherez plus la tête levée, car ce temps sera mauvais. ⁴ En ce jour-là, on fera de vous un proverbe, on gémira d'un gémissement lamentable; on dira: C'en est fait, nous sommes entièrement dévastés; la portion de mon peuple, il la change de mains! Comment me l'enlève-t-il? Il partage nos champs à l'infidèle! ⁵ C'est pourquoi tu n'auras personne qui étende le cordeau sur un lot, dans l'assemblée de l'Éternel. ⁶ Ne prophétisez pas! disent-ils; s'ils ne prophétisent pas à ceux-ci, la confusion ne s'éloignera pas. ⁷ Toi qui es appelée la maison de Jacob, l'Esprit de l'Éternel est-il prompt à s'irriter? Sont-ce là ses actions? Mes paroles ne sont-elles pas bonnes avec celui qui marche droitement? ⁸ Mais dès longtemps mon peuple se lève en ennemi. Vous enlevez le manteau de dessus la robe à ceux qui passent en assurance, en revenant de la guerre. ⁹ Vous chassez les femmes de

mon peuple de leurs maisons chéries; vous ôtez pour toujours ma gloire de dessus leurs enfants. ¹⁰ Levez-vous et marchez! Car ce n'est point ici le lieu du repos; à cause de la souillure qui amène la destruction, une destruction violente. ¹¹ Si un homme court après le vent et débite des mensonges, disant: "Je te prophétiserai sur le vin et sur les boissons enivrantes", ce sera le prophète de ce peuple! ¹² Je te rassemblerai tout entier, ô Jacob! Je recueillerai les restes d'Israël, et je les réunirai comme les brebis d'un parc, comme un troupeau au milieu de son pâturage; il y aura un grand bruit d'hommes. ¹³ Celui qui fera la brèche montera devant eux; ils feront irruption, ils passeront la porte, et en sortiront; leur roi marchera devant eux, et l'Éternel sera à leur tête.

3

¹ Et je dis: Écoutez, chefs de Jacob, et vous, conducteurs de la maison d'Israël! N'est-ce pas à vous de connaître le droit? ² Vous qui haïssez le bien et qui aimez le mal, qui leur arrachez la peau et la chair de dessus les os! ³ Ils dévorent la chair de mon peuple, lui enlèvent la peau, et lui brisent les os, et les mettent en pièces comme pour la marmite, et comme de la chair dans une chaudière. ⁴ Alors ils crieront à l'Éternel, mais il ne leur répondra pas; il leur cachera sa face en ce temps-là, parce que leurs actions ont été mauvaises. ⁵ Ainsi a dit l'Éternel contre les prophètes qui égarent mon peuple, qui publient la paix quand leurs dents ont de quoi mordre, et qui préparent la guerre contre celui qui ne leur met rien dans la bouche. ⁶ C'est pourquoi, au lieu de vision vous aurez la nuit, au lieu de divination les ténèbres; le soleil se couchera sur les prophètes, et le jour s'obscurcira sur eux. ⁷ Les voyants seront confus, et les devins rougiront de honte; tous se couvriront la barbe, car il n'y aura point de réponse de Dieu. ⁸ Mais moi, je suis rempli de force, de l'Esprit de l'Éternel, de jugement et de courage, pour déclarer à Jacob son crime et à Israël son péché. ⁹ Écoutez ceci, chefs de la maison de Jacob, et vous, conducteurs de la maison d'Israël, qui avez la justice en abomination, et qui pervertissez tout ce qui est droit: ¹⁰ On bâtit Sion avec le sang, et Jérusalem avec l'iniquité! ¹¹ Ses chefs jugent pour des présents, ses sacrificateurs enseignent pour un salaire, et ses prophètes prédisent pour de l'argent; et ils s'appuient sur l'Éternel, disant: "L'Éternel n'est-il pas parmi nous? Le mal ne viendra pas sur nous! " ¹² C'est pourquoi, à cause de vous, Sion sera labourée comme un champ, Jérusalem sera changée en un monceau de ruines, et la montagne du temple en une haute forêt.

4

¹ Mais il arrivera, aux derniers jours, que la montagne de la maison de l'Éternel sera établie au-dessus des montagnes, et elle s'élèvera par-dessus les collines, et les peuples y afflueront. ² Et des nations nombreuses iront, et diront: Venez et montons à la montagne de l'Éternel, à la maison du Dieu de Jacob; il nous instruira de ses voies, et nous marcherons dans ses sentiers! Car la loi sortira de Sion, et la parole de l'Éternel, de Jérusalem. ³ Il jugera entre des peuples nombreux, et sera l'arbitre de nations puissantes, jusqu'aux pays lointains; ils forgeront de leurs épées des hoyaux, et de leurs lances, des serpes; une nation ne lèvera plus l'épée contre l'autre, et on n'apprendra plus la guerre. ⁴ Mais chacun habitera sous sa vigne et sous son figuier, sans que personne les épouvante; car la bouche de l'Éternel des armées a parlé. ⁵ Quand tous les peuples marchent chacun au nom de son dieu, nous, nous marcherons au nom de l'Éternel notre Dieu, à toujours et à perpétuité! ⁶ En ce jour-là, dit l'Éternel, je rassemblerai les boiteux, je recueillerai ceux qui étaient chassés, ceux que j'avais maltraités; ⁷ Et je ferai de ceux qui boitent un reste, et de ceux qui ont été éloignés une nation puissante; et l'Éternel régnera sur eux, à la montagne de Sion, dès lors et à toujours. ⁸ Et toi, tour du troupeau, colline de la

fille de Sion, jusqu'à toi viendra, à toi arrivera l'ancienne domination; la royauté sera à la fille de Jérusalem. ⁹ Pourquoi maintenant pousses-tu des cris? N'y a-t-il pas de roi au milieu de toi, ou ton conseiller a-t-il péri, pour que la douleur t'ait saisie comme celle qui enfante? ¹⁰ Sois en travail et crie, fille de Sion, comme celle qui enfante! Car maintenant tu sortiras de la ville, et tu demeureras aux champs, et tu iras jusqu'à Babylone. Là tu seras délivrée; là, l'Éternel te rachètera de la main de tes ennemis. ¹¹ Et maintenant plusieurs nations se rassemblent contre toi, qui disent: "Qu'elle soit profanée, et que notre œil voie en Sion ce qu'il désire! " ¹² Mais elles ne connaissent pas les pensées de l'Éternel, et elles ne comprennent pas son dessein; car il les a rassemblées comme des gerbes dans l'aire. ¹³ Lève-toi et foule, fille de Sion! Car je te ferai une corne de fer et des ongles d'airain, et tu broieras des peuples nombreux, et je vouerai comme un interdit leur butin à l'Éternel, et leurs richesses au Seigneur de toute la terre.

5

¹ Maintenant assemble-toi par troupes, fille des troupes! On a mis le siège contre nous. De la verge on frappera sur la joue le juge d'Israël. ² Mais toi, Bethléhem Éphrata, qui es petite entre les milliers de Juda, de toi sortira celui qui doit être dominateur en Israël. Ses origines sont d'ancienneté, dès les jours éternels. ³ C'est pourquoi il les livrera jusqu'au temps où celle qui doit enfanter enfantera; et le reste de ses frères reviendra auprès des enfants d'Israël. ⁴ Il se maintiendra, et il gouvernera avec la force de l'Éternel, avec la majesté du nom de l'Éternel son Dieu. Ils habiteront en paix, car alors il sera glorifié jusqu'aux extrémités de la terre. Et c'est lui qui sera la paix. ⁵ Quand l'Assyrien viendra dans notre pays, et qu'il mettra le pied dans nos palais, nous lui opposerons sept pasteurs et huit princes du peuple. ⁶ Ils paîtront le pays d'Assyrie avec l'épée, et le pays de Nimrod dans ses portes. Il nous délivrera de l'Assyrien, quand il viendra dans notre pays, et quand il mettra le pied sur notre territoire. ⁷ Et le reste de Jacob sera, parmi des peuples nombreux, comme une rosée qui vient de l'Éternel, comme les gouttes de pluie sur l'herbe, qui n'attend rien de l'homme, et n'espère rien des enfants des hommes. ⁸ Et le reste de Jacob sera entre les nations, parmi des peuples nombreux, comme un lion parmi les bêtes de la forêt, comme un lionceau parmi les troupeaux de brebis, qui, lorsqu'il passe, foule et déchire, et personne ne délivre. ⁹ Que ta main se lève contre tes adversaires, et que tous tes ennemis soient exterminés! ¹⁰ En ce jour-là, dit l'Éternel, je retrancherai tes chevaux du milieu de toi, et je détruirai tes chars. ¹¹ Je retrancherai les villes de ton pays, et je renverserai toutes tes forteresses. ¹² Je retrancherai de ta main les enchantements, et tu n'auras plus de devins. ¹³ Je retrancherai du milieu de toi tes images taillées et tes statues, et tu ne te prosterneras plus devant l'ouvrage de tes mains; ¹⁴ J'arracherai du milieu de toi tes emblèmes d'Ashéra, et je détruirai tes villes. ¹⁵ Dans ma colère et ma fureur, j'exercerai la vengeance sur les nations qui n'auront point écouté.

6

¹ Écoutez maintenant ce que dit l'Éternel: Lève-toi, plaide devant les montagnes, et que les collines entendent ta voix ² Écoutez, montagnes, le procès de l'Éternel, et vous, immobiles fondements de la terre! Car l'Éternel a un procès avec son peuple, et il veut plaider avec Israël. ³ Mon peuple, que t'ai-je fait, ou en quoi t'ai-je causé de la peine? Réponds-moi. ⁴ Car je t'ai fait monter du pays d'Égypte, je t'ai racheté de la maison de servitude, et j'ai envoyé devant toi Moïse, Aaron et Marie. ⁵ Mon peuple, rappelle-toi donc ce que projetait Balak, roi de Moab, et ce que lui répondit Balaam, fils de Béor, et ce que je fis depuis Sittim à Guilgal, afin que tu connaisses les justes voies de l'Éternel! ⁶ Avec quoi me présenterai-je devant l'Éternel, et me prosternerai-je devant le

Dieu souverain? Irai-je au-devant de lui avec des holocaustes, avec des veaux d'un an? [7] L'Éternel prendra-t-il plaisir à des milliers de béliers, à des myriades de torrents d'huile? Donnerai-je mon premier-né pour mon forfait, le fruit de mes entrailles pour le péché de mon âme? [8] Il t'a déclaré, ô homme, ce qui est bon. Et qu'est-ce que l'Éternel demande de toi, sinon de faire ce qui est droit, d'aimer la miséricorde, et de marcher humblement avec ton Dieu? [9] La voix de l'Éternel crie à la ville; et celui qui est sage craindra ton nom. Écoutez la verge, et celui qui l'a ordonnée! [10] Y a-t-il encore, dans la maison de l'injuste, des trésors injustement acquis, et un épha trop petit, ce qui est abominable? [11] Serais-je pur avec des balances fausses et de faux poids dans le sac? [12] Car ses riches sont pleins de violence, ses habitants profèrent le mensonge, et ils ont une langue trompeuse dans la bouche. [13] C'est pourquoi je te frapperai mortellement; je te dévasterai à cause de tes péchés. [14] Tu mangeras, et tu ne seras point rassasiée, et le vide sera au-dedans de toi; tu mettras de côté, mais tu ne sauveras point, et ce que tu auras sauvé, je le livrerai à l'épée. [15] Tu sèmeras, mais tu ne moissonneras point; tu presseras l'olive, mais tu ne t'oindras point d'huile; tu fouleras le moût, et tu ne boiras point de vin. [16] On observe les ordonnances d'Omri, et toute la manière de faire de la maison d'Achab, et vous marchez d'après leurs conseils. C'est pourquoi je te livrerai à la désolation, je ferai de tes habitants un objet de raillerie, et vous porterez l'opprobre de mon peuple.

7

[1] Malheur à moi! Car je suis comme lorsqu'on a cueilli les fruits d'été, comme les grappillages de la vendange. Il n'y a point de grappes à manger, point de ces figues hâtives que désire mon âme. [2] L'homme de bien a disparu de la terre, et il n'y a pas de gens droits parmi les hommes. Tous ils sont aux embûches, pour répandre le sang; chacun tend des pièges à son frère. [3] Quant au mal, il y a des mains pour le bien faire: le prince exige, le juge demande une rétribution, le grand manifeste l'avidité de son âme, et ils ourdissent cela ensemble. [4] Le meilleur d'entre eux est comme une ronce; le plus droit est pire qu'une haie d'épines. Le jour annoncé par tes sentinelles, ton châtiment arrive: c'est alors qu'ils seront dans la confusion. [5] Ne croyez pas à un ami; ne vous fiez pas à un intime; devant celle qui dort en ton sein, garde-toi d'ouvrir la bouche! [6] Car le fils déshonore le père; la fille s'élève contre sa mère; la belle-fille contre sa belle-mère; chacun a pour ennemis les gens de sa maison. [7] Mais moi, je regarderai vers l'Éternel, je m'attendrai au Dieu de mon salut; mon Dieu m'exaucera. [8] Ne te réjouis pas à mon sujet, toi mon ennemie! Si je suis tombée, je me relèverai; si je suis assise dans les ténèbres, l'Éternel sera ma lumière. [9] Je supporterai le courroux de l'Éternel, car j'ai péché contre lui, jusqu'à ce qu'il défende ma cause et me fasse justice. Il me conduira à la lumière, et je contemplerai sa justice. [10] Mon ennemie le verra, et la honte la couvrira, elle qui me disait: Où est l'Éternel, ton Dieu? Mes yeux la contempleront; alors elle sera foulée comme la boue des rues. [11] Le jour où l'on rebâtira tes murs, ce jour-là tes limites seront reculées. [12] En ce jour-là, on viendra jusqu'à toi de l'Assyrie et des villes d'Égypte, et d'Égypte jusqu'au fleuve, d'une mer à l'autre, et d'une montagne à l'autre. [13] Mais la terre deviendra un désert, à cause de ses habitants, à cause du fruit de leurs actions. [14] Pais ton peuple avec ta houlette, le troupeau de ton héritage, qui demeure seul dans la forêt au milieu du Carmel! Qu'ils paissent en Bassan et en Galaad, comme aux jours d'autrefois! [15] Comme au jour où tu sortis du pays d'Égypte, je lui ferai voir des choses merveilleuses. [16] Les nations le verront, et seront confuses avec toute leur puissance. Elles mettront la main sur la bouche, et leurs oreilles seront assourdies. [17] Elles lécheront la poussière comme le serpent; comme les reptiles de la terre, elles sortiront effrayées de leurs retraites; elles

viendront en tremblant vers l'Éternel, notre Dieu; elles te craindront. [18] Qui est le Dieu semblable à toi, qui pardonne l'iniquité, et qui passe par-dessus le péché du reste de son héritage? Il ne garde pas à toujours sa colère, car il se plaît à faire miséricorde. [19] Il aura encore compassion de nous, il mettra sous ses pieds nos iniquités. Tu jetteras tous leurs péchés au fond de la mer. [20] Tu feras voir à Jacob ta fidélité, et à Abraham ta miséricorde, comme tu l'as juré à nos pères, dès les temps anciens.

Nahum

1 Prophétie contre Ninive. Livre de la vision de Nahum, d'Elkosh. 2 L'Éternel est un Dieu jaloux et vengeur; l'Éternel est vengeur, et il a la fureur à son commandement; l'Éternel se venge de ses adversaires, et il garde sa colère à ses ennemis. 3 L'Éternel est lent à la colère et grand en force, mais il ne tient pas le coupable pour innocent. L'Éternel marche dans le tourbillon et la tempête; les nuées sont la poussière de ses pieds. 4 Il tance la mer, et il la dessèche; il fait tarir tous les fleuves; le Bassan et le Carmel languissent, et la fleur du Liban se flétrit. 5 Les montagnes tremblent devant lui, et les collines se fondent; la terre se soulève devant sa face, le monde et tous ses habitants. 6 Qui subsistera devant son indignation? Et qui restera debout dans l'ardeur de sa colère? Sa fureur se répand comme un feu, et les rochers se brisent devant lui. 7 L'Éternel est bon; il est une forteresse au jour de la détresse, et il connaît ceux qui se confient en lui. 8 Mais, par un flot débordant, il fera du lieu de cette ville une entière destruction, et il poursuivra ses ennemis dans les ténèbres. 9 Que méditez-vous contre l'Éternel? C'est lui qui détruit; la détresse ne s'élèvera pas deux fois. 10 Car, fussent-ils entrelacés comme des épines et comme ivres de leur vin, ils seront consumés comme de la paille sèche, entièrement. 11 De toi, Ninive, est sorti celui qui méditait du mal contre l'Éternel, et qui formait de méchants desseins. 12 Ainsi a dit l'Éternel: Quoiqu'ils soient intacts et en grand nombre, cependant ils seront fauchés et disparaîtront. Et si je t'ai humilié, Juda, je ne t'humilierai plus. 13 Mais maintenant je briserai son joug de dessus toi, et je romprai tes liens. 14 Quant à toi, Assyrien, voici ce qu'ordonne l'Éternel: il n'y aura plus de postérité de ton nom; je retrancherai de la maison de ton dieu les images taillées et celles de fonte; je préparerai ta sépulture, car tu es devenu léger. 15 Voici sur les montagnes les pieds de celui qui apporte de bonnes nouvelles et qui publie la paix! Célèbre tes fêtes, ô Juda! accomplis tes vœux! Car le méchant ne passera plus au milieu de toi; il est entièrement retranché!

2

1 Le destructeur vient contre toi, Ninive! Garde la forteresse, surveille le chemin, fortifie tes reins, et rassemble toutes tes forces. 2 Car l'Éternel rétablit la gloire de Jacob comme la gloire d'Israël, parce que les pillards les ont pillés et qu'ils ont ravagé leurs vignes. 3 Le bouclier de ses hommes vaillants est rouge; les guerriers sont vêtus d'écarlate; l'acier des chars étincelle, au jour où il se prépare, et les lances sont agitées. 4 Les chars roulent avec furie dans les rues; ils se précipitent dans les places; à les voir ils sont comme des flambeaux, ils courent comme des éclairs! 5 Le roi de Ninive se souvient de ses hommes vaillants; mais ils chancellent dans leur marche. Ils se hâtent vers la muraille, la défense est préparée. 6 Les portes des fleuves sont ouvertes, et le palais s'écroule! 7 C'en est fait! Elle est mise à nu, elle est emmenée, et ses servantes gémissent comme les colombes; elles se frappent la poitrine. 8 Ninive était, depuis qu'elle existe, comme un réservoir plein d'eau. Ils fuient! ... Arrêtez! Arrêtez!... Mais personne ne se retourne! 9 Pillez l'argent! Pillez l'or! Car il n'y a point de fin à ses richesses, c'est une abondance de toutes sortes d'objets précieux. 10 Pillage, et ravage, et dévastation! Le cœur se fond, les genoux tremblent; la douleur est dans tous les reins, et tous les visages pâlissent. 11 Où est maintenant ce repaire de lions? Où est ce lieu de pâture des lionceaux, où se retiraient le lion, la lionne et les petits du lion, sans que personne y vînt les troubler? 12 Le lion déchirait pour ses petits; il étranglait pour ses lionnes; il remplissait de proies ses antres, et ses repaires de dépouilles. 13 Voici, j'en veux à toi, dit l'Éternel

des armées, je mettrai le feu à tes chars, et je les réduirai en fumée; l'épée dévorera tes lionceaux; j'arracherai du pays ta proie, et l'on n'entendra plus la voix de tes messagers.

3

[1] Malheur à la ville sanguinaire! Elle est toute pleine de mensonge et de violence, la rapine ne s'en retire point. [2] On entend le bruit du fouet, le bruit retentissant des roues, les chevaux qui galopent, les chars qui bondissent. [3] Les cavaliers s'élancent, l'épée brille et la lance étincelle. C'est une multitude de blessés! Une foule de cadavres, des corps morts à l'infini! Ils trébuchent sur leurs morts. [4] C'est à cause des nombreuses prostitutions de la prostituée, pleine d'attraits, habile enchanteresse, qui vendait les nations par ses prostitutions, et les peuples par ses enchantements. [5] Voici, j'en veux à toi, dit l'Éternel des armées! Je relèverai les pans de ta robe sur ton visage, et je montrerai aux nations ta nudité, et ta honte aux royaumes. [6] Je jetterai sur toi tes abominations, je te rendrai méprisable, et je te donnerai en spectacle. [7] Tous ceux qui te verront fuiront loin de toi, et diront: Ninive est détruite! Qui aura compassion d'elle? Où te chercherai-je des consolateurs? [8] Vaux-tu mieux que No-Amon, qui était assise au milieu des fleuves, entourée d'eaux, qui avait une mer pour rempart, une mer pour muraille? [9] Cush était sa force, et les Égyptiens sans nombre; Put et les Libyens venaient à son secours. [10] Elle aussi s'en est allée captive en exil; ses enfants furent aussi écrasés à tous les coins des rues; on jeta le sort sur ses hommes honorables, et tous ses grands furent liés de chaînes. [11] Toi aussi tu seras enivrée, tu seras cachée; toi aussi tu chercheras un refuge contre l'ennemi. [12] Toutes tes forteresses seront comme des figuiers avec des figues hâtives; quand on les secoue, elles tombent dans la bouche de celui qui veut les manger. [13] Voici, ton peuple, ce sont des femmes au milieu de toi; les portes de ton pays s'ouvrent à tes ennemis; le feu consume tes barres. [14] Puise-toi de l'eau pour le siège; fortifie tes remparts! Entre dans la boue; foule l'argile; répare le four à briques! [15] Là, le feu te consumera, l'épée t'exterminera; elle te dévorera comme la sauterelle. Multiplie-toi comme le jélek! Multiplie-toi comme les sauterelles! [16] Tes marchands sont plus nombreux que les étoiles du ciel: la sauterelle dépouille et s'envole! [17] Tes princes sont comme des sauterelles, tes capitaines comme une multitude de sauterelles qui se posent sur les haies au temps froid; quand le soleil se lève, elles s'enfuient, et l'on ne connaît plus le lieu où elles sont. [18] Tes pasteurs sommeillent, roi d'Assyrie! Tes hommes vaillants reposent. Ton peuple est dispersé sur les montagnes, il n'y a personne qui le rassemble. [19] Il n'y a point de remède à ta blessure; ta plaie est mortelle! Tous ceux qui entendront parler de toi battront des mains sur toi; car qui est-ce qui n'a pas continuellement éprouvé les effets de ta malice?

Habacuc

¹ Prophétie révélée à Habacuc, le prophète. ² Jusqu'à quand, ô Éternel, crierai-je sans que tu écoutes? Jusqu'à quand crierai-je à toi: Violence! sans que tu sauves? ³ Pourquoi me fais-tu voir l'iniquité, et regardes-tu la perversité? L'oppression et la violence sont devant moi; il y a des querelles, et la discorde s'élève. ⁴ Aussi la loi est impuissante, et le jugement n'est jamais rendu selon la vérité; le méchant environne le juste, c'est pourquoi l'on rend des jugements iniques. ⁵ Voyez parmi les nations, et soyez étonnés, soyez stupéfaits! Car je vais faire en vos jours une œuvre que vous ne croiriez pas si on vous la racontait. ⁶ Car voici, je vais susciter les Caldéens, ce peuple cruel et impétueux, qui parcourt de vastes étendues de terre, pour s'emparer de demeures qui ne sont pas à lui. ⁷ Il est redoutable et terrible; c'est de lui-même que procèdent sa loi et sa grandeur. ⁸ Ses chevaux sont plus légers que les léopards, plus ardents que les loups du soir, et ses cavaliers s'avancent fièrement; ses cavaliers viennent de loin, ils volent comme l'aigle qui fond sur sa proie. ⁹ Tous ils viennent pour la violence, leurs faces sont tendues en avant; ils amassent les prisonniers comme du sable. ¹⁰ Ce peuple se moque des rois, et les princes sont l'objet de ses railleries; il se rit de toutes les forteresses; il amoncelle de la terre, et il s'en empare. ¹¹ Alors il traverse comme le vent, il passe outre et se rend coupable, car sa force est son dieu. ¹² N'es-tu pas de toute éternité, ô Éternel mon Dieu, mon Saint! Nous ne mourrons point! Éternel, tu as mis ce peuple pour exercer un jugement; ô mon rocher, tu l'as établi pour châtier. ¹³ Tu as les yeux trop purs pour voir le mal, et tu ne peux pas regarder l'iniquité. Pourquoi regarderais-tu les perfides, et te tairais-tu, quand le méchant dévore celui qui est plus juste que lui? ¹⁴ Aurais-tu fait les hommes comme les poissons de la mer, comme les reptiles qui n'ont point de maître? ¹⁵ Il les fait tous monter avec l'hameçon, il les enlève dans son filet, il les assemble dans ses rets; c'est pourquoi il se réjouit et triomphe; ¹⁶ C'est pourquoi il sacrifie à son filet, et il offre le parfum à ses rets, car par leur moyen sa portion est grasse, et sa nourriture succulente. ¹⁷ Videra-t-il pour cela son filet, pour égorger toujours les nations sans pitié?

2

¹ Je me tiendrai en sentinelle à mon poste, et je me placerai sur la forteresse, et j'observerai pour voir ce qu'il me dira, et ce que je devrai répondre à ma plainte. ² Et l'Éternel me répondit, et dit: Écris la vision, et grave-la sur des tablettes, afin qu'on la lise couramment; ³ Car c'est une vision qui est encore pour un temps déterminé. Elle tend vers la fin, et elle ne mentira pas. Si elle diffère, attends-la; car elle arrivera certainement, elle ne tardera point. ⁴ Voici, l'âme de celui qui s'élève n'est pas droite en lui; mais le juste vivra par sa foi. ⁵ Et de plus, le vin est perfide, l'homme arrogant ne se tient pas tranquille; il élargit son âme comme le Sépulcre, il est insatiable comme la mort; il rassemble vers lui toutes les nations, et s'assujettit tous les peuples. ⁶ Tous ceux-là ne feront-ils pas à son sujet des proverbes, des railleries et des énigmes? On dira: Malheur à celui qui accumule ce qui n'est pas à lui, - jusqu'à quand? - et qui entasse sur soi des gages! ⁷ Ne se lèveront-ils pas soudain, ceux qui te mordront? Ne se réveilleront-ils pas pour te tourmenter? Et tu deviendras leur proie. ⁸ Parce que tu as pillé beaucoup de nations, tout le reste des peuples te pillera, à cause du meurtre des hommes et de la violence faite au pays, à la ville et à tous ses habitants. ⁹ Malheur à celui qui amasse pour sa maison des gains injustes, afin de placer son nid dans un lieu élevé, pour échapper à l'atteinte de la calamité! ¹⁰ C'est pour l'opprobre de ta maison que tu as pris conseil, en détruisant des peuples nombreux, et que tu as péché contre ton âme. ¹¹ Car de la muraille

la pierre crie, et de la charpente la poutre lui répond. [12] Malheur à celui qui bâtit des villes avec le sang, et fonde des cités sur l'iniquité! [13] Voici, n'est-ce pas par la volonté de l'Éternel des armées que les peuples travaillent pour le feu, et que les nations se lassent pour le néant? [14] Car la terre sera remplie de la connaissance de la gloire de l'Éternel, comme le fond de la mer des eaux qui le couvrent. [15] Malheur à celui qui fait boire son prochain, à toi qui lui verses ta fureur et qui l'enivres, afin de voir sa nudité! [16] Tu seras rassasié de honte plutôt que de gloire. Bois aussi, toi, et découvre-toi! La coupe de la droite de l'Éternel fera le tour jusqu'à toi, et l'ignominie sera sur ta gloire! [17] Car la violence faite au Liban retombera sur toi, et la dévastation qui épouvante les bêtes, à cause du meurtre des hommes et de la violence faite au pays, à la ville et à tous ses habitants. [18] A quoi sert l'image taillée, pour que le sculpteur la taille? A quoi sert l'image de fonte, docteur de mensonge, pour que l'ouvrier qui l'a faite place en elle sa confiance, en fabriquant des idoles muettes? [19] Malheur à celui qui dit au bois: Réveille-toi! et à la pierre muette: Lève-toi! Enseignera-t-elle? Voici, elle est couverte d'or et d'argent, et il n'y a aucun esprit au-dedans d'elle! [20] Mais l'Éternel est dans le temple de sa sainteté. Que toute la terre se taise en sa présence!

3

[1] Prière d'Habacuc, le prophète, sur le mode des chants lyriques: [2] Éternel, j'ai entendu ce que tu as fait entendre; je suis saisi de crainte. Éternel! dans le cours des années, fais revivre ton œuvre; dans le cours des années fais-la connaître! Dans ta colère souviens-toi d'avoir compassion. [3] Dieu vient de Théman, le Saint vient de la montagne de Paran. Sélah (pause). Sa majesté couvre les cieux, et la terre est remplie de sa louange. [4] C'est comme l'éclat de la lumière; des rayons jaillissent de sa main; c'est là que sa force est cachée. [5] La mortalité marche devant lui, et la peste suit ses pas. [6] Il s'arrête, et il mesure la terre; il regarde, et il fait trembler les nations; les montagnes éternelles se brisent, les collines antiques s'affaissent. Ses voies sont les voies anciennes. [7] Je vois dans la détresse les tentes de Cushan; les pavillons du pays de Madian frémissent de crainte. [8] Est-ce contre les fleuves que s'irrite l'Éternel? Ta colère est-elle contre les fleuves, et ta fureur contre la mer, que tu sois monté sur tes chevaux, sur tes chars de victoire? [9] Ton arc est mis à nu; les flèches sont jurées par la parole. (Sélah.) [10] Tu fends la terre en fleuves. Les montagnes te voient, et tremblent; des torrents d'eau se précipitent, l'abîme fait retentir sa voix, il élève ses mains en haut. [11] Le soleil, la lune s'arrêtent dans leur demeure, à la lueur de tes flèches qui volent, à l'éclat de ta lance étincelante. [12] Tu parcours la terre avec indignation, tu foules les nations dans ta colère. [13] Tu sors pour la délivrance de ton peuple, pour la délivrance de ton oint. Tu brises le faîte de la maison de l'impie, tu la ruines de fond en comble. [14] Tu perces de tes traits la tête de ses chefs, qui se précipitent comme la tempête pour nous disperser, et se réjouissent comme pour dévorer le malheureux dans leur repaire. [15] Tu marches avec tes chevaux sur la mer, sur les grandes eaux amoncelées. [16] J'ai entendu, et mes entrailles sont émues; à cette voix mes lèvres frémissent; la carie pénètre mes os, et je tremble sous moi, de ce que je dois attendre en repos le jour de la détresse, quand montera contre le peuple celui qui l'assaillira. [17] Car le figuier ne fleurira pas, et il n'y aura point de produit dans les vignes; le fruit de l'olivier fera défaut, et les champs ne donneront point de nourriture; la brebis manquera au parc, et il n'y aura plus de bœufs dans l'étable. [18] Mais moi je me réjouirai en l'Éternel, je tressaillirai de joie dans le Dieu de ma délivrance. [19] L'Éternel, le Seigneur, est ma force; il rend mes pieds semblables à ceux des biches, et il me fait tenir sur mes hauteurs. Au maître-chantre, avec instruments à cordes.

Sophonie

¹ La parole de l'Éternel, qui fut adressée à Sophonie, fils de Cushi, fils de Guédalia, fils d'Amaria, fils d'Ézéchias, aux jours de Josias, fils d'Amon, roi de Juda. ² Je ferai périr entièrement toutes choses sur la face de la terre, dit l'Éternel. ³ Je ferai périr les hommes et les bêtes; je ferai périr les oiseaux du ciel et les poissons de la mer; j'enlèverai les scandales avec les méchants, et je retrancherai les hommes de la face de la terre, dit l'Éternel. ⁴ J'étendrai ma main sur Juda et sur tous les habitants de Jérusalem; et je retrancherai de ce lieu le reste de Baal, et le nom de ses prêtres avec les sacrificateurs, ⁵ Et ceux qui se prosternent sur les toits devant l'armée des cieux, et ceux qui se prosternent en jurant par l'Éternel, et qui jurent aussi par leur roi, ⁶ Et ceux qui se détournent de l'Éternel, et ceux qui ne cherchent pas l'Éternel et ne s'enquièrent pas de lui. ⁷ Tais-toi devant le Seigneur, l'Éternel! Car le jour de l'Éternel est proche; l'Éternel a préparé un sacrifice, il a sanctifié ses conviés. ⁸ Et au jour du sacrifice de l'Éternel, je châtierai les princes, et les fils du roi, et tous ceux qui revêtent des vêtements étrangers. ⁹ Et je châtierai, en ce jour-là, tous ceux qui sautent par-dessus le seuil, ceux qui remplissent la maison de leur Seigneur de violence et de fraude. ¹⁰ En ce jour-là, dit l'Éternel, on entendra des cris à la porte des Poissons, des hurlements dans la seconde partie de la ville, et un grand désastre sur les collines. ¹¹ Lamentez-vous, habitants de Macthesh! Car tous ceux qui trafiquent sont détruits, tous ces gens chargés d'argent sont exterminés! ¹² Et il arrivera, en ce temps-là, que je fouillerai Jérusalem avec des lampes, et que je châtierai ces hommes qui se figent sur leurs lies, et qui disent dans leur cœur: L'Éternel ne fera ni bien ni mal. ¹³ Leurs biens seront au pillage, et leurs maisons en désolation; ils auront bâti des maisons, mais ils n'y habiteront point; ils auront planté des vignes, mais ils n'en boiront pas le vin. ¹⁴ Le grand jour de l'Éternel est proche; il est proche, et vient en toute hâte. La voix du jour de l'Éternel retentit; là l'homme vaillant lui-même pousse des cris amers. ¹⁵ C'est un jour de colère que ce jour-là; un jour de détresse et d'angoisse, un jour de ruine et de désolation, un jour de ténèbres et d'obscurité, un jour de nuées et de brouillards, ¹⁶ Un jour de trompettes et d'alarmes contre les villes fortes et contre les hautes tours. ¹⁷ Je mettrai les hommes dans la détresse, et ils marcheront comme des aveugles, parce qu'ils ont péché contre l'Éternel. Leur sang sera répandu comme de la poussière, et leur chair comme de l'ordure. ¹⁸ Ni leur argent, ni leur or ne pourront les délivrer au jour de la colère de l'Éternel; et par le feu de sa jalousie tout le pays sera consumé; car c'est d'une entière destruction, c'est d'une ruine soudaine qu'il frappera tous les habitants de la terre.

2

¹ Recueillez-vous, recueillez-vous, nation sans pudeur! ² Avant que le décret enfante, et que le jour passe comme la balle; avant que l'ardeur de la colère de l'Éternel vienne sur vous, avant que le jour de la colère de l'Éternel vienne sur vous! ³ Cherchez l'Éternel, vous tous les humbles du pays, qui faites ce qu'il ordonne! Recherchez la justice, recherchez la débonnaireté! Peut-être serez-vous mis à couvert, au jour de la colère de l'Éternel. ⁴ Car Gaza sera abandonnée, et Askélon sera en désolation; on chassera Asdod en plein midi, et Ékron sera renversée. ⁵ Malheur aux habitants de la région maritime, à la nation des Kéréthiens! La parole de l'Éternel est contre vous, Canaan, terre des Philistins! Je te détruirai, jusqu'à n'avoir plus d'habitants. ⁶ Et la région maritime ne sera plus que des pâturages, des loges de bergers et des parcs de brebis. ⁷ Et ce sera une région pour

les restes de la maison de Juda, et ils y paîtront; le soir ils reposeront dans les maisons d'Askélon, car l'Éternel leur Dieu les visitera, et ramènera leurs captifs. ⁸ J'ai entendu les insultes de Moab et les outrages des enfants d'Ammon, qui ont insulté mon peuple, et se sont insolemment élevés contre ses frontières. ⁹ C'est pourquoi, je suis vivant! dit l'Éternel des armées, le Dieu d'Israël, Moab sera comme Sodome, et les enfants d'Ammon comme Gomorrhe, un domaine couvert d'orties, une mine de sel, une désolation à jamais; le reste de mon peuple les pillera, et le résidu de ma nation les possédera. ¹⁰ C'est là ce qu'ils auront pour leur orgueil, parce qu'ils ont insulté et bravé le peuple de l'Éternel des armées. ¹¹ L'Éternel sera terrible contre eux; car il anéantira tous les dieux de la terre, et chacun se prosternera devant lui dans son pays, et même toutes les îles des nations. ¹² Vous aussi, Cushites, vous serez frappés par mon épée. ¹³ Il étendra sa main vers le nord, et il détruira l'Assyrie; il fera de Ninive une désolation, un lieu aride comme le désert. ¹⁴ Les troupeaux se coucheront au milieu d'elle, des bêtes de toute espèce, en foule; le pélican et le hérisson logeront parmi ses chapiteaux; leur cri retentira aux fenêtres; la dévastation sera sur le seuil, et les lambris de cèdre seront arrachés. ¹⁵ C'est là cette ville joyeuse qui vivait dans la sécurité, qui disait en son cœur: Moi, et nulle autre que moi! Comment est-elle devenue un désert, un gîte pour les bêtes? Quiconque passera près d'elle, sifflera et agitera la main

3

¹ Malheur à la ville rebelle et souillée, à la ville qui opprime! ² Elle n'a point écouté la voix, elle n'a point reçu l'instruction, elle ne s'est point confiée en l'Éternel, elle ne s'est point approchée de son Dieu. ³ Ses chefs, au milieu d'elle, sont des lions rugissants; ses juges, des loups du soir, qui ne réservent rien pour le matin. ⁴ Ses prophètes sont des téméraires et des hommes perfides; ses sacrificateurs profanent les choses saintes; ils violent la loi. ⁵ L'Éternel est juste au milieu d'elle. Il ne commet point d'iniquité; chaque matin il met en lumière ses jugements, il n'y manque pas; mais l'injuste ne connaît pas la honte. ⁶ J'ai exterminé des nations; leurs tours sont en ruines; j'ai dévasté leurs rues, tellement que personne n'y passe; leurs villes ont été détruites, dépeuplées jusqu'à n'avoir plus aucun habitant. ⁷ Je disais: Crains-moi seulement, reçois l'instruction, et ta demeure ne sera pas détruite, ce que j'avais ordonné contre elle! Mais ils se sont hâtés de corrompre toutes leurs actions. ⁸ C'est pourquoi attendez-moi, dit l'Éternel, au jour où je me lèverai pour le butin. Car j'ai résolu de rassembler les nations et de réunir les royaumes, pour répandre sur eux mon indignation, toute l'ardeur de ma colère; car toute la terre sera dévorée par le feu de ma jalousie. ⁹ Alors je changerai les lèvres des peuples en des lèvres pures, afin qu'ils invoquent tous le nom de l'Éternel, pour qu'ils le servent d'un commun accord. ¹⁰ D'au delà des fleuves de Cush, mes adorateurs, la fille de mes dispersés, m'apporteront des offrandes. ¹¹ En ce jour-là, tu ne seras plus confuse à cause de toutes les actions par lesquelles tu as péché contre moi. Car alors j'ôterai du milieu de toi ceux qui se réjouissent de ton orgueil; et tu ne continueras plus à t'enorgueillir sur la montagne de ma sainteté. ¹² Et je laisserai au milieu de toi un peuple humble et faible, et il mettra sa confiance dans le nom de l'Éternel. ¹³ Les restes d'Israël ne commettront point d'iniquité; ils ne proféreront point de mensonge, et il ne se trouvera pas dans leur bouche une langue trompeuse; mais ils paîtront, et ils se reposeront, et il n'y aura personne qui les épouvante. ¹⁴ Chante de joie, fille de Sion! Pousse des cris d'allégresse, Israël! Réjouis-toi et t'égaie de tout ton cœur, fille de Jérusalem! ¹⁵ L'Éternel a retiré les sentences portées contre toi, il a éloigné ton ennemi; le Roi d'Israël, l'Éternel est au milieu de toi; tu ne verras plus de malheur. ¹⁶ En ce jour-là, on dira à Jérusalem: Ne crains point! Sion, que tes mains ne défaillent point! ¹⁷ L'Éternel ton Dieu est au milieu

de toi, un héros qui sauve. Il se réjouira à cause de toi d'une grande joie; il se taira dans son amour; il se réjouira à ton sujet avec chant de triomphe. [18] Je rassemblerai ceux qui sont tristes, loin de l'assemblée solennelle; ils sont sortis de toi; sur eux pèse l'opprobre. [19] Voici, en ce temps-là, j'aurai à faire avec tous tes oppresseurs. Je délivrerai ce qui boite, je recueillerai ce qui a été chassé, et j'en ferai un sujet de louange et d'honneur dans tous les pays où ils ont eu de la honte. [20] En ce temps-là, je vous ramènerai; en ce temps-là, je vous rassemblerai; car je vous mettrai en renom et en louange parmi tous les peuples de la terre, quand je ramènerai vos captifs sous vos yeux, a dit l'Éternel.

Aggée

[1] La seconde année du roi Darius, le premier jour du sixième mois, la parole de l'Éternel fut adressée, par Aggée, le prophète, à Zorobabel, fils de Salathiel, gouverneur de Juda, et à Joshua, fils de Jotsadak, grand sacrificateur, en ces termes: [2] Ainsi a parlé l'Éternel des armées, en disant: Ce peuple dit: Le temps n'est pas venu, le temps de rebâtir la maison de l'Éternel. [3] Et la parole de l'Éternel fut adressée, par Aggée, le prophète, en ces mots: [4] Est-il temps pour vous d'habiter dans des maisons lambrissées, pendant que cette maison-là est en ruine? [5] Maintenant donc, ainsi a dit l'Éternel des armées: Considérez attentivement vos voies. [6] Vous avez semé beaucoup, mais peu recueilli; vous mangez, mais vous n'êtes pas rassasiés; vous buvez, mais vous n'êtes pas désaltérés; vous êtes vêtus, mais vous n'êtes pas réchauffés; et celui qui gagne met son salaire dans un sac percé. [7] Ainsi a dit l'Éternel des armées: Considérez attentivement vos voies. [8] Montez à la montagne, apportez du bois, et bâtissez la maison: j'y prendrai plaisir, et je serai glorifié, dit l'Éternel. [9] Vous comptiez sur beaucoup, et voici, il y a eu peu; vous l'avez porté chez vous, mais j'ai soufflé dessus. Pourquoi? dit l'Éternel des armées. A cause de ma maison, parce qu'elle reste en ruine, pendant que vous vous empressez chacun pour sa maison. [10] C'est pourquoi les cieux au-dessus de vous retiennent la rosée, et la terre retient son produit. [11] Et j'ai appelé la sécheresse sur la terre, et sur les montagnes, et sur le blé, sur le moût et sur l'huile, et sur tout ce que le sol produit, et sur les hommes et sur les bêtes, et sur tout le travail des mains. [12] Zorobabel, fils de Salathiel, Joshua, fils de Jotsadak, grand sacrificateur, et tout le reste du peuple entendirent la voix de l'Éternel, leur Dieu, et les paroles d'Aggée, le prophète, selon la mission que lui avait donnée l'Éternel leur Dieu; et le peuple eut de la crainte devant l'Éternel. [13] Et Aggée, envoyé de l'Éternel, parla au peuple selon le message de l'Éternel, disant: Je suis avec vous, dit l'Éternel. [14] Et l'Éternel excita l'esprit de Zorobabel, fils de Salathiel, gouverneur de Juda, et l'esprit de Joshua, fils de Jotsadak, grand sacrificateur, et l'esprit de tout le reste du peuple; et ils vinrent, et se mirent à travailler à la maison de l'Éternel des armées, leur Dieu, [15] Le vingt-quatrième jour du sixième mois, la seconde année du roi Darius.

2

[1] Le vingt et unième jour du septième mois, la parole de l'Éternel fut adressée, par Aggée le prophète, en ces termes: [2] Parle donc à Zorobabel, fils de Salathiel, gouverneur de Juda, et à Joshua, fils de Jotsadak, grand sacrificateur, et au reste du peuple, et dis-leur: [3] Qui est-ce qui reste parmi vous, de ceux qui ont vu cette maison dans sa gloire première, et comment la voyez-vous maintenant? Telle qu'elle est, n'est-elle pas comme un rien à vos yeux? [4] Or maintenant, courage, Zorobabel! dit l'Éternel; courage, Joshua, fils de Jotsadak, grand sacrificateur! et courage, vous, tout le peuple du pays! dit l'Éternel; et travaillez, car je suis avec vous, dit l'Éternel des armées, [5] Selon l'alliance que j'ai traitée avec vous quand vous sortîtes d'Égypte, et mon Esprit demeure au milieu de vous: ne craignez point! [6] Car ainsi a dit l'Éternel des armées: Encore une fois, dans peu de temps, j'ébranlerai les cieux et la terre, et la mer et le sec. [7] J'ébranlerai toutes les nations, et les trésors de toutes les nations arriveront, et je remplirai cette maison de gloire, a dit l'Éternel des armées. [8] L'argent est à moi, et l'or est à moi, dit l'Éternel des armées. [9] La gloire de cette dernière maison sera plus grande que celle de la première, a dit l'Éternel

des armées; et je mettrai la paix en ce lieu, dit l'Éternel des armées. [10] Le vingt-quatrième jour du neuvième mois, la seconde année de Darius, la parole de l'Éternel fut adressée, par Aggée, le prophète, en ces mots: [11] Ainsi dit l'Éternel des armées: Propose donc aux sacrificateurs cette question sur la loi. [12] Si quelqu'un porte de la chair consacrée dans le pan de son vêtement, et que de ce vêtement il touche du pain, ou un mets cuit, ou du vin, ou de l'huile, ou un aliment quelconque, cela devient-il sacré? Les sacrificateurs répondirent, et dirent: Non! [13] Et Aggée dit: Si celui qui est souillé pour un mort touche toutes ces choses, seront-elles souillées? Les sacrificateurs répondirent, et dirent: Elles seront souillées. [14] Alors Aggée reprit et dit: Tel est ce peuple, telle est cette nation devant moi, dit l'Éternel, et telle est toute l'œuvre de leurs mains; ce qu'ils offrent là est souillé. [15] Considérez donc attentivement ce qui s'est passé depuis ce jour et en remontant, avant qu'on eût mis pierre sur pierre au temple de l'Éternel. [16] Alors, quand on venait à un tas de vingt mesures, il n'y en avait que dix; quand on venait à la cuve pour puiser cinquante mesures du pressoir, il n'y en avait que vingt. [17] Je vous ai frappés de brûlure, de nielle et de grêle dans tout le travail de vos mains; et vous n'êtes pas revenus à moi, dit l'Éternel. [18] Considérez donc attentivement ce qui arrivera depuis ce jour-ci et dans la suite, depuis le vingt-quatrième jour du neuvième mois, depuis le jour où le temple de l'Éternel fut fondé; considérez-le attentivement! [19] Y a-t-il encore du grain dans les greniers? Jusqu'à la vigne, au figuier, au grenadier et à l'olivier, rien n'a rapporté. Mais, dès ce jour, je bénirai. [20] La parole de l'Éternel fut adressée, pour la seconde fois, à Aggée, le vingt-quatrième jour du mois, en ces mots: [21] Parle à Zorobabel, gouverneur de Juda, et dis-lui: J'ébranlerai les cieux et la terre; [22] Je renverserai le trône des royaumes, et je détruirai la force des royaumes des nations; je renverserai les chars et ceux qui les montent; les chevaux et ceux qui les montent seront abattus, l'un par l'épée de l'autre. [23] En ce jour-là, dit l'Éternel des armées, je te prendrai, Zorobabel, fils de Salathiel, mon serviteur, dit l'Éternel, et je te tiendrai comme un cachet; car je t'ai choisi, dit l'Éternel des armées.

Zacharie

¹ La seconde année du règne de Darius, au huitième mois, la parole de l'Éternel fut adressée au prophète Zacharie, fils de Barachie, fils d'Iddo, en ces mots: ² L'Éternel a été fort indigné contre vos pères. ³ Tu leur diras donc: Ainsi a dit l'Éternel des armées: Revenez à moi, dit l'Éternel des armées, et je reviendrai à vous, dit l'Éternel des armées. ⁴ Ne soyez pas comme vos pères, que les premiers prophètes ont appelés, en disant: Ainsi a dit l'Éternel des armées: Détournez-vous de vos voies mauvaises et de vos mauvaises actions; mais ils n'ont pas écouté, ils n'ont point fait attention à ma parole, dit l'Éternel. ⁵ Vos pères, où sont-ils? Et ces prophètes devaient-ils toujours vivre? ⁶ Cependant mes paroles et mes ordres, que j'avais donnés aux prophètes mes serviteurs, ne se sont-ils pas accomplis sur vos pères? Ils sont revenus, et ils ont dit: Tout ce que l'Éternel des armées avait résolu de nous faire, selon nos voies et selon nos actions, il l'a exécuté sur nous. ⁷ Le vingt-quatrième jour du onzième mois, qui est le mois de Shébat, la seconde année de Darius, la parole de l'Éternel fut adressée au prophète Zacharie, fils de Barachie, fils d'Iddo, en ces mots: ⁸ J'eus la nuit une vision; et voici, un homme monté sur un cheval roux; il se tenait parmi les myrtes qui étaient dans le fond; et, après lui, des chevaux roux, bais et blancs. ⁹ Et je dis: Mon Seigneur, qui sont-ils? Et l'ange qui me parlait me dit: Je vais te faire voir ce que sont ces chevaux. ¹⁰ Et l'homme qui se tenait parmi les myrtes, répondit et dit: Ce sont ceux que l'Éternel a envoyés pour parcourir la terre. ¹¹ Et ils répondirent à l'ange de l'Éternel, qui se tenait parmi les myrtes, et dirent: Nous avons parcouru la terre; et voici, toute la terre est tranquille et en repos. ¹² Alors l'ange de l'Éternel répondit et dit: Éternel des armées! jusqu'à quand n'auras-tu pas compassion de Jérusalem et des villes de Juda, contre lesquelles tu es indigné depuis soixante et dix ans? ¹³ Et l'Éternel répondit à l'ange qui me parlait, de bonnes paroles, des paroles de consolation. ¹⁴ Et l'ange qui me parlait me dit: Crie, et dis: Ainsi a dit l'Éternel des armées: Je suis jaloux pour Jérusalem, pour Sion, d'une grande jalousie; ¹⁵ Et je suis courroucé d'un grand courroux contre ces nations tranquilles; car, lorsque j'étais un peu courroucé, elles ont aidé au mal. ¹⁶ C'est pourquoi, ainsi a dit l'Éternel: Je reviens vers Jérusalem avec compassion; ma maison y sera rebâtie, dit l'Éternel des armées, et le cordeau sera étendu sur Jérusalem. ¹⁷ Crie encore, et dis: Ainsi a dit l'Éternel des armées: Mes villes regorgeront encore de biens, et l'Éternel consolera encore Sion, et il élèvera encore Jérusalem. ¹⁸ Puis je levai les yeux et regardai; et je vis quatre cornes. ¹⁹ Et je dis à l'ange qui me parlait: Qu'est-ce que ces cornes? Et il me dit: Ce sont les cornes qui ont dispersé Juda, Israël et Jérusalem. ²⁰ Puis l'Éternel me fit voir quatre forgerons. ²¹ Et je dis: Qu'est-ce que ceux-ci viennent faire? Et il répondit: Ce sont là les cornes qui ont dispersé Juda, tellement que personne n'osait lever la tête; mais ceux-ci sont venus pour les effrayer, pour abattre les cornes des nations, qui ont levé la corne contre le pays de Juda pour le disperser.

2

¹ Puis, je levai les yeux, et regardai; et je vis un homme ayant à la main un cordeau à mesurer. ² Et je dis: Où vas-tu? Et il me répondit: Je vais mesurer Jérusalem, pour voir quelle est sa largeur et quelle est sa longueur. ³ Et voici, l'ange qui me parlait sortit, et un autre ange sortit au-devant de lui, ⁴ Et lui dit: Cours, parle à ce jeune homme, et dis: Jérusalem demeurera sans murailles, tant il y aura d'hommes et de bêtes au milieu

d'elle. 5 Et je serai pour elle, dit l'Éternel, une muraille de feu qui l'entourera, et je serai sa gloire au milieu d'elle. 6 Fuyez, fuyez hors du pays de l'Aquilon! dit l'Éternel; car je vous ai dispersés aux quatre vents des cieux, dit l'Éternel. 7 Sauve-toi, Sion, qui demeures chez la fille de Babylone! 8 Car ainsi a dit l'Éternel des armées, qui m'a envoyé avec gloire vers les nations qui vous ont pillés: Qui vous touche, touche la prunelle de son œil. 9 Car voici, je vais lever ma main contre elles, et elles seront la proie de ceux qui leur étaient asservis, et vous connaîtrez que l'Éternel des armées m'a envoyé. 10 Pousse des cris de joie, et réjouis-toi, fille de Sion! Car voici, je viens, et j'habiterai au milieu de toi, dit l'Éternel. 11 Et plusieurs nations s'attacheront à l'Éternel en ce jour-là, et deviendront mon peuple; et j'habiterai au milieu de toi, et tu sauras que l'Éternel des armées m'a envoyé vers toi. 12 Et l'Éternel possédera Juda pour son partage, dans la terre sainte, et il choisira encore Jérusalem. 13 Que toute chair fasse silence devant l'Éternel; car il s'est réveillé de sa demeure sainte!

3

1 Puis l'Éternel me fit voir Joshua, le grand sacrificateur, debout devant l'ange de l'Éternel, et Satan se tenait à sa droite, pour s'opposer à lui. 2 Et l'Éternel dit à Satan: Que l'Éternel te réprime, Satan! Que l'Éternel te réprime, lui qui a choisi Jérusalem! Celui-ci n'est-il pas un tison retiré du feu? 3 Or Joshua était vêtu de vêtements sales, et se tenait devant l'ange. 4 Et l'ange prit la parole, et dit à ceux qui se tenaient devant lui: Otez-lui ses vêtements sales. Puis il dit à Joshua: Vois, j'enlève ton iniquité, et je te revêts d'habits magnifiques. 5 Et je dis: Qu'on lui mette sur la tête une tiare pure! Et ils lui mirent sur la tête une tiare pure, et le revêtirent des vêtements, en présence de l'ange de l'Éternel. 6 Puis l'ange de l'Éternel fit à Joshua cette déclaration: 7 Ainsi a dit l'Éternel des armées: Si tu marches dans mes voies, et si tu gardes ce que je veux que l'on garde, tu jugeras aussi ma maison, tu garderas mes parvis, et je te donnerai libre accès parmi ceux-ci qui se tiennent devant moi. 8 Écoute, Joshua, grand sacrificateur, toi et tes compagnons qui sont assis devant toi; car se sont des hommes qui serviront de signes: voici, je vais faire venir mon serviteur, le Germe. 9 Car voici, quant à la pierre que j'ai mise devant Joshua, sur une seule pierre il y a sept yeux. Voici, je vais graver ce qui doit être gravé sur elle, dit l'Éternel des armées, et j'ôterai en un jour l'iniquité de ce pays. 10 En ce jour-là, dit l'Éternel des armées, vous vous appellerez l'un l'autre sous la vigne et sous le figuier.

4

1 Puis l'ange qui me parlait revint, et me réveilla, comme un homme qu'on réveille de son sommeil; 2 Et il me dit: Que vois-tu? Et je dis: Je regarde, et voici il y a un chandelier tout d'or, avec son réservoir au sommet, et portant ses sept lampes, avec sept conduits pour les sept lampes qui sont au sommet du chandelier. 3 Et il y a près de lui deux oliviers, l'un à droite du réservoir, et l'autre à gauche. 4 Et je pris la parole, et dis à l'ange qui me parlait: Que signifient ces choses, mon seigneur? 5 Et l'ange qui me parlait répondit et me dit: Ne sais-tu pas ce que signifient ces choses? Et je dis: Non, mon seigneur. 6 Alors il reprit et me dit: C'est ici la parole de l'Éternel, qu'il adresse à Zorobabel, disant: Ce n'est point par puissance, ni par force, mais par mon Esprit, a dit l'Éternel des armées. 7 Qu'es-tu, grande montagne, devant Zorobabel? Tu seras aplanie. Il fera paraître la pierre du faîte, aux cris de: Grâce, grâce sur elle! 8 La parole de l'Éternel me fut encore adressée, en ces mots: 9 Les mains de Zorobabel ont fondé cette maison, et ses mains l'achèveront, et tu sauras que l'Éternel des armées m'a envoyé vers vous. 10 Car qui est-ce qui méprise le temps des petits commencements? Ils se réjouiront, en voyant

la pierre du niveau dans la main de Zorobabel. Ces sept yeux sont les yeux de l'Éternel, qui parcourent toute la terre. ¹¹ Et je pris la parole, et lui dis: Que signifient ces deux oliviers, à la droite du chandelier et à sa gauche? ¹² Je pris la parole une seconde fois, et lui dis: Que signifient ces deux grappes d'olives qui sont à côté des deux conduits d'or, d'où découle l'or? ¹³ Et il me parla, et me dit: Ne sais-tu pas ce qu'ils signifient? Et je dis: Non, mon seigneur. ¹⁴ Alors il dit: Ce sont les deux oints de l'Éternel, qui se tiennent devant le Seigneur de toute la terre.

5

¹ Je levai de nouveau les yeux et regardai, et je vis un rouleau qui volait. ² Et il me dit: Que vois-tu? Et je dis: Je vois un rouleau qui vole, dont la longueur est de vingt coudées et la largeur de dix coudées. ³ Et il me dit: C'est la malédiction qui se répand sur toute la face du pays; car selon elle tout voleur sera exterminé d'ici, et selon elle tout faiseur de faux serment sera exterminé d'ici. ⁴ Je la répandrai, dit l'Éternel des armées; et elle entrera dans la maison du voleur, et dans la maison de celui qui jure faussement par mon nom; et elle logera au milieu de leur maison, et la consumera avec son bois et ses pierres. ⁵ Puis l'ange qui me parlait s'avança dehors, et me dit: Lève les yeux, et regarde ce qui sort là. ⁶ Et je dis: Qu'est-ce? Il répondit: C'est un épha qui paraît. Il dit encore: C'est l'aspect qu'ils présentent dans tout le pays. ⁷ Et je vis une masse de plomb soulevée, et il y avait là une femme assise au milieu de l'épha. ⁸ Et il dit: C'est là l'iniquité! Et il la rejeta au milieu de l'épha, et rejeta la masse de plomb sur l'ouverture. ⁹ Et, levant les yeux, je regardai, et je vis paraître deux femmes; et le vent soufflait dans leurs ailes; elles avaient des ailes comme les ailes de la cigogne, et elles enlevèrent l'épha entre la terre et les cieux. ¹⁰ Et je dis à l'ange qui me parlait: Où emportent-elles l'épha? ¹¹ Et il me dit: C'est pour lui bâtir une maison au pays de Shinear; et quand elle sera préparée, il sera posé là sur sa base.

6

¹ Je levai de nouveau les yeux, et regardai; et je vis quatre chars qui sortaient d'entre deux montagnes; et ces montagnes étaient des montagnes d'airain. ² Au premier char il y avait des chevaux roux; au second char, des chevaux noirs; ³ Au troisième char, des chevaux blancs; au quatrième char, des chevaux mouchetés et vigoureux. ⁴ Alors je pris la parole, et dis à l'ange qui me parlait: Qu'est-ce que cela, mon seigneur? ⁵ L'ange répondit et me dit: Ce sont les quatre vents des cieux, qui sortent du lieu où ils se tenaient devant le Seigneur de toute la terre. ⁶ Les chevaux noirs qui sont à l'un des chars, s'en vont vers le pays du nord, et les blancs vont après eux, et les mouchetés vont vers le pays du midi. ⁷ Et les vigoureux sortirent, et demandèrent d'aller parcourir la terre. Et il leur dit: Allez, parcourez la terre. Et ils parcoururent la terre. ⁸ Puis il m'appela, et me dit: Vois, ceux qui sortent vers le pays du nord, font reposer mon Esprit sur le pays du nord. ⁹ Et la parole de l'Éternel me fut adressée en ces mots: ¹⁰ Reçois des dons de la part des captifs, de Heldaï, de Tobija et de Jédaeja; va toi-même, aujourd'hui, dans la maison de Josias, fils de Sophonie, où ils sont arrivés de Babylone; ¹¹ Reçois de l'argent et de l'or, et fais-en des couronnes, et mets-les sur la tête de Joshua, fils de Jotsadak, grand sacrificateur. ¹² Et parle-lui en ces mots: Ainsi a dit l'Éternel des armées: Voici un homme dont le nom est Germe, qui germera de son lieu et bâtira le temple de l'Éternel. ¹³ Celui-là rebâtira le temple de l'Éternel; celui-là obtiendra la majesté; il siégera, il régnera sur son trône; il sera sacrificateur sur son trône, et il se fera entre les deux un dessein de paix. ¹⁴ Et les couronnes seront pour Hélem, pour Tobija, pour Jédaeja et pour Hen, fils de Sophonie, un mémorial dans le temple de l'Éternel. ¹⁵ Et ceux qui sont loin viendront,

et travailleront au temple de l'Éternel; et vous saurez que l'Éternel des armées m'a envoyé vers vous. Cela arrivera, si vous écoutez attentivement la voix de l'Éternel votre Dieu.

7

[1] La quatrième année du roi Darius, la parole de l'Éternel fut adressée à Zacharie, le quatrième jour du neuvième mois, du mois de Kisleu; [2] Lorsqu'on eut envoyé à la maison de Dieu Sharetser et Réguem-Mélec, et ses gens, pour supplier l'Éternel, [3] Et pour parler aux sacrificateurs de la maison de l'Éternel des armées, et aux prophètes, en ces mots: Dois-je pleurer au cinquième mois, et faire abstinence, comme je l'ai fait pendant tant d'années? [4] Et la parole de l'Éternel des armées me fut adressée en ces mots: [5] Parle à tout le peuple du pays et aux sacrificateurs, et dis-leur: Quand vous avez jeûné en vous lamentant, au cinquième et au septième mois, et cela depuis soixante et dix ans, est-ce bien pour moi, pour moi, que vous avez jeûné? [6] Et quand vous mangez et que vous buvez, n'est-ce pas vous qui mangez et vous qui buvez? [7] Ne sont-ce pas les paroles que faisait entendre l'Éternel par les premiers prophètes, lorsque Jérusalem était habitée et tranquille, elle et ses villes autour d'elle, et que le midi et la plaine étaient habités? [8] Puis la parole de l'Éternel fut adressée à Zacharie, en ces mots: [9] Ainsi avait dit l'Éternel des armées: Rendez la justice avec vérité, exercez la miséricorde et la compassion, chacun envers son frère; [10] N'opprimez pas la veuve et l'orphelin, l'étranger et le pauvre, et ne méditez pas dans vos cœurs le mal l'un contre l'autre. [11] Mais ils n'ont pas voulu écouter; ils ont tiré l'épaule en arrière; ils ont appesanti leurs oreilles pour ne pas entendre; [12] Ils ont rendu leur cœur dur comme un diamant, pour ne pas entendre la loi et les paroles que l'Éternel des armées leur adressait par son Esprit, par les premiers prophètes; et il y eut une grande indignation de la part de l' Éternel des armées. [13] Et comme ils n'ont pas écouté lorsqu'il a crié, de même quand ils ont crié je n'ai point écouté, a dit l'Éternel des armées. [14] Je les ai chassés par la tempête vers toutes les nations qu'ils ne connaissaient point, et derrière eux le pays est resté désert, sans allants ni venants, et du pays de délices ils ont fait une désolation.

8

[1] La parole de l'Éternel des armées me fut encore adressée en ces mots: [2] Ainsi a dit l'Éternel des armées: Je suis jaloux pour Sion d'une grande jalousie; je suis jaloux pour elle avec une grande indignation. [3] Ainsi a dit l'Éternel: Je reviens vers Sion; j'habiterai au milieu de Jérusalem; et Jérusalem sera appelée la ville fidèle, et la montagne de l'Éternel des armées, la montagne sainte. [4] Ainsi a dit l'Éternel des armées: Il y aura encore des vieillards et des femmes âgées, assis dans les places de Jérusalem, ayant chacun son bâton à la main, à cause du grand nombre de leurs jours. [5] Et les places de la ville seront remplies de jeunes garçons et de jeunes filles, qui se joueront dans ses places. [6] Ainsi a dit l'Éternel des armées: Si cela semble difficile aux yeux du reste de ce peuple en ces jours-là, sera-ce pourtant difficile à mes yeux? dit l'Éternel des armées. [7] Ainsi a dit l'Éternel des armées: Voici, je vais sauver mon peuple du pays du Levant, et du pays du Couchant. [8] Je les ferai venir, et ils habiteront au milieu de Jérusalem; et ils seront mon peuple, et je serai leur Dieu, dans la vérité et dans la justice. [9] Ainsi a dit l'Éternel des armées: Que vos mains se fortifient, ô vous qui entendez aujourd'hui ces paroles de la bouche des prophètes, au temps où la maison de l'Éternel des armées a été fondée et son temple rebâti. [10] Car, avant ce temps, il n'y avait point de salaire pour le travail de l'homme, ni de salaire pour le travail des bêtes; et pour ceux qui allaient et qui venaient, il n'y avait aucune paix à cause de l'ennemi, et je lançais tous les hommes les uns contre

les autres. [11] Mais maintenant je ne serai pas pour le reste de ce peuple comme aux premiers jours, dit l'Éternel des armées. [12] Car la semence prospérera, la vigne rendra son fruit; la terre donnera son produit; les cieux donneront leur rosée, et je mettrai les restes de ce peuple en possession de toutes ces choses-là. [13] Et comme vous avez été en malédiction parmi les nations, ô maison de Juda et maison d'Israël, ainsi je vous délivrerai, et vous serez en bénédiction. Ne craignez point, et que vos mains se fortifient! [14] Car ainsi a dit l'Éternel des armées: Comme j'ai résolu de vous faire du mal, quand vos pères ont provoqué mon indignation, dit l'Éternel des armées, et que je ne m'en suis point repenti, [15] Ainsi j'ai résolu au contraire, en ces jours-ci, de faire du bien à Jérusalem et à la maison de Juda. Ne craignez point! [16] Voici les choses que vous devez faire: Dites la vérité, chacun à son prochain; rendez la justice dans vos portes, selon la vérité et pour la paix. [17] Et ne méditez point dans vos cœurs le mal l'un contre l'autre, et n'aimez point les faux serments, toutes ces choses que je hais, dit l'Éternel. [18] La parole de l'Éternel des armées me fut adressée, en ces mots: [19] Ainsi a dit l'Éternel des armées: Le jeûne du quatrième mois, le jeûne du cinquième, le jeûne du septième, et le jeûne du dixième mois deviendront pour la maison de Juda des jours de joie et d'allégresse, et des solennités heureuses. Mais aimez la vérité et la paix. [20] Ainsi a dit l'Éternel des armées: Il viendra encore des peuples et des habitants de plusieurs villes; [21] Et les habitants de l'une iront à l'autre, et diront: Allons, allons supplier l'Éternel, et rechercher l'Éternel des armées! Je veux y aller, moi aussi! [22] Et plusieurs peuples et de puissantes nations viendront chercher l'Éternel des armées à Jérusalem, et y supplier l'Éternel. [23] Ainsi a dit l'Éternel des armées: En ces jours-là, dix hommes de toutes les langues des nations saisiront le pan de la robe d'un Juif, et diront: Nous irons avec vous, car nous avons appris que Dieu est avec vous.

9

[1] Oracle de la parole de l'Éternel contre le pays de Hadrac, et qui s'arrête sur Damas; - car l'Éternel a l'œil sur les hommes, et sur toutes les tribus d'Israël; - [2] Il s'arrête sur Hamath qui lui confine, sur Tyr et Sidon, de qui la sagesse est grande. [3] Tyr s'est bâti une forteresse; elle a amassé l'argent comme la poussière, et l'or comme la boue des rues. [4] Voici, le Seigneur s'en emparera; il jettera sa puissance dans la mer; et elle sera consumée par le feu. [5] Askélon le verra, et elle craindra; Gaza aussi, et elle en sera toute tremblante; Ékron aussi, car son attente sera confondue: il n'y aura plus de roi à Gaza, et Askélon ne sera plus habitée. [6] L'étranger habitera dans Asdod, et je retrancherai l'orgueil du Philistin. [7] J'ôterai son sang de sa bouche, et ses abominations d'entre ses dents, et lui aussi restera pour notre Dieu; il sera comme un chef en Juda, et Ékron comme le Jébusien. [8] Et je camperai autour de ma maison, contre les armées, contre les allants et les venants; l'oppresseur ne passera plus sur eux; car maintenant je la regarde de mes yeux. [9] Réjouis-toi avec transports, fille de Sion! Jette des cris de joie, fille de Jérusalem! Voici, ton roi vient à toi; il est juste et vainqueur, humble et monté sur un âne, sur le poulain d'une ânesse. [10] Et je retrancherai les chars d'Éphraïm, et les chevaux de Jérusalem, et l'arc de combat sera ôté. Il parlera de paix aux nations, il dominera d'une mer à l'autre, et du fleuve aux extrémités de la terre. [11] Et pour toi, en vertu de ton alliance scellée par le sang, je retirerai tes captifs de la fosse où il n'y a point d'eau. [12] Retournez au lieu fort, captifs qui avez espérance! Aujourd'hui même je te le déclare, je te rendrai deux fois autant [13] Car je bande Juda comme un arc; j'arme Éphraïm de sa flèche; je ferai lever tes enfants, ô Sion, contre tes enfants, ô Javan! Je te rendrai pareille à l'épée d'un homme vaillant. [14] L'Éternel se montrera au-dessus d'eux; sa flèche partira comme l'éclair; le

Seigneur, l'Éternel, sonnera du cor, et s'avancera dans les tempêtes du midi. ¹⁵ L'Éternel des armées sera leur protecteur; ils dévoreront; ils fouleront aux pieds les pierres de fronde; ils boiront; ils feront du bruit comme dans le vin; ils seront pleins comme le vase du sacrifice, comme les coins de l'autel. ¹⁶ Et l'Éternel leur Dieu les délivrera en ce jour-là, comme le troupeau de son peuple; car ils seront comme les pierres d'un diadème brillant sur sa terre. ¹⁷ Et quelle en sera la beauté, quel en sera l'éclat! Le froment fera croître les jeunes hommes, et le vin nouveau les jeunes filles.

10

¹ Demandez à l'Éternel la pluie, au temps des pluies de l'arrière-saison. L'Éternel produira des éclairs; il vous donnera une pluie abondante et à chacun de l'herbe dans son champ. ² Car les théraphim ont parlé faussement, et les devins ont vu le mensonge; ils profèrent des songes vains et donnent des consolations de néant. C'est pourquoi ils s'en vont comme des brebis; ils sont misérables faute de berger. ³ Ma colère s'est enflammée contre les bergers, et je punirai les boucs; car l'Éternel des armées visite son troupeau, la maison de Juda, et il en fait comme son cheval d'honneur dans la bataille. ⁴ De lui vient la pierre angulaire, de lui le pieu de la tente, de lui l'arc de combat; de lui sortiront tous les chefs ensemble. ⁵ Ils seront comme de vaillants hommes foulant la boue des rues dans la bataille; ils combattront, car l'Éternel est avec eux, et les cavaliers sur leurs chevaux seront confondus. ⁶ Je fortifierai la maison de Juda; je sauverai la maison de Joseph; et je les rétablirai, car j'ai compassion d'eux; et ils seront comme si je ne les avais pas rejetés; car je suis l'Éternel leur Dieu, et je les exaucerai. ⁷ Et Éphraïm sera comme un héros; leur cœur sera joyeux comme par le vin; leurs fils le verront, et se réjouiront; leur cœur s'égaiera en l'Éternel. ⁸ Je sifflerai vers eux, et je les rassemblerai, car je les rachète; et ils seront nombreux comme ils l'ont été. ⁹ Je les ai disséminés parmi les peuples, mais dans les pays éloignés ils se souviendront de moi; et ils vivront avec leurs enfants, et ils reviendront. ¹⁰ Je les ramènerai du pays d'Égypte, et je les rassemblerai de l'Assyrie; je les ferai venir au pays de Galaad et au Liban, et il n'y aura pas assez de place pour eux. ¹¹ Il passera la mer étroite, et frappera les flots de la mer; et toutes les profondeurs du fleuve seront desséchées; l'orgueil de l'Assyrie sera abattu, et le sceptre de l'Égypte sera ôté. ¹² Je les fortifierai en l'Éternel, et ils marcheront en son nom, dit l'Éternel.

11

¹ Liban, ouvre tes portes, et que le feu dévore tes cèdres! ² Cyprès, gémissez! Car le cèdre est tombé, car les plus magnifiques sont ravagés. Gémissez, chênes de Bassan! Car la forêt inaccessible est abattue. ³ On entend gémir les bergers, car leur magnificence est dévastée; on entend rugir les lionceaux, car la parure du Jourdain est dévastée. ⁴ Ainsi a dit l'Éternel mon Dieu: Pais les brebis destinées à la boucherie, ⁵ Que leurs acheteurs tuent sans être coupables, et dont les vendeurs disent: "Béni soit l'Éternel! je m'enrichis", et qu'aucun de leurs bergers n'épargne. ⁶ Car je n'épargnerai plus les habitants du pays, dit l'Éternel. Et voici, je livrerai les hommes aux mains les uns des autres et aux mains de leur roi; ils écraseront le pays, et je ne délivrerai pas de leurs mains. ⁷ Je me mis donc à paître les brebis destinées à la boucherie, assurément les plus misérables du troupeau. Et je pris deux houlettes dont j'appelai l'une Faveur, et l'autre Liens, et je fis paître les brebis. ⁸ Et je retranchai trois bergers en un seul mois; car mon âme s'était fatiguée d'eux, et leur âme aussi s'était dégoûtée de moi. ⁹ Et je dis: Je ne vous paîtrai plus! Que la brebis mourante, meure; que celle qui doit périr, périsse, et que celles qui restent, dévorent la chair l'une de l'autre. ¹⁰ Et je pris ma houlette Faveur, et je la brisai pour rompre mon alliance, que j'avais traitée avec tous les peuples. ¹¹ Elle fut rompue en ce jour-là, et

ainsi les plus misérables du troupeau, qui regardaient à moi, reconnurent que c'était la parole de l'Éternel. [12] Et je leur dis: Si vous le trouvez bon, donnez-moi mon salaire; sinon, ne le donnez pas. Et ils pesèrent pour mon salaire trente pièces d'argent. [13] Et l'Éternel me dit: Jette-le au potier, ce prix magnifique auquel j'ai été estimé par eux! Et je pris les trente pièces d'argent, et les jetai dans la maison de l'Éternel, pour le potier. [14] Puis je brisai ma seconde houlette, les Liens, pour rompre la fraternité entre Juda et Israël. [15] Puis l'Éternel me dit: Prends encore l'équipement d'un berger insensé. [16] Car voici, je vais susciter dans le pays un berger qui ne visitera pas celles qui périssent, qui ne cherchera pas celle qui s'égare, qui ne guérira pas la blessée, et ne nourrira pas celle qui est saine; mais il mangera la chair des plus grasses, et il rompra leurs ongles. [17] Malheur au pasteur de néant, qui abandonne le troupeau! Que l'épée tombe sur son bras et sur son œil droit! Que son bras se dessèche, et que son œil droit s'éteigne entièrement!

12

[1] La parole de l'Éternel prononcée sur Israël: Ainsi a dit l'Éternel, qui a étendu les cieux, qui a fondé la terre, et qui a formé l'esprit de l'homme au-dedans de lui: [2] Voici, je ferai de Jérusalem une coupe d'étourdissement pour tous les peuples d'alentour; et ce sera aussi contre Juda, dans le siège de Jérusalem. [3] En ce jour-là, je ferai de Jérusalem une pierre pesante pour tous les peuples; tous ceux qui en porteront le poids, seront meurtris, et toutes les nations de la terre s'assembleront contre elle. [4] En ce jour-là, dit l'Éternel, je frapperai d'étourdissement tous les chevaux, et leurs cavaliers, de vertige; j'aurai les yeux ouverts sur la maison de Juda, et je frapperai d'aveuglement tous les chevaux des peuples. [5] Et les chefs de Juda diront dans leur cœur: Les habitants de Jérusalem sont notre force, par l'Éternel des armées, leur Dieu. [6] En ce jour-là, je ferai des chefs de Juda comme un brasier parmi le bois, comme une torche enflammée parmi des gerbes; ils dévoreront à droite et à gauche tous les peuples d'alentour, et Jérusalem demeurera assise à sa place, à Jérusalem. [7] Et l'Éternel sauvera premièrement les tentes de Juda, afin que la gloire de la maison de David et la gloire des habitants de Jérusalem ne s'élève pas au-dessus de Juda. [8] En ce jour-là, l'Éternel protégera les habitants de Jérusalem; et le faible parmi eux sera, en ce jour-là, comme David, et la maison de David sera comme Dieu, comme l'ange de l'Éternel devant eux. [9] Et il arrivera, en ce jour-là, que je chercherai à détruire toutes les nations qui viendront contre Jérusalem. [10] Et je répandrai sur la maison de David, et sur les habitants de Jérusalem, l'Esprit de grâce et de supplications: ils regarderont vers moi, celui qu'ils ont percé; ils en feront le deuil comme on fait le deuil d'un fils unique, et ils pleureront amèrement sur lui, comme on pleure sur un premier-né. [11] En ce jour-là, le deuil sera grand à Jérusalem, tel que fut le deuil d'Hadadrimmon dans la vallée de Méguiddon. [12] Et le pays sera dans le deuil, chaque famille séparément; la famille de la maison de David à part, et leurs femmes à part; la famille de la maison de Nathan à part, et leurs femmes à part; [13] La famille de la maison de Lévi à part, et leurs femmes à part; la famille des Shiméites à part, et leurs femmes à part; [14] Toutes les autres familles, chaque famille à part, et leurs femmes à part.

13

[1] En ce jour-là, il y a aura une source ouverte à la maison de David et aux habitants de Jérusalem, pour le péché et pour la souillure. [2] Il arrivera aussi, en ce jour-là, dit l'Éternel des armées, que je retrancherai du pays les noms des idoles, et il n'en sera plus fait mention; et j'ôterai aussi du pays les prophètes et l'esprit impur. [3] Et il arrivera que si quelqu'un prophétise encore, son père et sa mère qui l'auront engendré lui diront: Tu ne vivras plus, car tu dis des mensonges au nom de l'Éternel! Et son père et sa mère qui

l'auront engendré, le transperceront quand il prophétisera. [4] En ce jour-là, les prophètes seront confus, chacun de sa vision, quand ils prophétiseront; et ils ne se revêtiront plus du manteau de poil pour mentir. [5] Et chacun d'eux dira: Je ne suis pas prophète; je suis un laboureur, car on m'a acheté dès ma jeunesse. [6] Et quand on lui dira: Qu'est-ce que ces blessures à tes mains? il répondra: C'est dans la maison de mes amis qu'on me les a faites. [7] Épée, réveille-toi contre mon pasteur, contre l'homme qui est mon compagnon, dit l'Éternel des armées! Frappe le pasteur, et les brebis seront dispersées; et je tournerai ma main contre les petits. [8] Et il arrivera dans tout le pays, dit l'Éternel, que deux parties seront retranchées et périront, mais la troisième y demeurera de reste. [9] Et je ferai passer cette troisième partie au feu; je les affinerai comme on affine l'argent, et je les éprouverai comme on éprouve l'or. Ceux-là invoqueront mon nom, et je les exaucerai. Je dirai: C'est mon peuple! et ils diront: L'Éternel est mon Dieu!

14

[1] Voici, un jour vient pour l'Éternel, où tes dépouilles seront partagées au milieu de toi. [2] J'assemblerai toutes les nations à Jérusalem pour lui faire la guerre; et la ville sera prise; les maisons seront pillées, les femmes violées, et la moitié de la ville s'en ira en captivité. Mais le reste du peuple ne sera pas retranché de la ville. [3] Et l'Éternel sortira, et combattra contre ces nations, comme lorsqu'il combattit au jour de la bataille. [4] Ses pieds se poseront, en ce jour-là, sur la montagne des Oliviers qui est en face de Jérusalem, à l'orient; et la montagne des Oliviers se fendra par le milieu, à l'orient et à l'occident, et il s'y fera une très grande vallée; et la moitié de la montagne se retirera vers l'Aquilon et l'autre moitié vers le midi. [5] Et vous fuirez dans la vallée de mes montagnes; car la vallée des montagnes atteindra jusqu'à Atsal; vous fuirez, comme vous vous enfuîtes devant le tremblement de terre, aux jours d'Ozias, roi de Juda. Alors l'Éternel, mon Dieu, viendra, et tous les saints seront avec toi. [6] Et en ce jour-là, il n'y aura pas de lumière, mais les lumières précieuses se retireront. [7] Ce sera un jour unique, connu de l'Éternel; il ne sera ni jour, ni nuit, mais sur le soir il y aura de la lumière. [8] En ce jour-là, des eaux vives sortiront de Jérusalem, une moitié vers la mer d'Orient et l'autre moitié vers la mer d'Occident; et ce sera en été comme en hiver. [9] L'Éternel sera roi de toute la terre; en ce jour-là, l'Éternel sera seul, et son nom seul. [10] Et toute la terre deviendra comme la plaine, de Guéba jusqu'à Rimmon, au midi de Jérusalem; et la ville sera élevée et demeurera en sa place, de la porte de Benjamin jusqu'au lieu de la première porte, jusqu'à la porte des angles, et de la tour de Hananéel jusqu'aux pressoirs du roi. [11] On y habitera, et il n'y aura plus d'interdit; mais Jérusalem demeurera en sûreté. [12] Et voici quelle sera la plaie dont l'Éternel frappera tous les peuples qui auront combattu contre Jérusalem: il fera tomber leur chair en pourriture pendant qu'ils seront debout sur leurs pieds, leurs yeux se fondront dans leur orbite, et leur langue se fondra dans leur bouche. [13] Et, en ce jour-là, il y aura parmi eux un grand trouble, venant de l'Éternel; ils saisiront la main l'un de l'autre, et lèveront la main l'un contre l'autre. [14] Juda aussi combattra à Jérusalem; et on amassera les richesses de toutes les nations d'alentour: de l'or, de l'argent et des vêtements en très grand nombre. [15] Et la même plaie sera sur les chevaux, sur les mulets, sur les chameaux, sur les ânes et sur toutes les bêtes qui seront dans ces camps-là, une plaie pareille à l'autre. [16] Mais tous ceux qui resteront, de toutes les nations venues contre Jérusalem, monteront chaque année pour se prosterner devant le Roi, l'Éternel des armées, et pour célébrer la fête des tabernacles. [17] Et si quelqu'une des familles de la terre ne monte pas à Jérusalem pour se prosterner devant le Roi, l'Éternel des armées, il n'y aura point de pluie sur elle. [18] Si la famille d'Égypte ne monte pas, si elle ne vient pas,

il n'y en aura pas non plus sur elle; elle sera frappée de la plaie dont l'Éternel frappera les nations qui ne seront pas montées pour célébrer la fête des Tabernacles. ¹⁹ Telle sera la peine du péché de l'Égypte et du péché de toutes les nations qui ne seront point montées pour célébrer la fête des Tabernacles. ²⁰ En ce jour-là, il sera écrit sur les clochettes des chevaux: Sainteté à l'Éternel. Et les chaudières de la maison de l'Éternel seront comme les coupes devant l'autel. ²¹ Et toute chaudière à Jérusalem et dans Juda sera consacrée à l'Éternel des armées; tous ceux qui sacrifieront, viendront en prendre pour y cuire des viandes; et il n'y aura plus de Cananéen dans la maison de l'Éternel des armées, en ce jour-là.

Malachie

¹ Prophétie. Parole de l'Éternel adressée à Israël par Malachie. ² Je vous ai aimés, a dit l'Éternel, et vous dites: "En quoi nous as-tu aimés? " Ésaü n'était-il pas frère de Jacob? dit l'Éternel; cependant j'ai aimé Jacob, ³ Et j'ai haï Ésaü; et j'ai fait de ses montagnes une solitude, et j'ai livré son héritage aux chacals du désert. ⁴ Si Édom dit: "Nous sommes détruits, mais nous rebâtirons les ruines! " ainsi a dit l'Éternel des armées: Ils bâtiront, mais je renverserai; et on les appellera: pays de la méchanceté, peuple contre lequel l'Éternel est irrité à toujours. ⁵ Vos yeux le verront, et vous direz: L'Éternel est grand sur le territoire d'Israël! ⁶ Un fils honore son père, et un serviteur son maître; si je suis père, où est l'honneur qui m'appartient, et si je suis maître, où est la crainte qu'on a de moi, dit l'Éternel des armées à vous, sacrificateurs, qui méprisez mon nom? Et vous dites: "En quoi méprisons-nous ton nom? " ⁷ Vous offrez sur mon autel un pain souillé, et vous dites: "En quoi t'avons-nous profané? " En ce que vous dites: "La table de l'Éternel est méprisable. " ⁸ Et quand vous amenez pour le sacrifice une bête aveugle, n'y a-t-il pas de mal? Et quand vous en amenez une boiteuse ou malade, n'y a-t-il pas de mal? Offre-la donc à ton gouverneur! T'en saura-t-il gré, ou te sera-t-il favorable? a dit l'Éternel des armées. ⁹ Et maintenant implorez donc la face de Dieu, pour qu'il ait pitié de nous! Cela venant de votre main, vous recevra-t-il favorablement? dit l'Éternel des armées. ¹⁰ Qui est celui d'entre vous qui fermera les portes, afin que vous n'allumiez plus en vain le feu de mon autel? Je ne prends point de plaisir en vous, dit l'Éternel des armées, et je n'agrée de vos mains aucune offrande. ¹¹ Car, depuis le soleil levant jusqu'au soleil couchant, mon nom est grand parmi les nations, et en tout lieu on brûle de l'encens, et une offrande pure est offerte à mon nom. Car mon nom est grand parmi les nations, a dit l'Éternel des armées. ¹² Mais vous le profanez quand vous dites: "La table de l'Éternel est souillée, et ce qu'elle rapporte est un aliment méprisable. " ¹³ Vous dites: "Quelle fatigue! " et vous la dédaignez, dit l'Éternel des armées, et vous amenez ce qui a été dérobé, ce qui est boiteux et malade; puis vous présentez l'offrande! L'agréerai-je de vos mains? dit l'Éternel. ¹⁴ Le trompeur est maudit, qui, ayant un mâle dans son troupeau, voue et sacrifie au Seigneur une femelle défectueuse! Car je suis un grand roi, dit l'Éternel des armées, mon nom est craint parmi les nations.

2

¹ Maintenant c'est à vous, sacrificateurs, que s'adresse ce commandement. ² Si vous n'écoutez pas, et si vous ne prenez pas à cœur de donner gloire à mon nom, a dit l'Éternel des armées, j'enverrai sur vous la malédiction, et je maudirai vos bénédictions. Oui, je les maudirai, parce que vous ne le prenez point à cœur. ³ Voici, je détruirai vos semences, et je répandrai sur vos visages de la fiente, la fiente de vos victimes de fêtes; et on vous emportera avec elle. ⁴ Et vous saurez que je vous ai envoyé ce commandement, afin qu'il soit mon alliance avec Lévi, dit l'Éternel des armées. ⁵ Mon alliance avec lui était la vie et la paix, et je les lui donnai pour qu'il eût de la crainte; et il me craignit, et il trembla devant mon nom. ⁶ La loi de vérité était dans sa bouche, et il ne s'est point trouvé de perversité sur ses lèvres. Il a marché avec moi dans la paix et dans la droiture, et il en a détourné plusieurs de l'iniquité. ⁷ Car les lèvres du sacrificateur doivent garder la science, et de sa bouche on recherche la loi; car il est le messager de l'Éternel des armées. ⁸ Mais vous, vous vous êtes écartés de cette voie; vous en avez fait broncher plusieurs

par votre enseignement; vous avez violé l'alliance de Lévi, dit l'Éternel des armées. [9] Et moi aussi, je vous ai rendus méprisables et abjects à tout le peuple, parce que vous ne gardez pas mes voies, et que vous avez égard à l'apparence des personnes en appliquant la loi. [10] N'avons-nous pas tous un même père? Un même Dieu ne nous a-t-il pas créés? Pourquoi donc sommes-nous perfides l'un envers l'autre, en profanant l'alliance de nos pères? [11] Juda agit perfidement, et une abomination est commise en Israël et à Jérusalem; car Juda profane ce qui est consacré à l'Éternel, ce qu'il aime, et il épouse la fille d'un dieu étranger. [12] L'Éternel retranchera des tentes de Jacob l'homme qui fait cela, celui qui veille, et celui qui répond, et celui qui présente l'offrande à l'Éternel des armées. [13] Et voici une seconde chose que vous faites: vous couvrez de larmes l'autel de l'Éternel, de pleurs et de gémissements, de sorte qu'il ne regarde plus à l'offrande, et ne prend plus plaisir à ce qui vient de vos mains. [14] Et vous dites: "Pourquoi? " Parce que l'Éternel a été témoin entre toi et la femme de ta jeunesse, à laquelle tu es infidèle, bien qu'elle soit ta compagne et la femme de ton alliance. [15] Personne n'a fait cela, ayant un reste d'esprit. Et pourquoi le seul (Abraham) l'a-t-il fait? Il cherchait une postérité de Dieu. Prenez donc garde à votre esprit, et qu'il n'y ait pas d'infidélité envers la femme de ta jeunesse. [16] Car je hais la répudiation, dit l'Éternel, le Dieu d'Israël, et celui qui couvre de violence son vêtement, dit l'Éternel des armées. Prenez donc garde à votre esprit, et ne soyez pas infidèles. [17] Vous fatiguez l'Éternel par vos paroles, et vous dites: "En quoi le fatiguons-nous? " C'est en disant: Quiconque fait le mal est bon aux yeux de l'Éternel, et c'est en eux qu'il prend plaisir; ou bien: Où est le Dieu de la justice?

3

[1] Voici, je vais envoyer mon messager, et il préparera la voie devant moi, et soudain entrera dans son temple le Seigneur que vous cherchez, et l'ange de l'alliance que vous désirez. Voici, il vient, a dit l'Éternel des armées. [2] Et qui pourra soutenir le jour de sa venue, et qui pourra subsister quand il paraîtra? Car il sera comme le feu du fondeur, et comme la potasse des foulons. [3] Il sera assis, fondant et purifiant l'argent; il purifiera les fils de Lévi, et les affinera comme on affine l'or et l'argent; et ils seront à l'Éternel, et ils présenteront des offrandes dans la justice. [4] Alors l'offrande de Juda et de Jérusalem sera agréable à l'Éternel comme aux jours anciens, comme aux années d'autrefois. [5] Et je m'approcherai de vous pour le jugement, et je me hâterai de témoigner contre les enchanteurs, contre les adultères et contre ceux qui jurent faussement, contre ceux qui retiennent le salaire du mercenaire, qui oppriment la veuve et l'orphelin, qui font tort à l'étranger, et qui ne me craignent pas, a dit l'Éternel des armées. [6] Car je suis l'Éternel, je ne change pas; et vous, enfants de Jacob, vous n'avez pas été consumés. [7] Depuis le temps de vos pères, vous vous êtes écartés de mes ordonnances, et ne les avez point observées. Revenez à moi et je reviendrai à vous, a dit l'Éternel des armées. Et vous dites: "En quoi reviendrons-nous? " [8] L'homme trompera-t-il Dieu? Car vous me trompez. Et vous dites: "En quoi t'avons-nous trompé? " Dans les dîmes et dans les offrandes. [9] Vous êtes frappés de malédiction, et vous me trompez, vous, la nation entière! [10] Apportez toutes les dîmes à la maison du trésor, et qu'il y ait de la provision dans ma maison; et éprouvez-moi en cela, dit l'Éternel des armées: si je ne vous ouvre pas les écluses des cieux, et si je ne répands pas sur vous la bénédiction sans mesure. [11] Et je détournerai de vous le rongeur; il ne vous détruira pas le fruit de la terre, et vos vignes ne seront point stériles dans la campagne, a dit l'Éternel des armées. [12] Et toutes les nations vous diront heureux, car vous serez un pays de délices, dit l'Éternel des armées. [13] Vos paroles sont violentes contre moi, a dit l'Éternel. Et vous dites: "Qu'avons-nous dit entre nous contre toi? " [14] Vous

avez dit: "C'est en vain qu'on sert Dieu, et qu'avons-nous gagné d'avoir observé ses ordonnances, et d'avoir marché en habits de deuil devant l'Éternel des armées? [15] Nous tenons maintenant pour heureux les orgueilleux; ceux qui commettent la méchanceté prospèrent; oui, ils tentent Dieu et ils échappent! " [16] Alors ceux qui craignent l'Éternel se sont parlés l'un à l'autre, et l'Éternel fut attentif et il écouta; et un mémoire fut écrit devant lui, pour ceux qui craignent l'Éternel et qui pensent à son nom. [17] Ils seront à moi, a dit l'Éternel des armées, au jour que je prépare; ils seront ma propriété; et je les épargnerai, comme un homme épargne son fils qui le sert. [18] Et vous verrez de nouveau la différence qu'il y a entre le juste et le méchant, entre celui qui sert Dieu et celui qui ne le sert pas.

4

[1] Car voici, le jour vient, ardent comme un four: tous les orgueilleux et tous ceux qui commettent la méchanceté, seront comme du chaume, et ce jour qui vient les embrasera, a dit l'Éternel des armées, et ne leur laissera ni racine ni rameau. [2] Mais pour vous, qui craignez mon nom, se lèvera le soleil de justice, et la santé sera dans ses rayons, et vous sortirez et bondirez comme les veaux d'une étable. [3] Et vous foulerez les méchants, car ils seront comme de la cendre sous la plante de vos pieds, au jour que je prépare, a dit l'Éternel des armées. [4] Souvenez-vous de la loi de Moïse, mon serviteur, auquel je prescrivis en Horeb, pour tout Israël, des préceptes et des ordonnances. [5] Voici, je vais vous envoyer Élie, le prophète, avant que le jour grand et redoutable de l'Éternel vienne. [6] Il ramènera le cœur des pères vers les enfants, et le cœur des enfants vers leurs pères, de peur que je ne vienne et que je ne frappe la terre d'interdit.

Printed by Amazon Italia Logistica S.r.l.
Torrazza Piemonte (TO), Italy

59228349R00452